通志

第二册

〔宋〕鄭樵撰

中華書局

宋右迪功郎鄭樵漁仲撰

周異姓世家第一

齊　陳杞　宋　楚

齊

太公望呂尙者東海上人其先祖嘗爲四嶽佐禹平水土甚有功虞夏之際封於呂或封於申姓姜氏夏商之時申呂或封枝庶子孫或爲庶人尙其後苗裔也本姓姜氏從其封姓故曰呂尙呂尙蓋嘗窮困年老矣以漁釣奸周西伯西伯將出獵卜之曰所獲非龍非彲非虎非羆所獲霸王之輔於是周西伯獵果遇太公於渭之陽與語大說曰自吾先君太公曰當有聖人適周周以興子眞是邪吾太公望子久矣故號之曰太公望載與俱歸立爲師或曰太公博聞嘗事紂紂無道去之游說諸侯無所遇而卒西歸周西伯或曰呂尙處士隱海濱周西伯拘羑里散宜生閎夭素知而招呂尙呂尙亦曰吾聞西伯賢又善養老盍往焉三人者爲西伯求美女奇物獻之於紂以贖西伯西伯得以出反國言呂尙所以事周雖異然要之爲文武師周西伯昌之脫羑里歸與呂尙陰謀修德以傾商政其事多兵權與奇計故後世之言兵及周之陰權皆宗太公爲本謀周西伯政平及斷虞芮之訟而詩人稱西伯受命曰文王伐崇密須犬夷大作豐邑天下三分其二歸周者太公之謀計居多文王崩武王卽位九年欲修文王業東伐以觀諸侯集否師行尙父左杖黃鉞右把白旄以誓曰蒼兕蒼兕總爾衆庶與爾舟楫後至者斬遂至盟津諸侯不期而會者八百諸侯諸侯皆曰紂可伐也武王曰未可還師與太公作此泰誓居二年紂殺王子比干囚箕子武王將伐紂卜龜兆不吉風雨暴至羣公盡懼唯太公彊之勸武王武王於是遂行十一年正月甲子誓於牧野伐商紂紂師敗績紂反走登鹿臺遂追斬紂明日武王立于社羣公奉明水衞康叔封布采席師尙父牽牲史佚策祝以告神討紂之罪散鹿臺之錢發鉅橋之粟以振貧民封比干墓釋箕子囚遷九鼎修周政與天下更始師尙父謀居多於是武王已平商而王天下封師尙父於齊營丘東就國道宿行遲逆旅之人曰吾聞時難得而易失客寢甚安殆非就國者也太公聞之夜衣而行犂明至國萊侯來伐與之爭營丘營丘邊萊萊人夷也會紂之亂而周初定未能集遠方是以與太公爭國太公至國修政因其俗簡其禮通商工之業便魚鹽之利而人民多歸齊齊爲大國及周成王少時管蔡作亂淮夷畔周乃使召康公命太公曰東至海西至河南至穆陵北至無棣五侯九伯實得征之齊由此得征伐爲大國都營丘蓋太公之卒百有餘年子丁公呂伋立丁公卒子乙公得立乙公卒子癸公慈母立癸公卒子哀公不辰立哀公時紀侯譖之周周烹哀公而立其弟靜是爲胡公胡公徙都薄姑而當周夷王之時哀公之同母少弟山怨胡公乃與其黨率營丘人襲攻殺胡公而自立是爲獻公獻公元年盡逐胡公子因徙薄姑都治臨菑九年獻公卒子武公壽立武公九年周厲王出奔居彘十年王室亂大臣行政號曰共和二十四年周宣王初立二十六年武公卒子厲公無忌立厲公暴虐故胡公子復入齊齊人欲立之乃與攻殺厲公胡公子亦戰死齊人乃立厲公子赤爲君是爲文公而誅殺厲公者七十八文公十二年卒子成公脫立成公九年卒子莊公購立莊公二十四年犬戎殺幽王周東徙雒秦始列爲諸侯五十六年晉弒其君昭侯六十四年莊公卒子釐公祿甫立釐公九年魯隱公初立十九年魯桓公弒其兄隱公而自立爲君二十五年北戎伐齊鄭使太子忽來救齊齊欲妻之忽曰鄭小齊大非我敵遂辭之三十二年釐公同母弟夷仲年死其子曰公孫無知釐公愛之令其秩服奉養比太子三十三年釐公卒太子諸兒立是爲襄公襄公元年始爲太子時嘗與無知鬬及立絀無知秩服無知怨四年魯桓公與夫人如齊齊襄公故嘗私通魯夫人魯夫人者襄公女弟也自釐公時嫁爲魯桓公婦及桓公來而襄公復通焉魯桓公知之怒夫人夫人以告齊襄公齊襄公與魯君飮醉之使力士彭生抱上魯君車因拉殺魯桓公桓公下車則死矣魯人以爲讓而齊襄公殺彭生以謝魯八年伐紀紀遷去其邑十二年初襄公使連稱管至父戍葵丘瓜時而往及瓜而代往戍一歲卒瓜時而公弗爲發代或爲請代公弗許故此二人怒因公孫無知謀作亂連稱有從妹在公宮無寵使之間襄公曰事成以女爲無知夫人冬十二月襄公游姑棼遂獵沛丘見彘從者曰彭生公怒射之彘人立而啼公懼墜車傷足失屨反而鞭主屨者茀三百茀出宮而無知連稱管至父等聞公傷乃遂率其衆襲宮逢主屨茀茀曰且無入驚宮驚宮未易入也無知弗信茀示之創乃信之待宮外令茀先入茀先入卽匿襄公戶間良久無知等恐遂入宮茀反與宮中及公之幸臣攻無知等不勝皆死無知入宮求公不得或見人足於戶間發視乃襄公遂弑之而無知自立爲

齊公桓公元年春齊君無知游於雍林雍林人嘗有怨無知及其往游雍林人襲殺無知告齊大夫曰無知弒襄公自立臣請行誅唯大夫更立公子之當立者唯命是聽初襄公之醉殺魯桓公通其夫人殺誅數不當淫於婦人數欺大臣羣弟恐禍及故次弟糾奔魯其母魯女也管仲召忽傅之次弟小白奔莒鮑叔傅之小白母衛女也有寵於釐公小白自少好善大夫高傒及雍林人殺無知議立君高國先陰召小白於莒魯聞無知死亦發兵送公子糾而使管仲別將兵遮莒道射中小白帶鉤小白佯死管仲使人馳報魯魯送糾者行益遲六日至齊則小白已入高傒立之是[illegible]桓公桓公之中鉤佯死以誤管仲已而載溫車中馳行亦有高國內應故得先入立發兵距魯秋與魯戰于乾時魯兵敗走齊兵掩絕魯歸道齊遺魯書曰子糾兄弟弗忍誅請魯自殺之召忽管仲讎也請得而甘心醢之不然將圍魯魯人患之遂殺子糾于笙瀆召忽自殺管仲請囚桓公之立發兵攻魯心欲殺管仲鮑叔牙曰臣幸得從君君竟以立君之尊臣無以增君君將治齊卽高傒與叔牙足也君且欲霸王非管夷吾不可夷吾所居國國重不可失也於是桓公從之乃佯爲召管仲欲甘心實欲用之管仲知之故請往鮑叔牙迎受管仲及堂阜而脫桎梏齊祓而見桓公桓公厚禮以爲大夫任政桓公旣得管仲與鮑叔隰朋高傒修齊國政連五家之兵設輕重魚鹽之利以贍貧窮祿賢能齊人皆說二年伐滅郯郯子奔莒初桓公亡時過郯郯無禮故伐之五年伐魯魯將師敗魯莊公請獻遂邑以平桓公許與魯會柯而盟魯將盟曹沬以匕首劫桓公於壇上曰反魯之侵地桓公許

之已而曹沬去匕首北面就臣位桓公後悔欲無與魯地而殺曹沬管仲曰夫劫許之而倍信殺之愈一小快耳而棄信於諸侯失天下之援不可於是遂與曹沬三敗所亡地於魯諸侯聞之皆信齊而欲附焉七年諸侯會桓公於鄄而桓公於是始霸焉十四年陳厲公子完號敬仲來奔齊齊桓公欲以爲卿讓於是以爲工正田成子常之祖也二十三年山戎伐燕燕告急於齊齊桓公救燕遂伐山戎至于孤竹而還燕莊公遂送桓公入齊境桓公曰非天子諸侯相送不出境吾不可以無禮於是分溝割燕君所至與燕命燕君復修召公之政納貢于周如成康之時諸侯聞之皆從齊二十七年魯湣公母曰哀姜桓公女弟也哀姜淫於魯公子慶父慶父殺湣公哀姜欲立慶父魯人更立釐公桓公召哀姜殺之二十八年衛文公有狄亂告急於齊齊率諸侯城楚邱而立衛君二十九年桓公與夫人蔡姬戲船中蔡姬習水蕩公公懼止之不止出船怒歸蔡姬弗絕蔡亦怒嫁其女桓公聞而怒興師征伐三十年春齊桓公率諸侯伐蔡蔡潰遂伐楚楚成王興師問曰何故涉吾地管仲對曰昔召康公命我先君太公曰五侯九伯若實征之以夾輔周室賜我先君履東至海西至河南至穆陵北至無棣楚貢包茅不入王祭不具是以來責昭王南征不復是以來問楚王曰貢之不入寡人罪也敢不共乎昭王之出不復君其問之水濱齊師進次于陘夏楚王使屈完將兵扞齊齊師退次召陵桓公矜屈完以其衆屈完曰君以道則可若不則楚方城以爲城江漢以爲溝君安能進乎乃與屈完盟而去過陳陳轅濤塗詐齊令出東方覺秋齊伐陳是歲晉殺太子申生三十五

年夏會諸侯于葵邱周襄王使宰孔賜桓公文武胙彤弓矢大路命無拜桓公欲許之管仲曰不可乃下拜受賜秋復會諸侯於葵邱益有驕色周使宰孔會諸侯頗有叛者晉侯病後遇宰孔宰孔曰齊侯驕矣弟無行從之是歲晉獻公卒里克殺奚齊卓子秦穆公以夫人入公子夷吾爲晉君桓公於是討晉亂至高梁使隰朋立晉君還是時周室微唯齊楚秦晉爲彊晉初與會獻公死國內亂秦穆公辟遠不與中國會盟楚成王初收荆蠻有之夷狄自置唯齊爲中國會盟而桓公能宣其德故諸侯賓會於是桓公稱曰寡人南伐至召陵望熊山北伐山戎離枝孤竹西伐大夏涉流沙束馬懸車登大行至卑耳山而還諸侯莫違寡人寡人兵車之會三乘車之會六九合諸侯一匡天下昔三代受命者何以異於此乎吾欲封泰山禪梁父管仲固諫不聽乃說桓公以遠方珍怪物至乃得封桓公乃止三十八年周襄王弟帶與戎翟合謀伐周齊使管仲平戎於周周欲以上卿禮管仲管仲頓首曰臣陪臣安敢三讓乃受下卿禮以見三十九年周襄王弟帶來奔齊齊使仲孫請王爲帶謝襄王怒弗聽四十一年秦穆公虜晉惠公復歸之是歲管仲隰朋皆卒管仲病桓公問曰羣臣誰可相者管仲曰知臣莫如君公曰易牙何如對曰殺子以適君非人情不可公曰開方何如對曰倍親以適君非人情難近公曰豎刁如何對曰自宮以適君非人情難親管仲死而桓公不用管仲言卒近用三子三子專權四十二年戎伐周周告急齊齊令諸侯各發卒戍周是歲晉公子重耳來桓公妻之四十三年初齊桓公之夫人三曰王姬徐姬蔡姬皆無子桓公好內多內寵如夫人者

六人長衛姬生無詭少衛姬生惠公元鄭姬生孝公昭葛嬴生昭公潘密姬生懿公商人宋華子生公子雍桓公與管仲屬孝公於宋襄公以爲太子雍巫有寵於衛共姬因宦者豎刁以厚獻於桓公亦有寵桓公許之立無詭管仲卒五公子皆求立冬十月乙亥齊桓公卒易牙入與豎刁因內寵殺羣吏而立公子無詭爲君太子昭奔宋桓公病五公子各樹黨爭立及桓公卒遂相攻以故宮中空莫敢棺桓公尸在牀上六十七日尸蟲出于戶十二月乙亥無詭立乃棺赴辛巳夜斂殯桓公十有餘子要其後立者五人無詭立三月死無謚次孝公次昭公次懿公次惠公孝公元年三月宋襄公率諸侯兵送齊太子昭而伐齊齊人恐殺其君無詭齊人將立太子昭四公子之徒攻太子太子走宋宋遂與齊人四公子戰五月宋敗齊四公子師而立太子昭是爲齊孝公宋以桓公與管仲屬之太子故來征之以亂故八月乃葬齊桓公六年春齊伐宋以其不同盟于齊也夏宋襄公卒七年晉惠公卒十年孝公卒孝公弟潘因衛公子開方殺孝公子而立潘是爲昭公昭公桓公子也其母曰葛嬴昭公元年晉文公敗楚於城濮而會諸侯踐土朝周天子使晉稱伯六年翟侵齊晉文公卒秦兵敗於殽十二年秦穆公卒十九年五月昭公卒子舍立爲齊君舍之母無寵於昭公國人莫畏昭公之弟商人以桓公死爭立而不得陰交賢士附愛百姓百姓說及昭公卒子舍立孤弱卽與衆十月卽墓上弒齊君舍而商人自立是爲懿公懿公桓公子也其母曰密姬懿公四年春初懿公爲公子時與丙戎之父獵爭獲不勝及卽位斷丙戎父足而使丙戎僕庸職之妻好公內之宮使

庸職驂乘五月懿公游於申池二人浴戲職曰斷足子戎曰奪妻者二人俱病此言乃怨謀與公游竹中二人弒懿公車上棄竹中而亡去懿公之立驕民不附齊人廢其子而迎公子元於衛立之是爲惠公惠公桓公子也其母衛女曰少衛姬避齊亂故在衛惠公二年長翟來王子城父攻殺之埋之於北門晉趙穿弒其君靈公十年惠公卒子頃公無野立初崔杼有寵於惠公惠公卒高國畏其偪也逐之崔杼奔衛頃公元年楚莊王彊伐陳二年圍鄭鄭伯降已復國鄭伯六年春晉使郤克於齊齊使夫人帷中而觀之郤克上夫人笑之郤克曰不是報不復涉河歸請伐齊晉侯弗許齊使至晉郤克執齊使者四人河內殺之八年晉伐齊齊以公子彊質晉晉兵去十年春齊伐魯衛魯衛大夫如晉請師皆因郤克晉使郤克以車八百乘爲中軍將士燮將上軍欒書將下軍以救魯衛伐齊六月壬申與齊侯兵合靡笄下癸酉陳于鞌逢丑父爲齊頃公右頃公曰馳之破晉軍會食射傷郤克流血至履克欲還入壁其御曰我始入再傷不敢言疾恐懼士卒願子忍之遂復戰戰齊急丑父恐齊侯得乃易處頃公爲右車絓於木而止晉小將韓厥伏齊侯車前曰寡君使臣救魯衛戲之丑父使頃公下取飲因得亡脫去入其軍晉郤克欲殺丑父丑父曰代君死而見僇後人臣無忠其君者矣克舍之丑父遂得亡歸齊於是晉軍追齊至馬陵齊侯請以寶器謝不聽必得笑克蕭桐叔子對曰叔子齊君母齊君母亦猶晉君母子安置之且子以義伐而以暴爲後其可乎於是乃許令反魯衛之侵地十一年晉初置六卿賞鞌之功齊頃公朝晉欲尊王晉景公晉景公不敢受乃

歸歸而頃公弛苑囿薄賦斂振孤問疾虛積聚以救民民亦大說厚禮諸侯竟頃公卒百姓附諸侯不犯十七年頃公卒子靈公環立靈公九年晉欒書弒其君厲公十年晉悼公伐齊齊令公子光質晉十九年立子光爲太子高厚傅之令會諸侯盟於鍾離二十七年晉使中行獻子伐齊齊師敗靈公走入臨菑晏嬰止靈公靈公弗從曰君亦無勇矣晉兵遂圍臨菑臨菑城守不敢出晉焚郭中而去二十八年初靈公取魯女生子光以爲太子仲姬戎姬戎姬嬖仲姬生子牙屬之戎姬戎姬請以爲太子公許之仲姬曰不可光之立列於諸侯矣今無故廢之君必悔之公曰在我耳遂東太子光使高厚傅牙爲太子靈公疾崔杼迎故太子光而立之是爲莊公莊公殺戎姬五月壬辰靈公卒莊公卽位執太子牙於句竇之邱殺之八月崔杼殺高厚晉聞齊亂伐齊至高唐莊公三年晉大夫欒盈奔齊莊公厚客待之晏嬰田文子諫公弗聽四年齊莊公使欒盈間入晉曲沃爲內應以兵隨之上太行入孟門欒盈敗齊兵還取朝歌六年初棠公妻好棠公死崔杼取之莊公通之數如崔氏以崔杼之冠賜人侍者曰不可崔杼怒因其伐晉欲與晉合謀襲齊而不得間莊公嘗笞宦者賈舉賈舉復侍爲崔杼間公以報怨五月莒子朝齊齊以甲戌饗之崔杼稱病不視事乙亥公問崔杼病遂從崔杼妻崔杼妻入室與崔杼自閉戶不出公擁柱而歌宦者賈舉遮公從官而入閉門崔杼之徒持兵從中起公登臺而請解不許請盟不許請自殺於廟不許皆曰君之臣杼疾病不能聽命近於公宮陪臣干掫有淫者不知二命公踰牆射中公股公反墜遂弒之晏嬰立崔杼門外曰君

爲社稷死則死之爲社稷亡則亡之若爲己死己亡非其私暱誰敢任之門開而入枕公尸而哭三踊而出人謂崔杼必殺之崔杼曰民之望也舍之得民丁丑崔杼立莊公異母弟杵臼是爲景公景公母魯叔孫宣伯女也景公立以崔杼爲右相慶封爲左相二相恐亂起乃與國人盟曰不與崔慶者死晏子仰天曰嬰所不獲唯忠於君利社稷者是從不肯盟慶封欲殺晏子崔杼曰忠臣也舍之齊太史書曰崔杼弑莊公崔杼殺之其弟復書崔杼復殺之少弟復書崔杼乃舍之景公元年初崔杼生子成及彊其母死取東郭女生明東郭女使其前夫子無咎與其弟偃相崔氏成有罪二相急治之立明爲太子成請老於崔杼崔杼許之二相弗聽曰崔宗邑不可成彊怒告慶封慶封與崔杼有郤欲其敗也成彊殺無咎偃於崔杼家家皆奔亡崔杼怒無人使一宦者御見慶封慶封曰請爲子誅之使崔杼仇盧蒲嫳攻崔氏殺成彊盡滅崔氏崔氏婦自殺崔杼無歸亦自殺慶封爲相國專權三年十月慶封出獵初慶封已殺崔杼益驕嗜酒好獵不聽政令慶舍用政已有內郤田文子謂桓子曰亂將作田鮑高欒氏相與謀慶舍發甲圍慶封宮四家徒共擊破之慶封還不得入奔魯齊人讓魯封奔吳吳與之朱方聚其族而居之富於在齊其秋齊人徙葬莊公僇崔杼尸於市以說衆九年景公使晏嬰之晉與叔向私語曰齊政卒歸田氏田氏雖無大德以公權私有德於民民愛之十二年景公如晉見平公欲與伐燕十八年公復如晉見昭公二十六年獵魯郊因入魯與晏嬰俱問魯禮三十一年魯昭公辟季氏難奔齊齊欲以千社封之子家止昭公昭公乃請齊伐魯取鄆以居昭公三十一年彗星見景公坐柏寢歎曰堂堂誰有此乎羣臣皆泣晏子笑公怒晏子曰臣笑羣臣諛甚景公曰彗星出東北當齊分野寡人以爲憂晏子曰君高臺深池賦歛如弗得刑罰恐弗勝茀星將出彗星何懼乎公曰可禳否晏子曰使神可祝而來亦可禳而去也百姓苦怨以萬數而君令一人禳之安能勝衆口乎是時景公好治宮室聚狗馬奢侈厚賦重刑故晏子以此諫之四十二年吳王闔閭伐楚入郢四十七年魯陽虎攻其君不勝奔齊請齊伐魯鮑子諫景公乃囚陽虎陽虎得亡奔晉四十八年與魯定公好會夾谷犂鉏曰孔丘知禮而怯請令萊人爲樂因執魯君可得志景公害孔丘相魯懼其霸故從犂鉏之計方會進萊樂孔子歷階上使有司執萊人斬之以禮讓景公景公慙乃歸魯侵地以謝而罷去是歲晏嬰卒五十五年范中行反其君於晉晉攻之急來請粟田乞欲爲亂樹黨於逆臣說景公曰范中行數有德於齊不可不救乃使乞救而輸之粟五十八年夏景公夫人燕姬適子死景公寵妾芮姬生子荼荼少其母賤無行諸大夫恐其爲嗣乃言願擇諸子長賢者爲太子景公老惡言嗣事又愛荼母欲立之憚發之口乃謂諸大夫曰爲樂耳國何患無君乎秋景公病命國惠子高昭子立少子荼爲太子逐羣公子遷之萊景公卒太子荼立是爲晏孺子冬未葬而羣公子畏誅皆出亡荼諸異母兄公子壽駒黔奔衛公子駔陽生奔魯萊人歌之曰景公死乎弗與埋三軍事乎弗與謀師乎師乎胡黨之乎晏孺子元年春田乞僞事高國者每朝乞參乘言曰子得君大夫皆自危欲謀作亂又謂諸大夫曰高昭子可畏及未發先之大夫從之六月田乞鮑牧乃與大夫以兵入公宮攻高昭子昭子聞之與國惠子救公公師敗田乞之徒追之國惠子奔莒遂反殺高昭子晏圉奔魯八月齊秉意茲田乞敗二相乃使人之魯召公子陽生陽生至齊私匿田乞家十月戊子田乞請諸大夫曰常之母有魚菽之祭幸來會飲會飲田乞盛陽生橐中置坐中央發橐出陽生曰此乃齊君矣大夫皆伏謁將與大夫盟而立之鮑牧醉乞誣大夫曰吾與鮑牧謀共立陽生鮑牧怒曰子忘景公之命乎諸大夫相視欲悔陽生前頓首曰可則立之否則已鮑牧恐禍起乃復曰皆景公子也何爲不可乃與盟立陽生是爲悼公悼公入宮使人遷晏孺子於駘殺之幕下而逐孺子母芮子芮子故賤而孺子少故無權國人輕之悼公元年齊伐魯取讙闡初陽生亡在魯季康子以其妹妻之及歸即位使迎之季姬與季魴侯通言其情魯弗敢與故齊伐魯竟迎季姬季姬嬖齊復歸魯侵地鮑子與悼公有郤不善四年吳魯伐齊南方鮑子弑悼公赴于吳吳王夫差哭於軍門外三日將從海入討齊齊人敗之吳師乃去晉趙鞅伐齊至賴而去齊人共立悼公子壬是爲簡公簡公四年春初簡公與父陽生俱在魯也闞止有寵焉及即位使爲政田成子憚之驟顧於朝御鞅言簡公曰田闞不可並也君其擇焉弗聽子我夕田逆殺人逢之遂捕以入田氏方睦使囚病而遺守囚者酒醉而殺守者得亡子我盟諸田於陳宗初田豹欲爲子我臣使公孫言豹豹有喪而止後卒以爲臣幸於子我子我謂曰吾盡逐田氏而立女可乎對曰我遠田氏矣且其違者不過數人何盡逐焉遂告田氏子行曰彼得君弗先必禍子子行舍於公

宮夏五月壬申成子兄弟四乘如公子我在幄出迎之遂入閉門宦者禦之子行殺宦者公與婦人飲酒于檀臺成子遷諸寢公執戈將擊之太史子餘曰非不利也將除害也成子出舍于庫聞公猶怒將出曰何所無君子行拔劍曰需事之賊也誰非田宗所不殺子者有如田宗乃止子我歸屬徒攻闈與大門皆弗勝乃出田氏追之豐邱人執子我以告殺之郭關成子將殺大陸子方田逆請而免之以公命取車於道田豹與之車弗受曰逆爲余請豹與余車余有私焉事之我而有私於其讐何以見魯衞之士庚辰田常執簡公于徐州公曰余蚤從御鞅言不及此甲午田常弑簡公于徐州田常乃立簡公弟驁是爲平公平公即位田常相之專齊之政割齊安平以東爲田氏封邑平公八年越滅吳二十五年卒子宣公積立宣公五十一年卒子康公貸立田會反廩邱康公二年韓魏趙始列爲諸侯十九年田常曾孫田和始爲諸侯遷康公海濱二十六年康公卒吕氏遂絕其祀田氏卒有齊國爲齊威王彊於天下

陳杞

陳胡公滿者虞帝舜之後也昔舜爲庶人時堯妻之二女居于嬀汭其後因爲氏姓姓嬀氏舜已崩傳禹天下而舜子商均爲封國夏后之時或失或續至于周武王克殷紂乃復求舜後得嬀滿封之於陳以奉帝舜祀是爲胡公胡公卒子申公犀侯立申公卒弟相公皐羊立相公卒立申公子突是爲孝公孝公卒子慎公圉戎立慎公當周厲王時慎公卒子幽公寧立幽公十二年周厲王奔于彘二十三年幽公卒子釐公孝立釐公六年周宣王即位三十六年釐公卒子武公靈立武公十五年卒子夷公說立是歲周幽王即位夷公三年卒弟平公燮立平公七年周幽王爲犬戎所殺周東徙秦始列爲諸侯二十三年平公卒子文公圉立文公元年取蔡女生子佗十年文公卒長子桓公鮑立桓公二十三年魯隱公初立二十六年衞殺其君州吁三十三年魯弑其君隱公三十八年正月甲戌己丑陳桓公鮑卒桓公弟佗其母蔡女故蔡人爲佗殺五父及桓公太子免而立佗是爲厲公桓公病而亂作國人分散故再赴厲公二年生子敬仲完周太史過陳陳厲公使以周易筮之得觀之否曰是爲觀國之光利用賓于王此其代陳有國乎不在此其在異國必姜姓姜姓太嶽之後物莫能兩大陳衰此其昌乎厲公取蔡女蔡女與蔡人亂厲公數如蔡淫七年厲公所殺桓公太子免之三弟長曰躍中曰林少曰杵臼共令蔡人誘厲公以好女與蔡人共殺厲公而立躍是爲利公利公者桓公子也利公立五月卒立中弟林是爲莊公莊公七年卒少弟杵臼立是爲宣公宣公三年楚武王卒楚始彊十七年周惠王娶陳女爲后二十一年宣公後有嬖姬生子款欲立之乃殺其太子禦寇禦寇素愛厲公子完完懼禍及己奔齊齊桓公欲使陳完爲卿完曰羈旅之臣幸得免負擔君之惠也不敢當高位桓公使爲工正齊懿仲欲妻完敬仲卜之占曰是謂鳳皇于飛和鳴鏘鏘有嬀之後將育于姜五世其昌並于正卿八世之後莫之與京三十七年齊桓公伐蔡蔡東道惡桓公怒執陳轅濤塗是歲晉獻公殺其太子申生四十五年宣公卒子款立是爲穆公穆公五年齊桓公卒十六年晉文公敗楚師于城濮是歲穆公卒子共公朔立共公六年楚太子商臣弑其父成王代立是爲穆王十一年秦穆公卒十八年共公卒子靈公平國立靈公元年楚莊王即位六年楚伐陳十年陳及楚平十四年靈公與其大夫孔寧儀行父皆通於夏姬衷其衣以戲於朝泄冶諫曰君臣淫亂民何效焉靈公以告二子二子請殺泄冶公弗禁遂殺泄冶十五年靈公與二子飲於夏氏公戲二子曰徵舒似汝二子曰亦似公徵舒怒靈公罷酒出徵舒伏弩廐門射殺靈公孔寧儀行父皆奔楚靈公太子午奔晉徵舒自立爲陳侯徵舒故陳大夫也夏姬御叔之妻舒之母也成公元年冬楚莊王爲夏徵舒殺靈公率諸侯伐陳謂陳曰無驚吾誅徵舒而已已誅徵舒因縣陳而有之羣臣畢賀申叔時使於齊來還獨不賀莊王問其故對曰鄙語有之牽牛徑人田田主奪之牛徑則有罪矣奪之牛不亦甚乎今王以徵舒爲賊弑君故徵兵諸侯以義伐之已而取之以利其地則後何以令於天下是以不賀莊王曰善乃迎陳靈公太子午於晉而立之復君陳如故是爲成公孔子讀史記至楚復陳曰賢哉楚莊王輕千乘之國而重一言二十八年楚莊王卒二十九年陳倍楚盟三十年楚共王伐陳是歲成公卒子哀公弱立楚以陳喪罷兵去哀公三年楚圍陳復釋之二十八年楚公子圍弑其君郟敖自立爲靈王三十四年初哀公娶鄭長姬生悼太子師少姬生偃二嬖妾長妾生留少妾生勝留有寵哀公哀公屬之其弟司徒招哀公病三月招殺悼太子立留爲太子哀公怒欲誅招招發兵圍守哀公哀公自經殺招卒立留爲陳君四月陳使使赴楚楚靈王聞陳亂乃殺陳使者使公子弃疾發兵伐陳陳君留奔鄭九月楚圍陳十一月滅陳使弃疾爲陳

君招之殺悼太子也太子之子名吳出奔晉晉平公問太史趙曰陳遂亡乎對曰陳顓頊之族陳氏得政於齊乃卒亡自幕至于瞽叟無違命舜重之以明德至於遂世世守之及胡公周賜之姓使祀虞帝且盛德之後必百世祀虞之世未也其在齊乎楚靈王滅陳五歲楚公子弃疾弑靈王代立是爲平王平王初立欲得和諸侯乃求故陳悼太子師之子吳立爲陳侯是爲惠公惠公立探續哀公卒時年而爲元空籍五歲矣十年陳火十五年吳王僚使公子光伐陳取胡沈而去二十八年吳王闔閭與子胥敗楚入郢是年惠公卒子懷公柳立懷公元年吳破楚在郢召陳侯陳侯欲往大夫曰吳新得意楚王雖亡與陳有故不可倍懷公乃以疾謝吳四年吳復召懷公懷公恐如吳吳怒其前不往留之因卒吳陳乃立懷公之子越是爲湣公湣公六年孔子適陳吳王夫差伐陳取三邑而去十三年吳復來伐陳陳告急楚楚昭王來救軍於城父吳師去是年楚昭王卒於城父時孔子在陳十五年宋滅曹十六年吳王夫差伐齊敗之艾陵使人召陳侯陳侯恐如吳楚伐陳二十一年齊田常弑其君簡公二十三年楚之白公勝殺令尹子西子綦襲惠王葉公攻敗白公白公自殺二十四年楚惠王復國以兵北伐殺陳湣公遂滅陳而有之是歲孔子卒

杞東樓公者夏后禹之後苗裔也殷時或封或絕周武王克殷紂求禹之後得東樓公封之於杞以奉夏后氏祀東樓公生西樓公西樓公生題公題公生謀娶公謀娶公當周厲王時謀娶公生武公武公立四十七年卒子靖公立靖公二十三年卒子共公立共公八年卒子德公立德公十八年卒弟桓公姑容立桓公十七年卒子孝公丐立孝公十七年卒弟文公益姑立文公十四年卒弟平公鬱立平公十八年卒子悼公成立悼公十二年卒子隱公乞立七月隱公弟遂弑隱公自立是爲釐公釐公十九年卒子湣公維立湣公十五年楚惠王滅陳湣公弟閼路弑湣公代立是爲哀公哀公立十年卒湣公子敕立是爲出公十二年卒子簡公春立立一年楚惠王之四十四年滅杞杞後陳亡三十四年杞小微其事不足稱述

宋

微子開者殷帝乙之首子而紂之庶兄也紂既立不明淫亂於政微子數諫紂不聽及祖伊以周西伯昌之修德滅阢阢國懼禍至以告紂紂曰我生不有命在天乎是何能爲於是微子度紂終不可諫欲死之及去未能自決乃問於太師少師曰殷不有治政不治四方我祖遂陳於上紂沈湎於酒婦人是用亂敗湯德於下殷既小大好草竊姦軌卿士師師非度皆有罪辜乃無維獲小民乃並興相爲敵讐今殷其淪喪若涉水無津涯殷遂喪越至於今曰太師少師我其發出狂吾家保於喪今女無故告予顚隮如之何其太師若曰王子天篤下菑亡殷國乃毋畏畏不用耇長今殷民乃陋淫神祇之祀今誠得治國國治身死不恨爲死終不得治不如去遂亡箕子者紂親戚也紂始爲象箸箕子歎曰彼爲象箸必爲玉杯爲杯則必思遠方珍怪之物而御之矣輿馬宮室之漸自此始不可振也紂爲淫泆箕子諫不聽人或曰可以去矣箕子曰爲人臣諫不聽而去是彰君之惡而自說於民吾不忍爲也乃被髮佯狂而爲奴遂隱而鼓琴以自悲故傳之曰箕子操王子比干者亦紂之親戚也見箕子諫不聽而爲奴則曰君有過而不以死爭則百姓何辜乃直言諫紂紂怒曰吾聞聖人之心有七竅信有諸乎乃遂殺王子比干刳視其心微子曰父子有骨肉而臣主以義屬故父有過子三諫不聽則隨而號之人臣三諫不聽則其義可以去矣於是太師少師乃勸微子去遂行周武王伐紂克殷微子乃持其祭器造於軍門肉袒面縛左牽羊右把茅膝行而前以告於是武王乃釋微子復其位如故武王封紂子武庚祿父以續殷祀使管叔蔡叔傅相之武王既克殷訪問箕子武王曰於乎維天陰定下民相和其居我不知其常倫所序箕子對曰在昔鯀陻洪水汨陳其五行帝乃震怒不從洪範九等常倫所斁鯀則殛死禹乃嗣興天乃錫禹洪範九等常倫所序初一曰五行二曰五事三曰八政四曰五紀五曰皇極六曰三德七曰稽疑八曰庶徵九曰嚮用五福畏用六極五行一曰水二曰火三曰木四曰金五曰土水曰潤下火曰炎上木曰曲直金曰從革土曰稼穡潤下作鹹炎上作苦曲直作酸從革作辛稼穡作甘五事一曰貌二曰言三曰視四曰聽五曰思貌曰恭言曰從視曰明聽曰聰思曰睿恭作肅從作治明作智聰作謀睿作聖八政一曰食二曰貨三曰祀四曰司空五曰司徒六曰司寇七曰賓八曰師五紀一曰歲二曰月三曰日四曰星辰五曰歷數皇極皇建其行極歛時五福用傅錫其庶民維時其庶民于女極錫六保極凡厥庶民毋有淫朋人毋有比德維皇作極凡厥庶民有猷有爲有守女則念之不協于極不離于咎皇則受之而安而色曰予所好德女則錫之福時人

斯其維皇之極毋侮鰥寡而畏高明人之有能有爲使羞其行而國其昌凡厥正人既富方穀女不能使有好于而家時人斯其辜予其毋好女雖錫之福其作女用咎毋偏毋頗遵王之義毋有作好遵王之道毋有作惡遵王之路毋偏毋黨王道蕩蕩毋黨毋偏王道平平毋反毋側王道正直會其有極歸其有極曰王極之傅言是夷是訓于帝其順凡厥庶民極之傅言是順是行以近天子之光曰天子作民父母以爲天下王三德一曰正直二曰剛克三曰柔克平康正直彊不友剛克變友柔克沈潛剛克高明柔克維辟作福維辟作威維辟玉食臣無有作福作威玉食臣有作福作威玉食其害于而家凶于而國人用側頗辟民用僭忒稽疑擇建立卜筮人乃命卜筮曰雨曰霽曰蒙曰霧曰克曰貞曰悔凡七卜五占之用二衍忒立時人爲卜筮三人占則從二人之言女則有大疑謀及女心謀及卿士謀及庶人謀及卜筮女則從龜從筮從卿士從庶民從是之謂大同而身其康彊而子孫其逢吉女則從龜從筮從卿士逆庶民逆吉卿士從龜從筮從女則逆庶民逆吉庶民從龜從筮從女則逆卿士逆吉女則從龜從筮逆卿士逆庶民逆作內吉作外凶龜筮共違于人用靜吉用作凶庶徵曰雨曰暘曰燠曰寒曰風曰時五者來備各以其序庶草繁廡一極備凶一極亡凶曰休徵曰肅時雨若曰治時暘若曰知時燠若曰謀時寒若曰聖時風若曰咎徵曰狂常雨若曰僭常暘若曰舒常燠若曰急常寒若王眚維歲卿士維月師尹維日歲月日時毋易百穀用成治用明畯民用章家用平康日月歲時既易百穀用不成治用昏不明畯民用微家用不寧庶民維星星有好風星有好雨日月之行有冬有夏月之從星則以風雨五福一曰壽二曰富三曰康寧四曰攸好德五曰考終命六極一曰凶短折二曰疾三曰憂四曰貧五曰惡六曰弱於是武王乃封箕子於朝鮮而不臣也其後箕子朝周過故殷墟感宮室毀壞生禾黍箕子傷之欲哭則不可欲泣爲其近婦人乃作麥秀之詩以歌詠之其詩曰麥秀漸漸兮禾黍油油彼狡僮兮不與我好兮所謂狡僮者紂也殷民聞之皆爲流涕武王崩成王少周公旦代行政當國管蔡疑之乃與武庚作亂欲襲成王周公周公既承成王命誅武庚殺管叔放蔡叔乃命微子開代殷後奉其先祀作微子之命以申之國于宋微子故能仁賢乃代武庚故殷之餘民甚戴愛之微子開卒立其弟衍是爲微仲微仲卒子宋公稽立宋公稽卒子丁公申立丁公申卒子湣公共立湣公共卒弟煬公熙立煬公即位湣公子鮒祀弑煬公而自立曰我當立是爲厲公厲公卒子釐公舉立釐公十七年周厲王出奔彘二十八年釐公卒子惠公覸立惠公四年周宣王即位三十年惠公卒子哀公立哀公元年卒子戴公立戴公二十九年周幽王爲犬戎所殺秦始列爲諸侯三十四年戴公卒子武公司空立武公生女爲魯惠公夫人生魯桓公十八年武公卒子宣公力立宣公有太子與夷十九年宣公病讓其弟和曰父死子繼兄死弟及天下通義也我其立和和亦三讓而受之宣公卒弟和立是爲穆公穆公九年病召大司馬孔父謂曰先君宣公舍太子與夷而立我我不敢忘我死必立與夷也孔父曰羣臣皆願立公子馮穆公曰毋立馮吾不可以負宣公於是穆公使馮出居于鄭八月庚辰穆公卒兄宣公子與夷立是爲殤公君子聞之曰宋宣公可謂知人矣立其弟以成義然卒其子復享之殤公元年衞公子州吁弑其君完自立欲得諸侯使告於宋曰馮在鄭必爲亂可與我伐之宋許之與伐鄭至東門而還二年鄭伐宋以報東門之役其後諸侯數來侵伐九年大司馬孔父嘉妻好出道遇太宰華督督說目而觀之督利孔父妻乃使人宣言國中曰殤公即位十年耳而十一戰民苦不堪皆孔父爲之我且殺孔父以寧民是歲魯弑其君隱公十年華督攻殺孔父取其妻殤公怒遂弑殤公而迎穆公子馮於鄭而立之是爲莊公莊公元年華督爲相九年執鄭之祭仲要以立突爲鄭君祭仲許竟立突十九年莊公卒子湣公捷立湣公七年齊桓公即位九年宋水魯使臧文仲往弔水湣公自罪曰寡人以不能事鬼神政不修故水臧文仲善此言乃公子子魚教湣公也十年夏宋伐魯戰於乘邱魯生虜宋南宮萬宋人請萬萬歸宋十一年秋湣公與南宮萬獵因博爭行湣公怒辱之曰始吾敬若今若魯虜也萬有力病此言遂以局殺湣公于蒙澤大夫仇牧聞之以兵造公門萬博牧牧齒著門闔死因殺太宰華督乃更立公子游爲君諸公子奔蕭公子禦說奔亳萬弟南宮牛將兵圍亳冬蕭及宋之諸公子共擊殺南宮牛弑宋新君游而立湣公弟禦說是爲桓公宋萬奔陳宋人請以賂陳陳人使婦人飲之醇酒以革裹之歸宋宋人醢萬也桓公二年諸侯伐宋至郊而去三年齊桓公始霸二十三年迎衞公子燬於齊立之是爲衞文公文公女弟爲桓公夫人秦穆公即位三十年桓公病太子茲甫讓其庶兄目夷爲嗣桓公義太子意竟不聽三十一年春桓公

卒太子茲甫立是爲襄公以其庶兄目夷爲相未葬而齊桓公會諸侯于葵邱襄公往會襄公七年宋地霣星如雨與雨偕下六鷁退蜚風疾也八年齊桓公卒宋爲盟會十二年春宋襄公爲鹿上之盟以求諸侯於楚楚人許之公子目夷諫曰小國爭盟禍也不聽秋諸侯會宋公盟于盂目夷曰禍在此乎君欲已甚何以堪之於是楚執宋襄公以伐宋冬會于亳以釋宋公子魚曰禍猶未也十三年夏宋伐鄭子魚曰禍在此矣秋楚伐宋以救鄭襄公將戰子魚諫曰天之棄商久矣不可冬十一月襄公與楚成王戰于泓楚人未濟目夷曰彼衆我寡及其未濟擊之公不聽已濟未陳又曰可擊公曰待其已陳陳成宋人擊之宋師大敗襄公傷股國人皆怨公公曰君子不困人於阨不鼓不成列子魚曰兵以勝爲功何常言與必如公言卽奴事之耳又何戰爲楚成王已救鄭鄭享之去而取鄭二姬以歸叔瞻曰成王無禮其不沒乎爲禮卒於無別有以知其不遂霸也是年晉公子重耳過宋襄公以傷於楚欲得晉援厚禮重耳以馬二十乘十四年夏襄公病傷於泓而竟卒子成公王臣立成公元年晉文公卽位三年倍楚盟親晉以有德於文公也四年楚成王伐宋宋告急於晉五年晉文公救宋楚兵去九年晉文公卒十一年楚太子商臣弒其父成王代立十六年秦穆公卒十七年成公卒成公弟禦殺太子及大司馬公孫固而自立爲君宋人共殺君禦而立成公少子杵臼是爲昭公昭公四年宋敗長翟緣斯於長邱七年楚莊王卽位九年昭公無道國人不附昭公弟鮑革賢而下士先襄公夫人欲通於公子鮑不可乃助之施於國因大夫華元爲右師昭公出獵夫人王姬使衛伯攻殺昭公杵臼弟鮑革立是爲文公文公元年晉率諸侯伐宋責以弒君聞文公定立乃去二年昭公子因文公母弟須與武繆戴莊桓之族爲亂文公盡誅之出武繆之族四年春楚命鄭伐宋宋使華元將鄭敗宋囚華元華元之將戰殺羊以食士其御羊羹不及故怨馳入鄭軍故宋師敗得囚華元宋以兵車百乘文馬四百疋贖華元未盡入華元亡歸宋十四年楚莊王圍鄭鄭伯降楚楚復釋之十六年楚使過宋宋有前仇執楚使九月楚莊王圍宋十七年楚以圍宋五月不解宋城中急無食華元乃夜私見楚將子反子反告莊王王問城中何如曰析骨而炊易子而食莊王曰誠哉言我軍亦有七日糧以信故遂罷兵去二十二年文公卒子共公瑕立始厚葬君子譏華元不臣矣共公元年華元善楚將子重又善晉將欒書兩盟晉楚十三年共公卒華元爲右師魚石爲左師司馬唐山攻殺太子肥欲殺華元華元奔晉魚石止之至河乃還誅唐山乃立共公少子成是爲平公平公三年楚共王伐宋之彭城以封宋左師魚石四年諸侯共誅魚石而歸彭城於宋三十五年楚公子圍弒其君自立爲靈王四十四年平公卒子元公佐立元公三年楚公子棄疾弒靈王自立爲平王八年宋火十年元公毋信詐殺諸公子大夫華向氏作亂楚平王太子建來奔見諸華氏相攻亂建去如鄭十五年元公爲魯昭公避季氏居外爲之求入魯行道卒子景公頭曼立景公十六年魯陽虎來奔已復去二十五年孔子過宋宋司馬桓魋惡之欲殺孔子孔子微服去三十年曹倍宋又倍晉宋伐曹晉不救遂滅曹有之三十六年齊田常弒簡公三十七年楚惠王滅陳熒惑守心心宋之分野也景公憂之司星子韋曰可移於相景公曰相吾之股肱曰可移於民景公曰君者待民曰可移於歲景公曰歲饑民困吾誰爲君子韋曰天高聽卑君有君人之言三熒惑宜有動於是候之果徙三度六十四年景公卒宋公子特攻殺太子而自立是爲昭公昭公者元公之曾庶孫也昭公父公孫糾糾父公子褍秦褍秦卽元公少子也景公殺昭父糾故昭公怨殺太子而自立昭公四十七年卒子悼公購由立悼公八年卒子休公田立休公田二十三年卒子辟公辟兵立辟公三年卒子剔成立剔成四十一年剔成弟偃攻襲剔成剔成敗奔齊偃自立爲宋君君偃十一年自立爲王東敗齊取五城南敗楚取地三百里西敗魏軍乃與齊魏爲敵國盛血以韋囊縣而射之命曰射天淫於酒婦人羣臣諫者輒射之於是諸侯皆曰桀宋宋其復爲紂所爲不可不誅告齊伐宋王偃立四十七年齊湣王與魏楚伐宋殺王偃遂滅宋而三分其地

楚

楚之先祖出自帝顓頊高陽高陽者黃帝之孫昌意之子也高陽生稱稱生卷章卷章生重黎重黎爲帝嚳高辛居火正甚有功能光融天下帝嚳命曰祝融共工氏作亂帝嚳使重黎誅之而不盡帝乃以庚寅日誅重黎而以其弟吳回爲重黎後復居火正爲祝融吳回生陸終陸終生子六人坼剖而產焉其長一曰昆吾二曰參胡三曰彭祖四曰會人五曰曹姓六曰季連芈姓楚其後也昆吾氏夏之時嘗爲侯伯桀之時湯滅之彭祖氏殷之時嘗爲侯伯殷之末世滅彭祖氏季連生附沮附

沮生穴熊其後中微或在中國或在蠻夷弗能紀其世周文王之時季連之苗裔曰鬻熊鬻熊子事文王蚤卒鬻熊子曰熊麗熊麗生熊繹熊繹當周成王之時舉文武勤勞之後嗣而封熊繹於楚蠻封以子男之田姓芊氏居丹陽楚子熊繹與魯公伯禽衞康叔子牟晉侯燮齊太公子呂伋俱事成王熊繹生熊艾熊艾生熊黮熊黮生熊勝熊勝以弟熊楊爲後熊楊生熊渠熊渠生子三人當周夷王之時王室微諸侯或不朝相伐熊渠甚得江漢間民和乃興兵伐庸楊粵至于鄂熊渠曰我蠻夷也不與中國之號謚乃立其長子康爲句亶王中子紅爲鄂王少子執疵爲越章王皆在江上楚蠻之地及周厲王之時暴虐熊渠畏其伐楚亦去其王後爲熊毋康毋康早死熊渠卒子熊摯紅立摯紅卒其弟弒而代立曰熊延熊延生熊勇熊勇六年而周人作亂攻厲王厲王出奔彘熊勇十年卒弟熊嚴十年卒有子四人長子伯霜中子仲雪次子叔堪少子季徇熊嚴卒長子伯霜代立是爲熊霜熊霜元年周宣王初立熊霜六年卒三弟爭立仲雪死叔堪亡避難於濮而少弟季徇立是爲熊徇熊徇十六年鄭桓公初封於鄭二十二年熊徇卒子熊咢立熊咢九年卒子熊儀立是爲若敖若敖二十年周幽王爲犬戎所弒周東徙而秦襄公始列爲諸侯二十七年若敖卒子熊坎立是爲霄敖霄敖六年卒子熊眴立是爲蚡冒蚡冒十三年晉始亂以曲沃之故蚡冒十七年卒蚡冒弟熊通弒蚡冒子而代立是爲楚武王武王十七年晉之曲沃莊伯弒主國晉孝侯十九年鄭伯弟段作亂二十一年鄭侵天子之田二十一年衞弒其君桓公二十九年魯弒其君隱公三十一年宋太宰華督弒其君殤公三十五年楚伐隨隨曰我無罪楚曰我蠻夷也今諸侯皆爲叛相侵或相殺我有敝甲欲以觀中國之政請王室尊吾號隨人爲之周請尊楚王室不聽還報楚三十七年楚熊通怒曰吾先鬻熊文王之師也早終成王舉我先公乃以子男田令居楚蠻夷皆率服而王不加位我自尊耳乃自立爲武王與隨人盟而去於是始開濮地而有之五十一年周召隨侯數以立楚爲王楚怒以隨背己伐隨武王卒師中而兵罷子文王熊貲立始都郢文王二年伐申過鄧鄧人曰楚王易取鄧侯不許也六年伐蔡虜蔡哀侯以歸已而釋之楚彊陵江漢間小國小國皆畏之十一年齊桓公始霸楚亦始大十二年伐鄧滅之十五年卒子熊囏立是爲杜敖杜敖五年欲殺其弟熊惲惲奔隨與隨襲弒杜敖代立是爲成王成王惲元年初卽位布德施惠結舊好於諸侯使人獻天子天子賜胙曰鎭爾南方夷越之亂無侵中國於是楚地千里十六年齊桓公以兵侵楚至陘山楚成王使將軍屈完以兵禦之與桓公盟桓公數以周之賦不入王室楚許之乃去十八年成王以兵北伐許許君肉袒謝乃釋之二十二年伐黃二十六年滅英三十三年宋襄公欲爲盟會召楚楚王怒曰召我我將好往襲辱之遂行至盂遂執辱宋公已而歸之三十四年鄭文公南朝楚楚成王北伐宋敗之泓射傷宋襄公襄公遂病創死三十五年晉公子重耳過成王以諸侯客禮饗而厚送之於秦三十九年魯僖公來請兵以伐齊楚使申侯將兵伐齊取穀置齊桓公子雍焉齊桓公七子皆奔楚楚盡以爲上大夫滅夔夔不祀祝融鬻熊故也夏伐宋宋告急於晉晉救宋成王罷歸將軍子玉請戰成王曰重耳亡居外久卒得反國天之所開不可當子玉固請乃與之少師而去晉果敗子玉於城濮成王怒誅子玉四十六年初成王將以商臣爲太子語令尹子上子上曰君之齒未也而又多內寵絀乃亂也楚國之舉常在少者且商臣蠭目而豺聲忍人也不可立之王不聽立之後又欲立子職而絀太子商臣商臣聞而未審也告其傅潘崇曰何以得其實崇曰饗王之寵姬江芊而勿敬也商臣從之江芊怒曰宜乎王之欲殺若而立職也商臣告潘崇曰信矣崇曰能事之乎曰不能能亡去乎曰不能能行大事乎曰能冬十月商臣以宮衞兵圍成王成王請食熊蹯而死不聽丁未成王自絞殺商臣代立是爲穆王穆王立以其太子宮予潘崇使爲太師掌國事穆王三年滅江四年滅六蓼皐陶之後八年伐陳十二年卒子莊王侶立莊王卽位三年不出號令日夜爲樂令國中曰有敢諫者死無赦伍舉入諫莊王左抱鄭姬右抱越女坐鐘鼓之間伍舉曰願有進隱曰有鳥在於阜三年不蜚不鳴是何鳥也莊王曰三年不蜚蜚將沖天三年不鳴鳴將驚人舉退矣吾知之矣居數月淫益甚大夫蘇從乃入諫王曰若不聞令乎對曰殺身以明君臣之願也於是乃罷淫樂聽政所誅者數百人所進者數百人任伍舉蘇從以政國人大說是歲滅庸六年伐宋獲五百乘八年伐陸渾戎遂至洛觀兵於周郊周定王使王孫滿勞楚王楚王問鼎小大輕重對曰在德不在鼎莊王曰子無阻九鼎楚國折鉤之喙足以爲九鼎王孫滿曰嗚呼君王其忘之乎昔虞夏之盛遠方皆至貢金九牧鑄鼎象物百物而爲之備使民知神姦桀有亂德鼎遷於殷載祀六百

殷紂暴虐鼎遷於周德之休明雖小必重其姦回昏亂雖大必輕昔成王定鼎于郟鄏卜世三十卜年七百天所命也周德雖衰天命未改鼎之輕重未可問也楚王乃歸九年相若敖氏人或譖之王恐誅反攻王王擊滅若敖氏之族十三年滅舒十六年伐陳殺夏徵舒徵舒弑其君故誅之也已破陳卽縣之羣臣皆賀申叔時使齊來不賀王問對曰鄙語曰牽牛徑人田田主取其牛徑者則不直矣取之牛不亦甚乎且王以陳之亂而率諸侯伐之以義伐之而貪其縣亦何以復令於天下莊王乃復國陳後十七年春楚莊王圍鄭三月克之入自皇門鄭伯肉袒牽羊以逆曰孤不天不能事君君用懷怒以及敝邑孤之罪也敢不唯命是聽賓之南海若以臣妾賜諸侯亦唯命是聽若君不忘厲宣桓武不絕其社稷使改事君孤之願也非所敢望也敢布腹心楚羣臣曰王勿許莊王曰其君能下人必能信用其民庸可絕乎莊王自手旗左右麾軍引兵去三十里而舍遂許之平潘尫入盟子良出質夏六月晉救鄭與楚戰大敗晉師河上遂至衡雍而歸二十年圍宋以殺楚使也圍宋五月城中食盡易子而食析骨而炊宋華元出告以情莊王曰君子哉遂罷兵去二十三年莊王卒子共王審立共王十六年晉伐鄭鄭告急共王救鄭與晉兵戰鄢陵晉敗楚射中共王目共王召將軍子反子反嗜酒從者豎陽穀進酒醉王怒射殺子反遂罷兵歸三十一年共王卒子康王招立康王立十五年卒子員立是爲郟敖康王寵弟公子圍子比子晳棄疾郟敖三年以其季父康王弟公子圍爲令尹主兵事四年圍使鄭道聞王疾而還十二月己酉圍入問王疾絞而弑之遂殺其

子莫及平夏使使赴於鄭伍舉問曰誰爲後對曰寡大夫圍伍舉更曰共王之子圍爲長子比奔晉而圍立是爲靈王靈王三年六月楚使使告晉欲會諸侯諸侯皆會楚于申用齊桓石陵之禮靈王已盟有驕色伍舉諫之語在伍舉傳七月楚以諸侯兵伐吳圍朱方八月克之囚慶封滅其族以封徇曰無效齊慶封弑其君而弱其孤以盟諸大夫封反曰莫如楚共王庶子圍弑其君兄之子員而代之立於是靈王使棄疾殺之七年就章華臺下令內亡人實之八年使公子棄疾將兵滅陳十年召蔡侯醉而殺之使棄疾定蔡因爲陳蔡公十一年伐徐以恐吳靈王次於乾谿以待之王謂祈父曰予將使人求周鼎及齊晉魯衞分器周與四國其予我乎祈父對曰其予君王哉王又曰予將求鄭人許田其予我乎對曰周不愛鼎鄭敢愛田其予君王哉靈王大說或云王與右尹子革言祈父在焉王既入祈父以責子革曰吾子楚國之望也與王言如響國其若之何語具子革傳中十二年春楚靈王樂乾谿不能去也國人苦役初靈王會兵於申僇越大夫常壽過殺蔡大夫觀起起子從亡在吳乃勸吳王伐楚爲閒越大夫常壽過而作亂爲吳閒使矯公子棄疾命召公子比於晉至蔡與吳越兵欲襲蔡令公子比見棄疾與盟於鄧遂入殺靈王太子祿立子比爲王公子子晳爲令尹棄疾爲司馬先除王宮觀從從師于乾谿令楚衆曰國有王矣先歸復爵邑田室後者遷之楚衆皆潰去靈王而歸靈王聞太子祿之死也自投車下而曰人之愛子亦如是乎侍者曰甚是王曰余殺人之子多矣能無及此乎右尹曰請待於郊以聽國人王曰衆怒不可犯曰且入大縣而乞

師於諸侯王曰皆叛矣又曰且奔諸侯以聽大國之慮王曰大福不再秖取辱耳於是王乘舟將欲入鄢右尹度王不用其計懼俱死亦去王亡靈王於是獨傍徨山中野人莫敢入王王行遇其故鋗人謂曰爲我求食我已不食三日矣鋗人曰新王下法有敢饟王從王者罪及三族且又無所得食王因枕其股而卧鋗人又以土自代逃去王覺而弗見遂饑不能起芋尹申無宇之子申亥曰吾父再犯王命王弗誅恩孰大焉乃求王遇王饑於釐澤奉之以歸夏五月癸丑王死申亥家申亥以二女從死并葬之是時楚國雖已立比爲王畏靈王復來又不聞靈王死故觀從謂初王比曰不殺棄疾必敗比不聽國人每夜驚曰靈王入矣乙卯夜棄疾使船人從江上走呼曰靈王至矣國人愈驚又使曼成然告初王比及令尹子晳曰王至矣國人將殺君司馬將至矣君蚤自圖無取辱焉衆怒如水火不可救也初王及子晳遂自殺丙辰棄疾卽位爲王改名熊居是爲平王平王以詐弑兩王而自立恐國人及諸侯叛之乃施惠百姓復陳蔡之地而立其後如故歸鄭之侵地在恤國中修政教吳以楚亂故獲五率以歸平王謂觀從恣爾所欲欲爲卜尹王許之初共王有寵子五人無適立乃望祭羣神請神決之使主社稷而陰與巴姬埋璧於室內召五子齋而入康王跨之靈王肘加之子比子晳皆遠之平王幼抱而入再拜壓紐故康王以長立至其子失之圍爲靈王及身而弑子比爲王十餘日子晳不得立又俱誅四子皆絕無後唯獨棄疾後立爲平王竟續楚祀如其神焉初子比自晉歸韓宣子問叔向曰子比其濟乎對曰不就宣子曰同惡相求如市賈焉何爲不就

對曰子比之取國也有五難有寵無人一也有人無主二也有主無謀三也有謀而無民四也有民而無德五也有楚國者其棄疾乎棄疾有五利穫神一也有民二也令德三也寵貴四也居常五也以五利去五難誰能害之子比果不終卒立者棄疾如其言焉語具叔向傳中平王二年使費無忌如秦爲太子建娶婦婦好來未至無忌先歸說平王曰秦女好可自娶爲太子更求平王聽之卒自娶秦女生熊珍更爲太子娶是時伍奢爲太子太傅無忌爲少傅無忌以秦女故常讒惡太子建建母蔡女復無寵於王王用是愈益疎建六年使建居城父守邊無忌又讒太子建擅兵外交諸侯將以爲亂平王召其太傅伍奢囚之奢有二子尚胥皆賢無忌教王質奢召其二子欲併誅之於是尚歸就死胥奔吳平王遂殺奢及尚事具伍奢傳中十年楚太子建母在居巢開吳吳使公子光伐楚遂敗陳蔡取太子建母而去楚恐城郢初吳之邊邑卑梁與楚邊邑鍾離小童爭桑兩家交怒相攻滅卑梁人卑梁大夫怒發邑兵攻鍾離楚王聞之怒發國兵滅卑梁吳王聞之大怒亦發兵使公子光因建母家攻楚遂滅鍾離居巢楚乃恐而城郢十三年平王卒將軍子常曰太子珍少且其母乃前太子建所當娶也欲立令尹子西子西平王之庶弟也有義子西曰國有常法更立則亂言之則致誅乃立太子珍是爲昭王昭王元年楚衆不說費無忌以其讒亡太子建殺伍奢子父與郤宛宛之宗姓伯氏子嚭及子胥皆奔吳吳兵數侵楚楚人怨無忌甚楚令尹子常誅無忌以說衆衆乃喜四年吳三公子奔楚楚封之以扞吳五年吳伐取楚之六潛七年楚使子常伐吳吳大敗楚於豫章十年冬吳王闔閭伍子胥伯嚭與唐蔡俱伐楚楚大敗吳兵遂入郢辱平王之墓以伍子胥故也吳兵之來楚使子常以兵迎之夾漢水陣吳伐敗子常子常亡奔鄭楚兵走吳乘勝逐之五戰入郢乙卯昭王出奔庚辰吳人入郢昭王亡也至雲夢雲夢不知其王也射傷王王走鄖鄖公之弟懷曰平王殺吾父今我殺其子不亦可乎鄖公止之然恐其弑昭王乃與王出奔隨吳王聞昭王往卽進擊隨謂隨人曰周之子孫封於江漢之間者楚盡滅之欲殺昭王王從臣子綦乃深匿王自以爲王謂隨人曰以我予吳隨人卜予吳不吉乃謝吳王曰昭王亡不在隨吳請入自索之隨不聽吳亦罷去昭王之出郢也使申包胥請救於秦秦以車五百乘救楚楚亦收餘散兵與秦擊吳十一年六月敗吳於稷會吳王弟夫概見吳王兵傷敗乃亡歸自立爲王闔閭聞之引兵去楚歸擊夫概夫概敗奔楚楚封之堂谿號爲堂谿氏楚昭王滅唐九月歸入郢十二年吳復伐楚取番楚恐去郢北徙都鄀十六年孔子相魯二十年楚滅頓滅胡二十一年吳王闔閭伐越越王句踐射傷吳王遂死吳由此怨越而不西伐楚二十七年春吳伐陳楚昭王救之軍城父十月昭王病於軍中有赤雲如鳥夾日而蜚昭王問周太史太史曰是害於楚王然可移於將相將相聞是言乃請自以身禱於神昭王曰將相孤之股肱也今移禍庸去是身乎弗聽卜而河爲崇大夫請禱河昭王曰自吾先王受封望不過江漢而河非所獲罪也止不許孔子在陳聞是言曰楚昭王通大道矣其不失國宜哉昭王病甚乃召諸公子大夫曰孤不佞再辱楚國之師今乃得以天壽終孤之幸也讓其弟公子申爲王不可又讓次弟公子結亦不可乃又讓次弟公子閭五讓乃後許爲王將戰庚寅昭王卒於軍中子閭曰王病甚舍其子讓羣臣臣所以許王以廣王意也今君王卒臣豈敢忘君王之意乎乃與子西子綦謀伏師閉塗迎越女之子章立之是爲惠王然後罷兵歸葬昭王惠王三年子西召故平王太子建之子勝於吳以爲巢大夫號曰白公白公好兵而下士欲報仇六年白公請兵令尹子西伐鄭初白公父建亡在鄭鄭殺之白公亡走吳子西復召之故以此怨鄭欲伐之子西許而未爲發兵八年晉伐鄭鄭告急楚楚使子西救鄭受賂而去白公勝怒乃遂與勇力死士石乞等襲殺令尹子西子綦於朝因劫惠王置之高府欲弑之惠王從者屈固負王亡走昭王夫人宮白公自立爲王月餘會葉公來救楚楚惠王之徒與共攻白公殺之惠王乃復位是歲也滅陳而縣之十三年吳王夫差彊陵齊晉來伐楚十六年越滅吳四十二年楚滅蔡四十四年楚滅杞與秦平是時越已滅吳而不能正江淮北楚東侵廣地至泗上五十七年惠王卒子簡王中立簡王元年北伐滅莒八年魏文侯韓武子趙桓子始列爲諸侯二十四年簡王卒子聲王當立聲王六年盜殺聲王子悼王熊疑立悼王二年三晉來伐楚至乘邱而還四年楚伐周鄭殺子陽九年伐韓取負黍十一年三晉伐楚敗我大梁榆關楚厚賂秦與之平二十一年悼王卒子肅王臧立肅王四年蜀伐楚取茲方於是楚爲扞關以距之十年魏取我魯陽十一年肅王卒無子立其弟熊良夫是爲宣王宣王六年周天子賀秦獻公秦始復彊而三晉益大魏惠王齊威王尤彊三十年秦封衛鞅於商南侵楚

是年宣王卒子威王熊商立威王六年周顯王致文武胙於秦惠王七年齊孟嘗君父田嬰欺楚楚威王伐齊敗之於徐州而令齊必逐田嬰田嬰恐張丑僞謂楚王曰王所以戰勝於徐州者田盼子不用也盼子者有功於國而百姓爲之用嬰子弗善而用申紀申紀者大臣不附百姓不爲用故王勝之也今王逐嬰子嬰子逐盼子必用矣復摶其士卒以與王遇必不便於王矣楚王因弗逐也十一年威王卒子懷王熊槐立魏聞楚喪伐楚取我陘山懷王元年張儀始相秦惠王四年秦惠王初稱王六年楚使柱國昭陽將兵而攻魏破之於襄陵得八邑又移兵而攻齊齊王患之陳軫適爲秦使齊齊王曰爲之奈何陳軫曰王勿憂請令罷之卽往見昭陽軍中曰願聞楚國之法破軍殺將者何以貴之昭陽曰其官爲上柱國封上爵執珪陳軫曰其有貴於此者乎昭陽曰令尹陳軫曰今君已爲令尹矣此國冠之上臣請得譬之人有遺其舍人一卮酒者舍人相謂曰數人飲此不足以徧請遂畫地爲蛇蛇先成者獨飲之一人曰吾蛇先成舉酒而起曰吾能爲之足及其爲之足而後成人奪之酒而飲之曰蛇固無足今爲之足是非蛇也今君相楚而攻魏破軍殺將功莫大焉冠之上不可以加矣今又移兵而攻齊攻齊勝之官爵不加於此攻之不勝身死爵奪有毀於楚此爲足之說也不若引兵而去以德齊此持滿之術也昭陽曰善引兵而去燕韓君初稱王秦使張儀與楚齊魏相會盟齧桑十一年蘇秦約從山東六國共攻秦楚懷王爲從長至函谷關秦出兵擊六國六國兵皆引而歸齊獨後十二年齊湣王伐敗趙魏軍秦亦伐敗韓與齊爭長十六年秦欲伐齊而楚與齊從親秦惠王患之乃宣言張儀免相使張儀南見楚王謂楚王曰敝邑之王所甚說者無先大王雖儀之所甚願爲門闌之厮者亦無先大王敝邑之王所甚憎者無先齊王雖儀之所甚憎者亦無先齊王而大王和之是以敝邑之王不得事王而令儀亦不得爲門闌之厮也王爲儀閉關而絶齊令使使者從儀西取故秦所分楚商於之地方六百里如是則齊弱矣是北弱齊西德於秦私商於以爲富此一計而三利俱至也懷王大悅乃置相璽於張儀曰與置酒宣言吾復得吾商於之地羣臣皆賀而陳軫獨弔懷王曰何故陳軫對曰秦之所爲重王者以王之有齊也今地未可得而齊交先絶是楚孤也夫秦又何重孤國哉必輕楚矣且先出地而後絶齊則秦計不爲先絶齊而後責地則必見欺於張儀見欺於張儀則王必怨之怨之是西起秦患北絶齊交西起秦患北絶齊交則兩國之兵必至臣故弔楚王弗聽因使一將軍西受封地張儀至秦詳醉墜車稱病不出三月地不可得楚王曰儀以吾絶齊爲尙薄邪乃使勇士宋遺北辱齊王齊王大怒折楚符而合於秦秦齊交合張儀乃起朝謂楚將軍曰子何不受地從某至某廣袤六里楚將軍曰臣之所以見命者六百里不聞六里卽以歸報懷王懷王大怒興師將伐秦陳軫又曰伐秦非計也不如因賂之一名都與之伐齊是我亡於秦取償於齊也吾國尙可全今王已絶於齊而責欺於秦是吾合秦齊之交而來天下之兵也國必大傷矣楚王不聽遂絶和於秦發兵西攻秦秦亦發兵擊之十七年春與秦戰丹陽秦大敗我軍斬甲士八萬虜我大將軍屈匄裨將軍逢侯丑等七十餘人遂取漢中之郡楚懷王大怒乃悉國兵復襲秦戰於藍田大敗楚軍韓魏聞楚之困乃南襲楚至於鄧楚聞乃引兵歸十八年秦使使約復與楚親分漢中之半以和楚楚王曰願得張儀不願得地張儀聞之請之楚秦王曰楚且甘心於子奈何張儀曰臣善其左右靳尙靳尙又能得事於楚王幸姬鄭袖袖所言無不從者且儀以前使負楚以商於之約今秦楚大戰有惡臣非面自謝楚不解且大王在楚不宜敢取儀誠殺儀以便國臣之願也儀遂使楚至懷王不見因而囚張儀欲殺之儀私於靳尙爲請懷王曰拘張儀秦王必怒天下見楚無秦必輕王矣又謂夫人鄭袖曰秦王甚愛張儀而王欲殺之今將以上庸之地六縣賂楚以美人聘楚王以宮中善歌者爲之媵楚王重地秦女必貴而夫人必斥矣夫人不若言而出之鄭袖卒言張儀於王而出之儀出懷王因善遇儀儀因說楚王以叛從約而與秦合親約婚姻張儀已去屈原使從齊來諫王曰何不誅張儀懷王悔使人追張儀弗及是歲秦惠王卒二十年齊湣王欲爲從長惡楚之與秦合乃使使遺楚王書云寡人患楚之不察於尊名也今秦惠王死武王立張儀走魏樗里疾公孫衍用而楚事秦夫樗里疾善乎韓而公孫衍善乎魏楚必事秦韓魏恐必因二人求合於秦則燕趙亦宜事秦則楚爲郡縣矣王何不與寡人幷力收韓魏燕趙與爲從而尊周室以按兵息民令於天下莫敢不樂聽則王名成矣王率諸侯並伐破秦必矣王取武關蜀漢之地私吳越之富而擅江海之利韓魏割上黨西薄函谷則楚之彊百萬也且王前見欺於張儀亡地漢中兵銼藍田天下莫不代王懷怒今乃欲先事秦故願大王孰計其便

楚王業已欲和於秦見齊王書猶豫不決下其議羣臣羣臣或言和秦或言聽齊昭雎曰王雖東取地於越不足以刷耻必且取地於秦而后足以刷耻於諸侯王不如深善齊韓以重樗里疾如是則王得齊韓之重以求地矣秦破韓宜陽而韓猶復事秦者以先王墓在平陽而秦之武遂去之七十里以故尤畏秦不然秦攻三川趙攻上黨楚攻河外韓必亡楚之救韓不能使韓不亡然有韓者楚也韓已得武遂於秦以河山爲塞所報德莫如楚厚臣以爲其事王必疾齊之所信於韓者以韓公子眛爲齊相也韓已得武遂於秦王甚善之使之以齊韓重樗里疾疾得齊韓之重其王弗敢棄疾也今人益之以楚之重樗里子必言秦復與楚之侵地矣於是懷王許之竟不合秦而合齊以善韓二十四年倍齊而合秦秦昭王初立乃厚賂於楚楚往迎婦二十五年懷王入與秦昭王盟約於黃棘秦復與楚上庸二十六年齊韓魏爲楚負其從親而合於秦三國共伐楚楚使太子入質於秦而請救秦乃遣客卿通將兵救楚三國引兵去二十七年秦大夫有私與楚太子鬬楚太子殺之而亡歸二十八年秦乃與齊韓魏共攻楚殺楚將唐眛取我重邱而去二十九年秦復攻楚大破楚楚軍死者二萬殺我將軍景缺懷王恐乃使太子爲質於齊以求平三十年秦伐楚取八城秦昭王遺楚王書曰始寡人與王約爲弟兄盟于黃棘太子爲質至驩也太子陵殺寡人之重臣不謝而亡去寡人誠不勝怒使兵侵君王之邊今聞君王乃令太子質於齊以求平寡人與楚接境壤界故爲婚姻所從相親久矣而今秦楚不驩則無以令諸侯寡人願與君王會武關面相約結盟而去寡

人之願也敢以聞下執事楚懷王見秦王書患之欲往恐見欺無往恐秦怒昭雎曰王毋行而發兵自守耳秦虎狼不可信有并諸侯之心懷王子子蘭勸王行曰柰何絕秦之驩心也於是往會秦昭王昭王詐令一將軍伏兵武關號爲秦王楚王至則閉武關遂與西至咸陽朝章臺如蕃臣不與亢禮楚懷王大怒悔不用昭子言秦因留楚王要以割巫黔中之郡楚王欲盟秦欲先得地楚王怒曰秦詐我而又彊要我以地不復許秦秦因留之楚大臣患之乃相與謀曰吾王在秦不得還要以割地而太子爲質於齊齊秦合謀則楚無國矣乃欲立懷王子在國者昭雎曰王與太子俱困於諸侯而今又倍王命而立其庶子不宜乃詐赴於齊齊湣王謂其相曰不若留太子以求楚之淮北相曰不可郢中立王是吾抱空質而行不義於天下也或曰不然郢中立王因與其新王市曰予我下東國吾爲王殺太子不然將與三國共立之然則東國必可得矣齊王卒用其相計而歸楚太子太子橫至立爲王是爲頃襄王乃告于秦曰賴社稷神靈國有王矣頃襄王橫元年秦要懷王不可得地楚立王以應秦秦昭王怒發兵出武關攻楚大敗楚軍斬首五萬取析十五城而去二年楚懷王亡逃歸秦覺之遮楚道懷王恐乃從間道走趙以求歸趙主父在代其子惠王初立行王事恐不敢入楚王楚王欲走魏秦追至遂與秦使復之秦懷王遂發病頃襄王三年懷王卒于秦秦歸其喪於楚楚人皆憐之如悲親戚諸侯由是不直秦秦楚絕六年秦使白起將伐韓於伊闕大勝斬首二十四萬秦乃遺楚王書曰楚倍秦秦且率諸侯伐楚爭一旦之命願王之飭士卒得一樂戰楚頃

襄王患之乃謀復與秦平七年楚迎婦於秦秦楚復平十一年齊秦各自稱爲帝月餘復歸帝爲王十四年楚頃襄王與秦昭王好會于宛結和親十五年楚王與秦三晉燕共伐齊取淮北十六年與秦昭王好會於鄢其秋復與秦昭王會穰十八年楚人有好以弱弓微繳加歸鴈之上者頃襄王聞召而問之對曰小臣之好射鶀鴈羅鸗小矢之發也何足爲大王道也且稱楚之大因大王之賢所弋非直此也昔者三王以弋道德五霸以弋戰國故秦魏燕趙者鶀鴈也齊魯韓衛者青首也鄒費郯邳者羅鸗也外其餘則不足射者見鳥六雙以王何取何不以聖人爲弓以勇士爲繳時張而射之此六雙者可得而囊載也其樂非特朝夕之樂也其獲非特鳧鴈之實也王朝張弓而射魏之大梁之南加其右臂而徑屬之於韓則中國之路絕而上蔡之郡壞矣還射圉之東解魏左肘而外擊定陶則魏之東外棄而大宋方與二郡者舉矣且魏斷二臂顛越矣膠擊郯國大梁可得而有也王綪繳蘭臺飲馬西河定魏大梁此一發之樂也若王之於弋誠好而不厭則出寶弓碆新繳射噣鳥於東海還蓋長城以爲防朝射東莒夕發浿邱夜加郎墨顧據午道則長城之東收而太山之北舉矣西結境於趙而北達於燕三國布𦐒則從不待約而可成也北游目於燕之遼東而南登望於越之會稽此再發之樂也若夫泗上十二諸侯左縈而右拂之可一旦而盡也今秦破韓以爲長憂得列城而不敢守也伐魏而無功擊趙顧病則秦魏之勇力屈矣楚之故地漢中析酈可得而復有也王出寶弓碆新繳涉鄳塞而待秦之倦也山東河內可得而一也勞民休衆南面稱王矣故

曰秦爲大鳥負海內而處東面而立左臂據趙之西南右臂傅楚鄢郢膺擊韓魏垂頭中國處既形便勢有地利奮翼鼓翄方三千里則秦未可得獨招而夜射也欲以激怒襄王故對以此言襄王因召與語遂言曰夫先王爲秦所欺而客死於外怨莫大焉今以匹夫有怨尚有報萬乘白公子胥是也今楚之地方五千里帶甲百萬猶足以踊躍中野也而坐受困臣竊爲大王弗取也於是頃襄王遣使於諸侯復爲從欲以伐秦秦聞之發兵來伐楚楚欲與齊韓連和伐秦因欲圖周周赧王使武公謂楚相昭子曰三國以兵割周郊地以便輸而南器以尊楚臣以爲不然夫弒共主臣世君大國不親以衆脅寡小國不附大國不親小國不附不可以致名實名實不得不足以傷民夫有圖周之聲非所以爲號也昭子曰乃圖周則無之雖然周何故不可圖也對曰軍不五不攻城不十不圍夫一周爲二十晉公之所知也韓嘗以二十萬之衆辱於晉之城下銳士死中士傷而晉不拔公之無百韓以圖周此天下之所知也夫怨結於兩周以塞鄒魯之心交絕於齊聲失天下其爲事危矣夫危兩周以厚三川方城之外必爲韓弱矣何以知其然也西周之地絕長補短不過百里名爲天下共主裂其地不足以肥國得其衆不足以勁兵雖無攻之名爲弒君然而好事之君喜攻之臣發號用兵未嘗不以周爲終始是何也見祭器在焉欲器在焉欲器之至而忘弒君之亂今韓以器之在楚臣恐天下以器讐楚也臣請譬之夫虎肉臊其兵利身人猶攻之也若使澤中之麋蒙虎之皮人之攻之必萬之於虎裂楚之地足以肥國詘楚之名足以尊主今子將以欲誅殘天下之共主居三代之傳器吞三翮六翼以高世主非貪而何書曰欲起無先故器南則兵至矣於是楚計輟不行十九年秦伐楚楚軍敗割上庸漢北地予秦二十年秦將白起拔我西陵二十一年秦將白起遂拔我郢燒先王墓夷陵楚襄王兵散遂不復戰東北保於陳城二十二年秦復拔我巫黔中郡二十三年襄王乃收東地兵得十餘萬復西取秦所拔我江旁十五邑以爲郡距秦二十七年使三萬人助三晉伐燕復與秦平而入太子質於秦使左徒侍太子於秦三十六年頃襄王病太子亡歸秋頃襄王卒太子熊元立是爲考烈王考烈王以左徒爲令尹封以吳號春申君考烈王元年納州于秦以平是時楚益弱六年秦圍邯鄲趙告急楚楚遣將軍景陽救趙七年至新中秦兵去十二年秦昭王卒楚王使春申君弔祠于秦十六年秦莊襄王卒秦王趙政立二十二年與諸侯共伐秦不利而去楚東徙都壽春命曰郢二十五年考烈王卒子幽王悍立李園殺春申君幽王三年秦魏伐楚秦相呂不韋卒九年秦滅韓十年幽王卒同母弟猶代立是爲哀王哀王立二月餘哀王庶兄負芻之徒襲殺哀王而立負芻爲王是歲秦虜趙王遷王負芻元年燕太子丹使荆軻刺秦王二年秦使將軍伐楚大破楚軍亡十餘城三年秦滅魏四年秦將王翦破我軍於蕲而殺將軍項燕五年秦將王翦蒙武遂破楚國虜楚王負芻滅楚名爲楚郡云

通志卷八十六

通志卷八十七

宋右迪功郎鄭樵漁仲撰

周異姓世家第二

越　趙　田氏

越

越王句踐其先禹之苗裔而夏后帝少康之庶子也封
於會稽以奉守禹之祀文身斷髮披草萊而邑焉後二
十餘世至於允常允常之時與吳王闔廬戰而相怨伐
允常卒子句踐立是爲越王元年吳王闔廬聞允常死
乃興師伐越越王句踐使死士挑戰三行至吳陳呼而
自剄吳師觀之越因襲擊吳師吳師敗於檇李射傷吳
王闔廬闔廬且死告其子夫差曰必毋忘越三年句踐
聞吳王夫差必欲報越謀及其未發先伐之范蠡固諫
越王不聽遂興師吳王聞之悉國中兵擊越敗之夫椒
越王乃以餘兵五千人保棲于會稽吳王追而圍之越
王謂范蠡曰以不用公言至此爲之奈何蠡對曰持滿
者與天定傾者與人節事者以地卑辭厚幣以事之不
許而身與之市句踐曰諾乃令大夫種行成於吳膝行
頓首曰君王亡臣句踐使陪臣種敢告下執事句踐請
爲臣妻爲妾吳王將許之子胥言於吳王曰天以越賜
吳勿許也種還以報句踐句踐欲殺妻子燔寶器觸戰
以死種止句踐曰夫吳太宰嚭貪可誘以利請閒行言
之於是句踐乃以美女寶器令種閒獻吳太宰嚭嚭受
乃見大夫種於吳王種頓首言曰願大王赦句踐之罪
盡入其寶器不幸不赦句踐將盡殺其妻子燔其寶器
悉五千人觸戰必有當也嚭因說吳王曰越以服爲臣
若將赦之此國之利也吳王將許之子胥進諫曰今不
滅越後必悔之句踐賢君種蠡良臣若反國將爲亂吳
王弗聽卒赦越罷兵而歸句踐之困會稽也喟然歎曰
吾終於此乎種曰湯繫夏臺文王囚羑里晉重耳犇翟
齊小白犇莒其卒王霸由是觀之何遽不爲福乎吳既
赦越越王句踐反國乃苦身焦思置膽於坐臥即仰膽
飲食亦嘗膽也曰女忘會稽之恥邪身自耕作夫人自
織食不加肉衣不重采折節下賢人厚遇賓客振貧弔
死與百姓同其勞欲使范蠡治國政蠡以讓大夫種而
身與柘稽行成爲質於吳二歲而吳歸蠡句踐自會稽
歸七年拊循其士民士民欲用以報吳大夫逢同諫曰
國新流亡今乃復殷給繕飾備利吳必懼懼則難必至
耳鷙鳥之擊也必匿其形今夫吳兵加齊晉怨深於楚
越名高天下實害周室德少而功多必淫自矜爲越計
莫若結齊親楚附晉以厚吳吳之志廣必輕戰是我連
其權三國伐之越承其弊可克也句踐曰善居二年吳
王將伐齊子胥諫曰未可臣聞句踐食不重味與百姓
同苦樂此人不死必爲國患吳有越腹心之疾齊與吳
疥癬也願王釋齊先越吳王弗聽遂伐齊敗之艾陵虜
齊高國以歸讓子胥子胥曰王毋喜王怒子胥欲自殺
王聞而止之越大夫種曰臣觀吳王政驕矣請試嘗之
貸粟以卜其事請貸吳王欲與子胥諫勿與王遂與之
越乃私喜子胥言曰王不聽諫後三年吳其墟乎太宰
嚭聞之乃數與子胥爭越議因讒子胥曰伍員貌忠而
實忍人其父兄不顧安能顧王王前欲伐齊員彊諫已
而有功用是反怨王王不備伍員員必亂與逢同共謀
讒之王王始不從乃使子胥於齊聞其託子於鮑氏王
乃大怒曰伍員果欺寡人欲反使人賜子胥屬鏤劍以
自殺子胥大笑曰我令而父霸我又立若若初欲分吳
國半予我我不受已今若反以讒誅我嗟乎嗟乎一人
固不能獨立報使者曰必取吾眼置吳東門以觀越兵
入也於是吳任嚭政居三年句踐召范蠡曰吳已殺子
胥導諛者眾可乎對曰未可至明年春吳王北會諸侯
於黃池吳國精兵從王惟獨老弱與太子留守句踐復
問范蠡蠡曰可矣乃發習流二千教士四萬人君子六
千人諸御千人伐吳吳師敗遂殺吳太子吳告急於王
王方會諸侯於黃池懼天下聞之乃祕之吳王已盟黃
池乃使人厚禮以請成越越自度亦未能滅吳乃與吳
平其後四年越復伐吳吳士民罷弊輕銳盡死於齊晉
而越大破吳因而留圍之三年吳師敗越遂復棲吳王
於姑蘇之山吳王使公孫雄肉袒膝行以請成於越王
句踐憐而將許之范蠡諫王以爲不可鳴鼓欲執吳使
者使者退吳王知不免乃自殺語在范蠡傳中句踐已
平吳乃以兵北渡淮與齊晉諸侯會於徐州致貢於周
周元王使人賜句踐胙命爲伯句踐已去渡淮南以淮
上地與楚歸吳所侵宋地於宋與魯泗東方百里當是
時越兵橫行於江淮東諸侯畢賀號稱霸王范蠡遂去
自齊遺大夫種書曰蜚鳥盡良弓藏狡兔死走狗烹越
王爲人長頸鳥喙可與共患難不可與共樂子何不去
種見書稱病不朝人或讒種且作亂越王乃賜種劍曰
子教寡人伐吳七術寡人用其三而敗吳其四在子子
爲我從先王試之種自殺句踐卒子王鼫與立王鼫與
卒子王不壽立王不壽卒子王翁立王翁卒子王翳立
王翳卒子王之侯立王之侯卒子王無彊立王無彊時
越興師北伐齊西伐楚與中國爭彊當楚威王之時越

北伐齊齊威王使人詔越王曰越不伐楚大不王小不伯圖越之所爲不伐楚者爲不得晉也韓魏固不攻楚韓之攻楚覆其軍殺其將則葉陽翟危魏亦覆其軍殺其將則陳上蔡不安故二晉之事越也不至於覆軍殺將馬汗之力不效所重於得晉者何也越王曰所求於晉者不至頓刃接兵而況於攻城圍邑乎願魏以聚大梁之下願齊之試兵南陽莒地以聚常郯之境則方城之外不南淮泗之間不東商於析酈宋胡之地夏路以左不足以備秦江南泗上不足以待越矣則齊秦韓魏得志於楚也是二晉不戰而分地不耕而獲之不此之爲而頓刃於河山之間以爲齊秦用所待者如此其失計奈何其以此王也齊使者曰幸也越之不亡也吾不貴其用智之如目見豪毛而不見其睫也今王知晉之失計而不自知越之過是目論也王所待於晉者非其馬汗之力也又非可與合軍連和也將待之以分楚衆也今楚衆已分何待於晉越王曰奈何曰楚三大夫張九軍北圍曲沃於中以至无假之關者三千七百里景翠之軍凡聚魯齊南陽分有大此者乎且王之所求者鬬晉楚也不鬬越兵不起是知二五而不知十也此時不攻楚臣以是知越大不王小不伯復讐龐長沙楚之粟也竟澤陵楚之材也越窺兵通无假之關此四邑者不止貢事於郢矣臣聞之圖王不王其敝可以伯然而不伯者王道失也故願大王之轉攻楚也於是越遂釋齊而伐楚楚威王興兵而伐之大敗越殺王無彊盡取故吳地至浙江北破齊於徐州而越以此散諸族子爭立或爲王或爲君濱於江南海上服朝於楚後七世至閩君搖佐諸侯平秦漢高帝復以搖爲越王以奉越後東越閩君皆其後也

趙

趙氏之先與秦共祖至中衍爲帝大戊御其後世蜚廉有子三人而命其一子曰惡來事紂爲周所殺其後爲秦惡來弟曰季勝其後爲趙季勝生孟增孟增幸於周成王是爲宅皋狼皋狼生衡父衡父生造父造父幸於周繆王造父取驥之乘匹與桃林盜驪驊騮綠耳獻之繆王繆王使造父御西巡狩見西王母樂之忘歸而徐偃王反繆王日馳千里馬攻徐偃王大破之乃賜造父以趙城由此爲趙氏自造父已下六世至奄父曰公仲周宣王時伐戎爲御及千畝戰奄父脫宣王奄父生叔帶叔帶之時周幽王無道去周如晉事晉文侯始建趙氏於晉國自叔帶以下趙宗益興五世而生趙夙趙夙晉獻公之十六年伐霍魏耿而趙夙爲將伐霍霍公求犇齊晉大旱卜之曰霍太山爲祟使趙夙召霍君於齊復之以奉霍太山之祀晉復穰晉獻公賜趙夙耿夙生共孟當魯閔公之元年也共孟生趙衰字子餘趙衰卜事晉獻公及諸公子莫吉卜事公子重耳吉即事重耳重耳以驪姬之亂亡奔翟趙衰從翟伐廧咎如得二女翟以其少女妻重耳長女妻趙衰而生盾初重耳在晉時趙衰妻亦生趙同趙括趙嬰齊趙衰從重耳出亡凡十九年得反國重耳爲晉文公趙衰爲原大夫居原任國政文公所以反國及霸多趙衰計策語在晉事中趙衰既反晉晉之妻固要迎翟妻而以其子盾爲適嗣晉妻三子皆下事之晉襄公之六年而趙衰卒謚爲成季趙盾代成季任國政二年而晉襄公卒太子夷皐年少盾爲國多難欲立襄公弟雍雍時在秦使使迎之太子每日夜啼泣頓首謂趙盾曰先君何罪釋其適子而更求君趙盾患之恐其宗與大夫襲誅之廼遂立太子是爲靈公發兵距所迎襄公弟於秦者靈公既立趙盾益專國政靈公立十年益驕趙盾驟諫靈公弗聽及食熊蹯胹不熟殺宰人持其尸出趙盾見之靈公由此懼欲殺盾盾素仁愛人嘗所食桑下餓人反扞救盾盾以得亡未出境而趙穿弒靈公而立襄公弟黑臀是爲成公趙盾復反任國政君子譏盾爲正卿亡不出境反不討賊故大史書曰趙盾弒其君晉景公時而趙盾卒謚爲宣孟子朔嗣趙朔晉景公之三年朔爲晉將下軍救鄭與楚莊王戰河上朔娶晉成公姊爲夫人晉景公之三年大夫屠岸賈欲誅趙氏初趙盾在時夢見叔帶持要而哭甚悲已而笑拊手且歌盾卜之兆絕而後好趙史援占之曰此夢甚惡非君之身乃君之子然亦君之咎至孫趙將世益衰屠岸賈者始有寵於靈公及至於景公而賈爲司寇將作難乃治靈公之賊以致趙盾徧告諸將曰盾雖不知猶爲賊首以臣弒君子孫在朝何以懲辠請誅之韓厥曰靈公遇賊趙盾在外吾先君以爲無罪故不誅今諸君將誅其後是非先君之意而后妄誅妄誅謂之亂臣有大事而君不聞是無君也屠岸賈不聽韓厥告趙朔趣亡朔不肯曰子必不絕趙祀朔死不恨韓厥許諾稱疾不出賈不請而擅與諸將攻趙氏於下宮殺趙朔趙同趙括趙嬰齊皆滅其族趙朔妻成公姊有遺腹走公宮匿趙朔客曰公孫杵臼杵臼謂朔友人程嬰曰胡不死程嬰曰朔之婦有遺腹若幸而男吾奉之即女也吾徐死耳居無何而朔婦免身生男屠岸賈聞之索於宮中夫人置兒絝中祝曰趙宗滅乎若

號即不滅若無聲及索兒竟無聲已脫程嬰請公孫杵臼曰今一索不得後必且復索之柰何公孫杵臼曰立孤與死孰難程嬰曰死易立孤難耳公孫杵臼曰趙氏先君遇子厚子彊爲其難者吾爲其易者請先死乃二人謀取他人嬰兒負之衣以文葆匿山中程嬰出謬謂諸將軍曰嬰不肖不能立趙孤誰能與我千金吾告趙氏孤處諸將皆喜許之發師隨程嬰攻公孫杵臼杵臼謬曰小人哉程嬰昔下宮之難不能死與我謀匿趙氏孤兒今又賣我縱不能立而忍賣之乎抱兒呼曰天乎天乎趙氏孤兒何罪請活之獨殺杵臼可也諸將不許遂殺杵臼與孤兒諸將以爲趙氏孤兒良已死皆喜然趙氏眞孤乃反在程嬰卒與俱匿山中居十五年晉景公疾卜之大業之後不遂者爲祟景公問韓厥厥知趙孤在乃曰大業之後在晉絕祀者其趙氏乎夫自中衍者皆嬴姓也中衍人面鳥噣降佐殷帝大戊及周天子皆有明德下及幽厲無道而叔帶去周適晉事先君文侯至於成公世有立功未嘗絕祀今吾君獨滅趙宗國人哀之故見龜策唯君圖之景公問趙尚有後子孫乎韓厥具以實告於是景公乃與韓厥謀立趙孤兒召而匿之宮中諸將入問疾景公因韓厥之眾以脅諸將而見趙孤趙孤名曰武諸將不得已乃曰昔下宮之難屠岸賈爲之矯以君命并命羣臣非然孰敢作難微君之疾羣臣固且請立趙後今君有命羣臣之願也於是召趙武程嬰徧拜諸將遂反與程嬰趙武攻屠岸賈滅其族復與趙武田邑如故及趙武冠爲成人程嬰乃辭諸大夫謂趙武曰昔下宮之難皆能死我非不能死我思立趙氏之後今趙武既立爲成人復故位我將下報趙

宣孟與公孫杵臼趙武啼泣頓首固請曰武願苦筋骨以報子至死而子忍去我死乎程嬰曰不可彼以我爲能成事故先我死今我不報是以我事爲不成遂自殺趙武服齊衰三年爲之祭邑春秋祠之世世勿絕趙氏復位十一年而晉厲公殺其大夫三郤欒書畏及乃遂弑其君厲公更立襄公曾孫周是爲悼公晉由此大夫稍彊趙武續趙宗二十七年晉平公立平公十二年而趙武爲正卿十三年吳延陵季子使於晉曰晉國之政卒歸於趙武子韓宣子魏獻子之後矣趙武死謚爲文子文子生景叔景叔之時齊景公使晏嬰如晉晏嬰與晉叔向語嬰曰齊之政後卒歸田氏叔向亦曰晉國之政將歸六卿六卿侈矣而吾君不能恤也趙景叔卒子趙鞅是爲簡子趙簡子在位晉頃公之九年簡子將合諸侯成於周其明年入周敬王于周辟弟子朝之故也晉頃公之十二年六卿以法誅公族祁氏羊舌氏分其邑爲十縣六卿各令其族爲之大夫晉公室由此益弱後十三年魯賊臣陽虎來奔趙簡子受賂厚遇之趙簡子疾五日不知人大夫皆懼醫扁鵲視之出董安于問扁鵲曰血脈治也而何怪在昔秦繆公嘗如此七日而寤寤之日告公孫支與子輿曰我之帝所甚樂吾所以久者適有學也帝告我晉國將大亂五世不安其後將霸未老而死霸者之子且令而國男女無別公孫支書而藏之秦讖於是出矣獻公之亂文公之霸而襄公敗秦師於殽而歸縱淫此子之所聞今主君之疾與之同不出三日疾必閒閒必有言也居二日半簡子寤語大夫曰我之帝所甚樂與百神遊於鈞天廣樂九奏萬舞不類三代之樂其聲動人心有一熊欲來援我帝命我

射之中熊熊死又有一羆來我又射之中羆羆死帝甚喜賜我二笥皆有副吾見兒在帝側帝屬我一翟犬曰及而子之壯也以賜之帝告我晉國且世衰七世而亡嬴姓將大敗周人於范魁之西而亦不能有也今余思虞舜之勳適余將以其胄女孟姚配而七世孫董安于受言而書藏之以扁鵲言告簡子簡子賜扁鵲田四萬畝他日簡子出有人當道辟之不去從者怒將刃之當道者曰吾欲有謁於主君從者以聞簡子召之曰譆吾有所見子晰也當道者曰屏左右願有謁簡子屏人當道者曰主君之疾臣在帝側簡子曰然有之子之見我我何爲當道者曰帝令主君射熊與羆皆死簡子曰是且何也當道者曰晉國且有大難主君首之帝令主君滅二卿夫熊與羆皆其祖也簡子曰帝賜我二笥皆有副何也當道者曰主君之子將克二國於翟皆子姓也簡子曰吾見兒在帝側帝屬我一翟犬曰及而子之長以賜之夫兒何謂以賜翟犬當道者曰兒主君之子也翟犬者代之先也主君之子且必有代及主君之後嗣且有革政而胡服并二國於翟簡子問其姓而延之以官當道者曰臣野人致帝命耳遂不見簡子書藏之府異日姑布子卿見簡子簡子徧召諸子相之子卿曰無爲將軍者簡子曰趙氏其滅乎子卿曰吾嘗見一子於路殆君之子也簡子召子毋卹毋卹至則子卿起曰此眞將軍矣簡子曰此其母賤翟婢也奚道貴哉子卿曰天所授雖賤必貴自是之後簡子盡召諸子與語毋卹最賢簡子乃告諸子曰吾藏寶符於常山上先得者賞諸子馳之常山上求無所得毋卹還曰已得符矣簡子曰奏之母卹曰從常山臨代代可取也簡子於是知母

卹果賢乃廢太子伯魯而以母卹爲太子後二年晉定公之十四年范中行作亂明年春簡子謂邯鄲大夫午曰歸我衛士五百家吾將置之晉陽午許諾而其父兄不聽倍言趙鞅捕午四之晉陽乃告邯鄲人曰我私有誅午也諸君欲誰立遂殺午趙稷涉賓以邯鄲反晉君使籍秦圍邯鄲荀寅范吉射與午善不肯助秦而謀作亂董安于知之十月范中行氏伐趙鞅鞅奔晉陽晉人圍之范吉射荀寅仇人魏襄等謀逐荀寅以梁嬰父代之逐吉射以范皐繹代之荀櫟言於晉侯曰君命大臣始亂者死今三臣始亂而獨逐鞅用刑不均請皆逐之十一月荀櫟韓不佞魏哆奉公命以伐范中行氏不克范中行氏反伐公公擊之范中行敗走丁未二子奔朝歌韓魏以趙氏爲請十二月辛未趙鞅入絳盟于公宮其明年知伯文子謂趙鞅曰范中行雖信爲亂安于發之是安于與謀也晉國有法始亂者死夫二子已伏罪而安于獨在趙鞅患之安于曰臣死趙氏定晉國寧吾死晚矣遂自殺趙氏以告知伯然後趙氏寧孔子聞趙簡子不請晉君而執邯鄲午保晉陽故書春秋曰趙鞅以晉陽畔趙簡子有臣曰周舍好直諫周舍死簡子每聽朝常不悅大夫請辠簡子曰大夫無罪君聞千羊之皮不如一狐之腋諸大夫朝徒聞唯唯不聞周舍之鄂鄂是以憂也簡子由此能附趙邑而懷晉人晉定公十八年趙簡子圍范中行於朝歌中行文子奔邯鄲明年衛靈公卒簡子與陽虎送衛太子蒯聵於衛衛不內居戚晉定公二十一年簡子拔邯鄲中行文子奔栢人簡子又圍栢人中行文子范昭子遂奔齊趙竟有邯鄲栢人范中行餘邑入於晉趙名晉卿實專晉權奉邑侔於諸侯晉定公三十年定公與吳王夫差爭長於黃池趙簡子從晉定公卒長吳定公三十七年卒而簡子除三年之喪期而已是歲越王句踐滅吳晉出公十一年知伯伐鄭趙簡子疾使太子母卹將而圍鄭知伯醉以酒灌擊母卹母卹羣臣請死之母卹曰君所以置母卹爲能忍詬然亦慍知伯知伯歸因謂簡子使廢母卹簡子不聽母卹由此怨知伯晉出公十七年簡子卒太子母卹代立是爲襄子趙襄子元年越圍吳襄子降喪食使楚隆問吳王襄子姊前爲代王夫人簡子既葬未除服北登夏屋請代王使廚人操銅枓以食代王及從者行斟陰令宰人各以枓擊殺代王及從官遂興兵平代地其姊聞之泣而呼天摩笄自殺代人憐之所死地名之爲摩笄之山遂以代封伯魯子周爲代成君伯魯者襄子兄故太子太子早死故封其子襄子立四年知伯與趙韓魏盡分其范中行故地晉出公怒告齊魯欲以伐四卿四卿恐遂共攻出公出公奔齊道死知伯乃立昭公曾孫驕是爲晉懿公知伯益驕請地韓魏韓魏與之請地趙趙不與以其圍鄭之辱知伯怒遂率韓魏攻趙趙襄子懼乃奔保晉陽原過從後至於王澤見三人自帶以上可見自帶以下不可見與原過竹二節莫通曰爲我以自遺趙母卹原過既至以告襄子襄子齊三日親自剖竹有朱書曰趙母卹余霍泰山山陽侯天使也三月丙戌余將使女反滅知氏女亦立我百邑余將賜女林胡之地至於後世且有伉王亦黑龍面而鳥噣鬢麋髭髯大膺大胸修下而馮左衽界乘奄有河宗至于休溷諸貉南伐晉別北滅黑姑襄子再拜受三神之令三國攻晉陽歲餘引汾水灌其城城不浸者三版城中懸釜而炊易子而食羣臣皆有外心禮益慢唯高共不敢失禮襄子懼乃夜使相張孟同私於韓魏韓魏與合謀以三月丙戌三國反滅知氏共分其地於是襄子行賞高共爲上張孟同曰晉陽之難唯共無功襄子曰方晉陽急羣臣皆懈唯共不敢失人臣禮是以先之於是趙北有代南并和氏彊於韓魏遂祠三神於百邑使原過主霍泰山祠祀其後娶空同氏生五子襄子爲伯魯之不立也不肯立子且必欲傳位與伯魯子代成君成君先死乃取代成君子浣立爲太子襄子立三十三年卒浣立是爲獻侯獻侯少卽位治中牟襄子弟桓子逐獻侯自立於代一年卒國人曰桓子立非襄子意乃共殺其子而復迎立獻侯十年中山武公初立十三年城平邑十五年獻侯卒子烈侯籍立烈侯元年魏文侯伐中山使太子擊守之六年魏韓趙皆相立爲諸侯追尊獻子爲獻侯烈侯好音謂相國公仲連曰寡人有愛可以貴之乎公仲曰富之可貴之則否烈侯曰然夫鄭歌者槍石二人吾賜之田人黃畝公仲曰諾不與居一月烈侯從代來問歌者田公仲曰求未有可者有頃烈侯復問公仲終不與乃稱疾不朝番吾君自代來謂公仲曰君實好善而未知所持今公仲相趙於今四年亦有進士乎公仲曰未也番吾君曰牛畜荀欣徐越皆可公仲乃進三人及朝烈侯復問歌者田何如公仲曰方使擇其善者牛畜侍烈侯以仁義約以王道烈侯逌然明日荀欣侍以選練舉賢任官使能明日徐越侍以節財儉用察度功德所與無不充君說烈侯使使謂相國曰歌者之田且止官牛畜爲師荀欣爲中尉徐越爲内史賜相國衣二襲九年烈侯卒弟武公立武公十三年卒

趙復立烈侯太子章是爲敬侯是歲魏文侯卒敬侯元年武公子朝作亂不克出奔魏趙始都邯鄲二年敗齊於靈丘三年救魏於廩丘大敗齊人四年魏敗我兎臺築剛平以侵衞五年齊魏爲衞攻趙取我剛平六年借兵於楚伐魏取棘蒲八年拔魏黄城九年伐齊齊伐燕趙救燕十年與中山戰於房子十一年魏韓趙共滅晉分其地伐中山又戰於中人十二年敬侯卒子成侯種立成侯元年公子勝與成侯爭立爲亂二年六月雨雪三年大戊午爲相伐衞取鄉邑七十三魏敗我藺四年與秦戰高安敗之五年伐齊于鄄魏敗我懷攻鄭敗之以與韓韓與我長子六年中山築長城伐魏敗涿澤圍魏惠王七年侵齊至長城與韓攻周八年與韓分周以爲兩九年與齊戰阿下十年攻衞取鄄十一年秦攻魏趙救之石阿十二年秦攻魏少梁趙救之十三年秦獻公使庶長國伐魏少梁虜其太子座魏敗我澮取皮牢成侯與韓昭侯遇上黨十四年與韓攻秦十五年助魏攻齊十六年與韓魏分晉封晉君以端氏十七年成侯與魏惠王遇葛孼十九年與齊宋會平陸與燕會河二十年魏獻榮椽因以爲檀臺二十一年魏圍我邯鄲二十二年魏惠王拔我邯鄲齊亦敗魏於桂陵二十四年魏歸我邯鄲與魏盟漳水上秦攻我藺二十五年成侯卒公子緤與太子肅侯爭立緤敗亡奔韓肅侯元年奪晉君端氏徙處屯留二年與魏惠王遇於陰晉三年公子范襲邯鄲不勝而死四年朝天子六年攻齊拔高唐七年公子刻攻魏首垣十一年秦孝公使商君伐魏虜其將公子卬趙伐魏十二年秦孝公卒商君死十五年起壽陵魏惠王卒十六年肅侯遊大陵出於鹿門大戊午扣馬曰耕事方急一日不作百日不食肅侯下車謝十七年圍魏黄不克築長城十八年齊魏伐我決河水灌之兵去二十二年張儀相秦趙疵與秦戰敗秦殺疵河西取我藺離石二十三年韓舉與齊魏戰死於桑邱二十四年肅侯卒秦楚燕齊魏出鋭師各萬人來會葬子武靈王立武靈王元年陽文君趙豹相梁襄王與太子嗣韓宣王與太子倉來朝信宫武靈王少未能聽政博聞師三人左右司過三人及聽政先問先王貴臣肥義加其秩國三老年八十月致其禮三年城鄗四年與韓會於區鼠五年娶韓女爲夫人八年韓擊秦不勝而去五國相王趙獨否曰無其實敢處其名乎令國人謂己曰君九年與韓魏共擊秦秦敗我斬首八萬級齊敗我觀澤十年秦取我西都及中陽齊破燕燕相子之爲君君反爲臣十一年王召公子職於韓立以爲燕王使樂池送之十三年秦拔我藺虜將軍趙莊楚魏王來過邯鄲十四年趙何攻魏十六年秦惠王卒王遊大陵他日王夢見處女鼓琴而歌詩曰美人熒熒兮顔若苕之榮命乎命乎曾無我嬴異日王飲酒樂數言所夢想見其狀吴廣聞之因夫人而内其女娃嬴孟姚也孟姚甚有寵於王是爲惠后十七年王出九門爲野臺以望齊中山之境十八年秦武王與孟説舉龍文赤鼎絶臏而死趙王使代相趙固迎公子稷於燕送歸立爲秦王是爲昭王十九年春正月大朝信宫召肥義與議天下五日而畢王北略中山之地至於房子遂之代北至無窮西至河登黄華之上召樓緩謀曰我先王因世之變以長南藩之地屬阻漳滏之險立長城又取藺郭狼敗林人於荏而功未遂今中山在我腹心北有燕東胡西有林胡樓煩秦韓之邊而無彊兵之救是亡社稷奈何夫有高世之名必有遺俗之累吾欲胡服樓緩曰善羣臣皆不欲於是肥義侍王曰簡襄主之烈計胡翟之利爲人臣者寵有孝悌長幼順明之節通有補民益主之業此兩者臣之分也今吾欲繼襄主之跡開於胡翟之鄉而卒世不見也爲敵弱用力少而功多可以毋盡百姓之勞而序往古之勳夫有高世之功者負遺俗之累有獨智之慮者任驁民之怨今吾將胡服騎射以教百姓而世必議寡人奈何肥義曰臣聞疑事無功疑行無名王既定負遺俗之慮殆無顧天下之議矣夫論至德者不和於俗成大功者不謀於衆昔者舜舞有苗禹袒裸國非以養欲而樂志也務以論德而約功也愚者闇成事智者覩未形則王何疑焉王曰吾不疑胡服也吾恐天下笑我也狂夫之樂智者哀焉愚者所笑賢者察焉世有順我者胡服之功未可知也雖驅世以笑我胡地中山吾必有之於是遂胡服矣使王緤告公子成曰寡人胡服將以朝也亦欲叔服之家聽於親而國聽於君古今之公行也子不反親臣不逆君兄弟之通義也今寡人作教易服而叔不服吾恐天下議之也制國有常利民爲本從政有經令行爲上明德先論於賤而行政先信於貴今胡服之意非以養欲而樂志也事有所止而功有所出事成功立然后善也今寡人恐叔之逆從政之經以輔叔之議且寡人聞之事利國者行無邪因貴戚者名不累故願慕公叔之義以成胡服之功使緤謁之叔請服焉公子成再拜稽首曰臣固聞王之胡服也臣不佞寢疾未能趨走以滋進也王命之臣敢對因竭其愚忠曰臣聞中國者蓋聰明徇智之所居也萬物

財用之所聚也賢聖之所教也仁義之所施也詩書禮樂之所用也異敏技能之所試也遠方之所觀赴也蠻夷之所義行也今王舍此而襲遠方之服變古之教易古之道逆人之心而佛學者離中國故臣願王圖之也使者以報王曰吾固聞叔之疾也我將自往請之王遂往之公子成家因自請之曰夫服者所以便事也聖人觀鄉而順宜因事而制禮所以利其民而厚其國也夫翦髮文身錯臂左衽甌越之民也黑齒雕題卻冠秫絀大吳之國也故禮服莫同其便一也鄉異而用變事異而禮易是以聖人果可以利其國不一其用果可以便其事不同其禮儒者一師而俗異中國同禮而教離況於山谷之便乎故去就之變智者不能一遠近之服賢聖不能同窮鄉多異曲學多辯不知而不疑異於己而不非者公焉而眾求盡善也今叔之所言者俗也吾所言者所以制俗也吾國東有河薄洛之水與齊中山同之無舟楫之用自常山以至代上黨東有燕東胡之境而西有樓煩秦韓之邊今無騎射之備故寡人無舟楫之用夾水居之民將何以守河薄洛之水變服騎射以備燕三胡秦韓之邊且昔者簡主不塞晉陽以及上黨而襄主并戎取代以攘諸胡此愚智所明也先時中山負齊之彊兵侵暴吾地係累吾民引水圍鄗微社稷之神靈則鄗幾於不守也先王醜之而怨未能報也今騎射之備近可以便上黨之形而遠可以報中山之怨而叔順中國之俗以逆簡襄之意惡變服之名以忘鄗事之醜非寡人之所望也公子成再拜稽首曰臣愚不達於王之義敢道世俗之聞臣之辠也今王將繼簡襄之意以順先王之志臣敢不聽命乎再拜稽首乃賜胡服明日服而朝於是始出胡服令也趙文趙造周袑趙俊皆諫止王毋胡服如故法便王曰先王不同俗何古之法帝王不相襲何禮之循虙戲神農教而不誅黃帝堯舜誅而不怒及至三王隨時制法因事制禮法度制令各順其宜衣服器械各便其用故禮也不必一道而便國不必古聖人之興也不相襲而王夏殷之衰也不易禮而滅然則反古未可非而循禮未足多也且服奇者志淫則是鄒魯無奇行也俗辟者民易則是吳越無秀士也且聖人利身謂之服便事謂之禮夫進退之節衣服之制者所以齊常民也非所以論賢者也故齊民與俗流賢者與變俱故諺曰以書御馬者不盡馬之情以古制今者不達事之變循法之功不足以高世法古之學不足以制今子不及也遂胡服招騎射二十年王略中山地至寧葭西略胡地至榆中林胡王獻馬歸使樓緩之秦仇液之韓王賁之楚富丁之魏趙爵之齊代相趙固主胡致其兵二十一年攻中山趙袑為右軍許鈞為左軍公子章為中軍王并將之牛翦將車騎趙希并將胡代趙與之陘合軍曲陽攻取丹邱華陽鴟之塞王軍取鄗石邑封龍東垣中山獻四邑和王許之罷兵二十三年攻中山二十五年惠后卒使周袑胡服傅王子何二十六年復攻中山攘地北至燕代西至雲中九原二十七年五月戊申大朝於東宮傳國立王子何以為王王廟見禮畢出臨朝大夫悉為臣肥義為相國并傅王是為惠文王惠文王惠后吳娃子也武靈王自號為主父主父欲令子主治國而身胡服將士大夫西北略胡地而欲從雲中九原直南襲秦於是詐自為使者入秦秦昭王不知已而怪其狀甚偉非人臣之度使人逐之而主父馳已脫關矣審問之乃主父也秦人大驚主父所以入秦者欲自略地形因觀秦王之為人也惠文王二年主父行新地遂出代西遇樓煩王於西河而致其兵三年滅中山遷其王於膚施起靈壽北地方從代道大通還歸行賞大赦置酺五日封長子章為代安陽君章素侈心不服其弟所立主父又使田不禮相章也李兌謂肥義曰公子章彊壯而志驕黨眾而欲大殆有私乎田不禮之為人也忍殺而驕二人相得必有謀陰賊起一出身徼幸夫小人有欲輕慮淺謀徒見其利不見其害同類相推俱入禍門以吾觀之必不久矣子任重而勢大亂所始禍之所集也子必先患仁者愛萬物而智者備禍於未形不仁不智何以為國子奚不稱疾毋出傳政於公子成毋為怨府毋為禍梯肥義曰不可昔者主父以王屬義也曰毋變而度毋異而慮堅守一心以歿而世義再拜受命而籍之今畏不禮之難而忘吾籍變孰大焉進受嚴命退而不全負孰甚焉變負之臣不容於刑諺曰死者復生生者不愧吾言已在前矣吾欲全吾言安得全吾身且夫貞臣也難至而節見忠臣也累至而行明子則有賜而忠我矣雖然吾有語在前者也終不敢失李兌曰諾子勉之矣吾見子已今年耳涕泣而出李兌數見公子成以備田不禮之事異日肥義謂信期曰公子與田不禮甚可憂也其於義也聲善而實惡此為人也不子不臣吾聞之也姦臣在朝國之殘也讒臣在中主之蠹也此人貪而欲大內得主而外為暴矯令為慢以擅一旦之命不難為也禍且逮國今吾憂之夜而忘寐饑而忘食盜賊出入不可不備自今以來若有召王者必見吾面我將先以身當之無故

而王乃入信期曰善哉吾得聞此也四年朝羣臣安陽君亦來朝主父令王聽朝而自從旁觀窺羣臣宗室之禮見其長子章傫然也反北面爲臣詘於其弟心憐之於是乃欲分趙而王章於代計未決而輟主父及王游沙邱異宮公子章卽以其徒與田不禮作亂詐以主父令召王肥義先入殺之高信卽與王戰公子成與李兌自國至乃起四邑之兵入距難殺公子章及田不禮滅其黨賊而定王室公子成爲相號安平君李兌爲司寇公子章之敗往走主父主父聞之成兌因圍主父宮公子章死公子成李兌謀曰以章故圍主父卽解兵吾屬夷矣乃遂圍主父令宮中人後出者夷宮中人悉出主父欲出不得又不得食探爵鷇而食之三月餘而餓死沙邱主父定死乃發喪赴諸侯是時王少成兌專政畏誅故圍主父主父初以長子章爲太子後得吳娃愛之爲不出者數歲生子何乃廢太子章而立何爲王吳娃死愛弛憐故太子欲兩王之猶豫未決故亂起以至父子俱死爲天下笑豈不痛乎主父死惠文王立五年與燕鄚易八年城南行唐九年趙梁將與齊合軍攻韓至魯關下及十年秦自置爲西帝十一年董叔與魏氏伐宋得河陽於魏秦取梗陽十二年趙梁將攻齊十三年韓徐爲將攻齊主父死十四年相國樂毅將趙秦韓魏燕攻齊取靈邱與秦會中陽十五年燕昭王來見趙與韓魏秦共擊齊齊王敗走燕獨深入取臨菑十六年秦復與趙數擊齊齊人患之蘇厲爲齊遺趙王書曰臣聞古之賢君其德行非布於海內也教順非洽於民人也祭祀時享非數常於鬼神也甘露降時雨至年穀豐孰民不疾疫衆人善之然而賢主圖之今足下之賢行功力非數加於秦也怨毒積怒非數深於齊也秦趙與國以彊徵兵於韓秦誠愛趙乎其實憎齊乎物之甚者賢主察之秦非愛趙而憎齊也欲亡韓而吞二周故以齊餤天下恐事之不合故出兵以劫魏趙恐天下畏已也故出質以爲信恐天下亟反也故徵兵於韓以威之聲以德與國而實伐空韓臣以秦計爲必出於此夫物固有勢異而患同者楚久伐而中山亡今齊久伐而韓必亡破齊王與六國分其利也亡韓秦獨擅之收二周西取祭器秦獨私之賦田計功王之獲利孰與秦多說士之計曰韓亡三川魏亡晉國市朝未變而禍已及矣燕盡齊之北地去沙邱鉅鹿斂三百里韓之上黨去邯鄲百里燕秦謀王之河山間三百里而通矣秦之上郡近挺關至於榆中者千五百里秦以三郡攻王之上黨羊腸之西句注之南非王有已踰句注斬常山而守之三百里而通於燕代馬胡犬不東下昆山之玉不出三寶者亦非王有已王久伐齊從彊秦攻韓其禍必至於此願王孰慮之且齊之所以伐者以事王也天下屬行以謀王也燕秦之約成而兵出有日矣五國三分王之地齊倍五國之約而殉王之患西兵以禁彊秦秦廢帝請服反高平根柔於魏反巠分先俞於趙齊之事王宜爲上佼而今乃抵辠臣恐天下後事王者之不敢自必也願王孰計之也今王毋與天下攻齊天下必以王爲義齊抱社稷而厚事王天下必盡重王義王以天下善秦秦暴王以天下禁之是一世之名寵制於王也於是趙乃輟謝秦不擊齊王與燕王遇廉頗將攻齊昔陽取之十七年樂毅將趙師攻魏伯陽而秦怨趙不與已擊齊伐趙拔我兩城十八年秦拔我石城王再之衛東陽決河水伐魏氏大潦漳水出魏冉來相趙十九年秦敗我二城趙與魏伯陽趙奢將攻齊麥邱取之二十年廉頗將攻齊王與秦昭王遇西河外二十一年趙徙漳水武平西二十二年大疫置公子丹爲太子二十三年樓昌將攻魏幾不能取十二月廉頗將攻幾取之二十四年廉頗將攻魏房子拔之因城而還又攻安陽取之二十五年燕周將攻昌城高唐取之與魏共擊秦秦將白起破我華陽得一將軍二十六年取東胡歐代地二十七年徙漳水武平南封趙豹爲平陽君河水出大潦二十八年藺相如伐齊至平邑罷城北九門大城燕將成安君公孫操弑其王二十九年秦韓相攻而圍閼與趙使趙奢將擊秦大破秦軍閼與下賜號爲馬服君三十三年惠文王卒太子丹立是爲孝成王孝成王元年秦伐我拔三城趙王新立太后用事秦急攻之趙氏求救於齊曰必以長安君爲質兵乃出太后不肯大臣彊諫太后明謂左右曰復言長安君爲質者老婦必唾其面左師觸龍言願見太后太后盛氣而揖之入徐趨而坐自謝曰老臣病足曾不能疾走不得見久矣竊自恕而恐太后體之有所苦也故願望見太后太后曰老婦恃輦而行曰食得毋衰乎曰恃粥耳曰老臣閒者殊不欲食乃彊步日三四里少益嗜食和於身也太后曰老婦不能太后不和之色少解左師公曰老臣賤息舒祺最少不肖而臣衰竊憐愛之願得補黑衣之缺以衛王宮昧死以聞太后敬諾年幾何矣對曰十五歲矣雖少願及未填溝壑而託之太后曰丈夫亦愛憐少子乎對曰甚於婦人太后笑曰婦人異甚對曰老臣竊以爲媼之愛燕后賢於長安君太后曰君過矣不若長安君之甚

左師公曰父母愛子則爲之計深遠媼之送燕后也持其踵爲之泣念其遠也亦哀之矣已行非不思也祭祀則祝之曰必勿使反豈非計長久爲子孫相繼爲王也哉太后曰然左師公曰今三世以前至於趙主之子孫爲侯者其繼有在者乎曰無有曰微獨趙諸侯有在者乎曰老婦不聞也曰此其近者禍及其身遠者及其子孫豈人主之子侯則不善哉位尊而無功奉厚而無勞而挾重器多也今媼尊長安君之位而封之以膏腴之地多與之重器而不及今令有功於國一旦山陵崩長安君何以自託於趙老臣以媼爲長安君之計短也故以爲愛之不若燕后太后曰諾恣君之所使之於是爲長安君約車百乘質於齊齊兵乃出子義聞之曰人主之子骨肉之親也猶不能持無功之尊無勞之奉而守金玉之重也而況於予乎齊安平君田單將趙師而攻燕中陽拔之又攻韓注人拔之二年惠文后卒田單爲相四年王夢衣偏裻之衣乘飛龍上天不至而墜見金玉之積如山明日王召筮史敢占之曰夢衣偏裻之衣者殘也乘飛龍上天不至而墜者有氣而無實也見金玉之積如山者憂也後三日韓氏上黨守馮亭使者至曰韓不能守上黨入之於秦其吏民皆安爲趙不欲爲秦有城市邑十七願再拜入之趙願王所以賜吏民王大喜召平陽君豹告之曰馮亭入城市邑十七受之何如對曰聖人甚禍無故之利王曰人懷吾德何謂無故乎對曰夫秦蠶食韓氏地中絕不令相通固自以爲坐而受上黨之地也韓氏所以不入於秦者欲嫁其禍於趙也秦服其勞而趙受其利雖彊大不能得之於小弱小弱顧能得之於彊大乎豈可謂非無故之利哉且夫秦以牛田之水通糧蠶食上乘倍戰者裂上國之地其政行不可與爲難必勿受也王曰今發百萬之軍而攻踰年歷歲未得一城也今以城市邑十七幣吾國此大利也趙豹出王召平原君與趙禹而告之對曰發百萬之軍而攻踰歲未得一城今坐受城市邑十七此大利不可失也王曰善乃令趙勝受地告馮亭曰敝國使者臣勝敝國君使勝致命以萬戶都三封太守千戶都三封縣令皆世世爲侯吏民皆益爵三級吏民能相安皆賜之六金馮亭垂涕不見使者曰吾不處三不義也爲主守地不能死固不義一矣入之秦不聽主令不義二矣賣主地而食之不義三矣趙遂發兵取上黨廉頗將軍軍長平七年廉頗免而趙括代將秦人圍趙括趙括以軍降卒四十餘萬皆阬之王悔不聽趙豹之計故有長平之禍焉王還不聽秦秦圍邯鄲武垣令傅豹王容蘇射率燕衆反燕地趙以靈邱封楚相春甲君八年平原君如楚請救還楚來救及魏公子無忌亦來救秦圍邯鄲乃解十年燕攻昌壯五月拔之趙將樂乘慶舍攻秦信梁軍破之太子死而秦攻西周拔之徒父祺出十一年城元氏縣上原武陽君鄭安平死收其地十二年邯鄲廥燒十四年五原君趙勝死十五年以尉文封相國廉頗爲信平君燕王令丞相栗腹約驩以五百金爲趙王酒還歸報燕王曰趙氏壯者皆死長平其孤未壯可伐也王召昌國君樂間而問之對曰趙四戰之國也其民習兵伐之不可王曰吾以衆伐寡二而伐一可乎對曰不可王曰吾卽以五而伐一可乎對曰不可燕王大怒羣臣皆以爲可燕卒起二軍車二千乘栗腹將而攻鄗卿秦將而攻代廉頗爲趙將破殺栗腹虜卿秦樂間十六年廉頗圍燕以樂乘爲武襄君十七年假相大將武襄君攻燕圍其國十八年延陵鈞率師從相國信平君助魏攻燕秦拔我榆次三十七城十九年趙與燕易土以龍兌汾門臨樂與燕燕以葛武陽平舒與趙二十年秦王政初立秦拔我晉陽二十一年孝成王卒廉頗將攻繁陽取之使樂乘代之廉頗攻樂乘樂乘走廉頗亡入魏子偃立是爲悼襄王悼襄王元年大備魏欲通平邑中牟之道不成二年李牧將攻燕拔武遂方城秦召春平君因而留之泄鈞爲之謂文信侯曰春平君者趙王甚愛之而郎中妬之故相與謀曰春平君入秦秦必留之故相與謀而內之秦也今君留之是絕趙而郎中之計中也君不如遣春平君而留平都春平君者言行信於王王必厚割趙而贖平都文信侯曰善因遣之城韓皋三年龐煖將攻燕禽其將劇辛四年龐煖將趙楚魏燕之銳師攻秦蕞不拔移攻齊取饒安五年傅抵將居平邑慶舍將東陽河外師守河梁六年封長安君以饒魏與趙鄴九年趙攻燕取貍陽城兵未罷秦攻鄴拔之悼襄王卒子幽繆王遷立幽繆王遷元年城柏人二年秦攻武城扈輒率師救之軍敗死焉三年秦攻赤麗宜安李牧率師與戰肥下卻之封牧爲武安君四年秦攻番吾李牧與之戰卻之五年代地大動自樂徐以西北至平陰臺屋牆垣大半壞地坼東西百三十步六年大饑民譌言曰趙爲號秦爲笑以爲不信視地之生毛七年秦人攻趙趙大將李牧將軍司馬尚將擊之李牧誅司馬尚免趙忽及齊將顏聚代之趙忽軍破顏聚亡去以王遷降八年十月邯鄲爲秦

田氏

陳完者陳厲公佗之子也完生周太史過陳陳厲公使卜完卦得觀之否是爲觀國之光利用賓於王此其代陳有國乎不在此而在異國乎非此其身也在其子孫若在異國必姜姓姜姓四嶽之後物莫能兩大陳衰此其昌乎厲公者陳文公少子也其母蔡女文公卒厲公兄鮑立是爲桓公桓公與佗異母及桓公病蔡人爲佗殺桓公鮑及太子免而立佗爲厲公厲公既立娶蔡女蔡女淫於蔡人數歸厲公亦數如蔡桓公之少子林怨厲公殺其父與兄乃令蔡人誘厲公而殺之林自立是爲莊公故陳完不得立爲陳大夫厲公之殺以淫出國故春秋曰蔡人殺陳佗罪之也莊公卒立弟杵臼是爲宣公宣公十一年殺其太子禦寇禦寇與完相愛恐禍及已完故奔齊齊桓公欲使爲卿辭曰羈旅之臣幸得免負擔君之惠也不敢當高位桓公使爲工正齊懿仲欲妻完卜之占曰是謂鳳皇于蜚和鳴鏘鏘有嬀之後將育於姜五世其昌並於正卿八世之後莫之與京卒妻完完之奔齊齊桓公立十四年矣完卒謚爲敬仲仲生穉孟夷敬仲之如齊以陳字爲田氏田穉孟夷生湣孟莊田湣孟莊生文子須無田文子事齊莊公晉之大夫欒逞作亂於晉來奔齊齊莊公厚客之晏嬰與田文子諫莊公弗聽文子卒生桓子無宇田桓子無宇有力事齊莊公甚有寵無宇卒生武子開與釐子乞田釐子乞事齊景公爲大夫其收賦稅於民以小斗受之其粟予民以大斗行陰德於民而景公弗禁由此田氏得齊衆心宗族益彊民思田氏晏子數諫景公景公弗聽已而使於晉與叔向私語曰齊國之政其卒歸於田氏矣晏嬰卒後范中行氏反晉晉攻之急范中行請粟於齊田乞欲爲亂樹黨於諸侯乃說景公曰范中行數有德於齊齊不可不救齊使田乞救之而輸之粟景公太子死後有寵姬曰芮子生子荼景公病命其相國惠子與高昭子以子荼爲太子景公卒兩相高國立荼是爲晏孺子而田乞不說欲立景公佗子陽生陽生素與乞歡晏孺子之立也陽生奔魯田乞僞事高昭子國惠子者每朝代參乘言曰始諸大夫不欲立孺子孺子既立君相之大夫皆自危謀作亂又給大夫曰高昭子可畏也及未發先之諸大夫從之田乞鮑牧與大夫以兵入公室攻高昭子昭子聞之與國惠子救公公師敗田乞之衆追國惠子惠子奔莒遂返殺高昭子晏孺子奔魯田乞使人之魯迎陽生陽生至齊匿田乞家請諸大夫曰常之母有魚菽之祭幸而來會飲會飲田氏田乞盛陽生橐中置坐中央發橐出陽生曰此乃齊君矣大夫皆伏謁將盟立之田乞誣曰吾與鮑牧謀共立陽生也鮑牧怒曰大夫忘景公之命乎諸大夫欲悔陽生乃頓首曰可則立之不可則已鮑牧恐禍及己乃復曰皆景公之子何爲不可遂立陽生於田乞之家是爲悼公乃使人遷晏孺子於駘而殺孺子荼悼公既立田乞爲相專齊政四年田乞卒子常代立是爲田成子鮑牧與齊悼公有郤弒悼公齊人共立其子壬是爲簡公田常成子與監止俱爲左右相相簡公田常心害監止監止幸於簡公權弗能去於是田常復修釐子之政以大斗出貸以小斗收齊人歌之曰嫗乎采芑歸乎田成子齊大夫朝御鞅諫簡公曰田監不可並也君其擇焉君弗聽子我者監止之宗人也常與田氏有郤田氏疏族田豹事子我有寵子我曰吾欲盡滅田氏適以豹代田氏宗豹曰臣於田氏疏矣不聽已而豹謂田氏曰子我將誅田氏田氏弗先禍及矣子我舍公宮田常兄弟四人乘如公宮欲殺子我子我閉門簡公與婦人飲檀臺將欲擊田常太史子餘曰田常非敢爲亂將除害簡公乃止田常出聞簡公怒恐誅將出亡田子行曰需事之賊也田常於是擊子我子我率其徒攻田氏不勝出亡田氏之徒追殺子我及監止簡公出奔田氏之徒遂追執簡公於徐州簡公曰早從御鞅之言不及此難田氏之徒恐簡公復立而誅己遂殺簡公簡公立四年而殺於是田常立簡公弟驁是爲平公平公即位田常爲相田常既殺簡公懼諸侯共誅己乃盡歸魯衞侵地西約晉韓魏趙氏南通吳越之使修功行賞親於百姓以故齊復定田常言於齊平公曰德施人之所欲君其行之刑罰人之所惡臣請行之行之五年齊國之政皆歸田常田常於是盡誅鮑晏監止及公族之彊者而割齊自安平以東至琅邪自爲封邑封邑大於平公之所食田常乃選齊國中女子長七尺以上爲後宮後宮以百數而使賓客舍人出入後宮者不禁及田常卒有七十餘男田常卒子襄子盤代立相齊常謚爲成子田襄子既相齊宣公三晉殺知伯分其地襄子使其兄弟宗人盡爲齊都邑大夫與三晉通使且以有齊國襄子卒子莊子白立田莊子相齊宣公宣公四十三年伐晉毀黃城圍陽狐明年伐魯葛及安陵明年取魯之一城莊子卒子太公和立田太公相齊宣公宣公四十八年取魯之郕明年宣公與鄭人會西城伐衞取母丘宣公五十一年卒田會自廩丘反宣公卒子康公貸立貸立十四年淫於酒婦人不聽政太公乃遷康公於海上食一城以奉其先

祀明年魯敗齊平陸三年太公與魏文侯會濁澤求爲諸侯魏文侯乃使使言周天子及諸侯請立齊相田和爲諸侯周天子許之康公之十九年田和立爲齊侯列於周室紀元年齊侯太公和立二年和卒子桓公午立桓公午五年秦魏攻韓韓求救於齊齊桓公召大臣而謀曰早救之孰與晚救之騶忌曰不若勿救段干朋曰不救則韓且折而入於魏不若救之田臣思曰過矣君之謀也秦魏攻韓楚趙必救之是天以燕予齊也桓公曰善乃陰告韓使者而遣之韓自以爲得齊之救因與秦魏戰楚趙聞之果起兵而救之齊因起兵襲燕國取桑丘六年救衞桓公卒子威王因齊立是歲故齊康公卒絕無後奉邑皆入田氏齊威王元年三晉因齊喪來伐我靈丘三年三晉滅晉後而分其地六年晉伐我入陽關晉伐我至博陵七年衞伐我取薛陵九年趙伐我取鄄威王初卽位以來不治委政卿大夫九年之間諸侯並伐國人不治於是威王召卽墨大夫而語之曰自子之居卽墨也毀言日至然吾使人視卽墨田野闢民人給官無留事東方以寧是子不事吾左右以求譽也封之萬家召阿大夫語曰自子之守阿譽言日聞然使使視阿田野不闢民貧苦昔日趙攻鄄子弗能救衞取薛陵子弗知是子以幣厚吾左右以求譽也是日烹阿大夫及左右嘗譽者皆并烹之遂起兵西擊趙衞敗魏於濁澤而圍惠王惠王請獻觀以和解趙人歸我長城於是齊國震懼人人不敢飾非務盡其誠齊國大治諸侯聞之莫敢致兵於齊二十餘年騶忌子以鼓琴見威王威王說而舍之右室須臾王鼓琴騶忌子推戶入曰善哉鼓琴王勃然不說去琴案劍曰夫子見容未察何以知其善也騶忌子曰夫大絃濁以春溫者君也小絃廉折以清者相也攫之深醳之愉者政令也鈞諧以鳴大小相益回邪而不相害者四時也吾是以知其善也王曰善語音騶忌子曰何獨語音夫治國家而弭人民皆在其中王又勃然不說曰若夫語五音之紀信未有如夫子者也若夫治國家而弭人民又何爲乎絲桐之間騶忌子曰夫大絃濁以春溫者君也小絃廉折以清者相也攫之深而舍之愉者政令也鈞諧以鳴大小相益回邪而不相害者四時也夫復而不亂者所以治昌也連而徑者所以存亡也故曰琴音調而天下治夫治國家而弭人民者無若乎五音者王曰善騶忌子見三月而受相印湻于髡見之曰善說哉髡有愚志願陳諸前騶忌子曰謹受教湻于髡曰得全全昌失全全亡騶忌子曰謹受令請謹毋離前湻于髡曰稀膏棘軸所以爲滑也然而能不運方穿騶忌子曰謹受令請謹事左右湻于髡曰弓膠昔幹所以爲合也然而不能傳合疏罅騶忌子曰謹受令請謹自附於萬民湻于髡曰狐裘雖弊不可補以黃狗之皮騶忌子曰謹受令請謹擇君子毋雜小人其間湻于髡曰大車不較不能載其常任琴瑟不較不能成其五音騶忌子曰謹受令請謹修法律而督姦吏湻于髡說畢趨出至門而面其僕曰是人者吾語之微言五其應我若響之應聲是人必封不久矣居朞年封以下邳號曰成侯威王二十三年與趙王會平陸二十四年與魏王會田於郊魏王問曰王亦有寶乎威王曰無有梁王曰若寡人國小也尙有徑寸之珠照車前後各十二乘者十枚奈何以萬乘之國而無寶乎威王曰寡人之所以爲寶與王異吾臣有檀子者使守南城則楚人不敢爲寇東取泗上十二諸侯皆來朝吾臣有盼子者使守高唐則趙人不敢東漁於河吾吏有黔夫者使守徐州則燕人祭北門趙人祭西門徙而從者七千餘家吾臣有種首者使備盜賊則道不拾遺將以照千里豈特十二乘哉梁惠王慚不懌而去二十六年魏惠王圍邯鄲趙求救於齊齊威王召大臣而謀曰救趙孰與勿救騶忌子曰不如勿救段干朋曰不救則不義且利威王曰何也對曰夫魏氏并邯鄲其於齊何利哉且夫救趙而軍其郊是趙不伐而魏全也故不如南攻襄陵以弊魏邯鄲拔而乘魏之弊威王從其計其後成侯騶忌與田忌不善公孫閱謂成侯忌曰公何不謀伐魏田忌必將戰勝有功則公之謀中也戰不勝非前死則後北而命在公矣於是成侯言威王使田忌南攻襄陵十月邯鄲拔齊因起兵擊魏大敗之桂陵於是齊最彊於諸侯自稱爲王以令天下三十三年殺其大夫牟辛三十五年公孫閱又謂成侯忌曰公何不令人操十金卜於市曰我田忌之人也吾三戰而三勝聲威天下欲爲大事亦吉乎不吉乎卜者出因令人捕爲之卜者驗其辭於王之所田忌聞之因遂率其徒襲攻臨淄求成侯不勝而犇三十六年威王卒子宣王辟彊立宣王元年秦用商鞅周致伯於秦孝公二年魏伐趙趙與韓親共擊魏趙不利戰於南梁宣王召田忌復故位韓氏請救於齊宣王召大臣而謀曰蚤救孰與晚救騶忌子曰不如勿救田忌曰弗救則韓且折而入於魏不如早救之孫子曰夫韓魏之兵未弊而救之是吾代韓受魏之兵顧反聽命於韓也且魏有破國之志韓見亡必東面而愬於齊矣吾因深結韓之親而晚承魏

之弊則可重利而得尊名也宣王曰善乃陰告韓之使者而遣之韓因恃齊五戰不勝而東委國於齊齊因起兵使田忌田嬰將孫子爲帥救韓趙以擊魏大敗之馬陵殺其將龐涓虜魏太子申其後三晉之王皆因田嬰朝齊王於博望盟而去七年與魏王會平阿南明年復會鄄魏惠王卒明年與魏襄王會徐州諸侯相王也十年楚圍我徐州十一年與魏伐趙趙決河水灌齊魏兵罷十八年秦惠王稱王宣王喜文學遊說之士自如騶衍淳于髡田駢接子愼到環淵之徒七十六人皆賜列第爲上大夫不治而議論是以齊稷下學士復盛且數百千人十九年宣王卒子湣王地立湣王元年秦使張儀與諸侯執政會於齧桑三年封田嬰於薛四年迎婦於秦七年與宋攻魏敗之觀澤十二年攻魏楚圍雍氏秦敗屈丐蘇代謂田軫曰臣願有謁於公其爲事甚完使楚利公成爲福不成亦爲福今者臣立於門客有言曰魏王謂韓馮張儀曰煮棗將拔齊兵又進子來救寡人則可矣不救寡人寡人弗能拔此特轉辭也秦韓之兵毋東旬餘則魏氏轉韓從秦秦逐張儀交臂而事齊楚此公之事成也田軫曰奈何使無東對曰韓馮之救魏之辭必不謂韓王曰馮以爲魏必曰馮將以秦韓之兵東卻齊宋馮因摶三國之兵乘屈丐之弊南割於楚故地必盡得之矣張儀救魏之辭必不謂秦王曰儀以爲魏必曰儀且以秦韓之兵東距齊宋儀將摶三國之兵乘屈丐之弊南割於楚名存亡國實伐三川而歸此王業也公令楚王與韓氏地使秦制和謂秦王曰請與韓地而王以施三川韓氏之兵不用而得地於楚韓馮之東兵之辭且謂何曰秦兵不用而得三川伐楚韓以窘魏魏氏不敢東是孤齊也張儀之東兵之辭且謂何曰秦韓欲地而兵有案聲威發於魏魏氏之欲不失齊楚者有資矣魏氏轉秦韓爭事齊楚楚王欲而無與地公令秦韓之兵不用而得地有一大德也秦韓之王刼於韓馮張儀而東兵以徇服魏公常執左券以責於秦韓此其善於公而惡張子多資矣十三年秦惠王卒二十三年與秦擊敗楚於重丘二十四年秦使涇陽君質於齊二十五年歸涇陽君于秦孟嘗君薛文入秦卽相秦又亡去二十六年齊與韓魏共攻秦至函谷軍焉二十八年秦與韓河外以和兵罷二十九年趙殺其主父齊佐趙滅中山三十六年王爲東帝秦昭王爲西帝蘇代自燕來入齊見於章華東門齊王曰嘻善子來秦使魏冉致帝子以爲何如對曰王之問臣也卒而患之所從來微願王受之而勿備稱也秦稱之天下安之王乃稱之無後也且讓受帝名無傷也秦稱之天下惡之王因勿稱以收天下此大資也且天下立兩帝王以天下爲尊齊乎尊秦乎王曰尊秦曰釋帝天下愛齊乎愛秦乎王曰愛齊而憎秦曰兩帝立約伐趙孰與伐桀宋之利王曰伐桀宋利對曰夫約鈞然與秦爲帝而天下獨尊秦而輕齊釋帝則天下愛齊而憎秦伐趙不如伐桀宋之利故願王明釋帝以收天下倍約賓秦無爭重而王以其間舉宋夫有宋衞之陽地危有濟西趙之阿東國危有淮北楚之東國危有陶平陸梁門不開釋帝而貸之以伐桀宋之事國重而名尊燕楚所以形服天下莫敢不聽此湯武之舉也敬秦以爲名而後使天下憎之此所謂以卑爲尊者也願王孰慮之於是齊去帝復爲王秦亦去帝位三十八年秦昭王怒曰吾愛宋與愛新城陽晉同韓聶與吾友也而攻吾所愛何也蘇代爲齊謂秦王曰韓聶之攻宋所以爲王也齊彊輔之以宋楚魏必恐恐必西事秦是王不煩一兵不傷一士無事而割安邑也此韓聶之所禱於王也秦王曰吾患齊之難知一從一衡其說何也對曰天下國令齊可知乎齊以攻宋其知事秦以萬乘之國自輔不西事秦則宋治不安中國白頭游敖之士皆積智欲離齊秦之交伏式結軼西馳者未有一人言善齊者也伏式結軼東馳者未有一人言善秦者也何則皆不欲齊秦之合也何晉楚之智而齊秦之愚也晉楚合必議齊秦齊秦合必圖晉楚請以此決事秦王曰諾於是齊遂伐宋宋王出亡死於溫齊南割楚之淮北西侵三晉欲以并周室爲天子泗上諸侯鄒魯之君皆稱臣諸侯恐懼三十九年秦來伐拔我列城九四十年燕秦楚三晉合謀各出銳師以伐敗我濟西王解而卻燕將樂毅遂入臨淄盡取齊之寶藏器湣王出亡之衞衞君辟宮舍之稱臣而共具湣王不遜衞人侵之湣王去走鄒魯有驕色鄒魯君弗內遂走莒楚使淖齒將兵救齊因相齊湣王淖齒遂殺湣王而與燕共分齊之侵地寶器湣王遇殺其子法章變名姓爲莒太史敫家庸太史敫女奇法章狀貌以爲非恒人憐而常竊衣食之而與私通焉淖齒既以去莒莒中人及齊亡臣相聚求湣王子欲立之法章懼其誅已也久之乃敢自言我湣王子也於是莒人共立法章是爲襄王以保莒城而布告齊國中王已立在莒矣襄王既立立太史氏女爲王后是爲君王后生子建太史敫曰女不取媒因自嫁非吾種也汙吾世終身不覩君王后君王后賢不以不覩故失人子之禮襄王在莒五

年田單以即墨攻破燕軍迎襄王於莒入臨淄齊故地盡復屬齊齊封田單爲安平君十四年秦擊我剛壽十九年襄王卒子建立王建立六年秦攻趙齊楚救之秦計曰齊楚救趙親則退兵不親遂攻之趙無食請粟於齊齊不聽周子曰不如聽之以退秦兵不聽則秦兵不御是秦之計中而齊楚之計過也且趙之於齊楚扞蔽也猶齒之有脣也脣亡則齒寒今日亡趙明日患及齊楚且救趙之務宜若奉漏甕沃焦釜也夫救趙高義也御秦兵顯名也義救亡國威御彊秦之兵不務爲此而務愛粟爲國計者過矣齊王弗聽秦破趙於長平四十餘萬遂圍邯鄲十六年秦滅周君王后卒二十三年秦置東郡二十八年王入朝秦秦王政置酒咸陽三十五年秦滅韓三十七年秦滅趙三十八年燕使荆軻刺秦王秦王覺殺軻明年秦破燕燕王亡走遼東明年秦滅魏秦兵次於歷下四十二年秦滅楚明年虜代王嘉滅燕王喜四十四年秦兵擊齊齊王聽相后勝計不戰以兵降秦秦虜王建遷之共遂滅齊爲郡天下壹并於秦秦王政立號爲皇帝始君王后賢事秦謹與諸侯信齊亦東邊海上秦日夜攻三晉燕楚五國各自救於秦以故王建立四十餘年不受兵君王后死后勝相齊多受秦間金多使賓客入秦秦又多予金客皆爲反間勸王去從朝秦不修攻戰之備不助五國攻秦秦以故得滅五國五國已亡秦兵卒入臨淄民莫敢格者王建遂降遷於共故齊人怨王建不蚤與諸侯合從攻秦聽姦臣賓客以亡其國歌之曰松邪柏邪住建共者客邪疾建用客之不詳也

通志卷八十七

宋右迪功郎鄭樵漁仲撰

列傳第一

孔子 孔子弟子 老子 列子 莊子 申不害 韓非 司馬穰苴 孫武孫臏 吳起 孟子 鄒忌 鄒衍 淳于髡 愼到 鄒奭 荀卿

孔子生魯昌平鄉陬邑其先宋人也曰孔防叔防叔生伯夏伯夏生叔梁紇叔梁紇娶顏氏少女徵在因禱於尼丘得孔子魯襄公二十二年而孔子生生而首上圩頂故因名曰丘云字仲尼姓孔氏丘生而叔梁紇死葬於防山防山在魯東由是孔子疑其父墓處失識之也孔子爲兒嬉戲常陳俎豆設禮容孔子母死乃殯五父之衢蓋其愼也陬人輓父之母誨孔子父墓然後往合葬於防焉孔子要絰季氏饗士孔子與往陽虎絀曰季氏饗士非敢饗子也孔子由是退孔子年十七魯大夫孟釐子病且死誡其嗣懿子曰孔丘聖人之後滅於宋其祖弗父何始有宋而嗣厲公及正考甫佐戴武宣公三命玆恭故鼎銘云一命而僂再命而傴三命而俯循墻而走亦莫敢余侮饘於是粥於是以餬余口其恭如是吾聞聖人之後雖不當世必有達者今孔丘年少好禮其達者歟吾卽沒若必師之及釐子卒懿子與魯人南宮敬叔往學禮焉是歲季武子卒平子代立孔子貧且困及長嘗爲季氏吏料量平嘗爲司職吏而畜蕃息由是爲司空已而去魯斥乎齊逐乎宋衛困於陳蔡之間於是反魯孔子長九尺有六寸人皆謂之長人而異之魯復善待由是反魯魯南宮敬叔言魯君曰請與孔子適周魯君與之一乘車兩馬一豎子俱適周問禮蓋見老子云辭去而老子送之曰吾聞富貴者送人以財仁人者送人以言吾不能富貴竊仁人之號送子以言曰聰明深察而近於死者好議人者也博辯廣大危其身者發人之惡者也爲人子者毋以有己爲人臣者毋以有己孔子自周反于魯弟子稍益進焉是時也晉平公淫六卿擅權東伐諸侯楚靈王兵彊陵轢中國齊大而近於魯魯小弱附於楚則晉怒附於晉則楚來伐不備於齊齊師侵魯魯昭公之二十年而孔子蓋年三十矣齊景公與晏嬰來適魯景公問孔子曰昔秦穆公國小處辟其霸何也對曰秦國雖小其志大處雖辟行中正身舉五羖爵之大夫起纍紲之中與語三日授之以政以此取之雖王可也其霸小矣景公說孔子年二十五而季平子與郈昭伯以鬬雞故得罪魯昭公昭公率師擊平子平子與孟氏叔孫氏三家共攻昭公昭公師敗奔於齊齊處昭公乾侯其後頃之魯亂孔子適齊爲高昭子家臣欲以通乎景公與齊太師語樂聞韶音學之三月不知肉味齊人稱之景公問政孔子孔子曰君君臣臣父父子子景公曰善哉信如君不君臣不臣父不父子不子雖有粟吾得而食諸他日又復問政於孔子孔子曰政在節財景公說將欲以尼谿田封孔子晏嬰進曰夫儒者滑稽而不可軌法倨傲自順不可以爲下崇喪遂哀破產厚葬不可以爲俗游說乞貸不可以爲國自大賢之息周室既衰禮樂缺有間今孔子盛容飾繁登降之禮趨詳之節累世不能殫其學當年不能究其禮君欲用之以移齊俗非所以先細民也後景公敬見孔子不問其禮異日景公止孔子曰奉子以季氏吾不能以季孟之間待之齊大夫欲害孔子孔子聞之景公曰吾老矣弗能用也孔子遂行反乎魯孔子年四十二魯昭公卒於乾侯定公立定公立五年夏季平子卒桓子嗣立季桓子穿井得土缶中若羊問仲尼云得狗仲尼曰以丘所聞羊也丘聞之木石之怪夔罔閬水之怪龍罔象土之怪墳羊吳伐越墮會稽得骨節專車吳使使問仲尼骨何者最大仲尼曰禹致羣神於會稽山防風氏後至禹殺而戮之其節專車此爲大矣吳客曰誰爲神仲尼曰山川之神足以綱紀天下其守爲神社稷爲公侯皆屬於王者客曰防風何守仲尼曰汪罔氏之君守封禺之山爲釐姓在虞夏商爲汪罔於周爲長翟今謂之大人客曰人長幾何仲尼曰僬僥氏三尺短之至也於是吳客曰善哉聖人桓子嬖臣曰仲梁懷與陽虎有隙陽虎欲逐懷公山不狃止之其秋懷益驕陽虎執懷桓子怒陽虎因囚桓子與盟而釋之陽虎由此益輕季氏季氏亦僭於公室陪臣執國政是以魯自大夫以下皆僭離於正道故孔子不仕退而修詩書禮樂弟子彌眾至自遠方莫不受業焉定公八年公山不狃不得意於季氏陽虎爲亂欲廢三桓之適更立其庶孽陽虎素所善者遂執季桓子桓子詐之得脫定公九年陽虎不勝奔于齊是時孔子年五十公山不狃以費畔季氏使人召孔子孔子循道彌久溫溫無所試莫能已用曰蓋周文武起豐鎬而王今費雖小儻庶幾乎欲往子路不說止孔子孔子曰夫召我者豈徒哉如用我其爲東周乎然亦卒不行其後定公以孔子爲中都宰一年四方皆則之由中都宰爲司空由司空爲大司寇定公十年春及齊平夏齊大夫犂鉏言於景公曰魯用孔丘其勢危齊乃使使告魯爲好會會於夾谷魯定公

且以乘車好往孔子攝相事曰臣聞有文事者必有武備有武事者必有文備古者諸侯出疆必具官以從請具左右司馬定公曰諾具左右司馬會齊侯夾谷爲壇位土階三等以會遇之禮相見揖讓而登獻酬之禮畢齊有司趨而進曰請奏四方之樂景公曰諾於是旍旄羽袚矛戟劒撥鼓譟而至孔子趨而進歷階而登不盡一等舉袂而言曰吾兩君爲好會夷狄之樂何爲於此請命有司有司却之不去則左右視晏子與景公景公心怍麾而去之有頃齊有司趨而進曰請奏宮中之樂景公曰諾優倡侏儒爲戲而前孔子趨而進歷階而登不盡一等曰匹夫而熒惑諸侯者罪當誅請命有司有司加法焉手足異處景公懼而動知義不若歸而大恐告其羣臣曰魯以君子之道輔其君而子獨以夷狄之道教寡人使得罪於魯君爲之奈何有司進對曰君子有過則謝以質小人有過則謝以文君若悼之則謝以實於是齊侯乃歸所侵魯之鄆汶陽龜陰之田以謝過定公十三年夏孔子言於定公曰臣無藏甲大夫無百雉之城使仲由爲季氏宰將墮三都於是叔孫氏先墮郈季氏將墮費公山不狃叔孫輒率費人襲魯公與三子入于季氏之宮登武子之臺費人攻之弗克入及公側費人北國人追之敗諸姑蔑二子奔齊遂墮費將墮成公斂處父謂孟孫曰墮成齊人必至于北門且成孟氏之保障無成是無孟氏也我將弗墮十二月公圍成弗克定公十四年孔子年五十六由大司寇行攝相事有喜色門人曰聞君子禍至不懼福至不喜孔子曰有是言乎不曰樂其以貴下人乎於是誅魯大夫亂政者少正卯與聞國政三月粥羔豚者弗飾賈男女行者別於塗塗不拾遺四方之客至乎邑者不求有司皆予之以歸齊人聞而懼曰孔子爲政必霸霸則吾地近焉我之爲先并矣盍致地焉犂鉏曰請先嘗試之沮之而不可則致地庸遲乎於是選齊國中女子好者八十人皆衣文衣而舞康樂文馬三十駟遺魯君陳女樂文馬於魯城南高門外季桓子微服往觀再三將受乃語魯君爲周道游往觀終日怠於政事子路曰夫子可以行矣孔子曰魯今且郊如致膰乎大夫則吾猶可以止桓子卒受齊女樂三日不聽政郊又不致膰俎於大夫孔子遂行宿乎屯而師已送曰夫子則非罪孔子曰吾歌可夫歌曰彼婦之口可以出走彼婦之謁可以死敗蓋優哉游哉維以卒歲師已反桓子曰孔子亦何言師已以實告桓子喟然嘆曰夫子罪我以羣婢故也夫孔子遂適衛主於子路妻兄顏濁鄒家衛靈公問孔子居魯得祿幾何對曰奉粟六萬衛人亦致粟六萬居頃之或譖孔子於靈公靈公使公孫余假一出一入孔子恐獲罪焉居十月去衛將適陳過匡顏刻爲僕以其策指之曰昔吾入此由彼缺也匡人聞之以爲魯之陽虎陽虎嘗暴匡人匡人遂止孔子孔子狀類陽虎拘焉五日顏淵後子曰吾以女爲死矣顏淵曰子在回何敢死匡人拘孔子益急弟子懼孔子曰文王既沒文不在茲乎天之將喪斯文也後死者不得與於斯文也天之未喪斯文也匡人其如予何孔子使從者爲甯武子臣於衛然後得去去即過蒲月餘反乎衛主蘧伯玉家靈公夫人有南子者使人謂孔子曰四方之君子不辱欲與寡君爲兄弟者必見寡小君寡小君願見孔子辭謝不得已而見之夫人在絺帷中孔子入門北面稽首夫人自帷中再拜環珮玉聲璆然孔子曰吾鄉爲弗見見之禮答焉子路不說孔子矢之曰予所不者天厭之天厭之居衛月餘靈公與夫人同車宦者雍渠參乘出使孔子爲次乘招搖市過之孔子曰吾未見好德如好色者也於是醜之去衛過曹是歲魯定公卒孔子去曹適宋與弟子習禮大樹下宋司馬桓魋欲害孔子拔其樹孔子去弟子曰可以速矣孔子曰天生德於予桓魋其如予何孔子適鄭與弟子相失孔子獨立郭東門鄭人或謂子貢曰東門有人其顙似堯其項類皋陶其肩類子產然自要以下不及禹三寸纍纍若喪家之狗子貢以實告孔子孔子欣然笑曰形狀末也而似喪家之狗然哉然哉孔子遂至陳主於司城貞子家歲餘吳王夫差伐陳取三邑而去趙鞅伐朝歌楚圍蔡蔡遷于吳吳敗越王勾踐會稽有隼集于陳廷而死楛矢貫之石砮矢長尺有咫陳湣公使使問仲尼仲尼曰隼來遠矣此肅慎氏之矢也昔武王克商通道九夷八蠻使各以其方賄來貢使無忘職業於是肅慎貢楛矢石砮長尺有咫先王欲昭其令德以肅慎矢分大姬配虞胡公而封諸陳分同姓以珍玉展親分異姓以遠方職使無忘服故分陳以肅慎矢試求之故府果得之孔子居陳三歲會晉楚爭彊更伐陳及吳侵陳陳常被寇孔子曰歸與歸與吾黨之小子狂簡進取不忘其初於是孔子去陳過蒲會公叔氏以蒲畔蒲人止孔子弟子有公良孺者以私車五乘從孔子其爲人長賢有勇力謂曰吾昔從夫子遇難於匡今又遇難於此命也已吾與夫子再罹難寧鬬而死鬬甚疾蒲人懼謂孔子曰苟毋適衛吾出子與之盟出孔子東門孔子遂適衛子貢曰盟可負邪孔子曰要盟

也神不聽衛靈公聞孔子來喜郊迎問曰蒲可伐乎對曰可靈公曰吾大夫以爲不可今蒲衛之所以待晉楚也以衛伐之無乃不可乎孔子曰其男子有死之志婦人有保西河之志吾所伐者不過四五人靈公曰善然不伐蒲靈公老怠於政不用孔子孔子喟然嘆曰苟有用我者期月而已三年有成孔子行佛肸爲中牟宰趙簡子攻范中行伐中牟佛肸畔使人召孔子孔子欲往子路曰由聞諸夫子其身親爲不善者君子不入也今佛肸親以中牟畔子欲往如之何孔子曰有是言也不曰堅乎磨而不磷不曰白乎涅而不淄吾豈匏瓜也哉焉能繫而不食孔子擊磬有荷蕢而過門者曰有心哉擊磬乎硜硜乎莫已知也夫而已矣孔子學鼓琴師襄子十日不進師襄子曰可以益矣孔子曰丘已習其曲矣未得其數也有間曰已習其數可以益矣孔子曰丘未得其志也有間曰已習其志可以益矣孔子曰丘未得其爲人也有間若有所穆然深思焉有所怡然高望而遠志焉曰丘得其爲人黯然而黑幾然而長眼如望羊如王四國非文王其誰能爲此也師襄子辟席再拜曰師蓋云文王操也孔子既不得用於衛將西見趙簡子至於河而聞竇鳴犢舜華之死也臨河而嘆曰美哉洋洋乎丘之不濟此命也夫子貢趨而進曰敢問何謂也孔子曰竇鳴犢舜華國之賢大夫也趙簡子未得志之時須此兩人而后從政及其已得志殺之乃從政丘聞之也刳胎殺夭則麒麟不至郊竭澤涸漁則蛟龍不合陰陽覆巢毀卵則鳳皇不翔何則君子諱傷其類也夫鳥獸之於不義也尙知辟之而況乎丘哉乃還息乎陬鄉作爲陬操以哀之而反乎衛入主蘧伯玉家他日

靈公問兵陳孔子曰俎豆之事則嘗聞之軍旅之事未之學也明日與孔子語見蜚鴈仰視之色不在孔子孔子遂行復如陳夏衛靈公卒立孫輒是爲衛出公六月趙鞅內大子蒯聵于戚陽虎使太子絻八人衰絰僞自衛迎者哭而入遂居焉冬蔡遷于州來是歲魯哀公三年而孔子年六十矣齊助衛太子蒯聵在故也夏魯桓釐廟燔南宮敬叔救火孔子在陳聞之曰災必於桓釐廟乎已而果然秋季桓子病輦而見魯城喟然嘆曰昔此國幾興矣以吾獲罪於孔子故不興也顧謂其嗣康子曰我卽死若必相魯相魯必召仲尼後數日桓子卒康子代立已葬欲召仲尼公之魚曰昔吾先君用之不終爲諸侯笑今又用之不能終是再爲諸侯笑康子曰然則誰召而可曰必召冉求冉求將行孔子曰魯人召求非小用之將大用之也是日孔子曰歸乎歸乎吾黨之小子狂簡斐然成章吾不知所以裁之子貢知孔子思歸送冉求因誡曰卽用以孔子爲招云冉求既去明年孔子自陳遷于蔡蔡昭公將如吳吳召之也前昭公欺其臣遷州來後將往大夫懼復遷公孫翩射殺昭公明年孔子自蔡如葉葉公問政孔子曰政在來遠附邇他日葉公問孔子於子路子路不對孔子聞之曰由爾何不對曰其爲人也學道不倦誨人不厭發憤忘食樂以忘憂不知老之將至云爾去葉反于蔡長沮桀溺耦而耕孔子以爲隱者使子路問津焉長沮曰彼執輿者爲誰子路曰爲孔丘曰是魯孔丘與曰然是知津矣桀溺謂子路曰子爲誰曰爲仲由曰子孔丘之徒與曰然桀溺曰悠悠者天下皆是也而誰以易之且與其從辟人之士豈若從辟世之士哉耰而不輟子路以告孔子

孔子憮然曰鳥獸不可與同羣天下有道丘不與易也他日子路行遇荷蓧丈人曰子見夫子乎丈人曰四體不勤五穀不分孰爲夫子植其杖而芸子路以告孔子曰隱者也復往則亡孔子遷于蔡三歲吳伐陳楚救陳軍于城父聞孔子在陳蔡之間楚使人聘孔子孔子將往拜禮陳蔡大夫謀曰孔子賢者所刺譏皆中諸侯之疾今者久留陳蔡之間諸大夫所設行非仲尼之意今楚大國也來聘孔子孔子用於楚則陳蔡用事大夫危矣於是乃相與發徒役圍孔子於野不得行絕糧從者病莫能興孔子講誦絃歌不衰子路慍見曰君子亦有窮乎孔子曰君子固窮小人窮斯濫矣子貢色作孔子曰賜爾以予爲多學而識之者與曰然非與孔子曰非也予一以貫之孔子知弟子有慍心乃召子路而問曰詩云匪兕匪虎率彼曠野吾道非邪吾何爲於此子路曰意者吾未仁邪人之不我信也意者吾未知邪人之不我行也孔子曰有是乎由譬使仁者而必信安有伯夷叔齊使智者而必行安有王子比干子路出子貢入見孔子曰賜詩云匪兕匪虎率彼曠野吾道非邪吾何爲於此子貢曰夫子之道至大也故天下莫能容夫子夫子盍少貶焉孔子曰賜良農能稼而不能爲穡良工能巧而不能爲順君子能修其道綱而紀之統而理之而不能爲容今爾不修爾道而求爲容賜而志不遠矣子貢出顏淵入見孔子曰回詩云匪兕匪虎率彼曠野吾道非邪吾何爲於此顏回曰夫子之道至大故天下莫能容焉雖然夫子推而行之不容何病不容然後見君子夫道之不修也是吾醜也夫道既已大修而不用是有國者之醜也不容何病不容然後見君子孔子欣

然而笑曰有是哉顏氏之子使爾多財吾爲爾宰於是使子貢至楚楚昭王興師迎孔子然後得免昭王將以書社地七百里封孔子楚令尹子西曰王之使使諸侯有如子貢者乎曰無有王之輔相有如顏回者乎曰無有王之將率有如子路者乎曰無有王之官尹有如宰予者乎曰無有且楚之祖封於周號爲子男五十里今孔丘述三五之法明周召之業王若用之則楚安得世世堂堂方數千里乎夫文王在豐武王在鎬百里之君卒王天下今孔丘得據土壤賢弟子爲佐非楚之福也昭王乃止其秋楚昭王卒于城父楚狂接輿歌而過孔子曰鳳兮鳳兮何德之衰已而已而今之從政者殆而孔子下欲與之言趨而去弗得與之言於是孔子自楚反乎衛是歲也孔子年六十三而魯哀公六年也其明年吳與魯會鄫徵百牢太宰嚭召季康子康子使子貢往然後得已孔子曰魯衛之政兄弟也是時衛君輒父不得立在外諸侯數以爲讓而孔子弟子多仕於衛衛君欲得孔子爲政子路曰衛君待子而爲政子將奚先孔子曰必也正名乎子路曰有是哉子之迂也何其正也孔子曰野哉由也夫名不正則言不順言不順則事不成事不成則禮樂不興禮樂不興則刑罰不中刑罰不中則民無所措手足故君子名之必可言言之必可行君子於其言無所苟而已矣其明年冉有爲季氏將師與齊戰於郎克之季康子曰子於軍旅學之乎性之乎冉有曰學之於孔子季康子曰孔子何如人哉對曰用之有名播之百姓質諸鬼神而無憾求之至於此道雖累千社夫子不利也康子曰我欲召之可乎對曰欲召之則毋以小人固之則可矣而衛孔文子將攻太叔

問策於仲尼仲尼辭不知退而命載而行曰鳥能擇木木豈能擇鳥乎文子固止會季康子逐公華公賓公林以幣迎孔子孔子歸魯孔子之去魯凡十四歲而反乎魯魯哀公問政對曰政在選臣季康子問政曰舉直錯諸枉則枉者直康子患盜孔子曰苟子之不欲雖賞之不竊然魯終不能用孔子孔子亦不求仕孔子之時周室微而禮樂廢詩書缺追述三代之禮序書傳上紀唐虞之際下至秦繆編次其事曰夏禮吾能言之杞不足徵也殷禮吾能言之宋不足徵也足則吾能徵之矣觀殷夏所損益曰後雖百世可知也以一文一質周監二代郁郁乎文哉吾從周故書傳禮記自孔氏孔子語魯太師樂其可知也始作翕如縱之純如皦如繹如也以成吾自衛反魯然後樂正雅頌各得其所古者詩三千餘篇及至孔子去其重取可施於禮義上采契后稷中述殷周之盛至幽厲之缺始於衽席故曰關雎之亂以爲風始鹿鳴爲小雅始文王爲大雅始清廟爲頌始三百五篇孔子皆絃歌之以求合韶武雅頌之音禮樂自此可得而述以備王道成六藝孔子晚而喜易序彖繫象說卦文言讀易韋編三絕曰假我數年若是我於易則彬彬矣孔子以詩書禮樂教弟子蓋三千焉身通六藝者七十有二人如顏濁鄒之徒頗受業者甚眾孔子以四教文行忠信絕四無意無必無固無我所慎齊戰疾子罕言利與命與仁不憤不啟舉一隅不以三隅反則弗復也其於鄉黨恂恂似不能言者其於宗廟朝廷辯辯言唯謹爾朝與上大夫言誾誾如也與下大夫言侃侃如也入公門鞠躬如也趨進翼如也君召使擯色勃如也君命召不俟駕行矣魚餒肉敗割不正不食席

不正不坐食於有喪者之側未嘗飽也是日哭則不歌見齊衰瞽者雖童子必變三人行必得我師德之不修學之不講聞義不能徙不善不能改是吾憂也使人歌善則使復之然後和之子不語怪力亂神子貢曰夫子之文章可得聞也夫子言天道與性命弗可得聞也已顏淵喟然嘆曰仰之彌高鑽之彌堅瞻之在前忽然在後夫子循循然善誘人博我以文約我以禮欲罷不能既竭吾才如有所立卓爾雖欲從之蔑由也已達巷黨人童子曰大哉孔子博學而無所成名子聞之曰我何執執御乎執射乎我執御矣牢曰子云不試故藝魯哀公十四年春狩大野叔孫氏車子鉏商獲獸以爲不祥仲尼視之曰麟也取之曰河不出圖雒不出書吾已矣夫顏淵死孔子曰天喪予及西狩見麟曰吾道窮矣喟然嘆曰莫知我夫子貢曰何爲莫知子子曰不怨天不尤人下學而上達知我者其天乎不降其志不辱其身伯夷叔齊乎謂柳下惠少連降志辱身矣謂虞仲夷逸隱居放言行中清廢中權我則異於是無可無不可子曰弗乎弗乎君子病沒世而名不稱焉吾道不行矣吾何以自見於後世哉乃因史記作春秋上至隱公下訖哀公十四年十二公據魯親周故殷運之三代約其文辭而指博故吳楚之君自稱王而春秋貶之曰子會實召周天子而春秋諱之曰天王狩於河陽推此類以繩當世貶損之義後有王者舉而開之春秋之義行則天下亂臣賊子懼焉孔子在位聽文辭有可與人共者弗獨有也至於爲春秋筆則筆削則削子夏之徒不能措一辭弟子受春秋孔子曰後世知丘者以春秋而罪丘者亦以春秋明歲子路死於衛孔子病子貢請見孔子

方負杖逍遙於門曰賜汝來何其晚也孔子因嘆歌曰太山壞乎梁柱摧乎哲人萎乎因以涕下謂子貢曰天下無道久矣莫能宗予夏人殯于東階周人於西階殷人兩柱閒昨暮予夢坐奠兩柱之閒予殆殷人也後七日卒孔子年七十三以魯哀公十六年四月己丑卒哀公誄之曰旻天不弔不憖遺一老俾屏余一人以在位煢煢予在疚嗚呼哀哉尼父毋自律子貢曰君其不沒於魯乎夫子之言曰禮失則昏名失則愆失志爲昏失所爲愆生不能用死而誄之非禮也稱余一人非名也孔子葬魯城北泗上弟子皆服三年三年心喪畢相訣而去則哭各復盡哀或復留唯子貢廬於冢上凡六年然後去弟子及魯人往從冢而家者百有餘室因命曰孔里魯世世相傳以歲時奉祠孔子冢而諸儒亦講禮鄉飲大射於孔子冢孔子冢大一頃故所居堂弟子內後世因廟藏孔子衣冠琴車書至于漢二百餘年不絕高皇帝過魯以太牢祠焉諸侯卿相至常先謁拜然後從政孔子生鯉字伯魚伯魚年五十先孔子死伯魚生伋字子思年六十二嘗困於宋子思作中庸子思生白字子上年四十七子上生求字子家年四十五家生箕字子京年四十六子京生穿字子高年五十一子高生子慎年五十七嘗爲魏相子慎生鮒年五十七爲陳王涉博士死於陳下鮒弟子襄年五十七嘗爲孝文帝博士遷爲長沙太守長九尺六寸子襄生忠年五十七忠生武武生延年及安國安國爲孝武帝博士至臨淮太守蚤卒安國生卬卬生驩

孔子弟子顏回者魯人也字子淵少孔子三十歲顏淵問仁孔子曰克己復禮天下歸仁焉孔子曰賢哉回也一簞食一瓢飲在陋巷人不堪其憂回也不改其樂回也如愚退而省其私亦足以發回也不愚用之則行捨之則藏唯我與爾有是夫回年二十九髮盡白蚤死孔子哭之慟曰自吾有回門人益親魯哀公問弟子孰爲好學孔子對曰有顏回者好學不遷怒不貳過不幸短命死矣今也則亡

閔損字子騫少孔子十五歲孔子曰孝哉閔子騫人不閒於其父母昆弟之言不仕大夫不食汙君之祿如有復我者必在汶上矣

冉耕字伯牛孔子以爲有德行伯牛有惡疾孔子往問之自牖執其手曰命也夫斯人也而有斯疾命也夫

冉雍字仲弓仲弓問政孔子曰出門如見大賓使民如承大祭在國無怨在家無怨孔子以仲弓爲有德行曰雍也可使南面仲弓父賤人孔子曰犂牛之子騂且角雖欲勿用山川其舍諸

冉求字子有少孔子二十九歲爲季氏宰季康子問孔子曰冉求仁乎曰千室之邑百乘之家求也可使治其賦仁則我不知也復問子路仁乎孔子對曰如求問曰聞斯行諸子曰行之子路問聞斯行諸子曰有父兄在如之何其聞斯行之子華怪之敢問問同而答異孔子曰求也退故進之由也兼人故退之哀公十一年齊國書帥師伐魯及清季孫謂冉求曰齊師在清必魯故也若之何求曰一子守二子從公禦諸竟季孫曰不能求曰若不可則君無出一子帥師背城而戰不屬者非魯人也魯之羣室眾於齊之兵車以室敵車優矣子何患焉二子之不欲戰也宜政在季氏當子之身齊人伐魯而不能戰子之耻也大不列於諸侯矣季孫使從於朝俟於黨氏之溝武叔呼而問戰焉對曰君子有遠慮小人何知懿子彊問之對曰小人慮材而言量力而共者也武叔曰是謂我不成丈夫也退而蒐乘孟孺子洩帥右師顏羽御邴洩爲右冉求帥左師管周父御樊遲爲右季孫曰須也弱冉求曰就用命焉季氏之甲七十冉有以武城人三百爲己徒卒老幼守宮次於雩門之外五日右師從之公叔務人見保者而泣曰事充政重上不能謀士不能死何以治民吾既言之矣敢不勉乎師及齊師戰于郊齊師自稷曲師不踰溝樊遲曰非不能也不信子也請三刻而踰之如之眾從之師入齊軍右師奔齊人從之陳瓘陳莊涉泗孟之側後入以爲殿抽矢策其馬曰馬不進也林不狃之伍曰走乎不狃曰誰不如曰然則止乎不狃曰惡賢徐步而死冉求用矛於齊師故能入其軍獲甲首八十齊人不能師宵諜曰齊人遁冉有請從之三季孫弗許

仲由字子路卞人也少孔子九歲子路性鄙好勇力志伉直冠雄雞佩豭豚陵暴孔子孔子設禮稍誘子路子路後儒服委質因門人請爲弟子子路問政孔子曰先之勞之請益曰無倦子路問君子尚勇乎孔子曰義之爲上君子好勇而無義則亂小人好勇而無義則盜子路有聞未之能行唯恐有聞孔子曰片言可以折獄者其由也與由也好勇過我無所取材若由也不得其死然衣敝縕袍與衣狐貉者立而不耻者其由也與由也升堂矣未入於室也季康子問仲由仁乎孔子曰千乘之國可使治其賦不知其仁子路喜從遊遇長沮桀溺荷蓧丈人子路爲季氏宰季孫問曰子路可謂大臣與孔子曰可謂具臣矣哀公十四年小邾射以句繹來奔

曰使季路要我吾無盟矣使子路子路辭季康子使冉有謂之曰千乘之國不信其盟而信子之言子何辱焉對曰魯有事于小邾不敢問故死其城下可也彼不臣而濟其言是義之也由弗能後去魯適衞爲蒲大夫辭孔子孔子曰蒲多壯士又難治吾語汝恭以敬可以執勇寬以正可以比衆恭正以靜可以報上十六年齊陳瓘過衞仲由見之曰天或者以陳氏爲斧斤旣斲喪公室而他人有之不可知也其使終饗之亦不可知也若善魯以待時不亦可乎何必惡焉子玉曰然吾受命矣子使告我弟(瓘弟陳成子也時執齊政)冬魯及齊平子路故也初衞靈公有寵姬曰南子靈公太子蒯聵得過南子懼誅出奔及靈公卒而夫人欲立公子郢郢不肯曰亾人太子之子輒在於是衞立輒爲君是爲出公出公立十二年其父蒯聵居外不得入子路爲衞大夫孔悝之邑宰蒯聵乃與孔悝作亂謀入孔悝家遂與其徒襲攻出公出公奔魯而蒯聵入立是爲莊公方孔悝作亂子路在外聞之而馳往遇子羔將出曰門已閉矣子路曰吾姑至矣子羔曰不及莫踐其禍子路曰食焉不避其難子羔遂出子路入及門公孫敢闔門曰毋入爲也子路曰是公孫也求利而逃其難由不然利其祿必救其難有使者出子路乃得入曰太子焉用孔悝雖殺之必或繼之且曰太子無勇若燔臺必舍孔叔太子聞之懼下石乞盂黶敵子路以戈擊之割纓子路曰君子死冠不免結纓而死孔子聞衞亂曰嗟乎柴也其來乎由也其死矣孔子嘗言自吾得仲由惡言不入於耳是時子貢爲魯使於齊

端木賜衞人字子貢少孔子三十一歲子貢利口巧辭孔子常黜其辯問曰汝與回也孰愈對曰賜也何敢望回回也聞一以知十賜也聞一以知二子貢旣已受業問曰賜何人也孔子曰汝器也曰何器也曰瑚璉也(瑚璉盛黍稷器夏曰瑚殷曰璉周曰簠簋宗廟之貴器也)陳子禽問於子貢曰仲尼焉學子貢曰文武之道未墜於地在人賢者識其大者不賢者識其小者莫不有文武之道夫子焉不學又問曰孔子適是國必聞其政求之與抑與之與子貢曰夫子溫良恭儉讓以得之夫子之求之也其諸異乎人之求也子貢問曰貧而無諂富而無驕何如孔子曰可也不如貧而樂道富而好禮也定公十五年邾隱公來朝于魯子貢觀焉邾子執玉高其容仰公執玉卑其容俯子貢曰以禮觀之二君者皆有死亾焉夫禮死生存亾之體也將左右周旋進退俯仰於是乎取之朝祀喪戎於是乎觀之今正月相朝而皆不度心已亾矣嘉事不體何以能久高仰驕也卑俯替也驕近亂替近疾君爲主其先亾乎是歲定公薨其後魯哀公之七年魯伐邾克之執隱公以歸仲尼曰賜也不幸而言中是使賜之多言也哀公會吳王于鄫吳徵魯百牢魯使子服景伯以周禮拒之將致十二牢吳人弗聽景伯曰吳將亾矣棄天而背本不與必棄疾於我乃與之語具景伯傳中吳太宰嚭召季康子康子使子貢辭太宰嚭曰國君道長而大夫不出門此何禮也對曰豈以爲禮畏大國也大國不以禮命於諸侯苟不以禮豈可量也寡君旣共命焉其老豈敢棄其國太伯端委以治周禮仲雍嗣之斷髮文身贏以爲飾豈禮也哉有由然也(太伯周太王之長子仲雍太伯之弟)反自鄫以吳爲無能爲也十二年公會吳于橐皐吳子使太宰嚭請尋盟公不欲使子貢對曰盟所以周信也故心以制之玉帛以奉之言以結之明神以要之寡君以爲苟有盟焉弗可改也若猶可改日盟何益今吾子曰必尋盟若可尋也亦可寒也(尋溫也寒歇也)乃不尋盟是歲吳徵會于衞初衞人殺吳行人且姚(且子餘反)而懼謀於行人子羽子羽曰吳方無道無乃辱吾君不如止也子木曰吳方無道國無道必棄疾於人吳雖無道猶足以患衞往也長木之斃無不摽也國狗之瘈(吉世反)無不噬也而況於大國乎秋衞侯會吳于鄖哀公往會卒辭吳盟吳人以且姚之故藩衞侯之舍子服景伯謂子貢曰夫諸侯之會事旣畢矣侯伯致禮地主歸餼以相辭也今吳不行禮於衞而藩其君舍以難之子盍見太宰乃束錦以行語及衞故太宰嚭曰寡君願事衞君衞君之來也緩寡君懼故將止之子貢曰衞君之來必謀於其衆其衆或欲或否是以緩其欲來者子之黨也其不欲者子之讎也若執衞君是墮黨而崇讎也夫墮黨者得其志矣且合諸侯而執衞君誰敢不懼墮黨崇讎而懼諸侯或者難以霸乎太宰說乃舍衞侯十五年子服景伯如齊子貢爲介見公孫成曰人皆臣人而有背人之心況齊人雖爲子役其有不貳乎子周公之孫也多饗大利猶思不義利不可得而喪宗國將焉用之成曰善哉吾不早聞命陳成子館客曰寡君使恒告曰寡君願事君如事衞君景伯揖子貢而進之對曰寡君之願也昔晉人伐衞齊爲衞故伐晉冠氏喪車五百里與衞地自濟以西禚媚杏以南書社五百吳人加敝邑以亂齊因其病取讙與闡寡君是以寒心若得視衞君之事君也則固所願也成子病之乃歸成田恒欲作亂於齊憚高國鮑晏故移其兵欲以伐魯孔子聞之謂門弟子曰

夫魯墳墓所處父母之國國危如此二三子何爲莫出子路請出孔子止之子張子石請行孔子弗許子貢請行孔子許之遂行至齊說田恒曰君之伐魯過矣夫魯難伐之國其城薄以卑其地狹以泄其君愚而不仁大臣僞而無用其士民又惡甲兵之事此不可與戰君不如伐吳夫吳城高以厚地廣以深甲堅以新士選以飽重器精兵盡在其中又使明大夫守之此易伐也田恒忿然作色曰子之所難人之所易子之所易人之所難而以教恒何也子貢曰臣聞之憂在內者攻彊憂在外者攻弱今君憂在內吾聞君三封而三不成者大臣有不聽者也今君破魯以廣齊戰勝以驕主破國以尊臣而君之功不與焉則交日疏於主是君上驕主心下恣羣臣求以成大事難矣夫上驕則恣臣驕則爭是君上與主有郤下與大臣交爭也如此則君之立於齊危矣故曰不如伐吳伐吳不勝民人外死大臣內空是君上無彊臣之敵下無民人之過孤主制齊者唯君也田恒曰善雖然吾兵業已加魯矣去而之吳大臣疑我奈何子貢曰君案兵無伐臣請往使吳王令之救魯而伐齊君因以兵迎之田恒許之使子貢南見吳王說曰臣聞之王者不絕世霸者無彊敵千鈞之重加銖兩而移今以萬乘之齊而私千乘之魯與吳爭彊竊爲王危之且夫救魯顯名也伐齊大利也以撫泗上諸侯誅暴齊以服彊晉利莫大焉名存亡魯實困彊齊智者不疑也吳王曰善雖然吾嘗與越戰棲之會稽越王苦身養士有報我心子待我伐越而聽子子貢曰越之勁不過魯吳之彊不過齊王置齊而伐越則齊已平魯矣且王方以存亡繼絕爲名夫伐小越而畏彊齊非勇也夫勇者不避難仁者不窮約智者不失時王者不絕世以立其義也今存越示諸侯以仁救魯伐齊威加晉國諸侯必相率而朝吳霸業成矣且王必惡越臣請東見越王令出兵以從此實空越名從諸侯以伐也吳王大悅乃使子貢之越越王除道郊迎身御至舍而問曰此蠻夷之國大夫何以儼然辱而臨之子貢曰今者吾說吳王救魯伐齊其志欲之而畏越曰待我伐越而後可如此破越必矣且夫無報人之志而令人疑之拙也有報人之意使人知之殆也事未發而先聞危也三者舉事之大患句踐頓首再拜曰孤嘗不料力乃與吳戰困於會稽痛入於骨髓日夜焦脣乾舌徒欲與吳王接踵而死孤之願也遂問子貢子貢曰吳王爲人猛暴羣臣不堪國家敝於數戰士卒弗忍百姓怨上大臣內變子胥以諫死大宰嚭用事順君之過以安其私是殘國之治也今王誠發士卒佐之以徼其志重寶以說其心卑辭以尊其禮其伐齊必也彼戰不勝王之福也戰勝必以兵臨晉臣請北見晉君令共攻之弱吳必矣其銳兵盡於齊重甲困於晉而王制其敝此滅吳必矣越王大說許諾送子貢金百鎰劒一良矛二子貢不受遂行報吳王曰臣敬以大王之言報越王越王大恐曰孤不幸少失先人內不自量抵罪於吳軍敗身辱棲于會稽國爲虛莽賴大王之賜使得奉俎豆而修祭祀死不敢忘何謀之敢慮後五日越使大夫種頓首言於吳王曰東海役臣孤句踐使者臣種敢修下吏問於左右今竊聞大王將興大義誅彊救弱困暴齊而撫周室請悉起境內士卒三千人孤請自被堅執銳以先受矢石因越賤臣種奉先人藏器甲二十領鈇屈盧之矛步光之劒以賀軍吏吳王大說以告子貢曰越王欲身從寡人伐齊可乎子貢曰不可夫空人之國悉人之衆又從其君不義君受其幣許其師而辭其君吳王許諾乃謝越王於是吳王乃遂發九郡兵伐齊子貢因去之晉謂晉君曰臣聞之慮不先定不可以應卒兵不先辦不可以勝敵今夫齊與吳將戰彼戰而不勝越亂之必矣與齊戰而勝必以其兵臨晉晉君大恐曰爲之奈何子貢曰修兵休卒以待之晉君許諾子貢去而之魯吳王果與齊人戰於艾陵大破齊師獲七將軍之兵而不歸果以兵臨晉與晉人相遇黃池之上吳晉爭彊晉人擊之大敗吳師越王聞之涉江襲吳去城七里而軍吳王聞之去晉而歸與越戰於五湖三戰不勝城門不守越遂圍王宮殺夫差而戮其相破吳三年東向而霸故子貢一出存魯亂齊破吳彊晉而霸越子貢一使使勢相破十年之中五國各有變子貢好廢舉與時轉貨貲廢舉謂停貯也與時謂逐時也夫物賤則買而停財値貴即逐時轉易貨賣取資利也喜揚人之美不能匿人之過常相魯衛家累千金卒終于齊

言偃吳人字子游少孔子四十五歲子游既已受業爲武城宰孔子過聞弦歌之聲孔子莞爾而笑曰割雞焉用牛刀子游曰昔者偃聞諸夫子曰君子學道則愛人小人學道則易使孔子曰二三子偃之言是也前言戲之耳孔子以爲子游習於文學

卜商字子夏少孔子四十四歲子夏問巧笑倩兮美目盼兮素以爲絢兮何謂也子曰繪事後素曰禮後乎孔子曰商始可與言詩已矣子貢問師與商孰賢子曰師也過商也不及然則師愈與曰過猶不及子謂子夏曰汝爲君子儒毋爲小人儒孔子既沒子夏居西河教授

為魏文侯師其子死哭之失明

顓孫師陳人字子張少孔子四十八歲子張問干祿孔子曰多聞闕疑慎言其餘則寡尤多見闕殆慎行其餘則寡悔言寡尤行寡悔祿在其中矣他日從在陳蔡間困問行孔子曰言忠信行篤敬雖蠻貊之國行也言不忠信行不篤敬雖州里行乎哉立則見其參於前也在輿則見其倚於衡也夫然後行子張書諸紳子張問士何如斯可謂達矣孔子曰何哉爾所謂達者子張對曰在國必聞在家必聞孔子曰是聞也非達也夫達者質直而好義察言而觀色慮以下人在國及家必達夫聞也者色取仁而行違居之不疑在國及家必聞

宰予字子我利口辯辭既受業問三年之喪不已久乎君子三年不為禮禮必壞三年不為樂樂必崩舊穀既沒新穀既升鑽燧改火期可已矣子曰於汝安乎曰安汝安則為之君子居喪食旨不甘聞樂不樂故弗為也宰我出子曰予之不仁也子生三年然後免於父母之懷三年之喪天下之通義也宰我晝寢子曰朽木不可雕也糞土之牆不可圬也宰我問五帝之德子曰予非其人也宰我為臨菑大夫與田常作亂以夷其族孔子耻之

曾參南武城人字子輿少孔子四十六歲孔子以為能通孝道故授之業作孝經死於魯

澹臺滅明武城人字子羽少孔子三十九歲狀貌甚惡欲事孔子孔子以為材薄既已受業退而修行行不由徑非公事不見卿大夫南游至江從弟子三百人設取予去就名施乎諸侯孔子聞之曰吾以言取人失之宰予以貌取人失之子羽

宓不齊字子賤少孔子四十九歲孔子謂子賤君子哉魯無君子斯焉取斯子賤為單父宰反命於孔子曰此國有賢不齊者五人教不齊所以治者孔子曰惜哉不齊所治者小所治者大則庶幾矣

原憲字子思子思問耻孔子曰國有道穀國無道穀耻也子思曰克伐怨欲不行焉可以為仁乎孔子曰可以為難矣仁則吾弗知也孔子卒原憲亾在草澤中子貢相衛而結駟連騎排藜藿入窮閻過謝原憲憲攝敝衣冠見子貢子貢耻之曰夫子豈病乎原憲曰吾聞之無財謂之貧學道而不能行者謂之病若憲貧也非病也子貢慙不懌而去終身耻其言之過也

公冶長齊人字子長孔子曰長可妻也雖在縲紲之中非其罪也以其子妻之

南宮括字子容問孔子曰羿善射奡盪舟俱不得其死然禹稷躬稼而有天下孔子弗答容出孔子曰君子哉若人上德哉若人國有道不廢國無道免於刑戮三復白珪之玷以其兄之子妻之

公晳哀字季次孔子曰天下無行多為家臣仕於都唯季次未嘗仕

曾蒧字晳侍孔子孔子曰言爾志蒧曰春服既成冠者五六人童子六七人浴乎沂風乎舞雩詠而歸孔子喟然嘆曰吾與蒧也

顏無繇字路路者顏回父父子嘗各異時事孔子顏回死顏路貧請孔子車以葬孔子曰材不材亦各言其子也鯉也死有棺而無椁吾不徒行以為之椁以吾從大夫之後不可以徒行

商瞿字子木少孔子二十歲孔子傳易於瞿瞿傳楚人馯音寒臂子弘弘傳江東人矯子庸疵疵傳燕人周子家豎豎傳淳于人光子乘羽羽傳齊人田子莊何何傳東武人王子中同同傳菑川人楊何何元朔中以治易為漢中大夫

高柴字子羔少孔子三十歲子羔長不盈五尺受業孔子孔子以為愚子路使子羔為費郈宰孔子曰賊夫人之子子路曰有民人焉有社稷焉何必讀書然後為學孔子曰是故惡夫佞者

漆雕開字子開孔子使開仕對曰吾斯之未能信孔子說

公伯寮字子周周愬子路於季孫子服景伯以告孔子曰夫子固有惑志寮也吾力猶能肆諸市朝孔子曰道之將行命也道之將廢命也公伯寮其如命何

司馬耕字子牛牛多言而躁問仁於孔子孔子曰仁者其言也訒曰其言也訒斯可謂之仁乎子曰為之難言之得無訒乎問君子子曰君子不憂不懼曰不憂不懼斯可謂之君子乎子曰內省不疚夫何憂何懼

樊須字子遲少孔子三十六歲樊遲請學稼孔子曰吾不如老農請學圃曰吾不如老圃樊遲出孔子曰小人哉樊須也上好禮則民莫敢不敬上好義則民莫敢不服上好信則民莫敢不用情夫如是則四方之民襁負其子而至矣焉用稼樊遲問仁子曰愛人問智曰知人

有若少孔子四十三歲有若曰禮之用和為貴先王之道斯為美小大由之有所不行知和而和不以禮節之亦不可行也信近於義言可復也恭近於禮遠耻辱也因不失其親亦可宗也孔子既沒弟子思慕有若狀似孔子弟子相與共立為師師之如夫子時也他日弟子

進問曰昔夫子當行使弟子持雨具已而果雨弟子問之曰夫子何以知之夫子曰詩不云乎月離于畢俾滂沱矣昨暮月不宿畢乎他日月宿畢竟不雨商瞿年長無子其母爲取室孔子使之齊瞿母請之孔子曰無憂瞿年四十後當有五丈夫子已而果然敢問夫子何以知之有若默然無以應弟子起曰有子避之此非子之座也

公西赤字子華少孔子四十二歲子華使於齊冉子爲其母請粟孔子曰與之釜請益曰與之庾冉子與之粟五秉孔子曰赤之適齊也乘肥馬衣輕裘吾聞君子周急不繼富

巫馬施字子期少孔子三十歲陳司敗問孔子曰魯昭公知禮乎孔子曰知禮退而揖巫馬期曰吾聞君子不黨君子亦黨乎君娶吳女爲夫人命之爲孟子孟子姓姬諱稱同姓謂之孟子君而知禮孰不知禮施以告孔子子曰丘也幸苟有過人必知之臣不可言君親之惡爲諱者禮也

梁鱣字叔思少孔子二十九歲

顏幸字子柳少孔子四十六歲

冉孺字子魯少孔子五十歲

曹䘏字子循少孔子五十歲

伯虔字子折少孔子五十歲

公孫龍字子石少孔子五十三歲自子石已右三十五人顯有能名及受業聞見于書傳其四十有二人無年及不見書傳者紀于左

冉季字子產（鄭元曰魯人）　公祖句兹字子之

秦祖字子南（元曰秦人）　漆雕哆（赤者反）字子斂（元曰魯人）

顏高字子驕　漆雕徒父

壤駟赤字子徒　商澤（家語曰字子季）

石作蜀字子明　任不齊字選（元曰楚人）

公良孺字子正（元曰陳人）　后處字子里（元曰齊人）

秦冉字開　公夏首字乘（元曰魯人）

奚容箴字晳　公肩定字子中（元曰魯人或曰晉人）

顏祖字襄　鄡單字子家（徐廣曰一云鄡單鉅鹿有鄡縣）

（太原有鄔縣）　句井疆（元曰衛人）

罕父黑字子索（家語曰罕父黑字索）　秦商字子丕（元曰楚人）

申黨字周　顏之僕字叔（元曰魯人）

榮旂字子旗　縣成字子祺

左人郢字行（元曰魯人）　燕伋字思

鄭國字子徒　秦非字子之

施之常字子恒　顏噲字子聲（元曰魯人）

步叔乘字子車（元曰齊人）　原亢籍（家語曰名抗字籍）

樂欬字子聲　廉潔字庸（元曰衛人）

叔仲會字子期（元曰魯人）　顏何字冉（元曰魯人）

狄黑字晳　邽巽字子斂（元曰魯人）

孔忠（家語曰忠字子蔑孔子兄之子）　公西輿如字子上

公子蔵字子上（元曰魯人）

老子者楚苦縣厲鄉曲仁里人也姓李氏名耳字伯陽諡曰聃周守藏室之史也孔子適周將問禮於老子老子曰子所言者其人與骨皆已朽矣獨其言在耳且君子得其時則駕不得其時則蓬累而行吾聞之良賈深藏若虛君子盛德容貌若愚去子之驕氣與多欲態色與淫志是皆無益於子之身吾所以告子若是而已孔子去謂弟子曰鳥吾知其能飛魚吾知其能游獸吾知其能走走者可以爲罔游者可以爲綸飛者可以爲矰至於龍吾不能知其乘風雲而上天吾今日見老子其猶龍邪老子修道德其學以自隱無名爲務居周久之見周之衰迺遂去至關關令尹喜曰子將隱矣彊爲我著書於是老子迺著書上下篇言道德之意五千餘言而去莫知其所終或曰老萊子亦楚人也著書十五篇言道家之用與孔子同時云蓋老子百有六十餘歲或言二百餘歲以其修道而養壽也自孔子死之後百二十九年而史記周太史儋見秦獻公曰始秦與周合而離離五百歲而復合合七十歲而霸王者出焉或曰儋即老子或曰非也世莫知其然否老子隱君子也老子之子名宗宗爲魏將封於段干宗子注注子宮宮元孫假假仕於漢孝文帝而假之子解爲膠西王卬太傅因家于齊焉世之學老子者則絀儒學儒學亦絀老子道不同不相爲謀豈謂是邪李耳無爲自化清淨自正

列子者鄭人名禦寇與鄭繆公同時其學以黃帝老子爲宗自言師壺邱子林而友伯昬瞀人列子窮居有饑色客有言之鄭子陽者曰列禦寇蓋有道之士也居君之國而窮君無乃爲不好士乎鄭子陽即令官遺之粟列子出見使者再拜而辭使者去列子入其妻望之拊心曰妾聞有道者之妻皆色佚樂今有饑色君過而遺先生食先生不受豈非命哉列子笑曰君非自知我也以人之言而遺我粟至其罪我也又且以人之言此吾所以不受也其年果難作而殺子陽列子書舊二十篇劉向去重復存者八篇列子蓋先莊子及莊子著書各取其言二子之道一也

莊子者蒙人也名周周嘗爲蒙漆園吏與梁惠王齊宣

王同時其學無所不闚然其要本歸於老子之言故其著書十餘萬言大抵率寓言也作漁父盜跖胠篋以詆訿孔子之徒以明老子之術畏累虛亢桑子之屬皆空語無事實然善屬書離辭指事類情用剽剝儒墨雖當世宿學不能自解免也其言洸洋自恣以適已故自王公大人不能器之楚威王聞莊周賢使使厚幣迎之許以爲相莊周笑謂楚使者曰千金重利卿相尊位也子獨不見郊祭之犧牛乎養食之數歲衣以文繡以入太廟當是之時雖欲爲孤豚豈可得乎子亟去無汚我我寧游戲汚瀆之中自快無爲有國者所羈終身不仕以快吾志焉

申不害者宋人也故鄭之賤臣學術以干韓昭侯昭侯用爲相內修政教外應諸侯十五年終申子之身國治兵彊無侵韓者申子之學本於黃老而主刑名著書二篇號曰申子

韓非者韓之諸公子也喜刑名法術之學而其歸本於黃老非爲人口吃不能道說而善著書與李斯俱事荀卿斯自以爲不如非非見韓之削弱數以書諫韓王韓王不能用於是韓非疾治國不務修明其法制執勢以御其臣下富國强兵而以求人任賢反舉浮淫之蠹而加之於功實之上以爲儒者用文亂法而俠者以武犯禁寬則寵名譽之人急則用介胄之士今者所養非所用所用非所養悲廉直不容於邪枉之臣觀往者得失之變故作孤憤五蠹內外儲說林說難十餘萬言然韓非知說之難爲說難書甚易終死於秦不能自脫說難曰凡說之難非吾知之有以說之難也又非吾辯之難能明吾意之難也又非吾敢橫失能盡之難也凡說之難在知所說之心可以吾說當之所說出於爲名高者也而說之以厚利則見下節而遇卑賤必棄遠矣所說出於厚利者也而說之以名高則見無心而遠事情必不取矣所說實爲厚利而顯爲名高者也而說之以名高則陽收其身而實疏之若說之以厚利則陰用其言而顯棄其身此之不可不知也夫事以密成而以泄敗未必其身泄之也而語及其所匿之事如是者身危貴人有過端而說者明言善議以推其惡者則身危周澤未渥也而語極知說行而有功則德亡說不行而有敗則見疑如是者身危夫貴人得計而欲自以爲功說者與知焉則身危彼顯有所出事迺自以爲也故說者與知焉則身危彊之以其所必不爲止之以其所不能已者身危故曰與之論大人則以爲間已與之論細人則以爲鬻權論其所愛則以爲借資論其所憎則以爲嘗已徑省其辭則不知而屈之汎濫博文則多而久之順事陳意則曰怯懦而不盡慮事廣肆則曰草野而倨侮此說之難不可不知也凡說之務在知飾所說之所敬而滅其所醜彼自知其計則無以其失窮之自勇其斷則無以其敵怒之自多其力則無以其難概之規異事與同計譽異人與同行者則以飾之無傷也有與同失者則飾其無失也大忠無所拂辭悟言無所擊排迺後申其辯知焉此所以親近不疑知盡之難也得曠日彌久而周澤既渥深計而不疑交爭而不罪迺明計利害以致其功直指是非以飾其身以此相持此說之成也伊尹爲庖百里奚爲虜皆所由干其上也故此二子者皆聖人也猶不能無役身而涉世如此其汙也則非能任之所設也宋有富人天雨牆壞其子曰不築且有盜其鄰人之父亦云暮而果大亡其財其家甚知其子而疑鄰人之父昔者鄭武公欲伐胡迺以其子妻之因問羣臣曰吾欲用兵誰可伐者關其思曰胡可伐迺戮關其思曰胡兄弟之國也子言伐之何也胡君聞之以鄭爲親己而不備鄭鄭人襲胡取之此二說者其知皆當矣然而甚者爲戮薄者見疑非知之難也處知則難矣昔者彌子瑕見愛於衛君衛國之法竊駕君車者罪至刖既而彌子之母病人聞往夜告之彌子矯駕君車而出君聞之而賢之曰孝哉爲母之故而犯刖罪與君游果園彌子食桃而甘不盡而奉君君曰愛我哉忘其口而食我及彌子色衰而愛弛得罪於君君曰是嘗矯駕吾車又嘗食我以其餘桃故彌子之行未變於初也前見賢而後獲罪者愛憎之至變也故有愛於主則知當而加親見憎於主則罪當而加疏故諫說之士不可不察愛憎之主而後說之矣夫龍之爲蟲也可擾狎而騎也然其喉下有逆鱗徑尺人有嬰之則必殺人人主亦有逆鱗說之者能無嬰人主之逆鱗則幾矣人或傳其書至秦秦王見孤憤五蠹之書曰嗟乎寡人得見此人與之游死不恨矣李斯曰此韓非之所著書也秦因急攻韓韓王始不用非及急迺遣非使秦秦王悅之未信用李斯姚賈害之毀之曰韓非韓之諸公子也今王欲并諸侯非終爲韓不爲秦此人之情也今王不用久留而歸之此自遺患也不如以過法誅之秦王以爲然下吏治非李斯使人遺非藥使自殺韓非欲自陳不得見秦王後悔之使人赦之非已死矣申子韓子皆著書傳于後世學者多有余獨悲韓子爲說難而不能自脫耳

司馬穰苴者田完之苗裔也齊景公時晉伐阿鄄而燕

侵河上齊師敗績景公患之晏嬰乃薦田穰苴曰穰苴雖田氏庶孽然其人文能附衆武能威敵願君試之景公召穰苴與語兵事大說之以爲將軍將兵扞燕晉之師穰苴曰臣素卑賤君擢之閭伍之中加之大夫之上士卒未附百姓不信人微權輕願得君之寵臣國之所尊以監軍乃可於是景公許之使莊賈往穰苴既辭與莊賈約曰旦日日中會於軍門穰苴先馳至軍立表下漏待賈賈素驕貴以爲將已之軍而已爲監不甚急親戚左右送之留飲日中而賈不至穰苴則仆表決漏入行軍勒兵申明約束約束既定夕時莊賈乃至穰苴曰何後期爲賈謝曰不佞大夫親戚送之故留穰苴曰將受命之日則忘其家臨軍約束則忘其親援枹鼓之急則忘其身今敵國深侵邦內騷動士卒暴露於境君寢不安席食不甘味百姓之命皆懸於君何謂相送乎召軍正問曰軍法期而後至者云何對曰當斬莊賈懼使人馳報景公請救既往未及反於是遂斬莊賈以徇三軍三軍之士皆振慄久之景公遣使者持節赦賈馳入軍中穰苴曰將在軍君令有所不受問軍正曰軍中不馳今使者馳云何正曰當斬使者大懼穰苴曰君之使不可殺之乃斬其僕車之左駙馬之左驂以徇三軍遣使者還報然後行士卒次舍井竈飲食問疾醫藥身自拊循之悉取將軍之資糧享士卒身與士卒平分糧食最比其羸弱者三日而後勒兵病者皆求行爭奮出爲之赴戰晉師聞之爲罷去燕師聞之度水而解於是追擊之遂取所亾邦內故境而引兵歸未至國釋兵旅解約束誓盟而後入邑景公與諸大夫郊迎勞師成禮然後反歸寢既見穰苴尊爲大司馬田氏日以益尊於齊已而大夫鮑氏高國之屬害之譖於景公景公退穰苴苴發疾而死田乞田豹之徒由此怨高國等其後及田恒殺簡公盡滅高子國子之族至恒曾孫和因自立爲齊威王用兵行威大放穰苴之法而諸侯朝齊齊威王使大夫追論古者司馬兵法而附穰苴於其中因號曰司馬穰苴兵法

孫子武者齊人也以兵法見於吳王闔廬闔廬曰子之十三篇吾盡觀之矣可以小試勒兵乎對曰可闔廬曰可試以婦人乎曰可於是許之出宮中美人得百八十人孫子分爲二隊以王之寵姬二人各爲隊長皆令持戟令之曰汝知而心與左右手背乎婦人曰知之孫子曰前則視心左視左手右視右手後卽視背婦人曰諾約束既布乃設鈇鉞卽三令五申之於是鼓之右婦人大笑孫子曰約束不明申令不熟將之罪也復三令五申而鼓之左婦人復大笑孫子曰約束不明申令不熟將之罪也既已明而不如法者吏士之罪也乃欲斬左右隊長吳王從臺上觀見且斬愛姬大駭趣使使下令曰寡人已知將軍能用兵矣寡人非此二姬食不甘味願勿斬也孫子曰臣既已受命爲將將在軍君命有所不受遂斬隊長二人以徇用其次爲隊長於是復鼓之婦人左右前後跪起皆中規矩繩墨無敢出聲於是孫子使使報王曰兵既整齊王可試下觀之唯王所欲用之雖赴水火猶可也吳王曰將軍罷休舍寡人不願下觀孫子曰王徒好其言不能用其實於是闔廬知孫子能用兵卒以爲將西破彊楚入郢北威齊晉顯名諸侯孫子與有力焉孫武既死後百餘歲有孫臏臏生阿鄄之間臏亦孫武之後世子孫也孫臏嘗與龐涓俱學兵法龐涓既事魏得爲惠王將軍而自以爲能不及孫臏乃陰使召孫臏臏至龐涓恐其賢於已疾之則以法刑斷其兩足而黥之欲隱勿見齊使者如梁孫臏以刑徒陰見說齊使齊使以爲奇竊載與之齊齊將田忌善而客待之忌數與齊諸公子馳逐重射孫子見其馬足不甚相遠馬有上中下輩於是孫子謂田忌曰君第重射臣能令君勝田忌信然之與王及諸公子逐射千金及臨質孫子曰今以君之下駟與彼上駟取君上駟與彼中駟取君中駟與彼下駟既馳三輩畢而田忌一不勝而再勝卒得王千金於是忌進孫子於威王威王問兵法遂以爲師其後魏伐趙趙急請救於齊齊威王欲將孫臏臏辭謝曰刑餘之人不可於是乃以田忌爲將而孫子爲師居輜車中坐爲計謀田忌欲引兵之趙孫子曰夫解雜亂紛糾者不控捲救鬬者不搏撠批亢擣虛形格勢禁則自爲解耳今梁趙相攻輕兵銳卒必竭於外老弱罷於內君不若引兵疾走大梁據其街路衝其方虛彼必釋趙而自救是我一舉解趙之圍而收獘於魏也田忌從之魏果去邯鄲與齊戰於桂陵大破梁軍後十三年魏與趙攻韓韓告急於齊齊使田忌將而往直走大梁魏將龐涓聞之去韓而歸齊軍既已過而西矣孫子謂田忌曰彼三晉之兵素悍勇而輕齊齊號爲怯善戰者因其勢而利導之兵法百里而趣利者蹶上將五十里而趣利者軍半至使齊軍入魏地爲十萬竈明日爲五萬竈又明日爲三萬竈龐涓行三日大喜曰我固知齊軍怯入吾地三日士卒亾者過半矣乃棄其步軍與其輕銳倍日并行逐之孫子度其行暮當至馬陵馬陵道陜而旁多阻隘可伏兵乃斫大樹白而書之

曰龐涓死于此樹之下於是令齊軍善射者萬弩夾道而伏期曰暮見火舉而俱發龐涓果夜至斫木下見白書乃鑽火燭之讀其書未畢齊軍萬弩俱發魏軍大亂相失龐涓自知智窮兵敗乃自剄曰遂成豎子之名齊因乘勝盡破其軍虜魏太子申以歸孫臏以此名顯天下世傳其兵法

吳起者衛人也好用兵嘗學於曾子事魯君齊人攻魯魯欲將吳起吳起取齊女為妻而魯疑之吳起於是欲就名遂殺其妻以明不與齊也魯卒以為將將而攻齊大破之魯人或惡吳起曰起之為人猜忍人也其少時家累千金游仕不遂遂破其家鄉黨笑之吳起殺其謗己者三十餘人而東出衛郭門與其母訣齧臂而盟曰起不為卿相不復入衛遂事曾子居頃之其母死起終不歸曾子薄之而與起絕起乃之魯學兵法以事魯君魯君疑之起殺妻以求將夫魯小國而有戰勝之名則諸侯圖魯矣且魯衛兄弟之國也而君用起則是棄衛魯君疑之謝吳起吳起於是聞魏文侯賢欲事之文侯問李克曰吳起何如人哉李克曰起貪而好色然用兵司馬穰苴不能過也於是魏文侯以為將擊秦拔五城起之為將與士卒最下者同衣食卧不設席行不騎乘親裹贏糧與士卒分勞苦卒有病疽者起為吮之卒母聞而哭之人曰子卒也而將軍自吮其疽何哭為母曰非然也往年吳公吮其父其父戰不旋踵遂死於敵吳公今又吮其子妾不知其死所矣是以哭之文侯以吳起善用兵廉平盡能得士心乃以為西河守以拒秦韓魏文侯既卒起事其子武侯武侯浮西河而下中流顧而謂吳起曰美哉乎山河之固此魏國之寶也起對曰在德不在險昔三苗氏左洞庭右彭蠡德義不修禹滅之夏桀之居左河濟右泰華伊闕在其南羊腸在其北修政不仁湯放之殷紂之國左孟門右太行常山在其北大河經其南修政不德武王殺之由此觀之在德不在險若君不修德舟中之人盡為敵國也武侯曰善卽封吳起為西河守甚有聲名魏置相相田文吳起不悅謂田文曰請與子論功可乎田文曰可起曰將三軍使士卒樂死敵國不敢謀子孰與起文曰不如子起曰治百官親萬民實府庫子孰與起文曰不如子起曰守西河而秦兵不敢東鄉韓趙賓從子孰與起文曰不如子起曰此三者子皆出吾下而位加吾上何也文曰主少國疑大臣未附百姓不信方是之時屬之於子乎屬之於我乎起默然良久曰屬之子矣文曰此吾所以居子之上也吳起乃自知弗如田文田文既死公叔為相尚魏公主而害吳起公叔之僕曰起易去也公叔曰奈何其僕曰吳起為人節廉而自喜名也君因先與武侯言曰夫吳起賢人也而侯之國小又與彊秦壤界臣竊恐起之無留心也武侯卽曰奈何君因謂武侯曰試延以公主起有留心則必受之無留心則必辭矣以此卜之君因召吳起而與歸卽令公主怒而輕君吳起見公主之賤君也則必辭於是吳起見公主之賤魏相果辭魏武侯武侯疑之而弗信也吳起懼得罪遂去卽之楚楚悼王素聞起賢至則相楚明法審令捐不急之官廢公族疏遠者以撫養戰鬭之士要在彊兵破馳說之言從橫者於是南平百越北并陳蔡郤三晉西伐秦諸侯患楚之彊故楚之貴戚盡欲害吳起及悼王死宗室大臣作亂而攻吳起吳起走之王尸而伏之擊起之徒因射刺吳起并中悼王悼王既葬太子立乃使令尹盡誅射吳起而并中王尸者坐射起而夷宗死者七十餘家

孟軻騶人也受業子思之門人道既通游事齊宣王宣王不能用適梁梁惠王不果所言則見以為迂遠而闊於事情當是之時秦用商君富國彊兵楚魏用吳起戰勝弱敵齊威王宣王用孫子田忌之徒而諸侯東面朝齊天下方務於合從連衡以攻伐為賢而孟軻乃述唐虞三代之德是以所如者不合退而與萬章之徒序詩書述仲尼之意作孟子七篇其後有騶子之屬齊有三騶子其前騶忌以鼓琴干威王因及國政封為成侯而受相印先孟子其次騶衍後孟子騶衍睹有國者益淫侈不能尙德若大雅整之於身施及黎庶矣乃深觀陰陽消息而作怪迂之變終始大聖之篇十餘萬言其語閎大不經必先驗小物推而大之至於無垠先序今以上至黃帝學者所共術大並世盛衰因載其禨祥度制推而遠之至天地未生窈冥不可考而原也先列中國名山大川通谷禽獸水上所殖物類所珍因而推之及海外人之所不能睹稱引天地剖判以來五德轉移治各有宜而符應若茲以為儒者所謂中國者於天下乃八十一分居其一分耳中國名曰赤縣神州赤縣神州內自有九州禹之序九州是也不得為州數中國外如赤縣神州者九乃所謂九州也於是有裨海環之人民禽獸莫能相通者如一區中者乃為一州如此者九乃有大瀛海環其外天地之際焉其術皆此類也然要其歸必止乎仁義節儉君臣上下六親之施始也濫耳王公大人初見其術懼然顧化其後不能行之是以騶子重於齊適梁惠王郊迎執賓主之禮適趙平原君側行

襒席如燕昭王擁彗先驅請列弟子之座而受業築碣石宮身親往師之作主運其游諸侯見尊禮如此豈與仲尼菜色陳蔡孟軻困於齊梁同乎哉故武王以仁義伐紂而王伯夷餓不食周粟衛靈公問陳而孔子不答梁惠王謀欲攻趙孟軻稱太王去邠此豈有意阿世俗苟合而已哉持方枘欲內圜鑿其能入乎或曰伊尹負鼎而勉湯以王百里奚飯牛車下而繆公用霸作先合然後引之大道騶衍其言雖不軌儻亦有牛鼎之意乎自騶衍與齊之稷下先生如淳于髡慎到環淵接子田駢騶奭之徒各著書言治亂之事以干世主豈可勝道哉

淳于髡齊人也博聞彊記學無所主其諫說慕晏嬰之爲人也然而承意觀色爲務客有見髡於梁惠王惠王屏左右獨坐而再見之終無言也惠王怪之以讓客曰子之稱淳于先生管晏不及及見寡人寡人未有得也豈寡人不足爲言邪何故哉客以謂髡髡曰固也吾前見王王志在驅逐後復見王王志在音聲吾是以默然客具以報王王大駭曰嗟乎淳于先生誠聖人也前淳于先生之來人有獻善馬者寡人未及視會先生至後先生之來人有獻謳者未及試亦會先生來寡人雖屏人然私心在彼有之後淳于髡見壹語連三日三夜無倦惠王欲以卿相位待之髡因謝去於是送以安車駕駟束帛加璧黃金百鎰終身不仕

慎到趙人田駢接子齊人環淵楚人皆學黃老道德之術因發明序其指意故慎到著十二論環淵著上下篇而田駢接子皆有所論焉

騶奭者齊諸騶子亦頗采騶衍之術以紀文於是齊王嘉之自如淳于髡以下皆命曰列大夫爲開第康莊之衢高門大屋尊寵之覽天下諸侯賓客言齊能致天下賢士也

荀卿趙人年五十始來游學於齊騶衍之術迂大而閎辯奭也文具難施淳于髡久與處時有得善言故齊人頌曰談天衍雕龍奭炙轂過髡田駢之屬皆已死齊襄王時而荀卿最爲老師齊尙修列大夫之缺而荀卿三爲祭酒焉齊人或讒荀卿荀卿乃適楚而春申君以爲蘭陵令春申君死而荀卿廢因家蘭陵李斯嘗爲弟子已而相秦荀卿嫉濁世之政亡國亂君相屬不遂大道而營於巫祝信禨祥鄙儒小拘如莊周等又滑稽亂俗於是推儒墨道德之行事興壞序列著數萬言而卒因葬蘭陵而趙亦有公孫龍爲堅白同異之辯劇子之言魏有李悝盡地力之教楚有尸子長盧阿之吁子焉自如孟子至于吁子世多有其書故不論其傳云蓋墨翟宋之大夫善守禦爲節用或曰並孔子時或曰在其後

通志卷八十八

通志卷八十九

宋右迪功郎鄭樵漁仲撰

列傳第二

春秋

周

富辰　王孫滿　劉康公　單襄公　太子晉

單穆公

魯

衆仲　申繻　公子彄　臧孫達　臧孫辰　臧孫許　臧孫紇　公子遂　公子季友　季孫行父　季孫宿　季孫意如　季孫斯　季孫肥

叔孫得臣　叔孫豹　叔孫婼　叔孫州仇　仲孫穀難　仲孫蔑　仲孫速　仲孫羯　仲孫貜

仲孫何忌　子服椒　子服何　曹劌　展喜

子家羈　陽虎

周

富辰周大夫也襄王十三年鄭人伐滑王使伯服游孫伯如鄭請滑鄭人不聽王命而執二子王怒將以狄伐鄭富辰諫曰不可臣聞之太上以德撫民其次親親以相及也昔周公弔二叔之不咸故封建親戚以蕃屏周管蔡郕霍魯衞毛聃郜雍曹滕畢原酆郇文之昭也邗晉應韓武之穆也凡蔣邢茅胙祭周公之允也召穆公思周德之不類故糾合宗族于成周而作詩曰常棣之華鄂不韡韡凡今之人莫如兄弟其四章曰兄弟鬩于牆外禦其侮如是則兄弟雖有小忿不廢懿親今天子不忍小忿以棄鄭親其若之何庸勳親親暱近尊賢德之大者也即聾從昧與頑用嚚姦之大者也棄德崇姦禍之大者也鄭有平惠之勳又有厲宣之親棄嬖寵而用三良於諸姬爲近四德具矣耳不聽五聲之和爲聾目不別五色之章爲昧心不則德義之經爲頑口不道忠信之言爲嚚狄皆則之四姦具矣周之有懿德也猶曰莫如兄弟故封建之其懷柔天下也猶懼有外侮扞禦侮者莫如親親故以親屏周召穆公亦云今周德既衰於是乎又渝周召以從諸姦無乃不可乎民未忘禍王又興之其若文武何王弗聽使頹叔桃子出狄師十六年狄伐鄭取櫟王德狄人將以其女爲后富辰諫曰不可夫婚姻禍福之階也由之利內則福利外則取禍今王外利矣其無乃階禍乎昔摯疇之國也由大任杞繒由大姒齊許申呂由大姜陳由大姬是皆能內利親親者也昔鄢之亾也由仲任密須由伯姞鄶由叔妘聃由鄭姬息由陳嬀鄧由楚曼羅由季姬盧由荆嬀是皆外利離親者也王曰利何如而內何如而外對曰尊貴明賢庸勳長老愛親禮新親舊然則民莫不審固其心力以役上令官不易方而財不匱竭求無不至動無不濟百姓兆民夫人奉利而歸之上是利之內也若七德離判民乃攜貳各以利退上求不暨是其外利也夫狄無列於王室鄭伯南也王而卑之是不尊貴也狄豺狼之德也鄭未失周典王而蔑之是不明賢也平桓莊惠皆受鄭勞王而棄之是不庸勳也鄭伯捷之齒長矣王而弱之是不長老也狄隗姓也鄭出自宣王王而虐之是不愛親也夫禮新不閒舊王以狄女閒姜任非禮且棄舊也王一舉而棄七德臣故曰利外矣書有之曰必有忍也若能有濟也王不忍小忿而棄鄭又登叔隗以階狄狄封豕豺狼也不可厭也王又弗聽初王子帶有寵於惠后惠后將立之未及而卒叔帶奔齊富辰言於王曰請召大叔詩曰協比其鄰昬姻孔云吾兄弟之不協焉能怨諸侯之不睦王乃復之至是大叔通於狄后王替隗氏頹叔桃子曰我實使狄狄其怨我遂奉大叔以狄師攻王王遂出及坎欿國人納之頹叔桃子復以狄師伐周富辰曰昔吾驟諫王王弗從以及此難若我不出王其以我爲懟乎乃以其屬死之

王孫滿周大夫頃王之孫也襄王二十五年秦師襲鄭過周北門左右皆免冑而下超乘者三百乘王孫滿觀之言於王曰秦師必有謫王曰何故對曰師輕而驕輕則寡謀驕則無禮無禮則脫寡謀自陷入險而脫能無敗乎秦師無謫是道廢也是行也秦師還晉人敗諸崤獲其三帥白乙丙西乞術孟明視定王元年楚莊王伐陸渾之戎遂至於雒觀兵于周疆王使王孫滿勞楚子楚子問鼎之大小輕重焉對曰在德不在鼎昔夏之方有德也遠方圖物貢金九牧鑄鼎象物百物而爲之備使民知神姦故民入川澤山林不逢不若螭魅罔兩莫能逢之用能協于上下以承天休桀有昬德鼎遷于商載祀六百商紂暴虐鼎遷于周德之休明雖小重也其姦回昬亂雖大輕也天祚明德有所底止成王定鼎于郟鄏卜世三十卜年七百天所命也周德雖衰天命未改鼎之輕重未可問也

劉康公季子定王之母弟也故亦曰王季子爲周卿士食采於劉定王八年王使康公聘於魯發幣於大夫季文子孟獻子皆儉叔孫宣子東門子家皆侈歸王問魯大夫孰賢對曰季孟其長處魯乎叔孫東門其亾乎若家不亾身必不免王曰何故對曰臣聞之爲臣必臣爲

君必君寬肅宣惠君也敬恪恭儉臣也寬所以保本也肅所以濟時也宣所以教施也惠所以和民也本有保則必固時動而濟則無敗功教施而宣則徧惠以和民則阜若本固而功成施徧而民阜乃可以長保民矣其何事不徹敬所以承命也恪所以守業也恭所以給事也儉所以足用也以敬承命則不違以恪守業則不懈以恭給事則寬於死以儉足用則遠於憂若承命不違守業不懈寬於死而遠於憂則可以上下無隙矣其何任不堪上作事而徹下能堪其任所以爲令聞長世也今夫二子者儉其能足用矣用足則族可以庇二子者侈侈則不恤匱匱而不恤憂必及之若是則必廣其身且夫人臣而侈國家弗堪亾之道也王曰幾何對曰東門之位不若叔孫而泰侈焉不可以事二君叔孫之位不若季孟而亦偷泰侈焉不可以事三君也若皆蚤世猶可若登年以載其毒必亾十大年魯宣公卒赴者未及東門氏來告亂子家奔齊簡王十一年魯叔孫宣伯亦奔齊皆如其言焉簡王之八年康公與成肅公會晉侯伐秦成子受脤于社不敬康公曰吾聞之民受天地之中以生所謂命也是以有動作禮義威儀之則以定命也能者養之以福不能者敗以取禍是故君子勤禮小人盡力勤禮莫如致敬盡力莫如敦篤敬在養神篤在守業國之大事在祀與戎祀有執膰戎有受脤神之大節也今成子惰棄其命矣其不反乎反役成肅公卒于瑕

單襄公朝周之卿士也其先食采於單故以爲氏定王六年王使襄公聘于宋遂假道於陳以聘于楚火朝覿矣道茀不可行候不在疆司空不視塗澤不陂川不梁野有庾積場功未畢道無列樹墾田若蓺膳宰不致餼司里不受館國無寄寓縣無施舍民將築臺於夏氏及陳陳靈公與孔甯儀父南冠以如夏氏留賓不見襄公歸告王曰陳侯不有大咎國必亾王曰何故對曰夫辰角見而雨畢天根見而水涸本見而木節解駟見而隕霜火見而清風戒寒故先王之教曰雨畢而除道水涸而成梁草木節解而備藏隕霜而冬裘具清風至而修城郭宮室故夏令曰九月除道十月成梁其時儆曰收而場功偫而畚梮營室之中土功其始火之初見期於司里此先王所以不用財賄而廣施德於天下者也今陳國火朝覿矣而道路若塞野場若棄澤不陂障川無舟梁是廢先王之教也周制有之曰列樹以表道立鄙食以守路國有郊牧疆有寓望藪有圃草囿有林池所以禦災也其餘無非穀土民無懸耜野無奧草不奪民時不蔑民功有優無匱有逸無罷國有班事縣有序民今陳國道路不可知田在草間功成而不收民罷於逸樂是棄先王之法制也周之秩官有之曰敵國賓至關尹以告行理以節逆之候人爲導卿出郊勞門尹除門宗祝執祀司里授館司徒具徒司空視塗司寇詰姦虞人入材甸人積薪火師監燎水師監濯膳宰致饔廩人獻餼司馬陳芻工人展車百官以物至賓入如歸是故小大莫不懷愛其貴國之賓至則以班加一等益虔至於王吏則皆官正莅事上卿監之若王巡守則君親臨監今雖朝也不才有分族於周承王命以爲過賓於陳而司事莫至是蔑先王之官先王之令有之曰天道賞善而罰淫故凡我造國無從匪彝無即慆淫各守爾典以承天休今陳侯不念允續之常棄其伉儷妃嬪而帥其卿佐以淫於夏氏不亦瀆姓矣乎陳我大姬之後也棄袞冕而南冠以出不亦簡彝乎是又犯先王之令也昔先王之教懋帥其德也猶恐隕越若廢其教而棄其制蔑其官而犯其令將何以守國居大國之間而無此四者其能久乎既而陳靈公殺於夏氏楚子入陳陳幾亾簡王十年晉厲公克楚于鄢陵使郤至告慶于周未將事王叔簡公飲之酒交酬好貨皆厚飲酒宴語相說也明日王叔子譽諸朝郤至見召桓公與之語召公以告襄公曰王叔子譽溫季以爲必相晉國相晉國必大得諸侯勸二三君子必先導焉可以樹今夫子見我以晉國之克也爲已實謀之曰微我晉不戰矣楚有五敗晉不知乘我則彊之背宋之盟一也德薄而以地賂諸侯二也棄壯之良而用幼弱三也建立卿士而不用其言四也夷鄭從之三陳而不整五也罪不由晉晉得其民四軍之帥旅力方剛卒伍治整諸侯與之是有五勝也有辭一也得民二也軍帥彊禦三也行列治整四也諸侯輯睦五也有一勝猶足用也有五勝以伐五敗而避之者非人也不可以不戰欒范不欲我則彊之戰而勝是吾力也且夫戰也微謀吾有三伐勇而有禮反之以仁吾三逐楚軍之卒勇也見其君必下而趨禮也能獲鄭伯而赦之仁也若是而知晉國之政楚越必朝吾曰子則賢矣抑晉國之舉也不失其次吾懼政之未及子也謂我曰夫何次之有昔先大夫荀伯自下軍之佐而以政趙宣子未有軍行而以政今欒伯自下軍往是三子者吾又過於四之無不及若佐新軍而升爲政不亦可乎將必求之是其言也君以爲奚若襄公曰人有言曰兵在其頸其郤至之謂乎君子不自稱也非以讓

也惡其蓋人也夫人性陵上者也不可蓋也求蓋人其抑下滋甚故聖人貴讓且諺曰獸惡其網民惡其上書曰民可近也而不可上也詩曰愷悌君子求福不回在禮敵必三讓是則聖人知民之不可加也故王天下者必先諸民然後庇焉則能長利今郤至在七人之下而欲上之是求蓋七人也其亦有七怨怨在小醜猶不可堪而況在侈卿乎其何以待之晉之克也天有惡於楚也故儆之以晉而郤至佻天之功以爲已力不亦難乎佻天不祥乘人不義不祥則天棄之不義則民叛之且郤至何三伐之有夫仁禮勇皆民之爲也以義死用謂之勇奉義順則謂之禮畜義豐功謂之仁姦仁爲佻姦禮爲羞姦勇爲賊夫戰盡敵爲上守和同順義爲上故制戎以果毅制朝以序成叛戰而擅舍鄭君賊也棄毅行容羞也叛國卽讎佻也有三姦以求替其上遠於得政矣以吾觀之兵在其頸不可久也雖吾王叔未能違難在秦晉曰民之所欲天必從之王叔欲郤至能勿從乎十一年襄公及尹武公會諸侯于柯陵襄公見晉厲公視遠步高晉郤錡見其語犯郤犨見其語迂郤至見其語伐齊國佐見其語盡魯成公見言及晉難及郤犨之譖襄公曰君何患焉晉將有亂其君與三郤其當之乎魯侯曰寡人懼不見赦於晉今君曰將有亂敢問天道乎抑人故也對曰吾非瞽史焉知天道吾見晉君之容而聽三郤之語矣殆必禍者也夫君子目以定體足以從之是以觀其容而知其心矣目以處義足以步目今晉侯視遠而足高目不存體而足不步目其心必異矣目體不相從何以能久夫合諸侯民之大事也於是乎觀存亡故國將無咎其君在會步言視聽必皆無謫

則可以知德矣視遠日絕其義足高日棄其德言爽日反其信聽淫日離其名夫目以處義足以踐德口以庇信耳以聽名者也故不可不愼也偏喪有咎旣喪則國從之晉侯爽二吾是以云夫郤氏晉之寵人也三卿而五大夫可以戒懼矣高位實疾顚厚味實腊毒今郤伯之語犯叔迂季伐犯則陵人迂則誣人伐則掩人有是寵也而益之以三怨其誰能忍之齊國子亦將與焉立於淫亂之國而好盡言以招人過怨之本也唯善人能受盡言齊其有乎吾聞之國德而鄰於不修必受其福今君偪於晉而鄰於齊齊晉有禍可以取伯無德之患何憂於晉且夫長狄之人利而不義其利淫矣流之若何魯侯歸乃逐叔孫僑如明年晉殺三郤又明年晉厲公弒齊人殺國武子其後伯輿之獄王叔陳生亦出奔晉晉襄公之孫曰惠伯談談之子周適京師事襄公立無跛視無還聽無聳言無遠言敬必及天言忠必及意言信必及身言仁必及人言義必及利言智必及事言勇必及制言教必及辯言孝必及神言惠必及和言讓必及敵晉國有憂未嘗不戚有慶未嘗不怡襄公有疾召其子頃公而告之曰必善晉周將得晉國其行也文能文則得天地天地所胙小而後國夫敬文之恭也忠文之實也信文之孚也仁文之愛也義文之制也智文之輿也勇文之帥也教文之施也孝文之本也惠文之慈也讓文之材也象天能敬帥意能忠思身能信愛人能仁利制能義事建能智帥義能勇施辯能教昭神能孝慈和能惠推敵能讓此十一者夫子皆有焉天六地五數之常也經之以天緯之以地經緯不爽文之象也文王質文故天胙之以天下夫子被文矣其昭穆又近

可以得國且夫立無跛正也視無還端也聽無聳成也言無遠愼也夫正德之道也端德之性也成德之終也愼德之守也守終純固道正事信明令德矣愼成端正德之相也爲晉休戚不背本也被文相德非國何取成公之歸也吾聞晉之筮也遇乾之否曰配而不終君三出焉一旣往矣後之不知其次必此且吾聞成公之生也其母夢神規其臀以墨曰使有晉國三而畀驩之孫故名之曰黑臀於今再矣襄公曰驩此其孫也而令德孝恭非此其誰且其夢曰必驩之孫實有晉國其卦曰必三取君於周其德又可以君國三襲焉吾聞之太誓故曰朕夢協朕卜襲于休祥戎商必克以三襲也晉仍無道而鮮胄其將失之矣必早善晉子其當之也頃公許諾及厲公之亂召周子而立焉是爲悼公

太子晉靈王之太子也早卒不得立靈王之二十一年穀洛鬭將毀王宮王欲壅之太子晉諫曰不可晉聞古之長民者不墮山不崇藪不防川不竇澤夫山土之聚也藪物之歸也川氣之導也澤水之鍾也夫天地成而聚於高歸物於下疏爲川谷以導其氣陂塘汙庳以鍾其美是故聚不阤崩而物有所歸氣不沈滯而亦不散越是以民生有財用而死有所葬然則無夭昏札瘥之憂而無饑寒乏匱之患故上下能相固以待不虞古之聖王唯此之愼昔共工棄此道也虞于湛樂淫失其身欲壅百川墮高堙庳以害天下皇天弗福庶民弗助禍亂並興共工用滅在有虞有崇伯鯀播其淫心稱遂共工之過堯用殛之于羽山其後伯禹念前人之非度釐改制量象物天地比類百則儀之于民而度之于群生共之從孫四嶽佐之高高下下疏川導滯鍾水豐物封

崇九山決汩九川陂障九澤豐殖九藪汩越九原宅居九隩合通四海故天無伏陰地無散陽水無沈氣火無災燀神無間行民無淫心時無逆數物無害生帥象禹之功度之于軌儀莫非嘉績克厭帝心皇天嘉之祚以天下賜姓曰姒氏曰有夏謂其能以嘉祉殷富生物也祚四嶽國命以侯伯賜姓曰姜氏曰有呂謂其能為禹股肱心膂以養物豐民也此一王四伯豈緊多寵皆亾王之後也唯能釐舉嘉義以有允在下守祀不替其典有夏雖衰杞鄫猶在申呂雖衰齊許猶在唯有嘉功以命姓受祀迄于天下及其失之也必有慆淫之心間之故亾其氏姓踣斃不振絕後無主湮替隸圉夫亾者豈緊無寵皆黃炎之後也惟不帥天地之度不順四時之序不度民神之義不儀生物之則以殄滅無允至于今不祀及其得之也必有忠信之心間之度於天地而順於時動和於民神而儀於物則故高明令終顯融昭明命姓受氏而附之以令名若啟先王之遺訓省其典圖刑法而觀其廢興者皆可知也其興者必有夏呂之功焉其廢者必有共鯀之敗焉今吾執政無乃實有所避而滑夫二川之神使至於爭明以妨王宮王而飾之無乃不可乎人有言曰無過亂人之門又曰佐饎者嘗焉佐鬬者傷焉又曰禍不好不能為殃詩曰四牡騤騤旟旐有翩亂生不夷靡國不泯又曰民之貪亂甯為荼毒夫見亂而不惕所殘必多其飾彌章民有怨亂猶不可遏而況神乎王將防鬬川以飾宮是飾亂而佐鬬也其無乃章禍且遇傷乎自我先王厲宣幽平而貪天禍至于今未弭我又章之懼長及子孫王室其愈卑乎其若之何自后稷以來甯亂及文武成康而僅克安民自后稷之始基靖民十五王而文始平之十八王而康克安之其難也如是厲始革典十四王矣基德十五而始平基禍十五其不濟乎吾將儆懼其何德之修而少光王室以逆天休王又章輔禍亂將何以堪之王無亦鑒于黎苗之王下及夏商之季上不象天而下不儀地中不和民而方不順時不共神祇而蔑棄五則是以人夷其宗廟而火焚其彝器子孫為隸不夷於民而亦未觀夫前哲令德之則則此五者而受天之豐福饗民之勳力子孫豐厚令聞不忘是皆天子之所知也天所崇之子孫或在畎畝由欲亂民也畎畝之人或在社稷由欲靖民也無有異焉詩云殷鑒不遠在夏后之世將欲用飾宮其以徼亂也度之天神則非祥也比之地物則非義也類之民則則非仁也方之時動則非順也咨之前訓則非正也觀之詩書與民之憲言則皆亾王之為也上下議之無所比度王其圖之夫事大不從象小不從文上非天刑下非地德中非民則方非時動而作之者必不節矣作又不節害之道也王卒壅之及景王多寵人亂於是乎始生景王崩王室始亂及貞定王王室遂卑

單穆公旗單襄公之五世孫也為王官伯景王二十一年將鑄大錢穆公曰不可古者天災降戾於是乎量資幣權輕重以振救民民患輕則為作重幣以行之於是乎有母權子而行民皆得焉若不堪重則多作輕而行之亦不廢重於是乎有子權母而行小大利之今王廢輕而作重民失其資能無匱乎若匱王用將有所乏乏則將厚取於民民不給將有遠志是離民也且夫備有未至而設之有至而後救之是不相入也可先而不備謂之怠可後而先救之之召災周固贏國也天未厭禍焉而又離民以佐災無乃不可乎將民之與處而離之將災是備禦而召之則何以經國國無經何以出令令之不從上之患也故聖人樹德於民以除之夏書有之曰關石和鈞王府則有詩亦有之曰瞻彼旱麓榛楛濟濟愷悌君子干祿愷悌夫旱麓之榛楛殖故君子得以易樂干祿焉若夫山林匱竭林麓散亾藪澤肆既民力彫盡田疇荒蕪資用乏匱君子將險哀之不暇而何易樂之有焉且絕民用以實王府猶塞川原而為潢汙也其竭也無日矣若民離而財匱災至而備亾王其若之何吾周官之於災備也其所怠棄者多矣而又奪之資以益其災是去其藏而翳其人也王其圖之王弗聽卒鑄大錢二十三年王將鑄無射而為之大林穆公曰不可作重幣以絕民資又鑄大鍾以鮮其繼若積聚既喪又鮮其繼生何以殖且夫鍾不過以動聲若無射有林耳弗及矣夫鍾聲以為耳也耳所不及非鍾聲也猶目所不見不可以為目也夫目之察度也不過步武尺寸之間其察色也不過墨丈尋常之間耳之察和也在清濁之間其察清濁也不過一人之所勝是故先王之制鍾也大不出鈞重不過石律度量衡於是乎生小大器用於是乎出故聖人慎之今王作鍾也聽之弗及比之不度鍾聲不可以知和制度不可以出節無益於樂而鮮民財將焉用之夫樂不過以聽耳而美不過以觀目若聽樂而震觀美而眩患莫甚焉夫耳目心之樞機也故必聽和而視正聽和則聰視正則明聰則言聽明則德昭聽言以德則思慮純固以言德於民民歆而德之則歸心焉上得民心以殖義方是以作無不濟求無不獲然後能樂夫耳內和聲而日出美言以為憲令而布

諸民正之以度量民以心力從之不倦成事不貳樂之至也口內味而耳內聲聲味生氣氣在口爲言在目爲明言以信名明以時動名以成政動以殖生政成生殖樂之至也若視聽不和而有以震眩則味入不精不精則氣佚氣佚則不和於是乎有狂悖之言有眩惑之明有轉易之名有過慝之度出令不信刑政放紛動不順時民無據依不知所力各有離心上失其民作則不濟求則不獲其何以能樂三年之中有離民之器二焉國其危哉王弗聽卒鑄大鍾既而鍾不龢伶州鳩曰王其以心疾死乎語具伶州鳩傳中初景王有庶長子曰子朝有寵於王王與其傅賓孟言將立之劉獻公之庶子伯蚠事穆公惡賓孟之爲人也願殺之又惡子朝之將奸位也願去之賓孟適郊見雄雞自斷其尾問之侍者曰憚其犧也遽歸告王曰吾見雄雞自斷其尾而人曰憚其犧也吾以爲信畜矣人犧實難已犧何害抑其惡爲人用也乎則可也人異於是犧者安用人也王弗應田于鞏使公卿皆從將殺穆公及子朝未克王遇心疾而崩

魯

眾仲魯大夫公子益師之子也益師字眾父以父字爲氏焉隱公之四年衞州吁弒其君桓公而自立將修先君之怨於鄭而求寵於諸侯以和其民故宋公陳侯蔡人從州吁伐鄭公問於眾仲曰衞州吁其成乎對曰臣聞以德和民不聞以亂以亂猶治絲而棼之也夫州吁阻兵而安忍阻兵無眾安忍無親眾叛親離難以濟矣夫兵猶火也弗戢將自焚也夫州吁弒其君而虐用其民於是乎不務令德而欲以亂成必不免矣是歲州吁如陳衞石碏使陳人執之而殺之於濮五年公考惠公夫人仲子之宮將萬焉問羽數於眾仲對曰天子用八諸侯用六大夫四士二夫舞所以節八音而行八風故自八以下公從之於是初獻六羽始用六佾也八年無駭卒羽父請謚與族公問族於眾仲對曰天子建德因生以賜姓胙之土而命之氏諸侯以字爲謚因以爲族官有世功則有官族邑亦如之公命以字爲展氏氏族之源與於此焉

申繻事桓公爲大夫桓公之六年子同生以太子生之禮舉之接以太牢卜士負之士妻食之公與文姜宗婦命之公問名於申繻對曰名有五有信有義有象有假有類以名生爲信以德命爲義以類命爲象取於物爲假取於父爲類不以國不以官不以山川不以隱疾不以畜牲不以器幣周人以諱事神名終將諱之故以國則廢名以官則廢職以山川則廢主以畜牲則廢祀以器幣則廢禮晉以僖侯廢司徒宋以武公廢司空先君獻武廢二山是以大物不可以命公曰是其生也與吾同物命之曰同十八年公將會齊襄公于濼遂與姜氏如齊申繻曰女有家男有室無相瀆也謂之有禮易此必敗既而文姜至齊襄公通焉公謫之以告襄公享公使公子彭生乘公公薨于車魯人告于齊曰寡君畏君之威不敢寧居來修舊好禮成而不反無所歸咎惡於諸侯請以彭生除之齊人殺彭生是申繻之所謂易禮必敗者也君子謂申繻於是乎知言初鄭厲公之出也鄭有內蛇與外蛇鬭於鄭南門中莊公十四年而厲公復入公聞之問於申繻曰猶有妖乎對曰人之所忌其氣燄以取之妖由人興也人無釁焉妖不自作人棄常則妖興故有妖焉公善之

公子彄苦侯反者魯孝公之子而惠公之弟也於隱公爲叔父姓臧氏謚曰僖伯隱公之五年公將矢魚于棠棠魯地名今高平方與縣北有武唐亭魯侯觀魚臺矢陳也言陳魚而觀之僖伯諫公曰凡物不足以講大事大事祀與戎也其材不足以備器用則君不舉焉君將納民於軌物者也故講事以度軌量謂之軌取材以章物采謂之物不軌不物是謂亂政亂政亟行所以敗也故春蒐夏苗秋獮冬狩皆於農隙以講事也三年而治兵入而振旅歸而飲至以數軍實昭文章明貴賤辨等列順少長習威儀也鳥獸之肉不登於俎皮革齒牙骨角毛羽不登於器則公不射古之制也若夫山林川澤之實器用之資皁隸之事官司之守非君所及也公曰吾將畧地焉遂往陳魚而觀之僖伯稱疾不從春秋書之曰公矢魚于棠非禮也且言遠地也是歲冬僖伯卒公曰叔父有憾於寡人寡人弗敢忘葬之加一等僖伯之子曰達

臧哀伯達僖伯之子也桓公二年取郜鼎于宋納于太廟哀伯諫曰君人者將昭德塞違以臨照百官猶懼或失之故昭令德以示子孫是以清廟茅屋大路越席大羹不致粢食不鑿昭其儉也衮冕黻珽帶裳幅舄衡紞紘綖昭其度也藻率鞞鞛鞶厲游纓昭其數也火龍黼黻昭其文也五色比象昭其物也錫鸞和鈴昭其聲也三辰旂旗昭其明也夫德儉而有度登降有數文物以紀之聲明以發之以臨照百官百官於是乎戒懼不敢易紀律今滅德立違而寘其賂器於太廟以明示百官百官象之其又何誅焉國家之敗由官邪也官之失德寵賂章也郜鼎在廟章孰甚焉武王克商遷九鼎于雒

邑義士猶或非之而況將昭違亂之賂器於太廟其若之何公不聽周內史聞之曰臧孫達其有後於魯乎君違不忘諫之以德

臧文仲辰哀伯之孫也文仲之父伯氏缾不顯文仲嗣世爲大夫莊公十一年宋大水公使弔焉曰天作淫雨害於粢盛若之何不弔對曰孤實不敬天降之災又以爲君憂拜命之辱臧孫曰宋其興乎禹湯罪已其興也勃焉桀紂罪人其亡也忽焉且列國有凶稱孤禮也言懼而名禮其庶乎二十八年魯饑文仲言於公曰夫爲四鄰之援結諸侯之信重之以婚姻申之以盟誓固國之艱急是爲鑄名器藏寶財固民之殄病是待今國病矣君盍以名器請糴于齊公然之遂往如齊告曰天災流行戾于敝邑饑饉荐降民羸幾卒大懼乏周公太公之命祀職貢業事之不共而獲戾不腆先君之敝器敢告滯積以紓執事以救敝邑使能共職豈惟寡君與二三臣實受君賜其周公太公及百辟神祇實永饗而賴之齊人歸其玉而與之糴宋襄公欲合諸侯文仲聞之曰以欲從人則可以人從欲鮮濟僖公二十一年夏大旱公欲焚巫尫文仲曰非旱備也修城郭貶食省用務穡勸分此其務也巫尫何爲天欲殺之則如勿生若能爲旱焚之滋甚公從之是歲也饑而不害明年公伐邾取須句邾人以須句故出師公卑邾不設備而禦之文仲曰國無小不可易也無備雖衆不可恃也詩曰戰戰兢兢如臨深淵如履薄冰又曰敬之敬之天惟顯思命不易哉先王之明德猶無不難也無不懼也況我小國乎君其無謂邾小蠭蠆有毒而況國乎弗聽八月丁未公及邾師戰于升陘我師敗績邾人獲公胄縣諸魚門齊孝公伐我北鄙文仲欲以辭告之使展喜受命於展禽以告於是齊師乃止語在展喜傳是歲文仲如楚乞師見子玉道之伐齊宋以其不臣也於是子玉伐宋圍緡文仲相公以如楚師伐齊取穀晉文公劑曹地以分諸侯使文仲往宿於重館重館人告曰晉新得諸侯必親其共不速行將無及也從之分曹地自洮以南東傅于濟盡曹地也楚滅六文仲聞之曰皐陶庭堅不祀忽諸德之不建民之無援哀哉文仲卒其言立後卿大夫多宗之至於下展禽廢六官妾織蒲作虛器縱逆祀祀爰居其仁智所未盡也故聖人惜之子宣叔

臧宣叔許宣公即位以宣叔爲司寇始襄仲立宣公故其子歸父有寵欲去三桓以張公室與公謀而聘于晉欲以晉人去之公薨季文子言於朝曰使我殺適立庶以失大援者仲也夫臧宣叔怒曰當其時不能治也後之人何罪子欲去之許請去之遂逐東門氏成公元年宣叔聞齊將出楚師故及晉侯盟于赤棘於是令國中修賦繕完具守備曰齊楚結好我新與晉盟晉楚爭盟齊師必至雖晉人伐齊楚必救之是齊楚同我也知難而有備乃可以逞次年齊師伐我宣叔如晉乞師主於郤獻子六月及齊侯戰于鞌齊師敗績楚師侵衛遂侵我師于蜀使臧孫往辭曰楚遠而久固將退矣無功而受名臣不敢楚侵及陽橋孟孫請往賂之而止公許之孟孫請盟楚人許平公及楚子盟于蜀楚師及宋公衛逃歸宣叔曰衛父不忍數年之不宴以棄魯國國將若之何誰居後之人必有任是夫國棄矣三年晉侯使荀庚來聘衛侯使孫良夫來聘皆尋盟也公問諸宣叔曰中行伯之於晉也其位在下卿孫子之於衛也其位爲上卿將誰先對曰次國之上卿當大國之中中當其下下當其上大夫小國之上卿當大國之下卿中當其上大夫下當其下大夫小國之上卿當大國之下卿中當其上大夫下當其下大夫上下如是古之制也衛在晉不得爲次國晉爲盟主其將先之公從之四年卒武仲嗣

臧武仲紇宣叔之子也生而短小多智時號爲聖人成公十八年晉士魴來乞師季文子問師數於武仲對曰伐鄭之役知伯實來下軍之佐也今彘季亦佐下軍如伐鄭可也事大國無失班爵而加敬焉禮也文子從之陳成公卒楚人將伐陳聞喪乃止陳人不聽命臧武仲聞之曰陳不服於楚必亡大國行禮而不服大大猶有咎而況小國乎既而楚彭名侵陳襄公四年邾人莒人伐鄫臧紇救鄫侵邾敗於狐駘國人逆喪者皆髽魯於是乎始髽國人誦之曰臧之狐裘敗我於狐駘我君小子朱儒是使朱儒朱儒使我敗於邾十三年將城防武仲請俟農畢及冬城之衛獻公出奔齊臧紇如齊唁衛侯與之言虐退而告其人曰衛侯其不得入矣其言糞土也亡而不變何以復國子展子鮮聞之見臧孫紇與之言道臧孫說謂其人曰衛君必入矣夫二子者或輓之或推之欲無入得乎季武子以所得於齊之兵作林鍾而銘魯功焉臧武仲謂季孫曰非禮也夫銘天子令德諸侯言時計功大夫稱伐今稱伐則下等也計功則借人也言時則妨民多矣何以爲銘且夫大伐小取其所得以作彝器銘其功烈以示子孫昭明德而懲無禮也今將借人之力以救其死若之何銘之小國幸於大國而昭所獲焉以怒之亡之道也邾庶其以漆閭丘來

奔季武子以公姑姊妻之皆有賜於其從者於是魯多盜季武子謂武仲曰子盍詰盜武仲曰不可詰也紇又不能季孫曰我有四封而詰其盜何故不可子爲司寇將盜是務去若之何不能武仲曰子召外盜而大禮焉何以止吾盜子爲正卿而來外盜使紇去之將何以能庶其竊邑於邾以來子以姬氏妻之而與之邑其從者皆有賜焉若大盜禮焉以君之姑姊與其大邑其次皁牧輿馬其小者衣裳劒帶是賞盜也賞而去之其或難焉紇也聞之在上位者灑濯其心壹以待人軌度其信而後可以治人夫上之所爲民之歸也上所不爲而民或爲之是以加刑罰焉而莫敢不懲若上之所爲而民亦爲之乃其所也又可禁乎夏書曰念茲在茲釋茲在茲名言茲在茲允出茲在茲惟帝念功將謂由己壹也信由己壹而後功可念也季武子無適子公彌長而愛悼子欲立之訪於申豐曰彌與紇吾皆愛之欲擇材焉而立之復訪於臧紇臧紇曰飲我酒吾爲子立之季氏飲大夫酒臧紇爲客既獻臧孫命北面重席新樽絜之召悼子降逆之大夫皆起及旅而召公鉏使與之齒公鉏遂廢於是季孫愛臧孫孟孫惡之及孟孫卒臧孫入哭甚哀多涕出其御曰孟孫之惡子也而哀如是季孫若死其若之何臧孫曰季孫之愛我疾疢也孟孫之惡我藥石也美疢不如惡石夫石猶生我疢之美其毒滋多孟孫死吾亾無日矣孟氏閉門告於季孫曰臧氏將爲亂不使我葬季孫不信臧孫聞之戒十月孟氏將辟藉除於臧氏臧孫使正夫助之除於東門甲從己而視之孟氏又告季孫季孫怒命攻臧氏乙亥臧紇斬鹿門之關以出奔邾初臧宣叔娶于鑄生賈及爲而死繼室以其姪穆姜之姨子也生紇長於公宮姜氏愛之故立之臧賈臧爲出在鑄武仲自邾使告臧賈且致大蔡焉曰紇不佞失守宗祧敢告不弔紇之罪不及不祀子以大蔡納請其可賈曰是家之禍也非子之過也賈聞命矣再拜受龜使爲以納請遂自爲也臧孫如防使來告曰紇非能害也智不足也非敢私請苟守先祀無廢二勳敢不辟邑乃立臧爲臧紇致防而奔齊其人曰其盟我乎臧孫曰無辭魯人將盟臧氏季孫召外史掌惡臣而問盟首焉對曰盟東門氏也曰毋或如東門遂不聽公命殺適立庶盟叔孫氏也曰毋或如叔孫僑如欲廢國常蕩覆公室季孫曰臧孫之罪皆不及此孟椒曰盍以其犯門斬關季孫用之乃盟臧氏曰毋或如臧孫紇干國之紀犯門斬關臧孫聞之曰國有人焉誰居其孟椒乎齊侯將爲臧紇田臧孫聞之見齊侯與之言伐晉對曰多則多矣抑君似鼠夫鼠晝伏夜動不穴於寢廟畏人故也今君聞晉之亂而後作焉寧將事之非鼠如何乃弗與田仲尼曰知之難也有臧武仲之智而不容於魯國抑有由也作不順而施不恕也昭公十年平子伐莒及鄆獻俘始用人于亳社臧武仲在齊聞之曰周公其不饗魯祭乎周公饗義而魯無義視人如牲將誰福哉

東門襄仲遂莊公之子也居于東門因以命氏僖公二十六年齊伐我襄仲如楚乞師三十年聘于周次年如晉拜曹田三十三年帥師伐邾文公八年襄仲會晉趙孟盟于衡雍遂會伊雒之戎十二年秦伯使西乞術來聘且言將伐晉襄仲辭玉曰君不忘先君之好照臨魯國鎮撫其社稷重之以大器寡君敢辭玉對曰不腆敝器不足辭也主人三辭賓答曰寡君願要福于周公魯公以事君不腆先君之敝器使下臣致諸執事以爲瑞節要結好命所以藉寡君之命結二國之好是以敢致之襄仲曰不有君子其能國乎國無陋矣厚賄之公及齊侯盟于穀襄仲如齊拜穀盟復曰聞齊人將食魯之麥以臣觀之將不能齊君之語偷臧文仲有言曰民主偷必死文公二妃敬嬴生宣公敬嬴嬖而私事襄仲宣公長而屬諸襄仲襄仲欲立之叔仲惠伯不可仲見于齊侯而請之齊侯新立而欲親魯許之於是仲殺惡及視而立宣公仲以君命召惠伯其宰公冉務人止之曰入必死叔仲曰死君命可也公冉務人曰若君命可死非君命何聽弗聽乃入仲殺而埋之馬矢之中既而復叔仲氏夫人姜氏歸于齊將行哭而過市曰天乎仲爲無道殺適立庶市人皆哭魯人謂之哀姜宣公元年遂如齊逆女三月遂以夫人婦姜至自齊八年仲遂卒

公子季友桓公之子而莊公之季弟也莊公有弟三人長曰慶父次曰叔牙次曰季友季友之母出自陳桓公絕愛幸之季友將生公使人卜之曰男也其名曰友在公之右閒于兩社爲公室輔季氏亾則魯不昌及生有文在其手曰友遂以名之號爲成季莊公立娶齊女爲夫人曰哀姜無子哀姜娣曰叔姜生子開始莊公嘗築臺臨黨氏見孟任說之生子般莊公既無適嗣以愛欲立般公病而問嗣於弟叔牙叔牙曰一繼一及魯之常也慶父在可爲嗣君何憂公患叔牙欲立慶父退而問季友季友曰臣以死奉般公曰叔牙奈何成季以君命命僖叔待於鍼巫氏使鍼季酖之曰飲此則有後於魯國不然死且無後飲之歸及逵泉而卒立其子爲叔孫

氏公薨季友立子般慶父使殺子般于黨氏季友奔陳慶父如齊及歸自齊以私於哀姜故立姜娣子開是爲閔公閔公元年公及齊桓公盟于落姑請復季友齊侯許之使召諸陳公次于郎以待之孔子書曰季子來歸慶父與哀姜通益甚哀姜與慶父謀殺閔公而立慶父慶父使卜齮賊公于武闈成季以閔公兄申適邾魯人不欲慶父慶父懼如莒季友入立申爲僖公以賂求慶父于莒莒人歸之及密使公子魚請不許哭而往慶父曰奚斯之聲也乃縊其後爲孟氏僖公元年季友帥師敗莒師於酈獲莒挐公以費封季友使爲相其後爲季氏

季文子名行父公子季友之孫也文公之初季子始爲卿六年聘于晉使求遭喪之禮以行其人曰將焉用之文子曰備豫不虞古之善教也求而無之實難過求何害十五年齊人侵我西鄙季文子告于晉冬十一月晉會諸侯于扈謀伐齊也齊人賂晉侯故不克而還齊侯謂諸侯不能治復侵我西鄙遂伐曹入其郛討其朝於我也季文子曰齊侯其不免乎已則無禮而討於有禮者曰女何故行禮禮以順天天之道也已則反天而又以討人難以免矣詩曰畏天之威于時保之不畏於天將何能保以亂取國奉禮以守猶懼不終多行無禮弗能在矣次年及齊平公有疾使季文子會齊侯于陽穀請盟齊侯不肯曰請俟君間莒紀公生太子僕又生季佗愛季佗而黜僕且多行無禮於國僕因國人以弒紀公以其寶玉來奔納諸宣公公命與之邑曰今日必授季文子使司寇出諸竟曰今日必達公問其故季文子使太史克對曰先大夫臧孫辰教行父事君之禮行父奉以周旋弗敢失墜曰見有禮於其君者事之如孝子之養父母也見無禮於其君者誅之若鷹鸇之逐鳥雀也先君周公制周禮曰則以觀德德以處事事以度功功以食民作誓命曰毁則爲賊掩賊爲藏竊賄爲盜盜器爲姦主藏之名賴姦之用爲大凶德有常無赦在九刑不忘行父還觀莒僕莫可則也孝敬忠信爲吉德盜賊藏姦爲凶德夫莒僕則其孝敬則弒君父矣則其忠信則竊寶玉矣其人則盜賊也其器則姦兆也保而利之則主藏也以訓則昏民無則焉不度於善而皆在於凶德是以去之昔高陽氏有才子八人蒼舒隤敳檮戭大臨尨降庭堅仲容叔達齊聖廣淵明允篤誠天下之民謂之八愷高辛氏有才子八人伯奮仲堪叔獻季仲伯虎仲熊叔豹季貍忠肅共懿宣慈惠和天下之民謂之八元此十六族也世濟其美不隕其名以至於堯堯不能舉舜臣堯舉八愷使主后土以揆百事莫不時序地平天成舉八元使布五教于四方父義母慈兄友弟共子孝內平外成昔帝鴻氏有不才子掩義隱賊好行凶德醜類惡物頑嚚不友是與比周天下之民謂之渾敦少皞氏有不才子毁信廢忠崇飾惡言靖譖庸回服讒蒐慝以誣盛德天下之民謂之窮奇顓頊氏有不才子不可教訓不知話言告之則頑舍之則嚚傲狠明德以亂天常天下之民謂之檮杌此三族也世濟其凶增其惡名以至于堯堯不能去縉雲氏有不才子貪于飲食冒于貨賄侵欲崇侈不可盈厭聚斂積實不知紀極不分孤寡不恤窮匱天下之民以比三凶謂之饕餮舜臣堯賓于四門流四凶族渾敦窮奇檮杌饕餮投諸四裔以禦魑魅是以堯崩而天下如一同心戴舜以爲天子以能舉十六相去四凶也故虞書數舜之功曰愼徽五典五典克從無違教也曰納于百揆百揆時序無廢事也曰賓于四門四門穆穆無凶人也舜有大功二十而爲天子今行父雖未獲一吉人去一凶矣於舜之功二十之一也庶幾免於戾乎宣公元年文子如齊納賂以請會成公二年文子帥師會郤克敗齊師于鞌四年相公如晉晉侯見公不敬季文子曰晉侯必不免詩曰敬之敬之天惟顯思命不易哉晉侯之命在諸侯矣可不敬乎秋公至自晉欲求成于楚而叛晉季文子曰不可晉雖無道未可叛也國大臣睦而邇於我諸侯聽焉未可以貳史佚之志有之曰非我族類其心必異楚雖大非吾族也其肯字我乎公乃止六年文子以鞌之功立武宮吳伐郯郯成文子曰中國不振旅蠻夷入伐而莫之或恤無弔者也詩曰不弔昊天亂靡有定其此之謂乎有上不弔其誰不受亂吾亡無日矣君子曰知懼如是斯不亡矣八年晉侯使韓穿來言汶陽之田歸之于齊文子餞之而私焉曰大國制義以爲盟主是以諸侯懷德畏討無有二心謂汶陽之田敝邑之舊也而用師于齊使歸諸敝邑今有二命曰歸諸齊信以行義義以成命小國所望而懷也信不可知義無所立四方諸侯其誰不解體詩曰女也不爽士貳其行士也罔極二三其德七年之中一與一奪二三孰甚焉士之二三猶喪妃耦而況霸主乎霸主將德是以而二三之其何以長有諸侯乎詩曰猶之未遠是用大簡行父懼晉之不遠猶而失諸侯也是以敢私言之成公之母曰穆姜宣伯僑如通之欲去季孟而取其室十六年晉侯伐鄭公將會之穆姜送公而使逐二子公以晉難告曰請反而

聽命姜怒公子偃公子鉏趨過指之曰女不可是皆君也公待於壞隤申公儆備設守而後行是以後宣伯使告郤犨曰魯侯待于壞隤以待勝者郤犨將新軍且爲公族大夫以主東諸侯取貨於宣伯而訴公於晉侯晉侯不見公七月公會尹武公及諸侯伐鄭將行姜又命公如初公又申守而行宣伯使告郤犨曰魯之有季孟猶晉之有欒范也政令於是乎成今而謀曰晉政多門不可從也寧事齊楚有亡而已蔑從晉矣若欲得志于魯請止行父而殺之我斃蔑也而事晉不然歸必叛矣九月晉人執季文子于苕丘公還待于鄆使子叔聲伯請季孫于晉郤犨曰苟去仲孫蔑而止季孫行父吾與子國親於公室對曰僑如之情子必聞之矣若棄蔑與行父是棄魯國而罪寡君也若猶不棄而惠徼周公之福使寡君得事晉君則夫二人者魯國社稷之臣也若朝亡之魯必夕亡以魯之密邇仇讎亡而爲讎治之何及郤犨曰吾爲子請邑對曰嬰齊魯之常隸也敢介大國以求厚焉承寡君之命以請若得所請吾子之賜多矣又何求范文子謂欒武子曰季孫於魯相二君矣妾不衣帛馬不食粟可不謂忠乎信讒慝而棄忠良若諸侯何子叔嬰齊奉君命無私謀國家不貳圖其身不忘其君若虛其請是棄善人也子其圖之乃許魯平赦季孫初穆姜使擇美檟以自爲櫬與頌琴及齊姜薨季文子取以葬君子譏之以其虧姑以成婦也襄公四年定姒薨不殯于廟無櫬不虞匠慶謂季文子曰子爲正卿而小君之喪不成不終君也君長誰受其咎初季孫爲己樹六檟於蒲圃東門之外匠慶請木季孫曰略匠慶用蒲圃之檟季孫不御六年卒初文子之爲相仲孫佗諫曰子爲上卿妾不衣帛馬不食粟人以子爲愛且不華國也文子曰吾亦願之然吾觀國人其父兄之食麤而衣惡者猶多而吾獨美妾與馬可乎吾聞榮於德者華於國不聞以妾與馬也子宿

季武子宿襄公六年代其父文子爲卿冬如晉七年如衛九年相公會晉侯伐鄭師還公送之晉侯以公宴于河上問公年季武子曰會于沙隨之歲寡君以生晉侯曰十二年矣是謂一終一星終也國君十五而生子冠而生子禮也君可以冠矣大夫盍爲冠具武子對曰君冠必以祼享之禮行之以金石之樂節之以先君之祧處之今寡君在行未可具也請及兄弟之國而假備焉晉侯曰諾公還及衛冠于成公之廟假鍾磬焉十一年武子作三軍與孟氏叔孫氏三分公室而各有其一孟氏使半爲臣若子若弟叔孫氏使盡爲臣季氏使其乘之人以其役邑入者無征其不入者倍征之十二年莒人伐我東鄙圍台季子救台遂入鄆取其鍾以爲公盤十九年晉人以我故伐齊武子如晉拜師晉侯享之范宣子爲政賦黍苗武子興再拜稽首曰小國之仰大國也如百穀之仰膏雨焉若常膏之其天下輯睦豈惟敝邑賦六月二十年武子聘于宋褚師段逆之以受享賦常棣之七章以卒宋人重賄之歸復命公享之賦魚麗之卒章公賦南山有臺武子去所曰臣不堪矣二十九年公自楚還及方城武子取卞使公冶問璽書追而與之曰聞守卞者將叛臣帥徒以討之既得之矣敢告公冶致使而退及舍而後聞取卞公曰欲之而言叛祇見疏也公謂公冶曰吾可以入乎對曰君實有國誰敢違君公與公冶冕服固辭彊之而後受公欲無入榮成伯賦式微乃歸五月公至自楚公冶致其邑於季氏而終不入焉曰欺其君何必使余季孫見之則言季氏如他日不見則不言季氏及疾聚其臣曰我死必無以冕服斂非德賞也且無使季氏葬我昭公五年叔孫穆子卒武子謀舍中軍而卑公室故毀中軍于施氏成諸臧氏初作中軍三分公室而各有其一及其舍之也四分公室季氏擇二二子各一皆盡征之而貢于公六年武子如晉晉侯享之有加籩武子退使行人告曰小國之事大國也苟免於討不敢求貺得貺不過三獻今豆有加下臣弗堪無乃戾乎韓宣子曰寡君以爲驩也對曰寡君猶未敢況下臣君之隸也敢聞加貺固請徹加而後卒事晉人以爲知禮重其好貨七年公如楚晉人來治杞田武子欲以成與之謝息爲孟孫守不可曰人有言曰雖有挈缾之智守不假器禮也夫子從君而守臣喪邑雖吾子亦有猜焉武子曰君之在楚於晉罪也又不聽晉魯罪重矣晉師必至吾無以待之不如與之間晉而取諸杞吾與子桃成反誰敢有之是得二成也魯無憂而孟孫益邑子何病焉辭以無山與之萊柞乃遷于桃晉人爲杞取成冬武子病亥子紇既立而卒謚曰悼子悼子之子曰意如

季平子意如昭公十年始爲卿秋伐莒取郠獻俘用人于亳社平子立不禮於南蒯南蒯謂子仲曰吾出季氏而歸其室於公子更其位我以費爲公臣子仲許之南蒯語叔仲穆子且告之故季悼子之卒也叔孫昭子以再命爲卿及平子伐莒克之更受三命叔仲子欲構二家謂平子曰三命踰父兄非禮也平子曰然故使昭子辭昭子曰叔孫氏有家禍殺適立庶故婼音綽也及此若

因禍以斃之則聞命矣若不廢君命則固有著矣昭子朝而命吏曰婼將與季氏訟書辭無頗季孫懼而歸罪於叔仲子故叔仲小南蒯公子慭謀季氏慭告公而遂從公如晉南蒯懼不克以費叛如齊子仲還及衛聞費叛遂奔齊平子欲使昭子逐叔仲小小聞之不敢朝昭子謂小待政於朝曰吾不爲怨府十三年平子使叔弓圍費弗克敗焉平子怒令見費人執之以爲囚俘冶區夫曰非也若見費人寒者衣之饑者食之爲之令主而共其困乏費來如歸南氏亾矣民將畔之誰與居邑若憚之以威懼之以怒民疾而叛爲之聚也若諸侯皆然費人無歸不親南氏將焉入矣平子從之是歲秋平子相公會諸侯于平丘邾人莒人愬公于晉晉侯不見公晉人遂執季孫意如以幕蒙之使狄人守之司鐸射懷錦奉壺飲冰以蒲伏焉守者御之乃與之錦而入晉以平子歸子服惠伯從私於中行穆子穆子告韓宣子宣子歸之惠伯有辭宣子用叔附之計平子懼而先歸爲事在叔向傳二十一年晉士鞅來聘叔孫爲政季孫欲惡諸晉使有司以齊鮑國之位歸費之禮爲士鞅士鞅怒曰鮑國之位下其國小而使鞅從其牢禮是卑敝邑也將復諸寡君魯人恐加四牢焉爲十一牢初季公鳥娶妻於齊鮑文子生甲公鳥死季公亥與公思展與公鳥之臣申夜姑相其室及季姒與饔人檀通而懼乃使其妾抶己以示秦遄之妻曰公若欲使余余不可而抶余又訴於公甫曰展與夜姑將要余秦姬以告公之公之與公甫告平子平子拘展於卞而執夜姑將殺之公若泣而哀之曰殺是是殺余也將爲之請平子使豎勿內日中不得請有司逆命公之使速殺之故公若怨平子季郈之雞鬬季氏介其雞郈氏爲之金距平子怒益宮於郈氏且讓之故郈昭伯亦怨平子臧昭伯之從弟會爲讒於臧氏而逃於季氏臧氏執之平子怒拘臧氏老將禘於襄公萬者二人其衆萬於季氏臧孫曰此之謂不能庸先君之廟大夫遂怨平子公若獻弓於公爲且與之出射於外而謀去季氏公爲告公果公賁公果公賁使侍人僚柤告公公寢將以戈擊之乃走公曰執之亦無命也懼而不出數月不見公不怒又使言公執戈以懼之乃走又使言公曰非小人之所及也公果自言公以告臧孫臧孫難之告郈孫郈孫以爲可於是衆伐季氏殺公之于門遂入之平子登臺而請曰君不察臣之罪使有司討臣以干戈臣請待於沂上以察罪弗許請囚於費弗許請以五乘亾弗許子家子曰君其許之郈孫曰必殺之公使郈孫逆孟懿子叔孫氏之司馬鬷戾言於其衆曰若之何莫對又曰我家臣也不敢知國凡有季氏與無於我孰利皆曰無季氏是無叔孫氏也鬷戾曰然則救諸帥徒以往陷西北隅以入公徒釋甲執冰而踞遂逐之孟氏使登西北隅以望季氏見叔孫氏之旌以告孟氏執郈昭伯殺之于南門之西遂伐公徒公與臧孫如墓謀遂行孫于齊次于陽州齊侯唁公于野井二十六年齊侯將納公平子使申豐賂梁邱據齊師乃止明年諸侯會于扈且謀納公宋衛皆利納公固請于晉范鞅取貨於季孫以辭却之三十一年晉侯將以師納公范鞅曰若召季孫而不來則信不臣矣然後伐之若何晉人召季孫獻子使私焉曰子必來吾受其無咎故季孫意如會晉荀躒于適歷荀躒曰寡君使躒謂吾子何故出君有君不事周有常刑子其圖之季孫練冠麻衣跣行伏而對曰事君臣之所不得也敢逃刑命君若以臣爲有罪請囚于費以待君之察也亦惟君若以先臣之故不絕季氏而賜之死若弗殺弗亾君之惠也死且不朽若得從君而歸則固臣之願也敢有異心夏四月季孫從知伯如乾侯荀躒以晉侯之命唁公且曰寡君使躒以君命討於意如意如不敢逃死君其入也公曰君惠顧先君之好施及亾人將使歸糞除宗祧以事君則不能見夫人已所能見夫人者有如河荀躒掩耳而走曰寡君其罪之恐敢與知魯國之難臣請復於寡君退而謂季孫曰君怒未怠子姑歸祭三十有二年公薨于乾侯明年公之喪歸于魯及葬季孫使役如闞公氏將溝焉榮駕鵝曰生不能事死又離之以自旌也縱子忍之後必或恥之乃止季孫復問駕鵝曰吾欲爲君謚使子孫知之對曰生弗能事死又惡之以自信也將焉用之乃止平子葬昭公于墓道南及孔子爲司寇然後溝而合諸墓昭公之出也平子禱于煬宮公薨于外平子以爲獲福故立煬宮焉定公五年平子行東野還未至卒于房

季桓子斯季平子之子也平子卒桓子代立陽虎欲以璠璵歛平子仲梁懷弗與曰改步改玉陽虎欲逐之告公山不狃不狃曰彼爲君也子何怨焉既葬桓子行東野及費子洩爲費宰逆勞於郊桓子敬之勞仲梁懷仲梁懷弗敬子洩怒謂陽虎曰子行之乎陽虎囚季桓子而逐仲梁懷既而盟桓子於稷門之內而釋之定公六年魯侵鄭晉故也桓子如晉獻鄭俘七年齊伐魯桓子與孟懿子禦之陽虎御桓子欲陷桓子於齊師以及孟孫桓子之臣苦夷曰若季孟及難余必殺虎虎懼以桓

子還入年陽虎謀享季氏於蒲圃而殺之使其黨林楚御桓子將如蒲圃桓子知不免要林楚使拔已於難林楚因怒馬及衢而騁以桓子入保孟氏孟氏閽門陽虎與戰不勝而奔語具陽虎傳孟氏之臣公斂陽欲因亂害桓子以彊孟宗孟孫懼而歸之十二年仲由爲季氏宰將墮三都於是亘子帥師墮費哀公二年桓子伐邾將伐絞邾人賂以漷沂之田而受盟焉三年城啟陽是歲司鐸火桓子御公立于象魏之外命救火者傷人則止曰財可爲也令藏象魏曰舊章不可忘也秋桓子有疾命其臣正常曰無死南孺子之子男也則以告而立之女也則肥也可桓子卒康子卽位既葬康子在朝南氏生男正常載以如朝告曰夫子有遺言命其圉臣曰南氏生男則以告於君與大夫而立之今生矣男也敢告遂奔衞康子請退公使共劉視之則或殺之矣乃討之復立康子初定公時齊人饋女樂桓子受之孔子去適衞語具孔子傳中及桓子病謂康子曰昔者孔子幾興魯矣以吾受犨婢故去我死而相魯必召仲尼云季康子肥立哀公十年齊國書帥師伐魯及淸康子用冉求之謀敗齊師于艾陵師還康子命修守備曰小勝大禍也齊至無日矣十一年欲以田賦使冉有訪諸仲尼仲尼曰丘不識也三發卒曰子爲國老待子而行若之何子之不言也仲尼不對而私於冉有曰君子之行也度於禮施取於厚事舉其中斂從其薄如是則以丘亦足矣若不度於禮而貪冒無厭則雖以田賦將又不足且子季孫若欲用而法則周公之典在若欲苟而行又何訪焉弗聽卒用田賦二十三年宋景曹卒（景曹宋元公夫人桓子外祖母）康子使冉有弔且送葬曰敝邑有社稷之事使

肥與有職競焉是以不得助執紼使求從輿人曰以肥之得備彌甥也（彌謂遠也）不腆先人之畜馬使求薦諸夫人之宰其可以稱旌繁乎越既滅吳欲霸中國二十五年公如越得太子適郢（適郢越太子名得猶親也）將妻公而多與之地或以告康子康子懼因太宰嚭（嚭吳舊臣）而納賂焉明年公至自越康子與孟武伯逆於五梧郭重僕見二子曰惡言多矣君請盡之公宴於五梧武伯爲祝惡郭重曰何肥也康子曰請飲彘也以魯國之密邇仇讎臣是以不獲從君克免於大行又謂重也肥公曰是食言多矣能無肥乎飲酒不樂二十七年康子卒是歲哀公亦奔越叔孫莊叔名得臣其王父叔牙莊公之弟也莊公無適嗣愛孟女欲立其子般公疾問後於叔牙對曰慶父材莊公病其言以般屬之季友季友以公命鴆叔牙而立其後爲叔孫氏語具季友傳叔牙生公孫茲曰戴伯戴伯生得臣文公元年王使毛伯衞錫文公命公使莊叔如周拜三年莊叔會諸侯伐沈以其服於楚也冬公如晉與晉侯盟晉侯饗公公賦菁菁者莪莊叔以公降拜曰小國受命於大國敢不愼儀君貺之以大禮何樂如之抑小國之樂大國之惠也晉侯降辭登成拜公賦嘉樂十一年鄋瞞侵齊遂伐魯公卜使莊叔追之吉侯叔夏御緜房甥爲右富父終甥駟乘莊叔遂敗狄于鹹獲長狄僑如及虺也豹也而皆以名其子豹賢能世其家叔孫穆叔豹叔孫宣伯僑如之弟也初宣伯通於穆姜（成公之母）欲去季孟而取其室成公十六年公會晉侯伐鄭師次督揚使穆叔請逆于晉師宣伯將爲亂構公及季孟於晉晉人執季平子公待命于鄆使子叔聲伯請季孫且言宣伯亂故於是晉許魯平而歸季孫爲國人逐

僑如穆叔聞之奔齊季孫召穆叔于齊而立之襄公二年穆叔聘于晉三年及諸侯之大夫及陳袁僑盟四年夏如晉以報知武子之聘晉侯饗之金奏肆夏之三不拜工歌文王之三又不拜歌鹿鳴之三三拜韓獻子使行人子員問之曰子以君命辱於敝邑先君之禮藉之以樂以辱吾子吾子舍其大而重拜其細敢問何禮也對曰三夏天子所以饗元侯也使臣弗敢與聞文王兩君相見之樂也臣不敢及鹿鳴君所以嘉寡君也敢不拜嘉四牡君所以勞使臣也敢不重拜皇皇者華君教使臣曰必諮於周臣聞之訪問於善爲咨咨親爲詢咨禮爲度咨事爲諏咨難爲謀臣獲五善敢不重拜是歲冬公如晉請屬鄫晉許之明年穆叔覿鄫太子于晉以成屬鄫也既而穆叔復以屬鄫爲弗利告於晉使仍其舊焉七年衞孫文子來聘公登亦登穆子相趨進曰諸侯之會寡君未嘗後衞君今吾子不後寡君寡君未知所過吾子其少安孫子無辭亦無悛容穆叔曰孫子必亾爲臣而君過而不悛亾之本也詩云退食自公委蛇委蛇謂從者也衡而委蛇必折其後文子竟不終十一年武子將作三軍告於穆叔曰請爲三軍各征其軍穆子曰政將及子子必不能武子固請之穆叔曰然則盟諸乃盟諸僖閎詛諸五父之衢正月作三軍三分公室而各有其一三子各毀其乘季氏使其乘之人以其役邑入者無征不入者倍征孟氏使半爲臣若子若弟叔孫氏使盡爲臣不然不舍十四年夏穆叔會諸侯之大夫伐秦十五年齊師伐魯穆叔與季孫城成郛以備之明年齊師又至穆叔如晉聘且言齊故晉人曰以寡君之未禘祀與民之未息不然不敢忘穆叔曰以齊人朝

夕釋憾於敝邑之地是以大請敝邑之急朝不及夕引領西望曰庶幾乎比執事之間恐無及也見中行獻子賦圻父獻子曰偃之罪也敢不從執事以同恤社稷而使魯及此見范宣子賦鴻鴈之卒章宣子曰匄在此敢使魯無鳩乎十九年齊及晉平故穆叔會范宣子于柯穆叔見叔向賦載馳之四章叔向曰肸敢不承命穆叔歸曰齊猶未也不可以不懼乃城武城二十二年春臧武仲如晉雨過御叔御叔在其邑將飲酒曰焉用聖人我將飲酒而已雨行何以聖爲穆叔聞之曰不可使也而傲使人國之蠹也令倍其賦二十四年穆叔如晉范宣子逆之問焉曰古人有言曰死而不朽何謂也穆叔未對宣子曰昔匄之祖自虞已上爲陶唐氏在夏爲御龍氏在商爲豕韋氏在周爲唐杜氏晉主夏盟爲范氏其是之謂乎穆叔曰以豹所聞此之謂世祿非不朽也魯有先大夫曰臧孫辰既没而言立其是之謂乎豹聞之太上有立德其次有立功其次有立言雖久而不廢此之謂不朽若夫保姓受氏以守宗祊世不絕嗣無國無之祿之大者不可謂不朽是歲齊人爲王城郟穆叔如周聘且賀城王嘉其有禮賜之大路二十七年齊慶封來聘其車美孟孫語穆叔曰慶季之車不亦美乎曰豹聞之服美不稱必以惡終美車何爲穆叔與慶封食不敬爲賦相鼠亦不知也二十八年冬公如楚拜宋盟過鄭鄭伯不在伯有廷勞公於黃崖不敬穆叔曰伯有無戾於鄭鄭必有大咎敬民之主也而棄之何以承守鄭人不討必受其辜濟澤之阿行潦之蘋藻寘諸宗室季蘭尸之敬也敬可棄乎及漢楚康王卒公欲反叔仲昭伯曰我楚國之爲豈爲一人行也子服惠伯曰君子有遠慮小人從邇饑寒之不恤誰遑其後不如姑歸也穆叔曰叔仲子專之矣子服子始學者也公遂行至楚楚人使公親襚公患之穆叔曰祓殯而襚則布幣也乃使巫以桃茢先祓殯楚人弗禁既而悔之三十年楚使薳罷來聘穆叔問王子圍之爲政何如對曰吾儕小人食而聽事猶懼不給命而不免於戾焉與知政固問焉不告穆叔曰楚令尹將有大事子蕩將與焉助之匿其情矣冬穆叔會晉趙武及諸侯之大夫于澶淵謀宋災也明年至自會見孟孝伯語之曰趙孟將死矣其語偷不似民主且年未盈五十而諄諄焉如八九十者弗能久矣若趙孟死爲政者其韓子乎吾子盍與季孫言之可以樹善君子也晉君將失政矣若不樹焉使早備魯既而政在大夫韓子懦弱大夫多貪求欲無厭齊楚未足與也魯其懼哉孝伯曰人生幾何誰能無偷朝不及夕將安用樹穆叔出而告人曰孟孫將死矣吾語諸趙孟之偷也而又過焉是歲秋孟孝伯卒後三歲而趙孟亾如其言焉穆叔又與季孫語晉故季孫不從及趙文子卒晉公室卑政在侈家韓子爲政不能圖諸侯魯不堪晉求讒慝滋多是以有平丘之會公之適楚也歸作楚宮穆叔曰太誓云民之所欲天必從之君欲楚也夫故作其宮若不復適楚必死是宮也六月公薨于楚宮魯人立胡女敬歸之子子野子野毀而卒立敬歸之娣齊歸之子公子裯穆叔不欲曰太子死有母弟則立之無則立長年鈞擇賢義鈞則卜古之道也非適嗣何必娣之子爲且是人也居喪而不哀在戚而有嘉容是爲不度不度之人鮮不爲患若果立之必爲季氏憂武子不聽卒立之比及葬三易衰衰衽如故衰於是昭公十九年矣猶有童心君子是以知其不能終也昭公元年春穆叔會諸侯之大夫于虢三月季武子伐莒取鄆莒人告於會楚告於晉曰尋盟未退而魯伐莒瀆齊盟請戮其使樂桓子相趙文子欲求貨於叔孫而爲之請使請帶焉弗與梁其踁曰貨以藩身子何愛焉穆叔曰諸侯之會衛社稷也我以貨免魯必受師是禍之也何衛之爲人之有牆以蔽惡也牆之隙壞誰之咎也衛而惡之吾又甚焉雖怨季孫魯國何罪叔出季處有自來矣吾又誰怨然鮒也賄弗與不已召使者裂裳帛而與之曰帶其褊矣趙孟聞之曰臨患不忘國忠也思難不越官信也圖國忘死貞也謀主三者義也有是四者又可戮乎乃請諸楚曰魯雖有罪其執事不辟難畏威而敬命矣子若免之以勸左右可也若子之羣吏處不辟污出不逃難其何患之有患之所生污而不治難而不守所由來也能是二者又何患焉不靖其能其誰從之魯叔豹可謂能矣請免之以靖能者子會而赦有罪又賞其賢諸侯誰不欣焉望楚而歸之視遠如邇疆埸之邑一彼一此何常之有王伯之令也引其封疆而樹之官舉之表旗而著之制令過則有刑猶不可壹於是乎虞有三苗夏有觀扈商有姚邳周有徐奄自無令王諸侯逐進狎主齊盟其又可壹乎恤大舍小足以爲盟主又焉用之封疆之削何國蔑有主齊盟者誰能辯焉吳濮有釁楚之執事豈其顧盟莒之疆事楚勿與知諸侯無煩不亦可乎莒魯爭鄆爲日久矣苟無大害於其社稷可無亢也去煩宥善莫不競勸子其圖之固請諸楚楚人許之乃免叔孫叔孫歸曾夭御季孫以勞之旦及日中不出曾夭謂曾阜曰旦及日中吾知罪矣魯以相

忍為國也忍其外不忍其內焉用之阜曰數月於外一旦於是庸何傷賈而欲贏而惡囂乎阜謂叔孫曰可以出矣叔孫指楹曰雖惡是其可去乎乃出見之三年邾穆公來朝季武子欲卑之穆叔曰不可曹滕二邾實不忘我好敬以逆之猶懼其貳又卑一睦焉逆羣好也其如舊而加敬焉志曰能敬無災又曰敬逆來者天所福也季孫從之初穆子之生也莊叔以易筮之遇明夷之謙以示卜楚丘曰是將行而歸為子祀以讒人入其名曰牛卒以餒死明夷日也日之數十故有十時亦當十位自王已下其二為公其三為卿日上其中食日為二旦日為三明夷之謙明而未融其當旦乎故曰為子祀日之謙當鳥故曰明夷于飛明而未融故曰垂其翼象日之動故曰君子于行當三在旦故曰三日不食離火也艮山也離為火火焚山山敗於人為言敗言為讒故曰有攸往主人有言言必讒也純離為牛世亂讒勝勝將適離故曰其名曰牛謙不足飛不翔垂不峻翼不廣故曰其為子後乎吾子亞卿也抑少不終及穆子辟難奔齊及庚宗遇婦人使私為食而宿焉問其行告之故哭而送之適齊娶於國氏生孟丙仲壬夢天壓已弗勝顧而見人黑而上僂深目而豭喙號之曰牛助余乃勝之旦而皆召其徒無之且曰志之及宣伯奔齊饋之宣伯曰魯以先子之故將存吾宗必召女召女何如對曰願之久矣魯人召之不告而歸既立所宿庚宗之婦人獻以雉問其姓對曰余子長矣能奉雉而從我矣召而見之則所夢也未問其名號之曰牛曰唯皆召其徒使視之遂使為豎有寵長使為政公孫明知叔孫於齊歸未逆國姜子明取之故怒其子長而後使逆之田於邱蕕遂遇疾焉豎牛欲亂其室而有之彊與孟盟不可叔孫為孟鍾曰爾未際期饗大夫以落之既具使豎牛請日入弗謁出命之日及賓至聞鍾聲牛曰孟有北婦人之客怒將往牛止之賓出使拘孟丙而殺諸外又彊與仲盟不可仲與公御萊書觀於公公與之環使牛入示之入不示出命佩之牛謂叔孫曰見仲而何叔孫曰何為曰不見既自見矣公與之環而佩之矣遂逐之奔齊疾急命召仲牛許而不召杜洩見告之飢渴授之戈對曰求之而至又何去焉豎牛曰夫子疾病不欲見人使寘饋于个而退牛弗進而置虛命徹四年十二月癸丑叔孫不食乙卯卒牛立昭子而相之公使杜洩葬叔孫豎牛賂叔仲昭子與南遺使惡杜洩於季孫而去之杜洩將以路葬且盡卿禮南遺謂季孫曰叔孫未乘路葬焉用之凡冢卿無路介卿以葬不亦左乎季孫曰然使杜洩舍路不可曰夫子受命於朝而聘於王王思舊勳而賜之路復命而致之君君不敢逆王命而復賜之使三官書之吾子為司徒實書名夫子為司馬與工正書服孟孫為司空以書勳今死而弗以是棄君命也書在公府而弗以是廢三官也若命服生弗敢服死又不以將焉用之乃使以葬季孫謀去中軍豎牛曰夫子固欲去之五年季氏毀中軍以自益焉三軍之始作也三分公室而各有其一季氏盡征之叔孫氏臣其子弟孟氏取其半焉及其舍之也四分公室季氏擇二二子各一皆盡征之而貢于公以書使杜洩告於殯曰子固欲毀中軍既毀之矣故告杜洩曰夫子唯不欲毀也故盟諸僖閎詛諸五父之衢受其書而投之帥士而哭之叔仲子謂季孫曰帶受命於子叔孫曰葬鮮者自西門季孫命杜洩杜洩曰卿喪自朝魯禮也吾子為國政未改禮而又遷之羣臣懼死不敢自也既葬而行仲至自齊季孫欲立之南遺曰叔孫氏厚則季氏薄彼實家亂子勿與知不亦可乎南遺使國人助豎牛以攻諸大庫之庭司宮射之中目而死豎牛取東鄙三十邑以與南遺

叔孫昭子婼者穆子之庶子也穆子適齊娶於國氏生孟丙仲壬豎牛之亂殺孟丙而逐仲壬及穆子卒仲至自齊豎牛又殺之故立昭子而相之昭子即位朝其家眾曰豎牛禍叔孫氏使亂大從殺適立庶又披其邑將以赦罪罪莫大焉必速殺之豎牛懼奔齊孟仲之子殺諸塞關之外投其首於寧風之棘上孔子曰叔孫昭子之不勞不可能也昭公築郎囿季平子欲速成之昭子曰詩云經始勿亟庶民子來焉用速成其以勦民也無囿猶可無民其可乎十年齊高彊來奔昭子如晉還大夫皆見高彊見而退昭子謂諸大夫曰為人子不可不慎也哉昔慶封亾子尾多受邑而稍致諸君君以為忠而甚寵之將死疾于公宮輦而歸君親推之其子不能任是以在此忠為令德其子弗能任罪猶及之難不慎也喪夫人之力棄德曠宗以及其身不亦害乎十二年宋元公立華定來聘享之為賦蓼蕭弗知又不答賦昭子曰必亾宴語之不懷寵光之不宣令德之不知同福之不受將何以在十六年齊侯伐徐師至于蒲隧徐人行成徐子及郯人莒人會齊侯盟于蒲隧賂以甲父之鼎叔孫昭子曰諸侯之無伯害哉齊君之無道也興師而伐遠方會之有成而還莫之亢也無伯也夫詩曰宗周既滅靡所止戾正大夫離居莫知我肄其是之謂乎十七年小邾穆公來朝公與之宴季平子賦采菽穆公

賦菁菁者莪昭子曰不有以國其能久乎夏六月甲戌朔日有食之祝史請用幣昭子曰日有食之天子不舉諸侯用幣於社伐鼓於朝禮也平子禦之曰止也唯正月朔慝未作日有食之於是乎有伐鼓用幣禮也其餘則否太史曰在此月也日過分而未至三辰有災於是乎百官降物君不舉辟移時樂奏鼓祝用幣史用辭故夏書曰辰不集于房瞽奏鼓嗇夫馳庶人走此月朔之謂也當夏四月是謂孟夏平子弗從昭子退曰夫子將有異志不君君矣秋郯子來朝公與之燕昭子問焉曰少皞氏以鳥名官何也郯子曰吾祖也我知之昔黃帝氏以雲紀故爲雲師而雲名炎帝氏以火紀故爲火師而火名共工氏以水紀故爲水師而水名大皞氏以龍紀故爲龍師而龍名我高祖少皞摯之立也鳳鳥適至故紀於鳥爲鳥師而鳥名鳳鳥氏曆正者也元鳥氏司分者也伯趙氏司至者也青鳥氏司啟者也丹鳥氏司閉者也祝鳩氏司徒也雎鳩氏司馬也鳲鳩氏司空也爽鳩氏司寇也鶻鳩氏司事也五鳩鳩民者也五雉爲五工正利器用正度量夷民者也九扈爲九農正扈民無淫者也自顓頊已來不能紀遠乃紀於近爲民師而命以民事則不能故也孔子聞之見於郯子而學之既而告人曰吾聞之天子失官學在四夷猶信十九年楚工尹赤遷陰于下陰令尹子瑕城郟昭子曰楚不在諸侯矣其僅自完也以持其世而已二十一年日有食之叔輒哭昭子曰子叔將死非所哭也八月叔輒卒二十三年邾人城翼還將自離姑公孫鉏曰魯將御我欲自武城還循山而南徐鉏丘弱茅地曰道下遇雨將不出是不歸也遂自離姑武城人塞其前斷其後之木而弗殊邾師過之乃推而蹷之遂取邾師獲鉏弱地邾人愬于晉晉人來討昭子如晉晉人執之使與邾大夫坐昭子曰列國之卿當小國之君固周制也邾又夷也寡君之命介子服回在請使當之不敢廢周制故也乃不果坐韓宣子使邾人聚其衆將以昭子與之昭子聞之去衆與兵而朝士彌牟謂韓宣子曰子弗良圖而以叔孫與其讐叔孫必死之魯亡叔孫必亡邾邾君亡國將焉歸子雖悔之何及所謂盟主討違命也若皆相執焉用盟主乃弗與使各居一館士伯聽其辭而愬諸宣子乃皆執之士伯御叔孫從者四人過邾館以如吏先歸邾子士伯曰以芻蕘之難從者之病將館子於都昭子旦而立期焉乃館諸箕舍子服昭伯於他邑范獻子求貨於昭子使請冠焉取其冠法而與之兩冠曰盡矣魯爲叔孫故申豐以貨如晉昭子曰見我吾告女所行貨見而不出明年晉士彌牟逆昭子于箕將歸之昭子使梁其踁待于門內曰余左顧而欬乃殺之右顧而笑乃止昭子見士伯士伯曰寡君以爲盟主之故是以久子不腆敝邑之禮將致諸從者使彌牟逆吾子昭子受禮而歸初吏人之與昭子居於箕者請其吠狗弗與及將歸殺而與之食之昭子所館者雖一日必葺其牆屋去之如始至二十五年昭子聘于宋桐門右師見之語卑宋大夫而賤司城氏昭子告其人曰右師其亡乎君子貴其身而後能及人是以有禮今夫子卑其大夫而賤其宗是賤其身也能有禮乎無禮必亡是歲昭子如闞平子出昭公昭子自闞歸見平子平子稽顙曰子若我何昭子曰人誰不死子以逐君成名子孫不忘不亦傷乎將若子何平子曰苟使意如得改事君所謂生死而肉骨也昭子從公于齊與公言子家子命適公館者執之公與昭子言於帷內曰將安衆而納公公徒將殺昭子伏諸道左師展告公公使昭子自鑄歸平子有異志冬十月辛酉昭子齊於其寢使祝宗祈死戊辰卒子不敢立是爲成子成子卒子州仇嗣

叔孫武叔州仇以定公五年立初成子欲立武叔公若藐固諫曰不可成子立之而卒公南使賊射之不能殺公南爲馬正使公若爲郈宰武叔既定使郈馬正侯犯殺公若不能其圉人曰吾以劍過朝公若必曰誰之劍吾稱子以告必觀之吾僞固而授之末則可殺也使如之公若曰爾欲吳王我乎遂殺公若定公十年侯犯以郈叛武叔與孟懿子圍郈弗克秋二子及齊師再圍之弗克武叔謂郈工師駟赤曰郈非惟叔孫氏之憂社稷之患也將若之何對曰臣之業在揚水卒章之四言矣叔孫稽首駟赤謂侯犯曰居齊魯之際而無事必不可矣子盍求事於齊以臨民不然將叛侯犯從之齊使至駟赤與郈人爲之宣言於郈中曰侯犯將以郈易於齊齊人將遷郈民衆兇懼駟赤謂侯犯曰衆言異矣子不如易於齊與其死也猶是郈也而得紓焉何必此齊人欲以此偪魯必倍與子地且盍多舍甲於子之門以備不虞侯犯曰諾乃多舍甲焉侯犯請易於齊齊有司觀郈將至駟赤使周走呼曰齊師至矣郈人大駭介侯犯之門甲以圍侯犯駟赤僞將射之侯犯止之曰謀免我侯犯請行許之駟赤先如宿侯犯殿每出一門郈人閉之及郭門止之曰子以叔孫氏之甲出有司若誅之羣臣懼死駟赤曰叔孫氏之甲有物吾未敢以出犯謂駟赤曰子止而與之數駟赤止而納魯人侯犯奔齊齊人

乃致郈武叔聘于齊齊侯享之曰子叔孫若使郈在君之他竟寡人何知焉屬與敝邑際故敢助君憂之對曰非寡君之望也所以事君封疆社稷是以敢以家隸勤君之執事夫不令之人天下之所惡也君豈以爲寡君賜十二年仲由謀墮郈城武叔遂墮之哀公二年與孟懿子盟邾子于句繹三年與季桓子城啟陽冬及孟懿子帥師圍邾十一月從季孫敗齊師于艾陵武叔卒子舒立是爲文子

孟文伯穀公子慶父之孫也慶父賊殺莊公之子般又弑閔公遂出奔莒公子季友以賂求于莒而殺之事具魯世家中慶父既死季友立其後爲仲孫氏亦曰孟氏慶父生公孫敖曰穆伯穆伯娶于莒曰戴己生文伯其娣聲己生惠叔戴己卒又聘于莒莒人以聲己辭則爲襄仲聘焉（襄仲穆伯從父兄弟）文公七年徐伐莒莒人來請盟穆伯如莒莅盟且爲仲逆及鄢陵登城見之美自爲娶之仲請攻之公將許之叔仲惠伯諫曰臣聞之兵作於內爲亂於外爲寇寇猶及人亂自及也今臣作亂而君不禁以啟寇讎若之何公止之惠伯成之使仲舍之公孫敖反之復爲兄弟如初從之八年穆伯如周弔喪不至以幣奔莒從己氏於是魯人立文伯穆伯生二子於莒而求復文伯以爲請襄仲使無朝聽命復而不出二年而盡室復適于莒文伯疾而請曰穀之子弱請立難也許之文伯卒立惠叔穆伯請重賂以求復惠叔以爲請許之將歸及齊而卒告喪請葬弗許齊人或爲孟氏謀曰魯爾親也飾棺寘諸堂阜魯必取之從之卞人以告惠叔猶毀以爲請立於朝以待命許之取而殯之齊人送之葬視共仲（共仲慶父也）聲己不視帷堂而哭襄仲欲勿哭惠伯曰喪親之終也雖不能始善終可也史佚有言曰兄弟致美救乏賀善弔災祭敬喪哀情雖不同毋絕其愛親之道也子無失道何怨於人襄仲說帥兄弟以哭之孟獻子爲政莒二子來獻子愛之聞於國或譖之曰將殺子獻子以告季文子二子曰夫子以愛我聞我以將殺子聞不亦遠於禮乎不如死一人門于句鼆一人門于戾丘皆死（句鼆戾丘二邑有寇攻門二子禦之皆死）初周內史叔服至魯公孫敖聞其善相人也見其二子焉叔服曰穀也食子難也收子穀也豐下必有後於魯國及敖卒文伯已死惠叔葬之文伯之子曰蔑

孟獻子蔑宣公九年王徵聘於魯公使獻子聘如周王以爲有禮厚賄之十四年楚子圍宋獻子言於公曰臣聞小國之免於大國也聘而獻物於是有庭實旅百朝而獻功於是有容貌采章嘉淑而有加貨謀其不免也誅而薦賄則無及也今楚在宋君其圖之公說明年使公孫歸父會楚子于宋是歲獻子會齊高固於無婁成公六年晉人來命伐宋故獻子及叔孫宣伯侵宋十三年春晉侯使郤錡來乞師將事不敬獻子曰郤氏其亡乎禮身之幹也敬身之基也郤子無基且先君之嗣卿也受命以求師將社稷是衛而惰棄君命不亡何爲三月公如周朝王獻子爲介王說獻子賜之加厚遂從公會晉侯伐秦獻子謂公曰晉帥乘和師必有大功及晉師與秦師戰于麻隧秦師敗績十八年秋公薨冬獻子會晉侯及諸侯盟于虛朾謀救宋也於是獻子請于諸侯而先歸會葬襄公元年春會諸侯之大夫圍宋彭城夏復會諸侯之大夫次于鄫二年秋會于戚冬復會于戚遂城虎牢三年公如晉盟於長樗獻子相公稽首知武子曰天子在而君辱稽首寡君懼矣獻子曰以敝邑介在東表密邇仇讎寡君將君是望敢不稽首四年公如晉聽政晉侯享公公請屬鄫晉侯不許獻子曰寡君願固事君無失官命鄫無賦於司馬爲執事朝夕之命敝邑敝邑褊小闕而爲罪寡君是以願借助焉晉侯許之五年會吳于善道七年夏四月三卜郊不從乃免牲獻子曰吾乃今而後知有卜筮夫郊祀后稷以祈農事也是故啟蟄而郊郊而後耕今既耕而卜郊宜其不從也十年楚子囊鄭子耳侵我西鄙還圍蕭八月丙寅克之九月子耳侵宋北鄙獻子曰鄭其有災乎師競已甚周猶不堪競況鄭乎有災其執政之三士乎是年也盜殺子駟子國子耳十五年宋向戌來聘且尋盟見獻子尤其室曰子有令聞而美其室非所望也對曰我在晉吾兄爲之毀之重勞且不敢閒十九年獻子卒獻子好禮其居喪也既禫縣而不樂比御而不入孔子曰獻子加於人一等矣獻子爲卿不驕禮賢下能處己若處士以是多歸之所友裘牧仲未嘗有獻子之家獻子亦能亾其家而與之齊子速嗣

孟莊子速幼以勇聞於諸侯襄公十六年齊侯圍成孟孺子速徼之齊侯曰是好勇去之以爲之名速遂塞海陘而還十八年從晉師圍齊范鞅門于雍門孺子斬其楯以爲公琴示無畏也獻子卒莊子代立二十年會莒人盟于向秋伐邾二十三年卒子羯嗣

孟孝伯羯莊子之庶子孺子秩之弟也初孟氏之御騶豐點好羯也曰從余言必爲孟孫再三云羯從之孟莊子疾豐點謂公鉏苟立羯請讎臧氏（公鉏季武子長子爲臧紇所黜）故公鉏謂季孫曰孺子秩固其所也若羯立則季氏信有

力於臧氏矣弗應已卯孟孫卒公鉏奉羯立于戸側季孫至入哭而出曰秩焉在公鉏曰羯在此矣季孫曰孺子長公鉏曰何長之有唯其才也且夫子之命也遂立羯秩奔邾襄公二十四年孝伯帥師侵齊二十八年如晉告將爲宋之盟故如楚也次年會諸侯之大夫城杞三十一年卒貜嗣

孟僖子貜昭公之九年僖子以正卿聘于齊十年與季孫意如叔弓帥師伐莒十一年會邾莊公于祲祥二十四年卒初昭公如楚僖子從之鄭伯勞于師之梁僖子爲介不能相儀及楚不能答郊勞僖子病之反自楚乃講學之苟能禮者從之及其將死也召其大夫曰禮人之幹也無禮無以立吾聞將有達者曰孔丘聖人之後也而滅於宋其祖弗父何以國讓其弟厲公及其曾孫正考父佐三君位愈高而德愈共臧孫紇有言曰聖人有明德者若不當世其後必有達人今其將在孔丘乎我若獲没必屬說與何忌於夫子使事之學禮焉以定其位故孟懿子與南宮敬叔師事仲尼焉仲尼曰能補過者君子也詩曰君子是則是傚孟僖子可則傚巳矣

孟懿子何忌始僖子之盟於祲祥也泉邱人有女夢以其帷幕孟氏之廟遂奔僖子其僚從之盟于淸邱之社曰有子無相棄也僖子使助薳氏之薳薳初又切反自祲祥宿於薳氏生懿子及南宮敬叔於泉邱人其僚無子使字敬叔故懿子得立昭公三十二年懿子會諸侯之大夫城成周定公三年及邾子盟于拔六年與季桓子圍鄆八年復與桓子侵衞十年與叔孫武叔圍郈以討侯犯之叛仲由之謀墮三都也叔孫氏墮郈季氏墮費將墮成公斂處父謂懿子曰墮成齊人必至于北門且成孟氏之保鄣也無成是無孟氏也子僞不知我將不墮故公圍成弗克哀公二年懿子伐邾邾人以漷東并沂西田爲賂遂與叔孫武叔盟邾子于句繹十四年懿子卒子洩立是爲孟武伯

子服惠伯椒孟氏之支庶也故亦曰孟椒以王父字爲氏襄公薨滕成公來會葬惰而多涕惠伯曰滕君將死矣怠於其位而哀已甚兆於死所矣能無從乎三年而滕子卒昭公十二年南蒯以費叛如齊初南蒯之將叛也枚筮之遇坤之比曰黃裳元吉以爲大吉也示惠伯曰卽欲有事何如惠伯曰吾嘗學此矣忠信之事則可不然必敗外彊內溫忠也和以率貞信也故曰黃裳元吉黃中之色也裳下之飾也元善之長也忠不忠不得其色下不共不得其飾事不善不得其極外內倡和爲忠率事以信爲共供養三德爲善非此三者弗當且夫易不可以占險將何事也且可飾乎中美能黃上美爲元下美爲裳參成可筮猶有闕也筮雖吉未也十三年諸侯會于平邱邾莒怨魯愬于晉晉人執平子以歸惠伯從之惠伯私於中行穆子曰魯事晉何以不如夷之小國魯兄弟也土地猶大所命能具若爲夷棄之使事齊楚其何瘳於晉親親與大賞共罰否所以爲盟主也子其圖之諺曰臣一主二吾豈無大國穆子告韓宣子曰楚滅陳蔡不能救而爲夷執親將焉用之乃歸季孫惠伯有辭宣子患之乃用叔鮒之謀懼平子平子歸使惠伯待禮語具叔向傳惠伯卒子昭伯回嗣昭公十五年昭伯從公如晉既反語季平子曰晉之公室其將卑矣君幼六卿彊而奢傲將因是以習習貫爲常能無卑乎平子曰爾幼惡識國明年冬平子如晉葬昭公平子曰子服回之言猶信子服氏有子哉昭伯卒子何嗣

子服景伯何哀公之三年僖宮災景伯至命宰人出禮書以待命命不共有常刑校人乘馬巾車脂轄百官官備府庫愼守官人肅給濟濡帷幕鬱攸從之蒙葺公室自太廟始外內以悛助所不給有不用命則有常刑無赦七年公會吳于鄫吳徵魯百牢景伯對曰先王未之有也吳人曰宋百牢我魯不可以後宋且魯牢晉大夫過十吳王百牢不亦可乎景伯曰晉范鞅貪而棄禮以大國懼敝邑故敝邑十一牢之君若以禮命於諸侯則有數矣若亦棄禮則有淫者矣周之王也制禮尙物不過十二以爲天之大數也今棄周禮而曰必百牢亦唯執事吳人不聽景伯曰吳將亾矣棄天而背本不與必棄疾於我乃與之季康子欲伐邾乃饗大夫以謀之景伯曰小所以事大信也大所以保小仁也背大國不信伐小國不仁民保於城城保於德失二德者危將焉保孟孫曰二三子以爲何如惡賢而逆之對曰禹合諸侯於塗山執玉帛者萬國今其存者無數十焉惟大不字小小不事大也知必危何故不言魯德如邾而以衆加之可乎不樂而出秋季子遂伐邾以邾子來獻于亳社邾茅夷鴻請救於吳明年吳師伐魯孟懿子謂景伯曰若之何對曰吳師來斯與之戰何患焉且召之而至又何求焉吳師克東陽而進舍於五梧明日舍於蠶室公賓庚公甲叔子與戰于夷獲叔子與析朱鉏明日舍于庚宗遂次于泗上微虎欲宵攻王舍私屬徒七百人三踊於幕庭卒三百人有若與焉及稷門之內或謂季孫曰不足以害吳而多殺國士不如已也乃止吳子聞之一夕三遷吳人行成將盟景伯曰楚人圍宋易子而食析

敝而蠻猶無城下之盟我未及虧而有此盟是棄國也吳輕而遠不能久將歸矣請少待之弗從景伯負載造於萊門乃請釋子服何於吳吳人許之以王子姑曹當之而後止十三年公會晉侯及吳子于黃池吳人將以公見晉侯景伯對使者曰王合諸侯則伯帥侯牧以見於王伯合諸侯則侯帥子男以見於伯自王已下朝聘玉帛不同故敝邑之職貢於吳有豐於晉無不及焉以爲伯也今諸侯會而君將以寡君見晉君則晉成爲伯矣敝邑將改職貢魯賦於吳八百乘若爲子男則將半邾以屬於吳而如邾以事晉且執事以伯召諸侯而以侯終之何利之有焉吳人乃止既而悔之將囚景伯景伯曰何也立後於魯矣將以二乘與六人從遲速唯命遂囚以還及戶牖謂太宰曰魯將以十月上辛有事於上帝先王季辛而畢何世有職焉自襄已來未之改也若不會祝宗將曰吳實然且謂魯不共而執其賤者七人何損焉太宰嚭見於王曰無損於魯而祇爲名不如歸之乃歸景伯

曹劌魯人以勇力聞於諸侯莊公十年齊師伐魯公將戰曹劌請見其鄉人曰肉食者謀之又何間焉劌曰肉食者鄙未能遠謀乃入見問何以戰公曰衣食所安弗敢專也必以分人對曰小惠未徧民弗從也公曰犧牲玉帛弗敢加也必以信對曰小信未孚神弗福也公曰小大之獄雖不能察必以情對曰忠之屬也可以一戰戰則請從公與之乘戰于長勺公將鼓之劌曰未可齊人三鼓劌曰可矣齊師敗績公將馳之劌曰未可下視其轍登軾而望之曰可矣遂逐齊師既克公問其故對曰夫戰勇氣也一鼓作氣再而衰三而竭彼竭我盈故克之夫大國難測也懼有伏焉吾視其轍亂望其旗靡故逐之夏六月齊師宋師次于郎公用公子偃之謀大敗宋師于乘丘齊師乃還齊以不得志於魯也故欲益兵以伐魯魯不敢戰去國五十里而爲之關請比於關內以從齊桓公許之魯人請盟故會于柯桓公與莊公既盟于壇上曹劌執匕首刼桓公桓公左右莫敢動而問曰子將何求劌曰齊强魯弱而大國侵魯亦已甚矣今魯城壞卽壓齊境君其圖之桓公乃許盡歸魯之侵地既已言曹劌投其匕首下壇北面就臣之位顏色不變辭令如故桓公怒欲背其約管仲曰不可夫貪小利以自快而棄信於諸侯失天下援不如與之於是桓公遂割所侵地以盡復于魯二十三年公將如齊觀社曹劌諫曰不可夫禮所以整民也故會以訓上下之則制財用之節朝以正班爵之義帥長幼之序征伐以討其不然諸侯有王王有巡守以大習之非是君不舉矣君舉必書書而不法後嗣何觀公不聽遂如齊

展喜公子展之後仕魯爲大夫僖公二十六年齊孝公伐魯北鄙公使展喜犒師使受命于展禽（禽喜之兄柳下惠也）齊未入竟展喜從之曰寡君聞君親舉玉趾將辱於敝邑使下臣犒執事齊侯曰魯人恐乎對曰小人恐矣君子則否齊人曰室如懸磬野無青草何恃而不恐對曰恃先王之命昔周公大公股肱周室夾輔成王成王勞之而賜之盟曰世世子孫無相害也載在盟府太師職之桓公是以糾合諸侯而謀其不協彌縫其闕而匡救其災昭舊職也及君卽位諸侯之望曰其率桓之功我敝邑用不敢保聚曰豈其嗣世九年而棄命廢職其若先君何君必不然恃此以不恐齊人乃還

子家懿伯羈莊公之後以王父字爲氏季平子之專國也諸大夫多怨昭公亦宿憾於季氏二十五年公爲公若及郈昭伯之徒勸公討之公以告子家子對曰讒人以君徼幸事若不克君受其名不可爲也舍民數世以求克事不可必也且政在焉其難圖也公退之辭曰臣與聞命矣言若洩臣不獲死乃館於公及伐季氏殺公之于門遂入之平子登臺而請欲待於沂上以察罪及請囚於費及以五乘亾皆不許子家子曰君其許之政自之出久矣隱民多取食焉爲之徒者衆矣日入慝作弗可知也衆怒不可蓄也蓄而弗治將蘊蘊蓄民將生心生心同求將合君必悔之弗聽於是叔孫氏之司馬鬷戾請救季氏帥徒以陷公圍孟氏亦執郈昭伯殺之遂攻公徒子家子曰諸臣僞刼君者而負罪以出君止意如之事君也不敢不改公曰余不忍也與臧孫如墓謀遂行孫于齊齊侯唁公于平陰且曰自莒疆以西請致千社公喜子家子曰天祿不再天若祚君不過周公以魯足矣失魯而以千社爲臣誰與之立且齊君無信不如早之晉弗從臧昭伯率從者將盟載書曰戮力壹心好惡同之信罪之有無繾綣從公無通內外以公命示子家子子家子曰如此吾不可與盟羈也不佞不能與二三子同心而以爲皆有罪或欲通外內且欲去君二三子好亾而惡定焉可同也陷君於難罪孰大焉通外內而去君君將速入弗通何爲而何守焉乃不與盟二十六年公至自齊居于鄆孟懿子陽虎伐鄆鄆人將戰子家子曰天命不慆久矣使君亾者必此衆也天既禍之而自福也不亦難乎猶有鬼神此必敗也嗚呼爲無望也夫其死於此乎公使子家子如晉公徒敗于且

知於是公如齊齊侯請饗之子家子曰朝夕立於其朝又何饗焉其飲酒也乃飲酒焉齊侯使宰獻而請安子家子乃以君出遂如晉將如乾侯子家子曰有求於人而即其安人孰矜之其造於竟弗聽使請逆於晉晉人曰天禍魯國君淹恤在外君亦不使一个辱在寡人而即安於甥舅其亦使逆君使公復于竟而後逆之公復于鄆齊使高張來唁公稱主君子家子曰齊卑君矣君祇辱焉故如乾侯衛侯來獻其馬曰啟服塹而死公將爲之櫝子家子曰從者病矣請以食之乃以幃裹之三十一年晉侯召季平子使從荀躒如乾侯請公歸國子家子曰君與之歸一慙之不忍而終身慙乎公曰諾既而辭於知伯曰請必逐季孫而後歸荀躒掩耳而走使季孫歸祭語具季平子傳中季孫猶在乾侯子家子曰君以一乘入于魯師季孫必與君歸公欲從之衆從者脅公不得歸三十二年冬公疾徧賜大夫大夫不受賜子家子雙琥一環一璧輕服受之大夫皆受其賜頃之公薨子家子反賜於府人曰吾不敢逆君命也大夫皆反其賜明年叔孫成子逆公之喪于乾侯季孫曰子家子亟言於我未嘗不中吾志也吾欲與之從政子必止之且聽命焉子家子不見叔孫易幾而哭叔孫請見子家子子家子辭曰吾未得見而從君以出君不命而薨羈不敢見叔孫使告之曰公衍公爲實使羣臣不得事君若公子宋主社稷則羣臣之願也凡從君出而可以入者將惟子是聽子家氏未有後季孫願與子從政此皆季孫之願也使不敢以告對曰若立君則有卿士大夫與守龜在羈弗敢知若從君者則貌而出者入可也寇而出者行可也若羈也則君知其出也而未知其入也羈將逃也遂亾

陽虎季氏之家臣也昭公出季平子攝政陽虎以陪臣執國命國人憚之平子卒桓子立陽虎逐季氏之臣及其子若弟囚桓子與之盟而釋之事具桓子傳中定公六年魯侵鄭往不假道于衛及還陽虎使季孟自南門入出自東門舍於豚澤衛侯怒使彌子瑕追之公叔文子老矣輦而如公曰尤人而效之非禮也昭公之難君將以文之舒鼎成之昭兆定之鞶鑑苟可以納之擇用一焉公子與二三臣之子諸侯苟憂之將以爲之質此羣臣之所聞也今將以小忿蒙舊德無乃不可乎太姒之子惟周公康叔爲相睦也而效小人以棄之不亦誣乎天將多陽虎之罪以斃之君姑待之若何乃止夏季桓子如晉獻鄭俘陽虎彊使孟懿子往報夫人之幣晉人兼享之孟孫立于房外謂范獻子曰陽虎若不能居魯而息肩於晉所不以爲中軍司馬者有如先君獻子曰寡君有官將使其人鞅何知焉獻子謂簡子曰魯人患陽虎矣孟孫知其釁以爲必適晉故彊爲之請以取入焉秋陽虎又盟公及三桓於周社盟國人于亳社詛于五父之衢明年齊國夏伐我陽虎御季桓子公斂處父御孟懿子將宵軍齊師齊師聞之墮伏而待之處父曰虎不圖禍而必死苫夷曰虎陷二子於難不待有司余必殺汝虎懼乃還不敗季寤公鉏極公山不狃皆不得志於季氏叔孫輒無寵於叔孫氏叔仲志不得志於魯陽虎欲去三桓以季寤更季氏以叔孫輒更叔孫氏已更孟氏故五人因陽虎以作亂八年冬順祀先公而祈焉辛卯禘于僖公壬辰將享季氏於蒲圃而殺之戒都車曰癸巳至成宰公斂處父告孟孫曰季氏戒都車何故孟孫曰吾弗聞處父曰然則亂也必及於子請先備諸與孟孫以壬辰爲期陽虎前驅林楚御桓子虞人以鈹盾夾之陽越殿將如蒲圃桓子咋謂林楚曰而先皆季氏之良也爾以是繼之對曰臣聞命後陽虎爲政魯國服焉違之徵死死無益於主桓子曰何後之有而能以我適孟氏乎對曰不敢愛死懼不免主桓子曰往也孟氏選圉人之壯者三百人以爲公期築室於門外林楚怒馬及衢而騁陽越射之不中築者闔門有自門間射陽越殺之陽虎劫公與武叔以伐孟氏公斂處父帥成人自上東門入與陽氏戰于南門之內弗勝又戰于棘下陽氏敗陽虎說甲如公宮取寶玉大弓以出舍于五父之衢寢而爲食其徒曰追其將至虎曰魯人聞余出喜於徵死何暇追余徒曰嘻速駕公斂陽在公斂陽請追之孟孫弗許陽欲殺桓子孟孫懼而歸之陽虎入于讙陽關以叛孔子書曰盜竊寶玉大弓故陽虎關而歸之九年魯伐陽關陽虎使焚萊門師驚犯之而出奔齊請師以伐魯曰三加必取之齊侯將許之鮑文子諫曰臣嘗爲隸於施氏矣魯未可取也上下猶和衆庶猶睦能事大國而無天菑若之何取之陽虎欲勤齊師也齊師罷大臣必多死亾已於是乎奮其詐謀夫陽虎有寵於季氏而將殺季孫以不利魯國而求容焉親富不親仁君焉用之君富於季氏而大於魯國茲陽虎所欲傾覆也魯免其疾而君又收之無乃害乎齊侯執陽虎將東之陽虎願東乃囚諸西鄙盡借邑人之車鍥其軸麻約而歸之載葱靈寢於其中而逃追而得之囚於齊又以葱靈逃奔宋遂奔晉適趙氏趙鞅厚遇之仲尼曰趙氏其世有亂乎

通志卷九十

宋右迪功郎鄭樵漁仲撰

列傳第三

春秋

晉

師服 士蔿 荀息 里克 丕鄭 慶鄭 呂飴甥

胥臣 狐突 狐偃子射姑 先軫 介推 陽處父

郤芮 郤缺 郤克 郤至 士會 士燮

范匄 范鞅 趙衰 趙盾 趙武 趙鞅 趙無恤 荀林父 荀罃 荀偃 荀吳 荀寅

伯宗 羊舌肸 司馬女齊 祁奚 解揚 欒書子鍼 魏絳父犨 魏舒 士彌牟 韓厥 韓起 苗賁皇 屈巫

師服者事晉穆侯爲大夫初穆侯之夫人姜氏以條之役生太子命之曰仇其弟以千畝之戰生命曰成師師服曰異哉君之名子也夫名以制義義以出禮禮以體政政以正民是以政成而民聽易則生亂嘉耦曰妃怨耦曰仇古之命也今君命太子曰仇弟曰成師始兆亂矣兄其替乎昭侯之元年封成師爲曲沃伯是曰桓叔使靖侯之孫欒賓傅之師服曰吾聞國家之立也本大而末小是以能固故天子建國諸侯立家卿置側室大夫有貳宗士有隸子弟庶人工商各有分親皆有等衰是以民服事其上而下無覬覦今晉甸侯也而建國本既弱矣其能久乎七年晉潘父弑昭侯而納桓叔不克其後晉竟爲曲沃所滅終如師服之言

士蔿字子輿陶唐氏之苗裔也歷虞夏商周成王遷之於杜爲伯宣王殺杜伯其子隰叔奔晉爲士師故爲士氏獻公之六年公患桓莊之族偪以問士蔿士蔿曰去富子則羣公子可謀也已公曰爾試其事士蔿與羣公子謀譖富子而去之七年又與羣公子謀殺游氏之二子士蔿告晉侯曰可矣不過二年君必無患八年士蔿使羣公子盡殺游氏之族乃城聚而處之冬晉侯圍聚盡殺羣公子如士蔿之計焉九年士蔿爲大司空夏士蔿城絳以深其宮秋虢人侵晉冬又侵晉晉侯將伐之士蔿曰不可虢公驕若驟得勝於我必棄其民無衆而後伐之欲禦我誰與夫禮樂慈愛戰所畜也夫民讓事樂和愛親哀喪而後可用也虢弗畜也亟戰將饑虢竟不能撫其民而晉滅之獻公娶于賈無子烝於齊姜生秦穆夫人及太子申生又娶二女於戎大戎狐姬生重耳小戎子生夷吾晉伐驪戎驪戎男女以驪姬歸生奚齊其娣生卓子驪姬嬖欲立其子賂外嬖梁五與東關嬖五使言於公曰曲沃君之宗也蒲與二屈君之疆也不可以無主宗邑無主則民不威疆場無主則啓戎心戎之生心民慢其政國之患也若使太子主曲沃而重耳夷吾主蒲與屈則可以威民而懼戎且旌君伐公說故作二軍公將上軍太子申生將下軍趙夙御戎畢萬爲右以滅耿滅霍滅魏還爲太子城曲沃士蔿曰太子不得立矣分之都城而位以卿先爲之極又焉得立不如逃之無使罪至爲吳太伯不亦可乎猶有令名與其及也且諺曰心苟無瑕何恤乎無家天若祚太子其無晉乎太子不用其言卒以讒自殺初獻公使士蔿爲二公子築蒲與屈不愼寘薪焉夷吾訴之公使讓之士蔿稽首而對曰臣聞之無喪而戚憂必讎焉無戎而城讎必保焉寇讎之保又何愼焉守官廢命不敬固讎之保不忠失忠與敬何以事君詩云懷德維寧宗子惟城君其修德而固宗子何城如之三年將尋師焉焉用愼退而曰狐裘尨茸一國三公吾誰適從及士蔿卒子縠嗣爲司空文公二年與諸侯會于垂隴襄公將使士縠梁益耳將中軍登箕鄭父先都將上軍先克曰狐趙之勳不可廢也從之故箕鄭父先都士縠梁益耳作亂晉人皆殺之

荀息晉公族也隰叔之後食邑於荀曰荀氏獻公世頡有虢師公患之十九年荀息請以屈產之乘與垂棘之璧假道於虞以伐虢公曰是吾寶也對曰寶出之內府藏之外府馬出之內廐繫之外廐君何喪焉公曰宮之奇存焉曰宮之奇之爲人也懦而不能彊諫且少長於君君暱之雖諫將不聽乃使荀息假道於虞曰冀爲不道入自顛軨伐鄍三門冀之既病則亦惟君故今虢爲不道保於逆旅以侵敝邑之南鄙敢請假道以請罪于虢虞公許之且請先伐虢宮之奇諫之不聽遂起師故里克荀息帥師會虞師伐虢滅下陽二十二年復假道於虞以伐虢宮之奇諫曰虢虞之表也虢亡虞必從之晉不可啓寇不可翫一之謂甚其可再乎諺所謂輔車相依脣亡齒寒者其虞虢之謂也公曰晉吾宗也豈害我哉對曰太伯虞仲太王之昭也太伯不從是以不嗣虢仲虢叔王季之穆也爲文王卿士勳在王室藏於盟府將虢是滅何愛於虞且虞能親於桓莊乎桓莊之族何罪而以爲戮不唯偪乎親以寵偪猶尚害之況以國乎公曰吾享祀豐潔神必據我對曰臣聞之鬼神非人實親唯德是依故周書曰皇天無親惟德是輔又曰黍稷非馨明德唯馨又曰民不易物惟德繄物如是則非德

民不和神不享矣神所馮依將在德矣若晉取虞而明德以薦馨香神其吐之乎弗聽許晉使宮之奇以族行曰虞不臘矣在此行也晉不更舉矣八月晉圍上陽十有二月晉滅虢虢公醜奔京師師還館于虞遂襲虞滅之執虞公及其大夫井伯以媵秦穆姬而修虞祀且歸其職貢於王荀息取璧與馬而歸於公公曰寶則吾寶也雖然吾馬之齒亦已長矣獻公之末年以驪姬故欲易太子而立其子奚齊使荀息傅之公疾召之曰以是藐諸孤辱在大夫若之何稽首而對曰臣竭其股肱之力加之以忠貞其濟君之靈也不濟則以死繼之公曰何謂忠貞對曰公家之利知無不爲忠也送往事居耦俱無猜貞也獻公卒里克將殺奚齊先告荀息曰三怨將作秦晉輔之子將何如荀息曰將死之里克曰無益也荀叔曰吾與先君言矣不可以貳能欲復言而愛身乎雖無益也將焉辟之且人之欲善誰不如我我欲無貳而能謂人已乎及里克殺奚齊荀息將死之人曰不如立卓子而輔之荀息立公子卓以葬獻公里克又殺卓子于朝荀息死之君子曰詩所謂白圭之玷尚可磨也斯言之玷不可爲也荀息有焉

里克晉大夫獻公使爲太子申生傅公將易太子使太子伐山戎里克諫曰太子奉冢祀社稷之粢盛以朝夕視君膳者也故曰冢子君行則守有守則從從曰撫軍守曰監國古之制也夫帥師專行謀誓軍旅君與執政之所圖也非太子之事也師在制命而已稟命則不威專命則不孝故君之適嗣不可以帥師君失其官帥師不威將焉用之且臣聞皐落氏將戰君其舍之公曰寡人有子未知其誰立焉不對而退見太子太子曰吾其廢乎對曰告之以臨民教之以軍旅不共是懼何故廢乎且子懼不孝無懼弗得立修已而不責人則免於難矣驪姬將害太子告優施曰君既許我殺太子而立奚齊矣吾難里克奈何優施曰吾來里克一日而已子爲我具特羊之饗吾以從之飲酒我優也言無郵驪姬許諾乃具使優施飲里克酒中飲優施起舞謂里克妻曰主孟啗我我教玆暇豫事君乃歌曰暇豫之吾吾(音魚)不如鳥鳥人皆集於苑已獨集于枯里克笑曰何謂苑何謂枯優施曰其母爲夫人其子爲君可不謂苑乎其母既死其子又有謗可不謂枯乎枯且有傷優施出里克辟奠不餐而寢夜半召優施曰曩而言戲乎抑有所聞之乎曰然君既許姬殺太子而立奚齊謀既成矣里克曰吾秉君以殺太子吾不忍通復故交吾不敢中立其免乎優施曰免且而里克見丕鄭曰難將作矣優施告我君謀成矣將立奚齊矣丕鄭曰子何謂曰吾對以中立鄭曰惜也不如曰不信以疏之亦固太子以攜之多爲之故以變其志志少疏乃可間也今子曰中立況固其謀也彼有成矣難以得間里克曰往言不可及也且人中心唯無忌之何可敗也子將何如丕鄭曰我無心是故事君者以君爲心制不在我里克曰弒君以爲廉長廉以驕心因驕以制人吾不敢抑儳志以從君爲廢人以自利也利方以求人吾不能將伏也明日稱疾不朝三旬而難作驪姬以君命命太子曰君夢齊姜必速祭之太子祭于曲沃歸胙于公公田姬寘諸宮六日公至毒而獻之公祭之地地墳與犬犬斃與小臣小臣亦斃姬泣曰賊由太子太子奔新城公殺其傅杜原欵或謂太子子辭君必辨焉太子曰君非姬氏居不安食不飽我辭姬必有罪君老矣吾又不樂曰子其行乎太子曰君實不察其罪被此名也以出人誰納我遂縊于新城獻公卒奚齊立爲君里克將殺奚齊以告荀息荀息拒之語具荀息傳中又以告丕鄭丕鄭曰子勉之我爲子行之子帥七輿大夫以待我我使狄以動之援秦以搖之立其薄者可以得重賂厚者可使無人國誰之國也里克曰不可克聞之夫義者利之足也貪者怨之本也廢義則利不立厚貪則怨生夫孺子豈獲罪於民特以驪姬之惑蠱君而誣國人讒羣公子而奪之利使君迷亂信而亡之殺無罪以爲諸侯笑使百姓莫不有藏惡於其心中恐其如壅大川潰而不可救禦也是故將殺奚齊而立子之在外者以定民弭憂於諸侯且爲援庶幾曰諸侯義而撫之百姓欣而奉之國可以固今殺君而賴其富貪且反義則民怨反義則富不爲賴賴富而民怨亂國而身殆懼爲諸侯載不可常也丕鄭許諾於是殺奚齊卓子及驪姬而請君于秦秦人納公子夷吾是爲惠公惠公立將殺里克以說使謂里克曰微子則不及此雖然子弒二君一大夫爲子君者不亦難乎對曰不有廢也君何以興欲加之罪其無辭乎臣聞命矣伏劍而死於是丕鄭聘于秦故不及後歸自秦冀芮殺之其子豹奔秦

慶鄭事惠公爲大夫惠公之求入於秦也賂秦以河外之列城五東盡虢略南及華山內及解梁城既立而背之卽位之四年晉饑使乞糴于秦秦穆公輸粟于晉自雍及絳相繼命之曰汎舟之役明年秦饑使乞糴于晉惠公不與慶鄭曰背施無親幸災不仁貪愛不祥怒鄰不義四德皆失何以守國虢射曰皮之不存毛將安傅

慶鄭曰棄信背鄰患孰恤之無信患作失援必斃是則然矣虢射曰無損於怨而厚於寇不如勿與慶鄭曰背施幸災民所棄也近猶讎之況怨敵乎弗聽退曰君其悔是哉六年秦穆公來伐公謂慶鄭曰寇深矣若之何對曰君實深之可若何公曰不孫卜右慶鄭吉弗使步揚御戎家僕徒爲右乘小駟鄭入也慶鄭曰古者大事必乘其產生其水土而知其人心安其教訓而服習其道唯所納之無不如志今乘異產以從戎事及懼而變將與人易亂氣狡憤陰血周作張脈僨興外彊中乾進退不可周旋不能君必悔之弗聽九月惠公逆秦師使韓簡視師復曰師少於我鬬士倍我公曰何故對曰出因其資入用其寵饑食其粟三施而無報是以來也今又擊之我怠秦奮倍猶未也公曰一夫不可狃況國乎遂使請戰曰寡人不佞能合其衆而不能離也君若不還無所逃命秦伯使公孫枝對曰君之未入寡人懼之入而未定列猶吾憂也苟列定矣敢不承命韓簡退曰吾幸而得囚遂戰于韓原戎馬還濘而止公號慶鄭慶鄭曰愎諫違卜固敗是求又何逃焉去之梁由靡御韓簡虢射爲右輅秦伯將止之鄭以救公誤之遂失秦伯秦獲公以歸晉大夫反首拔舍從之秦伯使辭焉曰二三子何其慼也寡君之從君而西也亦晉之妖夢是踐豈敢以至晉大夫三拜稽首曰君履后土而戴皇天皇天后土實聞君之言羣臣敢在下風穆姬聞公將至以太子罃弘與女簡璧登臺而履薪焉使以免服衰絰逆且告曰上天降災使我兩君匪以玉帛相見而以興戎若晉君朝以入則婢子夕以死夕以入則朝以死唯君裁之乃舍諸靈臺大夫請以入公曰獲晉侯以厚歸也既而喪歸焉用之大夫其何有焉且晉人慼憂以重我天地以要我不圖晉憂重其怒也我食吾言背天地也重怒難任背天不祥必歸晉君公子縶曰不如殺之無聚慝焉子桑曰歸之而質其太子必得大成晉未可滅而殺其君祗以成惡且史佚有言曰無始禍無怙亂無重怒重怒難任陵人不祥乃許晉平公將歸蛾析謂慶鄭曰盍行乎對曰陷君於敗敗而不死又使失刑非人臣也臣而不臣行將焉入公歸殺慶鄭而後入

瑕呂飴甥字子金晉大夫食采於陰亦曰陰飴甥惠公之見獲於秦也秦將許之平而歸之公使郤乞告子金且召之子金教之言曰朝國人而以君命賞且告之曰孤雖歸辱社稷矣其卜貳圉也衆皆哭晉於是乎作爰田子金曰君亡之不恤而羣臣是憂惠之至也將若君何衆曰何爲而可對曰征繕以輔孺子諸侯聞之喪君有君羣臣輯睦甲兵益多好我者勸惡我者懼庶有益乎衆說晉於是乎作州兵十月飴甥會秦伯盟于王城秦伯曰晉國和乎對曰不和小人耻失其君而悼喪其親不憚征繕以立圉也曰必報讎寧事戎狄君子愛其君而知其罪不憚征繕以待秦命曰必報德有死無二以此不和秦伯曰國謂君何對曰小人慼謂之不免君子恕以爲必歸小人曰我毒秦秦豈歸君君子曰我知罪矣秦必歸君貳而執之服而舍之德莫厚焉刑莫威焉服者懷德貳者畏刑此一役也秦可以霸納而不定廢而不立以德爲怨秦不其然秦伯曰是吾心也改館晉侯饋七牢焉

胥臣字季子食邑於臼曰臼季官爲司空又曰司空季子獻公之二十一年從公子重耳奔狄惠公卒公子入秦將以求納焉秦穆公歸女五人懷嬴與公子使奉匜沃盥既而揮之嬴怒曰秦晉匹也何以卑我公子懼降服囚命穆公見公子曰寡人之適此爲才子圉之辱備嬪嬙焉欲以成婚而懼離其惡名非此則無故不敢以禮致之懼之故也公子有辱寡人之罪也唯命是聽公子欲辭季子曰同姓爲兄弟黃帝之子二十五人其同姓者二人而已唯青陽與夷鼓皆爲己姓青陽方雷氏之甥也夷鼓彤魚氏之甥也其同生而異姓者四母之別爲十二姓凡黃帝之子二十五宗其得姓者十四人爲十二姓姬酉祁己滕箴任荀僖佶儇依是也唯青陽氏與蒼林氏同于黃帝故皆爲姬姓同德之難也如是昔少典娶于有蟜氏生黃帝炎帝黃帝以姬水成炎帝爲姜二帝用師以相擠也異德之故也異姓則異德異德則異類異類雖近男女相及以生民也同姓則同德同德則同心同心則同志同志相遠男女不相及畏黷敬也黷則生怨怨亂毓災災毓滅姓是故娶妻避其同姓畏亂災也故異德合姓同德合義義以導利利以阜姓姓利相更成而不遷乃能攝固保其上房今子於子圉道路之人也取其所棄以濟大事不亦可乎公子於是歸女而納幣且逆之公子之在秦也親筮之曰尚有晉國得屯悔豫皆八也筮史占之皆曰不吉閉而不通爻無爲也季子曰吉是在周易皆利建侯不有晉國以輔王室安能建侯我命筮曰尚有晉國告我曰利建侯得國之務也吉孰大焉震車也坎水也坤土也屯厚也豫樂也車班外內順以訓之泉貨以貲之土厚而樂其實不有晉國何以當之震雷也車也坎勞也水也衆也主雷與車而尚水與衆車有震武衆順文也文武具厚

之至也故曰屯其繇曰元亨利貞勿用有攸往利建侯主震雷長也故曰元衆而順嘉也內有震雷故曰利貞車上水下必伯小事不濟壅也故曰勿用有攸往一夫之行也衆順而有武威故曰利建侯坤母也震長男也母老子彊故曰豫其繇曰利建侯行師居樂出威之謂也得國之卦也既而穆公納公子于晉是爲文公文公立以季子爲卿代先軫佐下軍城濮之戰季子以虎皮蒙馬先犯陳蔡陳蔡潰楚師是以大敗文公嘗學書於季子三日曰吾不能行也咫聞則多矣對曰然而多聞以待能者不猶愈也襄公之爲太子也公將使陽處父爲之傅問於季子曰處父其能教誨驩也使之善乎對曰是在驩也籧篨不可使俯戚施不可使仰僬僥不可使舉侏儒不可使援矇瞍不可使視嚚瘖不可使言聾聵不可使聽童昏不可使謀質將善而賢良贊之則濟可俟若其質有違教將不入其何善之爲臣聞昔者大任娠文王不變少溲於豕牢而得文王不加疾焉文王在母不憂在傅弗勤處師弗煩事主不怒孝友二虢而惠慈二蔡刑于大姒比於諸弟詩云刑于寡妻至于兄弟以御于家邦於是乎用四方之賢良及其即位也詢于八虞而諮于虢度於閎夭而謀於南宮諏於蔡原而訪於辛尹重之以周邵畢榮億寧百神而柔和萬民故詩云惠于宗公神罔時恫若是則文王非專教誨之力也公曰然則教無益乎對曰教爲文益其質故人生而學非學不入公曰柰夫八疾何對曰官司之所材也戚施直鎛籧篨蒙璆侏儒扶盧矇瞍修聲聾聵司火童昏嚚瘖僬僥官師之所不材也以實裔土夫教者因體能質而利之者也若川然有原印浦而後大季子使舍於冀野見冀缺耨其妻饁之敬歸而言於公公以爲下軍大夫焉襄公六年季子卒

狐突字伯行文公之外祖父也其先本唐叔之後在戎狄者爲狐氏獻公娶二女於戎大狐姬生文公小戎子生惠公狐突以狐姬故事晉爲大夫獻公使傅太子申生獻公之十七年以驪姬之惑也欲易太子冬十二月使申生將兵伐東山皐落氏公衣之偏衣佩之金玦狐突御戎先友爲右梁餘子養御罕夷先丹木爲右羊舌大夫爲尉先友曰衣身之偏握兵之要在此行也子其勉之偏躬無慝兵要遠災親以無災又何患焉狐突歎曰時事之徵也衣身之章也佩衷之旗也故敬其事則命以始服其身則衣之純用其衷則佩之度今命以時卒閟其事也衣之尨服遠其躬也佩以金玦棄其衷也服以遠之時以閟之尨涼冬殺金寒玦離胡可恃也雖欲勉之狄可盡乎梁餘子養曰帥師者受命於廟受脤於社有常服矣不獲而尨命可知也死而不孝不如逃之罕夷曰尨奇無常金玦不復雖復何爲君有心矣先丹木曰是服也狂夫阻之曰盡敵而反敵可盡乎雖盡敵猶有內讒不如違之狐突欲行羊舌大夫曰不可違命不孝棄事不忠雖知其寒惡不可取子其死之太子將戰狐突諫曰不可昔辛伯諗周桓公云內寵並后外寵二政嬖子配適大都耦國亂之本也周公弗從故及於難今亂本成矣立可必乎孝而安民子其圖之與其危身以速罪也太子不聽遂出戰敗狄而還狐突閉門不出既而讒言日益深太子不能自明因自殺將死使猛足言於狐突曰申生有罪不用伯氏之言以至于死申生不敢愛其死雖然吾君老矣國家多難伯氏不出而圖吾君伯氏苟出而圖吾君申生受賜而死及惠公立改葬共太子狐突適下國遇太子太子使登僕而告之曰夷吾無禮余得請於帝矣將以晉畀秦秦將祀余對曰臣聞之神不歆非類民不祀非族君祀無乃殄乎且民何罪失刑乏祀君其圖之君曰諾吾將復請七日新城西偏將有巫者而見我焉許之遂不見及期而往告之曰帝許我罰有罪矣敝於韓惠公六年秦晉戰于韓原秦獲晉侯以歸惠公卒懷公命無從亡人期期而不至無赦狐突之子毛及偃從重耳在秦弗召懷公執狐突曰子來則免對曰子之能仕父教之忠古之制也策名委質貳乃辟也今臣之子名在重耳有年數矣若又召之教之貳也父教子貳何以事君刑之不濫君之明也臣之願也淫刑以逞誰則無罪臣聞命矣伏劒而死

狐偃字子犯狐突之子也驪姬既讒殺太子申生復譖二公子將逐之獻公二十二年子犯奉公子重耳出奔狄獻公卒里克殺驪姬之子奚齊卓子使告公子求入而納之公子以告子犯子犯不可曰夫堅樹在始始不固本終必槁落夫長國者唯知哀樂喜怒之節是以導民不哀喪而求國難因亂以入殆以喪得國則必樂喪樂喪必哀生因亂以入則必喜亂喜亂必怠德是哀樂喜怒之節易也何以導民重耳曰非喪誰代非亂誰納我子犯曰偃也聞之喪亂有小大大喪大亂之剡也父母死爲大喪讒在兄弟爲大亂今適當之是故難公子重耳出見使者曰子惠顧亡人重耳父生不得供洒掃之臣死又不敢莅喪以重其罪且辱大夫敢辭夫固國者在親衆而善鄰在因民而順之苟衆所利鄰國所立

大夫其從之重耳不敢違己而秦穆公使公子縶弔公子重耳曰寡君使縶弔公子之憂又重之以喪寡人聞之得國常於喪失國常於喪時不可失喪不可久公子其圖之重耳告子犯子犯曰不可亡人無親信人以爲親是故置之者不殆父死在堂而求利人孰仁我人實有之我以徼倖人孰信我不仁不信將何以長利公子重耳出見使者君惠弔亡臣又重有命重耳身亡父死不得與於哭泣之位又何敢有他志以辱君義再拜不稽首起而哭退而不私公子縶反命穆公公曰仁人也再拜不稽首不役爲後也起而哭愛其父孝也退而不私不役於利也秦人遂納公子夷吾是爲惠公惠公之七年重耳去狄之齊過衞衞文公不禮焉出於五鹿乞食於野人與之塊公子怒欲鞭之子犯曰天賜也稽首受而載之及齊齊桓公妻之有馬二十乘公子安之從者以爲不可將行謀於桑下蠶妾在其上聞之以告姜氏姜氏殺之而謂公子曰子有四方之志其聞之者吾殺之矣公子曰無之姜曰行也懷與安實敗名公子不可姜與子犯謀醉而遣之醒以戈逐子犯曰若無所濟吾食舅氏肉其知饜乎子犯走且對曰若無所濟吾未知死所誰能與豺狼爭食若克有濟無亦晉之柔嘉足以甘食偃肉腥臊將焉用之乃止遂行過曹過鄭俱不禮焉及楚楚成王饗之曰公子若反晉國則何以報不穀對曰子女玉帛則君有之羽毛齒革則君地生焉其波及晉國者君之餘也其何以報君曰雖然何以報我對曰若以君之靈得反晉國晉楚治兵遇於中原其辟君三舍若不獲命其左執鞭弭右屬櫜鞬以與君周旋子玉請殺之成王曰晉公子廣而儉文而有禮其從者肅而寬忠而能力晉侯無親內外惡之吾聞姬姓唐叔之後其後衰者也其將由晉公子乎天將興之誰能廢之違天必有大咎乃送諸秦秦穆公遂納之及河子犯以璧授公子曰臣負羈紲從君巡於天下臣罪多矣臣猶知之而況君乎請由此亡公子曰所不與舅氏同心者有如此水投其璧于河遂濟入于晉師遂入于曲沃朝于武宮卽位于朝是爲文公文公之元年王室有叔帶之亂襄王出居于鄭秦穆公師于河上將以納王狐偃言於文公曰求諸侯莫如勤王諸侯信之且大義也繼文之業而信宣於諸侯今爲可矣公以爲然故辭秦師而下次于陽樊右師圍溫左師逆王人襄王于周取王弟帶于溫殺之王賜晉河內陽樊之地四年楚成王伐宋文公率齊秦之師以救宋成王命令尹子玉無從晉師子玉固請戰遂從晉師晉師退軍吏曰以君辟臣辱也且楚師老矣何故退子犯曰師直爲壯曲爲老豈在久乎微楚之惠不及此退三舍辟之所以報也背惠食言以亢其讎我曲楚直其衆素飽不可謂老我退而楚還我將何求若其不還君退臣犯曲在彼矣退三舍楚衆欲止子玉不可夏晉師及諸侯之師次于城濮楚師背酅而舍晉侯患之聽輿人之誦曰原田每每舍其舊而新是謀公疑焉子犯曰戰也戰而捷必得諸侯若其不捷表裏山河必無害矣文公夢與楚子搏楚子伏已而盬其腦是以懼子犯曰吉我得天楚服其罪吾且柔之矣既戰大敗楚師于城濮子玉死之文公歸國行賞以狐偃爲首文公始入而教其民二年欲用之子犯曰民未知義未安其居於是乎出定襄王入務利民民懷生矣將用之子犯曰民未知信未宣其用於是伐原以示之信民易資者不求豐焉明要其辭公曰可矣子犯曰民未知禮未生其共於是大蒐以示之禮作執秩以正其官民聽不惑而後用之出穀戍釋宋圍一戰而霸文之教也子犯卒子狐射姑立射姑字季佗食邑于賈故曰賈季與父皆有從亡之功襄公六年蒐于夷作三軍使狐射姑將中軍趙盾佐之陽處父改蒐而易之使賈季佐趙孟且曰使能賈季怒及襄公卒賈季使召公子樂于陳而立之趙盾不從使殺公子于郫故賈季殺處父以奔狄

先軫晉大夫食采於原亦曰原軫文公四年楚成王帥諸侯之師以圍宋宋使公孫固來乞師先軫曰報施救患取威定霸於是乎在矣狐偃曰楚始得曹而新昏於衞若伐曹衞楚必救之則齊宋免矣於是乎蒐于被廬作三軍謀元帥使郤縠將中軍郤溱佐之使狐偃將上軍讓於狐毛而佐之命趙衰爲卿讓於欒枝先軫使欒枝將下軍先軫佐之明年郤縠卒先軫自下軍佐超將上軍上德也楚圍宋急宋人使門尹般來告急公曰宋人告急舍之則絕告楚不許我欲戰矣齊秦未可若之何先軫曰使宋舍我而賂齊秦藉之告楚我執曹君而分曹衞之田以賜宋人楚愛曹衞必不許也喜賂怒頑能無戰乎公說執曹伯分曹衞之田以畀宋人楚成王入居于申使申叔時去穀使子玉去宋曰無從晉師晉侯在外十九年矣而果得晉國險阻艱難備嘗之矣民之情僞盡知之矣天假之年而除其害天之所置其可廢乎軍志曰允當則歸又曰知難而退又曰有德不可敵此三志者晉之謂矣子玉使伯棼請戰曰非敢必有功也願以間執讒慝之口王怒少與之師唯西廣東宮

與若敖之六卒實從之子玉使宛春告於晉師曰請復衞侯而封曹臣亦釋宋之圍子犯曰子玉無禮哉君取一臣取二不可失也先軫曰子與之定人之謂禮楚一言而定三國我一言而亡之我則無禮何以戰乎不許楚言是棄宋也救而棄之謂諸侯何楚有三施我有三怨怨讎已多將何以戰不如私許復曹衞以攜之執宛春以怒楚既戰而後圖之公說乃執宛春於衞且私許復曹衞曹衞告絕於楚子玉怒從晉師晉師爲之退三舍次于城濮子玉使鬭勃請戰曰請與君之士戲君馮軾而觀之得臣與寓目焉文公使欒枝對曰寡君聞命矣楚君之惠未之敢忘是以在此爲大夫退其敢當君乎既不獲命矣敢煩大夫謂二三子戒爾車乘敬爾君事詰朝將見晉車七百乘韅靷鞅靽晉侯登有莘之虛以觀師曰少長有禮其可用也遂伐木以益其兵晉師陳于莘北胥臣以下軍之佐當陳蔡子玉以若敖之六卒將中軍曰今日必無晉矣子西將左子上將右胥臣蒙馬以虎皮先犯陳蔡陳蔡奔楚右師潰狐毛設二旆而退之欒枝以輿曳柴而僞遁楚師馳之原軫郤溱以中軍公族橫擊之狐毛狐偃夾攻子西楚左師潰楚師敗績文公是故策命于王爲侯伯先軫之功也襄公之初秦穆公將襲鄭訪諸蹇叔蹇叔曰勞師以襲遠非所聞也公不聽秦師遂東滅滑而還先軫曰秦違蹇叔而以貪勤民天奉我也奉不可失敵不可縱縱敵生患違天不祥必伐秦師欒枝曰未報秦施而伐其師其爲死君乎先軫曰秦不哀吾喪而伐我同姓秦則無禮何施之爲吾聞之一日縱敵數世之患也謀及子孫可謂死君乎遂發命遽興姜戎子墨衰絰梁弘御戎萊駒爲右敗秦師于殽獲百里孟明視西乞術白乙丙以歸文嬴請三帥曰彼實構吾二君寡君若得而食之不厭君何辱討焉使歸就戮于秦以逞寡君之志若何公許之先軫怒曰武夫力而拘諸原婦人暫而免諸國墮軍實而長寇讎亡無日矣不顧而唾及狄伐晉公敗狄于箕先軫曰匹夫逞志於君而無討敢不自討乎免冑入狄師死焉狄人歸其元面如生公命其子且居將中軍

介子推文公之微臣也始文公去國從者五人將歸即位羣臣多自以爲功推竊恥之文公之元年秦送文公至河咎犯曰臣從君周旋天下過亦多矣臣猶知之況於君乎請亡要文公而與之盟時推從在船中笑曰天實開公子子犯以爲已功而要市於君固足羞也吾不忍與同位乃自隱文公新立周襄王以弟帶難出居鄭告急於晉文公方發兵是以賞從亡者未至子推子推亦不言祿祿亦不及子推曰獻公有子九人唯君在矣惠懷無親外內棄之天未絕晉必將有主主晉祀者非君而誰天實開之二三子以爲已功不亦誣乎竊人之財猶謂之盜況貪天之功以爲已力乎下義其罪上賞其姦上下相蒙難與處矣其母曰盍亦求之以死誰懟子推曰尤而效之罪有甚焉且出怨言不食其祿母曰亦使知之若何對曰言身之文也身欲隱安用文之文之是求顯也其母曰能如此乎與女偕隱至死不復見子推從者憐之乃懸書宮門曰龍欲上天五蛇爲輔龍已上天四蛇各入其宇一蛇獨怨終不見處所文公出見其書曰此介子推也吾方憂王室未圖其功使人召之則亡遂求所在聞其入緜上山中於是文公環緜上山中而封之以爲介推田號介山曰以記吾過且旌善人

陽處父晉大夫文公以爲孤卿謂之陽太傅文公九年楚鬭辛請平于晉公使陽處父報之晉楚使命之交始於此襄公九年晉敗秦師于殽獲百里孟明視西乞術白乙丙以歸文嬴請三帥公舍之先軫有辭公使處父追之及河則在舟中矣釋左驂以公命贈孟明欲使還拜而執之也孟明覺而遂去之冬處父侵蔡楚子上救之與晉師夾泜而軍陽子患之使謂子上曰吾聞之文不犯順武不違敵子若欲戰則吾退舍子濟而陳遲速唯命不然紓我老師費財亦無益也乃駕以待子上欲涉大孫伯曰不可晉人無信半涉而薄我悔敗何及不如紓之乃退舍陽子宣言曰楚師遁矣遂歸楚師亦歸楚以子上受晉賂而退也耻而殺之二年公以魯之不朝也致討焉魯文公來朝公使處父盟公以恥之四年楚師圍江處父帥師伐楚以救江門于方城遇息公子朱而還七年公蒐于夷舍二軍使狐射姑將中軍趙盾佐之陽處父至自溫改蒐于董易中軍陽子成季之屬也故黨於趙氏且謂趙盾能曰使能國之利也是以上之是歲襄公薨靈公少晉人以難故欲立長君趙孟欲立公子雍賈季曰不如公子樂使召公子樂于陳趙孟使殺諸郫賈季怨陽子之比於趙孟且易其班也而知其無援於晉使續鞫居殺處父趙孟於是殺鞫居賈季奔狄初處父聘于衞反過甯甯嬴從之及溫而還其妻問之嬴曰以剛商書曰沈潛剛克高明柔克夫子壹之其不沒乎天爲剛德猶不干時況在人乎且華而不實怨之所聚也犯而聚怨不可以定身余懼不獲其利而離其難是以去之明年而處父及於難

郤芮姬姓晉公族也其先食邑於郤故以爲氏芮爲晉大夫受釆於冀又曰冀芮芮少事公子夷吾驪姬之難公子重耳奔狄夷吾將從之冀芮曰後出同走罪也不如之梁梁近秦而幸焉乃之梁居四年而獻公卒里克殺奚齊卓子冀芮使夷吾重賂秦以求入曰人實有國我何愛焉入而能民土於何有夷吾從之賂秦以河外之列城五繆公許之穆公問於冀芮曰公子誰恃對曰臣聞亡人無黨有黨必有讎夷吾之少也弱不好弄戲不過所復怒不及色及其長也不改其故出亡無怨於國而衆安之不然夷吾不佞其誰能恃乎君子謂冀芮善以微勸也穆公遂納夷吾于晉是爲惠公惠公立殺里克而背秦賂使丕鄭聘于秦且謝緩賂丕鄭黨於里克言於秦穆公曰呂甥郤稱冀芮實爲不從若重問以召之臣出晉君君納重耳蔑不濟矣穆公使泠至報問且召三子冀芮曰幣重而言甘誘我也遂殺丕鄭祁舉及七輿大夫左行共華右行賈華叔堅騅歂纍虎特宮山祁皆里丕之黨也及惠公卒懷公立秦納文公懷公奔高梁呂甥郤芮畏偪將焚公宮而弒文公爲初獻公使寺人披伐文公於蒲文公踰垣而走披斬其袪僅而獲免至是披請見公使讓之且辭焉曰蒲城之役君命一宿女卽至其後余從狄君田女爲惠公來求殺余命女三宿女中宿至雖有君命何其速也夫袪猶在女其行乎對曰臣謂君之入也其知之矣若猶未也又將及難君命無二古之制也除君之惡唯力是視蒲人狄人余何有焉今君卽位其無蒲狄乎齊桓公置射鉤而使管仲相君若易之何辱命焉行者甚衆豈唯刑臣公見之以難告於是文公潛會秦穆公于王城既而公宮火瑕甥冀芮不獲公乃如河上穆公誘而殺之

郤成子缺冀芮之子也初臼季使過冀見郤缺耨其妻饁之相待如賓與之歸言諸文公曰敬德之聚也能敬必有德德以治民君請用之臣聞之出門如賓承事如祭仁之則也公曰其父有罪可乎對曰舜之罪也殛鯀其舉也興禹管敬仲桓之賊也實相以濟康誥曰父不慈子不祗兄不友弟不共不相及也詩曰采葑采菲無以下體君取節焉可也文公以爲下軍大夫襄公元年狄伐晉公敗狄于箕成子獲白狄子反自箕公以一命命成子爲卿復與之冀亦未有軍行以再命命先茅之縣賞胥臣曰舉郤缺子之功也襄公二年晉伐衞取其邑靈公元年趙盾爲政成子曰日衞不睦故取其地今已睦矣可以歸之叛而不討何以示威服而不柔何以示懷非威非懷何以示德無德何以主盟子爲正卿以主諸侯而不務德將若之何夏書曰戒之用休董之用威勸之以九歌勿使壞九功之德皆可歌也謂之九歌六府三事謂之九功水火金木土穀謂之六府正德利用厚生謂之三事義而行之謂之德禮無禮不樂所由叛也若吾子之德莫可歌也其誰來之盍使睦者歌吾子乎宣子說之六年代箕鄭將上軍新城之盟蔡人不與成子以上軍下軍伐蔡曰君弱不可以怠遂入蔡以城下之盟而還成公六年趙盾卒胥克有蠱疾成子爲政秋廢胥克使趙朔佐下軍明年楚子爲厲之役故伐鄭成子救鄭鄭伯敗楚師于柳棼景公二年成子求成于衆狄衆狄疾赤狄之役遂服於晉秋公往會衆狄于攢函是行也諸大夫欲召狄成子曰吾聞之非德莫如勤非勤何以求人能勤有繼其從之也詩曰文王既勤止文王猶勤況寡德乎

郤獻子克成子之子也成子卒獻子佐上軍景公之八年公使獻子徵會于齊頃公以其跛也帷婦人使觀之獻子登婦人笑於房獻子怒出而誓曰所不此報無能涉河獻子先歸使欒京廬待命于齊曰不得齊事無復命矣獻子至請伐齊公弗許請以其私屬又弗許是時范武子將老退自朝召其子燮曰燮乎吾聞之干人之怒必獲毒焉夫郤子之怒甚矣不逞諸齊必發諸晉國不得政何以逞怒余將致政焉以成其怒無以內易外也乃老獻子代爲政十一年衞孫桓子魯臧宣叔以戰敗怒於齊皆來乞師同主於郤獻子公許之七百乘獻子曰此城濮之賦也有先君之明與先大夫之肅故捷克於先大夫無能爲役請八百乘許之郤克將中軍士燮佐上軍欒書將下軍韓厥爲司馬以救魯衞臧宣叔逆晉師且道之季文子帥師會之及衞地韓獻子將斬人獻子馳將救之至則既斬之矣獻子使速以徇告其僕曰吾以分謗也師從齊師于莘六月壬申師至于靡笄之下齊侯使請戰曰子以君師辱於敝邑不腆敝賦詰朝請見對曰晉與魯衞兄弟也來告曰大國朝夕釋憾於敝邑之地寡君不忍使羣臣請於大國無令輿師淹於君地能進不能退君無所辱命齊侯曰大夫之許寡人之願也若其不許亦將見也癸酉師陳于鞌邴夏御齊侯逢丑父爲右晉解張御獻子鄭丘緩爲右齊侯曰余姑翦此而朝食不介馬而馳之獻子傷於矢流血及屨未絕鼓音曰余病矣張侯曰自始合而矢貫余手及肘余折以御左輪朱殷豈敢言病吾子忍之緩曰自始合苟有險余必下推車子豈識之然子病矣張侯

曰師之耳目在吾旗鼓進退從之此車一人殿之可以集事若之何其以病敗君之大事也擐甲執兵固即死也病未及死吾子勉之左并轡右援枹而鼓馬逸不能止師從之齊師敗績逐之三周華不注韓厥中御而從齊侯幾獲之逢丑父與公易位故免事具韓厥逢丑父傳中齊侯使賓媚人賂以紀甗玉磬與地不可則聽客之所爲賓媚人致賂獻子不可曰必以蕭同叔子爲質而使齊之封內盡東其畝對曰蕭同叔子非他寡君之母也若以匹敵則亦晉君之母也吾子布大命於諸侯而曰必質其母以爲信其若王命何且是以不孝令也詩曰孝子不匱永錫爾類若以不孝令於諸侯其無乃非德類也乎先王疆理天下物土之宜而布其利故詩曰我疆我理南東其畝今吾子疆理諸侯而曰盡東其畝而已唯吾子戎車是利無顧土宜其無乃非先王之命也乎反先王則不義何以爲盟主其晉實有闕四王之王也樹德而濟同欲焉五霸之霸也勤而撫之以役王命今吾子求合諸侯以逞無疆之欲詩曰布政優優百祿是遒子實不優而棄百祿諸侯何害焉不然寡君之命使臣則有辭矣曰子以君師辱於敝邑不腆敝賦以犒從者畏君之震師徒撓敗吾子惠徼齊國之福不泯其社稷使繼舊好唯是先君之敝器土地不敢愛子又不許請收合餘燼背城借一敝邑之幸亦云從也況其不幸敢不唯命是聽魯衛諫曰齊疾我矣其死亡者皆親暱也子若不許讎我必甚唯子則又何求子得其國寶我亦得地而紓於難其榮多矣齊晉亦唯天所授豈必在晉獻子許之使對曰羣臣帥賦輿以爲魯衛請若苟有以藉口而復於寡君君之惠也敢不唯命是聽秋七月晉師及齊國佐盟于袁婁使齊人歸魯汶陽之田魯成公會晉師于上鄍賜三帥先路三命之服帥至獻子見公曰子之力也夫對曰君之訓也二三子之力也臣何力之有焉范叔見勞如郤伯對曰庚所命也克之制也燮何力之有焉欒伯見公亦如之對曰燮之詔也士用命也書何力之有焉明年齊侯朝于晉將授玉獻子趨進曰此行也君爲婦人之笑辱也寡君未之敢任獻子卒欒書爲政

郤至晉卿也爲溫大夫亦曰溫季厲公元年郤至與周爭鄇田王命劉康公單襄公訟諸晉郤至曰溫吾故也故不敢失劉子單子曰昔周克商使諸侯撫封蘇忿生以溫爲司寇與檀伯達封于河蘇氏即狄又不能於狄而奔衛襄王勞文公而賜之溫狐氏陽氏先處之而後及子若治其故則王官之邑也子安得之公使郤至勿敢爭二年如楚聘且莅盟楚子享之子反相爲地室而縣焉郤至將登金奏作於下驚而走出子反曰日云莫矣寡君須矣吾子其入也至曰君不忘先君之好施及下臣貺之以大禮重之以備樂如天之福兩君相見何以代此下臣不敢子反曰如天之福兩君相見無亦唯是一矢以相加遺焉用樂寡君須矣吾子其入也賓曰若讓之以一矢則禍之大者其何福之爲世之治也諸侯間於天子之事則相朝也於是乎有享宴之禮享以訓恭儉宴以示慈惠恭儉以行禮而慈惠以布政政以禮成民是以息百官承事朝而不夕此公侯之所以扞城其民也故詩曰赳赳武夫公侯扞城及其亂也諸侯貪冒侵欲不忌爭尋常以盡其民略其武夫以爲己腹心股肱爪牙故詩曰赳赳武夫公侯腹心天下有道則公侯能爲民扞城而制其腹心亂則反之今吾子之言亂之道也不可以爲法然吾子主也至敢不從遂入卒事歸以語范文子文子曰無禮必食言吾死無日矣六年與郤犨郤錡謀害伯宗譖而殺之及欒弗忌伯州犁奔楚韓厥曰郤氏其不免乎善人天地之紀也而驟絕之不亡何待七年郤至佐新軍從欒書伐鄭濟河聞楚師將至范文子不欲戰郤至不可欒書曰楚人輕窕固壘而待之三日必退退而擊之必勝郤至曰楚有六間不可失也其二卿相惡王卒以舊鄭陳而不整蠻軍而不陳陳不違晦在陳而囂合而加囂各顧其後莫有鬬心舊不必良以犯天忌我必克之師遂出戰于鄢陵郤至三遇楚子之卒見楚子必下免胄而趨風楚子使工尹襄問之以弓曰方事之殷也有韎韋之跗方于反注君子也識見不穀而趨無乃傷乎郤至見客免胄承命曰君之外臣至從寡君之戎事以君之靈間蒙甲胄不敢拜命敢告不甯君命之辱爲事之故敢肅使者三肅使者而退既又從鄭伯其右茀翰胡曰諜輅之余從之乘而俘以下郤至曰傷國君有刑乃止楚師薄於險遂敗囚楚公子茷以歸公使郤至獻楚捷于周與單襄公語驟稱其伐單子語諸大夫曰溫季其亡乎位於七人之下而求掩其上怨之聚亂之本也多怨而階亂何以在位夏書曰怨豈在明不見是圖將慎其細也今而明之其可乎厲公反自鄢陵既傪遂多外嬖欲盡去羣大夫而立其左右方是時胥童以胥克之廢也怨郤氏而嬖於公郤錡奪夷陽五田五亦嬖於公郤犨與長魚矯爭田執而梏之與其父母妻子同一轅既矯亦嬖於公欒書怨郤至以其不從己而敗楚師也欲廢之使楚公子

夜告公曰此戰也郤至實召寡君以東師之未至也與軍帥之不具也曰此必敗吾因奉孫周以事君公以告欒書書曰其有焉不然豈其死之不恤而受敵使乎君盍嘗使諸周而察之郤至聘于周欒書使孫周見之公使覘之信遂怨郤至七年厲公田與婦人先殺而飲酒後使大夫殺郤至奉豕寺人孟張奪之郤至射而殺之公曰季子欺予厲公將作難胥童曰必先三郤族大多怨去大族不逼敵多怨有庸公曰然郤氏聞之郤錡欲攻公曰雖死君必危郤至曰人所以立信知勇也信不叛君知不害民勇不作亂失茲三者其誰與我死而多怨將安用之君實有臣而殺之其謂君何我之有罪吾死後矣若殺不辜將失其民欲安得乎待命而已受君之祿是以聚黨有黨而爭命罪孰大焉公使胥童夷羊五帥甲八百將攻郤氏長魚矯請無用衆公使清沸魋助之抽戈結衽而僞訟者三郤將謀於榭矯以戈殺駒伯苦成叔於其位溫季曰逃威也遂趨矯及諸其車以戈殺之皆尸諸朝

士武子會字季食邑於隨及范故稱隨季或稱范季爲文公時武子尙少城濮之戰晉中軍風于澤亡大旆之左旃祁瞞干命司馬殺之以徇于諸侯使茅茷代之師還濟河舟之僑先歸武子攝右振旅愷以入于晉獻俘授馘飲至大賞徵會討貳殺舟之僑以徇于國民於是大服武子與謀焉襄公卒靈公少晉人以難故欲立長君趙孟謀立公子雍使先蔑及武子如秦逆雍將還穆嬴日抱太子以哭于朝趙孟患之乃背先蔑立靈公以禦秦師潛師夜起敗秦師于令狐至于刳首先蔑奔秦武子從之武子在秦三年不見先蔑其人曰能亡人於國不能見於此焉用之武子曰吾與之同罪非義之也將何見焉靈公六年秦伯伐晉取羈馬趙盾禦之臾駢曰秦不能久請深壘固軍以待之從之秦人欲戰秦伯謂武子曰若何而戰對曰趙氏新出其屬曰臾駢必實爲此謀將以老我師也趙有側室曰穿晉君之壻也有寵而弱不在軍事好勇而狂且惡臾駢之佐上軍也若使輕者肆焉其可秦伯以璧祈戰于河十二月戊午秦師掩晉上軍上軍不動趙穿追之不及反怒曰裹糧坐甲固敵是求敵至不擊將何俟焉軍吏曰將有待也穿曰我不知謀將獨出乃以其屬出趙盾曰秦獲穿也獲一卿矣秦以勝歸我何以報乃皆出戰交綏秦行人夜戒晉師曰兩君之士皆未慭也明日請相見也臾駢曰使者目動而言肆懼我也將遁矣薄諸河必敗之胥甲趙穿當軍門呼曰死傷未收而棄之不惠也不待期而薄人於險無勇也乃止秦師夜遁復侵晉入瑕而還七年晉使詹嘉處瑕以守桃林之塞始患秦之用士會也夏六卿相見於諸浮趙盾曰隨會在秦賈季在狄難日至矣若之何中行桓子曰請復賈季能外事且由舊勳郤成子曰賈季亂且罪大不如隨會能賤而有恥柔而不犯其知足使也且無罪乃使魏壽餘僞以魏叛者以誘士會執其帑於晉使夜逸請自歸于秦秦伯許之履武子之足於朝秦伯師于河西魏人在東壽餘曰請東人之能與夫二三有司言者吾與之先使武子武子辭曰晉人虎狼也若背其言臣死妻子爲戮無益於君不可悔也秦伯曰若背其言所不歸爾帑者有如河乃行繞朝贈之以策曰子無謂秦無人吾謀適不用也既濟魏人譟而還秦人歸其帑其處者爲劉氏靈公失道趙盾患之將諫武子曰諫而不入則莫之繼也會請先不入則子繼之三進及溜而後視之曰吾知所過矣將改之稽首而對曰人誰無過過而能改善莫大焉詩曰靡不有初鮮克有終夫如是則能補過者鮮矣君能有終則社稷之固也豈惟羣臣賴之又曰袞職有闕惟仲山甫補之能補過也君能補過袞不廢矣景公三年楚莊王圍鄭荀林父帥師救鄭鄭楚已平桓子欲還武子曰善會聞用師觀釁而動德刑政事典禮不易不可敵也不爲是征楚君討鄭怒其貳而哀其卑叛而伐之服而舍之德刑成矣昔歲入陳今茲入鄭民不罷勞君無怨讟政有經矣荆尸而舉商農工賈不敗其業而卒乘輯睦事不奸矣蔿敖爲宰擇楚國之令典軍行右轅左追蓐前茅慮無中權後勁百官象物而動軍政不戒而備能用典矣其君之舉也內姓選於親外姓選於舊舉不失德賞不失勞老有加惠旅有施舍君子小人物有服章貴有常尊賤有等威禮不逆矣德立刑行政成事時典從禮順若之何敵之見可而進知難而退軍之善政也兼弱攻昧武之善經也子姑整軍而經武乎猶有弱而昧者何必楚仲虺有言曰取亂侮亡兼弱也汋曰於鑠王師遵養時晦耆昧也武曰無競惟烈撫弱耆昧以務烈所可也先縠曰不可乃以中軍佐濟晉師從之果敗于邲七年春武子帥師滅赤狄甲氏及留吁鐸辰三月獻狄俘景公請于王戊申以黻冕命武子將中軍且爲太傅於是晉國之盜逃奔于秦羊舌職曰吾聞之禹稱善人不善人遠此之謂也夫詩曰戰戰兢兢如臨深淵如履薄冰善人在上也善人在上則無幸民諺曰民之多幸國之不幸也是無善人之謂也冬晉侯使武子平

王室定王享之原襄公相禮殽烝武子私問其故王聞之召武子曰季氏而弗聞乎王享有體薦宴有折俎公當享卿當宴王室之禮也武子歸而講求典禮以修晉國之法郤克之怒齊也晉欲報之還請伐齊公弗許武子將老召其子燮曰燮乎吾聞之喜怒以類者鮮易者實多詩曰君子如怒亂庶遄沮君子如祉亂庶遄已君子之喜怒以已亂也弗已必益之郤子其或者欲已亂於齊乎不然余懼其益之也余將老使郤子逞其志庶有豸乎爾從二三子惟敬乃請老郤獻子爲政文子退朝而暮武子曰何暮也對曰有秦客廋辭於朝大夫莫之對也吾知三焉武子怒曰大夫非不能也讓父兄也爾童子而三掩衆於朝吾不在晉國亡無日矣擊之以杖郤子伐齊師勝而返文子後入武子曰無爲吾望爾也乎對曰師有功國人喜以逆之先入必屬耳目焉是代帥受名也故不敢武子曰吾知免矣故文子爲政有令名晉國賴之

士文子燮字叔武子告老公以文子爲上軍佐從郤克敗齊師于鞌景公十七年聘于魯言伐郯以其事吳故也成公賂之請緩師文子不可曰君命無貳失信不立禮無加貨事無二成君後諸侯是寡君不得事君也燮將復之季孫懼使宣伯帥師會伐郯齊侯來朝公使韓穿言于魯以汶陽之田歸于齊於是諸侯皆貳十八年晉會諸侯于蒲季文子曰德則不競尋盟何爲文子曰勤以撫之寬以待之堅彊以御之明神以要之柔服而伐貳德之次也公觀于軍府見鍾儀問之曰南冠而縶者誰也有司對曰鄭人所獻楚囚也使稅之召而弔之再拜稽首問其族對曰泠人也公曰能樂乎對曰先公之職官也敢有二事使與之琴操南音公曰君王何如對曰非小人之所能知也固問之對曰其爲太子也師保奉之以朝于嬰齊而夕于側也不知其他也公以語文子文子曰楚囚君子也言稱先職不背本也樂操土風不忘舊也稱太子抑無私也名其二卿尊君也不背本仁也不忘舊信也無私忠也尊君敏也仁以接事信以守之忠以成之敏以行之事雖大必濟君盍歸之使合晉楚之成公從之重爲之禮使歸求成厲公元年秦晉爲成將會于令狐厲公先至焉秦桓公不肯涉河次于王城使史顆盟厲公于河東晉郤犨盟秦桓公于河西文子曰是盟也何益齊盟所以質信也會所信之始也始之不從其可質乎秦伯歸而背晉成二年會楚公子罷許偃盟于宋西門之外厲公既立三郤驕君多欲文子慮難之將作也欲自弱以致諸侯之師冀其懼而增德焉六年公將伐鄭文子不可曰若逞吾願諸侯皆叛晉可以逞若惟鄭叛晉國之憂可立俟也欒書曰不可以當吾世而失諸侯必伐鄭乃興師楚子救鄭晉師濟河聞楚師將至文子欲反曰我僞逃楚可以紓憂夫合諸侯非吾所能也以遺能者我若羣臣輯睦以事君多矣書曰不可六月晉楚遇於鄢陵文子不欲戰郤至曰韓之戰惠公不振旅箕之役先軫不反命邲之師荀林父不復從皆晉之恥也子亦見先君之事矣今我辟楚又益恥也文子曰吾先君之亟戰也有故秦狄齊楚皆彊不盡力子孫將弱今三彊服矣敵楚而已唯聖人能內外無患自非聖人外寧必有內憂盍釋楚以爲外懼乎甲午晦楚晨壓晉軍而陳軍吏患之士匄趨進曰塞井夷竈陳於軍中而疏行首晉楚唯天所授何患焉文子執戈逐之曰國之存亡天也童子何知焉既戰楚師大敗共王中目乃遁晉入楚軍三日穀文子立於君馬之前曰君幼諸臣不佞何以及此君其戒之周書曰惟命不于常有德之謂安知天之不授晉且以勸楚乎文子反自鄢陵使其祝宗祈死曰君驕侈而克敵是天益其疾也難將作矣愛我者惟祝我使我速死無及於難范氏之福也七年六月戊辰士燮卒冬難作始於三郤卒及於公

范宣子匄范文子燮之子也厲公之末年士匄尚幼欒書謀弑厲公執公以召士匄士匄辭之悼公五年楚子囊爲令尹宣子曰我喪陳矣楚人討貳而立子囊必改行而疾討陳陳近於楚民朝夕急能無往乎有陳非吾事也無之而後可八年宣子聘于魯告將用師于鄭公享之宣子賦摽有梅季武子曰誰敢哉今譬於草木寡君在君君之臭味也歡以從命何時之有武子賦角弓將出武子賦彤弓宣子曰城濮之役我先君文公獻功于衡雍受彤弓于襄王以爲子孫藏匄也先君守官之嗣也敢不承命君子以爲知禮十年王叔陳生與伯輿爭政王右伯輿王叔陳生怒而出奔及河王復之殺史狡以說焉不入遂處之公使宣子平王室王叔與伯輿訟焉王叔之宰與伯輿之大夫瑕禽坐獄於王庭宣子聽之王叔之宰曰篳門圭竇之人而皆陵其上其難爲上矣瑕禽曰昔平王東遷吾七姓從王牲用備具王賴之而賜之騂旄之盟曰世世無失職若篳門圭竇其能來東底乎且王何賴焉今自王叔之相也政以賄成而刑放於寵官之師旅不勝其富吾能無篳門圭竇乎唯大國圖之下而無直則何謂正矣宣子曰天子所右寡

君亦右之所左亦左之使王叔與伯輿合要王叔氏不能舉其契故王叔來奔十三年荀罃士魴卒悼公蒐于緜上治兵使士匄將中軍辭曰伯游長昔臣習於智伯是以佐之非能賢也請從伯游荀偃將中軍士匄佐之使韓起將上軍辭以趙武又使欒黶辭曰臣不如韓起韓起願上趙武君其聽之使趙武將上軍韓起佐之欒黶將下軍魏絳佐之新軍無帥公難其人使其什吏率其卒乘官屬以從於下軍禮也晉國之民是以大和諸侯遂睦君子曰讓禮之主也范宣子讓其下皆讓欒黶爲汰弗敢違也晉國以平數世賴之刑善也夫一人刑善百姓休和可不務乎書曰一人有慶兆民賴之其寧惟永其是之謂乎周之興也其詩曰儀刑文王萬邦作孚言刑善也及其衰也其詩曰大夫不均我從事獨賢言不讓也世之治也君子尚能而讓其下小人農力以事其上是以上下有禮而讒慝黜遠由不爭也謂之懿德及其亂也君子稱其功以加小人小人伐其技以馮君子是以上下無禮亂虐並生由爭善也謂之昏德國家之敝恒必由之吳侵楚爲楚所敗十四年吳告敗于晉晉會諸侯于向爲吳謀楚故也宣子數吳之不德以退吳人執莒公子務婁以其通於楚也將執戎子駒支宣子親數諸朝曰來姜戎氏昔秦人迫逐乃祖吾離于瓜州乃祖吾離被苫蓋蒙荆棘以來歸我先君我先君惠公有不腆之田與女剖分而食之今諸侯之事我寡君不如昔者蓋言語漏洩則職汝之由詰朝之事爾無與焉與將執女對曰昔秦人負恃其衆貪于土地逐我諸戎惠公蠲其大德謂我諸戎是四嶽之裔胄也毋是翦棄賜我南鄙之田狐貍所居豺狼所嘷我諸戎除翦其荆棘驅其狐貍豺狼以爲先君不侵不畔之臣至于今不貳昔文公與秦伐鄭秦人竊與鄭盟而舍戍焉於是乎有殽之師晉禦其上戎亢其下秦師不復我諸戎實然譬如捕鹿晉人角之諸戎掎之與晉踣之戎何以不免自是以來晉之百役與我諸戎相繼于時以從執政猶殽志也豈有離逷今官之師旅無乃實有所闕以攜諸侯而罪我諸戎我諸戎飲食衣服不與華同贄幣不通言語不達何惡之能爲不與於會亦無瞢焉賦青蠅而退宣子辭焉使即事於會成愷悌也是歲也宣子假羽毛於齊而弗歸齊人始貳平公三年伐齊齊侯禦諸平陰諸侯之士門焉齊人多死齊侯懼宣子告析文子曰吾知子敢匿情乎魯人莒人皆請以車千乘自其鄉入既許之矣若入君必失國子盍圖之子家以告公公恐晏嬰曰君固無勇而又聞是弗能久矣齊師夜遁四年荀偃卒宣子爲政侵齊及穀聞喪而還於四月丁未鄭公孫蠆卒赴於晉大夫宣子言於公以其善於伐秦也六月公請於王王追賜之大路使以行禮也欒桓子娶於范宣子生懷子桓子嘗逐范鞅鞅以其亡也怨欒氏故與欒盈爲公族大夫而不相能桓子卒欒祁與其老州賓通幾亡室矣懷子患之祁懼其討也愬諸宣子曰盈將爲亂以范氏爲死桓子而專政矣曰吾父逐鞅也不怒而以寵報之又與吾同官而專之吾父死而益富死吾父而專於國有死而已吾蔑從之矣其謀如是懼害於主吾不敢不言范鞅爲之徵懷子好施士多歸之宣子畏其多士也信之懷子爲下卿六年宣子使城著而遂逐之秋欒盈出奔楚宣子殺箕遺黃淵嘉父司空靖邴豫董叔邴師申書羊舌虎叔羆而囚伯華叔向籍偃知起中行喜州綽邢蒯出奔齊皆欒氏之黨也欒王鮒謂宣子曰盍反州綽邢蒯勇士也宣子曰彼欒氏之勇也余何獲焉王鮒曰子爲彼欒氏則亦子之勇也欒盈自楚適齊八年齊人潛內欒盈于曲沃盈率曲沃之甲因魏獻子以晝入絳欒王鮒侍坐於宣子或告曰欒氏至矣宣子懼王鮒曰奉君以走固宮必無害矣且欒氏多怨子爲政欒氏自外子在位其利多矣既有利權又執民柄將何懼焉欒氏所得其唯魏氏乎而可彊取也夫克亂在權子無懈矣公有姻喪王鮒使宣子墨縗冒絰二婦人輦以如公奉公以如固宮范鞅逆魏舒則成列既乘將逆欒氏矣趨進曰欒氏帥賊以入鞅之父與二三子在君所矣使鞅逆吾子鞅請驂乘持帶遂超乘右撫劍左援帶命驅之出僕請鞅曰之公宣子逆諸階執其手賂之以曲沃初斐豹隸也著於丹書欒氏之力臣曰督戎國人懼之斐豹謂宣子曰苟焚丹書我殺督戎宣子喜曰而殺之所不請於君焚丹書者有如日乃出豹而閉之督戎從之踰隱而待之督戎踰入豹自後擊而殺之范氏之徒在臺後欒氏乘公門宣子謂鞅曰矢及君屋死之鞅用劍以帥卒欒氏退攝車從之遇欒樂曰樂免之死將訟女於天樂射之不中又注則乘槐本而覆或以戟鉤之斷肘而死欒魴傷欒盈奔曲沃宣子使圍之既克盡殺欒氏之族黨欒魴出奔宋宣子卒趙武代之

范獻子鞅宣子匄之子也悼公十四年晉師伐秦至于棫林荀偃爲中軍帥令于軍欒黶將下軍惡偃之專也先率其屬以歸軍師不和偃懼敗乃命大還欒黶之弟鍼爲戎右曰此役也報櫟之敗也役又無功晉之耻也

吾有二位於戎路敢不恥乎與士鞅馳秦師死焉士鞅反欒黶謂士匄曰余弟不欲往而子召之余弟死而子來是而子殺余之弟也弗逐余亦將殺之士鞅奔秦秦伯問士鞅曰晉大夫其誰先亡對曰其欒氏乎秦伯曰以其汰乎對曰然欒黶汰虐已甚猶可以免其在盈乎秦伯曰何故對曰武子之德在民如周人之思召公焉愛其甘棠況其子乎欒黶死盈之善未能及人武子所施沒矣而黶之怨實章於是乎在秦伯以為知言為之請於晉而復之既歸怨欒氏故與欒盈為公族大夫而不相能宣子之逐盈也鞅實啟之盈入而敗則亦鞅之力也平公二十一年魯昭公來朝莒人愬昭公于晉公欲止之范獻子曰不可人朝而執之誘也討不以師而誘以成之惰也為盟主而犯此二者無乃不可乎請歸之間而以師討焉公從之二十三年獻子如衛弔且反戚田頃公十一年晉會諸侯于扈謀納魯昭公宋衛固以為請獻子取貨於季孫謂司城子梁與北宮貞子曰季孫未知其罪而君伐之請囚請亡於是乎不獲君又弗克而自出也夫豈無備而能出君乎季氏之復天救之也休公徒之怒而啟叔孫氏之心不然豈其伐人而脫甲執冰以游叔孫氏懼禍之濫而自同於季氏天之道也魯君守齊三年而無成季氏甚得其民淮夷與之有十年之備有齊楚之援有天之贊有民之助有堅守之心有列國之權而弗敢宣也事君如在國故鞅以為難二子皆圖國者也而欲納魯君鞅之願也請從二子以圍魯無成死之二子懼皆辭乃辭小國而以難復定公三年魏子合諸侯之大夫于狄泉遂田于大陸還卒於甯范獻子為政去其柏椁以其未復命而田也

趙成子衰字子與其先造父事周穆王封於趙城故以為氏造父七世孫叔帶始入晉事文侯叔帶五世為趙夙獻公使為將滅耿滅霍滅魏賜趙夙耿夙生共孟共孟生成子成子事獻公之子重耳驪姬之難成子從公子出奔狄居狄十二年從公子去狄適齊自齊適楚是時晉惠公卒秦穆公召公子於楚將納之成子從公子入秦秦穆公歸公子女五人懷嬴與焉公子以懷嬴經為子圉妻也將辭焉問於成子成子對曰禮志有之將有請於人必先有入焉欲人之愛已也必先愛人欲人之從已也必先從人無德於人而求用於人罪也今將婚媾以從秦受好以愛之聽從以德之懼其未可也又何疑焉公子乃歸女而納幣且逆之他日穆公將享公子公子使子犯從子犯曰吾不如衰之文也請使衰從使成子從穆公享公子如享國君之禮成子相如賓公子賦河水公賦六月成子曰重耳拜賜公子降拜稽首公降一級而辭焉成子曰君稱所以佐天子者命重耳重耳敢不拜穆公納公子於晉是為文公文公之二年受原於周而難其守問於寺人勃鞮對曰昔趙衰以壺飧從徑餒而弗食公以成子為原大夫四年公將蒐于被廬作三軍謀元帥成子曰郤縠可臣亟聞其言矣說禮樂而敦詩書詩書義之府也禮樂德之則也德義利之本也夏書曰賦納以言明試以功車服以庸君其試之公從之使郤縠將中軍以成子為卿成子辭曰欒枝貞慎先軫有謀胥臣多聞皆可以為輔佐臣弗如也乃使欒枝將下軍先軫佐之取五鹿先軫之謀也郤縠卒使先軫代之胥臣將下軍公使成子為卿辭曰夫三德者偃之出也以德紀民其章大矣不可廢也使狐偃為卿辭曰毛之智賢於臣其齒又長毛也不在位不敢聞命乃使狐毛將上軍狐偃佐之狐毛卒使成子代之辭曰城濮之役先且居之佐軍也善軍伐有賞善軍有賞能其官有賞且居有三賞不可廢也且臣之倫箕鄭胥嬰先都在乃使且居將上軍公曰趙衰三讓其所讓皆社稷之衛也廢讓是廢德也以成子之故蒐于清原作五軍使成子將新上軍箕鄭佐之嬰將新下軍先都佐之子犯卒蒲城伯請佐公曰夫趙衰三讓不失義讓推賢也義廣德也德廣賢至又何患矣請令衰也從子乃使成子佐上軍五年而成子卒

趙宣子盾成子之子也成子從文公在狄狄人伐廧咎如獲其二女叔隗季隗而納諸文公文公取季隗而以叔隗妻成子生盾成子居晉時取文公女曰趙姬生原同屏括樓嬰及從文公反國趙姬請盾與其母成子辭姬曰得寵而忘舊何以使人必逆之固請許之來以盾為才固請于公以為適子而使其三子下之以叔隗為內子而已下之成子卒宣子將中軍始為國政制事典正法罪辟刑獄董逋逃由質要治舊洿本秩禮續常職出滯淹既成以授太傅陽處父太師賈佗使行諸晉國以為常法襄公卒太子夷皋少晉人以難故謀立長君宣子欲立公子雍曰雍好善而長其母杜祁以君故讓偪姞而上之以狄故讓季隗其已次之先君以是愛其子而仕諸秦為亞卿焉秦大而近母義子愛足以威民立之不亦可乎使先蔑士會如秦逆公子雍秦康公以兵送之將入穆嬴日抱太子以啼于朝曰將焉寘此出朝則抱以適趙氏頓首言於宣子曰先君屬是子於子也言猶在耳其忍棄之宣子畏偪乃背先蔑以禦秦師

箕鄭居守宣子將中軍先克佐之荀林父將上軍先蔑將下軍先都佐之步招御戎戎津爲右及堇陰宣子曰我若受秦秦則賓也不受寇也旣不受矣而復緩師秦將生心先人有奪人之心軍之善謀也逐寇如追逃軍之善政也訓卒利兵秣馬蓐食潛師夜起遂敗秦師于令狐至于刳首先蔑奔秦士會從之師還太子卽位是爲靈公靈公元年狄人侵魯魯使告于晉宣子使因賈季問狄相酆舒且讓之酆舒問於賈季曰趙衰趙盾孰賢對曰趙衰冬日之日也趙盾夏日之日也二年宣子會諸侯之大夫盟于衡雍六年秦以令狐之役來伐取羈馬宣子禦之從秦師于河曲秦師夜遁初邾文公元妃齊姜生定公二妃晉姬生捷菑文公之卒也邾人立定公捷菑奔晉八年宣子以諸侯之師八百乘納捷菑于邾邾人辭曰齊出貜且長宣子曰辭順而弗從不祥乃還十三年楚莊王及鄭人侵陳遂侵宋宣子帥師救陳宋會于棐林於是靈公侈宣子驟諫而不入故不競於楚靈公不君患宣子使鉏麑賊之晨往寢門闢矣盛服將朝尚早坐而假寐麑退歎而言曰不忘恭敬民之主也賊民之主不忠棄君之命不信有一於此不如死也觸槐而死十五年公飲宣子酒伏甲將攻之其右提彌明知之趨登曰臣侍君宴過三爵非禮也遂扶以下公嗾夫獒焉明搏而殺之宣子曰棄人用犬雖猛何爲鬬且出提彌明死之初宣子田于首山舍于翳桑見靈輒餓問其病曰不食三日矣食之舍其半問之曰宦三年矣未知母之存否今近焉請以遺之使盡之而爲之簞食與肉寘諸橐以與之旣而與爲公介倒戟以禦公徒而免之問何故對曰翳桑之餓人也問其名居不告而退遂自亡也宣子出奔趙穿自後攻公於桃園弒之穿宣子從父昆弟之子也宣子聞難未出山而復太史董狐書曰趙盾弒其君宣子曰不然對曰子爲正卿亡不越境反不討賊非子而誰宣子曰烏乎我之懷矣自詒伊慼其我之謂乎宣子使趙穿逆公子黑臀于周而立之是爲成公晉自驪姬之難詛無畜羣公子自是晉無公族成公立乃宦卿之適而爲之田以爲公族又宦其餘子亦爲餘子其庶子爲公行晉於是有公族餘子公行宣子請以括爲公族曰君姬氏之愛子也微君姬氏則臣狄人也公許之以宣子爲旄車之族使屏季以其故族爲公族大夫宣子卒郤缺爲政

趙文子武莊子朔之子而宣子盾之孫也莊子爲下軍將早卒趙嬰齊通于莊姬原同屏季放之景公十七年莊姬以趙嬰之亡也譖於公曰原屏將爲亂欒郤爲徵公討趙氏殺趙同趙括文子從姬氏畜于公宮故免公以其田與祁奚韓厥言於公曰成季之勳宣孟之忠而無後爲善者其懼矣三代之令王皆數百年保天之祿夫豈無辟王賴前哲以免也周書曰不敢侮鰥寡所以明德也乃立武而反其田焉（此與史記趙氏家所載異當以春秋爲正）後二年景公夢大厲被髮及地搏膺而踊曰殺余孫不義余得請於帝矣壞大門及寢門而入公懼入于室又壞戶公覺召桑田巫巫言如夢公曰何如曰不食新矣是歲景公卒大厲者趙氏之先也悼公立使文子爲卿十三年爲上軍帥平公十一年代范宣子爲政文子令薄諸侯之幣而重其禮魯叔孫穆叔見之謂穆叔曰自今以往兵其少弭矣齊崔慶新得政將求善於諸侯武也知楚令尹若敬行其禮道之以文辭以靖諸侯兵可以弭矣十三年文子及楚令尹子木合諸侯之大夫盟于宋弭兵也鄭簡公享文子于垂隴子展伯有子西子產子大叔二子石從文子曰七子從君以寵武也請皆賦以卒君貺武亦以觀七子之志子展賦草蟲文子曰善哉民之主也抑武也不足以當之伯有賦鶉之賁賁文子曰牀第之言不踰閾況在野乎非使人之所得聞也子西賦黍苗之四章文子曰寡君在武何能焉子產賦隰桑文子曰武請受其卒章子大叔賦野有蔓草文子曰吾子之惠也印段賦蟋蟀文子曰善哉保家之主也公孫段賦桑扈文子曰匪交匪敖福將焉往若保是言也欲辭福祿得乎卒享文子告叔向曰伯有將爲戮矣詩以言志志誣其上而公怨之以爲賓榮其能久乎幸而後亡叔向曰然已侈所謂不及五稔者夫子之謂矣文子曰其餘皆數世之主也子展其後亡者也在上不忘降印氏其次也樂而不荒樂以安民不淫以使之後亡不亦可乎楚子木卒文子喪之如同盟君子以爲知禮十五年悼公之夫人食輿人之城杞者絳縣人或年長矣無子而往與於食有與疑年使之年曰臣小人也不知紀年臣生之歲正月甲子朔四百有四十五甲子矣其季於今三之一也吏走問諸朝師曠曰魯叔仲惠伯會郤成子于承匡之歲也是歲也狄伐魯叔孫莊叔於是乎敗狄于鹹獲長狄僑如及虺也豹也而皆以名其子七十三年矣史趙曰亥有二首六身下二如身是其日數也士文伯曰然則二萬二千六百有六旬也文子問其縣大夫則其屬也召之而謝過焉曰武不才任君之大事以晉國之多虞不能由吾子使吾子辱在泥塗久矣武之罪也敢謝不才遂仕之使助爲政辭以老與

之田使爲君復陶以爲絳縣師而廢其輿尉於是魯使者在晉歸以語諸大夫季武子曰晉未可媮也有趙孟以爲大夫有伯瑕以爲佐有史趙師曠而咨度焉有叔向女齊以師保其君其朝多君子其庸可媮乎勉事之而後可是歲文子會諸侯之大夫于澶淵魯穆叔至自會謂孟孝伯曰趙孟將死矣其語偷不似民主且年未盈五十而諄諄焉如八九十者弗能久矣十七年文子及楚令尹子圍尋宋之盟會諸侯之大夫于虢宋之盟也楚人先歃子木衷甲焉文子不與之競及是祁午謂文子曰宋之盟楚人得志於晉今令尹之不信諸侯之所聞也子弗戒懼又如宋子木之信稱於諸侯猶詐晉而駕焉況不信之尤者乎楚重得志於晉晉之耻也子相晉國以爲盟主於今七年矣再合諸侯三合大夫服齊狄寧東夏平秦亂城淳于師徒不頓國家不罷民無謗讟諸侯無怨天無大災子之力也有令名矣而終之以耻午也是懼吾子不可以不戒文子曰武受賜矣然宋之盟子木有禍人之心武有仁人之心是楚所以駕於晉也今武猶是心也楚又行僭非所害也武將信以爲本循而行之譬如農夫是穮是蓘雖有饑饉必有豐年且吾聞之能信不爲人下吾未能也詩曰不僭不賊鮮不爲則信也能爲人則者不爲人下矣吾不能是難楚不爲患令尹享文子賦大明之首章文子賦小宛之二章文子謂叔向曰令尹自以爲王矣文子歸及魯叔孫曹大夫過鄭鄭伯兼享之子皮戒文子禮終文子賦瓠葉子皮遂戒穆叔且告之穆叔曰趙孟欲一獻子其從之子皮曰敢乎穆叔曰夫人之所欲也又何不敢及享具五獻之籩豆於幕下文子辭私於子產曰武請於冢宰矣乃用一獻文子爲客禮終乃宴穆叔賦鵲巢文子曰武不堪也又賦采蘩曰小國爲蘩大國省穡而用之其何實非命子皮賦野有死麕之卒章文子賦常棣且曰吾兄弟比以安尨也可使無吠穆叔子皮及曹大夫興拜舉兕爵曰小國賴子知免於戾矣飲酒樂文子出曰吾不復此矣天王使劉定公勞文子於潁館於雒汭劉子曰美哉禹功明德遠矣微禹吾其魚乎吾與子弁冕端委以治民臨諸侯禹之力也子盍亦遠績禹功而大庇民乎對曰老夫罪戾是懼焉能恤遠吾儕偷食朝不謀夕何其長也劉子歸以語王曰諺所謂老將知而耄及之者其趙孟之謂乎爲晉正卿以主諸侯而儕於隸人朝不謀夕棄神人矣神怒民叛何以能久趙孟不復年矣神怒不歆其祀民叛不即其事祀事不從又何以年秦景公之弟鍼曰后子奔晉見文子文子曰吾子其曷歸對曰鍼懼選於寡君是以在此將待嗣君文子曰秦君何如對曰無道文子曰亡乎對曰何爲亡世無道國未艾也國於天地有與立焉不數世淫弗能斃也文子曰天乎對曰有焉文子曰其幾何對曰鍼聞之國無道而年穀和熟天贊之也鮮不五稔文子視蔭曰朝夕不相及誰能待五后子出而告人曰趙孟將死矣主民翫歲而愒日其與幾何是歲平公疾求醫於秦秦景公使醫和視之曰疾不可爲也是謂近女室疾如蠱非鬼非食惑以喪志良臣將死天命不祐文子問之曰良臣孰謂對曰主是謂矣語具醫和傳中冬十二月晉既烝文子適南陽將會孟子餘甲辰朔烝于溫庚戌卒文子嘗與叔譽觀乎九原文子曰死者如可作也吾誰與歸叔譽曰其陽處父乎文子曰行并植於晉國不没其身其知不足稱也其舅犯乎文子曰見利不顧其君其仁不足稱也我則隨武子乎利其君不忘其身謀其身不遺其友晉人謂文子爲知人文子其中退然如不勝衣其言吶吶然如不出諸其口所舉於晉國管庫之士七十有餘家生不交利死不屬其子焉晉獻文子成室諸大夫發焉張老曰美哉輪焉美哉奐焉歌於斯哭於斯聚國族於斯文子曰武也得歌於斯哭於斯聚國族於斯是全要領以從先大夫於九京也北面再拜稽首君子謂之善頌善禱

趙簡子鞅一名志父景子成之子而文子武之孫也頃公九年簡子會諸侯之大夫于黃父令諸大夫曰輸王粟具戍人明年將納王十年遂入敬王于周十三年簡子及荀寅帥師城汝濱遂賦晉國一鼓鐵以鑄刑鼎著范宣子所爲刑書仲尼曰晉其亡乎失其度矣夫晉國將守唐叔之所受法度以經緯其民卿大夫以序守之民是以能尊其貴貴是以能守其業貴賤不愆所謂度也文公是以作執秩之官爲被廬之法以爲盟主今棄是度也而爲刑鼎民在鼎矣何以尊貴貴何業守貴賤無序何以爲國且夫宣子之刑夷之蒐也晉國之亂制也若之何以爲法蔡史墨曰范氏中行氏其亡乎中行寅爲下卿而干上令擅作刑器以爲國法是法姦也又加范氏焉易之亡也其及趙孟趙孟與焉然不得已若德可以免定公十一年魯季氏之臣陽虎作亂奔晉簡子受之仲尼曰趙氏其世有亂乎十二年簡子帥師圍衛衛人貢五百家命置之邯鄲明年簡子謂邯鄲大夫午曰歸我衛貢吾將移之晉陽午不用命簡子殺午圍邯鄲荀寅范吉射親於午將攻趙氏董安于聞之告簡

子曰先備諸簡子曰晉國有命始禍者死爲後日也安于曰與其害於民寧我獨死請以我說簡子不可既而范氏中行氏伐趙氏之宮簡子奔晉陽晉人圍之知文子言於公曰君命大臣始禍者死載書在河今三臣首禍而鞅獨逐刑其頗焉請并逐寅與吉射於是荀躒韓不信魏曼多奉公以伐范中行氏不克二子遂伐公國人助公二子敗奔朝歌韓魏請趙氏於公公許之簡子入于絳知文子之嬖梁嬰父惡董安于言於文子曰不殺安于使終爲政於趙氏趙氏必得晉國盍以其先發難也討於趙氏文子使告簡子曰范中行氏雖信爲亂安于則發之是安于與謀亂也晉國有命始禍者死二子既伏其辜矣敢以告簡子患之安于曰我死而晉國寧趙宗定將焉用生人誰不死吾死莫矣乃縊而死簡子尸諸市而告於知氏曰主命戮罪人安于既伏其罪矣敢以告知伯從簡子盟而後趙氏定祀安于於廟初衛靈公之太子蒯聵得罪於靈公之夫人南子出奔于晉靈公卒蒯聵之子輙立爲君十九年夏六月簡子帥師納蒯聵于戚宵迷陽虎曰右河而南必至焉使太子絻八人衰絰僞自衛逆者告於門哭而入遂居之秋八月齊人輸范氏粟鄭子姚子般送之士吉射逆之簡子禦之遇於戚陽虎曰吾車少以兵車之旆與罕駟兵車先陳罕駟自後隨而從之彼見吾貌必有懼心於是乎會之必大敗之卜戰龜焦樂丁曰爰始爰謀爰契我龜謀協以故兆詢可也簡子誓曰范氏中行氏反易天明斬艾百姓欲擅晉國而滅其君寡君恃鄭而保焉今鄭爲不道棄君助臣二三子順天明從君命經德義除詬耻在此行也克敵者上大夫受縣下大夫受郡士田十萬庶人工商遂人臣隸圉免志父無罪君實圖之若其有罪絞縊以戮桐棺三寸不設屬辟素車樸馬無入于兆下卿之罰也將戰郵無恤御簡子衛太子爲右登鐵上望見鄭師衆太子懼自投于車下子良授太子綏而乘之曰婦人也簡子巡列曰畢萬匹夫也七戰皆獲有馬百乘死於牖下羣子勉之死不在寇繁羽御趙羅宋勇爲右羅無勇麇之吏詰之御對曰痁作而伏衛太子禱曰曾孫蒯聵敢昭告皇祖文王烈祖康叔文祖襄公鄭勝亂從晉午在難不能治亂使鞅討之蒯聵不敢自佚備持矛焉敢告無絕筋無折骨無面傷以集大事無作三祖羞大命不敢請佩玉不敢愛鄭人擊簡子中肩斃于車中獲其蠭旗太子救之以戈鄭師北獲溫大夫趙羅太子復伐之鄭師大敗獲齊粟千車簡子喜曰可矣傅傁曰雖克猶有知在憂未艾也初周人與范氏田公孫尨稅焉趙氏得而獻之吏請殺之簡子曰爲其主也何罪止而與之田及鐵之戰以徒五百人宵攻鄭師取蠭旗於子姚之幕下獻曰請報主德追鄭師姚般公孫林殿而射前列多死簡子曰國無小既戰簡子曰吾伏弢嘔血鼓音不衰今日我上也太子曰吾救主於車退敵於下我右之上也郵良曰我兩靷將絕吾能止之我御之上也駕而乘材兩靷皆絕三十年公會吳王夫差于黃池及盟吳晉爭先吳人曰於周室我爲長晉人曰於姬姓我爲伯簡子呼司馬寅曰日旰矣大事未成二臣之罪也建鼓整列二臣死之長幼必可知也對曰請姑視之反曰肉食者無墨今吳王有墨國勝乎太子死乎且夷德輕不忍久請少待之乃先晉人於是越人敗吳師獲其太子友夫差歸及越平衛太子自戚入于衛是爲莊公簡子使告于衛曰君之在晉也志父爲主請君若太子來以免志父不然寡君其曰志父之爲也莊公辭以難太子又使椓之三十四年簡子圍衛齊國觀陳瓘救衛得晉人之致師者子玉使服而見之曰國子實執齊柄而命瓘曰無辟晉師豈敢廢命子又何辱簡子曰我卜伐衛未卜與齊戰乃還是歲冬簡子復伐衛入其郛將入城簡子曰止叔向有言曰怙亂滅國者無後衛人出莊公而與晉平簡子立襄公之孫般師而還三十七年簡子卒

趙襄子無恤簡子之子其母翟婢也簡子有太 伯魯而無恤賢疑所立乃書訓戒之辭於二簡以授二子曰謹識之三年而問之伯魯不能舉其辭求其簡已失之矣問無恤誦其辭甚習求其簡出諸袖中而奏之於是簡子以無恤爲能立以爲後簡子卒定公三十七年越圍吳襄子降於喪食楚隆曰三年之喪親暱之極也主又降之無乃有故乎襄子曰黃池之役先主與吳王有質曰好惡同之今越圍吳嗣子不廢舊業而敵之非晉之所能及也吾是以爲降楚隆曰若使吳王知之若何襄子曰可乎隆曰請嘗之乃往先造于越軍曰吳犯閒上國多矣聞君親討焉諸夏之人莫不欣喜唯恐君志之不從請入視之許之告于吳王曰寡君之老無恤使陪臣隆敢展謝其不共黃池之役君之先臣志父得承齊盟曰好惡同之今君在難無恤不敢憚勞非晉國之所能及也使陪臣敢展布之王拜稽首曰寡人不佞不能事越以爲大夫憂拜命之辱與之一簞珠使問襄子曰句踐將生憂寡人寡人死之不得矣王曰溺人必笑吾將有問也史黯何以得爲君子對曰黯也進不見惡

退無謗言王曰宜哉知襄子荀瑶素惡襄子知伯之伐鄭也將攻門命襄子入之對曰主在此知伯曰惡而無勇何以爲子對曰以能忍耻庶無害趙宗乎知伯不悛襄子由是甚知伯初簡子使尹鐸爲晉陽請曰以爲繭絲乎抑爲保障乎簡子曰保障哉尹鐸損其戶數簡子謂襄子曰晉國有難而無以尹鐸爲少以晉陽爲遠必以爲歸及知伯爲政請地於韓康子康子與之又請地於魏桓子桓子復與之又求蔡皐狼之地於襄子襄子弗與知伯怒帥韓魏之甲以攻之襄子將出曰吾何走乎從者曰長子近且城厚完襄子曰民罷力以完之又斃死以守之其誰與我從者曰邯鄲之倉庫實襄子曰浚民之膏澤以實之又因而殺之其誰與我其晉陽乎先主之所屬也尹鐸之所寬也民必和矣乃走晉陽三家圍而灌之城不沒者三版沈竈產鼃民無叛意知伯行水魏桓子御韓康子驂乘知伯曰吾乃今知水可以亡人國也桓子肘康子康子履桓子之跗以汾水可以灌安邑絳水可以灌平陽也襄子知二子有異志使其臣張孟談潛出見二子曰臣聞之脣亡則齒寒趙亡則韓魏爲之次矣二子乃陰與約爲之期日而遣之於是襄子夜殺守隄之吏而決水灌知伯軍知伯軍亂韓魏翼而擊之襄子將卒犯其前大敗其衆遂殺知伯滅其族而分其地是歲也距春秋凡二十有七年云

荀桓子林父字伯文公時爲戎御文公之五年公作三行以禦狄桓子將中行故別稱荀氏爲中行氏襄公之卒也太子尚幼趙孟欲立公子雍使先蔑如秦桓子止之曰夫人太子猶在而外求君此必不行子以疾辭若何不然將及攝卿以往可也何必子同官爲僚吾嘗同僚敢不盡心乎弗聽爲賦板之三章又弗聽及亡桓子盡送其帑及其器用財賄於秦曰爲同寮故也靈公十年宋人弑昭公明年桓子會諸侯之大夫伐宋討曰何故弑君猶立文公而還十三年桓子以諸侯之師伐宋宋及晉平宋文公受盟于晉又會諸侯于扈將爲魯討齊皆取賂而還鄭穆公曰晉不足與也遂受盟于楚成公四年赤狄伐我圍懷及邢丘公欲伐之桓子曰使疾其民以盈其貫將可殪也周書曰殪戎殷此類之謂也景公二年代郤缺爲政楚子圍鄭入自皇門鄭伯請降楚子許之六月晉師救鄭桓子將中軍先穀佐之士會將上軍郤克佐之趙朔將下軍欒書佐之趙括趙嬰齊爲中軍大夫鞏朔趙穿爲上軍大夫荀首趙同爲下軍大夫韓厥爲司馬及河聞鄭既及楚平桓子欲還曰無及於鄭而勦民焉用之楚歸而動不後士會欒書皆然之惟先穀不可曰晉所以霸師武臣力也今失諸侯不可謂力有敵而不從不可謂武由我失霸不如死且成師以出敵彊而退非夫也命爲軍帥而卒以非夫唯羣子能我弗爲也以中軍佐濟韓厥謂桓子曰彘子以偏師陷子罪大矣子　爲元帥師不用命誰之罪也失屬亡師爲罪已重不如　進也事之不捷惡有所分與其專罪六人同之不猶愈　乎師遂濟及戰晉師敗于邲桓子歸而請死公欲許之　士貞子諫曰不可城濮之役晉師三日穀文公猶有憂　色左右曰有喜而憂如有憂而喜乎公曰得臣猶在憂　未歇也困獸猶鬬況國相乎及楚殺子玉公喜而後可　知也曰莫余毒也已是晉再克而楚再敗也楚是以再　世不競今天或者大警晉也而又殺林父以重楚勝其　無乃久不競乎林父之事君也進思盡忠退思補過社稷之衞也若之何殺之夫其敗也如日月之食焉何損於明晉侯使復其位五年晉爲郯故伐鄭告於諸侯蒐焉而還桓子之謀也曰示之以整使謀而來鄭人大懼潞子嬰兒之夫人景公之姊也酆舒爲政而殺之又傷潞子之目六年公使桓子伐之敗赤狄于曲梁滅潞酆舒奔衞衞人歸諸晉晉人殺之公賞桓子狄臣千室亦賞士伯以瓜衍之田曰獲狄土子之功也微子吾喪伯氏矣是歲林父卒子荀庚立

知武子荀罃知莊子荀首之子而中行桓子林父之季弟也莊子別食知邑故別稱荀氏爲知氏景公二年邲之役桓子將中軍莊子爲下軍大夫鄭已服楚桓子欲還彘子不可莊子曰此師殆哉周易有之在師之臨曰師出以律否臧凶執事順成爲臧逆爲否衆散爲弱川壅爲澤有律以如己也故曰律否臧且律竭也盈而以竭天且不整所以凶也不行之謂臨有帥而不從臨孰甚焉此之謂矣果遇必敗彘子尸之雖免而歸必有大咎既濟而戰晉師敗績楚熊負羈囚武子以歸莊子以其族反之廚武子御下軍之士多從之每射抽矢菆納諸廚子之房廚子怒曰非子之求而蒲之愛董澤之蒲可勝既乎莊子曰不以人子吾子其可得乎吾不可以苟射故也射連尹襄老獲之遂載其尸射公子穀臣囚之以二者還景公十一年莊子佐中軍欲因鄭而歸王子與襄老之尸以求武子所善鄭皇戌言之于楚王王許之明年歸武子於晉王送之曰子其怨我乎對曰二國治戎臣不才不勝其任以爲俘馘執事不以釁鼓使歸就戮君之惠也臣實不才又誰敢怨王曰然則德我乎對曰二國圖其社稷而求紓其民各懲其忿以相宥

也兩釋纍囚以成其好二國有好臣不與及其誰敢德王曰子歸何以報我對曰臣不任受怨君亦不任受德無怨無德不知所報王曰雖然必告不穀對曰以君之靈纍臣得歸骨于晉寡君之以爲戮死且不朽若從君惠而免之以賜君之外臣首首其請於寡君而以戮於宗亦死且不朽若不獲命而使嗣宗職次及於事而帥偏師以修封疆雖遇執事其弗敢違其竭力致死無有二心以盡臣禮所以報也王曰晉未可與爭重爲之禮而歸之武子之在楚也鄭賈人有將寘諸褚中以出既謀之未行而楚人歸之賈人如晉武子善視之如實出己者賈人曰吾無其功敢居其實吾小人也不可以厚誣君子遂適齊厲公六年武子佐下軍以諸侯之師侵陳至于鳴鹿遂侵蔡鄭人猶未服也武子如魯乞師以伐鄭厲公失道八年春正月欒書荀偃使人弒公使武子與士魴逆周子于京師周子曰孤始願不及此雖及此豈非天乎抑人之求君使出命也立而不從將安用之二三子用我今日否亦今日共而從君神之所福也對曰羣臣之願也敢不唯命是聽庚午盟而入二月乙酉周子卽位于朝是爲悼公悼公之二年會諸侯于戚謀鄭故也魯孟孫蔑曰請城虎牢以偪鄭武子曰善鄫之會吾子聞崔子之言今不來矣滕薛小邾之不至皆齊故也寡君之憂不唯鄭罃將復於寡君而請於齊得請而告吾子之功也若不得請事將在齊吾子之請諸侯之福也豈惟寡君賴之明年悼公盟諸侯于雞澤齊世子光聽于會是會也許靈公不至冬武子帥師伐許八年楚子囊伐鄭討其侵蔡也子展欲從晉師子駟不可乃及楚平使王子伯駢告於晉武子使行人子員對曰君有楚命亦不使一介行李告于寡君而卽安于楚君之所欲誰敢違君寡君將帥諸侯以見于城下唯君圖之九年武子代韓厥爲政會諸侯之師以伐鄭晉季武子齊崔杼宋皇鄖從武子門于鄟門衞北宮括曹人邾人從荀偃韓起門于師之梁滕人薛人從欒黶士魴門于北門杞人郳人從趙武魏絳斬行栗甲戌師于氾令於諸侯曰修器備盛餱糧歸老幼居疾于虎牢肆眚圍鄭鄭人恐乃行成荀偃曰遂圍之以待楚人之救也而與之戰不然無成武子曰許之盟而還師以敝楚人吾三分四軍與諸侯之銳以逆來者於我未病楚不能矣猶愈於戰纍骨以逞不可以爭大勞未艾君子勞心小人勞力先王之制也乃許鄭成十一月己亥同盟于戲鄭服也將盟鄭士莊子爲載書鄭子駟易其辭語具子駟傳中荀偃請改載書武子曰我實不德而要人以盟豈禮也哉非禮何以主盟姑盟而退修德息師而來終必獲鄭何必今日我之不德民將棄我豈惟鄭若能休和遠人將至何恃於鄭乃盟而還十年夏四月悼公會諸侯于柤荀偃士匄欲伐偪陽而封宋向戌焉武子曰城小而固勝之不武弗勝爲笑固請丙寅圍之弗克諸侯之師久於偪陽荀偃士匄請於武子曰水潦將降懼不能歸請班師知伯怒投之以機出於其間曰女成二事而後告余余恐亂命以不女違女既勤君而興諸侯牽帥老夫以至于此既無武守而又欲易余罪曰是實班師不然克矣余羸老也可重任乎七日不克必爾乎取之五月庚寅荀偃士匄帥卒攻偪陽親受矢石甲午滅之是會也宋公享公於楚丘請以桑林武子辭荀偃士匄曰諸侯宋魯於是乎觀禮魯有禘樂賓祭用之宋以桑林享君不亦可乎舞師題以旌夏公懼而退入于房去旌卒享而還及著雍疾卜桑林見荀偃士匄欲奔請禱焉武子不可曰我辭禮矣彼則以之猶有鬼神於彼加之已而公疾有間冬諸侯之師城虎牢而戍之晉師城梧及制士魴魏絳戍之諸侯之師還鄭而南至於陽陵楚師不退武子欲退曰今我逃楚楚必驕驕則可與戰矣欒黶曰逃楚晉之恥也合諸侯以益恥不如死我將獨進師遂進與楚夾潁而軍鄭子蟜滑涉潁以從楚師盟欒黶欲伐鄭師武子曰我實不能禦楚又不能庇鄭鄭何罪不如致怨焉而還今伐其師楚必救之戰而不克爲諸侯笑克不可命不如還也遂還師侵鄭北鄙而歸其後鄭人懼又以晉之不疾我也故服於晉

中行獻子荀偃字伯游荀庚之子而桓子之孫也厲公六年爲上軍佐從欒書敗楚於鄢陵八年與欒書謀弒君而立悼公悼公十年與士匄攻偪陽滅之十三年代荀罃將中軍十四年會諸侯之大夫伐秦師濟涇而次秦人毒涇上流師人多死鄭司馬子蟜帥鄭師以進師皆從之至于棫林不獲成焉獻子令曰雞鳴而駕塞井夷竈唯余馬首是瞻欒黶曰晉國之命未是有也余馬首欲東乃歸下軍從之左史謂魏莊子曰不待中行伯乎莊子曰夫子命從帥欒伯吾帥也吾將從之從帥所以待夫子也伯游曰吾令實過悔之何及多遺秦禽乃命大還衞獻公奔于齊悼公問衞故於獻子對曰不如因而定之衞有君矣伐之未可以得志而勤諸侯史佚有言曰因重而撫之仲虺有言曰亡者侮之亂者取之推亡固存國之道也君其定衞以待時乎公從之平公

元年公與諸侯宴于温使諸大夫舞曰歌詩必類齊高厚之詩不類獻子怒且曰諸侯有異志矣使諸大夫盟高厚高厚逃歸三年獻子將伐齊夢與厲公訟弗勝公以戈擊之首墜於前跪而戴之奉之以走見梗陽之巫皐他日見諸道與之言同巫曰今茲主必死若有事於東方則可以逞獻子許諸公伐齊將濟獻子以朱絲繫玉二瑴而禱曰齊環怙恃其險負其衆庶棄好背盟陵虐神主曾臣彪將帥諸侯以討焉其官臣偃實先後之苟捷有功無作神羞官臣偃無敢復濟唯爾有神裁之沈玉而濟齊侯禦諸平陰塹防門而守之廣里夙沙衛曰不能戰莫如守險弗聽諸侯之士門焉齊人多死齊侯登巫山以望我師晉人使司馬斥山澤之險雖所不至必斾而疏陳之使乘車者左實右偽以斾先輿曳柴而從之齊侯見之畏其衆也乃脫歸齊師夜遁師曠告公曰鳥烏之聲樂齊師其遁邢伯告獻子曰有班馬之聲齊師其遁叔向告公曰城上有烏齊師其遁諸侯之師遂入平陰從齊師魯衛請攻險獻子士匄以中軍克京茲魏絳欒盈以下軍克邿音詩趙武韓起以上軍圍盧弗克遂及秦周伐雍門之荻范鞅門于雍門其御追喜以戈殺犬于門中孟莊子斬其橁勑倫反以為公琴遂焚雍門及西郭南郭劉難士弱率諸侯之師焚申池之竹木既又焚東郭北郭范鞅門于揚門州綽門于東閭左驂迫還于門中以枚數闔齊侯駕將走郵棠太子與郭榮叩馬曰師速而疾略也將退矣君何懼焉且社稷之主不可以輕輕則失衆君必待之將犯之太子抽劍斷鞅乃止晉師東侵及濰南及沂明年春諸侯還自沂上遂次于泗上疆魯田取邾田自漷水歸于魯晉侯享晉六卿賄獻子束錦加璧乘馬先吳壽夢之鼎焉於是獻子癉疽生瘍於頭濟河及著雍病目出大夫先歸者皆反士匄請見弗內請後曰鄭甥可二月甲寅卒而視不可含宣子盥而撫之曰事吳敢不如事主猶視欒懷子曰其為未卒事於齊故也乎乃復撫之曰主苟終所不嗣事於齊者有如河乃瞑受含

中行穆子荀吳獻子偃之子也平公十一年公使聘魯召襄公也十七年帥師伐無終及羣狄于太原用魏舒之謀敗之事具魏獻子傳昭公五年穆子帥師伐鮮虞圍鼓鼓人或請以城叛穆子弗許左右曰師徒不勤而可以獲城何故不為穆子曰吾聞諸叔向曰好惡不愆民知所適則事無不濟或以吾城叛吾所甚惡也人以城來吾獨何好焉賞所甚惡若所好何若其弗賞是失信也何以庇民力能則進否則退量力而行吾不可以欲城而邇姦所喪滋多使鼓人殺叛人而繕守備圍鼓三月鼓人或請降使其民見曰猶有食色姑脩而城軍吏曰獲城而不取勤民而頓兵何以事君穆子曰吾以事君也獲一邑而教民怠將焉用邑邑以賈怠不如完舊賈怠無卒棄舊不祥鼓人能事其君我亦能事吾君率義不爽好惡不愆城可獲而民知義所有死命而無二心不亦可乎鼓人告食竭力盡而後取之克鼓而反不戮一人以鼓子鳶鞮歸既獻而反之頃公立以陸渾氏睦於楚欲伐之范宣子夢文公攜荀吳而授之陸渾故使穆子帥師公使屠蒯如周請有事於雒與三塗公從之萇弘謂劉子曰客容猛非祭也其伐戎乎陸渾氏甚睦於楚必是故也君其備之乃警戎備穆子帥師涉自棘津使祭史先用牲于雒陸渾人弗知師從之庚午遂滅陸渾數之以貳於楚也陸渾子奔楚其衆奔甘鹿師歸獻俘于文宮初穆子之取鼓也既獻而反鼓子焉頃公之六年又叛而屬諸鮮虞穆子略東陽使師偽糴者負甲以息於晉陽之門外遂襲鼓滅之以鼓子鳶鞮歸使涉佗守之令鼓人各復其所鼓子之臣曰夙沙釐以其孥行軍吏執之辭曰我君是事非事土也名曰君臣豈曰土臣今君實遷臣何賴於鼓穆子召之曰鼓有君矣爾心事君吾定而祿爵對曰臣委質於狄之鼓未委質於晉之鼓也臣聞之委質為臣無有二心委質而策死古之法也君有烈名臣無叛質敢質私刑以煩司寇而亂舊法其若不虞何穆子歎曰吾何德之務而有是臣也乃使行既獻言於公與鼓子田於河陰使夙沙釐相之

中行文子荀寅穆子吳之子也初蔡昭侯朝楚楚令尹囊瓦拘之三年然後歸蔡侯怨如晉請伐楚定公六年諸侯會于召陵謀伐楚也荀寅求貨於蔡侯弗得言於范獻子曰國家方危諸侯方貳將以襲敵不亦難乎水潦方降疾瘧方起中山不服棄盟取怨無損於楚而失中山不如辭蔡侯吾自方城以來楚未可以得志祇取勤焉獻子從之乃辭蔡侯既而蔡侯以吳師伐楚遂入郢幾滅楚國晉之失諸侯由荀寅也趙鞅之族趙午別對於邯鄲謂之邯鄲午鞅嘗伐衛衛人懼貢五百家鞅置之邯鄲十五年鞅謂午曰歸我衛貢吾舍諸晉陽午許諾歸告其父兄父兄不可午遂倍命鞅怒召午而殺之午荀寅之甥也荀寅范吉射之姻也而相與睦不直趙孟於是荀寅范吉射伐趙氏之宮趙鞅奔晉陽晉人圍之范皐夷無寵於范吉射而欲為亂於范氏梁嬰父

嬖於知文子文子欲以爲卿韓簡子與荀寅相惡魏襄子亦與范吉射相惡故五子謀將逐荀寅而以梁嬰父代之逐范吉射而以范皐夷代之荀躒言於公曰君命大臣始禍者死載書在河今三臣始禍而獨逐鞅刑不鈞矣請皆逐之故荀躒韓不信魏曼多奉公以伐范氏中行氏弗克二子將伐公齊高彊曰三折肱知爲良醫唯伐君爲不可民弗與也我以伐君在此矣三家未睦可盡克也克之君將誰與若先伐君是使睦也弗聽遂伐公國人助公二子敗從而伐之荀寅范吉射奔于朝歌韓魏以趙氏爲請故趙鞅歸于晉二十年趙鞅圍朝歌師于其南荀寅伐其郛使其徒自北門入己犯師而出奔邯鄲明年趙鞅圍邯鄲邯鄲降荀寅奔鮮虞鮮虞納荀寅于柏人又明年晉圍柏人荀寅范吉射奔齊初范氏之臣王生惡張柳朔言諸吉射使爲柏人吉射曰夫非而讎乎對曰私讎不及公好不廢過惡不去善義之經也臣敢違之及范氏出張柳朔謂其子爾從主勉之我將止死王生授我矣吾不可以僭之遂死於柏人

伯宗晉大夫孫伯糾之子也景公之六年楚子伐宋宋人使樂嬰齊來告急公欲救之伯宗曰不可古人有言曰雖鞭之長不及馬腹天方授楚未可與爭雖晉之彊能違天乎諺曰高下在心川澤納汙山藪藏疾瑾瑜匿瑕國君含垢天之道也君其待之乃止景公之姊潞子嬰兒之夫人也酆舒爲政而殺之又傷潞子之目公將伐之諸大夫皆曰不可酆舒有三儁才不如待後之人伯宗曰必伐之狄有五罪儁才雖多何補焉不祀一也耆酒二也棄仲章而奪黎氏地三也虐我伯姬四也傷其君目五也怙其儁才而不以茂德茲益罪也後之人或者將敬奉德義以事人神而申固其命若之何待之不討有罪曰將待後後有辭而討焉毋乃不可乎夫恃才與衆亡之道也商紂由之故滅天反時爲災地反物爲妖民反德爲亂亂則妖災生故文反正爲乏盡在狄矣公從之故滅潞卒殺酆舒十四年梁山崩公以傳召伯宗遇大車當道而覆立而避之曰避傳對曰傳爲速也若俟吾避則加遲矣不如捷而行伯宗喜問其居曰絳人也問絳事焉曰梁山崩將召伯宗謀之問將若之何曰山有朽壞而崩可若何國主山川故山崩川竭君爲之不舉降服乘縵徹樂出次祝幣史辭以禮焉其如此而已雖伯宗若之何伯宗請見之不可遂以告而從之十五年伯宗夏陽說衛孫良夫甯相鄭人伊雒之戎陸渾蠻侵宋以其辭會也師于鍼衛人不保說欲襲衛曰雖不可入多俘而歸有罪不及死伯宗曰不可衛唯信晉故師在其郊而不設備若襲之是棄信也雖多衛俘而晉無信何以求諸侯乃止師還衛人登陴聞說謀故也厲公之五年三郤害伯宗譖而殺之及欒弗忌韓獻子曰郤氏其不免乎善人天地之紀也而驟絶之不亡何待初伯宗朝以喜歸其妻曰子貌有喜何也曰吾言於朝諸大夫皆謂我智似陽子對曰陽子華而無實主言而無謀是以難及其身子何喜焉伯宗曰吾飲諸大夫酒而與之語爾試聽之曰諸既飲其妻曰諸大夫莫子若也然而民不戴其上久矣難必及子乎盍亟索士整庇州犁焉得畢陽及伯宗將遇害畢陽實送州犁于荆

羊舌肸字叔向晉武公子伯僑之後也伯僑之孫突爲羊舌大夫因以爲氏突生職事悼公佐中軍尉肸職之子也博識多文辭悼公十四年從荀偃伐秦平公立使叔向爲傅三年從公伐齊齊師夜遁叔向以城上有烏也先知之以告於公是役也楚師伐鄭董叔以天道在西北南師不時必無功叔向曰在其君之德也四年從士匄會諸侯于柯初叔向之母姤叔虎之母美而不使其子皆諫其母其母曰深山大澤實生龍蛇彼美余懼其生龍蛇以禍女女敝族也國多大寵不仁人間之不亦難乎余何愛焉使往視寢生叔虎美而有勇力欒盈嬖之六年士匄逐欒盈殺叔虎囚叔向爲人謂叔向曰子離於罪其爲不知乎叔向曰與其死亡若何詩曰優哉游哉聊以卒歲知也樂王鮒見叔向曰吾爲子請叔向弗應出不拜其人皆咎叔向叔向曰必祁大夫室老聞之曰樂王鮒言於君無不行求救吾子吾子不許祁大夫所不能也而曰必由之何也叔向曰樂王鮒從君者也何能行祁大夫外舉不棄讎內舉不失親其獨遺我乎詩曰有覺德行四國順之夫子覺者也晉侯問叔向之罪於樂王鮒對曰不棄其親其有焉於是祁奚老矣聞之乘馹而見宣子曰詩云惠我無疆子孫保之書曰聖有謨訓明徵定保夫謀而鮮過惠訓不倦者叔向有焉社稷之固也猶將十世宥之以勸能者今壹不免其身以棄社稷不亦惑乎鯀殛而禹興伊尹放太甲而相之卒無怨色管蔡爲戮周公右王若之何其以虎也棄社稷子爲善誰敢不勉多殺何爲宣子說與之乘以言諸公而免之不見叔向而歸叔向亦不告免焉而朝是歲士匄錮欒氏會諸侯於商任齊侯衛侯不敬叔向曰二君者必不免會朝禮之經也禮政之輿也政身之守也怠禮失政失政不立是以亂也十一年衛人侵戚

東鄙孫林父愬于晉晉戍茅氏衞伐茅氏殺晉戍三百人晉以孫氏故執衞殤公齊侯鄭伯爲衞故如晉公兼享之公賦嘉樂國景子相齊侯賦蓼蕭子展相鄭伯賦緇衣叔向命公拜二君曰寡君敢拜齊君安我先君之宗祧也敢拜鄭君之不貳也國子使晏平仲私於叔向曰晉君宣其明德於諸侯恤其患而補其闕正其違而治其煩所以爲盟主也今爲臣執君若之何叔向告趙文子文子以告公公言衞侯之罪使叔向告二君國子賦轡之柔矣子展賦將仲子兮公乃許歸衞侯叔向曰鄭七穆罕氏其後亡乎子展儉而壹明年宋向戌弭兵晉楚會諸侯之大夫盟于宋將盟楚人衷甲趙孟患之叔向曰何害匹夫一爲不信單斃而死若合諸侯之卿以爲不信必不捷矣食言者不病非子之患也夫以信召人而以僭濟之必莫之與也安能害我且吾因宋以守病則夫能致死與宋致死雖倍楚可也子何懼焉又不及是曰弭兵以召諸侯而稱兵以害我吾庸多矣非所患也及盟晉楚爭先晉人曰晉固爲諸侯盟主未有先晉者也楚人曰子言晉楚匹也若晉常先是楚弱也且晉楚狎主諸侯之盟也久矣豈專在晉叔向謂趙孟曰諸侯歸晉之德只非歸其尸盟也子務德無爭先且諸侯盟小國固必有主盟者楚爲晉細不亦可乎乃先楚人已而宋公兼享晉楚之大夫趙孟爲客子木與之言弗能對使叔向侍言焉子木亦不能對子木歸以語王曰宜晉之霸也有叔向以佐其卿楚無以當之未可與爭也十七年趙武會楚公子圍于虢公子圍設服離衞趙武問叔向曰令尹自以爲王矣如何對曰王弱令尹彊其可哉雖然必不終也趙孟曰何故曰彊以克弱而安之彊不義也不義而彊其斃必速令尹爲王必求諸侯晉少懦矣諸侯將往若獲諸侯其虐滋甚民弗堪也將何以終夫以彊取不義而克必以爲道道以淫虐弗可久已矣楚子干來奔從車五乘叔向使與秦公子同食皆百人之餼趙孟曰秦公子富叔向曰底祿以德德鈞以年年鈞以尊公子以國不聞以富夫以千乘去其國彊禦已甚詩曰不侮鰥寡不畏彊禦秦楚匹也使后子與子干齒十八年韓須如齊逆女齊陳無宇送女致少姜少姜有寵於平公公謂之少齊謂陳無宇非卿執諸中都少姜爲之請曰送從逆班畏大國也猶有所易是以亂作叔向言於公曰彼何罪君使公族逆之齊使上大夫送之猶曰不共君求以貪國則不共而執其使君刑已頗何以爲盟主且少姜有辭遂歸無宇二十一年韓宣子如楚送女叔向爲介鄭子皮子太叔勞諸索氏太叔謂叔向曰楚王汰侈已甚子其戒之叔向曰汰侈已甚身之災也焉能及人若奉吾幣帛愼吾威儀守之以信行之以禮敬始而思終終無不復從而不失儀敬而不失威道之以訓辭奉之以舊法考之以先王度之以二國雖汰侈若我何及楚楚子欲辱韓起薳啟彊諫之乃厚爲宣子禮王欲敖叔向以其所不知而不能亦厚其禮而歸之明年鄭鑄刑書叔向詒子產書曰始吾有虞於子今則已矣昔先王議事以制不爲刑辟懼民之有爭心也猶不可禁禦是故閑之以義糾之以政行之以禮守之以信奉之以仁制爲祿位以勸其從嚴斷刑罰以威其淫懼其未也故誨之以忠聳之以行教之以務使之以和臨之以敬莅之以彊斷之以剛猶求聖哲之上明察之官忠信之長慈惠之師民於是乎可任使也而不生禍亂民知有辟則不忌於上並有爭心以徵於書而徼幸以成之弗可爲矣夏有亂政而作禹刑商有亂政而作湯刑周有亂政而作九刑三辟之興皆叔世也今吾子相鄭國作封洫立謗政制參辟鑄刑書將以靖民不亦難乎詩曰儀式刑文王之典日靖四方又曰儀刑文王萬邦作孚如是何辟之有民知爭端矣將棄禮而徵於書錐刀之末將盡爭之亂獄滋豐賄賂並行終子之世鄭其敗乎肸聞之國將亡必多制其此之謂乎復書曰若吾子之言僑不才不能及子孫吾以救世也既不承命敢忘大惠是歲楚公子棄疾來聘報韓子也宣子之適楚也楚人弗逆棄疾及境公將亦弗逆叔向曰楚辟我衷若何効辟詩曰爾之教矣民胥傚矣從我而已焉用效人之辟書曰聖作則無寧以善人爲則而則人之辟乎匹夫爲善民猶則之況國君乎公說乃逆之昭公元年楚子在申召蔡靈侯靈侯將往其大夫曰王貪而無信唯蔡是憾今幣重言甘誘我也不如無往蔡侯不可楚子伏甲而饗蔡侯於申醉而執之殺之刑其士七十八使公子棄疾帥師圍蔡韓宣子問於叔向曰楚其克乎對曰克哉蔡侯獲罪於其君而不能其民天將假手於楚以斃之何故不克然肸聞之不信以幸不可再也楚王奉孫吳以討於陳曰將定而國陳人聽命而遂縣之今又誘蔡而殺其君以圍其國雖幸而克必受其咎弗能久矣桀克有緡以喪其國紂克東夷而隕其身楚小位下而亟暴於二王能無咎乎天之假助不善非祚之也厚其凶惡而降之罰也且譬之如天其有五才而將用之力盡而敝之是以無拯不可復振單子會韓宣子于戚視下言徐叔向曰單子

其將死乎朝有著定會有表衣有襘帶有結會朝之言必聞于表著之位所以昭事序也視不過結襘之中所以道容貌也言以命之容貌以明之失則有闕今單子爲王官伯而命事於會視不登帶言不過步貌不道容而言不昭矣不道不共不昭不從無守氣矣歲終單子卒是歲魯人葬齊歸公無慼容大蒐于比蒲叔向曰魯公室其卑乎君有大喪國不廢蒐有三年之喪而無一朝之慼國不恤喪不忌君也君無慼容不顧親也能無卑乎後十五年而魯君孫于齊三年楚子干歸于楚楚人弑靈王以立之韓宣子問於叔向曰子干其濟乎對曰難宣子曰同惡相求如市賈焉何難對曰無與同好誰與同惡取國有五難有寵而無人一也有人而無主二也有主而無謀三也有謀而無民四也有民而無德五也子干在晉十三年矣晉楚之從不聞達者可謂無人族盡親叛可謂無主無釁而動可謂無謀爲羇終世可謂無民亡無愛徵可謂無德王虐而不忌楚君子干涉五難以弑舊君誰能濟之有楚國者其棄疾乎君陳蔡城外屬焉苛慝不作盜賊隱伏私欲不違民無怨心先神命之國民信之芈姓有亂必季實立楚之常也獲神一也有民二也令德三也寵貴四也居常五也有五利以去五難誰能害之子干之官則右尹也數其貴寵則庶子也以神所命則又遠之其貴亡矣其寵棄矣民無懷焉國無與焉將何以立宣子曰齊桓晉文不亦是乎對曰齊桓衛姬之子也有寵於僖有鮑叔牙賓須無隰朋以爲輔佐有莒衛以爲外主有國高以爲內主從善如流下善齊肅不藏賄不從欲施舍不倦求善不厭是以有國不亦宜乎我先君文公狐季姬之子也有寵於獻好學而不貳生十七年有士五人有先大夫子餘子犯以爲腹心有魏犨賈佗以爲股肱有齊宋秦楚以爲外主有欒郤狐先以爲內主亡十九年守志彌篤惠懷棄民民從而與之獻無異親民無異望天方相晉將何以代文此二君者異於子干共有寵子國有奥主無施於民無援於外去晉而不送歸楚而不逆何以冀國子干果敗卒立者棄疾如其言焉昭公成虒祁諸侯皆有二心爲魯取郠故將率諸侯以討之叔向曰諸侯不可以不示威乃並徵會治兵于邾南甲車四千乘羊舌鮒攝司馬遂合諸侯於平丘次于衛地叔鮒求貨于衛淫芻蕘者衛人使屠伯饋叔向羹與一篋錦曰諸侯事晉未敢攜貳況衛在君之宇下而敢有異志芻蕘者異於他日敢請之叔向受羹反錦曰晉其有羊舌鮒者瀆貨無厭亦將及矣爲此役也子若以君命賜之其已客從之未退而禁之晉將尋盟齊人不可公使叔向告劉獻公曰抑齊人不盟若之何對曰盟以底信君苟有信諸侯不貳何患焉告之以文辭董之以威武雖齊不許君庸多矣天子之老請帥王賦元戎十乘以先啓行遲速唯君叔向告于齊曰諸侯求盟已在此矣今君弗利寡君以爲請對曰諸侯討貳則有尋盟若皆用命何盟之尋叔向曰國家之敗有事而無業事則不經有業而無禮經則不序有禮而無威序則不共有威而不昭共則不明不明棄共百事不終所由傾覆也是故明王之制使諸侯歲聘以志業間朝以講禮再朝而會以示威再會而盟以顯昭明志業於好講禮於等示威於衆昭明於神自古以來未之或失也存亡之道恒由是興晉禮主盟懼有不治奉承齊犧而布諸君求終事也君曰余必廢之何齊之有唯君圖之寡君聞命矣齊人懼對曰小國言之大國制之敢不聽從既聞命矣敬共以往遲速唯君叔向曰諸侯有間矣不可以不示衆八月辛未治兵建而不旆壬申復旆之諸侯畏之邾人莒人愬于晉曰魯朝夕伐我幾亡矣我之不共魯故之以公不見魯侯使叔向辭之曰諸侯將以甲戌盟寡君知不得事君矣請君無勤子服惠伯對曰君信蠻夷之訴以絕兄弟之國棄周公之後亦唯君寡君聞命矣叔向曰寡君有甲車四千乘在雖以無道行之必可畏也況其率道其何敵之有牛雖瘠僨於豚上其畏不死南蒯子仲之憂其庸可棄乎若奉晉之衆用諸侯之師因邾莒杞鄫之怒以討魯罪間其二憂何求而弗克魯人懼聽命甲戌同盟于平丘魯君不與盟晉執季孫意如已而歸之惠伯曰寡君未知其罪合諸侯而執其老若猶有罪死命可也若曰無罪而惠免之諸侯不聞是逃命也何免之爲請從君惠於會宣子患之謂叔向曰子能歸季孫乎曰不能鮒也能之乃使叔魚見季孫曰昔鮒也得罪於晉君自歸於魯君微武子之賜不至于今雖獲歸骨於晉猶子則肉之敢不盡情歸子而不歸鮒也聞諸吏將爲子除館於西河其若之何且泣平子懼而先歸使惠伯待禮焉明年邢侯與雍子爭鄐田久而無成士景伯如楚叔魚攝理韓宣子命斷舊獄罪在雍子雍子納其女於叔魚叔魚蔽罪邢侯邢侯怒殺叔魚與雍子於朝宣子問其罪於叔向叔向曰三人同罪施生戮死可也雍子自知其罪而賂以買直鮒也鬻獄邢侯專殺其罪一也已惡而掠美爲昏貪以敗官爲墨殺人不忌爲賊夏書曰昏墨賊殺皋陶之刑也請從之乃施邢侯

而尸雍子與叔魚於市孔子曰叔向古之遺直也治國制刑不隱於親三數叔魚之惡不爲末減曰義也夫可謂直矣平邱之會數其賄也以寬衛國晉不爲暴歸魯季孫稱其詐也以寬魯國晉不爲虐邢侯之獄言其貪也以正刑書晉不爲頗三言而除三惡加三利殺親益榮猶義也夫五年公使荀躒如周葬穆后籍談爲介景王既葬除喪以文伯宴樽以魯壺王曰伯氏諸侯皆有以鎭撫王室晉獨無有何也文伯揖籍談對曰諸侯之封也皆受明器於王室以鎭撫其社稷故能薦彝器於王晉居深山戎狄之與鄰而遠於王室王靈不及拜戎不暇其何以獻器王曰叔氏而忘諸乎叔父唐叔成王之母弟也其反無分乎密須之鼓與其大路文所以大蒐也闕鞏之甲武所以克商也唐叔受之以處參虛匡有戎狄其後襄之二路鏚鉞秬鬯彤弓虎賁文公受之以有南陽之田撫征東夏非分而何夫有勳而不廢有績而載奉之以土田撫之以彝器旌之以車服明之以文章子孫不忘所謂福也福祚之不登叔父焉在且昔而高祖孫伯黶司晉之典籍以爲大政故曰籍氏及辛有之二子董之晉於是乎有董史女司典之後也何故忘之籍談不能對歸以告叔向叔向曰王其不終乎吾聞之所樂必卒焉今王樂憂若卒以憂不可謂終王一歲而有三年之喪二焉於是乎以喪賓宴又求彝器樂憂甚矣且非禮也彝器之來嘉功之由非由喪也三年之喪雖貴遂服禮也王雖弗遂宴樂以早亦非禮也禮王之大經也一動而失二禮無大經矣言以考典典以志經忘經而多言舉典將焉用之叔向卒其子楊食我有黨於祁盈祁盈之亂食我助之晉人殺祁盈并殺食我遂滅羊舌氏初叔向欲娶於申公巫臣氏其母欲娶其黨叔向曰吾母多而庶鮮吾懲舅氏矣其母曰子靈之妻殺三夫一君一子而亡一國兩卿矣可無懲乎吾聞之甚美必有甚惡是鄭穆少妃姚子之子子貉之妹也子貉早死無後而天鍾美於是將必以是大有敗也昔有仍氏生女黰黑而甚美光可以鑑名曰元妻樂正后夔取之生伯封實有豕心貪惏無饜忿纇無期謂之封豕有窮后羿滅之夔是以不祀且三代之亡共子之廢皆是物也女何以爲哉夫有尤物足以移人苟非德義則必有禍叔向懼不敢娶平公彊使娶之生伯石伯石始生子容之母走謁諸姑曰長叔姒生男姑視之及堂聞其聲而還曰是豺狼之聲也狼子野心非是莫喪羊舌氏矣遂弗視

司馬女齊字叔侯晉大夫平公十一年趙武會諸侯之大夫以討衛執甯喜北宮遺使女齊以先歸十四年齊高子容與宋司徒見於智伯叔齊相禮賓出叔侯言於智伯曰二子皆將不免子容專司徒侈皆亡家之主也知伯曰何如對曰專則速及侈將以其力斃專則人實斃之將及矣晉悼夫人杞出也魯嘗侵杞平公使司馬侯如魯治杞田弗盡歸也夫人慍曰齊也取貨先君若有知也不尚取之公告叔侯叔侯曰虞虢焦滑霍楊韓魏皆姬姓也晉是以大若非侵小將何所取武獻以下兼國多矣誰得治之杞夏餘也而即東夷魯周公之後也而睦於晉以杞封魯猶可而何有焉魯之於晉也職貢不乏玩好時至公卿大夫相繼於朝史不絕書府無虛月如是可矣何必瘠魯以肥杞且先君而有知也無寧夫人而焉用老臣十七年秦后子鍼來奔初后子有寵於桓如二君於景其母曰弗去懼選故鍼適晉其車千乘后子享晉侯造舟于河十里舍車自雍及絳歸取酬幣終事八反司馬侯問焉曰子之車盡於此而已乎對曰此之謂多矣若能少此吾何以得見叔侯以告公且曰秦后子必歸臣聞君子能知其過必有令圖令圖天所贊也二十年楚靈王使椒舉來聘且求諸侯公欲勿許司馬侯曰不可楚王方侈天或者欲逞其心以厚其毒而降之罰未可知也其使能終亦未可知也晉楚唯天所相不可與爭君其許之而修德以待其歸若歸於德吾猶將事之況諸侯乎若適淫虐楚將棄之吾又誰與爭公曰晉有三不殆其何敵之有國險而多馬齊楚多難有是三者何鄉而不濟對曰恃險與馬而虞鄰國之難是三殆也四嶽三塗陽城太室荆山中南九州之險也是不一姓冀之北土馬之所生無興國焉恃險與馬不可以爲固也從古以然是以先王務修德音以享人神不聞其務險與馬也鄰國之難不可虞也或多難以固其國啟其疆土或無難以喪其國失其守宇若何虞難齊有仲孫之難而獲桓公至今賴之晉有里丕之難而獲文公是以爲盟主衛邢無難敵亦喪之故人之難不可虞也恃此三者而不修德政則救亡不暇又何能濟君其許之紂作淫虐文王惠和商是以隕周是以興夫豈爭諸侯公乃許之二十一年魯昭公來朝自郊勞至于贈賄無失禮公謂女齊曰魯侯不亦善於禮乎對曰魯侯焉知禮公曰何爲自郊勞至於贈賄禮無違者何爲不知禮焉曰是儀也不可謂禮禮所以守其國家行其政令無失其民者也今政令在家不能取也有子家羈弗能用也奸大國之盟陵虐小國利人之難

不知其私公室四分民食於他思莫在公不圖其終爲國君難將及身不恤其所禮之本末將於此乎在而屑屑焉習儀以亟言善於禮不亦遠乎君子謂叔侯於是乎知禮范宣子與和大夫爭田司馬侯見曰吾聞子有和之怨吾以爲不信且子爲正卿諸侯皆有二心是之不憂而怒和大夫非子之任也宣子卒從之司馬侯卒叔向見其子撫而泣之曰自此其父之死也吾無與比而事君者矣昔者其父始之我終之我始之夫子終之無不可者今夫子徃矣我無所比焉爾

祁奚獻侯之後也其先食邑於祁故以爲氏悼公即位祁奚爲中軍尉羊舌職佐之及辭公問可代稱解狐其讎也將立而卒又問焉對曰臣之子午也可午之少也婉以從令好學而不戲其長也彊志而用命守業而不淫其冠也柔惠小物而鎮定大事於是使祁午爲中軍尉羊舌赤佐之君子曰祁奚可謂不黨矣外舉不隱仇內舉不隱子悼公以祁奚爲公族大夫

解揚字子虎晉大夫也景公六年楚子圍宋宋人使樂嬰齊來告急公欲救之伯宗不可告且待之乃使解揚如宋使無降楚曰晉師悉起將至矣鄭人囚而獻諸楚楚子厚賂之使反其言不許三而許之登諸樓車使呼宋人而告之遂致其君命楚子將殺之使與之言曰爾既許不穀而反之何故非我無信女則棄之速即爾刑對曰臣聞之君能制命爲義臣能承命爲信信載義而行之爲利謀不失利以衛社稷民之主也義無二信信無二命君之賂臣不知命也受命以出有死無霣又可賂乎臣之許君以成命也死而成命臣之祿也寡君有信臣下臣獲考死又何求楚子舍之以歸晉爵之爲上卿

欒武子書晉公族也靖侯之孫欒賓食邑於欒故以爲氏世爲晉卿景公三年楚莊王圍鄭武子佐下軍從荀林父救鄭鄭已服楚桓子欲還先穀不可武子曰楚自克庸已來其君無日不討國人而訓之于民生之不易禍至之無日戒懼之不可以怠在軍無日不討軍實而申儆之于勝之不可保紂之百克而卒無後訓之以若敖蚡冒篳路藍縷以啟山林箴之曰民生在勤勤則不匱不可謂驕先大夫子犯有言曰師直爲壯曲爲老我則不德而徼怨乎楚我曲楚直不可謂老其君之戎分爲二廣廣有一卒卒偏之兩右廣初駕數及日中左則受之以至于昏內官序當其夜以備不虞不可謂無備子良鄭之良也師叔楚之崇也師叔入盟子良在楚楚鄭親矣來勸我戰我克則來不克遂徃以我卜也鄭不可從趙括趙同曰帥師以來唯敵是求克敵得屬又何俟必從彘子及戰晉師大敗十一年武子爲下軍將從郤克伐齊大敗齊師而還十三年代郤獻子爲政鄭公孫申帥師疆許田武子救許伐鄭取氾祭十五年楚公子嬰齊伐鄭武子救鄭與楚師遇於繞角楚師還晉師遂侵蔡楚公子申公子成以申息之師救蔡禦諸桑隧趙同趙括欲戰請於武子武子將許之知莊子范文子韓獻子諫曰不可吾來救鄭楚師去我吾遂至於此是遷戮也戮而不已又怒楚師必不克雖克不令成師以出而敗楚之二縣何榮之有焉若不能敗爲辱已甚不如還也乃遂還於是軍師之欲戰者衆或謂武子曰聖人與衆同欲是以濟事子盍從衆子爲大政將酌於民者也子之佐十一人其不欲戰者三人而已欲戰者可謂衆矣商書曰三人占則從二人衆故也武子曰善鈞從衆夫善衆之主也三卿爲主可謂衆矣從之不亦可乎十七年武子侵蔡遂侵楚獲申驪侵沈獲沈子揖初從知韓范也君子曰從善如流宜哉詩曰愷悌君子遐不作人求善也夫作人斯有功績矣厲公三年秦桓公既與晉爲令狐之盟而又召狄與楚欲道以伐晉諸侯是以睦於晉晉以諸侯之師伐秦使呂相絕秦曰昔逮我獻公及穆公相好戮力同心申之以盟誓重之以昏姻天禍晉國文公如齊惠公如秦無祿獻公即世穆公不忘舊德俾我惠公用能奉祀于晉又不能成大勳而爲韓之師亦悔于厥心用集我文公是穆之成也文公躬擐甲冑跋履山川踰越險阻征東之諸侯虞夏商周之允而朝諸秦則亦既報舊德矣鄭人怒君之疆埸我文公帥諸侯及秦圍鄭秦大夫不詢于我寡君擅及鄭盟諸侯疾之將致命于秦文公恐懼綏靜諸侯秦師克還無害則是我有大造於西也無祿文公即世穆爲不弔蔑死我君寡我襄公迭我殽地奸絕我好伐我保城殄滅我費滑散離我兄弟撓亂我同盟傾覆我國家我襄公未忘君之舊勳而懼社稷之隕是以有殽之師猶願赦罪于穆公穆公弗聽而即楚謀我天誘其衷成王隕命穆公是以不克逞志于我穆襄即世康靈即位康公我之自出又欲闕翦我公室傾覆我社稷帥我蝥賊以來蕩搖我邊疆我是以有令狐之役康猶不悛入我河曲伐我涑川俘我王官翦我羈馬我是以有河曲之戰東道之不通則是康公絕我好也及君之嗣也我君景公引領西望曰庶撫我乎君亦不惠稱盟利吾有狄難入我河縣焚我箕郜芟夷我農功虔劉我邊垂我是

以有輔氏之聚君亦悔禍之延而欲徼福于先君獻穆使伯車來命我景公曰吾與女同好棄惡復修舊德以追念前勳言誓未就景公即世我寡君是以有令狐之會君又不祥背棄盟誓白狄及君同州君之仇讎而我昏姻也君來賜命曰吾與女伐狄寡君不敢顧昏姻畏君之威而受命于吏君有二心於狄曰晉將伐女狄應且憎是用告我楚人惡君之二三其德也亦來告我曰秦背令狐之盟而來求盟于我昭告昊天上帝秦三公楚三王曰余雖與晉出入余唯利是視不穀惡其無成德是用宣之以懲不壹諸侯備聞此言斯是用痛心疾首暱就寡人寡人帥以聽命唯好是求君若惠顧諸侯矜哀寡人而賜之盟則寡人之願也其承寧諸侯以退豈敢徼亂君若不施大惠寡人不佞其不能以諸侯退矣敢盡布之執事俾執事實圖利之於是武子將中軍郤錡佐之韓厥將下軍荀罃佐之趙旃將新軍郤至佐之郤毅御戎欒鍼爲右孟獻子曰晉帥乘和師必有大功五月丁亥以諸侯之師及秦師戰于麻隧秦師敗績獲秦成差及不更女父師遂濟涇及侯麗而還迓公如新楚六年楚子使公子成以汝陰之田求成于鄭故鄭叛晉公將伐鄭范文子不可武子曰不可以當吾世而失諸侯必伐鄭乃興師武子將中軍士燮佐之郤錡將上軍荀偃佐之韓厥將下軍郤至佐新軍荀罃居守晉師既起鄭人聞之使告于楚楚子救鄭子反將中軍子重將左子辛將右五月晉師濟河聞楚師至范文子欲反武子不可六月晉楚遇於鄢陵甲午晦楚晨壓晉軍而陳軍吏患之武子曰楚師輕窕固壘而待之三日必退退而擊之必獲勝焉及戰楚師大敗共王夜遁子反死之晉入楚軍三日穀厲公侈多內嬖反自鄢陵欲盡去羣大夫而立其左右胥童長魚矯皆嬖於公而怨郤氏告公曰必去諸大夫盍先三郤武子素惡郤氏亦以爲言於是長魚矯殺郤犨郤錡郤至皆尸諸朝胥童以甲劫武子及中行偃於朝矯曰不殺二子憂必及君公曰一朝而尸三卿余不忍益也對曰人將忍君臣聞亂在外爲姦在內爲軌御姦以德御軌以刑不施而殺不可謂德臣偪而不討不可謂刑德刑不立姦軌並至臣請行遂出奔狄公使辭於二子曰寡人有討於郤氏郤氏既伏其辜矣大夫無辱其復職位皆再拜稽首曰君討有罪而免臣於死君之惠也二臣雖死敢忘君德乃皆歸公使胥童爲卿公遊於匠麗氏武子中行偃遂執公焉召士匄韓厥皆辭之七年正月庚申武子中行偃使程滑弒厲公春秋書之曰晉弒其君州蒲不稱臣君無道也欒氏中行氏以車一乘葬公于翼東門之外使荀罃士魴逆周子于京師而立之是爲悼公武子之子曰鍼鄢陵之役步毅御厲公欒鍼爲右有淖於前乃皆左右相違於淖欒范以其族夾公行陷於淖欒書將載公鍼曰書退國有大任焉得專之且侵官冒也失官慢也離局姦也有三罪焉不可犯也乃掀公以出於淖見子重之旌請於公曰楚人謂夫旌子重之麾也彼其子重也日臣之使於楚也子重問晉國之勇臣對曰好以衆整曰又何如臣對曰好以暇今兩國治戎行人不使不可謂整臨事食言不可謂暇請攝飲焉公許之使行人執榼承飲造于子重曰寡君乏使使鍼御持矛是以不得犒從者使某攝飲子重曰夫子嘗與吾言於楚必是故也不亦識乎受而飲之免使者而復鼓

魏莊子絳武子犨之子也武子之父曰畢萬畢公高之後萬事獻公爲大夫獻公賜之魏故以魏爲氏獻公之二十一年武子從公子重耳出亡公子反國是爲文公被廬之蒐荀林父御戎武子爲右文公之爲公子也過曹爲曹共公所不禮其大夫僖負羈饋公子盤飧加璧焉及文公伐曹令無入僖負羈之宮而免其族武子與顛頡怒曰勞之不圖報於何有爇僖負羈氏武子傷於胷公欲殺之而愛其材使問且視之病將殺之武子束胷見使者曰以君之靈不有寧也距躍三百曲踊三百乃舍之殺顛頡以徇武子卒莊子嗣爲大夫悼公元年命莊子爲司馬三年公會諸侯盟于雞澤公弟揚干亂行於曲梁莊子戮其僕公怒謂羊舌赤曰合諸侯以爲榮也揚干爲戮何辱如之必殺魏絳無失也對曰絳無貳志事君不辟難有罪不逃刑其將來辭何辱命焉言終莊子至授僕人書將伏劍士魴張老止之公讀其書曰日君乏使使臣斯司馬臣聞師衆以順爲武軍事有死無犯爲敬君合諸侯臣敢不敬君師不武執事不敬罪莫大焉臣懼其死以及揚干無所逃罪不能致訓至於用鉞臣之罪重敢不從以怒君心請歸死於司寇公跣而出曰寡人之言親愛也吾子之討軍禮也寡人有弟弗能教訓使干大命寡人之過也子無重寡人之過敢以爲請公於是以莊子爲能以刑佐民矣反役與之禮食使佐新軍四年無終子使其臣孟樂來絳因莊子納虎豹之皮以請和諸戎公曰戎狄無親而貪不如伐之莊子曰諸侯新服陳新來和將觀於我我德則睦否則攜貳勞師於戎而楚伐陳必不能救是棄陳也諸華必叛戎禽獸也獲戎失華無乃不可乎夏訓有之曰有

窮后羿公曰后羿何如對曰昔有夏之方衰也后羿自鉏遷于窮石因夏民以代夏政恃其射也不修民事而淫于原獸棄武羅伯因熊髡尨圉而用寒浞寒浞伯明氏之讒子弟也伯明后寒棄之夷羿收之信而使之以爲己相浞行媚于內而施賂于外愚弄其民而虞羿于田樹之詐慝以取其國家外內咸服羿猶不悛將歸自田家衆殺而亨之以食其子其子不忍食諸死于窮門靡奔有鬲氏浞因羿室生澆及豷恃其讒慝詐僞而不德于民使澆用師滅斟灌及斟尋氏處澆于過處豷于戈靡自有鬲氏收二國之燼以滅浞而立少康少康滅澆于過后杼滅豷于戈有窮由是遂亡失人故也昔辛甲氏之爲太史也命百官官箴王闕於虞人之箴曰芒芒禹跡畫爲九州經啟九道民有寢廟獸有茂草各有攸處德用不擾在帝夷羿冒于原獸亡其國恤而思其麀牡武不可重用不恢于夏家獸臣司原敢告僕夫虞箴如是可不懲乎於是悼公好田故莊子及之公曰然則莫如和戎乎對曰和戎有五利焉戎狄荐居貴貨易土土可賈焉一也邊鄙不聳民狎其野穡人成功二也戎狄事晉四鄰振動諸侯懷威三也以德綏戎師徒不勤甲兵不頓四也鑒于后羿而用德度遠至邇安五也君其圖之公說使莊子盟諸戎修民事田以時九年冬公會諸侯之師伐鄭未能定鄭而歸公謀所以息民莊子請施舍輸積聚以貸自公以下苟有積者盡出之國無滯積亦無困人公無禁利亦無貪民祈以幣更賓以特牲器用不作車服從給行之期年國乃有節三駕而楚不能與爭焉明年公以鄭未服故城梧及制使士魴及莊子戍之鄭人懼及晉平十一年鄭人賂公以師悝師觸師蠲廣車軘車淳十五乘甲兵備凡兵車百乘歌鍾二肆及其鎛磬女樂二八公以樂之半賜莊子曰子教寡人和諸戎狄以正諸華八年之中九合諸侯如樂之和無所不諧請與子樂之辭曰夫和戎狄國之福也八年之中九合諸侯諸侯無慝君之靈也二三子之勞也臣何力之有焉抑臣願君安其樂而思其終也詩曰樂只君子殿天子之邦樂只君子福祿攸同便蕃左右亦是率從夫樂以安德義以處之禮以行之信以守之仁以厲之而後可以殿邦國同福祿來遠人所謂樂也書曰居安思危思則有備有備無患敢以此規公曰子之教敢不承命抑微子寡人無以待戎不能濟河夫賞國之典也藏在盟府不可廢也子其受之莊子於是乎始有金石之樂禮也十三年爲欒黶下軍佐不及當國而卒

魏獻子舒莊子之子也平公十七年從中行穆子伐無終及羣狄于太原將戰獻子曰彼徒我車所遇又阨以什共車必克困諸阨又克請皆卒自我始乃毀車以爲行五乘爲三伍穆子之嬖人不肯卽斬以徇爲五陳以相離兩於前伍於後專爲右角參爲左角偏爲前拒以誘之翟人笑之未陳而薄之大敗之頃公十二年祁盈作亂楊食我助之公殺祁盈及楊食我遂滅祁氏羊舌氏於是韓宣子卒獻子代爲政分祁氏之田以爲七縣分羊舌氏之田以爲三縣司馬彌牟爲鄔大夫賈辛爲祁大夫司馬烏爲平陵大夫魏戊爲梗陽大夫知徐吾爲塗水大夫韓固爲馬首大夫孟丙爲孟大夫樂霄爲銅鞮大夫趙朝爲平陽大夫僚安爲楊氏大夫謂賈辛司馬烏爲有力於王室故舉之謂知徐吾趙朝韓固魏戊餘子之不失職能守業者也其四人者皆受縣而後見於獻子以賢舉也獻子謂成鱄吾與戊也縣人其以我爲黨乎對曰何也戊之爲人也遠不忘君近不偪同居利思義在約思純有守心而無淫行雖與之縣不亦可乎昔武王克商光有天下其兄弟之國者十有五人姬姓之國者四十人皆舉親也夫舉無他惟善所在親疏一也詩曰唯此文王帝度其心莫其德音其德克明克明克類克長克君王此大國克順克比比于文王其德靡悔既受帝祉施於孫子心能制義曰度德正應和曰莫照臨四方曰明勤施無私曰類教誨不倦曰長賞慶刑威曰君慈和徧服曰順擇善而從之曰比經緯天地曰文九德不愆作事無悔故襲天祿子孫賴之主之舉也近文德矣所及其遠哉賈辛將適其縣見於獻子獻子曰辛來昔叔向適鄭鬷蔑惡欲觀叔向從使之收器者而往立於堂下一言而善叔向將飲酒聞之曰必鬷明也下執其手以上曰昔賈大夫惡娶妻而美三年不言不笑御以如皋射雉獲之其妻始笑而言賈大夫曰才之不可以已我不能射女遂不言不笑夫今子少不颺子若無言吾幾失子矣言不可以已也如是遂如故知今女有力於王室吾是以舉女行乎敬之哉毋墮乃力仲尼聞獻子之舉也以爲義曰近不失親遠不失舉可謂義矣又聞其命賈辛也以爲忠詩曰永言配命自求多福忠也獻子之舉也義其命也忠其長有後於晉國乎冬梗陽人有獄魏戊不能斷以獄上其大宗賂以女樂獻子將受之魏戊謂閻沒女寬曰主以不賄聞於諸侯若受梗陽人賄莫甚焉吾子必諫皆許諾退朝待於庭饋入召之比置三歎既食使坐獻子曰吾聞諸

伯叔諺曰唯食忘憂吾子置食之間三歎何也同辭而對曰或賜二小人酒不夕食饋之始至恐其不足是以歎中置自咎曰豈將軍食之而有不足是以再歎及饋之畢願以小人之腹爲君子之心屬厭而已獻子辭梗陽人定公二年獻子合諸侯之大夫于狄泉尋盟且令城成周獻子南面衛彪傒曰魏子必有大咎干位以令大事非其任也詩曰敬天之怒不敢戲豫敬天之渝不敢馳驅況敢干位以作大事乎明年諸侯之大夫城成周獻子涖政彪傒復曰將建天子而易位以令非義也大事奸義必有大咎晉不失諸侯魏子其不免乎是行也獻子屬役於韓簡子及原壽過而田於大陸焚焉還卒於甯

士景伯彌牟文伯之子也世爲大夫周景王崩敬王即位王子朝爭立敬王居于狄泉頃公使景伯涖周問故景伯立于乾祭而問於介衆衆不直子朝景伯辭子朝爲頃公之九年會諸侯于黃池謀王室也趙鞅令諸侯之大夫輸王粟具戍人曰明年將納王宋樂大心曰我不輸粟我於周爲客若之何使客景伯曰自踐土以來宋何役之不會何盟之不同曰同恤王室子焉得辟之子奉君命以會大事而宋背盟無乃不可乎右師不敢對受牒而退景伯告簡子曰宋右師必亡奉命以使而欲背盟以干盟主無不祥大焉定公二年諸侯之大夫城成周景伯計丈數揣高卑度厚薄仞溝洫物土方議遠邇量事期計徒庸慮材用書餱糧以令役於諸侯屬役賦丈書以授帥而效諸劉子明年將板築魏獻子屬役於韓簡子宋仲幾不受功曰滕薛郳吾役也薛宰曰宋爲無道絕我小國於周以我適楚故我嘗從宋晉文公爲踐土之盟曰凡我同盟各復舊職若從踐土若從宋亦唯命仲幾曰踐土固然薛宰曰薛之皇祖奚仲居薛以爲夏車正奚仲遷于邳仲虺居薛以爲湯左相若復舊職將承王官何故以役諸侯仲幾曰三代各異物薛焉得有舊爲宋役亦其職也景伯曰晉之從政者新子姑受功歸吾視諸故府仲幾曰縱子忘之山川鬼神其忘諸乎景伯怒謂韓簡子曰薛徵於人宋徵於鬼宋罪大焉且己無辭而抑我以鬼神誣我也啟寵納侮其此之謂矣必以仲幾爲戮乃執仲幾以歸三月歸諸京師城三旬而畢

韓獻子厥其曾祖萬曲沃莊伯之弟也萬得封於韓原曰武子因以韓爲氏武子生求伯求伯生子輿子輿生獻子景公三年邲之戰獻子爲司馬十一年從郤克伐齊戰于鞌齊師敗績晉人逐之三周華不注獻子夢其父子輿謂己曰且辟左右故中御而從齊侯齊邴夏御頃公逢丑父爲右邴夏謂頃公曰射其御者君子也頃公曰謂之君子而射之非禮也射其左越于車下射其右斃于車中綦毋張喪車從獻子曰請寓乘從左右皆肘之使立於後獻子俛定其右故逢丑父得與公易位將及華泉驂絓於木而止獻子執縶馬前再拜稽首奉觴加璧以進曰寡君使羣臣爲魯衛請曰無令輿師陷入君地下臣不幸屬當戎行無所逃隱且懼奔辟而忝兩君臣辱戎士敢告不敏攝官承乏逢丑父使公下如華泉取飲頃公以免獻子獻丑父郤獻子將戮之丑父有辭獻子免之語具丑父傳明年晉作六軍以獻子爲卿賞鞌之功也十五年晉人謀去絳諸大夫皆曰必居郇瑕氏之地沃饒而近盬國利君樂不可失也獻子將新中軍且爲僕大夫公揖而入獻子從公立於寢庭謂獻子曰何如對曰不可郇瑕氏土薄水淺其惡易覯易覯則民愁民愁則墊隘於是乎有沈溺重膇之疾不如新田土厚水深居之不疾有汾澮以流其惡且民從教十世之利也夫山澤林盬國之寶也國饒則民驕佚近寶公室乃貧不可謂樂公說從之晉遂遷于新田是歲獻子從欒武子救鄭將與楚戰獻子與知莊子范文子俱諫以爲不可武子從之而還語具欒書傳中十七年公以孟姬故討趙同趙括而裂其田獻子言於公曰成季之勳宣孟之忠不可以無後於是公復立趙武而反其田焉趙氏之再建於晉者獻子之力也厲公三年獻子將下軍從欒書及秦師戰于麻隧秦師敗績六年楚共王侵鄭欒書欲報楚獻子曰無庸使重其罪民將叛之無民孰戰三郤害伯宗譖而殺之及欒弗忌獻子曰郤氏其不免乎善人天地之紀也而驟絕之不亡何待七年從欒書與楚戰于鄢陵楚師敗績八年欒書中行偃執厲公召獻子獻子辭曰昔吾畜於趙氏孟姬之讒吾能違兵古人有言曰殺老牛莫之敢尸而況君乎二三子不能事君焉用厥也於是厲公遇弒晉人立悼公悼公立而欒書卒獻子爲政楚人伐宋宋華元來告急獻子曰欲求得人必先勤之成霸安彊自宋始也悼公師于台谷以救宋遇楚師于靡角之谷楚師還悼公元年獻子帥諸侯之師伐鄭入其郛敗其徒兵於洧上於是東諸侯之師次于鄫以待晉師晉師自鄭以鄫之師侵楚焦夷及陳公及衛侯次于戚以爲之援晉於是乎復霸七年而獻子老致其仕焉荀罃爲政

韓宣子起獻子之子也獻子之長子曰無忌爲公族大

夫有廢疾獻子之告老也將立之辭曰詩曰豈不夙夜謂行多露又曰弗躬弗親庶民弗信無忌不才讓其可乎請立起也與田蘇游而曰好仁詩曰靖共爾位好是正直神之聽之介爾景福恤民爲德正直爲正正曲爲直參和爲仁如是則神聽之介福降之立之不亦可乎獻子從之使宣子朝遂老悼公謂無忌仁使掌公族大夫悼公之九年以宣子爲卿佐上軍平公十二年宣子聘于周王使請事對曰晉士起將歸時事於宰旅無他事矣王聞之曰韓氏其昌阜於晉乎辭不失舊宋向戌善於趙文子又善於楚令尹子木欲弭諸侯之兵以爲名先以告趙孟趙孟謀於諸大夫宣子曰兵民之殘也財用之蠹小國之大菑也將或弭之雖曰不可必將許之弗許楚必許之以召諸侯則我失爲盟主矣文子從之於是晉楚合諸侯之大夫盟于宋十八年宣子代趙文子爲政公使聘于魯觀書於太史氏見易象與魯春秋曰周禮盡在魯矣吾乃今知周公之德與周之所以王也魯昭公享之季武子賦緜之卒章宣子賦角弓季武子拜曰敢拜子之彌縫敝邑寡君有望矣武子賦節之卒章既享宴于季氏有嘉樹焉宣子譽之武子曰宿敢不封殖此樹以無忘角弓遂賦甘棠宣子曰起不堪也無以及召公宣子遂如齊納幣見子雅子雅召子旗使見宣子宣子曰非保家之主也不臣見子尾子尾見彊宣子謂之如子旗大夫多笑之唯晏子信之曰夫子君子也君子有信其有以知之矣自齊聘於衛衛侯享之北宮文子賦淇澳宣子賦木瓜焉十九年鄭簡公朝晉子豐之子公孫段相甚敬而卑禮無違者平公嘉焉賜伯石州田州田欒氏之邑也欒氏亡范宣子趙文子韓宣子皆欲之文子曰溫吾縣也二宣子曰自郤稱以別三傳矣晉之別縣不唯州誰獲治之文子病之乃舍之二宣子曰吾不可以正議而自與也皆舍之及文子爲政趙獲曰可以取州矣文子曰退二子之言義也違義禍也余不能治縣又焉用州其以徼禍也君子曰弗知實難知而弗從禍莫大焉有言州必死豐氏故主韓氏伯石之獲州田也宣子爲之請之爲其復取之故是歲宣子如齊逆女公孫蠆以其女更公女而嫁公子入謂宣子子尾欺晉晉胡受之宣子曰我欲得齊而遠其寵寵將來乎鄭罕虎來賀夫人且告曰楚人日徵敝邑以不朝立王之故敝邑之往則畏執事其謂寡君而固有外心其不往則宋之盟云進退罪也寡君使虎布之宣子使叔向對曰君若辱有寡君在楚何害修宋盟也君苟思盟寡君乃知免於戾矣君若不有寡君雖朝夕辱於敝邑寡君猜焉君實有心何辱命焉君其往也苟有寡君在楚猶在晉也二十一年宣子如楚送女叔向爲介楚靈王將以宣子爲閽而使叔向爲司宮用薳啟彊之諫厚爲二子之禮而歸之昭公六年宣子聘于鄭初宣子有環其一在鄭商至是謁諸鄭伯子產曰非官府之守器也寡君弗知宣子買諸賈人既成矣商人曰必告諸執政宣子請於子產子產對曰昔我先君桓公與商人皆出自周世有盟誓以相信也曰爾無我叛我無彊賈爾有寶賄我勿與知今吾子以好來辱而使敝邑與商人食言是教敝邑背盟誓也毋乃不可乎宣子辭玉曰起不敏敢求玉以徼罪焉語具子產傳宣子歸六卿餞于郊宣子曰二三子請皆賦起亦以知鄭志子齹賦野有蔓草宣子曰孺子善哉吾有望矣子產賦鄭之羔裘宣子曰起不堪也子太叔賦褰裳宣子曰起在此敢勤子至於他人乎子太叔拜宣子曰善哉子之言是不有是事其能終乎子游賦風雨子旗賦有女同車子柳賦蘀兮宣子喜曰鄭其庶乎二三君子以君命貺起賦不出鄭志皆昵燕好也二三君子數世之主也可以無懼矣宣子皆獻馬焉而賦我將子產拜使五卿皆拜曰吾子靖亂敢不拜德宣子私覲於子產以玉與馬曰子命起舍夫玉是賜我玉而免吾死也敢藉手以拜頃公十二年宣子卒魏獻子代爲政

苗賁皇楚令尹鬬椒之子也鬬椒作亂楚莊王殺之而滅其族成公二年賁皇來奔公以爲大夫食采於苗遂爲氏景公八年使郤克徵會于齊齊頃公帷婦人以笑客郤克怒歸以言於公齊侯使高固晏弱蔡朝南郭偃會及斂盂高固逃歸夏復會于斷道辭齊人晉執晏弱于野王執蔡朝于原執南郭偃于溫苗賁皇使見晏桓子歸言於公曰夫晏子何罪昔者諸侯事吾先君皆如不逮舉言羣臣不信諸侯皆有貳志齊君恐不得禮故不出而使四子來左右或沮之曰君不出必執吾使故高子及斂孟而逃夫三子者曰若絕君好寧歸死焉爲是犯難而來吾若善逆彼以懷來者吾又執之以信齊沮吾不既過矣夫過而不改而又久之以成其悔何利之有焉使反者得辭而害來者以懼諸侯將焉用之晉人緩而逸之厲公之五年伯宗爲三郤所譖見誅其子伯州犂奔楚楚以爲太宰六年晉楚之師戰于鄢陵楚共王登巢車以望晉師伯州犂侍于王後凡晉軍之發號施令坐作進退悉以告王且指公卒所在時苗賁皇在厲公之側亦以王卒告公左右皆曰國士在且厚不

可當也苗賁皇言於公曰楚之良在其中軍王族而已請分良以擊其左右而三軍萃於王卒必大敗之公從之大敗楚師射其王中目旦而戰見星未已楚子反命軍吏察夷傷補卒乘繕甲兵展車馬雞鳴而食唯命是聽晉人患之苗賁皇徇曰蒐乘補卒秣馬利兵修陳固列蓐食申禱明日復戰乃逸楚囚楚聞之懼其師夜遁子反自殺

屈巫一名巫臣字子靈楚公族也爲申公故曰申公巫臣楚莊王十七年伐蕭師人多寒巫臣曰王巡三軍拊而勉之三軍之士皆如挾纊遂傅於蕭滅之而還莊王之討陳夏氏也王欲納夏姬巫臣曰不可君召諸侯以討罪也今納夏姬貪其色也貪色爲淫淫爲大罰周書曰明德慎罰文王所以造周也明德務崇之之謂也慎罰務去之之謂也若興諸侯以取大罰非慎之也君其圖之莊王乃止子反欲取之巫臣曰是不祥人也是天子蠻殺御叔弒靈侯戮夏南出孔儀喪陳國何不祥如是人生實難其有不獲死乎天下多美婦人何必是子反乃止王以予連尹襄老襄老死於邲不獲其尸其子黑要烝焉巫臣使道之曰歸吾聘女又使自鄭召之曰尸可得也必來逆之姬以告王王問屈巫對曰其信知罃之父成公之嬖而中行伯之季弟也新佐中軍而善鄭皇戌甚愛此子其必因鄭而歸王子與襄老之尸以求之鄭人懼於邲之役而欲求媚於晉其必許之王遣夏姬歸將行謂送者曰不得尸吾不反矣巫臣聘諸鄭鄭伯許之及共王卽位將爲陽橋之役使屈巫聘于齊且告師期巫臣盡室以行申叔跪從其父將適郢遇之曰異哉夫子有三軍之懼而又有桑中之喜宜將竊妻以逃者也及鄭使介反幣而以夏姬行將奔齊齊師新敗曰吾不處不勝之國遂奔晉而因郤至以臣於景公景公使爲邢大夫子反請以重幣錮之共王曰止其自爲謀也則過矣其爲吾先君謀也則忠忠社稷之固也所蓋多矣且彼若能利國家雖重幣晉將可乎若無益於晉晉將棄之何勞錮焉初楚莊王之圍宋也師還子重請取於申呂以爲賞田王許之巫臣曰不可此申呂所以邑也是以爲賦以御北方若取之是無申呂也晉鄭必至于漢王乃止子重以是怨巫臣子反欲取夏姬巫臣止之遂取以行子反亦怨之景公十五年子重子反殺巫臣之族子閻子蕩及清尹弗忌與襄老之子黑要而分其室子重取子閻之室使沈尹與王子罷分子蕩之室子反取黑要與清尹之室巫臣自晉遺二子書曰爾以讒慝事君而多殺不辜余必使爾疲於奔命以死巫臣請使於吳景公許之吳王壽夢說之乃通吳于晉以兩之一卒適吳舍偏兩之一焉與其射御教吳乘車教之戰陳教之叛楚寘其子狐庸焉使爲行人於吳吳始伐楚伐巢伐徐子重奔命馬陵之會吳入州來子重自鄭奔命子重子反於是乎一歲七奔命蠻夷屬於楚者吳盡取之是以始大通吳於上國十七年公使屈巫如吳假道于莒與渠邱公立於池上曰城已惡莒子曰僻陋在夷其孰以我爲虞對曰夫狡焉思啟封疆以利社稷者何國蔑有唯然故多大國矣唯或思或縱也勇夫重閉況國乎不聽明年楚子重自陳伐莒圍渠邱渠邱城惡衆潰楚入渠邱遂圍莒莒城亦惡旬餘而潰竟如巫臣之言巫臣之子狐庸留於吳者吳王壽夢使爲相任以政焉

通志卷九十

通志卷九十一

宋右迪功郎鄭樵漁仲撰

列傳第四

春秋

鄭
祭足　公子騑　公孫舍之　罕虎　公孫僑
游吉　燭之武
衛
石碏　石祁子　孔達　孔悝　孫良夫　甯速
北宮佗　蘧瑗　甯俞　史鰌　孫林父　甯
喜
宋
公子目夷　向戌　樂喜　華元　華費遂
秦
百里孟明視

鄭

祭足字仲足鄭大夫也其先爲祭封人因以爲氏鄭武公娶於申曰武姜生莊公及其叔段莊公寤生驚姜氏遂惡之愛其叔段欲立之亟請於武公公弗許及莊公即位爲之請制公曰制巖邑也虢叔死焉他邑唯命請京使居之謂之京城太叔祭仲曰都城過百雉國之害也先王之制大都不過參國之一中五之一小九之一今京不度非制也君將不堪公曰姜氏欲之焉辟害對曰姜氏何厭之有不如早爲之所無使滋蔓蔓難圖也蔓草猶不可圖况君之寵弟乎不聽既而太叔將襲鄭莊公伐之逐諸鄢而克之莊公二十四年祭足帥師取溫之麥既又取成周之禾三十六年衛人以燕師伐鄭祭足原繁洩駕以三軍軍其前使曼伯與子元潛軍軍其後燕人畏鄭三軍而不虞制人鄭以制人敗燕師于北制三十七年王以諸侯伐鄭祭足從鄭伯敗王師于繻葛祝聃射王中肩鄭伯使祭足勞王於軍且問左右初祭仲有寵於莊公莊公使爲卿爲公娶鄧曼生昭公故祭仲欲立之宋雍氏女於莊公曰雍姞生厲公雍氏宗有寵於宋四十三年夏莊公卒昭公立宋人誘祭仲而執之曰不立突將死亦執厲公而求賂焉祭仲與宋人盟以厲公歸而立之秋九月丁亥昭公奔衛己亥祭仲立厲公厲公立四年祭仲專公患之使其壻雍糾殺之將享諸郊雍姬知之謂其母曰父與夫孰親母曰人盡夫也父一而已遂告祭仲曰雍氏舍其室而將享子於郊吾惑之以告祭仲殺雍糾尸諸周氏之汪是以厲公懼奔蔡而昭公復歸于鄭初鄭伯將以高渠彌爲卿昭公惡之固諫不聽昭公立渠彌懼誅弒昭公而立子亹明年齊侯會于首止子亹會之高渠彌相秋七月戊戌齊人殺子亹而轘高渠彌是行也祭仲知之故稱疾不往祭仲卒逆鄭子儀於陳而立之鄭昭公之爲太子也嘗有功于齊齊侯請妻之昭公固辭祭仲曰必取之君多內寵子無大援將不立三公子皆君也弗聽是以及此終如祭仲之言

公子騑字子駟穆公子也初成公如晉晉以鄭貳於楚也執公公子班立公子繻爲君鄭人殺繻立成公太子髡頑子班奔許既而晉人歸成公成公七年子班自訾求入于太宮不能殺子印子羽反軍于市子駟帥國人盟于太宮遂從而盡焚之殺子如子駹孫叔孫知十四年公疾子駟請息肩於晉公曰楚君以鄭故親集矢於其目非異人任寡人也若背之是棄力與言其誰暱我免寡人惟二三子已而公薨於是子罕當國子駟爲政晉師侵鄭諸大夫欲從晉子駟曰官命未改不可違也從之僖公之爲太子也於成公之十年與子罕適晉不禮焉又與子豐適楚亦不禮焉既立而朝于晉子豐欲愬諸晉而廢之子罕止之及將會于鄬子駟相又不禮焉侍者諫不聽又諫殺之及鄬子駟使賊夜弒僖公而以瘧疾赴于諸侯簡公生五年子駟奉而立之六年羣公子以僖公之死也謀子駟子駟先之辟殺子狐子熙子侯子丁孫擊孫惡出奔衛二年子國侵蔡有功楚子囊伐鄭討侵蔡也子駟子國子耳欲從楚子孔子蟜子展欲待晉子駟曰周詩有之曰俟河之清人壽幾何兆云詢多職競作羅謀之多族民之多違事滋無成民急矣姑從楚以紓吾民晉師至吾又從之敬共幣帛以待來者小國之道也犧牲玉帛待於二竟以待彊者而庇民焉寇不爲害民不罷病不亦可乎子展曰小所以事大信也小國無信兵亂日至亾無日矣五會之信今將背之雖楚救我將安用之親我無成鄙我是欲不可從也不如待晉晉君方明四軍無闕八卿和睦必不棄鄭楚師遼遠糧食將盡必將速歸又何患焉舍之聞之杖莫如信完守以老楚杖信以待晉不亦可乎子駟曰詩云謀夫孔多是用不集發言盈庭誰敢執其咎請從楚騑也受其咎乃及楚平使王子伯駢告于晉曰君命敝邑修而車賦儆而師徒以討亂略蔡人不從敝邑之人不敢寧處悉索敝賦以討于蔡獲司馬燮獻于邢丘今楚來討曰女何故稱兵于蔡焚我郊鄙馮陵我城郭敝邑之衆夫婦男女不遑啟處以相救也翦焉傾覆無所

控告民死亾者非其父兄即其子弟夫人愁痛不知所庇民之窮困而受盟于楚孤也與其二三臣不能禁止不敢不告三年晉知武子以諸侯之師圍鄭子駟行成同盟于戲將盟子駟及公子發公子嘉公孫輒公孫蠆公孫舍之及其大夫門子皆從鄭伯晉士莊子爲載書曰自今日既盟之後鄭國而不惟晉命是聽而或有異志者有如此盟公子騑趨進曰天禍鄭國使介居二大國之間大國不加德音而亂以要之使其鬼神不獲歆其禋祀其民人不獲享其土利夫婦辛苦墊隘無所底告自今日既盟之後鄭國而不惟有禮與彊可以庇民者是從而敢有異志亦如之冬楚子伐鄭子駟將及楚平子孔子蟜曰與大國盟口血未乾而背之可乎子駟子展曰吾盟固云唯彊是從今楚師至晉不我救則楚彊矣盟誓之言豈敢背之且要盟無質神弗臨也所臨唯信者言之瑞也善之主也是故臨之明神不蠲要盟背之可也乃及楚平初子駟與尉止有爭將禦諸侯之師而黜其車尉止獲又與之爭子駟抑尉止曰爾車非禮也遂弗使獻子駟又嘗爲田洫司氏堵氏侯氏子師氏皆喪田焉簡公三年五族羣聚不逞之人因公子之徒以作亂於是子駟當國子國爲司馬子耳爲司空子孔爲司徒尉止司城侯晉堵女父子師僕帥賊以入晨攻執政于西宮之朝殺子駟子國子耳刦公以如北宮子孔知之故不死子駟之子曰子西

公孫舍之字子展成公之孫子罕之子也簡公三年楚伐宋衞侯救宋師于襄牛子展曰必伐衞不然是不與楚也得罪於晉又得罪於楚國將若何子駟曰國病矣子展曰得罪於二大國必亾病猶不愈於亾乎諸大夫皆以爲然故使皇耳帥師侵衞於是晉侵鄭鄭既患晉楚諸大夫曰不從晉國幾亾楚弱於晉晉不吾疾也晉疾楚將辟之何爲而使晉師致死於我楚弗敢敵而後可固與也子展曰與宋爲惡諸侯必至吾從之盟楚師至吾又從之則晉怒甚矣晉能驟來楚不能也吾乃固與晉大夫皆說之使疆埸之司惡於宋宋向戌侵鄭大獲子展曰師而伐宋可矣若我伐宋諸侯之伐我必疾吾乃聽命焉且告於楚楚師至吾又與之盟而重賂晉師乃免矣於是子展侵宋諸侯伐鄭乃與晉行成楚子囊將以秦師伐鄭公逆之更伐宋諸侯悉師以伐鄭觀兵于東門鄭復行成晉趙武入而與公盟子展出盟晉侯初子駟之遇害也子孔代當國政子孔專欲去諸大夫十一年子孔將叛晉而起楚師以去之使告子庚子庚弗許楚子聞之使揚豚尹宜告子庚故子庚治兵於汾子孔使子蟜伯有子張從公伐齊子孔子展子西守子展知子孔之謀完守入保子孔不敢會楚師故子庚伐鄭門于純門信于城下而還國人患子孔十二年乃討西宮之難與純門之師子孔當罪以其甲及子革子良氏之甲守子展子西率國人伐之殺子孔而分其室子然子孔宋子之子也士子孔圭嬀之子也圭嬀之班亞宋子而相親也士子孔亦相親也僖之四年子然卒簡之元年士子孔卒司徒孔實相子革子良之室三室如一故及於難子革子良出奔楚楚以子革爲右尹鄭人使子展當國子西聽政立子產爲卿十五年游販如晉未出竟遭逆妻者奪之以館于邑已而其夫攻子明殺之以其妻行子展廢其子良而立太叔曰國卿君之貳也民之主也不可以苟請舍子明之類求亾妻者使復其所使游氏勿怨曰無昭惡也十七年陳侯會楚子伐鄭當陳隧者井堙木刊明年子展及子產帥車七百乘伐陳宵突陳城遂入之陳侯扶其太子偃師奔墓遇司馬桓子曰載余曰將巡城遇賈獲載其母妻下之而授公車子展命師無入公宮與子產親御諸門陳侯使司馬桓子賂以宗器陳侯免擁社使其衆男女別而纍以待於朝子展執縶而見再拜稽首承飲而進獻子產入數俘而出祝祓社司徒致民司馬致節司空致地乃還使子產獻捷于晉冬子展子產如晉拜陳之功二十二年子展卒

罕虎字子皮子展之子也以王父字爲氏子展卒子皮嗣爲卿於是鄭饑而未及麥民病子皮以子展之命餼國人粟戶一鍾是以得鄭國之民故罕氏常掌國政爲上卿宋司城子罕聞之曰鄰於善民之望也子皮外寬內明好善而能擇故於國最愛子產時國多大族其黨不一有欲害子產者子皮嘗抑之子產欲行則子皮止之子皮爲政事無大小聽子產而後行二十三年授子產政辭曰國小而偪族大寵多不可爲也子皮曰虎帥以聽誰敢犯子子善相之國無小小能事大國乃寬鄭介於大國自厲公已來晉楚爭盟鄭無日不受其師及子產爲政愼之以禮重之以辭非義不動非信不言不苟於利凡有所爲必要其終以是諸侯多親之民靜國安子皮之由也二十九年子皮如齊娶於子尾氏晏子驟見之陳桓子問其故對曰能用善人民之主也子皮卒子產歸自晉未至聞之哭且曰吾已矣無爲爲善矣唯夫子知我者也

公孫僑字子產穆公之孫而子國之子也釐公初立子

國爲司馬居亞卿之位簡公元年鄭人欲媚于晉子國子耳侵蔡獲蔡司馬公子燮鄭人皆喜惟子產不順曰小國無文德而有武功禍莫大焉楚人來討能勿從乎從之晉師必至晉楚伐鄭自今鄭國不四五年弗得甯矣子國怒之曰爾何知國有大命而有正卿童子言焉將爲戮矣二年盜殺子駟子國子耳子西聞盜不儆而出尸而追盜盜入于北宮乃歸授甲臣妾多逃器用多喪子產聞盜爲門者庀羣司閉府庫愼閉藏完守備成列而後出兵車十七乘尸而攻盜於北宮子蟜帥國人助之殺尉止子師僕盜衆盡死侯晉奔晉堵女父司臣尉翩司齊奔宋子孔當國爲載書以位序聽政辟大夫諸司門子不順將誅之子產止之請焚書子孔不可曰爲書以定國衆怒而焚之是衆爲政也國不亦難乎子產曰衆怒難犯專欲難成合二難以安國危之道也不如焚書以安衆子得所欲衆亦得安不亦可乎專欲無成犯衆興禍子必從之乃焚書於倉門之外衆而後定十二年子產爲卿十五年晉人來徵朝子產對曰在晉先君悼公九年我寡君於是卽位卽位八月而我先大夫子駟從寡君以朝于執事執事不禮於寡君寡君懼因是行也我二年六月朝于楚晉以是有戲之役楚人猶競而申禮於敝邑敝邑欲從執事而懼爲大尤曰晉其謂我不共有禮是以不敢攜貳於楚我四年三月先大夫子蟜又從寡君以觀釁於楚晉於是乎有蕭魚之役謂我敝邑邇在晉國譬諸草木吾臭味也而何敢差池楚亦不競寡君盡其土實重之以宗器以受齊盟遂帥羣臣隨于執事以會歲終貳於楚者子侯石盂歸而討之溴梁之明年子蟜老矣公孫夏從寡君以朝于君

見於嘗酎與執燔焉間二年聞君將靖東夏四月又朝以聽事期不朝之間無歲不聘無役不從以大國政令之無常國家罷病不虞荐至無日不惕豈敢忘職大國若安定之其朝夕在庭何辱命焉若不恤其患而以爲口實其無乃不堪任命而翦爲仇讐敝邑是懼其敢忘君命委諸執事執事實重圖之范宣子爲政諸侯之幣重鄭人患之十七年公如晉子產寓書於子西以告宣子曰子爲晉國四鄰諸侯不聞令德而聞重幣僑也惑之僑聞君子長國家者非無賄之患而無令名之難夫諸侯之賄聚於公室則諸侯貳若吾子賴之則晉國貳諸侯貳則晉國壞晉國貳則子之家壞何沒沒也將焉用賄夫令名德之輿也德國家之基也有基無壞無亦是務乎有德則樂樂則能久詩云樂只君子邦家之基有令德也夫上帝臨女無貳爾心有令名也夫恕思以明德則令名載而行之是以遠至邇安毋甯使人謂子子實生我而謂子浚我以生乎象有齒以焚其身賄也宣子說乃輕幣子展伐陳有功還使子產獻捷于晉戎服將事晉人問陳之罪對曰昔虞閼父爲周陶正以服事我先王我先王賴其利器用也與其神明之後也庸以元女太姬配胡公而封諸陳以備三恪則我周之自出至於今是賴桓公之亂蔡人欲立其出我先君莊公奉五父而立之蔡人殺之我又與蔡人奉戴厲公至於莊宣皆我之自立夏氏之亂成公播蕩又我之自入君所知也今陳忘周之大德蔑我大惠棄我姻親介恃楚衆以馮陵我敝邑不可億逞我是以有往年之告未獲成命則有我東門之役當陳隧者井堙木刊敝邑大懼不競而耻大姬天誘其衷啟敝邑心陳知其罪授手于

我用敢獻功晉人曰何故侵小對曰先王之命唯罪所在各致其辟且昔天子之地一圻列國一同自是以衰今大國多數圻矣若無侵小何以至焉晉人曰何故戎服對曰我先君武莊爲平桓卿士城濮之役文公布命曰各復舊職命我文公戎服輔王以授楚捷不敢廢王命故也士莊伯不能詰復於趙文子文子曰其辭順犯順不祥乃受之晉程鄭之死也然明豫知之及卒子產始知然明問爲政焉對曰視民如子見不仁者誅之如鷹鸇之逐鳥雀也子產喜以語子太叔曰他日吾見蔑之面而已今吾見其心矣子太叔問政於子產子產曰政如農功日夜思之思其始以成其終朝夕而行之行無越思如農之有畔其過鮮矣簡公賞入陳之功享子展賜之先路三命之服先八邑賜子產次路再命之服先六邑子產辭邑曰自上以下降殺以兩禮也臣之位在四且子展之功也臣不敢及賞禮請辭邑公固與之乃受三邑公孫揮曰子產其將知政矣讓不失禮楚子及秦人侵鄭印堇父與皇頡戍城麇楚人囚之以獻於秦鄭人取貨於印氏以請之子太叔爲令正以爲請子產曰不獲受楚之功而取貨於鄭秦不其然若曰拜君之勤鄭國微君之惠楚師其猶在敝邑之城下其可弗從遂行秦人不予更幣從子產而後獲之許靈公如楚請伐鄭曰師不興孤不歸矣卒于楚楚子曰不伐鄭何以求諸侯遂伐鄭鄭人將禦之子產曰晉楚將平諸侯將和楚王是故昧於一來不如使逞而歸乃易成也夫小人之性釁於勇嗇於禍以足其性而求名焉者非國家之利也若何從之子展說不禦寇於是楚師入于南里墮其城涉於樂氏門于師之梁縣門發獲九人焉涉

于汜而歸而後葬許靈公蔡侯歸自晉入于鄭鄭伯享之不敬子產曰蔡侯其不免乎日其過此也君使子展迋往也于況反勞于東門之外而傲吾曰猶將更之今受享而惰乃其心也君小國事大國而惰傲以爲己心將得死乎若不免必由其子其爲君也淫而不父僑聞之如是者必有子禍二十一年子產相公如楚舍不爲壇外僕言曰昔先大夫相先君適四國未嘗不爲壇自是至今亦皆循之今子草舍無乃不可乎子產曰大適小則爲壇小適大苟舍而已焉用壇僑聞之大適小有五美宥其罪戾赦其過失救其災患賞其德刑教其不及小國不困懷服如歸是故爲壇以昭其功宣告後人無怠於德小適大有五惡說其罪戾請其不足行其政事共其職貢從其時命不然則重其幣帛以賀其福而弔其凶皆小國之禍也焉用作壇以昭其禍所以告子孫無昭禍焉可也二十三年復相公如晉叔向問鄭國之政焉對曰吾得見與否在此歲也駟良方爭未知所成若有所成吾得見乃可知也叔向曰不既和矣乎對曰伯有侈而愎子皙好在人上莫能相下雖其和也猶有積惡也惡至無日矣六月如陳涖盟歸復命告大夫曰陳亾國不可與聚禾粟繕城郭恃此二者而不撫其民其君弱植公子侈太子卑大夫敖政多門以介於大國能無亾乎不過十年矣伯有耆酒飲於窟室朝至未已旣而朝則又將使子皙如楚歸而飲酒子皙以駟氏之甲伐而焚之伯有奔許大夫聚謀子皮曰仲虺之志云亂者取之亾者侮之推亾固存國之利也罕駟豐同生伯有汰侈故不免人謂子產就直助彊子產曰豈爲我徒國之禍難誰知所敝能主彊直難乃不生姑成吾所乃

斂伯有氏之死者而殯之不及謀而遂行子皮止之衆曰人不我順何止焉子皮曰夫子禮於死者況生者乎遂自止之子產入於是公與其大夫及國人盟伯有怒鄭人之盟已也自墓門之瀆入因馬師頡介于襄庫以伐舊北門駟帶率國人以伐之皆召子產子產曰兄弟而及此吾從天所與伯有死于羊肆子產襚之枕之股而哭之斂而殯諸伯有之臣在市側者旣而葬之斗城子駟氏欲攻子產子皮怒之曰禮國之幹也殺有禮禍莫大焉乃止子皮旣授子產政有事伯石子產賂之邑子太叔曰國皆其國也奚獨賂焉子產曰無欲實難皆得其欲以從其事而要其成非我有成其在人乎何愛於邑邑將焉往子太叔曰若四國何子產曰非相違也而相從也四國何尤焉鄭書有之曰安定國家必大焉先姑先安大以待其所歸旣伯石懼而歸邑卒與之伯有旣死使太史命伯石爲卿辭太史退則請命焉復命之又辭如是三乃受策入拜子產以是惡其爲人也使次已位子產爲政使都鄙有章上下有服田有封洫廬井有伍大夫之忠儉者從而與之泰侈者因而斃之豐卷將祭請田焉弗許　曰唯君用鮮衆給而已豐卷怒退而徵役子產奔晉子　皮止之而逐豐卷豐卷奔晉子產請其田里三年而復　之反其田里及其入焉從政一年輿人誦之曰取我衣　冠而褚之取我田疇而伍之孰殺子產吾其與之及三　年又誦之曰我有子弟子產誨之我有田疇子產殖之　子產而死誰其嗣之二十四年六月子產相公如晉晉　侯以魯喪故未之見也子產使盡壞其館之垣而納車　馬焉士文伯讓之曰敝邑以政刑之不修寇盜充斥無　若諸侯之屬辱在寡君者何以是

令吏人完客所館高其閈閎厚其牆垣以無憂客使今吾子壞之雖從者能戒其若異客何以敝邑之爲盟主繕完葺牆以待賓客若皆毀之其何以共命寡君使匄請命對曰以敝邑褊小介於大國誅求無時是以不敢寧居悉索敝賦以來會時事逢執事之不閒而未得見又不獲聞命未知見時不敢輸幣亦不敢暴露其輸之則君之府實也非薦陳之不敢輸也其暴露則恐燥濕之不時而朽蠹以重敝邑之罪僑聞文公之爲盟主也宮室卑庳無觀臺榭以崇大諸侯之館館如公寢庫廐繕修司空以時平易道路圬人以時塓塓莫歷反館宮室諸侯賓至甸設庭燎僕人巡宮車馬有所賓從有代巾車脂轄隸人牧圉各瞻其事百官之屬各展其物公不留賓而亦無廢事憂樂同之事則巡之教其不知而恤其不足賓至如歸無寧菑患不畏寇盜而亦不患燥濕今銅鞮之宮數里而諸侯舍於隸人門不容車而不可踰越盜賊公行而天厲不戒賓見無時命不可知若又勿壞是無所藏幣以重罪也敢請執事將何所命之雖君之有魯喪亦敝邑之憂也若獲薦幣修垣而行君之惠也敢憚勤勞文伯復命趙文子曰信我實不德而以隸人之垣以贏諸侯是吾罪也使士文伯謝不敏焉晉侯見鄭伯有加禮厚其宴好而歸之乃築諸侯之館叔向曰辭之不可已也如是夫子產有辭諸侯賴之若之何其釋辭也鄭人游于鄉校以論執政然明謂子產曰毀鄉校如何子產曰何爲夫人朝夕退而游焉以議執政之善否其所善者吾則行之其所惡者吾則改之是吾師也若之何毀之我聞忠善以損怨未聞作威以防怨豈不遽止然猶防川大決所犯傷人必多吾不克救也

不如小決使道不如吾聞而藥之也然明曰蔑也今而後知吾子之信可事也小人實不才若果行此其鄭國實賴之豈惟二三臣仲尼聞之曰人謂子產不仁吾不信也子皮欲使尹何爲邑子產曰少未知可否子皮曰愿吾愛之不吾叛也使夫往而學焉夫亦愈知治矣子產曰不可人之愛人也求利之也今吾子愛人則以政猶未能操刀而使割也其傷實多子之愛人傷之而已其誰敢求愛於子子於鄭國棟也棟折榱崩僑將厭焉敢不盡言子有美錦不使人學製焉大官大邑身之所庇也而使學者製焉其爲美錦不亦多乎僑聞學而後入政未聞以政學者也若果行此必有所害譬如田獵射御貫則能獲禽若未嘗登車射御則敗績厭覆是懼何暇思獲子皮曰善哉虎不敏吾聞君子務知大者遠者小人務知小者近者我小人也衣服附在吾身我知而愼之大官大邑所以庇身也我遠而慢之微子之言吾不知也他日我曰子爲鄭國我爲吾家以庇焉其可也今而後知不足自今請雖吾家聽子而行子產曰大心之不同如其面焉吾豈敢謂子面如吾面乎抑心所謂危亦以告也子皮以爲忠故委政焉子產是以能爲鄭國二十五年楚公子圍來聘且娶於公孫段氏伍舉爲介將入館鄭人惡之使行人子羽與之言乃館於外既聘將以衆逆子產患之使子羽辭曰以敝邑褊小不足以容從者請墠聽命令尹命太宰伯州犂對曰君辱貺寡大夫圍謂圍將使豐氏撫有而室圍布几筵告於莊共之廟而來若野賜之是委君貺於草莽也是寡大夫不得列於諸卿也不寧唯是又使圍蒙其先君將不得爲寡君老其蔑以復矣唯大夫圖之子羽曰小國無罪恃實其罪將恃大國之安靖己而無乃包藏禍心以圖之小國失恃而懲諸侯使莫不憾者距違君命而有所壅塞不行是懼不然敝邑館人之屬也其敢愛豐氏之祧伍舉知其有備也請垂櫜而入許之徐吾犯之妹美公孫楚聘之矣公孫黑又使彊委禽焉犯懼告子產子產曰是國無政非子之患也唯所欲與犯請於二子使女擇焉皆許之子晳盛飾而入布幣而出子南戎服而入左右射超乘而出女自房觀之曰子晳信美矣抑子南夫也夫夫婦婦所謂順也適子南氏子晳怒既而櫜甲以見子南欲殺之 而取其妻子南知之執戈逐之及衝擊之以戈子晳傷 而歸告大夫曰我好見之不虞其有異志也故傷大夫 皆謀之子產曰直鈞幼賤有罪罪在楚也乃執子南而 數之曰國之大節有五女皆奸之畏君之威聽其政尊 其貴事其長養其親五者所以爲國也今君在國女用 兵焉不畏威也奸國之紀不聽政也子晳上大夫女嬖 大夫而弗下之不尊貴也幼而不忌不事長也兵其從 兄不養親也君曰余不女忍殺宥女以遠勉速行乎無 重而罪遂放之於吳爲游楚亂故六月丁巳公及其大夫盟 于公孫段氏罕虎公孫僑公孫段印段游吉駟帶私盟 于閨門之外實薰隧公孫黑彊與於盟使太史書其名 且曰七子子產弗討晉侯有疾公使子產如晉聘且問 疾叔向問焉曰寡君之疾病卜人曰實沈音審臺駘爲祟 史莫之知敢問何神也子產曰昔高辛氏有二子伯曰 閼伯季曰實沈居于曠林不相能也日尋于戈以相征 討后帝不臧遷閼伯于商邱主辰商人是因故辰爲商 星遷實沈于大夏主參唐人是因以服事夏商其季世 曰唐叔虞當武王邑姜方震大叔夢帝謂己余命而子曰虞將與之唐屬諸參而蕃育其子孫及生有文在其手曰虞遂以命之及成王滅唐而封大叔焉故參爲晉星由是觀之則實沈參神也昔金天氏有裔子曰昧爲玄冥師生允格臺駘臺駘能業其官宣汾洮障大澤以處太原帝用嘉之封諸汾川沈姒蓐黃實守其祀今晉主汾而滅之矣由是觀之則臺駘汾神也抑此二者不及君身山川之神則水旱癘疫之災於是乎禜音永之日月星辰之神則雪霜風雨之不時於是乎禜之若君身則亦出入飲食哀樂之事也山川星辰之神又何爲焉僑聞之君子有四時朝以聽政晝以訪問夕以修令夜以安身於是乎節宣其氣勿使壅閉湫底以露其體茲心不爽而昏亂百度今無乃壹之則生疾矣僑又聞之內官不及同姓其生不殖美先盡矣則相生疾君子是以惡之故志曰買妾不知其姓則卜之違此二者古之所愼也男女辨姓禮之大司也今君內實有四姬焉其無乃是乎若由是二者弗可爲也已四姬有省猶可無則必生疾矣叔向曰善哉肸未之聞也此皆然矣晉侯聞子產之言曰博物君子也重賄之秋楚公子圍使公子黑肱伯州犂城犨櫟郟鄭人懼子產曰不害令尹將行大事而先除二子也禍不及鄭何患焉冬公子圍弒其君自立是爲靈王鄭游吉如楚聘歸謂子產曰具行器矣楚王汰侈而自說其事必合諸侯吾往無日矣子產曰不數年未能也公孫黑將作亂欲去游氏而代其位傷疾作而不果駟氏與諸大夫欲殺之子產在鄙聞之懼弗及乘遽而至使吏數之曰伯有之亂以大國之事而未爾討也爾有亂心無厭國不女堪專伐伯有而罪一也昆弟爭室而罪二

也薰隧之盟女矯君位而罪三也有死罪三何以堪之不速死大刑將至再拜稽首辭曰死在朝夕無助天爲虐子產曰人誰不死凶人不終命也作凶事爲凶人不助天其助凶人乎請以印爲褚師子產曰印也才君將任之不才將朝夕從女女罪之不恤而又何請焉不速死司寇將至乃縊於周氏之衢加木焉二十七年公如楚子產相楚子享之賦吉日既享子產乃具田備王以田江南之夢楚子將求諸侯問於子產曰晉其許我乎對曰許君晉君少安不在諸侯其大夫多求莫匡其君在宋之盟又曰如一若不許君將焉用之王曰諸侯其來乎對曰必來從宋之盟承君之歡不畏大國何故不來不來者其魯衞曹邾乎曹畏宋邾畏魯魯衞逼於齊而親於晉唯是不來其餘君之所及也誰敢不至王曰然則吾所求者無不可乎對曰求逞於人不可與人同欲盡濟已而諸侯如楚曹邾辭以難衞辭以疾魯辭以時祭子產作邱賦國人謗之曰其父死於路已爲蠆尾以令於國國將若何子寬以告子產曰何害苟利社稷死生以之且吾聞爲善者不改其度故能有濟也民不可逞度不可改詩曰禮義不愆何恤於人言吾不遷矣子產聘於晉晉侯有疾韓宣子逆客私焉曰寡君寢疾於今三月矣並走羣望有加而無瘳今夢黃熊入於寢門其何厲鬼也對曰以君之明子爲大政其何厲之有昔堯殛鯀于羽山其神化爲黃熊以入于羽淵實爲夏郊三代祀之晉爲盟主其或者未之祀也乎韓子祀夏郊晉侯有間賜子產莒之二方鼎公孫段既死子產爲豐施歸州田於韓宣子曰日君以夫公孫段爲能任其事而賜之州田今無祿早世不獲久享君德其子弗敢有不敢以聞於君私致諸子宣子辭子產曰古人有言曰其父析薪其子弗克負荷施將懼不能任其先人之祿其況能任大國之賜縱吾子爲政而可後之人若屬有疆埸之言敝邑獲戾而豐氏受其大討吾子取州是免敝邑於戾而建置豐氏也敢以爲請宣子受之鄭人相驚以伯有曰伯有至矣則皆走不知所往初或夢伯有介而行曰壬子余將殺帶也明年壬寅余將殺段也及壬子駟帶卒國人益懼壬寅公孫段卒國人愈懼其明月子產立公孫洩及良止以撫之乃止子太叔問其故子產曰鬼有所歸乃不爲厲吾爲之歸也子太叔曰公孫洩何爲子產曰說也爲身無義而圖說從政有所反之以取媚也不媚不信不信民不從也及子產適晉趙景子問焉曰伯有能爲鬼乎子產曰能人生始化曰魄既生魄陽曰魂用物精多則魂魄彊是以有精爽而至於神明匹夫匹婦彊死其魂魄猶能馮依於人以爲淫厲況良霄我先君穆公之胄子良之孫子耳之子敝邑之卿從政三世矣鄭雖無腆抑諺曰蕞爾國而三世執其政柄其用物也弘矣其取精也多矣其族又大所馮厚矣而彊死能爲鬼不亦宜乎子皮之族飲酒無度故馬師氏與子皮氏有惡罕朔殺罕魋以奔晉韓宣子問其位於子產子產曰君之羇臣苟得容以逃死何位之敢擇卿違從大夫之位罪人以其罪降古之制也朔於敝邑亞大夫也其官馬師也獲戾而逃惟執政所寘之得免其死爲惠大矣又敢求位宣子爲子產之敏也使從嬖大夫晉之葬平公也諸侯之大夫如晉子皮將以幣行子產曰喪焉用幣用幣必百兩百兩必千人千人至將不行不行必盡用之幾千人而國不亾子皮固請以行既葬諸侯之大夫欲因見新君叔孫昭子曰非禮也弗聽叔向辭之曰大夫之事畢矣而又命孤孤斬焉在衰絰之中其以嘉服見則喪禮未畢其以喪服見則是重受弔也大夫將若之何皆無辭以見子皮盡用其幣歸謂子羽曰非知之難將在行之夫子知之矣我則不足書曰欲敗度縱敗禮我之謂矣夫子知度與禮矣我實縱欲而不能自克也楚靈王伐蔡晉謀會諸侯以救之子皮將行子產曰行不遠不能救蔡也蔡小而不順楚大而不德天將棄蔡以壅楚盈而罰之蔡必亾矣且喪君而能守者鮮矣三年王其有咎乎美惡周必復王惡周矣三十有六年簡公卒將爲葬除及游氏之廟將毀焉子太叔使其除徒執用以立而無庸毀曰子產過女而問何故不毀乃曰不忍廟也諾將毀矣既如是子產乃使辟之司墓之室有當道者毀之則朝而塴弗毀則日中而塴子太叔請毀之曰無若諸侯之賓何子產曰諸侯之賓能來會吾葬豈憚日中無損於賓而民不害何故不爲遂弗毀日中而葬君子謂子產爲知禮禮無毀人以自成也晉昭公既立而會諸侯子產子太叔相公以會子產以幄幕九張行子太叔以四十既而悔之每舍損焉及會亦如之平邱之會晉令諸侯日中造于除癸酉退朝子產命外僕速張於除子太叔止之使待明日及夕子產聞其未張也使速往乃無所張矣及盟子產爭承曰昔天子班貢輕重以列列尊貢重周之制也卑而貢重甸服也鄭伯男也而使從公侯之貢懼弗給也敢以爲請諸侯靖兵好以爲事行李之命無月不至貢之無藝小國有闕所以得罪也諸侯修盟存小國也貢獻無極亾可待也存亾之制將在今矣自

日中以爭至于昏晉人許之既盟子太叔咎之曰諸侯若討其可瀆乎子產曰晉政多門貳偷之不暇何暇討國不競亦陵何國之爲子產歸未至聞子皮卒哭且曰吾已無爲爲善矣唯夫子知我仲尼謂子產於是行也足以爲國基矣合諸侯藝貢事禮也晉韓起來聘公享之子產戒曰苟有位於朝無有不共恪孔張後至立於客間執政禦之適客後又禦之適縣間客從而笑之事畢富子諫曰夫大國之人不可不愼也幾爲之笑而不陵我我皆有禮夫猶鄙我國而無禮何以求榮孔張失位吾子之恥也子產怒曰發命之不衷出令之不信刑之頗類獄之放紛會朝之不敬使命之不宣取陵於大國罷民而無功罪及而弗知僑之恥也孔張君之昆孫子孔之後也執政之嗣也爲嗣大夫承命以使周於諸侯國人所尊諸侯所知立於朝而祀於家有祿於國有賦於軍喪祭有職受脤歸脤其祭在廟已有著位在位數世世守其業而忘其所僑焉得恥之辟僻辟邪之人而皆及執政是先王無刑罰也子寧以他規我宣子有環其一在鄭商宣子謁諸公子產弗與曰非官府之守器也寡君不知子太叔子羽謂子產曰韓子亦無幾求晉國亦未可以貳晉國韓子不可偷也若屬有讒人交鬭其間鬼神而助之以興其凶怒悔之何及吾子何愛於一環以取憎於大國也盍求而與之子產曰吾非偷晉而有二心將終事之是以弗與忠信故也僑聞君子非無賄之難立而無令名之患僑聞爲國非不能事大字小之難無禮以定其位之患夫大國之人令於小國而皆獲其求將何以給之一共一否爲罪滋大大國之求無禮以斥之何饜之有吾且爲鄙邑則失位矣若韓子奉命以使而求玉焉貪淫甚矣獨非罪乎出一玉以起二罪吾又失位韓子成貪將焉用之且吾以玉賈罪不亦銳乎韓子買諸賈人既成賈矣商人曰必告君大夫韓子請諸子產曰日起請夫環執政弗義不敢復也今買諸商人商人曰必以聞敢以爲請子產對曰昔我先君桓公與商人皆出自周庸次比耦以艾殺此地斬之蓬蒿藜藋而共處之世有盟誓以相信也曰爾無我叛我無彊賈毋或匄奪爾有利市寶賄我勿與知恃此質誓故能相保以至于今今吾子以好來辱謂敝邑彊奪商人是教敝邑背盟誓也毋乃不可乎吾子得玉而失諸侯必不爲也若大國令而共無藝鄭鄙邑也亦弗爲也僑若獻玉不知所成敢私布之韓子辭玉曰起不敏敢求玉以徼二罪敢辭鄭六卿餞宣子宣子請皆賦以見鄭志既皆賦宣子賦我將子產拜使五卿皆拜曰吾子靖亂敢不拜德宣子私覲於子產以玉與馬曰子命起舍夫玉是賜我玉而免吾死矣敢藉手以拜定公四年鄭大旱使屠擊祝欵豎柎有事於桑山斬其木不雨子產曰有事於山蓺山林也而斬其木其罪大矣奪之官邑五年禆竈言於子產曰宋衛陳鄭將同日火若我用瓘斝玉瓚鄭必不火子產弗與既而四國皆火明年竈復曰鄭又將火請用玉子產竟不與亦不復火語具禆竈傳中鄭之未災也里析告子產曰將有大祥民震動國幾亾吾身泯焉弗良及也國遷其可乎子產曰雖可吾不足以定遷矣及火里析死矣未葬子產使輿三十人遷其柩火作子產辭晉公子公孫于東門使司寇出新客禁舊客勿出於宮使子寬子上巡羣屏攝至于大宮使公孫登徙大龜使祝史徙主祏於周廟告于先君使府人庫人各儆其事商成公儆司宮出舊宮人寘諸火所不及司馬司寇列居火道行火所焮城下之人伍列登城明日使野司寇各保其徵郊人助祝史除於國北禳火于元冥回祿祈于四鄘書焚室而寬其征與之材三日哭國不市使行人告於諸侯是秋乃大爲社祓禳於西方振除火災乃簡兵大蒐將爲蒐除子太叔之廟在道南其寢在道北其庭小過期三日使除徒陳於道南廟北曰子產過女而命速除乃毀於而向子產朝過而怒之除者南毀子產及衝使從者止之曰毀於北方火之作也子產授兵登陴子太叔曰晉無乃討乎子產曰吾聞之小國忘守則危況有災乎國之不可小有備故也既晉之邊吏讓曰鄭國有災晉君大夫不敢寧居卜筮走望不愛牲玉鄭之有災寡君之憂也今執事撊然授兵登陴將以誰罪邊人恐懼不敢不告子產對曰若吾子之言敝邑之災君之憂也敝邑失政天降之災又懼讒慝之間謀之以啟貪人薦爲敝邑不利以重君之憂幸而不亾猶可說也不幸而亾君雖憂之亦無及也鄭有他境望走在晉既事晉矣敢有二心駟偃卒子游娶於晉大夫生絲弱其父兄立其弟子瑕子產憎其爲人也且以爲不順弗許亦弗止駟氏聳他日絲以告其舅晉人使以幣如鄭問駟乞之立故駟氏懼駟乞欲逃子產弗遣請龜以卜亦弗予大夫謀對子產不待而對客曰鄭國不天寡君之二三臣札瘥夭昏今又喪我先大夫偃其子幼弱其一二父兄懼隊宗主私族於謀而立長親寡君與其二三老曰抑天實剝亂是吾何知焉諺曰無過亂門民有亂兵猶憚過之而況敢知天之所亂今大夫將問其故抑寡君實不敢知其誰實

知之平邱之會君尋舊盟曰無或失職若寡君之二三臣其即世者晉大夫而專制其位是晉之縣鄙也何國之爲辭客幣而報其使晉人舍之鄭大水龍鬬于時門之外洧淵國人請爲禜焉子產弗許曰我鬬龍不我覿也龍鬬我獨何覿焉禳之則彼其室也吾無求於龍龍亦無求於我乃止八年子產有疾謂子太叔曰我死子必爲政唯有德者能以寬服民其次莫如猛夫火烈民望而畏之故鮮死焉水懦弱民狎而玩之則多死焉故寬難疾數月而卒太叔爲政不忍猛而寬鄭國多盜取人於萑苻之澤太叔悔之曰吾早從夫子不及此興徒兵以攻萑苻之盜盡殺之盜少止仲尼曰善哉政寬則民慢慢則糾之以猛猛則民殘殘則施之以寬寬以濟猛猛以濟寬政是以和詩曰民亦勞止汔可小康惠此中國以綏四方施之以寬也毋從詭隨以謹無良式遏寇虐慘不畏明糾之以猛也柔遠能邇以定我王平之以和也又曰不競不絿不剛不柔布政優優百祿是遒和之至也子產之爲政擇能而使之馮簡子能斷大事子太叔美秀而文公孫揮能知四國之爲而辨於其大夫之族姓班位貴賤能否而又善爲辭令裨諶能謀謀於野則獲謀於邑則否鄭國將有諸侯之事子產乃問四國之爲於子羽且使多爲辭令與裨諶乘以適野使謀可否而告馮簡子使斷之事成乃授子太叔使行之以應對賓客是以鮮有敗事子產卒孔子聞之出涕曰古之遺愛也其子國參字曰子思

子太叔游吉穆公之冑也穆公生公子偃偃字子游吉偃之孫也以王父字爲氏曰游吉簡公二十一年公使游吉如楚及漢楚人還之曰宋之盟君實親辱今吾子來寡君謂吾子姑還吾將使馹奔問於晉而以告子太叔曰宋之盟將利小國而亦使安定其社稷鎮撫其民人以禮承天之休此君之憲令而小國之望也寡君是故使吉奉其皮幣以歲之不易聘於下執事今執事有命曰女何與政令之有必使而君棄而封守跋涉山川蒙犯霜露以逞君心小國將君是望敢不惟命是聽其毋乃非盟載之言以闕君德而執事有不利焉小國是懼不然其何勞之敢憚子太叔歸復命告子展曰楚子將死矣不修其德而貪昧於諸侯以逞其願欲得久乎易曰迷復凶其楚子之謂乎欲復其願而棄其本復歸無所是謂迷復能無凶乎君其往也送葬而歸以快楚心楚不幾十年未能恤諸侯也吾乃休吾民矣是秋遂如晉告將朝于楚及冬而楚子卒晉平公杞出也故治杞知悼子合諸侯之大夫以城杞子太叔往見衛太叔文子與之語文子曰甚乎其城杞也子太叔曰若之何哉晉國不恤宗周之闕而夏肄是屛其棄諸姬亦可知也已諸姬是棄其誰歸之吉也聞之棄同即異是謂離德詩曰協比其鄰婚姻孔云晉不鄰矣其誰歸之子產治游楚之罪成放之於吳將行子產咨於太叔太叔曰吉不能亢身焉能亢宗彼國政也非私難也子圖鄭國利則行之又何疑焉周公殺管叔而囚蔡叔夫豈不愛王室故也吉若獲戾子將行之何有於諸游二十七年太叔如晉送少姜之葬也梁丙與張趯見之梁丙曰甚矣哉子之爲此來也子太叔曰將得已乎昔文襄之霸也其務不煩諸侯令諸侯三歲而聘五歲而朝有事而會不協而盟君薨大夫弔卿共葬事夫人士弔大夫送葬足以昭禮命事謀闕而已無加命矣今嬖寵之喪不敢擇位而數於守適唯懼獲戾豈敢憚煩少姜有寵而死齊必繼室今茲吾又將來賀張趯曰善哉吾得聞此數也然自今子其無事矣譬如火焉火中寒暑乃退此其極也能無退乎晉將失諸侯諸侯求煩不獲二大夫退子太叔告人曰張趯有知其猶在君子之後乎定公八年子產卒太叔爲政後五年諸侯以王室故會于黃父子太叔見簡子簡子問揖讓周旋之禮焉對曰是儀也非禮也簡子曰何謂禮對曰吉也聞諸先大夫子產曰夫禮天之經也地之義也民之行也天地之經而民實則之則天之明因地之性生其六氣用其五行氣爲五味發爲五色章爲五聲淫則昏亂民失其性是故爲禮以奉之爲六畜五牲三犧以奉五味爲九文六采五章以奉五色爲九歌八風七音六律以奉五聲爲君臣上下以則地義爲夫婦內外以經二物爲父子兄弟姑姊甥舅昏媾姻亞以象天明爲政事庸力行務以從四時爲刑罰威獄使民畏忌以類其震曜殺戮爲溫慈和惠以效天之生殖長育民有好惡喜怒哀樂生于六氣是故審則宜類以制六志哀有哭泣樂有歌舞喜有施舍怒有戰鬬喜生於好怒生於惡是故審行信令禍福賞罰以制死生生好物也死惡物也好物樂也惡物哀也哀樂不失乃能協於天地之性是以長久簡子曰甚哉禮之大也對曰禮上下之紀天地之經緯也民之所以生也是故先王尚之故人之自能曲直以赴禮者謂之成人大不亦宜乎簡子曰鞅也請終身守此言也獻公二年晉頃公之喪公使游吉弔且送葬魏獻子使士景伯詰之曰悼公之喪子西弔子蟜送葬今吾子無貳何故對曰諸侯所以歸晉君禮也禮也者小事大大字

小之謂事大在共其時命字小在恤其所無以敝邑居大國之間共其職貢與其備禦不虞之患豈忘共命先王之制諸侯之喪士弔大夫送葬唯嘉好聘享三軍之事於是乎使卿晉之喪事敝邑之間先君有所助執紼矣若其不間雖士大夫有所不獲數矣大國之惠亦慶其加而不討其乏明厎其情取備而已以爲禮也靈王之喪我先君簡公在楚我先大夫印段實往敝邑之少卿也王吏不討恤所無也今大夫曰女盍從舊舊有豐有省不知所從其豐則寡君幼弱是以不共從其省則吉在此矣唯大國圖之晉人不能詰八年諸侯盟于召陵子太叔還未至而卒晉趙簡子爲之臨甚哀曰黃父之會夫子語我九言曰無始亂無怙富無恃寵無違同無敖禮無驕能無復怒無謀非德無犯非義執敢忘之

燭之武鄭大夫也文公三十六年晉文公爲公子過鄭公不禮焉明年晉文公立後六年晉文公秦穆公圍鄭討其無禮且貳於楚也晉軍函陵秦軍氾南佚之狐言於公曰國危矣若使燭之武見秦君師必退公從之辭曰臣之壯也猶不如人今老矣無能爲也已公曰吾不能早用子今急而求子是寡人之過也然鄭亡子亦有不利焉許之夜縋而出見秦伯曰秦晉圍鄭鄭既知亡矣若亡鄭而有益於君敢以煩執事越國以鄙遠君知其難也焉用亡鄭以陪鄰鄰之厚君之薄也若舍鄭以爲東道主行李之往來共其困乏君亦無所害且君嘗爲晉君賜矣許君焦瑕朝濟而夕設版焉君之所知也夫晉何厭之有既東封鄭又欲肆其西封若不闕秦將焉用之闕秦以利晉唯君圖之秦伯說與鄭人盟使杞子逢孫楊孫戍之乃還子犯請擊之公曰不可微夫人之力不及此因人之力而敝之不仁失其所與不知以亂易整不武吾其還也亦夫之

衞

石碏衞大夫也衞莊公娶於齊東宮得臣之妹曰莊姜美而無子又娶于陳曰厲嬀生孝伯蚤死其娣戴嬀生桓公莊姜以爲己子公子州吁嬖人之子也有寵而好兵公弗禁莊姜惡之石碏諫曰臣聞愛子教之以義方弗納於邪驕奢淫泆所自邪也四者之來寵祿過也將立州吁乃定之矣若猶未也階之爲禍夫寵而不驕驕而能降降而不憾憾而能眕者鮮矣且夫賤妨貴少陵長遠間親新間舊小加大淫破義所謂六逆也君義臣行父慈子孝兄愛弟敬所謂六順也去順效逆所以速禍也君人者將禍是務去而速之無乃不可乎弗聽其子厚與州吁游禁之不可桓公立乃老州吁卒弑桓公自立爲君州吁未能和其民厚問定君於其父碏曰王覲爲可曰何以得覲曰陳桓公方有寵於王陳衞方睦若朝陳使請必可得也厚從州吁如陳石碏使告于陳曰衞國褊小老夫耄矣無能爲也此二人者實弑寡君敢卽圖之陳人執之而請莅於衞衞人使右宰醜莅殺州吁于濮石碏使其宰獳羊肩莅殺石厚于陳君子曰石碏純臣也惡州吁而厚與焉大義滅親其是之謂乎

石祁子者衞大夫石駘仲之子也衞惠公之十年宋南宮萬弑其君閔公出奔陳其黨猛獲奔衞宋人使請猛獲於衞羣臣欲勿許石祁子曰不可天下之惡一也惡於宋而保於我保之何補得一夫而喪一國與惡而棄好非謀也衞人歸之初駘仲卒無適子有庶子六人卜所以爲後者曰沐浴佩玉則兆五人者皆沐浴佩玉石祁子曰孰有執親之喪而沐浴佩玉者乎不沐浴佩玉石祁子兆故衞人以龜爲有知也

孔莊叔達者衞大夫也成公五年晉文公伐衞公出奔孔達從之既復使爲政七年諸侯朝晉成公不朝使孔達侵鄭伐緜訾及匡十年晉合諸侯伐衞圍戚取之獲孫昭子成公使告于陳陳共公曰更伐之我辭之故孔達帥師伐晉陳侯爲衞請成于晉晉人不許乃執孔達以說之後二年晉人歸孔達于衞以爲衞之良也故免之穆公三年從晉宋曹同盟于淸丘曰恤病討貳既而陳貳於楚故宋師伐陳孔達救之曰先君有約言焉若大國討我則死之明年晉以衞之救陳也有討焉使人弗去曰罪無所歸將加而師孔達曰苟利社稷請以我說罪我之由我則爲政而亢大國之討將以誰任我則死之縊而死衞人以說于晉而免然以其成勞也復室其子使復其位

孔悝莊叔之後文子圉之子也事衞侯輒爲卿輒父蒯聵不得立居于戚蒯聵之姊伯姬孔悝之母也伯姬潛入蒯聵于孔氏逼其子與之盟故孔悝出輒而立蒯聵是爲莊公莊公既立而德之乃銘孔悝於鼎曰六月丁亥公假於太廟公曰叔舅乃祖莊叔左右成公成公乃命莊叔隨難於漢陽卽宮于宗周奔走無射啟右獻公獻公乃命成叔纂乃祖服乃考文叔興舊嗜欲作率慶士躬恤衞國其勤王家夙夜不解民咸曰休哉公曰叔舅予女銘若纂乃考服悝再拜稽首曰對揚以辟之勤大命施于烝彝鼎明年莊公逐孔悝孔悝出奔宋

孫桓子良夫衞大夫也穆公十一年及石稷等侵齊與

齊師遇石子欲還桓子曰不可以師伐人遇其師而還將謂君何若知不能則如勿出今既遇矣不如戰也戰于新築衛師不利石子曰師敗矣子不少須衆懼盡子喪師徒何以復命皆不對又曰子國卿也隕子辱矣子以衆退我此乃止且告車來甚衆齊師乃止次于鞫居新築人仲叔于奚救桓子桓子是以免既衛人賞之以邑辭請曲縣繁纓以朝許之仲尼聞之曰惜也不如多與之邑唯名與器不可以假人君之所司也名以出信信以守物器以藏禮禮以行義義以生利利以平民政之大節也若以假人與人政也政亾國家從之弗可止也已桓子還於新築不入遂如晉乞師以郤獻子之有宿憾於齊也主於郤獻子晉侯許之乃從獻子敗齊師于鞌定公元年又從獻子伐廧咎如廧咎如潰是歲冬晉侯使荀庚聘魯且尋盟定公使桓子如魯會將盟魯成公問諸臧宣伯曰中行伯之於晉也其位在三孫子之於衛也位爲上卿其將誰先對曰次國之上卿當大國之中卿衛在晉不得爲次焉晉司夏盟其將先之遂先盟晉桓子受盟而還四年從晉伯宗伐宋討辭會也桓子卒子林父嗣林父自有傳

甯莊子速穆仲靜之子也爲衛之正卿莊子始事懿公懿公無道不愛士而好鶴鶴有乘軒者懿公之九年狄人伐衛公將戰國人受甲者曰使鶴鶴實有祿位余焉能戰公與石祁子玦甯莊子矢使守曰以此贊國擇利而爲之與夫人繡衣曰聽於二子渠孔禦戎子伯爲右黄夷前驅孔嬰齊殿及狄人戰于熒澤衛師敗績懿公死遂滅衛狄人囚史華龍滑與禮孔以逐衛人二人曰我太史也實掌其祭不先國不可待也乃先之至則告石祁子甯莊子曰不可待也二大夫夜與國人出狄入衛遂從之又敗諸河莊子以君死國散故立戴公申以廬于曹戴公立十數日而薨復立戴公之弟燬是爲文公文公遷于楚邱文公之十八年邢人及狄人伐衛圍菟圃文公以國讓其父兄子弟及朝衆曰苟能治之燬請從焉衆不可而後師于訾婁狄師還邢人猶留距衛衛人以爲憾明年秋文公將伐邢以報菟圃之役於是衛大旱卜有事於山川不吉甯莊子曰昔周饑克殷而年豐今邢方無道諸侯無伯天其或者欲使衛討邢乎從之師興而雨二十三年晉公子重耳自齊過衛時文公以有邢狄之虞不能禮焉甯莊子言於公曰夫禮國之紀也親民之結也善德之建也國無紀不可以終民無結不可以固德無建不可以立此三者君之所愼也今君棄之無乃不可乎晉公子善人也晉衛親也君不禮焉棄三德矣臣故云君其圖之康叔文之昭也唐叔武之穆也周之大功在武天祚將在武族苟姬未絕周室而俾守大聚者必武族也武族惟晉實昌晉允公子實德晉仍無道天祚有德晉之守祀必公子也若復而修其德鎭撫其民必獲諸侯以討無禮君弗蚤圖衛其在討小人是懼敢不盡心公弗聽二十四年公子重耳反國是爲晉文公文公立修霸業以求諸侯明年衛文公卒子成公立晉人未能釋憾於衛而成公復貳於楚故晉師討焉衛人欲求說於晉出成公成公出奔楚遂適陳國幾亾卒如莊子之言莊子卒子俞嗣是爲武子武子自有傳

北宮文子佗姬姓出自成公北宮懿子括之孫也獻公之三年懿子帥師侵鄭十八年從晉荀偃伐秦懿子生遺遺生文子襄公二年文子相公如楚過鄭印段迋勞于棐林如聘禮而以勞辭文子入聘子羽爲行人馮簡子與子太叔逆客事畢文子言於公曰鄭有禮其數世之福也其無大國之討乎詩云誰能執熱逝不以濯禮之於政如熱之有濯也濯以救熱何患之有及楚見令尹圍之威儀言於公曰令尹似君矣將有他志雖獲其志不能終也詩云靡不有初鮮克有終終之實難令尹其將不免公曰子何以知之對曰詩云敬愼威儀惟民之則令尹無威儀民無則焉民所不則以在民上不可以終公曰善哉何謂威儀對曰有威而可畏謂之威有儀而可象謂之儀君有君之威儀其下畏而愛之則而象之故能有其國家令聞長世臣有臣之威儀其下畏而愛之則而象之故能守其官職保族宜家順是以下皆如是是以上下能相固也衛詩曰威儀棣棣不可選也言君臣上下父子兄弟內外小大皆有威儀也周詩曰朋友攸攝攝以威儀言朋友之道必相教訓以威儀也周書數文王之德曰大國畏其力小國懷其德言畏而愛之也詩云不識不知順帝之則言則而象之也紂囚文王七年諸侯皆從之囚紂於是乎懼而歸之可謂愛之矣文王伐崇再駕而降爲臣蠻夷率服可謂畏之矣文王之功天下誦而歌舞之可謂則之矣文王之行至今爲法可謂象之有威儀也故君子在位可畏施舍可愛進退可度周旋可則容止可觀作事可法德行可象聲氣可樂動作有文言語有章以臨其下謂之有威儀也文子之子喜靈公十三年齊豹之亂公生賜之謚曰貞子

蘧瑗字伯玉衛大夫也瑗謂君子之人達故觀其器而

知其工之巧觀其發而知其人之知故君子慎其所以與人者時獻公無道辱侮大臣孫林父懼將謀出之入見蘧伯玉曰君之暴虐子所知也大懼社稷之傾覆將若之何對曰君制其國臣敢奸之雖奸之庸知愈乎遂從近關出既反國甯喜以父命欲納獻公告伯玉伯玉曰瑗不得聞君之出敢聞其入又從近關出顏闔將傅衛靈公太子而問於伯玉曰有人於此其德天殺與之爲無方則危吾國與之爲有方則危吾身其知適足以知人之過而不知其所以過若然者吾奈之何伯玉曰善哉問乎戒之慎之正汝身哉形莫若就心莫若和雖然之二者有患就不欲入和不欲出形就而入且爲顛爲滅爲崩爲蹶心和而出且爲聲爲名爲妖爲孽彼且爲嬰兒亦與之爲嬰兒彼且爲無町畦亦與之爲無町畦彼且爲無崖亦與之爲無崖達之入於無疵汝知夫螳蜋乎怒其臂以當車轍不知其不勝任也是其才之美者也汝不知夫養虎者乎不敢以生物與之爲其殺之之怒也不敢以全物與之爲其決之之怒也時其飢飽達其怒心虎之與人異類而媚養已者順也故其殺者逆也夫愛馬者以筐盛矢以蜄盛溺適有蚊虻僕緣而拊之不時則決銜毀首碎胸意有所至而愛有所亡可不慎邪公叔文子升於瑕邱蘧伯玉從文子曰樂哉期邱也死則我必欲葬焉伯玉曰吾子樂之則瑗請前文子悔而止

甯武子俞甯莊子之子也成公三年楚伐宋晉文公欲假道於衛以救宋成公不許晉更從河南濟救宋徵師於衛大夫欲許成公不肯晉及齊盟于斂盂成公請盟晉人拒之公欲與楚國人不欲出其君以説于晉公出居于襄牛甯武子從大夫元咺奉公弟叔武以攝位或訴元咺於公曰立叔武矣其子角從公公使殺之咺不廢命奉夷叔以入守晉人以叔武故復公甯武子與衛人盟于宛濮曰天禍衛國君臣不協以及此憂也今天誘其衷使皆降心以相從也不有居者誰守社稷不有行者誰扞牧圉不協之故用昭乞盟于爾大神以誘天衷自今日已往既盟之後行者無保其力居者無懼其罪有渝此盟以相及也明神先君是糾是殛國人聞此盟也而後不貳公先期入甯武子先長牂守門以爲使也與之乘而入公子歂犬華仲前驅叔武將沐聞君至喜捉髮而出前驅射而殺之公知其無罪枕之股而哭之歂犬走出公使殺之元咺以叔武之死也出奔晉以訟於晉侯甯武子爲輔鍼莊子爲坐士榮爲大士公不勝晉殺士榮刖鍼莊子謂甯俞忠而免之執公歸于京師寘諸深室甯武子職納橐饘焉元咺歸于衛立公子瑕晉侯使醫衍酖公武子貨醫使薄其酖不死魯侯爲之請納玉於王與晉侯皆十瑴王乃釋公公使賂周歂冶廑曰苟能納我吾使爾爲卿周冶殺元咺子適子儀公復歸于衛公再出而不失國皆武子之功也明年狄圍衛衛遷于帝邱卜曰三百年衛成公夢康叔曰相奪予享公命祀相甯武子不可曰鬼神非其族類不歆其祀杞鄫何事相之不享於此久矣非衛之罪也不可以間成王周公之命祀請改祀命從之公使甯武子聘于魯魯侯與之宴爲賦湛露及彤弓不辭又不答賦使行人私焉對曰臣以爲肄業及之也昔諸侯朝正於王王宴樂之於是乎賦湛露則天子當陽諸侯用命也諸侯敵王所愾而獻其功於是乎王賜之彤弓一彤矢百玈弓矢千以覺報宴今陪臣來繼舊好君辱貺之其敢干大禮以自取戾魯人服之武子之子曰相相之子曰殖

史鰌字子魚亦曰祝佗靈公二十九年劉文公合諸侯于召陵謀伐楚將會子行敬子言於公曰會同難嘖有煩言莫之治也其使祝佗從公曰善乃使子魚子魚辭曰臣展四體以率舊職猶懼不給而煩刑書若又共二徼大罪也且夫祝社稷之常隷也社稷不動祝不出竟官之制也君以軍行祓社釁鼓祝奉以從於是乎出竟若嘉好之事君行師從卿行旅從臣無事焉公曰行也及皐鼬將長蔡於衛衛侯使祝佗私於萇弘曰聞諸道路不知信否聞蔡將先衛信乎萇弘曰信蔡康叔之兄也先衛不亦可乎子魚曰以先王觀之則尚德也昔武王克商成王定之選建明德以蕃屏周故周公相王室以尹天下於周爲睦分魯公以大路大旂夏后氏之璜封父之繁弱殷氏六族條氏徐氏蕭氏索氏長勺氏尾勺氏使帥其宗氏輯其分族將其醜類以法則周公用即命于周是使之職事于魯以昭周公之明德分之土田陪敦祝宗卜史備物典策官司彝器因商奄之民命以伯禽而封於少皞之虛分康叔以大路少帛綪茷旃旌大呂殷氏七族陶氏施氏繁氏錡氏樊氏饑氏終葵氏封畛土略自武父以南及圃田之北竟取於有閻之土以共王職取於相土之東都以會王之東蒐聃季授土陶叔授民命以康誥而封於殷虛皆啟以商政疆以周索分唐叔以大路密須之鼓闕鞏沽洗懷姓九宗職官五正命以唐誥而封於夏虛啟以夏政疆以戎索三者皆叔也而有令德故昭之以分物不然文武成康之伯猶多而不獲是分唯不尚年也管蔡啟商惎間王室

王於是乎殺管叔而囚蔡叔以車七乘徒七十人其子蔡仲改行帥德周公舉之以爲己卿士見諸王而命之以蔡其命書云王曰胡無若爾考之違王命也若之何其使蔡先衛也武王之母弟八人周公爲太宰康叔爲司寇聃季爲司空五叔無官豈尚年哉曹文之昭也晉武之穆也曹爲伯甸非尚年也今將尙之是反先王也晉文公爲踐土之盟衛成公不在夷叔其母弟也猶先蔡載書云王若曰晉重耳魯申衛武蔡甲午鄭捷齊潘宋王臣莒期藏在周府可覆視也吾子欲復文武之略而不正其德將如之何萇弘說告劉子與范獻子謀之乃長衛侯於盟

孫文子林父桓子之子也林父嗣爲卿爲定公所惡定公四年林父出奔晉十二年公如晉晉侯欲以林父見公不可既歸晉侯使郤犨送林父而見之公欲辭定姜曰不可是先君宗卿之嗣也大國又以爲請不許將亾雖惡之不猶愈於亾乎君其忍之安民而宥宗卿不亦可乎公見而復之公薨孔成子甯惠子以公命立敬姒之子衎是爲獻公定姜見其不哀也欲廢之既以爲言大夫皆懼孫文子自是不敢舍其重器於衛盡寘諸戚而甚善晉大夫十一年文子聘於魯且尋桓子之盟公登亦登穆子有辭亦無悛容魯人以是知其必亾也十八年公戒孫文子甯惠子食皆服而朝日旰不召而射鴻於囿二子從之不釋皮冠而與之言二子怒孫文子如戚其子孫蒯入使公飲之酒使大師歌巧言之卒章大師辭師曹請爲之初公有嬖妾使師曹誨之琴師曹鞭之公怒鞭師曹故師曹欲歌之以怒孫子而報公公使歌之遂誦之蒯懼告文子文子曰君忌我矣弗先必死并帑於戚而入見蘧伯玉曰君之暴虐子所知也大懼社稷之傾覆將若之何對曰君制其國臣敢奸之雖奸之庸知愈乎遂行從近關出公使子蟜子伯子皮與孫子盟于邱宮孫文子皆殺之公如鄄使子行於孫子孫子又殺之公出奔齊孫氏追之敗公徒于阿澤及竟公使祝宗告亾且告無罪定姜曰無神何告若有不可誣也舍大臣而與小臣謀一罪也先君有冢卿以爲師保而蔑之二罪也余以巾櫛事先君而暴妾使余三罪也告亾而已無告無罪衛人立公孫剽是爲殤公林父與甯喜相之以聽命於諸侯殤公十二年甯喜納獻公伐孫氏孫氏敗遂弑殤公林父以戚如晉孔子書曰入于戚以叛罪孫氏也衛人侵戚東鄙孫子愬于晉晉戍茅氏殖綽伐茅氏殺晉戍三百人孫蒯追之弗敢擊林父曰厲之不如遂從衛師敗之圉獲殖綽復愬于晉晉趙武會諸侯于澶淵以討衛疆戚田取衛西鄙懿氏六十以與孫氏於是獻公會之晉人以林父故執甯喜北宮遺公如晉晉人亦執公囚之於士弱氏齊晏平仲私於叔向曰晉爲盟主而爲臣執君若之何叔向告趙文子文子以告晉侯乃許歸公初孫蒯田于曹隧飲馬于重邱毀其瓶重邱人閉門而詢之曰親逐而君爾父爲厲是之不憂而何以田爲於是孫蒯伐曹取重邱

甯悼子喜惠子殖之子也定公之末年晉郤犨來聘公享之惠子相苦成叔傲惠子曰郤犨其亾乎古之爲享食也以觀威儀省禍福也故詩曰兕觵其觩旨酒思柔彼交匪傲萬福來求今夫子傲取禍之道也已而果然定公有疾使惠子與孔成子立敬姒之子衎以爲太子公薨太子立爲獻公獻公不禮於孫文子甯惠子二子怒其謀出之公奔于齊惠子與孫氏立公孫剽相之以聽命於諸侯既而悔之將死召悼子曰吾得罪於君悔無及也名在諸侯之策曰孫林父甯殖出其君君入則掩之若能掩之則吾子也若不能猶有鬼神吾有餒而已不來食矣悼子許諾惠子遂卒悼子立獻公聞是言也使與悼子言悼子曰必子鮮在不然必敗公使子鮮爲復辭敬姒彊命之對曰君無信臣懼不免敬姒曰雖然以吾故也許諾子鮮不獲命於敬姒以公命與甯喜言曰苟反政由甯氏祭則寡人悼子告蘧伯玉伯玉曰瑗不得聞君之出敢聞其入遂行從近關出告右宰穀右宰穀曰不可獲罪於兩君天下誰畜之悼子曰吾受命於先人不可以貳穀曰我請使焉而觀之遂見公於夷儀反曰君淹恤在外十二年矣而無憂色亦無寬言猶夫人也若不已死無日矣悼子曰子鮮在穀曰子鮮在何益多而能亾於我何爲悼子曰雖然弗可以已孫文子在戚孫嘉聘於齊孫襄居守甯喜右宰穀伐孫氏不克伯國傷悼子出舍於郊伯國死孫氏哭國人召悼子悼子復攻孫氏克之遂殺殤公及太子角而納獻公孔子書曰甯喜弑其君言罪之在甯氏也獻公既復而甯喜專公患之公孫免餘請殺之公曰微甯子不及此吾與之言矣事未可知祇成惡名止也對曰臣殺之君勿與知乃與公孫無地公孫臣謀使攻甯氏弗克皆死公曰臣也無罪父子死余矣於是免餘復攻甯氏殺甯喜及右宰穀尸諸朝石惡將會宋之盟受命而出衣其尸枕之股而哭之欲斂以亾懼不免且曰受命矣乃行子鮮曰逐我者出納我者死賞罰無章何以沮勸君失其信而國無刑不亦難乎且鱄實使之遂出奔晉公使

止之不可及何又使止之止使者而誓於河託於木門不鄉衛國而坐木門大夫勸之仕不可曰仕而廢其事罪也從之昭吾所以出也將誰愬乎吾不可以立於人之朝矣終身不仕公喪之如稅服終身公與免餘邑六十辭曰唯卿備百邑臣六十矣下有上祿亂也臣弗敢聞且甯子唯多邑故死臣懼死之速及也公固與之受其半以爲少師公使爲卿辭曰太叔儀不貳能贊大事君其命之乃使文子爲卿

宋

公子目夷字子魚襄公之庶兄也桓公有疾襄公爲太子固請曰目夷長且仁君其立之公命子魚子魚辭曰能以國讓仁孰大焉臣不及也且又不順遂走而退桓公薨襄公即位使子魚爲司馬齊桓公薨襄公將求諸侯十年春執滕子嬰齊夏盟曹人邾人于曹南鄫子會盟于邾公使邾人執鄫子用之于次睢之上欲以屬東夷司馬子魚曰古者六畜不相爲用小事不用大牲而況敢用人乎祭祀以爲人也民神之主也用人其誰饗之齊桓公存三亾國以屬諸侯義士猶曰薄德今一會而虐二國之君又用諸淫昏之鬼將以求霸不亦難乎得死爲幸曹南之會也曹人不修地主之禮秋公圍曹子魚諫曰文王聞崇德亂而伐之軍三旬而不降退修教而復伐之因壘而降詩曰刑于寡妻至于兄弟以御于家邦今君德無乃猶有所闕而以伐人若之何盍姑內省德乎無闕而後動可也十二年公爲鹿上之盟以求諸侯於楚楚人許之子魚曰小國爭盟禍也宋其亾乎幸而後敗秋諸侯會公于盂子魚曰禍其在此乎君欲已甚其何以堪之於是楚執公以伐宋冬會于薄以釋之子魚曰禍猶未也未足以懲君十三年鄭伯如楚公伐鄭子魚曰所謂禍在此矣秋楚人伐宋以救鄭冬十一月公及楚人戰于泓宋人既成列楚人未既濟子魚曰彼衆我寡及其未既濟也請擊之公曰不可既濟而未成列又以告公曰未可既陳而後擊之宋師敗績公傷股門官殲焉國人皆咎公公曰君子不重傷不禽二毛古之爲軍也不以阻隘也寡人雖亾國之餘不鼓不成列子魚曰君未知戰勍敵之人隘而不列天贊我也阻而鼓之不亦可乎猶有懼焉且今之勍者皆吾敵也雖及胡耇獲則取之何有於二毛明恥教戰求殺敵也傷未及死如何勿重若愛重傷則如勿傷愛其二毛則如服焉三軍以利用也金鼓以聲氣也利而用之阻隘可也聲盛致志鼓儳可也子魚卒子友嗣文公七年友爲左師

向戌桓公之族也事平公爲左師食邑於合曰合左師晉荀偃士匄以宋事晉厚而向戌有賢行請伐偪陽而封焉既滅偪陽以與向戌向戌辭曰君若猶辱鎭撫宋國而以偪陽光啟寡君羣臣安矣其何貺如之若專賜臣是臣興諸侯以自封也其何罪大焉敢以死請乃與宋公十五年向戌侵鄭大獲十八年聘于魯見孟獻子尤其室曰子有令聞而美其室非所望也二十年華閱卒華臣弱皐比之室使賊殺其宰華吳賊六人以鈹殺諸盧門合左師之後左師懼曰老夫無罪賊曰皐比私有討於吳遂幽其妻曰畀余而大璧公聞之曰臣也不唯其宗室是暴大亂宋國之政必逐之左師曰臣也亦卿也大臣不順國之恥也不如蓋之乃舍之左師爲已短策苟過華臣之門必騁初芮司徒生女子赤而毛棄諸堤下共姬之妾取以入名之曰棄長而美平公入夕共姬與之食公見棄也而視之尤姬納諸御嬖生佐惡而婉太子痤美而狠合左師畏而惡之寺人惠牆伊戾爲太子內師而無寵二十九年楚客聘于晉過宋太子知之請野享之公使往伊戾請從之公曰夫不惡女乎對曰小人之事君子也惡之不敢遠好之不敢近敬以待命敢有二心乎縱有共其外莫共其內臣請往也遣之至則欿用牲加書徵之而馳告公曰太子將爲亂既與楚客盟矣公曰爲我子又何求對曰欲速公使視之則信有焉問諸夫人與左師則皆曰固聞之公囚太子太子曰惟佐也能免我召而使請曰日中不來吾知死矣左師聞之聒而語過期乃縊而死佐爲太子公徐聞其無罪也乃亨伊戾左師見夫人之步馬者問之對曰君夫人氏也左師曰誰爲君夫人余胡弗知圉人歸以告夫人夫人使饋之錦與馬先之以玉曰君之妾棄使某獻左師改命曰君夫人而後再拜稽首受之向戌善於趙文子又善於令尹子木欲弭諸侯之兵以爲名使告諸晉楚齊秦皆許之三十年遂會諸侯爲盟已而請賞公與之邑子罕有辭左師辭之楚靈王之合諸侯也以侈示之椒舉諫之不聽子產見左師曰吾不患楚矣汰而愎諫不過十年左師曰然不十年侈其惡不遠遠惡而後棄善亦如之德遠而後興

樂喜字子罕戴公之子公子術之後也事平公爲司城平公之五年華弱與樂轡少相狎長相優又相謗也子蕩怒以弓梏華弱于朝平公見之曰司武而梏于朝難以勝矣遂逐之司城子罕曰同罪異罰非刑也專戮於朝罪孰大焉亦逐子蕩子蕩射子罕之門曰幾日而不

我從子罕善之如初十二年災樂喜爲政使伯氏司里火所未至徹小屋塗大屋陳畚挶具綆缶備水器量輕重蓄水潦積土塗巡丈城繕守備表火道使華臣具正徒令隧正納郊保奔火所使華閱討右官庀其司向戌討左亦如之使樂遄庀刑器亦如之使皇鄖命校正出馬工正出車備甲兵庀武守使西鉏吾庀守府令司宮巷伯儆宮二師令四鄉正敬享祝宗用馬于四墉祀盤庚于西門之外初鄭尉氏司氏之亂其餘盜在宋鄭人以子西伯有子產之故十八年賂宋以馬四十乘與師茷師慧三月公孫黑爲質焉司城子罕以堵女父尉翩司齊與之良司臣而逸之託諸季武子武子寘諸卞鄭人醢之三人也師慧過朝將私焉相曰朝也慧曰無人焉相曰朝也何故無人慧曰必無人焉若猶有人豈其以千乘之相易淫樂之矇必無人焉故也子罕聞之固請而歸之宋人或得玉獻諸子罕子罕弗受獻玉者曰以示玉人玉人以爲寶也故敢獻之子罕曰我以不貪爲寶爾以玉爲寶若以與我皆喪寶也不若人有其寶稽首而告曰小人懷璧不可以越鄉納此以請死也子罕寘諸其里使玉人爲之攻之富而後使復其所皇國父爲太宰爲平公築臺妨於農收子罕請俟農功之畢公弗許築者謳曰澤門之皙實興我役邑中之黔實慰我心子罕聞之親執扑以行築者而抶其不勉者曰吾儕小人皆有闔廬以辟燥溼寒暑今吾君爲一臺而不速成何以爲役謳者乃止或問其故子罕曰宋國區區而有詛有祝禍之本也向戌之議偃兵也既會諸侯歸而請賞曰請免死之邑公與之邑六十以示子罕子罕曰凡諸侯小國晉楚所以兵威之畏而後上下慈和慈和而後能安靖其國家以事大國所以存也無威則驕驕則亂生亂生必滅所以亡也天生五材民並用之廢一不可誰能去兵兵之設久矣所以威不軌而昭文德也聖人以興亂人以廢廢興存亡昏明之術皆兵之由也而子求去之不亦誣乎以誣道蔽諸侯罪莫大焉縱無大討而又求賞無厭之甚也削而投之左師辭邑向氏欲攻之左師曰我將亡夫子存我德莫大焉又可攻乎晉人欲伐宋使人覘之陽門之介夫死子罕入而哭之哀覘宋者反報於晉侯曰陽門之介夫死司城哭之哀而民說殆不可伐也孔子聞之曰善哉覘國乎凡民有喪扶服救之雖微晉而已天下其孰能當之

華元戴公之後也戴公子考父食采於華因氏焉世爲宋卿文公四年鄭伐宋華元樂呂禦之戰于大棘將戰華元殺羊食士其御羊斟不與及戰曰疇昔之羊子爲政今日之事我爲政與入鄭師宋師敗績囚華元獲樂呂及甲車四百六十乘俘二百五十人馘百人宋人以車百乘文馬百駟贖華元于鄭半入華元逃歸立于門外告而入見羊斟曰子之馬然也對曰非馬也其人也言畢奔于魯宋城華元爲植巡功城者謳曰睅其目皤其腹棄甲而復于思于思棄甲復來使其驂乘謂之曰牛則有皮犀兕尚多棄甲則那役人曰從其有皮丹漆若何華元曰去之夫其口衆我寡時服其有容十六年楚子使申舟聘于齊曰無假道於宋亦使公子馮聘于晉不假道于鄭初陳侯鄭伯會楚子于息將以伐宋華御事曰楚欲弱我也先爲之弱乎何必使誘我我實不能民何罪乃逆楚子勞且聽命遂道以田孟諸公爲右孟鄭伯爲左孟期思公復遂爲右司馬子朱及文之無畏爲左司馬命夙駕載燧宋公違命無畏抶其僕以徇或謂申舟曰國君不可戮也申舟曰當官而行何彊之有詩曰剛亦不吐柔亦不茹毋縱詭隨以謹罔極是亦非辟彊也敢愛死以亂官乎至是以惡宋之故見犀而行曰鄭昭宋聾晉使不害我則必死王曰殺女我則伐之遂行及宋公使人止之華元曰過我而不假道鄙我也鄙我亡也殺其胥必伐我伐我亦亡也亡一也乃殺之楚子聞之投袂而起屨及於窒皇劒及於寢門之外車及於蒲使之市九月楚子圍宋踰年不下楚師將去之申犀稽首於王之馬前曰無畏知死不敢廢王命王棄言焉王不能答申叔時之謀築室反耕公懼使華元夜入楚師登子反之牀起之曰寡君使元以病告曰敝邑易子而食析骸而爨雖然城下之盟有以國斃不能從也去我三十里唯命是聽子反懼與之盟而告王退三十里公及楚平華元爲質盟曰我無爾詐爾無我虞二十二年文公卒始厚葬用蜃炭益車馬始用殉重器備椁有四阿棺有翰檜君子謂華元不能治煩去惑君生縱其欲死又益其侈是棄君於惡也其公八年晉使糴茷如楚楚許晉成華元善於令尹子重又善於欒武子聞晉楚之相通也如楚遂如晉以合晉楚之成十年晉士燮楚公子罷許偃盟于宋西門之外華元故也十二年共公卒平公卽位華元爲右師魚石爲左師蕩澤爲司馬華喜爲司徒公孫師爲司城向爲人爲大司寇鱗朱爲少司寇向帶爲太宰魚府爲少宰蕩澤弱公室殺公子肥華元曰我爲右師君臣之訓師所司也今公室卑而不能正吾罪大矣不能治官敢賴寵乎乃出奔晉二華戴族也司城莊族也六官皆桓族也魚石將止

華元魚府曰右師反必討是無桓氏也魚石曰右師苟獲反雖許之討必不敢且多大功國人與之不反懼桓氏之無祀於宋也右師討猶有戌在桓氏雖亾必偏魚石自止華元于河上請討許之乃反使華喜公孫師帥國人攻蕩氏殺子山魚石向爲人鱗朱向帶魚府出舍于睢上華元使止之不可冬十月華元自止之不可乃反魚府曰今不從不得入矣右師視速而言疾有異志焉若不我納今將馳矣登丘而望之則馳騁而從之則決睢澨閉門登陴矣左師二司寇二宰遂出奔楚華元使向戌爲左師老佐爲司馬樂裔爲司寇以靖國人華元之子華臣華閱閱爲右師

華費遂事元公爲大司馬費遂之子曰貙多僚登貙爲少司馬多僚爲御士元公無信多私而惡華向華定華亥與向甯謀曰亾愈於死先諸元公二十年夏六月華亥僞有疾以誘羣公子公子問之則執之殺公子寅公子御戎公子朱公子固公孫援公孫丁拘向勝向行於其廩公如華氏請焉弗許遂劫之取太子欒與母弟張公子地以爲質公亦取華亥之子無慼向甯之子羅華定之子啟與華氏盟以爲質於是公黨公子城公孫忌樂舍司馬彊向宜向鄭楚建郳申出奔鄭其徒與華氏戰於鬼閻敗子城子城適晉華亥與其妻必盥而食所質公子者而後食公與夫人每日必適華氏食公子而後歸華亥患之欲歸公子向甯曰唯不信故質其子若又歸之死無日矣公請於華費遂將攻華氏對曰臣不敢愛死無乃求去憂而滋長乎臣是以懼敢不聽命公曰子死亾有命余不忍其詢也費遂從之冬十月公殺華向之質而攻之華向奔陳華登奔吳向甯欲殺太子華亥曰干君而出又殺其子其誰納我且歸之有庸使少司寇華牼以歸乃謂牼曰子之齒長矣不能事人以三公子爲質必免公子既入華牼將自門行公遽見之執其手曰余知而無罪也入復其所二十一年多僚與貙相惡乃譖於公曰貙將納亾人亟言之公曰司馬以吾故亾其良子死亾有命吾不可以再亾之對曰君若愛司馬則如亾死如可逃何遠之有公懼使侍人召司馬之侍人宜僚飲之酒而使告司馬司馬歎曰必多僚也吾有讒子而弗能殺吾又不死抑君有命可若何乃與公謀逐華貙將使田孟諸而遣之公飲之酒厚酬之賜及從者司馬亦如之張匄尤之曰必有故使子皮承宜僚以劒而訊之宜僚盡以告張匄欲殺多僚子皮曰司馬老矣登之謂甚吾又重之不如亾也子皮將見司馬而行則遇多僚劫司馬而朝張匄不勝其怒遂與子皮臼任鄭翩殺多僚劫司馬以叛而召亾人於是華向入欒大心豐愆華牼禦諸橫華氏居盧門以南里叛宋城舊鄘及桑林之門而守之華登以吳師救華氏齊烏枝鳴戍宋廚人濮曰軍志有之先人有奪人之心後人有待其衰盍及其勞且未定也伐諸若入而固則華氏衆矣悔無及也從之齊師宋師敗吳師于鴻口獲其二帥公子苦雂偃州員華登帥其餘以敗宋師公欲出厨人濮曰吾小人可藉死而不能送亾君請待之乃徇曰楊徽者公徒也衆從之公自楊門見之下而巡之曰國亾君死二三子之耻也豈專孤之罪也齊烏枝鳴曰用少莫如齊致死齊致死莫如去備彼多兵矣請皆用劒從之華氏北復卽之廚人濮以裳裹首而荷以走曰得華登矣遂敗華氏于新里翟僂新居于新里既戰說甲于公而歸華姓居于公里亦如之公子城以晉師至曹翰胡會晉荀吳齊苑何忌衞公子朝救宋與華氏戰于赭丘鄭翩願爲鸛其御願爲鵝子祿御公子城莊堇爲右干犨御呂封人華豹張匄爲右相遇城還華豹曰城也城怒而反之將注豹則關矣曰平公之靈尚輔相余豹射出其間將注則又關矣曰不狎鄙抽矢城射之殪張匄抽殳而下射之折股扶服而擊之折軫又射之死干犨請一矢城曰余言女於君對曰不死伍乘軍之大刑也干刑而從子君焉用之子速諸乃射之殪大敗華氏圍諸南里華亥搏膺而呼見華貙曰吾爲欒氏矣貙曰子無我迋不幸而後亾使華登如楚乞師華貙以車十五乘徒七十人犯師而出食於睢上哭而送之乃復入楚子以薳越帥師將逆華氏太宰犯諫曰諸侯惟宋事其君今又爭國釋君而臣是助無乃不可乎王曰而告我也後既許之矣師遂行楚薳越使告于宋曰寡君聞君有不令之臣爲君憂無甯以爲宗羞寡君請受而戮之對曰孤不佞不能媚於父兄以爲君憂拜命之辱抑君臣日戰君曰余必臣是助亦唯命人有言曰唯亂門之無過君若惠保敝邑無亢不衷以獎亂人孤之望也唯君圖之楚人患之諸侯之戍謀曰若華氏知困而致死楚耻無功而疾戰非吾利也不如出之以爲楚功其亦無能爲也已救宋而除其害又何求乃固請出之宋人從之於是華亥向甯華定自宋南里出奔楚

秦

百里孟明視父曰百里傒先爲虞大夫晉獻公滅虞虜虞君及百里傒既歸乃以爲秦穆公夫人媵於秦百里傒亾秦走宛楚鄙人執之穆公聞其賢欲重贖之恐楚

人不與乃使人謂楚曰吾媵臣百里傒在焉請以五羖之皮贖之楚人許而遂歸之當是時年七十餘矣穆公釋其囚與語國事謝曰臣亾國之臣何足問公曰虞君不用子故亾非子罪也固問語三日穆公大説授之國政號曰五羖大夫百里傒曰臣不及臣友蹇叔蹇叔賢而世莫知公問之故對曰臣嘗游困於齊而乞食銍人蹇叔收臣臣因欲事齊君無知蹇叔止臣臣得脫齊難遂之周周王子頹好牛臣以養牛干之及頹欲用臣蹇叔止臣臣去得不誅事虞君蹇叔止臣臣知虞君不用臣臣誠私利爵祿且留再用其言得脫一不用及於難是以知其賢於是穆公使人厚幣迎蹇叔以爲上大夫秦嘗使大夫杞子戍鄭鄭人使掌北門之管杞子使告于秦曰若潛師以來國可得也穆公然之訪諸蹇叔蹇叔曰勞師以襲遠非所聞也師勞力竭遠主備之無乃不可乎師之所爲鄭必知之勤而無所必有悖心且行千里其誰不知又問百里傒傒曰徑數國千里而襲人未見其利且人賣鄭焉知我國人不有以我情告鄭者乎公曰子不知吾已決矣遂發兵使百里傒子孟明視蹇叔子西乞術白乙丙將兵師出於東門之外蹇叔百里傒二人哭之公聞之怒曰孤發兵而子沮哭吾軍何也二老曰臣非敢沮君軍行臣子與往臣老遲還恐不相見故哭耳二老退而謂其子曰晉人禦師必於殽殽有二陵焉其南陵夏后皐之墓也其北陵文王之所辟風雨也必死是間余收爾骨焉秦師遂東過周北門左右免冑而下超乘者三百乘王孫滿尚幼觀之言於王曰秦師輕而無禮必敗輕則寡謀無禮則脫入險而脫又不能謀能無敗乎及滑鄭商人弦高將市於周過之以乘韋先牛十二犒師曰寡君聞吾子將步師出於敝邑敢犒從者不腆敝邑爲從者之淹居則具一日之積行則備一夕之衞且遽告于鄭鄭穆公使視客館則束載厲兵秣馬矣使皇武子辭焉曰吾子淹久於敝邑唯是脯資餼牽竭矣爲吾子之將行也鄭之有原圃猶秦之有具囿也吾子取其麋鹿以間敝邑若何杞子奔齊孟明曰鄭有備矣不可冀也攻之不克圍之不繼吾其還也滅滑而還晉人用先軫之言發命興師敗孟明于殽獲三帥以歸文嬴請之公舍之已而悔之使陽處父追之及河則已在舟中矣於是穆公素服郊次鄉師而哭曰孤違二老以辱二三子孤之罪也不替孟明孤之過也大夫何罪且吾不以一眚掩大德因作誓以謝蹇叔百里傒及三年孟明視帥師伐晉以報殽之役晉侯禦之先且居將中軍趙衰佐之王官無地禦戎狐鞫居爲右及孟明戰于彭衙孟明敗績及歸繆公猶用孟明增修國政重施於民次年孟明伐晉濟河焚舟取王官及郊晉懼不敢出乃自茅津濟封殽尸而還遂霸西戎

通志卷九十一

通志卷九十二

宋 右 迪 功 郎 鄭 樵 漁 仲 撰

列傳第五

春秋

齊

管仲 晏子 逢丑父 崔杼 慶封

楚

鬭伯比 鬭子文 公子側 蔿賈 蔿艾獵

申叔時 伯州犂 沈尹氏 公孫歸生 伍舉

薳啟疆 申無宇 然丹 公子貞 薳子馮

屈建 囊瓦 沈諸梁 公子申

吳

季札 伍員

越

范蠡

齊

管敬仲夷吾潁上人也始與召忽俱爲齊公子糾傅襄公立無常鮑叔牙曰君使民慢亂將作矣奉公子小白出奔莒及襄公遇弒管仲召忽奉公子糾奔魯齊人立公子無知旣而殺之公子小白自莒先入得立爲君是爲桓公桓公使魯人殺子糾召忽死之管仲請囚桓公使鮑叔爲宰辭曰君之庸臣也君加惠於臣使不凍餒則是君之賜也若必治國家者則非臣之所能也其唯管夷吾乎臣之所不如夷吾者五寬惠柔民弗若也治國家不失其柄弗若也忠信可結於百姓弗若也制禮義可法於四方弗若也執枹鼓立於軍門使百姓皆加勇焉弗若也桓公曰夫夷吾射寡人中鉤是以濱於死鮑叔對曰夫爲其君動也君若宥而反之夫猶是也桓公曰若何鮑子對曰請諸魯桓公曰施伯魯君之謀臣也夫知吾將用之必不予我矣若之何鮑子對曰使人請諸魯曰寡君有不令之臣在君之國欲以戮之於羣臣故請之則予我矣桓公使請諸魯如鮑叔之言魯莊公以問施伯施伯對曰此非欲戮之也欲用其政也夫管子天下之才也所在之國則必得志於天下令彼在齊則必長爲魯國憂矣莊公曰若何施伯曰殺而以其屍授之莊公將殺管仲齊使者請曰寡君欲以親爲戮若不生得以戮於羣臣猶未得請也請生之於是莊公使束縛以予齊使齊受之而退比至三釁三浴之桓公親逆之于郊而與之坐而問焉曰吾先君襄公築臺以爲高位田狩畢弋不聽國政卑聖侮士而唯女是崇九妃九嬪陳妾數百食必粱肉衣必文繡戎士凍餒戎車待游車之蔽戎士待陳妾之餘優笑在前賢材在後是以國家不日引不月長恐宗廟之不埽除社稷之不血食敢問爲此若何管仲對曰昔吾先王昭王穆王世法文武遠績以成名合羣叟比校民之有道者設象以爲紀式權以相應比綴以度端本肇末勸之以賞賜糾之以刑罰班序顚毛以爲民紀統桓公曰爲之若何管仲對曰昔者聖王之治天下也參其國而伍其鄙定民之居成民之事陵爲之終而愼用其六柄焉桓公曰成民之事若何管仲對曰四民者勿使雜處雜處則其言哤其事易公曰處士農工商若何管仲對曰昔聖王之處士也使就閒燕處工就官府處商就市井處農就田野令夫士羣萃而州處閒燕則父與父言義子與子言孝其事君者言敬其幼者言悌少而習焉其心安焉不見異物而遷焉是故其父兄之教不肅而成其子弟之學不勞而能夫是故士之子恒爲士令夫工羣萃而州處審其四時辨其功苦權節其用論比協材旦暮從事施於四方以飭其子弟相語以事相示以巧相陳以功少而習焉其心安焉不見異物而遷焉是故其父兄之教不肅而成其子弟之學不勞而能夫是故工之子恒爲工令夫商羣萃而州處察其四時而監其鄉之資以知其市之賈負任擔荷服牛軺馬以周四方以其所有易其所無市賤鬻貴旦暮從事於此以飭其子弟相語以利相示以賴相陳以知賈少而習焉其心安焉不見異物而遷焉是故其父兄之教不肅而成其子弟之學不勞而能夫是故商之子恒爲商令夫農羣萃而州處察其四時權節其用耒耜耞芟及寒擊菒除田以待時耕而疾耰之以待時雨時雨既至挾其槍刈耨鎛以旦暮從事於田野脫衣就功首戴茅蒲身衣襏襫霑體塗足暴其髮膚盡其四支之敏以從事於田野少而習焉其心安焉不見異物而遷焉是故其父兄之教不肅而成其子弟之學不勞而能夫是故農之子恒爲農野處而不暱其秀民之能爲士者必足賴也有司見而不以告其罪五有司已於事而竣桓公曰定人之居若何管仲對曰制國以爲二十一鄉桓公曰善管仲於是制國以爲二十一鄉工商之鄉六士鄉十五公帥五鄉焉國子帥五鄉焉高子帥五鄉焉參國起桉以爲三官臣立三宰工立三族市立三鄉澤立三虞山立三衡桓公曰吾欲從事於諸侯其可乎管仲對曰未可國未安桓公曰安國若何管仲對曰修舊法擇其善者而業用之遂滋民與無財而敬百姓則國安矣桓公曰諸遂修舊法擇

其善者而業用之遂滋民與無財而敬百姓國既安矣桓公曰國安矣其可乎管仲對曰未可君若正卒伍修甲兵則大國亦將正卒伍修甲兵則難以速得志矣君有攻伐之器小國諸侯有守禦之備則難以速得志矣君若欲速得志於天下諸侯則事可以隱令可以寄政桓公曰爲之若何管仲對曰作內政而寄軍令焉桓公曰善管仲於是制國五家爲軌軌爲之長十軌爲里里有司四里爲連連爲之長十連爲鄉鄉有良人焉以爲軍令五家爲軌故五人爲伍軌長帥之十軌爲里故五十人爲小戎里有司帥之四里爲連故二百人爲卒連長帥之十連爲鄉故二千人爲旅鄉良人帥之五鄉一帥故萬人爲一軍五鄉之帥帥之三軍故有軍中之鼓有國子之鼓有高子之鼓春以蒐振旅秋以獮治兵是故卒伍整於里軍旅整於郊內教既成令勿使遷徙伍之人祭祀同福死喪同恤禍災共之人與人相疇家與家相疇世同居少同游故夜戰聲相聞足以不乖晝戰目相見足以相識其歡欣足以相死居同樂行同和死同哀是故守則同固戰則同彊君有此士也三萬人可以橫行於天下以誅無道以屏周室天下大國之君莫之能禦正月之朔鄉長復事桓公親問焉曰於子之鄉有居處爲義好學慈孝於父母聰慧質仁發聞於鄉里者有則以告有而不以告謂之蔽明其罪五有司已於事而竣桓公又問焉曰於子之鄉有拳勇股肱之力秀出於衆者有則以告有而不以告謂之蔽賢其罪五有司已於事而竣桓公又問焉曰子之鄉有不慈孝於父母不長悌於鄉里驕躁淫暴不用上令者有則以告有而不以告謂之下比其罪五有司已於事而竣是故鄉長退而修德進賢桓公親見之遂使役官桓公令官長期而書伐以告且選選其官之賢者而復用之曰有人居我官有功休德惟慎端愨以待時使民以勸綏謗言足以補官之不善政桓公召而與之語訾相其質足以比成事誠可立而授之設之以國家之患而不疚退問之其鄉以觀其所能而無大厲升之以爲上卿之贊謂之三選國子高子退而修鄉鄉退而修連連退而修軌軌退而修伍伍退而修家是故匹夫有善可得而舉也匹夫有不善可得而誅也政既成鄉不越長朝不越爵罷士無伍罷女無家夫是故民皆勉爲善與其爲善於鄉也不如爲善於里與其爲善於里也不如爲善於家是故士莫敢言一朝之便皆有終歲之計莫敢以終歲之議皆有終身之功桓公曰伍鄙若何管仲對曰相地而衰征則民不移政不旅舊則民不偷不山澤各致其時則民不苟陵阜陸墐井田疇均則民不憾無奪民時則百姓富犧牲不略則牛羊遂桓公曰定民之相若何管仲對曰制鄙二十家爲邑邑有司十邑爲卒卒有卒帥十卒爲鄉鄉有鄉帥三鄉爲縣縣有縣帥七縣爲屬屬有大夫五屬故立五大夫各使治一屬焉立五正各使聽一屬焉是故正之政聽屬牧政聽縣下政聽鄉桓公曰各保治爾所無或淫怠而不聽治者正月之朝五屬大夫復事桓公擇是寡功者而譴之曰制治分民如一何故獨寡功教不善則政不治一再則宥三則不赦桓公又親問焉曰於子之屬有居處爲義好學慈孝於父母聰慧質仁發聞於鄉里者有則以告有而不以告者謂之蔽明其罪五有司已於事而竣桓公又問焉曰於子之屬有拳勇股肱之力秀出於衆者有則以告有而不以告者謂之蔽賢其罪五有司已於事而竣桓公又問焉曰於子之屬有不慈孝於父母不長悌於鄉里驕躁淫暴不用上令者有則以告有而不以告謂之下比其罪五有司已於事而竣五屬大夫於是退而修屬屬退而修縣縣退而修鄉鄉退而修卒卒退而修邑邑退而修家是故匹夫有善可得而舉也匹夫有不善可得而誅也政成矣以守則固以征則彊桓公曰吾欲從事於諸侯其可乎管仲對曰未可鄰國未親也君欲從事於天下諸侯則親鄰國桓公曰若何管仲對曰審吾疆場而反其侵地正其封疆無受其貨而重爲之皮幣以驟聘眺於諸侯以安四鄰則四鄰之國親我矣爲游士八十人奉之以車馬衣裘多其資幣使周游於四方以號召天下之賢士皮幣玩好使民鬻之四方以監其上下之所好擇其淫亂者而先征之桓公問曰夫軍令則寄諸內政矣齊國寡甲兵爲之若何管仲對曰輕過而移諸甲兵桓公曰爲之若何管仲對曰制重罪贖以犀甲一戟輕罪贖以鞼楯一戟小罪讁以金分宥閒罪禁訟者三禁而不可上下坐成以束矢美金以鑄劍試諸狗馬惡金以鑄鉏夷斤斸試諸壤土甲兵大足桓公曰吾欲南伐何主管仲對曰以魯爲主反其侵地棠潛使海於有蔽渠弭於有渚環山於有牢桓公曰吾欲西伐何主管仲對曰以衞爲主反其侵地臺原姑與漆里使海於有蔽渠弭於有渚環山於有牢桓公曰吾欲北伐何主管仲對曰以燕爲主反其侵地柴夫吠狗使海於有蔽渠弭於有渚環山於有牢桓公於是大親四鄰反侵地正其封疆南至餉陰西至于濟北至于河東至于紀酅遂成霸國桓公之五年與魯莊公會于柯魯將

曹沬操七首登壇劫桓公請歸所侵魯地桓公懼而從之既已盟桓公怒欲勿與管仲曰不可以小利而棄信於諸侯竟與之七年桓公會于鄄始霸諸侯二十四年爲管仲城其私邑小穀昭其功也明年狄人伐邢管仲言於桓公曰戎狄豺狼不可厭也諸夏親暱不可棄也宴安酖毒不可懷也詩云豈不懷歸畏此簡書簡書同惡相恤之謂也請救邢以從簡書公從之遂救邢二十年桓公伐楚楚成王使與師言管仲責以菁茅不入王祭不供語具齊世家中三十二年桓公盟諸侯于甯母謀服鄭也管仲言於桓公曰臣聞之招攜以禮懷遠以德德禮不易無人不懷齊能修禮於諸侯故諸侯官受方物可不愼歟鄭文公使太子華聽命于會華私於桓公曰洩氏孔氏子人氏三族實違君命若君去之以爲成我以鄭爲內臣君亦無所不利焉公將許之管仲曰君以禮與信屬諸侯而以姦終之無乃不可乎子父不奸之謂禮守命共時之謂信違此二者姦莫大焉公曰諸侯有討於鄭未捷今苟有釁從之不亦可乎對曰君若綏之以德加之以訓辭而帥諸侯以討鄭鄭將覆亾之不暇豈敢不懼若摠其罪人以臨之鄭有辭矣何懼且夫合諸侯以崇德也會而列姦何以示後嗣夫諸侯之會其德刑禮義無國不記記姦之位君盟替矣作而不記非盛德也君其勿許鄭必受盟夫子華既爲太子而求介於大國以弱其國亦必不免鄭有叔詹堵叔師叔三良爲政未可閒也桓公辭焉子華由是得罪于鄭三十五年桓公會諸侯于葵邱王使宰孔賜桓公胙曰余一人之命有事於文武使孔致胙且有後命以爾自卑勞實謂爾伯舅無下拜桓公召管仲而謀管仲對曰爲君不君爲臣不臣亂之本也桓公懼出見客曰天威不違顏咫尺小白余敢承天子之命曰爾無下拜恐隕越於下以爲天子羞遂下拜升受三十八年桓公使管仲平戎于王王以上卿之禮饗管仲管仲辭曰臣賤有司也有天子之二守國高在若節春秋來承王命何以禮焉陪臣敢辭王曰舅氏余嘉乃勳應乃懿德謂督不忘往踐乃職無逆朕命管仲受下卿之禮而還君子曰管氏之世祀宜哉讓不忘其上詩云愷悌君子神所勞矣四十一年管仲卒管仲之病也桓公問曰羣臣誰可相者管仲對曰知臣莫若君公曰易牙開方豎刁何如對曰三子者非人情不可近桓公不用其言卒任三子齊政遂亂管仲少時貧困與鮑叔牙游常欺鮑叔鮑叔知其賢不以爲言及其相桓公九合諸侯一匡天下嘗曰吾始困時嘗與鮑叔賈分財利多自與鮑叔不以我爲貪知我貧也吾嘗爲鮑叔謀事而更窮困鮑叔不以我爲愚知時有利不利也吾嘗三仕三見逐於君鮑叔不以我爲不肖知我不遭時也吾嘗三戰三走鮑叔不以我爲怯知我有老母也公子糾敗召忽死之吾幽囚受辱鮑叔不以我爲無恥知我不羞小節而恥功名不顯於天下也生我者父母知我者鮑子也故天下不多管仲之賢而多鮑叔之能知人焉管仲治齊無他術能通貨積財與俗同好惡而已耳故其稱曰倉廩實而知禮節衣食足而知榮辱上服度則六親固四維張則君令行四維不張國乃滅亾下令如流水之原令順民心故論卑而易行俗之所欲因而予之俗之所否因而去之其爲謀也善因禍而爲福轉敗而爲功貴輕重愼權衡桓公實怒少姬南襲蔡管仲因而伐楚責以包茅不入周室桓公實北征山戎管仲因而令燕修召公之政桓公實欲背曹沬之盟管仲因而示信於天下故曰知與之爲取政之寶也管仲富併於公室有三歸反坫其在當時國人不以爲侈而過之管仲既卒齊國遵其政常彊於諸侯管氏之子孫世祿於齊有封邑者十餘世卒爲名大夫焉

晏平仲嬰萊之夷維人桓子弱之子也及事靈公莊公景公初晉大夫欒盈得罪奔楚晉於是會諸侯于商任以錮之莊公三年欒盈自楚來奔晏子言於公曰商任之會受命於晉今納欒氏將焉用之小所以事大信也失信不立君其圖之弗聽退告陳文子曰君人執信臣人執其忠信篤敬上下同之天之道也君自棄也弗能久矣欒盈猶在齊晏子曰禍將作矣晉將來伐不可以不懼既而明年果有晉師五年崔杼弒莊公晏子聞難往赴立於崔氏之門外其人曰死乎曰獨吾君也乎哉吾死也曰行乎曰吾罪也乎哉吾亾也曰歸乎曰君死安歸君民者豈以陵民社稷是主臣君者豈爲其口實社稷是養故君爲社稷死則死之爲社稷亾則亾之若爲己死而己亾非其私暱誰敢任之且人有君而弒之吾焉得死之而焉得亾之將庸何歸門啟而入枕尸股而哭興三踊而出人謂崔子必殺之崔子曰民之望也舍之得民崔杼立靈公孽子杵臼而相之是爲景公慶封爲左相盟國人於大宮曰所不與崔慶者晏子仰天歎曰嬰所不爲忠於君利社稷者是與有如上帝乃歃及慶氏敗公與晏子邶殿其鄙六十弗受子尾曰富人之所欲也何獨弗欲對曰慶氏之邑足欲故亾吾邑不足欲也益之邶殿乃足欲足欲亾無日矣在外不得宰

吾一邑不受邶殿非惡富也恐失富也且夫富如帛布之有幅焉為之制度使無遷也夫民生厚而用利於是乎正德以幅之使無黜嫚謂之幅利利過則為敗吾不敢貪多所為幅也景公四年吳季札來聘見晏子相得甚歡說其納邑與政故晏子因陳桓子而納之九年公使晏子請繼室於晉曰寡君使嬰曰寡人願事君朝夕不倦將奉質幣以無失時則國家多難是以不獲不腆先君之適以備內官焜燿寡人之望則又無祿早世隕命寡人失望君若不忘先君之好惠顧齊國辱收寡人徼福於太公丁公照臨敝邑鎮撫其社稷則猶有先君之適及遺姑姊妹若而人君若不棄敝邑而辱使董振擇之以備嬪嬙寡人之望也韓宣子使叔向對曰寡君之願也寡君不能獨任其社稷之事未有伉儷在縗絰之中是以未敢請君有辱命惠莫大焉若惠顧敝邑撫有晉國賜之內主豈惟寡君與羣臣實受其貺其自唐叔以下實寵嘉之既成昏晏子受禮叔向從之宴相與語叔向曰齊其何如晏子曰此季世也吾弗知齊其為陳氏矣公棄其民而歸於陳氏齊舊四量豆區釜鍾四升為豆各自其四以登於釜釜十則鍾陳氏三量皆登一焉鍾乃大矣以家量貸而以公量收之山木如市弗加於山魚鹽蜃蛤弗加於海民參其力二入於公而衣食其一公聚朽蠹而三老凍餒國之諸市屨賤踊貴民人痛疾而或燠休之其愛之如父母而歸之如流水欲無獲民將焉辟之箕伯直柄虞遂伯戲其相胡公太姬已在齊矣叔向曰然雖吾公室今亦季世也戎馬不駕卿無軍行公乘無人卒列無長庶民罷敝而宮室滋侈道殣相望而女富溢尤民聞公命如逃寇讎欒郤胥原

狐續慶伯降在皁隸政在家門民無所依君日不悛以樂慆憂公室之卑其何日之有讒鼎之銘曰昧旦丕顯後世猶怠況日不悛其能久乎晏子曰子將若何叔向曰晉之公族盡矣肸聞之公室將卑其宗族枝葉先落則公從之肸之宗十一族唯羊舌氏在而已肸又無子公室無度幸而得死豈其獲祀初公欲更晏子之宅曰子之宅近市湫隘囂塵不可以居請更諸爽塏者辭曰君之先臣容焉臣不足以嗣之於臣侈矣且小人近市朝夕得所求小人之利也敢煩里旅公笑曰子近市識貴賤乎對曰既近之敢不識乎公曰何貴何賤於是公方繁刑有鬻踊者故對曰踊貴屨賤既已告於君故與叔向語而稱之公以是省刑焉及晏子在晉公更其宅反則成矣既拜乃毀之而為里室皆如其舊則使宅人反之且諺曰非宅是卜唯鄰是卜二三子先卜鄰矣違卜不祥君子不犯非禮小人不犯不祥古之制也吾敢違諸乎卒復其舊宅公弗許因陳桓子以請乃許之公孫竈卒司馬竈見晏子曰又喪子雅矣晏子曰惜也子旗不免殆哉美族弱矣而嬀將始昌二惠競爽猶可又弱一个焉美其危哉鄭罕虎娶子尾氏晏子驟見之陳桓子問其故對曰能用善人民之主也十六年欒高陳鮑之亂子良謀欲得公以自輔公不聽遂伐虎門晏平仲端委立於虎門之外四族召之無所往其徒曰助陳鮑乎曰何善焉助欒高乎曰庸愈乎然則歸乎曰君伐焉歸公召之而後入及欒高敗陳鮑分其室晏子謂陳桓子必致諸公讓德之主也讓之謂懿德凡有血氣皆有爭心故利不可彊思義為愈義利之本也蘊利生孽姑使無蘊乎可以滋長桓子盡致諸公而請老于莒二

十六年公疥遂痁期而不瘳諸侯之賓問疾者多在梁邱據與裔款言於公曰吾事鬼神豐於先君有加矣今君疾病為諸侯憂是祝史之罪也諸侯不知其謂我不敬君盍誅於祝固史嚚以辭賓公說告晏子晏子曰日宋之盟屈建問范會之德於趙武趙武曰夫子之家事治言於晉國竭情無私其祝史祭祀陳信不愧其家事無猜其祝史不祈以語康王康王曰神人無怨宜其光輔五君以為盟主也公曰據與款謂寡人能事鬼神故欲誅於祝史子稱是語何故對曰若有德之君外內不廢上下無怨動無違事其祝史薦信無愧心矣是以鬼神用饗國受其福祝史與焉其所以蕃祉老壽者為信君使也其言忠信於鬼神其適遇淫君外內頗邪上下怨疾動作辟違從欲厭私高臺深池撞鐘舞女斬刈民力輸掠其聚以成其違不恤後人暴虐淫從肆行非度無所還忌不思謗讟不憚鬼神神怒民痛無悛於心其祝史薦信是言罪也其蓋失數美是矯誣也進退無辭則虛以求媚是以鬼神不饗其國以禍之祝史與焉所以夭昏孤疾者為暴君使也其言僭嫚於鬼神公曰然則若之何對曰不可為也山林之木衡鹿守之澤之萑蒲舟鮫守之藪之薪蒸虞候守之海之鹽蜃祈望守之縣鄙之人入從其政偪介之關暴征其私承嗣大夫彊易其賄布常無藝徵斂無度宮室日更淫樂不違內寵之妾肆奪於市外寵之臣僭令於鄙私欲養求不給則應民人苦病夫婦皆詛祝有益也詛亦有損聊攝以東姑尤以西其為人多矣雖則善祝豈能勝億兆之詛君若欲誅於祝史修德而後可公說使有司寬政毀關去禁薄斂已責公田于沛既還晏子侍于遄臺子猶馳而

造焉公曰唯據與我和夫晏子對曰據亦同也焉得爲和公曰和與同異乎對曰異和如和羹焉水火醯醢鹽梅以亨魚肉燀之以薪宰夫和之齊之以味濟其不及以洩其過君子食之以平其心君臣亦然君所謂可而有否焉臣獻其否以成其可君所謂否而有可焉臣獻其可以去其否是以政平而民不干民無爭心故詩曰亦有和羹既戒既平鬷假無言時靡有爭先王之濟五味和五聲也以平其心成其聲也聲亦如味一氣二體三類四物五聲六律七音八風九歌以相成也清濁小大短長疾徐哀樂剛柔遲速高下出入周疏以相濟也君子聽之以平其心心平德和故詩曰德音不瑕今據不然君所謂可據亦曰可君所謂否據亦曰否若以水濟水誰能食之若琴瑟之專壹誰能聽之同之不可也如是飲酒樂公曰古而無死其樂若何晏子對曰古而無死則古之樂也君何得焉昔爽鳩氏始居此地季萴因之有逢伯陵因之蒲姑氏因之而後太公因之古若無死爽鳩氏之樂非君所願也三十有二年有彗見于國公念自傷晏子曰君高臺深池賦斂如弗得刑罰恐弗勝茀星將出彗星何懼乎公曰禳之若何對曰無益也而祇取誣焉天道不謟不貳其命若之何禳之且天之有彗以除穢也君無穢德又何禳焉若德之穢禳之何損今怨者已眾而君令一人禳之安能勝眾口乎時公治宮室聚狗馬厚賦重刑故晏子以此諫之公與晏子坐于路寢公歎曰美哉室其誰有此乎晏子曰敢問何謂也公曰吾以爲在德對曰如君之言其陳氏乎陳氏雖無大德而有施於民豆區釜鍾之數其取之公也薄其施之民也厚公務於斂陳氏務施民歸之矣詩曰雖無德與女式歌且舞陳氏之施民歌舞之矣後世若少惰陳氏而不亾則國其國也已公曰善哉是可若何對曰唯禮可以已之在禮家施不及國民不遷農不移工賈不變士不濫官不滔大夫不收公利公曰善哉我不能已吾今而後知禮之可以爲國也對曰禮之可以爲國也久矣與天地並君令臣共父慈子孝兄愛弟敬夫和妻柔姑慈婦聽禮也君令而不違臣共而不貳父慈而教子孝而箴兄愛而友弟敬而順夫和而義妻柔而正姑慈而從婦聽而婉禮之善物也公曰善哉寡人今而後聞此禮之上也對曰先王所稟於天地以爲其民也是以先王上之時越石父賢在縲紲之中晏子出遭之塗解左驂贖之載與歸弗謝入閨久之越石父請絕晏子戄然攝衣冠謝曰嬰雖不仁免子於難何子求絕之速也石父曰不然吾聞君子詘於不知己而伸於知己者方吾在縲紲之中彼不知我也夫子既以感悟而贖我是知己矣知己而無禮固不如在縲紲之中晏子於是延人爲上客晏子爲相時出其御之妻從門閾見其夫擁大蓋策駟馬意氣甚自得已而歸其妻請去夫問其故妻曰晏子長不滿六尺身相齊國名顯諸侯今者妾觀其出志念深矣常有以自下者今子長八尺爲人僕御然子之意自以爲足妾是以求去也其後夫自抑損晏子怪而問之御以實對晏子薦以爲大夫晏子卒有子曰圉

逢丑父齊之卿士也頃公十年晉郤克伐齊師陳于鞌邴夏御公丑父爲右晉解張御郤克鄭丘緩爲右公驂之郤克傷於矢將病殭文鼓音不絕馬逸不能止師從之齊師敗績逐之三周華不注韓厥中御而從公丑父與公易位將及華泉驂絓於木而止丑父寢於轏中蛇出於其下以肱擊之傷而匿之故不能推車而及韓厥執縶馬前丑父教公下如華泉取飲鄭周父御佐車宛茷爲右載公以免韓厥獻丑父郤獻子將戮之呼曰自今無有代其君任患者矣有一於此將爲戮乎郤子曰人不難以死免其君我戮之不祥赦之以勸事君者乃免之公求丑父三入三出而後已

崔武子杼丁公之族也丁公適子季子食采於崔其後以邑爲氏杼事惠公有寵高國畏其偪也公卒而逐之奔衛既而得復靈公八年使爲大夫公娶於魯曰顏懿姬無子其姪鬷聲姬生光以爲太子諸子仲子戎子戎子嬖仲子生牙屬諸戎子戎子請以爲太子公許之仲子曰不可廢常不祥閒諸侯難光之立也列於諸侯矣今無故而廢之是專黜諸侯而以難犯不祥也君必悔之公曰在我而已遂東太子光使高厚傅牙以爲太子夙沙衛爲少傅公疾武子微逆光而立之光殺戎子尸諸朝靈公卒光卽位是爲莊公執公子牙於句瀆之丘以夙沙衛教公易己衛懼奔高唐以叛武子殺高厚於灑藍而兼其室四年公伐衛將遂伐晉武子諫曰不可臣聞之小國閒於大國之敗而毀焉必受其咎君其圖之弗聽陳文子見武子曰將如君何武子曰吾言於君君弗聽也以爲盟主而利其難羣臣若急於君何有文子退告人曰崔子將死乎謂君甚而又過之過若以義猶自抑也況以惡乎已而公聞有晉師使陳無宇如楚乞師武子帥師送之遂伐莒侵介根六年武子帥師伐魯魯襄公患之使告于晉孟公綽曰崔杼將有大志不在病我必速歸何患焉其來也不寇使民不嚴異於他

日齊師徒歸初棠公之妻東郭偃之姊也東郭偃臣崔武子棠公死偃御武子以弔焉見棠姜而美之使偃取之偃曰男女辨姓今君出自丁臣出自桓不可武子筮之遇困之大過史皆曰吉示陳文子文子曰夫從風風隕妻不可娶也且其繇曰困于石據于蒺藜入于其宮不見其妻凶困于石往不濟也據于蒺藜所恃傷也入于其宮不見其妻凶無所歸也崔子曰嫠也何害先夫當之矣遂取之莊公通焉驟如崔氏以崔子之冠賜人侍者曰不可公曰不爲崔子其無冠乎崔子因是又以其間伐晉也曰晉必將報欲弒公以說于晉而不獲間公鞭侍人賈舉而又近之乃爲崔子間公夏五月莒爲且于之役故莒子來朝甲戌享諸北郭崔子稱疾不視事乙亥公問崔子遂從姜氏姜入于室與崔子自側戶出公拊楹而歌侍人賈舉止從者而入閉門甲興公登臺而請弗許請盟弗許請自刃於廟弗許皆曰君之臣崔杼疾病不能聽命近於公宮陪臣干掫有淫者不知二命公踰牆又射之中股反墜遂弒之賈舉州綽邴師公孫敖封具鐸父襄伊僂堙皆死祝佗父祭於高唐至復命不說弁而死於崔氏申蒯侍漁者退謂其宰曰爾以孥免我將死之其宰曰免是反子之義也與之皆死崔氏殺鬷蔑于平陰晏子立于崔氏之門外門啓而入枕尸股而哭興三踊而出盧蒲癸奔晉王何奔莒始叔孫宣伯之來奔也納其女於靈公嬖生景公崔杼立而相之慶封爲左相盟國人於大宮太史氏書曰崔杼弒其君崔子殺之其弟嗣書而死者二人其弟又書乃舍之南史氏聞太史盡死執簡以往聞既書矣乃還閭邱嬰以帷縛其妻而載之與申鮮虞乘而出虞推而下之曰君昏不能匡危不能救死不能死而知匿其暱其誰納之行及弇中將舍嬰曰崔慶將追我鮮虞曰一與一誰能懼我遂舍枕轡而寢食馬而食駕而行出弇中謂嬰曰速驅之崔慶之衆不可當也遂奔魯崔氏側莊公于北郭丁亥葬諸士孫之里四翣不蹕下車七乘不以兵車崔子生成及彊而寡娶東郭姜生明東郭姜以孤入曰棠無咎與東郭偃相崔氏崔成有疾而廢之而立明景公二年成請老于崔崔子許之偃與無咎弗與曰崔宗邑也必在宗主成與彊怒將殺之告慶封曰夫子之身亦子所知也唯無咎與偃是從父兄莫得進矣大恐害夫子敢以告慶封曰子姑退吾圖之告盧蒲嫳盧蒲嫳曰彼君之讎也天或者將棄彼矣彼實家亂子何病焉崔之薄慶之厚也他日又告慶封曰苟利夫子必去之難吾助汝於是崔成崔彊殺東郭偃棠無咎於崔氏之朝崔子怒而出其衆皆逃求人使駕不得使圉人駕寺人御而出且曰崔氏有福止余猶可遂見慶封慶封曰崔慶一也是何敢然請爲子討之使盧蒲嫳帥師以攻崔氏堞其宮而守之弗克使國人助之遂滅崔氏殺成與彊而盡俘其家其妻縊嫳復命於崔子且御而歸至則無歸矣乃縊崔明夜辟諸大墓而藏之明日遂出奔于魯而崔宗遂滅

慶封字子家桓公之後也桓公生公子無虧無虧生慶克慶克生慶封慶封以父名爲氏崔杼之嬖於惠公也慶封附之崔杼弒莊公而立景公舉慶封爲左相與之並政號崔慶焉崔杼之家亂也慶封用盧蒲嫳之謀遂滅崔氏獨當齊國慶封多欲好田而耆酒與其子慶舍政則以其內實遷于盧蒲氏易內而飲酒數日國遷朝焉使諸亡人得賊者以告而反之故反盧蒲癸癸臣慶舍有寵妻之慶舍之士謂盧蒲癸曰男女辟姓子不辟宗何也癸曰宗不予辟子獨焉辟之賦詩斷章予取所求焉惡識宗癸言王何而反之二人皆嬖使執寢戈而先後之公膳日雙雞饔人竊更之以鶩御者知之則去其肉而以其洎饋子雅子尾怒慶封告盧蒲嫳嫳曰譬之禽獸吾寢處之矣使析歸父告晏平仲平仲曰嬰之衆不足用也知無能謀也言弗敢出有盟可也析歸父曰子之言云又焉用盟告北郭子車子車曰人各有以事君非佐之所能也陳文子謂其子無宇曰禍將作矣吾其何得對曰得慶氏之木百車於莊文子曰可愼守也已盧蒲癸王何卜攻慶氏示慶舍兆曰或卜攻讎敢獻其兆慶舍曰克見血景公三年冬十月慶封田于萊陳無宇從文子使召之請曰無宇之母疾病請歸慶封卜之示之兆曰死無宇奉龜而泣乃使歸慶嗣聞之曰禍將作矣謂子家速歸禍作必於嘗歸猶可及也子家弗聽亦無悛志慶嗣曰亡矣幸而獲在吳越陳無宇濟水而戕舟發梁盧蒲姜謂癸曰有事而不我告必不捷矣癸告之姜曰夫子愎莫之止將不出我請止之癸曰諾十一月乙亥嘗于太公之廟慶舍莅事姜告之且止之弗聽曰誰敢者遂如公麻嬰爲尸慶繩爲上獻盧蒲癸王何執寢戈慶氏以其甲環公宮陳氏鮑氏之圉人爲優慶氏之馬善驚士皆釋甲束馬而飲酒且觀優至於魚里欒高陳鮑之徒介慶氏之甲子尾抽桷擊扉三盧蒲癸自後刺慶舍王何以戈擊之解其左肩猶援廟桷動於甍以俎壺投人而後死遂殺慶繩麻嬰公懼鮑國曰羣臣爲君故也陳須無以公歸稅服而如內宮

慶封歸遇告亂者伐西門弗克還伐北門克之入伐內宮弗克反陳于嶽請戰弗許遂奔于魯獻車于季武子美澤可鑑展莊叔見之曰車甚澤人必瘁宜其亾也叔孫穆子食慶封慶封氾祭穆子不說使工為之誦茅鴟亦不知既而齊人來讓奔吳吳句餘予之朱方聚其族焉而居之富於其舊子服惠伯謂叔孫曰天殆富淫人慶封又富矣穆子曰善人富謂之賞淫人富謂之殃天其殃之也將聚而殲之崔氏之亂喪羣公子故鉏在魯叔孫還在燕賈在句瀆之丘及慶氏亾皆召之具其器用而反其邑與晏子邶殿其鄙六十辭之與北郭佐邑六十受之與子雅邑辭多受少與子尾邑受而稍致之釋盧蒲嫳于北境求崔杼之尸將戮之不得叔孫穆子曰必得之武王有亂臣十人崔杼其有乎不十人不足以葬既崔氏之臣曰與我其拱璧吾獻其柩於是得之十二月乙亥朔齊人遷莊公殯于大寢以其棺尸崔杼於市十年楚靈王立以諸侯伐吳使屈申圍朱方克之執齊慶封盡滅其族

楚

鬬伯比楚大夫芈姓若敖熊義之後也以邑為氏武王三十五年東侵隨使遠章求成焉軍於瑕以待之隨人使少師董成伯比言於武王曰吾不得志於漢東也我則使然我張吾三軍而被吾甲兵以武臨之彼則懼而協以謀我故難間也漢東之國隨為大隨張必棄小國小國離楚之利也少師侈請羸師以張之熊率且比曰季梁在何益伯比曰以為後圖少師得其君王毀軍而納少師少師歸請追楚師隨侯將許之季梁止之曰天方授楚楚之羸其誘我也君何急焉臣聞小之能敵大也小道大淫所謂道忠於民而信於神也上思利民忠也祝史正辭信也今民餒而君逞欲祝史矯舉以祭臣不知其可也公曰吾牲牷肥腯粢盛豐備何則不信對曰夫民神之主也是以聖人先成民而後致力於神故奉牲以告曰博碩肥腯謂民力之普存也謂其畜之碩大蕃滋也謂其不疾瘯蠡也謂其備腯咸有也奉盛以告曰潔粢豐盛謂其三時不害而民和年豐也奉酒醴以告曰嘉栗旨酒謂其上下皆有嘉德而無違心也所謂馨香無讒慝也故務其三時修其五教親其九族以致其禋祀於是乎民和而神降之福故動則有成今民各有心而鬼神乏主君雖獨豐其何福之有君姑修政而親兄弟之國庶免於難隨侯懼而修政楚不敢伐隨後二年隨少師有寵伯比曰可矣讎有釁不可失也夏武王伐隨軍於漢淮之間季梁請下之弗許而後戰所以怒我而怠寇也少師謂隨侯曰必速戰不然將失楚師隨侯禦之望楚師季良曰楚人上左君必左無與王遇且攻其右右無良焉必敗偏敗眾乃攜矣少師曰不當王非敵也弗從戰于速杞隨師敗績隨侯逸鬬丹獲其戎車與其戎右少師秋隨及楚平楚子將不許伯比曰天去隨疾矣隨未可克也乃盟而還四十二年王使屈瑕伐羅伯比送之還謂其御曰莫敖必敗舉趾高心不固矣遂入見于王曰必濟師王辭焉入告夫人鄧曼鄧曼曰大夫其非眾之謂其謂君撫小民以信訓諸司以德而威莫敖以刑也莫敖狃於蒲騷之役將自用也必小羅君若不鎮撫其不設備乎夫固謂君訓眾而好鎮撫之召諸司而勸之以令德見莫敖而告諸天之不假易也不然夫豈不知楚師之盡行敗楚子使賴人追之不及莫敖使徇于師曰諫者有刑及鄢亂次以濟遂無次且不設備及羅羅與盧戎兩軍之大敗之莫敖縊于荒谷羣帥囚于冶父以聽刑武王曰孤之罪也皆免之

鬬子文伯比之子也初若敖娶於䢵生伯比若敖卒從母畜於䢵通於䢵子之女生子文䢵夫人使棄諸夢虎乳之䢵子田見之懼而歸夫人以告遂使收之楚人謂乳穀謂虎於菟故命之曰鬬穀於菟而以其女妻伯比成王八年令尹子元見殺使子文為令尹子文賢以楚之多故也自毀其家以紓國難十七年子文帥師滅弦方是時齊桓公霸江黃道柏方睦於齊皆弦姻也弦子恃之而不事楚又不設備故亾三十二年隨以漢東諸侯叛楚子文帥師伐之取成而還會成得臣伐陳取焦夷及城頓子文以為之功使為令尹叔伯曰子若國何對曰吾以靖國也夫有大功而無貴仕其人能靖者與有幾故遂相之初子文為令尹其族有干法者廷理拘之聞其令尹之族也遂釋之子文讓之曰凡立廷理所以司法也故直士持法柔而不撓剛而不折吾為令尹以率士民惑怨吾而不能勉之於法吾族之犯法甚明而使廷理因緣吾心而釋之是吾不忠著於國也執國之政而以私聞與其生以無義不若有死而已廷理懼而刑之成王聞之不及履而至子文之室曰寡人幼至為令尹四十年緇布之衣以朝鹿裘以處家無一日之積王聞之於是每朝設一束脯一筐糗以益子文之祿子文逃之王止而後復或謂人生求富子逃之何也曰夫從政所以庇民也民常貧而我取富是勤民以自封

也死無日矣我逃死非逃富也司馬子良子文之弟也生子越椒子文曰必殺之是子也熊虎之狀而豺狼之聲弗殺必滅若敖氏諺曰狼子野心是乃狼也其可畜乎子良不可子文以爲大戚及將死聚其族曰椒也知政乃速行無及於難且泣曰鬼猶求食若敖氏之鬼不其餒而及子文卒其子鬬般爲令尹越椒爲司馬蔿賈爲工正莊王之九年越椒與蔿賈譖鬬般殺之而居其位以蔿賈代已既而又惡蔿賈復殺之遂處于烝野將攻王王以文成穆三王之子爲質焉弗受師于漳澨秋七月戊戌楚子與若敖氏戰于皋滸越椒射王汰輈及鼓跗著於丁甯又射汰輈以貫笠轂師懼退王使巡師曰吾先君文王克息獲三矢焉越椒竊其二盡於是矣鼓而進之遂滅若敖氏子文之孫箴尹克黄使於齊還及宋聞亂其人曰不可以入矣箴尹曰棄君之命獨誰受之君天也天可逃乎遂歸復命而自拘於司敗王思子文之治楚國也曰子文無後何以勸善使復其所改命曰生其子孫當昭王時爲鄖公

公子側字子反事莊王爲司馬邲之戰與子重俱將大敗晉師而還莊王十九年圍宋踰年不克宋華元夜入楚師登子反之牀以病告子反以告王遂許宋平語具華元傳共王四年鄭公孫申帥師疆許田許人敗諸展陂鄭伯伐許取鉏任泠敦之田晉欒書救許伐鄭取氾祭子反救鄭鄭伯與許男訟焉皇戌攝鄭伯之辭子反不能決也曰君若辱在寡君寡君與其二三臣共聽兩君之所欲成其可知也不然側不足以知二國之成十五年宋共公甍楚將北侵鄭衛子囊曰新與晉盟而背之無乃不可乎子反曰敵利則進何盟之有於是共王侵鄭及暴隧遂侵衛及首止鄭子罕侵楚取新石欒武子欲報楚韓獻子曰無庸使重其罪民將叛之無民孰戰明年共王自武城使公子成以汝陰之田求成于鄭鄭叛晉從楚盟于武城晉人伐鄭共王救之子反將中軍子重將左子辛將右過申子反入見申叔時曰師其何如申叔曰必敗語在申叔傳鄭姚句耳自楚還言於子駟曰楚師行速過險而不整速則失志不整喪列志失列喪將何以戰懼不可用也夏五月晉楚戰于鄢陵其王傷目自旦而戰見星未已子反命軍吏察夷傷補卒乘繕甲兵展車馬雞鳴而食唯命是聽晉人知之亦徇于軍爲復戰之備而逸楚囚王聞之召子反與謀穀陽豎獻飲於子反子反醉而不能見王曰天敗楚也夫余不可以待乃宵遁晉入楚軍三日穀王還及瑕使謂子反曰先大夫之覆師徒者君不在子無以爲過不穀之罪也子反再拜稽首曰君賜臣死死且不朽臣之卒實奔臣之罪也子重使謂子反曰初隕師徒者而亦聞之矣盍圖之對曰雖微先大夫有之大夫命側側敢不義側亾君師敢忘其死王使止之弗及而卒

蔿賈字伯嬴芈姓蚡冒之後薳章食邑於蔿故以命氏成王時子玉伐陳有功子文使爲令尹王將圍宋使子文治兵於睽終朝而畢不戮一人子玉治兵於蔿終日而畢鞭七人貫三人耳國老皆賀子文子文飲之酒蔿賈尚幼後至不賀子文問之對曰不知所賀子之傳政於子玉曰以靖國也靖諸內而敗諸外所獲幾何子玉之敗子之舉也舉以敗國將何賀焉子玉剛而無禮不可以治民過三百乘其不能以入矣苟入而賀何後之有莊王三年大饑戎伐其西南至于阜山師于大林又伐其東南至于陽邱以侵訾枝庸人率羣蠻以叛楚麇人率百濮聚於選將伐楚於是申息之北門不啟楚人謀徙於阪高蔿賈曰不可我能往寇亦能往不如伐庸夫麇與百濮謂我饑不能師故伐我也若我出師必懼而歸百濮離居將各走其邑誰暇謀人乃出師旬有五日百濮乃能自廬以往振廩同食次于句澨使廬戢棃侵庸及庸方城庸人逐之囚子揚窻三宿而逸曰庸師衆羣蠻聚焉不如復大師且起王卒合而後進師叔曰不可姑又與之遇以驕之彼驕我怒而後可克先君蚡冒所以服陘隰也又與之遇七遇皆北唯裨鯈魚人實逐之庸人曰楚不足與戰矣遂不設備莊王乘馹會師于臨品分爲二隊子越自石溪子貝自仞以伐庸秦人巴人從楚師羣蠻從楚子盟遂滅庸賈之本謀也六年莊王及鄭人侵陳遂侵宋晉趙盾救陳會諸侯于棐林以伐鄭蔿賈救鄭遇于北林囚晉解揚晉人乃還九年令尹子文卒子揚爲令尹子越爲司馬蔿賈爲工正賈與子越譖子揚而殺之故子越爲令尹已爲司馬子越惡之乃以若敖氏之族圄賈於轑陽而殺之

蔿艾獵蔿賈之子也亦曰孫叔敖莊王九年蔿賈見孫叔敖於王既而隱於民間不仕令尹虞邱子言於王曰臣之尸祿久矣民不加治獄訟不息處士不升淫禍不止久踐高位妨賢礙能臣知罪矣聞有下里之士孫叔敖者秀羸多能其性無欲君能舉而授之以政則國可使理民可使附也莊王以車迎之既至使爲令尹虞邱子之族犯法孫叔敖執而殺之虞邱子喜入見王曰臣言孫叔敖果任持政矣王曰是夫子之賜也十六年孫叔敖城沂使封人慮事以授司徒量功命日分財用不

版幹稱畚築程土物議遠邇略基趾具餱糧度有司事三旬而成不愆于素孫叔敖相楚朞年而楚國大治莊王以霸其始爲相也賀客畢至有老父衣鹿衣冠白冠最後來且弔孫叔敖曰王不以臣爲不肖使相楚國國人皆賀而子獨弔豈有說乎父曰然身已貴而驕人者民去之位已高而擅權者君惡之祿已厚而不足者患隨之是以來弔也孫叔敖再拜曰敬受命願聞餘教父曰身已貴而意益下位已高而心益恭祿已厚而不敢取君謹守此足以理楚國矣故孫叔敖之爲令尹妻不衣帛馬不食粟常乘棧車牝馬披羖羊之裘從者曰車新則安馬肥則疾狐裘則溫何不爲也孫叔曰吾聞君子服美益恭小人服美益倨吾無德以堪之矣孫叔敖疾將死戒其子曰王亟封我矣吾不受也我死王必封汝汝必無受利地楚越間有寢邱者其地不利其名甚惡楚人鬼而越人禨可長有者惟此孫叔敖死王果以善地封其子其子不受而請寢邱焉王與之四百邑其後祀十世不絕云

申叔時楚大夫爲申公故曰申叔時莊王使士亹傅大子審辭曰臣不才無能益焉王曰賴子之善善之也對曰夫善在太子太子欲善善人將至若不欲善善則不用故堯有丹朱舜有商均啟有五觀湯有太甲文王有管蔡是五王者皆有元德也而姦子夫豈不欲其善不能故也若民煩可教訓蠻夷戎狄其不賓也久矣中國所不能用也王卒使傅之問於申叔時叔時曰教之春秋而爲之聳善而抑惡焉以戒勸其心教之世而爲之昭明德而廢幽昏焉以怵懼其動教之詩而爲之導廣顯以耀明其志教之禮使知上下之則教之樂以疏其穢而鎮其浮教之令使訪物官教之語使明其德而知先王之務用明德於民也教之故志使知廢興者而戒懼焉教之訓典使知族類行比義焉若是而不從動而不悛則文詠物以行之求賢良以翼之悛而不攝則身勤之多訓典刑以納之務慎惇篤以固之攝而不徹則明施舍以導之忠明久長以導之信明度量以導之義明等級以導之禮明恭儉以導之孝明敬戒以導之事明慈愛以導之仁明昭利以導之文明除害以導之武明精意以導之罰明正德以導之賞明齊肅以導之臨若是而不濟不可爲也且夫誦詩以輔相之威儀以先後之體貌以左右之明行以宣翼之制節義以動行之恭敬以臨監之勤勉以勸之孝順以納之忠信以發之德音以揚之教備而不從者非人也其可興乎夫子踐位則退自退則敬否則赧莊王十五年陳夏徵舒弒其君靈公王使人謂陳曰無動予將有討於少西氏明年楚入陳殺夏徵舒轘諸栗門因縣陳申叔時使於齊反復命而退王使讓之曰夏徵舒爲不道弒其君寡人討而戮之諸侯縣公皆慶寡人女獨不慶寡人何故對曰猶可辭乎王曰可哉曰夏徵舒弒其君其罪大矣討而戮之君之義也抑人有言曰牽牛以蹊人之田而奪之牛牽牛以蹊者信有罪矣而奪之牛罰已重也諸侯之從也曰討有罪也今縣陳貪其富也以討召諸侯而以貪歸之無乃不可乎王曰善哉吾未之聞也反之可乎對曰可哉吾儕小人所謂取諸其懷而與之也乃復封陳鄉取一人焉以歸謂之夏州十九年莊王伐宋踰年宋人未服楚師將歸申叔時僕曰築室反耕者宋必聽命從之宋人懼使華元夜入楚師以病告遂與之平共王十五年將北侵鄭衛子囊曰新與晉盟而背之無乃不可乎子反曰敵利則進何盟之有申叔時老矣在申聞之曰子反必不免信以守禮禮以庇身信禮之亾欲免得乎既侵鄭鄭人不服明年王自武城使公子成以汝陰之田求成于鄭鄭叛晉晉侯伐鄭楚師救之子反將中軍子重將左子辛將右過申子反入見申叔時曰師其何如對曰德刑詳義禮信戰之器也德以施惠刑以正邪詳以事神義以建利禮以順時信以守物民生厚而德正用利而事節時順而物成上下和睦周旋不逆求無不具各知其極故詩曰立我烝民莫匪爾極是以神降之福時無災害民生敦龎和同以聽莫不盡力以從上命致死以補其闕此戰之所由克也今楚內棄其民而外絕其好瀆齊盟而食話言奸時以動而疲民以逞民不知信進退罪也人恤所底其誰致死子其勉之吾不復見子矣遂戰于鄢陵楚師敗績子反死之

伯州犂晉伯宗之子也伯宗之難伯州犂來奔共王以爲太宰共王十六年晉楚戰于鄢陵王登巢車以望晉師令尹子重使伯州犂侍于王後王曰騁而左右何也曰召軍吏也皆聚於中軍矣曰合謀也張幕矣曰虔卜於先君也徹幕矣曰將發命也甚囂且塵上矣曰將塞井夷竈而爲行也皆乘矣左右執兵而下矣曰聽誓也戰乎曰未可知也乘而左右皆下矣曰戰禱也伯州犂以公卒告王時楚之亾臣苗賁皇在晉厲公之側亦以王卒告公既而合戰楚師敗績康王十三年楚及秦人侵鄭至于城麇鄭皇頡戍之出與楚師戰敗爲穿封戌所囚公子圍與之爭正於伯州犂伯州犂曰請問於囚乃立囚伯州犂曰所爭君子也其何不知上其手曰夫

子爲王子圍寡君之貴介弟也下其手曰此子爲穿封戌方城外之縣尹也誰獲子囚曰頡遇王子弱焉楚人以皇頡歸十四年宋向戌欲弭兵合晉楚及諸侯之大夫盟于宋令尹子木衷甲伯州犂曰合諸侯以爲信無乃不可乎夫諸侯望信於楚楚以來服若不信是棄其所以服諸侯也固請釋甲子木曰晉楚無信久矣事利而已苟得志焉用信太宰退告人曰令尹將死矣不及三年求逞志而棄信志將逞乎志以發言言以出信信以立志參以定之信亡何以及三明年而子木死郟敖四年公子圍聘于鄭且娶於公孫段氏既聘將以衆逆子產患之使行人請墠以聽命圍使太宰對曰君辱貺寡大夫圍謂圍將使豐氏撫而有室圍布几筵告于莊共之廟而來若野賜之是委君貺於草莽也是寡大夫不得列於諸卿也不甯唯是又使圍蒙其先君將不得爲寡君老其蔑以復矣唯大夫圖之子產猶有辭圍知其有備垂櫜而入入逆而出遂會于虢設服離衛鄭人謂其似君也太宰曰此行也辭而假之寡君行人揮曰假不反矣太宰曰子姑憂子晳之欲背誕也及圍將行大事忌太宰使與公子黑肱城犨櫟及郟圍遂弑郟敖自立是爲靈王使殺伯州犂于郟云

沈尹戌莊王曾孫也爲左司馬平王六年楚城州來沈尹戌曰楚人必敗昔吳滅州來子旗請伐之王曰吾未撫吾民今亦如之而城州來以挑吳能無敗乎侍者曰王施舍不倦息民五年可謂撫之矣戌曰吾聞撫民者節用於內而樹德於外民樂其性而無寇讎今宮室無量民人日駭勞罷轉死忘寢與食非撫之也囊瓦爲令尹城郢沈尹戌曰子常必亡郢苟不能衛城無益也古者天子守在四夷天子卑守在諸侯諸侯守在四鄰諸侯卑守在四竟愼其四竟結其四援民狎其野三務成功民無內憂而又無外懼國焉用城今吳是懼而城於郢守已卑矣卑之不獲能無亡乎昔梁伯溝其公宮而民潰民棄其上不亡何待夫正其疆埸修其土田險其走集親其民人明其伍候信其鄰國愼其官守守其交禮不僭不貪不懦不耆完其守備以待不虞又何畏矣詩曰無念爾祖聿修厥德無亦監乎若敖蚡冒至于武文土不過同愼其四竟猶不城郢今土數圻而郢是城不亦難乎平王爲舟師以略吳疆沈尹戌曰此行也楚必亡邑不撫民而勞之吳不動而速之吳踵楚而疆埸無備邑能無亡乎越大夫胥犴勞王於豫章之汭越公子倉歸王乘舟倉及壽夢帥師從王王及圉陽而還吳人踵楚而邊人不備遂滅巢及鍾離而還沈尹戌曰亡郢之始其兆在於此矣王壹動而亡二姓之帥幾如是而不及郢詩曰誰生厲階至今爲梗其王之謂乎昭王元年費無極鄢將師譖諸郤宛而殺之子常信之遂及陽令終與晉陳皆盡滅其族黨國人多謗於子常沈尹戌言於令尹曰夫左尹與中廐尹莫知其罪而殺之以興謗讟至於今不已戌也惑之仁者殺人以掩謗猶弗爲也今吾子殺人以興謗而弗圖不亦異乎夫無極楚之讒人也民莫不知去朝吳出蔡侯朱喪太子建殺連尹奢屛王之耳目使不聰明不然平王之溫惠共儉有過成莊無不及焉所以不獲諸侯邇無極也今又殺三不辜以興大謗幾及子矣子而不早圖將焉用之夫鄢將師矯子命以滅三族國之良也而不愆位吳新有君疆埸日駭楚國若有大事子其危哉知者除讒以自安也今子愛讒以自危也甚矣其惑也子常曰是瓦之罪也敢不良圖於是子常殺費無極與鄢將師盡滅其族以說于國謗言乃止十年蔡侯吳子唐侯來伐舍舟于淮汭自豫章與楚夾漢左司馬戌謂子常曰子沿漢而與之上下我悉方城外以毀其舟還塞大隧直轅冥阨子濟漢而伐之我自後擊之必大敗之既謀而行武城黑謂子常曰吳用木我用革不可久也不如速戰史皇謂子常曰楚人惡子而好司馬若司馬毀吳舟于淮塞城口而入是獨克吳也子必速戰不然不免子常從之既戰楚師亂吳師大敗之子常奔鄭左司馬戌及息聞楚敗而還敗吳師于雍澨傷初司馬臣闔廬故恥爲禽焉謂其臣曰誰能免吾首吳句卑曰臣賤可乎司馬曰我實失子可哉三戰皆傷曰吾不可用也已句卑布裳剄而裹之藏其身而以其首免其子曰沈諸梁嗣

公孫歸生號聲子字子家大師子朝之子也初伍參與子朝友其子伍舉與聲子相善伍舉娶於公子牟公子牟爲申公而亡楚人曰伍舉實送之伍舉奔鄭將遂奔晉聲子如晉遇之於鄭郊班荆相與食而言復故聲子曰子行也吾必復子及宋向戌將平晉楚聲子通使於晉還如楚令尹子木與之語問晉故焉且曰晉大夫與楚孰賢對曰晉卿不如楚其大夫則賢皆卿材也如杞梓皮革自楚往也雖楚有材晉實用之子木曰夫獨無族姻乎曰雖有而用楚材實多歸生聞之善爲國者賞不僭而刑不濫賞僭則懼及淫人刑濫則懼及善人若不幸而過甯僭無濫與其失善甯其刑淫無善人則國從之詩曰人之云亡邦國殄瘁無善人之謂也故夏書曰與其殺不辜甯失不經懼其失善也商頌有之曰不

僭不濫不敢怠皇命于下國封建厥福此湯所以獲天福也古之治民者勸賞而畏刑恤民不倦賞以春夏刑以秋冬是以將賞爲之加膳加膳則飫賜此以知其勸賞也將刑爲之不舉不舉則徹樂此以知其畏刑也夙興夜寐朝夕臨政此以知其恤民也三者禮之大節也有禮無敗今楚多淫刑其大夫逃死於四方而爲之謀主以害楚國不可救療所謂不能也子儀之亂析公奔晉晉人寘諸戎車之殿以爲謀主繞角之役晉將遁矣析公曰楚師輕窕易震蕩也若多鼓鈞聲以夜軍之楚師必遁晉人從之楚師宵潰晉遂侵蔡襲沈獲其君敗申息之師於桑隧獲申麗而還鄭於是不敢南面楚失華夏則析公之爲也雍子之父兄譖雍子君與大夫不善是也雍子奔晉晉人與之鄐以爲謀主彭城之役晉遇於靡角之谷晉將遁矣雍子發命於軍曰歸老幼反孤疾二人役歸一人簡兵蒐乘秣馬蓐食陳師焚次明日將戰行歸者而逸楚囚楚師宵潰晉降彭城而歸諸宋以魚石歸楚失東夷子辛死之則雍子之爲也子反與子靈爭夏姬而雍害其事子靈奔晉晉人與之邢以爲謀主扞禦北狄通吳於晉教吳叛楚教之乘車射馭驅侵使其子狐庸爲吳行人焉吳於是伐巢取駕克棘入州來楚罷於奔命至今爲患則子靈之爲也若敖之亂伯賁之子賁皇奔晉晉人與之苗以爲謀主鄢陵之役楚晨壓晉軍而陳晉將遁矣苗賁皇曰楚師之良其在中軍王族而已若塞井夷竈成陳以當之欒范易行以誘之中行二郤必克二穆吾乃四萃於王族必大敗之晉人從之楚師大敗王夷師熸子反死之鄭叛吳興楚失諸侯則苗賁皇之爲也子木曰是皆然矣聲子曰今又甚於此椒舉娶於申公子牟子牟得戾而亡君大夫謂椒舉女實遣之懼而奔鄭引領南望曰庶幾赦余亦弗圖也今在晉矣晉人將與之縣以比叔向彼若謀害楚國豈不爲患子木懼請諸王益其爵祿而歸之

伍舉者伍參之子也其先食采於椒亦曰椒舉參嬖於莊王莊王之圍鄭也晉師救之王聞晉師既濟河欲還參欲戰令尹孫叔敖弗欲曰昔歲入陳今玆入鄭不爲無事矣戰而不捷參之肉其足食乎參曰若事之捷孫叔爲無謀矣不捷參之肉將在晉軍可得食乎令尹南轅反旆伍參言於王曰晉之從政者新未能行令其佐先縠剛愎不仁未肯用命其三帥者專行不獲聽而無上衆誰適從此行也晉師必敗且君而逃臣若社稷何王病之告令尹改乘轅而北之戰于邲晉師敗績參死伍舉以公子牟故奔晉以聲子力得復於楚郟敖四年令尹公子圍將聘于鄭伍舉爲介未出竟聞王有疾而還伍舉遂聘公子圍至入問王疾縊而弒之使赴于鄭伍舉問應爲後之辭焉對曰寡大夫圍伍舉更之曰共王之子圍爲長公子圍既立是爲靈王三年使椒舉使晉求諸侯椒舉致命曰寡君使舉曰日君有惠賜盟于宋曰晉楚之從交相見也以歲之不易寡人願結驩於二三君使舉請間君若苟無四方之虞則願假寵以請於諸侯晉侯許之諸侯皆許是年晉楚合諸侯於申椒舉言於王曰臣聞諸侯無歸禮以爲歸今君始得諸侯其愼禮矣霸之濟否在此會也夏啟有鈞臺之享商湯有景亳之命周武有孟津之誓成有岐陽之蒐康有酆宮之朝穆有塗山之會齊桓有召陵之師晉文有踐土之盟君其何用宋向戌鄭公孫僑在諸侯之良也君其選焉王曰吾用齊桓王使問禮於左師與子產左師曰小國習之大國用之敢不薦聞獻公合諸侯之禮六子產曰小國共職敢不薦守獻伯子男會公之禮六王使椒舉侍於後以規過卒事不規王問其故對曰禮吾所未見者有六焉又何以規宋太子佐後至王田於武城久而弗見椒舉請辭焉王使往曰屬有宗祧之事於武城寡君將墮幣焉敢謝後見楚子示諸侯侈椒舉曰夫六王二公之事皆所以示諸侯禮也諸侯所由用命也夏啟爲有仍之會有緡叛之商紂爲黎陽之蒐東夷叛之周幽爲太室之盟戎狄叛之皆所以示諸侯汰也諸侯所由棄命也今君以汰無乃不濟乎王弗聽靈王以諸侯伐吳克之執齊慶封而盡滅其族將戮慶封椒舉曰臣聞無瑕者可以戮人慶封惟逆命是以在此其肯從於戮乎播於諸侯焉用之王弗聽負之斧鉞以徇於諸侯使言曰無或如齊慶封弒其君弱其孤以盟其大夫慶封曰無或如楚共王之庶子圍弒其君兄之子麇而代之以盟諸侯王使速殺之遂以諸侯滅賴賴子面縛銜璧士袒輿櫬從之造於中軍王問諸椒舉對曰成王克許許僖公如是王親釋其縛受其璧焚其櫬王從之遷賴於鄢

薳啟彊與楚同姓（薳與爲同）靈王卽位殺伯州犂使啟彊爲太宰靈王四年晉韓宣子來送女叔向爲介王朝其大夫曰晉吾仇敵也苟得志焉無恤其他今其來者上卿上大夫也若吾以韓起爲閽以羊舌肸爲司宮足以辱晉吾亦得志矣可乎大夫莫對薳啟彊曰可苟有其備何故不可恥匹夫不可以無備況恥國乎是以聖王務行禮不求恥人朝聘有珪享覜有璋小有述職大有巡

功設机而不倚爵盈而不飲宴有好貨飧有陪鼎入有郊勞出有贈賄禮之至也國家之敗失之道也則禍亂興城濮之役晉無楚備以敗於邲邲之役楚無晉備以敗於鄢自鄢以來晉不失備而加之以禮重之以睦是以楚弗能報而求親焉既獲姻親又欲恥之以召寇讎備之若何誰其重此若有其人恥之可也若其未有君亦圖之晉之事君臣曰可矣求諸侯而麇至求昏而薦女君親送之上卿及上大夫致之猶欲恥之君其亦有備矣不然奈何韓起之下趙成中行吳魏舒范鞅知盈羊舌肸之下祁午張趯籍談女齊梁丙張骼輔躒苗賁皇皆諸侯之選也韓襄爲公族大夫韓須受命而使矣箕襄邢帶叔禽叔椒子羽皆大家也韓賦七邑皆成縣也羊舌四族皆彊家也晉人若喪韓起楊肸五卿八大夫輔韓須楊石因其十家九縣長轂九百其餘四十縣遺守四千奮其武怒以報其大恥伯華謀之中行伯魏舒帥之其蔑不濟矣君將以親易怨實無禮以速寇而未有其備使羣臣往遺之禽以逞君心何不可之有王曰不穀之過也大夫無辱厚爲二子禮而歸之六年靈王成章華之臺願與諸侯落之遠啟彊曰臣能得魯侯王使召之辭曰昔先君成公命我先大夫嬰齊曰吾不忘先君之好將使衡父照臨楚國鎮撫其社稷以輯寧爾民嬰齊受命于蜀奉承以來弗敢失隕而致諸宗祧曰我先君共王引領北望日月以冀傳序相授於今四王矣嘉惠未至唯襄公之辱臨我喪孤與其二三臣悼心失國社稷之不皇況能懷思君德今君若步玉趾辱見寡君寵靈楚國以信蜀之役致君之嘉惠是寡君既受貺矣何蜀之敢望其先君鬼神實嘉賴之豈惟寡君君若不來使臣請問行期寡君將承質幣而見于蜀以請先君之貺魯侯從之靈王享魯侯于新臺使長鬣者相好以大屈既而悔之薳啟彊聞之見魯侯魯侯語之拜賀魯侯問其故對曰齊與晉越欲此久矣寡君無適與也而傳之君君其備禦三鄰愼守寶矣敢不賀乎魯侯懼而反之

申無宇仕楚爲芋尹故曰芋尹無宇靈王立會諸侯于申遂滅賴遷賴於鄢既又欲遷許於賴城之而還申無宇曰楚禍之首將在此矣召諸侯而來伐國而克城竟莫校王心不違民其居乎民之不處其誰堪乎不堪王命乃禍亂也初靈王之爲令尹也爲王旌以田芋尹無宇斷之曰一國兩君其誰堪之及卽位爲章華之宮納亾人以實之無宇之閽入焉無宇執之有司弗與曰執人於王宮其罪大矣執而謁諸王王將飲酒無宇辭曰天子經略諸侯正封古之制也封略之內何非君土食土之毛誰非君臣故詩曰普天之下莫非王土率土之濱莫非王臣天有十日人有十等下所以事上上所以共神也故王臣公公臣大夫大夫臣士士臣皁皁臣輿輿臣隸隸臣僚僚臣僕僕臣臺馬有圉牛有牧以待百事今有司曰女胡執人於王宮將焉執之周文王之法曰有亾荒閱所以得天下也吾先君文王作僕區之法曰盜所隱器與盜同罪所以封汝也若從有司是無所執逃臣也逃而舍之是無陪臺也王事無乃闕乎昔武王數紂之罪以告諸侯曰紂爲天下逋逃主萃淵藪故夫致死焉君王始求諸侯而則紂無乃不可乎若以二文之法取之盜有所在矣王曰取而臣以往盜有寵未可得也遂赦之十年靈王滅蔡用隱太子于岡山申無宇曰不祥五牲不相爲用況用諸侯乎王必悔之王城陳蔡不羹使公子棄疾爲蔡公問於申無宇曰棄疾在蔡何如對曰擇子莫如父擇臣莫如君鄭莊公城櫟而寘子元焉使昭公不立齊桓公城穀而寘管仲焉至于今賴之臣聞五大不在邊五細不在庭親不在外羈不在內今棄疾在外鄭丹在內君其少戒王曰國有大臣何如對曰鄭京櫟實殺曼伯宋蕭亳實殺子游齊渠邱實殺無知衛蒲戚實出獻公若由是觀之則害於國末大必折尾大必掉君所知也後陳蔡作亂竟如其言焉申無宇之子曰申亥靈王乾谿之難也王沿夏將入于鄢申亥曰吾父再奸王命王弗誅惠孰大焉君不可忍惠不可棄吾其從王乃求王遇諸棘闈以歸王縊于芋尹申亥氏申亥以其二女殉而葬之

然丹字子革鄭大夫子然之子也康王六年鄭子孔之亂子革奔楚楚以爲右尹靈王十一年狩于州來次于潁尾使蕩侯潘子司馬督囂尹午陵尹喜帥師圍徐以懼吳楚子次于乾谿以爲之援雨雪王皮冠秦復陶翠被豹舄執鞭以出僕析父從右尹子革夕王見之去冠被舍鞭與之語曰昔我先王熊繹與呂伋王孫牟燮父禽父並事康王四國皆有分我獨無有今吾使人於周求鼎以爲分王其與我乎對曰與君王哉昔我先王熊繹辟在荊山篳路藍縷以處草莽跋涉山林以事天子唯是桃弧棘矢以共禦王事齊王舅也晉及魯衛王母弟也楚是以無分而彼皆有今周與四國服事君王將唯命是從豈其愛鼎王曰昔我皇祖伯父昆吾舊許是宅今鄭人貪賴其田而不我與我若求之其與我乎對曰與君王哉周不愛鼎鄭敢愛田王曰昔諸侯遠我而

畏晉今我大城陳蔡不羹賦皆千乘子與有勞焉諸侯其畏我乎對曰畏君王哉是四國者專足畏也又加之以楚敢不畏君王哉工尹路請曰君王命剝圭以爲鏚柲敢請命王入視之析父謂子革吾子楚國之望也今與王言如響國其若之何子革曰摩厲以須王出吾刃將斬矣王出復語左史倚相趨過王曰是良史也子善視之是能讀三墳五典八索九丘對曰臣嘗問焉昔穆王欲肆其心周行天下將皆必有車轍馬跡焉祭公謀父作祈招之詩以止王心王是以獲沒於祇宮臣問其詩而不知也若問遠焉其焉能知之王曰子能乎對曰能其詩曰祈招之愔愔式昭德音思我王度式如玉式如金形民之力而無醉飽之心王揖而入饋不食寢不寐數日不能自克以及於難乾谿之難旣遇子革曰請待于郊以聽國人王曰衆怒不可犯也曰若入於大都而乞師於諸侯王曰皆叛矣曰若亾於諸侯以聽大國之圖君也王曰大福不再祇取辱焉然丹乃歸于楚平王立使然丹簡上國之兵於宗丘且撫其民分貧振窮長孤幼養老疾收介特救災患宥孤寡赦罪戾詰姦慝舉淹滯禮新敘舊祿勳合親任良物官使屈罷簡東國之兵於召陵亦如之好於邊疆息民五年而後用師子革之謀也及平王聞蠻氏之亂使然丹誘戎蠻子嘉殺之遂取蠻氏旣而請立其子楚子從之

公子貞字子囊莊王之子也共王之二十三年代公子壬夫爲令尹是歲子囊伐陳諸侯救之乃止二十五年又圍陳諸侯復會于鄭以救之秋伐鄭討其侵蔡也鄭請從乃止及鄭平二十七年秦景公使士雅來乞師將以伐晉其王許之子囊曰不可當今吾不能與晉爭晉君類能而使之舉不失選官不易方其卿讓於善其大夫不失守其士競於教其庶人力於農穡商工皁隸不知遷業韓厥老矣知罃稟焉以爲政范匄少於中行偃而上之使佐中軍韓起少於欒黶而欒黶士魴上之使佐上軍魏絳多功以趙武爲賢而爲之佐君明臣忠上讓下競當是時也晉不可敵事之而後可君其圖之王曰吾旣許之矣雖不及晉必將出師於是子囊師于武城以爲秦援秦人侵晉晉以鄭之服楚也謀欲逼鄭故城虎牢而戍之子囊救鄭晉人以諸侯之師還鄭而南至於陽陵楚師不退及晉班師子囊乃還子囊乞旅于秦秦右大夫詹帥師從楚師將以伐鄭鄭伯逆之移師伐宋諸侯悉師以伐鄭鄭人使良霄石㚟來告將服于晉子囊使執之明年子囊及秦庶長無地伐宋師于楊梁以報晉之取鄭也共王疾告大夫曰不穀不德少主社稷生十年而喪先君未及習師保之教訓而應受多福是以不德而亾師于鄢以辱社稷爲大夫憂其弘多矣若以大夫之靈獲保首領以歿於地唯是春秋窀穸之事所以從先君於禰廟者請爲靈若厲大夫擇焉莫對及五命乃許秋王卒子囊謀諡大夫曰君有命矣子囊曰君命以共若之何毀之赫赫楚國而君臨之撫有蠻夷奄征南海以屬諸夏而知其過可不謂共乎請諡之共大夫從之鄭良霄及石㚟猶在楚石㚟言於子囊曰先王卜征五年而歲習其祥祥習則行不習則增修德而改卜今楚實不競行人何罪止鄭一卿以除其偪使睦而疾楚以固於晉焉用之使歸而廢其使怨其君以疾其大夫使相牽引也不猶愈乎子囊歸之吳聞楚喪以侵楚康王惡之使子囊師于棠以伐吳吳不出而還子囊殿以吳爲不能而弗儆吳人自皐舟之隘要而擊之楚人不能相救吳人敗之子囊至自伐吳卒將死遺言謂子庚必城郢君子謂子囊忠君薨不忘增其名將死不忘衞社稷可不謂忠乎忠民之望也詩曰行歸于周萬民所望忠也

薳子馮孫叔敖之子也康王二年令尹子囊卒公子午爲令尹子馮爲大司馬及公子午卒王使子馮爲令尹訪於申叔豫叔豫曰國多寵而王弱國不可爲也遂以疾辭方暑闕地下冰而牀焉重繭衣裘鮮食而寢康王使醫視之復曰瘠則甚矣而血氣未動乃使子南爲令尹觀起有寵於子南未益祿而有馬數十乘楚人患之王將討焉子南之子棄疾爲王御事王每見之必泣棄疾曰君三泣臣矣敢問誰之罪也王曰令尹之不能爾所知也國將討焉爾其居乎對曰父戮子居君焉用之洩命重刑臣亦不爲也王遂殺子南於朝轘觀起於四竟子南之臣謂棄疾曰行乎曰吾與殺吾父行將焉入曰然則臣王乎曰棄父事讎吾弗忍也遂縊而死復使子馮爲令尹子馮旣相楚有寵於子馮者八人皆無祿而多馬他日朝與申叔豫言弗應而退從之入於人中又從之遂歸退朝見之曰子三困我於朝吾懼不敢不見吾過子姑告我何疾我也對曰吾不免是懼何敢告子曰何故對曰昔觀起有寵於子南子南得罪觀起車裂何故不懼自御而歸不能當道至謂八人者曰吾見申叔夫子所謂生死而骨肉也知我者如夫子則可不然請止辭八人者而後王安之十一年楚子爲舟師以伐吳吳怨楚而召舒鳩人舒鳩人叛楚楚子師于荒浦使沈尹壽與師祁犂讓之舒鳩子敬逆二子而告無之

且請受盟二子復命王欲伐之子馮曰不可彼告不叛且請受盟而又伐之伐無罪也姑歸息民以待其卒卒而不貳吾又何求若猶叛我無辭有庸乃還明年子馮卒舒鳩人卒叛楚師滅之

屈建字子木楚之公族也其先屈瑕食采於屈因以命氏世爲莫敖建之父曰屈到屈到嗜芰有疾召其宗老而屬之曰祭我必以芰及祥宗老將薦芰屈建命去之老曰夫子屬之屈建曰不然夫子承楚國之政其法刑在民心而藏在王府上之可以庇先王下之可以訓後世雖微楚國諸侯莫不譽其祭典有之曰國君有牛享大夫有羊饋士有豚犬之奠庶人有魚炙之薦籩豆脯醢則上下共之不羞珍異不陳庶侈夫子不以其私欲干國之典遂不用康王九年屈建爲莫敖十二年代薳子馮爲令尹舒鳩人叛楚令尹子木伐之及離城吳人救之子木遽以右師先子彊息桓子捷子駢子盂帥左師以退吳人居其間七日子彊曰久將墊隘隘乃禽也不如速戰請以其私卒誘之簡師陳以待我我克則進奔則亦視之乃可以免不然必爲吳禽從之五人以其私卒先擊吳師吳師奔登山以望見楚師不繼復逐之傅諸其軍簡師會之吳師大敗遂圍舒鳩舒鳩潰八月楚滅舒鳩子馮之子薳掩爲大司馬子木使庀賦數甲兵於是薳掩書土田度山林鳩藪澤辨京陵表淳鹵數疆潦規偃豬町原防牧隰皋井衍沃量入修賦賦車籍馬賦車兵徒卒甲楯之數既成以授子木楚是以興楚子以滅舒鳩賞子木辭曰向也將伐舒鳩蔿子馮請退師以須其叛今叛而獲之蔿子之功也以與蔿掩十四年與晉趙武會諸侯于宋將以弭兵也子木衷甲欲以害晉而不能宋人兼享晉楚大夫子木與趙孟言不能對使叔向傳言焉子木亦不能對既盟子木問於趙孟曰范武子之德何如對曰夫子之家事治言於晉國無隱情其祝史陳信於鬼神無愧辭子木歸以語王王曰尙矣哉能歆神人宜其光輔五君以爲盟主也子木又語王曰宜晉之霸也有叔向以佐其卿楚蔑以當之未可與競也明年子木卒趙孟喪之如同盟焉於是王子圍爲令尹

囊瓦字子常子囊之孫也以王父字爲氏平王之十年代陽匄爲令尹平王卒子常欲立其庶長子公子申公子申怒其歸惡名於己也欲殺之子常懼乃立昭王語具子西傳中昭王之元年吳王僚因楚喪故使公子掩餘公子燭庸帥師圍潛王使莠尹然工尹麇帥師救潛左司馬戌帥都君子與王馬之屬以濟師子常以舟師及沙汭而還左尹郤宛工尹壽帥師至于潛吳師不能退吳公子光乘二公子兵之在外也國無備伏甲而謁王僚使勇士鱄諸刺殺之而自立是爲王闔廬於是掩餘奔徐燭庸奔鍾吾楚師聞吳亂亦還郤宛直而和國人說之鄢將師爲右領與費無極比而惡之子常賄而信讒無極譖郤宛焉謂子常曰子惡欲飲子酒（子惡郤宛）又謂子惡令尹欲飲酒於子氏子惡曰我賤人也不足以辱令尹令尹將必來辱爲惠已甚吾無以酬之若何無極曰令尹好甲兵子出之吾擇焉取五甲五兵曰寘諸門令尹至必觀之而從以酬之及饗日帷諸門左無極謂令尹曰吾幾禍子子惡將爲子不利甲在門矣子必無往且救潛之役也吳可以得志子惡取賂焉而還又誤羣帥使退其師曰乘亂不祥吳乘我喪我乘其亂不亦可乎令尹使視郤氏則信有甲焉不往召鄢將師而告之將師退遂令攻郤氏且爇之子惡聞之遂自殺也國人弗爇令曰不爇郤氏與之同罪或取一編菅焉或取一秉秆焉國人投之遂弗爇也令尹炮之盡滅郤氏之族黨殺陽令終與其弟完及佗與晉陳及其子弟晉陳之族呼於國曰鄢氏費氏自以爲王專禍楚國弱寡王室蒙王與令尹以自利也令尹盡信之矣國將如何楚人謗令尹子常病之沈尹戌告子常子常殺無極與將師盡滅其族以說國人謗乃止語在沈尹戌傳八年蔡昭侯來朝爲兩佩與兩裘獻一佩一裘於王王服以享蔡侯蔡侯亦服其一子常欲之弗與三年止之唐成公來朝有肅爽馬子常欲之弗與亦三年止之唐人或相與謀請代先從者許之飲先從者酒醉之竊馬而獻之子常子常歸唐侯竊馬者自拘於司敗曰君以弄馬之故隱君身棄國家羣臣請相夫人以償馬必如之唐侯曰寡人之過也二三子無辱皆賞之蔡人聞之固請而獻佩于子常子常朝見蔡侯之徒命有司曰蔡君之久也官不共也明日禮不畢將死蔡侯歸及漢執玉而沈曰余所有濟漢而南者有若大川蔡侯如晉以其子元與其大夫之子爲質焉而請伐楚初伍奢之子員爲吳行人以謀楚及子常殺郤宛伯氏之族皆出伯州犂之子嚭奔吳吳以爲太宰復爲楚讎以故楚自昭王以來無歲不有吳師蔡侯因之以其子乾與大夫之子爲質於吳十年蔡侯吳子唐侯伐楚舍舟于淮汭自豫章與楚夾漢左司馬戌謂令尹曰子沿漢而與之上下遮吳師使勿渡我以方城外人毀吳所舍舟直塞城口而入吾與子先後擊之蔑不克矣子常從之既而惑於史

皇之言懼其功之獨出於司馬也乃濟漢而陳自小別至于大別三戰子常知不可欲奔史皇曰安求其事難而逃之將何所入子必死之初罪必盡說於是二師陳于柏舉吳王闔廬之弟夫槩王晨請於闔廬曰楚瓦不仁其臣莫有死志先伐之其卒必奔而後大師繼之必克弗許夫槩王曰所謂臣義而行不待命者其此之謂也今日我死楚可入也以其屬五千先擊子常之卒子常之卒奔楚師大亂吳師大敗之子常奔鄭史皇以其乘廣死吳從楚師及淸發楚師半濟吳又敗之楚人爲食吳入及之奔食而從之敗諸雍澨五戰及郢左司馬戌死之昭王出奔入于雲中遂奔鄖鄖公以王奔隨吳師及隨求王於隨隨人不與僅而免焉

沈諸梁字子高沈尹戌之子也爲葉公故稱葉公諸梁初太子建之見殺於鄭也其子勝在吳令尹子西欲召之子高聞之見子西曰聞子召王孫勝信乎曰然子高曰將焉用之曰吾聞之勝直而剛欲寘之境子高曰不可其爲人也展而不信愛而不仁詐而不智毅而不勇直而不衷周而不淑復言而不謀身展也愛而不謀長不仁也以謀蓋人詐也彊忍犯義毅也直而不顧不衷也周言棄德不淑也是六德者皆有其華而不實者也將焉用之彼其父爲戮於楚其心又狷而不絜若其狷也不忘舊怨而不以絜悛德思報怨而已則其愛也足以得人其展也足以復之其詐也足以謀之其直也足以帥之其不絜也足以行之而加之以不仁奉之以不義蔑不克矣夫造勝之怨者皆不在矣若來而無寵速其怒也若其寵之毅貪無厭既能得人而耀之以大利不仁以長之思舊怨以修其心苟國有釁必不居矣非子職之其誰乎彼將理舊怨而欲大寵動而得人怨而有術若果用之害可待也余愛子與司馬故不敢不言子西曰德其忘怨余善之夫乃其寧子高曰不然吾聞之唯仁者可好也可惡也可高也可下也好之不偪惡之不怨高之不驕下之不懼不仁者則不然人好之則偪惡之則怨高之則驕下之則懼驕有欲焉懼有惡焉欲惡怨偪所以生詐謀也子將若何若召而下之將戚而懼爲之上者將怒而怨詐謀之心無所靖矣有一不義猶敗國家今壹五六而必欲用之不亦難乎吾聞國家將敗必用姦人而嗜其疾味其子之謂乎夫惟無疾眚能者早除之舊怨滅宗國之疾眚也爲之關籥藩籬而遠備閑之猶恐其至也是之爲日惕若召而近之死無日矣人有言曰狼子野心怨賊之人也其又何善乎若子不我信盍求若敖氏與子干子皙之族而近之安用勝也其能幾何昔齊騶馬繻以胡公入於具水邴歜閻職戕懿公於囿竹晉長魚矯殺三郤於榭魯圉人犖殺子般於次夫是誰之故也非唯舊怨乎是皆子之所聞也人求多聞善敗以監戒也今子聞而棄之猶蒙耳也吾語子何益吾知逃也已子西笑曰子之尙勝也竟召之使處吳境爲白公勝居白有異圖謂其徒石乞曰王與二卿士子西子期皆五百人當之則可矣乞曰不可得也曰市南有熊宜僚者若得之可以當五百人矣乃從白公而見之與之言說告之故辭承之以劒不動勝曰不爲利諂不爲威惕不洩人言以求媚者去之惠王十年吳人伐愼白公敗之請以戰備獻許之遂作亂秋七月殺子西子期于朝而劫惠王子西以袂掩面而死曰吾慙葉公也子期曰昔者吾以力事君不可以弗終抉豫章以殺人而後死石乞曰焚庫弑王不然不濟白公曰不可弑王不祥焚庫無聚將何以守矣乞曰有楚國而治其民以敬事神可以得祥且有聚矣何患弗從葉公在蔡方城之外皆曰可以入矣子高曰吾聞之以險徼幸者其求無饜偏重必離聞其殺齊管修也而後入白公欲以子閭爲王子閭不可遂劫以兵子閭曰王孫若安靖楚國匡正王室而後庇焉啟之願也敢不聽從若將專利以傾王室不顧楚國有死不能遂殺之而以王如高府石乞尹門圉公陽穴宮負王以如昭夫人之宮葉公亦至及北門或遇之曰君胡不胄國人望君如望慈父母焉盜賊之矢若傷君是絕民望也若之何不胄乃胄而進又遇一人曰君胡胄國人望君如望歲焉日月以幾若見君面是得艾也民知不死其亦夫有奮心猶將旌君以徇諸國而又掩面以絕民望不亦甚乎乃免胄而進遇箴尹固帥其屬將與白公子高曰微二子者楚不國矣棄德從賊其可保乎乃從葉公使與國人以攻白公白公奔山而縊其徒微之生拘石乞而問白公之死焉對曰余知其死所而長者使余勿言曰不言將亨乞曰此事克則爲卿不克則亨固其所也何害乃亨石乞諸梁兼二事令尹司馬國寧乃使子西之子寧爲令尹使子期之子寬爲司馬而老於葉初吳之入楚也子高之母與其弟后臧見俘於吳后臧不待而歸子高終身不正視之云

公子申字子西平王之庶長子也平王薨令尹子常欲立子西曰太子壬弱其母非適也王子建實聘之子西長而好善立長則順建善則治王順國治可不務乎子西怒曰是亂國而惡君王也國有外援不可瀆也王有

適嗣不可亂也敗親速讎亂嗣不祥我受其名賂吾以天下猶不從也楚國何爲必殺令尹令尹懼乃立昭王初吳王闔廬之弑王僚也公子掩餘出奔徐公子燭庸奔鍾吾昭王四年吳王使徐人執掩餘鍾吾人執燭庸二公子於是來奔昭王大封而定其徙使監馬尹大心逆吳公子使居養莠尹然左司馬沈尹戌城之取於城父與胡田以與之將以害吳也子西諫曰吳光新得國而親其民視民如子辛苦同之將用之也若好吳邊疆使柔服焉猶懼其至吾又彊其讎以重怒之無乃不可乎吳周之胄裔也而棄在海濱不與姬通今而始大比於諸華光又甚文將自同於先王不知天將以爲虐乎使翦喪吳國而封大異姓乎其抑亦將卒以祚吳乎其終不遠矣我盍姑億吾神鬼而寧吾族姓以待其歸將焉用自播揚焉王弗聽已而吳子執鍾吾子遂伐徐防山以水之徐子失國來奔吳謀伐楚楚於是乎始病十年吳師伐楚戰于柏舉楚師大敗五戰及郢昭王涉睢濟江入于雲中王寢盜攻之以戈擊王王孫由于以背受之中肩王奔鄖由于徐蘇而從王遂奔隨子西收聚散卒以敗吳師于軍祥會秦救亦至吳師再敗吳王乃歸明年昭王入于郢王之奔隨也子西爲王輿服以保路國于脾洩聞王所在而後從王王使由于城麇復命子西問高厚弗知子西曰不能如辭城不知高厚小大何知對曰固辭不能子使余也人君有能有不能王遇盜於雲中余受其戈其所猶在袒而示之背曰此余所能脾洩之事余弗能也子西謝之昭王既反國以子西爲令尹子期爲司馬王謂子西曰方余奔隨時將涉於曰藍尹亹涉其孥不畀余舟必殺之子西對曰子常惟思舊怨以敗君何效焉王曰善使復其所以志前惡是歲吳太子終纍敗楚舟師獲潘子臣小惟子及大夫七人楚國大惕懼亡子期又以陵師敗于繁陽子西喜曰乃今可爲矣於是乎遷郢於鄀而改紀其政以定楚國二十二年吳師克越楚大夫又皆懼曰闔廬惟能用其民以敗我於柏舉今聞其嗣又甚焉將若之何子西曰二三子恤不相睦無患吳矣昔闔廬食不二味坐不重席室不崇壇器不彤鏤宮室不觀舟車不飾衣服財用擇不取費在國天有菑癘親巡其孤寡而共其困乏在軍熟食者分而後敢食其所嘗者卒乘與焉勤卹其民而與之勞逸是以民不罷勞死知不曠吾先大夫子常易之所以敗我也今聞夫差次有臺榭陂池焉宿有妃嬙嬪御焉一日之行所欲必成玩好必從珍異是聚觀樂是務視民如讎而用之日新夫先自敗也已安能敗我二十七年吳伐陳昭王曰吾先君與陳有盟不可以不救乃救陳師于城父自春至秋卜戰不吉卜退不吉王曰然則死也再敗楚師不如死棄盟逃讎亦不如死死一也其死讎乎命公子申子西爲王不可則命公子結子期亦不可則命公子啟子閭五辭而許之將戰王有疾方攻大冥王卒于城父子閭退曰君王舍其子而讓羣臣敢忘君乎從君之命順也立君之子亦順也二順不可失也與子西子期謀潛師閉塗逆越女之子章而立之章立是爲惠王惠王九年子西及子期伐吳及桐汭初平王太子建之見殺於鄭也其子勝在吳子西欲召之葉公諸梁曰吾聞勝也詐而亂無乃害乎子西曰吾聞勝也信而勇不爲不利舍諸邊竟使衛藩焉葉公曰周仁之謂信率義之謂勇吾聞勝也好復言而求死士殆有私乎復言非信期死非勇也子必悔之弗從召之使處吳竟爲白公十年勝請伐鄭子西曰楚未節也不然吾不忘也他日又請許之未起師晉人伐鄭楚救之與之盟勝怒曰鄭人在此讎不遠矣勝自厲劒子期之子平見之曰王孫何自厲也曰勝以直聞不告汝庸爲直乎將以殺爾父平以告子西子西曰勝如卵余翼而長之楚國第我死令尹司馬非勝而誰勝聞之曰令尹之狂也得死乃非我子西不悛勝與其徒石乞作亂殺子西子期于朝

吳

延陵季子名札吳王壽夢之少子也壽夢子四人長曰諸樊次曰餘祭次曰餘昧次曰季札季札賢而壽夢欲立之季札讓不可於是乃立長而諸樊攝行事當國王諸樊既除喪以父讓位季札季札謝曰曹宣公之卒也諸侯與曹人不義曹君將立子臧子臧去之以成曹君君子曰能守節矣君義嗣也誰敢干君有國非吾節也札雖不才願附子臧之義吳人固立季札季札棄其室而耕乃舍之及王諸樊卒有命授弟餘祭欲傳以次必致國於季札而止以稱先王壽夢之意且嘉季札之義兄弟皆欲致國令以漸至焉於是封季札於延陵故號曰延陵季子四年王使聘于魯見叔孫穆子說之曰子其不得死乎好善而不能擇人吾聞君子務在擇人吾子爲魯宗卿而任其大政不愼舉何以堪之禍必及子請觀周樂爲歌周南召南曰美哉始基之矣猶未也然勤而不怨歌邶鄘衛曰美哉淵乎憂而不困者也吾聞衛康叔武公之德如是是其衛風乎歌王曰美哉思而不懼其周之東乎歌鄭曰其細已甚民不堪也是其先

亾乎歌齊曰美哉泱泱乎大風也哉表東海者其太公乎國未可量也歌豳曰美哉蕩蕩乎樂而不淫其周公之東乎歌秦曰此之謂夏聲夫能夏則大大之至也其周之舊乎歌魏曰美哉渢渢乎大而婉險而易行以德輔此則明主也歌唐曰思深哉其有唐氏之遺風乎不然何憂之遠也非令德之後誰能如是歌陳曰國無主其能久乎自鄶已下無譏焉歌小雅曰美哉思而不貳怨而不言其周德之衰乎猶有先王之遺民也歌大雅曰廣哉熙熙乎曲而有直體其文王之德乎歌頌曰至矣哉直而不倨曲而不詘近而不偪遠而不攜遷而不淫復而不厭哀而不愁樂而不荒用而不匱廣而不宣施而不費取而不貪處而不底行而不流五聲和八音平節有度守有序盛德之所同也見舞象箾南籥者曰美哉猶有憾也見舞大武者曰美哉周之盛也其若此乎見舞韶濩者曰聖人之弘也猶有慙德聖人之難也見舞大夏曰美哉勤而不德非禹其誰能及之見舞招箾曰德至矣哉大矣如天之無不幬也如地之無不載也雖甚盛德無以加矣觀止矣若有他樂吾不敢觀去魯遂使齊說晏平仲曰子速納邑與政無邑無政乃免於難齊國之政將有所歸未得所歸難未息也故晏子因陳桓子以納政與邑是以免於欒高之難去齊使於鄭見子產如舊交謂子產曰鄭之執政侈難將至矣政必及子子爲政慎以禮不然鄭國將敗去鄭適衛說蘧瑗史狗史鰌公子荊公叔發公子朝曰衛多君子未有患也自衛如晉將舍於宿聞鐘聲曰異哉吾聞之辯而不德必加於戮矣夫子獲罪於君以在此懼猶不足而又可以樂乎夫子之在此猶燕之巢于幕上君在殯而可以樂乎遂去之文子聞之終身不聽琴瑟適晉說趙文子韓宣子魏獻子曰晉國其萃於三家乎將去謂叔向曰吾子勉之君侈而多良大夫皆富政將在三家吾子直必思自免於難季札之初使北過於徐君徐君好季札劒口弗敢言季札心知之爲使上國未獻還至徐徐君已死於是乃解其寶劒繫之徐君冢樹而去從者曰徐君已死尙誰與乎季子曰不然吾心已許之豈以死倍吾心哉十七年餘祭卒弟餘眛立四年王餘眛卒欲授弟季札季札讓逃去於是吳人曰先王有命兄卒弟代立必致季子季子今逃位則王餘眛後立今卒其子當代乃立王餘眛之子僚爲王王諸樊之子公子光以爲吾父所以兄弟相傳者欲致位於季子也季子卽不受國吾當立乃陰求賢人欲以襲王僚使季札使於晉光使人弒王僚自立爲王是爲吳王闔廬季子至曰苟先君無廢祀民人無廢主社稷有奉國家無傾乃吾君也吾誰敢怨哀死事生以待天命非我生亂立者從之先人之道也復命哭墓復位而待至夫差王十一年楚子期伐陳吳使季子救陳季子謂子期曰二君不務德而力爭諸侯民何罪焉我請退以爲子名務德而安民乃還初季子適齊反而喪其子葬於嬴博之間孔子曰延陵季子吳之知禮者也往觀之其坎深不至於泉其斂以時服既葬而封廣輪揜坎其高可隱既封左袒右還且號者三曰骨肉歸復乎土命也若魂氣則無不之也無不之也而遂行孔子曰合於禮矣吳之先君被髮文身裸以爲飾至壽夢時雖稍近治猶未通於上國蓋殊俗也季子生蠻夷中行禮適義聞樂知政究觀人情深識國體非學而至蓋天性然也季子死年八十餘

伍員字子胥楚伍舉之孫而伍奢之子也奢有二子長曰尙員其次也平王使伍奢爲其太子建太傅又使費無極爲少傅無極愛失於建平王使無極爲太子取婦於秦秦女好無極馳報平王曰秦女絕美王可自取而爲太子更求婦平王遂自取秦女絕愛幸之生子軫更爲太子取婦無極既以秦女自媚於王因去太子而事王恐一旦平王卒而太子立殺已常讒惡太子建建時年十五矣其母蔡女也無寵於平王平王稍益疏建使建居城父守邊無極又日夜讒太子於王曰自無極入秦女太子亦不能無怨望願王少自備焉且太子居城父擅兵外交諸侯且欲入爲亂矣平王召其傅伍奢責問之伍奢知無極讒太子乃對平王曰王獨柰何以讒賊小臣疏骨肉之恩乎無極曰今不制後悔也王遂囚伍奢而使城父司馬奮揚往殺太子奮揚使人先告太子使急去不然將誅太子奔宋無極曰伍奢有二子不殺之爲楚國患盍以免其父召之必至於是王使謂奢能致二子則生不能將死奢曰尙至胥不至王曰何也奢曰尙之爲人廉死節慈孝而仁聞召而免父必至不顧其死胥之爲人智而好謀勇而矜功知來必死必不來然爲楚國憂者必此子於是王使人召之曰來吾免爾父伍尙謂伍胥曰聞父免而莫奔不孝也父戮莫報無謀也度能任事智也子其行矣我其歸死伍尙遂歸伍胥彎弓屬矢出見使者曰父有罪何以召子爲將射使者還走遂出奔聞太子建在宋往從之伍奢聞之曰胥已亾楚國其危哉楚人遂殺奢及尙伍胥既至宋宋有華氏之亂乃與太子建俱奔於鄭鄭人甚善之太子建又適晉晉頃公曰太子既善鄭鄭信太子太子能爲

我內應而我攻其外滅鄭必矣滅鄭而封太子太子乃還鄭事未會會自私欲殺其從者從者知其謀乃告之於鄭鄭定公與子產誅殺太子建建有子名勝伍胥懼乃與勝俱奔吳至昭關昭關欲執之伍胥遂與勝獨身步走幾不得脫追者在後至江江上有一漁父乘船知伍胥之急乃渡伍胥伍胥既渡解其劍曰此劍乃直百金今以與父父曰楚國之法得伍胥者賜粟五萬石爵執珪豈徒百金邪不受伍胥未至吳而疾止中道乞食至於吳吳王僚方用事公子光爲將伍胥乃因公子光以求見吳王久之楚平王以其邊邑鍾離與吳邊邑卑梁氏俱蠶兩女子爭桑相攻乃大怒至於兩國舉兵相伐吳使公子光伐楚拔其鍾離居巢而還伍子胥說吳王僚曰楚可破也願復遣公子光公子光謂吳王曰彼伍胥父兄爲戮於楚而勸王伐楚者亦以自報其讎耳伐楚未可破也伍胥知公子光有內志欲殺王而自立未可說以外事乃進專諸於公子光退而與太子建之子勝耕於野五年而楚平王卒初平王所奪太子建秦女生子軫及平王卒軫竟立爲後是爲昭王吳王僚因楚喪使二公子將兵往襲楚楚發兵絕吳兵之後不得歸吳國內空公子光乃令專諸襲刺吳王僚而自立是爲吳王闔廬闔廬既立得志乃召伍員以爲行人而與謀國事楚誅其大臣郤宛伯氏皆出伯州犂之孫伯嚭亾奔吳吳亦以嚭爲大夫前王僚所遣二公子將兵伐楚者道絕不得歸後闔廬弒王僚自立遂以其兵降楚楚封之於舒闔廬立三年乃興師與伍胥伯嚭伐楚拔舒遂禽故吳反二將軍因欲至郢將軍孫武曰民勞未可且待之乃歸四年吳伐楚取六與灊五年伐越敗之六年楚昭王使公子囊瓦將兵伐吳吳使伍胥迎擊大破楚軍於豫章取楚之居巢九年吳王闔廬謂子胥孫武曰始子言郢未可入今果何如二子對曰楚將囊瓦貪而唐蔡皆怨之王必欲大伐之必先得唐蔡乃可闔廬聽之悉興師與唐蔡伐楚與楚夾漢水而陳吳王之弟夫槩王將兵從王及戰夫槩王以其屬五千人先擊子常子常敗走奔鄭於是吳乘勝而前五戰遂至郢楚昭王出亾入雲夢盜擊王王走鄖鄖公辛之弟懷曰此其父實殺吾父吾殺其子可也鄖公恐其弟殺王與王奔隨吳兵從之謂隨人曰周之子孫在漢川者楚實盡之天誘其衷致罰於楚而君又竄之周室何罪君若惠報周室施及寡人以獎天衷君之惠也漢陽之田君實有之昭王在公宮之北吳人在其南子期似王逃王而已爲王曰以我與之王必免隨人卜與之不吉乃辭吳初子胥與申包胥爲友其亾也謂申包胥曰我必復楚國申包胥曰勉之子能復之我必能興之及吳兵入郢子胥求昭王不獲乃掘楚平王墓出其尸鞭之三百然後已申包胥亾於山中使人謂子胥曰子之報讎其以甚乎吾聞之人衆者勝天天定亦能勝人今子故平王之臣親北面而事之今至於僇死人此豈其無天道之極乎子胥曰爲我謝包胥曰吾日莫塗遠吾故倒行而逆施之於是申包胥如秦乞師曰吳爲封豕長蛇以荐食上國虐始於楚寡君失守社稷越在草莽使下臣告急曰夷德無厭若鄰於君疆場之患也逮吳之未定君其取分焉若楚之遂亾君之土也若以君靈撫之世以事君秦伯使辭焉曰寡人聞命矣子姑就館將圖而以告對曰寡君越在草莽未獲所伏下臣何敢即安立於庭牆而哭日夜不絕聲勺飲不入口七日秦哀公爲之賦無衣九頓首而坐秦師乃出申包胥以秦師至秦子蒲子虎帥車五百乘與楚師會于稷大敗吳兵于沂又敗于雍澨吳王乃歸昭王入于郢後二歲闔廬使太子夫差伐楚取番楚懼吳復大來乃去郢徙于都十九年闔廬伐越越王句踐禦之陳于檇李句踐患吳之整也使死士再禽焉不動使罪人三行屬劍於頸而辭曰二君有治臣奸旗鼓不敏於君之行前不敢逃刑敢歸死遂自剄也師屬之目句踐因而伐之大敗之靈姑浮以戈擊闔廬闔廬傷將指取其一屨還卒於陘去檇李七里夫差使人立於庭苟出入必謂已曰夫差而忘越王之殺而父乎則對曰唯不敢忘夫差立二年伐越敗越于夫椒遂入越句踐以甲楯五千保于會稽使大夫種因太宰嚭以行成夫差將許之子胥曰不可臣聞之樹德莫如滋去疾莫如盡昔有過澆殺斟灌以伐斟鄩滅夏后相后緡方娠逃出自竇歸于有仍生少康焉爲仍牧正惎澆能戒之澆使椒求之逃奔有虞爲之庖正以除其害虞思於是妻之以二姚而邑諸綸有田一成有衆一旅能布其德而兆其謀以收夏衆撫其官職使女艾諜澆使季杼誘豷遂滅過戈復禹之績祀夏配天不失舊物今吳不如過而越大於少康或將豐之不亦難乎句踐能親而務施施不失人親不棄勞與我同壤而世爲仇讎於是乎克而弗取將又存之違天而長寇讎後雖悔之不可食已姬之衰也日可俟也介在蠻夷而長寇讎以是求伯必不行矣弗聽退而告人曰越十年生聚而十年教訓二十年之外吳其爲沼乎吳王不聽乃與越平十二年夫差將伐齊句踐率其衆以朝焉王

及列士皆有饋賂吳人皆喜唯子胥懼曰是豢吳也夫諫曰越在我心腹之疾也壤地同而有欲於我夫其柔服求濟其欲也不如早從事焉得志於齊猶獲石田也無所用之越不爲沼吳其淚矣使醫除疾而曰必遺類焉者未之有也盤庚之誥曰其有顚越不恭則劓殄無遺育無俾易種于兹邑是商所以興也今君易之將以求大不亦難乎弗聽使於齊屬其子於鮑氏爲王孫氏太宰嚭素惡子胥因讒之於吳王曰子胥爲人剛暴少恩猜賊王不可不備焉臣聞其使齊也乃屬其子於鮑氏夫爲人臣內不得意外倚諸侯自以爲先王之謀臣今不見用居常鞅鞅願王早圖之吳王曰微子之言吾亦疑之乃使使賜子胥屬鏤之劒曰子以此死子胥仰天歎曰嗟乎讒臣嚭將爲亂矣王乃反誅我我令若父霸自若未立時諸公子爭立我以死爭之於先王幾不得立若旣得立欲分吳國半予我我顧不敢望也然今聽諛臣言以殺長者乃告其舍人曰必樹吾墓上以梓令可爲器而抉吾眼縣吳東門之上以觀越之入滅吳也乃自到死吳王聞之大怒取子胥尸盛以鴟夷革浮之江中吳人憐之其後越王句踐竟滅吳殺吳王夫差誅太宰嚭以其不忠於其君而外受重賂與己比周也

越

范蠡本南陽人家於越初濮上人計然博學無所不通尤善計算南游於越范蠡師事之得其術以事越王句踐句踐父允常與吳王闔廬戰而深相怨伐允常卒句踐立闔廬乃興師伐越句踐擊敗吳師於檇李射傷吳王闔廬闔廬且死語其子夫差曰必無忘越三年句踐聞吳王夫差日夜勒兵且以報越欲先吳未發往伐之范蠡不可曰臣聞兵凶器也戰逆德也爭者事之末也陰謀逆德好用兵器試身於所末上帝禁之行者不利王曰吾已決之矣遂興師吳王聞之悉發精兵擊越敗之夫椒越王乃以餘兵五千保棲於會稽吳王追而圍之越王謂范蠡曰以不聽子故至此爲之奈何蠡對曰卑辭厚禮以遺之不許而身與之市句踐曰諾乃令大夫種行成於吳子胥不可乃因太宰嚭而後入之吳卒赦越句踐反國乃苦身焦思謀所以報吳欲使范蠡爲國政對曰兵甲之事種不如蠡鎭撫國家親附百姓蠡不如種於是舉國政屬大夫種而使范蠡與大夫柘稽行成爲質於吳二歲而吳歸蠡句踐自會稽歸七年拊循士民士民一周以報吳句踐將聽之以問范蠡蠡曰不可句踐再三彊之對曰未也天時不作弗爲人客人事不起弗爲之始故天因人聖人因天人自生之天地形之聖人因而成是以戰勝而不報取地而不反兵勝於外福生於內人事必將與天地相參然後乃可成大功故善用兵者因天地之常與之俱行後則用陰先則用陽近則用柔遠則用剛後無陰蔽先無陽察用人無蓺往從其所剛柔以禦陽節不盡不死其野彼來從我固守勿與若將與之必因天地之災觀其民之饑飽勞逸以參之盡其陽節盈吾陰節而奪之利宜爲人客剛彊而力疾陽節不盡輕而不可取宜爲人主安徐而重固陰節不盡柔而不可迫王其待之及聞其勝齊誅子胥而後喜以爲天果棄之矣明年春吳王北會諸侯於黃池精兵悉從王獨老弱與太子留守蠡曰可矣乃發習流二千教士四萬人君子六千人諸御千人伐吳吳師敗遂殺吳太子吳告急於王王反自會乃使人厚禮以請成范蠡自度亦未能滅吳乃許之後四年而復伐之大破吳師因以兵圍之三年吳師敗越遂復棲吳王於姑蘇之山吳王使公孫雄肉袒膝行以請於越乃願如會稽之事句踐不忍欲許之范蠡曰會稽之事天以越賜吳吳不取今天以吳賜越越其可逆天乎且君王早朝晏罷非爲吳邪謀之二十二年一朝而棄之可乎且天與弗取反受其咎伐柯者其則不遠君忘會稽之厄乎王曰吾欲聽子言吾不忍其使者范蠡乃鼓進兵曰王已屬政於執事使者去不者乃得罪使者退哭王知不可乃自殺越於是會諸侯致貢於周元王賜之胙命爲伯東諸侯畢賀號稱霸王而范蠡爲上將軍旣反國范蠡爲大名之下難久居且句踐爲人長頸烏喙可與共患難難與同逸樂爲書辭句踐曰臣聞主憂則臣辱主辱則臣死昔君王辱於會稽所以不死爲此事也今旣以雪恥臣請從會稽之誅句踐曰孤將與子分國而有之不然將加誅于子范蠡曰君行令臣行意乃裝其輕寶珠玉自與其私徒屬乘舟浮海以行終不反於是句踐表會稽山以爲范蠡奉邑范蠡浮海出齊變姓名自謂鴟夷子皮耕于海畔苦身戮力父子治產居無幾何致產數千萬齊人聞其賢以爲相范蠡喟然嘆曰居家則致千金居官則至卿相此布衣之極也久受尊名不祥乃歸相印盡散其財以分與知交鄉黨而懷其重寶閒行以去止于陶以爲此天下之中交易有無之路通爲生可以致富矣於是自謂陶朱公復約要父子耕畜廢居候時轉物逐什一之利居無何則致貲累巨萬天下稱陶朱公朱公居陶生少子少子及壯而朱公中男殺人囚於楚朱公曰殺人而死職也然吾聞千金

之子不死於市告其少子往視之乃裝黃金千鎰置褐器中載以一牛車且遣其少子朱公長男固請欲行朱公不聽長男曰家有長子曰家督今弟有罪大人不遣乃遣少弟是吾不肖欲自殺其母爲之請曰今遣少子未必能生中子也而先空亾長男奈何朱公不得已而遣長子爲一封書遺故所善莊生曰至則進千金于莊生所聽其所爲愼無與爭事長男既行亦自私齎數百金至楚莊生家負郭披藜藋到門居甚貧長男發書進千金如其父言莊生曰可疾去矣愼毋留卽弟出勿問所以然長男既去不過莊生而私留以其私齎獻遺楚國貴人用事者莊生雖居窮閻然以廉直聞於國自楚王已下皆師尊之及朱公進金非有意受也欲以成事後復歸之以爲信耳故金至謂其婦曰此朱公之金有如病不宿誡後復歸勿動而朱公長男不知其意以爲殊無短長也莊生閒時入見楚王言某星宿某此則害於楚楚王素信莊生曰爲奈何莊生曰獨以德爲可以除之楚王曰生休矣寡人將行之王乃使使者封三錢之府楚貴人驚告朱公長男曰王且赦曰何以也曰每王且赦常封三錢之府昨暮王使使封之朱公長男以爲赦弟固當出也重千金虛棄莊生無所爲也乃復見莊生莊生驚曰若不去邪長男曰固未也初爲弟事弟今議自赦故辭生去莊生知其意欲復得金曰若自入室取金長男卽自入室取金持去獨自歡幸莊生羞爲兒子所賣乃入見楚王曰臣前言某星事王言欲以修德報之今臣出道路皆言陶之富人朱公之子殺人囚楚其家多持金錢賂王左右王非能恤楚國而赦乃以朱公子故也楚王大怒曰寡人雖不德耳奈何以朱公之子故而施惠乎今論殺朱公子明日遂下赦令朱公長男竟持其弟喪歸至其母及邑人盡哀之唯朱公獨笑曰吾固知必殺其弟也彼非不愛其弟顧有不能忍者也是少與我俱見苦爲生難故重棄財至如少弟者生而見我富乘堅驅良逐狡兎豈知財所從來故輕棄之非所惜吝前日吾所爲欲遣少子固爲其能棄財故也而長者不能故卒以殺其弟事之理也無足悲者吾日夜固以望其喪之來也故范蠡三徙三成名於天下非苟去而已所止必成名卒老死于陶故世傳曰陶朱公

通志卷九十二

宋右迪功郎鄭樵漁仲撰

列傳第六

戰國

田單　魯仲連　蘇秦（蘇代　蘇厲）　張儀（陳軫　犀首）　商鞅　樗里疾　甘茂（甘向壽　甘羅）　魏冉　白起　王翦　范雎　蔡澤

田單者齊諸田疏屬也湣王時單爲臨菑市掾不見知及燕使樂毅伐破齊齊湣王出奔已而保莒城燕師長驅平齊而田單走安平令其宗人盡斷其車軸末而傅鐵籠已而燕軍攻安平城壞齊人走爭塗以轊折車敗爲燕所虜唯田單宗人以鐵籠故得脫東保卽墨燕既盡降齊城唯獨莒卽墨不下燕軍聞齊王在莒并兵攻之淖齒既殺湣王於莒因堅守距燕軍數年不下燕引兵東圍卽墨卽墨大夫出與戰敗死城中相與推田單曰安平之戰田單宗人以鐵籠得全習兵立以爲將軍以卽墨距燕頃之燕昭王卒惠王立與樂毅有隙田單聞之乃縱反間於燕宣言曰齊王已死城之不拔者二耳樂毅畏誅而不敢歸以伐齊爲名實欲連兵南面而王齊齊人未附故且緩攻卽墨以待其事齊人所懼唯恐他將之來卽墨殘矣燕王以爲然使騎劫代樂毅樂毅因歸趙燕人士卒忿而田單乃令城中人食必祭其先祖於庭飛鳥悉翔舞城中下食燕人怪之田單因宣言曰神來下教我乃令城中人曰當有神人爲我師有一卒曰臣可以爲師乎因反走田單乃起引還東鄉坐師事之卒曰臣欺君誠無能也田單曰子勿言也因師之每出約束必稱神師乃宣言曰吾唯懼燕軍之劓所得齊卒置之前行與我戰卽墨敗矣燕人聞之如其言城中人見齊諸降者盡劓皆怒堅守唯恐見得單又縱反間曰吾懼燕人掘吾城外冢墓僇先人可爲寒心燕軍盡掘壟墓燒死人卽墨人從城上望見皆涕泣其欲出戰怒自十倍田單知士卒之可用乃身操版插與士卒分功妻妾編於行伍之間盡散飲食饗士令甲卒皆伏使老弱女子乘城遣使約降於燕燕軍皆呼萬歲田單又收民金得千鎰令卽墨富豪遺燕將曰卽墨卽降願無虜掠吾族家妻妾令安堵燕將大喜許之燕軍由此益懈田單乃收城中得千餘牛爲絳繒衣畫以五彩龍文束兵刃於其角而灌脂束葦於尾燒其端鑿城數十穴夜縱牛壯士五千人隨其後牛尾熱怒而奔燕軍燕軍夜大驚牛尾炬火光明炫燿燕軍視之皆龍文所觸盡死傷五千人因銜枚擊之而城中鼓譟從之老弱皆擊銅器爲聲聲動天地燕軍大駭敗走齊人遂夷殺其將騎劫燕軍擾亂奔走齊人追亾逐北所過城邑皆畔燕而歸田單兵日益多乘勝燕日敗亾卒至河上而齊七十餘城皆復爲齊初淖齒之殺湣王也莒人求湣王子法章得之太史嬓之家爲人灌園嬓女憐而善遇之後法章私以情告女女遂與通及莒人共立法章爲齊王以莒距燕而太史氏女遂爲后所謂君王后也燕之初入齊聞畫邑人王蠋賢令軍中曰環畫邑三十里無入以王蠋之故已而使人謂蠋曰齊人多高子之義吾以子爲將封子萬家蠋固謝燕人曰子不聽吾引三軍而屠畫邑王蠋曰忠臣不事二君貞女不更二夫齊王不聽臣諫故退而耕於野國既破亾吾不能存今又劫之以兵爲君將是助桀爲虐也與其生而義固不如烹遂經其頸於樹枝自奮絕脰而死齊亾大夫聞之曰王蠋布衣也義不北面於燕況在位食祿者乎乃相聚如莒求立襄王田單迎襄王於莒入臨菑聽政襄王封田單號曰安平君

魯仲連者齊人也好奇偉俶儻之畫策而不肯仕宦任職好持高節游於趙趙孝成王時而秦王使白起破趙長平之軍前後四十餘萬秦兵遂東圍邯鄲趙王恐諸侯之救兵莫敢擊秦軍魏安釐王使將軍晉鄙救趙畏秦止於蕩陰不進魏王使客將軍新垣衍間入邯鄲因平原君謂趙王曰秦所爲急圍趙者前與齊湣王爭彊爲帝已而復歸帝今齊湣王已益弱方今唯秦雄天下此非必貪邯鄲其意欲復求爲帝趙誠發使尊秦昭王爲帝秦必喜罷兵去平原君猶豫未有所決此時魯仲連適游趙會秦圍趙聞魏將欲令趙尊秦爲帝乃見平原君曰事將奈何平原君曰勝也何敢言事前亾四十萬之衆於外今又內圍邯鄲而不能去魏王使客將軍新垣衍令趙帝秦今其人在是勝也何敢言事魯仲連曰吾始以君爲天下之賢公子也吾乃今然後知君非天下之賢公子也梁客新垣衍安在吾請爲君責而歸之平原君曰勝請爲紹介而見之於先生平原君遂見新垣衍曰東國有魯仲連先生者今其人在此勝請爲紹介交之於將軍新垣衍曰吾聞魯仲連先生齊國之高士也衍人臣也使事有職吾不願見魯仲連先生平原君曰勝既已泄之矣新垣衍許諾魯仲連見新垣衍而無言新垣衍曰吾視居此圍城之中者皆有求於平原君者也今吾觀先生之玉貌非有求於平原君者也曷爲久居此圍城之中而不去魯仲連曰世以鮑焦爲

無從頸而死者皆非也衆人不知則爲一身彼秦者棄禮義而上首功之國也權使其士虜使其民彼卽肆然而爲帝過而爲政於天下則連有蹈東海而死耳吾不忍爲之民也所爲見將軍者欲以助趙也新垣衍曰先生助之將奈何魯仲連曰吾將使梁及燕助之齊楚則固助之矣新垣衍曰燕則吾請以從矣若乃梁者則吾乃梁人也先生惡能使梁助之魯仲連曰梁未睹秦稱帝之害故耳使梁睹秦稱帝之害則必助趙矣新垣衍曰秦稱帝之害何如魯仲連曰昔者齊威王嘗爲仁義矣率天下諸侯而朝周周貧且微諸侯莫朝而齊獨朝之居歲餘周烈王崩齊後往周怒赴於齊曰天崩地坼天子下席東藩之臣田齊後至則斮齊威王勃然怒曰叱嗟而母婢也卒爲天下笑故生則朝周死則叱之誠不忍其求也彼天子固然其無足怪新垣衍曰先生獨不見夫僕乎十人而從一人者寧力不勝而智不若邪畏之也魯仲連曰嗚呼梁之比於秦若僕邪新垣衍曰然魯仲連曰吾將使秦王烹醢梁王新垣衍怏然不悅曰噫嘻亦太甚矣先生之言也又惡能使秦王烹醢梁王魯仲連曰固也吾將言之昔者九侯鄂侯文王紂之三公也九侯有子而好獻之於紂紂以爲惡醢九侯鄂侯爭之彊辯之疾故脯鄂侯文王聞之喟然而嘆故拘之牖里之庫百曰欲令之死曷爲與人俱稱王卒就脯醢之地齊湣王將之魯夷維子爲執策而從謂魯人曰子將何以待吾君魯人曰吾將以十太牢待子之君夷維子曰安取禮而來吾君彼吾君者天子也天子巡狩諸侯辟舍納筦籥攝衽抱机視膳於堂下天子已食乃退而聽朝也魯人投其籥不果納不得入於魯將之薛

假途於鄒當是時鄒君死湣王欲入弔夷維子謂鄒之孤曰天子弔主人必將倍殯柩設北面於南方然後天子南面弔也鄒之羣臣曰必若此吾將伏劍而死固不敢入於鄒鄒魯之臣生則不得事養死則不得賻襚然且欲行天子之禮於鄒魯鄒魯之臣不果納今秦萬乘之國也梁亦萬乘之國也俱據萬乘之國各有稱王之名睹其一戰而勝欲從而帝之是使三晉之大臣不如鄒魯之僕妾且秦無已而帝則且變易諸侯之大臣彼將奪其所不肖而與其所賢奪其所憎而與其所愛彼又將使其子女讒妾爲諸侯妃姬處梁之宮梁王安得晏然而已乎而將軍又何以得故寵乎於是新垣衍起再拜謝曰始以先生爲庸人吾乃今曰知先生爲天下之士也吾請出不敢復言帝秦秦將聞之爲卻軍五十里適會魏公子無忌奪晉鄙軍以救趙擊秦軍秦軍遂引而去於是平原君欲封魯連魯連辭讓使者三終不肯受平原君乃置酒酒酣起前以千金爲魯連壽魯連笑曰所謂貴於天下之士者爲人排患釋難解紛亂而無取也卽有取者是商賈之事也而連不忍爲也遂辭平原君而去終身不復見其後二十餘年燕將攻下聊城聊城人或讒之燕燕將懼誅因保守聊城不敢歸齊田單攻聊城歲餘士卒多死而聊城不下魯連乃爲書約之矢以射城中遺燕將書曰吾聞之智者不倍時而棄利勇士不怯死而滅名忠臣不先身而後君今公行一朝之忿不顧燕王之無臣非忠也殺身亾聊城而威不信於齊非勇也功敗名滅後世無稱焉非智也三者世主不臣說士不載故智者不再計勇士不怯死今死生榮辱貴賤尊卑此時不再至願公詳計而無與俗同

且楚攻齊之南陽魏攻平陸而齊無南面之心以爲亾南陽之害小不如得濟北之利大故定計審處之今秦人下兵魏不敢東面衡秦之勢成楚國之形危齊棄南陽斷右壤定濟北計猶且爲之也且夫齊之必決於聊城公勿再計今楚魏交退於齊而燕救不至以全齊之兵無天下之規與聊城共據期年之敝則臣見公之能得也且燕國大亂君臣失計上下迷惑栗腹以十萬之衆五折於外以萬乘之國被圍於趙壤削主困爲天下戮笑國敝而禍多民無所歸心今公又以敝聊之民距全齊之兵是墨翟之守也食人炊骨士無反外之心是孫臏兵也能見於天下雖然爲公計者不如全車甲以報於燕車甲全而歸燕燕王必喜身全而歸於國士民如見父母交游攘臂而議於世功業可明上輔孤主以制羣臣下養百姓以資說士矯國更俗功名可立也亾意亦捐燕棄世東游於齊乎裂地定封富比乎陶衞世世稱孤與齊久存又一計也此兩計者顯名厚實也願君詳計而審處一焉且吾聞之規小節者不能成榮名惡小恥者不能立大功昔者管夷吾射桓公中其鉤篡也遺公子糾不能死怯也束縛桎梏辱也若此三行者世主不臣而鄉里不通鄉使管子幽囚而不出身死而不反於齊則亦名不免爲辱人賤行矣臧獲且羞與之同名矣況世俗乎故管子不恥身在縲紲之中而恥天下之不治不恥不死公子糾而恥威之不信於諸侯故兼三行之過而爲五霸首名高天下而光燭鄰國曹子爲魯將三戰三北而亾地五百里卽使曹子計不反顧議不還踵刎而死則亦名不免爲敗軍禽將矣曹子棄三北之恥而退與魯君計桓公朝天下會諸侯曹子以

一劍之任枝桓公之心於壇坫之上顏色不變辭氣不悖三戰之所亡一朝而復之天下震動諸侯驚駭威加吳越若此二士者非不能成小廉而行小節也以爲殺身亡軀絕世滅後功名不立非智也故去感忿之怨立終身之名棄忿悁之節定累世之功是以業與三王爭流而名與天壤相弊也願公擇一而行之燕將見魯連書泣三日猶豫不能自決欲歸燕已有隙恐誅欲降齊所殺虜於齊甚衆恐已降而後見辱喟然歎曰與人刃我寧自刃乃自殺聊城亂田單遂屠聊城歸而言魯連欲爵之魯連逃隱於海上曰吾與富貴而詘於人寧貧賤而輕世肆志焉

蘇秦者周雒陽人也東事師於齊而習之於鬼谷先生出游數歲大困而歸兄弟嫂妹妻妾竊皆笑之曰周人之俗治產業力工商逐什二以爲務今子釋本而事口舌困不亦宜乎蘇秦聞之而慙自傷乃閉室不出出其書徧觀之曰夫士業已屈首受書而不能以取尊榮雖多亦奚以爲於是得周書陰符伏而讀之期年以出揣摩曰此可以說當世之君矣求說周顯王顯王左右素習知蘇秦皆少之弗信乃西至秦秦孝公卒說惠王曰秦四塞之國被山帶渭東有關河西有漢中南有巴蜀北有代馬此天府也以秦士民之衆兵法之教可以吞天下稱帝而治秦王曰毛羽未成不可以高蜚文理未明不可以并兼方誅商鞅疾辯士弗用乃東之趙趙肅侯令其弟成爲相號奉陽君奉陽君弗說之去游燕歲餘而後得見說燕文侯曰燕東有朝鮮遼東北有林胡樓煩西有雲中九原南有嘑沱易水地方二千餘里帶甲數十萬車六百乘騎六千匹粟支數年南有碣石鴈門之饒北有棗栗之利民雖不佃作而足於棗栗矣此所謂天府者也夫安樂無事不見覆軍殺將無過燕者大王知其所以然乎夫燕之所以不犯寇被甲兵者以趙之爲蔽其南也秦趙五戰秦再勝而趙三勝秦趙相斃而王以全燕制其後此燕之所以不犯寇也且夫秦之攻燕也踰雲中九原過代上谷彌地數千里雖得燕城秦計固不能守也秦之不能害燕亦明矣今趙之攻燕也發號出令不至十日而數十萬之軍軍於東垣矣渡嘑沱涉易水不至四五日而距國都矣故曰秦之攻燕也戰於千里之外趙之攻燕也戰於百里之內夫不憂百里之患而重千里之外計無過於此者是故願大王與趙從親天下爲一則燕國必無患矣文侯曰子言則可然吾國小西逼彊趙南近齊齊趙彊國也子必欲合從以安燕寡人請以國從於是資蘇秦車馬金帛以至趙而奉陽君已死即因說趙肅侯曰天下卿相人臣及布衣之士皆高賢君之行義皆願奉教陳忠於前之日久矣雖然奉陽君妬君而不任事是以賓客游士莫敢自盡於前者今奉陽君捐館舍君乃今復與士民相親也臣故敢進其愚慮竊爲君計者莫若安民無事且無庸有事於民也安民之本在於擇交擇交而得則民安擇交而不得則民終身不安請言外患齊秦爲兩敵而民不得安倚秦攻齊而民不得安倚齊攻秦而民不得安故夫謀人之主伐人之國常苦出辭斷絕人之交也願君慎勿出於口請別白黑所以異陰陽而已矣君誠能聽臣燕必致旃裘狗馬之地齊必致魚鹽之海楚必致橘柚之園韓魏中山皆可使致湯沐之奉而貴戚父兄皆可以受封侯夫割地包利五伯之所以覆軍禽將而求也封侯貴戚湯武之所以放弑而爭也今君高拱而兩有之此臣之所以爲君願也今大王與秦則秦必弱韓魏與齊則齊必弱楚魏魏弱則割河外韓弱則効宜陽宜陽効則上郡絕河外割則道不通楚弱則無援此三策者不可不孰計也夫秦下軹道則南陽危劫韓包周則趙氏自操兵據衞取淇卷則齊必入朝秦秦欲已得乎山東則必舉兵而嚮趙矣秦甲渡河踰漳據番吾則兵必戰於邯鄲之下矣此臣之所爲君患也當今之時山東之建國莫彊於趙趙地方二千餘里帶甲數十萬車千乘騎萬匹粟支數年西有常山南有河漳東有清河北有燕國燕固弱國不足畏也秦之所害於天下者莫如趙然而秦不敢舉兵伐趙者何也畏韓魏之議其後也然則韓魏趙之南蔽也秦之攻韓魏也無有名山大川之限稍蠶食之傅國都而止韓魏不能支秦必入臣於秦秦無韓魏之規則禍必中於趙矣此臣之所爲君患也臣聞堯無三夫之分舜無咫尺之地以有天下禹無百人之聚以王諸侯湯武之士不過三千車不過三百乘卒不過三萬立爲天子誠得其道也是故明主外料其敵之彊弱內度其士卒賢不肖不待兩軍相當而勝敗存亡之機固已判於胷中矣豈揜於衆人之言而以冥冥決事哉臣竊以天下之地圖案之諸侯之地五倍於秦料度諸侯之卒十倍於秦六國爲一并力西鄉而攻秦秦必破矣今西面而事之見臣於秦夫破人之與見破於人也臣人之與見臣於人也豈可同日而論哉夫衡人者皆欲割諸侯之地以予秦秦成則高臺榭美宮室聽竽瑟之音前有樓闕軒轅後有長姣美人國被秦患而不與其憂是故夫衡人日夜務以

秦權恐愒諸侯以求割地故願大王孰計之也臣聞明主絕疑去讒屛流言之跡塞朋黨之門故尊主廣地彊兵之計臣得陳忠於前矣故竊爲大王計莫如一韓魏齊楚燕趙以從親以畔秦令天下之將相會於洹水之上通質刳白馬而盟要約曰秦攻楚齊魏各出銳師以佐之韓絕其糧道趙涉河漳燕守常山之北秦攻韓魏則楚絕其後齊出銳師而佐之趙涉河漳燕守雲中秦攻齊則楚絕其後韓守成皐魏塞其道趙涉河博關燕出銳師以佐之秦攻燕則趙守常山楚軍武關齊涉勃海韓魏皆出銳師以佐之秦攻魏則韓守宜陽楚軍武關魏軍河外齊涉清河燕出銳師以佐之諸侯有不如約者以五國之兵共伐之六國從親以賓秦則秦甲必不敢出於函谷以害山東矣如此則霸王之業成矣趙王曰寡人年少立國日淺未嘗得聞社稷之長計也今上客有意存天下安諸侯寡人敬以國從乃飾車百乘黃金千鎰白璧百雙錦繡千純以約諸侯是時周天子致文武之胙於秦惠王惠王使犀首攻魏禽將龍賈取魏之雕陰且欲東兵蘇秦恐秦兵之至趙也乃激怒張儀入之于秦於是說韓宣惠王曰韓北有鞏成皐之固西有宜陽商阪之塞東有宛穰洧水南有陘山地方九百餘里帶甲數十萬天下之彊弓勁弩皆從韓出谿子少府時力距來者皆射六百步之外韓卒超足而射百發不暇止遠者括蔽洞胷近者鏑弇心韓卒之劍戟皆出於冥山棠谿墨陽合賻鄧師宛馮龍淵太阿皆陸斷牛馬水截鵠鴈當敵則斬堅甲鐵幕革抉吠芮無不畢具以韓卒之勇被堅甲蹠勁弩帶利劍一人當百不足言也夫以韓之勁與大王之賢乃西面事秦交臂而服羞社稷而爲天下笑無大於此者矣是故願大王孰計之且王事秦秦必求宜陽成皐今玆效之明年又復求割地與則無地以給之不與則棄前功而受後禍且大王之地有盡而秦之求無已以有盡之地而逆無已之求此所謂市怨結禍者也不戰而地已削矣臣聞鄙諺曰寧爲雞口無爲牛後今西面交臂而臣事秦何異於牛後乎夫以大王之賢挾彊韓之兵而有牛後之名臣竊爲大王羞之於是韓王勃然作色攘臂瞋目按劍仰天太息曰寡人雖不肖必不能事秦今主君詔以趙王之教敬奉社稷以從又說魏襄王曰大王之地南有鴻溝陳汝南許鄢昆陽召陵舞陽新都新郪東有淮潁煮棗無胥西有長城之界北有河外卷衍酸棗地方千里地名雖小然而田舍廬廡之數曾無所芻牧人民之眾車馬之多日夜行不絕輷輷殷殷若有三軍之眾臣竊量大王之國不下楚然衡人怵王交彊虎狼之秦以侵天下卒有秦患不顧其禍夫挾彊秦之勢以內劫其主罪無過此者魏天下之彊國也王天下之賢主也今乃有意西面而事秦稱東藩築帝宮受冠帶祠春秋臣竊爲大王恥之臣聞越王句踐敝卒三千人禽夫差於干遂武王卒三千人革車三百乘制紂於牧野豈其士卒眾哉誠能奮其威也今竊聞大王之卒武士二十萬蒼頭二十萬奮擊二十萬廝徒十萬車六百乘騎五千匹此其過越王句踐武王遠矣今乃聽於羣臣之說而欲臣事秦夫事秦必割地以效實故兵未用而國已虧矣凡羣臣之言事秦者皆姦人非忠臣也夫爲人臣割其主之地以求外交偷取一時之功而不顧其後破公家而成私門外挾彊秦之勢以內劫其主以求割地願大王孰察之周書曰緜緜不絕蔓蔓柰何毫釐不伐將用斧柯前慮不定後有大患將柰之何大王誠能聽臣六國從親專心并力壹意則必無彊秦之患故敝邑趙王使臣效愚計奉明約在大王之詔詔之魏王曰寡人不肖未嘗得聞明教今主君以趙王之詔詔之敬以國從因東說齊宣王曰齊南有泰山東有琅邪西有清河北有勃海此所謂四塞之國也齊地方二千餘里帶甲數十萬粟如邱山三軍之良五家之兵進如鋒矢戰如雷霆解如風雨即有軍役未嘗倍泰山絕清河涉勃海也臨菑之中七萬戶臣竊度之不下戶三男子三七二十一萬不待發於遠縣而臨菑之卒固已二十一萬矣臨菑甚富而實其民無不吹竽鼓瑟彈琴擊筑鬬雞走狗六博蹹鞠者臨菑之塗車轂擊人肩摩連衽成帷舉袂成幕揮汗成雨家殷人足志高氣揚夫以大王之賢與齊之彊天下莫能當今乃西面而事秦臣竊爲大王羞之且夫韓魏之所以重畏秦者爲與秦接境壤界也兵出而相當不出十日而戰勝存亡之機決矣韓魏戰而勝秦則兵半折四境不守戰而不勝則國已危亡隨其後是故韓魏之所以重與秦戰而輕爲之臣也今秦之攻齊則不然倍韓魏之地過衛陽晉之道徑乎亢父之險車不得方軌騎不得比行百人守險千人不敢過也秦雖欲深入則狼顧恐韓魏之議其後也是故恫疑虛喝驕矜而不敢進則秦之不能害齊亦明矣夫不深料秦之無奈齊何而欲西面而事之是羣臣之計過也今無臣事秦之名而有彊國之實臣是故願大王少留意計之齊王曰寡人不敏僻遠守海窮道東境之國也未嘗得聞餘教今足下以趙王之詔詔之敬以國從乃西

南說楚威王曰楚天下之彊國也王天下之賢主也西有黔中巫郡東有夏州海陽南有洞庭蒼梧北有陘塞郇陽地方五千餘里帶甲百萬車千乘騎萬匹粟支十年此霸王之資也夫以楚之彊與王之賢天下莫能當也今乃欲西面而事秦則諸侯莫不西面而朝於章臺之下矣秦之所害莫如楚楚彊則秦弱秦彊則楚弱其勢不兩立故爲大王計莫如從親以孤秦大王不從秦必起兩軍一軍出武關一軍入黔中則鄢郢動矣臣聞其未亂也爲之其未有也患至而後憂之則無及已故願大王早孰計之大王誠能聽臣臣請令山東之國奉四時之獻以承大王之明詔委社稷奉宗廟練士厲兵在大王之所用之大王誠能用臣之愚計則韓魏齊燕趙衞之妙音美人必充後宮燕代槖駝良馬必實外廄故從合則楚王衡成則秦帝今釋霸王之業而有事人之名臣竊爲大王不取也夫秦虎狼之國也有吞天下之心秦天下之仇讎也衡人皆欲割諸侯之地以事秦此所謂養仇而奉讎者也夫爲人臣割其主之地以外交彊虎狼之秦以侵天下卒有秦患不顧其禍夫外挾彊秦之威以內劫其主以求割地大逆不忠無過此者故從親則諸侯割地以事楚衡合則楚割地以事秦此兩策者相去遠矣二者大王何居焉故敝邑趙王使臣效愚計奉明約在大王計之楚王曰寡人之國西與秦接境秦有舉巴蜀并漢中之心秦虎狼之國不可親也而韓魏迫於秦患不可與深謀與深謀恐反人以入於秦故謀未發而國已危矣寡人自料以楚當秦不見勝也內與羣臣謀不足恃也寡人臥不安席食不甘味心搖搖然如懸旌而無所終薄今主君欲一天下收諸侯存危國寡人謹奉社稷以從於是六國從合而并力焉蘇秦爲從約長并相六國北報趙王乃行過雒陽車騎輜重諸侯各發使送之甚眾擬於王者周顯王聞之恐懼除道使人郊勞蘇秦之昆弟妻嫂側目不敢仰視俯伏侍取食蘇秦笑謂其嫂曰何前倨而後恭也嫂委蛇蒲伏以面掩地而謝曰見季子位高金多也蘇秦喟然嘆曰此一人之身富貴則親戚畏懼之貧賤則輕易之況眾人乎且使我有雒陽負郭田二頃吾豈能佩六國相印乎於是散千金以賜宗族朋友初蘇秦之燕貸百錢爲資及得富貴以百金償之徧報諸所嘗見德者其從者有一人獨未得報乃前自言蘇秦曰我非忘子子之與我至燕再三欲去我易水之上方是時我困故望子深是以後子子今亦得矣蘇秦既約六國從親歸趙趙肅侯封爲武安君乃投從約書於秦秦兵不敢闚函谷關十五年其後秦使犀首欺齊魏與共伐趙欲敗從約齊魏伐趙趙王讓蘇秦蘇秦恐請使燕必報齊蘇秦去趙而從約皆解秦惠王以其女爲燕太子婦是歲文侯卒太子立是爲燕易王易王初立齊宣王因燕喪伐燕取十城易王謂蘇秦曰往日先生至燕而先王資先生見趙遂約六國從今齊先伐趙次至燕以先生之故爲天下笑先生能爲燕得侵地乎蘇秦大慙曰請爲王取之蘇秦見齊王再拜俯而慶仰而弔齊王曰是何慶弔相隨之速也蘇秦曰臣聞飢人所以飢而不食烏喙者爲其愈充腹而與餓死同患也今燕雖弱小卽秦王之少壻也大王利其十城而長與彊秦爲仇今使弱燕爲鴈行而彊秦敝其後以招天下之精兵食烏喙之類也齊王愀然變色曰然則奈何蘇秦曰臣聞古之善制事者轉禍爲福因敗爲功大王誠能聽臣計卽歸燕之十城燕無故而得十城必喜秦王知以己之故而歸燕之十城亦必喜此所謂棄仇讎而得石交者也夫燕秦俱事齊則大王號令天下莫敢不聽是王以虛辭附秦以十城取天下此霸王之業也王曰善於是乃歸燕之十城人有毀蘇秦者曰左右賣國反覆之臣也將作亂蘇秦恐得罪歸而燕王不復官也蘇秦見燕王曰臣東周之鄙人也無有分寸之功而王親拜之於廟而禮之於廷今臣爲王卻齊之兵而攻得十城宜以益親今來而王不官臣者人必有以不信傷臣於王者臣之不信王之福也臣聞忠信者所以自爲也進取者所以爲人也且臣之說齊王曾非欺之也臣棄老母於東周固去自爲而行進取也今有孝如曾參廉如伯夷信如尾生得此三人者以事大王何若王曰足矣蘇秦曰孝如曾參義不離其親一宿於外王又安能使之步行千里而事弱燕之危王哉廉如伯夷義不爲孤竹君之嗣不肯爲武王臣不受封侯而餓死首陽山下有廉如此王又安能使之步行千里而行進取於齊哉信如尾生與女子期於梁下女子不來水至不去抱柱而死有信如此王又安能使之步行千里卻齊之彊兵哉臣所謂以忠信得罪於上者也燕王曰若不忠信耳豈有以忠信而得罪者乎蘇秦曰不然臣聞客有遠爲吏而其妻私於人者其夫將來其私者憂之妻曰勿憂吾已作藥酒待之矣居三日其夫果至妻使妾舉藥酒進之妾欲言酒之有藥則恐其逐主母也欲勿言乎則恐其殺主父也於是乎佯僵而棄酒主父大怒笞之五十故妾一僵而覆酒上存主父下存主母然而不免於笞惡在乎忠

信之無罪也夫臣之過不幸而類是乎燕王曰先生復就故官益厚遇之易王母文侯夫人也與蘇秦私通燕王知之而事之加厚蘇秦恐誅乃說燕王曰臣居燕不能使燕重而在齊則燕必重燕王曰唯先生之所爲於是蘇秦佯爲得罪於燕而亡走齊齊宣王以爲客卿齊宣王卒湣王即位說湣王厚葬以明孝高宮室大苑囿以明得意欲破敝齊而爲燕燕易王卒燕噲立爲王其後齊大夫多與蘇秦爭寵者而使人刺蘇秦不死殊而走齊王使人求賊不得蘇秦且死乃謂齊王曰臣即死車裂臣以徇於市曰蘇秦爲燕作亂於齊如此則臣之賊必得矣於是如其言而殺蘇秦者果自出齊王因而誅之燕聞之曰甚矣齊之爲蘇生報仇也蘇秦既死其事大泄齊後聞之乃恨怒燕燕甚恐蘇秦之弟曰代代弟厲見兄顯遂亦皆學及蘇秦死代乃求見燕王欲襲故事曰臣東周之鄙人也竊聞大王義甚高鄙人不敏釋鉏耨而干大王至於邯鄲所見者絀於所聞於東周臣竊負其志及至燕廷觀王之羣臣下吏王天下之明王也燕王曰子所謂明王者何如也對曰臣聞明王務聞其過不欲聞其善臣請謁王之過夫齊趙者燕之仇讐也楚魏者燕之援國也今王奉仇讐以伐援國非所以利燕也王自慮之此則計過無以聞者非忠臣也王曰夫齊者固寡人之讐所欲伐也直患國敝力不足也子能以燕伐齊則寡人舉國委子對曰凡天下戰國七燕處弱焉獨戰則不能有所附則無不重南附楚楚重西附秦秦重中附韓魏韓魏重且苟所附之國重此必使王重矣今夫齊長主而自用也南攻楚五年畜聚竭西困秦三年士卒罷敝北與燕人戰覆三軍得二將然而以其餘兵南面舉五千乘之大宋而包十二諸侯此其君欲得其民力竭烏足取乎且臣聞之數戰則民勞久師則兵敝矣燕王曰吾聞齊有清濟濁河可以爲固長城鉅防足以爲塞誠有之乎對曰天時不與雖有清濟濁河惡足以爲固民力罷敝雖有長城鉅防惡足以爲塞且異日濟西不師所以備趙也河北不師所以備燕也今濟西河北盡已役矣封內敝矣夫驕君必好利而亾國之臣必貪於財王誠能無羞寵子母弟以爲質寶珠玉帛以事左右彼將有德燕而輕亾宋則齊可亾已燕王曰吾終以子受命於天矣燕乃使一子質於齊而蘇厲因燕質子求見齊王齊王怨蘇秦欲囚蘇厲燕質子爲謝已遂委質爲齊臣燕相子之與蘇代婚而欲得燕權乃使蘇代侍質子於齊齊使代報燕燕王噲問曰齊王其霸乎曰不能曰何也曰不信其臣於是燕王專任子之已而讓位燕大亂齊伐燕殺王噲子之燕立昭王而蘇代蘇厲遂不敢入燕皆終歸齊齊善待之蘇代過魏魏爲燕執代齊使人謂魏王曰齊請以宋地封涇陽君秦必不受秦非不利有齊而得宋地也不信齊王與蘇子也今齊魏不和如此其甚則齊不欺秦秦信齊齊秦合涇陽君有宋地非魏之利也故王不如東蘇子秦必疑齊而不信蘇子矣齊秦不合天下無變伐齊之形成矣於是出蘇代代之宋宋善待之齊伐宋宋急蘇代乃遺燕昭王書曰夫列在萬乘而寄質於齊名卑而權輕奉萬乘助齊伐宋民勞而實費夫破宋殘楚淮北肥大齊讐彊而國害此三者皆國之大敗也然且王行之者將以取信於齊也齊加不信於王而忌燕愈甚是王之計過矣夫以宋加之淮北彊萬乘之國也而齊并之是益一齊也北夷方七百里加之以魯衛彊萬乘之國也而齊并之是益二齊也夫一齊之彊燕猶狼顧而不能支今以三齊臨燕其禍必大矣雖然智者舉事因禍爲福轉敗爲功齊紫敗素也而賈十倍越王句踐棲於會稽復殘彊吳而霸天下此皆因禍爲福轉敗爲功者也今王若欲因禍爲福轉敗爲功則莫若挑霸齊而尊之使使盟於周室焚秦符曰其大上計破秦其次必長賓之秦挾賓以待破秦王必患之秦五世伐諸侯今爲齊下秦王之志苟得窮齊不憚以國爲功然則王何不使辯士以此言說秦王曰燕趙破宋肥齊尊之爲之下者燕趙非利之也燕趙不利而勢爲之者以不信秦王也然則王何不使可信者接收燕趙今涇陽君高陵君先於燕趙秦有變因以爲質則燕趙信秦秦爲西帝燕爲北帝趙爲中帝立三帝以令天下韓魏不聽則秦伐之齊不聽則燕趙伐之天下孰敢不服聽天下服聽因驅韓魏以伐齊曰必反宋地歸楚淮北反宋地歸楚淮北趙燕之所利也並立三帝燕趙之所願也夫實得所利尊得所願燕趙棄齊如脫躧矣今不收燕趙齊霸必成諸侯贊齊而王不從是國伐也諸侯贊齊而王從之是名卑也今收燕趙國安而名尊不收燕趙國危而名卑夫去尊安而取危卑智者不爲也秦王聞若說必若刺心然則王何不使辯士以此苦言說秦秦必取齊必伐矣夫取秦厚交也伐齊正利也尊厚交務正利聖王之事也燕昭王善其書曰先人嘗有德蘇氏子之之亂而蘇氏去燕燕欲報仇於齊非蘇氏莫可乃召蘇代復善待之與謀伐齊竟破齊湣王出走久之秦召燕王燕王欲往蘇代約燕王曰楚得枳而國亡齊得宋而

國亾齊楚不得以有枳宋而事秦者何也則有功者秦之深讐也秦取天下非行義也暴也秦之行暴正告天下告楚曰蜀地之甲乘船浮於汶乘夏水而下江五日而至郢漢中之甲乘船出於巴乘夏水而下漢四日而至五渚寡人積甲宛東下隨智者不及謀勇者不及怒寡人如射隼矣王乃欲待天下之攻函谷不亦遠乎楚王爲是故十七年事秦秦正告韓曰我起乎少曲一日而斷大行我起乎宜陽而觸平陽二日而莫不盡繇我離兩周而觸鄭五日而國舉韓氏以爲然故事秦秦正告魏曰我舉安邑塞女戟韓氏太原卷我下軹道南陽封冀包兩周乘夏水浮輕舟彊弩在前錟戈在後決滎口魏無大梁決白馬之口魏無外黃濟陽決宿胥之口魏無虛頓邱陸攻則擊河內水攻則滅大梁魏氏以爲然故事秦秦欲攻安邑恐齊救之則以宋委於齊曰宋王無道爲木人以寫寡人射其面寡人地絕兵遠不能攻也王苟能破宋有之寡人如自得之已得安邑塞女戟因以破宋爲齊罪秦欲攻韓恐天下救之則以齊委於天下曰齊王四與寡人約四欺寡人必率天下以攻寡人者三有齊無秦有秦無齊必伐之必亾之已得宜陽少曲致藺石因以破齊爲天下罪秦欲攻魏重楚則以南陽委於楚曰寡人固與韓且絕矣殘均陵塞鄳阨苟利於楚寡人如自有之魏棄與國而合於秦因以塞鄳阨爲楚罪兵困於林中重燕趙以膠東委於燕以濟西委於趙趙得講於魏至公子延因犀首屬行而攻趙兵傷於譙石遇敗於陽馬而重魏則以葉蔡委於魏已得講於趙則劫魏不爲割困則使太后弟穰侯爲和嬴則兼欺舅與母適燕者曰以膠東適趙者曰以濟西適魏者曰以葉蔡適楚者曰以塞鄳阨適齊者曰以宋此必令言如循環用兵如刺蜚母不能制舅不能約龍賈之戰岸門之戰封陵之戰高商之戰趙莊之戰秦之所殺三晉之民數百萬今其生者皆死秦之孤也西河之外上雒之地三川晉國之禍三晉之半秦禍如此其大也而燕趙之秦者皆以爭事秦說其主此臣之所大患也燕昭王不行蘇代復重於燕燕使約諸侯從親如蘇秦時或從或不而天下由此宗蘇氏之從約代厲皆以壽死名顯諸侯

張儀魏人也始嘗與蘇秦俱事鬼谷先生學術蘇秦自以不及張儀已學而游說諸侯嘗從楚相飲已而楚相亾璧門下意張儀曰儀貧無行必此盜相君之璧共執張儀掠笞數百不服釋之其妻曰嘻子毋讀書游說安得此辱乎張儀謂其妻曰視吾舌向在不其妻笑曰舌在也儀曰足矣蘇秦已說趙王而得相約從親然恐秦之攻諸侯敗約後負念莫可使用於秦者乃使人微感張儀曰子始與蘇秦善今秦已當路子何不往游以求通子之願張儀於是之趙上謁求見蘇秦蘇秦乃誡門下人不爲通又使不得去者數日已而見之堂下賜僕妾之食故因而數讓之曰以子之材能乃自令困辱至此吾寧不能言而富貴子子不足收也謝去之張儀之來也自以爲故人求益反見辱怒念諸侯莫可事獨秦能苦趙乃遂入秦蘇秦已而告其舍人曰張儀天下賢士吾殆弗如也今吾幸先用而能用秦柄者獨張儀可耳然貧無因以進吾恐其樂小利而不遂故召辱之以激其意子爲我陰奉之乃言趙王發金幣車馬使人微隨張儀與同宿舍稍稍近就之奉以車馬金錢所欲用爲取給而弗告張儀遂得以見秦惠王惠王以爲客卿與謀伐諸侯蘇秦之舍人乃辭去張儀曰賴子得顯方且報德何故去也舍人曰臣非知君知君乃蘇君蘇君憂秦伐趙敗從約以爲非君莫能得秦柄故感怒君使臣陰奉給君資盡蘇君之計謀今君已用請歸報張儀曰嗟乎此吾在術中而不悟吾不及蘇君明矣吾又新用安能謀趙乎爲吾謝蘇君蘇君之時儀何敢言且蘇君在儀寧渠能乎張儀既相秦爲文檄告楚相曰始吾從若飲我不盜而璧若笞我若善守汝國我顧且盜而城苴蜀相攻擊各來告急於秦秦惠王欲發兵以伐蜀以爲道險狹難至而韓又來侵秦秦惠王欲先伐韓後伐蜀恐不利欲先伐蜀恐韓襲秦之敝猶豫未能決司馬錯與張儀爭論於惠王之前司馬錯欲伐蜀張儀曰不如伐韓王曰請聞其說儀曰親魏善楚下兵三川塞什谷之口當屯留之道魏絕南陽楚臨南鄭秦攻新城宜陽以臨二周之郊誅周王之罪侵楚魏之地周自知不能救九鼎寶器必出據九鼎案圖籍挾天子以令於天下天下莫敢不聽此王業也今夫蜀西僻之國而戎翟之倫也敝兵勞眾不足以成名得其地不足以爲利臣聞爭名者於朝爭利者於市今三川周室天下之朝市也而王不爭焉顧爭於戎翟去王業遠矣司馬錯曰不然臣聞之欲富國者務廣其地欲彊兵者務富其民欲王者務博其德三資者備而王隨之矣今王地小民貧故臣願先從事於易夫蜀西僻之國也而戎翟之長也有桀紂之亂以秦攻之譬如使豺狼逐羣羊得其地足以廣國取其財足以富民繕兵不傷眾而彼已服焉拔一國而天下不以爲暴利盡西海而天下不以爲貪

是我一舉而名實附也而又有禁暴止亂之名今攻韓劫天子惡名也而未必利也又有不義之名而攻天下所不欲危矣臣請論其故周天下之宗室也齊韓之與國也周自知失九鼎韓自知亾三川將二國并力合謀以因乎齊趙而求解乎楚魏以鼎與楚以地與魏王弗能止也此臣之所謂危也不如伐蜀完惠王曰善寡人請聽子卒起兵伐蜀十月取之遂定蜀貶蜀王更號爲侯而使陳莊相蜀蜀既屬秦秦以益彊富厚輕諸侯秦惠王十年使公子華與張儀圍蒲陽降之儀因言秦復與魏而使公子繇質於魏儀因說魏王曰秦王之遇魏甚厚魏不可以無禮魏因入上郡少梁謝秦惠王惠王乃以張儀爲相更名少梁曰夏陽儀相秦四歲立惠王爲王居一歲爲秦將取陝築上郡塞其後二年使與齊楚之相會齧桑東還而免相魏以爲秦欲令魏先事秦而諸侯效之魏王不肯聽儀秦王怒伐取魏之曲沃平周復陰厚張儀益甚張儀慙無以歸報留魏四歲而魏襄王卒哀王立張儀復說哀王哀王不聽於是張儀陰令秦伐魏魏與秦戰敗明年齊又來敗魏於觀津秦復欲攻魏先敗韓申差軍斬首八萬諸侯震恐而張儀復說魏王曰魏地方不至千里卒不過三十萬地四平諸侯四通輻輳無名山大川之限從鄭至梁二百餘里車馳人走不待力而至梁南與楚境西與韓境北與趙境東與齊境卒戍四方守亭鄣者不下十萬梁之地勢固戰場也梁南與楚而不與齊則齊攻其東東與齊不與趙則趙攻其北不合於韓則韓攻其西不親於楚楚攻其南此所謂四分五裂之道也且夫諸侯之爲從者將以安社稷尊主彊兵顯名也今從者一天下約爲昆弟刑白馬以盟洹水之上以相堅也而親昆弟同父母尙有爭錢財而欲恃詐僞反覆蘇秦之餘謀其不可成亦明矣大王不事秦秦下兵攻河外據卷衍酸棗劫衛取陽晉則趙不南趙不南而梁不北梁不北則從道絕則大王之國欲毋危不可得也秦折韓而攻梁韓怯於秦秦韓爲一梁之亾可立而須也此臣之所爲大王患也爲大王計莫如事秦事秦則楚韓必不敢動無楚韓之患則大王高枕而臥國必無憂矣且夫秦之所欲弱者莫如楚而能弱楚者莫如梁楚雖有富大之名而實空虛其卒雖多然而輕走易北不能堅戰悉梁之兵南面而伐楚勝之必矣割楚而益梁虧楚而適秦嫁禍安國此善事也大王不聽臣秦下甲士而東伐雖欲事秦不可得矣且夫從人多奮辭而少可信說一諸侯而成封侯是故天下之游談士莫不日夜搤腕瞋目切齒以言從之便以說人主人主賢其辯而牽其說豈得無眩哉臣聞之積羽沈舟羣輕折軸衆口鑠金積毀銷骨故願大王審定計議且賜骸骨辟魏哀王於是乃倍從約而因儀請成於秦張儀歸復相秦三歲而魏復背秦爲從秦攻魏取曲沃明年魏復事秦秦欲伐齊齊楚從親於是張儀往相楚楚懷王聞張儀來虛上舍而自館之曰此僻陋之國子何以教之儀說楚王曰大王誠能聽臣閉關絕約於齊臣請獻商於之地六百里使秦女得爲大王箕箒之妾秦楚娶婦嫁女長爲兄弟之國此北弱齊而西益秦也計無便此者王大說而許之羣臣皆賀陳軫獨弔之楚王怒曰寡人不興師發兵得六百里地羣臣皆賀子獨弔何也陳軫對曰不然以臣觀之商於之地不可得而齊秦合齊秦合則患必至矣楚王曰有說乎陳軫對曰夫秦之所以重楚者以其有齊也今閉關絕約於齊則楚孤秦奚貪夫孤國而與之商於之地六百里張儀至秦必負王是北絕齊交西生患於秦也而兩國之兵必俱至善爲王計者不若陰合而陽絕於齊使人隨張儀苟與吾地絕齊未晚也不與吾地陰合謀計也楚王曰願陳子閉口毋復言以待寡人得地乃以相印授張儀厚賂之於是遂閉關絕約於齊使一將軍隨張儀張儀至秦佯失綏墮車不朝三月楚王聞之曰儀以寡人絕齊未甚邪乃使勇士至宋借宋之符北罵齊王齊王大怒折節而下秦秦齊之交合張儀乃朝謂楚使者曰臣有奉邑六里願以獻大王左右楚使者曰臣奉令於王以商於之地六百里不聞六里還報楚王楚王大怒發兵而攻秦陳軫曰軫可發口言乎攻之不如割地反以賂秦與之并兵而攻齊是我出地於秦取償於齊也王國尙可存楚王不聽卒發兵而使將軍屈匄擊秦秦齊共攻楚斬首八萬殺屈匄遂取丹陽漢中之地楚又復益發兵而襲秦至藍田大戰楚大敗於是楚割兩城以與秦平秦要楚欲得黔中地秦王欲以武關外易之楚王曰不願易地願得張儀而獻黔中地秦王欲遣之口弗忍言張儀乃請行惠王曰彼楚王怒子之負以商於之地是且甘心於子張儀曰秦彊楚弱臣善靳尙尙得事楚夫人鄭袖袖所言皆從且臣奉王之節使楚楚何敢加誅假令誅臣而爲秦得黔中之地臣之上願遂使楚楚懷王至則囚張儀將殺之靳尙謂鄭袖曰子亦知子之賤於王乎鄭袖曰何也靳尙曰秦王甚愛張儀而不欲出之今將以上庸之地六縣賂楚以美人聘楚以宮中善歌謳者爲媵楚王重地尊秦秦

女必貴而夫人斥矣不若爲言而出之於是鄭袖日夜言懷王曰人臣各爲其主用今地未入秦秦使張儀來至重王王未有禮而殺張儀秦必大怒攻楚妾請子母俱遷江南毋爲秦所魚肉也懷王後悔赦張儀厚禮之如故張儀既出未去聞蘇秦死乃說楚王曰秦地半天下兵敵四國被險帶河四塞以爲固虎賁之士百餘萬車千乘騎萬匹積粟如邱山法令既明士卒安難樂死王明以嚴將智以武雖無出甲席卷常山之險必折天下之脊天下有後服者先亡且夫爲從者無以異於驅羣羊而攻猛虎虎之與羊不格明矣今王不與猛虎而與羣羊臣竊以爲大王之計過也凡天下彊國非秦而楚非楚而秦兩國交爭其勢不兩立大王不與秦秦下甲據宜陽韓之上地不通下河東取成皋韓必入臣梁則從風而動秦攻楚之西韓梁攻其北社稷安得毋危且夫從者聚羣弱而攻至彊不料敵而輕戰國貧而數舉兵危亡之術也臣聞之兵不如者勿與挑戰粟不如者勿與持久夫從人飾辯虛辭高主之節言其利不言其害卒有秦禍無及爲已是故願大王之孰計之秦西有巴蜀大船積粟起於汶山浮江以下至楚三千餘里舫船載卒一舫載五十人與三月之食下水而浮一日行三百餘里里數雖多然而不費牛馬之力不至十日而距扞關扞關驚則從境以東盡城守矣黔中巫郡非王之有秦舉甲出武關南面而伐則北地絕秦兵之攻楚也危難在三月之內而楚待諸侯之救在半歲之外此其勢不相及也夫持弱國之救忘彊秦之禍此臣所爲大王患也大王嘗與吳人戰五戰而三勝陣卒盡矣偏守新城存民苦矣臣聞功大者易危而民敝者怨上

夫守易危之功而逆彊秦之心臣竊爲大王危也且夫秦之所以不出兵函谷十五年以攻齊趙者陰謀有合天下之心楚嘗與秦搆難戰於漢中楚人不勝列侯執珪死者七十餘人遂亡漢中楚王大怒興兵襲秦戰於藍田此所謂兩虎相搏者也夫秦楚相敝而韓魏以全制其後計無危於此者矣願大王孰計之秦下甲攻衛陽晉必大關天下之匈大王悉起兵以攻宋不至數月而宋可舉舉宋而東指則泗上十二諸侯盡王之有也凡天下而以信約從親相堅者蘇秦封武安君相燕卽陰與燕王謀伐破齊而分其地乃佯有罪出走入齊齊王因受而相之居二年而覺齊王大怒車裂蘇秦於市夫以一詐僞之蘇秦而欲經營天下混壹諸侯其不可成亦明矣今秦與楚接境壤界固形親之國也大王誠能聽臣臣請秦太子入質於楚楚太子入質於秦請以秦女爲大王箕帚之妾效萬室之都以爲湯沐之邑長爲昆弟之國終身無相攻伐臣以爲計無便於此者於是楚王已得張儀而重出黔中地與秦欲許之屈原曰前大王見欺於張儀張儀至臣以爲大王烹之今縱弗忍殺之又聽其邪說不可懷王曰許儀而得黔中美利也後而倍之不可故卒許張儀與秦親張儀去楚因遂之韓說韓王曰韓地險惡山居五穀所生非菽而麥民之食大抵飯菽藿羹一歲不收民不饜糟糠地不過九百里無二歲之食料大王之卒悉之不過三十萬而廝徒負養在其中矣除守徼亭鄣塞見卒不過二十萬而已矣秦帶甲百餘萬車千乘騎萬匹虎賁之士跿跔科頭貫頤奮戟者至不可勝計秦馬之良戎兵之眾探前趹後蹄間三尋騰者不可勝數山東之士被甲蒙冑以

會戰秦人捐甲徒裼以趨敵左挈人頭右挾生虜夫秦卒與山東之卒猶孟賁之與怯夫以重力相壓猶烏獲之與嬰兒夫戰孟賁烏獲之士以攻不服之弱國無異垂千鈞之重於鳥卵之上必無幸矣夫羣臣諸侯不料地之寡而聽從人之甘言好辭比周以相飾也皆奮曰聽吾計可以彊霸天下夫不顧社稷之長利而聽須臾之說詿誤人主無過此者大王不事秦秦下甲據宜陽斷韓之上地東取成皋滎陽則鴻臺之宮桑林之苑非王之有也夫塞成皋絕上地則王之國分矣先事秦則安不事秦則危夫造禍而求其福報計淺而怨深逆秦而順楚雖欲毋亡不可得也故爲大王計莫如爲秦秦之所欲莫如弱楚而能弱楚者莫如韓非以韓能彊於楚也其地勢然也今王西面而事秦以攻楚秦王必喜夫攻楚以利其地轉禍而說秦計無便於此者韓王聽儀計張儀歸報秦惠王封儀五邑號曰武信君張儀東說齊湣王曰天下彊國無過齊者大臣父兄殷眾富樂然而爲大王計者皆爲一時之說不顧百世之利從人說大王者必曰齊西有彊趙南有韓與梁齊負海之國也地廣民眾兵彊士勇雖有百秦將無奈齊何大王賢其說而不計其實夫從人朋黨比周莫不以從爲可臣聞之齊與魯三戰而魯三勝國以危亡隨其後雖有戰勝之名而有亡國之實是何也齊大而魯小也今秦之與齊也猶齊之與魯也秦趙戰於河漳之上再戰而趙再勝秦戰於番吾之下再戰又勝秦四戰之後趙之亡卒數十萬邯鄲僅存雖有戰勝之名而國已破矣是何也秦強而趙弱今秦楚嫁女娶婦爲昆弟之國韓獻宜陽梁效河外趙入朝澠池割河間以事秦大王不事秦

秦驅韓梁攻齊之南地悉趙兵渡清河指博關臨菑即墨非王之有也國一日見攻雖欲事秦不可得也是故願大王孰計之也齊王曰齊僻陋隱居東海之上未嘗聞社稷之長利也乃許張儀張儀去西說趙王曰敝邑秦王使使臣效愚計於大王大王收率天下以賓秦秦兵不敢出函谷關十五年大王之威行山東敝邑恐懼懾伏繕甲厲兵飾車騎習馳射力田積粟守四封之內愁居懾處不敢動搖唯大王有意督過之也今以大王之力舉巴蜀并漢中包兩周遷九鼎守白馬之津秦雖僻遠然而心忿含怒之日久矣今秦有敝甲凋兵軍於澠池願渡河踰漳據番吾會邯鄲之下願以甲子合戰以正殷紂之事敬使使臣先聞左右凡大王之所信爲從者恃蘇秦蘇秦熒惑諸侯以是爲非以非爲是欲反齊國而自令車裂於市夫天下之不可一亦明矣今楚與秦爲昆弟之國而韓梁稱爲東藩之臣齊獻魚鹽之地此斷趙之右臂也夫斷右臂而與人鬭失其黨而孤居求欲無危豈可得乎今秦發三將軍其一軍塞午道告齊使興師渡清河軍於邯鄲之東一軍軍成皐驅韓梁軍於河外一軍軍於澠池約四國爲一以攻趙趙服必四分其地是故不敢匿意隱情先以聞於左右臣竊爲大王計莫如與秦王遇於澠池面相見而口相結請案兵無攻願大王之定計趙王曰先王之時奉陽君專權擅勢蔽欺先王獨擅綰事寡人居屬師傅不與國謀計先王棄羣臣寡人年幼奉祭祀之日新心固竊疑焉以爲一從不事秦非國之長利也乃且願變心易慮割地謝前過以事秦方將約車趨行適聞使者之明詔趙王許張儀張儀乃去北之燕說燕昭王曰大王之所親莫如趙昔趙襄子嘗以其姊爲代王妻欲并代約與代王遇於句注之塞乃令工人作爲金斗長其尾令可以擊人與代王飲陰告廚人曰即酒酣樂進熱啜反斗以擊之於是酒酣樂進熱啜廚人進斟因反斗以擊代王殺之王腦塗地其姊聞之因摩笄以自刺故至今有摩笄之山代王之亡天下莫不聞夫趙王之狼戾無親大王之所明見且以趙王爲可親乎趙興兵攻燕再圍燕都而劫大王大王割十城以謝今趙王已入朝澠池效河間以事秦今大王不事秦下甲雲中九原驅趙而攻燕則易水長城非大王之有也且今時趙之於秦猶郡縣也不敢妄舉師以攻伐今王事秦秦王必喜趙不敢妄動是西有彊秦之援而南無齊楚之患是故願大王孰計之燕王曰寡人蠻夷僻處雖大男子裁如嬰兒言不足以采正計今上客幸教之請西面而事秦獻恒山之尾五城燕王聽儀儀歸報未至咸陽而秦惠王卒武王立武王自爲太子時不說張儀及即位羣臣多讒儀曰無信左右賣國以取容秦必復用之恐爲天下笑諸侯聞張儀有郤武王皆畔衡復合從秦武王元年羣臣日夜惡張儀未已而齊讓又至張儀懼誅乃因謂秦武王曰儀有愚計願效之王曰奈何對曰爲秦社稷計者東方有大變然後王可以多割得地也今聞齊王甚憎儀儀之所在必興師伐之故儀願乞其不肖之身之梁齊必興師以攻梁梁齊之兵連於城下而不能相去王以其間伐韓入三川出兵函谷而無伐以臨周祭器必出挾天子按圖籍此王業也秦王以爲然乃具革車三十乘令儀之梁齊果興師伐之梁哀王恐張儀曰王勿患也請令罷齊兵乃使其舍人馮喜之楚借使之齊謂齊王曰王甚憎張儀雖然亦厚矣王之託儀於秦也齊王曰寡人憎儀儀之所在必興師伐之何以託儀對曰是乃王之託儀也夫儀之出也固與秦王約曰爲王計者東方有大變然後王可以多割得地今齊王甚憎儀儀之所在必興師伐之故儀願乞其不肖之身之梁齊必興師伐之齊梁之兵連於城下而不能相去王以其間伐韓入三川出兵函谷而無伐以臨周祭器必出挾天子案圖籍此王業也秦王以爲然故具革車三十乘而入之梁也今儀入梁王果伐之是王內罷國而外伐與國廣鄰敵以內自臨而信儀於秦王也此臣之所謂託儀也齊王曰善乃使解兵張儀相魏一歲卒於魏也

陳軫者游說之士與張儀俱事秦惠王皆貴重爭寵張儀惡陳軫於秦王曰軫重幣輕使秦楚之間將爲國交也今楚不加善於秦而善軫者軫自爲厚而爲王薄也且軫欲去秦而之楚王胡不聽乎王謂陳軫曰吾聞子欲去秦之楚有之乎軫曰然王曰儀之言果信矣軫曰非獨儀知之也行道之士盡知之矣昔子胥忠於其君而天下爭以爲臣曾參孝於其親而天下願以爲子故賣僕妾不出閭巷而售者良僕妾也出婦嫁於鄉曲者良婦也今軫不忠其君楚亦何以軫爲忠乎忠且見棄軫不之楚何歸乎王以其言爲然遂善待之居秦期年秦惠王終相張儀而陳軫奔楚楚未之重也而使陳軫使於秦過梁欲見犀首犀首謝弗見軫曰吾爲事來公不見軫軫將行不得待異日犀首見之陳軫曰公何好飲也犀首曰無事也曰吾請令公厭事可乎曰奈何曰田需約諸侯從親楚王疑之未信也公謂於王曰臣與燕趙之王有故數使人來曰無事何不相見願謁行於

王王雖許公公請毋多車以車三十乘可陳之於庭明言之燕趙燕趙客聞之馳車告其王使人迎犀首楚王聞之大怒曰田需與寡人約而犀首之燕趙是欺我也怒而不聽其事齊聞犀首之北使人以事委焉犀首遂行三國相事皆斷於犀首軫遂至秦韓魏相攻朞年不解秦惠王欲救之問於左右左右或曰救之便或曰勿救便惠王未能爲之決陳軫適至秦惠王曰子去寡人之楚亦思寡人不陳軫對曰王聞夫越人莊舄乎王曰不聞曰越人莊舄仕楚執珪有頃而病楚王曰舄故越之鄙細人也今仕楚執珪貴富矣亦思越不中謝之士對曰凡人之思故在其病也彼思越則越聲不思越則楚聲使人往聽之猶尙越聲也今臣雖棄逐之楚豈能無秦聲哉惠王曰善今韓魏相攻朞年不解或謂寡人救之便或曰勿救便寡人不能決願子爲子主計之餘爲寡人計之陳軫對曰亦嘗有以夫卞莊子刺虎聞於王者乎莊子欲刺虎館豎子止之曰兩虎方且食牛食甘必爭爭則必鬬鬬則大者傷小者死從傷而刺之一舉必有雙虎之名卞莊子以爲然立須之有頃兩虎果鬬大者傷小者死莊子從傷者而刺之一舉果有雙虎之功今韓魏相攻朞年不解是必大國傷小國亾從傷而伐之一舉必有兩實此猶莊子刺虎之類也臣主與王何異也惠王曰善卒弗救大國果傷小國亾秦興兵而伐大尅之此陳軫之計也犀首者魏之陰晉人也名衍姓公孫氏與張儀不善張儀爲秦之魏魏王相張儀犀首弗利故令人謂韓公叔曰張儀已合秦魏矣其言曰魏攻南陽秦攻三川魏王所以貴張子者欲得韓地也且韓之南陽已舉矣子何不少委焉以爲衍功則秦魏之交可錯矣然則魏必圖秦而棄儀收韓而相衍公叔以爲便因委之犀首以爲功果相魏張儀去義渠君朝於魏犀首聞張儀復相秦害之犀首乃謂義渠君曰道遠不得復過請謁事情曰中國無事秦得燒掇焚杅君之國有事秦將輕使重幣事君之國其後五國伐秦會陳軫謂秦王曰義渠君者蠻夷之賢君也不如賂之以撫其志秦王曰善乃以文繡千純婦女百人遺義渠君義渠君致羣臣而謀曰此公孫衍所謂邪乃起兵襲秦大敗秦人李伯之下張儀已卒之後犀首入相秦嘗佩五國之相印爲約長

商鞅衛之諸庶孽公子也姓公孫氏其祖本姬姓也鞅少好刑名之學事魏相公叔座爲庶子公叔座知其賢未及進會座病魏惠王親往問病曰公叔病有如不可諱將奈社稷何公叔曰座之中庶子公孫鞅年雖少有奇才願王舉國而聽之王嘿然王且去座屛人言曰王即不聽用鞅必殺之無令出境王許諾而去公叔座召鞅謝曰今者王問可以爲相者我言若王色不許我我方先君後臣因謂王即弗用鞅當殺之王許我汝可疾去矣且見禽鞅曰彼王不能用君之言任臣又安能用君之言殺臣乎卒不去惠王既去而謂左右曰公叔病甚悲乎欲令寡人以國聽公孫鞅也豈不悖哉公叔既死公孫鞅聞秦孝公下令國中求賢者將修穆公之業東復侵地迺遂西入秦因孝公寵臣景監以求見孝公孝公既見衛鞅語事良久孝公時時睡不聽罷而孝公怒景監曰子之客妄人耳安足用邪景監以讓衛鞅衛鞅曰吾說公以帝道其志不開悟矣後五日復求見鞅鞅復見孝公益愈然而未中旨罷而孝公復讓景監景監亦讓鞅鞅曰吾說公以王道而未入也請復見鞅鞅復見孝公孝公善之而未用也罷而去孝公謂景監曰汝客善可與語矣鞅曰吾說公以霸道其意欲用之矣誠復見我我知之矣衛鞅復見孝公公與語不自知厀之前於席也語數日不厭景監曰子何以中吾君吾君之驩甚也鞅曰吾說君以帝王之道比三代而君曰久遠吾不能待且賢君者各及其身顯名天下安能邑邑待數十百年以成帝王乎故吾以彊國之說說君君大說之耳然亦難以比德於殷周矣孝公既用衛鞅鞅欲變法恐天下議已衛鞅曰疑行無名疑事無功且夫有高人之行者固見非於世有獨知之慮者必見敖於民愚者闇於成事智者見於未萌民不可與慮始而可與樂成論至德者不和於俗成大功者不謀於衆是以聖人苟可以彊國不法其故苟可以利民不循其禮孝公曰善甘龍曰不然聖人不易民而教知者不變法而治因民而教不勞而成功緣法而治者吏習而民安之衛鞅曰龍之所言世俗之言也常人安於故俗學者溺於所聞以此兩者居官守法可也非所與論於法之外也三代不同禮而王五伯不同法而霸智者作法愚者制焉賢者更禮不肖者拘焉杜摯曰利不百不變法功不十不易器法古無過循禮無邪衛鞅曰治世不一道便國不法古故湯武不循古而王夏殷不易禮而亾反古者不可非而循禮者不足多孝公曰善以衛鞅爲左庶長卒定變法之令令民爲什五而相收司連坐不告姦者腰斬告姦者與斬敵首同賞匿姦者與降敵同罰民有二男以上不分異者倍其賦有軍功者各以卒音律受上爵爲私鬬者各以輕重被刑大小僇力本業耕織致

粟帛多者復其身事末利及怠而貧者舉以爲收孥宗室非有軍功論不得爲屬籍明尊卑爵秩等級各以差次名田宅臣妾衣服以家次有功者顯榮無功者雖富無所芬華令既具未布恐民之不信已乃立三丈之木於國都市南門募民有能徙置北門者予十金民怪之莫敢徙復曰能徙者予五十金有一人徙之輒予五十金以明不欺卒下令令行於民朞年秦民之國都初言令之不便者以千數於是太子犯法衞鞅曰法之不行自上犯之將法太子太子君嗣也不可施刑刑其傅公子虔黥其師公孫賈明日秦人皆趨令行之十年秦民大說道不拾遺山無盜賊家給人足民勇於公戰怯於私鬬鄉邑大治秦民初言令不便者有來言令便者衞鞅曰此皆亂化之民也盡遷之於邊城其後民莫敢議令於是以鞅爲大良造將兵圍魏安邑降之居三年作爲築冀闕宮庭於咸陽秦自雍徙都之而令民父子兄弟同室內息者爲禁而集小都鄉邑聚爲縣置令丞凡三十一縣爲田開阡陌封彊而賦稅平平斗桶權衡丈尺行之四年公子虔復犯約劓之居五年秦人富彊天子致胙於孝公諸侯畢賀其明年齊敗魏兵於馬陵虜其太子申殺將軍龐涓其明年衞鞅說孝公曰秦之與魏譬若人之有腹心疾非魏并秦秦卽并魏何者魏居嶺阨之西都安邑與秦界河而獨擅山東之利利則西侵秦病則東收地今以君之賢聖國賴以盛而魏往年大破於齊諸侯畔之可因此時伐魏魏不支秦必東徙東徙秦據河山之固東鄉以制諸侯此帝王之業也孝公以爲然使衞鞅將而伐魏魏使公子卬將而擊之軍既相拒衞鞅遺魏將公子卬書曰吾始與公子驩今俱爲兩國將不忍相攻可與公子面相見盟樂飲而罷兵以安秦魏魏公子卬以爲然會盟已飲而衞鞅伏甲士而襲虜魏公子卬因攻其軍盡破之以歸秦魏惠王兵數破於齊秦國內空日以削恐乃使使割河西之地獻於秦以和而魏遂去安邑徙都大梁梁惠王曰寡人恨不用公叔痤之言也衞鞅既破魏還秦封之於商十五邑號爲商君商君相秦十年宗室貴戚多怨望者趙良見商君商君曰鞅之得見也從孟蘭皋今鞅請得交可乎趙良曰僕弗敢願也孔丘有言曰推賢而戴者進聚不肖而王者退僕不肖故不敢受命僕聞之曰非其位而居之曰貪位非其名而有之曰貪名僕聽君之義則恐僕貪名也故不敢聞命商君曰子不說吾治秦與趙良曰反聽之謂聰內視之謂明自勝之謂彊虞舜有言曰自卑也尙矣君不若道虞舜之道無爲問僕矣商君曰始秦戎翟之教父子無別同室而居今我更制其教而爲其男女之別大築冀闕營如魯衞矣子觀我治秦也孰與五羖大夫賢趙良曰千羊之皮不如一狐之掖千人之諾諾不如一士之諤諤武王諤諤以昌殷紂墨墨以亡君若不非武王乎則僕請終日正言而無誅可乎商君曰語有之矣貌言華也至言實也苦言藥也甘言疾也夫子果肯終日正言鞅之藥也鞅將事子子又何辭焉趙良曰夫五羖大夫荆之鄙人也聞秦繆公之賢而願望見行而無資自粥於秦客被褐食牛期年繆公知之舉之牛口之下而加之百姓之上秦國莫敢望焉相秦六七年而東伐鄭三置晉國之君一救荆國之禍發教封內而巴人致貢施德諸侯而八戎來服由余聞之款關請見五羖大夫之相秦也勞不坐乘暑不張蓋行於國中不從車乘不操干戈功名藏於府庫德行施於後世五羖大夫死秦國男女流涕童子不歌謠舂者不相杵此五羖大夫之德也今君之見秦王也因嬖人景監以爲主非所以爲名也相秦不以百姓爲事而大築冀闕非所以爲功也刑黥太子之師傅殘傷民以駿刑是積怨畜禍也教之化民也深於命民之效上也捷於令今君又左建外易非所以爲教也君又南面而稱寡人日繩秦之貴公子詩曰相鼠有體人而無禮何不遄死以詩觀之非所以爲壽也公子虔杜門不出已八年矣君又殺祝懽而黥公孫賈詩曰得人者興失人者崩此數事者非所以得人也君之出也後車十數從車載甲多力而騈脅者爲驂乘持矛而操闟戟者旁車而趨此一物不具君乘不出書曰恃德者昌恃力者亡君之危若朝露尙將欲延年益壽乎則何不歸十五都灌園於鄙勸秦王顯巖穴之士養老存孤敬父兄序有功尊有德可以少安君尙將貪商於之富寵秦國之教畜百姓之怨秦王一旦捐賓客而不立朝秦國之所以收君者豈其微哉亡可翹足而待商君弗從後五月而秦孝公卒太子立公子虔之徒告商君欲反發吏捕商君商君亡至關下欲舍客舍客人不知其是商君也曰商君之法舍人無驗者坐之商君喟然歎曰嗟乎爲法之敝一至此哉去之魏魏人怨其欺公子卬而破魏師弗受商君欲之他國魏人曰商君秦之賊秦彊而賊入魏弗歸不可遂內秦商君既復入秦走商邑與其徒屬發邑兵北出擊鄭秦發兵攻商君殺之於鄭黽池秦惠王車裂商君以徇曰莫如商鞅反者遂滅商君之家

樗里疾秦惠王之弟也與惠王異母母韓女也樗里子

滑稽多智秦人號曰智囊秦惠王八年爵樗里子右更使將而伐曲沃盡出其人取其城地入秦秦惠王二十五年使樗里子爲將伐趙虜趙將軍莊豹拔藺明年助魏章攻楚敗楚將屈匄取漢中地秦封樗里子號爲嚴君秦惠王卒太子武王立逐張儀魏章而以樗里子甘茂爲左右丞相秦使甘茂攻韓拔宜陽使樗里子以車百乘入周周以卒迎之意甚敬楚王怒讓周以其重秦客游騰爲周說楚王曰智伯之伐仇猶遺之廣車因隨之以兵仇猶遂亾何則無備故也齊桓公伐蔡號曰誅楚其實襲蔡今秦虎狼之國使樗里子以車百乘入周周以仇猶蔡觀焉故長戟居前彊弩在後名曰衛疾而實囚之且夫周豈能無憂其社稷哉恐一日亾國以憂大王楚王乃悅秦武王卒昭王立樗里子又益尊重昭王元年樗里子將伐蒲蒲守恐請胡衍胡衍爲蒲謂樗里子曰公之攻蒲爲秦乎爲魏乎爲魏則善矣爲秦則不爲賴矣夫衛之所以爲衛者以蒲也今伐蒲入於魏衛必折而從之魏亾西河之外而無以取者兵弱也今并衛於魏魏必彊魏彊之日西河之外必危矣且秦王將觀公之事害秦而利魏王必罪公樗里子曰奈何胡衍曰公釋蒲勿攻臣試爲公入言之以德衛君樗里子曰善胡衍入蒲謂其守曰樗里子知蒲之病矣其言曰必拔蒲衍能令釋蒲勿攻蒲守恐因再拜曰願以請因效金三百斤曰秦兵苟退請必言子於衛君使子爲南面故胡衍受金於蒲以自貴於衛於是遂解蒲而去還擊皮氏皮氏未降又去昭王七年樗里子卒葬于渭南章臺之東曰後百歲是當有天子之宮夾我墓樗里子疾室在於昭王廟西渭南陰鄉樗里故俗謂之樗里子至漢興長樂宮在其東未央宮在其西武庫正直其墓秦人諺曰力則任鄙智則樗里

甘茂下蔡人也事下蔡史舉先生學百家之說因張儀樗里子而求見秦惠王王見而說之使將而佐魏章略定漢中地惠王卒武王立張儀魏章去東之魏蜀侯煇相壯反秦使甘茂定蜀還而以甘茂爲左丞相樗里子爲右丞相秦武王三年謂甘茂曰寡人欲容車通三川以窺周室而寡人死不朽矣甘茂曰請之魏約以伐韓而令向壽輔行甘茂至謂向壽曰子歸言之於王曰魏聽臣矣然願王勿伐事成盡以爲子功向壽歸以告王王迎甘茂於息壤甘茂至王問其故對曰宜陽大縣也上黨南陽積之久矣名曰縣其實郡也今王倍數險行千里攻之難昔曾參之處費魯人有與曾參同姓名者殺人人告其母曰曾參殺人其母織自若也頃之一人又告之曰曾參殺人其母尙織自若也頃又一人告之曰曾參殺人其母投杼下機踰墻而走夫以曾參之賢與其母信之也三人疑之其母懼焉今臣之賢不若曾參王之信臣又不如曾參之母信曾參也疑臣者非特三人臣恐大王之投杼也始張儀西并巴蜀之地北開西河之外南取上庸天下不以多張子而以賢先王魏文侯令樂羊將而攻中山三年而拔之樂羊返而論功文侯示之以謗書一篋樂羊再拜稽首曰此非臣之功也主君之力也今臣羈旅之臣也樗里子公孫奭二人者挾韓而議之王必聽之是王欺魏王而臣受公仲侈之怨也王曰寡人不聽也請與子盟卒使丞相甘茂將兵伐宜陽五月而不拔樗里子公孫奭果爭之武王召甘茂欲罷兵甘茂曰息壤在彼王曰有之因大悉起兵使甘茂擊之斬首六萬遂拔宜陽韓襄王使公仲侈入謝與秦平武王竟至周而卒於周其弟立爲昭王王母宣太后楚女也楚懷王怨前秦敗楚於丹陽而韓不救乃以兵圍韓雍氏韓使公仲侈告急於秦秦昭王新立太后楚人不肯救公仲因甘茂茂爲韓言於秦昭王曰公仲方有得秦救敢扞楚也今雍氏圍秦師不下殽公仲且仰首而不朝公叔且以國南合於楚楚韓爲一魏氏不敢不聽然則伐秦之形成矣不識坐而待伐孰與伐人之利秦王曰善乃下師於殽以救韓楚兵去秦使向壽平宜陽而使樗里子甘茂伐魏皮氏向壽者宣太后外族也而與昭王少相長故任用向壽如楚楚聞秦之貴向壽而厚事向壽向壽爲秦守宜陽將以伐韓韓公仲使蘇代謂向壽曰禽困覆車公破韓辱公仲收國復事秦自以爲必可以封今公與楚解口地封小令尹以杜陽秦楚合復攻韓韓必亾公仲且躬率其私徒以閼於秦願公孰慮之也向壽曰吾合秦楚非以當韓也子爲壽謁之公仲曰秦韓之交可合也蘇代對曰願有謁於公人曰貴其所以貴者貴王之愛習公也不如公孫奭其智能公也不如甘茂今二人者皆不得親於秦事而公獨與王主斷於國者何彼有以失之也公孫奭黨於韓而甘茂黨於魏故王不信也今秦楚爭彊而公黨於楚是與公孫奭甘茂同道也公何以異之人皆言楚之善變也而公必亾之是自爲責也公不如與王謀其變也善韓以備楚如此則無患矣韓氏必先以國從公孫奭而後委國於甘茂韓公之讎也今公言善韓以備楚是外舉不辟讎也向壽曰然吾甚欲韓合對曰甘茂許公仲以武遂反宜陽之民今公徒收之甚難

向壽曰然則奈何武遂終不可得也對曰公奚不以秦爲韓求潁川於楚此韓之寄地也公求而得之是令行於楚而以其地德韓也公求而不得是韓楚之怨不得解而交走秦也秦楚爭彊而公徐過楚以收韓此利於秦向壽曰奈何對曰此善事也甘茂欲以魏取齊公孫奭欲以韓取齊今公取宜陽以爲功收楚韓以安之而誅齊魏之罪是以公孫奭甘茂無事也甘茂竟言秦昭王以武遂復歸之韓向壽公孫奭爭之不能得向壽公孫奭由此怨讒甘茂茂懼輟伐魏蒲阪亾去樗里子與魏講罷兵甘茂之亾秦奔齊逢蘇代代爲齊使於秦甘茂曰臣得罪於秦懼而遯逃無所容跡臣聞貧人女與富人女會績貧人女曰我無以買燭而子之燭光幸有餘子可分我餘光無損子明而得一斯便焉今臣困而君方使秦而當路矣茂之妻子在焉願君以餘光振之蘇代許諾遂致使於秦已因說秦王曰甘茂非常士也其居於秦累世重矣自殽塞及至鬼谷其地形險易皆明知之彼以齊約韓魏反以圖秦非秦之利也秦王曰然則奈何蘇代曰王不若重其贄厚其祿以迎之使彼來則置之鬼谷終身勿出秦王曰善卽賜之上卿以相印迎之於齊甘茂不往蘇代謂齊湣王曰夫甘茂賢人也今秦賜之上卿以相印迎之甘茂德王之賜好爲王臣故辭而不往今王何以禮之齊王曰善卽位之上卿而處之秦因復甘茂之家以市於齊齊使甘茂於楚楚懷王新與秦合婚而驩而秦聞甘茂在楚使人謂楚王曰願送甘茂於秦楚王問於范蜎曰寡人欲置相於秦孰可對曰臣不足以識之楚王曰寡人欲相甘茂可乎對曰不可夫史舉下蔡之監門也大不爲事君小不爲家室以苟賤不廉聞於世甘茂事之順焉故惠王之明武王之察張儀之辯而甘茂事之取十官而無罪茂誠賢者也然不可相於秦夫秦之有賢相非楚國之利也且王前嘗用召滑於趙而內行章義之難越國亂故楚南塞厲門而郡江東計王之功所以能如此也越國亂而楚治也今王知用諸越而忘用諸秦臣以王爲鉅過矣然則王若欲置相於秦則莫若向壽者可夫向壽之於秦王親也少與之同衣長與之同車以聽事王必相向壽於秦則楚國之利也於是使使請秦相向壽於秦秦卒相向壽而甘茂竟不得復入秦卒於魏甘茂有孫曰甘羅茂旣死後甘羅年十二事秦相文信侯呂不韋秦始皇帝使剛成君蔡澤於燕三年而燕王喜使太子丹入質於秦秦使張唐往相燕欲與燕共伐趙以廣河間之地張唐謂文信侯曰臣嘗爲秦昭王伐趙趙怨臣曰得唐者與百里之地今之燕必經趙臣不可以行文信侯不快未有以彊也甘羅曰君侯何不快之甚也文信侯曰吾令剛成君蔡澤事燕三年燕太子丹已入質矣吾自請張卿相燕而不肯行甘羅曰臣請行之文信侯叱曰去我身自請之而不肯汝焉能行之甘羅曰夫項橐生七歲爲孔子師今臣生十二歲於玆矣君其試臣何遽叱乎於是甘羅見張卿曰卿之功孰與武安君卿曰武安君南挫彊楚北威燕趙戰勝攻取破城墮邑不知其數臣之功不如也甘羅曰應侯之用於秦也孰與文信侯專張卿曰應侯不如文信侯專甘羅曰卿明知其不如文信侯專與曰知之甘羅曰應侯欲攻趙武安君難之去咸陽七里而立死於杜郵今文信侯自請卿相燕而不肯行臣不知卿所死處矣張唐曰請因孺子行令裝治行行有日甘羅謂文信侯曰借臣車五乘請爲張唐先報趙文信侯乃入言之於始皇曰昔甘茂之孫甘羅年少耳然名家之子孫諸侯皆聞之今者張唐欲稱疾不肯行甘羅說而行之今願先報趙請許遣之始皇召見使甘羅於趙趙襄王郊迎甘羅甘羅說趙王曰王聞燕太子丹入質秦歟曰聞之曰聞張唐相燕歟曰聞之燕太子丹入秦者燕不欺秦也張唐相燕者秦不欺燕也燕秦不相欺者伐趙危矣燕秦不相欺無異故欲攻趙而廣河間王不如齎臣五城以廣河間請歸燕太子與彊趙攻弱燕趙王立自割五城以廣河間秦歸燕太子趙攻燕得上谷三十城令秦有十一甘羅還報秦乃封甘羅以爲上卿復以始甘茂田宅賜之

魏冄秦昭王母宣太后弟也其先楚人姓芈氏秦武王卒無子立其弟爲昭王昭王母故號爲芈八子及昭王卽位芈八子號爲宣太后宣太后非武王母號曰惠文后先武王死宣太后二弟其異父長弟曰冄姓魏氏同父弟曰芈戎爲華陽君而昭王同母弟曰高陵君涇陽君而魏冄最賢自惠王武王時任職用事武王卒諸弟爭立唯魏冄力爲能立昭王昭王卽位以冄爲將軍衞咸陽誅季君之亂而逐武王后出之魏昭王諸兄弟不善者皆滅之威振秦國昭王少宣太后自治任魏冄爲政昭王七年樗里子死而使涇陽君質於齊趙人樓緩來相秦趙不利乃使仇液之秦請以魏冄爲秦相仇液將行其客宋公謂液曰秦不聽公樓緩必怨公公不若謂樓緩曰請爲公毋急秦秦王見趙請相魏冄之不急且不聽公公言而事不成以德樓子事成魏冄故德公矣於是仇液從之而秦果免樓緩而魏冄相秦欲誅呂

禮禮出奔齊昭王十四年魏冉舉白起使代向壽將而攻韓魏敗之伊闕斬首二十四萬虜魏將公孫喜明年又取楚之宛葉魏冉謝病免相以客卿壽燭爲相其明年燭免復相冉乃封魏冉於穰復益封陶號曰穰侯穰侯封四歲爲秦將攻魏魏獻河東方四百里拔魏之河内取城大小六十餘昭王十九年秦稱西帝齊稱東帝月餘呂禮來而齊秦各復歸帝爲王魏冉復相秦六歲而免免二歲復相秦四歲而使白起拔楚之郢秦置南郡乃封白起爲武安君白起者穰侯之所任舉也相善於是穰侯之富富於王室昭王三十二年穰侯爲相國將兵攻魏走芒卯入北宅遂圍大梁梁大夫須賈說穰侯曰臣聞魏之長吏謂魏王曰昔梁惠王伐趙戰勝三梁拔邯鄲趙氏不割而邯鄲復歸齊人攻衛拔故國殺子良衛人不割而故地復反衛趙之所以國全兵勁而地不并於諸侯者以其能忍難而重出地也宋中山數伐割地而國隨以亡臣以爲衛趙可法而宋中山可爲戒也秦貪戾之國也而毋親蠶食魏氏又盡晉國戰勝暴子割八縣地未畢入兵復出矣夫秦何厭之有哉今又走芒卯入北宅此非敢攻梁也且劫王以求多割地王必勿聽也今王背楚趙而講秦楚趙怒而去王與王爭事秦秦必受之秦挾楚趙之兵以復攻梁則國求無亡不可得也願王之必無講也王若欲講少割而有質不然必見欺此臣之所聞於魏也願君王之以是慮事也周書曰惟命不于常此言幸之不可數也夫戰勝暴子割八縣此非兵力之精也又非計之工也天幸爲多矣今又走芒卯入北宅以攻大梁是以天幸自爲常也智者不然臣聞魏氏悉其百縣勝甲以上戍大梁臣以爲不下三十萬之衆守梁七仞之城臣以爲湯武復生不易攻也夫輕背楚趙之兵陵七仞之城戰三十萬之衆而志必舉之臣以爲自天地始分以至于今未嘗有者也攻而不拔秦兵必罷陶邑必亡則前功必棄矣今魏氏方疑可以少割收也願君逮楚趙之兵未至於梁亟以少割收魏魏方疑而得以少割爲利必欲之則君得所欲矣楚趙怒於魏之先已也必爭事秦從以此散而君後擇焉且君之得地豈必以兵哉割晉國秦兵不攻而魏必效絳安邑又爲陶開兩道幾盡故宋衛必效單父秦兵可全而君制之何索而不得何爲而不成願君孰慮之而無行危穰侯曰善乃罷梁圍明年魏背秦與齊從親秦使穰侯伐魏斬首四萬走魏將暴鳶得魏三縣穰侯益封明年穰侯與白起客卿胡陽復攻趙韓魏破芒卯於華陽下斬首十萬取魏之卷蔡陽長社趙氏觀津且與趙觀津益趙以兵伐齊齊襄王懼使蘇代爲齊陰遺穰侯書曰臣聞往來者言曰秦將益趙甲四萬以伐齊臣竊必之敝邑之王曰秦王明而熟於計穰侯智而習於事必不益趙甲四萬以伐齊是何也夫三晉之相與也秦之深讎也百相背也百相欺也不爲不信不爲無行今破齊以肥趙趙秦之深讎不利於秦此一也秦之謀者必曰破齊弊晉楚而後制晉楚之勝夫齊罷國也以天下攻齊如以千鈞之弩決潰癰也必死安能弊晉楚此二也秦少出兵則晉楚不信也多出兵則晉楚爲制於秦齊恐不走秦必走晉楚此三也秦割齊以啖晉楚晉楚案之以兵秦反受敵此四也是晉楚以秦謀齊以齊謀秦也何晉楚之智而秦齊之愚此五也故得安邑以善事之亦必無患矣秦有安邑韓氏必無上黨矣取天下之腸胃與出兵而懼其不反也孰利臣故曰秦王明而熟於計穰侯智而習於事必不益趙甲四萬以伐齊矣於是穰侯不行引兵而歸昭王三十六年相國穰侯言客卿竈欲伐齊取剛壽以廣其陶邑於是魏人范雎自謂張祿先生譏穰侯之伐齊乃越三晉以攻齊也以此時奸說秦昭王昭王於是用范雎言雎言宣太后專制穰侯擅權於諸侯涇陽君高陵君之屬太侈富於王室於是秦昭王悟乃免相國令涇陽之屬皆出關就封邑穰侯出關輜車千乘有餘穰侯卒於陶而因葬焉秦復收陶爲郡

白起郿人也善用兵事秦昭王昭王十三年而白起爲左庶長將而擊韓之新城是歲穰侯相秦舉任鄙以爲漢中守其明年白起爲左更攻韓魏於伊闕斬首二十四萬又虜其將公孫喜拔五城起遷爲國尉涉河取韓安邑以東到乾河明年白起爲大良造攻魏拔之取城小大六十一明年起與客卿錯攻垣城拔之後五年白起攻趙拔光狼城後七年白起攻楚拔鄢鄧五城其明年攻楚拔郢燒夷陵遂東至竟陵楚王亡去郢東走徙陳秦以郢爲南郡白起遷爲武安君武安君因取楚定巫黔中郡昭王三十四年白起攻魏拔華陽走芒卯而虜三晉將斬首十三萬與趙將賈偃戰沉其卒二萬人於河中昭王四十三年白起攻韓陘城拔五城斬首五萬四十四年白起攻南陽太行道絶之四十五年伐韓之野王野王降秦上黨道絶其守馮亭與民謀曰鄭道已絶韓必不可得爲民秦兵日進韓不能應不如以上黨歸趙趙若受我秦怒必攻趙趙被兵必親韓韓趙爲一則可以當秦因使人報趙趙孝成王與平陽君平原

君計之平陽君曰不如勿受之禍大於所得平原君曰無故得一郡受之便趙乃受之因封馮亭爲華陽君四十六年秦攻韓緱氏藺拔之四十七年秦使左庶長王齕攻韓取上黨上黨民走趙趙軍長平以按據上黨民四月齕因攻趙趙使廉頗將趙軍士卒犯秦斥兵秦斥兵斬趙裨將茄六月陷趙軍取二鄣四尉七月趙軍築壘壁而守之秦又攻其壘取二尉敗其陣奪西壘壁廉頗堅壁以待秦秦數挑戰趙兵不出趙王數以爲讓而秦相應侯又使人行千金於趙爲反間曰秦之所惡獨畏馬服子趙括將耳廉頗易與且降矣趙王既怒廉頗軍多失亾軍數敗又反堅壁不敢戰而又聞閒言因使趙括代廉頗將以擊秦秦聞馬服子將乃陰使武安君白起爲上將軍而王齕爲尉裨將令軍中有敢泄武安君將者斬趙括至則出兵擊秦軍秦軍佯敗而走張二奇兵以劫之趙軍逐勝追造秦壁壁堅拒不得入而秦奇兵二萬五千人絕趙軍後又一軍五千騎絕趙壁閒趙軍分而爲二糧道絕而秦出輕兵擊之趙戰不利因築壁守以待救至秦王聞趙食道絕王自之河內賜民爵各一級發年十五以上悉詣長平遮絕趙救及糧道至九月趙卒不得食四十六日皆內陰相殺食來攻秦壘欲出爲四隊四五復之不能出其將軍趙括出鋭卒自搏戰秦軍射殺趙括括軍敗卒四十萬人降武安君武安君計曰前秦以拔上黨上黨民不樂爲秦而歸趙趙卒反覆非盡殺之恐爲亂乃挾詐而盡坑殺之遺其小者二百四十人歸趙前後斬首虜四十五萬人趙人大震四十八年十月秦復定上黨郡秦分軍爲二王齕攻皮牢拔之司馬梗定太原韓趙恐使蘇代厚弊說秦相應侯曰武安君禽馬服子乎曰然又曰卽圍邯鄲乎曰然趙亾則秦王王矣武安君爲三公武安君所爲秦戰勝攻取者七十餘城南定鄢郢漢中北擒趙括之軍雖周召呂望之功不益於此矣今趙亾秦王王則武安君必爲三公君能爲之下乎雖無欲爲之下固不得已矣秦嘗攻韓圍邢邱因上黨上黨之民皆反爲趙天下不樂爲秦民之日久矣今亾趙北地入燕東地入齊南地入韓魏則君之所得民亾幾何人故不如因而割之無以爲武安君功也於是應侯言於秦王曰秦兵勞請許韓趙之割地以和且休士卒王聽之割韓垣雍趙六城以和正月皆罷兵武安君聞之由是與應侯有隙其九月秦復發兵使五大夫王陵攻趙邯鄲是時武安君病不任行四十九年正月陵攻邯鄲少利秦益發兵佐陵陵兵亾五校武安君病愈秦王欲使武安君代陵將武安君言曰邯鄲實未易攻也且諸侯救日至彼諸侯怨秦之日久矣今秦雖破長平軍而秦卒死者過半國內空遠絕河山而爭人國都趙應其內諸侯攻其外破秦軍必矣不可秦王自命不行乃使應侯請之武安君終辭不肯行遂稱病秦王使王齕代陵將八九月圍邯鄲不能拔楚使春申君及魏公子將兵數十萬攻秦軍秦軍多失亾武安君言曰秦不聽臣計今如何矣秦王聞之怒彊起武安君武安君遂稱病篤應侯請之不起於是免武安君爲士伍遷之陰密武安君病未能行居三月諸侯攻秦軍急秦軍數卻使者日至秦王乃使人遣白起不得留咸陽中武安君既行出咸陽西門十里至杜郵秦昭王與應侯羣臣議曰白起之遷其意尚怏怏不服有餘言秦王乃使使者賜之劒自裁武安君引劒將自剄曰我何罪于天而至此哉良久曰我固當死長平之戰趙卒降者數十萬人我詐而盡阬之是足以死遂自殺武安君之死也以秦昭王五十年十一月死而非其罪秦人憐之鄉邑皆祭祀焉

王翦頻陽東鄉人也少而好兵事秦始皇始皇十一年翦將攻趙閼與破之拔九城十八年翦將攻趙歲餘遂拔趙趙王降盡定趙地爲郡明年燕使荆軻爲賊於秦秦王使王翦攻燕燕王喜走遼東翦遂定燕薊而還秦使翦子王賁擊荆荆兵敗還擊魏魏王降遂定魏地秦始皇既滅三晉走燕王而數破荆師秦將李信者年少壯勇嘗以兵數千逐燕太子丹至於衍水中卒破得丹始皇以爲賢勇於是始皇問李信吾欲攻取荆於將軍度用幾何人而足李信曰不過用二十萬人始皇問王翦王翦曰非六十萬人不可始皇曰王將軍老矣何怯也李將軍果勢壯勇其言是也遂使李信及蒙恬將二十萬南伐荆王翦言不用因謝病歸老於頻陽李信攻平與蒙恬攻寢大破荆軍信又攻鄢郢破之於是引兵而西與蒙恬會城父荆人因隨之三日三夜不頓舍大破李信軍入兩壁殺七都尉秦軍走始皇聞之大怒自馳如頻陽見謝王翦曰寡人以不用將軍計李信果辱秦軍今聞荆兵日進而西將軍雖病獨忍棄寡人乎王翦謝曰老臣罷病悖亂唯大王更擇賢將始皇謝曰已矣將軍勿復言王翦曰大王必不得已用臣非六十萬人不可始皇曰爲聽將軍計耳於是王翦將兵六十萬人始皇送至灞上王翦行請美田宅園池甚衆始皇曰將軍行矣何憂貧乎王翦曰爲大王將有功終不得封侯故及大王之嚮臣臣亦及時以請園池爲子孫業耳

始皇大笑王翦既至關使使還請善田者五輩或曰將軍之乞貸亦已甚矣王翦曰不然夫秦王怚而不信人今空秦國甲士而專委於我我不多請田宅爲子孫業以自堅顧令秦王坐而疑我矣王翦果代李信擊荆荆聞王翦益軍而來乃悉國中兵以拒秦王翦至堅壁而守之不肯戰荆兵數出挑戰終不出王翦日休士洗沐而善飲食撫循之親與士卒同食久之王翦使人問軍中戲乎對曰方投石超距於是王翦曰士卒可用矣荆數挑戰而秦不出乃引而東翦因舉兵追之令壯士擊大破荆軍至蘄南殺其將軍項燕荆兵遂敗走秦因乘勝略定荆地城邑歲餘虜荆王負芻竟平荆地爲郡縣因南征百越之君而王翦子曰王賁與李信破定燕齊地秦始皇二十六年盡并天下王氏蒙氏功爲多名施於後世秦二世之時王翦及其子賁皆已死而又滅蒙氏陳勝之反秦秦使王翦之孫王離擊趙圍趙王及張耳鉅鹿城或曰王離秦之名將也今將彊秦之兵攻新造之趙舉之必矣客曰不然夫爲將三世者必敗必敗者何也以其所殺伐多矣其後受其不祥今王離已三世將矣居無何項羽救趙擊秦軍果虜王離王離軍遂降諸侯

范睢魏人也字叔游說諸侯欲事魏王家貧無以自資乃先事魏中大夫須賈須賈爲魏昭王使於齊范睢從留數月未得報齊襄王聞睢辯口乃使人賜睢金十斤及牛酒睢辭謝不敢受須賈知之大怒以爲睢持魏國陰事告齊故得此饋令睢受其牛酒還其金既歸心怒睢以告魏相魏相魏之諸公子曰魏齊魏齊大怒使舍人笞擊睢折脅摺齒睢佯死即卷以簣置廁中賓客飲者醉更溺睢故僇辱以懲後令無妄言者睢從簀中謂守者曰公能出我我必厚謝公守者請出棄簀中死人魏齊醉曰可矣范睢得出後魏齊悔復召求之魏人鄭安平聞之乃遂操范睢亾伏匿更名姓曰張祿當此時秦昭王使謁者王稽於魏鄭安平詐爲卒侍王稽王稽問魏有賢人可與俱西游者乎鄭安平曰臣里中有張祿先生欲見君言天下事其人有仇不敢晝見王稽曰夜與俱來鄭安平夜與張祿見王稽語未究王稽知范睢賢謂曰先生待我於三亭之南與私約而去王稽辭魏去遂載范睢入秦至湖關望見車騎從西來范睢曰彼來者爲誰王稽曰秦相穰侯東行縣邑范睢曰吾聞穰侯專秦權惡內諸侯客此恐辱我我甯且匿車中有頃穰侯果至勞王稽因立車而語曰關東有何變曰無有又謂王稽曰謁君得無與諸侯客子俱來乎無益徒亂人國耳王稽曰不敢即別去范睢曰吾聞穰侯智士也其見事遲鄉者疑車中有人忘索之於是范睢下車走曰此必悔之行十餘里果使騎還索車中無客乃已王稽遂與范睢入咸陽已報使因言曰魏有張祿先生天下辯士也曰秦王之國危於累卵得臣則安然不可以書傳也臣故載來秦王弗信使舍食草具待命歲餘當是時昭王已立三十六年南拔楚之鄢郢楚懷王幽死於秦秦東破齊湣王嘗稱帝後去之數困三晉厭天下辯士無所信穰侯華陽君昭王母宣太后之弟也而涇陽君高陵君皆昭王同母弟穰侯相三人者更將有封邑以太后故私家富重於王室及穰侯爲秦將且欲越韓魏而伐齊剛壽欲以廣其陶封范睢乃上書曰臣聞明主立政有功者不得不賞有能者不得不官勞大者其祿厚功多者其爵尊能治衆者其官大故無能者不敢當職焉有能者亦不得蔽隱使以臣之言爲可願行而益利其道以臣之言爲不可久留臣無爲也語曰庸主賞所愛而罰所惡明主則不然賞必加於有功而刑必斷於有罪今臣之胸不足以當椹質而要不足以待斧鉞豈敢以疑事嘗試於王哉雖以臣爲賤人而輕辱獨不重任臣者之無反復於王邪且臣聞周有砥砨宋有結綠梁有縣藜楚有和璞此四寶者土之所生良工之所失也而爲天下名器然則聖王之所棄者獨不足以厚國家乎臣聞善厚家者取之於國善厚國者取之於諸侯天下有明主則諸侯不得擅厚者何也爲其割榮也良醫知病人之死生而聖主明於成敗之事利則行之害則舍之疑則少嘗之雖舜禹復生弗能改已語之至者臣不敢載之於書其淺者又不足聽也意者臣愚而不概於王心邪將其言臣者賤而不可用乎自非然者臣願得少賜游觀之閒望見顏色一語無效請伏斧質於是秦昭王大悅乃謝王稽使以傳車召范睢於是范睢乃得見於離宮佯爲不知永巷而入其中王來而宦者怒逐之曰王至范睢繆爲曰秦安得王秦獨有太后穰侯耳欲以感怒昭王昭王至聞其與宦者爭言遂延迎謝曰寡人宜以身受命久矣會義渠之事急寡人旦暮自請太后今義渠之事已寡人乃得受命竊閔然不敏敬執賓主之禮范睢辭讓是日觀范睢之見者羣臣莫不洒然變色易容者秦王屏左右宮中虛無人秦王跽而請曰先生何以幸教寡人范睢曰唯唯有閒秦王復跽而請曰先生何以幸教寡人范睢曰唯唯若是者三秦王跽曰先生卒不幸教寡人邪范睢曰非

敢然也臣聞昔者呂尙之遇文王也身爲漁父而釣於渭濱耳若是者交疏也已說而立爲太師載與俱歸者其言深也故文王遂收功於呂尙而卒王天下鄕使文王疏呂尙而不與深言是周無天子之德而文武無以成其王業也今臣羈旅之臣也交疏於王而所願陳者皆匡君之事處人骨肉之間願效愚忠而未知王之心也此所以王三問而不敢對者也臣非有畏而不敢言也臣知今日言之於前而明日伏誅於後然臣不敢避也大王信行臣之言死不足以爲臣患亾不足以爲臣憂漆身爲厲被髮爲狂不足以爲臣恥且以五帝之聖焉而死三王之仁焉而死五伯之賢焉而死烏獲任鄙之力焉而死成荊孟賁王慶忌夏育之勇焉而死死者人之所必不免也處必然之勢可以少有補於秦此臣之所大願也臣又何患哉伍子胥橐載而出昭關夜行晝伏至於陵水無以餬其口膝行俯伏稽首肉袒鼓腹吹篪乞食於吳市卒興吳國闔閭爲伯使臣得盡謀如伍子胥加之以幽囚終身不復見是臣之說行也臣又何憂箕子接輿漆身爲厲被髮爲狂無益於主假使臣得同行於箕子可以有補所賢之主是臣之大榮也臣有何恥臣之所恐者獨恐臣死之後天下見臣之盡忠而身死因以是杜口裹足莫肯鄕秦耳足下上畏太后之嚴下惑於姦臣之態居深宮之中不離阿保之手終身迷惑無與昭姦大者宗廟滅覆小者身以孤危此臣之所恐耳若夫窮辱之事死亾之患臣不敢畏也臣死而秦治是臣死賢於生秦王跽曰先生是何言也夫秦國辟遠寡人愚不肖先生乃幸辱至於此是天以寡人慁先生而存先王之宗廟也寡人得受命於先生是天所以幸先王而不棄其孤也先生柰何而言若是事無大小上及太后下至大臣願先生悉以教寡人無疑寡人也范睢拜秦王亦拜范睢曰大王之國四塞以爲固北有甘泉谷口南帶涇渭右隴蜀左關阪奮擊百萬戰車千乘利則出攻不利則入守此王者之地民怯於私鬬而勇於公戰此王者之民也王并此二者而有之夫以秦卒之勇車騎之衆以治諸侯譬如馳韓盧而搏蹇兎也霸王之業可致也而羣臣莫當其位至今閉關十五年不敢窺兵於山東者是穰侯爲秦謀不忠而大王之計有所失也秦王跽曰寡人願聞失計然左右多竊聽者范睢恐未敢言內先言外事以觀秦王之俯仰因進曰夫穰侯越韓魏而攻齊剛壽非計也少出師則不足以傷齊多出師則害於秦臣意王之計欲少出師而悉韓魏之兵也則不義矣今見與國之不親也越人之國而攻可乎其於計疏矣且昔齊湣王南攻楚破軍殺將再辟地千里而齊尺寸之地無得焉者豈不欲得也哉形勢不能有也諸侯見齊之罷弊君臣之不和也興師而伐齊大破之士辱兵頓皆咎其王曰誰爲此計者乎王曰文子爲之大臣作亂文子出走故齊所以大破者以其伐楚而肥韓魏也此所謂借賊兵而齎盜糧者也王不如遠交而近攻得寸則王之寸也得尺亦王之尺也今釋此而遠攻不亦繆乎且昔者中山之國地方五百里趙獨呑之功成名立而利附焉天下莫之能害也今夫韓魏中國之處而天下之樞也王其欲霸必親中國以爲天下樞以威楚趙楚彊則附趙趙彊則附楚楚趙皆附齊必懼矣齊懼必卑詞重幣以事秦齊附而韓魏因可虜也昭王曰吾欲親魏久矣而魏多變之國也寡人不能親請問親魏柰何對曰王卑詞重幣以事之不可則割地而賂之不可因舉兵而伐之王曰寡人敬聞命矣乃拜范睢爲客卿謀兵事卒聽范睢謀使五大夫綰伐魏拔懷後二歲拔邢丘客卿范睢復說昭王曰秦韓之地形相錯如繡秦之有韓也譬如木之有蠹也人之有心腹之病也天下無變則已天下有變其爲秦患者孰大於韓乎王不如收韓昭王曰吾固欲收韓韓不聽爲之柰何對曰韓安得無聽乎王下兵而攻滎陽則鞏成皐之道不通北斷太行之道則上黨之師不下王一興兵而攻滎陽則其國斷而爲三夫韓見必亾安得不聽乎若韓聽而霸事因可慮矣王曰善且欲發使於韓范睢日益親復說用數年矣因請間說曰臣居山東時聞齊之有田文不聞其有王也聞秦之有太后穰侯華陽高陵涇陽不聞其有王也夫擅國之謂王能利害之爲王制殺生之威之謂王今太后擅行不顧穰侯出使不報華陽涇陽等擊斷無諱高陵進退不請四貴備而國不危者未之有也爲此四貴者下乃所謂無王也然則權安得不傾令安得從王出乎臣聞善治國者乃內固其威而外重其權穰侯使者操王之重決制於諸侯剖符於天下政適伐國莫敢不聽戰勝攻取則利歸於陶國弊御於諸侯戰敗則結怨於百姓而禍歸於社稷詩曰木實繁者披其枝披其枝者傷其心大其都者危其國尊其臣者卑其主崔杼淖齒管齊射王股擢王筋縣之於廟梁宿昔而死李兌管趙囚主父於沙邱百日而餓死今臣聞秦太后穰侯用事高陵華陽涇陽佐之卒無秦王此亦淖齒李兌之類也且夫三代所以亾國者君專授政縱酒馳騁弋獵不聽政事其所授

者妬賢嫉能御下蔽上以成其私不爲主計而主不覺悟故失其國今自有秩以上至諸大吏下及王左右無非相國之人者見王獨立於朝臣竊爲王恐萬世之後有秦國非王子孫也昭王聞之大懼曰善於是廢太后逐穰侯高陵華陽涇陽君於關外秦王乃拜范睢爲相收穰侯之印使歸陶因使縣官給車牛以徙千乘有餘到關關閱其寶器寶器珍怪多於王室秦封范睢以應號爲應侯當是時秦昭王四十一年也范睢既相秦秦號曰張祿而魏不知以爲范睢已死久矣魏聞秦且東伐韓魏魏使須賈於秦范睢聞之爲微行敝衣間步之邸見須賈須賈見之而驚曰范叔固無恙乎范睢曰然須賈笑曰范叔有說於秦邪曰不也睢前日得過於魏相故亾逃至此安敢說乎須賈曰今叔何事范睢曰臣爲人庸賃須賈意哀之留與坐飲食曰范叔一寒如此哉乃取其一綈袍以賜之須賈因問曰秦相張君公知之乎吾聞幸於王天下之事皆決於相君今吾事之去留在張君孺子豈有客習於相君者哉范睢曰主人翁習知之唯睢亦得謁睢請爲君見於張君須賈曰吾馬病車軸折非大車駟馬吾不出范睢曰願爲君借大車駟馬於主人翁范睢歸取大車駟馬爲須賈御之入秦相府府中望見有識者皆避匿須賈怪之至相舍門謂須賈曰待我我爲君先入通於相君須賈待門下持車良久問門下曰范叔不出何也門下曰無范叔須賈曰鄉者與我載而入者門下曰乃吾相張君也須賈大驚自知見賣乃肉袒膝行因門下人謝罪於是范睢盛帷帳侍者甚衆見之須賈頓首言死罪曰賈不意君能自致於青雲之上賈不敢復讀天下之書不敢復與天下之事賈有湯鑊之罪請自屏於胡貉之地唯君死生之范睢曰汝罪有幾曰擢賈之髮以續賈之罪尚未足范睢曰汝罪有三耳昔者楚昭王時而申包胥爲楚卻吳軍楚王封之以荆五千戶包胥辭不受爲邱墓之寄於荆也今睢之先人邱墓亦在魏公前以睢爲有外心於齊而惡睢於魏齊公之罪一也當魏齊辱我於厠中公不止罪二也更醉而溺我公其何忍乎罪三也然公之所以得無死者以綈袍戀戀有故人之意故釋公乃謝罷入言之昭王罷歸須賈須賈辭於范睢大供具盡請諸侯使與坐堂上食飲甚設而坐須賈於堂下置莝豆其前令兩黥徒夾而馬食之數曰爲我告魏王急持魏齊頭來不然者我且屠大梁須賈歸以告魏齊魏齊恐亾走趙匿平原君所范睢既相王稽謂范睢曰事有不可知者三有不可奈何者亦三宮車一日晏駕是事之不可知者一也君卒然捐館舍是事之不可知者二也使臣卒然塡溝壑是事之不可知者三也宮車一日晏駕君雖恨於臣無可奈何君卒然捐館舍君雖恨於臣亦無可奈何使臣卒然塡溝壑君雖恨於臣亦無可奈何范睢不懌乃入言於王曰非王稽之忠莫能納臣於函谷關非大王之賢聖莫能貴臣今臣官至於相爵在列侯王稽之官尚止於謁者非其內臣之意也昭王召王稽拜爲河東守三歲不上計又任鄭安平昭王以爲將軍范睢於是散家財物盡以報所嘗困戹者一飯之德必償睚眦之怨必報范睢相秦二年秦昭王之四十二年東伐韓少曲高平拔之秦昭王聞魏齊在平原君所欲爲范睢必報其仇乃佯爲好書遺平原君曰寡人聞君之高義願與君爲布衣之友君幸過寡人寡人願與君爲十日之飲平原君畏秦且以爲然而入秦見昭王昭王與平原君飲數日昭王謂平原君曰昔周文王得呂尚以爲太公齊桓公得管夷吾以爲仲父今范君亦寡人之叔父也范君之仇在君之家願使人歸取其頭來不然吾不出君於關平原君曰貴而爲友者爲賤也富而爲交者爲貧也夫魏齊者勝之友也在固不出也今又不在臣所昭王乃遺趙王書曰王之弟在秦范君之仇魏齊在平原君之家王使人疾持其頭來不然吾舉兵而伐趙又不出王之弟於關趙孝成王乃發卒圍平原君家急魏齊夜亾出見趙相虞卿虞卿度趙王終不可說乃解其相印與魏齊亾間行念諸侯莫可以急抵者乃復走大梁欲因信陵君以走楚信陵君聞之畏秦猶豫未肯見曰虞卿何如人也時侯嬴在旁曰人固未易知知人亦未易也夫虞卿躡屩檐簦一見趙王賜白璧一雙黃金百鎰再見拜爲上卿三見卒受相印封萬戶侯當此之時天下爭知之夫魏齊窮困過虞卿虞卿不敢重爵祿之尊解相印捐萬戶侯而間行急士之窮而歸公子公子曰何如人人固不易知知人亦未易也信陵君大慙駕如野迎之魏齊聞信陵君之初難見之怒而自剄趙王聞之卒取其頭予秦秦昭王乃出平原君歸趙昭王四十三年秦攻韓汾陘拔之因城河上廣武後五年昭王用應侯謀縱反間賣趙趙以其故令馬服子代廉頗將秦大破趙於長平遂圍邯鄲已而與武安君白起有隙言而殺之任鄭安平使將擊趙鄭安平爲趙所困急以兵二萬人降趙應侯席藁請罪秦之法任人而所任不善者各以其罪罪之於是應侯罪當收三族秦昭王恐傷應侯之意乃下令國中有敢言

鄭安平事者以其罪罪之而加賜相國應侯食物日益厚以順適其意後二歲王稽爲河東守與諸侯通坐法誅而應侯日益以不懌昭王臨朝歎息應侯進曰臣聞主憂臣辱主辱臣死今大王中朝而憂臣敢請其罪昭王曰吾聞楚之鐵劍利而倡優拙夫鐵劍利則士勇倡優拙則思慮遠夫以遠思慮而御勇士吾恐楚之圖秦也夫物不素具不可以應卒今武安君既死而鄭安平等畔內無良將而外多敵國吾是以憂欲以激厲應侯應侯懼不知所出蔡澤聞之往入秦也

蔡澤燕人也游學干諸侯小大甚衆不遇而從唐舉相曰吾聞先生相李兌曰百日之內持國秉政有之乎曰有之曰若臣者何如唐舉熟視而笑曰先生曷鼻巨肩魋顏蹙齃膝攣吾聞聖人不相殆先生乎蔡澤知唐舉戲之乃曰富貴吾所自有吾所不知者壽也願聞之唐舉曰先生之壽從今以往者四十三歲蔡澤笑謝而去謂其御者曰吾持粱刺齒肥躍馬疾驅懷黃金之印結紫綬於要揖讓人主之前食肉富貴四十三年足矣去之趙見逐入韓魏遇奪釜鬲於塗聞應侯任鄭安平王稽皆負重罪於秦應侯內慙蔡澤乃西入秦將見昭王使人宣言以感怒應侯曰燕客蔡澤天下雄俊弘辯智士也彼一見秦王秦王必困君而奪君之位應侯聞曰五帝三代之事百家之說吾既知之衆口之辯吾能摧之是惡能困我而奪我位乎使人召蔡澤蔡澤入則揖應侯應侯固不快及見之又倨應侯因讓之曰子常宣言欲代我相秦寧有之乎對曰然應侯曰請聞其說蔡澤曰吁君何見之晚也夫四時之序成功者去夫人生百體堅彊手足便利耳目聰明而心聖智豈非士之願與應侯曰然蔡澤曰質仁秉義行道施德得志於天下天下懷樂敬愛而尊慕之皆願以爲君王豈不辯智之期與應侯曰然蔡澤復曰富貴顯榮成理萬物使各得其所性命壽長終其天年而不夭傷天下繼其統守其業傳之無窮名實純粹澤流千里世世稱之而無絕與天地終始豈道德之符而聖人所謂吉祥善事者與應侯曰然蔡澤曰若夫秦之商君楚之吳起越之大夫種其卒然亦可願與應侯知蔡澤之欲困己以說復謬曰何爲不可夫公孫鞅之事孝公也極身無貳慮盡公而不顧私設刀鋸以禁姦邪信賞罰以致治披腹心示情素蒙怨咎欺舊友奪魏公子卬安秦社稷利百姓卒爲秦禽將破敵攘地千里吳起之事悼王也使私不得害公讒不得蔽忠言不取苟合行不取苟容不爲危易行行義不辟難然爲霸主彊國不辭禍凶大夫種之事越王也王雖困辱悉忠而不解王雖絕亾盡能而弗離成功而弗矜貴富不驕怠若此三子者固義之至也忠之節也是故君子以義死難視死如歸生而辱不如死而榮士固有殺身以成名唯義之所在雖死無所恨何爲不可哉蔡澤曰主聖臣賢天下之盛福也君明臣直國之福也父慈子孝夫信妻貞家之福也故比干忠而不能存殷子胥智而不能完吳申生孝而晉國亂是皆有忠臣孝子而國家滅亂者何也無明君賢父以聽之故天下以其君父爲僇辱而憐其臣子今商君吳起大夫種之爲人臣是也其君非也故世稱三子致功而不見德豈慕不遇世死乎夫待死而後可以立忠成名是微子不足仁孔子不足聖管仲不足大也夫人之立功豈不期於全耶身與名俱全者上也名可法而身死者其次也名在僇辱而身全者下也於是應侯稱善蔡澤少得間因曰夫商君吳起大夫種其爲人臣盡忠致功則可願矣閎夭事文王周公輔成王豈不亦忠聖乎以君臣論之商君吳起大夫種其可願孰與閎夭周公哉應侯曰商君吳起大夫種弗若也蔡澤曰然則君之主慈仁任忠惇厚舊故其賢智與有道之士爲膠漆義不倍功臣孰與秦孝公楚悼王越王乎應侯曰未知何如也蔡澤曰今主親忠臣不過秦孝公楚悼王越王君之設智能爲主安危修政治亂彊兵批患折難廣地殖穀富國足家彊主尊社稷顯宗廟天下莫敢欺犯其主主之威蓋震海內功彰萬里之外聲名光輝傳於千世君孰與商君吳起大夫種應侯曰不若蔡澤曰今主之親忠臣不忘舊故不若孝公悼王句踐而君之功績愛信親幸又不若商君吳起大夫種然而君之祿位貴盛私家之富過於三子而身不退者恐患之甚於三子竊爲君危之語曰日中則移月滿則虧物盛則衰天地之常數也進退盈縮與時變化聖人之常道也故國有道則仕國無道則隱聖人曰飛龍在天利見大人不義而富且貴於我如浮雲今君之怨已讎而德已報意欲至矣而無變計竊爲君不取也且夫翠鵠犀象其處勢非不遠死也而所以死者惑於餌也蘇秦智伯之智非不足以辟辱遠死也而所以死者惑於貪利不止也是以聖人制禮節欲取於民有度使之以時用之有度則志不溢行不驕常與道俱而不失故天下承而不絕昔者齊桓公九合諸侯一匡天下至於葵丘之會有驕矜之志畔者九國吳王夫差兵無敵於天下勇彊以輕諸侯陵齊晉故遂以殺身亾國夏育太史噭叱呼駭三軍然而身

死於庸夫此皆乘至盛而不返道理不居卑退處儉約之患也夫商君爲秦孝公明法令禁姦本尊爵必賞有罪必罰平權衡正度量調輕重決裂阡陌以靜生民之業而一其俗勸民耕農利土一室無二事力田稸積習戰陣之事是以兵動而地廣兵休而國富故秦無敵於天下立威諸侯成秦國之業功已成矣而遂以車裂楚地方數千里持戟百萬白起率數萬之師以與楚戰一戰舉鄢郢以燒夷陵再戰南并蜀漢又越韓魏而攻彊趙北坑馬服誅屠四十餘萬之衆盡之于長平之下流血成川沸聲若雷遂入圍邯鄲使秦有帝業楚趙天下之彊國而秦之仇敵也自是之後楚趙皆懾伏不敢攻秦者白起之勢也身所服者七十餘城功已成矣而遂賜劍死於杜郵吳起爲楚悼王立法卑減大臣之威重罷無能廢無用損不急之官塞私門之請一楚國之俗禁游客之民精耕戰之士南收揚越北并陳蔡破横散從使馳說之士無所開其口禁朋黨以厲百姓定楚國之政兵震天下威服諸侯功已成矣而卒枝解大夫種爲越王深謀遠計免會稽之危以亡爲存因辱爲榮墾草入邑辟地殖穀率四方之士專上下之力輔句踐之賢報夫差之讐卒擒勁吳令越成霸功已彰而信矣句踐終負而殺之此四子者功成不去禍至於此此所謂信而不能詘往而不能返者也范蠡知之超然辟世長爲陶朱公君獨不觀夫博者乎或欲大投或欲分功此皆君之所明知也今君相秦計不下席謀不出廊廟坐制諸侯利施三川以實宜陽決羊腸之險塞太行之道又斬范中行之塗六國不得合從棧道千里通於蜀漢使天下皆畏秦秦之欲得矣君之功極矣此亦秦之分功之時也如是而不退則商君白公吳起大夫種是也吾聞之鑒於水者見面之容鑒於人者知吉與凶書曰成功之下不可久處四子之禍君何居焉君何不以此時歸相印讓賢者而授之退而巖居川觀必有伯夷之廉長爲應侯世世稱孤而有許由延陵季子之讓喬松之壽孰與以禍終哉卽君何居焉忍不能自離疑不能自決必有四子之禍矣易曰亢龍有悔此言上而不能下信而不能詘往而不能自反者也願君孰計之應侯曰善吾聞欲而不知止失其所以欲有而不知足失其所以有先生幸教睢敬受命於是乃延入坐爲上客後數日入朝言於秦昭王曰客新有從山東來者曰蔡澤其人辯士明於三王之事五伯之業世俗之變足以寄秦國之政臣之見人甚衆莫及臣不如也臣敢以聞秦昭王召見與語大說之拜爲客卿應侯因謝病請歸相印昭王彊起應侯應侯遂稱病篤范睢免相昭王新說蔡澤計畫遂拜爲秦相東收周室蔡澤相秦數月人或惡之懼誅乃謝病歸相印號爲剛成君居秦十餘年事昭王孝文王莊襄王卒事始皇帝爲秦使於燕三年而燕使太子丹入質於秦

通志卷九十三

通志卷九十四

宋右迪功郎鄭樵漁仲撰

列傳第七

戰國

孟嘗君 平原君 虞卿 樂毅 廉頗 藺相如 趙奢 李牧 信陵君 春申君 屈原

秦

呂不韋 李斯 蒙恬

戰國

孟嘗君姓田氏名文父曰靖郭君田嬰嬰者齊威王少子而宣王庶弟也嬰自威王時任職用事及宣王九年以嬰爲相嬰相齊十一年宣王卒湣王卽位卽位三年而封嬰於薛初田嬰有子四十餘人文以五月五日生嬰告其母曰勿舉也其母竊舉生之及長其母因兄弟而見其子文於嬰嬰怒其母曰吾令若去此子而敢生之何也文頓首因曰君所以不舉五月子者何故嬰曰五月子者長與戶齊將不利其父母文曰人生受命於天乎將受命於戶邪嬰默然文曰必受命於天君何憂焉必受命於戶則可高其戶耳誰能至者嬰曰子休矣久之文承閒問其父嬰曰子之子爲何曰爲孫孫之孫爲何曰爲玄孫玄孫之孫爲何曰不能知也文曰君用事相齊至今三王矣齊不加廣而君私家富累萬金門下不見一賢者文聞將門必有將相門必有相今君後宮蹈綺縠而士不得裋褐僕妾餘粱肉而士不厭糟糠今君又尙厚積餘藏欲以遺所不知何人而忘公家之事日損文竊怪之於是嬰乃禮文使主家待賓客賓客日進名聲聞於諸侯諸侯皆使人請薛公嬰以文爲太子嬰許之嬰卒諡爲靖郭君而文代立是爲孟嘗君孟嘗君在薛招致諸侯賓客及亡人有罪者皆歸孟嘗君孟嘗君舍業厚遇之以故傾天下之士食客數千人無貴賤一與文等孟嘗君待客坐語而屏風後常有侍史主記君所與客語問親戚居處客去孟嘗君已使使存問獻遺其親戚孟嘗君曾待客夜食有一人蔽火光客怒以爲飯不等輟食辭去孟嘗君起自持其飯比之客慙自剄士以此多歸孟嘗君孟嘗君於客無所擇皆善遇之人人各自以爲孟嘗君親己秦昭王聞其賢乃先使涇陽君爲質於齊以求見孟嘗君孟嘗君將入秦賓客莫欲其行諫不聽蘇代謂曰今旦代從外來見木偶人與土偶人相與語木偶人曰天雨子將敗矣土偶人曰我生於土敗則歸土今天雨流子而行未知所止息也今秦虎狼之國也而君欲往如有不得還君得無爲土偶人所笑乎孟嘗君乃止齊湣王二十五年復卒使孟嘗君入秦昭王卽以爲秦相人或說秦昭王曰孟嘗君賢而又齊族也今相秦必先齊後秦秦其危矣於是昭王乃止囚孟嘗君謀欲殺之孟嘗君使人抵昭王幸姬求解幸姬曰妾願得君狐白裘此時孟嘗君有一狐白裘直千金天下無雙入秦已獻昭王更無他裘孟嘗君患之徧問客莫能對最下坐有能爲狗盜者曰臣能得狐白裘乃夜爲狗以入秦宮藏中取所獻狐白裘至以獻幸姬姬爲言昭王釋之孟嘗君得出卽馳去更封傳變名姓以出關夜半至函谷關秦昭王後悔出孟嘗君求之已去卽使人馳傳逐之孟嘗君至關關法雞鳴而出客孟嘗君恐追至客之居下坐者有能爲雞鳴而雞盡鳴遂發傳出出如食頃秦追果至關已後孟嘗君出乃還始孟嘗君列此二人於賓客賓客盡羞之及二人拔孟嘗君於難客皆服孟嘗君過趙趙平原君客之趙人聞孟嘗君賢出觀之皆笑曰始以薛公爲魁梧然也今視之乃眇小丈夫耳孟嘗君聞之怒客與俱者下斫擊殺數百人遂滅一縣以去齊湣王不自得以其遣孟嘗君孟嘗君至則以爲齊相任政孟嘗君怨秦將以齊爲韓魏攻秦而借兵食於西周蘇代爲西周謂曰君以齊爲韓魏攻楚九年取宛葉以北以彊韓魏今復攻秦以益之韓魏南無楚憂西無秦患則齊危矣韓魏必輕齊畏秦臣爲君危之君不如令弊邑深合於秦而君無攻又無借兵食君臨函谷而無攻令弊邑以君之情謂秦昭王曰薛公必不破秦以彊韓魏其攻秦也欲王令楚王割東國以與齊而秦出楚懷王以爲和君令弊邑以此惠秦秦得無破而以東國自免也秦必欲之楚王得出必德齊齊得東國益彊而薛世世無患矣秦不大弱而處三晉之西三晉必重齊薛公曰善因令韓魏賀秦使三國無攻而不借兵食於西周矣是時楚懷王入秦秦留之故欲必出之秦不果出楚懷王孟嘗君相齊其舍人魏子爲孟嘗君收邑入三反而不致一入孟嘗君問之對曰有賢者竊假與之以故不致入孟嘗君怒而退魏子居數年人或毁孟嘗君於湣王曰孟嘗君將爲亂及田甲劫湣王湣王意疑孟嘗君乃奔魏子所與粟賢者聞之上書言孟嘗君不作亂請以身爲盟遂自剄宮門以明孟嘗君湣王乃驚而蹤跡驗問孟嘗君果無反謀乃復召孟嘗君孟嘗君因謝病歸老於薛湣王許之其後秦亡將呂禮求相齊欲困蘇代蘇代乃謂孟嘗君曰周最於齊至厚也而齊王逐之而聽親弗親弗

人姓名相呂禮者欲取秦也齊秦合則親弗與呂禮重矣有用齊秦必輕君君不如急北兵趨趙以和秦魏收周最以厚行且反齊王之信又禁天下之變齊無秦則天下集齊親弗必走則齊王孰與爲其國也於是孟嘗君從其計而呂禮嫉害於孟嘗君孟嘗君懼乃遺秦相穰侯魏冉書曰吾聞秦欲以呂禮收齊齊天下之彊國也子必輕矣齊秦相取以臨三晉呂禮必并相矣是子通齊以重呂禮也若齊免於天下之兵其讐子必深矣子不如勸秦王伐齊齊破吾請以所得封子齊破秦畏晉之彊秦必重子以取晉晉國弊於齊而畏秦晉必重子以取秦是子破齊以爲功挾晉以爲重是子破齊定封秦晉交重子若齊不破呂禮復用子必大窮於是穰侯言於秦昭王伐齊而呂禮亡後齊湣王滅宋益驕欲去孟嘗君孟嘗君乃如魏魏昭王以爲相西合於秦趙與燕共伐破齊湣王亡在莒遂死焉齊襄王立而孟嘗君中立爲諸侯無所屬齊襄王新立畏孟嘗君與連和復親薛公文卒諡爲孟嘗君諸子爭立而齊魏共滅薛孟嘗君絕嗣無後也初馮驩聞孟嘗君好客躡蹻而見之孟嘗君曰先生遠辱何以教文也馮驩曰聞君好士以貧身歸於君孟嘗君置傳舍十日孟嘗問傳舍長曰客何所爲荅曰馮先生甚貧猶有一劍耳又蒯緱彈其劍而歌曰長鋏歸來乎食無魚孟嘗君遷之幸舍食有魚矣五日又問傳舍長荅曰客復彈劍而歌曰長鋏歸來乎出無輿孟嘗君遷之代舍出入乘輿車矣五日孟嘗君復問傳舍長舍長荅曰先生又嘗彈劍而歌曰長鋏歸來乎無以爲家孟嘗君不悅居朞年馮驩無所言孟嘗君時相齊封萬戶於薛其食客三千餘人邑入不足以奉客使人出錢於薛歲餘不入貸錢者多不能與其息客奉將不給孟嘗君憂之問左右何人可使收債於薛者傳舍長曰代舍客馮公形容狀貌甚辯長者無他伎能宜可令收債孟嘗君乃進馮驩而請之曰賓客不知文不肖幸臨文者三千餘人邑入不足以奉賓客故出息錢於薛歲不入民頗不與其息今恐食客不給願先生責之驩曰諾辭行至薛召取孟嘗君錢者皆會得息錢十萬乃多釀酒肥牛召諸取錢者能與息者皆來不能與息者亦來皆持取錢之券書合之齊爲會日殺牛置酒酒酣乃持券如前合之能與息者與爲期貧不能與息者取其券而燒之曰孟嘗君所以貸錢者爲民之無者以爲本業也所以求息者爲無以奉客也今富給者以要期貧窮者燔券書以捐之諸君彊飲食有君如此豈可負哉坐者皆起再拜孟嘗君聞馮驩燒券書怒而使使召驩驩至孟嘗君曰文食客三千人故貸錢於薛文奉邑少而民尚多不以時與其息客食恐不足故請先生收責之聞先生得錢即以多具牛酒而燒券書何馮驩曰然不多具牛酒即不能畢會無以知其有餘不足有餘者爲要期不足者雖守而責之十年息愈多急即以逃亡自捐之若急終無以償上則爲君好利不愛士民下則有離上抵負之名非所以厲士民彰君聲也焚無用虛債之券捐不可得之虛計令薛民親君而彰君之善聲也君何疑焉孟嘗君乃拊手而謝之時齊王惑於秦楚之毀以孟嘗君名高其主而擅齊國之權於是廢之諸客見孟嘗君廢皆去馮驩曰借臣車一乘可以入秦者必令君重於國而奉邑益廣可乎孟嘗君乃約車幣而遣之馮驩乃西說秦王曰天下之游士憑軾結靷西入秦者無不欲彊秦而弱齊憑軾結靷東入齊者無不欲彊齊而弱秦此雌雄之國也勢不兩立爲雄雄者得天下矣秦王跽而問之曰何以使無雌而可驩曰王亦知齊之廢孟嘗君乎秦王曰聞之驩曰使齊重於天下者孟嘗君也今齊王以毀廢之其心怨必背齊背齊入秦則齊國之情人事之誠盡委之秦齊地可得也豈直爲雄哉君急使使載幣陰迎孟嘗君不可失時也如有齊覺悟復用之則雌雄之所在未可知也秦王大悅乃遣車十乘黃金百鎰以迎孟嘗君馮驩辭以先行至齊說齊王曰天下之游士憑軾結靷東入齊者無不欲彊齊而弱秦者憑軾結靷西入秦者無不欲彊秦而弱齊者夫秦齊雌雄之國秦彊則齊弱矣此勢不兩雄今臣竊聞秦遣使車十乘載黃金百鎰以迎孟嘗君孟嘗君不西則已西入相秦則天下歸之秦爲雄而齊爲雌雌則臨淄即墨危矣王何不先秦使未到復孟嘗君而益與之邑以謝之孟嘗君必喜而受之秦雖彊國豈可以請人相而迎之哉折秦之謀而絕其霸彊之略齊王曰善乃使人至境候秦使秦使車適入齊境使還馳告之王召孟嘗君而復其相位而與其故邑之地又益以千戶秦之使者聞孟嘗君復相齊還車而去矣自孟嘗君廢諸客皆去後召而復之馮驩迎之未至孟嘗君太息曰文常好客遇客無所敢失食客三千餘人先生所知也客見文一日廢皆背文而去莫相顧者今賴先生得復其位客亦有何面目復見文乎如復見文者必唾其面而大辱之驩結轡下拜孟嘗君下車接之曰先生爲客謝乎驩曰非爲客謝也爲君之言失夫物有必至事有固然君知之乎孟嘗君曰愚不知所謂也曰夫

生者必有死物之必至也富貴多士貧賤寡友事之固然也君獨不見夫朝趨市者乎明旦側肩爭門而入日暮之後過市門者掉臂而不顧非好朝而惡暮也所期物忘其中今君失位而賓客皆去不足以怨士而徒絕賓客之路願君遇客如故孟嘗君再拜曰敬從命矣聞先生之言敢不奉教焉

平原君趙勝趙之諸公子也（魏公子傳曰趙惠文王弟）諸子中勝最賢喜賓客賓客蓋至者數千人平原君相趙惠文王及孝成王三去相三復位封於東武城平原君家樓臨民家民家有躄者槃躝行汲平原君美人居樓上臨見大笑之明日躄者至平原君門請曰臣聞君之喜士士不遠千里而至者以君能貴士而賤妾也臣不幸有罷癃之病而君之後宮臨而笑臣臣願得笑臣者頭平原君笑應曰諾躄者去平原君笑曰觀此豎子乃欲以一笑之故殺吾美人不亦甚乎終不殺歲餘賓客門下舍人稍稍引去者過半平原君怪之曰勝所以待諸君未嘗敢失禮而去者何多也門下一人前對曰以君之不殺笑躄者以君為愛色而賤士士即去於是平原君乃斬笑躄者美人頭自造門進躄者因謝焉其後命下乃復稍稍來是時齊有孟嘗魏有信陵楚有春申故爭相傾以待士秦之圍邯鄲趙使平原君求救合從於楚約與食客門下有勇力文武備具者二十人偕平原君曰使文能取勝則善矣文不能取勝則歃血於華屋之下必得定從而還士不必外索取於食客門下足矣得十九人餘無可取者無以滿二十人門下有毛遂者前自贊於平原君曰請備員而行平原君曰先生處勝之門下幾年於此矣遂曰三年於此矣平原君曰夫賢士之處世譬若錐之處囊中其末立見今先生處勝門下三年左右未有所稱誦勝未有所聞是先生無所有也先生不能先生留遂曰臣乃今日請處囊中耳使遂蚤得處囊中乃穎脫而出非特其末見而已平原君竟與遂偕十九人相與目笑之而未發也毛遂比至楚與十九人論議十九人皆服平原君與楚王言合從之利害日出而言之日中不決十九人謂毛遂曰先生上毛遂按劍歷階而上謂平原君曰從之利害兩言而決耳今日出而言日中不決何也楚王謂平原君曰客何為者也平原君曰是勝之舍人也楚王叱曰胡不下吾乃與而君言汝何為者也毛遂按劍而前曰王之所以叱遂者以楚國之眾也今十步之內王不得恃楚國之眾矣王之命懸於遂手吾君在前叱者何也且遂聞湯以七十里之地王天下文王以百里之壤而臣諸侯豈其士卒眾多哉誠能據其勢而奮其威今楚地方五千里持戟百萬此霸王之資也以楚之彊天下不能當白起小豎子耳率數萬之眾興師以與楚戰一戰而舉鄢郢再戰而燒夷陵三戰而辱王之先人此百世之怨而趙之所羞而王不知惡焉合從者為楚非為趙也吾君在前叱者何也楚王曰唯唯誠若先生之言謹奉社稷而以從毛遂曰從定乎楚王曰定矣毛遂謂楚王左右曰取雞狗馬之血來毛遂奉銅盤而跪進之楚王曰王當歃血而定從次者吾君次者遂遂定從於殿上毛遂左手持盤血而右手招十九人曰公相與歃此血於堂下公等錄錄（音祿）所謂因人成事者也平原君已定從而歸歸至於趙曰勝不敢復相士勝相士多者千人寡者百數自以為不失天下之士今乃於毛先生而失之也毛先生一至楚而使趙重於九鼎大呂毛先生以三寸之舌彊與百萬之師勝不敢復相士遂以為上客平原君既返趙楚使春申君將兵赴救趙魏信陵君亦矯奪晉鄙軍往救趙皆未至秦急圍邯鄲邯鄲急且降邯鄲傳舍長子李同說平原君曰君不憂趙亡邪平原君曰趙亡則勝為虜何為不憂乎李同曰邯鄲之民炊骨易子而食可謂急矣而君之後宮以百數婢妾被綺縠餘粱肉而民衣褐不完糟糠不厭民困兵盡或剡木為矛矢而君器物鐘磬自若使秦破趙君安得有此使趙得全君何患無有今君誠能令夫人以下編於士卒之間分功而作家之所有盡散以享士士方其危苦之時易德耳於是平原君從之遂得敢死之士三千人李同遂與三千人赴秦軍秦軍為之卻三十里亦會楚魏救至秦兵遂罷邯鄲復存李同戰死封其父為李侯虞卿欲以信陵君之存邯鄲為平原君請封公孫龍聞之夜駕見平原君曰龍聞虞卿欲以信陵君之存邯鄲為君請封有之乎平原君曰然龍曰此甚不可且王舉君而相趙者非以君之智能為趙國無有也割東武城而封君者非以君為有功也而以國人無勳乃以君為親戚故也君受相印不辭無能割地不言無功者亦自以為親戚故也今信陵君存邯鄲而請封是親戚受城而國人計功也此甚不可且虞卿操其兩權事成操右券以責事不成以虛名德君君必勿聽也平原君遂不聽虞卿平原君以趙孝成王十五年卒子孫代後竟與趙俱亡平原君厚待公孫龍公孫龍善為堅白之辯及鄒衍過趙言至道乃絀公孫龍

虞卿者游說之士也躡蹻擔簦（蹻草履也簦長柄笠）說趙孝成王

一見賜黃金百鎰白璧一雙再見爲趙上卿故號虞卿食邑於虞秦趙戰於長平趙不勝亡一都尉趙王召樓昌與虞卿曰軍戰不勝尉復死寡人使束甲而趨之何如樓昌曰無益也不如發重使爲媾虞卿曰昌言媾者以爲不媾軍必破也而制媾者在秦且王之論秦也欲破趙之軍乎不邪王曰秦不遺餘力矣必且欲破趙軍虞卿曰王聽臣發使出重寶以附楚魏楚魏欲得王之重寶必內吾使趙使入楚魏秦必疑天下之合從且必恐如此則媾乃可爲也趙王不聽與平陽君爲媾發鄭朱入秦秦內之趙王召虞卿曰寡人使平陽君爲媾於秦秦已內鄭朱矣卿以爲奚如虞卿對曰王不得媾軍必破矣天下賀戰勝者皆在秦矣鄭朱貴人也入秦秦王與應侯必顯重以示天下楚魏以趙爲媾必不救王秦知天下不救王則媾不可得成也應侯果顯鄭朱以示天下賀戰勝者終不肯媾長平大敗遂圍邯鄲爲天下笑秦既解邯鄲圍而趙王入朝使趙郝約事於秦割六縣而媾虞卿謂趙王曰秦之攻王也倦而歸乎王以其力尚能進愛王而弗攻乎王曰秦之攻我也不遺餘力矣必以倦而歸也虞卿曰秦以其力攻其所不能取以送之是助秦自攻也來年秦復攻王王無救矣王以虞卿之言告趙郝趙郝曰虞卿誠能盡秦力之所至乎誠知秦力之所不能進此彈丸之地弗予令秦來年復攻王王得無割其內而媾乎王曰請聽子割矣子能必使來年秦之不復攻我乎趙郝對曰此非臣之所敢任也他日三晉之交於秦相善也今秦善韓魏而攻王王之所以事秦必不如韓魏也今臣爲足下解負親之攻開關通幣齊交韓魏至來年而王獨取攻於秦此王之所以事秦必在韓魏之後也此非臣之所敢任也王以告虞卿虞卿對曰郝言不媾來年秦復攻王王得無割其內而媾乎今媾郝又以不能必秦之不復攻也今雖割六城何益來年復攻又割其力之所不能取而媾此自盡之術也不如無媾秦雖善攻不能取六縣趙雖不能守終不失六城秦倦而歸兵必罷我以六城收天下以攻罷秦是我失之於天下而取償於秦也吾國尚利孰與坐而割地自弱以彊秦哉今郝曰秦善韓魏而攻趙者必以爲韓魏不救趙也而王之軍必孤又以王之事秦不如韓魏也是使王歲以六城事秦也卽坐而城盡來年秦復求割地王將與之乎弗與是棄前功而挑秦禍也與之則無地而給之語曰彊者善攻弱者不能守今坐而聽秦秦兵不弊而多得地是彊秦而弱趙也以益彊之秦而割愈弱之趙其計故不止矣且王之地有盡而秦之求無已以有盡之地給無已之求其勢必無趙矣趙王計未定樓緩從秦來趙王與樓緩計之曰予秦地何如毋予孰吉緩辭讓曰此非臣之所能知也王曰雖然試言公之私樓緩對曰王亦聞夫公甫文伯母乎公甫文伯仕於魯病死女子爲自殺於房中者二八其母聞之弗哭也其相室曰焉有子死而弗哭者乎其母曰孔子賢人也逐於魯而是人不隨也今死而婦人爲之自殺者二八若是者必其於長者薄而於婦人厚也故從母言之是爲賢母從妻言之是必不免爲妬妻故其言一也言者異則人心變矣今臣新從秦來而言勿予則非計也言予之恐王以臣爲爲秦也故不敢對使臣得爲大王計不如予之王曰諾虞卿聞之入見王曰此飾說也王眘勿予樓緩聞之往見王王又以虞卿之言告樓緩樓緩對曰不然虞卿得其一不得其二夫秦趙構難而天下皆說何也曰吾且因彊而乘弱矣今趙兵困於秦天下之賀戰勝者則必盡在於秦矣故不如亟割地爲和以疑天下而慰秦之心不然天下將因秦之彊怒乘趙之弊瓜分之趙且亡何秦之圖乎故曰虞卿得其一不得其二願王以此決之勿復計也虞卿聞之往見王曰危哉樓子之所以爲秦者是愈疑天下而何慰秦之心哉獨不言其示天下弱乎且臣言勿予者非固勿予而已也秦索六城於王而王以六城賂齊齊秦之深讎也得王之六城并力西擊秦齊之聽王不待辭之畢也則是王失之於齊而取償於秦也而齊趙之深讎可以報矣而示天下有能爲也王以此發聲兵未窺於境臣見秦之重賂至趙而反媾於王也從秦爲媾韓魏聞之必盡重王重王必出重寶以先於王則是王一舉而結三國之親而與秦易道也趙王曰善則使虞卿東見齊王與之謀秦虞卿未返秦使者已在趙矣樓緩聞之亡去趙於是封虞卿以一城居頃之而魏請爲從趙孝成王召虞卿謀過平原君平原君曰願卿之論從也虞卿入見王王曰魏請爲從對曰魏過王曰寡人固未有許對曰王過王曰魏請從卿曰魏過寡人未之許又曰寡人過然則從終不可乎對曰臣聞小國之與大國從事也有利則大國受其福有敗則小國受其禍今魏以小國請其禍而王以大國辭其福臣故曰王過魏亦過竊以爲從便王曰善乃合魏爲從虞卿既以魏齊之故不重萬戶侯卿相之印與魏齊閒行卒去趙困於梁魏齊已死不得意乃著書上採春秋下觀近世曰節義稱號揣摩政謀凡八篇以刺譏國家得失世傳之

曰虞氏春秋

樂毅者其先祖曰樂羊樂羊爲魏文侯將伐取中山魏文侯封樂羊以靈壽樂羊死葬於靈壽其後子孫因家焉中山復國至趙武靈王時復滅中山而樂氏後有樂毅樂毅賢好兵趙人舉之及武靈王有沙丘之亂乃去趙適魏聞燕昭王以子之之亂而齊大敗燕燕昭王怨齊未嘗一日而忘報齊也燕國小僻遠力不能制於是屈身下士先禮郭隗以招賢者樂毅於是爲魏昭王使於燕燕王以客禮待之樂毅辭讓遂委質爲臣燕昭王以爲亞卿久之當是時齊湣王彊南敗楚相唐眛於重丘西摧三晉於觀津遂與三晉擊秦助趙滅中山破宋廣地千餘里與秦昭王爭重爲帝已而復歸之諸侯皆欲背秦而服於齊湣王自矜百姓不堪於是燕昭王問伐齊之事樂毅對曰齊霸國之餘業也地大人衆未易獨攻也王必欲伐之莫如與趙及楚魏於是使樂毅約趙惠文王則使連楚魏令趙嚪秦以伐齊之利諸侯害齊湣王之驕暴皆爭合從與燕伐齊樂毅還報燕昭王燕遣起兵使樂毅爲上將軍趙惠文王以相國印授樂毅樂毅於是并護趙楚韓魏燕之兵以伐齊破之濟西諸侯兵罷歸而燕軍樂毅獨追于臨菑齊湣王之敗濟西亡走保於莒樂毅獨留徇齊齊皆城守樂毅攻入臨菑盡取齊寶財物祭器輸之燕燕昭王大悅親至濟上勞軍行賞饗士封樂毅於昌國號爲昌國君於是燕昭王收齊鹵獲以歸而使樂毅復以兵平齊城之不下者樂毅留徇齊五歲下齊七十餘城皆爲郡縣以屬燕唯獨莒卽墨未服會燕昭王死子立爲燕惠王惠王自爲太子時嘗不快於樂毅及卽位齊之田單聞之乃縱反閒於燕曰齊城不下者特兩城耳然所以不早拔者聞樂毅與燕新王有隙欲連兵且留齊南面而王齊齊之所患唯恐他將之來於是燕惠王固已疑樂毅得齊反閒乃使騎劫代將而召樂毅樂毅知燕惠王之不善代之畏誅遂西降趙趙封樂毅於觀津號曰望諸君尊寵樂毅以警動於燕齊齊田單後與騎劫戰果設詐誑燕軍遂破騎劫於卽墨下而轉戰逐燕北至河上盡復得齊城而迎襄王於莒入于臨菑燕惠王後悔使騎劫代樂毅以故破軍殺將失齊又怨樂毅之降趙恐趙用樂毅而乘燕之弊以伐燕燕惠王乃使人讓樂毅且謝之曰先王舉國而委將軍將軍爲燕破齊報先王之讎天下莫不震動寡人豈敢一日而忘將軍之功哉會先王棄羣臣寡人新卽位左右誤寡人寡人之使騎劫代將軍爲將軍久暴露於外故召將軍休且計事將軍過聽以與寡人有隙遂捐燕歸趙將軍自爲計則可矣而亦何以報先王之所以遇將軍之意乎樂毅報遺燕惠王書曰臣不佞不能奉承王命以順左右之心恐傷先王之明有害足下之義故遁逃走趙今足下使人數之以罪臣恐侍御者不察先王之所以畜幸臣之理又不白臣之所以事先王之心故敢以書對臣聞賢聖之君不以祿私親其功多者賞之其能當者處之故察能而授官者成功之君也論行而結交者立名之士也臣竊觀先王之舉也見有高世之心故假節於魏以身得察於燕先王過舉廁之賓客之中立之羣臣之上不謀父兄以爲亞卿臣竊不自知是以爲奉令承教可幸無罪故受令而不辭先王命之曰我有積怨深怒於齊不量輕弱而欲以齊爲事臣曰夫齊霸國之餘業而最勝之遺事也練於兵甲習於戰攻王若欲伐之必與天下圖之與天下圖之莫若結於趙且又淮北宋地楚魏之所欲也趙若許而約四國攻之齊可大破也先王以爲然具符節南使臣於趙顧反命起兵擊齊以天之道先王之靈河北之地隨先王而舉之濟上濟上之軍受命擊齊大敗齊人輕卒鋭兵長驅至國齊王遁而走莒僅以身免珠玉財寶車甲珍器盡收入于燕齊器設於寧臺大呂陳於元英故鼎反乎磨室薊丘之植植於汶篁自五伯以來功未有及先王者也先王以爲慊於志故裂地而封之使得比小國諸侯臣竊不自知自以爲奉命承教可幸無罪是以受命不辭臣聞賢聖之君功立而不廢故著於春秋蚤知之士名成而不毀故稱於後世若先王之報怨雪恥夷萬乘之彊國收八百歲之蓄積及至棄羣臣之日餘教未衰執政任事之臣修法令愼庶孽施及乎萌隸皆可以教後世臣聞之善作者不必善成善始者不必善終昔伍子胥說聽於闔閭而吳王遠迹至郢夫差弗是也賜之鴟夷而浮之江吳王不寤先論之可以立功故沈子胥而不悔子胥不蚤見主之不同量是以至於入江而不化夫免身立功以明先王之迹臣之上計也離毀辱之誹謗墮先王之名臣之所大恐也臨不測之罪以幸爲利義之所不敢出也臣聞古之君子交絶不出惡聲忠臣去國不潔其名臣雖不佞數奉教於君子矣於是燕王復以樂毅子樂閒爲昌國君而樂毅往來復通燕趙以爲客卿樂毅卒於趙樂閒居燕三十餘年燕王喜用其相栗腹之計欲攻趙而問昌國君樂閒樂閒曰趙四戰之國其民習兵伐之不可燕王不聽遂伐趙趙使廉頗擊之大破栗腹之軍於鄗禽

栗腹樂乘樂乘者樂閒之宗也於是樂閒奔趙趙遂圍燕燕重割地以與趙和趙乃解而去燕王恨不用樂閒樂閒既在趙乃遺樂閒書曰紂之時箕子不用犯諫不怠以冀其聽商容不達身祇辱焉以冀其變及民志不入獄囚自出然後二子退隱故紂負桀暴之累二子不失忠聖之名何者其憂患之盡矣今寡人雖愚不若紂之暴也燕民雖亂不若殷民之甚也室有語不相盡以告鄰里二者寡人不爲君取也樂閒樂乘怨燕不聽其計二人卒留趙趙封樂乘爲武襄君其明年樂乘廉頗爲趙圍燕燕重禮以和乃解後五歲趙孝成王卒襄王使樂乘代廉頗廉頗攻樂乘樂乘走廉頗亡入魏其後十六年而秦滅趙其後二十餘年高帝過趙問樂毅有後乎對曰有樂叔高帝封之樂鄉號曰華成君樂毅之孫也而樂氏之族有樂瑕公樂臣公趙且爲秦所滅亡之齊高密樂臣公善修黃帝老子之言顯聞於齊稱賢師

廉頗者趙之良將也以勇氣聞於諸侯惠文王之十六年廉頗爲趙將兵伐齊大破之取晉陽拜爲上卿二十年秦王使使者要趙王爲澠池之會趙王不敢不行以藺相如從廉頗送王至境而與王訣曰王行度道里會遇之禮畢還不過三十日過三十日不還則請立太子爲王以絕秦望王許之是歲廉頗東攻齊破其一軍居二年頗伐魏之幾邑拔之後三年攻魏之防陵安陽拔之孝成王五年秦左庶長王齕攻韓因攻趙趙使廉頗距之於長平四月頗犯秦斥兵趙裨將茄爲斥兵所斬六月秦陷趙軍取其二將四尉七月趙軍築壘以守之秦又攻其二壘取二尉奪其西壁頗乃堅壁以待之秦數挑戰趙兵不出秦人患之六年秦相應侯行千金於趙爲反間曰秦之所患獨畏馬服君子趙括將耳廉頗易與且降矣趙王既怒頗軍數敗亡而又堅壁不敢戰復聽閒言故以括代頗秦使白起爲將於是殺括趙喪兵衆四十五萬於長平自後燕人用栗腹之謀曰趙壯者盡於長平其孤未壯可舉趙矣遂擊趙趙使廉頗距之大破燕軍於鄗殺栗腹遂圍燕燕割五城以和乃聽之趙即以尉文（邑名）封廉頗爲信平君爲假相國廉頗之免長平歸也失勢之時故客盡去及復用爲將客又復至頗曰客退矣客曰吁君何見之晚也夫天下以市道交君有勢我則從君君無勢則去此固其理也有何怨乎居六年趙使廉頗伐魏之繁陽拔之趙孝成王卒子悼襄王立使樂乘代廉頗頗怒攻樂乘樂乘走頗遂奔魏之大梁其明年趙乃以李牧爲將而攻燕拔武遂方城廉頗居梁久之魏不能信用趙以數困於秦兵趙王思復得廉頗頗亦思復用於趙趙王使使者視廉頗尚可用否頗之仇郭開多與使者金令毀之趙使者既見廉頗頗爲之一飯斗米肉十斤被甲上馬以示尚可用趙使還報王曰廉將軍雖老尚善飯然與臣坐頃之三遺矢矣趙王以爲老也遂不召楚聞廉頗在魏陰使人迎之廉頗一爲楚將無功曰我思用趙人頗卒死于壽春

藺相如趙人也爲趙宦者令繆賢舍人趙惠文王時得楚和氏璧秦昭王聞之使人遺趙王書願以十五城請易璧趙王與大將軍廉頗諸大臣謀欲予秦秦城恐不可得徒見欺欲勿予即患秦兵之來計未定求人可使報秦者未得繆賢曰臣舍人藺相如可使王問何以知之對曰臣嘗有罪竊計欲亡走燕相如止臣曰君何以知燕王臣語曰臣嘗從大王與燕王會境上燕王私握臣手曰願結友以此知之故欲往相如謂臣曰夫趙彊而燕弱而君幸於趙王故燕王欲結於君今君乃亡趙走燕燕畏趙其勢必不敢留君而束君歸趙矣君不如肉袒伏斧鑕請罪則幸得脫矣臣從其計大王亦幸赦臣臣竊以爲其人勇士有智謀宜可使於是王召見問相如曰秦王以十五城請易寡人之璧可予不相如曰秦彊而趙弱不可不許王曰取吾璧不予我城柰何相如曰秦以城求璧而趙不許曲在趙趙予璧而秦不予趙城曲在秦均之二策甯許以負秦曲王曰誰可使者相如曰王必無人臣願奉璧往使城入趙而璧留秦城不入臣請完璧歸趙趙王於是遂遣相如奉璧西入秦秦王坐章臺見相如相如奉璧奏秦王秦王大喜傳以示美人及左右左右皆呼萬歲相如視秦王無意償趙城乃前曰璧有瑕請指示王王授璧相如因持璧卻立倚柱怒髮上衝冠謂秦王曰大王欲得璧使人發書至趙王趙王悉召羣臣議皆曰秦貪負其彊以空言求璧償城恐不可得議不欲予秦璧臣以爲布衣之交尚不相欺況大國乎且以一璧之故逆彊秦之驩不可於是趙王乃齋戒五日使臣奉璧拜送書於庭何者嚴大國之威以修敬也今臣至大王見臣列觀禮節甚倨得璧傳之美人以戲弄臣臣觀大王無意償趙王城邑故臣復取璧大王必欲急臣臣頭今與璧俱碎於柱矣相如持其璧睨柱欲以擊柱秦王恐其破璧乃辭謝固請召有司案圖指從此以往十五都予趙相如度秦王特以詐詳爲予趙城實不可得乃謂秦王曰和氏璧天下所

其傳寶也趙王恐不敢不獻王送璧時齋戒五日今大王亦宜齋戒五日設九賓於廷臣乃敢上璧秦王度之終不可彊奪遂許齋戒五日舍相如廣成傳舍相如度秦王雖齋決負約不償城乃使其從者衣褐懷璧從徑道亡歸璧于趙秦王齋五日後設九賓禮於庭引趙使者藺相如相如至謂秦王曰秦自穆公以來二十餘君未嘗有堅明約束者也臣誠恐見欺於王而負趙故令人持璧歸間至趙矣且秦彊而趙弱大王遣一介之使至趙趙立奉璧來今以秦之彊而先割十五都予趙趙豈敢留璧而得罪於大王乎臣知欺大王之罪當誅臣請就湯鑊唯大王與羣臣孰計議之秦王與羣臣相視而嘻左右或欲引相如去秦王因曰今殺相如終不能得璧也而絕秦趙之驩不如因而厚遇之使歸趙趙王豈以一璧之故欺秦邪卒廷見相如畢禮而歸之相如既歸趙王以為賢大夫使不辱於諸侯拜相如為上大夫秦亦不以城予趙趙亦終不予秦璧其後秦伐趙拔石城明年復攻趙殺二萬人秦王使使者告趙王欲與王為好會於西河外澠池趙王畏秦欲毋行廉頗藺相如計曰王不行示趙弱且怯也趙王遂行以相如從遂與秦王會澠池秦王飲酒酣曰寡人竊聞趙王好音請奏瑟趙王鼓瑟秦御史前書曰某年月日秦王與趙王會飲令趙王鼓瑟相如前曰趙王竊聞秦王善為秦聲請奉盆缻秦王以相娛樂秦王怒不許於是相如前進缻因跪請秦王秦王不肯擊缻相如曰五步之內相如請得以頸血濺大王矣左右欲刃相如相如張目叱之左右皆靡於是秦王不懌為一擊缻相如顧召趙御史書曰某年月日秦王為趙王擊缻秦羣臣曰請以趙十五城為秦王壽相如亦曰請以秦之咸陽為趙王壽秦王竟酒終不能加勝於趙趙亦盛設兵以待秦秦不敢動既罷歸國以相如功大拜為上卿位在廉頗之右廉頗曰我為趙將有攻城野戰之大功而相如徒以口舌為勞而位居我上且相如素賤人吾羞不忍為之下宣言曰我見相如必辱之相如聞不肯與會相如每朝時常稱病不欲與廉頗爭列已而相如出望見廉頗相如引車避匿於是舍人相與諫曰臣所以去親戚而事君者徒慕君之高義也君與廉頗同列今廉君宣惡言而君畏匿之恐懼殊甚且庸人尚羞之況於將相乎臣等不肖請辭去相如固止之曰公之視廉將軍孰與秦王曰不若也相如曰夫以秦王之威而相如廷叱之辱其羣臣相如雖駑獨畏廉將軍哉顧吾念之彊秦之所以不敢加兵於趙者徒以吾兩人在也今兩虎共鬬其勢不俱生吾所以為此者以先國家之急而後私讎也廉頗聞之肉袒負荊因賓客至藺相如門謝罪曰鄙賤之人不知將軍寬之至此也卒相與驩為刎頸之交惠文王二十八年相如為將攻齊至平邑而罷其明年趙奢破秦軍閼與下

趙奢者趙之田部吏也收租稅而平原君家不肯出奢以法治之殺其用事者九人平原君怒將殺奢奢因說曰君於趙為貴公子今縱君家而不奉公則法削法削則國弱國弱則諸侯加兵諸侯加兵是無趙也君安得有此富乎以君之貴奉公如法則上下平上下平則國彊國彊則趙固而君為貴戚豈輕於天下邪平原君以為賢言之於王王用之治國賦國賦大平民富而府庫實趙惠文王二十九年秦伐韓軍於閼與王召廉頗而問曰可救不對曰道遠險狹難救又召問樂乘樂乘對如頗言又召問奢奢對曰其道遠險狹譬之猶兩鼠鬬於穴中將勇者勝王乃令奢救之兵去邯鄲三十里而令軍中曰有以軍事諫者死秦軍軍武安西秦軍鼓譟勒兵武安屋瓦盡震軍中候有一人言急救武安奢立斬之堅壁留二十八日不行復益增壘秦間來入奢善食而遣之間以報秦將秦將大喜曰夫去國三十里而軍不行乃增壘閼與非趙地也奢既遣秦間乃卷甲而趨之二日一夜至令善射者去閼與五十里而軍軍壘成秦人聞之悉甲而至軍士許歷請以軍事諫奢曰內之許歷曰秦人不意趙師至此其來氣盛將軍必厚集其陳以待之不然必敗奢曰請受令許歷曰請受鈇鑕之誅奢曰胥後令邯鄲許歷復請諫曰先據北山上者勝後至者敗奢許諾即發萬人趨之秦兵後至爭山不得上奢縱兵擊之大破秦軍秦軍解而走遂解閼與之圍而歸王賜奢號為馬服君以許歷為國尉奢於是與廉頗藺相如同位後四年趙惠文王卒子孝成王立七年秦與趙相距於長平時奢已死而藺相如病篤趙使廉頗將攻秦秦數敗趙軍趙軍固壁不戰秦數挑戰廉頗不肯趙王信秦間之言曰秦之所惡獨畏馬服君趙奢之子趙括為將耳趙王信之遂以括為將代廉頗藺相如曰王以名使括若膠柱而鼓瑟耳括徒能讀其父書傳不知合變也王不聽遂將之括自少時學兵法言兵事以天下莫能當嘗與其父奢言兵事奢不能難然不謂善括母問奢其故奢曰兵死地也而括易言之使趙不將括則已若必將之破趙軍者必括也及括將行其母上書言於王曰括不可使將王曰何以對曰始妾事

其父時爲將身所奉飯飲而進食者以十數所友者以百數大王及宗室所賞賜者盡以予軍吏士大夫受命之日不問家事今括一旦爲將東向而朝軍吏無敢仰視之者王所賜金帛歸藏於家而日視便利田宅可買者買之王以爲何如其父父子異心願王勿遣王曰母置之吾已決矣括母因曰王終遣之卽有如不稱妾得無隨坐乎王許諸括旣代廉頗悉更約束易置軍吏秦將白起聞之縱奇兵佯敗走而絕其糧道分斷其軍爲二士卒離心四十餘日軍餓相食括出銳卒自搏戰秦軍射殺趙括括軍敗數十萬之衆遂降秦秦悉阬之趙前後所亡凡四十五萬明年秦兵遂圍邯鄲歲餘幾不得脫賴楚魏諸侯來救圍乃得解趙王以括母先言竟不誅也

李牧者趙之北邊良將也趙孝成王時常居代鴈門備匈奴以便宜置吏市租皆輸入莫府爲士卒費日擊數牛饗士習騎射謹烽火多閒諜厚遇戰士爲約曰匈奴卽入盜卽入收保有敢捕虜者斬匈奴每入烽火謹輒入收保不敢戰如是數歲亦不亡失然匈奴以李牧爲怯雖趙邊兵亦以爲吾將怯趙王讓牧牧如故趙王怒召之使他人代將歲餘匈奴每來出戰數不利失亡多邊不得田畜復請牧牧杜門不出固稱疾王彊起之牧曰王必用臣臣如前乃敢奉令王許之牧至如故約匈奴數歲無所得終以爲怯邊士日得賞賜而不用皆願一戰於是乃具選車得千三百乘選騎得萬三千匹百金之士五萬人彀者十萬人悉勒習戰大縱畜牧人民滿野匈奴小入佯北不勝以數千人委之單于聞之大率衆來入牧多爲奇陳張左右翼擊之大破殺匈奴十餘萬騎滅襜襤破東胡降林胡單于奔走其後十餘歲匈奴不敢近趙邊城悼襄王元年廉頗亡入魏趙使牧攻燕拔武遂方城居二年龐煖破燕軍殺劇辛後七年秦攻趙殺其將扈輒於武遂城斬首十萬趙乃以牧爲大將軍擊秦軍於宜安大破之走其將桓齮封李牧爲武安君居三年秦攻番吾牧擊破秦軍南距韓魏趙王遷七年秦使王翦攻趙趙使李牧司馬尙禦之秦多與趙寵臣郭開金爲反閒言李牧司馬尙欲反趙王使趙葱及齊將顏聚代牧牧不受命趙使人微捕得牧斬之廢司馬尙後三月王翦因急擊趙大破殺趙葱虜王遷及顏聚遂滅趙

信陵君無忌者魏昭王少子而安釐王異母弟也故謂之魏公子昭王薨安釐王卽位封公子爲信陵君是時范雎亡魏相秦以怨魏齊故秦兵圍大梁破魏華陽下軍走芒卯魏王及公子患之公子爲人仁而下士士無賢不肖皆謙而禮交之不敢以其富貴驕士士以此方數千里爭往歸之致食客三千人當是時諸侯以公子賢多客不敢加兵謀魏十餘年公子與魏王博而北境傳舉烽言趙寇至且入界王釋博欲召大臣謀公子止王曰趙王田獵耳非爲寇也復博如故王恐心不在博居頃復從北方來傳言曰趙王獵耳非爲寇也魏王大驚曰公子何以知之對曰臣之客有能探得趙王陰事者趙王所爲客輒以報臣臣是以知之是後魏王畏公子之賢能不敢任以國政魏有隱士曰侯嬴年七十家貧爲大梁夷門監者公子聞之往請欲厚遺之不肯受曰臣修身潔行數十年終不以監門困故而受公子財公子於是乃置酒大會賓客坐定公子從車騎虛左自迎夷門侯生侯生攝弊衣冠直上載於公子上坐不讓欲以觀公子公子執轡愈恭侯生又謂公子曰臣有客在市屠中願枉車騎過之公子引車入市侯生下見其客朱亥俾倪故久立與其客語微察公子公子顏色愈和當是時魏將相宗室賓客滿堂待公子舉酒市人皆觀公子執轡從騎皆竊罵侯生侯生視公子色終不變乃謝客就車至家公子引侯生坐上坐徧贊賓客賓客皆驚酒酣公子起爲壽侯生前侯生因謂公子曰今日嬴之爲公子亦足矣嬴乃夷門抱關者也而公子親枉車騎自迎嬴於稠人廣坐之中不宜有所過今公子故過之然嬴欲就公子之名故久立公子車騎市中過客以觀公子公子愈恭市人皆以嬴爲小人以公子爲長者能下士也於是罷酒侯生遂爲上客侯生謂公子曰臣所過屠者朱亥此子賢者世莫能知故隱於屠閒耳公子往數請之朱亥故不復謝公子怪之安釐王二十年秦破趙長平進兵圍邯鄲公子姊爲趙平原君夫人數遺魏王及公子書請救於魏魏王使將軍晉鄙將十萬衆救趙秦王使使告魏曰吾攻趙旦暮且下而諸侯敢救者已拔趙必移兵先擊之魏王恐使人至晉鄙留軍壁鄴名爲救趙實持兩端以觀望平原君使者冠蓋相屬於魏讓公子曰勝所以自附爲婚姻者以公子之高義爲能急人之困今邯鄲旦暮降秦而魏救不至安在公子能急人之困也且公子縱輕勝棄之降秦獨不憐公子姊邪公子患之數請魏王及賓客辯士說王萬端魏王畏秦終不聽公子公子自度終不能得之於王計不獨生而令趙亡乃請賓客約車騎百餘乘欲以客往赴秦軍與趙俱死行過夷門見侯生具告所以欲死

秦軍狀辭訣而行侯生曰公子勉之矣老臣不敢從公子行數里心不快曰吾所以待侯生者備矣天下莫不聞今吾且死而侯生曾無一言半辭送我我豈有所失哉復引車還問侯生侯生笑曰臣固知公子之還也曰公子喜士名聞天下今有難無他端而欲赴秦軍譬若以肉投餒虎何功之有哉尚安事客然公子遇臣厚公子往而臣不送以是知公子恨之復返也公子再拜因問侯生乃屏人閒語曰嬴聞晉鄙之兵符常在王臥內而如姬最幸力能竊之嬴聞如姬父爲人所殺自王以下欲求報其父仇莫能得如姬爲公子泣公子使客斬其仇頭進如姬如姬之欲爲公子死無所辭顧未有路耳公子誠一開口請如姬如姬必許諾則得虎符奪晉鄙軍北救趙而西卻秦此五霸之伐也公子從其計請如姬如姬果盜晉鄙兵符予公子公子行侯生曰將在外主令有所不受以便國家公子卽合符而晉鄙不授公子兵而復請之則事危矣臣客屠者朱亥可與俱此人力士晉鄙聽大善不聽可使擊之於是公子泣侯生曰公子畏死邪何泣也公子曰晉鄙嚄唶宿將往恐不聽必當殺之是以泣耳豈畏死哉於是公子請朱亥朱亥笑曰臣乃市井鼓刀屠者而公子親數存問之所以不報謝者以爲小禮無所用今公子有急此乃臣效命之秋也遂與公子俱公子過謝侯生侯生曰臣宜從老不能請數公子行日以至晉鄙軍之日北鄉自剄以送公子公子遂行至鄴矯魏王令代晉鄙晉鄙合符疑之舉手視公子曰今吾擁十萬之衆屯於境上國之重任今單車來代之何如哉欲無聽朱亥袖四十斤鐵椎椎殺晉鄙公子遂將晉鄙軍勒兵下令軍中曰父子俱在軍中父歸兄弟俱在軍中兄歸獨子無兄弟歸養得選兵八萬人進兵擊秦軍秦軍解去遂救邯鄲存趙趙王及平原君自迎公子於界平原君負韊矢爲公子先引趙王再拜曰自古賢人未有及公子者也當此之時平原君不敢自比於人公子與侯生訣至軍侯生果北鄉自剄魏王怒公子之盜兵符矯殺晉鄙公子亦自知也巳御秦存趙使將將其軍歸魏而獨與客留趙趙孝成王德公子乃與平原君計以五城封之公子聞之意驕矜而有自功之色客有說公子曰物有不可忘或有不可不忘夫人有德於公子公子不可忘也公子有德於人願公子忘之也且矯魏王令奪晉鄙兵以救趙於趙則有功矣於魏則未得爲忠臣也公子乃自驕而功之竊爲公子不取也於是公子立自責似若無所容者趙王埽除自迎執主人之禮引公子就西階公子側行辭讓從東階上自言辠過以負於魏無功於趙趙王侍酒至暮口不忍獻五城以公子退讓也公子竟留趙趙王以鄗爲公子湯沐邑魏亦復以信陵奉公子公子聞趙有處士毛公藏於博徒薛公藏於賣漿家公子欲見兩人兩人自匿不肯見公子公子聞所在乃閒步從此兩人游甚驩平原君聞之謂其夫人曰始吾聞夫人弟公子天下無雙今吾聞之乃妄從博徒賣漿者游公子妄人耳夫人以告公子公子乃謝夫人去曰始吾聞平原君賢故負魏王而救趙以稱平原君平原君之游徒豪舉耳不求士也無忌自在大梁時嘗聞此兩人賢至趙恐不得見以無忌從之游尚恐其不我欲也今平原君乃以爲羞其不足從游乃裝爲去夫人具以語平原君平原君乃免冠謝固留公子平原君門下聞之半去平原君歸公子天下士復往歸公子公子傾平原君客公子留趙十年不歸秦聞公子在趙日夜出兵東伐魏魏王患之使使請公子公子恐其怒之乃誡門下有敢通魏使者死賓客皆背魏之趙莫敢勸公子歸毛公薛公兩人往見公子曰公子所以重於趙名聞諸侯者徒以有魏也今秦攻魏魏急而公子不恤使秦破大梁而夷先王之宗廟公子何面目立天下乎語未卒公子立變色告車趣駕歸救魏魏王見公子相與泣而以上將軍印授公子公子遂將安釐王三十年公子使使徧告車侯諸侯聞公子將各遣兵救魏公子率五國之兵破秦軍於河外走蒙驁遂乘勝逐秦軍至函谷關抑秦兵秦兵不敢出當是時公子威振天下諸侯之客進兵法公子皆名之故世俗稱魏公子兵法秦王患之乃行金萬斤於魏求晉鄙客令毀公子於魏王曰公子亡在外十年矣今爲魏將諸侯將皆屬諸侯徒聞公子不聞魏王公子亦欲因此時定南面而王諸侯畏公子之威方欲共立之秦數使反閒僞賀公子得立爲魏王未也魏王日聞其毀不能不信後王果使人代公子將公子自知再以毀廢乃謝病不朝與賓客爲長夜飲飲醇酒多近婦女日夜爲樂飲者四歲竟病酒而卒是歲安釐王亦薨秦聞公子死使蒙驁攻魏拔二十城初置東郡其後秦稍蠶食魏十八年而虜魏王屠大梁高祖始微少時數聞公子賢及卽天下位每過大梁常祠公子高祖十二年從擊黥布還爲公子置守冢五家世世歲以四時奉祠公子

春申君楚人也姓黃氏名歇游學博聞事楚頃襄王頃襄王以歇爲辯使於秦秦昭王使白起攻韓魏敗之於

華陽禽魏將芒卯韓魏服而事秦秦昭王方令白起於韓魏共伐楚未行而黃歇適至於秦聞秦之計當是時秦已前使白起攻楚取巫黔中之郡拔鄢郢東至竟陵楚頃襄王東徙治於陳縣歇見楚懷王爲秦所誘而入朝留死於秦頃襄王其子也秦輕之恐秦一舉兵而滅楚歇乃上書說秦昭王曰天下莫彊於秦楚今聞大王欲伐楚此猶兩虎相與鬬兩虎相與鬬而駑犬受其弊不如善楚臣請言其說臣聞物至則反冬夏是也致至則危累碁是也今大國之地徧天下有其二垂此從生民已來萬乘之地未嘗有也先帝文王莊王之身三世不忘接地於齊以絕從親之要今王使盛橋守事於韓盛橋以其地入秦是王不用甲不信威而得百里之地王可謂能矣王又舉甲而攻魏杜大梁之門舉河內拔燕酸棗虛桃入邢魏之兵雲翔而不敢救王之功亦多矣王休甲息眾二年而後復之又并蒲衍首垣以臨仁平丘黃濟陽嬰城而魏氏服王又割濮磨之北注齊秦之要絕楚魏之脊天下五合六聚而不敢救王之威亦單矣王若能持功守威絀攻取之心而肥仁義之地使無後患三王不足四五伯不足六也王若負人徒之眾仗兵革之彊乘毀魏之威而欲以力臣天下之主臣恐其有後患也詩曰靡不有初鮮克有終易曰狐涉水濡其尾此言始之易終之難也何以知其然也昔智氏見伐趙之利而不知榆次之禍吳見伐齊之便而不知干隧之敗此二國者非無大功也沒利於前而易患於後也吳之信越也從而伐齊既勝齊人於艾陵還爲越王禽三渚之浦智氏之信韓魏也從而伐趙攻晉陽城勝有日矣韓魏叛之殺智伯瑤於鑿臺之下今王妬楚之不毀也而忘毀楚之彊韓魏也臣爲王慮而不取也詩曰大武遠宅而不涉從此觀之楚國援也鄰國敵也詩云趯趯毚兔遇犬獲之他人有心予忖度之今王中道而信韓魏之善王也此正吳之信越也臣聞之敵不可假時不可失臣恐韓魏卑辭除患而實欲欺大國也何則王無重世之德於韓魏而有累世之怨焉夫韓魏父子兄弟接踵而死於秦者將十世矣本國殘社稷壞宗廟毀刳腹絕腸折頸摺頤首身分離暴骸骨於草澤頭顱僵仆相望於境父子老弱繫脰束手爲羣虜者相及於路鬼神孤傷無所血食人民不聊生族類離散流亡爲僕妾盈滿海內矣故韓魏之不亡秦社稷之憂也今王資之與攻楚不亦過乎且王攻楚將惡出兵王將借路於仇讐之韓魏乎兵出之日而王憂其不返也是王以兵資於仇讐之韓魏也王若不借路於仇讐之韓魏必攻隨水右壤隨水右壤此皆廣川大水山林谿谷不食之地也王雖有之不爲得地是王有毀楚之名而無得地之實也且王攻楚之日四國必悉起兵以應王秦楚之兵構而不離魏氏將出而攻留方與銍湖陵碭蕭相故宋必盡齊人南面攻楚泗上必舉此皆平原四達膏腴之地而使獨攻王破楚以肥韓魏於中國而勁齊韓魏之彊足以校於秦齊南以泗水爲境東負海北倚河而無後患天下之國莫彊於齊魏齊魏得地葆利而詳事下吏一年之後爲帝未能其於楚王之爲帝有餘矣夫以王壤土之博人徒之眾兵革之彊壹舉事而樹怨於楚遲令韓魏歸帝重於齊是王之失計也臣爲王慮莫若善楚秦楚合而爲一以臨韓韓必斂手王施以東山之險帶以曲河之利韓必爲關內之侯若是而王以十萬戍鄭梁氏寒心許鄢陵嬰城而上蔡召陵不往來也如此而魏亦關內侯矣王一善楚而關內兩萬乘之主注地於齊齊右壤可拱手而取也王之地一經兩海要約天下是燕趙無齊楚齊楚無燕趙也然後危動燕趙直搖齊楚此四國者不待痛而服矣昭王曰善乃止白起而謝韓魏發使賂楚約爲與國歇受約歸楚楚使歇與太子完入質於秦秦留之數年頃襄王病太子不得歸而與秦相應侯善於是歇乃說應侯曰相國誠善楚太子乎應侯曰然歇曰今楚王恐不起疾秦不如歸其太子太子得立其事秦必重而德相國無窮是親與國而得儲萬乘也若不歸則咸陽一布衣矣楚更立太子必不事秦夫失與國而絕萬乘之和非計也願相國熟慮之應侯以聞秦王王曰令楚太子之傅先往問楚王之疾返而後圖之歇爲太子計曰秦之留太子也欲以求利也今太子力未能有以利秦也歇憂之甚而陽文君子二人在中王若卒大命太子不在陽文君子必立爲後太子不得奉宗廟矣不如亡秦與使者俱出臣請止以死當之太子因變衣服爲楚使者御以出關而歇守舍常爲謝病度太子已遠秦不能追歇乃自言秦昭王曰楚太子已歸出遠矣歇當誅願賜死昭王大怒欲聽其自殺應侯曰歇爲人臣出身以徇其主太子立歇必用不如無罪而歸之以親楚遂遣歇歇至楚三月頃襄王卒太子完立是爲考烈王元年以黃歇爲相封爲春申君賜淮北地十二縣後十五載歇言於王曰淮北地邊齊其事急請以爲郡因并獻淮北地十二縣請徙封於江東王許之春申君因城故吳墟以自爲郡邑春申君既相楚是時齊有孟嘗君趙有平原君魏有

信陵君方爭下士招致賓客以相傾奪輔國持權春申君相楚四年秦破趙之長平軍四十餘萬五年秦圍趙邯鄲趙告急於楚春申君將兵救之秦兵罷去八年爲楚北伐滅魯以荀卿爲蘭陵令當是時楚復彊趙平原君使人於春申君春申君舍之於上舍趙使欲誇楚爲玳瑁簪刀劍室以珠玉飾之請命春申君客春申君客三千餘人其上客皆躡珠履以見趙使趙使大慙春申君相十四年秦莊襄王立以呂不韋爲相封文信侯取東周春申君相楚二十二年諸侯患秦攻伐無已時乃相與合從西伐秦而楚王爲從長春申君用事至函谷關秦出兵攻諸侯兵皆敗走考烈王以咎春申君春申君以此益疏客有觀津人朱英謂春申君曰人皆以楚爲彊而君用之弱其於英不然先君時善秦二十年而不攻楚何也秦踰黽隘之塞而攻楚不便假道於兩周背韓魏而攻楚不可今則不然魏旦暮亡不能愛許鄢陵其許魏割以與秦秦兵去陳百六十里在許東南臣之所觀者見秦楚之日鬬也楚於是去陳徙壽春而秦徙衛野王作置東郡春申君遂就封於吳行相事考烈王無子春申君患之求婦人宜子者進之甚衆卒無子趙人李園持其女弟欲進之楚王聞其不宜子恐久毋寵李園乃求事春申君爲舍人已而謁歸故失期還謁春申君問之狀對曰齊王使使求臣女弟與其使者飲故失期春申君曰聘入乎對曰未也春申君曰可得見乎曰可於是李園乃進其女弟即幸於春申君知其有身李園乃與其女弟謀園女弟承閒說春申君曰楚王之貴幸君雖兄弟不如也今君相楚二十餘年而王無子即百歲後將更立兄弟則楚更立君後亦各貴其故所親君又安得長有寵乎非徒然也君貴用事久多失禮於王兄弟兄弟誠立禍且及身何以保相印江東之封乎今妾自知有身而人莫知君妾幸君未久誠以君之重而進妾於楚王王必幸妾妾賴天有子男則是君之子爲王也楚國盡可得孰與身臨不測之罪乎春申君大然之乃出李園女弟謹舍而言之楚王楚王召入幸之遂生子男立爲太子以李園女弟爲王后楚王貴李園園用事益驕恐春申君語泄陰養死士欲殺春申君以滅口而國人頗有知之者春申君相二十五年考烈王病朱英謂春申曰世有毋望之福又有毋望之禍今君處毋望之世事毋望之王安可以無毋望之人乎春申曰何謂毋望之福曰君相楚二十餘年矣雖名相國實楚王也今楚王病旦暮且卒而君相少主因而代立當國如伊尹周公王長而反政不即遂南面稱孤而有楚國此所謂毋望之福也春申君曰何謂毋望之禍曰李園不治國而君之仇也不爲兵而養死士之日久矣楚王卒李園必先入據權而殺君以滅口此所謂毋望之禍也春申君曰何謂毋望之人曰君置臣郎中王卒李園必先入臣爲君殺李園此所謂毋望之人也春申君曰足下置之李園弱人也僕又善之且又何至此英知言不用恐禍及身乃亡去後十七日考烈王卒李園果先入伏死士於棘門之內春申君入棘門園死士俠刺春申君斬其頭投之棘門外遂使吏盡滅春申君之家而李園弟初幸春申君有身而入之王所生者遂立是爲幽王是歲也秦始皇立九年矣嫪毐亦爲亂於秦覺夷其三族而呂不韋廢

屈原名平楚之同姓也爲楚懷王左徒博聞彊志明於治亂嫺音閑於辭令入則與王圖議國事以出號令出則接遇賓客應對諸侯王甚任之上官大夫與之同列爭寵而心害其能懷王使屈原造爲憲令屈平屬草稾未定上官大夫見而欲奪之屈平不與因讒之曰王使屈平爲令衆莫不知每一令出平伐其功曰以爲非我莫能爲也王怒而疏屈平屈平疾王聽之不聰也讒諂之蔽明也邪曲之害公也方正之不容也故憂愁幽思而作離騷離騷者猶離憂也夫天者人之始也父母者人之本也人窮則反本故勞苦倦極未嘗不呼天也疾痛慘怛未嘗不呼父母也屈平正道直行竭忠盡智以事其君讒人閒之可謂窮矣信而見疑忠而被謗能無怨乎屈平之作離騷蓋自怨生也國風好色而不淫小雅怨誹而不亂若離騷者可謂兼之矣上稱帝嚳下道齊桓中述湯武以刺世事明道德之廣崇治亂之條貫靡不畢見其文約其辭微其志潔其行廉其稱文小而其指極大舉類邇而見義遠其志潔故其稱物芳其行廉故死而不容自疏濯音濁淖音鬧汙音烏泥怒計之中蟬蛻於濁穢以浮游塵埃之外不獲世之滋垢皭自若然泥音涅而不滓音緇者也推此志也雖與日月爭光可也屈平既絀其後秦欲伐齊齊與楚從親惠王患之乃令張儀詳去秦厚幣委質事楚曰秦甚憎齊齊與楚從親楚誠能絕齊秦願獻商於之地六百里楚懷王貪而信張儀遂絕齊使使如秦受地張儀詐之曰儀與王約六里不聞六百里楚使怒去歸告懷王懷王怒大興師伐秦秦發兵擊之大破楚師於丹淅斬首八萬虜楚將屈匄遂取楚之漢中地懷王乃悉發國中兵以深入擊秦戰於藍田魏聞之襲楚至鄧楚兵懼自秦歸而齊竟怒不救楚楚大

困明年秦割漢中地與楚以和楚王曰不願得地願得張儀而甘心焉張儀聞乃曰以一儀而當漢中地臣請如楚如楚又因厚幣用事者臣靳尙而設詭辯於懷王之寵姬鄭袖懷王竟聽鄭袖復釋去張儀是時屈平既疏不復在位使於齊顧反諫懷王曰何不殺張儀懷王悔追張儀不及其後諸侯共擊楚大破之殺其將唐昧時秦昭王與楚婚欲與懷王會懷王欲行屈平曰秦虎狼之國不可信不如無行懷王穉子子蘭勸王行柰何絕秦歡懷王卒行入武關秦伏兵絕其後因留懷王以求割地懷王怒不聽亡走趙趙不內復之秦竟死於秦而歸葬長子頃襄王立以其弟子蘭爲令尹楚人既咎子蘭以勸懷王入秦而不反也屈平既嫉之雖放流睠顧楚國繫心懷王不忘欲反冀幸君之一悟俗之一改也其存君興國而欲反覆之一篇之中三致意焉然後無可柰何故不可以反卒以此見懷王之終不悟也人君無愚智賢不肖莫不欲求忠以自爲舉賢以自佐然亡國破家相隨屬而聖君治國累世而不見者其所謂忠者不忠而所謂賢者不賢也懷王以不知忠臣之分故內惑於鄭袖外欺於張儀疏屈平而信上官大夫令尹子蘭兵挫地削亡其六郡身客死於秦爲天下笑此不知人之禍也易曰井渫不食爲我心惻可用汲王明竝受其福王之不明豈足福哉令尹子蘭聞之大怒卒使上官大夫短屈原於頃襄王頃襄王怒而遷之屈原至於江濱被髮行吟澤畔顏色憔悴形容枯槁漁父見而問之曰子非三閭大夫歟何故而至此屈原曰舉世混濁而我獨清衆人皆醉而我獨醒是以見放漁父曰夫聖人者不凝滯於物而能與世推移舉世混濁何不隨其流而揚其波衆人皆醉何不餔其糟而啜其醨何故懷瑾握瑜而自令見放爲屈原曰吾聞之新沐者必彈冠新浴者必振衣人又誰能以身之察察受物之汶汶者乎寧赴長流而葬乎江魚腹中耳又安能以晧晧之白而蒙世之溫蠖乎乃作懷沙之賦其辭曰陶陶孟夏兮草木莽莽傷懷永哀兮汨徂南土眴兮窈窈孔靜幽墨寃結紆軫兮離愍之長鞠撫情效志兮俛詘以自抑刓方以爲圜兮常度未替易初本由兮君子所鄙章畫職墨兮前度未改內直質重兮大人所盛巧匠不斵兮孰察其揆正玄文幽處兮矇謂之不章離婁微睇兮瞽以爲無明變白而爲黑兮倒上以爲下鳳皇在笯兮雞雉翔舞同糅玉石兮一槩而相量夫黨人之鄙妬兮羌不知吾所臧任重載盛兮陷滯而不濟懷瑾握瑜兮窮不得余所示邑犬羣吠兮吠所怪也誹駿疑桀兮固庸態也文質疏內兮衆不知吾之異采材樸委積兮莫知余之所有重仁襲義兮謹厚以爲豐重華不可牾兮孰知余之從容古固有不竝兮豈知其故也湯禹久遠兮邈不可慕也懲違改忿兮抑心自彊離湣而不遷兮願志之有象進路北次兮日昧昧其將暮舍憂虞哀兮限之以大故亂曰浩浩沅湘兮分流汨兮修路幽拂兮道遠忽兮曾吟恆悲兮永歎慨兮世既莫吾知兮人心不可謂兮懷情抱質兮獨無匹兮伯樂既歿兮驥將焉程兮人生有命兮各有所錯兮定心廣志余何畏懼兮曾傷爰哀永歎喟兮世溷不吾知心不可謂兮知死不可讓兮願勿愛兮明以告君子兮吾將以爲類兮於是懷石遂自投汨羅以死屈原既死之後楚有宋玉唐勒景差之徒者皆好辭而以賦見稱然皆祖屈原之從容辭令終莫敢直諫焉

秦

呂不韋者陽翟大賈人也往來販賤賣貴家累千金秦昭王四十年太子死後二年以次子安國君爲太子安國君有子二十餘人安國君有所甚愛姬立以爲正夫人號曰華陽夫人華陽夫人無子安國君中男名子楚其母曰夏姬無寵故子楚爲質於趙秦數攻趙趙不甚禮子楚子楚秦諸庶孽孫質於諸侯車騎進用不饒居處困不得意不韋賈邯鄲見而憐之曰此奇貨可居乃往見子楚說曰吾能大子之門子楚笑曰且自大君之門而乃大吾門不韋曰子不知也吾門待子門而大子楚心知所謂乃引與坐深語不韋曰秦王老矣安國君爲太子最愛幸華陽夫人而夫人無子立適嗣者獨華陽夫人耳今子兄弟二十餘人子又居中不甚見幸久質諸侯即大王薨安國君立爲王則子無幾得與長子及諸子旦暮在前者爭爲太子矣子楚曰然爲之柰何不韋曰子貧客於此非有以奉獻於親及結賓客也不韋雖貧請以千金爲子西游事安國君及華陽夫人立子爲適嗣子楚乃頓首曰必如君策請得分秦國與君共之不韋乃以五百金與子楚爲進用結賓客而復以五百金買奇物玩好自奉而西游秦求見華陽夫人姊而皆以其物獻華陽夫人因言子楚賢智結諸侯賓客徧天下常曰楚也以夫人爲天日夜泣思太子及夫人夫人大喜不韋因使其姊說夫人曰吾聞之以色事人者色衰而愛弛今夫人事太子甚愛而無子不以此時蚤自結於諸子中賢而孝者舉立以爲適而子之夫在則尊重夫百歲之後所子者爲王終不失勢此所謂一

言而萬世之利也不以繁華時樹本卽色衰愛弛後雖欲開一語尚可得乎今子楚賢而自知中男也次不得爲適其毋又不得幸自附夫人夫人誠以此時拔以爲適則夫人竟世而有寵於秦矣華陽夫人以爲然承太子閒從容言子楚質於趙者絕賢來往者皆稱譽之因泣曰妾幸得充後宮不幸無子願得子楚立以爲適嗣以託妾身太子許之乃與夫人刻玉符約以爲適嗣安國君及夫人因厚餽遺子楚而請不韋傅之子楚以此名譽益盛於諸侯不韋取邯鄲諸姬絕好善舞者與居知有身子楚從不韋飲見而說之因起爲壽請之不韋怒念業已破家爲子楚欲以釣奇乃遂獻其姬姬自匿有身至大期時生子政子楚遂立姬爲夫人秦昭王五十年使王齮圍邯鄲急趙欲殺子楚子楚與不韋謀行金六百斤與守者吏得脫亾赴秦軍遂以得歸趙欲殺子楚妻子子楚夫人趙豪家女也得匿以故母子竟得活秦昭王五十六年薨太子安國君立爲王華陽夫人爲王后子楚爲太子趙亦奉子楚夫人及子政歸秦秦王立一年薨是爲孝文王太子子楚立是爲莊襄王所養母華陽后爲華陽太后眞母夏姬尊以爲夏太后莊襄王元年以呂不韋爲丞相封文信侯食河南雒陽十萬戸莊襄王立三年薨太子政立爲王尊不韋爲相國號稱仲父秦王年少太后時時竊私通呂不韋不韋家僮萬人當是時魏有信陵君楚有春申君趙有平原君齊有孟嘗君皆下士喜賓客以相傾不韋以秦之彊羞不如亦招致士厚遇之至食客三千人是時諸侯多辯士如荀卿之徒著書布天下不韋乃使其客人人著所聞集論以爲八覽六論十二紀二十餘萬言以爲備天地萬物古今之事號曰呂氏春秋布咸陽市門懸千金其上延諸侯游士賓客有能增損一字者與千金始皇益壯太后淫不止不韋恐覺禍及己乃私求大陰人嫪毐以爲舍人時縱娼樂使毐以其陰關桐輪而行令太后聞之以啗太后太后聞果欲私得之不韋乃進嫪毐詐令人以腐罪告之不韋又陰謂太后曰可事詐腐則得給事中太后乃陰厚賜主腐者吏詐論之拔其鬚眉爲宦者遂得侍太后太后私與通絕愛之已而有身恐人知之詐卜當避時徙宮居雍嫪毐常從賞賜甚厚事皆決於嫪毐嫪毐家僮數千人諸客求宦爲嫪毐舍人千餘人始皇七年莊襄王母夏太后薨華陽太后與孝文王會葬壽陵莊襄王葬芷陽故太后獨別葬杜東曰東望吾子西望吾夫後百年旁當有萬家邑始皇九年有告嫪毐實非宦者常與太后私亂生子二人皆匿之與太后謀曰王卽薨以子爲後毐與左右貴臣博飲酒醉爭言而鬬瞋目叱曰吾乃皇帝假父窶人子何敢與我抗所與鬬者白始皇於是秦王下吏治具得情實事連相國不韋九月夷嫪毐三族殺太后所生兩子遂遷太后於雍王欲誅相國爲其奉先王功大及賓客辯士爲游說者衆王不忍致法始皇十年十月免相國不韋及齊人茅焦說始皇始皇乃迎太后於雍復歸咸陽而出文信侯就國河南歲餘諸侯賓客使者相望於道請文信侯秦王恐其爲變乃賜文信侯書曰君何功於秦秦封君河南食十萬戸君何親於秦號稱仲父其與家屬徙蜀不韋自度稍侵恐誅乃飮酖死太后以始皇十九年薨號帝太后與莊襄王會葬芷陽

李斯楚上蔡人年少時爲郡小吏見吏舍廁中鼠食不絜近人犬數驚恐之斯入倉觀倉中鼠食積粟居大廡之下不見人犬之憂斯乃歎曰人之賢不肖譬如鼠矣在所自處耳乃從荀卿學帝王之術學成度楚王不足事而六國皆弱無可爲建功者欲西入秦辭於荀卿曰斯聞得時無怠今萬乘方爭時游者主事今秦王欲吞天下稱帝而治此布衣馳騖之時而游說者之秋也處卑賤之位而計不爲者此禽鹿視肉人面而能彊行者耳故詬莫大於卑賤而悲莫甚於困窮久處卑賤之位困苦之地非世而惡利自託於無爲此非士之情也故斯將西說秦王矣至秦會莊襄王卒斯乃求爲秦相文信侯呂不韋舍人不韋賢之任以爲郎斯因以得說秦王曰胥人者去其幾也成大功者在因瑕釁而遂忍之昔穆公之霸終不東并六國者何也諸侯尚衆周德未衰故五伯迭興更尊周室自孝公以來周室卑微諸侯相兼關東爲六國秦之乘勝役諸侯蓋六世矣今諸侯之服秦譬如郡縣夫以秦之彊大王之賢由竈上騷音埽除足以滅諸侯成帝業爲天下一統此萬世之一時也今怠而不急就諸侯復彊相聚約從雖有黃帝之賢不能并也秦王乃拜斯爲長史聽其計法陰遣謀士齎持金玉以游說諸侯諸侯名士可下以財者厚遺結之不肯者利劍刺之離其君臣之計秦王乃使良將隨其後秦王拜斯爲客卿會韓人鄭國來閒秦以作注溉渠已而覺秦宗室大臣皆言秦王曰諸侯人來事秦者大抵爲其主游閒於秦耳請一切逐客李斯議亦在逐中斯乃上書曰臣聞吏議逐客竊以爲過矣昔穆公求士西取由余於戎東得百里奚於宛迎蹇叔於宋求丕豹公孫支於晉此五子者不產於秦而穆公用之并國二十

遂霸西戎孝公用商鞅之法移風易俗民以殷盛國以富彊百姓樂用諸侯親服獲楚魏之師舉地千里至今治彊惠王用張儀之計拔三川之地西并巴蜀北收上郡南取漢中包九夷制鄢郢東據成皋之險割膏腴之壤遂散六國之從使之西面事秦功施到今昭王得范雎廢穰侯逐華陽彊公室杜私門蠶食諸侯使秦成帝業此四君者皆以客之功由此觀之客何負於秦哉向使四君卻客而不內疏士而不用是使國無富利之實秦無彊大之名也今陛下致昆山之玉有隨和之寶垂明月之珠服太阿之劍乘纖離之馬建翠鳳之旗樹靈鼉之鼓此數寶者秦不生一焉而陛下說之何也必秦國之所生然後可則是夜光之璧不飾朝廷犀象之器不爲玩好鄭衛之女不充後宮而駿良駃騠不實外廐江南金錫不爲用西蜀丹青不爲采所以飾後宮充下陳娛心意說耳目者必出於秦然後可則是宛珠之簪傅璣之珥阿縞之衣錦繡之飾不進於前而隨俗雅化佳冶窈窕趙女不立於側也夫擊甕叩缻彈箏搏髀而歌呼嗚嗚快耳目者眞秦之聲也鄭衛桑間韶虞武象者異國之樂也今棄擊甕叩缻而就鄭衛退彈箏而取昭虞若是者何也快意當前適觀而已矣今取人則不然不問可否不論曲直非秦者去爲客者逐然則是所重者在乎色樂珠玉而所輕者在乎人民也此非所以跨海內制諸侯之術也臣聞地廣者粟多國大者人衆兵彊則士勇是以泰山不讓土壤故能成其大河海不擇細流故能就其深王者不卻衆庶故能明其德是以地無四方民無異國四時充美鬼神降福此五帝三王之所以無敵也今乃棄黔首以資敵國卻賓客以業諸侯使天下之士退而不敢西向裹足不入秦此所謂藉寇兵而齎盜糧者也夫物不產於秦而可寶者多士不產於秦而願忠者衆今逐客以資敵國損民以益讐內自虛而外樹怨於諸侯求國無危不可得也秦王乃除逐客之令復李斯官卒用其計謀官至廷尉二十餘年竟并天下尊王爲皇帝以斯爲丞相夷郡縣城銷其兵刃示不復用無尺土之封不立子弟爲王功臣爲諸侯者使後無戰攻之患始皇三十四年置酒咸陽宮博士僕射周青臣等頌稱始皇威德齊人淳于越進諫曰臣聞之殷周之王千餘歲封子弟功臣自爲支輔今陛下有海內而子弟爲匹夫卒有田恆六卿之患臣無輔弼何以相救哉事不師古而能長久者非所聞也今臣青等又面諛以重陛下過非忠臣也始皇下其議丞相丞相謬其說紬其辭乃上書曰古者天下散亂莫能相一是以諸侯並作語皆道古以害今飾虛言以亂實人善其所私學以非上所建立今陛下并有天下辨白黑而定一尊而私學乃相與非法教之制聞令下即各以其私學議之入則心非出則巷議非主以爲名異趣以爲高率羣以造謗如此不禁則主勢降乎上黨與成乎下禁之便臣請諸有文學詩書百家語者蠲除去之令到滿三十日弗去黥爲代旦所不去者醫藥卜筮種樹之書若有欲學者以吏爲師始皇可其議收去詩書百家之語以愚百姓使天下無以古非今明法度定律令皆以始皇起同文書治離宮別館周徧天下明年又巡狩外攘四夷斯皆有力焉斯長男由爲三川守諸男皆尚秦公主女悉嫁秦諸公子李由告歸咸陽斯置酒於家百官長皆前爲壽門庭車騎以千數斯喟然歎曰嗟乎吾聞之荀卿曰物禁太盛夫斯乃上蔡布衣閭巷之黔首上不知其駑下遂擢至此當今人臣之位無居臣上者可謂富貴極矣物極則衰吾未知所稅駕也始皇三十七年十月行出游會稽並海上北抵瑯邪丞相斯中車府令趙高兼行符璽令事皆從始皇有二十餘子長子扶蘇以數直諫上上使監兵上郡蒙恬爲將少子胡亥愛請從上許之餘子莫從辯士隱姓名遺秦將章邯書曰李斯爲秦王死廢十七兄而立今王也然則二世是始皇帝十八子此書在善文中其年七月始皇帝至沙丘病甚令趙高爲書賜公子扶蘇曰以兵屬蒙恬與喪會咸陽而葬書已封未授使者始皇崩書及璽皆在趙高所獨胡亥丞相斯趙高及幸宦者五六人知始皇崩餘羣臣皆莫知也李斯以上在外崩無眞太子故祕之置始皇居轀輬車中百官奏事上食如故宦者輒從轀輬車中可諸奏事初趙高嘗坐事始皇命蒙恬兄毅治之當死始皇赦之故趙高深怨蒙氏而胡亥素從趙高習書及律令高雅得幸於胡亥至是趙高因留所賜扶蘇璽書與胡亥謀詐以始皇命誅扶蘇而立胡亥爲太子胡亥然之趙高曰不與丞相謀恐事無成乃見李斯曰上賜長子書及符璽皆在胡亥所定太子在君侯與高之口耳事將如何李斯曰安得亡國之言此非人臣之所當議也趙高曰君侯自料材能智慮功名與無怨於天下及長子信之孰與蒙恬斯曰是五者皆不及也高曰長子即位必用蒙恬爲丞相君侯必不懷通侯之印歸鄉里明矣胡亥慈仁篤厚可以爲嗣願君審計而定之斯固拒不聽高反復說之斯患失權位執志不堅竟從高議乃相與矯詔立胡亥爲太子更爲書賜扶蘇及蒙恬死語在宦者傳趙高事中胡亥立爲二世皇

帝法令誅罰日益刻深甚於始皇時羣臣人人自危欲畔者衆又作阿房之宮治直馳道賦斂愈重戍徭無已於是楚戍卒陳勝吳廣等作亂起於山東俊傑相立自置爲侯王叛秦兵至鴻門而卻李斯數欲請閒諫二世不許而二世責問李斯曰吾有私議而有所聞於韓子也曰堯之有天下也堂高三尺采椽不斲茅茨不翦雖逆旅之宿不勤於此矣冬日鹿裘夏日葛衣粢糲之食藜藿之羹飯土匭啜土鉶雖監門之養不觳於此矣禹鑿龍門通大夏疏九河曲九防決渟水致之海而股無胈脛無毛手足胼胝面目黎黑遂以死于外葬於會稽臣虜之勞不烈於此矣然則夫所貴於有天下者豈欲苦形勞神身處逆旅之宿口食監門之養手持臣虜之作哉此不肖人之所勉也非賢者之所務也彼賢人之有天下也專用天下適已而已矣此所以貴於有天下也夫所謂賢人者必能安天下而治萬民今身且不能利將惡能治天下哉故吾願肆志廣欲長享天下而無害爲之柰何李斯子由爲三川守羣盜吳廣等西略地過去弗能禁章邯以破逐廣等兵使者復案三川相屬誚讓斯居三公位如何令盜如此李斯恐懼重爵祿不知所出乃阿二世意欲求容以書對曰夫賢主者必且能全道而行督責之術者也督責之則臣不敢不竭能以徇其主矣此臣主之分定上下之義明則天下賢不肖莫敢不盡力竭任以徇其君矣是故主獨制於天下而無所制也能窮樂之極矣賢明之主也可不察焉故申子曰有天下而不恣睢命之曰以天下爲桎梏者無他焉不能督責而顧以其身勞於天下之民若堯禹然故謂之桎梏也夫不能修申韓之明術行督責之道專

以天下自適也而徒務苦形勞神以身徇百姓則是黔首之役非畜天下者也何足貴哉夫以人徇己則己貴而人賤以己徇人則己賤而人貴故徇人者賤而人所徇者貴自古及今未有不然者也凡古之所爲尊賢者爲其貴也而所爲惡不肖者爲其賤也而堯禹以身徇天下者也因隨而尊之則亦失所爲尊賢之心矣夫可謂大繆矣謂之爲桎梏不亦宜乎不能督責之過也故韓子曰慈母有敗子而嚴家無格虜者何也則能罰之加焉必也故商君之法刑棄灰於道者夫棄灰薄罪也而被刑重罰也彼唯明主爲能深督輕罪夫罪輕且督深而況有重罪乎故民不敢犯也是故韓子曰布帛尋常庸人不釋鑠金百鎰盜跖不搏者非庸人之心重尋常之利深而盜跖之欲淺也又不以盜跖之行爲輕百鎰之重也搏必隨手刑則盜跖不搏百鎰而罰不必行也則庸人不釋尋常是故城高五丈而樓季不輕犯也泰山之高百仞而跛牂牧其上夫樓季也而難五丈之限豈跛牂也而易百仞之高哉陗塹之勢異也明主聖王之所以能久處尊位長執重勢而獨擅天下之利者非有異道也能獨斷而審督責必深罰故天下不能犯也今不務所以不犯而事慈母之所以敗子也則亦不察於聖人之論矣夫不能行聖人之術則舍爲天下役何事哉可不哀邪且夫儉節仁義之人立於朝則荒肆之樂輟矣諫說論理之臣閒於側則流漫之志詘矣烈士死節之行顯於世則淫康之虞廢矣故明主能外此三者而獨操主術以制聽從之臣而修其明法故身尊而勢重也凡賢主者必將能拂世摩俗而廢其所惡立其所欲故生則有尊重之勢死則有賢明之謚也是以

明君獨斷故權不在臣也然後能滅仁義之塗掩馳說之口困烈士之行塞聰揜明內獨視聽故外不可傾以仁義烈士之行而內不可奪以諫說忿爭之辯故能犖然獨行恣睢之心而莫之敢逆若此然後可謂能明申韓之術而修商君之法法修術明而天下亂者未之聞也故曰王道約而易操也唯明主爲能行之若此則謂督責之誠則臣無邪臣無邪則天下安天下安則主嚴尊主嚴尊則督責必督責必則所求得所求得則國家富國家富則君樂豐故督責之術設則所欲無不得矣羣臣百姓救過不給何變之敢圖若此則帝道備而可謂能明君臣之術矣雖申韓復生不能加也書奏二世悅於是行督責益嚴稅民深者爲明吏二世曰若此則可謂能督矣刑者相半於道而死人日成積於市殺人衆者謂忠臣二世曰若此可謂能責矣時趙高爲郎中令所殺及報私怨者甚衆恐大臣入朝毀惡之乃說二世深居禁中毋延見大臣而己得以用事專決於內李斯以爲言趙高聞之乃見丞相曰關東羣盜多今上急益發繇治阿房宮聚狗馬無用之物臣欲諫爲位賤此眞君侯之事君何不諫斯曰吾固欲諫之久矣以上不坐朝欲見無閒趙高曰君誠能諫請爲君候上閒語君高候二世居內與婦女燕樂使人告丞相可入奏事丞相至宮門上謁二世以爲掩其燕私也大怒高因告丞相怨望及其子三川守由與楚盜通狀二世以爲然未欲案丞相先使人往三川案驗由是時二世在甘泉方作觳抵優俳之觀李斯不得見因上書言趙高之短曰臣聞之臣疑其君無不危國妾疑其夫無不危家今有大臣於陛下擅利擅害與陛下無異此甚不便昔者司

城子罕相宋身行刑罰以威行之朞年遂卻其君田恆爲簡公臣爵列無敵於國私家之富與公家均布惠施德下得百姓上得羣臣陰取齊國殺宰予於庭卽弑簡公於朝遂有齊國此天下所明知也今高有邪佚之志危反之行如子罕相宋也私家之富若田氏之於齊也兼行田恆子罕之逆道而劫陛下之威信其志若韓玘爲韓安相也陛下不圖臣恐其爲變也二世不聽反以其書示高高曰丞相所患者獨高耳高已死丞相卽欲爲田恆等所爲語在高傳中於是二世曰其以李斯屬郎中令趙高案治李斯李斯拘執束縛囹圄中仰天而歎曰嗟乎悲夫不道之君何可爲計哉昔者桀殺關龍逢紂殺王子比干吳王夫差殺伍子胥此三臣者豈不忠哉然而不免於死身死而所忠者非也今吾智不及三子而二世之無道過於桀紂夫差吾以忠死宜矣且二世之治豈不亂哉日者夷其兄弟而自立也殺忠臣而貴賤人作爲阿房之宮賦斂天下吾非不諫也而不吾聽也凡古聖王飲食有節車器有數宮室有度出令造事加費而無益於民利者禁故能長久治安今行逆於昆弟不顧其咎侵殺忠臣不思其殃大爲宮室厚賦天下不愛其費三者已行天下不聽今反者已有天下之半矣而心尙未寤也而以趙高爲佐吾必見寇至咸陽麋鹿游於朝矣於是二世乃使高案丞相獄治罪責斯與子由謀反狀皆收捕宗族賓客趙高治斯榜掠千餘不勝痛自誣服斯所以不死者自負其辯有功實無反心幸得上書自陳幸二世之寤而赦之李斯乃從獄中上書曰臣爲丞相治民三十餘年矣逮秦地之陜隘先王之時秦地不過千里兵數十萬臣盡薄材謹奉法令陰行謀臣資之金玉使游說諸侯陰修甲兵飾政教官鬬士尊功臣盛其爵祿故終以脅韓弱魏破燕趙夷齊楚卒兼六國虜其王立秦爲天子罪一矣地非不廣又北逐胡貉南定百越以見秦之彊罪二矣尊大臣盛其爵位以固其親罪三矣立社稷修宗廟以明主之賢罪四矣更剋畫平斗斛度量文章布之天下以樹秦之名罪五矣治馳道興游觀以見主之得意罪六矣緩刑罰薄賦斂以遂主得衆之心萬民戴主死而不忘罪七矣若斯之爲臣者罪足以死固久矣上幸盡其能力乃得至今願陛下察之書上趙高使吏棄去不奏曰囚安得上書高使其客十餘輩詐爲御史謁者侍中更往覆訊斯斯更以其實對輒使人復榜之後二世使人驗視斯以爲如前終不敢更言辭服奏當上二世喜曰微趙君幾爲丞相所賣及二世所使案三川之守至則項梁已擊殺之使者來會丞相下吏趙高皆妄爲反辭二世二年七月具斯五刑論腰斬咸陽市斯出獄與其中子俱執顧謂其中子曰吾欲與若復牽黃犬俱出上蔡東門逐狡兔豈可得乎遂父子相哭而夷三族

蒙恬者其先齊人也恬大父蒙驁自齊事秦昭王官至上卿秦莊襄王元年蒙驁爲將伐韓取成皋滎陽作置三川郡二年蒙驁攻趙取三十七城始皇三年蒙驁攻韓取十三城五年蒙驁攻魏取二十城作置東郡始皇七年蒙驁卒驁子曰武武子曰恬恬嘗書獄典文學始皇二十三年蒙武爲秦裨將軍與王翦攻楚大破之殺項燕二十四年蒙武攻楚虜楚王蒙恬弟毅始皇二十六年蒙恬因家世得爲秦將攻齊大破之拜爲內史秦已并天下乃使蒙恬將三十萬衆北逐戎狄收河南築長城因地形用制險塞起臨洮至遼東延袤萬餘里於是渡河據陽山逶蛇而北暴師於外十餘年居上郡是時蒙恬威振匈奴始皇甚尊寵蒙氏信任賢之而親近蒙毅位至上卿出則參乘入則御前恬任外事而毅常爲內謀名爲忠信故雖諸將相莫敢與之爭焉趙高者宦人也秦王聞其彊力通於獄法擧以爲中車府令高卽私事公子胡亥喻之決獄高有大罪秦王令蒙毅法治之毅不敢阿法當高罪死除其宦籍帝以高之敦於事也赦之復其官爵始皇欲游天下道九原直抵甘泉乃使蒙恬通道自九原抵甘泉塹山堙谷千八百里道未就始皇三十七年冬行出游會稽竝海上北走琅邪道病使蒙毅還禱山川未反始皇至沙丘崩祕之羣臣莫知是時丞相李斯少子胡亥中車府令趙高常從高雅得幸於胡亥欲立之又怨蒙毅法治之而不爲己也因有賊心乃與丞相李斯公子胡亥陰謀立胡亥爲太子太子已立遣使者以罪賜公子扶蘇蒙恬死扶蘇已死蒙恬疑而復請之使者以蒙恬屬吏更置胡亥以李斯舍人爲護軍使者還報胡亥已聞扶蘇死卽欲釋蒙恬趙高恐蒙氏復貴而用事怨之毅還至趙高因爲胡亥忠計欲以滅蒙氏乃言曰臣聞先帝欲擧賢立太子久矣而毅諫曰不可若知賢而愈不立則是不忠而惑主也以臣愚意不如誅之胡亥聽而繫蒙毅於代前已囚蒙恬於陽周喪至咸陽已葬太子立爲二世皇帝而趙高親近日夜毀惡蒙氏求其罪過擧劾之子嬰進諫曰臣聞故趙王遷殺其良臣李牧而用顏聚燕王喜陰用荊軻之謀而倍秦之約齊王建殺其故世忠臣而用后勝之議此三君者皆各以變古者失其國而殃及其

身今蒙氏秦之大臣謀士也而王欲一旦棄去之臣竊以爲不可臣聞輕慮者不可以治國獨智者不可以存君誅殺忠臣而立無節行之人是內使羣臣不相信而外使鬬士之意離也臣竊以爲不可胡亥不聽而遣御史曲宮乘傳之代令蒙毅曰先王欲立太子而卿難之今丞相以卿爲不忠罪及其宗朕不忍乃賜卿死亦甚幸矣卿其圖之毅對曰以臣不能得先王之意則臣少宦順幸沒世可得知意矣以臣不知太子之能則太子獨從周旋天下去諸公子絕遠臣無所疑矣夫先王之舉用太子數年之積也臣乃何言之敢諫何慮之敢謀非敢飾辭以避死也爲羞累先王之名願大夫爲慮焉使臣得死情實且夫順成全者道之所貴也刑殺者道之所卒也昔者秦穆公殺三良而死罪百里奚而非其罪也故立號曰繆昭襄王殺武安君白起楚平王殺伍奢吳王夫差殺伍子胥此四君者皆爲大失而天下非之以其君爲不明以是籍於諸侯故曰用道治者不殺無罪而罰不加於無辜唯大夫留心使者知胡亥之意不聽蒙毅之言遂殺之二世又遣使者之陽周令蒙恬曰君之過多矣而卿弟毅有大罪法及內史恬曰自吾先人及至子孫積功信於秦三世矣今臣將兵三十餘萬身雖囚繫其勢足以倍畔然自知必死而守義者不敢辱先人之教以不忘先王也昔周成王初立未離襁緥周公旦負王於朝卒定天下及成王有病甚殆公旦自揃其爪以沈於河曰王未有識是旦執事有罪殃旦受其不祥乃書而藏之記府可謂信矣及王能治國有賊臣言周公旦欲爲亂久矣王若不備必有大事王乃大怒周公旦走而奔於楚成王觀於記府得周公旦沈書乃流涕曰孰謂周公旦欲爲亂乎殺言之者而反周公旦故周書曰必參而伍之今恬之宗世無二心而事卒如此是必孽臣逆亂內陵之道也夫成王失而復振則卒昌桀殺關龍逢紂殺王子比干而不悔身死則國亡臣故曰過可振而諫可覺也察於參伍上聖之法也凡臣之言非以求免於咎也將以諫而死願陛下爲萬民思從道也使者曰臣受詔行法於將軍不敢以將軍言聞於上也蒙恬喟然太息曰我何罪於天無過而死乎良久徐曰恬罪固當死矣起臨洮屬之遼東城塹萬餘里此其中不能無絕地脈哉此乃恬之罪也乃吞藥自殺

通志卷九十四

通志卷九十五

宋右迪功郎鄭樵漁仲撰

列傳第八

前漢

陳勝吳廣　項籍梁　張耳　陳餘　魏豹咎　田儋榮横　韓王信　韓信　彭越　黥布　盧綰　吳芮　季布季心丁公　欒布　田叔仁

陳勝字涉陽城人吳廣字叔陽夏人也勝少時嘗與人傭耕輟耕之壠上悵然甚久曰苟富貴無相忘傭者笑而應曰若爲傭耕何富貴也勝太息曰嗟乎燕雀安知鴻鵠之志哉秦二世元年秋七月發閭左戍漁陽九百人勝廣皆爲屯長行至蘄大澤鄉會天大雨道不通度已失期失期法斬勝廣乃謀曰今亡亦死舉大計亦死等死死國可乎勝曰天下苦秦久矣吾聞二世少子不當立當立者乃公子扶蘇扶蘇以數諫故不得立上使外將兵今或聞無罪二世殺之百姓多聞其賢未知其死項燕爲楚將數有功愛士卒楚人憐之或以爲在今誠以吾衆爲天下倡宜多應者廣以爲然乃行卜卜者知其指意曰足下事皆成有功然足下卜之鬼乎勝廣喜念鬼曰此教我先威衆耳乃丹書帛曰陳勝王置人所罾魚腹中卒買魚烹食得書已怪之矣又閒令廣之次所旁叢祠中夜構火狐鳴呼曰大楚興陳勝王卒皆夜驚恐且日卒中往往指目勝廣勝廣素愛人士卒多爲用將尉醉廣故數言欲亡忿尉令辱之以激怒其衆尉果笞廣尉劍挺廣起奪而殺尉勝佐之并殺兩尉召令徒屬曰公等遇雨皆已失期當斬藉第令毋斬而戍死者固什六七且壯士不死則已死則舉大名耳侯王將相寧有種乎徒屬皆曰敬受命乃詐稱公子扶蘇項燕從民望也袒右稱大楚爲壇而盟祭以尉首勝自立爲將軍廣爲都尉攻大澤鄉拔之收兵而攻蘄蘄下乃令符離人葛嬰將兵徇蘄以東攻銍酇苦柘譙皆下之行收兵比至陳兵車六七百乘騎千餘卒數萬人攻陳陳守令皆不在獨守丞與戰譙門中不勝守丞死乃入據陳數日號召三老豪桀會計事皆曰將軍身被堅執銳伐無道誅暴秦復立楚之社稷功宜爲王勝乃爲王號張楚於是諸郡縣苦秦吏暴皆殺其長吏將以應勝乃以廣爲假王監諸將以西擊滎陽令陳人武臣張耳陳餘徇趙汝陰人鄧宗徇九江郡當此時楚兵數千人爲聚者不可勝數葛嬰至東城立襄彊爲楚王後聞勝已立因殺襄彊還報至陳勝殺嬰令魏人周市北徇魏地廣圍滎陽李由爲三川守守滎陽廣不能下勝徵國之豪桀與計以上蔡人房君蔡賜爲上柱國周文陳之賢人也嘗爲項燕軍視日事春申君自言習兵勝與之將軍印西擊秦行收兵至關車千乘卒十萬至戲軍焉秦令少府章邯免驪山徒人奴産子悉發以擊楚軍大敗之周文走出關止屯曹陽二月餘章邯追敗之復走黽池十餘日章邯擊大破之周文自剄軍遂不戰武臣至邯鄲自立爲趙王陳餘爲大將軍張耳召騷爲左右丞相勝怒捕擊武臣等家室欲誅之柱國曰秦未亡而誅趙王將相家屬此生一秦不如因而立之勝乃遣使者賀趙而徙繫武臣等家屬宮中而封張耳子敖爲成都君趣趙兵亟入關趙王將相相與謀曰王王趙非楚意也楚已誅秦必加兵於趙計莫如毋西兵使使北徇燕地以自廣趙南據大河北有燕代楚雖勝秦不敢制趙若不勝秦必重趙趙乘秦楚之敝可以得志於天下趙王以爲然因不西兵而遣故上谷卒史韓廣將兵北徇燕燕地貴人豪傑謂韓廣曰楚趙皆已立王燕雖小亦萬乘之國也願將軍立爲王韓廣曰廣母在趙不可燕人曰趙方西憂秦南憂楚其力不能禁我且以楚之彊不敢害趙王將相之家今趙獨安敢害將軍家乎韓廣以爲然乃自立爲燕王居數月趙奉燕王母家屬歸之是時諸將徇地者不可勝數周市北至狄狄人田儋殺狄令自立爲齊王反擊周市市軍散還至魏地立魏後甯陵君咎爲魏王咎在勝所不得之魏魏地已定欲立周市爲王市不肯使者五反勝乃立甯陵君咎爲魏王遣之國周市爲相將軍田臧等相與謀曰周章軍已破秦兵且至我守滎陽城不能下秦軍至必大敗不如少遣兵足以守滎陽悉精兵迎秦軍今假王驕不知兵權不可與計非誅之事恐敗因相與矯陳王令以誅吳廣獻其首於勝勝使賜田臧楚令尹印使爲上將田臧乃使諸將李歸等守滎陽城自以精兵西迎秦軍於敖倉與戰田臧死軍破章邯進擊李歸等滎陽下破之李歸死陽城人鄧說將兵居郟章邯別將擊破之鄧說走陳銍人伍逢將兵居許章邯擊破之伍逢亦走陳勝誅鄧說勝初立時陵人秦嘉銍人董緤符離人朱雞石取慮人取音趨又音秋慮音廬鄭布徐人丁疾等皆特起將兵圍東海守於郯勝聞乃使武平君畔爲將軍監郯下軍秦嘉自立爲大司馬惡屬人告軍吏曰武平君年少不知兵事勿聽因矯以王命殺武平君畔章邯已破伍逢擊陳柱國房君死章邯又進擊陳西張賀軍勝出臨戰軍破張賀死臘月勝之汝陰還至下城父其御莊賈殺勝以降

秦葬碭諡曰隱王勝故涓人將軍呂臣爲蒼頭軍起新陽攻陳下之殺莊賈復以陳爲楚初勝令銍人宋留將兵定南陽入武關留巳徇南陽聞勝死南陽復爲秦宋留不能入武關乃東至新蔡遇秦軍宋留以軍降秦秦傳留至咸陽車裂留以徇秦嘉等聞勝軍敗乃立景駒爲楚王引兵之方與欲擊秦軍濟陰下使公孫慶使齊王欲與并力俱進齊王曰陳王戰敗未知其死生楚安得不請而立王公孫慶曰齊不請楚而立王楚何故請齊而立王且楚首事當令於天下田儋殺公孫慶秦左右校復攻陳下之呂將軍走收兵復聚與番盜英布相遇攻秦左右校破之青波復以陳爲楚會項梁立懷王孫心爲楚王陳勝王凡六月初爲王其故人嘗與傭耕者聞之乃之陳叩宮門曰吾欲見涉宮門令欲縛之自辯數乃置不肯爲通勝出遮道而呼涉迺召見載與歸入宮見殿屋帷帳客曰夥涉之爲王沈沈者楚人謂多爲夥故天下傳之夥涉爲王夥音禍沈都含反深邃之貌由陳涉始客出入愈益發舒言勝故情或言客愚無知專妄言輕威勝斬之諸故人皆自引去由是無親勝者以朱房爲中正胡武爲司過主司羣臣諸將徇地至令之不是者繫而罪之以苛察爲忠其所不善者不下吏輒自治勝信用之諸將以故不親附此其所以敗也勝雖巳死其所置遺侯王將相竟亾秦高祖時爲勝置守冢于碭血食至王莽敗乃絕

項籍字羽下相人也初起年二十四其季父梁梁父即楚名將項燕者也家世楚將封於項故姓項氏籍少時學書不成去學劍又不成去梁怒之籍曰書足記姓名而巳劍一人敵不足學學萬人敵耳於是梁奇其意乃教以兵法籍大喜略知其意又不肯竟梁嘗有櫟陽逮請蘄獄掾曹咎書抵櫟陽吏司馬欣以故事皆巳梁嘗殺人與籍避仇吳中吳中賢士大夫皆出梁下每有大繇役及喪梁嘗主辦陰以兵法部勒賓客子弟以知其能秦始皇帝東遊會稽渡浙江梁與籍觀籍曰彼可取而代也梁掩其口曰無妄言族矣梁以此奇籍籍長八尺二寸力扛鼎才氣過人吳中子弟皆憚籍秦二世元年陳勝起九月會稽假守通素賢梁召與計事梁曰方今江西皆反秦此亦天亾秦時也先發制人後發制於人守歎曰聞夫子楚將世家惟足下耳梁曰吳有奇士桓楚亾在澤中人莫知其處獨籍知之梁乃戒籍持劍居外待梁復入與守語曰請召籍使受命召桓楚籍入梁眴籍曰可矣籍遂拔劍擊斬守梁持守頭佩其印綬門下驚擾籍所擊殺十百人府中皆讋伏莫敢復起梁乃召故人所知豪吏諭以所爲遂舉吳中兵使人收下縣得精兵八千人部署豪傑爲校尉候司馬有一人不得官自言梁曰某時某喪使公主某事不能辦以故不任公衆乃皆服梁爲會稽守籍爲裨將徇下縣秦二年廣陵人召平爲陳勝徇廣陵未下聞陳勝敗走秦將章邯且至乃渡江矯陳王令拜梁爲楚上柱國曰江東巳定急引兵西擊秦梁乃以八千人渡江而西聞陳嬰巳下東陽使使欲與連和俱西陳嬰者故東陽令史居縣素信爲長者東陽少年殺其令相聚數千人欲立長無適用乃請陳嬰嬰謝不能遂彊立之縣中從之者得二萬人欲立嬰爲王異軍蒼頭特起嬰母謂嬰曰吾爲乃家婦聞先故未曾貴今暴得大名不祥不如有所屬事成猶得封侯事敗易以亾非世所指名也嬰乃不敢爲王謂其軍吏曰項氏世世將家有功於楚今欲舉大事將非其人不可我倚名族亡秦必矣其衆從之乃以其兵屬梁梁度淮英布蒲將軍亦以其兵屬焉凡六七萬人軍下邳是時秦嘉巳立景駒爲楚王軍彭城東欲以距梁梁謂軍吏曰陳王首事戰不利未聞所在今秦嘉背陳王立景駒大逆亾道乃引兵擊秦嘉軍敗走追至胡陵嘉還戰一日嘉死軍降景駒走死梁地梁巳并秦嘉軍軍胡陵將引而西章邯至栗梁使別將朱鷄石餘樊君與戰餘樊君死朱鷄石敗亾走胡陵梁乃引兵入薛誅朱鷄石梁前使羽別攻襄城襄城堅守不下巳拔皆阬之還報梁聞陳王定死召諸別將會薛計事時沛公亦從沛往居鄛人范增年七十素好奇計往說梁曰陳勝敗固當夫秦滅六國楚最亾罪自懷王入秦不反楚人憐之至今故南公稱曰楚雖三戶亡秦必楚今陳勝首事不立楚後其勢不長今君起江東楚蠭起之將皆爭附君者以君世世楚將爲能復立楚之後也於是梁乃求楚懷王孫心在民閒爲人牧羊立以爲楚懷王從民望也陳嬰爲上柱國封五縣與懷王都盱台梁自號武信君引兵攻亢父初章邯旣殺齊王田儋於臨菑田假復自立爲齊王儋弟榮走保東阿章邯追圍之梁引兵救東阿大破秦軍東阿田榮即引兵歸逐王假假亾走楚相田角亾走趙角弟閒故將居趙不敢歸田榮立儋子市爲齊王梁巳破東阿下軍遂追秦軍數使使趣齊兵俱西榮曰楚殺田假趙殺田角田閒乃發兵梁曰田假與國之王窮來歸我不忍殺趙亦不殺角閒以市於齊齊遂不肯發兵助楚梁使羽與沛公別攻城陽屠之西破秦軍濮陽東秦兵收人濮陽沛公羽攻定陶

定陶未下去西略地至雍丘大破秦軍斬李由還攻外黄外黄未下梁起東阿比至定陶再破秦軍羽等又殺李由益輕秦有驕色宋義諫曰戰勝而將驕卒惰者敗今少惰矣秦兵日益臣爲君畏之梁不聽乃使宋義於齊道遇齊使者高陵君顯曰公將見武信君乎曰然義曰臣論武信君軍必敗公徐行則免疾行則及禍秦果悉起兵益章邯夜銜枚擊楚大破之定陶梁死沛公與羽去外黄攻陳留陳留堅守不下沛公羽相與謀曰今梁軍敗士卒恐乃與呂臣軍俱引兵而東呂臣軍彭城東羽軍彭城西沛公軍碭章邯已破梁軍則以爲楚地兵不足憂乃渡河北擊趙大破之當此之時趙歇爲王陳餘爲將張耳爲相走入鉅鹿城秦將王離涉閒圍鉅鹿章邯軍其南築甬道而輸之粟陳餘將卒數萬人軍鉅鹿北此所謂河北軍也宋義所遇齊使者高陵君顯見楚懷王曰宋義論武信君軍必敗數日果敗軍未戰先見敗徵可謂知兵矣王召宋義與計事而說之因以爲上將軍羽爲魯公爲次將范增爲末將諸別將皆屬號卿子冠軍北救趙至安陽留不進秦三年羽謂宋義曰今秦軍圍鉅鹿疾引兵渡河楚擊其外趙應其內破秦軍必矣宋義曰不然夫搏牛之蝱不可以破蝨今秦攻趙戰勝則兵罷我承其敝不勝則我引兵鼓行而西必舉秦矣故不如先鬭秦趙夫擊輕銳我不如公坐運籌策公不如我因下令軍中曰猛如虎很如羊貪如狼彊不可使者皆斬遣其子宋襄相齊身送之無鹽飲酒高會天寒大雨士卒凍飢羽曰將戮力而攻秦久留不行今歲饑民貧士卒食芋菽軍無見糧乃飲酒高會不引兵渡河因趙食與併力擊秦乃曰承其敝夫以秦之彊攻新造之趙其勢必舉趙趙舉秦彊何敝之承且國兵新破王坐不安席埽境內而屬將軍國家安危在此一舉今不卹士卒而徇私非社稷之臣也羽晨朝上將軍宋義卽其帳中斬義頭出令軍中曰宋義與齊謀反楚楚王陰令籍誅之諸將讋服莫敢枝梧皆曰首立楚者將軍家也今將軍誅亂乃相與共立羽爲假上將軍使人追宋義之子及之齊殺之使桓楚報命於王王因使使立羽爲上將軍羽已殺卿子冠軍威震楚國名聞諸侯乃遣當陽君蒲將軍將卒二萬人渡河救鉅鹿戰少利陳餘復請兵羽乃悉引兵渡河已渡皆沈船破釜甑燒廬舍持三日糧示士必死無還心於是至則圍王離與秦軍遇九戰絕甬道大破之殺蘇角虜王離涉閒不降自燒殺當是時楚兵冠諸侯諸侯軍救鉅鹿者十餘壁莫敢縱兵及楚擊秦諸侯皆從壁上觀楚戰士無不一當十呼聲動天地諸侯軍人人惴恐於是楚已破秦軍羽見諸侯將入轅門膝行而前莫敢仰視羽繇是始爲諸侯上將軍兵皆屬焉章邯軍棘原羽軍漳南相持未戰秦軍數卻二世使人讓章邯邯恐使長史欣請事至咸陽留司馬門三日趙高不見有不信之心長史欣恐還走不敢出故道趙高故使人追之不及欣至軍報曰事亾可爲者相國趙高顓國主斷今戰而勝高嫉吾功不勝不免於死願將軍熟計之陳餘亦遺章邯書曰白起爲秦將南并鄢郢北阬馬服攻城略地不可勝計而卒賜死蒙恬爲秦將北逐戎人開榆中地數千里竟斬陽周何者功多秦不能封因以法誅之今將軍爲秦將三歲矣所亾失已十萬數而諸侯竝起滋益多彼趙高素諛日久今事急亦恐二世誅之故欲以法誅將軍以塞責使人更代以脫其禍將軍居外久多內隙有功亦誅亾功亦誅且天之亾秦無愚智皆知之今將軍內不能直諫外爲亾國將孤立而欲長存豈不哀哉將軍何不還兵與諸侯爲從南面稱孤孰與身伏斧質妻子爲戮乎章邯狐疑陰使候始成使羽欲約約未成羽使蒲將軍引兵渡三戶軍漳南與秦戰再破之羽悉引兵擊秦軍汙水上大破之邯使使見羽欲約羽召軍吏謀曰糧少欲聽其約軍吏皆曰善羽乃與盟洹水南殷虛上已盟章邯見羽流涕爲言趙高羽乃立章邯爲雍王置軍中使長史欣爲上將將秦軍前行漢元年羽將諸侯兵三十餘萬行略地至河南遂西到新安異時諸侯吏卒徭使屯戍過秦中秦中吏卒遇之多無狀及秦軍降諸侯諸侯吏卒乘勝多奴虜使之輕重折辱秦吏卒吏卒多竊言曰章將軍等詐吾屬降諸侯今能入關破秦大善卽不能諸侯虜吾屬而東秦又盡誅吾父母妻子諸將微聞其計以告羽羽乃召英布蒲將軍計曰秦吏卒尚眾其心不服至關不聽事必危不如擊之獨與章邯長吏欣都尉翳入秦於是夜擊阬秦軍二十餘萬人至函谷關有兵守不得入聞沛公已屠咸陽羽大怒使當陽君擊關羽遂入至戲西鴻門聞沛公欲王關中獨有秦府庫珍寶亞父范增亦大怒勸羽擊沛公饗士旦日合戰羽季父項伯素善張良良時從沛公項伯夜以語良良乃與伯俱見沛公沛公因伯自解於羽明日沛公從百餘騎至鴻門謝羽自陳封秦府庫還軍霸上以待大王閉關以備寇盜不敢背德羽意已解范增欲害沛公賴張良樊噲得免語在高紀後數日羽乃屠咸陽殺秦降王子嬰燒其宮室火三月不滅收其寶貨略婦

女而東秦民失望於是韓生說羽曰關中阻山帶河四塞之地肥饒可都以伯羽見秦宮室皆以燒殘又懷思東歸曰富貴不歸故鄉如衣錦夜行韓生曰人謂楚人沐猴而冠果然羽聞之斬韓生楚懷王與諸將約先入關者王其地羽既背約使人致命於懷王懷王曰如約羽乃曰懷王者吾家武信君所立耳非有功伐何以得顓主約天下初發難假立諸侯後以伐秦然身被堅執銳首事暴露於野三年滅秦定天下者皆將相諸君與籍力也懷王亾功故當分其地王之諸將皆曰善羽乃陽尊懷王爲義帝曰古之王者地方千里必居上游徙之長沙都郴乃分天下以王諸侯羽與范增疑沛公業巳講解又惡背約恐諸侯叛之陰謀曰巴蜀道險秦之遷民皆居之乃曰巴蜀亦關中地故立沛公爲漢王王巴蜀漢中而參分關中王秦降將以距塞漢道乃立章邯爲雍王王咸陽以西長史司馬欣故櫟陽獄吏嘗有德於梁都尉董翳本勸章邯降故立欣爲塞王王咸陽以東至河立翳爲翟王王上郡徙魏王豹爲西魏王王河東瑕丘公申陽者張耳嬖臣也先下河南迎楚河上立陽爲河南王趙將司馬卬定河內數有功立卬爲殷王王河內徙趙王歇王代趙相張耳素賢又從入關立爲常山王王趙地當陽君英布爲楚將常冠軍立布爲九江王番君吳芮帥百粵佐諸侯從入關立芮爲衡山王義帝柱國共敖將兵擊南郡功多因立爲臨江王徙燕王韓廣爲遼東王燕將臧荼從楚救趙因從入關立荼爲燕王徙齊王田市爲膠東王齊將田都從兵救趙入關立都爲齊王故秦所滅齊王建孫田安羽方渡河救趙安下濟北數城引兵降羽立安爲濟北王田榮者

背梁不肯助楚擊秦以故不得封陳餘棄將印去不從入關然素聞其賢有功於趙聞其在南皮故因環封之三縣番君將梅鋗功多故封十萬戶侯羽自立爲西楚伯王王梁楚九郡都彭城諸侯各就國田榮聞羽徙齊王市膠東而立田都爲齊王大怒不肯遣市之膠東因以齊反迎擊都都走楚市畏羽乃亡之膠東就國榮怒追殺之即墨自立爲齊王予彭越將軍印令反梁地越迺擊殺濟北王田安田榮遂并王三齊之地時漢王還定三秦項王聞漢并關中且東齊梁畔之大怒乃以故吳令鄭昌爲韓王以距漢令蕭公角等擊彭越越敗蕭公角等時張良徇韓遺項王書曰漢王失職欲得關中如約即止不敢東又以齊梁反書遺羽羽以故無西意而北擊齊徵兵九江王布布稱疾不行使將將數千人往二年項王陰使九江王布殺義帝陳餘使張同夏說說齊王榮曰項王爲天下宰不平今盡王故王於醜地而王羣臣諸將善地逐其故主趙王迺北居代餘以爲不可聞大王起兵且不聽不義願大王資餘兵使擊常山以復趙王請以國爲扞蔽齊王許之因遣兵往陳餘悉三縣兵與齊併力擊常山大破之張耳走歸漢陳餘迎故趙王歇反之趙趙王因立餘爲代王羽至城陽田榮亦將兵會戰榮不勝走至平原平原民殺之羽遂北燒夷齊城郭室屋皆阬降卒係虜老弱婦女徇齊至北海所過殘滅齊人相聚而畔之於是田榮弟橫收得亾卒數萬人反城陽羽因留連戰未能下漢王劫五諸侯兵凡五十六萬人東伐楚羽聞之即令諸將擊齊而自以精兵二萬人南從魯出胡陵漢王皆已破彭城收其貨賂美人日置酒高會羽乃從蕭晨擊漢軍而東至彭

城日中大破漢軍漢軍皆走迫之穀泗水漢軍皆南走山楚又追擊至靈壁東睢水上漢軍卻爲楚所擠多殺漢卒十餘萬皆入睢水睢水爲不流漢王乃與數十騎遁去語在高紀太公呂后間求漢王反遇楚軍楚軍與歸羽常置軍中漢王稍收散卒蕭何發關中卒悉詣滎陽戰京索間敗楚楚以故不能過滎陽而西漢軍滎陽築甬道取敖倉食三年羽數擊絕甬道漢王食乏請和割滎陽以西爲漢羽欲聽之歷陽侯范增曰漢易與耳今不取後必悔之羽乃急圍漢滎陽漢王患之乃與陳平金四萬斤以間楚君臣語在陳平傳項王以故疑增稍奪之權范增怒曰天下事大定矣君王自爲之願賜骸骨歸行未至彭城疽發背死於是漢將紀信詐爲漢王出降以誑楚軍故漢王得與數十騎從西門出令周苛摐公魏豹守滎陽漢王西入關收兵還出宛葉閒與九江王黥布行收兵羽聞之即引南漢王堅壁不與戰是時彭越渡睢與項聲薛公戰下邳殺薛公羽乃東擊彭越漢王亦引兵北軍成皐羽巳破走彭越引兵西下滎陽城亨周苛殺摐公虜韓王信進圍成皐漢王跳獨與滕公得出北渡河至修武從張耳韓信楚遂拔成皐漢王得韓信軍留止使盧綰劉賈渡白馬津入楚地佐彭越共擊破楚軍燕郭西燒其積聚攻下梁地十餘城羽聞之謂海春侯大司馬曹咎曰謹守成皐即漢欲挑戰慎毋與戰勿令得東而已我十五日必定梁地復從將軍於是引兵東四年羽擊陳留外黃不下數日降羽悉令男子十五以上詣城東欲阬之外黃令舍人兒年十三往說羽曰彭城彊劫外黃外黃恐故且降待大王大王至又皆阬之百姓豈有所歸心哉從此以東梁地

十餘城皆恐莫肯下矣羽然其言乃赦外黃當阬者而東至睢陽聞之皆爭下漢果數挑楚軍戰楚軍不出使人辱之五六日大司馬怒渡兵氾水卒半渡漢擊大破之盡得楚國金玉貨賂大司馬咎長史欣皆自剄氾水上咎故蘄獄掾欣故塞王羽信任之羽至睢陽聞咎等破卽引兵還漢軍方圍鍾離昧於滎陽東羽軍至漢軍畏楚盡走險阻羽亦軍廣武相守乃爲高俎置太公其上告漢王曰今不急下吾亨太公漢王曰吾與若俱北面受命懷王約爲兄弟吾翁卽汝翁必欲亨廼翁幸分我一杯羹羽怒欲殺之項伯曰天下事未可知且爲天下者不顧家雖殺之無益祇益怨耳羽從之乃使人謂漢王曰天下匈匈徒以吾兩人願與王挑戰決雌雄毋徒罷天下父子爲也漢王笑謝曰吾寧鬬智不能鬬力羽令壯士出挑戰漢有善騎射者曰樓煩楚挑戰三合樓煩輒射殺之羽大怒自被甲持戟挑戰樓煩欲射羽瞋目叱之樓煩目不能視手不能發走還入壁不敢復出漢王使間問之廼羽也漢王大驚羽於是與漢王相與臨廣武間而語漢王數羽十罪語在高紀羽怒伏弩射傷漢王漢王入成皐時彭越數反梁地絕楚糧食又韓信破齊且欲擊楚羽使從兄子項它爲大將龍且爲裨將救齊韓信破殺龍且追至城陽虜齊王廣信遂自立爲齊王羽聞之恐使武涉往說信語在信傳時漢關中兵益出食多羽兵食少漢王使侯公說羽羽乃與漢王約中分天下割鴻溝而西者爲漢東者爲楚歸漢王父母妻子已約羽解而東五年漢王進兵追羽至故陵復爲羽所敗漢王用張良計致齊王信建成侯彭越兵及劉賈入楚地圍壽春大司馬周殷叛楚舉九江兵隨劉賈迎黥布與齊梁諸侯皆大會羽壁垓下軍少食盡漢帥諸侯兵圍之數重羽夜聞漢軍四面皆楚歌乃驚曰漢皆已得楚乎是何楚人多也起飲帳中有美人姓虞氏常幸從駿馬名騅常騎乃悲歌慷慨自爲歌詩曰力拔山兮氣蓋世時不利兮騅不逝騅不逝兮可柰何虞兮虞兮柰若何歌數曲美人和之羽泣下數行左右皆泣莫能仰視於是羽遂上馬戲下騎從者八百餘人夜直潰圍南出馳平明漢軍乃覺之令騎將灌嬰以五千騎追之羽渡淮騎能屬者百餘人至陰陵迷失道問一田父田父紿曰左乃陷大澤中以故漢追及之羽復引而東至東城乃有二十八騎追者數千羽自度不得脫謂其騎曰吾起兵至今八歲矣身七十餘戰所當者破所擊者服未嘗敗北遂伯有天下然今卒困於此此天亡我非戰之罪也今日固決死願爲諸軍決戰必三勝斬將刈旗乃後死使諸君知吾非用兵罪天亡我也於是引其騎因四隤山（四下隤陁也隤徒回反）而爲圜陳外嚮漢騎圍之數重羽謂其騎曰吾爲公取彼一將令四面騎馳下期山東爲三處於是羽大呼馳下漢軍皆披靡遂殺漢一將是時楊喜爲郎騎追羽羽叱之喜人馬俱驚辟易數里與其騎會三處漢軍不知羽所居分軍爲三復圍之羽乃馳復斬漢一都尉殺數十百人復聚其騎亡兩騎乃謂其騎曰何如騎皆服曰如大王言於是羽遂引東欲渡烏江烏江亭長檥船待謂羽曰江東雖小地方千里眾數十萬亦足王也願大王急渡今獨臣有船漢軍至亡以渡羽笑曰乃天亡我何渡爲且籍與江東子弟八千人渡而西今亡一人還縱江東父兄憐而王我我何面目見之哉縱彼不言籍獨不愧於心乎謂亭長曰吾知公長者也吾騎此馬五歲所當亡敵嘗一日千里吾不忍殺以賜公乃令騎皆去馬步持短兵接戰羽獨所殺漢軍數百人羽亦被十餘創顧見漢騎司馬呂馬童曰若非吾故人乎馬童面之（面謂不面向也）指王翳曰此項王也羽乃曰吾聞漢購我頭千金邑萬戶吾爲公德乃自刎王翳取其頭亂相蹂蹈爭項王相殺者數十人最後楊喜馬童郎中呂勝楊武各得其一體故分其地以封五人皆爲列侯漢王乃以魯公號葬羽於穀城諸項支屬皆不誅封項伯等四人爲列侯賜姓劉氏

張耳大梁人也少時及魏公子無忌爲客嘗亡命遊外黃外黃富人女甚美庸奴其夫亡邸父客父客謂曰必欲求賢夫從張耳女聽爲請決嫁之女家厚奉給耳耳以故致千里客宦爲外黃令

陳餘亦大梁人也好儒術遊趙苦陘富人公乘氏以其女妻之餘年少父事耳相與爲刎頸交高祖爲布衣時嘗從耳遊秦滅魏購求耳千金餘五百金兩人變姓名俱之陳爲里監門吏嘗以過笞餘餘欲起耳躡使受笞吏去耳數之曰始吾與公言如何今見小辱而欲死一吏乎餘謝罪陳涉起蘄至陳耳餘上謁涉涉及左右皆數聞耳餘賢見大喜陳豪傑說涉曰將軍被堅執銳帥士卒以誅暴秦復立楚社稷功德宜爲王陳涉問兩人兩人對曰將軍瞋目張膽出萬死不顧一生之計爲天下除殘今始至陳而王之視天下私願將軍毋王急引兵而西遣人立六國後自爲樹黨如此野無交兵誅暴秦據咸陽以令諸侯則帝業成矣今獨王陳恐天下解也涉不聽遂立爲王耳餘復說陳王曰大王興梁楚務在入關未及收河北也臣嘗遊趙知其豪桀願請奇兵

略趙地於是陳王許之以所善陳人武臣爲將軍耳餘爲左右校尉與卒三千人從白馬渡河至諸縣說其豪桀曰秦爲亂政虐刑殘滅天下北爲長城之役南有五嶺之戍外內騷動百姓罷敝頭會箕斂以供軍費財匱力盡重以苛法使天下父子不相聊今陳王奮臂爲天下倡始莫不嚮應家自爲怒各報其怨縣殺其令丞郡殺其守尉今以張大楚王陳使吳廣周文將卒百萬西擊秦於此時而不成封侯之業者非人豪也夫因天下之力而攻無道之君報父兄之怨而成割地之業此一時也豪桀皆然其言乃行收兵得數萬人號武信君下趙十餘城餘皆城守莫肯下乃引兵東北擊范陽范陽人蒯通說其令徐公降武信君又說武信君以侯印封范陽令語在通傳趙地聞之不戰下者三十餘城至邯鄲耳餘聞周章入關至戲卻又聞諸將爲陳王徇地多以讒毀得罪誅怨陳王不以爲將軍而以爲校尉乃說武臣曰陳王起蘄至陳而王非必立六國後今將軍下趙數十城獨介居河北不王無以塡之且陳王聽讒還報恐不得脫於禍願將軍毋失時武臣乃聽遂立爲趙王以餘爲大將軍耳爲丞相使人報陳王陳王大怒欲盡族武臣等家而發兵擊趙柱國房君諫曰秦未亡今又誅武臣等家此生一秦也不如因而賀之使急引兵西擊秦陳王從其計乃徙繫武臣等家宮中封耳子敖爲成都君使使者賀趙趣兵入關耳餘說武臣曰王王趙非楚意特以計賀王楚已滅秦必加兵於趙願王毋西兵北徇燕代南收河內以自廣趙南據大河北有燕代楚雖勝秦必不敢制趙趙王以爲然因不西兵而使韓廣略燕李良略常山張黶略上黨韓廣至燕燕人因立廣爲燕王趙王乃與耳餘北略地燕界趙王間出爲燕軍所得燕囚之欲與分地使者往燕輒殺之以固求地耳餘患之有廝養卒謝其舍曰吾爲二公說燕與趙王載歸舍中人皆笑曰使者往十輩皆死若何以能得王乃走燕壁燕將見之問曰知臣何欲燕將曰若欲得王耳曰君知張耳陳餘何如人也燕將曰賢人也曰其志何欲燕將曰欲得其王耳趙卒笑曰君未知兩人所欲也夫武臣張耳陳餘杖馬箠下趙數十城亦各欲南面而王夫臣之與主豈可同日道哉顧其勢初定且以長少先立武臣以持趙心今趙地已服兩人亦欲分趙而王時未可耳今君囚趙王念此兩人名爲求王實欲燕殺之乃分趙而王夫以一趙尙易燕況以兩賢王左提右挈而責殺王滅燕易矣燕以爲然乃歸趙王養卒爲御而歸李良已定常山還報趙王趙王復使良略太原良至石邑秦兵塞井陘未能前秦將詐稱二世使使遺良書不封曰良嘗事我得顯幸誠能反趙爲秦赦良罪貴良良得書疑不信之邯鄲益請兵未至道逢趙王姊從百餘騎良望見以爲王伏謁道旁王姊醉不知其將使騎謝良良素貴起慚其從官從官有一人曰天下叛秦能者先立且趙王素出將軍下今兒女乃不爲將軍下車請追殺之良以得秦書欲反趙未決因此怒遣人追殺王姊遂襲邯鄲邯鄲不知竟殺武臣趙人多爲耳餘耳目者故得脫出收兵得數萬人客有說耳餘曰兩君羇旅而欲附趙難可獨立立趙後輔以誼可就功乃求得趙歇立爲趙王居信都李良進兵擊餘餘敗良良走歸章邯章邯引兵至邯鄲皆徙其民河內夷其城郭耳與趙王歇走入鉅鹿城王離圍之餘北收常山兵得數萬人軍鉅鹿北章邯軍鉅鹿南棘原築甬道屬河饟王離王離兵食多急攻鉅鹿鉅鹿城中食盡耳數使人召餘餘自度兵少不能敵秦不敢前數月耳大怒怨餘使張黶陳澤往讓餘曰始吾與公爲刎頸交今王與耳旦暮死而公擁兵數萬不肯相救胡不赴秦俱死且什有一二相全餘曰所以不俱死欲爲趙王張君報秦今俱死如以肉餧虎何益張黶陳澤曰事已急要以俱死立信安知後慮餘曰吾顧以無益乃使五千人令張黶陳澤先嘗秦軍至皆沒當是時燕齊楚聞趙急皆來救張敖亦北收代得萬餘人來皆壁餘旁項羽兵數絕章邯甬道王離軍乏食項羽悉引兵渡河破章邯軍諸侯軍乃敢擊秦軍遂虜王離於是趙王歇張耳得出鉅鹿與餘相見責讓餘問張黶陳澤所在餘曰黶澤以必死責臣臣使將五千人先嘗秦軍皆沒耳不信以爲殺之數問餘餘怒曰不意君之望臣深也豈以臣重去將哉乃脫解印綬與耳耳不敢受餘起如廁客有說耳曰天予不取反受其咎今陳將軍與將軍印綬不受反天不祥急取之耳乃佩其印收其麾下餘還亦望耳耳不讓趨出耳遂收其兵餘獨與麾下數百人之河上澤中漁獵由此耳餘遂有隙趙王歇復居信都耳從項羽入關項羽立諸侯耳雅遊多爲人所稱羽亦素聞耳賢乃分趙立耳爲常山王治信都信都更名襄國餘客多說項羽陳餘張耳一體有功於趙羽以餘不從入關聞其在南皮卽以南皮旁三縣封之而徙趙王歇王代耳之國餘愈怒曰耳與餘功等也今耳王餘獨侯及齊王田榮叛楚餘乃使夏說說田榮曰項王爲天下宰不平盡王諸將善地徙故王王惡地今趙王乃居代願王假臣

兵請以南皮爲扞蔽田榮欲樹黨乃遣兵從餘餘悉三縣兵襲常山王耳耳敗走曰漢王與我有故而項王彊立我我欲之楚甘公曰漢王之入關五星聚東井東井者秦分也先至必王楚雖彊後必屬漢耳走漢漢亦還定三秦方圍章邯廢丘耳謁漢王漢王厚遇之餘巳敗耳皆收趙地迎趙王於代復爲趙王趙王德餘立以爲代王餘爲趙王弱國初定留傅趙王而使夏說以相國守代漢二年東擊楚使告趙欲與俱餘曰漢殺張耳乃從於是漢求人類耳者斬其頭遺餘餘乃遣兵助漢漢敗於彭城西餘亦聞耳詐死卽背漢漢遣耳與韓信擊破趙井陘斬餘泜水上追殺趙王歇於襄國四年夏立耳爲趙王五年秋耳薨謚曰景王子敖嗣立爲王尙高祖長女魯元公主爲王后七年高祖從平城過趙趙王旦暮自上食體甚卑有子壻禮高祖箕踞罵詈甚慢之趙相貫高趙午年六十餘故耳客也怒曰吾王孱王也說敖曰天下豪桀竝起能者先立今王事皇帝甚恭皇帝遇王無禮請爲王殺之敖齧其指出血曰君何言之誤且先王亡國賴皇帝得復國德流子孫秋豪皆帝立也願君無復出口貫高等十餘人相謂曰吾等非也吾王長者不背德且吾等義不辱今帝辱我王故欲殺之何乃汙王爲事成歸王事敗獨身坐耳八年上從東垣過貫高等乃壁人柏人要之置廁上過欲宿心動問曰縣名爲何曰柏人上曰迫人者迫於人不宿去九年貫高怨家知其謀告之於是上逮捕趙王諸反者趙午等十餘人皆爭自剄貫高獨怒罵曰誰令公等爲之今王實無謀而并捕王公等死誰當白王不反者乃檻車與王詣長安高對獄曰獨吾屬爲之王不知也吏榜笞數千刺剟身無完膚者終不復言呂后數言張王以魯元故不宜有此上怒曰使張敖據天下豈少乃女乎廷尉以貫高辭聞上曰壯士誰知者以私問之中大夫泄公曰臣素知之此固趙國立義不輕爲然諾者也上使泄公持節問之箯輿前卬視泄公勞苦如平生歡與語問張王果有謀不高曰人情豈不各愛其父母妻子哉今吾三族皆以論死豈以王易吾親哉顧爲王實不反獨吾等爲之具道本根所以王不知狀於是泄公具以報上上乃赦趙王上賢高能自立然諾使泄公赦之告曰張王巳出上多足下故赦足下高曰所以不死白張王不反耳今王巳出吾責塞矣且人臣有簒弒之名豈有面目復事上哉乃仰絕亢下郎反喉也而死敖巳出尙魯元公主如故封爲宣平侯於是上賢張王諸客皆以爲諸侯相郡守語在田叔傳及孝惠高后文景時張王客子孫皆爲二千石初孝惠時齊悼惠王獻城陽郡尊魯元公主爲太后高后元年魯元太后薨後六年宣平侯敖薨呂太后立敖子偃爲魯王以母爲太后故也又憐其年少孤弱乃封敖前婦子二人壽爲樂昌侯侈爲信都侯高后崩大臣誅諸呂廢魯王及二侯孝文卽位復封故魯王偃爲南宮侯薨子生嗣武帝時生有罪免國除元光中復封偃孫廣國爲睢陵侯薨子昌嗣太初中昌坐不敬免國除孝平元始二年繼絕世封敖玄孫慶忌爲宣平侯食千戶

魏豹故魏諸公子也其兄魏咎故魏時封爲甯陵君秦滅魏爲庶人陳勝之王也咎往從之勝使魏人周市徇魏地魏地巳下欲立周市爲魏王市曰天下昏亂忠臣乃見今天下共畔秦其誼必立魏王後乃可齊趙使車各五千乘立市爲王市不受迎咎於陳五反陳王乃遣立咎爲魏王章邯巳破陳王進兵擊魏王於臨濟魏王使周市請救齊楚齊楚遣項它田巴將兵隨市救魏章邯遂擊破殺周市等軍圍臨濟咎爲其民約降約降定咎自殺魏豹亾走楚楚懷王與豹數千人復徇魏地項羽巳破秦兵降章邯豹下魏二十餘城立爲魏王豹引精兵從項羽入關羽封諸侯欲有梁地乃徙豹於河東都平陽爲西魏王漢王還定三秦渡臨晉豹以國屬焉遂從擊楚於彭城漢王敗還至滎陽豹請視親病至國則絕河津叛漢漢王謂酈生曰緩頰往說之酈生往豹謝曰人生一世間如白駒過隙今漢王嫚侮人罵詈諸侯羣臣如奴耳非有上下禮節吾不忍復見也漢王遣韓信擊豹虜之傳豹諸滎陽以其地爲河東太原上黨郡漢王令豹守滎陽楚圍之急周苛曰反國之王難與共守遂殺豹

田儋狄人也故齊王田氏之族也儋從弟榮榮弟橫皆豪桀宗彊能得人陳涉使周市略地北至狄狄城守儋陽爲縛其奴從少年之廷欲謁殺奴見狄令因擊殺令而召豪吏子弟曰諸侯皆反秦自立齊古之建國儋田氏當王遂自立爲齊王發兵擊周市市軍還去儋因率兵東略定齊地秦將章邯圍魏王咎於臨濟急魏王請救於齊儋將兵救魏章邯夜銜枚擊大破齊楚軍殺儋於臨濟下儋從弟榮收儋餘兵東走東阿齊人聞儋死乃立故齊王建之弟田假爲王田角爲相田閒爲將以距諸侯榮之走東阿章邯追圍之項梁聞榮急乃引兵擊破章邯東阿下章邯走而西項梁因追之而榮怒齊之立假乃引兵歸擊逐假假亾走楚相角亾走趙角弟

閒前救趙因不敢歸榮乃立儋子市爲王榮相之橫爲將平齊地項梁既追章邯章邯兵益盛項梁使使趣齊兵共擊章邯榮曰楚殺田假趙殺角閒乃出兵楚懷王曰田假與國之王窮而歸我殺之不誼趙亦不殺角閒以市於齊齊王曰蝮蠚火客反手則斬手蠚足則斬足何者爲害於身也田假田角田閒於楚趙非手足戚何故不殺且秦復得志於天下則齮音蟻齕音紇首用事者墳墓矣楚趙不聽齊齊亦怒終不肯出兵章邯果敗殺項梁破楚兵楚兵東走而章邯渡河圍趙於鉅鹿項羽由此怨榮羽既存趙降章邯西滅秦立諸侯王乃徙齊王市更王膠東治卽墨齊將田都從共救趙因入關故立都爲齊王治臨菑故齊王建孫田安項羽方渡河救趙安下濟北數城引兵降項羽羽立安爲濟北王治博陽榮以負項梁不肯助楚攻秦故不得王趙將陳餘亦失職不得王二人俱怨項羽榮使人將兵助陳餘令反趙地而榮亦發兵以距擊田都都亾走楚榮留齊王市毋之膠東市左右曰項王彊暴王不就國必危市懼乃亡就國榮怒追擊殺市於卽墨還攻殺濟北王安自立爲王盡幷三齊之地項王聞之大怒乃北伐齊榮發兵距之城陽榮兵敗走平原平原民殺榮項羽遂燒夷齊城郭所過盡屠破齊人相聚畔之榮弟橫收齊散兵得數萬人反擊項羽於城陽而漢王帥諸侯敗楚入彭城項羽聞之乃釋齊而歸擊漢於彭城因連與漢戰相距滎陽以故橫復收齊城邑立榮子廣爲王而橫相之政事無巨細皆斷於橫相齊三年聞漢將韓信引兵且東擊齊齊使華毋傷田解軍歷下以距漢會漢使酈食其往說王廣及相橫與連和橫然之乃罷歷下守備縱酒且遣使與漢平韓信乃渡平原襲破齊歷下軍因入臨菑廣橫以酈生爲賣己而亨之廣東走高密橫走博陽守相田光走城陽將軍田旣軍於膠東楚使龍且救齊齊王與合軍高密漢將韓信曹參破殺龍且虜齊王廣漢將灌嬰追得守相光至博陽而橫聞廣死乃自立爲王還擊嬰嬰敗橫軍於嬴下橫亡走梁歸彭越越時居梁地中立且爲漢且爲楚韓信已殺龍且因進兵破殺田旣於膠東灌嬰破殺齊將田吸於千乘遂平齊地漢滅項籍漢王立爲皇帝彭越爲梁王橫懼誅而與其徒屬五百餘人入海居島中高帝聞之以橫兄弟本定齊齊人賢者多附焉今在海中不收後恐有亂乃使使赦橫罪而召之橫謝曰臣亨陛下之使酈食其今聞其弟商爲漢將而賢臣懼不敢奉詔請爲庶人守海島中使還報高帝乃詔衛尉酈商曰齊王橫卽至人馬從者敢動搖者致族夷乃復使使持節具告以詔意曰橫來大者王小者乃侯耳不來且發兵加誅橫乃與其客二人乘傳詣雒陽至尸鄉廏置橫謝使者曰人臣見天子當洗沐止留謂其客曰橫始與漢王俱南面稱孤今漢王爲天子而橫乃爲亡虜北面事之其媿固已甚矣又吾亨人之兄與其弟併肩而事主縱彼畏天子之詔不敢動搖我我獨不媿於心乎且陛下所以欲見我不過欲壹見我面貌耳陛下在雒陽今斬吾頭馳三十里閒形容尙未能敗猶可知也遂自剄令客奉其頭從使者馳奏之高帝曰嗟乎有以起布衣兄弟三人更王豈非賢哉爲之流涕而拜其二客爲都尉發卒二千以王者禮葬橫既葬二客穿其冢旁皆自剄從之高帝聞而大驚以橫之客皆賢者吾聞其餘尙五百人在海中使使召至聞橫死亦皆自殺於是乃知田橫兄弟能得士也

韓王信故韓襄王孼孫也長八尺五寸項梁立楚懷王燕齊趙魏皆已前王唯韓無有後故立韓公子橫陽君成爲韓王欲以撫定韓地項梁死定陶成犇懷王沛公引兵擊陽城使張良以韓司徒徇韓地得信以爲韓將將其兵從入武關沛公爲漢王信從入漢中乃說漢王曰項王王諸將王獨居此遷也士卒皆山東人竦而望歸及其鋒東鄉可以爭天下漢王還定三秦乃許王信先拜爲韓太尉將兵略韓地項籍之封諸王皆就國韓王成以不從無功不遣之國更封爲穰侯後又殺之聞漢遣信略韓地乃令故籍游吳時令鄭昌爲韓王拒漢漢二年信略定韓地十餘城漢王至河南信急擊韓王昌昌降漢乃立信爲韓王常將韓兵從漢王使信與周苛守滎陽楚拔之信降楚已得亡歸漢漢復以爲韓王竟從擊破項籍五年春與信剖符王潁川六年春上以爲信壯武北近鞏雒南迫宛葉東有淮陽皆天下勁兵處也乃更以太原郡爲韓國徙信以備胡都晉陽信上書曰國被邊匈奴數入晉陽去塞遠請治馬邑上許之秋匈奴冒頓大入圍信信數使使胡求和解漢發兵救之疑信數閒使有二心上賜信書責讓之曰專死不勇專生不仁寇攻馬邑君王力不足以堅守乎安危存亡之地此二者朕所以責於君王信得書恐誅因與匈奴約共攻漢以馬邑降胡擊太原七年冬上自往擊破信軍銅鞮斬其將王喜信亡走匈奴與其將白土人曼丘臣王黃立趙苗裔趙利爲王復收信散兵而與信及冒頓謀攻漢匈奴使左右賢王將萬餘騎與王黃等屯廣武以南至晉陽與漢兵戰漢兵大破之追至于離石復

破之匈奴復聚兵樓煩西北漢令車騎擊匈奴常敗走漢乘勝追北聞冒頓居代谷上居晉陽使人視冒頓還報曰可擊上遂至平城上白登匈奴騎圍上上乃使人厚遺閼氏閼氏說冒頓曰今得漢地猶不能居且兩主不相戹居七日胡騎稍稍引去天霧漢使人往來胡不覺護軍中尉陳平曰胡者全兵請令彊弩傅兩矢外鄉徐行出圍入平城漢救兵亦至胡騎遂解去漢亦罷兵歸信爲匈奴將兵往來擊邊令王黃等說誤陳豨十一年春信復與胡騎入居參合漢使柴將軍擊之遺信書曰陛下寬仁諸侯雖有叛亡而復歸輒復故位號不誅也大王所知今王以敗亡走胡非有大罪急自歸信報曰陛下擢僕閭巷南面稱孤此僕之幸也滎陽之事僕不能死囚於項籍此一罪也寇攻馬邑僕不能堅守以城降之此二罪也今反爲寇與將軍爭一日之命此三罪也夫種蠡無一罪身死亡僕有三罪而欲求活此伍子胥所以僨於吳世也今僕亡匿山谷閒旦暮乞貸蠻夷僕之思歸如痿人不忘起盲者不忘視勢不可耳遂戰柴將軍屠參合斬信信之入匈奴與太子俱及至頹當城生子因名曰頹當韓太子亦生子嬰至孝文時頹當及嬰率其衆降漢封頹當爲弓高侯嬰爲襄城侯吳楚反時弓高侯功冠於諸將傳子至孫無子國絕嬰孫以不敬失侯頹當孼孫嫣貴幸名顯當世嫣弟說以校尉擊匈奴封龍頟侯後坐酎金失侯復以待詔爲橫海將軍擊破東越封按道侯太初中爲游擊將軍屯五原外列城還爲光祿勳掘蠱太子宮爲太子所殺子興嗣坐巫蠱誅上曰游擊將軍死事無論坐者乃復封興弟增爲龍頟侯增少爲郎諸曹侍中光祿大夫昭帝時至前將軍與大將軍霍光定策立宣帝益封千戶本始二年五將征匈奴增將三萬騎出雲中斬首百餘級至期而還神爵元年代張安世爲大司馬車騎將軍領尚書事增世貴幼爲忠臣事三主重於朝廷爲人寬和自守以溫顏遜辭承上接下無所失意保身固寵不能有所建明五鳳二年薨謚曰安侯子寶嗣亡子國除成帝時繼功臣後封增兄子岑爲龍頟侯薨子持弓嗣王莽敗乃絕

韓信淮陰人也家貧無行不得推擇爲吏又不能治生爲商賈常從人寄食母死無以葬乃行營高燥地令傍可置萬家者信從下鄉南昌亭長食亭長妻苦之乃晨炊蓐食食時信往不爲具食信亦知其意自絕去至城下釣有一漂母哀之飯信竟漂數十日信謂漂母曰吾必重報母母怒曰大丈夫不能自食吾哀王孫而進食豈望報乎淮陰少年又侮信曰若雖長大好帶刀劍怯耳衆辱信曰能死刺我不能出我跨下於是信熟視俛出跨下一市皆笑信以爲怯及項梁渡淮信乃杖劍從之居戲下無所知名梁敗又屬項羽爲郎中信數以策干項羽羽弗用漢王之入蜀信亡楚歸漢未得知名爲連敖坐法當斬其疇十三人皆已斬至信信乃仰視適見滕公曰上不欲就天下乎而斬壯士滕公奇其言壯其貌釋弗斬與語大說之言於漢王以爲治粟都尉上未之奇也數與蕭何語何奇之至南鄭諸將道亡者數十人信度何等已數言上不我用卽亡何聞信亡不及以聞自追之人有言上曰丞相何亡上大怒如失左右手居一二日何來謁上且怒且喜罵何曰若亡何也何曰臣非敢亡追亡者耳上曰所追者誰也曰韓信上復罵曰諸將亡者以數十公無所追追信詐也何曰諸將易得至如信國士無雙王必欲長王漢中無所事信必欲爭天下非信無可與計事者顧王策安決王曰吾亦欲東耳安能鬱鬱居此乎何曰王計必東能用信信卽留不能用信信終亡耳王曰吾爲公以爲將何曰雖爲將信不留王曰以爲大將何曰幸甚於是王欲召信拜之何曰王素嫚無禮今拜大將如呼小兒此乃信所以去也王必欲拜之擇日齋戒設壇場具禮乃可王許之諸將皆喜人人自以爲得大將至拜乃韓信也一軍皆驚信已拜上坐王曰丞相數言將軍將軍何以敎寡人計策信謝因問王曰今東鄉爭權天下豈非項王邪上曰然信曰大王自料勇悍仁彊孰與項王漢王默然良久曰弗如也信再拜賀曰唯信亦以爲大王弗如也然臣嘗事項王請言項王之爲人也項王音烏猝嗟千人皆廢然不能任屬賢將此特匹夫之勇也項王見人恭謹言語姁姁人有疾病涕泣分飲食至使人有功當封爵刻印刓忍不能予此所謂婦人之仁也項王雖霸天下而臣諸侯不居關中而都彭城又背義帝約而以親愛王諸侯不平諸侯之見項王逐義帝江南亦皆歸逐其主自王善地項王所過亡不殘滅多怨百姓百姓不附特劫於威彊服耳名雖爲霸實失天下心故曰其彊易弱今大王誠能反其道任天下武勇何不誅以天下城邑封功臣何不服以義兵從思東歸之士何不散且三秦王爲秦將將秦子弟數歲而所殺亡不可勝計又欺其衆降諸侯至新安項王詐坑秦降卒二十餘萬人唯獨邯欣翳脫秦父兄怨此三人痛入骨髓今楚彊以威王此三人秦民莫愛也大王之入武關秋毫亡所害

除秦苛法與民約法三章耳秦民亡不欲得大王王秦者於諸侯之約大王當王關中關中民戶知之王失職之蜀民亡不恨者今王舉而東三秦可傳檄而定也於是漢王大喜自以爲得信晚遂聽信計部署諸將所擊漢王舉兵東出陳倉定三秦二年出關收魏河南韓殷王皆降合齊趙共擊楚彭城漢兵敗散而還信復發兵與漢王會滎陽復擊破楚京索間以故楚兵不能西漢之敗卻彭城塞王欣翟王翳亡漢降楚齊趙魏亦皆反與楚和漢王使酈生往說魏王豹豹不聽乃以信爲左丞相擊魏信問酈生魏得毋用周叔爲大將乎曰柏直也信曰豎子耳遂進兵擊魏魏盛兵蒲坂塞臨晉信乃益爲疑兵陳船欲渡臨晉而伏兵從夏陽以木罌缻渡軍襲安邑魏王豹驚引兵迎信信遂虜豹定河東使人請漢王願益兵三萬人臣請以北舉燕趙東擊齊南絕楚之糧道西與大王會於滎陽漢王與兵三萬人遣張耳與俱進擊趙代破代禽夏說閼與信之下魏代漢輒使人收其精兵詣滎陽以距楚信耳以兵數萬欲東下井陘擊趙趙王成安君陳餘聞漢且襲之聚兵井陘口號稱二十萬廣武君李左車說成安君曰聞漢將韓信陟西河虜魏王禽夏說新喋血閼與今乃輔以張耳議欲以下趙此乘勝而去國遠鬭其鋒不可當臣聞千里餽糧士有飢色樵蘇後爨師不宿飽今井陘之道車不得方軌騎不得成列行數百里其勢糧食必在後願足下假臣奇兵三萬人從間路絕其輜重足下深溝高壘勿與戰彼前不得鬬退不得還吾奇兵絕其後野無所掠鹵不十日兩將之頭可致戲下願君留意臣之計否必爲二子所禽矣成安君儒者常稱義兵不用詐謀奇計謂曰吾聞兵法什則圍之倍則戰今韓信兵號數萬其實不過數千千里襲我亦以罷矣今避弗擊後有大者何以距之諸侯謂吾怯而輕來伐我不聽廣武君策信使間人窺知其不用還報則大喜乃敢引兵遂下未出井陘口三十里止舍夜半傳發選精騎二千人人持一赤幟從間道萆音蔽山而望趙軍戒曰趙見我走必空壁逐我若疾入趙壁拔趙幟立漢幟令其裨將傳餐曰今日破趙會食諸將皆嘸然陽應曰諾信謂軍吏曰趙已先據便地壁且彼未見大將旗鼓未肯擊前行恐吾阻險而還信乃使萬人前行出背水陣趙兵望見大笑平旦信建大將旗鼓鼓行出井陘口趙開壁擊之大戰良久於是信張耳棄鼓旗走水上軍復疾戰趙空壁爭漢鼓旗逐信耳信耳已入水上軍軍皆殊死戰不可敗信所出奇兵二千騎者候趙空壁逐利卽馳入趙壁皆拔趙旗幟立漢赤幟二千趙軍已不能得信耳等欲還歸壁壁皆漢赤幟大驚以漢爲皆已破趙王將矣遂亂遁走趙將雖斬之弗能禁於是漢兵夾擊破虜趙軍斬成安君泜水上禽趙王歇信乃令軍毋殺廣武君有生得之者購千金頃之有縛而至戲下者信解其縛東鄉坐西鄉對而師事之諸校效首虜休皆賀因問信曰兵法有右背山陵前左水澤今者將軍令臣等反背水陳曰破趙會食臣等不服然竟以勝此何術也信曰此在兵法顧諸君弗察耳兵法不曰陷之死地而後生投之亡地而後存乎且信非得素拊循士大夫經所謂敺市人而戰之也其勢非置死地使人人自爲戰今卽予生地皆走寧尚得而用之乎諸將皆服曰非所及也於是問廣武君曰僕欲北攻燕東伐齊何若有功廣武君辭曰臣聞亡國之大夫不可以圖存敗軍之將不可以語勇若臣者何足以權大事乎信曰僕聞之百里奚居虞而虞亡之秦而秦伯非愚於虞而智於秦也用與不用聽與不聽耳向使成安君聽子計僕亦禽矣僕委心歸計願子勿辭廣武君曰臣聞智者千慮必有一失愚者千慮亦有一得故曰狂夫之言聖人擇焉顧恐臣計未足用願效愚忠故成安君有百戰百勝之計一日而失之軍敗鄗下身死泜水上今足下虜魏王禽夏說不旬朝破趙二十萬衆誅成安君名聞海內威鎭諸侯衆庶莫不輟作怠惰靡衣媮食傾耳以待命者然而衆勞卒罷其實難用也今足下欲舉勸敝之兵頓之燕堅城之下情見力屈欲戰不拔曠日持久糧食單竭若燕不破齊必距境而以自彊二國相持則劉項之權未有所分也臣愚竊以爲過矣信曰然則何由廣武君對曰當今之計不如按甲休兵百里之內牛酒日至以饗士大夫北首燕路然後發一乘之使奉咫尺之書以使燕燕不敢不聽從燕從而東臨齊雖有智者亦不知爲齊計矣如是則天下事可圖也兵故有先聲而後實者此之謂也信曰善敬奉教於是用廣武君策發使燕燕從風而靡乃遣使報漢因請立張耳王趙以撫其國漢王許之楚數使奇兵渡河擊趙王耳信往來救趙因行定趙城邑發卒佐漢楚方急圍漢王滎陽漢王出南之宛葉得九江王布入成皋楚復急圍之四年漢王出成皋渡河獨與滕公從張耳軍修武至宿傳舍晨自稱漢使馳入趙壁張耳韓信未起卽其臥奪其印符麾召諸將易置之信耳起乃知獨漢王來大驚漢王奪兩人軍卽令張耳備守趙地拜信爲相國發趙兵未發者擊齊信引兵

東未渡平原聞漢王使酈食其已說下齊信欲止蒯通說信令擊齊語在通傳信然其計遂渡河襲歷下軍至臨菑齊王走高密使使於楚請救信已定臨菑東追至高密西楚使龍且將號稱二十萬救齊齊王與龍且并軍與信戰未合或說龍且曰漢兵遠鬬窮寇久戰鋒不可當也齊楚自居其地戰兵易敗散不如深壁令齊王使其信臣招所亡城城聞王在楚來救必反漢漢兵二千里客居齊齊誠皆反之其勢無所得食可毋戰而降也龍且曰吾平生知韓信爲人易與耳寄食於漂母無資身之策受辱於跨下無兼人之勇不足畏也且救齊而降之吾何功今戰而勝之齊半可得何爲而止遂戰與信夾濰水陳信乃夜令人爲萬餘囊盛沙以壅水上流引兵半渡擊龍且陽不勝還走龍且果喜曰固知信怯遂追渡水信使人決壅囊水大至龍且軍大半不得渡卽急擊殺龍且龍且水東軍散走齊王廣亡去信追北至城陽虜廣楚卒皆降遂平齊使人言漢王曰齊夸詐多變反覆之國南邊楚不爲假王塡之其勢不定今權輕不足以安之臣請自立爲假王當是時楚方急圍漢王於滎陽使者至發書漢王大怒罵曰吾困於此旦暮望而來佐我乃欲自立爲王張良陳平伏後躡漢王足因附耳語曰漢王不利寧能禁信之自王乎不如因立善遇之使自爲守不然變生漢王亦寤因復罵曰大丈夫定諸侯卽爲眞王耳何以假爲遣張良立信爲齊王徵其兵使擊楚楚已亡龍且項王恐使盱台人武涉往說信曰足下何不反漢與楚楚王與足下有舊故且漢王不可必身居項王掌握中數矣然得脫背約復擊項王其不可親信如此今足下雖自以爲與漢王爲金石交然終爲漢王所禽矣足下所以得須臾至今者以項王在項王卽亡次取足下足下何不與楚連和三分天下而王齊今釋此時自必與漢王以擊楚其爲智者固若此邪信謝曰臣得事項王數年官不過郎中位不過執戟言不聽畫策不用故背楚歸漢漢王授我上將軍印數萬之衆解衣衣我推食食我言聽計用吾得以至於此夫人深親信我背之不祥幸爲信謝項王武涉已去蒯通知天下權在於信深說以三分天下鼎足而王語在通傳信不忍背漢又自以功大漢王不奪我齊遂不聽漢王之敗固陵用張良計徵信將兵會垓下項羽死高祖襲奪信軍徙信爲楚王都下邳信至國召所從食漂母賜千金及下鄉亭長錢百曰公小人爲德不竟召辱己少年令出跨下者以爲中尉告諸將相曰此壯士也方辱我時寧不能死死之無名故忍而就此項王亡將鍾離眛家在伊廬素與信善項王敗眛亡歸信漢怨眛聞在楚詔楚捕之信初之國行縣邑陳兵出入有變告信欲反書聞上患之用陳平謀僞游於雲夢者實欲襲信信弗知高祖且至楚信欲發兵自度無罪欲謁上恐見禽人或說信曰斬眛謁上上必喜亡患信見眛計事眛曰漢所以不擊取楚以眛在公若欲捕我自媚漢吾今死公隨手亡矣乃罵信曰公非長者卒自剄信持其首謁於陳帝令武士縛信載後車信曰果若人言狡兔死良狗亨上曰人告公反遂械信至雒陽赦以爲淮陰侯信知漢畏惡其能稱疾不朝從由此日怨望心常鞅鞅羞與絳灌等列嘗過樊將軍噲噲趨拜送迎言稱臣曰大王乃肯臨臣信出門笑曰生乃與噲等爲伍上嘗從容與信言諸將能各有差上問曰如我能將幾何信曰陛下不過能將十萬上曰于公何如曰如臣多多益善耳上笑曰多多益善何爲爲我禽信曰陛下不能將兵而善將將此乃信之爲陛下禽也且陛下所謂天授非人力也後陳豨爲代相監邊辭信信挈其手與步於庭數匝仰天而嘆曰子可與言乎吾欲與子有言豨因曰唯將軍命信曰公之所居天下精兵處也而公陛下之信幸臣也人言公反陛下必不信再至陛下乃疑三至必怒而自將吾爲公從中起天下可圖也陳豨素知其能信之曰謹奉教漢十年豨果反高帝自將而往信稱病不從陰使人至豨所而與家臣謀夜詐赦諸官徒奴發兵襲呂后太子部署已定待豨報其舍人得罪信信囚欲殺之舍人弟上書變告信欲反狀於呂后呂后欲召恐其黨不就乃與蕭相國謀詐令人從帝所來稱豨已破羣臣皆賀相國紿信曰雖病彊入賀信入呂后使武士縛信斬之長樂鍾室信方斬曰吾不用蒯通計反爲兒女子所詐豈非天哉遂夷信三族高祖已破豨歸至聞信死且喜且哀之問曰信死亦何言呂后道其語高祖曰此齊辯士蒯通也召欲亨之通至自說釋弗誅語在通傳

彭越字仲昌邑人也常漁鉅野澤中爲盜陳勝起或謂越曰豪桀相立畔秦仲可效之越曰兩龍方鬬且待之居歲餘澤閒少年相聚百餘人往從越請仲爲長越謝不願也少年彊請乃許與期旦日日出時後會者斬旦日日出十餘人後後者至日中於是越謝曰臣老諸君彊以爲長今期而多後不可盡誅誅最後者一人令校長斬之皆笑曰何至是請後不敢於是越乃引一人斬之設壇祭令徒屬徒屬皆驚畏越不敢仰視乃行略地

收諸侯散卒得千餘人沛公之從碭北擊昌邑越助之昌邑未下沛公引兵西越亦將其衆居鉅野澤中收魏敗散卒項籍入關王諸侯還歸越衆萬餘人無所屬齊王田榮叛項王漢乃使人賜越將軍印使下濟陰以擊楚楚令蕭公角將兵擊越越大破楚軍漢二年春與魏豹及諸侯東擊楚越將其兵三萬餘人歸漢外黃漢王曰彭將軍收魏地得十餘城欲急立魏後今西魏王豹魏咎從弟眞魏也乃拜越爲魏相國擅將兵略定梁地漢王之敗彭城解而西也越皆亾其所下城獨將其兵北居河上漢三年越常往來爲漢游兵擊楚絶其糧於梁地項王與漢王相距滎陽越攻下睢陽外黃十七城項王聞之乃使曹咎守城皋自東收越所下城邑皆復爲楚越將其兵北走穀城項王南走陽夏越復下昌邑旁二十餘城得粟十餘萬斛以給漢食漢王數使使召越并力擊楚越曰魏地初定尙畏楚未可去漢王追楚爲籍所敗固陵乃謂留侯曰諸侯兵不從爲之柰何留侯曰彭越本定梁地功多始君王以魏豹故拜越爲相國今豹死亡後且越亦欲王而君王不蚤定今取睢陽以北至穀城皆許以王彭越又言所以許韓信語在高紀於是漢王發使使越如留侯策使者至越乃引兵會垓下項籍死立越爲梁王都定陶六年朝陳九年十年皆來朝長安陳豨反代地高帝自往擊之至邯鄲徵兵梁梁王稱病使使將兵詣邯鄲高帝怒使人讓梁王梁王恐欲自往謝其將扈輒曰王始不往見讓而往往即爲禽不如遂發兵反梁王不聽稱病梁太僕有罪亡走漢告梁王與扈輒謀反於是上使使掩捕梁王囚之雒陽有司治反形已具請論如法上赦以爲庶人徙蜀青衣西至鄭逢呂后從長安東欲之雒陽道見越越爲呂后涕泣自言亡罪願處故昌邑呂后許諾與俱東至雒陽呂后言上曰彭越壯士也今徙之蜀此自遺患不如遂誅之妾謹與俱來於是呂后令其舍人告越復謀反廷尉奏請遂夷越宗族

黥布六人也姓英氏少時客相之當刑而王及壯坐法黥布欣然笑曰人相我當刑而王幾是乎人有聞者共戲笑之布以論輸驪山驪山之徒數十萬人布皆與其徒長豪桀交通乃率其曹耦亡之江中爲羣盜陳勝之起也布乃見番君其衆數千人番君以女妻之章邯之滅陳勝破呂臣軍布引兵北擊秦左右校破之青波引兵而東聞項梁定會稽西渡淮布以兵屬梁梁西擊景駒秦嘉等布常冠軍項梁聞陳涉死立楚懷王以布爲當陽君項梁敗死懷王以布及諸侯將皆軍彭城當是時秦急圍趙趙數使人請救懷王懷王使宋義爲上將軍項籍與布皆屬之北救趙及籍殺宋義於河上自立爲上將軍使布先涉河擊秦軍數有利籍乃悉引兵從之遂破秦軍降章邯等楚兵常勝功冠諸侯諸侯兵皆服屬楚者以布數以少敗衆也項籍之引兵西至新安又使布等夜擊阬章邯秦卒二十餘萬人至關不得入又使布等先從閒道破關下軍遂得入至咸陽布爲前鋒項王封諸將立布爲九江王都六尊懷王爲義帝徙都長沙迺陰令布擊之布使將追殺之郴齊王田榮叛楚項王往擊齊徵兵九江布稱病不往遣將將數千人行漢之敗楚彭城布又稱病不佐楚項王由此怨布數使使者誚讓責布布愈恐不敢往項王方北憂齊趙西患漢所與者獨布又多其材欲親用之以故未擊漢王與楚大戰彭城不利出梁地至虞謂左右曰如彼等者無足與計天下事者謁者隨何進曰不審陛下所謂漢王曰孰能爲我使淮南使之發兵背楚留項王於齊數月我之取天下可以萬全隨何曰臣請使之乃與二十人俱使淮南至太宰主之三日不得見隨何因說太宰曰王之不見何必以楚爲彊以漢爲弱此臣之所爲使使何得見言之而是邪是大王所欲聞也言之而非邪使何等二十人伏斧鑕淮南市以明背漢而與楚也太宰乃言之王王見之隨何曰漢王使臣敬進書大王御者竊怪大王與楚何親也淮南曰寡人北鄉而臣事之隨何曰大王與楚俱列爲諸侯北鄉而臣事之必以楚爲彊可以託國也項王伐齊身負版築以爲士卒先大王宜悉淮南之衆身自將爲楚軍前鋒今乃發四千人助楚夫北面而臣事人者固若是乎夫漢王戰於彭城項王未出齊也大王宜埽淮南之衆日夜會戰彭城下今撫萬人之衆無一士渡淮者垂拱而觀其孰勝夫託國於人者固若是乎大王提空名以鄕楚而欲厚自託臣竊爲大王不取也然大王不背楚者以漢爲弱也夫楚兵雖彊天下負之以不義之名以其背明約而殺義帝也然而楚王恃以戰勝自彊漢王收諸侯還守成皋滎陽下蜀漢之粟深溝高壘分卒守徼乘塞楚人還兵閒以梁地深入敵國八九百里欲戰則不得攻城則力不能老弱轉糧千里之外楚兵至滎陽成皋漢堅守而不動進則不得攻退則不能解故楚兵不足罷也使楚兵勝漢則諸侯自危懼而相救夫楚之彊適足以致天下之兵耳故楚不如漢其勢易見也今大王不與萬全之漢而自託於危亡之楚臣竊爲大王惑之臣非

以淮南之兵足以亡楚也夫大王發兵而背楚項王必留留數月漢之取天下可以萬全臣請與大王杖劍而歸漢漢王必裂地而分大王又況淮南必大王有也故漢王敬使使臣進愚計願大王之留意也淮南王曰請奉命陰許叛楚與漢未敢洩楚使者在方急責布發兵隨何直入曰九江王已歸漢楚何以得發兵布愕然楚使者起何因說布曰事已搆獨可遂殺楚使毋使歸而疾走漢并力布曰如使者敎因起兵而攻楚楚使項聲龍且攻淮南項王留而攻下邑數月龍且攻淮南破布軍布欲引兵走漢恐項王擊之故閒行與隨何俱歸漢至漢王方踞牀洗而召布入見布大怒悔來欲自殺出就舍帳御飲食從官如漢王居布又大喜過望於是乃使人之九江楚已使項伯收九江兵盡殺布妻子布使者頗得故人幸臣將眾數千人歸漢漢益分布兵而與俱北收兵至成皋四年秋七月立布為淮南王與擊項籍布使人之九江得數縣五年布與劉賈入九江誘大司馬周殷殷反楚遂舉九江兵與漢擊楚破垓下項籍死上置酒對眾折隨何曰腐儒為天下安用腐儒哉何跪曰夫陛下引兵攻彭城楚王未至齊也陛下發步卒五萬人騎五千能以取淮南乎曰不能何曰陛下使何與二十人使淮南如陛下之意是何之功賢於步卒數萬騎五千也然陛下謂何曰腐儒為天下安用腐儒何也上曰吾方圖子之功乃以隨何為護軍中尉布遂剖符為淮南王都六九江廬江衡山豫章郡皆屬焉六年朝陳七年朝雒陽九年朝長安十一年高后誅淮陰侯布因心恐夏漢誅梁王彭越盛其醢以徧賜諸侯至淮南淮南王方獵見醢因大恐陰令人部聚兵候伺旁郡警急布有所幸姬病就醫醫家與中大夫賁（音肥姓也）赫對門赫乃厚餽遺從姬飲醫家姬侍王從容語次譽赫長者王怒曰女安從知之具道王疑與亂赫恐稱便王愈怒欲捕赫赫上變事乘傳詣長安布使人追不及赫至上變言布謀反有端可先未發誅也上以其書語蕭相國蕭相國曰布不宜有此恐仇怨誣之請繫赫使人微驗淮南王布見赫以罪亡上變已疑其言國陰事漢使又來頗有所驗遂族赫家發兵反反書聞上乃赦赫以為將軍召諸將問布反為之柰何皆曰發兵阬豎子耳何能為汝陰侯滕公以問其客辥公辥公曰是固當反滕公曰上裂地而封之疏爵而貴之南面而立萬乘之主其反何也辥公曰前年殺彭越往年殺韓信三人同功一體之人也自疑禍及身故反耳滕公言之上曰臣客故楚令尹辥公其人有籌策可問上乃見問辥公對曰布反不足怪也使布出於上計山東非漢之有也出於中計勝負之數未可知也出於下計陛下安枕而臥矣上曰何謂上計對曰東取吳西取楚并齊取魯傳檄燕趙固守其所山東非漢之有也何謂中計東取吳西取楚并韓取魏據敖倉之粟塞成皋之險勝敗之數未可知也何謂下計東取吳西取下蔡歸重於越身歸長沙陛下安枕而臥漢無事矣上曰是計將安出辥公曰出下計上曰胡為廢上計而出下計對曰布故驪山之徒也致萬乘之主此皆為身不顧後為百姓萬世慮者也故出下計上曰善封辥公千戶遂發兵自將東擊布布之初反謂其將曰上老矣厭兵必不能來使諸將諸將獨患淮陰彭越今已死餘不足畏故遂反果如辥公揣之東擊荆荆王劉賈走死富陵盡劫其兵渡淮擊楚楚發兵與戰徐僮閒為三軍欲以相救為奇或說楚將曰布善用兵民素畏之且兵法諸侯自戰其地為散地今別為三彼敗吾一餘皆走安能相救不聽布果破其一軍二軍散走遂西與上兵遇蘄西會（工外反）甀（丈遂反）布兵精甚上乃壁庸城望布軍置陳如項籍軍上惡之與布相望見遙謂布何苦而反布曰欲為帝耳上怒罵之遂大戰破布軍布走渡淮數止戰不利與百餘人走江南布舊與番君婚故長沙哀王使人誘布偽與俱亡走越布信而隨至番陽番陽人殺布茲鄉遂滅之封賁赫為列侯將帥封者六人

盧綰豐人也與高祖同里綰親與高祖太上皇相愛及生男高祖綰同日生里中持羊酒賀兩家及高祖綰壯學書又相愛也里中嘉兩家親相愛生子同日壯又相愛復賀羊酒高祖為布衣時有吏事避匿綰常隨上下及高祖初起沛綰以客從入漢為將軍常侍中從東擊項羽以太尉常從出入臥內衣被飲食賞賜羣臣莫敢望雖蕭曹等特以事見禮至其親幸莫及綰者封為長安侯長安故咸陽也項籍死使綰別將與劉賈擊臨江王共尉還從擊燕王臧荼皆破平時諸侯非劉氏而王者七人上欲王綰為羣臣觖望及虜臧荼乃下詔詔諸將相列侯擇羣臣有功者以為燕王羣臣知上欲王綰皆曰太尉長安侯綰常從平定天下功最多可王上乃立綰為燕王諸侯得幸莫如燕王者綰立六年以陳豨事見疑而敗豨者宛句人也不知始所以得從及韓王信反入匈奴上至平城還豨以郎中封為列侯以相國將監趙代邊兵邊兵皆屬焉豨少時常稱慕魏公子及將守邊招致賓客常言過趙賓客隨之者千餘乘邯鄲

宦舍皆滿豨所以待客如布衣交皆出客下趙相周昌乃求入見上具言豨賓客盛擅兵於外恐有變上令人覆案豨客居代者諸將不法事多連引豨豨恐陰令客通使王黃曼丘臣所漢十年秋太上皇崩上因是召豨豨稱病遂與王黃等反自立爲代王劫略趙代上聞乃赦吏民爲豨所詿誤劫略者上自擊豨破之語在高紀初上如邯鄲擊豨燕王綰亦擊其東北豨使王黃求救匈奴綰亦使其臣張勝使匈奴言豨等軍破勝至胡故燕王臧荼子衍亡在胡見勝曰公所以重於燕者以習胡事也燕所以久存者以諸侯數反兵連不決也今公爲燕欲急滅豨等豨等已盡次亦至燕公等亦且爲虜矣公何不令燕且緩豨而與胡連和事寬得長王燕卽有漢急可以安國勝以爲然迺私令匈奴兵擊燕綰疑勝與胡反上書請族勝勝還報具道所以爲者綰寤乃詐論他人以脫勝家屬使得爲匈奴閒而陰使范齊之豨所欲令久連兵毋決漢旣斬豨其裨將降言燕王綰使范齊通計謀豨所上使使召綰綰稱病又使辟陽侯審食其御史大夫趙堯往迎綰因驗問其左右綰愈恐閉匿謂其幸臣曰非劉氏而王者獨我與長沙耳往年漢族淮陰誅彭越皆呂后計今上病屬任呂后呂后婦人專欲以事誅異姓王者及大功臣乃稱病不行其左右皆亡匿語頗泄辟陽侯聞之歸具報上益怒又得匈奴降者言張勝在匈奴爲燕使於是上曰綰果反矣使樊噲擊綰綰悉將其宮人家屬騎數千居長城下候伺幸上病瘉自入謝高祖崩綰遂將其眾亡入匈奴匈奴以爲東胡盧王爲蠻夷所侵奪常思復歸居歲餘死胡中高后時綰妻與其子亡降會高后病不能見舍燕邸爲欲置酒見之高后竟崩綰妻亦病死孝景帝時綰孫它人以東胡王降封爲惡谷侯傳至曾孫有罪國除

吳芮秦時番陽令也甚得江湖閒民心號曰番君天下之初叛秦也黥布歸芮芮妻之因率越人舉兵以應諸侯沛公攻南陽乃遇芮之將梅鋗與偕攻析酈降之及項羽相王以芮率百越佐諸侯從入關故立芮爲衡山王都邾其將梅鋗功多封十萬戶爲列侯項籍死上以鋗有功從入武關故德芮徙爲長沙王都臨湘一年薨謚曰文王子成王臣嗣薨子哀王回嗣薨子共王右嗣薨子靖王羌嗣孝文後七年薨無子國除初文王芮高祖賢之制詔御史長沙王忠其定著令至孝惠高后時封芮庶子二人爲列侯傳國數世絕

季布楚人也爲任俠有名項籍使將兵數窘漢王項籍滅高祖購求布千金敢有舍匿罪及三族布匿濮陽周氏周氏曰漢求將軍急迹且至臣家能聽臣臣敢進計卽否願先自剄布許之乃髡鉗布衣褐置廣柳車中并與其家僮數十人之魯朱家所賣之朱家心知其季布也買置田舍乃之雒陽見汝陰侯滕公說曰季布何罪臣各爲其主用職耳項氏臣豈可盡誅邪今上始得天下而以私怨求一人何示不廣也且以季布之賢漢求之急如此此不北走胡南走越耳夫忌壯士以資敵國此伍子胥所以鞭荆平之墓也君何不從容爲上言之滕公心知朱家大俠意季布匿其所迺許曰諾侍閒果言如朱家指上迺赦季布當是時諸公皆多季布能摧剛爲柔朱家亦以此名聞當世季布召見謝上拜爲郎中孝惠時爲中郎將單于嘗爲書嫚呂太后不遜太后怒召諸將議之上將軍樊噲曰臣願得十萬眾橫行匈奴中諸將皆阿呂太后意以噲爲然布曰噲可斬也夫以高帝兵三十餘萬困於平城噲時亦在其中今噲柰何以十萬眾橫行匈奴中面謾且秦以事胡陳勝等起今瘡痍未瘳噲又面諛欲搖動天下是時殿上皆恐太后罷朝遂不復議擊匈奴事布爲河東守孝文時人有言其賢者文帝召欲以爲御史大夫復有言其勇使酒難近至邸留一月見罷布進曰臣待罪河東陛下無故召臣此人必有以臣欺陛下者今臣至無所受事罷去此人必有毀臣者夫陛下以一人之譽召臣一人之毀去臣恐天下有識者聞之有以闚陛下上嘿然慙曰河東吾股肱郡故時召君耳布辭之官辯士曹丘生數招權顧金錢事貴人趙談等與竇長君善布聞之寄書諫長君曰吾聞曹丘生非長者勿與通及曹丘生歸欲得書請布竇長君曰季將軍不說足下足下無往固請書遂行使人先發書布果大怒待曹丘曹丘至則揖布曰楚人諺曰得黃金百斤不如得季布一諾足下何以得此聲於梁楚之閒哉且僕楚人足下亦楚人使僕游揚足下名於天下顧不美乎何足下距僕之深也布迺大悅引入爲上客厚送之季布名所以益聞者曹丘揚之也布弟季心氣蓋關中遇人恭謹爲任俠方數千里士爭爲死嘗殺人亡之吳從袁絲匿長事袁絲弟畜灌夫籍福之屬嘗爲中司馬中尉郅都不敢不加禮少年多時時竊借其名以行當是時季心以勇布以諾聞關中布母弟丁公爲項羽將逐窘高祖彭城西短兵接高祖急顧謂丁公曰兩賢豈相厄者丁公乃引兵而還及項王滅丁公謁見高祖以丁公徇軍中曰丁公爲項王臣不忠使項王失天下者乃丁公也遂斬之曰使後爲人

臣無傚丁公也
欒布梁人也彭越爲家人時常與布遊窮困賃庸於齊爲酒家保數歲別去而布爲人所略賣爲奴於燕爲其家主報仇燕將臧荼舉以爲都尉臧荼爲燕王布爲將及荼反漢擊燕虜布梁王彭越聞之迺言上請贖布爲梁大夫使於齊未還漢召彭越責以謀反夷三族梟首雒陽下詔有收視者輒捕之布還奏事彭越頭下祠而哭之吏捕以聞上召布罵曰若與彭越反邪吾禁人勿收若獨祠而哭之與反明矣趣亨之方提趨湯布顧曰願一言而死上曰何言布曰方上之困彭城敗滎陽成皐閒項王所以遂不能西徒以彭王居梁地與漢合從苦楚也當是之時彭王一顧與楚則漢破與漢則楚破且垓下之會微彭王項氏不亡天下已定彭王剖符受封亦欲傳之萬世今陛下一徵兵於梁彭王病不行而疑以爲反反形未見以苛細誅之臣恐功臣人人自危也今彭王已死臣生不如死請就亨上乃釋布拜爲都尉孝文時爲燕相至將軍布迺稱曰窮困不能辱身非人也富貴不能快意非賢也於是嘗有德者厚報之有怨者必以法滅之吳楚反時以功封爲鄃侯復爲燕相燕齊之閒皆爲立社號曰欒公社布薨子賁嗣侯孝武時坐爲太常犧牲不如令國除

田叔趙陘城人也其先齊田氏也叔好劍學黃老術於樂鉅公爲人廉直喜任俠游諸公趙人舉之趙相趙午言之趙王張敖以爲郎中數歲趙王賢之未及遷會趙午貫高等謀弒上事發覺漢下詔捕趙王及羣臣反者趙有敢隨王罪三族唯田叔孟舒等十餘人赭衣自髡鉗隨王至長安趙王敖事白得出廢王爲宣平侯乃進言叔等十人上召見與語漢廷臣無出其右者上說盡拜爲郡守諸侯相叔爲漢中守十餘年孝文帝初立召叔問曰公知天下長者乎曰臣何足以知之上曰公長者宜知之叔頓首曰故雲中守孟舒長者也是時舒坐虜大入雲中免上曰先帝置舒雲中十餘年虜常一入孟舒不能堅守無故士卒戰死者數百人長者固殺人乎叔叩頭曰夫貫高等謀反天子下明詔趙有敢隨張王者罪三族然孟舒自髡鉗隨張王以身死之豈自知爲雲中守哉漢楚相距士卒罷敝而匈奴冒頓新服北夷來爲邊寇孟舒知士卒罷敝不忍出言士爭臨城死敵如子爲父以故死者數百人孟舒豈毆之哉是乃孟舒所以爲長者於是上曰賢哉孟舒復召以爲雲中守後數歲叔坐法失官梁孝王使人殺漢議臣袁盎景帝召叔案梁具得其事還報上曰梁有之乎對曰有之事安在叔曰上無以梁事爲問也今梁王不伏誅是廢漢法也如其伏誅而太后食不甘味臥不安席此憂在陛下於是上大賢之以爲魯相相初至官民以王取其財物自言者百餘人叔取其渠率二十人笞怒之曰王非若主邪何敢自言主魯王聞之大慙發中府錢使相償之相曰王自使人償之不爾是主爲惡而相爲善也魯王好獵相常從入苑中王輒休相就館相常暴坐苑外終不休曰吾王暴露獨何爲舍王以故不大出游數年以官卒魯以百金祠少子仁不受曰義不以百金傷先人名仁以勇壯爲衛將軍舍人數從擊匈奴衛將軍進言仁爲郎中至二千石丞相長史失官後使刺三河還奏事稱意拜爲京輔都尉月餘遷司直數歲戾太子舉兵仁部閉城門令太子得亡坐縱反者族

通志卷九十五

通志卷九十六

宋右迪功郎鄭樵漁仲撰

列傳第九

前漢

蕭何　曹參　張良　陳平　王陵　周勃子亞夫
樊噲　酈商子寄　夏侯嬰　灌嬰　傅寬　靳歙
周緤　張蒼　周昌從兄苛趙堯　任敖　申屠嘉　酈食其　陸賈　朱建　婁敬　叔孫通

蕭何沛豐人也以文毋害爲沛主吏掾高祖爲布衣時何數以吏事護高祖高祖爲亭長常左右之高祖以吏繇咸陽吏皆送奉錢三何獨以五秦御史監郡者與從事常辯之何乃給泗水卒史事第一秦御史欲入言徵何何固請得毋行及高祖起爲沛公何常爲丞督事沛公至咸陽諸將皆爭走金帛財物之府分之何獨先入收秦丞相御史律令圖書藏之沛公具知天下阸塞戶口多少彊弱處民所疾苦者以何得秦圖書也初諸侯相與約先入關破秦者王其地沛公既先定秦項羽後至欲攻沛公沛公謝之得解羽遂屠燒咸陽與范增謀曰巴蜀道險秦之遷民皆居蜀迺曰蜀漢亦關中地也故立沛公爲漢王而三分關中地王秦降將以距漢王漢王怒欲謀攻項羽周勃灌嬰樊噲皆勸之何諫之曰雖王漢中之惡不猶愈於死乎漢王曰何爲乃死也何曰今衆弗如百戰百敗不死何爲周書曰天予不取反受其咎語曰天漢其稱甚美夫能詘於一人之下而信於萬乘之上者湯武是也臣願大王王漢中養其民以致賢人收用巴蜀還定三秦天下可圖也漢王曰善乃遂就國以何爲丞相何進韓信漢王以信爲大將軍說漢王令引兵東定三秦語在信傳何以丞相留收巴蜀塡撫諭告使給軍食漢二年漢王與諸侯擊楚何守關中侍太子治櫟陽爲法令約束立宗廟社稷宮室縣邑輒奏上可許以從事卽不及奏上輒以便宜施行上來以聞計戶口轉漕給軍漢王數失軍遯去何常興關中卒輒補缺上以此剸屬任何關中事漢三年與項羽相距京索閒上數使使勞苦丞相鮑生謂何曰今王暴衣露蓋數使使勞苦君者有疑君心也爲君計莫若遣君子孫昆弟能勝兵者悉詣軍所上必益信君於是何從其計漢王大說漢五年既殺項羽卽皇帝位論功行封羣臣爭功歲餘不決上以何功最盛先封爲酇侯食邑八千戶功臣皆曰臣等身被堅執銳多者百餘戰少者數十合攻城略地大小各有差今蕭何未嘗有汗馬之勞徒持文墨議論不戰顧反居臣等上何也上曰諸君知獵乎曰知之知獵狗乎曰知之上曰夫獵追殺獸兔者狗也而發縱指示獸處者人也今諸君徒能走得獸耳功狗也至如蕭何發縱指示功人也且諸君獨以身隨我多者兩三人今蕭何舉宗數十人皆隨我功不可忘也後羣臣莫敢言列侯畢已受封及奏位次皆曰平陽侯曹參身被七十創攻城略地功最多宜第一上已橈功臣多封蕭何至位次未有以復難之然心欲何第一關內侯鄂千秋時爲謁者進曰羣臣議皆誤夫曹參雖有野戰略地之功此特一時之事夫上與楚相距五歲失軍亾衆跳身遯者數矣然蕭何常從關中遣軍補其處非上所詔令召百數萬衆會上之乏絕者數矣夫漢與楚相守滎陽數年軍無見糧蕭何轉漕關中給食不乏陛下雖數亾山東蕭何常全關中以待陛下此萬世之功也今雖亾曹參百數何缺於漢漢得之不必待以全柰何欲以一旦之功而加萬世之功哉蕭何當第一曹參次之上曰善於是乃令何賜帶劍履上殿入朝不趨上曰吾聞進賢受上賞蕭何功雖高待鄂君乃得明於是因鄂千秋故所食關內侯邑二千戶封爲安平侯是日悉封何父母兄弟十餘人皆有食邑上以繇咸陽時何所送獨贏奉錢二乃益封何二千戶十一年陳豨反上自將至邯鄲淮陰侯謀反關中呂后用何計誅信語在信傳上已聞信誅乃使使拜丞相爲相國益封五千戶令卒五百人一都尉爲相國衛諸君皆賀召平獨弔召平者故秦東陵侯秦破爲布衣貧種瓜長安城東瓜美故世謂東陵瓜從召平名也平謂何曰禍自此始矣上暴露於外而君守於內非被矢石之難而益君封置衛者以今者淮陰新反於中有疑君心夫置衛衛君非以寵君也願君讓封勿受悉以家私財佐軍則上心說何從其計上乃大喜十二年秋黥布反上自擊之數使使問相國何爲曰相國爲上在軍乃拊循勉力百姓悉以所有佐軍如陳豨時客又說何曰君滅族不久矣夫君位爲相國功第一不可復加然君初入關得百姓心十餘年矣皆附君倘復孳孳得民和上所爲數問君者畏君傾動關中今君胡不多買田宅賤貰貣以自汙上心乃安何從其計上乃大說上罷布軍歸民道遮行上書言相國彊賤買民田宅數千萬上至何謁上笑曰夫相國乃利民民所上書皆以與何曰君自謝民何因爲民請曰長安地陿上林中多空地棄願令民得入田毋收藁爲禽獸食上大怒曰相國多受賈人財物乃爲請吾苑乃下何廷尉械繫之數日王衛尉侍前問曰

相國何大罪陛下繫之暴也上曰吾聞李斯相秦皇帝有善歸主有惡自予今相國多受賈豎金而爲民請吾苑以自媚於民故繫治之王衞尉曰夫職事苟有便於民而請之眞宰相事也陛下柰何乃疑相國受賈人錢乎且陛下距楚數歲陳豨黥布反時陛下自將而往當是時相國守關中搖足則關以西非陛下有也相國不以此時爲利乃利賈人之金乎且秦以不聞其過亾天下李斯之分過又何足法哉陛下何疑宰相之淺也上不懌是日使使持節赦出何何年老素恭謹徒跣入謝上曰相國休矣相國爲民請吾苑不許我不過爲桀紂主而相國爲賢相吾故繫相國欲令百姓聞吾過高祖崩何事惠帝何病上親自臨視何疾因問曰君卽百歲後誰可代君對曰知臣莫若主帝曰曹參何如何頓首曰帝得之矣何死不恨矣何買田宅必居窮僻處爲家不治垣屋曰令後世賢師吾儉不賢毋爲勢家所奪孝惠二年何薨謚曰文終侯子祿嗣薨無子高帝乃封何夫人同爲酇侯小子延爲筑陽侯孝文元年罷同更封延爲酇侯薨子遺嗣薨無子文帝復以遺弟則嗣坐事免景帝二年制詔御史故相國蕭何高皇帝大功臣所與爲天下也今其祀絕朕甚憐之其以武陽縣戶二千封何孫嘉爲列侯嘉則弟也薨子勝嗣後有罪免武帝元狩中復下詔御史以酇戶二千四百封何曾孫慶爲酇侯布告天下令明知朕報蕭相國德也慶則子也薨子壽成立坐爲太常犧牲瘦免宣帝時詔丞相御史求問蕭相國後在者得玄孫建世等十二人復下詔以酇戶二千封世爲酇侯傳子至孫獲坐使奴殺人減死論成帝時復封何玄孫之子南䜌長喜爲酇侯傳子至曾孫王莽敗國乃絕

曹參沛人也秦時爲沛獄掾而蕭何爲主吏居縣爲豪吏矣高祖之爲沛公也參以中涓從擊胡陵方與攻秦監公軍大破之東下薛擊泗水守軍薛郭西復攻胡陵取之徙守方與方與反爲魏擊之豐反爲魏攻之賜爵七大夫擊秦司馬尼軍碭東破之取碭狐父祁善置（置譯也善名也）又攻下邑以西至虞擊章邯車騎攻爰戚及亢父先登遷爲五大夫北救東阿擊章邯軍陷陳追至濮陽攻定陶取臨濟南救雍丘擊李由軍破之殺李由虜秦候一人章邯破殺項梁也沛公與項羽引兵而東楚懷王以沛公爲碭郡長將碭郡兵封參爲執帛號曰建成君遷爲戚公屬碭郡其後從攻秦東郡尉軍破之成武南擊王離軍成陽南復攻之杠里大破之追北西至開封擊趙賁軍破之圍趙賁開封城中西擊秦將楊熊軍於曲遇破之虜秦司馬及御史各一人遷爲執珪從西攻陽武下轘轅緱氏絕河津還擊趙賁軍尸北破之從南攻犨與南陽守齮戰陽城郭東陷陳取宛虜齮盡定南陽郡從西攻武關嶢關取之前攻秦軍藍田南又夜擊其北秦軍大破遂從至咸陽滅秦項羽至以沛公爲漢王漢王封參爲建成侯從至漢中遷爲將軍從還定三秦初攻下辯故道雍斄擊章平軍於好畤南破之圍好畤取壤鄉擊三秦軍壤東及高櫟破之復圍章平平出好畤走因擊趙賁內史保軍破之東取咸陽更名曰新城參將兵守景陵二十日三秦使章平等攻參參出擊大破之賜食邑於寧秦參以將軍引兵圍章邯於廢丘以中尉從漢王出臨晉關至河內下修武度圍津東擊龍且項佗於定陶破之東取碭蕭彭城擊項籍軍漢軍大敗走參以中尉圍取雍丘王武反於外黃程處反於燕往擊盡破之柱天侯反於衍氏又進破取衍氏擊羽嬰於昆陽追至葉還攻武彊因至滎陽參自漢中爲將軍中尉從擊諸侯及項羽敗還至滎陽凡二歲漢王乃拜爲假左丞相入屯兵關中月餘魏王豹反與韓信東攻魏將軍孫遫軍東張大破之因攻安邑得魏將王襄擊魏王於曲陽追至武垣生得魏王豹取平陽得魏王母妻子盡定魏地凡五十二城賜食邑平陽因從韓信擊趙相國夏說軍於鄔東大破之斬夏說韓信與故常山王張耳引兵下井陘擊成安君而令參還圍趙別將戚將軍於鄔城中戚將軍出走追斬之乃引兵詣敖倉漢王之所韓信已破趙爲相國東擊齊參以左丞相屬韓信攻破齊歷下軍遂取臨淄還定濟北郡收著漯陰平原鬲盧已而與韓信擊龍且軍於上假密大破之斬龍且虜亞將周蘭定齊郡凡得七十餘縣得故齊王田廣相田光其守相許章及故齊膠東將軍田既韓信爲齊王引兵東詣陳與漢王共破項羽而參留平齊未服者項籍已死漢王爲皇帝韓信徙爲楚王參歸漢相印高祖以長子肥爲齊王而以參爲齊相國高祖六年與諸侯剖符賜參爵列侯食邑平陽萬六百三十戶世世勿絕號平陽侯除前所食邑參以齊相國從擊陳豨將張春軍破之黥布反參從齊悼惠王將車騎十二萬人與高祖會擊黥布軍大破之南至蘄還定竹邑相蕭留參功凡下二國縣百二十二得王二人相三人將軍六人大莫敖郡守司馬候御史各一人孝惠元年除諸侯相國法更以參爲齊丞相參之相齊齊七十城天下初定悼惠王富於春秋參盡召長老諸先生問所以安

集百姓而齊故諸儒以百數言人人殊參未知所定聞膠西有蓋公善治黃老言使人厚幣請之既見蓋公蓋公爲言治道貴淸靜而民自定推此類具言之參於是避正堂舍蓋公焉其治要用黃老術故相齊九年齊國安輯大稱賢相惠帝二年蕭何薨參聞之告舍人趣治行吾且入相居無何使者果召參參去屬其後相曰以齊獄市爲寄愼勿擾也後相曰治無大於此者乎參曰不然夫獄市者所以并容也今君擾之姦人安所容乎吾是以先之始參微時與蕭何善及爲將相有隙至何且死所推賢唯參參代何爲相國舉事無所變更壹遵何約束擇郡國吏木訥於文辭謹厚長者卽召除爲丞相吏吏之言文刻深欲務聲名者輒斥去之日夜飮醇酒卿大夫以下吏及賓客見參不事事來者皆欲有言至者參輒飮以醇酒閒之欲有所言復飮之醉而後去終莫得開說以爲常相舍後園近吏舍吏舍日飮歌呼從吏患之無如之何乃請參遊後園聞吏醉歌呼從吏幸相國召按之乃反取酒張坐飮亦歌呼與相應和參見人有細過掩匿覆蓋之府中無事參子窋爲中大夫惠帝怪相國不治事以爲豈少朕與乃謂窋曰若歸試從容私問而父曰高帝新棄羣臣帝富於春秋君爲相國日飮無所請事何以憂天下乎然毋言吾告若也窋既洗沐歸閒時自從其所諫參參怒而笞窋二百曰趣入侍天下事非若所當言也至朝時惠帝讓參曰與窋胡治乎乃者我使諫君也參免冠謝曰陛下自察聖武孰與高皇帝上曰朕乃安敢望先帝乎參曰陛下觀臣能孰與蕭何賢上曰君似不及也參曰陛下言之是也且高皇帝與蕭何定天下法令既明今陛下垂拱參等守職遵而勿失不亦可乎惠帝曰善君休矣參爲相國出入三年薨諡曰懿侯百姓歌之曰蕭何爲法顜古項反一音較若畫一曹參代之守而勿失載其淸靜民以寧壹窋嗣侯高后時至御史大夫傳國至曾孫襄武帝時爲將軍擊匈奴薨子宗嗣有罪免爲城旦國除哀帝時封參玄孫之孫本始爲平陽侯二千戶王莽時薨子宏嗣建武中先降河北封平陽侯

張良字子房其先韓人也大父開地相韓昭侯宣惠王襄哀王父平相釐王悼惠王悼惠王二十三年平卒卒二十歲秦滅韓良年少未宦事韓韓破良家僮三百人弟死不葬悉以家財求客刺秦王爲韓報讎以大父父相韓五世主故良嘗學禮淮陽東見倉海君得力士爲鐵椎重百二十斤秦皇帝東游至博浪沙中良與客狙擊秦皇帝誤中副車秦皇帝大怒大索天下求賊甚急良乃更名姓亡匿下邳良嘗閒從容步游下邳圯上有一老父衣褐至良所直墮其履圯下顧謂良曰孺子下取履良愕然欲毆之爲其老彊忍下取履父曰履我良業爲取履因長跪履之父以足受笑而去良殊大驚隨目之父去里所復還曰孺子可教矣後五日平明與我會此良因怪之跪曰諾五日平明良往父已先在怒曰與老人期後何也去曰後五日早會五日雞鳴良往父又先在復怒曰後何也去曰後五日復蚤來五日良夜未半往有頃父亦來喜曰當如是出一編書曰讀是則爲王者師矣後十年興十三年孺子見我濟北穀城山下黃石卽我已遂去無他言不復見旦日視其書乃太公兵法也良異之常習誦讀之居下邳爲任俠項伯嘗殺人從良匿後十年陳涉等起良亦聚少年百餘人景駒自立爲楚假王在留良欲往從之道遇沛公將數千人略地下邳遂屬焉沛公拜良爲廄將良數以太公兵法說沛公沛公善之常用其策良爲他人言皆不省良曰沛公殆天授故遂從之不去見景駒沛公之薛見項梁共立楚懷王良乃說項梁曰君已立楚後而韓諸公子橫陽君成賢可立爲王益樹黨項梁使良求成立爲韓王以良爲韓司徒與韓王將千餘人西略韓地得數城秦輒復取之往來爲游兵潁川沛公自雒陽西南出轘轅良引兵從沛公下韓十餘城擊破楊熊軍沛公乃令韓王成留守陽翟與良俱南攻下宛西入武關沛公欲以二萬人擊秦嶢下軍良說曰秦兵尙彊未可輕臣聞其將屠者子賈豎易動以利願沛公且留壁使人先行爲五萬人具食益爲張旗幟諸山上爲疑兵令酈食其持重寶啗秦將秦將果畔欲連和俱西襲咸陽沛公欲聽之良曰此獨其將欲叛耳恐士卒不從不從必危不如因其解而擊之沛公乃引兵擊秦軍大破之逐北至藍田再戰秦兵竟敗遂至咸陽秦王子嬰降沛公入秦宮宮室帷帳狗馬重寶婦女以千數意欲留居之樊噲諫不聽良曰夫秦爲無道故沛公得至此夫爲天下除殘去賊宜縞素爲資今始入秦卽安其樂此所謂助桀爲虐且忠言逆耳利於行毒藥苦口利於病願沛公聽樊噲言沛公乃還軍霸上項羽至鴻門欲擊沛公項伯夜馳至沛公軍私見良欲與俱去良曰臣爲韓王送沛公今事有急亡去不義迺具語沛公沛公大驚曰爲之柰何良曰沛公誠欲背項王邪沛公曰鯫生說我距關毋內諸侯秦地可王也故聽之良曰沛公自度能卻項王乎沛公默然曰今爲柰何良因要項伯見沛公沛

公與伯飲爲壽結婚令伯具言沛公不敢背項王所以距關者備他盜也項羽後解語在羽傳漢元年沛公爲漢王王巴蜀賜良金百鎰珠二斗良具以獻項伯漢王因令良厚遺項伯使請漢中地項王乃許之漢王之國良送至褒中遣良歸韓良因說漢王燒絕棧道示天下無還心以固項王意乃使良還行燒絕棧道良歸至韓項羽以良從漢王故不遣韓王成之國從與俱東良說項王曰漢王燒絕棧道無還心矣乃以齊王田榮反書告項王項王以此無西憂漢心而發兵北擊齊項王竟不肯遣韓王乃以爲侯又殺之彭城 良亡閒行歸漢王漢王亦已還定三秦矣復以良爲成 信侯從東擊楚至彭城漢王兵敗而還至下邑漢王下 馬踞鞍而問曰吾欲捐關以東等棄之誰可與共功者 良進曰九江王黥布楚之梟將與項羽有郄彭越與齊 王田榮反梁地此兩人可急使而王之將獨韓信可屬 大事當一面卽欲捐之捐之此三人則楚可破也漢王 乃遣隨何說九江王布而使人連彭越及魏王豹反使 韓信將兵擊之因舉燕伐齊趙然卒破楚者此三人力 也良多病未嘗特將兵常爲畫策臣時 時從漢王漢三年項羽急圍漢王於滎陽漢王恐與酈 食其謀撓楚權酈生曰昔湯伐桀封其後於杞武王誅 紂封其後於宋今秦失德棄義伐滅六國使其後無立 錐之地陛下誠能復立六國後此其君臣百姓皆爭戴 陛下德義願爲臣妾德義已行陛下南面稱伯楚必斂 衽而朝漢王曰善趣刻印先生因行佩之良從外來謁 漢王漢王方食曰子房前客有爲我計撓楚權者具以 酈生語告於子房曰何如良曰誰爲陛下畫此計者陛 下事去矣漢王曰何哉良對曰臣

請借前箸爲大王籌之曰昔者湯伐桀而封其後於杞者度能制桀之死命也今陛下能制項籍之死命乎曰未能也其不可一矣武王伐紂封其後於宋者度能得紂之頭也今陛下能得項籍之頭乎曰未能也其不可二矣武王入殷表商容之閭釋箕子之拘封比干之墓今陛下能封聖人之墓表賢者之閭式智者之門乎曰未能也其不可三矣發鉅橋之粟散鹿臺之錢以賜貧乏今陛下能散府庫以賜貧窮乎曰未能也其不可四矣殷事已畢偃革爲軒倒載干戈覆以虎皮示天下不復用今陛下能偃武修文不復用兵乎曰未能也其不可五矣休馬華山之陽示以無所爲今陛下能休馬無所用乎曰未能也其不可六矣放牛桃林之陰以示天下不復輸積今陛下能放牛不復輸積乎曰未能也其不可七矣且夫天下游士離親戚棄墳墓去故舊從陛下遊者徒欲日夜望咫尺之地今乃立六國後游士各歸事其主從其親戚反其故舊墳墓陛下誰與取天下乎其不可八矣且夫楚唯毋彊六國立者復撓而從之陛下焉得而臣之誠用客之謀陛下事去矣漢王輟食吐哺罵曰豎儒幾敗乃公事令趣銷印漢四年韓信破齊而欲自立爲齊王漢王怒良與陳平說漢王漢王使良授齊王信印語在信傳中其秋漢王追楚至陽夏南戰不利而壁固陵諸侯期不至良說漢王漢王用其計諸侯皆至語在高紀漢六年正月封功臣良未嘗有戰鬬功高帝曰運籌策帷幄之中決勝千里之外子房功也自擇齊三萬戶良曰始臣起下邳與上會留此天以臣授陛下陛下用臣計幸而時中臣願封留足矣不敢當三萬戶乃封良爲留侯與蕭何等俱封上已封大功

臣二十餘人其餘日夜爭功不決未得行封上居雒陽南宮從復（音複上下有道故曰復道也）道望見諸將往往相與坐沙中偶語上曰此何語良曰陛下不知乎此謀反爾上曰天下屬安定何故反乎良曰陛下起布衣與此屬取天下今陛下已爲天子而所封皆蕭曹故人所親愛而所誅者皆平生所讐怨今軍吏計功以天下不足徧封此屬畏陛下不能盡封又恐見疑平生過失及誅故相聚謀反耳上乃憂曰爲之柰何良曰上平生所憎羣臣所共知誰最甚者上曰雍齒與我有故怨（未起之時有故怨也）數嘗窘辱我我欲殺之爲其功多故不忍良曰今急先封雍齒以示羣臣羣臣見雍齒封則人人自堅矣於是上乃置酒封雍齒爲什方侯而急趣丞相御史定功行封羣臣罷酒皆喜曰雍齒且侯我屬無患矣劉敬說高帝都關中上疑之左右大臣皆山東人多勸上都雒陽雒陽東有成皋西有殽黽背河鄉伊雒其固亦足恃良曰雒陽雖有此固其中小不過數百里田地薄四面受敵此非用武之國夫關中左殽函右隴蜀沃野千里南有巴蜀之饒北有胡苑之利阻三面而固守獨以一面東制諸侯諸侯安定河渭漕輓天下西給京師諸侯有變順流而下足以委輸此所謂金城千里天府之國劉敬說是也上卽日駕西都關中良從入關良性多病卽道引不食穀杜門不出歲餘上欲廢太子立戚夫人子趙王如意大臣多諫爭未能得堅決者也呂后恐不知所爲人或謂呂后曰留侯善畫計策上信用之呂后乃使建成侯呂澤劫良曰君常爲上謀臣今上日欲易太子君安得高枕而臥良曰始上數在急困之中幸用臣策天下安定以愛欲易太子骨肉之間雖臣等百餘人何益

呂澤彊要曰爲我畫計良曰此難以口舌爭也顧上有所不能致者四人四人者年老矣皆以上嫚侮士故逃匿山中義不爲漢臣然上高此四人今公誠能毋愛金玉璧帛令太子爲書卑辭安車使辯士固請宜來來以爲客時時從入朝令上見之則必異而問之問之知此四人賢則一助也於是呂后令呂澤使人奉太子書卑辭厚禮迎此四人四人至客建成侯所漢十一年黥布反上疾欲使太子將往擊四人相謂曰凡來者將以存太子太子將兵事危矣乃說建成侯曰太子將兵有功則位不益無功還則從此受禍矣且太子所與俱諸將皆嘗與上定天下梟將也今使太子將之此無異使羊將狼也皆不肯爲盡力其無功必矣臣聞母愛者子抱今戚夫人日夜侍御趙王如意常抱居前上曰終不使不肖子居愛子之上明乎其代太子位必矣君何不急請呂后承閒爲上泣言黥布天下猛將也善用兵今諸將皆陛下故等夷乃使太子將此屬無異使羊將狼也莫肯爲用且使布聞之則鼓行而西耳上雖病彊載輜車臥而護之諸將不敢不盡力上雖苦爲妻子自彊於是呂澤夜立見呂后呂后承間爲上泣涕而言如四人意上曰吾惟豎子固不足遣乃公自行耳於是上自將兵而東羣臣居守皆送至霸上良病自彊起至曲郵見上曰臣宜從病甚楚人剽疾願上愼毋與楚人爭鋒因說上曰令太子爲將軍監關中兵上曰子房雖病彊臥而傅太子是時叔孫通爲太傅良行少傅事漢十二年上從擊破布歸疾益甚愈欲易太子良諫不聽因疾不視事叔孫太傅稱說引古今以死爭太子上佯許之猶欲易之及宴置酒太子侍四人者從太子年皆八十有

餘鬚眉皓白衣冠甚偉上怪之問曰彼何爲者四人前對各言名姓曰東園公甪里先生綺里季夏黃公上乃大驚曰吾求公數歲公避逃我今公何自從吾兒遊乎四人皆曰陛下輕士善罵臣等義不受辱故恐而亾匿竊聞太子仁孝恭敬愛士天下莫不延頸願爲太子死者故臣等來耳上曰煩公幸卒調護太子四人爲壽已畢趨去上目送之召戚夫人指視四人者曰我欲易之彼四人爲之輔羽翼已成難動矣呂后眞而主矣戚夫人泣涕上曰爲我楚舞吾爲若楚歌歌曰鴻鵠高飛一舉千里羽翮已就橫絕四海橫絕四海當可柰何雖有矰繳尚安所施歌數闋戚夫人歔欷流涕上起去罷酒竟不易太子者良本招此四人之力也良從上擊代出奇計下馬邑及立蕭何相國所與從容言天下事甚衆非天下所以存亾故不著良迺稱曰家世相韓及韓滅不愛萬金之貲爲韓報讎彊秦天下振動今以三寸舌爲帝者師封萬戶位列侯此布衣之極於良足矣願棄人閒事欲從赤松子遊耳乃學辟穀道引輕身高帝崩呂后德良乃彊食之曰人生一世閒如駒之過隙何至自苦如此良不得已彊聽而食後八年薨謚文成侯良始所見下邳圯上老父與太公書者後十三年從高帝過濟北果得穀城山下黃石取而葆祠之及良死并葬黃石冢每上冢伏臘祠黃石太史公曰予以爲留侯其人計魁梧奇偉至見其圖狀貌如婦人好女云子不疑嗣侯孝文五年坐不敬國除

陳平陽武戶牖鄉人也少時家貧好讀書治黃老之術有田三十畝獨與兄伯居伯常耕田縱平使游學平爲人長大美色人或謂平貧何食而肥若是其嫂疾平之不視家生產曰亦食糠覈耳有叔如此不如無有伯聞之逐其婦而棄之及平長可取婦富人莫肯與者貧者平亦恥之戶牖富人張負有女孫五嫁夫輒死人莫敢娶平欲得之邑中有喪平家貧侍喪以先往後罷爲助張負既見之喪所獨視偉平平亦以故後去負隨平至其家家乃負郭窮巷以弊席爲門然門外多有長者車轍張負歸謂其子仲曰吾欲以女孫與陳平仲曰平貧不事事一縣盡笑其所爲獨柰何予女乎負曰人固有好美如陳平而長貧賤者乎卒與女爲平貧乃假貸幣以聘予酒肉之資以內婦負誡其孫曰毋以貧故事人不謹事兄伯如事父事嫂如事母平既娶張氏女齎用益饒游道日廣里中社平爲宰分肉食甚均里父老曰善陳孺子之爲宰平曰嗟乎使平得宰天下亦如是肉矣陳涉起而王陳使周市略定魏地立魏咎爲魏王與秦軍相攻於臨濟陳平固已前謝其兄伯從少年往事魏王咎於臨濟魏王以爲太僕說魏王不聽人或讒之平亾去久之項羽略地至河上平往歸之從入破秦賜平爵卿項羽之東王彭城也漢王還定三秦而東殷王反楚項羽乃以平爲信武君將魏王咎客在楚者以往擊降殷王而還項王使項悍拜平爲都尉賜金二十鎰居無何漢王攻下殷王項王怒將誅定殷者將吏平懼誅乃封其金與印使使歸項王而平身閒行杖劍亾渡河船人見其美丈夫獨行疑其亾將要中當有金玉寶器目之欲殺平平恐乃解衣臝而佐刺船船人知其無有乃止平遂至修武降漢因魏無知求見漢王漢王召入是時萬石君奮爲漢王中涓受平謁入見平平等七人俱進賜食王曰罷就舍矣平曰臣爲事來所言不可

以過今日於是漢王與語而說之問曰子之居楚何官平曰都尉是日乃拜平爲都尉使爲參乘典護軍諸將盡讙曰大王一日得楚之亾卒未知其高下而即與同載反使監護軍長者漢王聞之愈益幸平遂與東伐項王至彭城爲楚所敗引而還收散兵至滎陽以平爲亞將屬於韓王信軍廣武絳灌等咸讒平曰平雖美丈夫如冠玉耳其中未必有也臣聞平居家時盜其嫂事魏王不容亾而歸楚歸楚不中又亾歸漢今大王尊官之令護軍臣聞平受諸將金金多者得善處金少者得惡處平反覆亂臣也願王察之漢王疑之召讓魏無知無知對曰臣之所言者能也陛下所問者行也今有尾生孝已之行而無益於勝負之數陛下何暇用之乎今楚漢相距臣進奇謀之士顧其計誠足以利國家不耳且盜嫂受金又安足疑乎漢王召讓平曰先生事魏不中遂事楚而去今又從吾游信者固多心乎平曰臣事魏王魏王不能用臣說故去事項王項王不能信人其所任愛非諸項即妻之昆弟臣居楚聞漢王之能用人故歸大王臣贏身來不受金無以爲資誠臣計畫有可采者願大王用之使無可用者金具在請封輸官得請骸骨漢王謝之拜爲護軍中尉盡護諸將諸將乃不敢復言其後楚急攻絕漢甬道圍漢王於滎陽城久之漢王患之請割滎陽以西以和項王不聽漢王謂平曰天下紛紛何時定乎平曰項王爲人恭謹愛人士之廉節好禮者多歸之至於行功賞爵邑重之士亦以此不附今大王嫚而少禮士之廉節者不來然大王能饒人以爵邑士之頑頓嗜利無恥者亦多歸漢誠各去其兩短集其兩長天下指麾則定矣然大王恣侮人不能得廉節之士顧楚有可亂者彼項王骨鯁之臣亞父鍾離眛龍且周殷之屬不過數人耳大王誠能出捐數萬斤金行反閒閒其君臣以疑其心項王爲人意忌信讒必內相誅漢因舉兵而攻之破楚必矣漢王以爲然乃出黃金四萬斤與平恣所爲不問其出入平既多以金縱反閒於楚軍宣言諸將鍾離眛等爲項王將功多矣然而終不得裂地而王欲與漢爲一以滅項氏而分王其地項王果意不信鍾離眛等項王既疑之使使至漢漢王爲太牢具舉進見楚使即佯驚曰吾以爲亞父使乃項王使復持去更以惡草具進楚使楚使歸具以報項王項王果大疑亞父亞父欲急攻下滎陽城項王不信不肯聽亞父聞項王疑之乃怒曰天下事大定矣君王自爲之願請骸骨歸歸未至彭城疽發背而死平乃夜出女子二千人滎陽城東門楚因擊之平得與漢王從城西門出去遂入關收散兵而復東其明年淮陰侯信破齊自立爲假齊王使使言之漢王漢王大怒而罵平躡漢王漢王亦悟乃厚遇齊使使張子房卒立信爲齊王封平以戶牖侯用其奇計策卒滅楚常以護軍中尉從定燕王臧荼漢六年人有上書告楚王韓信反高帝問諸將諸將曰亟發兵坑豎子耳高帝默然以問平平固辭謝曰諸將云何上具告之平曰人之上書言信反有知之者乎曰未有曰信知之乎曰不知平曰陛下精兵孰與楚上曰不能過也平曰陛下將用兵有能過韓信者乎上曰莫及也平曰今兵不如楚精而將不能及而舉兵攻之是趣之戰也竊爲陛下危之上曰爲之柰何平曰古者天子巡狩會諸侯南方有雲夢陛下第出僞游雲夢會諸侯於陳陳楚之西界信聞天子以好出游其勢必無事而郊迎謁謁而陛下因禽之特一力士之事耳高帝以爲然乃發使告諸侯會陳吾將南游雲夢上因隨以行行未至陳楚王信果郊迎道中高帝豫具武士見信至即執縛之載後車信呼曰天下已定我固當烹高帝謂信曰若毋聲而反明矣武士反接之遂會諸侯于陳盡定楚地還至雒陽赦信以爲淮陰侯而與功臣剖符定封封平爲戶牖侯世世勿絕平辭曰此非臣之功也上曰吾用先生謀計戰勝克敵非功而何平曰非魏無知臣安得進上曰若子可謂不背本矣乃復賞魏無知其明年平從擊韓王信於代卒至平城爲匈奴所圍七日不得食高帝用平奇計使單于閼氏圍以得開高帝既出其計祕世莫得聞高帝南過曲逆上其城望見其屋室甚大曰壯哉縣吾行天下獨見雒陽與是耳顧問御史曰曲逆戶口幾何對曰始秦時三萬餘戶閒者兵數起多亾匿今見五千餘戶於是詔御史更封平爲曲逆侯盡食之除前所食戶牖平自初從至天下定後常以護軍中尉從擊臧荼陳豨黥布凡六出奇計輒益戶凡六益封奇計或頗祕世莫得聞也高帝從破布軍還病創徐行至長安燕王盧綰反上使樊噲以相國將兵擊之既行人有短惡噲者帝大怒曰噲見吾病乃幾音冀我死也用平謀召絳侯周勃受詔牀下曰陳平亟馳傳載勃代噲將平至軍中即斬噲頭二人既受詔行計之曰樊噲帝之故人功多且又呂后弟呂嬃之夫有親且貴帝以忿怒故欲斬之即恐後悔寧囚而致上令上自誅之未至軍爲壇以節召噲噲受詔即反接載檻車傳詣長安而令周勃代將將兵定燕反縣平行聞高帝崩恐呂后及呂嬃讒怒迺馳傳先去逢使者詔平

與灌嬰屯於滎陽平受詔立復馳至宮哭甚哀因奏事喪前呂后哀之曰君勞出休矣平畏讒之就因固請得宿衛中太后乃以爲郎中令曰傅敎惠帝是後呂嬃讒乃不得行樊噲至卽赦復爵邑惠帝六年相國曹參薨以安國侯王陵爲右丞相平爲左丞相

王陵故沛人始爲縣豪高祖微時兄事陵及起沛入咸陽陵亦自聚黨數千人居南陽不肯從沛公及漢王之還攻項籍陵乃以兵屬漢項羽取陵母置軍中陵使至則東鄉坐陵母欲以招陵陵母既私送使者泣曰願爲老妾語陵善事漢王漢王長者毋以老妾故持二心妾以死送使者遂伏劒而死項王怒烹陵母陵卒從漢王定天下以善雍齒雍齒高祖之讐而陵本無意從高帝以故晚封爲安國侯陵爲人少文任氣好直言爲右丞相二歲孝惠帝崩高后欲立諸呂爲王問陵陵曰高皇帝刑白馬而盟曰非劉氏而王者天下共擊之今王呂氏非約也太后不說問左丞相平及絳侯周勃等皆曰高帝定天下王子弟今太后稱制欲王昆弟諸呂無所不可太后喜罷朝陵咎平勃曰始與高帝啑血而盟諸君不在邪諸君縱欲阿意背約何面目見高帝於地下乎平曰於今面折廷爭臣不如君全社稷安劉氏後君亦不如臣陵無以應之於是呂太后欲廢陵乃佯遷陵爲帝太傅實奪之相權陵怒謝病免杜門竟不朝請七年而薨陵之免丞相呂太后乃徙平爲右丞相以辟陽侯審食其爲左丞相左丞相不治常給事於中食其亦沛人也漢王之敗彭城西楚取太上皇呂后爲質食其以舍人侍呂后其後從破項籍爲侯幸於呂太后及爲相居中如郎中令公卿百官皆因決事呂嬃常以平前爲高帝謀執樊噲數讒曰平爲丞相非治事日飲醇酒戲婦女平聞日益甚呂太后聞之私獨喜面質呂嬃於平曰鄙語云兒婦人口不可用顧君與我何如耳無畏呂嬃之讒也呂太后立諸呂爲王平僞聽之及呂太后崩平與太尉勃合謀卒誅諸呂立孝文皇帝平本謀也審食其免相三歲爲淮南王所殺文帝初立以爲太尉勃親以兵誅呂氏功多平欲讓勃尊位乃謝病文帝怪而問之曰高帝時勃功不如臣平及誅諸呂臣功亦不如勃願以右丞相讓勃於是上以太尉爲右丞相位次第一平徙爲左丞相位次第二賜平金千斤益封三千戶居頃之上益明習國家事因而問右丞相勃曰天下一歲決獄幾何勃謝曰不知問天下歲錢穀出入幾何勃又謝不知汗出洽背愧不能對於是上亦問左丞相平平曰有主者上曰主者爲誰平曰陛下卽問決獄責廷尉問錢穀責治粟內史上曰苟各有主者而君所主何事也平謝曰主臣陛下不知其駑下使待罪宰相宰相者上佐天子理陰陽順四時下育萬物之宜外鎭撫四夷諸侯內親附百姓使卿大夫各得任其職焉上稱善勃大慙出而讓平曰君獨不素敎我對平笑曰君居其位獨不知其任邪且陛下卽問長安中盜賊數君欲彊對邪於是絳侯自知其能弗如平遠矣居頃之勃謝病請免相而平顓爲一丞相孝文二年平薨諡獻侯子買嗣傳至曾孫何坐略人妻棄市國除始平曰我多陰謀道家所禁吾世卽廢亦已矣終不復起以吾多陰禍也然其後曾孫陳掌以衛氏親貴戚願得續封陳氏然終不得

周勃沛人也其先卷人徙沛勃以織薄曲爲生常爲人吹簫給喪事材官引彊高祖爲沛公初起勃以中涓從攻胡陵下方與反與戰卻敵攻豐擊秦軍於碭東還軍留及蕭復攻碭破之下下邑先登賜爵五大夫攻蘄虞取之擊章邯車騎殿定魏地攻爰戚東緡音昏以往至栗取之攻齧桑先登擊秦軍阿下破之追至濮陽下甄城攻都關定陶襲取宛朐得單父令夜襲取臨濟攻壽張以前至卷破之擊李由軍雍丘下攻開封先至城下爲多後章邯破殺項梁沛公與項羽引兵東如碭自初起沛還至碭一歲二月楚懷王封沛公號安武侯爲碭郡長沛公拜勃爲襄賁音肥令以從沛公定魏地攻東郡尉於成武破之擊王離軍破之攻長社先登攻潁陽緱氏絕河津擊趙賁軍尸北南攻南陽守齮破武關嶢關破秦軍於藍田至咸陽滅秦項羽至以沛公爲漢王漢王賜勃爵威武侯從入漢中拜爲將軍還定三秦至秦賜食邑懷德攻槐里好畤最擊趙賁內史保於咸陽最北救漆擊章平姚卬軍西定汧還下郿頻陽圍章邯廢丘破西丞擊盜巴軍破之攻上邽東守嶢關轉擊項籍攻曲遇最還守敖倉追項籍籍已死因東定楚地泗川東海郡凡得二十二縣還守雒陽櫟陽賜與潁陽侯共食鍾離以將軍從高祖擊燕王臧荼破之易下所將卒當馳道爲多賜爵列侯剖符世世勿絕食絳八千二百八十戶號絳侯以將軍從高帝擊韓王信於代降下霍人以前至武泉擊胡騎破之武泉北轉攻韓信軍銅鞮破之還降太原六城擊韓信胡騎晉陽下破之下晉陽復擊韓信軍於硰石破之追北八十里還攻樓煩三城因擊胡騎平城下所將卒當馳道爲多勃遷爲太尉擊陳豨屠馬邑所將卒斬豨將軍乘馬絺擊韓信陳豨趙

利軍於樓煩破之得豨將宋最鴈門守圂因轉攻得雲中守遬丞相箕肆將勳定鴈門郡十七縣雲中郡十二縣因復擊豨靈丘破之斬豨得豨丞相程縱將軍陳武都尉高肆定代郡九縣燕王盧綰反勃以相國代樊噲將擊下薊得綰大將抵丞相偃守陘太尉弱御史大夫施屠渾都破綰軍上蘭復擊綰軍沮陽追至長城定上谷十二縣右北平十六縣遼東二十九縣漁陽二十二縣最從高帝得相國一人丞相二人將軍二千石各三人別破軍二下城三定郡五縣七十九得丞相大將各一人勃爲人木彊敦厚高帝以爲可屬大事勃不好文學每召諸生說事東鄉坐責之趣爲我語其椎魯少文如此勃既定燕而歸高帝已崩矣以列侯事惠帝惠帝六年置太尉官以勃爲太尉十年高后崩呂祿以趙王爲漢上將軍呂産以呂王爲相國秉權欲危劉氏勃與丞相平朱虛侯章共誅諸呂語在高后紀於是陰謀以爲少帝及濟川淮陽恆山王非皆惠帝子呂太后以計詐名他人子殺其母養之後宮令孝惠子之立以爲後用彊呂氏今已滅諸呂少帝卽長用事吾屬無類矣不如視諸侯賢者立之遂迎立代王是爲孝文皇帝東牟侯興居朱虛侯章弟也曰誅諸呂臣無功請得除宮迺與太僕汝陰侯滕公入宮滕公前謂少帝曰足下非劉氏不當立迺顧麾左右執戟皆仆兵罷有數人不肯去宦者令張釋諭告亦去滕公召乘輿車載少帝出少帝曰欲持我安之乎滕公曰就舍少府迺奉天子法駕迎皇帝代邸報曰宮謹除皇帝入未央宮有謁者十人持戟衞端門曰天子在也足下何爲者不得入太尉往喻迺引兵去皇帝遂入是夜有司分部誅濟川淮陽恆山王及少帝於邸文帝卽位以勃爲右丞相賜金五千斤邑萬戶居月餘人或說勃曰君既誅諸呂立代王威震天下而君受厚賞處尊位以寵久之卽禍及身矣勃懼亦自危乃謝請歸相印上許之歲餘陳丞相平卒上復用勃爲丞相十餘月上曰前日吾詔列侯就國或頗未能行丞相朕所重其爲朕率列侯之國乃免相就國歲餘每河東守尉行縣至絳絳侯勃自畏恐誅常被甲令家人持兵以見之其後人有上書告勃欲反下廷尉廷尉下其事長安逮捕勃治之勃恐不知置辭吏稍侵辱之勃以千金與獄吏獄吏乃書牘背示之曰以公主爲證公主者孝文帝女也勃太子勝之尚之故獄吏教引爲證初勃之益封受賜盡以予薄昭及繫急薄昭爲言薄太后太后亦以爲無反事文帝朝太后以冒絮提文帝陌額絮也老人所以覆其頭提擲也徒計反曰絳侯綰皇帝璽將兵於北軍不以此時反今居一小縣顧欲反邪文帝既見勃獄辭乃謝曰吏事方驗而出之於是使使持節赦勃復爵邑勃既出曰吾嘗將百萬軍然安知獄吏之貴乎勃復就國孝文十一年薨謚武侯子勝之代侯六歲尚公主不相中坐殺人國除絕一年弟亞夫復爲侯亞夫自未侯爲河內守時許負相之曰君後三歲而侯侯八歲爲將相持國秉政貴重矣於人臣無兩其後九年而餓死亞夫笑曰臣之兄已代父侯矣有如卒子當代亞夫何說侯乎然既已貴如負言又何說餓死指視我許負指其口曰有從理入口此餓死法也居三歲其兄絳侯勝之有罪文帝擇勃子賢者皆推亞夫迺封亞夫爲條侯續絳氏後文帝之後六年匈奴大入邊乃以宗正劉禮爲將軍軍霸上祝茲侯徐厲爲將軍軍棘門以河內守亞夫爲將軍軍細柳以備胡上自勞軍至霸上及棘門軍直馳入將以下騎送迎已而之細柳軍軍士吏被甲銳兵刃彀弓弩持滿天子先驅至不得入先驅曰天子且至軍門都尉曰將軍令曰軍中聞將軍令不聞天子之詔居無何上至又不得入於是乃使使持節詔將軍曰吾欲勞軍亞夫乃傳言開壁門壁門士吏謂從屬車騎曰將軍約軍中不得驅馳於是天子乃按轡徐行至中營將軍亞夫持兵揖曰介胄之士不拜請以軍禮見天子爲動改容式車使人稱謝皇帝敬勞將軍成禮而去既出軍門羣臣皆驚文帝曰嗟乎此眞將軍也曩者霸上棘門若兒戲耳其將固可襲而虜也至於亞夫可得而犯邪稱善者久之月餘三軍皆罷乃拜亞夫爲中尉文帝且崩時戒太子曰卽有緩急周亞夫眞可任將兵文帝崩拜亞夫爲車騎將軍景帝三年吳楚反亞夫以中尉爲太尉東擊吳楚因自請上曰楚兵剽輕難與爭鋒願以梁委之絕其糧道乃可制也上許之亞夫既發至霸上趙涉遮說亞夫曰將軍東誅吳楚勝則宗廟安不勝則天下危能用臣之言乎亞夫下車禮而問之涉曰吳王素富懷輯死士久矣此知將軍且行必置間人於殽黽阸陿之間且兵事尚神密將軍何不從此右去走藍田出武關抵雒陽間不過差一二日直入武庫擊鳴鼓諸侯聞之以爲將軍從天而下也太尉如其計至雒陽使吏搜殽黽間果得吳伏兵乃請涉爲護軍亞夫既會兵滎陽吳方攻梁梁急請救亞夫引兵東北走昌邑深壁而守梁日使使請亞夫亞夫守便宜不肯往梁上書言景帝景帝使使詔救梁亞夫不奉詔堅壁不出而使輕騎兵弓高侯等絕吳楚兵後食道吳楚兵飢

欲退數挑戰終不出夜軍中驚內相攻擊擾亂至於太尉帳下亞夫堅臥不起頃之復定吳奔壁東南陬亞夫使備西北已而其精兵果奔西北不得入吳楚既餓乃引去亞夫出精兵追擊大破之吳王濞棄其軍而與壯士數千人亡走保於江南丹徒漢兵因乘勝遂盡虜之降其兵購吳王千金月餘越人斬吳王頭以告凡相攻守三月而吳楚破平於是諸將乃以太尉計謀爲是由此梁孝王與亞夫有隙歸復置太尉官五歲遷爲丞相景帝甚重之上廢栗太子亞夫固爭之不得上由此疏之而梁孝王每朝常與竇太后言亞夫之短太后曰皇后兄王信可侯也上讓曰始南皮章武侯先帝不侯及臣即位乃侯之信未得封也竇太后曰人生各以時行耳自竇長君在時竟不得侯死後乃封其子彭祖顧得侯吾甚恨之帝趣侯信也上曰請得與丞相議之亞夫曰高皇帝約非劉氏不得王非有功不得侯不如約天下共擊之今信雖皇后兄無功侯之非約也上默然而止後匈奴王徐盧等五人降上欲侯之以勸後亞夫曰彼背其主降陛下陛下若侯之則何以責人臣不守節者乎上曰丞相議不可用乃悉侯之亞夫因謝病免相頃之上居禁中召亞夫賜食獨置大胾無切肉又不置箸亞夫心不平顧謂尚席取箸上視而笑曰此非不足君所乎亞夫免冠謝上起亞夫因趨出上目送之曰此怏怏者非少主臣也居無何亞夫子爲父買工官尚方甲楯五百被可以葬者取庸苦之不與錢庸知其盜買縣官器怨而上變告子事連汙亞夫書既聞上下吏吏薄責亞夫亞夫不對上罵之曰吾不用也召詣廷尉廷尉責問曰君侯欲反邪亞夫曰臣所買器乃葬器也何謂反邪吏曰君侯縱不欲反地上即欲反地下耳吏侵之益急初吏捕亞夫亞夫欲自殺夫人止之以故不得死遂入廷尉因不食五日歐血而死死後上乃封王信爲蓋侯國絕一歲上乃更封勃他子堅爲平曲侯續絳氏後傳子建德有罪國除至平帝元始二年繼絕世復封勃玄孫之子恭爲絳侯千戶

樊噲沛人也以屠狗爲事後與高祖俱隱於芒碭山澤閒陳勝初起蕭何曹參使噲求迎高祖立爲沛公噲以舍人從攻胡陵方與還守豐擊泗水監豐下破之東定沛破泗水守於薛西與司馬尼戰碭東卻敵斬首十五級賜爵國大夫常從沛公擊章邯軍於濮陽攻城先登斬首二十三級賜爵列大夫從攻陽城先登下戶牖破李由軍斬首十六級賜上閒爵從攻圍東郡守尉於成武卻敵斬首十四級捕虜十六人賜爵五大夫從攻秦軍出亳南河閒守軍於杠里破之擊破趙賁軍開封北以卻敵先登斬候一人首六十八級捕虜二十六人賜爵卿從攻破揚熊於曲遇攻宛陵先登斬首八級捕虜四十四人賜爵封號賢成君從攻長社轘轅絕河津東攻秦軍尸鄉南攻秦軍於犨破南陽守齮於陽城東攻宛城先登西至酈以卻敵斬首十四級捕虜四十人賜重封攻武關至霸上斬都尉一人首十級捕虜百四十六降卒二千九百人項羽在戲下欲攻沛公沛公從百餘騎因項伯面見項羽謝無有閉關事項羽既饗軍士中酒亞父謀欲殺沛公令項莊拔劍舞坐中欲擊沛公項伯常屏蔽之時獨沛公與張良得入坐樊噲居營外聞事急乃持盾入初入營營衛止噲噲直撞入立帳下瞋目視羽頭髮上指目眦盡裂項羽目之問爲誰良曰沛公參乘樊噲也羽曰壯士賜之巵酒彘肩噲既飲酒覆其盾於地上拔劍切肉食之羽曰能復飲乎噲曰臣死且不辭豈特巵酒乎且沛公先入定咸陽暴師霸上以待大王大王今日至聽小人之言與沛公有隙臣恐天下解心疑大王也羽未有以應之曰坐噲坐有頃沛公如廁麾噲出沛公留車騎獨騎一馬噲與夏侯嬰等四人步從從山下走歸霸上軍而使張良謝羽羽亦因遂已無誅沛公之心是日微噲奔入營譙讓項羽沛公幾殆後數日羽入屠咸陽立沛公爲漢王漢王賜噲爵爲列侯號臨武侯遷爲郎中從入漢中還定三秦別擊西丞白水北雍輕車騎雍南破之從攻雍斄城先登擊章平軍好畤攻城先登陷陣斬縣令丞各一人首十一級虜二十人遷爲郎中騎將從擊秦車騎壤東卻敵遷爲將軍攻趙賁下郿槐里柳中咸陽灌廢丘最至櫟陽賜食邑杜之樊鄉從攻項籍屠煮棗擊破王武程處軍於外黃攻鄒魯瑕丘薛項羽敗漢王於彭城盡復取魯梁地噲還至滎陽益食平陰二千戶以將軍守廣武一歲項羽引東從高祖擊項籍下陽夏虜楚周將軍卒四千人圍項籍於陳大破之屠胡陵項籍死漢王即皇帝位以噲有功益食邑八百戶其秋燕王臧荼反噲從攻虜荼定燕地楚王韓信反噲從至陳取信定楚更賜爵列侯與諸侯剖符世世勿絕食舞陽號爲舞陽侯除前所食以將軍從攻韓王信於代自霍人以往至雲中與絳侯等共定之益食千五百戶因擊陳豨與曼丘臣軍戰襄國破柏人先登降之定清河常山凡二十七縣殘東垣遷爲左丞相破得綦毋卬尹潘軍於無終廣昌破豨別將胡人王黃軍代南因擊韓信軍參合軍所將卒

斬韓信擊豨胡騎橫谷斬將軍趙既虜代丞相馮梁守孫奮大將王黃將軍大將一人太僕解福等十人與諸將共定代鄉邑七十三後燕王盧綰反噲以相國擊綰破其丞相抵抵丞相之名也薊南定燕縣十八鄉邑五十一益食爲三百戶定食舞陽五千四百戶從斬首百七十六級虜二百八十七人別破軍七下城五定郡六縣五十二得丞相一人將軍十三人二千石以下至三百石十二人噲以呂后弟呂嬃爲婦生子伉故其比諸將最親先黥布反時高帝嘗病惡見人臥禁中詔戶者無得入羣臣羣臣絳灌等莫敢入十餘日噲乃排闥直入大臣隨之上獨枕一宦者臥噲等見上流涕曰始陛下與臣等起豐沛定天下何其壯也今天下已定又何憊也且陛下病甚大臣震恐不見臣等計事顧獨與一宦者絕乎且陛下獨不見趙高之事乎高帝笑而起其後盧綰反高帝使噲以相國擊燕是時高帝病甚人有惡噲黨於呂氏即上一日宮車晏駕則噲欲以兵誅戚氏趙王如意之屬高帝大怒乃使陳平載絳侯代將而即軍中斬噲陳平畏呂后執噲詣長安至則高帝已崩呂后釋噲得復爵邑孝惠六年噲薨謚武侯子伉嗣而伉母呂嬃亦爲臨光侯高后時用事專權大臣盡畏之高后崩大臣誅呂嬃等因誅伉舞陽侯中絕數月孝文帝立乃復封噲庶子市人爲侯復故邑薨謚荒侯子佗廣嗣六歲其舍人上書言荒侯市人病不能爲人不能爲人言無人道也令其夫人與其弟亂而生佗廣佗廣實非荒侯子下吏免平帝元始二年繼絕世封噲玄孫之子章爲陽武侯邑千戶

酈商高陽人也陳勝起商聚少年得數千人沛公略地至陳留六月餘商以將卒四千人屬沛公於岐從攻長社先登賜爵信成君從攻緱氏絕河津破秦軍雒陽東從下宛穰定十七縣別將攻旬關西定漢中沛公爲漢王賜爵信成君以將軍爲隴西都尉別定北地上郡破章邯別將於烏氏栒邑泥陽賜食邑武城六千戶從擊項籍軍與鍾離眛戰受梁相國印益食四千戶從擊項羽二歲攻胡陵漢王即帝位燕王臧荼反商以將軍從擊荼戰龍脫先登陷陳破荼軍易下卻敵遷爲右丞相賜爵列侯與諸侯剖符世世勿絕食邑涿郡五千戶別定上谷因攻代受趙相國印與絳侯等定代郡鴈門得代丞相程縱守相郭同將軍以下至六百石十九人還以將軍爲太上皇衛一歲十月以右丞相擊陳豨殘東垣又從擊黥布攻其前垣陷兩陳得以破布軍更封爲曲周侯食邑五千一百戶除前所食凡別破軍三降定郡六縣七十三得丞相守相大將軍各一人小將軍一人二千石以下至六百石十九人商事孝惠帝呂后呂后崩商疾不治事其子寄字況與呂祿善及高后崩大臣欲誅諸呂呂祿爲將軍軍於北軍太尉勃不得入北軍於是乃使人劫商令其子寄紿呂祿呂祿信之與出游而太尉勃乃得入據北軍遂以誅諸呂商是歲薨謚景侯子寄嗣天下稱酈況賣友景帝時吳楚齊趙反上以寄爲將軍圍趙城七月不能下欒布自平齊來乃滅趙孝景中二年寄欲取平原君爲夫人平原君景帝王皇后母臧兒也景帝怒下寄吏免上乃封商他子堅爲繆侯奉商後傳至玄孫終根武帝時爲太常坐巫蠱誅國除元始中賜高祖時功臣自酈商以下子孫爵皆關內侯食邑凡百餘人

夏侯嬰沛人也爲沛廄司御每送使客還過泗水亭與高祖語未嘗不移日也嬰已而試補縣吏與高祖相愛高祖戲而傷嬰人有告高祖高祖時爲亭長重坐傷人爲吏傷人其罪重告故不傷嬰嬰證之移獄覆嬰坐高祖繫歲餘掠笞數百終脫高祖高祖之初與徒屬欲攻沛也嬰時以縣令史爲高祖使上降沛一日高祖爲沛公賜爵七大夫以嬰爲太僕常奉車從攻胡陵平嬰與蕭何降泗水監平平以胡陵降賜嬰爵五大夫從擊秦軍碭東攻濟陽下戶牖破李由軍雍丘以兵車趣攻戰疾破之賜爵執帛從擊章邯軍東阿濮陽下以兵車趣攻戰疾破之賜爵執珪從擊趙賁軍開封楊熊軍曲遇嬰從捕虜六十八人降卒八百五十人得印一匱又擊秦軍雒陽東以兵車趣攻戰疾賜爵封轉爲滕令因奉車從攻定南陽戰於藍田芷陽至霸上沛公爲漢王賜嬰爵列侯號昭平侯復爲太僕從入蜀漢還定三秦從擊項籍至彭城項羽大破漢軍漢王不利馳去見孝惠魯元載之漢王急馬罷虜在後常蹶兩兒棄之嬰常收載行面雍樹馳蘇林曰南方人謂抱小兒爲擁樹面者以面首向臨之也漢王怒欲斬嬰者十餘卒得脫而致孝惠魯元於豐漢王既至滎陽收散兵復振賜嬰食邑沂陽擊項籍下邑追至陳卒定楚至魯益食茲氏漢王即帝位燕王臧荼反嬰從擊荼明年從至陳取楚王信更食汝陰剖符世世勿絕從擊代至武泉雲中益食千戶因從擊韓王信軍胡騎晉陽旁大破之追北至平城爲胡所圍七日不得通高帝使使厚遺閼氏冒頓乃開其圍一角高帝出欲馳嬰固徐行弩皆持滿外鄉卒以得脫益食嬰細陽千戶從擊胡騎句注北大破之擊胡騎平城南三陷陳功爲多賜所奪邑

五百戶從擊陳豨黥布軍陷陳卻敵益千戶定食汝陰六千九百戶除前所食嬰自上初起沛常爲太僕竟高祖崩以太僕事惠帝及高后高后德嬰之脫孝惠魯元於下邑閒也乃賜嬰縣北第第一曰近我以尊異之惠帝崩以太僕事高后高后崩代王之來嬰以太僕與東牟侯入清宮廢少帝以天子法駕迎代王代邸與大臣共立文帝復爲太僕八歲薨諡文侯傳至曾孫頗尙平陽公主坐與父御婢姦自殺國除初嬰爲滕令奉車故號滕公及曾孫頗尙主主隨外家姓號孫公主故滕公子孫爲孫氏

灌嬰睢陽販繒者也高祖爲沛公略地至雍丘章邯殺項梁而沛公還軍於碭嬰以中涓從擊破東郡尉於成武及秦軍於杠里疾鬬賜爵七大夫又從攻秦軍亳南開封曲遇戰疾力賜爵執帛號宣陵君從攻陽武以西至雒陽破秦軍尸北北絕河津南破南陽守齮陽城東遂定南陽郡西入武關戰於藍田力疾至霸上賜爵執圭號昌文君沛公爲漢王拜嬰爲郎中從入漢中十月拜爲中謁者從還定三秦下櫟陽降塞王還圍章邯廢丘未拔從東出臨晉關擊降殷王定其地擊項羽將龍且魏相項佗軍於定陶南疾戰破之賜嬰爵列侯號昌文侯食杜平鄉復以中謁者從降下碭以至彭城項羽擊破漢王漢王遁而西嬰從還軍於雍丘王武魏公申徒反從擊破之攻下外黃西收軍於滎陽楚騎來衆漢王乃擇軍中可以爲騎將者皆推故秦騎士重泉人李必駱甲習騎兵今爲校尉可爲騎將漢王欲拜之必甲曰臣故秦民恐軍不信臣臣願得大王左右善騎者傅之嬰雖少然數力戰乃拜嬰爲中大夫令李必駱甲爲左右校尉將郎中騎兵擊楚騎於滎陽東大破之受詔別擊楚軍後絕其饟道起陽武至襄邑擊項羽之將項冠於魯下破之所將卒斬左右馬騎將各一人擊破柘公王武軍於燕西所將卒斬樓煩將五人連尹一人擊王武別將桓嬰白馬下破之所將卒斬都尉一人以騎渡河南送漢王到雒陽從北迎相國韓信軍於邯鄲還至敖倉嬰遷爲御史大夫三年以列侯食邑杜平鄉受詔將郎中騎兵東屬相國韓信擊破齊軍於歷下所將卒虜車騎將華毋傷及將吏四十六人降下臨淄得相田光追齊相田橫至嬴博擊破其騎所將卒斬騎將一人生得騎將四人攻下嬴博破齊將軍田吸於千乘斬之東從韓信攻龍且留縣名公於假密卒斬龍且生得右司馬連尹各一人樓煩將十人身生得亞將周蘭齊地已定韓信自立爲齊王使嬰別將擊楚將公杲於魯北破之轉南破薛郡長身虜騎將入攻博陽前至下相以東南僮取慮取音趨又音秋慮音廬徐度淮盡降其城邑至廣陵項羽使項聲薛公郯公復定淮北嬰渡淮擊破項聲郯公下邳斬薛公下下邳壽春擊破楚騎平陽遂降彭城虜柱國項佗降留薛沛酇蕭相攻苦譙復得亞將與漢王會頤鄉從擊項籍軍陳下破之所將卒斬樓煩將二人虜將八人賜益食邑二千五百戶項籍敗垓下去也嬰以御史大夫將車騎別追項籍至東城破之所將卒五人共斬項籍皆賜爵列侯降左右司馬各一人卒萬二千盡得其軍將吏下東城歷陽渡江破吳郡長吳下得吳守遂定吳豫章會稽郡還定淮北凡五十二縣漢王即帝位賜益嬰邑三千戶以車騎將軍從擊燕王臧荼明年從至陳取楚王信還剖符世世勿絕食潁陰二千五百戶號曰潁陰侯從擊韓王信於代至馬邑別降樓煩以北六縣斬代左將破胡騎將於武泉北復從擊信胡騎晉陽下所將卒斬胡白題將一人又受詔并將燕趙齊梁楚車騎擊破胡騎於硰石至平城爲胡所困從擊陳豨別攻豨丞相侯敞軍曲逆下破之卒斬敞及特將五人降曲逆盧奴上曲陽安國安平攻下東垣黥布反以車騎將軍先出攻布別將於相破之斬亞將樓煩將三人又進擊破布上柱國及大司馬軍又進破布別將肥銖嬰身生得左司馬一人所將卒斬其小將十人追北至淮上益食邑二千五百戶布已破高帝歸定令嬰食潁陰五千戶除前所食邑凡從所得二千石二人別破軍十六降城四十六定國一郡二縣五十二得將軍二人柱國相各一人二千石十人嬰自破布歸高帝崩以列侯事惠帝及呂后呂后崩呂祿等欲爲亂齊哀王聞之舉兵而西呂祿等以嬰爲大將軍往擊之嬰至滎陽乃與絳侯等謀因屯兵滎陽風齊王以誅諸呂事齊兵止不前絳侯等旣誅諸呂齊王罷兵歸嬰自滎陽還與絳侯共立文帝於是益封嬰三千戶賜金千斤爲太尉三歲絳侯勃免相嬰爲丞相罷太尉官是歲匈奴大入北地上令丞相嬰將騎八萬五千擊匈奴匈奴去濟北王反詔罷嬰兵後歲餘以丞相薨諡曰懿侯傳至孫彊有罪絕武帝復封嬰孫賢爲臨汝侯奉嬰後後有罪國除

傅寬以魏五大夫騎將從沛公爲舍人起橫陽從攻安陽杠里趙賁軍於開封及擊楊熊曲遇武陽斬首十二級賜爵卿從至霸上沛公爲漢王賜寬封號共德君從入漢中爲右騎將定三秦賜食邑雕陰從擊項籍待懷

賜爵通德侯從擊項冠周蘭龍且所將卒斬騎將一人敖下益食邑屬淮陰擊破齊歷下軍擊田解屬相國參殘博益食邑因定齊地剖符世世勿絕封陽陵侯二千六百戶除前所食爲齊右丞相備齊五歲爲齊相國四月擊陳豨屬太尉勃以相國代丞相噲擊豨一月徙爲代相國將屯二歲爲丞相將屯孝惠五年薨諡景侯傳至曾孫偃謀反誅國除

靳歙以中涓從起宛朐攻濟陽破李由軍擊秦軍開封東斬騎千人將二人首五十七級捕虜七十三人賜爵封臨平君又戰藍田北斬車司馬二人騎長一人首二十八級捕虜五十七人至霸上沛公爲漢王賜歙爵建武侯遷騎都尉從定三秦別西擊章平軍於隴西破之定隴西六縣所將卒斬車司馬候各四人騎長十二人從東擊楚至彭城漢軍敗還保雍丘擊反者王武等略梁地別西擊邢說軍菑南破之身得說都尉二人司馬候十二人降吏卒四千六百八十人破楚軍滎陽東食邑四千二百戶別之河內擊趙賁軍朝歌破之所將卒得騎將二人車馬二百五十匹從攻安陽以東至棘蒲下十縣別攻破趙軍得其將司馬二人候四人降吏卒二千四百人從降下邯鄲別下平陽身斬守相所將卒斬兵守郡一人降鄴從攻朝歌邯鄲及別擊破趙軍降邯鄲六縣還軍敖倉破項籍軍成皋南擊絕楚饟道起滎陽至襄邑破項冠魯下略地東至鄫郯下邳南至蘄竹邑擊項悍濟陽下還擊項籍軍陳下破之別定江陵降柱國大司馬以下八人身得江陵王致雒陽因定南郡從至陳取楚王信剖符世世勿絕定食四千六百戶爲信武侯以騎都尉從擊代攻韓信平城下還軍東垣有功遷爲車騎將軍并將梁趙齊燕楚車騎別擊陳豨丞相敞破之因降曲逆從擊黥布有功益封定食邑五千三百戶凡斬首九十級虜百四十二人別破軍十四降城五十九定郡國各一縣二十三得王柱國各一人二千石以下至五百石三十九人高后五年薨諡肅侯子亭嗣有罪國除

周緤（息列反）沛人也以舍人從高祖起沛至霸上西入蜀漢還定三秦常爲參乘賜食邑池陽從東擊項羽滎陽絕甬道從出度平陰遇韓信軍襄國戰有利有不利終亾離上心上以緤爲信武侯食邑三千三百戶上欲自擊陳豨緤泣曰始秦攻破天下未曾自行今上常自行是亾人可使者乎上以爲愛我賜入殿門不趨十二年更封緤爲鄘城侯（鄘音蒲催反又音背肯反屬長沙）孝文五年薨諡貞侯子昌嗣有罪國除景帝復封緤子應爲鄲侯（鄲音多寒反屬沛）國薨諡康侯子仲居嗣坐爲太常有罪國除

張蒼陽武人也好書律曆秦時爲御史主柱下方書（方版）也有罪亾歸及沛公略地過陽武蒼以客從攻南陽蒼坐法當斬解衣伏質身長大肥白如瓠王陵見而怪其美士乃言沛公赦勿斬遂西入武關至咸陽沛公立爲漢王入漢中還定三秦陳餘擊走常山王張耳耳歸漢漢以蒼爲常山守從韓信擊趙蒼得陳餘趙地已平漢王以蒼爲代相備邊寇已而徙爲趙相相趙王耳及耳卒相其子敖復徙相代燕王臧荼反蒼以代相從攻荼有功封爲北平侯食邑千二百戶遷爲計相（專主計籍故號計相）一月更以列侯爲主計四歲（去計相之名更號主計）是時蕭何爲相國而蒼乃自秦時爲柱下御史明習天下圖書計籍又善用算律曆故令蒼以列侯居相府領主郡國上計者黥布反漢立皇子長爲淮南王而蒼相之十四年遷爲御史大夫與絳侯等尊立文帝四年代灌嬰爲丞相漢興二十餘年天下初定將相公卿皆軍吏蒼爲計相時緒正律曆以高祖十月始至霸上故因秦時本十月爲歲首不革推五德之運以爲漢當水德之時尚黑如故吹律調樂入之聲音及以比定律令若百工天下作程品至於爲丞相卒就之故漢家言律曆者本張蒼蒼尤好書無所不觀無所不通而尤邃律曆蒼德安國侯王陵及貴父事陵陵死後蒼爲丞相洗沐常先朝陵夫人上食然後敢歸家蒼爲丞相十餘年魯人公孫臣上書陳終始五德傳言漢土德時其符黃龍見當改正朔易服色事下蒼蒼以爲非是罷之其後黃龍見成紀於是文帝召公孫臣以爲博士草立土德時曆制度更元年蒼由此自絀謝病稱老蒼任人爲中候大爲姦利上以爲讓蒼蒼遂病免孝景五年薨諡文侯傳子至孫類有罪國除初蒼父長不滿五尺蒼長八尺餘蒼子復長八尺及孫類長六尺餘蒼免相後口中無齒食乳女子爲乳母妻妾以百數嘗孕者不復幸年百餘歲乃卒著書十八篇言陰陽律曆事

周昌沛人也其從兄苛（音何）秦時皆爲泗水卒吏高祖起沛擊破泗水守監於是苛昌以卒吏從沛公沛公以昌爲職志（志與幟同式異反職志主旗志也）苛爲客從入關破秦沛公立爲漢王以苛爲御史大夫昌爲中尉漢三年楚圍漢王滎陽急漢王出去而使苛守滎陽城楚破滎陽城欲令苛將苛罵曰若趣降漢王不然今爲虜矣項羽怒亨苛漢王於是拜昌爲御史大夫常從擊項籍六年與蕭曹等俱封爲汾陰侯苛子成以父死事封爲高景侯昌爲

人彊力敢直言自蕭曹等皆卑下之昌嘗燕入奏事高帝方擁戚姬昌還走高帝逐得騎昌項問曰我何如主也昌仰曰陛下卽桀紂之主也於是上笑之然尤憚昌及高帝欲廢太子而立戚姬子如意爲太子大臣固爭莫能得上以留侯策止而昌廷爭之彊上問其說昌爲人吃又盛怒曰臣口不能言然臣期期知其不可陛下欲廢太子臣期期不奉詔上欣然而笑卽罷呂后側耳於東廂聽見昌爲跪謝曰微君太子幾廢是後戚姬子如意爲趙王年十歲高祖憂萬歲之後不全也趙堯時爲符璽御史趙人方與公謂昌曰君之史趙堯年雖少然奇士君必異之是且代君之位昌笑曰堯年少刀筆吏耳何至是乎居頃之堯侍高祖高祖獨心不樂悲歌羣臣不知上所以然堯進請閒曰陛下所爲不樂非以趙王年少而戚夫人與呂后有隙備萬歲之後而趙王不能自全乎高祖曰我私憂之不知所出堯曰陛下獨爲趙王置貴彊相及呂后太子羣臣素所敬憚者乃可高祖曰然吾念之欲如是而羣臣誰可者堯曰御史大夫昌其人堅忍伉直自呂后太子及大臣皆素嚴憚之獨昌可高祖曰善於是召昌謂曰吾固欲煩公公彊爲我相趙昌泣曰臣初起從陛下陛下獨柰何中道而棄之於諸侯乎高祖曰吾極知其左遷然吾私憂趙王念非公無可者公不得不彊行於是徙昌爲趙相旣行久之高祖持御史大夫印弄之曰誰可以爲御史大夫者熟視堯曰無以易堯遂拜堯爲御史大夫堯亦前有軍功食邑及以御史大夫從擊陳豨有功封爲江邑侯高祖崩太后使使召趙王其相昌令王稱疾不行使者三反昌曰高帝屬臣趙王王年少竊聞太后怒戚夫人欲召趙王并誅之臣不敢遣王且亦疾不能奉詔太后怒乃使使召趙相相至謁太后太后罵昌曰爾不知我之怨戚氏乎而不遣趙王何也昌旣被徵高后使使召趙王王果來至長安月餘見鴆殺昌謝病不朝見三歲而薨諡悼侯傳子至孫意有罪國除景帝復封昌孫左車爲安陽侯有罪國除初趙堯旣代周昌爲御史大夫高祖崩事惠帝終世高后元年怨堯前定趙王如意之畫乃抵堯罪以廣阿侯任敖爲御史大夫

任敖沛人也少爲獄吏高祖嘗避吏吏繫呂后遇之不謹任敖素善高祖怒擊傷主呂后吏及高祖初起敖以客從爲御史守豐二歲高祖立爲漢王東擊項籍敖遷爲上黨守陳豨反時敖堅守封爲廣阿侯食邑千八百戶高后時爲御史大夫三歲免孝文元年薨諡懿侯傳子至曾孫越人坐爲太常廟酒酸不敬國除

申屠嘉梁人也以材官蹶張從高帝擊項籍遷爲隊率從擊黥布爲都尉孝惠時爲淮陽守孝文元年舉故以二千石從高祖者悉以爲關內侯食邑二十四人而嘉食邑五百戶十六年遷爲御史大夫張蒼免相文帝以皇后弟竇廣國賢有行欲相之曰恐天下以吾私廣國久念不可而高帝時大臣餘見無可者乃以嘉爲丞相因故邑封爲故安侯嘉爲人廉直門不受私謁是時太中大夫鄧通方愛幸賞賜累鉅萬文帝常燕飲通家其見寵如是是時嘉入朝而通居上旁有怠慢之禮嘉奏事畢因言曰陛下愛幸羣臣則富貴之至於朝廷之禮不可以不肅上曰君勿言吾私之罷朝坐府中嘉爲檄召通詣丞相府不來且斬通通恐入言上上曰汝第往吾今使人召若通至府免冠徒跣頓首謝嘉嘉坐自如弗爲禮責曰夫朝廷者高皇帝之朝廷也通小臣戲殿上大不敬當斬史今行斬之通頓首首盡出血不解上度丞相已困通使使持節召通而謝丞相曰此吾弄臣君其釋之鄧通旣至爲上泣曰丞相幾殺臣嘉爲丞相五歲文帝崩孝景卽位二年鼂錯爲內史貴幸用事諸法令多所請變更議以適罰侵削諸侯而丞相嘉自絀所言不用疾錯錯爲內史門東出不便更穿一門南出南出者太上皇廟堧垣也嘉聞錯穿宗廟垣爲奏請誅錯客有語錯錯恐夜入宮上謁自歸上至朝嘉奏請誅錯上曰錯所穿非眞廟垣故冗官居其中且又我使爲之錯無罪罷朝嘉謂長史曰吾悔不先斬錯乃請之爲錯所賣至舍因歐血而死諡節侯傳子至孫臾有罪國除自嘉死後開封侯陶靑桃侯劉舍及武帝時柏至侯許昌平棘侯薛澤武彊侯莊靑翟商陵侯趙周皆以列侯繼踵齪齪初角反持整之貌廉謹爲丞相備員而已無所能發明功名著於世者

酈食其陳留高陽人也好讀書家貧落魄無衣食業爲里監門然吏縣中賢豪不敢役皆謂之狂生及陳勝項梁等起諸將徇地過高陽者數十人食其聞其將皆握齺好荷禮自用齺初角反握齺急促之貌荷與苛同細也不能聽大度之言食其乃自匿後聞沛公略地陳留郊沛公麾下騎士適食其里中子也沛公時時問邑中賢豪騎士歸食其見謂曰吾聞沛公嫚易人有大略此眞吾所願從游莫爲我先若見沛公謂曰臣里中有酈生年六十餘身長八尺人皆謂之狂生自謂我非狂騎士曰沛公不喜儒諸客冠儒冠來者沛公輒解其冠溺其中與人言常大罵未可以儒生說也食其曰第言之騎士從容言食其所

戒者沛公至高陽傳舍使人召食其食其至入謁沛公方踞牀令兩女子洗而見食其食其入卽長揖不拜曰足下欲助秦攻諸侯乎欲率諸侯破秦乎沛公罵曰豎儒夫天下同苦秦久矣故諸侯相率攻秦何謂助秦食其曰必欲聚徒合義兵誅無道秦不宜踞見長者於是沛公輟洗起衣延食其上坐謝之食其因言六國縱衡時沛公喜賜食其食問曰計安出食其曰足下起瓦合之卒收散亂之兵不滿萬人欲以徑入彊秦此所謂探虎口者也夫陳留天下之衝四通五達之郊今其城中又多積粟臣知其令今請使令下足下卽不聽足下舉兵攻之臣爲內應於是遣食其往沛公引兵隨之遂下陳留號食其爲廣野君食其言弟商使將數千人從沛公西南略地食其常爲說客馳使諸侯漢二年秋項羽擊漢拔滎陽漢兵遁保鞏楚人聞韓信破趙彭越數反梁地則分兵救之韓信方東擊齊漢王數困滎陽成皐計欲捐成皐以東屯鞏雒以距楚食其因言曰臣聞之知天之天者王事可成其不知天之天者王事不可成王者以民爲天而民以食爲天夫敖倉天下轉輸久矣臣聞其下乃有藏粟甚多楚人拔滎陽不堅守敖倉乃引而東令適卒分守成皐此乃天所以資漢方今楚易取而漢反卻自奪便臣竊以爲過矣且兩雄不俱立楚漢久相持不決百姓騷動海內搖蕩農夫釋耒紅讀工女下機天下之心未有所定也願足下急復進兵收取滎陽據敖庾之粟塞成皐之險杜太行之道距飛狐之口守白馬之津以示諸侯形制之埶則天下先所歸矣方今燕趙以定惟齊未下今田廣據千里之齊田閒將二十萬之眾軍於歷城諸田宗彊負海岱阻河濟南近楚齊人多變詐足下雖遣數十萬師未可以歲月破也臣請得奉明詔說齊王使爲漢稱東藩上曰善乃從其畫復守敖倉而使食其說齊王曰王知天下之所歸乎曰不知也曰知天下之所歸則齊國可得而有也若不知天下之所歸卽齊國未可保也齊王曰天下何歸食其曰天下歸漢齊王曰先生何以言之曰漢王與項王戮力西面擊秦約先入咸陽者王之項王背約王之漢中而遷殺義帝漢王起蜀漢之兵擊三秦出關而責義帝之負處收天下之兵立諸侯之後降城卽以侯其將得賂則以分其士與天下同其利豪英賢材皆樂爲之用諸侯之兵四面而至蜀漢之粟方舡而下項王有背約之名殺義帝之負於人之功無所記於人之罪無所忘戰勝而不得其賞拔城而不得其封非項氏莫得用事爲人刻印玩而不能授攻城得賂積財而不能賞天下畔之賢才怨之而莫爲之用故天下之士歸於漢王可坐而策也夫漢王發蜀漢定三秦涉西河之外援上黨之兵下井陘誅成安君破北魏舉三十二城此黃帝之兵非人之力天之福也今已據敖倉之粟塞成皐之險守白馬之津杜太行之阸距飛狐之口天下後服者先亾矣王疾下漢王齊國社稷可得而保也不下漢王危亾可立而待也田廣以爲然乃聽食其罷歷下兵守戰備與食其日縱酒韓信聞食其馮軾下齊七十餘城乃夜度兵平原襲齊齊王田廣聞漢兵至以爲食其賣已乃亨食其引兵走漢十二年曲周侯酈商以丞相將兵擊黥布有功高祖舉功臣思食其食其子疥數將兵上以其父故封疥爲高梁侯後更食武陽卒子遂嗣三世侯平有罪國除太史公重敘酈生之事曰初沛公引兵過陳留酈生踵軍門上謁曰高陽賤民酈食其竊聞沛公將兵助楚誅不義敬勞從者願得望見口畫天下便事使者入通沛公方洗問使者曰何如人也使者對曰狀貌類大儒衣儒衣冠側注沛公曰爲我謝之言我方以天下爲事未暇見儒人也使者出謝曰沛公敬謝先生方以天下爲事未暇見儒人也酈生瞋目按劒叱使者曰走復入言沛公吾高陽酒徒也非儒人也使者懼而失謁跪拾謁還走復入報曰客天下壯士也叱臣臣恐至失謁曰走復入言而公高陽酒徒也沛公遽雪足杖矛曰延客入酈生入揖沛公曰足下甚苦暴衣露冠將兵助楚討不義足下何不自喜也臣願以事見而曰吾方以天下爲事未暇見儒人也夫足下欲與天下之大事而成天下之大功而以目皮相恐失天下之能士且吾度足下之智不如吾勇又不如吾若欲就天下而不相見竊爲足下失之沛公謝曰鄉者聞先生之容今見先生之意矣乃延而坐之問所以取天下者酈生曰夫足下欲成大功不如止陳留陳留者天下之據衝也兵之會地也積粟數千萬石城守甚堅臣素善其令願爲足下說之不聽臣臣請爲足下殺之而下陳留足下將陳留之眾據陳留之城而食其積粟招天下之從兵從兵已成足下橫行天下莫能有害足下矣沛公曰敬聞命矣於是酈生乃夜見陳留令說之曰夫秦爲無道而天下畔之今足下與天下從則可以成大功今獨爲亾秦嬰城而堅守臣竊爲足下危之陳留令曰秦法至重也不可以妄言妄言者無類吾不可以應先生所以教臣者非臣之意也願勿復道酈生留宿臥夜半時斬陳留令首踰城而下報沛公沛公引兵攻城縣令首於

長竿以示城上人曰趣下而令頭已斷矣今後下者必先斬之於是陳留人見令已死遂相率而下沛公沛公舍陳留南城門上因其庫兵食積粟留出入三月從兵以萬數遂入破秦

陸賈楚人也以客從高祖定天下名有口辯居左右常使諸侯時中國初定尉佗下南越因王之高祖使賈賜佗印爲南粵王賈至尉佗魋結箕踞見賈賈因說佗曰足下中國人親戚昆弟墳墓在眞定今足下反天性棄冠帶欲以區區之越與天子抗衡爲敵國禍且及身矣夫秦失其正諸侯豪傑竝起唯漢王先入關據咸陽項籍背約自立爲西楚霸王諸侯皆屬可謂至彊矣然漢王起巴蜀鞭笞天下劫畧諸侯遂誅項羽五年之間海內平定此非人力天之所建也天子聞君王王南越而不助誅暴逆將相欲移兵而誅王天子憐百姓新勞苦且休之遣臣授君王印剖符通使君王宜郊迎北面稱臣乃欲以新造未集之越屈彊於此漢誠聞之掘燒君王先人冢墓夷種宗族使一偏將將十萬衆臨越卽越殺王降漢如反覆手耳於是佗蹶然起坐謝賈曰居蠻夷中久殊失禮義因問賈曰我孰與蕭何曹參韓信賢賈曰王似賢也復問曰我孰與皇帝賢賈曰皇帝起豐沛討暴秦誅彊楚爲天下興利除害繼五帝三皇之業統天下理中國中國之人以億計地方萬里居天下之膏腴人衆車輿萬物殷富政由一家自天地剖判未始有也今王衆不過數萬皆蠻夷崎嶇山海間譬若漢一郡王何乃比於漢佗大笑曰吾不起中國故王此使我居中國何遽不若漢乃大說賈留與飲數月曰越中無足與語至生來令我日聞所不聞賜賈橐中裝直千金他送亦千金賈卒拜佗爲南越王令稱臣奉漢約歸報高帝大說拜賈爲太中大夫賈時時前說稱詩書高帝罵之曰乃公居馬上得之安事詩書賈曰馬上得之寧可以馬上治乎且湯武逆取而以順守之文武竝用長久之術也昔者吳王夫差智伯極武而亾秦任刑法不變卒滅趙氏(秦之先造父封於趙城故亦爲趙氏)使秦已并天下行仁義法先聖陛下安得而有之高帝不懌有慙色謂賈曰試爲我著秦所以失天下吾所以得之者及古成敗之國賈乃粗述存亾之徵凡著十二篇毎奏一篇高帝未嘗不稱善左右呼萬歲稱其書曰新語孝惠時呂太后用事欲王諸呂畏大臣及有口者賈自度不能爭之乃病免以好時田地善往家焉有五男乃出所使越得橐中裝賣千金分其子子二百金令爲生產賈常乘安車駟馬從歌鼓瑟侍者十餘人寶劒直百金謂其子曰與女約過女女給人馬酒食極欲十日而更所死家得寶劒車騎侍從者一歲中以往來過他客率不過再過數擊鮮毋久溷女爲也呂太后時王諸呂諸呂擅權欲劫少主危劉氏右丞相平患之力不能爭恐禍及己平嘗宴居深念賈往不請直入坐平方念不見賈賈曰何念深也平曰生揣我何念賈曰足下位爲上相食三萬戶侯可謂極富貴無欲矣然有憂念不過患諸呂少主耳平曰然爲之柰何賈曰天下安注意相天下危注意將將相和則士豫附士豫附天下雖有變則權不分權不分爲社稷計在兩君掌握耳臣常欲語太尉絳侯絳侯與我戲易吾言君何不交驩太尉深相結爲陳平畫呂氏數事平用其計乃以五百金爲絳侯壽厚具樂飲太尉太尉亦報如之兩人深相結呂氏謀益壞陳平乃以奴婢百人車馬五十乘錢五十萬遺賈爲飲食費賈以此遊漢廷公卿間名聲籍甚及誅諸呂立孝文賈頗有力孝文卽位欲使人之南越丞相平乃言賈爲太中大夫使尉佗去黃屋稱制令比諸侯皆如意指語在南越傳陸生竟以壽終

朱建楚人也故嘗爲淮南王黥布相有罪去後復事布布欲反時問建建諫止之布不聽聽梁父侯遂反漢旣誅布聞建諫之卽賜建號平原君家徙長安爲人辯有口刻廉剛直行不苟合義不取容辟陽侯行不正得幸呂太后欲知建建不肯見及建母死貧未有以發喪方假貣服具陸賈素與建善乃見辟陽侯賀曰平原君母死辟陽侯曰平原君母死何乃賀我陸生曰前日君侯欲知平原君平原君義不知君以其母故今其母死君誠厚送喪則彼爲君死矣辟陽侯乃奉百金稅(式芮反贈終者衣被曰稅)列侯貴人以辟陽侯故往賻凡五百金久之人或毀辟陽侯惠帝大怒下吏欲誅之太后慙不可言大臣多害辟陽侯行欲遂誅之辟陽侯困急使人欲見建建辭曰獄急不敢見君建乃求見惠帝幸臣閎籍孺說曰君所以得幸帝天下莫不聞今辟陽侯幸太后而下吏道路皆言君讒欲殺之今日辟陽侯誅旦日太后含怒亦誅君君何不肉袒爲辟陽侯言帝帝聽君出辟陽侯太后大驩兩主俱幸君君富貴益倍矣於是閎籍孺大恐從其計言帝帝果出辟陽侯初辟陽侯之囚欲見建建不見辟陽侯以爲背之大怒及其成功出之大驚呂太后崩大臣誅諸呂辟陽侯於諸呂至深卒不誅計畫所以全者皆陸生平原君之力也孝文時淮南厲王殺辟陽侯以黨諸呂故孝文聞其客朱建爲其策使吏捕

欲洽闕吏至門建欲自殺諸子及吏皆曰事未可知何自殺爲建曰我死禍絕不及乃身矣遂自剄文帝聞而惜之曰吾無殺建意也乃召其子拜爲中大夫使匈奴單于無禮罵單于遂死匈奴中

婁敬齊人也漢五年戍隴西過雒陽高祖在焉敬脫輓輅衣羊裘見齊人虞將軍曰臣願見上言便宜虞將軍欲與鮮衣敬曰臣衣帛衣帛見衣褐衣褐見不敢易衣虞將軍入言上上召見賜食已而問敬敬說曰陛下都雒陽豈欲與周室比隆哉上曰然敬曰陛下取天下與周異周之先自后稷堯封之邰積德累善十餘世公劉避桀居豳太王以狄伐故去豳杖馬箠居岐國人爭歸之及文王爲西伯斷虞芮訟始受命呂望伯夷自海濱來歸之武王伐紂不期而會孟津上八百諸侯遂滅殷成王卽位周公之屬傅相焉乃營成周都雒以爲此天下中諸侯四方納貢職道里鈞矣有德則易以王無德則易以亾凡居此者欲令務以德致人不欲依險阻令後世奢驕以虐民也及周之盛時天下和洽四夷鄉風慕義懷德附離而竝事天子不屯一卒不戰一士八夷大國之民莫不賓服效其職貢及周之衰也分而爲兩天下莫朝周不能制非其德薄也而形埶弱也今陛下起豐沛收卒三千人以之徑往卷蜀漢定三秦與項籍戰滎陽爭成皋之口大戰七十小戰四十使天下之民肝腦塗地父子暴骸中野不可勝數哭泣之聲不絕傷夷者未起而欲比隆於成康之時臣竊以爲不侔矣且夫秦地被山帶河四塞以爲固卒然有急百萬之眾可具因秦之故資甚美膏腴之地此所謂天府者也陛下入關而都之山東雖亂秦之故地可全而有也夫與人鬬不搤其亢拊其背未能全勝今陛下入關而都按秦之故地此亦搤天下之亢而拊其背也高帝問羣臣羣臣皆山東人爭言周王數百年秦二世則亾不如都周上未能決及留侯明言入關便卽日車駕西都關中於是上曰本言都秦地者婁敬婁者劉也賜姓劉氏拜爲郎中號曰奉春君漢七年韓王信反上自擊之至晉陽聞信與匈奴欲共擊漢上大怒使人使匈奴匈奴匿其壯士肥牛馬徒見其老弱及羸畜使者十輩來皆言匈奴易擊上使劉敬復往使匈奴還報曰兩國相擊此宜夸矜見所長今臣往徒見羸瘠老弱此必欲見短伏奇兵以爭利愚以爲匈奴不可擊也是時漢兵已踰句注三十餘萬眾兵已業行上怒罵敬曰齊虜以舌得官乃今妄言沮吾軍械繫敬廣武遂往至平城匈奴果出奇兵圍帝白登七日然後得解高帝至廣武赦敬曰吾不用公言以困平城吾已斬先使十輩言可擊者矣乃封敬二千戶爲關內侯號建信侯高帝罷平城歸韓王信亾入胡當是時冒頓單于兵彊控弦四十萬騎數苦北邊上患之問敬敬曰天下初定士卒罷於兵革未可以武服也冒頓殺父代立妻羣母以力爲威未可以仁義說也獨可以計久遠子孫爲臣耳然陛下恐不能爲上曰誠可何爲不能敬曰陛下誠能以適長公主妻單于厚奉遺之彼知漢女送厚蠻夷必慕以爲閼氏生子必爲太子代單于何者貪漢重幣陛下以漢所餘彼所鮮數問遺使辯士風諭以禮節冒頓在固爲子壻死則外孫爲單于豈嘗聞外孫敢與大父抗禮哉可毋戰以漸臣也若陛下不能遣長公主而令宗室及後宮詐稱公主彼亦知不肯貴近無益也高帝曰善欲遣長公主呂后泣曰妾唯以一太子一女奈何棄之匈奴上終不能遣長公主而取家人子爲公主妻單于使敬往結和親約敬從匈奴來因言匈奴河南白羊樓煩王去長安近者七百里輕騎一日一夕可以至秦中新破少民地肥饒可益實夫諸侯初起時非齊諸田楚昭屈景莫與今陛下雖都關中實少人北近胡寇東有六國彊族一日有變陛下亦未得安枕而臥也臣願陛下徙齊諸田楚昭屈景燕趙韓魏後及豪桀名家且實關中無事可以備胡有變亦足率以東伐此彊本弱末之術也上曰善乃使劉敬徙所言關中十餘萬口

叔孫通薛人也秦時以文學徵待詔博士數歲陳勝起二世召博士諸儒生問曰楚戍卒攻蘄入陳於公何如博士諸儒生三十餘人前曰人臣無將將則反罪死無赦願陛下急發兵擊之二世怒作色通前曰諸生言皆非夫天下爲一家毀郡縣城鑠其兵示天下弗復用且明主在上法令具於下吏人人奉職四方輻湊安敢有反者此特羣盜鼠竊狗盜何足置齒牙間哉郡守尉今捕誅何足憂二世喜盡問諸生或言反或言盜於是令御史按諸生言反者下吏非所宜言諸生言盜者皆罷之乃賜通帛二十匹衣一襲拜爲博士通已出反舍諸生曰生何言之諛也通曰公不知我幾不免虎口乃亾去之薛薛已降楚矣及項梁之薛通從之梁敗從懷王懷王爲義帝徙長沙通留事項王漢二年漢王從五諸侯入彭城通降漢王通儒服漢王憎之乃變服服短衣楚製漢王喜通之降漢從弟子百餘人然無所進專言諸故羣盜壯士進之弟子皆曰事先生數年幸得從降漢今不進臣等專言大猾何也通乃謂曰漢王方蒙矢

石爭天下諸生寧能鬬乎故先言斬將搴旗之士諸生且待我我不忘矣漢王拜通爲博士號稷嗣君漢王已幷天下諸侯共尊爲皇帝於定陶通就其儀號高帝悉去秦儀法爲簡易羣臣飲酒爭功醉或妄呼拔劒擊柱上患之通知上益饜之說上曰夫儒者難與進取可與守成臣願徵魯諸生與臣弟子共起朝儀高帝曰得無難乎通曰五帝異樂三王不同禮禮者因時世人情爲之節文者也故夏殷周禮所因損益可知者謂不相復也臣願頗采古禮與秦儀雜就之上曰可試爲之令易知度吾所能行爲之於是通使徵魯諸生三十餘人魯有兩生不肯行曰公所事者且十主皆面諛以得親貴今天下初定死者未葬傷者未起又欲起禮樂禮樂所由起百年積德而後可興也吾不忍爲公所爲公所爲不合古吾不行公往矣毋汚我通笑曰若眞鄙儒不知時變遂與所徵三十人西及上左右爲學者與其弟子百餘人爲綿蕞野外習之月餘通曰上可試觀上使行禮曰吾能爲此乃令羣臣習肄會十月漢七年長樂宮成諸侯羣臣朝十月儀先平明謁者治禮引以次入殿門廷中陳車騎戍卒衛官設兵張旗志傳曰趨殿下郎中俠陛陛數百人功臣列侯諸將軍軍吏以次陳西方東鄉文官丞相以下陳東方西鄉大行設九賓臚句傳於是皇帝輦出房百官執戟傳警引諸侯王以下至吏六百石以次奉賀自諸侯王以下莫不震恐肅敬至禮畢盡伏置法酒諸侍坐殿上皆伏抑首以尊卑次起上壽觴九行謁者言罷酒御史執法舉不如儀者輒引去竟朝置酒無敢讙譁失禮者於是高帝曰吾乃今日知爲皇帝之貴也拜通爲奉常賜金五百斤通因進曰諸弟子儒生隨臣久矣與共爲儀願陛下官之高帝悉以爲郎通出皆以五百金賜諸生諸生乃喜曰叔孫生聖人知當世務九年徙通爲太子太傅十二年高帝欲以趙王如意易太子通諫曰昔者晉獻公以驪姬故廢太子立奚齊晉國亂者數十年秦以不早定扶蘇胡亥詐立自使滅祀此陛下所親見今太子仁孝天下皆聞之呂后與陛下攻苦食啖其可背哉陛下必欲廢嫡而立少臣願先伏誅以頸血汙地高帝曰公罷矣吾特戲耳通曰太子天下本本壹搖天下震動柰何以天下戲高帝曰吾聽公及上置酒見留侯所招客從太子入見上遂無易太子志矣高帝崩孝惠即位乃謂通曰先帝園陵寢廟羣臣莫習徙通爲奉常定宗廟儀法及稍定漢諸儀法皆通所論著也惠帝爲東朝長樂宮及閒往數蹕煩民作復道方築武庫南通奏事因請閒曰陛下何自築復道高帝寢衣冠月出游高廟子孫柰何乘宗廟道上行哉惠帝懼曰急壞之通曰人主無過舉今已作百姓皆知之矣願陛下爲原廟渭北衣冠月出游之益廣多宗廟大孝之本也上乃詔有司立原廟原廟起以復道故孝惠帝曾春出游離宮叔孫生曰古者有春嘗果方今櫻桃孰可獻願陛下出因取櫻桃獻宗廟上乃許之諸果獻由此興

通志卷九十六

通志卷九十七

宋 右 迪 功 郎 鄭 樵 漁 仲 撰

列傳第十

前漢

蒯通 伍被 江充 息夫躬 石奮 衛綰
直不疑 周仁 張歐 賈誼 爰盎 鼂錯
張釋之 馮唐（機尙） 汲黯 鄭當時 賈山 鄒陽
枚乘（子皐） 路溫舒

蒯通范陽人也本與武帝同諱楚漢初起武臣略定趙地號武信君通說范陽令徐公曰臣范陽百姓蒯通也竊閔公之將死故弔之雖然賀公得通而生也徐生再拜曰何以弔之通曰足下爲令十餘年矣殺人之父孤人之子斷人之足黥人之首甚衆慈父孝子所以不敢傳（側吏反）刃於公之腹者畏秦法也今天下大亂秦政不施然則慈父孝子將爭接刃於公之腹以復其怨而成其名此通之所以弔者也曰何以賀得子而生也曰趙武信君不知通不肖使人候問其死生通且見而說之曰必將戰勝而後略地攻得而後下城臣竊以爲殆矣用臣之計毋戰而略地不攻而下城傳檄而千里定可乎彼將曰何謂也臣因對曰范陽令宜整頓其士卒以守戰者也怯而畏死貪而好富貴故欲以其城先下君先下君而君不利之則邊地之城皆將相告曰范陽令先降而身死必將嬰城固守皆爲金城湯池不可攻也爲君計者莫若具黃屋朱輪迎范陽令使馳騖於燕趙之郊則邊城皆將相告曰范陽令先下而身富貴必相率而降猶如阪上走丸也此臣所謂傳檄而千里定者也徐公再拜具車馬遣通通遂以此說武臣武臣以車百乘騎二百侯印迎徐公燕趙聞之降者三十餘城如通策焉後漢將韓信虜魏王破趙代降燕定三國引兵將東擊齊未度平原聞漢王使酈食其說下齊信欲止通說信曰將軍受詔擊齊而漢獨發間使下齊寧有詔止將軍乎何以得無行且酈生一士伏軾掉三寸舌下齊七十餘城將軍將數萬之衆乃下趙五十餘城爲將數歲反不如一豎儒之功乎於是信然之從其計遂度河齊已聽酈生卽留之縱酒罷備漢守禦信因襲歷下軍遂至臨淄齊王以酈生爲欺己而亨之因敗走信遂定齊地自立爲齊假王漢方困於滎陽遣張良卽立信爲齊王以安固之項王亦遣武涉說信欲與連和蒯通知天下權在信欲說信令背漢乃先微感信曰僕嘗受相人之術相君之面不過封侯又危而不安相君之背貴而不可言信曰何謂也通因請間曰天下初作難也俊雄豪桀建號一呼天下之士雲合霧集魚鱗雜襲飄至風起當此之時憂在亡秦而已今劉項分爭使人肝腦塗地流離中野不可勝數漢王將數十萬衆距鞏雒阻山河一日數戰亡尺寸之功敗滎陽傷成皐還走宛葉之間此所謂智勇俱困者也楚人起彭城轉鬭逐北至滎陽乘利席勝威震天下然兵困於京索之間迫西山而不能進三年於此矣銳氣挫於險塞糧食盡於內藏百姓罷極無所歸命以臣料之非天下賢聖其勢固不能息天下之禍當今之時兩主縣命足下足下爲漢則漢勝與楚則楚勝臣願披心腹墮肝膽效愚忠恐足下不能用也方今爲足下計莫若兩利而俱存之三分天下鼎足而立其勢莫敢先動夫以足下之賢聖有甲兵之衆據彊齊從燕趙出空虛之地以制其後因民之欲西鄉爲百姓請命天下孰敢不聽足下按齊國之故有淮泗之地懷諸侯以德深拱揖讓則天下君王相率而朝齊矣蓋聞天與弗取反受其咎時至弗行反受其殃願足下孰圖之信曰漢遇我厚吾豈可見利而背恩乎通曰始常山王成安君故相與爲刎頸交及爭張黶陳釋之事常山王奉頭鼠竄以歸漢王借兵東下戰於鄗北成安君死於泜水之南頭足異處此二人相與天下之至驩也而卒相滅亡者何也患生於多欲而人心難測也今足下行忠信以交於漢王必不能固於二君之相與也而事多大於張黶陳釋之事者故臣以爲足下必漢王之不危足下過矣大夫種存亡越伯勾踐立功名而身死語曰野禽殫走犬亨敵國破謀臣亡故以交友言之則不過張王與成安君以忠臣言之則不過大夫種此二者宜足以觀矣願足下深慮之且臣聞之勇略震主者身危功蓋天下者不賞足下涉西河虜魏王禽夏說下井陘誅成安君之罪以令於趙脅燕定齊南摧楚人之兵數十萬衆遂斬龍且西鄉以報此所謂功無二於天下略不世出者也今足下挾不賞之功戴震主之威歸楚楚人不信歸漢漢人震恐足下欲持是安歸乎夫勢在人臣之位而有高天下之名竊爲足下危之信曰生且休矣吾將念之數日通復說信曰聽者事之候也計者存亡之機也夫隨廝養之役者失萬乘之權守儋石之祿者闕卿相之位計誠知之而決弗敢行者百事之禍也故猛虎之猶與不如蠭蠆之致蠚孟賁之狐疑不如童子之必至此言貴能行之也夫功者難成而易敗時者難値而易失時乎時不再來願足下亡疑臣之計信猶與不忍背漢又自以功多漢不奪我

齊遂謝通通說不聽惶恐乃陽狂爲巫天下既定後信以罪廢爲淮陰侯謀反被誅臨死歎曰悔不用蒯通之言死於女子之手高帝曰是齊辯士蒯通乃詔齊召蒯通通至上欲亨之曰若教韓信反何也通曰狗各吠非其主當彼時臣獨知齊王韓信非知陛下也且秦失其鹿天下共逐之高材疾足者先得天下匈匈爭欲爲陛下所爲顧力不能可殫誅邪上乃赦之至齊悼惠王時曹參爲相禮下賢人請通爲客初齊王田榮怨項羽謀舉兵畔之劫齊士不與者死齊處士東郭先生梁石君在劫中彊從及田榮敗二人醜之相與入深山隱居客謂通曰先生之於曹相國拾遺舉過顯賢進能齊國莫若先生者先生知梁石君東郭先生世俗所不及何不進之相國乎通曰諾臣之里婦與里之諸母相善也里婦夜亾肉姑以爲盜怒而逐之婦晨去過所善諸母語以事而謝之里母曰女安行我今令而家追女矣即束緼請火於亾肉家曰昨暮夜犬得肉爭鬬相殺請火治之亾肉家遽追呼其婦故里母非譚說之士也束緼乞火非還婦之道也然物有相感事有適可臣請乞火於曹相國乃見相國曰婦人有夫死三日而嫁者有幽居守寡而不出門者足下即欲求婦何取曰取不嫁者通曰然則求臣亦猶是也彼東郭先生梁石君齊之俊士也隱居不嫁未嘗卑節下意以求仕也願足下使人禮之曹相國曰敬受命皆以爲上賓通論戰國時說士權變亦自序其說凡八十一首號曰雋永雋音字兖反雋肥肉也永長也言其論甘美而義深長也初通善齊人安其生安其生嘗干項羽羽不能用其策而項羽欲封此兩人兩人卒不肯受

伍被楚人也或言其先伍子胥後也被以才能稱爲淮南中郎是時淮南王安好術學折節下士招致英儁以百數被爲冠首久之淮南王陰有邪謀被數微諫後王坐東宮召被欲與計事呼之曰將軍上被悵然曰王安得亾國之言乎臣聞子胥諫吳王吳王不用乃曰臣今見麋鹿游姑蘇之臺也今臣亦將見宮中生荆棘露霑衣也於是王怒繫被父母囚之三月王復召被曰將軍許寡人乎被曰小臣將爲大王畫計矣臣聞聰者聽於無聲明者見於未形故聖人萬舉而萬全文王一動而功顯萬世功列三王所謂因天心以動作者也王曰方今漢廷治乎亂乎被曰天下治王不說曰公何以言治也被對曰被竊觀朝廷君臣父子夫婦長幼之序也皆得其理上之舉錯遵古之道風俗紀綱未有所缺重裝富賈周流天下道無不通交易之道行南越賓服羌僰貢獻東甌人朝廣長榆開朔方匈奴折傷雖未及古太平時然亦爲治王怒被謝死罪王又曰山東即有變漢必使大將軍將而制山東公以爲大將軍何如人也被曰臣所善黃義從大將軍擊匈奴言大將軍遇士大夫以禮與士卒有恩衆樂爲用騎上下山如飛材力絕人如此數將習兵未易當也及謁者曹梁使長安來言大將軍號令明當敵勇敢常爲士卒先須士卒休乃舍穿井得水乃敢飲軍罷士卒已踰河乃度皇太后所賜金錢盡以賞賜雖古名將不過也王曰夫蓼太子知略不世出非常人也以爲漢廷公卿列侯皆如沐猴而冠耳被曰獨先刺大將軍乃可舉事王復問被曰公以爲吳舉兵非邪被曰非也夫吳王賜號爲劉氏祭酒受几杖而不朝王四郡之衆地方數千里采山銅以爲錢煑海水以爲鹽伐江陵之木以爲船國富民衆行珍寶賂諸侯與七國合從舉兵而西破大梁敗狐父奔走而還爲越所禽死於丹徒頭足異處身滅祀絕爲天下戮夫以吳衆不能成功者何也誠逆天違衆而不見時也王曰男子之所死者一言耳且吳何知反漢將一日過成皋者四十餘人今我令緩先要成皋之口周被下潁川兵塞轘轅伊闕之道陳定發南陽兵守武關河南太守獨有雒陽耳何足憂然此北尚有臨晉關河東上黨與河內趙國界者通谷數行人言絕成皋之道天下不通據三川之險招山東之兵公以爲何如被曰臣見其禍未見其福也後漢遣淮南王孫建繫治之王恐陰事泄謂被曰事至吾欲遂發天下勞苦有間矣諸侯頗有失行皆自疑我舉兵西鄉必有應者無應即還略衡山勢不得不發被曰略衡山以擊廬江有尋陽之船守下雉之城結九江之浦絕豫章之口彊弩臨江而守以禁南郡之下東保會稽南通勁越屈彊江淮間可以延歲月之壽耳未見其福也王曰左吳趙賢朱驕如皆以爲什八九成公獨以爲無福何被曰大王之羣臣近幸素能使衆者皆前繫詔獄餘皆無可用者王曰陳勝吳廣無立錐之地百人之衆起于大澤奮臂大呼天下響應西至於戲而兵百二十萬今吾國雖小勝兵可得二十萬公何以言有禍無福被曰臣不敢避子胥之誅願大王無爲吳王之聽往者秦爲無道殘賊天下殺術士燔詩書滅聖迹棄禮義任刑法轉海濱之粟致于西河當是時男子疾耕不足於糧餽女子紡績不足於蓋形遣蒙恬築長城東西數千里暴兵露師常數十萬死者不可勝數僵尸滿野流血千里於是百姓力屈欲爲亂者十室而五又使徐福入海求仙藥多齎珍寶童男女三千人

五種百工而行徐福得平原大澤止王不來於是百姓怨痛欲爲亂者十室而六又使尉佗踰五嶺攻百越尉佗知中國勞極止王南越行者不還往者莫返於是百姓離心瓦解欲爲亂者十室而七興萬乘之駕作阿房之宮收大半之賦發閭左之戍父不寧子兄不安弟政苛刑慘民皆引領而望傾耳而聽悲號仰天叩心怨上欲爲亂者十室而八客謂高皇帝曰時可矣高帝曰待之聖人當起東南閒不一歲陳吳大呼劉項竝和天下嚮應所謂蹈瑕釁因秦之亾時而動百姓願之若枯旱之望雨故起於行陳之中以成帝王之功今大王見高祖得天下之易也獨不觀近世之吳楚乎當今陛下臨制天下一齊海內汎愛蒸庶布德施惠口雖未言聲疾雷霆令雖未出化馳若神心有所懷威動千里下之應上猶景嚮也而大將軍材能非直章邯楊熊也王以陳勝吳廣諭之被以爲過矣且大王之兵眾不能什分吳楚之一天下安寧又萬倍於秦時願王用臣之計臣聞箕子過故國而悲作麥秀之歌痛紂之不用王子比干之言也故孟子曰紂貴爲天子死曾不如匹夫是紂先自絕久矣非死之日天去之也今臣亦竊悲大王棄千乘之君將賜絕命之書爲羣臣先身死于東宮也被因流涕而起後王復召問被苟如公言不可以徼幸邪被曰必不得已被有愚計王曰柰何被曰當今諸侯無異心百姓無怨氣朔方之郡土地廣美民徙者不足以實其地可爲丞相御史請書徙郡國豪桀及耐罪已上以赦令除家產五十萬以上者皆徙其家屬朔方之郡益發甲卒急其會日又僞爲左右都司空上林中都官詔獄書逮諸侯太子及幸臣如此則民怨諸侯懼卽使辯士隨而說之儻可以徼幸王曰此可也雖然吾亦不至若此專發而已後事發覺被詣吏自告與淮南王謀反蹤跡如此天子以伍被雅辭多引漢美欲勿誅張湯進曰被首爲王畫反計罪無赦遂誅被

江充字次倩趙國邯鄲人也充本名齊有女弟善鼓琴歌舞嫁之趙太子丹齊得幸於敬肅王爲上客久之太子疑齊以己陰私告王與齊忤使吏捕齊不得收繫其父兄按驗皆棄市齊遂絕迹亾西入關更名充詣闕告太子丹與同產姊及至後宮姦亂交通郡國豪猾攻剽爲姦吏不能禁書奏天子怒遣使者詔郡發吏卒圍趙王宮收捕太子丹移繫魏郡詔獄與廷尉雜治法至死趙王彭祖帝異母兄也上書訟太子罪言充逋逃小臣苟爲姦譌激怒聖朝欲取必於萬乘以復私怨後雖亨醢計猶不悔臣願選從趙國勇敢士從軍擊匈奴極盡死力以贖丹罪上不許竟敗趙太子初充召見犬臺宮自請願以所常被服冠見上許之充衣紗縠襌（音丹）衣曲裾後垂交輸冠襌纚（音史）步搖冠飛翮之纓（翮鳥羽作纓）充爲人魁岸容貌甚壯帝望見而異之謂左右曰燕趙固多奇士既至前問以當世政事上說之充因自請願使匈奴詔問其狀充對曰因變制宜以敵爲師事不可豫圖上以充爲謁者使匈奴還拜爲直指繡衣使者督三輔盜賊禁察踰侈貴戚近臣多奢僭充皆舉劾奏請沒入車馬令身待北軍擊匈奴奏可充卽移書光祿勳中黃門逮召近臣侍中諸當詣北軍者移劾門衞禁止無令得入宮殿於是貴戚子弟惶恐皆見上叩頭求哀願得入錢贖罪上許之令各以秩次輸錢北軍凡數千萬上以充忠直奉法不阿所言中意充出逢館陶長公主行馳道中充呵問之公主曰有太后詔充曰獨公主得行車騎皆不得盡劾沒入官後充從上甘泉逢太子家使乘車馬行馳道中充以屬吏太子聞之使人謝充曰非愛車馬誠不欲令上聞之以教敕亾素者唯江君寬之充不聽遂白奏上曰人臣當如是矣大見信用威震京師遷爲水衡都尉宗族知友多得其力者久之坐法免會陽陵朱安世告丞相公孫賀子太僕敬聲爲巫蠱事連及陽石諸邑公主賀父子皆坐誅語在賀傳後上幸甘泉疾病充見上年老恐晏駕後爲太子所誅因是爲姦奏言上疾祟在巫蠱於是以充爲使者治巫蠱充將胡巫掘地求偶人（胡巫言不與華同故充任使之）捕蠱及夜祠視鬼染汚令有處（詐以酒酹地也）輒收捕驗治燒鐵鉗灼彊服之民轉相誣以巫蠱吏輒劾以大逆無道坐而死者前後數萬人是時上春秋高疑左右皆爲巫蠱祝詛有與亾莫敢訟其冤者充旣知上意因言宮中有蠱氣先治後宮希幸夫人以次及皇后遂掘蠱於太子宮得桐木人（充使胡巫作而薶之）太子懼不能自明收充自臨斬之罵曰趙虜前亂乃國王父子不足邪乃復亂吾父子也太子由是遂敗語在戾園傳後武帝知充有詐夷充

息夫躬字子微河內河陽人也少爲博士弟子受春秋通覽記書容貌壯麗爲眾所異哀帝初卽位皇后父特進孔鄉侯傅晏與躬同郡相友善躬由是以爲援交遊日廣先是長安孫寵亦以游說顯名免汝南太守與躬相結俱上書召待詔是時哀帝被疾始卽位而人有告中山孝王太后祝詛上太后及弟馮參皆自殺其罪不明是後無鹽危山有石自立開道躬與寵謀曰上無繼嗣體久不平關東諸侯心爭陰謀今無鹽有大石自立

閻邪臣託往事以爲太山石立而先帝龍興東平王雲以故與其后日夜祠祭祝詛上欲求非望而后舅伍宏反因方術以醫技得幸出入禁門霍顯之謀將行於杯杓荆軻之變必起於帷幄事勢若此告之必成察國姦誅主讎取封侯之計也躬寵乃與中郎右師譚共因中常侍宋弘上變事告焉上惡之下有司案驗東平王雲雲后謁及伍宏等皆坐誅上擢寵爲南陽太守譚潁川都尉弘躬皆光祿大夫左曹給事中是時侍中董賢愛幸上欲侯之遂下詔云躬寵因賢以聞封賢爲高安侯寵爲方陽侯躬爲宜陵侯邑各千戶賜譚爵關內侯食邑丞相王嘉內疑東平獄事爭不欲侯賢等語在嘉傳嘉固言董賢泰盛寵躬皆傾覆有佞邪材恐必撓亂國家不可任用嘉以此得罪矣躬既親近數進言事論議無所避衆畏其口見之仄目躬上疏歷詆公卿大臣曰方今丞相王嘉健而蓄縮不可用御史大夫賈延墮弱不任職左將軍公孫祿司隸鮑宣皆外有直項之名內實騃不曉政事諸曹已下僕遬不足數卒有彊弩圍城長戟指闕陛下誰與備之如使狂夫嘄謼於東崖匈奴飲馬於渭水邊竟雷動四野風起京師雖有武蠭精兵未有能窺（與跬同）左足而先應者也軍書交馳而輻湊羽檄重迹而狎至小夫懦臣之徒憒眊不知所爲其有犬馬之決者仰藥而伏刃雖加夷滅之誅何益禍敗之至哉躬又言秦開鄭國渠以富國彊兵今京師土地肥饒可度地勢水泉廣溉灌之利天子使躬持節領護三輔都水躬立表欲穿長安城引漕注大倉下以省轉輸議不可成迺止董賢貴幸日盛丁傅害其寵孔鄉侯晏與躬謀欲求居位輔政會單于當來朝遣使言病願朝明年躬因是而上奏以爲單于當以十一月入塞後以病爲解疑有他變烏孫兩昆彌弱卑爰疐彊盛居彊煌之地擁十萬之衆東結單于遣子往侍如因素彊之威循烏孫就屠之迹舉兵南伐并烏孫之勢也烏孫并則匈奴盛而西域危矣可令降胡詐爲卑爰疐使者來上書曰所以遣子侍單于者非親信之也實畏之耳唯天子哀告單于歸臣侍子願助戊己校尉保惡都奴之界因下其章諸將軍令匈奴客聞焉則是所謂上兵伐謀其次伐交者也書奏上引見躬召公卿將軍大議左將軍公孫祿以爲中國常以忠信懷伏夷狄躬欲逆詐造不信之謀不可許且匈奴賴先帝之德保塞稱藩今單于以疾病不任奉朝賀遣使自陳不失臣子之禮臣祿自保沒身不見匈奴爲邊竟憂也躬掎祿曰臣爲國家計幾先謀將然豫圖未形爲萬世慮而祿欲以其犬馬齒保自所見臣與祿異議未可同日語也上曰善乃罷羣臣獨與躬議躬因建言往年熒惑守心太白高而芒光又角星茀（茀與孛同）於河鼓其法爲有兵亂是後訛言行詔籌經歷郡國天下騷動恐有非常之變可遣大將軍行邊兵敕武備斬一郡守以立威震四夷因以厭應變異上然之以問丞相嘉嘉對曰臣聞動民以行不以言應天以實不以文下民微細猶不可詐況於上天神明而可欺哉天之見異所以敕戒人君欲令覺悟反正推誠行善民心說而天意得矣辯士見一端或妄以意傅著星曆虛造匈奴烏孫西羌之難謀動干戈設爲權變非應天之道也守相有罪車馳詣闕交臂就死恐懼如此而談說者云云動安之危（之往也搖動安全往就危亡）辯口快耳其實未可從夫議政者苦其讇諛傾險辯慧深刻也讇諛則主德毀傾險則下怨恨辯慧則破正道深刻則傷恩惠昔秦繆公不從百里奚蹇叔之言以敗其師悔過自責疾詿誤之臣思黃髮之言名垂於後世唯陛下觀覽古戒反覆參考無以先入之語爲主上不聽詔將軍與中二千石舉明習兵法有大慮者各一人將軍二人（將軍二人謂將軍舉二人中二千石一人耳）詣公車就拜孔鄉侯傅晏爲大司馬衞將軍陽安侯丁明爲大司馬驃騎將軍是日日有食之董賢用此沮躬晏之策後數日收晏衞將軍印綬而丞相御史奏躬罪過上由是惡躬等下詔免躬寵官遣就國躬歸國未有第宅寄居丘亭（丘空也）姦人以爲侯家富常夜守之躬邑人河內掾賈惠往過躬教以祝盜方以桑東南指枝爲七畫北斗七星於其上躬夜自被髮立中庭向北斗持七招指（招指謂或招或指所以求福排禍也）祝盜人有上書言躬懷怨恨非笑朝廷所進候星宿視天子吉凶與巫同祝詛上遣侍御史廷尉監逮躬繫洛陽詔獄欲掠問躬仰天大呼因僵仆吏就問云咽已絶血從鼻耳出食頃死黨友謀議相連下獄百餘人躬母聖坐祠竈祝詛上大逆不道棄市妻充漢與家屬徙合浦躬同族親屬素所厚者皆免廢錮哀帝崩有司奏方陽侯寵及右師譚等皆造作姦謀罪及王者骨肉雖蒙赦令不宜處爵位在中土皆免寵等徙合浦郡初躬待詔數危言高論自恐遺害著絶命辭其文甚悽愴數年乃死如其文焉

萬石君石奮其父趙人也趙亡徙溫高祖東擊項籍過河內時奮年十五爲小吏侍高祖高祖與語愛其恭敬問曰若何有對曰有母不幸失明家貧有姊能鼓琴高祖曰若能從我乎曰願盡力於是高祖召其姊爲美人

以奮爲中涓受書謁徙其家長安中戚里以姊爲美人故也（上之姻戚居之故名其里曰戚里）奮積功勞孝文時官至太中大夫無文學恭謹舉無與比東陽侯張相如爲太子太傅免選可爲傅者皆推奮爲太子太傅及孝景卽位以奮爲九卿迫近憚之徙奮爲諸侯相奮長子建次甲次乙次慶皆以馴行孝謹官至二千石於是景帝曰石君及四子皆二千石人臣尊寵乃舉集其門凡號奮爲萬石君孝景季年萬石君以上大夫祿歸老于家以歲時爲朝臣過宮門闕必下車趨見路馬必軾焉子孫爲小吏來歸謁萬石君必朝服見之不名子孫有過失不誚讓爲便坐對案不食然後諸子相責因長老肉袒固謝罪改之乃許子孫勝冠者在側雖燕必冠申申如也僮僕訢訢如也唯謹上時賜食於家必稽首俯伏而食如在上前其執喪哀戚甚子孫遵教亦加之萬石君家以孝謹聞於郡國雖齊魯諸儒質行皆自以爲不及也建元二年郎中令王臧以文學獲罪皇太后太后以爲儒者文多質少今萬石君家不言而躬行乃以長子建爲郎中令少子慶爲內史建老白首萬石君尚無恙每五日洗沐歸謁親入子舍竊問侍者取親中帬廁腧（腧音投廁中受糞者）身自澣滌復與侍者不敢令萬石君知之以爲常建奏事於上前卽有可言屛人乃言極切至廷見如不能言者上以是親而禮之萬石君徙居陵里內史慶醉歸入外門不下車萬石君聞之怒不食慶恐肉袒請罪不許舉宗及兄建肉袒萬石君讓曰內史貴人入閭里里中長老皆走匿而內史坐車中自如固當乃謝罷慶慶及諸子入里門趨至家萬石君元朔五年卒建哭泣哀思杖乃能行歲餘建亦死諸子孫咸孝然建最甚甚於萬石君建爲郎中令奏事下建讀之驚恐曰書馬者與尾而五今乃四不足一獲譴死矣其爲謹愼雖他皆如是慶爲太僕御出上問車中幾馬慶以策數畢舉手曰六馬慶於兄弟最爲簡易然猶如此出爲齊相舉齊國慕其家行不治而齊國大治爲立石相祠元狩元年上立太子選羣臣可傅者慶自沛守選爲太子太傅七歲遷御史大夫元鼎五年代趙周爲丞相封牧丘侯是時漢方南誅兩越東擊朝鮮北逐匈奴西伐大宛中國多事天子巡狩海內修上古神祠封禪興禮樂公家用少桑弘羊等致利王溫舒之屬峻法兒寬等推文學九卿更進用事事不關決於丞相慶醇謹而已在位九歲無能有所匡言嘗欲請治上近臣所忠九卿咸（音減姓也）宣不能服反受其過贖罪元封中關東流民二百萬口無名數者四十萬公卿議欲請徙流民於邊以適之上以爲慶老謹不能與其議乃賜丞相告歸而按御史大夫以下議爲請者慶慚不任職乃上書歸相印乞骸骨天子以書責之或勸慶宜引決慶懼甚不知所出遂復起視事慶爲丞相文深審謹無他大略後三歲餘薨諡曰恬侯慶中子德慶愛之上以德爲嗣代侯後爲太常坐法免國除慶方爲丞相時諸子孫爲小吏至二千石者十三人及慶死後稍以罪去孝謹益衰矣

衛綰代大陵人也以戲車爲郎事文帝功次遷中郎將醇謹無他孝景爲太子時召上左右飲而綰稱病不行恐文帝謂豫有二心事太子也文帝且崩時屬孝景曰綰長者善遇之及孝景立歲餘不孰何綰綰日以謹力景帝幸上林詔中郎將參乘還而問曰君知所以得參乘乎綰曰臣代戲車士幸得功次遷待罪中郎將不知也上問曰吾爲太子時召君不肯來何也對曰死罪實病上賜之劒綰曰先帝賜臣劒凡六不敢奉詔上曰劒人所施易獨至今乎（施讀曰貤易換之也）綰曰具在上使取六劒劒尙盛未嘗服也郎官有譴常蒙其罪不與他將爭有功常讓他將上以爲廉忠實無他腸乃拜綰爲河閒王太傅吳楚反詔綰爲將將河閒兵擊吳楚有功拜爲中尉三歲以軍功封爲建陵侯明年上廢太子誅栗卿之屬上以綰長者不忍乃賜綰告歸而使郅都治捕栗氏旣已上立膠東王爲太子召綰拜爲太子太傅久之遷爲御史大夫五歲代桃侯劉舍爲丞相綰朝奏事如職所奏然自初官以至丞相終無可言景帝以爲敦厚可相少主尊寵之賞賜甚多爲丞相三歲景帝崩武帝立建元中天子以景帝病時諸官囚多坐不辜者而君不任職免之後薨諡曰哀侯子信嗣坐酎金國除

直不疑南陽人也文帝時爲郎其同舍有告歸誤將持其同舍郎金去已而同舍郎覺亾意不疑不疑謝有之買金償後告歸者至而歸金亾金郎大慙以此稱爲長者稍遷至中大夫朝廷見人或毀不疑曰不疑狀貌甚美然特毋柰其善盜嫂何也不疑聞曰我乃無兄然終不自明也吳楚反時不疑以二千石將擊之景帝後元年拜爲御史大夫天子修吳楚時功封不疑爲塞侯武帝卽位與丞相綰俱以過免不疑學老子言其所臨爲官如故惟恐人之知其爲吏迹也不好立名稱爲長者薨諡信侯傳子至孫彭祖坐酎金國除

周文名仁其先任城人也以醫見景帝爲太子時爲舍人積功遷至太中大夫景帝初立拜仁爲郎中令仁爲人陰重不泄常衣弊補衣溺袴故不爲潔淸以是得幸

入卧內於後宮祕戲仁常在傍終無所言上時問人仁曰上自察之然亦無所毁如此景帝再自幸其家家徙陽陵上所賜甚多然終常讓不敢受也諸侯羣臣賂遺終無所受武帝立爲先帝臣重之仁乃病免以二千石祿歸老子孫咸至大官

張叔名歐（音驅）高祖功臣安丘侯說少子也歐文帝時以治刑名侍太子然其人長者景帝時尊重常爲九卿至武帝元朔中代韓安國爲御史大夫歐爲吏未嘗言案人剸（與專同）以誠長者處官官屬以爲長者亦不敢大欺上具獄事有可卻卻之不可者不得已爲泣涕面而封之其愛人如此老篤請免天子寵以上大夫祿歸老于家家陽陵子孫咸至大官

賈誼雒陽人也年十八以能誦詩書屬文稱於郡中河南守吳公聞其秀才召置門下甚幸愛孝文帝初立聞河南守吳公治平爲天下第一故與李斯同邑而嘗學事焉徵以爲廷尉廷尉乃言誼年少頗通諸家之書文帝召以爲博士是時誼年二十餘最爲少每詔令議下諸老先生未能言誼盡爲之對人人各如其意所出諸生於是以爲能文帝說之超遷歲中至太中大夫誼以爲漢興二十餘年天下和洽宜當改正朔易服色制度定官名興禮樂乃草具其儀法色尙黃數用五爲官名悉更奏之文帝謙讓未遑也然諸法令所更定及列侯就國其說皆誼發之於是天子議以誼任公卿之位絳灌東陽侯馮敬之屬盡害之迺毁誼曰雒陽之人年少初學專欲擅權紛亂諸事於是天子後亦疏之不用其議以誼爲長沙王太傅誼既以適去意不自得及渡湘水爲賦以弔屈原屈原楚賢臣也被讒放逐作離騷賦其終篇曰已矣國亾人莫我知也遂投江而死誼追傷之因以自諭其辭曰恭承嘉惠兮竢罪長沙仄聞屈原兮自湛汨羅造託湘流兮敬弔先生遭世罔極兮乃隕厥身烏虖哀哉兮逢時不祥鸞鳳伏竄兮鴟鴞翺翔闒茸尊顯兮讒諛得志賢聖逆曳兮方正倒植謂隨夷溷兮謂跖蹻廉莫邪爲鈍兮鉛刀爲銛于嗟默默生之亾故兮斡棄周鼎寶康瓠兮騰駕罷牛驂蹇驢兮驥垂兩耳服鹽車兮章父薦屨漸不可久兮嗟若先生獨離此咎兮誶曰已矣國其莫吾知兮予獨壹鬱其誰語鳳縹縹其高逝兮夫固自引而遠去襲九淵之神龍兮沕淵潛以自珍偭蟂獺以隱處兮夫豈從蝦與蛭螾所貴聖之神德兮遠濁世而自臧使麒麟可係而羈兮豈云異乎犬羊般紛紛其離此郵兮亦夫子之故也歷九州而相其君兮何必懷此都也鳳凰翔于千仞兮覽德輝而下之見細德之險徵兮遥增擊而去之彼尋常之污瀆兮豈容吞舟之巨魚橫江湖之鱣鯨兮固將制於螻螘誼既爲長沙傅三年有服飛入誼舍止於坐隅服似鴞不祥鳥也誼既以適居長沙長沙卑溼誼自傷悼以爲壽不得長乃爲賦以自廣其辭曰單閼之歲四月孟夏庚子日斜服集余舍止于坐隅貌甚閑暇異物來崪私怪其故發書占之讖言其度曰野鳥入室主人將去問於子服余去何之吉乎告我凶言其災淹速之度語余其期服乃太息舉首奮翼口不能言請對以意（意合音當作臆）萬物變化固亾休息斡流而遷或推而還形氣轉續變化而嬗沕穆亾閒胡可勝言禍兮福所倚福兮禍所伏憂喜聚門吉凶同域彼吳彊大夫差以敗粵棲會稽句踐霸世斯游遂成卒被五刑傅說胥靡乃相武丁夫禍之與福何異糾纆命不可說孰知其極水激則旱矢激則遠萬物回薄震盪相轉雲烝雨降糾錯相紛大鈞播物坱圠無垠天不可與慮道不可與謀遲速有命烏識其時且夫天地爲鑪造化爲工陰陽爲炭萬物爲銅合散消息安有常則千變萬化未始有極忽然爲人何足控揣（音團）化爲異物又何足患小智自私賤彼貴我達人大觀物亾不可貪夫徇財烈士徇名夸者死權品庶每生怵迫之徒或趨西東大人不曲意變齊同愚士繫俗僒若囚拘至人遺物獨與道俱衆人惑惑好惡積意眞人恬漠獨與道息釋智遺形超然自喪寥廓忽荒與道翺翔乘流則逝得坻則止縱軀委命不私與己其生兮若浮其死兮若休澹乎若深淵之靚氾乎若不繫之舟不以生故自保養空而浮德人無累知命不憂細故蔕芥何足以疑後歲餘文帝思誼徵之至入見上方受釐坐宣室上因感鬼神事而問鬼神之本誼具道所以然之故至夜半文帝前席既罷曰吾久不見賈生自以爲過之今不及也乃拜誼爲梁懷王太傅懷王上少子愛而好書故令誼傅之數問以得失是時匈奴彊侵邊天下初定制度疏闊諸侯王僭儗地過古制淮南濟北王皆爲逆誅誼數上疏陳政事多所欲匡建其大略曰臣竊惟今之事勢可爲痛哭者一可爲流涕者二可爲長太息者六若其他背理而傷道者難徧以疏舉進言者皆曰天下已安已治矣臣獨以爲未也曰安且治者非愚則諛皆非事實知治亂之體者也夫抱火厝之積薪之下而寢其上火未及燃因謂之安方今之勢何以異此本末舛逆首尾衡決國制搶攘非甚有紀胡可謂治陛下何不一令臣得孰數之於前因陳治安之策試詳

擇焉夫射獵之娛與安危之機孰急使爲治勞智慮苦身體乏鐘鼓之樂勿爲可也樂與今同而加之諸侯軌道兵革不動民保首領匈奴賓服四荒鄉風百姓素朴獄訟衰息大數既得則天下順治海內之氣清和咸理生爲明帝沒爲明神名譽之美垂於無窮禮祖有功而宗有德使顧成之廟稱爲太宗上配太祖與漢無極建久安之埶成長治之業以承祖廟以奉六親至孝也以幸天下以育羣生至仁也立經陳紀輕重同得後可以爲萬世法程雖有愚幼不肖之嗣猶得蒙業而安至明也以陛下之明達因使少知治體者得佐下風致此非難也其具可素陳於前願幸無忽臣謹稽之天地驗之往古按之當今之務日夜念此至孰也雖使禹舜復生爲陛下計亾以易此夫樹國固必相疑之埶下數被其殃上數爽其憂甚非所以安上而全下也今或親弟謀爲東帝親兄之子西鄉而擊今吳又見告矣天子春秋鼎盛行義未過德澤有加焉猶尚如是況莫大諸侯權力且十此者乎然而天下少安何也大國之王幼弱未壯漢之所置傅相方握其事數年之後諸侯之王大抵皆冠血氣方剛漢之傅相稱病而賜罷彼自丞尉以上徧置私人如此有異淮南濟北之爲邪此時而欲爲治安雖堯舜不能治黃帝曰日中必熭（音衛）操刀必割今令此道順而全安甚易不肯早爲已乃墮骨肉之屬而抗剄（工鼎反）之豈有異秦之季世乎夫以天子之位乘今之時因天之助尚憚以危爲安以亂爲治假設陛下居齊桓之處將不合諸侯而匡天下乎臣又知陛下有所必不能矣假設天下如曩時淮陰侯尚王楚黥布王淮南彭越王梁韓信王韓張敖王趙貫高爲相盧綰王燕陳豨在代令此六七公者皆亾恙當是時而陛下即天子位能自安乎臣有以知陛下之不能也天下殽亂高皇帝與諸公併起非有仄室之埶以豫席之也諸公幸者迺爲中涓其次廑得舍人材之不逮至遠也高皇帝以明聖威武即天子位割膏腴之地以王諸公多者百餘城少者乃三四十縣德至渥也然其後十年之間反者九起陛下之與諸公非親角材而臣之也又非身封王之也自高皇帝不能以是一歲爲安故臣知陛下之不能也然尚有可諉者曰疏臣請試言其親者假令悼惠王王齊元王王楚中子王趙幽王王淮陽共王王梁靈王王燕厲王王淮南六七貴人皆亾恙當是時陛下即位能爲治乎臣又知陛下之不能也若此諸王雖名爲臣實有布衣昆弟之心慮亾不帝制而天子自爲者擅爵人赦死辠甚者或戴黃屋漢法令非行也雖行不軌如厲王者令之不肯聽召之安可致乎幸而來至法安可得加動一親戚天下圜視而起陛下之臣雖有悍如馮敬者適啓其口匕首已陷其匈矣陛下雖賢誰與領此故疏者必危親者必亂已然之效也其異姓負彊而動者漢已幸勝之矣又不易其所以然同姓襲是跡而動既有徵矣其埶盡又復然殃旤之變未知所移明帝處之尚不能以安後世將如之何屠牛坦一朝解十二牛而芒刃不頓者所排擊剝割皆衆理解也至於髖（音寬）髀（音陛）之所非斤則斧夫仁義恩厚人主之芒刃也權埶法制人主之斤斧也今諸侯王皆衆髖髀也釋斤斧之用而欲嬰以芒刃臣以爲不缺則折胡不用之淮南濟北埶不可也臣竊跡前事大抵彊者先反淮陰王楚最彊則最先反韓信倚胡則又反貫高因趙資則又反陳豨兵精則又反彭越用梁則又反黥布用淮南則又反盧綰最弱最後反長沙乃在二萬五千戶耳功少而最完埶疏而最忠非獨性異人也亦形埶然也曩令樊酈絳灌據數十城而王今雖已殘亾可也令信越之倫列爲徹侯而居雖至今存可也然則天下之大計可知已欲諸王之皆忠附則莫若令如長沙王欲臣子之勿葅醢則莫若令如樊酈等欲天下之治安莫若衆建諸侯而少其力力少則易使以義國小則亾邪心令海內之埶如身之使臂臂之使指莫不制從諸侯之君不敢有異心輻湊並進而歸命天子雖在細民且知其安故天下咸知陛下之明割地定制令齊趙楚各爲若干國使悼惠王幽王元王之子孫畢以次各受祖之分地地盡而止及燕梁它國皆然其分地衆而子孫少者建以爲國空而置之須其子孫生者舉使君之諸侯之地其削頗入漢者爲徙其侯國及封其子孫也所以數償之一寸之地一人之衆天子亾所利焉誠以定治而已故天下咸知陛下之廉地制一定宗室子孫莫慮不王下無倍叛之心上無誅伐之志故天下咸知陛下之仁法立而不犯令行而不逆貫高利幾之謀不生柴奇開章之計不萌細民鄉善大臣致順故天下咸知陛下之義臥赤子天下之上而安植遺腹朝委裘而天下不亂當時天治後世誦聖一動而五業附陛下誰憚而久不爲此大下之埶方病大瘇一脛之大幾如要一指之大幾如股平居不可屈信一二指搐身慮亾聊失今不治必爲錮疾後雖有扁鵲不能爲已病非徒瘇也又苦𨂂盭（𨂂古蹠字盭古戾字言足蹠反戾不可行）元王之子帝之從弟也今之王者從弟之子也惠王之子親兄子也今之王者兄子之子也

親者或亾分地以安天下疏者或制大權以偪天子臣故曰非徒病瘇也又苦跡盭可痛哭者此病是也天下之埶方倒縣凡天子者天下之首何也上也蠻夷者天下之足何也下也今匈奴嫚姆侵掠至不敬也爲天下患至亾已也而漢歲致金絮采繒以奉之夷狄徵令是主上之操也天子共貢是臣下之禮也足反居上首顧居下倒縣如此莫之能解猶謂國有人乎非亶讀曰但倒縣而已又類辟足病音璧且病痱風病音肥夫辟者一面病痱者一方痛今西邊北邊之郡雖有長爵不輕得復五尺以上不輕得息斥候望烽燧不得卧將吏被介冑而睡臣故曰一方病矣醫能治之而上不使可爲流涕者此也陛下何忍以帝皇之號爲戎人諸侯埶既卑辱而禍不息長此安窮進謀者率以爲是固不可解也亾具甚矣臣竊料匈奴之衆不過漢一大縣以天下之大困於一縣之衆甚爲執事者羞之陛下何不試以臣爲屬國之官以主匈奴行臣之計請必係單于之頸而制其命伏中行說而笞其背舉匈奴之衆唯上之令今不獵猛敵而獵田彘不搏反寇而搏畜菟翫細娛而不圖大患非所以爲安也德可遠施威可遠加而直數百里外威令不信可爲流涕者此也今民賣僮者爲之繡衣絲履偏諸緣服虔曰加牙條以作履緣師古曰偏諸若今之織成以爲要襻及標領者也古謂之車馬裘其上爲乘車騎從之象內之閑中是古天子后服所以廟而不宴者也而庶人得以衣婢妾白縠之表薄紈之裏緁以偏諸美者黼繡是古天子之服今富人大賈嘉會召客者以被牆古者以奉一帝一后而節適今庶人屋壁得爲帝服倡優下賤得爲后飾然而天下不屈者殆未有也且帝之身自衣皁綈而富民牆屋被文繡天子之后以緣其領庶人孽妾緣其履此臣所謂舛也夫百人作之不能衣一人欲天下亾寒胡可得也一人耕之十人聚而食之欲天下亾飢胡可得也飢寒切於民之肌膚欲其亾爲姦邪不可得也國已屈矣盜賊直須時耳然而獻計者曰毋動爲大耳夫俗至大不敬也至亾等也至冒上也進計者猶曰毋爲可爲長太息者此也商君遺禮義棄仁恩并心於進取行之二歲秦俗日敗故秦人家富子壯則出分家貧子壯則出贅借父耰鉏慮有德色母取箕箒立而誶語抱哺其子與公併倨婦姑不相說則反脣而相稽其慈子耆利不同禽獸者亾幾耳然并心而赴時猶曰蹷六國兼天下功成求得矣終不知反廉愧之節仁義之厚信并兼之法遂進取之業天下大敗衆掩寡智欺愚勇威怯壯陵衰其亂至矣是以大賢起之威震海內德從天下曩之爲秦者今轉而爲漢矣然其遺風餘俗猶尙未改今世以侈靡相競而上亾制度棄禮義捐廉恥日甚可謂月異而歲不同矣逐利不耳慮非顧行也今其甚者殺父兄矣盜者剟音輟寢戶之簾搴音騫兩廟之器白晝大都之中剽吏而奪之金矯僞者出幾十萬石粟賦六百餘萬錢乘傳而行郡國此其亾行義之尤至者也而大臣特以簿書不報期會之閒以爲大故至於俗流失世壞敗因恬而不知怪慮不動於耳目以爲是適然耳夫移風易俗使天下回心而鄉道類非俗吏之所能爲也俗吏之所務在於刀筆筐篋而不知大體陛下又不自憂竊爲陛下惜之夫立君臣等上下使父子有禮六親有紀此非天之所爲人之所設也夫人之所設不爲不立不植則僵不修則壞筦子曰禮義廉恥是謂四維四維不張國乃滅亾使筦子愚人也則可筦子而少知治體則是豈可不爲寒心哉秦滅四維而不張故君臣乖亂六親殃戮姦人竝起萬民離畔凡十三歲而社稷爲虛今四維猶未備也故姦人幾幸而衆心疑惑豈如今定經制令君君臣臣上下有差父子六親各得其宜姦人無所幾幸而羣臣衆信上不疑惑此業壹定世世常安而後有所持循矣若夫經制不定是猶度江河亾維楫中流而遇風波船必覆矣可爲長太息者此也夏爲天子十有餘世而殷受之殷爲天子二十餘世而周受之周爲天子三十餘世而秦受之秦爲天子二世而亾人性甚不相遠也何三代之君有道之長而秦無道之暴也其故可知也古之王者太子乃生固舉以禮使士負之有司齊肅端冕見之南郊見于天也過闕則下過廟則趨孝子之道也故自爲赤子而教固已行矣昔者成王幼在繈抱之中召公爲太保周公爲太傅太公爲太師保保其身體傅傅之以德義師道之教訓此三公之職也於是爲置三少皆上大夫也曰少保少傅少師是與太子宴者也故乃提孩有識三公三少固明孝仁禮義以道習之逐去邪人不使見惡行於是皆選天下之端士孝悌博聞有道術者以衞翼之使與太子居處出入故太子乃生而見正事聞正言行正道左右前後皆正人也夫習與正人居之不能毋正猶生長於齊不能不齊語也習與不正人居之不能毋不正猶生長於楚之地不能不楚言也故擇其所耆必先受業乃得嘗之擇其所樂必先有習乃得爲之孔子曰少成若天性習貫如自然及太子少長知妃色則入于學學者所學之官也學禮曰帝入東學上親而貴仁則親疏有序而恩相及矣帝入南學上齒而貴

信則長幼有差而民不誣矣帝入西學上賢而貴德則聖智在位而功不遺矣帝入北學上貴而尊爵則貴賤有等而下不踰矣帝入太學承師問道退習而考於太傅太傅罰其不則而匡其不及則德智長而治道得矣此五學者既成於上則百姓黎民化輯於下矣及太子既冠成人免於保傅之嚴則有記過之史徹膳之宰進善之旌誹謗之木敢諫之鼓瞽史誦詩工誦箴諫大夫進謀士傳民語習與智長故切而不愧化與心成故中道若性三代之禮春朝朝日秋暮夕月所以明有敬也春秋入學坐國老執醬而親饋之所以明有孝也行以鸞和步中采齊趣中肆夏所以明有度也其於禽獸見其生不忍其死聞其聲不食其肉故遠庖廚所以長恩且明有仁也夫三代之所以長久者以其輔翼太子有此具也及秦而不然其俗固非貴辭讓也所上者告訐也固非貴禮義也所上者刑罰也使趙高傅胡亥而教之獄所習者非斬劓人則夷人之三族也故胡亥今日即位而明日射人忠諫者謂之誹謗深計者謂之妖言其視殺人若艾草菅然豈惟胡亥之性惡哉彼其所以道之者非其理故也鄙諺曰不習為吏視已成事又曰前車覆後車誡夫三代之所以長久者其已事可知也然而不能從者是不法聖智也秦世之所以亟絕者其轍跡可見也然而不避是後車又將覆也夫存亾之變治亂之機其要在是矣天下之命縣於太子太子之善在於早諭教與選左右夫心未濫而先諭教則化易成也開於道術智誼之指則教之力也若其服習積貫則左右而已夫胡粵之人生而同聲耆欲不異及其長而成俗累數譯而不能相通行者有雖死而不相為者則教習然也臣故曰選左右早諭教最急夫教得而左右正則太子正矣太子正而天下定矣書曰一人有慶兆民賴之此時務也凡人之智能見已然不能見將然夫禮者禁於將然之前而法者禁於已然之後是故法之所用易見而禮之所為至難知也若夫慶賞以勸善刑罰以懲惡先王執此之政堅如金石行此之令信如四時據此之公無私如天地耳豈顧不用哉然而曰禮云禮云者貴絕惡於未萌而起教於微眇使民日遷善遠辠而不自知也孔子曰聽訟吾猶人也必也使毋訟乎為人主計者莫如先審取舍取舍之極定於內而安危之萌應於外矣安者非一日而安也危者非一日而危也皆以積漸然不可不察也人主之所積在其取舍以禮義治之者積禮義以刑罰治之者積刑罰刑罰積而民怨背禮義積而民和親故世主欲民之善同而所以使民善者或異或道之以德教或敺之以法令道之以德教者德教洽而民氣樂敺之以法令者法令極而民風哀哀樂之感禍福之應也秦王之欲尊宗廟而安子孫者與湯武同然而湯武廣大其德行六七百歲而弗失秦王治天下十餘歲則大敗此無他故矣湯武之定取舍審而秦王之定取舍不審矣夫天下大器也今人主之置器置諸安處則安置諸危處則危天下之情與器亾以異在天子之所置之湯武置天下於仁義禮樂而德澤洽禽獸草木廣裕德被蠻貊四夷累子孫數十世此天下所共聞也秦王置天下於法令刑罰德澤亾一有而怨毒盈於世下憎惡之如仇讎既幾及身子孫誅絕此天下之所共見也是非其明效大驗邪人之言曰聽言之道必以其事觀之則言者莫敢妄言今或言禮誼之不如法令教化之不如刑罰人主胡不引殷周秦事以觀之也人主之尊譬如堂羣臣如陛眾庶如地故陛九級上廉遠地則堂高陛亾級廉近地則堂卑高者難攀卑者易陵理勢然也故古者聖王制為等列內有公卿大夫士外有公侯伯子男然後有官師小吏延及庶人等級分明而天子加焉故其尊不可及也里諺曰欲投鼠而忌器此善諭也鼠近於器尚憚不投恐傷其器況於貴臣之近主乎廉恥節禮以治君子故有賜死而亾戮辱是以黥劓之辠不及大夫以其離主上不遠也禮不敢齒君之路馬蹴其芻者有罰見君之几杖則起遭君之乘車則下入正門則趨君之寵臣雖或有過刑戮之辠不加其身者尊君之故也此所以為主上豫遠不敬也所以體貌大臣而厲其節也今自王侯三公之貴皆天子之所改容而禮之也古天子之所謂伯父伯舅也而令與眾庶同黥劓髡刖笞傌音罵棄市之法然則堂不亾陛乎被戮辱者不泰迫乎廉恥不行大臣無乃握重權大官而有徒隸亾恥之心乎夫望夷之事二世見當以重法者投鼠而不忌器之習也臣聞之履雖鮮不加於枕冠雖敝不以苴履夫嘗已在貴寵之位天子改容而體貌之矣吏民嘗俯伏以敬畏之矣今而有過帝令廢之可也退之可也賜之死可也滅之可也若夫束縛之係緤之輸之司寇編之徒官司寇小吏詈罵而榜音彭笞之殆非所以令眾庶見也夫卑賤者習知尊貴者之一旦吾亦迺可以加此也非所以習天下也非尊尊貴貴之化也夫天子之所嘗敬眾庶之所嘗寵死而死耳賤人安宜得如此而頓辱之哉豫讓事中行之君智伯伐而滅之移事智伯及趙滅智伯豫讓釁面

呑炭必報襄子五起而不中人問豫子豫子曰中行衆人畜我我故衆人事之智伯國士遇我我故國士報之故此一豫讓也反君事讎行若狗彘已而抗節致忠行出乎列士人主使然也故主上遇其大臣如遇犬馬彼將犬馬自爲也如遇官徒彼將官徒自爲也頑頓亾恥奊詬奊胡結反詬音后謂無志分亾節廉恥不立且不自好苟若而可故見利則逝見便則奪主上有敗則因而挻之矣主上有患則吾苟免而已立而觀之耳有便吾身者則欺賣而利之耳人主將何便於此羣下至衆而主上至少也所託財器職業者粹於羣下也俱亾恥俱苟妄則主上最病故古者禮不及庶人刑不至大夫所以厲寵臣之節也古者大臣有坐不廉而廢者不謂不廉曰簠簋不飾坐汙穢淫亂男女亾別者不曰汙穢曰帷薄不修坐罷輭不勝任者不謂罷輭曰下官不職故貴大臣定有其辠矣猶未斥然正以諱之也尚遷就而爲之諱也故其在大譴大訶之域者聞譴訶則白冠氂纓盤水加劒造請室而請辠耳上不執縛係引而行也其有中罪者聞命而自弛上不使人頸盭而加也其有大辠者聞命則北面再拜跪而自裁上不使捽抑而刑之也曰子大夫自有過耳吾遇子有禮矣遇之有禮故羣臣自憙嬰以廉恥故人矜節行上設廉恥禮義以遇其臣而臣不以節行報其上者則非人類也故化成俗定則爲人臣者主耳忘身國耳忘家公耳忘私利不苟就害不苟去唯義所在上之化也故父兄之臣誠死宗廟法度之臣誠死社稷輔翼之臣誠死君上守圄扞敵之臣誠死城郭封疆故曰聖人有金城者此物此志也彼且爲我死故吾得與之俱生彼且爲我亾故吾得與之俱存彼

將爲我危故吾得與之俱安顧行而忘利守節而伏義故可以託不御之權可以寄六尺之孤此厲廉恥行禮誼之所致也主上何喪焉此之不爲而顧彼之久行故曰可爲長太息者此也是時丞相絳侯周勃免就國人有告勃謀反逮繫長安獄治卒亾事復爵邑故賈誼以此譏上上深納其言養臣下有節是後大臣有罪皆自殺不受刑至武帝時稍復入獄自甯成始初文帝以代王入即位後分代爲兩國立皇子武爲代王參爲太原王小子勝則梁王矣後又徙代王武爲淮陽王而太原王參爲代王盡得故地居數年梁王勝死亾子誼復上疏曰陛下即不定制如今之埶不過一傳再傳諸侯猶且人恣而不制豪植而大彊漢法不得行矣陛下所以爲藩扞及皇太子之所恃者唯淮陽代二國耳代北邊匈奴與彊敵爲隣能自完則足矣而淮陽之比大諸侯廑如黑子之著面適足以餌大國耳不足以有所禁禦方今制在陛下制國而令子適足以爲餌豈可謂工哉人主之行異布衣布衣者飾小行競小廉以自託於鄉黨人主唯天下安社稷固不耳高皇帝瓜分天下以王功臣反者如蝟毛而起以爲不可故蕲音芟去不義諸侯而虛其國擇良日立諸子雒陽上東門之外畢以爲王而天下安故大人者不牽小行以成大功今淮南地遠者或數千里越兩諸侯而縣屬於漢其吏民繇役往來長安者自悉而補中道衣敝錢用諸費稱此其苦屬漢而欲得王至甚逋逃而歸諸侯者已不少矣其埶不可久臣之愚計願舉淮南地以益淮陽而爲梁王立後割淮陽北邊二三列城與東郡以益梁不可者可徙代王而都睢陽梁起於新郪千移反以北著之河淮陽包陳以

南揵鉅偃反之江則大諸侯之有異心者破膽而不敢謀梁足以扞齊趙淮陽足以禁吳楚陛下高枕終無山東之憂矣此二世之利也當今恬然適遇諸侯之皆少數歲之後陛下且見之矣夫秦日夜苦心勞力以除六國之旤今陛下力制天下頤指如意高拱以成六國之旤難以言智苟身亾事畜亂宿旤孰視而不定萬年之後傳之老母弱子將使不寧不可謂仁也唯陛下財幸文帝於是從誼計迺徙淮陽王武爲梁王北界泰山西至高陽得大縣四十餘城徙城陽王喜爲淮陽王撫其民時又封淮南厲王四子皆爲列侯誼知上必將復王之也上疏諫曰竊恐陛下接王淮南諸子曾不與如臣者孰計之也淮南王之悖逆無道天下孰不知其辠陛下幸而赦遷之自疾而死天下孰以王死之不當今奉尊罪人之子適足以負謗於天下耳此人少壯豈能忘其父哉白公勝所爲父報仇者大父與伯父叔父也白公爲亂非欲取國代主也發忿快志剡手以衝仇人之匈固爲俱靡而已淮南雖小黥布嘗用之矣漢存特幸耳夫擅仇人足以危漢之資於策不便雖割而爲四四子一心也予之衆積之財此非有子胥白公報於廣都之中即疑有剸諸荆軻起於兩柱之閒所謂假賊兵爲虎翼者也願陛下少留計梁王勝墜馬死誼自傷爲傅無狀常哭泣後歲餘亦死賈生之死年三十三矣後四歲齊文王薨亾子文帝思賈生之言迺分齊爲六國盡立悼惠王子六人爲王又還淮南王喜於城陽而分淮南爲三國盡立厲王三子以王之後十年文帝崩景帝立三年而吳楚趙與四齊王合從舉兵西鄉京師梁王扞之卒破七國至武帝時淮南厲王子爲王者兩國亦反

誅孝武初立舉賈生之孫二人至郡守賈嘉最好學世其家

爰盎字絲其父楚人也故爲羣盜徙安陵高后時盎爲呂祿舍人孝文卽位盎兄噲任盎爲郎中絳侯爲丞相朝罷趨出意得甚上禮之恭常目送之盎進曰丞相何如人也上曰社稷臣盎曰絳侯所謂功臣非社稷臣社稷臣主在與在主亡與亡方呂后時諸呂用事擅相王劉氏不絕如帶是時絳侯爲太尉本兵柄弗能正呂后崩大臣相與共誅諸呂太尉主兵適會其成功所謂功臣非社稷臣丞相如有驕主色陛下謙讓臣主失禮竊爲陛下弗取也後朝上益莊丞相益畏已而絳侯望盎曰吾與汝兄善今兒乃毀我盎遂不謝及絳侯就國人上書告以爲反徵繫請室諸公莫敢爲言唯盎明絳侯無罪絳侯得釋盎頗有力絳侯乃大與盎結交淮南厲王朝殺辟陽侯居處驕甚盎諫曰諸侯大驕必生患可適削地上弗用淮南王益横謀反發覺上徵淮南王遷之蜀檻車傳送盎時爲中郎將諫曰陛下素驕之弗稍禁以至此今又暴摧折之淮南王爲人剛有如遇霜露行道死陛下竟爲以天下大弗能容有殺弟名奈何上弗聽遂行之淮南王至雍病死聞上輟食哭甚哀盎入頓首請罪上曰以不用公言至此盎曰上自寬此往事豈可悔哉且陛下有高世之行三此不足以毀名上曰吾高世三者何事盎曰陛下居代時太后嘗病三年陛下不交睫不解衣湯藥非陛下口所嘗弗進夫曾參以布衣猶難之今陛下親以王者修之過曾參遠矣諸呂用事大臣顓制然陛下從代乘六乘傳馳不測之淵雖賁育之勇不及陛下陛下至代邸西鄉讓天子者三南鄉讓天子者再夫許由一讓而陛下五以天下讓過許由四矣且陛下遷淮南王欲以苦其志使改過有司宿衞不謹故病死於是上乃解曰將柰何盎曰淮南王有三子唯在陛下矣文帝乃立其三子皆爲王盎由此名重朝廷盎常引大體忼慨宦者趙談以數幸常害盎盎患之盎兄子種爲常侍騎諫盎曰君衆辱之後雖惡君上不復信於是上朝東宮談參乘盎伏車前曰臣聞天子所與共六尺輿者皆天下豪英今漢雖乏人陛下獨柰何與刀鋸餘人共載於是上笑下談談泣下車上從霸陵上欲西馳下峻阪盎竝車攬轡上曰將軍怯邪盎言曰臣聞千金之子不垂堂百金之子不騎衡聖主不乘危不徼幸今陛下騁六飛馳下峻山有如馬驚車敗陛下縱自輕柰高廟太后何上乃止上幸上林皇后慎夫人從其在禁中常同席坐及坐郞署長布席盎引卻慎夫人坐夫人怒不肯坐上亦怒起盎因前說曰臣聞尊卑有序則上下和今陛下既已立后慎夫人乃妾妾主豈可與同坐哉且陛下幸之卽厚賜之陛下所以爲慎夫人適所以禍之陛下獨不見人彘乎於是上乃說入語慎夫人慎夫人賜盎金五十斤然盎亦以數直諫不得久居中調爲隴西都尉仁愛士卒士卒皆爭爲死遷齊相從爲吳相辭行種謂盎曰吳王驕日久國多姦今絲欲劾治彼不上書告君則利劍刺君矣南方卑溼君能日飲亡何時說王曰毋反而已如此幸得脫盎用種之計吳王厚遇盎盎告歸道逢丞相申屠嘉下車拜謁丞相從車上謝盎盎還愧其吏乃之丞相舍上謁求見丞相丞相良久而見之盎因跪曰願請閒丞相曰使君所言公事之曹與長史掾議之吾且奏之卽私邪吾不受私語盎卽起說曰君爲相自度孰與陳平絳侯丞相曰吾不如盎曰善君卽自謂不如夫陳平絳侯輔翼高帝定天下爲將相而誅諸呂存劉氏君乃爲材官蹶張遷爲隊率積功至淮陽守非有奇計攻城野戰之功且陛下從代來每朝郞官上書疏未嘗不止輦受其言言不可用置之言可受采之未嘗不稱善何也則欲以致天下賢士大夫上日聞所不聞以益聖而今君自閉箝天下之口而日益愚夫以聖主責愚相君受禍不久矣丞相乃再拜曰嘉鄙人乃不知將軍幸教引與入坐爲上客盎素不好鼂錯錯所居坐盎輒避盎所居坐錯亦避兩人未嘗同堂語及景帝卽位鼂錯爲御史大夫使吏案盎受吳王財物抵罪詔赦以爲庶人吳楚反聞鼂錯謂丞相曰袁盎多受吳王金錢專爲蔽匿言不反今果反欲請治盎宜知計謀丞史曰事未發治之有絕今兵西鄉治之何益且盎不宜有謀錯猶豫未決人有告盎盎恐夜見竇嬰爲言吳所以反願至前口對狀嬰入言上上乃召盎盎入見竟言吳所以反獨急斬錯以謝吳吳兵乃可罷上拜盎爲太常竇嬰爲大將軍兩人素相善是時諸陵長安中賢大夫爭附兩人車騎隨者日數百乘及鼂錯已誅盎以太常使吳吳王欲使將不肯欲殺之使一都尉以五百人圍守盎軍中初盎爲吳相時有從史盜私盎侍兒盎知之弗泄遇之如故人有告從史言君知爾與侍者通乃亡去盎驅自追之遂以侍者賜之復爲從史及袁盎使吳見守從史適在守盎校爲司馬乃悉以其裝齎置二石醇醪會天寒士卒飢渴飲醉西南陬卒卒皆臥司馬夜引盎起曰君可以去矣吳王期旦日斬君盎弗信曰公何爲者司馬曰臣故

爲從史盎君侍兒者盎乃驚謝曰公幸有親吾不足以累公司馬曰君第去臣亦且亾避吾親君何患乃以刀決張音帳道從醉卒直出司馬與分背盎解節旄懷之屐步行七十里明見梁騎馳去遂歸報吳楚已破上更以元王子平陸侯禮爲楚王以盎爲楚相嘗上書不用盎病免家居與閭里浮湛相隨行鬬雞走狗雒陽劇孟嘗過盎盎善待之安陵富人有謂盎曰吾聞劇孟博徒將軍何自通之盎曰劇孟雖博徒然母死客送葬車千餘乘此亦有過人者且緩急人所有夫一旦叩門不以親爲解不以在亾爲辭天下所望者獨季心劇孟今公陽從數騎一旦有緩急寧足恃乎遂罵富人弗與通諸公聞之皆多盎盎雖居家景帝時時使人問籌策梁王欲求爲嗣盎進說其後語塞梁王以此怨盎使人刺盎刺者至關中問盎稱之皆不容口乃見盎曰臣受梁王金來刺君君長者不忍刺君然後刺君者十餘曹備之盎心不樂家又多怪乃之棓音棓生所問占還梁刺客後曹果遮刺盎安陵郭門外

鼂錯潁川人也學申商刑名於軹張恢生所與雒陽宋孟及劉帶同師以文學爲太常掌故錯爲人陗直刻深孝文時天下亾治尚書者獨聞濟南伏生故秦博士治尚書年九十餘老不可徵乃詔太常使人往受之太常遣錯受尚書伏生所還因上書稱說詔以爲太子舍人門大夫遷博士又上書言人主所以尊顯功名揚於萬世之後者以知術數也故人主知所以臨制臣下而治其眾則羣臣畏服矣知所以聽言受事則不欺蔽矣知所以安利萬民則海內必從矣知所以忠孝事上則臣子之行備矣此四者臣竊爲皇太子急之人臣之議或曰皇太子亾以知事爲也臣之愚誠以爲不然竊觀上世之君不能奉其宗廟而劫殺於其臣者皆不知術數者也皇太子所讀書多矣而未深知術數者不問書說也夫多誦而不知其說所謂勞苦而不爲功臣竊觀皇太子材智高奇馭射伎藝過人絕遠然於術數未有所守者以陛下爲心也竊願陛下幸擇聖人之術可用今世者以賜皇太子因時使太子陳明於前唯陛下裁察上善之於是拜錯爲太子家令以其辯得幸太子太子家號曰智囊是時匈奴彊數寇邊上發兵以禦之錯上言兵事曰臣聞漢興以來胡虜數入邊地小入則小利大入則大利高后時再入隴西攻城屠邑敺略畜產其後復入隴西殺吏卒大寇盜竊聞戰勝之威民氣百倍敗兵之卒沒世不復自高后以來隴西三困於匈奴矣民氣破傷亾有勝意今茲隴西之吏賴社稷之神靈奉陛下之明詔和輯士卒底厲其節起破傷之民以當乘勝之匈奴用少擊眾殺一王敗其眾而有大利非隴西之民有勇怯乃將吏之制巧拙異也故兵法曰有必勝之將無必勝之民繇此觀之安邊境立功名在於良將不可不擇也臣又聞用兵臨戰合刃之急者三一曰得地形二曰卒服習三曰器用利兵法曰丈五之溝漸車之水山林積石經川丘阜屮木所在此步兵之地也車騎二不當一土山丘陵曼衍相屬平原廣野此車騎之地也步兵十不當一平陵相遠川谷居閒仰高臨下此弓弩之地也短兵百不當一兩陳相近平地淺草可前可後此長戟之地也劍楯三不當一萑葦竹蕭屮木蒙蘢支葉茂接此矛鋋之地也長戟二不當一曲道相伏險阸相薄此劍楯之地也弓弩三不當一士不選練卒不服習起居不精動靜不集趨利弗及避難不畢前擊後解與金鼓之音相失此不習勒卒之過也百不當十兵不完利與空手同甲不堅密與袒裼同弩不可以及遠與短兵同射不能中與亾矢同中不能入與亾鏃同此將不省兵之過也五不當一故兵法曰器械不利以其卒予敵也卒不可用以其將予敵也將不知兵以其主予敵也君不擇將以其國予敵也四者兵之至要也臣又聞小大異形彊弱異勢險易異備夫卑身以事彊小國之形也合小以攻大敵國之形也以蠻夷攻蠻夷中國之形也今匈奴地形技藝與中國異上下山阪出入溪澗中國之馬弗與也險道傾仄且馳且射中國之騎弗與也風雨罷勞飢渴不困中國之人弗與也此匈奴之長技也若夫平原易地輕車突騎則匈奴之眾易撓亂也勁弩長戟射疏及遠則匈奴之弓弗能格也堅甲利刃長短相雜遊弩往來什伍俱前則匈奴之兵弗能當也材官騶發矢道同的則匈奴之革笥木薦弗能支也下馬地鬬劍戟相接去就相薄則匈奴之足弗能給也此中國之長技也以此觀之匈奴之長技三中國之長技五陛下又興數十萬之眾以誅數萬之匈奴眾寡之計以一擊十之術也雖然兵凶器戰危事也以大爲小以彊爲弱在俛仰之閒耳夫以人之死爭勝跌而不振則悔之亾及也帝王之道出於萬全今降胡義渠蠻夷之屬來歸義者其眾數千飲食長技與匈奴同可賜之堅甲絮衣勁弓利矢益以邊郡之良騎令明將能知其習俗和輯其心者以陛下之明約將之卽有險阻以此通之平地通道則以輕車材官制之兩軍相爲表裏各用其長技衡加之以眾此萬全之術也傳曰狂夫

之言而明主擇焉臣錯愚陋昧死上狂言唯陛下財擇文帝嘉之乃賜錯璽書寵荅焉曰皇帝問太子家令上書言兵體三章聞之書言狂夫之言而明主擇焉今則不然言者不狂而擇者不明國之大患故在於此使夫不明擇於不狂是以萬聽而萬不當也錯復言守邊備塞勸農力本當世急務二事曰臣聞秦時北攻胡貉築塞河上南攻揚粵置戍卒焉其起兵而攻胡粵者非以衞邊地而救民死也貪戾而欲廣大也故功未立而天下亂且夫起兵而不知其勢戰則爲人禽屯則卒積死夫胡貉之地積陰之處也木皮三寸冰厚六尺食肉而飲酪其人密理鳥獸毳毛其性能寒揚粵之地少陰多陽其人疏理鳥獸希毛其性能暑秦之戍卒不能其水土戍者死於邊輸者僨於道秦民見行如往棄市因以謫發之名曰謫戍先發吏有謫及贅壻賈人後以嘗有市籍者又後以大父母父母嘗有市籍者後入閭取其左發之不順行者深怨有背畔之心凡民守戰至死而不降北者以計爲之也故戰勝守固則有拜爵之賞攻城屠邑則得其財鹵以富家室故能使其衆蒙矢石赴湯火視死如生今秦之發卒也有萬死之害而亾銖兩之報死事之後不得一算之復天下明知禍烈及己也陳勝行戍至於大澤爲天下先倡天下從之如流水者秦以威劫而行之之敝也胡人衣食之業不著於地其勢易以擾亂邊境何以明之胡人食肉飲酪衣皮毛非有城郭田宅之歸居也如飛鳥走獸放於廣壄美草甘水則止草盡水竭則移以是觀之往來轉徙時至時去此胡人之生業而中國之所以離南畮也今使胡人數處轉牧行獵於塞下或當燕代或當上郡北地隴西以候備塞之卒卒少則入陛下不救則邊民絕望而有降敵之心救之少發則不足多發遠縣纔至則胡又已去聚而不罷爲費甚大罷之則胡復入如此連年則中國貧苦而民不安矣陛下幸憂邊境遣將吏發卒以治塞甚大惠也然今遠方之卒守塞一歲而更不知胡人之能不如選常居者家室田作且以備之爲便爲之高城深塹具藺石布渠荅復爲一城其內城間百五十步要害之處通川之道調立城邑毋下千家爲中周虎落先爲室屋具田器乃募辠人及免徒復作令居之不足募以丁奴婢贖辠及輸奴婢欲以拜爵者不足乃募民之欲往者皆賜高爵復其家予冬夏衣廩食能自給而止郡縣之民得買其爵以自增至卿其亾夫若妻者縣官買予之人情非有匹敵不能久安其處塞下之民祿利不厚不可使久居危難之地胡人入驅而能止其所驅者以其半予之縣官爲贖其民如是則邑里相救助赴胡不避死非以德上也欲全親戚而利其財也此與東方之戍卒不習地埶而心畏胡者功相萬也以陛下之時徙民實邊使遠方亾屯戍之事塞下之民父子相保亾係虜之患利施後世名稱聖明其與秦之行怨民相去遠矣上從其言募民徙塞下錯復言陛下幸募民相徙以實塞下使屯戍之事益省輸將之費益寡甚大惠也下吏誠能稱厚惠奉明法存卹所徙之老弱善遇其壯士和輯其心而勿侵刻使先至者安樂而不思故鄉則貧民相募而勸往矣臣聞古之徙遠方以實廣虛也相其陰陽之和嘗其水草之味審其土地之宜觀其屮木之饒然後營邑立城制里割宅通田作之道正阡陌之界先爲築室家有一堂二內門戶之閉置器物焉民至有所居作有所用此民所以輕去故鄉而勸之新邑也爲置醫巫以救疾病以脩祭祀男女有昏生死相卹墳墓相從種樹畜長室屋完安此所以使民樂其處而有長居之心也臣又聞古之制邊縣以備敵也使五家爲伍伍有長十長一里里有假士四里一連連有假五百十里一邑邑有假候皆擇其邑之賢材有護習地形知民心者居則習民於射法出則教民於應敵故卒伍成於內則軍正定於外服習以成勿令遷徙幼則同遊長則共事夜戰聲相知則足以相救晝戰目相見則足以相識驩愛之心足以相死如此則勸以厚賞威以重罰則前死不還踵矣所徙之民非壯有材力但費衣糧不可用也雖有材力不得良吏猶亾功也陛下絕匈奴不與和親臣竊意其冬來南也壹大治之則終身創矣欲立威者始於折膠來而不能困使得氣去後未易服也愚臣亾識唯陛下財察後詔有司舉賢良文學士錯在選中上親策之錯對曰臣聞古之賢主莫不求賢以爲輔翼故黃帝得力牧而爲五帝先大禹得咎繇而爲三王祖齊桓得筦子而爲五霸長今陛下講于大禹及高皇帝之建豪英也退託於不明以求賢良讓之至也臣竊觀上世之傳若高皇帝之建功業陛下之德厚而得賢佐皆有司之所覽刻於玉版藏於金匱歷之春秋紀之後世爲帝者祖宗與天地相終今平陽侯臣窋等乃以臣錯充賦甚不稱明詔求賢之意臣錯草茅誠亾識知昧死上愚對曰詔策曰明於國家大體愚臣竊以古之五帝明之臣聞五帝神聖其臣莫能及故自親事處于法宮之中明堂之上動靜上配天下順地中得人故衆生之類亾不覆也根著之徒亾不載也燭以光明

亾偏異也德上及飛鳥下至水蟲草木諸產皆被其澤然後陰陽調四時節日月光風雨時膏露降五穀熟妖孽滅賊氣息民不疾疫河出圖洛出書神龍至鳳鳥翔德澤滿天下靈光施四海此謂配天地治國大體之功也詔策曰通於人事終始愚臣竊以古之三王明之臣聞三王臣主俱賢故合謀相輔計安天下莫不本於人情人情莫不欲壽三王生而不傷也人情莫不欲富三王厚而不困也人情莫不欲安三王扶而不危也人情莫不欲逸三王節其力而不盡也其爲法令也合於人情而後行之其動衆使民也本於人事然後爲之取人以己內恕及人情之所惡不以彊人情之所欲不以禁民是以天下樂其政歸其德望之若父母從之若流水百姓和親國家安寧名位不失施及後世此明於人情終始之功也詔策曰直言極諫愚臣竊以五伯之臣明之臣聞五伯不及其臣故屬之以國任之以事五伯之佐之爲人臣也察身而不敢誣奉法令不容私盡心力不敢矜遭患難不避死見賢不居其上受祿不過其量不以亾能居尊顯之位自行若此可謂方正之士矣其立法也非以苦民傷衆而爲之機陷也以之興利除害尊主安民而救暴亂也其行賞也非虛取民財妄予人也以勸天下之忠孝而明其功也故功多者賞厚功少者賞薄如此斂民財以顧其功而民不恨者知與而安己也其行罰也非以忿怒妄誅而從暴心也以禁天下不忠不孝而害國者也故辠大者罰重辠小者罰輕如此民雖伏罪至死不怨者知罪罰之至自取之也立法如此可謂平正之吏矣法之逆者請而更之不以傷民主行之暴者逆而復之不以傷國救主之失補主之過揚主之美明主之功使主內無邪僻之行外無纍汚之名事君如此可謂直言極諫之士矣此五伯之所以德匡天下威正諸侯功業甚美名聲章明舉天下之賢主五伯與焉此身不及其臣而使得直言極諫補其不逮之功也今陛下人民之衆威武之重德惠之厚令行禁止之勢萬萬於五伯而賜愚臣策曰匡朕之不逮愚臣何足以識陛下之高明而奉承之詔策曰吏之不平政之不宣民之不寧愚臣竊以秦事明之臣聞秦始并天下之時其主不及三王而臣不及其佐然功力不遲者何也地形便山川利財用足民利戰其所與並者六國六國者臣主皆不肖謀不輯民不用故當此之時秦最富彊夫國富彊而隣國亂者帝王之資也故秦能兼六國立爲天子當此之時三王之功不能進焉及其末塗之衰也任不肖而信讒賊宮室過度嗜欲無極民力罷盡賦斂不節矜奮自賢羣臣恐諛驕溢縱恣不顧禍患妄賞以隨喜意妄誅以快怒心法令煩憯刑罰暴酷輕絕人命身自射殺人天下寒心莫安其處姦邪之吏乘其亂法以成其威獄官主斷生殺自恣上下瓦解各自爲制秦始亂之時吏之所先侵者貧人賤民也至其中節所侵者富人吏家也及其末塗所侵者宗室大臣也是故親疏皆危內外咸怨離散逋逃人有走心陳勝先倡天下大潰絕祀亾世爲異姓福此吏不平政不宣民不寧之禍也今陛下配天象地覆露萬民絕秦之迹除其亂法躬親本事廢去淫末除苛解嬈寬大愛人肉刑不用辠人亾奴非誘不治鑄錢者除通關去塞不孽諸侯賓禮長老愛卹少孤辠人有期後宮出嫁尊賜孝悌農民不租明詔軍師愛士大夫求進方正廢退姦邪除去陰刑害民者誅憂勞百姓列侯就都親耕節用視民不奢所爲天下興利除害變法易故以安海內者大功數十皆上世之所難及陛下行之道純德厚元元之民幸矣詔策曰永惟朕之不德愚臣不足以當之詔策曰悉陳其志毋有所隱愚臣竊以五帝之賢臣明之臣聞五帝其臣莫能及則自親之三王臣主俱賢則其憂之五伯不及其臣則任使之此所謂神明不遺而賢聖不廢也故各當其世而立功德焉傳曰往者不可及來者猶可待能明其世者謂之天子此之謂也竊聞戰不勝者易其地民貧窮者變其業今以陛下神明德厚資財不下五帝臨制天下至今十有六年民不益富盜賊不衰邊境未安其所以然意者陛下未之躬親而待賢臣也今執事之臣皆天下之選也然莫能望陛下清光譬之猶五帝之佐也陛下不自躬親而待不望清光之臣臣竊恐神明之遺也日損一日歲亾一歲日月益暮盛德不及究於天下以傳萬世愚臣不自度量竊爲陛下惜之昧死上狂惑屮茅之愚言唯陛下財擇時賈誼已死對策者百餘人唯錯爲高第繇是遷中大夫錯又言宜削諸侯事及法令可更定者書凡三十篇孝文雖不盡聽然奇其材當是時太子善錯計策爰盎諸大功臣多不好錯景帝即位以錯爲內史錯數請閒言事輒聽幸傾九卿法令多所更定丞相申屠嘉心弗便力未有以傷之內史府居太上廟壖中門東出不便錯乃穿門南出鑿廟壖垣丞相大怒欲因此過爲奏請誅錯錯聞之即請閒爲上言之丞相奏事因言錯擅鑿廟垣爲門請下廷尉上曰此非廟垣乃壖中垣不致於法丞相謝罷朝因怒謂長史曰吾當先斬以聞乃先請固誤丞相

遂發病死錯以此愈貴遷爲御史大夫請諸侯之罪過削其支郡奏上上令公卿列侯宗室集議莫敢難獨竇嬰爭之繇此與錯有隙錯所更令三十章諸侯皆諠譁疾錯錯父聞之從潁川來謂錯曰上初卽位公爲政用事侵削諸侯別疏人骨肉人口議多怨公者何也錯曰固也不如此天子不尊宗廟不安錯父曰劉氏安矣而鼂氏危吾去公歸矣遂飲藥死曰吾不忍見禍及吾身死十餘日吳楚七國俱反以誅錯爲名上與錯議出軍事錯欲令上自將兵而身居守會竇嬰言爰盎詔召入見上方與錯調兵食上問盎曰君嘗爲吳相知吳臣田祿伯爲人乎今吳楚反於公意何如對曰不足憂也今破矣上曰吳王卽山鑄錢煮海爲鹽誘天下豪桀白頭舉事此其計不百全豈發乎何以言其無能爲也盎曰吳銅鹽之利則有之安得豪桀而誘之誠令吳得豪桀亦且輔而爲誼不反矣吳所誘皆亾賴子弟亾命鑄錢姦人故相誘以亂錯曰盎策之善上問曰計安出盎對曰願屏左右上屏人獨錯在盎曰臣所言人臣不得知迺屏錯錯趨避東廂甚恨之上卒問盎對曰吳楚相遺書言高皇帝王子弟各有分地今賊臣鼂錯擅適諸侯削奪之地以故反名爲西共誅錯復故地而罷方今計獨有斬錯發使赦吳楚七國復其故地則兵可毋血刃而俱罷於是上默然良久曰顧誠何如吾不愛一人謝天下盎曰愚計出此惟上孰計之迺拜盎爲太常密裝治行後十餘日丞相青翟中尉嘉廷尉敺劾奏錯曰吳王反逆亾道欲危宗廟天下所當共誅今御史大夫錯議曰兵數百萬獨屬羣臣不可信陛下不如自出臨兵使錯居守徐僮之旁吳所未下者可以予吳錯不稱陛

下德信欲疏羣臣百姓又欲以城邑予吳亾臣子禮大逆不道錯當要斬父母妻子同產無少長皆棄市臣請論如法制曰可錯殊不知乃使中尉召錯紿載行市錯衣朝衣斬東市錯已死謁者僕射鄧公爲校尉擊吳楚爲將遂上書言軍事見上上問曰道軍所來聞鼂錯死吳楚罷不鄧公曰吳王爲反數十年矣發怒削地以誅錯爲名其意非在錯也且臣恐天下之士拑口不敢復言矣上曰何哉鄧公曰夫鼂錯患諸侯彊大不可制故請削之以尊京師萬世之利也計畫始行卒受大戮內杜忠臣之口外爲諸侯報仇臣竊爲陛下不取也於是景帝喟然長息曰公言善吾亦恨之乃拜鄧公爲城陽中尉鄧公成固人多奇計建元中上招賢良公卿言鄧先（鄧先猶云鄧先生也）鄧先時免起家爲九卿一年復謝病免歸其子章以脩黃老言顯諸公閒

張釋之字季南陽堵陽人也與兄仲同居以貲爲騎郎（貲五百萬得爲常侍郎[illegible]）事文帝十歲不得調亾所知名釋之曰久宦減仲之產不遂欲免歸袁盎知其賢惜其去乃請徙釋之補謁者釋之既朝畢因前言便宜事文帝曰卑之毋甚高論令今可施行也於是釋之言秦漢之閒事秦所以失漢所以興者文帝稱善拜爲謁者僕射從行上登虎圈問上林尉禽獸簿十餘問尉左右視盡不能對虎圈嗇夫從旁代尉對上所問禽獸簿甚悉欲以觀其能口對響應亾窮者文帝曰吏不當若是邪尉亾賴詔釋之拜嗇夫爲上林令釋之前曰陛下以絳侯周勃何如人也上曰長者又復問東陽侯張相如何如人也上復曰長者釋之曰夫絳侯東陽侯稱爲長者此兩人言事曾不能出口豈效此嗇夫喋喋利口捷給哉且秦以

任刀筆之吏爭以亟疾苛察相高其敝徒文具亾惻隱之實以故不聞其過陵夷至於二世天下土崩今陛下以嗇夫口辯而超遷之臣恐天下隨風而靡爭爲口辯而亾其實且下之化上疾於景響舉錯不可不察也文帝曰善乃止不拜嗇夫就車召釋之驂乘徐行問釋之秦之敝具以質言至宮上拜釋之爲公車令頃之太子與梁王共車入朝不下司馬門於是釋之追止太子梁王毋入殿門遂劾不下公門不敬奏之薄太后聞之文帝免冠謝曰教兒子不謹太后乃使使承詔赦太子梁王然後得入文帝繇是奇釋之拜爲中大夫頃之至中郎將從行至霸陵上居外臨廁時愼夫人從上指示愼夫人新豐道曰此走邯鄲道也使夫人鼓瑟上倚瑟而歌意悽慘悲懷顧謂羣臣曰嗟乎以北山石爲槨用紵絮斮陳漆其間豈可動哉左右皆曰善釋之前曰使其中有可欲雖錮南山猶有隙使其中亾可欲雖亾石槨又何戚焉文帝稱善其後拜釋之爲廷尉頃之上行出中渭橋有一人從橋下走乘輿馬驚捕屬廷尉釋之治問曰縣人來聞蹕匿橋下久以爲行過既出見車騎卽走耳釋之奏當此人犯蹕當罰金上怒曰此人親驚吾馬馬賴和柔令他馬固不敗傷我乎而廷尉乃當之罰金釋之曰法者天子所與天下公共也今法如是而更重之是法不信於民也且方其時上使使誅之則已今已下廷尉廷尉天下之平也壹傾而天下用法皆爲之輕重民安所措其手足唯陛下察之良久上曰廷尉當是也其後人有盜高廟座前玉環得文帝怒下廷尉治按律盜宗廟服御物者爲奏當棄市上大怒曰人亾道乃盜先帝器吾屬廷尉者欲致之族而君以法奏之非

吾所以其承宗廟意也釋之免冠頓首謝曰法如是足矣且罪等俱死罪也然以逆順爲差今盜宗廟器而族之有如萬分一假令愚民取長陵一抔步侯切掬也土陛下何以加其法乎久之文帝與太后言之乃許廷尉當是時中尉條侯周亞夫與梁相山都侯王恬啓見釋之持議平乃與結爲親友張廷尉由此天下稱之後文帝崩景帝立釋之恐稱病欲免去懼大誅至欲見謝則未知何如用王生計卒見謝景帝不過也王生者善爲黃老言處士嘗召居廷中三公九卿盡會立王生老人曰吾韤解顧謂張廷尉爲我結韤音係釋之跪而結之旣已人或讓王生曰獨柰何廷辱張廷尉乎曰吾老且賤自度終亾益於張廷尉廷尉方今天下名臣吾故聊使結韤欲以重之諸公聞之賢王生而重釋之釋之事景帝歲餘爲淮南相猶尙以前過也年老病卒子摯字長公官至大夫免以不能取容當世故終身不仕

馮唐祖父趙人也父徙代漢興徙安陵唐以孝著爲郎中署長事文帝帝輦過問唐曰父老何自爲郎家安在具以實言文帝曰吾居代時吾尙食監高祛數爲我言趙將李齊之賢戰於鉅鹿下吾每飲食意未嘗不在鉅鹿也父老知之乎唐對曰齊尙不如廉頗李牧之爲將也上曰何已唐曰臣大父在趙爲官帥將善李牧臣父故爲代相善李齊知其爲人也上旣聞廉頗李牧爲人良說乃拊髀曰嗟乎吾獨不得廉頗李牧爲將豈憂匈奴哉唐曰陛下雖得廉頗李牧弗能用也上怒起入禁中良久召唐讓曰公衆辱我獨亾閒處乎唐謝曰鄙人不知忌諱當是時匈奴新大入朝那殺北地都尉卬上以胡寇爲意乃卒復問唐曰公何以知吾不能用頗牧也唐曰臣聞上古王者遣將也跪而推轂曰閫以內寡人制之閫以外將軍制之軍功爵賞皆決於外歸而奏之此非空言也臣大父言李牧之爲趙將居邊軍市之租皆自用饗士賞賜決於外不從中覆也委任而責成功故李牧得盡其智能選車千三百乘彀騎萬三千四百金之士十萬是以北逐單于破東胡滅澹林西抑彊秦南支韓魏當是時趙幾霸後會趙王遷立其母倡也乃用郭開讒而誅李牧令顏聚代之卒爲秦所滅今臣竊聞魏尙爲雲中守軍市租盡以給士卒出私養錢五日一殺牛饗賓客軍吏舍人是以匈奴遠避不近雲中之塞虜嘗一入尙帥車騎擊之所殺甚衆夫士卒盡家人子起田中從軍安知尺籍伍符吏卒斬首以尺籍書下縣移郡令人故行不行奪勞二歲伍符亦什伍之符要節度也家人子庶人之家子也終日力戰斬首捕虜上功莫府一言不相應文吏以法繩之其賞不行吏奉法必用臣愚以爲陛下法太明賞太輕罰太重且雲中守尙坐上功首虜差六級陛下下之吏削其爵罰作之由此言之陛下雖得頗牧弗能用也臣誠愚觸忌諱死罪文帝說是日令唐持節赦魏尙復以爲雲中守而拜唐爲車騎都尉主中尉及郡國車士十年景帝立以唐爲楚相武帝卽位求賢良舉唐唐時年九十餘不能爲官乃以子遂爲郎遂字王孫亦奇士魏尙槐里人也

汲黯字長孺濮陽人也其先有寵於古之衞君也至黯十世世爲卿大夫以父任孝景時爲太子洗馬以莊見憚武帝卽位黯爲謁者東粵相攻上使黯往視之至吳而還報曰粵人相攻固其俗不足以辱天子使者河內失火燒千餘家上使黯往視之還報曰家人失火屋比延燒不足憂臣過河內河內貧民傷水旱萬餘家或父子相食臣謹以便宜持節發河內倉粟以振貧民臣請歸節伏矯制罪上賢而釋之遷爲滎陽令黯恥爲令稱病歸田里上聞乃召爲中大夫以數切諫不得久留內遷爲東海太守黯學黃老之言治官理民好淸靜擇丞史任之責大指而已不細苛黯多病臥閨閤內不出歲餘東海大治稱之上聞召爲主爵都尉列於九卿治務在無爲而已引大體不拘文法黯爲人性倨少禮面折不能容人之過合己者善待之不合己者弗能忍見士亦以此不附焉然好游俠任氣節行脩潔其諫犯主之顏色常慕傅伯爰盎之爲人善灌夫鄭當時及宗正劉棄疾亦數以直諫不得久居位是時太后弟武安侯田蚡爲丞相中二千石拜謁蚡弗爲禮黯見蚡未嘗拜揖之天子方招文學儒者上曰吾欲云云黯對曰陛下內多欲而外施仁義柰何欲效唐虞之治乎上怒變色而罷朝公卿皆爲黯懼上退謂左右曰甚矣汲黯之戇也羣臣或數黯黯曰天子置公卿輔弼之臣寧令從諛承意陷主於不義乎且已在其位縱愛身柰辱朝廷何黯多病病且滿三月上嘗賜告者數終不瘉最後病嚴助爲請告賜告者去官歸家也上曰汲黯何如人也助曰使黯任職居官無以瘉人然至其輔少主守成招之不來麾之不去雖自謂賁育不能奪也上曰然古有社稷之臣至如汲黯近之矣大將軍青侍中上踞廁視之丞相弘燕見上或時不冠至如見黯上不冠不見也上嘗坐武帳中黯前奏事上不冠望見黯避帷中使人可其奏其見敬禮如此張湯以更定律令爲廷尉黯質責湯於上前曰公爲正卿上不能褒先帝之功業下不能化天下之邪心安國富民使囹圄空虛何空取高皇帝約束紛更之

爲而公以此無種矣黯時與湯論議湯辯常在文深小苛黯憤發罵曰天下謂刀筆吏不可爲公卿果然必湯也令天下重足而立仄目而視矣是時漢方征匈奴招懷四夷黯務少事間當言與胡和親毋起兵上方鄉儒術尊公孫弘及事益多吏民巧上分別文法湯等數奏決讞以幸而黯常毀儒面觸弘等徒懷詐飾智以阿人主取容而刀筆之吏專深文巧詆陷人於罔以自爲功上愈益貴弘湯弘湯心疾黯雖上亦不說也欲誅之以事弘爲丞相乃言上曰右內史界部中多貴人宗室難治非素重臣弗能任請徙黯爲右內史數歲官事不廢大將軍青既益尊姊爲皇后然黯與亢禮或說黯曰自天子欲令羣臣下大將軍大將軍尊貴誠重君不可以不拜黯曰夫以大將軍有揖客反不重邪大將軍聞愈賢黯數請問以朝廷所疑遇黯加於平日淮南王謀反憚黯曰黯好直諫守節死義至說公孫弘等如發蒙耳上既數征匈奴有功黯言益不用始黯列九卿矣而公孫弘張湯爲小吏及弘湯稍貴與黯同位黯又非毀弘湯已而弘至丞相封侯湯御史大夫黯時丞史皆與同列或尊用過之黯褊心不能無少望見上言曰陛下用羣臣如積薪耳後來者居上黯罷上曰人果不可以無學觀汲黯之言日益甚矣居無何匈奴渾邪王帥衆來降漢發車二萬乘縣官亾錢從民貰馬民或匿馬馬不具上怒欲斬長安令黯曰長安令亾罪獨斬臣黯民乃肯出馬且匈奴畔其主降漢漢徐以縣次傳之何至令天下騷動罷中國甘心夷狄之人乎上默然後渾邪王至賈人與市者坐當死五百餘人黯入請間見高門曰夫匈奴攻當路塞絕和親中國興兵誅之死傷不可勝計而費以鉅萬百數臣愚以爲陛下得胡人皆以爲奴婢賜從軍死者家鹵獲因與之以謝天下塞百姓之心今縱不能渾邪帥數萬之衆來虛府庫賞賜發良民侍養若奉驕子愚民安知市買長安中而文吏繩以爲闌出財物如邊關乎陛下縱不能得匈奴之贏以謝天下又以微文殺無知者五百餘人臣竊爲陛下不取也上弗許曰吾久不聞汲黯之言今又復妄發矣後數月坐法免官隱於田園者數年會更立五銖錢民多盜鑄錢者楚地尤甚上以爲淮陽楚地之郊也召黯拜爲淮陽太守黯伏謝不受印綬詔數彊予然後奉詔召上殿黯泣曰臣自以爲塡溝壑不復見陛下不意陛下復收用之臣常有狗馬之心今病力不能任郡事臣願爲郎中出入禁闥補過拾遺臣之願也上曰君薄淮陽邪吾今召君矣顧淮陽吏民不相得吾徒得君重臥而治之黯既辭過大行李息曰黯棄逐居郡不得與朝廷議矣然御史大夫張湯智足以拒諫詐足以飾非非肯正爲天下言專阿主意主意所不欲因而毀之主意所欲因而譽之好興事舞文法內懷詐以御主心外挾賊吏以爲重公列九卿不蚤言之何公與之俱受其戮矣息畏湯終不敢言黯居郡如其故治淮陽政淸後湯敗上聞黯與息言抵息罪令黯以諸侯相秩居淮陽居淮陽十歲而卒卒後上以黯故官其弟仁至九卿子偃至諸侯相黯姊子司馬安亦少與黯爲太子洗馬安文深巧善官四至九卿以河南太守卒昆弟以安故同時至二千石十人濮陽段宏事蓋侯信信任宏官亦再至九卿然衞人仕者皆嚴憚汲黯出其下

鄭當時字莊陳人也其先鄭君嘗爲項籍將籍死而屬漢高祖令諸故項籍臣名籍鄭君獨不奉詔詔盡拜名籍者爲大夫而逐鄭君鄭君死孝文時莊以任俠自喜脫張羽於阸聲聞梁楚間孝景時爲太子舍人每五日洗沐常置驛馬長安諸郊請謝賓客夜以繼日至明旦常恐不徧莊好黃老言其慕長者如恐不稱自見年少官薄然其知友皆大父行天下有名之士也武帝立莊稍遷爲魯中尉濟南太守江都相至九卿爲右內史以武安魏其時議貶秩爲詹事遷爲大司農莊爲大吏戒門下客至亾貴賤亾留門者執賓主之禮以其貴下人性廉又不治產卬奉賜以給諸公然其饋遺人不過具器食（猶今言一盤食）每朝候上間說未嘗不言天下長者其推轂士及官屬丞史誠有味其言也常引以爲賢於己未嘗名吏與官屬言若恐傷之聞人之善言進於上唯恐後山東諸公以此翕然稱鄭莊使視決河自請治行五日上曰吾聞鄭莊行千里不齎糧治行者何也然當時在朝常趨和承意不敢甚斥臧否漢征匈奴招四夷天下費多財用益屈莊爲大司農任人賓客僦（子就反謂受顧賃而載運也）莊保任其賓客於司農載運入多逋負司馬安爲淮陽太守發其事莊以此陷罪贖爲庶人頃之守長史遷汝南太守數歲以官卒昆弟以莊故至二千石者六七人莊與汲黯列爲九卿內行修潔兩人中廢賓客益落莊死家亾餘財先是下邽翟公爲廷尉客亦塡門及廢門外可設爵羅後復爲廷尉客欲往翟公大署其門曰一死一生乃知交情一貧一富乃知交態一貴一賤交情乃見

賈山潁川人也祖父祛故魏王時博士弟子也山受學祛所言涉獵書記不能爲醇儒嘗給事潁陰侯爲騎孝文時言治亂之道借秦爲諭名曰至言其辭曰臣聞爲

人臣者盡忠竭愚以直諫主不避死亾之誅者臣山是也臣不敢以久遠諭願借秦以為諭唯陛下少加意焉夫布衣韋帶之士修身於內成名於外而使後世不絕息至秦則不然貴為天子富有天下賦斂重數百姓任罷赭衣半道羣盜滿山使天下之人戴目而視傾耳而聽一夫大呼天下嚮應者陳勝是也秦非徒如此也起咸陽而西至雍離宮三百鐘鼓帷帳不移而具又為阿房之殿殿高數十仞東西五里南北千步從車羅騎四馬馳鶩旌旗不橈為宮室之麗至於此使其後世曾不得聚廬而託處焉為馳道於天下東窮燕齊南極吳楚江湖之上瀕海之觀畢至道廣五十步三丈而樹厚築其外隱以金椎樹以青松為馳道之麗至於此使其後世曾不得邪徑而託足焉死葬乎驪山吏徒數十萬人曠日十年下徹三泉合采金石冶銅錮其內漆塗其外被以珠玉飾以翡翠中成觀遊上成山林為葬薶之侈至於此使其後世曾不得蓬顆蔽冢而託葬焉秦以熊羆之力虎狼之心蠶食諸侯并吞海內而不篤禮義故天殃已加矣臣昧死以聞願陛下少留意而詳擇其中臣聞忠臣之事君也言切直則不用而身危不切直則不可以明道故切直之言明主所欲急聞忠臣所以蒙死而竭知也地之磽者雖有善種不能生焉江皋河瀕雖有惡種無不猥大昔者夏商之季世雖關龍逢箕子比干之賢身亾而道不用文王之時豪俊之士皆得竭其智芻蕘採薪之人皆得盡其力此周之所以興也故地之美者善養禾君之仁者善養士雷霆之所擊無不摧折者萬鈞之所壓無不糜滅者今人主之威非特雷霆也勢重非特萬鈞也開道而求諫和顏色而受之用其言而顯其身士猶恐懼而不敢自盡又乃況於縱欲恣行暴虐惡聞其過乎震之以威壓之以重則雖有堯舜之智孟賁之勇豈有不摧折者哉如此則人主不得聞其過失矣弗聞則社稷危矣古者聖王之制史在前書過失工誦箴諫瞽誦詩諫公卿比諫士傳言諫過庶人謗於道商旅議於市然後君得聞其過失也聞其過失而改之見義而從之所以永有天下也天子之尊四海之內其義莫不為臣然而養三老於太學親執醬而餽執爵而酳祝餶（古體字）在前祝鯁在後公卿奉杖大夫進履舉賢以自輔弼求脩正之士使直諫故以天子之尊尊養三老視孝也立輔弼之臣者恐驕也置直諫之士者恐不得聞其過也學問至於芻蕘者求善無饜也商人庶人誹謗己而改之從善無不聽也昔者秦政力并萬國富有天下破六國以為郡縣築長城以為關塞秦地之固大小之勢輕重之權其與一家之富一夫之彊胡可勝計也然而兵破於陳涉地奪於劉氏者何也秦王貪很暴虐殘賊天下窮困萬民以適其欲也昔者周蓋千八百國以九州之民養千八百國之君用民之力不過歲三日什一而籍君有餘財民有餘力而頌聲作秦皇帝以千八百國之民自養力罷不能勝其役財盡不能勝其求一君之身耳所以自養者馳騁弋獵之娛天下弗能共也勞罷者不得休息飢寒者不得衣食亾罪而死傷者不得告訴人與之為怨家與之為讎故天下壞也秦皇帝身在之時天下已壞矣而弗自知也秦皇帝東巡狩至會稽琅邪刻石著其功自以為過堯舜統縣石鑄鐘虡篩土築阿房之宮自以為萬世有天下也古者聖王作謚三四十世耳雖堯舜禹湯文武累世廣德以為子孫基業無過二三十世者也秦皇帝曰死而以謚法是父子名號有時相襲也以一至萬則世世不相復也故死而號曰始皇帝其次曰二世皇帝欲以一至萬也秦皇帝計其功德度其後嗣世世無窮然身死纔數月耳天下四面而攻之宗廟滅絕矣秦皇帝居滅絕之中而不自知者何也天下莫敢告也其所以莫敢告者何也亾養老之義亾輔弼之臣亾進諫之士縱恣行誅退誹謗之人殺直諫之士是以道諛媮合苟容比其德則賢於堯舜課其功則賢於湯武天下已潰而莫之告也詩曰匪言不能胡此畏忌聽言則對譖言則退此之謂也又曰濟濟多士文王以寧天下未嘗亾士也然而文王獨言以寧者何也文王好仁則仁興得士而敬之則士用用之有禮義故不致其愛敬則不能盡其心不能盡其心則不能盡其力不能盡其力則不能成其功故古之賢君於其臣也尊其爵祿而親之疾則臨視之亾數死則往弔哭之臨其小斂大斂已棺塗而後為之服錫衰麻絰而三臨其喪未斂不飲酒食肉未葬不舉樂當宗廟之祭而死為之廢樂故古之君人者於其臣也可謂盡禮矣服法服端容貌正顏色然後見之故臣下莫敢不竭力盡死以報其上功德立於後世而令聞不忘也今陛下念思祖考術追厥功圖所以昭光洪業休德使天下舉賢良方正之士天下皆訢訢焉曰將興堯舜之道三王之功矣天下之士莫不精白以承休德今方正之士皆在朝廷矣又選其賢者使為常侍諸吏與之馳敺射獵一日再三出臣恐朝廷之解弛百官之墮於事也諸侯聞之又必怠於政矣陛下卽位親自勉以厚天下損食膳不聽樂減外繇衛卒止歲

貢省廏馬以賦縣傳去諸苑以賦農夫出帛十萬餘以振貧民禮高年九十者一子不事八十者二算不事賜天下男子爵大臣皆至公卿發御府金賜大臣宗族亾不被澤者赦罪人憐其亾髮賜之巾憐其衣赭書其背父子兄弟相見也而賜之衣平獄緩刑天下莫不說喜是以元年膏雨降五穀登此天所以相陛下也刑輕於他時而犯法者寡衣食多於前年而盜賊少此天下之所以順陛下也臣聞山東吏布詔令民雖老羸癃疾扶杖而往聽之願少須臾毋死思見德化之成也今功業方就名聞方昭四方鄉風今從豪俊之臣方正之士直與之日日射獵擊兔伐狐以傷大業絕天下之望臣竊悼之詩曰靡不有初鮮克有終臣不勝大願願少衰射獵以夏歲二月定明堂造太學脩先王之道風行俗成萬世之基定然後唯陛下所幸耳古者大臣不媟故君子不常見其齊嚴之色肅敬之容大臣不得與宴游方正脩絜之士不得從射獵使皆務其方以高其節則羣臣莫敢不正身脩行盡心以稱大禮如此則陛下之道尊敬功業施於四海垂於萬世子孫矣誠不如此則行日壞榮日滅矣夫士脩之於家而壞之於天子之廷臣竊愍之陛下與衆臣宴遊與大臣方正朝廷論議夫游不失樂朝不失禮議不失計軌事之大者也其後文帝除鑄錢令山復上書諫以爲變先帝法非是又訟淮陽王無大罪宜急令反國又言柴唐子爲不善足以戒章下詰責對以爲錢者亾用器也而可以易富貴富貴者人主之操柄也令民爲之是與人主共操柄不可長也其言多激切善指事意然終不加罰所以廣諫爭之路也其後復禁鑄錢云

鄒陽齊人也漢興諸侯王皆自治民聘賢吳王濞招致四方游士陽與吳嚴忌枚乘俱仕吳皆以文辯著名久之吳王以太子事怨望稱疾不朝陰有邪謀陽奏書諫爲其事尙隱惡指斥言故先引秦爲諭因道胡越齊趙淮南之難然後乃致其意其辭曰臣聞秦倚曲臺之宮縣衡天下畫地而不犯兵加胡越至其晚節末路張耳陳勝連從兵之據以叩函谷咸陽遂危何則列郡不相親萬室不相救也今胡數涉北河之外上覆飛鳥下不見伏菟鬭城不休救兵不止死者相隨輦車相屬轉粟流輸千里不絕何則彊趙責於河間六齊望於惠后城陽顧於盧博三淮南之心思墳墓大王不憂臣恐救兵之不專胡馬遂進窺於邯鄲越水長沙還舟青陽雖使梁并淮陽之兵下淮東越廣陵以遏越人之糧漢亦折西河而下北守漳水以輔大國胡亦益進越亦益深此臣之所爲大王患也臣聞交龍襄首奮翼則浮雲出流霧雨咸集聖王底節脩德則游談之士歸義思名今臣盡智畢議易精極慮則無國不可奸飾固陋之心則何王之門不可以曳長裾乎然臣所以歷數王之朝背淮千里而自致者非惡臣國而樂吳民也竊高下風之行尤說大王之義故願大王之無忽察聽其志臣聞鷙鳥累百不如一鶚夫全趙之時武力鼎士袨服叢臺之下者一旦成市而不能止幽王之湛患淮南連山東之俠死士盈朝不能還厲王之西也然而計議不得雖諸賁不能守其位亦明矣故願大王審畫而已始孝文皇帝據關入立寒心銷志不明求衣自立天子之後使東牟朱虛東褒義父之後深割嬰兒王之壤子王梁代益以淮陽卒仆濟北囚弟於雍者豈非象新垣平等哉今天子新據先帝之遺業左規山東右制關中變權易埶大臣難知大王弗察臣恐周鼎復起於漢新垣過計於朝則我吳遺嗣不可期於世矣高皇帝燒棧道水章邯兵不留行收弊民之倦東馳函谷西楚大破水攻則章邯以亾其城陸擊則荆王以失其地此皆國家之不幾者也願大王熟察之吳王不內其言是時景帝少弟梁孝王貴盛亦得士於是鄒陽枚乘嚴忌知吳不可說皆去之梁從孝王游陽爲人有智略忼慨不苟合介於羊勝公孫詭之間勝等疾陽惡之孝王孝王怒下陽吏將殺之陽客游以讒見禽恐死而負累乃從獄中上書曰臣聞忠無不報信不見疑臣常以爲然徒虛語耳昔荆軻慕燕丹之義白虹貫日太子畏之衞先生爲秦畫長平之事太白食昴昭王疑之夫精變天地而信不諭兩主豈不哀哉今臣盡忠竭誠畢議願知左右不明卒從吏訊爲世所疑是則荆軻衞先生復起而燕秦不寤也願大王熟察之昔玉人獻寶楚王誅之李斯竭忠胡亥極刑是以箕子陽狂接輿避世恐遭此患也願大王察玉人李斯之意而後楚王胡亥之聽毋使臣爲箕子接輿所笑臣聞比干剖心子胥鴟夷臣始不信乃今知之願大王熟察少加憐焉語曰有白頭如新傾蓋如故何則知與不知也故樊於期逃秦之燕藉荆軻首以奉丹事王奢去齊之魏臨城自剄以卻齊而存魏夫王奢樊於齊非新於齊秦而故於燕趙也所以去二國死兩君者行合於志慕義無窮也是以蘇秦不信於天下爲燕尾生白圭戰亾六城爲魏取中山何則誠有以相知也蘇秦相燕人惡之燕王燕王按劍而怒食以駃騠白圭顯於中山人惡之魏文侯文侯賜以夜光之璧何則兩主

二臣剖心析肝相信豈移於浮辭哉故女無美惡入宮見妒士無賢不肖入朝見嫉昔司馬喜臏腳於宋卒相中山范雎拉脅折齒於魏卒爲應侯此二人者皆信必然之畫捐朋黨之私挾孤獨之交故不能免於嫉妒之人也是以申徒狄蹈雍之河徐衍負石入海不容於世義不苟取比周於朝以移主上之心故百里奚乞於道路繆公委之以政甯戚飯牛車下桓公任之以國此二人者豈素宦於朝借譽於左右然後二主用之哉感於心合於行堅如膠漆昆弟不能離豈惑於眾口哉故偏聽生姦獨任成亂昔魯聽季孫之說逐孔子宋任子冉之計囚墨翟夫以孔墨之辯不能自免於讒諛而二國以危何則眾口鑠金積毀銷骨也秦用戎人由余而伯中國齊用越人子臧而彊威宣此二國豈係於俗牽於世繫奇偏之浮辭哉公聽竝觀垂名當世故意合則胡越爲兄弟由余子臧是矣不合則骨肉爲讎敵朱象管蔡是矣今人主誠能用齊秦之明後宋魯之聽則五伯不足侔而三王易爲也是以聖王覺寤捐子之之心而不說田常之賢封比干之後脩孕婦之墓故功業覆於天下何則欲善亾厭也夫晉文親其讎彊伯諸侯齊桓用其仇而一匡天下何則慈仁殷勤誠加於心不可以虛辭借也至夫秦用商鞅之法東弱韓魏立彊天下卒車裂之越用大夫種之謀禽勁吳而霸中國遂誅其身是以孫叔敖三去相而不悔於陵子仲辭三公爲人灌園今人主誠能去驕傲之心懷可報之意披心腹見情素墮肝膽施德厚終與之窮達無愛於士則桀之犬可使吠堯跖之客可使刺由何況因萬乘之權假聖主之資乎然則荊軻湛七族要離燔妻子豈足爲大王道哉

臣聞明月之珠夜光之璧以闇投人於道眾莫不按劍相眄者何則無因而至前也蟠木根柢輪囷離奇而爲萬乘器者以左右先爲之容也故無因而至前雖出隨珠和璧祗怨而不見德有人先游則枯木朽株樹功而不忘今夫天下布衣窮居之士身在貧羸雖蒙堯舜之術挾伊管之辯懷龍逢比干之意而素無根柢之容雖竭精神欲開忠於當世之君則人主必襲按劍相眄之迹矣是使布衣之士不得爲枯木朽株之資也是以聖王制世御俗獨化於陶鈞之上而不牽乎卑亂之語不奪乎眾多之口故秦皇帝任中庶子蒙之言以信荊軻而匕首竊發周文王獵涇渭載呂尚歸以王天下秦信左右而亾周用烏集而王何則以其能越攣拘之語馳域外之議獨觀乎昭曠之道也今人主沈諂諛之辭牽帷廧之制使不羈之士與牛驥同皁此鮑焦所以憤於世也臣聞盛飾入朝者不以私汙義底厲名號者不以利傷行故里名勝母曾子不入邑號朝歌墨子回車今欲使天下寥廓之士籠於威重之權脅於位勢之貴回面汙行以事諂諛之人而求親近於左右則士有伏死堀穴巖藪之中耳安有盡忠信而趨闕下者哉書奏孝王孝王立出之卒爲上客初勝詭欲使王求爲漢嗣王又嘗上書願賜容車之地徑至長樂宮自使梁國士眾築作甬道朝太后爰盎等皆建以爲不可天子不許梁王怒令人刺殺盎上疑梁殺之使者冠蓋相望責梁王梁王始與勝詭有謀陽爭以爲不可故見讒枚先生嚴夫子皆不敢諫及梁事敗勝詭死孝王恐誅乃思陽言深辭謝之齎以千金令求方略解罪於上者陽素知齊人王先生年八十餘多奇計即往見語以其事王先生曰難哉人主有私怨深怒欲施必行之誅誠難解也以太后之尊骨肉之親猶不能止況臣下乎昔秦始皇有伏怒於太后羣臣諫而死者以十數得茅焦爲廓大義茅焦諫云陛下車裂假父有嫉妬之心囊撲兩弟有不慈之名遷母咸陽有不孝之行臣竊爲陛下危之言訖解衣趨鑊始皇下殿手接之曰先生起矣即迎太后遂爲母子如初始皇非能說其言也乃自彊從之耳茅焦亦廑脫死如毛氂耳故事所以難者也今子欲安之乎陽曰鄒魯守經學齊楚多辯知韓魏時有奇節吾將歷問之王先生曰子行矣還過我而西陽行月餘莫能爲謀還過王先生曰臣將西矣爲如何王先生曰吾先日欲獻愚計以爲眾不可蓋竊自薄陋不敢道也若子行必往見王長君士無過此者矣陽發寤於心曰敬諾辭去不過梁徑至長安因客見王長君長君者王美人之兄也後封爲蓋侯鄒陽留數日乘閒而請曰臣非爲長君無使令於前故來侍也愚戇竊不自料願有謁也長君跪曰幸甚陽曰竊聞長君弟得幸後宮天下無有而長君行迹多不循道理者今爰盎事即窮竟梁王恐誅如此則太后怫鬱泣血無所發怒切齒側目於貴臣矣臣恐長君危於累卵竊爲足下憂之長君瞿然曰將爲之柰何陽曰長君誠能精爲上言之得毋竟梁事長君必固自結於太后太后厚德長君入於骨髓而長君之弟幸於兩宮金城之固也又有存亾繼絕之功德布天下名施無窮願長君深自計之昔者舜之弟象日以殺舜爲事及舜立爲天子封之於有庳夫仁人之於兄弟無藏怒無宿怨厚親愛而已是以後世稱之魯公子慶父使僕人殺子般獄有所歸季友不探其情而誅焉慶父親殺閔公季子緩追免賊春秋以爲親親之道也魯哀姜薨于夷孔子曰齊桓公法

而不諂以爲過也以是說天子徼幸梁事不奏長君曰諸乘間入而言之及韓安國亦見長公主事果得不治初吳王濞與七國謀反及發齊濟北兩國城守皆不行漢旣破吳齊王自殺不得立嗣濟北王亦欲自殺幸全其妻子齊人公孫獲謂濟北王曰臣請試爲大王明說梁王通意天子說而不用死未晚也公孫獲遂見梁王曰夫濟北之地東接彊齊南牽吳越北脅燕趙此四分五裂之國權不足以自守勁不足以扞寇又非有奇怪云以待難也雖墜言於吳非其正計也昔者鄭祭仲許宋人立公子突以活其君非義也春秋記之以生易死以存易亾也鄉使濟北見情實示不從之端則吳必先歷齊畢濟北招燕趙而總之如此則山東之從結而無隙矣今吳楚之王練諸侯之兵敺白徒之衆西與天子爭衡濟北獨底節堅守不下使吳失與而亾助跬步獨進瓦解土崩破敗而不救者未必非濟北之力也夫以區區之濟北而與諸侯爭彊是以羔犢之弱而扞虎狼之敵也守職不撓可謂誠一矣功義如此尙見疑於上脅肩低首累足撫衿使有自悔不前之心非社稷之利也臣恐藩臣守職者疑之臣竊料之能歷西山徑長樂抵未央攘袂而正議者獨大王耳上有全亾之功下有安百姓之名德淪於骨髓恩加於無窮願大王留意詳惟之孝王大說使人馳以聞濟北王得不坐徙封淄川

枚乘字叔淮陽人也爲吳王濞郎中吳王之初怨望謀爲逆也乘奏書諫曰臣聞得全者昌失全者亾舜亾立錐之地以有天下禹亾十戶之聚以王諸侯湯武之士不過百里上不絕三光之明下不傷百姓之心者有王術也故父子之道天性也忠臣不避重誅以直諫則事無遺策功流萬世臣乘願披腹心而效愚忠唯大王少加意念惻怛之心於臣乘言夫以一縷之任係千鈞之重上縣無極之高下垂不測之淵雖甚愚之人猶知哀其將絕也馬方駭鼓而驚之係方絕又重鎭之係絕於天不可復結墜入深淵難以復出其出不出間不容髮能聽臣之忠言百舉必脫必若所欲爲危於累卵難於上天變所欲爲易於反掌安於泰山今欲極天命之壽敝無窮之樂究萬乘之埶不出反掌之易以居泰山之安而欲乘累卵之危走上天之難此愚臣所以爲大王惑也人性有畏其景而惡其跡者卻背而走迹愈多景愈疾不知就陰而止景滅迹絕欲人勿聞莫若勿言欲人勿知莫若勿爲欲湯之滄一人炊之百人揚之無益也不如絕薪止火而已不絕之於彼而救之於此譬猶抱薪而救火也養由基楚之善射者也去楊葉百步百發百中楊葉之大加百中焉可謂善射矣然其所止乃百步之內耳比於臣乘未知操弓持矢也福生有基禍生有胎納其基絕其胎禍自何來泰山之霤穿石單極之綆斷幹水非石之鑽索非木之鋸漸靡使之然也夫銖銖而稱之至石必差寸寸而度之至丈必過石稱丈量徑而寡失夫十圍之木始生如櫱足可搔而絕手可擢而拔據其未生先其未形也磨礱底厲不見其損有時而盡種樹畜養不見其益有時而大積德累行不知其善有時而用棄義背理不知其惡有時而亾臣願大王熟計而身行之此百世不易之道也吳王不內乘等去而之梁從孝王游景帝卽位御史大夫鼂錯爲漢定制度損削諸侯吳王遂與六國謀反舉兵西鄉以銖錯爲名漢聞之斬錯以謝諸侯枚乘復說吳王曰昔者秦西舉胡戎之難北備榆中之關南距羌筰之塞東當六國之從六國乘信陵之籍明蘇秦之約厲荆軻之威并力一心以備秦然秦卒禽六國滅其社稷而并天下是何也則地利不同而民輕重不等也今漢據全秦之地兼六國之衆脩戎狄之義而南朝羌筰此其與秦地相什而民相百大王之所明知也今夫讒諛之人爲大王計者不論骨肉之義民之輕重國之大小以爲吳禍此臣所以爲大王患也夫舉吳兵以訾於漢譬如蠅蚋之附羣牛腐肉之齒利劍鋒接必無事矣天子聞吳率失職諸侯願責先帝之遺約今漢親誅其三公以謝前過是大王之威加於天下而功越於湯武也夫吳有諸侯之位而實富於天子有隱匿之名而居過於中國夫漢并二十四郡十七諸侯方輸錯出運行數千里不絕於道其珍怪不如東山之府轉粟西鄉陸行不絕水行滿河不如海陵之倉脩治上林雜以離宮積聚玩好圈守禽獸不如長洲之苑游曲臺臨上路不如朝夕之池深壁高壘副以關城不如江淮之險此臣之所以爲大王樂也今大王還兵疾歸尙得十半不然漢知吳之有吞天下之心也赫然加怒遣羽林黃頭循江而下襲大王之都魯東海絕吳之饟道梁王飭車騎習戰射積粟固守以備滎陽待吳之飢大王雖欲反都亦不得已夫三淮南之計不負其約齊王殺身以滅其跡四國不得出兵其郡趙因邯鄲此不可掩亦已明矣大王已去千里之國而制於十里之內矣張韓將北地弓高宿左右兵不得下壁軍不得太息臣竊哀之願大王孰察焉吳王不用卒見禽漢旣平七國乘由是知名景帝召拜乘爲弘農都尉乘旣久爲大國上賓與英俊竝游得其所好

不樂郡吏以病去官復游梁梁客皆善屬辭賦乘尤高孝王薨乘歸淮陰武帝自爲太子聞乘名及卽位乘年老乃以安車蒲輪徵乘道死詔問乘子無能爲文者後乃得其孽子皋皋字少孺乘在梁時取皋母爲小妻乘之東歸也皋母不肯隨乘乘怒分皋數千錢留與母居年十七上書梁共王得召爲郞三年爲王使與宂從爭見讒惡遇罪室家沒入皋亡至長安會赦上書北闕自陳枚乘之子上得之大喜召入見待詔皋因賦殿中詔使賦平樂館善之拜爲郞使匈奴皋不通經術談笑類俳倡爲賦頌好嫚戲以故得媟黷貴幸比東方朔郭舍人等而不得比嚴助等得尊官武帝春秋二十九乃得皇子羣臣喜故皋與東方朔作皇太子生賦及立皇太子禖祝受詔所爲皆不從故事重皇子也初衞皇后立皋奏賦以戒終皋爲賦善於朔也從行至甘泉雍河東東廵狩封泰山塞決河宣房游觀三輔離宮館臨山澤弋獵射馭狗馬蹵鞠刻鏤上有所感輒使賦之爲文疾受詔輒成故所賦者多司馬相如善爲文而遲故所作少而善於皋皋賦辭中自言爲賦不如相如又言爲賦乃俳見視如倡自悔類倡也故其賦有詆娸（音欺）東方朔又自詆娸其文骫骳（骫古委字骳音被猶言屈曲也）曲隨其事皆得其意頗詼笑不甚閑靡凡可讀者百二十篇其尤嫚戲不可讀者尚數十篇

路溫舒字長君鉅鹿東里人也父爲里監門使溫舒牧羊溫舒取澤中蒲截以爲牒編用寫書稍習善求爲獄小吏因學律令轉爲獄史縣中疑事皆問焉太守行縣見而異之署決曹史又受春秋通大義舉孝廉爲山邑丞坐法免復爲郡吏元鳳中廷尉光以治詔獄請溫舒署奏曹掾守廷尉史會昭帝崩昌邑王賀廢宣帝初卽位溫舒上書言宜尚德緩刑其辭曰臣聞齊有無知之禍而桓公以興晉有驪姬之難而文公用霸近世趙王不終諸呂作亂而孝文爲太宗由是觀之禍亂之作將以開聖人也故桓文扶微興壞尊文武之業澤加百姓功潤諸侯雖不及三王天下歸仁焉文帝永思至德以承天心崇仁義省刑罰通關梁一遠近敬賢如大賓愛民如赤子內恕情之所安而施之於海內是以囹圄空虛天下太平夫繼變化之後必有異舊之恩此賢聖之所以昭天命也往者昭帝卽世而亡嗣大臣憂戚焦心合謀皆以昌邑尊親援而立之然天不授命淫亂其心遂以自亡深察禍變之故乃皇天之所以開至聖也故大將軍受命武帝股肱漢國披肝膽決大計黜亡義立有德輔天而行然後宗廟以安天下咸寧臣聞春秋正卽位大一統而慎始也陛下初登至尊與天合符宜改前世之失正始受命之統滌煩文除民疾存亡繼絕以應天意臣聞秦有十失其一尚存治獄之吏是也秦之時羞文學好武勇賤仁義之士貴治獄之吏正言者謂之誹謗遏過者謂之妖言故盛服先生不用於世忠良切言皆鬱於胷譽諛之聲日滿於耳虛美熏心實禍蔽塞此乃秦之所以亡天下也方今天下賴陛下厚恩亡金革之危飢寒之患父子夫妻戮力安家然太平未洽者獄亂之也夫獄者天下之大命也死者不可復生𢇍（𢇍古絕字）者不可復屬書曰與其殺不辜寧失不經今治獄吏則不然上下相敺以刻爲明深者獲公名平者多後患故治獄之吏皆欲人死非憎人也自安之道在人之死是以死人之血流離于市被刑之徒比肩而立大辟之計歲以萬數此仁聖所以傷也太平之未洽凡以此也夫人情安則樂生痛則思死棰楚之下何求而不得故囚人不勝痛則飾辭以視之吏治者利其然則指道以明之上奏畏卻則鍛練而周內之蓋奏當之成雖咎繇聽之猶以爲死有餘辜何則成練者衆文致之罪明也是以獄吏專爲深刻殘賊而亡極婾爲一切不顧國患此世之大賊也故俗語曰畫地爲獄議不入刻木爲吏期不對此皆疾吏之風悲痛之辭也故天下之患莫深於獄敗法亂正離親塞道莫甚乎治獄之吏此所謂一尚存者也臣聞烏鳶之卵不毀而後鳳凰集誹謗之罪不誅而後良言進故古人有言山藪藏疾川澤納汙瑾瑜匿惡國君含詬（音垢）唯陛下除誹謗以招切言開天下之口廣箴諫之路埽亡秦之迹尊文武之德省法制寬刑罰以廢治獄則太平之風可興於世永履和樂與天亡極天下幸甚上善其言遷廣陽私府長內史舉溫舒文學高第遷右扶風丞時詔書令公卿選可使匈奴者溫舒上書願給厮養暴骨方外以盡臣節事下度遼將軍范明友太僕杜延年問狀罷歸故官久之遷臨淮太守治有異迹卒於官溫舒從祖父受厤數天文以爲漢厄三七之閒上封事以豫戒成帝時谷永亦言如此及王莽簒位欲章代漢之符著其語焉溫舒子及孫皆至牧守大官

宋 右 廸 功 郎 鄭 樵 漁 仲 撰

列傳第十一上

前漢

竇嬰 田蚡 灌夫 韓安國 李廣(孫陵) 蘇建(子武)
衛青 霍去病(李息等) 董仲舒 司馬相如 公孫弘 卜式 兒寬 張湯(子安世安世子延壽) 杜周(子延年延年子緩緩弟欽)

竇嬰字王孫孝文皇后從兄子也父世觀津人也喜賓客孝文時爲吳相病免孝景卽位爲詹事帝弟梁孝王母竇太后愛之孝王朝因燕昆弟飮是時上未立太子酒酣上從容言曰千秋萬歲後傳王太后驩嬰引巵酒進上曰天下者高祖天下父子相傳漢之約也上何以得擅傳梁王太后由此憎嬰嬰亦薄其官因病免太后除嬰門籍不得朝請孝景三年吳楚反上察宗室諸竇無如嬰賢召入見固讓謝稱病不足任太后亦慙於是上曰天下方有急王孫寧可以讓邪乃拜嬰爲大將軍賜金千斤嬰言袁盎欒布諸名將賢士在家者進之所賜金陳廊廡下軍吏過輒令財取爲用金無入家者嬰守滎陽監齊趙兵七國破封爲魏其侯游士賓客爭歸之每朝議大事條侯魏其列侯莫敢與亢禮四年立栗太子以嬰爲傅七年栗太子廢嬰爭弗能得乃謝病屏居藍田南山下數月諸竇賓客辯士說莫能來梁人高遂乃說嬰曰能富貴將軍者上也能親將軍者太后也今將軍傅太子太子廢爭不能拔又不能死自引謝病擁趙女屏閒處而不朝祗加懟自明揚主上之過有如兩宮奭將軍則妻子無類矣嬰然之乃起朝請如故桃侯免相竇太后數言魏其景帝曰太后豈以臣有愛相魏其者魏其沾沾自喜耳(沾沾輕薄也音瞻)多易難以爲相持重遂不用用建陵侯衛綰爲丞相

田蚡孝景王皇后同母弟也生長陵竇嬰已爲大將軍方盛蚡爲諸曹郎未貴往來侍酒嬰所跪起如子姓及孝景晚節蚡益貴幸爲太中大夫辯有口學盤盂諸書(盤盂黃帝史孔甲所作也凡二十六篇)王皇后賢之孝景崩武帝初卽位蚡以舅封爲武安侯弟勝爲周陽侯蚡新用事卑下賓客進名士家居者貴之欲以傾諸將相上所塡撫多蚡賓客計筴會丞相綰病免上議置丞相太尉藉福說蚡曰魏其侯貴久矣天下士素歸之今將軍初興未如卽上以將軍爲相必讓魏其魏其爲相將軍必爲太尉太尉相尊等耳又有讓賢名蚡乃微言太后風上於是乃以嬰爲丞相蚡爲太尉藉福賀嬰因弔曰君侯資性喜善疾惡方今善人譽君侯故至丞相然惡人衆亦且毀君侯君侯能兼容則幸久不能今以毀去矣嬰不能聽嬰蚡俱好儒術推轂趙綰爲御史大夫王臧爲郎中令迎魯申公欲設明堂令列侯就國除關以禮爲服制以興太平擧謫諸竇宗室無節行者除其屬籍時諸外家爲列侯多尙主皆不欲就國以故毀日至竇太后太后好黃老言而嬰蚡趙綰等務隆推儒術貶道家言是以竇太后滋不說二年御史大夫趙綰請毋奏事東宮竇太后大怒曰此欲復爲新垣平邪乃罷逐趙綰王臧而免丞相嬰太尉蚡以柏至侯許昌爲丞相武彊侯莊青翟爲御史大夫嬰蚡以侯家居蚡雖不任職以王太后故親幸數言事多效士吏趨勢利者皆去嬰而歸蚡蚡日益橫六年竇太后崩丞相昌御史大夫青翟坐喪事不辦免上以蚡爲丞相大司農韓安國爲御史大夫天下士郡諸侯愈益附蚡蚡爲人貌侵(上聲短小也)生貴甚又以爲諸侯王多長上初卽位富於春秋蚡以肺附爲相非痛折節以禮屈之天下不肅當是時丞相入奏事語移日所言皆聽薦人或起家至二千石權移主上上乃曰君除吏盡未吾亦欲除吏嘗請考工地益宅上怒曰遂取武庫是後乃退召客飮坐其兄蓋侯王信北鄉自坐東鄉以爲漢相尊不可以兄故私撓由此滋驕治宅甲諸第田園極膏腴市買郡縣器物相屬於道前堂羅鐘鼓立曲旃後房婦女以百數諸奏珍物狗馬玩好不可勝數而嬰失竇太后益疏不用無勢諸公稍自引而怠驁唯灌夫獨否故嬰墨墨不得意而厚遇夫也

灌夫字仲孺潁陰人也父張孟嘗爲潁陰侯灌嬰舍人得幸因進之至二千石故蒙灌氏姓爲灌孟吳楚反時潁陰侯灌嬰爲將軍屬太尉請孟爲校尉夫以千人與父俱孟年老潁陰侯彊請之鬱鬱不得意故戰常陷堅遂死吳軍中漢法父子俱有死事得與喪歸夫不肯隨喪歸奮曰願取吳王若將軍頭以報父讐於是夫被甲持戟募軍中壯士所善願從數十人及出壁門莫敢前獨兩人及從奴十餘騎馳入吳軍至戲下所殺傷數十人不得前復馳還走入漢壁亡其奴獨與一騎歸夫身中大創十餘適有萬金良藥故得無死創少瘳又復請將軍曰吾益知吳壁中曲折請復往將軍壯而義之恐亡夫乃言太尉太尉召固止之吳軍破夫以此名聞天下潁陰侯言夫夫爲中郎將數歲坐法去家居長安中諸公莫不稱繇是復爲代相武帝卽位以爲淮陽天下郊勁兵處故徙夫爲淮陽太守入爲太僕二年夫與長

樂衛尉竇甫飲輕重不得夫醉搏甫甫竇太后昆弟上恐太后誅夫徙夫爲燕相數歲坐法家居長安夫爲人剛直使酒不好面腴貴戚諸有埶在已之右欲必陵之在已之左愈貧賤尤益禮敬與鈞稠人廣衆薦寵下輩士亦以此多之夫不好文學喜任俠已然諾諸所與交通無非豪桀大猾家累數千萬食客日數十百人陂池田園宗族賓客爲權利橫潁川潁川兒歌之曰潁水淸灌氏寧潁水濁灌氏族夫家居卿相侍中賓客益衰及竇嬰失埶亦欲倚夫引繩排根生平慕之後棄者(蘇林曰二人相倚引繩直排根賓客去之者不與之交通也孟康曰根者根格引繩以彈排擯根格之也師古曰孟說近之根音下恩反格音下各反言嬰與夫共相提挈有人生平慕嬰夫後見其失職而頗慢弛如此者共排退之不復與交讐如相對挽繩而根格之也今楚俗猶謂牽引前卻爲根格也史記作批根批音普結反義猶排也)夫亦得嬰通列侯宗室爲名高兩人相爲引重其游如父子然相得驩甚無厭恨相知之晚夫嘗有服過丞相蚡蚡從容曰吾欲與仲孺過魏其侯會仲孺有服夫曰將軍乃肯幸臨況魏其侯夫安敢以服爲解請語魏其具將軍旦日蚤臨蚡許諾夫以語嬰嬰與其夫人益市牛酒夜灑掃張具至旦平明令門下候伺至日中蚡不來嬰謂夫曰丞相豈忘之哉夫不懌曰夫以服請不宜乃駕自往迎蚡蚡特前戲許夫殊無意往夫至門蚡尚臥也於是夫見曰將軍昨日幸許過魏其魏其夫妻治具自旦至今未敢嘗食蚡悟謝曰吾醉忘與仲孺言乃駕往往又徐行夫愈益怒及飲酒酣夫起舞屬蚡蚡不起夫徙坐語侵之嬰乃扶夫去謝蚡蚡卒飲至夜極驩而去後蚡使籍福請嬰城南田嬰大望曰老僕雖棄將軍雖貴寧可以埶相奪乎不許夫聞怒罵福福惡兩人有隙乃謾好謝蚡(謾猶詭也詐爲好言讀與慢同)曰魏其老且死易忍且待之已而蚡聞嬰夫實怒不予亦怒曰魏其子嘗殺人蚡活之蚡事魏其無所不可何愛數頃田且灌夫何與也吾不敢復求田由此大怒元光四年春蚡言灌夫家在潁川橫甚民苦之請案之上曰此丞相事何請夫亦持蚡陰事爲姦利受淮南王金與語言賓客居閒遂已俱解夏蚡取燕王女爲夫人太后詔召列侯宗室皆往賀嬰過夫欲與俱夫謝曰夫數以酒失過丞相丞相今者又與夫有隙嬰曰事已解彊與俱飲酒酣蚡起爲壽坐皆避席伏已嬰爲壽獨故人避席餘半膝席夫行酒至蚡蚡膝席曰不能滿觴夫怒因嘻笑曰將軍貴人也畢之時蚡不肯行酒次至臨汝侯灌賢賢方與程不識耳語又不避席夫無所發怒乃罵賢曰生平毀程不識不直一錢今長者爲壽乃效女曹兒呫囁耳語(呫音唱涉反囁音人涉反)蚡謂夫曰程李俱東西宮衛尉(李廣爲東宮不識爲西宮)今衆辱程將軍仲孺獨不爲李將軍地乎夫曰今日斬頭陷匈何知程李坐乃起更衣稍稍去嬰去戲夫夫出蚡遂怒曰此吾驕灌夫罪乃令騎留夫夫欲出不得籍福起爲謝按夫項令謝夫愈怒不肯順蚡麾騎縛夫置傳舍召長史曰今日召宗室有詔劾灌夫罵坐不敬繫居室遂具前事遣吏分曹逐捕諸灌氏支屬皆得棄市罪嬰愧爲資使賓客請莫能解蚡吏皆爲耳目諸灌氏皆亡匿夫繫遂不得告言蚡陰事嬰銳身爲救夫嬰夫人諫曰灌將軍得罪丞相與太后家忤寧可救邪嬰曰侯自我得之自我捐之無所恨且終不令仲孺獨死嬰獨生乃匿其家竊出上書立召入具言灌夫醉飽事不足誅上然之賜嬰食曰東朝廷辨之嬰東朝盛推夫善言其醉飽得過乃丞相以他事誣罪之蚡盛毀夫所爲橫恣罪逆不道嬰度無可奈何因言蚡短蚡曰天下幸而安樂無事蚡得爲肺附所好音樂狗馬田宅所愛倡優巧匠之屬不如魏其灌夫日夜招聚天下豪桀壯士與議論腹誹而心謗仰視天俛畫地辟倪兩宮閒(辟音普計反倪音吾計反)幸天下有變而欲有大功臣乃不如魏其等所爲上問朝臣兩人孰是御史大夫韓安國曰魏其言灌夫父死事身荷戟馳入不測之吳軍被數十創名冠三軍此天下壯士非有大惡爭杯酒不足引他過以誅也魏其言是丞相亦言灌夫通姦猾侵細民家累巨萬橫恣潁川淩轢宗室侵犯骨肉此所謂枝大於本脛大於股不折必披丞相言亦是唯明主裁之主爵都尉汲黯是魏其內史鄭當時是魏其復不敢堅餘皆莫敢對上怒內史曰公平生數言魏其武安長短今日廷論局趣效轅下駒吾并斬若屬矣即罷起入上食太后太后亦已使人候伺具以語太后太后怒不食曰我在也而人皆藉吾弟令我百歲後皆魚肉之乎且帝寧能爲石人邪此特帝在即錄錄設百歲後此屬寧有可信者乎上謝曰俱外家故廷辨之不然此一獄吏所決耳是時郎中令石建爲上分別言兩人事蚡已罷朝出止車門召御史大夫安國載怒曰與長孺共一禿翁何爲首鼠兩端(禿翁言嬰無官位版授也首鼠一前一卻也)安國良久謂蚡曰君何不自喜夫魏其毀君君當免冠解印綬歸曰臣以肺附幸得待罪固非其任魏其言皆是如此上必多君有讓不廢君魏其必內媿杜門齰舌自殺今人毀君君亦毀之譬如賈豎女子爭言何其無大體也蚡謝罪曰爭時急不知出此於是上使御史簿責嬰所言灌夫頗不讐欺謾劾繫都司空孝景時嬰嘗受遺詔曰事有不便以便宜

論上及繫灌夫罪至族事日急諸公莫敢復明言於上嬰乃使昆弟子上書言之幸得復召見書奏案尚書大行無遺詔詔書獨藏嬰家嬰家丞封乃劾嬰矯先帝詔罪當棄市五年十月悉論灌夫支屬嬰良久廼聞有劾卽陽病痱不食欲死或聞上無意殺嬰復食治病議定不死矣乃有飛語爲惡言聞上故以十二月晦論棄市渭城春蚡疾一身盡痛若有擊者謼服謝罪上使視鬼者瞻之曰魏其侯與灌夫共守笞欲殺之竟死子恬嗣元朔中有罪免後淮南王安謀反覺始安入朝時蚡爲太尉迎安霸上謂安曰上未有太子大王最賢高祖孫卽宮車晏駕非大王立尚誰立哉淮南王大喜厚遺金錢財物上自嬰夫事時不直蚡特爲太后故及聞淮南王金事上曰使武安侯在者族矣

韓安國字長孺梁成安人也後徙睢陽嘗受韓子雜說騶田生所事梁孝王爲中大夫吳楚反時孝王使安國及張羽爲將捍吳兵於東界張羽力戰安國持重以故吳不能破梁吳楚破安國張羽名由此顯梁王以至親故得自置相二千石出入游戲僭於天子天子聞之心弗善也太后知帝不善乃怒梁使者弗見案責王所爲韓安國爲梁使見大長公主而泣曰何梁王爲人子之孝爲人臣之忠而太后曾弗省也夫前日吳楚齊趙七國反自關以東皆合從而西鄉惟梁最親爲限難梁王念太后帝在中而諸侯擾亂一言泣數行而下跪送臣等六人將兵擊卻吳楚吳楚以故兵不敢西而卒破亡梁王之力也今太后以小節苛禮責望梁王梁王父兄皆帝王所見者大故出稱蹕入言警車旗皆帝所賜也卽欲以嫮鄙小縣驅馳國中欲夸諸侯令天下盡知太后帝愛之也今梁使來輒案責之梁王恐日夜涕泣思慕不知所爲何梁王之忠孝而太后弗恤也大長公主具以告太后太后喜曰爲帝言之言之帝心乃解而免冠謝太后曰兄弟不能相教乃爲太后遺憂悉見梁使厚賜之其後梁王益親驩太后長公主更賜安國可直千餘金名由此顯結於漢其後安國坐法抵罪蒙獄吏田甲辱安國安國曰死灰獨不復然乎甲曰然卽溺之居無幾梁內史缺漢使使者拜安國爲梁內史起徒中爲二千石田甲亡走安國曰甲不就官我滅而宗甲因肉袒謝安國笑曰公等足與治乎卒善遇之梁內史之缺也孝王新得齊人公孫詭說之欲請爲內史竇太后聞之乃詔王以安國爲內史公孫詭羊勝說孝王求爲帝太子及益地事恐漢大臣不聽乃陰使人刺漢用事謀臣及殺故吳相袁盎景帝遂聞詭勝等計畫乃遣使捕勝詭必得漢使十輩至梁相以下舉國大索月餘不得安國聞詭勝匿孝王所乃見王而泣曰主辱臣死大王無良臣故事紛紛至此今詭勝不得請辭賜死王曰何至此安國泣數行下曰大王自度於皇帝孰與太上皇之與高皇帝及皇帝之與臨江王親王曰不如也安國曰夫太上皇臨江親父子間然高帝曰提三尺劍取天下者朕也故太上皇終不得制事居於櫟陽臨江王適長太子一言之過廢王臨江用宮垣事卒自殺中尉府何者治天下終不用私亂公語曰雖有親父安知其不爲虎雖有親兄安知其不爲狼今大王列在諸侯誠邪臣浮說犯上禁撓明法天子以太后故不忍致法於大王太后日夜涕泣幸大王自改而大王終不覺寤有如太后宮車卽晏駕大王尚誰攀乎語未卒王泣數行而下謝安國曰吾今出之卽日詭勝自殺漢使還報梁事皆得釋安國力也景帝太后益重安國孝王卒共王卽位安國失官居家武帝卽位武安侯田蚡爲太尉親貴用事安國以五百金物遺蚡蚡言安國太后上素聞安國賢卽召以爲北地都尉遷爲大司農閩越東越相攻遣安國大行王恢將兵未至越越殺其王降漢兵亦罷其年田蚡爲丞相安國爲御史大夫匈奴來請和親天子下議大行王恢燕人數爲邊吏習知胡事議曰漢與匈奴和親率不過數歲卽復背約不如勿許興兵擊之安國曰千里而戰卽兵不獲利今匈奴負戎馬足懷鳥獸心遷徙鳥集難得而制得其地不足以爲廣有其衆不足以爲彊自上古弗屬漢數千里爭利則人馬罷虜以全制其弊勢必危殆臣故以爲不如和親羣臣議者多附安國於是上許和親明年鴈門馬邑豪聶翁壹因大行王恢言匈奴初和親親信邊可誘以利致之伏兵襲擊必破之道也上乃召問公卿曰朕飾子女以配單于幣帛文錦賂之甚厚單于待命加嫚侵盜無已邊境數驚朕甚閔之今欲舉兵攻之何如大行恢對曰陛下雖未言臣固願效之臣聞全代之時北有彊胡之敵內連中國之兵然尚得養老長幼種樹以時倉廩常實匈奴不輕侵也今以陛下之威海內爲一天下同任又遣子弟乘邊守塞轉粟輓輸以爲之備然匈奴侵盜不已者無他以不恐之故耳臣竊以爲擊之便御史大夫安國曰不然臣聞高皇帝嘗圍於平城匈奴至者投鞍高如城者數所平城之饑七日不食天下歌之及解圍反位而無忿怒之心夫聖人以天下爲度者也不以己私怒傷天下之功故乃遣劉敬奉金千斤以結和親

至今爲五世利孝文皇帝又嘗一擁天下之兵聚之廣武常谿然終無尺寸之功而天下黔首莫不憂者孝文寤於兵之不可宿故復合和親之約此二聖之迹足以爲效矣臣竊以爲勿擊便恢曰不然臣聞五帝不相襲禮三王不相復樂非故相反也各因世宜也且高帝身披堅執銳蒙霧露沐霜雪行幾十年所以不報平城之怨者非力不能所以休天下之心也今邊境數驚士卒傷死中國槥車相望此仁人之所隱也臣故曰擊之便安國曰不然臣聞利不十者不易業功不百者不變常是以古之人君謀事必就祖發政占古語重作事也且自三代之盛夷狄不與正朔服色非威不能制彊弗能服也以爲遠方絕地不牧之民不足煩中國也且匈奴輕疾悍亟之兵也至如猋風去如收電畜牧爲業弧弓射獵逐獸隨草居處無常難得而制今使邊郡久廢耕織以支胡之常事其勢不相權也臣故曰勿擊便恢曰不然臣聞鳳鳥乘於風聖人因於時昔秦繆公都雍地方三百里知時宜之變攻取西戎辟地千里并國十四隴西北地是也及後蒙恬爲秦侵胡辟數千里以河爲竟累石爲城樹榆爲塞匈奴不敢飲馬於河置烽燧然後敢牧馬夫匈奴獨可以威服不可以仁畜也今以中國之盛萬倍之資遣百分之一以攻匈奴譬猶以彊弩射且潰之癰也必不留行矣若是則北發月氏可得而臣也臣故曰擊之便安國曰不然臣聞用兵者以飽待饑正治以待其亂定舍以待其勞故接兵覆衆伐國墮城常坐而役敵國此聖人之兵也且臣聞之衝風之衰不能起毛羽彊弩之末不能入魯縞夫盛之有衰猶朝之必莫也今將卷甲輕舉深入長敺難以爲功從行則廹脅橫行則中絕疾則糧乏徐則後利不至千里人馬乏食兵法曰遺人獲也意者有他繆巧可以禽之則臣不知也不然則未見深入之利也臣故曰勿擊便恢曰不然夫草木遭霜者不可以風過清水明鏡不可以形逃通方之士不可以文亂今臣言擊之者固非發而深入也將順因單于之欲誘而致之邊吾選梟騎壯士陰伏而處以爲之備審遮險阻以爲其戒吾勢已定或營其左或營其右或當其前或絕其後單于可禽百全必取上曰善乃從恢議陰使聶翁壹爲閒亡入匈奴謂單于曰吾能斬馬邑令丞以城降財物可盡得單于愛信以爲然而許之翁壹乃詐斬死罪囚縣其頭馬邑城下視單于使者爲信曰馬邑長吏已死可急來於是單于穿塞將十萬騎入武州塞當是時漢伏兵車騎材官三十餘萬匿馬邑旁谷中衛尉李廣爲驍騎將軍太僕公孫賀爲輕車將軍大行王恢爲將屯將軍太中大夫李息爲材官將軍御史大夫安國爲護軍將軍諸將皆屬約單于入馬邑縱兵王恢李息別從代主擊輜重於是單于入漢塞未至馬邑百餘里聞有告之者輒還去塞下傳言單于已去漢兵追至塞度弗能及王恢等皆罷兵上怒恢不出擊單于輜重也恢曰始約爲入馬邑城兵與單于接而臣擊其輜重可得利今單于不至而還臣以三萬人衆不敵祇取辱固知還而斬然完陛下士三萬人於是下恢廷尉廷尉當恢逗撓當斬恢行千金丞相蚡蚡不敢言上而言於大后曰王恢首爲馬邑事今不成而誅恢是爲匈奴報讐也上朝太后太后以蚡言告上上曰首爲馬邑事者恢故發天下兵數十萬從其言爲此且縱單于不可得恢所部擊猶頗可得以尉士大夫心今不誅恢無以謝天下於是恢聞乃自殺安國爲人多大略知足以當世取舍而出於忠厚貪耆財利然所推舉皆廉士賢於已者於梁舉壺遂臧固至他皆天下名士士亦以此稱慕之唯天子以爲國器安國爲御史大夫五年丞相蚡薨安國行丞相事奉引墮車蹇上欲用安國爲丞相使使視蹇甚乃更以平棘侯薛澤爲丞相安國病免數月愈復爲中尉歲餘徙爲衛尉而將軍衛青等擊匈奴破龍城明年匈奴大入邊語在青傳安國爲材官將軍屯漁陽捕生口虜言匈奴遠去即上言方佃作時請且罷屯罷屯月餘匈奴大入上谷漁陽安國壁乃有七百餘人出與戰安國傷入壁匈奴虜掠千餘人及畜產去上怒使使責讓安國徙益東屯右北平是時虜言當入東方安國始爲御史大夫及護軍後稍下遷而新幸壯將軍衛青等有功益貴安國既疏遠默默也將屯又爲匈奴所欺失亡多甚自愧幸得罷歸乃益東徙屯意忽忽不樂數月病歐血死安國以元朔二年中卒壺遂者與太史遷等定漢律歷官至詹事其人深中隱厚篤行君子上方倚以爲漢相會其病卒

李廣隴西成紀人也其先曰李信秦時爲將逐得燕太子丹者也廣家世世受射孝文十四年匈奴大入蕭關而廣以良家子從軍擊胡用善射殺首虜多爲郎騎常侍數從射獵格殺猛獸文帝曰惜廣不逢時令當高帝世萬戶侯豈足道哉景帝即位爲騎郎將吳楚反時爲驍騎都尉從太尉亞夫戰昌邑下顯名以梁王授廣將軍印故還賞不行爲上谷太守日與匈奴合戰典屬國公孫昆邪爲上泣曰李廣材氣天下無雙自負其能數

與虜确恐亡之上乃徙廣爲上郡太守後匈奴大入上
郡天子使中貴人從廣勒習兵擊匈奴中貴人者將數
十騎從見匈奴三人與戰射傷中貴人殺其騎且盡中
貴人走廣廣曰是必射鵰者也廣乃從百騎往馳三人
三人亡馬步行行數十里廣令其騎張左右翼而廣身
自射彼三人者殺其二人生得一人果匈奴射鵰者也
已縛之上馬望匈奴有數千騎見廣以爲誘騎皆驚上
山陳廣之百騎皆大恐欲馳還走廣曰我去大軍數十
里今如此走匈奴追射我立盡今我留匈奴必以我爲
大軍之誘不我擊廣令曰前未到匈奴二里所止令曰
皆下馬解鞍騎曰虜多如是解鞍卽急柰何廣曰彼虜
以我爲走今解鞍以示不去用堅其意有白馬將出護
其兵廣上馬與十餘騎奔射殺白馬將而復還至其百
騎中解鞍令士皆縱馬卧時會暮胡兵終怪之不敢擊
夜半胡兵以爲漢有伏軍於傍欲夜取之卽引兵去平
旦廣乃歸其大軍後徙爲隴西北地鴈門雲中太守武
帝卽位左右言廣名將也繇是入爲未央衛尉而程不
識時亦爲長樂衛尉程不識故與廣俱以邊太守將屯
及出擊胡而廣行無部曲行陳就善水草頓舍上人人
自便不擊刁斗自衛莫府省文書然亦遠斥候未嘗遇
害程不識正部曲行伍營陳擊刁斗吏治軍簿至明軍
不得休息然亦未嘗遇害不識曰李將軍極簡易然虜
卒犯之無以禁而其士亦佚樂爲之死我軍雖煩擾虜
亦不得犯我是時漢邊郡李廣程不識爲名將然匈奴
畏廣士卒多樂從而苦程不識不識孝景時以數直諫
爲太中大夫爲人廉謹於文法後漢誘單于以馬邑城
使大軍伏馬邑傍而廣爲驍騎將軍屬護軍將軍單于
覺之去漢軍皆無功後四歲廣以衛尉爲將軍出鴈門
擊匈奴匈奴兵多破廣軍生得廣單于素聞廣賢令曰
得李廣必生致之胡騎得廣廣時傷置兩馬間絡而盛
之卧行十餘里廣佯死睨其旁有一胡兒騎善馬廣暫
騰而上胡兒馬因推墮兒取其弓鞭馬南馳數十里復
得其餘軍因引而入塞匈奴捕者騎數百追之廣行取
胡兒弓射殺追騎以故得脫於是至漢漢下廣吏吏當
廣所失亡多爲虜所生得當斬贖爲庶人頃之家居數
歲與故潁陰侯屏居藍田南山中射獵嘗夜從一騎出
從人田閒飲還至霸陵亭霸陵尉醉呵止廣廣騎曰故
李將軍尉曰今將軍尚不得夜行何故也止廣宿亭下
居無何匈奴入遼西殺太守敗韓將軍韓將軍後徙居
右北平死於是上乃召拜廣爲右北平太守廣卽請霸
陵尉與俱至軍而斬之上書自陳謝罪詔報不問廣在
郡匈奴號曰漢飛將軍避之數歲不入界廣出獵見草
中石以爲虎而射之中石沒鏃視之石也他日射之終
不能入矣廣所居郡聞有虎常自射之及居右北平射
虎虎騰傷廣廣亦射殺之石建卒上召廣代爲郞中令
元朔六年廣復爲後將軍從大將軍出定襄擊匈奴諸
將多中首虜率爲侯者而廣軍無功後三歲廣以郞中
令將四千騎出右北平博望侯張騫將萬騎與廣俱異
道行數百里匈奴左賢王將四萬騎圍廣廣軍士皆恐
廣乃使其子敢往馳之敢從數十騎直貫胡騎出其左
右而還報廣曰胡虜易與耳軍士乃安爲圜陳外鄉胡
急擊矢下如雨漢兵死者過半漢矢且盡廣乃令士持
滿無發而廣身自以大黃射其裨將殺數人胡虜益解
會暮吏士皆無人色而廣意氣自若益治軍軍中服其
勇也明日復力戰而博望侯軍亦至匈奴乃解去漢軍
罷弗能追是時廣軍幾沒罷歸漢法博望侯後期當死
贖爲庶人廣軍自當亡賞初廣與從弟李蔡俱爲郞事
文帝景帝時蔡積功至二千石武帝元朔中爲輕車將
軍從大將軍擊右賢王有功中率封爲樂安侯元狩二
年代公孫弘爲丞相蔡爲人在下中名聲出廣下遠甚
然廣不得爵邑官不過九卿廣之軍吏及士卒或取封
侯廣與望氣王朔語曰自漢征匈奴廣未嘗不在其中
而諸妄校尉以下材能不及中人然以擊胡軍功取侯
者數十人廣不爲後人然終無尺寸功以得封邑者何
也豈我相不當侯邪朔曰將軍自念豈嘗有所恨乎廣
曰吾嘗爲隴西守羌嘗反吾誘降者八百餘人詐而同
日殺之至今恨獨此耳朔曰禍莫大於殺已降此乃將
軍所以不得侯者也廣歷七郡太守前後四十餘年得
賞賜輒分其戲下飲食與士卒共之家無餘財終不言
生產事爲人長猨臂其善射亦天性雖子孫他人學者
莫能及廣吶口少言與人居則畫地爲軍陳射闊狹以
飲專以射爲戲將兵乏絕處見水士卒不盡飲不近水
不盡餐不嘗食寬緩不苛士以此愛樂爲用其射見敵
非在數十步之內度不中不發發卽應絃而倒用此其
將數困辱及射猛獸亦數爲所傷云元狩四年大將軍
驃騎將軍大擊匈奴廣數自請行上以爲老不許良久
乃許之以爲前將軍大將軍青出塞捕虜知單于所居
乃自以精兵走之而令廣并於右將軍軍出東道東道
少回遠大軍行水草少其勢不屯行廣辭曰臣部爲前
將軍今大將軍乃徙臣出東道且臣結髮而與匈奴戰
乃今一得當單于臣願居前先死單于大將軍陰受上

指以爲李廣數奇(數音所角反奇音居宜反言命隻不耦合也)毋令當單于恐不得所欲是時公孫敖新失侯爲中將軍大將軍亦欲使敖與俱當單于故徙廣廣知之固辭大將軍弗聽令長史封書與廣之莫府曰急詣部如書廣不謝大將軍而起行意象慍怒而就部引兵與右將軍食其合軍出東道惑失道後大將軍大將軍與單于接戰單于遁走弗能得而還南絕幕乃遇兩將軍廣已見大將軍還入軍大將軍使長史持糒醪遺廣因問廣食其失道狀曰青欲上書報天子失軍曲折廣未對大將軍長史急責廣之莫府上簿廣曰諸校尉無罪乃我自失道吾今自上簿至莫府謂其麾下曰廣結髮與匈奴大小七十餘戰今幸從大將軍出接單于兵而大將軍徙廣部曲回遠又迷失道豈非天哉且廣年六十歲終不能復對刀筆之吏矣遂引刀自剄百姓聞之知與不知老壯皆爲垂涕而右將軍獨下吏當死贖爲庶人廣三子曰當戶椒敢皆爲郎上與韓嫣戲嫣少不遜當戶擊嫣嫣走於是上以爲能當戶蚤死乃拜椒爲代郡太守皆先廣死廣死軍中時敢從驃騎將軍廣死明年李蔡以丞相坐詔賜冢地陽陵當得二十畝蔡盜取三頃頗賣得四十餘萬又盜取神道外壖地一畝葬其中當下獄自殺敢以校尉從驃騎將軍擊胡左賢王力戰奪左賢王旗鼓斬首多賜爵關內侯食邑二百戶代廣爲郎中令頃之怨大將軍青之恨其父乃擊傷大將軍大將軍匿諱之居無何敢從上雍至甘泉宮獵驃騎將軍去病怨敢傷青射殺敢去病時方貴幸上爲諱云鹿觸殺之居歲餘去病死敢有女爲太子中人愛幸敢男禹有寵於太子然好利亦有勇嘗與侍中貴人飲侵陵之莫敢應後

愬之上上召禹使刺虎縣下圈中未至地有詔引出之禹從落中以劒斫絕纍欲刺虎上壯之遂救止焉而當戶有遺腹子陵將兵擊胡兵敗降匈奴後人告禹謀欲亡從陵下吏死陵字少卿少爲侍中建章監善騎射愛人謙讓下士甚得名譽武帝以爲有廣之風使將八百騎深入匈奴二千餘里過居延視地形不見虜還拜爲騎都尉將勇敢五千人教射酒泉張掖以備胡數年漢遣貳師將軍伐大宛使陵將五校兵隨後行至塞會貳師還上賜陵書陵留吏士與輕騎五百出敦煌至鹽水迎貳師還復留屯張掖天漢二年貳師將三萬騎出酒泉擊右賢王於天山召陵欲使爲貳師將輜重陵召見武臺叩頭自請曰臣所將屯邊者皆荊楚勇士奇材劒客也力扼虎射命中願得自當一隊到蘭于山南以分單于兵無令專鄉貳師軍上曰將惡相屬邪吾發軍多毋騎予女陵對無所事騎臣願以少擊衆步兵五千人涉單于庭上壯而許之因詔彊弩都尉路博德將兵半道迎陵軍博德故伏波將軍亦羞爲陵後距奏言方秋匈奴馬肥未可與戰臣願留陵至春俱將酒泉張掖騎各五千人並擊東西浚稽可必禽也書奏上怒疑陵悔不欲出而教博德上書乃詔博德吾欲予李陵騎云欲以少擊衆今虜入西河其引兵走西河遮鉤營之道詔陵以九月發出遮虜鄣至東浚稽山南龍勒水上徘徊觀虜即亡所見從浞野侯趙破奴故道抵受降城休士因騎置以聞所與博德言者云何具以書對陵於是將其步卒五千人出居延北行三十日至浚稽山止營舉圖所過山川地形使麾下騎陳步樂以聞步樂召見道陵將率得士死力上甚說拜步樂爲郎陵至浚稽山與

單于相值騎可三萬圍陵軍軍居兩山間以大車爲營陵引士出營外爲陳前行持戟盾後行持弓弩令曰聞鼓聲而縱聞金聲而止虜見漢軍少直前就營陵搏戰攻之千弩俱發應弦而倒虜還走上山漢軍追擊殺數千人單于大驚召左右地兵八萬餘騎攻陵陵且戰且引南行數日抵山谷中連戰士卒中矢傷三創者載輦兩創者將車一創者持兵戰陵曰吾士氣少衰而鼓不起者何也軍中豈有女子乎始軍出時關東羣盜妻子徙邊者隨軍爲卒妻婦大匿車中陵搜得皆劒斬之明日復戰斬首三千餘級引兵東南循故龍城道西行四五日抵大澤葭葦中虜從上風縱火陵亦令軍中縱火以自救南行至山下單于在南山上使其子將騎擊陵陵軍步鬬樹木間復殺數千人因發連弩射單于單于下走是日捕得虜言單于曰此漢精兵擊之不能下日夜引吾南近塞得毋有伏兵乎諸當戶君長皆言單于自將數萬騎擊漢數千人不能滅後無以復使邊臣令漢益輕匈奴復力戰山谷間尚四五十里得平地不能破乃還是時陵軍益急匈奴騎多戰一日數十合復傷殺虜二千餘人虜不利欲去會陵軍候管敢爲校尉所辱亡降匈奴具言陵軍無後救射矢且盡獨將軍麾下及成安侯校各八百人爲前行以黃與白爲幟當使精騎射之即破矣成安侯者潁川人父韓千秋故濟南相奮擊南越戰死武帝封子延年爲侯以校尉隨陵單于得敢大喜使騎並攻漢軍疾呼曰李陵韓延年趣降遂遮道急攻陵陵居谷中虜在山上四面射矢如雨下漢軍南行未至鞮汗山一日五十萬矢皆盡即棄車去士尚三千餘人徒斬車輻而持之軍吏持尺刃抵山入陿

谷單于遮其後乘隅下壘石士卒多死不得行昏後陵便衣獨步出營止左右毋隨我丈夫一取單于耳良久陵還太息曰兵敗死矣軍吏或曰將軍威震匈奴天命不遂後求道徑還歸如浞野侯爲虜所得後亡還天子客遇之況於將軍乎陵曰公止吾不死非壯士也於是盡斬旌旗及珍寶埋地中陵歎曰復得數十矢足以脫矣今無兵復戰天明坐受縛矣各鳥獸散去猶有得脫歸報天子者令軍士人持二升糒一半冰（半讀曰判判大片也）期至遮虜鄣者相待夜半時擊鼓起士鼓不鳴陵與韓延年俱上馬壯士從者十餘人虜騎數千追之延年戰死陵曰無面目報陛下遂降軍人分散脫至塞者四百餘人陵敗處去塞百餘里邊塞以聞上欲陵戰死召陵母及婦使相者視之無死喪色後聞陵降責問陳步樂步樂自殺羣臣皆罪陵上以問太史令司馬遷遷盛言陵事親孝與士信常奮不顧身以殉國家之急其素所畜積也有國士之風今舉事一不幸全軀保妻子之臣隨而媒櫱其短誠可痛也且陵提步卒不滿五千深輮戎馬之地抑數萬之師虜救死扶傷不暇悉舉引弓之民共攻圍之轉鬬千里矢盡道窮士張空拳冒白刃北首爭死敵得人之死力雖古名將不過也身雖陷敗然其所摧敗亦足暴於天下彼之不死宜欲得當以報漢也初上遣貳師大軍出財令陵爲助兵及陵與單于相值而貳師功少上以遷誣罔欲沮貳師爲陵游說下遷腐刑久之上悔陵無救曰陵當發出塞乃詔彊弩都尉令迎軍坐預詔之得令老將生姦詐乃遣使勞賜陵餘軍得脫者陵在匈奴歲餘上遣因杅將軍公孫敖將兵深入匈奴迎陵敖軍無功還曰捕得生口言李陵教單于爲兵以備漢軍故臣無所得上聞於是族陵家母弟妻子皆伏誅隴西士大夫以李氏爲愧其後漢遣使使匈奴陵謂使者曰吾爲漢將步卒五千人橫行匈奴以亡救而敗何負於漢而誅吾家使者曰漢聞李少卿教匈奴爲兵陵曰乃李緒非我也緒本漢塞外都尉居奚侯城匈奴攻之緒降而單于客遇緒常坐陵上陵痛其家以緒而誅使人刺殺緒大閼氏欲殺陵單于匿之北方大閼氏死乃還單于壯陵以女妻之立爲右校王衛律爲丁靈王（丁靈胡之別種也立爲王而王其人也）皆貴用事衛律者父本長水胡人律生長漢善協律都尉李延年延年薦言律使匈奴使還會延年家收律懼幷誅亡還降匈奴匈奴愛之常在單于左右陵居外有大事乃入議昭帝立大將軍霍光左將軍上官桀輔政素與陵善遣陵故人隴西任立政等三人俱至匈奴招陵立政等至單于置酒賜漢使者李陵衛律皆侍坐立政見陵未得私語即目視陵而數數自循其刀環握其足陰諭之言可還歸漢也後陵律持牛酒勞漢使博飲兩人皆胡服椎結立政大言曰漢已大赦中國安樂主上富於春秋霍子孟上官少叔用事以此言微動之陵默不應孰視而自循其髮荅曰吾已胡服矣有頃律起更衣立政曰咄少卿良苦霍子孟上官少叔謝女陵曰霍與上官無恙乎立政曰請少卿來歸故鄉無憂富貴陵字立政曰少公歸易耳恐再辱柰何語未卒衛律還頗聞餘語曰李少卿賢者不獨居一國范蠡徧遊天下由余去戎入秦今何語之親也因罷去立政隨謂陵曰亦有意乎陵曰丈夫不能再辱陵在匈奴二十餘年元平元年病死

蘇建杜陵人也以校尉從大將軍青擊匈奴封平陵侯以將軍築朔方後以衛尉爲游擊將軍從大將軍出朔方後一歲以右將軍再從大將軍出定襄亡翕侯失軍當斬贖爲庶人其後爲代郡太守卒官有三子嘉爲奉車都尉賢爲騎都尉中子武最知名武字子卿以父任兄弟並爲郎稍遷至栘中廄監（栘音移）時漢連伐胡數通使相窺觀匈奴留漢使郭吉路充國等前後十餘輩匈奴使來漢亦留之以相當天漢元年且鞮侯單于初立恐漢襲之乃曰漢天子我丈人行也盡歸漢使路充國等武帝嘉其義乃遣武以中郎將持節送匈奴使留在漢者因厚賂單于答其善意武與副中郎將張勝及假吏常惠等募士斥候百餘人俱既至匈奴置幣遺單于單于益驕非漢所望也方欲發使送武等會緱王與長水虞常等謀反匈奴中（緱音工侯反）緱王者昆邪王姊子也與昆邪王俱降漢後隨浞野侯沒胡中及衛律所將降者陰相與謀劫單于母閼氏歸漢會武等至匈奴虞常在漢時素與副張勝相知私候勝曰聞漢甚怨衛律常能爲漢伏弩射殺之吾母與弟在漢幸蒙其賞賜張勝許之以貨物與常後月餘單于出獵獨閼氏子弟在虞常等七十餘人欲發其一人夜亡告之單于子弟發兵與戰緱王等皆死虞常生得單于使衛律治其事張勝聞之恐前語發以狀語武武曰事如此必及我見犯乃死重負國欲自殺勝惠共止之虞常果引張勝單于怒召諸貴人議欲殺漢使者左伊秩訾曰卽謀單于何以復加宜皆降之單于使衛律召武受辭武謂惠等屈節辱命雖生何面目以歸漢引佩劒自刺衛律驚自抱持武馳召醫鑿地爲坎置熅火覆武其上蹈其背以出血武氣絕半日復息惠等哭輿歸營單于壯其節朝夕遣

人候問武而收繫張勝武益愈單于使使曉武會論虞常欲因此時降武劒斬虞常已律曰漢使張勝謀殺單于近臣當死單于募降者赦罪舉劒欲擊之勝請降律謂武曰副有罪當相坐武曰本無謀又非親屬何謂相坐復舉劒擬之武不動律曰蘇君律前負漢歸匈奴幸蒙大恩賜號稱王擁衆數萬馬畜彌山富貴如此蘇君今日降明日復然空以身膏草野誰復知之武不應律曰君因我降與君爲兄弟今不聽吾計後雖欲復見我尚可得乎武罵律曰女爲人臣子不顧恩義畔主背親爲降虜於蠻夷何以女爲見且單于信女使決人死生不平心持正反欲鬬兩主觀禍敗南越殺漢使者屠爲九郡宛王殺漢使者頭懸北闕朝鮮殺漢使者卽時誅滅獨匈奴未耳若知我不降明欲令兩國相攻匈奴之禍從我始矣律知武終不可脅白單于單于愈益欲降之乃幽武置大窖中絕不飲食天雨雪武卧齧雪與旃毛并咽之數日不死匈奴以爲神乃徙武北海上無人處使牧羝羝乳乃得歸別其官屬常惠等各置他所既至海上廩食不至掘野鼠去草實而食之杖漢節牧羊卧起操持節旄盡落積五六年單于弟於靬王弋射海上(靬音居元反)武能網紡繳檠弓弩於靬王愛之給其衣食三歲餘王病賜武馬畜服匿穹廬王死後人衆徙去其冬丁令盜武牛羊武復窮厄初武與李陵俱爲侍中武使匈奴明年陵降不敢求武久之單于使陵至海上爲武置酒設樂因謂武曰單于聞陵與子卿素厚故使來說足下虛心欲相待終不得歸漢空自苦亡人之地信義安所見乎前長君爲奉車(長君武兄嘉)從至雍棫陽宮扶輦下除觸柱折轅劾大不敬伏劒自刎賜錢二百萬以

葬孺卿從祠河東后上(儒卿武弟賢)宦騎與黃門駙馬爭船推墮駙馬河中溺死宦騎亡詔使孺卿逐捕不得惶恐飲藥而死來時太夫人已不幸陵送葬至陽陵子卿婦年少聞已更嫁矣獨有女弟二人兩女一男今復十餘年存亡不可知人生如朝露何久自苦如此陵始降時忽忽如狂自痛負漢加以老母繫保宮子卿不欲降何以過陵且陛下春秋高法令亡常大臣亡罪夷滅者數十家安危不可知子卿尚復誰爲乎願聽陵計勿復有云武曰武父子亡功德皆爲陛下所成就位列將爵通侯兄弟親近常願肝腦塗地今得殺身自效雖蒙斧鉞湯鑊誠甘樂之臣事君猶子事父也子爲父死無所恨願勿復再言陵與武飲數日復曰子卿壹聽陵言武曰自分已死久矣王必欲降武請畢今日之驩效死於前陵見其至誠喟然歎曰嗟乎義士陵與衞律之罪上通於天因泣下霑衿與武決去陵惡自賜武使其妻賜武牛羊數十頭後陵復至北海上語武區脫捕得雲中生口(區脫土室胡兒所作以候漢者也區音一侯反脫音土活反)言太守已下吏民皆白服曰上崩武聞之南鄉號哭歐血旦夕臨數月昭帝卽位數年匈奴與漢和親漢求武等匈奴詭言武死後漢使復至常惠請其守者與俱得夜見漢使具自陳道教使者謂單于言天子射上林中得鴈足有繫帛書言武等在某澤中使者大喜如惠言以讓單于單于視左右而驚謝漢使曰武等實在於是陵置酒賀武曰今足下還歸揚名於匈奴功顯於漢室雖古竹帛所載丹青所畫何以過子卿陵雖駑怯令漢且貰陵罪全其老母使得奮大辱之積志庶幾乎曹柯之盟此陵宿昔之所不忘也收族陵家爲世大戮陵尚復何顧乎已矣令子

卿知吾心耳異域之人壹別長絕陵起舞歌曰徑萬里兮渡沙漠爲君將兮奮匈奴路窮絕兮矢刃摧士衆滅兮名已隤老母已死兮雖欲報恩將安歸陵泣下數行因與武決單于召會武官屬前以降及物故凡隨武還者九人武以始元六年春至京師詔武奉一太牢謁孝武帝廟園陵拜爲典屬國秩中二千石賜錢二百萬公田二頃宅一區常惠徐聖趙終根皆拜爲中郎賜帛各二百疋其餘六人老歸家賜錢人十萬復終身常惠後至右將軍封列侯自有傳武留匈奴凡十九歲始以彊壯出及還須髮盡白武來歸明年上官桀子安與桑弘羊及燕王蓋主謀反武子男元與安有謀坐死初桀安與大將軍霍光爭權數疏光過失予燕王令上書告之又言蘇武使匈奴二十年不降還乃爲典屬國大將軍長史無功勞爲搜粟都尉光專權自恣及燕王等反誅窮治黨與武素與桀弘羊有舊數爲燕王所訟子又在謀中廷尉奏請逮捕武霍光寢其奏免武官數年昭帝崩武以故二千石與計謀立宣帝賜爵關內侯食邑三百戶久之衞將軍張安世薦武明習故事奉使不辱命先帝以爲遺言宣帝卽時召武待詔宦者署數進見復爲右曹典屬國以武著節老臣令朝朔望號稱祭酒甚優寵之武所得賞賜盡以施予昆弟故人家不餘財皇后父平恩侯帝舅平昌侯樂昌侯車騎將軍韓增丞相魏相御史大夫丙吉皆敬重武武年老子前坐事死上閔之問左右武在匈奴久豈有子乎武因平恩侯自白前發匈奴時胡婦適產一子通國有聲問來願因使者致金帛贖之上許焉後通國隨使者至上以爲郎又以武弟子爲右曹武年八十餘神爵二年病卒甘露三年

單于始入朝上思股肱之美乃圖畫其人於麒麟閣法其形貌署其官爵姓名惟霍光不名曰大司馬大將軍博陸侯姓霍氏次曰衞將軍富平侯張安世次曰車騎將軍龍雒侯韓增次曰後將軍營平侯趙充國次曰丞相高平侯魏相次曰丞相博陽侯丙吉次曰御史大夫建平侯杜延年次曰宗正陽城侯劉德次曰少府梁丘賀次曰太子太傅蕭望之次曰典屬國蘇武皆有功德知名當世是以表而揚之明著中興輔佐列於方叔召虎仲山甫焉凡十一人皆有傳自丞相黄霸廷尉于定國大司農朱邑京兆尹張敞右扶風尹翁歸及儒者夏侯勝等皆以善終著名宣帝之世然不得列於名臣之圖以此知其選矣

衞青字仲卿其父鄭季河東平陽人也以縣吏給事侯家平陽侯曹壽尚武帝姊陽信長公主季與主家僮衞媪通生青青有同母兄衞長君及姊子夫子夫自平陽公主家得幸武帝故青冒姓爲衞氏衞媪長女君孺次女少兒次女則子夫子夫男弟步廣皆冒衞氏青爲侯家人少時歸其父父使牧羊民母之子皆奴畜之不以爲兄弟數青嘗從人至甘泉居室有一鉗徒相青曰貴人也官至封侯青笑曰人奴之生得無笞駡卽足矣安得封侯事乎青壯爲侯家騎從平陽主建元二年春青姊子夫得入宮幸上皇后大長公主女也無子妬大長公主聞衞子夫幸有身妬之乃使人捕青青時給事建章未知名大長公主執囚青欲殺之其友騎郎公孫敖與壯士往篡之故得不死上聞乃召青爲建章監侍中及同母昆弟貴賞賜數日閒累千金君孺爲太僕公孫賀妻少兒故與陳掌通上召貴掌公孫敖由此益顯子夫爲夫人青爲太中大夫元光六年拜爲車騎將軍擊匈奴出上谷公孫賀爲輕車將軍出雲中太中大夫公孫敖爲騎將軍出代郡衞尉李廣爲驍騎將軍出鴈門軍各萬騎青至龍城斬首虜數百騎將軍敖亡七千騎衞尉廣爲虜所得旣而得脱歸皆當斬贖爲庶人賀亦無功唯青賜爵爲關内侯是後匈奴仍仍頻也侵犯邊元朔元年春衞夫人有男立爲皇后其秋青復將三萬騎出鴈門李息出代郡青斬首虜數千明年青復出雲中西至高闕遂至于隴西捕首虜數千畜百餘萬走白羊樓煩王遂取河南地爲朔方郡以三千八百戸封青爲長平侯青校尉蘇建爲平陵侯張次公爲岸頭侯使建築朔方城上曰匈奴造謀藉兵數爲邊害故興師遣將以征厥罪今車騎將軍青度西河至高闕獲首二千三百級車輜畜產畢收爲鹵已封爲列侯遂西定河南地案楡谿舊塞絶梓領梁北河討蒲泥破符離斬輕鋭之卒捕伏聽者伏於隱處聽軍虛實三千一十七級執訊獲醜敺馬牛羊百有餘萬全甲兵而還其益封青三千八百戸其後匈奴比歲入代郡鴈門定襄上郡朔方所殺畧甚衆元朔五年春令青將三萬騎出高闕衞尉蘇建爲游擊將軍左内史李沮爲彊弩將軍太僕公孫賀爲騎將軍代相李蔡爲輕車將軍皆領屬車騎將軍俱出朔方大行李息岸頭侯張次公爲將軍俱出右北平匈奴右賢王當青等以爲漢兵不能至此飲醉漢兵夜至圍右賢王右賢王驚夜逃獨與其愛妾一人騎數百馳潰圍北去漢輕騎校尉郭成等追數百里弗得得右賢裨王十餘人衆男女萬五千餘人畜數十百萬於是引兵而還至塞天子使使者持大將軍印卽軍中拜青爲大將軍諸將皆以兵屬立號而歸上曰大將軍青躬率戎士師大捷獲匈奴王十有餘人益封青八千七百戸而封青子伉爲宜春侯子不疑爲陰安侯子登爲發干侯青固謝曰臣幸得待罪行閒賴陛下神靈軍大捷皆諸校力戰之功也陛下幸已益封臣青臣青子在襁褓中未有勤勞上幸裂地封爲三侯非臣待罪行閒所以勸士力戰之意也伉等三人何敢受封上曰我非忘諸校功也今固且圖之乃詔御史曰護軍都尉公孫敖三從大將軍擊匈奴常護軍傅校獲王封敖爲合騎侯都尉韓説從大將軍出窳渾至匈奴右賢王庭爲戲下搏戰獲王封説爲龍雒侯騎將軍賀從大將軍獲王封賀爲南窌侯輕車將軍李蔡再從大將軍獲王封蔡爲樂安侯校尉李朔趙不虞公孫戎奴各三從大將軍獲王封朔爲陟軹侯不虞爲隨成侯戎奴爲從平侯將軍李沮李息及校尉竇如意中郎將綰皆有功賜爵關内侯沮息如意食邑各三百戸其秋匈奴入代殺都尉明年春大將軍青出定襄合騎侯敖爲中將軍太僕賀爲左將軍翕侯趙信爲前將軍衞尉蘇建爲右將軍郎中令李廣爲後將軍左内史李沮爲彊弩將軍咸屬大將軍斬首數千級而還月餘悉復出定襄斬首虜萬餘人蘇建趙信幷軍三千餘騎獨逢單于兵與戰一日餘漢兵且盡信故胡人降爲翕侯見急匈奴誘之遂將其餘騎可八百奔降單于蘇建盡亡其軍獨以身得亡去自歸青青問其罪正閎長史安議郎周霸等建當云何霸曰自大將軍出未嘗斬裨將今建棄軍可斬以明將軍之威閎安曰不然兵法小敵之堅大敵之禽也今建以數千當單于數萬力戰一日餘士皆不敢有貳心自歸而斬之是

示後無反意也不當斬青曰青幸得以胏附待罪行間不患無威而霸說我以明威甚失臣意且使臣職雖當斬將以臣之尊寵而不敢自擅專誅於境外其歸天子天子自裁之於以風爲人臣不敢專權不亦可乎軍吏皆曰善遂四建行在所是歲也霍去病始侯

霍去病大將軍青姊少兒子也其父霍仲孺先與少兒通生去病及衛皇后尊少兒更爲詹事陳掌妻去病以皇后姊子年十八爲侍中善騎射再從大將軍大將軍受詔予壯士爲票姚校尉與輕勇騎八百直棄大將軍數百里赴利斬捕首虜過當於是上曰票姚校尉去病斬首捕虜二千二十八級得相國當戸斬單于大父行籍若侯產捕季父羅姑比再冠軍以二千五百戸封去病爲冠軍侯上谷太守郝賢四從大將軍捕首虜千三百級封賢爲終利侯騎士孟已有功賜爵關內侯邑二百戸是歲失兩將軍亡翕侯功不多故青不益封蘇建至上弗誅贖爲庶人青賜千金是時王夫人方幸於上甯乘說青曰將軍所以功未甚多身食萬戸三子皆爲侯者以皇后故也今王夫人幸而宗族未富貴願將軍奉所賜千金爲王夫人親壽青以五百金爲王夫人親壽上聞問青青以實對上乃拜甯乘爲東海都尉校尉張騫從大將軍以嘗使大夏留匈奴中久道軍知善水草處軍得以無饑渴因前使絕國功封騫爲博望侯去病侯三歲元狩三年春爲驃騎將軍將萬騎出隴西有功上曰驃騎將軍率戎士踰烏盭討遬濮涉狐奴歷五王國輜重人衆攝讋者弗取幾獲單于子轉戰六日過焉支山千有餘里合短兵鏖皋蘭下殺折蘭王斬盧侯王鋭悍者誅全甲獲醜執渾邪王子及相國都尉捷首虜八千九百六十級收休屠祭天金人師率減什七益封去病二千二百戸其夏去病與合騎侯敖俱出北地異道博望侯張騫郎中令李廣俱出右北平異道廣將四千騎先至騫將萬騎後匈奴左賢王將數萬騎圍廣廣與戰二日死者過半所殺亦過當騫至匈奴引兵去騫坐行留當斬贖爲庶人而去病出北地遂深入合騎侯失道不相得去病至祁連山捕首虜甚多上曰驃騎將軍涉鈞耆濟居延遂臻小月氏攻祁連山揚武乎鱳得得單于單桓酋涂王及相國都尉以衆降下者二千五百人可謂能舍服知成而止矣捷首虜三萬二百獲五王王母單于閼氏王子五十九人相國將軍當戸都尉六十三人師大率減什三益封去病五千四百戸賜校尉從至小月氏者爵左庶長鷹擊司馬破奴再從驃騎將軍斬遬濮王捕稽且王右千騎將王王母各一人王子以下四十一人捕虜三千三百三十人前行捕虜千四百人封破奴爲從驃侯校尉高不識從驃騎將軍捕呼于耆王王子以下十一人捕虜千七百六十八人封不識爲宜冠侯校尉僕多有功封爲煇渠侯合騎侯敖坐行留不與驃騎將軍會當斬贖爲庶人諸宿將所將士馬兵亦不如去病去病所將常選然亦敢深入常與壯騎先其大軍軍亦有天幸未嘗困絕也然而諸宿將常留落不耦由此去病日以親貴比大將軍其後單于怒渾邪王居西方數爲漢所破亡數萬人以驃騎之兵也欲召誅渾邪王渾邪王與休屠王等謀欲降漢使人先要道邊是時大行李息將城河上得渾邪王使卽馳傳以聞上恐其以詐降而襲邊乃令去病將兵迎之去病既渡河與渾邪衆相望渾邪裨王將見漢軍而多欲不降者頗遁去去病乃馳入得與渾邪王相見斬其欲亡者八千人遂獨遣渾邪王乘傳先詣行在所盡將其衆渡河降者數萬人號稱十萬既至長安天子所以賞賜數十鉅萬封渾邪王萬戸爲漯陰侯封其裨王呼毒尼爲下摩侯鷹庛爲煇渠侯禽棃爲河綦侯大當戸調雖爲常樂侯於是上嘉去病之功曰驃騎將軍去病率師征匈奴西域王渾邪王及厥衆萌咸奔於率以軍糧接食并將控弦萬有餘人誅獟悍捷首虜八千餘級降異國之王三十二戰士不離傷十萬之衆畢懷集服仍與之勞爰及河塞庶幾亡患以千七百戸益封驃騎將軍減隴西北地上郡戍卒之半以寬天下繇役乃分處降者於邊五郡故塞外而皆在河南因其故俗爲屬國其明年匈奴入右北平定襄殺畧漢千餘人其明年上與諸將議曰翕侯趙信爲單于畫計常以爲漢兵不能度幕輕留今大發卒其勢必得所欲是歲元狩四年也春上令大將軍青驃騎將軍去病各五萬騎步兵轉者踵軍數十萬而敢力戰深入之士皆屬去病去病始爲出定襄當單于捕虜虜言單于東乃更令去病出代郡令青出定襄郎中令李廣爲前將軍太僕公孫賀爲左將軍主爵趙食其爲右將軍平陽侯襄爲後將軍皆屬大將軍趙信爲單于謀曰漢兵卽度幕人馬罷匈奴可坐收虜耳乃悉遠北其輜重皆以精兵待幕北而適直青軍出塞千餘里見單于兵陳而待於是青令武剛車自環爲營而縱五千騎往當匈奴匈奴亦從萬騎會日且入而大風起沙礫擊面兩軍不相見漢益縱左右翼繞單于單于視漢兵多而士馬尚彊戰而匈奴不利薄莫單于遂乘六羸壯騎可數百直冒漢圍西北馳去

昏漢匈奴相紛拏殺傷大當漢軍左校捕虜言單于去昏而去漢軍因發輕騎夜追之青因隨其後匈奴兵亦散走會明行二百餘里不得單于頗捕斬首虜萬餘級遂至窴顏山趙信城得匈奴積粟食軍軍留一日而還悉燒其城餘粟以歸青之與單于會也而前將軍廣右將軍食其軍別從東道或失道大將軍引還過幕南乃相逢青欲使使歸報令長史簿責廣廣自殺食其贖為庶人青軍入塞凡斬首虜萬九千級是時匈奴眾失單于十餘日右谷蠡王自立為單于單于後得其眾右王乃去單于之號去病騎兵車重與大將軍軍等而亡裨將悉以李敢等為大校當裨將出代右北平二千餘里直左方兵所斬捕功已多於青既皆還上曰驃騎將軍去病率師躬將所獲葷允之士約輕齎絕大幕涉獲單于章渠以誅北車耆轉擊左大將雙獲旗鼓歷度難侯濟弓盧獲屯頭王韓王等三人將軍相國當戶都尉八十三人封狼居胥山禪於姑衍登臨翰海執訊獲醜七萬有四百四十三級師率減什二取食於敵卓行殊遠而糧不絕以五千八百戶益封驃騎將軍右北平太守路博德屬驃騎將軍會與城不失期從至檮余山斬首捕虜二千八百級封博德為邳離侯北地都尉衛山從驃騎將軍獲王封山為義陽侯故歸義侯因淳王復陸支樓剸王伊即靬皆從驃騎將軍有功封復陸支為杜侯伊即靬為眾利侯從驃侯破奴昌武侯安稽從驃騎有功益封各三百戶漁陽太守解校尉敢皆獲鼓旗賜爵關內侯解食邑三百戶敢二百戶校尉自為爵左庶長軍吏卒為官賞賜甚多而青不得益封吏卒無封者唯西河太守常惠雲中太守遂成受賞遂成秩諸侯相賜食邑二百戶黃金百斤惠爵關內侯兩軍之出塞塞閱官及私馬凡十四萬匹而後入塞者不滿三萬匹乃益置大司馬位大將軍驃騎將軍皆為大司馬定令令驃騎將軍秩祿與大將軍等自是之後大將軍日衰而驃騎日益貴舉大將軍故人門下多去事驃騎輒得官爵唯獨任安不肯去驃騎將軍為人少言不泄有氣敢往上嘗欲教之孫吳兵法對曰顧方略何如耳不至學古兵法上為治第令視之對曰匈奴不滅無以家為也由此上益重愛之然少而侍中貴不省士其從軍天子為遣太官齎數十乘既還重車餘棄粱肉而士有飢者其在塞外卒乏糧或不能自振而去病尚穿域蹋鞠也事多此類大將軍為人仁善退讓以和柔自媚於上然於天下未有稱也驃騎將軍自四年軍後三歲元狩六年薨天子悼之發屬國元甲軍陳自長安至茂陵為冢象祁連山謚之并武與廣地曰景桓侯子嬗嗣嬗字子侯上愛之幸其壯而將之為奉車都尉從封泰山而薨無子國除自去病死後青長子宜春侯伉坐法失侯後五歲伉弟二人陰安侯不疑發千侯登皆坐酎金失侯後二歲冠軍侯國絕後四年元封五年青薨謚曰烈侯子伉嗣六年坐法免自青圍單于後十四歲而卒竟不復擊匈奴者以漢馬少又方南誅兩越東伐朝鮮擊羌西南夷以故久不伐胡初青既尊貴而平陽侯曹壽有惡疾就國長公主問列侯誰賢者左右皆言大將軍主笑曰此出吾家常騎從我奈何左右曰於今尊貴無比於是長公主乃風白皇后言之上乃詔青尚平陽主與主合葬起冢象廬山云最大將軍青凡七出擊匈奴斬捕首虜五萬餘級一與單于戰收河南地置朔方郡再封凡萬六千三百戶封三子為侯侯千三百戶并之二萬二百戶其裨將及校尉侯者九人為特將者十五人

李廣張騫公孫賀李蔡曹襄韓說蘇建皆自有傳

李息郁郅人也事景帝至武帝立八歲為材官將軍軍馬邑後六歲為將軍出代後三歲為將軍從大將軍出朔方皆無功凡三為將軍其後常為大行

公孫敖義渠人以郎事景帝至武帝立十二歲為騎將軍出代亡卒七千人當斬贖為庶人後五歲以校尉從大將軍封合騎侯後一歲以中將軍從大將軍再出定襄無功後二歲以將軍出北地後驃騎失期當斬贖為庶人後二歲以校尉從大將軍無功後十四歲以因杅將軍築受降城七歲復以因杅將軍再出擊匈奴至余吾亡士多下吏當斬詐死亡居民間五六歲後覺復繫坐妻為巫蠱族凡四為將軍

李沮雲中人事景帝武帝立十七歲以左內史為彊弩將軍後一歲復為彊弩將軍

張次公河東人以校尉從大將軍封岸頭侯其後太后崩為將軍軍北軍後一歲復從大將軍凡再為將軍後坐法失侯

趙信以匈奴相國降為侯武帝立十八年為前將軍與匈奴戰敗降匈奴

趙食其祋栩人武帝立十八年以主爵都尉從大將軍斬首六百六十級元狩三年賜爵關內侯黃金百斤明年為右將軍從大將軍出定襄迷失道當斬贖為庶人

郭昌雲中人以校尉從大將軍元封四年以太中大夫為拔胡將軍屯朔方還擊昆明無功奪印

荀彘太原廣武人以御見侍中用校尉數從大將軍元

封三年爲左將軍擊朝鮮無功坐捕樓船將軍誅最驃騎將軍去病凡六出擊匈奴其四出以將軍斬首虜十一萬餘級渾邪王以衆降數萬開河西酒泉之地西方益少胡寇四益封凡萬七千七百戸其校吏有功侯者六人爲將軍者二人

路博德西河平州人以右北平太守從驃騎將軍封邳離侯驃騎死後博德以衞尉爲伏波將軍伐破南越益封其後坐法失侯爲彊弩都尉屯居延卒

趙破奴太原人嘗亡入匈奴已而歸漢爲驃騎將軍司馬出北地封從驃侯坐酎金失侯後一歲爲匈河將軍攻胡至匈河水無功後一歲擊虜樓蘭王後爲浞野侯後六歲以浚稽將軍將二萬騎擊匈奴左王左王與戰兵八萬騎圍破奴破奴爲虜所得遂沒其軍居匈奴中十歲復與其太子安國亡入漢後坐巫蠱族自衞氏興大將軍靑首封其後支屬五人爲侯凡二十四歲而五侯皆奪國征和中戾太子敗衞氏遂滅而霍去病弟光貴盛自有傳

董仲舒廣川人也少治春秋孝景時爲博士下帷講誦弟子傳以久次授業或莫見其面蓋三年不窺園其精如此進退容止非禮不行學士皆師尊之武帝卽位舉賢良文學之士前後百數而仲舒以賢良對策焉制曰朕獲承至尊休德傳之無窮而施之罔極任大而守重是以夙夜不皇康寧永惟萬事之統猶懼有闕故廣延四方之豪儁郡國諸侯公選賢良脩絜博習之士欲聞大道之要至論之極今子大夫褎然爲舉首朕甚嘉之子大夫其精心致思朕垂聽而問焉蓋聞五帝三王之道改制作樂而天下洽和百王同之當虞氏之樂莫甚於韶於周莫甚於勺聖王已沒鐘鼓筦絃之聲未衰而大道微缺陵夷至乎桀紂之行王道大壞矣夫五百年之間守文之君當塗之士欲則先王之法以戴翼其世者甚衆然猶不能反日以仆滅至後王而後止豈其所操持或誖繆而失其統與固天降命不可復反必推之於大衰而後息與烏虖凡所爲屑屑夙興夜寐務法上古者又將無補與三代受命其符安在災異之變何緣而起性命之情或夭或壽或仁或鄙習聞其號未燭厥理伊欲風流而令行刑輕而姦改百姓和樂政事宣昭何脩何飭而膏露降百穀登德潤四海澤臻草木三光全寒暑平受天之祜享鬼神之靈德澤洋溢施乎方外延及羣生子大夫明先聖之業習俗化之變終始之序講聞高誼之日久矣其明以諭朕科別其條勿猥勿并取之於術愼其所出乃其不正不直不忠不極枉于執事書之不泄興于朕躬毋悼後害子大夫其盡心靡有所隱朕將親覽焉仲舒對曰陛下發德音下明詔求天命與情性皆非愚臣之所能及也臣謹案春秋之中視前世已行之事以觀天人相與之際甚可畏也國家將有失道之敗而天乃先出災害以譴告之不知自省又出怪異以警懼之尙不知變而傷敗乃至以此見天心之仁愛人君而欲止其亂也自非大亡道之世者天盡欲扶持而安全之事在彊勉而已矣彊勉學問則聞見博而知益明彊勉行道則德日起而大有功此皆可使還至而立有效者也詩曰夙夜匪解書云茂哉茂哉皆彊勉之謂也道者所由適於治之路也仁義禮樂皆其具也故聖王已沒而子孫長久安寧數百歲此皆敎化禮樂之功也王者未作樂之時乃用先王之樂宜於世者而以深入敎化於民敎化之情不得雅頌之樂不成故王者功成作樂樂其德也樂者所以變民風化民俗也其變民也易其化人也著故聲發於和而本於情接於肌膚藏於骨髓故王者道雖衰缺而筦絃之聲未衰也夫虞氏之不爲政久矣然而樂頌遺風猶有存者是以孔子在齊而聞韶也夫人君莫不欲安存而惡危亡然而政亂國危者甚衆所任者非其人而所繇者非其道是以政日以仆滅也夫周道衰於幽厲非道亡也幽厲不繇也至於宣王思昔先王之德興滯補弊明文武之功業周道粲然復興詩人美之而作上天祐之爲生賢佐後世稱頌至今不絕此夙夜不解行善之所致也孔子曰人能弘道非道弘人也故治亂廢興在於已非天降命不可得反其所操持誖謬失其統也臣聞天之所大奉使之王者必有非人力所能致而自至者此受命之符也天下之人同心歸之若歸父母故天瑞應誠而至書曰白魚入于王舟有火復于王屋流爲烏此蓋受命之符也周公曰復哉復哉孔子曰德不孤必有鄰皆積善累德之效也及至後世淫佚衰微不能統理羣生諸侯背畔殘賊良民以爭壤土廢德敎而任刑罰刑罰不中則生邪氣邪氣積於下怨惡畜於上上下不和則陰陽繆盭而妖孽生矣此災異所緣而起也臣聞命者天之令也性者生之質也情者人之欲也或夭或壽或仁或鄙陶冶而成之不能粹美有治亂之所生故不齊也孔子曰君子之德風也小人之德草也草上之風必偃故堯舜行德則民仁壽桀紂行暴則民鄙夭夫上之化下下之從上猶泥之在鈞唯甄者之所爲猶金之在鎔唯冶者之所鑄綏之斯徠動之斯和此之謂也臣

謹案春秋之文求王道之端得之於正正次王王次春春者天之所爲也正者王之所爲也其意曰上承天之所爲而下以正其所爲正王道之端云爾然則王者欲有所爲宜求其端於天天道之大者在陰陽陽爲德陰爲刑刑主殺而德主生是故陽常居大夏而以生育養長爲事陰常居大冬而積於空虛不用之處以此見天之任德不任刑也天使陽出布施於上而主歲功使陰入伏於下而時出佐陽陽不得陰之助亦不能獨成歲終陽以成歲爲名此天意也王者承天意以從事故任德敎而不任刑刑者不可任以治世猶陰之不可任以成歲也爲政而任刑不順於天故先王莫之肯爲也今廢先王德敎之官而獨任執法之吏治民毋乃任刑之意與孔子曰不敎而誅謂之虐虐政用於下而欲德敎之被四海故難成也臣謹按春秋謂一元之意一者萬物之所從始也元者辭之所謂大也謂一爲元者視大始而欲正本也春秋深探其本而反自貴者始故爲人君者正心以正朝廷正朝廷以正百官正百官以正萬民正萬民以正四方四方正遠近莫不壹於正而亡有邪氣奸其間者是以陰陽調而風雨時羣生和而萬民殖五穀熟而草木茂天地之間被潤澤而大豐美四海之內聞盛德而皆徠臣諸福之物可致之祥莫不畢至而王道終矣孔子曰鳳鳥不至河不出圖吾已矣夫自悲可致此物而身卑賤不得致也今陛下貴爲天子富有四海居得致之位操可致之勢又有能致之資行高而恩厚知明而意美愛民而好士可謂誼主矣然而天地未應而美祥莫至者何也凡以敎化不立而萬民不正也夫萬民之從利也如水之走下不以敎化隄防之不能止也是故敎化立而姦邪皆止者其隄防完也敎化廢而姦邪並出刑罰不能勝者其隄防壞也古之王者明於此是故南面而治天下莫不以敎化爲大務立大學以敎於國設庠序以化於邑漸民以仁摩民以誼節民以禮故其刑罰甚輕而禁不犯者敎化行而習俗美也聖王之繼亂世也埽除其迹而悉去之復脩敎化而崇起之敎化已明習俗已成子孫循之行五六百歲尚未敗也至周之末世大爲亡道以失天下秦繼其後獨不能改又益甚之重禁文學不得挾書棄捐禮誼而惡聞之其心欲盡滅先聖之道而顓爲自恣苟簡之治故立爲天子十四歲而國破亡矣自古以來未嘗有以亂濟亂大敗天下之民如秦者也其遺毒餘烈至今未滅使習俗薄惡人民嚚頑抵冒殊扞熟爛如此之甚者也孔子曰腐朽之木不可彫也糞土之牆不可圬也今漢繼秦之後如朽木糞牆矣雖欲善治之亡可奈何法出而姦生令下而詐起如以湯止沸抱薪救火愈甚亡益也竊譬之琴瑟不調甚者必解而更張之乃可鼓也爲政而不行甚者必變而更化之乃可理也當更張而不更張雖有良工不能善調也當更化而不更化雖有大賢不能善治也故漢得天下以來常欲善治而至今不可善治者失之於當更化而不更化也古人有言曰臨淵羨魚不如退而結網今臨政而願治七十餘歲矣不如退而更化更化則可善治善治則災害日去福祿日來詩云宜民宜人受祿于天爲政而宜於民者固當受祿于天夫仁誼禮知信五常之道王者所當脩飭也王者脩飭故受天之祐而享鬼神之靈德施于方外延及羣生也天子覽其對而異焉乃復冊之曰制曰蓋聞虞舜之時游於巖廊之上垂拱無爲而天下太平周文王至於日昃不暇食而宇內亦治夫帝王之道豈不同條共貫與何逸勞之殊也蓋儉者不造元黃旌旗之飾及至周室設兩觀乘大路朱干玉戚八佾舞於庭而頌聲興夫帝王之道豈異指哉或曰良玉不瑑又云非文亡以輔德二端異焉殷人執五刑以督姦傷肌膚以懲惡成康丕式四十餘年天下不犯囹圄空虛秦國用之死者甚衆刑者相望耗矣哀哉烏虖朕夙寤晨興惟前帝王之憲永思所以奉至尊章洪業皆在力本任賢今朕親耕籍田以爲農先勸孝弟崇有德使者冠蓋相望問勤勞恤孤獨盡思極神功烈休德未始云獲也今陰陽錯繆氛氣充塞羣生寡遂黎民未濟廉恥貿亂賢不肖渾殽未得其眞故詳延特起之士意庶幾乎今子大夫待詔百有餘人或道世務而未濟稽諸上古而不同考之于今而難行毋乃牽於文繫而不得騁與將所繇異術所聞殊方與各悉對著于篇毋諱有司明其指略切磋究之以稱朕意仲舒對曰臣聞堯受命以天下爲己憂而未以位爲樂也故誅逐亂臣務求賢聖是以得舜禹稷卨咎繇衆聖輔德賢能佐職敎化大行天下和洽萬民皆安仁樂誼各得其宜動作應禮從容中道故孔子曰如有王者必世而後仁此之謂也堯在位七十載乃遜于位以禪虞舜堯崩天下不歸堯子丹朱而歸舜舜知不可辟乃卽天子之位以禹爲相因堯之輔佐繼其統業是以垂拱無爲而天下治孔子曰韶盡美矣又盡善也此之謂也至於殷紂逆天暴物殺戮賢知殘賊百姓伯夷太公皆當世賢者隱處而不爲臣守職之人皆奔走逃亡入于河海天下耗亂萬民不安故天下

夫殷而從周文王順天理物師用賢聖是以閎夭大顛散宜生等亦聚於朝廷愛施兆民天下歸之故太公起海濱而卽三公也當此之時紂尙在上尊卑昬亂百姓散亡故文王悼痛而欲安之是以日昃而不暇食也孔子作春秋先正王而繫萬事見素王之文焉由此觀之帝王之條貫同然而勞逸異者所遇之時異也孔子曰武盡美矣未盡善也此之謂也臣聞制度文采元黃之飾所以明尊卑異貴賤而勸有德也故春秋受命所先制者改正朔易服色所以應天也然則宮室旌旗之制有法而然者也故孔子曰奢則不遜儉則固儉非聖人之中制也臣聞良玉不瑑資質潤美不待刻瑑此亡異於達巷黨人不學而自知也然則常玉不瑑不成文章君子不學不成其德臣聞聖王之治天下也少則習之學長則材諸位爵祿以養其德刑罰以威其惡故民曉於禮誼而恥犯其上武王行大誼平殘賊周公作禮樂以文之至於成康之隆囹圄空虛四十餘年此亦教化之漸而仁誼之流非獨傷肌膚之效也至秦則不然師申商之法行韓非之說憎帝王之道以貪狼爲俗非有文德以教訓於天下也誅名而不察實爲善者不必免而犯惡者未必刑也是以百官皆飾虛辭而不顧實外有事君之禮內有背上之心造僞飾詐趣利無恥又好用憯酷之吏賦斂亡度竭民財力百姓散亡不得從耕織之業羣盜並起是以刑者甚衆死者相望而姦不息俗化使然也故孔子曰導之以政齊之以刑民免而無恥此之謂也今陛下并有天下海內莫不率服廣覽兼聽極羣下之知盡天下之美至德昭然施於方外夜郎康居殊方萬里說德歸誼此太平之致也然而功不加於百姓者殆王心未加焉曾子曰尊其所聞則高明矣行其所知則光大矣高明光大不在於他在乎加之意而已願陛下因用所聞設誠於內而致行之則三王何異哉陛下親耕藉田以爲農先夙寤晨興憂勞萬民思惟往古而務以求賢此亦堯舜之用心也然而未云獲者士素不厲也夫不素養士而欲求賢譬猶不瑑玉而求文采也故養士之大者莫大乎太學太學者賢士之所關也教化之本原也今以一郡一國之衆對亡應書者是王道往往而絕也臣願陛下興太學置明師以養天下之士數考問以盡其材則英俊宜可得矣今之郡守縣令民之師帥所使承流而宣化也故師帥不賢則主德不宣恩澤不流今吏旣亡教訓於下或不承用主上之法暴虐百姓與姦爲市貧窮孤弱冤苦失職甚不稱陛下之意是以陰陽錯繆氛氣充塞羣生寡遂黎民未濟皆長吏不明使至於此也夫長吏多出於郎中中郎吏二千石子弟選郎吏又以富訾未必賢也且古所謂功者以任官稱職爲差非所謂積日累久也故小材雖累日不離於小官賢材雖未久不害爲輔佐是以有司竭力盡知務治其業而以赴功今則不然累日以取貴積久以致官是以廉恥貿亂賢不肖渾殽未得其眞臣愚以爲使諸列侯郡守二千石各擇其吏民之賢者歲貢各二人以給宿衛且以觀大臣之能所貢賢者有賞所貢不肖者有罰夫如是諸侯吏二千石皆盡心於求賢天下之士可得而官使也徧得天下之賢人則三王之盛易爲而堯舜之名可及也毋以日月爲功實試賢能爲上量材而授官錄德而定位則廉恥殊路而賢不肖異處矣陛下加惠寬臣之罪令勿牽制於文使得切磋究之臣敢不盡愚於是天子復冊之制曰蓋聞善言天者必有徵於人善言古者必有驗於今故朕垂問乎天人之應上嘉唐虞下悼桀紂寖微寖滅寖明寖昌之道虛心以改今子大夫明於陰陽所以造化習於先聖之道業然而文采未極豈惑當世之務哉條貫靡竟統紀未終意朕之不明與聽若眩與夫三王之教所祖不同而皆有失或謂久而不易者道也意豈異哉今子大夫旣已著大道之極陳治亂之端矣其悉之究之孰之復之詩不云乎嗟爾君子毋常安息神之聽之介爾景福朕將親覽焉子大夫其茂明之仲舒復對曰臣聞論語曰有始有卒者其唯聖人乎今陛下幸加惠留聽於承學之臣復下明冊以切其意而究盡聖德非愚臣之所能具也前所上對條貫靡竟統紀不終辭不別白指不分明此臣淺陋之罪也冊曰善言天者必有徵於人善言古者必有驗於今臣聞天者羣物之祖也故徧覆包函而無所殊建日月風雨以和之經陰陽寒暑以成之故聖人法天而立道亦溥愛而亡私布德施仁以厚之設誼立禮以導之春者天之所以生也仁者君之所以愛也夏者天之所以長也德者君之所以養也霜者天之所以殺也刑者君之所以罰也由此言之天人之徵古今之道也孔子作春秋上揆之天道下質諸人情參之於古考之於今故春秋之所譏災害之所加也春秋之所惡怪異之所施也書邦家之過兼災異之變以此見人之所爲其美惡之極乃與天地流通而往來相應此亦言天之一端也古者修教訓之官務以德善化民民已大化之後天下常亡一人之獄矣今世廢而不修亡以化民民以故棄行誼而死財利是以犯法而

罪多一歲之獄以萬千數以此見古之不可不用也故春秋變古則譏之天令之謂命命非聖人不行質樸之謂性性非教化不成人欲之謂情情非度制不節是故王者上謹於承天意以順命也下務明教化民以成性也正法度之宜别上下之序以防欲也脩此三者而大本舉矣人受命於天固超然異於羣生入有父子兄弟之親出有君臣上下之誼會聚相遇則有耆老長幼之施粲然有文以相接驩然有恩以相愛此人之所以貴也生五穀以食之桑麻以衣之六畜以養之服牛乘馬圈豹檻虎是其得天之靈貴於物也故孔子曰天地之性人爲貴明於天性知自貴於物知自貴於物然後知仁誼知仁誼然後重禮節重禮節然後安處善安處善然後樂循理樂循理然後謂之君子故孔子曰不知命亡以爲君子此之謂也冊曰上嘉唐虞下悼桀紂寖微寖滅寖明寖昌之道虛心以改臣聞衆少成多積小致鉅故聖人莫不以晻致明以微致顯是以堯發於諸侯舜興乎深山非一日而顯也蓋有漸以致之矣言出於己不可塞也行發於身不可掩也言行治之大者君子之所以動天地也故盡小者大慎微者著詩云惟此文王小心翼翼故堯兢兢日行其道而舜業業日致其孝善積而名顯德章而身尊此其寖明寖昌之道也積善在身猶長日加益而人不知也積惡在身猶火之銷膏而人不見也非明乎情性察乎流俗者孰能知之此唐虞之所以得令名而桀紂之可爲悼懼者也夫善惡之相從如景鄉之應形聲也故桀紂暴謾讒賊並進賢智隱伏惡日顯國日亂晏然自以如日在天終陵夷而大壞夫暴逆不仁者非一日而亡也亦以漸至故桀紂雖亡道然猶享國十餘年此其寖微寖滅之道也冊曰三王之教所祖不同而皆有失或謂久而不易者道也意豈異哉臣聞夫樂而不亂復而不厭者謂之道道者萬世亡弊弊者道之失也先王之道必有偏而不起之處故政有眊而不行舉其偏者以補其弊而已矣三王之道所祖不同非其相反將以捄溢扶衰所遭之變然也故孔子曰亡爲而治者其舜乎改正朔易服色以順天命而已其餘盡循堯道何更爲哉故王者有改制之名亡變道之實然夏上忠殷上敬周上文者所繼之捄當用此也孔子曰殷因於夏禮所損益可知也周因於殷禮所損益可知也其或繼周者雖百世可知也此言百王之用以此三者矣夏因於虞而獨不言所損益者其道如一而所上同也道之大原出於天天不變道亦不變是以禹繼舜舜繼堯三聖相授而守一道亡救弊之政也故不言其所損益也由是觀之繼治世者其道同繼亂世者其道變今漢繼大亂之後若宜少損周之文致用夏之忠者陛下有明德嘉道愍世俗之靡薄悼王道之不昭故舉賢良方正之士論誼考問將欲興仁誼之休德明帝王之法制建太平之道也臣愚不肖述所聞誦所學道師之言厪能勿失耳若乃論政事之得失察天下之息耗此大臣輔佐之職三公九卿之任非臣仲舒所能及也然而臣竊有怪者夫古之天下亦今之天下今之天下亦古之天下共是天下古亦大治上下和睦習俗美盛不令而行不禁而止吏亡姦邪民亡盜賊囹圄空虛德潤草木澤被四海鳳凰來集麒麟來游以古準今壹何不相逮之遠也安所繆盭而陵夷若是意者有所失於古之道與有所詭於天之理與試迹之於古返之於天儻可得見乎夫天亦有所分予予之齒者去其角傅其翼者兩其足是所受大者不得取小也古之所予祿者不食於力不動於末是亦受大者不得取小與天同意者也夫已受大又取小天不能足而況人乎此民之所以囂囂苦不足也身寵而載高位家溫而食厚祿因乘富貴之資力以與民爭利於下民安能如之哉是故衆其奴婢多其牛羊廣其田宅博其產業畜其積委務此而亡已以迫蹵民民日削月朘寖以大窮富者奢侈羨溢貧者窮急愁苦窮急愁苦而上不救則民不樂生民不樂生尚不避死安能避罪此刑罰之所以蕃而姦邪不可勝者也故受祿之家食祿而已不與民爭業然後利可均布而民可家足此上天之理而亦太古之道天子之所宜法以爲制大夫之所當循以爲行也故公儀子相魯之其家見織帛怒而出其妻食於舍而茹葵慍而拔其葵曰吾已食祿又奪園夫紅女利乎古之賢人君子在列位者皆如是故下高其行而從其教民化其廉而不貪鄙及至周室之衰其卿大夫緩於誼而急於利亡推讓之風而有爭田之訟故詩人疾而刺之曰節彼南山維石巖巖赫赫師尹民具爾瞻爾好誼則民鄉仁而俗善爾好利則民好邪而俗敗由此觀之天子大夫者下民之所視效遠方之所四面而內望也近者視而放之遠者望而效之豈可以居賢人之位而爲庶人行哉夫皇皇求財利常恐乏匱者庶人之意也皇皇求仁義常恐不能化民者大夫之意也易曰負且乘致寇至乘車者君子之位也負擔者小人之事也此言居君子之位而爲庶人之行者其患禍必至也若居君子之位當君子之行則舍公儀休之相魯

亡可爲者矣春秋大一統者天地之常經古今之通誼也今師異道人異論百家殊方指意不同是以上亡以持一統法制數變下不知所守臣愚以爲諸不在六藝之科孔子之術者皆絶其道勿使並進邪辟之說滅息然後統紀可一而法度可明民知所從矣對既畢天子以仲舒爲江都相事易王易王帝兄素驕好勇仲舒以禮誼匡正王敬重焉久之王問仲舒曰粵王句踐與大夫泄庸種蠡謀伐吳遂滅之孔子稱殷有三仁寡人以爲粵有三仁桓公決疑於管仲寡人決疑於君仲舒對曰臣愚不足以奉大對聞昔者魯君問柳下惠吾欲伐齊何如柳下惠曰不可歸而有憂色曰吾聞伐國不問仁人此言何爲至我哉徒見問耳且猶羞之況設詐以伐吳乎由此言之粵本無一仁夫仁人者正其誼不謀其利明其道不計其功是以仲尼之門五尺之童羞稱五伯爲其先詐力而後仁誼也苟爲詐而已故不足稱於大君子之門也五伯比於他諸侯爲賢其比三王猶碔砆之與美玉也王曰善仲舒治國以春秋災異之變推陰陽所以錯行故求雨閉諸陽縱諸陰其止雨反是行之一國未嘗不得所欲中廢爲中大夫先是遼東高廟長陵高園殿災仲舒居家推說其意草藁未上主父偃候仲舒私見嫉之竊其書而奏焉上召視諸儒仲舒弟子呂步舒不知其師書以爲大愚於是下仲舒吏當死詔赦之仲舒遂不敢復言災異仲舒爲人廉直是時方外攘四夷公孫弘治春秋不如仲舒而弘希世用事位至公卿仲舒以弘爲從諛弘嫉之膠西王亦上兄也尤縱恣數害吏二千石弘乃言於上曰獨董仲舒可使相膠西王膠西王聞仲舒大儒善待之仲舒恐久獲辠病免凡相兩國輒事驕王正身以率下數上疏諫諍敎令國中所居而治及去位歸居終不問家產業以脩學著書爲事仲舒在家朝廷如有大議使使者及廷尉張湯就其家而問之其對皆有明法自武帝初立魏其武安侯爲相而隆儒矣及仲舒對冊推明孔氏抑黜百家立學校之官州郡舉茂才孝廉皆自仲舒發之年老以壽終於家家徙茂陵子及孫皆以學至大官仲舒所著皆明經術之意及上疏條敎凡百二十三篇而說春秋事得失聞舉玉杯蕃露清明竹林之屬復數十篇十餘萬言皆傳於後世掇其切當世施朝廷者著于篇

通志卷九十八上

宋右廸功郎鄭樵漁仲撰

列傳第十一下

司馬相如字長卿蜀郡成都人也少時好讀書學擊劍其親名之曰犬子相如既學慕藺相如之爲人更名相如以貲爲郎事孝景帝爲武騎常侍非其好也會景帝不好辭賦是時梁孝王來朝從游說之士齊人鄒陽淮陰枚乘吳嚴忌夫子之徒相如見而說之因病免客游梁得與諸侯游士居數歲乃著子虛之賦會孝王薨相如歸而家貧無以自業素與臨邛令王吉相善吉曰長卿久宦游不遂而困來過我於是相如往舍都亭臨邛令繆爲恭敬日往朝相如相如初尚見之後稱病使從者謝吉吉愈益謹肅臨邛多富人而卓王孫家僮八百人程鄭亦數百人二人乃相謂曰令有貴客爲具召之并召令令既至卓氏客以百數至日中請司馬長卿長卿謝病不能臨臨邛令不敢嘗食身自往迎相如相如爲不得已而彊往一坐盡傾酒酣臨邛令前奏琴曰竊聞長卿好之願以自娛相如辭謝爲鼓一再行是時卓王孫有女文君新寡好音故相如繆與令相重而以琴心挑之相如時從車騎雍容閑雅甚都及飲卓氏弄琴文君竊從戶窺心說而好之恐不得當也既罷相如乃令侍人重賜文君侍者通殷勤文君夜亡奔相如相如與馳歸成都家徒四壁立卓王孫大怒曰女不材我不忍殺一錢不分也或謂王孫王孫終不聽文君久之不樂謂長卿曰第俱如臨邛從昆弟假貸猶足以爲生何至自苦如此相如與俱之臨邛盡賣車騎置酒舍乃令文君當鑪相如身自著犢鼻褌與庸保雜作滌器於市中卓王孫耻之爲杜門不出昆弟諸公更謂王孫曰有一男兩女所不足者非財也今文君既失身於司馬長卿長卿故倦游雖貧其人材足依也且又令客奈何相辱如此王孫不得已分與文君僮百人錢百萬及其嫁時衣被財物文君乃與相如歸成都買田宅爲富人居久之蜀人楊得意爲狗監（主天子田獵犬）侍上上讀子虛賦而善之曰朕獨不得與此人同時哉得意曰臣邑人司馬相如自言爲此賦上驚乃召問相如相如曰有是然此乃諸侯之事未足觀請爲天子游獵之賦上令尚書給筆札相如以子虛虛言也爲楚稱烏有先生者烏有此事也爲齊難亡是公者亡是人也欲明天子之義故空藉此三人爲辭以推天子諸侯之苑囿其卒章歸之於節儉因以風諫奏之天子大說其辭曰楚使子虛使於齊齊王悉發車騎與使者出田田罷子虛過姹烏有先生亡是公存焉坐定烏有先生問曰今日田樂乎子虛曰樂獲多乎曰少然則何樂對曰僕樂王之欲夸僕以車騎之眾而僕對以雲夢之事也曰可得聞乎子虛曰可王駕車千乘選徒萬騎田于海濱列卒滿澤罘罔彌山掩兎轔鹿射麋格麟鶩於鹽浦割鮮染輪射中獲多矜而自功顧謂僕曰楚亦有平原廣澤遊獵之地饒樂若此者乎楚王之獵孰與寡人僕下車對曰臣楚國之鄙人也幸得宿衛十有餘年時從出遊遊於後園覽於有無然猶未能徧睹也又烏足以言外澤乎齊王曰雖然略以子之所聞見言之僕對曰唯唯臣聞楚有七澤嘗見其一未睹其餘也臣之所見蓋特其小小者耳名曰雲夢雲夢者方九百里其中有山焉其山則盤紆岪鬱隆崇嵂崒岑崟參差日月蔽虧交錯糾紛上干青雲罷池陂陁下屬江河其土則丹青赭堊雌黃白坿錫碧金銀眾色炫燿照爛龍鱗其石則赤玉玫瑰琳瑉昆吾瑊玏元厲碝石武夫其東則有蕙圃衡蘭芷若穹窮昌蒲江離蘼蕪諸柘巴且其南則有平原廣澤登降陁靡案衍壇曼緣以大江限以巫山其高燥則生葴析苞荔薜莎青薠其埤溼則生藏莨蒹葭東蘠雕胡蓮藕觚盧奄閭軒于眾物居之不可勝圖其西則有涌泉清池激水推移外發夫容菱華內隱鉅石白沙其中則有神龜蛟鼉毒冒鼈黿其北則有陰林巨樹楩柟豫章桂椒木蘭檗離朱楊樝梨梬栗橘柚芳芬其上則有宛雛孔鸞騰遠射干其下則有白虎元豹蟃蜒貙豻於是乎乃使剸諸之倫手格此獸楚王乃駕馴駮之駟乘雕玉之輿靡魚須之橈旃曳明月之珠旗建干將之雄戟左烏號之雕弓右夏服之勁箭陽子驂乘孅阿爲御案節未舒即陵狡獸蹵蛩蛩轔距虛軼野馬轊騊駼乘遺風射游騏儵胂倩浰雷動猋至星流電擊弓不虛發中必決眦洞胷達掖絕乎心繫獲若雨獸揜草蔽地於是楚王乃弭節徘徊翱翔容與覽乎陰林觀壯士之暴怒與猛獸之恐懼徼𨘋受詘殫覩眾物之變態於是鄭女曼姬被阿錫揄紵縞雜纖羅垂霧縠襞積褰縐紆徐委曲鬱橈谿谷衯衯裶裶揚袘戌削蜚襳垂髾扶輿猗靡翕呷萃蔡下靡蘭蕙上拂羽蓋錯翡翠之葳蕤繆繞玉綏眇眇忽忽若神之髣髴於是乃羣相與獠於蕙圃媻姍勃窣上於金隄揜翡翠射鵔鸃微矰出孅繳施弋白鵠連駕鵝雙鶬下元鶴加怠而後游於清池浮文鷁揚旌栧張翠帷建羽蓋罔毒冒釣紫貝摐金鼓吹鳴籟榜人歌聲流喝水蟲駭波鴻沸涌泉起奔揚會礧石相擊琅琅礚

礚若雷霆之聲聞乎數百里外將息獠者擊靈鼓起烽燧車案行騎就隊纚乎淫淫般乎裔裔於是楚王乃登陽雲之臺泊乎無爲澹乎自持勺藥之和具而後御之不若大王終日馳騁曾不下輿脟割輪焠自以爲娛臣竊觀之齊殆不如於是王無以應僕也烏有先生曰是何言之過也足下不遠千里來況齊國王悉境內之士備車騎之衆與使者出田乃欲戮力致獲以娛左右也何名爲夸哉問楚地之有無者願聞大國之風烈先生之餘論也今足下不稱楚王之德厚而盛推雲夢以爲驕奢言淫樂而顯侈靡竊爲足下不取也必若所言固非楚國之美也有而言之是章君之惡也無而言之是害足下之信也章君惡傷私義二者無一可而先生行之必且輕於齊而累於楚矣且齊東陼鉅海南有琅邪觀乎成山射乎之罘浮勃澥游孟諸邪與肅愼爲鄰右以湯谷爲界秋田乎青邱彷徨乎海外吞若雲夢者八九其於胸中曾不蔕芥若乃俶儻瑰瑋異方殊類珍怪鳥獸萬端鱗崪充牣其中者不可勝紀禹不能名卨不能計然在諸侯之位不敢言游戲之樂苑囿之大先生又見客是以王辭不復何爲無以應哉亡是公听然而笑曰楚則失矣而齊亦未爲得也夫使諸侯納貢者非爲財帛所以述職也封疆畫界者非爲守禦所以禁淫也今齊列爲東藩而外私肅愼捐國踰限越海而田其於義固未可也且二君之論不務明君臣之義正諸侯之禮徒事爭於游戲之樂苑囿之大欲以奢侈相勝荒淫相越此不可以揚名發譽而適足以卑君自損也且夫齊楚之事又烏足道乎君未覩夫巨麗也獨不聞天子之上林乎左蒼梧右西極丹水更其南紫淵徑其北終始霸產出入涇渭酆鎬潦潏紆餘委蛇經營其內蕩蕩乎八川分流相背異態東西南北馳騖往來出乎椒邱之闕行乎州淤之浦徑乎桂林之中過乎泱莽之壄汩乎混流順阿而下赴隘陿之口觸穹石激堆埼沸乎暴怒洶涌彭湃滭弗宓汩偪側泌瀄橫流逆折轉騰潎冽滂濞沆溉穹隆雲橈宛潬膠盭踰波趨浥涖涖下瀨批巖衝擁奔揚滯沛臨坻注壑瀺灂霣隊沈沈隱隱砰磅訇礚潏潏淈淈湁潗鼎沸馳波跳沫汩急漂疾悠遠長懷寂漻無聲肆乎永歸然後灝溔潢漾安翔徐徊翯乎滈滈東注大湖衍溢陂池於是蛟龍赤螭䱭䲛漸離鰅鰫鰬魠禺禺魼鰨揵鰭掉尾振鱗奮翼潛處乎深巖魚鼈讙聲萬物衆夥明月珠子的皪江靡蜀石黃碝水玉磊砢磷磷爛爛采色澔汗叢積乎其中鴻鷫鵠鴇駕鵝屬玉交精旋目煩鶩庸渠箴疵鵁盧羣浮乎其上汎淫氾濫隨風澹淡與波搖蕩奄薄水陼唼喋菁藻咀嚼菱藕於是乎崇山矗矗巃嵸崔巍深林巨木嶄巖參差九嵕巀嶭南山峩峩巖陁甗錡摧崣崛崎振谿通谷蹇產溝瀆谽呀豁閜阜陵別隝崴磈㟪廆邱墟堀礨隱轔鬱𡾫登降施靡陂池貏豸允溶淫鬻散渙夷陸亭皋千里靡不被築揜以綠蕙被以江離糅以蘼蕪雜以留夷布結縷攢戾莎揭車衡蘭槀本射干茈薑蘘荷葴持若蓀鮮支黃礫蔣苧青薠布濩閎澤延曼太原離靡廣衍應風披靡吐芳揚烈郁郁菲菲衆香發越肸蠁布寫晻薆咇茀於是乎周覽氾觀縝紛軋芴芒芒怳忽視之無端察之無涯日出東沼入虖西陂其南則隆冬生長涌水躍波其獸則㺎旄貘犛沈牛麈麋赤首圜題窮奇象犀其北則盛夏含凍裂地涉冰揭河其獸則麒麟角端騊駼橐駝蛩蛩驒騱駃騠驢騾於是乎離宮別館彌山跨谷高廊四注重坐曲閣華榱璧璫輦道纚屬步櫩周流長途中宿夷嵕築堂纍臺增成巖突洞房頫杳眇而無見仰攀橑而捫天奔星更於閨闥宛虹拖於楯軒青龍蚴蟉於東箱象輿婉僤於西清靈圉燕於閒館偓佺之倫暴於南榮醴泉涌於清室通川過於中庭磐石裖崖嶔巖倚傾嵯峨嶕嶢刻削崢嶸玫瑰碧琳珊瑚叢生瑉玉旁唐玢豳文鱗赤瑕駁犖雜臿其間鼂采琬琰和氏出焉於是乎盧橘夏熟黃甘橙楱枇杷橪柿亭柰厚朴梬棗楊梅櫻桃蒲陶隱夫薁棣荅遝離支羅乎後宮列乎北園貤邱陵下平原揚翠葉扤紫莖發紅華垂朱榮煌煌扈扈照耀鉅野沙棠櫟櫧華楓枰櫨留落胥邪仁頻并閭欃檀木蘭豫章女貞長千仞大連抱夸條直暢實葉葰楙攢立叢倚連卷欐佹崔錯發骫坑衡閜砢垂條扶疏落英幡纚紛溶萷蔘猗柅從風藰莅卉歙蓋象金石之聲管籥之音柴池茈虒旋還乎後宮雜襲累輯被山緣谷循阪下隰視之無端究之亡窮於是乎元猨素雌蜼玃飛蠝蛭蜩蠼蝚螹胡豰蛫棲息乎其間長嘯哀鳴翩幡互經夭蟜枝格偃蹇杪顚隃絕梁騰殊榛捷垂條掉希閒牢落陸離爛漫遠遷若此者數百千處娛游往來宮宿館舍庖廚不徙後宮不移百官備具於是乎背秋涉冬天子校獵乘鏤象六玉虯拖蜺旌靡雲旗前皮軒後道游孫叔奉轡衛公參乘扈從橫行出乎四校之中鼓嚴簿縱獵者江河爲阹泰山爲櫓車騎靁起殷天動地先後陸離離散別追淫淫裔裔緣陵流澤雲布雨施生貔豹搏豺狼手熊羆足壄羊蒙鶡蘇絝白虎被斑文跨壄馬陵三嵕之危下磧歷之坻徑峻赴險

越壑厲水推蜚廉弄解廌格蝦蛤鋋猛氏羂騕褭射封豕箭不苟害解脰陷腦弓不虛發應聲而倒於是乘輿弭節徘徊翱翔往來睨部曲之進退覽將帥之變態然後侵淫促節儵夐遠去流離輕禽蹵履狡獸轊白鹿捷狡兔軼赤電遺光耀追怪物出宇宙彎蕃弱滿白羽射游梟櫟蜚遽擇肉而後發先中而命處弦矢分藝殪仆然後揚節而上浮陵驚風歷駭猋乘虛亡與神俱藺元鶴亂昆雞遒孔鸞促鵕鸃拂翳鳥捎鳳凰捷鵷鶵揜焦明道盡塗殫迴車而還消搖乎襄羊降集乎北紘率乎直指揜乎反鄉蹷石闕歷封巒過鳷鵲望露寒下棠梨息宜春西馳宣曲濯鷁牛首登龍臺掩細柳觀士大夫之勤略鈞獵者之所獲徒車之所閵轢騎之所蹂若人之所蹈藉與其窮極倦𨘋驚憚讋伏不被創刃而死者宅宅藉藉塡阬滿谷掩平彌澤於是乎遊戲懈怠置酒乎顥天之臺張樂乎膠葛之寓撞千石之鐘立萬石之虡建翠華之旗樹靈鼉之鼓奏陶唐氏之舞聽葛天氏之歌千人唱萬人和山陵爲之震動川谷爲之蕩波巴俞宋蔡淮南干遮文成顚歌族居遞奏金鼓迭起鏗鎗闛鞈洞心駭耳荊吳鄭衞之聲韶濩武象之樂陰淫案衍之音鄢郢繽紛激楚結風俳優侏儒狄鞮之倡所以娛耳目而樂心意者麗靡爛漫於前靡曼美色於後若夫靑琴虙妃之徒絕殊離俗妖冶閑都靚莊刻飾便嬛綽約柔橈嫚嫚嫵媚孅弱曳獨繭之褕袘眇閻易以恤削便姍嫳屑與世殊服芬芳漚鬱酷烈淑郁皓齒粲爛宜笑的皪長眉連娟微睇緜藐色授魂與心愉於側於是酒中樂酣天子芒然而思似若有亡曰嗟乎此泰奢侈朕以覽聽餘閒無事棄日順天道以殺伐時休息於此恐後世靡麗遂往而不返非所以爲繼嗣創業垂統也於是乎乃解酒罷獵而命有司曰地可以墾辟悉爲農郊以贍氓隸隤牆塡塹使山澤之民得至焉實陂池而勿禁虛宮館而勿仞發倉廩以救貧窮補不足恤鰥寡存孤獨出德號省刑罰改制度易服色革正朔與天下爲始於是歷吉日以齊戒襲朝服乘法駕建華旗鳴玉鸞遊乎六藝之囿騖乎仁義之塗覽觀春秋之林射貍首兼騶虞弋元鶴舞干戚載雲䍐揜羣雅悲伐檀樂樂胥修容乎禮園翱翔乎書圃述易道放怪獸登明堂坐淸廟恣羣臣奏得失四海之內靡不受獲於斯之時天下大說鄉風而聽隨流而化芔然興道而遷義刑錯而不用德隆於三皇功羨於五帝若此故獵乃可喜也若夫終日馳騁勞神苦形罷車馬之用抏士卒之精費府庫之財而無德厚之恩務在獨樂不顧眾庶忘國家之政貪雉兔之獲則仁者不繇也從此觀之齊楚之事豈不哀哉地方不過千里而囿居九百是草木不得墾辟而民無所食也夫以諸侯之細而樂萬乘之所侈僕恐百姓被其尤也於是二子愀然改容超若自失逡巡避席曰鄙人固陋不知忌諱乃今日見教謹受命矣賦奏天子以爲郎亡是公言上林廣大山谷水泉萬物及子虛言雲夢所有甚眾侈靡多過其實且非義理所尚故刪取其要歸正道而論之相如爲郎數歲會唐蒙使略通夜郎僰中發巴蜀卒吏千人郡又多爲發轉漕萬餘人用軍興法誅其渠率巴蜀民大驚恐上聞之乃遣相如責唐蒙等因諭告巴蜀民以非上意檄曰告巴蜀太守蠻夷自擅不討之日久矣時侵犯邊境勞士大夫陛下即位存撫天下集安中國然後興師出兵北征匈奴單于怖駭交臂受事屈膝請和康居西域重譯納貢稽首來享移師東指閩越相誅右弔番禺太子入朝南夷之君西僰之長常效貢職不敢惰怠延頸舉踵喁喁然皆鄉風慕義欲爲臣妾道里遼遠山川阻深不能自致夫不順者已誅而爲善未賞故遣中郎將往賓之發巴蜀之士各五百人以奉幣衞使者不然靡有兵革之事戰鬬之患今聞其乃發軍興制驚懼子弟憂患長老郡又擅爲轉粟運輸皆非陛下之意也當行者或亡逃自賊殺亦非人臣之節也夫邊郡之士聞烽舉燧燔皆攝弓而馳荷兵而走流汗相屬惟恐居後觸白刃冒流矢議不反顧計不旋踵人懷怒心如報私讎彼豈樂死惡生非編列之民而與巴蜀異主哉計深慮遠急國家之難而樂盡人臣之道也故有剖符之封析圭而爵位爲通侯居列東第終則遺顯號於世傳土地於子孫事行甚忠敬居位甚安佚名聲施於無窮功烈著而不滅是以賢人君子肝腦塗中原膏液潤埜少而不辭也今奉幣使至南夷即自賊殺或亡逃抵誅身死無名謚爲至愚恥及父母爲天下笑人之度量相越豈不遠哉然此非獨行者之罪也父兄之敎不先子弟之率不謹寡廉鮮恥而俗不長厚也其被刑戮不亦宜乎陛下患使者有司之若彼悼不肖愚民之如此故遣信使曉諭百姓以發卒之事因數之以不忠死亡之罪讓三老孝弟以不敎誨之過方今田時重煩百姓已親見近縣恐遠所谿谷山澤之民不徧聞檄到亟下縣道咸諭陛下意毋忽相如還報唐蒙已略通夜郎因通西南夷道發巴蜀廣漢卒作者數萬人治道二歲道不成士卒多物故費以億萬計蜀民及漢用事者多言其不便是時邛莋

之君長聞南夷與漢通得賞賜多多欲願爲內臣妾請吏比南夷上問相如相如曰邛莋冉駹者近蜀道易通異時嘗通爲郡縣矣至漢興而罷今誠復通爲置縣愈於南夷上以爲然乃拜相如爲中郎將建節往使副使者王然于壺充國呂越人馳四乘之傳因巴蜀吏幣物以賂西南夷至蜀太守以下郊迎縣令負弩矢先驅蜀人以爲寵於是卓王孫臨邛諸公皆因門下獻牛酒以交驩卓王孫喟然而歎自以得使女尙司馬長卿晚而厚分與其女財與男等相如使略定西南夷邛莋冉駹斯榆之君皆請爲臣妾除邊關邊關益斥西至沫若水南至牂柯爲徼通靈山道橋孫水以通邛莋還報天子大說相如使時蜀長老多言通西南夷之不爲用大臣亦以爲然相如欲諫業已建之不敢乃著書藉蜀父老爲辭而已詰難之以風天子且因宣其使指令百姓皆知天子意其辭曰漢興七十有八載德茂存乎六世威武紛云湛恩汪濊羣生霑濡洋溢乎方外於是乃命使西征隨流而攘風之所被罔不披靡因朝冉從駹定莋存邛略斯榆舉苞蒲結軌還轅東鄉將報至于蜀都耆老大夫搢紳先生之徒二十有七人儼然造焉辭畢進曰蓋聞天子之於夷狄也其義羈縻勿絕而已今罷二郡之士通夜郎之塗三年於茲而功不竟士卒勞倦萬民不贍今又接之以西夷百姓力屈恐不能卒業此亦使者之累也竊爲左右患之且夫邛莋西僰之與中國並也歷年茲多不可記已仁者不以德來彊者不以力并意者殆不可乎今割齊民以附夷狄弊所恃以事無用鄙人固陋不識所謂使者曰烏謂此乎必若所云則是蜀不變服而巴不化俗也僕尙惡聞若說然斯事體大固非觀者之所覯也余之行急其詳不可得聞已請爲大夫粗陳其略蓋世必有非常之人然後有非常之事有非常之事然後有非常之功非常者固常人之所異也故曰非常之元黎民懼焉及臻厥成天下晏如也昔者洪水沸出氾濫衍溢民人升降移徙崎嶇而不安夏后氏戚之乃堙洪源決江疏河灑沈澹災東歸之於海而天下永寧當斯之勤豈惟民哉心煩於慮而身親其勞躬傶骿胝無胈膚不生毛故休烈顯乎無窮聲稱浹乎來茲且夫賢君之踐位也豈特委瑣握齪拘文牽俗循誦習傳當世取說云爾哉必將崇論谹議創業垂統爲萬世規故馳騖乎兼容并包而勤思乎參天貳地且詩不云乎普天之下莫非王土率土之濱莫非王臣是以六合之內八方之外浸淫衍溢懷生之物有不浸潤於澤者賢君恥之今封疆之內冠帶之倫咸獲嘉祉靡有闕遺矣而夷狄殊俗之國遼絕異黨之域舟車不通人迹罕至政教未加流風猶微內之則犯義侵禮於邊境外之則邪行橫作放殺其上君臣易位尊卑失序父兄不辜幼孤爲奴虜係纍號泣內鄉而怨曰蓋聞中國有至仁焉德洋恩普物靡不得其所今獨曷爲遺已舉踵思慕若枯旱之望雨盭夫爲之垂涕況乎上聖又烏能已故北出師以討彊胡南馳使以誚勁越四面風德二方之君鱗集仰流願得受號者以億計故乃關沫若徼牂柯鏤靈山梁孫原創道德之塗垂仁義之統將博恩廣施遠撫長駕使疏逖不閉曶爽暗昧得燿乎光明以偃甲兵於此而息討伐於彼遐邇一體中外禔福不亦康乎夫拯民於沈溺奉至尊之休德反衰世之陵夷繼周氏之絕業乃天子之急務也百姓雖勞又惡可以已哉且夫王者固未有不始於憂勤而終於逸樂者也然則受命之符合在於此方將增泰山之封加梁父之事鳴和鸞揚樂頌上咸五下登三觀者未覩指聽者未聞音猶焦朋已翔乎寥廓而羅者猶視乎藪澤悲夫於是諸大夫茫然喪其所懷來失厥所以進喟然並稱曰允哉漢德此鄙人之所願聞也百姓雖勞請以身先之敞罔靡徙遷延而辭避其後人有上書言相如使時受金失官居歲餘復召爲郎相如口吃而善著書常有消渴疾與卓氏婚饒於財故其仕宦未嘗肯與公卿國家之事常稱疾閒居不慕官爵嘗從上至長楊獵時天子方好自擊熊豕馳逐壄獸相如因上疏諫其辭曰臣聞物有同類而殊能者故力稱烏獲捷言慶忌勇期賁育臣之愚竊以爲人誠有之獸亦宜然今陛下好陵阻險射猛獸卒然遇逸材之獸駭不存之地犯屬車之清塵輿不及還轅人不暇施巧雖有烏獲逢蒙之技不得用枯木朽株盡爲難矣是胡越起於轂下而羌夷接軫也豈不殆哉雖萬全而無患然本非天子之所宜近也且夫清道而後行中路而馳猶時有銜橜之變況乎涉豐草騁邱虛前則有利獸之樂而內無存變之憂其爲害也不亦難矣夫輕萬乘之重不以爲安樂出萬有一危之塗以爲娛臣竊爲陛下不取蓋明者遠見於未萌而智者避危於無形禍固多藏於隱微而發於人之所忽者也故鄙諺曰家累千金坐不垂堂此言雖小可以諭大臣願陛下留意幸察上善之還過宜春宮相如奏賦以哀二世行失其辭曰登陂陁之長阪兮坌入曾宮之嵯峨臨曲江之隑州兮望南山之參差巖巖深山之谾谾兮通谷豁乎谺谺汩淢靸以永逝兮注平皋之廣

衍觀眾樹之蓊薆兮覽竹林之榛榛東馳土山兮北揭石瀨弭節容與兮歷弔二世持身不謹兮亡國失勢信讒不寤兮宗廟滅絕烏乎操行之不得墓蕪穢而不修兮魂無歸而不食相如拜爲孝文園令上旣美子虛之事相如見上好神僊因曰上林之事未足美也尙有靡者臣嘗爲大人賦未就請具而奏之相如以爲列僊之儒居山澤閒形容甚臞此非帝王之僊意也乃遂奏大人賦其辭曰世有大人兮在乎中州宅彌萬里兮曾不足以少留悲世俗之迫隘兮朅輕舉而遠遊乘絳幡之素蜺兮載雲氣而上浮建格澤之修竿兮總光燿之采旄垂旬始以爲幓兮曳彗星而爲髾掉指橋以偃蹇兮又猗抳以招搖攬攙槍以爲旌兮靡屈虹而爲綢紅杳眇以元滑兮猋風涌而雲浮駕應龍象輿之蠖略委麗兮驂赤螭青虬之蚴蟉宛蟺低卬夭蹻裾以驕驁兮詘折隆窮蠼以連卷沛艾赳螑仡以佁儗兮放散畔岸驤以孱顏跮踱輵螛以骯麗兮蜩蟉偃寋怵臭以梁倚糾蓼叫奡踏以艐路兮蔑蒙踊躍騰而狂趡莅颯芔歘猋至電過兮煥然霧除霍然雲消邪絕少陽而登太陰兮與眞人乎相求互折窈窕以右轉兮橫厲飛泉以正東悉徵靈圉而選之兮部署眾神於搖光使五帝先導兮反大壹而從陵陽左元冥而右黔雷兮前長離而後矞皇廝征伯僑而役羨門兮詔岐伯使尙方祝融警而蹕御兮清氣氛而後行屯余車而萬乘兮綷雲蓋而樹華旗使句芒其將行兮吾欲往乎南娭歷唐堯於崇山兮過虞舜於九疑紛湛湛其差錯兮雜遝膠輵以方馳騷擾衝蓯其紛挐兮滂濞泱軋麗以林離攢羅列聚叢以蘢茸兮衍曼流爛痑以陸離徑入雷室之砰磷鬱律兮洞出鬼谷之崛礨崴魁徧覽八紘而觀四海兮朅度九江越五河經營炎火而浮弱水兮杭絕浮渚涉流沙奄息葱極氾濫水嬉兮使靈媧鼓琴而舞馮夷時若曖曖將混濁兮召屏翳誅風伯刑雨師西望崑崙之軋沕荒忽兮直徑馳乎三危排閶闔而入帝宮兮載玉女而與之歸登閬風而遙集兮亢烏騰而壹止低徊陰山翔以紆曲兮吾乃今日覩西王母暠然白首戴勝而穴處兮亦幸有三足烏爲之使必長生若此而不死兮雖濟萬世不足以喜回車朅來兮絕道不周會食幽都呼吸沆瀣兮餐朝霞咀噍芝英兮嘰瓊華僸祲尋而高縱兮紛鴻溶而上厲貫列缺之倒景兮涉豐隆之滂濞騁游道而修降兮騖遺霧而遠逝迫區中之隘陝兮舒節出乎北垠遺屯騎於元闕兮軼先驅於寒門下崢嶸而無地兮上嵺廓而無天視眩泯而亡見兮聽敞怳而亡聞乘虛亡而上遐兮超無友而獨存相如旣奏大人賦天子大說飄飄有陵雲氣游天地之閒意相如旣病免家居茂陵天子曰司馬相如病甚可往從悉取其書若後之矣使所忠往而相如已死家無遺書問其妻對曰長卿未嘗有書也時時著書人又取去長卿未死時爲一卷書曰有使來求書奏之其遺札書言封禪事所忠奏焉天子異之其辭曰伊上古之初肇自顥穹生民歷選列辟以迄于秦率邇者踵武聽逖者風聲紛輪威蕤堙滅而不稱者不可勝數也繼昭夏崇號謚略可道者七十有二君罔若淑而不昌疇逆失而能存軒轅之前遐哉邈乎其詳不可得聞已五三六經載籍之傳維見可觀也書曰元首明哉股肱良哉因斯以談君莫盛於堯臣莫賢於后稷后稷創業於唐公劉發迹於西戎文王改制爰周郅隆大行越成而后陵遲衰微千載亡聲豈不善始善終哉然無異端愼所由於前謹遺教於後耳故軌迹夷易易遵也湛恩厖洪易豐也憲度著明易則也垂統順理易繼也是以業隆於繈緥而崇冠乎二后揆厥所元終都攸卒未有殊尤絕迹可考於今者也然猶躡梁甫登太山建顯號施尊名大漢之德逢涌原泉沕潏曼羨旁魄四塞雲布霧散上暢九垓下泝八埏懷生之類沾濡浸潤協氣橫流武節猋逝邇陿游原迥闊泳末首惡鬱沒闇昧昭晰昆蟲闓懌回首面內然後囿騶虞之珍羣徼麋鹿之怪獸導一莖六穗於庖犧雙觡共抵之獸獲周餘放龜于岐招翠黃乘龍於沼鬼神接靈圉賓於閒館奇物譎詭俶儻窮變欽哉符瑞臻茲猶以爲薄不敢道封禪蓋周躍魚隕杭休之以燎微夫斯之爲符也以登介邱不亦恧乎進攘之道何其爽與於是大司馬進曰陛下仁育羣生義征不譓諸夏樂貢百蠻執贄德侔往初功無與二休烈液洽符瑞眾變期應紹至不特創見意者泰山梁父設壇場望幸蓋號以況榮上帝垂恩儲祉將以慶成陛下嗛讓而弗發也挈三神之歡缺王道之儀羣臣恧焉或謂且天爲質闇示珍符固不可辭若然辭之是泰山靡記而梁甫罔幾也亦各並時而榮咸濟厥世而屈說者尙何稱於後而云七十二君哉夫修德以錫符奉符以行事不爲進越也故聖王弗替而修禮以祗謁款天神勒功中嶽以章至尊舒盛德發號榮受厚福以浸黎民皇皇哉斯事天下之壯觀王者之卒業不可貶也願陛下全之而后因雜縉紳先生之略術使獲曜日月之末光絕炎以展采錯事猶兼正列其義祓飾厥文作春秋一蓺將襲舊六爲七攄

之無窮俾萬世得激清流揚微波蜚英聲騰茂實前聖之所以永保鴻名而常爲稱首者用此宜命掌故悉奏其儀而覽焉於是天子沛然改容曰俞乎朕其試哉乃遷思回慮總公卿之議詢封禪之事乘大澤之博廣符瑞之富遂作頌曰自我天覆雲之油油甘露時雨厥壤可游滋液滲漉何生不育嘉穀六穗我穡曷蓄匪唯雨之又潤澤之匪唯偏我氾布護之萬物熙熙懷而慕之名山顯位望君之來君兮君兮侯不邁哉般般之獸樂我君圃白質黑章其儀可喜旼旼穆穆君子之態蓋聞其聲今視其來厥塗靡從天瑞之徵茲爾於舜虞氏以興濯濯之麟游彼靈畤孟冬十月君徂郊祀馳我君輿帝用享祉三代之前蓋未嘗有宛宛黃龍興德而升采色元耀煥炳煇煌正陽顯見覺寤黎烝於傳載之云受命所乘厥之有章不必諄諄依類託寓諭以封巒披藝觀之天人之際已交上下相發允答聖王之事兢兢翼翼故曰於興必慮衰安必思危是以湯武至尊嚴不失肅祗舜在假典顧省厥遺此之謂也相如既卒五歲上始祭后土八年而遂禮中岳封于太山至梁甫禪肅然相如他所著若遺平陵侯書與五公子相難艸木書篇不采采其尤著公卿者云

公孫弘字季齊菑川薛人也少時爲薛獄吏有辠免家貧牧豕海上年四十餘乃學春秋雜說武帝初即位招賢良文學之士是時弘年六十以賢良徵爲博士使匈奴還報不合意上怒以爲不能弘乃移病免歸元光五年復徵賢良文學菑川國復推上弘弘謝曰前已嘗西應命以不能罷歸願更推選國人固推弘弘至太常上策詔諸儒制曰蓋聞上古至治畫衣冠異章服而民不犯陰陽和五穀登六畜蕃甘露降風雨時嘉禾興朱草生山不童澤不涸麟鳳在郊藪龜龍游於沼河洛出圖書父不喪子兄不哭弟北發渠搜南撫交阯舟車所至人迹所及跂行喙息咸得其宜朕甚嘉之今何道而臻乎此子大夫修先聖之術明君臣之義講論洽聞有聲乎當世敢問子大夫天人之道何所本始吉凶之效安所期焉禹湯水旱厥咎何由仁義禮智四者之宜當安設施屬統垂業物鬼變化天命之符廢興何如天文地理人事之紀子大夫習焉其悉意正議詳具其對著之于篇朕將親覽焉靡有所隱弘對曰臣聞上古堯舜之時不貴爵賞而民勸善不重刑罰而民不犯躬率以正而遇民信也末世貴爵厚賞而民不勸深刑重罰而姦不止其上不正遇民不信也夫厚賞重刑未足以勸善而禁非必信而已矣是故因能任官則分職治去無用之言則事情得不作無用之器則賦斂省不奪民時不妨民力則百姓富有德者進無德者退則朝廷尊有功者上無功者下則羣臣逡罰當罪則姦邪止賞當賢則臣下勸凡此八者治民之本也故民者業之即不爭理得則不怨有禮則不暴愛之則親上此有天下之急者也故法不遠義則民服而不離和不遠禮則民親而不暴故法之所罰義之所去也和之所賞禮之所取也禮義者民之所服也而賞罰順之則民不犯禁矣故畫衣冠異章服而民不犯者此道素行也臣聞之氣同則從聲比則應今人主和德於上百姓和合於下故心和則氣和氣和則形和形和則聲和聲和則天地之和應矣故陰陽和風雨時甘露降五穀登六畜蕃嘉禾興朱草生山不童澤不涸此和之至也故形和則無疾無疾則不夭故父不喪子兄不哭弟德配天地明並日月則麟鳳至龜龍在郊河出圖洛出書遠方之君莫不說義奉幣而來朝此和之極也臣聞之仁者愛也義者宜也禮者所履也智者術之原也致利除害兼愛無私謂之仁明是非立可否謂之義進退有度尊卑有分謂之禮擅殺生之柄通壅塞之塗權輕重之數論得失之道使遠近情僞必見於上謂之術凡此四者治之本道之用也皆當設施不可廢也得其要則天下安樂法設而不用不得其術則主蔽於上官亂於下此事之情屬統垂業之本也臣聞堯遭鴻水使禹治之未聞禹之有水也若湯之旱則桀之餘烈也桀紂行惡受天之罰禹湯積德以王天下因此觀之天德無私親順之和起逆之害生此天文地理人事之紀臣弘愚戇不足以奉大對時對者百餘人太常奏弘第居下策奏天子擢弘對爲第一召見容貌甚麗拜爲博士待詔金馬門弘復上疏曰陛下有先聖之位而無先聖之名有先聖之民而無先聖之吏是以勢同而治異先世之吏正故其民篤今世之吏邪故其民薄政弊而不行令倦而不聽夫使邪吏行弊政用倦令治薄民民不可得而化此治之所以異也臣聞周公旦治天下朞年而變三年而化五年而定唯陛下之所志書奏天子以冊書答曰問弘稱周公之治弘之材能自視孰與周公賢弘對曰愚臣淺薄安敢比材於周公雖然愚心曉然見治道之可以然也夫虎豹馬牛禽獸之不可制者也及其教馴服習之至可牽持駕服唯人之從臣聞揉曲木者不累日銷金石者不累月夫人之於利害好惡豈比禽獸木石之類哉朞年而變臣弘尙竊遲之上異其言時方通西南夷巴蜀苦之

詔使弘視焉還奏事盛毀西南夷無所用上不聽每朝會議開陳其端使人主自擇不肯面折廷爭於是上察其行慎厚辯論有餘習文法吏事緣飾以儒術上說之一歲中至左內史弘奏事有不可者不肯庭辯嘗與主爵都尉汲黯請間汲黯先發之弘推其後天子常說所言皆聽以此日益親貴嘗與公卿約議至上前皆背其約以順上旨汲黯庭詰弘曰齊人多詐而無情實始爲與臣等建此議今皆背之不忠上問弘弘謝曰夫知臣者以臣爲忠不知臣者以臣爲不忠上然弘言左右幸臣每毀弘上益厚遇之弘爲人談笑多聞常稱以爲人主病不廣大人臣病不節儉養後母孝謹後母卒服喪三年爲內史數年遷御史大夫時又東置蒼海北築朔方之郡弘數諫以爲罷獘中國以奉無用之地願罷之於是天子乃使朱買臣等難弘置朔方之便發十策弘不得一乃謝曰山東鄙人不知其便若是願罷西南夷蒼海而專奉朔方上乃許之汲黯曰弘位在三公奉祿甚多然爲布被此詐也上問弘弘謝曰有之夫九卿與臣善者無過黯然今日庭詰弘誠中弘之病夫以三公爲布被誠飾詐欲以釣名且臣聞管仲相齊有三歸侈擬於君桓公以霸亦上僭於君晏嬰相景公食不重肉妾不衣絲齊國亦治亦下比於民今臣弘位爲御史大夫而爲布被自九卿已下至於小吏無差誠如黯言且無黯陛下安聞此言天子以爲有讓愈益賢之元朔五年代薛澤爲丞相先是漢常以列侯爲丞相唯弘無爵上於是下詔以高成之平津鄉六百五十戶封弘爲平津侯其後以爲故事至丞相封侯自弘始也時上方興功業屢舉賢良弘自見爲舉首起徒步數年至宰相封侯於是起客館開東閣以延賢人與參謀議弘身食一肉脫粟飯故人賓客仰衣食奉祿皆以給之家無所餘然其性意忌外寬內深諸嘗與弘有隙無遠近雖陽與善後竟報其過殺主父偃徙董仲舒膠西皆弘之力也後淮南衡山謀反治黨與方急弘病甚自以爲無功而封侯居宰相位宜佐明主填撫國家使人由臣子之道今諸侯有畔逆之計此皆大臣奉職不稱也恐病死無以塞責乃上書曰臣聞天下通道五所以行之三君臣父子夫婦長幼朋友之交五者天下之通道也仁知勇三者所以行之故曰好問近乎知力行近乎仁知恥近乎勇知此三者知所以自治知所以自治然後知所以治人未有不能自治而能治人者也陛下躬孝弟監三王建周道兼文武招徠四方之士任賢序位量能授官將以厲百姓勸賢材也今臣愚駑無汗馬之勞陛下過意擢臣弘卒伍之中封爲列侯致位三公臣弘行能不足以稱加有負薪之疾恐先狗馬填溝壑終無以報德塞責願歸侯印乞骸骨避賢者路上報不許因賜告牛酒雜帛居數月有瘳視事凡爲丞相御史六歲年八十終丞相位其後李蔡嚴青翟趙周石慶公孫賀劉屈氂繼踵爲丞相自蔡至慶丞相府客館邱虛而已至賀屈氂時壞以爲馬廄車庫奴婢室矣惟慶以惇謹復終相位其餘盡伏誅云弘子度嗣侯爲山陽太守十餘歲坐法失侯元始中修功臣後賜弘後子孫之次見爲適者爵關內侯食邑三百戶

卜式河南人也以田畜爲事有少弟弟壯式脫身出獨取畜羊百餘田宅財物盡與弟式入山牧十餘年羊致千餘頭買田宅而弟盡破其產式輒復分與弟者數矣時漢方用事匈奴式上書願輸家財半助邊上使使問式欲爲官乎式曰自小牧羊不習仕宦不願也使者曰家豈有冤欲言事乎式曰邑人貧者貸之不善者教之所居人皆從式式何故見冤使者曰苟子何欲式曰天子誅匈奴愚以爲賢者宜死節有財者宜輸之如此而匈奴可滅也使者以聞上以語丞相弘弘曰此非人情不軌之臣不可以爲化而亂法願陛下勿許上不報數歲乃罷式式歸復田牧歲餘會渾邪等降縣官費衆倉府空貧民大徙皆仰給縣官無以盡贍式復持錢二十萬與河南太守以給徙民河南上富人助貧民者上識式姓名曰是固前欲輸其家財半助邊乃賜式繇四百人式又盡復與官是時富豪皆爭匿財唯式尤欲助費上於是以式終長者乃召拜式爲中郎賜爵左庶長田十頃布告天下尊顯以風百姓初式不願爲郎上曰吾有羊在上林中欲令子牧之式既爲郎布衣草蹻而牧羊歲餘羊肥息上過其羊所善之式曰非獨牧羊也治民亦猶是矣以時起居惡者輒去無令敗羣上奇其言欲試使治民拜緱氏令緱氏便之遷成皋令將漕最上以式朴忠拜爲齊王太傅轉爲相會呂嘉反式上書曰臣聞主愧臣死羣臣宜盡死節其駑下者宜出財以佐軍如是則彊國不犯之道也臣願與子男及臨菑習弩博昌習船者請行死之以盡臣節上賢之下詔褒獎式賜爵關內侯黃金四百斤田一十頃布告天下使明知之元鼎中徵式代石慶爲御史大夫式既在位言郡國不便鹽鐵而船有算可罷上由是不說式明年當封禪式又不習文章貶秩爲太子太傅以兒寬代之式以壽終

兒寬千乘人也治尙書事歐陽生以郡國選詣博士受業孔安國貧無資用常爲弟子都養時行賃作帶經而鉏休息輒讀誦其精如此以射策爲掌故功次補廷尉文學卒史寬爲人溫良有廉知自將善屬文然懦於武口弗能發明也時張湯爲廷尉廷尉府盡用文史法律之吏而寬以儒生在其間見謂不習事不署曹除爲從史（從史者但只隨官僚不主文書）之北地視畜數年（畜謂廷尉之畜在北地者若今諸司公廨牛羊）還至府上畜簿會廷尉時有疑奏已再見卻矣掾史莫知所爲寬爲言其意掾史因使寬爲奏奏成讀之皆服以白廷尉湯湯大驚召寬與語乃奇其材以爲掾上寬所作奏卽時得可異日湯見上問曰前奏非俗吏所及誰爲之者湯言兒寬上曰吾故聞之久矣湯由是鄉學以寬爲奏讞掾以古法義決疑獄甚重之及湯爲御史大夫以寬爲掾舉侍御史見上語經學上曰吾始以尙書爲樸學弗好及聞寬說可觀乃從寬問尙書一篇上說之擢爲中大夫遷左內史寬旣治民勸農桑緩刑罰理獄訟卑體下士務在於得人心擇用仁厚士推情與下不求名聲吏民大信愛之寬表奏開六輔渠定水令以廣溉田收租稅時裁闊狹與民相假貸以故租多不入後有軍發左內史以負租課殿當免民聞當免皆恐失之大家牛車小家擔負輸租繈屬不絕課更以最上由此愈奇寬及議欲放古巡狩封禪之事諸儒對者五十餘人未能有所定先是司馬相如病死有遺書頌功德言符瑞足以封泰山上奇其書以問寬寬對曰陛下躬發聖德統輯羣元宗祀天地薦禮百神精神所鄉徵兆必報天地並應符瑞昭明其封泰山禪梁父帝王之盛節也然享薦之儀不著于經以爲封禪告成合祛於天地神祇祇戒精專以接神明總百官之職各稱事宜而爲之節文唯聖王所由制定其當非羣臣之所能列今將舉大事優游數年使羣臣得人自盡終莫能成唯天子建中和之極兼總條貫金聲而玉振之以順成天慶垂萬世之基上然之乃自制儀采儒術以文焉旣成將用事拜寬爲御史大夫從東封泰山還登明堂寬上壽曰臣聞三代改制屬象相因間者聖統廢絕陛下發憤合指天地祖立明堂辟雍宗祀泰一六律五聲幽贊聖意神樂四合各有方象以承嘉祀爲萬世則天下幸甚將建太元本瑞登告岱宗發祉闓門以候景至癸亥宗祀日宣重光上元甲子肅邕永亨光輝充塞天文粲然見象日昭報降符應臣寬奉觴再拜上千萬歲壽制曰敬舉君之觴後太史令司馬遷等言歷紀壞廢漢興未改正朔宜可正上乃詔寬與遷等共定漢太初歷初梁相褚大通五經爲博士時寬爲弟子及御史大夫缺徵褚大大自以爲得御史大夫至洛陽聞兒寬爲之乃大笑及至與寬議封禪於上前大不能及退而服曰上誠知人寬爲御史大夫以稱意任職故久無有所匡諫於上官屬易之居位九年以官卒

張湯杜陵人也其父爲長安丞出湯爲兒守舍還鼠盜肉父怒笞湯湯掘熏得鼠及餘肉劾鼠掠治傳爰書訊鞫論報并取鼠與肉具獄磔堂下父見之視其文辭如老獄吏大驚遂使書獄父死後湯爲長安吏周陽侯爲諸卿時嘗繫長安湯傾身事之及出爲侯大與湯交徧見貴人湯給事內史爲甯成掾以湯爲無害言大府調茂陵尉治方中武安侯爲丞相徵湯爲史薦補侍御史治陳皇后巫蠱獄深竟黨與上以爲能遷太中大夫與趙禹共定諸律令務在深文拘守職之吏已而禹至少府湯爲廷尉兩人交驩兄事禹禹志在奉公孤立湯爲人多詐舞智以御人始爲小吏乾沒（乾音干乾沒者豫居物以待之得利爲乾失利爲沒）與長安富賈田甲魚翁叔之屬交私及列九卿收接天下名士大夫已心內雖不合然陽浮道與之是時上方鄉文學湯決大獄欲傅古義乃請博士弟子治尙書春秋補廷尉史平亭疑法奏讞疑事必奏先爲上分別其原上所是受而著讞法廷尉挈令揚主之明奏事卽譴湯摧謝鄉上意所便必引監掾史賢者曰固爲臣議如此上責臣臣弗用愚抵此罪常釋聞卽奏事上善之曰臣非知爲此奏乃監掾史某所爲其欲薦吏揚人之善解人之過如此所治卽上意所欲罪予監史深刻者卽上意所欲釋予監史輕平者所治卽豪必舞文巧詆卽下戶羸弱時口言雖文致法上裁察於是往往釋湯所言湯至於大吏內行修交通賓客飲食於故人子弟爲吏及貧昆弟調護之尤厚其造請諸公不避寒暑是以湯雖文深意忌不專平然得此聲譽而深刻吏多爲爪牙用者依於文學之士丞相弘數稱其美譽及治淮南衡山江都反獄皆窮根本嚴助伍被上欲釋之湯爭曰伍被本造反謀而助親幸出入禁闥腹心之臣乃交私諸侯如此弗誅後不可治上可論之其治獄所巧排大臣自以爲功多此類由是益尊任遷御史大夫會渾邪等降漢大興兵伐匈奴山東水旱貧民流徙皆仰給縣官縣官空虛湯承上旨請造白金及五銖錢籠天下鹽鐵排富商大賈出告緡令鉏豪彊兼并之家舞文巧詆以輔法湯每朝奏事語國家用日旰天子忘食丞相取充位天下事皆決於湯百姓不安其生騷動縣

官所興未獲其利奸吏並侵漁於是痛繩以罪自公卿已下至於庶人咸指湯湯嘗病上自至舍視其隆貴如此匈奴求和親羣臣議前博士狄山曰和親便上問其便山曰兵凶器未易數動高帝欲伐匈奴大困平城乃遂結和親孝惠高后時天下安樂及文帝欲事匈奴北邊蕭然苦兵孝景時吳楚七國反景帝往來東宮間天下寒心數月吳楚破竟景帝不言兵天下富實今自陛下興兵擊匈奴中國以空虛邊大困貧由此觀之不如和親上問湯湯曰此愚儒無知狄山曰臣固愚忠若御史大夫湯乃詐忠湯之治淮南江都以深文痛詆諸侯別疏骨肉使藩臣不安臣固知湯之詐忠於是上作色曰吾使生居一郡能無使虜入盜乎山曰不能曰居一縣曰不能復曰居一鄣間山自度辯窮且下吏曰能乃遣山乘鄣至月餘匈奴斬山頭而去是後羣臣震讋湯客田甲雖賈人有賢操始湯為小吏時與錢通及為大吏而甲所以責湯行義有烈士之風湯為御史大夫七歲敗河東人李文故嘗與湯有隙已而為御史中丞薦數從中文事（薦數猶簡閱也數音色主反）有可以傷湯者不能為地湯有所愛史魯謁居知湯弗平乃使人上飛變告文姦事事下湯湯治論殺文而湯心知謁居為之上問變事從迹安起湯陽驚曰此殆文故人怨之謁居病臥閭里主人湯自往視病為謁居摩足趙國以冶鑄為業王數訟鐵官事湯常排趙王趙王求湯陰事謁居嘗案趙王趙王怨之并上書告湯大臣也史謁居有病湯至為摩足疑與為大姦事下廷尉謁居病死事連其弟弟繫導官湯亦治他囚導官見謁居弟欲陰為之而陽不省謁居弟不知而怨湯使人上書告湯與謁居謀共變告李文事下減宣宣嘗與湯有隙及得此事窮竟其事未奏也會人有盜發孝文園瘞錢丞相青翟朝與湯約俱謝至前湯念獨丞相以四時行園當謝湯無與也不謝丞相謝上使御史案其事湯欲致其文丞相見知丞相患之三長史皆害湯欲陷之始長史朱買臣素怨湯語在其傳王朝齊人以術至右內史邊通學短長剛暴人也官至濟南相故皆居湯右已而失官守長史詘體於湯湯數行丞相事知此三長史素貴常陵折之故三長史合謀曰始湯約與君謝已而賣君今欲劾君以宗廟事此欲代君耳吾知湯陰事使吏部案湯左田信等曰湯且欲為請奏信輒先知之居物致富與湯分之及他姦事事辭頗聞上問湯曰吾所為賈人輒知益居其物是類有以吾謀告之者湯不謝又陽驚曰固宜有減宣亦奏謁居事上以湯懷詐面欺使使八輩簿責湯湯具自道無此不服於是上使趙禹責湯禹至讓湯曰君何不知分也君所治夷滅者幾何人矣今人言君皆有狀天子重致君獄欲令君自為計何多以對為湯乃為書謝曰湯無尺寸之功起刀筆吏陛下幸置位三公無以塞責然謀陷湯者三長史也遂自殺湯死家產直不過五百金皆所得奉賜無他贏昆弟諸子欲厚葬湯湯母曰湯為天子大臣被惡言而死何厚葬為載以牛車有棺無椁上聞之曰非此母不生此子乃盡按誅三長史丞相青翟自殺出田信上惜湯復稍進其子安世安世字子孺少以父任為郎用善書給事尚書精力於職休沐未嘗出上行幸河東嘗亡書三篋詔問莫能知惟安世識之具作其事後購求得書以相比校無所遺失上奇其材擢為尚書令遷光祿大夫昭帝即位大將軍霍光秉政以安世篤行光親重之會左將軍上官桀父子及御史大夫桑弘羊皆與燕王蓋主謀反誅光以朝無舊臣白用安世為右將軍光祿勳以自副焉久之天子下詔曰右將軍光祿勳安世輔政宿衛肅敬不怠十有三年咸以康寧夫親親任賢唐虞之道也其封安世為富平侯明年昭帝崩未葬大將軍光白太后徙安世為車騎將軍與共徵立昌邑王王行淫亂光復與安世謀廢王尊立宣帝帝初即位襃賞大臣下詔益封安世萬六百戶功次大將軍光安世子千秋延壽彭祖皆中郎將侍中大將軍光薨後數月御史大夫魏相上封事言安世事孝武皇帝三十餘年忠信謹厚勤勞政事夙夜不怠與大將軍定策天下受其福國家重臣也宜尊其位以為大將軍毋令領光祿勳事使專精神憂念天下思惟得失安世子延壽重厚可以為光祿勳領宿衛臣上亦欲用之安世聞指懼不敢當請間求見免冠頓首曰老臣耳妄聞言之為先事不言情不達誠自量不足以繼大將軍唯天子財哀以全老臣之命上笑曰君言泰謙君而不可誰可者安世深辭弗能得後數日竟拜為大司馬車騎將軍領尚書事數月罷車騎將軍屯兵更為衛將軍兩宮衛尉城門北軍兵屬焉時霍光子禹為右將軍上亦以禹為大司馬罷其右將軍屯兵以虛尊加之而實奪其眾後歲餘禹謀反夷宗族安世素小心畏忌已內憂矣其女孫敬為霍氏外屬婦當相坐安世瘦懼形於顏色上怪而憐之以問左右乃赦敬以慰其意安世寖恐職典樞機以謹慎周密自著外內無間每定大政已決輒移病出聞有詔令乃驚使吏之丞相府問焉自朝廷大臣莫知其與議也嘗有所薦其人來

謝安世大恨以爲舉賢達能豈有私謝邪絶弗復爲通有郎功高不調自言安世曰君之功高明主所知人臣執事何長短而自言乎絶不許已而郎果遷莫府長史遷辭去之官安世問以過失長史曰將軍爲明主股肱而士無所進論者以爲譏安世曰明主在上賢不肖較然臣下自修而已何知士而薦之其欲匿名迹遠權勢如此爲光祿勳郎有醉小便殿上主事白行法安世曰何以知其不反水漿邪如何以小過成罪郎淫官婢婢兄自言安世曰奴以恚怒誣汙衣冠自署適奴其隱人過失皆此類也安世自見父子尊顯懷不自安爲子延壽求出補吏上以爲北地太守歲餘上閔安世年老復徵延壽爲左曹太僕初安世兄賀幸於衛太子太子敗賓客皆誅安世爲賀上書得下蠶室後爲掖庭令而宣帝以皇曾孫收養掖庭賀內傷太子無辜而曾孫孤幼所以視養拊循恩甚密焉及曾孫壯大賀教書令受詩爲取許妃以家財聘之曾孫數有徵怪語在宣紀賀聞知爲安世道之稱其材美安世輒絶止以爲少主在上不宜稱述曾孫及宣帝立而賀已死上謂安世曰掖庭令平生稱我將軍止之是也上追思賀恩欲封其家爲恩德侯置守冢二百家賀有一子蚤死無子子安世小男彭祖彭祖又小與上同席研書指欲封之先賜爵關內侯故安世深辭賀封又求損守冢戶數減至三十戶上曰吾自爲掖庭令非爲將軍也安世乃止不敢復言遂下詔爲賀置守冢三十家上自處置其里居冢西鬬雞翁舍南上少時所嘗游處也明年復下詔封賀弟子侍中關內侯彭祖爲陽都侯賜賀謚曰陽都哀侯時賀有孤孫霸年七歲拜爲散騎中郎將賜爵關內侯食邑

三百戶安世以父子封侯在位太盛乃辭祿詔都內別藏張氏無名錢以百萬數安世尊爲公侯食邑萬戶然身衣弋綈夫人自紡績家童七百人皆有手技作事內治產業累積纖微是以能殖其貨富於大將軍光天子甚尊憚大將軍然內親安世心密於光焉元康四年春安世病上疏歸侯乞骸骨不許復彊起視事至秋薨天子贈印綬送以輕車介士謚曰敬侯賜塋杜東將作穿復土起冢祠堂子延壽嗣延壽已歷位九卿旣嗣侯國在陳留別邑在魏郡租入歲千餘萬延壽自以身無功德何以能久堪先人大國數上書讓減戶邑又因弟陽都侯彭祖口陳至誠天子以爲有讓乃徙封平原幷一國戶口如故而租稅減半薨謚曰愛侯子勃嗣爲散騎諫大夫元帝初卽位詔列侯舉茂材勃舉太官獻丞陳湯湯有罪勃坐削戶二百會薨故賜謚曰繆侯後湯立功西域世以勃爲知人子臨嗣臨亦謙儉每登閣殿常歎曰桑霍爲我戒豈不厚哉且死分施宗族故舊薄葬不起墳臨尚敬武公主（公主元帝妹也）薨子放嗣鴻嘉中上欲遵武帝故事與近臣游宴放以公主子開敏得幸放取皇后弟平恩侯許嘉女上爲放供張賜甲第充以乘輿服飾號爲天子取婦皇后嫁女大官私官（私官皇后之官也）並供其第兩宮使者冠蓋不絶賞賜以千萬數放爲侍中中郎將監平樂屯兵置莫府儀比將軍與上臥起寵愛殊絶常從爲微行出游北至甘泉南至長楊五莋鬬雞走馬長安中積數年是時上諸舅皆害其寵白太后太后以上春秋富動作不節甚以過放時數有災異議者歸咎放等於是丞相宣御史大夫方進奏放驕蹇縱恣奢淫不制前侍御史修等四人奉使至放家逐名捕賊

時放見在奴從者閉門設兵弩射吏距使者不肯內知男子李游君欲獻女使樂府音監景武彊求不得使奴康等之其家賊傷三人又以縣官事怨樂府游徼莽而使大奴駿等四十餘人羣黨盛兵弩白晝入樂府攻射官寺縛束長吏子弟斫破器物宮中皆奔走伏匿莽自髡鉗衣赭衣及守令史調等皆徒跣叩頭謝放放乃止奴從者支屬並乘權勢爲暴虐至求吏妻不得殺其夫或恚一人妄殺其親屬輒亡入放第不得幸得勿治放行輕薄連犯大惡有感動陰陽之咎爲臣不忠首罪名雖顯前蒙恩驕逸悖理與背畔無異臣子之惡莫大於是不宜宿衛在位臣請免放歸國以銷衆邪之萌厭海內之心上不得已左遷放爲北地都尉數月復徵入侍中太后以放爲言出放爲天水屬國都尉永始元延間比年日蝕故久不還放璽書勞問不絶居歲餘徵放歸第視母公主疾數月主有瘳出放爲河東都尉上雖愛放然上迫太后下用大臣故常涕泣而遣之後復徵放爲侍中光祿大夫秩中二千石歲餘丞相方進復奏放上不得已免放賜錢五百萬遣就國數月成帝崩放思慕哭泣而死初安世長子千秋與霍光子禹俱爲中郎將將兵隨度遼將軍范明友擊烏桓還謁大將軍光問千秋戰鬬方略山川形勢千秋口對兵事畫地成圖無所忘失光復問禹禹不能記曰皆有文書光由是賢千秋以禹爲不材歎曰霍氏世衰張氏興矣及禹誅滅而安世子孫相繼自宣元已來爲侍中中常侍諸曹散騎列校尉者凡十餘人功臣之世惟有金氏張氏親近貴寵比於貴戚放子純嗣侯恭儉自修明習漢家制度故事有敬侯之遺風王莽時不失爵建武中歷位至大司

空更封富平之別鄉爲武始侯張湯本居杜陵安世武昭宣世輒隨所事帝徙處其陵凡三徙復還杜陵

杜周南陽杜衍人也義縱爲南陽太守以周爲爪牙薦之張湯爲廷尉史使案邊失亡所論殺甚多奏事中意任用與減宣更爲中丞者十餘歲周少言重遲而內深次骨宣爲左內史周爲廷尉其治大抵放張湯而善候伺上所欲擠者因而陷之上所欲釋久繫待問而微見其冤狀客有謂周曰君爲天下決平不循三尺法專以人主意指爲獄獄者固如是乎周曰三尺安出哉前主所是著爲律後主所是疏爲令當時爲是何古之法乎至周爲廷尉詔獄亦益多矣二千石繫者新故相因不減百餘人郡吏大府舉之廷尉一歲至千餘章章大者連逮證案數百小者數十人遠者數千里近者數百里會獄吏因責如章告劾不服以掠笞定之於是聞有逮證皆亡匿獄久者至更數赦十餘歲而相告言大氐盡詆以不道以上廷尉及中都官詔獄逮至六七萬人吏所增加十有餘萬周中廢後爲執金吾逐捕桑弘羊衛皇后昆弟子刻深上以爲盡力無私遷爲御史大夫始周爲廷尉史有一馬及久任事列三公而兩子夾河爲郡守家訾累巨萬矣治皆酷暴惟少子延年寬厚云延年字幼公亦明法律昭帝初立大將軍霍光秉政以延年三公子吏材有餘補軍司空始元四年益州蠻夷反延年以校尉將南陽士擊益州還爲諫大夫左將軍上官桀父子與蓋主燕王謀爲逆亂假稻田使者燕倉知其謀以告大司農楊敞敞惶懼移病以語延年延年以聞桀等伏辜延年封爲建平侯延年本大將軍霍光吏首發大姦有忠節由是擢爲太僕右曹給事中光持刑罰嚴延年輔之以寬治燕王獄時御史大夫桑弘羊子遷亡過父故吏侯史吳後遷捕得伏法會赦侯史吳自出繫獄廷尉王平與少府徐仁雜治反事皆以爲桑遷坐父謀反而侯史吳藏之非匿反者乃匿爲隨者也卽以赦令除吳罪後侍御史治實以桑遷通經術知父謀反而不諫爭與反者身無異侯史吳故三百石吏首匿遷不與庶人匿隨從者等吳不得赦奏請覆治劾廷尉少府縱反者少府徐仁卽丞相車千秋女壻也故千秋數爲侯史吳言恐光不聽千秋卽召中二千石博士會公車門議問吳法議者知大將軍指皆執吳爲不道明日千秋封上衆議光於是以千秋擅召二千石以下外內異言遂下廷尉平少府仁獄朝廷皆恐丞相坐之延年乃奏記光爭以爲吏縱罪人有常法今更詆吳爲不道恐於法深又丞相素無所守持而爲好言於下盡其素行也至擅召中二千石甚無狀延年愚以爲丞相久故及先帝用事非有大故不可棄也間者民頗言獄深吏爲峻詆今丞相所議又獄事也如是以及丞相恐不合衆心羣下讙譁庶人私議流言四布延年竊重將軍失此名於天下也光以廷尉少府弄法輕重皆論棄市而不以及丞相終與相竟延年論議持平合和朝廷皆此類也延年見國家承武帝奢侈師旅之後數爲大將軍光言年歲比不登流民未盡還宜修孝文時政示以儉約寬和順天心說民意年歲宜應光納其言舉賢良議罷酒榷鹽鐵皆自延年發之吏民上書言便宜有異輒下延年平處復奏言可官試者至爲縣令或丞相御史除用滿歲以狀聞或抵其罪法常與兩府及廷尉分章昭帝末寢疾徵天下名醫延年典領方藥帝崩昌邑王卽位廢大將軍光車騎將軍張安世與大臣議所立時宣帝養於掖庭號皇曾孫與延年中子佗相愛善延年知曾孫德美勸光安世立焉宣帝卽位褒賞大臣延年以定策安宗廟益戶二千三百與始封所食邑凡四千三百戶詔有司論定策功大司馬大將軍光功德過太尉絳侯周勃車騎將軍安世丞相楊敞功比丞相陳平前將軍韓增御史大夫蔡誼功比潁陰侯灌嬰太僕杜延年功比朱虛侯劉章後將軍趙充國大司農田延年少府史樂成功比典客劉揭皆封侯益土延年爲人安和備於諸事久典朝政上任信之出卽奉駕入給事中居九卿位十餘年賞賜賂遺訾數千萬光薨後子禹與宗族謀反誅上以延年霍氏舊人欲退之而丞相魏相奏延年素貴用事官職多姦遣吏考案但得苑馬多死官奴婢乏衣食延年坐免官削戶二千後數月復召拜爲北地太守延年以故九卿外爲邊吏治郡不進上以璽書讓延年延年乃選用良吏捕擊豪彊郡中清靜居歲餘上使謁者賜延年璽書黃金二十斤徙爲西河太守治甚有名五鳳中徵入爲御史大夫延年居父官府不敢當舊位坐臥皆易其處是時四夷和海內平延年視事三歲以老病乞骸骨天子優之使光祿大夫持節賜延年黃金百斤牛酒加致醫藥延年遂稱病篤賜安車駟馬罷就第後數月薨謚曰敬侯子緩嗣緩少爲郎本始中以校尉從蒲類將軍擊匈奴還爲諫大夫遷上谷都尉鴈門太守父延年薨徵視喪事拜爲太常治諸陵縣每冬月封具獄日常去酒省食官屬稱其有恩元帝初卽位穀貴民流永光中西羌反緩輒上書入錢穀以助用前後數百萬緩六弟五人至大官少弟熊歷

五郡二千石三州牧刺史有能名惟中弟欽官不至而最知名欽字子夏少好經書家富而目偏盲故不好爲吏茂陵杜鄴與欽同姓字俱以材能稱京師故衣冠謂欽爲盲杜子夏以相別欽惡以疾見詆乃爲小冠高廣財二寸由是京師更謂欽爲小冠杜子夏而鄴爲大冠杜子夏云時帝舅大將軍王鳳以外戚輔政求賢知自助鳳父頃侯禁與欽兄緩相善故鳳深知欽能奏請欽爲大將軍武庫令職閒無事欽所好也欽爲人深博有謀自上爲太子時以好色聞及卽位皇太后詔采良家女欽因是說大將軍鳳曰禮壹娶九女所以極陽數廣嗣重祖也必鄉舉求窈窕不問華色所以助德理內也娣姪雖缺不復補所以養壽塞爭也故后妃有貞淑之行則允嗣有賢聖之君制度有威儀之節則人君有壽考之福廢而不由則女德不厭女德不厭則壽命不究於高年書云或四三年言失欲之生害也男子五十好色未衰婦人四十容貌改前以改前之容侍於未衰之年而不以禮爲制則其原不可救而後徠異態後徠異態則正后自疑而支庶有間適之心是以晉獻被納讒之謗申生蒙無罪之辜今聖上富於春秋未有適嗣方鄉術入學未親后妃之議將軍輔政宜因始初之隆建九女之制詳擇有行義之家求淑女之質毋必有聲色技能爲萬世大法夫少戒之在色小卞之作可爲寒心唯將軍常以爲憂鳳白之太后太后以爲故事無有欽復重以爲言鳳不能自立法度循故事而已會皇太后女弟司馬君力與欽子私通事上聞欽慙懼乞骸骨去後有日蝕地震之變詔舉賢良方正能直言士合陽侯梁放舉欽欽上對曰臣聞日蝕地震陽微陰盛也臣者君之陰也子者父之陰也妻者夫之陰也夷狄者中國之陰也春秋日蝕三十六地震五或夷狄侵中國或政權在臣下或婦乘夫或臣子背君父事雖不同其類一也臣竊觀人事以考變異則本朝大臣無不自安之人外戚親屬無乖剌之心關東諸侯無彊大之國三垂蠻夷無逆理之節殆爲後宮何以言之日以戊申蝕時加未戊未土也土者中宮之部也其夜地震未央宮殿中此必適妾將有爭寵相害而爲患者唯陛下深戒之變感以類相應人事失於下變象見於上能應之以德則異咎消亡不能應之以善則禍敗至高宗遭雊雉之戒飭已正事享百年之壽殷道復興要在所以應之應之非誠不立非信不行宋景公小國之諸侯耳有不忍移禍之誠出人君之言三熒惑爲之退舍以陛下聖明內推至誠深思天變何應而不感何搖而不動孔子曰仁遠乎哉唯陛下正后妾抑女寵防奢泰去佚游躬節儉親萬事數御安車由輦道親二宮之饔膳致昏晨之定省如此卽堯舜不足與比隆咎異何足消滅如不留聽於庶事不論材而授位殫天下之財以奉淫侈匱萬姓之力以從耳目近諂諛之人而遠公方信讒賊之臣以誅忠良賢俊失在嵒穴大臣怨於不以雖無變異社稷之憂也天下至大萬事至眾祖業至重誠不可以佚豫爲不可以奢泰持也唯陛下忍無益之欲以全眾庶之命臣欽愚戇言不足采其夏上盡召直言之士詣白虎殿對策策曰天地之道何貴王者之法何如六經之義何上人之行何先取人之術何以當世之治何務各以經對欽對曰臣聞天道貴信地道貴貞不信不貞萬物不生生天地之所貴也王者承天地之所生理而成之昆虫草木靡不得其所王者法天地非仁無以廣施非義無以正身克己就義恕以及人六經之所上也不孝則事君不忠涖官不敬戰陳無勇朋友不信孔子曰孝無終始而患不及者未之有也孝人行之所先也觀本行於鄉黨考功能於官職達觀其所舉富觀其所予窮觀其所不爲乏觀其所不取近觀其所爲主遠觀其所主孔子曰視其所以觀其所由察其所安人焉廋哉取人之術也殷因於夏尚質周因於殷尚文今漢家承周秦之敝宜抑文尚質廢奢長儉表實去僞孔子曰惡紫之奪朱當世治之所務也臣竊有所憂言之則拂心逆指不言則漸日長爲禍不細然小臣不敢廢道而求從違忠而耦意臣聞玩色無厭必生好憎之心好憎之心生則愛寵偏於一人愛寵偏於一人則繼嗣之路不廣而嫉妒之心興矣如此則匹婦之說不可勝也唯陛下純德普施無欲是從如此則眾庶咸說繼嗣日廣而海內長安萬事之是非何足備言欽以前事病賜帛罷後爲議郎復以病免徵詣大將軍莫府國家政謀鳳常與欽慮之數稱達名士王駿韋安世王延世等救解馮野王王尊胡常之罪過及繼功臣絕世塡撫四夷當世善政多出於欽者見鳳專政泰重戒之曰昔周公身有至聖之德屬有叔父之親而成王有獨見之明無信讒之聽然管蔡流言而周公懼穰侯昭王之舅也權重於秦威震鄰國有旦莫偃伏之愛心不介然有間然范雎起徒步由異國無雅信開一朝之說而穰侯就封及近者武安侯之見退三事之迹相去各數百歲若合符節甚不可不察願將軍由周公之謙懼損穰侯之威放武安之欲毋使范雎之徒得閒其說頃之復日蝕京兆尹王

章上封事求見果言鳳專權蔽主之過宜廢勿用以應天變於是天子感寤召見章與議欲退鳳鳳甚憂懼欽令鳳上疏謝罪乞骸骨文指甚哀太后涕泣爲不食上少而親倚鳳亦不忍廢復起鳳就位鳳心慙稱病篤欲遂退欽復說之曰昔周公雖老猶在京師明不離成周示不忘王室也仲山甫異姓之臣無親於宣就封于齊猶歎息永懷宿夜徘徊不忍遠去況將軍之於主上主上之與將軍哉夫欲天下治安息變異之意莫有將軍主上照然知之故攀援不遣書稱公毋困我唯將軍不爲四國流言自疑於成王以固至忠於是鳳復起視事上令尚書劾奏京兆尹章章死詔獄章既死眾庶寃之以譏朝廷欽欲救其過復說鳳曰京兆尹章所坐事密吏民見章素好言事以爲不坐官職疑其以日蝕見對有所言也如是則塞爭引之原損寬明之德欽愚以爲宜因章事舉直言極諫並見郎從官展盡其意加於往前以明示四方使天下咸知主上聖明不以言罪下也若此則流言消釋疑惑著明鳳白行其策欽之補過將美皆此類也優游不仕以壽終欽子及昆弟支屬至二千石者且十人欽兄緩前免太常以列侯奉朝請成帝時薨子業嗣業有材能以列侯選復爲太常數言得失不事權貴與丞相翟方進衛尉定陵侯湻于長不平後業坐法免官復爲函谷關都尉會定陵侯湻于長有罪當就國長舅紅陽侯立與業書曰誠哀老姊垂白隨無狀子出關願勿復用前事相侵定陵侯既出關伏罪復發下雒陽獄丞相史搜得紅陽侯書奏業聽請不敬坐免就國其春丞相方進薨業上書言方進本與長深結厚更相稱薦長陷大惡獨得不坐苟欲鄣塞前過不爲陛下廣持平例又無恐懼之心反因時信其邪辟報睚眦怨故事大逆朋友坐免官無歸故郡者今坐長者歸故郡已深一等紅陽侯立坐子受長貨賂故就國耳非大逆也而方進復奏立黨友後將軍朱博鉅鹿太守孫宏故少府陳咸皆免官歸咸故郡刑罰無平在方進之筆端眾庶莫不疑惑皆言孫宏不與紅陽侯相愛宏前爲中丞時方進爲御史大夫舉掾隆可侍御史宏奏隆前奏使欺謾不宜執法近侍方進以此怨宏又方進爲京兆尹時陳咸爲少府在九卿高第陛下所知也方進素與司直師丹相善臨御史大夫缺使丹奏咸爲姦利請案驗卒不能有所得而方進果自得御史大夫爲丞相即時詆欺奏免咸復因紅陽侯事歸咸故郡眾人皆言國家假方進權大甚案師丹行能無異及光祿勳許商被病殘人皆但以附從方進嘗獲尊官丹前親薦邑子丞相史能使巫下神爲國求福幾獲大利幸賴陛下至明遣使者毛莫如先考驗卒得其姦皆坐死假令丹知而白之此誣罔罪也不知而白之是背經術惑左道也二者皆在大辟重於朱博孫宏陳咸所坐方進終不舉白專作威福阿黨所厚排擠英俊託公報私橫厲無所畏忌欲以熏轑天下天下莫不望風而靡自尚書近臣皆結舌杜口骨肉親屬莫不股栗威權泰盛而不忠信非所以安國家也今聞方進卒病死不以尉示天下反復賞賜厚葬唯陛下深思往事以戒來今會成帝崩哀帝即位業復上書言王氏世權日久朝無骨鯁之臣宗室諸侯微弱與繫囚無異自佐史以上至於大吏皆權臣之黨曲陽侯根前爲三公輔政知趙昭儀殺皇子不輒白奏反與趙氏比周恣意妄行譖訴故許后被加以非罪誅破諸許族敗元帝外家內嫉妒同產兄姊紅陽侯立及湻于氏皆老被放棄新喋血京師威權可畏高陽侯薛宣有不養母之名安昌侯張禹姦人之雄惑亂朝廷使先帝負謗於海內尤不可不愼陛下初即位謙讓未遑孤獨特立莫可據仗權臣易世意若探湯宜蚤以義割恩安百姓心竊見朱博忠信勇猛材略不世出誠國家雄俊之寶臣也宜徵博置左右以填天下此人在朝則陛下可高枕而臥矣昔諸呂欲危劉氏賴有高祖遺臣周勃陳平尚存不者幾爲姦臣笑業又言宜爲恭王立廟京師以章孝道時高昌侯董宏亦言宜尊帝母定陶王丁后爲帝太后大司空師丹等劾宏誤朝不道坐免爲庶人業復上書訟宏前後所言皆合指施行朱博果見拔用業由是徵復爲太常歲餘左遷上黨都尉會司隸奏業選舉不實業坐免官復就國哀帝崩王莽秉政諸前議立廟尊號者皆免徙合浦業以前罷黜故見闊略憂恐發病死業成帝初尚帝妹潁邑公主主無子薨業家上書求還京師與主合葬不許而賜諡曰荒侯傳子至孫絕初杜周武帝時徙茂陵至延年徙杜陵云

通志卷九十八下

通志卷九十九

宋右迪功郎鄭樵漁仲撰

列傳第十二

前漢

張騫　李廣利　司馬遷　嚴助　朱買臣　吾邱壽王　主父偃　徐樂　嚴安　終軍　王褒　賈捐之　東方朔　公孫賀　劉屈氂　車千秋　王訢　楊敞(弟惲)　蔡義　陳萬年(子咸)　鄭弘　楊王孫

張騫漢中成固人建元中爲郎時匈奴降者言匈奴破月氏(音支)王以其頭爲飲器月氏遁而怨匈奴無與共擊之漢方欲事滅胡聞此言欲通使道必更匈奴中迺募能使者騫以郎應募使月氏與堂邑氏奴甘父俱出隴西徑匈奴匈奴得之傳詣單于單于曰月氏在吾北漢何以得往使吾欲使越漢肯聽我乎留騫十餘歲予妻有子然騫持漢節不失居匈奴西騫因與其屬亡鄉月氏西走數十日至大宛大宛聞漢之饒財欲通不得見騫喜問欲何之騫曰爲漢使月氏而爲匈奴所閉道脫亡唯王使人道送我誠得至反漢漢之賂遺王財物不可勝言大宛以爲然遣騫爲發譯道抵康居康居傳致大月氏大月氏王已爲胡所殺立其夫人太子爲王既臣大夏而君之地肥饒少寇志安樂又自以遠於漢殊無報胡之心騫從月氏至大夏竟不能得月氏要領留歲餘還並南山欲從羌中歸復爲匈奴所得留歲餘單于死國內亂騫與胡妻及堂邑父俱亡歸漢拜騫爲太中大夫堂邑父爲奉使君騫爲人彊力寬大信人蠻夷愛之堂邑父胡人善射窮急射禽獸給食初騫行時百餘人去十三歲唯二人得還騫身所至者大宛大月氏大夏康居而傳聞其旁大國五六具爲天子言其地形所有語具西戎傳中騫曰臣在大夏時見邛竹杖蜀布問安得此大夏國人曰吾賈人往市之身毒國(毒音篤一名天篤則浮屠胡是也)身毒國在大夏東南可數千里其俗土著與大夏同而卑溼暑熱其民乘象以戰其國臨大水焉以騫度之大夏去漢南二千里居西南今身毒又居大夏東南數千里有蜀物此其去蜀不遠矣今使大夏從羌中險羌人惡之少北則爲匈奴所得從蜀宜徑又無寇天子既聞大宛及大夏安息之屬皆大國多奇物土著頗與中國同俗而兵弱貴漢財物其北則大月氏康居之屬兵彊可以賂遺設利朝也誠得以義屬之則廣地萬里重九譯致殊俗威德徧於四海天子欣欣以騫言爲然乃令因蜀犍爲發閒使數道並出出駹出莋出徙邛出僰(音蒲北反)皆各行一二千里其北方閉氐莋(漢使見閉於夷)南方閉嶲(先蘂反)昆明昆明之屬無君長善寇盜輒殺略漢使終莫得通然聞其西可千餘里有乘象國名滇越(滇音顛其國出馬)而蜀賈閒出物者或至焉於是漢以求大夏道始通滇國初漢欲通西南夷費多罷之及騫言可以通大夏乃復事西南夷騫以校尉從大將軍數擊匈奴知水草處軍得以不乏乃封騫爲博望侯是歲元朔六年也後二年騫爲衞尉與李廣俱出右北平擊匈奴匈奴圍李將軍軍多失亡而騫後期當斬贖爲庶人是歲驃騎將軍破匈奴西邊殺數萬人至祁連山其秋渾邪王率衆降漢而金城河西並南山至鹽澤空無匈奴匈奴時有候者到而希矣後二年漢擊走單于於幕北天子數問騫大夏之屬騫既失侯因曰臣居匈奴中聞烏孫王號昆莫昆莫父難兜靡本與大月氏俱在祁連敦煌閒小國也大月氏攻殺難兜靡奪其地人民亡走匈奴子昆莫新生傅父布就翖侯抱亡置草中(傅父猶傅母也布就翖侯官名也翖與翕同)爲求食還見狼乳之又烏銜肉翔其旁以爲神遂持歸匈奴單于愛養之及壯以其父民衆與昆莫使將兵數有功時月氏已爲匈奴所破西擊塞王(塞音先得反西域國名也)塞王南走遠徙月氏居其北昆莫既健自請單于報父怨遂西攻破大月氏大月氏復西走徙大夏地昆莫略其衆因留居兵稍彊會單于死不肯復朝事匈奴匈奴遣兵擊之不勝益以爲神而遠之今單于新困於漢而昆莫地空蠻夷戀故地又貪漢物誠以此時厚賂烏孫招以東居故地漢遣公主爲夫人結昆弟其勢宜聽則是斷匈奴右臂也既連烏孫自其西大夏之屬皆可招來而爲外臣天子以爲然拜騫爲中郎將將三百人馬各二疋牛羊以萬數齎金幣帛直數千鉅萬多持節副使道可便遣之旁國騫既至烏孫致賜諭指未能得其決語在西戎傳騫卽分遣副使使大宛康居月氏大夏烏孫發譯道送騫與烏孫使數十人馬數十疋報謝因令窺漢知其廣大騫還拜爲大行歲餘騫卒後歲餘所遣副使通大夏之屬者皆頗與其人俱來於是西北國始通於漢矣然騫鑿空諸後使往者皆稱博望侯以爲質於外國外國由是信之其後烏孫竟與漢結婚初天子發書易曰神馬當從西北來得烏孫馬馬好名曰天馬及得宛汗血馬益壯更名烏孫馬曰西極馬宛馬曰天馬云而漢始築令居以西初置酒泉郡以通西北國因發使抵安息奄蔡犛靬條支身毒國而天子好宛馬使者相望於道一輩大者數百少者百餘

人所齎操大放博望侯時其後益習而衰少焉漢率一歲中使者多者十餘少者五六輩遠者八九歲近者數歲而反是時漢既滅越蜀所通西南夷皆震請吏置牂柯越嶲益州沈黎文山郡欲地接以前通大夏乃遣使歲十餘輩出此初郡皆復閉昆明為所殺奪幣物於是漢發兵擊昆明斬首數萬後復遣使竟不得通語在西南夷傳自騫通外國道以尊貴其吏士爭上書言外國奇怪利害求使天子為其絕遠非人所樂聽其言予節募吏民無問所從來為具備人眾遣之以廣其道來還不能無侵盜幣物及使失指天子為其習之輒覆案致重罪以激怒令贖復求使使端無窮而輕犯法其吏卒亦輒復盛推外國所有言大者予節言小者為副故妄言無行之徒皆爭相效其使皆私縣官齎物欲賤市以私其利外國亦厭漢使人人有言輕重度漢兵遠不能至而禁其食物以苦漢使漢使乏絕責怨相攻擊樓蘭姑師小國當空道攻劫漢使王恢等尤甚而匈奴奇兵又時遮擊之使者爭言外國利害皆有城邑兵弱易擊於是天子遣從驃侯破奴將屬國騎及郡兵數萬擊胡胡皆去明年擊破姑師虜樓蘭王酒泉列亭鄣至玉門矣而大宛諸國發使隨漢使來觀漢廣大以大鳥卵及犛靬眩人獻於漢天子大說而漢使窮河源其山多玉石采來天子案古圖書名河所出山曰昆侖云是時上方數巡狩海上迺悉從外國客大都多人過之則散財帛賞賜厚具饒給之以覽視漢富厚焉大角氏出奇戲諸怪物多聚觀者行賞賜酒池肉林令外國客徧觀各倉庫府藏之積欲以見漢廣大傾駭之及加其眩者之工而角氏奇戲歲增變其益興自此始而外國使更來更去大宛以西皆自恃遠尙驕恣未可詘以禮羈縻而使也漢使往既多其少從從行之微者率進孰進美語也於天子言大宛有善馬在貳師城匿不肯示漢使天子既好宛馬聞之甘心使壯士車令等持千金及金馬以請宛王貳師城善馬宛國饒漢物相與謀曰漢去我遠而鹽水中數有敗出其北有胡寇出其南乏水草且往往而絕邑乏食者多漢使數百人為輩來常乏食死者過半是安能致大軍乎且貳師馬宛寶馬也遂不肯予漢使漢使怒妄言椎金馬而去宛中貴人怒曰漢使至輕我遣漢使去令其東邊郁成王遮攻殺漢使取其財物天子大怒諸嘗使宛姚定漢等言宛兵弱誠以漢兵不過三千人彊弩射之即破宛矣天子以嘗使浞野侯攻樓蘭以七百騎先至虜其王以定漢等言為然而欲侯寵姬李氏迺以李廣利為將軍伐宛騫孫猛字子游有俊才元帝時為光祿大夫使匈奴給事中為石顯所譖自殺李廣利女弟李夫人有寵於上產昌邑哀王太初元年以廣利為貳師將軍發屬國六千騎及郡國惡少年數萬人以往期至貳師城取善馬故號貳師將軍故浩侯王恢使道軍既西過鹽水當道小國各堅城守不肯給食攻之不能下下者得食不下者數日則去比至郁成士卒財有數千皆饑罷攻郁成城郁成距之所殺傷甚眾貳師將軍與左右計至郁成尙不能舉況至其王都乎引而還往來二歲至敦煌士不過什一二使使上書言道遠多乏食且士卒不患戰而患飢人少不足以拔宛願且罷兵益發而後往天子聞之大怒使使遮玉門關曰軍有敢入斬之貳師恐因留屯敦煌夏漢亡浞野之兵二萬餘於匈奴公卿議者皆願罷宛軍專力攻胡天子業出兵誅宛宛小國而不能下則大夏之屬漸輕漢而宛善馬絕不來烏孫輪臺易苦漢使為外國笑迺案言伐宛尤不使者鄧光等赦囚徒扞寇盜發惡少年及邊騎歲餘而出敦煌六萬人負私從者不與牛十萬馬三萬匹驢橐駝以萬數齎糧兵弩甚設天下騷動轉相奉伐宛凡五十餘校尉宛城中無井汲城外流水於是遣水工徙其城下水空以穴其城徙水從他道流空以穴其城者圍而攻之令作孔使穿穴也益發戍甲卒十八萬酒泉張掖北置居延休屠以衛酒泉而發天下七科適及載糒給貳師糒乾飯音備轉運人徒相連屬至敦煌而拜習馬者二人為執驅馬校尉備破宛擇取其善馬云於是貳師後復行兵多所至小國莫不迎出食給軍至輪臺輪臺不下攻數日屠之自此而西平行至宛城兵到者三萬宛兵迎擊漢兵漢兵射敗之宛兵走入保其城貳師欲攻郁成城恐留行而令宛益生詐乃先至宛決其水原移之則宛固已憂困圍其城攻四十餘日宛貴人謀曰王毋寡匿善馬殺漢使今殺王而出善馬漢兵宜解即不乃力戰而死未晚也宛貴人皆以為然共殺王其外城壞虜宛貴人勇將煎靡宛大恐走入中城相與謀曰漢所為攻宛以王毋寡持其頭遣人使貳師曰漢無攻我我盡出善馬恣所取而給漢軍食即不聽我我盡殺善馬康居之救又且至我居內康居居外與漢軍戰孰計之何從是時康居候視漢兵尙盛不敢進貳師聞宛城中新得漢人知穿井而其內食尙多計以為求誅首惡者毋寡毋寡頭已至如此不許則堅守而康居候漢兵罷來攻宛破漢軍必矣軍吏皆以為然許宛之約宛乃出其馬令漢自擇之而多出食食漢軍漢軍取其善馬數十匹中

馬以下牝牡三千餘匹而立宛貴人之故時遇漢善者名昧蔡爲宛王與盟而罷兵終不得入中城罷而引歸初貳師起敦煌西爲人多道上國不能食分爲數軍從南北道校尉王申生故鴻臚壺充國等千餘人別至郁成城守不肯給食申生去大軍二百里負而輕之攻郁成急郁成窺知申生兵少晨用三千人攻殺申生等數人脫亡走貳師貳師令搜粟都尉上官桀往攻破郁成郁成降其王亡走康居桀追至康居康居聞漢已破宛出郁成王予桀桀令四騎士縛守詣大將軍四人相謂郁成漢所毒今生將卒失大事欲殺莫適先擊上邽騎士趙弟拔劒擊斬郁成王桀等遂追及大將軍初貳師後行天子使使告烏孫大發兵擊宛烏孫發二千騎往持兩端不肯前貳師將軍之東諸所過小國聞宛破皆使其子弟從入貢獻見天子因爲質焉軍還入玉門者萬餘人馬千餘疋後行非乏食戰死不甚多而將吏貪不愛卒侵牟之以此物故者衆天子爲萬里而伐不錄其過迺下詔曰匈奴爲害久矣今雖徙幕北與旁國謀共要絕大月氏使遮殺中郎將江故鴈門守攘危須以西及大宛皆合約殺期門車令中郎將朝及身毒國使隔東西道貳師將軍廣利征討厥罪伐勝大宛賴天之靈從泝河山涉流沙通西海山雪不積士大夫徑度獲王首虜珍怪之物畢陳於闕其封廣利爲海西侯食邑八千戶又封斬郁成王者趙弟爲新畤侯軍正趙始成功最多爲光祿大夫上官桀敢深入爲少府李哆有計謀爲上黨太守軍官吏爲九卿者三人諸侯相郡守二千石百餘人千石以下千餘人奮行者官過其望以適過行者皆黜其勞士卒賜直四萬錢伐宛再反凡四歲而得罷焉後十一歲征和三年貳師復將七萬騎出五原擊匈奴度郅居水兵敗降匈奴爲單于所殺

司馬遷字子長司馬氏自顓頊命南正重司天火正黎司地唐虞之際紹重黎之後使復典之至于夏商故重黎氏世序天地其在周程伯休甫其後也當宣王時官失其守而爲司馬氏司馬氏世典周史惠襄之間司馬氏適晉晉中軍隨會奔魏而司馬氏入少梁自司馬氏去周適晉分散或在衛或在趙或在秦其在衛者相中山在趙者以傳劒論顯蒯聵其後也在秦者錯與張儀爭論於是惠王使錯將兵伐蜀遂拔因而守之錯孫靳事武安君白起而少梁更名夏陽靳與武安君阬趙長平還軍而與之俱賜死杜郵葬於華池靳孫昌爲秦王鐵官當始皇之時蒯聵元孫卬爲武信君將而徇朝歌諸侯之相王王卬於殷漢之伐楚卬歸漢以其地爲河內郡昌生毋懌毋懌爲漢市長毋懌生喜喜爲五大夫卒皆葬高門喜生談談爲太史公太史公學天官於唐都受易於楊何習道論於黃子太史公仕於建元元封之間愍學者不達其意而師誖乃論六家之要指曰易大傳曰天下一致而百慮同歸而殊塗夫陰陽儒墨名法道德此務爲治者也直所從言之異路有省不省耳嘗竊觀陰陽之術大詳而衆忌諱使人拘而多畏然其敘四時之大順不可失也儒者博而寡要勞而少功是以其事難盡從然其敘君臣父子之禮列夫婦長幼之別不可易也墨者儉而難遵是以其事不可偏循然其彊本節用不可廢也法家嚴而少恩然其正君臣上下之分不可改也名家使人儉而善失眞然其正名實不可不察也道家使人精神專一動合無形澹足萬物其爲術也因陰陽之大順采儒墨之善撮名法之要與時遷徙應物變化立俗施事無所不宜指約而易操事少而功多儒者則不然以爲人主天下之儀表也君倡臣和主先臣隨如此則主勞而臣佚至於大道之要去健羨黜聰明釋此而任術夫神大用則竭形大勞則敝神形蚤衰欲與天地長久非所聞也夫陰陽四時八位十二度二十四節各有教令曰順之者昌逆之者亡未必然也故曰使人拘而多畏夫春生夏長秋收冬藏此天道之大經也弗順則無以爲天下紀綱故曰四時之大順不可失也夫儒者以六藝爲法六藝經傳以千萬數累世不能通其學當年不能究其禮故曰博而寡要勞而少功若夫列君臣父子之禮序夫婦長幼之別雖百家弗能易也墨者亦上堯舜言其德行曰堂高三尺土階三等茅茨不翦採椽不斲飯土簋歠土刑糲粱之食藜藿之羹夏日葛衣冬日鹿裘其送死桐棺三寸舉音不盡其哀教喪禮必以此爲萬民率故天下法若此則尊卑無別也夫世異時移事業必不同故曰儉而難遵要曰彊本節用則人給家足之道也此墨子之所長雖百家不能廢也法家不別親疏不殊貴賤一斷於法則親親尊尊之恩絕矣可以行一時之計而不可長用也故曰嚴而少恩若尊主卑臣明分職不得相踰越雖百家不能改也名家苛察繳繞使人不得反其意剸決於名時失人情故曰使人儉而善失眞若夫控名責實參伍不失此不可不察也道家無爲又曰無不爲其實易行其辭難知其術以虛無爲本以因循爲用無成勢無常形故能究萬物之情不爲物先後故能爲萬物主有法無法因時爲業有度無度因物與舍故曰聖人不巧

時變是守虛者道之常也因者君之綱也羣臣並至使各自明也其實中其聲者謂之端實不中其聲者謂之款款言不聽姦乃不生賢不肖自分黑白乃形在所欲用耳何事不成乃合大道混混冥冥光耀天下復反無名凡人所生者神也所託者形也神大用則竭形大勞則敝形神離則死死者不可復生離者不可復合故聖人重之由此觀之神者生之本形者生之具不先定其神形而曰我有以治天下何由哉太史公既掌天官不治民有子曰遷遷生龍門耕牧河山之陽年十歲則誦古文二十而南游江淮上會稽探禹穴窺九疑浮沅湘北涉汶泗講業齊魯之都觀夫子遺風鄉射鄒嶧戹困鄱薛彭城過梁楚以歸於是遷仕爲郎中奉使西征巴蜀以南略卭筰昆明還報命是歲天子始建漢家之封而太史公留滯周南不得與從事發憤且卒而子遷適反見父於河雒之間太史公執遷手而泣曰予先周室之太史也自上世嘗顯功名虞夏典天官事後世中衰絕於予乎女復爲太史則續吾祖矣今天子接千歲之統封泰山而予不得從行是命也夫命也夫予死爾必爲太史爲太史無忘吾所欲論著矣且夫孝始於事親中於事君終於立身揚名於後世以顯父母孝之大也夫天下稱周公言其能論歌文武之德宣周召之風達太王王季思慮爰及公劉以尊后稷也幽厲之後王道缺禮樂衰孔子修舊起廢論詩書作春秋則學者至今則之自獲麟以來四百有餘歲而諸侯相兼史記放絕今漢興海內一統明主賢君忠臣義士予爲太史而不論載廢天下之文予甚懼焉爾其念哉遷俯首流涕曰小子不敏請悉論先人所次舊聞不敢闕卒三歲而遷爲太史令紬史記石室金鐀之書紬音冑謂綴集也鐀與匱同五年而當太初元年十一月甲子朔旦冬至天歷始改建於明堂諸神受紀太史公曰先人有言自周公卒五百歲而有孔子孔子至于今五百歲有能紹而明之正易傳繼春秋本詩書禮樂之際意在斯乎意在斯乎小子何敢攘焉（攘古讓字）上大夫壺遂曰昔孔子何爲作春秋哉太史公曰余聞之董生周道廢孔子爲魯司寇諸侯害之大夫壅之孔子知時之不用道之不行也是非二百四十二年之中以爲天下儀表貶諸侯討大夫以達王事而已矣子曰我欲載之空言不如見之行事之深切著明也春秋上明三王之道不辯人事之經紀別嫌疑明是非定猶與善善惡惡賢賢賤不肖存亡國繼絕世補敝起廢王道之大者也易著天地陰陽四時五行故長於變禮綱紀人倫故長於行書記先王之事故長於政詩記山川谿谷禽獸草木牝牡雌雄故長於風樂樂所以立故長於和春秋辯是非故長於治人是故禮以節人樂以發和書以道事詩以達意易以道化春秋以道義撥亂世反之正莫近於春秋春秋文成數萬其指數千萬物之聚散皆在春秋春秋之中弒君三十六亡國五十二諸侯奔走不得保社稷者不可勝數察其所以皆失其本已故易曰差以毫釐謬以千里故臣弒君子弒父非一朝一夕之故其漸久矣有國者不可以不知春秋前有讒而不見後有賊而不知爲人臣者不可以不知春秋守經事而不知其宜遭變事而不知其權爲人君父而不通於春秋之義者必蒙首惡之名爲人臣子不通春秋之義者必陷篡弒誅死之罪其實皆以善爲之而不知其義被之空言不敢辭夫不通禮義之指至於君不君臣不臣父不父子不子夫君不君則犯臣不臣則誅父不父則無道子不子則不孝此四行者天下之大過也以天下大過予之受而不敢辭故春秋者禮義之大宗也夫禮禁未然之前法施已然之後法之所爲用者易見而禮之所爲禁者難知壺遂曰孔子之時上無明君下不得任用故作春秋垂空文以斷禮義當一王之法今夫子上遇明天子下得守職萬事既具咸各序其宜夫子所論欲以何明太史公曰唯唯否否不然余聞之先人曰虙戲至純厚作易八卦堯舜之盛尚書載之禮樂作焉湯武之隆詩人歌之春秋采善貶惡推三代之德褒周室非獨刺譏而已也漢興已來至明天子獲符瑞封禪改正朔易服色受命於穆清澤流罔極海外殊俗重譯款塞請來獻見者不可勝道臣下百官力誦聖德猶不能宣盡其意且士賢能矣而不用有國者恥也主上明聖德不布聞有司之過也且余掌其官廢明聖盛德不載滅功臣賢大夫之業不述墮先人所言罪莫大焉余所謂述故事整齊其傳非所謂作也而君比之春秋謬矣於是論次其文十年而遭李陵之禍幽於縲紲喟然而嘆曰是余之辠夫身虧不用矣退而深惟曰夫詩書隱約者欲遂其志之思也卒述陶唐以來至于麟止自黃帝始凡十二本紀十表八書三十世家六十九列傳惟漢繼五帝末流接三代絕業周道既廢秦撥去古文焚滅詩書故明堂石室金鐀玉版圖籍散亂漢興蕭何次律令韓信申軍法張蒼爲章程叔孫通定禮儀則文學彬彬稍進詩書往往間出自曹參薦蓋公言黃老而賈誼鼂錯明申韓公孫弘以儒顯百年之間天下遺文古事靡不畢集太史公仍父子

相繼纂（與撰同）其職曰於戲（音嗚呼）余維先人嘗掌斯事顯於唐虞至于周復典之故司馬氏世主天官至于余乎欽念哉罔羅天下放失舊聞王迹所興原始察終見盛觀衰論考之行事略三代錄秦漢上記軒轅下至于兹著十二本紀既科條之矣並時異世年差不明作十表禮樂損益律歷改易兵權山川鬼神天人之際承敝通變作八書二十八宿環北辰三十輻共一轂運行無窮輔拂股肱之臣配焉忠信行道以奉主上作三十世家扶義俶儻不令已失時立功名於天下作六十九列傳凡百三十篇五十二萬六千五百字爲太史公書序略以拾遺補藝成一家言協六經異傳齊百家雜語藏之名山副在京師以竢後聖君子第七十遷之自敘云爾（自此前皆其自敘之辭自此後乃班氏作傳語）而七篇缺有錄無書（張晏曰遷沒之後亡景紀武紀禮書樂書兵書漢興以來將相年表日者列傳三王世家龜策列傳傅靳列傳元成之間褚先生補缺作武帝紀三王世家龜策日者傳言辭鄙陋非遷本意也師古曰序目本無兵書張云亡失此說非也）遷遭李陵事下腐刑事在陵傳遷既被刑之後爲中書令尊寵任職故人益州刺史任安予書責以古賢臣之義遷報之曰少卿足下曩者辱賜書教以慎於接物推賢進士爲務意氣勤勤懇懇若望僕不相師而用流俗人之言僕非敢如是也雖罷駑亦嘗側聞長者遺風矣顧自以爲身殘處穢動而見尤欲益反損是以抑鬱而誰與語諺曰誰爲爲之孰令聽之蓋鍾子期死伯牙終身不復鼓琴何則士爲知已用女爲說已容若僕大質已虧缺雖材懷隨和行若由夷終不可以爲榮適足以發笑而自點耳書辭宜答會東從上來又迫賤事相見日淺卒卒無須臾之閒得竭志意今少卿抱不測之罪涉旬月迫季冬僕又薄從上雍恐卒然不可爲諱是僕終

已不得舒憤懣以曉左右則長逝者魂魄私恨無窮請略陳固陋闕然不報幸勿爲過僕聞之修身者智之府也愛施者仁之端也取予者義之符也恥辱者勇之決也立名者行之極也士有此五者然後可以托於世列於君子之林矣故禍莫憯於利欲悲莫痛於傷心行莫醜於辱先而詬莫大於宮刑刑餘之人無所比數非一世也所從來遠矣昔衛靈公與雍渠同載孔子適陳商鞅因景監見趙良寒心同子驂乘袁絲變色自古而恥之夫中材之人事關於宦豎莫不傷氣況忼慨之士乎如今朝雖乏人奈何令刀鋸之餘薦天下豪儁哉僕賴先人緒業得待罪輦轂下二十餘年矣所以自惟上之不能納忠效信有奇策材力之譽自結明主次之又不能拾遺補闕招賢進能顯巖穴之士外之不能備行伍攻城野戰有斬將搴旗之功下之不能累日積勞取尊官厚祿以爲宗族交游光寵四者無一遂苟合取容無所短長之效可見於此矣鄉者僕亦嘗廁下大夫之列陪外廷末議不以此時引綱維盡思慮今已虧形爲埽除之隸在闒茸之中乃欲卬首信眉論列是非不以輕朝廷羞當世之士邪嗟乎嗟乎如僕尚何言哉尚何言哉且事本末未易明也僕少負不羈之才長無鄉曲之譽主上幸以先人之故使得奉薄技出入周衛之中僕以爲戴盆何以望天故絕賓客之知忘室家之業日夜思竭其不肖之材力務壹心營職以求親媚於主上而事乃有大謬不然者夫僕與李陵俱居門下素非相善也趣舍異路未嘗銜盃酒接慇勤之歡然僕觀其爲人自奇士事親孝與士信臨財廉取予義分別有讓恭儉下人常思奮不顧身以徇國家之急其素所畜積也僕

以爲有國士之風夫人臣出萬死不顧一生之計赴公家之難斯已奇矣今舉事壹不當而全軀保妻子之臣隨而媒孽其短僕誠私心痛之且李陵提步卒不滿五千深踐戎馬之地足歷王庭垂餌虎口橫挑彊胡卬億萬之師與單于連戰十餘日所殺過當虜救死扶傷不給旃裘之君長咸震怖乃悉徵左右賢王舉引弓之人一國共攻而圍之轉鬭千里矢盡道窮救兵不至士卒死傷如積然李陵一呼勞軍士無不起躬流涕沬血飲泣張空弮冒白刃北首爭死敵陵未沒時使有來報漢公卿王侯皆奉觴上壽後數日陵敗書聞主上爲之食不甘味聽朝不怡大臣憂懼不知所出僕竊不自料其卑賤見主上慘悽怛悼誠欲效其款款之愚以爲李陵素與士大夫絕甘分少能得人之死力雖古名將不過也身雖陷敗彼觀其意且欲得其當而報漢事已無可奈何其所摧敗功亦足以暴於天下僕懷欲陳之而未有路適會召問即以此指推言陵功欲以廣主上之意塞睚眦之辭未能盡明明主不深曉以爲僕沮貳師而爲李陵游說遂下於理拳拳之忠終不能自列因爲誣上卒從吏議家貧財賂不足以自贖交游莫救左右親近不爲壹言身非木石獨與法吏爲伍深幽囹圄之中誰可告愬者此正少卿所親見僕行事豈不然邪李陵既生降隤其家聲而僕又佴以蠶室重爲天下觀笑悲夫悲夫事未易一二爲俗人言也僕之先人非有剖符丹書之功文史星歷近乎卜祝之間固主上所戲弄倡優畜之流俗之所輕也假令僕伏法受誅若九牛亡一毛與螻蟻何異而世又不與能死節者比持以爲智窮罪極不能自免卒就死耳何也素所自樹立使然人固

有一死死或重於泰山或輕於鴻毛用之所趨異也太上不辱先其次不辱身其次不辱理色其次不辱辭令其次詘體受辱其次易服受辱其次關木索被箠楚受辱其次鬄毛髮嬰金鐵受辱其次毀肌膚斷支體受辱最下腐刑極矣傳曰刑不上大夫此言士節不可不厲也猛虎處深山百獸震恐及其在穽檻之中搖尾而求食積威約之漸也故士有畫地爲牢埶不入削木爲吏議不對定計於鮮也今交手足受木索暴肌膚受榜箠幽於圜牆之中當此之時見獄吏則頭槍地視徒隸則心惕息何者積威約之埶也及已至此言不辱者所謂彊顏耳曷足貴乎且西伯伯也拘羑里李斯相也具五刑淮陰王也受械於陳彭越張敖南鄉稱孤繫獄具罪絳侯誅諸呂權傾五伯囚於請室魏其大將也衣赭關三木季布爲朱家鉗奴灌夫受辱居室此人皆身至王侯將相聲聞鄰國及罪至罔加不能引決自財在塵埃之中古今一體安在其不辱也由此言之勇怯埶也彊弱形也審矣曷足怪乎且人不能蚤自財繩墨之外已稍陵夷至於鞭箠之間乃欲引節斯不亦遠乎古人所以重施刑於大夫者殆爲此也夫人情莫不貪生惡死念親戚顧妻子至激於義理者不然乃有不得已也今僕不幸蚤失二親無兄弟之親獨身孤立少卿視僕於妻子何如哉且勇者不必死節怯夫慕義何處不勉焉僕雖怯耎欲苟活亦頗識去就之分矣何至自湛溺累紲之辱哉且夫臧獲婢妾猶能引決況若僕之不得已乎所以隱忍苟活函糞土之中而不辭者恨私心有所不盡鄙沒世而文采不表於後也古者富貴而名磨滅不可勝記唯俶儻非常之人稱焉蓋西伯拘而演周易仲尼厄而作春秋屈原放逐乃賦離騷左邱失明厥有國語孫子臏腳兵法修列不韋遷蜀世傳呂覽韓非囚秦說難孤憤詩三百篇大抵聖賢發憤之所爲作也此人皆意有所鬱結不得通其道故述往事思來者乃如左邱明無目孫子斷足終不可用退論書策以舒其憤思垂空文以自見僕竊不遜近自託於無能之辭罔羅天下放失舊聞考之行事稽其成敗興壞之理凡百三十篇亦欲以究天人之際通古今之變成一家之言草創未就適會此禍惜其不成是以就極刑而無慍色僕誠已著此書藏之名山傳之其人通邑大都則僕償前辱之責雖萬被戮豈有悔哉然此可爲智者道難爲俗人言也且負下未易居下流多謗議僕以口語遇遭此禍徒重爲鄉黨戮笑汙辱先人亦何面目復上父母之邱墓乎雖累百世垢彌甚耳是以腸一日而九迴居則忽忽若有所亡出則不知其所往每念斯恥汗未嘗不發背霑衣也身直爲閨閤之臣寧得自引深藏於巖穴邪故且從俗浮湛與時俯仰以通其狂惑今少卿乃教以推賢進士無乃與僕之私指謬乎今雖欲自雕瑑曼辭以自解無益於俗不信秖取辱耳要之死日然後是非乃定書不能盡意故略陳固陋遷既死後其書稍出宣帝時遷外孫平通侯楊惲祖述其書遂宣布焉至王莽時求封遷後爲史通子

嚴助會稽吳人嚴夫子子也或言族家子也郡舉賢良對策百餘人武帝善助對繇是獨擢助爲中大夫後得朱買臣吾邱壽王司馬相如主父偃徐樂嚴安東方朔枚皐膠倉終軍嚴葱奇等並在左右是時征伐四夷開置邊郡軍旅數發內改制度朝廷多事婁舉賢良文學之士公孫弘起徒步數年至丞相開東閤延賢人與謀議朝覲奏事因言國家便宜上令助等與大臣辯論中外相應以義理之文大臣數詘其尤親幸者東方朔枚皐嚴助吾邱壽王司馬相如相如常稱疾避事朔皐不根持論上頗俳優畜之唯助與壽王見任用而助最先進建元三年閩越舉兵圍東甌東甌告急於漢時武帝年未二十以問太尉田蚡蚡以爲越人相攻擊其常事又數反覆不足煩中國往救也自秦時棄不屬於是助詰蚡曰特患力不能救德不能覆誠能何故棄之且秦舉咸陽而棄之何但越也今小國以窮困來告急天下不振尚安所愬又何以子萬國乎上曰太尉不足與計吾新即位不欲出虎符發兵郡國乃遣助以節發兵會稽會稽守欲距法不爲發助乃斬一司馬諭意指遂發兵浮海救東甌未至閩越引兵罷後三歲閩越復興兵擊南越南越守天子約不敢擅發兵而上書以聞上多其義大爲發興遣兩將軍將兵誅閩越淮南王安上書諫曰陛下臨天下布德施惠緩刑罰薄賦斂哀鰥寡恤孤獨養耆老振乏匱盛德上隆和澤下洽近者新附遠者懷德天下攝然人安其身自以沒身不見兵革今聞有司舉兵將以誅越臣安竊爲陛下重之越方外之地劗髮文身之民也不可以冠帶之國法度理也自三代之盛胡越不與受正朔非彊弗能服威弗能制也以爲不居之地不牧之民不足以煩中國也故古者封內甸服封外侯服侯衞賓服蠻夷要服戎狄荒服遠近勢異也自漢初定已來七十二年吳越人相攻擊者不可勝數然天子未嘗舉兵而入其地也臣聞越非有城郭邑里也處谿谷之間篁竹之中習於水鬭便於用舟地深

昧而多水險中國之人不知其勢阻而入其地雖百不當其一得其地不可郡縣也攻之不可暴取也以地圖察其山川要塞相去不過寸數而閒獨數百千里阻險林叢弗能盡著視之若易行之甚難天下賴宗廟之靈方內大寧戴白之老不見兵革民得夫婦相守父子相保陛下之德也越人名為藩臣貢酎之奉不輸大內一卒之用不給上事自相攻擊而陛下發兵救之是反以中國而勞蠻夷也且越人愚戇輕薄負約反覆其不用天子之法度非一日之積也壹不奉詔舉兵誅之臣恐後兵革無時得息也間者數年歲比不登民待賣爵贅子以接衣食賴陛下德澤振救之得毋轉死溝壑四年不登五年復蝗民生未復今發兵行數千里資衣糧入越地輿轎而隃領拕舟而入水行數百千里夾以深林叢竹水道上下擊石林中多蝮蛇猛獸夏月暑時歐泄霍亂之病相隨屬也曾未施兵接刃死傷者必眾前時南海王反陛下先臣使將軍間忌將兵擊之以其軍降處之上淦後復反會天暑多雨樓船卒水居擊櫂未戰而疾死者過半親老涕泣孤子謕號破家散業迎尸千里之外裹骸骨而歸悲哀之氣數年不息長老至今以為記曾未入其地而禍已至此矣臣聞軍旅之後必有凶年言民之各以其愁苦之氣薄陰陽之和感天地之精而災氣為之生也陛下德配天地明象日月恩至禽獸澤及草木一人有飢寒不終其天年而死者為之悽愴於心今方內無狗吠之警而使陛下甲卒死亡暴露中原霑漬山谷邊境之民為之早閉晏開鼂不及夕臣安竊為陛下重之不習南方地形者多以越為人眾兵彊能難邊城淮南全國之時多為邊吏臣竊聞之與中國異限以高山人迹所絕車道不通天地所以隔內外也其入中國必下領水領水之山峭峻漂石破舟不可以大船載食糧下也越人欲為變必先田餘干界中積食糧乃入伐材治船邊城守候誠謹越人有入伐材者輒收捕焚其積聚雖百越奈邊城何且越人緜力薄材不能陸戰又無車騎弓弩之用然而不可入者以保地險而中國之人不能其水土也臣聞越甲卒不下數十萬所以入之五倍乃足輓車奉饟者不在其中南方暑溼近夏癉熱暴露水居蝮蛇蠚生疾癘多作兵未血刃而病死者什二三雖舉越國而虜之不足以償所亡臣聞道路言閩越王弟甲弒而殺之甲以誅死其民未有所屬陛下若欲來內處之中國使重臣臨存施德垂賞以招致之此必攜幼扶老以歸聖德若陛下無所用之則繼其絕世存其亡國建其王侯以為畜越此必委質為藩臣世共貢職陛下以方寸之印丈二之組填撫方外不勞一卒不頓一戟而威德並行今以兵入其地此其震恐以有司為欲屠滅之也必雉兎逃入山林險阻背而去之則復相羣聚留而守之歷歲經年則士卒罷勌食糧乏絕男子不得耕稼樹種婦人不得紡績織紝丁壯從軍老弱轉餉居者無食行者無糧民苦兵事亡逃者必眾隨而誅之不可勝盡盜賊必起臣聞長老言秦之時嘗使尉屠睢擊越又使監祿鑿渠通道越人逃入深山林叢不可得攻留軍屯守空地曠日持久士卒勞倦越出擊之秦兵大破乃發適戍以備之當此之時外內騷動百姓靡敝行者不還往者莫反皆不聊生亡逃相從羣為盜賊於是山東之難始興此老子所謂師之所處荊棘生之者也兵者凶事一方有急四面皆從臣恐變詐之生姦邪之作由此始也周易曰高宗伐鬼方三年而克之鬼方小蠻夷高宗殷之盛天子也以盛天子伐小蠻夷三年而後克言用兵之不可不重也臣聞天子之兵有征而無戰言莫敢校也如使越人蒙死徼倖以逆執事之顏行廝輿之卒有一不備而歸者雖得越王之首臣猶竊為大漢羞之陛下以四海為境九州為家八藪為囿江漢為池生民之屬皆為臣妾人徒之眾足以奉千官之共租稅之收足以給乘輿之御玩心神明秉執聖道負黼扆馮玉几南面而聽斷號令天下四海之內莫不嚮應陛下垂德惠以覆露之使元元之民安生樂業則澤被萬世傳之子孫施之無窮天下之安猶泰山而四維之也夷狄之地何足以為一日之間而煩汗馬之勞乎詩曰王猶允塞徐方既來言王道甚大而遠方懷之也臣聞之農夫勞而君子養焉愚者言而智者擇焉臣安幸得為陛下守藩以身為鄣蔽人臣之任也邊境有警愛身之死而不畢其愚非忠臣也臣安竊恐將吏之以十萬之師為一使之任也是時漢兵遂出未踰領適會閩越王弟餘善殺王以降漢兵罷上嘉淮南王之意美將卒之功乃令嚴助諭意風指於南越南越王頓首曰天子乃幸興兵誅閩越死無以報即遣太子嬰齊隨助入侍助還天子又使助諭淮南王以發兵之指及閩王隕命南越委質事効於是淮南王謝曰雖湯伐桀文王伐崇誠不過此臣安妄以愚意狂言陛下不忍加誅使使者臨詔臣安以所不聞誠不勝厚幸助由是與淮南王相結而還上大說助侍燕從容上問助居鄉里時助對曰家貧為友壻富人所辱上問所欲對願為會稽太守於是拜為會稽太守數年不聞

問賜書曰制詔會稽太守君厭承明之廬勞侍從之事懷故土出爲郡吏會稽東接於海南近諸越北枕大江間者闊焉久不聞問具以春秋對毋以蘇秦從横助恐上書謝稱春秋天王出居于鄭不能事母故絕之臣事君猶子事父母也臣助當伏誅陛下不忍加誅願奉三年計最詔許因留侍中有奇異輒使爲文及作賦頌數十篇後淮南王來朝厚賂遺助交私論議及淮南王反事與助相連上薄其罪欲勿誅廷尉張湯爭以爲助出入禁門腹心之臣而外與諸侯交私如此不誅後不可治助竟棄市

朱買臣字翁子吳人也家貧好讀書不治產業常艾薪樵賣以給食擔束薪行且誦書其妻亦負戴相隨數止買臣毋歌嘔道中買臣愈益疾歌妻羞之求去買臣笑曰我年五十當富貴今已四十餘矣女苦日久待我富貴報女功妻恚怒曰如公等終餓死溝中耳何能富貴買臣不能留卽聽去其後買臣獨行歌道中負薪墓間故妻與夫家俱上冢見買臣飢寒呼飯飲之後數歲買臣隨上計吏爲卒將重車至長安詣闕上書書久不報待詔公車糧用乏上計吏卒更乞匄之會邑子嚴助貴幸薦買臣召見說春秋言楚詞帝甚說之拜買臣爲中大夫與嚴助俱侍中是時方築朔方公孫弘諫以爲罷敝中國上使買臣難詘弘語在弘傳後買臣坐事免久之召待詔是時東越數反覆買臣因言故東越王居保泉山一人守險千人不得上今聞東越王更徙處南行去泉山五百里居大澤中今發兵浮海直指泉山陳舟列兵席卷南行可破滅也上拜買臣會稽太守上謂買臣曰富貴不歸故鄉如衣繡夜行今子何如買臣頓首辭謝詔買臣到郡治樓船備糧食水戰具須詔書軍到與俱進初買臣免待詔常從會稽守邸者寄居飯食拜爲太守買臣衣故衣懷其印綬步歸郡邸直上計時會稽吏方相與羣飲不視買臣買臣入室中守邸與共飲食食且飽少見其綬守邸怪之前引其綬視其印會稽太守章也守邸驚出語上計掾吏皆醉大呼曰妄誕耳守邸曰試來視之其故人素輕買臣者入視之還走疾呼曰實然坐中驚駭白守丞相推排陳列中庭拜謁買臣徐出戶有頃長安廄吏乘駟馬車來迎買臣遂乘傳去會稽聞太守且至發民除道縣長吏並送迎車百餘乘入吳界見其故妻妻夫治道買臣駐車呼令後車載其夫妻到太守舍置園中給食之居一月妻自經死買臣乞其夫錢令葬悉召見故人與飲食諸嘗有恩者皆報復焉居歲餘買臣受詔將兵與横海將軍韓說等俱擊破東越有功徵入爲主爵都尉列於九卿數年坐法免官復爲丞相長史張湯爲御史大夫始買臣與嚴助俱侍中貴用事湯尚爲小吏趨走買臣等前後湯以廷尉治淮南獄排陷嚴助買臣怨湯及買臣爲長史湯數行丞相事知買臣素貴故陵折之買臣見湯坐牀上弗爲禮買臣深怨常欲死之後遂告湯陰事湯自殺上亦誅買臣買臣子山拊官至郡守右扶風

吾丘壽王字子贛趙人也年少以善格五召待詔詔使從中大夫董仲舒受春秋高材通明遷侍中中郎坐法免上書謝罪願養馬黃門上不許後願守塞扞寇難復不許久之上疏願擊匈奴詔問狀壽王對良善復召爲郎稍遷會東郡盜賊起拜爲東郡都尉上以壽王爲都尉不復置太守是時軍旅數發年歲不登多盜賊詔賜壽王璽書曰子在朕前之時知略輻湊以爲天下少雙海內寡二及至連十餘城之守任四千石之重職事並廢盜賊從横甚不稱在前時何也壽王謝罪因言其狀後徵入爲光祿大夫侍中丞相公孫弘奏言民不得挾弓弩十賊彍弩百吏不敢前盜賊不輒伏辜免脫者衆害寡而利多此盜賊所以蕃也禁民不得挾弓弩則盜賊執短兵短兵接則衆者勝以衆吏捕寡賊其勢必得盜賊有害無利則莫犯法刑錯之道也臣愚以爲禁民毋得挾弓弩便上下其議壽王對曰臣聞古者作五兵非以相害以禁暴討邪也安居則以制猛獸而備非常有事則以設守衞而施行陣及周室衰微上無明王諸侯力政彊侵弱衆暴寡海內抗盡也敝巧詐並生是以智者陷愚勇者威怯苟以得勝爲務不顧義理故機變械飾所以相賊害之具不可勝數於是秦兼天下廢王道立私議滅詩書而首法令去仁恩而任刑戮墮名城殺豪桀銷甲兵折鋒刃其後民以耰鉏箠梃相撻擊犯法滋衆盜賊不勝至於赭衣塞路羣盜滿山卒以亂亡故聖王務教化而省禁防知其不足恃也陛下昭明德建太平舉俊才興學官三公有司或由窮巷起白屋裂地而封宇內日化方外鄉風然盜賊猶有者郡國二千石之罪非挾弓弩之過也禮曰男子生桑弧蓬矢以舉之明示有事也孔子曰吾何執執射乎大射之禮自天子降及庶人三代之道也詩云大侯旣抗弓矢斯張射夫旣同獻爾發功言貴中也愚聞聖王合射以明教矣未聞弓矢之爲禁也且所爲禁者爲盜賊之以攻奪也攻奪之罪死然而不止者大姦之於重誅固不避也臣恐邪人挾之而吏不能止良民以自備而抵法禁是擅賊

威而奪民救也竊以爲無益於禁姦而廢先王之典使學者不得習行其禮大不便書奏上以難丞相弘弘詘服焉及汾陰得寶鼎武帝嘉之薦見宗廟藏於甘泉宮羣臣皆上壽賀曰陛下得周鼎壽王獨曰非周鼎上聞之召而問之曰今朕得周鼎羣臣皆以爲然壽王獨以爲非何也有說則可無說則死壽王對曰臣安敢無說臣聞周德始乎后稷長於公劉大於大王成於文武顯於周公德澤上昭天下漏泉無所不通上天報應鼎爲周出故名曰周鼎今漢自高祖繼周亦昭德顯行布恩於惠六合和同至於陛下恢廓祖業功德愈盛天瑞並至珍祥畢見秦始皇親出鼎於彭城而不能得天祚不德而寶鼎自出此天之所以與漢乃漢寶非周寶也上曰善羣臣皆稱萬歲是日賜壽王黃金十斤後坐事誅

主父偃齊國臨菑人也學長短從橫術晚乃學易春秋百家之言游齊諸子閒諸儒生相與排擯不容於齊家貧假貣無所得北游燕趙中山皆莫能厚客甚困以諸侯莫足游者元光元年乃入關見衛將軍衛將軍數言上上不省貲用乏留久諸侯賓客多厭之乃上書闕下朝奏暮召入見所言九事其八事爲律令一事諫伐匈奴曰臣聞明主不惡切諫以博觀忠臣不避重誅以直諫是故事無遺策而功流萬世今臣不敢隱忠避死以效愚計願陛下幸赦而少察之司馬法曰國雖大好戰必亡天下雖平忘戰必危天下既平天子大愷春蒐秋獮諸侯春振旅秋治兵所以不忘戰也且怒者逆德也兵者凶器也爭者末節也古之人君一怒必伏尸流血故聖王重行之夫務戰勝窮武事未有不悔者也昔秦皇帝任戰勝之威蠶食天下并吞六國海內爲一切齊三代務勝不休欲攻匈奴李斯諫曰不可夫匈奴無城郭之居委積之守遷徙鳥舉難得而制輕兵深入糧食必絕運糧以行重不及事得其地不足以爲利得其民不可調而守也勝必棄之非民父母靡敝中國甘心匈奴非完計也秦皇帝不聽遂使蒙恬將兵而攻胡卻地千里以河爲境地固澤鹵不生五穀然後發天下丁男以守北河暴兵露師十有餘年死者不可勝數終不能踰河而北是豈人眾之不足兵革之不備哉其勢不可也又使天下飛芻輓粟起於黃腄琅邪負海之郡轉輸北河率三十鍾而致一石男子疾耕不足於糧餉女子紡績不足於帷幕百姓靡敝孤寡老弱不能相養道死者相望蓋天下始叛也及至高皇帝定天下略地於邊聞匈奴聚代谷之外而欲擊之御史成諫曰不可夫匈奴獸聚而鳥散從之如搏景今以陛下盛德攻匈奴臣竊危之高帝不聽遂至代谷果有平城之圍高帝悔之乃使劉敬往結和親然後天下亡干戈之事故兵法曰興師十萬日費千金秦常積眾數十萬人雖有覆軍殺將係虜單于適足以結怨深讎不足以償天下之費夫匈奴行盜侵敺所以爲業天性固然上自虞夏殷周固不程督禽獸畜之不比爲人夫不上觀虞夏殷周之統而下循近世之失此臣之所以大恐百姓所疾苦也且夫兵久則變生事苦則慮易使邊境之民靡敝愁苦將吏相疑而外市故尉佗章邯得成其私而秦政不行權分二子此得失之效也故周書曰安危在出令存亡在所用願陛下孰計之而加察焉是時徐樂嚴安亦俱上書言世務書奏上召見三人謂曰公皆安在何相見之晚也乃拜偃樂安皆爲郎中偃數上疏言事遷謁者中郎中大夫歲中四遷偃說上曰古者諸侯地不過百里彊弱之形易制今諸侯或連城數十地方千里緩則驕奢易爲淫亂急則阻其彊而合從以逆京師今以法割削則逆節萌起前日鼂錯是也今諸侯子弟或十數而適嗣代立餘雖骨肉無尺地之封則仁孝之道不宣願陛下令諸侯得推恩分子弟以地侯之彼人人喜得所願上以德施實分其國必稍自銷弱矣於是上從其計又說上曰茂陵初立天下豪桀兼并之家亂眾民皆可徙茂陵內實京師外銷姦猾此所謂不誅而害除上又從之尊立衛皇后及發燕王定國陰事偃有功焉大臣皆畏其口賂遺累千金或說偃曰大橫偃曰臣結髮游學四十餘年身不得遂親不以爲子昆弟不收賓客棄我我阨日久矣丈夫生不五鼎食死則五鼎烹耳吾日暮故倒行逆施之偃盛言朔方地肥饒外阻河蒙恬築城以逐匈奴內省轉輸戍漕廣中國滅胡之本也上覽其說下公卿議皆言不便公孫弘曰秦時嘗發三十萬眾築北河終不可就已而棄之朱買臣難詘弘遂置朔方本偃計也元朔中偃言齊王內有淫失之行上拜偃爲齊相至齊徧召昆弟賓客散五百金予之數曰始吾貧時昆弟不我衣食賓客不我內門今吾相齊諸君迎我或千里吾與諸君絕矣毋復入偃之門乃使人以王與姊姦事動王王以爲終不得脫恐效燕王論死乃自殺偃始爲布衣時嘗游燕趙及其貴發燕事趙王恐其爲國患欲上書言其陰事爲居中不敢發及其爲齊王出關卽使人上書告偃受諸侯金以故諸侯子多以得封者及齊王以自殺聞上大怒以爲偃劫其王令自殺乃徵下吏治偃服受諸侯之金實不劫齊王令自殺上

欲勿誅公孫弘爭曰齊王自殺無後國除爲郡入漢偃本首惡非誅偃無以謝天下乃遂族偃偃方貴幸時客以千數及族死無一人視獨孔車收葬焉上聞之以孔車爲長者

徐樂燕郡無終人也上書曰臣聞天下之患在於土崩不在瓦解古今一也何謂土崩秦之末世是也陳涉無千乘之尊尺土之地身非王公大人名族之後鄉曲之譽非有孔曾墨子之賢陶朱猗頓之富也然起窮巷奮棘矜偏袒大呼天下從風此其故何也由民困而主不恤下怨而上不知俗已亂而政不修此三者陳涉之所以爲資也此之謂土崩故曰天下之患在乎土崩何謂瓦解吳楚齊趙之兵是也七國謀爲大逆號皆稱萬乘之君帶甲數十萬威足以嚴其境內財足以勸其士民然不能西攘尺寸之地而身爲禽於中原者此其故民也非權輕於匹夫而兵弱於陳涉也當是之時先帝之德未衰而安土樂俗之民眾故諸侯無竟外之助此之謂瓦解故曰天下之患不在瓦解由此觀之天下誠有土崩之勢雖布衣窮處之士或首難而危海內陳涉是也況三晉之君或存乎天下雖未治也誠能無土崩之勢雖有彊國勁兵不得還踵而身爲禽吳楚是也況羣臣百姓能爲亂乎此二體者安危之明要賢主之所留意而深察也閒者關東五穀數不登年歲未復民多窮困重之以邊境之事推數循理而觀之民宜有不安其處者矣不安故易動易動者土崩之勢也故賢主獨觀萬化之原明於安危之機修之廟堂之上而銷未形之患也其要期使天下無土崩之勢而已故雖有彊國勁兵陛下逐走獸射飛鳥弘游燕之囿淫從恣之觀極馳騁之樂自若金石絲竹之聲不絕於耳帷幄之私俳優朱儒之笑不乏於前而天下無宿憂名何必夏子俗何必成康雖然臣竊以爲陛下天然之質寬仁之資而誠以天下爲務則禹湯之名不難侔而成康之俗未必不復興者此二體者立然後處尊安之實揚廣譽於當世親天下而服四夷餘恩遺德爲數世隆南面背依攝袂而揖王公此陛下之所服也臣聞圖王不成其敝足以安安則陛下何求而不得何威而不成奚征而不服哉

嚴安臨菑人也以故丞相史上書曰臣聞之鄒子曰政教文質者所以云救也故守一而不變者未睹治之至也今天下人民用財侈靡車馬衣裘宮室皆競修飾離本徼末姦軌浸長犯法者眾夫佳麗珍怪固順於耳目之欲然養失而泰樂失而淫禮失而采教失而僞僞采淫泰非所以範民之道也臣願爲民制度以防其淫以和其心心既和平其性恬安恬安不營則盜賊銷盜賊銷則刑罰少刑罰少則陰陽和四時正風雨時草木暢茂五穀蕃熟六畜遂字民不夭厲和之至也臣聞周有天下其治三百餘歲及其衰也亦三百餘年故五伯更起伯者常佐天子匡正海內五伯既沒諸侯恣行是以田常篡齊六卿分晉並爲戰國合從連衡車馳轂擊介胄生蟣蝨民無所告愬及至秦王并吞天下號稱皇帝壞諸侯之城銷其兵鑄以爲鐘虡示不復用黎民得免於戰國人人自以爲更生鄉使秦緩刑罰薄賦歛省繇役貴仁義賤權利上篤厚下佞巧變風易俗化於海內則世世必安矣秦不行是風循其故俗法令嚴苛意廣心逸欲威海外使蒙恬將兵以北攻彊胡辟地進境戍於北河飛芻輓粟以隨其後又使尉屠睢將樓船之士攻越使監祿鑿渠運糧深入越地越入遁逃曠日持久糧食乏絕越人擊之秦兵大敗秦乃使尉佗將卒以戍越當是時秦禍北構於胡南挂於越宿兵於無用之地進而不得退行十餘年丁男被甲丁女轉輸苦不聊生自經於道樹死者相望及秦皇帝崩天下大畔陳勝吳廣舉陳武臣張耳舉趙項梁舉吳田儋舉齊景駒舉郢周市舉魏韓廣舉燕窮山通谷豪士並起不可勝載也然本皆非公侯之後非長官之吏無尺寸之勢起閭巷杖棘矜應時而動不謀而俱起不約而同會壤長地進至乎伯王時教使然也秦貴爲天子富有天下滅世絕祀窮兵之禍也故周失之弱秦失之彊不變之患也今徇南夷朝夜郎降羌僰略薉州建城邑深入匈奴燔其龍城議者美之此人臣之利非天下之長策也今中國無狗吠之警而外累於遠方之備靡敝國家非所以子民也行無窮之欲甘心快意結怨於匈奴非所以安邊也禍挐而不解兵休而復起近者愁苦遠者驚駭非所以持久也今天下鍛甲摩劍矯箭控弦轉輸軍糧未見休時此天下所共憂也夫兵久而變起事煩而慮生今外郡之地或幾千里列城數十形束壤制帶脅諸侯非宗室之利也上觀齊晉所以亡公室卑削六卿大盛也下覽秦之所以滅刑嚴文刻欲大無窮也今郡守之權非特六卿之重也地幾千里非特閭巷之資也甲兵器械非特棘矜之用也以逢萬世之變則不可勝諱也後以安爲騎馬令

終軍字子雲濟南人也少好學以辯博能屬文聞於郡中年十八選爲博士弟子至府受遣太守聞其有異材召見軍甚奇之與交結軍揖太守而去至長安上書言

事武帝異其文拜軍爲謁者給事中從上幸雍祠五時獲白麟一角五蹄時又得奇木其枝旁出輒復合於木上上異此二物博謀羣臣軍上對曰臣聞詩頌君德樂舞后功異經而同指明盛德之所隆也南越竄屏葭葦與鳥魚羣正朔不及其俗有司臨境而東甌內附閩王伏辜南越賴救北胡隨畜薦居禽獸行虎狼心上古未能攝大將軍秉鉞單于奔幕驃騎抗旌昆邪右衽是澤南洽而威北暢也若罰不阿近舉不遺遠設官竢賢縣賞待功能者進以保祿罷者退而勞力刑於宇內矣履衆美而不足懷聖明而不專建三宮之文質章厥職之所宜封禪之君無聞焉夫天命初定萬事草創及臻六合同風九州共貫必待明聖潤色祖業傳於無窮故周至成王然後制定而休徵之應見陛下盛日月之光垂聖思於勒成專神明之敬奉燔瘞於郊宮獻享之精交神積和之氣塞明而異獸來獲宜矣昔武王中流未濟白魚入於王舟俯取以燎羣公咸曰休哉今郊祀未見於神祇而獲獸以饋此天之所以示饗而上通之符合也宜因昭時令日改定告元苴白茅於江淮發嘉號于營邱以應緝熙使著事者有紀焉蓋六鶂退飛逆也白魚登舟順也夫明闇之徵上亂飛鳥下動淵魚各以類推今野獸幷角明同本也衆支內附示無外也若此之應殆將有解編髮削左衽襲冠帶要衣裳而蒙化者焉斯拱而竢之耳對奏上甚異之由是改元爲元狩後數月越地及匈奴名王有率衆來降者時皆以軍言爲中元鼎中博士徐偃使行風俗偃矯制使膠東魯國鼓鑄鹽鐵還奏事徙爲太常丞御史大夫張湯劾偃矯制大害法至死偃以爲春秋之義大夫出彊有可以安社稷存萬民顓之可也湯以致其法不能詘其義有詔下軍問狀軍詰偃曰古者諸侯國異俗分百里不通時有聘會之事安危之埶呼吸成變故有不受辭造命顓巳之宜今天下爲一萬里同風故春秋王者無外偃巡封域之中稱以出彊何也且鹽鐵郡有餘藏正二國廢國家不足以爲利害而以安社稷存萬民爲辭何也又詰偃膠東南近琅邪北接北海魯國西枕泰山東有東海受其鹽鐵偃度四郡口數田地率其用器食鹽不足以幷給二郡邪將埶宜有餘而吏不能也何以言之偃矯制而鼓鑄者欲及春耕種贍民器也今魯國之鼓當先具其備至秋乃能舉火此言與實反者非偃巳前三奏無詔不惟所爲不許而直矯作威福以從民望于名采譽此明聖之所必加誅也枉尺直尋孟子稱其不可今所犯罪重所就者小偃自予必死而爲之邪將幸誅不加欲以采名也偃窮詘服罪當死軍奏偃矯制顓行非奉使體請下御史徵偃卽罪奏可上善其詰有詔示御史大夫初軍從濟南當詣博士步入關關吏予軍繻軍問以此何爲吏曰爲復傳還當以合符軍曰大丈夫西游終不復傳還棄繻而去軍爲謁者使行郡國建節東出關關吏識之曰此使者乃前棄繻生也軍行郡國所見便宜以聞還奏事上甚說當發使使匈奴軍自請曰軍無橫草之功得列宿衞食祿五年邊境時有風塵之警臣宜被堅執銳當矢石啟前行下郎反駑下不習兵革之事今聞將遣匈奴使者臣願盡精厲氣奉佐明使畫吉凶於單于之前臣年少材下孤於外官不足以亢一方之任竊不勝憤懣詔問畫吉凶之狀上奇軍對擢爲諫大夫南越與漢和親乃遣軍使南越說其王欲令入朝比內諸侯軍自請願受長纓必羈南越王而致之闕下軍遂往說越王越王聽許請舉國內屬天子大說賜南越大臣印綬壹用漢法以新改其俗令使者留塡撫之越相呂嘉不欲內屬發兵攻殺其王及漢使者皆死語在南越傳軍死時年二十餘故世謂之終童

王褒字子淵蜀人也宣帝時修武帝故事講論六藝羣書博盡奇異之好徵能爲楚辭九江被公召見誦讀益召高材劉向張子僑華龍柳褒等待詔金馬門神爵五鳳之間天下殷富數有嘉應上頗作歌詩欲興協律之事丞相魏相奏言知音善鼓雅琴者渤海趙定梁國龔德皆召見待詔於是益州刺史王襄欲宣風化於衆庶聞王褒有俊材請與相見使褒作中和樂職宣布詩選好事者令依鹿鳴之聲習而歌之時氾鄉侯何武爲僮子選在歌中久之武等學長安歌太學下轉而上聞宣帝召見武等觀之皆賜帛謂曰此盛德之事吾何以當之褒旣爲刺史作頌又作其傳益州刺史因奏褒有軼材上乃徵褒旣至詔褒爲聖主得賢臣頌其意褒對曰夫荷旃被毳者難與道純緜之麗密羹藜含糗者不足與論太牢之滋味今臣辟在西蜀生於窮巷之中長於蓬茨之下無有游觀廣覽之知顧有至愚極陋之累不足以塞厚望應明指雖然敢不略陳愚而抒情素記曰共惟春秋法五始之要在乎審巳正統而巳夫賢者國家之器用也所任賢則趨舍省而功施普器用利則用力少而就效衆故工人之用鈍器也勞筋苦骨終日矻矻及至巧冶鑄干將之樸清水焠其鋒越砥斂其咢水斷蛟龍陸剸犀革忽若彗氾畫塗如此則使離婁督繩公輸削墨雖崇臺五增延袤百丈而不溷者工用相得

也庸人之御駑馬亦傷吻敝策而不進於行匈喘膚汗人極馬倦及至駕齧厀驂乘旦王良執靶韓哀附輿縱馳騁騖忽如景靡過都越國蹶如歷塊追奔電逐遺風周流八極萬里壹息何其遼哉人馬相得也故服絺綌之涼者不苦盛暑之鬱燠襲貂狐之煖者不憂至寒之悽愴何則有其具者易其備賢人君子亦聖王之所以易海內也是以嘔喻受之開寬裕之路以延天下英俊也夫竭知附賢者必建仁策索人求士者必樹伯迹昔周公躬吐捉之勞故有圉空之隆齊桓設庭燎之禮故有匡合之功由此觀之君人者勤於求賢而逸於得人人臣亦然昔賢者之未遭遇也圖事揆策則君不用其謀陳見悃誠則上不然其信進仕不得施效斥逐又非其愆是故伊尹勤於鼎俎太公困於鼓刀百里自鬻甯子飯牛離此患也及其遇明君遭聖主也運籌合上意諫諍即見聽進退得關其忠任職得行其術去卑辱奧渫而升本朝離疏釋蹻而享膏粱剖符錫壤而光祖考傳之子孫以貲說士故世必有聖知之君而後有賢明之臣故虎嘯而風冽龍興而致雲蟋蟀竢秋吟蜉蝤出以陰易曰飛龍在天利見大人詩曰思皇多士生此王國故世平主聖俊乂將自至若堯舜禹湯文武之君獲稷契皋陶伊尹呂望明明在朝穆穆布列聚精會神相得益章雖伯牙操遞鍾逢門子彎烏號猶未足以喻其意也故聖王必待賢臣而弘功業俊士亦俟明主以顯其德上下俱欲驩然交欣千載壹合論說無疑翼乎如鴻毛遇順風沛乎如巨魚縱大壑其得意若此則胡禁不止曷令不行化溢四表橫被無窮遐夷貢獻萬祥畢臻是以聖王不徧窺望而視已明不單傾耳而聽已聰恩從祥風翱德與和氣游太平之責塞優游之望得遂遊自然之勢恬淡無爲之場休徵自至壽考無疆雍容垂拱永永萬年何必偃仰詘信若彭祖呴噓呼吸如僑松眇然絕俗離世哉詩云濟濟多士文王以寧蓋信乎其以寧也是時上頗好神僊故褒對及之上令褒與張子僑等並待詔數從褒等放獵所幸宮館輒爲歌頌第其高下以差賜帛議者多以爲淫靡不急上曰不有博弈者乎爲之猶賢乎已辭賦大者與古詩同義小者辯麗可喜辟如女工有綺縠音樂有鄭衛今世俗猶皆以此虞說耳目辭賦比之上有仁義風諭鳥獸草木多聞之觀賢於倡優博弈遠矣頃之擢褒爲諫大夫其後太子體不安苦忽忽善忘不樂詔使褒等皆之太子宮虞侍太子朝夕誦讀奇文及所自造作疾平復乃歸太子喜褒所爲甘泉及洞簫頌令後宮貴人左右皆誦讀之後方士言益州有金馬碧雞之寶可祭祀致也宣帝使褒往祀焉褒於道病死上閔惜之

賈捐之字君房賈誼之曾孫也元帝初即位上疏言得失召待詔金門初武帝征南越元封元年立儋耳珠厓郡皆在南方海中洲居廣袤可千里合十六縣戶二萬三千餘其民暴惡自以阻絕數犯吏禁吏亦酷之率數年壹反漢輒擊定之自初爲郡至昭帝始元初二十餘年間凡六反至五年罷儋耳郡并屬珠厓至宣帝神爵三年珠厓三縣復反反後七年甘露元年九縣反輒發兵擊定之元帝初元元年珠厓又反發兵擊之諸縣更叛連年不定上與有司議大發軍捐之建議以爲不當擊上使侍中駙馬都尉樂昌侯王商詰問捐之曰珠厓內屬爲郡久矣今背畔逆節而云不當擊長蠻夷之亂虧先帝功德經義何以處之捐之對曰臣幸遭明盛之朝蒙危言之策無忌諱之患敢昧死竭卷卷臣聞堯舜聖之盛者也禹入聖域而不優故孔子稱堯曰大哉韶曰盡善禹曰無間以三聖之德地方不過數千里西被流沙東漸于海朔南暨聲教迄于四海欲與聲教則治之不欲與者不彊治也故君臣歌德含氣之物各得其宜武丁成王殷周之大仁也然地東不過江黃西不過氐羌南不過蠻荊北不過朔方是以頌聲並作視聽之類咸樂其生越裳氏重九譯而獻此非兵革之所能致及其衰也南征不還齊桓救其難孔子定其文以至于秦興兵遠攻貪外虛內務欲廣地不慮其害然地南不過閩粵北不過太原而天下潰畔禍卒在於二世之末長城之歌至今未絕賴聖漢初興爲百姓請命平定天下至孝文皇帝閔中國未安偃武脩文則斷獄數百民賦四十丁男三年而一事時有獻千里馬者詔曰鸞旗在前屬車在後吉行日五十里師行三十里朕乘千里之馬獨先安之於是還馬與道里費而下詔曰朕不受獻也其令四方毋求來獻當此之時逸游之樂絕奇麗之賂塞鄭衛之倡微矣夫後宮盛色則賢者隱處佞人用事則諍臣杜口而文帝不行故謚爲孝文廟稱太宗孝武皇帝元狩六年太倉之粟紅腐而不可食都內之錢貫朽而不可校乃探平城之事錄冒頓以來數爲邊害籍兵厲馬因富民以攘服之西連諸國至于安息東過碣石以元菟樂浪爲郡北卻匈奴萬里更起營塞制南海以爲八郡則天下斷獄萬數民賦數百造鹽鐵酒榷之利以佐用度猶不能足當此之時寇賊並起軍旅數發父戰死於前子鬬傷於後女子乘亭鄣孤兒號於

道老母寡婦飲泣巷哭遥設虛祭想魂乎萬里之外淮南王盜寫虎符陰聘名士關東公孫勇等詐爲使者是皆廓地泰大征伐不休之故也今天下獨有關東關東大者獨有齊楚民眾久困連年流離離其城郭相枕席於道路人情莫親父母莫樂夫婦至嫁妻賣子法不能禁義不能止此社稷之憂也今陛下不忍悁悁之忿欲驅士眾擠之大海之中快心幽冥之地非所以救助饑饉保全元元也詩云蠢爾蠻荆大邦爲讎言聖人起則後服中國衰則先畔動爲國家難自古而患之久矣何况乃復其南方萬里之蠻乎駱越之人父子同川而浴相習以鼻飲與禽獸無異本不足郡縣置也顓顓獨居一海之中霧露氣溼多毒草蟲蛇水土之害人未見虜戰士自死又非獨珠厓有珠犀瑇瑁也棄之不足惜不擊不損威其民譬猶魚鼈何足貪也臣切以往者羌軍言之暴師曾未一年兵出不踰千里費四十餘萬萬大司農錢盡乃以少府禁錢續之夫一隅爲不善費尚如此况於勞師遠攻亡士毋功乎求之往古則不合施之當今又不便臣愚以爲非冠帶之國禹貢所及春秋所治皆可且無以爲願遂棄珠厓專用恤關東爲憂對奏上以問丞相御史御史大夫陳萬年以爲當擊丞相于定國以爲前日興兵擊之連年護將都尉校尉及丞凡十有一人還者二人卒士及轉輸死者萬人以上費用三萬萬餘尚未能盡降今關東困乏民難動搖捐之議是上乃從之乃下詔罷珠厓郡令民有慕義欲內屬便處之捐之數召見言多納用時中書令石顯用事捐之數短顯以故不得官後稀復見而長安令楊興新以材能得幸與捐之相善捐之欲得召見謂興曰京兆尹缺使我得見言君蘭京兆尹可立得興曰縣官嘗言興瘉薛大夫我易助也君房下筆言語妙天下使君房爲尚書令勝五鹿充宗遠甚捐之曰令我得代充宗君蘭爲京兆京兆郡國首尚書百官本天下眞大治士則不隔矣捐之前言平恩侯可爲將軍期思侯竝可爲諸曹皆如言又薦謁者滿宣立爲冀州刺史言中謁者不宜受事宦者不宜入宗廟立止相薦之信不當如是乎興曰我復見言君房也捐之復短石顯興曰顯鼎貴上信用之今欲進第從我計且與合意卽得入矣捐之卽與興共爲薦顯奏曰竊見石顯本山東名族有禮義之家也持正六年未嘗有過明習於事敏而疾見出公門入私門宜賜爵關內侯引其兄弟以爲諸曹又共爲薦興奏曰竊見長安令興幸得以知名數召見興事父母有曾氏之孝事師有顏閔之材榮名聞於四方明詔舉茂材列侯以爲首爲長安令吏民敬鄉道路皆稱能觀其下筆屬文則董仲舒進談動辭則東方生置之諍臣則汲直用之介冑則冠軍侯施之治民則趙廣漢抱公絕私則尹翁歸興兼此六人而有之守道堅固執義不回臨大節而不可奪國之良臣也可試京兆尹石顯聞知白之上乃下興捐之獄令皇后父陽平侯禁與顯共雜治奏興捐之懷詐偽以上語相風更相薦譽欲得大位漏泄省中語罔上不道書曰讒說殄行震驚朕師王制順非而澤不聽而誅請論如法捐之竟坐棄市興減死罪一等髡鉗爲城旦成帝時至部刺史

東方朔字曼倩平原厭次人也武帝初卽位徵天下舉方正賢良文學材力之士待以不次之位四方士多上書言得失自衒鬻者以千數其不足采者輒報聞罷朔初來上書曰臣朔少失父母長養兄嫂年十二學書三冬文史足用十五學擊劒十六學詩書誦二十二萬言十九學孫吳兵法戰陣之具鉦鼓之教亦誦二十二萬言凡臣朔固已誦四十四萬言又常服子路之言臣朔年二十二長九尺三寸目若懸珠齒若編貝勇若孟賁捷若慶忌廉若鮑叔信若尾生若此可以爲天子大臣矣臣朔昧死再拜以聞朔文辭不遜高自稱譽上偉之令待詔公車奉祿薄未得省見久之朔紿騶朱儒曰上以若曹無益於縣官耕田力作固不及人臨眾處官不能治民從軍擊虜不任兵事無益於國用徒索衣食今欲盡殺若曹朱儒大恐啼泣朔教曰上卽過叩頭請罪居有頃聞上過朱儒皆號泣頓首上問何爲對曰東方朔言上欲盡誅臣等上知朔多端召問朔何恐朱儒爲對曰臣朔生亦言死亦言朱儒長三尺餘奉一囊粟錢二百四十臣朔長九尺餘亦奉一囊粟錢二百四十朱儒飽欲死臣朔飢欲死臣言可用幸異其禮不可用罷之無令但索長安米上大笑因使待詔金馬門稍得親近上嘗使諸數家射覆置守宮盂下射之皆不能中守宮蟲名也術家云以器養之食以丹砂滿七斤擣治萬杵以點女人體終身不滅若有房室之事則滅矣言可以防閑淫逸故謂之守宮也今俗呼爲辟宮辟亦禦扞之義耳朔自贊曰臣嘗受易請射之乃別蓍布卦而對曰臣以爲龍又無角謂之爲蛇又有足跂跂脈脈善緣壁是非守宮卽蜥蜴跂跂行貌脈脈視貌揚雄方言云在澤者爲蜥蜴蜥先歷反蜴余赤反上曰善賜帛十匹復使射他物連中輒賜帛時有幸倡郭舍人滑稽不窮常侍左右曰朔狂幸中耳非至數也臣願令朔復射朔中之臣榜百榜擊也音步行反朔不能中臣賜帛乃覆樹上寄生令朔射之朔曰是寠數也寠數戴器也以盆盛物戴於頭者則以寠數薦之今賣白團餅人所用者

是也寄生者芝菌之類淋潦之日著樹而生形有周匽象窶數者今關中俗亦呼爲寄生非爲蔦之寄生也寓木宛童有枝葉者也朔云著樹爲寄生盆下爲窶數明其常在盆下今讀書者不曉其意謂射覆之物在盆下輙改前覆守宮盂下爲盆字失之遠矣楊惲傳云鼠不容穴銜窶數也盆下之物有飲食氣故鼠銜之四股鐵鉤非所銜也舍人曰果知朔不能中也朔曰生肉爲膾乾肉爲脯著樹爲寄生盆下爲窶數上令倡監榜舍人舍人不勝痛呼謈音暴痛切而叫呼也又音步高反朔笑之曰咄口無毛聲謷謷尻益高舍人恚曰朔擅詆欺天子從官當棄市上問朔何故詆之對曰臣非敢詆之乃與爲隱耳上曰隱云何朔曰夫口無毛者狗竇也聲謷謷者鳥哺鷇也音口豆反鳥哺子而活者故曰鷇生而自哺者曰雛尻益高者鶴俛啄也俛音免啄音竹教反鳥鷇舍人不服因曰臣願復問朔隱語不知亦當榜即妄爲諧語曰令壺齟老柏塗伊優亞狋吽牙齟音側加反塗音丈加反亞音烏加反狋音五伊反吽音五侯反何謂也朔曰令者命也壺者所以盛也齟者齒不正也老者人所敬也柏者鬼之廷也塗者漸洳徑也伊優亞者辭未定也狋吽牙者兩犬爭也舍人所問朔應聲輒對變詐鋒出莫能窮者左右大驚上以朔爲常侍郎遂得愛幸久之伏日詔賜從官肉大官丞日晏不來朔獨拔劍割肉謂其同官曰伏日當蚤歸請受賜即懷肉去大官奏之朔入上曰昨賜肉不待詔以劍割肉而去之何也朔免冠謝上曰先生起自責也朔再拜曰朔來朔來受賜不待詔何無禮也拔劍割肉壹何壯也割之不多又何廉也歸遺細君又何仁也上笑曰使先生自責乃反自譽復賜酒一石肉百斤歸遺細君初建元三年微行始出北至池陽西至黃山南獵長楊東游宜春微行常用飲酎已八九月中與侍中常侍武騎及待詔隴西北地良家子能騎射者期諸殿門故有期門之號自此始微行以夜漏下十刻乃出

常稱平陽侯旦明入山下馳射鹿豕狐兔手格熊羆馳鶩禾稼稻秔之地民皆號呼罵詈相聚會自言鄠杜令令往欲謁平陽侯諸騎欲擊鞭之令大怒使吏呵止獵者數騎見留乃示以乘輿物久之乃得去時夜出夕還後齎五日糧會朝長信宮上大驩樂之是後南山下乃知微行數出也然尚迫於太后未敢遠出丞相御史知指乃使右輔都尉徼循長楊以東右內史發小民共待會所後乃私置更衣從宣曲以南十二所中休更衣投宿諸宮長楊五柞倍陽宣曲尤幸於是上以爲道遠勞苦又爲百姓所患乃使太中大夫吾丘壽王與待詔能用筭者二人舉籍阿城以南盩厔以東宜春以西提封頃畝及其賈直欲除以爲上林苑屬之南山又詔中尉左右內史表屬縣草田欲以償鄠杜之民吾丘壽王奏事上大說稱善時朔在傍進諫曰臣聞謙遜靜慤天表之應應之以福驕溢靡麗天表之應應之以異今陛下累郎臺恐其不高也弋獵之處恐其不廣也如天不爲變則三輔之地盡可以爲苑何必盩厔鄠杜乎奢侈越制天爲之變上林雖小臣尚以爲大也夫南山天下之阻也南有江淮北有河渭其地從汧隴以東商雒以西厥壤肥饒漢興去三河之地止霸產以西都涇渭之南此所謂天下陸海之地秦之所以虜西戎兼山東者也而其山出玉石金銀銅鐵豫章檀柘異類之物不可勝原此百工所取給萬民所卬足也又有秔稻梨栗桑麻竹箭之饒土宜薑芋水多鼃魚貧者得以家給人足無飢寒之憂故酆鎬之間號爲土膏其賈畝一金今規以爲苑絕陂池水澤之利而取民膏腴之地上乏國家之用下奪農桑之業棄成功就敗事損耗五穀是其不可

一也且盛荊棘之林而長養麋鹿廣狐兔之苑大虎狼之虛又壞人冢墓發人室廬令幼弱懷土而思耆老泣涕而悲是其不可二也斥而營之垣而囿之騎馳東西車鶩南北又有深溝大渠夫一日之樂不足以危無隄之輿是其不可三也故務苑囿之大不恤農時非所以彊國富人也夫殷作九市之宮而諸侯畔靈王起章華之臺而楚民散秦興阿房之殿而天下亂糞土愚臣忘生觸死逆盛意犯隆指罪當萬死不勝大願願陳泰階六符以觀天變不可不省是日因奏泰階之事上乃拜朔爲太中大夫給事中賜黃金百斤然遂起上林苑如壽王所奏云久之隆慮公主子昭平君尚帝女夷安公主隆慮主病因以金千斤錢千萬爲昭平君豫贖死罪上許之隆慮主卒昭平君日驕醉殺主傅獄繫內官以公主子廷尉上請請論左右人人爲言前又入贖陛下許之上曰吾弟老有是一子死以屬我於是爲之垂涕歎息良久曰法令者先帝所造也用弟故而誣先帝之法吾何面目入高廟乎又下負萬民乃可其奏哀不能自止左右盡悲朔前上壽曰臣聞聖王爲政賞不避仇讎誅不擇骨肉書曰不偏不黨王道蕩蕩此二者五帝所重三王所難也陛下行之是以四海之內元元之民各得其所天下幸甚臣朔奉觴昧死再拜上萬歲壽上乃起入省中夕時召讓朔曰傳曰時然後言人不厭其言今先生上壽時乎朔免冠頓首曰臣聞樂太甚則陽溢哀太甚則陰損陰陽變則心氣動心氣動則精神散精神散而邪氣及銷憂者莫若酒臣朔所以上壽者明陛下正而不阿因以止哀也愚不知忌諱當死先是朔嘗醉入殿中小遺殿上劾不敬有詔免爲庶人待詔宦

者署因此對復爲中郎賜帛百匹初帝姑館陶公主號竇太主堂邑侯陳午尚之午死主寡居年五十餘矣近幸董偃始偃與母以賣珠爲事偃年十三隨母出入主家左右言其姣好主召見曰吾爲母養之因留第中教書計相馬御射頗讀傳記至年十八而冠出則執轡入則侍內爲人溫柔愛人以主故諸公接之名稱城中號曰董君主因推令散材交士令中府曰董君所發一日金滿百斤錢滿百萬帛滿千匹乃白之安陵袁叔者袁盎兄子也與偃善謂偃曰足下私侍漢主挾不測之罪將欲安處乎偃懼曰憂之久矣不知所以袁叔曰顧城廟遠無宿宮又有萩竹籍田足下何不白主獻長門園此上所欲也如是上知計出於足下也則安枕而臥長無慘怛之憂久之不然上且請之於足下何如偃頓首曰敬奉教入言之主主立奏書獻之上大說更名竇太主園爲長門宮主大喜使偃以黃金百斤爲袁叔壽叔因是爲董君畫求見上之策令主稱疾不朝上往臨疾問所欲主辭謝曰妾幸蒙陛下厚恩先帝遺德奉朝請之禮備臣妾之儀列爲公主賞賜邑入隆天重地死無以塞責一日卒有不勝洒埽之職先狗馬填溝壑竊有所恨不勝大願願陛下時忘萬事養精游神從中掖庭回輿枉路臨妾山林得獻觴上壽娛樂左右如是而死何恨之有上曰主何憂幸得愈恐羣臣從官多大爲主費上還有頃主疾愈起謁上以錢千萬從主飲後數日上臨山林主自執宰敝膝道入登階就坐坐未定上曰願謁主人翁主乃下殿去簪珥徒跣頓首謝曰妾無狀負陛下身當伏誅陛下不致之法頓首死罪有詔謝主簪履起之東箱自引董君董君綠幘傅韝隨主前伏殿下主乃贊館陶公主胞人臣偃昧死再拜謁因叩頭謝上爲之起有詔賜衣冠上偃起走就衣冠主自奉食進觴當是時董君見尊不名稱爲主人翁飲大驩樂主乃請賜將軍列侯從官金錢雜繒各有數於是董君貴寵天下莫不聞郡國狗馬蹵鞠劒客輻湊董氏常從游戲北宮馳逐平樂觀雞鞠之會角狗馬之足上大驩樂之於是上爲竇太主置酒宣室使謁者引內董君是時朔陛戟殿下辟戟而前曰董偃有斬罪三安得入乎上曰何謂也朔曰偃以人臣私侍公主其罪一也敗男女之化而亂婚姻之禮傷王制其罪二也陛下富於春秋方積思於六經留神於王事馳騖於唐虞折節於三代偃不遵經勸學反以靡麗爲右奢侈爲務盡狗馬之樂極耳目之欲行邪枉之道徑淫辟之路是乃國家之大賊人主之大蜮也偃爲淫首其罪三也昔伯姬燔而諸侯憚奈何乎陛下上默然不應良久曰吾業已設飲後而自改朔曰不可夫宣室者先帝之正處也非法度之政不得入焉故淫亂之漸其變爲篡是以豎貂爲淫而易牙作患慶父死而魯國全管蔡誅而周室安上曰善有詔止更置酒北宮引董君從東司馬門東司馬門更名東交門賜朔黃金三十斤董君之寵由是日衰至年三十而終後數歲竇太主卒與董君會葬於霸陵是後公主貴人多踰禮制自董偃始時天下侈靡趨末百姓多離農畝上從容問朔吾欲化民豈有道乎朔對曰堯舜禹湯文武成康上古之事經歷數千載尚難言也臣不敢陳願近述孝文皇帝之時當世耆老皆聞見之貴爲天子富有四海身衣弋綈足履革舃以韋帶劒莞蒲爲席兵木無刃衣縕無文集上書囊以爲殿帷以道德爲麗以仁義爲準於是天下望風成俗昭然化之今陛下以城中爲小國起建章左鳳闕右神明號稱千門萬戶木上衣綺繡狗馬被繢罽宮人簪瑇瑁垂珠璣設戲車教馳逐飾文采叢珍怪撞萬石之鐘擊雷霆之鼓作俳優舞鄭女上爲淫侈如此而欲使民獨不奢侈失農事之難者也陛下誠能用臣朔之計推甲乙之帳燔之於四通之衢卻走馬示不復用則堯舜之隆宜可與比治矣易曰正其本萬事理失之毫釐差以千里願陛下留意察之朔雖詼笑然時觀察顏色直言切諫上常用之自公卿在位朔皆敖弄無所爲屈上以朔口諧辭給好作問之嘗問朔曰先生視朕何如主也朔對曰自唐虞之隆成康之際未足以諭當世臣伏觀陛下功德陳五帝之上在三王之右非若此而已誠得天下賢士公卿在位咸得其人矣譬若以周邵爲丞相孔丘爲御史大夫太公爲將軍畢公高拾遺於後弁嚴子爲衛尉皋陶爲大理后稷爲司農伊尹爲少府子贛使外國顏閔爲博士子夏爲太常益爲右扶風季路爲執金吾契爲鴻臚龍逢爲宗正伯夷爲京兆管仲爲馮翊魯般爲將作仲山甫爲光祿申伯爲太僕延陵季子爲水衡百里奚爲典屬國柳下惠爲大長秋史魚爲司直蘧伯玉爲太傅孔父爲詹事孫叔敖爲諸侯相子產爲郡守王慶忌爲期門夏育爲鼎官羿爲旄頭宋萬爲式道侯上乃大笑是時朝廷多賢材上復問朔方今公孫丞相兒大夫董仲舒夏侯始昌司馬相如吾邱壽王主父偃朱買臣嚴助汲黯膠倉終軍嚴安徐樂司馬遷之倫皆辯知閎達溢于文辭先生自視何與比哉朔對曰臣觀其齰齒牙樹頰胲吐脣吻擢項頤結股腳連脽尻遺蛇其跡行

步偶旅臣朔雖不肯倚兼此數子者朔之進退濟辭皆此類也武帝既招英俊程其器能用之如不及時方外事胡越內興制度國家多事自公孫弘以下至司馬遷皆奉使方外或爲郡國守相至公卿而朔嘗至太中大夫後常爲郎與枚皋郭舍人俱在左右詼啁而已久之朔上書陳農戰彊國之計因自訟獨不得大官欲求試用其言專商鞅韓非之語也指意放蕩頗復詼諧辭數萬言終不見用朔因著論設客難已用位卑以自慰諭其辭曰客難東方朔曰蘇秦張儀一當萬乘之主而都卿相之位澤及後世今子大夫修先王之術慕聖人之義諷誦詩書百家之言不可勝數著於竹帛脣腐齒落服膺而不釋好學樂道之效明白甚矣自以智能海內無雙則可謂博聞辯智矣然悉力盡忠以事聖帝曠日持久官不過侍郎位不過執戟意者尚有遺行邪同胞之徒無所容居其故何也東方先生喟然長息仰而應之曰是固非子之所能備也彼一時也此一時也豈可同哉夫蘇秦張儀之時周室大壞諸侯不朝力政爭權相禽以兵并爲十二國未有雌雄得士者彊失士者亡故談說行焉身處尊位珍寶充內外有廩倉澤及後世子孫長享今則不然聖帝流德天下震懾諸侯賓服連四海之外以爲帶安於覆盂動猶運之掌賢不肖何以異哉遵天之道順地之理物無不得其所故綏之則安動之則苦尊之則爲將卑之則爲虜抗之則在青雲之上抑之則在深泉之下用之則爲虎不用則爲鼠雖欲盡節效情安知前後夫天地之大士民之衆竭精談說並進輻湊者不可勝數悉力慕之困於衣食或失門戶使蘇秦張儀與僕並生於今之世曾不得掌故安敢望常侍郎乎故曰時異事異雖然安可以不務修身乎哉詩云鼓鐘于宮聲聞于外鶴鳴于九皋聲聞于天苟能修身何患不榮太公體行仁義七十有二乃設用於文武得信厥說封於齊七百歲而不絕此士所以日夜孳孳敏行而不敢怠也辟若鶺鴒飛且鳴矣傳曰天不爲人之惡寒而輟其冬地不爲人之惡險而輟其廣君子不爲小人之匈匈而易其行天有常度地有常形君子有常行君子道其常小人計其功詩云禮義之不愆何恤人之言故曰水至清則無魚人至察則無徒冕而前旒所以蔽明黈纊充耳所以塞聰明有所不見聰有所不聞舉大德赦小過無求備於一人之義枉而直之使自得之優而柔之使自求之揆而度之使自索之蓋聖人之教化如此欲自得之自得之則敏且廣矣今世之處士塊然無徒廓然獨居上觀許由下察接輿計同范蠡忠合子胥天下和平與義相扶寡耦少徒固其宜也子何疑於我哉若夫燕之用樂毅秦之任李斯酈食其之下齊說行如流曲從如環所欲必得功若邱山海內定國家安是遇其時也子又何怪之邪語曰以管闚天以蠡測海以莛撞鐘豈能通其條貫考其文理發其聲音哉繇是觀之譬如鼱鼩之襲狗孤豚之咋虎至則靡耳何功之有今以下愚而非處士雖欲勿困固不得已此適足以明其不知權變而終惑於大道也又設非有先生之論其辭曰非有先生仕於吳進不稱往古以厲主意退不能揚君美以顯其功默然無言者三年矣吳王怪而問之曰寡人獲先人之功寄於衆賢之上夙興夜寐未嘗敢怠也今先生率然高舉遠集吳地將以輔治寡人誠竊嘉之體不安席食不甘味目不視靡曼之色耳不聽鐘鼓之音虛心定志欲聞流議者三年于茲矣今先生進無以輔治退不揚主譽竊不爲先生取之蓋懷能而不見是不忠也見而不行主不明也意者寡人殆不明乎非有先生伏而唯唯吳王曰可以談矣寡人將竦意而覽焉先生曰於戲可乎哉可乎哉談何容易夫談有悖於目拂於耳謬於心而便於身者或有說於目順於耳快於心而毀於行者非有明王聖主孰能聽之吳王曰何爲其然也中人已上可以語上也先生試言寡人將聽焉先生對曰昔者關龍逢深諫於桀而王子比干直言於紂此二臣者皆極慮盡忠閔主澤不下流而萬民騷動故直言其失切諫其邪者將以爲君之榮除主之禍也今則不然反以爲誹謗君之行絕無人臣之禮果紛然傷於身蒙不辜之名戮及先人爲天下笑故曰談何容易是以輔弼之臣瓦解而邪諂之人並進遂及蜚廉惡來革等二人皆詐僞巧言利口以進其身陰奉琱琢刻鏤之好以納其心務快耳目之欲以苟容爲度遂往不戒身沒被戮宗廟崩阤國家爲虛放戮賢聖親近讒夫詩不云乎讒人罔極交亂四國此之謂也故卑身賤體說色微辭愉愉呴呴終無益於主上之治則志士仁人不忍爲也將儼然作矜嚴之色深言直諫上以拂主之邪下以損百姓之害則忤於邪主之心歷於衰世之法故養壽命之士莫肯進也遂居家山之間積土爲室編蓬爲戶彈琴其中以咏先王之風亦可樂而忘死矣是以伯夷叔齊避周餓于首陽之下後世稱其仁如是邪主之行固足畏也故曰談何容易於是吳王懼然易容捐薦去几危坐而聽先生曰接輿避世箕子被髮陽狂此二人者皆避濁世以全其身者也

使遇明王聖主得賜淸燕之閒寬和之色發憤畢誠圖畫安危揆度得失上以安主體下以便萬民則五帝三王之道可幾而見也故伊尹蒙耻辱負鼎俎和五味以干湯太公釣於渭之陽以見文王心合意同謀無不成計無不從誠得其君也深念遠慮引義以正其身推恩以廣其下本仁祖義襃有德祿賢能誅惡亂總遠方一統類美風俗此帝王所由昌也上不變天性下不奪人倫則天地和洽遠方懷之故號聖王臣子之職旣加矣於是裂地定封爵爲公侯傳國子孫名顯後世民到于今稱之以遇湯與文王也太公伊尹以如此龍逢比干獨如彼豈不哀哉故曰談何容易於是吳王穆然俛而深惟仰而泣下交頤曰嗟乎余國之不亡也緜緜連連殆哉世之不絕也於是正明堂之朝齊君臣之位舉賢材布德惠施仁義賞有功躬節儉減後宮之費損車馬之用放鄭聲遠佞人省庖廚去侈靡卑宮館壞苑囿塡池塹以予貧民無產業者開內藏振貧窮存耆老卹孤獨薄賦斂省刑辟行此三年海內晏然天下大洽陰陽和調萬物咸得其宜國無災害之變民無飢寒之色家給人足畜積有餘囹圄空虛鳳皇來集麒麟在郊甘露旣降朱草萌芽遠方異俗之人鄉風慕義各奉其職而來朝賀故治亂之道存亡之端若此易見而君人者莫肯爲也臣愚竊以爲過故詩云王國克生惟周之楨濟濟多士文王以寧此之謂也朔之文辭此二篇最善其餘有封泰山責和氏璧及皇太子生禖屏風殿上栢柱平樂觀賦獵八言七言上下從公孫弘借車凡劉向所錄朔書具是矣世所傳他事皆非也

公孫賀字子叔北地義渠人也賀祖父昆邪景帝時爲隴西守以將軍擊吳楚有功封平曲侯著書十餘篇賀少爲騎士從軍數有功自武帝爲太子時賀爲舍人及武帝即位遷至太僕賀夫人君孺衛皇后姊也賀由是有寵元光中爲輕車將軍軍馬邑後四歲出雲中後五歲以車騎將軍從大將軍青出有功封南窌侯後再以左將軍出定襄無功坐酎金失侯復以浮沮將軍出五原二千餘里無功後八歲遂代石慶爲丞相封葛繹侯時朝廷多事督責大臣自公孫弘後丞相李蔡嚴青翟趙周三人比坐事死石慶雖以謹得終然數被譴初賀引拜爲丞相不受印綬頓首涕泣曰臣本邊鄙以鞍馬騎射爲官材誠不任宰相上與左右見賀悲哀感動下泣曰扶起丞相賀不肯起上乃起去賀不得已拜出左右問其故賀曰主上賢明臣不足以稱恐負重責從是殆矣賀子敬聲代賀爲太僕父子並居公卿位敬聲以皇后姊子驕奢不奉法征和中擅用北軍錢千九百萬發覺下獄是時詔捕陽陵朱安世不能得上求之急賀自請逐捕安世以贖敬聲罪上許之後果得安世安世者京師大俠也聞賀欲以贖子罪笑曰丞相禍及宗矣南山之竹不足受我辭斜谷之木不足爲我械安世遂從獄中上書告敬聲與陽石公主私通及使人巫祭祠詛上且上甘泉當馳道埋偶人祝詛有惡言下有司案驗賀窮治所犯遂父子死獄中家族巫蠱之禍起自朱安世成於江充遂及公主皇后太子皆敗語在江充戾園傳

劉屈氂武帝庶兄中山靖王子也不知其始所以進公孫賀誅征和元年春制詔御史以涿郡太守屈氂爲左丞相分丞相長史爲兩府以澎戶二千二百封屈氂爲澎侯其秋戾太子爲江充所譖殺充發兵入丞相府屈氂挺身逃亡其印綬是時上避暑在甘泉宮丞相長史乘疾置以聞上問丞相何爲對曰丞相祕之未敢發兵上怒曰事籍籍如此何謂祕也丞相無周公之風矣周公不誅管蔡乎乃賜丞相璽書曰捕斬反者自有賞罰以牛車爲櫓毋接短兵多殺傷士衆堅閉城門毋令反者得出太子旣誅充發兵宣言帝在甘泉病困疑有變姦臣欲作亂上於是從甘泉來幸城西建章宮詔發三輔近縣兵部中二千石以下丞相兼將太子亦遣使者矯制赦長安中都宮囚徒發武庫兵命少傅石德及賓客張光等分將使長安囚如侯持節發長水及宣曲胡騎皆已裝會侍郎莽通使長安因追捕如侯告胡人曰節有詐勿聽也遂斬如侯引騎入長安又發輯濯士以予大鴻臚商丘成初漢節純赤以太子持赤節故更爲黃旄加上以相別太子召監北軍使者任安發北軍兵安受節已閉軍門不肯應太子太子引兵去敺四市人凡數萬衆至長樂西闕下逢丞相軍合戰五日死者數萬人血流入溝中丞相附兵浸多太子軍敗南奔覆盎城門得出會夜司直田仁部閉城門坐令太子得出丞相欲斬仁御史大夫暴勝之謂丞相曰司直吏二千石當先請奈何擅斬之丞相釋仁上聞而大怒下吏責問御史大夫曰司直縱反者丞相斬之法也大夫何以擅止之勝之惶恐自殺及北軍使者任安坐受太子節懷二心司直田仁縱太子皆要斬上曰侍郎莽通獲反將如侯長安男子景建從通獲少傅石德可謂元功矣大鴻臚商丘成力戰獲反將張光其封通爲重合侯建爲德侯成爲秺侯諸太子賓客嘗出入宮門皆坐誅其隨

太子發兵以反法族吏士劫略者皆徙敦煌郡以太子在外始置屯兵長安諸城門後二十餘日太子得於湖語在太子傳其明年貳師將軍李廣利將兵出擊匈奴丞相爲祖道送至渭橋與廣利辭決廣利曰願君侯早請昌邑王爲太子如立爲帝君侯長何憂乎屈氂許諾昌邑王者貳師將軍女弟李夫人子也貳師女爲屈氂子妻故共欲立焉是時治巫蠱獄急內府令郭穰告丞相夫人以丞相數有譴使巫祠社祝詛主上有惡言及與貳師共禱祠欲令昌邑王爲帝有司奏請案驗罪至大逆不道有詔載屈氂廚車以徇要斬東市妻子梟首華陽街貳師妻子亦收貳師聞之降匈奴宗族遂滅

車千秋本姓田氏其先齊諸田徙長陵千秋爲高寢郎會衛太子爲江充所譖敗久之千秋上急變訟太子冤曰子弄父兵罪當笞天子之子過誤殺人當何罪哉臣嘗夢見一白頭翁教臣言是時上頗知太子惶恐無他意乃大感悟召見千秋至前千秋長八尺餘體貌甚麗武帝見而說之謂曰父子之閒人所難言也公獨明其不然此高廟神靈使公教我公當遂爲吾輔佐立拜千秋爲大鴻臚數月遂代劉屈氂爲丞相封富民侯千秋無他材能術學又無伐閱功勞特以一言寤意旬月取宰相封侯世未嘗有也後漢使者至匈奴單于問曰聞漢新拜丞相何用得之使者曰以上書言事故單于曰苟如是漢置丞相非用賢也妄一男子上書卽得之矣使者還道單于語武帝以爲辱命欲下之吏良久乃貰之然千秋爲人敦厚有智居位自稱踰於前後數公初千秋始視事見上連年治太子獄誅罰尤多羣下恐懼思欲寬廣上意慰安衆庶乃與御史二千石共上壽頌德美勸上施恩惠緩刑罰玩聽音樂養志和神爲天下自虞樂上報曰朕之不德自左丞相與貳師陰謀逆亂巫蠱之禍流及士大夫朕日一食者累月乃何樂之聽痛士大夫常在心旣事不咎雖然巫蠱始發詔丞相御史督二千石求捕廷尉治未聞九卿廷尉有所鞫也曩者江充先治甘泉宮人轉至未央椒房以及敬聲之疇李禹之屬謀入匈奴有司無所發今丞相親掘蘭臺蠱驗所明知也至今餘巫頗脫不止陰賊侵身遠近爲蠱朕媿之甚何壽之有敬不舉君之觴謹謝丞相二千石各就館書曰毋偏毋黨王道蕩蕩毋有復言後歲餘武帝疾立皇子鉤弋夫人男爲太子拜大將軍霍光車騎將軍金日磾御史大夫桑弘羊及丞相千秋竝受遺詔輔道少主武帝崩昭帝初卽位未任聽政政事壹決大將軍光千秋居丞相位謹厚有重德每公卿朝會光謂千秋曰始與君侯俱受先帝遺詔今光治內君侯治外宜有以教督使光毋負天下千秋曰唯將軍留意卽天下幸甚終不肯有所言光以此重之每有吉祥嘉應數褒賞丞相訖昭帝世國家少事百姓稍益充實始元六年詔郡國舉賢良文學士問以民所疾苦於是鹽鐵之議起焉千秋爲相十二年薨謚曰定侯初千秋年老上優之朝見得乘小車入宮殿中故因號曰車丞相子順嗣侯官至雲中太守宣帝時以虎牙將軍擊匈奴坐盜增鹵獲自殺國除桑弘羊爲御史大夫八年自以爲國家興榷筦之利伐其功欲爲子弟得官怨望霍光與上官桀等謀反遂誅滅

王訢濟南人也以郡縣吏積功稍遷爲被陽令武帝末軍旅數發郡國盜賊羣起繡衣御史暴勝之使持斧逐捕盜賊以軍興從事二千石以下勝之過被陽欲斬訢訢已解衣伏質仰言曰使君顓殺生之柄威震郡國今復斬一訢不足以增威不如時有所寬以明恩貸令盡死力勝之壯其言貰不誅因與訢相結厚勝之使還薦訢徵爲右輔都尉守右扶風上數出幸安定北地過扶風宮館馳道修治供張辦武帝嘉之駐車拜訢爲眞視事十餘年昭帝時爲御史大夫代車千秋爲丞相封宜春侯明年薨謚曰敬侯子譚嗣以列侯與謀廢昌邑王立宣帝益封三百戶薨子咸嗣王莽妻卽咸女莽篡位宜春氏以外戚寵自訢傳國至元孫莽敗乃絕

楊敞華陰人也給事大將軍莫府爲軍司馬霍光愛厚之稍遷至大司農元鳳中稻田使者燕蒼知上官桀等反謀以告敞敞素謹畏事不敢言乃移病臥以告諫大夫杜延年延年以聞蒼延年皆封敞以九卿不輒言故不得侯後遷御史大夫代王訢爲丞相封安平侯明年昭帝崩昌邑王徵卽位淫亂大將軍光與車騎將軍張安世謀欲廢王更立議旣定使大司農田延年報敞敞驚懼不知所言汗出洽背徒唯唯而已延年起至更衣敞夫人遽從東箱謂敞曰此國大事今大將軍議已定使九卿來報君侯君侯不疾應與大將軍同心猶與無決先事誅矣延年從更衣還敞夫人與延年參語許諾請奉大將軍教令遂共廢昌邑王立宣帝卽位月餘敞薨謚曰敬侯子忠嗣以敞居位定策安宗廟益封三千五百戶忠弟惲字子幼以忠任爲郎補常侍騎惲母司馬遷女也惲始讀外祖太史公記頗爲春秋以材能稱好交英俊諸儒名顯朝廷擢爲左曹霍氏謀反惲先聞知因侍中金安上以聞召見言狀霍氏伏誅惲等五人

皆封惲爲平通侯遷中郎將郎官故事令郎出錢市財用給文書乃得出名曰山郎移病盡一日輒償一沐或至歲餘不得沐其豪富郎日出游戲或行錢得善部貨賂流行傳相放效惲爲中郎將罷山郎移長度大司農以給材用其疾病休謁洗沐皆以法令從事郎謁者有罪過輒奏免薦舉其高第有行能者至郡守九卿郎官化之莫不自厲絕請謁貨賂之端令行禁止宮殿之內翕然同聲由是擢爲諸吏光祿勳親近用事初惲受父財五百萬及身封侯皆以分宗族後母無子財亦數百萬死皆予惲惲盡復分後母昆弟再受貲千餘萬皆以分施其輕財好義如此惲居殿中廉絜無私郎官稱公平然惲伐其行治又性刻害好發人陰伏同位有忤已者必欲害之以其能高人由是多怨於朝廷與太僕戴長樂相失卒以是敗長樂者宣帝在民閒時與相知及卽位拔擢親近長樂嘗使行事肄宗廟還謂掾史曰我親面見受詔副帝肄秺侯御人有上書告長樂非所宜言事下廷尉長樂疑惲教人告之亦上書告惲罪高昌侯車奔入北掖門惲語富平侯張延壽曰聞前曾有犇車抵殿門門關折馬死而昭帝崩今復如此天時非人力也左馮翊韓延壽有罪下獄惲上書訟延壽郎中邱常謂惲曰聞君侯訟韓馮翊當得活乎惲曰事何容易脛脛者未必全也我不能自保眞人所謂鼠不容穴銜窶數者也又中書謁者令宣持單于使者語視諸將軍中朝二千石惲曰冒頓單于得漢美食好物謂之殠惡單于不來明甚惲上觀西閣上畫人指桀紂畫謂樂昌侯王武曰天子過此一二問其過可以得師矣畫人有堯舜禹湯不稱而舉桀紂惲聞匈奴降者道單于見殺惲曰得不肖君大臣爲畫善計不用自令身無處所若秦時但任小臣誅殺忠良竟以滅亡令親任大臣卽至今耳古與今如一邱之貉惲妄引亡國以誹謗當世無人臣禮又語長樂曰正月以來天陰不雨此春秋所記夏侯君所言也行必不至河東矣以主上爲戲語尤悖逆絕理事下廷尉廷尉定國考問左驗明白奏惲不服罪而召戶將尊欲令戒飭富平侯延壽曰太僕定有死罪數事朝暮人也惲幸與富平侯昏姻今獨三人坐語侯言時不聞惲語自與太僕相觸也尊曰不可惲怒持大刀曰蒙富平侯力得族罪毋泄惲語令太僕聞之亂餘事惲幸得列九卿諸吏宿衛近臣上所信任與聞政事不竭忠愛盡臣子義而妄怨望稱引爲訞惡言大逆不道請逮捕治上不忍加誅有詔皆免惲長樂爲庶人惲既失爵位家居治產業起室宅以財自娛歲餘其友人安定太守西河孫會宗知略士也與惲書諫戒之爲言大臣廢退當闔門惶懼爲可憐之意不當治產業通賓客有稱譽惲宰相子少顯朝廷一朝以晻昧語言見廢內懷不服報會宗書曰惲材朽行穢文質無所底幸賴先人餘業得備宿衛遭遇時變以獲爵位終非其任卒與禍會足下哀其愚蒙賜書教督以所不及殷勤甚厚然竊恨足下不深惟其終始而猥隨俗之毀譽也言鄙陋之愚心若逆指而文過默而息乎恐違孔氏各言爾志之義故敢略陳其愚唯君子察焉惲家方隆盛時乘朱輪者十人位在列卿爵爲通侯總領從官與聞政事曾不能以此時有所建明以宣德化又不能與羣僚同心并力陪輔朝廷之遺忘以負竊位素餐之責久矣懷祿貪勢不能自退遭遇變故橫被口語身幽北闕妻子滿獄當此之時自以夷滅不足以塞責豈意得全首領復奉先人之邱墓乎伏惟聖主之恩不可勝量君子游道樂以忘憂小人全軀說以忘罪竊自思念過已大矣行已虧矣長爲農夫以沒世矣是故身率妻子戮力耕桑灌園治產以給公上不意當復用此爲譏議也夫人情所不能止者聖人弗禁故君父至尊親送其終也有時而旣臣之得罪已三年矣田家作苦歲時伏臘烹羊炰羔斗酒自勞家本秦也能爲秦聲婦趙女也雅善鼓瑟奴婢歌者數人酒後耳熱仰天拊缶而呼烏烏其詩曰田彼南山蕪穢不治種一頃豆落而爲萁人生行樂耳須富貴何時是日也拂衣而喜奮袖低卬頓足起舞誠淫荒無度不知其不可也惲幸有餘祿方糴賤販貴逐什一之利此賈豎之事汙辱之處惲親行之下流之人衆毀所歸不寒而栗雖雅知惲者猶隨風而靡尙何稱譽之有董生不云乎明明求仁義常恐不能化民者卿大夫之意也明明求財利常恐困乏者庶人之事也故道不同不相爲謀今子尙安得以卿大夫之制責僕哉夫西河魏土文侯所興有段干木田子方之遺風凜然皆有節槪知去就之分頃者足下離舊土臨安定安定山谷之閒昆戎舊壤子弟貪鄙豈習俗之移人哉於今乃睹子之志矣方當盛漢之隆願勉旃毋多談又惲兄子安平侯譚爲典屬國謂惲曰西河太守建平杜侯前以罪過出今徵爲御史大夫侯罪薄又有功且復用惲曰有功何益縣官不足爲盡力惲素與蓋寬饒韓延壽善譚卽曰縣官實然蓋司隸韓馮翊皆盡力吏也俱坐事誅會有日食變騶馬猥佐成上書告惲驕奢不悔過日食之咎此人所致章下廷尉按驗得所予會宗

書宣帝見而惡之廷尉當惲大逆無道要斬妻子徙酒泉郡譚坐不諫正惲與相應有怨望語免爲庶人召拜成爲郎諸在位與惲厚善者未央衛尉韋元成京兆尹張敞及孫會宗等皆免官

蔡義河內溫人也以明經給事大將軍莫府家貧常步行貲禮不逮衆門下好事者相合爲義買犢車令乘之數歲遷補覆盎城門候久之詔求能爲韓詩者徵義待詔久不進見義上疏曰臣山東草萊之人行能亡所比容貌不及衆然而不棄人倫者竊以聞道於先師自託於經術也願賜淸閒之燕得盡精思於前上召見義說詩甚說之擢爲光祿大夫給事中進授昭帝數歲拜爲少府遷御史大夫代楊敞爲丞相封陽平侯又以定策安宗廟益封加賜黃金二百斤義爲丞相時年八十餘短小無須眉貌似老嫗行步俛僂常兩吏扶夾乃能行時大將軍光秉政議者或言光置宰相不選賢苟用可顓制者光聞之謂侍中左右及官屬曰以爲人主師當爲宰相何謂云云此語不可使天下聞也義爲相四歲薨謚曰節侯無子國除

陳萬年字幼公沛郡相人也爲郡吏察舉至縣令遷廣陵太守以高第入爲右扶風遷太僕萬年廉平內行修然善事人賂遺外戚許史傾家自盡尤事樂陵侯史高丞相丙吉病中二千石上謁問疾遣家丞出謝謝已皆去萬年獨留昏夜乃歸及吉病甚上自臨問以大臣行能吉薦于定國杜延年及萬年萬年竟代定國爲御史大夫八歲病卒子咸字子康年十八萬年任爲郎有異材抗直數言事刺譏近臣書數十上遷爲左曹萬年嘗病召咸教戒於牀下語至夜半咸睡頭觸屏風萬年大怒欲杖之曰乃公教戒汝汝反睡不聽吾言何也咸叩頭謝曰具曉所言大要教咸諂也萬年乃不復言萬年死後元帝擢咸爲御史中丞總領州郡奏事課第諸刺史內執法殿中公卿以下皆敬憚之是時中書令石顯用事顓權咸頗言顯短顯等恨之時槐里令朱雲殘酷殺不辜有司舉奏未下咸素善雲雲從刺候教令上書自訟於是石顯微伺知之白奏咸漏泄省中語下獄掠治減死髡爲城旦因廢成帝初卽位大將軍王鳳以咸前指言石顯有忠直節奏請咸補長史遷冀州刺史奉使稱意徵爲諫大夫復出爲楚內史北海東郡太守坐爲京兆尹王章所薦章誅咸免官起家復爲南陽太守所居以殺伐立威豪猾吏及大姓犯法輒論輸府以律程作司空爲地臼木杵舂不中程或私解脫鉗釱衣服不如法輒加罪笞督作劇不勝痛自絞死者歲數百千人久者蟲出腐爛家不得收其治放嚴延年其廉不如所居調發屬縣所出食物以自奉養奢侈玉食然操持掾史郡中長吏皆令閉門自斂不得踰法公移勑書曰卽各欲求索自快是一郡百太守也何得然哉下吏畏之豪彊執服令行禁止然亦以此見廢咸三公子少顯名於朝廷而薛宣朱博翟方進孔光等仕宦絕在咸後皆以廉儉先至公卿而咸滯於郡守時車騎將軍王音輔政信用陳湯咸數賂遺湯予書曰卽蒙子公力得入帝城死不恨後竟徵入爲少府少府多寶物屬官咸皆鉤校發其姦臧沒入辜榷財物官屬及諸中宮黃門鉤盾掖庭官吏舉奏按論畏咸皆失氣爲少府三歲與翟方進有隙方進爲丞相奏咸前爲郡守所在殘酷毒螫加於吏民主守盜受所監而官媚邪臣陳湯以求薦舉苟得無恥不宜處位咸坐免頃之紅陽侯立舉咸方正爲光祿大夫給事中方進復奏免之後數年立有罪就國方進奏歸咸故郡以憂死

鄭弘字穉卿泰山剛人也兄昌字次卿亦好學皆明經通法律政事次卿爲太原涿郡太守弘爲南陽太守皆著治迹條教法度爲後所述次卿用刑罰深不如弘平遷淮陽相以高第入爲右扶風京師稱之代韋元成爲御史大夫六歲坐與京房論議免語在房傳

楊王孫者孝武時人也學黃老之術家業千金厚自奉養生亡所不致及病且終先令其子曰吾欲臝葬以反吾眞必亡易吾意死則爲布囊盛尸入地七尺旣下從足引脫其囊以身親土其子欲默而不從重廢父命欲從之心又不忍又往見王孫友人祁侯祁侯與王孫書曰王孫苦疾僕迫從上祠雍未得詣前願存精神省思慮進近醫藥厚自持竊聞王孫先令臝葬令死者無知則已若其有知是戮尸地下將臝見先人竊爲王孫不取也且孝經曰爲之棺槨衣衾是亦聖人之遺制何必區區獨守所聞願王孫察焉王孫報曰蓋聞古之聖王緣人情不忍其親故爲制禮今則越之吾是以臝葬將以矯世也夫厚葬誠亡益於死者而俗人競以相高靡財殫幣腐之地下或乃今日入而明日發此眞與暴骸於中野何異且夫死者終生之化而物之歸者也歸者得至化者得變是物各反其眞也反眞冥冥亡形亡聲乃合道情夫飾外以華衆厚葬以鬲眞使歸者不得至化者不得變是使物各失其所也且吾聞之精神者天之有也形骸者地之有也精神離形各歸其眞故謂之鬼鬼之爲言歸也其尸塊然獨處豈有知哉裹以幣帛

鬲以棺椁支體絡束口含玉石欲化不得鬱爲枯腊千載之後棺椁朽腐乃得歸土就其眞宅繇是言之焉用久客昔帝堯之葬也窾木爲匵葛藟爲緘其穿下不亂泉上不泄殠故聖王生易尙死易葬也不加功於亡用不損財於亡謂今費財厚葬留歸鬲至死者不知生者不得是謂重惑於戲吾不爲也祁侯曰善遂羸葬

通志卷九十九終

通志卷一百

宋右迪功郎鄭樵漁仲撰

列傳第十三

前漢

霍光禹 金日磾賞 欽 敞 趙充國 辛慶忌 傅介子 常惠 鄭吉 甘延壽 陳湯 段會宗 胡建 朱雲 梅福 云敞 雋不疑 疏廣受 于定國于公 薛廣德 平當晏 彭宣 王吉駿 貢禹 兩龔 鮑宣

霍光字子孟驃騎將軍去病弟也父中孺河東平陽人以縣吏給事平陽侯家與侍者衛少兒私通而生去病中孺吏畢歸家娶婦生光因絕不相聞久之少兒女弟子夫得幸於武帝立爲皇后去病以皇后姊子貴幸既壯大乃自知父爲霍中孺未及求問會爲驃騎將軍擊匈奴道出河東河東太守郊迎負弩矢先驅至平陽傳舍去病遣吏迎霍中孺中孺趨入拜謁將軍迎拜因跪曰去病不早自知爲大人遺體也中孺扶服叩頭曰老臣得託命將軍此天力也去病大爲中孺買田宅奴婢而去還復過焉乃將光西至長安時年十餘歲任光爲郎稍遷諸曹侍中去病死後光爲奉車都尉光祿大夫出則奉車入侍左右出入禁闥二十餘年小心謹愼未嘗有過甚見親信征和二年衛太子爲江充所敗而燕王旦廣陵王胥皆多過失是時上年老寵姬鉤弋趙倢伃有男上心欲以爲嗣命大臣輔之察羣臣唯光任大重可屬社稷上迺使黃門畫者畫周公負成王朝諸侯以賜光後元二年春上游五柞宮病篤光涕泣問曰如有不諱誰當嗣者上曰君未諭前畫意邪立少子君行周公之事光頓首讓曰臣不如金日磾日磾亦曰臣外國人不如光上以光爲大司馬大將軍日磾爲車騎將軍及太僕上官桀爲左將軍搜粟都尉桑弘羊爲御史大夫皆拜臥內牀下受遺詔輔少主明日武帝崩太子襲尊號是爲孝昭皇帝帝年八歲政事壹決於光先是後元年侍中僕射莽何羅與弟重合侯通謀爲逆時光與金日磾上官桀等共誅之功未錄武帝病封璽書帝崩發書以從事遺詔封金日磾爲秺侯上官桀爲安陽侯光爲博陸侯皆以前捕反者功封時衛尉王莽天水人字推叔子男忽侍中揚語曰帝病忽常在左右安得遺詔封三子事羣兒自相貴耳光聞之切責王莽莽酖殺忽光爲人沈靜詳審長財七尺三寸白皙疏眉目美須頾每出入下殿門止進有常處郎僕射竊識視之不失尺寸其資性端正如此初輔幼主政自己出天下想聞其風采殿中嘗有怪一夜羣臣相驚光召尚符璽郎郎不肯授光光欲奪之郎按劍曰臣頭可得璽不可得也光甚義之明日詔增此郎秩二等衆庶莫不多光光與左將軍桀結婚相親光長女爲桀子安妻有女年與帝相配桀因帝姊鄂邑蓋主內安女後宮爲倢伃數月立爲皇后父安爲驃騎將軍封桑樂侯光時休沐出桀輒入代光決事桀父子既尊盛而德長公主公主內行不修幸河間丁外人桀安欲爲外人求封幸依國家故事以列侯尚公主者光不許又爲外人求光祿大夫欲令得召見又不許長主大以是怨光而桀安數爲外人求官爵弗能得亦慙自先帝時桀已爲九卿位在光右及父子並爲將軍有椒房中宮之重皇后親安女光迺其外祖而顧專制朝事繇是與光爭權燕王旦自以昭帝兄常懷怨望及御史大夫桑弘羊建造酒榷鹽鐵爲國興利伐其功欲爲子弟得官亦怨恨光於是蓋主上官桀子安及弘羊皆與燕王旦通謀詐令人爲燕王上書言光出都肄郎羽林道上稱蹕太官先置又引蘇武前使匈奴二十年不降還乃爲典屬國而大將軍長史敞亡功爲搜粟都尉又擅調益莫府校尉光專權自恣疑有非常臣旦願歸符璽入宿衛察姦臣變候司光出沐日奏之桀欲從中下其事桑弘羊當與諸大臣共執退光書奏帝不肯下明旦光聞之止畫室中不入上問大將軍安在桀對曰以燕王告其罪故不敢入有詔召大將軍光入免冠頓首謝上曰將軍冠朕知是書詐也將軍亡罪光曰陛下何以知之上曰將軍之廣明都郎屬耳調校尉以來未能十日燕王何以得知之且將軍爲非不須校尉是時帝年十四尚書左右皆驚而上書者果亡捕之甚急桀等懼白上小事不足遂上不聽後桀黨與有譖光者上輙怒曰大將軍忠臣先帝所屬以輔朕身敢有譖光者坐之自是桀等不敢復言乃謀令長公主置酒請光伏兵格殺之因廢帝迎立燕王爲天子事發覺光盡誅桀安弘羊外人宗族燕王蓋主皆自殺光威震海內昭帝既冠遂委任光訖十三年百姓充實四夷賓服元平元年昭帝崩無嗣武帝六男獨有廣陵王胥在羣臣議所立咸持廣陵王王本以行失道先帝所不用光內不自安郎有上書言周太王廢太伯立王季文王舍伯邑考立武王唯在所宜雖廢長立少可也廣陵王不可以承宗廟言合光意光以其書視丞相敞等擢郎爲九江太守卽日受皇太后詔遣行大鴻臚事少府丞成宗正德光祿大夫吉中郎將利漢迎昌邑王賀賀者

武帝孫昌邑哀王子也既至即位行淫亂光憂懣獨以問所親故吏大司農田延年延年曰將軍爲國柱石審此人不可何不建白太后更選賢而立之光曰今欲如是於古嘗有此不延年曰伊尹相殷廢太甲以安宗廟世稱其忠將軍若能行此亦漢之伊尹也光乃引延年給事中陰與車騎將軍張安世圖計遂召丞相御史將軍列侯中二千石大夫博士會議未央宮光曰昌邑王行昏亂恐危社稷如何羣臣皆驚愕失色莫敢發言但唯唯而已田延年前離席按劒曰先帝屬將軍以幼孤寄將軍以天下以將軍忠賢能安劉氏也今羣下鼎沸社稷將傾且漢之傳謚常爲孝者以長有天下令宗廟血食也如令漢家絶祀將軍雖死何面目見先帝於地下乎今日之議不得旋踵羣臣後應者臣請斬之光謝曰九卿責光是也天下匈匈不安光當受其難於是議者皆叩頭曰萬姓之命在於將軍唯大將軍令光即與羣臣俱見白太后具陳昌邑王不可以承宗廟狀皇太后迺車駕幸未央承明殿詔諸禁門毋內昌邑羣臣王入朝太后還乘輦欲歸溫室中黃門宦者各持門扇王入門閉昌邑羣臣不得入王曰何爲大將軍跪曰有皇太后詔毋內昌邑羣臣王曰徐之何迺驚人如是光使盡驅出昌邑羣臣置金馬門外車騎將軍安世將羽林騎收縛二百餘人皆送廷尉詔獄令故昭帝侍中中臣侍守王光勅左右謹宿衛卒有物故自裁令我負天下有殺主名王尚未自知當廢謂左右我故羣臣從官安得罪而大將軍盡繫之乎頃之有太后詔召王王聞召意恐迺曰我安得罪而召我哉太后被珠襦盛服坐武帳中侍御數百人皆持兵期門武士陛戟陳列殿下羣臣以次上殿召昌邑王伏前聽詔光與羣臣連名奏王尚書令讀奏曰丞相臣敞大司馬大將軍臣光車騎將軍臣安世度遼將軍臣明友前將軍臣增後將軍臣充國御史大夫臣誼宜春侯臣譚當塗侯臣聖隨桃侯臣昌樂杜侯臣屠耆堂太僕臣延年太常臣昌大司農臣延年宗正臣德少府臣樂成廷尉臣光執金吾臣延壽大鴻臚臣賢左馮翊臣廣明右扶風臣德長信少府臣嘉典屬國臣武京輔都尉臣廣漢司隸校尉臣辟兵諸吏文學光祿大夫臣遷臣畸臣吉臣賜臣管臣勝臣梁臣長幸臣夏侯勝太中大夫臣德臣卬昧死言皇太后陛下臣敞等頓首死罪天子所以永保宗廟總壹海內者以慈孝禮誼賞罰爲本孝昭皇帝早棄天下亡嗣臣敞等議禮曰爲人後者爲之子也昌邑王宜嗣後遣宗正大鴻臚光祿大夫奉節使徵昌邑王典喪服斬縗亡悲哀之心廢禮誼居道上不素食使從官略女子載衣車內所居傳舍始至謁見立爲皇太子常私買雞豚以食受皇帝信璽行璽大行前就次發璽不封從官更持節引內昌邑從官騶宰官奴二百餘人常與居禁闥內敖戲自之符璽取節十六朝暮臨令從官更持節從爲書曰皇帝問侍中君卿使中御府令高昌奉黃金千斤賜君卿取十妻大行在前殿發樂府樂器引內昌邑樂人擊鼓歌吹作俳倡會下還上前殿擊鐘磬召內泰壹宗廟樂人輦道牟首鼓吹歌舞悉奏衆樂法長安厨三太牢具祠閣室中祀已與從官飲啗駕法駕皮軒鸞旗驅馳北宮桂宮弄彘鬭虎召皇太后御小馬車使官奴騎乘遊戲掖庭中與孝昭皇帝宮人蒙等淫亂詔掖庭令敢泄言要斬太后曰止爲人臣子當悖亂如是邪王離席伏尚書令復讀曰取諸侯王列侯二千石綬及墨綬黃綬以并佩昌邑郎官者免奴變易節上黃旄以赤發御府金錢刀劒玉器采繒賞賜所與遊戲者與從官官奴夜飲湛沔於酒詔太官上乘輿食如故食監奏未釋服未可御故食復詔太官趣具無關食監太官不敢具即使從官出買雞豚詔殿門內以爲常獨夜設九賓溫室延見姊夫昌邑關內侯祖宗廟祠未舉爲璽書使使者持節以三太牢祠昌邑哀王園廟稱嗣子皇帝受璽以來二十七日使者旁午持節詔諸官署徵發凡一千一百二十七事文學光祿大夫夏侯勝等及侍中傅嘉數進諫以過失使人簿責勝縛嘉繫獄荒淫迷惑失帝王禮誼亂漢制度臣敞等數進諫不變更日以益甚恐危社稷天下不安臣敞等謹與博士臣霸臣雋舍臣德臣虞舍臣射臣倉議皆曰高皇帝建功業爲漢太祖孝文皇帝慈仁節儉爲太宗今陛下嗣孝昭皇帝後行淫辟不軌詩云藉曰未知亦既抱子五辟之屬莫大不孝周襄王不能事母春秋曰天王出居于鄭繇不孝出之絕之於天下也宗廟重於君陛下未見命於高廟不可以承天序奉祖宗廟子萬姓當廢臣請有司御史大夫臣誼宗正臣德太常臣昌與太祝以一太牢具告祠高廟臣敞等昧死以聞皇太后詔曰可光令王起拜受詔王曰聞天子有爭臣七人雖亡道不失天下光曰皇太后詔廢安得天子迺即持其手解脫其璽組奉上太后扶王下殿出金馬門羣臣隨送王西面拜曰愚戇不任漢事起就乘輿副車大將軍光送至昌邑邸光謝曰王行自絕於天臣等駑怯不能殺身報德臣寧負王不敢負社稷願王自愛臣長不復見左右光涕泣而去羣

臣奏言古者廢放之人屏於遠方不及以政請徙王賀漢中房陵縣太后詔歸賀昌邑賜湯沐邑二千戶昌邑羣臣坐無輔導之誼陷王於惡光悉誅殺二百餘人出死號呼市中曰當斷不斷反受其亂光坐庭中會丞相以下議定所立廣陵王已前不用及燕刺王反誅其子不在議中近親唯有衛太子孫號皇曾孫在民間咸稱述焉光遂復與丞相敞等上奏曰禮曰人道親親故尊祖尊祖故敬宗太宗亡嗣擇支子孫賢者爲嗣孝武皇帝曾孫病已武帝時有詔掖庭養視至今年十八師受詩論語孝經躬行節儉慈仁愛人可以嗣孝昭皇帝後奉承祖宗廟子萬姓臣昧死以聞皇太后詔曰可遣宗正劉德至曾孫家尚冠里洗沐賜御衣太僕以輪獵車迎曾孫就齋宗正府入未央宮見皇太后封爲陽武侯已而光奉上皇帝璽綬謁于高廟是爲孝宣帝明年下詔曰夫襃有德賞元功古今通誼也大司馬大將軍光宿衛忠正宣德明恩守節秉誼以安宗廟其以河北東武陽益封光萬七千戶與故所食邑凡二萬戶賞賜前後黃金七千斤錢六千萬雜繒三萬匹奴婢百七十人馬二千匹甲第一區自昭帝時光子禹及兄孫雲皆中郎將雲弟山奉車都尉侍中領胡越兵光兩女壻爲東西宮衛尉昆弟諸壻外孫皆奉朝請爲諸曹大夫騎都尉給事中黨親連體根據於朝廷光自後元秉持萬幾及上卽位乃歸政上謙讓不受諸事皆先關白光然後奏御天子光每朝見上虛已斂容禮下之已甚光秉政前後二十年地節二年春病篤車駕自臨問光病上爲之涕泣光上書謝恩曰願分國邑三千戶以封兄孫奉車校尉山爲列侯奉兄驃騎將軍去病祠事下丞相御

史卽日拜光子禹爲右將軍光薨上及皇太后親臨光喪大中大夫任宣與侍御史五人持節護喪事中二千石治莫府冢上賜金錢繒絮繡被百領衣五十篋璧珠璣玉衣梓宮棺也便房黃腸題湊各一具樅木外藏椁十五具以柏木黃心累棺外故曰黃腸木頭皆內向故曰題湊便房小曲室也東園溫明東園造比器形如方漆桶開一面以鑑置其中縣尸上大斂并蓋之皆如乘輿制度載光尸柩以轀輬車車有窗閉之則轀開之則輬黃屋左纛發材官輕車北軍五校士軍陳至茂陵以送其葬謚曰宣成侯發三河卒穿復土起冢祠堂置園邑三百家長丞奉守如舊法既葬封山爲樂平侯以奉車都尉領尚書事天子思光功德下詔曰故大司馬大將軍博陸侯宿衛孝武皇帝三十餘年輔孝昭皇帝十有餘年遭大難躬秉誼率三公九卿定萬世策以安社稷天下蒸庶咸以康寧功德茂盛朕甚嘉之復其後世疇其爵邑世世無有所與功如蕭相國明年夏封太子外祖父許廣漢爲平恩侯復下詔曰宣成侯光宿衛忠正勤勞國家善善及後世其封光兄孫中郎將雲爲冠陽侯禹既嗣爲博陸侯太夫人顯改光時所自造塋制而侈大之起三出闕築神道北臨昭靈南出承恩皆館名盛飾祠室輦閣通屬永巷而幽良人婢妾守之廣治第室作乘輿輦加畫繡絪馮黃金塗韋絮薦輪侍婢以五綵絲輓顯游戲第中初光愛幸監奴馮子都常與計事及顯寡居與子都亂而禹山亦並繕治第宅走馬馳逐平樂館雲當朝請數稱病私出多從賓客張圍獵黃山苑中使蒼頭奴上朝謁莫敢譴者而顯及諸女晝夜出入長信宮殿中無期度宣帝自在民間知霍氏尊盛日久內不能善光薨上始躬親朝政御史大夫魏相給事中顯謂禹雲山女曹不務奉

大將軍餘業今大夫給事中他人壹間女能復自救邪後兩家奴爭道霍氏奴入御史府欲躢大夫門御史爲叩頭謝乃去人以謂霍氏顯等始知憂會魏大夫爲丞相數燕見言事平恩侯與侍中金安上等徑出入省中時霍山自若領尚書上令吏民得奏封事不關尚書羣臣進見獨往來於是霍氏甚惡之宣帝始立微時許妃爲皇后顯愛小女成君欲貴之私使乳醫淳于衍行毒藥殺許后因勸光內成君代立爲后語在后妃傳始許后暴崩吏捕諸醫劾衍侍疾亡狀不道下獄吏簿問急顯恐事敗卽具以實語光光大驚欲自發舉不忍猶與會奏上因署衍勿論光薨後語稍泄於是上始聞之而未察乃徙光女壻度遼將軍未央衛尉平陵侯范明友爲光祿勳次壻諸吏中郎將羽林監任勝出爲安定太守數月復出光姊壻給事光祿大夫張朔爲蜀郡太守羣孫壻中郎將王漢爲武威太守頃之復使光長女壻長樂衛尉鄧廣漢爲少府更以禹爲大司馬冠小冠亡印綬罷其右將軍屯兵官屬特使禹官名與光俱大司馬者又收范明友度遼將軍印綬但爲光祿勳及光中女壻趙平爲散騎都尉光祿大夫將屯兵又收平騎都尉印綬諸領胡越騎羽林及兩宮衛將屯兵悉易以所親信許史子弟代之禹爲大司馬稱病禹故長史任宣候問禹曰我何病縣官謂天子也非我家將軍不得至是今將軍墳墓未乾盡外我家反任許史奪我印綬令人不省死宣見禹恨望深乃謂曰大將軍時何可復行持國權柄殺生在手中廷尉李种王平左馮翊賈勝胡及車丞相女壻少府徐仁皆坐逆將軍意下獄死使樂成小家子得幸將軍至九卿封侯百官以下但事馮子都王

子方等視丞相無如也各自有時今許史自天子骨肉貴正宜耳今大司馬欲用是怨恨愚以爲不可禹默然數日起視事顯及禹山雲自見日侵削數相對啼泣自怨山曰今丞相用事縣官信之盡變易大將軍時法令以公田賦與貧民發揚大將軍過失又諸儒生多窶人子遠客饑寒喜妄說狂言不避忌諱大將軍常讎之今陛下好與諸儒生語人人自使書對事多言我家者嘗有上書言大將軍時主弱臣彊專制擅權今其子孫用事昆弟益驕恣恐危宗廟災異數見盡爲是也其言絕痛山屏不奏其書後上書者益黠盡奏封事輒下中書令出取之不關尚書益不信人顯曰丞相數言我家獨亡罪乎山曰丞相廉正安得罪我家昆弟諸壻多不謹又聞民間讙言霍氏毒殺許皇后寧有是邪顯恐急即具以實告山雲禹山雲禹驚曰如是何不早告禹等縣官離散斥逐諸壻用是故也此大事誅罰不小奈何於是始有邪謀矣初趙平客石夏善爲天官語平曰熒惑守御星御星太僕奉車都尉也不黜則死平內憂山等雲舅李竟所善張赦見雲家卒卒謂竟曰今丞相與平恩侯用事可令太夫人言太后先誅此兩人移徙陛下在太后耳長安男子張章告之事下廷尉執金吾捕張赦石夏等後有詔止勿捕山等愈恐相謂曰此縣官重太后故不竟也然惡端已見又有試許后事陛下雖寬仁恐左右不聽久之猶發發即族矣不如先也遂令諸女各歸報其夫皆曰安所相避會李竟坐與諸侯交通辭語及霍氏有詔雲山不宜宿衛免就第光諸女遇太后無禮馮子都數犯法上并以爲讓山禹等甚恐顯夢第中井水溢流庭下竈居樹上又夢大將軍謂顯曰知捕兒不亟下捕之第中鼠暴多與人相觸以尾畫地鴞數鳴殿前樹上第門自壞（古者宮室高大則通呼爲殿非止天子宮中也）雲尚冠里宅中門亦壞巷端人共見有人居雲屋上徹瓦投地就視亡有大怪之禹夢車騎聲正讙來捕禹舉家憂愁山曰丞相擅減宗廟羔菟鼃可以此罪也謀欲令大后爲博平君置酒（博平君宣帝外祖母也）召丞相平恩侯以下使范明友鄧廣漢承太后制引斬之因廢天子而立禹約定未發雲拜爲玄菟太守太中大夫任宣爲代郡太守山又坐寫祕書顯爲上書獻城西第入馬千匹以贖山罪書報聞會事發覺雲山明友自殺顯禹廣漢等捕得禹要斬顯及諸女昆弟皆棄市唯獨霍后廢處昭臺宮與霍氏相連坐誅滅數千家上乃下詔曰乃者東織室令史張赦使魏郡豪李竟報冠陽侯雲謀爲大逆朕以大將軍故抑而不揚冀其自新今大司馬博陸侯禹與母宣成侯夫人顯及從昆弟子冠陽侯雲樂平侯山諸姊妹壻謀爲大逆欲詿誤百姓賴宗廟神靈先發得咸伏其辜朕甚悼之諸爲霍氏所詿誤事在丙申前未發覺在吏者皆赦除之男子張章先發覺以語期門董忠忠告左曹楊惲惲告侍中金安上惲召見對狀後章上書以聞侍中史高與金安上建發其事言無入霍氏禁闥卒不得遂其謀皆讎有功封章爲博成侯忠高昌侯惲平通侯安上都成侯高樂陵侯初霍氏奢侈茂陵徐生曰霍氏必亡夫奢則不遜不遜必侮上侮上者逆道也在人之右眾必害之霍氏秉權日久害之者多矣天下害之而又行以逆道不亡何待乃上疏言霍氏太盛陛下即愛厚之宜以時抑制無使至亡書三上輒報聞其後霍氏誅滅而告霍氏者皆封人爲徐生上書曰臣聞客有過主人者見其竈直突傍有積薪客謂主人更爲曲突遠徙其薪不者且有火患主人嘿然不應俄而家果失火鄰里共救之幸而得息於是殺牛置酒謝其鄰人灼爛者在於上行餘各以功次坐而不錄言曲突者人謂主人曰鄉使聽客之言不費牛酒終無火患今論功而請賓曲突徙薪無恩澤燋頭爛額爲上客邪主人乃寤而請之今茂陵徐福數上書言霍氏且有變宜防絕之鄉使福說得行則國無裂土出爵之費臣無逆亂誅滅之敗往事既已而福獨不蒙其功唯陛下察之貴徙薪曲突之策使居焦髮灼爛之右上乃賜福帛十匹後以爲郎宣帝始立謁見高廟大將軍光驂乘上內嚴憚之若有芒刺在背後車騎將軍張安世代光驂乘天子從容肆體甚安近焉及光身死而宗族竟誅故俗傳之曰威震主者不畜霍氏之禍萌於驂乘至成帝時爲光置守冢百家吏卒奉祠焉元始二年封光從父昆弟曾孫陽爲博陸侯千戶

金日磾字翁叔本匈奴休屠王太子也武帝元始中驃騎將軍霍去病將兵擊匈奴右地多斬首虜獲休屠王祭天金人其夏驃騎復西過居延攻祁連山大克獲於是單于怨昆邪休屠（音除）居西方多爲漢所破召其王欲誅之昆邪休屠恐謀降漢休屠王後悔昆邪王殺之并將其眾降漢封昆邪王爲列侯日磾以父不降見殺與母閼氏弟倫俱沒入官輸黃門養馬時年十四矣久之武帝游宴見馬後宮滿側日磾等數十人牽馬過殿下莫不竊視至日磾獨不敢日磾長八尺二寸容貌甚嚴馬又肥好上異而問之具以本狀對上奇焉即日賜湯沐衣冠拜爲馬監遷侍中駙馬都尉光祿大夫日磾既

親近未嘗有過失上甚信愛之賞賜累千金出則驂乘入侍左右貴戚多竊怨曰陛下妄得一胡兒反貴重之上聞愈厚焉日磾母教誨兩子甚有法度上聞而嘉之病死詔圖畫於甘泉宮署曰休屠王閼氏日磾每見畫常拜鄉之涕泣然後乃去日磾子二人上皆愛之爲帝弄兒常在旁側弄兒或自後擁上項日磾在前見而目之弄兒走且啼曰翁怒上謂曰磾何怒吾兒爲其後弄兒壯大不謹自殿下與宮人戲日磾適見之惡其淫亂遂殺弄兒弄兒即日磾長子也上聞之大怒日磾頓首謝具言所以殺弄兒狀上甚哀爲之泣已而心敬日磾初莽何羅本姓馬明德后惡其先有反易曰莽與江充相善及充敗衛太子何羅弟通用誅太子時力戰得封後上知太子冤迺夷滅充宗族黨與何羅兄弟懼及遂謀爲逆日磾視其志意非常心疑之陰獨察其動靜與俱上下何羅亦覺日磾意以故久不得發是時上幸林光宮甘泉一名林光日磾小疾臥廬何羅與通及小弟安成矯制夜出共殺使者發兵明旦上未起何羅從外入日磾奏廁心動立入坐內戶下須臾何羅褏白刃從東箱上見日磾色變走趨臥內欲入行觸寶瑟僵日磾得抱何羅因傳曰莽何羅反上驚起左右拔刃欲格之上恐并中日磾止勿格日磾捽胡胡頸也捽捽兀反投何羅殿下得禽縛之窮治皆伏辜繇是著忠孝節日磾自在左右目不忤視者數十年賜出宮女不敢近上欲內其女後宮不肯其篤慎如此上尤奇異之及上病屬霍光以輔少主光讓曰磾日磾曰臣外國人且使匈奴輕漢於是遂爲光副光以女妻日磾嗣子賞初武帝遺詔以討莽何羅功封日磾秺丁胡反侯日磾以帝少不受封輔政歲餘病困大將軍光白封日磾臥授印綬一日薨賜葬具冢地送以輕車介士軍陳至茂陵諡曰敬侯日磾兩子賞建俱侍中與昭帝略同年共臥起賞爲奉車建爲駙馬都尉及賞嗣侯佩兩綬上謂霍將軍曰金氏兄弟兩人不可使俱兩綬邪霍光對曰賞自嗣父爲侯耳上笑曰侯不在我與將軍乎光曰先帝之約有功乃得封侯時年俱八九歲宣帝立賞爲太僕霍氏有事萌芽上書去妻上亦自哀之獨得不坐元帝時爲光祿勳亡子國除元始中繼絕世封建孫當爲秺侯奉日磾後初日磾所將俱降弟倫字少卿爲黃門郎早卒日磾兩子貴及孫則衰矣而倫後嗣遂盛子安上始貴顯封侯安上字子侯少爲侍中惇篤有智宣帝愛之頗與發舉楚王延壽反謀賜爵關內侯食邑三百戶後霍氏及安上傳禁門闥無內霍氏親屬封爲都成侯至建章衛尉薨賜冢塋杜陵諡曰敬侯四子常敞岑明皆爲諸曹中郎將常光祿大夫元帝爲太子時敞爲中庶子幸有寵帝即位爲騎都尉光祿大夫中郎將侍中元帝崩故事近臣皆隨陵爲園郎敞以世名忠孝太后詔留侍成帝爲奉車水衡都尉至衛尉敞爲人正直敢犯顏色左右憚之唯上亦難焉病甚上使使者問所欲以弟岑爲託上召岑拜爲使主客敞子涉本爲左曹上拜涉爲侍中使待幸綠車載送衛尉舍須臾卒敞三子涉參饒涉明經節儉諸儒稱之成帝時爲侍中騎都尉領三輔胡越騎哀帝即位爲奉車都尉至長信少府而參使匈奴爲匈奴中郎將越騎校尉關內都尉安定東海太守饒爲越騎校尉涉兩子湯融皆侍中諸曹將大夫而涉之從父弟欽舉明經爲太子門大夫哀帝即位爲太中大夫給事中欽從父弟遷爲尚書令兄弟用事帝祖母傅太后崩欽使護作職辦擢爲泰山弘農太守著威名平帝即位徵爲大司馬司直京兆尹帝年幼選置師友大司徒孔光以明經高行爲孔氏師京兆尹金欽以家世忠孝爲金氏友徙光祿大夫侍中秩中二千石封都成侯時王莽新誅平帝外家衛氏召明禮少府宗伯鳳入說爲人後之誼白令公卿將軍侍中朝臣並聽欲以內厲平帝而外塞百姓之議欽與族昆弟秺侯當俱封初當曾祖父日磾傳子節侯賞而欽祖父安上傳子夷侯常皆亡嗣國除故莽封欽當奉其後當母南即莽母功顯君同產弟也當上南大行爲太夫人大行官名欽因緣謂當詔書陳日磾功亡有賞語當名爲以孫繼祖也自當爲父祖父立廟賞故國君使大夫主其祭時甄邯在旁庭叱欽因劾奏曰欽幸得以通經術超擢侍帷幄重蒙厚恩封襲爵號知聖朝以世有爲人後之誼前遭故定陶太后背本逆天孝哀不獲厥福乃者呂寬衛寶復造姦謀至於反逆咸伏厥辜太皇太后愍艾悼懼送天之咎非聖誣法大亂之殃誠欲奉承天心遵明聖制專壹爲後之誼以安天下之命數臨正殿延見羣臣講習禮經孫繼祖者謂亡正統持重者也賞見嗣日磾後成爲君持大宗重則禮所謂尊祖故敬宗大宗不可以絕者也欽自知與當俱拜同誼即數揚言殿省中教當云云當即如其言則欽亦欲爲父明立廟而不入夷侯常廟矣進退異言頗惑衆心亂國大綱開禍亂原誣祖不孝罪莫大焉尤非大臣所宜大不敬秺侯當上母南爲太夫人亦失禮不敬莽曰太后下四輔公卿大夫博士議郎皆曰欽宜以時即罪謁者召欽詣詔獄欽自殺邯以綱紀國體無所阿私忠孝尤著益

封千戸更封長信少府涉子右曹湯爲都成侯湯受封日不敢還家以明爲人後之誼益封之後莽復用欽弟遵封侯歷九卿位日磾本夷狄亡國羈虜漢庭而以篤敬寤主忠信自著勒功上將傳國後嗣世名忠孝七世內侍何其盛也本以休屠作金人爲祭天主故因賜姓金氏云

趙充國字翁孫隴西上邽人也後徙金城令居(令音始零)爲騎士以六郡良家子(金城隴西北地安定北地上郡)善騎射補羽林爲人沈勇有大略少好將帥之節而學兵法通知四夷事武帝時以假司馬從貳師將軍擊匈奴大爲虜所圍漢軍乏食數日死傷者多充國乃與壯士百餘人潰圍陷陳貳師引軍隨之遂得解身被二十餘創貳師奏狀詔徵充國詣行在所武帝親見視其創嗟嘆之拜爲中郎遷車騎將軍長史昭帝時武都氐人反充國以大將軍護軍都尉將兵擊定之遷中郎將屯上谷還爲水衡都尉擊匈奴獲西祁王擢爲後將軍兼水衡如故與大將軍霍光定策尊立宣帝封營平侯本始中爲蒲類將軍征匈奴斬虜數百級還爲後將軍少府匈奴大發十餘萬騎南旁塞至符奚廬山欲入爲寇亡者題除渠堂降漢言之遣充國將四萬騎屯緣邊九郡單于聞之引去是時光祿大夫義渠安國使行諸羌先零(音憐)豪言願得度湟水北逐民所不田處畜牧安國以聞充國劾安國奉使不敬是後羌人旁緣前言抵冒度湟水郡縣不能禁元康三年先零遂與諸羌種豪二百餘人解仇交質盟詛上聞之以問充國對曰羌人所以易制者以其種自有豪數相攻擊勢不壹也往三十餘歲西羌反時亦先解仇合約攻令居與漢相距五六年乃定至政和五年先零豪封煎等通使匈奴匈奴使人至小月氏傳告諸羌曰漢貳師將軍衆十餘萬人降匈奴羌人爲漢事苦張掖酒泉本我地地肥美可共擊居之以此觀匈奴欲與羌合非一世也間者匈奴困於西方聞烏桓來保塞恐兵復從東方起數使使尉黎危須諸國設以子女貂裘欲沮解之其計不合疑匈奴更遣使至羌中道從沙陰地出鹽澤過長阬入窮水塞南抵屬國與先零相直臣恐羌變未止此且復結聯他種宜及未然爲之備後月餘羌侯狼何果遣使者至匈奴藉兵欲擊鄯善敦煌以絕漢道充國以爲狼何小月氏種在陽關西南埶不能獨造此計疑匈奴使已至羌中先零罕开(口賢反)乃解仇作約到秋馬肥變必起矣宜遣使者行邊兵豫爲備敕視諸羌毋令解仇以發覺其謀於是兩府復白遣義渠安國行視諸羌分別善惡安國至召先零諸豪三十餘人以尤桀黠者皆斬之縱兵擊其種人斬首千餘級於是諸降羌及歸義羌侯楊玉等恐怒亡所信鄉遂劫略小種背畔犯塞攻城邑殺長吏安國以騎都尉將騎三千屯備羌至浩亹爲虜所擊失亡車重兵器甚衆安國引還至令居以聞是歲神爵元年春也時充國年七十餘上老之使御史大夫丙吉問誰可將者充國對曰無踰於老臣者矣上遣問曰將軍度羌虜何如當用幾人充國曰百聞不如一見兵難隃度臣願馳至金城圖上方略然羌戎小夷逆天背畔滅亡不久願陛下以屬老臣勿以爲憂上笑曰諾充國至金城須兵滿萬騎欲渡河恐爲虜所遮即夜遣三校銜枚先渡渡輒營陳會明畢遂以次盡渡虜數十百騎來出入軍旁充國曰吾士馬新倦不可馳逐此皆驍騎難制又恐其爲誘兵也擊虜以殄滅爲期小利不足貪令軍勿擊遣騎候四望陿中亡虜夜引兵上至落都召諸校司馬謂曰吾知羌虜不能爲兵矣使虜發數十人守杜四望陿中兵豈得入哉充國常以遠斥候爲務行必爲戰備止必堅營壁尤能持重愛士卒先計而後戰遂西至西部都尉府日饗軍士士皆欲爲用虜數挑戰充國堅守捕得生口言羌豪數相責曰語汝亡反今天子遣趙將軍來年八九十矣善爲兵今請欲壹鬭而死可得邪充國子右曹中郎將卬將期門佽飛羽林孤兒胡越騎爲支兵至令居虜並出絕轉道卬以聞有詔將八校尉與驍騎都尉金城太守合疏捕山間虜通轉道津渡初罕开豪靡當兒使弟雕庫來告都尉曰先零欲反後數日果反雕庫種人頗在先零中都尉即留雕庫爲質充國以爲亡罪乃遣歸告種豪大兵誅有罪者明白自題毋取并滅天子告諸羌人犯法者能相捕斬除罪斬大豪有罪者一人賜錢四十萬中豪十五萬下豪二萬大男三千女子及老小千錢又以其所捕妻子財物盡與之充國計欲以威信招降罕开及劫略者解散虜謀徼極乃擊之時上已發三輔太常徒弛刑三河潁川沛郡淮陽汝南材官金城隴西天水安定北地上郡騎士羌騎與武威張掖酒泉太守各屯其郡者合六萬人矣酒泉太守辛武賢奏言郡兵皆屯備南山北邊空虛埶不可久或曰至秋冬乃進兵此虜在竟外之冊今虜朝夕爲寇土地寒苦漢馬不能冬屯兵在武威張掖酒泉萬騎以上皆多羸瘦可益馬食以七月上旬齎三十日糧分兵並出張掖酒泉合擊罕开在鮮水上者虜以畜產爲命今皆離散兵即分出雖不能盡誅亶奪其畜產虜其妻

子復引兵還冬復擊之大兵仍出虜必震壞天子下其書充國令與校尉以下吏士知羌事者博議充國及長史董通年以爲武賢欲輕引萬騎分爲兩道出張掖回遠千里以一馬自佗負三十日食爲米二斛四斗麥八斛又有衣裝兵器難以追逐勤勞而至虜必商軍進退稍引去逐水屮入山林隨而深入虜卽據前險守後阸以絕糧道必有傷危之憂爲夷狄笑千載不可復而武賢以爲可奪其畜產虜其妻子此殆空言非至計也又武威縣張掖日勒皆當北塞有通谷水草臣恐匈奴與羌有謀且欲大入幸能要杜張掖酒泉以絕西域其郡兵尤不可發先零首爲畔逆它種刼略故臣愚冊欲捐罕开闇昧之過隱而勿章先行先零之誅以震動之宜悔過反善因赦其罪選擇良吏知其俗者拊循和輯此全師保勝安邊之冊天子下其書公卿議者咸以爲先零兵盛而負罕开之助不先破罕开則先零未可圖也上乃拜侍中樂成侯許延壽爲彊弩將軍卽拜酒泉太守武賢爲破羌將軍賜璽書嘉納其冊以書勑讓充國曰皇帝問後將軍甚苦暴露將軍計欲至正月乃擊罕开羌羌人當獲麥已遠其妻子精兵萬人欲爲酒泉燉煌寇邊兵少民守保不得田作今張掖以東粟石百餘芻稾束數十轉輸並起百姓煩擾將軍將萬餘之衆不早及秋共水草之利爭其畜食欲至冬虜皆當畜食多臧匿山中依險阻將軍士寒手足皸瘃皸坼裂也音軍瘃寒創也音竹足反寍有利哉將軍不念中國之費欲以歲數而勝微將軍誰不樂此者今詔破羌將軍武賢將兵六千一百人燉煌太守快將二千人長水校尉富昌酒泉侯奉世將婼月氏兵四千人婼兒遮反亡慮萬二千人齎三十日食以

七月二十二日擊罕羌入鮮水北句廉上去酒泉八百里去將軍可千二百里將軍其引兵便道西並進雖不相及使虜聞東方北方兵並來分散其心意離其黨與雖不能殄滅當有瓦解者已詔中郎將卬將胡越佽飛射士步兵二校尉益將軍兵今五星出東方中國大利蠻夷大敗太白出高用兵深入敢戰者吉不敢戰者凶將軍急裝因天時誅不義萬下必全勿復有疑充國既得讓以爲將任兵在外便宜有守以安國家乃上書謝罪因陳兵利害曰臣竊見騎都尉安國前幸賜書擇羌人可使使罕諭告以大軍當至漢不誅罕以解其謀恩澤甚厚非臣下所能及臣獨私美陛下盛德至計亡已故遣开豪雕庫宣天子至德罕开之屬皆聞知明詔今先零羌楊玉此羌之首帥名王將騎四千及煎鞏騎五千阻石山木候便爲寇罕羌未有所犯今置先零先擊罕釋有罪誅亡辜起壹難就兩害誠非陛下本計也臣聞兵法攻不足者守有餘又曰善戰者致人不致於人而今罕羌欲爲燉煌酒泉寇宜飭兵馬練戰士以須其至坐得致敵之術以逸擊勞取勝之道也今恐二郡兵少不足以守而發之行攻釋致虜之術而從爲虜所致之道臣愚以爲不便先零羌虜欲爲背畔故與罕开解仇結約然其私心不能忘恐漢兵至而罕开背之也臣愚以爲其計常欲先赴罕开之急以堅其約先擊罕羌先零必助之今虜馬肥糧食方饒擊之恐不能傷害適使先零得施德於罕羌堅其約合其黨虜交堅黨合精其二萬人迫脅諸小種附著者稍衆莫須之屬不輕得離也如是虜兵寖多誅之用力數倍臣恐國家憂累繇十年數不二三歲而已臣得蒙天子厚恩父子俱爲顯

列臣位至上卿爵爲列侯犬馬之齒七十六爲明詔塡溝壑死骨不朽亡所顧念獨思惟兵利害至熟悉也於臣之計先誅先零已則罕开之屬不煩兵而服矣先零已誅而罕开不服涉正月擊之得利之理又其時也以今進兵誠不見其利唯陛下裁察六月戊申奏七月甲寅璽書報從充國計焉充國引兵至先零在所虜久屯聚解弛望見大軍棄車重欲度湟水道泥狹充國徐行驅之或曰逐利行遲充國曰此窮寇不可迫也緩之則走不顧急之則還致死諸校皆曰善虜赴水溺死者數百降及斬首五百餘人鹵馬牛羊十萬餘頭車四千餘兩兵至罕地令軍毋燔聚落芻牧田中罕羌聞之喜曰漢果不擊我矣豪靡忘使人來言願得復還故地充國以聞未報靡忘來自歸充國賜飲食遣還諭種人護軍以下皆爭之曰此反虜不可擅遣充國曰諸君但欲便文自營非爲公家忠計也語未卒璽書報令靡忘以贖論後罕竟不煩兵而下其秋充國病上賜書曰制詔後將軍聞苦腳脛寒泄將軍年老加疾一朝之變不可諱朕甚憂之今詔破羌將軍詣屯所爲將軍副急因天時大利吏士銳氣以十二月擊先零羌卽疾劇留屯毋行獨遣破羌彊弩將軍時羌降者萬餘人矣充國度其必壞欲罷騎兵屯田以待其敝作奏未上會得進兵璽書中郎將卬懼使客諫充國曰誠令兵出破軍殺將以傾國家將軍守之可也卽利與病又何足爭一旦不合上意遣繡衣來責將軍將軍之身不能自保何國家之安充國嘆曰是何言之不忠也本用吾言羌虜得至是邪往者舉可先行羌者吾舉辛武賢丞相御史復白遣義渠安國竟沮敗羌金城隍中穀斛八錢吾謂耿中丞糴

三百萬斛穀羌人不敢動矣耿中丞請糴百萬斛乃得四十萬斛耳義渠再使且費其半矣此二冊羌人故敢爲逆失之毫釐差以千里是既然矣今兵久未決四夷卒有動搖相因而起雖有知者不能善其後羌獨足憂邪吾固以死守之明主可爲忠言遂上屯田奏曰臣聞兵者所以明德除害也故舉得於外則福生於內不可不慎臣所將吏士馬牛食月用糧穀十九萬九千六百三十斛鹽千六百九十三斛茭槀二十五萬二百八十六石難久不解繇役不息又恐他夷卒有不虞之變相因並起爲明主憂誠非素定廟勝之冊且羌虜易以計破難用兵碎故也臣以爲擊之不便計度臨羌東至浩亹羌虜故田及公田民有所未墾可二千頃以上其間郵亭多壞敗者臣前部士入山伐材木大小六萬餘枚皆在水次願罷騎兵留弛刑應募及淮陽汝南步兵與吏士私從者合凡萬二百八十一人用穀月二萬七千三百六十三斛鹽三百八斛分屯要害處冰解漕下繕鄉亭浚溝渠治湟陿以西道橋七十所令可至鮮水左右田事出賦人二十畮至四月草生發郡騎及屬國胡騎伉健各千倅馬什二就草爲田者游兵以充入金城郡益積畜省大費今大司農所轉穀至者足支萬人一歲食謹上田處及器用簿唯陛下裁許上報曰皇帝問後將軍言欲罷騎兵萬人留田卽如將軍之計虜當何時伏誅兵當何時得決熟計其便復奏充國上狀曰臣聞帝王之兵以全取勝是以貴謀而賤戰戰而百勝非善之善者也故先爲不可勝以待敵之可勝蠻夷習俗雖殊於禮義之國然其欲避害就利愛親戚畏死亡一也今虜亡其美地薦草愁於寄託遠遯骨肉心離人有畔志而明主班師罷兵萬人留田順天時因地利以待可勝之虜雖未卽伏辜兵決可期月而望羌虜瓦解前後降者萬七百餘人及受言去者凡七十輩此坐支解羌虜之具也臣謹條不出兵留田便宜十二事步兵九校吏士萬人留屯以爲武備因田致穀威德並行一也又因排折羌虜令不得歸肥饒之地貧破其衆以成羌虜相畔之漸二也居民得並田作不失農業三也軍馬一月之食度支田士一歲罷騎兵以省大費四也至春省甲士卒循河湟漕穀至臨羌以眎羌虜揚威武傳世折衝之具五也以間時暇下所伐材繕治郵亭充入金城六也兵出乘危徼倖不出令反畔之虜竄於風寒之地離霜露疾疫瘃墮之患坐得必勝之道七也亡經阻遠追死傷之害八也內不損威武之重外不令虜得乘間之勢九也又亡驚動河南大幵小幵使生它變之憂十也治湟陿中道橋令可至鮮水以制西域信威千里從枕席上過師十一也大費既省繇役豫息以戒不虞十二也留屯田得十二便出兵失十二利臣充國材下犬馬齒衰不識長策唯明詔博詳公卿議臣採擇上復賜報曰皇帝問後將軍言十二便聞之虜雖未伏誅兵決可期月而望期月而望者謂今冬邪謂何時也將軍獨不計虜聞兵頗罷且丁壯相聚攻擾田者及道上屯兵復殺略人民將何以止之又大幵小幵前言曰我告漢軍先零所在兵不往擊久留得亡效五年時不分別人而并擊我其意常恐今兵不出得亡變生與先零爲一將軍就計復奏充國奏曰臣聞兵以計爲本故多算勝少算先零羌精兵今餘不過七八千人大地遠客分散饑凍畔幵莫須又頗暴略其羸弱畜產畔還者不絕皆聞天子明令相捕斬之賞臣愚以爲虜破壞可日用冀遠在來春故曰兵決可期月而望竊見北邊自燉煌至遼東萬一千五百餘里乘塞列隧有吏卒數千人虜數大衆攻之而不能害今留步士萬人屯田地勢平易多高山遠望之便部曲相保爲塹壘木樵校聯不絕便兵弩飭鬬具㷮火幸通勢及并力以逸待勞兵之利者也臣愚以爲屯田內有亡費之利外有守禦之備騎兵雖罷虜見萬人留田爲必禽之具其土崩歸德宜不久矣從今盡三月虜馬羸瘦必不敢捐其妻子於它種中遠涉河山而來爲寇又見屯田之士精兵萬人終不敢復將其累重還歸故地是臣之愚計所以度虜且必瓦解其處不戰自破之冊也至於虜小寇盜時殺人民其原未可卒禁臣聞戰不必勝不苟接刃攻不必取不苟勞衆誠令出兵雖不能滅先零亶能令虜絕不爲小寇則出兵可也卽今同是而釋坐勝之道從乘危之勢往終不見利空內自罷敝貶重而自損非所以視蠻夷也又大兵一出還不可復留湟中亦未可空如是繇役復發也且匈奴不可不備烏桓不可不憂今久轉運煩費傾我不虞之用以澹一隅臣愚以爲不便校尉臨衆幸得成威德奉厚幣拊循衆羌諭以明詔宜皆鄉風雖其前辭嘗曰得亡效五年宜亡他心不足以故出兵臣竊自惟念奉詔出塞引軍遠擊窮天子之精兵散車甲於山野雖亡尺寸之功媮得避慊之便而亡後咎餘責此人臣不忠之利非明主社稷之福也臣幸得奮精兵討不義久留天誅罪當萬死陛下寬仁未忍加誅令臣數得孰計愚臣伏計孰甚不敢避斧鉞之誅昧死陳愚唯陛下省察充國奏每上輒下公卿議臣初是充國者什

三中什五最後什八有詔詰前言不便者皆頓首服丞
相魏相曰臣愚不習兵事利害後將軍數畫軍冊其言
常是臣任其計可必用也上於是報充國曰皇帝問後
將軍上書言羌虜可勝之道今聽將軍將軍計善其上
留屯田及當罷者人馬數將軍彊食愼兵事自愛上以
破羌彊弩將軍數言當擊又用充國屯田處離散恐虜
犯之於是兩從其計詔兩將軍與中郎將卬出擊彊弩
出降四千餘人破羌斬首二千級中郎將卬斬首降者
亦二千餘級而充國所降復得五千餘人詔罷兵獨充
國留屯田明年五月充國奏言羌可五萬人軍凡斬首
七千六百級降者三萬一千二百人溺河湟饑餓死者
五六千人定計遺脫與煎鞏黃羝俱亡者不過四千人
羌靡忘等自詭必得請罷屯兵奏可充國振旅而還所
善浩星賜迎說充國曰衆人皆以破羌彊弩出擊多斬
首獲降虜以破壞然有識者以爲虜埶困窮兵雖不出
必自服矣將軍卽見宜歸功於二將軍出擊非愚臣所
及如此將軍計未失也充國曰吾年老矣爵位已極豈
嫌伐一時事以欺明主哉兵埶國之大事當爲後法老
臣不以餘命一爲陛下明言兵之利害卒死誰當復言
之者卒以其意對上然其計罷遣辛武賢歸酒泉太守
官充國復爲後將軍衞尉其秋羌若零離留且種兒庫
共斬先零大豪猶非楊玉首及諸豪弟澤陽雕良兒靡
忘皆帥煎鞏黃羝之屬四千餘人降漢封若零弟澤二
人爲帥衆王離留且種二人爲侯兒庫爲君陽彫爲言
兵侯良兒爲君靡忘爲獻牛君初置金城屬國以處降
羌詔舉可護羌校尉者時充國病四府舉辛武賢小弟
湯充國遽起奏湯使酒不可典蠻夷不如湯兄臨衆時
湯已拜受節有詔更用臨衆後臨衆病免五府復舉湯
湯數醉酗羌人羌人反畔卒如充國之言初破羌將軍
武賢在軍中時嘗與中郎將卬宴語卬道車騎將軍張
安世始嘗不快上上欲誅之卬家將軍以爲安世本持
橐簪筆（近臣負橐簪筆從備顧問或有所記橐囊也）事孝武帝數十年見謂
忠謹宜全度之安世用是得免及充國還言兵事武賢
罷歸故官深恨上書告卬泄省中語卬坐禁止而入至
充國莫府司馬中亂屯兵下吏自殺充國乞骸骨賜安
車駟馬黃金六十斤罷就第朝廷每有四夷大議常與
參兵謀問籌策焉年八十六甘露二年薨諡曰壯侯傳
子至孫欽欽尙敬武公主主亡子主教欽良人習詐有
身名它人子欽薨子岑嗣侯習爲太夫人岑父母求錢
財無已忿恨相告岑坐非子免國除元始中修功臣後
復封充國曾孫伋爲營平侯初充國以功德與霍光等
列畫未央宮成帝時西羌常有警上思將帥之臣追美
充國乃召黃門郎揚雄卽充國圖畫而頌之曰明靈惟
宣戎有先零先零猖狂侵漢西疆漢命虎臣惟後將軍
整我六師是討是震旣臨其域諭以威德有守矜功謂
之弗克請奮其旅于罕之羌天子命我從之鮮陽營平
守節屢奏封章料敵制勝威謀靡亢遂克西戎還師於
京鬼方賓服罔有不庭昔周之宣有方有虎詩人歌功
乃列于雅在漢中興充國作武赳赳桓桓亦紹厥後充
國爲後將軍徙杜陵辛武賢自羌軍還後七年復爲破
羌將軍征烏孫至燉煌後不出徵未到病卒子慶忌至
大官

辛慶忌字子眞少以父任爲右校丞隨長羅侯常惠屯
田烏孫赤谷城與歙侯戰陷陳卻敵惠奏其功拜爲侍
郎遷校尉將吏士屯焉耆國還爲謁者尙未知名元帝
初補金城長史舉茂材遷郎中車騎將軍朝廷多重之
者轉爲校尉遷張掖太守徙酒泉所在著名成帝初徵
爲光祿大夫遷左曹中郎將至執金吾始武賢與趙充
國有隙後充國家殺辛氏至慶忌爲執金吾坐子殺趙
氏左遷酒泉太守歲餘大將軍王鳳薦慶忌前在兩郡
著功迹徵入歷位朝廷莫不信鄉質行正直仁勇得衆
心通於兵事明略威重任國柱石父破羌將軍武賢顯
名前世有威西夷臣鳳不宜久處慶忌之右乃復徵爲
光祿大夫執金吾數年坐小法左遷雲中太守復徵爲
光祿勳時數有災異丞相司直何武上封事曰虞有宮
之奇晉獻不寐衞青在位淮南寢謀故賢人立朝折衝
厭難勝於亡形司馬法曰天下雖安忘戰必危夫將不
豫設則亡以應卒士不素厲則難使死敵是以先帝建
列將之官近戚主內異姓距外故姦軌不得萌動而破
滅誠萬世之長冊也光祿勳慶忌行義修正柔毅敦厚
謀慮深遠前在邊郡數破敵獲虜外夷莫不聞乃者大
異並見未有其應加以兵革久寢春秋大災未至而豫
禦之慶忌宜在爪牙官以備不虞其後拜爲右將軍諸
吏散騎給事中歲餘徙爲左將軍慶忌居處恭儉食飲
被服尤節約然性好輿馬號爲鮮明唯是爲奢爲國虎
臣遭世承平匈奴西域親附敬其威信年老卒官長子
通爲護羌校尉中子遵函谷關都尉少子茂水衡都尉
出爲郡守皆有將帥之風宗族支屬至二千石者十餘
人元始中安漢公王莽秉政見慶忌本大將軍王鳳所
成三子皆能欲親厚之是時莽方立威柄用甄豐甄邯
以自助豐邯新貴威震朝廷水衡都尉茂自見其名臣

子孫兄弟並列不甚詘事兩甄時平帝幼外家衛氏不得在京師而護羌校尉通長子次兄素與帝從舅衛子伯相善兩人俱游俠賓客甚盛及呂寬事起莽誅衛氏兩甄搆言諸辛陰與衛子伯爲腹心有背恩不說安漢公之謀於是司直陳崇舉奏其宗親隴西辛興等侵陵百姓威行州郡莽遂按通父子遵茂兄弟及南郡太守辛伯等皆誅殺之辛氏繇是廢慶忌本狄道人爲將軍徙昌陵昌陵罷留長安班固曰秦漢以來山東出相山西出將秦將軍白起郿人王翦頻陽人漢興郁郅王圍甘延壽義渠公孫賀傅介子成紀李廣李蔡杜陵蘇建蘇武上邽上官桀趙充國襄武廉褒狄道辛武賢慶忌皆以勇武顯聞蘇辛父子著節此其可稱列者也其餘不可勝數何則山西天水隴西安定北地處埶迫近羌胡民俗修習戰備高上勇力鞍馬騎射故秦詩曰王于興師修我甲兵與子皆行其風聲氣俗自古而然今之歌謠慷慨風流猶存耳

傅介子北地人也以從軍爲官先是龜兹樓蘭皆嘗殺漢使者語在西域傳至元鳳中介子以駿馬監求使大宛因詔令責樓蘭龜兹國介子至樓蘭責其王教匈奴遮殺漢使大兵方至王苟不教匈奴匈奴使過至諸國何爲不言王謝服言匈奴使屬過當至烏孫道過龜兹復責其王王亦服罪介子從大宛還到龜兹龜兹言匈奴使自烏孫還在此介子因率其吏士共誅斬匈奴使者還奏事詔拜介子爲中郎遷平樂監介子謂大將軍霍光曰樓蘭龜兹數反覆而不誅無所懲艾介子過龜兹時其王近就人易得也願往刺之以威示諸國光曰龜兹道遠且驗之於樓蘭於是白遣之介子與士卒俱齎金幣揚言以賜外國爲名至樓蘭王意不親介子介子陽引去至其西界使譯謂曰漢使者持黄金錦繡行賜諸國王不來受我去之西國矣即出金幣以示譯譯還報王王貪漢物來見使者介子與坐飲陳物示之飲酒皆醉介子謂王曰天子使我私報王王起隨介子入帳中屏語壯士二人從後刺之刃交胸立死其貴人左右皆散走介子告諭以王負罪天子遣我來誅王當更立前太子質在漢者漢兵方至毋敢動動滅國矣遂持王首還詣闕公卿將軍議者咸嘉其功詔封介子爲義陽侯食邑七百戶士刺王者皆補侍郎介子薨子敞有罪不得嗣國除元始中繼功臣絕世封介子曾孫長爲義陽侯王莽敗乃絕

常惠太原人也少時家貧自奮應募隨移中監蘇武使匈奴并見拘留十餘年昭帝時乃還漢嘉其勤勞拜爲光祿大夫是時烏孫公主上書言匈奴發騎田車師車師與匈奴爲一共侵烏孫唯天子救之漢養士馬議欲擊匈奴會昭帝崩宣帝即位本始二年遣惠使烏孫公主及昆彌皆遣使因惠言匈奴連發大兵擊烏孫取車延惡師地收其人民去使使脅求公主欲隔絕漢昆彌願發國半精兵自給人馬五萬騎盡力擊匈奴唯天子出兵以救公主昆彌於是漢大發十五萬騎五將軍分道出語在匈奴傳以惠爲校尉持節護烏孫兵昆彌自將翖侯以下五萬餘騎從西方入至右谷蠡庭谷蠡音鹿黎獲單于父行及嫂居次名王騎將以下三萬九千人得馬牛驢驘橐駝五萬餘匹羊六十餘萬頭烏孫皆自取鹵獲惠從吏卒十餘人隨昆彌還未至烏孫烏孫人盜惠印綬節惠還自以當誅時漢五將皆無功天子以惠奉使克獲遂封惠爲長羅侯復遣惠持金幣還賜烏孫貴人有功者惠因奏請龜兹國嘗殺校尉賴丹未伏誅請便道擊之宣帝不許大將軍霍光風惠以便宜從事惠與吏士五百人俱至烏孫還過發西國兵二萬人令副使發龜兹東國二萬人烏孫兵七千人從三面攻龜兹兵未合先遣人責其王以前殺漢使狀王謝曰乃我先王時爲貴人姑翼所誤耳我無罪惠曰即如此縛姑翼來吾置王王執姑翼詣惠惠斬之而還後代蘇武爲典屬國明習外國事勤勞數有功甘露中後將軍趙充國薨天子遂以惠爲右將軍典屬國如故元帝三年薨謚曰壯武侯傳國至曾孫建武中乃絕

鄭吉會稽人也以卒伍從軍數出西域由是爲郎吉爲人彊執習外國事自張騫通西域李廣利征伐之後初置校尉屯田渠黎至宣帝時吉以侍郎田渠黎積穀因發諸國兵攻破車師遷衛司馬使護鄯善以西南道神爵中匈奴乖亂日逐王先賢撣欲降漢使人與吉相聞吉發渠黎龜兹諸國五萬人迎日逐王口萬二千人小王將十二人隨吉至河曲頗有亡者吉追斬之遂將詣京師漢封日逐王爲歸德侯吉既破車師降日逐威震西域遂并護車師以西北道故號都護都護之置自吉始焉上嘉其功封吉爲安遠侯食邑千戶吉於是中西域而立莫府治烏壘城鎮撫諸國誅伐懷集之漢之號令班西域矣始自張騫而成於鄭吉語在西域傳吉薨謚曰繆侯子光嗣薨無子國除元始中錄功臣不以罪絕者封吉曾孫永爲安遠侯

甘延壽字君況北地郁郅人也少以良家子善騎射爲羽林投石拔距絕於等倫嘗起踰羽林亭樓由是遷爲

郎試弁爲期門以材力愛幸稍遷至遼東太守免官車騎將軍許嘉薦延壽爲郎中諫大夫使西域都護將都尉與副校尉陳湯共誅斬郅支單于封義成侯薨謚曰壯侯傳國至曾孫王莽敗乃絕

陳湯字子公山陽瑕邱人也少好書博達善屬文家貧匄貣無節不爲州里所稱西至長安求官得太官獻食丞數歲富平侯張勃與湯交高其能初元二年元帝詔列侯舉茂才勃舉湯湯待遷父死不犇喪司隸奏湯無脩行勃選舉故不以實坐削戶二百會薨因賜謚曰繆侯湯下獄論後復以薦爲郎數求使外國久之遷西域副校尉與甘延壽俱出先是宣帝時匈奴乖亂五單于爭立呼韓邪單于與郅支單于俱遣子入侍漢兩受之後呼韓邪身入稱臣朝見郅支以爲呼韓邪破弱降漢不能自還卽西收右地會漢發兵送呼韓邪單于郅支由是遂西破呼偈堅昆丁令兼三國而都之怨漢擁護呼韓邪而不助已困辱漢使者江迺始等初元四年遣使奉獻因求侍子願爲內附漢議遣衛司馬谷吉送之御史大夫貢禹博士匡衡以爲春秋之義許夷狄者不壹而足今郅支單于鄉化未湻所在絕遠宜令使者送其子至塞而還吉上書言中國與夷狄有羈縻不絕之義今既養全其子十年德澤甚厚空絕而不送近從塞還示棄捐不畜使無鄉從之心棄前恩立後怨不便議者見前江迺始無應敵之數知勇俱困以致耻辱卽豫爲臣憂臣幸得建彊漢之節承明聖之詔宣諭厚恩不宜敢桀若懷禽獸心加無道於臣則單于長嬰大罪必遁逃遠舍不敢近邊沒一使以安百姓國之計臣之願也願送至庭上以示朝者禹復爭以爲吉往必爲國取侮生事不可許右將軍馮奉世以爲可遣上許焉既至郅支單于怒竟殺吉等郅支自知負漢又聞呼韓邪益彊遂西奔康居康居以女妻郅支郅支亦以女子康居王康居甚尊敬郅支欲倚其威以脅諸國郅支數借兵擊烏孫深入至赤谷城殺略人民毆畜產烏孫不敢追西邊空虛不居者且千里郅支單于自以大國威名尊重又乘勝驕不爲康居王禮怒殺康居王女及貴人人民數百或支解投都賴水中發民作城日作五百人二歲乃已又遣使責闔蘇大宛諸國歲遺不敢不予漢遣使三輩至康居求谷吉等死郅支困辱使者不肯奉詔而因都護上書言居困厄願歸計彊漢遣子入侍其驕嫚如此建昭二年湯與延壽出西域湯爲人沈勇有大慮多策謀喜奇功每過城邑山川常登望旣領外國與延壽謀曰夷狄畏服大種其天性也西域本屬匈奴今郅支單于威名遠聞侵陵烏孫大宛常爲康居畫計欲降服之如得此二國北擊伊列西取安息南排月氏山離烏弋數年之間城郭諸國危矣且其人剽悍好戰伐數取勝久畜之必爲西域患郅支單于雖在絕遠蠻夷無金城彊弩之守如發屯田吏士毆從烏孫衆兵直指其城下彼亡則無所之守則不足自保千載之功可一朝而成也延壽亦以爲然欲奏請之湯曰國家與公卿議大策非凡所見事必不從延壽猶與不聽會其久病湯獨矯制發城郭諸國兵車師戊巳校尉屯田吏士延壽聞之驚起止馬湯按劍叱延壽曰大衆巳集豎子欲沮衆邪延壽遂從之乃部勒行陳益置揚威白虎合騎之校漢兵胡兵合四萬餘人延壽湯上疏自劾奏矯制陳言兵狀卽日引軍分行別爲六校其三校從南道踰葱嶺徑大宛其三校都護自將發溫宿國北道入赤谷過烏孫涉康居界至闐池西而康居副王抱闐將數千騎寇赤谷城東殺略大昆彌千餘人毆畜產甚多從後與漢軍相及頗寇盜從重湯縱胡兵擊之殺四百六十人得其所略民四百七十人還付大昆彌其馬牛羊以給食軍又捕得抱闐貴人伊奴毒入康居東界令軍不得爲寇閒呼其貴人屠墨見之諭以威信與飲盟遣去徑引行未至單于城可六十里止營復捕得康居貴人貝色子男開牟以爲導貝色子卽屠墨母之弟母之弟卽謂舅者皆怨單于由是具知郅支情明日引行未至城三十里止營單于遣使問漢兵何以來應曰單于上書言居困厄願歸計彊漢身入朝見天子哀閔單于棄大國屈意康居故使都護將軍來迎單于妻子恐左右驚動故未敢至城下使數往來相答報延壽湯因讓之我爲單于遠來而至今無名王貴人見將軍受事者何單于忽大計失主客之禮也兵來道遠人畜罷極食度且盡恐無以自還願單于與大臣審計策明日前至郅支城都賴水上離城三里止營傅陳望見單于城上立五采幡織數百人被甲乘城又出百餘騎往來馳城下步兵百餘人夾門魚鱗陳講習用兵城上人更招漢軍曰鬭來百餘騎馳赴營營皆張弩持滿指之騎引卻頗遣吏士射城門騎步兵騎步兵皆入延壽湯令軍聞鼓音皆薄城下四面圍城各有所守穿塹塞門戶鹵楯爲前戟弩爲後仰射城中樓上人樓上人下走土城外有重木城從木城中射頗殺傷外人外人發薪燒木城夜數百騎欲出外迎射殺之初單于聞漢兵至欲去疑康居怨巳爲漢內應又聞烏孫諸國兵皆發自以無所之郅支巳

出復還曰不如堅守漢兵遠來不能久攻單于乃被甲在樓上諸閼氏夫人數十皆以弓射外人外人反射中單于鼻諸夫人頗死單于下騎傳戰大內夜過半木城穿中人卻入土城乘城呼時康居兵萬餘騎分爲十餘處四面環城亦相與應和夜數犇營不利輒卻平明四面火起吏士喜大呼乘之鉦鼓聲動地康居兵引卻漢兵四面推鹵楯並入土城中單于男女百餘人走入大內漢兵縱火吏士爭入單于被創死軍候假丞杜勳斬單于首得漢使節二及谷吉等所齎帛書諸鹵獲以畀得者凡斬閼氏太子名王以下千五百一十八級生虜百四十五人降虜千餘人賦予城郭諸國所發十五王於是延壽湯上疏曰臣聞天下之大義當混爲一昔有唐虞今有彊漢匈奴呼韓邪單于已稱北藩唯郅支單于未伏其辜大夏之西以爲彊漢不能臣也郅支單于慘毒行於民大惡通於天臣延壽臣湯將義兵行天誅賴陛下神靈陰陽並應天氣精明陷陳克敵斬郅支首及名王以下宜縣頭槀街蠻夷邸間以示萬里明犯彊漢者雖遠必誅事下有司丞相匡衡御史大夫繁延壽以爲郅支及名王首更歷諸國蠻夷莫不聞知月令春掩骼埋胔之時宜勿縣車騎將軍許嘉右將軍王商以爲春秋夾谷之會優施笑君孔子誅之方盛夏手足異門而出宜縣十日乃埋之有詔將軍議是初中書令石顯嘗欲以姊妻延壽延壽不敢及丞相御史亦惡其矯制皆不與湯湯素貪所鹵獲財物入塞多不法司隸校尉移書道上繫吏士按驗之湯上疏言臣與吏士共誅郅支單于幸得禽滅萬里振旅宜有使者迎勞道路今司隸反逆收繫按驗是爲郅支報讎也上立出吏士令縣道具酒食以過軍既至論功石顯匡衡以爲延壽湯擅興師矯制幸得不誅如復加爵土則後奉使者爭欲乘危徼幸生事於蠻夷爲國招難漸不可開元帝內嘉延壽湯功而重違衡顯之議議久不決故宗正劉向上疏曰郅支單于囚殺使者吏士以百數事暴揚外國傷威毀重羣臣皆閔焉陛下赫然欲誅之意未嘗有忘西域都護延壽副校尉湯承聖指倚神靈總百蠻之君攬城郭之兵出百死入絕域遂蹈康居屠三重城搴歙侯之旗斬郅支之首縣旌萬里之外揚威昆山之西埽谷吉之恥立昭明之功萬夷慴伏莫不懼震呼韓邪單于見郅支已誅且喜且懼鄉風馳義稽首來賓願守北藩累世稱臣立千載之功建萬世之安羣臣之勳莫大焉昔周大夫方叔吉甫爲宣王誅獫狁而百蠻從其詩曰嘽嘽焞焞如霆如雷顯允方叔征伐獫狁蠻荊來威易曰有嘉折首獲匪其醜言美誅首惡之人而諸不順者皆來從也今延壽湯所誅震雖易之折首詩之雷霆不能及也論大功者不錄小過舉大美者不疵細瑕司馬法曰軍賞不踰月欲民速得爲善之利也蓋急武功重用人也吉甫之歸周厚賜之其詩曰吉甫宴喜既多受祉來歸自鎬我行永久千里之鎬猶以爲遠況萬里之外其勤至矣延壽湯既未獲受祉之報反屈捐命之功久挫於刀筆之前非所以勸有功厲戎士也昔齊桓前有尊周之功後有滅項之罪君子以功覆過而爲之諱行事貳師將軍李廣利捐五萬之師靡億萬之費經四年之勞而廑獲駿馬三十匹雖斬宛王毋鼓之首猶不足以復費其私罪惡甚多孝武以爲萬里征伐不錄其過遂封拜兩侯三卿二千石百有餘人今康居國彊於大宛郅支之號重於宛王殺使者罪甚於留馬而延壽湯不煩漢士不費斗糧比於貳師功德百之且常惠隨欲擊之烏孫鄭吉迎自來之日逐猶皆裂土受爵故言威武勤勞則大於方叔吉甫列功覆過則優於齊桓貳師近事之功則高於安遠長羅而大功未著小惡數布臣切痛之宜以時解縣通籍除過勿治尊寵爵位以勸有功於是天子下詔曰匈奴郅支單于背畔禮義留殺漢使者吏士甚逆道理朕豈忘之哉所以優游而不征者重動師眾勞將帥故隱忍而未有云也今延壽湯睹便宜乘時利結城郭諸國擅興師矯制而征之賴天地宗廟之靈誅討郅支單于斬獲其首及閼氏貴人名王以下千數雖踰義干法內不煩一夫之役不開府庫之藏因敵之糧以贍軍用立功萬里之外威震百蠻名顯四海爲國除殘兵革之原息邊竟得以安然猶不免死亡之患罪當在於奉憲朕甚閔之其赦延壽湯罪勿治詔公卿議封焉議者以爲宜如軍法捕斬單于令匡衡石顯以爲郅支本亡逃失國竊號絕域非真單于元帝取安遠侯鄭吉故事封千戶衡顯復爭乃封延壽爲義成侯賜湯爵關內侯食邑各三百戶加賜黃金百斤告上帝宗廟大赦天下拜延壽爲長水校尉湯爲射聲校尉延壽遷城門校尉護軍都尉薨於官成帝初即位丞相衡復奏湯以吏二千石奉使顓命蠻夷中不正身以先下而盜所收康居財物戒官屬曰絕域事不覆校雖在赦前不宜處位湯坐免後湯上疏言康居侍子非王子也按驗實王子也湯下獄當死太中大夫谷永上疏訟湯曰臣聞楚有子玉得臣文公爲之仄席而坐趙有廉頗馬服彊秦不敢窺兵井陘近漢有郅都魏尚匈奴

不敢南鄉沙幕由是言之戰克之將國之爪牙不可不重也蓋君子聞鼓鼙之聲則思將率之臣竊見關內侯陳湯前使副西域都護忿郅支之無道閔王誅之不加策慮愊億義勇奮發卒興師奔逝橫厲烏孫踰集都賴屠三重城斬郅支首報十年之逋誅雪邊吏之宿耻威震百蠻武暢西海漢元以來征伐方外之將未嘗有也今湯坐言事非是幽囚久繫歷時不決執憲之吏欲致之大辟昔白起爲秦將南拔郢都北阬趙括以纖介之過賜死杜郵秦民憐之莫不隕涕今湯親秉鉞席卷喋血萬里之外薦功祖廟告類上帝介胄之士靡不慕義以言事爲罪無赫赫之惡周書曰記人之功忘人之過宜爲君者也夫犬馬有勞於人尚加帷蓋之報況國之功臣者哉竊恐陛下忽於鼙鼓之聲不察周書之意而忘帷蓋之施庸臣遇湯卒從吏議使百姓介然有秦民之恨非所以厲死難之臣也書奏天子出湯奪爵爲士伍後數歲西域都護段會宗爲烏孫所圍驛騎上書願發城郭燉煌兵以自救丞相王商大將軍王鳳及百僚議數日不決鳳言湯多籌策習外國事可問上召湯見宣室湯擊郅支時中寒病兩臂不詘申湯入見有詔毋拜示以會宗奏湯辭謝曰將相九卿皆賢材通明小臣罷癃不足以策大事上曰國家有急君其毋讓對臣曰以爲此必無可憂也上曰何以言之湯曰夫胡兵五而當漢兵一何者兵刃朴鈍弓弩不利今聞頗得漢巧然猶三而當一又兵法曰客倍而主人半然後敵今圍會宗者人眾不足以勝會宗唯陛下勿憂且兵輕行五十里重行三十里今會宗欲發城郭燉煌歷時乃至所謂報讎之兵非救急之用也上曰奈何其解可必乎度何時解湯知烏孫瓦合不能久攻故事不過數日因奏曰已解矣詘指計其日曰不出五日當有吉語聞居四日軍書到言已解大將軍王鳳奏以爲從事中郎莫府事壹決於湯湯明法令善因事爲執納說多從常受人金錢作章奏卒以此敗初湯與將作大匠解萬年相善自元帝時渭陵不復徙民起邑成帝起初陵數年後樂霸陵曲亭南更營之萬年與湯議以爲武帝時工楊光以所作數可意自致將作大匠及大司農中丞耿壽昌造杜陵賜爵關內侯將作大匠乘馬延年以勞苦秩中二千石今作初陵而營起邑居成大功萬年亦當蒙重賞子公妻家在長安兒子生長長安不樂東方宜求徙可得賜田宅俱善湯心利之卽上封事言初陵京師之地最爲肥美可立一縣天下民不徙諸陵三十餘歲矣關東富人益眾多規良田役使貧民可徙初陵以彊京師衰弱諸侯又使中家以下得均貧富湯願與妻子家屬徙初陵爲天下先於是天子從其計果起昌陵邑後徙內郡國民萬年自詭三年可成後卒不就羣臣多言其不便者下有司議皆曰昌陵因卑爲高積土爲山度便房猶在平地上客土之中不保幽冥之靈淺外不固卒徒工庸以鉅萬數至爇脂火夜作取土東山且與穀同賈作治數年天下徧被其勞國家罷敝府藏空虛下至眾庶熬熬苦之故陵因天性據眞土處埶高敞旁近祖考前又已有十年功緒宜還復故陵勿徙民上乃下詔罷昌陵語在成紀丞相御史請廢昌陵邑中室奏未下人以問湯第宅不徹得毋復發徙湯曰縣官且順聽羣臣言猶且復發徙之也時成都侯商新爲大司馬衞將軍輔政素不善湯商聞此語白湯惑眾下獄治案驗諸所狃湯前爲騎都尉王莽上書言父早死獨不封母明君共養皇太后尤勞苦宜封竟爲新都侯後皇太后同母弟苟參爲水衡都尉死子伋爲侍中參妻欲爲伋求封湯受其金五十斤許爲求比上奏弘農太守張匡坐臧百萬以上狡猾不道有詔卽訊恐下獄使人報湯湯爲訟罪得踰冬月許謝錢二百萬皆此類也事在赦前後東萊郡黑龍冬出人以問湯曰是所謂元門開微行數出出入不時故龍以非時出也又言當復發徙傳相語者十餘人丞相御史奏湯惑眾不道妄稱詐歸異於上非所宜言大不敬廷尉增壽議以爲不道無正法以所犯劇易爲罪臣下承用失其中故移獄廷尉無比者先以聞所以正刑罰重人命也明主哀憫百姓下制書罷昌陵勿徙吏民已申布湯妄以意相謂且復發徙雖頗驚動所流行者少百姓不爲變不可謂惑眾湯稱詐虛設不然之事非所宜言大不敬也制曰廷尉增壽當是湯前有討郅支單于功其免湯爲庶人徙邊又曰故將作大匠萬年佞邪不忠妄爲巧詐多賦斂煩繇役興卒暴之作卒徒蒙辜死者連屬毒流眾庶海內怨望雖蒙赦令不宜居京師於是湯與萬年俱徙敦煌久之敦煌太守奏湯前親誅郅支單于威行外國不宜近邊塞詔徙安定議郎耿育上書言便宜因冤訟湯曰延壽湯爲聖漢揚鉤深致遠之威雪國家累年之恥討絕域不羈之君係萬里難制之虜豈有比哉先帝嘉之仍下明詔宣著其功改年垂歷傳之無窮應是南郡獻白虎邊垂無警備會先帝寢疾然猶垂意不忘數使尚書責問丞相趣立其功獨丞相匡衡排而不予封延壽湯數百戶此功臣戰士所以失望也孝成皇帝承建業之基乘

征伐之威兵革不動國家無事而大臣傾邪讒佞在朝曾不深惟本末之難以防未然之戒欲專主威排妒有功使湯塊然被冤拘囚不能自明卒以無罪老棄敦煌正當西域通道令威名折衝之臣旋踵及身復爲郅支遺虜所笑誠可悲也至今奉使外蠻者未嘗不陳郅支之誅以揚漢國之盛夫援人之功以懼敵棄人之身以快讒豈不痛哉且安不忘危盛必慮衰今國家素無文帝累年節儉富饒之畜又無武帝薦延梟俊禽敵之臣獨有一陳湯耳假使異世不及陛下尚望國家追錄其功封表其墓以勸後進也湯幸得身當聖世功曾未久反聽邪臣鞭逐斥遠使亡逃分竄死無處所遠覽之士莫不計度以爲湯功累世不可及而湯過人情所有湯尙如此雖復破絕筋骨暴露形骸猶復制於脣舌爲疾妒之臣所係虜耳此臣所以爲國家尤戚戚也書奏天子還湯卒於長安死後數年王莽爲安漢王秉政旣內德湯舊恩又欲諂皇太后以討郅支功尊元帝廟稱高宗以湯延壽前功大賞薄及假丞杜勳不賞迺益封延壽孫遷千六百戶追謚湯曰破胡壯侯封湯子馮爲破胡侯勳爲討狄侯

段會宗字子松天水上邽人也竟寧中以杜陵令五府舉爲西域都護騎都尉光祿大夫西域敬其威信三歲更盡還拜爲沛郡太守以單于當朝徙爲鴈門太守數年坐法免西域諸國上書願得會宗陽朔中復爲都護會宗爲人好大節矜功名與谷永相友善谷永閔其老復遠出予書戒曰足下以柔遠之令德復典都護之重職甚休甚休若子之材可優遊都城而取卿相何必勒功昆山之仄總領百蠻懷柔殊俗子之所長愚無以喻雖然明友以言贈行敢不略意方今漢德隆盛遠人賓服傅鄭甘陳之功沒齒不可復見願吾子因循舊貫毋求奇功終更亟還亦足以復鴈門之踦萬里之外以身爲本願詳思愚言會宗旣出諸國遣子弟郊迎小昆彌安日前爲會宗所立德之欲往謁諸翖侯止不聽遂至龜茲謁城郭甚親附康居太子保蘇匿率衆萬餘人欲降會宗奏狀漢遣衞司馬逢迎會宗發戊巳校尉兵隨司馬受降司馬畏其衆欲令降者皆自縛保蘇匿怨望舉衆亡去會宗更盡還以擅發戊巳校尉之兵乏興有詔贖論拜爲金城太守以病免歲餘小昆彌爲國民所殺諸翖侯大亂徵會宗爲左曹中郎將光祿大夫使安輯烏孫立小昆彌兄末振定將其國而還明年末振將殺大昆彌會病死漢恨誅不加元延中復遣會宗發戊巳校尉諸國兵卽誅末振將太子番兵會宗恐大兵入烏孫驚番邱亡逃不可得留所發兵墊婁地選精兵三十弩徑至昆彌所在召番邱責以末振將骨肉相殺殺漢公主子孫未伏誅而死使者受詔誅番邱卽手劒擊番邱官屬以下驚恐馳歸小昆彌烏犂靡者末振將兄子也勒兵數千騎圍會宗會宗爲言來誅之意今圍守殺我如取漢牛一毛耳宛王郅支頭縣槀街烏孫所知也昆彌以下服曰末振將負漢誅其子可也獨不可告我令飲食之邪會宗曰豫告昆彌逃匿之爲大罪卽飲食以付我傷骨肉恩故不先告昆彌以下號泣罷去會宗還奏事公卿議會宗權得便宜以輕兵入烏孫卽誅番邱宣明國威宜加重賞天子賜會宗爵關內侯黃金百斤是時小昆彌季父卑爰疐擁衆欲害昆彌漢復遣會宗使安輯與都護孫建并力明年會宗病死烏孫中年七十五卒城郭諸國爲發喪立祠焉班固曰自元狩之際張騫始通西域至于地節鄭吉建都護之號訖王莽世凡十八人皆以勇略選然其有功迹者具此廉襃以恩信稱郭舜以廉平著孫建用威重顯其餘無稱焉陳湯儻蕩不自收斂卒用困窮議者閔之

胡建字子孟河東人也孝武天漢中守軍正丞貧無車馬常步與走卒起居所以尉薦走卒甚得其心時監軍御史爲姦穿北軍壘垣以爲賈區（爲買物之區也區廬舍也）建欲誅之乃約其走卒曰我欲與公有所誅吾言取之則取斬之則斬於是當選士馬日監御史與護軍諸校列坐堂皇上建從走卒趨至堂皇下拜謁因上堂皇走卒皆上建指監御史曰取彼走卒前曳下堂皇建曰斬之遂斬御史護軍諸校皆驚愕不知所以建亦已有成奏在其懷中遂上奏曰臣聞軍法立武以威衆誅惡以禁邪今御史公穿軍垣以求賈利私買賣以與士市不立剛毅之心勇猛之節亡以帥先士大夫尤失理不公用文吏議不至重法黃帝李法曰（兵書之法李法官之號）壁壘已定穿窬不繇路是謂姦人姦人者殺臣謹按軍法曰正亡屬將軍將軍有罪以聞二千石以下行法焉丞於用法疑執事不諉上臣謹以斬昧死以聞制曰司馬法曰國容不入軍軍容不入國何文吏也三王或誓於軍中欲民先成其慮也或誓於軍門之外欲民先意以待事也或將交刃而誓致民志也建又何疑焉建由是顯名後爲渭城令治甚有聲值昭帝幼皇后父上官將軍安與帝姊蓋主私夫丁外人相善外人驕恣怨故京兆尹樊福使客射殺之客藏公主廬吏不敢捕建將吏卒圍捕蓋主聞之與外人上官將軍多從奴客往犇射追吏吏散走

主使僕射劾渭城游徼傷主家奴建報亡宅坐蓋主怒使人上書告建侵辱長公主射甲舍門知吏賊傷奴辟報故不窮審大將軍霍光寢其奏後光病上官氏代聽事下吏捕建建自殺吏民稱冤至今渭城立其祠

朱雲字游魯人也徙平陵少時通輕俠借客報仇長八尺餘容貌甚壯以勇力聞年四十乃變節從博士白子友受易又事前將軍蕭望之受論語皆能傳其業好倜儻大節當世以是高之元帝時瑯邪貢禹爲御史大夫而華陰守丞嘉上封事言治道在於得賢御史之官宰相之副九卿之右不可不選平陵朱雲兼資文武忠正有智略可使以六百石秩試守御史大夫以盡其能上乃下其事問公卿太子少傅匡衡對曰大臣者國家之股肱萬姓所瞻仰明主所愼擇也傳曰下輕其上爵賤人圖柄臣則國家搖動而民不靜矣今嘉從守丞而圖大臣之位欲以匹夫徒步之人而超九卿之右非所以重國家尊社稷也自堯之用舜文王於太公猶試焉然後爵之又況朱雲者乎雲素好勇數犯法亡命受易頗有師道其行義未有以異今御史大夫禹潔白廉正經術通明有伯夷史魚之風海內莫不聞知而嘉猥稱雲欲令爲御史大夫妄相稱舉疑有姦心漸不可長宜下有司案驗以明好惡嘉竟坐之是時少府五鹿充宗貴幸爲梁邱易自宣帝時善梁邱氏說元帝好之欲考其同異令充宗與諸易家論充宗乘貴辨口諸儒莫能與抗皆稱疾不敢會有薦雲者召入攝齊升堂抗首而請音動左右既論難連拄五鹿君故諸儒爲之語曰五鹿嶽嶽朱雲折其角繇是爲博士遷杜陵令坐故縱亡命會赦舉方正爲槐里令時中書令石顯用事與充宗爲黨百僚畏之唯御史中丞陳咸年少抗節不附顯等而與雲相結雲數上疏言丞相韋元成容身保位亡能往來而咸素毀石顯久之有司考雲疑風吏殺人羣臣朝見上問丞相以雲治行丞相元成言雲暴虐無狀時陳咸在前聞之以語雲雲上書自訟咸爲定奏草求下御史中丞事下丞相丞相部吏考立其殺人罪雲亡入長安復與咸計議丞相具發其事奏咸宿衛執法之臣幸得進見漏泄所聞以私語雲爲定奏草欲令自下治後知雲亡命罪人而與交通雲以故不得上於是下咸獄減死爲城旦咸雲遂廢錮終元帝之世至丞相安昌侯張禹以帝師位特進甚尊重雲上書求見公卿在前雲曰今朝廷大臣上不能匡主下亡以益民皆尸位素餐孔子所謂鄙夫不可與事君苟患失之亡所不至者也臣願賜尙方斬馬劒斷佞臣一人以厲其餘上問誰也對曰安昌侯張禹上大怒曰小臣居下訕上廷辱師傅罪死不赦御史將雲下雲攀殿檻檻折雲呼曰臣得下從龍逢比干遊於地下足矣未知聖朝何如耳御史遂將雲去於是左將軍辛慶忌免冠解印綬叩頭殿下曰此臣素著狂直於世使其言是不可誅其言非固當容之臣敢以死爭慶忌叩頭流血上意解然後得已及治殿檻上曰勿易因而輯之以旌直臣雲自是之後不復仕常居鄠田時出乘牛車從諸生所過皆敬事焉薛宣爲丞相雲往見之宣備賓主禮因留雲宿從容謂雲曰在田野亡事且留我東閤可以觀四方奇士雲曰小生乃欲相吏邪宣不敢復言其教授擇諸生然後爲弟子九江嚴望及望兄子元字仲能傳雲學皆爲博士望至泰山太守雲年七十餘終於家病不呼醫飲藥遺言以身服殮棺周於身土周於椁爲丈五墳葬平陵東郭外

梅福字子眞九江壽春人也少學長安明尙書穀梁春秋爲郡文學補南昌尉後去官歸壽春數因縣道上言變事求假軺傳詣行在所條對急政輒報罷是時成帝委任大將軍王鳳鳳專勢擅朝而京兆尹王章素忠直譏刺鳳爲鳳所誅王氏浸盛災異數見羣下莫敢正言福復上書曰臣聞箕子佯狂於殷而爲周陳洪範叔孫通遁秦歸漢制作儀品夫叔孫先非不忠也箕子非疏其家而畔親也不可爲言也昔高祖納善若不及從諫若轉圜聽言不求其能舉功不考其素陳平起於亡命而爲謀主韓信拔於行陣而建上將故天下之士雲合歸漢爭進奇異知者竭其策愚者盡其慮勇士極其節怯夫勉其死合天下之知并天下之威是以舉秦如鴻毛取楚若拾遺此高祖所以亡敵於天下也孝文皇帝起於代谷非有周召之師伊呂之佐也循高祖之法加以恭儉當此之時天下幾平由是言之循高祖之法則治不循則亂何者秦爲亡道削仲尼之迹滅周公之軌壞井田除五等禮廢樂崩王道不通故欲行王道者莫能致其功也孝武皇帝好忠諫說至言出爵不待廉茂慶賜不須顯功是於天下布衣各厲志竭精以赴闕庭自衒鬻者不可勝數漢家得賢於此爲盛使孝武皇帝聽用其計升平可致於是積尸暴骨快心胡越故淮南王安緣間而起所以計慮不成而謀議泄者以衆賢聚於本朝故其大臣埶陵不敢和從也方今布衣乃窺國家之隙見間而起者蜀郡是也及山陽亡徒蘇令之羣蹈藉名都大郡求黨與索隨和而亡逃匿之意此皆輕量大臣亡所畏忌國家之權輕故匹夫欲與上爭衡也

士者國之重器得士則重失士則輕詩云濟濟多士文王以寧廟堂之議非草茅所當言也臣誠恐身塗野草口并卒伍故數上書求見輒報罷臣聞齊桓之時有以九九見者桓公不逆欲以致大也今臣所言非特九九也陛下距臣者三矣此天下士所以不至也昔秦武王好力任鄙叩關自鬻繆公行伯繇余歸德今欲致天下之士民有上書求見者輒使詣尚書問其所言言可采取者秩以升斗之祿賜以一束之帛若此則天下之士發憤懣吐忠言嘉謀日聞於上天下條貫國家表裏爛然可睹矣夫以四海之廣士民之數能言之類至衆多也然其儁桀指世陳政言成文章質之先聖而不謬施之當世合時務若此者亦無幾人故爵祿束帛者天下之底石高祖所以厲世磨鈍也孔子曰工欲善其事必先利其器至秦則不然張誹謗之罔以爲漢敺除倒持泰阿授楚其柄故誠能勿失其柄天下雖有不順莫觸其鋒此孝武皇帝所以辟地建功爲漢世宗也今不循伯者之道乃欲以三代選舉之法取當世之士猶察伯樂之圖求騏驥於市而不可得亦已明矣故高祖棄陳平之過而獲其謀晉文召天王齊桓用其讎亡益於時不顧逆順此所謂伯道者也一色成體謂之醇白黑雜合謂之駮欲以承平之法治暴秦之緒猶以鄉飲酒之禮理軍市也今陛下既不納天下之言又加戮焉夫鳶鵲遭害則仁鳥增逝愚者受戮則知士深退間者愚民上疏多觸不急之法或下廷尉而死者衆自陽朔以來天下以言爲諱朝廷尤甚羣臣皆承順上指莫有執正何以明其然也取民所上書陛下之所善試下之廷尉廷尉必曰非所宜言大不敬以此卜之一矣故京兆尹王章資質忠直敢面引廷爭孝元皇帝擢之以厲具臣而矯曲朝及至陛下戮及妻子且惡惡止其身王章非有反畔之辜而殃及家折直士之節結諫臣之舌羣臣皆知其非然不敢爭天下以言爲戒最國家之大患也願陛下循高祖之軌杜亡秦之路數御十月之歌留意亡逸之戒除不急之法下亡諱之詔博覽兼聽謀及疏賤令深者不隱遠者不塞所謂闢四門明四目也且不急之法誹謗之微者也往者不可及來者猶可追方今君命犯而主威奪外戚之權日以益隆陛下不見其形願察其景建始以來日食地震以率言之三倍春秋水災亡與比數陰盛陽微金鐵爲飛此何景也漢興以來社稷三危呂霍上官皆母后之家也親親之道全之爲右與之賢師良傅教以忠孝之道今乃尊寵其位授以魁柄使之驕逆至於夷滅此失親親之大者也自霍光之賢不能爲子孫慮故權臣易世則危書曰毋若火始庸庸勢陵於君權隆於主然後防之亦亡及已上遂不納成帝久亡繼嗣福以爲宜建三統封孔子之世以爲殷後復上書曰臣聞不在其位不謀其政政者職也位卑言高者罪也越職觸罪危言世患雖伏質橫分臣之願也守職不言沒齒身全死之日尸未腐而名滅雖有景公之位伏歷千駟臣不貪也故願壹登文石之陛涉赤墀之塗當戶牖之法坐盡平生之愚慮亡益於時有遺於世此臣寢所以不安食所以忘味也願陛下深省臣言臣聞存人所以自立也壅人所以自塞也善惡之報各如其事昔者秦滅二周夷六國隱士不顯佚民不舉絕三統滅天道是以身危子殺厥孫不嗣所謂壅人以自塞者也故武王克殷未下車存五帝之後封殷於宋紹夏於杞明著三統示不獨有也是以姬姓半天下遷廟之主流出於戶所謂存人以自立者也今成湯不祀殷人亡後陛下繼嗣久微殆爲此也春秋經曰宋殺其大夫穀梁傳曰其不稱名姓以其在祖位尊之也此言孔子故殷後也雖不正統封其子孫以爲殷後禮亦宜之何者諸侯奪宗聖庶奪適傳曰賢者子孫宜有土而況聖人又殷之後哉昔成王以諸侯禮葬周公而皇天動威雷風著災今仲尼之廟不出闕里孔氏子孫不免編戶以聖人而歆匹夫之祀非皇天之意也今陛下誠能據仲尼之素功以封其子孫則國家必獲其福又陛下之名與天亡極何者追聖人素功封其子孫未有法也後聖必以爲則不滅之名可不勉哉福孤遠又譏切王氏故終不見納初武帝時始封周後姬嘉爲周子南君元帝時尊周子南君爲周承休侯位次諸侯王使諸大夫博士求殷後分散爲十餘姓郡國往往得其大家推求子孫絕不能紀時匡衡議以爲王者存三王後所以尊其先王而通三統也其犯誅絕之罪者絕而更封他親爲始封君上承其王者之始祖春秋之義諸侯不能守其社稷者絕今宋國已不守其統而失國矣則宜更立殷後爲始封君而上承湯統非當繼宋之絕侯也宜明得殷後而已今之故宋推求其嫡久遠不可得雖得其嫡嫡之先已絕不當得立禮記孔子曰丘殷人也先師所共傳宜以孔子世爲湯後上以其言不經遂見寢至成帝時梅福復言宜封孔子後以奉湯祀綏和元年立二王後推迹古文以左氏穀梁世本禮記相明遂下詔封孔子世爲殷紹嘉公語在成紀是時福居家常以讀書養性爲事至元始中王莽顓政福一朝棄妻

子去九江至今傳以爲仙其後人有見福於會稽者變名姓爲吳門市卒云

云敞字幼孺平陵人也師事同縣吳章章治尚書經爲博士平帝以中山王卽帝位年幼王莽秉政自號安漢公以平帝爲成帝後不得顧私親帝母及外家衞氏皆留中山不得至京師莽長子宇非莽隔絕衞氏恐帝長大後見怨宇與吳章謀夜以血塗莽第門若鬼神之戒冀以懼莽章欲因對其咎事發覺莽殺宇誅滅衞氏謀所聯及死者百餘人章坐要斬磔尸東市門初章爲當世名儒教授尤盛弟子千餘人莽以爲惡人黨皆當禁錮不得士宦門人盡更名他師敞時爲大司徒掾自劾吳章弟子抱章尸歸棺斂葬之京師稱焉車騎將軍王舜高其志節比之欒布表奏以爲掾薦爲中郎諫大夫莽篡位王舜爲太師復薦敞可輔職以病免唐林元敞可典郡擢爲魯郡大尹更始時安車徵敞爲御史大夫復病免去卒于家

雋不疑（雋徂兗反）字曼倩勃海人也治春秋爲郡文學進退必以禮名聞州郡武帝末郡國盜賊羣起暴勝之爲直指使者衣繡衣持斧逐捕盜賊督課郡國東至海以軍興誅不從命者威震州郡勝之素聞不疑賢至渤海遣吏請與相見不疑冠進賢冠帶櫑具劍（古者長劍首以玉作井鹿盧形上刻木作山形似蓮花初生時未敷也今大劍木首其狀似此）佩環玦褒衣博帶盛服至門上謁門下欲使解劍不疑曰劍者君子武備所以衞身不可解請退吏白勝之勝之開閤延請望見不疑容貌尊嚴衣冠甚偉勝之躧履起迎登堂坐定不疑據地曰竊伏海瀕聞暴公子威名舊矣今乃承顏接辭凡爲吏太剛則折太柔則廢威行施之以恩然後樹功揚名永終天祿勝之知不疑非庸人敬納其戒深接以禮意問當世所施行門下諸從事皆州郡選吏側聽不疑莫不驚駭至昏夜罷去勝之遂表薦不疑徵詣公車拜爲青州刺史久之武帝崩昭帝卽位而齊孝王孫劉澤交結郡國豪桀謀反欲先殺青州刺史不疑發覺收捕皆伏其辜擢爲京兆尹賜錢百萬京兆吏民敬其威信每行縣錄囚徒（錄力具反）還其母輒問不疑有所平（反音番從輕也）活幾何人卽不疑多有所平反母喜笑爲飲食語言異於他時或無所出母怒爲不食故不疑爲吏嚴而不殘始元五年有一男子乘黃犢車建黃旐衣黃襜褕著黃帽詣北闕自謂衞太子公車以聞詔使公卿大夫二千石雜識視長安中吏民聚觀者數萬人右將軍勒兵闕下以備非常丞相御史二千石至者並莫敢發言京兆尹不疑後到叱吏收縛或曰是非未可知且安之不疑曰諸君何患於衞太子昔太子蒯聵違命出奔輒距而不納春秋是之衞太子得罪先帝亡不卽死今來自詣此罪人也遂送詔獄天子與大將軍光聞而嘉之曰公卿大臣當用經術士明於大誼由是名聲重於廟廷在位者皆自以爲不及也大將軍光欲以女妻之不疑固辭不肯當久之以病免終於家京師紀之後趙廣漢爲京兆尹言我禁姦止邪行於吏民至於朝廷事不及不疑遠甚廷尉驗治何人竟得姦詐本夏陽人姓成名方遂居湖以卜筮爲事有故太子舍人嘗從方遂卜謂曰子狀貌甚似太子方遂心利其言幾得以富貴卽詐自稱詣闕廷尉逮召鄉里識知者張宗祿等方遂坐誣罔不道要斬東市一姓張名延年

疏廣字仲翁東海蘭陵人也少好學明春秋家居教授學者自遠方至徵爲博士太中大夫地節三年立皇太子選丙吉爲太傅廣爲少傅數月吉遷御史大夫廣徙爲太傅廣兄子受字公子亦以賢良舉爲太子家令受好禮恭謹敏而有辭宣帝幸太子宮受迎謁應對及置酒宴奉觴上壽辭理閑雅上甚懽說頃之拜受爲少傅太子外祖父特進平恩侯許伯以爲太子少白使其弟中郎將舜監護太子家上以問廣廣對曰太子國儲副君師友必求天下英俊不宜獨親外家許氏且太子自有太傅少傅官屬已備今復使舜護太子家視陋非所以廣太子德於天下也上善其言以語丞相魏相相整冠謝曰此非臣等所能及廣由是見器重數受賞賜大子每朝因進見太傅在前少傅在後父子並爲師傅朝廷以爲榮在位五歲皇太子年十二通論語孝經廣謂受曰吾聞知足不辱知止不殆功遂身退天之道也今仕宦至二千石宦成名立如此不去懼有後悔豈如父子相隨出關歸老故鄉以壽命終不亦善乎受叩頭曰從大人議卽日父子俱移病滿三月賜告廣遂稱篤上疏乞骸骨上以其年篤老皆許之加賜黃金二十斤皇太子贈以五十斤公卿大夫故人邑子設祖道供張東都門外（長安東郭門）送者車數百兩辭決而去及道路觀者皆曰賢哉二大夫或歎息爲之下泣廣旣歸鄉里日令家共具設酒食請族人故舊賓客與相娛樂數問其家金餘尚有幾所趣賣以共具歲餘廣子孫竊謂其昆弟老人廣所信愛者曰子孫幾及君時頗立產業基阯今日飲食費且盡宜從丈人所勸說君買田宅老人卽以閒暇時爲廣言此計廣曰吾豈老誖不念子孫哉顧自有舊田盧令子孫勤力其中足以共衣食與凡人齊令

復增益之以爲贏餘但教子孫怠墯耳賢而多財則損其志愚而多財則益其過且夫貴者衆之所怨也吾旣無以教化子孫不欲益其過而生怨又此金者聖主所以惠養老臣也故樂與鄉黨宗族共饗其賜以盡吾餘日不亦可乎於是族人說服皆以壽終

于定國字曼倩東海郯人也其父于公爲縣獄史郡決曹決獄平羅文法者于公所決皆不恨郡中爲之生立祠號曰于公祠東海有孝婦少寡亡子養姑甚謹姑欲嫁之終不肯姑謂鄰人曰孝婦事我勤苦哀其亡子守寡我老久絫丁壯奈何其後姑自經死姑女告吏婦殺我母吏捕孝婦孝婦辭不殺姑吏驗治孝婦自誣服具獄上府于公以爲此婦養姑十餘年以孝聞必不殺也太守不聽于公爭之弗能得乃抱其具獄哭於府上因辭疾去太守竟論殺孝婦郡中枯旱三年後太守至卜筮其故于公曰孝婦不當死前太守彊斷之咎儻在是乎於是太守殺牛自祭孝婦冢因表其墓天立大雨歲熟郡中以此大敬重于公定國少學法於父父死後定國亦爲獄史郡決曹補廷尉史以選與御史中丞從事治反者獄以材高舉侍御史遷御史中丞會昭帝崩昌邑王徵卽位行淫亂定國上書諫後王廢宣帝立大將軍霍光領尚書事條奏羣臣諫昌邑王者皆超遷定國由是爲光祿大夫平尚書事甚見任用數年遷水衡都尉超爲廷尉定國乃迎師學春秋身執經北面備弟子禮爲人謙恭尤重經術士雖卑賤徒步往過定國皆與均禮恩敬甚備學士咸稱焉其決疑平法務在哀矜罪疑從輕加審甚之心朝廷稱之曰張釋之爲廷尉天下無冤民于定國爲廷尉民自以不冤定國食酒至數石不亂冬月治請讞飲酒益精明爲廷尉十八歲遷御史大夫甘露中代黃霸爲丞相封西平侯元帝立以定國任職舊臣敬重之時陳萬年爲御史大夫與定國並位八年論議無所拂後貢禹代爲御史大夫數處駮議定國明習政事率常丞相議可然上始卽位關東連年被災害民流入關言事者歸咎於大臣上於是數以朝日引見丞相御史入受詔條責以職事定國上書謝罪永光元年春霜夏寒日青亡光上復以詔條責丞相御史定國惶恐上書自劾歸侯印乞骸骨不許遂稱篤固辭上乃賜安車駟馬黃金六十斤罷就第數歲年七十薨諡曰安侯子永嗣少時耆酒多過失年且三十乃折節修行以父任爲侍中中郎將長水校尉定國死居喪如禮孝行聞由是以列侯爲散騎光祿勳至御史大夫尚館陶公主施施者宣帝長女成帝姑也賢有行永以選尚焉上方欲相之會永薨子恬嗣不肖薄於行始定國父于公其閭門壞父老方共治之于公謂曰少高大閭門令容駟馬高蓋車我治獄多陰德未嘗有所冤子孫必有興者至定國爲丞相永爲御史大夫封侯傳世云

薛廣德字長卿沛郡相人也以魯詩教授楚國龔勝舍師事焉蕭望之爲御史大夫除廣德爲屬數與論議器之薦廣德經行宜充本朝爲博士論石渠遷諫大夫代貢禹爲長信少府御史大夫廣德爲人溫雅有醞藉及爲三公直言諫爭始拜旬日間上幸甘泉郊泰時禮畢因留射獵廣德上書諫曰竊見關東困極民人流離陛下日撞亡秦之鍾聽鄭衛之樂臣誠悼之今士卒暴露從官勞倦願陛下亟反宮思與百姓同憂樂天下幸甚上卽日還其秋上酎祭宗廟出便門欲御樓船廣德當乘輿車免冠頓首曰宜從橋詔曰大夫冠廣德曰陛下不聽臣臣自刎以血汙車輪陛下不得入廟矣上不說先敺光祿大夫張猛進曰臣聞主聖臣直乘船危就橋安聖主不乘危御史大夫言可聽上曰曉人不當如是邪乃從橋後月餘以歲惡民流與丞相定國大司馬車騎將軍史高俱乞骸骨皆賜安車駟馬黃金六十斤罷廣德爲御史大夫凡十月免東歸沛太守迎之界上沛以爲榮縣其安車傳子孫

平當字子思祖父以訾百萬自下邑徙平陵當少爲大行治禮丞功次補大鴻臚文學察廉爲順陽長栒邑令以明經爲博士公卿薦當論議通明給事中每有災異當輒傅經術言得失文雅雖不能及蕭望之匡衡然指意略同自元帝時韋元成爲丞相奏罷太上皇寢廟園當上書言臣聞孔子曰如有王者必世而後仁三十年之閒道德和洽制禮興樂災害不成禍亂不作今聖漢受命而王繼體承業二百餘年孜孜不怠政令清矣然風俗未和陰陽未調災害數見意者大本有不立與何德化休徵不應之久也禍福不虛必有因而至者焉宜深迹其道而務修其本昔者帝堯南面而治先克明俊德以親九族而化及萬國孝經曰天地之性人爲貴人之行莫大於孝孝莫大於嚴父嚴父莫大於配天則周公其人也夫孝子善述人之志周公旣成文武之業而制作禮樂修嚴父配天之事知文王不欲以子臨父故推而序之上極於后稷而以配天此聖人之德亡以加於孝也高皇帝聖德受命有天下尊太上皇猶周文武之追王太王王季也此漢之始祖後嗣所宜尊奉以廣盛德孝之至也書云正稽古建功立事可以永年傳於

亡窮上納其言下詔復太上皇寢廟園頃之使行流民幽州舉奏刺史二千石勞徠有意者言渤海鹽池可且勿禁以救民急所過見稱舉奉使者十一人爲最遷丞相司直坐法左遷朔方刺史復徵入爲太中大夫給事中絫遷長信少府大鴻臚光祿勳先是太后姊子衛尉湻于長白言昌陵不可成下有司議當以爲作治連年可遂就上既罷昌陵以長首建忠策復下公卿議封長當又以爲長雖有善言不應封爵之科坐前議不正左遷鉅鹿太守後上遂封長當以經明禹貢使行河爲騎都尉領河隄哀帝即位徵當爲光祿大夫諸吏散騎復爲光祿勳御史大夫至丞相以冬月賜爵關內侯明年春上使使者召欲封當當病篤不應召室家或謂當不可彊起受侯印爲子孫邪當曰吾居大位已負素餐之責矣起受侯印還臥而死死有餘罪今不起者所以爲子孫也遂上書乞骸骨上報曰朕選於衆以君爲相視事日寡輔政未久陰陽不調冬無大雪旱氣爲災朕之不德何必君罪君何疑而上書乞骸骨歸關內侯爵邑使尚書令譚賜君養牛一上尊酒十石君其勉致醫藥以自持後月餘卒子晏以明經歷位大司徒封防鄉侯漢興唯韋平父子至宰相

彭宣字子佩淮陽陽夏人也治易事張禹舉爲博士遷東平太傅禹以帝師見尊信薦宣經明有威重可任政事繇是入爲右扶風遷廷尉以王國人出爲太原太守數年復入爲大司農光祿勳右將軍哀帝即位徙爲左將軍歲餘上欲令丁傅處爪牙官乃策宣曰有司數奏言諸侯國人不得宿衛將軍不宜典兵馬處大位朕唯將軍任漢將之重而子又前取淮陽王女婚姻不絕非國之制使光祿大夫曼賜將軍黃金五十斤安車駟馬其上左將軍印綬以關內侯歸家宣罷數歲諫大夫鮑宣數薦宣會元壽元年正月朔日蝕鮑宣復言上乃召宣爲光祿大夫遷御史大夫轉爲大司空封長平侯會哀帝崩新都侯王莽爲大司馬秉政專權宣上書言三公鼎足承君一足不任則覆亂美實臣資性淺薄年齒老眊數伏疾病昏亂遺忘願上大司空長平侯印綬乞骸骨歸鄉里俟寘溝壑莽白太后策免宣令上大司空印綬便就國莽恨宣求退故不賜黃金安車駟馬宣居國數歲薨謚曰頃侯傳子至孫王莽敗乃絕

王吉字子陽琅邪皋虞人也少好學明經以郡吏舉孝廉爲郎補若盧右丞遷雲陽令舉賢良爲昌邑中尉而王好游獵驅馳國中動作亡節吉上疏諫曰臣聞古者師日行三十里吉行五十里詩云匪風發兮匪車揭兮顧瞻周道中心怛兮說曰是非古之風也發發者是非古之車也揭揭者蓋傷之也今者大王幸方與曾不半日而馳二百里百姓頗廢耕桑治道牽馬臣愚以爲民不可數變也昔召公述職當民事時舍於棠下而聽斷焉是時人皆得其所後世思其仁恩至虖不伐甘棠甘棠之詩是也大王不好書術而樂逸游馮式撙銜馳騁不止口倦乎叱咤手苦於箠轡身勞虖車輿朝則冒霧露晝則被塵埃夏則爲大暑之所暴炙冬則爲風寒之所匽薄數以耎脆之玉體犯勤勞之煩毒非所以全壽命之宗也又非所以進仁義之隆也夫廣夏之下細旃之上明師居前勸誦在後上論唐虞之際下及殷周之盛考仁聖之風習治國之道訢訢焉發憤忘食日新厥德其樂豈徒銜橛之間哉休則俛仰詘信以利形進退步趨以實下吸新吐故以練藏專意積精以適神於以養生豈不長哉大王誠留意如此則心有堯舜之志體有喬松之壽美聲廣譽登而上聞則福祿其臻而社稷安矣皇帝仁聖至今思慕未怠於宮館囿池弋獵之樂未有所幸大王宜夙夜念此以承聖意諸侯骨肉莫親大王大王於屬則子也於位則臣也一身而二任之責加焉恩愛行義孅介有不具者於以上聞非饗國之福也臣言愚戇願大王察之王賀雖不遵道然猶知敬禮吉乃下令曰寡人造行不能無惰中尉甚忠數輔吾過使謁者千秋賜中尉牛肉五百斤酒五石脯五束其後復放從自若吉輒諫爭甚得輔弼之義雖不治民國中莫不敬重焉久之昭帝崩亡嗣大將軍霍光秉政遣大鴻臚宗正迎昌邑王吉即奏書戒王曰臣聞高宗諒闇三年不言今大王以喪事徵宜日夜哭泣悲哀而已慎毋有所發且何獨喪事凡南面之君何言哉天不言四時行焉百物生焉願大王察之大將軍仁愛勇智忠信之德天下莫不聞孝武皇帝二十餘年未嘗有事過先帝棄羣臣屬以天下寄幼孤焉大將軍抱持幼君襁緥之中布政施教海內晏然雖周公伊尹亡以加也今帝崩亡嗣大將軍惟思可以奉宗廟者攀援而立大王其仁厚豈有量哉臣願大王事之敬之政事壹聽之大王垂拱而已願留意常以爲念王既到即位二十餘日以行淫亂廢昌邑羣臣坐在國時不舉奏王罪過令漢朝不聞知又不能輔道陷王大惡皆下獄誅唯吉與郎中令龔遂以忠直數諫正得減死髡爲城旦起家復爲益州刺史病去官復徵爲博士諫大夫是時宣帝頗修武帝故事宮室車服盛於昭帝時外戚許史王氏貴寵而

上躬親政事任用能吏吉上疏言得失曰陛下躬聖質總萬方帝王圖籍日陳于前惟思世務將興太平詔書每下民欣然若更生臣伏而思之可謂至恩未可謂本務也欲治之主不世出公卿幸得遭遇其時言聽諫從然未有建萬世之長策舉明主於三代之隆者也其務在於期會簿書斷獄聽訟而已此非太平之基也臣聞聖王宣德流化必自近始朝廷不備難以言治左右不正難以化遠民者弱而不可勝愚而不可欺也聖主獨行於深宮得則天下稱誦之失則天下咸言之行發於近必見於遠故謹選左右審擇所使左右所以正身也所使所以宣德也詩云濟濟多士文王以寧此其本也春秋所以大一統者六合同風九州共貫也今俗吏所以牧民者非有禮義科指可世世通行者也獨設刑法以守之其欲治者不知所繇以意穿鑿各取一切權譎自任故一變之後不可復修也是以百里不同風千里不同俗戶異政人殊服詐僞萌生刑罰亡極質樸日銷恩愛寖薄孔子曰安上治民莫善於禮非空言也王者未制禮之時引先王禮宜於今者而用之臣願陛下承天心發大業與公卿大臣延及儒生述舊禮明王制敺一世之民躋之仁壽之域則俗何以不若成康壽何以不若高宗竊見當世趨務不合於道者謹條奏唯陛下財擇焉吉意以爲夫婦人倫大綱夭壽之萌也世俗嫁娶太早未知爲人父母之道而有子是以教化不明而民多夭聘妻送女亡節則貧人不及故不舉子及漢家列侯尚公主諸侯則國人承翁主使男事女夫詘於婦逆陰陽之位故多女亂古者衣服車馬貴賤有章以褒有德而別尊卑今上下僭差人人自制是以貪財趨利不畏死亡周之所以能致治刑措而不用者以其禁邪於冥冥絕惡於未萌也又言舜湯不用三公九卿之世而舉皋陶伊尹不仁者遠今使俗吏得任子弟率多驕驁不通古今至於積功治人亡益於民此伐檀所爲作也宜明選求賢除任子之令外家及故人可厚以財不宜居位去角抵減樂府省尚方明視天下以儉古者工不造琱瑑商不通侈靡非工商之獨賢政教使之然也民見儉則歸本本立則末成其指如此上以其言迂闊不甚寵異也吉遂謝病歸琅邪始吉少時學問居長安東家有大棗樹垂吉庭中吉婦取棗以啖吉吉後知之乃去婦東家聞而欲伐其樹鄰里共止之因固請吉令還婦里中爲之語曰東家有樹王陽去婦東家棗完去婦復還其厲志如此吉與貢禹爲友世稱王陽在位貢禹彈冠言其取捨同也元帝初卽位遣使者徵貢禹與吉吉年老道病卒上悼之復遣使者弔祠云初吉兼通五經能爲騶氏春秋以詩論語教授好梁邱賀說易令子駿受焉駿以孝廉爲郎左曹陳咸薦駿賢父子經明行修宜顯以厲俗光祿勳匡衡亦舉駿有專對材遷諫大夫使責淮陽憲王遷趙內史吉坐昌邑王被刑後戒子孫毋爲王國吏故駿道病免官歸起家復爲幽州刺史遷司隸校尉奏免丞相匡衡遷少府八歲成帝欲大用之出駿爲京兆尹試以政事先是京兆有趙廣漢張敞王尊王章至駿皆有能名故京師稱曰前有趙張後有三王而薛宣從左馮翊代駿爲少府會御史大夫缺谷永奏言聖王不以名譽加於實效考績用人之法薛宣政事已試上然其議宣爲少府月餘遂超御史大夫至丞相駿乃代宣爲御史大夫並居位六歲病卒翟方進代駿爲御史大夫數月薛宣免遂代爲丞相衆人爲駿恨不得封侯駿爲少府時妻死因不復娶或問之駿曰德非曾參子非華元亦何敢娶駿子崇以父任爲郎歷刺史郡守治有能名建平三年以河南太守徵入爲御史大夫數月是時成帝舅安成恭侯夫人放寡居共養長信宮坐祝詛下獄崇奏封事爲放言放外家解氏與崇爲婚哀帝以崇爲不忠誠策免崇左遷爲大司農後徙衞尉左將軍平帝卽位王莽秉政大司空彭宣乞骸骨罷崇代爲大司空封扶平侯歲餘崇復謝病乞骸骨皆避王莽莽遣就國歲餘爲傳婢所毒薨國除自吉至崇世名清廉然材器名稱稍不能及父而祿位彌隆皆好車馬衣服其自奉養極爲鮮明而亡金銀錦繡之物及遷徙去處所載不過囊衣不畜積餘材去位家居亦布衣疏食天下服其廉而怪其奢故俗傳王陽能作黃金

貢禹字少翁琅邪人也以明經絜行著聞徵爲博士涼州刺史病去官復舉賢良爲河南令歲餘以珠事爲府官所責免冠謝禹曰冠壹免安可復冠也遂去官元帝初卽位徵禹爲諫大夫數虛己問以政事是時年歲不登郡國多困禹奏言古者宮室有制宮女不過九人秣馬不過八匹牆塗而不琱木摩而不刻車輿器物皆不文畫苑囿不過數十里與民共之任賢使能什一而稅亡宅賦斂繇戍之役使民歲不過三日千里之內自給千里之外各置貢職而已故天下家給人足頌聲並作至高祖孝文孝景皇帝循古節儉宮女不過十餘廄馬百餘匹孝文皇帝衣綈履革器亡琱文金銀之飾後世爭爲奢侈轉轉益甚臣下亦相放效衣服履絝刀劍亂

於主上主上時臨朝入廟眾人不能別異甚非其宜然非自知奢僭也猶魯昭公曰吾何僭矣今大夫僭諸侯諸侯僭天子天子過大道其日久矣承衰救亂矯復古化在於陛下臣愚以為盡如太古難宜少放古以自節焉論語曰君子樂節禮樂方今宮室已定亡可奈何矣其餘盡可減損故時齊三服官輸物不過十笥方今齊三服官作工各數千人一歲費數鉅萬蜀廣漢主金銀器歲各用五百萬三工官官費五千萬東西織室亦然廄馬食粟將萬匹臣禹嘗從之東宮見賜杯案盡文畫金銀飾非當所以賜食臣下也東宮之費亦不可勝計天下之民所為大饑餓死者是也今民大饑而死死又不葬為犬豬所食人至相食而廄馬食粟苦其大肥氣盛怒至乃日步作之王者受命於天為民父母固當若此乎天不見邪武帝時又多取好女至數千人以填後宮及弃天下昭帝幼弱霍光專事不知禮正妄多藏金錢財物鳥獸魚鼈牛馬虎豹生禽凡百九十物盡瘞藏之又皆以後宮女置於園陵大失禮逆天心又未必稱武帝意也昭帝晏駕光復行之至孝宣皇帝時陛下惡有所言羣臣亦隨故事甚可痛也故使天下承化取女皆大過度諸侯妻妾或至數百人豪富吏民畜歌者至數十人是以內多怨女外多曠夫及眾庶葬埋皆虛地上以實地下其過自上生皆在大臣循故事之辠也唯陛下深察古道從其儉者大減損乘輿服御器物三分去二產子多少有命審察後宮擇其賢者留二十人餘悉歸之及諸陵園女亡子者宜悉遣獨杜陵宮人數百誠可哀憐也廄馬可亡過數十匹獨舍長安城南苑地以為田獵之囿自城西南至山西至鄠皆復其田以與貧民方今天下饑饉可亡大自損減以救之稱天意乎天生聖人蓋為萬民非獨使自娛樂而已也故詩曰天難諶斯不易惟王上帝臨汝毋貳爾心當仁不讓獨可以聖心參諸天地揆之往古不可與臣下議也若其阿意順指隨君上下臣禹不勝拳拳不敢不盡愚心天子納善其忠乃下詔令太僕減食穀馬水衡減食肉獸省宜春下苑以與貧民又罷角抵諸戲及齊三服官遷禹為光祿大夫頃之禹復上書曰臣禹年老貧窮家貲不滿萬錢妻子糠豆不贍裋褐不完有田百三十畝陛下過意徵臣臣賣田百畝以供車馬至拜為諫大夫秩八百石奉錢月九千二百稟食太官又蒙賞賜四時雜繒緜絮衣服酒肉諸果物德厚甚深疾病侍醫臨治賴陛下神靈不死而活又拜為光祿大夫秩二千石奉錢月萬二千祿賜愈多家日以益富身日以益尊誠非草茅愚臣所當蒙也伏自念終亡以報厚德日夜慙愧而已臣禹犬馬之齒八十一血氣衰竭耳目不聰明非復能有補益所謂素餐尸祿洿朝之臣也自痛去家三千里凡有一子年十二非有在家為具棺椁者也誠恐一旦蹎仆氣竭不復自還洿席薦於宮室骸骨棄捐孤魂不歸不勝私願願乞骸骨及身生歸鄉里死亡所恨天子報曰朕以生有伯夷之廉史魚之直守經據古不阿當世孳孳於民俗之所寡故親近生幾參國政今未得久聞生之奇論也而云欲退意豈有所恨與將在位者與生殊乎往者嘗令金敞語生欲及生時祿生之子既已諭矣今復云子少夫以王命辦護生家雖百子何以加傳曰亡懷土何必思故鄉生其彊飯慎疾以自輔後月餘以禹為長信少府會御史大夫陳萬年卒禹代為御史大夫列於三公自禹在位數言得失書數十上禹以為古民無賦算口錢起武帝征伐四夷重賦於民民產子三歲則出口錢故民重困至於生子輒殺甚可悲痛宜令兒七歲去齒乃出口錢年二十乃算又言古者不以金銀為幣專意於農故一夫不耕必有受其饑者今漢家鑄錢及諸鐵官皆置吏卒徒攻山取銅鐵一歲功十萬人已上中農食七人是七十萬人常受其饑也鑿地數百丈銷陰氣之精地藏空虛不能含氣出雲斬伐林木亡有時禁水旱之災未必不繇此也自五銖錢起以來七十餘年民坐盜鑄錢被刑者眾富人積錢滿室猶亡厭足民心動搖商賈求利東西南北各用智巧好衣美食歲有十二之利而不出租稅農夫父子暴露中野不避寒暑捽屮杷土手足胼胝已奉穀租又出稾稅鄉部私求不可勝供故民弃本逐末耕者不能半貧民雖賜之田猶賤賣以賈窮則起為盜賊何者末利深而惑於錢也是以姦邪不可禁其原皆起於錢也疾其末者絕其本宜罷採珠玉金銀鑄錢之官亡復以為幣市井勿得販賣除其租銖之律租稅祿賜皆以布帛及穀使百姓壹歸於農復古道便又言諸離宮及長樂宮衛可減其大半以寬繇役又諸宮奴婢十萬餘人戲遊亡事稅良民以給之歲費五六鉅萬宜免為庶人廩食令代關東戍卒乘北邊亭塞候望又欲令近臣自諸曹侍中以上家亡得私販賣與民爭利犯者輒免官削爵不得仕宦禹又言孝文皇帝時貴廉絜賤貪汙賈人贅壻及吏坐贓者皆禁錮不得為吏賞善罰惡不阿親戚罪白者伏其誅疑者以與民亡贖罪之法故令行禁止海內大化天下斷獄四百與刑錯無異武帝始臨天下

尊賢用士闢地廣境數千里自見功大威行遂從耆欲用度不足乃行壹切之變使犯法者贖罪入穀者補吏是以天下奢侈官亂民貧盜賊並起亡命者衆郡國恐伏其誅則擇便巧史書習於計簿能欺上府者以爲右職姦軌不勝則取勇猛能操切百姓者以苛暴威服下者使居大位故亡義而有財者顯於世欺謾而善書者尊於朝誖逆而勇猛者貴於官故俗皆曰何以孝弟爲財多而光榮何以禮義爲史書而仕宦何以謹慎爲勇猛而臨官故黥劓而髡鉗者猶復攘臂爲政於世行雖犬彘家富執足目指氣使是爲賢耳故謂居官而置富者爲雄桀處姦而得利者爲壯士兄勸其弟父勉其子俗之壞敗乃至於是察其所以然者皆以犯法得贖罪求士不得眞賢相守崇財利誅不行之所致也今欲興至治致太平宜除贖罪之法相守選舉不以實及有臧者輒行其誅亡但免官則爭盡力爲善貴孝弟賤賈人進眞賢舉實廉而天下治矣孔子匹夫之人耳以樂道正身不解之故四海之內天下之君微孔子之言亡所折中況乎以漢地之廣陛下之德處南面之尊秉萬乘之權因天地之助其於變世易俗調和陰陽陶冶萬物化正天下易於決流抑隊自成康以來幾且千歲欲爲治者甚衆然而太平不復興者何也以其舍法度而任私意奢侈行而仁義廢也陛下誠深念高祖之若醇法太宗之治正己以先下選賢以自輔開進忠正致誅姦臣遠放讒佞赦出園陵之女罷倡樂絕鄭聲去甲乙之帳退偽薄之物修節儉之化驅天下之民皆歸於農如此不解則三王可侔五帝可及唯陛下留意省察天下幸甚天子下其議令民產子七歲乃出口錢自此始又罷上林宮館希幸御者及省建章甘泉宮衞卒減諸侯王廟衞卒省其半餘雖未盡從然嘉其質直之患禹又奏欲罷郡國廟定漢宗廟迭毀之禮皆未施行爲御史大夫數月卒天子賜錢百萬以其子爲郎官至東郡都尉禹卒後上追思其議竟下詔罷郡國廟定迭毀之禮然通儒或非之語在韋元成傳

兩龔皆楚人也勝字君賓舍字君倩二人相友並著名節故世謂之楚兩龔少皆好學明經勝爲郡吏舍不仕久之楚王入朝聞舍高名聘舍爲常侍不得已隨王歸國固辭願卒學復至長安而勝爲郡吏三舉孝廉以王國人不得宿衞出補吏再爲尉壹爲丞勝輒至官乃去州舉茂材爲重泉令病去官大司空何武執金吾閻崇薦勝哀帝自爲定陶王固已聞其名徵爲諫大夫引見勝薦龔舍及亢父甯壽濟陰侯嘉有詔皆徵勝曰竊見國家徵醫巫常爲駕徵賢者宜駕上曰大夫乘私車來邪勝曰唯唯有詔爲駕龔舍侯嘉至皆爲諫大夫甯壽稱疾不至勝居諫官數上書求見言百姓貧盜賊多吏不良風俗薄災異數見不可不憂制度泰奢刑罰泰深賦斂泰重宜以儉約先下其言祖述王吉貢禹之意爲大夫二歲餘遷丞相司直徙光祿大夫守指扶風數月上知勝非撥煩吏乃復還勝光祿大夫諸吏給事中勝言董賢亂制度繇是逆上指後歲餘丞相王嘉上書薦故廷尉梁相等尚書劾奏嘉言事恣意迷國罔上不道下將軍中朝者議左將軍公孫祿司隸鮑宣光祿大夫孔光等十四人皆以爲嘉應迷國不道法勝獨書議曰嘉貲性邪僻所舉多貪殘吏位列三公陰陽不和諸事並廢咎皆繇嘉迷國不疑今舉相等過微薄日暮議者罷明日復會左將軍祿問勝君議毋所據今奏當上宜何從勝曰將軍以勝議不可者通劾之博士夏侯常見勝應祿不和起至勝前謂曰宜如奏所言勝以手推常曰去後數日復會議可復孝惠孝景廟不議者皆曰宜復勝曰當如禮常復謂曰禮有變勝疾言曰去是時之變常恚謂勝曰我視君何若君欲小與衆異外以采名君乃申徒狄屬耳先是常又爲勝道高陵有子殺母者勝白之尚書問誰受對曰受夏侯常尚書使勝問常常連恨勝卽應曰聞之白衣戒君勿言也奏事不詳妄作觸罪勝窮無以對尚書卽自劾奏與常爭言洿辱朝廷事下御史中丞召詰問劾奏勝吏二千石當位大夫皆幸得給事中與論議不崇禮義而居公門下相非恨疾言辯訟媠謾亡狀皆不敬制曰貶秩各一等勝謝罪乞骸骨上乃復加賞賜以子博爲侍郎出勝爲渤海太守勝謝病不任之官積六月免歸上復徵爲光祿大夫勝常稱疾臥數使子上書乞骸骨會哀帝崩初琅邪邴漢亦以淸行徵用至京兆尹後爲太中大夫王莽秉政勝與漢俱乞骸骨自昭帝時涿郡韓福以德行徵至京師賜策書束帛遣歸詔曰朕閔勞以官職之事其務孝悌以教鄉里行道舍傳舍縣縣次具酒肉食從者及馬長以時存問常以歲八月賜羊一頭酒二斛不幸死者賜複衾一祠以中牢以是王莽依韓福故事白遣勝漢令上其子若孫若同產同產子一人於是勝漢遂歸老于鄉里所上男皆除爲郎漢兄子曼容亦養志自修爲官不肯過六百石輒自免去其名過出於漢初龔舍以龔勝薦徵爲諫大夫病免復徵爲博士又病去頃之哀帝遣使者卽楚拜舍爲大山太守舍家居在武原使者至

縣請舍欲令至延拜授印綬舍曰王者以天下爲家何必縣官遂於家受詔便道之官既至數月上書乞骸骨上徵舍至京兆東湖界固稱病篤天子使使者收印綬拜舍爲光祿大夫數賜告舍終不肯起乃遣歸舍亦通五經以魯詩教授舍勝既歸鄉里郡二千石長吏初到官皆至其家如師弟子之禮舍年六十八王莽居攝中卒莽既篡國遣五威將帥行天下風俗將帥親奉羊酒存問勝明年莽遣使者卽拜勝爲講學祭酒勝稱疾不應徵後二年莽復遣使者奉璽書太子師友祭酒印綬安車駟馬迎勝卽拜秩上卿先賜六月祿直以辦裝使者與郡太守縣長吏三老官屬行義諸生千人以上入勝里致詔使者欲令勝起迎久立門外勝稱病篤爲牀室中戶西南牖下東首加朝服拖紳使者入戶西行南面立致詔付璽書遷延再拜奉印綬內安車駟馬進謂勝曰聖朝未嘗忘君制作未定待君爲政思聞所欲施行以安海內勝對曰素愚加以年老被病命在朝夕隨使君上道必死道路無益萬分使者要說至以印綬就加勝身勝輒推不受使者卽上言方盛夏暑熱勝病少氣可須秋涼乃發有詔許使者五日壹與太守俱問起居爲勝兩子及門人高暉等言朝廷虛心待君以茅土之封雖疾病宜移動至傳舍示有行意必爲子孫遺大業暉等白使者語勝自知不見聽卽謂暉等吾受漢家厚恩今年老矣旦暮入地誼豈以一身事二姓下見故主哉勝因勑以棺斂喪事衣周於身棺周於衣勿隨俗動吾家種柏作祠堂語畢遂不復開口飲食積十四日死死時七十九矣使者太守臨斂賜複衾祭祠如法門人衰絰治喪者百數有老父來弔哭甚哀既而曰嗟乎薰以香自燒膏以明自銷龔生竟夭天年非吾徒也趨而遂出莫知其誰勝居彭城廉里後世刻石表其里門

鮑宣字子都渤海高城人也好學明經爲縣鄉嗇夫守東州丞後爲都尉太守功曹舉孝廉爲郎病去官復爲州從事大司馬衞將軍王商辟宣薦爲議郎後以病去哀帝初大司空何武除宣爲西曹掾甚敬重焉薦宣爲諫大夫遷豫州牧歲餘丞相司直郭欽奏宣舉錯煩苛代二千石署吏聽訟所察過詔條行部乘傳去法駕駕一馬舍宿鄉亭爲衆所非宣坐免歸家數月復徵爲諫大夫宣每居位常上書諫爭其言少文多實是時帝祖母傅太后欲與成帝母俱稱尊號封爵親屬丞相孔光大司空師丹何武大司馬傅喜始執正議失傅太后指皆免官丁傅子弟並進董賢貴幸宣以諫大夫從其後上書諫曰竊見孝成皇帝時外親持權人人牽引所私以充塞朝廷妨賢人路濁亂天下奢泰無度窮困百姓是以日蝕且十彗星四起危亡之徵陛下所親見也今奈何反覆劇於前乎朝臣亡有大儒國鯁白首耆艾魁壘之士論議通古今喟然動衆心憂國如飢渴者臣未見也敎外親小童及幸臣董賢等在公門省戶下陛下欲與此共承天地安海內甚難今世俗謂不智者爲能謂智者爲不能昔堯放四罪而天下服今除一吏而衆皆惑古刑人尙服今賞人反惑請寄爲姦羣小日進國家空虛用度不足民流亡去城郭盜賊並起吏爲殘賊歲增於前凡民有七亡陰陽不和水旱爲災一亡也縣官重責更賦租稅二亡也貪吏並公受取不已三亡也豪彊大姓蠶食亡厭四亡也苛吏繇役失農桑時五亡也部落鼓鳴男女遮迣六亡也盜賊劫略取民財物七亡也七亡尙可又有七死酷吏毆殺一死也治獄深刻二死也冤陷亡辜三死也盜賊橫發四死也怨讎相殘五死也歲惡飢餓六死也時氣疾疫七死也民有七亡而無一得欲望國安誠難民有七死而無一生欲望刑措誠難此非公卿守相貪殘成化之所致邪羣臣幸得居尊位食重祿豈有肯加惻隱於細民助陛下流教化者邪志但在營私家稱賓客爲姦利而已以苟容曲從爲賢以拱默尸祿爲智謂如臣宣等爲愚陛下擢臣巖穴誠冀有益毫毛豈徒欲使臣美食大官重高門之地哉天下乃皇天之天下也陛下上爲皇天子下爲黎庶父母爲天牧養元元視之當如一合尸鳩之詩今貧民菜食不厭衣又穿空父子夫婦不能相保誠可爲酸鼻陛下不救將安所歸命乎奈何獨私養外親與幸臣董賢多賞賜以大萬數使奴從賓客漿酒霍肉蒼頭廬兒皆用致富非天意也及汝昌侯傅商亡功而封夫官爵非陛下之官爵乃天下之官爵也陛下取非其官官非其人而望天說民服豈不難哉方陽侯孫寵宜陵侯息夫躬辯足以移衆彊可用獨立姦人之雄惑世尤劇者也宜以時罷退及外親幼童未通經術者皆宜令休就師傅急徵故大司馬傅喜使領外親故大司空何武師丹故丞相孔光故左將軍彭宣經皆更博士位皆歷三公智謀威信可與建敎化圖安危龔勝爲司直郡國皆愼選舉三輔委輸官不敢爲姦可大委任也陛下前以小不忍退武等海內失望陛下尙能容亡功德者甚衆曾不能忍武等邪治天下者當用天下之心爲心不得自專快意而已也上之皇天見譴下之黎庶怨恨次有諫爭之臣陛下苟欲自薄而厚惡臣天下猶不聽也臣

雖愚戇獨不知多受祿賜美食大官廣田宅厚妻子不與惡人結仇怨以安身邪誠迫大義官以諫爭爲職不敢不竭愚惟陛下以留神明覽五經之文原聖人之至意深思天地之戒臣宣吶鈍於辭不勝惓惓盡死節而已上以宣名儒優容之是時郡國地震民訛言行籌明年正月朔日蝕上乃徵孔光免孫寵息夫躬罷侍中諸曹黃門郎數十人宣復上書言陛下父事天母事地子養黎民卽位以來父虧明母震動子訛言相驚恐今日蝕於三始誠可畏懼小民正月朔日尙恐毀敗器物何況於日虧乎陛下深內自責避正殿舉正直求過失罷退外親及傍仄素餐之人徵拜孔光爲光祿大夫發覺孫寵息夫躬過惡免官遣就國衆庶歙然莫不說喜天人同心人心說則天意解矣乃二月丙戌白虹虷日連陰不雨此天有憂結未解民有怨望未塞者也侍中駙馬都尉董賢本無葭莩之親但以令色諛言自進賞賜亡度竭盡府藏并合三第尙以爲小復壞暴室賢父子坐使天子使者將作治第行夜吏卒皆得賞賜上冢有會輒太官爲供海內貢獻當養一君今反盡之賢家豈天意與民意邪天不可久負厚之如此反所以害之也誠欲哀賢宜爲謝過天地解讎海內免遣就國收乘輿器物還之縣官如此可以父子終其性命不者海內之所仇未有得久安者也孫寵息夫躬不宜居國可皆免以示天下復徵何武師丹彭宣傅喜曠然使民易視以應天心建立大政以興太平之端高門去省戶數十步求見出入二年未省欲使海瀕仄陋自通遠矣願賜數刻之間極竭毣毣之思出入三泉死亡所恨上感大異納宣言徵何武彭宣旬月皆復爲三公拜宣爲司隸時哀帝改司隸校尉但爲司隸官比司直丞相孔光四時行園陵官屬以令行馳道中宣出逢之使吏鉤止丞相掾史沒入其車馬摧辱宰相事下御史中丞侍御史至司隸官欲捕從事閉門不肯納宣坐距使者無人臣禮大不敬不道下廷尉獄博士弟子濟南王咸舉幡太學下曰欲救鮑司隸者會此下諸生會者千餘人朝日遮丞相孔光自言丞相車不得行又守闕上書上遂抵宣罪減死一等髡鉗宣旣被刑乃徙之上黨以爲其地宜田牧又少豪俊易長雄遂家于長子平帝卽位王莽秉政陰有篡國之心乃風州郡以罪法案誅諸豪傑及漢忠直臣不附已者宣及何武等皆死時名捕隴西辛興興與宣女壻許紺俱過宣一飯去宣不知情坐繫獄自殺自成帝至王莽時淸名之士琅邪又有紀逡王思齊則薛方子容太原則有郇越臣仲郇相稚賓沛郡則唐林子高唐尊伯高皆以明經飭行顯名於世紀逡兩唐皆仕王莽封侯貴重歷公卿位唐林數上疏諫正有忠直節唐尊衣弊履穿以瓦器飲食又以歷遺公卿被虛僞名郇越相同族昆弟也並舉州郡孝廉茂材數病去官越散其先人貲千餘萬以分施九族州里志節尤高相王莽時徵爲太子四友病死莽太子遣使祱以衣衾其子攀棺不聽曰死父遺言師友之送勿有所受今於皇太子得託友官故不受也京師稱之薛方嘗爲郡掾祭酒嘗徵不至及莽以安車迎方方因使者辭謝曰堯舜在上下有巢由今明主方隆唐虞之德小臣欲守箕山之節也使者以聞莽說其言不彊致方居家以經教授喜屬文著詩賦數十篇始隃麋郭欽哀帝時爲丞相司直奏免豫州牧鮑宣京兆尹薛修等又奏董賢左遷盧奴令平帝時遷南郡太守而杜陵蔣詡元卿爲兗州刺史亦以廉直爲名王莽居攝欽詡皆以病免官歸鄉里臥不出戶卒於家齊栗融客卿北海禽慶子夏蘇章游卿山陽曹竟子期皆儒生去官不仕於莽莽死漢更始徵竟以爲丞相封侯欲視致賢人銷寇賊竟不受侯爵會赤眉入長安欲降竟竟手劒格死世祖卽位徵薛方道病卒兩龔鮑宣子孫皆見褒表至大官

通志卷一百終

宋右迪功郎鄭樵漁仲撰

列傳第十四

前漢

韋賢子元成 魏相 丙吉 趙廣漢 尹翁歸 韓延壽 張敞 王尊 王章 蓋寬饒 諸葛豐 劉輔 鄭崇 孫寶 毋將隆 何並 眭弘息隨反 夏侯始昌 夏侯勝從父子建 京房 翼奉 李尋

韋賢字長孺魯國鄒人也其先韋孟家本彭城爲楚元王傅傅子夷王及孫王戊戊荒淫不遵道孟作風諫其辭曰肅肅我祖國自豕韋黼衣朱紱四牡龍旂彤弓斯征撫寧遐荒總齊羣邦以翼大商迭彼大彭勳績惟光至于有周歷世會同王赧聽譖寔絕我邦我邦既絕厥政斯逸賞罰之行非繇王室庶尹羣后靡扶靡衞五服崩離宗周以隊我祖斯微遷于彭城在予小子勤誒厥生阨此嫚秦耒耜以耕悠悠嫚秦上天不寧迺眷南顧授漢于京於赫有漢四方是征靡適不懷萬國攸平迺命厥弟建侯於楚俾我小臣惟傅是輔兢兢元王恭儉淨壹惠此黎民納彼輔弼饗國漸世垂烈于後迺及夷王克奉厥緒咨命不永唯王統祀左右陪臣此惟皇士如何我王不思守保不惟履冰以繼祖考邦事是廢逸游是娛犬馬繇繇是放是驅務彼鳥獸忽此稼苗烝民以匱我王以媮所弘非德所親非俊唯囿是恢唯諛是信睮睮諂夫咢咢黃髮如何我王曾不是察既藐下臣追欲從逸嫚彼顯祖輕茲削黜嗟嗟我王漢之睦親曾不夙夜以休令聞穆穆天子臨爾下土明明羣司執憲靡顧正遐繇近殆其怙茲嗟嗟我王曷不此思非思非鑒嗣其罔則彌彌其失岌岌其國致冰匪霜致隊靡嫚瞻惟我王昔靡不練興國救顯孰違悔過追思黃髮秦繆以霸歲月其徂年其逮耇於昔君子庶顯于後我王如何曾不斯覽黃髮不近胡不時監後遂去位徙家於鄒又作一篇亦傳於時自孟至賢五世賢爲人質朴少欲篤志於學兼通禮尚書以詩教授號稱鄒魯大儒徵爲博士給事中進授昭帝詩稍遷光祿大夫詹事至大鴻臚昭帝崩無嗣大將軍霍光與公卿共尊立孝宣帝帝初即位賢以與謀議安宗廟賜爵關內侯食邑徙爲長信少府以先帝師甚見尊重本始三年代蔡義爲丞相封扶陽侯食邑七百戸時賢七十餘爲相五歲地節三年以老病乞骸骨賜黃金百斤罷歸加賜第一區丞相致仕自賢始年八十二薨諡曰節侯賢四子長子方山爲高寢令早終次子弘至東海太守次子舜留魯守墳墓少子元成復以明經歷位至丞相故鄒魯諺曰遺子黃金滿籯不如一經元成字少翁以父任爲郎常侍騎少好學修父業尤謙遜下士出遇知識步行輒下從者與載送之以爲常其接人貧賤者益加敬繇是名譽日廣以明經擢爲諫大夫遷大河都尉初元成兄弘爲太常丞職奉宗廟典諸陵邑煩劇多罪過父賢以弘當爲嗣故勑令自免弘懷謙不去官及賢病篤弘竟坐宗廟事繫獄罪未決室家問賢當爲後者賢恚恨不肯言於是賢門下生博士義倩等與宗家計議共矯賢令使家丞上書言大行以大河都尉元成爲後賢薨元成在官聞喪又言當爲嗣元成深知其非賢雅意即陽爲病狂卧便利妄笑語昏亂徵至長安既葬當襲爵以病狂不應召大鴻臚奏狀章下丞相御史案驗元成素有名聲士大夫多疑其欲讓爵辟兄者案事丞相史迺與元成書曰古之辭讓必有文義可觀故能垂榮於後今子獨壞容貌蒙恥辱爲狂癡光曜晻而不宣微哉子之所託名也僕素愚陋過爲宰相執事願少聞風聲不然恐子之傷高而僕爲小人也元成友人侍郎章亦上疏言聖王貴以禮讓爲國宜優養元成勿枉其志使得自安衡門之下而丞相御史遂以元成實不病劾奏之有詔勿劾引拜元成不得已受爵宣帝高其節以元成爲河南太守兄弘太山都尉遷東海太守數歲元成徵爲未央衞尉遷太常坐與故平通侯楊惲厚善惲誅黨友皆免官後以列侯侍祀孝惠廟當晨入廟天雨淖不駕駟馬車而騎至廟下有司劾奏等輩數人皆削爵爲關內侯元成自傷貶黜父爵歎曰吾何面目以奉祭祀乃作詩以自劾責初宣帝寵姬張倢伃男淮陽憲王好政事通法律上奇其材有意欲以爲嗣然因太子起於細微又早失母故不忍也久之上欲感風憲王輔以禮讓之臣乃召拜元成爲淮陽中尉是時王未就國元成受詔與太子太傅蕭望之及五經諸儒雜論同異於石渠閣條奏其對及元帝即位以元成爲少府遷太子太傅至御史大夫永光中代于定國爲丞相貶黜十年之間遂繼父相位封侯故國榮當世焉元成復作詩自著復玷缺之艱難因以戒示子孫其自責詩及是詩辭旨皆有足稱者元成爲相七年守正持重不及父賢而文采過之建昭三年薨諡曰共侯初賢以昭帝時徙平陵元成別徙杜陵病且死因使者自白曰不勝父子恩願乞骸骨歸葬父墓上許焉子頃侯寬嗣薨子僖侯育嗣薨子

節侯沈嗣自賢傳國至玄孫乃絕元成兄高寢令方山子安世歷郡守大鴻臚長樂衞尉朝廷稱有宰相之器會其病終而東海太守弘子賞亦明詩哀帝爲定陶王時賞爲太傅哀帝卽位賞以舊恩爲大司馬車騎將軍列位三公賜爵關內侯食邑千戶亦年八十餘以壽終宗族至吏二千石者十餘人初高祖時令諸侯王都皆立太上皇廟至惠帝尊高帝廟爲太祖廟景帝尊孝文廟爲太宗廟行所嘗幸郡國各立太祖太宗廟至宣帝本始二年復尊孝武廟爲世宗廟行所巡狩亦立焉凡祖宗廟在郡國六十八合百六十七所而京師自高祖下至宣帝與太上皇悼皇考各自居陵旁立廟并爲百七十六又園中各有寢便殿日祭於寢月祭於廟時祭於便殿寢日四上食廟歲二十五祠便殿歲四祠又月一游衣冠而昭靈后武哀王昭哀后孝文太后孝昭太后衞思后戾太子戾后各有寢園與諸帝合凡三十所一歲祠上食二萬四千四百五十五用衞士四萬五千一百二十九人祝宰樂人萬二千一百四十七人養犧牲卒不在數中至元帝時貢禹奏言古者天子七廟今孝惠孝景廟皆親盡宜毀及郡國廟不應古禮宜正定天子是其議未及施行而禹卒永光四年乃下詔先議罷郡國廟曰朕聞明王之御世也遭時爲法因事制宜往者天下初定遠方未賓因嘗所親以立宗廟蓋建威銷萌壹民之至權也今賴天地之靈宗廟之福四方同軌蠻貊貢職久遵而不定令疏遠卑賤共承尊祀殆非皇天祖宗之意朕甚懼焉傳不云乎吾不與祭如不祭其與將軍列侯中二千石二千石諸大夫博士議郎議丞相元成御史大夫鄭弘太子太傅嚴彭祖少府歐陽地餘諫大夫尹更始等七十人皆曰臣聞祭非自外至者也繇中出生於心也故唯聖人爲能饗帝孝子爲能饗親立廟京師之居躬親承事四海之內各以其職來助祭尊親之大義五帝三王所共不易之道也詩云有來雍雍至止肅肅相維辟公天子穆穆春秋之義父不祭於支庶之宅君不祭於臣僕之家王不祭於下土諸侯臣等愚以爲宗廟在郡國宜無脩臣請勿復脩奏可因罷昭靈后武哀王昭哀后衞思后戾太子戾后園皆不奉祠裁置吏卒守焉罷郡國廟後月餘復下詔曰蓋聞明王制禮立親廟四祖宗之廟萬世不毀所以明尊祖敬宗著親親也朕獲承祖宗之重惟大禮未備戰栗恐懼不敢自顓其與將軍列侯中二千石二千石諸大夫博士議元成等四十四人奏議曰禮王者始受命諸侯始封之君皆爲太祖以下五廟而迭毀毀廟之主藏乎太祖五年而再殷祭言壹禘壹祫也祫祭者毀廟與未毀廟之主皆合食於太祖父爲昭子爲穆孫復爲昭古之正禮也祭義曰王者禘其祖自出以其祖配之而立四廟言始受命而王祭天以其祖配之而不爲立廟親盡也立親廟四親親也親盡而迭毀親疏之殺示有終也周之所以七廟者以后稷始封文王武王受命而王是以三廟不毀與親廟四而七非有后稷始封文武受命之功者皆當親盡而毀成王成二聖之業制禮作樂功德茂盛廟猶不世以行爲謚而已禮廟在大門之內不敢遠親也臣愚以爲高帝受命定天下宜爲帝者太祖之廟世世不毀承後屬盡者宜毀今宗廟異處昭穆不序宜入就太祖廟而序昭穆如禮太上皇孝惠孝文孝景廟皆親盡宜毀皇考廟親未盡如故大司馬車騎將軍許嘉等二十九人以爲孝文皇帝除誹謗去肉刑躬節儉不受獻罪人不孥不私其利出美人重絕人類賓賜長老矜恤孤獨德厚侔天地利澤施四海宜爲帝者太宗之廟廷尉忠以爲孝武皇帝改正朔易服色攘四夷宜爲世宗之廟諫大夫更始等十八人以爲皇考廟上序於昭穆非正禮宜毀於是上重其事依違者一年乃下詔曰蓋聞王者祖有功而宗有德尊尊之大義也存親廟四親親之至恩也高皇帝爲天下誅暴除亂受命而帝功莫大焉孝文皇帝國爲代王諸呂作亂海內搖動然羣臣黎庶靡不壹意北面而歸心猶謙辭固讓而後卽位削亂秦之迹興三代之風是以百姓晏然咸獲嘉福德莫盛焉高皇帝爲漢太祖孝文皇帝爲太宗世世承祀傳之無窮朕甚樂之孝宣皇帝爲孝昭皇帝後於義壹體孝景皇帝廟及皇考廟皆親盡其正禮儀元成等奏曰祖宗之廟世世不毀繼祖以下五廟而迭毀今高皇帝爲太祖孝文皇帝爲太宗孝景皇帝爲昭孝武皇帝爲穆孝昭皇帝與孝宣皇帝俱爲昭皇考廟親未盡太上孝惠廟皆親盡宜毀太上廟主宜瘞園孝惠皇帝爲穆主遷於太祖廟寢園皆無復修奏可議者又以爲清廟之詩言交神之禮無不清靜今衣冠出游有車騎之衆風雨之氣非所謂清靜也祭不欲數數則瀆瀆則不敬宜復古禮四時祭於廟諸寢園日月閒祀皆可勿復修上亦不改也明年元成復言古者制禮別尊卑貴賤國君之母非適不得配食則薦於寢身沒而已陛下躬至孝承天心建祖宗定迭毀序昭穆大禮既定孝文太后孝昭太后寢祠園宜如禮勿復修奏可後歲餘元成寢疾夢祖宗譴罷郡

園廟上少弟楚孝王亦夢焉上詔問衡議欲復之衡深
言不可上疾久不平衡惶恐禱高祖孝文孝武廟曰嗣
曾孫皇帝恭承洪業夙夜不敢康寧思育休烈以章祖
宗之盛功故動作接神必因古聖之經往者有司以爲
前因所幸而立廟將以繫海內之心非爲尊祖嚴親也
今賴宗廟之靈六合之內莫不附親廟宜一居京師天
子親奉郡國廟可止毋修皇帝祗肅舊禮尊重神明即
告于祖宗而不敢失今皇帝有疾不豫迺夢祖宗見戒
以廟楚王夢亦有其序皇帝悼懼即詔臣衡復修立謹
案上世帝王承祖禰之大禮皆不敢不自親郡國吏卑
賤不可使獨承又祭祀之義以民爲本間者歲數不登
百姓困乏郡國廟無以修立禮凶年則歲事不舉以祖
禰之意爲不樂是以不敢復加誠非禮義之中違祖宗
之心咎盡在臣衡當受其殃大被其疾隊在溝瀆之中
皇帝至孝肅愼宜蒙祐福唯高皇帝孝文皇帝孝武皇
帝省察右饗皇帝之孝開賜皇帝眉壽亡疆令所疾日
瘳平復反常永保宗廟天下幸甚又告謝毀廟曰往者
大臣以爲在昔帝王承祖宗之休典取象於天地天序
五行人親五屬天子奉天故率其意而尊其制是以禘
嘗之序靡有過五受命之君躬接于天萬世不墮繼烈
以下五廟而遷上陳太祖間歲而祫其道應天故福祿
永終太上皇非受命而屬盡義則當遷又以爲孝莫大
於嚴父故父之所尊子不敢不承父之所異子不敢同
禮公子不得爲母信爲後則於子祭於孫止尊祖嚴父
之義也寢日四上食園廟間祠皆可亡修皇帝思慕悼
懼未敢盡從惟念高皇帝聖德茂盛受命溥將欽若稽
古承順天心子孫本支陳錫亡疆誠以爲遷廟合祭久
長之策高皇帝之意迺敢不聽即以令日遷太上孝惠
廟孝文太后孝昭太后寢將以昭祖宗之德順天人之
序定亡窮之業今皇帝未受茲福乃有不能共職之疾
皇帝願復修立承祀臣衡等咸以爲禮不得如不合高
皇帝孝惠皇帝孝文皇帝孝武皇帝孝昭皇帝孝宣皇
帝太上皇孝文太后孝昭太后之意罪盡在臣衡等當
受其咎今皇帝尚未平詔中朝臣具復毀廟之文臣衡
中朝臣咸復以爲天子之祀義有所斷禮有所承違統
背制不可以奉先祖皇天不祐鬼神不饗六蓺所載皆
言不當無所依緣以作其文事如失指罪迺在臣衡當
深受其殃皇帝宜厚蒙祉福嘉氣日興疾病平復永保
宗廟與天亡極羣生百神有所歸息諸廟皆同文久之
上疾連年遂盡復諸所罷寢廟園皆修祀如故初上定
迭毀禮獨尊孝文廟爲太宗而孝武廟親未盡故未毀
上於是迺復申明之曰孝宣皇帝尊孝武廟曰世宗損
益之禮不敢有與焉他皆如舊制唯郡國廟遂廢云元
帝崩衡奏言前以上體不平故復諸所罷祠卒不蒙福
案衞思后戾太子戾后園親未盡孝惠孝景廟親盡宜
毀及太上皇孝文孝昭太后昭靈后昭哀后武哀王祠
請悉罷勿奉奏可初高后時患臣下妄非議先帝宗廟
寢園官故定著令敢有擅議者棄市至元帝改制蠲除
此令成帝時以無繼嗣河平元年復復太上皇寢廟園
世世奉祠昭靈后武哀王昭哀后并食於太上寢廟如
故又復擅議宗廟之命成帝崩哀帝即位丞相孔光大
司空何武奏言永光五年制書高皇帝爲漢太祖孝文
皇帝爲太宗建昭五年制書孝武皇帝爲世宗損益之
禮不敢有與臣愚以爲迭毀之次當以時定非令所謂
擅議宗廟之意也臣請與羣臣雜議奏可於是光祿勳
彭宣詹事滿昌博士左咸等五十三人皆以爲繼祖宗
以下五廟而迭毀後雖有賢君猶不得與祖宗並列子
孫雖欲褒大顯揚而立之鬼神不饗也孝武皇帝雖有
功烈親盡宜毀太僕王舜中壘校尉劉歆議曰臣聞周
室既衰四夷並侵玁狁最彊於今匈奴是也至宣王而
伐之詩人美而頌之曰薄伐玁狁至于太原又曰嘽嘽
推推如霆如雷顯允方叔征伐玁狁荊蠻來威故稱中
興及至幽王犬戎來伐殺幽王取宗器自是之後南夷
與北夷交侵中國不絕如綫春秋紀齊桓南伐楚北伐
山戎孔子曰微管仲吾其被髮左衽矣是故棄桓之過
而錄其功以爲伯首及漢興冒頓始彊破東胡禽月氏
并其土地地廣兵彊爲中國害南越尉佗總百粵自稱
帝故中國雖平猶有四夷之患且無寧歲一方有急三
面救之是天下皆動而被其害也孝文皇帝厚以貨賂
與結和親猶侵暴無已甚者興師十餘萬衆近屯京師
及四邊歲發屯備虜其爲患久矣非一世之漸也諸侯
郡守連匈奴及百粵以爲逆者非一人也匈奴所殺郡
守都尉略取人民不可勝數孝武皇帝愍中國罷勞無
安寧之時乃遣大將軍驃騎伏波樓船之屬南滅百粵
起七郡北攘匈奴降昆邪十萬之衆置五屬國起朔方
以奪其肥饒之地東伐朝鮮起玄菟樂浪以斷匈奴之
左臂西伐大宛并三十六國結烏孫起敦煌酒泉張掖
以鬲婼羌裂匈奴之右肩單于孤特遠遁于幕北四垂
無事斥地遠境起十餘郡功業既定迺封丞相爲富民
侯以大安天下富實百姓其規撫可見又招集天下賢
俊與協心同謀興制度改正朔易服色立天地之祠建

封禪殊官號存周後定諸侯之制永無逆爭之心至今累世賴之單于守藩百蠻服從萬世之基也中興之功未有高焉者也高帝建大業爲太祖孝文皇帝德至厚也爲文太宗孝武皇帝功至著也爲武世宗此孝宣帝所以發德音也禮記王制及春秋穀梁傳天子七廟諸侯五大夫三士二天子七日而殯七月而葬諸侯五日而殯五月而葬此喪事尊卑之序也與廟數相應其文曰天子三昭三穆與太祖之廟而七諸侯二昭二穆與太祖之廟而五故德厚者流光德薄者流卑春秋左氏傳曰名位不同禮亦異數自上以下降殺以兩禮也七者其正法數可常數者也宗不在此數中宗變也苟有功德則宗之不可豫爲設數故於殷太甲爲太宗太戊曰中宗武丁曰高宗周公爲毋逸之戒舉殷三宗以勸成王繇是言之宗無數也然則所以勸帝者之功德博矣以七廟言之孝武皇帝未宜毀以所宗言之則不可謂無功德禮記祀典曰夫聖王之制祀也功施於民則祀之以勞定國則祀之能救大災則祀之竊觀孝武皇帝功德皆兼而有焉凡在於異姓猶將特祀之況于先祖或說天子五廟無見文又說中宗高宗者宗其道而毀其廟名與實異非尊德貴功之意也詩云蔽芾甘棠勿剪勿伐召伯所茇思其人猶愛其樹況宗其道而毀其廟乎迭毀之禮自有常法無殊功異德固以親疏相推及至祖宗之序多少之數經傳無明文至尊至重難以疑文虛說定也孝宣皇帝舉公卿之議用衆儒之謀既以爲世宗之廟建之萬世宣布天下臣愚以爲孝武皇帝功烈如彼孝宣皇帝崇立之如此不宜毀上覽其議而從之制曰大僕舜中壘校尉歆議可歆又以爲禮去事有殺故春秋外傳曰日祭月祀時享歲貢終王祖禰則日祭曾高則月祀二祧則時享壇墠則歲貢大禘則終王德盛而游廣親親之殺也彌遠則彌尊故禘爲重矣孫居王父之處正昭穆則孫常與祖相代此遷廟之殺也聖人於其祖出於情矣禮無所不順故無毀廟自貢禹建迭毀之議惠景及太上寢園廢而爲虛失禮意矣至平帝元始中大司馬王莽奏本始元年丞相義等議謚孝宣皇帝親曰悼園置邑三百家至元康元年丞相相等奏父爲士子爲天子祭以天子悼園宜稱尊號曰皇考立廟益故奉園民滿千六百家以爲縣臣愚以爲皇考廟本不當立累世奉之非是又孝文太后南陵孝昭太后雲陵園雖前以禮不復修陵名未正謹與大司徒晏等百四十七人議皆曰孝宣皇帝以兄孫繼統爲孝昭皇帝後以數故孝元世以孝景皇帝及皇考廟親未盡不毀此兩統貳父違於禮制案義奏親謚曰悼裁置奉邑皆應經義相奏悼園稱皇考立廟益民爲縣違離祖統乖繆本義父爲士子爲天子祭以天子者乃謂若虞舜夏禹殷湯周文漢之高祖受命而王者也非謂繼祖統爲後者也臣請皇高祖考廟奉明園毀勿修罷南陵雲陵爲縣奏可

魏相字弱翁濟陰定陶人也徙平陵少學易爲郡卒史舉賢良以對策高第爲茂陵令頃之御史大夫桑弘羊客詐稱御史止傳丞不以時謁客怒縛丞相疑其有姦收捕案致其罪論棄客市茂陵大治後遷河南太守禁止姦邪豪彊畏服會丞相車千秋死先是千秋子爲雒陽武庫令自見失父而相治郡嚴恐久獲罪乃自免去相使掾追呼之遂不肯還相獨恨曰大將軍聞此令去官必以爲我用丞相死不能遇其子使當世貴人非我殆矣武庫令西至長安大將軍霍光果以責過相曰幼主新立以爲函谷京師之固武庫精兵所聚故以丞相弟爲關都尉子爲武庫令今河南太守不深惟國家大策苟見丞相不在而斥逐其子何淺薄也後人有告相賊殺不辜事下有司河南卒戍中都官者二三千人遮大將軍自言願復留作一年以贖太守罪河南老弱萬餘人守關欲入上書關吏以聞大將軍用武庫令事遂下相廷尉獄久繫踰冬會赦出復有詔守茂陵令遷揚州刺史考按郡國守相多所貶退相與丙吉相善時吉爲光祿大夫予相書曰朝廷已深知弱翁治行方且大用矣願少愼事自重藏器于身相心善其言爲霽威嚴居部二歲徵爲諫大夫復爲河南太守數年宣帝卽位徵相入爲大司農遷御史大夫四歲大將軍霍光薨上思其功德以其子禹爲右將軍兄子樂平侯山復領尚書事相因平恩侯許伯奏封事言春秋譏世卿惡宋三世爲大夫及魯季孫之專權皆危亂國家自後元以來祿去王室政繇冢宰今光死子復爲大將軍兄子秉樞機昆弟諸壻據權埶在兵官光夫人顯及諸女皆通籍長信宮或夜詔門出入驕奢放縱恐寖不制宜有以損奪其權破散陰謀以固萬世之基全功臣之世又故事諸上書者皆爲二封署其一曰副領尚書者先發副封所言不善屏去不奏相復因許伯曰去副封以防壅蔽宣帝善之詔相給事中皆從其議霍氏殺許后之謀始得上聞乃罷其三侯令就第親屬皆出補吏於是韋賢以老病免相遂代爲丞相封高平侯食邑八百戶及霍氏怨相又憚之謀矯太后詔先召斬丞相然後廢天子

事發覺伏誅宣帝始親萬機厲精爲治練羣臣核名實而相總領衆職甚稱上意元康中匈奴遣兵擊漢屯田車師者不能下上與後將軍趙充國等議欲因匈奴衰弱出兵擊其右地使不敢復擾西域相上書諫曰臣聞之救亂誅暴謂之義兵兵義者王敵加於已不得已而起者謂之應兵兵應者勝爭恨小故不忍憤怒者謂之忿兵兵忿者敗利人土地貨寶者謂之貪兵兵貪者破恃國家之大矜民人之衆欲見威於敵者謂之驕兵兵驕者滅此五者非但人事乃天道也間者匈奴嘗有善意所得漢民輒奉歸之未有犯於邊境雖爭屯田車師不足致意中今聞諸將軍欲興兵入其地臣愚不知此兵何名者也今邊郡困乏父子共犬羊之裘食草萊之實常恐不能自存難以動兵軍旅之後必有凶年言民以其愁苦之氣傷陰陽之和也出兵雖勝猶有後憂恐災害之變因此以生今郡國守相多不實選風俗尤薄水旱不時案今年計子弟殺父兄妻殺夫者凡二百二十二人臣愚以爲此非小變也今左右不憂此乃欲發兵報纖介之忿於遠夷殆孔子所謂吾恐季孫之憂不在顓臾而在蕭牆之內也願陛下與平昌侯樂昌侯平恩侯及有識者詳議乃可上從相言而止相明易經有師法好觀漢故事及便宜章奏以爲古今異制方今務在奉行故事而已數條漢興已來國家便宜行事及賢臣賈誼鼂錯董仲舒等所言奏請施行之曰臣聞明主在上賢輔在下則君安虞而民和睦臣相幸得備位不能奉明法廣教化理四方以宣聖德民多背本趨末或有饑寒之色爲陛下之憂臣相罪當萬死臣相知能淺薄不明國家大體時用之宜惟民終始未得所繇竊伏觀先帝聖德仁恩之厚勤勞天下垂意黎庶憂水旱之災爲民貧窮發倉廩振乏餧遣諫大夫博士巡行天下察風俗舉賢良平冤獄冠蓋交通省諸用寬租賦弛山澤陂池禁秣馬酤酒貯積所以周急繼困慰安元元便利百姓之道甚備臣相不能悉陳昧死奏故事詔書凡二十三事臣謹按王法必本於農而務積聚量入制用以備凶災故亡六年之畜尙謂之急元鼎二年平原勃海太山東郡溥被災害民餓死於道路二千石不豫慮其難使至於此賴明詔振救乃得蒙更生今歲不登穀暴騰踊臨秋收斂猶有乏者至春恐甚亡以相恤西羌未平師旅在外兵革相乘臣竊寒心宜蚤圖其備唯陛下留神元元帥繇先帝盛德以撫海內上施行其策又數表采易陰陽及明堂月令奏之曰臣相幸得備員奉職不修不能宣廣教化陰陽未和災害未息咎在臣等臣聞易曰天地以順動故日月不過四時不忒聖王以順動故刑罰淸而民服天地變化必繇陰陽陰陽之分以日爲紀日冬夏至則八風之序立萬物之性成各有常職不得相干東方之神太昊乘震執規司春南方之神炎帝乘離執衡司夏西方之神少昊乘兌執矩司秋北方之神顓頊乘坎執權司冬中方之神黃帝乘坤艮執繩司下土茲五帝所司各有時也東方之卦不可以治西方南方之卦不可以治北方春興兌治則饑秋興震治則華冬興離治則泄夏興坎治則雹明王謹于尊天愼于養人故立羲和之官以乘四時節授民事君動靜以道奉順陰陽則日月光明風雨時節寒暑調和三者得敘則災害不生五穀熟絲麻遂草木茂鳥獸蕃民不夭疾衣食有餘若是則君尊民說上下亡怨政教不違禮讓可與夫風雨不時則傷農桑農桑傷則民饑寒饑寒在身則亡廉恥寇賊姦宄所繇生也臣愚以爲陰陽者王事之本羣生之命自古賢聖未有不繇者也天子之義必純取法天地而觀於先聖高皇帝所述書天子所服第八曰大謁者臣章受詔長樂宮曰令羣臣議天子所服以安治天下相國臣何御史大夫臣昌謹與將軍臣陵太子太傅臣通等議春夏秋冬天子所服當法天地之數中得人和故自天子王侯有土之君下及兆民能法天地順四時以治國家身亡禍殃年壽永究是奉宗廟安天下之大禮也臣請法之中謁者趙堯舉春李舜舉夏兒湯舉秋貢禹舉冬四人各職一時大謁者襄章奏制曰可孝文皇帝時以二月施恩惠於天下賜孝弟力田及罷軍卒祠死事者頗非時節御史大夫鼂錯時爲太子家令奏言其狀臣相伏念陛下恩澤甚厚然而災氣未息竊恐詔令有未合當時者也願陛下選明經通知陰陽者四人各主一時時至明言所職以和陰陽天下幸甚相數陳便宜上納用焉相敕掾史案事郡國及休告從家還至府輒白四方異聞或有逆賊風雨災變郡不上相輒奏言之時丙吉爲御史大夫同心輔政上皆重之相爲人嚴毅不如吉寬視事九歲神爵三年薨諡憲侯子弘嗣甘露中有罪削爵爲關內侯

丙吉字少卿魯國人也治律令爲魯獄吏積功勞稍遷至廷尉右監坐法失官歸爲州從事武帝末巫蠱事起吉以故廷尉監徵詔治巫蠱郡邸獄時宣帝生數月以皇曾孫坐衛太子事繫吉見而憐之又心知太子無事實重哀曾孫無辜吉擇謹厚女徒令保養曾孫置閒燥處吉治巫蠱事連歲不決後元二年武帝疾往來長楊

五柞宮望氣者言長安獄中有天子氣於是上遣使者分條中都官詔獄繫者亡輕重一切皆殺之內謁者令郭穰夜到郡邸獄吉閉門拒使者不納曰皇曾孫在他人亡辜死者猶不可況親曾孫乎相守至天明不得入穰還以聞因劾奏吉武帝亦寤曰天使之也因赦天下郡邸獄繫者獨賴吉得生恩及四海矣曾孫病幾不全者數焉吉數勑保養乳母加致醫藥視遇甚有恩惠以私財物給其衣食後吉爲車騎將軍軍市令遷大將軍長史霍光甚重之入爲光祿大夫給事中昭帝崩亡嗣大將軍光遣吉迎昌邑王賀賀卽位以行淫亂廢光與大臣議所立未定吉奏記於光曰將軍事孝武皇帝受襁褓之屬任天下之寄孝昭皇帝早崩亡嗣海內憂懼欲亟聞嗣主發喪之日以大誼立後所立非其人復以大誼廢之天下莫不服焉方今社稷宗廟羣生之命在將軍之一舉竊伏聽於衆庶察其所言諸侯宗室在位列者未有所聞於民間也而遺詔所養武帝曾孫名病已在掖庭外家者吉前使居郡邸時見其幼少至今十八九矣通經術有美材行安而節和願將軍詳大議參以蓍龜直宜褒顯先使入侍令天下昭然知之然後決定大策天下幸甚光覽其議遂尊立皇曾孫遣宗正劉德與吉迎曾孫於掖庭宣帝初立賜吉爵關內侯吉爲人深厚不伐善自曾孫遭遇吉絕口不道前恩故朝廷莫能明其功也地節三年立皇太子吉爲太子太傅數月遷御史大夫及霍氏誅上躬親政省尚書事是時掖庭宮婢則令民夫上書自陳嘗有阿保之功章下掖庭令考問則辭引使者丙吉知狀掖庭令將則詣御史府以視吉吉識謂則曰汝嘗坐養皇曾孫不謹督笞汝安得有功獨渭城胡組淮陽郭徵卿有恩耳分別奏組等共養勞苦狀詔吉求組徵卿巳死有子孫皆受厚賞詔免則爲庶人賜錢十萬上親見問然後知吉有舊恩而終不言上大賢之制詔丞相朕微眇時御史大夫吉與朕有舊恩厥德茂焉詩不云乎亡德不報其封吉爲博陽侯邑千三百戶臨當封吉疾病上將使人加紼而封之及其生存也上憂吉疾不起太子太傅夏侯勝曰此未死也臣聞有陰德者必饗其樂以及子孫今吉未獲報而疾甚非其死疾也後病果瘉吉上書固辭侯印不許五歲代魏相爲丞相吉本起獄法小吏後學詩禮皆通大義及居相位上寬大好禮讓掾史有罪臧不稱職輒予長休告終無所按驗客或謂吉曰君侯爲漢相姦吏成其私然無所懲艾吉曰夫以三公之府有按吏之名吾竊陋焉後人代吉因以爲故事公府不按吏自吉始於官屬掾史務掩過揚善吉馭吏耆酒數逋蕩嘗從吉出醉歐丞相車上西曹主吏白欲斥之吉曰以醉飽之失去士使此人將復何所容西曹地忍之（地由第也）此不過汚丞相車茵耳遂不去也此馭吏邊郡人習知邊塞發犇命警備事嘗出適見驛騎持赤白囊邊郡發犇命書馳來至馭吏因隨驛騎至公車刺取知虜入雲中代郡遽歸府見吉白狀因曰恐虜所入邊郡二千石長吏有老病不任兵馬者宜可豫視吉善其言召東曹按邊郡長吏瑣科條其人瑣錄未已詔召丞相御史問以虜所入郡吏吉具對御史大夫卒遽不能詳知以得譴讓而吉見謂憂邊思職馭吏力也吉乃歎曰士無不可容能各有所長嚮使丞相不先聞馭吏言何見勞勉之有掾史繇是益賢吉吉又嘗出逢淸道羣鬭者死傷橫道吉過之不問掾史獨怪之前行逢人逐牛牛喘吐舌吉止駐使騎吏問逐牛行幾里矣掾史謂丞相前後失問或以譏吉吉曰民鬭相殺傷長安令京兆尹職所當禁備逐捕歲竟丞相課其殿最奏行賞罰而巳宰相不親小事非所當於道路問也方春少陽用事未可大熱恐牛近行用暑故喘此時氣失節恐有所傷害也三公典調和陰陽職所當憂是以問之掾史悉服以吉知大體五鳳三年春吉病篤上自臨問吉曰卽君有所不諱誰可以自代者吉辭謝曰羣臣行能明主所知愚臣無所能識上固問吉頓首曰西河太守杜延年明於法度曉國家故事前爲九卿十餘年今在郡治有能名廷尉于定國執憲詳平天下自以不寃太僕陳萬年事後母孝惇厚備於行止此三人能皆在臣右唯上察之上以吉言皆是而許焉及吉薨御史大夫黃霸爲丞相徵西河太守杜延年爲御史大夫會其年老乞骸骨病免以廷尉于定國代爲御史大夫黃霸薨而定國爲丞相太僕陳萬年代定國爲御史大夫居位皆稱職上稱吉爲知人吉薨謚曰定侯子顯嗣甘露中有罪削爵爲關內侯官至衞尉太僕始顯少爲諸曹嘗從事高廟至夕牲日乃使出取齋衣丞相吉大怒謂其夫人曰宗廟至重而顯不敬愼亡吾爵者必顯也夫人爲言然後乃巳吉中子禹爲水衡都尉少子高爲中壘校尉元帝時長安士伍尊上書言臣少時爲郡邸小吏竊見孝宣皇帝以皇曾孫在郡邸獄是時治獄使者丙吉見皇曾孫遭離無辜吉仁心感動涕泣悽惻選擇復作胡組養視皇孫吉常從臣尊日再侍臥庭上後遭條獄之詔吉扞拒大難不避嚴刑峻法既遭大赦吉謂守丞誰如皇孫不當在

官使誰如移書京兆尹遣與胡組俱送京兆尹不受復還及組日滿當去皇孫思慕吉以私錢顧組令留與郭徵卿並養數月乃遣組去後少內嗇夫白吉曰食皇孫亡詔令時吉得食米肉月月以給皇孫吉即時病輒使臣尊朝夕請問皇孫視省席蓐燥溼候伺組徵卿不得令晨夜去皇孫敖盪數奏甘毳食物所以擁全神靈成育聖躬功德已亡量矣皇帝時臣上書言狀幸得下吉吉謙讓不敢自伐刪去臣辭專歸美於組徵卿皆以受田宅金錢吉封爲博陽侯臣尊不得比組徵卿臣年老居貧死在旦暮欲終不言恐使有功不著吉子顯坐微文奪爵爲關內侯臣愚以爲宜復其爵邑以報先人功德先是顯爲太僕十餘年與官屬大爲姦利臧千餘萬司隸案劾罪至不道奏請逮捕上以吉有舊恩不忍絕但免顯官奪邑四百戶後復以爲城門校尉顯卒子昌嗣爵關內侯成帝時修廢功以吉舊恩尤重鴻嘉元年制詔丞相御史蓋聞襃功德繼絕統所以重宗廟廣賢聖之路也故博陽侯吉以舊恩有功而封今其祀絕朕甚憐之夫善善及子孫古今之通誼也其封吉孫中郎將關內侯昌爲博陽侯奉吉後國絕三十二歲復續云昌傳子至孫王莽時乃絕

趙廣漢字子都涿郡蠡吾人也故屬河閒少爲郡吏州從事以廉絜通敏下士爲名舉茂材平準令察廉爲陽翟令以治行尤異遷京輔都尉守京兆尹會昭帝崩而新豐杜建爲京兆掾護作平陵方上建素豪俠賓客爲姦利廣漢聞之先風告建不改於是收案致法中貴人豪長者爲請無不至終無所聽宗族賓客謀欲篡取廣漢盡知其計議主名起居使吏告曰若計如此且并滅家令數吏將建棄市莫敢近者京師稱之是時昌邑王徵即位行淫亂大將軍霍光與羣臣共廢王尊立宣帝廣漢以與議定策賜爵關內侯遷潁川太守郡大姓原褚宗族橫恣賓客犯爲盜賊前二千石莫能禽制廣漢既至數月誅原褚首惡郡中震栗先是潁川豪傑大姓相與爲婚姻吏俗朋黨廣漢患之厲使其中可用者受記出有案問既得罪名行法罰之廣漢故漏泄其語令相怨咎又教吏爲缿筩及得投書削其主名而託以爲豪傑大姓子弟所言其後彊宗大族家家爲仇讎姦黨散落風俗大改吏民相告訐廣漢得以爲耳目盜賊以故不發發又輒得一切治理威名流聞及匈奴降者言匈奴中皆聞廣漢本始二年漢發五將軍擊匈奴徵廣漢以太守將兵屬蒲類將軍趙充國從軍還復用守京兆尹滿歲爲眞廣漢爲二千石以和顏接士其尉薦待遇吏殷勤甚備事推功善歸之於下曰某掾卿所爲非二千石所及行之發於至誠吏見者皆輸寫心腹無所隱匿咸願爲用僵仆無所避廣漢聰明皆知其能之所宜盡力與否其或負者輒先聞知風諭不改乃收捕之無所逃案之辠立具即時伏辜廣漢爲人彊力天性精於吏職見吏民或夜不寢至旦尤善爲鉤距以得事情鉤距者設欲知馬賈則先問狗已問羊又問牛然後及馬參伍其賈以類相準則知馬之貴賤不失實矣唯廣漢至精能行之他人效者莫能及也郡中盜賊閭里輕俠其根株窟穴所在及吏受取請求銖兩之姦皆知之長安少年數人會窮里空舍謀共劫人坐語未訖廣漢使吏捕治具服富人蘇回爲郎二人劫之有頃廣漢將吏到家自立庭下使長安丞龔奢叩堂戶曉賊曰京兆尹趙君謝兩卿無得殺質此宿衞臣也釋質束手得善相遇幸逢赦令或時解脫二人驚愕又素聞廣漢名即開戶出下堂叩頭廣漢跪謝曰幸全活郎甚厚送獄敕吏謹遇給酒肉至冬當出死豫爲調棺給斂葬具告語之皆曰死無所恨廣漢嘗記召湖都亭長湖都亭長西至界上界上亭長戲曰至府爲我多謝問趙君亭長既至廣漢與語問事畢謂曰界上亭長寄聲謝我何以不爲致問亭長叩頭服實有之廣漢因曰還爲吾謝界上亭長勉思職事有以自效京兆不忘卿厚意其發姦擿伏如神皆此類也廣漢奏請令長安游徼獄吏秩百石其後百石吏皆差自重不敢枉法妄繫留人京兆政清吏民稱之不容口長老傳以爲自漢興治京兆者莫能及左馮翊右扶風皆治長安中犯法者從迹喜過京兆界廣漢歎曰亂吾治者常二輔也誠令廣漢得兼治之直差易耳初大將軍霍光秉政廣漢事光及光薨後廣漢心知微指發長安吏自將與俱至光子博陸侯禹第直突入其門廋索私屠酤椎破盧罌斧斬其門關而去時光女爲皇后聞之對帝涕泣帝心善之以召問廣漢廣漢由是侵犯貴戚大臣所居好用世吏子孫新進年少者專厲彊壯蠭氣見事風生無所回避率多果敢之計莫爲持難廣漢終以此敗初廣漢客私酤酒長安市丞相吏逐去客客疑男子蘇賢言之以語廣漢廣漢使長安丞案賢尉史禹故劾賢爲騎士屯霸上不詣屯所乏軍興賢父上書訟罪告廣漢事下有司覆治禹坐要斬請逮捕廣漢有詔即訊辭服會赦貶秩一等廣漢疑其邑子榮畜教令後以他法論殺畜人上書言之事下丞相御史案驗甚急廣漢使所親信長安人爲丞相府

門卒令微司丞相門內不法事地節三年七月中丞相傅婢有過自絞死廣漢聞之疑丞相夫人妬殺之府舍而丞相奉齋酎入廟祠廣漢得此使中郎趙奉壽風曉丞相欲以脅之毋令窮正己事丞相不聽案驗愈急廣漢欲告之先問太史知星氣者言今年當有戮死大臣廣漢即上書告丞相罪制曰下京兆尹治廣漢知事迫切遂自將吏卒突入丞相府召其夫人跪庭下受辭收奴婢十餘人去責以殺婢事丞相魏相上書自陳妻實不殺婢廣漢數犯罪法不伏辜以詐巧迫脅臣相幸臣相寬不奏願下明使者治廣漢所驗臣相家事事下廷尉治實丞相自以過譴笞傅婢出至外第乃死不如廣漢言司直蕭望之劾奏廣漢摧辱大臣欲以劫持奉公逆節傷化不道宣帝惡之下廣漢廷尉獄又坐賊殺不辜鞫獄故不以實擅斥除騎士乏軍興數罪天子可其奏吏民守闕號泣者數萬人或言臣生無益縣官願代趙京兆死使牧養小民廣漢竟坐要斬廣漢爲京兆尹廉明威制豪彊小民得職百姓追思歌之至今

尹翁歸字子兄河東平陽人也徙杜陵翁歸少孤與季父居爲獄小吏曉習文法喜擊劍人莫能當是時大將軍霍光秉政諸霍在平陽奴客持刀兵入市鬬變吏不能禁及翁歸爲市吏莫敢犯者公廉不受餽百賈畏之後去吏居家會田延年爲河東太守行縣至平陽悉召故吏五六十人延年親臨見令有文者東有武者西閱數十人次到翁歸獨伏不肯起對曰翁歸文武兼備唯所施設功曹以爲此吏倨敖不遜延年曰何傷遂召上辭問甚奇其對除補卒史便從歸府案事發姦窮竟事情延年大重之自以能不及翁歸徙署督郵河東二十八縣分爲兩部閎孺部汾北翁歸部汾南所舉應法得其罪辜屬縣長吏雖中傷莫有怨者舉廉爲緱氏尉歷守郡中所居治理遷補都內令舉廉爲弘農都尉徵拜東海太守過辭廷尉于定國定國家在東海欲屬託邑子兩人令坐後堂待見定國與翁歸語終日不敢見其邑子既去定國乃謂邑子曰此賢將汝不任事也又不可干以私翁歸治東海明察郡中吏民賢不肖及姦邪罪名盡知之縣縣各有記籍自聽其政有急名則少緩之吏民小解輒披籍縣縣收取黠吏豪民案致其罪高至於死取人必於秋冬課吏大會中及出行縣不以無事時其有所取也以一警百吏民皆服恐懼改行自新東海大豪郯許仲孫爲姦猾亂吏治郡中苦之二千石欲捕者輒以力埶變詐自解終莫能制翁歸至論棄仲孫市一郡怖栗莫敢犯禁東海大治以高第入守右扶風滿歲爲眞選用廉平疾姦吏以爲右職接待以禮好惡與同之其負翁歸罰亦必行治如在東海故迹姦邪罪名亦縣縣有名籍盜賊發其比伍中翁歸輒召其縣長吏曉告以姦黠主名教使用類推迹盜賊所過抵類常如翁歸言無有遺脫緩於小弱急於豪彊豪彊有論罪輸掌畜官使斫莝責以員程不得取代不中程輒笞督極者至以鈇自剄而死京師畏其威嚴扶風大治盜賊課常爲三輔最翁歸爲政雖任刑其在公卿之間清絜自守語不及私然溫良嗛退不以行能驕人甚得名譽於朝廷視事數歲元康四年病卒家無餘財天子賢之制詔御史朕夙興夜寐以求賢爲右不異親疏近遠務在安民而已扶風翁歸廉平鄉正治民異等早夭不遂不得終其功業朕甚憐之其賜翁歸子黃金百斤以奉其祭祠翁歸三子皆爲郡守少子岑歷位九卿至後將軍而閎孺亦至廣陵相有治名由是世稱田延年爲知人

韓延壽字長公燕人也徙杜陵少爲郡文學父義爲燕郎中剌王之謀逆也義諫而死燕人閔之是時昭帝富於春秋大將軍霍光持政徵郡國賢良文學問以得失時魏相以文學對策以爲賞罰所以勸善禁惡政之本也日者燕王爲無道韓義出身彊諫爲王所殺義無比干之親而蹈比干之節宜顯賞其子以示天下明爲人臣之義光納其言因擢延壽爲諫大夫遷淮陽太守治甚有名徙潁川潁川多豪彊難治國家常爲選良二千石先是趙廣漢爲太守患其俗多朋黨故構會吏民令相告訐一切以爲聰明潁川由是以爲俗民多怨讎延壽欲改更之教以禮讓恐百姓不從乃歷召郡中長老爲鄉里所信向者數十人設酒具食親與相對接以禮意人人問以謠俗民所疾苦爲陳和睦親愛銷除怨咎之路長老皆以爲便可施行因與議定嫁娶喪祭儀品略依古禮不得過法延壽於是令文學校官諸生皮弁執俎豆爲吏民行喪嫁娶禮百姓遵用其教賣偶車馬下里僞物者棄之市道數年徙爲東郡太守黃霸代延壽居潁川霸因其迹而大治延壽爲吏上禮義好古教化所至必聘其賢士以禮待用廣謀議納諫爭舉行喪讓財表孝弟有行修治學官春秋鄉射陳鐘鼓管絃盛升降揖讓及都試講武設斧鉞旌旗習射御之事治城郭收賦租先明布告其日以期會爲大事吏民敬畏趨鄉之又置正五長相率以孝弟不得舍姦人閭里阡陌有非常吏輒聞知姦人莫敢入界其始若煩後吏無追

捕之苦民無箠楚之憂皆便安之接待下吏恩施甚厚而約誓明或欺負之者延壽痛自刻責豈其負之何以至此吏聞者自傷悔其縣尉至自刺死及門下掾自剄人救不殊因瘖不能言延壽聞之對掾史涕泣遣吏醫治視厚復其家延壽嘗出臨上車騎吏一人後至敕功曹議罰白還至府門門卒當車願有所言延壽止車問之卒曰孝經曰資於事父以事君而敬同故母取其愛而君取其敬兼之者父也今旦明府早駕久駐未出騎吏父來至府門不敢入騎吏聞之趨走出謁適會明府登車以敬父而見罰得毋虧大化乎延壽舉手輿中曰微子太守不自知過歸舍召見門卒卒本諸生聞延壽賢無因自達故代卒延壽遂待用之其納善聽諫皆此類也在東郡三歲令行禁止斷獄大減爲天下最入守左馮翊滿歲稱職爲眞歲餘不肯出行縣丞掾數白宜循行郡中覽觀民俗考長吏治迹延壽曰縣皆有賢令長督郵分明善惡於外行縣恐無所益重爲煩擾丞掾皆以爲方春月可一出勸耕桑延壽不得已行縣至高陵民有昆弟相與訟田自言延壽大傷之曰幸得備位爲郡表率不能宣明教化至令民有骨肉爭訟既傷風化重使賢長吏嗇夫三老孝弟受其恥咎在馮翊當先退是日移病不聽事因入臥傳舍閉閤思過一縣莫知所爲令丞嗇夫三老亦皆自繫待罪於是訟者宗族傳相責讓此兩昆弟深自悔皆自髡肉袒謝願以田相移終死不敢復爭延壽大喜開閤延見內酒肉與相對飲食厲勉以意告鄉部有以表勸悔過從善之民延壽乃起聽事勞謝令丞以下引見尉薦郡中歙然莫不傳相敕厲不敢犯延壽恩信周徧二十四縣莫復以辭訟自言者推其至誠吏民不忍欺紿延壽代蕭望之爲左馮翊而望之遷御史大夫侍謁者福爲望之道延壽在東郡時放散官錢千餘萬望之與丞相丙吉議吉以爲更大赦不須考會御史當問事東郡望之因令并問之延壽聞知卽部吏案校望之在馮翊時廩犧官錢放散百餘萬廩犧吏掠治急自引與望之爲姦延壽劾奏移殿門禁止望之望之自奏職在總領天下聞事不敢不問而爲延壽所拘持上由是不直延壽各令窮竟所考望之卒無事實而望之遣御史案東郡具得其事延壽在東郡時試騎士治飾兵車畫龍虎朱爵延壽衣黃紈方領駕四馬傅總建幢棨植羽葆鼓車歌車功曹引車皆駕四馬載棨戟五騎爲伍分左右部軍假司馬千人持幢旁轂歌者先居射室望見延壽車噭咷楚歌延壽坐射室騎吏持戟夾陛列立騎士從者帶弓鞬羅後令騎士兵車四面營陳被甲鞮鞪居馬上抱弩負籣又使騎士戲車弄馬盜驂延壽又取官銅物候月蝕鑄作刀劍鉤鐔放效尙方事及取官錢帛私假繇使吏及治飾車甲三百萬以上於是望之劾奏延壽上僭不道又自陳前爲延壽所奏今復舉延壽罪衆庶皆以臣懷不正之心侵冤延壽願下丞相中二千石博士議其罪事下公卿皆以延壽前旣無狀後復誣愬典法大臣欲以解罪狡猾不道天子惡之延壽竟坐棄市吏民數千人送至渭城老小扶持車轂爭奏酒炙延壽不忍距逆人人爲飲計飲酒石餘使掾史分謝送者遠苦吏民延壽死無所恨百姓莫不流涕延壽三子皆爲郎吏且死屬其子勿爲吏以己爲戒子皆以父言去官不仕至孫威乃復爲吏至將軍威亦多恩信能拊衆得士死力威又坐奢僭誅延壽之風類也

張敞字子高本河東平陽人也祖父孺爲上谷太守徙茂陵敞父福事孝武帝官至光祿大夫敞後隨宣帝徙杜陵敞本以鄉有秩補太守卒史察廉爲甘泉倉長稍遷太僕丞杜延年甚奇之會昌邑王徵卽位動作不由法度敞上書諫曰孝昭皇帝蚤崩無嗣大臣憂懼選賢聖承宗廟東迎之日惟恐屬車之行遲今天子以盛年初卽位天下莫不拭目傾耳觀化聽風國輔大臣未褒而昌邑小輦先遷此過之大者也後十餘日王賀廢敞以切諫顯名擢爲豫州刺史以數上事有忠言宣帝徵敞爲太中大夫與于定國並平尙書事以正違忤大將軍霍光而使主兵車出軍省減用度復出爲函谷關都尉宣帝初卽位廢王賀在昌邑上心憚之徙敞爲山陽太守久之大將軍霍光薨宣帝始親政事封光兄孫山雲皆爲列侯以光子禹爲大司馬頃之山雲以過歸第霍氏諸壻親屬頗出補吏敞聞之上封事曰臣聞公子季友有功於魯大夫趙衰有功於晉大夫田完有功於齊皆疇其庸延及子孫終後田氏纂齊趙氏分晉季氏顓魯故仲尼作春秋迹盛衰譏世卿最甚迺者大將軍決大計安宗廟定天下功亦不細矣夫周公七年耳而大將軍二十歲海內之命斷於掌握方其隆時感動天地侵迫陰陽月朓日蝕晝冥宵光地大震烈火生地中天文失度祅祥變怪不可勝記皆陰類盛長臣下顓制之所生也朝臣宜有明言曰陛下褒寵故大將軍以報功德足矣間者輔臣顓政貴戚太盛君臣之分不明請罷霍氏三侯皆就第及衞將軍張安世宜賜几杖歸休時存問召見以列侯爲天子師明詔以恩不聽羣臣以

義固爭而後許天下必以陛下爲不忘功德而朝臣爲知禮霍氏世世無所患苦今朝廷不聞直聲而令明詔自親其文非策之得者也今兩侯以出人情不相遠以臣心度之大司馬及其枝屬必有畏懼之心夫近臣自危非完計也臣敞願於廣朝白發其端直守遠郡其路無由夫心之精微口不能言言之微眇書不能文也故伊尹五就桀五就湯蕭相國薦淮陰累歲乃得通況乎千里之外因書文諭事指哉唯陛下省察上甚善其計然不徵也久之勃海膠東盜賊竝起敞上書自請治之曰臣聞忠孝之道退家則盡心於親進官則竭力於君夫小國中君猶有奮不顧身之臣況於明天子乎今陛下遊意於太平勞精於政事亹亹不舍晝夜羣臣有司宜各竭力致身山陽郡戶九萬三千口五十萬以上訖計盜賊未得者七十七人他課諸事亦略如此臣敞愚駑既無以佐思慮久處閒郡身逸樂而忘國事非忠孝之節也伏聞膠東勃海左右郡歲數不登盜賊並起至攻官寺篡囚徒搜市朝劫列侯吏失綱紀姦軌不禁臣敞不敢愛身避死唯明詔之所處願盡力摧挫其暴虐存撫其孤弱事卽有業所至郡條奏其所由廢及所以興之狀書奏天子徵敞拜膠東相賜黃金三十斤敞辭之官自請治劇郡非賞罰無以勸善懲惡吏追捕有功效願得一切比三輔尤異天子許之敞到膠東明設購賞開羣盜令相捕斬除罪吏追捕有功上名尚書調補縣令者數十人由是盜賊解散傳相捕斬吏民歙然國中遂平居頃之王太后數出游獵敞奏書諫曰臣聞秦王好淫聲葉陽后爲不聽鄭衛之樂楚嚴好田獵樊姬爲之不食鳥獸之肉口非惡旨甘耳非憎絲竹也所以抑心意絕耆欲者將以率二君而全宗祀也禮君母出門則乘輜軿下堂則從傅母進退則鳴玉佩內飾則結綢繆此言尊貴所以自斂制不從恣之義也今太后資質淑美慈愛寬仁諸侯莫不聞而少以田獵縱欲爲名於以上聞亦未宜也唯觀覽於往古全行乎來今令后姬得有所法則下臣有所稱誦臣敞幸甚書奏太后止不復出是時潁川太守黃霸以治行第一入守京兆尹霸視事數月不稱罷歸潁川於是制詔御史其以膠東相敞守京兆尹自趙廣漢誅後比更守尹如霸等數人皆不稱職京師寖廢長安市偷盜尤多百賈苦之上以問敞敞以爲可禁敞既視事求問長安父老偷盜酋長數人居皆溫厚出從童騎閭里以爲長者敞皆召見責問因貰其罪把其宿負令致諸偷以自贖偷長曰今一旦召詣府恐諸偷驚駭願一切受署敞皆以爲吏遣歸休置酒小偷悉來賀且飲醉偷長以赭汙其衣裾吏坐里閭閱出者汙赭輒收縛之一日捕得數百人窮治所犯或一人百餘發盡行法罰由是枹鼓稀鳴市無偷盜天子嘉之敞爲人敏疾賞罰分明見惡輒取時時越法縱舍有足大者其治京兆略循趙廣漢之迹方略耳目發伏禁姦不如廣漢然敞本治春秋以經術自輔其政頗雜儒雅往往表賢顯善不醇用誅罰以此能自全竟免於刑戮京兆典京師長安中浩穰於三輔尤爲劇郡國二千石以高第入守及爲眞久者不過三二年近者數月一歲輒毀傷失名以罪過罷唯廣漢及敞爲久任職敞爲京兆朝廷每有大議引古今處便宜公卿皆服天子數從之然敞無威儀時罷朝會過走馬章臺街使御吏驅自以便面拊馬又爲婦畫眉長安中傳張京兆眉憮有司以奏敞上問之對曰臣聞閨房之內夫婦之私有過於畫眉者上愛其能弗備責也然終不得大位敞與蕭望之于定國相善始敞與定國俱以諫昌邑王超遷定國爲大夫平尚書事敞出爲刺史時望之爲大行丞後望之先至御史大夫定國後至丞相敞終不過郡守爲京兆九歲坐與光祿勳楊惲厚善後惲坐大逆誅公卿奏惲黨友不宜處位等比皆免而敞奏獨寢不下敞使賊捕掾絮舜有所案驗舜以敞劾奏當免不肯爲敞竟事私歸其家人或諫舜舜曰吾爲是公盡力多矣今五日京兆耳安能復案事敞聞舜語卽部吏收舜繫獄是時冬月未盡數日案事吏晝夜驗治舜竟致其死事舜當出死敞使主簿持教告舜曰五日京兆竟何如冬月已盡延命乎乃棄舜市會立春行冤獄使者出舜家載尸并編敞教自言使者使者奏敞賊殺不辜天子薄其罪欲令敞得自便利卽先下敞前坐楊惲不宜處位奏免爲庶人敞免奏既下詣闕上印綬便從闕下亡命數月京師吏民解弛枹鼓數起而冀州部中有大賊天子思敞功效使使者卽家在所召敞敞身被重劾及使者至妻子家室皆泣惶懼而敞獨笑曰吾身亡命爲民郡吏當就捕今使者來此天子欲用我也卽裝隨使者詣公車上書曰臣前幸得備位列卿待罪京兆坐殺賊捕掾絮舜舜本臣敞素所厚吏數蒙恩貸以臣有章劾當免受記考事便歸臥家謂臣五日京兆背恩忘義傷化薄俗臣竊以舜無狀枉法以誅之臣敞賊殺無辜鞫獄故不直雖伏明法死無所恨天子引見敞拜爲冀州刺史敞起亡命復奉使典州既到部而廣川王國羣輩不道賊連發不得敞以耳目發起賊主名區處

誅其渠帥廣川王姬昆弟及王同族宗室劉調等通行爲之囊橐吏逐捕窮窘蹤迹皆入王宮敞自將郡國吏車數百兩圍守王宮搜索調等果得之殿屋重轑中敞傅吏皆捕格斷頭縣其頭王宮門外因劾奏廣川王天子不忍致法削其戶敞居部歲餘冀州盜賊禁止守太原太守滿歲爲眞太原郡淸頌之宣帝崩元帝初卽位待詔鄭朋薦敞先帝名臣宜傅輔皇太子上以問前將軍蕭望之望之以爲敞能吏任治煩亂材輕非師傅之器天子使使者徵敞欲以爲左馮翊會病卒敞所誅殺太原吏吏家怨敞隨至杜陵刺殺敞中子璜敞三子官皆至都尉初敞爲京兆尹而敞弟武拜爲梁相是時梁王驕貴民多豪彊號爲難治敞問武欲何以治梁武敬憚兄謙不肯言敞使吏送至關戒吏自問武武應曰馭黠馬者利其銜策梁國大都吏民凋敝且當以柱後惠文彈治之耳秦時獄法吏冠柱後惠文武意欲以刑法治梁吏還道之敞笑曰審如掾言武必辨治梁矣武既到官其治有迹亦能吏也敞孫竦王莽時至郡守封侯博學文雅過於敞然政事不及也竦死敞無後

王尊字子贛涿郡高陽人也少孤歸諸父使牧羊澤中尊竊學問能史書年十三求爲獄小吏數歲給事太守府問詔書行事尊無不對太守奇之除補書佐署守屬監獄久之尊稱病去事師郡文學官治尚書論語略通大義復召署守屬治獄爲郡決曹史數歲以令舉幽州刺史從事而太守察尊廉補遼西鹽官長數上書言便宜事事下丞相御史初元中舉直言遷虢令轉守槐里兼行美陽令事春正月美陽女子告假子不孝曰兒常以我爲妻妒笞我尊聞之遣吏收捕驗問辭服尊曰律無妻母之法聖人所不忍書此經所謂造獄者也尊於是出坐廷上取不孝子縣磔著樹使騎吏五人張弓射殺之吏民驚駭後上幸雍過虢尊供張如法而辦以高第擢爲安定太守到官出教告屬縣曰令長丞尉奉法守城爲民父母抑彊持弱宣恩廣澤甚勞苦矣太守以今日至府願諸君卿勉力正身以率下故行貪鄙能變更者與爲治明愼所職毋以身試法又出教敕掾功曹各自底厲助太守爲治其不中用趣自避退毋久妨賢夫羽翮不修則不可以致千里闑內不理無以整外府丞悉署吏行能分別白之賢爲上毋以富買人百萬不足與計事昔孔子治魯七日誅少正卯今太守視事已一月矣五官掾張輔懷虎狼之心貪汙不軌一郡之錢盡入輔家然適足以葬矣今將輔送獄直符史詣閤下從太守受其事丞戒之戒之相隨入獄矣輔繫獄數日死盡得其狡猾不道百萬姦臧威震郡中盜賊分散入傍郡界豪彊多誅傷伏辜者坐殘賊免起家復爲護羌將軍轉校尉護送軍糧委輸而羌人反絕轉道兵數萬圍尊尊以千餘騎奔突羌賊功未列上坐擅離部署會赦免歸家涿郡太守徐明薦尊不宜久在閭巷上以尊爲郿令遷益州刺史先是琅邪王陽爲益州刺史行部至邛郲九折阪歎曰奉先人遺體柰何數乘此險後以病去及尊爲刺史至其阪問吏曰此非王陽所畏道邪吏對曰是尊叱其馭曰驅之王陽爲孝子王尊爲忠臣尊居部二歲懷來徼外蠻夷歸附其威信博士鄭寬中使行風俗舉奏尊治狀遷爲東平相是時東平王以至親驕奢不奉法度傅相連坐及尊視事奉璽書至庭中王未及出受詔尊持璽書歸舍食已乃還致詔後謁見王太傅在前說相鼠之詩尊曰毋持布鼓過雷門王怒起入後宮尊亦直趨出就舍先是王數私出入驅馳國中與后姬家交通尊到官召敕廄長大王當從官屬鳴和鸞乃出自今有令駕小車叩頭爭之言相教不得後尊朝王王復延請登堂尊謂王曰尊來爲相人皆弔尊也以尊不容朝廷故見使相王耳天下皆言王勇顧但負貴安能勇如尊乃勇耳王變色視尊意欲格殺之卽好謂尊曰願觀相君佩刀尊舉掖顧謂傍侍郎前引佩刀視王王欲誣相拔刀向王邪王情得又雅聞尊高名大爲尊屈酌酒具食相對極歡太后徵史奏尊爲相倨慢不臣王血氣未定不能忍愚誠恐母子俱死今妾不得使王復見尊陛下不留意妾願先自殺不忍見王之失義也尊竟坐免爲庶人大將軍王鳳奏請尊補軍中司馬擢爲司隸校尉初中書謁者令石顯貴幸專權爲姦邪丞相匡衡御史大夫張譚皆阿附畏事顯不敢言久之元帝崩成帝初卽位顯徙爲中太僕不復典權衡譚乃奏顯舊惡請免顯等尊於是劾奏丞相衡御史大夫譚位三公典五常九德以總方略壹統類廣教化美風俗爲職知中書謁者令顯等專權擅埶大作威福縱恣不制無所畏忌爲海內患害不以時白奏行罰而阿諛曲從附下罔上懷邪迷國無大臣輔政之義也皆不道在赦令前赦後衡譚舉奏顯不自陳不忠之罪而反揚著先帝任用傾覆之徒妄言百官畏之甚於主上卑君尊臣非所宜稱失大臣體又正月行幸曲臺臨饗罷衛士衡與中二千石大鴻臚賞等會坐殿門下衡南鄉賞等西鄉衡更爲賞布東鄉席起立延賞坐私語如食頃衡知行臨百官共職萬衆會聚而設不正之席使

下坐上相比爲小惠於公門之下動不中禮亂朝廷爵秩之位衡又使官人奴入殿中問行起居還言漏上十四刻行臨到衡安坐不變色改容無怵惕肅敬之心驕慢不謹皆不敬有詔勿治於是衡慙懼免冠謝罪上丞相侯印綬天子以新即位重傷大臣乃下御史丞問狀劾奏尊妄詆欺非謗赦前事猥歷奏大臣無正法飾成小過以塗汙宰相摧辱公卿輕薄國家奉使不敬有詔左遷尊爲高陵令數月以病免會南山羣盜傰宗等數百人爲吏民害拜故弘農太守傅剛爲校尉將迹射士千人逐捕歲餘不能禽或說大將軍鳳賊數百人在轂下發軍擊之不能得難以視四夷獨選賢京兆尹乃可於是鳳薦尊徵爲諫大夫守京輔都尉行京兆尹事旬月間盜賊清還光祿大夫守京兆尹後爲眞凡三歲坐遇使者無禮司隸遣假佐放奉詔書白尊發吏捕人放謂尊詔書所捕宜密尊曰治所公正京兆善漏泄人事放曰所捕宜今發吏尊又曰詔書無京兆文不當發吏及長安繫者三月間千人以上尊出行縣男子郭賜自言尊許仲家十餘人共殺賜兄賞公歸舍吏不敢捕尊行縣還上奏曰彊不陵弱各得其所寬大之政行和平之氣通御史大夫中奏尊暴虐不改外爲大言倨嫚姍上威信日廢不宜備位九卿尊坐免吏民多稱惜之湖三老公乘興等上書訟尊治京兆功效日著往者南山盜賊阻山横行剽劫良民殺奉法吏道路不通城門至以警戒步兵校尉使逐捕暴師露眾曠日煩費不能禽制二卿坐黜羣盜寖彊吏氣傷沮流聞四方爲國家憂當此之時有能捕斬不愛金爵重賞關內侯寬中使問所徵故司隸校尉王尊捕羣盜方略拜爲諫大夫守京輔都尉行京兆尹事尊盡節勞心夙夜思職卑體下士厲奔北之吏起沮傷之氣二旬之間大黨震壞渠率效首賊亂蠲除民反農業拊循貧弱鉏耘豪彊長安宿豪大猾東市賈萬城西萬章翦張禁酒趙放杜陵楊章等皆通邪結黨挾養姦軌上干王法下亂吏治并兼役使侵漁小民爲百姓豺狼更數二千石二十年莫能擒討尊以正法案誅皆伏其辜姦邪銷釋吏民說服尊撥劇整亂誅暴禁邪皆前所稀有名將所不及雖拜爲眞未有殊絕褒賞加於尊身今御史大夫奏尊傷害陰陽爲國家憂無承用詔書之意靖言庸違象龔滔天原其所以出御史丞楊輔故爲尊書佐素行陰賊惡口不信好以刀筆陷人於法輔常醉過尊大奴利家利家捽搏其頰兄子閎拔刀欲剄之輔以故深怨疾毒欲傷害尊疑輔內懷怨恨外依公事建畫爲此議傅致奏文浸潤加誣以復私怨昔白起爲秦將東破韓魏南拔郢都應侯譖之賜死杜郵吳起爲魏守西河而秦韓不敢犯讒人間焉斥逐奔楚秦聽浸潤以誅良將魏信讒言以逐賢守此皆偏聽不聰失人之患也臣等竊痛傷尊修身絜己砥節首公刺譏不憚將相誅惡不避豪彊誅不制之賊解國家之憂功著職修威信不廢誠國家爪牙之吏折衝之臣今一旦無辜制於仇人之手傷於詆欺之文上不得以功除罪下不得蒙棘木之聽獨掩怨讐之偏奏被共工之大惡無所陳怨愬罪尊以京師廢亂羣盜並興選賢徵用起家爲卿賊亂既除豪猾伏辜即以佞巧廢黜一尊之身三期之間乍賢乍佞豈不甚哉孔子曰愛之欲其生惡之欲其死是惑也浸潤之譖不行焉可謂明矣願下公卿大夫博士議郎定尊素行夫人臣而傷害陰陽死誅之罪也靖言庸違放殛之刑也審如御史章尊乃當伏觀闕之誅放於無人之域不得苟免及任舉尊者當獲選舉之辜不可但已即不如章飾文深詆以愬無罪亦宜有誅以懲讒賊之口絕詐欺之俗唯明主參詳使白黑分別書奏天子復以尊爲徐州刺史遷東郡太守久之河水盛溢泛浸瓠子金隄老弱奔走恐水大決爲害尊躬率吏民投沈白馬祀水神河伯尊親執圭璧使巫策祝請以身填金隄因止宿廬居隄上吏民數千萬人爭叩頭救止尊終不肯去及水盛隄壞吏民皆奔走唯一主簿泣在尊旁尊立不動而水波稍卻迴還吏民嘉壯尊之勇節白馬三老朱英等奏其狀下有司考皆如言於是制詔御史東郡河水盛長毀壞金隄未決三尺百姓惶恐奔走太守身當水衝履咫尺之難不避危殆以安眾心吏民復還就作水不爲災朕甚嘉之秩尊中二千石加賜黃金二十斤數歲卒官吏民紀之尊子伯亦爲京兆尹坐懦弱不勝任免

王章字仲卿泰山鉅平人也少以文學爲官稍遷至諫大夫在朝廷名敢直言元帝初擢爲左曹中郎將與御史中丞陳咸相善共毀中書令石顯爲顯所陷咸減死髡章免官成帝立徵章爲諫大夫遷司隸校尉大臣貴戚敬憚之王尊免後代者不稱職章以選爲京兆尹時帝舅大將軍王鳳輔政章雖爲鳳所舉非鳳專權不親附鳳會日有蝕之章奏封事召見言鳳不可任用宜更選忠賢上初受章言後不忍退鳳章由是見疑遂爲鳳所陷罪至大逆語在元后傳初章爲諸生學長安獨與妻居章疾病無被臥牛衣中與妻訣涕泣其妻呵怒之曰仲卿京師尊貴在朝廷人誰踰仲卿者今疾病困戹

不自激卬乃反涕泣何鄙也後章仕官歷位及爲京兆欲上封事妻又止之曰人當知足獨不念牛衣中涕泣時邪章曰非女子所知也書遂上果下廷尉獄妻子皆收繫章小女年可十二夜起號哭曰平生獄上呼囚數常至九今八而止我君素剛先死者必君明日問之章果死妻子皆徙合浦大將軍鳳薨後弟成都侯商復爲大將軍輔政白上還章妻子故郡其家屬皆完具采珠致產數百萬時蕭育爲泰山太守皆令贖還故田宅章爲京兆二歲死不以其罪衆庶冤紀之號爲三王王駿自有傳駿卽王陽子也

蓋寬饒字次公魏郡人也明經爲郡文學以孝廉爲郎舉方正對策高第遷諫大夫行郎中戶將事劾奏衞將軍張安世子侍中陽都侯彭祖不下殿門并連及安世居位無補彭祖時實下門寬饒坐舉奏大臣非是左遷爲衞司馬先是時衞司馬在部見衞尉拜謁常爲衞官繇使市買寬饒視事案舊令遂揖官屬以下行衞者衞尉私使寬饒出寬饒以令詣官府門上謁辭尙書責問衞尉由是衞官不復私使候司馬候司馬不拜出先置衞輒上奏辭自此正焉寬饒初拜爲司馬未出殿門斷其襌衣令短離地冠大冠帶長劍躬案行士卒廬室視其飲食居處有疾病者身自撫循臨問加致醫藥遇之甚有恩及歲盡交代上臨饗罷衞卒數千人皆叩頭自請願復留共更一年以報寬饒厚德宣帝嘉之以寬饒爲太中大夫使行風俗多所稱舉貶黜奉使稱意擢爲司隷校尉刺舉無所回避小大輒舉所劾奏衆多廷尉處其法半用半不用公卿貴戚及郡國吏繇使至長安皆恐懼莫敢犯禁京師爲清平恩侯許伯入第丞相御史將軍中二千石皆賀寬饒不行許伯請之迺往從西階上東鄉特坐許伯自酌曰蓋君後至寬饒曰無多酌我我迺酒狂丞相魏侯笑曰次公醒而狂何必酒也坐者皆屬目卑下之酒酣樂作長信少府檀長卿起舞爲沐猴與狗鬬坐皆大笑寬饒不說卬視屋而歎曰美哉然富貴無常忽則易人此如傳舍所閱多矣唯謹愼爲得久君侯可不戒哉因起趨出劾奏長信少府以列卿而沐猴舞失禮不敬上欲罪少府許伯爲謝良久上迺解寬饒爲人剛直高節志在奉公家貧奉錢月數千半以給吏民爲耳目言事者身爲司隷子常步行自戍北邊公廉如此然深刻喜陷害人在位及貴戚人與爲怨又好言事刺譏好犯上意上以其儒者優容之然亦不得遷同列後進或至九卿寬饒自以行清能高有益於國而爲凡庸所越愈失意不快數上疏諫爭太子庶子王生高寬饒節而非其如此予書曰明主知君絜白公正不畏彊禦故命君以司察之位擅君以奉使之權尊官厚祿已施於君矣君宜夙夜惟思當世之務奉法宣化憂勞天下雖日有益月有功猶未足以稱職而報恩也自古之治三王之術各有制度今君不務循職而已迺欲以太古久遠之事匡拂天子數進不用難聽之語以摩切左右非所以揚令名全壽命者也方今用事之人皆明習法令言足以飾君之辭文足以成君之過君不惟蘧氏之高蹤而慕子胥之末行用不訾之軀臨不測之險竊爲君痛之夫君子直而不挺曲而不詘大雅云既明且哲以保其身狂夫之言聖人擇焉唯裁省覽寬饒不納其言是時上方用刑法信任中尙書宦官寬饒奏封事曰方今聖道寖廢儒術不行以刑餘爲周召以法律爲詩書又引韓氏易傳言五帝官天下三王家天下家以傳子官以傳賢若四時之運功成者去不得其人則不居其位書奏上以寬饒怨謗終不改下其書中二千石時執金吾議以爲寬饒指意欲求禪大逆不道諫大夫鄭昌愍傷寬饒忠直憂國以言事不當意而爲文吏所詆挫上書頌寬饒曰臣聞山有猛獸藜藿爲之不采國有忠臣姦邪爲之不起司隷校尉寬饒居不求安食不求飽進有憂國之心退有死節之義上無許史之屬下無金張之託職在司察直道而行多仇少與上書陳國事有司劾以大辟臣幸得從大夫之後官以諫爲名不敢不言上不聽遂下寬饒吏寬饒引佩刀自到北闕下衆莫不憐之

諸葛豐字少季瑯邪人也以明經爲郡文學名特立剛直貢禹爲御史大夫除豐爲屬舉侍御史元帝擢爲司隷校尉刺舉無所避京師爲之語曰閒何闊逢諸葛上嘉其節加豐秩光祿大夫時侍中許章以外屬貴幸奢淫不奉法度賓客犯事與章相連豐案劾章欲奏其事適逢許侍中私出豐駐車舉節詔章曰下欲收之章迫窘馳車去豐追之許侍中因得入宮門自歸上豐亦上奏於是收豐節司隷去節自豐始豐上書謝曰臣豐駑怯文不足以勸善武不足以執邪陛下不量臣能否拜爲司隷校尉未有以自效復秩臣爲光祿大夫官尊責重非臣所當處也又迫年歲衰暮常恐卒塡溝渠無以報厚德使論議士譏臣無補長獲素飡之名故常願捐一旦之命不待時而斷姦臣之首縣於都市編書其罪使四方明知爲惡之罰然後卻就斧鉞之誅誠臣所甘心也夫以布衣之士尙猶有刎到之交今以四海之大

嘗無伏節死誼之臣率盡苟合取容阿黨相爲念私門之利忘國家之政邪穢濁溷之氣上感于天是以災變數見百姓困乏此臣下不忠之效也臣誠恥之亡已凡人情莫不欲安存而惡危亡然忠臣直士不避患害者誠爲君也今陛下天覆地載物無不容使尚書令堯賜臣豐書曰夫司隸者刺舉不法善善惡惡非得顓之也免處中和順經術意恩深德厚臣豐頓首幸甚臣竊不勝憤懣願賜清晏唯陛下裁幸上不許是後所言益不用豐復上書言臣聞伯奇孝而棄於親子胥忠而誅於君隱公慈而殺於弟叔武弟而殺於兄夫以四子之行屈平之材然猶不能自顯而被刑戮豈不足以觀哉使臣殺身以安國蒙誅以顯君臣誠願之獨恐未有云補而爲衆邪所排令讒夫得遂正直之路壅塞忠臣沮心智士杜口此愚臣之所懼也豐以春夏繫治人在位多言其短上徙豐爲城門校尉豐上書告光祿勳周堪光祿大夫張猛上不直豐迺制詔御史城門校尉豐前與光祿勳堪光祿大夫猛在朝之時數稱言堪猛之美豐前爲司隸校尉不順四時修法度專作苛暴以獲虛威朕不忍下吏以爲城門校尉不内省諸己而反怨堪猛以求報舉告案無證之辭暴揚難驗之罪毁譽恣意不顧前言不信之大者也朕憐豐之耆老不忍加刑其免爲庶人終於家

劉輔河閒宗室也舉孝廉爲襄賁令上書言得失召見上美其材擢爲諫大夫會成帝欲立趙倢伃爲皇后先下詔封倢伃父臨爲列侯輔上書言臣聞天之所與必先賜以符瑞天之所違必先降以災變此神明之徵應自然之占驗也昔武王周公承順天地以饗魚烏之瑞然猶君臣祗懼動色相戒況於季世不蒙繼嗣之福屢受威怒之異者乎雖夙夜自責改過易行畏天命念祖業妙選有德之世考卜窈窕之女以承宗廟順神祇心塞天下望子孫之祥猶恐晚暮今迺觸情縱欲傾於卑賤之女欲以母天下不畏于天不媿于人惑莫大焉里語曰腐木不可以爲柱卑人不可以爲主天人之所不予必有禍而無福市道皆共知之朝廷莫肯一言臣竊傷心自念得以同姓拔擢尸祿不忠汚辱諫爭之官不敢不盡死唯陛下深察書奏上使侍御史收縛輔繫掖庭祕獄羣臣莫知其故於是中朝左將軍辛慶忌右將軍廉褒光祿勳師丹太中大夫谷永俱上書曰臣聞明王垂寬容之聽崇諫爭之官廣開忠直之路不罪狂狷之言然後百僚在位竭忠盡謀不懼後患朝廷無諂諛之士元首無失道之僭竊見諫大夫劉輔前以縣令求見擢爲諫大夫此其言必有卓詭切至當聖心者故得拔至於此旬日之間收下祕獄臣等愚以爲輔幸得託公族之親在諫臣之列新從下土來未知朝廷體獨觸忌諱不足深過小罪宜隱忍而已如有大惡宜暴治理官衆其之昔趙簡子殺其大夫鳴犢孔子臨河而還今天心未豫災異屢降水旱迭臻方當隆寬廣問褒直盡下之時也而行慘急之誅於諫爭之臣震驚羣下失忠直心假令輔不坐直言所坐不著天下不可戶曉同姓近臣本以言顯其於治親養忠之義誠不宜幽囚于掖庭獄公卿以下見陛下進用輔亟而折傷之暴人有懼心精銳銷耎莫敢盡節正言非所以昭有虞之聽廣德美之風也臣等竊深傷之唯陛下留神省察上迺徙繫輔共工獄減死罪一等論爲鬼薪終於家

鄭崇字子游本高密大族世與王家相嫁娶祖父以訾徙平陵父賓明法律爲御史事貢公名公直崇少爲郡文學史至丞相大車屬弟立與高武侯傅喜同門學相友善喜爲大司馬薦崇哀帝擢爲尚書僕射數求見諫爭上初納用之每見曳革履上笑曰我識鄭尚書履聲久之上欲封祖母傅太后從弟商崇諫曰孝成皇帝封親舅五侯天爲赤黄晝昏日中有黑氣今祖母從昆弟二人已侯孔鄉侯皇后父高武侯以三公封尚有因緣今無故欲復封商壞亂制度逆天人心非傅氏之福也臣聞師曰逆陽者厥極弱逆陰者厥極凶短折犯人者有亂亡之患犯神者有疾天之禍故周公著戒曰惟王不知艱難唯耽樂是從時亦罔有克壽故衰世之君天折蚤没此皆犯陰之害也臣願以身命當國咎崇因持詔書案起傅太后大怒曰何有爲天子乃反爲一臣所顓制邪上遂下詔曰朕幼而孤皇太太后躬自養育免于襁褓教道以禮至於成人惠澤茂焉欲報之德皞天罔極前追號皇太太后父爲崇祖侯惟念德報未殊朕甚恧焉侍中光祿大夫商皇太太后父同産子小自保大恩義最親其封商爲汝昌侯爲崇祖侯後更號崇祖侯爲汝昌哀侯崇又以董賢貴寵過度諫由是重得罪數以職事見責發疾頸癰欲乞骸骨不敢尚書令趙昌佞諂素害崇知其見疏因奏崇與宗族通疑有姦請治上責崇曰君門如市人何以欲禁切主上崇對曰臣門如市臣心如水願得考覆上怒下崇獄窮治死獄中

孫寶字子嚴潁川鄢陵人也以明經爲郡吏御史大夫張忠辟寶爲屬欲令授子經更爲除舍設儲偫寶自劾去忠固還之心内不平後署寶主簿寶從入舍祭竈請

比鄰忠陰察怪之使所親問寶前大夫爲君設除大舍子自劾去者欲爲高節也令兩府高士俗不爲主簿旣爲之徒舍甚說何前後不相副也寶曰高士不爲主簿而大夫君以寶爲可一府莫言非士安得獨自高前日君男欲學文而移寶自近禮有來學義無往教道不可詘身詘何傷且不遭者可無不爲況主簿乎忠聞之甚慙上書薦寶經明質直宜備近臣爲議郎遷諫大夫鴻嘉中廣漢羣盜起選爲益州刺史廣漢太守扈商者大司馬車騎將軍王音姊子軟弱不任職寶到部親入山谷諭告羣盜非本造意渠率皆得悔過自出遣歸田里自劾矯制奏商爲亂首春秋之義誅首惡而已商亦奏寶所縱或有渠率當坐者商徵下獄寶坐失死罪免益州吏民多陳寶功效言爲車騎將軍所排上復拜寶爲冀州刺史遷丞相司直時帝舅紅陽侯立使客因南郡太守李尙占墾草田數百頃頗有民所假少府陂澤略皆開發上書願以入縣官有詔郡平田予直錢有貴一萬萬以上寶聞之遣丞相史按驗發其姦劾奏立尙懷姦罔上狡猾不道尙下獄死立雖不坐後兄大司馬衞將軍商薨次當代商上度立而用其弟曲陽侯根爲大司馬驃騎將軍會益州蠻夷犯法巴蜀頗不安上以寶著名西州拜爲廣漢太守秩中二千石賜黃金三十斤蠻夷安輯吏民稱之徵爲京兆尹故吏侯文以剛直不苟合常稱疾不肯仕寶以恩禮請文欲爲布衣友日設酒食妻子相對文求受署爲掾進見如賓禮數月以立秋日署文東部督郵入見敕曰今日鷹隼始擊當順天氣取姦惡以成嚴霜之誅掾部渠有其人乎文卬曰無其人不敢空受職寶曰誰也文曰霸陵杜穉季寶曰其次文曰豺狼橫道不宜復問狐狸寶默然穉季者大俠與衞尉淳于長大鴻臚蕭育等皆厚善寶前失車騎將軍與紅陽侯有郤自恐見危時淳于長方貴幸友寶寶亦欲附之始視事而長以穉季託寶故寶窮無以復應文文怪寶氣索知其有故因曰明府素著威名今不敢取穉季當且闔閤勿有所問如此竟歲吏民未敢誣明府也卽度穉季而譴他事衆口讙譁終身自墮寶曰受教穉季耳目長聞知之杜門不通水火穿舍後牆爲小戶但持鉏自治園因文所厚自陳如此文曰我與穉季幸同土壤素無睚眥顧受將命分當相直誠能自改嚴將不治前事卽不更心但更門戶適趣禍耳穉季遂不敢犯法寶亦竟歲無所譴明年穉季病死寶爲京兆尹三歲京師稱之會淳于長敗寶與蕭育等皆坐免官文復去吏死於家穉季子杜蒼字君敖名出穉季右在游俠中哀帝卽位徵寶爲諫大夫遷司隸初傅太后與中山孝王母馮太后俱事元帝有郤傅太后使有司考馮太后令自殺衆庶冤之寶奏請覆治傅太后大怒曰帝置司隸主使察我馮氏反事明白故欲擿觖以揚我惡我當坐之上迺順指下寶獄尙書僕射唐林爭之上以林朋黨比周左遷敦煌魚澤障候大司馬傅喜光祿大夫龔勝固爭上爲言太后出寶復官頃之鄭崇下獄寶上書曰臣聞疏不圖親外不慮內臣幸得銜命奉使職在刺舉不敢避貴幸之埶以塞視聽之明按尙書令昌奏僕射崇下獄覆治榜掠將死卒無一辭道路稱寃疑昌與崇內有纖介浸潤相陷自禁門內樞機近臣蒙受寃譖虧損國家爲謗不小臣請治昌以解衆心書奏天子不說以寶名臣不忍誅迺制詔丞相大司空司隸寶奏故尙書僕射崇寃請獄治尙書令昌案崇近臣罪惡暴著而寶懷邪附下罔上以春月作詆欺遂其姦心蓋國之賊也傳不云乎惡利口之覆國家其免寶爲庶人哀帝崩王莽白王太后徵寶以爲光祿大夫與王舜等俱迎中山王平帝立寶爲大司農會越巂郡上黃龍游江中太師孔光大司徒馬宮等咸稱莽功德比周公宜告祠宗廟寶曰周公上聖召公大賢尙猶有不相說著於經典兩不相損今風雨未時百姓不足每有一事羣臣同聲得無非其美者時大臣皆失色侍中奉車都尉甄邯卽時承制罷議者會寶遣吏迎母母道病留弟家獨遣妻子司直陳崇以奏寶事下三公卽訊寶對曰年七十誖眊恩衰共養營妻子如章寶坐免終於家建武中錄舊德臣以寶孫伉爲諸長

毋將隆字君房東海蘭陵人也大司馬車騎將軍王音內領尙書外典兵馬踵故選辟從事中郎與參謀議奏請隆爲從事中郎遷諫大夫成帝末隆奏封事言古者選諸侯入爲公卿以褒功德宜徵定陶王使在國邸以塡萬方其後上竟立定陶王爲太子隆遷冀州牧潁川太守哀帝卽位以高第入爲京兆尹遷執金吾時侍中董賢方貴上使中黃門發武庫兵前後十輩送董賢及上乳母王阿舍隆奏言武庫兵器天下公用國家武備繕治造作皆度大司農錢大司農錢自乘輿不以給共養共養勞賜一出少府蓋不以本臧給末用不以民力共浮費別公私示正路也古者諸侯方伯得顓征伐迺賜斧鉞漢家邊吏職在距寇亦賜武庫兵皆任其事然後蒙之春秋之誼家不臧甲所以抑臣威損私力也今賢等便僻弄臣私恩微妾而以天下公用給其私門契

國威器共其家備民力分於弄臣武兵設於微妾建立非宜以廣驕僭非所以示四方也孔子曰奚取於三家之堂臣請收還武庫上不說頃之傅太后使謁者買諸官婢賤取之復取執金吾官婢八人隆奏言賈賤請更平直上於是制詔丞相御史大夫交讓之禮興則虞芮之訟息隆位九卿旣無以匡朝廷之不逮而反奏請與永信宮爭貴賤之賈程奏顯言眾莫不聞舉錯不由誼理爭求之名自此始無以示百僚傷化失俗以隆前有安國之言左遷爲沛郡都尉遷南郡太守王莽少時慕與隆交隆不甚附哀帝崩莽秉政使大司徒孔光奏隆前爲冀州牧治中山馮太后獄寃陷無辜不宜處位在中土本中謁者令史立侍御史丁元自典考之但與隆連名奏事史立時爲中太僕丁元泰山太守及尚書令趙昌譖鄭崇者爲河內太守皆免官徙合浦

何並字子廉祖父以吏二千石自平輿徙平陵並爲郡吏至大司空掾事何武武高其志節舉能治劇爲長陵令道不拾遺初卭成太后外家王氏貴而侍中王林卿通輕俠傾京師後坐法免賓客愈盛歸長陵上冢因留飲連日並恐其犯法自造門上謁謂林卿曰冢間單外君宜以時歸林卿曰諾先是林卿殺婢壻埋冢舍並具知之以非巳時又見其新免故不發舉欲無令留界中而巳即且遣吏奉謁傳送林卿素驕慙於賓客並度其爲變儲兵馬以待之林卿既去北度涇橋令騎奴還至寺門拔刀剝其建鼓並自從吏兵追林卿行數十里林卿迫窘迺令奴冠其冠被其襜褕自代乘車從童騎身變服從間徑馳去會日暮追及收縛冠奴奴曰我非侍中奴耳並心自知巳失林卿迺曰王君困自稱奴得脫死邪叱吏斷頭持還縣所剝鼓置都亭下署曰故侍中王林卿坐殺人埋冢舍使奴剝寺門鼓吏民驚駭林卿因亡命眾庶讙譁以爲實死成帝太后以卭成太后愛林卿故聞之涕泣爲言哀帝哀帝問狀而善之遷並隴西太守徙潁川太守代陵陽嚴詡詡本以孝行爲官謂掾史爲師友有過輒閉閤自責終不大言郡中亂王莽遣使徵詡官屬數百人爲設祖道詡據地哭掾史曰明府吉徵不宜若此詡曰吾哀潁川士身豈有憂哉我以柔弱徵必選剛猛代代到將有僵仆者故相弔耳詡至拜爲美俗使者是時潁川鍾元爲尚書令領廷尉用事有權弟威爲郡掾臧千金並爲太守過辭鍾廷尉廷尉免冠爲弟請一等之罪願蚤就髡鉗並曰罪在弟身與君律不在於太守元懼馳遣人呼弟陽翟輕俠趙季李款多畜賓客以氣力漁食閭里至姦人婦女持吏長短從橫郡中聞並且至皆亡去並下車求勇猛曉文法吏且十人使文吏治三人獄武吏往捕之各有所部敕曰三人非負太守迺負王法不得不治鍾威所犯多在赦前驅使入函谷關勿令汙民間不入關迺收之趙李桀惡雖遠去當得其頭以謝百姓鍾威負其兄止雒陽吏格殺之亦得趙李他郡持頭還並皆縣頭及其具獄於市郡中清靜表善好士見紀潁川名次黃霸性清廉妻子不至官舍數年卒疾病召丞掾作先令書曰告子恢吾生素餐日久死雖當得法賻勿受葬爲小槨亶容下棺恢如父言王莽擢恢爲關都尉建武中以並孫爲郎

眭弘字孟魯國蕃人也少時好俠鬬雞走馬長乃變節從嬴公受春秋以明經爲議郎至符節令孝昭元鳳三年正月泰山萊蕪山南匈匈有數千人聲民視之有大石自立高丈五尺大四十八圍入地深八尺三石爲足石立後有白烏數千下集其旁是時昌邑有枯社木臥復生又上林苑中大柳樹斷枯臥地亦自立生有蟲食樹葉成文字曰公孫病巳立孟推春秋之意以爲石柳皆陰類下民之象泰山者岱宗之嶽王者易姓告代之處今大石自立僵柳復起非人力所爲此當有從匹夫爲天子者枯社木復生故廢之家公孫氏當復興者也孟意亦不知其所在即說曰先師董仲舒有言雖有繼體守文之君不害聖人之受命漢家堯後有傳國之運漢帝宜誰差天下求索賢人禪以帝位而退自封百里如殷周二王後以承順天命孟使友人內官長賜上此書時昭帝幼大將軍霍光秉政惡之下其書廷尉奏賜孟妄設祅言惑眾大逆不道皆伏誅後五年孝宣帝興於民間即位徵孟子爲郎

夏侯始昌魯人也通五經以齊詩尚書教授自董仲舒韓嬰死後武帝得始昌甚重之始昌明於陰陽先言柏梁臺災日至期日果災時昌邑王以少子愛上爲選師始昌爲太傅年老以壽終族子勝亦以儒顯名

夏侯勝字長公初魯共王分魯西寧鄉以封子節侯別屬大河大河後更名東平故勝爲東平人勝少孤好學從始昌受尚書及洪範五行傳說災異從事蕳卿又從歐陽氏問爲學精孰所問非一師也善說禮服徵爲博士光祿大夫會昭帝崩昌邑王嗣立數出勝當乘輿前諫曰天久陰而不雨臣下有謀上者陛下出欲何之王怒謂勝爲祅言縛以屬吏吏白大將軍霍光光不舉法是時光與車騎將軍張安世謀欲廢昌邑王光讓安世以爲泄語安世實不言迺召問勝勝對言在洪範傳曰

皇之不極厥罰常陰時則下人有伐上者惡察察言故云臣下有謀光安世大驚以此益重經術士後十餘日光卒與安世白太后廢昌邑王尊立宣帝光以爲羣臣奏事東宮太后省政宜知經術白令勝用尚書授太后遷長信少府賜爵關內侯以與謀廢立定策安宗廟益千戶宣帝初即位欲襃先帝詔丞相御史曰朕以眇身蒙遺德承聖業奉宗廟夙夜惟念孝武皇帝躬仁誼厲威武北征匈奴單于遠遁南平氐羌昆明甌駱兩越東定薉貉朝鮮廓地斥境立郡縣百蠻率服款塞自至珍貢陳於宗廟協音律造樂歌薦上帝封泰山立明堂改正朔易服色明開聖緒尊賢顯功興滅繼絕襃周之後備天地之禮廣道術之路上天報況符瑞並應寶鼎出白麟獲海效鉅魚神人並見山稱萬歲功德茂盛不能盡宣而廟樂未稱朕甚悼焉其與列侯二千石博士議於是羣臣大議廷中皆曰宜如詔書長信少府勝獨曰武帝雖有攘四夷廣土斥境之功然多殺士眾竭民財力奢泰亡度天下虛耗百姓流離物故者半蝗蟲大起赤地數千里或人民相食畜積至今未復亡德澤於民不宜爲立廟樂公卿共難勝曰此詔書也勝曰詔書不可用也人臣之誼宜直言正論非苟阿意順指議已出口雖死不悔於是丞相義御史大夫廣明劾奏勝非議詔書毀先帝不道及丞相長史黃霸阿縱勝不舉劾俱下獄有司遂請尊孝武帝廟爲世宗廟奏盛德文始五行之舞天下世世獻納以明盛德武帝巡狩所幸郡國凡四十九皆立廟如高祖太宗焉勝霸既久繫霸欲從勝受經勝辭以罪死霸曰朝聞道夕死可矣勝賢其言遂授之繫再更冬講論不怠至四年夏關東四十九郡同日地動或山崩壞城郭室屋殺六千餘人上乃素服避正殿遣使者弔問吏民賜死者棺錢下詔曰蓋災異者天地之戒也朕承洪業託士民之上未能和羣生曩者地震北海琅邪壞祖宗廟朕甚懼焉其與列侯中二千石博問術士有以應變補朕之闕毋有所諱因大赦勝出爲諫大夫給事中霸爲揚州刺史勝爲人質樸守正簡易亡威儀見時謂上爲君誤相字於前上亦以是親信之嘗見出道上語上聞而讓勝勝曰陛下所言善臣故揚之堯言布於天下至今見誦臣以爲可傳故傳耳朝廷每有大議上知勝素直謂曰先生通正言無懲前事勝復爲長信少府遷太子太傅受詔撰尚書論語說賜黃金百斤年九十卒官賜冢塋葬平陵太后賜錢二百萬爲勝素服五日以報師傅之恩儒者以爲榮始勝每講授常謂諸生曰士病不明經術經術苟明其取青紫如俛拾地芥耳學經不明不如歸耕勝從父子建字長卿自師事勝及歐陽高左右采獲又從五經諸儒問與尚書相出入者牽引以次章句具文飾說勝非之曰建所謂章句小儒破碎大道建亦非勝爲學疏略難以應敵建卒自顓門名經爲議郎博士至太子少傅勝子兼爲左曹太中大夫孫堯至長信少府司農鴻臚曾孫蕃郡守州牧長樂少府勝同產弟子賞爲梁內史子定國爲豫章太守而建子千秋亦爲少府太子少傅

京房字君明東郡頓丘人也治易事梁人焦延壽延壽字贛贛貧賤以好學得幸梁王王共其資用令極意學既成爲郡史察舉補小黃令以候司先知姦邪盜賊不得發愛養吏民化行縣中舉最當遷三老官屬上書願留贛有詔許增秩留卒於小黃贛常曰得我道以亡身者京生也其說長於災變分六十卦更直日用事以風雨寒溫爲候各有占驗房用之尤精好鍾律知音聲初元四年以孝廉爲郎永光建昭間西羌反日蝕又久青亡光陰霧不精房數上疏先言其將然近數月遠一歲所言屢中天子說之數召見問房對曰古帝王以功舉賢則萬化成瑞應著末世以毀譽取人故功業廢而致災異宜令百官各試其功災異可息詔使房作其事房奏考功課吏法上令公卿朝臣與房會議溫室皆以房言煩碎令上下相司不可許上意鄉之時部刺史奏事京師上召見諸刺史令房曉以課事刺史復以爲不可行唯御史大夫鄭弘光祿大夫周堪初言不可後善之是時中書令石顯專權顯友人五鹿充宗爲尚書令與房同經論議相非二人用事房嘗宴見問上曰幽厲之君何以危所任者何人也上曰君不明而所任者巧佞房曰知其巧佞而用之邪將以爲賢也上曰賢之房曰然則今何以知其不賢也上曰以其時亂而君危知之房曰若是任賢必治任不肖必亂必然之道也幽厲何不覺寤而更求賢曷爲卒任不肖以至於是上曰臨亂之君各賢其臣令皆覺寤天下安得危亡之君房曰齊桓公秦二世亦嘗聞此君而非笑之然則任豎刁趙高政治日亂盜賊滿山何不以幽厲卜之而覺寤乎上曰唯有道者能以往知來耳房因免冠頓首曰春秋紀二百四十二年災異以視萬世之君今陛下即位已來日月失明星辰逆行山崩泉涌地震石隕夏霜冬靁春凋秋榮隕霜不殺水旱螟蟲民人飢疫盜賊不禁刑人滿市春秋所記災異盡備陛下視今爲治邪亂邪上曰亦極亂耳尚何道房曰今所任用者誰與上曰然幸其瘉

於彼又以爲不在此人也房曰夫前世之君亦皆然矣臣恐後之視今猶今之視前也上良久廼曰今爲亂者誰哉房曰明主宜自知之上曰不知也如知何故用之房曰上最所信任與圖事帷幄之中進退天下之士者是矣房指謂石顯上亦知之謂房曰已諭房罷出後上令房上弟子曉知考功課吏事者欲試用之房上中郎任良姚平願以爲刺史試考功法臣得通籍殿中爲奏事以防壅塞石顯五鹿充宗皆疾房欲遠之建言宜試以房爲郡守元帝於是以房爲魏郡太守秩八百石居得以考功法治郡房自請願無屬刺史得除用他郡人自第吏千石以下歲竟乘傳奏事天子許焉房自知數以論議爲大臣所非內與石顯五鹿充宗有隙不欲遠離左右及爲太守憂懼以建昭二年二月朔拜上封事曰辛酉已來蒙氣衰去太陽精明臣獨欣然以爲陛下有所定也然少陰倍力而乘消息臣疑陛下雖行此道猶不得如意臣竊悼懼守陽平侯鳳欲見未得至已卯臣拜爲太守此言上雖明下猶勝之效也臣出之後恐必爲用事所蔽身死而功不成故願歲盡乘傳奏事蒙哀見許廼辛巳蒙氣復乘卦太陽侵色此上大夫覆陽而上意疑也已卯庚辰之間必有欲隔絕臣令不得乘傳奏事者房未發上令陽平侯鳳承制詔房止無乘傳奏事房意愈恐去至新豐因郵上封事曰臣前以六月中言遯卦不效法曰道人始去寒涌水爲災至其七月涌水出臣弟子姚平謂臣曰房可謂知道未可謂信道也房言災異未嘗不中涌水已出道人當逐死尚復何言臣曰陛下至仁於臣尤厚雖言而死臣猶言也平又曰房可謂小忠未可謂大忠也昔秦時趙高用事有正先者非刺高而死高威自此成故秦之亂正先趣之今臣得出守郡自詭效功恐未效而死惟陛下毋使臣塞涌水之異當正先之死爲姚平所笑房至陝復上封事曰乃丙戌小雨丁亥蒙氣去然少陰并力而乘消息戊子益甚到五十分蒙氣復起此陛下欲正消息雜卦之黨并力而爭消息之氣不勝彊弱安危之機不可不察己丑夜有還風盡辛卯太陽復侵色至癸巳日月相薄此邪陰同力而太陽爲之疑也臣前白九年不改必有星亡之異臣願出任良試考功臣得居內星亡之異可去議者知如此於身不利臣不可蔽故云使弟子不若試師臣爲刺史又當奏事故復云爲刺史恐太守不與同心不若以爲太守此其所以隔絕臣也陛下不違其言而遂聽之此廼蒙氣所以不解太陽亡色者也臣去稍遠太陽侵色益甚唯陛下毋難還臣而易逆天意邪說雖安于人天氣必變故人可欺天不可欺也願陛下察焉房去月餘竟徵下獄初淮陽憲王舅張博從房受學以女妻房房與相親每朝見輒爲博道其語以爲上意欲用房議而羣臣惡其害己故爲衆所排博曰淮陽王上親弟敏達好政欲爲國忠今欲令王上書求入朝得任助房房曰得無不可博曰前楚王朝薦士何爲不可房曰中書令石顯尚書令五鹿君相與合同巧佞之人也事縣官十餘年及丞相韋侯皆久亡補於民可謂亡功矣此尤不欲行考功者也淮陽王卽朝見勸上行考功事善不然但言丞相中書令任事久而不治可休丞相以御史大夫鄭弘代之遷中書令置他官以鉤盾令徐立代之如此房考功事得施行矣博具從房記諸所說災異事因令房爲淮陽王作求朝奏草皆持東與淮陽王石顯微司具知之以房親近未敢言及房出守郡顯告房與張博通謀非謗政治歸惡天子詿誤諸侯王語在憲王傳初房見道幽厲事出爲御史大夫鄭弘言之房博皆棄市弘坐免爲庶人房本姓李推律自定爲京氏死時年四十一

翼奉字少君東海下邳人也治齊詩與蕭望之匡衡同師三人經術皆明衡爲後進望之施之政事而奉惇學不仕好律曆陰陽之占元帝初卽位諸儒薦之徵待詔宦者署數言事晏見天子敬焉時平昌侯王臨以宣帝外屬侍中稱詔欲從奉學其術奉不肯與言而上封事曰臣聞之於師治道要務在知下之邪正人誠鄉正雖愚爲用若廼懷邪知益爲害知下之術在於六情十二律而已北方之情好也好行貪狠申子主之東方之情怒也怒行陰賊亥卯主之貪狠必待陰賊而後動陰賊必待貪狠而後用二陰並行是以王者忌子卯也禮經避之春秋諱焉南方之情惡也惡行廉貞寅午主之西方之情喜也喜行寬大已酉主之二陽並行是以王者吉午酉也詩曰吉日庚午上方之情樂也樂行姦邪辰未主之下方之情哀也哀行公正戌丑主之辰未屬陰戌丑屬陽萬物各以其類應今陛下明聖虛靜以待物至萬事雖衆何聞而不諭豈況乎執十二律而御六情於以知下參實亦甚優矣萬不失一自然之道也廼正月癸未日加申有暴風從西南來未主姦邪申主貪狠風以太陰下抵建前是人主左右邪臣之氣平昌侯比三來見臣皆以正辰加邪時辰爲客時爲主人以律知人情王者之祕道也愚臣誠不敢以語邪人上以奉爲中郎召問奉來者以善日邪時孰與邪日善時奉對曰

師法用辰不用日辰爲客時爲主人見於明王侍者爲主人辰正時邪見者正侍者邪辰邪時正見者邪侍者正忠正之見侍者雖邪辰時俱正大邪之見侍者雖正辰時俱邪卽以自知侍者之邪而時邪辰正見者反邪卽以自知侍者之正而時正辰邪見者反正辰爲常事時爲一行辰疏而時精其效司功必參五觀之然後可知故曰察其所繇省其進退參之六合五行則可以見人性知人情難用外察從中甚明故詩之爲學情性而已五性不相害六情更興廢觀性以曆觀情以律明主所宜獨用難與二人共也故曰顯諸仁藏諸用露之則不神獨行則自然矣唯奉能用之學者莫能行是歲關東大水郡國十一饑疫尤甚上迺下詔江海陂湖園池屬少府者以假貧民勿租稅損太官膳減樂府員省苑馬諸宮館稀御幸者勿繕治太僕少府減食穀馬水衡省食肉獸明年二月戊午地震其夏齊地人相食七月己酉地復震上曰蓋聞賢聖在位陰陽和風雨時日月光星辰靜黎庶康寧考終厥命今朕其承天地託于公侯之上明不能燭德不能綏災異並臻連年不息乃二月戊午地大震于隴西郡毀落太上廟殿壁木飾壞敗豲道縣城郭官寺及民室屋厭殺人衆山崩地裂水泉涌出一年地再動天惟降災震驚朕躬治有大虧咎至於此夙夜兢兢不通大變深懷鬱悼未知其序比年不登元元困乏不勝飢寒以陷刑辟朕甚閔焉憯怛於心已詔吏虛倉廩開府藏振捄貧民羣司其茂思天地之戒有可蠲除減省以便萬姓者各條奏悉意陳朕過失靡有所諱因赦天下舉直言極諫之士奉奏封事曰臣聞之於師曰天地設法懸日月布星辰分陰陽定四時列五行以視聖人名之曰道聖人見道然後知王治之象故畫州土建君臣立律曆陳成敗以視賢者名之曰經賢者見經然後知人道之務則詩書易春秋禮樂是也易有陰陽詩有五際春秋有災異皆列終始推得失考天心以言王道之安危至秦乃不說傷之以法是以大道不通至於滅亡今陛下明聖深懷要道燭臨萬方布德流惠靡有闕遺罷省不急之用振救困貧賦醫藥賜棺錢恩澤甚厚又舉直言求過失盛德純備天下幸甚臣奉竊學齊詩聞五際之要十月之交篇知日蝕地震之效昭然可明猶巢居知風穴處知雨亦不足多適所習耳臣聞人氣內逆則感動天地天變見於星氣日蝕地變見於奇物震動所以然者陽用其精陰用其形猶人之有五藏六體五藏象天六體象地故藏病則氣色發於面體病則欠申動於貌今年太陰建於甲戌律以庚寅初用事曆以甲午從春曆中甲庚律得參陽性中仁義情得公正貞廉百年之精歲也正以精歲本首王位日臨中時接律而地大震其後連月久陰雖有大令猶不能復陰氣盛矣古者朝廷必有同姓以明親親必有異姓以明賢賢此聖王之所以大通天下也同姓親而易進異姓疏而難通故同姓一異姓五迺爲平均今左右亡同姓獨以舅后之家爲親異姓之臣又疏二后之黨滿朝非特處位勢尤奢僭過度呂霍上官足以卜之甚非愛人之道又非後嗣之長策也陰氣之盛不亦宜乎臣又聞未央建章甘泉宮才人各以百數皆不得天性若杜陵園其已御見者臣子不敢有言雖然太皇太后之事也及諸侯王國與其後宮宜爲設員出其過制者此損陰氣應天救邪之道也今異至不應災將隨之其法大水極陰生陽反爲大旱甚則有火災春秋宋伯姬是矣唯陛下財察明年夏四月乙未孝武園白鶴館災奉自以爲中上疏曰臣前上五際地震之效曰極陰生陽恐有火災不合明聽未見省答臣竊內不自信今白鶴館以四月乙未時加於卯月宿亢災與前地震同法臣奉乃深知道之可信也不勝拳拳願復賜閒卒其終始上復延問以得失奉以爲祭天地於雲陽汾陰及諸寢廟不以親疏迭毀皆煩費違古制又宮室苑囿奢泰難供以故民困國虛亡累年之畜所繇來久不改其本難以末正迺上疏曰臣聞昔者盤庚改邑以興殷道聖人美之竊聞漢德隆盛在於孝文皇帝躬行節儉外省繇役其時未有甘泉建章及上林中諸離宮館也未央宮又無高門武臺麒麟鳳皇白虎玉堂金華之殿獨有前殿曲臺漸臺宣室溫室承明耳孝文欲作一臺度用百金重民之財廢而不爲其積土基至今猶存又下遺詔不起山墳故其時天下大和百姓洽足德流後嗣如令處於當今因此制度必不能成功名天道有常王道亡常亡常者所以應有常也必有非常之主然後能立非常之功臣願陛下徙都於成周左據成皐右阻黽池前鄉崧高後介大河建滎陽扶河東南北千里以爲關而入敖倉地方百里者八九足以自娛東厭諸侯之權西遠羌胡之難陛下共已亡爲按成周之居兼盤庚之德萬歲之後長爲高宗漢家郊兆寢廟祭祀之禮多不應古臣奉誠難亶居而改作故願陛下遷都正本衆制皆定亡復繕治宮館不急之費歲可餘一年之畜臣聞三代之祖積德以王然皆不過數百年而絕周至成王有上賢之材因文武之業以周召爲輔有司各

敬其事在位莫非其人天下甫二世耳然周公猶作詩書深戒成王以恐失天下書則曰王毋若殷王紂其詩則曰殷之未喪師克配上帝宜監于殷駿命不易今漢初取天下起於豐沛以兵征伐德化未洽後世奢侈國家之費當數代之用非直費財又乃費士孝武之世暴骨四夷不可勝數有天下雖未久至於陛下八世九主矣雖有成王之明然亡周召之佐今東方連年饑饉加之以疾疫百姓菜色或至相食地比震動天氣溷濁日光侵奪繇此言之執國政者豈可以不懷怵惕而戒萬分之一乎故臣願陛下因天變而徙都所謂與天下更始者也天道終而復始窮則反本故能延長而亡窮也今漢道未終陛下本而始之於以永世延祚不亦優乎如因丙子之孟夏順太陰以東行到後七年之明歲必有五年之餘畜然後大行考室之禮雖周之隆盛亡以加此唯陛下留神詳察萬世之策書奏天子異其意答曰問奉今園廟有七云東徙狀何如奉對曰昔成王徙洛盤庚遷殷其所避就皆陛下所明知也非有聖明不能一變天下之道臣奉愚戇狂惑唯陛下裁赦其後貢禹亦言當定迭毀禮上遂從之及匡衡爲丞相奏徙南北郊其議皆自奉發之奉以中郎爲博士諫大夫年老以壽終子及孫皆以學在儒官

李尋字子長平陵人也治尚書與張儒鄭寬中同師寬中等守師法教授尋獨好洪範災異又學天文月令陰陽事丞相翟方進方進亦善爲星曆除尋爲吏數爲翟侯言事帝舅曲陽侯王根爲大司馬驃騎將軍厚遇尋是時多災異根輔政數虛己問尋尋見漢家有中衰阸會之象其意以爲且有洪水爲災乃說根曰書云天聰明蓋言紫宮極樞通位帝紀太微四門廣開大道五經六緯尊術顯士翼張舒布燭臨四海少微處士爲比爲輔故次帝廷女宮在後聖人承天賢賢易色取法於此天官上相上將皆顓面正朝憂責甚重要在得人得人之效成敗之機不可不勉也昔秦穆公說諓諓之言任仡仡之勇身受大辱社稷幾亡悔過自責思惟黃髮任用百里奚卒伯西域德列王道二者禍福如此可不慎哉夫士者國家之大寶功名之本也將軍一門九侯二十朱輪漢興以來臣子貴盛未嘗至此物盛必衰自然之理唯有賢友彊輔庶幾可以保身命全子孫安國家書曰曆象日月星辰此言仰視天文俯察地理觀日月消息候星辰行伍揆山川變動參人民繇俗以制法度考禍福舉錯誖逆咎敗將至徵兆爲之先見明君恐懼修正側身博問轉禍爲福不可救者卽蓄備以待之故社稷亡憂竊見往者赤黃四塞地氣大發動土竭民天下擾亂之徵也彗心爭明庶雄爲桀大寇之引也此二者已頗效矣城中訛言大水奔走上城朝廷驚駭女孼入宮此獨未效間者重以水泉涌溢旁宮闕仍出月太白入東井犯積水缺天淵日數湛於極陽之色羽氣乘宮起風積雲又錯以山崩地動河不用其道盛冬雷電潛龍爲孼繼以隕星流彗維塡上見日蝕有背鄉此亦高下易居洪水之徵也不憂不改洪水迺欲盪滌流彗迺欲掃除改之則有年亡期故屬者頗有變改小貶邪猾日月光精時雨氣應此皇天右漢亡已也何況致大改之宜急博求幽隱拔擢天士任以天職諸闒茸佞讇抱虛求進及用殘賊酷虐聞者若此之徒皆嫉善憎忠壞天文敗地理涌趯邪陰湛溺太陽爲主結怨於民宜以時廢退不當得居位誠必行之凶災銷滅子孫之福不旋日而至政治感陰陽猶鐵炭之低卬見效可信者也及諸蓄水連泉務通利之修舊隄防省池澤稅以助損邪陰之盛案行事考變易訛言之效未嘗不至請徵韓放掾周敞王望可與圖之根於是薦尋哀帝初卽位召尋待詔黃門使侍中衛尉傅喜問尋曰間者水出地動日月失度星辰亂行災異仍重極言毋有所諱尋對曰陛下聖德尊天敬地畏命重民悼懼變異不忘疏賤之臣幸使重臣臨問愚臣不足以奉明詔竊見陛下新卽位開大明除忌諱博延名士靡不並進臣尋位卑術淺過隨衆賢待詔食太官衣御府久汙玉堂之署比得召見亡以自効復特見延問至誠自以逢不世出之命願竭愚心不敢有所避庶幾萬分有一可采唯棄須臾之間宿留瞽言考法文理稽之五經揆之聖意以參天心夫變異之來各應象而至臣謹條陳所聞易曰縣象著明莫大乎日月夫日者衆陽之長煇光所燭萬里同晷人君之表也故日將旦淸風發羣陰伏君以臨朝不牽於色日初出炎以陽君登朝佞不行忠直進不蔽障日中煇光君德盛明大臣奉公日將入專以壹君就房有常節君不修道則日失其度晻昧亡光各有云爲其於東方作日初出時陰雲邪氣起者法爲牽於女謁有所畏難日出後爲近臣亂政日中爲大臣欺誣日且入爲妻妾役使所營閒者日尤不精光明侵奪失色邪氣珥蜺數作本起於晨相連至昏其日出後至日中間差瘉小臣不知內事竊以日視陛下志操衰於始初多矣其咎恐有以守正直言而得罪者傷嗣害世不可不愼也唯陛下執乾剛之德彊志守度毋聽女謁邪臣之態

諸保阿乳母甘言悲辭之託斷而勿聽勉彊大宜絕小不忍良有不得已可賜以貨財不可私以官位誠皇天之禁也日失其光則星辰放流陽不能制陰陰桀得作間者太白正晝經天宜隆德克躬以執不軌臣聞月者衆陰之長銷息見伏百里為品千里立表萬里連紀妃后大臣諸侯之象也朔晦正終始茲為繩墨望成君德春夏南秋冬北間者月數以春夏與日同道過軒轅上后受氣入太微帝廷揚光煇犯上將近臣列星皆失色厭厭如滅此為母后與政亂朝陰陽俱傷兩不相便外臣不知朝事竊信天文即如此近臣已不足杖矣屋大柱小可為寒心唯陛下親求賢士無彊所惡以崇社稷尊彊本朝臣聞五星者五行之精五帝司命應王者號令為之節度歲星主歲事為統首號令所紀今失度而盛此君指意欲有所為未得其節也又填星不避歲星者后帝共政相留於奎婁當以義斷之熒惑往來亡常周歷兩宮作態低卬入天門上明堂貫尾亂宮太白發越犯庫兵寇之應也貫黃龍入帝庭當門而出隨熒惑入天門至房而分欲與熒惑為患不敢當明堂之精此陛下神靈故禍亂不成也熒惑厥弛佞巧依執微言毀譽進類蔽善太白出端門臣有不臣者火入室金上堂不以時解其憂凶填歲相守又主內亂宜察蕭牆之內毋忽親疏之微誅放佞人防絕萌芽以盪滌濁穢消散積惡毋使得成禍亂辰星主正四時當效於四仲四時失序則辰星作異今出於歲首之孟天所以譴告陛下也政急則出蚤政緩則出晚政絕不行則伏不見而為彗茀四孟皆出為易王命四季皆出星家所諱今幸獨出寅孟之月蓋皇天所以篤右陛下宜深自改治國故不可以戚戚欲速則不達經曰三載考績三考黜陟加以號令不順四時既往不咎來事之師也間者春三月治大獄時賊陰立逆恐歲小收季夏舉兵法時寒氣應恐後有霜雹之災秋月行封爵其月土溼奧恐後有雷雹之變夫以喜怒賞罰而不顧時禁雖有堯舜之心猶不能致和善言天者必有效於人設上農夫而欲冬田肉袒深耕汗出種之然猶不生者非人心不至天時不得也易曰時止則止時行則行動靜不失其時其道光明書曰敬授民時故古之王者尊天地重陰陽敬四時嚴月令順之以善政則和氣可立致猶枹鼓之相應也今朝廷忽於時月之令諸侍中尚書近臣宜皆令通知月令之意設羣下請事若陛下出令有謬於時者當知爭之以順時氣臣聞五行以水為本其星玄武婺女天地所紀終始所生水為準平王道公正修明則百川理落脈通偏黨失綱則踊溢為敗書云水曰潤下陰動而卑不失其道天下有道則河出圖洛出書故河洛決溢所為最大今汝潁畎澮皆川水漂踊與雨水並為民害此詩所謂爗爗震電不寧不令百川沸騰者也其咎在於皇甫卿士之屬唯陛下留意詩人之言少抑外親大臣臣聞地道柔靜陰之常義也地有上中下其上位震應妃后不順中位應大臣作亂下位應庶民離畔震或於其國國君之咎也四方中央連國歷州俱動者其異最大間者關東地數震五星作異亦未大逆宜務崇陽抑陰以救其咎固志建威閉絕私路拔進英儁退不任職以彊本朝夫本彊則精神折衝本弱則招殃致凶為邪謀所陵聞往者淮南王作謀之時其所難者獨有汲黯以為公孫弘等不足言也弘漢之名相於今亡比而尚見輕何況亡弘之屬乎故曰朝廷亡人則為賊亂所輕其道自然也天下未聞陛下奇策固守之臣也語曰何以知朝廷之衰人人自賢不務於通人故世陵夷馬不伏歷不可以趨道士不素養不可以重國詩曰濟濟多士文王以寧孔子曰十室之邑必有忠信非虛言也陛下秉四海之衆曾亡柱幹之固守聞於四境殆開之不廣取之不明勸之不篤傳曰士之美者善養禾君之明者善養士中人皆可使為君子詔書進賢良赦小過無求備以博聚英儁如近世貢禹以言事忠切蒙尊榮當此之時士厲身立名者多禹死之後日日以衰及京兆尹王章坐言事誅滅智者結舌邪偽並興外戚顓命君臣隔塞至絕繼嗣女宮作亂此行事之敗誠可畏而悲也本在積任母后之家非一日之漸往者不可及來者猶可追也先帝大聖深見天意昭然使陛下奉承天統欲矯正之也宜少抑外親選練左右舉有德行道術通明之士充備天官然後可以輔聖德保帝位承大宗下至郎吏從官行能亡以異又不通一蓺及博士無文雅者宜皆使就南畝以視天下明朝廷皆賢材君子於以重朝尊君滅凶致安此其本也臣自知所言害身不辟死亡之誅唯財留神反覆愚臣之言是時哀帝初立成帝外家王氏未甚抑黜而帝外家丁傅新貴祖母傅太后尤驕恣欲稱尊號丞相孔光大司空師丹執政諫爭久之上不得已遂免光丹而尊傅太后語在丹傳上雖不從尋言然采其語每有非常輒問尋尋對屢中遷黃門侍郎以尋言且有水災故拜尋為騎都尉使護河隄初成帝時齊人甘忠可詐造天官曆包元太平經十二卷以言漢家逢天地之大終當更受命於天天帝使

眞人赤精子下教我此道忠可以教重平夏賀良容邱丁廣世東郡郭昌等中壘校尉劉向奏忠可假鬼神罔上惑衆下獄治服未斷病死賀良等坐挾學忠可書以不敬論後賀良等復私以相教哀帝初立司隸校尉解光亦以明經通災異得幸白賀良等所挾忠可書事下奉車都尉劉歆歆以爲不合五經不可施行而李尋亦好之光曰前歆父向奏忠可下獄歆安肯通此道時郭昌爲長安令勸尋宜助賀良等尋遂白賀良等皆待詔黃門數召見陳說漢歷中衰當更受命成帝不應天命故絕嗣今陛下久疾變異屢數天所以譴告人也宜急改元易號乃得延年益壽皇子生災異息矣得道不得行咎殃且亡不有洪水將出災火且起滌盪民人哀帝久寢疾幾其有益遂從賀良等議於是詔制丞相御史蓋聞尚書五曰考終命言大運一終更紀天元人元考文正理推曆定紀數如甲子也朕以眇身入繼太祖承皇天總百僚子元元未有應天心之效即位出入三年災變數降日月失度星辰錯謬高下貿易大異連仍盜賊並起朕甚懼焉戰戰兢兢唯恐陵夷惟漢至今二百載歷紀開元皇天降非材之右漢國再獲受命之符朕之不德曷敢不通夫受天之元命必與天下自新其大赦天下以建平二年爲太初元年更號曰陳聖劉太平皇帝漏刻以百二十爲度布告天下使明知之後月餘上疾自若賀良等復欲妄變政事大臣爭以爲不可許賀良等奏言大臣皆不知天命宜退丞相御史以解光李尋輔政上以其言亡驗遂下賀良等吏而下詔曰朕獲保宗廟爲政不得變異屢仍恐懼戰慄未知所繇待詔賀良等建言改元易號增益漏刻可以永安國家朕信道不篤過聽其言幾爲百姓獲福卒無嘉應久旱爲災以問賀良等對當復改制度皆背經誼違聖制不合時宜夫過而不改是爲過矣六月甲子詔書非赦令也皆蠲除之賀良等反道惑衆姦態當窮竟皆下獄光祿勳平當光祿大夫毛莫如與御史中丞廷尉雜治當賀良等執左道亂朝政傾覆國家誣罔主上不道賀良等皆伏誅尋及解光減死一等徙敦煌郡

通志卷一百一

通志卷一百二上

宋右廸功郎鄭樵漁仲撰

列傳第十五上

前漢

蕭望之子育咸由　馮奉世子野王立參逡　匡衡　張禹

孔光　馬宮　王商　史丹　傅喜　薛宣

朱博　翟方進子義　谷永　杜鄴　何武　王嘉

師丹　揚雄

蕭望之字長倩東海蘭陵人也徙杜陵家世以田爲業至望之好學治齊詩事同縣后蒼且十年以令詣太常受業復事同學博士白奇又從夏侯勝問論語禮服京師諸儒稱焉是時大將軍霍光秉政長史丙吉薦儒生王仲翁與望之等數人皆召見先是左將軍上官桀與蓋主謀殺光光既誅桀等後出入自備吏民當見者露索去刀兵兩吏挾持望之獨不肯聽自引出閤曰不願見吏牽持匈匈光聞之告吏勿持望之既至前說光曰將軍以功德輔幼主將以流大化致於治平是以天下之士延頸企踵爭願自效以輔高明今士見者皆先露索挾持恐非周公相成王躬吐握致白屋之禮於是光獨不除用望之而仲翁等皆補大將軍史三歲間仲翁至光祿大夫給事中望之以射策甲科爲郎署小苑東門候仲翁出入從倉頭廬兒下車趨門傳呼甚寵顧謂望之曰不肯錄錄反抱關爲望之曰各從其志後數年坐弟犯法不得宿衞免歸爲郡吏及御史大夫魏相除望之爲屬察廉爲大行治禮丞時大將軍光薨子禹復爲大司馬兄子山領尙書親屬皆宿衞內侍地節三年夏京師雨雹望之因是上疏願賜淸閒之宴口陳災異之意宣帝自在民間聞望之名曰此東海蕭生邪下少府宋畸問狀無有所諱望之對以爲春秋昭公三年大雨雹是時季氏專權卒逐昭公鄉使魯君察於天變宜亾此害今陛下以聖德居位思政求賢堯舜之用心也然而美祥未臻陰陽不和是大臣任政一姓擅執之所致也附枝大者賊本心私家盛者公室危唯明主躬萬幾選同姓舉賢材以爲腹心與參政謀令公卿大臣朝見奏事明陳其職以考功能如是則庶事理公道立姦邪塞私權廢矣對奏天子拜望之爲謁者時上初卽位思進賢良多上書言便宜輒下望之問狀高者請丞相御史次者中二千石試事滿歲以狀聞下者報聞或罷歸田里所白處奏皆可累遷諫大夫丞相司直歲中三遷官至二千石其後霍氏竟謀反誅望之寖益任用是時選博士諫大夫通政事者補郡國守相以望之爲平原太守望之雅意在本朝遠爲郡守內不自得乃上疏曰陛下哀愍百姓恐德化之不究悉出諫官以補郡吏所謂憂其末而忘其本者也朝無爭臣則不知過國無達士則不聞善願陛下選明經術溫故知新通於幾微謀慮之士以爲內臣與參政事諸侯聞之則知國家納諫憂政亾有闕遺若此不怠成康之道其庶幾乎外郡不治豈足憂哉書聞徵入守少府宣帝察望之經明持重論議有餘材任宰相欲詳試以政事復以爲左馮翊望之從少府出爲左遷恐有不合意卽移病上聞之使侍中成都侯金安上諭指曰所用皆更治民以考功君前爲平原太守日淺故復試之於三輔非有所聞也望之卽視事是歲西羌反漢遣後將軍征之京兆尹張敞上書言國兵在外軍以夏發隴西以北安定以西吏民並給轉輸田事頗廢素無餘積雖羌虜以破來春民食必乏窮辟之處買亾所得縣官穀度不足以振之願令諸有辠非盜受賕殺人及犯法不得赦者皆得以差入穀此八郡贖罪務益致穀以豫備百姓之急事下有司望之與少府李彊議以爲民函陰陽之氣有仁義欲利之心在教化之所助堯在上不能去民欲利之心而能令其欲利不勝其好義也雖桀在上不能去民好義之心而能令其好義不勝其欲利也故堯桀之分在於義利而已道民不可不愼也今欲令民量粟以贖罪如此則富者得生貧者獨死是貧富異刑而法不壹也人情貧窮父兄囚執聞出財得以生活爲人子弟者將不顧死亾之患敗亂之行以赴財利求救親戚一人得生十人以喪如此伯夷之行壞公綽之名滅政教壹傾雖有周召之佐恐不能復古者藏富於民不足則取有餘則與詩曰爰及矜人哀此鰥寡上惠下也又曰雨我公田遂及我私下急上也今有西邊之役民失作業雖戶賦口斂以贍其困乏古之通義百姓莫以爲非以死救生恐未可也陛下布德施教教化旣成堯舜亾以加也今議開利路以傷既成之化臣竊痛之於是天子復下其議兩府丞相御史以難問張敞敞曰少府左馮翊所言常人之所守耳昔先帝征四夷兵行三十餘年百姓猶不加賦而軍用給今羌虜一隅小夷跳梁於山谷間但令辠人出財減辠以誅之其名賢於煩擾良民橫興賦斂也又諸盜及殺人犯不道者百姓所疾苦也皆不得贖首匿見知縱所不當得爲之屬議者或頗言其法可蠲除今因此令贖其便明甚何化之所亂甫刑之罰小過赦薄罪贖有金選之品所從來久矣何賊之所生傚

備皁衣二十餘年嘗聞罪人贖矣未聞盜賊起也竊憐涼州被寇方秋饒時民尙有饑乏病死於道路況至來春將大困乎不早慮所以振救之策而引常經以難恐後爲重責常人可與守經未可與權也敞幸得備列卿以輔兩府爲職不敢不盡愚望之彊復對曰先帝聖德賢良在位作憲垂法爲無窮之規永惟邊竟之不贍故金布令甲曰邊郡數破兵離饑寒夭絕天年父子相失令天下共給其費固爲軍旅卒暴之事也聞天漢四年常使死罪人入五十萬錢減死罪一等豪彊吏民請奪假貸至爲盜賊以贖罪其後姦邪暴橫羣盜並起至攻城邑殺郡守充滿山谷吏不能禁明詔遣繡衣使者以興兵擊之誅者過半然後衰止愚以爲此死罪贖之敗也故曰不便時丞相魏相御史大夫丙吉亦以爲羌虜且破轉輸略足相給遂不施敞議望之爲左馮翊三年京師稱之遷大鴻臚先是烏孫昆彌翁歸靡因長羅侯常惠上書願以漢外孫元貴靡爲嗣得復尙少主結婚內附畔去匈奴詔下公卿議望之以爲烏孫絕域信其美言萬里結婚非長策也天子不聽神爵二年遣長羅侯惠使送公主配元貴靡未出塞翁歸靡死其兄子狂王背約自立惠從塞下上書願留少主敦煌郡惠至烏孫責以負約因立元貴靡還迎少主詔下公卿議望之復以爲不可烏孫持兩端亾堅約其效可見前少主在烏孫四十餘年恩愛不親密邊境未以安此已事之驗也今少主以元貴靡不得立而還信無負於四夷此中國之大福也少主不止徭役將興其原起此天子從其議徵少主還後烏孫雖分國兩立以元貴靡爲大昆彌漢遂不復與結婚三年代丙吉爲御史大夫五鳳中匈奴大亂議者多曰匈奴爲害日久可因其壞亂舉兵滅之詔遣中朝大司馬車騎將軍韓增諸吏富平侯張延壽光祿勳楊惲太僕戴長樂問望之計策望之對曰春秋晉士匄帥師侵齊聞齊侯卒引師而還君子大其不伐喪以爲恩足以服孝子誼足以動諸侯前單于慕化向善稱弟遣使請求和親海內欣然夷狄莫不聞未終奉約不幸爲賊臣所殺今而伐之是乘亂而幸災也彼必奔走遠遁不以義動兵恐勞而無功宜遣使者弔問輔其微弱救其災患四夷聞之咸貴中國之仁義如遂蒙恩得復其位必稱臣服從此德之盛也上從其議後竟遣兵護輔呼韓邪單于定其國是時大司農耿壽昌奏設常平倉上善之望之非壽昌丞相丙吉年老上重焉望之又奏言百姓困乏盜賊未止二千石多材下不任職三公非其人則三光爲之不明今首歲日月少光咎在臣等上以望之意輕丞相乃下侍中建章衛尉金安上光祿勳楊惲御史中丞王忠并詰問望之望之免冠置對天子繇是不說後丞相司直緐音婆延壽奏侍中謁者良使丞制詔望之望之再拜已良與望之言望之不起因故下手而謂御史曰良禮不備故事丞相病明日御史大夫輒問病朝奏事會庭中差居丞相後丞相謝大夫少進揖今丞相數病望之不問病會庭中與丞相鈞禮時議事不合意望之曰侯年寧能父我邪知御史有令不得擅使望之多使守史自給車馬之杜陵護視家事少史冠法冠爲妻先引又使賣買私所附益凡十萬三千案望之大臣通經術居九卿之右本朝所仰至不奉法自修踞慢不遜讓受所監臧二百五十以上請逮捕繫治上於是策免望之左遷爲太子太傅望之旣左遷而黃霸代爲御史大夫數月閒丙吉薨霸爲丞相霸薨于定國代焉望之遂見廢不得相爲太傅以論語禮服授皇太子初匈奴呼韓邪單于來朝詔公卿議其儀丞相霸御史大夫定國議曰聖王之制施德行禮先京師而後諸夏先諸夏而後夷狄其禮儀宜如諸侯王位次在下望之以爲單于非正朔所加故稱敵國宜待以不臣之禮位在諸侯王上外夷稽首稱藩中國讓而不臣此則羈縻之誼謙亨之福也天子采之詔以客禮待單于位在諸侯王上贊謁稱臣而不名及宣帝寢疾選大臣可屬者引外屬侍中樂陵侯史高太子太傅望之少傅周堪至禁中拜高爲大司馬車騎將軍望之爲前將軍光祿勳堪爲光祿大夫皆受遺詔輔政領尚書事宣帝崩太子襲尊號是爲孝元帝望之堪本以師傅見尊重上卽位數燕見言治亂陳王事望之選白宗室明經達學散騎諫大夫劉更生給事中與侍中金敞並拾遺左右四人同心謀議勸道上以古制多所欲匡正上甚鄉納之初宣帝不甚從儒術任用法律而中書宦官用事中書令弘恭石顯久典樞機明習文法亦與車騎將軍高爲表裏論議常獨持故事不從望之等恭顯又時傾仄見詘望之以爲中書政本宜以賢明之選自武帝游燕後庭故用宦者非國舊制又違古不近刑人之義白欲更置士人由是大與高恭顯忤上初卽位謙讓重改作議久不定出劉更生爲宗正望之堪數薦名儒茂材以備諫官會稽鄭朋陰欲附望之上疏言車騎將軍高遣客爲姦利郡國及言許史子弟罪過章視周堪白令朋待詔金馬門朋奏記望之勉以周召之事望之見納朋接待以意朋數稱述望之短車騎將軍

言許史過失後朋行傾邪望之絕不與通朋與大司農史李宮俱待詔堪獨白宮爲黃門郎朋楚士怨恨更求入許史推所言許史事曰皆周堪劉更生教我我關東人何以知此於是侍中許章白見朋朋出揚言曰我見言前將軍小過五大過一中書令在旁知我言狀望之聞之以問弘恭石顯顯恭恐望之自訟下於他吏即挾朋及待詔華龍華龍者宣帝時與張子蟜等待詔以行汙穢不進欲入堪等堪等不納故與朋相結恭顯令二人告望之等謀欲罷車騎將軍疏退許史狀候望之出休日令朋龍上之事下弘恭問狀望之對曰外戚在位多奢淫欲以匡正國家非爲邪也恭顯奏望之堪更生朋黨相稱舉數譖訴大臣毀離親戚欲以專權擅執爲臣不忠誣上不道請謁者召致廷尉時上初即位不省謁者召致廷尉爲下獄也可其奏後上召堪更生曰繫獄上大驚曰非但廷尉問邪以責恭顯皆叩頭謝上曰令出視事恭顯因使高言上新即位未以德化聞於天下而先驗師傅既下九卿大夫獄宜因決免於是制詔丞相御史前將軍望之傅朕八年無他罪過今事久遠識忘難明其赦望之罪收前將軍光祿勳印綬及堪更生皆免爲庶人而朋爲黃門郎後數月制詔御史國之將興尊師而重傅故前將軍望之傅朕八年道以經術厥功茂焉其賜望之爵關內侯食邑六百戶給事中朝朔望坐次將軍天子方倚欲以爲丞相會望之子散騎中郎伋上書訟望之前事事下有司復奏望之前所坐明白無譖訴者而教子上書稱引亾辜之詩失大臣體不敬請逮捕恭顯等知望之素高節不詘辱建白望之前爲將軍輔政欲排退許史專權擅朝幸得不坐復賜爵邑與聞政事不悔過服罪深懷怨望教子上書歸非於上自以託師傅懷終不坐非頗詘望之於牢獄塞其怏怏心則聖朝亾以施恩厚上曰蕭太傅素剛安肯就吏顯等奏曰人命至重望之所坐語言薄罪必無所憂上乃可其奏顯等封以付謁者敕令召望之手付因令太常急發執金吾車騎馳圍其第使者至召望之望之欲自殺其夫人止之以爲非天子意望之以問門下生朱雲雲者好節士勸望之自裁於是望之仰天歎曰吾嘗備位將相年踰六十矣老入牢獄苟求生活不亦鄙乎字謂雲曰游趣和藥來無久留我死竟飲鴆自殺天子聞之驚拊手曰曩固疑其不就牢獄果然殺吾賢傅是時太官方上晝食上乃卻食爲之涕泣哀慟左右於是召顯等責問以議不詳皆免冠謝良久然後已望之有罪死有司請絕其爵邑有詔加恩長子伋嗣爲關內侯天子追念望之不忘每歲時遣使者祠祭望之冢終元帝之世望之八子至大官者育咸由育字次君少以父任爲太子庶子元帝即位爲郎病免後爲御史大將軍王鳳以育名父子著材能除爲功曹遷謁者使匈奴副校尉後爲茂陵令會課育第六而漆令郭舜殿見責問育爲之請扶風怒曰君課第六裁自脫何暇欲爲左右言及罷出傳召茂陵令詣後曹當以職事對育徑出曹書佐隨牽育育案佩刀曰蕭育杜陵男子何詣曹也遂趨出欲去官明旦詔召入拜爲司隸校尉育過扶風府門官屬掾史數百人拜謁車下後坐失大將軍指免官復爲中郎將使匈奴歷冀州青州兩部刺史長水校尉泰山太守入守大鴻臚以鄠名賊梁子政阻山爲害久不伏辜育爲右扶風數月盡誅子政等坐與定陵侯湻于長厚善免官哀帝時南郡江中多盜賊拜育爲南郡太守上以育耆舊名臣乃以三公使車載育入殿中受策加賜黃金二十斤育至南郡盜賊靜病去官起家復爲光祿大夫執金吾以壽終於官育爲人嚴猛尚威居官數免稀遷少與陳咸朱博爲友著聞當世往者有王陽貢公故長安語曰蕭朱結綬王貢彈冠言其相薦達也始育與陳咸俱以公卿子顯名咸最先進年十八爲左曹二十餘御史中丞時朱博尚爲杜陵亭長爲咸育所攀援入王氏後遂並歷刺史郡守相及爲九卿而博先至將軍上卿歷位多於咸育遂至丞相育與博後有隙不能終故世以交爲難咸字仲爲丞相史舉茂材好畤令遷淮陽泗水內史張掖弘農河東太守所居有迹數增秩賜金後免官復爲越騎校尉護軍都尉中郎將使匈奴至大司農終官由字子驕爲丞相西曹衛將軍掾遷謁者使匈奴副校尉後舉賢良爲定陶令遷太原都尉安定太守治郡有聲多稱薦者初哀帝爲定陶王時由爲定陶令失王指頃之制書免由爲庶人哀帝崩爲復土校尉京輔左輔都尉遷江夏太守平江賊成重等有功增秩爲陳留太守元始中作明堂辟雍大朝諸侯徵由爲大鴻臚會病不及賓贊還歸故官病免復爲中散大夫終官家至吏二千石者六七人

馮奉世字子明上黨潞人也徙杜陵其先馮亭爲韓上黨守秦攻上黨絕太行道韓不能守馮亭乃入上黨城守於趙趙封馮亭爲華陽君與趙將括拒秦戰死於長平宗族由是分散或留潞或在趙在趙者爲官帥將官帥將子爲代相及秦滅六國而馮亭之後馮毋擇馮去疾馮劫皆爲秦將相焉漢興文帝時馮唐顯名即代相

子也至武帝末奉世以良家子選爲郎昭帝時以功次補武安長失官年三十餘矣乃學春秋涉大義讀兵法前將軍韓增奏以爲軍司空令本始中從軍擊匈奴軍罷復爲郎先是時漢數出使西域多辱命不稱或貪汙爲外國所苦是時烏孫大有擊匈奴之功而西域諸國新輯漢方善遇欲以安之選可使外國者前將軍韓增舉奉世以衞候使持節送大宛諸國客至伊修城都尉宋將言莎車與旁國共攻殺漢所置莎車王萬年并殺漢使者奚充國時匈奴又發兵攻車師城不能下而去莎車遣使揚言北道諸國已屬匈奴矣於是攻劫南道與歃盟畔漢從鄯善以西皆絕不通都護鄭吉校尉司馬意皆在北道諸國閒奉世與其副嚴昌計以爲不亟擊之則莎車日彊其埶難制必危西域遂以節告諭諸國王因發其兵南北道合萬五千人進擊莎車攻拔其城莎車王自殺傳其首詣長安諸國悉平威振西域奉世乃罷兵以聞宣帝召見韓增曰賀將軍所舉得其人奉世遂西至大宛大宛聞其斬莎車王敬之異於他使得其名馬象龍而還馬形似龍上甚悅下議封奉世丞相將軍皆曰春秋之義大夫出彊有可以安國家者專之可也奉世功效尤著宜加爵土之賞少府蕭望之獨以奉世奉使有指而擅矯制違命發諸國兵雖有功效不可以爲後法卽封奉世開後奉使者利以奉世爲比爭逐發兵要功萬里之外爲國家生事於夷狄漸不可長奉世不宜受封上善望之議以奉世爲光祿大夫水衡都尉元帝卽位爲執金吾上郡屬國歸義降胡萬餘人反去初昭帝末西河屬國胡伊酋若王亦將衆數千人畔奉世輒持節將兵追擊右將軍典屬國常惠薨奉世代爲右將軍典屬國加諸吏之號數歲爲光祿勳永元二年秋隴西羌彡姐旁種反彡所廉反姐音紫詔召丞相韋元成御史大夫鄭弘大司馬車騎將軍王接左將軍許嘉右將軍奉世入議是時歲比不登京師穀石二百餘邊郡四百關東五百四方饑饉朝廷方以爲憂而遭羌變元成等漠然莫有對者奉世曰羌虜近在境內背畔不以時誅無以威制遠蠻臣願帥師討之上問用兵之數對曰臣聞善用兵者役不再興糧不三載故師不久暴而天誅亟決往者數不料敵而師至於折傷再三發軵軵而隴反推也淮南子曰內郡軵車而餉則曠日煩費威武虧矣今反虜無慮三萬人法當倍用六萬人然羌戎弓矛之兵耳器不犀利可用四萬人一月足以決丞相御史兩將軍皆以爲民方收斂時未可多發萬人屯守之且足奉世曰不可天下被饑饉士馬羸耗守戰之備久廢不簡夷狄皆有輕邊吏之心而羌首難今以萬人分屯數處虜見兵少必不畏懼戰則挫兵病師守則百姓不救如此怯弱之形見羌人乘利諸種並和相扇而起臣恐中國之役不得止於四萬非財幣所能解也故少發師而曠日與一舉而疾決利害相萬也固爭之不能得有詔益二千人於是遣奉世將萬二千人騎以將屯爲名典屬國任立護軍都尉韓昌爲偏裨到隴西分屯三處典屬國爲右軍屯白石護軍都尉爲前軍屯臨洮奉世爲中軍屯首陽西極上前軍到降同阪先遣校尉在前與羌爭地利又別遣校尉救民於廣陽谷羌虜盛多皆爲所破殺兩校尉奉世具上地形部衆多少之計願益三萬六千人乃足以決事書奏天子大爲發兵六萬餘人拜太常弋陽侯任千秋爲奮武將軍以助焉奉世上言願得其衆不須煩大將因陳轉輸之費上於是以璽書勞奉世且讓之曰兵法大將軍出必有偏裨所以揚武威參計策將軍又何疑焉夫愛吏士得衆心舉而無悔禽敵必全將軍之職也若乃轉輸之費則有司存將軍勿憂須奮武將軍兵到合擊羌虜十月兵至隴西十一月並進羌虜大破斬首數千級餘皆走出塞兵未決閒漢復發募士萬人拜定襄太守韓安國爲建威將軍未進聞羌破還上曰羌虜破散創艾亡逃出塞其罷吏士頗留屯田備要害處明年二月奉世還京師更爲左將軍光祿勳如故其後錄功拜爵下詔曰羌虜桀黠賊害吏民攻隴西府寺燔燒置亭絕道橋甚逆天道左將軍光祿勳奉世前將兵征討斬捕首虜八千餘級鹵馬牛羊以萬數賜奉世爵關內侯食邑五百戶黃金六十斤裨將校尉三十餘人皆拜後歲餘奉世病卒居爪牙官前後十年爲折衝宿將功名次趙充國奮武將軍任千秋者其父宮昭帝時以丞相徵事捕斬反者左將軍上官桀封侯宣帝時爲太常薨千秋嗣後復爲太常成帝時樂昌侯王商代奉世爲左將軍而千秋爲右將軍後亦爲左將軍子孫傳國至王莽乃絕云奉世死後二年西域都護甘延壽以誅郅支單于封爲列侯時丞相匡衡亦用延壽矯制生事據蕭望之前議以爲不當封而議者咸美其功上從衆而侯之於是杜欽上疏追訟奉世前功宜蒙見錄願下有司議上以先帝時事不復錄奉世有子男九人女四人長女媛以選充後宮爲元帝昭儀產中山孝王元帝崩媛爲中山太后隨王就國奉世長子譚太常舉孝廉爲郎功次補天水司馬奉世擊西羌譚爲校尉隨父從軍有功未拜病死譚弟野王逡立參至大

官野王字君卿受業博士通詩少以父任爲太子中庶子年十八上書願試守長安令宣帝奇其志問丞相魏相相以爲不可許後以功次補當陽長遷爲櫟陽令徙夏陽令元帝時遷隴西太守以治行高入爲左馮翊歲餘而池陽令並素行貪汙輕野王外戚年少治行不改野王部督郵掾祋祤趙都案驗得其主守盜十金罪收捕並不首吏都格殺並並家上書陳冤事下廷尉都詣吏自殺以明野王京師稱其威信遷爲大鴻臚數年御史大夫李延壽病卒在位多舉野王上使尚書選第中二千石而野王行能第一上曰吾用野王爲三公後世必謂我私後宮親屬以野王爲比乃下詔曰剛彊堅固確然無欲大鴻臚野王是也心辨善辭可使四方少府五鹿充宗是也廉潔節儉太子少傅張譚是也其以少傅爲御史大夫上繇下第而用譚越次避嫌不用野王以昭儀兄故也野王乃歎曰人皆以女寵貴我兄弟獨以賤野王雖不爲三公甚見器重有名當世成帝立有司奏野王王舅不宜備九卿以秩出爲上郡太守加賜黃金百斤朔方刺史蕭育奏封事薦言野王行能高妙內足與圖身外足以慮化竊惜野王懷國之寶而不得陪朝廷與朝者並野王前以王舅出以賢復入明國家樂進賢也上自爲太子時聞知野王會其病免復以故二千石使行河隄因拜爲瑯琊太守是時帝長舅陽平侯王鳳爲大司馬大將軍輔政八九年矣時數有災異京兆尹王章譏鳳專權不可任用薦野王代鳳上初納其言而後誅章語在元后傳於是野王懼不自安遂病滿三月賜告與妻子歸杜陵就醫藥大將軍鳳諷御史中丞劾奏野王賜告養病而私自便持虎符出界歸家奉詔不敬杜欽時在大將軍幕府欽素高野王父子行能奏記於鳳爲野王言曰竊見令曰吏二千石告過長安謁不分別予賜今有司以爲予告得歸賜告不得是一律兩科失省刑之意夫三最予告令也病滿三月賜告詔恩也令告則得詔恩則不得失輕重之差又二千石病賜告得歸有故事不得去郡亾著令傳曰賞疑從予所以廣恩勸功也罰疑從去所以愼刑闕難知也今釋令與故事而假不敬之法甚違闕疑從去之意卽以二千石守千里之地任兵馬之重不宜去郡將以制刑爲後法者則野王之罪在未制令前也刑賞大信也不可不愼鳳不聽竟免野王郡國二千石病賜告不得歸家自此始初野王嗣父爵爲關內侯免歸數年年老終于家子座嗣爵至孫坐中山太后事絕遂字子產通易太常察孝廉爲郎補謁者建昭中選爲復土校尉光祿勳于永舉茂材爲美陽令功次遷長樂屯衛司馬淸河都尉隴西太守治行廉平年四十餘卒爲都尉時言河隄方略有足稱者立字聖卿通春秋以父任爲郎稍遷諸曹竟寧中以王舅出爲五原屬國都尉數年遷五原太守徙西河上郡立居職公廉治行略與野王相似而多知有恩貸好爲條教吏民嘉美野王立相代爲太守歌之曰大馮君小馮君兄弟繼踵相因循聰明賢知惠吏民政如魯衞德化鈞周公康叔猶二君後還爲東海太守下溼病痺天子聞之徙立爲太原太守更歷五郡所居有迹年老卒官參字叔平學通尚書少爲黃門郎給事中宿衛十餘年參爲人矜嚴好修容儀進止恂恂甚可觀也參昭儀少弟行又敕備以嚴見憚終不得親近侍帷幄竟寧中以王舅出補渭陵食官令以數病徙爲寢中郎有詔勿事陽朔中中山王來朝參擢爲上河農都尉病免官復爲渭陵寢中郎永始中超遷代郡太守以邊郡道遠徙爲安定太守數歲病免復爲諫大夫使領護左馮翊都水綏和中立定陶王爲皇太子以中山王見廢故封王舅參爲宜鄉侯以慰王意參之國上書願至中山見王太后行未到而王薨王病時上奏願貶參爵以關內侯食邑留長安上憐之下詔曰中山孝王短命早薨願以舅宜鄉侯參爲關內侯歸家朕甚愍之其還參京師以列侯奉朝請五侯皆敬憚之丞相翟方進亦甚重焉數謂參物禁太甚君侯以王舅見廢不得在公卿位今五侯至尊貴也與之並列宜少詘節卑體視有所宗而君侯盛修容貌以威嚴加之此非所以下五侯而自益者也參性好禮儀終不改其恒操頃之哀帝卽位帝祖母傅太后用事追怨參姊中山太后陷以祝詛大逆之罪語在外戚傳參以同產當相坐謁者承制召參詣廷尉參自殺且死仰天歎曰參父子兄弟皆備大位身至封侯今被惡名而死姊弟不敢自惜傷無以見先人于地下死者十七人衆莫不憐之宗族徙歸故郡

匡衡字稚圭東海承人也父世農夫至衡好學家貧庸作以供資用尤精力過絕人諸儒爲之語曰無說詩匡鼎來匡說詩解人頤衡射策甲科以不應令除爲太常掌故調補平原文學學者多上書薦衡經明當世少雙令爲文學就官京師後進皆欲從衡平原衡不宜在遠方事下太子太傅蕭望之少府梁邱賀問衡對詩諸大義其對深美望之奏衡經學精習說有師道可觀覽宣帝不甚用儒遣衡歸官而皇太子見衡對私善之會宣

帝崩元帝初卽位樂陵侯史高以外屬爲大司馬車騎將軍領尚書事前將軍蕭望之爲副望之名儒有師傅舊恩天子任之多所貢薦高充位而已與望之有隙長安令楊興說高曰將軍以親戚輔政貴重於天下無二然衆庶論議令問休譽不專在將軍者何也彼誠有所聞也以將軍之幕府海內莫不仰望而所舉不過私門賓容乳母子弟人情忽不自知然一夫竊議語流天下夫富貴在身而列士不譽是有狐白之裘而反衣之也古人病其若此故卑體勞心以求賢爲務傳曰以賢難得之故因曰事不待賢以食難得之故而曰飽不待食惑之甚者也平原文學匡衡材智有餘經學絕倫但以無階朝廷故隨牒在遠方將軍誠召置幕府學士歙然歸仁與參事議觀其所有貢之朝廷必爲國器以此顯示衆庶名流於世高然其言辟衡爲議曹史薦衡於上上以爲郎中遷博士給事中是時有日食地震之變上問以政治得失衡上疏曰臣聞五帝不同禮三王各異教民俗殊務所遇之時異也陛下躬聖聽開太平之路閔愚吏民觸法抵禁比年大赦使百姓得改行自新天下幸甚臣竊見大赦之後姦邪不爲衰止今日大赦明日犯法相隨入獄此殆導之未得其務也蓋保民者陳之以德義示之以好惡觀其失而制其宜故動之而和綏之而安今天下俗貪財賤義好聲色上侈靡廉耻之節薄淫辟之意縱綱紀失序疏者踰內親戚之恩薄婚姻之黨隆苟合徼幸以身設利不改其原雖歲赦之刑猶難使錯而不用也臣愚以爲宜壹曠然大變其俗孔子曰能以禮讓爲國乎何有朝廷者天下之楨幹也公卿大夫相與循禮恭讓則民不爭好仁樂施則下不暴上義高節則民興行寬柔和惠則衆相愛四者明王之所以不嚴而成化也何者朝有變色之言則下有爭鬬之患上有自專之士則下有不讓之人上有克勝之佐則下有傷害之心上有好利之臣則下有盜竊之民此其本也今俗吏之治皆不本禮讓而上克暴或忮害好陷人於罪貪財而慕埶故犯法者衆姦邪不止雖嚴刑峻法猶不爲變此非其天性有由然也臣竊考國風之詩周南召南被賢聖之化深故篤於行而廉於色鄭伯好勇而國人暴虎秦穆貴信而士多從死陳大夫好巫而民淫祀晉侯好儉而民畜聚大王躬仁邠國貴恕由此觀之治天下者審所上而已今之僞薄忮害不讓極矣臣聞教化之流非家至而人說之也賢者在位能者在職朝廷崇禮百僚敬讓道德之行由內及外自近者始然後民知所法遷善日進而不自知是以百姓安陰陽和神靈應而嘉祥見詩曰商邑翼翼四方之極壽考且寧以保我後生此成湯所以建至治保子孫化異俗而懷鬼方也今長安天子之都親承聖化然其習俗無以異於遠方郡國來者無所法則或見侈靡而放效之此教化之原本風俗之樞機宜先正者也臣聞天人之際精祲有以相盪善惡有以相推事作乎下者象動乎上陰陽之理各應其感陰變則靜者動陽蔽則明者晻水旱之災隨類而至今關東連年饑饉百姓乏困或至相食此皆生於賦斂多民所共者大而吏安集之不稱之效也陛下祗畏天戒哀閔元元大自減損省甘泉建章宮衞罷珠崖偃武行文將欲度唐虞之隆絕殷周之衰也諸見罷珠崖詔書者莫不欣欣人自以將見太平也宜遂減宮室之度省靡麗之飾考制度修外內近忠正遠巧佞放鄭衞進雅頌舉異材開直言任溫良之人退刻薄之吏顯潔白之士昭無欲之路覽六藝之意察上世之務明自然之道博和睦之化以崇至仁匡失俗易民視令海內昭然咸見本朝之所貴道德弘於京師淑問揚乎疆外然後大化可成禮讓可興也上說其言遷衡爲光祿大夫太子少傅時上好儒術文辭頗改宣帝之政言事者多進見人人自以爲得上意又傅昭儀及子定陶王愛幸寵於皇后太子衡復上疏曰臣聞治亂安危之機在乎審所用心蓋受命之王務在創業垂統傳之無窮繼體之君心存於承宣先王之德而褒大其功昔者成王之嗣位思述文武之道以養其心休烈盛美皆歸之二后而不敢專其名是以上天歆享鬼神祐焉其詩曰念我皇祖陟降廷止言成王常思祖考之業而鬼神祐助其治也陛下聖德天覆子愛海內然陰陽未和姦邪未禁者殆論議者未丕揚先帝之盛功爭言制度不可用也務變更之所更或不可行而復復之是以羣下更相是非吏民無所信臣竊恨國家釋樂成之業而虛爲此紛紛也願陛下詳覽統業之事留神於遵制揚功以定羣下之心大雅曰無念爾祖聿修厥德孔子著之孝經首帝蓋至德之本也傳曰審好惡理情性而王道畢矣能盡其性然後能盡人物之性能盡人物之性可以贊天地之化治性之道必審己之所有餘而彊其所不足蓋聰明疏通者戒於太察寡聞少見者戒於雍蔽勇猛剛彊者戒於太暴仁愛溫良者戒於無斷湛靜安舒者戒於後時廣心浩大者戒於遺忘必審己之所當戒而齊之以義然後中和之化應而巧僞之徒不敢比周而望進唯陛下戒所以崇聖德臣又聞室

家之道修則天下之理得故詩始國風禮本冠婚始乎國風原情性而明人倫也本乎冠婚正基兆而防未然也福之興莫不本乎室家室家之道衰莫不始乎梱內故聖王必愼妃后之際別適長之位禮之於內也卑不踰尊新不先故所以統人情而理陰氣也其尊適而卑庶也適子冠乎阼禮之用醴衆子不得與列所以貴正體而明嫌疑也非虛加其禮文而已乃中心與之殊異故禮探其情而見之外也聖人動靜游燕所親物得其序得其序則海內自修百姓從化如當親者疏當尊者卑則佞巧之姦因時而動以亂國家故聖人愼防其端而禁於未然不以私恩害公義陛下聖德純備莫不修正則天下無爲而治詩云于以四方克定厥家傳曰正家而天下定矣衡爲少傅數年數上疏陳便宜及朝廷有政議傅經以對言多法義上以爲任公卿由是爲光祿勳御史大夫建昭三年代韋元成爲丞相封樂安侯食邑六百戶元帝崩成帝卽位衡上疏戒妃匹勸經學及朝覲羣臣威儀之則上敬納其言頃之衡復奏正南北郊罷諸淫祀皆可采用初元帝時中書令石顯用事自前相韋元成及衡皆畏顯不敢失其意至成帝初卽位衡乃與御史大夫甄譚共奏顯追條其舊惡并及黨與於是司隸校尉王尊劾奏衡譚居大臣位知顯等專權埶作威福爲海內患害不以時白奏行罰而阿諛曲從附下罔上無大臣輔政之義旣奏顯等不自陳不忠之罪而反揚著先帝任用傾覆之徒罪至不道有詔勿劾衡慙懼上疏謝罪因稱疾乞骸骨上丞相樂安侯印綬詔報不許衡起視事上以新卽位褒優大臣然羣下多是王尊者衡默默不自安每有風雨水旱不時連乞骸骨讓位上輒以詔書慰撫不許久之衡子昌爲越騎校尉醉殺人繫詔獄越騎官屬與昌弟且謀篡昌事發覺衡免冠徒跣待罪天子使謁者詔衡冠履而有司奏衡專地盜土衡竟坐免初衡封僮之樂安鄉鄉本田提封三千一百頃南以閩佰爲界初元元年郡圖誤以閩佰爲平陵佰積十餘歲衡封臨淮郡遂封眞平陵佰以爲界多四百頃至建始元年郡乃定國界上計簿更定圖言丞相府衡謂所親吏趙殷曰主簿陸賜故居奏曹習事曉知國界署集曹掾明年治計時衡問殷國界事曹欲奈何殷曰賜以爲舉計令郡實之恐郡不肯從實可令家丞上書衡曰顧當得不耳何至上書亦不告曹使舉也聽曹爲之後賜與屬明舉計曰案故圖樂安鄉南以平陵佰爲界不足故而以閩佰爲界解何郡卽復以四百頃付樂安國衡遣從史之僮收取所還田租穀千餘石入衡家司隸校尉駿少府忠行廷尉事劾奏衡監臨盜所主守直十金以上春秋之義諸侯不得專地所以壹統尊法制也衡位三公輔國政領計簿知郡實正國界計簿已定而背法制專地盜土以自益及賜明阿承衡意猥舉郡計亂滅縣界附上罔下擅以地附益大臣皆不道於是上可其奏勿治丞相免爲庶人終於家子咸亦明經歷位九卿家世多爲博士者

張禹字子文河內軹人也至禹父徙家蓮勺蓮勺音輦酌禹爲兒數隨家至市喜觀於卜相者前久之頗曉其別著布卦意時從旁言卜者愛之又奇其面貌謂禹父曰是兒多知可令學經及禹壯至長安學從沛郡施讎受易瑯邪王陽膠東庸生問論語既皆明習有徒衆舉爲郡文學甘露中諸儒薦禹有詔太子太傅蕭望之問禹對易及論語大義望之善焉奏禹經學精習有師法可試事奏寢罷歸故官久之試爲博士初元中立皇太子而博士鄭寬中以尙書授太子薦言禹善論語詔令禹授太子論語由是遷光祿大夫數歲出爲東平內史元帝崩成帝卽位徵禹寬中皆以師賜爵關內侯寬中食邑八百戶禹六百戶拜爲諸吏光祿大夫秩中二千石給事中領尙書事是時帝長舅陽平侯王鳳爲大將軍輔政專權而上富於春秋謙讓方鄉經學敬重師傅而禹與鳳並領尙書內不自安數稱病上書乞骸骨欲退避鳳上詔報不許加賜黃金百斤養牛上尊酒太官致餐侍醫視病使者臨問禹惶恐復起視事河平四年代王商爲丞相封安昌侯爲相六歲鴻嘉元年以老病乞骸骨上加優再三乃聽許賜安車駟馬黃金百斤罷就第以列侯朝朔望位特進見禮如丞相置從事史五人益封四百戶天子數加賞賜前後數千萬禹爲人謹厚內殖貨財家以田爲業及富貴多買田至四百頃皆涇渭溉灌極膏腴上賈他財物稱是禹性習知音聲內奢淫身居大第後堂理絲竹筦絃禹成就弟子尤著者淮陽彭宣至大司空沛郡戴崇至少府九卿宣爲人恭儉有法度而崇愷悌多智二人異行禹心親愛崇敬宣而疏之崇每候禹常責師宜置酒設樂與弟子相娛禹將崇入後堂飲食婦女相對優人筦絃鏗鏘極樂昏夜乃罷而宣之來也禹見之於便坐講論經義日晏賜食不過一肉巵酒相對宣未嘗得至後堂及兩人皆聞知各自得也禹年老自治冢塋起祠室好平陵肥牛亭部處地又近延陵奏請求之上以賜禹詔令平陵徙亭他所曲陽侯根聞而爭之此地當平陵寢廟衣冠所出游道禹

爲師傅不遵謙讓至求衣冠所游之道又徙壞舊亭重非所宜孔子稱賜愛其羊我愛其禮宜更賜禹他地根雖爲舅上敬重不如禹根言雖切猶不見從卒以肥牛亭地賜禹根由是害禹寵數毀惡之天子愈益敬厚禹禹每病輒以起居聞車駕自臨問之上親拜禹牀下禹頓首謝恩歸誠因言老臣有四男一女愛女甚於男遠嫁爲張掖太守蕭咸妻不勝父子私情思與相近上卽時徙咸爲弘農太守又禹小子未有官上臨候禹禹數視其小子上卽禹牀下拜爲黄門郞給事中禹雖家居以特進爲天子師國家每有大政必與定議永始元延之間日蝕地震尤數吏民多上書言災異之應譏切王氏專政所致上懼變異數見意頗然之而未有以明見乃車駕至禹第辟左右親問禹以天變因用吏民所言王氏事示禹禹自見年老子孫弱又與曲陽侯不平恐爲所怨禹卽謂上曰春秋二百四十年間日食三十餘地震五十六或爲諸侯相殺或爲夷狄侵中國災變之意深遠難見故聖人罕言命不語怪神性與天道自子贛之屬不得聞何況淺見鄙儒之所言陛下宜修政事以善應之與下同其福喜此經義意也新學小生亂道誤人宜勿信用以經術斷之上雅信愛禹由此不疑王氏後曲陽侯根及諸王子弟聞知禹言皆喜說遂親就禹禹見時有變異若上體不安擇日絜齊露蓍正衣冠立筮得吉卦則獻其占如有不吉禹爲感動憂色成帝崩禹及事哀帝建平二年薨謚曰節侯禹四子長子宏嗣侯官至太常列於九卿三弟皆爲校尉散騎諸曹初禹爲師以上難數對己問經爲論語章句獻之始魯扶卿及夏侯勝王陽蕭望之韋元成皆說論語篇第或異禹先事王陽後從庸生採獲所安最後出而尊貴諸儒爲之語曰欲爲論念張文由是學者多從張氏餘家寖微

孔光字子夏孔子十四世孫也孔子生伯魚鯉鯉生子思伋伋生子上帛帛生子家求求生子眞箕箕生子高穿穿生順順爲魏相順生鮒鮒爲陳涉博士死陳下鮒弟子襄爲孝惠博士長沙太傅襄生忠忠生武及安國武生延年延年生霸字次孺霸生光焉安國延年皆以治尙書爲武帝博士安國至臨淮太守霸亦治尙書事太傅夏侯勝昭帝末年爲博士宣帝時爲太中大夫以選授皇太子經遷詹事高密相是時諸侯王相在郡守上元帝卽位徵霸以師賜爵關內侯食邑八百戶號褒成君給事中加賜黄金二百斤第一區徙名數于長安霸爲人謙退不好權勢常稱爵位太過何德以堪之上欲致霸相位自御史大夫貢禹卒及薛廣德免輒欲拜霸霸讓位自陳至三上深知其至誠乃弗用以是敬之賞賜甚厚及霸薨上素服臨弔者再至賜東園祕器錢帛策贈以列侯禮謚曰烈君霸四子長子福嗣關內侯次子捷捷弟喜皆列校尉諸曹光最少子也經學尤明年未二十舉爲議郞光祿勳匡衡舉光方正爲諫議大夫坐議有不合左遷虹長(虹音貢)自免歸教授成帝初卽位舉爲博士數使錄冤獄行風俗振贍流民奉使稱旨由是知名是時博士選三科高爲尙書次爲刺史其不通政事以久次補諸侯太傅光以高第爲尙書觀故事品式數歲明習漢制及法令上甚信任之轉爲僕射尙書令有詔光周密謹愼未嘗有過加諸吏官以子男放爲侍郞給事黄門數年遷諸吏光祿大夫秩中二千石給事中賜黄金百斤領尙書事後爲光祿勳復領尙書諸吏給事中如故凡典樞機十餘年守法度修故事上有所問據經法以心所安而對不希指苟合如或不從不敢彊諫爭以是久而安時有所言輒削草稾以爲章主之過以奸忠直人臣大罪也有所薦舉唯恐其人之聞知沐日歸休兄弟妻子燕語終不及朝省政事或問光溫室省中樹皆何木也光默不應更答以他語其不泄如是光帝師傅子少以經行自著進官蚤成不結黨友養游說有求於人旣性自守亦其勢然也徙光祿勳爲御史大夫綏和中上卽位二十五年無繼嗣至親有同產弟中山孝王及同產弟子定陶王在定陶王好學多材於帝子行而王祖母傅太后陰爲王求漢嗣私事趙皇后昭儀及帝舅大司馬驃騎將軍王根故皆勸上上於是召丞相翟方進御史大夫光右將軍廉褒後將軍朱博皆引入禁中議中山定陶王誰可爲嗣者方進根以爲定陶王帝弟之子禮曰昆弟之子猶子也爲其後者爲之子也定陶王宜爲嗣褒博皆如方進根議光獨以爲立嗣以親中山王先帝之子帝親弟也以尙書盤庚殷之及王爲比中山王宜爲嗣上以禮兄弟不相入廟又皇后昭儀欲立定陶王故遂立爲太子光以議不中意左遷廷尉光久典尙書練法令號稱詳平時定陵侯淳于長坐大逆誅長小妻迺始等六人皆以長事未發覺時棄去或更嫁及長事發丞相方進大司空武議以爲令犯法者各以法時律令論之明有所訖也長犯大逆時迺始等見爲長妻已有當坐之罪與身犯法無異後乃棄去於法無以解請論光議以爲大逆無道父母妻子同產無少長皆棄市欲懲犯法者也夫婦之

道有義則合無義則離長未知當坐大逆之法而棄去廼始等或更嫁義已絕而欲以爲長妻論殺之名不正不當坐有詔光議是是歲右將軍褒後將軍博坐定陵紅陽侯皆免爲庶人以光爲左將軍居右將軍官職執金吾王咸爲右將軍居後將軍官職罷後將軍官數月丞相方進薨召左將軍光當拜已刻侯印書贊上暴崩即其夜於大行前拜受丞相博山侯印綬哀帝初即位躬行儉約省減諸用政事由已出朝廷翕然望至治焉褒賞大臣益封光千戶時成帝母太皇太后自居長樂宮而帝祖母定陶傅太后在國邸有詔問丞相大司空定陶共王太后宜當何居光素聞傅太后爲人剛暴長於權謀自帝在襁褓而養長教道至於成人帝之立又有力光心恐傅太后與政事不欲令與帝旦夕相近即議以爲定陶太后宜改築宮大司空何武曰可居北宮上從武言北宮有紫房複道通未央宮傅太后果從複道朝夕至帝所求欲稱尊號貴寵其親屬使上不得直道行頃之太后從弟子傅遷在左右尤傾邪上免官遣歸故郡傅太后怒上不得已復留遷光與大司空師丹奏言詔書侍中駙馬都尉遷巧佞無義漏泄不忠國之賊也免歸故郡復有詔止天下疑惑無所取信虧損聖德誠不小竊陛下以變異連見避正殿見羣臣思求其故至今未有所改臣請遷歸故郡以銷姦黨應天戒卒不得遣復爲侍中脅於傅太后皆此類也又傅太后欲與成帝母俱稱尊號羣下多順指言母以子貴宜立尊號以厚孝道唯師丹與光持不可上重違大臣正議又內迫傅太后猗違者連歲丹以罪免而朱博代爲大司空光自先帝時議繼嗣有持異之隙矣又重忤傅太后指由是傅氏在位者與朱博爲表裏共毀譖光後數月遂策免光罷歸光退閭里杜門自守而朱博代爲丞相數月坐承傅太后指妄奏事自殺平當代爲丞相數月薨王嘉復爲丞相數諫諍忤指旬歲間閱三相議者皆以爲不及光上由是思之會元壽元年正月朔日有蝕之後十餘日傅太后崩是月徵光詣公車問日蝕事光對曰臣聞日者衆陽之宗人君之表至尊之象君德衰微陰道盛彊侵蔽陽明則日蝕應之書曰義用五事建用皇極如貌言視聽思失大中之道不立則咎徵荐臻六極屢降皇之不極是爲大中不立其傳曰時則有日月亂行謂朓側慝甚則薄蝕是也又曰六沴之作歲之朝曰三朝其應至重廼正月辛丑朔日有食之變見三朝之會上天聰明苟無其事變不虛生唯陛下兢兢業業承順天戒敬畏變異勤心虛已延見羣臣思求其故然後敕躬自約總正萬事放遠讒說之黨援納斷斷之介退去貪殘之徒進用賢良之吏平刑罰薄稅斂恩澤加於百姓誠爲政之大本應變之至務也書奏上說賜光束帛拜爲光祿大夫秩中二千石給事中位次丞相詔光舉可尚書令者封上光舉尚書僕射敞以閒敞以舉故爲東平太守敞姓成公東海人也光爲大夫月餘丞相嘉下獄死御史大夫賈延免光復爲御史大夫二月爲丞相復故國博山侯上乃知光前免非其罪以過近臣毀短光者免傅嘉爲庶人歸故郡明年定三公官光更爲大司徒會哀帝崩太皇太后以新都侯王莽爲大司馬徵立中山王子是爲平帝帝年幼太后稱制委政於莽初哀帝罷黜王氏故太后與莽怨丁傅董賢之黨莽以光舊相名儒天下所信太后敬之備禮事光所欲搏擊輒爲草以太后指風光令上之睚眥莫不誅傷莽權日盛光憂懼不知所出上書乞骸骨莽白太后帝幼少宜置師傅徙光爲帝太傅位四輔給事中領宿衛供養行內署門戶省服御食物明年徙爲太師而莽爲太傅光常稱疾不敢與莽並有詔朝朔望領城門兵莽又風羣臣奏莽功德稱宰衡位在諸侯王上百官統焉光愈恐固稱疾辭位太后詔太師光毋朝十日一賜餐賜太師靈壽杖黃門令爲太師省中坐置几太師入省中用杖賜餐十七物然後歸老于第官屬按職如故光凡爲御史大夫丞相各再壹爲大司徒太傅太師歷三世居公輔位前後十七年自爲尚書止不教授後爲卿時會門下大生講問疑難舉大義云其弟子多成就爲博士大夫者見師居大位幾得其助力光終無所薦舉至或怨之其公如此光年七十元始五年薨莽白太后使九卿策贈以太師博山侯印綬賜乘輿祕器金錢雜帛少府供張諫大夫持節與謁者二人使護喪事博士護行禮太后亦遣中謁者持節視喪公卿百官會弔送葬載以乘輿轀輬及副各一乘羽林孤兒諸生合四百人輓送車萬餘兩道路皆舉音以過喪將作穿復上可甲卒五百人起墳如大將軍王鳳制度謚曰簡烈侯初光以丞相封後益封凡食邑萬一千戶病甚上書讓還七千戶及還所賜第子放嗣莽簒位後以光兄子永爲大司馬封侯昆弟子至卿大夫四五人始光父霸以初元元年爲關內侯食邑霸上書求奉孔子祭祀元帝下詔曰其令師褒成君關內侯霸以所食邑八百戶祀孔子焉故霸還長安子福名數於魯奉夫子祀霸薨子福嗣福薨子房嗣房薨子莽嗣元始元年封周公孔子後

爲列侯食邑各二千戶莽更封爲襃成侯後避王莽更名均

馬宮字游卿東海戚人也治春秋嚴氏以射策甲科爲郎遷楚長史免官後爲丞相史司直師丹薦宮行能高潔遷廷尉平青州刺史汝南九江太守所在見稱徵爲詹事光祿勳右將軍代孔光爲大司徒封扶德侯光爲太師薨宮復代光爲太師兼司徒官初宮哀帝時與丞相御史雜議帝祖母傅太后諡及元始中王莽發傅太后陵徙歸定陶以民葬之追誅前議者宮爲莽所厚獨不及內慙懼上書謝罪乞骸骨莽以太皇太后詔賜宮策以侯就第王莽篡位以宮爲太子師卒官本姓馬矢宮仕學稱馬氏云

王商字子威涿郡蠡吾人也徙杜陵商父武武兄無故皆以宣帝舅封無故爲平昌侯武爲樂昌侯語在外戚傳商少爲太子中庶子以肅敬敦厚稱父薨商嗣爲侯推財以分異母諸弟身無所受居喪哀慼於是大臣薦商行可以勵羣臣義足以厚風俗宜備近臣繇是擢爲諸曹侍中中郎將元帝時至右將軍光祿大夫是時定陶共王愛幸幾代太子商爲外戚重臣輔政擁佑太子頗有力焉元帝崩成帝卽位甚敬重商徙爲左將軍而帝元舅大司馬大將軍王鳳顓權行多驕僭商論議不能平鳳鳳知之亦疏商建始三年秋京師民無故相驚言大水至百姓奔走相蹂躪老弱號呼長安中大亂天子親御前殿召公卿議大將軍鳳以爲太后與上及後宮可御船令吏民上長安城以避水羣臣皆從鳳議左將軍商獨曰自古無道之國水猶不冒城郭今政治和平世無兵革上下相安何因當有大水一日暴至此必訛言也不宜令上城重驚百姓上乃止有頃長安中稍定問之果訛言上以是美壯商之固守數稱其議而鳳大慙自恨失言明年商代匡衡爲丞相益封千戶天子甚尊任之商爲人多質有威重長八尺餘身體鴻大容貌甚過絕人河平四年單于來朝引見白虎殿丞相商坐未央廷中單于前拜謁商商起離席與言單于仰視商貌大畏之遷延卻退天子聞而歎曰此眞漢相矣初大將軍鳳連婚楊彤爲瑯琊太守其郡有災害十四以上商部屬按問鳳以曉商曰災異天事非人力所能爲彤素善吏宜以爲後商不聽竟奏免之奏果寢不下鳳以是重怨商陰求其短使人上書言商閨門內事天子以爲暗昧之過不足以傷大臣鳳固爭下其事司隸先是皇太后嘗詔問商女欲以備後宮時女病商意亦難之以病對不入及商以閨門事見考自知爲鳳所中惶怖更欲納女爲援迺因新幸李倢伃家白見其女會有日蝕之變太中大夫蜀郡張匡爲人佞巧上書願對近臣陳日蝕咎下朝者將軍丹等問匡對曰竊見丞相商作威作福從外制中取必於上性殘賊不仁遣剽輕吏微求人罪欲以立威天下患苦之前頻陽耿定上書言商與父傅通及女弟淫亂奴殺其私夫疑商教使章下有司商私怨懟商子俊欲上書告商俊妻左將軍丹女持其書示丹丹惡其父子乖迕爲女求去商不盡忠納善以輔至德知聖王崇孝遠別不親後庭之事皆受命皇太后太后前聞商有女欲以備後宮商言有固疾後有耿定事更詭道因李貴人家內女執左道以亂政誣罔誖大臣節故應是而日蝕周書曰以左道事君者誅易曰日中見昧則折其右肱往者丞相周勃再建大功及孝文時纖介怨恨而日爲之蝕於是退勃使就國卒無怵愁憂今商無尺寸之功而有三世之寵身位三公宗族爲列侯吏二千石侍中諸曹給事禁門內連昏諸侯王權寵至盛審有內亂殺人怨懟之端宜窮竟考問臣聞秦丞相呂不韋見王無子意欲有秦國卽求好女以爲妻陰知其有身而獻之王產始皇帝及楚相春申君亦見王無子心利楚國卽獻有身妻而產懷王自漢興幾遭呂霍之患今商有不仁之性迺因怨以內女其姦謀未可測度前孝景世七國反將軍周亞夫以爲卽得雒陽劇孟關東非漢之有今商宗族權勢合貲鉅萬計私奴以千數非特劇孟匹夫之徒也且失道之至親戚畔之閨門內亂父子相訐而欲使之宣明聖化調和海內豈不繆哉商視事五年官職陵夷而大惡著於百姓甚虧損聖德有鼎折足之凶臣愚以爲聖主富於春秋卽位以來未有懲姦之威加以繼嗣未立大異並見尤宜誅討不忠以遏未然行之一人則海內震動百姦之路塞矣於是左將軍丹等奏商位三公爵列侯親受詔策爲天下師不遵法度以翼國家而回辟下媚以進其私執左道以亂政爲臣不忠罔上不道甫刑之辟皆爲上戮罪名明白臣請詔謁者召商詣若盧詔獄上素重商知匡言多險制曰勿治鳳固爭之於是制詔御史免商商免相三日發病嘔血薨謚曰戾侯而商子弟親屬爲駙馬都尉侍中常侍諸曹大夫郎吏者皆出補吏莫得留給事宿衛者有司奏商罪過未決請除國邑有詔長子安嗣爵爲樂昌侯至長樂衛尉光祿勳商死後連年日蝕地震直臣京兆尹王章上封事召見訟商忠直無罪言鳳專權蔽主鳳以法誅章語在元后傳至元

始中王莽爲安漢公誅不附已者樂昌侯安見被以罪自殺國除

史丹字君仲魯國人也徙杜陵祖父恭有女弟武帝時爲衞太子良娣產悼皇考皇考者宣帝父也宣帝微時依倚史氏語在史良娣傳及卽尊位而恭已死恭三子高曾元曾元皆以外屬舊恩封曾爲將陵侯元平臺侯高侍中貴幸以發舉反者大司馬霍禹功封樂陵侯宣帝疾病拜高爲大司馬車騎將軍領尚書事帝崩太子襲尊號是爲孝元帝高輔政五年乞骸骨賜安車駟馬黃金罷就第薨諡曰安侯自元帝爲太子時丹以父高任爲中庶子侍從十餘年元帝卽位爲駙馬都尉侍中出常驂乘甚有寵上以丹舊臣皇考外屬親信之詔丹護太子家是時傅昭儀子定陶共王有材藝子母俱愛幸而太子頗有酒色之失母王皇后無寵建昭之間元帝被疾不親政事留好音樂或置鼙鼓殿下天子自臨軒檻上隤銅（隤持回反下也）丸以擿鼓（擿音擲磓也磓丁回反）聲中嚴鼓之節後宮及左右習知音者莫能爲而定陶王亦能之上數稱其材丹進曰凡所謂材者敏而好學溫故知新皇太子是也若乃器人於絲竹鼙鼓之間則是陳惠李微（是時善樂者名也）高於匡衡可相國也於是上默然而笑其後中山哀王薨太子前弔哀王者元帝之少弟與太子游學相長大（謂同處長養以至於壯大）上望見太子感念哀王悲不能自止太子旣至前不哀上大恨曰安有人不慈仁而可奉宗廟爲民父母者乎上以責謂丹丹免冠謝曰臣誠見陛下哀痛中山王至以感損向者太子當進見臣切戒屬毋涕泣感傷陛下罪迺在臣當死上以爲然意乃解丹之輔相皆此類也竟寧元年上寢疾傅昭儀及定陶王常在左右而皇太子希得進見上疾稍侵意忽忽不平數問尚書以景帝時立膠東王故事是時太子長舅陽平侯王鳳爲衞尉侍中與皇后太子皆憂不知所出丹以親密臣得侍視疾候上間獨寢時丹直入臥內頓首伏青蒲上（以青規地曰青蒲）涕泣言皇太子以嫡長立積十餘年名號繫於百姓天下莫不歸心臣子見定陶王雅素愛幸今者道路流言爲國生意以爲天子有動搖之議審若此公卿已下必死爭不奉詔臣願先賜死以示羣臣天子素仁不忍見丹涕泣言又切至上意大感喟然太息曰吾日困劣而太子兩王幼少意中戀戀亦何不念乎然無有此議且皇后謹愼先帝又愛太子吾豈可違指駙馬都尉安所受此語丹卽卻頓首曰愚臣妄聞罪當死上因納謂丹曰吾病寖加恐不能自還善輔導太子毋違我意丹噓唏而起太子由是遂爲嗣矣元帝竟崩成帝初卽位擢丹爲長樂衞尉遷右將軍賜爵關內侯食邑三百戶給事中後徙左將軍光祿大夫鴻嘉元年封武陽侯國東海郯之武彊聚戶千一百丹爲人足知愷悌愛人貌若儻蕩不備然心甚謹密故尤得信於上丹兄嗣父爵爲侯讓不受分丹盡得父財身又食大國邑重以舊恩數見褒賞賞賜累千金僮奴以百數後房妻妾數十人內奢淫好飲酒極滋味聲色之樂爲將軍前後十六年永始中病乞骸骨上賜策合上將軍印綬賜黃金五十斤安車駟馬歸第數月薨諡曰頃侯有子男女二十人九男皆以丹任並爲侍中諸曹親近在左右史氏凡四人侯至卿大夫二千石者十餘人皆訖王莽乃絕唯將陵侯曾無子絕於身云

傅喜字稚游河內溫人也哀帝祖母定陶太后從父弟少好學問有志行哀帝立爲太子成帝選喜爲太子庶子哀帝初卽位以喜爲衞尉遷右將軍是時王莽爲大司馬乞骸骨避帝外家上旣聽莽退衆庶歸望於喜喜從弟孔鄉侯晏親與喜等而女爲皇后又帝舅陽安侯丁明皆親以外屬封喜執謙稱疾傅太后始與政事喜數諫之由是傅太后不欲令喜輔政上於是用左將軍師丹代王莽爲大司馬賜喜黃金百斤上將軍印綬以光祿大夫養病大司空何武尚書令唐林皆上書言喜行義修潔忠誠憂國內輔之臣也今以寢病一旦遣歸衆庶失望皆曰傅氏賢子以議論不合於定陶太后故退百寮莫不爲國恨之忠臣社稷之衞魯以季友治亂楚以子玉重輕魏以無忌折衝項以范增存亾故楚跨有南土帶甲百萬鄰國不以爲難子玉爲將則文公側席而坐及其死也君臣相慶百萬之衆不如一賢故秦行千金以間廉頗漢散萬金以疏亞父喜立於朝陛下之光輝傅氏之廢興也上亦自重之明年正月乃徙師丹爲大司空而拜喜爲大司馬封高武侯丁傅驕奢皆忌喜爲恭儉又傅太后欲求稱尊號與成帝母齊尊喜與丞相孔光大司空師丹共執正議傅太后大怒上不得已先免師丹以感動喜喜終不順後數月遂策免喜遣就國後又欲奪喜侯上不聽喜在國三歲餘哀帝崩平帝卽位莽用事免傅氏官爵歸故郡晏將妻子徙合浦莽白太后獨詔喜位特進奉朝請喜雖外見褒賞孤立憂懼後復遣就國以壽終莽賜諡曰貞侯莽敗乃絕

薛宣字贛君東海郯人也少爲廷尉書佐都船獄吏以大司農斗食（斗食者祿少一年不滿百石計日以斗爲數也）屬察廉補不其丞瑯琊太守趙貢行縣見宣甚悅其能從宣歷行屬縣還

至府令妻子與相見戒曰贛君至丞相我兩子亦中丞相史察宣廉遷樂浪都尉丞幽州刺史舉茂材爲宛句令大將軍王鳳聞其能薦爲長安令治果有名以明習文法詔補御史中丞是時成帝初卽位宣爲中丞執法殿中外總部刺史上疏曰陛下至德仁厚哀愍元元躬有日昃之勞而無逸豫之樂允執聖道刑罰惟中然而嘉氣尚凝陰陽不和是臣下未稱而聖化獨有不洽者也臣竊伏思其一端殆吏多苛政政教煩碎大率咎在部刺史或不循守條職舉錯各以其意多與郡縣事至開私門聽讒佞以求吏民過失譴呵及細微責義不量力郡縣相迫促亦內相刻流至衆庶是故鄉黨闕於嘉賓之懽九族忘其親親之恩飲食周急之厚彌衰送往勞來之禮不行夫人道不通則陰陽否鬲和氣不興未必不由此也詩云民之失德乾餱以愆鄙語曰苛政不親煩苦傷恩方刺史奏事時宜明申敕使昭然知本朝之要務上嘉納之宣數言政事便宜舉奏部刺史郡國二千石所貶退稱進白黑分明繇是知名出爲臨淮太守政教大行會陳留郡有大賊廢亂上徙宣爲陳留太守盜賊禁止吏民敬其威信入守左馮翊滿歲稱職爲眞始高陵令楊湛櫟陽令謝游皆貪猾不遜持郡短長前二千石數案不能竟及宣視事詣府謁宣設酒飯與相對接待甚備已而陰求其罪臧具得所受取宣察湛有改節敬宣之效乃手自牒書條其姦臧封與湛曰吏民條言君如牒或議以爲疑於主守盜馮翊敬重令又念十金法重不忍相暴章故密以手書相曉欲君自圖進退可復申眉於後卽無其事復封還記得爲君分明之湛自知罪臧皆應記而宣辭語溫潤無傷害意湛卽時解印綬付吏爲記謝宣終無怨言而櫟陽令游自以大儒有名輕宣宣獨移書顯責之曰告櫟陽令吏民言令治行煩苛適罰作使千人以上賦取錢財數十萬給爲非法賣買聽任富吏賈數不可知證驗已明白欲遣吏考案恐負舉者恥辱儒士故使掾平鐫令孔子曰陳力就列不能者止令詳思之方調守游得檄亦解印綬去又頻陽縣北當上郡西河爲數郡湊多盜賊其令平陵薛恭本縣孝者功次稍遷未嘗治民職不辦而粟邑縣小僻在山中民謹樸易治令鉅鹿尹賞久郡用事吏爲樓煩長舉茂材遷在粟宣卽以令奏賞與恭換縣二人視事數月而兩縣皆治宣因移書勞勉之曰昔孟公綽優於趙魏而不宜滕薛故或以德顯或以功舉君子之道焉可憮也屬縣各有賢君馮翊垂拱蒙成願勉所職卒功業宣得郡中吏民罪名輒召告其縣長吏使自行罰曉曰府所以不自發舉者不欲代縣治奪賢令長名也長吏莫不喜懼免冠謝宣歸恩受戒者宣爲吏賞罰明用法平而必行所居皆有條教可紀多仁恕愛利池陽令舉廉吏獄掾王立府未及召聞立受囚家錢宣責讓縣案驗獄掾乃其妻獨受繫者錢萬六千獄掾實不知掾慙恐自殺宣聞之移書池陽曰縣所舉廉吏獄掾王立家私受賕而立不知殺身以自明立誠廉士甚可閔惜其以府決曹掾書立之柩以顯其魂府掾史素與立相知者皆予送葬及日至休吏賊曹掾張扶獨不肯休坐曹治事宣出教曰蓋禮貴和人道尚通日至吏以令休所繇來久（冬夏至之日不省官事故休吏）曹雖有公職事家亦望私恩意掾宜從衆歸對妻子設酒肴請鄰里一笑相樂斯亦可矣扶慚愧官屬善之宣爲人好威儀進止雍容甚可觀也性密靜有思思省吏職求其便安下至財用筆研皆爲設方略利用而省費吏民稱之郡中清靜遷爲少府共張職辦月餘御史大夫于永卒谷永上疏陳宣行能上然之遂以宣爲御史大夫數月代張禹爲丞相封高陽侯食邑千戶宣除趙貢兩子爲史貢者趙廣漢之兄子也爲吏亦有能名宣爲相府辭訟例不滿萬錢不爲移書後皆遵用薛侯故事然官屬譏其煩碎無大體不稱賢也時天子好儒雅宣經術又淺上亦輕焉久之廣漢郡盜賊羣起丞相御史遣掾史逐捕不能克上迺拜河東都尉趙護爲廣漢太守以軍法從事數月斬其渠帥鄭躬降者數千人迺平會卬成太后崩喪事倉卒吏賦斂以趨辦其後上聞之以過丞相御史遂冊免宣令上丞相高陽侯印綬罷歸初宣爲丞相而翟方進爲司直宣知方進名儒有宰相器深結厚焉後方進竟代爲丞相思宣舊恩宣免後二歲薦宣明習文法練國制度前所坐過薄可復進用上徵宣復爵高陽侯加寵特進位次師安昌侯給事中視尚書事宣復尊重任政數年後坐善定陵侯淳于長罷就第初宣有兩弟明脩明至南陽太守脩歷郡守京兆尹少府善交接得州里之稱後母常從脩居官宣爲丞相時脩爲臨菑令宣迎後母脩不遣後母病死脩去官持服宣謂三年服少能行之者兄弟相駮不可脩遂竟服繇是兄弟不和久之哀帝初卽位博士申咸給事中亦東海人也毀宣不供養行喪服薄於骨肉前以不忠孝免不宜復列封侯在朝省宣子況爲右曹侍郎數聞其語賕客楊明欲令創咸面目使不居位會司隸缺況恐咸爲之遂令明遮斫咸宮門外斷鼻脣身八創事下有司御史中丞

衆等奏況朝臣父故宰相再封列侯不相勅承化而骨肉相疑疑咸受脩言以謗毀宣咸所言皆宣行迹衆人所共見公家所宜聞況知咸給事中恐爲司隸舉奏宣而公令明等迫切宮闕要遮創戮近臣於大道人衆中欲以鬲塞聰明杜絕論議之端桀黠無所畏忌萬衆讙譁流聞四方不與凡民忿怒爭鬭者同臣聞敬近臣爲近主也禮下公門式路馬君畜產且猶敬之春秋之義意惡功遂不免於誅上浸之源不可長也況首爲惡明手傷功意俱惡皆大不敬明當以重論及況皆棄市廷尉直以爲律曰鬭以刃傷人完爲城旦其賊加罪一等與謀者同罪詔書無以詆欺成罪傳曰遇人不以義而見疻者與痏人之罪鈞惡不直也咸厚善脩而數稱宣惡流聞不誼不可謂直況以故傷咸計謀已定後聞置司隸因前謀而趣明非以恐咸爲司隸故造謀也本爭私變雖於掖門外傷咸道中與凡民爭鬭無異殺人者死傷人者刑古今之通道三代所不易也孔子曰必也正名名不正則刑罰不中刑罰不中而民無所錯手足今以況爲首惡明手傷爲大不敬公私無差春秋之義原心定罪原況以父見謗發忿怒無他大惡加詆欺輯小過成大辟陷死刑違明詔恐非法意不可施行聖王不以怒增刑明當以賊傷人不直況與謀者皆爵減完爲城旦上以問公卿議臣丞相孔光大司空師丹以中丞議是自將軍以下至博士議郎皆是廷尉況竟減罪一等徙敦煌宣坐免爲庶人歸故郡卒于家宣子惠亦至二千石始惠爲彭城令宣從臨淮遷至陳留過其縣橋梁郵亭不脩宣心知惠不能留彭城數日案行舍中處置什物觀視園菜終不問惠以吏事惠自知治縣不稱宜意遣門下掾送宣至陳留令掾進見自從其所問宜不教戒惠吏職之意宣笑曰吏道以法令爲師可問而知及能與不能自有資材何可學也衆人傳稱以宣言爲然初宣後封爲侯時妻死而敬長公主寡居上令宣尙焉及宣免歸故郡公主留京師後宣卒主上書願還宣葬延陵奏可況私從敦煌歸長安會赦因留與主私亂哀帝外家丁傅貴主附事之而疏王氏元始中莽自尊爲安漢公主又出言非莽而況與呂寬相善及寬事覺時莽并治況發揚其罪使使者以太皇太后詔賜主藥主怒曰劉氏孤弱王氏擅朝排擠宗室且嫂何與取妹披抉其閨門而殺之使者迫守主遂飲藥死況梟首於市白太后云主暴病薨太后欲臨其喪莽固爭乃止

朱博字子元杜陵人也家貧少時給事縣爲亭長好客少年捕搏敢行稍遷爲功曹伉俠好交隨從士大夫不避風雨是時前將軍望之子蕭育御史大夫萬年子陳咸以公卿子著材知名博皆友之矣時諸陵縣屬太常博以太常掾察廉補安陵丞後去官入京兆歷曹史列掾出爲督郵書掾所部職辦郡中稱之而陳咸爲御史中丞坐漏泄省中語下獄博去吏閒步至廷尉下候伺咸事咸掠治困篤博詐得爲醫入獄得見咸具知其所坐罪博出獄又變姓名爲咸證驗治數百（治數百謂被笞掠也）卒免咸死罪咸得論出而博以此顯名爲郡功曹久之成帝即位大將軍王鳳秉政奏請陳咸爲長史咸薦蕭育朱博除幕府屬鳳甚奇之舉博櫟陽令徙雲陽平陵三縣以高第入爲長安令京師治理遷冀州刺史博本武吏不更文法及爲刺史行部吏民數百人遮道自言官寺盡滿從事白請且留此縣錄見諸自言者事畢迺發欲以觀試博博心知之告外趣駕既白駕辦博出就車見自言者使從事明敕告吏民欲言縣丞尉者刺史不察黃綬各自詣郡欲言二千石墨綬長吏者行部還詣治所其民爲吏所寃及言盜賊辭訟事各使屬其部從事博駐車決遣四五百人皆罷去如神吏民大驚不意博臨事應變乃至於此後博徐問果老從事教民聚會博殺此吏州郡畏博威嚴徙爲并州刺史護漕都尉遷琅邪太守齊部舒緩養名博新視事右曹掾史皆移病臥博問其故對言惶恐（惶恐言畏太守之威）故事二千石新到輒遣吏存問致意乃敢起就職博奮髯抵几曰觀齊兒欲以此爲俗邪乃召見諸曹史書佐及縣大吏選視其可用者出教置之（皆新補置以代移病者）皆斥罷諸病吏白巾走出府門郡中大驚頃之門下掾贛遂耆老大儒教授數百人拜起舒遲博出教告主簿贛老生不習吏禮主簿且教拜起閑習乃止又敕功曹官屬多褒衣大袑（音紹謂大袴也）不中節度自今掾史衣皆令去地三寸博尤不愛諸生所至郡輒罷去議曹曰豈可復置謀曹邪文學儒吏時有奏記稱說云云博見謂曰如太守漢吏奉三尺律令以從事耳無柰生所言聖人道何也且持此道歸待堯舜君出爲陳說之其折逆人如此視事數年大改其俗掾史禮節如楚趙吏博治郡常令屬縣各用其豪桀以爲大吏文武從宜縣有劇賊及他非常博輒移書以詭責之其盡力有效必加厚賞懷詐不稱誅罰輒行以是豪彊慹服（慹之涉反）姑幕縣有羣輩八人報仇廷中皆不得長吏自繫書言府賊曹掾史自白請至姑幕事留不出功曹諸掾卽皆自白復不出於是府丞詣閤博迺見

丞掾曰以爲縣自有長吏府未嘗與也丞掾謂府當與之邪閤下書佐入博口占檄文曰府告姑幕令丞言賊發下得有書檄到令丞就職游徼王卿力有餘如律令王卿得勑惶怖親屬失色晝夜馳騖十餘日間捕得五人博復移書曰王卿憂公甚效檄到齎伐閱詣府部掾以下亦可用漸盡其餘矣其操持下皆此類也以高第入守左馮翊滿歲爲眞其治左馮翊文理聰明殊不及薛宣而多武譎綱絡張設少愛利敢誅殺然亦縱舍時有大貸下吏以此爲盡力長陵大姓尙方禁少時嘗盜人妻見斫創著其頰府功曹受賂白除禁調守尉博聞知以他事召見視其面果有瘢搏辟左右問禁是何等創也禁自知情得叩頭服狀博笑曰大丈夫固時有是馮翊欲洒卿恥抆拭用禁能自效不禁且喜且懼對曰必死博因勑禁毋得泄語有便宜輒記言因親信之以爲耳目禁晨夜發起部中盜賊及他伏姦有功效博擢禁連守縣令久之召見功曹閉閤數責以禁等事擧筆朴使自記積受取一錢以上無得有所匿欺謾半言斷頭矣功曹惶怖具自疏姦臧大小不敢隱博知其對以實迺令就席受勑自改而已投刀使削所記遣出就職功曹後常戰栗不敢蹉跌博遂成就之遷爲大司農歲餘坐小法左遷犍爲太守先是南蠻若兒數爲寇盜博厚結其昆弟使爲反間襲殺之郡中清從爲山陽太守病免官復徵爲光祿大夫遷廷尉職典決疑當讞平天下獄博恐爲官屬所誣視事召見正監典法掾史謂曰廷尉本起於武吏不通法律幸有衆賢亦何憂然廷尉治郡斷獄以來且二十年亦獨耳剽日久三尺律令人事出其中掾史試與正監共撰前世決事吏議難知者數十事持以問廷尉得爲諸君覆意之正監以爲博苟彊意未必能然卽共條白焉博皆召掾史並坐而問爲平處其輕重十中八九官屬咸服博之疏略材過人也每遷徙易官所到輒出奇譎如此以明示下爲不可欺者久之遷後將軍坐與紅陽侯立相善立有罪就國有司奏立黨與博坐免後歲餘哀帝卽位起家復爲光祿大夫遷爲京兆尹數月超爲大司空初漢興襲秦官置丞相御史大夫太尉至武帝罷太尉始置大司馬以冠將軍之號非有印綬官屬也及成帝時何武爲九卿建言古者民樸事約國之輔佐必得賢聖然猶則天三光備三公官各有分職今末俗文弊政事煩多宰相之材不能及古而丞相獨兼三公之事所以久廢而不治也宜建三公官定卿大夫之任分職受政以考功效其後上以問師安昌侯張禹禹以爲然時曲陽侯王根爲大司馬驃騎將軍而何武爲御史大夫於是上賜曲陽侯根大司馬印綬置官屬罷驃騎將軍官以御史大夫何武爲大司空皆封列侯增奉如丞相以備三公官焉議者多以爲古今異制漢自天子之號下至佐吏皆不同於古而獨改三公職事難分明無益於治亂是時御史府吏舍百餘區井水俱竭又其府中列栢樹常有野烏數千棲宿其上晨去暮來號曰朝夕烏烏去不來者數月長老異之後二歲餘朱博爲大司空奏言帝王之道不必相襲各繇時務高皇帝以聖德受命建立鴻業置御史大夫位次丞相典正法度以職相參總領百官歷載二百天下安寧今更爲大司空與丞相同位未獲嘉祐故事選郡國守相高第爲中二千石選中二千石爲御史大夫任職者爲丞相位次有序所以尊聖德重國相也今中二千石未更御史大夫而爲丞相權輕非所以重國政也臣愚以爲大司空官可罷復置御史大夫遵奉舊制臣願盡力以御史大夫爲百僚率哀帝從之迺更拜博爲御史大夫會大司馬喜免以陽安侯丁明爲大司馬衞將軍置官屬大司馬冠號如故事後四歲哀帝遂改丞相爲大司徒復置大司空大司馬焉初何武爲大司空又與丞相方進共奏言古選諸侯賢者以爲州伯書曰咨十有二牧所以廣聰明燭幽隱也今部刺史居牧伯之位秉一州之統選第大吏所薦位高至九卿所惡立退任重職大春秋之義用貴治賤不以卑臨尊刺史位下大夫而臨二千石輕重不相準失位次之序臣請罷刺史更置州牧以應古制奏可及博復御史大夫官又奏言漢家至德溥大宇內萬里立置郡縣部刺史奉使典州督察郡國吏民安寧故事居部九歲擧爲守相其有異材功效著者輒登擢秩卑而賞厚咸勸功樂進前丞相方進奏罷刺史更置州牧秩眞二千石位次九卿九卿缺以高第補其中材則苟自守而已恐功效陵夷姦宄不禁臣請罷州牧置刺史如故奏可博爲人廉儉不好酒色游宴自微賤至富貴食不重味桉上不過三桮夜寢早起妻希見其面有一女無男然好樂士大夫爲郡守九卿賓客滿門欲仕宦者薦擧之欲報仇怨者解劒以佩之其趨事待士如是博以此自立然終用敗初哀帝祖母定陶傅太后欲求稱尊號太后從弟高武侯傅喜爲大司馬與丞相孔光大司空師丹共持正議孔鄉侯傅晏亦太后從弟諂諛欲順指會博新徵用爲京兆尹與交結謀成尊號以廣孝道繇是師丹先免博代爲大司空數燕見奏封事言丞相光志

在自守不能憂國大司馬喜至尊至親阿黨大臣無益政治上遂罷喜遣就國免光爲庶人以博代光爲丞相封陽鄉侯食邑二千戸博上書讓曰故事封丞相不滿千戸而臣獨過制誠慙懼願還千戸上許焉傅太后怨傅喜不已使孔鄉侯晏風丞相奏免喜侯博受詔與御史大夫趙元議元言事已前決得無不宜博曰已許孔鄉侯有指匹夫相要尚相得死何況至尊博唯有死耳元即許可博惡獨斥奏喜以故大司空氾鄉侯何武前亦坐過免就國事與喜相似即共奏喜武前在位皆無益於治雖已退免爵土之封非所當得也請皆免爲庶人上知傅太后素常怨喜疑博元承指即召元詣尚書問狀元辭服有詔左將軍彭宣與中朝者雜問宣等劾奏博宰相元上卿晏以外親封位特進股肱大臣上所信任不思竭誠奉公務廣恩化爲百寮先皆知喜武前已蒙恩詔決事更三赦博執左道虧損上恩以結信貴戚背君鄉臣傾亂政治姦人之雄附下罔上爲臣不忠不道元知博所言非法枉義附從大不敬晏與博議免喜失禮不敬臣請詔謁者召博元晏詣廷尉詔獄制曰將軍中二千石二千石諸大夫博士議郎議右將軍蟜望等四十四人以爲如宜等言可許諫大夫龔勝等十四人以爲春秋之義姦以事君常刑不舍魯大夫叔孫僑如欲顓公室譖其族兄季孫行父於晉晉執囚行父以亂魯國春秋重而書之今晏放命圮族干亂朝政要大臣以罔上本造計謀職爲亂階宜與博元同罪罪皆不道上減元死罪三等削晏戸四分之一假謁者節召丞相詣廷尉詔獄博自殺初博以御史爲丞相趙元以少府爲御史大夫並拜於前殿延登受策有音如鐘聲及是同敗信有辭焉

翟方進字子威汝南上蔡人也家世微賤至方進父翟公好學爲郡文學方進年十二三失父廢學給事太守府爲小史號遲頓（頓讀爲鈍）不及事數爲掾史所詈辱方進自傷乃從汝南蔡父相問已能所宜蔡父大奇其形貌謂曰小史有封侯骨當以經術進努力爲諸生學問方進既厭爲小史聞蔡父言心喜因病歸家辭其後母欲西至京師受經後母憐其病隨之長安織屨以給方進讀經從博士受春秋積十餘年經學明習徒衆日廣諸儒稱之乃以射策甲科爲郎二三歲舉明經遷議郎是時宿儒有淸河胡常與方進同經常爲先進名譽出方進下心害其能論議不右方進方進知之候伺常大都授時遣門下諸生至常所問大義疑難因記其說如是者久之常知方進之宗讓已內不自得其後居士大夫之間未嘗不稱述方進遂相親友河平中方進轉爲博士數年遷朔方刺史居官不煩苛所察應條輒舉甚有威名再三奏事遷爲丞相司直從上甘泉行馳道中司隸校尉陳慶劾奏方進沒入車馬既至甘泉宮會殿中慶與廷尉范延壽語時慶有章劾自道行事以贖論今尚書持我事來當於此決前我爲尚書時嘗有所奏事忽忘之留月餘方進於是舉劾慶奉使不謹慶坐免官會北地浩商爲義渠長所捕亾長取其母與猳猪連繫都亭下商兄弟會賓客自稱司隸掾長安縣尉殺義渠長妻子六人亾丞相御史請遣掾史與司隸校尉部刺史并力逐捕察無狀者奏可司隸校尉涓勳奏言春秋之義王人微者序乎諸侯之上尊王命也臣幸得奉使以督察公卿以下爲職今丞相宣請遣掾史以宰士督察天子奉使命大夫甚誖逆順之理宜本不師受經術因事以立姦威案浩商所犯一家之禍耳而宜欲專權作威乃害于乃國不可之大者願下中朝特進列侯將軍以下正國法度議者以爲丞相掾不宜移書督趣司隸會浩商捕得伏誅家屬徙合浦故事司隸校尉位在司直下初除謁兩府其有所會居中二千石前與司直並迎丞相御史初方進新視事而涓勳亦初拜司隸不肯謁丞相御史大夫後朝會相見禮節又倨方進陰察之勳私過光祿勳辛慶忌又出逢帝舅成都侯王商道路下車立須過乃就車於是方進舉奏勳吏二千石幸得奉使不遵禮儀輕謾宰相賤易上卿而又詘節失度邪諂無常色厲內荏墮國體亂朝廷之序不宜處位臣請下丞相免勳時太中大夫平當給事中奏言方進國之司直不自勅正以先群下前親犯令行馳道中司隸慶平心舉劾方進不自責悔而內挾私恨伺記慶之從容語言以詆欺成罪後丞相宣以一不道賊請遣掾督趣司隸校尉司隸校尉勳自奏暴於朝廷今方進復舉奏勳議者以爲方進不以道德輔正丞相苟阿助大臣欲必勝立威宜抑絕其原勳素行公直姦人所惡可少寬假使遂其功名上以方進所舉應科不得用逆詐廢正法遂貶勳爲昌陵令方進旬歲間免兩司隸朝廷繇是憚之丞相宣甚器重焉常戒掾史曰謹事司直翟君必在相位不久是時起昌陵營作陵邑貴戚近臣子弟賓客多辜榷爲姦利者方進部掾史覆按發大姦臧數千萬上以爲任公卿欲試以治民徙方進爲京兆尹搏擊豪彊京師畏之時胡常爲青州刺史聞之與方進書曰竊聞政令甚明爲京兆能則恐有所不宜方進心知

所謂其後少弛威嚴居官三歲永始二年遷御史大夫數月會丞相薛宣坐廣漢盜賊羣起及太皇太后喪時三輔吏並徵發爲姦免爲庶人方進亦坐爲京兆時奉喪事煩擾百姓左遷執金吾二十餘日丞相官缺羣臣多舉方進上亦器其能遂擢方進爲丞相封高陵侯食邑千戶身既富貴而後母尙在方進內行修飭供養甚篤及後母終既葬三十六日除服起視事以爲身備漢相不敢踰國家之制爲相公潔請託不行於郡國持法刻深舉奏牧守九卿峻文深詆中傷者尤多如陳咸朱博蕭育逢信孫閎之屬皆京師世家以才能少歷牧守列卿知名當世而方進特立後起十餘年間至宰相據法以彈咸等皆罷退之初咸最先進自元帝初爲御史中丞顯名朝廷矣成帝初卽位擢爲部刺史歷楚國北海東郡太守陽朔中京兆尹王章譏切大臣而薦琅邪太守馮野王可代大將軍王鳳輔政東郡太守陳咸可御史大夫是時方進甫從博士爲刺史云後方進爲京兆尹咸從南陽太守入爲少府與方進厚善先是逢信已從高第郡守歷京兆太僕爲衞尉矣官簿皆在方進之右及御史大夫缺三人皆名卿俱在選中而方進得之會丞相宣有事與方進相連上使五二千石雜問丞相御史咸詰責方進冀得其處方進心恨初大將軍鳳奏除陳湯爲中郎與從事鳳薨後從弟車騎將軍音代鳳輔政亦厚湯逢信陳咸皆與湯善湯政稱之於鳳音所久之音薨鳳弟成都侯商復爲大司馬衞將軍輔政商素憎陳湯白其罪過下有司案驗遂免湯徙敦煌時方進新爲丞相陳咸內懼不安迺令小冠杜子夏往觀其意微自解說子夏既過方進揣知其指不發敢言居

亾何方進奏咸與逢信邪枉貪汙營私多欲皆知陳湯姦佞傾覆利口不軌而親交賂遺以求薦舉後爲少府數饋遺湯信咸幸得備九卿不思盡忠正身內自知行辟亾功效而官媚邪臣欲以徼幸苟得亾恥孔子曰鄙夫可與事君也與哉咸信之謂也過惡暴見不宜處位臣請免以示天下奏可後二歲餘詔舉方正直言之士紅陽侯立舉咸對策拜爲光祿大夫給事中方進復奏咸前爲九卿坐爲貪邪免自知罪惡暴陳依託紅陽侯立徼幸有司莫敢舉奏冒濁苟容不顧恥辱不當蒙方正舉備內朝臣并劾紅陽侯立選舉故不以實有詔免咸勿劾立後數年皇太后姊子侍中衞尉定陵侯淳于長有罪上以太后故免官勿治罪有司奏請遣長就國長以金錢與立立上封事爲長求留曰陛下既託文以太后故誠不可更有他計後長陰事遂發下獄方進劾立懷姦邪亂朝政欲傾誤要主上狡猾不道請下獄上曰紅陽侯朕之舅不忍致法遣就國於是方進復奏立黨友曰立素行積爲不善衆人所共知邪臣自結附託爲黨庶幾立與政事欲獲其利今立斥逐就國所交結尤著者不宜備大臣爲郡守案後將軍朱博鉅鹿太守孫閎故光祿大夫陳咸與立交通厚善相與爲腹心有背公死黨之信欲相攀援死而後已皆內有不仁之性而外有雋村過絕於人倫勇猛果敢處事不疑所居皆尚殘賊酷虐苛刻慘毒以立威而無纖介愛利之風天下所共知愚者猶惑孔子曰人而不仁如禮何人而不仁如樂何言不仁之人亾所施用不仁而多材國之患也此三人皆內懷姦猾國之所患而深相與結信於貴戚姦臣此國家大憂大臣所宜沒身而爭也昔季孫行

父有言曰見有善於君者愛之若孝子之養父母也見不善者誅之若鷹鸇之逐鳥爵也翅翼雖傷不避也貴戚權黨之臣誠難犯犯之衆敵並怨善惡相冒臣幸得備宰相不敢不盡死請免博閎咸歸故郡以銷姦雄之黨絕羣邪之望奏可咸既廢錮復徙故郡以憂死方進知能有餘兼通文法吏事以儒雅緣飾法律號爲通明相天子甚器重之奏事亾不當意內求人主微指以固其位初定陵侯淳于長雖外戚然以能謀議爲九卿新用事方進獨與長交稱薦之及長坐大逆伏誅諸所厚善皆坐長免上以方進大臣又素重之爲隱諱方進內慙上疏謝罪乞骸骨上不許乃起視事條奏長所厚善京兆尹孫寶右扶風蕭育刺史二千石已上免二十餘人其見任如此方進雖受穀梁然好左氏傳天文星曆其左氏則國師劉歆星曆則長安令田終術師也厚李尋以爲議曹爲相九歲綏和二年春熒惑守心尋奏記言應變之權君侯所自明往者數白三光垂象變動見端山川水泉反理視患民人訛謠斥事感名三者既效可爲寒心今提揚眉矢貫中狼奮角弓且張金曆庫士逆度輔湛沒火守舍萬歲之期近愼朝暮上無惻怛濟世之功下無推讓避賢之效欲當大位爲具臣以全身難矣大責日加安得但保斥逐之戮闔府三百餘人唯君侯擇其中與盡節轉凶方進憂之不知所出會郎賁（賁音肥姓也）麗善爲星上言大臣宜當之上乃召見方進還歸未及引決上遂賜策令審處焉方進卽日自殺上祕之遣九卿策贈以丞相高陵侯印綬賜乘輿祕器少府供帳柱檻皆衣素天子親臨弔者數至禮賜異於他相故事謚曰恭侯長子宣嗣宣字大伯亦明經篤行君子

人也及方進在位為關都尉南郡太守少子曰義字文仲少以父任為郎稍遷諸曹年二十出為南陽都尉宛令劉立與曲陽侯為婚又素著名州郡輕義年少義行太守事行縣至宛丞相史在傳舍立持酒肴謁丞相史對飲未訖會義亦往外吏白都尉方至立語言自若須臾義至內謁徑入立𨒪走下義既還大怒陽以他事召立至以主守盜十金賊殺不辜部掾夏恢等收縛立傳送鄧獄恢亦以宛大縣恐見篡奪白義可因隨後行縣送鄧義曰欲令都尉自送則如勿收邪載環宛市乃送吏民不敢動威震南陽立家輕騎馳從武關入語曲陽侯曲陽侯白成帝帝以問丞相方進遣吏敕義出宛令宛令已出吏還白狀方進曰小兒未知為吏也其意以為入獄當輒死矣後義坐法免起家為弘農太守遷河內太守青州牧所居著名有父風烈徙為東郡太守數歲平帝崩王莽居攝義心惡之乃謂姊子上蔡陳豐曰新都侯攝天子位號令天下故擇宗室幼稚者以為孺子依託周公輔成王之義且以觀望必代漢家其漸可見方今宗室衰弱外無彊藩天下傾首服從莫能亢扞國難吾幸得備宰相子身守大郡父子受漢厚恩義當為國討賊以安社稷欲舉兵西誅不當攝者選宗室子孫輔而立之設令時命不成死國埋名猶可以不慙於先帝今欲發之乃肯從我乎豐年十八勇壯許諾義遂與東郡都尉劉宇嚴鄉侯劉信信弟武平侯劉璜結謀又東郡王孫慶素有勇略以明兵法徵在京師義乃詐移書以重罪傳逮慶於是以九月都試日九月太守郡尉令長丞會都試課殿最斬觀令因勒其車騎材官士募郡中勇敢部署將帥嚴鄉侯信者東平王雲子也雲誅死信兄開明嗣為王薨無子而信子匡復立為王故義舉兵并東平立信為天子義自號大司馬柱天大將軍以東平王傅蘇隆為丞相中尉皐丹為御史大夫移檄郡國言莽鴆殺孝平皇帝矯攝尊號今天子已立共行天罰郡國皆震比至山陽衆十餘萬莽聞之大懼乃拜其黨親輕車將軍成武侯孫建為奮武將軍光祿勳成都侯王邑為虎牙將軍明義侯王駿為彊弩將軍春王城門校尉王況為震威將軍宗伯忠孝侯劉宏為奮衝將軍中少府建威侯王昌為中堅將軍中郎將震羌侯竇兄兄音況為奮威將軍凡七人自擇除關西人為校尉軍吏將關東甲卒發奔命以擊義焉復以太僕武讓為積弩將軍屯函谷關將作大匠蒙鄉侯逯並為橫壄將軍屯武關羲和紅休侯劉歆為揚武將軍屯宛大保後丞丞陽侯甄邯為大將軍丞陽侯丞音烝屯霸上常鄉侯王惲為車騎將軍屯平樂館騎都尉王晏為建威將軍屯城北城門校尉趙恢為城門將軍皆勒兵自備莽日抱孺子會羣臣而稱曰昔成王幼周公攝政而管蔡挾祿父以叛今翟義亦挾劉信而作亂自古大聖猶懼此況臣莽之斗筲羣臣皆曰不遭此變不章聖德莽於是依周書作大誥遣大夫桓譚等班行告諭當反位孺子之意還封譚為明告里附城諸將東至陳留菑與義會戰破之斬劉璜首菑故戴國屬陳留後曰考城莽大赦天下義與劉信棄軍於圍城亾至固始界中捕得義屍磔陳都市卒不得信初三輔聞翟義起自茂陵以西至汧二十三縣盜賊並發趙明霍鴻等自稱將軍攻燒官寺殺右輔都尉及斄令刼掠吏民衆十餘萬火見未央宮前殿莽晝夜抱孺子禱宗廟復拜衛尉王級為虎賁將軍大鴻臚望鄉侯閻遷為折衝將軍與甄邯王晏西擊趙明等正月虎牙將軍王邑等自關東還便引兵西彊弩將軍王駿以無功免揚武將軍劉歆歸故官復以邑弟侍中王奇為揚武將軍城門將軍趙恢為彊弩將軍中郎將李棽為厭難將軍復將兵西二月明等殄滅諸縣悉平還師振旅莽乃置酒白虎殿勞饗將帥大封拜先是益州蠻夷及金城塞外羌反畔時州郡擊破之莽迺并錄以小大為差封侯伯子男凡三百九十五人曰皆以奮怒東指西擊羌寇蠻盜反虜逆賊不得旋踵應時殄滅天下咸服其功封云莽於是自謂大得天人之助至其年十二月遂即眞矣初義所收宛令劉立聞義舉兵上書願備軍吏為國討賊內報私怨莽擢立為陳留太守封明德侯始義兄宣居長安先義未發家數有怪夜聞哭聲聽之不知所在宣教授諸生滿堂有狗從外入齧其中庭羣鴈數十比驚救之已皆斷頭狗走出門求不知處宣大惡之謂後母曰東郡太守文仲素俶儻今數有惡怪恐有妄為而大禍至也太夫人可歸為棄去宣家者可以避害母不肯去言歸其本族自絶於翟氏後數月敗莽盡壞義第宅汙池之發父方進及先祖冢在汝南者燒其棺柩夷滅三族誅及種嗣至皆同阬以棘五毒并葬之而下詔曰蓋聞古者伐不敬取其鱷鯢築武軍封以為大戮於是乎有京觀以懲淫慝迺者反虜劉信翟義誖逆作亂于東而芒竹羣盜趙明霍鴻造逆西土遣武將征討咸伏其辜惟信義等始發自濮陽結姦無鹽殄滅於圉趙明依阻槐里環隄霍鴻負倚盩厔芒竹咸用破碎亾有餘類其取反虜逆賊之鱷鯢聚之通路之旁濮陽無鹽圉槐里盩厔凡五所各方丈六高六尺築為武軍封以為大戮薦樹之

棘建表木高丈六尺書曰反虜逆賊鱣鯢在所長吏常以秋循行勿令壞敗以懲淫惡焉初汝南舊有鴻隙大陂郡以爲饒成帝時關東數水陂溢爲害方進爲相與御史大夫孔光共遣掾行視以爲決去陂水其地肥美省隄防費而無水憂遂奏罷之及翟氏滅鄉里歸惡言方進請陂下良田不得而奏罷陂云王莽時常枯旱郡中追怨方進童謠曰壞陂誰翟子威飯我豆食羹芋魁反乎覆陂當復誰云者兩黃鵠謂無水灌田不可秈稻但有豆芋耳兩黃鵠託言有神來告之

宋 右 廸 功 郎 鄭 樵 漁 仲 撰

列傳第十五下

谷永字子雲長安人也父吉爲衛司馬使送郅支單于侍子爲郅支所殺語在陳湯傳永少爲長安小史後博學經書建昭中御史大夫繁延壽聞其有茂材除補屬舉爲太常丞數上疏言得失建始三年冬日食地震同日俱發詔舉方正直言極諫之士太常陽城侯劉慶忌舉永待詔公車對曰臣聞明王即位正五事建大中以承天心則庶徵序於下日月理於上如人君淫溺後宮般樂游田五事失於躬大中之道不立則咎徵降而六極至凡災異之發各象過失以類告人乃十二月朔戊申日食婺女之分地震蕭墻之內二者同日俱發以丁寧陛下厥咎不遠宜厚求諸身意豈陛下志在閨門未卹政事不慎舉錯婁失中與內寵大盛女不遵道嫉妬專上妨繼嗣與古之王者廢五事之中失夫婦之紀妻妾得意謁行於內執行於外至覆傾國家或亂陰陽昔褒姒用國宗周以喪閻妻驕扇日以不臧此其效也經曰皇極皇建其有極傳曰皇之不極是謂不建時則有日月亂行陛下踐至尊之祚爲天下主奉帝王之職以統羣生方內之治亂在陛下所執誠留意於正身勉彊於力行損燕私之間以勞天下放去淫溺之樂罷去倡優之笑絶郤不享之義慎節游田之虞起居有常循禮而動躬親政事致行無倦安服若性經曰繼自今嗣王其毋淫于酒毋逸于游田惟正之共未有身治正而臣下邪者也夫妻之際王事綱紀安危之機聖王所致慎也昔舜飭正二女以崇至德楚莊忍絶丹姬以成伯功幽王惑於褒姒周德降亾魯桓脅於齊女社稷以傾誠修後宮之政明尊卑之序貴者不得嫉妬專寵以絶驕嫚之端抑褒閻之亂賤者咸得秩進各得厥職以廣繼嗣之統息白華之怨後宮親屬饒之以財勿與政事以遠皇父之類損妻黨之權未有閨門治而天下亂者也治遠自近始習善在左右昔龍筦納言而舜命惟允四輔既備成王靡有過事誠敕正左右齊栗之臣戴金貂之飾執常伯之職者皆使學先王之道知君臣之義濟濟謹孚無敖戲驕恣之過則左右肅艾羣僚仰法化流四方經曰亦惟先正克左右未有左右正而百官枉者也治天下者尊賢考功則治簡賢遂功則亂誠審思治人之術歡樂得賢之福論材選士必誠於職明度量以程能考功實以定德無用比周之虛譽毋聽寖潤之譖愬則抱功修職之吏無蔽傷之憂比周邪僞之徒不得即工小人日銷俊乂日隆經曰三載考績三考黜陟幽明又曰九德咸事俊艾在官未有功賞得於前眾賢布於官而不治者也堯遭洪水之災天下分絶爲十二州制遠之道微而無乖畔之難者德厚恩深無怨於下也秦居平土一夫大呼而海內崩析者刑罰深酷吏行殘賊也夫違天害德爲上取怨於下莫甚乎殘賊之吏誠放退殘賊酷暴之吏錮廢勿用益選溫良上德之士以親萬姓平刑釋冤以理民命務省繇役毋奪民時薄收賦稅毋殫民財使天下黎元咸安家樂業不苦踰時之役不患苛暴之政不疾酷烈之吏雖有唐堯之大災民無離上之心經曰懷保小人惠于鰥寡未有德厚吏良而民畔者也臣聞災異皇天所以譴告人君過失猶嚴父之明誡畏懼敬改則禍銷福降忽然簡易則咎罰不除經曰饗用五福畏用六極傳曰六沴作見若不共御六罰既侵六極其下今三年之間災異鋒起小大畢具所行不享上帝上帝不豫炳然甚著不求之身無所改正疏舉廣謀又不用其言是循不享之迹無謝過之實也天責愈深此五者王事之綱紀南面之急務唯陛下留神對奏天子異焉特召見永其夏皆令諸方正對策語在杜欽傳永對畢因曰臣前幸得條對災異之效禍亂所極言關於聖聰書陳於前陛下棄忽不納而更使方正對策背可懼之大異問不急之常論廢承天之至言角無用之虛文欲末殺災異滿讕誣天是故皇天勃然發怒甲己之間暴風三溱拔樹折木此天至明不可欺之效也上特復問永永對曰日食地震皇后貴妾專寵所致是時上初即位謙讓委政元舅大將軍王鳳議者多歸咎焉永知鳳方見柄用陰欲自託乃復曰方今四夷賓服皆爲臣妾北無薰粥冒頓之患南無趙佗呂嘉之難三垂晏然靡有兵革之警諸侯大者乃食數縣漢吏制其權柄不得有爲亾吳楚燕梁之埶百官盤互親疎相錯骨肉大臣有申伯之忠洞洞屬屬小心畏忌無重合安陽博陸之亂三者無毛髮之辜不可歸咎諸舅此欲以政事過差丞相父子中尚書宦官檻塞大異皆瞽說欺天者也竊恐陛下舍昭昭之白過忽天地之明戒聽晻昧之瞽說歸咎乎無辜倚異乎政事重失天心不可之大者也陛下即位委任遵舊未有過政元年正月白氣較然起乎東方至其四月黃濁四塞覆冒京師申以大水著以震蝕各有占應相爲表裏百官庶士無所歸倚陛下獨不怪與白氣起東方賤人將與之表也黃濁冒京師王道微絶之應也夫賤人當起而京師

道徼二者已醜陛下誠深察愚臣之言致懼天地之異長思宗廟之計改往反過抗湛溺之意解偏駮之愛奮乾綱之威平天覆之施使列妾得人人更進猶尚未足也急復益納宜子婦人毋擇好醜毋避嘗字毋論年齒推法言之陛下得繼嗣於微賤之間乃反爲福得繼嗣而已母非有賤也後宮女史使令有直意者廣求於微賤之間以遇天所開右慰釋皇太后之憂慍解謝上帝之譴怒則繼嗣蕃滋災異訖息陛下則不深察愚臣之言忽於天地之戒咎根不除水雨之災山石之異將發不久發則災異已極天變成形臣欲捐身闕東不及事已疏賤之臣至敢直陳天意斥譏帷幄之私欲間離貴后盛妾自知忤心逆耳必不免於湯鑊之誅此天保右漢家使臣敢直言也三上封事然後得召待詔一旬然後得見夫由疏賤納至忠甚苦由至尊聞天意甚難語不可露願具書所言因侍中奏陛下以示腹心大臣以爲非天意臣當伏妄言之誅則以爲誠天意也奈何忘國家大本背天意而從欲唯陛下省察熟念厚爲宗廟計時對者數十人永與杜欽爲上第焉上皆以其書示後宮後上嘗賜許皇后書采永言以責之語在外戚傳永既陰爲大將軍鳳說矣能實最高由是擢爲光祿大夫永奏書謝鳳曰永斗筲之材質薄學朽無一日之雅左右之介將軍說其狂言擢之皂衣之吏廁之爭臣之末不聽浸潤之譖不食膚受之愬雖齊桓晉文用士篤密察父悊兄覆育子弟誠無以加昔豫子吞炭壞形以奉見異齊客隕首公門以報恩施知氏孟嘗猶有死士何況將軍之門鳳遂厚之數年出爲安定太守時上諸舅皆修經書任政事平阿侯譚年次當繼大將軍鳳輔政尤與永善陽朔中鳳病困薦從弟御史大夫音以自代上從之以音爲大司馬車騎將軍領尚書事而平阿侯譚位特進領城門兵永聞之與譚書勸令辭職闕門高枕爲智者首譚感永言遂辭讓不受領城門職由是譚音相與不平永遠爲郡吏恐爲音所危病滿三月免音奏請永補營軍司馬永數謝罪自陳得轉爲長史音用從舅越親輔政威權損於鳳時永復說音曰將軍履上將之位食膏腴之都任周召之職擁天下之樞可謂富貴之極人臣無二天下之責四面至矣將何以居之宜夙夜孳孳執伊尹之彊德以守職匡上誅惡不避親愛舉善不避仇讐以章至公立信四方篤行三者乃可以長堪重任久享盛寵太白出西方六十日法當參天今已過期尚在桑榆之間質弱而行遲形小而光微熒惑角怒明大逆行守尾其逆常也守尾變也意豈將軍忘湛漸之義委曲從順所執不彊不廣用士尚有好惡之忌蕩蕩之德未純方與將相大臣乖離之萌也何故始襲司馬之號俄而金火並有此變上天至明不虛見異唯將軍畏之愼之深思其故改求其路以享天意音猶不平薦永爲護苑使者音薨成都侯商代爲大司馬衛將軍永乃遷爲涼州刺史奏事京師訖當之部時有黑龍見東萊上使尚書問永受所欲言永對曰臣竊見漢家行夏正夏正色黑黑龍同姓之象也龍陽德由小之大故爲王者瑞應未知同姓有見本朝無繼嗣之慶多危殆之隙欲因擾亂舉兵而起者邪將動心冀爲後者殘賊不仁若廣陵昌邑之類臣愚不能處也元年九月黑龍見其晦日有食之今年二月已未夜星隕乙酉日有食之六月之間大異四發二二而同月三代之末春秋之亂未嘗有也臣聞三代所以隕社稷喪宗廟者皆由婦人與羣惡沈湎於酒書曰乃用婦人之言自絕于天四方之逋逃多罪是宗是長是信是使詩云燎之方陽能或滅之赫赫宗周褒姒滅之易曰濡其首有孚失是秦所以二世十六年而亾者養生泰奢奉終泰厚也二者陛下兼而有之臣請略陳其效易曰在中饋無攸遂言婦人不得與政事也詩云懿厥哲婦爲梟爲鴟匪降自天生自婦人建始河平之際許班之貴傾動前朝熏灼四方賞賜無量空虛內藏女寵至極不可上矣今之後起天所不饗什倍于前廢先帝法度聽用其言官秩不當縱釋王誅驕其親屬假之威權從横亂政刺舉之吏莫敢奉憲又以掖庭獄大爲亂阱榜箠瘠於炮烙絕滅人命主爲趙李報德復怨反除白罪建治正吏多繫無辜掠立迫恐至爲人起責分利受謝生入死出者不可勝數是以日食再既以昭其辜王者必先自絕然後天絕之陛下棄萬乘之至貴樂家人之賤事厭高美之尊號好匹夫之卑字崇聚僄輕無義小人以爲私客數離深宮之固挺身晨夜與羣小相隨烏集雜會飲醉吏民之家亂服共坐流湎媟嫚溷殽無別閔免遁樂晝夜在路典門戶奉宿衛之臣執干戈而守空宮公卿百僚不知陛下所在積數年矣王者以民爲基民以財爲本財竭則下畔下畔則上亾是以明王愛養基本不敢窮極使民如承大祭今陛下輕奪民財不愛民力聽邪臣之計去高敞初陵捐十年功緒改作昌陵反天地之性因下爲高積土爲山發徒起邑並治宮館大興繇役重增賦斂徵發如雨役百乾谿費擬驪山靡敝天下五年不成而後反故又廣旴營表發人冢墓斷截骸骨

暴揚尸柩百姓財竭力盡愁恨感天災異婁降饑饉仍臻流散冗食餧死於道以萬數公家無一年之畜百姓無旬日之儲上下俱匱無以相救詩云殷監不遠在夏后之世願陛下追觀夏商周所以失之以鏡考已行有不合者臣當伏妄言之誅漢興九世百九十餘載繼體之主七皆承天順道遵先祖法度或以中興或以治安至於陛下獨違道縱欲輕身妄行當盛壯之隆無繼嗣之福有危亾之憂積失君道不合天意亦已多矣爲人後嗣守人功業如此豈不負哉方今社稷宗廟禍福安危之機在於陛下陛下誠肯發明聖王之德昭然遠寤畏此上天之威怒深懼危亾之徵兆蕩滌邪辟之惡志厲精致政專心反道絕羣小之私客免不正之詔除悉罷北宮私奴車馬媠出之具克已復禮毋貳微行出飲之過以防迫切之禍深惟日食再既之意抑損椒房玉堂之盛寵毋聽後宮之請謁除掖庭之亂獄去炮烙之陷阱誅戮佞邪之臣及左右執左道以事上者以塞天下之望且寢初陵之作止諸繕治宮室闕更減賦盡休力役存卹振捄困乏之人以彌遠方崇厲忠直放退殘賊無使素餐之吏久尸厚祿以次貫行固執無違夙夜孳孳婁省無怠舊愆畢改新德既章纖介之邪不復載心則赫赫大異庶幾可銷天命去就庶幾可復社稷宗廟庶幾可保矣成帝性寬而好文辭又久無繼嗣數爲微行多近幸小臣趙李從微賤專寵皆皇太后與諸舅夙夜所常憂至親難數言故推永等使因天變而切諫勸上納用之永自知有內應展意無所依違每言事輒見答禮至上此對上大怒衛將軍商密擿永令發去上使侍御史收永敕過交道廄者勿追御史不及永還上意亦解自悔明年徵永爲太中大夫遷光祿大夫給事中元延元年爲北地太守時災異尤數永當之官上使衛尉淳于長受永所欲言永對曰臣聞王者躬行道德承順天地博愛仁恕恩及行葦籍稅取民不過常法宮室車服不踰制度事節財足黎庶和睦則卦氣理效五徵時序百姓壽考庶草蕃滋符瑞並降以昭保右失道妄行逆天暴物窮奢極欲湛湎荒淫婦言是從誅逐仁賢離逖骨肉羣小用事峻刑重賦百姓愁怨則卦氣悖亂咎徵著郵上天震怒災異婁降日月薄食五星失行山崩川潰水泉踊出妖孽並見茀星耀光饑饉薦臻百姓短折萬物夭傷終不改寤惡洽變備不復譴告更命有德詩云乃眷西顧此惟予宅夫去惡奪弱遷命賢聖天地之常經百王之所同也加以功德有厚薄期質有修短時世有中季天道有盛衰陛下承八世之功業當陽數之標季涉三七之節紀遭無妄之卦運直百六之災阸三難異科雜焉同會建始元年以來二十載間羣災大異交錯鋒起多於春秋所書八世著記久不塞除重以今年正月已亥朔日有食之三朝之會四月丁酉四方衆星白晝流隕七月辛未彗星橫天乘三難之際會畜衆多之災異因之以饑饉接之以不贍彗星極異也土精所生流隕之應出於饑變之後兵亂作矣厥期不久隆德積善懼不克濟內則爲深宮後庭將有驕臣悍妾醉酒狂悖卒起之敗北宮苑囿街巷之中臣妾之家幽閒之處徵舒崔杼之亂外則爲諸夏下土將有樊並蘇令陳勝項梁奮臂之禍內亂朝暮日戒諸夏舉兵以火角爲期安危之分界宗廟之至憂臣永所以破膽寒心豫言之累年下有其萌然後變見於上可不致慎禍起細微姦生所易願陛下正君臣之義無復與羣小媟黷燕飲中黃門後庭素驕慢不謹嘗以醉酒失臣禮者悉出勿留勤三綱之嚴修後宮之政抑遠驕妒之寵崇近婉順之行加惠失志之人懷柔怨恨之心保至尊之重秉帝王之威朝覲法出而後駕陳兵清道而後行無復輕身獨出飲食臣妾之家三者既除內亂之路塞矣諸夏舉兵萌在民饑饉而吏不卹興於百姓困而賦斂重發於下怨離而上不知易曰屯其膏小貞吉大貞凶傳曰饑而不損茲謂泰厥災水厥咎亾訞辭曰關動牡飛辟爲無道臣爲非厥咎亂臣謀篡王者遭羮難之世有饑饉之災不損用而大自潤故凶百姓困貧無以共求愁悲怨恨故水城關守國之固固將去焉故牡飛往年郡國二十一傷於水災禾黍不入今年蠶麥咸惡百川沸騰江河溢決大水泛濫郡國十五有餘比年喪稼時過無宿麥百姓失業流散羣輩守關大異較炳如彼水災浩浩黎庶窮困如此宜損常稅小自潤之時而有司奏請加賦甚繆經義逆於民心布怨趨禍之道也牡飛之狀殆爲此發古者穀不登虧膳災婁至損服凶年不塈塗明王之制也詩云凡民有喪扶服捄之論語曰百姓不足君孰與足臣願陛下勿許加賦之奏益減太官導官中御府均官掌畜廩犧用度止尚方織室京師郡國工服官發輸造作以助大司農流恩廣施振贍困乏開關梁內流民恣所欲之以救其急立春遣使者循行風俗宣布聖德存卹孤寡問民所苦勞二千石敕勸耕桑毋奪農時以慰綏元元之心防塞大姦之隙諸夏之亂庶幾可息矣永對奏天子甚感其言永於經書汎爲疏達與杜欽杜鄴略等不能洽浹如劉向父子及

揚雄其於天官京氏易最密故善言災異前後所上四十餘事略相反覆專攻上身與後宮而已黨於王氏上亦知之不甚親信永所居任職爲北地太守歲餘衛將軍商薨曲陽侯根爲驃騎將軍薦永徵入爲大司農歲餘永病二月有司奏請免故事公卿病輒賜告至永獨卽時免數月卒於家本名並以尉氏樊並反更名永云

杜鄴字子夏本魏郡繁陽人也祖父及父積功勞皆至郡守武帝時徙於茂陵鄴少孤其母張敞女鄴壯從敞子吉學問得其家書以孝廉爲郎與車騎將軍王音善平阿侯譚不受城門職後薨上閔悔之乃復令譚弟成都侯商位特進領城門兵得舉吏如將軍府鄴見音前與平阿有隙卽說音與商親密音從其言由是二人皆重鄴後以病去郎及商爲大司馬衛將軍除鄴主簿以爲腹心舉侍御史哀帝卽位遷爲涼州刺史鄴居職寬舒少威嚴數年以病免是時帝祖母定陶傅太后稱太皇太后帝母丁姬稱帝太后而皇后卽傅太后從弟子也傅氏侯者三人丁氏侯者二人又封傅太后同母弟子鄭業爲陽信侯傅太后尤與政專權元壽元年正月朔上以后父孔鄉侯傅晏爲大司馬衛將軍而帝舅陽安侯丁明爲大司馬驃騎將軍臨拜日食詔舉方正直言扶陽侯韋育舉鄴方正鄴對曰臣聞陽尊陰卑卑者隨尊尊者兼卑天之道也是以男雖賤各爲其家陽女雖貴猶爲其國陰故禮明三從之義雖有文德之母必繫於子春秋不書紀侯之母陰義殺也昔鄭伯隨姜氏之欲終有叔段簒國之禍周襄王內迫惠后之難而遭居鄭之危漢興呂太后權私親屬又以外孫爲孝惠后是時繼嗣不明凡事多晻晝昏冬雷之變不可勝載竊見陛下行不偏之政每事儉約非禮不動誠欲正身與天下更始也然嘉瑞未應而日食地震民訛言行籌傳相驚恐案春秋災異以指象爲言語故在於得一類而達之也日食明陽爲陰所臨坤卦乘離明夷之象也坤以法地爲土爲母以安靜爲德震不陰之效也占象甚明臣敢不直言其事昔曾子問從令之義孔子曰是何言歟善閔子騫守禮不苟從親所行無非禮者故無可間也前大司馬新都侯莽退伏第家以詔策決復遣就國高昌侯宏去蕃自絕猶受封土制書侍中駙馬都尉遷不忠巧佞免歸故郡間未旬月則有詔還大臣奏正其罰卒不得遣而反兼官奉使顯寵過故及陽信侯業皆緣私君國非功義所止諸外家昆弟無賢不肖並侍帷幄布在列位或典兵衛或將軍屯寵意并於一家積貴之埶世所希見所希聞也至乃並置大司馬將軍之官皇甫雖盛三桓雖隆魯爲作三軍無以甚此當拜之日晻然日蝕不在前後臨事而發者明陛下謙遜無專承指非一所言輒聽所欲輒隨有罪惡者不坐辜罰無功能者畢受官爵流漸積猥正尤在是欲令昭昭以覺聖朝昔詩人所刺春秋所譏指象如此殆不在他由後視前忿邑非之逮身所行不自鏡見則以爲可計之過者疏賤獨偏見疑內亦有此類天變不空保右世主如此之至奈何不應臣聞野雞著怪高宗深動大風暴過成王怛然願陛下加致精誠事稽諸古以收帝怒以厭下心禎祥福祿何嫌不報鄴未拜病卒鄴言民訛言行籌及谷永言王者買私田彗星隕石牡飛之事皆爲時所稱初鄴從張吉學吉子竦又孤幼從鄴學問亦著於世尤長小學小學文字之學也周禮八歲入小學保氏教國子以六書故因名云鄴子林清靜好古亦有雅材建武中歷位列卿至大司空其正文字過於鄴竦故世言小學者由杜公

何武字君公蜀郡郫縣人也宣帝時天下和平四夷賓服神爵五鳳之間婁蒙瑞應而益州刺史王襄使辯士王褒頌漢德作中和樂職宣布詩三篇武年十四五與成都楊覆衆等共習歌之是時宣帝循武帝故事求通達茂異士召見武等於宣室上曰此盛德之事吾何足以當之哉以褒爲待詔武等賜帛罷武詣博士受業治易以射策甲科爲郎與翟方進交志相友光祿勳擧四行遷爲鄠令坐法免歸武兄弟五人皆爲郡吏郡縣敬憚之武弟顯家有市籍租常不入縣數負其課市嗇夫求商捕辱顯家顯怒欲以吏事中商武曰以吾家租賦繇役不爲衆先奉公吏不亦宜乎武卒白太守召商爲卒吏州里聞之皆服焉久之太僕王音舉武賢良方正徵對策拜爲諫大夫遷揚州刺史所舉奏二千石長吏必先露章服罪者爲虧除免之而已不服極法奏之抵罪或至死九江太守戴聖禮經號小戴者也行治多不法前刺史以其大儒優容之及武爲刺史行部錄囚徒有所舉以屬郡聖曰後進生何知迺欲亂人治皆無所決武使從事廉得其罪聖懼自免後爲博士毀武於朝廷武聞之終不揚其惡而聖子賓客爲羣盜得爲盜吏捕得之繫廬江聖自以子必死武平心決之卒得不死自是後聖慙服武每奏事至京師聖未嘗不造門謝恩武爲刺史二千石有罪應時舉奏其餘賢不肖敬之如一是以郡國各重其守相州中清平行郡必先卽學宮見諸生試其誦論問以得失然後入傳舍出記問墾田頃畝五穀美惡已乃見二千石以爲常初武爲郡吏時事太守

何壽知武有宰相器以其同姓故厚之後壽爲大司農其兄子爲廬江長史時武奏事在邸壽兄子適在長安壽爲具召武弟顯及故人楊覆衆等酒酣見其兄子曰此子揚州長史材能駑下未嘗省見顯等甚慙退以謂武曰刺史古之方伯上所委任一州表率也職在進善退惡吏治行有茂異民有隱逸迺當召見不可有所私問顯覆衆彊之不得已召見賜卮酒歲中廬江太守舉之其守法見憚如此爲刺史五歲入爲丞相司直丞相薛宣敬重之出爲清河太守數歲坐郡中被災害什四以上免久之大司馬曲陽侯王根薦武徵爲諫大夫遷兗州刺史入爲司隸校尉徙京兆尹二歲坐舉方正所舉者召見槃辟雅拜有司以爲詭衆虛僞武坐左遷楚內史遷沛郡太守復入爲廷尉綏和元年御史大夫孔光左遷廷尉武爲御史大夫成帝欲修辟雍通三公官即改御史大夫爲大司空武更爲大司空封汜鄉侯食邑千戶汜鄉在琅邪不其哀帝初即位褒賞大臣更以南陽犨之博望鄉爲汜鄉侯國增邑千戶武爲人仁厚好進士獎稱人之善爲楚內史厚兩龔在沛郡厚兩唐及爲公卿薦之朝廷此人顯於世者何侯力也世以此多焉然疾朋黨問文吏必於儒者問儒者必於文吏以相參檢欲除吏先爲科例以防請託其所居亦無赫赫名去後常見思及爲御史大夫司空與丞相方進共奏言往者諸侯王斷獄治政內史典獄事相總綱紀輔王中尉備盜賊今王不斷獄與政中尉官罷職并內史郡國守相委任所以壹統信安百姓也今內史位卑而權重威職相踰不統尊者難以爲治臣請相如太守內史如都尉以順尊卑之序平輕重之權制曰可以內史爲中尉初武爲九卿時奏言宜置三公官又與方進共奏罷刺史更置州牧後皆復復故語在朱博傳唯內史事施行多所舉奏號爲煩碎不稱賢公功名畧比薛宣其材不及也而經術正直過之武後母在郡遣吏歸迎會成帝崩吏恐道路有盜賊後母留止左右或譏武事親不篤哀帝亦欲改易大臣遂以此策免武令上大司空印綬罷歸就國後五歲諫大夫鮑宣數稱冤之天子感丞相王嘉之對而高安侯董賢亦薦武由是復徵爲御史大夫月餘徙爲前將軍先是新都侯王莽就國數年上以太皇太后故徵莽還京師莽從弟成都侯王邑爲侍中矯稱太皇太后指白哀帝爲莽求特進給事中哀帝復請之事發覺太后爲謝上以太后故不忍誅之左遷邑爲西河屬國都尉削千戶後有詔舉太常莽私從武求舉武不敢舉後數月哀帝崩太后即日引莽入收大司馬董賢印綬詔有司舉可大司馬者莽故大司馬辭位辟丁傅衆庶稱以爲賢又太后近親自大司徒孔光以下舉朝皆舉莽武爲前將軍素與左將軍公孫祿相善二人獨謀以爲往時孝惠孝昭少主之世外戚呂霍上官持權幾危社稷今孝成孝哀比世無嗣方當選立親近輔幼主不宜令異姓大臣持權親疏相錯爲國計便於是武舉公孫祿可大司馬而祿亦舉武太后竟自用莽爲大司馬莽風有司劾奏武公孫祿互相稱舉皆免武就國後莽寖盛爲宰衡陰誅不附己者元始三年呂寬等事起時大司空甄豐承莽風指遣使者乘傳案治黨與連引諸所欲誅者上黨鮑宣南陽彭偉杜公子郡國豪傑坐死者數百人武在見誣中大理正檻車徵武武自殺人多冤之莽欲厭衆意令武子況嗣爲侯謚武曰刺侯莽篡位免況爲庶人

王嘉字公仲平陵人也以明經射策甲科爲郎坐戶殿門失闌免光祿勳于永除爲掾察廉爲南陵丞復察廉爲長陵尉鴻嘉中舉敦朴能直言者召見宣室對政事得失超遷太中大夫出爲九江河南太守治甚有聲徵入爲大鴻臚徙京兆尹遷御史大夫建平三年代平當爲丞相封新甫侯加食邑千一百戶嘉爲人剛直嚴毅有威重上甚敬之哀帝初立多變更成帝之政嘉上疏以爲聖王之功在於得人因薦儒者公孫光滿昌及能吏蕭咸薛脩等皆故二千石有名稱者天子納而用之會息夫躬孫寵等因中常侍宋弘上書告東平王雲祝詛又與后舅伍宏謀弒上爲逆雲等伏誅躬寵擢爲二千石是時侍中董賢愛幸於上上欲侯之而未有所緣傅嘉勸上因東平事以封賢上於是定躬寵告東平本章掇去宋弘更言由董賢以聞欲以其功侯之皆先賜爵關內侯頃之欲封賢等上心憚嘉乃先使皇后父孔鄉侯傅晏持詔書視丞相御史於是嘉與御史大夫賈延上封事言竊見董賢等三人始賜爵衆庶匈匈咸曰賢貴其餘并蒙恩至今流言未解陛下仁恩於賢等不已宜暴賢等本奏語言延問公卿大夫博士議郎考合古今明正其義然後乃加爵土不然恐大失衆心海內引領而議暴下其事必有言當封者在陛下所從天下雖不說咎有所分不獨在陛下前定陵侯淳于長初封其事亦議大司農谷永以長當封衆人歸咎於永先帝不獨蒙其譏臣嘉臣延材駑不稱死有餘責知順指不迕可得容身須臾所以不敢者思報厚恩也上感其言止數月遂下詔切責公卿封賢爲高安侯南陽太守寵

為方陽侯左曹光祿大夫躬為宜陵侯後數月日食舉直言嘉復奏封事曰臣聞咎繇戒帝舜曰亾儆逸欲有國兢兢業業一日二日萬幾箕子戒武王曰臣無有作威作福亾有玉食臣之有作福作威玉食害于而家凶于而國人用側頗僻民用僭慝言如此則逆尊卑之序亂陰陽之統而害及王者其國極危國人傾仄不正民用僭差不壹此君不由法度上下失序之敗也武王躬履此道隆至成康自是以後縱心恣欲法度陵遲至於臣弒君子弒父父子至親失禮患生何況異姓之臣孔子曰道千乘之國敬事而信節用而愛人使民以時孝文皇帝備行此道海內蒙恩為漢太宗孝宣皇帝賞罰信明施與有節記人之功忽於小過以致治平孝元皇帝奉承大業溫恭少欲都內錢四十萬萬水衡錢二十五萬萬少府錢十八萬萬嘗幸上林後宮馮貴人從臨獸圈猛獸驚出貴人前當之元帝嘉美其義賜錢五萬掖庭見親有加賞賜屬其人勿眾謝示平惡偏重失人心賞賜節約是時外戚貲千萬者少耳故少府水衡見錢多也雖遭初元永光凶年饑饉加有西羌之變外奉師旅內振貧民終無傾危之憂以府藏內充實也孝成皇帝時諫臣多言燕出之害及女寵專愛耽於酒色損德傷年其言甚切然終不怨怒也寵臣湻于長張放史育育數貶退家貲不滿千萬放斥逐就國長榜死於獄不以私愛害公義故雖多內譏朝廷安平傳業陛下陛下在國之時好詩書上節儉徵來所過道上稱誦德美此天下所以回心也初即位易帷帳去錦繡乘輿席緣綈緒而已共皇寢廟比比當作憂閔元元唯用度不足以義割恩輙且止息今始作治而駙馬都尉董賢亦起官寺上林中又為賢起大第開門鄉北闕引王渠灌園池使者護作賞賜吏卒甚於治宗廟賢母病長安廚給祠具道中過者皆飲食為賢治器器成奏御迺行或物好特賜其工自貢獻宗廟三宮猶不至此賢家有賓婚及見親諸官並共賜及倉頭奴婢人十萬錢使者護視發取市物百賈震動道路讙譁羣臣惶惑詔書罷苑而以賜賢二千餘頃均田之制從此墮壞奢僭放縱變亂陰陽災異眾多百姓訛言持籌相驚被髮徒跣而走乘馬者馳天惑其意不能自止或以為籌者策失之戒也陛下素仁智慎事今而有此大譏孔子曰危而不持顛而不扶則將焉用彼相矣臣嘉幸得備位竊內悲傷不能通愚忠之信身死有益於國不敢自惜唯陛下慎己之所獨鄉察眾人之所共疑往者寵臣鄧通韓嫣驕貴失度逸豫無厭小人不勝情慾卒陷罪辜亂國亾軀不終其祿所謂愛之適足以害之也宜深覽前世以節賢寵全安其命於是上寖不悅而愈愛賢不能自勝會祖母傅太后薨上因託傅太后遺詔令成帝母王太后下丞相御史益封賢二千戶及賜孔鄉侯汝昌侯陽新侯國嘉封還詔書因奏封事諫上及太后言王者代天爵人不可不慎比者山崩地動日食於三朝皆陰盛侵陽之戒前賢已再封晏商再易邑業緣私橫求恩已過厚求索自恣不知厭足甚傷尊尊之義不可以示天下臣謹封上詔書不敢露見非愛死而不自法恐天下聞之故不敢自劾愚戇數犯忌諱唯陛下省察初廷尉梁相與丞相長史御史中丞及五二千石雜治東平王雲獄時冬月未盡二旬而相心疑雲冤獄有飾辭奏欲傳之長安更下公卿覆治尚書令鞫譚僕射宗伯鳳以為可許天子以相等皆見上體不平外內顧望操持兩心幸雲踰冬無討賊疾惡主讐之意制詔免相等皆為庶人後數月大赦嘉奏封事薦相等明習治獄相計謀深沉譚頗知文雅鳳經明行修聖主有計功除過臣竊為朝廷惜此三人書奏上不能平後二十餘日嘉封還益董賢戶事上乃發怒召嘉詣尚書責問以相等前坐在位不盡忠誠外附諸侯操持兩心背人臣之義今所稱相等材美足以相計除罪君以道德位在三公以總方畧一統萬類分明善惡為職知相等罪惡陳列著聞天下時輒以自劾今又稱譽相等云為朝廷惜之大臣舉錯恣心自在迷國罔上近由君始將謂遠者何對狀嘉免冠謝罪事下將軍中朝者光祿大夫孔光左將軍公孫祿右將軍王安光祿勳馬宮光祿大夫龔勝劾嘉迷國罔上不道請與廷尉雜治勝獨以為嘉備宰相諸事並廢咎由嘉生嘉坐薦相等微薄以應迷國罔上不道恐不可以示天下遂可光等奏光等請謁者召嘉詣廷尉詔獄制曰票騎將軍御史大夫中二千石諸大夫博士議郎雜議衛尉雲等十五人以為如光等言可許議郎龔等以為嘉言事前後相違無所執守不任宰相之職宜奪爵土免為庶人永信少府猛等十人以為聖王斷獄必先原心定罪探意立情故死者不抱恨而入地生者不銜怨而受罪明主躬聖德重大臣刑辟廣延有司議欲使海內咸服嘉罪名雖應法聖王之於大臣在輿為下御坐則起疾病視之無數死則臨弔之廢宗廟之祭進之以禮退之以義誅之以行案嘉本以相等為罪罪惡雖著大臣括髮關械裸躬就笞非所以重國襃宗廟也今春月寒氣錯繆霜露數降宜示天下以寬和臣

等不知大義唯陛下察焉有詔假謁者節召丞相詣廷尉詔獄使者既到府掾史涕泣共和藥進嘉嘉不肯服主簿曰將相不對理陳冤相踵以爲故事君侯宜引決使者危坐府門上主簿復前進藥嘉引藥杯以擊地謂官屬曰丞相幸得備位三公奉職負國當伏刑都市以示萬衆丞相豈兒女子邪何謂咀藥而死嘉遂裝出見使者再拜受詔乘吏小車去蓋不冠隨使者詣廷尉廷尉收嘉丞相新甫侯印綬縛嘉載致都船詔獄上聞嘉生自詣吏大怒使將軍以下與五二千石雜治吏詰問嘉嘉對曰案事者思得實竊見相等前治東平王獄不以雲爲不當死欲關公卿示重慎置驛馬傳囚勢不得踰冬月誠不見其外內顧望阿附爲雲驗復幸得蒙大赦相等皆良善吏臣竊爲國惜賢不私此三人獄吏曰苟如此則君何以爲罪猶當有以負國不空入獄矣吏稍侵辱嘉嘉喟然仰天歎曰幸得充備宰相不能進賢退不肖以是負國死有餘責吏問賢不肖主名嘉曰賢故丞相孔光故大司空何武不能進惡高安侯董賢父子佞邪亂朝而不能退罪當死死無所恨嘉繫獄二十餘日不食嘔血而死帝舅大司馬驃騎將軍丁明素重嘉而憐之上遂免明以董賢代之語在賢傳嘉爲相三年誅國除死後上覽其對而思嘉言復以孔光代嘉爲丞相徵用何武爲御史大夫元始四年詔書追錄忠臣封嘉子崇爲新甫侯追謚嘉爲忠侯

師丹字仲公琅邪東武人也治詩事匡衡舉孝廉爲郎元帝末爲博士免建始中州舉茂才復補博士出爲東平王太傅丞相翟方進御史大夫孔光舉丹議論深博廉正守道徵入爲光祿大夫丞相司直數月復以光祿大夫給事中由是爲少府光祿勳侍中甚見尊重成帝末年立定陶王爲皇太子以丹爲太子太傅哀帝即位爲左將軍賜爵關內侯食邑領尚書事遂代王莽爲大司馬封高樂侯月餘徙爲大司空上少在國見成帝委政外家王氏僭盛常內邑邑及即位多欲有所匡正封拜丁傅奪王氏權丹自以師傅居三公位得信於上上書言古者諒闇不言聽於冢宰三年無改於父之道前大行尸柩在堂而官爵臣等以及親屬赫然皆貴寵封舅爲陽安侯皇后尊號未定豫封父爲孔鄉侯出侍中王邑射聲校尉王邯等詔書比下變動政事卒暴無漸臣縱不能明陳大義復曾不能牢讓爵位相隨空受封侯增益陛下之過閒者郡國多動地水出流殺人民日月不明五星失行此皆舉錯失中號令不定法度失理陰陽溷濁之應也臣伏惟人情無子年雖六七十猶博取而廣求孝成皇帝深見天命燭知至德以壯年克己立陛下爲嗣先帝暴棄天下而陛下繼體四海安寧百姓不懼此先帝聖德當合天人之功也臣聞天威不違顏咫尺願陛下深思先帝所以建立陛下之意且克己躬行以觀羣下之從化天下者陛下之家也肺腑何患不富貴不宜倉卒先帝不量臣愚以爲太傅陛下以臣託師傅故亾功德而備鼎足封大國加賜黃金位爲三公職在左右不能盡忠補過而令庶人竊議災異數見此臣之大罪也臣不敢言乞骸骨歸於海濱恐嫌於僞誠慙負重責義不得不盡死書數十上多切直之言初哀帝即位成帝母稱太皇太后成帝趙皇后稱皇太后而上祖母傅太后與母丁后皆在國邸自以定陶共王爲稱高昌侯董宏上書言秦莊襄王母本夏氏而爲華陽夫人所子及即位後俱稱太后宜立定陶共王后爲皇太后事下有司時丹以左將軍與王莽共劾奏宏知皇太后至尊之號天下一統而稱引亾秦以爲比喻誑誤聖朝非所宜言大不道上新立謙讓納用莽丹言免宏爲庶人傅太后大怒要上必欲稱尊號上於是追尊定陶共王爲共皇帝尊傅太后爲共皇太后丁后爲共皇后郎中令泠褒黃門郎段猶等復奏言定陶共皇太后共皇后皆不宜復引定陶藩國之名以冠大號車馬衣服宜皆稱皇之意置吏二千石以下各共厥職又宜爲共皇立廟京師上復下其議有司皆以爲宜如褒猶言丹議獨曰聖王制禮取法於天地故尊卑之禮明則人倫之序正人倫之序正則乾坤得其位而陰陽順其節人主與萬民俱蒙福祐尊卑者天地定位不可亂也今定陶共皇太后共皇后以定陶共爲號者母從子妻從夫之義也欲立官置吏車服與太皇太后並非所以明尊卑亾二上之義也定陶共皇號謚已前定義不得復改禮父爲士子爲天子祭以天子其尸服以士服子亾爵父之義尊父母也爲人後者爲之子故爲所後服斬衰三年而降其父母朞明尊本祖而重正統也孝成皇帝聖恩深遠故爲共王立後奉承祭祀令共皇長爲一國太祖萬世不毀恩義已備陛下既繼體先帝持重大宗承宗廟天地社稷之祀義不得復奉定陶共皇祭入其廟今欲立廟於京師而使臣下祭之是無主也又親盡當毀空去一國太祖不墮之祀而就無主當毀不正之禮非所以尊厚共皇也丹由是浸不合上意會有上書言古者以龜貝爲貨今以錢易之民以故貧宜可改幣上以問丹丹對言可改章下有司議皆以爲行錢

以來久矣雖卒變易丹老人忘其前語後從公卿議又丹使吏書奏吏私寫其草丁傅子弟聞之使人上書告丹上封事行道人偏持其書上以問將軍中朝臣皆對曰忠臣不顯諫大臣奏事不宜漏泄令吏民傳寫流聞四方臣不密則失身宜下廷尉事下廷尉廷尉劾丹大不敬事未決給事中博士申咸炔欽上書言丹經行無比自近世大臣能若丹者少發憤懣奏封事不及深思遠慮使主簿書漏泄之過不在丹以此貶黜恐不厭衆心尙書劾咸欽幸得以儒官選擢備腹心上所折中定疑知丹社稷重臣議罪處罰國之所愼咸欽初傳經義以爲當治事以暴列乃復上書妄稱譽丹前後相違不敬上貶咸欽秩各二等遂策免丹令上大司空高樂侯印綬罷歸後尙書令唐林上疏爲丹訟寃上從林言復賜丹爵關內侯食邑三百戶丹既免數月上用朱博議尊傅太后爲皇太太后丁后爲帝太后與太皇太后及皇太后同尊又爲共皇立廟京師儀如孝元皇帝傅遷爲丞相復與御史大夫趙元以前事奏免丹爲庶人丹於是廢歸鄉里者數年平帝卽位新都侯王莽白太皇太后發掘傅太后丁太后冢奪其璽綬更以民禮葬之定陶隳廢其皇廟諸造議泠褒段猶等皆徙合浦復免高昌侯宏爲庶人徵丹詣公車賜爵關內侯食故邑數月太皇太后詔封丹爲義陽侯月餘薨謚曰節侯子業嗣王莽敗廼絕

揚雄字子雲蜀郡成都人也其先出自有周伯僑者以支庶食采於晉之揚因氏焉不知伯僑周何別也揚在河汾之間周衰而揚氏或稱侯號曰揚侯會晉六卿爭權韓趙魏興而范中行知伯弊當是時偪揚侯揚侯逃于楚巫山因家焉楚漢之興也揚氏遡江上處巴江州而揚季官至廬江太守漢元鼎間避仇復遡江上處嶓山之陽曰郫有田一㙻有宅一區世世以農桑爲業自郫至雄五世而傳一子故雄無他揚於蜀雄少而好學不爲章句訓詁通而已博覽無所不見爲人簡易佚蕩口吃不能劇談默而好深湛之思清靜無爲少嗜欲不汲汲於富貴不戚戚於貧賤不修廉隅以徼名當世家產不過十金乏無儋石之儲晏如也自有大度非聖哲之書不好也非其意雖富貴不事也顧嘗好辭賦先是時蜀有司馬相如作賦甚弘麗溫雅雄心壯之每作賦常擬之以爲式又怪屈原文過相如至不容作離騷自投江而死悲其文讀之未嘗不流涕也以爲君子得時則大行不得時則龍蛇遇不遇命也何必湛身哉乃作書往往摭離騷文而反之自岷山投諸江流以弔屈原名曰反離騷又旁離騷作重一篇名曰廣騷又旁惜誦以下至懷沙一卷名曰畔牢愁畔離也牢聊也與君相離愁而無聊也文多皆不載孝成帝時客有薦雄文似相如者上方郊祠甘泉泰畤汾陰后土以求繼嗣召雄待詔承明之庭正月從上幸甘泉還奏甘泉賦以風其辭曰惟漢十世將郊上元定泰畤雍神休尊明號同符三皇錄功五帝卹允錫羙拓迹開統於是廼命羣僚歷吉日協靈辰星陳而天行詔招搖與泰陰兮伏鉤陳使當兵屬堪輿以壁壘兮梢夔魖而抶獝狂八神奔而警蹕兮振殷轔而軍裝蚩尤之倫帶干將而秉玉戚兮飛蒙茸而走陸梁齊總總撙撙其相膠葛兮猋駭雲訊奮以方攘駢羅列布鱗以雜沓兮柴虒參差魚頡而鳥䀏翕赫曶霍霧集蒙合兮半散照爛粲以成章於是乘輿廼登夫鳳皇兮翳華芝駟蒼螭兮六素虯蠖略蕤綏灕虖襂纚帥爾陰閉霅然陽開騰清霄而軼浮景兮夫何旟旐郅偈之旖旎也流星旄以電燭兮咸翠蓋而鸞旗敦萬騎於中營兮方玉車之千乘聲駍隱以陸離兮輕先疾雷以馺遺風陵高衍之嵱嵷兮超紆譎之清澄登椽欒而狃天門兮馳閶闔而入凌兢是時未轃夫甘泉也廼望通天之繹繹下陰潛以慘廩兮上洪紛而相錯直嶢嶢以造天兮厥高慶而不可虖疆度平原唐其壇曼兮列新雉於林薄攢并閭與茇葀兮紛被麗其亡鄂崇丘陵之駊騀兮深溝嶔巖而爲谷遝遝離宮般以相燭兮封巒石關施靡虖延屬於是大厦雲譎波詭摧嗺而成觀仰撟首以高視兮目冥眴而亡見正瀏濫以弘惝兮指東西之漫漫徒回回以徨徨兮魂固眇眇而昏亂據軨軒而周流兮忽軮軋而亡垠翠玉樹之青葱兮璧馬犀之瞵㻞金人仡仡其承鍾虡兮嵚巖巖其龍鱗揚光曜之燎燭兮乘景炎之炘炘配帝居之縣圃兮象泰壹之威神洪臺掘其獨出兮㨖北極之嶟嶟列宿乃施於上榮兮日月纔經於柍桭雷鬱律而巖突兮電倏忽於牆藩鬼魅不能自逮兮半長途而下顛歷倒景而絕飛梁兮浮蔑蠓而撇天左欃槍而右玄冥兮前熛闕而後應門蔭西海與幽都兮涌醴汩以生川蛟龍連蜷於東厓兮白虎敦圉虖昆侖覽樛流於高光兮溶方皇於西清前殿崔巍兮和氏瓏玲炕浮柱之飛榱兮神莫莫而扶傾閌閬閬其寥廓兮似紫宮之崢嶸駢交錯而曼衍兮峻嵬隗虖其相嬰乘雲閣而上下兮紛蒙籠以混成曳紅采之流離兮颺翠氣之宛延襲琁室與傾宮兮若登高眇遠肅虖臨淵回猋肆其碭駭兮翍桂椒而鬱栘楊香芬茀以

穹隆兮擊薄櫨而將榮薌呹肸以棍批兮聲駍隱而歷鍾排玉戶而颺金鋪兮發蘭蕙與芎藭惟弸彋其拂汨兮稍暗暗而靚深陰陽淸濁穆羽相和兮若夔牙之調琴般倕弃其剞劂兮王爾投其鈎繩雖方征僑與偓佺兮猶仿佛其若夢於是事變物化目駭耳回蓋天子穆然珍臺閒館璇題玉英蜵蜎蠖濩之中惟夫所以澄心淸魂儲精垂思感動天地逆釐三神者廼搜逑索耦皐伊之徒冠倫魁能函甘棠之惠挾東征之意相與齊乎陽靈之宮靡薜荔而爲席兮折瓊枝以爲芳噏淸雲之流霞兮飲若木之露英集虖禮神之囿登乎頌祇之堂建光耀之長旓兮昭華覆之威威攀璇璣而下視兮行遊目虖三危陳衆車於東阬兮肆玉軑而下馳漂龍淵而還九垠兮窺地底而上回風從從而扶轄兮鸞鳳紛其銜蕤梁弱水之濎濙兮躡不周之逶蛇想西王母欣然而上壽兮屏玉女而卻虙妃玉女無所眺其淸矑兮虙妃曾不得施其蛾眉方擥道德之精剛兮侔神明與之爲資於是欽柴宗祈燎薰皇天招搖泰壹舉洪頤樹靈旗樵蒸焜上配藜四施東燭滄海西燿流沙北熿幽都南煬丹厓元瓚觩醪秬鬯泔淡肸蠁豐融懿懿芬芬炎感黃龍兮熛訛碩麟選巫咸兮叫帝閽開天庭兮延羣神儐暗藹兮降淸壇瑞穰穰兮委如山於是事畢功弘回車而歸度三巒兮偈棠梨天閫決兮地垠開八荒協兮萬國諧登長平兮雷鼓磕天聲起兮勇士厲雲飛揚兮雨滂沛于胥德兮麗萬世亂曰崇崇圜丘隆隱天兮登降峛崺單埢垣兮增宮嵾差駢嵯峩兮岭巆嶙峋洞亾厓兮上天之縡杳旭卉兮聖皇穆穆信厥對兮徠祗郊禋神所依兮徘徊招搖靈遲迡兮輝光眩燿降厥福兮子子孫孫長亾極兮甘泉本因秦離宮旣奢泰而武帝復增通天高光迎風宮外近則洪厓旁皇儲胥弩阹遠則石闕封巒枝鵲露寒棠梨師得遊觀屈奇瑰偉非木摩而不彫牆塗而不畫周宣所考盤庚所遷夏卑宮室唐虞棌椽三等之制也且其爲已久矣非成帝所造欲諫則非時欲默而不能已故遂推而隆之乃上比於帝室紫宮若曰此非人力之所爲黨鬼神可也又是時趙昭儀方大幸每上幸甘泉嘗法從在屬車閒豹尾中故雄聊盛言車騎之衆參麗之駕非所以感動天地逆釐三神又言屏玉女卻宓妃以微戒齊肅之事賦成奏之天子異焉其三月將祭后土上乃帥羣臣橫大河湊汾陰旣祭行游介山回安邑顧龍門覽鹽池登歷觀陟西岳以望八荒迹殷周之虛眇然以思唐虞之風雄以爲臨川羡魚不如歸而結網還上河東賦以勸其辭曰伊年暮春將瘞后土禮靈祇謁汾陰于東郊因茲以勒崇垂鴻發祥隤祉欽若神明者盛哉鑠乎越不可載已於是命羣臣齊法服整靈輿廼撫翠鳳之駕六先景之乘棹犇星之流旃彏天狼之威弧張燿日之元旄揚左纛被雲梢奮電鞭驂雷輜鳴洪鐘建五旗羲和司日顏倫奉輿風發飇拂神騰鬼趡千乘霆亂萬騎屈橋嘻嘻旭旭天地稠嶅簸邱跳巒涌渭躍涇秦神下讋跖魂負沴河靈矍踢爪（音掌）華蹈衰遂臻陰宮穆穆肅肅蹲蹲如也靈祇旣鄉五位時敘絪縕元黃將紹厥後於是靈輿安步周流容與以覽虖介山嗟文公而愍推兮勤大禹於龍門灑沈菑於豁瀆兮播九河於東瀕登歷觀而遥望兮聊浮流以經營樂往昔之遺風兮喜虞氏之所耕瞰帝唐之嵩高兮脈隆周之大寍汨低回而不能去兮行睨陔下與彭城濊南巢之坎坷兮易豳岐之夷平乘翠龍而超河兮陟西岳之嶢崝雲霏霏而來迎兮澤滲灕而下降鬱蕭條其幽藹兮滃汎沛以豐隆叱風伯於南北兮呵雨師於西東參天地而獨立兮廓蕩蕩其亾雙遵逝虖歸來以函夏之大漢兮彼曾何足與比功建乾坤之貞兆兮將悉總之以羣龍麗鈎芒與驂蓐收兮服元冥及祝融敦衆神使式道兮奮六經以攄頌隃於穆之緝熙兮過淸廟之雝雝軼五帝之遐迹兮躡三皇之高蹤旣發軔於平盈兮誰謂路遠而不能從其十二月羽獵雄從以爲昔在二帝三王宮館臺榭沼池苑囿林麓藪澤財足以奉郊廟御賓客充庖廚而已不奪百姓膏腴穀土桑柘之地女有餘布男有餘粟國家殷富上下交足故甘露零其庭醴泉流其唐鳳凰巢其樹黃龍遊其沼麒麟臻其囿神爵棲其林昔者禹任益虞而上下和少木茂成湯好田而天下用足文王囿百里民以爲尙小齊宣王囿四十里民以爲大裕民之與奪民也武帝廣開上林南至宜春鼎湖御宿昆吾旁南山而西至長楊五柞北繞黃山瀕渭而東周袤數百里穿昆明池象滇河營建章鳳闕神明馺娑漸臺泰液象海水周流方丈瀛洲蓬萊游觀侈靡窮妙極麗雖頗割其三垂以贍齊民然至羽獵田車戎馬器械儲偫禁禦所營尙泰奢麗誇詡非堯舜成湯文王三驅之意也又恐後世復修前好不折中以泉臺故聊因校獵賦以風其辭曰或稱戲農豈或帝王之彌文哉論者云否亦各並時而得宜奚必同條而共貫則泰山之封烏得七十而有二儀是以創業垂統者俱不見其爽遐邇五三孰知其是非遂作頌曰麗哉神聖處於元宮富旣與地虖侔

嘗貴正與天乎比崇齊桓曾不足使扶轂楚嚴未足以爲驂乘陿三王之阸薜嶠高舉而大輿歷五帝之寥廓涉三皇之登閎建道德以爲師友仁義與爲朋於是元冬季月天地隆烈萬物權輿於內徂落於外帝將惟田于靈之囿開北垠受不周之制以終始顓頊元冥之統廼詔虞人典澤東延昆隣西馳閶闔儲積共偫戍卒夾道斬叢棘夷野草禦自汧渭經營酆鎬章皇周流出入日月天與地沓爾廼虎路三嵕以爲司馬圍經百里而爲殿門外則正南極海邪界虞淵鴻濛沆茫碣以崇山營合圍會然后先置虖白楊之南昆明靈沼之東賁育之倫蒙盾負羽杖鏌邪而羅者以萬計其餘荷垂天之畢張竟壄之罘靡日月之朱竿曳彗星之飛旗青雲爲紛紅蜺爲繯屬之虖昆侖之虛渙若天星之羅浩如濤水之波淫淫與與前後要遮欃槍爲闉明月爲候熒惑司命天弧發射鮮扁陸離駢衍佖路徽車輕武鴻絅緁獵殷殷軫軫被陵緣阪窮冥極遠者相與迾虖高原之上羽騎營營昈分殊事繽紛往來轠轤不絕若光若滅者布虖青林之下於是天子乃以陽鼂始出乎元宮撞鴻鐘建九旒六白虎載靈輿蚩尤並轂蒙公先驅立歷天之旂曳捎星之旃霹靂列缺吐火施鞭萃傱允溶淋灕廓落戲八鎭而開關飛廉雲師吸嚊瀟率鱗羅布列攢以龍翰秋秋蹌蹌入西園切神光望平樂徑竹林蹂蕙圃踐蘭唐舉烽烈火轡者施披方馳千駟校騎萬師虓虎之陳從橫膠輵猋泣雷厲驞駍駖磕洶洶旭旭天動地岋羨漫半散蕭條數千萬里外若夫壯士忼慨殊鄉別趣東西南北騁耆奔欲拕蒼豨跋犀犛蹶浮麋斮巨狿搏元蝯騰空虛距連卷踔夭蟜娭澗門莫莫紛紛山谷爲之風猋林叢爲之生塵及至獲夷之徒蹶松栢掌蒺棃獵蒙蘢轔輕飛履般首帶脩蛇鉤赤豹摼象犀跇巒阬超唐陂車騎雲會登降闇藹泰華爲旒熊耳爲綴木仆山還漫若天外儲與虖大溥聊浪虖宇內於是天淸日晏逢蒙列眥羿氏控弦皇車幽輵光純天地望舒彌轡翼乎徐至於上蘭移圍徙陳浸淫蹵部曲隊堅重各案行伍壁壘天旋神扶電擊逢之則碎近之則破鳥不及飛獸不得過軍驚師駭刮野埽地及至罕車飛揚武騎聿皇蹈飛豹絹噪陽追天寶出一方應駍聲擊流光埜盡山窮囊括其雌雄沇沇容容遙噱虖紘中三軍芒然窮冘閼與亶觀夫票禽之紲隃犀兕之抵觸熊羆之挐攫虎豹之凌遽徒角搶題注蹙竦讋怖魂亾魄失觸輻關脰妄發期中進退履獲創淫輪夷邱累陵聚於是禽殫中衰相與集於靖冥之館以臨珍池灌以岐梁溢以江河東瞰目盡西暢亾厓隨珠和氏焯爍其陂玉石嶜崟眩燿靑熒漢女水潛怪物暗冥不可殫形元鸞孔雀翡翠垂榮王睢關關鴻鴈嚶嚶羣娭虖其中噍噍昆鳴鳧鷖振鷺上下砰磕聲若雷霆乃使文身之技水格鱗蟲凌堅冰犯嚴淵探巖排碕薄索蛟螭蹈獱獺據黿鼉抾靈蠵入洞穴出蒼梧乘鉅鱗騎京魚浮彭蠡目有虞方椎夜光之流離剖明月之珠胎鞭洛水之虙妃餉屈原與彭胥於茲虖鴻生鉅儒俄軒冕雜衣裳脩唐典匡雅俗揖讓於前昭光振燿蠁曶如神仁聲惠於北狄武義動於南隣是以旃裘之王胡貉之長移珍來享抗手稱臣前入圍口後陳盧山羣公常伯楊朱墨翟之徒喟然稱曰崇哉乎德雖有唐虞大夏成周之隆何以侈茲大古之覲東嶽禪梁基舍此世也其誰與哉上猶謙讓而未俞也方將上獵三靈之流下決醴泉之滋發黃龍之穴窺鳳凰之巢臨麒麟之囿幸神雀之林奢雲夢侈孟諸非章華是靈臺罕徂離宮而輟觀游土事不飾木功不彫承民乎農桑勸之以弗迨儕男女使莫違恐貧窮者不徧被洋溢之饒開禁苑散公儲創道德之囿弘仁惠之虞馳弋乎神明之囿覽觀乎羣臣之有亾放雉兔收罝罘麋鹿芻蕘與百姓共之蓋所以臻茲也於是醇洪鬯之德豐茂世之規加勞三皇勗勤五帝不亦至乎乃祗莊雍穆之徒立君臣之節崇賢聖之業未皇苑囿之麗游獵之靡也因回軫還衡背阿房反未央明年上將大誇胡人以多禽獸秋命右扶風發民入南山西自褒斜東至弘農南敺漢中張羅罔罝罘捕熊羆豪豬虎豹狖玃狐兔麋鹿載以檻車輸長楊射熊館以罔爲周阹縱禽獸於其中令胡人手搏之自取其獲上親臨觀焉是時農民不得收斂雄從至射熊館還上長楊賦聊因筆墨之成文章故藉翰林以爲主人子墨爲客卿以風其辭曰子墨客卿問於翰林主人曰蓋聞聖主之養民也仁霑而恩洽動不爲身今年獵長楊先命右扶風左太華而右褒斜椓嶻嶭而爲弋紆南山以爲罝羅千乘於林莽列萬騎於山隅帥軍踤阹錫戎獲胡搤熊羆拕豪豬木雍槍纍以爲儲胥此天下之窮覽極觀也雖然亦頗擾乎農民三旬有餘其廑至矣而功不圖恐不識者外之則以爲娛樂之遊內之則不以爲乾豆之事豈爲民乎哉且人君以元默爲神澹泊爲德今樂遠出以露威靈數搖動以罷車甲本非人主之急務也蒙竊惑焉翰林主人曰吁謂之茲邪若客所謂知其一未睹其二見其外不識其內者也僕嘗倦談不

能一二其詳請略舉凡而客自覽其切焉客曰唯唯主人曰昔有彊秦封豕其土窫窳其民鑿齒之徒相與摩牙而爭之豪俊麋沸雲擾羣黎為之不康於是上帝眷顧高祖高祖奉命順斗極運天關橫鉅海票崑崙提劍而叱之所過麾城搟邑下將降旗一日之戰不可殫記當此之勤頭蓬不暇疏飢不及餐鞮鍪生蟣蝨介冑被霑汗以為萬姓請命虖皇天迺展民之所詘振民之所乏規億載恢帝業七年之間而天下密如也逮至聖文隨風乘流方垂意於志寧躬服節儉綈衣不敝革鞜不穿大夏不居木器無文於是後宮賤瑇瑁而疏珠璣卻翡翠之飾除雕瑑之巧惡麗靡而不近斥芬芳而不御抑止絲竹晏衍之樂憎聞鄭衞幼眇之聲是以玉衡正而太階平也其後熏鬻作虐東夷橫畔羌戎睚眦閩越相亂遐萌為之不安中國蒙被其難於是聖武勃怒爰整其旅迺命驃衞汾沄沸渭雲合電發猋騰波流機駭蠭軼疾如奔星擊如震霆碎轒轀破穹廬腦幕沙髓余吾遂獵乎王庭敺橐它燒熐蠡分梨單于磔裂屬國夷阬谷拔鹵莽刊山石蹂屍輿廝係累老弱兗鋋瘢耆金鏃淫夷者數十萬人皆稽首樹頜扶服蛾伏二十餘年矣尚不敢惕息夫天兵四臨幽都先加回戈邪指南越相夷靡節西征羌僰東馳是以遐方疏俗殊鄰絕黨之域自上仁所不化茂德所不綏莫不蹻足抗手請獻厥珍使海內澹然永亾邊城之災金革之患今朝廷純仁遵道顯義并包書林聖風雲靡英華沈浮洋溢八區普天所覆莫不沾濡士有不談王道者則樵夫笑之故意者以為事罔隆而不殺物靡盛而不虧故平不肆險安不忘危迺時以有年出兵整輿竦戎振師五莋習馬長楊筩力狡獸校武票禽迺萃然登南山瞰烏弋西厭月䖸東震日域又恐後世迷於一時之事常以此為國家之大務淫荒田獵陵夷而不禦也是以車不安軔日未靡旃從者彷彿骫屬而還亦所以奉太宗之烈遵文武之度復三王之田反五帝之虞使農不輟耰工不下機婚姻以時男女莫違出愷悌行簡易矜劬勞休力役見百年存孤弱帥與之同苦樂然後陳鐘鼓之樂鳴鞀磬之和建碣磍之虡拮隔鳴球掉八列之舞酌允鑠肴樂胥聽廟中之雍雍受神人之福祜歌投頌吹合雅其勤若此故眞神之所勞也方將俟元符以禪梁甫之基增泰山之高延光于將來比榮乎往號豈徒欲淫覽浮觀馳騁秔稻之地周流梨栗之林蹂踐芻蕘誇詡眾庶盛狖玃之收多麋鹿之獲哉且盲者不見咫尺而離婁燭千里之隅客徒愛胡人之獲我禽獸曾不知我亦已獲其王侯言未卒墨客降席再拜稽首曰大哉體乎允非小子之所能及也迺今日發矇廓然已昭矣哀帝時丁傅董賢用事諸附離之者或起家至二千石時雄方草太元有以自守泊如也或謿雄以元尚白而雄解之號曰解謿其辭曰客謿揚子曰吾聞上世之士人綱人紀不生則已生則上尊人君下榮父母析人之圭儋人之爵懷人之符分人之祿紆青拕紫朱丹其轂今子幸得遭明盛之世處不諱之朝與羣賢同行歷金門上玉堂有日矣曾不能畫一奇出一策上說人主下談公卿目如燿星舌如電光壹縱壹橫論者莫當顧而作太元五千文支葉扶疏獨說十餘萬言深者入黃泉高者出蒼天大者含元氣纖者入無倫然而位不過侍郎擢纔給事黃門意者元得毋尚白乎何為官之拓落也揚子笑而應之曰客徒欲朱丹吾轂不知一跌將赤吾之族也往者周罔解結羣鹿爭逸離為十二合為六七四分五剖並為戰國士無常居國無定臣得士者富失士者貧矯翼厲翮恣意所存故士或自盛以橐或鑿坏以遁是故騶衍以頡亢而取世資孟軻雖連蹇猶為萬乘師今大漢左東海右渠搜前番禺後陶塗東南一尉西北一候徽以糾墨制以質鈇散以禮樂風以詩書曠以歲月結以倚廬天下之士雷動雲合魚鱗雜襲咸營乎八區家家自以為稷契人人自以為咎繇戴縰垂纓而談者皆擬於阿衡五尺童子羞比晏嬰與夷吾當塗者入青雲失路者委溝渠旦握權則為卿相夕失勢則為匹夫譬若江湖之雀勃解之鳥乘鴈集不為之多雙鳧飛不為之少昔三仁去而殷虛二老歸而周熾子胥死而吳亾種蠡存而粵伯五羖入而秦喜樂毅出而燕懼范雎以折摺而危穰侯蔡澤雖噤吟而笑唐舉故當其有事也非蕭曹子房平勃樊霍則不能安當其亾事也章句之徒相與坐而守之亦亾所患故世亂則聖哲馳騖而不足世治則庸夫高枕而有餘夫上世之士或解縛而相或釋褐而傅或倚夷門而笑或橫江潭而漁或七十說而不遇或立談間而封侯或枉千乘於陋巷或擁帚彗而先驅是以士頗得信其舌而奮其筆窒隙蹈瑕而無所詘也當今縣令不請士郡守不迎師羣卿不揖客將相不俛眉言奇者見疑行殊者得辟是以欲談者卷舌而固聲欲行者擬足而投迹鄉使上世之士處虖今策非甲科行非孝廉舉非方正獨可抗疏時道是非高得待詔下觸聞罷又安得青紫且吾聞之也炎炎者滅隆隆者絕觀雷觀火為盈為實天收其聲地藏其熱高明

之家鬼瞰其室攫挐者亾默默者存位極者宗危自守者身全是故知元知默守道之極爰清爰靜游神之廷惟寂惟寞守德之宅世異事變人道不殊彼我易時未知何如而子迺以鴟梟而笑鳳凰執蝘蜓而謿龜龍不亦病乎子徒笑我元之尙白吾亦笑子之病甚不遭臾跗扁鵲悲夫客曰然則靡元無所成名乎范蔡以下何必元哉揚子曰范雎魏之亾命也折脅拉髂免於徽索翕肩蹈背扶服入橐激卬萬乘之主界涇陽抵穰侯而代之當也蔡澤山東之匹夫也顉頤折頞涕涶流沫西揖彊秦之相搤其咽炕其氣拊其背而奪其位時也天下已定金革已平都於雒陽婁敬委輅脫輓掉三寸之舌建不拔之策舉中國徙之長安適也五帝垂典三王傳禮百世不易叔孫通起於枹鼓之閒解甲投戈遂作君臣之儀得也甫刑靡敝秦法酷烈聖漢權制而蕭何造律宜也故有造蕭何律於唐虞之世則誖矣有作叔孫通儀於夏殷之時則惑矣有建婁敬之策於成周之世則謬矣有談范蔡之說於金張許史之閒則狂矣夫蕭規曹隨留侯畫策陳平出奇功若泰山嚮若阺隤唯其人之贍知哉亦會其時之可爲也故爲可爲於可爲之時則從爲不可爲於不可爲之時則凶夫藺先生收功於章臺四皓采榮於南山公孫創業於金馬驃騎發迹於祁連司馬長卿竊訾於卓氏東方朔割炙於細君僕誠不能與此數公者並故默然獨守吾太元雄以爲賦者將以風之必推類而言極麗靡之辭閎侈鉅衍競於使人不能加也旣迺歸之於正然覽者已過矣往時武帝好神仙相如上大人賦欲以風帝反縹縹有陵雲之志繇是言之賦勸而不止明矣又頗似俳優淳于髡優孟之徒非法度所存賢人君子詩賦之正也於是輟不復爲而大潭思渾天參摹而四分之極於八十一旁則三摹九据極之七百二十九贊亦自然之道也故觀易者見其卦而名之觀元者數其畫而定之元首四重者非卦也數也其用自天元推一晝一夜陰陽數度律曆之紀九九大運與天終始故元三方九州二十七部八十一家二百四十三表七百二十九贊分爲三卷曰一二三與泰初曆相應亦有顓頊之曆焉擥之以三策開之以休咎緖之以象類播之以人事文之以五行擬之以道德仁義禮知無主無名要合五經苟非其事文不虛生爲其泰曼漶而不可知故有首衝錯測攡瑩數文掜圖告十一篇皆以解剝元體離散其文章句尙不存焉元文多故不著觀之者難知學之者難成客有難元太深衆人之不好也雄解之號曰解難其辭曰客難揚子曰凡著書者衆人之所好也美味期乎合口工聲調於比耳今吾子乃抗辭幽說閎意眇指獨馳騁於有亾之際而陶冶大鑪旁薄羣生歷覽者茲年矣而殊不寤亶費精神於此而煩學者於彼譬畫者畫於無形弦者放於無聲殆不可乎揚子曰俞若夫閎言崇議幽微之塗蓋難與覽者同也昔人有觀象於天視度於地察法於人者天麗且彌地普而深昔人之辭迺玉迺金彼豈好爲艱難哉埶不得已也獨不見夫翠虯絳螭之將登虖天必聳身於蒼梧之淵不階浮雲翼疾風虛舉而上升則不能撠膠葛騰九閎日月之經不千里則不能燭六合燿八紘泰山之高不嶕嶢則不能浡滃雲而散歊烝是以宓犧氏之作易也緜絡天地經以八卦文王附六爻孔子錯其象而彖其辭然後發天地之藏定萬物之基典謨之篇雅頌之聲不溫純深潤則不足以揚鴻烈而章緝熙蓋胥靡爲宰寂寞爲尸大味必淡大音必希大語叫叫大道低回是以聲之眇者不可同於衆人之耳形之美者不可棍於世俗之目辭之衍者不可齊於庸人之聽今夫弦者高張急徽追趨逐耆則坐者不期而附試爲之施咸池揄六莖發簫韶詠九成則莫有和也是故鍾期死伯牙絕弦破琴而不肯與衆鼓獶人亾則匠石輟斤而不敢妄斵師曠之調鍾竢知音者之在後也孔子作春秋幾君子之前睹也老聃有遺言貴知我者希此非其操與雄見諸子各以知其舛馳大氐詆訾聖人卽爲怪迂析辯詭辭以撓世事雖小辯終破大道而惑衆使溺於所聞而不自知其非也及太史公記六國歷楚漢訖麟止不與聖人同是非頗謬於經故人有問雄者常用法應之譔以爲十三卷象論語號曰法言文多不錄史氏著其目云漢史贊曰雄之自序云爾自號曰法言之前皆是雄本自序之文也初雄年四十餘自蜀來游京師大司馬車騎將軍王音奇其文雅召以爲門下史薦雄待詔歲餘奏羽獵賦除爲郞給事黃門與王莽劉歆並哀帝之初又與董賢同官當成哀平閒莽賢皆爲三公權傾人主所薦莫不拔擢而雄三世不徙官及莽簒位談說之士用符命稱功德獲封爵者甚衆雄復不侯以耆老久次轉爲大夫恬於埶利乃如是實好古而樂道其意欲求文章成名於後世以爲經莫大於易故作太元傳莫大於論語作法言史篇莫善於蒼頡作訓纂箴莫善於虞箴作州箴賦莫善於離騷反而廣之辭莫善於相如作四賦皆斟酌其本相與放依而馳騁云用心於內不求於外於時人皆忽之惟劉歆及范逡重焉

而桓譚以爲絕倫王莽時劉歆甄豐皆爲上公莽既以符命自立即位之後欲絕其原以神前事而豐子尋歆子棻復獻之莽誅豐父子投棻四裔辭所連及便收不請時雄校書天祿閣上治獄事使者來欲收雄雄恐不能自免乃從閣上自投下幾死莽聞之曰雄素不與事何故在此間請問其故乃劉棻嘗從雄學作奇字雄不知情有詔勿問然京師爲之語曰惟寂寞自投閣爰清靜作符命雄以病免復召爲大夫家貧耆酒人希至其門時有好事者載酒肴從游學而鉅鹿侯芭常從雄居受其太元法言焉劉歆亦嘗觀之謂雄曰空自苦今學者有祿利然尚不能明易又如元何吾恐後人用覆醬瓿也雄笑而不應年七十一天鳳五年卒侯芭爲起墳喪之三年時大司空王邑納言嚴尤聞雄死謂桓譚曰子常稱揚雄書豈能傳於後世乎譚曰必傳顧君與譚不及見也凡人賤近而貴遠親見揚子雲祿位容貌不能動人故輕其書昔老聃著虛無之言兩篇薄仁義非禮學然後世好之者尚以爲過於五經自漢文景之君及司馬遷皆有是言今揚子之書文義至深而論不詭於聖人若使遭遇時君更閱賢知爲所稱善則必度越諸子矣諸儒或譏以爲雄非聖人而作經猶春秋吳楚之君僭號稱王蓋誅絕之罪也自雄之没至今已千餘年其法言大行而元終不顯然篇籍具存

通志卷一百二下

通志卷一百三

宋右迪功郎鄭樵漁仲撰

列傳第十六

前漢

王莽

王莽字巨君孝元皇后之弟子也元后父及兄弟皆以元成世封侯居位輔政家凡九侯五大司馬唯莽父曼早死不侯莽羣兄弟皆將軍五侯子乘時侈靡以輿馬聲色佚游相高莽獨孤貧因折節爲恭儉受禮經師事沛國陳參勤身博學被服如儒生事母及寡嫂養孤兄子行甚敕備又外交英俊內事諸父曲有禮意陽朔中世父大將軍鳳病莽侍疾親嘗藥亂首垢面不解衣帶連月鳳且死以託太后及帝拜爲黃門郎遷射聲校尉久之叔父成都侯商上書願分戶邑以封莽及長樂少府戴崇侍中金涉胡騎校尉箕閎上谷都尉陽並中郎陳湯皆當世名士咸爲莽言上由是賢莽永始元年封莽爲新都侯國南陽新野之都鄉千五百戶遷騎都尉光祿大夫侍中宿衛謹敕爵位益尊節操愈謙散輿馬衣裘振施賓客家無所餘收贍名士交結將相卿大夫甚眾故在位更推薦之游者爲之談說虛譽隆洽傾其諸父敢爲激發之行處之不慚恧莽兄永爲諸曹早死有子光莽使學博士門下莽休沐出振車騎奉羊酒勞遺其師恩施下竟同學諸生縱觀長老歎息焉光年小於莽子宇莽使同日內婦賓客滿堂須臾一人言太夫人苦某痛當飲某藥比客罷者數起焉嘗私買侍婢昆弟或頗聞知莽因曰後將軍朱子元無子莽聞此兒種宜子爲買之即日以婢奉子元其匿情求名如此是時太后姊子淳于長以材能爲九卿先進在莽右莽陰求其罪過因大司馬曲陽侯根白之長伏誅莽以獲忠直根因乞骸骨薦莽自代上遂擢爲大司馬是歲綏和元年也年三十八矣莽既拔出同列繼四父而輔政欲令名譽過前人遂克己不倦聘請賢良以爲掾史賞賜邑錢悉以享士愈爲儉約母病公卿列侯遣夫人問疾莽妻迎之衣不曳地布蔽膝見之以爲僮使問知其夫人皆驚輔政歲餘成帝崩哀帝即位太后詔莽就第避帝外家莽上疏乞骸骨哀帝詔不許又遣丞相孔光大司空何武左將軍師丹衛尉傅喜白太后曰皇帝聞太后詔甚悲大司馬即不起皇帝即不敢聽政太后復令莽視事時哀帝祖母定陶傅太后母丁姬在高昌侯董宏上書言春秋之義母以子貴丁姬宜上尊號莽與師丹共劾宏誤朝不道語在丹傳後日未央宮置酒內者令爲傅太后張幄坐於太皇太后坐旁莽案行責內者令曰定陶太后藩妾何以得與至尊並徹去更設坐傅太后聞之大怒不肯會重怨恚莽復乞骸骨哀帝賜莽黃金五百斤安車駟馬罷就第公卿大夫多稱之者上乃加恩寵置使家中黃門十日一賜餐下詔以黃郵聚戶三百五十增莽封位特進給事中朝朔望見禮如三公車駕乘綠車從後二歲傅太后丁姬皆稱尊號丞相朱博奏莽前不廣尊尊之義抑貶尊號虧傷孝道當伏顯戮幸蒙赦令不宜有爵土請免爲庶人上以莽與太皇太后有屬勿免遣就國莽杜門自守其中子獲殺奴莽切責獲令自殺在國三歲吏民上書冤訟莽者以百數元壽元年日蝕賢良周護宋崇等對策深訟莽功德上於是徵莽始莽就國南陽太守以莽貴重選門下掾宛孔休守新都相休謁見莽莽盡禮自納休亦聞其名與相答後莽疾休候之莽緣恩意進其玉具寶劍欲以爲好休不肯受莽因曰誠見君面有瘢（瘢創痕也）美玉可以滅瘢欲獻其瑑耳即解其瑑（服虔曰瑑音衛蘇林曰劍鼻也師古曰瑑字本作璏從玉從彘後轉寫者訛也瑑自雕瑑字耳音篆也）休復辭讓莽曰君嫌其賈邪遂椎碎之自裹以進休休乃受及莽徵去欲見休休稱疾不見莽還京師歲餘哀帝崩無子而傅太后丁太后皆先薨太皇太后即日駕之未央宮收取璽綬遣使者馳召莽詔尚書諸發兵符節百官奏事中黃門期門兵皆屬莽莽白大司馬高安侯董賢年少不合眾心收印綬賢即日自殺太后詔公卿舉可爲大司馬者大司徒孔光大司空彭宣舉莽前將軍何武後將軍公孫祿互相舉太后拜莽爲大司馬與議立嗣安陽侯舜莽之從弟其人修飭太后所信莽白以舜爲車騎將軍使迎中山王奉成帝後是爲孝平皇帝帝年九歲太后臨朝稱制委政於莽莽白趙氏前害皇子傅氏驕僭遂廢孝成趙皇后孝哀傅皇后皆令自殺語在后妃傳莽以大司徒孔光名儒相三主太后所敬天下信之於是盛尊事光引光女壻甄邯爲侍中奉車都尉諸哀帝外戚及大臣居位素所不說者莽皆傅致其罪爲請奏令邯持與光光素畏慎不敢不上之莽白太后輒可其奏於是前將軍何武後將軍公孫祿坐互相舉免丁傅及董賢親屬皆免官爵徙遠方紅陽侯立太后親弟雖不居位莽以諸父內敬憚之畏立從容言太后令已不得肆意乃復令光奏立舊惡前知定陵侯淳于長犯大逆罪多受其賂爲言誤朝後白以官婢楊寄私子爲皇子眾庶至曰呂氏少帝復出紛紛爲天下所疑請遣立就國太后不

聽莽曰今漢家衰比世無嗣太后獨代幼主統政誠可畏懼力用公正先天下尙恐不從今以私恩逆大臣議如此羣下傾邪亂從此起宜可且遣就國安後復徵召之太后不得已遣立就國莽之所以脅持上下皆此類也於是附順者拔擢忤恨者誅滅王舜王邑爲腹心甄豐甄邯主擊斷平晏領機事劉歆典文章孫建爲爪牙豐子尋歆子棻涿郡崔發南陽陳崇皆以材能幸於莽莽色厲而言方欲有所爲微見風采黨與承其指意而顯奏之莽稽首涕泣固推讓焉上以惑太后下用示信於衆庶始風益州令塞外蠻夷獻白雉元始元年正月莽白太后下詔以白雉薦宗廟羣臣因奏言太后委任大司馬莽定策安宗廟故大司馬霍光有安宗廟之功益封三萬戶疇其爵邑比蕭相國莽宜如光故事太后召問公卿曰誠以大司馬有功當著之邪將以骨肉故欲異之也於是羣臣乃盛陳莽功德致周成白雉之瑞千載同符聖王之法臣有大功則生有美號故周公及身在而託號於周莽有定國安漢家之大功宜賜號曰安漢公益戶疇爵邑上應古制下準行事以順天心太后詔尙書具其事莽上書言臣與孔光王舜甄豐甄邯其定策今願獨條光等功賞寢置臣莽勿隨輩列甄邯白太后下詔令勿辭莽復上書讓太后詔謁者引莽待殿東廂莽稱疾不肯入太后使尙書令恂詔莽亟起莽遂固辭太后復使長信太僕閎承制召莽莽固稱疾左右白太后宜勿奪莽意但條孔光等莽乃肯起太后乃下詔以光爲太師益封萬戶與四輔之政舜爲太保益封萬戶豐爲少傅封廣陽侯食邑五千戶皆授四輔之職疇其爵邑各賜第一區邯爲承（音蒸）陽侯食邑二千四百戶四人既受賞莽尙未起羣臣復上言莽雖克讓朝所宜章以時加賞明重元功無使百僚元元失望太后乃下詔以召陵新息二縣戶二萬八千益封莽復其後嗣疇其爵邑封功如蕭相國以莽爲太傅幹四輔之事號曰安漢公以故蕭相國甲第爲安漢公第定著於令傳之無窮於是莽爲惶空不得已而起受太傅安漢公號讓還益封疇爵邑事云願須百姓家給然後加賞羣公復爭太后詔曰公自期百姓家給是以聽之其令公奉舍人賞賜皆倍故百姓家給人足大司徒大司空以聞莽復讓不受而建言宜立諸侯王後及高祖以來功臣子孫大者封侯或賜爵關內侯食邑然後及諸在位各有第序上尊宗廟增加禮樂下惠士民鰥寡恩澤之政無所不施語在平紀莽既悅衆意又欲專斷知太后厭政乃風公卿奏言往者吏以功次遷至二千石及州部所舉茂材異等吏率多不稱宜皆見安漢公又太后不宜親省小事太后乃下詔自今以來惟封爵乃以聞他事安漢公四輔平決州牧二千石及茂材吏初除奏事者輒引入至近署對安漢公考故官問新職以知其稱否於是莽人人延問致密恩意厚加贈送其不合指顯奏免之權與人主侔矣莽欲以虛名說太后白言親承前孝哀丁傅奢侈之後百姓未贍者多矣太后宜且衣繒練頗損膳以視天下莽因上書願出錢百萬獻田三十頃付大司農助給貧民於是公卿皆慕效焉莽率羣臣奏言陛下春秋尊久衣重練減御膳非所以輔精氣育皇帝安宗廟也臣莽等願陛下遵帝王之常服復太官之法膳使臣子各得盡驩心備其養惟哀省察莽又令太后下詔曰朕勤身極思憂勞未綏故國奢則視以儉矯枉者過其正而朕不身帥將謂天下何今誠未皇於輕靡而備味庶幾與百僚有成其朂之哉每有水旱莽輒素食左右以白太后遣使者詔莽曰聞公菜食憂民深矣今秋幸孰公勤於職以時食肉愛身爲國莽念中國已平唯四夷未有異乃遣使者齎金帛重賂匈奴單于使上書言聞中國譏二名故名囊知牙斯今更名知慕從聖制又遣王昭君女須卜居次入侍所以誑耀媚事太后下至旁側長御方故萬端莽既尊重欲以女配帝爲皇后以固其權奏言皇帝卽位三年長秋宮未建液（液與掖同）廷媵未充乃者國家之難本從亾嗣配取不正請考論五經定取禮正十二女之義以廣繼嗣博采二王後及周公孔子世列侯在長安者適子女事下有司上衆女名王氏女多在選中者莽恐其與己女爭卽上言身無德子材下不宜與衆女並采太后以爲至誠乃下詔曰王氏朕之外家其勿采庶民諸生郎吏以上守闕上書者日千餘人公卿大夫或詣廷中或伏省戶下咸言欲得安漢公女以爲天下母莽遣長史以下分部曉止公卿及諸生而上書者愈甚太后不得已聽公卿采莽女莽復自白宜博選衆女公卿爭曰不宜采諸女以貳正統莽白願見女太后遣長樂少府宗正尙書令納采見女還奏言公女漸漬德化有窈窕之容宜承天序奉祭祀有詔遣大司徒大司空策告宗廟雜加卜筮皆曰兆遇金水王相卦遇父母得位所謂康彊之占逢吉之符也信鄉侯佟（音同）上言春秋天子將娶於紀則褒紀子稱侯安漢公國未稱古制事下有司皆曰古者天子封后父百里尊而不臣以重宗廟孝之至也佟言應禮可許請以新野田二萬五千六百頃益封莽滿

百里莽謝還益地太后許之有司奏故事聘皇后黃金二萬斤爲錢二萬萬莽深辭讓受四千萬而以其三千三百萬予十一媵家羣臣復言今皇后受聘踰羣妾無幾有詔復益二千三百萬合爲三千萬莽復以其千萬予九族貧者陳崇時爲大司徒司直與張竦孫竦相善竦者博通士爲崇草奏稱莽功德崇奏之大率謂宜恢莽爾令如周公建立莽子令如伯禽所賜之品亦皆如之諸子之封皆如周公六子太后以崇奏視羣公羣公方議其事會呂寬事起初莽欲擅權白太后前哀帝立背恩義自貴外家丁傅撓亂國家幾危社稷今帝以幼年奉太宗爲成帝後宜明一統之義以戒前事爲後世法於是遣甄豐奉璽綬即拜帝母衛姬爲中山孝王后賜帝舅衛寶寶弟元爵關內侯皆留中山不得至京師莽子宇非莽隔絕衛氏恐帝長大後見怨宇即私遣人與寶等通書教令帝母上書求入莽不聽宇與私吳章及婦兄呂寬議其故章以爲莽不可諫而好鬼神可爲變怪以驚懼之章因推類說令歸政於衛氏宇即使寬夜持血灑莽第門吏發覺之莽執宇送獄宇妻焉焉妻名也懷子繫獄須產子已殺之莽奏宇爲呂寬等所詿誤流言惑衆惡與管蔡同罪臣不敢隱其誅甄邯等白太后后下詔嘉之莽因誅滅衛氏窮治呂寬之獄連引郡國豪桀素非議已者內及敬武公主元帝女弟梁王立紅陽侯立平阿侯仁使者迫守皆自殺死者以百數海內震焉大司馬護軍襃奏言安漢公遭子宇陷於管蔡之辜子愛至深爲帝室故不敢顧私惟宇遭罪喟然憤發作書八篇以戒子孫宜班郡國令學官以教授事下羣公請令天下吏能誦公戒者以著官簿比孝經四年春郊祀高祖以配天宗祀孝文皇帝以配上帝四月丁未莽女立爲皇后大赦天下遣大司徒司直陳崇等八人分行天下覽觀風俗太保舜等奏言莽功德比伊尹周公及民上書者八千餘人咸云伊尹爲阿衡周公爲太宰周公享七子之封有過上公之賞宜如陳崇言章下有司有司請還前所益二縣及黃郵聚新野田采伊尹周公稱號加公爲宰衡位上公掾史秩六百石三公言事稱敢言之羣吏毋得與公同名出從期門二十人羽林三十人前後大車十乘賜公太夫人號曰功顯君食邑二千戶黃金印赤韍此韍印之組也封公子男二人安爲褒新侯臨爲賞都侯加后聘三千七百萬合爲一萬萬以明大禮太后臨前殿親封拜安漢公拜前二子拜後如周公故事莽稽首辭讓出奏封事願獨受母號還安臨印韍及號位戶邑事下太師光等皆曰賞未足以直功謙約退讓公之常節終不可聽莽求見固讓太后下詔曰公每見叩頭流涕固辭今移病固當聽其讓令眂事邪將當遂行其賞遣歸就第也光等曰安臨親受印韍策號通天其義昭昭黃郵召陵新野之田爲入尤多皆止於公公欲自損以成國化宜可聽許治平之化當以時成宰衡之官不可世及納徵錢乃以尊皇后非爲公也功顯君戶止身不傳褒新賞都兩國合三千戶甚少矣忠臣之節亦宜自屈而信主上之義宜遣大司徒大司空持節承制詔公亟入眂事詔尙書勿復受公之讓奏奏可莽乃起眂事上書言宰衡以正百僚平海內爲職而無印信名實不副臣請御史刻宰衡印章曰宰衡太傅大司馬印太后詔曰可韍如相國朕親臨授焉莽乃復以所益納徵錢千萬遺與長樂長御奉共養者太保舜奏言天下聞公不受千乘之土辭萬金之幣散財施予千萬數莫不鄉化蜀郡男子路建等輟訟慙怍而退雖文王卻虞芮何以加宜報告天下奏可宰衡出從大車前後各十乘直事尙書郎侍御史謁者中黃門期門羽林宰衡常持節所止謁者代持之是歲莽奏起明堂辟雍靈臺爲學者築舍萬區作市常滿倉制度甚盛立樂經益博士員經各五人徵天下通一蓺教授十一人以上及有逸禮古書毛詩周官爾雅天文圖讖鍾律月令兵法史篇文字通知其意者皆詣公車網羅天下異能之士至者前後千數皆令記說廷中將令正乖謬壹異說云羣臣奏言昔者周公制度七年乃定夫明堂辟雍墮廢千載莫能興今安漢公輔翼陛下四年于茲功德爛然公以八月載生魄庚子奉使朝用書臨賦營築越若翊辛丑諸生庶民大和會十萬衆並集平作二旬大功畢成唐虞發舉成周造業誠亡以加宰衡位宜在諸侯王上賜以束帛加璧大國乘車安車各一驪馬二駟詔曰可其議九錫之法冬大風吹長安城東門屋瓦且盡五年正月祫祭明堂諸侯王二十八人列侯百二十人宗室千九百餘人徵助祭禮畢封孝宣曾孫等三十六人爲列侯餘皆益戶賜爵金帛之賞各有數是時吏民以莽不受新野田而上書者前後四十八萬七千五百七十二人及諸侯王公列侯宗室見者皆叩頭言宜亟加賞於安漢公莽遂上書深自辭讓請諸章下議者皆寢勿上甄邯等白太后詔且聽許須制作畢成羣公以聞究于前議其九錫禮儀亟奏於是公卿大夫博士議郎列侯富平侯張純等九百二人依六蓺通義經文所見周官禮記宜於今者爲九命之錫以奏太后臨於

前殿延登親策命之莽稽首再拜受綠韍袞冕衣裳瑒琫瑒珌瑒玉名也佩刀之飾上曰琫下曰珌瑒音蕩琫布孔反珌音必句履句音劬履頭飾也出履三寸其形岐頭鸞路乘馬龍旂九旒皮弁素積素積素裳也戎路乘馬彤弓矢盧弓矢彤赤色盧黑色左建朱鉞右建金戚鉞戚皆斧甲冑一具冑兜鍪秬鬯二卣秬鬯香酒也卣中尊也音攸羊九反圭瓚二圭爲勺未九命青玉珪二朱戶納陛謂鑿殿基除爲陛不使露也尊者不欲露而升陛故內之於霤下也署宗官祝官卜官史官虎賁三百人家令丞各一人宗祝卜史官皆置嗇夫佐安漢公在中府外第虎賁爲門衛當出入者傅籍自四輔三公有事府第皆用傳以楚王邸爲安漢公第大繕治通周衛祖禰廟及寢皆爲朱戶納陛陳崇又奏安漢公嗣祖禰出城門城門校尉宜將騎士從入有門衛出有騎士所以重國也奏可其秋莽以皇后有子孫瑞通子午道子午道從杜陵直絕南山徑漢中風俗使者八人還言天下風俗齊同詐爲郡國造歌謠頌功德凡三萬言莽奏定著令又奏爲市無二賈官無獄訟邑無盜賊野無饑民道不拾遺男女異路之制犯者象刑劉歆陳崇等十二人皆以治明堂宣教化封列侯莽既文致太平北化匈奴東致海外南懷黃支唯西方未有加乃遣中郎將平憲等多持金帛誘塞外羌使獻地願內屬憲等奏言羌豪良願等種人口可萬二千人願爲內臣獻鮮水海允谷鹽池平地美草皆予漢民自居險阻處爲藩蔽問良願降意對曰太皇太后聖明安漢公至仁天下太平五穀成熟或禾長丈餘或一粟三米或不種自生或蠒不蠶自成甘露從天下醴泉從地出鳳凰來儀神爵降集從四歲以來羌人無所疾苦故思樂內屬宜以時處業置屬國領護事下莽莽復奏曰太后秉統數年恩澤洋溢絕域殊俗靡不慕義越裳氏重譯獻白雉黃支自三萬里貢生犀東夷王度大海奉國珍匈奴單于順制作去二名今西域良願等復舉地爲臣妾昔唐堯橫被四表亦亾以加之今謹案已有東海南海北海郡未有西海郡請受良願等所獻地爲西海郡莽又言漢家地廣二帝三王凡十二州州名及界多不應經堯典十有二州後定爲九州漢家廓地遼遠州牧行部遠者三萬餘里不可爲九謹以經義正十二州名分界以應正始奏可又增法五十條犯者徙之西海徙者以千萬數民始怨矣泉陵侯劉慶上書言周成王幼少稱孺子周公居攝今帝富於春秋宜令安漢公行天子事如周公羣臣皆曰宜如慶言冬熒惑入月中平帝疾莽作策請命於泰畤戴璧秉圭願以身代藏策金縢置於前殿勑諸公勿敢言十二月平帝崩大赦天下莽徵明禮者宗伯鳳等與定天下吏六百石以上皆服喪三年奏尊孝成廟曰統宗孝平廟曰元宗時元帝世絕而宣帝曾孫有見王五人列侯廣戚侯顯等四十八人莽惡其長大曰兄弟不得相爲後乃選元孫中最幼廣戚侯子嬰年二歲託以爲卜相最吉將立之以嗣孝平皇帝後是月前煇光謝囂奏武功長孟通浚井得白石上圓下方有丹書著著直略反石文曰告安漢公莽爲皇帝符命之起自此始矣莽使羣公以白太后太后曰此誣罔天下不可施行太保舜謂太后事已如此無可奈何沮之力不能止又莽非敢有他但欲稱攝以重其權塡服天下耳太后聽許舜等即共令太后下詔令安漢公居攝踐阼如周公故事以武功縣爲安漢公采地名曰漢光邑具禮儀奏於是羣臣引禮明堂記奏言周公朝諸侯於明堂天子負斧依南面而立又引書逸嘉禾篇曰周公奉鬯立於阼階延登贊曰假王臣等依考傳記宜請安漢公居攝踐阼服天子韍冕背斧依於戶牖間南面朝羣臣聽政事車服出入警蹕民臣稱臣妾皆如天子之制郊祀天地宗祀明堂共祀宗廟享祭羣神贊曰假皇帝民臣謂之攝皇帝自稱曰予平決朝事常以皇帝之詔稱制其朝見太皇太后帝皇后皆復臣節自施政教於其宮家國采如諸侯禮儀故事太后詔曰可明年改元曰居攝居攝元年正月莽祀上帝於南郊迎春於東郊行大射禮於明堂養三老五更成禮而去置柱下五史秩如御史聽政事侍旁記疏言行三月己丑立宣帝元孫嬰爲皇太子號曰孺子以王舜爲太傅左輔甄豐爲太阿右拂拂讀曰弼甄邯爲太保後承又置四少秩皆二千石四月安眾侯劉崇與相張紹謀曰安漢公莽專制朝政必危劉氏天下非之莫敢先舉此宗室恥也吾帥宗族爲先海內必和紹等從者百餘人遂進攻宛不得入而敗紹者張竦之從兄也竦與崇族父劉嘉詣闕自歸莽赦弗罪竦因爲嘉作奏稱述莽功謂宜豬崇宮室四牆崇社覆上棧下令如亳制辨辨音班社諸侯用永監戒且願身爲宗室倡始父子兄弟負籠荷鍤馳之南陽劾汙宮牆社之役於是莽大說白太后下詔以杜衍千戶封嘉爲師禮侯嘉子七人皆賜爵關內侯後又封竦爲淑德侯長安爲之語曰欲求封過張伯松竦之字也力戰鬭不如巧爲奏莽又封南陽吏民有功者百餘人汙池劉崇室宅後謀反者皆汙池云羣臣復白劉崇等謀逆者以莽權輕也宜尊重以塡海內五月甲辰太后詔莽朝見太后稱假皇帝冬十月丙辰朔日有食之十二月羣臣奏請益安漢公

官及家吏置率更令廟廐厨長丞中庶子虎賁以下百餘人又置衛士三百人安漢公廬為攝省府為攝殿第為攝宮奏可莽白太后下詔曰故太師光雖前薨功效已列太保舜太司空豐輕車將軍邯步兵將軍建皆為誘進單于籌策又典靈臺明堂辟雍四郊定制度開子午道與宰衡同心說德合意并力功德茂著封舜子匡為同心侯林為說德侯光孫壽為合意侯豐孫匡為并力侯益邯建各三千戶是歲西羌龐恬傅幡等怨莽奪其地作西海郡反攻西海太守程永永奔走莽誅永遣護羌校尉竇況擊之二年春竇況等擊破西羌五月更造貨錯刀一直五千契刀一直五百大錢一直五十與五銖錢並行民多盜鑄者禁列侯以下不得挾黃金輸御府受直然卒不與直九月東郡太守翟義都試勒車騎因發奔命立嚴鄉侯劉信為天子移檄郡國言莽毒殺孝平皇帝攝天子位欲絕漢室今恭行天罰誅莽郡國疑惑眾十餘萬莽惶懼不能食晝夜抱孺子告禱郊廟放大誥作策遣諫大夫桓譚等班於天下諭以攝位當反政孺子之意遣王邑孫建等八將軍擊義分屯諸關守阨塞槐里男子趙明霍鴻等起兵以和翟義相與謀曰諸將精兵悉東京師空可攻長安眾稍多至且十萬餘人莽恐遣將軍王奇王級將兵距之以太保甄邯為大將軍受鉞高廟領天下兵左杖節右把鉞屯城外王舜甄豐晝夜循行殿中十二月王邑等破翟義於圉司威陳崇使監軍上書言陛下心合寶龜孫知成敗臣崇伏讀詔書下曰竊計其時聖思始發而反虜仍破詔文始書反虜大敗制書始下反虜畢斬眾將未及齊其鋒芒臣崇未及盡其愚慮而事已決矣莽大說三年春地震大赦天下王邑等還京師西與王級等合擊明鴻皆破滅語在翟義傳莽大置酒未央宮白虎殿勞賜將帥詔陳崇治校軍功第其高下莽乃奏太后請依周制封諸將帥當受爵邑者爵五等地四等從之於是封者高為侯伯次為子男當賜爵關內侯者更名曰附城凡數百人擊西海者以羌為號槐里以武為號翟義以虜為號羣臣復奏言太后宜進攝皇帝二子爵皆為公及兄子光宜封為列侯太后乃詔進莽子褒新侯安為新舉公賞都侯臨為褒新公封光為衍功侯時莽還歸新都國羣臣復白以封莽孫宗為新都侯莽既滅翟義自謂威德日盛獲天人之助遂謀即眞之事矣九月莽母功顯君死意不在哀令太后詔議其服少阿羲和劉歆與博士諸儒七十八人議皆曰禮庶子為後為其母緦傳曰與尊者為體不敢服其私親也今功顯君薨攝皇帝以聖德承皇天之命受太后之詔居攝踐阼奉漢大宗之後上有天地社稷之重下有元元萬機之憂不得顧其私親前太皇太后建厥元子俾侯新都為哀侯後明攝皇帝與尊者為體承宗廟之祭奉共養太皇太后不得服其私親也周禮曰王為諸侯緦縗弁而加環經同姓則麻異姓則葛攝皇帝當為功顯君緦縗弁而加環經如天子弔諸侯服以應聖制莽遂行焉凡一弔再會而令新都侯宗為主服喪三年云司威陳崇奏衍功侯光私報執金吾竇況令殺人況為收繫致其法莽大怒切責光光母曰汝自眡孰與長孫中孫(長孫中孫莽子宇獲之字也皆為莽所殺)遂母子自殺及況皆死初莽以事母養嫂撫兄子為名及後悖虐復以示公義焉令光子嘉嗣爵為侯莽下書曰遏密之義訖於季冬正月郊祀八音當奏王公卿士樂凡幾等五聲八音條各云何其與所部諸生各盡精思悉陳其義是歲廣饒侯劉京車騎將軍千人扈雲(千人官名屬車騎將軍扈姓雲名)太保屬臧鴻奏符命京言齊郡新井雲言巴郡石牛鴻言扶風雍石莽皆迎受十一月甲子莽上奏太后曰陛下至聖遭家不造遇漢十二世三七之阨承天威命詔臣莽居攝受孺子之託任天下之寄臣莽兢兢業業懼於不稱宗室廣饒侯劉京上書言七月中齊郡臨淄縣昌興亭長辛當一暮數夢曰吾天公使也天公使我告亭長曰攝皇帝當為眞即不信我此亭中當有新井亭長晨起視亭中誠有新井入地且百尺十一月壬子直建冬至巴郡石牛戊午雍石文皆到於未央宮之前殿臣與太保安陽侯舜等視天風起塵冥風止得銅符帛圖於石前文曰天告帝符獻者封侯承天命用神令騎都尉崔發等眡說及前孝哀皇帝建平二年六月甲子下詔書更為太初元將元年案其本事甘忠可夏賀良讖書藏蘭臺臣莽以為元將元年者大將居攝改元之文也於今信矣尚書康誥王若曰孟侯朕其弟小子封此周公居攝稱王之文也春秋隱公不言即位攝也此二經周公孔子所定蓋為後法孔子曰畏天命畏大人畏聖人之言臣莽敢不承用臣謹共事神祇宗廟奏言太皇太后孝平皇后皆稱假皇帝其號令天下天下奏言事毋言攝以居攝三年為初始元年漏刻以百二十為度用應天命臣莽夙夜養育隆就孺子令與周之成王比德宣明太皇太后威德於萬方期於富而教之孺子加元服復子明辟如周公故事奏可眾庶知其奉符命指意羣臣博議別奏以視(讀曰示)即眞之漸矣期門郎張充等六人謀共劫莽立楚王

發覺誅死梓潼人哀章學問長安素無行好爲大言見莽居攝卽作銅匱爲兩檢署其一曰天帝行璽金匱圖其一署曰赤帝行璽某傳予黃帝金策書某者高皇帝名也書言王莽爲眞天子皇太后如天命圖書皆書莽大臣八人又取令名王興王盛章因自竄姓名凡爲十一人皆署官爵爲輔佐章聞齊井石牛事下卽日昏時衣黃衣持匱至高廟以付僕射僕射以聞戊辰莽至高廟拜受金匱神嬗古禪字御王冠謁太后還坐未央宮前殿下書曰予以不德託於皇初祖考黃帝之後皇始祖考虞帝之苗裔而太皇太后之末屬皇天上帝隆顯大祐成命統序符契圖文金匱策書神明詔告屬予以天下兆民赤帝漢氏高皇帝之靈承天命傳國金策之書予甚祗畏敢不欽受以戊辰直定御王冠卽眞天子之位定有天下之號曰新其改正朔易服色變犧牲殊徽幟異制器以十二月朔癸酉改元爲始建國元年正月之朔以雞鳴爲時服色配德上黃犧牲應正用白使節之旄幡皆純黃其署曰新使五威節以承皇天上帝威命也始建國元年正月朔莽帥公侯卿士奉太皇太后璽韍上太皇太后順符命去漢號焉初莽妻宜春侯王氏女立爲皇后本生四男宇獲安臨二子前誅死安頗荒忽乃以臨爲皇太子安爲新嘉辟辟君也封宇子六人千爲功隆公壽爲功明公吉爲功成公宗爲功崇公世爲功昭公利爲功著公大赦天下莽乃策命孺子曰咨爾嬰昔皇天右乃太祖歷世十二享國二百一十載歷數在於予躬詩不云乎侯服於周天命靡常封爾爲定安公永爲新室賓於戲音嗚呼敬天之休往踐乃位毋廢予命又曰其以平原安德漯陰鬲重邱凡戶萬地方百里爲定安公國立漢祖宗之廟於其國與周後並行其正朔服色世世以事其祖宗永以命德茂功享歷代之祀焉以孝平皇后爲定安太后讀策畢莽親執孺子手流涕歔欷曰昔周公攝位終得復子明辟今予獨迫皇天威命不得如意哀歎良久中傅將孺子下殿北面而稱臣百僚陪位莫不感動又按金匱輔臣皆封拜以太傅左輔驃騎將軍安陽侯王舜爲太師封安新公大司徒就德侯平晏爲太傅就新公少阿羲和京兆尹紅休侯劉歆爲國師嘉新公廣漢梓潼哀章爲國將美新公是爲四輔位上公太保後丞承陽侯甄邯爲大司馬承新公丕進侯王尋爲大司徒章新公步兵將軍成都侯王邑爲大司空隆新公是爲三公大阿右拂大司空衞將軍廣陽侯甄豐爲更始將軍廣新公京兆王興爲衞將軍奉新公輕車將軍成武侯孫建爲立國將軍成新公京兆王盛爲前將軍崇新公是爲四將凡十一公王興者故城門令史王盛者賣餅莽案符命求得此姓名十餘人兩人容貌應卜相徑從布衣登用以視讀曰示神焉餘皆拜爲郎是日封拜卿大夫侍中尚書官凡數百人諸劉爲郡守皆徙爲諫大夫改明光宮爲定安館定安太后居之以大鴻臚府爲定安公第皆置門衞使者監領勑阿乳母不得與語常在四壁中至於長大不能名六畜後莽以女孫宇子妻之莽策羣司曰歲星司肅東嶽太師典致時雨青煒音輝登平考景以晷熒惑司悊南嶽太傅典致時奧赤煒頌音容平考聲以律太白司艾音乂西嶽國師典致時陽白煒象平考量以銓辰星司謀北嶽國將典致時寒元煒和平考星以漏月刑元股左司馬典致武應考方法矩主司天文欽若昊天敬授民時力來農事以豐年穀日德元厷古肱字右司徒典致文瑞考圖合規主司人道五教是輔帥民承上宣美風俗五品乃訓斗平元心中司空典致物圖考度以繩主司地理平治水土掌名山川眾殖鳥獸蕃茂草木各策命以其職如典誥之文置大司馬司允大司徒司直大司空司若位皆孤卿更名大司農曰羲和後更爲納言大理曰作士太常曰秩宗大鴻臚曰典樂少府曰共工水衡都尉曰予虞與三公司卿凡九卿分屬三公每一卿置大夫三人一大夫置元士三人凡二十七大夫八十一元士分主中都官諸職更名光祿勳曰司中太僕曰太御衞尉曰太衞執金吾曰奮武中尉曰軍正又置大贅官主乘輿服御物後又典兵秩位皆上卿號曰六監改郡太守曰大尹都尉曰大尉縣令長曰宰御史曰執法公車司馬曰王路四門長樂宮曰常樂室未央宮曰壽成室前殿曰王路堂長安曰常安更名秩百石曰庶士三百石曰下士四百石曰中士五百石曰命士六百石曰元士千石曰下大夫比二千石曰中大夫二千石曰上大夫中二千石曰卿車服黻冕各有差品又置司恭司從司明司聰司中大夫誦詩工徹膳宰以司過策曰予聞上聖欲昭厥德罔不慎修厥身用綏于遠是用建爾司于五事毋隱尤毋將虛好惡不愆立于厥中於戲鼎哉令王路設進善之旌非謗之木敢諫之鼓諫大夫四人常坐王路門受言事者封王氏齊縗之屬爲侯大功爲伯小功爲子緦麻爲男其女皆爲任男以睦女以隆爲號焉皆授印韍令諸侯立大夫人夫人世子亦受印韍又曰天無二日土無二王百王不易之道也漢氏諸侯或稱王至於四夷亦如之違於古典謬於一統

其定諸侯王之號皆稱公四夷僭號稱王者皆更爲侯又求黃帝少昊顓頊帝嚳帝堯帝舜夏禹皋陶伊尹之後將祚厥祀以王氏虞帝之後也出自帝嚳劉氏堯之後也出自顓頊於是封姚恂爲初睦侯奉黃帝後梁護爲脩遠伯奉少昊後皇孫功隆公千奉帝嚳後劉歆爲祈烈伯奉顓頊後國師劉歆子疊爲伊休侯奉堯後嬀昌爲始睦侯奉虞帝後山遵爲褒謀子奉皋陶後伊元爲褒衡子奉伊尹後漢後定安公劉嬰位爲賓周後衛公姬黨更封爲章平公亦爲賓殷後宋公孔弘運轉次移更封爲章昭侯位爲恪夏後遼西姒豐爲章功侯亦爲恪四代古宗宗祀於明堂以配皇始祖考虞帝周公後褒魯子姬就宣尼後褒成子孔鈞已前定焉莽又曰予前在攝時建郊宮定祧廟立社稷自黃帝至于濟南伯王（伯王莽之高祖）祖世氏姓有五矣黃帝二十五子分賜厥姓十有二氏虞帝之先受姓曰姚其在陶唐曰嬀在周曰陳在齊曰田在濟南曰王予伏念皇初祖考黃帝皇始祖考虞帝以宗祀於明堂宜序於祖宗之親廟其立祖廟五親廟四后夫人皆配食郊祀黃帝以配天黃后以配地以新都侯東第爲大禖歲時以祀家之所尙種祀天下姚嬀陳田王氏凡五姓者皆黃虞苗裔予之同族也書不云乎惇敘九族其令天下上此五姓名籍于秩宗皆以爲宗室世世復無有所與其元城王氏勿令相嫁娶以別族理親焉封陳崇爲統睦侯奉胡王後（追王陳胡公）田豐爲世睦侯奉敬王後（追王陳敬仲）天下牧守以前有翟義趙明等領州郡懷忠孝封牧爲男守爲附城又封舊恩戴崇金涉箕閎楊並等子皆爲男遣騎都尉囂等分治黃帝園位於上郡橋時虞帝於零陵九疑胡王於淮陽陳敬王於齊臨淄愍王於城陽莒（齊愍王）伯王於淮南東平陵孺王於魏郡元城（莽之高祖名遂字伯紀曾祖名賀字翁孺故謂之伯王孺王）使者四時致祠其廟當作者以天下初定且祫祭於明堂太廟以漢高祖爲文祖廟（欲法舜受終之事）莽曰予之皇祖始考虞帝受嬗于唐漢氏初祖唐帝世有傳國之象予復親受金策於漢高皇帝之靈惟思褒厚前代何有忘時漢氏祖宗有七以禮立於定安國其園寢廟在京師者勿罷祠薦如故予以秋九月親入漢氏高元成平之廟諸劉更屬籍京兆大尹勿解其復各終厥身州牧數存問勿令有侵冤又曰予前在大麓至于攝假（大麓謂爲大司馬宰衡時妄引舜事）深惟漢氏三七之阨思延劉氏故作金刀之利幾以濟之然自孔子作春秋以爲後王法至於哀之十四而一代畢協之於今亦哀之十四也（哀帝六年平帝五年居攝三年凡十四年）赤世計盡終不可彊濟今皇天革漢而立新廢劉而興王夫劉之爲字卯金刀也正月剛卯金刀之利皆不得行（服虔曰剛卯以正月卯日作佩之長三寸廣一寸四方或用玉或用金或用桃著革帶佩之金有玉在者銘其一面曰正月剛卯金刀莽所鑄之錢也晉灼曰剛卯長一寸廣五分四方當中央從穿作孔以采絲葺其底如冠纓頭蕤刻其上面作兩行書文曰正月剛卯既央靈殳四方赤青白黃四色敢當帝令祝融以教夔龍庶疫剛癉莫我敢當其一銘曰疾日嚴卯帝令夔化順爾固伏化茲靈殳既正既直既觚既方庶疫剛癉莫我敢當師古曰今往往有土中得玉剛卯者案大小及文服說是也莽以劉字上有卯下有金旁又有刀是以禁剛卯及金刀也）博謀卿士僉曰天人同應昭然著明其去剛卯莫以爲佩除刀錢勿以爲利承順天心快百姓意乃更作小錢徑六分重一銖文曰小錢直一與前大錢五十者爲二品並行欲防民盜鑄乃禁不得挾銅炭是歲四月徐鄉侯劉快結黨數千人起兵於其國快兄殷故漢膠東王時改爲扶崇公快舉兵攻卽墨殷閉城門自繫獄吏民拒快快敗走至長廣死莽曰昔予之祖濟南愍王困於燕寇自齊臨淄出保於莒宗人田單廣設奇謀獲殺燕將復定齊國今卽墨士大夫復同心殄滅反虜予甚嘉其忠者憐其無辜其赦殷等非快之妻子他親屬當坐者皆勿治弔死問傷賜亾者葬錢人五萬殷知天命深疾惡快以故輒伏厥辜其滿殷國戶萬地方百里又封符命臣十餘人莽曰古者設廬井八家一夫一婦田百畝什一而稅則國給民富而頌聲作此唐虞之道三代所遵行也秦爲無道厚賦稅以自奉罷民力以極欲壞聖制廢井田是以兼并起貪鄙生彊者規田以千數弱者曾無立錐之居又置奴婢之市與牛馬同闌（闌謂遮闌之若牛馬闌圈也）制於民臣顓斷其命姦虐之人因緣爲利至略賣人妻子逆天心誖人倫繆於天地之性人爲貴之義書曰予則孥戮女唯不用命者然後被此辜矣漢氏減輕田租三十而稅一常有更賦罷癃咸出而豪民侵陵分田劫假厥名三十稅一實什稅五也父子夫婦終年耕耘所得不足以自存故富者犬馬餘菽粟驕而爲邪貧者不厭糟糠窮而爲姦俱陷於辜刑用不錯予前在大麓始令天下公田口井則有嘉禾之祥遭反虜逆賊且止今更名天下田曰王田奴婢曰私屬皆不得賣買其男女不盈八而田過一井者分餘田予九族鄰里鄉黨故無田今當受田者如制度敢有非井田聖制無法惑衆者投諸四裔以禦魑魅如皇始祖考虞帝故事是時百姓便安漢五銖錢以莽錢大小兩行難知又數變改不信皆私以五銖錢市買訛言大錢當罷莫肯挾莽患之復下書諸挾五銖錢言大錢當罷者比非井田制投四裔於是農商失業食貨俱廢人民至涕泣於市道及坐賣買田宅奴婢鑄錢自

諸侯卿大夫至於庶民抵罪者不可勝數秋遣五威將王奇等十二人班符命四十二篇於天下德祥五事符命二十五福應十二凡四十二篇其德祥言文宣之世黃龍見於成紀新都高祖考王伯墓門梓柱生枝葉之屬符命言井石金匱之屬福應言雌雞化爲雄之屬其文爾雅依託皆爲作說大歸言莽當代漢有天下云總而說之曰帝王受命必有德祥之符瑞協成五命申以福應然後能立巍巍之功傳於子孫永享無窮之祚故新室之興也德祥發於漢三七九世之後肇命於新都受瑞於黃支（獻生犀事）開王於武功定命於子同（梓潼縣莽改之）成命於巴宕申福於十二應天所以保祐新室者深矣固矣武公丹石出於漢氏平帝末年火德銷盡土德當代皇天眷然去漢與新以丹石始命於皇帝皇帝謙讓以攝居之未當天意故其秋七月天重以三能（音台）文馬（三台星也文馬縞身金精周成王時犬戎獻之）皇帝復謙讓未卽位故三以鐵契四以石龜五以虞符六以文圭七以元印八以茂陵石書九以元龍石十以神井十一以大神石十二以銅符帛圖申命之瑞寖以顯著至於十二以昭告新皇帝皇帝深惟上天之威不可不畏故去攝號猶尙稱假改元爲初始欲以承塞天命克厭上帝之心然非皇天所以鄭重降符命之意故是日天復決以勉書（哀章所作策命也）又侍郞王盱見人衣白布單衣赤繢方領冠小冠立於王路殿前謂盱曰今日天同色以天下人民屬皇帝盱怪之行十餘步人忽不見至丙寅暮漢氏高廟有金匱圖策高帝承天命以國傳新皇帝明旦宗伯忠孝侯劉宏以聞乃召公卿議未決而大神石人談曰趣新皇帝之高廟受命毋留於是新皇帝立登車之漢氏高廟受命受命之日丁卯也丁火漢氏之德也卯劉姓所以爲字也明漢劉火德盡而傳於新室也皇帝謙讓旣備固讓十二符應迫著命不可辭懼然祇畏葦然閔漢氏之終不可濟亹亹在左右之不得從意爲之三夜不御寢三日不御食延問公侯卿大夫僉曰宜奉如上天威命於是乃改元定號與海內更始新室旣定神祇懽喜申以福應吉瑞累仍詩曰宜民宜人受祿於天保右命之自天申之此之謂也五威將奉符命齎印綬王侯以下及吏官名更者外及匈奴西域徼外蠻夷皆卽授新室印綬因收故漢印綬賜吏爵人二級民爵人一級女子百戶羊酒蠻夷幣帛各有差大赦天下五威將乘乾文車駕坤六馬背負鷩鳥之毛服飾甚偉每一將各置左右前後中帥凡五帥衣冠車服駕馬各如其方面色數將持節稱太一之使帥持幢稱五帝之使莽策命曰普天之下迄於四表靡所不至其東出者至元菟樂浪高句驪夫餘南出者踰徼外歷益州貶句町王爲侯西出者至西域盡改其王爲侯北出者至匈奴庭授單于印改漢印文去璽曰章單于欲求故印五威將陳饒椎破之單于大怒而句町西域後卒以此皆畔饒還拜爲大將軍封威德子冬靁桐華置五威司命中城四關將軍司命司上公以下中城主十二城門策命統睦侯陳崇曰咨爾崇夫不用命者亂之原也大姦猾者賊之本也鑄僞金錢者妨寶貨之道也驕奢踰制者兇害之端也漏泄省中及尙書事者機事不密則害成也拜爵王庭謝恩私門者祿去公室政從亾矣凡此六條國之綱紀是用建爾作司命柔亦不茹剛亦不吐不侮鰥寡不畏彊圉帝命帥繇統睦于朝命說符侯崔發曰重門擊柝以待暴客女作五威中城將軍中德旣成天下說符命明威侯王級曰繞霤之固南當荆楚女作五威前關將軍振武奮衞明威于前命符睦侯王嘉曰羊頭之阸北當燕趙女作五威後關將軍壺口捶阸尉睦于後命堂威侯王奇曰肴黽之險東當鄭衞女作五威左關將軍函谷批難掌威于左命懷羌子王福曰汧隴之阻西當戎狄女作五威右關將軍成固據守懷羌于右又遣諫大夫五十人分鑄錢於郡國是歲長安狂女子碧呼道中曰高皇帝大怒趣歸我國不者九月必殺女莽收捕殺之治者掌寇大夫陳成自免去官眞定劉都等謀舉兵發覺皆誅眞定常山大雨雹二年二月赦天下五威將帥七十二人還奏事漢諸侯王爲公者悉上璽綬爲民無違命者封將爲子帥爲男初設六筦之令命縣官酤酒賣鹽鐵器鑄錢諸采取名山大澤衆物者稅之又令市官收賤賣貴賒貸予民收息百月三羲和置酒士郡一人乘傳督酒利禁民不得挾弩鎧徙西海匈奴單于求故璽莽不與遂寇邊郡殺略吏民十一月立國將軍建奏西域將欽上言九月辛巳戊己校尉史陳良終帶共賊殺校尉刁護劫掠吏士自稱廢漢大將軍亾入匈奴又今月癸酉不知何一男子遮臣建車前自稱漢氏劉子輿成帝下妻子也劉氏當復趣空宮收繫男子郞常安姓武字仲皆逆天違命大逆不道請論仲及陳良等親屬當坐者奏可漢氏高皇帝比著戒云罷吏卒爲賓食誠欲承天心全子孫也其宗廟不當在常安城中及諸劉爲諸侯者當與漢俱廢陛下至仁久未定前故安衆侯劉崇徐鄉侯劉快陵鄉侯劉曾扶恩侯劉貴等更聚衆謀反今狂狡之虜或妄自稱亾漢將軍或稱成

帝子子輿至犯夷滅連未止者此聖恩不早絕其萌牙故也臣愚以爲漢高皇帝爲新室賓享食明堂成帝異姓之兄弟平帝壻也皆不宜復入其廟元帝與皇太后爲體聖恩所隆禮亦宜之臣請漢氏諸廟在京師者皆罷諸劉爲諸侯者以戶多少就五等之差其爲吏者皆罷待除於家上當天心稱高皇帝神靈塞狂狡之萌莽曰可嘉新公國師以符命爲予四輔明德侯劉龔率禮侯劉嘉等凡三十二人皆知天命或獻天符或貢昌言或捕告反虜厥功茂焉諸劉與三十二人同宗共祖者勿罷賜姓曰王唯國師以女配莽子故不賜姓改定安太后號曰黃皇室主絕之於漢也冬十二月雷更名匈奴單于曰降奴服于莽曰降奴服于知威侮五行背畔四條侵犯西域延及邊垂爲元元害辠當夷滅命遣立國將軍孫建等凡十二將十道並出共行皇天之威罰于知之身惟知先祖故呼韓邪單于稽侯狦累世忠孝保塞守徼不忍以一知之辠滅稽侯狦之世今分匈奴國土人民以爲十五立稽侯狦子孫十五人爲單于遣中郎將藺苞戴級馳之塞下召拜當爲單于者諸匈奴人當坐虜知之法者皆赦除之遣五威將軍苗訢虎賁將軍王況出五原厭難將軍陳欽震狄將軍王巡出雲中振武將軍王嘉平狄將軍王萌出代郡相威將軍李棽音心鎮遠將軍李翁出西河誅貉將軍陽俊討穢將軍嚴尤出漁陽奮武將軍王駿定胡將軍王晏出張掖及偏裨以下百八十人募天下囚徒丁男甲卒三十萬人轉眾郡委輸五大夫衣裘兵器糧食長吏送自負海江淮至北邊使者馳傳督趣以軍興法從事天下騷動先至者屯邊郡須畢具乃同時出莽以錢幣訖不行於是

造寶貨五品百姓復不從但行大小錢二品而已盜鑄錢者不可禁迺重其法一家鑄錢五家坐之沒入爲奴婢吏民出入持布錢以副符傳不持者廚傳勿舍關津苛留公卿皆持以入宮殿門欲以重而行之是時爭爲符命封侯其不爲者相戲曰獨無天帝除書乎司命陳崇白莽曰此開姦臣作福之路而亂天命宜絕其原莽亦厭之遂使尚書大夫趙並驗治非五威將軍所班皆下獄初甄豐劉歆王舜爲莽腹心倡導在位襃揚功德安漢宰衡之號及封莽母兩子兄子皆豐等所共謀而豐舜歆亦受其賜並富貴矣非復欲令莽居攝也居攝之萌出於泉陵侯劉慶前煇光謝囂長安令田終術莽羽翼已成意欲稱攝豐等承順其意莽輒復封舜歆兩子及豐孫豐等爵位已盛心意既滿又實畏漢宗室天下豪桀而疏遠欲進者並作符命莽遂據以即眞舜歆內懼而已豐素剛彊莽覺其不說故徙大阿右拂大司空豐託符命文爲更始將軍與賣餅兒王盛同列豐父子默默時子尋爲侍中京兆大尹茂德侯即作符命新室當分陝立二伯以豐爲右伯太傅平晏爲左伯如周召故事莽即從之拜豐爲右伯當述職西出未行尋復作符命言故漢氏平帝后黃皇室主爲尋之妻莽以詐立心疑大臣怨謗欲震威以懼下因是發怒曰黃皇室主天下母此何謂也收捕尋尋亡豐自殺尋隨方士入華山歲餘捕得辭連國師公歆子侍中隆威侯棻棻弟右曹長水校尉伐虜侯泳大司空邑弟左關將軍掌威侯奇及歆門人侍中騎都尉丁隆等牽引公卿黨親列侯以下死者數百人尋手理有天子字莽解其臂入視之曰此一大子也或曰一六子也六者戮也明尋父子

當戮死也迺流棻於幽州放尋於三危殛隆於羽山皆驛車載其屍傳致云莽爲人侈口蹷顄師古曰侈大也蹷短也顄頤也蹷音其月反顄音胡感反露眼赤精大聲而嘶師古曰嘶破聲也音先奚反長七尺五寸好厚履高冠以氂裝衣師古曰毛之彊曲者曰氂以裝褚衣中令其張起也氂音力之反反膺高視瞰臨左右師古曰瞰謂遠視也音口濫反字或作矙音義同是時有用方技待詔黃門者或問以莽形貌待詔曰莽所謂鴟目虎吻豺狼之聲者也故能食人亦當爲人所食問者告之莽誅滅待詔而封告者後常翳雲母屛面師古曰屛面即便面蓋扇之類也解在張敞傳非親近莫得見也是歲以初睦侯姚恂爲甯始將軍三年莽曰百官改更職事分移律令儀法未及悉定且因漢律令儀法以從事令公卿大夫諸侯二千石舉吏民有德行通政事能言語明文學者各一人詣王路四門遣尚書大夫趙並使勞北邊並還言五原北假膏壤殖穀異時常置田官乃以並爲田禾將軍發戍卒屯田北假以助軍糧是時諸將在邊須大眾集吏士放縱而內郡愁於徵發民棄城郭流亡爲盜賊并州平州尤甚莽令七公六卿號皆兼稱將軍遣著武將軍逯並等填名都中郎將繡衣執法各五十五人分填緣邊大郡督大姦猾擅弄兵者皆便爲姦於外撓亂州郡貨賂爲市侵漁百姓莽下書切責司監放縱自若而藺苞戴級到塞下招誘單于弟咸咸子登入塞脅拜咸爲孝單于賜黃金千斤錦繡甚多遣去將登至長安拜爲順單于留邸太師王舜自莽篡位後病悸寖劇死莽以舜子延襲父爵爲安新公延弟襃新侯匡爲太師將軍永爲新室輔爲太子置師友各四人秩以大夫以故大司徒馬宮爲師疑故少府宗伯鳳爲傳丞博士袁聖爲阿輔京兆尹王嘉爲保拂是爲四師故尚書

令唐林爲胥附博士李允爲奔走諫大夫趙襄爲先後中郎將廉丹爲禦侮是爲四友又置師友祭酒及侍中諫議六經祭酒各一人凡九祭酒秩上卿琅邪左咸爲講春秋潁川滿昌爲講詩長安國由爲講易平陽唐昌爲講書沛郡陳咸爲講禮崔發爲講樂祭酒遣謁者持安車印綬卽拜楚國龔勝爲太子師友祭酒勝不應徵不食而死甯始將軍姚恂免侍中崇祿侯孔永爲甯始將軍是歲池陽縣有小人景長尺餘或乘車馬或步行操持萬物小大各相稱三日止瀕河郡蝗生河決魏郡泛清河以東數郡先是莽恐河決爲元城冢墓害及決東去元城不憂水故遂不堤塞四年二月赦天下夏赤氣出東南竟天厭難將軍陳歆言捕虜生口虜犯邊者皆孝單于咸子登所爲莽怒斬其子登於長安以視諸蠻夷大司馬甄邯死甯始將軍孔永爲大司馬侍中大贅侯輔爲甯始將軍莽每當出時必先撈索城中名曰橫撈是月橫撈五日莽至明堂授諸侯茅土下書曰予以不德襲于聖祖爲萬國主思安黎元在于建侯分州正域以美風俗追監前代爰綱爰紀唯在堯典十有二州衞有五服詩國十五抪音鋪徧九州殷頌有奄有九有之言禹貢之九州無并幽周禮司馬則無徐梁帝王相改各有云爲或昭其事或大其本厥義著明其務一矣昔周二后受命故有東都西都之居予之受命蓋亦如之其以洛陽爲新室東都常安爲新室西都邦畿連體各有采任州從禹貢爲九爵從周氏有五諸侯之員千有八百附城之數亦如之以俟有功諸公一同有衆萬戶土方百里侯伯一國衆戶五千土方七十里子男一則衆戶二千有五百土方五十里附城大者食邑九成衆戶九百土方三十里自九以下降殺以兩至於一成五差備具合當一則今已受茅土者公十四人侯九十三人伯二十一人子百七十一人男四百九十七人凡七百九十六人附城千五百一十一人九族之女爲任者八十三人及漢氏女孫中山承禮君遵德君脩義君更以爲任十有一公九卿十二大夫二十四元士定諸國邑采之處使侍中講理大夫孔秉等與州部衆郡曉知地理圖籍者共校治於壽成朱鳥堂予數與羣公祭酒上卿親聽視咸已通矣夫襃德賞功所以顯仁賢也九族和睦所以襃親親也予永惟匪解思稽前人將章黜陟以明好惡安元元焉以圖簿未定未授國邑且令受奉都內月錢數千諸侯皆困乏至有庸作者中郎區博諫莽曰井田雖聖王法其廢久矣周道既衰而民不從秦知順民之心可以獲大利也故滅廬井而置阡陌遂王諸夏訖今海內未厭其敝今欲違民心追復千載絕迹雖堯舜復起而無百年之漸弗能行也天下初定萬民新附誠未可施行莽知民怨迺下書曰諸名食王田皆得賣之勿拘以法犯私買賣庶人者且一切勿治初五威將帥出改句町王以爲侯王邯怨怒不附莽諷牂柯大尹周歆詐殺邯邯弟承起兵攻殺歆先是莽發高句驪兵當伐胡不欲行郡彊迫之皆亾出塞因犯法爲寇遼西大尹田譚追擊之爲所殺州郡歸咎於高句驪侯騶嚴尤奏言貉人犯法不從騶起正有他心宜令州郡且慰安之今猥被以大罪恐其遂畔夫餘之屬必有和者匈奴未克夫餘穢貉復起此大憂也莽不慰安穢貉遂反詔尤擊之尤誘高句驪侯至而斬焉傳首長安莽大說下書曰迺者命遣猛將共行天罰誅滅虜知分爲十二部或斷其右臂或斬其左腋或潰其胷腹或紬其兩脅今年刑在東方誅貉之部先縱焉捕斬虜騶平定東域虜知殄滅在於漏刻此乃天地羣臣社稷宗廟祐助之福公卿大夫士民同心將率虓虎之力也予甚嘉之其更名高句驪爲下句驪布告天下令咸知焉於是貉人愈犯邊東北與西南夷皆亂云莽志方盛以爲四夷不足吞滅專念稽古之事復下書曰伏念予之皇始祖考虞帝受終文祖在琁璣玉衡以齊七政遂類於上帝禋於六宗望秩於山川徧於羣神巡狩五嶽羣后四朝敷奏以言明試以功予之受命卽眞到於建國五年已五載矣陽九之阸既度百六之會已過歲在壽星填在明堂倉龍癸酉德在中宮觀晉掌歲龜策告從其以此年二月建寅之節東巡狩具禮儀調度羣公奏請募吏民人馬布帛綿又請內郡國十二買馬發帛四十五萬匹輸常安前後毋相須至者過半莽下書曰文母太后體不安其且止待後是歲改十一公號以新爲心後又改心爲信五年二月文母皇太后崩葬渭陵與元帝合而溝絕之立廟於長安新室世世獻祭元帝配食坐於牀下莽爲太后服喪三年大司馬孔永乞骸骨賜安車駟馬以特進就朝位同風侯逯並爲大司馬是時長安民聞莽欲都雒陽不肯繕治室宅或頗徹之莽曰元龍石文曰定帝德國雒陽符命著明敢不欽奉以始建國八年歲纏星紀在雒陽之都其謹繕修常安之都勿令壞敗敢有犯者輒以名聞請其罪是歲烏孫大小昆彌遣使貢獻大昆彌者中國外孫也其胡婦子爲小昆彌而烏孫歸附之莽見匈奴諸邊並侵意欲得烏孫心迺遣使者引小昆彌使置大昆彌使上保成師友

祭酒滿昌劾奏使者曰夷狄以中國有禮義故詘而服從大昆彌君也今序臣使於君使之上非所以有夷狄也奉使大不敬莽怒免昌官西域諸國以莽積失恩信焉耆先畔殺都護但欽十一月彗星出二十餘日不見是歲以犯挾銅炭者多除其法明年改元曰天鳳天鳳元年正月赦天下莽曰予以二月建寅之節行巡狩之禮太官齎犕(音備)乾肉內者行張坐臥所過毋得有所給予之東巡必躬載耒每縣則耕以勸東作予之南巡必躬載耨每縣則薅(大高反)以勸南僞(音訛)予之西巡必躬載銍每縣則穫以勸西成予之北巡必躬載拂(音𧽝今謂之連枷)每縣則粟以勸蓋藏畢北巡狩之禮即于土中居雒陽之都焉敢有趨讙犯法輒以軍法從事羣公奏言皇帝至孝往年文母聖體不豫躬親供養衣冠稀解因遭棄羣臣聖顏悲哀飲食損少今一歲四巡道路萬里春秋尊非糒乾肉之所能堪且無巡狩須闋大服以安聖體莽乃下書更以天鳳七年歲在大梁倉龍庚辰行巡狩之禮厥明年歲在實沈倉龍辛巳即土之中雒陽之都迺遣太傅平晏大司空王邑之雒陽營相宅兆圖起宗廟社稷郊兆云三月壬申晦日有蝕之大赦天下策大司馬逯並曰日蝕無光干戈不戢其上大司馬印韍就侯氏朝位太傅平晏勿領尚書事省侍中諸曹兼官者以利苗男訢為大司馬莽即眞尤備大臣抑奪下權朝臣有言其過失者輒拔擢孔仁趙博費興等以敢擊大臣故見信任擇名官而居之公卿入宮吏有常數太傅平晏從吏過例掖門僕射苛問不遜戊曹士收繫僕射莽大怒使執法發車騎數百圍太傅府捕士即時死大司空士夜過奉常亭亭長苛之告以官名亭長醉曰甯有符傳邪士以馬箠擊亭長亭長斫士亾郡縣逐之家上書莽曰亭長奉公勿逐大司空邑斥士以謝國將哀章頗不清莽為選置和叔敕曰非但保國將閨門當保親屬在西州者諸公皆輕賤而章尤甚四月隕霜殺屮木海瀕尤甚六月黃霧四塞七月大風拔樹飛北闕直城門屋瓦雨雹殺牛羊莽以周官王制之文置卒正連率大尹職如太守屬令屬長職如都尉置州牧部監二十五人見禮如三公監位上大夫各主五郡公氏作牧侯氏卒正伯氏連率子氏屬令男氏屬長皆世其官其無爵者為尹分長安城旁六鄉置帥各一人分三輔為六尉郡河東河內弘農河南滎陽潁川南陽為六隊郡置大夫職如太守屬正職如都尉更名河南大尹曰保忠信卿益河南屬縣滿三十置六郊州長各一人人主五縣及他官名悉改大郡至分為五郡縣以亭為名者三百六十以應符命文也緣邊又置竟(音境)尉以男為之諸侯國閒田為黜陟增減云莽下書曰常安西都曰六鄉眾縣曰六尉義陽東都曰六郊眾縣曰六隊(音遂)粟米之內曰內郡其外曰近郡有鄣徼者曰邊郡合百二十有五郡九州之內縣二千二百有三公作甸侯是為惟城諸在侯服是為惟甯在采任諸侯是為惟翰在賓服是為惟屏在揆文教奮武衛是為惟垣在九州之外是為惟藩各以其方為稱總為萬國焉其後歲復變更一郡至五易名而還復其故吏民不能紀每下詔書輒繫其故名曰制詔陳留大尹太尉其以益歲以南付新平新平故淮陽以雍丘以東付陳定陳定故梁郡以封丘以東付治亭治亭故東郡以陳留以西付祈隧祈隧故滎陽陳留已無復有郡矣大尹太尉皆詣行在所其號令變易皆此類也令天下小學戊子代甲子為六旬首冠以戊子為元日昏以戊寅之旬為忌日百姓多不從者匈奴單于知死弟咸立為單于求和親莽遣使者厚賂之詐許還其侍子登因購求陳良終帶等單于即執良等付使者檻車指長安莽燔燒良等於城北令吏民會觀之緣邊大饑人相食諫大夫如普行邊兵還言軍士久屯塞苦邊郡無以相贍今單于新和宜因是罷兵校尉韓威進曰以新室之威而吞胡虜無異口中蚤蝨臣願得勇敢之士五千人不齎斗糧饑食虜肉渴飲其血可以橫行莽壯其言以威為將軍然采普言徵還諸將在邊者免陳欽等十八人又罷四關填都尉諸屯兵會匈奴使還單于知侍子登前誅死發兵寇邊莽復發軍屯於是邊民流入內郡為人奴婢迺禁吏民敢挾邊民者棄市益州蠻夷殺大尹程隆三邊盡反遣平蠻將軍馮茂將兵擊之甯始將軍侯輔免講易祭酒戴參為甯始將軍二年二月置酒王路堂公卿大夫皆佐酒大赦天下是時日中見星大司馬苗訢左遷司命以延德侯陳茂為大司馬訛言黃龍墮死黃山宮中百姓奔走往觀者有萬數莽惡之捕繫問語所從起不能得單于咸既和親求其子登屍莽欲遣使送致恐咸怨恨害使者迺收前言當誅侍子者故將軍陳欽以他辠繫獄欽曰是欲以我為說於匈奴也遂自殺莽選儒生能顓對者濟南王咸為大使五威將琅邪伏黯等為帥使送登屍敕令掘單于知墓棘鞭其屍又令匈奴卻塞於漠北責單于馬萬匹牛三萬頭羊十萬頭及所鈔略邊民生口在者皆還之莽好為大言如此咸到單于庭陳莽威德責單于背畔之辠應敵從橫單于不能詘遂致命而

還入塞咸病死封其子爲伯伏黯等皆爲子莽意以爲制定則天下自平故銳思於地理制禮作樂講合六經之說公卿旦入暮出議論連年不決不暇省獄訟冤結民之急務縣宰缺者數年守兼一切貪殘日甚是時中郎將繡衣執法在郡國者並乘權勢傳相舉奏又十一公士分布勸農桑班時令案諸章冠蓋相望交錯道路召會吏民逮捕證左郡縣賦斂遞相賕賂白黑紛然守闕告訴者多莽自見前顓權以得漢政故務自攬衆事三司受成苟免諸寶物名帑藏錢穀官皆宦者領之吏民上封事書宦官左右開發尚書不得知其畏備臣下如此又好變改制度政令煩多當奉行者輒質問乃以從事前後相乘憒眊不渫莽常御燈火至明猶不能勝尚書因是爲姦寢事上書待報者連年不得去拘繫郡縣者逢赦而後出衛卒不交代三歲矣穀常貴邊兵二十餘萬人仰衣食縣官愁苦五原代郡尤被其毒起爲盜賊數千人爲輩轉入旁郡莽遣捕盜將軍孔仁將兵與郡縣合擊歲餘迺定邊郡亦略將盡邯鄲以北大雨水出深者數丈流殺數千人立國將軍孫建死司命趙閎爲立國將軍甯始將軍戴參歸故官南城將軍廉丹爲甯始將軍三年二月乙酉地震大雨雪關東尤甚深者一丈竹栢或枯大司空王邑上書言視事八年功業不效司空之職尤獨廢頓至迺有地震之變願乞骸骨莽曰夫地有動有震震者有害動者不害春秋記地震易繫坤動動靜辟脅萬物生焉災異之變各有云爲天地動威以戒予躬公何辜焉而乞骸骨非所以助予者也使諸吏散騎司祿大衞修甯男遵諭予意焉五月莽下吏祿制度曰予遭陽九之阸百六之會國用不足民人騷動自公卿以下一月之祿十緵布二疋或帛一疋予每念之未嘗不戚焉今阸會已度府帑雖未能充略頗稍給其以六月朔庚寅始賦吏祿皆如制度四輔公卿大夫士下至輿僚凡十五等僚祿一歲六十六斛稍以差增上至四輔而萬斛云莽又曰普天之下莫非王土率土之賓莫非王臣蓋以天下養焉周禮膳羞百有二十品今諸侯各食其同國則辟任附城食其邑公卿大夫元士食其采多少之差咸有條品歲豐穰則充其禮有災害則有所損與百姓同憂喜也其用上計時通計天下幸無災害者大官膳羞備其品矣即有災害以什計率多少而損膳焉東嶽太師立國將軍保東方三州一部二十五郡南嶽太傅前將軍保南方二州一部二十五郡西嶽國師甯始將軍保西方一州二部二十五郡北嶽國將衞將軍保北方二州一部二十五郡大司馬保納卿言卿仕卿作卿京尉扶尉兆隊右隊中部左洎前七部大司徒保樂卿典卿宗卿秩卿翼尉光尉左隊前隊中部右部有五郡大司空保予卿虞卿共卿工卿師尉列尉祈隊後隊中部洎後十郡及六司六卿皆隨所屬之法保其災害亦以十率多少而損其祿郎從官中都官吏食祿都內之委者以太官膳羞備損而爲節諸侯辟任附城羣吏亦各保其災害幾上下同心勸進農業安元元焉莽之制度煩碎如此課計不可理吏終不得祿各因官職爲姦受取賕賂以自其給是月戊辰長平館西岸崩邕涇水不流毀而北行遣大司空王邑行視還奏狀羣臣上壽以爲河圖所謂以土填水匈奴滅亡之祥也乃遣并州牧宋弘游擊都尉任萌等將兵擊匈奴至邊止屯七月辛酉霸城門災民間所謂青門也戊子晦日有蝕之大赦天下復令公卿大夫諸侯二千石舉四行各一人大司馬陳茂以日蝕免武建伯嚴尤爲大司馬十月戊辰王路朱鳥門鳴晝夜不絕崔發等曰虞帝闢四門通四聰門鳴者明當脩先聖之禮招四方之士也於是令羣臣皆賀所舉四行從朱雀門入而對策焉平蠻將軍馮茂擊句町士卒疫疾死者什六七賦斂民財什取五益州虛耗而不克徵還下獄死更遣甯始將軍廉丹與庸部牧史熊擊句町頗斬首有勝莽徵丹熊丹熊願益調度必克乃還復大賦斂就都大尹馮英不肯給上言自越巂遂久仇牛同亭邪豆之屬反畔以來積且十年郡縣距擊不已續用馮茂苟施一切之政僰道以南山險高深茂多敺衆遠居費以億計吏士離毒氣死者什七今丹熊懼於自詭期會調發諸郡兵穀復訾民取其十四空破梁州功終不遂宜罷兵屯田明設購賞莽怒免英官後頗覺悟曰英亦未可厚非復以英爲長沙連率翟義黨王孫慶捕得莽使太醫尚方與巧屠共刳剝之量度五藏以竹筳(音庭)導其脈知所終始云可以治病是歲遣大使五威將王駿西域都護李崇將戊己校尉出西域諸國皆郊迎貢獻焉諸國前殺都護但欽駿欲襲之命佐帥何封戊己校尉郭欽別將焉耆詐降伏兵擊駿等皆死欽封後到襲擊老弱從車師還入塞莽拜欽爲填外將軍封剿(子小反)胡子何封爲集胡男西域自此絕四年五月莽封保成師友祭酒唐林爲建德侯故諫議祭酒紀逡爲封德侯位皆特進見禮如三公賜第一區錢三百萬授几杖焉六月更授諸侯茅土於明堂令各就國其在緣邊若江南非詔所召遣侍于帝城者納言掌貨大夫且調都內故

錢予其祿公歲八十萬侯伯四十萬子男二十萬然復不能盡得莽好空言慕古法多封爵人性實遴嗇託以地理未定故且先賦茅土用慰喜封者是歲復明六筦之令每一筦下爲設科條防禁犯者罪至死吏民抵罪者浸衆又一切調上公以下諸有奴婢者率一口出錢三千六百天下愈愁盜賊起納言馮常以六筦諫莽大怒免常官置執法左右刺姦選用能吏侯霸等分督六尉六隊如漢刺史與三公士郡一人從事臨淮瓜田儀等爲盜賊依阻會稽長州琅邪女子呂母亦起初呂母子爲縣吏爲宰所寃殺母散家財以酤酒買兵弩陰厚貧窮少年得百餘人遂攻海曲縣殺其宰以祭子墓引兵入海其衆浸多後皆萬數莽遣使者卽赦盜賊還言盜賊解輒復合問其故皆曰愁法禁煩苛不得舉手力作所得不足以給貢稅閉門自守又坐鄰伍鑄錢挾銅姦吏因以愁民民窮悉起爲盜賊莽大怒免之其或順指言民驕黠當誅及言時運適然且滅不久莽說輒遷之是歲八月莽親之南郊鑄作威斗威斗者以五石銅爲之若北斗長二尺五寸欲以厭勝衆兵旣成令司命負之莽出在前入在御旁鑄斗日大寒百官人馬有凍死者五年正月朔北軍南門災以大司馬司允費興爲荊州牧見問到部方略興對曰荊揚之民率依阻山澤以漁采爲業閒者國張六筦稅山澤妨奪民之利連年久旱百姓饑窮故爲盜賊興到部欲令明曉告盜賊歸田里假貸犂牛種食闊其租賦幾可以解釋安集莽怒免興官天下吏以不得奉祿並爲姦利郡尹縣宰家累千金莽詔收其家所有財產五分之四以助邊急公府士馳傳天下考覈貪饕關吏告其將奴婢告其主幾以禁姦姦愈甚皇孫功崇公宗坐自畫容貌被服天子衣冠刻印三一曰維祉冠存已夏處南山藏薄冰二曰肅聖寶繼三曰德封昌圖又宗舅呂寬家前徙合浦私與宗通發覺按驗宗自殺宗本名會宗以制作去二名莽至是復其舊名貶爵改號賜諡爲功崇繆伯以伯禮葬于故同穀城郡宗姊妨爲衛將軍王興夫人祝詛姑殺婢以絕口事發覺莽使中常侍䡬惲責問妨〔䡬音并〕以責與皆自殺事連及司命孔仁妻亦自殺仁見莽免冠謝莽使尙書劾仁乘乾車駕坤馬左蒼龍右白虎前朱雀後元武左杖威節右負威斗號曰赤星非以驕仁廼以尊新室之威命也仁擅免天文冠大不敬有詔勿劾更易新冠其好怪如此以直道侯王涉爲衛將軍涉者曲陽侯根子也根成帝世爲大司馬薦莽自代莽恩之以爲曲陽非令稱乃追諡根曰直道讓公涉嗣其爵是歲赤眉刁子都樊崇等以饑饉相聚起於琅邪轉鈔略衆皆萬數遣使者發郡國兵擊之不能克六年春莽見盜賊多乃令太史推三萬六千歲歷紀六歲一改元布天下下書曰紫閣圖曰太一黃帝皆僊上天張樂崑崙虔山之上後世聖主得瑞者當張樂奏終南山之上予之不敏奉行未明乃今諭矣復以甯始將軍爲更始將軍以順符命易不云乎日新之謂盛德生生之謂易予其饗哉欲以誑燿百姓銷解盜賊衆皆笑之初獻新樂於明堂太廟羣臣始冠麟韋之弁或聞其樂聲曰清厲而哀非興國之聲也是時關東饑旱數年刁子都等黨衆寖多更始將軍廉丹擊益州不能克徵還更遣復位後大司馬護軍郭興庸部牧李曅擊蠻夷若豆等太傅犧叔士孫喜清潔江湖之盜賊而匈奴寇邊甚莽乃大募天下丁男及死罪囚吏民奴名曰豬突豨勇以爲銳卒一切稅天下吏民訾三十取一縑帛皆輸長安令公卿以下至郡縣黃綬皆保養軍馬多少各以秩爲差又博募有奇技術可以攻匈奴者將待以不次之位言便宜者以萬數或言能度水不用舟楫連馬接騎濟百萬師或言不持斗糧服食藥物三軍不饑或言能飛一日千里可窺匈奴莽輒試之取大鳥翮爲兩翼頭與身皆著毛通引環紐飛數百步墮莽知其不可用苟欲獲其名皆拜爲理軍賜以車馬待發初匈奴右骨都侯須卜當其妻王昭君女也嘗內附莽遣昭君兄子和親侯王歙誘呼當至塞下脅將詣長安彊立以爲須卜善于後安公〔善于匈奴之號後安公中國之號兩加之〕始欲誘迎當大司馬嚴尤諫曰當在匈奴右部兵不侵邊單于動靜輒語中國此方面之大助也于今迎當置長安槀街一胡人耳不如在匈奴有益莽不聽旣得當欲遣尤與廉丹擊匈奴皆賜姓徵氏號二徵將軍當誅單于輿而立當代之出車城西橫廄未發尤素有智略非莽攻伐四夷數諫不從著古名將樂毅白起不用之意及言邊事凡三篇奏以風諫莽及當出廷議尤固言匈奴可且以爲後先憂山東盜賊莽大怒策免尤令上大司馬武建伯印韍歸故郡以降符伯董忠爲大司馬翼平連率田況奏郡縣訾民不實莽復三十稅一以況忠言憂國進爵爲伯賜錢二百萬衆庶皆詈之靑徐民多棄鄉里流亡老弱死道路壯者入賊中夙夜連率韓博上言有奇士長丈大十圍來至臣府曰欲奮擊胡虜自謂巨無霸出於蓬萊東南五城西北昭如海瀕軺車不能載三馬不能勝卽日以大車四馬建虎旗載霸詣闕霸臥則枕鼓以鐵箸食此

皇天所以輔新室也願陛下作大甲高車賁育之衣遺大將一人與虎賁百人迎之於道京師門戶不容者開高大之以視百蠻鎮安天下博意欲以風莽莽聞之留霸在所新豐更其姓曰巨母氏謂因文母太后而霸王符也徵博下獄以非所宜言棄市明年改元曰地皇從三萬六千歲歷號也地皇元年正月乙未赦天下下書曰方出軍行師敢有趨讙犯法者輒論斬毋須時盡歲止於是春夏斬人都市百姓震懼道路以目二月壬申日正黑莽惡之下書曰迺者日中見昧陰薄陽黑氣爲變百姓莫不驚怪兆域大將軍王匡遣吏考問上變事者欲蔽上之明是以適見於天以正於理塞大異焉莽見四方盜賊多復欲厭之又下書曰予之皇初祖考黃帝定天下將兵爲上將軍建華蓋立斗獻音羲內設大將外置大司馬五人大將軍二十五人偏將軍百二十五人裨將軍千二百五十人校尉萬二千五百人司馬三萬七千五百人候十一萬二千五百人當百二十二萬五千人士吏四十五萬人士千三百五十萬人應協於易弧矢之利以威天下予受符命之文稽前人將條備焉於是置前後左右中大司馬之位賜諸州牧號爲大將軍郡卒正連率大尹爲偏將軍屬令長裨將軍縣宰爲校尉乘傳使者經歷郡國日且十輩倉無見穀以給傳車馬不能足賦取道中車馬取辦於民七月大風毀王路堂復下書曰乃壬午餔時有烈風雷雨發屋折木之變予甚弁焉予甚栗焉予甚恐焉伏念一旬迷迺解矣昔符命文立安爲新遷王臨國雒陽爲統義陽王是時予在攝假謙不敢當而以爲公其後金匱文至議者皆曰臨國雒陽爲統謂據土中爲 新室統也宜爲皇太

子自此後臨久病雖瘳不平朝見挈茵輿行見王路堂者張於西廂及後閤更衣中又以皇后被疾臨且去本就舍妃妾在東永巷壬午烈風毀王路西廂及後閤更衣中室昭寧堂池東南榆樹大十圍東僵擊東閤閤即東永巷之西垣也皆破折瓦壞發屋拔木予甚驚焉又候官奏月犯心前星厥有占予甚憂之伏念紫閣圖文太一黃帝皆得瑞以仙後世褎主當登終南山所謂新遷王者乃太一新遷之後也統義陽王乃用五統以禮義登陽上遷之後也臨有兄而稱太子名不正宣尼公曰名不正則言不順至於刑罰不中民無所錯手足惟卽位以來陰陽未和風雨不時數遇枯旱蝗螟爲災穀稼鮮耗百姓苦饑蠻夷猾夏寇賊姦宄人民正營無所錯手足深惟厥咎在名不正焉其立安爲新遷王臨爲統義陽王幾以保全二子子孫千億外攘四夷內安中國焉是月杜陵便殿乘輿虎文衣廢藏在室匣中者出自樹立外堂上良久乃委地吏卒見者以聞莽惡之下書曰寶黃廝赤自用土德故以黃爲寶以赤爲廝乃賤漢行也其令郎從官皆衣絳望氣爲數者多言有土功象莽又見四方盜賊多欲視爲自安視讀如示能建萬世之基者乃下書曰予受命遭陽九之阸百六之會府帑空虛百姓匱乏宗廟未修且祫祭於明堂太廟夙夜永念非敢寧息深惟吉昌莫良於今年予乃卜波水之北波音陂郎池之南惟玉食謂龜爲玉兆之文而墨食也予又卜金水之南明堂之西亦惟玉食予將親築焉於是遂營長安城南提封百頃九月甲申莽立載行視親舉築三下司徒王尋大司空王邑持節及侍中常侍執法杜林等數千人將作崔發張邯說莽曰德盛者文縟宜崇其制度宣視海內且令萬世之後無

以復加也莽乃博徵天下工匠諸圖畫以望法度算及吏民以義入錢穀助作者駱驛道路壞徹城西苑中建章承光包陽大臺儲元宮及平樂當路陽祿館凡十餘所取其材瓦以起九廟是月大雨六十餘日令民入米六百斛爲郎其郎吏增秩賜爵至附城九廟一曰黃帝太初祖廟二曰帝虞始祖昭廟三曰陳胡王統祖穆廟四曰齊敬王世祖昭廟五曰濟南愍王王祖穆廟凡五廟不墮云六曰濟南伯王尊禰昭廟七曰元城孺王尊禰穆廟八曰陽平頃王戚禰昭廟九曰新都顯王戚禰穆廟殿皆重屋太初祖廟東西南北各四十丈高十七丈餘廟半之爲銅薄櫨飾以金銀琱文窮極百工之巧帶高增下功費數百鉅萬卒徒死者萬數鉅鹿男子馬適求等馬適姓求名謀舉燕趙兵以誅莽大司空士王丹發覺以聞莽遣三公大夫逮治黨與連及郡國豪桀數千人皆誅死封丹爲輔國侯自莽爲不順時令百姓怨恨莽猶安之又下書曰惟設此一切之法以來常安六鄉巨邑之都枹鼓稀鳴盜賊衰少百姓安土歲以有年此乃立權之力也今胡虜未滅誅蠻僰未絕焚江湖海澤麻沸盜賊未盡破殄又興奉宗廟社稷之大作民眾動搖今復壹切行此令盡二年止之以全元元救愚姦是歲罷大小錢更行貨布長二寸五分廣一寸直貨錢二十五貨錢徑一寸重五銖枚直一兩品並行敢盜鑄錢及偏行布貨伍人知不發舉皆沒入官爲奴婢太傅平晏死以子虞唐尊爲太傅尊曰國虛民貧咎在奢泰乃身短衣小褎乘牝馬柴車藉稾瓦器又以歷遺公卿出見男女不異路者尊自下車以象刑赭幡污染其衣莽聞而說之下詔申敕公卿思與厥齊封尊爲平化侯是

時南郡張霸江夏羊牧王匡等起雲杜綠林號曰下江兵衆皆萬餘人武功中水鄉民三舍墊爲池二年正月以州牧位三公刺舉怠解更置牧監副秩元士冠法冠行事如漢刺史是月莽妻死謚曰孝睦皇后葬渭陵長壽園西令永侍文母名陵曰億年初莽妻以莽數殺其子涕泣失明莽令太子臨居中養焉莽妻旁侍者原碧莽幸之後臨亦通焉恐事泄謀共殺莽臨妻愔國師公女能爲星語臨宮中且有白衣會臨喜以爲所謀且成後貶爲統義陽王出在外第愈憂恐會莽妻病困臨予書曰上於子孫至嚴前長孫中孫年俱三十而死今臣臨復適三十誠恐一旦不保中室則不知死命所在莽後妻疾見其書大怒疑臨有惡意不令得會喪既葬收原碧等考問具服姦謀殺狀莽欲祕之使殺案事使者司命從事埋獄中家不知所在賜臨藥臨不肯飲自刺死使侍中驃騎將軍同說侯林賜魂衣璽韍策書曰符命文立臨爲統義陽王此言新室即位三萬六千歲後爲臨之後者乃當龍陽而起前過聽議者以臨爲太子有烈風之變輒順符命立爲統義陽王在此之前自此之後不作信順弗蒙厥祐夭年隕命嗚呼哀哉迹行賜謚謚曰繆王又詔國師公臨本不知星事從愔起愔亦自殺是月新遷王安病死初莽爲侯就國時幸侍者增秩懷能開明懷能生男興增秩生男匡女曄開明生男捷皆留新都國以其不明故也及安疾甚莽自病無子爲安作奏使上言興等母雖微賤屬猶皇子不可以棄章視羣公皆曰安友于兄弟宜及春夏加封爵於是以王車遣使者迎興等封興爲功脩公匡爲功建公曄爲睦脩任捷爲睦逮任孫公明公壽病死旬月四喪焉莽

壞漢孝武孝昭廟分葬子孫其中魏成大尹李焉與卜者王況謀況謂焉曰新室即位以來民田奴婢不得賣買數改錢貨徵發煩數軍旅騷動四夷並侵百姓怨恨盜賊並起漢家當復興君姓李李者徵徵火也當爲漢輔因爲焉作讖書言文帝發忿居地下趣軍北告匈奴南告越人江中劉信執敵報怨復續古先四年當發軍江湖有盜自稱楚王姓爲劉氏萬人成行不受赦令欲動秦雒陽十一年當相攻太白揚光歲星入東井其號當行又言莽大臣吉凶各有日期會合十餘萬言焉令吏寫其書吏亾告之莽遣使者即捕焉獄治皆死三輔盜賊麻起乃置捕盜都尉官令執法謁者追擊長安中建鳴鼓攻賊幡而使者隨其後遣太師犧仲景尚更始將軍護軍王黨將兵擊青徐國師和仲曹放助郭興擊句町轉天下穀幣詣西河五原朔方漁陽每一郡以百萬數欲以擊匈奴秋隕霜殺菽關東大饑蝗民犯鑄錢伍人相坐沒入官爲奴其男子檻車兒女子步以鐵瑣琅當其頸傳詣鍾官以十萬數到者易其夫妻就苦死者什六七孫憙景尚曹放等擊賊不克軍師放縱百姓重困莽以王況讖言荊楚當興李氏爲輔欲厭之迺拜侍中掌牧大夫李棽爲大將軍揚州牧賜名聖使將兵奮擊上谷儲夏自請願說瓜田儀莽以爲中郎使出儀儀文降未出而死莽求其尸葬之爲起冢祠室謚曰瓜甯殤男幾以招來其餘然無肯降者閏月丙辰大赦天下天下大服民私服在詔書前者亦釋除郎陽成脩獻符命言繼立民母又曰黃帝以百二十女致神僊莽於是遣中散大夫謁者各四十五人分行天下博采鄉里所高有淑女者上名莽夢長樂宮銅人五枚起立莽惡

之念銅人銘有皇帝初兼天下之文即使尚方工鐫滅所夢銅人膺文又感漢高廟神靈遣虎賁武士入高廟拔劍四面提音弟擲也擊斧壞屋牖桃湯赭鞭鞭灑屋壁令輕車校尉居其中又令中軍北壘居高寢或言黃帝時建華蓋以登僊莽乃造華蓋九重高八丈一尺金瑵羽葆載以祕機四輪車駕六馬力士三百人黃衣幘車上人擊鼓輓者皆呼登僊莽出令在前百官竊言此似輀車非僊物也是歲南郡秦豐衆且萬人平原女子遲昭平能說經博以八投亦聚數千人在河阻中莽召問羣臣禽賊方略皆曰此天四行尸命在漏刻故左將軍公孫祿徵來與議祿曰太史令宗宣典星歷候氣變以凶爲吉亂天文誤朝廷太傅平化侯尊飾虛僞以媮名位賊夫人之子國師嘉信公顛倒五經毀師法令學士疑惑明學男張邯地理侯孫陽造井田使民棄主業羲和魯匡設六筦以窮工商說符侯崔發阿諛取容令下情不上通宜誅此數子以慰天下又言匈奴不可攻當與和親臣恐新室憂不在匈奴而在封域之中也莽怒使虎賁拔祿出然頗采其言左遷魯匡爲五原卒正以百姓怨非故六筦非匡所獨造莽厭衆意而出之初四方皆以饑寒窮愁起爲盜賊稍稍羣聚常思歲熟得歸鄉里衆雖萬數亶音但稱巨人從事三老祭酒不敢略有城邑轉掠求食日闋而已諸長吏牧守皆自亂鬬中兵而死賊非敢欲殺之也莽終不諭其故是歲大司馬士按章豫州爲賊所獲賊送付縣士還上書具言狀莽大怒下獄以爲罔誣因下書切責七公令嚴敕卿大夫卒正連率庶尹謹牧養善民急捕殄盜賊有不同心并力疾惡黜賊而妄曰饑寒所爲輒捕繫請其罪於是羣下

愈恐莫敢言賊情者亦不得擅發兵賊由是遂不制唯
翼平連率田況素果敢發民年十八以上四萬餘人授
以庫兵與刻石爲約赤糜(眉也古字通用)聞之不敢入界況自
劾奏莽讓況未賜虎符而擅發兵此弄兵也厥辠乏興
以況自詭必禽滅賊故且勿治後況自請出界擊賊所
嚮皆破莽以璽書令況領青徐二州牧事況上言盜賊
始發其原甚微非部吏伍人所能禽也咎在長吏不爲
意縣欺其郡郡欺朝廷實百言十實千言百朝廷忽略
不輒督責遂至延曼連州乃遣將帥多發使者傳相監
趣郡縣力事上官應塞詰對其酒食具資用以救斷斬
不給復憂盜賊治官事將率又不能躬率吏士戰則爲
賊所破吏氣寖傷徒費百姓前幸蒙赦令賊或解散或
反遮擊恐入山谷轉相告語故郡縣降賊皆更驚駭恐
見詐滅因饑饉易動旬日之閒更十餘萬人此盜賊所
以多之故也今雒陽以東米石二千竊見詔書欲遣太
師更始將軍二人爪牙重臣多從人衆道上空竭少則
亾以威視遠方宜急選牧尹以下明其賞罰收合離鄉
小國無城郭者徙其老弱置大城中積藏穀食并力固
守賊來攻城則不能下所過無食勢不得羣聚如此招
之必降擊之則滅今空復多出將率郡縣苦之反甚於
賊宜盡徵還乘傳諸使者以休息郡縣委任臣況以二
州盜賊必平定之莽畏惡況陰爲發代遣使者賜況璽
書使者至見況因代監其兵況隨使者西到拜爲師尉
大夫況去齊地遂敗三年正月九廟蓋構成納神主莽
謁見大駕乘六馬以五采毛爲龍文衣著角長三尺華
蓋車元戎十乘在前因賜治廟者司徒大司空錢各千
萬侍中中常侍以下皆封封都匠仇延爲邯(音胡敢反)淡里

附城二月霸橋災數千人以水沃救不滅莽惡之下書
曰夫三皇象春五帝象夏三王象秋五伯象冬皇王德
運也伯者繼空續乏以成歷數故其道駁惟常安御道
多以所近爲名迺二月癸巳之夜甲午之辰火燒霸橋
從東方西行至甲午夕橋盡火滅大司空行視考問或
云寒民舍居橋下疑以火自燎爲此災也其明旦即乙
未立春之日也予以神明聖祖黃虞遺統受命至于地
皇四年爲十五年正以三年終冬絕滅霸駁之橋欲以
興戒新室統壹長存之道也又戒此橋空東方之道今
東方歲荒民饑道路不通東嶽太師亟科條開東方諸
倉賑貸窮乏以施仁道其更名霸館爲長存館霸橋爲
長存橋是月赤眉殺太師羲仲景尚關東人相食四月
遣東嶽太師特進褒新侯王匡開東方諸倉振貸貧乏
與更始將軍廉丹俱東祖都門外天大雨霑衣止長老
嘆曰是爲泣軍太師更始合將銳士十餘萬人所過放
縱東方爲之語曰甯逢赤眉不逢太師太師尚可更始
殺我卒如田況之言莽又多遣大夫謁者分教民煑草
木爲酪酪不可食重爲煩費莽於是開天下山澤之防
令民取采取山澤之物勿出稅至地皇三十年如故是
王光上戊之六年也(莽所作歷名)是時下江兵盛新市朱鮪
平林陳牧等皆復聚衆攻擊鄉聚莽遣司命大將軍孔
仁部豫州納言大將軍嚴尤秩宗大將軍陳茂擊荊州
各從吏士百餘人乘船從渭入河至華陰迺出乘傳到
部募士尤謂茂曰遣將不與兵符必先請而後動是猶
紲韓盧而責之獲也夏蝗從東方來蜚蔽天至長安入
未央宮緣殿閣莽發吏民設購賞捕擊莽以天下穀貴
欲厭之爲太倉置衞交戟名曰政始掖門流民入關者

數十萬人迺置養贍官稟食之使者監領與小吏共盜
其稟饑死者十七八先是莽使中黃門王業領長安市
買賤取於民民甚患之業以省費爲功賜爵附城莽聞
城中饑饉以問業業曰皆流民也乃士所賣粱飰肉羹
持入視莽曰居民食咸如是莽信之冬無鹽索盧恢等
舉兵反城廉丹王匡攻拔之斬首萬餘級莽遣中郎將
奉璽書勞丹匡進爵爲公封吏士有功者十餘人赤眉
別校董憲等衆數萬人在梁郡王匡欲進擊之廉丹以
爲新拔城罷勞當且休士養威匡不聽引兵獨進丹隨
之合戰成昌兵敗匡走丹使吏持其印韍符節付匡曰
小兒可走吾不可遂止戰死校尉汝雲王隆等二十餘
人別鬬聞之皆曰廉公已死吾誰爲生馳奔賊皆戰死
莽傷之下書曰惟公多擁選士精兵衆郡駿馬倉穀帑
藏皆得自調忽於詔策離其威節騎馬呵譟爲狂刃所
害嗚呼哀哉賜謚曰果公國將哀章謂莽曰皇祖考黃
帝之時中黃直爲將破殺蚩尤今臣居黃直之位願平
山東莽遣章馳東與太師匡并力又遣大將軍陽浚守
敖倉司徒王尋將十餘萬屯雒陽填南宮大司馬董忠
養士習射中軍北壘大司空王邑兼三公之職司徒尋
初發長安宿霸昌廐亾其黃鉞尋士房揚素狂直迺哭
曰此經所謂喪其齊斧者也自劾去莽擊殺揚四方盜
賊往往數萬人攻城邑殺二千石以下太師王匡等戰
數不利莽知天下潰畔事窮計迫迺議遣風俗大夫司
國憲等分行天下除井田奴婢山澤六筦之禁即位以
來詔令不便於民者皆收還之待見未發會世祖與兄
齊武王伯升宛人李通等帥舂陵子弟數千人招致新
市平林朱鮪陳牧等合攻拔棘陽是時嚴尤陳茂破下

江兵成丹王常等數千人別走入南陽界十一月有星孛于張東南行五日不見莽數召問太史令宗宣諸術數家皆繆對言天文安善羣賊且滅莽差以自安四年正月漢兵得下江王常等以爲助兵擊前隊大夫甄阜屬正梁邱賜皆斬之殺其衆數萬人初京師聞青徐賊衆數十萬人訖無文號旌旗表識咸怪異之好事者竊言此豈如古三皇無文書號謚邪莽亦心怪以問羣臣羣臣莫對唯嚴尤曰此不足怪也自黃帝湯武行師必待部曲旌旗號令今此無有者直饑寒羣盜犬羊相聚不知爲之耳莽大說羣臣盡服及後漢兵劉伯升起皆稱將軍攻城略地既殺甄阜移書稱說莽聞之憂懼漢兵乘勝遂圍宛城初世祖族兄聖公先在平林兵中三月辛巳朔平林新市下江兵將王常朱鮪等共立聖公爲帝改年爲更始元年拜置百官莽聞之愈恐欲外視自安迺染其須髮進所徵天下淑女杜陵史氏女爲皇后聘黃金三萬斤車馬奴婢雜帛珍寶以巨萬計莽親迎於前殿兩階間成同牢之禮于上西堂備和嬪美御和人三位視公嬪人九視卿美人二十七視大夫御人八十一視元士凡百二十人皆佩印韍執弓韣封皇后父諶爲和平侯拜爲甯始將軍諶子二人皆侍中是日大風發屋折木羣臣上壽曰迺庚子雨水灑道辛丑清靚無塵其夕穀風迅疾從東北來辛丑巽之宮日也巽爲風爲順后誼明母道得溫和慈惠之化也易曰受茲介福于其王母禮曰承天之慶萬福無疆諸欲依廢漢火劉皆沃灌雪除殄滅無餘雜矣百穀豐茂庶草蕃殖元元驩喜兆民賴福天下幸甚莽日與方士涿郡昭君等於後宮考驗方術縱淫樂焉大赦天下然猶曰故漢氏舂陵侯羣子劉伯升與其族人婚姻黨與妄流言惑衆悖畔天命及手害更始將軍廉丹前隊大夫甄阜屬正梁邱賜及北狄胡虜逆輿洎南蠻虜若豆孟遷不用此書有能捕得此人者皆封爲上公食邑萬戶賜寶貨五千萬又詔太師王匡國將哀章司命孔仁兗州牧壽良卒正王閎揚州牧李聖亟進所部州郡兵凡三十萬衆迫措(讀與笮同音莊客反)青徐盜賊納言將軍嚴尤秩宗將軍陳茂車騎將軍王巡左隊大夫王吳亟進所部州郡兵凡十萬衆迫措前隊醜虜明告以生活丹青之信復迷惑不解散皆并力合擊殄滅之矣大司空隆新公宗室戚屬前以虎牙將軍東指則反虜破壞西擊則逆賊靡碎此迺新室威寶之臣也如黠賊不解散將遣大司空將百萬之師征伐剿絕之矣遣七公幹士隗囂等七十五人分下赦令曉諭云囂等既出因逃亾矣四月世祖與王常等別攻潁川下昆陽郾定陵莽聞之愈恐遣大司空王邑馳傳之雒陽與司徒王尋發衆郡兵百萬號曰虎牙五威兵平定山東得顓封爵政決於邑除用徵諸明兵法六十三家術者各持圖書受器械備軍吏傾府庫以遣邑多齎珍寶猛獸欲視饒富用怖山東邑至雒陽州郡各選精兵牧守自將定會者四十二萬人餘在道不絕車甲士馬之盛自古出師未嘗有也六月邑與司徒尋發雒陽欲至宛道出潁川過昆陽昆陽時已降漢漢兵守之嚴尤陳茂與二公會二公縱兵圍昆陽嚴尤曰稱尊號者在宛下宜亟進彼破諸城自定矣邑曰百萬之師所過當滅今屠此城喋血而進前歌後舞顧不快邪遂圍數十重城中請降不許嚴尤曰歸師勿遏圍城爲之闕可如兵法使得逸出以怖宛下邑又不聽會世祖悉發郾定陵兵數千人來救昆陽尋邑易之自將萬餘人行陳敕諸營皆按部毋得動獨迎與漢兵戰不利大軍不敢擅自相救漢兵乘勝殺尋昆陽中兵出並戰邑走軍亂天風蜚瓦雨如注水大衆崩壞號謼虎豹股栗士卒奔走各還歸其郡邑獨與所將長安勇敢數千人還雒陽關中聞之震恐盜賊並起又聞漢兵言莽鴆殺孝平皇帝莽乃會公卿以下於王路堂開所爲平帝請命金縢之策泣以視羣臣命明學男張邯稱說其德及符命事因曰易言伏戎于莽升其高陵三歲不興莽皇帝之名升謂劉伯升高陵謂高陵侯子翟義也言劉伯升翟義爲伏戎之兵於新皇帝世猶殄滅不興也羣臣皆稱萬歲又令東方檻車傳送數人言劉伯升等皆行大戮民知其詐也先是衞將軍王涉素養道士西門君惠君惠好天文讖記爲涉言星孛埽宮室劉氏當復興國師公姓名是也涉信其言以語大司馬董忠數俱至國師殿中廬道語星宿國師不應後涉特往對歆涕泣言誠欲與公共安宗族奈何不信涉也歆因爲言天文人事東方必成涉曰新都哀侯小被病功顯君素耆酒疑帝本非我家子也董公主中軍精兵涉領宮衞伊休侯主殿中如同心合謀共劫持帝東降南陽天子可以全宗族不者俱夷滅矣伊休侯者歆長子也爲侍中五官中郎將莽素愛之歆怨莽殺其三子又畏大禍至遂與涉忠謀欲發歆曰當待太白星出迺可忠以司中大贅起武侯孫伋亦主兵復與伋謀伋歸家顏色變不能食妻怪問之語其狀妻以告弟雲陽陳邯邯欲告之七月伋與邯俱告莽遣使者分召忠等時忠方講兵都肄護軍王咸謂忠謀久不發恐漏泄不如遂斬使

者勒兵入忠不聽遂與歆涉會省戶下莽令蘴惲責問皆服中黃門各拔刃將忠等送廬忠拔劒欲自刎侍中王望傳言大司馬反黃門持劒共格殺之省中相驚傳勒兵至郎署皆拔刃張弩更始將軍史諶行諸署告郎吏曰大司馬有狂病發已誅皆令弛兵莽欲以厭凶使虎賁以斬馬劒挫忠盛以竹器傳曰反虜出下書赦大司馬官屬吏士爲忠所詿誤謀反未發覺者收忠宗族以醇醯毒藥尺白刃叢棘并一坎而埋之劉歆王涉皆自殺莽以二人骨肉舊臣惡其內潰故隱其誅伊休侯疊又以素謹歆訖不告但免侍中中郎將更爲中散大夫後日殿中鉤盾土山僊人掌旁有白頭公青衣郎史見者私謂之國師公衍功侯喜素善卦莽使筮之曰憂兵火莽曰小兒安得此左道是迺予之皇祖叔父子僑欲來迎我也莽軍師外破大臣內畔左右亾所信不能復遠念郡國欲謼邑與計議崔發曰邑素小心今失大衆而徵恐其執節引決宜有以大慰其意於是莽遣發馳傳諭邑我年老毋適子欲傳邑以天下敕亾得謝見勿復道邑到以爲大司馬大長秋張邯爲大司徒崔發爲大司空司中壽容苗訢爲國師同說侯林爲衞將軍莽憂懣不能食亶飲酒啗鰒音雹魚讀軍書倦因馮几寐不復就枕矣性好時日小數及事迫急亶爲厭勝遣使壞渭陵延陵園門罘罳曰毋使民復思也又以墨洿色其周垣號將軍曰歲宿申水爲助將軍右庚刻木校尉前丙耀金都尉又曰執大斧伐枯木流大水滅發火如此屬不可勝記秋太白星流入太微燭地如月光成紀隗崔兄弟共刼大尹李育以兄子隗囂爲大將軍攻殺雍州牧陳慶安定卒正王旬并其衆移書郡縣數莽罪惡萬於桀紂是月析人鄧曄于匡起兵南鄉百餘人時析宰將兵數千屯鄡亭備武關曄匡謂宰曰劉帝已立君何不知命也宰請降盡得其衆曄自稱輔漢左將軍匡右將軍拔析丹水攻武關都尉朱萌降進攻右隊大夫宋綱殺之西拔湖莽愈憂不知所出崔發言周禮及春秋左氏國有大災則哭以厭之故易稱先號咷而後笑宜呼嗟告天以求救莽自知敗迺率羣臣至南郊陳其符命本末仰天曰皇天旣命授臣莽何不殄滅衆賊即令臣莽非是願下雷霆誅臣莽因搏心大哭氣盡伏而叩頭又作告天策自陳功勞千餘言諸生小民會旦夕哭爲設飧粥甚悲哀及能誦策文者即以除郎至五千餘人蘴惲將領之莽拜將軍九人皆以虎爲號號曰九虎將北軍精兵數萬人東內其妻子宮中以爲質時省中黃金萬斤者爲一匱尙有六十匱黃門鉤盾藏府中尙方處處各有數匱長樂御府中御府及都內平準帑藏錢帛珠玉財物甚衆莽愈愛之賜九虎士人四千錢衆重怨毋鬬意九虎至華陰回谿距隘北從河南至山于匡持數千弩乘堆挑戰鄧曄將二萬餘人從閺鄉南出棗街作姑破其一部北出九虎後擊之六虎敗走史熊王況詣闕歸死莽使使責死者安在皆自殺其四虎亾三虎郭欽陳翬成重收散卒保京師倉鄧曄開武關迎漢丞相司直李松將二千餘人至湖與曄等共攻京師倉未下曄以弘農掾王憲爲校尉將數百人北渡渭入左馮翊界降城略地李松遣偏將軍韓臣等徑西至新豐與莽波水將軍戰波水走韓臣等追奔逐至長門宮王憲北至頻陽所過迎降大姓櫟陽申碭下邽王大吿率衆隨憲屬縣嶭嚴春茂陵董喜藍田王孟槐里汝臣盩厔王扶陽陵嚴本杜陵屠門少之屬衆皆數千人假稱漢將時李松鄧曄以爲京師小小倉尙未可下況長安城當須更始帝大兵到即引軍至華陰治攻具而長安旁兵四會城下聞天水隗氏兵方到皆爭欲先入城貪立大功鹵掠之利莽遣使者分赦城中諸獄囚徒皆授兵殺豨飲其血與誓曰有不爲新室者社鬼記之更始將軍史諶將度渭橋皆散走諶空還衆兵發掘莽妻子父祖冢燒其棺槨及九廟明堂辟雍火照城中或謂莽曰城門卒東方人不可信莽更發越騎士爲衞門置六百人各一校尉十月戊申朔兵從宣平城門入民間所謂都門也張邯行城門逢兵見殺王邑王林王巡蘴惲等分將兵距擊北闕下漢兵貪莽封力戰者七百餘人會日暮官府邸第盡奔亾二日己酉城中少年朱弟張魚等恐見鹵掠趨讙並和燒作室門斧敬法闥謼曰反虜王莽何不出降火及掖廷承明黃皇室主所居也莽避火宣室前殿火輒隨之宮人婦女謕謼曰當柰何時莽紺袀服帶璽韍持虞帝匕首天文郎按栻於前日時加某莽旋席隨斗柄而坐曰天生德於予漢兵其如予何莽時不食少氣困矣三日庚戌晨旦明羣臣扶掖莽自前殿南下椒除西出白虎門和新公王揖奉車待門外莽就車之漸臺欲阻池水猶抱持符命威斗公卿大夫侍中黃門郎從官尙千餘人隨之王邑晝夜戰罷極士死傷略盡馳入宮閒關至漸臺見其子侍中睦解衣冠欲逃邑叱之令還父子共守莽軍人入殿中謼曰反虜王莽安在有美人出房曰在漸臺衆共追之圍數百重臺上亦弓弩與相射稍稍落去矢盡無以復射短兵接王邑父子蘴惲王巡戰死莽入室下餔時衆

兵上臺王揖趙博苗訢唐尊王盛中常侍王參等皆死臺上商人杜吳殺莽取其綬校尉東海公賓就故大行治禮見吳問綬主所在曰室中西北陬間就識斬莽首軍人分裂莽身支節肌骨臠分爭相殺者數十人公賓就持莽首詣王憲憲自稱漢大將軍城中數十萬皆屬焉舍東宮妻莽後宮乘其車服六日癸丑李松鄧曄入長安將軍趙萌申屠建亦至以王憲得璽綬不輒上多挾宮女建天子鼓旗收斬之傳莽首詣更始縣宛市百姓共提擊之或竊食其舌莽揚州牧李聖司命孔仁兵敗山東聖格死仁將其衆降已而歎曰吾聞食人食者死其事拔劒自刺死及曹部監杜普陳定大尹沈意九江連率賈萌皆守郡不降爲漢兵所誅賞都大尹王欽及郭欽守京師倉聞莽死乃降更始義之皆封爲侯大師王匡國將哀章降雒陽傳詣宛斬之嚴尤陳茂敗昆陽下走至沛郡譙自稱漢將召會吏民尤爲稱說王莽篡位天時所亾聖漢復興狀茂伏而涕泣聞故漢鍾武侯劉聖聚衆汝南稱尊號尤茂降之以尤爲大司馬茂爲丞相十餘日敗尤茂并死郡縣皆舉城降天下悉歸漢初申屠建嘗事崔發爲詩建至發降之後復稱說建令丞相劉賜斬發以徇史諶王延王林王吳趙閎亦降復見殺初諸假號兵人人望封侯申屠建旣斬王憲又揚言三輔黠共殺其主吏民惶恐屬縣屯聚建等不能下馳白更始二年二月更始到長安下詔大赦非王莽子他皆除其罪故王氏宗族得全三輔悉平更始都長安居長樂宮府藏完具獨未央宮燒攻莽三日死則案堵復故更始至歲餘政教不行明年夏赤眉樊崇等衆數十萬人入關立劉盆子稱尊號攻更始更始降之赤眉遂燒長安宮室市里害更始民饑餓相食死者數十萬長安爲虛城中無人行宗廟園陵皆發掘唯霸陵杜陵完六月世祖卽位然後宗廟社稷復立天下乂安

班氏曰王莽始起外戚折節力行以要名譽宗族稱孝師友歸仁及其居位攝政成哀之際勤勞國家直道而行動見稱述豈所謂在家必聞在國必聞色取仁而行違者邪莽既不仁而有佞邪之材又乘四父歷世之權遭漢中微國統三絕而太后壽考爲之宗主故得肆其姦慝以成篡盜之禍推是言之亦天時非人力之致矣及其竊位南面處非所據顛覆之勢險於桀紂而莽晏然自以黃虞復出也迺始恣睢奮其威詐滔天虐民窮凶極惡毒流諸夏亂延蠻貊猶未足逞其欲焉是以四海之內囂然喪其樂生之心中外憤怨遠近俱發城池不守支體分裂遂令天下城邑爲虛丘壠發掘害徧生民辜及枯骨自書傳所載亂臣賊子無道之人考其禍敗未有如莽之甚者也昔秦燔詩書以立私議莽誦六藝以文姦言同歸殊塗俱用滅亾皆炕龍絕氣非命之運紫色䵷聲餘分閏位聖王之驅除云爾

通志卷一百三

通志卷一百四

宋右迪功郎鄭樵漁仲撰

列傳第十七

後漢

劉聖公　劉盆子　王昌　劉永（龐萌）　張步（王閎）　李憲（陳衆）　彭寵　盧芳　隗囂（王遵）　公孫述

劉聖公名元光武族兄也弟爲人所殺聖公結客欲報之客犯法聖公避吏於平林吏繫其父子張聖公詐死使人持喪歸舂陵吏乃出子張聖公因自逃匿王莽末南方饑饉人庶羣入野澤掘鳧茈而食之更相侵奪新市人王匡王鳳爲平理諍訟遂推爲渠帥衆數百人於是諸亾命馬武王常成丹等往從之共攻離鄉聚藏於綠林中數月間至七八千人地皇二年荊州牧某（史闕其名）發奔命二萬人攻之匡等相率迎擊於雲杜大破牧軍殺數千人盡獲輜重遂攻拔竟陵轉擊雲杜安陸多畧婦女還入綠林中至有五萬餘口州郡不能制三年大疾疫死者且半乃各分散引去王常成丹西入南郡號下江兵王匡王鳳馬武及其支黨朱鮪張卬等北入南陽號新市兵皆自稱將軍七月匡等進攻隨未能下平林人陳牧廖湛復聚衆千餘人號平林兵以應之聖公因往從牧等爲其軍安集掾是時光武及兄伯升亦起舂陵與諸部合兵而進四年正月破王莽前隊大夫甄阜屬正梁丘賜斬之號聖公爲更始將軍衆雖多而無所統一諸將共議立更始爲天子二月辛巳設壇塲於淯水上沙中陳兵大會更始卽帝位南面立朝羣臣更始素懦弱羞愧流汗舉手不能言於是大赦天下建元曰更始元年悉拜置諸將以族父良爲國三老王匡爲定國上公王鳳成國上公朱鮪大司馬伯升大司徒陳牧大司空餘皆九卿將軍五月伯升拔宛六月更始入都宛城盡封宗室及諸將爲列侯者百餘人更始忌伯升威名遂誅之以光祿勳劉賜爲大司徒前鍾武侯劉望起兵畧有汝南時王莽納言嚴尤秩宗將軍陳茂既敗於昆陽往歸之望遂自立爲天子以尤爲大司馬茂爲丞相時王莽使太師王匡國將哀章守洛陽更始遣定國上公王匡攻洛陽西屏大將軍申屠建丞相司直李松攻武關三輔震動是時海內豪傑翕然響應皆殺其牧守自稱將軍用漢年號以待詔命旬月之間徧於天下長安中起兵攻未央宮九月東海人公賓就斬王莽於漸臺收璽綬傳首詣宛更始時在便坐黃堂取視之喜曰莽不如是當與霍光等寵姬韓夫人笑曰若不如是帝焉得之乎更始悅乃懸莽首於宛城市是月拔洛陽生縛王匡哀章至皆斬之十月使奮威大將軍劉信擊殺劉望於汝南并誅嚴尤陳茂更始遂北都洛陽以劉賜爲丞相申屠建李松自長安傳送乘輿服御又遣中黃門從官奉迎遷都二年二月更始自洛陽而西初發李松奉引馬驚奔觸北宮鐵柱門三馬皆死初王莽敗惟未央宮被焚而已其餘宮館一無所毀宮女數千備列後庭自鐘鼓帷帳輿輦器服太倉武庫官府市里不改於舊更始既至居長樂宮升前殿郎吏以次列庭中更始羞怍俛首刮席不敢視諸將後至者更始問虜掠得幾何左右侍官皆宮省久吏各驚相視李松與棘陽人趙萌說更始宜悉王諸功臣朱鮪爭之以爲高祖約非劉氏不王更始乃先封宗室太常將軍劉祉爲定陶王劉賜爲宛王劉慶爲燕王劉歙爲元氏王大將軍劉嘉爲漢中王劉信爲汝陰王後遂立王匡爲比陽王王鳳爲宜城王朱鮪爲膠東王衞尉大將軍張卬爲淮陽王廷尉大將軍王常爲鄧王執金吾大將軍廖湛爲穰王申屠建爲平氏王尚書胡殷爲隨王柱天大將軍李通爲西平王五威中郎將李軼爲舞陰王水衡大將軍成丹爲襄邑王大司空陳牧爲陰平王驃騎大將軍宋佻爲潁陰王尹尊爲郾王唯朱鮪辭曰臣非劉宗不敢干典遂讓不受乃徙鮪爲左大司馬劉賜爲前大司馬使與李軼李通王常等鎭撫關東以李松爲丞相趙萌爲右大司馬共秉內任更始納趙萌女爲夫人有寵遂委政於萌日夜與婦人飲讌後庭羣臣欲言事輒醉不能見時不得已乃令侍中坐帷內與語諸將識非更始聲出皆怨曰成敗未可知遽自縱放若此韓夫人尤嗜酒每侍飲見常侍奏事輒怒曰帝方對我飲正用此時持事來乎起抵破書案趙萌專權威福自己郎吏有說萌放縱者更始怒拔劍擊之自是無復敢言萌私忿侍中引下斬之更始救請不從時李軼朱鮪擅命山東王匡張卬暴三輔其所受官爵者皆羣小賈豎或有膳夫庖人多著繡面衣錦袴襜褕諸于罵詈道中長安爲之語曰竈下養中郎將爛羊胃騎都尉爛羊頭關內侯軍帥將軍豫章李淑上書諫曰方今賊寇始誅王化未行百官有司宜慎其任夫三公上應台宿九卿下括河海故天工人其代之陛下定業雖因下江平林之埶斯蓋臨時濟用不可施之既安宜釐改制度更延英俊因才授爵以匡王國今公卿大位莫非戎陳尚書顯官皆出庸伍資亭長賊捕之用而當輔佐綱維之任惟名與器聖人所重今以所重加非其人望其毗益萬分興

化致理譬猶緣木求魚升山採珠海內望此有以闚度漢祚臣非有憎疾以求進也但爲陛下惜此舉厝敗材傷錦所宜至慮惟割旣往謬妄之失思隆周文濟濟之美更始怒繫淑詔獄自是關中離心四方怨叛諸將出征各自專置牧守州郡交錯不知所從十二月赤眉西入關三年正月平陵人方望立前孺子劉嬰爲天子初望見更始政亂度其必敗謂安陵人弓林等曰前定安公嬰平帝之嗣雖王莽簒奪而嘗爲漢主今皆云劉氏眞人當更受命欲共定大功何如林等然之乃於長安求得嬰將至臨涇立之聚黨數千人望爲丞相林爲大司馬更始遣李松與討難將軍蘇茂等擊破皆斬之又使蘇茂拒赤眉於弘農茂軍敗死者千餘人三月遣李松會朱鮪與赤眉戰於務鄉（務音莫老反）松等大敗棄軍走死者三萬餘人時王匡張卬守河東爲鄧禹所破還奔長安卬與諸將議曰赤眉近在鄭華陰閒旦暮且至今獨有長安見滅不久不如勒兵掠城中以自富轉攻所在東歸南陽收宛王等兵事若不集復入湖池中爲盜耳申屠建廖湛等皆以爲然共入說更始更始怒不應莫敢復言及赤眉立劉盆子更始使王匡陳牧成丹趙萌屯新豐李松軍掫以拒之（掫音子侯反）張卬廖湛胡殷申屠建等與御史大夫隗囂合謀欲以立秋日貙膢時共劫更始俱成前計侍中劉能卿知其謀以告之更始託病不出召張卬等卬等皆入將悉誅之惟隗囂不至更始狐疑使卬等四人且待於外廬卬與湛殷疑有變遂突出獨申屠建在更始斬之卬與湛殷遂勒兵掠東西市昏時燒門入戰於宮中更始大敗明旦將妻子車騎百餘東奔趙萌於新豐更始復疑王匡陳牧成丹與張卬等同謀乃並召入牧丹先至即斬之王匡懼將兵入長安與張卬等合李松還從更始與趙萌共攻匡卬於城內連戰月餘匡等敗走更始徙居長信宮赤眉至高陵匡等迎降之遂共連兵而進更始城守使李松出戰敗死者二千餘人赤眉生得松時松弟汎爲城門校尉赤眉使使謂之曰開城門活汝兄汎即開門九月赤眉入城更始單騎走從廚城門出諸婦女從後連呼曰陛下當下謝城更始即下拜復上馬去初侍中劉恭以赤眉立其弟盆子自繫詔獄聞更始敗乃出步從至高陵止傳舍右輔都尉嚴本恐失更始爲赤眉所誅將兵在外號爲屯衞而實囚之赤眉下書曰聖公降者封爲長沙王過二十日勿受更始遣劉恭請降赤眉使其將謝祿往受之十月更始遂隨祿肉袒詣長樂宮上璽綬於盆子赤眉坐更始置庭中將殺之劉恭謝祿爲請不能得遂引更始出劉恭追呼曰臣誠力竭請得先死拔劒欲自刎赤眉帥樊崇等遽共救止之乃赦更始封爲畏威侯劉恭復爲固請竟得封長沙王更始常依謝祿居劉恭亦擁護之三輔苦赤眉暴虐皆憐更始而張卬等以爲慮謂祿曰今諸營長多欲篡聖公者一旦失之合兵攻公自滅之道也於是祿使從兵與更始共牧馬於郊下因令縊殺之劉恭夜往收藏其屍光武聞而傷焉詔大司徒鄧禹葬之於霸陵有三子求歆鯉明年夏求兄弟與母東詣洛陽帝封求爲襄邑侯奉更始祀歆爲穀孰侯鯉爲壽光侯求後徙封咸陽侯求卒子巡嗣復徙封灌澤侯巡卒子姚嗣

劉盆子者太山式人城陽景王章之後也祖父憲元帝時封爲式侯父萌嗣王莽簒位國除因爲式人焉天鳳元年琅邪海曲有呂母者子爲縣吏犯小罪宰論殺之呂母怨宰密聚客規以報仇母家素豐貲產數百萬乃益釀醇酒買刀劒衣服少年來酤者皆賒與之視其乏者輒假衣裳不問多少數年財用稍盡少年欲相與償之呂母垂泣曰所以厚諸君者非欲求利徒以縣宰不道枉殺吾子欲爲報怨耳諸君寧肯哀之乎少年壯其意又素受恩皆許諾其中勇士自號猛虎遂相聚得數十百人因與呂母入海中招合亡命衆至數千呂母自稱將軍引兵還攻破海曲執縣宰諸吏叩頭爲宰請母曰吾子犯小罪不當死而爲宰所殺殺人當死又何請乎遂斬之以其首祭子冢復還海中後數歲琅邪人樊崇起兵於莒衆百餘人轉入太山自號三老時青徐大饑寇賊蜂起羣盜以崇勇猛皆附之一歲間至萬餘人崇同郡人逢安東海人徐宣謝祿楊音各起兵合數萬人復引從崇共還攻莒不能下轉掠至姑幕因擊王莽探湯侯田況大破之殺萬餘人遂北入青州所過虜掠還至太山留屯南城初崇等以困窮爲寇無攻城徇地之計衆既寖盛乃相與爲約殺人者死傷人者償創以言辭爲約束無文書旌旗部曲號令其中最尊者號三老次從事次卒吏汎相稱曰臣人王莽遣平均公廉丹太師王匡擊之崇等欲戰恐其衆與莽兵亂乃皆朱其眉以相識別由是號曰赤眉赤眉遂大破丹匡軍殺萬餘人追至無鹽廉丹戰死王匡走崇又引其兵十餘萬復還圍莒數月或說崇曰莒父母之國奈何攻之乃解去時呂母病死其衆分入赤眉青犢銅馬中赤眉遂寇東海與王莽沂平大尹戰敗死者數千人乃引去掠楚沛汝南潁川還入陳留攻拔魯城轉至濮陽會更始都

洛陽遣使降崇崇等聞漢室復興即留其兵自將渠帥二十餘人隨使者至洛陽降更始皆封爲列侯崇等既未有國邑而留衆稍有離叛乃遂亡歸其營將兵入潁川分其衆爲二部崇與逢安爲一部徐宣謝祿楊音爲一部崇安攻拔長社南擊宛斬縣令而宣祿等亦拔陽翟引之梁擊殺河南太守赤眉衆雖數戰勝而疲敝厭兵皆日夜愁泣思欲東歸崇等計議慮衆東向必散不如西攻長安更始二年冬崇安自武關宣等從陸渾關兩道俱入三年正月俱至弘農與更始諸將連戰剋勝衆遂大集乃分萬人爲一營凡三十營營置三老從事各一人進至華陰軍中常有齊巫鼓舞祠城陽景王以求福助巫狂言景王大怒曰當爲縣官何故爲賊有笑巫者輒病軍中驚動時方望弟陽怨更始殺其兄乃逆說崇等曰更始荒亂政令不行故使將軍得至於此今將軍擁百萬之衆西向帝城而無稱號名爲羣賊不可以久不如立宗室挾義誅伐以此號令誰敢不服崇等以爲然而巫言益甚前及鄭乃相與議曰今迫近長安而鬼神如此當求劉氏共尊立之六月遂立盆子爲帝自號建世元年初赤眉過式掠盆子及二兄恭茂皆在軍中恭少習尚書略通大義及隨崇等降更始即封爲式侯以明經數言事拜侍中從更始在長安盆子與茂留軍中屬右校卒吏劉俠卿主芻牧牛號曰牛吏及崇等欲立帝求軍中景王後者得七十餘人惟盆子與茂及前西安侯劉孝最爲近屬崇等議曰聞古天子將兵稱上將軍乃書札爲符曰上將軍又以兩空札置笥中遂於鄭北設壇場祠城陽景王諸三老從事皆大會陛下列盆子等三人居中立以年次探札盆子最幼後探得符諸將皆稱臣拜盆子時年十五被髮徒跣敝衣赭汗見衆拜恐畏欲啼茂謂曰善藏符盆子即齧折棄之復還依俠卿俠卿爲制絳單衣半頭赤幘直綦履乘鮮車大馬赤屏泥絳襜絡而猶從牧兒遨崇雖起勇力而爲衆所宗然不知書數徐宣故縣獄吏能通易經遂共推宣爲丞相崇御史大夫逢安左大司馬謝祿右大司馬自楊音以下皆爲列卿軍及高陵與更始叛將張卬等連和遂攻東都門入長安城更始來降盆子居長樂宮諸將日會論功爭言讙呼拔劍擊柱不能相一三輔郡縣營長遣使貢獻兵士輒剽奪之又數虜暴吏民百姓保壁由是皆復固守至臘日崇等乃設樂大會盆子坐正殿中黃門持兵在後公卿皆列坐殿上酒未行其中一人出刀筆書謁欲賀其餘不知書者起往請之各各屯聚更相背向大司農楊音案劍罵曰諸卿皆老傭也今日設君臣之禮反更肴亂兒戲尚不如此皆可格殺更相辯鬭而兵衆遂各踰宮斬關入掠酒肉互相殺傷衛尉諸葛穉聞之勒兵入格殺百餘人乃定盆子惶恐日夜啼泣獨與中黃門共臥起惟得上觀閣而不聞外事時掖庭中宮女猶有數百千人自更始敗後幽閉殿內掘庭中蘆菔根捕池魚而食之死者因相埋於宮中有故祠甘泉樂人尚共擊鼓歌舞衣服鮮明見盆子叩頭言饑盆子使中黃門稟之米人數斗後盆子去皆餓死不出劉恭見赤眉衆亂知其必敗自恐兄弟俱禍密教盆子歸璽綬習爲辭讓之言建武二年正月朔崇等大會劉恭先曰諸君共立恭弟爲帝德誠深厚立且一年有亂日甚誠不足以相成恐死而無所益願得退爲庶人更求賢知惟諸君省察崇等謝曰此皆崇等罪也恭復固請或曰此寧式侯事邪恭惶恐起去盆子乃下牀解璽綬叩頭曰今設置縣官而爲賊如故吏人貢獻輒見剽刼流聞四方莫不怨恨不復信向此皆立非其人所致願乞骸骨避賢聖必欲殺盆子以塞責者無所雌死誠冀諸君肯哀憐之耳因涕泣噓唏崇等及會者數百人莫不哀憐之乃皆避席頓首曰臣無狀負陛下請自今已後不敢復放縱因共抱持盆子帶以璽綬盆子號呼不得已既罷出各閉營自守三輔翕然稱天子聰明百姓爭還長安市里且滿得二十餘日赤眉貪財物復出大掠城中糧食盡遂收載珍寶因大縱火燒宮室引兵而西過祠南郊車甲兵馬最爲猛盛衆號百萬盆子乘王車駕三馬從數百騎乃自南山轉掠城邑與更始將軍嚴春戰於郿破春殺之遂入安定北地至陽城番須中逢大雪坑谷皆滿士多凍死乃復還發掘諸陵取其寶貨遂汙辱呂后屍凡賊所發有玉匣殮者率皆如生故赤眉得多行婬穢大司徒鄧禹時在長安遣兵擊之於郁夷反爲所敗禹乃出之雲陽九月赤眉復入長安止桂宮時漢中賊延岑出散關屯杜陵逢安將十餘萬人擊之鄧禹以逢安精兵在外惟盆子與羸弱居城中乃自往攻之會謝祿救至夜戰槀街中禹兵敗走延岑及更始將軍李寶合兵數萬人與逢安戰於杜陵岑等大敗死者萬餘人寶遂降安而延岑收散卒走寶乃密使人謂岑曰子努力還戰吾當於內反之表裏合勢可大破也岑即還挑戰安等空營擊之寶從後悉拔赤眉旌幟更立己幡旗安等戰疲還營見旗幟皆白大驚亂走自投川谷死者十餘萬逢安與數千人脫歸長安時三輔大饑人相食城郭皆空白骨蔽野遺人

往往聚爲營保各堅守不下赤眉虜掠無所得十二月乃引而東歸衆尚二十餘萬隨道復散光武乃遣破姦將軍侯進等屯新安建威大將軍耿弇等屯宜陽分爲二道以要其還路敕諸將曰賊若東走可引宜陽兵會新安賊若南走可引新安兵會宜陽明年正月鄧禹自河北度擊赤眉於湖禹復敗走赤眉遂出關南向征西大將軍馮異破之於崤底帝聞乃自將幸宜陽盛兵以邀其走路赤眉忽遇大軍驚震不知所爲乃遣劉恭乞降曰盆子將百萬衆降陛下何以待之帝曰待汝以不死耳樊崇乃將盆子及丞相徐宣以下三十餘人肉袒降上所得傳國璽綬更始七尺寶劍及玉璧各一積兵甲宜陽城西與熊耳山齊帝令縣廚賜食衆積困餒十餘萬人皆得飽飫明旦大陳兵馬臨洛水令盆子君臣列而觀之謂盆子曰自知當死不對曰罪當應死猶幸上憐赦之耳帝笑曰兒大黠宗室無蚩者又謂崇等曰得無悔降乎朕今遣卿歸營勒兵鳴鼓相攻決其勝負不欲彊相服也徐宣等叩頭曰臣等出長安東都門君臣計議歸命聖德百姓可與樂成難與圖始故不告衆耳今日得降猶去虎口歸慈母誠歡誠喜無所恨也帝曰卿所謂鐵中錚錚傭中佼佼者也又曰諸卿大爲無道所過皆夷滅老弱溺社稷汙井竈然猶有三善攻破城邑周徧天下本故妻婦無所改易是一善也立君能用宗室是二善也餘賊立君迫急皆持其首降自以爲功諸卿獨完全以付朕是三善也乃令各與妻子居洛陽賜宅人一區田二頃其夏樊崇逢安謀反誅死楊音在長安時遇趙王良有恩賜爵關內侯與徐宣俱歸鄉里卒於家劉恭爲更始報殺謝祿自繫獄赦不誅帝憐盆子賞賜甚厚以爲趙王郎中後病失明賜滎陽均輸官地以爲列肆使食其稅終身

王昌一名郎趙國邯鄲人也素爲卜相工明星歷常以爲河北有天子氣時趙繆王子林好奇數任俠於趙魏間多通豪猾而郎與之親善初王莽篡位長安中或自稱成帝子子輿者莽殺之郎緣是詐稱眞子輿云母故成帝謳者嘗下殿卒僵須臾有黃氣從上下半日乃解遂妊身就館趙后欲害之僞易他人子以故得全輿年十二識命者郎中李曼卿與俱至蜀十七到丹陽二十還長安展轉中山來往燕趙以須天時林等愈動疑惑乃與趙國大豪李育張參等通謀規共立郎會人間傳赤眉將度河林等因此宣言赤眉當立劉子輿以觀衆心百姓多信之更始元年十二月林等遂率車騎數百晨入邯鄲城止於王宮立郎爲天子林爲丞相李育爲大司馬張參爲大將軍分遣將帥徇下幽冀移檄州郡曰制詔部刺史郡太守曰朕孝成皇帝子子輿者也昔遭趙氏之禍因以王莽篡殺賴知命者將護朕躬解形河濱削迹趙魏王莽竊位獲罪於天天命祐漢故使東郡太守翟義嚴鄉侯劉信擁兵征討出入胡漢普天率土知朕隱在人間南嶽諸劉爲其先驅朕仰觀天文乃興于斯以今月壬辰卽位趙宮休氣熏蒸應時獲雨蓋聞爲國子之襲父古今不易劉聖公未知朕故且持帝號諸興義兵咸以助朕皆當裂土享祚子孫已詔聖公及翟太守亟與功成詣行在所疑刺史二千石皆聖公所置未覩朕之沈滯或不識去就彊者負力弱者惶惑今元元創痍已過半矣朕甚悼焉故遣使者班下詔書郎以百姓思漢旣多言翟義不死故詐稱之以從人望於是趙國以北遼東以西皆從風而靡明年光武自薊得郎檄南走信都發兵徇旁縣遂攻柏人不下議者以爲守柏人不如定鉅鹿光武乃引兵東北圍鉅鹿郎太守王饒據城數十日連攻不尅耿純說曰久守王饒士衆疲敝不如及大兵精銳進攻邯鄲若王郎已誅王饒不戰自服矣光武善其計乃留將軍鄧滿守鉅鹿而進軍邯鄲屯其郭北門郎數出戰不利乃使其諫議大夫杜威持節請降威雅稱郎實成帝遺體光武曰設使成帝復生天下不可得況詐子輿者乎威請求萬戶侯光武曰顧得全身可矣威曰邯鄲雖鄙并力固守尚曠日月終不君臣相率但全身而已遂辭而去因急攻之二十餘日郎少傅李立爲反間開門內漢兵遂拔邯鄲郎夜亾走道死追斬之

劉永者梁郡睢陽人梁孝王八世孫也傳國至父立元始中立與平帝外家衛氏交通爲王莽所誅更始卽位永先詣洛陽紹封爲梁王都睢陽永聞更始政亂遂據國起兵以弟防爲輔國大將軍防弟少公御史大夫封魯王遂招諸郡豪傑沛人周建等並署爲將帥攻下濟陰山陽沛楚淮陽汝南凡得二十八城又遣使拜西防賊帥山陽佼彊爲橫行將軍是時東海人董憲起兵據其郡而張步亦定齊地永遣使拜憲翼漢大將軍步輔漢大將軍與共連兵遂專據東方及更始敗永自稱天子建武二年夏光武遣虎牙大將軍蓋延等伐永初陳留人蘇茂爲更始討難將軍與朱鮪等守洛陽鮪旣降漢茂亦歸命光武因使茂與蓋延俱攻永軍中不相能茂遂反殺淮陽太守掠得數縣據廣樂而臣於永永以茂爲大司馬淮陽王蓋延遂圍睢陽數月拔之永將家

屬走虞虞人反殺其母及妻子永與麾下數十人奔譙蘇茂佼彊周建合軍救永爲蓋延所敗茂奔還廣樂彊建從永走保湖陵三年春永遣使立張步爲齊王董憲爲海西王於是遣大司馬吳漢等圍蘇茂於廣樂周建率衆救茂茂建戰敗棄城復還湖陵而睢陽人反城迎永吳漢與蓋延等合軍圍之城中食盡永與茂建走酇諸將追急永將慶吾斬永首降封吾爲列侯蘇茂周建奔垂惠共立永子紆爲梁王佼彊還保西防四年秋遣捕虜將軍馬武騎都尉王霸圍紆建於垂惠蘇茂將五校兵救之紆建亦出兵與武等戰不尅而建兄子誦反閉城門拒之建茂紆等皆走建於道死茂奔下邳與董憲合紆奔佼彊五年遣驃騎大將軍杜茂攻佼彊於西防彊與劉紆奔董憲時平狄將軍龐萌反叛遂襲破蓋延引兵與董憲連和自號東平王屯桃鄉之北龐萌山陽人初亾命在下江兵中更始以爲冀州牧將兵屬尚書令謝躬共破王郎及躬敗萌乃歸降光武即位以爲侍中萌爲人遜順甚見信愛帝嘗稱曰可以託六尺之孤寄百里之命者龐萌是也拜爲平狄將軍與蓋延共擊董憲時詔書獨下延而不及萌萌以爲延譖己自疑遂反帝聞之大怒曰自將討萌與諸將書曰吾常以龐萌社稷之臣將軍得無笑其言乎老賊當族其各厲兵馬會睢陽憲聞帝自討龐萌乃與劉紆蘇茂佼彊去下邳還蘭陵使茂彊助萌合兵三萬急圍桃城帝時幸蒙聞之乃留輜重自將輕騎三千步卒數萬晨夜馳赴師次任城去桃鄉六十里旦日諸將請進賊亦勒兵挑戰帝不聽乃休士養銳以挫其鋒城中聞車駕至衆心益固時吳漢在東郡馳使召之萌等乃悉兵攻城二十餘日衆疲困而不能下及吳漢與諸將到乃率衆軍進桃城而帝親自搏戰大破之萌茂彊夜棄輜重逃奔董憲乃與劉紆悉其兵數萬人屯昌慮自將銳卒拒新陽帝先遣吳漢擊破之憲走還昌慮漢進守之憲恐乃招誘五校餘賊步騎數千人屯建陽去昌慮三十里帝至蕃去憲所百餘里諸將請進帝不聽知五校乏食當退勑各堅壁以待其敝頃之五校糧盡果引去帝乃親臨四面攻憲三日復大破之衆皆奔散遣吳漢追擊之佼彊將其衆降蘇茂奔張步憲及龐萌走入繒山數日吏士聞憲尚在復往往相聚得數百騎迎憲入郯城吳漢等復攻拔郯憲與龐萌走保朐劉紆不知所歸軍士高扈斬其首降梁地悉平吳漢進圍朐明年城中穀盡憲萌潛出襲取贛榆琅邪太守陳俊攻之憲萌走澤中會吳漢下朐城進盡獲其妻子憲乃流涕謝其將士曰妻子皆已得矣嗟乎久苦諸卿乃將數十騎夜去欲從閒道歸降而吳漢校尉韓湛追斬憲於方與方與人黔陵亦斬萌皆傳首洛陽封韓湛爲列侯黔陵關內侯

張步字文公琅邪不其人也漢兵之起步亦聚衆數千轉攻傍縣下數城自爲五威將軍遂據本郡更始遣魏郡王閎爲琅邪太守步拒之不得進閎爲檄曉喻吏人降得贛榆等六縣收兵數千人與步戰不勝時梁王劉永自以更始所立貪步兵彊承制拜步輔漢大將軍忠節侯督青徐二州使征不從命者步貪其爵號遂受之乃理兵於劇以弟弘爲衞將軍弘弟藍元武大將軍藍弟壽高密太守遣將徇泰山東萊城陽膠東北海齊南齊諸郡皆下之步拓地寖廣兵甲日盛王閎懼其衆散乃詣步相見欲誘以義方步大陳兵引閎怒曰步有何過君前見攻之甚乎閎按劒曰太守奉朝命而文公擁兵相拒閎攻賊耳何謂甚邪步嘿然良久離席跪謝乃陳樂獻酒待以上賓之禮令閎關掌郡事建武三年光武遣光祿大夫伏隆持節使齊拜步爲東萊太守劉永聞隆至劇乃馳遣立步爲齊王步卽殺隆而受永命是時帝方北憂漁陽南事梁楚故步得專集齊地據郡十二及劉永死步等欲立永子紆爲天子自爲定漢公置百官王閎諫曰梁王以奉本朝之故是以山東頗能歸之今尊立其子將疑衆心且齊人多詐宜且詳之步乃止五年步聞帝將攻之以其將費邑爲濟南王屯歷下冬建威大將軍耿弇破斬費邑進拔臨淄步以弇兵少遠客可一舉而取乃悉將其衆攻弇於臨淄步兵大敗還奔劇帝自幸劇步退保平壽蘇茂將萬餘人來救之茂讓步曰以南陽兵精延岑善戰而耿弇走之大王柰何就攻其營既呼茂不能待邪步曰負負無可言者帝乃遣使告步茂能相斬降者封爲列侯步遂斬茂使使奉其首降步三弟各自繫所在獄皆赦之封步爲安丘侯後與家屬居洛陽王閎亦詣劇降八年夏步將妻子逃奔臨淮與弟弘藍欲招其故衆乘船入海琅邪太守陳俊追擊斬之王閎者王莽叔父平阿侯譚之子也哀帝時爲中常侍時倖臣董賢爲大司馬寵愛貴盛閎屢諫忤旨哀帝臨崩以璽綬付賢曰無妄以與人時國無嗣主內外恇懼閎白元后請奪之卽帶劒至宣德後闥舉手叱賢曰宮車晏駕國嗣未立公受恩深重當俯伏號泣何事久持璽綬以待禍至邪賢知閎必死不敢拒之乃跪授璽授閎馳上太后朝廷壯之及王莽篡位潛忌閎乃出爲東郡太守閎懼誅常繫藥手內莽敗漢兵

起閩獨完全東郡三十餘萬戶歸降更始

李憲者潁川許昌人也王莽時爲廬江屬令莽末江賊王州公等起衆十餘萬攻掠郡縣莽以憲爲偏將軍廬江連率擊破州公莽敗憲據郡自守更始元年自稱淮南王建武三年遂自立爲天子置公卿百官擁九城衆十餘萬四年秋光武幸壽春遣揚武將軍馬成等擊憲圍舒至六年正月拔之憲亾走其軍士帛意追斬憲而降憲妻子皆伏誅封帛意漁浦侯後憲餘黨淳于臨等猶聚衆數千人屯濡山攻殺安風令揚州牧歐陽歙遣兵不能尅帝議欲討之廬江人陳衆爲從事白歙請得喻降臨於是乘單車駕白馬往說而降之濡山人共生爲立祠號白馬陳從事云

彭寵字伯通南陽宛人也父宏哀帝時爲漁陽太守偉容貌能飮飯有威於邊王莽居攝誅不附已者宏與何武鮑宣並遇害寵少爲郡吏地皇中爲大司空士從王邑東拒漢軍到洛陽聞同產弟在漢兵中懼誅卽與鄉人吳漢亾至漁陽抵父時吏更始立使謁者韓鴻持節徇北州承制得專拜二千石已下鴻至薊以寵漢並鄉閭故人相見歡甚卽拜寵偏將軍行漁陽太守事漢安樂令及光武鎭慰河北至薊以書招寵寵具牛酒將上謁會王郎詐立傳檄燕趙遣將徇漁陽上谷急發其兵北州衆多疑惑欲從之吳漢說寵從光武語在漢傳會上谷太守耿況亦使功曹寇恂詣寵結謀共歸光武寵乃發步騎三千人以吳漢行長史及都尉嚴宣護軍蓋延狐奴令王梁與上谷軍合而南及光武於廣阿光武承制封寵建忠侯賜號大將軍遂圍邯鄲寵轉糧食前後不絕及王郎死光武追銅馬北至薊寵上謁自負其功意望甚高光武接之不能滿以此懷不平光武知之以問幽州牧朱浮浮對曰前吳漢北發兵時大王遺寵以所服劒又倚以爲北道主人寵謂至當迎閤握手交歡並坐今旣不然所以失望浮因曰王莽爲宰衡時甄豐旦夕入謀議時人語曰夜半客甄長伯及莽篡位後豐意不平卒以誅死光武大笑以爲不至於此及卽位吳漢王梁寵之所遣並爲三公而寵獨無所加愈怏怏不得志歎曰我功當爲王但爾者陛下忘我邪是時北州破散而漁陽差完有舊鹽鐵官寵轉以貿穀積珍寶益富彊朱浮與寵不相能浮數譖構之建武二年春詔徵寵寵意浮賣已上疏願與浮俱徵又與吳漢蓋延等書盛言浮枉狀固求同徵帝不許益以自疑而其妻素剛不堪抑屈固勸無受召寵又與常所親信吏計議皆懷怨於浮莫有勸行者帝遣寵從弟子后蘭卿喻之寵因留子后蘭卿遂發兵反拜署將帥自將二萬餘人攻朱浮於薊分兵徇廣陽上谷右北平又自以與耿況俱有重功而恩賞並薄數遣使要誘況況不受輒斬其使秋帝使游擊將軍鄧隆救薊隆軍路南浮軍雍奴遣吏奏狀帝讀檄怒謂使吏曰營相去百里其埶豈可得相及比若還北軍必敗矣寵果盛兵臨河以拒隆又別發輕騎三千襲其後大破隆軍浮遠遂不能救引而去明年春寵遂拔右北平上谷數縣遣使以美女緗綵賂遺匈奴要結和親單于使左南將軍七八千騎往來爲游兵以助寵又南結張步及富平獲索諸豪傑皆與交質連衡遂攻拔薊城自立爲燕王其妻數惡夢又多見怪變卜筮及望氣者皆言兵當從中起寵疑子后蘭卿質漢歸故不信之使將兵居外無親於中五年春寵齋獨在便室蒼頭子密等三人因寵臥寐共縛著牀告外吏云大王齋禁皆使吏休僞稱寵命教收縛奴婢各置一處又以寵命呼其妻妻入大驚寵急呼曰趣爲諸將軍辦裝於是兩奴將妻入取寶物留一奴守寵寵謂守奴曰若小兒我素愛也今爲子密所迫刼耳解我縛當以女珠妻汝家中財物皆與若小奴意欲解之視戶外見子密聽其語遂不敢解於是收金玉衣物至寵所裝之被馬六匹使妻縫兩縑囊昏夜後解寵手令作記告城門將軍云今遣子密等至子后蘭卿所速開門出勿稽留之書成卽斬寵及妻頭置囊中便持記馳出城因以詣闕封爲不義侯明旦閤門不開官屬踰牆而入見寵屍驚怖其尙書韓立等共立寵子午爲王以子后蘭卿爲將軍國師韓利斬午首詣征虜將軍祭遵降夷其宗族

盧芳字君期安定三水人也居左谷中王莽時天下咸思漢德芳由是詐自稱武帝曾孫劉文伯曾祖母匈奴谷蠡渾邪王之姊爲武帝皇后生三子遭江充之亂太子誅皇后坐死中子次卿亾之長陵小子回卿逃於左谷霍將軍立次卿迎回卿回卿不出因居左谷生子孫卿孫卿生文伯常以是言誑惑安定閒王莽末乃與三水屬國羌胡起兵更始至長安徵芳爲騎都尉使鎭撫安定以西更始敗三水豪傑共計議以芳劉氏子孫宜承宗廟乃共立芳爲上將軍西平王使使與西羌匈奴結和親單于曰匈奴本與漢約爲兄弟後匈奴中衰呼韓邪單于歸漢漢爲發兵擁護世世稱臣今漢亦中絕劉氏來歸我亦當立之令尊事我乃使句林王將數千騎迎芳芳與兄禽弟程俱入匈奴單于遂立芳爲漢帝

以程爲中郎將將胡騎還入安定初五原人李興隨昱朔方人田颯代郡人石鮪閔湛各起兵自稱將軍建武四年單于遣無樓且渠王入五原塞與李興等和親告興欲令芳還漢地爲帝五年李興閔堪引兵至單于庭迎芳與俱入塞都九原縣掠有五原朔方雲中定襄鴈門五郡並置守令與胡通兵侵苦北邊六年芳將軍賈覽將胡騎擊殺代郡太守劉興芳後以事誅其五原太守李興兄弟而其朔方太守田颯雲中太守橋扈恐懼叛芳舉郡降光武令領職如故後大司馬吳漢驃騎大將軍杜茂數擊芳並不剋十二年芳與賈覽共攻雲中久不下其將隨昱留守九原欲脅芳降芳知羽翼外附心脅內離遂棄輜重與十餘騎亡入匈奴其衆盡歸隨昱昱乃隨使者程恂詣闕拜昱爲五原太守封鐫胡侯昱弟憲武進侯十六年芳復入居高柳與閔堪兄林使使請降乃立芳爲代王堪爲代相林爲代太傅賜繒二萬疋因使和集匈奴芳上疏謝曰臣芳過託先帝遺體棄在邊陲社稷遺王莽廢絕以是子孫之憂所宜共誅故遂西遵羌戎北懷匈奴單于不忘舊德權立救助是時兵革並起往往而在臣非敢有所貪覬期於奉成宗廟興立社稷是以久僭號位十有餘年罪宜萬死陛下聖德高明躬率衆賢海內賓服惠及殊俗以肺附之故赦臣芳罪加以仁恩封爲代王使備北藩無以報塞重責冀必欲和輯匈奴不敢遺餘力負恩貸謹奉天子玉璽思望闕庭詔報芳朝明年正月其冬芳入朝南入昌平有詔止令更朝明歲芳自道還憂恐乃復背叛遂反與閔堪閔林相攻連月匈奴遣數百騎迎芳及妻子出塞芳留匈奴中十餘年病死初安定屬國胡與芳爲寇及芳敗胡人還鄉里積苦縣官徭役其中有駮馬少伯者素剛壯二十一年遂率種人反叛與匈奴連和屯聚靑山乃遣將兵長史陳訢率三千騎擊之少伯乃降徙於冀縣

隗囂字季孟天水成紀人也少仕州郡王莽國師劉歆引囂爲士歆死囂歸鄉里季父崔素豪俠能得衆聞更始立而莽兵連敗於是乃與兄義及上邽人楊廣冀人周宗謀起兵應漢囂止之曰夫兵凶事也宗族何辜崔不聽遂聚衆數千人攻平襄殺莽鎭戎大尹崔廣等以爲舉事宜立主以一衆心咸謂囂素有名好經書遂共推爲上將軍囂辭讓不得已曰諸父衆賢不量小子必能用囂言者乃敢從命衆皆曰諾囂既立遣使聘請平陵人方望以爲軍師望至說囂曰足下欲承天順民輔漢而起今立者乃在南陽王莽尚據長安雖欲以漢爲名其實無所受命將何以見信於衆乎宜急立高廟稱臣奉祠所謂神道設教求助人神者也且禮有損益質文無常削地開兆茅茨土階以致其肅敬雖未備物神明其舍諸囂從其言遂立廟邑東祀高祖太宗世宗囂等皆稱臣執事史奉璧而告祝畢有司穿坎于庭牽馬操刀奉盤錯鍉遂割牲而盟曰凡我同盟三十一將十有六姓允承天道興輔劉宗如懷姦慮明神殛之高祖文皇武皇俾墜厥命厥宗受兵族類滅亡有司奉血鍉進護軍舉手揖諸將軍曰鍉不濡血歃不入口是欺神明也厥罰如盟既而薶血加書一如古禮事畢移檄告郡國曰漢復元年七月己酉朔己巳上將軍隗囂白虎將軍隗崔左將軍隗義右將軍楊廣明威將軍王遵雲旗將軍周宗等告州牧部監郡卒正連率大尹尹尉隊大夫屬正屬令故新都侯王莽慢侮天地悖道逆理鴆殺孝平皇帝簒奪其位矯託天命僞作符書欺惑衆庶震怒上帝反戾飾文以爲祥瑞戲弄神祇歌頌禍殃楚越之竹不足以書其惡天下昭然所共聞見今略舉大端以喻吏民蓋天爲父地爲母禍福之應各以事降莽明知之而冥昧觸冒不顧大忌詭亂天術援引史傳昔秦始皇毀壞諡法以一二數欲至萬世而莽下三萬六千歲之歷言身當盡此度循亡秦之軌推無窮之數是其逆天之大罪也分裂郡國斷截地絡田爲王田賣買不得規錮山澤奪民本業造起九廟窮極工作發冢河東攻劫邱壟此其逆地之大罪也尊任殘賊信用姦佞誅戮忠正覆按口語赤車奔馳法冠晨夜冤繫無辜妄族衆庶行炮烙之刑除順時之法灌以醇醯裂以五毒政令日變官名月易貨幣歲改吏民昏亂不知所從商旅窮窘號泣市道設爲六管增重賦斂刻剝百姓厚自奉養苞苴流行財入公輔上下貪賄莫相檢考民坐挾銅炭沒入鍾官徒隸殷積數十萬人工匠饑死長安皆臭既亂諸夏狂心益悖北攻彊胡南擾勁越西侵羌戎東摘濊貊使四境之外並入爲害緣邊之郡江海之瀕滌地無類故攻戰之所敗苛法之所陷饑饉之所夭疾疫之所及以萬萬計其死者則露屍不掩生者則奔亡流散幼孤婦女流離係虜此其逆人之大罪也是故上帝哀矜降罰於莽妻子顚殞還自誅刈大臣反據亡形已成大司馬董忠國師劉歆衛將軍王涉皆結謀內潰司命孔仁納言嚴尤秩宗陳茂舉衆外降今山東之兵二百餘萬已平齊楚下蜀漢定宛洛據敖倉守函谷威命四布宣風中岳興滅繼絕封定萬國遵高祖之舊制

修孝文之遺德有不從命武軍平之馳使四夷復其爵號然後還師振旅櫜弓臥鼓申命百姓各安其所庶無負子之責囂乃勒兵十萬擊殺雍州牧陳慶將攻安定安定大尹王向莽從弟平阿侯譚之子也威風獨能行其邦內屬縣皆無判者囂乃移書於向喻以天命反覆誨示終不從於是進兵虜之以徇百姓然後行戮安定悉降而長安中亦起兵誅王莽囂遂分遣諸將徇隴西武都金城武威張掖酒泉敦煌皆下之更始二年遣使徵囂及崔義等囂將行方望以爲更始未可知固止之囂不聽望以書辭謝而去曰足下將建伊呂之業弘不世之功而大事草創英雄未集以望異域之人疵瑕未露欲先崇郭隗想望樂毅故欽承大旨順風不讓將軍以至德尊賢廣其謀慮動有功發中權基業以定大勳方緝今俊乂並會羽翮比肩望無耆耇之德而猥託賓客之上誠自愧也雖懷介然之節欲潔去就之分誠終不背其本貳其志也何則范蠡收責句踐乘扁舟於五湖咎犯謝罪文公亦逡巡於河上夫以二子之賢勒銘兩國猶削跡歸愆請命乞身望之無勞蓋其宜也望聞烏氏有龍池之山微徑南通與漢相屬其傍時有奇人聊及閑暇廣求其眞願將軍勉之囂等遂至長安更始以爲右將軍崔義皆卽舊號其冬崔義謀欲叛歸囂懼幷禍卽以事告之崔義誅死更始感囂忠以爲御史大夫明年夏赤眉入關三輔擾亂流聞光武卽位河北囂卽說更始歸政於光武叔父國三老良更始不聽諸將欲刼更始東歸囂亦與通謀事發覺更始使使者召囂囂稱疾不入因會客王遵周宗等勒兵自守更始使執金吾鄧曄將兵圍囂囂閉門拒守至昏時遂潰圍與數十騎夜斬平城門關亾歸天水復招聚其衆據故地自稱西州上將軍及更始敗三輔耆老士大夫皆奔歸囂囂素謙恭愛士傾身引接爲布衣交以前王莽平河大尹長安國恭爲掌野大夫平陵范逡爲師友趙秉蘇衡鄭興爲祭酒申屠剛杜林爲持書楊廣王遵周宗及平襄人行巡阿陽人王捷長陵人王元爲大將軍杜陵金丹之屬爲賓客由此名震西州聞於山東建武二年大司徒鄧禹西擊赤眉屯雲陽禹裨將馮愔引兵叛禹西向天水囂逆擊破之於高平盡獲輜重於是禹承制遣使持節命囂爲西州大將軍得專制涼州朔方事及赤眉去長安欲西上隴囂遣將軍楊廣迎擊破之又追敗之於烏氏涇陽間囂既有功於漢又受鄧禹爵署其腹心議者多勸通使京師三年囂乃上書詣闕光武素聞其風聲報以殊禮言稱字用敵國之儀所以慰藉之良厚時陳倉人呂鮪擁衆數萬與公孫述通寇三輔囂復遣兵佐征西大將軍馮異擊之走鮪遣使上狀帝報以手書曰慕樂德義思相結納昔文王三分猶服事殷但駑馬鉛刀不可彊扶數蒙伯樂一顧之價而蒼蠅之飛不過數步卽託驥尾得以絕羣隔於盜賊聲聞不數將軍操執款款扶傾救危南拒公孫之兵北禦羌胡之亂是以馮異西征得以數千百人躑躅三輔微將軍之助則咸陽已爲他人禽矣今關東寇賊往往屯聚志務廣遠多所不暇未能觀兵成都與子陽角力如令子陽到漢中三輔願因將軍兵馬鼓旗相當儻肯如言蒙天之福卽智士計功割地之秋也管仲曰生我者父母成我者鮑子自今以後手書相聞勿用傍人解構之言自是恩禮愈篤其後公孫述數出兵漢中遣使以大司空扶安王印綬授囂囂自以與述敵國恥爲所臣乃斬其使出兵擊之連破述軍以故蜀兵不復北出時關中將帥數上書言蜀可擊之狀帝以示囂因使討蜀以效其信囂乃遣長史上書盛言三輔單弱劉文伯在邊未宜謀蜀帝知囂欲持兩端不願天下統一於是稍黜其禮正君臣之儀初囂與來歙馬援相善故帝數使歙援奉使往來勸令入朝許以重爵囂不欲東連遣使深持謙辭言無功德須四方平定退伏閭里五年復遣來歙說囂遣子入侍囂聞劉永彭寵皆已破滅乃遣長子恂隨歙詣闕以爲胡騎校尉封鐫羌侯而囂將王元王捷常以爲天下成敗未可知不願專心內事元遂說囂曰昔更始西都四方響應天下喁喁謂之太平一旦敗壞大王幾無所厝今南有子陽北有文伯江湖海岱王公十數而欲牽儒生之說棄千乘之基羇旅危國以求萬全此循覆車之軌計之不可者也今天水完富士馬最彊北收西河上郡東收三輔之地案秦舊迹表裏河山元請以一丸泥爲大王東封函谷關此萬世一時也若計不及此且畜養士馬據隘自守曠日持久以待四方之變圖王不成其獘猶足以霸要之魚不可脫於淵神龍失埶卽還與蚯蚓同囂心然元計雖遣子入質猶負其險阸欲專方面於是游士長者稍稍去之六年關東悉平帝積苦兵間以囂子內侍公孫述遠據邊垂乃謂諸將曰且當置此兩子於度外耳因數騰書隴蜀告示禍福囂賓客掾史多文學生每所上事當世士大夫皆諷誦之故帝有所辭答尤加意焉囂復遣使周游詣闕先到馮異營游爲仇家所殺帝遣衞尉銚期持珍寶繒帛賜囂期至鄭被盜亾失財物帝常稱囂長者務欲招之閭

而歎曰吾與隗囂事欲不諧使來見殺得賜道亾會公孫述遣兵寇南郡乃詔囂當從天水伐蜀因此欲以潰其心腹囂復上言白水險阻棧閣絕敗又多設支閡帝知其終不爲用叵欲討之遂西幸長安遣建威大將軍耿弇等七將軍從隴道伐蜀先使來歙奉璽書喻旨囂疑懼即勒兵使王元據隴坻伐木塞道謀欲殺歙歙得亾歸諸將與囂戰大敗各引退囂因使王元行巡侵三輔征西大將軍馮異征虜將軍祭遵等擊破之囂乃上疏謝曰吏民聞大兵卒至驚恐自救臣囂不能禁止兵有大利不敢廢臣子之節親自追還昔虞舜事父大杖則走小杖則受臣雖不敏敢忘斯義今臣之事在於本朝賜死則死加刑則刑如遂蒙恩更得洗心死骨不朽有司以囂言慢請誅其子恂帝不忍復使來歙至汧賜囂書曰昔柴將軍與韓信書云陛下寬仁諸侯雖有亾叛而後歸輒復位號不誅也以囂文吏曉義理故復賜書深言則似不遜畧言則事不決今若束手復遣恂弟歸闕庭者則爵祿獲全有浩大之福矣吾年垂四十在兵中十歲厭浮語虛辭即不欲勿報囂知帝審其詐遂遣使稱臣於公孫述明年述以囂爲朔寧王遣兵往來爲之援孰秋囂將步騎三萬侵安定至陰槃馮異率諸將拒之囂又令別將下隴攻祭遵於汧兵並無利乃引還帝因令來歙以書招王遵遵乃與家屬東詣京師拜爲太中大夫封向義侯遵字子春霸陵人也父爲上郡太守遵少豪俠有才辯遂與囂舉兵而常有歸漢意曾於天水私於來歙曰吾所以戮力不避矢石者豈要爵位哉徒以人思舊主先君蒙漢厚恩思効萬分耳又數勸囂遣子入侍前後辭諫切甚囂不從故去焉八年春來歙從山道襲得略陽城囂出不意懼更有大兵乃使王元拒隴坻行巡守番須口王孟塞雞頭道牛邯軍瓦亭囂自悉其大衆圍來歙公孫述亦遣其將李育田弇助囂攻略陽連月不下帝乃率諸將西征之數道上隴使王遵持節監大司馬吳漢留屯於長安遵知囂必敗滅而與牛邯舊故知其有歸義意以書喻之曰遵與隗王歃盟爲漢自經歷虎口踐履死地已十數矣於時周洛以西無所統壹故爲王策欲東收關中北取上郡進以奉天人之用退以懲外夷之亂數年之間冀聖漢復存當挈河隴奉舊都以歸本朝生民已來臣人之埶未有便於此時者也而王之將吏羣居穴處之徒人人抵掌欲爲不善之計遵與孺卿日夜所爭害幾及身者豈一事哉前計抑絕後策不從所以吟嘯扼腕垂涕登車幸蒙封拜得延論議每及西州之事未甞敢忘孺卿之言今車駕大衆已在道路吳耿驍將雲集四境而孺卿以奔離之卒拒要阨當軍衝視其形埶何如哉夫智者覩危思變賢者泥而不滓是以功名終申策畫復得故夷吾束縛而相齊黥布杖劍以歸漢去愚就義功名並著今孺卿當成敗之際遇嚴兵之鋒可爲怖慄宜斷之心胸參之有識邯得書沈吟十餘日乃謝士衆歸命洛陽拜爲太中大夫於是囂大將十三人屬縣十六衆十餘萬皆降王元入蜀求救囂將妻子奔西城從楊廣而田弇李育保上邽詔告囂曰若束手自詣父子相見保無他也高皇帝云橫來大者王小者侯若遂欲爲黥布者亦自任也囂終不降於是誅其子恂使吳漢與征南大將軍岑彭圍西城耿弇與虎牙大將軍蓋延圍上邽車駕東歸月餘楊廣死囂窮困其大將王捷別在戎邱登城呼漢軍曰爲隗王城守者皆必死無二心願諸軍亟罷請自殺以明之遂自刎頸死數月王元行巡周宗將蜀救兵五千餘人乘高卒至鼓譟大呼曰百萬之衆方至漢軍大驚未及成陳元等決圍殊死戰遂得入城迎囂歸冀會吳漢等食盡退去於是安定北地天水隴西復反爲囂九年春囂病且餓出城餐糗糒恚憤而死王元周宗立囂少子純爲王明年來歙耿弇蓋延等攻破落門周宗行巡苟宇趙恢等將純降宗恢及諸隗分徙京師以東純與巡宇徙弘農唯王元留爲蜀將及輔威將軍臧宮破延岑元舉衆詣宮降元字惠孟初拜上蔡令遷東平相坐墾田不實下獄死牛邯字孺卿狄道人有勇力才氣雄於邊垂及降大司空司直杜林太中大夫馬援並薦之以爲護羌校尉與來歙平隴右十八年純與賓客數十騎亾入胡至武威捕誅之

公孫述字子陽扶風茂陵人也哀帝時以父任爲郎後父仁爲河南都尉而述補清水長仁以述年少遣門下掾隨之官月餘掾辭歸白仁曰述非待教者也後太守以其能使兼攝五縣政事修理姦盜不發郡中謂有鬼神王莽天鳳中爲導江卒正居臨邛復有能名及更始立豪傑各起其縣以應漢南陽人宗成自稱虎牙將軍入畧漢中又商人王岑亦起兵於雒縣自稱定漢將軍殺王莽庸部牧以應成衆合數萬人述聞之遣使迎成等成等至成都虜掠暴橫述意惡之召縣中豪桀謂曰天下同苦新室思劉氏久矣故聞漢將軍到馳迎道路今百姓無辜而婦子係獲室屋燒燔此寇賊非義兵也吾欲保郡自守以待真主諸卿欲并力者即留不欲者便去豪桀皆叩頭曰願効死述於是使人詐稱漢使者

自東方來假述輔漢將軍蜀郡太守兼益州牧印綬乃選精兵千餘人西擊成等比至成都衆數千人遂攻成大破之成將垣副殺成以其衆降二年秋更始遣柱功侯李寶益州刺史張忠將兵萬餘人徇蜀漢述恃其地險衆附有自立志乃使其弟恢於綿竹擊寶忠大破走之由是威震益部功曹李熊說述曰方今四海波蕩匹夫橫議將軍割劇千里地什湯武若奮威德以投天隙霸王之業成矣宜改名號以鎮百姓述曰吾亦慮之公言起我意於是自立爲蜀王都成都蜀地肥饒兵力精彊遠方士庶多往歸之邛笮君長皆來貢獻李熊復說述曰今山東饑饉人庶相食兵所屠滅城邑邱墟蜀地沃野千里土壤膏腴果實所生無穀而飽女工之業覆衣天下名材竹幹器械之饒不可勝用又有魚鹽銅銀之利浮水轉漕之便北據漢中杜褒斜之險東守巴郡拒扞關之口地方數千里戰士不下百萬見利則出兵而略地無利則堅守而力農東下漢水以窺秦地南順江流以震荊揚所謂用天因地成功之資今君王之聲聞於天下而名號未定志士狐疑宜即大位使遠人有所依歸述曰帝王有命吾何足以當之熊曰天命無常百姓與能能者當之王何疑焉述夢有人語之曰八厶子系十二爲期覺謂其妻曰雖貴而祚短若何妻對曰朝聞道夕死尚可況十二乎會有龍出其府殿中夜有光耀述以爲符瑞因刻其掌文曰公孫帝建武元年四月遂自立爲天子號成家色尚白建元曰龍興元年以李熊爲大司徒以其弟光爲大司馬恢爲大司空改益州爲司隸校尉蜀郡爲成都尹越嶲任貴亦殺王莽大尹而據郡降述遂使將軍侯丹開白水關北守南鄭將軍任滿從閬中下江州東據扞關於是盡有益州之地自更始敗後光武方事山東未遑西伐關中豪桀呂鮪等往往擁衆以萬數莫知所屬多往歸述皆拜爲將軍遂大作營壘陳車騎肄習戰射會聚兵甲數十萬人積糧漢中築宮南鄭又造十層赤樓帛蘭船多刻天下牧守印章備置公卿百官使將軍李育程烏將數萬衆出陳倉與呂鮪徇三輔三年征西將軍馮異擊鮪育於陳倉大敗之鮪育奔漢中五年延岑田戎爲漢兵所敗皆亾入蜀岑字叔牙南陽人始起據漢中又擁兵關西關西所在破散走至南陽略有數縣戎汝南人初起兵夷陵轉寇郡縣衆數萬人岑戎並與秦豐合豐俱以女妻之及豐敗故二人皆降於述述以岑爲大司馬封汝寧王戎翼江王六年述遣戎與將軍任滿出江關下臨沮夷陵間招其故衆因欲取荊州諸郡竟不能剋是時述廢銅錢置鐵官錢百姓貨幣不行蜀中童謠言曰黃牛白腹五銖當復好事者竊言王莽稱黃述自號白五銖錢漢貨也言天下當并還劉氏述亦好爲符命鬼神瑞應之事妄引讖記以爲孔子作春秋爲赤制而斷十二公明漢至平帝十二代歷數盡也一姓不得再受命又引錄運法曰廢昌帝立公孫括地象曰帝軒轅受命公孫氏握援神契曰西太守乙卯金謂與西方太守而乙絕卯金也五德之運黃承赤而白繼黃金據西方爲白德而代王氏得其正序又自言手文有奇及得龍興之瑞數移書中國冀以感動衆心帝患之乃與述書曰圖讖言公孫即宣帝也代漢者當塗高君豈高之身邪乃復以掌文爲瑞王莽何足效乎君非吾賊臣亂子倉卒時人皆欲爲君事耳何足數也君日月已逝妻子弱小當早爲定計可以無憂天下神器不可力爭宜留三思署曰公孫皇帝述不答明年隗囂稱臣於述述騎都尉平陵人荊邯見東方將平兵且西向說述曰兵者帝王之大器古今所不能廢也昔秦失其守豪桀並起漢祖無前人之迹立錐之地起於行陣之中躬自奮擊兵破身困者數矣然軍敗復合創愈復戰何則前死而成功踰於卻就而滅亾也隗囂遭遇運會割有雍州兵彊士附威加山東遇更始政亂復失天下衆庶引領四方瓦解囂不及此時推危乘勝以爭天命而退欲爲西伯之事尊師章句賓友處士偃武息戈卑辭事漢喟然自以文王復出也令漢帝釋關隴之憂專精東伐四分天下而有其三使西州豪桀咸歸心於山東發間使召攜貳則五分而有其四若舉兵天水必至沮潰天水既定則九分而有其八陛下以梁州之地內奉萬乘外給三軍百姓愁困不堪上命將有王氏自潰之變臣之愚計以爲宜及天下之望未絕豪傑尚可招誘急以此時發國內精兵令田戎據江陵臨江南之會倚巫山之固築壘堅守傳檄吳楚長沙以南必隨風而靡令延岑出漢中定三輔天水隴西拱手自服如此海內震搖冀有大利述以問羣臣博士吳柱曰昔武王伐殷先觀兵孟津八百諸侯不期同辭然猶還師以待天命未聞無左右之助而欲出師千里之外以廣封疆者也邯曰今東方無尺土之柄驅烏合之衆跨馬陷敵所向輒平不亟乘時與之分功而坐談武王之說是效隗囂欲爲西伯也述然邯言欲悉發北軍屯士及山東客兵使延岑田戎分出兩道與漢中諸將合兵并埶蜀人及其弟光以爲不宜空國千里之外決成敗於一舉固爭之述乃止延岑

田戎亦數請兵立功終疑不聽述性苛細察於小事敢誅殺而不見大體好改易郡縣官名然少爲郎習漢家制度出入法駕鑾旗旄騎陳置陛戟然後輦出房闥又立其兩子爲王食犍爲廣漢各數縣羣臣多諫以爲成敗未可知戎士暴露而遽王皇子示無大志傷戰士心述不聽唯公孫氏得任事由此大臣皆怨八年帝使諸將攻隗囂述遣李育將萬餘人救囂囂敗并沒其軍蜀地聞之恐動述懼欲安衆心成都郭外有秦時舊倉述改名白帝倉自王莽以來常空述即詐使人言白帝倉出穀如山陵百姓空市里往觀之述乃大會羣臣問曰白帝倉竟出穀乎皆對言無述曰訛言不可信道隗王破者復如此矣俄而囂將王元降述以爲將軍明年使元與領軍環安拒河池又遣田戎及大司徒任滿南郡太守程汎將兵下江關破虜將軍馮駿等拔巫及夷陵夷道因據荆門十一年征南大將軍岑彭攻之滿等大敗述將王政斬滿首降于彭田戎走保江州城邑皆開門降彭遂長驅至武陽帝乃與述書陳言禍福以明丹青之信述省書歎息以示所親太常常少光祿勳張隆隆少皆勸降述曰廢興命也豈有降天子哉左右莫敢復言中郎將來歙急攻王元環安安使刺客殺歙述復令刺殺岑彭十二年述弟恢及子壻史興並爲大司馬吳漢輔威將軍臧宮所破戰死自是將帥恐懼日夜離判述誅滅其家猶不能禁帝必欲降之乃下詔諭述曰往年詔書比下開示恩信勿以來歙岑彭受害自疑今以時自詣則家族完全若迷惑不喻委肉虎口痛哉奈何將帥疲倦吏士思歸不樂久相屯守詔書手記不可數得朕不食言述終無降意九月吳漢又破斬其大司徒謝豐執金吾袁吉漢兵遂守成都述謂延岑曰事當奈何岑曰男兒當死中求活可坐窮乎財物易聚耳不宜有愛述乃悉散金帛募敢死士五千餘人以配岑於市橋僞建旗幟鳴鼓挑戰而潛遣奇兵出吳漢軍後襲擊破漢漢墮水緣馬尾得出十一月臧宮軍至咸門述視貞書云虜死城下大喜謂漢等當之乃自將數萬人攻漢使延岑拒宮大戰岑三合三勝自旦及日中軍士不得食並疲漢因令壯士突之述兵大亂被刺洞胸墮馬左右輿入城述以兵屬延岑其夜死明旦岑降吳漢乃夷述妻子盡滅公孫氏并族延岑遂放兵大掠焚述宮室帝聞之怒以譴漢又讓漢副將劉尚曰城降三日吏民從服孩兒老母口以萬數一旦放兵縱火聞之可爲酸鼻尚宗室子孫嘗更吏職何忍行此仰視天俯視地觀放麑啜羹二者孰仁良失斬將弔民之義也初常少張隆勸述降不從並以憂死帝下詔追贈少爲太常隆爲光祿勳以禮改葬之其忠節志義之士並蒙旌顯程烏李育以有才幹皆擢用之於是西土咸悅莫不歸心焉

通志卷一百四

通志卷一百五

宋　右迪功郎鄭樵漁仲撰

列傳第十八

後漢

李通　王常　鄧晨　來歙曾孫歷　鄧禹禹孫康禹子訓
訓子騭兄弘騭朱龍　寇恂曾孫榮　馮異　岑彭元孫熙　賈復子升宗
吳漢　蓋延　陳俊　臧宮

李通字次元南陽宛人也世以貨殖著姓父守身長九尺容貌絕異爲人嚴毅居家如官廷初事劉歆好星厤讖記爲王莽宗卿師通亦爲五威將軍從事出補巫丞有能名莽末百姓愁怨通素聞守說讖云劉氏復興李氏爲輔私常懷之且家居富逸爲閭里雄以此不樂爲吏乃自免歸及下江新市兵起南陽騷動通從弟軼亦素好事乃共計議曰今四方擾亂新室且亡漢當更興南陽宗室獨伯升兄弟汎愛容衆可與謀大事通笑曰吾意也會光武避事在宛通聞之卽遣軼往迎光武光武初以通士君子相慕也故往荅之及相見共語移日握手極歡通因具言讖文事光武初殊不意未敢當之時守在長安光武乃微觀通曰卽如此當如宗卿師何通曰巳自有度矣因復備言其計光武既深知通意乃遂相結約定謀議期以材官都試騎士日欲劫前隊大夫及屬正因以號令大衆乃使光武與軼歸舂陵舉兵以相應遣從兄子季之長安以事報守季於道病死守密知之欲亡歸素與邑人黃顯相善時顯爲中郎將聞之謂守曰今關門禁嚴君狀貌非凡將以此安之不如詣闕自歸事既未然脫可免禍守從其計卽上書歸死章未及報留闕下會事發覺通得亡走莽聞之乃繫守於獄而黃顯爲請曰守闔子無狀不敢逃亡守義自信歸命宮闕臣顯願質守俱東曉說其子如遂悖逆命守北向刎首以謝大恩莽然其言會前隊復上通起兵之狀莽怒欲殺守顯爭之遂并被誅及守家在長安者盡誅之南陽亦誅通兄弟門宗六十四人皆焚屍宛市時漢兵亦已大合通與光武李軼相遇棘陽遂共破莽前隊殺甄阜梁邱賜更始立以通爲柱國大將軍輔漢侯從至長安更拜爲大將軍西平王軼爲舞陰王通從弟松爲丞相更始使通持節還鎭荊州通因娶光武女弟伯姬是爲甯平公主光武卽位徵通爲衞尉建武二年封固始侯拜大司農帝每征討四方常令通居守京師鎭撫百姓修宮室起學官五年春代王梁爲前將軍六年夏領破姦將軍進捕虜將軍王霸等十營擊漢中賊公孫述遣兵赴救通等與戰於西城破之還屯田順陽時天下略定通思欲避榮寵以病上書乞身詔下公卿羣臣議大司徒侯霸等曰王莽篡漢傾亂天下通懷伊呂蕭曹之謀建造大策扶助神靈輔成聖德破家爲國忘身奉主有扶危存亡之義功德最高海內所聞通以天下平定謙讓辭位夫安不忘危宜令通居職療疾欲就諸侯不可聽於是詔通勉致醫藥以時視事其夏引拜爲大司空通布衣唱義助成大業重以甯平公主故特見親重然性謙恭常欲避權埶素有消疾自爲宰相謝病不視事連年乞骸骨每優寵之令以公位歸第養疾通復固辭積二歲乃聽上大司空印綬以特進奉朝請有司奏請封皇子帝感通首創大謀卽日封通少子雄爲召陵侯帝每幸南陽常遣使者以太牢祠通父冢十八年卒謚曰恭侯帝及皇后親臨弔送葬子音嗣音卒子定嗣定卒子黃嗣黃卒子壽嗣李軼後爲朱鮪所殺更始之敗李松戰死惟通能以功名終永平中顯宗幸宛詔諸李隨安衆宗室會見並受賞賜恩寵篤焉

王常字顏卿潁川舞陽人也王莽末爲弟報仇亡命江夏久之與王匡王鳳等起兵雲杜綠林中聚衆數萬人以常爲偏裨攻傍縣後與成丹張卬別入南郡藍口號下江兵王莽遣嚴尤陳茂擊破之常與丹卬收散卒入蔞谿劫略鍾龍閒衆復振引軍與荊州牧戰於上唐大破之遂北至宜秋是時漢兵與新市平林兵衆俱敗於小長安各欲解去伯升聞下江軍在宜秋卽與光武及李通俱造常壁曰願見下江一賢將議大事成丹張卬共推遣常伯升見常說以合從之利常大悟曰王莽篡弒殘虐天下百姓思漢故豪傑並起今劉氏復興卽眞主也誠思出身爲用輔成大功伯升曰如事成豈敢獨饗之哉遂與常深相結而去常還具謂丹卬言之丹卬負其衆皆曰大丈夫既起當各自爲主何故受人制乎常心獨歸漢乃稍曉說其將帥曰往者成哀衰微無嗣故王莽得乘閒篡位既有天下而政令苛酷積失百姓之心民之謳歌思漢非一日也故使吾屬因此得起夫民所怨者天所去也民所思者天所與也舉大事必當下順民心上合天意功乃可成若負彊恃勇觸情恣欲雖得天下必復失之以秦項之勢尚至夷覆況今布衣相聚草澤以此行之滅亡之道也今南陽諸劉舉宗起兵觀其來議事者皆有深計大慮王公之才與之并合必成大功此所以祐吾屬也下江諸將雖屈彊少識然素敬常乃皆謝曰無王將軍吾屬幾陷於不義願敬受教卽引兵與漢軍及新市平林合於是諸部齊心同力

銳氣益壯遂俱進破殺甄阜梁邱賜及諸將議立宗室唯常與南陽士大夫同意欲立伯升而朱鮪張卬等不聽及更始立以常爲廷尉大將軍封知命侯別徇汝南沛郡還入昆陽與光武共擊破王尋王邑更始西都長安以常行南陽太守事令專命誅賞封爲鄧王食八縣賜姓劉氏常性恭儉遵法度南方稱之更始敗建武二年夏常將妻子詣洛陽肉袒自歸光武見常甚歡勞之曰王廷尉良苦每念往時共更艱厄何日忘之莫往莫來豈違平生之言乎常頓首謝曰臣蒙大命得以鞭策託身陛下始遇宜秋後會昆陽幸賴靈武輒成斷金更始不量愚臣任以南州赤眉之難喪心失望以爲天下復失綱紀聞陛下即位河北心開目明今得見闕庭死無遺恨帝笑曰吾與廷尉戲耳吾見廷尉不憂南方矣乃召公卿將軍以下大會具爲羣臣言常以匹夫興義兵明于知天命故更始封爲知命侯與吾相遇兵中尤相厚善特加賞賜拜爲左曹封山桑侯後帝於大會中指常謂羣臣曰此家率下江諸將輔翼漢室心如金石眞忠臣也是日遷常爲漢忠將軍遣南擊鄧奉董訢令諸將皆屬焉又詔北擊河間漁陽平諸屯聚五年秋攻拔湖陵又與帝會任城因從破蘇茂龐萌進攻下邳常部當城門戰一日數合賊反走入城常追迫之城上射矢雨下帝從百餘騎自城南高處望常戰力甚馳遣中黃門詔使引還賊遂降又別率騎都尉王霸共平沛郡賊六年春徵還洛陽令夫人迎常於舞陽歸家上冢西屯長安拒隗囂七年使使者持璽書即拜常爲橫野大將軍位次與諸將絕席常別擊破隗囂將高峻於朝那囂遣將過烏氏常要擊破之轉降保塞羌諸營壁皆平之九年擊內黃賊破降之後北屯故安拒盧芳十二年薨于屯所諡曰節侯子廣嗣三十年徙封石城侯永平十四年坐與楚事相連國除

鄧晨字偉卿南陽新野人也世吏二千石父宏豫章都尉晨初娶光武姊元王莽末世祖嘗與兄伯升及晨俱之宛與穰人蔡少公等讌語少公頗學圖讖言劉秀當爲天子或曰是國師公劉秀乎光武戲曰何用知非僕耶坐者皆大笑晨心獨喜及光武與家屬避吏新野舍晨廬甚相親愛晨因謂光武曰王莽悖暴盛夏斬人此天亡之時也往時會宛獨當應邪光武笑不答及漢兵起晨將賓客會棘陽漢兵敗小長安諸將多亡家屬光武單馬遁走遇女弟伯姬與共騎而奔前行復見元趣令上馬元以手撝曰行矣不能相救無爲兩沒也會追兵至元及三女皆遇害漢兵退保棘陽而新野宰乃汙晨宅焚其冢墓宗族皆恚怒曰家自富足何故隨婦家人入湯鑊中晨終無恨色更始立以晨爲偏將軍與光武略地潁川俱夜出昆陽城擊破王尋王邑又別徇陽翟以東至京密皆下之更始北都洛陽以晨爲常山太守會王郎反光武自薊走信都晨亦間行會於鉅鹿下自請從擊邯鄲光武曰偉卿以一身從我不如以一郡爲我北道主人乃遣晨歸郡光武追銅馬高胡賊於冀州晨發積射士千人又遣委輸給軍不絕光武即位封晨房子侯帝又感悼姊沒於亂兵追封諡元爲新野節義長公主立廟于縣西封晨長子汎爲吳房侯以奉公主之祠建武三年徵還京師數讌見說故舊平生爲歡晨從容謂帝曰僕竟辯之帝大笑從幸章陵拜光祿大夫使持節監執金吾賈復等平邵陵新息賊四年從幸壽春留鎭九江晨好樂郡職由是復拜爲中山太守吏民稱之常爲冀州高第十三年更封南緣侯入奉朝請復爲汝南太守十八年行幸章陵徵晨行廷尉事從至新野置酒酣讌賞賜數百千萬復遣歸郡晨興鴻郤陂數千頃田汝土以殷魚稻之饒流衍他郡明年定封西華侯復徵奉朝請二十五年卒詔遣中謁者備公主官屬禮儀招迎新野主魂與晨合葬於北邙乘輿與中宮親臨送葬諡曰惠侯小子棠嗣後徙封武當棠卒子固嗣固卒子國嗣國卒子福嗣永建元年卒無子國除

來歙字君叔南陽新野人也六世祖漢有才力武帝時以光祿大夫副樓船將軍楊僕擊破南越朝鮮父仲哀帝時爲諫議大夫娶光武祖姑生歙光武甚親敬之數共往來長安漢兵起王莽以歙劉氏外屬乃收繫之賓客共篡奪得免更始即位以歙爲吏從入關數言事不用以病去歙女弟爲漢中王劉嘉妻嘉遣人迎歙因南之漢中更始敗歙勸嘉歸光武遂與嘉俱東詣洛陽帝見歙大歡即解衣以衣之拜爲太中大夫是時方以隴蜀爲憂帝謂歙曰今西州未附子陽稱帝道里阻遠諸將方務關東西州方略未知所任其謀若何歙因自請曰臣嘗與隗囂相遇長安其人始起以漢爲名今陛下聖德隆興臣願得奉威命開以丹青之信囂必束手自歸則述自亡之勢不足圖也帝然之建武三年歙始使隗囂五年復持節送馬援因奉璽書於囂既還復往說囂囂遂遣子恂隨歙入質拜歙爲中郎將山東略定帝謀西收囂兵與俱伐蜀復使歙諭旨囂將王元說囂多設疑故久猶豫不決歙素剛毅遂發憤責囂曰國家以君知臧否識廢興故以手書暢意足下推忠誠遣伯春

委質是臣主之交信也今反用佞惑之言爲族滅之計叛主負子違背忠信乎吉凶之決在於今日欲前制囂囂起入部糾兵將殺歙歙徐杖節就車而去囂愈怒王元勸囂殺歙使牛邯將兵圍守之囂將王遵諫曰愚聞爲國者愼器與名爲家者畏怨重禍俱愼名器則下服其命輕用怨禍則身受其殃今將軍遣子質漢內懷他志名器逆矣外人有議欲謀漢使輕怨禍矣古者列國兵交使在其閒所以重信貴和而不任戰也何況承王命籍重質而犯之哉君叔以單車遠使而陛下之外兄也害之無損於漢而隨以族滅昔宋執楚使遂有析骸易子之禍小國猶不可辱況於萬乘之主重以伯春之命哉歙有信義言行不違及往來陳說皆可案覆西州士大夫信重之多爲其言故得免而東歸八年歙與征虜將軍祭遵襲略陽遵道病還分遣精兵隨歙合二千餘人伐山開道從番須回中徑至略陽斬囂守將金梁因保其城囂大驚曰何其神也乃悉兵數萬人圍略陽斬山築隄激水灌城歙與將士死守矢盡乃發屋斷木以爲兵囂盡銳攻之自春至秋其士卒疲弊帝乃大發關東兵自將上隴囂衆潰走圍解於是置酒高會勞賜歙班坐絕席在諸將之右賜歙妻縑千疋詔使留屯長安悉監護諸將歙因上書曰公孫述以隴西天水爲藩蔽故得延命假息今二郡平蕩則述智計窮矣宜益選兵馬儲積資糧昔趙之將帥多賈人高帝懸之以重賞今西州新破兵人饑饉若招以財穀則其衆可集臣知國家所給非一用度不足然有不得已也帝然之於是大轉糧運詔歙率征西大將軍馮異建威大將軍耿弇虎牙大將軍蓋延揚武大將軍馬成武威將軍劉尚入天水擊敗述將田弇趙匡明年攻拔落門隗囂支黨周宗趙恢及天水屬縣皆降初王莽世羌虜多背叛而隗囂招懷其酋豪遂得爲用及囂亡後五谿先零諸種數爲寇掠皆營壍自守州郡不能討歙乃大修攻具率蓋延劉尚及太中大夫馬援等進擊羌於金城大破之斬首虜數千級獲牛羊萬餘頭穀數十萬斛又擊破襄武賊傅栗卿等隴西雖平而人饑流者相望歙乃傾倉廩轉運諸縣以賑贍之於是隴西遂安而涼州流通焉十一年歙與蓋延馬成進攻公孫述將王元環安於河池下辯陷之乘勝入蜀蜀人大懼使刺客刺歙未殊馳召蓋延延見歙因伏悲哀不能仰視歙叱延曰虎牙何敢然今使者中刺客無以報國故呼巨卿欲相屬以兵事而反效兒女子涕泣乎刃雖在身不能勒兵斬公邪延收淚彊起受所誡歙自書表曰臣夜人定後爲何人所賊傷中臣要害臣不敢自惜誠恨奉職不稱以爲朝廷羞夫理國以得賢爲本太中大夫段襄骨鯁可任願陛下裁察又臣兄弟不肖終恐被罪陛下哀憐臣數賜教督投筆抽刃而絕帝聞大驚省書覽涕使太中大夫贈歙中郎將征羌侯印綬謚曰節侯謁者護喪事喪還洛陽乘輿縞素臨弔送葬以歙有羌隴之功故改汝南之當鄉縣爲征羌國焉子褒嗣十三年帝嘉歙忠節復封歙弟由爲宜西侯褒子棱尚顯宗女武安公主棱早殁褒卒以棱子歷爲嗣歷字伯珍少襲爵以公主子永元中爲侍中監羽林右騎永初三年遷射聲校尉永寧元年代馮石爲執金吾延光元年尊歷母爲長公主二年遷歷太僕明年中常侍樊豐與大將軍耿寶侍中周廣謝惲等共譖陷太尉楊震震遂自殺歷謂御史虞詡曰耿寶託元舅之親榮寵過厚不念報國恩而傾側姦臣誣奏楊公傷害忠良其天禍亦將至矣遂絕周廣謝惲不與交通時皇太子驚病不安避幸安帝乳母野王君王聖舍太子乳母王男廚監邴吉等以爲聖舍新繕修犯土禁不可久御聖及其女永與大長秋江京及中常侍樊豐王男邴吉等互相是非聖永遂誣譖男吉皆幽囚死家屬徙北景太子思男等數爲歎息京豐懼有後害妄造虛無構讒太子及東宮官屬帝怒召公卿以下會議廢立耿寶等承旨皆以爲太子當廢歷與太常桓焉廷尉張皓議曰經說年未滿十五過惡不在其身且男吉之謀皇太子容有不知宜選忠良保傅輔以禮義廢置事重此誠聖恩所宜宿留帝不從是日遂廢太子爲濟陰王時監太子家小黃門籍建中傅高梵等皆以無罪徙朔方歷乃結光祿勳祋諷宗正劉瑋將作大匠薛皓侍中閭丘弘陳光趙代施延太中大夫朱倀第五頡中散大夫曹成諫議大夫李尤符節令張敬持書侍御史龔調羽林右監孔顯城門司馬徐崇衛尉守丞樂闈長樂未央廐令鄭安世等十餘人俱詣鴻都門證太子無過龔調據法律明之以爲男吉犯罪皇太子不當坐帝與左右患之乃使中常侍奉詔脅羣臣曰父子一體天性自然以義割恩爲天下也歷諷等不識大典而與羣小共爲讙譁外見忠直而內希後福飾邪違義豈事君之禮朝廷廣開言事之路故且一切假貸若懷迷不反當顯明刑書諫者莫不失色薛皓先頓首曰固宜如明詔歷怫然廷詰皓曰屬通諫何言而今復背之大臣乘朝車處國事固得輾轉若此乎乃各稍自引起歷獨守闕連日不肯去帝大怒乃免歷兄弟官削國租黜

公主不得會見歷遂杜門不與親戚通時人爲之震慄及帝崩閻太后起歷爲將作大匠順帝即位朝廷咸稱社稷臣於是遷爲衞尉殺諷劉瑋閭邱弘等先卒皆拜其子爲郎朱倀施延陳光趙代等並爲公卿任職徵王男邴吉家屬還京師厚加賞賜籍建高梵等悉蒙顯擢永建元年拜歷車騎將軍弟祉爲步兵校尉超爲黃門侍郎三年母長公主薨歷稱病歸第服闋復爲大鴻臚陽嘉二年卒官子定嗣定尚安帝妹平氏長公主順帝時爲虎賁中郎將定卒子虎嗣桓帝時爲屯騎校尉弟豔字季德少好學下士開館養徒少歷顯位靈帝時拜遷司空

鄧禹字仲華南陽新野人也年十三能誦詩受業長安時光武亦遊學京師禹雖幼而見光武知非常人遂相親附數年歸家及漢兵起更始立豪傑多薦舉禹禹不肯從及聞光武安集河北即杖策北渡追及於鄴光武見之甚歡謂曰我得專封拜生遠來寧欲仕乎禹曰不願也光武曰即如是何欲爲禹曰但願明公威德加於四海禹得效其尺寸垂功名於竹帛耳光武笑因留宿閒語禹乃進說曰更始雖都關西今山東未安赤眉青犢之屬動以萬數三輔假號往往羣起更始既未有所挫而不自聽斷諸將皆庸人屈起志在財幣爭用威力朝夕自快而已非有忠良明智深慮遠圖欲尊主安民者也四方分崩離析形勢可見明公雖建藩輔之功猶恐無所成立於今之計莫若延攬英雄務悅民心立高祖之業救萬民之命以公而慮天下不足定也光武大悅因令左右號禹曰鄧將軍常宿於中與定計議及王郎起兵光武自薊至信都使禹發奔命得數千人令自將之別攻拔樂陽從至廣阿光武舍城樓上披輿地圖指示禹曰天下郡國如是今乃始得其一子前言以吾慮天下不足定何也禹曰方今海內殽亂人思明君猶赤子之慕慈母也古之興者在德薄厚不以大小光武悅時任使諸將多訪於禹禹每有所舉皆當其材光武以爲知人使別將騎與蓋延等擊銅馬於淸陽延等先至戰不利還保城爲賊所圍禹遂進與戰大破之生獲其大將從光武追賊至滿陽連大克獲北州略定及赤眉西入關更始使定國上公王匡襄邑王成丹抗威將軍劉均及諸將分據河東弘農以拒之赤眉衆大集王匡等莫能當光武籌赤眉必破長安欲乘釁并關中而方有事山東未知所寄以禹沈深有大度故授以西討之略乃拜爲前將軍持節中分麾下精兵二萬人遣西入關令自選偏裨以下可與俱者於是以韓歆爲軍師李文李春程慮爲祭酒馮愔爲積弩將軍樊崇爲驍騎將軍宗歆爲車騎將軍鄧尋爲建威將軍耿訢爲赤眉將軍左于爲軍師將軍引而西建武元年正月禹自箕關將入河東河東都尉守關不開禹攻十日破之獲輜重千餘乘進圍安邑數月未能下更始大將軍樊參將萬人度大陽欲攻禹禹遣諸將逆擊於解南大破之斬參首於是王匡成丹劉均等合軍十餘萬復共擊禹禹軍不利樊崇戰死會日暮戰罷軍師韓歆及諸將見兵勢已摧皆勸禹夜去禹不聽明日癸亥匡等以六甲窮日不出禹因得更理兵勒衆明旦匡悉軍出攻禹禹令軍中無得妄動既至營下因傳發諸將鼓而並進大破之匡等皆棄軍亡走禹率輕騎急追獲劉均及河東太守楊寶持節中郎將弭彊皆斬之收得節六印綬五百兵器不可勝數遂定河東承制拜李文爲河東太守悉更置屬縣令長以鎭撫之是月光武即位於鄗使使者持節拜禹爲大司徒封酇侯食邑萬戶禹時年二十四遂渡汾陰河入夏陽更始中郎將左輔都尉公乘歙引其衆十萬與左馮翊兵共拒禹於衙禹復破走之而赤眉遂入長安是時三輔連覆敗赤眉所過殘賊百姓不知所歸聞禹乘勝獨剋而師行有紀皆望風相攜負而迎軍降者日以千數衆號百萬禹所止輒停車住節以勞來之父老童穉垂髮戴白滿其車下莫不感悅於是名震關西帝嘉之數賜書褒美諸將豪傑皆勸禹徑攻長安禹曰不然今吾衆雖多能戰者少前無可仰之積後無轉餽之資赤眉新拔長安財富充實鋒銳未可當也夫盜賊羣起無終日之計財穀雖多變故萬端寧能堅守者也上郡北地安定三郡土廣人稀饒穀多畜吾且休兵北地就糧養士以觀其弊乃可圖也遂引軍至栒邑禹所到擊破赤眉別將諸營保郡邑皆開門歸附西河太守宗育遣子奉檄降禹遣詣京師帝以關中未定而禹久不進兵下勑曰司徒堯也亡賊桀也長安吏民遑遑無所依歸宜以時進討鎭慰西京繫百姓之心禹猶執前意乃分遣將軍別攻上郡諸縣更徵兵引穀歸至大要遣馮愔宗歆守栒邑二人爭權相攻愔遂殺歆因反擊禹禹遣使以聞帝問使人愔所親愛爲誰對曰護軍黃防帝度愔防不能久和執必相忤因報禹曰縛馮愔者必黃防也乃遣尚書宗廣持節降之後月餘防果執愔將其衆歸罪更始諸將王匡胡殷成丹等皆詣廣降與共東歸至安邑道欲亡廣悉斬之愔至洛陽赦不誅二年春遣使者更封禹爲梁侯食四縣時赤眉

西走扶風禹至長安軍昆明池謁高廟遣使奉十五帝
主詣洛陽循行園陵置吏士奉守焉禹引兵與延岑戰
於藍田不克復就穀雲陽漢中王劉嘉詣禹降嘉相李
寶倨慢無禮禹斬之寶弟收寶部曲擊禹殺將軍耿訢
自馮愔反後禹威稍損又乏食歸附者離散而赤眉復
入長安禹與戰敗走至高陵軍士饑餓者皆食棗菜帝
乃徵禹還敕曰赤眉無穀自當來東吾折箠笞之非諸
將所憂也無得復妄進禹慙於受任而功不遂數以饑
卒徼戰輒不利三年春與車騎將軍鄧弘擊赤眉遂爲
所敗衆皆死散獨與二十四騎還詣宜陽謝上大司徒
梁侯印綬有詔歸侯印綬數月拜右將軍延岑自敗於
東陽遂與秦豐合四年春復寇順陽間遣禹護復漢將
軍鄧曄輔漢將軍于匡擊破岑於鄧追至武當復破之
岑奔漢中餘黨悉平十三年天下平定諸功臣皆增戶
邑定封禹爲高密侯食高密昌安夷安淳于四縣帝以
禹功高封弟寬爲明親侯其後左右將軍官罷以特進
奉朝請禹內文明篤行淳備事母至孝天下既定常欲
遠名勢有子十三人各使守一藝修整閨門教養子孫
可爲後世法資用國邑不修產利帝益重之中元元年
復行司徒事從東巡狩封岱宗顯宗即位以禹爲先帝
元功拜爲太傅進見東向甚尊寵之居歲餘寢疾帝數
自臨問以子男二人爲郎永平元年年五十七薨諡曰
元侯帝分禹封爲三國長子震爲高密侯襲爲昌安侯
珍爲夷安侯禹少子鴻好籌策永平中以爲小侯引入
與議邊事帝以爲能拜將兵長史率五營士屯鴈門肅
宗時爲度遼將軍永元中與大將軍竇憲俱出擊匈奴
有功徵行車騎將軍出塞追畔胡逢侯坐逗留下獄死

高密侯震卒子乾嗣乾尚顯宗女沁水公主永元十四
年陰皇后巫蠱事發乾從兄奉以后舅被誅乾從坐國
除元興元年和帝復封乾本國拜侍中乾卒子成嗣成
卒子襃嗣尚安帝妹舞陰長公主桓帝時爲少府襃卒
長子某嗣少子昌襲母爵爲舞陰侯拜黃門侍郎昌安
侯襲嗣子藩亦尚顯宗女平皐長公主和帝時爲侍中
夷安侯珍子康少有操行兄良襲封無後永初六年紹
封康爲夷安侯時諸紹封者皆食故國半租康以皇太
后戚屬獨三分食二以侍祠侯爲越騎校尉康以太后
久臨朝政宗門盛滿數上書長樂宮諫爭宜崇公室自
損私權言甚切至太后不從康心懷憂懼永寧元年遂
謝病不朝太后使內侍者問之時宮人出入多能有所
毀譽其中耆宿皆稱中大人所使者乃康家先婢亦自
通中大人康聞詬之曰汝我家出亦敢爾邪婢怨恚還
說康詐疾而言不遜太后大怒遂免康官遣歸國絕屬
籍及從兄隲誅安帝徵康爲侍中順帝立爲太僕有方
正稱名重朝廷以病免加位特進陽嘉三年卒諡曰義
侯禹第六子訓字平叔少有大志不好文學禹常非之
顯宗初即位以爲郎中樂施下士士大夫多歸之永平
中治滹沱石臼河從都慮至羊腸倉欲令通漕太原吏
民苦役連年無成轉運所經三百八十九隘前後溺死
者不可勝算建初三年拜訓謁者使監領其事訓考量
隱括知大功難立具以上言肅宗從之遂罷其役更用
驢輦歲省費億萬計全活徒士數千人會上谷太守任
興欲誅赤沙烏桓怨恨謀反詔訓將黎陽營兵屯狐奴
以防其變訓撫綏邊民爲幽部所歸六年遷護烏桓校
尉黎陽故人多攜將老幼樂隨訓徙邊鮮卑聞其威恩

皆不敢南近塞下八年舞陰公主子梁扈有罪訓坐私
與扈通書徵免歸閭里元和三年盧水胡反畔以訓爲
謁者乘傳到武威拜張掖太守章和二年護羌校尉張
紆誘誅燒當種羌迷吾等由是諸羌大怒謀欲報怨朝
廷憂之公卿舉訓代紆爲校尉諸羌激怒遂相與解仇
結婚交質盟詛衆四萬餘人期冰合度河攻訓先是小
月氏胡分居塞內勝兵者二三千騎皆勇健富彊每與
羌戰常以少制多雖首施兩端漢亦時收其用時迷吾
子迷唐別與武威種羌合兵萬騎至塞下未敢攻訓先
欲脅月氏胡訓擁衞稽故令不得戰議者咸以羌胡相
攻縣官之利以夷伐夷不宜禁護訓曰不然今張紆失
信衆羌大動經常屯兵不下二萬轉運之費空竭府帑
涼州吏民命縣絲髮原諸胡之所以難得其意者皆恩
信不厚耳今因其迫急以德懷之庶能有用遂令開城
及所居園門悉驅羣胡妻子內之嚴兵守衞羌掠無所
得又不敢逼諸胡因即解去由是湟中諸胡皆言漢家
常欲鬭我曹今鄧使君待我以恩信開門內我妻子乃
得父母咸歡喜叩頭曰唯使君所命訓遂撫養其中少
年勇者數百人以爲義從羌胡俗恥病死每病臨困輒
以刀自刺訓聞有疾困輒拘持縛束不與兵刃使醫藥
療之愈者非一大小感悅於是賞賂諸羌使相招誘迷
唐伯父號迷吾乃將其母及種人八百戶自塞外來降
訓因發湟中秦胡羌兵四千人出塞掩擊迷唐於寫谷
斬首虜六百餘人得馬牛羊萬餘頭迷唐乃去大小榆
居頗巖谷衆悉破散其春復欲歸故地就田業訓乃發
湟中六千人令長史任尚將之縫革爲船置於箄中以
渡河掩擊迷唐廬落大豪多所斬獲復追逐奔北會尚

等夜爲羌所攻於是義從羌胡并力破之斬首前後一千八百餘級獲生口二千人馬牛羊三萬餘頭一種殆盡迷唐遂收其餘部遠徙廬落西行千餘里諸附落小種皆背畔之燒當豪帥東號稽顙歸死餘皆款塞納質於是綏接歸附威信大行遂罷屯兵各令歸郡唯置弛刑徒三千餘人分以屯田爲貧人耕種修理城郭塢壁而已永元二年大將軍竇憲將兵鎮武威憲以訓曉羌胡方略上求借行訓初厚於馬氏不爲諸竇所親及憲誅故不離其禍訓雖寬中容衆而於閨門甚嚴兄弟莫不敬憚諸子進見未嘗賜席接以溫色四年冬病卒官時年五十三吏人羌胡愛惜旦夕臨者日數千人戎俗父母死恥悲泣皆騎馬歌呼至聞訓卒莫不吼號或以刀自割又刺殺其犬馬牛羊曰鄧使君已死我曹亦俱死耳前烏桓吏士皆奔走道路至空城郭吏執不聽以狀白校尉徐傿傿歎息曰此義也乃釋之遂家家爲訓立祠每有疾病輒此請禱求福元興元年和帝以訓皇后之父使謁者持節至訓墓賜策追封諡曰平壽敬侯中宮自臨百官大會訓五子隲京悝弘閶隲字昭伯少辟大將軍竇憲府及女弟爲貴人隲兄弟皆除郎中及貴人立是爲和熹皇后隲三遷虎賁中郎將京悝弘閶皆黃門侍郎京卒於官延平元年拜隲車騎將軍儀同三司始自隲也悝虎賁中郎將弘閶皆侍中殤帝崩太后與隲等定策立安帝悝遷城門校尉弘虎賁中郎將自和帝崩後隲兄弟常居禁中隲謙遜不欲久在內連求還第歲餘太后乃許之永初元年封隲上蔡侯悝葉侯弘西平侯閶西華侯食邑各萬戶隲以定策功增邑三千戶隲等辭讓不獲遂逃避使者間關詣闕上疏自陳至誠太后不聽隲頻上疏至於五六乃許之其後涼部畔羌搖蕩西州朝廷憂之於是詔隲將左右羽林北軍五校士及諸部兵擊之車駕幸平樂觀餞送隲西屯漢陽使征西校尉任尚從事中郎司馬鈞與羌戰大敗時以轉輸疲弊百姓苦役冬徵隲班師朝廷以太后故遣五官中郎將迎拜隲爲大將軍軍到河南使大鴻臚親迎中常侍齎牛酒郊勞王主以下候望於道既至大會羣臣賜束帛乘馬寵靈顯赫光震都鄙時遭元二之災人士荒饑死者相望盜賊羣起四夷侵畔隲等崇節儉罷力役推進天下賢士何熙祋諷羊浸李郃陶敦等列於朝廷辟楊震朱寵陳禪置之幕府故天下復安四年母新野君寢病隲兄弟並上書求還侍養太后以閶最少孝行尤著特聽之賜安車駟馬及新野君薨隲等復乞身行服章連上太后許之隲等既還里第並居冢次閶至孝骨立有聞當時及服闋詔諭隲還輔朝政更授前封隲等叩頭固讓乃止於是並奉朝請位次在三公下特進侯上其有大議乃詣朝堂與公卿參謀元初二年弘卒太后服齊衰帝絲麻並宿幸其第弘少治歐陽尚書授帝禁中諸儒多歸附之初疾病遺言悉以常服不得用錦衣玉匣有司奏贈弘驃騎將軍位特進西平侯太后追思弘意不加贈位衣服但賜錢千萬布萬匹隲等復辭不受詔大鴻臚持節即弘殯封子廣德爲西平侯將葬有司復奏發五營輕車騎士禮儀如霍光故事太后皆不聽但白蓋雙騎門生輓送後以帝師之重分西平之都鄉封廣德弟甫德爲都鄉侯四年又封京子黃門侍郎珍爲陽安侯邑三千五百戶五年悝閶相繼並卒並遺言薄葬不受爵贈太后並從之乃封悝子廣宗爲葉侯閶子忠爲西華侯自祖父禹教訓子孫皆遵法度深戒竇氏檢勑宗族閨門靜居隲子侍中鳳嘗與尚書郎張龕書屬郎中馬融宜在臺閣又中郎將任尚嘗遺鳳馬後尚坐斷盜軍糧檻車徵詣廷尉鳳懼事泄先自首於隲隲畏太后遂髡妻及鳳以謝天下稱之建光元年太后崩未及大斂帝復申前命封隲爲上蔡侯位特進帝少號聰敏及長多不德而乳母王聖見太后久不歸政慮有廢置常與中黃門李閏候伺左右及太后崩宮人先有受罰者懷怨恚因誣告悝弘閶先從尚書鄧訪取廢帝故事謀立平原王得帝聞追怒令有司奏悝等大逆無道遂廢西平侯廣德葉侯廣宗西華侯忠陽安侯珍都鄉侯甫德皆爲庶人隲以不與謀但免特進遣就國宗族皆免官歸故郡沒入隲等貲財田宅徙鄧訪及家屬於遠郡郡縣逼迫廣宗及忠皆自殺又徙封隲爲羅侯隲與子鳳並不食而死隲從弟河南尹豹度遼將軍舞陽侯遵將作大匠暢皆自殺唯廣德兄弟以母閻氏戚屬得留京師大司農朱寵痛隲無罪遇禍乃肉袒輿櫬上疏追訟隲曰伏惟和熹皇后聖善之德爲漢文母兄弟忠孝同心憂國宗廟有主王室是賴功成身退讓國遜位歷世外戚無與爲比當享積善履謙之祐而橫爲宮人單辭所陷利口傾險反亂國家罪無申證獄不訊鞫遂令隲等罹此酷濫一門七人並不以命屍骸流離怨魂不反逆天感人率土喪氣宜收還冢次寵樹遺孤宗承血祀以謝亾靈寵知其言切自致廷尉詔免官歸田里衆庶多爲隲稱枉帝意頗悟乃譴讓州郡還葬洛陽北芒舊塋公卿皆會喪莫不悲傷之詔遣使者祠以中牢諸從昆弟皆歸京師及順帝

即位追感太后恩訓愍隲無辜乃詔宗正復故大將軍鄧隲宗親內外朝見皆如故事除隲兄弟子及門從十二人悉爲郎中擢朱寵爲太尉錄尚書事寵字仲威京兆人初辟隲府稍遷潁川太守有治聲及拜太尉封安鄉侯甚加優禮廣德早卒甫德更召爲開封令學傳父業喪母遂不仕閶妻耿氏有節操痛鄧氏誅廢子忠早卒乃養河南尹豹子嗣爲閶後耿氏教之書學遂以通博稱永壽中與伏無忌延篤著書東觀官至屯騎校尉禹曾孫香子女爲桓帝后帝又紹封度遼將軍遵子萬世爲南鄉侯拜河南尹及后廢萬世下獄死其餘宗親皆復歸故郡鄧氏自中興後累世寵貴凡侯者二十九人公二人大將軍以下十三人中二千石十四人列校二十二人州郡牧守四十八人其餘侍中將大夫郎謁者不可勝數東京莫與爲比

寇恂字子翼上谷昌平人也世爲著姓恂初爲郡功曹太守耿況甚重之王莽敗更始立使使者徇郡國曰先降者復爵位恂從耿況迎使者於界上況上印綬使者納之一宿無還意恂勒兵入見使者就請之使者不與曰天王使者功曹欲脅之邪恂曰非敢脅使君竊傷計之不詳也今天下粗定國信未宣使君建節銜命以臨四方郡國莫不延頸傾耳望風歸命今始至上谷而先墮大信沮向化之心生離畔之隙將何以號令他郡乎且耿府君在上谷久爲吏民所親今易之得賢則造次未安不賢則秖更生亂爲使君計莫若復之以安百姓使者不應恂叱左右以使者命召況況至恂進取印綬帶況使者不得已乃承制授之況受而歸及王郎起遣將徇上谷急況發兵恂與門下掾閔業共說況曰邯鄲拔起難可信向昔王莽時所難獨有劉伯升耳今聞大司馬劉公伯升母弟尊賢下士士多歸之可攀附也況曰邯鄲方盛力不能獨拒如何恂曰今上谷完實控弦萬騎舉大郡之資可以詳擇去就恂請東約漁陽齊心合衆邯鄲不足圖也況然之乃遣恂到漁陽結謀彭寵恂還至昌平襲擊邯鄲使者殺之奪其軍遂與況子弇等俱南及光武於廣阿拜恂爲偏將軍號承義侯從破羣賊數與鄧禹謀議禹奇之因奉牛酒共交歡光武南定河內而更始大司馬朱鮪等盛兵據洛陽又幷州未安光武難其守問於鄧禹曰諸將誰可守河內者禹曰昔高祖任蕭何於關中無復西顧之憂所以得專精山東終成大業今河內帶河爲固戶口殷實北通上黨南迫洛陽寇恂文武備足有牧人御衆之才非此子莫可使也光武乃拜恂河內太守行大將軍事光武謂恂曰河內完富吾將因是而起昔高祖留蕭何於關中今吾委公以河內堅守轉運給足軍糧率厲士馬防遏他兵勿令北度而已光武於是復北征燕代恂移書屬縣講兵肄射伐淇園之竹爲矢百餘萬養馬二千疋收租四百萬斛轉以給軍朱鮪聞光武北而河內孤使討難將軍蘇茂副將賈彊將兵三萬餘人渡鞏河攻溫檄書至恂即勒軍馳出移告屬縣發兵會於溫下軍吏皆諫曰今洛陽兵度河前後不絕宜待衆軍畢集乃可出也恂曰溫郡之藩蔽失溫則郡不可守遂馳赴之旦日合戰而偏將軍馮異遣救及諸縣兵適至士馬四集幡旗蔽野恂乃令士卒乘城鼓譟大呼言曰劉公兵到蘇茂軍聞之陣動恂因奔擊大破之追至洛陽遂斬賈彊茂兵自投河死者數千生獲萬餘人恂與馮異過河而還自是洛陽震恐城門晝閉時光武傳聞朱鮪破河內有頃恂檄至大喜曰吾知寇子翼可任也諸將軍賀因上尊號於是即位時乏軍食恂以輦車驪駕轉輸前後不絕尚書升斗以稟百官帝數策書勞問恂同門生茂陵董崇說恂曰上新即位四方未定而君侯以此時據大郡內得人心外破蘇茂威震鄰敵此讒人側目怨禍之時也昔蕭何守關中悟鮑生之言而高祖悅今君所將皆宗族昆弟也無乃當以前人爲鏡戒恂然其言稱疾不視事帝將攻洛陽先至河內恂求從軍帝曰河內未可離也數固請不聽乃遣兄子寇張姊子谷崇將突騎願爲軍鋒帝善之皆以爲偏將軍建武二年恂坐繫考上書者免是時潁川人嚴終趙敦聚衆萬餘人與密人賈期連兵爲寇恂免數月復拜潁川太守與破姦將軍侯進俱擊之數月斬期首郡中悉平定封恂雍奴侯邑萬戶執金吾賈復在汝南部將殺人於潁川恂捕得繫獄時尚草創軍營犯法率多相容恂乃戮之於市復以爲恥還過潁川謂左右曰吾與寇恂並列將帥而今爲其所陷大丈夫豈有懷侵怨而不決之者乎今見寇恂必手劒之恂知其謀不欲與相見谷崇曰崇將也得帶劒侍側卒有變足以相當恂曰不然昔藺相如不畏秦王而屈於廉頗者爲國也區區之趙尚有此義吾安可以忘之乎乃勑屬縣盛供具儲酒醪執金吾至界一人皆兼二人之饌恂乃出迎於道稱疾而還賈復勒兵欲追之而吏士皆醉遂過去恂遣谷崇以狀聞帝乃徵恂恂至引見時復先在坐欲起相避帝曰天下未定兩虎安得私鬭今日朕分之於是並坐極歡遂共車同出結友而去恂歸潁川三年遣使者即拜爲汝南太守又使驃

騎將軍杜茂將兵助恂討盜賊盜賊清靜郡中無事恂素好學乃修鄉校教生徒聘能爲左氏春秋者親受學焉七年代朱浮爲執金吾明年從車駕擊隗囂而潁川盜賊羣起帝乃引軍還謂恂曰潁川迫近京師當以時定惟念獨卿能平之耳從九卿復出以憂國可知也恂對曰潁川剽輕聞陛下遠踰阻險有事隴蜀故狂狡乘閒相詿誤耳如聞乘輿南向賊必惶怖歸死臣願執銳前驅即日車駕南征恂從至潁川盜賊悉降而竟不拜郡百姓遮道曰願從陛下復借寇君一年乃留恂長社鎭撫吏民受納餘降初隗囂將安定高峻擁兵萬人據高平第一帝使待詔馬援招降峻由是河西道開中郎將來歙承制拜峻通路將軍封關內侯後屬大司馬吳漢共圍囂於冀及漢軍退峻亡歸故營復助囂拒隴坻及囂死峻據高平畏誅堅守建威大將軍耿弇率太中大夫竇士武威太守梁統等圍之一歲不拔十年帝入關將自征之恂時從駕諫曰長安道里居中應接近便安定隴西必懷震懼此從容一處可以制四方也今士馬疲倦方履險阻非萬乘之固前年潁川可爲至戒帝不從進軍及汧峻猶不下帝議遣使降之乃謂恂曰卿前止吾此舉今爲吾行也若峻不即降引耿弇等五營擊之恂奉璽書至第一峻遣軍師皇甫文出謁辭禮不屈恂怒將誅文諸將諫曰高峻精兵萬人率多彊弩西遮隴道連年不下今欲降之而反戮其使無乃不可乎恂不應遂斬之遣其副歸告峻曰軍師無禮已戮之矣欲降急降不欲固守峻惶恐即日開城門降諸將皆賀因曰敢問殺其使而降其城何也恂曰皇甫文峻之腹心其所取計者也今來辭意不屈必無降心全之則文得其計殺之則峻亡其膽是以降耳諸將皆曰非所及也遂傳峻還洛陽恂經明行修名重朝廷所得秩奉厚施朋友故人及從吏士常曰吾因士大夫以致此其可獨享之乎時人歎其長者以爲有宰相器十二年卒謚曰威侯子損嗣恂同產弟及兄子姊子以軍功封列侯者凡八人終其身不傳於後初所與謀閔業者恂數爲帝言其忠賜爵關內侯官至遼西太守十三年復封損庶兄壽爲浚侯後徙封損扶柳侯損卒子釐嗣徙封商鄉侯釐卒子襲嗣恂女孫爲大將軍鄧騭夫人由是寇氏得志於永初閒恂曾孫榮少知名桓帝時爲侍中性矜潔自貴於人少所與以此見害於權寵而從兄子尚帝妹益陽長公主帝又聘其從孫女於後宮左右益惡之延熹中遂陷以罪辟與宗族免歸故郡吏承望風旨持之寖急榮恐不免奔闕自訟未至刺史張敬追劾榮以擅去邊有詔捕之榮逃竄數年會赦令不得除積窮困乃自亡命中上書自訟辭語怨懟帝省章愈怒遂誅榮寇氏由是遂衰

馮異字公孫潁川父城人也好讀書通左氏春秋孫子兵法漢兵起異以郡掾監五縣與父城長苗萌共城守爲王莽拒漢光武略地潁川攻父城不下屯兵巾車鄉異閒出行屬縣爲漢兵所執時異從兄孝及同郡丁綝呂晏並從光武因共薦異得召見異曰異一夫之用不足爲彊弱有老母在城中願歸據五城以效功報德光武曰善異歸謂苗萌曰今諸將皆壯士屈起多暴橫獨有劉將軍所到不虜掠觀其言語舉止非庸人也可以歸身苗萌曰死生同命敬從子計光武南還宛更始諸將攻父城者前後十餘輩異堅守不下及光武爲司隸校尉道經父城異等即開門奉牛酒迎光武署異爲主簿苗萌爲從事異因薦邑子銚期叔壽段建左隆等光武皆以爲掾史從至洛陽更始數欲遣光武徇河北諸將皆以爲不可是時左丞相曹竟子詡爲尚書父子用事異勸光武厚結納之及度河北詡有力焉自伯升之敗光武不敢顯其悲戚每獨居輒不御酒肉枕席有涕泣處異獨叩頭寬譬哀情光武止之曰卿勿妄言異復因閒進說曰天下同苦王氏思漢久矣今更始諸將從橫暴虐所至虜掠百姓失望無所依戴今公專命方面施行恩德夫有桀紂之亂乃見湯武之功民久饑渴易爲充飽宜急分遣官屬徇行郡縣理冤結布惠澤光武納之至邯鄲遣異與銚期乘傳撫循屬縣錄囚徒存鰥寡亡命自詣者除其罪陰條二千石長吏同心及不附者上之及王郎起光武自薊東南馳晨夕草舍至饒陽無蔞亭時天寒烈衆皆饑疲異上豆粥明旦光武謂諸將曰昨得公孫豆粥饑寒俱解及至南宮遇大風雨光武引車入道傍空舍異抱薪鄧禹爇火帝對竈燎衣異復進麥飯菟肩因復渡虖沱河至信都使異別收河閒兵還拜偏將軍從破王郎封應侯異爲人謙退不伐行與諸將相逢輒引車避道進止皆有表識軍中號爲整齊每所止舍諸將並坐論功異常獨屏樹下軍中號曰大樹將軍及破邯鄲乃更分部諸將各有配隸軍士皆言願屬大樹將軍光武以此多之別擊破鐵脛於北平又降匈奴于林闒頓王因從平河北時更始遣舞陰王李軼廩丘王田立大司馬朱鮪白虎公陳僑將兵號三十萬與河南太守武勃共守洛陽光武將北徇燕趙以魏郡河內獨不逢兵而城邑完全倉廩實乃拜寇恂爲

河內太守異爲孟津將軍統二郡兵河上與寇恂合勢以拒朱鮪等異乃遺李軼書曰愚聞明鏡所以照形往事所以知今昔微子去殷而入周項伯畔楚而歸漢周勃迎代王而黜少帝霍光尊孝宣而廢昌邑彼皆畏天知命覩存亡之符見廢興之事故能成功於一時垂業於萬世也苟令長安尚可扶助延期歲月疏不間親遠不踰近季文豈能居一隅哉今長安壞亂赤眉臨郊王侯搆難大臣乖離綱紀已絕四方分崩異姓並起是故蕭王跋涉霜雪經營河北今英俊雲集百姓風靡雖邠岐慕周不足以喻季文誠能覺悟成敗亟定大計論功古人轉禍爲福在此時矣如猛將長驅嚴兵圍城雖有悔恨亦無及矣初軼與光武首結謀約加相親愛及更始立反共陷伯升雖知長安已危欲降又不自安乃報異書曰軼本與蕭王首謀造漢結死生之約同榮枯之計今軼守洛陽將軍鎮孟津俱據機軸千載一會思成斷金唯深達蕭王願進愚策以佐國安人軼自通書之後不復與異爭鋒故異因此得北攻天井關拔上黨二城又南下河南成皋已東十三縣及諸屯聚皆不之降者十餘萬武勃將萬餘人攻諸畔者異引軍度河與勃戰於士鄉下大破斬勃獲首五千餘級軼又閉門不救異見其信効具以奏聞光武故宣露軼書令朱鮪知之鮪怒使人刺殺軼由是城中乖離多有降者鮪乃遣討難將軍蘇茂將數萬人攻溫鮪自將數萬人攻平陰以綴異異遣校尉護軍將軍將兵與寇恂合擊茂破之異因渡河擊鮪鮪走異追至洛陽環城一匝而還移檄上狀諸將皆入賀并勸光武即帝位光武乃召異詣鄗問四方動靜異曰三王反叛更始敗亡天下無主宗廟之憂在於大王宜重衆議上爲社稷下爲百姓光武曰我昨夜夢乘赤龍上天覺悟心中動悸異因下席再拜賀曰此天命發於精神心中動悸大王重慎之性也異遂與諸將定議上尊號建武二年春定封異陽夏侯引擊陽翟賊嚴終趙根破之詔異歸家上冢使太中大夫齎牛酒令二百里內太守都尉以下及宗族會焉時赤眉延岑暴亂三輔郡縣大姓各擁兵衆大司徒鄧禹不能定乃遣異代禹討之車駕送至河南賜以乘輿七尺具劒勑異曰三輔遭王莽更始之亂從以赤眉延岑之酷元元塗炭無所依訴今之征伐非必略地屠城要在平定安集之耳諸將非不健鬭然好虜掠卿本能御吏士念自修勑無爲郡縣所苦異頓首受命引而西所至皆布威信弘農羣盜稱將軍者十餘輩皆率衆降異異與赤眉遇於華陰相拒六十餘日戰數十合降其將劉始王宣等五千餘人三年春光武遣使者即拜異征西大將軍會鄧禹率車騎將軍鄧弘等引歸與異相遇禹弘要異共攻赤眉異曰異與賊相拒且數十日雖屢獲雄將餘衆尚多可稍以恩信傾誘難卒用兵破也上今使諸將屯澠池要其東而異擊其西一舉取之此萬成計也禹弘不從弘遂大戰移日赤眉陽敗棄輜重走車皆載土以豆覆其上士卒饑爭取之赤眉引還擊弘弘軍潰亂異與禹合兵救之赤眉小卻異以士卒饑倦可且休禹又不聽復戰大爲所敗死傷者三千餘人禹得脫歸宜陽異棄馬步走上回谿阪與麾下數人歸營復堅壁收其散卒招集諸營保數萬人與賊約期會戰使壯士變服與赤眉同伏于道側旦日赤眉使萬人攻異前部異裁出兵以救之賊見勢弱悉衆攻異異乃縱兵大戰日昃賊氣衰伏兵卒起衣服相亂赤眉不復識別衆遂驚潰追擊大破於崤底降男女八萬人餘衆尚十餘萬東走宜陽降璽書勞異曰赤眉破平士吏勞苦始雖垂翅回谿終能奮翼澠池可謂失之東隅收之桑榆方論功賞以答大勳時赤眉雖降衆寇猶盛延岑據藍田王歆據下邽芳丹據新豐蔣震據霸陵張邯據長安公孫守據長陵楊周據谷口呂鮪據陳倉角閎據汧駱蓋延據盩厔任良據鄠汝章據槐里各稱將軍擁兵多者萬餘少者數千人轉相攻擊異且戰且行屯軍上林苑中延岑既破赤眉自稱武安王拜置牧守欲據關中引張邯任良共攻異異擊破之斬首千餘級諸營保守附岑者皆來降歸異岑走攻析異遣復漢將軍鄧曄輔漢將軍于匡要擊岑大破之降其將蘇臣等八千餘人岑遂自武關走南陽時百姓饑餓人相食黃金一斤易豆五升道路斷隔委輸不至軍士悉以果實爲糧詔拜南陽趙匡爲右扶風將兵助異并送縑穀軍中皆稱萬歲異兵食漸盛乃稍誅擊豪傑不從令者褒賞降附有功勞者悉遣其渠帥詣京師散其衆歸本業威行關中唯呂鮪張邯蔣震遣使降蜀其餘悉平明年公孫述遣將程焉將數萬人就呂鮪出屯陳倉異與趙匡迎擊大破之焉退走漢川異追戰於箕谷復破之還擊破呂鮪營保降者甚衆其後蜀復數遣將間出異輒摧挫之懷來百姓申理枉結出入三歲上林成都異自以久在外不自安上書思慕闕庭願親帷幄帝不許後人有章言異專制關中斬長安令威權至重百姓歸心號爲咸陽王帝以章示異異惶懼上書謝曰臣本諸生遭遇受命之會充備行伍過蒙恩私位大將爵通侯受任方面以立

徼功皆自國家謀慮臣無所能及臣伏自思惟以詔敕戰攻每輒如意時以私心斷決未嘗不有悔國家獨見之明久而益遠乃知性與天道不可得而聞也當兵革始起擾攘之時豪傑競逐迷惑千數臣以遭遇託身聖明在傾危溷殽之中尚不敢過差而況天下平定上尊下卑而臣爵位所蒙巍巍不測乎誠冀以謹敕遂自終始見所示臣章戰慄怖懼伏念明主知臣愚性固敢因緣自陳詔報曰將軍之於國家義爲君臣恩猶父子何嫌何疑而有懼意六年異朝京師引見帝謂公卿曰是我起兵時主簿也爲吾披荆棘定關中既罷使中黄門賜以珍寶衣服錢帛詔曰倉卒無蔞亭豆粥虖沱河麥飯厚意久不報異稽首謝曰臣聞管仲謂桓公曰願君無忘射鉤臣無忘檻車齊國賴之臣今亦願國家無忘河北之難小臣不敢忘巾車之恩後數引讌見定議圖蜀留十餘日令異妻子隨異還西夏遣諸將上隴爲隗囂所敗乃詔異軍栒邑未及至隗囂乘勝使其將王元行巡將二萬餘人下隴因分遣巡取栒邑異卽馳兵欲先據之諸將皆曰虜兵盛而新乘勝不可與爭宜止軍便地徐思方略異曰虜兵臨境忸忕小利遂欲深入若得栒邑三輔動搖是吾憂也夫攻者不足守者有餘今先據城以逸待勞非所以爭也潛往閉城偃旗鼓行巡不知馳赴之異乘其不意卒擊鼓建旗而出巡軍驚亂奔走追擊數十里大破之祭遵亦破王元於汧於是北地諸豪長耿定等悉畔隗囂降異上書言狀不敢自伐諸將或欲分其功帝患之乃下璽書曰制詔大司馬虎牙建威漢中捕虜武威將軍虜兵猥下三輔驚恐栒邑危亡在於旦夕北地營保按兵觀望今偏城獲全虜兵挫折使耿定之屬復念君臣之義征西功若邱山猶自以爲不足孟之反奔而殿亦何異哉今遣太中大夫賜征西吏士死傷者醫藥棺斂大司馬已下親弔死問疾以崇謙讓於是使異進軍義渠并領北地太守事青山胡率萬餘人降異異又擊盧芳將賈覽匈奴薁鞬日逐王破之上郡安定皆降異復領安定太守事九年春祭遵卒詔異守征虜將軍并將其營及隗囂死其將王元周宗等復立囂子純猶總兵據冀公孫述遣將趙匡等救之帝復令異行天水太守事攻匡等且一年皆斬之諸將攻冀不能拔欲且還休兵異固持不動常爲衆軍鋒明年夏與諸將攻落門未拔病發薨于軍謚曰節侯長子彰嗣明年帝思異功復封彰弟訢爲析鄉侯十三年更封彰東緡侯食三縣永平中徙封平鄉侯彰卒子普嗣有罪國除永初六年安帝追惟建武元功二十八將乃下詔令條其無嗣絕世若犯罪奪國其子孫應當統後者分別署狀上於是紹封普子晨爲平鄉侯明年二十八將絕國者皆紹封焉

岑彭字君然南陽棘陽人也王莽時守本縣長漢兵起攻拔棘陽彭將家屬奔前隊大夫甄阜阜怒彭不能固守拘彭母妻令效功自補彭將賓客戰鬬甚力及甄阜死彭被創亡歸宛與前隊貳嚴說共城守漢兵攻之數月城中糧盡人相食彭乃與說舉城降諸將欲誅之大司徒伯升曰彭郡之大吏執心堅守是其節也今舉大事當表義士不如封之以勸其後更始乃封彭爲歸德侯令屬伯升及伯升遇害彭復爲大司馬朱鮪校尉從鮪擊王莽揚州牧李聖殺之定淮陽城鮪薦彭爲淮陽都尉更始遣立威王張卬與將軍傜偉鎮淮陽偉反擊走卬彭引兵攻偉破之遷潁川太守會舂陵劉茂起兵略下潁川彭不得之官乃與麾下數百人從河內太守邑人韓歆會光武徇河內歆議欲城守彭止不聽既而光武至懷歆迫急迎降光武知其謀大怒收歆置鼓下將斬之召見彭彭因進說曰今赤眉入關更始危殆權臣放縱矯稱詔制道路阻塞四方蜂起羣雄競逐百姓無所歸命竊聞大王平河北開王業此誠皇天祐漢士民之福也彭幸蒙司徒公所見全濟未有報德旋被禍難永恨於心今復遭遇願出身自效光武深接納之彭因言韓歆南陽大人可以爲用乃貰歆以爲鄧禹軍師更始大將軍呂植將兵屯淇園彭說降之於是拜彭爲刺姦大將軍使督察衆營授以常所持節從平河北光武卽位拜彭廷尉歸德侯如故行大將軍事與大司馬吳漢大司空王梁建義大將軍朱祐右將軍萬脩執金吾賈復驍騎將軍劉植揚化將軍堅鐔積射將軍侯進偏將軍馮異祭遵王霸等圍洛陽數月朱鮪等堅守不肯下帝以彭嘗爲鮪校尉令往說之鮪在城上彭在城下相勞苦歡語如平生彭因言曰彭往者得執鞭侍從蒙薦舉拔擢常思有以報恩今赤眉已得長安更始爲三王所反皇帝受命平定燕趙盡有幽冀之地百姓歸心賢俊雲集親率大兵來攻洛陽天下之事逝其去矣公雖嬰城固守將何待乎鮪曰大司徒被害時鮪與其謀又諫更始無遣蕭王北伐誠自知罪深彭還具言於帝帝曰夫建大事者不忌小怨鮪今若降官爵可保況誅罰乎河水在此吾不食言彭復往告鮪鮪從城上下索曰必信可乘此上彭趣索欲上鮪見其誠卽許降後五日鮪將輕騎詣彭顧敕諸部將曰堅守待我我若不

還諸軍徑將大兵上顆犢歸郾王（尹尊也）乃面縛與彭俱詣河陽帝即解其縛召見之復令彭夜送鮪歸城明旦悉其衆出降拜鮪爲平狄將軍封扶溝侯鮪淮陽人後爲少府傳封累世建武二年使彭擊荆州下犨葉等十餘城是時南方猶亂南郡人秦豐據黎邱自稱楚黎王畧十有二縣董訢起堵鄉許邯起杏又更始諸將各擁兵據南陽諸城帝遣吳漢伐之漢軍所過多侵暴時破虜將軍鄧奉謁歸新野怒吳漢掠其鄉里遂返擊破漢軍獲其輜重屯據淯陽與諸賊合從秋彭破杏降許邯遷征南大將軍復遣朱祐賈復及建威大將軍耿弇漢中將軍王常武威將軍郭守越騎將軍劉宏偏將軍劉嘉耿植等與彭并力討鄧奉先擊堵鄉而奉將萬餘人救董訢訢奉皆南陽精兵彭等攻之連月不尅三年夏帝自將南征至葉董訢別將將數千人遮道車騎不得前彭奔擊大破之帝至堵陽鄧奉夜逃歸淯陽董訢降彭復與耿弇賈復及積弩將軍傅俊騎都尉臧宮等從追鄧奉於小長安帝率諸將親戰大破之奉迫急乃降帝憐奉舊功臣且釁起吳漢欲全宥之彭與耿弇諫曰鄧奉背恩反逆暴師經年致賈復傷夷朱祐見獲陛下既至不知悔善而親在行陳兵敗乃降若不誅奉無以懲惡於是斬之奉者西華侯鄧晨兄之子也車駕引還令彭率傅俊臧宮劉宏等三萬餘人南擊秦豐拔黃郵豐與其大將蔡宏拒彭等於鄧數月不得進帝怪以讓彭彭懼於是夜勒兵馬申令軍中使明旦西擊山都乃緩所獲令得逃亾歸以告豐豐即悉其軍西邀彭彭乃潛兵度沔水擊其將張楊於阿頭山大破之從川谷間伐木開道直襲黎邱擊破諸屯兵豐聞大驚馳歸救之彭與諸將依東山爲營豐與蔡宏夜攻彭彭豫爲之備出兵逆擊之豐敗走追斬蔡宏更封彭爲舞陰侯秦豐相趙京舉宜城降拜爲成漢將軍與彭共圍豐於黎邱時田戎擁衆夷陵聞秦豐被圍懼大兵方至欲降而妻兄辛臣諫戎曰今四方豪傑各據郡國洛陽地如掌耳不如按甲以觀其變戎曰以秦王之彊猶爲征南所圍何況吾邪降計決矣四年春戎乃留辛臣守夷陵自將兵沿江泝沔止黎邱刻期日當降而辛臣於後盜戎珍寶從間道先降於彭而以書招戎戎疑必賣已遂不敢降而反與秦豐合彭出兵攻戎數月大破之其大將伍公詣彭降戎亾歸夷陵帝幸黎邱勞軍封彭吏士有功者百餘人彭攻秦豐三歲斬首九萬餘級豐餘兵裁千人又城中食且盡帝以豐轉弱令朱祐代彭守之使彭與傅俊南擊田戎大破之遂拔夷陵追至秭歸戎與數十騎亾入蜀盡獲其妻子士衆數萬人彭以將伐蜀漢而夾川穀少水險難漕運留威虜將軍馮駿軍江州都尉田鴻軍夷陵領軍李元軍夷道自引兵還屯津鄉當荆州要會喻告諸蠻夷降者奏封其君長初彭與交阯牧鄧讓厚善與讓書陳國家威德又遣偏將軍屈充移檄江南班行詔命於是讓與江夏太守侯登武陵太守王堂長沙相韓福桂陽太守張隆零陵太守田翕蒼梧太守杜穆交阯太守錫光等相率貢獻悉封爲列侯或遣子將兵助彭征伐於是江南之珍始流通焉六年冬徵詣京師數召讌見厚加賞賜復南還津鄉有詔過家上冢大長秋以朔望問太夫人起居（大長秋皇后屬官漢法列侯之母方稱太夫人）八年彭引兵從車駕破天水與吳漢圍隗囂於西城時公孫述遣將李育將兵救囂守上邽帝留蓋延耿弇圍之而車駕東歸勑彭書曰兩城若下便可將兵南擊蜀虜人苦不自知足旣平隴復望蜀每一發兵頭鬚爲白彭遂壅谷水灌西城城未没丈餘囂將行巡周宗將蜀救兵到囂得出還冀漢軍食盡燒輜重引兵下隴延弇亦相隨而退囂出兵尾擊諸營彭殿爲後拒故諸將能全師東歸彭還津鄉九年公孫述遣其將任滿田戎程汎將數萬人乘枋箄下江關擊破馮駿及田鴻李元等遂拔夷道夷陵據荆門虎牙橫江水起浮橋關樓立攢柱絕水道結營山上以拒漢兵彭數攻之不利於是裝直進樓船冒突露橈數千艘十一年春彭與吳漢及誅虜將軍劉隆輔威將軍臧宮驍騎將軍劉歆發南陽武陵南郡兵又發桂陽零陵長沙委輸棹卒凡六萬餘人騎五千匹皆會荆門吳漢以三郡棹卒多費糧穀欲罷之彭以蜀兵盛不可遣上書言狀帝報彭曰大司馬習用步騎不曉水戰荆門之事一由征南公爲重而已彭乃令軍中募攻浮橋先登者上賞於是偏將軍魯奇應募而前時天風狂急彭奇船逆流而上直衝浮橋而攢柱鉤不得去奇乘勢殊死戰因飛炬焚之風怒火盛橋樓崩燒彭復悉軍順風並進所向無前蜀兵大亂溺死者數千人斬任滿生獲程汎而田戎亾保江州彭上劉隆爲南郡太守自率臧宮劉歆長驅入江關令軍中無得虜掠所過百姓奉牛酒迎勞彭見諸耆老爲言大漢哀愍巴蜀久見虜役故興師遠伐以討有罪爲民除害讓不受牛酒百姓皆大喜悅爭開門降詔彭守益州牧所下郡輒行太守事彭到江州以田戎食多難卒拔留馮駿守之自引兵乘利直指墊江攻破平曲收其米數十萬石公孫述使其將延岑呂鮪王元及其弟恢

悉兵拒廣漢及資中又遣將侯丹率二萬餘人拒廣石彭乃多張疑兵使護軍楊翕與臧宮拒延岑等而自分兵浮江下還江州泝都江而上襲擊侯丹大破之因晨夜倍道兼行二千餘里徑拔武陽使精騎馳廣都去成都數十里勢若風雨所至皆奔散初述聞漢兵在平曲故遣大兵逆之及彭至武陽繞出延岑軍後蜀地震駭述大驚以杖擊地曰是何神也時彭所營地名彭亾聞而惡之欲徙會日暮蜀刺客詐爲亾奴降夜刺殺彭彭首破荆門長驅武陽持軍整齊秋毫無犯邛穀王任貴聞彭威信數千里遣使迎降會彭已薨帝盡以任貴所獻賜彭妻子謚曰壯侯蜀人憐之爲立廟武陽歲時祀焉子遵嗣徙封細陽侯十三年帝思彭功復封遵弟淮爲穀陽侯遵永平中爲屯騎校尉遵卒子伉嗣伉卒子杞嗣元初三年坐事失國建光元年安帝復封杞細陽侯順帝時爲光祿勳杞卒子熙嗣尚安帝妹湼陽長公主少爲侍中虎賁中郎將朝廷多稱其能遷魏郡太守招聘隱逸與參政事無爲而化視事二年輿人歌之曰我有枳棘岑君伐之我有蟊賊岑君遏之狗吠不驚足下生氂含哺鼓腹焉知凶災我喜我生獨丁斯時美矣岑君於戲休茲熙卒子福嗣爲黃門侍郎

賈復字君文南陽冠軍人也少好學習尚書事舞陰李生李生奇之謂門人曰賈君之容貌志氣如此而勤於學將相之器也王莽末爲縣掾迎鹽河東會遇盜賊等比十餘人皆放散其鹽復獨完以還縣縣中稱其信時下江新市兵起復亦聚衆數百人於羽山自號將軍更始立乃將其衆歸漢中王劉嘉以爲校尉復見更始政亂諸將放縱乃說嘉曰臣聞圖堯舜之事而不能至者湯武是也圖湯武而不能至者桓文是也圖桓文而不能至者六國是也定六國之規欲安守之而不能至者亾六國是也今漢室中興大王以親戚爲藩輔天下未定而安守所保所保得無不可保乎嘉曰卿言大非吾任也大司馬劉公在河北必能相施第持我書往復遂辭嘉受書北渡河及光武於柏人因鄧禹得召見光武奇之禹亦稱有將帥節於是署復爲破虜將軍督盜賊復馬羸帝解左驂以賜之官屬以復後來而好陵折等輩補調鄗尉光武曰賈督有折衝千里之威方任以職勿得擅除光武至信都以復爲偏將軍及拔邯鄲遷都護將軍從擊青犢於射犬大戰至日中賊陳堅不卻光武傳召復曰吏士皆饑可且朝飯復曰先破之然後食耳於是被羽先登所向皆靡賊乃敗走諸將咸服其勇又北與五校戰於眞定大破之復傷創甚光武大驚曰我所以不令賈復別將者爲其輕敵也果然失吾名將聞其婦有孕生女邪我子娶之生男邪我女嫁之不令其憂妻子也復尋病愈追及光武於薊相見甚歡大享士卒令復居前擊鄴賊破之光武卽位拜爲執金吾封冠軍侯先渡河攻朱鮪於洛陽與白虎公陳僑戰連破降之建武二年益封穰朝陽二縣更始郾王尹尊及諸大將在南方未降者尙多帝召諸將議兵事未有言沈吟久之乃以檄叩地曰郾最彊宛爲次誰當擊之復率然對曰臣請擊郾帝笑曰執金吾擊郾吾復何憂大司馬當擊宛遂遣復與騎都尉陰識驍騎將軍劉植南度五社津擊郾連破之月餘尹尊降盡定其地引東擊更始淮陽太守暴汜汜降屬縣悉定其秋南擊召陵新息平定之明年春遷左將軍別擊赤眉於新城澠池間連破之與帝會宜陽降赤眉復每從征伐未嘗喪敗數與諸將潰圍解急身被十二創帝以復敢深入希令遠征而壯其勇節常自從之故復少方面之勳諸將每論功自伐復未嘗有言帝曰賈君之功我自知之十三年定封膠東侯食郁秩壯武下密卽墨梃胡觀陽凡六縣復知帝欲偃干戈修文德不欲功臣擁衆京師乃與高密侯鄧禹竝剽甲兵敦儒學帝深然之遂罷左右將軍復以列侯就第加特進復爲人剛毅方直多大節旣還私第闔門養威重朱祜等薦復宜爲宰相帝方以吏事責三公故功臣竝不用是時列侯惟高密固始膠東三侯與公卿參議國家大事恩遇甚厚三十一年卒謚曰剛侯子忠嗣忠卒子敏嗣建初元年坐誣告母殺人國除肅宗更封復少子邯爲膠東侯邯弟宗爲卽墨侯各一縣邯卒子育嗣育卒子長嗣宗字武孺少有操行多智略初拜郎中稍遷建初中爲朔方太守舊內郡徙在邊者率多貧弱爲居人所僕役不得爲吏宗擢用其任職者與邊吏參選轉相監司以擿發其姦或以功次補長吏故各願盡死匈奴畏之不敢入塞徵爲長水校尉宗兼通儒術每讌見常使與少府丁鴻等論議於前章和二年卒朝廷愍惜焉子參嗣參卒子建嗣元初元年尙和帝女臨潁長公主兼食潁陰許合三縣數萬戸時鄧太后臨朝光寵最盛以建爲侍中順帝時爲光祿勳

吳漢字子顏南陽宛人也家貧給事縣爲亭長王莽末以賓客犯法乃亾命至漁陽貲用乏以販馬自業往來燕薊間所至皆交結豪傑更始立使使者韓鴻徇河北或謂鴻曰吳子顏奇士也可與計事鴻召見漢甚悅之遂承制拜爲安樂令會王郎起北州擾惑漢素聞光武

長者獨欲歸心乃說太守彭寵曰漁陽上谷突騎天下所聞也君何不合二郡精銳附劉公擊邯鄲此一時之功也寵以爲然而官屬皆欲附王郎寵不能奪漢乃辭出止外亭念所以譎衆未知所出望見道中一人似儒生者漢使人召之爲具食問以所聞生因言劉公所過爲郡縣所歸邯鄲舉尊號者實非劉氏漢大喜卽詐爲光武書移檄漁陽使生齎以詣寵令具以所聞說之漢復隨後入寵甚然之於是遣漢將兵與上谷諸將幷軍而南所至擊斬王郎將帥及光武於廣阿拜漢爲偏將軍旣拔邯鄲賜號建策侯漢爲人質厚少文造次不能以辭自達鄧禹及諸將多知之數相薦舉乃得召見遂見親信常居門下光武將發幽州兵夜召鄧禹問誰可使行者禹曰間數與吳漢言其人勇鷙有智謀諸將鮮能及者卽拜漢大將軍持節北發十郡突騎更始幽州牧苗曾聞之陰勑諸郡不肯應調漢乃將二十騎先馳至無終曾以漢無備出迎於路漢卽撝兵騎收曾斬之而奪其軍北州震駭城邑莫不望風弭從遂悉發其兵引而南與光武會淸陽諸將望見漢還士馬甚盛皆曰是寧肯分兵與人邪及漢至莫府上兵簿諸將人人多請之光武曰屬者恐不與人今所請又何多也諸將皆慚初更始遣尚書令謝躬率六將軍攻王郎不能下會光武至共定邯鄲而躬裨將虜掠不相承稟光武深忌之雖俱在邯鄲遂分城而處然每有以慰安之躬勤於職事光武常稱曰謝尚書眞吏也故不自疑躬旣而率其兵數萬還屯於鄴時光武南擊靑犢謂躬曰我追賊於射犬必破之尤來在山陽者勢必當驚走若以君威力擊此散虜必成禽也躬曰善及靑犢破而尤來果北

走隆慮山躬乃留大將軍劉慶魏郡太守陳康守鄴自率諸將軍擊之窮寇死戰不顧躬遂大敗死者數千人光武因躬在外乃使漢與岑彭襲其城漢先令辯士說陳康曰蓋聞上智不處危以僥倖中智能因危以成功下愚安於危以自亾危亾之至在人所由不可不察今京師敗亂四方雲擾公所聞也蕭王兵彊士附河北歸命公所見也謝躬內背蕭王外失衆心公所知也公今據孤危之城待滅亾之禍義無所立節無所成不若開門內軍轉禍爲福免下愚之敗收中智之功此計之至者也康然之於是康收劉慶及躬妻子開門內漢等及躬從隆慮歸鄴不知康已反之乃與數百騎輕入城漢伏兵收之手擊殺躬其衆悉降躬字子張南陽人初其妻知光武不平之常戒躬曰君與劉公積不相能而信其虛談不爲之備終受制矣躬不納故及於難光武北擊羣賊漢常將突騎五千爲軍鋒數先登陷陣及河北平漢與諸將奉圖書上尊號光武卽位拜漢大司馬封舞陽侯建武二年春漢率大司空王梁建義大將軍朱祐大將軍杜茂執金吾賈復揚化將軍堅鐔偏將軍王霸騎都尉劉隆馬武陰識共擊檀鄉賊於鄴東漳水上大破之降者十餘萬人帝使使者璽書定封漢爲廣平侯食廣平斥漳曲周廣年凡四縣復率諸將擊鄴西山賊黎伯卿等及河內修武悉破諸屯聚車駕親幸撫勞復遣漢進兵南陽擊宛湼陽酈穰新野諸城皆下之引兵南與秦豐戰黃郵水上破之又與偏將軍馮異擊昌城五樓賊張文等又攻銅馬五幡於新安皆破之明年春率建威大將軍耿弇虎牙大將軍蓋延擊靑犢於軹西大破降之又率驃騎大將軍杜茂彊弩將軍陳俊等

圍蘇茂於廣樂劉永將周建別招聚收集得十餘萬人救廣樂漢將輕騎迎與之戰不利墮馬傷膝還營建等遂連兵入城諸將謂漢曰大敵在前而公傷臥衆心懼矣漢乃勃然裹創而起椎牛饗士令軍中曰賊衆雖多皆劫掠羣盜勝不相讓敗不相救非有仗節死義者也今日封侯之秋諸君勉之於是軍士激怒人倍其氣旦日建茂出兵圍漢漢選四部精兵黃頭吳河等及烏桓突騎三千餘人齊鼓而進建軍大潰反還奔城漢長驅追擊爭門並入大破之茂建突走漢留杜茂陳俊等守廣樂自將兵助蓋延圍劉永於睢陽永旣死二城皆降明年又率陳俊及前將軍王梁擊破五校賊於臨平追至東郡箕山大破之北擊淸河長直及平原五里賊皆平之時鬲縣五姓共逐守長據城反諸將爭欲攻之漢不聽曰使鬲反者皆守長罪也敢輕冒進兵者斬乃檄告郡使收守長而使人謝城中五姓大喜卽相率而降諸將乃服曰不戰而下城非衆所及也冬漢率建威大將軍耿弇漢中將軍王常等擊富平獲索二賊於平原明年春賊率五萬餘人夜攻漢營軍中驚亂漢堅臥不動有頃乃定卽夜發精兵出營突擊大破其衆因追討餘黨遂至無鹽進擊勃海皆平之又從征董憲圍朐城明年春拔朐斬憲事已見劉永傳東方悉定振旅還京師會隗囂畔夏復遣漢西屯長安八年從車駕上隴圍隗囂於西城帝勑漢曰諸郡甲卒俱坐費糧食若有逃亾則沮敗衆心宜悉罷之漢等貪并力攻囂遂不能遣糧食日少吏士疲役逃亾者多及公孫述救至漢遂退敗十一年春率征南大將軍岑彭等伐公孫述及彭破荆門長驅入江關漢留夷陵裝露橈船將南陽兵及弛

刑募士三萬人泝江而上會岑彭爲刺客所殺漢并將其軍十二年春與公孫述將魏黨公孫永戰於魚涪津大破之遂圍武陽述遣子壻史興將五千人救之漢迎擊興盡殄其眾因入犍爲界諸縣皆城守漢乃進軍攻廣都拔之使輕騎燒成都市橋武陽以東諸小城皆降帝戒漢曰成都十餘萬眾不可輕也但堅據廣都待其來攻勿與爭鋒若不敢來公轉營迫之須其力疲乃可擊也漢乘利遂將步騎二萬餘人進逼成都去城十餘里阻江北爲營作浮橋使副將武威將軍劉尚將萬餘人屯於江南相去二十餘里帝聞大驚讓漢曰比勑公千條萬端何意臨事悖亂既輕敵深入又與尚別營事有緩急不復相及賊若出兵綴公以大眾攻尚尚破公即敗矣幸無他者急引兵還廣都詔書未到述果使其將謝豐袁吉將眾十許萬分爲二十營并出攻漢使別將萬餘人劫劉尚令不得相救漢與大戰一日兵敗走入壁豐因圍之漢召諸將厲之曰吾共諸君踰越險阻轉戰千里所在斬獲遂深入敵地至其城下而今與劉尚二處受圍勢既不接其禍難量欲潛師就尚於江南并兵禦之若能同心一力人自爲戰大功可立如其不然敗必無餘成敗之機在此一舉諸將皆曰諾於是饗士秣馬閉營三日不出乃多樹幡旗使煙火不絕夜銜枚引兵與劉尚合軍豐等不覺明日乃分兵拒江北自將攻江南漢悉兵迎戰自旦至晡大破之斬謝豐袁吉獲甲首五千餘級於是引還廣都留劉尚拒述具以狀上而深自譴責帝報曰公還廣都甚得其宜述必不敢略尚而擊公也若先攻尚公從廣都五十里悉步騎赴之適當值其危困破之必矣自是漢與大戰於廣都成都之間八戰八尅遂軍于其郭中述自將數萬人出城大戰漢使護軍高午唐邯將數萬銳卒擊之述兵敗走高午奔陳刺述殺之事已見述傳旦日城降斬述首傳送洛陽明年正月漢振旅浮江而下至宛詔令過家上冢賜穀二萬斛十五年復率揚威將軍馬成捕虜將軍馬武北擊匈奴徙鴈門代郡上谷吏民六萬餘口置居庸常關以東十八年蜀郡守將史歆反於成都自稱大司馬攻太守張穆穆踰城走廣都歆遂移檄郡縣而宕渠楊偉朐䏰徐容等起兵各數千人以應之帝以歆昔爲岑彭護軍曉習兵事故遣漢率劉尚及太中大夫臧宮將萬餘人討之漢入武都乃發廣漢巴蜀三郡兵圍成都百餘日城破誅歆等漢乃乘桴沿江下巴郡楊偉徐容等惶恐解散漢誅其渠帥二百餘人徙其黨與數百家於南郡長沙而還漢性彊力每從征伐帝未安恒側足而立諸將見戰陳不利或多惶懼失其常度漢意氣自若方整厲器械激揚士吏帝時遣人觀大司馬何爲還言方修戰攻之具乃歎曰吳公差彊人意隱若一敵國矣每當出師朝受詔夕即引道初無辦嚴之日故能常任職以功名終及在朝廷斤斤謹質形於體貌漢常出征妻子在後買田業漢還讓之曰軍師在外吏士不足何多買田宅乎遂盡以分與昆弟外家二十年漢病篤車駕親臨問所欲言對曰臣愚無所知識唯願陛下慎無赦而已及薨有詔悼愍賜謚曰忠侯詔發北軍五校輕車介士送葬如大將軍霍光故事子哀侯成嗣爲奴所殺二十八年分漢封爲三國成子旦爲灈陽侯以奉漢嗣旦弟盱爲筑陽侯成弟國爲新蔡侯旦卒無子國除建初八年徙封盱爲平春侯以奉漢後盱卒子勝嗣初漢兄尉爲將軍從征戰死封尉子彤爲安陽侯帝以漢功大復封弟翕爲褒親侯吳氏侯者凡五國初漁陽都尉嚴宣與漢俱會光武於廣阿光武以爲偏將軍封建信侯

蓋延字巨卿漁陽要陽人也身長八尺彎弓三百斤邊俗尚勇力而延以氣聞歷郡列掾州從事所在職辦彭寵爲太守召延署營尉行護軍及王郎起延與吳漢同謀歸光武延至廣阿拜偏將軍號建功侯從平河北光武即位以延爲虎牙將軍建武二年更封安平侯遣南擊敖倉轉攻酸棗封丘皆拔其夏督駙馬都尉馬武騎都尉劉隆護軍都尉馬成偏將軍王霸等南伐劉永攻拔襄邑進取麻鄉遂圍永於睢陽數月盡收野麥夜梯其城入永驚懼引兵走出東門延追擊大破之永棄軍走譙延進攻拔薛斬其魯郡太守而彭城扶陽杼秋蕭皆降又破永沛郡太守斬之永將蘇茂佼彊周建等三萬餘人救永共攻延與戰於沛西大破之永軍亂遁沒溺死者大半永棄城走湖陵茂奔廣樂延遂定沛楚臨淮修高祖廟置嗇夫祝宰樂人三年睢陽復反城迎劉永延復率諸將圍之百日收野穀永乏食突走延追擊盡得輜重永爲其將所殺永弟防舉城降四年春延又擊蘇茂周建於蘄進與董憲戰留下皆破之因率平敵將軍龐萌攻西防拔之復追敗周建蘇茂於彭城茂建亾奔董憲將賁休舉蘭陵城降憲聞之自郯圍休時延及龐萌在楚請往救之帝勑曰可直往擣郯則蘭陵必自解延等以賁休城危遂先赴之憲逆戰而陽敗延等遂逐退因拔圍入城明日憲大出兵合圍延等懼遽出突走因往攻郯帝讓之曰間欲先赴郯者以不意故耳

今既奔走賊計已立圍豈可解乎延等至郯果不能克而董憲遂拔蘭陵殺賁休延等往來要擊憲別將於彭城郯邳之間戰或日數合頗有尅獲帝以延輕敵深入數以書誡之及龐萌反攻殺楚郡太守引軍襲敗延延走北度泗水破舟楫壞津梁僅而得免帝自將而東徵延與大司馬吳漢漢忠將軍王常前將軍王梁捕虜將軍馬武討虜將軍王霸等會任城討龐萌於桃鄉又從征董憲於昌慮皆破平之六年春遣屯長安九年隗囂死延西擊街泉畧陽清水諸屯聚皆定十一年與中郎將來歙攻河池未尅以病引還拜爲左馮翊將軍如故十三年增封定食萬戶十五年薨於位子扶嗣扶卒子側嗣永平十三年坐與舅王平謀反伏誅國除永初七年鄧太后紹封延曾孫恢爲盧亭侯恢卒子遂嗣

陳俊字子昭南陽西鄂人也少爲郡吏更始立以宗室劉嘉爲太常將軍俊爲長史光武徇河北嘉遣書薦俊光武以爲安集掾從擊銅馬於淸陽進至滿陽拜彊弩將軍與五校戰於安次俊下馬手接短兵所向必破追奔二十餘里斬其渠帥而還光武望而歎曰戰將盡如是豈有憂哉五校引退入漁陽所過虜掠俊言於光武曰宜令輕騎出賊前使百姓各自堅守壁以絕其食可不戰而殄也光武然之遣俊將輕騎馳出賊前視人保壁堅完者勑令固守放散在野者因掠取之賊至無所得遂散敗及軍還光武謂俊曰困此虜者將軍策也及即位封俊爲列侯建武二年春攻匡賊下四縣更封新處侯引擊頓邱降三城其秋大司馬吳漢承制拜俊爲彊弩大將軍別擊金門白馬賊於河內皆破之四年轉徇汝陽及項又拔南武陽是時太山豪傑多擁衆與張步連兵吳漢言於帝曰非陳俊莫能定此郡於是拜俊太山太守行大將軍事張步聞之遣其將擊俊戰於嬴下俊大破之追至濟南收得印綬九十餘稍攻下諸縣遂定太山五年與建威大將軍耿弇共破張步事在弇傳時琅琊未平乃徙俊爲琅琊太守領將軍如故盜賊皆解散俊將兵擊董憲於贛榆進破朐賊孫陽平之八年張步畔還琅琊俊追討斬之帝美其功詔俊得專征青徐俊得撫貧弱表有義檢制軍吏不得與郡縣相干百姓歌之數上書自請願奮擊隴蜀詔報曰東州新平大將軍之功也負海猾夏盜賊之處國家以爲重憂且勉鎮撫之十三年增邑定封祝阿侯明年徵奉朝請二十三年卒子浮嗣徙封蘄春侯浮卒子專諸嗣專諸卒子篤嗣

臧宮字君翁潁川郟人也少爲縣亭長游徼後率賓客入下江兵中爲校尉因從光武征戰諸將多稱其勇光武察宮勤力少言甚親納之及至河北以爲偏將軍從破羣賊數陷陣卻敵光武即位以爲侍中騎都尉建武二年封安城侯明年將突騎與征虜將軍祭遵擊更始將左防韋顏於沮陽酈悉降之三年將兵徇江夏擊代鄉鍾武竹里皆下之帝使太中大夫持節拜宮爲輔威將軍七年更封期思侯擊梁郡濟陰皆平之十一年將兵至中盧屯駱越是時公孫述將田戎任滿與征南大將軍岑彭相拒於荊門彭等數戰不利越人謀畔從蜀宮兵少力不能制會屬縣送委輸車數百乘至宮夜使鋸斷城門限令車聲回轉出入至旦越人候伺者聞車聲不絕而門限斷相告以漢兵大至其渠帥乃奉牛酒以勞軍營宮陳兵大會擊牛釃酒享賜慰納之越人由是遂安宮與岑彭等破荊門別至垂鵲山通道出秭歸至江州岑彭下巴郡使宮將降卒五萬從涪水上平曲公孫述將延岑盛兵於沅水時宮衆多食少轉輸不至而降者皆欲散畔郡邑復更保聚觀望成敗宮欲引還恐爲所反會帝遣謁者將兵詣岑彭有馬七百匹宮矯制取以自益晨夜進兵多張旗幟登山鼓譟右步左騎挾船而引呼聲動山谷岑不意漢軍卒至登山望之大震恐宮因縱擊大破之斬首溺死者萬餘人水爲之濁流延岑奔成都其衆悉降盡獲其兵馬珍寶自是乘勝追北降者以十萬數軍至平陽鄉蜀將王元舉衆降進拔綿竹破涪城斬公孫述弟恢復攻拔繁郫前後收節五印綬千八百是時大司馬吳漢亦乘勝進營逼成都宮連屠大城兵馬旌旗甚盛乃乘兵入小雒郭門歷成都城下至吳漢營飲酒高會漢見之甚歡謂宮曰將軍向者經虜城下震揚威靈風行電照然窮寇難量還營願從他道矣宮不聽復路而歸賊亦不敢近之進軍咸門與吳漢並滅公孫述帝以蜀新定拜宮爲廣漢太守十三年增邑更封酇侯十五年徵還京師以列侯奉朝請定封朗陵侯十八年拜太中大夫十九年妖巫維汜弟子單臣傅鎮等復妖言相聚入原武城劫吏人自稱將軍於是遣宮將北軍及黎陽營數千人圍之賊穀食多數攻不下士卒死傷帝召公卿諸侯王問方畧皆曰宜重其購賞時顯宗爲東海王獨對曰妖巫相劫執無久立其中必有悔欲亾者但外圍急不得走耳宜少延緩令得逃亾逃亾則一亭長足以禽耳帝然之即勑宮徹圍緩賊賊衆分散遂斬臣鎮等宮還遷城門校尉復轉左中郎將擊武谿賊至江陵降之宮以謹信質朴故

常見任用後匈奴饑疫自相分爭帝以問宮宮曰願得五千騎以立功帝笑曰常勝之家難與慮敵吾方自思之二十七年宮與揚虛侯馬武上書曰匈奴貪利無有禮信窮則稽首安則侵盜緣邊被其毒害內國憂其抵突虜今人畜疫死旱蝗赤地疫困之力不當中國一郡萬里死命縣在陛下福不再來時或易失豈宜固守文德而墮武事乎今命將臨塞厚縣購賞喻告高句驪烏桓鮮卑攻其左發河西四郡天水隴西羌胡擊其右如此北虜之滅不過數年臣恐陛下仁恩不忍謀臣狐疑令萬世刻石之功不立於聖世詔報曰黃石公記曰柔能制剛弱能制彊柔者德也剛者賊也弱者仁之助也彊者怨之歸也故曰有德之君以所樂樂人無德之君以所樂樂身樂人者其樂長樂身者不久而亡舍近謀遠者勞而無功舍遠謀近者逸而有終逸政多忠臣勞政多亂人故曰務廣地者荒務廣德者彊有其有者安貪人有者殘殘滅之政雖成必敗今國無善政災變不息百姓驚惶人不自保而復欲遠事邊外乎孔子曰吾恐季孫之憂不在顓臾且北狄尚彊而屯田警備傳聞之事恒多失實誠能舉天下之半以滅大寇豈非至願苟非其時不如息人自是諸將莫敢復言兵事者宮永平元年卒謚曰愍侯子信嗣信卒子震嗣震卒子柲嗣元初四年與母別居國除永寧元年鄧太后紹封柲弟由為朗陵侯

通志卷一百五

通志卷一百六

宋右迪功郎鄭樵漁仲撰

列傳第十九

後漢

耿弇弟國弟夔國子秉國弟子恭　秉　銚期　王霸　祭遵從弟彤　任光子隗　李忠　萬修　邳彤　劉植　耿純　朱祐　景丹　王梁　杜茂　馬成　劉隆　傅俊　堅鐔　馬武　竇融弟子固曾孫憲元孫章　馬援子廖子防兄子嚴族孫棱

耿弇字伯昭扶風茂陵人也其先武帝時以吏二千石自鉅鹿徙焉父況字俠游以明經爲郎與王莽從弟伋共學老子於安邱先生先生姓安邱名望之字仲都京兆長陵人成帝欲見之辭不肯隱於醫巫後爲朔調連率弇少好學習父業常見郡尉試騎士建旗鼓隸馳射由是好將帥之事及王莽敗更始立諸將略地者前後多擅威權輒改易守令況自以莽之所置懷不自安時弇年二十一乃辭況奉奏詣更始因齎貢獻以求自固之宜至宋子會王郎詐稱成帝子輿起兵邯鄲弇從吏孫倉衛包於道共謀曰劉子輿成帝正統捨此不歸遠行安之弇按劒曰子輿敝賊卒爲降虜耳我至長安與國家陳漁陽上谷兵馬之用還出太原代郡反覆數十日歸發突騎以轔烏合之衆如摧枯折腐耳觀公等不識去就族滅不久也倉包不從遂棄降王郎弇道聞光武在盧奴乃馳北上謁光武留署門下吏弇因說護軍朱祐求歸發兵以定邯鄲光武笑曰小兒曹乃有大意哉因數召見加恩慰弇因從光武北至薊聞邯鄲兵方到光武將欲南歸召官屬計議弇曰今兵從南來不可南行漁陽太守彭寵公之邑人上谷太守卽弇父也發此兩郡控弦萬騎邯鄲不足慮也光武官屬腹心皆不肯曰死尙南首奈何北行入囊中光武指弇曰是我北道主人也會薊中亂光武遂南馳官屬各分散弇走昌平就況因說況使寇恂東約彭寵各發突騎二千匹步兵千人弇與景丹寇恂及漁陽兵合軍而南所過擊斬王郎大將九卿校尉以下四百餘級得印綬百二十五節二斬首三萬級定涿郡中山鉅鹿清河河間凡二十二縣遂及光武於廣阿是時光武方攻王郎傳言二郡兵爲邯鄲來衆皆恐旣而悉詣營上謁光武見弇等說曰當與漁陽上谷士大夫共此大功乃皆以爲偏將軍使還領其兵加況大將軍興義侯得自置偏裨弇等遂從拔邯鄲時更始徵代郡太守趙永而況勸永不應召令詣于光武光武遣永復郡永北還而代令張曄據城反畔乃招迎匈奴烏桓以爲援助光武以弇弟舒爲復胡將軍使擊曄破之永乃得復郡時五校賊二十餘萬北寇上谷況與舒連擊破之賊皆敗走更始見光武威聲日盛君臣疑慮乃遣使立光武爲蕭王令罷兵與諸將有功者還長安遣苗曾爲幽州牧韋順爲上谷太守蔡充爲漁陽太守並北之郡時光武居邯鄲宮晝臥溫明殿弇入造牀下請閒因說曰今更始失政君臣淫亂諸將擅命於畿內貴戚縱橫於都內天子之命不出城門所在牧守輒自遷易百姓不知所從士人莫敢自安虜掠財物劫掠婦女懷金玉者至不生歸元元叩心更思莽朝又銅馬赤眉之屬數十輩輩數十百萬聖公不能辦也其敗不久公首事南陽破百萬之軍今定河北據天府之地以義征伐發號嚮應天下可傳檄而定天下至重不可令他姓得之聞使者從西方來欲罷兵不可從也今吏士死亾者多弇願歸幽州益發精兵以集其大計光武大說乃拜弇爲大將軍與吳漢北發幽州十郡兵弇到上谷收韋順蔡充斬之漢亦誅苗曾於是悉發幽州兵引而南從光武擊破銅馬高湖赤眉青犢又追尤來大槍五幡於元氏弇常將精騎爲軍鋒輒破走之光武乘勝戰愼水上虜危急殊死戰時軍士疲敝遂大敗奔還壁范陽數日乃振賊亦退去從追至容城小廣陽安次連戰破之光武還薊復遣弇與吳漢景丹蓋延朱祐邳彤耿純劉植岑彭祭遵堅鐔王霸陳俊馬武十三將軍追賊至潞東及平谷再戰斬首萬三千餘級遂窮追於右北平無終土垠之間至浚靡而還賊散入遼西遼東或爲烏桓貊人所鈔擊略盡光武卽位拜弇爲建威大將軍與驃騎大將軍景丹彊弩將軍陳俊攻厭新賊於敖倉皆破降之建武二年更封好時侯食好時美陽二縣三年延岑自武關攻南陽下數城穰人杜弘率其衆以從岑弇與岑等戰於穰大破之斬首三千餘級生獲其將士五千餘人得印綬三百杜弘降岑與數騎遁走東陽弇從幸舂陵因見自請北收上谷兵未發者定彭寵於漁陽取張豐於涿郡還收富平獲索東攻張步以平齊地帝壯其意乃許之四年詔弇進攻漁陽弇以父據上谷本與彭寵同功又兄弟無在京師者自疑不敢獨進上書求詣洛陽詔報曰將軍出身舉宗爲國所向陷陣功效尤著何嫌何疑而欲求徵且與王常共屯涿郡勉思方略況聞弇求徵亦不自安遣舒弟國入侍帝善之進封況爲隃麋侯乃命弇與建義大將軍朱祐漢忠將軍王常等擊望都故安西山賊十餘營皆破之時征虜將軍祭遵屯良鄉

驍騎將軍劉喜屯陽鄉以拒彭寵寵遣弟純將匈奴二千餘騎寵自引兵數萬分爲兩道以擊遵喜胡騎經軍都舒襲破其衆斬匈奴兩王寵乃退走況復與舒攻寵取軍都五年寵死天子嘉況功使光祿大夫持節迎況賜甲第奉朝請封牟平侯遣弇與吳漢擊富平獲索賊於西原大破之降者四萬餘人因詔弇進討張步弇悉收集降卒結部曲置將吏率騎都尉劉歆泰山太守陳俊引兵而東從朝陽橋濟河以渡張步聞之乃使其大將軍費邑軍歷下又分兵屯祝阿別於泰山鍾城列營數十以待弇弇渡河先擊祝阿自旦攻城未中而拔之故開圍一角令其衆得奔歸鍾城鍾城人聞祝阿已潰大恐遂空壁亾去費邑分遣弟敢守巨里弇進兵先脅巨里使多伐木揚言以塡塞坑塹數日有降者言邑聞弇欲攻巨里謀來救之弇乃嚴令軍中趣修攻具宣勑諸部後三日當悉力攻巨里城陰緩生口令得亾歸歸者以告邑邑至日果自將精兵三萬餘人來救之弇喜謂諸將曰吾所以修攻具者欲誘致邑耳今來適其所求也卽分三千人守巨里自引精兵上岡阪乘高合戰大破之臨陣斬邑既而收首級以示巨里城中城中兇懼費敢悉衆亾歸張步弇復收其積聚縱兵擊諸未下者平四十餘營遂定濟南時張步都劇使其弟藍將精兵二萬守西安諸郡太守合萬餘人守臨淄相去四十里弇進軍畫中居二城之間弇視西安城小而堅且藍兵又精臨淄名雖大而實易攻乃勑諸校會後五日攻西安藍聞之晨夜儆守至期夜半弇勑諸將皆蓐食會明至臨淄城護軍荀梁等爭之以爲宜速攻西安弇曰不然西安聞吾欲攻之日夜爲備臨淄出不意而至必驚擾吾攻之一日必拔拔臨淄卽西安孤藍與步隔絕必復亾去所謂擊一而得二者也若先攻西安不卒下頓兵堅城死傷必多縱能拔之藍引軍還奔臨淄并兵合勢觀人虛實吾深入敵地後無轉輸旬月之間不戰而困諸君之言未見其宜遂攻臨淄半日拔之入據其城張藍聞懼遂將其衆亾歸劇弇乃令軍中毋得妄掠劇下須張步至乃取之以激怒步步聞大笑曰以尤來大彤十餘萬衆吾皆卽其營而破之今大耿兵少於彼又皆疲勞足可摧乎乃與三弟藍弘壽及故大彤渠帥重異等兵號二十萬至臨淄大城東將攻弇弇先出淄水上與重異遇突騎欲縱弇恐挫其鋒令步不敢進故示弱以盛其氣乃引歸小城陳兵於內步氣盛直攻弇營與劉歆等合戰弇升王宮壞臺望之視歆等鋒交乃自引精兵以橫突步陳於東城下大破之飛矢中弇股弇以佩刀截之左右無知之者至暮罷明旦復勒兵出是時帝在魯聞弇爲步所攻自往救之未至陳俊謂弇曰劇虜兵盛可且閉營休士以須上來弇曰乘輿且到臣子當擊牛釃酒以待百官反欲以賊虜遺君父邪乃出兵大戰自旦及昏復大破之殺傷無數城外溝塹皆滿弇知步困將退豫置左右翼爲伏以待之人定時步果引去伏兵起縱擊追至鉅昧水上八九十里僵尸相屬收得輜重二千餘兩步還劇兄弟各分兵散去後數日車駕至臨淄自勞軍羣臣大會帝謂弇曰昔韓信破歷下以開基今將軍攻祝阿以發迹此皆齊之西界功足相方而韓信襲擊已降將軍獨拔勍敵其功乃難於信也又田橫烹酈生及田橫降高帝詔衛尉不聽爲仇張步前亦殺伏隆若步來歸命吾當詔大司徒釋其怨又事尤相類也將軍前在南陽建此大策常以爲落落難合有志者事竟成也弇因復追步步奔平壽乃肉袒負斧鑕於軍門弇傳步詣行在所而勒兵入據其城樹十二郡旗鼓令步兵各以郡人詣旗下衆尚十餘萬輜重七千餘兩皆罷遣歸鄉里弇復引兵至城陽降五校餘黨齊地悉平振旅還京師六年西拒隗囂屯兵於漆八年從上隴明年與中郎將來歙分部徇安定北地諸營堡皆下之弇凡所平郡四十六屠城三百未嘗挫折十二年況疾病乘輿數至臨幸復以國弟廣舉並爲中郎將弇弟兄六人皆垂青紫省侍醫藥當代以爲榮及況卒謚烈侯少子霸襲況爵十三年增弇戶邑上大將軍印綬罷以列侯奉朝請每有四方異議輒召入問籌策年五十六永平元年卒謚愍侯子忠嗣忠以騎都尉擊匈奴於天山有功忠卒子馮嗣馮卒子良嗣一名無禁延光中尚安帝妹濮陽長公主位至侍中良卒子協嗣隃麋侯霸卒子文金嗣文金卒子喜嗣喜卒子顯嗣爲羽林左監顯卒子援嗣尚桓帝妹長社公主爲河陽太守後曹操誅耿氏惟援孫弘存焉牟平侯舒卒子襲嗣尚顯宗女隆慮公主襲卒子寶嗣寶女弟爲清河孝王妃及安帝立尊孝王母爲孝德皇后以妃爲甘園大貴人帝以寶元舅之重使監羽林左車騎位至大將軍而附事內寵與中常侍樊豐帝乳母王聖等譖廢皇太子爲濟陰王及排陷太尉楊震議者怨之寶弟子承襲公主爵爲隆慮侯位至侍中安帝崩閻太后以寶等阿附嬖倖共爲不道策免寶及承皆貶爵爲亭侯遣就國寶於道自殺國除大貴人數爲耿氏請陽嘉三年順帝遂詔封寶子箕牟平侯爲侍中以恒爲陽亭侯承爲羽

林中郎將其後貴人薨大將軍梁冀從承求貴人珍玩不能得冀怒風有司奪其封承惶恐遂亾匿於穰數年冀推迹得之乃并族其家十餘人弟國字叔慮建武四年初入侍光武拜爲黃門侍郎應對左右帝以爲能遷射聲校尉七年射聲官罷拜駙馬都尉父況卒國於次當嗣上疏以先侯愛少子霸固自陳讓有詔許焉後歷頓邱陽翟上蔡令所在吏人稱之徵爲五官中郎將是時烏桓鮮卑屢寇外境國有籌策數言邊事帝器之及匈奴薁鞬日逐王比自立爲呼韓邪單于欵塞稱藩願扞禦北虜事下公卿議者皆以爲天下初定中國空虛夷狄情僞難知不可許國獨曰臣以爲宜如孝宣故事受之令東扞鮮卑北拒匈奴率厲四夷完復邊郡使塞下無晏開之警萬世有安寧之策也帝從其議遂立比爲南單于由是烏桓鮮卑保塞自守北虜遠遁中國少事二十七年代馮勤爲大司馬又上言宜置度遼將軍左右校尉屯五原以防逃亾永平元年卒官顯宗追思國言後遂置度遼將軍左右校尉如其議焉國二子秉夔秉字伯初有偉體腰帶八圍博通書記能說司馬兵法尤好將帥之略以父任爲郎數上言兵事常以中國虛費邊陲不寧其患專在匈奴以戰去戰盛王之道顯宗既有志北伐陰然其言永平中召詣省闥問前後所上便宜方畧拜謁者僕射遂見親幸每公卿會議常引秉上殿訪以邊事多簡帝心十五年拜駙馬都尉十六年以騎都尉秦彭爲副與奉車都尉竇固等俱伐匈奴虜皆奔走不戰而還十七年夏詔秉與固合兵萬四千騎復出白山擊車師車師有後王前王前王即後王之子其廷相去五百餘里固以後王道遠山谷深士卒寒苦欲攻前王秉議先赴後王以爲并力根本則前王自服固計未決秉奮身而起曰請行前乃上馬引兵北入衆軍不得已遂進並縱兵抄掠斬首數千級收馬牛十餘萬頭後王安得震怖從數百騎出迎秉而固司馬蘇安欲全功歸固即馳謂安得曰漢貴將獨有奉車都尉天子姊壻爵爲通侯當先降之安得乃還更令其諸將迎秉秉大怒被甲上馬麾其精騎徑造固壁言曰車師降訖今不至請往梟其首固大驚曰且止將敗事秉厲聲曰受降如受敵遂馳赴之安得惶恐出門脫帽抱馬足降秉將以詣固其前王亦來歸命遂定車師而還明年秋肅宗即位拜秉征西將軍遣案行涼州邊境勞賜保塞羌胡進屯酒泉置戊已校尉建初元年拜度遼將軍視事七年匈奴懷其恩信徵爲執金吾甚見親重帝每巡郡國及幸宮觀秉常領禁兵宿衛左右除三子爲郎章和二年復拜征西將軍副車騎將軍竇憲擊北匈奴大破之事並見憲傳封秉美陽侯邑三千戶秉性勇壯而簡易於事軍行常自被甲在前休止不結營部然遠斥候明要誓有警軍陣立成士卒皆樂爲死永元二年代桓虞爲光祿勳明年夏卒時年五十餘賜以朱棺玉衣將作大匠穿冢假鼓吹五營騎士三百餘人送葬謚曰桓侯匈奴聞秉卒舉國號哭或至黎面流血（黎即剺字古通用剺劃也力刹反）長子冲嗣及竇憲敗以秉竇氏黨國除冲官至漢陽太守曾孫紀少有美名辟公府曹操甚敬異之稍遷少府紀以操將篡漢建安二十三年與太醫令吉平丞相司直韋晃謀起兵誅操不克夷三族于時衣冠盛門坐紀罹禍滅者衆矣夔字定公少有氣決永元初爲車騎將軍竇憲假司馬北擊匈奴轉車騎都尉三年憲復出河西以夔爲大將軍左校尉將精騎八百出居延塞直奔北單于廷於金微山斬閼氏名王已下五千餘級單于與數騎脫亾盡獲其匈奴珍寶財畜去塞五千餘里而還自漢出師所未嘗至也乃封夔粟邑侯會北單于弟左鹿蠡王於除鞬自立爲單于衆八部二萬餘人來居蒲類海上遣使欵塞以夔爲中郎將持節衛護之及竇憲敗夔亦免官奪爵土後復爲長水校尉拜五原太守遷遼東太守元興元年貊人寇郡界夔追斬其渠帥永初三年南單于檀反畔使夔率鮮卑及諸郡兵屯鴈門與車騎將軍何熙共擊之熙推夔爲先鋒而遣其司馬耿溥劉祉將二千人與夔俱進到屬國故城單于遣薁鞬日逐王三千餘人遮漢兵夔自擊其左令鮮卑攻其右虜遂敗走追斬千餘級殺其名王六人獲穹廬車重千餘兩馬畜生口甚衆鮮卑馬多羸病遂畔出塞夔不能獨進以不窮追左轉雲中太守後遷行度遼將軍事夔勇而有氣數侵陵匈奴中郎將鄭戩元初元年坐徵下獄以減死論笞二百建光中復拜度遼將軍時鮮卑攻殺雲中太守成嚴圍烏桓校尉徐常於馬城夔與幽州刺史龐參救之追虜出塞而還後坐法免卒於家國弟廣廣子恭字伯宗少孤慷慨多大畧有將帥才永平十七年冬騎都尉劉張出擊車師請恭爲司馬與奉車都尉竇固及從弟駙馬都尉秉破降之始置西域都護戊已校尉乃以恭爲戊已校尉屯後王部金蒲城謁者關寵爲戊已校尉屯前王柳中城屯各置數百人恭至部移檄烏孫示漢威德大昆彌已下皆歡喜遣使獻名馬及奉宣帝時所賜公主博具願遣子入侍恭乃發使齎金帛迎其侍子明年三月北單

于遣左鹿蠡王二萬騎擊車師恭遣司馬將兵三百人救之道逢匈奴騎多皆爲所没匈奴遂破殺後王安得而攻金蒲城恭乘城搏戰以毒藥傅矢傳語匈奴曰漢家箭神其中瘡者必有異因發彊弩射之虜中矢者視瘡皆沸遂大驚會天暴風雨隨雨擊之殺傷甚衆匈奴震怖相謂曰漢兵神眞可畏也遂解去恭以疏勒城傍有澗水可固五月乃引兵據之七月匈奴復來攻恭恭募先登數千人直馳之胡騎散走匈奴遂於城下擁絶澗水恭於城中穿井十五丈不得水吏士渴乏笮馬糞汁而飮之恭卬天歎曰聞昔貳師將軍拔佩刀刺山飛泉涌出今漢德神明豈有窮哉乃整衣服向井再拜爲吏士禱有頃水泉奔出衆皆稱萬歲乃令士卒揚水以示虜虜出不意以爲神明遂引兵去時焉耆龜茲攻殁都護陳睦北虜亦圍關寵於柳中會顯宗崩救兵不至車師復叛與匈奴共攻恭恭厲士衆擊走之後王夫人先世漢人常私以虜情告恭又給以糧餉數月食盡窮困乃煮鎧弩食其筋革恭與士推誠同死生故皆無二心而稍稍死亾餘數十人單于知恭困必欲降之復遣使招恭曰若降者當封爲白屋王妻以子女恭乃誘其使上城手擊殺之炙諸城上虜官屬望見號哭而去單于大怒更益兵圍恭不能下初關寵上書求救時肅宗新卽位召公卿會議司空第五倫謂不宜救司徒鮑昱曰今使人於危難之地急而棄之外則縱蠻夷之暴內則傷死難之臣誠令權時後無邊事可也匈奴如復犯塞爲寇陛下將何以使將又二部兵人裁各數十匈奴圍之歷旬不下是其寡弱盡力之效也可令敦煌酒泉太守各將精騎二千多其幡幟倍道兼行以赴其急匈奴疲極之兵必不敢當四十日間足還入塞帝然之乃遣征西將軍耿秉屯酒泉行太守事遣秦彭與謁者王蒙皇甫援發張掖酒泉敦煌三郡及鄯善兵合七千餘人建初元年正月會柳中擊車師攻交河城斬首三千八百級獲生口三千餘人駝驢馬牛羊三萬七千頭北虜驚走車師復降會關寵已殁蒙等聞之便欲引兵還先是恭遣軍吏范羌至敦煌迎兵士寒服羌因隨王蒙軍俱出塞羌固請迎恭諸將不敢前乃分兵二千人與羌從山北迎恭時遇大雪丈餘軍僅能至城中夜聞兵馬聲以爲虜來大恐羌乃遙呼曰我范羌也漢遣軍迎校尉耳城中皆稱萬歲開門共相持涕泣明日遂相隨俱歸虜兵追之且戰且行吏士素饑困發疏勒時尙有二十六人隨路死殁三月至玉門惟餘十三人衣屨穿決形容枯槁中郎將鄭衆爲恭已下洗沐易衣冠上疏曰耿恭以單兵固守孤城當匈奴之衝對數萬之衆連月踰年心力困盡鑿山爲井煮弩爲糧出於萬死無一生之望前後殺傷醜虜數千百計卒全忠勇不爲大漢恥恭之節義古今未有宜蒙顯爵以厲將帥及恭至洛陽鮑昱奏恭節過蘇武宜蒙爵賞於是拜爲騎都尉以恭司馬石修爲雒陽市丞張封爲雍營司馬軍吏范羌爲共丞餘九人皆補羽林恭母先卒及還追行喪制有詔使五官中郎將齎牛酒釋服明年遷長水校尉其秋金城隴西羌反恭上疏言方畧詔召入問狀乃遣恭將五校士三千人副車騎將軍馬防討西羌恭屯枹罕數與羌接戰明年秋燒當羌降防還京師恭留擊諸未服者首虜千餘人獲牛羊四萬餘頭勒姐燒何羌等十三種數萬人皆詣恭降初恭出隴西上言故安豐侯竇融昔在西州甚得羌胡腹心今大鴻臚固卽其子孫前擊白山功冠三軍宜奉大使鎭撫涼部令車騎將軍防屯軍漢陽以爲威重由是大忤於防及防還監營謁者李譚承旨奏恭不憂軍事被詔怨望坐徵下獄免官歸本郡卒於家子溥爲京兆虎牙都尉元初二年擊畔羌於丁奚城軍敗遂殁詔拜溥子宏曄並爲郎曄字季遇順帝初爲烏桓校尉時鮮卑寇緣邊殺代郡太守曄調烏桓及諸郡卒出塞討擊大破之鮮卑震怖數萬人詣遼東降自後頻出輒克獲威振北方遷度遼將軍耿氏自中興已後迄建安之末大將軍二人將軍九人卿十三人尙公主三人列侯十九人中郎將護羌校尉及刺史二千石數十百人遂與漢興衰云

銚音姚期字次況潁川郟人也長八尺二寸容貌絕異矜嚴有威父猛爲桂陽太守卒期服喪三年鄉里稱之光武畧地潁川聞期志義召署賊曹掾從徇薊時王郎檄書至薊薊中起兵應郎光武趣駕出百姓聚觀諠呼滿道遮路不得行期騎馬奮戟瞋目大呼左右曰趩與蹕同止行淸道衆皆披靡及至城門門已閉攻之得出行至信都以期爲禆將與傅寬呂晏俱屬鄧禹徇傍縣又發房子兵禹以期爲能獨拜偏將軍授兵二千人寬晏各數百人還言其狀光武甚善之使期別徇眞定宋子攻拔樂陽槀肥纍從擊王郎將兒宏劉奉於鉅鹿下期先登陷陣手殺五十餘人被創中額攝幘復戰遂大破之王郎滅拜期虎牙大將軍乃因閒說光武曰河北之地界接邊塞人習兵戰號爲精勇今更始失政大統危殆海內無所歸往明公據山河之固擁精銳之衆以順萬民思漢之心則天下誰敢不從光武笑曰卿欲遂前趩邪時

銅馬賊數十萬衆入清陽博平期與諸將迎擊之連戰不利期乃更背水而戰所殺傷甚多會光武救至遂大破之追至館陶皆降之從擊青犢赤眉於射犬賊襲期輜重期還擊之手殺傷數十人身被三創而戰方力遂破走之光武即位封安成侯食邑五千戶時檀鄉五樓賊入繁陽內黃又魏郡大姓數反覆而更始將卓京謀欲相率反鄴城帝以期爲魏郡太守行大將軍事期發郡兵擊卓京破之斬首六百餘級京亾入山追斬其將校數十人獲京妻子進擊繁陽內黃復斬數百級郡界清平督盜賊李熊鄴中之豪而熊弟陸謀欲反城迎檀鄉賊或以告期期不應告者三四期乃召問熊熊叩頭首服願與老母俱就死期曰爲吏儻不若爲賊樂者可歸與母往就陸也使吏送出城熊行求得陸將詣鄴城西門陸不勝愧感自殺以謝期期嗟歎以禮葬之而還熊故職郡中服其威信建武五年行幸魏郡以期爲太中大夫從還洛陽又拜衛尉期重於信義爲將有所降下未嘗虜掠及在朝廷憂國愛主其有不得於心必犯顏諫諍帝嘗輕與期門近出（前漢書武帝將出必與北地良家子期於殿門故曰期門）期頓首車前曰臣聞古今之誡變生不意誠不願陛下微行數出帝爲之回輿而還十年卒帝親臨襚歛賵以衛尉安成侯印綬謚曰忠侯子丹嗣復封丹弟統爲建平侯後徙封丹葛陵侯丹卒子舒嗣舒卒子羽嗣羽卒子蔡嗣

王霸字元伯潁川潁陽人也世好文法父爲郡決曹掾霸亦少爲獄吏常慨慷不樂吏職其父奇之遣西學長安及漢兵起光武過潁陽霸率賓客上謁曰將軍興義兵竊不自知量貪慕威德願充行伍光武曰夢想賢士共成功業豈有二哉遂從擊破王尋王邑於昆陽還休鄉里及光武爲司隸校尉道過潁陽霸請其父願從父曰吾老矣不任軍旅汝往勉之霸從至洛陽及光武爲大司馬以霸爲功曹令史從度河北賓客從霸者數十人稍稍引去光武謂霸曰潁川從我者皆逝而子獨留努力疾風知勁草及王郎起光武在薊郎移檄購光武光武令霸市中募人將以擊郎市人皆大笑舉手邪揄之霸慚懅而還光武即南馳至下曲陽傳聞王郎兵在後從者皆恐及至滹沱河候吏還白河水流澌無船不可濟官屬大懼光武令霸往視之霸恐驚衆欲且前阻水還即詭曰冰堅可渡官屬皆喜光武笑曰候吏果妄語也遂前比至河河冰亦合乃令霸護渡未畢數騎而冰解光武謂霸曰安吾衆得濟免者卿之力也霸謝曰此明公至德神靈之祐雖武王白魚之應無以加此光武謂官屬曰王霸權以濟事殆天瑞也以爲軍正爵關內侯既至信都發兵攻拔邯鄲霸追斬王郎得其璽綬封王鄉侯從平河北常與臧宮傅俊共營霸獨善撫士卒死者脫衣以斂之傷者躬親以養之光武即位以霸曉兵愛士可獨任拜偏將軍并將臧宮傅俊兵而以宮俊爲騎都尉建武二年更封富波侯四年秋帝幸譙使霸與捕虜將軍馬武東討周建於垂惠蘇茂將五校兵四千餘人救建而先遣精騎遮擊馬武軍糧武往救之建從城中出兵夾擊武武恃霸之援戰不甚力爲茂建所敗武軍奔過霸營大呼求救霸曰賊兵盛出必兩敗努力而已乃閉營堅壁軍吏皆爭之霸曰茂兵精銳其衆又多吾吏士心恐而捕虜與吾相恃兩軍不一此敗道也今閉營固守示不相援賊必乘勝輕進捕虜無救其戰自倍如此茂衆疲勞吾乘其弊乃可克也茂建果悉出攻武合戰良久霸軍中壯士路潤等數十人斷髮請戰霸知士心銳乃開營後出精騎襲其背茂建前後受敵驚亂敗走霸武各歸營賊復聚衆挑戰霸堅臥不出方饗士作倡樂茂雨射營中中霸前酒樽安坐不動軍吏皆曰茂前日已破今易擊之霸曰不然蘇茂客兵遠來糧食不足故數挑戰以徼一切之勝今閉營休兵所謂不戰而屈人之兵善之善者也茂建既不得戰乃引還營其夜建兄子誦反閉城門拒之茂建遁去誦以城降五年春帝使太中大夫持節拜霸爲討虜將軍六年屯田新安八年屯田函谷關擊滎陽中牟盜賊皆平之九年霸與吳漢及橫野大將軍王常建義大將軍朱祐破姦將軍侯進等五萬餘人擊盧芳將賈覽閔堪於高柳匈奴遣騎助芳漢軍遇雨戰不利吳漢還洛陽令朱祐屯常山王常屯涿郡侯進屯漁陽璽書拜霸上谷太守領屯兵如故捕擊胡虜無拘郡界明年霸復與吳漢等四將軍六萬人出高柳擊賈覽詔霸與漁陽太守陳訢將兵爲諸軍鋒匈奴左南將軍將數千騎救覽霸等連戰於平城下破之追出塞斬首數百級霸及諸將還入鴈門與驃騎大將軍杜茂會攻盧芳將尹由於崞繁畤不克十三年增戶邑更封向侯是時盧芳與匈奴烏桓連兵寇盜尤數緣邊愁苦詔霸將弛刑徒六千餘人與杜茂治飛狐道堆石布土築起亭障自代至平城三百餘里凡與匈奴烏桓大小數十百戰頗識邊事數上言宜與匈奴結和親又陳委輸可從溫水漕以省轉輸之勞事皆施行後南單于烏桓降服北邊無事霸在上谷二十餘歲三十年定封淮陵侯永平二年以病免

後數月卒子符嗣徙封軟侯符卒子度嗣度尙顯宗女浚儀長公主爲黃門郞度卒子歆嗣

祭遵字弟孫潁川潁陽人也少好經書家富給而遵恭儉惡衣服喪母負土起墳常爲部吏所侵結客殺之初縣中以其柔也既而皆憚焉及光武破王尋等還過潁陽遵以縣吏數進見光武愛其儀容署爲門下史從征河北爲軍市令舍中兒犯法遵格殺之光武怒命收遵時主簿陳副諫曰明公常欲衆軍整齊今遵奉法不避是教令所行也光武乃貰之以爲刺姦將軍謂諸將曰當避祭遵吾舍中兒犯法尙殺之必不私諸卿也尋拜爲偏將軍從平河北以功封列侯建武二年春拜征虜將軍定封潁陽侯與驃騎大將軍景丹建義大將軍朱祐漢忠將軍王常騎都尉王梁臧宮等入箕關南擊弘農厭新柏華蠻中賊弩中遵口洞出流血衆見遵傷稍引退遵呼叱止之士卒戰皆自倍遂大破之時新城蠻中山賊張滿屯結險隘爲人害詔遵攻之遵絕其糧道滿數挑戰遵堅壁不出而厭新柏華餘賊復與滿合遂攻得霍陽聚遵乃分兵擊破降之明年春張滿饑困城拔生獲之初滿祭祀天地自云當王既執歎曰讖文誤我乃斬之夷其妻子遵引兵南擊鄧奉弟終於杜衍破之時涿郡太守張豐執使者舉兵反自稱無上大將軍與彭寵連兵四年遵與朱祐及建威大將軍耿弇驍騎將軍劉喜俱擊之遵兵先至急攻豐豐功曹孟厷公弘切執豐降初豐好方術有道士言豐當爲天子以五綵囊裹石繫豐肘云石中有玉璽豐信之遂反既執當斬猶曰肘石有玉璽遵爲椎破之豐乃知被詐仰天歎曰當死無所恨諸將皆引還遵受詔留屯良鄉拒彭寵因遣護軍傅元襲擊寵將李豪於潞大破之斬首千餘級相拒歲餘數挫其鋒黨與多降者及寵死遵進定其地六年春詔遵與建威大將軍耿弇虎牙大將軍蓋延漢忠將軍王常捕虜將軍馬武驍騎將軍劉歆武威將軍劉尙等從天水伐公孫述師次長安時車駕亦至而隗囂不欲漢兵上隴辭說解故帝召諸將議皆曰可且延囂日月之期益封其將帥以消散之遵曰囂挾姦久矣今若按甲引時則使其詐謀益深而蜀警增備固不如遂進帝從之乃遣遵爲前行隗囂使其將王元拒隴坻遵進擊破之追至新關及諸將到與囂戰並敗引退下隴乃詔遵軍汧耿弇軍漆征西大將軍馮異軍栒邑大司馬吳漢等還屯長安自是後遵數挫隗囂事已見馮異傳八年秋復從車駕上隴及囂破帝東歸過汧幸遵營勞饗士卒作黃門武樂良夜乃罷時遵有疾詔賜重茵覆以御蓋復令進屯隴下及公孫述遣兵救隗囂吳漢耿弇等悉奔還遵獨留不卻九年春卒於軍遵爲人廉約小心克己奉公賞賜輒盡與士卒家無私財身衣韋袴布被夫人裳不加緣帝以是重焉及卒愍悼之尤甚遵喪至河南縣詔遣百官先會喪所車駕素服臨哭哀慟還幸城門過其車騎涕泣不能已喪禮成復親祠以太牢如宣帝臨霍光故事詔大長秋謁者河南尹護喪事大司農給費博士范升上疏追稱遵曰臣聞先王崇政尊美屏惡昔高祖大聖深見遠慮班爵割地與下分功著錄勳臣頌其德美生則寵以殊禮奏事不名入門不趨死則疇其爵邑世無絕嗣丹書鐵券傳於無窮斯誠大漢厚下安人長久之德所以累世十餘歷載數百廢而復興絕而復續者也陛下以至德受命先明漢道褒序輔佐封賞功臣同符祖宗征虜將軍潁陽侯遵不幸早薨陛下仁恩爲之感傷遠迎河南惻怛之慟形於聖躬喪事用度仰給縣官重賜妻子不可勝數送死有以加生厚亾有以過存矯俗厲化卓如日月古者臣疾君視臣卒君弔德之厚者也陵遲已來久矣及至陛下復興斯禮羣下感動莫不自厲臣竊見遵修行積善竭忠於國北平漁陽西拒隴蜀先登坻上深取略陽衆兵既退獨守衝難制御士心不越法度所在吏人不知有軍淸名聞於海內廉白著於當世所得賞賜輒盡與吏士身無良衣家無私財同產兄午以遵無子娶妾送之遵乃使人逆而不受自以身任於國不敢圖生慮繼嗣之計臨死遺誡牛車載喪薄葬洛陽問以家事終無所言遵爲將軍取士皆用儒術對酒設樂必雅歌投壺又建爲孔子立後奏置五經大夫雖在軍旅不忘俎豆可爲好禮悅樂守死善道者也禮生有爵死有謚爵以殊尊卑謚以明善惡臣愚以爲宜因遵薨論叙衆功詳案謚法以禮成之顯章國家篤古之制爲後嗣法帝乃下升章以示公卿至葬車駕復臨贈以將軍侯印綬朱輪容車介士軍陳送葬謚曰成侯既葬車駕復臨其墳存見夫人室家其後會朝帝每歎曰安得憂國奉公之臣如祭征虜者乎遵之見思如此無子國除兄午官至酒泉太守從弟肜字次孫早孤以至孝見稱遇天下亂野無煙火而獨在冢側每賊過見其尙幼而有志節皆奇而哀之光武初以遵故拜肜爲黃門侍郞常在左右及遵卒無子帝追傷之以肜爲偃師長令近遵墳墓四時奉祠之肜有權略視事五歲縣無盜賊課爲第一遷襄賁音肥令時天下郡國尙未悉平襄賁盜賊白日公行肜

至誅破姦猾殄其支黨數年襄賁政清璽書增秩一等賜縑百疋當是時匈奴鮮卑及赤山烏桓連和彊盛數入塞殺掠吏人朝廷以爲憂益增緣邊兵郡有數千人又遣諸將分屯障塞帝以彤爲能建武十七年拜遼東太守至則厲兵馬廣斥堠彤有力能貫三百斤弓虜每犯塞常爲士卒鋒數破走之二十一年鮮卑萬餘騎寇遼東彤率數千人迎擊之自被甲陷陣虜大奔投水死者過半遂窮追出塞虜急皆棄兵裸身散走斬首三千餘級獲馬數千匹自是鮮卑震怖畏彤不敢復窺塞彤以三虜連和卒爲邊害二十五年乃使招呼鮮卑示以財利其大都護偏何遣使奉獻願得歸化彤慰納賞賜稍復親附其異種滿離高句驪之屬遂駱驛款塞上貂裘好馬帝輒倍其賞賜其後偏何邑落諸豪並歸義願自效彤曰審欲立功當歸擊匈奴斬送頭首乃可信耳偏何等仰天指心曰必自效即擊匈奴左伊秩訾部斬首二千餘級持頭詣郡其後歲歲相攻輒送首級受賞賜自是匈奴衰弱邊無寇警鮮卑烏桓並入朝貢彤爲人質厚重毅體貌絕衆撫夷狄以恩信皆畏而愛之故得其死力初赤山烏桓數犯上谷爲邊害詔書設購賞切責州郡不能禁彤乃率厲偏何遣往討之永平元年偏何擊破赤山斬其魁帥持首詣彤塞外震讋彤之威聲震於北方西自武威東盡元菟及樂浪胡夷皆來內附野無風塵乃悉罷緣邊屯兵十二年徵爲太僕彤在遼東幾三十年衣無兼副顯宗既嘉其功又美彤清約拜日賜錢百萬馬三匹衣被刀劍下至居室什物大小無不悉備帝每見彤常歎息以爲可屬以重任後從東巡狩過魯坐孔子講堂顧指子路室謂左右曰此太僕之室太僕吾之禦侮也十六年使彤將萬餘騎與南單于左賢王信伐北匈奴期至涿邪山信初有嫌於彤行至高闕塞九百餘里得小山乃妄言以爲涿邪山彤到不見虜而還坐逗遛畏懦下獄免彤性沉毅內重自恨見詐無功出獄數日嘔血死臨終謂其子曰吾蒙國厚恩奉使不稱微績不立身死慚恨義不可以無功受賞死後若悉簿上所得賜物身自詣兵屯效死前行以副吾心既卒其子逢上疏具陳遺言帝雅重彤方更任用聞之大驚召問逢疾狀嗟歎者良久焉烏桓鮮卑追思彤無已每朝賀京師常過冢拜謁仰天號泣乃去遼東吏人爲立祠四時奉祭焉彤既葬子參遂詣奉車都尉竇固從軍擊車師有功稍遷遼東太守永元中鮮卑入郡界參坐沮敗下獄死彤子孫多爲邊吏者皆有名稱

任光字伯卿南陽宛人也少忠厚爲鄉里所愛初爲鄉嗇夫郡縣吏漢兵至宛軍人見光冠服鮮明令解衣將殺而奪之會光祿勳劉賜適至視光容貌長者乃救全之光因率黨與從賜爲安集掾拜偏將軍與世祖破王尋王邑更始至洛陽以光爲信都太守及王郎起郡國皆降之光獨不肯遂與都尉李忠令萬修功曹阮況五官掾郭唐等同心固守廷掾持王郎檄詣府白光光斬之於市以徇百姓發精兵四千人城守更始二年春世祖自薊還狼狽不知所向傳聞信都獨爲漢拒邯鄲即馳赴之光等孤城獨守恐不能全聞世祖至大喜吏民皆稱萬歲即時開門與李忠萬修率官屬迎謁世祖入傳舍謂光曰伯卿今勢力虛弱欲俱入城頭子路力子都兵中何如邪光曰不可世祖曰卿兵少如何光曰可募發奔命出攻傍縣若不降者恣聽掠之民貪財物則兵可招而致也世祖從之拜光爲左大將軍封武成侯留南陽宗廣領信都太守事使光將兵從光乃多作檄文曰大司馬劉公將城頭子路力子都兵百萬衆從東方來擊諸反虜遣騎馳至鉅鹿界中吏民得檄轉相告語光武遂與光等投暮入堂陽界使騎各持炬火彌滿澤中光燄燭天地舉城莫不震驚惶怖其夜即降旬日之間兵衆大盛因攻破城邑遂屠邯鄲乃遣光歸郡城頭子路者東平人姓爰名曾字子路與肥城劉詡起兵盧城頭故號其兵爲城頭子路曾自稱都從事詡稱校三老寇掠河濟間衆至二十餘萬更始立曾遣使降拜曾東萊郡太守詡濟南太守皆行大將軍事是歲曾爲其將所殺衆推詡爲主更始封詡助國侯令罷兵歸本郡力子都者東海人也起兵鄉里鈔擊徐兗界衆有六七萬更始立遣使降拜子都徐州牧爲其部曲所殺餘黨復相聚與諸賊會於檀鄉因號爲檀鄉檀鄉渠帥董次仲始起茌平遂渡河入魏郡清河與五校合衆十餘萬建武元年世祖入洛陽遣大司馬吳漢等擊檀鄉明年春大破降之是歲更封光阿陵侯食邑萬戶五年徵詣京師奉朝請其冬卒子隗嗣後阮況爲南陽太守郭唐至河南尹皆有能名隗字仲和少好黃老清靜寡欲所得奉秩常以賑恤宗族收養孤寡顯宗聞之擢奉朝請遷羽林左監虎賁中郎將長水校尉肅宗即位雅相敬愛數稱其行以爲將作大匠將作大匠自建武以來常謁者兼之至隗乃置眞焉建初五年遷太僕八年代竇固爲光祿勳所歷皆有稱章和元年拜司空隗義行內修不求名譽而以沉正見重於世和帝即位大將軍竇憲秉權專作威福內外朝臣莫不震慴時憲擊匈奴

國用勞費隗奏議徵憲還前後十上獨與司徒袁安同心畢力持重處正讜言直議無所回隱語在袁安傳永元四年薨子屯嗣帝追思隗忠擢屯爲步兵校尉徙封西陽侯屯卒子勝嗣勝卒子世嗣徙封北鄉侯

李忠字仲都東萊黃人也父爲高密都尉忠元始中以父任爲郎署中數十人忠獨以好禮修整稱王莽時爲新博屬長郡中咸敬信之更始立使使者行郡國卽拜忠都尉官忠遂與任光同奉世祖以爲右大將軍封武固侯時世祖自解所佩綬以帶忠因從攻下屬縣至苦陘世祖會諸將問所得財物惟忠獨無所掠世祖曰我欲特賜李忠諸將得無望乎卽以所乘大驪馬及繡被衣物賜之進圍鉅鹿未下王郎遣將攻信都信都大姓馬寵等開城內之收太守宗廣及忠母妻而令親屬招呼忠時寵弟從忠爲校尉忠卽時責數以背恩反城因格殺之諸將皆驚曰家屬在人手中殺其弟何猛也忠曰若縱賊不誅則二心也世祖聞而美之謂忠曰今吾兵已成矣將軍可歸救老母妻子宜自募吏民能得家屬者賜錢千萬來從我取忠曰蒙明公大恩思得效命誠不敢內顧宗親世祖乃使任光將兵救信都光兵於道散降王郎無功而還會更始遣將攻破信都忠家屬得全世祖因使忠還行太守事收郡中大姓附邯鄲者誅殺數百人及任光歸郡忠乃還復都尉建武二年更封中水侯食邑三千戸其年徵拜五官中郎將從平龐萌董憲等六年遷丹陽太守是時海內新定南方海濱江淮多擁兵據土忠到郡招懷降附其不服者悉誅之旬月皆平忠以丹陽越俗不好學嫁娶禮儀衰於中國乃爲起學校習禮容春秋鄉飲選用明經郡中向慕之墾田增多三歲間流民占著者五萬餘口十四年三公奏課爲天下第一遷豫章太守病去官徵詣京師十九年卒子威嗣威卒子純嗣永平九年坐母殺純叔父國除永初七年鄧太后復封純琴亭侯純卒子廣嗣

萬修字君游扶風茂陵人也更始時爲信都令與太守任光都尉李忠共城守迎世祖拜爲偏將軍封造義侯及破邯鄲拜右將軍從平河北建武二年更封槐里侯與揚化將軍堅鐔俱擊南陽未克而病卒于軍子普嗣徙封泫氏侯普卒子親嗣徙封扶柳侯親卒無子國除永初七年鄧太后紹封修曾孫豐爲曲平亭侯豐卒子熾嗣永建元年熾卒無子國除延熹二年桓帝紹封修元孫恭爲門德亭侯

邳彤字偉君信都人也父吉爲遼西太守彤初爲王莽和成卒正世祖徇河北至下曲陽彤舉城降復以爲太守留止數日世祖北至薊會王郎兵起使其將徇地所到縣莫不奉迎唯和成信都堅守不下彤聞世祖從薊還失軍欲至信都乃先使五官掾張萬督郵尹綏選精騎二千餘匹緣路迎世祖軍彤尋與世祖會信都世祖雖得二郡之助而兵衆未合議者多言可因信都兵自送西還長安彤廷對曰議者之言皆非也吏民謳吟思漢久矣故更始舉尊號而天下響應三輔清宮除道以迎之一夫荷戟大呼則千里之將無不捐城逃遁虜伏請降自古以來亦未有感物動民其如此者也又卜者王郎假名因勢驅集烏合之衆遂震燕趙之地況明公奮二郡之兵揚響應之威以攻則何城不克以戰則何軍不服今釋此而歸豈徒空失河北必更驚動三輔墮損威重非計之得者也若明公無復征戰之意則信都之兵猶難會也何者明公既西則邯鄲城民不肯捐父母背城主而千里送公其離散亾逃可必也世祖善其言而止卽日拜彤爲後大將軍和成太守如故使將兵居前北至堂陽堂陽已反屬王郎彤使張萬尹綏先曉譬吏民世祖夜至卽開門出迎引兵擊破白奢賊於中山自此常從戰攻信都復反爲王郎郎所置信都王捕繫彤父弟及妻子使爲手書呼彤曰降者封爵不降族滅彤涕泣報曰事君者不得顧家彤親屬所以至今得安於信都者劉公之恩也公方爭國事彤不得復念私也會更始所遣將攻拔信都王郎兵敗走彤家屬得免及拔邯鄲封武義侯建武元年更封靈壽侯行大司空事帝入洛陽拜彤太常月餘日轉少府是年免復爲左曹侍中常從征伐六年就國彤卒子湯嗣九年徙封樂陵侯十九年湯卒子某嗣無子國除元初元年鄧太后紹封彤孫音爲平亭侯音卒子柴嗣初張萬尹綏與彤俱迎世祖皆拜偏將軍亦從征伐張萬封重平侯綏封平臺侯

劉植字伯先鉅鹿昌城人也王郎起植與弟喜從兄歆率宗黨賓客聚兵數千人據昌城聞世祖從薊還迺開門迎世祖以植爲驍騎將軍喜歆偏將軍皆爲列侯時眞定王劉揚起兵以附王郎衆十餘萬世祖遣植說揚揚乃降世祖因留眞定納郭后后卽揚之甥也故以此結之迺與揚及諸將置酒郭氏漆里舍揚擊筑爲歡因得進兵拔邯鄲從平河北建武二年更封植爲昌城侯討密縣賊戰歿子向嗣帝使喜代將植營復爲驍騎將軍封觀津侯喜卒復以歆爲驍騎將軍封浮陽侯喜歆從征伐皆傳國于後向徙封東武陽侯卒子述嗣永平

十五年坐與楚王英謀反國除

耿純字伯山鉅鹿宋子人也父艾為王莽濟平尹純學於長安因除為納言士王莽敗更始立使舞陰王李軼降諸郡國純父艾降還為濟南太守時李軼兄弟用事專制方面賓客游說者甚衆純連求謁不得通久之乃得見因說軼曰大王以龍虎之姿遭風雲之時奮迅拔起期月之閒兄弟稱王而德信不聞於士民功勞未施於百姓寵祿暴興此智者之所忌也兢兢自危猶懼不終而況沛然自足可以成功者乎軼奇之且以其鉅鹿大姓迺承制拜為騎都尉授以節令安集趙魏會世祖渡河至邯鄲純即詣見世祖深接之純退見官屬將兵法度不與他將同遂求自結納獻馬及縑帛數百疋世祖北至中山留純邯鄲會王郎反世祖自薊東南馳純與從昆弟訢宿植共率宗族賓客二千餘人老病者皆載木自隨（木者棺也）奉迎於育拜純為前將軍封耿鄉侯訢宿植皆偏將軍使與純居前降宋子從攻下曲陽及中山是時郡國多降邯鄲者純恐宗家懷異心乃使訢宿歸燒其廬舍世祖問純故對曰竊見明公單車臨河北非有府藏之蓄重賞甘餌可以聚人者也徒以恩德懷之是故士衆樂附今邯鄲自立北州疑惑純雖舉族歸命老弱在行猶恐宗人賓客半有不同心者故燔燒屋室絕其反顧之望世祖歎息及至鄗光武止傳舍鄗大姓蘇公反城開門內王郎將李惲純先覺知將兵逆與惲戰大破斬之從平邯鄲又破銅馬時赤眉青犢上江大彤鐵脛五幡十餘萬衆並在射犬世祖引兵將擊之純軍在前去衆營數里賊忽夜攻純雨射營中士多死傷純勒部曲堅守不動選敢死士二千人俱持彊弩各傳三矢使衘枚閒行繞出賊後齊聲呼譟彊弩並發賊衆驚走追擊遂大破之馳騎白世祖世祖明旦與諸將俱至營勞純曰昨夜困乎純曰賴明公威德幸而獲全世祖曰大兵不可夜動故不相救耳軍營進退無常卿宗族不可悉居軍中迺以純族人耿伋為蒲吾長悉令將親屬居焉世祖即位封純高陽侯擊劉永於濟陰下定陶初純從攻王郎墮馬折肩時疾發迺還詣懷宮帝問卿兄弟誰可使者純舉從弟植於是使植將純營純猶以前將軍從時眞定王劉揚復造作讖記云赤九之後癭揚為主揚病癭欲以惑衆與綿曼賊交通建武二年春遣騎都尉陳副游擊將軍鄧隆徵揚揚閉城門不內副等乃復遣純持節行赦令於幽冀所過並使慰勞王侯密勑純曰劉揚若見因而收之純從百餘騎與副隆會元氏俱至眞定止傳舍揚稱病不謁以純眞定宗室之出遣使與純書欲相見純報曰奉使見王侯牧守不得先詣如欲面會宜出傳舍時揚弟林邑侯讓及從兄細各擁兵萬餘人揚自恃衆彊而純意安靜即從官屬詣之兄弟並將輕兵在門外揚入見純純接以禮敬因延請其兄弟皆入乃閉閤悉誅之因勒兵而出眞定震怖無敢動者帝憐揚讓謀未發並封其子復故國純還京師因自請曰臣本吏家子孫幸遭大漢復興聖帝受命備位列將爵為通侯天下略定臣無所用志願試治一郡盡力自效帝笑曰卿既治武復欲修文邪乃拜純為東郡太守時東郡未平純視事數月盜賊清寧四年詔純將兵擊更始東平太守范荊荊降進擊泰山濟南及平原賊皆平之居東郡四歲時發干長有罪純按奏圍守之奏未下長自殺純坐免以列侯奉朝請從擊董憲道過東郡百姓老小數千隨車駕涕泣云願復得耿君帝謂公卿曰純年少被甲冑為軍吏耳治郡乃能見思若是乎六年定封為東光侯純辭就國帝曰文帝謂周勃丞相吾所重君為我率諸侯就國今亦然也純受詔而去至鄴賜穀萬斛到國弔死問病民愛敬之八年東郡濟陰盜賊羣起遣大司空李通橫野大將軍王常擊之帝以純威信著於衞地遣使拜太中大夫使與大兵會東郡東郡聞純入界盜賊九千餘人皆詣純降大兵不戰而還璽書復以為東郡太守吏民悅服十三年卒於官謚曰成侯子阜嗣植後為輔威將軍封武邑侯宿至代郡太守封遂鄉侯訢為赤眉將軍封著武侯從鄧禹西征戰死雲陽凡宗族封列侯者四人關內侯者三人為二千石者九人阜徙封為莒鄉侯永平十四年坐同族耿歙與楚人顏忠辭語相連國除建初二年肅宗追思純功紹封阜子盱為高亭侯盱卒無嗣帝復封盱弟騰騰卒子忠嗣忠卒孫緒嗣

朱祐字仲先南陽宛人也少孤歸外家復陽劉氏往來舂陵世祖與伯升皆親愛之伯升拜大司徒以祐為護軍及世祖為大司馬討河北復以祐為護軍常見親幸舍止於中祐侍讌從容曰長安政亂公有日角之相此天命也世祖曰召刺姦收護軍祐乃不敢復言從征河北常力戰陷陣以為偏將軍封安陽侯世祖即位拜建義大將軍建武二年更封堵陽侯冬與諸將擊鄧奉於淯陽祐軍敗為奉所獲明年奉破乃肉袒因祐降帝復祐位而厚加慰賜遣擊新野隨皆平之延岑自敗於穰遂與秦豐將張成合祐率征虜將軍祭遵與戰於東陽大破之臨陣斬成延岑敗走歸豐祐收得印綬九十七

進擊黃鄭降之賜祐黃金三十斤四年率破姦將軍侯進輔威將軍耿植代征南大將軍岑彭圍秦豐於黎邱破其將張康於蔡陽斬之帝自至黎邱使御史中丞李由持璽書招豐豐出惡言不肯降車駕引還勑祐方略祐盡力攻之明年夏城中窮困豐乃將其母妻子九人肉袒降祐檻車傳豐送洛陽斬之大司馬吳漢劾奏祐廢詔受降違將帥之任帝不加罪祐還與騎都尉臧宮會擊延岑餘黨陰鄼筑陽三縣賊悉平之祐爲人質直尙儒學將兵率衆多受降以克定城邑爲本不存首級之功又禁制士卒不得虜掠百姓軍人樂放縱多以此怨之九年屯南行唐拒匈奴十三年增邑定封鬲侯食邑七千三百戸十五年朝京師上大將軍印綬因留奉朝請祐奏古者人臣受封不加王爵可改諸王爲公帝卽施行又奏宜令三公並去大名以法經典後遂從其議祐初學長安帝往候之祐不時相勞苦而先升講舍後車駕幸其第帝因笑曰主人得無捨我講乎以有舊恩數蒙賞賚二十四年卒子商嗣商卒子演嗣永元十四年坐從兄伯爲外孫陰皇后巫蠱事免爲庶人永初七年鄧太后紹封演子沖爲鬲侯

景丹字孫卿馮翊櫟陽人也少學長安王莽時舉四科丹以言語爲固德侯相有幹事稱遷朔調連率副貳更始立遣使者徇上谷丹與連率耿況降復爲上谷長史王郎起丹與況共謀拒之況使丹與子弇及寇恂等將兵南歸世祖世祖引見丹等笑曰邯鄲將帥數言我發漁陽上谷兵吾聊應言然何意二郡良爲吾來方與士大夫共此功名耳拜丹爲偏將軍號奉義侯從擊王郎將兒宏於南䜌郎兵迎戰漢軍退卻丹等縱突騎擊大破之追奔十餘里死者縱橫丹還世祖謂曰吾聞突騎天下精兵今乃見其戰樂可言邪遂從征河北世祖卽位以讖文用平狄將軍孫咸行大司馬衆咸不悅詔舉可爲大司馬者羣臣所推惟吳漢與丹帝曰景將軍北州大將軍是其人也然吳將軍有建大策之勳又誅苗幽州謝尙書其功大舊制驃騎將軍與大司馬相兼也乃以吳漢爲大司馬而拜丹爲驃騎大將軍建武二年定封櫟陽侯帝謂丹曰今關東故王國雖數縣不過櫟陽萬戸邑夫富貴不歸故鄉如衣繡夜行故以封卿耳丹頓首謝秋與吳漢建威大將軍耿弇建義大將軍朱祐執金吾賈復偏將軍馮異彊弩將軍陳俊左曹王常騎都尉臧宮等從擊破五校於羛陽降其衆五萬人會陝賊蘇況攻破弘農生獲郡守丹時病帝以其舊將欲令彊起領郡事乃夜召入謂曰賊迫近京師但得將軍威重臥以鎭之足矣丹不敢辭乃力疾將營到郡十餘日薨子尙嗣徙封余吳侯尙卒子苞嗣苞卒子臨嗣無子國絕永初七年鄧太后紹封苞弟遽爲監亭侯

王梁字君嚴漁陽安陽人也爲郡吏太守彭寵以梁守狐奴令與蓋延吳漢俱將兵南及世祖於廣阿拜偏將軍旣拔邯鄲賜爵關內侯從平河北拜野王令與河內太守寇恂南拒洛陽北守天井關朱鮪等不敢出兵世祖以爲梁功及卽位議選大司空而赤伏符曰王梁主衞作元武帝以野王衞之所徙元武水神之名司空水土之官也於是拜梁爲大司空封武彊侯建武二年與大司馬吳漢等俱擊檀鄉有詔軍事一屬大司馬而梁輒發野王兵帝以其不奉詔勑令止所在縣而梁復以便宜進軍帝以梁前後違命大怒遣尙書宗廣持節卽軍中斬之廣不忍乃檻車送京師旣至赦之月餘以爲中郎將行執金吾事北守箕關擊赤眉別校降之三年春轉擊五校追至信都趙國破之悉平諸屯聚冬遣使者持節拜梁前將軍四年春擊肥城文陽拔之進與驃騎大將軍杜茂擊佼彊蘇茂於楚沛間拔大梁齧桑而捕虜將軍馬武偏將軍王霸亦分道並進歲餘悉平之五年從救桃城破龐萌等梁戰尤力拜山陽太守鎭撫新附將兵如故數月徵入代歐陽歙爲河南尹梁穿渠引穀水注洛陽城下東寫鞏川及渠成而水不流有司劾奏之梁慙懼上書乞骸骨詔書切責然猶以爲濟南太守十三年增邑定封阜成侯十四年卒官子禹嗣禹卒子堅石嗣堅石追坐父禹及弟平與楚王英謀反棄市國除

杜茂字諸公南陽冠軍人也初歸光武於河北爲中堅將軍常從征伐世祖卽位拜大將軍封樂鄉侯北擊五校於眞定進降廣平建武二年更封苦陘侯與中郎將王梁擊五校賊於魏郡清河東郡悉平諸營保降其持節大將三十餘人三郡清靜道路流通明年遣使拜茂爲驃騎大將軍擊沛郡拔芒時西防復反迎佼彊五年春茂率捕虜將軍馬武進攻西防數月拔之彊奔董憲東方旣平七年詔茂引兵北屯田晉陽廣武以備胡寇九年與鴈門太守郭涼擊盧芳將尹由於繁畤芳將賈覽率胡騎萬餘救之茂戰軍敗引入樓煩城時盧芳據高柳與匈奴連兵數寇邊民帝患之十二年遣謁者段忠將衆郡弛刑配茂鎭守北邊因發邊卒築亭候修烽火又發委輸金帛繒絮供給軍士并賜邊民冠蓋相望茂亦遣屯田驢車轉運先是鴈門人賈丹霍匡解勝等

爲尹由所畧由以爲將率與其守平城丹等鬬芳敗遂共殺由詣郭涼涼上狀皆封爲列侯詔送委輸金帛賜茂涼軍吏及平城降民自是盧芳城邑稍稍來降涼誅其豪右郇氏之屬鎭撫羸弱旬月間鴈門且平芳遂亾入匈奴帝擢涼子爲中郎宿衛左右涼字公文右北平人也身長八尺氣力壯猛雖武將然通經書多智畧尤曉邊事有名北方初幽州牧朱浮辟爲兵曹掾擊彭寵有功封廣武侯十三年增茂邑更封修侯十五年坐斷兵馬稟縑使軍吏殺人免官削戶邑定封參蘧鄉侯十九年卒子元嗣永平十四年坐與東平王等謀反減死一等國除永初七年鄧太后紹封茂孫奉爲安樂亭侯

馬成字君遷南陽棘陽人也少爲縣吏世祖徇潁川以成爲安集掾調守郟令及世祖討河北成即棄官步負追及於滿陽以成爲期門從征伐世祖即位再遷護軍都尉建武四年拜揚武將軍督誅虜將軍劉隆振威將軍宋登射聲校尉王賞發會稽丹陽九江六安四郡兵擊李憲時帝幸壽春設壇場祖禮遣之進圍憲於舒令諸軍各深溝高壘憲數挑戰成堅壁不出守之歲餘至六年春城中食盡乃攻之遂屠舒斬李憲追擊其黨與盡平江淮地七年夏封平舒侯八年從征破隗囂以成爲天水太守將軍如故冬徵還京師九年代來歙守中郎將率武威將軍劉尚等破河池遂平武都明年大司空李通罷以成行司空事居府如眞數月復拜揚武將軍十四年詔屯常山中山以備北邊并領建義大將軍朱祐營又代驃騎大將軍杜茂繕治障塞自西河至渭橋河上至安邑太原至井陘中山至鄴皆築堡壁起烽燧十里一堠在事五六年帝以成勤勞徵還京師邊人多上書求請者復遣成還屯及南單于保塞北方無事拜爲中山太守上將軍印綬領屯兵如故二十四年南擊武谿蠻賊無功上太守印綬二十七年定封全椒侯就國三十二年卒子衛嗣衛卒子香嗣徙封棘陵侯香卒子豐嗣豐卒子元嗣元卒子邑嗣邑卒子醜嗣桓帝時以罪失國延熹二年帝復封成元孫昌爲益陽亭侯

劉隆字元伯南陽安衆侯宗室也王莽居攝中隆父禮與安衆侯崇起兵誅莽事泄隆以年未七歲故得免及壯學於長安更始拜爲騎都尉謁歸迎妻子置洛陽聞世祖在河內追及於射犬以爲騎都尉與馮異共拒朱鮪李軼等軼遂殺隆妻子建武二年封亢父侯四年拜誅虜將軍討李憲憲平遣隆屯田武當十一年守南郡太守歲餘上將軍印綬十三年增邑更封竟陵侯是時天下墾田多不以實又戶口年紀互有增減十五年詔下州郡檢覈其事而刺史太守多不均平猶優饒豪右侵刻羸弱百姓嗟怨遮道號呼時諸郡遣使奏事帝見陳留吏牘上有書視之云潁川弘農可問河南南陽不可問帝詰吏由趣吏不肯服抵言於長壽街上得之帝怒時顯宗爲東海公年十二在幄後言曰吏受郡勑當欲以墾田相方耳帝曰即如此何故言河南南陽不可問對曰河南帝城多近臣南陽帝鄉多近親田宅踰制不可爲準帝令虎賁將詰問吏吏乃實首服如顯宗對於是遣謁者考實具知姦狀明年隆坐徵下獄其儔輩十餘人皆死帝以隆功臣特免爲庶人明年復封爲扶樂鄉侯以中郎將副伏波將軍馬援擊交阯蠻夷徵側等隆別於禁谿口破之獲其帥徵貳斬首千餘級降者二萬餘人還更封大國爲長平侯及大司馬吳漢薨隆爲驃騎將軍行大司馬事隆奉法自守視事八歲上將軍印綬罷賜養牛上樽酒十斛以列侯奉朝請三十年定封愼侯中元二年卒謚曰靖侯子安嗣

傅俊字子衛潁川襄城人也世祖徇襄城俊以縣亭長迎軍拜爲校尉襄城收其母弟宗族皆滅之從破王尋等以爲偏將軍別擊京密破之遣歸潁川收葬家屬及世祖討河北俊與賓客十餘人北追及於邯鄲上謁世祖使將潁川兵常從征伐世祖即位以俊爲侍中建武二年封昆陽侯三年拜俊積弩將軍與征南大將軍岑彭擊破秦豐因將兵徇江東揚州悉定七年卒謚曰威侯子昌嗣徙封蕪湖侯建初中遭母憂因上書以國貧不願之封乞錢五十萬爲關內侯肅宗怒貶爲關內侯竟不賜錢永初七年鄧太后復封昌子鐵爲高置亭侯

堅鐔字子伋潁川襄城人也爲郡縣吏世祖討河北或薦鐔者因得召見以其吏能署主簿又拜偏將軍從平河北別擊破大槍於盧奴世祖即位拜鐔揚化將軍封濦彊侯與諸將攻洛陽而朱鮪別將守東城者爲反間私謁鐔晨開上東門鐔與建義大將軍朱祐乘朝而入與鮪大戰武庫下殺傷甚衆至旦食乃罷鮪由是遂降又別擊內黃平之建武二年與右將軍萬脩徇南陽諸縣而堵鄉人董訢反宛城獲南陽太守劉驎鐔乃引軍赴宛選敢死士夜自登城斬關而入訢遂棄城走還堵鄉鄧奉復反新野攻破吳漢時萬脩病卒鐔獨孤絕南拒鄧奉北當董訢一年間道路隔塞糧饋不至鐔食蔬茹與士卒共勞苦每急輒先當矢石身被三創以此能全其衆及帝征南陽擊破訢奉以鐔爲左曹常從征伐六年定封合肥侯二十六年卒子鴻嗣鴻卒子浮嗣浮

卒子雅嗣

馬武字子張南陽湖陽人也少時避讎客居江夏王莽末竟陵西陽三老起兵於郡界武往從之後入綠林中遂與漢軍合更始立以武爲侍郎與世祖破王尋等拜爲振威將軍與尚書令謝躬俱攻王郎及世祖拔邯鄲請躬與武置酒高會因欲以圖躬不克旣罷獨與武登叢臺從容謂武曰吾得漁陽上谷突騎欲令將軍將之何如武曰駑怯無方畧世祖曰將軍久將習兵豈與我掾史同哉武由是歸心及謝躬誅死武馳至射犬降世祖見之甚悅引置左右每勞饗諸將武輒起斟酌於前世祖以爲歡復使將其部曲至鄴武叩頭辭以不願世祖愈美其意因從擊羣賊世祖擊尤來五幡等敗於愼水武獨殿還陷陣故賊不得迫及進至安定次小廣陽武常爲軍鋒力戰無前諸將皆引而隨之故遂破賊窮追至平谷浚靡而還世祖即位以武爲侍中騎都尉封山都侯建武四年與虎牙將軍蓋延等討劉永武別擊濟陰下成武楚丘拜捕虜將軍明年龐萌反攻桃城武先與戰破之會車駕至萌遂敗走六年夏與建威大將軍耿弇西擊隗囂漢軍不利引下隴囂追急武選精騎還爲後拒身被甲持戟奔擊殺數千人囂兵乃退諸軍得還長安十三年增邑更封鄃侯將兵北屯下曲陽備匈奴坐殺軍吏受詔將妻子就國武徑詣洛陽上將軍印綬削戶五百定封爲揚虛侯因留奉朝請帝後與功臣諸侯讌語從容言曰諸卿不遭際會自度爵祿何所至乎高密侯鄧禹先對曰臣少嘗學問可郡文學博士帝曰何言之謙乎卿鄧氏子志行修整何爲不掾功曹餘各以次對至武曰臣以武勇可守尉督盜賊帝笑曰且勿爲盜賊自致亭長斯可矣武爲人嗜酒闊達敢言時醉在御前面折同列言其短長無所避忌帝故縱之以爲笑樂帝雖制御功臣而每能回容宥其小失遠方貢珍甘必先徧賜列侯而太官無餘有功輒增邑賞不任以吏職故皆保其福祿終無誅譴者二十五年武以中郎將將兵擊武谿蠻還上印綬顯宗初西羌寇隴右覆軍殺將朝廷患之復拜武捕虜將軍以中郎將王豐副與監軍使者竇固右護都尉陳訢將烏桓黎陽營三輔募士涼州諸郡羌胡兵及弛刑合四萬人擊之到金城浩亹與羌戰浩音閤亹音門斬首六百級又戰於洛都谷爲羌所敗死者千餘人羌乃率衆引出塞武復追擊到東西邯大破之斬首四千六百級獲生口千六百人餘皆降散武振旅還京師增邑七百戶并前千八百戶永平四年卒子檀嗣坐兄伯濟與楚王英黨顏忠謀反國除永初七年鄧太后紹封武孫震爲繆亭侯震卒子側嗣

范曄論畧曰中興二十八將前世以爲上應二十八宿未之詳也然咸能感會風雲奮其智勇稱爲佐命亦各志能之士也議者多非光武不以功臣任職至便英姿茂績委而勿用原夫深圖遠算固將有以焉若乃王道旣衰降及霸德猶能授受惟庸勳賢皆序如管隰之迭升桓世先趙之同列文朝可謂兼通矣降自秦漢世資戰力至於翼扶王運皆武人屈起亦有鬻繒屠狗輕猾之徒或崇以連城之賞或任以阿衡之地故勢疑則隙生力侔則亂起蕭樊且猶縲紲信越終見葅戮不其然乎自兹以降迄于孝武宰輔五世莫非公侯遂使縉紳道塞賢能蔽壅朝有世及之私下多抱關之怨其懷道無聞委身草莽者亦何可勝言故光武監前事之違存矯枉之志雖寇鄧之高勳耿賈之鴻烈分土不過大縣數四所加特進朝請而已觀其治平臨政課職責咎將所謂導之以政齊之以刑者乎若格之功臣其傷已甚何者直繩則虧喪恩舊撓情則違廢禁典選德則功不必戮舉勞則人或未賢參任則羣心難塞並列則其弊未遠不得不校其勝否即以事相權故高秩厚禮允答元功峻文深憲責成吏職建武之世侯者百餘若夫數公者則與參國議分均休咎其餘並優以寬科完其封祿莫不終以功名延慶于後昔留侯以爲高祖悉用蕭曹故人而郭伋亦譏南陽多顯鄭興又戒功臣專任夫崇恩偏授易啓私溺之失至公均被必廣招賢之路意者不其然乎永平中顯宗追感前世功臣乃圖畫二十八將於南宮雲臺其外又有王常李通竇融卓茂合三十二人故依其本第係之篇末以志功臣之次云爾

太傅高密侯鄧禹　中山太守全椒侯馬成　大司馬廣平侯吳漢　河南尹阜成侯王梁　左將軍膠東侯賈復　瑯邪太守祝阿侯陳俊　建威大將軍好畤侯耿弇　驃騎大將軍參蘧侯杜茂　執金吾雍奴侯寇恂　積弩將軍昆陽侯傅俊　征南大將軍舞陽侯岑彭　左曹合肥侯堅鐔　征西大將軍陽夏侯馮異　上谷太守淮陽侯王霸　建義大將軍鬲侯朱祐　信都太守阿陵侯任光　征虜將軍潁陽侯祭遵　豫章太守中水侯李忠　驃騎大將軍櫟陽侯景丹　右將軍槐里侯萬脩　虎牙大將軍安平侯蓋延　太常靈壽侯邳彤　衞尉安成侯銚期　驍騎將軍昌成侯劉

植　東郡太守東光侯耿純　橫野大將軍山桑侯王常　城門校尉朗陵侯臧宮　大司空固始侯李通　捕虜將軍揚虛侯馬武　大司空安豐侯竇融　驃騎將軍愼侯劉隆　太傅宣德侯卓茂

竇融字周公扶風平陵人也七世祖廣國孝文皇后之弟封章武侯融高祖父宣帝時以吏二千石自常山徙焉融早孤王莽居攝中爲彊弩將軍司馬東擊翟義還攻槐里以軍功封建武男女弟爲大司空王邑小妻家長安中出入貴戚連結閭里豪傑以任俠爲名然事母兄養弱弟內修行義王莽末靑徐賊起太師王匡請融爲助軍與共東征及漢兵起融復從王邑敗於昆陽下歸長驅入關王邑薦融拜爲波水將軍賜黃金千斤引兵至新豐莽敗以軍降更始大司馬趙萌萌以爲校尉甚重之薦融爲鉅鹿太守融見更始新立東方尙擾不欲出關而高祖父嘗爲張掖太守從祖父爲護羌校尉從弟亦爲武威太守累世在河西知其土俗獨謂兄弟曰天下安危未可知河西殷富帶河爲固張掖屬國精兵萬騎一旦緩急杜絕河津足以自守此遺種處也兄弟皆然之融於是曰往守萌辭讓鉅鹿圖出河西萌爲言於更始乃得爲張掖屬國都尉融大喜卽將家屬而西既到撫結豪傑懷輯羌虜甚得其歡心西河翕然歸之是時酒泉太守梁統金城太守庫鈞張掖都尉史苞酒泉都尉竺曾敦煌都尉辛肜並州郡英俊融皆與爲厚善及更始敗融與梁統等計議曰今天下擾亂未知所歸河西斗絕在羌胡中不同心戮力則不能自守權均力齊復無以相率當推一人爲大將軍共全五郡觀時變動議既定而各謙讓咸以融世任河西爲吏人所敬向乃推融行河西五郡大將軍事是時武威太守馬期張掖太守任仲並孤立無黨乃共移書告示之二人卽解印綬去於是以梁統爲武威太守史苞爲張掖太守竺曾爲酒泉太守辛肜爲敦煌太守庫鈞爲金城太守融居屬國領都尉職如故置從事監察五郡河西民俗質朴而融等政亦寬和上下相親晏然富殖脩兵馬習戰射明烽燧之警羌胡犯塞融自將與諸郡相救皆如符要每輒自破之其後匈奴懲艾希復侵寇而保塞羌胡皆震服親附安定北地上郡流人歸之不絕融等遙聞光武卽位而心欲東向以河西隔遠未能自通時隗囂先稱建武年號融等從受正朔囂皆假其將軍印綬囂外順人望內懷異心使辯士張元游說河西曰更始事業已成尋復亡滅此一姓不再興之效今卽有所主便相係屬一旦拘制自令失柄後有危殆雖悔無及今豪傑競逐雌雄未決當各據其土宇與隴蜀合從高可爲六國下不失尉佗融等於是召豪傑及諸太守計議其中智者皆曰漢承堯運歷數延長今皇帝姓號見於圖書自前世博物道術之士谷子雲夏賀良等建明漢有再受命之符故劉子駿改易名字冀應其占及莽末道士西門君惠言劉秀當爲天子遂謀立子駿事覺被殺出謂百姓觀者曰劉秀眞汝主也皆近事暴著智者所共見也除言天命且以人事論之今稱帝者數人而洛陽土地最廣甲兵最彊號令最明觀符命而察人事他姓殆未能當也諸郡太守各有賓客或同或異融小心精詳遂決策東向五年夏遣長史劉鈞奉書獻馬先是帝聞河西完富地接隴蜀常欲招之以逼囂述亦發使遺融書遇鈞於道卽與俱還帝見鈞歡甚禮饗畢乃遣令還賜融璽書曰制詔行河西五郡大將軍事屬國都尉勞鎭守邊五郡兵馬精彊倉庫有蓄民庶殷富外則折挫羌胡內則百姓蒙福威德流聞虛心相望道路隔塞邑邑何已長史所奉書獻馬悉至深知厚意今益州有公孫子陽天水有隗將軍方蜀漢相攻權在將軍舉足左右便有輕重以此言之欲相厚豈有量哉諸事具長史所見將軍所知王者迭興千載一會欲遂立桓文輔微國當勉卒功業欲三分鼎足連衡合從亦宜以時定天下未幷吾與爾絕域非相吞之國今之議者必有任囂效尉佗制七郡之計王者有分土無分民自適己事而已今以黃金二百斤賜將軍便宜輒言因授融爲涼州牧璽書既至河西咸驚以爲天子明見萬里之外網羅張元之情融卽復遣鈞上書曰臣融竊伏自惟幸得託先后末屬蒙恩爲外戚累世二千石至臣之身復備列位假歷將帥守持一隅以委質則易爲辭以納忠則易爲力書不足以深達至誠故遣劉鈞口陳肝膽自以底裏上露長無纖介而璽書盛稱蜀漢二主三分鼎足之權任囂尉佗之謀竊自痛傷臣融雖無識猶知利害之際逆順之分豈可背眞舊之主事姦僞之人廢忠貞之節爲傾覆之事棄已成之基求無冀之利此三者雖問狂夫猶知去就而臣獨何以用心謹遣同產弟友詣闕口陳區區友至高平會囂反畔道絕馳歸遣司馬席封閒行通書帝復遣席封賜融友書所以尉藉之甚備融既深知帝意乃與隗囂書責讓之曰伏惟將軍國富政修士兵懷附親遇厄會之際國家不利之時守節不回承事本朝後遣伯春委身於國無疑之誠於斯有效融等所以欣服高義願從役於將軍者良爲此

也而忍悁之閒改節易圖君臣分爭上下接兵委成功造難就去從議爲橫謀百年累之一朝毀之豈不惜乎殆執事者貪功建謀以至於此融竊痛之當今西州地勢局迫人兵離散易以輔人難以自建計若失路不反聞道猶迷不南合子陽則北入文伯耳夫負虛交而易彊禦恃遠救而輕近敵未見其利也融聞智者不危衆以舉事仁者不違義以要功今以小敵大於衆何如棄子徼功於義何如且初事本朝稽首北面忠臣節也及遣伯春垂涕相送慈父恩也俄而背之謂吏士何忍而棄之謂留子何自起兵以來轉相攻擊城郭皆爲丘墟生人轉於溝壑今其存者非鋒刃之餘則流亡之孤迄今傷痍之恥未愈哭泣之聲尚聞幸賴天運少還而大將軍復重於難是使積痾不得遂瘳孤幼將復流離其爲悲痛尤足愍傷言之可爲酸鼻庸人且猶不忍況仁者乎融聞爲忠甚易得宜實難憂人太過以德取怨知且以言獲罪也區區所獻唯將軍省焉囂不納融乃與五郡太守共砥厲兵馬上疏請師期帝甚嘉美之乃賜融以外屬圖及太史公五宗外戚世家魏其侯列傳詔報曰每追念及外屬孝景皇帝出自竇氏先王景帝之子朕之所祖昔魏其一言繼統以正長君少君尊奉師傅修成淑德施及子孫此皇太后神靈上天祐漢也從天水來者寫將軍所讓隗囂書痛入骨髓畔臣見之當股慄慙愧忠臣則酸鼻流涕義士則曠若發矇非忠孝愨誠孰能如此豈其德薄者所能克堪囂自知失河西之助族禍將及欲設離閒之說亂惑眞心轉相解搆以成其姦又京師百僚不曉國家及將軍本意多能採取虛僞誇誕妄談令忠孝失望傳言乖實毀譽紛來皆不徒然不可不思今關東盜賊已定大兵今當悉西將軍其抗厲威武以應期會融被詔卽與諸郡守將兵入金城初更始時先零羌封何諸種殺金城太守居其郡隗囂使使賂遺封何與共結盟欲發其衆融等因軍出進擊封何大破之斬首千餘級得牛馬羊萬頭穀數萬斛因並河揚威武伺候車駕時大兵未進融乃引還帝以融信效著明益嘉之詔扶風修理融父墳塋祠以太牢數馳輕使致遺四方珍羞梁統乃使人刺殺張元遂與囂絕皆解所假將軍印綬七年夏酒泉太守竺曾以弟報怨殺人而去郡融承制拜曾爲武鋒將軍更以辛肜代之秋隗囂發兵寇安定帝將自西征之先戒融期會遇雨道斷且囂兵已退乃止融至姑臧被詔罷歸融恐大兵遂久不出乃上書曰囂聞車駕當西臣融東下士衆騷動計且不戰囂將高峻之屬皆欲逢迎大軍後聞兵罷峻等復疑囂揚言東方有變西州豪傑遂復附從囂又引公孫述將令守突門臣融孤弱介在其閒雖承威靈宜速救助國家當其前臣融促其後緩急迭用首尾相資囂勢排迮不得進退此必破也若兵不早進久生持疑則外長寇讎內示困弱復令讒邪得有因緣臣竊憂之惟陛下哀憐帝深美之八年夏車駕西征隗囂融率五郡太守及羌虜小月氏等步騎數萬輜重五千餘兩與大軍會高平第一融先遣從事問會見儀適是時軍旅代興諸將與三公交錯道中或背使者交私語帝聞融先問禮儀甚善之以宣告百僚乃置酒高會引見融等待以殊禮拜弟友爲奉車都尉從弟士太中大夫遂共進軍囂衆大潰城邑皆降帝高融功下詔以安豐陽泉蓼安安風四縣封融爲安豐侯弟友爲顯親侯遂以次封諸將帥武鋒將軍竺曾爲助義侯武威太守梁統爲成義侯酒泉太守史苞爲褒義侯金城太守庫鈞爲輔義侯酒泉太守辛肜爲扶義侯封爵既畢乘輿東歸悉遣融等西還所鎭融以兄弟並受爵位久專方面懼不自安數上書求代詔報曰吾與將軍如左右手數執謙退何不曉人意勉循士民無擅離部曲及隴蜀平詔融與五郡太守奏事京師官屬賓客相隨駕乘千餘兩牛馬羊被野融到洛陽城門上涼州牧張掖屬國都尉安豐侯印綬詔遣使者還侯印綬引見就諸侯位賞賜恩寵傾動京師數月拜冀州牧十餘日又遷大司空融自以非舊臣一旦入朝位在功臣之右每召會進見容貌辭氣卑恭已甚帝以此愈親厚之融小心久不自安數辭讓爵位因侍中金遷口達至誠又上疏曰臣融年五十三有子年十五質性頑鈍臣融朝夕教導以經藝不得令觀天文見讖記誠欲令恭肅畏事恂恂循道不願其有才能何況乃當傳以連城廣土享故諸侯王國哉因復請閒求見帝不許後朝罷逡巡席後帝知欲有讓遂使左右傳出他日會見迎詔融曰日者知公欲讓職還土故命公暑熱且自便今相見宜論他事勿得復言融不敢陳請二十年大司徒戴涉坐舉人盜金下獄帝以三公參職不得已亦策免融明年加位特進二十三年代陰興行衞尉事特進如故又兼領將作大匠弟友爲城門校尉兄弟並典禁兵融復乞骸骨輒賜錢帛太官致珍奇及友卒帝愍融年衰遣中常侍中謁者卽其臥內彊進酒食融長子穆尙內黃公主代友爲城門校尉穆子勳尙東海恭王彊女泚陽公主友子固亦尙光武女涅陽公主顯宗卽位以融從兄子林爲護

羌校尉竇氏一公兩侯三公主四二千石相與並時自祖及孫官府邸第相望京邑奴婢以千數於親戚功臣中莫與爲比永平二年林以受羌賊罪下獄死帝由是數下詔切責融戒以竇嬰田蚡禍敗之事融惶恐乞骸骨詔令歸第養病歲餘聽上衞尉印綬賜養牛上樽酒融在宿衞十餘年年老子孫縱誕多不法穆等遂交通輕薄屬託郡縣干亂政事以封在安豐欲令姻戚悉據故六安國遂矯稱陰太后詔令六安侯劉盱去婦因以女妻之五年盱婦家上書言狀帝大怒乃盡免穆等官諸竇爲郎吏者皆將家屬歸故郡獨留融在京師穆等西至函谷關有詔悉復追還會融卒時年七十八謚曰戴侯賻送甚厚帝以穆不能修尙而擁富貴居大第常令謁者一人監護其家居數年謁者奏穆父子自失勢數出怨望語帝令將家屬歸本郡唯勳以泚陽主壻留京師穆坐賂遺小吏郡捕繫與子宣俱死平陵獄勳亦死洛陽獄久之詔還融夫人與小孫一人居洛陽家舍十四年封勳弟嘉爲安豐侯食邑二千戶奉融後和帝初爲少府及勳子大將軍憲被誅免就國嘉卒子萬全嗣萬全卒子會宗嗣萬全弟子武別有傳固字孟孫少以尙公主爲黃門侍郎好覽書傳喜兵法貴顯用事中元元年襲父友封顯親侯顯宗即位遷中郎將監羽林士後坐從兄穆有罪廢于家十餘年時天下乂安帝欲遵武帝故事擊匈奴通西域以固明習邊事十五年冬拜爲奉車都尉以騎都尉耿忠爲副謁者僕射耿秉爲駙馬都尉秦彭爲副皆置從事司馬並出屯涼州明年固與忠率酒泉敦煌張掖甲卒及盧水羌胡萬二千騎出酒泉塞耿秉秦彭率武威隴西天水募士及羌胡萬騎出居延塞又太僕祭肜度遼將軍吳棠將河東北地西河羌胡及南單于兵萬一千騎出高闕塞騎都尉來苗護烏桓校尉文穆將太原鴈門代郡上谷漁陽右北平定襄郡兵及烏桓鮮卑萬一千騎出平城塞固忠至天山擊呼衍王斬首千餘級呼衍王走追至蒲類海留吏士屯伊吾盧城耿秉秦彭絕漠六百餘里至三木樓山來苗文穆至匈奴河水上虜皆奔走無所獲祭肜吳棠坐不至涿邪山免爲庶人時諸將唯固有功加位特進明年復出玉門擊西域詔耿秉及騎都尉劉張皆去符傳以屬固固遂破白山降車師事已具耿秉傳固在邊數年羌胡服其恩信肅宗即位以公主修敕慈愛累世崇重加號長公主增邑三千戶徵固代魏應爲大鴻臚帝以其曉習邊事每被訪及建初二年追錄前功增邑一千三百戶七年代馬防爲光祿勳明年復代馬防爲衞尉固久歷大位甚見尊貴賞賜租祿貲累鉅億而性謙儉愛人好施士以此稱之章和二年卒謚曰文侯子彪至射聲校尉先固卒無子國除融曾孫憲字伯度父勳被誅憲少孤建初二年女弟立爲皇后拜憲爲郎稍遷侍中虎賁中郎將弟篤爲黃門侍郎兄弟親幸並侍宮省寵貴日盛自王主及陰馬諸家莫不畏憚憲恃宮掖聲勢遂以賤直請奪沁水公主園田（公主明帝女也）主逼畏不敢計後肅宗駕出過園指以問憲憲陰喝（一介反）不得對後發覺帝大怒召憲切責曰深思前過奪主田園時何用愈趙高指鹿爲馬（愈猶差也）久念使人驚怖昔永平中常令陰黨陰博鄧疊三人更相糾察故諸豪戚莫敢犯法者而詔書切切猶以舅氏田宅爲言今貴主尙見枉奪何況小人哉國家棄憲如孤雛腐鼠耳憲大震懼皇后爲毀服深謝良久乃得解使以田還主遂不繩其罪然亦不授以重任和帝即位皇后臨朝憲以侍中內幹機密出宣誥命肅宗遺詔以篤爲虎賁中郎將篤弟景瓌並中常侍於是兄弟皆在親要之地憲以前太尉鄧彪有義讓先帝所敬而仁厚委隨故尊崇之以爲太傅令百官總己以聽其所施爲輒外令彪奏內白太后事無不從又屯騎校尉桓郁累世帝師而性和退自守故上書薦之令授經禁中以內外協附莫生疑異憲性果急睚眦之怨莫不報復初永平時謁者韓紆嘗考劾父勳獄憲遂令客斬紆子以首祭勳冢齊殤王子都鄉侯暢來弔國憂暢素行邪僻與步兵校尉鄧疊親屬數往來京師因疊母元自通長樂宮得幸太后被詔召詣上東門憲懼見幸分宮省之權遣刺客殺暢於屯衞之中而歸罪於暢弟利侯剛乃使侍御史與青州刺史雜考剛等後事發覺太后怒閉憲於內宮憲懼誅自求擊匈奴以贖死會南單于請兵北伐乃拜憲車騎將軍金印紫綬官屬依司空以執金吾耿秉爲副發北軍五校黎陽雍營緣邊十二郡騎士及羌胡兵出塞明年憲與秉各將四千騎及南匈奴左谷蠡王師子萬騎出朔方雞鹿塞南單于屯屠河將萬餘騎出滿夷谷度遼將軍鄧鴻及緣邊義從羌胡八千騎與左賢王安國萬騎出稒陽塞皆會涿邪山憲分遣副校尉閻盤司馬耿夔耿譚將左谷蠡王師子右呼衍王須訾等精騎萬餘與北單于戰於稽落山大破之虜衆崩潰單于遁走追擊諸部遂臨私渠北鞮海斬名王以下萬三千級獲生口馬牛羊橐駝百餘萬頭於是溫犢須日逐溫吾夫渠王柳鞮等八十一部率衆降者前後二十餘萬人憲秉遂

登燕然山去塞三千餘里刻石勒功紀漢威德令班固作銘曰惟永元元年秋七月有漢元舅曰車騎將軍竇憲寅亮聖明登翼王室納于大麓惟清緝熙乃與執金吾耿秉述職巡御理兵於朔方鷹揚之校螭虎之士爰該六師暨南單于東烏桓西戎氐羌侯王君長之羣驍騎三萬元戎輕武長轂四分雲輜蔽路萬有三千餘乘勒以八陣莅以威神元甲耀日朱旗絳天遂陵高闕下雞鹿經磧鹵絕大漠斬溫禺以釁鼓血尸逐以染鍔然後四校橫徂星流彗埽蕭條萬里野無遺寇於是域滅區單反旆而旋考傳驗圖窮覽其山川遂踰涿邪跨安侯乘燕然躡冒頓之區落焚老上之龍庭上以攄高文之宿憤光祖宗之神靈下以安固後嗣恢拓境宇振大漢之天聲茲所謂一勞而久逸暫費而永寧者也乃遂封山刊石昭銘上德其辭曰鑠王師兮征荒裔勦凶虐兮截海外敻其邈兮亙地界封神丘兮建隆嵑熙帝載兮振萬世憲乃班師而還遣軍司馬吳汜梁諷奉金帛遺北單于宣明國威而兵隨其後時虜中乖亂汜諷所到輒招降之前後萬餘人遂及單于於西海上宣國威信致以詔賜單于稽首拜受諷因說宜修呼韓邪故事保國安人之福單于喜悅即將其衆與諷俱還到私渠海聞漢軍已入塞乃遣弟右溫禺鞮王奉貢入侍隨諷詣闕憲以單于不自身到奏還其侍弟南單于於漠北遺憲古鼎容五斗其傍銘曰仲山甫鼎其萬年子子孫孫永保用憲乃上之詔使中郎將持節即五原拜憲大將軍封武陽侯食邑二萬戶憲固辭封爵策許焉舊大將軍位在三公下置官屬依太尉憲威權震朝廷公卿希旨奏憲位次太傅下三公上長史司馬秩中二千石從事中郎二人六百石自下各有增振旅還京師於是大開府庫勞賜士吏其所將諸郡二千石子弟從征者悉除太子舍人是時篤爲衛尉景瓌皆侍中奉車都尉四家競修第宅窮極工匠明年詔曰大將軍憲前歲出征克滅北狄朝加封賞固讓不受舅氏舊典並蒙爵土其封憲冠軍侯邑二萬戶篤郾侯景汝陽侯瓌夏陽侯各六千戶憲獨不受封遂將兵出鎮涼州以侍中鄧疊行征西軍事爲副北單于以漢還侍弟復奉車諧儲王等款居延塞欲入朝見願請大使憲上遣大將軍中護軍班固行中郎將與司馬梁諷迎之會北單于爲南單于所破被創遁走固至私渠海而還憲以北虜微弱欲遂滅之明年復遣右校尉耿夔司馬任尚趙博等將兵擊北虜於金微山大破之克獲甚衆北單于遁逃不知所在憲既平匈奴威名大盛以耿夔任尚爲爪牙鄧疊郭璜爲腹心班固傅毅之徒皆置幕府以典文章刺史郡守多出其門尚書僕射郅壽樂恢並以忤意相繼自殺由是朝臣震懾望風承旨而篤進位特進得舉吏見禮依三公景爲執金吾瓌光祿勳權貴顯赫傾動京師雖俱驕縱而景爲尤甚奴客緹騎依倚形勢侵陵小人彊奪財貨篡取罪人妻略婦女商賈閉塞如避寇讎有司畏懦莫敢舉奏太后聞之使謁者策免景官以特進就朝位瓌少好經書節約自修出爲魏郡遷潁川太守竇氏父子兄弟並居列位充滿朝廷叔父霸爲城門校尉霸弟褒將作大匠褒弟嘉少府其爲侍中將大夫郎吏十餘人憲既負重勞陵肆滋甚四年封鄧疊爲穰侯疊與其弟步兵校尉磊及母元又憲女壻射聲校尉郭舉舉父長樂少府璜皆相交結元舉並出入禁中舉得幸太后遂共圖爲殺害帝陰知其謀乃與近幸中常侍鄭衆定議誅之以憲在外慮其懼禍爲亂忍而未發會憲及鄧疊班師還京師詔使大鴻臚持節郊迎賜軍吏各有差憲等既至帝乃幸北宮詔執金吾五校尉勒兵屯衛南北宮閉城門收捕疊磊璜舉皆下獄誅家屬徙合浦遣謁者僕射收憲大將軍印綬更封爲冠軍侯憲及篤景瓌皆遣就國帝以太后故不欲名誅憲爲選嚴能相督察之憲篤景到國皆迫令自殺宗族賓客以憲爲官者皆免歸本郡瓌以素自修不被逼迫明年坐廩假貧人徙封羅侯不得臣吏人初竇后之譖梁氏憲等豫有謀焉永元十年梁棠兄弟徙九眞還路由長沙逼瓌令自殺後和熹鄧后臨朝永初二年詔諸竇前歸本郡者與安豐侯萬全俱還京師萬全少子章字伯向少好學有文章與馬融崔瑗同好更相推薦永初中三輔遭羌寇章避難東國家於外黃居貧蓬戶蔬食躬勤孝養然誦讀不輟太僕鄧康聞其名請欲與交章不肯往康以此益重焉是時學者稱東觀爲老氏藏室道家蓬萊山康遂薦章入東觀爲校書郎順帝初章女年十二能屬文以才貌選入掖庭有寵與梁皇后並爲貴人擢章爲羽林郎將遷屯騎都尉章謙虛下士收進時輩甚得名譽是時梁竇並貴各有賓客多交搆其間章推心待之故得免其患貴人早卒帝追思之無已詔史官樹碑頌德章自爲之辭貴人歿後帝禮待之無衰永和五年遷少府漢安二年轉大鴻臚建康元年梁后稱制章自免卒于家中子唐有俊才官至虎賁中郎將

馬援字文淵扶風茂陵人也其先趙奢爲趙將號曰馬服君子孫因爲氏武帝時以吏二千石自邯鄲徙焉曾

祖父通以功封重合侯坐兄何羅反被誅故援再世不顯援三兄況余員並有才能王莽時皆二千石援年十二而孤少有大志諸兄奇之常受齊詩不能守章句乃辭況欲就邊郡田牧況曰汝大才當晚成良工不示人以朴且從所好會況卒援行服朞年不離墓所事寡嫂不冠不入廬後爲郡督郵送囚至司命府囚有重罪援哀而縱之遂亾命北地遇赦因留牧畜賓客多歸附者遂役屬數百家轉游隴漢間常謂賓客曰丈夫爲志窮當益堅老當益壯因處田牧至有馬牛羊數千頭穀數萬斛既而歎曰凡殖貨財貴其能施賑也否則守錢虜耳乃盡散以頒昆弟故舊身衣羊裘皮袴王莽末四方兵起莽從弟衛將軍林廣招雄俊乃辟援及同縣原涉爲掾薦之於莽莽以涉爲鎮戎大尹援爲新成大尹及莽敗援兄員時爲增山連率與援俱去郡復避地涼州光武卽位員先詣洛陽帝遣員復郡卒於官援因留西州隗囂甚敬重之以爲綏德將軍與決籌策時公孫述稱帝於蜀囂使援往觀之援素與述同里閈相善以爲既至當握手歡如平生而述乃盛陳陛衛以延援入交拜禮畢使出就館更爲援制都布單衣交讓冠會百官於宗廟中立舊交之位述鸞旗旄騎警蹕就車磬折而入禮饗官屬甚盛欲授援以封侯大將軍位賓客皆樂留援曉之曰天下雄雌未定公孫不吐哺走迎國士與圖成敗反修飾邊幅如偶人形此子何足久稽天下士乎遂辭歸謂囂曰子陽井底蛙耳而妄自尊大不如專意東方建武四年冬囂使援奉書洛陽援至引見於宣德殿光武迎笑謂援曰卿遨遊二帝間今見卿使人大慙援頓首辭謝因曰當今之世非獨君擇臣也臣亦擇

君耳臣與公孫述同縣少相善臣前至蜀述陛戟而後進臣臣今遠來陛下何知臣非刺客姦人而簡易若是帝復笑曰卿非刺客顧說客耳援曰天下反覆盜名字者不可勝數今見陛下恢廓大度同符高祖乃知帝王自有眞也帝甚壯之援從南幸黎邱轉至東海及還以爲待詔使太中大夫來歙持節送援西歸隴右隗囂與援同臥起問以東方流言及京師得失援說囂曰前到朝廷上引見數十每接讌語自夕至旦才明勇略非人敵也且開心見誠無所隱伏闊達多大節略與高祖同經學博覽政事文辯前世無比囂曰卿謂何如高帝援曰不如也高帝無可無不可今上好吏事動如節度又不喜飲酒囂意不懌曰如卿言反復勝耶然雅信援故遂使長子恂入質援因將家屬隨恂歸洛陽居數月無他職任援以三輔地曠土沃而所將賓客猥多乃上書求屯田上林苑中帝許之會隗囂用王元計意更狐疑援數以書記責譬於囂囂怨援背已得書增怒遂發兵拒漢援乃上疏曰臣援自念歸身聖朝奉事陛下本無公輔一言之薦左右爲容之助臣不自陳陛下何因聞之夫居前不能令人輕居後不能令人軒與人怨不能爲人患臣所恥也故敢觸冒罪忌昧死陳誠臣與隗囂本實交友初囂遣臣東謂臣曰本欲爲漢願足下往觀之於汝意可卽專心矣而臣還反報以赤心實欲導之於善非敢譎以非義而囂自挾姦心盜憎主人怨毒之情遂歸於臣臣欲不言則無以上聞願聽詣行在所極陳滅囂之術得空胸腹申愚策退就隴畝死無所恨帝乃召援計事援具言謀畫因使援將突騎五千往來游說囂將高峻任禹之屬下及羌豪爲陳禍福以離囂支

黨援又爲書與囂將楊廣使曉勸於囂曰春卿無恙前別冀南寂無音驛援閒還長安因留上林援竊見四海已安兆民同情而季孟閉拒背畔爲天下表的常懼海內切齒思相屠裂故遺書戀戀以致惻隱之計乃聞季孟歸罪於援而納王游翁諂邪之說自謂函谷以西舉足可定以今而觀竟何如邪援閒至河內過存伯春見其奴吉從西方還說伯春小弟仲舒望見吉欲問伯春無他否竟不能言曉夕號泣婉轉塵中又說其家悲愁之狀不可言也夫怨讐可刺不可毀援聞之不自知泣下也援素知季孟孝愛曾閔不過夫孝於其親豈不慈於其子可有子抱三木而跳梁妄作自同分羹之事乎季孟平生自言所以擁兵眾者欲以保全父母之國而完墳墓也又言苟厚士大夫而已而今所欲全者將破亾之所欲完者將毀傷之所欲厚者將反薄之季孟常折媿子陽而不受其爵今更共陸陸欲往附之將難爲顏乎若復責以重質當安從得子主給是哉往時子陽獨欲以王相待而春卿拒之今者歸老更欲低頭與小兒曹共槽櫪而食並肩側身於怨家之朝乎男兒溺死何傷而拘於游哉今國家待春卿意深宜使牛孺卿與諸耆老大人共說季孟若計畫不從眞可引領去矣前披輿地圖見天下郡國百有六所奈何欲以區區二邦以當諸夏百有四乎春卿事季孟外有君臣之義內有朋友之道言君臣邪故當諫爭語朋友邪應有切磋豈有知其無成而但萎腰咋舌叉手從族乎及今成計殊尚善也過是欲少味矣且來君叔天下信士朝廷重之其意依依常獨爲西州言援商朝廷猶欲立信於此必不負約援不得久留願急賜報廣竟不答八年帝自西

征囂至漆諸將多以王師之重不宜遠入險阻計冘豫未决會召援夜至帝大喜引入具以羣議質之援因說隗囂將帥有土崩之勢進有必破之狀又於帝前聚米爲山谷指畫形勢開示衆軍所從道徑往來分析曲折昭然可曉帝曰虜在吾目中矣明旦遂進軍至第一囂衆大潰九年拜援太中大夫副來歙監諸將平涼州自王莽末西羌寇邊遂入居塞內金城屬縣皆爲虜有來歙奏言隴西侵殘非馬援莫能定十一年夏璽書拜援隴西太守援乃發步騎三千人擊破先零羌於臨洮斬首數百級獲馬牛羊萬餘頭守塞諸羌八千餘人詣援降諸種有數萬屯聚寇鈔拒浩亹隘援與揚武將軍馬成擊之羌因將其妻子輜重移阻於允吾谷（允音鈆吾音牙）援乃潛行閒道掩赴其營羌大驚擾復遠徙唐翼谷中援復追討之羌引精兵聚北山上援陳兵向山而分遣數百騎繞襲其後乘夜放火擊鼓叫譟虜遂大潰凡斬首千餘級援以兵少不得窮追收其穀糧畜產而還援中矢貫脛帝以璽書勞之賜牛羊數千頭援盡班諸賓客是時朝臣以金城破羌之西塗遠多寇議欲棄之援上言破羌以西城多完牢易可依固其田土肥壤灌溉流通如令羌在湟中則爲害不休不可棄也帝然之於是詔武威太守令悉還金城客民歸者三千餘口使各反舊邑援奏爲置長吏繕城郭起塢候開導水田勸以耕牧郡中樂業又遣羌豪楊封譬說塞外羌皆來和親又武都氐人背公孫述來降者援皆上復其侯王君長賜印綬帝悉從之乃罷馬成軍十三年武都參狼羌與塞外諸種爲寇殺長吏援將四千餘人擊之至氐道縣羌在山上援軍據便地奪其水草不與戰羌遂窮困豪帥數十萬戶亾出塞諸種萬餘人悉降於是隴右清靜援務開寬信恩以待下任吏以職但總大體而已賓客故人日滿其門諸曹時白外事援輒曰此丞掾之任何足相煩頗哀老子使得遨遊若大姓侵小民黠羌欲旅拒此乃太守事耳傍縣嘗有報仇者吏民驚言羌反百姓奔入城郭狄道長詣門請閉城發兵援時與賓客飲大笑曰燒虜何敢復犯我曉狄道長歸守寺舍良怖急者可牀下伏後稍定郡中服之視事六年徵入爲虎賁中郎將初援在隴西上書言宜如舊鑄五銖錢事下三府三府奏以爲未可許事遂寢及援還從公府求得前奏難十餘條乃隨牒解釋更具表言帝從之天下賴其便援自還京師數被進見爲人明爽須髮眉目如畫閑於進對尤善述前世行事每言及三輔長者下至閭里少年皆可觀聽自皇太子諸王侍聞者莫不屬耳忘倦又善兵策帝嘗言伏波論兵與我意合每有所謀未嘗不用初卷人維汜訞言稱神有弟子數百人坐伏誅其後弟子李廣等宣言汜神化不死誑惑百姓十七年遂聚黨攻没皖城殺皖侯劉閔自稱南嶽太師遣謁者張宗將兵數千人討之復爲廣所敗於是使援發諸郡兵合萬餘人擊破廣等斬之又交阯女子徵側及女弟徵貳反攻没其郡九眞日南合浦蠻夷皆應之寇略嶺外六十餘城側自立爲王於是璽書拜援伏波將軍以扶樂侯劉隆爲副督樓船將軍段志等南擊交阯軍至合浦而志病卒詔援并將其兵遂緣海而進隨山刊道千餘里十八年軍至浪泊上與賊戰破之斬首數千級降者萬餘人援追徵側等至禁谿數敗之賊遂散走明年正月斬徵側徵貳傳首洛陽封援爲新息侯食邑三千戶援乃擊牛釃酒勞饗軍士從容謂官屬曰吾從弟少游常哀吾慷慨多大志曰士生一世但取衣食裁足乘下澤車御款段馬爲郡掾吏守墳墓鄉里稱善人斯可矣致求盈餘但自苦耳當吾在浪泊西里間虜未滅之時下潦上霧毒氣熏蒸仰視飛鳶跕跕墮水中臥念少游平生時語何可得也今賴士大夫之力被蒙大恩猥先諸君紆佩金紫且喜且慙吏士皆伏稱萬歲援遂將樓船大小二千餘艘戰士二萬餘人擊九眞賊徵側餘黨都羊等自無功至居風斬獲五千餘人嶠南悉平援奏言西于縣戶有三萬二千遠界去庭千餘里請分爲封溪望海二縣許之援所過輒爲郡縣治城郭穿渠灌溉以利其民條奏越律與漢律駮者十餘事與越人申明舊制以約束之自後駱越奉行馬將軍故事二十年秋振旅還京師軍吏經瘴疫死者十四五賜援兵車一乘朝見位次九卿援好騎善別名馬於交阯得駱越銅鼓乃鑄爲馬式還上之因表曰夫行天莫如龍行地莫如馬馬者甲兵之本國之大用安寧則以別尊卑之序有變則以濟遠近之難昔有騏驥一日千里伯樂見之昭然不惑近有西河子輿亦明相法子輿傳西河儀長孺長孺傳茂陵丁君都君都傳成紀楊子阿臣援常師事子阿受相馬骨法考之於行事輒有驗效臣愚以爲傳聞不如親見視景不如察形今欲形之於生馬則骨法難備又不可傳之於後孝武皇帝時善相馬者東門京鑄作銅馬法獻之有詔立於魯班門外則更名魯班門曰金馬門臣謹依儀氏鞲中帛氏口齒謝氏脣鬐丁氏身中備此數家骨相以爲法馬高三尺五寸圍四尺四寸謹以上之有詔置於宣德殿下以爲名馬式焉初援

軍還將至故人多迎勞之平陵人孟冀名有計謀於坐賀援援謂之曰吾望子有善言反同衆人邪昔伏波將軍路博德開置七郡裁封數百戸今我微勞猥享大縣功薄賞厚何以能長久乎先生奚用相濟冀曰愚不及援曰方今匈奴烏桓尚擾北邊欲請擊之男兒要當死於邊野以馬革裹屍還葬耳何能臥牀上在兒女子手中邪冀曰諒爲烈士當如此矣還月餘會匈奴烏桓寇扶風援以三輔侵擾園陵危逼因請行許之自九月至京師十二月復出屯襄國詔百官祖道援謂黃門郎梁松竇固曰凡人爲貴當使可賤如卿等欲不可復賤居高堅自持勉思鄙言松後果以貴滿致災固亦幾不免明年秋援將三千騎出高柳行鴈門代郡上谷障塞烏桓候者見漢軍至虜遂散去援無所得而還援嘗有疾梁松來候之獨拜牀下援不答松去後諸子問曰梁伯孫帝壻貴重朝廷公卿已下莫不憚之大人柰何不爲禮援曰我乃松父友也雖貴何得失其序乎松由是恨之二十四年武威將軍劉尚擊武陵五谿蠻夷深入軍沒援復請行時年六十二帝愍其老未許之援自請曰臣尚能被甲上馬帝令試之援據鞍顧盼以示可用帝笑曰矍鑠哉是翁也遂遣援率中郎將馬武耿舒劉匡孫永等將十二郡募士及弛刑四萬餘人征五谿援夜與送者訣謂友人謁者杜愔曰吾受厚恩年迫餘日索常恐不得死國事今獲所願甘心瞑目但畏長者家兒或在左右或與從事殊難得調介介獨惡是耳明年春軍至臨鄉遇賊攻縣援迎擊破之斬獲二千餘人皆散走入竹林中時軍次下雋字兗反有兩道可入從壺頭則路近而水嶮從充則塗夷而運遠帝初以爲疑及軍至

耿舒欲從充道援以爲棄日費糧不如進壺頭搤其喉咽充賊自破以事上之帝從援策三月進軍壺頭賊乘高守隘水疾船不得上會暑甚士卒多疫死援亦中病遂困乃穿岸爲室以避炎氣賊每升險鼓譟援輒曳足以觀之左右哀其壯意莫不爲之流涕耿舒與兄好畤侯弇書曰前舒上書當先擊充糧雖難運而兵馬得用軍人數萬爭欲先奮今壺頭竟不得進大衆怫鬱行死誠可痛惜前到臨鄉賊無故自致若夜擊之卽可殄滅伏波類西域賈胡到一處輒止以是失利今果疾疫皆如舒言弇得書奏之帝乃使虎賁中郎將梁松乘驛責問援因代監軍會援病卒松宿懷不平遂因事陷之帝大怒追收新息侯印綬初援兄子嚴敦並喜譏議而通輕俠客援前在交趾還書誡之曰吾欲汝曹聞人過失如聞父母之名耳可得聞口不可得言也好議論人長短妄是非正法此吾所大惡也寧死不願聞子孫有此行也汝曹知吾惡之甚矣所以復言者施衿結褵申父母之誡欲使汝曹不忘之耳龍伯高敦厚周愼口無擇言謙約節儉廉公有威吾愛之重之願汝曹效之杜季良豪俠好義憂人之憂樂人之樂清濁無所失父喪致客數郡畢至吾愛之重之不願汝曹效也效伯高不得猶爲謹勑之士所謂刻鵠不成尚類鶩者也效季良不得陷爲天下輕薄子所謂畫虎不成反類狗者也訖今季良尚未可知郡將下車輒切齒州郡以爲言吾常爲寒心是以不願子孫效也季良名保京兆人時爲越騎司馬保仇人上書訟保爲行浮薄亂羣惑衆伏波將軍萬里還書以誡兄子而梁松竇固以之交結將扇其輕僞敗亂諸夏書奏帝召責松固以訟書及援誡書示之

松固叩頭流血而得不罪詔免保官伯高名述亦京兆人爲山都長由此擢拜零陵太守初援在交趾常餌薏苡實用能輕身省慾以勝瘴氣南方薏苡實大援欲以爲種軍還載之一車時人以爲南土珍怪權貴皆望之援時方有寵故莫敢以聞及卒後有人上書譖之者以爲前所載還皆明珠文犀馬武與於陵侯侯昱等皆以章言其狀帝益怒援妻子惶懼不敢以喪還舊塋裁買城西數畝地槀葬而已賓客故人莫敢弔會嚴與援妻子草索相連詣闕請罪帝乃出松書以示之方知所坐上書訴冤前後六上辭甚哀切然後得葬又前雲陽令同郡朱勃詣闕上書言援有大功於國身死絕地而橫被誣罔之讒家屬杜門葬不歸墓怨隙並興宗親怖慄死者不能自列生者莫爲之訟臣竊傷之願下公卿平援功罪宜絕宜續以厭海內之望書奏報歸田里勃字叔陽年十二能誦詩書常候援兄況勃衣方領能矩步言辭嫺雅援裁知書見之自失況知其意乃自酌酒慰援曰朱勃小器速成智盡此耳卒當從汝稟學勿畏也勃未二十右扶風請試守渭城宰及援爲將軍封侯而勃位不過縣令援後雖貴常待以舊恩而卑侮之勃愈身自親及援被誣惟勃能終焉肅宗卽位追賜勃子穀二千斛初援兄子壻王磐子石王莽從兄平阿侯仁之子也莽敗磐擁富貲居故國爲人尚氣節而愛士好施有名江淮閒後游京師與衞尉陰興大司空朱浮齊王章共相友善援謂姊子曹訓曰王氏廢姓也子石當屏居自守而反游京師長者用氣自行多所陵折其敗必也後歲餘磐果與司隷校尉蘇鄴丁鴻事相連坐死洛陽獄而磐子肅復出入北宮及王侯邸第援謂司馬呂

种曰建武之元名爲天下重開自今以往海內日當安耳但憂國家諸子並壯而舊防未立若多通賓客則大獄起矣卿曹戒愼之及郭后薨有上書者以爲肅等受誅之家客因事生亂慮致貫高任章之變帝怒乃下郡縣收捕諸王賓客更相牽引死者以千數呂种亦豫其禍臨命歎曰馬將軍誠神人也永平初援女立爲皇后顯宗圖畫建武功臣於雲臺以椒房故獨不及援東平王蒼觀圖言於帝曰何故不畫伏波將軍像帝笑而不言至十七年援夫人卒乃更脩封樹起祠堂建初三年肅宗使五官中郎持節追策謚援曰忠成侯四子廖防光客卿客卿幼而岐嶷年六歲能應接諸公專對賓客嘗有死罪亾命來過客卿逃匿不令人知外若訥而內沈敏援甚奇之以爲將相器故以客卿字焉援卒後客卿亦夭没廖字敬平以父任爲郎明德皇后既立拜廖爲羽林左監虎賁中郎將顯宗崩受遺詔典掌門禁遂代趙熹爲衞尉肅宗甚尊重之時皇太后躬履節儉事從簡約廖慮美業難終上疏長樂宮以勸成德政曰臣案前世詔令以百姓不足起於世尙奢靡故元帝罷服官成帝御浣衣哀帝去樂府然而侈費不息至於衰亂者百姓從行不從言也夫改政移風必有其本傳曰吳王好劍客天下多創瘢楚王好細腰宮中多餓死長安語曰城中好高髻四方高一尺城中好廣眉四方且半額城中好大袖四方全匹帛斯言如戲有切事實前下制度未幾後稍不行雖或吏不奉法良由慢起京師今陛下躬服厚繒斥去華飾素簡所安發自聖性此誠上合天心下順民望浩大之福莫尙於此陛下既已得之自然猶宜加以勉勗法太宗之隆德戒成哀之不終易曰不恒其德或承之羞誠令斯事一竟則四海誦德聲薰天地神明可通金石可勒而況於行仁心乎況於行令乎願置章坐側以當瞽人夜誦之音太后深納之朝廷大議輒以詢訪廖性質誠畏愼不愛權勢聲名盡心納忠不屑毀譽有司連據舊典奏封廖等累讓不得已建初四年遂受封爲順陽侯以特進就第每有賞賜輒辭讓不敢當京師以是稱之子豫爲步兵校尉太后崩後馬氏失勢廖性寬緩不能教勑子孫豫遂投書怨誹又防光奢侈好樹黨與八年有司奏免豫遣廖防光就封豫隨廖歸國考擊物故後詔還廖京師永元四年卒和帝以廖先帝之舅厚加賻贈使者弔祭王主會喪謚曰哀侯子遵嗣徙封程鄉侯遵卒無子國除元初三年鄧太后紹封廖孫度爲潁陽侯防字江平永平十二年與弟光俱爲黃門侍郎肅宗卽位拜防中郎將稍遷城門校尉建初二年金城隴西保塞羌皆反拜防行車騎將軍以長水校尉耿恭副將北軍五校兵及諸郡積射士三萬人擊之軍到冀而羌豪布橋等圍南部都尉於臨洮防欲救之臨洮道險車騎不得方駕防乃別使兩司馬將數百騎分爲前後軍去臨洮十餘里爲大營多樹幡幟揚言大兵旦當進羌候見之馳還言漢兵盛不可當明旦遂鼓譟而前羌虜驚走因追擊破之斬首虜四千餘人遂解臨洮圍防開以恩信燒當種皆降唯布橋等二萬餘人在臨洮西南望曲谷十二月羌又敗耿恭司馬及隴西長史於和羅谷死者數百人明年春防遣司馬夏駿將五千人從大道向其前潛遣司馬馬彭將五千人從間道衝其心腹又令將兵長史李調等將四千人繞其西三道俱擊復破之斬獲千餘人得牛羊十餘萬頭羌退走夏駿追之反爲所敗防乃引兵與戰於索西又破之布橋追急將種人萬餘降詔徵防還拜車騎將軍城門校尉如故防貴寵最盛與九卿絕席光自越騎校尉遷執金吾四年封防潁陽侯光爲許陽侯兄弟二人各六千戸防以顯宗寢疾入參醫藥又平定西羌增邑一千三百五十戸屢上表讓位俱以特進就第皇太后崩明年拜防光祿勳光爲衞尉防數言政事多見采用是冬始施行十二月迎氣樂防所上也子鉅爲常從小侯六年正月以鉅當冠特拜爲黃門侍郎肅宗親御章臺下殿陳鼎俎自臨冠之明年防復以病乞骸骨詔賜故中山王田廬以特進就第防兄弟貴盛奴婢各千人已上貲産巨億皆買京師膏腴美田又大起第觀連閣臨道彌亙街路多聚聲樂曲度比諸郊廟賓客奔湊四方畢至京兆杜篤之徒數百人常爲食客門下刺史守令多出其家歲時賑給鄉閭故人莫不周給防又多牧馬畜賦歛羌胡帝不喜之數加譴勑所以禁遏甚備由是權勢稍損賓客亦衰八年因兄子豫怨謗事有司奏防兄弟奢侈踰僭濁亂聖化悉免就國臨上路詔曰舅氏一門俱就國封四時陵廟無助祭先后者朕甚傷之其令許侯思愆田廬有司勿復請以慰朕渭陽之情光爲人小心周密喪母過哀帝以是特親愛之乃復位特進子康黃門侍郎永元二年光爲太僕康爲侍中及竇憲誅光坐與厚善復免就封後憲奴誣光與憲謀逆自殺家屬歸本郡復殺康而防及廖子遵皆坐徙封丹陽防爲翟鄉侯租歲限三百萬不得臣吏民防後以江南下濕上書乞歸本郡和帝聽之十三年卒子鉅嗣後爲長水校尉永初七年鄧太后詔諸馬子孫還

京師隨四時見會如故事復紹封光子朗爲台鄉侯援兄子嚴字威卿父余王莽時爲揚州牧嚴少孤而好擊劍習騎射後乃白援從平原楊太伯講學專心墳典能通春秋左氏因覽百家羣言遂交結英賢京師大人咸器異之仕郡督郵援常與計議委以家事弟敦字孺卿亦知名援卒後嚴乃與敦俱歸安陵居鉅下三輔稱其義行號曰鉅下二卿明德皇后既立嚴乃閉門自守猶復慮致譏嫌更徙北地斷絕賓客永平十五年皇后勑使移居洛陽顯宗召見嚴進退閑雅意甚異之有詔留仁壽闥與校書郎杜撫班固等雜定建武注記常與宗室近親臨邑侯劉復等論議政事甚見寵幸後拜將軍長史將北軍五校士羽林禁兵三千人屯西河美稷衛護南單于聽置司馬從事牧守謁敬同之將軍勑嚴過武庫祭蚩尤帝親御阿閣觀其士衆時人榮之肅宗卽位徵拜侍御史中丞除子鱄爲郎令勸學省中其冬有日食之異嚴上封事曰臣聞日者衆陽之長食者陰侵之徵書曰無曠庶官天工人其代之言王者代天官人也故考績黜陟以明褒貶無功不黜明陰盛陵陽臣伏見方今刺史太守專典州郡不務奉事盡心爲國而司察偏向取與自已同則舉爲尤異異則中爲刑法不卽垂頭塞耳採取財賂今益州刺史朱酺揚州刺史倪說涼州刺史尹業等每行考事輒有物故又選舉不實曾無貶坐是使臣下得作威福也故事州部所舉上奏司直察能否以懲虛實今宜加防檢式遵前制舊丞相御史親治職事唯丙吉以年老優游不案吏罪於是宰府習爲常俗更共罔養以崇虛名或未曉其職便復遷徙誠非建官賦祿之意宜勑正百司各責以事州郡所舉必得其人若不如言裁以法令傳曰上德以寬服民其次莫如猛故火烈則人望而畏之水懦則人狎而翫之爲政者寬以濟猛猛以濟寬如此綏御有體災眚消矣書奏帝納其言而免酺等官建初元年遷五官中郎將除三子爲郎嚴數薦達賢能申理冤結多見納用復以五官中郎將行長樂衛尉事二年拜陳留太守嚴當之職乃言於帝曰昔顯親侯竇固誤先帝出兵西域置伊吾盧屯煩費無益又竇勳受誅其家不宜親近京師是時勳女爲皇后竇氏方寵時有側聽嚴言者以告竇憲兄弟由是失權貴心嚴下車明賞罰發姦慝郡界淸靜時京師訛言賊從東方來百姓奔走轉相驚動諸郡惶急各以狀聞嚴察其虛妄獨不爲備詔書勑問使驛係道嚴固執無賊後卒如言典郡四年坐與宗正劉軼少府丁鴻等更相屬託徵拜太中大夫十餘日遷將作大匠七年復坐事免後既爲竇氏所忌遂不復在位及帝崩竇太后臨朝嚴乃退居自守訓教子孫永元十年卒於家時年八十二弟敦官至虎賁中郎將嚴七子唯續融知名續字季則七歲能通論語十三明尚書十六治詩博觀羣籍善九章算術順帝時爲護羌校尉遷度遼將軍所在有威恩稱融自有傳援族孫棱字伯威少孤依從兄毅共居業恩猶同產毅卒無子棱心喪三年建初中仕郡功曹舉孝廉及馬氏廢肅宗以棱行義徵拜謁者章和元年遷廣陵太守時穀貴民饑奏罷鹽官以利百姓賑貧羸薄稅賦興復陂湖溉田二萬餘頃吏民刻石頌之永元二年轉漢陽太守有威嚴稱大將軍竇憲西屯武威棱多奉軍費侵賦百姓憲誅坐抵罪後數年江湖多劇賊以棱爲丹陽太守棱發兵掩擊皆禽滅之轉會稽太守治亦有聲轉河內太守永初中坐事抵罪卒于家

通志卷一百六

通志卷一百七十上

宋 右迪功郎鄭樵漁仲撰

列傳第二十上

後漢

卓茂 魯恭弟丕 魏霸 劉寬 伏湛子隆 侯霸 韓歆 宋弘則
蔡茂郭賀 馮勤 趙憙 牟融 韋彪族子義 義兄豹
宣秉 張湛 王丹 王良 杜林 郭丹 范遷 吳良
承宮 鄭均 趙典兄子謙 謙弟溫 桓譚 馮衍子豹
申屠剛 鮑永子昱 郅惲子壽 蘇竟 楊厚 郎顗宗
襄楷 郭伋 杜詩 孔奮 張堪 廉范
王堂 蘇章族孫不韋 羊續 賈琮 陸康

卓茂字子康南陽宛人也父祖皆至郡守茂元帝時學於長安事博士江生習詩禮及歷算究極師法稱為通儒性寬仁恭愛鄉黨故舊雖行能與茂不同而皆愛慕欣欣焉初辟丞相府史事孔光光稱為長者時嘗出行有人認其馬茂問曰子亡馬幾何時對曰月餘日矣茂有馬數年心知其謬嘿解與之挽車去顧曰若非公馬幸至丞相府歸我他日馬主別得亡者乃詣府送馬叩頭謝之茂性不好爭如此後以儒術舉為侍郎給事黃門遷密令勞心諄諄視民如子舉善而教口無惡言吏民親愛之而不忍欺之人嘗有言部亭長受其米肉遺者茂辟左右問之曰亭長為從汝求乎為汝有事囑之而受乎將平居自以恩意遺之乎人曰往遺之耳茂曰遺之而受何故言邪人曰竊聞賢明之君使人不畏吏吏不取人今我畏吏是以遺之吏既卒受故來言耳茂曰汝為敝人矣凡人所以貴於禽獸者以有仁愛知相敬事也今鄰里長老尚致饋遺此乃人道所以相親況吏與民乎吏顧不當乘威力彊請求耳凡人之生羣居雜處故有經紀禮義以相交接汝獨不欲修之寧能高飛遠走不在人間邪亭長素善吏歲時遺之禮也人曰苟如此律何故禁之茂笑曰律設大法禮順人情今我以禮教汝汝必無怨惡以律治汝何所措手足乎一門之內小者可論大者可殺也且歸念之於是人納其訓吏懷其恩初茂到縣有所廢置吏民笑之鄰城聞者皆嗤其不能河南郡為置守令茂不為嫌理事自若數年教化大行道不拾遺平帝時天下大蝗河南二十餘縣皆被其災獨不入密縣界督郵言之太守不信自出案行見乃服焉是時王莽秉政置大司農六部丞勸課農桑遷茂為京部丞密人老幼皆涕泣隨送及莽居攝以病免歸郡常為門下掾祭酒不肯作職吏更始立以茂為侍中祭酒從至長安更始政亂以年老乞骸骨歸時光武初即位先訪求茂茂詣河陽謁見乃下詔曰前密令卓茂束身自修執節淳固誠能為人所不能為夫名冠天下當受天下重賞故武王誅紂封比干之墓式商容之閭今以茂為太傅封褒德侯食邑二千戶賜几杖車馬衣一襲絮五百斤以茂長子戎為太中大夫次子崇為中郎給事黃門建武四年薨賜棺槨冢地車駕素服親臨送葬子崇嗣徙封汎鄉侯官至大司農崇卒子棽嗣棽卒子訢嗣訢卒子隆嗣永元十五年隆卒無子國除初茂與同郡孔休陳留蔡勳安眾劉宣楚國龔勝上黨鮑宣六人同志不仕王莽時並名重當時休字子泉哀帝初守新都令後王莽秉權休去官歸家及莽篡位遣使齎玄纁束帛請為國師遂歐血託病杜門自絕光武即位求休勳子孫賜穀以旌顯之劉宣字子高安眾侯崇之從弟知王莽當篡乃變姓名抱經書隱避林藪建武初乃出光武以宣襲封安眾侯擢勝子賜為上谷太守勝鮑宣事在前史勳事在元孫邕傳

魯恭字仲康扶風平陵人也其先出於魯頃公為楚所滅遷於下邑因氏焉世吏二千石哀平閒自魯而徙大父匡王莽時為羲和有權數號曰智囊父某建武初為武陵太守卒官時恭年十二弟丕七歲晝夜號踴不絕聲郡中賻贈無所受乃歸服喪禮過成人年十五與母及丕俱居太學習魯詩閉戶講誦絕人間事兄弟俱為諸儒所稱學士爭歸之太尉趙憙慕其志每歲時遺子問以酒糧皆辭不受恭憐丕小欲先就其名託疾不仕郡數以禮請謝不肯應母彊遣之恭不得已而西因留新豐教授不行及丕舉方正恭乃始為郡吏太傅趙憙聞而辟之肅宗集諸儒於白虎觀恭特以經明得召與其議憙復舉恭直言待詔公車拜中牟令專以德化為理不任刑罰訟人許伯等爭田累守令不能決恭為平理曲直皆退而自責輟耕相讓亭長從人借牛而不肯還牛主訟于恭恭召亭長勅令歸牛者再三猶不從恭歎曰是教化不行也欲解印綬去掾史涕泣共留之亭長乃慙悔還牛詣獄受罪恭貰不問於是吏民信服建初七年郡國螟傷稼犬牙緣界不入中牟河南尹袁安聞之疑不實使仁恕掾肥親往廉之恭隨行阡陌俱坐桑下有雉過止其傍傍有童兒親曰兒何不捕之兒言雉方將雛親瞿然而起與恭訣曰所以來者欲察君之政迹耳今蟲不犯境此一異也化及鳥獸此二異也豎子有仁心此三異也久留徒擾賢者耳還府具以狀白安是歲嘉禾生恭便坐廷中安因上書言狀帝異之會

詔百官舉賢良方正恭薦中牟名士王方帝卽徵方詣公車禮之與公卿所舉同方致位侍中恭在事三年州舉尤異會遭母喪去官吏民思之後拜侍御史和帝初立議遣車騎將軍竇憲與征西將軍耿秉擊匈奴恭上疏諫曰陛下親勞聖思憂在軍役誠欲以安定北垂爲人除患定萬世之計也臣伏獨思之未見其便社稷之計萬人之命在於一舉數年以來秋稼不熟人食不足倉庫空虛國無蓄積會新遭大憂人懷恐懼陛下躬大聖之德履至孝之行盡諒陰三年聽於冢宰百姓闕然三時不聞警蹕之音莫不懷思皇皇若有求而不得今乃以盛春之月興發軍役擾動天下以事戎狄誠非所以垂恩中國改元正時由內及外者也萬民者天之所生天愛其所生猶父母愛其子一物有不得其所者則天氣爲之舛錯況於人乎故愛人者必有天報昔太王重人命而去邠故獲上天之祐夫戎狄者四方之異氣也蹲夷踞肆與鳥獸無別若雜居中國則錯亂天氣汙辱善人是以聖王之制羈縻不絕而已今邊境無事宜當修仁行義尚於無爲令家給人足安業樂產夫人道安於下則陰陽和於上祥風時雨覆被遠方夷狄重譯而至矣易曰有孚盈缶終來有他吉言甘雨滿我之缶誠來有我而吉已夫以德勝人者昌以力勝人者亡今匈奴新爲鮮卑所殺遠藏於史侯河西去塞數千里而欲乘其虛耗利其微弱是非義之所出也前太僕祭彤遣出塞外卒不見一胡而兵已困矣白山之難不絕如綖都護陷沒士卒死者如積迄今被其辜毒孤寡哀思之心未弭仁者念之以爲累息奈何復欲襲其迹不顧患難乎今始徵發而大司農調度不足使者在道分部督趣上下相迫民間之急亦已甚矣三輔并涼少雨麥根枯焦牛死日甚此其不合天心之效也羣僚百姓咸曰不可陛下獨奈何以一人之計棄萬人之命不恤其言乎上觀天心下察人志足以知事之得失臣恐中國不爲中國豈徒匈奴而已哉惟陛下留聖恩休罷士卒以順天心書奏不從每政事有益於人恭輒言其便無所隱諱其後拜爲魯詩博士由是家法學者日盛遷侍中數召讌見問以得失賞賜恩禮寵異焉遷樂安相是時東州多盜賊羣輩攻刼諸郡患之恭到重購賞開恩信其渠帥張漢等率支黨降恭上以漢補博昌尉其餘遂自相捕擊盡破平之州郡以安永元九年徵拜議郎八月飲酎齋會章臺詔使小黃門特引恭前其夜拜侍中勑使陪乘勞問甚渥冬遷光祿勳選舉清平京師貴戚莫能枉其正十二年代呂蓋爲司徒十五年從巡狩南陽除子撫爲郎中賜騑馬從駕時弟丕亦爲侍中兄弟父子並列朝廷後坐事策免殤帝卽位以恭爲長樂衞尉永初元年復代梁鮪爲司徒初和帝末下令麥秋得案驗薄刑而州郡好以苛察爲政因此盛夏斷獄恭上疏諫曰臣伏見詔書敬若天時憂念萬民爲崇和氣罪非殊死且勿案驗進柔良退貪殘奉時令所以助仁德順昊天致和氣利黎民者也舊制至立秋乃行薄刑自永元十五年以來改用孟夏而刺史太守不深惟憂民息事之原進良退殘之化因以盛夏徵召農人拘對考驗連滯無已司隸典司四方京師四方是則而近於春月分行諸部託言勞來貧人而無隱惻之實煩擾郡縣廉考非急逮捕一人罪延十數上逆時氣下傷農業案易五月姤用事經曰后以施令誥四方言君以夏至之日施命令止四方行者所以助微陰也行者尚止之況於逮召考掠奪其時哉比年水旱傷稼人飢流冗今始夏百穀權輿陽氣胎養之時自三月以來陰寒不暖物當化變而不被和氣月令孟夏斷薄刑出輕繫行秋令則苦雨數來五穀不熟又曰仲夏挺重囚益其食行秋令則草木零落人傷於疫夫斷薄刑者謂其輕罪已正不欲令久繫故時斷之也臣愚以爲今孟夏之制可從此令其決獄案考皆以立秋爲斷以順時節育成萬物則天地以和刑罰以清矣初肅宗時斷獄皆以冬至之前自後論者互多駮異鄧太后詔公卿以下會議恭議奏曰夫陰陽之氣相扶而行發動用事各有時節若不當其時則物隨而傷王者雖質文不同而茲道無變四時之政行之若一月令周世所造而所據皆夏之時也其變者唯正朔服色犧牲徽號器械而已故曰殷因於夏禮周因於殷禮所損益可知也易曰潛龍勿用言十一月十二月陽氣潛藏未得用事雖呴嘘萬物養其根荄而猶盛陰在上地凍水冰陽氣否隔閉而成冬故曰履霜堅冰陰始凝也馴致其道至堅冰也言五月微陰始起至十一月堅冰至也夫王者之作因時爲法孝章皇帝深惟古人之道助三正之微定律著令冀承天心順物性命以致時雍然從變改以來年歲不熟穀價常貴人不寧安小吏不與國同心者率入十一月得死罪賊不問曲直便卽格殺雖有疑罪不復讞正一夫吁嗟王道爲虧況於衆乎易十二月君子以議獄緩死可令疑罪大辟之科盡冬月乃斷其立春在十二月中者勿以報囚如故事後卒施行恭再在公位選辟高第至列卿郡守者數十人而其耆舊大姓或不蒙薦舉至有

怨望者恭聞之曰學之不講是吾憂也諸生不有鄉舉者乎終無所言恭性謙退奏議依經潛有補益然終不自顯故不以剛直爲稱三年以老病策罷六年年八十一卒於家以兩子爲郎長子謙爲隴西太守有名績謙子旭官至太僕從獻帝西入關與司徒王允同謀共誅董卓及李傕入長安旭與允俱遇害恭弟丕字叔陵性沈深好學孳孳不倦遂杜絕交游不答候問之禮士友常以此短之而丕欣然自得遂兼通五經以魯詩尚書教授爲當世名儒後歸郡爲督郵功曹所事之將無不以師友待之建初元年肅宗詔舉賢良方正大司農劉寬舉丕時對策者百有餘人唯丕在高第除爲議郎遷新野令視事朞年州課第一擢拜青州刺史務在表賢明慎刑罰七年坐事下獄司寇論元和元年徵再遷拜趙相門生就學者常百餘人關東號之曰五經復興魯叔陵趙王商嘗欲避疾便時移住學宮丕止不聽王乃上疏自言詔書下丕丕奏曰臣聞禮諸侯薨於路寢大夫卒於嫡室死生有命未有逃避之典也學宮傳五帝之道修先王禮樂教化之處王欲廢塞以廣游讌事不可聽詔從丕言王以此憚之其後帝巡狩之趙特被引見難問經傳厚加賞賜在職六年嘉瑞屢降吏民重之永元二年遷東郡太守丕在二郡爲人修通溉灌百姓殷富數薦達幽隱名士明年拜陳留太守視事三朞後坐稟貧人不實徵司寇論十一年復徵再遷中散大夫時侍中賈逵薦丕道藝深明宜加任用和帝因朝會召見諸儒丕與侍中賈逵尚書令黃香等相難數事帝善丕說罷朝特賜冠幘履韈衣一襲丕因上疏曰臣聞說經者傳先師之言非從己出不得相讓則道不明若規矩權衡之不可枉也難者必明其據說者務立其義浮華無用之言不陳於前故精思不勞而道術愈章法異者各令自說師法博觀其義覽詩人之旨意察雅頌之終始明舜禹皐陶之相戒顯周公箕子之所陳觀乎人文以化天下陛下既廣納謇謇以開四聰無令芻蕘以言得罪既顯巖穴以求仁賢無使幽遠獨有遺失十三年遷爲侍中免永初二年詔公卿舉儒術篤學者大將軍鄧隲舉丕再遷復爲侍中左中郎將再爲三老五年年七十五卒於官

魏霸字喬卿濟陰句陽人也世有禮義霸少喪親兄弟同居州里慕其雍和建初中舉孝廉八遷和帝時爲鉅鹿太守以簡朴寬恕爲政掾史有過要先誨其失不改者乃罷之吏或相毀訴霸輒稱他吏之長終不及人短言者懷慙譖訟遂息永元十六年徵拜將作大匠明年和帝崩典作順陵時盛冬地凍中使督促數罰縣吏以厲霸霸撫循而已初不切責而反勞之曰令諸卿被辱大匠過也吏皆懷恩力作倍功延平元年代尹勤爲太常明年以病致仕爲光祿大夫永初五年拜長樂衛尉以病乞身復爲光祿大夫卒於官

劉寬字文饒弘農華陰人也父崎順帝時爲司徒寬嘗行有人失牛者乃就寬車中認之寬無所言下駕步歸有頃認者得牛而送還叩頭謝曰慙負長者隨所刑罪寬曰物有相類事容脫誤幸勞見歸何爲謝之州里服其不校桓帝時大將軍辟五遷司徒長史時京師地震特見詢問再遷出爲東海相延熹八年徵拜尚書令遷南陽太守典歷三郡溫仁多恕雖在倉卒未嘗疾言遽色常以爲齊之以刑民免而無耻吏人有過但用蒲鞭罰之示辱而已終不加苦事有功善推之自下災異或見引躬克責每行縣止息亭傳輒引學官祭酒及處士諸生執經對講見父老慰以農里之言少年勉以孝悌之訓民感德興行日有所化靈帝初徵拜太中大夫侍講華光殿遷侍中賜衣一襲轉屯騎校尉遷宗正轉光祿勳熹平五年代許訓爲太尉靈帝頗好學藝每引見寬常令講經寬嘗於坐被酒睡伏帝問太尉醉邪寬仰對曰臣不敢醉但任重責大憂心如醉帝重其言寬簡略嗜酒不好盥浴京師以爲諺嘗坐客遣蒼頭市酒迂久大醉而還迂久猶良久也客不堪之罵曰畜產寬須臾遣人視奴疑必自殺顧左右曰此人也罵言畜產辱孰甚焉故吾懼其死也夫人欲試寬令恚伺寬當朝會裝嚴已訖使侍婢奉肉羹翻汙朝衣婢遽收之寬神色不異乃徐言曰羹爛汝手其性度如此海內稱爲長者後以日食策免拜衛尉光和三年復代段熲爲太尉在職三年以日食免又拜永樂少府遷光祿勳以先策黃巾逆謀以事上聞封逯鄉侯六百戶中平二年卒年六十六贈車騎將軍印綬位特進諡昭烈侯子松嗣官至宗正

伏湛字惠公琅邪東武人也九世祖勝字子賤所謂濟南伏生者也湛高祖父孺武帝時客授東武因家焉父理爲當世名儒以詩授成帝爲高密太傅別自名學湛性孝友少傳父業教授數百人成帝時以父任爲博士弟子五遷至王莽時爲繡衣執法使督大姦遷後隊屬正更始立以爲平原太守時倉卒兵起天下驚擾湛獨晏然教授不廢謂妻子曰夫一穀不登國君徹膳今民皆飢奈何獨飽乃共食麤糲分俸祿以賑鄉里來客者百餘家時門下督素有氣力謀欲爲湛起兵湛惡其惑

眾卽收斬之徇首城郭以示百姓於是吏民信向郡內以安平原一境湛所全也光武卽位知湛名儒舊臣欲令幹任內職徵拜尚書使典定舊制時大司徒鄧禹西征關中帝以湛才任宰相拜爲司直行大司徒事車駕每出征伐常留鎭守總攝羣司建武三年遂代鄧禹爲大司徒封陽都侯時彭寵反於漁陽帝欲自征之湛上疏諫曰臣聞文王受命而征伐五國必先詢之同姓然後謀於羣臣加占蓍龜以定行事故謀則成卜則吉戰則勝其詩曰帝謂文王詢爾仇方同爾兄弟以爾鉤援與爾臨衝以伐崇墉崇國城守先退後伐所以重人命俟時而動故三分天下而有其二陛下承大亂之極受命而帝興明祖宗出入四年而滅檀鄉制五校降銅馬破赤眉誅鄧奉之屬不爲無功今京師空匱資用不足未能服近而先事邊外且漁陽之地逼接北狄黠虜困逼必求其助又今所過縣邑尤爲困乏種麥之家多在城郭聞官兵將至當已收之矣大軍遠涉二千餘里士馬罷勞轉糧艱阻今兗豫青冀中國之都而寇賊縱橫未及從化漁陽以東本備邊塞地接外虜貢稅微薄安平之時尚資內郡況今荒耗豈足先圖而陛下捨近務遠棄易求難四方疑怪百姓恐懼誠臣之所惑也復願遠覽文王重兵博謀近思征伐前後之宜顧問有司使極愚誠采其所長擇之聖慮以中土爲憂念帝覽其奏竟不親征時賊徐異卿等萬餘人據富平連攻之不下唯云願降司徒伏公帝知湛爲青徐所信向遣到平原異卿等卽日歸降護送洛陽湛雖在倉卒必於文德以爲禮樂政化之首顚沛猶不可違是歲奏行鄉飲酒禮遂施行之其冬車駕征張步留湛居守時蒸祭高廟而河南尹司隸校尉於廟中爭論湛不舉奏坐策免六年徙封不其侯邑三千六百戶遣就國後南陽太守杜詩上疏薦湛有杜石之姿宜居輔弼之位十三年夏徵勑尚書擇拜吏日未及就位因讌見中暑病卒賜祕器帝親弔祠遣使者送喪修冡二子隆翕翕嗣爵卒子光嗣光卒子晨嗣晨謙敬博愛好學尤篤以女孫爲順帝貴人奉朝請位特進卒子無忌嗣亦傳家學博物多識順帝時爲侍中屯騎校尉永和元年詔無忌與議郎黃景校定中書五經諸子百家藝術元嘉中桓帝復詔無忌與黃景崔寔等共撰漢記又自采集古今删著事要號曰伏侯注無忌卒子質嗣官至大司農質卒子完嗣尚桓帝女陽安公主女爲孝獻皇后曹操殺后誅伏氏國除初自伏生已後世傳經學清靜無競故東州號爲伏不鬬隆字伯文少以節操立名仕郡督郵建武二年詣懷宮光武甚親接之時張步兄弟各擁彊兵據有齊地拜隆爲太中大夫持節使青徐二州招降郡國隆移檄告諭所部青徐羣盜得檄惶怖獲索賊右師郎等六校卽時皆降張步遣使隨隆詣闕上書獻鰒魚其冬拜隆光祿大夫復使於步幷與新除青州牧守及都尉俱東詔隆輒拜令長以下隆招懷綏緝多來降附帝嘉其功比之酈生卽拜步爲東萊太守而劉永亦復遣使立步爲齊王步貪受王爵尤豫未決隆曉譬曰高祖與天下約非劉氏不王今可得爲十萬戶侯耳步欲留隆與共守二州隆不聽求得反命步遂執隆而受永封隆遣間使上書曰臣隆奉使無狀受執凶逆雖在困戹授命不顧又吏民知步反叛心不附之願以時進兵無以臣隆爲念臣隆得生到闕庭受誅有司此其大願若令歿身寇手以父母昆弟長累陛下陛下與皇后太子永享萬國與天無極帝得隆奏召父湛流涕以示之曰隆可謂有蘇武之節恨不且許而遽求還也其後步遂殺之時人莫不哀憐焉五年張步平車駕幸北海詔隆中弟咸收隆喪賜給棺斂太中大夫護送喪事詔告琅邪作冡以子瑗爲郎中

侯霸字君房河南密人也族父淵以宦者有才辯任職元帝時佐石顯等領中書號曰太常侍成帝時任霸爲太子舍人霸矜嚴有威容家累千金不事產業篤志好學師事九江太守房元治穀梁春秋爲元都講王莽初五威司命陳崇舉霸德行遷隨宰縣界曠遠濱帶五湖而亡命者多爲寇盜霸到卽案誅豪猾分捕山賊縣中清靜再遷爲執法刺姦糾案埶位者無所疑憚後爲淮平大尹政理有能名及王莽之敗霸保固自守卒全一郡及更始立遣使徵霸百姓老弱相攜號哭遮使者車或當道而臥皆曰願乞侯君復留朞年民至乃戒乳婦勿得舉子侯君當去必不能全使者慮霸就徵臨淮必亂不敢授璽書具以狀聞會更始敗道路不通建武四年光武徵霸與車駕會壽春拜尚書令時無故典朝廷又少舊臣霸明習故事收錄遺文條奏前世善政法度有益於時者皆施行之每春下寬大之詔奉四時之令皆霸所建也明年代伏湛爲大司徒封關內侯在位明察守正奉公不回十三年薨帝深傷惜之詔書悼惜於是追封謚霸則鄉哀侯食邑二千六百戶子昱嗣臨淮吏民共爲立祠四時祭焉以沛郡太守韓歆代霸爲大司徒歆字翁君南陽人以從征伐有功封扶陽侯好直言無隱諱帝每不能容嘗因朝會聞帝讀隗囂公孫述

相與書歆曰亡國之君皆有才桀紂亦有才帝大怒以爲激發歆又證歲將飢凶指天畫地言甚剛切坐免歸田里帝猶不悍復遣使宣詔責之司隸校尉鮑永固請不能得歆及子嬰竟自殺歆素有重名死非其罪衆多不厭帝乃追賜錢穀以成禮葬之後千乘歐陽歙清河戴涉相代爲大司徒坐事下獄死自是大臣難居相任其後河內蔡茂京北玉況（玉音肅）魏郡馮勤皆得薨位況字文伯性聰敏爲陳留太守以德行化人遷司徒四年薨昱後徙封於陵侯永平中兼太僕昱卒子建嗣建卒子昌嗣

宋弘字仲子京兆長安人也父尚成帝時至少府哀帝立以不附董賢違忤抵罪弘少而溫順哀平間作侍中王莽時爲共工赤眉入長安遣使徵弘逼迫不得已行至渭橋自投於水家人救得出因佯死獲免光武即位徵拜太中大夫建武二年代王梁爲大司空封栒邑侯所得租奉分贍九族家無資產以清行致稱徙封宣平侯帝嘗問弘通博之士弘乃薦沛國桓譚才學洽聞幾能及揚雄劉向父子於是召譚拜議郎給事中帝每讌輒令鼓琴好其繁聲弘聞之不悅悔於薦舉伺譚內出正朝服坐府上遣吏召之譚至不與席而讓之曰吾所以薦子者欲令輔國家以道德也而令數進鄭聲以亂雅頌非忠正者也能自改邪將令相舉以法乎譚頓首辭謝良久乃遣之後大會羣臣帝使譚鼓琴譚見弘失其常度帝怪而問之弘乃離席免冠謝曰臣所以薦桓譚者望能以忠正輔主而令朝廷耽悅鄭聲臣之罪也帝改容謝使反其坐遂不復令譚給事中弘推進賢士馮翊桓梁三十餘人或相及爲公卿者弘嘗讌見御座新屏風圖畫列女帝數顧視之弘正容言曰未見好德如好色者帝即爲撤之笑謂弘曰聞義則服可乎對曰陛下進德臣不勝其喜時帝姊湖陽公主新寡帝與共論朝臣微觀其意主曰宋公威容德器羣臣莫及帝曰方且圖之後弘被引見帝令主坐屏風後因謂弘曰諺言貴易交富易妻人情乎弘曰臣聞貧賤之知不可忘糟糠之妻不下堂帝顧謂主曰事不諧矣弘在位五年坐考上黨太守無所據免歸第數年卒無子國除弘弟嵩以剛彊孝烈著名官至河南尹嵩子由章和間爲太尉坐阿黨竇憲策免歸本郡自殺由二子漢登登在儒林傳漢字仲和以經行著名舉茂才四遷西河太守永建元年爲東平相度遼將軍立名節以威恩著稱遷太僕上病自乞拜太中大夫卒策書愍惜令將相大夫會葬加賜錢十萬漢子則字元矩爲鄢陵令亦有名迹拔同郡韋著扶風法眞稱爲知人則子年十歲與蒼頭共弩射蒼頭弦斷矢激誤中之即死奴叩頭就誅則察而恕之潁川荀爽深以爲美時人亦服焉

蔡茂字子禮河內懷人也哀平間以儒學顯徵試博士對策陳災異以高第擢拜議郎遷侍中遇王莽居攝以病自免不仕莽朝會天下擾亂茂素與竇融善因避難歸之融欲以爲張掖太守固辭不就每所餉給計口取足而已後與融俱徵復拜議郎再遷廣漢太守有政績稱時陰氏賓客在郡界多犯吏禁茂輒糾案無所回避會洛陽令董宣舉糾湖陽公主帝始怒收宣既而赦之茂嘉宣剛正欲令朝廷禁制貴戚乃上書曰臣聞興化致教必由進善康國寧人莫大理惡頃者貴戚椒房之家數因恩勢干犯吏禁殺人不死傷人不論臣恐繩墨棄而不用斧斤廢而不舉近湖陽公主奴殺人西市而與主共輿出入宮省逋罪積日冤魂不報洛陽令董宣直道不顧干主討姦陛下不先澄審召欲加箠當宣受怒之初京師側耳及其蒙宥天下拭目今者外戚驕逸賓客放濫宜勅有司按理姦罪使執平之吏永申其用以厭遠近不緝之情光武納之建武二十年代戴涉爲司徒在職清儉匪懈二十三年薨于位時年七十二賜東園梓棺賻贈甚厚茂初在廣漢夢坐大殿極上有三穗禾茂跳取之得其中穗輒復失之以問主簿郭賀賀離席慶曰大殿者宮府之形象也極而有禾人臣之上祿也取中穗是中台之位也於字禾失爲秩雖曰失之乃所以得祿秩也袞職有闕君其補之旬月而茂徵焉乃辟賀爲掾賀字喬卿雒陽人祖父堅伯父游君並修清節不仕王莽賀能明法累官建武中爲尚書令在職六年曉習故事多所匡益拜荊州刺史引見賞賜恩寵隆異及到官有殊政百姓便之歌曰厥德仁明郭喬卿忠正朝廷上下平顯宗巡狩到南陽特見嗟歎賜以三公之服黼黻冕旒勅行部去襜帷使百姓見其容服以章有德每所經過吏民指以相示莫不榮之永平四年徵拜河南尹以清靜稱在官三年卒詔書愍惜賜車一乘錢四十萬

馮勤字偉伯魏郡繁陽人也曾祖父揚宣帝時爲弘農太守有八子皆爲二千石趙魏間榮之號曰萬石君焉兄弟形皆偉壯惟勤祖父偃長不滿七尺常自恥短陋恐子孫之似也乃爲子伉娶長妻伉生勤長八尺三寸八歲善計初爲太守銚期功曹有高能稱期常從光武征伐政事一以委勤勤同縣馮巡等舉兵應光武謀未

成而爲豪右焦廉等所反勤乃牽將老母兄弟及宗親歸期期悉以爲腹心薦於光武初未被用後乃除爲郎中給事尚書以圖議軍糧在事精勤遂見親識每引進帝輒顧謂左右曰佳乎吏也由是使典諸侯封事勤量功次輕重國土遠近地勢豐薄不相踰越莫不厭服焉自是封爵之制非勤不定帝益以爲能尚書衆事皆令總錄之司徒侯霸薦前梁令閻楊楊素有譏議帝常嫌之旣見霸奏疑其有姦大怒賜霸璽書曰崇山幽都何可偶黃鉞一下無處所欲以身試法邪將殺身以成仁邪使勤奉策至司徒府勤還陳霸本意申釋事理帝意稍解拜勤尚書僕射職事十五年以勤勞賜爵關內侯遷尚書令拜大司農三歲遷司徒先是三公多見罪退帝賢勤欲令以善自終乃因讌見從容戒之曰朱浮上不忠於君下陵轢同列竟以中傷至今死生吉凶未可知豈不惜哉人臣放逐受誅雖復追加賞賜賻祭不足以償不訾之身忠臣孝子覽照前世以爲鏡誡能盡忠於國事君無二則爵賞光乎當世功名列於不朽可不勉哉勤愈恭約盡忠號稱任職勤母年八十每會見詔勅勿拜令御者扶上殿謂諸王曰使勤貴寵者此母也其見親重如此中元元年薨帝悼惜之使者弔祠賜東園祕器賻贈有加勤七子長子宗嗣至張掖屬國都尉中子順尚平陽長公主終於大鴻臚建初八年以順中子奮襲主爵爲平陽侯薨無子永元七年詔書復封奮兄羽林右監勁爲平陽侯奉公主之嗣奮弟由黃門侍郎尚平安公主勁薨子卯嗣延光中爲侍中薨子留嗣

趙憙字伯陽南陽宛人也少有節操從兄爲人所殺無子憙年十五常思報之乃挾兵結客後遂往復仇而仇家皆疾病無相距者憙以因疾報殺非仁者心且釋之而去顧謂仇曰爾曹若健遠相避也仇皆臥自搏後病愈悉自縛詣憙憙不與相見後竟殺之更始立舞陰大姓李氏擁城不下更始遣柱天將軍李寶降之不肯云聞宛之趙氏有孤孫憙信義著聞願得降之更始乃徵憙憙年未二十旣引見更始笑曰繭栗犢豈能負重致遠乎卽除爲郎中行偏將軍事使詣舞陰而李氏遂降憙因進入潁川擊諸不下者歷汝南界還宛更始大悅謂憙曰卿名家駒努力勉之會王莽遣王尋王邑將兵出關更始拜憙爲五威偏將軍使助諸將拒尋邑於昆陽光武破尋邑憙被創有戰勞還拜中郎將封勇功侯更始敗憙爲赤眉所圍迫急乃踰屋亡走與所善友韓仲伯等數十人攜小弱越山阻徑出武關仲伯以婦色美慮有彊暴者而己受其害欲棄之於道憙責怒不聽因以泥塗仲伯婦面載以鹿車身自推之每道逢賊或欲逼略憙輒言其病狀以此得免旣入丹水遇更始親屬皆裸跣塗炭飢困不能前憙見之悲感所裝縑帛資糧悉以與之將護歸鄉里時鄧奉反於南陽憙素與奉善數貽書切責之而讒者因言憙與奉合謀帝以爲疑及奉敗帝得憙書乃驚曰趙憙眞長者也卽徵憙引見賜鞍馬待詔公車時江南未賓道路不通以憙守簡陽侯相憙不肯受兵單車馳之簡陽吏民不欲內憙憙乃告譬呼城中大夫示以國家威信其帥卽開門面縛自歸由是諸營壁悉降荊州牧奏憙才任理劇詔以爲平林侯相攻擊羣賊安集降附縣邑平定後拜懷令大姓李子春先爲琅邪相豪猾兼并爲人所患憙下車聞其二孫殺人事未發覺卽窮詰其姦收子春二孫自殺京師爲請者數十終不聽時趙王良疾病將終車駕親臨問王所欲言王曰素與李子春厚懷今趙憙欲殺之願乞其命帝曰吏奉法律不可枉也更道他所欲王無復言旣薨帝追感趙王乃貰子春其年遷憙平原太守時平原多盜賊憙與諸郡捕討其渠帥餘黨當坐者數千人憙上言惡惡止其身可一切徙京師近郡帝從之乃悉移置潁川陳留於是擢舉義行誅鋤姦惡後靑州大蝗侵入平原界輒死歲屢有年百姓歌之二十六年帝延集內戚讌會歡甚諸夫人各各前言趙憙篤義多恩往遭赤眉出長安皆爲憙所濟活帝甚嘉之後徵憙入爲太僕引見謂曰卿非但爲英雄所保也婦人亦懷卿之恩厚加賞賜二十七年拜太尉賜爵關內侯時南單于稱臣烏桓鮮卑並來入朝帝令憙典邊事思爲長久規憙上復緣邊諸郡幽并二州由是而定三十年憙上言宜封禪正三雍之禮中元元年從封泰山及帝崩憙受遺詔典喪禮是時藩王皆在京師自王莽簒亂舊典不存皇太子與東海王等雜止同席憲章無序憙乃正色橫劒殿階扶下諸王以明尊卑時藩國官屬出入宮省與百僚無別憙乃表奏謁者將護分止他縣諸王並令就邸惟朝晡入臨整禮儀嚴門衞內外肅然永平元年封節鄉侯三年春考中山相薛修事不實免其冬代竇融爲衞尉八年代虞延行太尉事居府如眞後遭母憂上疏乞身行喪禮顯宗不許遣使者爲釋服賞賜恩寵甚渥憙內典宿衞外幹宰職正身立朝未嘗懈惰顯宗崩復典喪事再奉大行禮事修舉肅宗卽位進太傅錄尚書事擢諸子爲郎吏者七人長子代給事黃門建初五年憙疾病帝親幸視及薨車駕往臨弔時年八十

四謚曰正侯子代嗣官至越騎校尉永元中副行征西將軍劉尙征羌坐事下獄疾病物故和帝憐之賜祕器錢布贈越騎校尉節鄉侯印綬子直嗣官至步兵校尉直卒子淑嗣無子國除

牟融字子優北海安邱人也少博學以大夏侯尙書教授門徒數百人名稱州里以司徒茂才爲豐令視事三年縣無獄訟爲州郡最司徒范遷薦融忠正公方經行純備宜在本朝并上其理狀永平五年入代鮑昱爲司隸校尉多所舉正百僚敬憚之八年代包咸爲大鴻臚十一年代鮭陽鴻爲大司農是時顯宗方勤萬機公卿數朝會每輒延謀政事判折獄訟融經明才高善論議朝廷皆服其能帝數嗟歎以爲才堪宰相明年代伏恭爲司空舉動方重甚得大臣節肅宗卽位以融先朝名臣代趙憙爲太尉與憙參錄尙書事建初四年薨車駕親臨其喪時融長子麟歸鄉里帝以其餘子幼弱勑太尉掾史教其威儀進止賻贈恩寵篤密焉又賜冢塋地於顯節陵下除麟爲郎

韋彪字孟達扶風平陵人也高祖賢宣帝時爲丞相祖賞哀帝時爲大司馬彪孝行純至父母卒哀毁三年不出廬寢服竟羸瘠骨立異形醫療數年乃起博學洽聞雅稱儒宗建武末舉孝廉除郎中以病免復歸教授安貧樂道恬於進趣三輔諸儒莫不慕仰之顯宗聞彪名永平六年召拜謁者賜以車馬衣服三遷魏郡太守肅宗卽位以病免徵爲左中郎將長樂衛尉數陳政術每歸寬厚比上疏乞骸骨拜爲奉車都尉秩中二千石賞賜恩寵侔於親戚建初七年車駕西巡狩以彪行太常從數召入問以三輔舊事禮儀風俗彪因建言今西巡舊都宜追錄高祖中宗功臣褒顯先勳紀其子孫帝納之行至長安乃制詔京兆尹右扶風求蕭何霍光後時光無苗裔唯封何末孫熊爲酇侯建初二年已封曹參後曹湛爲平陽侯故不復及焉乃厚賜彪錢珍羞食物使歸平陵上冢還拜大鴻臚是時陳事者多言郡國貢舉率非功次故守職益懈而吏事寖疏咎在州郡有詔下公卿朝臣議彪上議曰夫國以簡賢爲務賢以孝行爲首孔子曰事親孝故忠可移於君是以求忠臣必於孝子之門夫人才行少能相兼是以孟公綽優於趙魏老不可以爲滕薛大夫忠孝之人持心近厚三代之所以直道而行者在其所以磨之故也士宜以才行爲先不可純以閥閱然其要歸在於選二千石二千石賢則貢舉皆得其人帝深納之彪以世承二帝吏化之後多以苛刻爲能又置官選職不必以才因盛夏多寒上疏諫曰臣聞政化之本必順陰陽伏見立夏以來當暑而寒殆以刑罰刻急郡國不奉時令之所致也農人急於務而苛吏奪其時賦發充常調而貪吏割其財此其巨患也夫欲急人所務當先除其所患天下樞要在於尙書尙書之選豈可不重而閒者多從郎官超升此位雖曉習文法長於應對然察察小慧類無大能宜簡常歷州宰素有名者雖進退舒遲時有不逮然端心向公奉職周密宜鑒嗇夫捷急之對深思絳侯木訥之功也往時楚獄大起故置令史以助郎職而類多小人好爲姦利今者務簡可皆停省又諫議之職應用公直之士通才謇正有補益於朝者今或從徵試輩爲大夫又御史外遷動據州郡並宜清選其任責以言績其二千石視事雖久而爲吏民所便安者宜增秩重賞勿妄遷徙惟留聖心書奏帝納之元和二年春東巡狩以彪行司徒事從行還以病乞身帝遣小黃門太醫問病賜以食物彪遂稱困篤章和二年夏使謁者策詔彪令上大鴻臚印綬其遣太子舍人詣中藏府受賜錢二十萬永元元年卒詔復賜錢二十萬布百匹穀三千斛彪清儉好施祿賜分與宗族家無餘財著書十二篇號曰韋卿子彪族子義字季節高祖父元成元帝時爲丞相初彪獨徙扶風故義猶爲京兆杜陵人焉兄順字叔文平輿令有高名次兄豹字季明數辟公府輒以事去司徒劉愷復辟之謂曰卿以好去就爵位不躋今歲垂盡當選御史意在相薦子其宿留乎豹曰犬馬齒衰膂力已劣仰慕崇恩故未能自割且眩瞀滯疾不堪久待選薦之私非所敢當遂跣而起愷追之徑去不顧安帝西巡徵拜議郎義少與二兄齊名初仕州郡太傅桓焉辟舉理劇爲廣都長甘陵陳二縣令政甚有績官曹無事牢獄空虛數上書順帝陳宜依古典考功黜陟徵集名儒大定其制又譏切左右貶刺竇氏言旣無感而久抑不遷以兄順喪去官比辟公府不就廣都爲生立廟及卒三縣吏民爲義舉哀若喪考妣豹子著字休明少以經術知名不應州郡之命大將軍梁冀辟不就延熹二年桓帝公車備禮徵至霸陵稱病歸乃入雲陽山采藥不返有司舉奏加罪帝特原之復詔京兆尹重以禮敦勸著遂不就徵靈帝卽位中常侍曹節以陳蕃竇氏旣誅海內多怨欲借寵時賢以爲名白帝就家拜著東海相詔書逼切不得已解巾之郡政任威刑爲受罰者所奏坐論輸左校又後妻驕恣亂政以之失名竟歸爲姦人所害隱者恥之

宣秉字巨公馮翊雲陽人也少修高節顯名三輔哀平際見王氏據權專政侵削宗室有逆亂萌遂隱遁深山州郡連召常稱疾不仕王莽爲宰衡辟命不應及莽篡位又遣使者徵之秉固稱疾病更始即位徵爲侍中建武元年拜御史中丞光武特詔御史中丞與司隸校尉尚書令會同並專席而坐故京師號曰三獨坐明年遷司隸校尉務舉大綱簡略苛細百僚敬之秉性節儉常服布被蔬食瓦器帝嘗幸其府舍見而嘆曰楚國二龔不如雲陽宣巨公即賜布帛帷帳什物四年拜大司徒司直所得祿俸輒以收養親族其孤弱者分與田地自無儋石之儲六年卒於官帝愍惜之除子彪爲郎

張湛字子孝扶風平陵人也矜嚴好禮動止有則居處幽室必自修整雖遇妻子如嚴君焉及在鄉黨詳言正色三輔以爲儀表人或謂湛僞詐湛聞而笑曰我誠詐也人皆詐惡我獨詐善不亦可乎成哀間爲二千石王莽時歷太守都尉建武初爲左馮翊在郡修典禮設條教政化大行後告歸平陵望寺門而步主簿進曰明府位尊德重不宜自輕湛曰禮下公門式路馬孔子於鄉黨恂恂如也父母之國所宜盡禮何謂輕哉五年拜光祿勳光武臨朝或有惰容湛輒陳諫其失常乘白馬帝每見湛輒言白馬生且復諫矣七年以病乞身拜光祿大夫代王丹爲太子太傅及郭后廢因稱疾不朝拜太中大夫居中東門候舍故時人號中東門君帝數存問賞賜後大司徒戴涉被誅帝彊起湛以代之湛至朝堂遺失溲便因自陳疾篤不能復任朝事遂罷之數年卒於家

王丹字仲回京兆下邽人也哀平時仕州郡王莽時連徵不至家累千金隱居養志好施周急每歲農時輒載酒肴於田閒候勤者而勞之其墮孏者恥不致丹皆兼功自厲邑聚相率以致殷富其輕黠遊蕩廢業爲患者輒曉其父兄使黜責之沒者則賻給親自將護其有遭喪憂者輒待丹爲辦鄉鄰以爲常行之十餘年其化大洽風俗以篤丹資性方潔疾惡彊豪時河南太守同郡陳遵關西大俠也其友人喪親遵爲護喪事賻助甚豐丹乃懷縑一匹陳之於主人前曰如丹此縑出自機杼遵聞而有慙色自以知名欲結交於丹丹拒而不許會前將軍鄧禹西征關中軍糧乏丹率宗族上麥二千斛禹表丹領左馮翊稱疾不視事免歸後徵爲太子少傅時大司徒侯霸欲與交友及丹被徵遣子昱候於道昱迎拜車下丹下答之昱曰家公欲與君結交何爲見拜丹曰君房有是言丹未之許也丹子有同門生喪親家在中山白丹欲往奔慰結侶將行丹怒而撻之令寄縑以祠焉或問其故丹曰交道之難未易言也世稱管鮑次則王貢張陳凶其終蕭朱隙其末故知全之者鮮矣時人服其言客初有薦士於丹者因選舉之而後所舉者陷罪丹坐以免客慙懼自絕而丹終無所言尋復徵爲太子太傅乃呼客謂曰子之自絕何量丹之薄也不爲設食以罰之相待如舊其後遜位卒于家

王良字仲子東海蘭陵人也少好學習小夏侯尚書王莽世寢病不仕教授諸生千餘人建武二年大司馬吳漢辟不應三年徵拜諫議大夫數有忠言以禮進止朝廷敬之遷沛郡太守至蘄縣稱病不之府官屬皆隨就之良遂上疾篤乞骸骨徵拜太中大夫六年代宣秉爲大司徒司直在位恭儉妻子不入官舍布被瓦器時司徒史鮑恢以事到東海過其家而良妻布裙曳柴從田中歸恢告曰我司徒史也故來受書欲見夫人妻曰妾是也苦掾無書恢乃下拜嘆息而還聞者莫不嘉之後以病歸一歲復徵至滎陽疾篤不任進道過其友人友人不肯見曰不有忠言奇謀而取大位何其往來屑屑不憚煩也遂拒之良慙自後連徵輒稱病詔以元纁聘之遂不應後光武幸蘭陵遣使者問良所疾苦不能言對詔復其子孫邑中徭役卒於家

杜林字伯山扶風茂陵人也父鄴成哀間爲涼州刺史林少好學沈深家既多書而外氏張竦父子喜文采林從竦受學博洽多聞世稱通儒初爲郡吏王莽敗盜賊起林與弟成及同郡范逡孟冀等將細弱俱客河西道逢賊數千人遂掠取財裝褫奪衣服拔刃向林欲殺之林曰願一言而死將軍知天神乎赤眉兵衆百萬所向無前而殘賊不道卒至破敗今將軍以數千之衆欲規霸王之事不行仁恩而反遵覆車不畏天乎賊遂釋之俱免於難隗囂聞林志節深相敬待以爲持書平後因疾告去辭還祿食囂復欲令彊起遂稱篤囂意雖相望且欲優容之乃出令曰杜伯山天子所不能臣諸侯所不能友蓋伯夷叔齊恥食周粟今且從師友之位須道開通使順所志林雖拘於囂終不屈節建武六年弟成物故囂乃聽林持喪東歸既遣而悔追令刺客楊賢於隴坻遮殺之賢見林身推鹿車載致弟喪乃嘆曰當今之世誰能行義我雖小人何忍殺義士因亡去光武聞林已歸三輔乃徵拜侍御史引見問以經書故舊及西州事甚悅之賜車馬衣被羣僚知林以名德用甚尊憚之京師士大夫咸推其博洽河南鄭興東海衛宏等皆

長於古學與嘗師事劉歆林既遇之欣然言曰林得與等固諸矣使宏得林且有以益之及宏見林闇然而服濟南徐巡始師事宏後皆更受林學林前於西州得漆書古文尚書一卷常寶愛之雖遭艱困握持不離身出以示宏等曰林流離兵亂常恐斯經將絕何意東海衞子濟南徐生復能傳之是道竟不墜於地矣古文雖不合時務然願諸生無悔所學宏巡益重之於是古文遂行明年大議郊祀制多以爲周郊后稷漢當祀堯詔復下公卿議議者僉同帝亦然之林獨以爲周室之興祚由后稷漢業特起功不緣堯祖宗故事所宜因循乃定從林議後代王良爲大司徒司直林薦同郡范逡趙秉申屠剛及隴西牛邯等皆被擢用士多歸之十一年司直官罷以林代郭憲爲光祿勳內奉宿衞外總三署周密敬愼選舉稱平郎有好學者輒見誘進朝夕滿堂十四年羣臣上言古者肉刑嚴重則人畏法令今憲律輕薄故姦軌不勝宜增科禁以防其源詔下公卿林奏曰夫人情挫辱則義節之風損法防繁多則苟免之行興孔子曰導之以政齊之以刑民免而無恥導之以德齊之以禮有恥且格古之明王深識遠慮動居其厚不務多辟周之五刑不過三千大漢初興詳覽失得故破矩爲圜斵彫爲樸蠲除苛政更立疎網海內歡欣人懷寬德及至其後漸以滋章吹毛索疵詆欺無限果桃菜茹之饋集以成贓小事無妨於義以爲大戮故國無廉士家無完行至於法不能禁令不能止上下相遁爲敝彌深臣愚以爲宜如舊制不合翻移帝從之後皇太子彊求乞自退封東海王故重選官屬以林爲王傅從駕南巡狩時諸王傅數被引命或多交游不得應詔唯林守愼有召必至餘人雖不見譴而林特受賞賜又辭不敢受帝益重之明年代丁綝爲少府二十二年復爲光祿勳頃之代朱浮爲大司空博雅多通稱爲任職相明年薨帝親自臨喪送葬除子喬爲郎又詔喬爲丹水長

郭丹字少卿南陽穰人也父稚成帝時爲廬江太守有淸名丹七歲而孤小心孝順後母哀憐之爲鬻衣裝買產業後從師於長安買符入函谷關乃慨然歎曰丹不乘使者車終不出關既至京師常爲都講諸儒咸敬重之大司馬嚴尤請丹辭病不就王莽又徵之遂與諸生逃於北地更始二年三公舉丹賢能徵爲諫議大夫持節使歸南陽安集受降丹自去家十二年果乘高車出關如其志焉更始敗諸將悉歸光武並獲封爵丹獨保平氏不下爲更始發喪衰絰盡哀建武二年遂潛逃去敝衣閒行涉歷險阻求謁更始妻子奉還節傳因歸鄉里太守杜詩請爲功曹丹薦鄉人長者自代而去詩乃歎曰昔明王興化卿士讓位功曹推賢可謂至德勑以丹事編署黃堂以爲後法十三年大司馬吳漢辟舉高第再遷并州牧有淸平稱轉使匈奴中郎將遷左馮翊永平三年代李訢爲司徒在朝廉直公正與侯霸杜林張湛郭伋齊名相善明年坐考隴西太守鄧融事無所據策免五年卒於家時年八十七以河南尹范遷有淸行代爲司徒遷字子廬沛國人初爲漁陽太守以智略安邊匈奴不敢入界及在公輔有宅數畝田不過一頃又推與兄子其妻常謂曰君有四子而無立錐之地可餘奉祿以爲後世業遷曰吾備位大臣而蓄財求利何以示後世在位四年薨家無儋石焉後顯宗因朝會問羣臣郭丹家今如何宗正劉匡對曰昔孫叔敖相楚馬不秣粟妻子不衣帛子孫竟蒙寢丘之封丹出典州郡入爲三公而家無遺產子孫困匱帝乃下南陽訪求其嗣長子宇官至恒山太守少子濟趙相

吳良字大儀齊國臨淄人也初爲郡吏歲旦與掾史入賀門下掾王望舉觴上壽諂稱太守功德良於下坐勃然進曰望佞邪之人欺諂無狀願勿受其觴太守斂容而止讌罷轉良爲功曹恥以言受進終不肯謁時驃騎將軍東平王蒼聞而辟之署爲西曹蒼甚相敬愛上疏薦良經任博士行中儀表宜備宿衞以輔聖政書奏顯宗以示公卿曰前以事見良鬚髮皓然衣冠甚偉夫薦賢助國宰相之職蕭何舉韓信設壇而拜不復考試今以良爲議郎永平中車駕近出而信陽侯陰就于突禁衞車府令徐匡鉤就車收御者送獄詔書譴匡匡乃自繫良上言信陽侯就倚恃外戚干犯乘輿無人臣禮爲大不敬匡執法守正反下于理臣恐聖化由是而弛帝雖赦匡猶左轉良爲即丘長後遷司徒長史每處大議輒據經典不希旨偶俗以徼時譽後坐事免復拜議郎卒於官

承宮字少子琅邪姑幕人也少孤年八歲爲人牧豕鄉里徐子盛者以春秋經授諸生數百人宮過息廬下樂其業因就聽經遂請留門下爲諸生拾薪執苦數年勤學不倦經典既明乃歸家教授遭天下喪亂遂將諸生避地漢中後與妻子之蒙陰山肆力耕種禾黍將熟人有認之者宮不與計推之而去由是顯名三府更辟皆不應永平中徵詣公車駕臨辟雍召宮拜博士遷左中郎將數納忠言陳政論議切慤朝臣憚其節名播匈奴時北單于遣使求得見宮帝勑自整飾宮對曰夷狄眩

名非議實者也臣狀醜不可以示遠宜選有威容者帝乃以大鴻臚魏應代之十七年拜侍中祭酒建初元年卒肅宗褒歎賜以冢地妻上書乞歸葬鄉里復賜錢三十萬

鄭均字仲虞東平任城人也少好黃老書兄爲縣吏頗受禮遺均數諫止不聽卽脫身爲傭歲餘得錢帛歸以與兄曰物盡可復得爲吏坐臧終身捐棄兄感其言遂爲廉潔均好義篤實養寡嫂收孤兒恩禮敦至常稱病家廷不應州郡辟召郡將欲必致之使縣令諭將詣門旣至卒不能屈均於是客於濮陽建初三年司徒鮑昱辟之後舉直言並不詣六年公車特徵再遷尙書數納忠言肅宗敬重之後以病乞骸骨拜議郎告歸因稱疾篤帝賜以衣冠元和元年詔告廬江太守東平相賜均及前安邑令毛義穀各千斛常以八月長吏存問賜羊酒明年帝東巡過任城乃幸均舍勅賜尙書祿以終其身故時人號爲白衣尙書永元中卒於家

趙典字仲經蜀郡成都人也父戒爲太尉桓帝立以定策封廚亭侯典少篤行隱約博學經書弟子自遠方至建和初四府表薦徵拜議郎侍講禁內再遷爲侍中時帝欲廣開鴻池典諫曰鴻池汎溉已且百頃猶復增而深之非所以崇唐虞之約已遵孝文之愛人也帝納其言而止父卒襲封出爲弘農太守轉右扶風公事去官徵拜城門校尉轉將作大匠遷少府又轉大鴻臚時恩澤諸侯以無勞受封羣臣不悅而莫敢諫典獨奏曰夫無功而賞勞者不勸上忝下辱亂象干度且高祖之誓非功臣不封宜一切削免爵土以存舊典帝不從頃之轉太僕遷太常朝廷每有災異疑議輒諮問之典據經正對無所曲折每得賞賜輒與諸生之貧者後以諫諍違旨免官就國會帝崩時禁藩國諸侯不得奔弔典慨然曰身從衣褐之中致位上列且烏鳥反哺報德況於士邪遂解印綬符策付縣而馳到京師州郡及大鴻臚並執處其罪而公卿百僚嘉典之義表請以租自贖詔書許之再遷長樂少府衞尉公卿復表典篤學博聞宜備國師會病卒使者弔祠竇太后復遣使兼贈印綬謚曰獻侯典兄子謙謙弟溫相繼爲三公謙字彥信初平元年代黃琬爲太尉獻帝遷都長安以謙行車騎將軍爲前置明年病罷復爲司隸校尉車師王侍子爲董卓所愛數犯法謙收殺之卓大怒殺都官從事而素敬憚謙故不加罪轉爲前將軍遣擊白波賊有功封郫侯李傕殺司徒王允復代允爲司徒數月病免拜尙書令是年卒謚曰忠侯溫字子柔初爲京兆郡丞歎曰大丈夫當雄飛安能雌伏遂棄官去遭歲大飢散家糧以賑窮餓所活萬餘人獻帝西遷爲侍中同輿輦至長安封江南亭侯代楊彪爲司空免頃之復爲司徒錄尙書事時李傕與郭汜相攻傕遂虜掠禁省刼帝幸北塢外內隔絕傕素疑溫不與已同乃內溫於塢中又欲移乘輿於黃白城溫與傕書曰公前託爲董公報讎然實屠陷王城殺戮大臣天下不可家見而戶說也今與郭汜爭睚眦之隙以成千鈞之讐人在塗炭各不聊生曾不改悟遂成禍亂朝廷仍下明詔欲令和解上命不行威澤日損而復欲移轉乘輿更幸非所此誠老夫所不達也於易一爲過再爲涉三而弗改滅其頂凶不如早共和解引軍還屯上安萬乘下全人民豈不幸甚傕大怒欲遣人殺溫董卓從弟應溫故掾也諫之數日乃獲免溫從車駕都許建安十三年以辟司空曹操子丕爲掾操怒奏溫辟忠臣子弟選舉不實免官是歲卒年七十二

桓譚字君山沛國相人也父成帝時爲太樂令譚以父任爲郎因好音律善鼓琴博學多通徧習五經皆訓詁大義不爲章句能文章尤好古樂數從劉歆揚雄辯析疑異性嗜倡樂簡易不修威儀而憙非毀俗儒由是多見排抵音紙哀平閒位不過郎傅皇后父孔鄉侯晏深善於譚是時高安侯董賢寵倖女弟爲昭儀皇后日已疎晏嘿嘿不得意譚進說曰昔武帝欲立衞子夫陰求陳皇后之過而陳后終廢子夫竟立今董賢至愛女弟尤幸殆將有子夫之變可不憂哉晏驚動曰爲之柰何譚曰刑罰不能加無罪邪枉不能勝正人夫士以才智要君女以媚道求主皇后年少希更艱難或驅使醫巫外求方伎此不可不備又君侯以后父尊重而多通賓客必借以重勢貽致譏議不如謝遣門徒務執謙愨此修己正家避禍之道也晏曰善遂罷遣常客入白皇后如譚所戒後賢果諷太醫令眞欽使求傅氏罪過遂逮后弟侍中喜詔獄無所得乃解故傅氏終全於哀帝之時及董賢爲大司馬聞譚名欲與之交譚先奏書於賢說以輔國保身之術賢不能用遂不與通當王莽居攝篡弑之際天下之士莫不競褒稱德美作符命以求容媚譚獨自守默然無言莽時爲掌樂大夫更始立召拜太中大夫世祖卽位徵待詔上書言事失旨不用後大司空宋弘薦譚拜議郎給事中因上疏陳時政所宜曰臣聞國之廢興在於政事政事得失由乎輔佐輔佐賢明則俊士充朝而理合世務輔佐不明則論失時宜而舉多過事夫有國之君俱欲興化建善然而正道未理者

其所謂賢者異也昔楚莊王問孫叔敖曰寡人未得所以爲國是也叔敖曰國之有是衆所惡也恐王不能定也王曰不定獨在君亦在臣乎對曰君驕士曰士非我無從富貴士驕君曰君非士無從安存人君或至失國而不悟士或至飢寒而不進君臣不合則國是無從定矣莊王曰善願相國與諸大夫共定國是也蓋善政者視俗而施教察失而立防威德更興文武迭用然後政調於時而躁人可定昔董仲舒言理國譬若琴瑟其不調者則改而更張夫更張難行而拂衆者亡是故賈誼以才逐而鼂錯以智死世雖有殊能而終莫敢談者懼於前事也且設法禁者非能盡塞天下之姦皆合衆人之所欲也大抵取便國利事多者則可矣夫張官置吏以理萬民懸賞設罰以別善惡惡人誅傷則善人蒙福矣今人相殺傷雖已伏法而私結怨讎子孫相報後忿深前至於滅戶殄業而俗稱豪傑故雖有怯弱猶勉而行之此爲聽人自理而無復法禁者也今宜申明舊令若已伏官誅而私相傷殺者雖一身逃亡皆徙家屬於邊其相傷者加常二等不得雇山贖罪如此則仇怨自解盜賊息矣夫理國之道舉本業而抑末利是以先帝禁人二業錮商賈不得宦爲吏此所以抑并兼長廉恥也今富商大賈多放田貨中家子弟爲之保役趨走與臣僕等勤收稅與封君比入是以衆人慕效不耕而食至乃多通侈靡以淫耳目今可令諸商賈自相糾告若非身力所得皆以臧畀告者如此則專役一己不敢以貨與人事寡力弱必歸功田畝田畝修則穀入多而地力盡矣又見法令決事輕重不齊或一事殊法同罪異論姦吏得因緣爲市所欲活則出生議所欲陷則與死比是爲刑開二門也今可令通義理明習法律者校定科比一其法度班下郡國蠲除故條如此則天下知方而獄無怨濫矣書奏不省時帝方信讖多以決定嫌疑又醻賞少薄天下不時安定譚復上疏曰凡人情忽於見事而貴於異聞觀先王之所記述咸以仁義正道爲本非有奇怪虛誕之事蓋天道性命聖人所難言也自子貢以下不得而聞況後世淺儒能通之乎今諸巧慧小才伎數之人增益圖書矯稱讖記以欺惑貪邪詿誤人主焉可不抑遠之哉臣譚伏聞陛下窮折方士黃白之術甚爲明矣而乃欲聽納讖記又何疑也其事雖有時合譬猶卜數隻偶之類陛下宜垂明聽發聖意屏羣小之曲說述五經之正義略靁同之俗語詳通人之雅謀又臣聞安平則尊道術之士有難則貴介胄之臣今聖朝興復祖統爲人臣主而四方盜賊未盡歸伏者此權謀未得也臣譚伏觀陛下用兵諸所降下既無重賞以相恩誘或至虜掠奪其財物由是兵長渠率各生狐疑黨輩連結歲月不解古人有言曰天下皆知取之爲取莫知與之爲取陛下誠能輕爵重賞與士共之則何招而不至何說而不釋何向而不開何征而不克如此則能以狹爲廣以遲爲速亡者復存失者復得矣帝省奏愈不悅其後有詔會議靈臺所處帝謂譚曰吾欲以讖決之何如譚嘿然良久曰臣不讀讖帝問其故譚復極言讖之非經帝大怒曰桓譚非聖無法將下斬之叩頭流血良久乃得解出爲六安郡丞意忽忽不樂道病卒時年七十餘初譚著書言當世行事二十九篇號曰新論上書獻之光武善焉琴道一篇未成肅宗使班固續成之所著賦誄書奏凡二十六篇元和中肅宗東巡至沛使使者祠譚冢鄉里以爲榮

通志卷一百七十上

通志卷一百七下

宋右迪功郎鄭樵漁仲撰

列傳第二十下

馮衍字敬通京兆杜陵人也祖野王元帝時爲大鴻臚衍幼有奇材年九歲能誦詩至二十而博通羣書王莽時諸公多薦舉之者衍辭不肯仕時天下兵起莽遣更始將軍廉丹討伐山東丹辟衍爲掾與俱至定陶莽追詔丹曰倉廩盡矣府庫空矣可以怒矣可以戰矣將軍受國重任不捐身於中野無以報恩塞責丹惶恐夜召衍以書示之衍因說丹曰衍聞順而成者道之所大也逆而功者權之所貴也是故期於有成不問所由論於大體不守小節昔逢丑父伏軾而使其君取飲稱於諸侯鄭祭仲立突而出忽終得復位美於春秋蓋以死易生以存易亡君子之道也詭於衆意寧國存身賢智之慮也故易曰窮則變變則通通則久是以自天祐之吉無不利若夫知其不可而必行之破軍殘衆無補於主身死之日負義於時智者不爲勇者不行且衍聞之得時無怠張良以五世相韓椎秦始皇博浪之中勇冠乎賁育名高乎泰山將軍之先爲漢信臣新室之興英俊不附今海內潰亂小人懷德甚於詩人之思召公也愛其甘棠而況子孫乎人所歌舞天必從之方今爲將軍計莫若屯據大郡鎮撫吏士砥礪其節百里之內牛酒日賜納雄桀之士詢忠智之謀要將來之心待從横之變興社稷之利除萬人之害則福祿流於無窮功烈著於不滅何與軍覆於中原身膏於草野功敗名喪恥及先祖哉聖人轉禍而爲福智士因敗而爲功願明公深計而無與俗同丹不能從進入睢陽復說丹曰蓋聞明者見於無形智者見於未萌況其昭晳者乎凡患生於所忽禍發於細微敗不可悔時不可失公孫鞅曰有高人之行負非於世有獨見之慮見贅於時故信庸庸之論破金石之策襲當世之操失高明之德夫決者智之君也疑者事之役也時不重至公勿再計丹不聽遂進及無鹽與赤眉戰死衍乃亡命河東更始二年遣尚書僕射鮑永行大將軍事安集北方衍因以計說永曰衍聞明君不惡切愨之言以測幽冥之論忠臣不顧爭引之患以達萬機之變是故君臣兩興功名兼立銘勒金石令問不忘今衍幸蒙寬明之日將值危言之時豈敢拱默被罪而不竭其誠哉伏念天下離王莽之害久矣始自東郡之師繼以西海之役巴蜀沒於南夷緣邊破於北狄遠征萬里暴兵累年禍挐未解兵連不息刑法彌深賦斂愈重衆彊之黨橫擊於外百僚之臣貪殘於內元元無聊饑寒並臻父子流亾夫婦離散廬落丘墟田疇蕪穢疾疫大興災異蜂起於是江湖之上海岱之濱風騰波涌更相駘藉四垂之人肝腦塗地死亾之數不啻大半殃咎之毒痛入骨髓匹夫僮婦咸懷怨怒皇帝以聖德靈威龍興鳳舉率宛葉之衆將散亂之兵插血昆陽長驅武關破百萬之陳摧九虎之軍雷震四海席卷天下攘除禍亂誅滅無道一朞之間海內大定繼高祖之休烈修文武之絕業社稷復存炎精更輝德冠往初功無與二天下自以去亡新就聖漢當蒙其福而賴其願樹恩布德易以周洽其猶順驚風而飛鴻毛也然而諸將虜掠逆倫絕理殺人父子妻人婦女燔其室屋掠其財產饑者毛食寒者裸跣冤結失望無所歸命今大將軍以明淑之德秉大使之權統三軍之政存撫并州之人惠愛之誠加乎百姓高世之聲聞乎羣士故其延頸企踵而望者非特一人也且大將軍之事豈得珪璧其行束修其心而已哉將定國家之大業成天地之元功也昔周宣中興之主齊桓霸彊之君耳猶有申伯召虎夷吾吉甫攘其蟊賊安其彊宇況乎萬里之漢明帝復興而大將軍爲之梁棟此誠不可以忽也且衍聞之兵久則力屈人愁則變生今邯鄲之賊未滅眞定之際復擾而大將軍所部不過百里守城不休戰軍不息兵革雲翔百姓震駭奈何自怠不爲深憂夫并州之地東帶名關北逼彊胡年穀獨孰人庶多資斯四戰之地攻守之場也如其不虞何以待之故曰德不素積人不爲用備不豫具難以應卒今生人之命懸於將軍將軍所杖必須良材宜改易非任更選賢能夫十室之邑必有忠信審得其人以承大將軍之明雖則山澤之人無不感德思樂爲用矣然後簡精銳之卒發屯守之士三軍既整甲兵已具相其土地之饒觀其水泉之利制屯田之術習戰射之教則威風遠暢人安其業若鎮太原撫上黨收百姓之歡心樹名賢之良佐天下無變則足以顯聲譽一朝有事則可以建大功惟大將軍開日月之明發深淵之慮鑒六經之論觀孫吳之策省羣議之是非詳衆士之白黑以超周南之迹垂甘棠之風令夫功烈施於千載富貴傳于無窮伊望之策何以加茲永既素重衍爲且受使得自置偏裨乃以衍爲立漢將軍領狼孟長屯太原與上黨太守田邑等繕甲養士扞衛并土及世祖卽位遣宗正劉延攻天井關與田邑連戰十餘合延不得進邑迎母弟妻子爲延所獲後邑聞更始敗乃遣使詣洛陽獻璧馬卽拜爲上黨太守因遣

使者招永衍永衍等疑不肯降而忿邑背前約衍乃遺
邑書曰蓋聞晉文出奔而子犯宣其忠趙武逢難而程
嬰明其賢二子之義當矣今三王背叛赤眉危國天下
蟺動社稷顚隕是忠臣立功之日志士馳馬之秋也伯
玉擢選剖符專宰大郡夫上黨之地有四塞之固東帶
三關西爲國蔽奈何舉之以資彊敵開天下之匈假仇
讐之刃豈不哀哉衍聞之委質爲臣無有二心挈瓶之
智守不假器是以晏嬰臨盟擬以曲戟不易其辭謝息
守郕脅以晉魯不喪其邑由是言之內無鉤頸之禍外
無桃萊之利而被畔人之聲蒙降城之耻竊爲左右羞
之且邾庶其竊邑叛君以要大利曰賤而必書莒牟夷
以土地求食而名不滅是以大丈夫動則思禮行則思
義未有背此而身名能全者也爲伯玉深計莫若與鮑
尚書同情戮力顯忠貞之節立超世之功如以尊親係
累之故能捐位投命歸之尚書大義既全敵人紓怨上
不損剖符之責下足救老幼之命申眉高談無愧天下
若乃貪上黨之權惜全邦之實衍恐伯玉必懷周趙之
憂上黨復有前年之禍昔晏平仲納延陵之誨終免欒
高之難孫林父違穆子之戒故陷終身之惡以爲伯玉
聞此至言必若刺心自非嬰城而堅守則策馬而不顧
也聖人轉禍而爲福智士因敗以成勝願自彊於時無
與俗同邑報書曰僕雖駑怯亦欲爲人也豈苟貪生而
畏死哉曲戟在頸不易其心誠僕志也閒者老母諸弟
見執於軍而邑安然不顧者豈非重其節乎若使人居
天地壽如金石要長生而避死地可也今百齡之期未
有能至老壯之閒相去幾何誠使故朝尚在忠義可立
雖老親受戮妻兒橫分邑之願也閒者上黨黠賊大衆

圍城義兵兩輩入據井陘邑親潰敵圍拒擊宗正自試
智勇非不能當誠知故朝爲兵所害新帝司徒已定三
輔隴西北地從風響應其事昭昭日月經天河海帶地
不足以比死生有命富貴在天天下存亡誠云命也邑
雖没身能如命何夫人道之本有恩有義義有所宜恩
有所施君臣大義母子至恩今故主已亡義其誰爲老
母拘執恩所當留而厲以貪權誘以策馬抑其利心必
其不顧何其愚乎邑年三十歷位卿士性少嗜慾情厭
事爲況今位尊身危財多命殆鄙人知之何疑君子君
長敬通揭節垂組自相署立蓋仲由使門人爲臣孔子
譏其欺天君長據位兩州加以一郡而河東叛國兵不
入彘上黨見圍不窺大谷宗正臨境莫之能援兵威屈
辱國權日損三王背叛赤眉害主未見兼行倍道之赴
若墨翟累繭救宋申包胥重胝存楚衛女馳歸唁兄之
志主亡一歲莫知定所虛冀妄言苟肆鄙塞未能事生
安能事死未知爲臣焉知爲主豈厭爲臣子思爲君父
乎欲搖泰山而蕩北海事敗身危要思邑言衍不從或
訛言更始隨赤眉在北永衍信之故屯兵界休方移書
上黨云皇帝在雍以惑百姓永遣弟升及子壻張舒誘
降涅城舒家在上黨邑悉繫之又書勸永降永不答自
是與邑有隙邑字伯玉馮翊人也後爲漁陽太守永衍
審知更始已歿乃共罷兵幅巾降於河內帝怨衍等不
時至永以立功得贖罪遂任用之而衍獨見黜永謂衍
曰昔高祖賞季布之罪誅丁固之功今遭明主亦何憂
哉衍曰記有之人有挑其鄰之妻者挑其長者長者詈
之挑其少者少者報之後其夫死而取其長者或謂之
曰夫非罵爾者邪曰在人欲其報我在我欲其罵人也

夫天命難知人道易守守道之臣何患死亡頃之帝以
衍爲曲陽令誅斬劇賊郭勝等降五千餘人論功當封
以讒毀故賞不行建武六年日食衍首陳八事一曰顯
文德二曰褒武烈三曰修舊功四曰招俊傑五曰明好
惡六曰簡法令七曰差祿秩八曰撫邊境書奏帝將召
見初衍爲狼孟長以罪摧陷大姓令狐畧是時畧爲司
空長史讒之於尚書令王護尚書周生豐曰衍所以求
見者欲毀君也護等懼之即共排閒衍不得入後衛尉
陰興信陽侯陰就以外戚貴顯深敬重衍衍遂與之交
結由是爲諸王所聘請尋爲司隸從事帝懲西京外戚
賓客故皆以法繩之大者抵死徙其餘至貶黜衍由此
得罪嘗自詣獄有詔赦不問西歸故郡閉門自保不敢
復與親故通建武末衍上疏自陳曰臣伏念高祖之畧
而陳平之謀毀之則疏譽之則親以文帝之明而魏尚
之忠繩之以法則爲罪施之以德則爲功逮至晚世董
仲舒言道德見妒於公孫弘李廣奮節於匈奴見排於
衛青此忠臣之常所爲流涕也臣衍自惟微賤之臣上
無無知之薦下無馮唐之說乏董生之才寡李廣之勢
而欲免讒口濟怨嫌豈不難哉臣衍之先祖以忠貞之
故成私門之禍而臣衍復遭擾攘之時値兵革之際不
敢回行求時之利事君無傾邪之謀將帥無虜掠之心
衛尉陰興敬慎周密內自修勑外遠嫌疑故敢與交通
知臣之貧數欲本業之臣自惟無三益之才不敢處三
損之地固讓而不受之昔在更始太原執貨財之柄居
倉卒之閒據位食祿二十餘年而財產歲狹居處日貧
家無布帛之積出無輿馬之飾於今遭清明之時飭躬
力行之秋而怨讐叢興譏議橫世蓋富貴易爲善貧賤

難爲工也疏遠壠畝之臣無望高闕之下惶恐自陳以救罪尤書奏猶以前過不用衍不得志退而作賦又自論曰馮子以爲大人之德不碌碌如玉落落如石風興雲蒸一龍一蛇與道翺翔與時變化夫豈守一節哉用之則行舍之則藏進退無主屈伸無常故曰有法無法因時爲業有度無度與物趣舍常務道德之實而不求當世之名濶畧杪小之禮蕩佚人閒之事正身直行恬然肆志顧常好俶儻之策時莫能聽用其謀喟然長歎自傷不遭久棲遲於小官不得舒其所懷抑心折節意悽情悲夫伐冰之家不利雞豚之息委積之臣不操市井之利況歷位食祿二十餘年而財產益狹居處益貧惟夫君子之仕行其道也慮時務者不能興其德爲身求者不能成其功去而歸家復羇旅於州郡身愈據職家彌窮困卒離飢寒之災有喪元子之禍先將軍葬渭陵哀帝之崩也營之以爲園於是以新豐之東鴻門之上壽安之中地勢高敞四通廣大南望酈山北屬涇渭東瞰河華龍門之陽三晉之路西顧豐鎬周秦之邱宮觀之墟通視千里覽見舊都遂定塋焉退而幽居蓋忠臣過故墟而歔欷孝子入舊室而哀歎每念祖考著盛德於前垂鴻烈於後遭時之禍墳墓蕪穢春秋蒸嘗昭穆無列年衰歲暮悼無成功將西田牧肥饒之野殖生產修孝道營宗廟廣祭祀然後闔門講習道德觀覽乎孔老之論庶幾乎松喬之福上隴阪陟高岡游精宇宙流目八紘歷觀九州山川之體追覽上古得失之風愍道陵遲傷德分崩夫覩其終必原其始故存其人而詠其道疆理九野經營五山眇然有思陵雲之意乃作賦自厲命其篇曰顯志顯志者言光明風化之情昭章元妙之思也文多故不載顯宗卽位又多短衍以文過其實遂廢於家衍娶北地女任氏悍忌不得畜媵妾兒女常自操井臼老竟出之遂埳壈於時然有大志不戚戚於賤貧居常慷慨歎曰衍少事名賢經歷顯位懷金垂紫揭節奉使不求苟得常有凌雲之志三公之貴千金之富不得其願不槩於懷貧而不衰賤而不恨年雖疲曳猶庶幾名賢之風修道德於幽冥之路以終身名爲後世法居貧年老卒于家所著賦誄銘說問交德誥愼情書記說自序官錄說策五十篇肅宗甚重其文子豹字仲文年十二母爲父所出後母惡之嘗因豹夜寐欲行毒害豹走得免敬事愈愼而母疾之益深時人稱其孝長好儒學以詩春秋教授麗山下鄉里爲之語曰道德彬彬馮仲文舉孝廉拜尚書郎忠勤不懈每奏事未報嘗伏省閤或從昏至明肅宗聞而嘉之使黃門持被覆豹勑令勿驚由是數加賞賜是時方平西域以豹有才謀拜爲河西校尉和帝初數言邊事奏置戊己校尉城郭諸國復率舊職遷武威太守視事二年河西稱之復徵入爲尚書永平十四年卒於官

申屠剛字巨卿扶風茂陵人也七世祖嘉文帝時爲丞相剛質性方直常慕史鰌汲黯之爲人仕郡功曹平帝時王莽專政朝夕猜忌遂隔絕帝外家馮衛二族不得交宦剛常疾之及舉賢良方正因對策曰臣聞王事失則神祇怨怒姦邪亂正故陰陽謬錯此天所以譴告王者欲令失道之君曠然覺悟懷邪之臣瞿然自刻者也今朝廷不考功校德而虛納毀譽數下詔書張設重法抑斷誹謗禁割論議罪之重者乃至腰斬傷忠臣之情挫直士之銳殆乖建進善之旌縣敢諫之鼓闢四門之路明四目之義也臣聞成王幼少周公攝政聽言下賢均權布寵無舊無新唯仁是親動順天地舉措不失然近則召公不悅遠則四國流言夫子母之性天道至親今聖主幼少始免襁褓卽位已來至親分離外戚杜隔恩不得通且漢家之制雖任英賢猶援姻戚親疏相錯杜塞閒隙誠所以安宗廟重社稷也今馮衛無罪久廢不錄或處窮僻不若民庶誠非慈愛忠孝承上之意夫爲人後者自有正義至尊至卑其勢不嫌是以人無賢愚莫不爲怨姦臣賊子以之爲便不諱之變誠難其慮今之保傅非古之周公周公至聖猶尚有累何況事失其衷不合天心者哉昔周公先遣伯禽守封於魯以義割恩寵不加後故配天郊祀三十餘世霍光秉政輔翼少主修善進士名爲忠直而尊其宗黨摧抑外戚結貴據權至堅至固終沒之後受禍滅門方今師傅皆以伊周之位據賢保之任以此思化則功何不至不思其危則禍何不到損益之際孔父攸歎持滿之戒老氏所愼蓋功冠天下者不安威震人主者不全今承衰亂之後繼重敝之世公家屈竭賦斂重數苛吏奪其時貪夫侵其財百姓困乏疾疫夭命盜賊羣輩且以萬數軍行衆止竊號自立攻犯京師燔燒縣邑至乃訛言積弩入宮宿衛驚懼自漢興以來誠未有也國家微弱姦謀不禁六極之效危於累卵王者承天順地典爵主刑不敢以天官私其宗不敢以天罰輕其親陛下宜遂聖明之德昭然覺悟遠述帝王之迹近遵孝文之業差五品之屬納至親之序亟遣使者徵中山太后置之別宮令時朝見又召馮衛二族裁與冗職使得執戟親奉宿衛以防未然之符以抑禍患之端上安社稷下全保傅內和親

戚外絕邪謀書奏莽令元后下詔曰剛所言僻經妄說違背大義其罷歸田里後莽篡位剛遂避地河西轉入巴蜀往來二十許年及隗囂據隴右欲背漢而附公孫述剛說之曰愚聞人所歸者天所與人所畔者天所去也伏念本朝躬聖德舉義兵龔行天罰所當必摧誠天之福非人力也將軍本無尺土孤立一隅宜推誠奉順與朝并力上應天心下酧人望爲國立功可以永年嫌疑之事聖人所絕以將軍之威重遠在千里動作舉措可不愼歟今璽書數到委國歸信欲與將軍共同吉凶布衣相與尚有沒身不負然諾之信況於萬乘哉今何畏何利久疑如是卒有非常之變上負忠孝下媿當世夫未至豫言固常爲虛及其已至又無所及是以忠言至諫希得爲用誠願反覆愚老之言囂不納遂畔從述建武七年詔書徵剛剛將歸與囂書曰愚聞專已者孤拒諫者塞孤塞之政亡國之風也雖有明聖之姿猶屈己以從衆故慮無遺策舉無過事夫聖人不以獨見爲明而以萬物爲心順人者昌逆人者亡此古今之所共也將軍以布衣爲鄉里所推廟堂之計既不豫定動軍發衆又不深料今東方政教日睦百姓平安而西州發兵人人懷憂騷動惶懼莫敢正言羣衆疑惑人懷顧望非徒無精銳之心其患無所不至夫物窮則變生事急則計易其勢然也夫離道德逆人情而能有國有家者古今未有也將軍素以忠孝顯聞是以士大夫不遠千里慕樂德義今苟欲决意徼幸此何如哉夫天所祐者順人所助者信如未蒙祐助令小人受塗地之禍毀壞終身之德敗亂君臣之節汙傷父子之恩衆賢破膽可不愼哉囂不納剛到拜侍御史遷尚書令光武嘗欲出游剛以隴蜀未平不宜宴安逸豫諫不見聽遂以頭軔乘輿輪帝遂爲止時內外羣官多帝自選舉加以法理嚴察職事過苦尚書近臣至乃捶撲牽曳於前羣臣莫敢正言剛每輒極諫又數言皇太子宜時就東宮簡任賢保以成其德帝並不納以數切諫失旨數年出爲平陰令復徵拜太中大夫以病去官卒於家

鮑永字君長上黨屯留人也父宣哀帝時任司隸校尉爲王莽所殺永少有志操習歐陽尚書事後母至孝妻嘗於母前叱狗永卽去之初爲郡功曹莽以宣不附己欲滅其子孫都尉路平承望風旨規欲害永太守苟諫擁護召以爲吏嘗置府中永因數爲諫陳興復漢室翦滅篡逆之策諫每戒永曰君長幾事不密禍倚人門永感其言及諫卒自送喪歸扶風路平遂收永弟升太守趙興到聞而嘆曰我受漢家茅土不能立節而鮑宣死之豈可害其子也卽勑縣出升復署永功曹時有矯稱侍中止傳舍者興欲謁之永疑其詐諫不聽而出興遂駕往永乃拔佩刀截馬當胷乃止後數日莽詔書果下捕矯稱者永由是知名舉秀才不應更始二年徵再遷尚書僕射行大將軍事持節將兵安集河東并州朔部得自置偏裨輒行軍法永至河東因擊青犢大破之更始封爲中陽侯永雖爲將率而車服敝素爲道路所識時赤眉害更始三輔道絕光武卽位遣諫議大夫儲大伯持節徵永詣行在所永疑不從乃收繫大伯遣使馳至長安既知更始已亡乃發喪出大伯封上將軍列侯印綬悉罷兵但幅巾與諸將及同心客百餘人詣河內帝見永問曰卿衆所在永離席叩頭曰臣事更始不能令全誠慙以其衆幸富貴故悉罷之帝曰卿言大而意不悅時攻懷未拔帝謂永曰我攻懷三日而兵不下關東畏服卿可且將故人自往城下譬之卽拜永諫議大夫永至懷乃說更始河內太守於是開城而降帝大喜賜永洛陽商里宅固辭不受時董憲裨將屯兵於魯侵犯百姓乃拜永爲魯郡太守永到擊討大破之降者數千人惟別帥彭豐虞休皮常等各千餘人稱將軍不肯下頃之孔子闕里無故荆棘自除從講堂至于里門永異之謂府丞及魯令曰方今危急而闕里自開斯豈夫子欲令太守行禮助吾誅無道邪乃會人衆修鄉射之禮請豐等會觀欲因此禽之豐等亦欲圖永乃持牛酒勞饗而潛挾兵器永覺之手格殺豐等禽破黨與帝嘉其畧封爲關內侯遷揚州牧時南土尚多寇暴永以吏民痍傷之役乃緩其銜轡示誅彊橫而鎭撫其餘百姓安之會遭母憂去官悉以財產與孤弟子建武十一年徵爲司隸校尉帝叔父趙王良尊戚貴重永以事劾良大不敬由是朝廷肅然莫不戒愼永乃辟扶風鮑恢爲都官從事恢亦抗直不避彊禦帝曰貴戚且宜斂手以避二鮑其見憚如此永行縣到霸陵路經更始墓引車入陌從事諫止之永曰親北面事人寧有過墓不拜雖以獲罪司隸無所避也遂下車拜哭盡哀而去西至扶風椎牛上苟諫冢帝聞之意不平問公卿曰奉使如此何如太中大夫張湛對曰仁者行之宗忠者義之主也仁不遺舊忠不忘君行之高者也帝意乃釋後大司徒韓歆坐事永固請之不得以此忤帝意出爲東海相坐度田事不實被徵諸郡守多下獄永至城臯詔書迎拜爲兗州牧便道之官視事三年病卒子昱字文泉少傳父學客授於東平建武初太行山中有劇賊太守戴涉

聞昱有知畧乃就謁請署守高都長昱應之遂討擊羣賊誅其渠帥道路開通由是知名後爲沘陽長政化仁愛境內清靜荆州刺史表上之再遷中元元年拜司隸校尉詔昱詣尚書使封胡降檄光武遣小黃門問昱有所怪否對曰臣聞故事通官文書不著姓又當司徒露布怪使司隸下書而著姓也帝報曰吾固欲令天下知忠臣之子復爲司隸也昱在職奉法守正有父風永平五年坐救火遲免後拜汝南太守郡多陂池歲歲決壞年費常三千餘萬昱乃上作方梁石洫（猶今之水門）水常饒足溉田倍多民以殷富十七年代王敏爲司徒賜錢帛什器帷帳除子德爲郎建初元年大旱穀貴肅宗召昱問曰旱旣太甚將何以消復災眚對曰臣聞聖人理國三年有成今陛下始踐天位刑政未著如有失得何能致異但臣前在汝南典理楚事繫者千餘人恐未能盡當其罪先帝詔言大獄一起冤者過半又諸徙者骨肉離分孤魂不祀一人呼嗟王政爲虧宜一切還諸徙家屬蠲除禁錮興滅繼絕死生獲所如此和氣可致帝納其言四年代牟融爲太尉六年薨年七十餘子德修志操有名稱累官爲南陽太守時歲多荒災唯南陽豐穰吏民愛悅號爲神父時郡學久廢德乃修起橫舍備俎豆黻冕行禮奏樂又尊饗國老宴會諸儒百姓觀者莫不勸服在職九年徵大司農卒于官子昂字叔雅有孝義節行初德被病數年昂俯伏左右衣不緩帶及處喪毀瘠三年抱負乃行服闋遂潛于墓次不闗時務舉孝廉辟公府連徵不至卒于家

郅惲字君章汝南西平人也年十二失母居喪過禮及長理韓詩嚴氏春秋明天文歷數王莽時惲仰占天象謂友人曰方今鎭歲熒惑並在漢分翼軫之域去而復來漢必再受命福歸有德如有順天發策者必成大功時左隊大夫逯（音錄姓也）並素好士惲說之曰當今上天垂象智者以昌愚者以亡昔伊尹自鬻輔商立功全人惲竊不遜敢希伊尹之蹤應天人之變明府倘不疑逆俾成天德並奇之使署爲吏惲不謁曰文王拔呂尚於渭濱高宗禮傅說於巖築桓公取管仲於射鉤故能立弘烈就元勳未聞師相仲父而可爲吏位也非闚天者不可與圖遠君不授驥以重任驥亦俛首裹足而去耳遂不受署西至長安乃上書王莽曰臣聞天地重其人惜其物故運璣衡垂日月含元包一甄陶品類顯表紀世圖錄豫設漢歷久長孔爲赤制不使愚惑殘人亂時智者順以成德愚者逆以取害神器有命不可虛獲上天垂戒欲悟陛下令就臣位轉禍爲福劉氏享天永命陛下順節盛衰取之以天還之以天可謂知命矣若不早圖是不免於竊位也且堯舜不以天顯自與故禪天下陛下何貪非天顯以自累也天爲陛下嚴父臣爲陛下孝子父教不可廢子諫不可拒惟陛下留神莽大怒卽收繫詔獄劾以大逆猶以惲據經讖難卽害之使黃門近臣脅惲令自告狂病恍惚不覺所言惲乃瞋目詈曰所陳皆天文聖意非狂人所能造遂繫須冬會赦得出乃與同郡鄭敬南遁蒼梧建武三年又至廬江因遇積弩將軍傅俊東徇揚州俊素聞惲名乃禮請之上爲將兵長史授以軍政惲乃誓衆曰無掩人不備窮人於厄不得斷人肢體裸人形骸放淫婦女時俊軍士猶發冢陳尸掠奪百姓惲諫俊曰昔文王不忍露白骨武王不以天下易一人之命故能獲天地之應尅商如林之旅將軍如何不師法文王而犯逆天地之禁多傷人害物虐及枯尸取罪神明今不謝天改政無以全命願將軍親率士卒收傷葬死哭所殘暴以明非將軍本意也俊從之百姓悅服所向皆下七年俊還京師而上論之惲恥以軍功取位遂辭歸鄉里縣令卑身崇禮請以爲門下掾惲友人董子張者父先爲鄉人所害及子張病將終惲往候之子張垂歿視惲歔欷不能言惲曰吾知子不悲天命而痛讐不復也子在吾憂而不手子亡吾手而不憂也子張但目擊而已惲因起將客遮仇人取其頭以示子張子張見而氣絕惲因而詣縣以狀自首令應之遲惲曰爲友報讐吏之私也奉法不阿君之義也虧君以生非臣節也趨出就獄令跣而追惲不及遂自至獄令拔刃自向以要惲曰子不從我出敢以死明心惲得此乃出因病去久之太守歐陽歙請爲功曹汝南舊俗十月享會百里內縣皆齎牛酒到府醼飲時臨享禮訖歙教曰西部督郵繇（音遙姓也）延天資忠貞稟性公方摧破姦凶不嚴而理今與衆儒共論延功顯之於朝太守敬嘉厥休牛酒養德主簿讀書教戶曹引延受賜惲於下座愀然前曰司正舉觥以君之罪告謝於天案延資性貪邪外方內員朋黨搆姦罔上害人所在荒亂怨慝並作明府以惡爲善股肱以直從曲此旣無君又復無臣惲敢再拜奉觥歙色慙動不知所言門下掾鄭敬進曰君明臣直功曹言切明府德也可無受觥哉歙意少解曰實歙罪也敬奉觥惲乃免冠謝曰昔虞舜輔堯四罪咸服讒言弗庸孔壬不行故能作股肱帝用有歌惲不忠孔壬是昭豺虎從政旣陷誹謗又露所言罪莫重焉請收惲延以明好惡歙曰是重吾過也遂不諡而

罷惲歸府稱病延亦自退鄭敬素與惲厚見其言忤歙乃相招去曰子廷爭蘇延君猶不納延今雖去其勢必還直心無諱誠三代之道然道不同者不相爲謀吾不能忍見子有不容君之危盍去之乎惲曰孟軻以彊其君之所不能爲忠量其君之所不能爲賊惲業已彊之矣障君於朝旣有其直而不死職罪也延退而惲又去不可敬乃獨隱於弋陽山中居數月歙果復召延惲於是乃去從敬止漁釣自娛留數十日惲志在從政旣乃喟然而歎謂敬曰天生俊士以爲人也鳥獸不可與同羣子從我爲伊呂乎將爲巢許乎而父老堯舜也敬曰吾足矣初從生步重華於南野謂來歸於松子今幸得全軀樹類還奉墳墓盡問孝道雖不從政施之有政是亦爲政也吾年耄矣安得從子子勉性命勿勞神以害生惲於是告别而去敬字次都清志高世光武連徵不到惲遂客居江夏教授郡舉孝廉爲上東城門候帝嘗出獵車駕夜還惲拒關不開帝令從者見面於門間惲曰火明遼遠遂不受詔帝乃迴從東中門入明日惲上書諫曰昔文王不敢槃於游田以萬人爲憂而陛下遠獵山林夜以繼晝其如社稷宗廟何暴虎馮河未至之誡誠小臣所竊憂也書奏帝賜布百疋而貶東中門候爲參封尉後令惲授皇太子韓詩侍講殿中及郭皇后廢惲乃言於帝曰臣聞夫婦之好父不得之於子況臣能得之於君乎是臣所不敢言雖然願陛下念其可否之計無令天下有議社稷而已帝曰惲善恕己量主知我必不有所左右而輕天下也后旣廢而太子意不自安惲乃說太子曰久處疑位上違孝道下近危殆昔高宗明君吉甫賢臣及有纖介放逐孝子春秋之義母以子貴太子宜因左右及諸皇子引愆退身奉養母氏以明聖教不背所生太子從之帝竟聽許惲再遷長沙太守先是長沙有孝子古初遭父喪未葬鄰人失火初匍匐柩上以身扞火火爲之滅惲歎異之以爲首舉後坐事左轉芒長又免歸避地教授著書八篇以病卒子壽字伯孝善文章以廉能稱舉孝廉稍遷冀州刺史時冀部屬郡多封諸王賓客放縱類不檢節壽案察之無所容貸乃使部從事專住王國又從督郵舍王宮外動靜失得卽時馳驛言上奏王罪及劾傅相於是藩國畏懼並爲遵節視事三年冀土肅清三遷尚書令朝廷每有疑議常獨進見肅宗奇其智策擢爲京兆尹郡多彊豪姦暴不禁三輔素聞壽在冀州皆懷震竦各相檢勅莫敢干犯壽雖威嚴而推誠下吏皆願効死莫有欺者以公事免復徵爲尚書僕射是時大將軍竇憲以外戚之寵威傾天下憲嘗使門生齎書詣壽有所請托壽卽送詔獄前後上書陳憲驕恣引王莽以誡國家是時憲征匈奴海內供其役費而憲及其弟篤景並起第宅驕奢非法百姓苦之壽以府藏空虛軍旅未休遂因朝會譏刺憲等厲音正色辭旨甚切憲怒陷壽以買公田誹謗下吏當誅侍御史何敞上疏理之得減死論徙合浦未行自殺家屬得歸鄉里

蘇竟字伯況扶風平陵人也平帝世竟以明易爲博士講書祭酒善圖緯能通百家之言王莽時與劉歆等共典校書拜代郡中尉時匈奴擾亂北邊多罹其禍竟終完輯一郡光武卽位就拜代郡太守使固塞以拒匈奴建武五年冬盧芳略得北邊諸郡帝使偏將軍隨弟屯代郡竟病篤以兵屬弟詣京師謝罪拜侍中數月以病免初延岑護軍鄧仲況擁兵據南陽陰縣爲寇而劉歆兄子龔爲其謀主竟時在南陽與龔書曉之曰君執事無恙走昔以摩研編削之才與國師公從事出入校定祕書竊自依依末由自達蓋聞君子愍同類而傷不遇人無愚智莫不先避害然後求利先定志然後求名昔智果見智伯窮兵必亡故變名逃遁陳平知項王爲天所棄故歸心高祖皆智之至也聞君前權時屈節北面延牙乃後覺悟棲遲養德先世數子又何以加君處陰中土多賢士若以須臾之閒研考異同揆之圖書測之人事則得失利害可陳於目何自負畔亂之困不移守惡之名乎與君子之道何其反也世之俗儒末學醒醉不分而稽論當世疑誤視聽或謂天下迭興未知誰是稱兵據土可圖非冀或曰聖王未啓宜觀時變倚彊附大顧望自守二者之論豈其然乎夫孔丘祕經爲漢赤制元包幽室文隱事明且火德承堯雖昧必亮承積世之祚握無窮之符王氏雖乘閒偷篡而終嬰大戮支分體解宗氏屠滅非其效歟皇天所以眷顧踟躕憂漢子孫者也論者若不本之於天參之於聖猥以師曠雜事輕自眩惑說士作書亂夫大道焉可信哉諸儒或曰今五星失晷天時謬錯辰星久而不效太白出入過度熒惑進退見態鎭星繞帶天街歲星不舍氐房以爲諸如此占歸之國家蓋災不徒設皆應之分野各有所主夫房心卽宋之分東海是也尾爲燕分漁陽是也東海董憲迷惑未降漁陽彭寵逆亂擁兵王赫斯怒將兵並征故熒惑應此憲寵受殃太白辰星自亡新之末失行算度以至於今或守東井或没羽林或徘徊藩屏或躑躅帝宮或經天反明或潛藏久沈或衰微暗昧或煌煌南

北或盈縮成鉤或偃蹇不禁皆大運蕩除之祥聖帝應符之兆也賊臣亂子往往錯互指麾妄說傳相擴誤由此論之天文安得遵度哉乃者五月甲申天有白虹自子加午廣可十丈長可萬丈正臨倚彌倚彌卽黎邱秦豐之都也是時月入於畢畢爲天網主網羅無道之君故武王將伐紂上祭於畢求助天也夫仲夏甲申爲八魁八魁上帝開塞之將也主退惡攘逆流星狀似蚩尤旗或曰營頭或曰天槍出奎而西北行至延牙營上散爲數百而滅奎爲毒螫主庫兵此二變郡中及延牙士眾所共見也是故延牙遂之武當託言發兵實避其殃今年比卦部歲坤主立冬坎主冬至水性滅火南方之兵受歲禍也德在中宮刑在木木勝土刑制德今年兵事畢已中國安寧之效也五七之家三十五姓彭秦延氏不得豫焉如何怪惑依而恃之葛藟之詩求福不回其若是乎圖讖之占眾變之驗皆君之所明善惡之分去就之決不可不察無忽鄙言夫周公之善康叔以不從管蔡之亂也景帝之悅濟北以不從吳濞之畔也自更始以來孤恩背逆歸義向善臧否粲然可不察歟良醫不能救無命彊梁不能與天爭故天之所壞人不得支宜密與太守劉君共謀降議仲尼栖栖墨子遑遑憂人之甚也屠羊救楚非要爵祿茅焦干秦豈求報利盡忠博愛之誠憤懣不能已耳又與仲況書諫之文多不載於是仲況與護遂降護字孟公長安人善論議扶風馬援班彪並器重之竟終不伐其功潛樂道術作記誨篇及文章傳於世年七十卒於家

楊厚字仲桓廣漢新都人也祖父春卿善圖讖學爲公孫述將漢兵平蜀春卿自殺臨命戒其子統曰吾綈袠中有先祖所傳祕記爲漢家用爾其修之統感父遺言服闋辭家從犍爲周循學習先法又就同郡鄭伯山受河洛書及天文推步之術建初中爲彭城令一州大旱統推陰陽消伏縣界蒙澤太守宗湛使統爲郡求雨亦卽降澍自是朝廷災異多以訪之統作家法章句及內讖二卷解說位至光祿大夫爲國三老年九十卒統生厚厚母初與前妻子博不相安厚年九歲思令和親乃託疾不言不食母知其旨懼然改意恩養加篤博後至光祿大夫厚少學統業精力思述初安帝永初二年太白入北斗洛陽大水時統爲侍中厚隨在京師朝廷以問統統對年老耳目不明子厚曉讀圖書粗識其意鄧太后使中常侍承制問之厚對以爲諸王子多在京師容有非常宜亟發遣各令就國太后從之星尋滅不見又剋水退期日皆如所言除爲中郎太后特引見問以圖讖厚對不合免歸復習業犍爲不應州郡三公之命方正有道公車特徵皆不就永建二年順帝特徵詔告郡縣督促發遣厚不得已至長安以病自上因陳漢三百五十年之厄宜蠲法改憲之道及消伏災異凡五事制書褒述有詔太醫致藥太官賜羊酒及至拜議郎三遷爲侍中特蒙引見訪以時政四年厚上言今夏必盛寒當有疾疫蝗蟲之害是歲果六州大蝗疫氣流行後又連上西北二方有兵氣宜備邊寇車駕臨當西巡感厚言而止陽嘉三年西羌寇隴右明年烏桓圍度遼將軍耿曄永和元年復上京師應有水患又當火災三公有免者蠻夷當反叛是夏洛陽暴水殺千餘人至冬承福殿災太尉龐參免荊交二州蠻夷殺長吏寇城郭又言陰臣近戚妃黨當受禍明年宋阿母與宦者褒信侯李元遘姦廢退後二年中常侍張逵等復坐誣罔大將軍梁商專恣悉伏誅每有災異輒上消救之法而閹宦專政言不得信時大將軍梁冀威權傾朝遣弟侍中不疑以車馬珍玩致遺於厚欲與相見厚不答固稱病求退帝許之賜車馬錢帛歸家修黃老教授門生上名錄者三千餘人太尉李固數薦言之太初元年梁太后詔備古禮以聘厚遂辭疾不就建和三年太后復詔徵之經四年不至年八十二卒於家策書弔祭鄉人謚曰文公門人爲立廟郡文學掾史春秋饗射常祠之

郎顗字雅光北海安丘人也父宗字仲綏學京氏易善風角星算六日七分能望氣占候吉凶常賣卜自奉安帝徵之對策爲諸儒表後拜吳令時卒有暴風宗占知京師當有大火記識時日遣人參候果如其言諸公聞而表上以博士徵之宗恥以占驗見知聞徵書到夜縣印綬於縣廷而遁遂終身不仕顗少傳父業兼明經典隱居海畔延致學徒常數百人晝研精義夜占象度勤心銳思朝夕無倦州郡辟召舉有道方正不就順帝時災異屢見陽嘉二年正月公車徵顗乃詣闕拜章曰臣聞天垂妖象地見災符所以譴告人主責躬修德使正機平衡流化興政也易內傳曰凡災異所生各以其政變之則除消之亦除伏惟陛下躬日昃之聽溫三省之勤思過念咎務消祇悔方今時俗奢佚淺恩薄義夫救奢必於儉約拯薄無若敦厚安上理民莫善於禮修禮遵約蓋惟上興革文變薄事不在下故周南之德關雎政本本立道生風行草從澄其源者流淸濁其本者末濁天地之道其猶鼓籥以虛爲德自近及遠者也伏見往年以來園陵數災炎光熾猛驚動神靈易天人應曰

君子不思遵利兹謂無澤厥災孽火燒其宮又曰君高臺府犯陰侵陽厥災火又曰上不儉下不節炎火並作燒居室自頃繕理西苑修復太學宮殿官府多所搆飾昔盤庚遷殷去奢卽儉夏后卑室盡力致美又魯人爲長府閔子騫曰仍舊貫何必改作臣愚以爲諸所繕修事可省減廩卹貧民賑贍孤寡此天之意也人之慶也仁之本也儉之要也焉有應天養人爲仁爲儉而不降福者哉土者地祇陰性澄靜宜以施化之時敬而勿擾竊見正月以來陰闇連日易內傳曰久陰不雨亂氣也蒙之比也蒙者君臣上下相冒亂也又曰賢德不用厥異常陰夫賢者化之本雲者雨之具也得賢而不用猶久陰而不雨也又頃前數日寒過其節冰旣解釋還復凝合夫寒往則暑來暑往則寒來此言日月相推寒暑相避以成物也今立春之後火卦用事當溫而寒違反時節由功賞不至而刑罰必加也宜須立秋順氣行罰臣伏案飛候參察庶政以爲立夏之後當有震裂涌水之害又比熒惑失度盈縮往來涉歷輿鬼環繞軒轅火精南方夏之政也政有失禮不從夏令則熒惑失行正月三日至於九日三公卦三公上應台階下同元首政失其道則寒暑反節節彼南山詠自周詩股肱良哉著於虞典而今之在位競託高虛納累鍾之奉忘天下之憂棲遲偃仰寢疾自逸被策文得賜錢卽復起矣何疾之易而愈之速以此消伏災眚興致升平其可得乎今選舉牧守委任三府長吏不良旣咎州郡州郡有失豈得不歸責舉者而陛下崇之彌優自下慢事愈甚所謂大網疏小網數三公非臣之仇臣非狂夫之作所以發憤忘食懇懇不已者誠念朝廷欲致興平故不能面譽也書奏帝復使對尚書顗復條序前章暢其旨趣條便宜七事以對一事陵園至重聖神攸馮而災火炎赫迫近寢殿寃而有靈猶將驚動尋宮殿官府近始永平歲時未積便更修造又西苑之設禽畜是處離房別觀本不常居而皆務精土木營建無已消功殫財巨億萬計易內傳曰人君奢侈多飾宮室其時旱其災火是故魯僖遭旱修政自勑下鍾鼓之縣休繕治之官雖則不寍而時雨自降由此言之天之應人敏於影響今月十七日戊午徵日也日加申風從寅來丑時而止丑寅申皆徵也不有火災必當爲旱願陛下校計繕修之費永念百姓之勞罷將作之官減彫文之飾損庖廚之饌退宴私之樂易中孚傳曰陽感天不旋日如是則景雲降集眚沴息矣二事去年以來兌卦用事類多不效易傳曰有貌無實佞人也有實無貌道人也寒溫爲實清濁爲貌今三公皆令色足恭外厲內荏以虛事上無佐國之實故清濁效而寒溫不效也是以陰寒侵犯消息占曰日乘則有妖風日蒙則有地裂如是三年則致日食陰侵其陽漸積所致立春前後溫氣應節者詔令寬也其後復寒者無寬之實也夫十室之邑必有忠信率土之人豈無貞賢未聞朝廷有所賞拔非所以求善贊務弘濟元元也宜採納良臣以助聖化三事臣聞天道不遠三五復反今年少陽之歲法當乘起恐後年已往將遂驚動涉歷天門災成戊己今春當旱夏必有水臣以六日七分候之可知夫災眚之來緣類而應行有玷缺則氣逆於天精感變出以戒人君王者之義時有不登則損滋徹膳數年以來穀收稍減家貧戶饉歲不如昔百姓不足君誰與足水旱之災雖尚未至然君子遠覽防微慮萌老子曰人之飢也以其上食稅之多也故孝文皇帝綈袍革舄木器無文約身薄賦時致升平今陛下聖德中興宜遵前典惟節惟約天下幸甚易曰天道無親常與善人是故高宗以享福宋景以延年四事臣竊見皇子未立儲宮無主仰觀天文太子不明熒惑以去年春分後十六日在婁五度推步三統熒惑今當在翼九度今反在柳三度則不及五十餘度去年八月二十四日戊辰熒惑歷輿鬼東入軒轅出后星北東去四度北旋復還軒轅者後宮也熒惑者至陽之精也天之使也而出入軒轅繞還往來易曰天垂象見吉凶其意昭然可見也禮天子一娶九女嫡媵畢具今宮人侍御動以千計或生而幽隔人道不通鬱積之氣上感皇天故遣熒惑入軒轅理人倫垂象見異以悟主上昔武王下車出傾宮之女表商容之閭以理人倫以表賢德故天授以聖子成王是也今陛下多積宮人以違天意故皇胤多夭嗣體莫寄詩云敬天之怒不敢戲豫方今之福莫若廣嗣廣嗣之術可不深思宜簡出宮女恣其姻嫁則天自降福子孫千億惟陛下丁寍再三留神於此左右貴倖亦宜惟臣之言以悟陛下蓋善言古者合於今善言天者合於人願訪問百僚有違臣言者臣當受苟言之罪五事臣竊見去年閏十月十七日己丑夜有白氣從西方天苑趨左足入玉井數日乃滅春秋曰有星孛于大辰大辰者何大火也大火爲大辰罰又爲大辰北極亦爲大辰所以孛一宿而連三宿者言北辰王者之宮也凡中宮無節政教亂逆威武衰微則此三星以應之也罰者白虎其宿主兵其國趙魏變見西方亦應三輔凡金氣爲變發在秋節臣恐立秋以後趙魏關西

將有羌寇叛戾之患宜豫告諸郡使敬授人時輕徭薄賦勿妄繕起堅倉獄備守衛回選賢能以鎮撫之金精之變責歸上司宜以五月丙午遣太尉服干戚建井旟書玉版之策引白氣之異於西郊責躬求愆謝咎皇天消滅袄氣蓋以火勝金轉禍爲福也六事臣竊見今月十四日乙卯巳時白虹貫日凡日傍色氣白而純者名爲虹貫日中者侵太陽也見於春者政變常也方今中官外司各各考事其所考者或非急務又恭陵火災主名未立多所收捕備經考毒尋火爲天戒以悟人君可順而不可違可敬而不可慢陛下宜恭已內省以備後災凡諸考案并須立秋又易傳曰公能其事序賢進士後必有喜反之則白虹貫日以甲乙見者則譴在中台自司徒居位陰陽多謬久無虛已進賢之策天下興議異人同咨且立春以來金氣再見金能勝木必有兵氣宜黜司徒以應天意陛下不早攘之將負臣言遺患百姓七事臣伏惟漢興以來三百三十九歲於詩三基高祖起亥仲二年今在戌仲十年詩氾歷樞曰卯酉爲革政午亥爲革命神在天門出入候聽言神在戌亥司候帝王興衰得失厥善則昌厥惡則亡於易雄雄祕歷今值困乏凡九二困者衆小人欲共困害君子也經曰困而不失其所其唯君子乎唯獨聖賢之君遭困遇險能致命遂志不去其道陛下乃者潛龍養德幽隱屈厄即位之元紫宮驚動歷運之會時氣已應然猶恐袄祥未盡君子思患而豫防之臣以爲戌仲已竟來年入季文帝改法除肉刑之罪至今適三百載宜因斯際大蠲法令官名稱號輿服器械事有所更變大爲小去奢就儉機衡之政除煩爲簡改元更始招求幽隱舉方正徵有道博採異謀開不諱之路臣陳引際會恐犯忌諱書不盡言未敢究暢臺詰顗曰對云白虹貫日政變常也朝廷率由舊章何所變易而言變常又言當大蠲法令革易官號或云變常以致災或改舊以除異何也又陽嘉初建復欲改元據何經典其以實對顗對曰方春東作布德之元陽氣開發養導萬物王者因天視聽奉順時氣宜務崇溫柔遵其行令而今立春之後考事不息秋冬之政行乎春夏故白虹春見掩蔽日曜凡邪氣乘陽則虹霓在日斯皆臣下執事刻急所致殆非朝廷優寬之本此其變常之咎也又今選舉皆歸三司非有周召之才而當則哲之重每有選用輒參之掾屬公府門巷賓客塡集送去迎來財貨無已其當遷者競相薦謁各遣子弟充塞道路開長姦門興致浮偽非所謂率由舊章也尚書職在機衡宮禁嚴密私曲之意羌不得通偏黨之恩或無所用選舉之任不如還在機密臣誠愚戇不知折中斯固遠近之論當今之宜又孔子曰漢三百載斗歷改憲三百四歲爲一德五德千五百二十歲五行更用王者隨天譬猶自春徂夏改青服絳者也自文帝省刑適三百年而輕微之禁漸以殷積王者之法譬猶江河當使易避而難犯故易曰易則易知簡則易從易簡而天下之理得矣今去奢即儉以先天下改易名號隨事稱謂易曰君子之道或出或處同歸殊塗一致百慮是知變常而善可以除災變常而惡必致於異今年仲竟來年入季仲終季始歷運變改故可改元所以順天道也顗又上書薦光祿大夫江夏黃瓊處士漢中李固宜蒙徵用任以時政并陳消災之術條便宜四事附奏於左一事孔子作春秋書正月者敬歲之始也王者則天之象因時之序宜開發德號爵賢命士流寬大之澤垂仁厚之德順助元氣含養庶類如此則天文昭爛星辰顯列五緯循軌四時和睦不則太陽不光天地溷濁時氣錯逆霾霧蔽日自立春以來累經旬朔未見仁德有所施布但聞罪罰考掠之聲夫天之應人疾於影響而自從入歲常有蒙氣月不舒光日不宣曜日者太陽以象人君政變於下日應於天清濁之占隨政抑揚天之見異事無虛作豈獨陛下倦於萬機帷幄之政有所闕歟何天戒之數見也臣願陛下發揚乾剛援引賢能勤求機衡之寄以獲斷金之利臣之所陳輒以太陽爲先者明其不可久闇急當改正其異雖微其事甚重臣言雖約其旨甚廣惟陛下乃眷臣章深留明思二事孔子曰雷之始發大壯始君弱臣彊從解起今月九日至十四日大壯用事消息之卦也於此六日之中雷當發聲發聲則歲氣和王道興也易曰雷出地奮豫先王以作樂崇德殷薦之上帝雷者所以開發萌芽辟陰除害萬物須雷而解資雨而潤故經曰雷以動之雨以潤之王者崇寬大順春令則雷應節不則發動於冬當震反潛故易傳曰當雷不雷太陽弱也今蒙氣不除日月變色則其效也天網恢恢疏而不失隨時進退應政得失大人者與天地合其德與日月合其明璇璣動作與天相應雷者號令其德生養號令殆廢當生而殺則雷反作其時無歲陛下若欲除災昭祉順天致和宜察臣下尤酷害者亟加廢黜以安黎元則太皓悅和雷聲乃發三事去年十月二十日癸亥太白與歲星合於房心太白在北歲星在南相離數寸光芒交接房心者天帝明堂布政之宮孝經鉤命決曰歲星守心年穀豐倘

書洪範記日日行中道移節應期德厚受福重華留之重華者謂歲星在心也今太白從之交合明堂金木相賊而反同合此以陰陵陽臣下專權之異也房心東方其國主宋石氏經曰歲星出左有年出右無年今金木俱東歲星在南是爲出右恐年穀不成宋人飢也陛下宜審詳明堂布政之務然後妖異可消五緯順序矣四事易傳曰陽無德則旱陰僭陽亦旱陽無德者人君恩澤不施於人也陰僭陽者祿去公室臣下專權也自冬涉春訖無嘉澤數有西風反逆時節朝廷勞心廣爲禱祈薦祭山川暴龍移市臣聞皇天感物不爲僞動災變應人要在責己若令雨可請降水可攘止則歲無隔并太平可待然而災害不息者患不在此也立春以來未見朝廷賞錄有功表顯有德存問孤寡賑恤貧窮而但見洛陽都官奔車東西收繫纖介牢獄充盈臣聞恭陵火處比有光曜明此天災非人之咎丁丑大風掩蔽天地風者號令天之威怒皆所以感悟人君忠厚之戒又連月無雨將害宿麥若一穀不登則飢者十三四矣陛下誠宜廣被恩澤貸贍元元昔堯遭九年之水人有十年之蓄者簡稅防災爲其方也願陛下早宣德澤以應天功若臣言不用朝政不改者立夏之後乃有澍雨於今之際未可望也若政變於朝而天不雨則臣爲誣罔分當鼎鑊書奏特詔拜郎中辭病不就即去歸家至四月京師地震遂陷其夏大旱秋鮮卑入馬邑城破代郡兵明年西羌寇隴右皆略如顗言後公車徵不行同縣孫禮者積惡凶暴好游俠與其同里人常慕顗名德欲與親善顗不顧以此結怨遂爲禮所殺

襄楷字公矩平原隰陰人也好學博古善天文陰陽之術桓帝時宦官專朝政刑暴濫又比失皇子災異尤數延熹九年楷自家詣闕上疏曰臣聞皇天不言以文象設教堯舜雖聖必歷象日月星辰察五緯所在故能享百年之壽爲萬世之法臣竊見去歲五月熒惑入太微犯帝坐出端門不軌常道其閏月庚辰太白入房犯心小星震動中耀中耀天王也傍小星者天王子也夫太微天廷五帝之座而金火罰星揚光其中於占天子凶又俱入房心法無繼嗣今年歲星久守太微逆行西至掖門還切執法歲爲木精好生惡殺而淹留不去者咎在仁德不修誅罰太酷前七年十二月熒惑與歲星俱入軒轅逆行四十餘日而鄧皇后誅其冬大寒殺鳥獸害魚鼈城傍竹栢之葉有傷枯者臣聞於師曰栢傷竹枯不出三年天子當之今洛陽城中人夜無故叫呼云有火光人聲正讙於占亦與竹栢枯同自春夏以來連有霜雹及大雨雷而臣作威作福刑罰急刻之所感也太原太守劉瓆南陽太守成瑨志除姦邪其所誅翦皆合人望而陛下受閹豎之譖乃遠加考逮三公上書乞哀瓆等不見採察而嚴被譴讓憂國之臣將遂杜口矣臣聞殺無罪誅賢者禍及三世自陛下即位以來頻行誅罰梁寇孫鄧並見族滅其從坐者又非其數李雲上書明主所不當諱杜眾乞死諒以感悟聖朝曾無赦宥而并被殘戮天下之人咸知其冤漢興以來未有拒諫誅賢用刑太深如今者也永平舊典諸當重論皆須冬獄先請後刑所以重人命也頃數十歲以來州郡翫習又欲避請讞之煩輒託疾病多死牢獄長吏殺生自已死者多非其罪魂神冤結無所歸訴淫厲疾疫自此而起昔文王一妻誕致十子今宮女數千未聞慶育宜修德省刑以廣螽斯之祚又七年六月十二日河內野王山上有龍死長可數十丈扶風有星隕爲石聲聞三郡夫龍形狀不一小大無常故周易況之大人帝王以爲符瑞或聞河內龍死諱以爲蛇夫龍能變化蛇亦有神皆不當死昔秦之將衰華山神操璧以授鄭客曰今年祖龍死始皇逃之死於沙邱王莽天鳳二年訛言黃山宮有死龍之異後漢誅莽光武復興虛言猶然況於實邪夫星辰麗天猶萬國之附王者也下將畔上故星亦畔天石者安類墜者失勢春秋五石隕宋其後襄公爲楚所執秦之亡也石隕東郡今隕扶風與先帝園陵相近不有大喪必有叛逆案春秋以來及古帝王未有河清及學門自壞者也臣以爲河者諸侯位也清者屬陽濁者屬陰河當濁而反清者陰欲爲陽諸侯欲爲帝也太學天子教化之宮其門無故自壞者言文德將喪教化廢也京房易傳曰河水清天下平今天垂異地吐祆人厲疫三者並時而有河清猶春秋麟不當見而見孔子書之以爲異也臣前上琅邪宮崇受于吉神書不合明聽臣聞布穀鳴於孟夏蟋蟀吟於始秋物有微而志信人有賤而言忠臣雖至賤誠願賜清閒極盡所言書奏不省十餘日復上書曰臣伏見太白北入數日復出東方其占當有大兵中國弱四夷彊臣又推步熒惑今當出而潛必有陰謀皆由獄多冤結忠臣被戮德星所以久守執法亦爲此也陛下宜承天意理察冤獄爲劉瓆成瑨虧除罪辟追錄李雲杜眾等子孫夫天子事天不孝則日蝕星鬬比年日蝕於正朔三光不明五緯錯戾前者宮崇所獻神書專以奉天地順五行爲本亦有興國廣嗣之術其文易曉參同經典而順帝不行故國

肎不與孝沖孝質頻世短祚臣又聞之得主所好自非正道神爲生虐故周衰諸侯以力征相尚於是夏育申休宋萬彭生任鄙之徒生於其時殷紂好色妲己是出葉公好龍眞龍游廷今黃門常侍天刑之人陛下愛待兼倍常寵繼嗣未兆豈不爲此天官宦者星不在紫宮而在天市明當給使主市里也今乃反處常伯之位實非天意又聞宮中立黃老浮屠之祠此道清虛貴尚無爲好生惡殺省慾去奢今陛下嗜慾不去殺罰過理既乖其道豈獲其祚哉或言老子入夷狄爲浮屠浮屠不三宿桑下不欲久生恩愛精之至也天神遺以好女浮屠曰此但革囊盛血遂不盼之其守一如此乃能成道今陛下淫女豔婦極天下之麗甘肥飲美殫天下之味奈何欲如黃老乎書上卽召詔尚書問狀楷曰臣聞古者本無宦臣武帝末春秋高數游後宮始置之耳後稍見任至於順帝遂益繁熾今陛下爵之十倍於前至今無繼嗣者豈獨好之而使之然乎尚書上其對詔下有司處正尚書承旨奏曰宦者之官非近世所置漢初張澤爲大謁者佐絳侯誅諸呂孝文使趙談驂乘而子孫昌盛楷不正辭理指陳要務而析言破律違背經藝假借星宿僞託神靈造合私意誣上罔事請下司隸正楷罪法收送洛陽獄帝以楷言雖激切然皆天文恒象之數故不誅猶司寇論刑初順帝時琅邪宮崇詣闕上其師干吉於曲陽泉水上所得神書百七十卷皆縹白素朱介青首朱目號太平清領書其言以陰陽五行爲家而多巫覡雜語有司奏崇所上妖妄不經乃收藏之後張角頗有其書焉及靈帝立以楷書爲然太傅陳蕃舉方正不就鄉里宗之每太守至輒致禮請中平中與荀爽鄭元俱以博士徵不至卒於家

郭伋字細侯扶風茂陵人也高祖父解武帝時以任俠知名父梵爲蜀郡太守伋少有志行哀平間辟大司空府三遷爲漁陽都尉王莽時爲上谷大尹遷并州牧更始新立三輔連被兵寇百姓震駭彊宗右姓各擁衆保營莫肯先附更始數聞伋名徵拜左馮翊使鎭撫百姓世祖卽位拜雍州牧再轉爲尚書令數納忠諫諍建武四年出爲中山太守明年彭寵滅轉爲漁陽太守漁陽既離王莽之亂重以彭寵之敗民多猾惡寇賊充斥伋到示以信賞糾戮渠帥盜賊消散時匈奴數抄郡界邊境苦之伋整勒士馬設攻守之略匈奴畏憚遠迹不敢復入塞民得安業在職五歲戶口增倍潁川盜賊羣起九年徵拜潁川太守召見辭謁帝勞之曰賢能太守去帝城不遠河潤九里冀京師并蒙福也君雖精於追捕而山道險阨自鬭當一士耳深宜愼之伋到郡招懷山賊陽夏趙宏襄城召吳等數百人皆束手詣伋降悉遣歸附農因自劾專命帝美其策不以咎之後宏吳等黨與聞伋威信遠自江南或從幽冀不期俱降駱驛不絕十一年省朔方刺史屬并州帝以盧芳據北土爲寇乃調伋爲并州牧過京師謝恩帝卽引見并召皇太子諸王宴語終日賞賜車馬衣服什物伋因言選補衆職當簡天下賢俊不宜專用南陽人帝納之伋前在并州素結恩德及後入界所到縣邑老幼相攜逢迎道路所過問民疾苦聘求耆德雄俊設几杖之禮朝夕與參政事始至行部到西河美稷有童兒數百各騎竹馬於道次迎拜伋問曰兒曹何自遠來對曰聞使君到喜故來奉迎伋辭謝之及事訖諸兒復送至郭外問使君何日當還伋謂別駕從事計日當告之行部既還先期一日伋爲違信於諸兒遂止於野亭須期乃入是時朝廷多舉伋可爲大司空帝以并部尚有盧芳之警且匈奴未安欲使久於其事故不召伋知盧芳夙賊難卒以力制常嚴烽候明購賞以結寇心芳將隋昱遂謀脅芳降伋芳乃亡入匈奴伋以老病上書乞骸骨二十二年徵爲太中大夫賜宅一區及帷帳錢穀以充其家伋輒散與宗族無所遺餘明年卒年八十六帝親臨弔賜冢塋地

杜詩字公君河內汲人也少有才能仕郡功曹有公平稱更始時辟大司馬府建武元年歲中三遷爲侍御史安集洛陽時將軍蕭廣放縱兵士暴橫民間百姓惶擾詩勑曉不改遂格殺廣還以狀聞光武召見賜以棨戟復使之河東誅降逆賊楊異等詩到大陽聞賊歸欲北度乃與長史急焚其船部勒郡兵將突騎赴擊斬異等賊遂翦滅拜成皋令視事三歲舉政尤異再遷爲沛郡都尉轉汝南都尉所在稱治七年遷南陽太守性節儉而政治清平以誅暴立威善於計略省愛民役作水排鑄爲農器（排音蒲拜反治鑄者爲排以吹炭今激水以鼓之也排當作橐古字通用）用力少見功多百姓便之又修治陂池廣拓土田郡內比室殷足時人方於召信臣故南陽爲之語曰前有召父後有杜母詩自以無勞不安久居大郡求欲降避功臣乃上疏曰陛下亮成天工克濟大業偃武修文羣帥反旅海內和合萬世蒙福天下幸甚唯匈奴未譬聖德威侮二垂陵虐中國邊民虛耗不能自守臣恐武猛之將雖勁亦未得解甲櫜弓也夫勤而不息亦怨勞而不休亦怨怨恨之師難復責功臣伏覩將帥之情功臣之望冀一休足於內郡然後卽戎出命不敢有恨臣愚以爲師克

在和不在衆陛下雖垂念北邊亦當頗泄用之昔湯武善御衆故無忿鷙之師陛下起兵十有三年將帥和睦士卒鳧藻今若使公卿郡守出於軍壘則將帥自厲士卒之復比於宿衛則戎士自百何者天下已安各重性命大臣以下咸懷樂土不營其功而厲其用無以勸也陛下誠宜虛鞅數郡以俟振旅之臣重復厚賞加於久役之士如此緣邊屯戍之師競而忘死乘城拒塞之吏不辭其勞則烽火精明守戰堅固聖王之政必因人心今猥用愚薄塞功臣之望誠非其宜臣詩伏自惟忖本以史吏一介之才遭陛下創制大業賢俊在外空乏之閒超受大恩牧養不稱奉職無効久竊祿位令功臣懷慍誠惶誠恐八年上書乞避功德陛下殊恩未許放退臣詩蒙恩尤深意不敢苟冒虛請誠不勝至願願退大郡受小職及臣齒壯力能經營劇事如使臣詩必有補益復受大位雖析珪受爵所不辭也惟陛下哀矜帝惜其能遂不許之詩雅好推賢數進知名士淸河劉統及魯陽長董崇等初禁網尚簡但以璽書發兵未有虎符之信詩上疏曰臣聞兵者國之凶器聖人所愼舊制發兵皆以虎符其餘徵調竹使而已符策合會取爲大信所以明著國命斂持威重也閒者發兵但用璽書或以詔令如有姦人詐僞無由知覺愚以爲軍旅尚興賊虜未殄徵兵郡國宜有重愼可立虎符以絶姦端昔魏之公子威傾鄰國猶假兵符以解趙圍若無如姬之仇則其功不顯事有煩而不可省費而不得已蓋謂此也書奏從之詩身雖在外盡心朝廷讜言善策隨事獻納視事七年政化大行十四年坐遣客爲弟報仇被徵會病卒司隷校尉鮑永上言詩貧困無田宅喪無所歸詔使治喪郡邸賻絹千匹

孔奮字君魚扶風茂陵人也曾祖霸元帝時爲侍中奮少從劉歆受春秋左氏傳歆稱之謂門人曰吾已從君魚受道矣遭王莽亂奮與老母幼弟避兵河西建武五年河西大將軍竇融請奮署議曹掾守姑臧長八年賜爵關內侯時天下擾亂惟河西獨安而姑臧稱爲富邑通貨羌胡市日四合每居縣者不盈數月輒致豐積奮在職四年財產無所增事母孝謹雖爲儉約奉養極求珍膳躬率妻子同甘菜茹時天下未定士多不修節操而奮力行淸潔爲衆人所笑或以爲身處脂膏不能以自潤徒益苦辛耳奮既立節治貴仁平太守梁統深相敬待不以官屬禮之常迎於大門引入見母隴蜀既平河西守令咸被徵召財貨連轂彌竟川澤唯奮無資單車就路姑臧吏民及羌胡更相謂曰孔君淸廉仁賢舉縣蒙恩如何今去不共報德遂相賦斂牛馬器物千萬以上追送數百里奮謝之而已一無所受既至京師除武都郡丞時隴西餘賊隗茂等夜攻府舍殺郡守賊畏奮追急乃執其妻子欲以爲質奮年已五十惟有一子終不顧望遂窮力討走吏民感義莫不倍用命焉郡多氐人便習山谷其大豪齊鍾留者爲羣氐所信向奮乃率鍾留等令要遮鈔擊共爲表裏賊窘懼逼急乃推奮妻子以置軍前冀當退卻而奮擊之愈厲遂禽滅茂等奮妻子亦爲所殺世祖下詔褒美拜爲武都太守奮自爲府丞已見敬重及拜太守舉郡莫不改操爲政明斷甄善疾非見有美德愛之如親其無行者忿之若讎郡中稱爲淸平弟奇游學洛陽奮以奇經明當仕上病去官守約鄉閭卒于家奇博通經典作春秋左氏刪奮晚有子嘉官至城門校尉作左氏說云

張堪字君游南陽宛人也爲郡族姓堪早孤讓先父餘財數百萬與兄子年十六受業長安志美行厲諸儒號曰聖童光武微時見堪志操常嘉焉及即位中郎將來歙薦堪召拜郎中三遷爲謁者使送委輸縑帛并領騎七千匹詣大司馬吳漢伐公孫述在道追拜蜀郡太守時漢軍餘七日糧陰具船欲遁去堪聞之馳往見漢說述必敗不宜退師之策漢從之乃示弱挑敵述果自出戰死城下成都既拔堪先入據其城檢閱庫藏收其珍寶悉條列上言秋毫無私慰撫吏民蜀人大悅在郡二年徵拜騎都尉後領驃騎將軍杜茂營擊破匈奴於高柳拜漁陽太守捕擊姦猾賞罰必信吏民皆樂爲用匈奴嘗以萬騎入漁陽堪率數千騎奔擊大破之郡界以靜乃於狐奴開稻田八千餘頃勸民耕種以致殷富百姓歌曰桑無附枝麥穗兩歧張君爲政樂不可支視事八年匈奴不敢犯塞帝嘗召諸郡計吏問其風土及前後守令能否蜀郡計掾樊顯進曰漁陽太守張堪昔在蜀仁以惠下威能討姦前公孫述破時珍寶山積捲握之物足富十世（捲握猶掌握也謂珠玉之類）而堪去職之日乘折轅車布被囊而已帝聞良久歎息拜顯爲魚復長方徵堪會病卒帝深悼惜之下詔褒揚賜帛百匹

廉范字叔度京兆杜陵人趙將廉頗之後漢興以廉氏豪宗自苦陘徙焉世爲邊郡守或葬隴西襄武故因仕焉曾祖父褒成哀間爲右將軍祖父丹王莽時爲大司馬庸部牧皆有名前世范父遭喪亂客死於蜀漢范遂流寓西州西州平歸鄉里年十五辭母西迎父喪蜀郡太守張穆丹之故吏乃重資送范范無所受與客步負

喪歸至葭萌載船觸石破沒范抱持棺柩遂俱沈溺眾傷其義鉤求得之療救僅免於死穆聞復馳遣使持前資物追范范又固辭歸葬服竟詣京師受業事博士薛漢京兆隴西二郡更請召皆不應永平初隴西太守鄧融備禮謁范爲功曹會融爲州所舉按范知事譎難解欲以權相濟乃託病求去融不達其意大恨之范乃變名姓東至洛陽求代廷尉獄卒居無幾融果徵下獄范遂得衛侍左右盡心勤勞融怪其貌范而殊不意乃謂曰卿何似我故功曹邪范訶之曰君困厄瞀亂邪語遂絕融繫出困病范隨而往視及死竟不言身自將車送喪至南陽葬畢乃去後辟公府會薛漢坐楚王事誅門生故人莫敢視范獨往收斂之吏以聞顯宗大怒召范入詰責曰薛漢與楚王同謀交亂天下范公府掾不與朝廷同心而反收斂罪人何也范叩頭曰臣無狀愚戇以爲漢等皆己伏誅不勝師資之情罪當萬坐帝怒稍解問范曰卿廉頗後邪與右將軍褒大司馬丹有親屬乎范對曰褒臣之曾祖丹臣之祖也帝曰怪卿志膽敢爾遂貰之由此顯名舉茂才數月再遷爲雲中太守會匈奴大入塞烽火日通故事虜過五千人移書傍郡吏欲傳檄求救范不聽自率士卒拒之虜眾盛而范兵不敵會日暮令軍士各交縛兩炬三頭爇火營中星列虜遙望火多謂漢兵救至大驚待旦將退范乃令軍中蓐食晨往赴之斬首數百級虜自相轔藉死者千餘人是後不敢復向雲中後頻歷武威武都二郡太守隨俗化導各得治宜建初中遷蜀郡太守其俗尚文辯好相持短長范每勵以淳厚不受偷薄之說成都民物豐盛邑宇逼側舊制禁民夜作以防火災而更相隱蔽燒者日屬范乃毀削先令但嚴使儲水而已百姓爲便乃歌之曰廉叔度來何暮不禁火民安作平生無襦今五袴在蜀數年坐法免歸鄉里范世在邊廣田地積財粟以賑宗族朋友肅宗崩范奔赴敬陵時廬江郡掾嚴麟奉章弔國俱會於路麟乘小車塗深馬死不能自進范見而愍然命從騎下馬與之不告而去麟事畢不知馬所歸乃緣蹤訪之或謂麟曰故蜀郡太守廉叔度好周人窮急今奔國喪獨當是耳麟亦素聞范名以爲然即牽馬造門謝而歸之世服其好義然依倚大將軍竇憲以此爲譏卒於家初范與洛陽慶鴻爲刎頸交時人稱曰前有管鮑後有慶廉鴻慷慨有義節位至琅邪會稽二郡太守所在有異迹

王堂字敬伯廣漢郪人也初舉光祿茂才遷穀城令治有名迹永初中西羌寇巴郡爲民患詔遣中郎將尹就攻討連年不克三府舉堂治劇拜巴郡太守堂馳兵赴賊斬虜千餘級巴庸清靜吏民生爲立祠刺史張喬表其治能遷右扶風安帝西巡阿母王聖中常侍江京等並請屬於堂堂不爲用掾史固諫之堂曰吾蒙國恩豈可爲權寵阿意以死守之即日遣家屬歸閉閤上病果有誣奏堂者會帝崩京等悉誅堂以中正見稱永建二年徵入爲將作大匠四年坐公事左轉議郎復拜魯相政存簡一至數年無辭訟遷汝南太守搜賢禮士不苟自專乃教掾史曰古人勞於求賢逸於任使故能化清於上事緝於下其憲章朝右簡覈才識委功曹陳蕃匡政理務拾遺補闕任主簿應嗣庶循名責實察賢觀効焉自是委誠求當不復妄有辭教郡內稱治時大將軍梁商及尚書令袁湯以求屬不行並恨之後廬江賊迸入弋陽界堂勒兵追討即便奔散而商湯猶因此諷州奏堂在任無警免歸家年八十六卒遺令薄斂瓦棺以葬子稚清行不仕曾孫商益州牧劉焉以爲蜀郡太守有治聲

蘇章字孺文扶風平陵人也八世祖建武帝時爲右將軍祖父純字桓公有高名性彊切而持毀譽士友咸憚之至乃相謂曰見蘇桓公患其教責人不見又思之三輔號爲大人永平中從奉車都尉竇固出擊北匈奴車師有功封中陵鄉侯官至南陽太守章少博學能屬文安帝時舉賢良方正對策高第爲議郎數陳得失言甚切直出爲武原令時歲飢輒開倉廩活三千餘戶順帝時遷冀州刺史故人爲清河太守章行部按其姦臧乃請太守爲設酒肴陳平生之好甚歡太守喜曰人皆有一天我獨有二天章曰今夕蘇孺文與故人飲者私恩也明日冀州刺史按事者公法也遂舉正其罪州境知章無私望風畏肅換爲并州刺史以摧折權豪忤旨坐免隱身鄉里不交當世後徵爲河南尹不就時天下日敝民多愁苦論者舉章有幹國才朝廷不能復用卒于家兄曾孫不韋字公先父謙初爲郡督郵時魏郡李暠爲美陽令與中常侍具瑗交通貪暴爲民患前後監司畏其勢援莫敢糾問及謙至部案得其臧論輸左校謙累遷至金城太守去郡歸鄉里漢法免罷守令自非詔徵不得妄到京師而謙後私至洛陽時暠爲司隸校尉收謙詰掠死獄中暠又因刑其尸以報宿怨不韋時年十八徵詣公車會謙見殺不韋載喪歸鄉里瘞而不葬仰天歎曰伍子胥獨何人也乃藏母於武都山中遂變名姓盡以家貲募劒客邀暠於諸陵間不剋會暠還

大司農時右校芻廥在寺北垣下不韋與親從兄弟潛入廥中夜則鑿地晝則逃伏如此經月遂得傍達暠之寢室出其牀下值暠在廁因殺其妾并及小兒留書而去暠大驚懼乃布棘於室以板藉地一夕九徙雖家人莫知其處每出輒劒戟隨身壯士自衞不韋知暠有備乃日夜飛馳徑到魏郡掘其父阜冢斷取阜頭以祭父墳又標之於市曰李君遷父頭暠匿不敢言而自上退位歸鄉里私掩塞冢椁捕求不韋歷歲不能得憤恚感傷發病歐血死不韋後遇赦還家乃始改葬行喪士大夫多譏其發掘冢墓歸罪枯骨不合古義惟任城何休方之伍員太原郭林宗聞而論之曰子胥雖云逃命而見用彊吳憑闔廬之威因輕悍之衆雪怨舊郢曾不終朝而但鞭墓戮屍以舒其忿竟無手刃後主之報豈如蘇子單特孑立靡因靡資彊讐豪援據位九卿城闕天阻宮府幽絕埃塵所不能過霧露所不能沾不韋毀身焦慮出於百死冒觸嚴禁陷族禍門雖不獲逞爲報已深況復分骸斷首以毒生者使暠懷忿結不得其命猶假手神靈以斃之也力唯匹夫功隆千乘比之於員不以優乎議者於是貴之後太傅陳蕃辟不應爲郡五官掾初弘農張奐睦於蘇氏而武威段熲與暠素善後奐熲有隙及熲爲司隸以禮辟不韋不韋懼之稱病不詣熲既積忿於奐因發怒乃追咎不韋前報暠事以爲暠表治謙事被報見誅君命天也而不韋仇之又令長安男子告不韋多將賓客奪舅財物遂使從事張賢等就家殺之乃先以鴆與賢父曰若賢不得不韋便同飲此賢到扶風郡守使不韋奉謁迎賢賢即時收執并其一門六十餘人盡誅滅之諸蘇以是衰破及段熲爲楊球所誅天下以爲蘇氏之報焉

羊續字興祖泰山平陽人也其先七世二千石卿校祖父侵安帝時司隸校尉父儒桓帝時爲太常續以忠臣子孫拜郎中去官後辟大將軍竇武府及武敗坐黨事禁錮十餘年幽居守靜及黨禁解復辟太尉府四遷爲廬江太守後揚州黃巾賊攻舒焚燒城郭續發縣中男子二十以上皆持兵勒陣其小弱者悉使負水灌火會集數萬人并勢力戰大破之郡界平後安風賊戴風等作亂續復擊破之斬首三千餘級生獲渠帥其餘黨輩原爲平民賦與佃器使就農業中平三年江夏兵趙慈反殺南陽太守秦頡攻沒六縣拜續爲南陽太守當入郡界乃羸服閒行侍童子一人觀歷縣邑採問風謠然後乃進其令長貪絜吏民良猾悉逆知其狀郡內驚悚莫不震懾乃發兵與荊州刺史王敏共擊慈斬之獲首五千餘級屬縣餘賊並詣續降續爲上言宥其枝附賊既清平乃班宣政令候民病利百姓歡服時權豪之家多尚奢麗續深疾之常敝衣薄食車馬羸敗府丞常獻其生魚續受而縣於庭丞後又進之續乃出前所縣者以杜其意續妻後與子祕俱詣郡舍續閉門不內妻自將祕行其資藏唯有布衾敝袛裯袛裯短衣也廣雅云袛裯即襜褕也袛丁奚反裯丁勞反鹽麥數斛而已顧勑祕曰吾自奉若此何以資爾母乎使與母俱歸六年靈帝欲以續爲太尉時拜三公者皆輸東園禮錢千萬令中使督之名爲左騶其所之往輒迎致禮敬厚加贈賂續乃坐使人於單席舉緼袍以示之曰臣之所資唯斯而已左騶白之帝不悅以此故不登公位而徵爲太常未及行會病卒年四十八遺言薄斂不受賵遺舊典二千石卒官賻百萬府丞焦儉遵續先志一無所受詔書襃美勑泰山太守以府錢百萬賜續家云

賈琮字孟堅東郡聊城人也舉孝廉再遷爲京兆尹有政理迹舊交阯土多珍產明璣翠羽犀象瑇瑁異香美木之屬莫不自出前後刺史多無清行上承權貴下積私賂財計盈給輒復求見遷代故吏民怨叛中平元年交阯屯兵反執刺史及合浦太守自稱柱天將軍靈帝特勑三府精選能吏有司舉琮爲交阯刺史琮到部訊其反狀咸言賦斂過重百姓空單京師遙遠告冤無所民不聊生自活故聚爲盜賊琮即移書告示各使安其資業招撫荒散蠲復傜役誅斬渠帥爲大害者簡選良吏試守諸縣歲閒蕩定百姓以安巷路爲歌曰賈父來晚使我先反今見清平吏不敢飯在事三年爲十三州最徵拜議郎時黃巾新破兵凶之後郡縣重斂因緣生姦詔書沙汰刺史二千石更選清能吏乃以琮爲冀州刺史舊典傳車驂駕垂赤帷裳迎於州界及琮之部升車言曰刺史當遠視廣聽糾察美惡何有反垂帷裳以自掩塞乎乃命御者褰之百城聞風自然竦震其諸臧過者望風解印綬去惟癭陶長濟陰董昭觀津長梁國黃就當官待琮於是州界翕然靈帝崩大將軍何進表琮爲度遼將軍卒於官

陸康字季寧吳郡吳人也祖父續在獨行傳父襃有志操連徵不至康少仕郡以義烈稱刺史臧旻舉爲茂才除高成令縣在邊垂舊制令戶一人具弓弩以備不虞不得行來長吏新到輒發民繕修城郭康至皆罷遣百姓大悅以恩信爲治寇盜亦息州郡表上其狀光和元年遷武陵太守轉守桂陽樂安二郡所在稱之時靈帝

欲鑄銅人而國用不足乃詔調民田畝斂十錢而比水旱傷稼百姓貧苦康上疏諫曰臣竊聞詔書畝斂田錢鑄作銅人伏讀惆悵悼心失圖夫什一而稅周謂之徹徹者通也言其法度可通行萬世也故魯宣稅畝而蝝災自生哀公增賦而孔子非之豈有聚奪民物以營無用之銅人捨聖戒自蹈亡王之法哉傳曰君舉必書書而不法後世何述焉書奏內侍因此譖康援引亡國以譬聖明大不敬檻車徵詣廷尉侍御史劉岱典考其事岱為表陳解釋免歸田里復徵拜議郎會廬江賊黃穰等與江夏蠻連結十餘萬人攻沒四縣拜康廬江太守康申明賞罰擊破穰等餘黨悉降帝嘉其功拜康孫尙為郎中獻帝即位天下大亂康蒙險遣孝廉計吏奉貢朝廷詔書策勞加忠義將軍秩中二千石時袁術屯兵壽春部曲飢餓遣使求委輸兵甲康以其叛逆閉門不通內修戰備以禦之術大怒遣其將孫策攻康圍城數重康固守吏士有先受休假者皆遁伏還赴暮夜緣城而入受敵二年城陷月餘發病卒年七十宗族百餘人遭離飢戹死者將半朝廷愍其守節拜子儁為郎中少子績仕吳為鬱林太守吳史有傳

通志卷一百七下

通志卷一百八

宋　右功郎鄭樵漁仲撰

列傳第二十一

後漢

樊宏子儵曾孫準　族陰識弟興　朱浮　馮魴　虞延　鄭弘　周章　梁統子竦曾孫商元孫冀　張純子奮　曹褒　鄭元　鄭興子衆　范升　陳元　賈逵　張霸子楷楷子陵陵弟元　桓榮子郁孫焉曾孫鸞鸞子曄元孫典元孫彬　丁鴻

樊宏字靡卿南陽湖陽人也世祖之舅其先周仲山甫封于樊因而氏焉爲鄉里著姓父重字君雲世善農稼好貨殖重性溫厚有法度三世共財子孫朝夕禮敬常若公家其營理產業物無所棄課役童隸各得其宜故能上下戮力財利歲倍至乃開廣田土三百餘頃其所起廬舍皆有重堂高閣陂渠灌注又池魚牧畜有求必給嘗欲作器物先種梓漆時人嗤之然積以歲月皆得其用向之笑者咸求假焉貲至巨萬而賑贍宗族恩加鄉閭外孫何氏兄弟爭財重恥之以田二頃解其忿訟縣中稱美推爲三老年八十餘終其素所假貸人間數百萬遺令焚削文契責家聞者皆慙爭往償之諸子從敕竟不肯受宏少有志行王莽末義兵起劉伯升與族兄賜俱將兵攻湖陽城守不下賜女弟爲宏妻湖陽由是繫宏妻子令出譬伯升宏因留不返湖陽軍帥欲殺其妻子長吏以下共相謂曰樊重子父禮義恩德行於鄉里雖有罪且當在後會漢兵日盛湖陽惶急未敢殺之遂得免脫更始立欲以宏爲將宏叩頭辭曰書生不習兵事竟得免歸與宗家親屬作營塹自守老弱歸之者千餘家時赤眉賊掠唐子鄉多所殘殺欲前攻宏營宏遣人持牛酒米穀勞遺赤眉赤眉長老先聞宏仁厚皆稱曰樊君素善且今見待如此何心攻之引兵而去遂免寇難世祖即位拜光祿大夫位特進次三公建武五年封長羅侯十三年封弟丹爲射陽侯兄子尋元鄉侯族兄忠更父侯十五年定封宏壽張侯八年帝南祠章陵過湖陽祠重墓追爵諡爲壽張敬侯立廟於湖陽車駕每南巡常幸其墓賞賜大會宏爲人謙柔畏慎不求苟進常誡其子曰富貴盈溢未有能終者吾非不喜榮勢也天道惡滿而好謙前世貴戚皆明戒也保身全已豈不樂哉每當朝會迎期先到俯伏待事時至乃起帝聞之敕騶騎臨朝乃告勿令豫到宏所上便宜及言得失輒手自書寫毀削草本公朝訪逮不敢衆對宗族染其化未嘗犯法帝甚重之及病困車駕臨視留宿問其所欲言宏頓首自陳無功享食天國誠恐子孫不能保全厚恩令臣魂神慙負黃泉願還壽張食小鄉亭帝悲傷其言而竟不許二十七年卒遺敕薄葬一無所用以爲棺柩一藏不宜復見如有腐敗傷孝子之心使與夫人同墳異藏帝善其令以書示百官因曰今不順壽張侯意無以彰其德吾萬歲之後欲以爲式賻錢千萬布萬疋謚爲恭侯贈以印綬車駕親送葬子鯈嗣帝悼宏不已復封少子茂爲平望侯樊氏侯者凡五國明年賜鯈弟鮪及從昆弟七人合錢五千萬鯈字長魚謹約有父風事後母至孝及母卒哀思過禮毀病不自支世祖常遣中黃門朝暮送饘粥服闋就侍中丁恭受公羊嚴氏春秋建武中禁網尚闊諸王既長各招引賓客以鯈外戚爭遺致之而鯈清靜自保無所交結及沛王輔事發貴戚子弟多見收捕鯈以不豫得免帝崩鯈爲復土校尉永平元年拜長水校尉與公卿雜定郊祀禮儀以讖記正五經異說北海周澤琅邪承宮並海內大儒鯈皆以爲師友而致之於朝上言郡國舉孝廉率取年少能報恩者耆宿大賢多見廢棄宜敕郡國簡用良俊又議刑辟宜須秋月以順時氣顯宗並從之二年以壽張國益東平王徙封鯈燕侯其後廣陵王荊有罪帝以至親悼傷之詔鯈與羽林監南陽任隗雜理其獄事竟奏請誅荊引見宣明殿帝怒曰諸卿以我弟故欲誅之即我子卿等敢爾邪鯈仰而對曰天下高帝天下非陛下之天下也春秋之義君親無將將而誅焉是以周公誅弟季友鴆兄經傳大之臣等以荊屬託母弟陛下留聖心加惻隱故敢請耳如令陛下子臣等專誅而已帝歎息良久鯈益以此知名其後弟鮪爲子賞求楚王英女敬鄉公主鯈聞而止之曰建武時吾家並受榮寵一宗五侯時特進一言女可以配王男可以尚主但以貴寵過盛即爲禍患故不爲也且爾一子奈何棄之於楚乎鮪不從十年鯈卒贈賵甚厚謚曰哀侯帝遺小黃門張惜問鯈遺言先是河南縣亡失官錢典負者坐死及罪徙者甚衆遂委責于人以償其耗鄉部吏司因此爲姦鯈常患之又野王歲獻甘醪膏餳每輒擾人吏以爲利鯈並欲奏罷之疾病未及得上惜歸具以聞帝覽之而悲歎敕二郡並令從之長子汜嗣以次子郴梵爲郎其後楚事發覺帝追念鯈謹恪又聞其止鮪婚事故其諸子得不坐焉梵字文高爲郎二十餘年三署服其重慎悉推財物二千餘萬與孤兄子官至大鴻臚汜卒子時嗣時卒子建嗣建卒無子國絕永甯二年鄧太后復封建弟盼盼卒子尙嗣初鯈刪定公羊嚴氏春秋章句

世號樊侯學教授門徒前後三千餘人弟子潁川李脩九江夏勤皆爲三公勤字伯宗爲京宛二縣令零陵太守所在有理能稱安帝時位至司徒宏族曾孫準字幼陵父瑞好黄老言淸靜少欲準少勵志行修儒術以先產業數百萬讓孤兄子永平十五年和帝幸南陽準爲郡功曹召見帝器之拜郎中從車駕還宮特補尚書郎鄧太后臨朝儒學陵替準乃上疏請博求幽隱發揚巖穴使公卿各舉明經及舊儒子孫進其爵位使續其業以推述先帝崇尚儒雅之道太后深納其言是後屢舉方正敦樸仁賢之士準再拜御史中丞永平之初連年水旱災異郡國多被饑困準上疏曰臣聞傳曰飢而不損茲曰太厥災水春秋穀梁傳曰五穀不登謂之大侵大侵之禮百官備而不製羣神禱而不祠猶是言之調和陰陽實在節儉朝廷雖勞心元元事從省約而在職之吏尚未奉承夫建化致理由近及遠故詩曰京師翼翼四方是則今可先令太官尚方考功上林池藥諸官實減無事之物五府調省中都官吏京師作者如此則化及四方人勞省息伏見被災之郡百姓凋殘恐非賑給所能勝贍雖有其名終無其實可依征和元年故事遣使持節慰安尤困乏者徙置荆揚熟郡既省轉運之費且令百姓各安其所今雖有西屯之役宜先東州之急如遣使者與二千石隨事消息悉留富人守其舊土轉尤貧者過所衣食誠父母之計也願以臣言下公卿平議太后從之悉以公田賦與貧人卽擢準與議郎呂倉並守光祿大夫準使冀州倉使兖州準到部開倉廪食慰安生業流人咸得蘇息還拜鉅鹿太守時飢荒之餘人庶流迸家戸且盡準課督農桑廣施方略朞年閒穀粟豐賤數十倍而趙魏之郊數爲羌所鈔暴準外禦寇虜內撫百姓郡境以安五年轉河內太守時羌復屢入郡界準輒將兵討逐修理塢壁威名大行視事三年以疾徵三轉爲尚書令明習故事遂見任用初元三年代周暢爲光祿勳五年卒於官

陰識字次伯南陽新野人光烈皇后之前母兄也其先出自管仲管仲七世孫修自齊適楚爲陰大夫因而氏焉秦漢之際始家新野及劉伯升起義兵識時游學長安聞之委業而歸率子弟宗族賓客千餘人往詣伯升伯升乃以識爲校尉更始元年遷偏將軍從攻宛別降新野淯陽杜衍冠軍胡陽二年更始封識陰德侯行大將軍事建武元年光武遣使迎陰貴人於新野并徵識識隨貴人至以爲騎都尉更封陰鄉侯二年以征伐軍功增封識叩頭讓曰天下初定將帥有功者衆臣託屬掖庭仍加爵邑不可以示天下帝甚美之以爲關都尉鎭函谷遷侍中以母憂辭歸十五年定封原鹿侯及顯宗立爲皇太子以識守執金吾輔導東宮帝每巡郡國識常留鎭守京師委以禁兵入雖極言正議及與賓客語未嘗及國事帝敬重之常指識以敕戒貴戚激厲左右焉識所用掾吏皆簡賢者如虞延傅寬薛愔等多至公卿校尉顯宗卽位拜爲執金吾位特進永平二年卒贈以本官印綬謚曰貞侯子躬嗣躬卒子璜嗣永初七年爲奴所殺無子國絕永甯元年鄧太后以璜弟淑紹封淑卒子鮪嗣躬弟子綱女爲和帝皇后封綱吳房侯位特進三子軼輔敞皆黄門侍郎后坐巫蠱事廢綱自殺輔下獄死軼敞徙日南識弟興字君陵光烈皇后同母弟也爲人有膂力建武二年爲黄門侍郎守期門僕射與將武騎從征伐平定郡國每從出入常操持小蓋障翳風雨躬履泥塗率先期門光武所幸之處輒先入淸宮甚見親信雖好施接賓然門無俠客與同郡張宗上谷鮮于裒不相好知其有用猶稱所長而達之友人張汜杜禽與興厚善以爲華而少實但私之以財終不爲言是以世稱其忠平第宅苟完裁蔽風雨九年遷侍中賜爵關內侯帝後召興欲封之置印綬於前興固讓曰臣未有先登陷陣之功而一家數人並蒙爵土令天下觖望誠爲盈溢臣蒙陛下貴人恩澤至厚富貴已極不可復加至誠不願帝嘉興之讓不奪其志貴人問其故興曰貴人不讀書邪亢龍有悔夫外戚之家不知謙退嫁女欲配侯王取婦眄睨公主愚心實不安也富貴有極人當知足夸奢益爲觀聽所譏貴人感其言深自降挹卒不爲宗親求位十九年拜衛尉亦輔導皇太子明年夏帝風眩疾甚復以興領侍中受顧命於雲臺廣室會疾瘳召見興欲以代吳漢爲大司馬興叩頭流涕固讓曰臣不敢惜身誠虧損聖德不可苟冒至誠發中感動左右帝遂聽之二十三年卒時年三十九興素與從兄嵩不相能然敬其威重興疾病帝親臨問以政事及羣臣能不興頓首曰臣愚不足以知之然伏見議郎席廣謁者陰嵩並經行明深踰於公卿興歿後帝思其言遂擢廣爲光祿勳嵩爲中郎將監羽林十餘年以謹敕見幸顯宗卽位拜長樂衛尉遷執金吾永平元年帝思舅氏之恩詔以汝南之鮦陽封興子慶爲鮦陽侯慶弟博爲㶏彊侯博弟員丹並爲郎慶推田宅財物悉與員丹帝以慶義讓擢爲黄門侍郎慶卒子琴嗣建初五年興夫人卒肅宗使五官中郎將持節卽墓賜策追謚

興曰翼侯琴卒子萬全嗣萬全卒子桂嗣興弟就嗣父封宣恩侯後改封新陽侯就善談論朝臣莫及然性剛傲不得眾譽顯宗即位以就爲少府特進就子豐尙酈邑公主公主嬌妒豐以猾急永平二年遂殺主被誅父母當坐皆自殺國除帝以舅氏故不極其刑陰氏侯者凡四人初陰氏世奉管仲之祀謂爲相君宣帝時陰子方者至孝有仁恩臘日晨炊而竈神形見子方再拜受慶家有黃羊因以祠之自是已後暴富至巨萬田七百餘頃輿馬僕隸比於邦君子方常言我子孫必將彊大至識三世而遂繁昌故後常以臘日祀竈而薦黃羊焉

朱浮字叔元沛國蕭人也初從光武爲大司馬主簿遷偏將軍從破邯鄲光武遣吳漢誅更始幽州牧苗曾乃拜浮爲大將軍幽州牧守薊城遂討定北邊建武二年封武陽侯食三縣浮少有才能頗欲厲風迹收士心辟召州中名宿涿郡王岑之屬以爲從事及王莽時故吏二千石皆引置幕府乃多發諸郡倉穀稟給其妻子漁陽太守彭寵以天下未定師旅方起不宜多置官屬以損軍實不從其令浮性矜急自多頗有不平因以峻文詆之寵亦佷强兼負其功嫌怨轉積浮密奏寵遣吏迎妻而不迎其母又受貨賄殺害友人多聚兵穀意計難量寵旣積怨聞遂大怒而舉兵攻浮浮以書質責之曰蓋聞知者順時而謀愚者逆理而動常竊悲京城太叔以不知足而無賢輔卒自棄於鄭也伯通以名字典郡有佐命之功臨人親職愛惜倉庫而浮秉征伐之任欲權時救急二者皆爲國耳卽疑浮相譖何不詣闕自陳而爲族滅之計乎朝廷之於伯通恩亦厚矣委以大郡任以威武事有柱石之寄情同子孫之親匹夫媵母尙能致命一餐豈有身帶三綬職典大邦而不顧恩義生心外畔者乎伯通與吏人語何以爲顏行步拜起何以爲容坐臥念之何以爲心引鏡窺影何施眉目舉措建功何以爲人惜乎棄休令之嘉名造梟鴟之逆謀捐傳世之慶祚招破敗之重災高論堯舜之道不忍桀紂之性生爲世笑死爲愚鬼不亦哀乎伯通與耿俠游俱起佐命同被國恩俠游謙讓屢有降挹之言而伯通自伐以爲功高天下往時遼東有豕生子白頭異而獻之行至河東見羣豕皆白懷慚而還若以子之功論於朝廷則爲遼東豕也今乃愚妄自比六國六國之時其埶各盛廓土數千里勝兵將百萬故能據國相持多歷年世今天下幾里列郡幾城奈何以區區漁陽而結怨天子此猶河濱之人捧土以塞孟津多見其不知量也方今天下適定海內願安士無賢不肖皆樂立名於世而伯通獨中風狂走自捐盛時內聽驕婦之失計外信讒邪之諛言長爲羣后惡法永爲功臣鑒戒豈不誤哉定海內者無私讎勿以前事自誤願留意顧老母幼弟凡舉事無爲親厚者所痛而爲見讎者所快寵得書愈怒攻浮轉急明年涿郡太守張豐亦舉兵反時二郡畔戾北州憂恐浮以爲天子必自將兵討之而但遣游擊將軍鄧隆陰助浮浮懷懼以爲帝怠於敵不能救之乃上疏曰昔楚宋列國俱爲諸侯莊王以宋執其使遂有投袂之師魏公子顧朋友之要觸冒彊秦之鋒夫楚魏非有分職匡正之大義也莊王但爲爭彊而發忿公子以一言而立信耳今彭寵反畔張豐逆節以爲陛下必棄捐他事以時滅之旣歷時月寂寞無音從圍城而不救放逆虜而不討臣誠惑之昔高祖聖武天下旣定猶身自征伐未嘗甯居陛下雖興大業海內未集而獨逸豫不顧北垂百姓遑遑無所繫心三河冀州曷足以傳後哉今秋稼已熟復爲漁陽所掠張豐狂悖姦黨日增連年拒守吏士疲勞甲冑生蟣蝨弓弩不得弛上下燋心相望救護仰希陛下生活之恩詔報曰往年赤眉跋扈長安吾策其無穀必東果來歸降今度此反虜埶無久全其中必有內相斬者今軍資未充故須後麥矣浮城中糧盡人相食會上谷太守耿況遣騎來救浮浮乃得遁走南至良鄉其兵長反遮之浮恐不得脫乃下馬刺殺其妻僅以身免城降於寵尙書令侯霸奏浮敗亂幽州構成寵罪徒勞軍師不能死節罪當伏誅帝不忍以浮代賈復爲執金吾徙封父城侯後豐寵並自敗帝以二千石長吏多不勝任時有纖微之過者必見斥罷交易紛擾百姓不甯六年有日食之異浮因上疏曰臣聞日者眾陽之所宗君上之位也凡居官治民據郡典縣皆爲陽爲上爲尊爲長若陽上不明尊長不足則干動三光垂示王者五典紀國家之政洪範別災異之文皆宣明天道以徵來事者也陛下哀憫海內新離禍毒保宥生人使得蘇息而今牧人之吏多未稱職小違理實輒見斥罷豈不粲然黑白分明哉然以堯舜之盛猶加三考大漢之輿亦累功効吏皆積久養老於官至名子孫因爲氏姓當時吏職何能悉理論議之徒豈不諠譁蓋以爲天地之功不可倉卒艱難之業當累日也而間者守牧數見換易迎新相代疲勞道路尋其視事日淺未足昭見其職旣加嚴切人不自保各相顧望無自安之心有司或因睚眦以騁私怨苟求長短求媚上意二千石及長吏迫於舉劾懼於刺譏故爭飾詐僞以希虛譽

斯皆羣陽騷動日月失行之應夫物暴長者必夭折功卒成者必亟壞如摧長久之業而造速成之功非陛下之福也天下非一時之用也海內非一旦之功也願陛下游意於經年之外望化於一世之後天下幸甚帝下其議羣臣多同於浮自是易代頗簡舊制州牧奏二千石長吏不任位者事皆先下三公三公遣掾史案驗然後黜退帝時用明察不復委用三府而權歸刺舉之吏浮復上疏曰陛下清明履約率禮無違求之於事宜以和平而災異猶見者豈徒然哉竊見陛下疾往者上威不行下專國命卽位以來不用舊典信刺舉之官黜鼎輔之任至於有所劾奏便加退免覆案不關三府罪譴不蒙澄察陛下以使者爲腹心而使者以從事爲耳目是爲尚書之平決於百石之吏故羣下苛刻各自爲能兼以私情容長憎愛在職皆競張空虛以要時利故有罪者心不厭服無咎者坐被空文不可經盛衰貽後王也夫事積久則吏自重吏安則人自靜傳曰五年再閏天道乃備夫以天地之靈猶五載以成其化況人道哉帝善其奏七年轉太僕浮又以國學旣興宜廣博士之選乃上書曰舊事策試博士必廣求詳選爰自畿夏延及四方是以博舉明經唯賢是登學者精厲遠近同慕伏聞詔書更試五人唯取見在洛陽城者臣恐自今以往將有所失求之密邇容或未盡而四方之學無所勸樂凡策試之本貴得其眞非有期會不及遠方也又諸所徵試皆私自發遣非有傷費煩擾於事也語曰中外失禮求之於野臣浮幸得與講圖讖故敢越職帝然之二十年代竇融爲大司空二十二年坐賣弄國恩免二十五年徙封新息侯帝以浮陵轢同列每銜之惜其功能不忍加罪永平中有人單辭告浮事者顯宗大怒賜浮死長水校尉樊鯈言於帝曰唐堯大聖兆人獲所尙優游四凶之獄厭服海內之心使天下咸知然後殛罰浮事雖昭昭而未達人聽宜下廷尉章著其事帝亦悔之

馮魴字孝孫南陽湖陽人也其先魏之支別食菜馮城因以氏焉秦滅魏遷于湖陽爲郡族姓王莽末四方潰叛魴乃聚賓客招豪傑作營塹以待所歸是時湖陽大姓虞都尉反城稱兵先與同縣申屠季有仇而殺其兄謀滅季族季亾歸魴魴將季還其營道逢都尉從弟長卿來欲執季魴叱長卿曰我與季雖無素故士窮相歸要當以死任之卿爲何言遂與俱歸季謝曰蒙恩全死無以爲報有牛馬財物願悉獻之魴作色曰吾老親弱弟皆在賊城中今日相與尙無所顧何云財物乎季慚不敢復言魴自是爲縣邑所敬信故能據營自固時天下未定而四方之士擁兵矯稱者甚衆唯魴自守兼有方略光武聞而嘉之建武三年徵詣行在所見於雲臺拜虞令爲政敢殺伐以威信稱遷郟令後車駕西征隗囂潁川盜賊羣起郟賊延褒等衆三千餘人攻圍縣舍魴率吏士七十許人力戰連日弩矢盡城陷魴乃遁去帝聞郡國反卽馳赴潁川魴詣行在所帝按行鬭處知魴力戰乃嘉之曰此健令也所當討擊勿拘州郡褒等聞帝至皆自髡剔負鈇鑕將其衆請罪帝且赦之使魴轉降諸聚落縣中定詔乃悉以褒等還魴誅之魴責讓以行軍法皆叩頭曰今日受誅死無所恨魴曰汝知悔過伏罪一切相赦聽各反農桑爲令作耳目皆稱萬歲是時每有盜賊並爲褒等所發無敢動者縣界清靜十三年遷魏郡太守二十七年以高第入代趙熹爲太僕中元元年從東封岱宗行衞尉事還代張純爲司空賜爵關內侯二年帝崩使魴持節起原陵更封楊邑鄉侯食三百五十戶永平四年坐考隴西太守鄧融聽任姦吏策免削爵土六年顯宗幸魯復行衞尉事七年代陰嵩爲執金吾魴性公嚴方正在位數進忠言多見納用十四年詔復爵土明年東巡郡國留魴宿衞南宮建初三年以老病乞身肅宗許之其冬爲五更詔魴朝賀就列侯位元和二年卒時年八十六子柱嗣尙顯宗女獲嘉長公主少爲侍中以恭肅謙約稱位至將作大匠柱卒子定嗣官至羽林郞將定卒無子國除定弟石襲母公主封獲嘉侯亦爲侍中稍遷衞尉能取悅當世爲安帝所寵帝嘗幸其府留飲十許日賜駮犀具劒佩刀紫艾綬玉玦各一拜子世爲黃門侍郞世弟二人皆郞中自永初兵荒王侯租秩多不充於是特詔以他縣租稅足石令如舊限歲入穀三萬斛錢四萬遷光祿勳遂代湯震爲太尉及北鄉侯立遷太傅與太尉東萊劉熹參錄尙書事順帝旣立石與熹皆以阿黨閻顯江京等策免復爲衞尉卒子代嗣代卒弟承嗣爲步兵校尉石弟玩和帝時詔封楊邑侯亦以石寵官至城門校尉卒子肅嗣爲黃門侍郞

虞延字子大陳留東昏人也延初生其上有物若一疋練遂上昇天占者以爲吉及長身長八尺六寸腰帶十圍力能扛鼎少爲戶牖亭長時王莽貴人魏氏賓客放縱延率吏卒突入其家捕之以此見怨故位不升性敦朴不拘小節又無鄉曲之譽王莽末天下大亂延常嬰甲冑擁衞親族扞禦鈔盜賴其全者甚衆延從女弟年

在孩乳其母不能活之棄於溝中延聞其號聲哀而收之養至成人建武初仕執金吾府除細陽令每至歲時伏臘輒休遣徒繫各使歸家並感其恩澤應期而還有囚於家被病自載詣獄既至而死延率掾吏殯于門外百姓感悅之後去官還鄉里太守富宗聞延名召署功曹宗性奢靡車服器物多不中節延諫曰昔晏嬰輔齊鹿裘不完季文子相魯妾不衣帛以約失之者鮮矣宗不悅延即辭退居有頃宗果以侈縱被誅臨當伏刑攀涕而歎曰恨不用功曹虞延之諫光武聞而奇之二十年東巡路過小黃高帝母昭靈后園陵在焉時延爲部督郵詔呼引見問園陵之事延進止從容占拜可觀其陵樹株蘖皆諳其數俎豆犧牲頗曉其禮帝善之敕延從駕到魯還經封邱城門門小不容羽蓋帝怒使撻侍御史延因下見引咎以罪在督郵言辭激揚有感帝意乃制詔曰以陳留督郵虞延故貰御史罪延從送車駕西盡郡界賜錢及劒帶佩刀還郡於是聲名遂振二十三年司徒玉況（玉姓也音宿）辟焉時元正朝賀帝望而識延遣小黃門馳問之即日召拜公車令明年遷洛陽令是時陰氏有客馬成者常爲姦盜延收考之陰氏屢請獲一書輒加篣（捶也音彭）二百信陽侯陰就乃訴帝譖延多所寃枉帝乃臨御道之館親錄囚徒延陳其獄狀可論者在東無理者居西成乃回欲趨東延前執之謂曰爾民之巨蠹久依城社不畏熏燒今考實未竟宜當盡法成大呼稱枉陛戟郎以戟刺延叱使置之帝知延不私謂成曰汝犯王法身自取之呵使速去後數日伏誅於是外戚斂手莫敢干法在縣三年遷南陽太守永平初有新野功曹鄧衍以外戚小侯每豫朝會而容姿趨步有出於衆顯宗目之顧左右曰朕之儀貌豈若此人特賜輿馬衣服延以衍雖有容儀而無實行未嘗加禮帝既異之乃詔衍令自稱南陽功曹詣闕既到拜郎中遷元武司馬衍在職不服父喪帝聞之乃歎曰知人則哲惟帝難之信哉斯言衍慙而退由是以延爲明三年徵代趙熹爲太尉八年代范遷爲司徒歷位二府十餘年無異政績會楚王英謀反陰氏欲中傷之使人私以楚謀告延延以英藩戚至親不然其言又欲辟幽州從事公孫弘以弘交通楚王而止並不奏聞及英事發覺詔書切讓延遂自殺家至清貧子孫不免寒餒延從曾孫放字子仲少爲太尉楊震門徒及震被讒自殺順帝初放詣闕追訟震罪由是知名桓帝時爲尚書以議誅大將軍梁冀功封都亭侯後爲司空坐水災免性疾惡宦官遂爲所陷靈帝初與長樂少府李膺等俱以黨事誅

鄭弘字巨君會稽山陰人也從祖吉宣帝時爲西域都護弘少爲鄉嗇夫太守第五倫行春見而奇之召署督郵舉孝廉弘師同郡河東太守焦貺楚王英謀反發覺以疏引貺貺被收捕疾病於道亡歿妻子閉繫詔獄考掠連年諸生故人懼相連及皆改變姓名以逃其禍弘獨髡頭負鈇鑕詣闕上章爲貺訟罪顯宗覺悟即赦其家屬弘躬送貺喪及妻子還鄉里由是顯名拜爲騶令政有仁惠民稱蘇息遷淮陰太守四遷建初初爲尚書令舊制尚書郎限滿補縣長令史丞尉弘奏以爲臺職雖尊而酬賞甚薄至於開選多無樂者請使郎補千石令史爲長帝從其議弘前後所陳有補益王政者皆著之南宮以爲故事出爲平原相徵拜侍中建初八年代鄭衆爲大司農舊交阯七郡貢獻轉運皆從東治汎海而至風波艱阻沉溺相係弘奏開零陵桂陽嶠道於是夷通至今遂爲常路在職二年所息省三億萬計時歲天下遭旱邊方有警人食不足而帑藏殷積弘又奏宜省貢獻減徭役以利饑民帝順其議元和元年代鄧彪爲太尉時舉將第五倫爲司空班次在下每正朔朝見弘曲躬而自卑帝問知其故遂聽置雲母屏風分隔其間由此以爲故事在位四年奏尚書張林阿附侍中竇憲而素行臧穢又上洛陽令楊光憲之賓客在官貪殘並不宜處位書奏吏與光故舊因以告之光報憲憲奏弘大臣漏泄密事帝詰讓弘收上印綬弘自詣廷尉詔敕出之因乞骸骨歸未許病篤上書陳謝并言憲之短帝省章遣醫占弘病比至已卒臨歿悉還賜物敕妻子褐巾布衣素棺殯殮以還鄉里

周章字次叔南陽隨人也初仕郡爲功曹時大將軍竇憲免封冠軍侯就國章從太守行春到冠軍太守猶欲謁之章進諫曰今日公行春豈可越儀私交且憲椒房之親勢傾王室而退就藩國禍福難量明府剖符大臣千里重任舉止進退其可輕乎太守不聽遂便升車章前拔佩刀絕馬鞅於是乃止及憲被誅公卿以下多以交關得罪太守幸免以此重章舉孝廉六遷爲五官中郎將延平元年爲光祿勳永初元年代魏霸爲太常其冬代尹勤爲司空是時中常侍鄭衆蔡倫等皆秉執豫政章數進直言初和帝崩鄧太后以皇子勝有痼疾不可奉承宗廟貪殤帝孩抱養爲己子故立之以勝爲平原王及殤帝崩羣臣以勝疾非痼意咸歸之太后以前既不立恐後爲怨乃立和帝兄清河孝王子祜是爲安帝章以衆心不附遂密謀閉宮門誅車騎將軍鄧騭兄

弟及鄭衆蔡倫刼尙書廢太后於南宮封帝爲遠國王而立平原王事覺勝策免章自殺家無餘財諸子易衣而出并日而食

梁統字仲甯安定烏氏人晉大夫梁益耳卽其先也統高祖父子都自河東遷居北地子都子橋以貲十萬徙茂陵至哀平之末歸安定統性剛毅而好法律初仕州郡更始二年召補中郞將使安集涼州拜酒泉太守會更始敗赤眉入長安統與竇融及諸郡起兵保境謀其立帥初以位次咸共推統統辭曰昔陳嬰不受王者以有老母也今統內有尊親又德薄能寡誠不足以當之遂共推融爲河西大將軍更以統爲武威太守爲政嚴猛威行鄰郡建武五年統等各遣使隨竇融長史劉鈞詣闕奉貢願得詣行在所詔加統宣德將軍八年夏光武自征隗囂統與竇融等將兵會車駕及囂敗封統爲成義侯同產兄巡從弟騰並爲關內侯拜騰酒泉典農都尉悉遣還河西十二年統與融等俱詣京師以列侯奉朝請更封高山侯拜太中大夫除四子爲郞統在朝廷數陳便宜以爲法令既輕下姦不勝宜重刑罰以遵舊典乃上疏曰臣竊見元哀二帝輕殊死之刑以一百二十三事手殺人者減死一等自是以後著爲常準故人輕犯法吏易殺人臣聞立君之道仁義爲主仁者愛人義者政理愛人以誅殘爲務政理以去亂爲心刑罰在衷無取於輕是以五帝有流殛放殺之誅三王有大辟刻肌之法故孔子稱仁者必有勇又曰理財正辭禁民爲非曰義高帝受命誅暴平蕩天下約令定律誠得其宜文帝寬惠柔克遭世康平唯除省肉刑相坐之法他皆率由無革舊章武帝值中國隆盛財力有餘征伐遠方軍役數興豪傑犯禁姦吏弄法故重首匿之科著知從之律以破朋黨以懲隱匿宣帝聰明正直總御海內臣下奉憲無所失墜因循先典天下稱理至哀平繼體而卽位日淺聽斷尙寡丞相王嘉輕爲穿鑿虧除先帝舊約成律數年之間百有餘事或不便於理或不厭民心謹表其尤害於體者傅奏於左惟陛下宜詔有司詳擇其善定不易之典施無窮之法天下幸甚事下三公廷尉議者以爲隆刑峻法非明王急務德行日久豈一朝所釐統今所定不宜開可統復上言曰有司以臣今所言不可施行尋臣之所奏非曰嚴刑竊謂高帝以後至于孝宣其所施行多合經傳宜比方今事驗之往古聿遵前典事無難改不勝至願願得召見若對尙書近臣口陳其要帝令尙書問狀統對曰聞聖帝明王制立刑罰故雖堯舜之盛猶誅四凶經曰天討有罪五刑五庸哉又曰爰制百姓于刑之衷孔子曰刑罰不衷則人無所措手足衷之爲言不輕不重之謂也春秋之誅不避親戚所以防患救亂坐安衆庶豈無仁愛之恩貴絕殘賊之路也自高祖之興至于孝宣君明臣忠謀謨深博猶因循舊章不輕改革海內稱理斷獄益少至初元建平所減刑罰百有餘條而盜賊浸多歲以萬數閒者三輔從橫羣輩並起至燔燒茂陵火見未央其後隴西北地西河之賊越州度郡萬里交結攻取庫兵刼略吏人詔書討捕連年不獲是時以天下無難百姓安平而狂狡之勢猶至於此皆刑罰不中愚人易犯之所致也由此觀之則刑輕之作反生大患惠加姦軌而害及良善也故臣統願陛下采擇賢臣孔光師丹等議議上遂寢不報後出爲九江太守定封陵鄉侯統在郡亦有治迹吏人畏愛之卒於官子松嗣松字伯孫少爲郞尙光武女舞陰長公主再遷虎賁中郞將松博通經書明習故事與諸儒修明堂辟雍郊祀封禪禮儀常與論議寵幸莫比光武崩受遺詔輔政永平元年遷太僕松數爲私書請託郡縣二年發覺免官遂懷怨望四年冬乃縣飛書誹謗下獄死國除子扈後以恭懷皇后從兄永元中擢爲黃門侍郞歷位卿校尉温恭謙讓亦敦詩書永初中爲長樂少府松弟竦字叔敬少習孟氏易弱冠能教授後坐兄松事與弟恭俱徙九眞既祖南土歷江湖濟沅湘感悼子胥屈原以非辜沉身乃作悼騷賦繫元石而沉之顯宗後詔聽還本郡竦閉門自養以經籍爲娛著書數篇名曰七序班固見而稱之曰孔子作春秋而亂臣賊子懼梁竦作七序而竊位素餐者慙性好施不事產業長嫂舞陰公主贍給諸梁親疏有序特重敬竦雖衣食器物必有加異竦悉分親族自無所服竦生長京師不樂本土自負其材鬱鬱不得志嘗登高遠望歎息言曰大丈夫居世生當封侯死當廟食如其不然閑居可以養志詩書足以自娛州郡之職徒勞人耳後辟命交至並無所就有三男三女肅宗納其二女皆爲貴人小貴人生和帝竇皇后養以爲子而竦家私相慶後諸竇聞之恐梁氏得志終爲已害建初八年遂譖殺二貴人而陷竦等以惡逆詔使漢陽太守鄭據傳考竦罪死獄中家屬復徙九眞辭語連及舞陰公主坐徙新城使者護守宮省事密莫有知和帝梁氏生者永元九年竇太后崩松子扈遣從兄禪奏記三府以爲漢家舊典崇貴母氏而梁貴人親育聖躬不蒙尊號求得申議太尉張酺引禪訊問事理會後召見因白禪奏記之

狀帝感慟良久曰於君意若何酬對曰春秋之義母以子貴漢興以來母氏莫不隆顯臣愚以爲宜上尊號追慰聖靈存錄諸舅以明親親帝悲泣曰非君孰爲朕思之會貴人姊南陽樊調妻嫕上書自訟曰妾同產女弟貴人前充後宮蒙先帝厚恩得見寵幸皇天受命誕生聖明而爲竇憲兄弟所見譖訴使妾父竦冤死牢獄骸骨不掩老母孤弟遠徙萬里獨妾遺脫逸伏草野常恐沒命無由自達今遭値陛下神聖之運親總萬機羣物得所憲兄弟姦惡旣伏辜誅海內曠然各獲其宜妾得蘇息拭目更視乃敢昧死自陳所天妾聞太宗卽位薄氏蒙榮宣帝繼統史族復興妾門雖有薄史之親獨無外戚餘恩誠自悼傷妾父旣冤不可復生母氏年殊七十及弟棠等遠在絕域不知死生願乞收竦朽骨使母弟得歸本郡則施過天地存歿幸賴帝覽章感悟乃下中常侍掖庭令驗問之嫕辭證明審遂得引見具陳其狀乃留嫕止宮中連月乃出賞賜衣被錢帛第宅奴婢旬月之閒累賞千萬嫕素有行操帝益愛之加號梁夫人擢樊調爲羽林左監調光祿大夫宏兄曾孫也於是追尊恭懷皇后其冬制詔三公大鴻臚曰夫孝莫大於尊尊親親其義一也詩云父兮生我母兮鞠我顧我復我出入腹我欲報之德昊天罔極朕不敢興事覽于前世太宗中宗實我舊典追命外祖以篤親親其追封謚皇太后父竦爲褒親愍侯比靈文順成侯魂而有靈加茲寵榮好爵顯服以慰母心遣中謁者與嫕及扈備禮西迎竦喪詣京師改殯賜東園畫棺玉匣衣衾建塋於恭懷皇后陵傍帝親臨送葬百官畢會徵還竦妻子封子棠爲樂平侯棠弟雍乘氏侯雍弟翟單父侯邑各五千戶位皆特進賞賜第宅奴婢車馬兵弩什物以巨萬計寵遇過於當世諸梁內外以親疏並補郎謁者棠官至大鴻臚雍少府棠卒子安國嗣延光中爲侍中有罪免官諸梁爲郎吏皆免官雍子商字伯夏少以外戚拜爲郎中遷黃門侍郎永建元年襲父封乘氏侯三年順帝選商女及妹入掖庭遷侍中屯騎校尉陽嘉元年女立爲皇后妹爲貴人加商位特進更增國土賜安車駟馬其歲拜執金吾二年封子冀爲襄邑侯商讓不受三年以商爲大將軍固稱疾不起四年使太常桓焉奉策就第卽拜商乃詣闕受命明年夫人陰氏薨追號開封君贈印綬商自以戚屬居大位每存謙柔虛已進賢辟漢陽巨覽上黨陳龜爲掾屬李固周舉爲從事中郎於是京師翕然稱爲良輔帝委重焉每有饑饉輒載穀於城門賑與貧餧不宣已惠檢御門族未曾以權盛干法而性愼弱無威斷頗溺於內豎以小黃門曹節等用事於中遂遣子冀不疑與爲交友然宦者忌商寵任反欲陷之永和四年中常侍張逵蘧政內者令石光尙方令傅福冗從僕射杜永連謀共譖商及中常侍曹騰孟賁云欲徵諸王子圖議廢立請收商等案罪帝曰大將軍父子我所親騰賁我所愛必無是但汝曹共妬之耳逵等知言不用懼迫遂出矯詔收縛騰賁於省中帝聞震怒勅宦者李歙急呼騰賁釋之收逵等悉伏誅辭所連染及在位大臣商懼多侵枉乃上疏曰春秋之義功在元帥罪止首惡故賞不僭溢刑不拴濫五帝三王所以同致康乂也竊聞考中常侍張逵等辭語多所牽及大獄一起無辜者衆死囚久繫纖微成大非所以順迎和氣平致化成也宜早訖竟以止逮捕之煩帝乃納之罪止坐者六年秋商病篤敕子冀等曰吾以不德享受多福生無以輔益朝廷死必耗費帑藏衣衾飯含玉匣珠貝之屬何益朽骨百僚勞擾紛華道路祇增塵垢雖云禮制亦有權時方今邊境不甯盜賊未息豈宜重爲國損氣絕之後載至冢舍卽時殯斂斂以時服皆以故衣無更裁制殯以開冢冢開卽葬祭食如存無用三牲孝子善述父志不宜違我言也及薨帝親臨喪諸子欲從其誨朝廷不聽賜以東園朱壽之器銀鏤黃腸玉匣什物二十八種錢二百萬布三千疋皇后錢五百萬布萬疋及葬贈輕車介士賜謚忠侯中宮親送帝幸宣陽亭猶望車騎子冀嗣冀字伯卓爲人鳶肩豺目洞精矘眄眄視也矘眄直視也口吟舌言謂語吃不能了也裁能書計少爲貴戚逸欲自恣性嗜酒能挽滿彈棊格五六博蹴踘意錢之戲又好臂鷹走狗騁馬鬬雞初爲黃門侍郎轉侍中虎賁中郎將越騎步兵校尉執金吾永和元年拜河南尹冀居職暴恣多非法父商所親客洛陽令呂放頗與商言及冀之短商以讓冀冀卽遣人于道刺殺放而恐商知之乃推疑於放之怨仇請以放弟禹爲洛陽令使捕之盡滅其宗親賓客百餘人商薨未及葬順帝乃拜冀爲大將軍弟侍中不疑爲河南尹及帝崩冲帝始在襁褓太后臨朝詔冀與太傅趙峻太尉李固參錄尙書事冀雖辭不肯當而侈暴滋甚冲帝又崩冀立質帝帝少而聰慧知冀驕橫嘗朝羣臣目冀曰此跋扈將軍也冀聞深惡之遂令左右進鴆加煑餅帝卽日崩復立桓帝而枉害李固及前太尉杜喬海內嗟懼語在李固傳建和元年益封冀萬三千戶增大將軍府舉高第茂才官屬倍于三公又封不疑爲潁陽侯不疑弟蒙西平侯冀子

允襄邑侯各萬戶和平元年重增封冀萬戶并前所襲合三萬戶弘農人宰宣素性佞邪欲取媚於冀乃上言大將軍有周公之功今旣封諸子則其妻宜爲邑君詔遂封冀妻孫壽爲襄城君兼食陽翟租歲入五千萬加賜赤紱比長公主壽色美而善爲妖態作愁眉嗁粧墮馬髻折腰步齲齒笑以爲媚惑冀亦改易輿服之制作平上軿車埤幘狹冠折上巾擁身扇狐尾單衣壽性鉗忌能制馭冀冀甚寵憚之初父商獻美人友通期於順帝通期有微過帝以歸商商不敢留而出嫁之冀卽遣客盜還通期會商薨冀行服於城西私與之居壽伺冀出多從蒼頭篡取通期歸截髮刮面笞掠之欲上書告其事冀大恐頓首請於壽母壽亦不得已而止冀猶復與私通生子伯玉匿不敢出壽尋知之使子允誅滅友氏冀慮壽害伯玉常置複壁中冀愛監奴秦宮官至太倉令得出入壽所壽見宮輒屏御者託以言事因與私焉宮內外兼寵威權大震刺史二千石皆謁辭之冀用壽言多斥奪諸梁在位者外以謙讓而實崇孫氏宗親冒名而爲侍中卿校尉郡守長吏者十餘人皆貪叨凶淫各遣私客籍屬縣富人被以他罪閉獄掠考使出錢自贖貲物少者至於死徙扶風人士孫奮居富而性吝冀因以馬乘遺之從貸錢五千萬奮以三千萬與之冀大怒乃告郡縣認奮母爲其守藏婢云盜白珠十斛紫金千斤以叛遂收考奮兄弟死於獄中悉沒貲財億七千餘萬其四方調發歲時貢獻皆輸上第於冀乘輿乃其次也吏民齎貨求官請罪者道路相望冀又遣客出塞交通外國廣求異物因行道路發取妓女御者而使人復乘勢橫暴妻略婦女毆擊吏卒所在怨毒冀乃大

起第舍而壽亦對街爲宅殫極土木互相誇競堂寢皆有陰陽奧室連房洞戶柱壁雕鏤加以銅漆窻牖皆有綺疏青瑣圖以雲氣仙靈臺閣周通更相臨望飛梁石磴陵跨水道金玉珠璣異方珍怪充積藏室遠致汗血名馬又廣開園圃採土築山十里九坂以象二崤深林絕澗有若自然奇禽馴獸飛走其間冀壽共乘輦車張羽蓋飾以金銀遊觀第內多從倡妓鳴鐘吹管酣謳竟路或連繼日以騁娛恣客到門不得通皆請謝門者門者累千金又多拓林苑禁同王家西至弘農東界滎陽南極魯陽北達河淇包含山藪連帶邱荒周旋封域殆將千里又起菟苑于河南城西經亘數十里發屬縣卒徒繕修樓觀數年乃成移檄所在調發生菟刻其毛以爲識人有犯者罪至刑死嘗有西域賈胡不知禁忌誤殺一菟轉相告言坐死者十餘人冀二弟嘗私遣人出獵上黨冀聞而捕其賓客一時殺三十餘人無生還者冀又別起第於城西以納姦亡或取良人悉爲奴婢至數千人名曰自賣人元嘉元年帝以冀有援立之功欲崇殊典乃大會公卿共議其禮於是有司奏冀入朝不趨劒履上殿謁讚不名禮儀比蕭何悉以定陶陽成餘戶增封爲四縣比鄧禹賞賜金錢奴婢綵帛車馬衣服田第比霍光以殊元勳每朝會與三公絕席十日一入平尙書事宣布天下爲萬世法冀猶以所奏禮薄意不悅專擅威柄凶恣日積機事大小莫不諮決之宮衞近侍並所親樹禁省起居纖微必知百官遷召皆先到冀門牋檄謝恩然後敢詣尙書下邳人吳樹爲宛令之官辭冀冀賓客布在縣界以情託樹樹對曰小人姦蠹比屋可誅明將軍以椒房之重處上將之位宜崇賢善以

補朝闕宛爲大都士之淵藪自侍坐以來未聞稱一長者而多託非人誠非敢聞冀默然不悅樹到縣遂誅殺冀賓客爲人害者數十人由是深怨之樹後爲荆州刺史臨去辭冀冀爲設酒因鴆之樹出死車上又遼東太守侯猛初拜不謁冀託以他事乃腰斬之時郎中汝南袁著年十九見冀凶縱不勝其憤乃詣闕上書曰臣聞仲尼歎鳳鳥不至河不出圖自傷卑賤不能致也今陛下居得致之位而有能致之資而和氣未應賢愚失序者勢分權臣上下壅隔之故也夫四時之運功成則退高爵厚寵鮮不致災今大將軍位極功成可爲至戒宜遵縣車之禮高枕頤神傳曰木實繁者披枝害心若不抑損權盛將無以全其身矣左右聞臣言將側目切齒臣特以童蒙見拔故敢忘忌諱昔舜禹相戒無若丹朱周公戒成王無如殷紂願除誹謗之罪以開天下之口書得奏冀聞而密遣掩捕著著乃變易姓名後託病僞死結蒲爲人市棺殯送冀廉知其詐陰求得笞殺之隱蔽其事學生桂陽劉常當世名儒素善于著冀召補令史以辱之時太原郝絜胡武皆危言高論與著友善先是絜等連名奏記三府薦海內高士而不詣冀冀追怒之又疑爲著黨敕中都官移檄捕前奏記者並殺之遂誅武家死者六十餘人絜初逃亡知不得免因輿櫬奏書冀門書入仰藥而死家乃得全及冀誅有詔以禮祀著等冀諸忍忌皆此類也不疑好經書善待士冀陰疾之因中常侍白帝轉爲光祿勳又諷衆人共薦其子允爲河南尹允一名胡狗時十六容貌甚陋不勝冠帶道路見者莫不嗤笑焉不疑自恥兄弟有隙遂讓位歸第與弟蒙閉門自守冀不欲令與賓客交通陰使人變服

至門記往來者南郡太守馬融江夏太守田明初除過謁不疑冀諷州郡以他事陷之皆髡笞徙朔方融自刺不殊明遂死於路永興三年封不疑子馬爲潁陰侯允子桃爲城父侯冀一門前後七封侯三皇后六貴人二大將軍夫人女食邑稱君者七人尙公主三人其餘卿將尹校五十七人在位二十餘年窮極滿盛威行內外百僚側目莫敢違命天子恭已而不得有所親豫帝既不平之延熹二年太史令陳授因小黃門徐璜陳災異日食之變咎在大將軍冀聞之諷洛陽令收考授死於獄帝由此發怒初掖庭人鄧香妻宣生女猛香卒宣更適梁紀梁紀者冀妻壽之舅也壽引進猛入掖庭見幸爲貴人冀因欲認猛爲其女以自固乃易猛姓爲梁時猛姊婿邴尊爲議郎冀恐尊沮敗宣意乃遣刺客於偃城刺殺尊而又欲殺宣宣家在延熹里與中常侍袁赦相比冀使刺客登赦屋欲入宣家赦覺之鳴鼓會衆以告宣宣馳入以白帝帝大怒遂與中常侍單超具瑗唐衡左悺徐璜等五人成謀誅冀語在宦者傳冀心疑超等乃使中黃門張惲入省宿以防其變具瑗敕吏收惲以輒從外入欲圖不軌帝因是御前殿召諸尙書入發其事使尙書令尹勳持節勒丞郎以下皆操兵守省閤斂諸符節送省中使黃門令具瑗將左右廐騶虎賁羽林都候劍戟士合千餘人與司隸校尉張彪共圍冀第使光祿勳袁盱持節收冀大將軍印綬徙封比景都鄉侯冀及妻壽即日皆自殺悉收子河南尹允叔父屯騎校尉讓及親從衛尉淑越騎校尉忠長水校尉戟等諸梁及孫氏中外宗親送詔獄無少長皆棄市不疑蒙先卒其他所連及公卿列校刺史二千石者數十人故吏賓客免黜者三百餘人朝廷爲空唯尹勳袁盱及廷尉邯鄲義在焉是時事卒從中發使者交馳公卿失其度官府市里鼎沸數日乃定百姓莫不稱慶收冀財貨縣官斥賣合三十餘萬萬以充王府用減天下租稅之半散其苑囿以業窮民錄誅冀功者封尙書令尹勳以下數十人

張純字伯仁京兆杜陵人也高祖父安世宣帝時爲大司馬衛將軍封富平侯父放爲成帝侍中純少襲爵土哀平中爲侍中王莽時至列卿遭值篡僞多亾爵土純以敦謹守約保全前封建武初先詣闕故得復國五年拜太中大夫使將潁川突騎安集荆徐揚部督委輸監諸將營後又將兵屯田南陽遷五官中郎將有司奏列侯非宗室不宜復國光武曰張純宿衛十有餘年其勿廢更封武始侯食富平之半純在朝歷世明習故事建武初舊章多闕每有疑議輒以訪純自郊廟婚嫁喪紀禮儀多所正定帝甚重之以純兼虎賁中郎將數被引見一日或至數四純以宗廟未定昭穆失序十九年乃與太僕朱浮各奏言陛下興於匹庶蕩滌天下誅鉏暴亂興繼祖宗竊以經義所紀人事衆心雖實同創革而名爲中興宜奉先帝恭承宗祀者也元帝以來宗祀高皇帝爲受命祖孝文皇帝爲太宗孝武皇帝爲世宗皆如舊制又立親廟四世推南頓君以上盡於春陵節侯禮爲人後者則爲之子既事大宗則降其私親今禘祫高廟陳序昭穆而春陵四世君臣並列以卑廁尊不合禮意設不遭王莽而國嗣無寄推求宗室以陛下繼統者安得復顧私親違禮制乎昔高祖以自受命不由太上宣帝以孫後祖不敢私親故爲父立廟獨羣臣侍祠臣愚謂宜除今親廟以則二帝舊章願下有司博採其議詔下公卿大司徒戴涉大司空竇融議宜以宣元成哀平五帝四世代今親廟宣元皇帝尊爲祖父可親奉祠成帝以下有司行事別爲南頓君立皇考廟其祭上至春陵節侯羣臣奉祠以明尊尊之敬親親之恩帝從之是時宗廟未備自元帝以上祭於洛陽高廟成帝以下祠於長安高廟其南頓四世隨所在而祭焉明年純代朱浮爲太僕二十三年代杜林爲大司空在位慕曹參之迹務於無爲選辟掾吏皆知名大儒明年上穿陽渠引洛水爲漕百姓得其利二十六年詔純曰禘祫之祭不行已久宜據經典定爲禘祫之制純奏曰禮三年一祫五年一禘春秋傳曰大禘者何合祭也毀廟及未毀廟之主皆登合食乎太祖五年而再殷漢舊制三年一祫毀廟主合食高廟存廟主未嘗合祭元始五年諸王公列侯廟會始爲禘祭又前十八年親幸長安亦行此禮禮說三年一閏天氣小備五年再閏天氣大備三年一祫五年一禘禘之爲言諦也諦定昭穆尊卑之義也禘祭以夏四月夏者陽氣在上陰氣在下故正尊卑之義也祫祭以冬十月冬者五穀成熟物備禮成故合聚飲食也斯典之廢於茲八年謂可如禮施行以時定議帝從之自是禘祫遂定時南單于及烏桓來降邊境無事百姓新去兵革歲仍有年家給人足純以聖王之建辟雍所以崇尊禮義既富而教者也乃按七經讖明堂圖河間古辟雍記孝武太山明堂制度及平帝時議欲具奏之未及上會博士桓榮上言宜立辟雍明堂章下三公太常而純議同榮帝乃許之三十年純奏上宜封禪以明中興之功中元元年帝乃東巡岱宗以純視

御史大夫從并上元封舊儀及刻石文三月薨諡曰節侯子奮嗣奮字稚通父純臨終敕家丞曰司空無功於時猥蒙爵土身死之後勿議傳國奮兄根少被病光武詔奮嗣爵奮稱純遺敕固不肯受帝以奮違詔敕收下獄奮惶怖乃襲封永平四年隨例歸國奮少好學而節儉行義常分損租奉贍卹宗親雖至傾匱而施與不怠十年僭耳降附奮來朝上壽引見宣平殿應對合旨顯宗異其才以爲侍祠侯建初元年拜左中郎將轉五官中郎將遷長水校尉七年爲將作大匠章和元年免永元元年復拜城門校尉四年遷長樂校尉明年代桓郁爲太常六年代劉方爲司空時歲災旱祈雨不應乃上表曰比年不登人用飢匱今復久旱秋稼未立陽氣垂盡歲月迫促夫國以民爲本民以穀爲命政之急務憂之重者也臣蒙恩尤深受職過任夙夜憂懼章奏不能欵心願對中常侍疏奏即時引見復口陳時政之宜明日和帝召太尉司徒幸洛陽獄錄囚徒收洛陽令陳歆即時大雨三日奮在位清白無他異績九年以病罷在家上疏請定禮樂十三年更召拜太常復上疏曰漢當改作禮樂圖書著明王者化定制禮功成作樂謹條禮樂異議三事願下有司以時考定昔者孝武皇帝光武皇帝封禪告成而禮樂不定事不相副先帝已詔曹褒今陛下但奉而成之由周公斟酌文武之道非自爲制誠無所疑久執謙讓令大漢之業不以時成非所以章顯祖宗功德建太平之基爲後世法帝雖善之猶未施行其冬復以病罷明年卒於家子甫嗣官至建城門候甫卒子吉嗣永初三年吉卒無子國除自昭帝封安世至吉傳國八世經歷篡亂二百年間未嘗譴黜封者莫與爲比

曹褒字叔通魯國薛人也父充持慶氏禮建武中爲博士從巡狩岱宗定封禪禮還受詔議立七郊三雍大射養老禮儀顯宗即位充上言漢再受命仍有封禪之事而禮樂崩闕不可爲後嗣法五帝不相沿樂三王不相襲禮大漢自制禮以示百世帝問制禮樂云何充對曰河圖括天地象曰有漢世禮樂文雅出尚書琁璣鈐曰有帝漢出德洽作樂名予帝善之下詔曰今且改太樂官曰太予樂詩曲操以俟君子拜充侍中作章句辯難於是遂有慶氏學褒少篤志有大度結髮傳充業博雅疏通尤好禮士常感朝廷制度未備慕叔孫漢禮儀晝夜研精沈吟專思寢則懷抱筆札行則誦習文書當其念至忘所之適初舉孝廉再遷圉令以禮理人以德化俗時他郡盜徒五人來入圉界吏捕得之陳留太守馬嚴聞而疾惡風縣殺之褒敕吏曰夫絕人命者天亦絕之皋陶不爲盜制死刑管仲遇盜而升諸公今承旨殺之是逆天心而順府意也其罰重矣如得全此人命而身坐之吾所願也遂不爲殺嚴奏褒耎弱免官歸郡爲功曹徵拜博士會肅宗欲制定禮樂元和二年下詔曰河圖稱赤九會昌十世以光十一以興尚書琁璣鈐曰述堯理世平制禮樂放唐之文予末小子託于數終曷以纘興崇弘祖宗仁濟元元帝命驗曰順堯考德題期立象且三王步驟優劣殊勳況予頑陋無以克堪雖欲從之末由也已每見圖書中心恧焉褒知帝旨欲有興作乃上疏曰昔者聖人受命而王莫不制禮作樂以著功德功成作樂化定制禮所以收世俗致禎祥爲萬姓獲福於皇天者也今皇天降祉嘉瑞並臻制作之符甚於言語宜定文制著成漢禮丕顯祖宗盛德之美章下太常太常巢堪以爲一世大典非褒所定不可作帝知羣僚拘攣難與圖始朝廷禮憲宜時刊立明年復下詔曰朕以不德膺祖宗弘烈乃者鸞鳳仍集麟龍並臻甘露宵降嘉穀滋生赤草之類紀于史官朕夙夜祗畏上無以彰于先功下無以克稱靈物漢遭秦餘禮壞樂崩因循故事未可觀省有知其說者各盡所能褒省詔歎息謂諸生曰昔奚斯頌魯考甫詠殷夫人臣依義顯君竭忠彰主行之美也當仁不讓吾何辭哉遂復上疏具陳禮樂之本制改之意拜褒侍中從駕南巡既還以事下三公未及奏詔召元武司馬班固問改定制禮之宜固曰京師諸儒多能說禮宜廣招集共議得失帝曰諺言作舍道邊三年不成會禮之家名爲聚訟互生疑異筆不得下昔堯作大章一夔足矣章和元年正月乃召褒詣嘉德門令小黃門持班固所上叔孫通漢儀十二篇勅褒曰此制散略多不合經今宜依禮條正使可施行於南宮東觀盡心集作褒既受命乃次序禮事依準舊典雜以五經讖記之文撰次天子至於庶人冠婚吉凶終始制度以爲百五十篇寫以二尺四寸簡其年十二月奏上帝以衆論難一故但納之不復令有司平奏會帝崩和帝即位褒乃爲作章句帝遂以新禮二篇冠擢褒監羽林左騎永元四年遷射聲校尉後太尉張酺尚書張敏等奏褒擅制漢禮破亂聖術宜加刑誅帝雖寢其奏而漢禮遂不行褒在射聲營舍有停棺不葬者百餘所褒親自履行問其意故吏對曰此等多是建武以來絕無後者不得埋掩褒乃愴然爲買空地悉葬其無主者設祭以祀之遷城門校尉將作大匠時有疾疫

褒巡行病徒爲致醫藥經理饘粥多蒙濟活七年出爲河內太守時春夏大旱糧穀踊貴褒到乃省吏并職退去姦殘澍雨數降其秋大熟百姓給足流冗皆還後坐上災害不實免有頃徵再遷復爲侍中褒博物識古爲儒者宗十四年卒官作通義十二篇演經雜論百二十篇又傳禮記四十九篇教授諸生千餘人慶氏學遂行於世

鄭元字康成北海高密人也八世祖崇哀帝時爲尚書僕射元少爲鄉嗇夫得休歸常詣學官不樂爲吏父數怒之不能禁遂造太學受業師事京兆第五元先始通京氏易公羊春秋三統曆九章筭術又從東郡張恭祖受周官禮記左氏春秋韓詩古文尚書以山東無足問者乃西入關因涿郡盧植事扶風馬融融門徒四百餘人升堂進者五十餘生融素驕貴元在門下三年不得見乃使高業弟子傳授於元元日夜尋誦未嘗怠倦會融集諸生考論圖緯聞元善筭乃召見樓上元因從質諸疑義問畢辭歸融喟然謂門人曰鄭生今去吾道東矣元自遊學十餘年乃歸鄉里家貧客耕東萊學徒相隨已數百千人及黨事起乃與同郡孫嵩等四十餘人俱被禁錮遂隱修經業杜門不出時任城何休好公羊學遂著公羊墨守左氏膏肓穀梁廢疾元乃發墨守鍼膏肓起廢疾休見而歎曰康成入吾室操吾矛以伐我乎初中興之後范升陳元李育賈逵之徒爭論古今學後馬融荅北地太守劉瓌及元荅何休義據通深由是古學遂明靈帝末黨禁解大將軍何進聞而辟之州郡以進權戚不敢違意遂迫脅元不得已而詣之進爲設几杖禮待甚優元不受朝服而以幅巾見一宿逃去時年六十弟子河內趙商等自遠方至者數千後將軍袁隗表爲侍中以父喪不行國相孔融深敬於元屣履造門告高密縣爲元特立一鄉曰昔齊置士鄉越有君子軍皆異賢之意鄭君好學實懷明德昔太史公廷尉吳公謁者僕射鄧公皆漢之名臣又南山四皓有園公夏黃公潛光隱耀世加其高皆悉稱公然則公者仁德之正號不必三事大夫也今鄭君鄉宜曰鄭公鄉昔東海于公僅有一節猶戒鄉人侈其門閭矧乃鄭公之德而無駟牡之路可廣開門衢令容高車號爲通德門董卓遷都長安公卿舉元爲趙相道斷不至會黃巾寇青部乃避地徐州徐州牧陶謙接以師友之禮建安元年自徐州還高密道遇黃巾賊數萬人見元皆拜相約不敢入縣境元後嘗疾篤自慮以書戒子益恩曰吾家舊貧爲父母羣弟所容去廝役之吏游學周秦之都往來幽并兖豫之域獲覲乎在位通人處逸大儒得意咸從捧手有所受焉遂博稽六藝粗覽傳記時覩秘書緯術之奧年過四十乃歸供養假田播殖以娛朝夕遇閹尹擅勢坐黨禁錮十有四年而蒙赦令舉賢良方正有道辟大將軍三司府公車再召比牒併名早爲宰相惟彼數公懿德大雅克堪王臣故宜式序吾自忖度無任於此但念述先聖之元意思整百家之不齊亦庶幾以竭吾才故聞命罔從而黃巾爲害萍浮南北復歸邦鄉入此歲來已七十矣宿素衰落仍有失誤案之禮典便合傳家今我告爾以老歸爾以事將閑居以安性覃思以終業自非拜國君之命問族親之憂展敬墳墓觀省野物胡嘗扶杖出門乎家事大小汝一承之咨爾煢煢一夫曾無同生相依其勗求君子之道研鑽勿替敬慎威儀以近有德顯譽成於僚友德行立於己志若致聲稱亦有榮於所生可不深念邪可不深念邪吾雖無紱冕之緒頗有讓爵之高自樂以論贊之功庶不遺後人之羞末所憤憤者徒以亾親墳壟未成所好羣書悉皆腐敝不得於禮堂寫定傳與其人日西方暮其可圖乎家今差多於昔勤力務時無恤飢寒菲飲食薄衣服節夫二者尚令吾寡恨若忽忘不識亦已焉哉時大將軍袁紹總兵冀州遣使要元大會賓客元最後至乃延升上坐身長八尺飲酒一斛秀眉明目容儀溫偉紹客多豪俊並有才說見元儒者未以通人許之競設異端百家互起元依方辯對咸出問表皆得所未聞莫不嗟服時汝南應劭亦歸於紹因自贊曰故太山太守應仲遠北面稱弟子何如元笑曰仲尼之門考以四科由賜之徒不稱官閥劭有慙色紹乃舉元茂才表爲左中郎將皆不就公車徵爲大司農給安車一乘所過長吏送迎元乃以病自乞還家五年春夢孔子告之曰起起今年歲在辰來年歲在巳既寤以讖合之知命當終有頃寢疾時袁紹與曹操相距於官度令其子譚遣使逼元隨軍不得已載病到元城縣病篤不進其年六月卒年七十四遺令薄葬自郡守已下嘗受業者縗絰赴會千餘人門生相與撰元荅諸弟子問五經依論語作鄭志八篇凡元所注周易尚書毛詩儀禮禮記周官論語孝經尚書大傳中候乾象歷又著天文七政論魯禘祫義六藝論毛詩譜駁許慎五經異義荅臨孝存周禮難凡百餘萬言元質於辭訓通人頗譏其繁至於經傳洽熟稱爲純儒齊魯間宗之其門人山陽郗慮至御史大夫東萊王基清河崔琰著名於世又樂安國淵任嘏時並童幼元

稱淵爲國器椵有道德其餘亦多所鑒拔皆如其言元唯有一子益恩孔融在北海舉爲孝廉及融爲黃巾所圍益恩赴難隕身有遺腹子元以其手文似已名之曰小同

鄭興字少贛河南開封人也少學公羊春秋晚善左氏傳遂積精深思通達其旨同學者皆師之天鳳中將門人從劉歆講正大義歆美興才使撰條例章句傳詁及校三統歷更始立以司直李松行丞相事先入長安松以興爲長史令還奉迎遷都更始諸將皆山東人咸勸留洛陽興說更始曰陛下起自荆楚權政未施一朝建號而山西雄桀爭誅王莽開關郊迎者何也此天下同苦虐政而思高祖之舊德也今久不撫之誠恐百姓離心盜賊復起矣春秋書齊小白入齊不稱侯未朝廟故也今議者欲先定赤眉而後入關是不識其本而爭其末國家之守轉在函谷雖臥洛陽庸得安枕乎更始曰朕西決矣拜興爲諫議大夫使安集關西及朔方涼益三州還拜涼州刺史會天水有反者攻殺郡守興坐免時赤眉入關東道不通興乃西歸隗囂囂虛心禮請而興恥爲之屈稱疾不起囂矜己自飾常以爲西伯復作乃與諸將議自立爲王興聞之而說囂曰春秋傳云口不道忠信之言爲嚚耳不聽五聲之和爲聾閒者諸將集議無乃不道忠信之言大將軍之聽無乃阿而不察乎昔文王承積德之緒加之以睿聖三分天下尙服事殷及武王卽位八百諸侯不謀同會皆曰紂可伐矣武王以未知天命還兵待時高祖征伐累年猶以沛公行師今令德雖明世無宗周之祚威略雖振未有高祖之功而欲舉未可之事昭速禍患無乃不可乎惟將軍察之囂竟不稱王後廣置職位以自尊高興復遂止囂曰夫中郎將太中大夫使持節官皆王者之器非人臣所當制也孔子曰唯器與名不可以假人不可以假人者亦不可以假於人也無益於實有損於名非尊上之意也囂病而止之及囂遣子恂入侍將行興因恂求歸葬父母囂不聽而徙興舍益其秩禮興入見囂曰前遭赤眉之亂以將軍僚舊故敢歸身明德幸蒙覆載之恩復得全其性命興聞事親之道生事之以禮死葬之以禮祭之以禮奉以周旋弗敢失墜今爲父母未葬請乞骸骨若以增秩徙舍中更停留是以親爲餌無禮甚矣將軍焉用之囂曰囂將不足留故邪興曰將軍據七郡之地擁羌胡之衆以戴本朝德莫厚焉威莫重焉居則爲專命之使入必爲鼎足之臣興從俗者也不敢深居屛處因將軍求進不患不達因將軍求入何患不親此興之計不逆將軍者也興業爲父母請不可以已願留妻子獨歸葬將軍何猜焉囂曰幸甚促爲辦裝遂令與妻子俱東時建武六年也侍御史杜林先與興同寓隴右乃薦之曰切見河南鄭興執義堅固敦悅詩書好古博物見疑不惑有公孫僑觀射父之德宜侍帷幄典職機密昔張仲在周燕翼宣王而詩人悅喜惟陛下留聽少察以助萬分乃徵爲太中大夫明年三月晦日食興因上疏曰春秋以天反時爲災地反物爲妖人反德爲亂亂則妖災生往年以來謫咎頻至意者執事頗有闕焉按春秋昭公十七年夏六月甲戌朔日有食之傳曰日過分而未至三辰有災於是百官降服君不舉避移時樂用鼓祝用幣史用辭今孟夏純乾用事陰氣未作其災尤重夫國無善政則謫見日月變咎之來不可不愼其要在因人之心擇人處位也堯知鯀不可用而用之屈己之明因人之心也齊桓反政而相管仲晉文歸國而任郤縠者是不私其私擇人處位也今公卿大夫多舉漁陽太守郭伋可大司空者而不以時用道路流言咸曰朝廷專用功臣功臣用則人位謬矣願陛下上師唐虞正覽齊晉以成屈己從衆之德以濟羣臣讓善之功夫日月交會數應在朔而頃年日食每多在晦先時而合皆月行疾也日君象而月臣象君亢急則臣下逼促故行疾也今年正月繁霜自爾以來率多寒日此亦急咎之罰天於賢聖之君猶慈父之于孝子也丁寧申戒欲其反政故災變仍見此乃國之福也今陛下高明而臣下惶促宜留思柔克之政垂意洪範之法博採廣謀納臣下之策書奏多有所納帝嘗問興郊祀事曰吾欲以讖斷之何如興對曰臣不爲讖帝怒曰卿之不爲讖非之邪興惶恐曰臣於書有所未學而無所非也帝意乃解興數言政事依經守義文章溫雅然以不善讖故不能任九年使監征南積弩營於津鄉會征南將軍岑彭爲刺客所殺興領其營遂與大司馬吳漢俱擊公孫述述死詔興留屯成都頃之侍御史舉興奉使私買奴婢坐左轉蓮音輦勺音酌令是時喪亂之餘郡縣荒殘興方欲築城郭修禮教以化之會以事免興好古學尤明左氏周官長於歷數自杜林桓譚衛宏之屬莫不斟酌焉世言左氏者多祖於興而賈逵自傳其父業故有鄭賈之學興去蓮勺後遂不復仕客授閿音闅鄉三公連辟不肯應卒于家子衆字仲師年十二從父受左氏春秋精力於學明三統歷作春秋難記條例兼通易詩知名於世建武中皇太子及山陽王荆因虎賁中郎將梁松以

縑帛聘請衆欲爲通義引籍出入殿中衆謂松曰太子儲君無外交之義漢有舊防蕃王不宜私通賓客遂辭不受松復風衆以長者意不可逆衆曰犯禁觸罪不如守正而死太子及荆聞而奇之亦不彊也及梁氏事敗賓客多坐之惟衆不染於辭永平初辟司空府以明經給事中再遷越騎司馬復留給事中是時北匈奴遣使求和親八年顯宗遣衆持節使匈奴衆至北庭虜欲令拜衆不爲屈單于大怒圍守閉之不與水火欲脅服之衆拔刀自誓單于恐乃止乃更發使隨衆還京師朝議欲復遣使報之衆上疏諫曰臣伏聞北單于所以要致漢使者欲以離南單于之衆堅二十六國之心也又當揚漢和親誇示鄰敵令西域欲歸化者局足狐疑懷土之人絕望中國耳漢使既到便偃蹇自信若復遣之虜必自謂得謀其羣臣駁義者不敢復言如是南庭動搖烏桓有離心矣南單于久居漢地具知形執萬分離析旋爲邊害今幸有度遼之衆揚威北垂雖勿報答不敢爲害帝不從復遣衆衆因上言臣前奉使不爲匈奴拜單于恚恨故遣兵圍臣今復銜命必見陵折臣誠不忍持大漢節對氈裘獨拜如令匈奴遂能服臣將有損大漢之彊帝不聽衆不得已既行在路上書固爭之詔切責衆追還繫廷尉會赦歸家其後帝見匈奴來者問衆與單于爭禮之狀皆言匈奴中傳衆意氣壯勇雖蘇武不過乃復召衆爲軍司馬使與虎賁中郎將馬廖擊車師至敦煌拜爲中郎將使護西域會匈奴脅車師圍戊已校尉衆發兵救之遷武威太守謹修邊備虜不敢犯遷左馮翊政有名迹建初六年代鄧彪爲大司農是時肅宗議復鹽鐵官衆諫以爲不可詔數切責至被奏劾衆執之不移帝不從在位以清正稱其後受詔作春秋删十九篇八年卒官子安世亦傳家業爲長樂未央廐令延光中安帝廢太子爲濟陰王安世與太常桓焉太僕來歷等共正議諫爭及順帝立安世已卒追賜錢帛除子亮爲郎衆曾孫公業自有傳

范升字辯卿代郡人也少孤依外家居九歲通論語孝經及長習梁邱易老子教授後生王莽大司空王邑辟升爲議曹史時莽頻發兵役徵賦繁興升乃奏記邑曰升聞子以人不間於其父母爲孝臣以下不非其君上爲忠今衆人咸稱朝聖皆曰公明蓋明者無不見聖者無不聞今天下之事昭昭於日月震震於雷霆而朝云不見公云不聞則元元焉所呼天公以爲是而不言則過小矣知而從令則過大矣二者於公無可以免宜乎天下歸怨於公矣朝以遠者不服爲至念升以近者不悅爲重憂今動與時戾事與之反馳騖覆車之轍探湯敗事之後後出益可怪晚發愈可懼耳方春歲首而動發遠役藜藿不充田荒不耕穀價騰躍斛至數千吏人陷於湯火之中非國家之人也如此則胡貊守關青徐之寇在於帷帳矣升有一言可以解天下倒懸免元元之急不可書傳願蒙引見極陳所懷邑雖然其言而竟不用升稱病乞身邑不聽令乘傳使上黨升遂與漢兵會因留不還建武二年光武徵詣懷宮拜議郎遷博士升上疏讓曰臣與博士梁恭山陽太守呂羌俱修梁邱易二臣年並耆艾經學深明而臣不以時退與恭並立深知羌學又不能達慙負二老無顏於世誦而不行知而不言不可開口以爲人師願推博士以避恭羌帝不許然由是重之數詔引見每有大議輒見訪問時尚書令韓歆上疏欲爲費氏易左氏春秋立博士詔下其議四年正月朝公卿大夫博士見於雲臺帝曰范博士可前平說升起對曰左氏不祖孔子而出於邱明師徒相傳又無其人且非先帝所存無因得立遂與韓歆及太中大夫許淑等互相辯難日中乃罷升退而奏曰臣聞主不稽古無以承天臣不述舊無以事君陛下愍學微缺勞心經藝情存博聞故異端競進近有司請置京氏易博士羣下執事莫能據正京氏既立費氏怨望左氏春秋復以比類亦希置立京費已行次復高氏春秋之家又有騶夾如令左氏費氏得置博士高氏騶夾五經奇異並復求立各有所執乖戾分爭從之則失道不從則失人將恐陛下有厭倦之聽孔子曰博學約之弗叛矣夫夫學而不約必叛道也顏淵曰博我以文約我以禮孔子可謂知教顏淵可謂善學老子曰學道日損損猶約也又曰絕學無憂絕末學也今費左二學無有本師而多反異先帝前世有疑於此故京氏雖立輒復見廢疑道不可由疑事不可行詩書之作其來已久孔子尙周流游觀至于知命自衛反魯乃正雅頌今陛下草創天下紀綱未定雖設學官無有弟子詩書不講禮樂不修奏立左費非政急務孔子曰攻乎異端斯害也已傳曰聞疑傳疑聞信傳信而堯舜之道存願陛下疑先帝之所疑信先帝之所信以示反本明不專已天下之事所以異者以不一本也易曰天下之動貞夫一也又曰正其本萬事理五經之本自孔子始讓奏左氏之失凡十四事時難者以太史公多引左氏升又上太史公違戾五經謬孔子言及左氏春秋不可錄三十一事詔以下博士後升爲出妻所告坐繫得出還鄉里永平中

爲聊城令坐事免卒於家

陳元字長孫蒼梧廣信人也父欽習左氏春秋事黎陽賈護與劉歆同時而別自名家王莽從歆受左氏學以欽爲厭難將軍元少傳父業爲之訓詁鋭精覃思至不與鄉里通以父任爲郎建武初元與桓譚杜林鄭興俱爲學者所宗時議欲立左氏傳博士范升奏以爲左氏淺末不宜立元聞之乃詣闕上疏曰陛下撥亂正本文武並用深愍經義謬雜眞僞錯亂每臨朝日輒延羣臣講論聖道知邱明至賢親授孔子而公羊穀梁傳聞於後世故詔立左氏傳博詢可否示不專已盡之羣下也今論者沉溺所習翫守舊聞固執虛言傳受之辭以非親見實事之道左氏孤學少與遂爲異家之所覆冒夫至音不合衆聽故伯牙絶絃至寶不同衆好故卞和泣血仲尼聖德而不容於世況於竹帛餘文其爲雷同者所排固其宜也非陛下至明孰能察之臣元竊見博士范升等所議奏左氏不可立及太史公違戾凡四十五事案升等所言前後相違皆斷截小文媟黷微辭以年數小差掇爲巨謬遺脫纖微折爲大尤抉瑕擿釁掩其弘美所謂小辯破言小言破道者也升等又曰先帝不以左氏爲經故不置博士後主所宜因襲臣愚以爲若先帝所行而後主必行者則盤庚不當遷于殷周公不當營洛邑陛下不當都山東也往者孝武皇帝好公羊衛太子好穀梁有詔詔太子受公羊不得受穀梁孝宣皇帝在人間時聞衛太子好穀梁於是獨學之及卽位爲石渠論而穀梁氏興至今與公羊並存此先帝後帝各有所立不必其相因也孔子曰純儉吾從衆至於拜下則違之夫明者獨見不惑於朱紫聽者獨聞不謬於清濁故離朱不爲巧眩移目師曠不爲新聲易耳方今干戈少弭戎事略戢留思聖藝眷顧儒雅採孔子拜下之義卒淵聖獨見之旨分明黑白建立左氏解釋先聖之積結洮汰學者之累惑使基業垂於萬世後進無復狐疑則天下幸甚臣元愚鄙嘗傳師言如得以褐衣召見俯伏庭下誦孔氏之正道理邱明之宿寃若辭不合經事不稽古退就重誅雖死之日猶生之年也詔下其議范升復與元相辯難凡十餘上帝卒立左氏學太常選博士四人元爲第一帝以元新忿爭乃用其次司隸從事李封於是諸儒以左氏之立論議讙譁自公卿以下數廷爭之會封病卒左氏復廢元以高才著名辟司空李通府時大司農江馮上言宜令司隸校尉督察三公事下三府元上疏曰臣聞師臣者帝賓臣者霸故武王以太公爲師齊桓以夷吾爲仲父孔子曰百官總己聽於冢宰近則高帝優相國之禮太宗假宰輔之權及亾新王莽遭漢中衰專操國柄以偷天下況已自喻不信羣臣奪公輔之任損宰相之威以刺舉爲明徼訐爲直至於陪僕告其君長子弟變其父兄罔密法峻大臣無所措手足然不能禁董忠之謀身爲世戮故人君患在自驕不患驕臣失在自任不在任人是以文王有日昃之勞周公執吐握之恭不聞其崇刺舉務督察也方今四方尚擾天下未一百姓觀聽咸張耳目陛下宜修文武之聖典襲祖宗之遺德勞心下士屈節待賢誠不宜使有司察公輔之名帝從之宣下其議李通罷後元復辟司徒歐陽歙府數陳當世便事郊廟之禮帝不能用以病去年老卒于家子堅卿有文章

賈逵字景伯扶風平陵人也九世祖誼文帝時爲梁王太傅曾祖父光爲常山太守宣帝時以吏二千石自洛陽徙焉父徽從劉歆受左氏春秋兼習國語周官又受古文尚書於塗惲學毛詩於謝曼卿作左氏條例二十一篇逵悉傳父業弱冠能誦左氏傳及五經本文以大夏侯尚書教授雖爲古學兼通五家穀梁之說自爲兒童常在太學不通人間事身長八尺二寸諸儒爲之語曰問事不休賈長頭性愷悌多智思俶儻有大節尤明左氏傳國語爲之解詁五十一篇永平中上疏獻之顯宗重其書寫藏秘館時有神雀集宮殿官府冠羽有五彩色帝異之以問林邑侯劉復復不能對薦逵博物多識帝乃召見逵問之對曰昔武王終父之業鸑鷟在岐宣帝威懷戎狄神雀仍集此胡降之徵也帝敕蘭臺給筆札使作神雀頌拜爲郎與班固並校秘書應對左右肅宗立降意儒術特好古文尚書左氏傳建初元年詔逵入講北宮白虎觀南宮雲臺帝善逵說使出左傳大義長於二傳者逵於是條奏之曰臣謹擿出左氏三十事尤著明者斯皆君臣之正義父子之紀綱其餘同公羊者什有七八或文簡小異無害大體至如祭仲紀季伍子胥叔術之屬左氏義深於君父公羊多任於權變其相殊絶固以甚遠而寃抑積久莫肯分明臣以永平中上言左氏與圖讖合者先帝不遺芻蕘省納臣言寫其傳詁藏之秘書建平中侍中劉歆欲立左氏不先暴論大義而輕移太常恃其義長詆挫諸儒諸儒內懷不服相與排之孝哀皇帝重逆衆心故出歆爲河內太守從是攻擊左氏遂爲重讎至光武皇帝奮獨見之明興立左氏穀梁會二家先師不曉圖讖故令中道而廢凡所以存先王之道者要在安上理民也今左氏崇君父

卑臣子彊幹弱枝勸善戒惡至明至切至直至順且三代異物損益隨時故先帝博觀異家各有所採易有施孟復立梁邱尚書歐陽復有大小夏侯今三傳之異亦猶是也又五經家皆無以證圖讖明劉氏爲堯後者而左氏獨有明文五經家皆言顓頊代黃帝而堯不得爲火德左氏以爲少昊代黃帝卽圖讖所謂帝宣也如令堯不得爲火則漢不得爲赤其所發明補益實多陛下通天然之明建大聖之本改元正歷垂萬世則是以麟鳳百數嘉瑞雜遝猶朝夕恪勤遊情六藝研機綜微靡不審覈若欲留意廢學以廣聖見庶幾無所遺失矣書奏帝嘉之賜布五百疋衣一襲令逵自選公羊嚴顏諸生高才者二十人教以左氏與簡紙經傳各一通逵母常有疾帝欲加賜以校書例多特以錢二十萬使潁陽侯馬防與之謂防曰賈逵母病此子無人事於外屢空則從孤竹之子於首陽山矣逵數爲帝言古文尚書與經傳爾雅詁訓相應詔令撰歐陽大小夏侯尚書古文同異逵集爲三卷帝善之復令撰齊魯韓詩與毛詩異同并作周官解故遷逵爲衞士令八年乃詔諸儒各各選高才生受左氏穀梁春秋古文尚書毛詩由是四經遂行於世皆拜逵所選弟子及門生爲千乘王國郎朝夕受業黃門署學者皆欣欣羨慕焉和帝卽位永元三年以逵爲中郎將八年復爲左侍中領騎都尉內備帷幄兼領秘書近署甚見信用逵薦東萊司馬均陳國汝郁帝卽徵之並蒙優禮均字少賓守貧好學隱居教授不應辟命信誠行乎州里鄉人有所計爭輒令祝少賓不直者終無敢言位至侍中以老病乞身帝賜以大夫祿歸鄉里郁字叔異性仁孝及親殁遂隱處山澤後累遷爲魯相以德教化百姓稱之流人歸者八九千戶逵所著經傳義詁及難論百餘萬言又作詩頌誄書連珠酒令凡九篇學者宗之後世稱爲通儒然不修小節當世以此頗譏焉故不至大官永元十三年卒時年七十二朝廷愍惜除兩子爲太子舍人

張霸字伯饒蜀郡成都人也年數歲而知孝讓雖出入飲食自然合禮鄉人號爲張曾子七歲通春秋復欲進餘經父母曰汝小未能也霸曰我饒爲之故字曰饒焉後就長水校尉樊儵等受嚴氏公羊春秋遂博覽五經諸生孫林劉固段著等慕之各市宅其傍以就學焉舉孝廉光祿主事稍遷永元中爲會稽太守表用郡人處士顧奉公孫松等奉爲潁川太守松司隸校尉並有名稱其餘有行業者皆見擢用郡中爭厲志節習經者以千數道路但聞誦聲初霸以樊儵刪嚴氏春秋猶多繁辭乃減定爲二十萬言更名張氏學霸始到越賊未解郡界不寧乃移書開購明用信賞賊遂束手歸附不煩士卒之力童謠曰棄我戟損我矛盜賊盡吏皆休視事三年謂掾史曰太守起自孤生致位郡守蓋日中則移月滿則虧老氏有言知足不辱遂上病後徵四遷爲侍中時皇后兄虎賁中郎將鄧騭當朝貴盛聞霸名行欲與爲交霸逡巡不答衆人笑其不識時務後當爲五更會疾卒年七十遺敕諸子曰昔延州使齊子死嬴博因坎路側遂以葬焉今蜀道阻遠不宜歸塋可止此葬足藏髮齒而已務遵速朽副我本心人生一世但當畏敬於人若不善加已直爲受之諸子承命葬於河南梁縣因遂家焉將作大匠翟酺等與門人追錄本行諡曰憲文中子楷字公超通嚴氏春秋古文尚書門徒常數百人賓客慕之自父黨夙儒偕造門焉車馬闐街徒從無所止黃門及貴戚之家皆起舍巷次以候過客往來之利楷疾其如此輒徙避之家貧無以爲業常乘驢車至縣賣藥足給食者輒還鄉里司隸舉茂才除長陵令不至官隱居弘農山中學者隨之所居成市後華陰山南遂有公超市五府連辟舉賢良方正不就漢安元年順帝特下詔告河南尹曰故長陵令張楷行慕原憲操擬夷齊輕貴樂賤竄迹幽藪高志確然獨拔羣俗前比徵命盤桓未至將主者翫習於常優賢不足使其難進歟郡時以禮發遣楷復告疾不到性好道術能作五里霧時關西人裴優亦能爲三里霧自以不如楷從學之楷避不肯見桓帝卽位優遂行霧作賊事覺被考引楷言從學術楷坐繫廷尉詔獄積二年常諷誦經籍作尚書注後以事無驗見原還家建和三年詔安車備禮聘之辭以疾篤不行年七十終於家子陵字處冲官至尚書元嘉中歲首朝賀大將軍梁冀帶劒入省陵呵叱之令出敕羽林虎賁奪冀劒冀跪謝陵不應卽劾奏冀詣廷尉論罪有詔以一歲俸贖而百寮肅然初冀弟不疑爲河南尹舉陵孝廉不疑疾陵之奏冀因謂曰昔舉君適所以自罰也陵對曰明府不以陵不肖誤見擢序今申公憲以報私恩不疑有愧色陵弟元字處虛沈深有才略以時亂不仕司空張溫數以禮辟不能致中平二年溫以車騎將軍出征涼州賊邊章等將行元自田廬被褐帶索要說溫曰天下寇賊雲起豈不以黃門常侍無道故乎聞中貴人公卿已下當出祖道於平樂觀明公總天下之威重握六師之要若於中坐酒酣鳴金鼓整行陣召軍正執有罪者誅之引兵還屯都亭以次翦除

中官解天下之倒縣報海內之怨毒然後顯用隱逸中正之士則邊章之徒宛轉股掌之上矣溫聞大震不能對良久謂元曰處虛非不悅子之言顧吾不能行如何元乃歎曰事行則爲福不行則爲賊今與公長辭矣即仰藥欲飲之溫前執其手曰子忠於我我不能用是吾罪也子何爲當然且出口入耳之言誰今知之元遂去隱居魯陽山中及董卓秉政聞之辟以爲掾舉侍御史不就卓臨之以兵不得已彊起至輪氏道病終

桓榮字春卿沛郡龍亢人也少學長安習歐陽尚書事博士九江朱普貧窶無資常客傭以自給精力不倦十五年不窺家園及王莽篡位乃歸會普卒榮奔喪九江負土成墳因留教授徒眾數百人莽敗天下亂榮抱經書與弟子逃匿山谷雖飢困而講論不輟復客授江淮間建武十九年年六十餘始辟大司徒府時憲宗爲皇太子選求明經乃擢榮弟子豫章何湯爲虎賁中郎將以尚書授太子世祖從容問湯本師爲誰湯對曰事沛國桓榮帝即召榮令說尚書善之拜爲議郎賜錢十萬入使授太子每朝會帝輒令榮於公卿前敷奏經書帝稱善曰得生幾晚會歐陽博士缺帝欲用榮榮叩頭讓曰臣經術淺薄不如同門生郎中彭閎揚州從事皋弘帝曰俞往汝諧因拜榮爲博士引閎弘爲議郎車駕幸太學會諸博士論難於前榮被服儒衣溫恭有蘊藉辨明經義每以禮讓相厭不以辭長勝人儒者莫之及特加賞賜又詔諸生雅吹擊磬盡日乃罷後榮入會庭中詔賜奇果受者皆懷之榮獨舉手捧之以拜帝笑指之曰此眞儒生也以是愈見敬厚常令宿止太子宮積五年薦門下生九江胡憲侍講乃聽得出旦一入而已榮嘗寢病太子朝夕遣中傅問病賜以珍羞帷帳奴婢謂曰如有不諱無憂家室也後病愈復入侍講三十八年大會百官詔問誰可傅太子者羣臣承望上意皆言太子舅執金吾原鹿侯陰識可博士張佚正色曰今陛下立太子爲陰氏乎爲天下乎即爲陰氏則陰侯可爲天下則固宜用天下之賢才帝稱善曰欲置傅者以輔太子也今博士不難正朕況太子乎乃拜佚爲太子太傅而以榮爲少傅賜以輜車乘馬榮大會諸生陳其車馬印綬曰今日所蒙稽古之力也可不勉哉榮以太子經學成畢上疏謝曰臣幸得侍帷幄執經連年而智學淺短無以補益萬分今皇太子以聰睿之姿通明經義觀覽古今儲君副主莫能專精博學若此者也斯誠國家福祐天下幸甚臣師道已盡皆在太子謹遣掾丞汜再拜歸道太子報書曰莊以童蒙學道九載而典訓不明無所曉識夫五經廣大聖言幽遠非天下之至精其孰能與於此況以不才敢承誨命昔之先師謝弟子者有矣上則通達經旨分明章句下則去家慕鄉求謝師門今蒙下列不敢有辭願君慎疾加餐重愛玉體三十年拜爲太常榮初遭倉卒與族人桓元卿同飢戹而榮講誦不息元卿嗤榮曰但自苦氣力何時復施用乎榮笑不應及爲太常元卿歎曰我農家子豈意學之爲利乃若是哉顯宗即位尊以師禮甚見親重拜二子爲郎榮年踰八十自以衰老數上書乞身輒加賞賜乘輿常幸太常府令榮坐東面設几杖會百官驃騎將軍東平王蒼已下及榮門生數百人天子親自執業每言輒曰太師在是既罷悉以太官供具賜太常家其恩禮若此永平二年三雍初成拜榮爲五更每大射養老禮畢帝輒引榮及弟子升堂執經親自爲下說乃封榮爲關內侯食邑五千戶榮每疾病帝輒遣使者存問太官太醫相望於道及篤上疏謝恩讓還爵土帝幸其家問起居入街下車擁經而前撫榮流涕賜以牀茵帷帳刀劍衣被良久乃去自是諸侯將軍大夫問疾者不敢復乘車到門皆拜牀下榮卒帝親自變服臨喪送葬賜冢塋于首山之陽除兄子二人補四百石都講生八人補二百石其餘門徒多至公卿子郁嗣郁字仲恩少以父任爲郎敦厚篤學傳父業以尚書教授門徒常數百人榮卒郁當襲爵上書讓於兄子汎顯宗不許不得已受封悉以租入與之帝以郁先師子有禮讓甚見親寵常居中論經書問以政事稍遷侍中帝自制五家要說章句令郁校定於宣明殿以侍中監虎賁中郎將永平十五年入授皇太子經遷越騎校尉詔敕太子諸王各奉賀致禮郁數進忠言多見納錄肅宗即位郁以母憂乞身詔聽以侍中行服建初二年遷屯騎校尉和帝即位富於春秋侍中竇憲自以外戚之重欲令少主頗涉經學上疏皇太后曰禮記云天下之命懸於天子天子之善成乎所習習與智長則切而不勤化與心成則中道若性昔成王幼小越在襁褓周公在前史佚在後太公在左召公在右中立聽朝四聖維之是以慮無遺計舉無過事孝昭皇帝八歲即位大臣輔政亦選名儒韋賢蔡義夏侯勝等入授於前平成聖德近建初元年張酺魏應召馴亦講禁中臣伏惟皇帝陛下躬天然之姿宜漸教學而獨對左右小臣未聞典義昔五更桓榮親爲帝師子郁結髮敦尚繼傳父業故再以校尉入授先帝父子給事禁省更歷四世今白首好禮經行篤備又宗正劉方

宗室之表善爲詩經先帝所褒宜令郁方並入教授以崇本朝光示大化由是遷長樂少府復入侍講頃之轉爲侍中奉車都尉永元四年代丁鴻爲太常明年病卒郁經授二帝恩寵甚篤賞賜前後數百千萬顯於當世門人楊震朱寵皆至三公初榮受朱普學章句四十萬言浮辭繁長多過其實及榮入授顯宗減爲二十三萬言郁復删省定成十二萬言由是有桓君大小太常章句子普嗣傳爵至曾孫郁中子焉能世傳其家學焉字叔元少以父任爲郎明經篤行有名稱永初元年入授安帝三遷爲侍中步兵校尉永甯中順帝立爲皇太子以焉爲太子少傅月餘遷太傅以母憂自乞聽以大夫行喪踰年詔使者賜牛酒奪服卽拜光祿大夫遷太常時廢皇太子爲濟陰王焉與太僕來歷廷尉張皓諫不能得事已具來歷傳順帝卽位拜太傅與太尉朱寵並錄尚書事焉復入授經禁中因譏見建言宜引三公尚書入省事帝從之以焉前廷議守正封陽平侯固讓不受視事三年坐辟召禁錮者爲吏免復拜光祿大夫陽嘉二年代來歷爲大鴻臚數日遷爲太常永和五年代王龔爲太尉漢安元年以日食免明年卒於家弟子傳業者數百人黃瓊楊賜最爲顯貴焉孫典字公雅復傳其家業以尚書教授潁川門徒數百人舉孝廉爲郎居無幾會國相王吉以罪被誅故人親戚莫敢至者典獨棄官收斂歸葬服喪三年負土成墳爲立祠堂盡禮而去辟司徒袁隗府舉高第拜侍御史時宦官秉權典執政無所迴避常乘驄馬京師畏憚爲之語曰行行且止避驄馬御史及黃巾賊起榮陽典奉使督軍賊破還以牾宦官賞不行在御史七年不調後出爲郎靈帝崩大將軍何進秉政典與同謀議三遷羽林中郎將獻帝卽位三公奏典前與何進謀誅宦官功雖不遂忠義炳著詔拜家一人爲郎賜錢二十萬從西入關拜御史中丞賜爵關內侯車駕都許遷光祿勳建安六年卒官焉弟子鸞字始春少立操行緼袍糲食不求盈餘以世濁州郡多非其人耻不肯仕年四十餘時太守向苗有名迹乃舉鸞孝廉遷爲膠東令始到官而苗卒鸞卽去職奔喪終三年然後歸淮汝之間高其義後爲巳吾汲二縣令甚有名迹諸公並薦復徵拜議郎上陳五事舉賢才審授用黜佞倖省苑囿息役賦書奏御牾內豎故不省遂以病免中平元年卒年七十七子曄字文林一名嚴尤修志介姑爲司空楊賜夫人初鸞卒姑歸甯赴哀將至止於傳舍整飾從者而後入曄心非之及姑勞問終無所言號哭而已賜遣吏奉祠因縣發取祠具曄拒不受後每至京師未嘗舍宿楊氏其貞忮若此賓客從者皆祗其志行一餐不受於人仕爲郡功曹後舉孝廉有道方正茂才三公並辟皆不應初平中天下亂避地會稽遂浮海客交阯越人化其節至閭里不爲訟後爲凶人所誣遂死於合浦獄焉兄孫彬字彥林父驎字元鳳早有才慧桓帝初爲議郎入侍講禁中以直道牾左右出爲許令病免會母終驎不勝喪未祥而卒年四十一所著碑誄讚說書凡二十一篇彬少與蔡邕齊名初舉孝廉拜尚書郎時中常侍曹節女壻馮方亦爲郎彬厲志操與左丞劉歆右丞杜希同好交善未嘗與方同酒食之會方深怨之遂章言彬等爲酒黨事下尚書令劉猛雅善彬等不舉正其事節大怒劾奏猛以爲阿黨請收下詔獄在朝爲之寒心猛意氣自若旬日得出免官禁錮彬遂以廢光和元年卒於家年四十六諸儒莫不傷之所著七說及書凡三篇蔡邕等共論序其志僉以彬爲有過人者四夙智早成岐嶷也學優文麗至通也仕不苟祿絕高也辭隆從窊絜操也乃共樹碑而頌焉劉猛琅邪人桓帝時爲宗正直道不容自免歸家靈帝卽位太傅陳蕃大將軍竇武輔政復徵用之

丁鴻字孝公潁川定陵人也父綝字幼春王莽末守潁陽尉世祖略地潁陽潁陽城守不下綝說其宰遂與俱降世祖大喜厚加賞勞以綝爲偏將軍因從征伐綝將兵先度河移檄郡國攻營略地下河南陳留潁川二十一縣建武元年拜河南太守及封功臣帝令各言所樂諸將皆占豐邑美縣唯綝願封本鄉或謂綝曰人皆欲縣子獨求鄉何也綝曰昔孫叔敖敕其子受封必求磽埆之地今綝能薄功微得鄉亭厚矣帝從之封定陵新安鄉侯食邑五千戶後徙封陵陽侯鴻年十三從桓榮受歐陽尚書三年而明章句善論難爲都講遂篤志精銳布衣荷擔不遠千里初綝從世祖征伐鴻獨與弟盛居憐盛幼小而共寒苦及綝卒鴻當襲封上書讓國於盛不報既葬乃挂縗絰於冢廬而逃去留書與盛曰鴻貪經書不顧恩義弱而隨師生不供養死不飯唅皇天先祖並不祐助身被大病不任茅土前上疾狀願辭爵仲公章寢不報迫且當襲封謹自放棄逐求良醫如遂不瘳永歸溝壑鴻初與九江人鮑駿同事桓榮甚相友善及鴻亡封與駿遇於東海陵狂不識駿駿乃止而讓之曰昔伯夷吳札亂世權行故得申其志耳春秋之義不以家事廢王事今子以兄弟私恩而絕父不滅之基可謂智乎鴻感悟垂涕歎息乃還就國開門教授鮑駿

亦上書言鴻經學至行顯宗甚賢之永平十年詔徵鴻至即召見說文侯之命篇賜御衣及綬稟食公車與博士同禮頃之拜侍中十三年兼射聲校尉建初四年徙封魯陽鄉侯肅宗詔鴻與廣平王羨及諸儒樓望成封桓郁賈逵等論定五經同異於北宮白虎觀使五官中郎將魏應主承制問難侍中淳于恭奏上帝親稱制臨決鴻以才高論難最明諸儒稱之帝數嗟美焉時人歎曰殿中無雙丁孝公數受賞賜擢徙校書遂代成封為少府門下由此益盛遠方至者數千人彭城劉愷北海巴茂九江朱倀皆至公卿元和三年徙封馬亭鄉侯和帝即位遷太常永元四年代袁安為司徒是時竇太后臨朝憲兄弟各擅威權鴻因日食上封事曰臣聞日者陽精守實不虧君之象也月者陰精盈毀有常臣之表也故日食者臣乘君陰陵陽月滿不虧下驕盈也昔周室之季皇甫之屬專權於外黨類彊盛侵奪主執則日月薄食故詩曰十月之交朔日辛卯日有食之亦孔之醜春秋日食三十六弑君三十二變不空生各以類應夫威柄不以放下利器不以假人歷覽往古近察漢興傾危之禍靡不由之是以三桓專魯田氏擅齊六卿分晉諸呂握權統嗣幾移哀平之末廟不血食故雖有周公之親而無其德不得行其勢也今大將軍雖欲敕身自約不敢僭差然而天下遠近皆惶怖承旨刺史二千石初除謁辭求通待報雖奉符璽受臺敕不敢便去久者至數十日背王室向私門此乃上威下損權盛也人道悖于下效驗見于天雖有隱謀神照其情垂象見戒以告人君間者月滿先節過望不虧此臣驕溢背君專功獨行也陛下未深覺悟故天重見戒誠宜畏懼以防其禍詩云敬天之怒不敢戲豫若敕政責躬杜漸防萌則凶祅消滅害除福湊矣夫壞崖破巖之水源自涓涓干雲蔽日之木起于葱青禁微則易救末者難人莫不忽于微細以致其大恩不忍誨義不忍割去事之後未然之明鏡也臣愚以為左官外附之臣依托權門傾覆諂佞以求容媚者宜行一切之誅間者大將軍再出威振州郡莫不賦斂吏人遣送貢獻大將軍雖不受而物不還主部署之吏無所畏憚縱行非法不伏罪辜故海內貪猾競為姦吏小民吁嗟怨氣滿腹臣聞天不可以不剛不剛則三光不明王不可以不彊不彊則宰牧縱橫宜因大變改正匡失以塞天意書奏十餘日帝以鴻行太尉兼衛尉屯南北宮於是收竇憲大將軍印綬憲及諸弟皆自殺時大郡口五十六萬舉孝廉二人小郡口二十萬并有蠻夷者亦舉二人帝以為不均下公卿會議鴻與司空劉方上言凡口率之科宜有階品蠻夷錯雜不得為數自今郡國率二十萬口歲舉孝廉一人四十萬二人六十萬三人八十萬四人百萬五人百二十萬六人不滿二十萬二歲一人不滿十萬三歲一人帝從之六年鴻薨賜贈有加常禮子湛嗣湛卒子浮嗣浮卒子夏嗣

通志卷一百八

通志卷一百九上

宋右廸功郎鄭樵漁仲撰

列傳第二十二上

後漢

張宗　法雄　滕撫　馮緄　度尚抗徐張磐　楊琁
班彪子固　第五倫曾孫種　鍾離意　宋均族子意　寒朗
朱暉孫穆　樂恢　何敞　鄧彪　張禹　徐防　張敏
胡廣　袁安子敞元孫閎　張酺　韓棱　周榮孫景
郭躬弟子鎮　陳寵子忠　班超子勇　梁慬　何熙

張宗字諸君南陽魯陽人也王莽時爲縣陽泉鄉佐會莽敗義兵起宗乃率陽泉民三四百人起兵略地西至長安更始以宗爲偏將軍宗見更始政亂因將家屬客安邑及大司徒鄧禹西征定河東宗詣禹自歸禹聞宗素多權謀乃表爲偏將軍禹軍到栒邑赤眉大衆且至禹以栒邑不足守欲引師進就堅城而衆人多畏賊追憚爲後拒禹乃書諸將名於竹簡署其前後亂著笥中令各探之宗獨不肯探曰死生有命張宗豈辭難就逸乎禹歎息謂曰將軍有親弱在營奈何不顧宗曰愚聞一卒畢力百人不當萬夫致死可以橫行宗今擁兵數千以承天威何遽其必敗乎遂留爲後拒諸營既引兵宗方勒厲軍士堅壘壁以死當之禹到前縣議曰以張將軍之衆當百萬之師猶以少雪投沸湯雖欲戮力其埶不全也乃遣步騎二千人反還迎宗宗引兵始發而赤眉卒至宗與戰卻之乃得歸營於是諸將伏其勇及還到長安宗夜將鋭士入城襲赤眉中矛貫胛又轉攻諸營保爲流矢所激皆幾至於死及鄧禹徵還光武以宗爲京輔都尉將突騎與征西大將軍馮異共擊關中諸營保破之遷河南都尉建武六年都尉官省拜太中大夫八年潁川桑中盜賊羣起宗將兵擊定之後青冀盜賊屯聚山澤宗以謁者督諸郡兵討平之十六年琅邪北海盜賊復起宗督二郡兵討之乃設方略明購賞皆悉破散於是沛楚東海臨淮羣盜懼其威武相捕斬者數千人青徐震慄後遷琅邪相其政好嚴猛敢殺伐永平二年卒於官

法雄字文彊扶風郿人也齊襄王法章之後秦滅齊子孫不敢稱田姓故以法爲氏宣帝時徙三輔世爲二千石雄初仕郡功曹辟太傅張禹府舉雄高第除平氏長善政事好發擿姦伏盜賊稀發吏民畏愛之南陽太守鮑得上其理狀遷宛陵令永初三年海賊張伯路等三千餘人冠赤幘服絳衣自稱將軍寇濱海九郡殺二千石令長初遣侍御史龐雄督州郡兵擊之伯路等乞降尋復屯聚明年伯路復與平原劉文河等三百餘人稱使者攻厭次城殺長吏轉入高唐燒宮寺出擊囚渠帥皆稱將軍共朝謁伯路冠五梁冠佩印綬黨衆浸盛乃遣御史中丞王宗持節發幽冀諸郡兵合數萬人乃徵雄爲青州刺史與王宗并力討之連戰破賊斬首溺死者數百人餘皆奔走收器械財物甚衆會赦詔到賊猶以軍甲未解不敢歸降於是王宗召刺史太守共議皆以爲當遂擊之雄曰不然兵凶器戰危事勇不可恃勝不可必賊若乘船浮海深入遠島攻之未易也及有赦令可且罷兵以慰誘其心埶必解散然後圖之可不戰而定也宗善其言卽罷兵賊聞大喜乃還所略人而東萊郡兵獨未解甲賊復驚恐遁走遼東止海島上五年春乏食復抄東萊間雄率郡兵擊破之賊逃還遼東遼東人李久等共斬平之於是州界清靜雄每行部錄囚徒察顏色多得情僞長吏不奉法者皆解印綬去在州四年遷南郡太守斷獄省少戶口益增郡濱帶江沔又有雲夢藪澤永初中多虎狼之暴前太守賞募張捕反爲所害者甚衆雄乃移書屬縣曰凡虎狼之在山林猶人之居城市古者至化之世猛獸不擾皆由恩信寬澤仁及飛走太守雖不德敢忘斯義記到其毀壞檻穽不得妄捕山林是後虎害稍息人以獲安在郡數歲歲常豐稔初平中卒官子眞在逸民傳

滕撫字叔輔北海劇人也初仕州郡稍遷爲涿令有文武才用太守以其能委任郡職兼領六縣風政修明流愛于人在事七年道不拾遺順帝末揚徐盜賊羣起磐牙連歲建康元年九江范容周生等相聚反亂屯據歷陽爲江淮巨患遣御史中丞馮緄將兵督揚州刺史尹燿九江太守鄧顯討之燿顯軍敗爲賊所殺又陰陵人徐鳳馬勉等復寇郡縣殺掠吏人鳳衣絳衣帶黑綬稱無上將軍勉皮冠黃衣帶玉印稱皇帝營於當塗山中乃建年號置百官遣別帥黃虎攻沒合肥明年廣陵賊張嬰等復收衆數千人反據廣陵朝廷博求將帥三公舉撫有文武才拜爲九江都尉與中郎將趙序助馮緄合州郡兵數萬人共討之又廣開賞募錢邑各有差梁太后慮羣賊屯結諸將不能制又遣太尉李固未及行曾撫等進擊大破之斬馬勉范容周生等千五百級徐鳳遂將餘衆攻燒東城縣下邳人謝安應募率其宗親設伏擊鳳斬之封安爲平鄉侯邑三千戶拜撫中郎將督揚徐二州事撫復進擊張嬰斬獲千餘人趙序坐畏懦不進詐增首級徵還棄市又歷陽賊華孟自稱黑帝

攻九江殺郡守撫乘勝進擊破之斬孟等三千八百級虜獲七百餘人牛馬財物不可勝算於是東南悉平振旅而還以撫爲左馮翊除一子爲郎撫所得賞賜盡分於麾下性方直不交權埶宦官懷恐及論功當封太尉胡廣時錄尚書事承旨奏黜撫天下怨之卒於家

馮緄字鴻卿巴郡宕渠人也少學春秋司馬兵法父煥安帝時爲幽州刺史疾忌姦惡數致其罪時元菟太守姚光亦失人和建光元年怨者乃詐作璽書譴責煥光賜以歐刀又下遼東都尉龐奮使速行刑奮卽斬光收煥煥欲自殺緄疑詔文有異止煥曰大人在州志欲去惡實無他故必是凶人妄詐規肆姦毒願以事自上甘罪無晚煥從其言上書自訟果詐者所爲徵奮抵罪會煥病死獄中帝愍之賜煥光錢各十萬以子爲郎中緄由是知名家富好施賑赴窮急爲州里所歸愛初舉孝廉七遷爲廣漢屬國都尉徵拜御史中丞順帝末以緄持節督揚州諸郡軍事與中郎將滕撫擊破羣賊遷隴西太守後鮮卑寇邊以緄爲遼東太守曉喻降集虜皆弭散徵拜京兆尹轉司隸校尉所在立威刑遷廷尉太常時長沙蠻寇益陽屯聚積久至延熹五年衆轉盛而零陵蠻賊復反應之合二萬餘人攻燒城郭殺傷長吏又武陵蠻夷悉反寇略江陵間荊州刺史劉度南郡太守李肅並奔走荊南皆没於是拜緄爲車騎將軍將兵十萬討之詔命有司祖于國門時天下飢饉帑藏虛盡每出征伐常減公卿奉祿假王侯租賦前後所遣將帥宦官輒陷以折耗軍資往往抵罪緄性烈直不行賄賂懼爲所中乃上疏曰執得容姦伯夷可疑苟曰無猜盜跖可信故樂羊陳功文侯示以謗書願請中常侍一人監軍財費尚書朱穆奏緄以財自嫌失大臣之節有詔勿劾緄軍至長沙賊聞悉詣營道乞降進擊武陵蠻夷斬首四千餘級受降十餘萬人荊州平定詔書賜錢一億固讓不受振旅還京師推功於從事中郎應奏薦以爲司隸校尉而上書乞骸骨朝廷不許監軍使者張敞承宦官旨奏緄將傅婢二人戎服自隨又輒於江陵刻石紀功請下吏案理尚書令黃儁奏議以爲罪無正法不合致糾會長沙賊復起攻桂陽武陵緄以軍還盜賊復發策免頃之拜將作大匠轉河南尹上言舊典中官子弟不得爲牧人職帝不納遂復爲廷尉時山陽太守單遷以罪繫獄緄考致其死遷故車騎將軍單超之弟中官相黨遂共誹章誣緄坐與司隸校尉李膺大司農劉祐俱輸左校應奉上疏理緄等得免後拜屯騎校尉復爲廷尉卒於官緄弟允清白有孝行能理尚書善推步之術拜降虜校尉終於家

度尚字博平山陽湖陸人也家貧不修學行不爲鄉里所推舉積困窮乃爲宦者同郡侯覽視田得爲郡上計吏拜郎中除上虞長爲政嚴峻明於發擿姦非吏人謂之神明遷文安令遇時疾疫穀貴民飢尚開倉廩給營救疾者百姓蒙其濟時冀州刺史朱穆行部見尚甚奇之延熹五年長沙零陵賊七八千人自稱將軍入桂陽蒼梧南海交阯交阯刺史及蒼梧太守望風逃奔二郡皆没遣御史中丞盛修募兵討之不能尅豫章艾縣六百餘人應募不得賞直怨恚遂反焚燒長沙郡縣寇益陽殺縣令衆漸盛又遣謁者馬睦持節督荊州刺史劉度擊之軍敗睦度奔走桓帝詔公卿舉任代劉度者尚書朱穆舉尚自右校令擢爲荊州刺史尚躬率部曲與同勞逸廣募雜種諸蠻夷明設購賞進擊大破之降者數萬人桂陽宿賊渠帥卜陽潘鴻等畏尚威烈徙入山谷尚窮追數百里遂入南海破其三屯多獲珍寶而陽鴻黨衆猶盛尚欲擊之而士卒驕富莫有鬬志尚計緩之則不戰逼之則逃亾乃宣言卜陽潘鴻作賊十年習於攻守今兵寡少未易可進當須諸郡所發悉至爾乃并力攻之申令軍中恣聽射獵兵士喜悅大小皆相與從禽尚乃密使所親客潛焚其營珍積皆盡獵者來還莫不泣涕尚人人慰勞深自咎責因曰卜陽等財寶足富數世諸卿但不并力耳所亾少少何足介意衆聞咸憤踊尚敕令秣馬蓐食明旦徑赴賊屯陽鴻等自以深固不復設備吏士乘鋭遂大破平之尚出兵三年羣寇悉定七年封右鄉侯遷桂陽太守明年徵還京師時荊州兵朱蓋等征戍役久財賞不贍恚忿復作亂與桂陽賊胡蘭等三千餘人復攻桂陽焚燒郡縣太守任允棄城走賊衆遂至數萬轉攻零陵太守陳球固守拒之於是以尚爲中郎將將幽冀黎陽烏桓步騎二萬六千人救球又與長沙太守抗徐等發諸郡兵并埶討擊大破之斬蘭等首三千五百級餘賊走蒼梧詔賜尚錢百萬餘人各有差時抗徐與尚俱爲名將數有功徐字伯徐丹陽人鄉邦稱其膽智初試守宣城長悉移深林遠藪椎髻鳥語之人置於縣下由是境內無復盜賊後爲中郎將宗資別部司馬擊太山賊公孫舉等破平之斬首三千餘級封烏桓東鄉侯五百戶遷太山都尉寇盜望風奔亾及在長沙宿賊皆平卒於官桓帝下詔追增封徐五百戶并前千戶復以尚爲荊州刺史尚見胡蘭餘黨南走蒼梧懼爲已負乃僞上言蒼梧賊入荊州界於

是徵交趾刺史張磐下廷尉辭狀未正會赦見原磐不肯出獄方更牢持械節獄吏謂磐曰天恩曠然而君不出何哉磐因自列曰前長沙賊胡蘭作難荆州餘黨散入交趾磐身嬰甲冑涉危履險討擊凶患斬殄渠帥餘燼鳥竄冒遁還奔荆州度尚懼磐先言怖畏罪戾伏奏見誣磐備位方伯爲國爪牙而爲尚所枉受罪牢獄夫事有虛實法有是非磐實不辜赦無所除如忍以苟免永受侵辱之恥生爲惡吏死爲敝鬼乞傳尚詣廷尉面對曲直足明眞僞尚不徵者磐埋骨牢檻終不虛出望塵受枉廷尉以其狀上詔書徵尚到廷尉辭窮受罪以先有功得原磐字子石丹陽人以清白稱終於廬江太守尚後爲遼東太守數月鮮卑率兵來攻尚與戰破之戎狄憚畏年五十一延熹五年卒於官

楊琁字璣平會稽烏傷人也高祖父茂本河東人從光武征伐爲威寇將軍封烏傷新陽鄉侯建武中就國傳封三世有罪國除因而家焉父扶交趾刺史有理能名兄喬爲尚書容儀偉麗數上言政事桓帝愛其才貌詔妻以公主喬固辭不聽遂閉口不食七日而死琁初舉孝廉稍遷靈帝時爲零陵太守是時蒼梧桂陽猾賊相聚攻郡縣賊衆多而琁力弱吏人憂恐琁乃特制馬車數十乘以排蒲拜反囊盛石灰於車上繫布索於馬尾又爲兵車專彀弓弩尅共會戰乃令馬車居前順風鼓灰賊不得視因以火燒布布然馬驚奔突賊陣因使後車弓弩亂發鉦鼓鳴震羣寇披駭破散追逐傷斬無數梟其渠帥郡境以清荆州刺史趙凱誣奏琁實非身破賊而妄有其功琁與相章奏凱有黨助遂檻車徵琁防禁嚴密無由自訟乃噬臂出血書衣爲章具陳破賊形埶又言爲凱所誣潛令親屬詣闕通之詔書原琁拜議郎凱反受誣人之罪琁三遷爲渤海太守所在有異政以事免後尚書令張溫特表薦之徵拜尚書僕射以病乞骸骨卒於家

班彪字叔皮扶風安陵人也祖況成帝時爲越騎校尉父稚哀帝時爲廣平太守彪性沈重好古年二十餘更始敗三輔大亂時隗囂擁衆天水彪乃避難從之囂問彪曰往者周亾戰國並爭天下分裂數世然後定意者從横之事復起於今乎將承運迭興在於一人也願生試論之對曰周之廢興與漢殊異昔周爵五等諸侯專政本根旣微而枝葉彊大故其末流有從横之事埶數然也漢承秦制改立郡縣主有專己之威臣無百年之柄至於成帝假借外家哀平短祚國嗣三絕故王氏擅朝因竊號位危自上起傷不及下是以卽眞之後天下莫不引領而歎十餘年間中外騷擾遠近俱發假號雲合咸稱劉氏不謀同辭方今雄桀帶州域者皆無七國世業之資而百姓謳吟思仰漢德已可知矣囂曰生言周漢之埶可也至於但見愚人習識劉氏姓號之故而謂漢家復興踈矣昔秦失其鹿劉季逐而羈之時人豈復知漢乎彪旣疾囂言又傷時方艱乃著王命論以爲漢德承堯有靈命之符王者興祚非詐力所致欲以感之而囂終不寤遂避地河西河西大將軍竇融以爲從事深敬待之接以師友之道彪乃爲融畫策事漢總西河以拒隗囂及融徵還光武問曰所上章奏誰與參之融對曰皆從事班彪所爲帝雅聞彪才因召入見舉司隸茂才拜徐令以病免後數應三公之命輙去彪旣才高而好述作遂專心史籍之間武帝時司馬遷著史記自太初已後闕而不錄後好事者頗復綴集時事然多鄙俗不足以踵繼其書彪乃繼採前史遺事傍貫異聞作後傳數十篇因斟酌前史而譏正得失其略論曰唐虞三代詩書所及世有史官以司典籍暨於諸侯國自有史故孟子曰楚之檮杌晉之乘魯之春秋其事一也定哀之間魯君子左丘明論集其文作左氏傳三十篇又撰異同號曰國語二十一篇由是乘檮杌之事遂闇而左氏國語獨章又有記錄黃帝以來至春秋時帝王公侯卿大夫號曰世本一十五篇春秋之後七國並爭秦并諸侯則有戰國策三十三篇漢興定天下太中大夫陸賈記錄時功作楚漢春秋九篇孝武之世太史令司馬遷採左氏國語刪世本戰國策據秦漢列國時事上自黃帝下訖獲麟作本紀世家列傳書表凡百三十篇而十篇缺焉遷之所記從漢元至武則絕其功也至於採經摭傳分散百家之事甚多踈略不如其本務欲以多聞廣載爲功論議淺而不篤其論術學則崇黃老而薄五經序貨殖則輕仁義而羞貧窮道游俠則賤守節而貴俗功此其大敝傷道所以遇極刑之咎也然善述序事理辯而不華質而不俚文質相稱蓋良史之才也誠令遷依五經之法言同聖人之是非意亦庶幾矣夫百家之書猶可法也若左氏國語世本戰國策楚漢春秋太史公書今之所以知古後之所由觀前聖人之耳目也司馬遷序帝王則曰本紀公侯傳則曰世家卿士特起則曰列傳又進項羽陳涉而黜淮南衡山細意委曲條例不經若遷之著作採獲古今貫穿經傳至廣博也一人之精文重思煩故其書刊落不盡尚有盈辭多不齊一若序司馬相如舉郡縣著其字至蕭曹陳平之

屬及董仲舒並時之人不記其字或縣而不郡者蓋不暇也今此後篇愼覈其事整齊其文不爲世家唯紀傳而已傳曰殺史見極平易正直春秋之義也彪復辟司徒玉音肅況府時東宮初建諸王國並開而官屬未備師保多闕彪上言曰孔子稱性相近習相遠也賈誼以爲習與善人居不能無善猶生長於齊不能無齊言也習與惡人居不能無惡猶生長於楚不能無楚言也是以聖人審所與居而戒愼所習昔成王之爲孺子出則周公召公史佚入則太顛閎天南宮括散宜生左右前後禮無違者故成王一日即位天下曠然太平是以春秋愛子教以義方不納於邪驕奢淫泆所自邪也詩云貽厥孫謀以燕翼子言武王之謀遺子孫也漢興太宗使鼂錯導太子以法術賈生教梁王以詩書及至中宗亦令劉向王襃蕭望之周堪之徒以文章儒學保訓東宮以下莫不崇簡其人就成德器今皇太子諸王雖結髮學問修習禮樂而傳相未値賢才官屬多闕舊典宜博選名儒有威重明通政事者以爲太子太傅東宮及諸王國備置官屬又舊制太子食湯沐十縣設周衞交戟五日一朝因坐東廂省視膳食其非朝日使僕中允旦旦請問而已明不媟黷廣其敬也書奏帝納之後察司徒廉爲望都長吏民愛之建武三十年年五十二卒官所著賦論書記奏事合九篇二子固超超別有傳固字孟堅年九歲能屬文誦詩書及長遂博貫載籍九流百家之言無不窮究所學無常師不爲章句舉大義而已性寬和容眾不以才能高人諸儒以此慕之永平初東平王蒼以至戚爲驃騎將軍輔政開東閤延英雄時固始弱冠奏記於蒼薦故司空掾桓梁京兆祭酒晉馮扶風掾李育京兆督郵郭基涼州從事王雍弘農功曹史殷肅言此六子皆有殊行絕才德隆當世宜蒙徵納以輔高明蒼納之父彪卒歸鄉里固以彪所續前史未詳乃潛精研思欲就其業既而有人上書顯宗告固私作國史者有詔下郡收固繫京兆獄盡取其家書先是扶風人蘇朗僞言圖讖事下獄死固弟超恐固不能自明乃馳詣闕上書得召見具言固所著述意而郡亦上其書顯宗甚奇之召詣校書郎除蘭臺令史與前睢陽令陳宗長陵令尹敏司隸從事孟異共成世祖本紀遷爲郎典校祕書固又撰功臣平林新市公孫述事作列傳載記二十八篇奏之帝乃復使終成前所著書固以爲漢紹堯運以建帝業至於六世史臣乃追述功德私作本紀編於百王之末厠於秦項之列太初以後闕而不錄故探撰前記綴集所聞以爲漢書起元高祖終于孝平王莽之誅十有二世二百三十年綜其行事傍貫五經上下洽通爲春秋考紀表志傳凡百篇固自永平中始受詔潛精積思二十餘年至建初中乃成當世甚重其書學者莫不諷誦焉自爲郎後遂見親近時京師修起宮室濬繕城隍而關中耆老猶望朝廷西顧因感前世相如壽王東方之徒造構文辭終以諷勸乃上兩都賦盛稱洛邑制度之美以折西賓淫侈之論其辭曰有西都賓問於東都主人曰蓋聞皇漢之初經營也嘗有意乎都河洛矣輟而弗康實用西遷作我上都主人聞其故而覩其制乎主人曰未也願賓攄懷舊之蓄念發思古之幽情博我以皇道弘我以漢京賓曰唯唯漢之西都在于雍州實曰長安左據函谷二崤之阻表以太華終南之山右界褒斜隴首之險帶以洪河涇渭之川眾流之隈汧涌其西華實之毛則九州之上腴焉防禦之阻則天地之奧區焉是故橫被六合三成帝畿周以龍興秦以虎視及至大漢受命而都之也仰寤東井之精俯協河圖之靈奉春建策留侯演成天人合應以發皇明乃眷西顧實惟作京於是睎秦嶺睋北阜挾酆灞據龍首圖皇基於億載度宏規而大起肇自高而終平世增飾以崇麗歷十二之延祚故窮泰而極侈建金城其萬雉呀周池而成淵披三條之廣路立十二之通門內則街衢洞達閭閻且千九市開場貨別隧分人不得顧車不得旋闐城溢郭傍流百廛紅塵四合烟雲相連於是既庶且富娛樂無疆都人士女殊異乎五方遊士擬於公侯列肆侈於姬姜鄉曲豪俊游俠之雄節慕原嘗名亞春陵連交合眾騁騖乎其中若乃觀其四郊浮游近縣則南望杜霸北眺五陵名都對郭邑居相承英俊之域紱冕所興冠蓋如雲七相五公與乎州郡之豪傑五都之貨殖三選七遷充奉陵邑蓋以彊幹弱枝隆上都而觀萬國也封畿之內厥土千里逴犖諸夏兼其所有其陽則崇山隱天幽林穹谷陸海珍藏藍田美玉商洛緣其隈鄠杜濱其足源泉灌注陂池交屬竹林果園芳草甘木郊野之富號曰近蜀其陰則冠以九嵕陪以甘泉乃有靈宮起乎其中秦漢之所極觀淵雲之所頌歎於是乎存焉下有鄭白之沃衣食之源提封五萬疆場綺分溝塍刻鏤原隰龍鱗決渠降雨荷臿成雲五穀垂穎桑麻敷棻東郊則有通溝大漕潰渭洞河汎舟山東控引淮湖與海通波西郊則有上囿禁苑林麓藪澤陂池連乎蜀漢繚以周墻四百餘里離宮別館三十六所神池靈沼往往而在其中乃有九眞之麟大宛之

馬黃支之犀條支之鳥踰崐崘越巨海殊方異類至三萬里其宮室也體象乎天地經緯乎陰陽據神靈之正位倣太紫之圓方樹中天之華闕豐冠山之朱堂因瓌材而究奇抗應龍之虹梁列棼橑以布翼荷棟桴而高驤雕玉瑱以居楹裁金璧以飾璫發五色之渥彩光爓朗以景彰於是左墄右平重軒三階閨房周道門闥洞開列鍾虡於中庭立金人於端闈仍增崖而衡閾臨峻路而啓扉徇以離殿別寢承以崇臺閒館煥若列星紫宮是環清涼宣溫神仙長年金華玉堂白虎麒麟區宇若茲不可殫論增盤崔嵬登降炤爛殊形詭制每各異觀乘茵步輦惟所息宴後宮則有掖庭椒房后妃之室合歡增城安處常寧茝若椒風披香發越蘭林蕙草鴛鸞飛翔之列昭陽特盛隆乎孝成屋不呈材牆不露形裛以藻繡絡以綸連隨侯明月錯落其間金釭銜璧是爲列錢翡翠火齊流耀含英懸黎垂棘夜光在焉於是元墀釦切玉階彤庭碝磩彩緻琳珉青熒珊瑚碧樹周阿而生紅羅颯纚綺組繽紛精曜華燭俯仰如神後宮之號十有四位窈窕繁華更盛迭貴處乎斯列者蓋以百數左右廷中朝堂百僚之位蕭曹魏邴謀謨乎其上佐命則垂統輔翼則成化流大漢之愷悌盪亾秦之毒螫故令斯人揚樂和之聲作畫一之歌功德著乎祖宗膏澤洽乎黎庶又有天祿石渠典籍之府命夫諄誨故老名儒師傅講論乎六藝稽合乎同異又有承明金馬著作之庭大雅宏達於茲爲羣元元本本周見洽聞敢發篇章校理祕文周以鉤陳之位衛以嚴更之署總禮官之甲科羣百辟之廉孝虎賁綴衣閹尹閽寺陛戟百重各有攸司周廬千列徼道綺錯輦路經營修涂飛閣自未央而連桂宮北彌明光而亘長樂陵墱道而超西墉混建章而連外屬設璧門之鳳闕上觚稜而棲金爵內則別風之嶕嶢眇麗巧而聳擢張千門而立萬戶順陰陽以開闔爾乃正殿崔嵬層構厥高臨乎未央經駘盪而出馺娑洞枍詣與天梁上反宇以蓋戴激日景而納光神明鬱其特起遂偃蹇而上躋軼雲雨於太半虹霓迴帶於棼楣雖輕迅與僄狡猶愕眙而不敢階攀井幹而未半目眴轉而意迷舍櫺檻而卻倚若顛墜而復稽魂怳怳以失度巡迴塗而下低既懲懼於登望降周流以徬徨步甬道以縈紆又杳窱而不見陽排飛闥而上出若遊目於天表似無依之洋洋前唐中而後太液覽滄海之湯湯揚波濤於碣石激神嶽之嶈嶈濫瀛洲與方壺蓬萊起乎中央於是靈草冬榮神木叢生巖峻崷崒金石崢嶸抗仙掌以承露擢雙立之金莖軼埃壒之混濁鮮顥氣之清英騁文成之丕誕馳五利之所刑庶松喬之羣類時遊從乎斯庭實列仙之攸館非吾人之所甯爾乃盛娛遊之壯觀奮大武乎上囿因茲以威戎夸狄耀威靈而講武事命荊州使起鳥詔梁野而驅獸毛羣內闐飛羽上覆接翼側足集禁林而屯聚水衡虞人理其營表種別羣分部曲有署罘網連紘籠山絡野列卒周匝星羅雲布於是乘鑾輿備法駕帥羣臣披飛廉入苑門遂繞豐鄗歷上蘭六師發胄百獸駭殫震震爚爚雷奔電激草木塗地山淵反覆蹂躪其十二三乃拗怒而少息爾乃期門佽飛列刃鑽鍭要趹追蹤鳥驚觸絲獸駭值鋒機不虛掎弦不再控矢無單殺中必疊雙颮颮紛紛矰繳相纏風毛雨血灑野蔽天平原赤勇士厲猨狖失木豺狼慴窟爾乃移師趨險並蹈潛穢窮虎奔突狂兕觸蹷許少施巧秦成力折掎僄狡扼猛噬脫角挫脰徒搏獨殺挾師豹拖熊螭頓犀犛曳豪羆超迥壑越峻崖蹷嶄巖鉅石隤松柏仆叢林摧草木無餘禽獸殄夷天子乃登屬玉之館歷長楊之榭覽山川之體勢觀三軍之殺獲原野蕭條目極四裔禽相鎮壓獸相枕藉然後收禽會眾論功賜胙陳輕騎以行炰騰酒車而斟酌割鮮野食舉燧命爵饗賜畢勞逸齊大路鳴鑾容與徘徊集乎豫章之宇臨乎昆明之池左牽牛而右織女似雲漢之無涯茂樹蔭蔚芳草被隄蘭茝發色曄曄猗猗若摛錦布繡爓燿乎其陂鳥則元鶴白鷺黃鵠鵁鶄鶬鴰鴇鶂鳧鷖鴻鴈朝發河海夕宿江漢沈浮往來雲集霧散於是後宮乘輚輅登龍舟張鳳蓋建華旗袪黼帷鏡清流靡微風澹淡浮櫂女謳鼓吹震聲激越謍厲天鳥羣翔魚窺淵招白鷴下雙鵠揄文竿出比目撫鴻罿御矰繳方舟並騖俛仰極樂遂乃風舉雲搖浮游溥覽前乘秦嶺後越九嵕東薄河華西涉岐雍宮館所歷百有餘區行所朝夕儲不改供禮上下而接山川究休佑之所用采游童之讙謠第從臣之嘉頌于斯之時都都相望邑邑相屬國籍十世之基家承百年之業士食舊德之名氏農服先疇之畎畝商循族世之所鬻工用高曾之規矩粲乎隱隱各得其所若臣者徒觀迹於舊墟聞之乎故老十分未得其一端故不能徧舉也東都主人喟然而歎曰痛乎風俗之移人也子實秦人矜夸館室保界河山信識昭襄而知始皇矣烏睹大漢之云爲乎夫大漢之開原也奮布衣以登皇極繇數朞而創萬代蓋六籍所不能談前聖靡得而言焉當此之時功有橫而當天討有逆而順民故婁敬度埶而

獻其說蕭公權宜以拓其制時豈泰而安之哉計不得以已也吾子曾不是睹顧曜後嗣之末造不亦暗乎今將語子以建武之治永平之事監乎太清以變子之惑志往者王莽作逆漢祚中缺天人致誅六合相滅于時之亂生人幾亾鬼神泯絕壑無完柩郛罔遺室原野厭人之肉川谷流人之血秦項之灾猶未克半書契以來未之或紀也故下人號而上訴上帝懷而降監乃致命乎聖皇於是聖皇乃握乾符闡坤珍披皇圖稽帝文赫然發憤應若興雲霆擊昆陽憑怒雷震遂超大河跨北嶽立號高邑建都河洛紹百王之荒屯因造化之盪滌體元立制繼天而作系唐統接漢緒茂育羣生恢復疆宇勳兼乎在昔事勤乎三五豈特方軌並跡紛綸后辟治近古之所務蹈一聖之險易云爾哉且大建武之元天地革命四海之內更造夫婦肇有父子君臣初建人倫實始斯乃伏羲氏之所以基皇德也分州土立市朝作舟輿造器械斯乃軒轅氏之所以開帝功也龔行天罰應天順人斯乃湯武之所以昭王業也遷都改邑有殷宗中興之則焉即土之中有周成隆平之制焉不階尺土一人之柄同符乎高祖克己復禮以奉終始允恭乎孝文憲章稽古封岱勒成儀炳乎世宗按六經而校德眇古昔而論功仁聖之事既該而帝王之道備矣至乎永平之際重熙而累洽盛三雍之上儀修衮龍之法服鋪鴻藻信景鑠揚世廟正予樂人神之和允洽羣神之序既肅乃動大輅遵皇衢省方巡狩窮覽萬國之有無考聲教之所被散皇明以燭幽然後增周舊修洛邑翩翩巍巍顯顯翼翼光漢京于諸夏總八方而為之極是以皇城之內宮室光明闕庭神麗奢不可踰儉不能侈外則因原野以作苑順流泉而為沼發蘋藻以潛魚豐圃草以毓獸制同乎梁騶義合乎靈囿若乃順時節而蒐狩簡車徒以講武則必臨之以王制考之以風雅歷騶虞覽駟鐵嘉車攻采吉日禮官整儀乘輿乃出於是發鯨魚鏗華鐘登玉輅乘時龍鳳蓋颯灑龢鑾玲瓏天官景從祲威盛容山靈護野屬御方神雨師汎灑風伯清塵千乘雷起萬騎紛紜元戎竟野戈鋋彗雲羽旄掃霓旌旗拂天焱焱炎炎揚光飛文吐爓生風吹野燎山日月為之奪明丘陵為之搖震遂集乎中囿陳師按屯駢部曲列校隊勒三軍誓將帥然後舉鋒代鼓申令三驅輶車霆激驍騎電鶩由基發射范氏施御弦不失禽轡不詭遇飛者未及翔走者未及去指顧倏忽獲車已實樂不極般殺不盡物馬踠餘足士怒未泄先驅復路屬車案節於是薦三犧效五牲禮神祇懷百靈覲明堂臨辟雍揚緝熙宣皇風登靈臺考休徵俯仰乎乾坤參象乎聖躬自中夏而布德瞰四裔而抗稜西盪河源東澹海漘北動幽崖南趯朱垠殊方別區界絕而不鄰自孝武之所不征孝宣之所未臣莫不陸讋水慄奔走而來賓遂綏哀牢開永昌春王三朝會同漢京是日也天子受四海之圖籍膺萬國之貢珍內撫諸夏外綏百蠻爾乃盛禮興樂供帳置乎雲龍之庭陳百僚而贊羣后究皇儀而展帝容於是庭實千品旨酒萬鍾列金罍班玉觴嘉珍御太牢饗爾乃食舉雍徹太師奏樂陳金石布絲竹鐘鼓鏗鎗管絃燁煜抗五聲極六律歌九功舞八佾韶武備泰古畢四夷間奏德廣所及僸佅兜離罔不具集萬樂備百禮暨皇歡浹羣臣醉降烟熅調元氣然後撞鐘告罷百寮遂退於是聖上覩萬方之歡娛久沐浴於膏澤懼其侈心之將萌而怠於東作也乃申舊章下明詔命有司班憲度昭節儉示太素去後宮之麗飾損乘輿之服御抑工商之淫業興農桑之盛務遂令海內棄末而反本背偽而歸真女修織紝男務耕耘器用陶匏服尚素元恥纖靡而不服賤奇麗而弗珍捐金於山沈珠於淵於是百姓滌瑕盪穢而鏡至清形神寂寞耳目弗營嗜慾之源滅廉恥之心生莫不優游而自得玉潤而金聲是以四海之內學校如林庠序盈門獻酬交錯俎豆莘莘下舞上歌蹈德詠仁登降飫宴之禮既畢因相與嗟歎元德讜言弘說咸含和而吐氣頌曰盛哉乎斯世今論者但知誦虞夏之書詠殷周之詩講義文之易論孔氏之春秋罕能精古今之清濁究漢德之所由唯子頗識舊典又徒馳騁乎末流溫故知新已難而知德者鮮矣且夫僻界西戎險阻四塞修其防禦孰與處乎土中平夷洞達萬方輻湊秦嶺九嵕涇渭之川曷若四瀆五嶽帶河泝洛圖書之淵建章甘泉館御列仙孰與靈臺明堂統和天人太液昆明鳥獸之囿曷若辟雍海流道德之富游俠踰侈犯義侵禮孰與同履法度翼翼濟濟也子徒習秦阿房之造天而不知京洛之有制也識函谷之可關而不知王者之無外也主人之辭未終西都賓矍然失容逡巡降階惵然意下捧手欲辭主人曰復位今將授子以五篇之詩賓既卒業乃稱曰美哉乎斯詩義正乎揚雄事實乎相如匪唯主人之好學蓋乃遭遇乎斯時也小子狂簡不知所裁既聞正道請終身而誦之其明堂詩曰於昭明堂明堂孔陽聖皇宗祀穆穆煌煌上帝宴饗五位時序誰其配之世祖光武普天率土各以其職猗歟緝熙允懷多福其

辟雍詩曰乃流辟雍辟雍湯湯聖皇莅止造舟爲梁皤皤國老乃父乃兄抑抑威儀孝友光明於赫太上示我漢行洪化惟神永觀厥成其靈臺詩曰迺經靈臺靈臺既崇帝勤時登爰考休徵三光宣精五行布序習習祥風祁祁甘雨百穀溱溱庶卉蕃蕪屢惟豐年於皇樂胥其寶鼎詩曰嶽修貢兮川效珍吐金景兮歊浮雲寶鼎見兮色紛緼煥其炳兮被龍文登祖廟兮享聖神昭靈德兮彌億年其白雉詩曰啟靈篇兮披瑞圖獲白雉兮效素烏嘉祥阜兮集皇都發皓羽兮奮翹英容潔朗兮於湻精章皇德兮侔周成永延長兮膺天慶及肅宗雅好文章固愈得幸數入讀書禁中或連日繼夜每行巡狩輒獻上賦頌朝廷有大議使難問公卿辯論於前賞賜恩寵甚渥固自以二世才術位不過郎感東方朔揚雄自論以不遭蘇張范蔡之時作賓戲以自通焉後遷元武司馬天子會諸儒講論五經作白虎通德論令固撰集其事時北單于遣使貢獻求欲和親詔問羣僚議者或以爲匈奴變詐之國無內向之心徒以畏漢威靈逼憚南虜故希望報命以安其離叛今若遣使恐失南虜親附之歡而成北狄猜詐之計不可固議曰竊自惟思漢興已來曠世歷年兵纏夷狄尤事匈奴綏御之方其塗不一或修文以和之或用武以征之或卑下以就之或臣服而致之雖屈伸無常所因時異然未有拒絕棄放不與交接者也故自建武之世復修舊典數重出使前後相繼至於其末始乃暫絕永平八年復議通之而廷爭連日異同紛回多執其難少言其異先帝聖德遠覽瞻前顧後遂復出使事同前世以此而推未有一世闕而不修者也今烏桓就闕稽首譯官康居月氏自遠而至匈奴離析名王來降三方歸服不以兵威此誠國家通於神明自然之徵也臣愚以爲宜依故事復遣使者上可繼五鳳甘露致遠人之會下不失建武永平羈縻之義虜使再來然後一往既明中國主在忠信且知聖朝禮義有常豈同逆詐示猜孤其善意乎絕之未知其利通之不聞其害設後北虜稍彊能爲風塵方復求爲交通將何所及不若因今施惠爲策近長固又作典引篇述敘漢德以爲相如封禪靡而不典揚雄美新典而不實蓋謂得其致焉太極之原兩儀始分烟烟熅熅有沈而奧有浮而清沈浮交錯庶類混成肇命人主五德初始同乎草昧元混之中踰繩越契寂寥而亾詔者系不得而綴也厥有氏號紹天闡繹者莫不開元於太昊皇初之首上哉敻乎其書猶可得而修也亞斯之世通變神化函光而未曜若夫上稽乾則降承龍翼而炳諸典謨以冠德卓絕者莫崇乎陶唐陶唐舍允而禪有虞虞亦命夏后稷契熙載越成湯武股肱既周天乃歸功元首將使漢劉俾其承三季之荒末值亢龍之災孽元象暗而恒文乖彝倫斁而舊章缺故先命元聖使綴學立制宏亮洪業表相祖宗贊揚迪哲備哉燦爛眞神明之式也雖前世皐夔衡旦密勿之輔比茲褊矣是以高光二聖辰居其域時至氣動乃龍見淵躍拊翼而未舉則威靈紛紜海內雲蒸雷動電熛胡縊莽分不蒞其誅然後欽若上下恭揖羣后正位度宗有于德不台淵穆之讓靡號師矢敦奮撝之容蓋以膺當天之正統受克讓之歸運蓄炎上之烈精蘊孔佐之弘陳云爾洋洋乎若德帝者之上儀誥誓所不及已鋪觀二代洪纖之度其賾可探也並開迹於一匱同受侯甸之所服奕世勤民以方伯統牧乘其命賜彤弧黃鉞之威用討章顧黎崇之不格至于三五華夏京遷鎬亳遂自北面虎離其師革滅天邑是故義士偉而不敦武稱未盡護有慙德不其然與然猶於穆猗那翕純皦繹以崇嚴祖考殷薦宗祀配帝發祥流慶對越天地者舄奕乎千載豈不克自神明哉誕略有常審言行於篇籍光藻朗而不踰爾矧夫赫赫聖漢巍巍唐基泝測其源乃先孕虞育夏甄商陶周然後宣二祖之重光襲四宗之緝熙神靈日燭光被六幽仁風翔乎海表威靈行於鬼區慝亾迥而不泯微胡瑣而不頤故夫顯定三才昭登之績匪堯不興鋪聞遺策在下之訓匪漢不弘厥道至乎經緯乾坤出入三光外運混元內浸豪芒性類循理品物咸亨其已久矣盛哉皇家帝世德臣列辟功君百王榮鏡宇宙尊無與抗乃始虔鞏勞謙兢兢業業貶成抑定不敢論制作至今遷正黜色賓監之事煥揚宇內而禮官儒林屯朋篤論之士而不傳祖宗之彷彿雖云優慎無乃葸歟於是三事嶽牧之僚僉爾而進曰陛下仰監唐典中述祖則俯蹈宗軌躬奉天經惇睦辨章之化洽巡靖黎蒸懷保鰥寡之惠浹燔瘞縣沈肅祇羣臣之禮備是以鳳凰來儀集羽族於觀魏肉角馴毛宗於外囿擾緇文皓質於郊升黃暉采鱗於沼甘露霄零於豐草三足軒翥於茂樹若乃嘉穀靈草奇獸神禽應圖合謀窮祥極瑞朝夕坰牧日月邦畿卓犖乎方州洋溢乎要荒昔姬有素雉朱烏元秬黃麰之事耳君臣動色左右相趨濟濟翼翼峨峨如也蓋用昭明寅畏承聿懷之福亦以寵靈文武貽燕後昆覆以懿鑠豈其爲身而有顓辭也若然受之宜亦勤恁旅力以充厥道啟恭館之金縢御

東序之祕寶以流其占夫圖書亮章天哲也孔猷先命聖孚也體行德本正性也逢吉丁辰景命也順命以創制定性以和神答三靈之繁祉展放唐之明文茲事體大而允寤寐次于聖心瞻前顧後豈蔑清廟憚敕天乎伊考自遂古乃降戾爰茲作者七十有四人有不俾而假素罔光度而遺章今其如台而獨闕也是時聖上固已垂精游神包舉藝文屢訪羣儒俞咨故老與之爲斟酌道德之淵源肴覈仁義之林藪以望元符之臻焉旣成羣后之讓辭又悉經五繇之碩慮矣將絣萬嗣揚洪暉奮炎景扇遺風播芳烈久而愈新用而不竭汪汪乎丕天之大律其疇能亙之哉唐哉皇哉皇哉唐哉固後以母喪去官永元初大將軍竇憲出征匈奴以固爲中護軍與參議北單于聞漢軍出遣使款居延塞欲修呼韓邪故事朝見天子請大使憲上遣固行中郎將事將數百騎與虜使俱出居延塞迎之會河南匈奴掩破北庭固至私渠海聞虜中亂引還及竇憲敗固先坐免官固不教學諸子諸子多不遵法度吏人苦之初洛陽令种兢嘗行固奴干其車騎吏椎呼之奴醉罵兢大怒畏憲不敢發心銜之及竇氏賓客皆逮考兢因此捕繫固遂死獄中時年六十一詔以譴責兢抵主者吏罪固所著典引賓戲應譏詩賦銘誄頌書文記論議六言在者凡四十一篇

第五倫字伯魚京兆長陵人也其先齊諸田諸田徙園陵者多故以次第爲氏倫少介然有義行王莽末盜賊起宗族閭里爭往附之倫乃依險固築營壁有賊輒奮厲其衆引彊持滿以拒之銅馬赤眉之屬前後數十輩皆不能下倫始以營長詣郡尹鮮于褒褒見而異之署爲吏後褒坐事轉高唐令臨去握倫臂訣曰恨相知晚倫後爲鄉嗇夫平徭賦理怨結得人歡心自以爲久宦不達遂將家屬客河東變姓名自稱王伯齊載鹽往來太原上黨所過輒爲糞除而去（糞除猶埽除也）陌上號爲道士親友故人莫知其處數年鮮于褒薦之於京兆尹閻興興卽召倫爲主簿時長安鑄錢多姦巧乃署倫爲督鑄錢掾領長安市倫平銓衡正斗斛市無阿枉百姓悅服每讀詔書常歎曰此聖主也一見決耳等輩笑之曰爾說將（將謂州將也）尚不下安能動萬乘乎倫曰未遇知己道不同故耳建武二十七年舉孝廉補淮陽國醫工長隨王之國光武召見甚異之二十九年從王朝京師隨官屬得會見帝問以政事倫因此酬對政道帝大悅明日復特召入與語至夕帝戲謂倫曰聞卿爲吏篣婦公不過從兄飯甯有之邪對曰臣三娶妻皆無父少遭飢亂實不敢妄過人食帝大笑倫出有詔以爲扶夷長未到官追拜會稽太守雖爲二千石躬自斬芻養馬妻執炊爨受俸裁留一月糧餘皆賤貿與民之貧羸者會稽俗多淫祀好卜筮民常以牛祭神百姓財產以之困匱其自食牛肉不以薦祠者發病且死先爲牛鳴前後郡將莫敢禁倫到官移書屬縣曉告百姓其巫祝有依託鬼神詐怖愚民皆案論之有妄屠牛者吏輒行罰民初頗恐懼或祝詛妄言倫案之愈急後遂斷絕百姓以安永平五年坐法徵老小攀車叩馬嗁呼相隨日纔行數里不得前倫乃僞止亭舍陰乘船去衆復追之及詣廷尉吏民上書守闕者千餘人是時顯宗方案梁松事亦多爲松訟者帝患之詔公車諸爲梁氏及會稽太守上書者勿復受會帝幸廷尉錄囚徒得免歸田里身自耕種不交通人物數歲拜爲宕渠令顯拔鄉佐元賀賀後爲九江沛二郡守以清潔稱所在化行終於大司農倫在職四年遷蜀郡太守蜀地肥饒吏民富實掾史家貲多至千萬皆鮮車怒馬（謂馬之肥壯其氣憤怒也）以財貨自達倫悉簡其豐贍者遣還之更選孤貧志行之人以處曹任於是爭賕抑絕文職修理所舉吏多至九卿二千石世以爲知人視事七歲肅宗初立擢自遠郡代牟融爲司空帝以明德太后故尊崇舅氏馬廖兄弟並居職任廖等傾身交結冠蓋之士爭赴趣之倫以后族過盛欲令朝廷抑損其權上疏曰書言臣無作威作福其害于而家凶于而國傳稱大夫無境外之交束脩之饋近代光烈皇后雖友愛天至而卒使陰就歸國徙廢陰興賓客其後梁竇之家互有非法明帝卽位竟多誅之自是洛中無復權戚書記請託一皆斷絕又譬諸外戚曰若身待士不如爲國戴盆望天事不兩施臣常刻著五臟書諸紳帶而今之議者復以馬氏爲言竊聞衛尉廖以布三千疋城門校尉防以錢三百萬私贍三輔衣冠知與不知莫不畢給又聞臘日亦遺其在洛中者錢各五千越騎校尉光臘用羊三百頭米四百斛肉五千斤臣愚以爲不應經義惶恐不敢以不聞陛下情欲厚之亦宜所以安之臣今言此誠欲上忠陛下下全后家裁蒙省察及馬防爲車騎將軍當出征西羌倫又上疏曰臣愚以爲貴戚可封侯以富之不當職事以任之何者繩以法則傷恩私以親則違憲伏聞馬防今當西征臣以太后恩仁陛下至孝恐卒有纖介難以爲愛聞防請杜篤爲從事中郎多賜財帛篤爲鄉里所廢客居美陽女弟爲馬氏妻恃此交通在所縣令苦其不法收繫論之今來防

所議者咸致疑怪況乃以爲從事將恐議及朝廷今宜為選賢能以輔助之不可復令防自請人有損事望書奏並不省用倫雖峭直然常疾俗吏苛刻及爲三公值帝長者屢有善政乃上疏褒稱盛美因以勸成風德曰陛下以寬弘臨下出入四年前歲誅刺史二千石貪殘者六人斯皆明聖所鑒非羣下所及然詔書每下寬和而政急不解務存節儉而奢侈不止者咎在俗敝羣下不稱故也光武承王莽之餘頗以嚴猛爲政後代因之遂成風化今郡國所舉類多辦職俗吏殊未有寬博之選以應上求也陳留令劉豫冠軍令駟協並以刻薄之姿臨人宰邑專念掠殺務爲嚴苦吏民愁怨莫不疾之而今之議者反以爲能違天心失經義誠不可不慎也非徒應坐豫協亦當宜譴舉者務進仁賢以任時政不過數人則風俗自化矣又聞諸王主貴戚驕奢踰制京師尙然何以示遠故曰其身不正雖令不行以身教者從以言教者訟夫陰陽和歲乃豊君臣同心化乃成也其刺史太守以下拜除京師及道出洛陽者宜皆召見可因博問四方兼以觀察其人諸上書言事有不合者可但報歸田里不可過加喜怒以明在寬及諸馬得罪歸國而竇氏始貴倫復上疏曰伏見虎賁中郎將竇憲以椒房之親典司禁兵出入省闥年盛志美卑謙樂善此誠其好士交結之方然諸出入貴戚者類多瑕釁禁錮之人尤少守約安貧之節士大夫無志之徒更相販賣雲集其門衆煦飄山聚蚊成雷蓋驕佚之所從生也三輔論者至云以貴戚廢錮當復以貴戚浣濯之猶解醒當以酒也詖險趣埶之徒誠不可親近臣愚願陛下中宮嚴敕憲等閉門自守無妄交通士大夫防其未萌慮於無形令憲等保福祿君臣交歡無纖介之隙此臣之至願也倫奉公盡節言事無所依違諸子或時諫止輙叱遣之吏人奏記及便宜者亦并封上其無私若此性質慤少文采在位以貞自稱時人方之前朝貢禹然少醞藉少威儀亦以此見輕或問倫曰公有私乎對曰昔人有與吾千里馬吾雖不受每三公有所選舉心不能忘而亦終不用也吾兄子嘗病一夜十往退而安寢吾子有疾雖不省視而竟夕不眠若是者豈可謂無私乎連以老病上疏乞身元和三年賜策罷以二千石奉終其身加賜錢五十萬公宅一區後數年卒時年八十餘詔賜祕器衣衾錢布少子頡嗣歷桂陽廬江南陽太守所在見稱順帝之爲太子廢也頡爲太中大夫與太僕來歷等共守闕固爭帝卽位擢爲將作大匠卒官倫曾孫種字興先少厲志義爲吏冠名州郡永壽中以司徒掾淸詔使冀州廉察災害舉奏刺史二千石以下所刑免甚衆棄官奔走者數十人還以奉使稱職拜高密侯相是時徐兗二州盜賊羣輩高密在二州之郊種乃大儲糧稸勤厲吏士賊聞皆憚之桴鼓不鳴流民歸之者歲中至數千家以能換爲衞相遷兗州刺史中常侍單超兄子匡爲濟陰太守負埶貪放種欲收舉未知所使會聞從事衞羽素抗厲乃召羽具告之謂曰聞公不畏彊禦今欲相委以重事若何對曰願庶幾於一割羽出遂馳至定陶閉門收匡賓客親吏四十餘人六七日中糾發其贓五六千萬種卽奏匡并以劾超匡窘迫遣刺客刺羽羽覺其姦乃收繫客具得情狀州內震怖朝廷嗟歎之是時太山賊叔孫無忌等暴橫一境州郡不能討羽說種曰中國安寧忘戰日久而泰山險阻寇猾不側今雖有精兵難以赴敵羽請往譬之種敬諾羽乃往備說禍福無忌卽率其黨與三千餘人降單超積懷忿恨遂以事陷種竟坐徙朔方超外孫董援爲朔方太守稸怒以待之初種爲衞相以門下掾孫斌賢善遇之及當徙斥斌具聞超謀乃謂其友人同縣閭子直及高密甄子然曰蓋盜憎其主從來久矣第五使君當投裔土而單超外屬爲彼郡守夫危者易仆可爲寒心吾今方追使君庶免其難若奉使君以還將以付子二人曰子其行矣是吾心也於是斌將俠客晨夜追種及之於太原遮險格殺送吏因下馬與種斌自步從一日一夜行四百餘里遂得脫歸種匿於閭甄氏數年徐州從事臧旻上書爲種訟寃會赦出卒於家

鍾離意字子阿會稽山陰人也少爲郡督郵時部縣亭長有受人酒禮者府下記（文符也）案考之意封還記入言於太守曰春秋先內後外詩云刑于寡妻以御于家邦明政化之本由近及遠今宜先淸府內且闊畧遠縣細微之愆太守甚賢之遂任以縣事建武十四年會稽大疫死者萬數意獨身自隱親經給醫藥所部多蒙全濟舉孝廉再遷辟大司徒侯霸府掾詔部送徒詣河內時冬寒徒病不能行路過弘農意輙私屬縣使作徒衣縣不得已與之而上書言狀意亦具以聞光武得奏以見霸曰君所使掾何乃仁於用心誠良吏也意遂於道解徒桎梏恣所欲過與剋期俱至無或違者還以病免後除瑕邱令吏有檀建者盜竊縣內意屛人問狀建叩頭服罪不甚加刑遣令長休建父聞之爲建設酒謂曰吾聞無道之君以刃殘人有道之君以義行誅子罪命也令建進藥而死二十五年遷堂邑令邑人防廣爲父報

纍繫獄其母病死廣哭泣不食意憐傷之乃聽廣歸家使得殯殮丞掾皆爭意曰罪自我歸義不累下遂遣之廣殯母訖果還入獄意密以狀聞廣竟得以減死論顯宗即位徵爲尚書時交阯太守張恢坐贓千金徵還伏法以資物簿入大司農詔班賜羣臣意得珠璣悉以委地而不拜賜帝怪而問其故對曰臣聞孔子忍渴於盜泉之水曾參迴車於勝母之閭惡其名也此贓穢之寶誠不敢拜帝嗟歎曰清乎尚書之言乃更以庫錢三十萬賜意轉爲尚書僕射車駕數幸廣成苑意以爲從禽廢政嘗當車陳諫般樂遊田之事天子即時還宮永平三年夏旱而大起北宮意詣闕免冠上疏曰伏見陛下以天時小旱憂念元元降避正殿躬自克責而比日密雲遂無大潤豈政有未得應上天者邪昔成湯遭旱以六事自責曰政不節邪使人疾邪宮室榮邪女色盛邪苞苴行邪讒夫昌邪竊見北宮大作人失農時此所謂宮室榮也自古非苦宮室少狹但患人不安寧宜且罷止以應天心帝詔報意令冠履勿謝又敕大匠止作諸宮減省不急因謝公卿百僚遂應時澍雨焉時詔賜降胡子縑尚書案事誤以十爲百帝見司農上簿大怒召郎將笞之意因入叩頭曰過誤之失常人所容若以懈慢爲愆則臣位大罪重郎位小罪輕咎皆在臣臣當先坐乃解衣就格帝意解使復冠而貰郎帝性褊察好以耳目隱發爲明故公卿大臣數被詆毀近臣尚書以下至見提拽常以事怒郎藥崧以杖撞之崧走入牀下帝怒甚疾言曰郎出郎出崧曰天子穆穆諸侯煌煌未聞人君自起撞郎帝赦之朝廷莫不悚慄爭爲嚴竊以避誅責唯意獨敢諫諍數封還詔書臣下過失輒救解之會連有變異意復上疏曰伏惟陛下躬行孝道修明經術郊祀天地敬畏鬼神憂卹黎元勞心不怠而天氣未和日月不明水泉涌溢寒暑違節者咎在羣臣不能宣化理職而以苛刻爲俗吏殺良人繼踵不絕百官無相親之心吏人無雍雍之志至於骨肉相殘毒害彌深感逆和氣以致天災百姓可以德勝難以力服先王要道民用和睦故能致天下和平災害不生禍亂不作鹿鳴之詩必言宴樂者以人神之心洽然後天氣和也願陛下垂聖德揆萬機詔有司慎人命緩刑罰順時氣以調陰陽垂之無極帝雖不能用然知其至誠亦以此故不得久留出爲魯相後德陽殿成百官大會帝思意言謂公卿曰鍾離尚書若在此殿不立意視事五年以愛利爲化人多殷富以久病卒官遺言上書陳升平之世難以急化宜少寬假帝感傷其意下詔嗟歎賜錢二十萬

藥崧者河內人天性朴忠家貧爲郎常獨直臺上無被枕杫思漬反俎凡也食糟糠帝每夜入臺輒見崧問其故甚嘉之自此詔太官賜尚書以下朝夕餐給帷被皁袍及侍史二人崧官至南陽太守

宋均字叔庠南陽安衆人也父伯建武初爲五官中郎將均以父任爲郎時年十五好經書每休沐日輒受業博士通詩禮善論難至二十餘調補辰陽長其俗少學者而信巫鬼均爲立學校禁絕淫祀人皆安之以祖母喪去官客授潁川後爲謁者會武陵蠻反圍威武將軍劉尚詔使均乘傳發江夏奔命三千人往救之既至而尚已沒會伏波將軍馬援至詔因令均監軍與諸將俱進賊拒阸不得前及馬援卒於師軍士多溫溼疾病死者大半均慮軍遂不反乃與諸將議曰今道遠士病不可以戰欲權承制降之何如諸將皆伏地莫敢應均曰夫忠臣出境有可以安國家專之可也乃矯詐調伏波司馬呂种守沅陵長命种奉詔書入虜營告以恩信因勒兵隨其後蠻夷震怖即共斬其大帥而降於是入賊營散其衆遣歸本郡爲置長吏而還均未至先自劾矯制之罪光武嘉其功迎賜以金帛令過家上冢其後每有四方異議數訪問焉遷上蔡令時府下記禁喪葬不得侈長均曰夫送終踰制失之輕者今有不義之民尚未循化而遽罰過禮非政之先竟不肯施行遷九江太守郡多虎暴數爲民害常募設檻穽猶多傷害均到下記屬縣曰夫虎豹在山黿鼉在水各有所託且江淮之有猛獸猶北土之有雞豚也今爲民害咎在殘吏而勞勤張捕非憂恤之本也其務退姦貪思進忠善可一去檻穽削除課制其後傳言虎相與東游渡江中元元年山陽楚沛多蝗其飛至九江界者輒東西散去由是名稱遠近浚遒縣有唐后二山民共祠之衆巫取百姓男女以爲公嫗以男爲山公以女爲山嫗猶祭之有尸主歲歲改易既而不敢嫁娶前後守令莫敢禁均乃下書曰自今以後爲山娶者皆娶巫家勿擾良民於是遂絕永平元年遷東海相在郡五年坐法免官客授潁川而東海吏民思均恩化爲之作歌詣闕乞還者數千人顯宗以其能七年徵拜尚書令每有駁議多合上旨均常刪翦疑事帝以爲有姦大怒收郎縛格之諸尚書惶恐皆叩頭謝罪均顧厲色曰蓋忠臣執義無二心若畏威失正均雖死不易志小黃門在傍入具以聞帝善其不撓即令貰郎遷均司隸校尉數月出爲河內太守政化大行均常寢病百姓耆老禱請旦夕問起居其爲民愛若此以疾上書乞免

詔除子條爲太子舍人均自扶輿詣闕謝恩帝使中黃門慰問因留養疾時司徒鈌帝以均才任宰相召入視其疾令兩騶騶養馬者扶之均拜謝曰天罰有罪所苦浸篤不復奉望帷幄因流涕而辭帝甚傷之召條扶侍均出賜錢三十萬均性寬和不喜文法常以爲吏能弘厚雖貪汙放縱猶無所害至於苛察之人身或廉法而巧黠刻削毒加百姓災害流亾所由而作及在尚書恆欲叩頭爭之以時方嚴切故遂不敢陳帝後聞其言而追悲之建初元年卒於家族子意字伯志父京以大夏侯尚書教授至遼東太守意傳父業顯宗時舉孝廉以召對合旨擢拜阿陽侯相建初中徵爲尚書肅宗性寬仁而親親之恩篤故叔父濟南中山二王每數入朝特加恩寵及諸昆弟並留京師不遣就國意以爲人臣有節不宜踰禮過恩乃上疏諫曰陛下至孝烝烝恩愛隆深以濟南王康中山王焉先帝昆弟特蒙禮寵聖情戀戀不忍遠離比年朝見久留京師崇以叔父之尊同之家人之禮車入殿門卽席不拜分甘損膳賞賜優渥昔周公懷聖人之德有致太平之功然後王曰叔父加以錫幣今康焉幸以支庶享食大國陛下卽位徧除前過還所削黜衍食他縣男女少長並受爵邑恩寵踰制禮敬過度春秋之義諸父昆弟無所不臣所以尊尊卑卑彊幹弱枝者也陛下德業隆盛當爲萬世典法不宜以私恩損上下之序失君臣之正又西平王美等六王皆妻子成家官屬備具當早就蕃國爲子孫基阯而室第相望久磐京邑婚姻之盛過於本朝僕馬之衆充塞城郭驕侈僭擬寵祿隆過今諸國之封並皆膏腴風氣平調道路夷近朝聘有期行來不難且割情不忍以義斷恩發遣康焉各歸蕃國令美等速就便時以塞衆望帝納之章和二年鮮卑擊破北匈奴而南單于乘此請兵北伐因欲還舊庭時竇太后臨朝議欲從之意上疏曰夫戎狄之隔遠中國幽處北極界以沙漠簡賤禮義無有上下彊者爲雄弱者屈伏自漢興以來征伐數矣其所尅獲曾不補害光武皇帝躬服金革之難深昭天地之明故因其來降羈縻畜養邊人得生勞役休息於兹四十餘年矣今鮮卑奉順斬獲萬數中國坐享大功而百姓不知其勞漢德於斯爲盛所以然者夷虜相攻無損漢兵者也臣察鮮卑侵伐匈奴正是利其抄掠及歸功聖朝實由貪得重賞今若聽南虜還歸北庭則不得不禁制鮮卑鮮卑外失暴掠之願內無功勞之賞豺狼貪婪必爲邊患今北虜西遁請求和親宜因其歸附以爲外扞巍巍之業無以過此若引兵費賦以順南虜則坐失上略去安卽危矣誠不可許會南單于竟不北徙遷司隸校尉永元初大將軍竇憲兄弟貴盛步兵校尉鄧疊河南尹王調故蜀郡太守廉范等羣黨出入憲門負埶縱放意隨違舉奏無所回避由是與竇氏有隙二年病卒孫俱靈帝時爲司空

寒朗字伯奇寒高氏小史作蹇魯國薛人也生三日遭天下亂棄之荆棘數日兵解母往視之猶尚氣息遂收養之及長好經學博通書傳以尚書教授舉孝廉永平中以謁者守侍御史與三府掾屬共考按楚獄顏忠王平等辭連及隧鄉侯耿建朗陵侯臧信護澤侯鄧鯉曲成侯劉建建等辭未嘗與忠平相見是時顯宗怒甚吏皆惶恐諸所連及率一切陷入無敢以情恕者朗心傷其冤試以建等物色物色謂形狀也獨問忠平而二人錯愕不能對朗知其詐乃上言建等無姦專爲忠平所誣疑天下無辜類多如此帝乃召朗入問曰建等卽如是忠平何故引之朗對曰忠平自知所犯不道故多有虛引冀以自明帝曰卽如是四侯無事何不早奏獄竟而久繫至今邪朗對曰臣雖考之無事然恐海內別有發其姦者故未敢時上帝怒罵曰吏持兩端促提下左右方引去朗曰願一言而死小臣不敢欺欲助國耳帝問曰誰與共爲章對曰臣自知當必族滅不敢多汙染人誠冀陛下一覺悟而已臣見考四在事者咸言妖惡大故臣子所宜同疾今出之不如入之可無後責是以考一連十考十連百又公卿朝會陛下問得失皆跪言舊制大罪禍及九族陛下大恩裁止於身天下幸甚及其歸舍口雖不言而仰屋竊歎莫不知其多冤無敢牾陛下者臣今所陳誠死無悔帝意少解詔遣朗出後二日車駕自幸洛陽獄錄囚徒理出千餘人後平忠死獄中朗乃自繫會赦免官復舉孝廉建初中肅宗大會羣臣朗前謝恩詔以朗納忠先帝拜爲易長歲餘遷濟陽令以母喪去官百姓追思之章和元年上行東巡狩過濟陽三老吏人上書陳朗前政狀帝至梁召見朗詔三府爲辟首由是辟司徒府永元中再遷清河太守坐法免永初三年太尉張禹薦朗爲博士徵詣公車會卒時年八十四

朱暉字文季南陽宛人也家世衣冠暉早孤有氣決年十三王莽敗天下亂與外氏家屬從田間奔入宛城道遇羣賊白刃劫諸婦女略奪衣物昆弟賓客皆惶迫伏地莫敢動暉拔劒前曰財物皆可取耳諸母衣不可得今日朱暉死日也賊見其小壯其志笑曰童子內刀遂捨之而去初光武與暉父岑俱學長安有舊故及卽位

求問岑時已卒乃召暉拜爲郎暉尋以病去卒業於大學性矜嚴進止必以禮諸儒稱其高永平初顯宗舅新陽侯陰就慕暉賢自往候之暉避不見復遣家臣致禮暉遂閉門不受就歎曰志士也勿奪其節後爲郡吏太守阮況嘗欲市暉牛暉不從及況卒暉乃厚贈送其家人或譏焉暉曰前阮府君有求於我所以不敢聞命誠恐以財貨汙君今而相送明吾非有所愛也驃騎將軍東平王蒼聞而辟之甚禮敬焉正月朔旦蒼當入賀故事少府給璧是時陰就爲府卿貴驕吏慠不奉法蒼坐朝堂漏且盡而求璧不可得顧謂掾屬曰若之何暉望見少府主簿持璧卽往紿之曰我數聞璧而未嘗見試請觀之主簿以授暉暉顧召令史奉之主簿大驚遽以白就就曰朱掾義士勿復求更以他璧朝蒼既罷召暉謂曰屬者掾自視孰與藺相如帝聞壯之及當幸長安欲嚴宿衞故以暉爲衞士令再遷臨淮太守暉好節槩有所拔用皆厲行士其諸報怨以義犯率皆爲求其理多得生濟其不義之囚卽時僵仆吏民畏愛爲之歌曰彊直自遂南陽朱季吏畏其威民懷其惠數年坐法免暉剛於爲吏見忌於上所在多被劾自去臨淮屏居野澤布衣蔬食不與邑里通鄉黨譏其介建初中南陽大饑米石千餘暉盡散其家資以分宗里故舊貧羸者鄉族皆歸焉初暉同縣張堪素有名稱嘗於太學見暉甚重之接以友道乃把暉臂曰欲以妻子託朱生暉以堪先達舉手不敢對自後不復相見堪卒暉聞其妻子貧困乃自往候視厚賑贍之暉少子頡怪而問曰大人不與堪爲友平生未嘗相聞子孫竊怪之暉曰堪常有知已之言吾以信於心也暉又與同郡陳揖交善揖早卒有遺腹子友暉常哀之及司徒桓虞爲南陽太守召暉子駢爲吏暉辭駢而薦友虞歎息遂召之其義烈如此元和中肅宗南巡狩告南陽太守問暉起居召拜爲尙書僕射歲中遷太山太守暉上疏乞留中詔許之因上便宜陳密事深見嘉納詔報曰補公家之闕不累淸白之素斯善美之士也俗吏苟合阿意面從進無謇謇之志卻無退思之念患之甚久惟今所言適我願也生其勉之是時穀貴縣官經用不足朝廷憂之尙書張林上言穀所以貴由錢賤故也可盡封錢一取布帛爲租以通天下之用又鹽食之急者雖貴人不得不須官可自鬻（鬻古賣字）又宜因交趾益州上計吏往來市珍寶收採其利武帝時所謂均輸者也於是詔諸尙書通議暉奏據林言不可施行事遂寢後陳事者復重述林前議以爲於國誠便帝然之有詔施行暉復獨奏曰王制天子不言有無諸侯不言多少食祿之家不與百姓爭利今均輸之法與賈販無異鹽利歸官則人窮怨布帛爲租則吏姦盜誠非明主所當宜行帝卒以林等言爲然得暉重議因發怒切責諸尙書暉等皆自繫獄三日詔勑出之曰國家樂聞駮議黃髮無愆詔書過耳何故自繫暉因稱疾篤不肯復署議尙書令以下惶怖謂暉曰今臨得譴讓柰何稱疾其禍不細暉曰行年八十蒙恩得在機密當以死報若心知不可而順旨雷同負臣子之義今耳目無所聞見伏待死命遂閉口不復言諸尙書不知所爲乃共劾奏暉帝意解寢其事後數日詔使直事郎問暉起居太醫視疾太官賜食暉乃起謝復賜錢十萬布百疋衣十領後遷尙書令以老乞身拜騎都尉賜錢二十萬和帝卽位竇憲北征匈奴暉復上疏諫頃之病卒子頡修儒術安帝時至陳相頡子穆字公叔年五歲便有孝稱父母有病輒不飲食差乃復常及壯耽學銳意講誦或時思至不自知亾失衣冠顚隊阬岸其父常以爲專愚幾不知數馬足穆愈更精篤初舉孝廉順帝末江淮盜賊羣起州郡不能禁或說大將軍梁冀曰朱公叔兼資文武海內奇士若以爲謀主賊不足平也冀亦素聞穆名乃辟之使典兵事甚見親任及桓帝卽位順烈太后臨朝穆以冀埶地親重望有以扶持王室因推災異奏記以勸戒冀曰穆伏念明年丁亥之歲刑德合於乾位易經龍戰之會其文曰龍戰於野其道窮也謂陽道將勝而陰道負也今年九月天氣鬱冒五位四候連失正氣此互相明也夫善道屬陽惡道屬陰若修正守陽摧抑惡類則福從之矣穆每事不逮所好唯學傳授於師時有可試願將軍少察愚言申納諸儒而親其忠正絕其姑息專心公朝割除私欲廣求賢能斥遠佞惡夫人君不可不學當以天地順道漸漬其心宜爲皇帝選置師傅及侍講者得小心忠篤敦禮之士將軍與之俱入參勸講授師賢法古此猶倚南山坐平原也誰能傾之今年夏月暈房星明年當有小厄宜急誅姦臣爲天下所怨毒者以塞災咎議郎大夫之位本以式序儒術高行之士今多非其人九卿之中亦有乘其任者惟將軍察焉又薦种暠欒巴等而明年嚴鮪謀立淸河王蒜又黃龍二見沛國冀無術學遂以穆龍戰於野之言爲應於是請暠爲從事中郎薦巴爲議郎舉穆高第爲侍御史時同郡趙康叔盛者隱於武當山淸靜不仕以經傳敎授穆時年五十乃奉書稱弟子及康歿喪之如師其尊德樂道爲當時所服常感時澆薄慕尙

敦篤乃作崇厚論以明所守又著絶交論亦矯時之作梁冀驕暴不悛朝野嗟毒穆以故吏懼其釁積招禍復奏記諫曰古之明君必有輔德之臣規諫之官下至器物銘書成敗以防遺失故君有正道臣有正路從之如升堂違之如赴壑今明將軍地有申伯之尊位爲羣公之首一日爲善天下歸仁終朝爲惡四海傾覆頃者官吏俱匱加以水蟲爲害京師諸官費用增多詔書發調或至十倍各言官無見財皆當出人榜掠剝割彊令充足公賦既重私斂又深牧守長吏多非德選貪聚無厭遇人如虜或絶命於箠楚之下或自賊於迫切之求又掠奪百姓皆託之尊府遂令將軍結怨天下吏民酸毒道路嘆嗟誠所不忍聞也往者永和之末綱紀少弛而馬勉之徒乘敝而起荆揚之間幾成大患幸賴順烈皇后初政清靜外內同力僅乃討定今百姓戚戚困於永和內非仁愛之心可得容忍外非守國之計所宜久安也夫將相大臣均體元首共輿而馳同舟而濟輿傾舟覆患實共之豈可以去明即昧履危自安主孤時困而莫之卹乎宜時易宰守非其人者減省第宅園池之費拒絶郡國諸所奉送內以自明外解人惑使挾姦之吏無所依託司察之臣得盡耳目憲度既張遠邇清一則將軍身尊事顯德燿無窮矣冀不納而縱放日滋遂復賂遺左右交通宦者任其子弟賓客以爲州郡要職穆又奏記極諫冀終不悟報書云如此僕亦無一可邪穆言雖切然亦不甚罪也永興元年河溢漂害人庶數十萬戶百姓荒饉流移道路冀州盜賊尤多故擢穆爲冀州刺史州人有宦者三人爲中常侍並以檄謁穆穆疾之辭不相見冀部令長聞穆濟河解印綬去者四十餘人及到奏劾諸郡至有自殺者以威畧權宜盡誅賊渠帥舉劾權貴或乃死獄中有宦者趙忠喪父歸葬安平僭爲璵璠玉匣偶人穆聞之下郡案驗吏畏其嚴明遂發墓剖棺陳尸出之而收其家屬帝聞大怒徵穆詣廷尉輸作左校太學書生劉陶等數千人詣闕上書訟穆曰伏見弛刑徒朱穆處公憂國拜州之日志清姦惡誠以常侍貴寵父兄子弟布在州郡競爲虎狼噬食小人故穆張理天綱補綴漏目羅取殘禍以塞天意由是內官咸共恚疾謗讟煩興讒隙仍作極其刑謫輸作左校天下有識皆以穆同勤禹稷而被共鯀之戾若死者有知則唐帝怒於崇山重華忿於蒼墓矣當今中官近習竊持國柄手握王爵口含天憲運賞則使餓隸富於季孫呼噏則令伊顏化爲桀跖而穆獨亢然不顧身害非惡榮而好辱惡生而好死也徒感王綱之不攝懼天綱之久失故竭心懷憂爲上深計臣願黥首繫趾代穆校作帝覽其奏乃赦之穆居家數年在朝諸公多有推薦者於是徵拜尚書穆既深疾宦官及在臺閣旦夕共事志欲除之乃上疏曰案漢故事中常侍參選士人建武以後乃悉用宦者自延平以來浸益貴盛假貂璫之飾處常伯之任天朝政事一更其手權傾海內寵貴無極放濫驕溢漁食百姓臣以爲可悉罷省更選海內清淳之士明達國體者以補其處帝不納後穆因進見口復陳曰臣聞漢家舊典置侍中中常侍各一人省尚書事黃門侍郎一人傳發書奏皆用世族自和熹太后以女主稱制不接公卿乃以閹人爲常侍小黃門通命兩宮自此以來權傾人主窮困天下宜皆罷遣博選耆儒宿德與參故事帝怒不應穆伏不肯起左右傳出良久乃趨而去自此中官數因事稱詔詆毀之穆素剛不得意居無幾憤懣發疽延熹六年卒時年六十四祿仕數十年蔬食布衣家無餘財公卿共表穆立節忠清虔恭機密守死善道宜蒙旌寵策詔褒述追贈益州太守所著論策奏教書詩記嘲凡二十篇穆前在冀州所辟用皆清德長者多至公卿州郡子野少有名節仕至河南尹初穆父卒穆與諸儒考依古義謚曰貞宣先生及穆卒蔡邕復與門人共述其體行謚爲文忠先生

樂恢字伯奇京兆長陵人也父親爲縣吏得罪於令收將殺之恢年十一常俯伏寺門晝夜號泣令聞而矜之即解出親恢常好經學事博士焦永永爲河東太守恢隨之官閉廬精誦不交人物後永以事被考諸弟子皆以通關被繫恢獨皦然不污於法遂篤志爲名儒性廉直介立行不合己者雖貴不與交信陽侯陰就數致禮請恢恢絶不答後仕本郡吏太守坐法誅故人莫敢往恢獨奔喪行服坐以抵罪歸復爲功曹選舉不阿請託無所容同郡楊政數衆毁恢後舉政子爲孝廉由是鄉里歸之辟司空牟融府會蜀郡太守第五倫代融爲司空恢以與倫同郡不肯留薦潁川杜安而退諸公多其行連辟之遂皆不應後徵拜議郎會車騎將軍竇憲出征匈奴恢數上書諫爭朝廷稱其忠入爲尚書僕射是時河南尹王調洛陽令李阜與竇憲厚善縱舍自由恢劾奏調阜并及司隸校尉諸所刺舉無所回避貴戚惡之憲弟夏陽侯瓌欲往候恢恢謝不與通憲兄弟放縱而忿其不附己妻每諫恢曰昔人有容身避害何必以言取怨恢歎曰吾何忍素餐立人之朝乎遂上疏諫曰臣聞百王之失皆由權移於下大臣持國常以埶盛爲

咎伏念先帝聖德未永早棄萬國陛下富於春秋纂承大統諸舅不宜幹正王室以示天下之私經曰天地乖互眾物夭傷君臣失序萬人受殃政失不救其極不測方今之宜上以義自割下以謙自引四舅可長保爵土之榮皇太后永無慚負宗廟之憂誠策之上者也書奏不省時竇太后臨朝和帝未親萬機恢以意不得行乃稱疾乞骸骨詔賜錢太醫視疾恢薦任城郭均成陽高鳳而遂稱篤拜騎都尉上書辭謝曰仍受厚恩無以報效夫政在大夫孔子所疾世卿持權春秋以戒聖人懇惻不虛言也近世外戚富貴必有驕溢之敗今陛下思慕山陵未遑政事諸舅寵盛權行四方若不能自損誅罰必加臣壽命垂盡臨死竭愚惟蒙留神詔聽上印綬乃歸鄉里竇憲因是風厲州郡逼脅恢遂飲藥死弟子縗絰輓者百人眾庶傷痛之後竇氏誅帝始親事恢門生何融等上書陳恢忠節除子已爲郎中

何敞字文高扶風平陵人也其先家於汝陰六世祖比干學尚書於鼂錯武帝時爲廷尉正與張湯同時湯持深而比干務仁恕數與湯爭雖不能盡得然所濟活者以千數後遷丹陽都尉因徙居平陵敞父寵建武中爲千乘都尉以病免遂隱居不仕敞性公正自以趣舍不合時務每請召常稱疾不應元和中辟太府宋由府由待以殊禮敞議論高常引大體多所匡正司徒袁安亦深敬重之是時京師及四方累有奇異鳥獸草木言事者以爲祥瑞敞通經傳能爲天官意甚惡之乃言於三公曰夫瑞應依德而至災異緣政而生故鸜鵒來巢昭公有乾侯之戹西狩獲麟孔子有兩楹之殯海鳥避風臧文祀之君子譏焉今異鳥翔於殿屋怪草生於庭際不可不察由安懼然不敢答居無何而肅宗崩時竇氏專政外戚奢侈賞賜過制倉帑爲虛敞奏記由曰比年水旱人不收穫涼州緣邊家被凶害中州內郡公私屈竭而國家賞賚過度帑藏幾空明公位尊任重責深負大上當匡正綱紀下當濟安元元豈但空空無違而已哉宜先正已以率羣下還所得賜因陳得失奏王侯就國除苑囿之禁節省浮費賑卹孤窮使恩澤下暢黎庶悅豫上天聰明必有立應由不能用時齊殤王子都鄉侯暢奔弔國憂上書未報侍中竇憲遂令人刺殺暢於城門屯衞之中而主名不立敞又說由曰劉暢宗室肺腑茅土藩臣來弔大憂上書須報親在武衞致此殘酷奉憲之吏莫適討捕蹤跡不顯主名不立敞備數股肱職典賊曹故欲親至發所以糾其變而二府以爲故事三公不與盜賊昔陳平生於征戰之世猶知宰相之分云外鎮四夷內撫諸侯使卿大夫各得其宜今二府執事不深惟大義惑於所聞公縱姦慝莫以爲咎惟明公運獨見之明昭然勿疑敞不勝所見請獨奏案由乃許焉二府聞敞行皆遣主者隨之於是推舉具得事實京師稱其正以高第拜侍御史時遂以竇憲爲車騎將軍大發軍擊匈奴而詔使者爲憲弟篤景並起邸第興造勞役百姓愁苦敞上疏諫曰臣聞匈奴之爲桀逆久矣平城之圍嫚書之恥此二辱者臣子所爲捐軀而必死高祖呂后忍怒還忿舍而不誅今匈奴無逆節之罪漢朝無可慙之恥而盛春東作興動大役元元怨恨咸懷不悅而猥復爲衞尉篤奉車都尉景繕修館第彌街絕里臣雖斗筲之人誠切懷怪以爲篤景親近貴臣當爲百寮儀表今衆軍在道朝廷焦脣百姓愁苦縣官無用而遽起大第崇飾玩好非所以垂令德示無窮也宜且罷工匠專憂北邊恤人之困書奏不省後拜爲尚書復上封事曰昔鄭武姜之幸叔段衞莊公之寵州吁愛而不教終至凶戾由是觀之愛子若此猶饑而食之以毒適所以害之也伏見大將軍憲始遭大憂公卿比奏欲令典幹國事憲深執謙退固辭盛位懇懇勤勤言之深至天下聞之莫不悅喜今踰年無幾大禮未終卒然中改兄弟專朝憲秉三軍之重篤總宮衞之權而虐用百姓奢侈僭逼誅戮無罪肆心自快今者論議匈匈咸謂叔段州吁復生於漢臣觀公卿懷持兩端不肯極言者以爲憲等若有匪懈之志則已受吉甫襃申伯之功如憲等陷於罪辜則自取陳平周勃順呂后之權終不以憲等吉凶爲憂也臣敞區區誠欲計策兩安絕其緜緜塞其涓涓上不欲令皇太后損文母之號陛下有誓泉之譏下使憲等得長保其福祐也又駙馬都尉瓌雖在弱冠有不隱之忠比請退身願抑家權可與參謀聽順其意誠宗廟至計竇氏之福敞數切諫言諸竇罪過憲等深怨之時濟南王康尊貴驕甚憲乃白出敞爲濟南太傅敞至國輔康以道義數引法度諫正之康敬焉歲餘遷汝南太守敞疾文俗吏以苛刻求當時名譽故在職以寬和爲政立春日常召督郵還府分遣儒術大吏案行屬縣顯孝悌有義行者及舉冤獄以春秋義斷之是以郡中無怨聲百姓化其恩禮其出居者皆歸養其父母追行喪服推財相讓者二百許人置立禮官不任文吏又修理鮦陽舊渠百姓賴其利墾田增三萬餘頃吏人共刻石頌敞功德及竇氏敗有司奏敞子與夏陽侯瓌厚善坐免官永元十二年復徵三遷五官中郎將

常忿疾中常侍蔡倫倫甚憾之元興元年敞以祠廟嚴
肅微疾不齋後鄧皇后上太傅禹冢敞起隨百官會倫
因奏敞詐病坐抵罪卒於家

通志卷一百九十七

宋右迪功郎鄭樵漁仲撰

列傳第二十二下

鄧彪字智伯南陽新野人太傅禹之宗也父邯中興初以功封鄳(莫庚反)侯仕至勃海太守彪少厲志修孝行父卒讓國於異母弟荆鳳顯宗高其節下詔許焉後仕州郡辟公府五遷桂陽太守永平十七年徵入爲太僕數年喪後母辭疾乞身詔以光祿大夫行服服竟拜奉車都尉遷大司農數月代鮑昱爲大尉彪在位淸白爲百僚式視事四年以疾乞骸骨元和元年賜策罷贈錢三十萬在所以二千石奉終其身又詔太常四時致宗廟之胙(胙祭廟肉也禮凡預祭異姓則歸之胙同姓則留之晏彪不預祭而賜胙重之)河南尹遣丞存問常以八月旦奉羊酒(賜羊一頭酒一石也)和帝即位以彪爲太傅錄尙書事賜爵關中侯(按漢無關中侯中當作內字)永元初竇氏專權驕縱朝廷多有諫爭而彪在位修身而已不能有所匡正又嘗奏免中丞周紆紆前失竇氏旨故頗以此致譏然當時宗其禮讓及竇氏誅以老病上還樞機職詔賜養牛酒而許焉五年春薨于位天子親弔臨其喪

張禹字伯達趙國襄國人也祖父況族姉爲皇祖考夫人數往來南頓見光武光武爲大司馬過邯鄲況爲郡吏謁見光武光武大喜曰乃今得我大舅乎因與俱北到高邑以爲元氏令遷涿郡太守後爲常山關長會赤眉攻關城況戰歿父歆初以報仇逃亡後仕爲淮陽相終於汲令禹性篤厚節儉父汲卒吏民賻送前後數百萬悉無所受又以田宅推與伯父身自寄止永平八年舉孝廉稍遷建中初拜揚州刺史當過江行部中士人皆以江有子胥之神難於濟涉禹將度吏固請不聽禹厲言曰子胥如有靈知吾志在理察冤枉豈危我哉遂鼓檝而過歷行郡邑深幽之處莫不畢到親錄囚徒多所明舉吏民希見使者人懷喜悅怨德美惡莫不自歸焉元和二年轉兗州刺史亦有淸平稱三年遷下邳相縣北界有蒲陽陂傍多良田而堙廢莫修禹爲開水門通引灌漑遂成熟田數百頃勸率吏民假與種糧親自勉勞遂大收穀實鄰郡貧者歸之千餘戸室廬相屬其下成市後歲至墾千餘頃民用溫給功曹史戴閏故太尉掾也權動郡內有小譴禹令自致徐獄然後正其法自長史以下莫不震肅永元六年入爲大司農拜太尉和帝甚禮之十五年南巡祠園廟禹以太尉兼衞尉留守聞車駕當進幸江陵以爲不宜冒險遠驛馬上諫詔報曰祠謁既訖當南禮大江會得君奏臨漢迴輿而旋及行還禹特蒙賞賜延平元年遷爲太傅錄尙書事鄧太后以殤帝初育欲令重臣居禁內乃詔禹舍宮中給帷帳牀褥太官朝夕進食五日一歸府每朝見特贊與三公絕席禹上言方諒闇密靜之時不宜依常有事於苑囿其廣成上林空地宜且以假貧民后從之及安帝即位數上疾乞身詔遣小黃門問疾賜牛一頭酒十斛勸令就第其錢布刀劍衣物前後累至永初元年以定策功封安鄉侯食邑千二百戸與太尉徐防司空尹勤同日俱封其秋以寇賊水雨策免防勤而禹不自安上書乞骸骨更拜太尉四年新野君病皇太后車駕幸其第禹與司徒夏勤司空張敏俱上表言新野君不安車駕連日止宿臣等誠切惶懼臣聞王者動設先置止則交戟淸道而後行淸室而後御離宮不宿所以重宿衞也陛下體烝烝之志孝親省方篤恩情發中久處單外百官露止議者所不安宜且還宮上爲宗廟社稷下爲萬國子民比三上固爭乃還宮後連歲災荒府藏空虛禹上疏求入三歲租稅以助郡國稟假詔許之五年以陰陽不和策免七年卒于家使者弔祭除小子曜爲郎中長子盛嗣

徐防字謁卿沛國銍人也祖父宣爲講學大夫以易教授王莽父憲亦傳宣業防少習父祖學永平中舉孝廉除爲郎防體貌矜嚴占對可觀顯宗異之特補尙書郎職典樞機周密畏愼奉事二帝未嘗有過和帝時稍遷司隸校尉出爲魏郡太守永元十年遷少府大司農防勤曉政事所在有迹十四年拜司空防以五經久遠聖意難明宜爲章句以悟後學上疏曰臣聞詩書禮樂定自孔子發明章句始於子夏其後諸家分析各有異說漢承亂秦經典廢絕本文略存或無章句收拾缺遺建立明經博徵儒術開置太學孔聖既遠微旨將絕故立博士十有四家設甲乙之科以勉勸學者所以示人好惡改敝就善者也伏見太學試博士弟子皆以意說不修家法私相容隱開生姦路每有策試輒興諍訟論議紛錯互相是非孔子稱述而不作又曰吾猶及史之闕文疾史有所不知而不肯闕也今不依章句妄生穿鑿以遵師爲非義意說爲得理輕侮道術寖以成俗誠非詔書實選本意改薄從忠三世常道專精務本儒學所先臣以博士及甲乙策試宜從其家章句開五十難以試之解釋多者爲上第引文明者爲高說若不依先師義有相伐皆正以爲非五經各取上第六人論語不宜射策雖所失或久差可矯革詔書下公卿皆從防言十

六年爲司徒延平元年遷太尉與太傅張禹參錄尚書事數受賞賜甚見優寵安帝即位以定策封龍鄉侯食邑千一百戸其年以災異寇賊策免就國凡三公以災異策免自防始也防卒子衡當嗣讓封於其弟崇數歲不得已乃出就爵云

張敏字伯達河間鄚人也建初二年舉孝廉四遷五年爲尚書建初中有人侮辱人父者而其子殺之肅宗貰其死刑而降宥之自後因以爲比是時遂定其議以爲輕侮法敏駮議曰夫輕侮之法先帝一切之恩不有成科班之律令也夫死生之決宜從上下猶天之有四時有生有殺若開相容恕著爲定法者則是故設姦萌生長罪隙孔子曰民可使由之不可使知之春秋之義子不報讎非子也而法令不爲之減者以相殺之路不可開故也今託義者得減妄殺者有差使執憲之吏得設巧詐非所以導在醜不爭之義又輕侮之比寖以繁滋至有四五百科轉相顧望彌復增甚難以垂之萬載臣聞師言救文莫如質故高帝去煩苛之法爲三章之約建初詔書有改於古者可下三公廷尉蠲除其弊議寢不省敏復上疏曰臣敏蒙恩特見拔擢愚心所不曉迷意所不解誠不敢苟隨衆議臣伏見孔子垂經典皐陶造法律原其本意皆欲禁民爲非也未曉輕侮之法將以何禁必不能使不相輕侮而更開相殺之路執憲之吏復容其姦枉議者或曰平法當先論生臣愚以爲天地之性唯人爲貴殺人者死三代通制今欲趣生反開殺路一人不死天下受敝記曰利一害百人去城郭夫春生秋殺天地之常春一物枯即爲災秋一物華即爲異王者承天地順四時法聖人從經律願陛下留心下民考尋利害廣令平議天下幸甚和帝從之九年拜司隷校尉視事二歲遷汝南太守清約不煩用刑平正有理能名坐事免延平元年拜議郎再遷潁川太守徵拜司空在位奉法而已視事三歲以病乞身不聽六年春行大射禮陪位頓仆乃策罷之因病篤卒于家

胡廣字伯始南陽華容人也六世祖剛清高有志節平帝時大司農馬宮辟之値王莽居攝解其衣冠縣府門而去遂亡命交阯隱於屠肆之間後莽敗乃歸鄉里父貢交阯都尉廣少孤貧親執家苦長大隨輩入郡爲散吏太守法雄之子眞從家來省其父眞頗知人會歲終應舉雄勅眞助求其才雄因大會諸吏眞自牖間密占察之乃指廣以白雄遂察孝廉既到京師試以章奏安帝以廣爲天下第一旬月拜尚書郎五遷尚書僕射順帝欲立皇后而貴人有寵者四人莫知所建議欲探籌以神定選廣與尚書郭虔史敞上疏諫曰竊見詔書以立后事大謙不自專假之籌策決疑靈神篇籍所記祖宗典故未嘗有也特神任筮既不必當賢就値其人猶非德選夫岐嶷形於自然俔天必有異表宜參良家簡求有德德同以年年約以貌稽之典經斷之聖慮政令猶汗往而不反詔文一下形之四方臣職在拾遺憂深責重是以焦心冒昧陳聞帝從之以梁貴人良家子定立爲皇后時尚書令左雄議改察舉之制限年四十以上儒者試經學文吏試章奏廣復與虔敞上書駮之曰臣等竊見尚書令左雄議郡舉孝廉皆限年四十以上諸生試章句文吏試章奏明詔既許復令臣等得與相參竊惟王命之重載在篇典當令縣於日月固於金石遺則百王施之萬世詩云天難諶斯不易惟王可不愼歟蓋選舉因才無拘定制六奇之策不出經學鄭阿之政非必章奏甘奇顯用年乖彊仕終賈揚聲亦在弱冠漢承周秦兼覽殷夏祖德師經參雜霸軌聖主賢臣世以致德貢舉之制莫或回革今以一臣之言剗戾舊章便利未明衆心不厭矯枉變常政之所重而不訪台司不謀卿士若事下之後議者剎異異之則朝失其便同之則王言已行臣愚以爲可宜下百官參其同異然後覽擇勝否詳採厥衷惟陛下納焉帝不從時陳留郡缺職尚書史敞等薦廣才略深茂堪能撥煩宜試職千里匡寧方國廣典機事十年出爲濟陰太守以舉吏不實免復爲汝南太守入拜大司農漢安元年遷司徒質帝崩代李固爲太尉錄尚書事以定策立桓帝封育陽安樂鄉侯以病遜位又拜司空告老致仕尋以特進徵拜太常遷太尉以日食免復爲太常拜爲太尉延熹二年大將軍梁冀誅廣與司徒韓縯司空孫朗坐不衞宮皆減死一等奪爵土免爲庶人後拜太中大夫太常九年復拜司徒靈帝立與太傅陳蕃參錄尚書事復封故國以病自乞會蕃被誅復爲太傅總錄如故時年已八十而心力克壯繼母在堂朝夕瞻省傍無几杖言不稱老及母卒居喪盡哀率禮無愆性溫柔謹素常遜言恭色達練事體明解朝章雖無蹇直之風屢有補缺之益故京師諺曰萬事不理問伯始天下中庸有胡公及共李固定策大議不全又與中常侍丁肅婚姻以此譏毀於時自在公台三十餘年歷事六帝禮任甚優每遜位辭病及免退田里未嘗滿歲輒復升進凡一履司空再作司徒三登太尉又作太傅其所登命皆天下名士與故吏陳蕃李咸並爲三司蕃等每朝會輒稱疾避廣時

人榮之年八十二熹平元年薨使五官中郞將持節奉策贈太傅安樂鄉侯印綬給東園祕器謁者護喪賜冢塋于原陵諡文恭侯拜家一人爲郎中故吏自公卿大夫博士議郎以下數百人皆縗絰殯位自終及葬漢興以來人臣之盛未嘗有也初揚雄依虞箴作十二州二十五官箴其九箴亡闕後涿郡崔駰及子瑗又臨邑侯劉騊駼增補十六篇廣復繼作四篇文甚典美乃悉撰次首目爲之解釋名曰百官箴凡四十八篇其餘所著詩賦銘頌箴弔及諸解詁凡二十三篇熹平六年靈帝思感舊德乃圖畫廣及太尉黃瓊於省內詔議郎蔡邕爲其頌云

袁安字邵公汝南汝陽人也祖父良習孟氏易平帝時舉明經爲太子舍人建武初至成武令安少傳良學爲人嚴重有威見敬於州里爲縣功曹奉檄詣從事從事因安致書於令安曰公事自有郵驛私請則非功曹所持辭不肯受從事懼然而止後舉孝廉除陰平長任城令所在吏民畏而愛之永平三年楚王英謀爲逆事下郡覆考明年三府舉安能理劇拜楚郡太守是時英辭所連及繫者數千人顯宗怒甚吏案之急遍痛自誣死者甚衆安到郡不入府先往案獄理其無明驗者條上出之府丞掾史皆叩頭爭以爲阿附反虜法與同罪不可安曰如有不合太守自當坐之不以相及也遂分別具奏帝感悟卽報許得出者四百餘家歲餘徵爲河南尹政號嚴明然未嘗以贓罪鞫人常稱曰凡學仕者高則望宰相下則希牧守錮人於聖世尹所不忍爲也聞者皆感激自勵在職十年京師肅然名重朝廷建初八年遷太僕元和二年武威太守孟雲上書北虜既已和親而南部往復抄掠北單于謂漢欺之謀欲犯邊宜還其生口以安慰之詔百官議朝堂公卿皆言夷狄譎詐求欲無厭既得生口當復妄自誇大不可開許安獨曰北虜遣使奉獻和親有得邊生口者輒以歸漢此明其畏威而非先違約也雲以大臣典邊不宜負信於戎狄還之足示中國優貸而使邊人得安誠便司徒桓虞改議從安太尉鄭弘司空第五倫皆恨之弘因大言激厲虞曰諸言當還生口者皆爲不忠虞廷叱之倫及大鴻臚韋彪各作色變容司隸校尉舉奏安等皆上印綬謝肅宗詔報曰久議沈滯各有所志蓋事以議從策以衆定誾誾衎衎得禮之容寢嘿抑心更非朝廷之福君何尤而深謝其各冠履帝竟從安議明年代第五倫爲司空章和元年代桓虞爲司徒和帝卽位竇太后臨朝后兄車騎將軍憲北擊匈奴安與太尉宋由司空任隗及九卿詣朝堂上書諫以爲匈奴不犯邊塞而無故勞師遠涉損費國用徼功萬里非社稷之計書連上輒寢宋由懼遂不敢復署議而諸卿稍自引止唯安獨與任隗守正不移至免冠朝堂固爭者十上太后不聽衆皆爲之危懼安正色自若竇憲既出而弟衞尉篤執金吾景各專威權公於京師使客遮道奪人財物景又擅使乘驛馳檄緣邊諸郡發突騎及善射有才力者漁陽鴈門上谷三郡各遣吏將送詣景第有司畏憚莫敢言者安乃劾景擅發邊兵驚惑吏人二千石不待符信而輒承景檄當伏顯誅又奏司隸校尉河南尹阿附貴戚無盡節之義請免官案罪並寢不報憲景等日益橫盡樹其親黨賓客於名都大郡皆賦斂吏人更相賂遺其餘州郡亦復望風從之安與任隗舉奏諸二千石又他相連及貶秩免官者四十餘人竇氏大恨但以安隗素行高亦未有以害之時竇憲復出屯武威明年北單于爲耿夔所破遁走烏孫塞北地空餘部不知所屬憲日矜己功欲結恩北虜乃上立降者右鹿蠡王阿佟爲北單于置中郎將領護如南單于故事事下公卿議太尉宋由太常丁鴻光祿勳耿秉等十人議可許安與任隗奏以爲光武招懷南虜非謂可永安內地正以權時之算可得扞禦北狄故也今朔漠既定宜令南單于反其北庭并領降衆無緣復更立阿佟以增國費宗正劉方大司農尹睦同安議事奏未以時定安懼憲計遂行乃獨上封事曰臣聞功有難圖不可豫見事有易斷較然不疑伏惟光武皇帝本所以立南單于者欲安南定北之策也恩德甚備故匈奴遂分邊境無犯孝明皇帝奉承先意不敢失墜赫然命將爰伐塞北至乎章和之初降者十萬餘人議者欲置之濱塞東至遼東太尉宋由光祿勳耿秉皆以爲失南單于心不可先帝從之陛下奉承鴻業大開疆宇大將軍遠師討伐席卷北庭此誠宣明祖宗崇立鴻勳者也宜審其終以成厥功伏念南單于屯先父舉衆歸德自蒙恩以來四十餘年三帝積累以遺陛下陛下宜深遵述先志成就其業況屯首唱大謀空盡北虜輟而弗圖更立新降以一朝之計違三世之規失信於所養建立於無功由秉實知舊議而欲背棄先恩夫言行君子之樞機賞罰理國之綱紀論語曰言忠信行篤敬雖蠻貊行焉今若失信於一屯則百蠻不收復保誓矣又烏桓鮮卑新殺北單于凡人之情咸畏仇讎今立其弟則二虜懷怨兵食可廢信不可去且漢故事供給南單于費直歲一億九十餘萬西域歲七千

四百八十萬今北庭彌遠其費過倍是乃空盡天下而非建策之要也詔下其議安又與憲更相難折憲險急負埶言辭驕訐至詆毀安稱光武誅韓歆戴涉故事安終不移憲竟立匈奴降者右鹿蠡王於除鞬爲單于後遂反叛卒如安策安以天子幼弱外戚擅權每朝會進見及與公卿言國家事未嘗不噫嗚流涕自天子及大臣皆恃賴之四年春薨朝廷痛惜焉後數月竇氏敗帝始親萬機追思前議者邪正之節乃除安子賞爲郎策免宋由以尹睦爲太尉劉方爲司空睦河南人薨於位方平原人後坐事免歸自殺初安父沒母使安訪求葬地道逢三書生問安何之安爲言其故生乃指一處云葬此地當世爲三公須臾不見安異之於是遂葬其所占之地故累世隆盛焉安子京敞最知名京字仲譽習孟氏易作難記三十萬言初拜郎中稍遷侍中出爲蜀郡太守子彭字伯楚少傳父業歷廣漢南陽太守順帝初爲光祿勳行至清爲吏麤袍糲食終於議郎尚書胡廣等追表其有清潔之美比前朝貢禹第五倫未蒙顯贈當時皆嗟歎之彭弟湯字仲河少傳家學諸儒稱其節多歷顯位桓帝初爲司空以豫議定策封安國亭侯食邑五百戶累遷司徒太尉以災異策免卒謚曰康侯湯長子成左中郎早卒次子逢嗣逢字周陽以累世三公子寬厚篤信著稱於時靈帝立逢以太僕豫議增封三百戶後爲司空卒於執金吾朝廷以逢嘗爲三老特優禮之賜以珠畫特詔祕器飯含珠玉二十六品使五官中郎將持節奉策贈以車騎將軍印綬加號特進謚曰宣文侯子基嗣位至太僕逢弟隗少歷顯官先逢爲三公時中常侍袁赦隗之宗也用事於中以逢隗世宰

相家推崇以爲外援故袁氏貴寵於世富奢甚非他公族同獻帝初隗爲太傅成子紹逢子術自有傳董卓忿紹術背己遂誅隗及術兄基等男女二十餘人敞字叔平少傳易經教授以父任爲太子舍人和帝時歷位將軍大夫侍中出爲東郡太守徵拜太僕光祿勳元和三年代劉愷爲司空明年坐子與尚書郎張俊交通漏洩省中語策免敞廉勁不阿權貴失鄧氏旨遂自殺張俊者蜀郡人有才能與兄龕並爲尚書郎年少厲鋒氣郎朱濟丁盛立行不修俊欲舉奏之二人聞恐因郎陳重雷義往請俊俊不聽因其私賂侍史使求俊短得其私書與敞子遂封上之皆下獄當死俊自獄中占獄吏上書自訟書奏而俊獄已報廷尉將出穀門臨行刑鄧太后詔馳騎以減死論俊假名上書謝曰臣孤恩負義自陷重刑情斷意訖無所復望廷尉鞫遣歐刀在前棺絮在後魂魄飛揚形容已枯陛下聖澤以臣常在近密識其狀貌傷其眼目留心曲慮特加偏覆喪車復還白骨更肉披棺發槨起見白日天地父母能生臣俊不能使臣俊當死復生陛下德過天地恩重父母誠非臣俊破碎骸骨舉宗腐爛所報萬一臣俊徒也不得上書不勝去死就生驚喜踊躍觸冒拜章當時哀其文朝廷以此薄敞罪而隱其死以三公禮葬之復其官子盱盱後至光祿勳時大將軍梁冀擅朝外內莫不阿附唯盱與廷尉邯鄲義正身自守及桓帝誅冀使盱持節收其印綬事已具梁冀傳彭孫閎字夏甫少厲操行苦身修節父賀爲彭城相閎往省謁變名姓徒行無旅既至府門連日吏不爲通會阿母出見閎驚入白夫人乃密呼見既而辭去賀遣車送之閎稱眩疾不肯乘反郡界無知者

及賀卒郡閎兄弟迎喪不受賻贈縗絰扶柩冒犯寒露體貌枯毀手足血流見者莫不傷之服闋累徵聘舉召皆不應居處側陋以耕學爲業從父逢隗並貴盛數饋之無所受閎見時方險亂而家門富盛常對兄弟歎曰吾先公福祚後世不能以德守之而競爲驕奢與亂世爭權此卽晉之三郤矣延熹末黨事將作閎遂散髮絕世欲投迹深林以母老不宜遠遁乃築土室四周於庭不爲戶自牖納飲食而已旦於室中東向拜母母思閎時往就視母去便自掩閉兄弟妻子莫得見也及母歿不爲制服設位時莫能名或以爲狂生潛身十八年黃巾賊起攻沒郡縣百姓驚散閎誦經不移賊相約語不入其閭鄉人就閎避難皆得全免年五十七卒土室二弟忠弘節操皆亞於閎忠字正甫與同郡范滂爲友俱證黨事得釋語在滂傳初平中爲沛相乘葦車到官以清亮稱及天下大亂棄官客會稽上虞一見太守王朗徒從整飾心嫌之遂稱疾自絕後孫策破會稽忠等浮海南投交阯獻帝都許徵爲衞尉未到卒弘字紹甫恥其門族貴埶乃變姓名徒步師門不應徵辟終於家忠子祕爲郡門下議生黃巾起祕從太守趙謙擊之軍敗祕與功曹封觀等七人以身扞刃皆死於陣謙以得免詔祕等門閭號曰七賢封觀者少有志節當舉孝廉以兄名位未顯恥先受之遂稱風疾喑不能言火起觀屋徐出避之忍而不告後數年兄舉觀乃稱損而仕郡焉張酺字孟侯汝南細陽人趙王張敖之後也敖子壽封細陽之池陽鄉後廢因家焉酺少從祖父充受尚書能傳其業又事太常桓榮勤力不怠聚衆以百數永平九年顯宗爲四姓小侯開學於南宮置五經師酺以尚書

教授數講於御前以論難當意除爲郎賜車馬衣裝遂令入授皇太子酺爲人質直守經義每侍講間隙數有匡正之辭以嚴見憚及肅宗即位時擢酺爲侍中虎賁中郎將數月出爲東郡太守酺自以嘗經親近未悟見出意不自得乃上疏辭讓詔報不許賜裝三十萬令亟之官酺雖儒者而性剛斷下車擢用義勇搏擊豪彊長吏有殺盜徒者酺輒案之以爲令長受贓猶不至死盜徒皆饑寒傭保何足窮其法乎郡吏王青者祖父翁與前太守翟義起兵攻王莽及義敗餘衆悉降翁獨守節力戰莽遂燔燒之父隆建武初爲都尉功曹青爲小吏與父俱從都尉行縣遇賊隆以身衛全都尉遂死於難青亦被矢貫咽音聲流喝前郡守以青身有金夷竟不能舉酺見之歎息曰豈有一門忠義而爵賞不及乎遂擢用極右曹乃上疏薦青三世死節宜蒙顯異奏下三公由此爲司空所辟自酺出後帝每見諸王師傅嘗言張酺前入講屢有諫正誾誾惻惻出於誠心可謂有史魚之風矣元和二年東巡狩幸東郡引酺及門生并郡縣掾史並會庭中帝先備弟子之儀使酺講尚書一篇然後修君臣之禮賞賜殊特莫不沾洽酺視事十五年和帝初遷魏郡太守郡人鄭據時爲司隸校尉奏免執金吾竇景景後復位遣掾夏猛私謝酺曰鄭據小人爲所侵冤聞其兒爲吏放縱狼籍取是曹子一人足以警百酺大怒即收猛繫獄檄言執金吾府疑猛與據子不平矯稱卿意以報私讎會有贖罪令猛乃得出頃之徵入爲河南尹竇景家人復擊傷市卒吏捕得之景怒遣緹騎侯海等五百餘人毆傷市丞酺部吏楊章等窮究正海罪徙朔方景忿怒乃移書辟章等六人爲執金吾吏欲因報之章等惶恐入白酺願自引臧罪以辭景命酺即上言其狀竇太后詔報自今執金吾辟吏皆勿遣及竇氏敗酺乃上疏曰臣實愚憃不及大體以爲竇氏雖伏厥辜而罪刑未著後世不見其事但聞其誅非所以垂示國典貽之將來宜下理官與天下平之方憲等寵貴羣臣阿附唯恐不及皆言憲受顧命之託懷伊呂之忠至乃復比鄧夫人於文母今嚴威既行皆言當死不復顧其前後考折厥衷臣伏見夏陽侯瓌每存忠善前與臣言常有盡節之心檢勑賓客未嘗犯法臣聞王政骨肉之刑有三宥之義過厚不過薄今議者爲瓌選嚴能相恐其逼切必不完免宜裁加貸宥以崇厚德和帝感酺言徙瓌封就國而已永元五年遷酺爲太僕數月代尹睦爲太尉數上疏以疾乞身薦魏郡太守徐防自代帝不許使中黃門問病加以珍羞賜錢二千萬酺遂稱疾篤時子蕃以郎侍講帝因令小黃門勑蕃曰陰陽不和萬民失所朝廷望公思惟得失與國同心而託病自絜求去重任誰當與吾同憂責者非有望於斷金也司徒固疾司空年老公其僶俛勿露所勑酺惶恐詣闕謝還復視事酺雖在公位而父常居田里酺每有遷職輒一詣京師嘗來候酺適會歲節公卿罷朝俱詣酺府奉酒上壽極歡卒日衆人皆慶羨之及父卒既葬詔遣使齎午酒爲釋服後以事與司隸校尉晏稱會於朝堂酺從容謂稱曰三府辟吏多非其人稱歸即奏令三府各實其掾吏酺本以私言不意稱奏之甚懷恨會復其謝闕下酺因責讓於稱稱辭語不順酺怒遂廷叱之稱乃劾奏酺有怨言天子以酺先帝師有詔公卿博士朝臣會議司徒呂蓋奏酺位居三司知公門有儀不屏氣鞠躬以須詔命反作色大言怨讓使臣不可以示四遠於是策免酺歸里舍謝遣諸生閉門不通賓客左中郎將何敞及言事者多訟酺公忠帝亦雅重之十五年復拜爲光祿勳數月代魯恭爲司徒月餘薨乘輿縞素臨弔賜冢塋地賵贈恩寵異於他相酺病臨危勑其子曰顯節陵埽地露祭欲率天下以儉吾爲三公既不能宣揚王化令吏人從制豈可不務節儉乎其無起祠堂可作藁蓋廡施祭其下而已曾孫濟好儒學光和中至司空病罷及卒靈帝以舊恩贈車騎將軍關內侯印綬其年追濟侍講有勞封子根爲蔡陽鄉侯弟喜初平中爲司空

韓棱字伯師潁川舞陽人弓高侯穨高之後也世爲鄉里著姓父尋建武中爲隴西太守棱四歲而孤養母弟以孝友稱及壯推先父餘財數百萬與從昆弟鄉里益高之初爲郡功曹太守葛興中風病不能聽政棱陰代興視事出入二年令無違者興子嘗發教欲署吏棱拒執不從因令怨者章之事下案驗吏以棱掩蔽興病專典郡職遂成禁錮顯宗知其忠後詔特原之由是徵辟五遷爲尚書令與僕射郅壽尚書陳寵同時俱以才能稱肅宗嘗賜諸尚書劍唯此三人特以寶劍自手署其名曰韓棱楚龍淵郅壽蜀漢文陳寵濟南椎成時論者爲之說以棱淵深有謀故得龍淵壽明達有文章故得漢文寵敦朴善不見外故得椎成和帝即位侍中竇憲使人刺殺齊殤王子都鄉侯劉暢於上東門有司畏憲咸委疑於暢兄弟詔遣侍御史之齊按其事棱上疏以爲賊在京師不宜捨近問遠恐爲姦臣所笑竇太后怒以切責棱棱固執其議及事發果如所言憲惶恐白太

后求出擊匈奴以贖罪稜復上疏諫太后不從及憲有功還爲大將軍威震天下復出屯武威會帝西祠園陵詔憲與車駕會長安及憲至尚書以下議欲拜之伏稱萬歲稜正色曰夫上交不諂下交不黷禮無人臣稱萬歲之制議者皆慙而止尚書左丞王龍私奏記上牛酒於憲稜舉奏龍論爲城旦稜在朝數薦舉應順呂章周紆等皆有名當時及竇氏敗稜典按其事深竟黨與數月不伏沐帝以爲憂國忘家賜布三百疋遷南陽太守特聽稜得過家上冢鄉里以爲榮稜發摘姦盜郡中震慄政號嚴平數歲徵入爲太僕九年冬代張奮爲司空明年薨子輔安帝時至趙相稜孫演順帝時爲丹陽太守政有能名桓帝時爲司徒大將軍梁冀被誅演坐阿黨抵罪以減死論遣歸本郡後復徵拜司隸校尉

周榮字平孫廬江舒人也肅宗時舉明經辟司徒袁安府安數與議論甚器之及安舉奏竇景及與竇憲爭立北單于事皆榮所具草竇氏客太尉掾徐齮深患之脅榮曰子爲袁公腹心之謀排奏竇氏竇氏悍士刺客滿城中謹備之矣榮曰榮江淮孤生蒙先帝大恩以歷宰二城今復得備宰士縱爲竇氏所害誠所甘心故常勑妻子若卒遇飛禍無得殯斂冀以區區腐身覺悟朝廷及竇氏敗榮由此顯名自郾令擢爲尚書令出爲潁川太守坐法當下獄和帝思榮忠節左轉其令歲餘以爲山陽太守所歷郡縣皆見稱紀以老病乞身卒于家詔特賜錢二十萬除子男興爲郎中興少有名譽永寧中尚書陳忠上疏薦興博物多聞長於辭命於是詔拜興爲尚書郎卒興子景字仲饗辟大將軍梁冀府稍遷豫州刺史河內太守好賢愛士其拔才薦善常恐不及每至歲時延請舉吏入上後堂與共宴會如此數四乃遣之贈送什物無不充備既而還其父兄子弟事相優異嘗稱曰臣子同貫若之何不厚先是司徒韓演在河內志在無私舉吏當行一辭而已恩亦不及其家曰我舉若可矣豈可令偏積一門故當時論者議此二人景後徵入爲將作大匠及梁冀誅以故吏免官禁錮朝廷以景素著忠正頃之復引拜尚書令遷太僕衛尉六年代劉寵爲司空是時宦官任人及子弟充塞列位景初視事與太尉楊秉舉奏諸姦猾自將軍牧守以下免者五十餘人遂連及中常侍防東陽侯侯覽東武陽侯具瑗皆坐黜朝廷莫不稱之視事二年以地震策免歲餘復代陳蕃爲太尉建寧元年薨以豫議定策立靈帝追封安陽鄉侯長子崇嗣至甘陵相中子忠少歷列位累遷大司農忠子暉前爲洛陽令去官歸兄弟好賓客雄江淮間出入從車常百餘乘及帝崩暉聞京師不安來候忠董卓聞而惡之使兵劫殺其兄弟忠後代皇甫嵩爲太尉錄尚書事以災異免復爲衛尉從獻帝東歸洛陽

郭躬字仲孫潁川陽翟人也家世衣冠父弘習小杜律太守寇恂以弘爲決曹掾斷獄三十年用法平諸爲弘所決者退無怨情郡內比之東海于公年九十五卒躬少傳父業講授徒衆常數百人後爲郡吏辟公府永平中奉車都尉竇固出擊匈奴騎都尉秦彭爲副彭在別屯而輒以法斬人固奏彭專擅請誅之顯宗乃引公卿朝臣平其罪科躬以明法律召入議議者皆然固奏躬獨曰於法彭得斬之帝曰軍征校尉一統於督彭既無鈇鉞可得專殺人乎躬對曰一統於督者謂在部曲也今彭專軍別將有異於此兵事呼吸不容先關督帥且漢制棨戟即爲斧鉞於法不合罪帝從躬議又有兄弟共殺人者而罪未有所歸帝以兄不訓弟故報兄重而減弟死中常侍孫章宣詔誤言兩報重尚書奏章矯制罪當腰斬帝復召躬問之躬對章應罰金帝曰章矯詔殺人何謂罰金躬曰法有故誤章傳命之謬於事爲誤誤者其文則輕帝曰章與四同縣疑其故也躬曰周道如砥其直如矢君子不逆詐君王法天刑不可以委曲生意帝曰善遷躬廷尉正坐法免後三遷元和三年拜爲廷尉躬家世掌法務在寬平及典官決獄斷刑多依矜恕乃條諸重文可從輕者四十一事奏之事皆施行著于令章和元年赦天下繫囚在四月丙子以前皆減死罪一等勿笞詣金城而文不及亡命未發覺者躬上封事曰聖恩所以減死罪使戍邊者重人命也今死罪亡命無慮萬人又自赦以來捕得甚衆而詔令不及皆當重論伏惟天恩莫不蕩宥死罪已下並蒙更生而亡命捕得獨不沾澤臣以爲赦前犯死罪而繫在赦後者可皆勿笞詣金城以全人命有益於邊肅宗善之即下詔赦焉躬奏讞法科多所生全永元六年卒官中子晊亦明法律至南陽太守政有名迹弟子鎮字桓鍾少修家業辟太尉府再遷延光中爲尚書及中黃門孫程誅中常侍江京等而立濟陰王鎮卒羽林士擊殺衛尉閻景以成大功事在宦者傳再遷尚書令太傅三公奏鎮冒犯白刃手劒賊臣姦黨殄滅宗廟以寧功比劉章宜顯爵土以勵忠貞乃封鎮爲定潁侯食邑二千戶拜河南尹轉廷尉免永建四年卒於家詔賜冢塋地長子賀當嗣爵讓與小弟時而逃去積數年詔大鴻臚下州郡追之賀不得已乃出受封累遷復至廷尉及賀卒順帝

追思錄功詔賜錄諡曰昭武侯賀曰成侯賀弟禎亦以能法律至廷尉錄弟子僖少明習家業兼好儒術有名譽延熹中亦爲廷尉建武二年代劉寵爲太尉禧子鴻至司隸校尉城安鄉侯郭氏自弘後數世皆傳法律子孫至公者一人廷尉七人侯者三人刺史二千石侍中郞將者二十餘人侍御史正監平者甚衆順帝時廷尉河南吳雄季高以明法律斷獄平起自孤官致位司徒雄少時家貧喪母營人所不封土者擇葬其中喪事趣辦不問時日醫巫皆言當滅族而雄不顧及子訢孫恭三世廷尉爲法名家初肅宗時司隸校尉下邳趙興亦不䘏諱忌每入官舍輒更修繕館宇移穿改築故犯妖禁而家人爵祿亦用豐熾官至潁川太守子峻太傅以才器稱孫安世魯相三葉皆爲司隸時稱其盛桓帝時汝南有陳伯敬者行必矩步坐必端膝呵叱狗馬終不言死目有所見不食其肉行路聞凶便解駕留止還觸歸忌則寄宿鄉亭年老寢滯不過舉孝廉後坐女壻亡吏太守劭夔怒而殺之時人罔忌禁者多談爲證焉

陳寵字昭公沛國洨人洨戶交反曾祖父咸成哀間以律令爲尙書平帝時王莽輔政多改漢制咸心非之及莽因呂寬事誅不附己者何武鮑宣等咸乃歎曰易稱君子見幾而作不俟終日吾可以逝矣卽乞骸骨去職及莽篡位召咸以爲掌寇大夫謝病不肯應時三子參豐欽皆在位乃悉令解官父子相與歸鄉里閉門不出猶用漢家祖臘人問其故咸曰我先人豈知王氏臘乎其後莽復徵咸遂稱病篤於是乃收斂其家律令書文皆壁藏之咸性仁恕常戒子孫曰爲人議法當依於輕雖有百金之利愼無與人重比建武初欽子躬爲廷尉左監早卒躬生寵明習家業少爲州郡吏辟司徒鮑昱府是時三府掾屬專尙交遊以不肯視事爲高寵常非之獨勤心物務數爲昱陳當世便宜昱高其能轉爲辭曹掌天下獄訟其所平決無不厭服衆心時司徒辭訟久者數十年事類溷錯易爲輕重不良吏得生因緣寵爲昱撰辭訟比七卷決事科條皆以事類相從昱奏上之其後公府奉以爲法三遷肅宗初爲尙書是時承永平故事吏政尙嚴切尙書決事率近於重寵以帝新卽位宜改前世苛俗上疏言其害帝乃詔有司絕鉆鑽諸慘酷之科解妖惡之禁除文致之請讞五十餘事定著于令是後人俗和平屢有嘉瑞漢舊事斷獄報重常盡三冬之月是時帝始改用冬初十月而已元和二年旱長水校尉賈宗等上言以爲斷獄不盡三冬故陰氣微弱陽氣發泄招致災旱事在於此帝以其言下公卿議寵奏曰夫冬至之節陽氣始萌故十一月有蘭射干芸荔之應時令曰諸生蕩安形體天以爲正周以爲春十二月陽氣上通雉雊雞乳地以爲正殷以爲春十三月陽氣已至天地已交萬物皆出蟄蟲始振人以爲正夏以爲春三微成著以通三統周以天元殷以地元夏以人元若以此時行刑則殷周歲首皆當流血不合人心不稽天意月令曰孟冬之月趣獄刑無留罪明大刑畢在立冬也又仲冬之月身欲寧事欲靜若以降威怒不可謂寧若以行大刑不可謂靜議者咸曰旱之所由咎在改待臣以爲殷周斷獄不以三微而化致康平無有災害自元和以前皆用三冬而水旱之異往往爲患由此言之災害自爲他應不以改律秦爲虐政四時行刑聖漢初興改從簡易蕭何草律季秋論囚俱避立春之月而不計天地之正二王之春實頗有違陛下探幽析微允執其中革百載之失建永年之功上有迎承之敬下有奉微之惠稽春秋之文當月令之意聖功美業不宜中疑書奏帝納之遂不復改寵性周密常稱人臣之義苦不畏愼自在樞機謝遣門人拒絕知友唯在公家而已朝廷器之皇后弟侍中竇憲薦眞定令張林爲尙書帝以問寵寵對林雖有才能而素行貪濁憲以此深恨寵林卒被用而以臧汙抵罪及帝崩憲等秉權常銜寵乃白太后令典喪事欲因過中之黃門侍郞鮑德素敬寵說憲弟夏陽侯瓌曰陳寵奉事先帝深見納用故久留臺閣賞賜有殊今不蒙忠能之賞而計幾微之故誠傷輔政容貸之德瓌亦好士深然之故得出爲泰山太守後轉廣漢太守西州豪右并兼吏多姦貪訴訟日百數寵到顯用良吏王渙鐔顯等以爲腹心訟者日減郡中淸肅先是雒縣城南每陰雨常有哭聲聞於府中積數十年寵聞而疑其故使吏案行還言世衰亂時此下多死亡者而骸骨不得葬儻在於是寵愴然矜歎卽勑縣盡收斂葬之自是哭聲遂絕及竇憲爲大將軍征匈奴公卿以下及郡國無不遣吏子弟奉獻遺者而寵與中山相汝南張彬東平相應順守正不阿後和帝聞之擢寵爲大司農彬太僕順左馮翊永元六年寵代郭躬爲廷尉性仁矜及爲理官數議疑獄常親自爲奏每附經典務從寬恕帝輒從之濟活者甚衆其深文刻敝於此少衰寵又鉤校律令條法溢於甫刑者除之曰臣聞禮經三百威儀三千故甫刑大辟二百五刑之屬三千禮之所去刑之所取失禮則入刑相爲表裏者也今律令死刑六百一十耐罪千六百九十八贖罪以下二千六

百八十一溢於甫刑者千九百八十九其四百一十大辟千五百耐罪七十九贖罪春秋保乾圖曰王者三百年一蠲法漢興以來三百二年憲令稍增科條無限又律有三家其說各異宜令三公廷尉平定律令應經合義者可使大辟二百而耐罪贖罪二千八百并爲三千悉刪除其餘令與禮相應以易萬人視聽以致刑措之美傳之無窮未及施行會坐詔獄吏與囚交通招罪詔特免刑拜爲尚書遷大鴻臚寵歷二郡三卿所在有迹見稱當時十六年代徐防爲司空寵雖傳法律而兼通經書奏議溫粹號爲任職相在位三年薨以太常南陽尹勤代爲司空勤字叔梁篤性好學屏居人外荆棘生門時人重其節後以定策立安帝封福亭侯五百戸永初元年以雨水傷稼策免就國病卒無子國除寵子忠字伯始永初中辟司徒府三遷廷尉正以才能有聲稱司徒劉愷舉忠明習法律宜備機密於是擢拜尚書使居三公曹忠自以世典刑法用心務在寬詳初父寵在廷尉上除漢法溢於甫刑者未施行及寵免後遂寢而苛法稍繁人不堪之忠略依寵意奏上三十三條爲決事比以省請讞之敝又上除蠶室刑解臧吏三世禁錮狂易殺人得減重論母子兄弟相代死聽赦所代者事皆施行及鄧太后崩安帝始親朝事忠以爲臨政之初宜徵聘賢才以宣助風化數上薦隱逸及直道之士馮良周燮杜根成翊世之徒於是公車禮聘良燮等後連有災異詔舉有道公卿百僚各上封事忠以詔書既開諫諍慮言者必多激切或致不能容乃上疏豫通帝意曰臣聞仁君廣山藪之大納切直之謀忠臣盡謇諤之節不畏逆耳之害今明詔引咎克躬咨訪羣吏言者見杜根成翊世等新蒙表錄顯列二臺必承風響應爭爲切直嘉謀異策宜輒納用如其管穴妄有譏刺雖苦口逆耳不得事實且優游寬容以示聖朝無諱之美若有道之士對問高者宜特遷一等以廣直言之路書御有詔拜有道高第沛國施延爲侍中延後位至太尉常侍江京李閏等皆爲列侯其秉權任帝又愛信阿母王聖封爲野王君忠內懷懼懣而未敢陳諫乃作搢紳先生論以諷文多故不載自帝即位以後頻遭元二之厄百姓流亡盜賊並起郡縣更相飾匿莫敢糾發忠獨以爲憂上疏曰臣竊見元年以來盜賊連發攻亭劫掠多所殺傷而州郡長吏莫以爲憂且諱以盜賊爲貧雖有發覺不務澄精至有逞威濫怒無辜僵仆或有躑躅比伍轉相賦斂或隨吏追赴周章道路是以盜發之家不敢申告鄰舍比里共相壓迮或出私財以償其亡其大彰著不可掩者乃肯發露陵遲之漸遂且成俗寇攘誅咎皆由於此前年渤海張伯路可爲至戒覆車之軌其迹不遠宜糾增舊科以防來事自今彊盜爲上官若他郡縣所糾覺一發部吏皆正法尉貶秩一等令長三月奉贖罪二發尉免官令長貶秩一等三發以上令長免官便可撰定科條處爲詔文切勑刺史嚴加糾罰冀以猛濟寬驚懼姦慝頃季夏大暑而消息不協寒氣錯時水涌爲變天之降異必有其故所舉有道之士可策問國典所務王道過差令處煖氣不效之意庶有讜言以承天誡初元三年有詔大臣得行三年喪服闋還職忠因此上言孝宣皇帝舊令人從軍及給事縣官者大父母父母死未滿三月皆勿徑令得葬送請依此制太后從之至建光中尚書令祝諷尚書孟布等奏以爲孝文皇帝定約禮之制光武皇帝絕告寧之典貽則萬世誠不可改宜復建武故事忠上疏曰春秋臣有大喪君三年不呼其門閔子雖要絰服事以赴公難退而致位以究私恩故稱君使之非也臣行之禮也高祖創制有寧告之科建武之初政趣簡易禮義之方實爲凋損大漢之興雖承衰敝而先王之制稍以施行故藉田之耕起於孝文孝廉之貢發於孝武郊祀之禮定於元成三雍之序備於顯宗大臣終喪行乎陛下聖功美業靡以尚茲孟子有言老吾老以及人之老幼吾幼以及人之幼天下可運於掌臣願陛下登高北望以甘陵之思揆度臣子之心則海內咸得其所矣宦豎不便之竟寢忠奏而從諷布議遂著于令忠以久次轉爲僕射時帝數遣黃門常侍及中使伯榮往來甘陵而伯榮負寵驕蹇所經郡國莫不迎爲禮謁又霖雨積時河水涌溢百姓騷動忠上疏曰比者陰陽變動隔并屢臻青冀之域淫雨漏河徐岱之濱海水盆溢兗豫蝗蝝滋生荆揚稻收儉薄并涼二州羌戎叛戾加以百姓不足府帑虛匱自西徂東杼柚將空臣聞洪範五事一曰貌貌以恭恭作肅貌傷則狂而致常雨春秋大水皆爲君上威儀不穆臨莅不嚴臣下輕慢貴倖擅權陰氣盛彊陽不能禁故爲淫雨陛下以不得親奉孝德皇園廟比遣中使致敬甘陵朱軒軿馬相望道路可謂孝至矣然臣竊聞使者所過威權翕赫震動郡縣王侯二千石至爲伯榮獨拜車下儀體上僭侔於人主長吏惶怖譴責或邪諂自媚發人修道繕理亭傳多投儲跱徵役無度老弱相隨動有萬計賂遺僕從人數百匹頓踣呼嗟莫不叩心河閒託叔父之屬清河有陵廟之尊及剖符大臣皆猥爲伯榮屈

節車下陛下不問必以陛下欲其然也伯榮之威重於陛下陛下之柄在於臣妾水災之發必起於此昔韓嫣託副車之乘受馳視之使江都誤爲一拜而嫣受歐刀之誅臣願明主嚴天元之尊正乾剛之位職事巨細皆任賢能不宜復令女使干錯萬機使國政一由帝命王事每決於己則下不得偪上臣不得干君常雨大水必當霽止四方衆異不能爲害書奏不省時三府任輕機事專委尚書而災眚變咎輒策免三公忠以爲非國舊體上疏諫曰三公古稱冢宰王者待以殊敬在輿爲下御坐爲起入則參對而議政事出則監察而董是非漢典舊事丞相所請靡有不聽今之三公雖當其名而無其實選舉誅賞一由尚書尚書見任重於三公陵遲以來其漸久矣近以地震策免司空陳褒今者災異復欲切讓三公昔孝成皇帝以妖星守心移咎丞相使賁麗納說方進方進自引不蒙上天之福徒乖宋景之誠故知是非之分較然有歸矣又尚書決事多違故典罪法無例欺詆爲先文慘言醜有乖章憲宜責求其意割而勿聽上順國典下防威福置方圓於規矩審輕重於衡石誠國家之典萬世之法也忠意常在褒崇大臣待下以禮其九卿有疾使者臨問加賜錢帛皆忠所建奏頃之遷尚書令延光三年拜司隸校尉糾正中官外戚賓客近倖憚之不欲忠在內明年出爲江夏太守復留拜尚書令會疾卒初太尉張禹司徒徐防欲與忠父寵共奏追封和熹皇后父護羌校尉鄧訓寵以先世無奏請故事爭之連日不能奪乃從二府議及訓追加封謚禹防復約寵俱遣子奉禮於虎賁中郎將鄧騭寵不從騭心不平之故忠不得志于鄧氏及騭等敗衆庶多怨之而忠數上疏陷成其惡遂誣劾大司農朱寵順帝之爲太子廢也諸名臣來歷祝諷等守闕固爭時忠爲尚書令與諸尚書共劾奏之及帝立司隸校尉虞詡追奏忠等罪過當世以此譏焉

班超字仲升扶風平陵人徐令彪之少子也爲人有志不修細節然內孝謹居家常執勤苦不恥勞辱有口辯而涉獵書傳永平五年兄固被召詣校書郎超與母隨至洛陽家貧常爲官傭書以供養久勞苦常輟業投筆歎曰大丈夫無他志略猶當效傅介子張騫立功異域以取封侯安能久事筆研間乎左右皆笑之超曰小子安知壯士志哉其後行詣相者曰祭酒布衣諸生耳而當封侯萬里之外超問其狀相者指曰生鷰頷虎頭飛而食肉此萬里侯相也久之顯宗問固卿弟安在固對爲官寫書受直以養老母帝乃除超爲蘭臺令史後坐事免官十六年奉車都尉竇固出擊匈奴以超爲假司馬將兵別擊伊吾戰於蒲類海多斬首虜而還固以爲能遣與從事郭恂俱使西域超到鄯善鄯善王廣奉超禮敬甚備後忽更疏懈超謂其官屬曰寧覺廣禮意薄乎此必有北虜使來狐疑未知所從故也明者覩未萌況已著邪乃召侍胡詐之曰匈奴使來數日今安在乎侍胡惶恐具服其狀超乃閉侍胡悉會其吏士三十六人與共飲酒酣因激怒之曰卿曹與我俱在絕域欲立大功以求富貴今虜使到裁數日而王廣禮敬即廢如令鄯善收吾屬送匈奴骸骨長爲豺狼食耳爲之奈何官屬皆曰今在危亡之地死生從司馬超曰不入虎穴不得虎子當今之計獨有因夜以火攻虜使彼不知我多少必大震怖可殄盡也滅此虜則鄯善破膽功成事立矣衆曰當與從事議之超怒曰吉凶決於今日從事文俗吏聞此必恐而謀泄死無所名非壯士也衆曰善初夜遂將吏士奔虜營會天大風超令十人持鼓藏虜舍後約曰見火然皆當鳴鼓大呼餘人悉持兵弩夾門而伏超乃順風縱火前後鼓譟虜衆驚亂超手格殺三人吏兵斬其使及從士三十餘級餘衆百許人悉燒死明日乃還告郭恂恂大驚既而色動超知其意舉手曰掾雖不行班超何心獨擅之乎恂乃悅超於是召鄯善王廣以虜使首示之一國震怖超曉告撫慰遂納子爲質還奏於竇固固大喜具上超功效并求更選使使西域帝壯超節詔固曰吏如班超何故不遣而更選乎今以超爲軍司馬令遂前功超復受使固欲益其兵超曰願將本所從三十餘人足矣如有不虞多益爲累是時于闐王廣德新破莎車遂雄張南道而匈奴遣使監護其國超既西先至于闐廣德禮意甚疏且其俗信巫巫言神怒何故向漢漢使有騧馬急求取以祠我廣德乃遣使就超請馬超密知其狀報許之而令巫自來取馬有頃巫至超即斬其首以送廣德因辭讓之廣德素聞超在鄯善誅滅虜使大惶恐即攻殺匈奴使者而降超超重賜其王以下因鎮撫焉時龜茲王建爲匈奴所立倚恃虜威據有北道攻破疏勒殺其王而立龜茲人兜題爲疏勒王明年春超從閒道至疏勒去兜題所居槃橐城九十里遂遣吏田慮先往降之勅慮曰兜題本非疏勒種國人必不用命若不即降便可執之慮既到兜題見慮輕弱殊無降意慮因其無備遂前劫縛兜題左右出其不意皆驚懼奔走慮馳報超超即赴之悉召疏勒將吏說以龜茲無道之狀因立其故王兄子忠爲王

國人大悅忠及官屬皆請殺兜題超不聽欲示以威信釋而遣之疏勒由是與龜茲結怨十八年帝崩焉耆以中國大喪遂攻沒都護陳睦超孤立無援而龜茲姑墨數遣兵攻疏勒超守槃橐城與忠爲首尾士吏單少拒守歲餘肅宗初卽位以陳睦新沒恐超單危不能自立下詔徵超超發還疏勒舉國憂恐其都尉黎弇曰漢使棄我我必爲龜茲所滅耳誠不忍見漢使去因以刀自剄超還至于闐王侯以下皆號泣曰依漢使如父母誠不可去互抱超馬腳不得行超恐于闐終不聽其東又欲遂其本志乃更還疏勒疏勒兩城自超去後復降龜茲而與尉頭連兵超捕斬反者擊破尉頭殺六百餘人疏勒復安建初三年超率疏勒康居于闐拘彌兵一萬人攻姑墨石城破之斬首七百級超欲因此叵平諸國乃上疏請兵曰臣竊見先帝欲開西域故北擊匈奴西使外國鄯善于闐卽時同化今拘彌莎車疏勒月氏烏孫康居復願歸附欲共并力破滅龜茲平通漢道若得龜茲則西域未服者百分之一耳臣伏自惟念卒伍小吏實願從谷吉效命絕域庶幾張騫棄身曠野昔魏絳列國大夫尚能和輯諸戎況臣奉大漢之威而無鉛刀一割之用乎前世議者皆曰取三十六國號爲斷匈奴右臂今西域諸國自日之所入莫不向化大小欣欣奉貢不絕唯焉耆龜茲獨未服從臣前與官屬三十六人奉使絕域備遭艱戹自孤守疏勒於今五載外國情數臣頗識之問其城郭小大皆言倚漢與依天等以是效之則葱嶺可通葱嶺通則龜茲可伐今宜拜龜茲侍子白霸爲其國王以步騎數百送之與諸國連兵歲月之閒龜茲可禽以夷狄攻夷狄計之善者也臣見莎車疏勒田地肥廣草木饒衍不比敦煌鄯善閒也兵可不費中國而糧食自足且姑墨溫宿二王特爲龜茲所致既非其種更相厭苦其埶必有降反若二國來降則龜茲自破願下臣章參考行事誠有萬分死復何幸臣超區區特蒙神靈竊冀未便僵仆目見西域平定陛下舉萬年之觴薦勳祖宗布大喜於天下書奏帝知其功可成議欲給兵平陵人徐幹素與超同志上疏願奮身佐超五年遂以幹爲假司馬將弛刑及義從千人就超先是莎車以漢兵不出遂降於龜茲而疏勒都尉番辰亦復反叛會徐幹適至超遂與幹擊番辰大破之斬首千餘級多獲生口超旣破番辰欲進攻龜茲以烏孫兵彊宜因其力乃上言烏孫大國控弦十萬故武帝妻以公主至孝宣皇帝卒得其用今可遣使招慰與共合力帝納之八年拜超爲將兵長史假鼓吹幢麾以徐幹爲軍司馬別遣衞候李邑護送烏孫使者賜大小昆彌以下錦帛李邑始到于闐而值龜茲攻疏勒恐懼不敢前因上書陳西域之功不可成又盛毀超擁愛妻抱愛子安樂外國無內顧心超聞之歎曰身非曾參而有三至之讒恐見疑於當時矣遂去其妻帝知超忠乃切責邑曰縱超擁愛妻抱愛子思歸之士千餘人何能盡與超同心乎令邑詣超受節度詔超若邑任在外者便留與從事超卽遣邑將烏孫侍子還京師徐幹謂超曰邑前親毀君欲敗西域今何不緣詔書留之更遣他吏送侍子乎超曰是何言之陋也以邑毀超故今遣之內省不疚何卹人言快意留之非忠臣也明年復遣假司馬和恭等四人將兵八百詣超超因發疏勒于闐兵擊莎車莎車陰通使疏勒王忠啗以重利忠遂反從之西保烏卽城超乃更立其府丞成大爲疏勒王悉發其不反者以攻忠積半歲而康居遣精兵救之超不能下是時月氏新與康居婚相親超乃使使多齎錦帛遺月氏王令曉示康居王康居王乃罷兵執忠以歸其國烏卽城遂降於超後三年忠說康居王借兵還據損中密與龜茲謀遣使詐降於超超內知其姦而外僞許之忠大喜卽從輕騎詣超超密勒兵待之爲供張設樂酒行乃叱吏縛忠斬之因擊破其衆殺七百餘人南道於是遂通明年超發于闐諸國兵二萬五千人復擊莎車而龜茲王遣左將軍發溫宿姑墨尉頭合五萬人救之超召將校及于闐王議曰今兵少不敵其埶莫若各散去于闐從是而東長史亦於此西歸可須夜鼓聲而發陰緩所得生口龜茲王聞之大喜自以萬騎於西界遮超溫宿王將八千騎於東界徼于闐超知二虜已出密召諸部勒兵雞鳴馳赴莎車營胡大驚亂奔走追斬五千餘級大獲其馬畜財物莎車遂降龜茲等因各退散自是威震西域初月氏嘗助漢擊車師有功是歲奉貢珍寶符拔師子因求漢公主超拒還其使由是怨恨永元二年月氏遣其副王謝將兵七萬攻超超衆少皆大恐超譬軍士曰月氏兵雖多然數千里踰葱嶺來非有運輸何足憂邪但當收穀堅守彼饑窮自降不過數十日決矣謝遂前攻超不下又鈔掠無所得超度其糧將盡必從龜茲求救乃遣兵數百於東界要之謝果遣騎齎金銀珠玉以賂龜茲超伏兵遮擊盡殺之持其使首以示謝謝大驚卽遣使請罪願得生歸超縱遣之月氏由是大震歲奉貢獻明年龜茲姑墨溫宿皆降乃以超爲都護徐幹爲長史拜白霸爲龜茲王遣司馬姚光送之超與光共脅

龜茲廢其王尤利多而立白霸使光將尤利多還詣京師超居龜茲它乾城徐幹屯疏勒西域唯焉耆危須尉犂以前沒都護懷二心其餘悉定六年秋超遂發龜茲鄯善等八國兵合七萬人及吏士賈客千四百人討焉耆兵到尉犂界而遣曉說焉耆尉犂危須曰都護來者欲鎭撫三國即欲改過向善宜遣大人來迎當賞賜王侯以下事畢即還今賜王綵五百疋焉耆王廣遣其左將北鞬支奉牛酒迎超超詰鞬支曰汝雖匈奴侍子而今秉國之權都護自來王不以時迎皆汝罪也或謂超可便殺之超曰非汝所及此人權貴於王今未入其國而殺之遂令自疑設備守險豈得到其城下哉於是賜而遣之廣乃與大人迎超於尉犂奉獻珍物焉耆國有葦橋之險廣乃絕橋不欲令漢軍入國超更從他道厲度七月晦到焉耆去城二十里營大澤中廣出不意大恐乃欲悉驅其人共入山保焉耆左侯元孟先嘗質京師密遣使以事告超超即斬之示不信用乃期大會諸國王因揚聲當重加賞賜於是焉耆王廣尉犂王汎及北鞬支三十人相率詣超其國相腹久等十七人懼誅皆亡入海而危須王亦不至坐定超怒詰廣曰危須王何故不到腹久等所緣逃亡遂叱吏士收汎廣等於陳睦故城斬之傳首京師因縱兵鈔掠斬首五千餘級獲生口萬五千人馬畜牛羊三十餘萬頭更立元孟爲焉耆王超留焉耆半歲慰撫之於是西域五十餘國悉皆納質內屬焉明年下詔曰往者匈奴獨擅西域寇盜河西永平之末城門晝閉先帝深愍邊萌嬰羅寇害乃命將帥擊右地破白山臨蒲類取車師城郭諸國震懾響應遂開西域置都護而焉耆王舜舜子忠獨謀悖逆恃其險隘覆沒都護并及吏士先帝重元元之命憚兵役之興故使軍司馬班超安集于闐以西超遂踰蔥嶺迄懸度出入二十二年莫不賓從改立其王而綏其人不動中國不煩戎士得遠夷之和同異俗之心而致天誅蠲宿恥以報將士之讎司馬法曰賞不踰月欲人速覩爲善之利也其封超爲定遠侯邑千戶超自以久在絕域年老思土十二年上疏曰臣聞太公封齊五世葬周狐死首丘代馬依風夫周齊同在中土千里之間況於遠處絕域小臣能無依風首丘之思哉蠻夷之俗畏壯侮老臣超犬馬齒殲常恐年衰奄忽僵仆孤魂棄捐昔蘇武留匈奴中十九年今臣幸得奉節帶金銀護西域如自以壽終屯部誠無所恨然恐後世或名臣爲沒西域臣不敢望到酒泉郡但願生到玉門關臣老病衰困冒死瞽言謹遣子勇隨獻物入塞及臣生在令勇目見中土而超妹同郡曹壽妻昭亦上書請超曰妾同產兄西域都護定遠侯超幸得以微功特蒙重賞爵列通侯位二千石天恩殊絕誠非小臣所當被蒙超之始出志捐軀命冀立微功以自陳效會陳睦之變道路隔絕超以一身轉側絕域曉譬諸國因其兵衆每有攻戰輒爲先登身被金夷不避死亡賴蒙陛下神靈且得延命沙漠至今積三十年骨肉生離不復相識所與相隨時人士衆皆已物故超年最長今且七十衰老被病頭髮無黑兩手不仁耳目不聰明扶杖乃能行雖欲竭盡其力以報塞天恩迫於歲暮犬馬齒索蠻夷之性悖逆侮老而超旦暮入地久不見代恐開姦宄之源生逆亂之心而卿大夫咸懷一切莫肯遠慮如有卒暴超之氣力不能從心便爲上損國家累世之功下棄忠臣竭力之用誠可痛也故超萬里歸誠自陳苦急延頸踰望三年於今未蒙省錄妾竊聞古者十五受兵六十還之亦有休息不任職也緣陛下以至孝理天下得萬國之歡心不遺小國之臣況超得備侯伯之位故能觸死爲超求哀匄超餘年一得生還復見闕庭使國永無勞遠之慮西域無倉卒之憂超得長蒙文王葬骨之恩子方哀老之惠詩云民亦勞止汔可小康惠此中國以綏四方超有書與妾生訣恐不復相見妾誠傷超以壯年竭忠孝於沙漠疲老則便捐死於曠野誠可哀憐如不蒙救護超後有一旦之變冀幸超家得蒙趙母衞姬先請之貸妾愚戇不知大義觸犯忌諱書奏帝感其言乃徵超還超在西域三十一歲十四年八月至洛陽拜爲射聲校尉超素有胷脅疾既至病遂加帝遣中黃門問疾賜醫藥其九月卒年七十一朝廷愍焉使者弔祭賵贈甚厚子雄嗣初超被徵以戊己校尉任尚爲都護與超交代尚謂超曰君侯在外國三十餘年而小人猥承君後任重慮淺宜有以誨之超曰年老失智任君數當大位豈班超所能及哉必不得已願進愚言塞外吏士本非孝子順孫皆以罪過徙補邊屯而蠻夷懷鳥獸之心難養易敗今君性嚴急水清無大魚察政不得下和宜蕩佚簡易寬小過總大綱而已超去後尚私謂所親曰我以班君有奇策今所言平平耳尚至數年而西域反亂以罪被徵如超所戒超有三子長子雄累遷屯騎校尉會叛羌寇三輔詔雄將五營兵屯長安就拜京兆尹雄卒子始嗣尚清河孝王女陰成公主主順帝之姑貴驕淫亂與嬖人居帷中而召始入使伏牀下始積怒永建五年遂拔刃殺主帝大怒腰斬始同產皆棄市超少子勇

字宜僚少有父風永初元年西域反叛以勇爲軍司馬與兄雄俱出敦煌迎都護及西羌甲卒而還因罷都護後西域絕無漢吏十餘年元初六年敦煌太守曹宗遣長史索班將千餘人屯伊吾車師前王及鄯善王皆來降班後數月北單于與車師後部遂共攻沒班進擊走前王略有北道鄯善王急告急於曹宗宗因此請出兵五千人擊匈奴報索班之恥因復取西域鄧太后召勇詣朝堂會議先是公卿多以爲宜閉玉門關遂棄西域勇上議曰昔孝武皇帝患匈奴彊盛兼總百蠻以逼障塞於是開通西域離其黨與論者以爲奪匈奴府藏斷其右臂遭王莽簒盜徵求無厭胡夷忿毒遂以背叛光武中興未遑外事故匈奴負彊驅率諸國及至永平再攻敦煌河西諸郡城門晝閉孝明皇帝深惟廟策乃命虎臣出征西域故匈奴遠遁邊境得安及至永元莫不內屬會間者羌亂西域復絕北虜遂遣諸國備其逋租高其價直嚴以期會鄯善車師皆懷憤怨思樂事漢其路無從前所以時有叛者皆由收養失宜還爲其害故也今曹宗徒恥於前負欲報雪匈奴而不尋出兵故事未度當時之宜也夫要功荒外萬無一成若兵連禍結悔無及已況今府藏未充師無後繼是示弱於遠夷暴短於海內臣愚以爲不可許也舊敦煌郡有營兵三百人今宜復之復置護西域副校尉居於敦煌如永元故事又宜遣西域長史將五百人屯樓蘭西當焉耆龜茲徑路南彊鄯善于闐心膽北扞匈奴東近敦煌如此誠便尚書問勇曰今立副校尉何以爲便又置長史屯樓蘭利害云何勇對曰昔永平之末始通西域初遣中郞將居敦煌後置副校尉於車師既爲胡虜節度又禁漢人不得侵擾故外夷歸心匈奴畏威今鄯善王尤還漢人外孫若匈奴得志則尤還必死此等雖同鳥獸亦知避害若出屯樓蘭足以招附其心愚以爲便長樂衞尉鐔顯廷尉綦毋參司隸校尉崔據難曰朝廷前所以棄西域者以其無益於中國而費難供也今車師已屬匈奴鄯善不可保信一旦反覆班將能保北虜不爲邊害乎勇對曰今中國置州牧者以禁郡縣姦猾盜賊也若州牧能保盜賊不起者臣亦願以要斬保匈奴之不爲邊害也今通西域則虜埶必弱虜埶必弱則爲患微矣孰與歸其府藏續其斷臂哉今置校尉以扞撫西域設長史以招懷諸國若棄而不立則西域望絕望絕之後屈就北虜緣邊之郡將受困害恐河西城門必復有晝閉之儆矣今不廓開朝廷之德而拘屯戍之費若北虜遂熾豈安邊久長之策哉太尉屬毛軫難曰今若置校尉則西域駱驛遣使求索無厭與之則費難供不與則失其心一旦爲匈奴所逼當復求救則爲役大矣勇對曰今設以西域歸匈奴而使其恩德大漢不爲鈔盜則可矣如其不然則因西域租入之饒兵馬之衆以擾動緣邊是爲富仇讎之財增暴夷之埶也置校尉者宜布威德以繫諸國內向之心以疑匈奴覬覦之情而無財費耗國之慮也且西域之人無他求索其來入者不過稟食而已今若拒絕埶歸北虜并力以寇并涼則中國之費不止十億置之誠便於是從勇議復敦煌郡營兵三百人置西域副校尉居敦煌雖復羈縻西域然未能出屯其後匈奴果數與車師俱入寇鈔河西大被其害延光二年夏復以勇爲西域長史將兵五百人出屯柳中明年正月勇至樓蘭以鄯善歸附特加三綬而龜茲王白英猶自疑未下勇開以恩信白英乃率姑墨溫宿自縛詣勇降勇因發其兵步騎萬餘人到車師前王庭擊走匈奴伊蠡王於伊和谷收得前部五千餘人於是前部始開通還屯田柳中四年秋勇發敦煌張掖酒泉六千騎及鄯善疏勒車師前部兵擊後部王軍就大破之首虜八千餘人馬畜五萬餘頭捕得軍就及匈奴持節使者將至索班沒處斬之以報其恥傳首京師永建元年更立後部故王子加特奴爲王勇又使別校誅斬東且彌王亦更立其種人爲王於是車師六國悉平其冬勇發諸國兵擊匈奴呼衍王呼衍王亡走其衆二萬餘人皆降捕得單于從兄勇使加特奴手斬之以結車師匈奴之隙北單于自將萬餘騎入後部至今且谷勇使假司馬曹俊馳救之單于引去俊追斬其貴人骨都侯於是呼衍王遂徙居枯梧河上是後車師無復虜跡城郭皆安唯焉耆王元孟未降二年勇上請攻元孟於是遣敦煌太守張朗將河西四郡兵三千人配勇因發諸國兵四萬餘人分騎爲兩道擊之勇從南道朗從北道約期俱至焉耆而朗有罪欲徼功自贖遂先期至爵離關遣司馬將兵前戰首虜二千餘人元孟懼誅逆遣使乞降張朗徑入焉耆受降而還元孟竟不肯面縛唯遣人詣闕貢獻朗遂得免誅勇以後期徵下獄免後卒于家

梁慬字伯威北地弋居人也父諷歷州宰永元元年車騎將軍竇憲出征匈奴除諷爲軍司馬令先齎金帛使北單于宣國威德其歸降者萬餘人後坐失憲意髡輸武威武威太守承旨殺之竇氏既滅和帝知爲憲所誣徵慬除爲郎中慬勇氣常慷慨好功名初爲車騎將軍

鄧鴻司馬再遷延平元年拜西域副校尉慬行至河西會西域諸國反叛攻都護任尙於疏勒尙上書求救慬將河西四郡羌胡五千騎馳赴之慬未至而尙已得解會徵尙還以騎都尉段禧爲都護西域長史趙博爲騎都尉禧博守他乾城他乾城小慬以爲不可固乃譎說龜茲王白霸欲入共保其城白霸許之吏人固諫白霸不聽慬既入遣將急迎禧博合軍八九千人龜茲吏人並叛其王而與溫宿姑墨數萬兵反共圍城慬等出戰大破之連兵數月衆胡敗走乘勝追擊凡斬首萬餘級獲生口數千人駱駝畜產數萬頭龜茲乃定而道路尙隔檄書不通歲餘朝廷憂之公卿議者以爲西域阻遠數有背反吏士屯田其費無已永初元年遂罷都護遣騎都尉王弘發關中兵迎禧博及伊吾盧柳中屯田吏士二年春還至敦煌會衆羌反叛朝廷大發兵西擊之逐詔慬留爲諸軍援慬至張掖日勒羌諸種萬餘人攻亭候殺略吏人慬進兵擊大破之乘勝追至昭武虜遂散走其能脫者十二三及至姑臧羌大豪三百餘人詣慬降並慰譬遣還故地河西復安慬受詔當屯金城聞羌轉寇三輔逼近園陵卽引兵赴擊之轉戰武功美陽關慬臨陣被創不顧連破走之盡還得所掠生口獲馬畜財物甚衆羌遂奔散朝廷嘉之數璽書勞勉委以西方事令爲諸軍節度三年冬南單于與烏桓大人俱反以大司農何熙行車騎將軍中郎將龐雄爲副將羽林五校營士及發緣邊十郡兵二萬餘人又遼東太守耿夔率將鮮卑種衆共擊之詔慬行度遼將軍事龐雄與耿夔共擊匈奴奥鞬日逐王破之單于乃自將圍中郎將耿种於美稷連戰數月攻之轉急种移檄求救明年正月慬將八千餘人馳往赴之至屬國故城與匈奴左將軍烏桓大人戰破斬其渠帥殺三千餘人虜其妻子獲財物甚衆單于復自將七八千騎迎攻圍慬慬被甲奮擊所向皆破虜遂引還虎澤三月何熙軍到五原曼柏暴疾不能進遣龐雄與慬及耿种步騎萬六千人攻虎澤連營稍前單于惶怖遣左奥鞬日逐王詣慬出降慬乃大陳兵受之單于乃脫帽徒跣面縛稽顙納質會熙卒于師卽拜慬度遼將軍龐雄還爲大司農雄巴郡人有勇略稱爲名將明年安定北地上郡皆被羌寇穀貴人流不能自立詔慬發邊兵迎三郡太守使將吏人徙扶風界慬卽遣南單于兄子優孤塗奴將兵迎之既還慬以塗奴接其家屬有勞輒授以羌侯印綬坐專擅徵下獄抵罪明年校書郎馬融上書訟慬與護羌校尉龐參有詔原刑語在龐參傳會叛羌寇三輔關中盜賊起拜慬謁者將兵擊之至湖縣病卒何熙字孟孫陳國人少有大志永元中爲謁者身長八尺五寸善爲威容贊拜殿中音動左右和帝偉之擢爲御史中丞歷司隸校尉大司農及在軍臨歿遺言薄葬三子臨瑾阜臨瑾並有政能阜俊才早沒臨子衡爲尙書以正直稱坐訟李膺等下獄免官廢于家

通志卷一百九十下

宋右迪功郎鄭樵漁仲撰

列傳第二十三

後漢

楊終　李法　翟酺　應奉子劭　霍諝　爰延　徐璆　王充　王符　仲長統　李恂　陳禪　龐參　陳龜　橋元　崔駰子瑗孫寔　周燮馮良　黃憲　徐穉　姜肱　申屠蟠　楊震子秉孫賜曾孫彪元孫修

張皓子綱　王龔子暢　种暠子岱拂拂子劭　陳球　李咸

楊終字子山蜀郡成都人也年十三爲郡小吏太守奇其才遣詣京師受業習春秋顯宗時徵詣蘭臺拜校書郎建初五年大旱穀貴終以爲廣陵楚淮陽濟南之獄從者萬數又遠屯絕域吏民怨曠乃上疏曰臣聞善善及子孫惡惡止其身百王常典不易之道也秦政酷烈違悟天心一人有罪延及三族高祖平亂約法三章太宗至仁除去收孥萬姓廓然蒙被更生澤及昆蟲功垂萬世陛下聖明德被四表今以比年久旱災疫未息躬自菲薄廣訪失得三代之隆無以加焉臣竊按春秋水旱之變皆應暴急惠不下流自永平以來仍連大獄有司窮考轉相牽引掠拷冤濫家屬徙邊加以北征匈奴西開三十六國頻年服役轉輸煩費又遠屯伊吾樓蘭車師戊己民懷土思怨結邊域傳曰安土重居謂之眾庶昔殷民近遷洛邑且猶怨望何況去中土之肥饒寄不毛之荒極乎且南方暑溼瘴毒互生愁困之民足以感動天地移變陰陽矣陛下留念省察以濟元元書奏肅宗下其章司空第五倫亦同終議太尉牟融司徒鮑昱校書郎班固等難倫以施行既久孝子無改父之道先帝所建不宜回異終復上書曰秦築長城功役繁興胡亥不革卒亡四海故孝元棄珠崖之郡光武絕西域之國不以介鱗易我衣裳魯文公毀泉臺春秋譏之曰先祖爲之而己毀之不如勿居而已以其無妨害於民也襄公作三軍昭公舍之君子大其復古以爲不舍則有害於民也今伊吾之役樓蘭之屯久而未還非天意也帝從之聽還徙者悉罷邊屯終又言宜帝博徵羣儒論定五經於石渠閣方今天下少事學者得成其業而章句之徒破壞大體宜如石渠故事永爲後世則於是詔諸儒於白虎觀論考同異焉會終坐事繫獄博士趙博校書郎班固賈逵等以終深曉春秋學多異聞表請之終又上書自訟即日貰出乃得與於白虎觀焉後受詔刪太史公書爲十餘萬言時太后兄衞尉馬廖謹篤自守不訓諸子終與廖交善以書戒之曰終聞堯舜之民可比屋而封桀紂之民可比屋而誅何者堯舜爲之隄防桀紂示之驕奢故也詩曰皎皎練絲在所染之上智下愚謂之不移中庸之流要在教化春秋殺太子母弟直稱君甚惡之者坐失教也禮制人君之子年八歲爲置少傅教之書計以開其明十五置太傅教之經典以道其志漢興諸侯王不力教誨多觸禁忌故有亡國之禍而乏嘉善之稱今君位地尊重海內所望豈可不臨深履薄以爲至戒黃門郎年幼血氣方盛既無長君退讓之風而要結輕狡無行之客縱而莫誨視成任性鑒念前往可爲寒心君侯誠宜以臨深履薄爲戒廖不納子豫後坐縣書誹謗廖以就國終兄鳳爲郡吏太守廉范爲州所考遣鳳候終終爲范游說坐徙北地帝東巡狩鳳皇黃龍並集終贊頌嘉瑞上述祖宗鴻業凡十五章奏上詔貰還故郡著春秋外傳十二篇改定章句十五萬言永元十二年徵拜郎中以病卒

李法字伯度漢中南鄭人也博通羣書性剛而有節和帝永元九年應賢良方正對策除博士遷侍中光祿大夫歲餘上疏以爲朝政苛碎違永平建初故事宦官權重椒房寵盛又譏史官記事不實後世有識尋功計德必不明信坐失旨下有司免爲庶人還鄉里杜門自守故人儒生時有候之者言談之次問其不合上意之由法未嘗應對友人因問之法曰鄙夫可與事君乎哉苟患失之無所不至孟子有言夫仁者如射正己而後發發而不中不怨勝己者反諸身而已矣在家八年徵拜議郎諫議大夫正言極辭無改於舊出爲汝南太守政有聲跡後歸鄉里卒於家

翟酺字子超廣漢雒人也四世傳詩酺好老子尤善圖緯天文歷算以報舅讎當徙日南亡於長安爲卜相工後牧羊涼州遇赦還仕郡徵拜議郎遷侍中時尚書有缺詔將大夫六百石以上試對政事天文道術以高第者補之酺自恃能高而忌故太史令孫懿恐其先用乃往候懿既坐言無所及唯涕泣流連懿怪而問之酺曰圖書有漢賊孫登將以才智爲中官所害觀君表相似當應之酺受恩接悽愴君之禍耳懿憂懼移病不試由是酺對第一拜尚書時安帝始親政事追感祖母宋貴人悉封其家又元舅耿寶及皇后兄弟閻顯等並用威權酺上疏諫曰陛下應天履祚歷值中興當建太平之功而未聞致化之道蓋遠者難明請以近事徵之昔竇鄧之寵傾動四方兼官重紱盈金積貨至使議弄神器改更社稷豈不以埶尊威廣以致斯患乎及其破壞頭

纇墮地願爲孤豚豈可得哉夫致貴無漸失必暴受爵非道殃必疾今外戚寵幸功均造化漢元以來未有等比陛下誠仁恩問洽以親九族然祿去公室政移私門覆車重尋寧無摧折而朝臣在位莫肯正議翕翕訿訿更相佐附臣恐威權外假歸之良難虎翼一奮卒不可制故孔子曰吐珠於澤誰能不含老子稱國之利器不可以示人此最安危之極戒社稷之深計也書奏不省而外戚寵臣咸畏惡之延光三年出爲酒泉太守叛羌千餘騎徙敦煌來鈔郡界酺赴擊斬首九百級羌衆幾盡威名大震遷京兆尹順帝卽位拜光祿大夫遷將作大匠損省經用歲息四五千萬屢因災異多所匡正由是權貴共誣酺及尚書令高堂芝等交通屬託坐減死歸家復被章云酺前與河南張楷等謀反逮詣廷尉及杜眞等上言訟之事得明釋卒於家著擬神鉤命解詁十二篇初酺之爲大匠上言孝文皇帝始置一經博士武帝大合天下之書而孝宣論六經於石渠學者滋盛弟子萬數光武初興愍其荒廢起太學博士舍內外講堂諸生橫卷爲海內所集明帝辟雍始成欲毁太學太尉趙熹以爲太學辟雍皆宜兼有故並傳至今而頃者頽廢至爲園採芻牧之處宜更修繕誘進後學帝從之酺免後遂起太學更開拓房室學者爲酺立碑銘於學云

應奉字世叔汝南南頓人也曾祖父順字華仲和帝時河南尹將作大匠公廉約己明達政事生十子皆有才學中子疊江夏太守疊生彬武陵太守彬生奉奉少聰明自爲童兒及長凡所經履莫不暗記讀書五行並下爲郡決曹史行部四十二縣錄囚徒數百千人及還太守備問之奉口說罪繫姓名坐狀輕重無所遺脫時人奇之著漢書後序多所述載大將軍梁冀舉茂才先是武陵蠻詹山等四千餘人反叛執縣令屯結連年詔下公卿議四府舉奉才堪將帥永建元年拜武陵太守到官慰納山等皆悉降散於是興學校舉仄陋政稱變俗坐公事免延熹中武陵蠻復寇亂荆州車騎將軍馮緄以奉有威恩爲蠻夷所服上請與俱徵拜從事中郎奉勤設方略賊破軍罷緄推功於奉薦爲司隸校尉糾舉姦違不避豪戚以嚴厲爲名及鄧皇后敗而田貴人見幸桓帝有建立之議奉以田氏微賤不宜超登后位上書諫曰臣聞周納狄女襄王出居于鄭漢立飛燕成帝胤嗣泯絕母后之重興廢所因宜思關雎之所求遠五禁之所忌帝納其言竟立竇皇后及黨事起奉乃慨然以疾自退追愍屈原因以自傷著感騷三十篇數萬言諸公多薦舉會卒子劭劭字仲遠少篤學博覽多聞靈帝時舉孝廉辟車騎將軍何苗掾中平二年漢陽賊邊章韓遂與羌胡爲寇東侵三輔時遣車騎將軍皇甫嵩西討之嵩請發烏桓三千人北軍中候鄒靖上言烏桓衆弱宜開募鮮卑事下四府大將軍掾韓卓議以爲烏桓兵寡而與鮮卑世爲仇敵若烏桓被發則鮮卑必襲其家烏桓聞之當復棄軍還救非唯無益於實乃更沮三軍之情鄒靖居近邊塞究其態詐若令靖募鮮卑輕騎五千必有破敵之效劭駮之曰鮮卑隔有漠北犬羊爲羣無君長之帥廬落之居而天性貪暴不拘信義故數犯障塞且無寧歲唯至互市乃來靡服苟欲中國珍貨非爲畏威懷德計獲事足旋踵爲害是以朝家外而不內蓋爲此也往者匈奴反叛度遼將軍馬續烏桓校尉王元發鮮卑五千餘騎又武威太守趙沖亦率鮮卑征討叛羌斬獲醜虜既不足言而鮮卑越溢多爲不法裁以軍令則忿戾作亂制御小緩則陸掠殘害劫居人鈔商旅噉人牛羊略人兵馬得賞既多不肯去復欲以物買鐵邊將不聽便取縑帛聚欲燒之邊將恐怖畏其反叛辭謝撫順無敢拒違今狡寇未殄而羌爲巨害如或致侮其可追乎臣愚以爲可募隴西羌胡守善不叛者簡其精勇多其牢賞太守李參沈靜有謀必能獎厲得其死力當思漸消之略不可倉卒望也韓卓復與劭相難反覆於是詔百官大會朝堂皆從劭議三年舉高第再遷六年拜太山太守初年二年黃巾三十萬衆入郡界劭糾率文武連與賊戰前後斬首數千級獲生口老弱萬餘人輜重二千兩賊皆退卻郡內以安興平元年前太尉曹嵩及子德從琅邪入太山劭遣兵迎之未到而徐州牧陶謙素怨嵩子操數擊之乃使輕騎追嵩德並殺之於郡界劭畏操誅棄郡奔冀州牧袁紹初安帝時河間人尹次穎川人史玉皆坐殺人當死次兄初及玉母軍並詣官曹求代其命因縊而物故尚書陳忠以罪疑從輕議活次玉劭後追駮之據正典刑有可存者其議曰尚書稱天秩有禮五服五章哉天討有罪五刑五用哉而孫卿亦云凡制刑之本將以禁暴惡且懲其末也凡爵列官秩賞慶刑威皆以類相從使當其實也若德不副位能不稱官賞不酬功刑不應罪不祥莫大焉殺人者死傷人者刑此百王之定制有法之成科高祖入關雖尚約法然殺人者死亦爲寬降夫時化則刑重時亂則刑輕書曰刑罰時輕時重此之謂也今次玉公以清時釋其私憾阻兵安忍僵屍道路朝恩在寬

幸至冬獄而初軍愚狷妄自投斃昔召忽親死子糾之難而孔子曰經於溝瀆人莫之知鼂氏之父非錯刻峻遂能自殞其命班固亦云不如趙母指括以全其宗傳曰僕妾感慨而致死者非能義勇顧無慮耳夫刑罰威獄以類天之震燿殺戮也溫慈和惠以放天之生殖長育也是故春一草枯則爲災秋一木華亦爲異今殺無罪之初軍而活當死之次玉其爲枯華不亦然乎陳忠不詳制刑之本而信一時之仁遂廣引八議求生之端夫親故賢能功貴勤賓豈有次玉當罪之科哉若乃小大以情原心定罪此爲求生非謂代死可以生也敗法亂政悔其可追劭凡爲駮議三十篇皆此類也又删定律令爲漢儀建安元年乃奏之曰夫國之大事莫尚載籍載籍也者決嫌疑明是非賞刑之宜允獲厥中俾後之人亦爲監焉故膠東相董仲舒老病致仕朝廷每有政議數遣廷尉張湯親至陋巷問其得失於是作春秋決獄二百三十二事動以經對言之詳矣逆臣董卓蕩覆王室典憲焚燎靡有孑遺開闢以來莫或滋酷今大駕東邁巡省許都拔出險難其命惟新臣累世受恩榮祚豐衍竊不自揆貪少云補輒具律本章句尚書舊事廷尉板令決事比例司徒都目五曹詔書及春秋斷獄凡二百五十篇蠲去復重爲之節文又集駮議三十篇以類相從凡八十二事其見漢書二十五漢記四皆删敘潤色以全本體其二十六博採古今瓌瑋之士文章煥炳德義可觀其二十七臣所創造豈繄自謂必合道衷心焉憤邑聊以藉手昔鄭人以乾鼠爲璞鬻之於周宋愚夫亦寶燕石緹緗十重夫覩之者掩口盧胡而笑斯文之族無乃類旃左氏實云雖有姬姜絲麻不棄憔悴菅蒯蓋所以代匱也是用敢露頑才厠于明哲之末雖未足綱紀國體宜治時雍庶幾觀察增闡聖聽惟因萬機之餘暇游意省覽獻帝善之二年詔拜劭爲袁紹軍謀校尉時始遷都於許舊章堙沒書記罕存劭慨然歎息乃綴集所聞著漢官禮儀故事凡朝廷制度百官典式多劭所立初父奉爲司隸時並下諸官府郡國各上前人像贊劭乃連綴其名錄爲狀人紀又論當時行事著中漢輯序撰風俗通以辯物類名號釋時俗嫌疑文雖不典後世服其洽聞凡所著述百三十六篇又集解漢書皆傳乎時後卒于鄴弟子瑒璩並以文才稱中興初有應嫗者生四子而寡見神光照社試探之乃得黃金自是諸子官學並有才名至瑒七典通顯

霍諝字叔智魏郡鄴人也少爲諸生明經有人誣諝舅宋光於大將軍梁商者以爲妄刊章文坐繫洛陽詔獄掠考困極諝時年十五奏記於商曰諝聞春秋之義原情定過赦事誅意故許止雖弑君而不罪趙盾以縱賊而見書此仲尼所以垂王法漢世所宜遵前修也傳曰人心不同譬若其面斯蓋謂大小窳隆醜美之形至於鼻目眾竅毛髮之狀未有不然者也情之異者剛柔舒急倨敬之間至於趨利避害畏死樂生亦復均也諝與光骨肉義有相隱言其冤濫未必可諒且以人情平論其理光衣冠子孫徑路平易位極州郡日望徵辟亦無瑕穢纖介之累無故刊定詔書欲以何名就有所疑當求其便安豈有觸冒死禍以解細微譬猶療飢於附子止渴於酖毒未入腸胃已絕咽喉豈可爲哉昔東海孝婦見枉不辜幽靈感革天應枯旱光之所坐情既可原守闕連年而終不見理呼嗟紫宮之門泣血兩觀之下傷和致災爲害滋甚凡事更赦令不應復案夫以罪刑明白尚蒙天恩豈有冤謗無徵所不得理是爲刑宥正罪戮加誣侵也不偏不黨其若是乎明將軍德盛位尊人臣無二言行動天地舉厝移陰陽誠能留神沛然曉察必有于公高門之福和氣下應天下幸甚商高諝才志即爲奏原光罪由是顯名仕郡舉孝廉稍遷金城太守性明達篤厚能以恩信化誘殊俗甚爲羌胡所敬服遭母憂自上歸行喪服闋公車徵再遷北海相入爲尚書僕射是時大將軍梁冀貴戚秉權自公卿以下莫敢違牾諝與尚書令尹勳數奏其事又因陛見陳聞罪失及冀誅後桓帝嘉其忠節封鄴都亭侯前後固讓不許出爲河南尹遷司隸校尉轉少府廷尉卒官子儁安定太守

爰延字季平陳留外黃人也清苦好學能通經教授性質慤少言辭縣令隴西牛述好士知人乃禮請延爲廷掾范丹爲功曹濮陽潛爲主簿常共言談而已後令史昭以爲鄉嗇夫仁化大行人但聞嗇夫不知郡縣在事二年州府禮請不就桓帝時徵博士太尉楊秉等舉賢良方正再遷爲侍中帝游上林苑從容問延曰朕何如主也對曰陛下爲漢中主帝曰何以言之對曰尚書令陳蕃任事則化中常侍黃門豫政則亂是以知陛下可與爲善可與爲非帝曰昔朱雲廷折欄檻今侍中面稱朕違敬聞闕矣拜五官中郎將轉長水校尉遷魏郡太守徵拜大鴻臚帝以延儒生常特宴見時太史令上言客星經帝座帝密以問延延因上封事曰臣聞天子尊無爲上故天以爲子位臨臣庶威重四海動靜以禮則星辰順序意有邪僻則晷度錯違陛下以河南尹鄧萬

有龍潛之舊封爲通侯恩重公卿惠豐宗室加頃引見與之對博上下媟黷有虧尊嚴臣聞之帝左右者所以咨政德也故周公戒成王曰其朋其朋言愼所與也昔宋閔公與彊臣共博列婦人於側積此無禮以致大災武帝與倖臣李延年韓嫣同卧起尊爵重賜情欲無厭遂生驕淫之心行不義之事卒延年被戮嫣伏其辜夫愛之則不覺其過惡之則不知其善所以事多放濫物情生怨故王者賞人必酬其功爵人以甄其德善人同處則日聞嘉訓惡人從游則日生邪情孔子曰益者三友損者三友邪臣惑君亂妾危主以非所言則悅於耳以非所行則翫於目故令人君不能遠之仲尼曰唯女子與小人爲難養近之則不遜遠之則怨蓋聖人之明戒也昔光武皇帝與嚴光俱寢上天之異其夕即見夫以光武之聖德嚴光之高賢君臣合道尙降此變豈況陛下今所親幸以賤爲貴以卑爲尊哉惟陛下遠讒諛之人納謇謇之士除左右之權寵宦官之微使積善日熙佞惡消殄則乾災可除帝省其奏因以病自上乞骸骨還家靈帝復特徵不行病卒子騭白馬令亦稱善士

徐璆字孟玉廣陵海西人也父淑度遼將軍有名於邊璆少博學辟公府舉高第稍遷荆州刺史時董太后姊子張忠爲南陽太守因埶放濫贓罪數億璆臨當之部太后遣中常侍以忠屬璆璆對曰臣身爲國不敢聞命太后怒遽徵忠爲司隸校尉以相威臨璆到州舉奏忠贓餘一億使冠軍縣上簿詣大司農以彰暴其事又奏五郡太守及屬縣有贓汙者悉徵案罪威風大行中平元年與中郎將朱儁擊黃巾賊於宛破之張忠怨璆與諸閹官搆造無端璆遂以罪徵有破賊功得免官歸家後再徵遷汝南太守轉東海相所在化行獻帝遷許以廷尉徵當詣京師道爲袁術所劫授璆以上公之位璆乃歎曰龔勝鮑宣獨何人哉守之必死術不敢逼術死軍破璆得其盜國璽又還許上之并送前所假汝南東海郡印綬司徒趙溫謂璆曰君遭大難猶存此邪璆曰昔蘇武困於匈奴不墜七尺之節況此方寸印乎後拜太常使持節拜曹操爲丞相操以相印讓璆璆不敢當卒於官

王充字仲任會稽上虞人也其先自魏郡元城徙焉充少孤鄉里稱孝後到京師授業太學師事扶風班彪性好博覽而不守章句家貧無書常游洛陽市肆閱所賣書一見輒能誦憶遂博通眾流百家之言後歸鄉里屏居教授仕郡爲功曹以數諫爭不合去充好論說始若詭異終有理實以爲俗儒守文多失其眞乃閉門潛思絕慶弔之禮戶牖牆壁各置刀筆著論衡八十五篇二十餘萬言釋物類同異正時俗嫌疑刺史董勤辟爲從事轉治中自免還家友人同郡謝夷吾上書薦充才學肅宗時詔公車徵病不行年漸七十志力衰耗乃造養性書十六篇裁節嗜欲頤神自守永元中卒于家

王符字節信安定臨涇人也少好學有志操與馬融竇章張衡崔瑗等友善安定俗鄙庶孼而符無外家爲鄉人所賤自和安之後世務游宦當塗者更相薦引而符獨耿介不同於俗以此遂不得升進志意蘊憤乃隱居著書三十餘篇以譏當時失得不欲章顯其名故號曰潛夫論其指訐時短討謫物情足以觀見當時風政者其五篇云爾貴忠篇曰夫帝王之所尊敬者天也皇天之所愛育者人也今人臣受君之重位牧天之所愛焉可以不安而利之養而濟之哉是以君子任職則思利人達上則思進賢故居上而下不怨在前而後不恨也書稱天工人其代之王者法天而建官故明主不敢以私授忠臣不敢以虛受竊人之財猶謂之盜況偷天官以私已乎以罪犯人必加誅罰況乃犯天得無咎乎夫五世之臣以道事君澤及草木仁被率土是以福祚流行本支百世季世之臣以諂媚主不思順天專杖殺伐白起蒙恬秦以爲功天以爲賊息夫董賢主以爲忠天以爲盜易曰德薄而位尊智小而謀大鮮不及矣是故德不稱其禍必酷能不稱其殃必大夫竊位之人天奪其鑒雖有明察之資仁義之志一旦富貴則背親捐舊喪其本心疏骨肉而親便辟薄知友而厚犬馬寧見朽貫千萬而不忍貸人一錢情知積粟腐倉而不忍貸人一斗骨肉怨望於家細人謗讟於道前人以敗後爭襲之誠可傷也歷觀前政貴人之用心也與嬰兒子何其異哉嬰兒有常病貴臣有常禍父母有常失人君有常過嬰兒常病傷於飽也貴臣常禍傷於寵也哺乳多則生癇病富貴盛而致驕疾愛子而賊之驕臣而滅之者非一也極其罰者乃有仆死深牢銜刀都市豈非無功於天有害於人者乎夫鳥以山爲埤而增巢其上魚以泉爲淺而穿穴其中卒所以得者餌也貴戚願其宅吉而制爲令名欲其門堅而造作鐵樞卒其所以敗者非苦禁忌少而門樞朽也常苦崇財貨而行驕僭耳不上順天心下育人物而欲任其私智竊弄君威反戾天地欺誣神明居累卵之危而圖太山之安爲朝露之行而思傳世之功豈不惑哉浮侈篇曰王者以四海爲家兆人爲子一夫不耕天下受其饑一婦不織天下受其寒

今舉俗舍本農趨商賈牛馬車輿塡塞道路游手爲巧充盈都邑務本者少游食者衆商邑翼翼四方是極今察洛陽資末業者什於農夫虛僞游手什於末業是則一夫耕百人食之一婦桑百人衣之以一奉百孰能供之天下百郡千縣市邑萬數類皆如此本末不足相供則民安得不飢寒飢寒並至則民安能無姦軌姦軌繁多則吏安能無嚴酷嚴酷數加則下安能無愁怨愁怨者多則咎徵並臻下民無聊而上天降災則國危矣夫貧生於富弱生於彊亂生於化危生於安是故明主之養民憂之勞之教之誨之愼微防萌以斷其邪故易美節以制度不傷財不害民七月之詩大小教之終而復始由此觀之人固不可恣也今人奢衣服侈飲食事口舌而習調欺或以謀姦合任爲業或以游博持掩爲事丁夫不扶犂鋤而懷丸挾彈攜手上山遨遊或好取土作丸賣之外不足以禦寇盜內不足以禁鼠雀或作泥車瓦狗諸戲弄之具以詐小兒此皆無益也詩刺不績其麻市也婆娑又婦人不修中饋休其蠶織而起學巫祝鼓舞事神以欺誣細民熒惑百姓妻女羸弱疾病之家懷憂憒憒易爲恐懼至使奔走便時去離正宅崎嶇路側風寒所傷姦人所利盜賊所中或增禍重祟至於死亡而不知巫所欺誤反恨事神之晩此妖妄之甚者也或刻畫好繒以書祝辭或虛飾巧言希致福祚或糜折金綵令廣分寸或斷截衆縷繞帶手腕或裁切綺縠縫紩成幡皆單費百縑用功千倍破牢爲僞以易就難坐食嘉穀消損白日夫山林不能給野火江海不能實漏巵皆所宜禁昔孝文皇帝躬衣弋綈革舄韋帶而今京師貴戚衣服飲食車輿廬第奢過王制固亦甚矣且其徒御僕妾皆服文組綵牒錦繡綺紈葛子升越筩中女布犀象珠玉虎兕瑇瑁石山隱飾金銀錯鏤窮極麗美轉相誇咤其嫁娶者車輧數里緹帷竟道騎奴侍童夾轂並引富者競欲相過貧者恥其不逮一饗之所費破終身之業古者必有命然後乃得衣繒綵而乘車馬今雖不能復古宜令細民略用孝文之制古之葬者厚衣之以薪葬之中野不封不樹喪期無數後世聖人易之以棺槨桐木爲棺葛采爲緘下不及泉上不泄臭中世以後轉用楸梓槐柏杶樗之屬各因方土裁用膠漆使其堅足恃其用足任如此而已今者京師貴戚必欲江南檽梓豫章之木邊遠下土亦競相放夫檽梓豫章所出殊遠伐之高山引之窮谷入海乘淮逆河泝洛工匠雕刻連累日月會衆而後動多牛而後致重且千斤功將萬夫而東至樂浪西達敦煌費力傷農於萬世之地古者墓而不墳中世墳而不崇仲尼喪母冢高四尺遇雨而崩弟子請脩之夫子泣曰古不脩墓及鯉死有棺無槨文帝葬芷陽明帝葬洛陽皆不藏珠寶不起山陵墓雖卑而德最高今京師貴戚郡縣豪家生不極養死乃崇喪或至金鏤玉匣檽梓楩柟多埋珍寶偶人車馬造起大冢廣種松柏廬舍祠堂務崇華侈案鄗畢之陵南城之冢周公非不忠曾子非不孝以爲襃君愛父不在於聚財揚名顯親無取於車馬昔晉靈公多賦以雕牆春秋以爲非君華元樂舉厚葬文公君子以爲不臣況於羣司士庶乃可僭侈主上過天道乎實貢篇曰國以賢興以諂衰君以忠安以佞危此古今之常論而時所其知也然衰國危君繼踵不絕者豈時無忠信正直之士哉誠苦其道不得行耳夫十步之閒必有茂草十室之邑必有忠信是故亂殷有三仁小衞多君子今以大漢之廣土士民之繁庶朝廷之淸明上下之脩正而官無善吏位無良臣此豈時之無賢諒由取之乖實夫志道者少與逐俗者多疇是以朋黨用私背實趨華其貢士者不復依其質幹準其才行但虛造聲譽妄生羽毛略計所舉歲且二百覽察其狀則德侔顏冉詳覈厥能則鮮及中人皆總務升官自相推達夫士者貴其用也不必求備故四友雖美能不相兼三仁齊致事不一節高祖佐命出自亾秦光武得士亦資暴莽況太平之時而云無士乎夫明君之詔也若聲忠臣之和也如響長短大小淸濁疾徐必相應也且攻玉以石洗金以鹽濯錦以魚浣布以灰夫物固有以賤理貴以醜化好者矣智者棄短取長以致其功今使貢士必覈以實其有小疵勿彊衣飾出處默語各因其方則蕭曹周韓之倫何足不致吳鄧梁竇之屬企踵可待孔子曰未之思也夫何遠之有愛日篇曰國之所以爲國者以有民也民之所以爲民者以有穀也穀之所以豐殖者以有民功也功之所以能建者以日力也化國之日舒以長故其民閒暇而力有餘亂國之日促以短故其民困務而力不足舒長者非謂羲和安行乃君明民靜而力有餘也促短者非謂分度損減乃上闇下亂力不足也孔子稱旣庶則富之旣富乃教之是故禮義生於富足盜竊起於貧窮富足生於寬暇貧窮起於無日聖人深知力者民之本國之基也故務省徭役使之愛日是以堯勑羲和欽若昊天敬授民時明帝時公車以反支日不受章奏帝聞而怪曰民廢農桑遠來詣闕而復拘以禁忌豈爲政之意乎於是遂蠲其制今冤民仰希申訴而令

長以神自畜百姓廢農桑而趨府廷者相續道路非朝餔不得通非意氣不得見或連日累月更相瞻視或轉請鄰里饋糧應對歲功既虧天下豈無受其飢者乎孔子曰聽訟吾猶人也從此言之中才以上足議曲直鄉亭部吏亦有任決斷者而類多枉曲蓋有故焉夫理直則恃正而不撓事曲則諂意以行賕不撓故無恩於吏行賕故見私於法若事有反覆吏應坐之吏以應坐之故不得不枉之於廷以羸民之少黨而與豪吏對訟其勢得無屈乎縣承吏言故與之同若事有反覆縣亦應坐之縣以應坐之故而排之於郡以一民之輕而與一縣爲訟其理豈得申乎事有反覆郡亦坐之郡以其坐之故而排之於州以一民之輕與一郡爲訟其事豈獲勝乎既不肯理故乃遠詣公府公府復不能察而當延以日月貧弱者無以贍旬彊富者可延千日理訟若此何枉之能理乎正士懷怨結而不見信猾吏崇姦軌而不被坐此小民所以易侵苦而天下所以多困窮也且除上天感痛致災但以人功見事言之自三府州郡至于鄉縣典司之吏辭訟之民官事相連更相檢對者日可有十萬人一人有事二人經營是爲日三十萬人廢其業也以中農率之則是歲三百萬人受其飢者也然則盜賊何從而銷太平何由而作乎詩云莫肯念亂誰無父母百姓不足君誰與足可無思哉可無思哉述赦篇曰凡療病者必知脈之虛實氣之所結然後爲之方故疾可愈而壽可長也爲國者必先知民之所苦禍之所起然後爲之禁故姦可塞而國可安也今日賊良民之甚者莫大於數赦贖赦贖數則惡人昌而善人傷矣何以明之哉夫謹勑之人身不蹈非又有爲吏正直不避彊禦而姦猾之黨橫加誣言者皆知赦之不久故也善人君子被侵怨而能至闕庭自明者萬無數人數人之中得省問者百不過一既對尙書而空遣去者復什六七矣其輕薄姦軌既陷罪法怨毒之家冀其辜戮以解畜憤而反一槩悉蒙赦釋令惡人高會而誇咤老盜服贓而過門孝子見讎而不得討遭盜者覩物而不敢取痛莫甚焉夫養稂莠者傷禾稼惠姦軌者賊良民書曰文王作罰刑茲無赦先王之制刑法也非好傷人肌膚斷人壽命也貴威姦懲惡除人害也故經稱天命有德五服五章哉天討有罪五刑五用哉詩刺彼宜有罪汝反脫之古者唯始受命之君承大亂之極寇賊姦軌難爲法禁故不得不有一赦與之更新頤育萬物以成大化非以養姦活罪放縱天賊也夫性惡之民民之豺狼雖得放宥之澤終無改悔之心旦脫重梏夕還囹圄嚴明令尹不能使斷絕何也凡敢爲大姦者才必有過於衆而能自媚於上者也多散誕得之財奉以諂諛之辭以轉相驅非有第五公之廉直孰不爲顧哉論者多曰久不赦則姦軌熾而吏不制宜數肆眚以解散之此未昭政亂之本源不察禍福之所生也後度遼將軍皇甫規解官歸安定鄉人有以貨得鴈門太守者亦去職還家書刺謁規規臥不迎既入而問卿前在郡食鴈美乎有頃又白王符在門規素聞符名乃驚遽而起衣不及帶屣履出迎援符手而還與同坐極歡時人爲之語曰徒見二千石不如一縫掖言書生道義之爲貴也符竟不仕終於家

仲長統字公理山陽高平人也少好學博涉書記贍於文辭年二十餘游學靑徐并冀之間與交友者多異之并州刺史高幹袁紹甥也素貴有名招致四方遊士士多歸附統過幹幹善待遇訪以當時之事統謂幹曰君有雄志而無雄才好士而不能擇人所以爲君深戒也幹雅自多不納其言統遂去之無幾幹以并州叛卒至於敗并冀之士皆以是異統統性俶儻敢直言不矜小節默語無常時人或謂之狂生每州郡命召輒稱疾不就常以爲凡遊帝王者欲以立身揚名耳而名不常存人生易滅優游偃仰可以自娛欲卜居清曠以樂其志論之曰使居有良田廣宅背山臨流溝池環帀竹木周布場圃築前果園樹後舟車足以代步涉之難使令足以息四體之役養親有兼珍之膳妻孥無苦身之勞良朋萃止則陳酒肴以娛之嘉時吉日則烹羔豚以奉之躕躇畦苑遊戲平林濯淸水追涼風釣遊鯉弋高鴻風於舞雩之下詠歸高堂之上安神閨房思老氏之元虛呼吸精和求至人之仿佛與達者數子論道講書俯仰二儀錯綜人物彈南風之雅操發淸商之妙曲逍遙一世之上睥睨天地之間不受當時之責永保性命之期如是則可以凌霄漢出宇宙之外矣豈羨夫入帝王之門哉又作詩二篇以見其志辭曰飛鳥遺跡蟬蛻亾殼騰蛇棄鱗神龍喪角至人能變達士拔俗乘雲無轡騁風無足垂露成幃張霄成幄沆瀣當餐九陽代燭恒星豔珠朝霞潤玉六合之內恣心所欲人事可遺何爲局促大道雖夷見幾者寡任意無非適物無可古來繞繞委曲如瑣百慮何爲至要在我寄愁天上埋憂地下叛散五經滅棄風雅百家雜碎請用從火抗志山西游心海左元氣爲舟微風爲柂敖翔太清縱意容冶尙書令荀彧聞統名奇之舉爲尙書郎後參丞相曹操軍事每

論說古今及時俗行事恒發憤歎息因著論名曰昌言凡三十四篇十餘萬言獻帝遜位之歲統卒時年四十一友人東海繆襲嘗稱統才章足繼西京董賈劉揚其書有益於政者有理亂損益法誡等篇辭多不載云

李恂字叔英安定臨涇人也少習韓詩教授諸生常數百人太守潁川李鴻請署功曹未及到而州辟爲從事會鴻卒恂不應州命而送鴻喪還鄉里既葬留起冢墳持喪三年辟司徒桓虞府後拜侍御史持節使幽州宣布恩澤慰撫北狄所過皆圖寫山川屯田聚落百餘卷悉封奏上肅宗嘉之拜兗州刺史以淸約率下常席羊皮服布被遷張掖太守有威重名時大將軍竇憲將兵屯武威天下州郡遠近莫不修禮遺恂奉公不阿爲憲所奏免後復徵拜謁者使持節領西域副校尉西域殷富多珍寶諸國侍子及督使賈胡數遺恂奴婢宛馬金銀香罽之屬一無所受北匈奴數斷西域車師伊吾隴沙以西使命不得通恂設購賞遂斬虜帥縣首軍門自是道路夷清威恩並行遷武陵太守後坐事免步歸鄉里潛居山澤結草爲廬獨與諸生織席自給會西羌反畔恂到田舍爲所執獲羌素聞其名放遣之恂因詣洛陽謝時歲荒司空張敏司徒魯恭等各遣子饋糧悉無所受徙居新安關下拾橡實以自資年九十六卒

陳禪字紀山巴郡安漢人也仕郡功曹舉善黜惡爲邦內所畏察孝廉州辟治中從事時刺史爲人所上受納贓賂禪當傳考無他所齎但持喪斂之具而已及至笞掠無算五毒畢加禪神意自若辭對無變事遂散釋車騎將軍鄧騭聞其名而辟焉舉茂才時漢中蠻夷反畔以禪爲漢中太守夷賊素聞其名聲卽時降服遷左馮翊入拜諫議大夫永寧元年西南夷撣國王獻樂及幻人能吐火自支解易牛馬頭明年元會作之於庭安帝與羣臣共觀大奇之禪獨離席舉手大言曰昔齊魯爲夾谷之會齊作侏儒之樂仲尼誅之又曰放鄭聲遠佞人帝王之庭不宜設夷狄之技尙書陳忠劾奏禪曰古者合歡之樂舞於堂四夷之樂陳於門故詩云以雅以南韎任朱離今撣國越流沙踰縣度萬里貢獻非鄭衛之聲佞人之比而禪廷訕朝政請劾禪下獄有詔勿收左轉爲元菟侯城障尉詔敢不之官上妻子從者名禪既行朝廷多訟之會北匈奴入遼東追拜禪爲遼東太守胡憚其威彊退還數百里禪不加兵但使吏卒往曉慰之單于隨使還郡禪於學行禮爲說道義以感化之單于懷服遺以胡中珍貨而去及鄧騭誅廢禪以故吏免復爲車騎將軍閻顯長史順帝卽位遷司隸校尉明年卒於官子澄有淸名官至漢中太守禪曾孫寶亦剛壯有禪風爲州別駕從事顯名州里

龐參字仲達河南緱氏人也初仕郡未知名河南龐奮見而奇之舉爲孝廉拜左校令坐法輸作若盧永初元年涼州先零種羌反畔遣車騎將軍鄧騭討之參於徒中使其子俊上書曰方今西州流民擾動而徵發不絕水潦不休地力不復重之以大軍疲之以遠戍農功消於轉運資財竭於徵發田疇不得墾闢禾稼不得收入搏手困窮無望來秋百姓力屈不復堪命臣愚以爲萬里運糧遠就羌戎不若總兵養衆以待其疲車騎將軍騭宜西振旅留征西校尉任尙使督涼州士民轉居三輔休徭役以助其時止煩賦以益其財令男得耕種女得織紝然後畜精銳乘懈沮出其不意攻其不備則邊人之仇報奔北之恥雪矣書奏會御史中丞樊準上疏薦參曰臣聞鷙鳥累百不如一鶚昔孝文皇帝悟馮唐之言而赦魏尙之罪使爲邊守匈奴不敢南向夫以一臣之身折方面之難者選用得也臣伏見故左校令河南龐參勇謀不測卓爾奇偉高才武略有魏尙之風前坐微法輸作經時今羌戎爲患大軍西屯臣以爲如參之人宜在行伍惟明詔採前世之舉觀魏尙之功免赦參刑以爲軍鋒必有成效宣助國威鄧太后納其言卽擢參於徒中召拜謁者使西督三輔諸軍屯而徵鄧騭還四年羌寇轉盛兵費日廣且連年不登穀石萬餘參奏記於鄧騭曰比年羌寇特困隴右供徭賦役爲損日滋官負人責數十萬億今復募發百姓調取穀帛衒賣什物以應吏求外傷羌虜內困徵賦遂乃千里轉糧遠給武都西郡塗路傾阻難勞百端疾行則鈔暴爲害遲進則穀食稍損運糧散於曠野牛馬死於山澤縣官不足輒貸於民民已窮矣將從誰求名救金城而實困三輔三輔既困還復爲金城之禍矣參前數言宜棄西域乃爲西州士大夫所笑今苟貪不毛之地營恤不使之民暴軍伊吾之野以慮三族之外果破涼州禍亂至今夫拓境不寧無益於彊多田不耕何救飢敝故善爲國者務懷其內不求外利務富其民不貪廣土三輔山原曠遠民庶稀疏故縣丘城可居者多今宜徙邊郡不能自存者入居諸陵田戍故縣孤城絕郡以權徙之轉運遠費聚而近之徭役煩數休而息之此善之善者也騭及公卿以國用不足欲從參議衆多不同乃止拜參爲漢陽太守郡人任棠者有奇節隱居教授參到先候之棠不與言但以薤一大本水一盂置戶屛前自抱孫兒

伏於戶下主簿白以爲倨參思其微意良久曰棠是欲曉太守也水者欲吾淸也拔大本薤者欲吾擊彊宗也抱兒當戶欲吾開門恤孤也於是歎息而還參在職果能抑彊助弱以惠政得民元初元年遷護羌校尉畔羌懷其恩信明年燒當羌種號多等皆降始復得還都令居通河西路時先零羌豪僭號北地詔參將降羌及湟中義從胡七千人與行征西將軍司馬鈞期會北地擊之參於道爲羌所敗既已失期乃稱病引兵還坐以詐疾徵下獄校書郎中馬融上書請之曰伏見西戎反畔寇鈔五州昔周宣得南仲逐玁狁而立中興之功孝文用亞夫伐匈奴而建太宗之號竊見前護羌校尉龐參文武昭備智略弘遠既有義勇果毅之節兼以博雅深謀之姿又度遼將軍梁慬前統西域勤苦數年還留三輔功効克立間在北邊單于降服今皆幽囚陷於法網昔荀林父敗績於邲晉侯使復其位孟明視喪師於崤秦伯不替其官故晉景并赤狄之土秦穆遂霸西戎宜遠覽二君使參慬得在寬宥之科誠有益於折衝毗佐於聖化書奏赦參等後以參爲遼東太守永建元年遷度遼將軍四年入爲大鴻臚尚書僕射虞詡薦參有宰相器能順帝時以爲太尉錄尚書事是時三公之中參名忠直數爲左右所陷毀以所舉用忤帝旨司隸承風案之時當會茂才孝廉參以被奏稱疾不得會上計掾廣漢段恭因會上疏言昔者白起賜死諸侯酌酒相賀季子來歸魯人喜其紓難伏見太尉龐參竭忠盡節徒以直道不能曲心孤立羣邪之間復爲讒佞傷毀願陛下卒於寵任以安社稷書奏詔卽遣小黃門視參疾太醫致羊酒後參夫人疾前妻子投於井而殺之參素與洛陽令祝良不平良聞之率吏卒入太尉府案實其事乃上參罪遂因災異策免有司以良不先聞奏輒折辱宰相坐繫詔獄良能得百姓心洛陽吏人守闕請代其罪者日有數千萬人詔乃原刑陽嘉四年復以參爲太尉永和元年以久病罷卒於家

陳龜字叔珍上黨泫氏人也家世邊將便習弓馬雄於北州龜少有志氣永建中舉孝廉五遷五原太守永和五年拜使匈奴中郎將時南匈奴左部反亂龜以單于不能制下外順內畔促令自殺坐徵下獄免後再遷拜京兆尹時三輔彊豪之族多侵枉小民龜到厲威嚴悉平理其怨屈者郡內大悅會羌胡寇邊殺長吏驅略百姓桓帝以龜世諳邊俗拜爲度遼將軍龜臨行上疏言西州邊鄙土地塉埆鞍馬爲居射獵爲業男寡耕稼之利女乏機杼之饒守塞候望懸命鋒鏑聞急長驅去不圖反自頃年以來匈奴數攻營郡殘殺長吏傷略良細戰夫身膏沙漠居人首係馬鞍或舉國掩戶盡種灰滅孤兒寡婦號哭空城野無青草室如懸磬雖含生氣實同枯朽往歲并州水雨災螟互生稼穡荒耗租更空闕老者慮不終年少壯慮於困厄且牧守不良或出中官懼逆上旨取過目前呼嗟之聲招致災害胡虜凶悍因衰緣隙而令倉庫殫於豺狼之口功業無銖兩之効皆由將帥不忠聚姦所致前涼州刺史祝良初除到州多所糾罰太守令長貶黜將半政未踰時功效卓然實應賞異以勸功能改任牧守去斥姦殘又宜更選匈奴烏桓護羌中郎將校尉簡練文武授之法令除并涼二州今年租更寬赦罪隸埽除更始則善吏知奉公之祐惡者覺營私之禍胡馬可不窺長城塞下無候望之患矣帝覺悟乃更選幽并刺史自營郡太守都尉以下多所革易下詔爲陳將軍除并涼一年租賦以賜吏民龜既到職州郡重足震慄鮮卑不敢近塞省息經用歲以億計大將軍梁冀與龜素有隙譖其沮毀國威挑取功譽不爲胡虜所畏坐徵還遂乞骸骨歸田里復徵爲尚書冀暴虐日甚龜上疏言其罪狀請誅之帝不省自知必爲其所害不食七日死西域胡夷并涼民庶咸爲舉哀弔祭其墓

橋元字公祖梁國睢陽人也七世祖仁從同郡戴德學著禮記章句四十九篇號曰橋君學成帝時爲大鴻臚祖父基廣陵太守父肅東萊太守元少爲縣功曹時豫州刺史周景行部到梁國元謁景因伏地言陳相羊昌罪惡乞爲部陳從事窮案其姦景壯元意署而遣之元到悉收昌賓客具考臧罪昌素爲大將軍梁冀所厚冀爲馳檄救之景承旨召元元還檄不發案之益急昌坐檻車徵元由是著名舉孝廉補洛陽左尉時梁不疑爲河南尹元以公事當詣府受對恥爲所辱棄官還鄉里後四遷爲齊相坐事爲城旦刑竟徵再遷上谷太守又爲漢陽太守時上邽令皇甫禎有臧罪元收考髡笞死于冀市一境皆震郡人上邽姜岐守道隱居名聞西州元召以爲吏稱疾不就元怒勑督郵尹益逼致曰岐若不至趣嫁其母益固爭不能得遽曉譬岐岐堅臥不起郡內士大夫亦競往諫元乃止時頗以爲譏後謝病免復公車徵爲司徒長史拜將作大匠桓帝末鮮卑南匈奴及高句驪嗣子伯固並畔爲寇鈔四府舉元爲度遼將軍假黃鉞元至鎭休兵養士然後督諸將守討擊胡虜及伯固等皆破散退走在職三年邊境安靜靈帝初

徵入爲河南尹轉少府大鴻臚建寧三年遷司空轉司徒素與南陽太守陳球有隙及在公位而薦球爲廷尉元以國家方弱自度力無所用乃稱疾上疏引眾災以自劾遂策罷歲餘拜尚書令時太中大夫蓋升與帝有舊恩前爲南陽太守臧數億以上元奏免升禁錮沒入財賄帝不從而遷升侍中元託病免拜光祿大夫光和元年遷太尉數月復以病罷拜太中大夫就醫里舍元少子十歲獨游門次卒有三人持杖刼執之入舍登樓就元求貨元不與有頃司隸校尉陽球率河南尹洛陽令圍守元家球等恐并殺其子未欲迫之元瞋目呼曰姦人無狀元豈以一子之命而縱國賊乎促令進兵於是攻之元子亦死元乃詣闕謝罪乞下天下凡有刼質皆并殺之不得贖以財寶開張姦路詔書下其章初自安帝以後法禁稍弛京師刼質不避豪貴自是遂絕元以光和六年卒時年七十五元性剛急無大體然謙儉下士子弟親宗無在大官者及卒家無居業喪無所殯當時稱之初曹操微時人莫知者嘗往候元元見而異焉謂曰今天下將亂安生民者其在君乎操常感其知己及後經過元墓輒悽愴致祭奠自爲其文曰故太尉橋公懿德高軌汎愛博容國念明訓士思令謨幽靈潛翳邈哉緬矣操以幼年逮升堂室特以頑質見納君子增榮益觀皆由獎勗猶仲尼稱不如顏淵李生厚歎賈復士死知己懷此無忘又承從容約誓之言徂沒之後路有經由不以斗酒隻雞過相沃酹車過三步腹痛勿怨雖臨時戲笑之言非至親之篤好胡肯爲此辭哉懷舊惟顧念之悽愴奉命東征屯次鄉里北望貴土乃心陵墓裁致薄奠公其享之元子羽官至任城相

崔駰字亭伯涿郡安平人也高祖父朝昭帝時爲幽州從事諫刺史無與燕刺王通及刺王敗擢爲侍御史生子舒歷四郡太守所在有能名舒小子篆王莽時爲郡文學以明經徵詣公車太保甄豐舉爲步兵校尉篆辭曰吾聞伐國不問仁人戰陳不訪儒士此舉奚爲至哉遂投劾歸莽嫌諸不附己者多以法中傷之時篆兄發以佞巧幸於莽位至大司空母師氏能通經學百家之言莽寵以殊禮賜號義成夫人金印紫綬文軒丹轂顯於新世後以篆爲建新大尹篆不得已乃歎曰吾生無妄之世値澆羿之君上有老母下有兄弟安得獨潔己而危所生哉乃遂單車到官稱疾不視事三年不行縣門下掾倪敞諫篆乃彊起班春所至之縣獄犴塡滿篆垂涕曰嗟乎刑罰不中乃陷人於穽此皆何罪而至于是遂平理所出二千餘人掾吏叩頭諫曰朝廷初政州牧峻刻宥過申枉誠仁者之心然獨爲君子將有悔乎篆曰邾文公不以一人易其身君子謂之知命如殺一大尹贖二千人蓋所願也遂稱疾去建武初朝廷多薦言之者幽州刺史又舉篆賢良篆自以宗門受莽僞寵慚愧漢朝遂辭歸不仕客居滎陽閉門潛思著周易林六十四篇用決吉凶多所占驗臨終作賦自悼名曰慰志篆生毅以疾隱身不仕毅生駰年十三能通詩易春秋博學有偉才盡通古今訓詁百家之言善屬文少游太學與班固傅毅同時齊名常以典籍爲業未遑仕進之事時人或譏其太元靜默以後名失實駰擬楊雄解嘲作達旨以荅焉其辭曰或說已曰易稱備物致用可觀而有所合故能扶陽以出順陰而入春發其華秋收其實有始有極爰登其質今子韞櫝六經服膺道術歷世而游高談有日俯鉤深於重淵仰探遠乎九乾窮至賾於幽微測潛隱之無源然下不步卿相之廷上不登王公之門進不黨以讚己退不黷於庸人獨師友道德合符曩眞抱景特立與士不羣蓋高樹靡陰獨木不林隨時之宜道貴從凡于時太上運天德以君世憲王僚而布官臨雍泮以恢儒疏軒冕以崇賢率惇德以厲忠孝揚茂化以砥仁義選利器於良材求鏌鋣於明智不以此時攀台階闚紫闥據高軒望朱闕夫欲千里而咫尺未發蒙竊惑焉故英人乘斯時也猶逸禽之赴深林蝱蚋之趣大沛胡爲嘿嘿而久沈滯也荅曰有是言乎子苟欲勉我以世路不知其跌而失吾之度也古者陰陽始分天地初制皇綱云緒帝紀乃設傳序曆數三代興滅昔大庭尙矣赫胥罔識淳樸散離人物錯乖高辛攸降厥趣各違道無常稽與時張弛失仁爲非得義爲是君子通變各審所履故士或掩目而淵潛或盥耳而山棲或草耕而僅飽或木茹而長飢或重聘而不來或屢黜而不去或冒詢以干進或望色而斯舉或以役夫發夢於王公或以魚父見兆於元龜若夫紛纁塞路凶虐播流人有昏墊之戹主有疇咨之憂條垂藟蔓上下相求於是乎賢人授手援世之災跋涉赴俗急斯時也昔堯含感而皋陶謨高祖歎而子房慮禍不散而曹絳奮結不解而陳平權及其策合道從克亂弭衝乃將鏤元珪而顯功銘昆吾之冶勒景襄之鍾與其有事則褰裳濡足冠挂不顧人溺不拯則非仁也當其無事則躐纓整襟規矩其步德讓不修則非忠也是以險則救俗平則守禮舉以公心不私其體今聖上之育斯人也樸以皇質雕以唐文六合怡怡比屋爲仁壹天下之眾異

齊品類之萬殊參差同量坏冶一陶羣生得理庶績其凝家家有以樂和人人有以自優威械藏而俎豆布六典陳而九刑厝濟茲兆庶出於平易之路雖有力牧之略尚父之厲伊皐不論奚事范蔡夫廣廈成而茂木暢遠求存而良馬縶陰事終而水宿藏陽功畢而大火入方斯之際處士山積學者川流衣裳被宇冠蓋雲浮譬猶衡陽之林岱陰之麓伐尋抱不爲之稀蓺拱把不爲之數悠悠罔極亦各有得彼採其華我收其實舍之則藏己所學也故進動以道則不辭執珪而秉柱國復靜以理則甘糟糠而安藜藿夫君子非不欲仕也恥夸毗以求舉非不欲室也惡登牆而摟處叫呼衒鬻縣旌自表非隨和之寶也暴智燿世因以干祿非仲尼之道也游不倫黨苟以徇己汙血競時利合而友子笑我之沈滯吾亦病子屑屑而不已也先人有則而我弗虧行有枉徑而我非隨臧否在予唯世所議固將因天質之自然誦上哲之高訓詠太平之清風行天下之至順懼吾躬之穢德勤百畝之不耘縶余馬以安行俟性命之所存昔孔子起威於夾谷晏嬰發勇於崔杼曹劌舉節於柯盟卞嚴克敵於彊禦范蠡錯埶於會稽伍員樹功於柏舉魯連辯言以退燕包胥單辭而存楚唐且華顛以悟秦甘羅童牙而報趙原衰見廉於壺飧宣孟收德於束脯吳札結信於丘木展季効貞於門女顏回明仁於度轂程嬰顯義於趙武僕誠不能編德於數者竊慕古人之所序元和中肅宗始修古禮巡狩方嶽駰上四巡頌以稱漢德辭甚典美文多故不載帝雅好文章自見駰頌後帝嗟歎之謂侍中竇憲曰卿寧知崔駰乎對曰班固數爲臣說之然未見也帝曰公愛班固而忽崔駰此葉公之好龍也試請見之駰由此候憲憲屣履迎門笑謂駰曰亭伯吾受詔交公公何得薄哉遂揖入爲上客居無幾何帝幸憲第時駰適在憲所帝聞而欲召見之憲諫以爲不宜與白衣會帝悟曰吾能令駰朝夕在傍何必於此適欲官之會帝崩竇太后臨朝憲以重戚出內詔命駰獻書誡之曰駰聞之傳曰生而富者驕生而貴者傲生富貴而能不驕傲者未之有也今寵祿初隆百僚觀行當堯舜之盛世處光華之顯時豈可不庶幾夙夜以永衆譽弘申伯之美致周邵之事乎語曰不患無位患所以立昔馮野王以外戚居位稱爲賢臣近陰衞尉克己復禮終受多福郯氏之宗非不尊也陽侯之族非不盛也重侯累將建天樞執斗柄其所以獲譏於時垂愆於後者何也蓋在滿而不挹位有餘而仁不足也漢興以爲迄于哀平外家二十保族全身四人而已書曰鑒于有殷可不慎哉竇氏之興肇自孝文二君以淳淑守道成名先日安豐以佐命著德顯自中興內以忠誠自固外以法度自守卒享祚國垂祉於今夫謙德之光周易所美滿溢之位道家所戒故君子福大而愈懼爵隆而益恭遠察近覽俯仰有則銘諸几杖刻諸盤杅矜矜業業無殆無荒如此則百福是荷慶流無窮矣及憲爲車騎將軍辟駰爲掾憲府貴重掾屬二十人皆故刺史二千石唯駰以處士年少擢在其間憲擅權驕恣駰數諫之及出擊匈奴道路愈多不法駰爲主簿前後奏記數十指切長短憲不能容稍疏之因察駰高第出爲長岑長駰自以遠去不得意遂不之官而歸永元四年卒于家所著詩賦銘頌書記表七依婚禮結言達旨酒警合二十一篇中子瑗瑗字子玉早孤銳志好學盡能傳其父業年十八至京師從侍中賈逵質正大義逵善待之瑗因留游學遂明天官歷數京房易傳六日七分諸儒宗之與扶風馬融南陽張衡特相友好初瑗兄章爲人所殺瑗手刃報仇因亡命會赦歸家家貧兄弟同居數十年鄉邑化之年四十餘始爲郡吏以事繫東郡發干獄獄掾善爲禮瑗閒考訊時輒問以禮說其專心好學雖顛沛必於是後事釋歸家爲度遼將軍鄧遵所辟居無何遵被誅瑗免歸後復辟車騎將軍閻顯府時太后稱制顯入參政事先是安帝廢太子爲濟陰王而以北鄉侯爲嗣瑗以侯立不以正知顯將敗欲說令廢立而顯曰沈醉不能得見乃謂長史陳禪曰中常侍江京陳達等得以嬖寵惑蠱先帝遂使廢黜正統扶立疏孽少帝即位發病廟中周勃之徵於斯得見今欲與長史君共求見說將軍白太后收京等廢少帝引立濟陰王必上當天心下合人望伊霍之功不下席而立則將軍兄弟傳祚於無窮若拒違天意久曠神器則將以無罪并辜元惡此所謂禍福之會分功之時禪猶豫未敢從會北鄉侯薨孫程立濟陰王是爲順帝閻顯兄弟悉伏誅瑗坐被斥門生蘇祇具知瑗謀欲上書言狀瑗聞而遽止之時陳禪爲司隸校尉召瑗謂曰弟聽祇上書禪請爲之證瑗曰此譬猶兒妾屏語耳願使君勿復出口遂辭歸不復應州郡命久之大將軍梁商初開莫府復首辟瑗自以再爲貴戚吏不遇被斥遂以疾固辭歲中舉茂才遷汲令在事數言便宜爲人開稻田數百頃視事七年百姓歌之漢安初大司農胡廣少府竇章共薦瑗宿德大儒從政有迹不宜久在下位由此遷濟北相時李固爲太山太守美瑗文雅奉書禮致殷

勤歲餘光祿大夫杜喬爲八使獨行郡國以贓罪奏瑗徵詣廷尉瑗上書自頌得理出會病卒年六十六臨終顧命子寔曰夫人稟天地之氣以生及其終也歸精於天還骨於地何地不可藏形骸勿歸鄉里其賵贈之物羊豕之奠一不得受寔奉遺令遂留葬洛陽瑗高於文辭尤善爲書記箴銘所著賦碑銘箴頌七蘇南陽文學官志歎辭移社文悔祈草書埶七言凡五十七篇其南陽文學官志稱於後世諸能爲文者皆自以弗及瑗愛士好賓客盛修肴膳單極滋味不問餘產居常蔬食菜羹而已家無儋石儲當世淸之寔字子眞一名台字元始少沈靜好典籍父卒隱居墓側服竟三公並辟皆不就桓帝初詔公卿郡國舉至孝獨行之士寔以郡舉徵詣公車病不對策除爲郎明於政體吏才有餘論當世便事數十條名曰政論指切時要言辯而确當世稱之仲長統曰凡爲人主宜寫一通置之坐側其辭曰自堯舜之帝湯武之王皆賴明哲之佐博物之臣故臯陶陳謨而唐虞以興伊箕作訓而殷周用隆及繼體之君欲立中興之功者曷嘗不賴賢哲之謀乎凡天下所不理者常由人主承平日久俗漸敝而不悟政寖衰而不改習亂安危怢不自覩或荒耽嗜欲不恤萬機或耳蔽箴誨厭僞忽眞或猶豫岐路莫適所從或見信之佐括囊守祿或疎遠之臣言以賤廢是以王綱縱弛於上智士鬱伊於下悲夫自漢興以來三百五十餘歲矣政令垢翫上下怠懈風俗彫敝人庶巧僞百姓囂然咸復思中興之救矣且濟時拯世之術豈必體堯蹈舜然後乃理哉期於補綻決壞枝柱邪傾隨形裁割要措斯世於安寧之域而已故聖人執權遭時定制步驟之差各有云設不彊人以不能背急切而慕所聞也蓋孔子對葉公以來遠哀公以臨人景公以節禮非其不同所急異務也是以受命之君每輒創制中興之主亦匡時失昔盤庚愍殷遷都易民周穆有闕甫侯正刑俗人拘文牽古不達權制奇偉所聞簡忽所見烏可與論國家之大事哉故言事者雖合聖德輒見掎奪何者其頑士闇於時權安習所見不知樂成況可慮始苟云率由舊章而已其達者或矜名妒能恥策非己舞筆奮辭以破其義寡不勝衆遂見擯棄雖稷契復存猶將困焉斯賈生之所以排於絳灌屈子之所以攄其幽憤者也夫以文帝之明賈生之賢絳灌之忠而有此患況其餘哉故宜量力度德春秋之義今既不能純法八世故宜參以霸政霸政則宜重賞深罰以御之明著法術以檢之自非上德嚴之則理寬之則亂何以明其然也近孝宣皇帝明於君人之道審於爲政之理故嚴刑峻法破姦軌之膽海內清肅天下密如薦勳祖廟享號中宗算計見效優於孝文及元帝卽位多行寬政卒以墮損威權始奪遂爲漢室基禍之主政道得失於斯可監昔孔子作春秋褒齊桓懿晉文歎管仲之功夫豈不美文武之道哉誠達權救敝之理也故聖人能與世推移而俗士苦不知變以爲結繩之約可復理亂秦之緒干戚之舞足以解平城之圍夫熊經鳥伸雖延歷之術非傷寒之理呼吸吐納雖度紀之道非續骨之膏蓋爲國之法有似理身平則致養疾則攻焉夫刑罰者治亂之藥石也德教者興平之粱肉也夫以德教除殘是以粱肉理疾也以刑罰理平是以藥石供養也方今承百王之敝値戹運之會自數世以來政多恩貸馭委其轡馬駘其銜四牡橫奔皇路險傾方將拑勒鞬輈以救之豈暇鳴和鑾請節奏哉昔高祖令蕭何作九章之律有夷三族之令黥劓斬趾斷舌梟首故謂之具五刑文帝雖除肉刑當劓者笞二百當斬左趾者笞五百當斬右趾者棄市右趾者既殞其命笞撻者往往至死雖有輕刑之名其實殺也當此之時民皆思復肉刑至景帝元年乃下詔曰笞與重罪無異幸而不死不可爲民乃定律減笞輕捶自是之後笞者得全以此言之文帝乃重刑非輕之也以嚴致平非以寬致平也必欲行若言當大定其本使人主師五帝而式三王盪亾秦之俗遵先聖之風棄苟全之政蹈稽古之蹤復五等之爵立井田之制然後選稷契爲佐伊呂爲輔樂作而鳳皇儀擊石則百獸舞若不然則多爲累而已其後辟太尉袁湯大將軍梁冀府並不應大司農羊傅少府何豹上書薦寔才美能高宜在朝廷召拜議郎遷大將軍冀司馬與邊韶延篤等著作東觀出爲五原太守五原土宜麻枲而俗不知織績民冬月無衣積細草而臥其中見吏則衣草而出寔至官斥賣儲峙爲作紡績織紝練縕之具以敎之民得以免寒苦是時胡虜連入雲中朔方殺略吏民一歲至九奔命寔整厲士馬嚴烽候虜不敢犯常爲邊最以病徵拜議郎復與諸儒博士共雜定五經會梁冀誅寔以故吏免官禁錮數年時鮮卑數犯邊詔三公舉威武謀略之事司空黃瓊薦寔拜遼東太守行道母劉氏病卒上疏求歸葬行喪母有母儀淑德博覽書傳初寔在五原常訓以臨民之政寔之善績母有其助焉服竟召拜尚書寔以世方阻亂稱疾不視事數月免歸初寔父卒摽賣田宅起冢塋立碑頌葬訖資產竭盡因窮困以酤釀販鬻爲

業時人多以譏之寔終不改亦取足而已不致盈餘及仕官歷位邊郡而愈貧薄建寧中病卒家徒四壁立無以殯斂光祿勳楊賜太僕袁逢少府段熲爲備棺槨葬具大鴻臚袁隗樹碑頌德所著碑論箴銘荅七言祠文表記書凡十五篇寔從兄烈有重名於北州歷位郡守九卿靈帝時開鴻都門榜賣官爵公卿州郡下至黃綬各有差其富者則先入錢貧者到官而後倍輸或因常侍阿保別自通達是時段熲樊陵張温等雖有功勤名譽然皆先輸貨物而後登公位烈時因傅母入錢五百萬得爲司徒及拜日天子臨軒百僚畢會帝顧謂親倖者曰悔不小靳可至千萬程夫人於傍應曰崔公冀州名士豈肯買官賴我得是反不知姝邪烈於是聲譽衰減久之不自安從容問其子鈞曰吾居三公於議者何如鈞曰大人少有英稱歷位卿守論者不謂當爲三公而今登其位天下失望烈曰何爲然也鈞曰論者嫌其銅臭烈怒舉杖擊之鈞時爲虎賁中郎將服武弁戴鶡尾狼狽而走烈罵曰死卒父檛而走孝乎鈞曰舜之事父小杖則受大杖則走非不孝也烈慙而止烈後拜太尉鈞少交結英豪有名稱爲西河太守獻帝初鈞與袁紹俱起兵山東董卓以是收烈付郿獄錮之銀鐺鐵鎖卓既誅拜烈城門校尉及李傕入長安爲亂兵所殺烈有文才所著詩書敎頌等凡四篇

周燮字彥祖汝南安城人決曹掾燕之後也燮生而欽頤折頞醜狀駭人其母欲棄之其父不聽曰吾聞賢聖多有異貌興我宗者乃此兒也於是養之始在髫鬌而知廉讓十歲就學能通詩論及長專精禮易不讀非聖之書不修賀問之好有先人草廬結于岡畔下有陂田常肆勤以自給非身所耕漁則不食也鄉黨宗族希得見者舉孝廉賢良方正特徵皆以疾辭延光二年安帝以元纁羔幣聘燮及南陽馮良二郡各遣丞掾致禮宗族更勸之曰夫修德立行以爲國自先世以來勳寵相承君獨何爲守東岡之陂乎燮曰吾既不能隱處巢穴追綺季之跡而猶顯然不遠父母之國斯固以滑泥揚波同其流矣夫修道者度其時而動動而不時焉得亨乎因自載到潁川陽城遣生送敬遂辭疾而歸良亦載病到近縣送禮而還詔書告二郡歲以羊酒養病良字君郎出於孤微少作縣吏年三十爲尉從佐奉檄迎督郵卽路慨然恥在厮役因壞車殺馬毀裂衣冠乃遁至犍爲從杜撫學妻子求索蹤迹斷絶後乃見草中有敗車死馬衣裳腐朽謂爲虎狼盜賊所害發喪制服積十許年乃還鄉里志行高整非禮不動遇妻子如君臣鄉黨以爲儀表燮良年皆七十餘終

黃憲字叔度汝南愼陽人也世貧賤父爲牛醫潁川荀淑至愼陽遇憲於逆旅時年十四淑竦然異之揖與語移日不能去謂憲曰子吾之師表也既而前至袁閎所未及勞問逆曰子國有顏子寧識之乎閎曰見吾叔度邪是時同郡戴良才高倨傲而見憲未嘗不正容及歸罔然若有失也其母問曰汝復從牛醫兒來邪對曰良不見叔度自以爲不及既覩其人則瞻之在前忽然在後固難得而測矣同郡陳蕃周舉常相謂曰時月之閒不見黃生則鄙吝之萌復存乎心及蕃爲三公臨朝歎曰叔度若在吾不敢先佩印綬矣太守王龔在郡禮進賢達多所降致卒不能屈憲郭林宗少游汝南先過袁閎不宿而退進往從憲累日方還或以問林宗林宗曰奉高之器譬諸汎濫雖淸而易挹叔度汪汪若千頃陂澄之不淸淆之不濁不可量也憲初舉孝廉又辟公府友人勸其仕憲亦不拒之暫到京師而還竟無所就年四十八終天下號曰徵君

徐穉字孺子豫章南昌人也家貧常自耕稼非其力不食恭儉義讓所居服其德屢辟公府不起時陳蕃爲太守以禮請署功曹穉不免之既謁而退蕃在郡不接賓客唯穉來特設一榻去則縣之後舉有道家拜太原太守皆不就延熹二年尙書令陳蕃僕射胡廣等上疏薦穉等曰臣聞善人天地之紀政之所由也詩云思皇多士生此王國天挺俊乂爲陛下出當輔弼明時左右大業者也伏見處士豫章徐穉彭城姜肱汝南袁閎京兆韋著潁川李曇德行純備著於人聽若使擢登三事協亮天工必能翼宣盛美增光日月矣桓帝乃以安車元纁備禮徵之並不至帝因問蕃曰徐穉袁閎韋著誰爲先後蕃對曰閎生出公族聞道漸訓著長於三輔禮義之俗所謂不扶自直不鏤自雕至於穉者爰自江南卑薄之域而角立傑出宜當爲先穉嘗爲太尉黃瓊所辟不就及瓊卒歸葬穉乃負糧徒步到江夏赴之設雞酒薄祭哭畢而去不告姓名時會者四方名士郭林宗等數十人聞之疑其穉也乃選能言語生茅容輕騎追之及於塗容爲設飯共言稼穡之事臨訣去謂容曰爲我謝郭林宗大樹將顚非一繩所維何爲栖栖不遑寧處及林宗有母憂穉往弔之置生芻一束於廬前而去衆怪不知其故林宗曰此必南州高士徐孺子也詩不云乎生芻一束其人如玉吾無德以堪之靈帝初欲蒲輪聘穉會卒時年七十二子允字季登篤行孝悌亦隱居

不仕太守華歆禮請相見固病不詣漢末冦賊縱横皆敬允禮行轉相約勑不犯其閭建安中卒李曇字雲少孤繼母嚴酷曇事之愈謹爲鄉里所稱法養親行道終身不仕

姜肱字伯淮彭城廣戚人也家世名族肱與二弟仲海季江俱以孝行著聞其友愛天至常共卧起及各娶妻兄弟相戀不能別寢以係嗣當立乃遞往就室肱博通五經兼明星緯士之遠來就學者三千餘人諸公爭加辟命皆不就二弟名聲相次亦不應徵聘時人慕之肱嘗與季江謁郡夜於道遇盜欲殺之肱兄弟更相爭死賊遂兩釋焉但掠奪衣資而已既至郡中見肱無衣服怪問其故肱託以他辭終不言盜盜聞而感悔後乃就精廬求見徵君肱與相見皆叩頭謝罪而還所略物肱不受勞以酒食而遣之後與徐穉俱徵不至桓帝乃下彭城使畫工圖其形狀肱卧於幽闇以被韜面言感眩疾不欲出風工竟不得見之中常侍曹節等專執朝事新誅太傅陳蕃大將軍竇武欲借寵賢德以釋衆望乃白徵肱爲太守肱得詔乃私告其友曰吾以虛獲實遂藉聲價明明在上猶當固其本志況今政在閹豎夫何爲哉乃隱身遯命遠浮海濱再以元纁聘不就即拜太中大夫詔書至門肱使家人對云久病就醫遂羸服閒行竄伏青州界中賣卜給食召命得斷家亦不知其處歷年乃還年七十七熹平二年終於家弟子陳留劉操追慕肱德共刊石頌之

申屠蟠字子龍陳留外黃人也九歲喪父哀毀過禮服除不進酒肉十餘年每忌日輒三日不食同郡緱氏女玉爲父報讎殺夫氏之黨吏執玉以告外黃令梁配配欲論殺玉蟠時年十五爲諸生進諫曰玉之節義足以感無恥之孫激忍辱之子不遭明時尚當表旌廬墓況在清聽而不加哀矜配善其言乃爲讞得減死論鄉人稱美之家貧傭爲漆工郭林宗見而奇之同郡蔡邕深重蟠及被州辟乃辭讓之曰申屠蟠稟氣元妙性敏心通喪親盡禮幾於毀滅至行美義人所鮮能安貧樂潛味道守眞不爲燥溼輕重不爲窮達易節方之於邕以齒則長以德則賢後郡召爲主簿不行遂隱居精學博貫五經兼明圖緯始與濟陰王子居同在太學子居臨沒以身託蟠蟠乃躬推輦車送喪歸鄉里遇司隸從事於河鞏之間從事義之爲封傳護送蟠不肯受投傳於地而去事畢還學太尉黃瓊辟不就及瓊卒歸葬江夏四方名豪會帳下者六七千人互相談論莫有及蟠者唯南郡一生與相酬對既別執蟠手曰君非聘則徵如是相見於上京矣蟠勃然作色曰始吾以子爲可與言也何意乃相拘敎樂貴之徒邪因振手而去不復與言再舉有道不就先是京師游士汝南范滂等非訐朝政自公卿以下皆折節下之太學生爭慕其風以爲文學將興處士復用蟠獨歎曰昔戰國之世處士橫議列國之王至爲擁篲先驅卒有阬儒燒書之禍今之謂矣乃絕迹於梁碭之間因樹爲屋自同傭人居二年滂等果罹黨錮或死或刑者數百人蟠確然免於疑論後蟠友人陳郡馮雍坐事繫獄豫州牧黃琬欲殺之或勸蟠救雍蟠不肯行曰黃子琰爲吾故邪未必合罪如不用吾言雖往何益琬聞之遂免雍罪大將軍何進連徵不詣進必欲致之使蟠同郡黃忠書勸曰前莫府初開至如先生特加殊禮優而不名申以手筆設几杖之坐經過二載而先生抗志彌高所尚益固竊論先生高節有餘於時則未也潁川荀爽載病在道北海鄭玄北面受署彼豈樂羈牽哉知時不可逸豫也昔人之隱遭時則放聲滅迹巢棲茹薇其不遇也則裸身大笑被髮狂歌今先生處平壤游人間吟典籍襲衣裳事異昔人而欲遠蹈其迹不亦難乎孔子可師何必首陽蟠不答中平五年復與爽玄及潁川韓融陳紀等十四人並博士徵不至明年董卓廢立蟠及爽融紀等復俱公車徵唯蟠不到衆人咸勸之蟠笑而不應居無幾爽等爲卓所脅迫西都長安京師擾亂及大駕西遷公卿多遇兵饑室家流散融等僅以身脫唯蟠處亂末終全高志年七十四終於家

范氏曰易曰君子之道或出或處或默或語孔子稱蘧伯玉邦有道則仕邦無道則可卷而懷也然用舍之端君子之所以存其誠也故其行也則濡足蒙垢出身以效時及其止也則窮棲茹菽藏寶以迷國太原閔仲叔者世稱節士雖周黨之絜清自以弗及也黨見其含菽飲水遺以生蒜受而不食建武中應司徒侯霸之辟既至霸不及政事徒勞苦而已仲叔恨曰始蒙嘉命且喜且懼今見明公喜懼皆去以仲叔爲不足問邪不當辟也辟而不問是失人也遂辭出投劾而去復以博士徵不至客居安邑老病家貧不能得肉日買猪肝一片屠者或不肯與安邑令聞勑吏常給焉仲叔怪而問之知乃歎曰閔仲叔豈以口腹累安邑耶遂去客沛以壽終仲叔同郡荀恁字君大少亦修清節貲財千萬父越卒悉散與九族隱居山澤以求厥志王莽末匈奴冠其本縣廣武聞恁名

節約不入荀氏閭光武徵以病不至永平初東平王蒼爲驃騎將軍開東閤延賢俊辟而應焉及後朝會顯宗戲之曰先帝徵君不至驃騎辟君而來何也對曰先帝秉德以惠下故臣可得不來驃騎執法以檢下故臣不敢不至後月餘罷歸卒於家桓帝時安陽人魏桓字仲英亦數被徵其鄉人勸之行桓曰夫干祿求進所以行其志也今後宮千數其可損乎廄馬萬匹其可減乎左右悉權豪其可去乎皆對曰不可桓乃慨然歎曰使桓生行死歸於諸子何有哉遂隱身不出若二三子可謂識去就之槩候時而處夫然豈其枯槁苟而已哉蓋詭時審己以成其道焉余故列其風流區而載之

楊震字伯起弘農華陰人也八世祖喜高帝時有功封赤泉侯高祖敞昭帝時爲丞相封安平侯父寶習歐陽尚書哀平之世隱居教授居攝二年與兩龔蔣詡俱徵遂遁逃不知所處光武高其節建武中公車特徵老病不到卒於家震少好學受歐陽尚書於太常桓郁明經博覽無不窮究諸儒謂之語曰關西孔子楊伯起常客居於湖不答州郡禮命數十年衆人謂之晚暮而震志愈篤後有冠雀銜三鱣魚飛集講堂前都講取魚進曰蛇鱣者卿大夫服之象也數三者法三台也先生自此升矣年五十乃始仕州郡大將軍鄧騭聞其賢而辟之舉茂才四遷荊州刺史東萊太守當之郡道經昌邑故所舉荊州茂才王密爲昌邑令謁見至夜懷金十斤以遺震震曰故人知君君不知故人何也密曰暮夜無知者震曰天知神知我知子知何謂無知密愧而出轉涿郡太守性公廉不受私謁子孫常蔬食步行故舊長者或欲令爲產業震不肯曰使後世稱爲清白吏子孫以此遺之不亦厚乎元初四年徵入爲太僕遷太常先是博士選舉多不以實震舉薦明經名士陳留楊倫等顯傳學業諸儒稱之永寧元年代劉愷爲司徒明年鄧太后崩內寵始橫安帝乳母王聖因保養之勤緣恩放恣聖子女伯榮出入宮掖傳通姦賂震上疏曰臣聞政以得賢爲本理以去穢爲務是以唐虞俊乂在官四凶流放天下咸服以致雍熙方今九德未事嬖倖充庭阿母王聖出自賤微得遭千載奉養聖躬雖有推燥居溼之勤前後賞惠過報勞苦而無厭之心不知紀極外交屬託擾亂天下損辱清朝塵點日月書誡牝雞牡鳴詩刺哲婦喪國昔鄭莊公從母氏之欲恣驕弟之情幾至危國然後加討春秋貶之以爲失教夫女子小人近之喜遠之怨實爲難養易曰無由遂在中饋言婦人不得與於政事也宜速出阿母令居外舍斷絕伯榮莫使往來令恩德兩隆上下俱美惟陛下絕婉孌之私割不忍之心留神萬機誡愼拜爵減省獻御損節徵發令野無鶴鳴之歎朝無小明之悔大東不興於今勞止不怨於下擬蹤往古比德哲王豈不休哉奏御帝以示阿母等內倖皆懷忿恚而伯榮驕淫尤甚與故朝陽侯劉護從兄瓌交通瓌遂以爲妻得襲護爵位至侍中震深疾之復詣闕上疏曰臣聞高祖與羣臣約非功臣不得封故經制父死子繼兄亾弟及以防纂也伏見詔書封故朝陽侯劉護再從兄瓌襲護爵爲侯護同產弟威今猶見在臣聞天子專封封有功諸侯專爵爵有德今瓌無他功行但以配阿母女一時之間既位侍中又至封侯不稽舊制不合經義行人諠譁百姓不安陛下宜覽鏡既往順帝之則書奏不省延光二年代劉愷爲太尉帝舅大鴻臚耿寶薦中常侍李閏兄於震震不從寶乃自往候震曰李常侍國家所重欲令公辟其兄寶唯傳上意耳震曰如朝廷欲令三府辟召故宜有尚書勑遂拒不許寶大恨而去皇后兄執金吾閻顯亦薦所親厚於震震又不從司空劉授聞之即辟此二人旬日中皆見拔擢由是震益見怨時詔遣使者大爲阿母修第中常侍樊豐及侍中周廣謝惲等更相扇動傾搖朝廷震復上疏曰臣伏見詔書爲阿母興起津城門內第舍合兩爲一連里竟街雕修繕飾窮極巧伎今盛夏土王而攻山採石其大匠左校別部將作合數十處轉相迫促爲費巨億周廣謝惲兄弟與國無肺腑枝葉之屬依倚近倖姦佞之人與樊豐王永等分威共權屬託州郡傾動大臣宰司辟召承望旨意招來海內貪汙之人受其貨賂至有贓錮棄世之徒復得顯用白黑溷淆清濁同源天下讙譁咸曰財貨上流爲朝結譏惟陛下度之豐惲等見震連切諫不從無所顧忌遂詐作詔書調發司農錢穀大匠司徒材木各起家舍園池廬觀役費無數震因地震復上疏曰臣蒙恩備台輔不能奉宣政化調和陰陽去年十一月四日京師地動臣聞師言地者陰精當安靜承陽而今動搖者陰道盛也其日戊辰三者皆土位在中宮此中臣近宮盛於持權用事之象也臣伏惟陛下以邊境未寧躬自菲薄宮殿垣屋傾倚枝柱而已無所興造欲令遠近咸知政化之清流商邑之翼翼也而親近倖臣未崇斷金驕溢踰法多請徒士盛修第舍賣弄威福道路讙譁衆所聞見地動之變近在城郭殆爲此發又冬無宿雪春節未雨百僚燋心而繕修不止誠

致旱之徵也書曰僭恒陽若臣無作威作福玉食唯辟下奮乾剛之德棄驕奢之臣以掩訞言之口奉承皇天之戒無令威福久移於下震前後所上轉有切至帝既不平之而樊豐等皆側目憤怨俱以其名儒未敢加害尋有河間男子趙騰詣闕上書指陳得失帝發怒遂收考詔獄結以罔上不道震復上疏救之曰臣聞堯舜之世諫鼓謗木立之於朝殷周哲王小人怨詈則還自敬德所以達聰明開不諱博採負薪盡極下情也今趙騰所坐激訐謗語爲罪與手刃犯法有差乞爲虧除全騰之命以誘芻蕘輿人之言帝不省騰竟伏尸都市會三年春東巡岱宗樊豐等因乘輿在外競修第宅震部掾高舒召大匠令史考校之得豐等所詐下詔書具奏須行還上之豐等聞惶怖會太史言星變逆行遂共譖震云自趙騰死後深用怨懟且鄧氏故吏有恚恨之心及車駕行還便時太學夜遣使者策收震太尉印綬於是柴門絕賓客豐等復惡之乃遣大將軍耿寶奏震大臣不服罪懷恚望有詔遣歸本郡震行至城西夕陽亭乃慷慨謂其諸子門人曰死者士之常分吾蒙恩居上司疾姦臣狡猾而不能誅惡嬖女傾亂而不能禁何面目復見日月身死之日以雜木爲棺布單被裁足蓋形勿歸冢次勿設祭祠因飲酖而卒時年七十餘弘農太守移良承樊豐等旨遣吏於陝縣留停震喪露棺道側讁震諸子代郵行書道路皆爲隕涕歲餘順帝即位樊豐周廣等誅死震門生虞放陳翼詣闕追訟震事朝廷咸稱其忠乃下詔除二子爲郎贈錢百萬以禮改葬於華陰潼亭遠近畢至先葬十餘日有大鳥高丈餘集震喪前俯仰悲鳴淚下霑地葬畢乃飛去郡以狀上時連有災異帝感震之枉乃下詔策曰故太尉震正直是輿俾匡時政而青蠅點素同茲在藩上天降威災眚屢作爾卜爾筮惟震之故朕之不德用彰厥咎山崩棟折我其危哉今使太守丞以中牢具祠魂而有靈儻其歆享於是時人立石鳥象於其墓所震之被譖也高舒亦得罪以減死論及震事顯舒拜侍御史至荆州刺史震五子長子牧富波相牧孫奇靈帝時爲侍中帝從容問奇曰朕何如桓帝對曰陛下之於桓帝亦猶虞舜比德唐堯帝不悅曰卿彊項眞楊震子孫死後必復致大鳥矣出爲汝南太守帝崩後復入爲侍中衛尉從獻帝西遷有功勳及李傕脅帝歸其營奇與黃門侍郎鍾繇誘傕部曲將宋曄楊昂令反傕傕由此孤弱帝乃得東後徙都許追封奇子亮爲陽成亭侯震少子奉奉子敷篤志博聞議者以爲能世其家敷早卒子衆亦傳先業以謁者僕射從獻帝入關累遷御史中丞及帝東還夜走度河衆率諸官屬步從至太陽拜侍中建安二年追前功封蓩亭侯震中子秉秉字叔節少傳父業兼明京氏易博通書傳常隱居教授年四十餘乃應司空辟拜侍御史頻出爲豫荆徐兗四州刺史遷任城相自爲刺史二千石計日受奉餘祿不入私門故吏齎錢百萬遺之閉門不受以廉潔稱桓帝即位以明尚書徵入勸講拜太中大夫左中郎將遷侍中尚書帝時微行私過幸河南尹梁允府舍是日大風拔樹晝昏秉因上疏諫曰臣聞孔子迅雷風烈必有變動詩云敬天之威不敢驅馳王者至尊出入有常警蹕而行靜室而止自非郊廟之事則鑾旂不駕故詩稱自郊徂宮易曰王假有廟致孝享也諸侯如臣之家春秋尚列其誡況以先王法服而私出槃游降亂尊卑等威無序侍衛守空宮紱璽委女妾設有非常之變任章之謀上負先帝下悔靡及臣奕世受恩得備納言又以薄學充在講勸特蒙哀識見照日月恩重命輕義使士死敢憚摧折略陳其愚帝不納秉以病乞退出爲右扶風太尉黃瓊惜其去朝廷上秉勸講帷幄不宜外遷留拜光祿大夫是時大將軍梁冀用權秉稱病六年冀誅後乃拜太僕遷太常延熹三年白馬令李雲以諫受罪秉爭之不能得坐免官歸田里其年冬復徵拜河南尹先是中常侍單超弟匡爲濟陰太守以贓罪爲刺史第五種所劾窘急乃賂客任方刺兗州從事衛羽事已見種傳及捕得方囚繫洛陽匡慮秉當窮竟其事密令方等得突獄亾走尚書召秉詰責秉對曰春秋不誅黎比而魯多盜方等無狀釁由單匡刺執法之吏害奉公之臣復命令得逃竄寬縱罪身元惡大憝終爲國害乞檻車徵匡考覈其事則姦慝蹤緒必可立得而秉竟坐論輸作左校以久旱赦出會日食太山太守皇甫規等訟秉忠正不宜久抑不用有詔公車徵秉及處士韋著二人各稱疾不至有司並劾秉著大不敬請下所屬正其罪尚書令周景與尚書邊韶議奏秉儒學侍講常在謙虛著隱居行義以退讓爲節俱徵不至誠違側席之望然逶迤退食足抑苟進之風夫明王之世必有不召之臣聖朝弘養宜用優游之禮可告在所屬喻以朝廷恩意如遂不至詳議其罰於是重徵乃到拜太常五年冬代劉矩爲太尉是時宦官方熾任人及子弟爲官布滿天下競爲貪淫朝野嗟怨秉與司空周景上言內外吏職多非其人自頃所徵皆特拜不試致盜竊縱恣怨訟紛錯舊典中臣子弟不得居位秉執

而今枝葉賓客布列職署或年少庸人典據守宰上下忿患四方愁毒可遵用舊章退貪殘塞災謗請下司隸校尉中二千石城門五營校尉北軍中候各實覈所部應當斥罷自以狀言三府廉察有遺漏續上帝從之於是秉條奏牧守以下匈奴中郎將燕瑗青州刺史羊亮遼東太守孫諠等五十餘人或死或免天下莫不肅然時郡國計吏多留拜爲郎秉上言三署見郎七百餘人帑藏空虛浮食者衆而不良守相欲因國爲池澆濯釁穢宜絕橫拜以塞覬覦之端自此終桓帝世計吏無復留拜者七年南巡園陵特詔秉從南陽太守張彪與帝微時有舊恩以車駕當至因傍發調多以入私秉聞之下書責讓荊州刺史以狀副言公府及行至南陽左右並通姦利詔書多所除拜秉復上疏諫曰臣聞先王建國順天制官太微積星名爲郎位入奉宿衛出牧百姓皋陶誡虞在於官人頃者道路拜除恩加豎隸爵以貨成化由此敗所以俗夫巷議白駒遠逝穆穆清朝遠近莫觀宜割不忍之恩以斷求欲之路於是詔除乃止時中常侍侯覽弟參爲益州刺史累有贓罪暴虐一州明年秉劾奏參檻車徵詣廷尉參惶恐道自殺秉因奏覽及中常侍具瑗曰臣案國舊典宦豎之官本在給使省闥司昏守夜而今猥受過寵執政操權其阿諛取容者則因公襃舉以報私惠有忤逆於心者必求事中傷肆其凶忿居法王公富擬國家飲食極肴膳僕妾盈紈素雖季氏專魯穰侯擅秦何以尚玆案中常侍侯覽弟參貪殘元惡自取禍滅覽固知釁重必有自疑之意臣愚以爲不宜復見親近昔懿公刑邴歜之父奪閻職之妻而使二人參乘卒有竹中之難春秋書之以爲至戒蓋鄭詹來而國亂四佞放而衆服以此觀之容可近乎覽宜急屏斥投畀有虎若斯之人非恩所宥請免官送歸本郡書奏尚書召對秉掾屬曰公府外職而奏劾近官經典漢制有故事乎秉使對曰春秋趙鞅以晉陽之甲逐君側之惡傳曰除君之惡唯力是視鄧通懈慢申屠嘉召通詰責文帝從而請之漢世故事三公之職無所不統尚書不能詰帝不得已竟免覽官而削瑗國每朝廷有得失輒盡忠規諫多見納用秉性不飲酒又早喪夫人遂不復娶所在以淸白稱嘗從容言曰我有三不惑酒色財也八年薨時年七十四賜塋陪陵秉子賜字伯獻少傳家學篤志博聞常退居隱約教授門徒不答州郡禮命後辟大將軍梁冀府非其好也出除陳倉令因病不行公車徵不至連辭三公之命後以司空高第再遷侍中越騎校尉建寧初靈帝當受學詔太傅三公選通尚書桓君章句宿有重名者三公舉賜乃侍講於華光殿中遷少府光祿勳熹平元年靑虵見御坐帝以問賜賜上封事曰臣聞皇建不極則有蛇龍之孽詩云惟虺惟蛇女子之祥故春秋兩蛇鬭於鄭門昭公殆以女敗康王一朝晏起關雎見幾而作夫女謁行則讒夫昌讒夫昌則苞苴通故殷湯以之自戒終濟亢旱之災惟陛下思乾剛之道別內外之宜崇帝乙之制受元吉之祉抑皇甫之權割豔妻之愛則蛇變可消禎祥立應殷戊宋景其事甚明二年代唐珍爲司空以災異免復拜光祿大夫秩中二千石五年代袁隗爲司徒是時朝廷爵授多不以次而帝好微行遊幸外苑賜復上疏曰臣聞陛下數微行出幸苑囿觀鷹犬之埶極槃遊之荒政事日墮大化陵遲陛下不顧二祖之勤止追慕五宗之美蹤而欲以望太平是由曲表而欲直景卻行而求及前人也宜絕慢傲之戲念官人之重割用板之恩愼貫魚之次無令醜女有四殆之歎遐邇有憤怨之聲臣受恩偏特忝任師傅不敢自同凡臣括囊避咎謹自手書密上後坐辟黨人免復拜光祿大夫光和元年有虹蜺晝降於嘉德殿前帝惡之引賜及議郎蔡邕等入金商門止崇德署使中常侍曹節王甫問以祥異禍福所在賜仰天而歎謂節等曰吾每讀張禹傳未嘗不憤恚歎息旣不能竭忠盡情極言其要而反留意少子乞還女壻朱雲欲得尚方斬馬劍以理之固其宜也吾以微薄之學充先師之末累世見寵無以報國猥當大問死而後已乃書對曰臣聞之經傳或得神以昌或得神以亾國家休明則鑒其德邪辟昏亂則視其禍今殿前之氣應爲虹蜺皆妖邪所生不正之象詩人所謂蝃蝀者也於中孚經曰蜺之比無德以色親方今內多嬖倖外任小臣上下並怨諠譁盈路是以災異屢見前後丁寧今復投蜺可謂孰矣案春秋讖曰天投蜺天下怨海內亂加四百之期亦復垂及昔虹貫牛山管仲諫桓公無近妃宮易曰天垂象見吉凶聖人則之今妾媵嬖人閹尹之徒共專國朝欺罔日月又鴻都門下招會羣小造作賦說以蟲篆小技見寵於時如驩兜共工更相薦說旬月之間並各拔擢樂松處常伯任芝居納言郄儉梁鵠俱以便辟之性佞辯之心各受封爵不次之寵而令搢紳之徒委伏畎畝口誦堯舜之言身蹈絕俗之行棄捐溝壑不見逮及冠履倒易陵谷代處從小人之邪意順無知之私欲不念板蕩之作虺蜴之誡殆哉之危莫過於今幸賴皇天垂象譴告周書曰天子見怪則修德

諸侯見怪則修政卿大夫見怪則修職士庶人見怪則修身唯陛下愼經典之誡圖變復之道斥遠佞巧之臣速徵鶴鳴之士內親張仲外任山甫斷絕尺一抑止槃游留思庶政無敢怠遑冀上天還威衆變可弭老臣過受師傅之任數蒙寵異之恩豈敢愛惜垂没之年而不盡其慺慺之心哉書奏甚忤曹節等蔡邕坐直對抵罪徙朔方賜以師傅之恩故得免咎其冬行辟雍禮引賜爲三老復拜少府光祿勳代劉郃爲司徒帝欲造畢圭靈琨苑賜復上疏諫曰竊聞使者並出規度城南人田欲以爲苑昔先王造囿裁足以修三驅之禮薪萊芻牧皆悉往焉先帝之制左開鴻池右作上林不奢不約以合禮中今猥規郊城之地以爲苑囿壞沃衍城外之苑已有五六可以逞情意順四節也宜惟夏禹卑宮太宗露臺之意以慰下民之勞書奏帝欲止以問侍中任芝中常侍樂松松等曰昔文王之囿百里人以爲小齊宣王五里人以爲大今與百姓共之無害於政也帝悅遂合築苑四年賜以病罷居無何拜太常詔賜御府衣一襲自所服冠幘綬玉壺革帶金錯鉤佩五年冬復拜太尉中平元年黃巾賊起賜被召會議詣省閤切諫忤旨因以冦賊免先是黃巾帥張角等執左道稱大賢以誑燿百姓天下襁負歸之賜時在司徒召掾劉陶告曰張角等遭赦不悔而稍益滋蔓今若下州郡捕討恐更騷擾速成其患且欲切敕刺史二千石簡別流人各護歸本郡以孤弱其黨然後誅其渠帥可不勞而定何如陶對曰此孫子所謂不戰而屈人之兵廟勝之術也賜遂上書言之會去位事留中後帝徙南宮閱錄故事得賜所上張角奏及前侍講注籍乃感悟下詔封賜臨晉侯邑千五百戶初賜與太尉劉寬司空張濟並入侍講自以不宜獨受封賞上書願分戶邑於寬濟帝嘉歎復封寬及濟子拜賜尙書令數日出爲廷尉賜自以代非法家言曰三后成功惟殷於民臯陶不與焉蓋吝之也遂固辭以特進就第二年九月復代張温爲司空其月罷天子素服三日不臨朝贈東園秘器襚服賜錢三百萬布五百疋策書哀悼遣左中郎將郭儀持節追位特進贈司空驃騎將軍印綬及葬又使侍御史持節送喪蘭臺令史十人發羽林騎輕車介士前後部鼓吹又勅驃騎將軍官屬司空法駕送至舊塋公卿以下會葬謚文烈侯及小祥又會焉子彪嗣彪字文先少傳家學初舉孝廉州舉茂才辟公府皆不應熹平中以博習舊聞公車徵拜議郎遷侍中京兆尹光和中黃門令王甫使門生於郡界奪搉官財物七十餘萬彪發其姦言之司隸司隸校尉楊球因奏誅甫天下莫不愜心徵還爲侍中五官中郎將遷潁川南陽太守復拜侍中三遷永樂少府太僕衛尉中平六年代董卓爲司空其冬代黃琬爲司徒明年關東兵起董卓懼欲遷都以違其難乃大會公卿議曰高祖都關中十有一世光武宮洛陽於今亦十世矣案石包讖宜徙都長安以應天人之意百官無敢言者彪曰移都改制天下大事故盤庚五遷殷民胥怨昔關中遭王莽變亂宮室焚燒民庶塗炭百不一在光武受命更都洛陽今天下無虞百姓樂安明公建立聖主光隆漢祚無故捐宗廟棄園陵恐百姓驚動必有糜沸之亂石包室讖妖邪之書豈可信用卓曰關中肥饒故秦得并吞六國且隴右材木自出致之甚易又杜陵南山下有武帝故瓦陶竈數千所并功營之可使一朝而辦百姓何足與議若有前郤我以大兵驅之可令詣滄海彪曰天下動之至易安之甚難惟明公慮焉卓作色曰公欲沮國計邪太尉黃琬曰此國之大事楊公之言得無可思卓不答司空荀爽見卓意壯恐害彪等因從容言曰相國豈樂此邪山東兵起非一日可禁故當遷以圖之此秦漢之埶也卓意小解爽私謂彪曰諸君堅爭不止禍必有歸故吾不爲也議罷卓使司隸校尉宣播以災異奏免琬彪等詣闕謝卽拜光祿大夫十餘日遷大鴻臚從入關轉少府太常以病免復爲京兆尹光祿勳再遷光祿大夫三年秋代淳于嘉爲司空以地震免復拜太常興平元年代朱儁爲太尉錄尙書事及李傕郭汜之亂彪盡節衛主崎嶇危難之閒幾不免於害語在董卓傳及車駕還雒陽復守尙書令建安元年從東都許時天子新遷大會公卿兖州刺史曹操上殿見彪色不悅恐於此圖之未得讌設託疾如廁因出還營彪以疾罷時袁術僭亂操託彪與術婚姻誣以欲圖廢置奏收下獄劾以大逆將作大匠孔融聞之不及朝服往見操曰楊公四世清德海內所瞻周書父子兄弟罪不相及況以袁氏歸罪楊公易稱積善餘慶徒欺人耳操曰此國家之意融曰假使成王殺召公周公可得言不知邪今天下纓緌搢紳所以瞻仰明公者以公聰明仁智輔相漢朝舉直厝枉致之雍熙也今橫殺無辜則海內觀聽誰不解體孔融魯國男子明日便當拂衣而去不復朝矣操不得已遂理出彪四年復拜太常十年免十一年諸以恩澤爲侯者皆奪封彪見漢祚將終遂稱脚攣不復行積十年後子修爲曹操所殺操見彪問曰公何瘦之甚對曰愧無日磾先見之明猶懷老

牛䑛犢之愛操爲之改容修字德祖好學有俊才爲丞相曹操主簿用事曹氏及操自平漢中欲因討劉備而不得進欲守之又難爲功護軍不知進止何依操於是出教唯曰雞肋而已外曹莫能曉修獨曰夫雞肋食之則無所得棄之則如可惜公歸計決矣乃命外白稍嚴操於此廻師修之幾決多有此類修又常出行籌操有問外事乃逆爲答記勑守舍兒若有令出依次通之既而果然如是者三操怪其速使廉之知狀於此忌修且以袁術之甥慮爲後患遂因事殺之修所著賦頌碑讚詩哀辭表記書凡十五篇及魏文帝受禪欲以彪爲太尉先遣吏示旨彪辭曰彪備漢三公遭世傾亂不能有所補益耄年被病豈可贊惟新之朝遂固辭乃受光祿大夫賜几杖衣袍因朝會引見令彪著布單衣鹿皮冠杖而入待以賓客之禮年八十四黃初六年卒於家自震至彪四世太尉德業相繼與袁氏俱爲東京名族云

張皓字叔明犍爲武陽人也六世祖梁高帝時爲太子少傅封留侯皓少游學京師初永元中歸仕州郡辟大將軍鄧騭府五遷尙書僕射職事八年出爲彭城相永寧元年徵拜廷尉皓雖非法家而留心刑斷數與尙書辯正疑獄多以詳當見從時安帝廢皇太子爲濟陰王皓與太常桓焉太僕來歷廷爭之不能得事已具來歷傳退而上疏曰昔賊臣江充造構讒逆至令戾園興兵終及禍難後壺關三老一言上乃覺悟雖追前失悔之何逮今皇太子春秋方始十歲未見保傅九德之義宜簡賢輔就成聖質書奏不省及順帝即位拜皓司空在事多所薦達天子稱其推士時清河趙騰上言災變譏刺朝政章下有司收騰繫考所引黨輩八十餘人皆以誹謗當伏重法皓上疏諫曰臣聞堯舜立敢諫之鼓三王樹誹謗之木春秋採善書惡聖主不罪芻蕘騰等雖干上犯法所言本欲盡忠正諫而當誅戮天下杜口塞諫爭之源非所以昭德示後也帝乃悟減騰死罪一等餘皆司寇四年以陰陽不和策免陽嘉元年復爲廷尉其年卒官時年八十三遣使者弔祭賜葬地於河西縣子綱綱字文紀少明經學雖爲公子而厲布衣之節舉孝廉不就司徒辟高第爲御史時順帝委縱宦官有識危心綱常感激慨然歎曰穢惡滿朝不能奮身出命埽國家之難雖生吾不願也退而上書曰詩云不愆不忘率由舊章尋大漢初隆及中興之世文明二帝德化尤盛觀其理爲易循易見但恭儉守節約身尙德而已中官常侍不過兩人近倖賞賜裁滿數金惜費重人故家給人足夷狄聞中國優富任信道德所以姦謀自消而和氣感應而頃者以來不遵舊典無功小人皆有官爵富之驕之而復害之非愛人重器承天順道者也伏願陛下少留聖恩割損左右以奉天心書奏不省漢安元年選遣八使徇行風俗皆耆儒知名多歷顯位唯綱年少官次最微餘人受命之部而綱獨埋其車輪於洛陽都亭曰豺狼當道安問狐狸遂奏曰大將軍冀河南尹不疑蒙外戚之援荷國厚恩以芻蕘之資居阿衡之任不能敷揚五教翼讚日月而專爲封豕長蛇肆其貪叨甘心好貨縱恣無底多樹諂諛以害忠良誠天威所不赦大辟所宜加也謹條其無君之心十五事斯皆臣子所切齒者也書御京師震竦時冀妹爲皇后內寵方盛諸梁姻族滿朝帝雖知綱言直終不忍用時廣陵賊張嬰等衆數萬人殺刺史二千石寇亂揚徐間積十餘年朝廷不得討冀乃諷尙書以綱爲廣陵太守因欲以事中之前遣郡守率多求兵馬綱獨請單車之職既到乃將吏卒十餘人徑造嬰壘以慰安之求得與長老相見申示國恩嬰初大驚既見綱誠信乃出拜謁綱延置上坐問所疾苦乃譬之曰前後二千石多肆貪暴故致公等懷憤相聚二千石信有罪矣然爲之者又非義也今主上仁聖欲以文德服叛故遣太守思以爵祿相榮不願以刑罰相加今誠轉禍爲福之時也若聞義不服天子赫然震怒荆揚兗豫大兵雲合豈不危乎若不料彊弱非明也棄善取惡非智也去順效逆非忠也身絕血嗣非孝也背正從邪非直也見義不爲非勇也六者成敗之幾利害所從公其深計之嬰聞泣下曰荒裔愚人不能自通朝廷不堪侵枉遂復相聚偷生若魚遊釜中喘息須臾間耳今聞明府之言乃嬰等更生之晨也既陷不義實恐投兵之日不免孥戮綱約之以天地誓之以日月嬰深感悟乃辭還營明日將所部萬餘人與妻子面縛歸降綱乃單騎入嬰壘大會置酒爲樂散遣其部衆任從所之親爲卜居宅相田疇子弟欲爲吏者皆引召之人情悅服南州晏然朝廷論功當封梁冀遏絕乃止天子嘉美擬欲擢用綱而嬰等上書乞留乃許之綱在郡一年年三十六卒百姓老幼相攜詣府赴哀者不可勝數綱自被疾吏人咸爲祠祀祈福皆言千秋萬歲何時復見此君張嬰等五百餘人制服行喪送到犍爲負土成墳詔書痛悼拜其子續爲郎中賜錢百萬

王龔字伯宗山陽高平人也世爲豪族初舉孝廉稍遷青州刺史劾奏貪濁二千石數人安帝嘉之徵拜尙書建光元年擢爲司隸校尉明年遷汝南太守政崇溫和

好才愛士引進郡人黃憲陳蕃等憲雖不屈蕃遂就吏蕃性氣高初到襲不即召見之乃留記謝病去襲怒使除其錄功曹袁閎請見言曰聞之傳曰人臣不見察於君不敢立於朝蕃既以賢見引不宜退以非禮襲改容謝曰是吾過也乃復厚遇待之由是後進知名之士莫不歸心焉閎字奉高數辭公府之命不修異操而致名當時永建二年徵襲爲太僕轉太常四年遷司空以地震策免永和元年拜太尉在位恭愼自非公事不通州郡書記其所辟命皆海內長者襲深疾宦官專權志在匡正乃上書極言其狀請加放斥諸黃門恐懼各使賓客誣奏襲罪順帝命亟自實前掾李固時爲大將軍梁商從事中郞乃奏記於商求爲襲表救商感其義即言之於帝事乃得釋襲在位五年以老病乞骸骨卒於家子暢字叔茂少以清實爲稱無所交黨初舉孝廉辭病不就大將軍梁商特辟舉茂才四遷尙書令出爲齊相徵拜司隸校尉轉漁陽太守所在嚴明爲稱坐事免官是時政事多歸尙書桓帝特詔三公令高選庸能太尉陳蕃薦暢清方公正有不可犯之色由是復爲尙書尋拜南陽太守前後二千石逼懼帝鄉貴戚多不稱職暢深疾之下車奮厲威猛其豪黨有釁穢者莫不糾發會赦事得散暢追恨之更爲設法諸受臧二千萬以上不自首實者盡入財物若其隱伏使吏發屋伐樹堙井夷竈豪右大震功曹張敞奏記諫暢以爲五教在寬著在經典化人在德不在用刑暢深納敞諫更從寬政愼刑簡罰教化遂行郡中豪族多以奢靡相尙暢常布衣皮褥車馬羸敗以矯其敝同郡劉表時年十七從暢受學諫曰夫奢不僭上儉不逼下循道行禮貴處可否之間蘧伯玉恥獨爲君子府君不希孔聖之明訓而慕夷齊之末操無乃皎然自貴於世乎暢曰昔公儀休在魯拔園葵去織婦孫叔敖相楚其子被裘刈薪夫以約失之鮮矣聞伯夷之風者貪夫廉懦夫有立志雖以不德敢慕遺烈後徵爲長樂衛尉建寧元年遷司空數月以水災策免明年卒於家子謙爲大將軍何進長史謙子粲以文才知名

种暠字景伯河南洛陽人仲山甫之後也父爲定陶令有財三千萬父卒暠悉以賑卹宗族及邑里之貧者其有進趣名利皆不與交通始爲縣門下史河南尹田歆外甥王諶名知人歆謂之曰今當舉六孝廉多貴戚書命不宜相違欲自用一名士以報國家爾助我求之明日諶送客於大陽郭遙見暠異之還白歆曰爲尹得孝廉矣近洛陽門下史也歆笑曰當得山澤隱滯迺洛陽吏邪諶曰山澤不必有異士異士不必在山澤歆即召暠於庭辯詰職事暠辭對有序歆甚知之召署主簿遂舉孝廉辟太尉府舉高第順帝末爲侍御史時所遣八使光祿大夫杜喬周舉等多所糾奏而大將軍梁冀及諸宦官互爲請救事皆被寢遏暠自以職主刺舉志案姦違乃復劾諸爲八使所舉蜀郡太守劉宣等罪惡章露宜伏歐刀又奏請勑西府條舉近臣父兄及知親爲刺史二千石尤殘穢不勝任者免遣案罪帝乃從之擢暠監太子於承光宮中常侍高梵從中單駕出迎太子時太傅杜喬等疑不欲從惶惑不知所爲暠乃手劒當車曰太子國之儲副人命所繫今常侍來無詔信何以知非姦邪今日有死而已梵辭屈不敢對馳命奏之詔報太子乃得去喬退而歎息愧暠臨事不惑帝亦嘉其持重稱善者良久出爲益州刺史暠素慷慨好立功立事在職三年宣恩遠夷開曉殊俗岷山雜落皆懷服漢德其白狼槃木唐菆邛僰諸國自前刺史朱輔卒後遂絕暠至乃復舉種向化時永昌太守冶鑄黃金爲文蛇以獻梁冀暠糾發逮捕馳傳上言而二府畏懦不敢案之冀由是銜怒於暠會巴郡人服直聚黨百餘人自稱天王暠與太守應承討捕不克吏人多被傷害冀因此陷之傳逮暠承太尉李固上疏救曰臣伏聞討捕所傷本非暠承之意實由縣吏懼法畏罪迫逐深苦致此不詳比盜賊羣起處處未絕暠承以首舉大姦而相隨受罪臣恐沮傷州縣糾發之意更共飾匿莫復盡心梁太后省奏乃赦暠承罪免官而已後梁州羌動以暠爲梁州刺史甚得百姓歡心被徵當遷吏人詣闕請留之太后歎曰未聞刺史得人心若是乃許之暠復留一年遷漢陽太守戎夷男女送至漢陽界暠與相揖謝千里不得乘車及到郡化行羌胡禁止侵掠遷使匈奴中郞將時遼東烏桓反叛復轉遼東太守烏桓望風率服迎拜於界上坐事免歸後司隸校尉舉暠賢良方正不應徵拜議郞遷南郡太守入爲尙書會匈奴寇并涼二州桓帝擢暠爲度遼將軍暠到營所先宣恩信誘降諸胡其有不服然後加討羌虜先時有生見獲質於郡縣者悉遣還之誠心懷撫信賞分明由是羌胡龜茲莎車烏孫等皆來順服暠乃去烽燧除候望邊方晏然無警入爲大司農延熹四年遷司徒推達名臣橋元皇甫規等爲稱職相在位三年年六十一薨并涼邊人咸爲發哀匈奴聞暠卒舉國傷惜單于每入朝賀望見墳墓輒哭泣祭祀二子岱拂岱字公祖好學養志舉孝廉茂才辟公

府皆不就公車特徵病卒初岱與李固子燮同徵議郎燮聞岱卒痛惜甚乃上書爲岱求加贈典朝廷竟不能從拂字穎伯初爲司隸從事拜宛令時南陽郡吏好因休沐游戲市里爲百姓所患拂出逢之必下車公謁以愧其心自是莫敢出者政有能名累遷光祿大夫初平元年代荀爽爲司空明年以地震策免復爲太常李傕郭汜之亂長安城潰百官多避兵衝拂揮劒而出曰爲國大臣不能止戈除暴致死凶賊兵刃向宮去欲何之遂戰而死子劭劭字申甫少知名中平末爲諫議大夫大將軍何進將誅宦官召并州牧董卓至澠池而進意更狐疑遣劭宣詔止之卓不受遂前至河南劭迎勞之因譬令還軍卓疑有變使其軍士以兵脅劭劭怒稱詔大呼叱之軍士皆披遂前質責卓卓辭屈乃還軍夕陽亭及進敗獻帝卽位拜劭爲侍中卓既擅權而惡劭彊力遂左轉議郎出爲益凉二州刺史會父拂戰死竟不之職服終徵爲少府大鴻臚皆辭不受曰昔我先父以身徇國吾爲臣子不能除殘復怨何面目朝覲明主哉遂與馬騰韓遂左中郎劉範諫議大夫馬宇共攻李傕郭汜以報其仇與汜戰於長平觀下軍敗劭等皆死騰遂還凉州

陳球字伯眞下邳淮浦人也歷世著名父亹廣漢太守球少涉儒學善律令陽嘉中舉孝廉稍遷繁陽令時魏郡太守諷縣求納貨賄球不與之太守怒而撾督郵欲令逐球督郵不肯曰魏郡十五城獨繁陽有異政今受命逐之將致議於天下矣太守乃止復辟公府舉高第拜侍御史是時桂陽黠賊李研等羣聚冦鈔陸梁荊部州郡儒弱不能禁太尉楊秉表球爲零陵太守球到設方略朞月間賊虜消散而州兵朱蓋等反與桂陽賊胡蘭數萬人轉攻零陵零陵下溼編木爲城不可守備郡中惶恐掾史白遣家避難球怒曰太守分國虎符受任一方豈顧妻孥而沮國威重乎復言者斬乃悉內吏人老弱與共城守弦大木爲弓羽矛爲矢引機發之遠射千餘步多所殺傷賊復激流灌城球輒於內因地勢反決水淹賊相拒十餘日不能下會中郎將度尚將救兵至球募士卒與尚共破斬朱蓋等賜錢五十萬拜子一人爲郎遷魏郡太守徵拜將作大匠作桓帝陵園所省巨萬以上遷南陽太守以糾舉豪右爲勢家所謗徵詣廷尉抵罪會赦歸家復拜廷尉熹平元年竇太后本遷南宮雲臺宦者積怨竇氏遂以衣車載后尸置城南市數日中常侍曹節王甫欲用貴人禮殯帝曰太后親立朕躬統承大業詩云無德不報無言不酬豈宜以貴人終乎於是發喪成禮及將葬節等復欲別葬太后而以馮貴人配祔詔公卿大會朝堂令中常侍趙忠監議太尉李咸時病乃扶輿而起擣椒自隨謂妻子曰若皇太后不得配食桓帝吾不生還矣既議坐者數百人各瞻望中官良久莫肯先言趙忠曰議當時定怪公卿以下各相顧望球曰皇太后以盛德良家母臨天下宜配先帝是無所疑忠笑而言曰陳廷尉宜便操筆球卽下議曰皇太后自在椒房有聰明母儀之德遭時不造援立聖明承繼宗廟功烈至重先帝晏駕因遇大獄遷居空宮不幸早世家雖獲罪事非太后今若別葬誠失天下之望且馮貴人冢墓被發骸骨暴露與賊併尸魂靈汙染且無功於國何宜上配至尊忠省球議作色俛仰蚩球曰陳廷尉建此議甚健球曰陳竇既寃皇太后無故幽閉臣常痛心天下憤歎今日言之退而受罪宿昔之願公卿以下皆從球議李咸始不敢先發見球辭正然後大言曰臣本謂宜爾誠與臣意合會者皆爲之愧曹節王甫復爭以爲梁后家犯惡逆別葬懿陵武帝黜廢衛后而以李夫人配食今竇氏罪深豈得合葬先帝乎李咸乃詣闕上疏曰臣伏惟章德竇后虐害恭懷安思閻后家犯惡逆而和帝無異葬之議順朝無貶降之文至於衛后孝武皇帝身所廢棄不可以爲比今長樂太后尊號在身親嘗稱制坤育天下且援立聖明光隆皇祚太后以陛下爲子陛下豈得不以太后爲母子無黜母臣無貶君宜合葬宣陵一如舊制帝省奏謂曹節等曰竇氏雖爲不道而大后有德於朕不宜降黜節等無復言於是議者乃定咸字元貞汝南人累經州郡以廉幹知名在朝淸忠權倖憚之六年遷球司空以地震免拜光祿大夫復爲廷尉太常光和二年遷太尉數月以日食免復拜光祿大夫明年爲永樂少府乃潛與司徒河閒劉郃謀誅宦官初郃兄侍中儵與大將軍竇氏同謀俱死故郃與球相結事未及發球復以書勸郃曰公出自宗室位登台鼎天下瞻望社稷鎭衛豈得雷同容容無違而已今曹節等放縱爲害而久在左右又公兄侍中受害節等永樂太后所親知也今可表徙衞尉陽球爲司隸校尉以次收節等誅之政出聖主天下太平可翹足而待也又尚書劉納以正直忤宦官出爲步兵校尉亦深勸於郃郃曰凶豎多耳目恐事未會先受其禍納曰公爲國棟梁傾危不持焉用彼相邪郃許諾亦結謀陽球球小妻程璜之女璜用事宮中所謂程夫人也節等頗得聞知乃重賂於璜且脅之璜懼迫以球謀

告節節因共白帝曰郃等常與藩國交通有惡意數稱永樂聲勢受取狼籍步兵校尉劉納及永樂少府陳球衛尉陽球交通書疏謀議不軌帝大怒策免郃郃與球及劉納陽球皆下獄死球時年六十二子瑀吳郡太守弟琮汝陰太守弟子珪沛相珪子登廣陵太守並知名

通志卷一百十

通志卷一百十一上

宋 右 迪 功 郎 鄭 樵 漁 仲 撰

列傳第二十四上

後漢

杜根成翊世 欒巴 劉陶 李雲 劉瑜尹勳 謝弼

虞詡 傅燮 蓋勳 臧洪陳容 張衡 馬融 蔡邕 左雄 周舉子勰 黃瓊孫琬 荀淑子爽孫悅 韓韶 鍾皓 陳寔子紀

杜根字伯堅潁川定陵人也父安字伯夷少有志節年十三入太學號奇童京師貴戚慕其名或遺之書安不發悉壁藏之及後捕案貴戚賓客安開壁出書印封如故竟不離其患時人貴之位至巴郡太守政甚有聲根性方實好絞直永初元年舉孝廉爲郎中時和熹鄧后臨朝權在外戚根以安帝年長宜親政事乃與同時郎上書直諫太后大怒收執根等令盛以縑囊於殿上撲殺之執法者以根知名私語行事人使不加力既而載出城外根得蘇太后使人檢視根遂詐死三日目中生蛆因得逃竄爲宜城山中酒家保積十五年酒家知其賢厚敬待之及鄧氏誅左右皆言根等之忠帝謂根已死乃下詔布告天下錄其子孫根方歸鄉里徵詣公車拜侍御史初平原郡吏成翊世亦諫太后歸政坐抵罪與根俱徵擢爲尚書郎並見納用或問根曰往者遇禍天下同義知故不少何至自苦如此根曰周旋人間非絕跡之處邂逅發露禍及知親故不爲也順帝時稍遷濟陰太守去官還家年七十八卒翊世字季明少好學深明道術延光中中常侍樊豐帝乳母王聖共譖皇太子廢爲濟陰王翊世連上書訟之又言樊豐王聖誣罔之狀帝既不從而豐等陷以重罪下獄當死有詔免官歸本郡及濟陰王立是爲順帝司空張皓辟之皓以翊世前訟太子之廢薦爲議郎翊世自以其功不顯恥於受位自劾歸三公比辟不應尚書僕射虞詡雅重之欲引與共參朝政乃上書薦之徵拜議郎後尚書令左雄僕射郭虔復舉爲尚書在朝正色百僚敬之

欒巴字叔元魏郡內黃人也好道順帝時以宦者給事掖庭補黃門令非其好也性質直學覽經典雖在中官不與諸常侍交接後陽氣通暢白上乞退擢拜郎中四遷桂陽太守以郡處南垂不閑典訓爲吏民定婚姻喪紀之禮立學校以獎進之雖幹吏卑末皆課令習讀程試殿最隨能升授政事明察視事七年以病乞骸骨荊州刺史李固薦巴治迹徵拜議郎守光祿大夫與杜喬周舉等八人徇行州郡巴使徐州還再遷豫章太守郡土多山川鬼怪小民常破貲產以祈禱巴素有道術能役鬼神乃悉毀壞房祀翦理姦巫於是妖異自消百姓始頗爲懼終皆安之遷沛相所在有績徵拜尚書會帝崩營起憲陵陵左右有小民墳冢主者欲有所侵毀巴連上書苦諫時梁太后臨朝詔詰巴曰大行皇帝晏駕有日卜擇陵園務從省約塋域所極裁二十頃而巴虛言主者壞人冢墓事既非實寢不報下巴猶固遂其愚復上誹謗苟肆狂瞽益不可長巴坐下獄抵罪禁錮還家二十餘年靈帝即位大將軍竇武太傅陳蕃輔政徵拜議郎蕃武被誅巴以其黨復謫爲永昌太守以功自劾辭病不行上書極諫理陳竇之冤帝怒下詔切責收付廷尉巴自殺子賀官至雲中太守

劉陶字子奇一名偉潁川定陵人濟北貞王勃之後陶爲人居簡不修小節所與交友必也同志好尚或殊富貴不求合情趣苟同貧賤不易意同宗劉愷以雅德知名獨深器陶時大將軍梁冀專朝而桓帝無子連歲荒饑災異數見陶時遊太學乃上疏陳事曰臣聞人非天地無以爲生天地非人無以爲靈是故帝非人不立人非帝不寧夫天之與帝帝之與人猶頭之與足相須而行也伏惟陛下中天稱號襲常存之慶目不視鳴條之事耳不聞檀車之聲天災不有痛於肌膚震食不即損於聖體故蔑三光之謬輕上天之怒伏念高祖起自布衣合散扶傷克成帝業功亦勤矣流福遺祚至於陛下而陛下忽高祖之勤妄假利器委授國柄使羣醜刑隸芟刈小民彫弊諸夏虐流遠近故天降眾異以戒陛下陛下不悟而競令虎豹窟於麑場豺狼乳於春囿斯豈唐咨禹稷益典朕虞議物賦土蒸民之意哉又令牧守長吏上下交競封豕長蛇蠶食天下貨殖者爲窮冤之魂貧餒者爲饑寒之鬼高門獲東觀之辜豐室罹妖叛之罪死者悲於窀穸生者戚於朝野是愚臣所爲咨嗟長懷歎息者也且秦之將亡正諫者誅諛進者賞嘉言結於忠舌國命出於讒口擅閻樂於咸陽授趙高以車府權去已而不知威離身而不顧古今一揆成敗同軌願陛下遠覽強秦之傾近察哀平之變得失昭然禍福可見臣又聞危非仁不扶亂非智不救故武丁得傅說以消鼎雉之災周宣用申甫以濟夷厲之荒竊見故冀州刺史南陽朱穆前烏桓校尉臣同郡李膺皆履正清平貞高絕俗穆前在冀州奉憲操平摧破姦黨埽清萬里膺歷典牧守正身率下及掌戎馬威揚朔北斯實中興之良佐國家之柱臣也宜還本朝挾輔王室上齊七曜

下鎮萬國臣敢吐不時之議於諱言之朝猶冰霜見日必至消滅臣始悲天下之可悲今天下亦悲臣之愚惑也書奏不省時有上書言人以貨輕錢薄故致貧困宜改鑄大錢事下四府羣僚及太學能言之士陶上議曰聖王承天制物與人行止建功則衆悅其事與戎而師樂其旅是故靈臺有子來之人武旅有鳧藻之士皆舉合時宜動順人道也臣伏讀鑄錢之詔平輕重之議訪覃幽微不遺窮賤是以藿食之人謬延逮及蓋以爲當今之憂不在於貨在乎民饑夫生養之道先食後民是以先王觀象育物敬授民時使男不逋畝女不下機故君臣之道行王路之敎通由是言之食者乃有國之所寶生民之至貴也竊見比年以來良田盡於蝗螟之口杼柚空於公私之求所急朝夕之餐所患靡鹽之事豈謂錢貨之厚薄銖兩之輕重哉就使當今沙礫化爲南金瓦石變爲和玉使百姓渴無所飮饑無所食雖皇羲之純德唐虞之文明猶不能保蕭墻之內也蓋民可百年無貨不可一朝有饑故食爲至急也議者不達農殖之本多言鑄冶之便或欲因緣行詐以賈國利國利將盡取者爭競造鑄之端於是乎生蓋萬人鑄之一人奪之猶不能給況一人鑄之則萬人奪之乎雖陰陽爲炭萬物爲銅役不食之民使不饑之士猶不能足無厭之求也夫欲民殷財阜要在止役禁奪則百姓不勞而足陛下聖德愍海內之憂戚傷天下之艱難欲鑄錢齊貨以救其弊此猶養魚沸鼎之中棲鳥烈火之上水木本魚鳥之所生也用之不時必至焦爛願陛下寬鍥薄之禁後鑄冶之議聽民庶之謠吟問路叟之所憂瞰三光之文曜視山河之分流天下之心國家大事粲然可見無有遺惑者矣臣嘗誦詩至於鴻鴈于野之勞哀勤百堵之事每喟然長懷中篇而嘆近聽征夫饑勞之聲甚於斯歌是以追悟匹夫吟魯之憂始於此乎見白駒之意屏營傍偟不能監寐伏念當今地廣而不得耕民衆而無所食羣小競起秉國之位鷹揚天下鳥鈔求飽吞肌及骨並噬無厭誠恐卒有役夫窮匠起於板築之間投斤攘臂登高遠呼使愁怨之民響應雲合八方分崩中夏魚潰雖方尺之錢何能有救其危猶舉函牛之鼎絓纖枯之木詩人所以眷然顧之潸焉出涕者也臣東野狂闇不達大義緣廣及之時對過所問知必以身脂鼎鑊爲天下笑帝竟不鑄錢後陶舉孝廉除順陽長縣多姦猾陶到官宣募吏民有氣力猛勇能以死易生者不拘亾命姦臧於是剽輕劒客之徒過晏等十餘人皆來應募陶責其先過要以後効使各結所厚少年得數百人皆嚴兵待命於是覆案姦軌所發若神以病免吏民思而歌之曰邑然不樂思我劉君何時復來安此下民陶明尚書春秋爲之訓詁推三家尚書及古文是正文字七百餘事名曰中文尚書頃之拜侍御史靈帝宿聞其名數引納之時鉅鹿張角僞託大道妖惑小民陶與奉車都尉樂松議郎袁貢連名上疏言之曰聖王以天下耳目爲視聽故能無不聞見今張角支黨不可勝計前司徒楊賜奏下詔書切勑州郡護送流民會賜去位不復捕錄雖會赦令而謀不解散四方私言云角等竊入京師覘視朝政鳥聲獸心私共鳴呼州郡忌諱不欲聞之但更相告語莫敢公文宜下明詔重募角等賞以國土有敢回避與之同罪帝殊不悟方詔陶次第春秋條例明年張角反亂海內鼎沸帝思陶言封中陵鄉侯三遷尚書令以所舉將爲尚書難爲齊列乞從冗散拜侍中以數切諫爲權臣所憚徙爲京兆尹到職當出修宮錢直千萬陶旣清平而恥以錢買職稱疾不聽政帝宿重陶才原其罪徵拜諫議大夫是時天下日危寇賊方熾陶憂亂復上疏曰臣聞事之急者不能安言心之痛者不能緩聲竊見天下前遇張角之亂後遭邊章之寇每聞羽書告急之聲心灼內熱四體驚慄今西羌逆類多私署將帥皆多段熲時吏曉習戰陳識知山川變詐萬端臣常懼其輕出河東馮翊鈔西軍之後東之函谷據阸高望今果已攻河東恐遂轉更豕突上京如是則南道斷絕車騎之軍孤立關東破膽四方動搖威之不來叫之不應雖有田單陳平之策計無所用臣前驛馬上便宜急絕諸郡賦調冀尚可安事付主者留連至今莫肯求問今上郡之民皆以奔亾南出武關北徙壺谷冰駭風散唯恐在後今其存者尚十三四軍吏士民悲愁相守民有百走退死之心而無一前鬭生之計西寇浸前去營咫尺胡騎分布已至諸陵將軍張溫天性精勇而主者旦夕迫促軍無後殿假令失利其敗不救臣自知言數見厭而言不自裁者以爲國安則臣蒙其慶國危則臣亦先亾也謹復陳當今要急八事乞須臾之間深垂省納其八事大較言天下大亂皆由宦官宦官事急共譖陶曰前張角事發詔書示以威恩自此以來各各改悔今者四方安靜而陶疾害聖政專言妖孽州郡不上陶何由知疑陶與賊通情於是收陶下黃門北寺獄掠治日急陶自知必死對使者曰朝廷前封臣云何今反受邪譖恨不與伊呂同疇而以三仁爲輩遂閉氣而死天下莫不痛之陶著書數十萬言又作七

曜論匡老子反韓非復孟軻又上書言當世便事條教賦奏書記疑辯凡百餘篇時司徒陳耽亦以非罪與陶俱繫耽以忠正稱歷位三司光和五年詔公卿採謠言舉刺史二千石爲民蠹害者時太尉許馘司空張濟承望內官受取貨賂其宦官子弟賓客雖貪汙穢濁皆不敢問而虛糾邊遠小郡清修有惠化者二十六人吏人詣闕陳訴耽與議郎曹操上言公卿所舉率黨其私所謂放鴟梟而囚鸞鳳其言忠切帝以讓馘濟由是諸坐謠言徵者悉拜議郎宦官怨之遂誣陷耽死獄中

李雲字行祖甘陵人也性好學善陰陽初舉孝廉再遷白馬令桓帝延熹二年誅大將軍梁冀而中常侍單超等五人皆以誅梁冀功並封列侯專權選舉又立掖庭民女亳氏爲皇后數月間后家封者四人賞賜巨萬是時地數震裂衆災頻降雲素剛直憂國將危心不能忍乃露布上書移副三府曰臣聞皇后天下母德配坤靈得其人則五氏來備不得其人地動搖宮比年災異可謂多矣皇天之戒可謂至矣高祖受命至今三百六十四歲君期一周當有黃精代見姓陳項虞田許氏不可令此人居太尉太傅典兵之官舉厝至重不可不慎班功行賞宜應其實梁冀雖持權專擅虐流天下今以罪行誅猶召家臣搤殺之耳而猥封謀臣萬戶以上高祖聞之得無見非西北列將得無解體孔子曰帝者諦也今官位錯亂小人諂進財貨公行政化日損尺一拜用不經御省是帝欲不諦乎帝得奏震怒下有司逮雲詔尚書都護劒戟送黃門北寺獄使中常侍管霸與御史廷尉雜考之時弘農五官掾杜衆傷雲以忠諫獲罪上書願與雲同日死帝愈怒遂并下廷尉大鴻臚陳蕃上疏救雲曰李雲所言雖不識禁忌干上逆旨其意歸於忠國而已昔高祖忍周昌不諱之諫成帝赦朱雲腰領之誅今日殺雲臣恐剖心之譏復議於世矣故敢觸龍鱗冒昧以請太常楊秉洛陽市長沐茂郎中上官資並上疏請雲帝恚甚有司奏以爲大不敬詔切責蕃秉免歸田里茂資貶秩二等時帝在濯龍池管霸奏雲等事霸跪言曰李雲野澤愚民杜衆郡中小吏出於狂戇不足加罪帝謂霸曰帝欲不諦是何等語而常侍欲原之邪顧使小黃門可其奏雲衆皆死獄中後冀州刺史賈琮使行部過祠雲墓刻石表之

劉瑜字季節廣陵人也高祖父廣陵靖王父辯清河太守瑜少好經學尤善圖讖天文歷算之術州郡禮請不就延熹八年太尉楊秉舉賢良方正及到京師上書陳事曰臣瑜自念東國鄙陋得以豐沛枝允被蒙復除不給卒伍故太尉楊秉知臣竊闚典籍猥見顯舉誠冀臣愚直有補萬一而秉忠謨不遂命先朝露臣在下土聽聞歌謠驕臣虐政之事遠近呼嗟之音竊爲辛楚泣血漣如幸得引錄備答聖問泄寫至情不敢庸回誠願陛下且以須臾之慮覽今往之事人何爲咨嗟天曷爲變動蓋諸侯之位上法四七垂文炳耀關之盛衰者也今中官邪孽比肩裂土皆競立允嗣繼體傳爵或乞子疎屬或買兒市道殆乖開國承家之義古者天子一娶九女娣姪有序河圖授嗣正在九房今女嬖令色充積閨帷皆當盛其玩飾冗食空宮勞散精神生長六疾此國之費也生之傷也且天地之性陰陽正紀隔絕其道則水旱爲并詩云五日爲期六日不詹怨曠作歌仲尼所錄況從幼至長幽藏殁身又常侍黃門亦廣妻娶怨毒之氣結成妖眚行路之言官發略人女取而復置轉相驚懼孰不悉然無緣空生此謗鄒衍匹夫杞氏匹婦尚有城崩霜隕之異況乃羣輩咨怨能無感乎昔秦作阿房國多刑人今第舍增多窮極奇巧掘山攻石不避時令促以嚴刑威以正法民無罪而覆入之民有田而覆奪之州郡官府各自考事姦情賕賂皆爲吏餌民愁鬱結起入賊黨官輒興兵誅討其罪貧困之民或有賣其首級以要酬賞父兄相代殘身妻孥相視分裂窮之如彼伐之如此豈不痛哉又陛下以北辰之尊神器之寶而微行近習之家私幸宦官之舍賓客市買熏灼道路因此暴縱無所不容今三公在位皆博達道藝而各正諸已莫或匡益者非不智也畏死罰也惟陛下設置七臣以廣諫道及開東序金縢史官之書從堯舜禹湯文武致興之道遠佞邪之人放鄭衛之聲則政致和平德感祥風矣臣悾悾推情言不足採懼以觸忤征營慴悸於是特詔召瑜問災咎之徵指事案經讖以對執政者欲令瑜依違其辭而更策以他事瑜復悉心以對八千餘言有切於前帝竟不能用拜爲議郎及帝崩大將軍竇武欲大誅宦官乃引瑜爲侍中又以侍中尹勳爲尚書令共同謀畫及武敗瑜勳並被誅事在武傳勳字伯元河南人從祖睦爲太尉睦孫頌爲司徒勳爲人剛毅直方少時每讀書得忠臣義士之事未嘗不投書而仰歎自以行不合於當時不應州郡公府禮命桓帝時以有道徵四遷尚書令延熹中誅大將軍梁冀帝召勳部分衆職甚有方畧封宜陽鄉侯僕射霍諝尚書張敬歐陽參李偉虞放周永並封亭侯勳後再遷至九卿以病免拜爲侍中八年中常侍具瑗左悺等有罪免奪封邑

因黜勳等爵瑜誅後宦官悉焚其上書以爲訛言子瑜傳瑜學明占候能著災異舉方正不行

謝弼字輔宣東郡武陽人也中直方正爲鄉邑所宗師建甯二年詔舉有道之士弼與東海陳敦元菟公孫度俱對策皆除郎中時青蛇見前殿大風拔木詔公卿以下陳得失弼上封事曰臣聞和氣應於有德災異生乎失政上天告譴則王者思其愆政道或虧則姦臣當其罰夫蛇者陰氣所生鱗者甲兵之符也鴻範傳曰厥極弱時則有蛇龍之孽又熒惑守亢裴囘不去有近臣謀亂發於左右不知陛下所與從容帷幄之內親信者爲誰宜急斥黜以消天戒臣又聞惟虺惟蛇女子之祥伏惟皇太后定策宮闥援立聖明書云父子兄弟罪不相及竇氏之誅豈宜咎延太后幽隔空宮愁感天心如有霧露之疾陛下當何面目以見天下昔周襄王不能敬事其母戎狄遂至交侵孝和皇帝不絕竇氏之恩前世以爲美談禮爲人後者爲之子今以桓帝爲父豈得不以太后爲母哉援神契曰天子行孝四夷和平方今邊境日蹙兵革蜂起自非孝道何以濟之願陛下仰慕有虞蒸蒸之孝俯思凱風慰母之念臣又聞爵賞之設必酬庸勳開國承家小人勿用今功臣久外未蒙爵秩阿母寵私乃享大封大風雨雹亦由於茲又故太傅陳蕃輔相陛下勤身王室夙夜匪懈而見陷羣邪一旦誅滅其爲酷濫駭動天下而門生故吏並離徙錮蕃身已往人百何贖宜還其家屬解除禁錮夫台宰重器國命所繼今之四公唯司空劉寵斷斷首善餘皆素餐致寇之人必有折足覆餗之凶可因災異並加罷黜徵故司空王暢長樂少府李膺並居政事庶災變可消國祚惟永臣山藪頑闇未達國典策曰無有所隱敢不盡愚用忘諱忌伏惟陛下裁其誅罰左右惡其言出爲廣陵府丞去官歸家中常侍曹節從子紹爲東郡太守忿疾於弼遂以他罪收考掠案死獄中時人悼傷焉初平二年司隸校尉趙謙上書訟弼忠節求報其怨魂乃收紹斬之

虞詡字升卿陳國武平人也祖父經爲郡縣獄吏案法平允務存寬恕每冬月上其狀恒流涕隨之嘗稱曰東海于公高爲里門而子定國卒至丞相吾治獄六十年雖不及于公其庶幾乎子孫何必不爲九卿邪故字曰升卿詡年十二能通尚書早孤孝養祖母縣舉順孫國相奇之欲以爲吏詡辭曰祖母九十非詡不養相乃止後祖母終服闋辟太尉李修府拜郎中永初四年羌胡反亂殘破并涼大將軍鄧騭以軍役方費事不相贍欲棄涼州并力北邊乃會公卿集議騭曰譬若衣敗壞一以相補猶有所完若不如此將兩無所保議者咸同詡聞之乃說李修曰竊聞公卿定策當棄涼州求之愚心未見其便先帝開拓土宇劬勞後定而今憚小費舉而棄之涼州既棄即以三輔爲塞則園陵單外此不可之甚也諺曰關西出將關東出相觀其習兵壯勇實過餘州今羌胡所以不敢入據三輔爲腹心之患者以涼州在後故也其土人所以推鋒執銳無反顧之心者爲臣屬於漢故也若棄其境域徙其人庶安土重遷必生異志如使豪雄相聚席卷而東雖賁育爲卒太公爲將猶恐不及當禦議者喻以補衣猶有所完詡恐其疽食侵淫而無限極棄之非計修曰吾意不及此微子之言幾敗國事然則計當安出詡曰今涼土擾動人情不安竊憂卒然有非常之變誠宜令四府九卿各辟彼州數人其牧守令長子弟皆除爲冗官外以勸厲答其功勤內以拘致防其邪計修善其言更集四府皆從詡議於是辟西州豪傑爲掾屬拜牧守長吏子弟爲郎以安慰之鄧騭兄弟以詡異其議因此不平欲以吏法中傷詡後朝歌賊甯季等數千人攻殺長吏屯聚連年州郡不能禁乃以詡爲朝歌長故舊皆弔曰得朝歌何衰詡笑曰志不求易事不避難臣之職也不遇槃根錯節何以別利器乎始到謁河南太守馬稜稜勉之曰君儒者當謀謨廟堂反在朝歌邪詡曰初除之日士大夫皆弔勉以詡籌之知其無能爲也朝歌者韓魏之郊背太行臨黃河去敖倉百里而青冀之民流亾萬數賊不知開倉招衆刼庫兵守成皐斷天下右臂此不足憂也今其衆新盛難與爭鋒兵不厭權願寬假轡策勿有所拘閡而已及到官設令三科以募求壯士自掾史以下各舉所知其攻刼者爲上傷人偷盜者次之帶喪服而不事家業爲下收得百餘人詡爲饗會悉貰其罪使入賊中誘令刼掠乃伏兵以待之遂殺賊數百人又潛遣貧民能縫者傭作賊衣以采綖縫其裾爲幟有出市里者吏輒禽之賊由是駭散咸稱神明遷懷令後羌寇武都鄧太后以詡有將帥之畧遷武都太守引見嘉德殿厚加賞賜羌乃率衆數千遮詡於陳倉崤谷詡即停軍不進而宣言上書請兵須到當發羌聞之乃分鈔傍縣詡因其兵散日夜進道兼行百餘里令吏士各作兩竈日增倍之羌不敢逼或問曰孫臏減竈而君增之兵法日行不過三十里以戒不虞而今日行且二百餘里何也詡曰虜衆多吾兵少徐行則易爲所及速進則彼不測虜見竈日增必謂郡兵來迎衆多行速必憚追我孫臏見弱吾

今示彊勢有不同故也既到郡兵不滿三千而羌衆萬餘攻圍赤亭數十日詡乃令軍中使彊弩勿發而潛發小弩羌以爲矢力弱不能至并兵急攻詡於是使二十彊弩共射一人發無不中羌大震退詡因出城奮擊多所傷殺明日悉陳其衆令從東郭門出北郭門入貿易衣服迴轉數周羌不知其數更相恐動詡計賊當退乃遣五百人於淺水設伏候其走路虜果大奔因掩擊大破之斬獲甚衆賊由是敗散南入益州詡乃占相地勢築營壁二百八十所招還流亡假振貧民郡遂以安先是運道艱險舟車不通驢馬負載僦五致一詡乃自將吏士案行川谷自沮至下辯數十里中皆燒石翦木開漕船道以人僦直雇借傭者於是水運通利歲省四千餘萬詡始到郡戶裁盈萬及綏聚荒餘招還流散二三年間遂至增四萬餘戶鹽米豐賤十倍於前坐法免永建元年代陳禪爲司隸校尉數月間奏太傅馮石太尉劉熹中常侍程璜陳秉孟生李閏等百官側目號爲苛刻三公劾奏詡盛夏多拘繫無辜爲吏人患詡上書曰法禁者俗之隄防刑罰者人之銜轡今州曰任郡郡曰任縣更相委遠百姓怨窮以苟容爲賢盡節爲愚臣所發舉贓罪非一二府恐爲臣所奏遂加誣罪臣將從史魚死即以尸諫耳順帝省其章乃爲免司空陶敦時中常侍張防特用權勢每請託受取詡輒案之而屢寢不報詡不勝其憤乃自繫廷尉奏言曰昔孝安皇帝任用樊豐遂交構嫡統幾亡社稷今者張防復弄威柄國家之禍將重至矣臣不忍與防同朝謹自繫以聞無令臣襲楊震之迹書奏防流涕訴帝詡坐論輸左校防必欲害之二日之中傳考四獄獄吏勸詡自引詡曰寧伏歐刀以示遠近宦者孫程張賢等知詡以忠獲罪乃相率奏乞陛見程曰陛下始與臣等造事之時常疾姦臣知其傾國今者即位而復自爲何以非先帝乎司隸校尉虞詡爲陛下盡忠而更被拘繫常侍張防臧罪明正反構忠良今客星守羽林其占宮中有姦臣宜急收防送獄以塞天變下詔出詡還假印綬時防立在帝後程乃叱防曰姦臣張防何不下殿防不得已趨就東廂程曰陛下急收防無令從阿母求請帝問諸尚書尚書賈朗素與防善證詡之罪帝疑焉謂程曰且出吾方思之於是詡子顗與門生百餘人舉幡候中常侍高梵車叩頭流血訴言枉狀梵乃入言之防坐徙邊賈朗等六人或徙或黜即日赦出詡程復上書陳詡有大功語甚激切帝感悟復徵拜議郎數日遷尚書僕射是時長吏二千石聽百姓讁罰者輸贖號爲義錢託爲貧人儲而守令因以聚斂詡上疏曰元年以來貧百姓章言長吏受取百萬以上者匈匈不絕讁罰吏人至數千萬而三公刺史少所舉奏尋永平章和中州郡以走卒錢給貸貧人司空劾案州及郡縣皆坐免黜今宜遵前典蠲除權制於是詔書下詡章切責州郡讁罰輸贖自此而止先是寧陽主簿詣闕訴其縣令之枉積六七歲不省主簿乃上書曰臣爲陛下子陛下爲臣父臣章百上終不見省臣豈可北詣單于以告怨乎帝大怒持章示尚書尚書遂劾以大逆詡駁之曰主簿所訟乃君父之怨百上不達是有司之過愚蠢之人不足多誅帝納詡言笞之而已詡因謂諸尚書曰小民有怨不遠千里斷髮刻肌詣闕告訴而不爲理豈臣下之義君與濁長吏何親而與怨民何仇乎聞者皆慙詡又上言臺郎顯職仕之通階今或一郡七八或一州無人宜令均平以厭天下之望及諸奏議多見從用詡好刺舉無所回容數以此忤權戚遂九見譴考三遭刑罰而剛正之性終老不屈永和初遷尚書令以公事去官朝廷思其忠復徵之會卒臨終謂其子恭曰吾事君直道行已無愧所悔者爲朝歌長時殺賊數百人其中何能不有寃者自此二十餘年家門不增一口斯獲罪於天恭有俊才官至上黨太守

傅燮字南容北地靈州人也本字幼起慕南容之三復白圭乃易字焉身長八尺有威容少師事太尉劉寬再舉孝廉聞所舉郡將喪乃棄官行服後爲護軍司馬與左中郎皇甫嵩俱討賊張角燮素疾中官既行因上疏曰臣聞天下之禍不由於外皆興於內是故虞舜升朝先除四凶然後用十六相明惡人不去善人無由進也今張角起於趙魏黃巾亂於六州此皆釁發蕭墻而禍延四海也臣受戎任奉辭伐罪始到潁川戰無不尅黃巾雖盛不足爲廟堂憂也臣之所懼在於治水不自其源末流彌增其廣耳陛下仁德寬容多所不忍故閹豎弄權忠臣不進誠使張角梟夷黃巾變服臣之所憂甫益深耳何者夫邪正之人不宜共國亦猶冰炭不可同器彼知正人之功顯而危亡之兆見皆巧辭飾說共長虛僞夫孝子疑於屢至市虎成於三夫若不詳察眞僞忠臣將復有杜郵之戮矣陛下宜思虞舜四罪之舉速行讒佞放殛之誅則善人思進姦凶自息臣聞忠臣之事君猶孝子之事父也子之事父焉得不盡其情使臣身備鈇鉞之誅陛下少用其言國之福也書奏宦者趙忠見而忿惡及破張角燮功多當封忠訴譖之靈帝猶識燮言得不加罪竟亦不封以爲安定都尉以疾免後

拜議郎會西羌反邊章韓遂作亂隴右徵發天下役賦無已司徒崔烈以爲宜棄涼州詔會公卿百官烈堅執先議燮厲言曰斬司徒天下乃安尙書郎楊贊奏燮廷辱大臣帝以問燮燮對曰昔冒頓至逆也樊噲爲上將願得十萬衆橫行匈奴中憤激思奮未失人臣之節顧計當從與不耳季布猶曰噲可斬矣夫涼州天下要衝國家藩衞高祖初興使酈商別定隴右世宗拓境列置四郡議者以爲斷匈奴右臂今牧御失和使一州叛逆海內爲之騷動陛下臥不安寢烈爲宰相不念爲國思所以弭之之策乃欲割棄一方萬里之土臣竊惑之若使左衽之虜得居此地士勁甲堅因以爲亂此天下之至慮社稷之深憂也若烈不知是極蔽也知而故言是不忠也帝從燮議由是朝廷重其方格每公卿有缺爲衆議所歸頃之趙忠爲車騎將軍詔忠討論黃巾之功執金吾甄舉等謂忠曰傅南容前在東軍有功不侯故天下失望今將軍親當重任宜進賢理屈以副衆心忠納其言遣弟城門校尉延致殷勤延謂燮曰南容少答我常侍萬戶侯不足得也燮正色拒之曰遇與不遇命也有功不論時也傅燮豈求私賞哉忠愈懷恨然憚其名不敢害權貴亦多疾之是以不得留出爲漢陽太守初郡將范津明知人舉燮孝廉及津爲漢陽與燮交代合符而去鄉邦榮之津字文淵南陽人燮善卹人叛羌懷其恩化並來降附乃廣開屯田列置四十餘營時刺史耿鄙委任治中程球球爲通姦利士人怨之中平四年鄙率六郡兵討金城賊王國韓遂等燮知耿失衆必敗諫曰使君統政日淺人未知教孔子曰不教人戰是謂棄之今率不習之人越大隴之阻將十舉十危而賊聞大軍將至必萬人一心邊兵多勇其鋒難當而新合之衆上下未和萬一內變雖悔無及不若息軍養德明賞必罰賊得寬挺必謂我怯羣惡爭勢其離可必然後率已教之人討成擒之賊其功可坐而待也今不爲萬全之福而就必危之禍竊爲使君不取鄙不從行至狄道果有反者先殺程球次害鄙賊遂圍漢陽城中兵少糧盡燮猶固守時北胡騎數千隨賊攻郡皆夙懷燮恩共於城外叩頭求送燮歸鄉里子幹年十三從在官舍知燮性剛有高義恐不能屈志以免進諫曰國家昏亂遂令大人不容於朝今天下已叛兵不足自守鄉里羌胡先被恩德欲令棄郡而歸願必許之徐至鄉里率厲義徒見有道而輔之以濟天下言未終燮慨然而歎呼幹小字曰別成汝知吾必死邪蓋聖達節次守節且殷紂之暴伯夷不食周粟而死仲尼稱其賢今朝廷不甚殷紂吾德亦豈絕伯夷世亂不能養浩然之志食祿又避其難吾行何之必死於此汝有才智勉之勉之主簿楊會吾之程嬰也幹咽哽不能復言左右皆泣下王國使故酒泉太守黃衍說燮曰成敗之事已可知矣先起上有霸王之業下成伊呂之勳天下非復漢有府君豈有意爲吾屬師乎燮按劍叱衍曰若剖符之臣反爲賊說邪遂麾左右進兵臨陣戰歿謚曰壯節侯幹知名位至扶風太守

蓋勳字元固敦煌廣至人也家世二千石初舉孝廉爲漢陽長史時武威太守倚恃權勢恣行貪橫從事武都蘇正和案致其罪涼州刺史梁鵠畏懼貴戚欲殺正和以免其負乃訪之於勳勳素與正和有仇或勸勳可因此報隙勳曰不可謀事殺良非忠也乘人之危非仁也乃諫鵠曰夫紲食鷹鳶欲求其鷙鷙而亨之將何用哉鵠從其言正和喜於得免而詣勳求謝勳不見曰吾爲梁使君謀不爲蘇正和也怨之如初中平元年北地羌胡與邊章等寇隴右刺史左昌因軍興斷盜數千萬勳固諫昌怒乃使勳別屯阿陽以拒賊鋒欲因軍事罪之而勳數有戰功邊章等遂攻金城殺郡守陳懿勳勸昌救之不從邊章等進圍昌於冀昌懼而召勳勳初與從事辛曾孔常俱屯阿陽及昌檄到曾等疑不肯赴勳怒曰昔莊賈後期穰苴奮劍今之從事豈重於古之監軍哉曾等懼而從之勳卽率兵救昌到乃誚讓章等責以背叛之罪皆曰左使君若早從君言以兵臨我度可自改今罪已重不得降也乃解圍而去昌坐斷盜徵以扶風宋梟代之梟患多寇叛謂勳曰涼州寡於學術故屢致反暴今欲多寫孝經令家家習之庶或使民知義勳諫曰昔太公封齊崔杼殺君伯禽侯魯慶父篡位此二國豈乏學者今不急靜難之術遽爲非常之事旣足結怨一州又當取笑朝廷勳不知其可也梟不從遂奏行之果被詔書詰責坐以虛慢徵時叛羌圍護羌校尉夏育於畜官勳與州郡合兵救育至孤槃爲羌所破勳收餘衆百餘人爲魚麗之陳羌精騎夾攻之急士卒多死勳被三創堅不動乃指木表曰必屍我於此句就種羌滇吾素爲勳所厚乃以兵扞衆曰蓋長史賢人汝曹殺之者爲負天勳罵曰死反虜汝何知促來殺我衆相視而驚滇吾下馬與勳勳不肯上遂爲賊所執羌戎服其義勇不敢加害送還漢陽後刺史楊雍卽表勳領漢陽太守時人饑相漁食勳調穀廩之先出家糧以率衆存活者千餘人後去官徵拜討虜校尉靈帝召見問天下

何苦而反亂如此勳曰倖臣子弟擾之時宦者上軍校尉蹇碩在坐帝顧問碩碩懼不知所對而以此恨勳帝又謂勳曰吾已陳師於平樂觀多出中藏財物以餌士何如勳曰臣聞先王燿德不觀兵今寇在遠而設近陳不足昭果毅祇黷武耳帝曰善恨見君晚羣臣初無是言也勳時與宗正劉虞佐軍校尉袁紹同典禁兵勳謂虞紹曰吾仍見上上甚聰明但擁蔽於左右耳若共併力誅嬖倖然後徵拔英俊以興漢室功遂身退豈不快乎虞紹亦素有謀因相連結未及發而司隸校尉張溫舉勳爲京兆以帝方欲延接勳而蹇碩等心憚之並勸從溫奏遂拜京兆尹時長安令楊黨父爲中常侍恃勢貪放勳案得其贓千餘萬貴戚咸爲之請勳不聽具以事聞并連黨父有詔窮案威震京師時小黃門京兆高望爲尚藥監倖於皇太子太子因蹇碩屬望子進爲孝廉勳不肯用或曰皇太子副主望其所愛碩帝之寵臣而子違之所謂三怨成府者也勳曰選賢所以報國也非賢不舉死亦何悔勳雖在外每軍國密事帝常手詔問之數加賞賜甚見親信在朝臣右及帝崩董卓廢少帝殺何太后勳與卓書曰昔伊尹霍光權以立功猶可寒心足下小醜何以終此賀者在門弔者在廬可不慎哉卓得書意甚憚之徵爲議郎時左將軍皇甫嵩精兵三萬屯扶風勳密相要結將以討卓會嵩亦被徵勳以衆弱不能獨立遂並還京師自公卿以下莫不卑下於卓唯勳長揖爭禮見者皆爲失色卓問司徒王允曰欲得快司隸校尉誰可作者允曰唯有蓋京兆耳卓曰此人明智有餘然不可假以雄職乃以爲越騎校尉卓又欲不令久典禁兵復出爲潁川太守未及至郡徵還京師時河南尹朱儁爲卓陳軍事卓折儁曰我百戰百勝決之於心卿勿妄說且汙我刀勳曰昔武丁之明猶求箴諫況如卿者而欲杜人之口乎卓曰戲之耳勳曰不聞怒言可以爲戲卓乃謝儁勳雖彊直不屈而內厭於卓不得意疽發背卒時年五十一遺令勿受卓賻贈卓欲外示寬容表賜東園秘器賵襚送之如禮葬于安陵子順官至永陽太守

臧洪字子源廣陵射陽人也父旻有幹才熹平元年會稽妖賊許昭起兵句章自稱大將軍立其父生爲越王攻破城邑衆以萬數拜旻揚州刺史旻率丹陽太守陳夤擊破之昭遂復更屯結旻等進兵連戰三年平之獲昭父子斬首數千級遷旻爲使匈奴中郎將洪年十五以父功拜童子郎知名太學洪體貌魁梧有異姿舉孝廉補即邱長中平棄官還家太守張超請爲功曹董卓弑帝圖危社稷洪說超曰明府歷世受恩兄弟並據大郡今王室將危賊臣未梟此誠天下義烈報恩効命之秋也今郡境尚完吏民殷富若動枹鼓可得二萬人以此誅除國賊爲天下倡先義之大者也超然其言與洪西至陳留見兄邈計事邈亦素有心會于酸棗邈謂超曰聞弟爲郡守政教恩威不由已出動任臧洪洪者何人超曰洪才畧智數優超甚海內奇士也邈即引見洪與語大異之致之於劉兗州公山孔豫州公緒皆與洪善乃設壇場方共盟誓諸州郡更相讓莫敢當咸共推洪洪乃升壇操槃歃血而盟曰漢室不幸皇綱失統賊臣董卓乘釁縱害禍加至尊虐流百姓大懼淪喪社稷翦覆四海兗州刺史岱豫州刺史伷陳留太守邈東郡太守瑁廣陵太守超等糾合義兵並赴國難凡我同盟齊心勠力以致臣節殞身喪元必無二志有渝此盟俾墜其命無克遺育皇天后土祖宗明靈實皆鑒之洪辭氣慷慨涕泣橫下聞其言者雖卒伍厮養莫不激揚人思致節頃之諸軍莫適先進而食盡衆散超遣洪詣大司馬劉虞謀值公孫瓚之難至河間遇幽冀州交兵使命不達而袁紹見洪又奇重之與結分合好會青州刺史焦和卒紹使洪領青州以撫其衆洪在州二年羣盜奔走紹歎其能徙爲東郡太守治東武陽曹操圍張超於雍丘超言唯恃臧洪當來救我衆人以爲袁曹方睦而洪爲紹所表用必不敗好招禍遠來赴此超曰子源天下義士終不背本但恐見禁制不相及逮耳洪聞之果徒跣號泣從紹請兵將赴其難紹不與請自率所領以行亦不許雍丘遂潰超被種族洪由是怨紹絕不與通紹興兵圍之歷年不下令洪邑人陳琳以書與洪喻以禍福責以恩義洪答曰隔濶相思發於寤寐相去步武之閒耳而以趣舍異規不得相見其爲愴恨可爲心哉前日不遺比辱雅貺述敘禍福公私切至所以不卽奉荅者既學薄才鈍不足塞詰亦以吾子攜負側室息肩主人家在東州僕爲仇敵以是事人雖披中情墮肝膽猶身疏有罪言皆見怪方首尾不救何能恤人且以子之才窮該典籍豈將闇於大道不達余趣哉然猶復云云者僕是知足下之言信不由衷將以救禍也必欲算計長短辯諮是非是非之論言滿天下陳之更不明不言無所損又言傷告絕之義非吾所忍行也是以捐棄紙筆一無所答亦冀遙忖其心知其計定不復渝變也重獲來命援引古今紛紜六紙雖欲不言焉得已哉僕小人也本因行役特蒙傾蓋恩深分厚遂竊大州寍

樂今日自還接刃乎每登城勒兵望主人之旗鼓感故友之周旋撫弦搦矢不覺流涕之覆面也何者自以輔佐主人無以爲悔主人相接過絕等倫當受任之初自謂究竟大事共尊王室豈悟天子不悅本州見侵郡將遘牖里之厄陳留克創兵之謀謀計棲遲喪忠孝之名杖策攜背虧交友之分揆此二者與其不得已喪忠孝之名與虧交友之道輕重殊塗親疏異畫故便收淚告絕若使主人少垂故人住者側席去者克己不汲汲於離友信刑罰以自輔則僕抗季札之志不爲今日之戰矣何以效之昔張景明親登壇歃血奉辭奔走卒使韓牧讓印主人得地然後但以拜章朝主賜爵獲傳之故旋時之間不蒙觀過之貸而受夷滅之禍呂奉先討卓來奔請兵不獲告去何罪復見斫刺濱于死亾劉子璜奉使踰時辭不獲命畏威懷親以詐求歸可謂有志忠孝無損霸道者也然輒僵斃麾下不蒙虧除僕雖不敏原始見終覩微知著竊度主人之心豈謂三子宜死罰當刑中哉實欲一統山東增兵討讎懼戰士狐疑無以沮勸故抑廢王命以崇承制慕義者蒙榮待放者被戮此乃主人之利非游士之願也故僕鑒戒前人困窮死戰僕雖下愚亦嘗聞君子之言矣此實非吾心也乃主人招焉凡吾所以背棄國民用命此城者正以君子之違不適敵國故也是以獲罪主人見攻踰時而足下更引此義以爲吾規無乃辭同趣異非吾子所爲休戚者哉吾聞之也義不背親忠不違君故東宗本州以爲親援中扶郡將以安社稷一舉二得以徼忠孝何以爲非而足下欲使吾輕本破家均君主人主人之於我也年爲吾兄分爲篤友道乖告去以安君親可謂順矣若子之言則包胥宜致命於伍員不當號哭於秦庭矣苟區區於攘患不知言乖乎道理矣足下或者見城圍不解救兵未至感婚姻之義惟平生之好以屈節而苟生勝守義而傾覆也昔晏嬰不降志於白刃南史不曲筆以求生故身著圖象名垂後世況僕據金城之固驅士民之力散三年之畜以爲一年之資匡困補乏以悅天下何圖築室反耕哉但懼秋風揚塵伯珪馬首南向張楊飛燕膂力作難北鄙將告倒縣之急股肱奏乞歸之誠耳主人當鑒戒曹輩反旌退師治兵鄴垣何宜久辱盛怒暴威於吾城下哉足下譏吾恃黑山以爲救獨不念黃巾之合從邪加飛燕之屬悉以受王命矣昔高祖取彭越於鉅野光武創基兆於綠林卒能龍飛中興以成帝業苟可輔王興化夫何嫌哉況僕親奉璽書與之從事行矣孔璋足下徼利於境外臧洪受命於君親吾子託身於盟主臧洪策名於長安子謂余身死而名滅僕亦笑子身死而無聞焉悲哉本同而末離努力努力夫復何言紹見洪書知無降意增兵急攻城中糧盡外無援救洪自度不免呼將吏謂曰袁紹無道所圖不軌且不救洪郡將洪於大義不得不死諸君無事空與此禍可先城未破將妻子出將吏皆垂泣曰明府與袁氏本無怨隙今爲本朝郡將之故自致殘困吏民何忍當舍明府去也初尚掘鼠煮筋角後無所復食主簿啟內廚米三斗請稍爲饘粥洪曰何能獨甘此邪使爲薄糜徧班士眾又殺其愛妾以食兵將兵將咸流涕無能仰視男女七八千人相枕而死莫有離叛者城陷生執洪紹素親洪盛施帷幔大會諸將見洪謂曰臧洪何相負若此今日服未洪據地瞋目曰諸袁事漢四世五公可謂受恩今王室衰弱無扶翼之意欲因際會希冀非望多殺忠良以立姦威洪親見呼張陳留爲兄則洪府君亦宜爲弟同共戮力爲國除害何爲擁眾觀人屠滅惜洪力劣不能推刃爲天下報仇何謂服乎紹本意愛洪意欲令屈服原之見洪辭切知終不爲已用乃殺之洪邑人陳容少爲書生親慕洪隨洪爲東郡丞城未敗洪遣出紹令在坐見洪當死起謂紹曰將軍舉大事欲爲天下除暴而專先誅忠義豈合天意臧洪發舉爲郡將奈何殺之紹慙左右使人牽出謂曰汝非臧洪儔空復爾爲容顧曰夫仁義豈有常蹈之則君子背之則小人今日寧與臧洪同日而死不與將軍同日而生復見殺在紹坐者莫不歎息竊相謂曰如何一日殺二烈士先是洪遣司馬二人出求救呂布比還城已陷皆赴敵死

張衡字平子南陽西鄂人也世爲著姓祖父堪蜀郡太守衡少善屬文游於三輔因入京師觀太學遂通五經貫六藝雖才高於世而無驕尚之情也常從容淡靜不好交接俗人永元中舉孝廉不行連辟公府不就時天下承平日久自王侯以下莫不踰侈衡乃擬班固兩都作二京賦因以諷諫精思傅會十年乃成文多不載大將軍鄧騭奇其才累召不應衡善機巧尤致思於天文陰陽歷算耽好元經謂崔瑗曰吾觀太元方知子雲妙極道數乃與五經相擬非徒傳記之屬使人難論陰陽之事漢家得天下二百歲之書也復二百歲殆將終乎所以作者之數必顯一世常然之符也漢四百年元其興矣安帝雅聞衡善術學公車特徵拜郎中再遷太史令遂乃研覈陰陽妙盡璇璣之正作渾天儀著靈憲算罔論言甚明順帝初再轉復爲太史令衡不慕當世所

居之官輒積年不徙自去史職五載復還乃設客間作應閒以見其志云有閒余者曰蓋聞前哲首務務於下學上達佐國理民有云爲也朝有所聞則夕行之立功立事式昭德音是故伊尹思使君爲堯舜而民處唐虞彼豈虛言而已哉必旌厥素爾告單巫咸實守王家申伯樊仲實幹周邦服衮而朝介圭作瑞厥跡不朽垂烈後昆不亦丕歟且學非以要利而富貴萃之貴以行令富以施惠惠施令行故易稱以大業質以文美實由華興器賴雕飾爲好人以輿服爲榮吾子性德體道篤信安仁約已博藝無堅不鑽以思世路斯何遠矣曩滯日官今又原之必也學非所用術有所仰故臨川將濟而舟機不存焉徒經思天衡內昭獨智固合理民之式也故嘗見謗于鄙儒深厲淺揭隨時爲義曾何貪於支離而習其孤技邪參輪可使自轉木雕猶能獨飛已垂翅而還故棲盍亦調其機而銛諸昔有文王自求多福人生在勤不索何獲曷若卑體屈已美言以相剋鳴于喬木乃金聲而玉振之用後動雪前吝婞佷不柔以意誰斯也應之曰是何觀同而見異也君子不患位之不尊而患德之不崇不恥祿之不夥而恥智之不博是故藝可學而行可力也天爵高懸得之在命或不速而自懷或羨旃而不臻求之無益故智者面而不思阽身以徼幸固貪夫之所爲未得而豫喪也枉尺直尋議者譏之盈欲虧志孰云非羞於心有猜則簋飧饌餔猶不屑餐旌瞀以之意之無疑則兼金盈百而不嫌辭孟軻以之士或解裋褐而襲黼黻或委鍤築而據文軒者度德拜爵量績受祿也輸力致庸受必有階渾元初基靈軌未紀吉凶分錯人用朦朦黃帝爲斯深慘有風后者是焉亮之綜三辰于上跡禍福乎下經緯歷數然後天步有常則風后之爲也當少昊青陽之末實或亂德人神雜擾不可方物重黎又相顓頊而申理之日月即次重黎之爲也人各有能因藝受任鳥師別名四叔三正官無二業事不並齊晝長則宵短日南則景北天且不堪兼況以人該之夫元龍迎夏則陵雲而奮鱗樂時也涉冬則淈泥而潛蟠避害也公旦道行故制典禮以尹天下懼教誨之不從有人之不理仲尼不遇故論六經以俟來辟恥一物之不知有事之無範所考不齊如何可一夫戰國交爭戎車競驅君若綴旒人無所麗燭武縣縋而秦伯退師魯連係箭而聊城弛柝從往則合橫來則離安危無常要在說夫咸以得人爲梟失士爲尤故樊噲披帷入見高祖高祖踞洗以對酈生當此之會乃黿鳴而鼈應也故能同心戮力勤恤人隱奄受區夏遂定帝位皆謀臣之由也故一介之策各有攸建子長諜之爛然有第夫女魃北而應龍翔洪鼎聲而軍容息溽暑至而鶉火棲寒冰沍而黿鼉蟄今也皇澤宣洽海外混同萬方億醜并質共劑若修成之不暇尚何功之可立立事有三言爲下列下列且不可庶矣奚冀其二哉于茲縉紳如雲儒士成林及津者風攄失塗者幽僻遭遇難要趨偶爲幸世易俗異事勢舛殊不能通其變而一度以揆之斯契船而求劍守株而伺兔也旨愧遲顧必無仁以繼之有道者所不履也越王勾踐事此故厥緒不永捷徑邪至我不忍以投步干進苟容我不忍以歛肩雖有犀舟勁檝猶人涉卬否有須者也姑亦奉順敦篤守以忠信得之不休不獲不吝不見是而不惽居下位而不疑允上德之常服焉方將師天老而友地典與之乎高睨而大談孔甲且不足慕焉稱殷彭及周聃與世殊技固孤是求子憂朱泙曼之無所用吾恨輪扁之無所教也子規木雕獨飛愍我垂翅故棲吾感蠹鼃附鴟悲爾先笑而後號也斐豹以斃督燔書禮至以披國作銘弦高以牛餼退敵墨翟以縈帶全城貫高以端辭顯義蘇武以禿節效貞蒲且以飛矰逞巧詹何以沈鉤致精弈秋以棊局取譽王豹以清謳流聲僕進以不能參名於二立退又不能羣比數子愍三墳之既頹惜八索之不理庶前訓之可鑽聊朝隱乎柱史且韞櫝以待價踵顏氏以行止曾不慊夫晉楚敢告誠於知已陽嘉元年復造候風地動儀以精銅鑄成員徑八尺合蓋隆起形似酒樽飾以篆文山龜鳥獸之形中有都柱傍行八道施關發機外有八龍首銜銅丸下有蟾蜍張口承之其牙機巧制皆隱在尊中覆蓋周密無際如有地動尊則振龍機發吐丸而蟾蜍銜之振聲激揚伺者因此覺知雖一龍發機而七首不動尋其方面乃知震之所在驗之以事合契若神自書典所記未之有也嘗一龍機發而地不覺動京師學者咸怪其無驗後數日驛至果地震隴西於是皆服其妙自此以後乃令史官記地動所從方起時政事漸損權移於下衡因上疏陳事曰伏惟陛下宣哲克明繼體承天中遭傾覆龍德泥蟠今乘雲高躋磐桓天位誠所謂將隆大位必先倥偬之也親履艱難者知下情備經險易者達物僞故能一貫萬機靡所疑惑百揆允當庶績咸熙宜獲福祉神祇受譽黎庶而陰陽未和災眚屢見神明幽遠宜鑒在茲福仁禍淫景響而應因德降休乘失致咎天道雖遠吉凶可見近世鄭蔡江樊周廣王聖皆爲效矣故恭儉畏忌必

蒙祚祉奢淫諂慢鮮不夷戮前事不忘後事之師也夫情勝其性流遯忘反豈唯不肖中才皆然苟非大賢不能見得思義故積惡成釁罪不可解也向使能瞻前顧後援鏡自戒則何陷於凶患乎貴寵之臣衆所屬仰其有愆尤上下知之褒美譏惡有心皆同故怨讟溢乎四海神明降其禍辟也頃年雨常不足思求所失則洪範所謂僭恒暘若者也懼羣臣奢侈昏踰典式自下逼上用速咎徵又前年京師地震土裂裂者威分震者人擾也君以靜唱臣以動和威自上出不趣於下禮之政也竊懼聖思厭倦制不專己恩不忍割與衆共威威不可分德不可共洪範曰臣有作福作威玉食害于而家凶于而國天鑒孔明雖疎不失災異示人前後數矣而未見所革以復往悔自非聖人不能無過願陛下思惟所以稽古率舊勿令刑德八柄不由天子若恩從上下事依禮制禮制修則奢僭息事合宜則無凶咎然後神望允塞災消不至矣初光武善讖及顯宗肅宗因祖述焉自中興之後儒者爭學圖緯兼復附以妖言衡以圖緯虛妄非聖人之法乃上疏曰臣聞聖人明審律歷以定吉凶重之以卜筮雜之以九宮經天驗道本盡於此或觀星辰逆順寒燠所由或察龜策之占巫覡之言其所因者非一術也立言於前有徵於後故智者貴焉謂之讖書讖書始出蓋知之者寡自漢取秦用力兵戰功成業遂可謂大事當此之時莫或稱讖若夏侯勝眭孟之徒以道術立名其所述著無讖一言劉向父子領校祕書閱定九流亦無讖錄成哀之後乃始聞之尚書堯使鯀理洪水九年績用不成鯀則殛死禹乃嗣興而春秋讖云共工理水凡讖皆云黃帝伐蚩尤而詩讖獨以爲蚩尤敗然後堯受命春秋元命苞中有公輸班與墨翟事見戰國非春秋時也又言别有益州之置在於漢世其名三輔諸陵世數可知至於圖中訖于成帝一卷之書互異數事聖人之言勢無若是殆必虛僞之徒以要世取資往者侍中賈逵摘讖互異三十餘事諸言讖者皆不能說至於王莽簒位漢世大禍八十篇何爲不載則知圖讖成於哀平之世也且河洛六蓺篇錄已定後人皮傅無所容簒永元中清河宋景遂以歷紀推言水災而僞稱洞視玉版或者至於棄家業入山林後皆無效而復采前世成事以爲證驗至於永建復統則不能知此皆欺世罔俗以昧勢位情僞較然莫之糾禁且律歷卦候九宮風角數有徵效世莫肯學而競稱不占之書譬猶畫工惡圖犬馬而好作鬼魅誠以實事難形而虛僞不窮也宜收藏圖讖一禁絕之則朱紫無所眩典籍無瑕玷矣後遷侍中帝引在帷幄諷議左右嘗問衡天下所疾惡者宦官懼其毀已皆共目之衡乃詭對而出閹豎恐終爲其患遂共讒之衡常思圖身之事以爲吉凶倚伏幽微難明乃作思元賦以宣寄情志其辭曰

仰先哲之元訓兮雖彌高而弗違匪仁里其焉宅兮匪義迹其焉追潛服膺以永靚兮綿日月而不衰伊中情之信修兮慕古人之貞節竦余身而順止兮遵繩墨而不跌志團團以應懸兮誠心固其如結旌性行以制佩兮佩夜光與瓊枝纗幽蘭之秋華兮又綴之以江蘺既姱麗而鮮雙兮非是時之攸珍奮余榮而莫見兮播余香而莫聞幽獨守此仄陋兮敢怠皇而舍勤幸二八之遌虞兮喜傅說之生殷尚前良之遺風兮恫後辰而無及何孤行之煢煢兮孑不羣而介立感鸞鷖之特棲兮悲淑人之稀合彼無合其何傷兮患衆僞之冒眞旦獲讟于羣弟兮啟金縢而乃信覽蒸民之多僻兮畏立辟以危身曾煩毒以迷惑兮羌孰可與言已私湛憂而深懷兮思繽紛而不理願竭力以守義兮雖貧窮而不改執雕虎而試象兮阽焦原而跟止庶斯奉以周旋兮要既死而後已俗遷渝而事化兮泯規矩之圜方珍蕭艾於重笥兮謂蕙芷之不香斥西施而弗御兮羈要裊以服箱行陂僻而獲志兮循法度而離殃惟天地之無窮兮何遭遇之無常不抑操而苟容兮譬臨河而無航欲巧笑以干媚兮非余心之所嘗襲溫恭之黻衣兮披禮義之繡裳辮貞亮以爲鞶兮雜技蓺以爲珩昭綵藻與雕琢兮璜聲遠而彌長淹棲遲以恣欲兮燿靈忽其西藏恃已知而華予兮鶗鴂鳴而不芳冀一年之三秀兮遒白露之爲霜時亹亹而代序兮疇可與乎比伉咨姤嫮之難並兮想依韓以流亡恐漸冉而無成兮留則蔽而不章心猶豫而狐疑兮即岐阯而攄情文君爲我端蓍兮利飛遁以保名歷衆山以周流兮翼迅風以揚聲二女感於崇岳兮或冰折而不營天蓋高而爲澤兮誰云路之不平勔自彊而不息兮蹈玉階之嶢崢懼筮氏之長短兮鑽東龜以觀禎遇九皐之介鳥兮怨素意之不逞遊塵外而瞥天兮據冥翳而哀鳴鵰鶚競於貪婪兮我修潔以益榮子有故於元鳥兮歸母氏而後寧占既吉而無悔兮簡元辰而俶裝旦余沐於清源兮晞余髮於朝陽漱飛泉之瀝液兮咀石菌之流英翾鳥舉而魚躍兮將往走乎八荒過少皥之窮野兮問三邱乎句芒何道眞之淳粹兮去穢累而票輕登蓬萊而容與兮鼇雖抃而不傾留瀛洲而採芝兮聊且以乎長生憑歸

雲而遐逝兮夕余宿乎扶桑噏青岑之玉醴兮餐沆瀣以爲糧發昔夢於木禾兮穀崑崙之高岡朝吾行於暘谷兮從伯禹於稽山集羣神之執玉兮疾防風之食言指長沙以邪徑兮存重華乎南鄰哀二妃之未從兮翩擯處彼湘瀕流目頫夫衡阿兮覩有黎之圯墳痛火正之無懷兮託山陂以孤魂愁蔚蔚以慕遠兮越卭州而愉敖躋日中于昆吾兮憩炎天之所陶揚芒熛而絳天兮水汯汯而涌濤溫風翕其增熱兮惄鬱邑其難聊顝羈旅而無友兮余安能乎留茲顧金天而歎息兮吾欲往乎西嬉前祝融使舉麾兮纚朱鳥以承旗躔建木於廣都兮拓若華而躊躇超軒轅於西海兮跨汪氏之龍魚聞此國之千歲兮曾焉足以娛余思九土之殊風兮從蓐收而遂徂欻神化而蟬蛻兮朋精粹而爲徒蹶白門而東馳兮云台行乎中野亂弱水之潺湲兮逗華陰之湍渚號馮夷俾清津兮櫂龍舟以濟予會帝軒之未歸兮悵相佯而延佇哂河林之蓁蓁兮偉關雎之戒女黃靈詹而訪命兮摎天道其焉如曰近信而遠疑兮六籍闕而不書神逵昧其難覆兮疇克謨而從諸牛哀病而成虎兮雖逢昆其必噬鼈令殪而尸亾兮取蜀禪而引世死生錯而不齊兮雖司命其不晰竇號行於代路兮後膺祚而繁廡王肆侈於漢庭兮卒銜恤而絕緒尉龎眉而郎潛兮逮三葉而遘武董弱冠而司衮兮設王隧而弗取夫吉凶之相仍兮恒反側而靡所穆負天以悅牛兮豎亂叔而幽主文斷袪而忌伯兮閹謁賊而盜后通人闇於好惡兮豈愛惑之能剖嬴擿讖而戒胡兮備諸外而發內或輦賄而違車兮孕行產而爲對愼竈顯於言天兮占水火而妄誶梁叟患夫黎邱兮丁厥子而事刃親所睇而弗識兮矧幽冥之可信無綿攣以涬已兮思百憂以自疚彼天鑒之孔明兮用棐忱而佑仁湯蠲體以禱祈兮蒙厖褫以振人景三慮以營國兮熒惑次於他辰魏顆亮以從理兮鬼亢回以敝秦咎陶邁而種德兮德樹茂乎英六桑末寄夫根生兮卉既彫而已毓有無言而不讎兮又何往而不復盍遠迹以飛聲兮孰謂時之可蓄仰矯首以遙望兮魂憺惘而無疇偪區中之隘陋兮將北度而宣遊行積冰之磑磑兮清泉沍而不流寒風淒而永至兮拂穹岫之騷騷元武縮於殼中兮螣蛇蜿而自糾魚矜鱗而并凌兮鳥登木而失條坐太陰之屏室兮慨含欷而增愁怨高陽之相寓兮伷顓頊之宅幽庸織絡於四裔兮斯與彼其何瘳望寒門之絕垠兮縱余緤乎不周迅飈潚其媵我兮鶩翩飄而不禁趨谽嘲之洞穴兮標通淵之碄碄經重陰乎寂寞兮愍墳羊之潛深道慌忽於地底兮軼無形而上浮出右密之闇野兮不識蹊之所由速燭龍令執炬兮過鍾山而中休瞰瑤谿之赤岸兮弔祖江之見劉聘王母於銀臺兮羞玉芝以療飢戴勝慭其既歡兮又誚余之行遲載太華之玉女兮召洛浦之宓妃咸姣麗以蠱媚兮增嫮眼而蛾眉舒妙婧之纖腰兮揚雜錯之袿徽離朱脣而微笑兮顏的礫以遺光獻環琨與璵縞兮申厥好以元黃雖色豔而賂美兮志浩蕩而不嘉雙材悲於不納兮並詠詩而清歌歌曰天地烟熅百卉含蘤鳴鶴交頸雎鳩相和處子懷春精魂回移如何淑明忘我實多將答賦而不暇兮爰整駕而亟行瞻昆崙之巍巍兮臨縈河之洋洋伏靈龜以負坻兮亘螭龍之飛梁登閬風之曾城兮搆不死而爲牀屑瑤蘂以爲糇兮斟白水以爲漿抨巫咸以占夢兮迺貞吉之元符滋令德於正中兮含嘉禾以爲敷既垂穎而顧本兮爾要思乎故居安和靜而隨時兮姑純懿之所廬戒庶僚以夙會兮僉恭職而並迓豐隆軯其震霆兮列缺曄其照夜雲師䨴以交集兮凍雨沛其灑塗轙琱輿而樹葩兮擾應龍以服輅百神森其備從兮屯騎羅而星布振余袂而就車兮修劍揭以低昂冠咢咢其映蓋兮佩綝纚以煇煌僕夫儼其正策兮八乘攄而超驤氛旄溶以天旋兮蜺旌飄而飛揚撫軨軹而還睨兮心灼藥其如湯羨上都之赫戲兮何迷故而不忘左青琱以揵芝兮右素威以司鉦前長離使拂羽兮委水衡乎元冥屬箕伯以函風兮澂澒涊而爲清曳雲旗之離離兮鳴玉鸞之譻譻涉青霄而升遐兮浮蔑蒙而上征紛翼翼以徐戾兮焱回回其揚靈叫帝閽使闢扉兮覿天皇于瓊宮聆廣樂之九奏兮展洩洩以彤彤考理亂於律鈞兮意建始而思終惟盤逸之無斁兮懼樂往而哀來素撫弦而餘音兮大容吟曰念哉既防溢而靜志兮迨我暇以翱翔出紫宮之肅肅兮集太微之閬閬命王良掌策駟兮踰高閣之鏘鏘建罔車之幕幕兮獵青林之芒芒彎威弧之撥刺兮射嶓冢之封狼觀壁壘於北落兮伐河鼓之磅硠乘天潢之汎汎兮浮雲漢之湯湯倚招搖攝提以低回劉流兮察二紀五緯之綢繆遹皇偃蹇夭嬌嫷以連卷兮雜沓叢雜颯以方驤戫汨飂戾沛以罔象兮爛漫麗靡藐以迭逷淩驚雷之砊磕兮弄狂電之淫裔踰厖澒於宕冥兮貫倒景而高厲廓盪盪其無涯兮乃今窮乎天外據開陽而頫眡兮臨舊鄉之暗藹悲離居之勞心兮情悁悁而思歸魂眷眷而屢顧兮馬倚輈而徘徊雖遨

遊以媮樂兮豈愁慕之可懷出閶闔兮降天塗乘飈忽兮馳虛無雲霏霏兮繞余輪風眇眇兮振余旟繽聯翩兮紛暗曖倏眩眃兮反常閭收疇昔之逸豫兮卷淫放之遐心修初服之娑娑兮長余佩之參參文章煥以粲爛兮美紛紜以從風御六藝之珍駕兮游道德之平林結典籍而爲罟兮敺儒墨而爲禽玩陰陽之變化兮詠雅頌之徽音嘉曾氏之歸耕兮慕歷陵之欽崟共夙昔而不貳兮固終始之所服也夕惕若厲以省諐兮懼余身之未敕也苟中情之端直兮莫吾知而不恧墨無爲以凝志兮與仁義乎消搖不出戶而知天下兮何必歷遠以劬勞系曰天長地久歲不留俟河之淸祇懷憂願得遠度以自娛上下無常窮六區超踰騰躍絕世俗飄颻神舉逞所欲天不可階仙夫希柏舟悄悄吝不飛松喬高跱孰能離結精遠遊使心攜回志朅來從元諆獲我所求夫何思永和初出爲河間相時國王驕奢不遵典憲又多豪右共爲不軌衡下車治威嚴整法度陰知姦黨名姓一時收禽上下肅然稱爲政理視事三年上書乞骸骨徵拜尚書年六十二永和四年卒著周官訓詁崔瑗以爲不能有異於諸儒也又欲繼孔子易說彖象殘缺者竟不能就所著詩賦銘七言靈憲應閒七辯巡詰懸圖凡三十二篇永初中謁者僕射劉珍校書郎劉騊駼等著作東觀撰集漢記因定漢家禮儀上言請衡參論其事會並卒而衡嘗歎息欲終成之及爲侍中上疏請得專事東觀收檢遺文畢力補綴又條上司馬遷班固所敘與典籍不合者十餘事又以爲王莽本傳但應載篡事而已至於編年月紀灾祥宜爲元后本紀又更始居位人無異望光武初爲其將然後卽眞宜以更始之號建於光武之初書數十上竟不聽及後之著述多不詳典時人追恨之

馬融字季長扶風茂陵人也將作大匠嚴之子爲人美辭貌有俊才初京兆摯恂以儒術教授隱于南山不應徵聘名重關西融從其遊學博通經籍恂奇融才以女妻之永初二年大將軍鄧騭聞融名召爲舍人非其好也遂不應命客於涼州武都漢陽界中會羌虜飈起邊方擾亂米穀踴貴自關以西道殣相望融既饑困乃悔而歎息謂其友人曰古人有言左手據天下之圖右手刎其喉愚夫不爲所以然者生貴於天下也今以曲俗咫尺之羞滅無貲之軀殆非老莊所謂也故往應騭召四年拜爲校書郎中詣東觀典校祕書是時鄧太后臨朝騭兄弟輔政而俗儒世士以爲文德可興武功宜廢遂寢蒐狩之禮息戰陣之法故猾賊從橫乘此無備融乃感激以爲文武之道聖賢不墜五才之用無或可廢元初二年上廣成頌以諷諫其辭曰臣聞孔子曰奢則不遜儉則固奢儉之中以禮爲界是以蟋蟀山樞之人並刺國君諷以太康馳驅之節夫樂而不荒憂而不困先王所以平和府藏頤養精神致之無疆故戛擊鳴球載於虞謨吉日車攻序於周詩聖主賢君以增盛美豈徒爲奢淫而已哉伏見元年以來遭值厄運陛下戒懼灾異躬自菲薄荒棄禁苑廢弛樂懸勤憂潛思十有餘年以過禮數重以皇太后體唐虞親九族篤睦之德陛下履有虞烝烝之孝外舍諸家每有憂疾聖恩普勞遣使交錯晞有曠絕時或甯息又無以自娛樂殆非所以逢迎太和裨助萬福也臣愚以爲雖尙頗有蝗蟲今年五月以來雨露時澍祥應方至方涉冬節農事間隙宜幸廣成覽原隰觀宿麥收藏因講武校獵使僚庶百姓復覩羽旄之美聞鐘鼓之音歡嬉喜樂鼓舞疆畔以迎和氣招致休慶小臣蠉蠕不勝區區職在書籍謹依舊文重述蒐狩之義作頌一篇并封上淺漏鄙薄不足觀省臣聞昔命師於鞬櫜偃伯於靈臺或人嘉而稱焉彼固未識夫雷霆之爲天常金革之作昏明也自炎黃之前傳道罔記三五以來越可略聞且區區之酆郊猶廓七十里之囿盛春秋之苗詩詠囿草樂奏騶虞是以大漢之初基也宅茲天邑總風雨之會交陰陽之和揆厥靈囿營于南郊徒觀其坰場區宇恢胎曠蕩藐敻勿罔寥豁鬱泱騁望千里天與地莽於是周阹環瀆右矕三塗左槪嵩嶽面據衡陰箕背王屋浸以波溠賁以滎洛金山石林殷起乎其中峨峨磑磑鏘鏘雌雌隆穹槃回嵑峗錯崔神泉側出丹水湼池怪石浮磬燿焜于其陂其土毛則搉牧薦草芳茹甘荼茈其芸蕅昌本深蒲芝荋堇荁蘘荷芋渠桂荏鳧葵格韭菹于其植物則元林包竹藩陵蔽京珍林嘉樹建木叢生椿梧栝柏柜柳楓楊豐彤對蔚崟雒槮爽翕習春風含津吐榮鋪于布濩蓶扈蘳熒惡可殫形至于陽月陰慝害作百草畢落林衡戒田焚萊柞木然後舉天網頓八紘揫斂九藪之動物繯橐四野之飛征鳩之乎茲囿之中山敦雲移羣鳴膠膠鄙駭譟讙子野聽聳離朱目眩隸首策亂陳子籌昏於時營圍恢廓充斥川谷罦罝羅羉彌綸阬澤皐牢陵山校隊案部前後有屯甲乙相伍戊己爲堅乘輿乃以吉月之陽朔登于疏鏤之金路六騶駮之元龍建雄虹之旌夏揭鳴鳶之修橦曳長庚之飛髾載日月之太常棲招搖與元戈注枉矢於天狼羽毛紛其彪飀揚金

叟而地玉壤屯田車於平原播同徒於高岡旃旝摻其如林錯五色以摛光清氛埃埽野場誓六師搜儁良司徒勒卒司馬平行車攻馬同教達戒通伐告鼓撞華鐘獵徒縱赴榛叢嶽嶕霍奕別騖分奔騷擾聿皇往來交舛紛紛回回南北東西風行雲轉匈磕隱訇黃塵勃滃闇若霧昏日月爲之籠光列宿爲之翳昧僄狡課才勁勇程氣狗馬角逐鷹鸇競鷙驍騎旁佐輕車橫厲相與陸梁聿皇于中原絹猑蹏鏦特肩脰完羝㩦介鮮散毛族梏羽羣然後飛鋋電激流矢雨墜各指所質不期俱殪竄伏扔輪發作梧轉䟣殳狂擊頭陷顱碎獸不得猭禽不得瞥或夷由未殊顛狽頓躓蝡蝡蟫蟫充衢塞隧葩華㳗布不可勝計若夫鷙獸毅蟲倨牙黔口大匈哨後縕巡毆紆負隅依阻莫敢嬰禦乃使鄭叔晉婦之徒睽孤刲剌裸裎袒裼冒㰝柘槎棘枳窮浚谷底幽嶰暴斥虎搏狂兕獄𤜱熊抾封狶或輕訬趬悍庱疏𧄦頷犯歷嵩巒陵喬松履脩橘踔攳枝杪摽端尾蒼蜼犄元猨木產盡寓屬單罕罔合部㽜弋同曲類行並驅星布麗屬曹伍相保各有分局矰碆飛流纖羅絡縸遊雉羣驚晨鳧輩作翬然雲起霅爾雹落隤乃蘋觀高蹈改乘回轅泝怬方撫馮夷策句芒超荒忽出重陽厲雲漢橫天潢導鬼區徑神場詔靈保召方相驅厲疫走蜮祥捎罔兩拂游光枷天狗緤墳羊然後緩節舒容裴回安步降集波籞川衡澤虞矢魚陳罟茲飛宿沙田開古蠱音冶輩終葵揚關斧刊重冰撥蟄戶測潛鱗踵介旅逆獵湍瀨㳗薄汾橈淪滅潭淵左挈夔龍右提蛟鼉春獻王鮪夏薦鼈黿於是流覽徧照殫變極態上下究竟山谷蕭條原野蟉愀上無飛鳥下無走獸虞人植旍獵者效具車弊田罷旋入禁囿棲遲乎昭明之觀休息乎高光之榭以臨乎宏池鎭以瑤臺純以金堤樹以蒲柳被以綠莎瀇瀁沆漭錯紾槃委天地虹洞固無端涯大明生東月朔西陂乃命壺涿驅水蟲逐罔螭滅短狐㹊鯨鯢然後方餘皇連艈舟張雲帆施蜺幬靡颸風陵迅流發櫂歌縱水謳淫魚出蓍蔡浮湘靈下漢女游水禽鴻鵠鴛鴦鷗鷖鶬鴰鸕鷁鷺鴈鷿鷉乃安斯寢戢翮其涯魴鱮鱏鯿鰋鰱鱨鯋樂我純德騰踊相隨雖靈沼之白鳥孟津之躍魚方斯蔑矣然猶詠歌於伶簫載陳於方籥豈不哀哉於是宗廟既享庖廚既充車徒既簡器械既攻然後擺牲班禽淤賜犒功羣師疊伍伯校千重山罍常滿房俎無空酒正案隊膳夫巡行清醪車湊燔炙騎將鼓駭舉爵鐘鳴既觴若乃陽阿衰斐之晉制闡鼃華羽之南音所以洞蕩匈臆發明耳目疏越蘊蓄駭洞底伏鍠鍠鎗鎗奏于農郊大路之衢與百姓樂之是以明德耀乎中夏威靈暢乎四荒東鄰浮巨海而入享西旅越葱嶺而來王南徼因九譯而致貢朔狄屬象胥而來同蓋安不忘危治不忘亂道在乎茲斯固帝王之所以曜神武而折遐衝者也方今大漢收功於道德之林致平於仁義之淵忽蒐狩之禮闕槃虞之佃闇昧不睹日月之光聾昏不聞雷霆之震于今十二年爲日久矣方將刊禁臺之祕藏發天府之官常由質要之故業率典刑之舊章采清原嘉岐陽登俊桀命賢良舉淹滯拔幽荒察淫侈之華譽顧介特之實功聘畎畝之羣雅宗重淵之潛龍乃儲精山藪歷思河澤目矖鼎俎耳聽康衢營傅說於胥靡求伊尹於庖廚索膠鬲於魚鹽聽甯戚於牛車俾之昌言而宏議軼越三家馳騁五帝悉覽休祥總括羣瑞遂棲鳳皇於高梧宿麒麟於西囿納僬僥之珍羽受王母之白環永逍遙乎宇內與二儀乎無疆貳造化於厚土參神施於昊乾超特達而無儔煥巍巍而無原豐千億之子孫歷萬載而永延禮樂既闕北轅反旆至自新城背伊闕反洛京頌奏忤鄧氏滯於東觀十年不得調因兄子喪自劾歸太后聞之怒謂融羞薄詔除欲仕州郡遂令禁錮之太后崩安帝親政召還郎署復在講部出爲河間王廄長史延光三年車駕東巡岱宗融上東巡頌帝奇其文召拜郎中及北鄉侯即位融移病去爲郡功曹陽嘉二年詔舉敦樸城門校尉岑起舉融徵詣公車對策拜議郎大將軍梁商表爲從事中郎轉武都太守時西羌反叛征西將軍馬賢與護羌校尉胡疇征之而稽久不進融知其將敗上疏乞自劾曰今雜種諸羌轉相鈔盜宜及其未并亟遣深入破其支黨而馬賢等處處留滯羌胡百里望塵千里聽聲今逃匿避回漏出其後則必侵寇三輔爲民大害臣願請賢所不可用關東兵五千裁假部隊之號盡力率厲埋根行道以先吏士三旬之中必克破之臣少習學藝不更武職猥陳此言必受誣罔之辜昔毛遂廝養爲衆所唵終以一言克定從要臣懼賢等專守一城言攻於西而羌出於東且其將士必有高克潰叛之變朝廷不能用又陳星孛參畢參西方之宿畢爲邊兵至於分野并州是也西戎北狄殆將起乎宜備一方尋而隴西羌反烏桓寇上郡皆卒如融言三遷桓帝時爲南郡太守先是融有事忤大將軍梁冀旨冀諷有司奏融在郡貪濁免官髡徙朔方自刺不死得赦還復拜議郎重在東觀著述以病去官融才高博洽爲世通儒教養諸生常有千數

涿郡盧植北海鄭元皆其徒也善鼓琴好吹笛達生任俠不拘儒者之節居宇器服多存侈飾常坐高堂施絳紗帳前授生徒後列女樂弟子次以相傳鮮有入其室者嘗欲訓左氏春秋及見賈逵鄭衆注乃曰賈君精而不博鄭君博而不精既精既博吾何加焉但著三傳異同說注孝經論語詩易三禮尚書列女傳老子淮南子離騷所著賦頌碑誄書記表奏七言琴歌對策遺令凡二十一篇初融懲於鄧氏不敢復違忤勢家遂爲梁冀草奏李固又作大將軍西第頌以此頗爲正直所羞年八十八延熹九年卒于家遺令薄葬族孫日磾獻帝時位至太傅

宋右迪功郎鄭樵漁仲撰

列傳第二十四下

蔡邕字伯喈陳留圉人也六世祖勳好黃老平帝時爲郿令王莽初授以厭戎連率勳對印綬仰天歎曰吾策名漢室死歸其正昔曾子不受季孫之賜況可事二姓哉遂攜將家屬逃入深山與鮑宣卓茂同不仕新室父棱亦有清白行謚曰貞定公邕性篤孝母常滯病三年邕自非寒暑節變未嘗解襟帶不寢寐者七旬母卒廬于冢側動靜以禮有菟馴擾其室傍又木生連理遠近奇之多往觀焉與叔父從弟同居三世不分財鄉黨高其義少博學師事太傅胡廣好辭章數術天文妙操音律桓帝時中常侍徐璜左悺等五侯擅恣聞邕善鼓琴遂白天子敕陳留太守督促發遣邕不得已行到偃師稱疾而歸閑居翫古不交當世感東方客難及揚雄班固崔駰之徒設疑以自通乃斟酌羣言韙其是而矯其非作釋誨以戒厲云爾有務世公子誨於華顛胡老曰蓋聞聖人之大寶曰位故以仁守位以財聚人然則有位斯貴有財斯富行義達道士之司也故伊摯有負鼎之衒仲尼設執鞭之言甯子有清商之歌百里有豢牛之事夫如是則聖哲之通趣古人之明志也夫子生清穆之世秉醇和之靈覃思典籍韞櫝六經安貧樂賤與世無營沈精重淵抗志高冥包括無外綜析無形其已久矣曾不能拔萃出羣揚芳飛文登天庭序彝倫埽六合之穢慝淸宇宙之埃塵連光芒於白日屬炎氣於景雲時逝歲暮默而無聞小子惑焉是以有云方今聖上寬明輔弼賢知崇英逸偉不墜於地德弘者建宰相而裂土才羨者荷榮祿而蒙賜盍亦回塗要至俛仰取容輯當世之利定不拔之功榮家宗於此時遺不滅之令蹤夫獨未之思邪何爲守彼而不通此胡老傲然而笑曰若公子所謂覩曖昧之利而忘昭晢之害專必成之功而忽蹉跌之敗者也公子謖爾斂袂而興曰胡爲其然也胡老曰居吾將釋汝昔自太極君臣始基有羲皇之洪寧唐虞之至時三代之隆亦有緝熙五伯扶微勤而撫之于斯已降天綱縱人紘弛王塗壞太極陁君臣土崩上下瓦解於是智者騁詐辯者馳說武夫奮略戰士講說電駭風馳霧散雲披變詐乖詭以合時宜或畫一策而綰萬金或談崇朝而錫瑞珪連衡者六印磊落合從者駢組流離隆貴翕習積富無涯據巧蹈機以忘其危夫華離蔕而萎條去幹而枯女冶容而淫士背道而辜人毀其滿神疾其邪利端始萌害漸亦牙速速方轂夭夭是加欲豐其屋乃蔀其家是故天地否閉聖哲潛形石門守晨沮溺耦耕顏歜抱璞蘧瑗保生齊人歸樂孔子斯征雍渠驂乘逝而遺輕夫豈傲主而背國乎道不可以傾也且我聞之日南至則黃鍾應融風動而魚上冰蕤賓統則微陰萌蒹葭蒼而白露凝寒暑相推陰陽代興運極則化理亂相承今大漢紹陶唐之洪烈盪四海之殘災隆隱天之高拆絙地之基皇道惟融帝猷顯丕沍沍庶類含甘吮滋檢六合之羣品而齊之乎雍熙羣僚恭已於職司聖主垂拱乎兩楹君臣穆穆守之以平濟濟多士端委縉綖鴻漸盈階振鷺充庭譬猶鍾山之玉泗濱之石累珪璧不爲之盈採浮磬不爲之索曩者洪源辟而四隩集武功定而干戈戢猃狁攘而吉甫宴城濮捷而晉凱入故當其有事也則蓑笠並載擐甲揚鋒不給於務當其無事也則舒紳緩佩鳴玉以步綽有餘裕夫世臣門子暬御之族天隆其祐主豐其祿抱膺從容爵位自從攝須理髯餘官委貴其取進也順傾轉圜不足以喻其便逡巡放屣不足以況其易夫有逸羣之才人人有優贍之智童子不問疑於老成瞳矇不稽謀於先生心恬澹於守高意無爲於持盈粲乎煌煌莫非華榮明哲泊焉不失所寧狂淫振蕩乃亂其情貪夫殉財夸者死權瞻仰此事體躁心煩闇謙盈之効迷損益之數騁駑駘於修路慕騏驥而增驅卑俯乎外戚之門乞助乎近貴之譽榮顯未副從而顚踣下獲熏胥之辜高受滅家之誅前車已覆襲軌而騖曾不鑒禍以知畏懼子惟悼哉害其若是天高地厚跼而蹐之怨豈在明患生不思戰戰兢兢必慎厥尤且用之則行聖訓也舍之則藏至順也夫九河盈溢非一由所防帶甲百萬非一勇所抗今子責匹夫以淸宇宙庸可以水旱而累堯湯乎懼烟炎之毀熸何光芒之敢揚哉且夫地將震而樞星直井無景則日陰食元首寬則望舒朓侯王肅則月側匿是以君子推微達著尋端見緒履霜知冰踐露知暑時行則行時止則止消息盈沖取諸天紀利用遭泰可與處否樂天知命持神任己羣車方奔乎險路安能與之齊軌思危難而自豫故在賤而不恥方將騁馳乎典籍之崇塗休息乎仁義之淵藪槃旋乎周孔之庭宇揖儒墨而與爲友舒之足以光四表收之則莫能知其所有若乃丁千載之運應神靈之符闓閶闔乘天衢擁華蓋而奉皇樞納元策於聖德宣太平於中區計合謀從已之圖也勳績不立子之辜也龜鳳山翳霧露不除踴躍草萊祗見其愚不我知者將謂之迂

修業思眞棄此爲如靜以俟命不斆不渝百歲之後歸乎其居幸而獲稱天所誘也罕漫而已非己咎也昔伯翳綜聲於鳥語葛盧辯音於鳴牛董父受氏於豢龍奚仲供德於衡輈倕氏興政於巧工造父登御於驊騮非子享土於善圉狼瞫取右於禽囚弓父畢精於筋角佽非明勇於赴流壽王創基於格五東方要幸於談優上官効力於執蓋弘羊據相於運籌僕不敢參跡於若人故抱璞而優游於是公子仰首降階忸怩而避胡老乃揚衡含笑援琴而歌歌曰練余心兮浸太清滌穢濁兮存正靈和液暢兮神氣寍情志泊兮心亭亭嗜慾息兮無由生踔宇宙而遺俗兮眇翩翩而獨征建寍三年辟司徒橋元府元甚敬待之出補河平長召拜郎中校書東觀遷議郎邕以經籍去聖久遠文字多謬俗儒穿鑿疑誤後學熹平四年乃與五官中郎將堂谿典光祿大夫楊賜諫議大夫馬日磾議郎張訓韓說太史令單颺等奏求正定六經文字靈帝許之邕乃自書冊於碑使工鐫刻立於太學門外於是後儒晚學咸取正焉及碑始立其觀視及摹寫者車乘日千餘兩塡塞街陌初朝議以州郡相黨人情比周乃制婚姻之家及兩州人士不得對相監臨至是復有三互法禁忌轉密選用艱難幽冀二州久缺不補邕上疏曰伏見幽冀舊壤鎧馬所出比年兵饑漸至空耗今者百姓虛縣萬里蕭條闕職經時吏人延屬而三府選舉踰月不定臣經怪其事而論者云避三互十一州有禁當取二州而已又二州之士或復限以歲月狐疑遲淹以失事會愚以爲三互之禁禁之薄者今但申以威靈明其憲令在任之人豈不戒懼而當坐設三互自生留閡邪昔韓安國起自徒中朱買臣出於幽賤並以才宜還守本邦又張敞亾命擢授劇州豈復循三互繼以末制乎三公明知二州之要所宜速定當越禁取能以救時弊而不顧爭臣之義苟避輕微之科選用稽滯以失其人臣願陛下上則先帝蠲除近禁其諸州刺史器用可換者無拘日月三互以差厥中書奏不省初帝好學自造皇羲篇五十章因引諸生能爲文賦者本頗以經學相招後諸爲尺牘及工書鳥篆者皆得引召遂至數十人侍中祭酒樂松賈護多引無行趣埶之徒並待制鴻都門下喜陳方俗閭里小事帝甚悅之待以不次之位又市賈小民爲宣陵孝子者復數十人悉除爲郎中太子舍人時頻有雷霆疾風傷樹拔木地震隕雹蝗蟲之害又鮮卑犯境役賦及民六年七月制書引咎令羣臣各陳政要邕上封事曰臣伏讀聖旨雖周成遇風訊諸執士宣王遭旱密勿祗畏無以復加臣聞天降災異緣象而至辟歷數發殆刑誅繁多之所致也風者天之號令所以教人也夫昭事上帝則自懷多福宗廟致敬則鬼神以著國之大事實先祀典天子聖躬所當恭事臣自在宰府及備朱衣迎氣五郊而車駕稀出四時至敬屢委有司雖有解除猶爲疎廢故皇天不悅顯此諸異洪範傳曰政悖德隱故風發屋折木坤爲地道易稱安貞陰氣憤盛則當靜反動法爲下叛夫權不在上則雹傷物政有苛暴則虎狼食人貪利傷民則蝗蟲損稼去年六月二十八日太白與月相迫兵事惡之鮮卑犯塞所從來遠今之出師未見其利上違天文下逆人事誠當博覽衆議從其安者臣不勝憤懣謹條陳宜所施行七事表左一事明堂月令天子以四立及季夏之節迎五帝於郊所以導致神氣祈福豐年淸廟祭祀追養孝敬養老辟雍示人禮化皆帝者之大業祖宗所祗奉也而有司數以蕃國疎喪宮內產生及吏卒小汙屢生忌故竊見南郊齋戒未嘗有廢至於他祀輒興異議豈南郊卑而他事尊哉孝元皇帝策書曰禮之至敬莫重於祭所以竭心親奉以致肅祗者也又元和故事復申先典前後制書推誠懇惻而近者以來更任太史忘禮敬之大任禁忌之書拘信小故以虧大典禮妻妾產者齋則不入側室之門無廢祭之文也所謂宮中有卒三月不祭者謂士庶人數堵之室共處其中耳豈謂皇居之曠臣妾之衆哉自今齋制宜如故典庶荅風霆災妖之異二事臣聞國之將興至言數聞內知己政外見民情是故先帝雖有聖明之姿而猶廣求得失又因災異援引幽隱重賢良方正敦樸有道之選危言極諫不絕於朝陛下親政以來頻年災異而未聞特舉博選之旨誠當思省述修舊章使抱忠之臣展其狂直以解易傳政悖德隱之言三事夫求賢之道未必一塗或以德顯或以言揚頃者立朝之士曾不以忠信見賞恒被訕謗之誅遂使臣下結舌莫圖正辭郎中張文前獨盡狂言聖聽納受以責三司臣子曠然衆庶解悅臣愚以爲宜擢文右職以勸忠謇宣聲海內博開諫路四事夫司隸校尉諸州刺史所以督察姦枉分別黑白者也伏見幽州刺史楊熹益州刺史龐芝涼州刺史劉虔各有奉公疾姦之心熹等所舉其効尤多餘皆枉撓不能稱職或有抱罪懷瑕與下同疾綱紀弛縱莫相舉察公府臺閣亦復默然五年制書議遣八使又令三公謠言奏事是時奉公者欣然得志邪枉者憂悸失色未詳斯議所因寢息昔劉向奏曰夫執狐

疑之計者開羣枉之門養不斷之慮者來讒邪之口今始聞善政旋復變易足令海內測度朝政宜追定八使糾舉非法更選忠清平章賞罰三公歲盡差其殿最使吏知奉公之福營私之禍則眾災之原庶可塞矣五事臣聞古者取士必使諸侯歲貢孝武之世郡舉孝廉又有賢良文學之選於是名臣輩出文武並興漢之得人數路而已夫書畫辭賦才之小者匡國理政未有其能陛下即位之初先涉經術聽政餘日觀省篇章聊以游意當代博奕非以敎化取士之本而諸生競利作者鼎沸其高者頗引經訓風喻之言下則連偶俗語有類俳優或竊成文虛冒名氏臣每受詔於盛化門差次錄第其未及者亦復隨輩皆見拜擢既加之恩難復收改但守奉祿於義已弘不可復使理人及仕州郡昔孝宣會諸儒於石渠章帝集學士於白虎通經釋義其事優大文武之道所宜從之若乃小能小善雖有可觀孔子以爲致遠則泥君子故當志其大者六事墨綬長吏職典理人皆當以惠利爲績日月爲勞褒責之科所宜分明而今在任無復能省及其還者召拜議郎若器用優美不宜處之冗散如有釁故自當極其刑誅豈有伏罪懼考反求遷轉更相倣效臧否無章先帝舊典未嘗有此可且斷絕以覈眞僞七事伏見前一切以宣陵孝子者爲太子舍人臣聞孝文皇帝制喪服三十六日雖繼體之君父子至親公卿列臣受恩之重皆屈情從制不敢踰越今虛僞小人本非骨肉既無幸私之恩又無祿仕之實惻隱思慕情何由生而羣聚山陵假名稱孝行不隱心義無所依至有姦軌之人通容其中桓思皇后祖載之時東郡有盜人妻者亡在孝中本縣追捕乃伏其辜虛僞雜穢難得勝言又前至得拜後輩被遺或經年陵次以暫歸見漏或以人自代亦蒙寵榮爭訟怨恨凶凶道路太子官屬宜搜選令德豈有但取丘墓凶醜之人其爲不祥莫與大焉宜遣歸田里以明詐僞書奏帝乃親迎氣北郊及行辟雍之禮又詔宣陵孝子爲舍人者悉改爲丞尉焉光和元年遂置鴻都文學畫孔子及七十二弟子像其諸生皆勑州郡三公舉用辟召或出爲刺史太守入爲尚書侍中乃有封侯賜爵者士君子皆恥與爲列焉時妖異數見人相驚擾其年七月詔召邕與光祿大夫楊賜諫議大夫馬日磾議郎張華太史令單颺詣金商門引入崇政殿使中常侍曹節王甫就問災異及消改變故所宜施行邕悉心以對援引故事皆有依據又特詔問曰比災變互生未知厥咎朝廷焦心載懷恐懼每訪羣公卿士庶聞忠言而各存括囊莫肯盡心以邕經學深奧故密特稽問宜披露失得指陳政要勿有依違自生疑諱具對經術以皂囊封上邕對曰臣伏惟陛下聖德允明深悼災咎褒臣末學特垂訪及非臣螻蟻所能堪副斯誠輸寫肝膽出命之秋豈可以顧患避害使陛下不聞至戒哉臣伏思諸異皆亡國之怪也天於大漢殷勤不已故屢出祅變以當譴責欲令人君感悟改危即安今災眚之發不於他所遠則門垣近則寺署其爲監戒可謂至切蜺墮雞化皆婦人干政之所致也前者乳母趙嬈貴重天下生則貲藏侔於天府死則丘墓踰於園陵兩子受封兄弟典郡續以永樂門史霍玉依阻城社又爲姦邪今者道路紛紛復云有程大人者察其風聲將爲國患宜高爲隄防明設禁令深惟趙霍以爲至戒今聖意勤勤思明邪正而聞太尉張顥爲玉所進光祿勳姓璋有名貪濁又長水校尉趙玹屯騎校尉蓋升並叨時幸榮富優足宜念小人在位之咎退思引身避賢之福伏見廷尉郭禧純厚老成光祿大夫橋元聰達方直故太尉劉寵忠實守正並直爲謀主數見訪問夫宰相大臣君之四體委任責成優劣已分不宜聽納小吏雕琢大臣也又尚方工技之作鴻都篇賦之文可且消息以示惟憂詩云畏天之怒不敢戲豫天戒誠不可戲也宰府孝廉士之高選近者以辟召不慎切責三公而今並以小文超取選舉開請託之門違明王之典眾心不厭莫之敢言臣願陛下忍而絕之思惟萬機以答天望聖朝既自約厲左右近臣亦宜從化人自抑損以塞咎戒則天道虧滿鬼神福謙矣臣以愚贛感激忘身敢觸忌諱手書具對夫君臣不密上有漏言之戒下有失身之禍願寢臣表無使盡忠之吏受怨姦仇章奏帝覽而歎息因起更衣曹節於後竊視之悉宣語左右事遂漏泄其爲邕所裁黜者側目思報初邕與司徒劉郃素不相平叔父衛尉質又與將作大匠楊球有隙球即中常侍程璜女夫也璜遂使人飛章言邕質數以私事請託於郃郃不聽邕含隱切志欲相中於是詔下尚書召邕詰狀邕上書自陳曰臣被召問以大鴻臚劉郃前爲濟陰太守臣屬吏張宛長休百日郃爲司隸又託河內郡吏李奇爲州書佐又營護故河南尹羊陟侍御史胡母班郃不爲用致怨之狀臣征營怖悸肝膽塗地不知死命所在竊自尋案實屬宛奇不及陟班凡休假小吏非結恨之本與陟姻家豈敢申助私黨如臣父子欲相傷陷當明言臺閣具陳恨狀所緣內無寸事而謗書外發宜以臣對與郃參驗臣得

以學問特蒙褒異執事秘館操管御前姓名貌狀徽簡聖心今年七月召詣金商門問以災異齎詔申旨誘臣使言臣實愚戇惟識忠盡出命忘軀不顧後害遂譏刺公卿內及寵臣實欲以上對聖問救消災異規爲陛下建康寧之計陛下不念忠臣直言宜加掩蔽誹謗卒至便用疑怪盡心之吏豈得容哉詔書每下百官各上封事欲以改政思譴除凶致吉而言者不蒙延納之福旋被陷破之禍今皆杜口結舌以臣爲戒誰敢爲陛下盡忠孝乎臣季父質連見拔擢位在上列臣被蒙恩渥數見訪逮言事者因此欲陷臣父子破臣門戶非復發糾姦伏補益國家也臣年四十有六孤特一身得託名忠臣死有餘榮恐陛下於此不復聞至言矣臣之愚冗職當咎患但前者所對質不及閭而衰老白首橫見引逮隨臣摧沒并入阬陷誠冤誠痛臣一入牢獄當爲楚毒所逼趣輒以飲章辭情何緣復聞死期垂至冒昧自陳願身當辜戮匄質不並坐則身死之日更生之年也唯陛下加餐爲萬姓自愛於是下邕質於洛陽獄劾以仇怨奉公議害大臣大不敬棄市事奏中常侍呂彊愍邕無罪請之帝亦更思其章有詔減死一等與家屬髡鉗徙朔方不得以赦令除楊球使客追路刺邕客感其義皆莫爲用球又賂其部主使加毒害所賂者反以情戒邕故每得免焉居五原安陽縣邕前在東觀與盧植韓說等撰補後漢記會遭事流離不及得成因上書自陳奏其所著十意分別首目連置章左帝嘉其才高會明年大赦乃宥邕還本郡邕自徙及歸凡九月焉將還就路五原太守王智餞之酒酣起舞屬邕邕不爲報智者中常侍王甫弟也素貴驕訴邕曰徒敢輕我邕拂衣而去智銜之密告邕怨於囚放謗訕朝廷內寵惡之邕慮卒不免乃亡命江海遠跡吳會往來依太山羊氏積十二年在吳吳人有燒桐以爨者邕聞火烈之聲知其良木因請而裁爲琴果有美音而其尾猶焦故時人名曰焦尾琴焉初邕在陳留也其鄰人有以酒食召邕者比往而酒以酣焉客有彈琴於屏邕至門聽之曰憘以樂召我而有殺心何也遂反將命者告主人曰蔡君向來至門而去邕素爲邦鄉所宗主人遽自追而問其故邕具以告莫不憮然彈琴者曰我向鼓琴見螳螂方向鳴蟬蟬將去而未飛螳螂爲之一前一卻吾心聳然惟恐螳螂之失也此豈爲殺心而形於聲者乎邕莞爾而笑曰此足以當之中平六年靈帝崩董卓爲司空聞邕名高辟之稱疾不就卓大怒詈曰我力能族人蔡邕遂偃蹇者不旋踵矣又切敕州郡舉邕詣府邕不得已到署祭酒甚見敬重舉高第補侍御史又轉侍書御史遷尙書三日之間周歷三臺遷巴郡太守復留爲侍中初平元年拜左中郎將從獻帝遷都長安封高陽侯董卓賓客部曲議欲尊卓比太公稱尙父卓謀之於邕邕曰太公輔周受命翦商故特爲其號今明公威德誠爲巍巍然比之尙父愚意以爲未可宜須關東平定車駕還舊京然後議之卓從其言永平二年六月地震卓以問邕邕對曰地動者陰盛侵陽臣下踰制之所致也前春郊天公奉引車駕乘金華靑蓋爪畫兩轓遠近以爲非宜卓於是改乘皁蓋車卓重邕才學厚相遇待每集讌輒令邕鼓琴贊事邕亦每存匡益然卓多自佷用邕恨其言少從謂從弟谷曰董公性剛而遂非終難濟也吾欲東奔兗州若道遠難達且遯逃山東以待之何如谷曰君狀異常人每行觀者盈集以此自匿不亦難乎邕乃止及卓被誅邕在司徒王允坐殊不意言之而歎有動於色允勃然叱之曰董卓國之大賊幾傾漢室君爲王臣所宜同忿而懷其私遇以忘大節今天誅有罪而反相傷痛豈不共爲逆哉即收付廷尉治罪邕陳辭謝乞黥首刖足繼成漢史士大夫多矜救之不能得太尉馬日磾馳往謂允曰伯喈曠世逸才多識漢事當續成後史爲一代大典且忠孝素著而所坐無名誅之無乃失人望乎允曰昔武帝不殺司馬遷使作謗書流於後世方今國祚中衰神器不固不可令佞臣執筆在幼主左右既無益聖德復使吾黨蒙其訕議日磾退而告人曰王公其不長世乎善人國之紀也制作國之典也滅紀廢典其能久乎邕遂死獄中允悔欲止而不及時年六十一縉紳諸儒莫不流涕北海鄭玄聞而歎曰漢世之事誰與正之兗州陳留閭皆畫像而頌焉其撰集漢事未見錄以繼後史適作靈紀及十意又補諸列傳四十二篇因李傕之亂湮沒多不存所著詩賦碑誄銘讚連珠箴弔論議獨斷勸學釋誨敘樂女訓篆埶祝文章表書記凡百四篇傳於世

左雄字伯豪南郡涅陽人也安帝時舉孝廉稍遷冀州刺史州部多豪族好請託雄常閉門不與交通奏案貪猾二千石無所回忌永建初公車徵拜議郎時順帝新立大臣懈怠朝多闕政雄數言事其辭深切尙書僕射虞詡以雄有忠公節上疏薦之曰臣見方今公卿以下類多拱默以樹恩爲賢盡節爲愚至相戒曰白璧不可爲容容多後福伏見議郎左雄數上封事至引陛下身遭戹難以爲警戒實有王臣蹇蹇之節周公謨成王之

風宜擢在喉舌之官必有匡弼之益由是拜雄尙書再遷尙書令上疏陳事曰臣聞柔遠和邇莫大寧人寧人之務莫重用賢用賢之道必存考黜是以臯陶對禹貴在知人安人則惠黎民懷之分伯建侯代位親民民用和睦禮讓以興故詩云有渰淒淒興雨祁祁雨我公田遂及我私及幽厲昏亂不自爲政褒豔用權七子黨進賢愚錯緖深谷爲陵故其詩云四國無政不用其良又曰哀今之人胡爲虺蜴言人畏吏如虺蜴也宗周旣滅六國并秦阬儒泯典剗革五等更立郡縣縣設令長郡置守尉什伍相司封豕其民大漢受命雖未復古然克愼庶官蠲苛救敝悅以濟難撫而循之至於文景天下康乂誠由元靖寬柔克愼官人故也降及宣帝興於仄陋綜覈名實知時所病刺史守相輒親引見考察言行信賞必罰帝乃歎曰民所以安而無怨者政平吏良也與我共此者其唯良二千石乎以爲吏數變易則下不安業久於其事則民服敎化其有政理者輒以璽書勉厲增秩賜金或爵至關內侯公卿缺則以次用之是以吏稱其職人安其業漢世良吏於茲爲盛故能降來儀之瑞建中興之功漢初至今三百餘載俗浸彫敝巧僞滋萌下飾其詐上肆其殘典城百里轉動無常各懷一切莫慮長久謂殺害不辜爲威風聚斂整辦爲賢能以理已安民爲劣弱以奉法循理爲不化髡鉗之戮生於睚眥覆尸之禍成於喜怒視民如寇讎稅之如豺虎監司項背相望與同疾疢見非不舉聞惡不察觀政於亭傳責成於朞月言善不稱德論功不據實虛誕者獲譽拘檢者離毀或因罪而引高或色斯以求名州宰不覆競共辟召踴躍升騰超等踰匹或考奏捕按而亾不受罪會赦行賂復見洗滌朱紫同色清濁不分故使姦猾枉濫輕忽去就拜除如流缺動百數鄉官部吏職斯祿薄車馬衣服一出於民廉者取足貪者充家特選橫調紛紛不絕送迎煩費損政傷民和氣未洽災眚不消咎皆在此今之墨綬猶古之諸侯拜爵王庭輿服有庸而齊於匹豎叛命避負非所以崇憲明理惠育元元也臣愚以爲守相長吏惠和有顯效者可就增秩勿使移徙非父母喪不得去官其不從法禁不式王命錮之終身雖會赦令不得齒列若被劾奏亾不就法者徙家邊郡以懲其後鄉部親民之吏皆用儒生清白任從政者寬其負筭增其秩祿吏職滿歲宰府州郡乃得辟舉如此威福之路塞虛僞之端絕送迎之役損賦斂之源息循理之吏得成其化率土之民各寧其所追配文宣中興之軌流光垂祚永世不刊帝感其言申下有司考其眞僞詳所施行雄之所言皆明達政體而宦豎擅權終不能用自是選代交互令長月易迎新送舊勞擾無已或至官寺空曠無人案事每選部劇乃至逃亾永建三年京師漢陽地皆震裂水泉涌出四年司冀復有大水雄推摧灾異以爲下人有逆上之徵又上疏言宜密爲備以俟不虞尋而青冀揚州盜賊連發數年之間海內擾亂其後天下大赦賊雖解散而官猶無備流叛之餘數月復起雄與僕射郭虔共上疏以爲寇賊連年死亾大半一人犯法舉宗羣亾宜及其尙微開令改悔若告黨與者聽除其罪能誅斬者明加其賞書奏並不省又上言宜崇經術繕修太學帝從之陽嘉元年太學新成詔試明經者補弟子增甲乙之科員各十人除京師及郡國耆儒年六十以上爲郎舍人諸王國郎者百三十八人雄又上言郡國孝廉古之貢士出則宰民宣協風敎若其面牆則無所用孔子曰四十而不惑禮稱强仕請自今孝廉年不滿四十不得察舉皆請先詣公府諸生試家法文吏課牋奏副之端門練其虛實以觀異能以美風俗有不承科令者正其罪法若有茂才異行自可不拘年齒帝從之於是班下郡國明年有廣陵孝廉徐淑年未及舉臺郎疑而詰之對曰詔書曰有如顏回子奇不拘年齒是故本郡以臣充選郎不能屈雄責之曰昔顏回聞一知十孝廉聞一知幾邪淑無以對乃譴卻郡於是濟陰太守胡廣等十餘人皆坐謬舉免黜唯汝南陳蕃潁川李膺下邳陳球等三十餘人得拜郎中自是牧守畏慄莫敢輕舉迄于永熹察選清平多得其人雄又奏徵海內名儒爲博士使公卿弟子爲諸生有志操者加其俸祿及汝南謝廉河南趙建年始十二各能通經雄並奏拜童子郎於是負書來學雲集京師初帝廢爲濟陰王乳母宋娥與黃門孫程等共議立帝帝後以娥前有謀遂封爲山陽君邑五千戶又封大將軍梁商子冀襄邑侯雄上封事曰夫裂土封侯王制所重高皇帝約非劉氏不王非有功不侯孝安皇帝封江京王聖等遂致地震之異永建二年封陰謀之功又有日食之變數術之士咸歸告於封爵今靑州饑虛盜賊未息民有乏絕上求稟貸陛下乾乾勞思以濟民爲務宜循古法寧靜無爲以求天意以消灾異誠不宜追錄小恩虧失大典帝不聽雄復諫曰臣聞人君莫不好忠正而惡讒諛然而歷世之患莫不以忠正得罪讒諛蒙倖者蓋聽忠難從諛易也夫刑罪人情之所甚惡貴寵人情之所甚欲是以時俗爲忠者少而習諛者多欲令人主

數聞其美稱知其過迷而不悟至於危亾臣復見詔書顧念阿母舊德宿恩欲特加顯賞案尚書故事無乳母爵邑之制唯先帝時阿母王聖爲野王君聖造生讒賊廢立之禍生爲天下所咀嚼死爲海內所歡快桀紂貴爲天子而庸僕羞與爲比者以其無義也夷齊賤爲匹夫而王侯爭與爲伍者以其有德也今阿母躬蹈約儉以身率下羣僚蒸庶莫不向風而與王聖共同爵號懼違本操失其常願臣愚以爲凡人之心理不相遠其所不安古今一也百姓深懲王聖傾覆之禍民萌之命危於累卵常懼時世復有此類怵惕之念未離於心恐懼之言未絕乎口乞如前議歲以千萬給奉阿母內足以盡恩愛之歡外可不爲吏民所怪梁冀之封事非機急宜過災尼之運然後平議可否會復有地震緱氏山崩之異雄復上疏諫曰先帝封野王君漢陽地震今封山陽君而京城復震專政在陰其災尤大臣前後瞽言封爵至重王者可私以財不可以官宜還阿母之封以塞災異今冀已高讓山陽君亦宜崇其本節雄言數切至娥亦畏懼辭讓而帝戀戀不能已卒封之後阿母遂以交構失爵是時大司農劉據以職事被譴召詣尚書傳呼促步又加以捶撲雄上言九卿位亞三事班在大臣行有佩玉之節動有庠序之儀孝明皇帝始有撲罰非古典也帝從而改之自後九卿無復捶撲自雄掌納言多所匡肅每有章表奏議臺閣以爲故事遷司隸校尉初雄薦周舉爲尚書舉既稱職議者咸稱焉及在司隸又舉冀州刺史馮直以爲將帥而直常坐贓受罪舉以此劾奏雄雄悅曰吾嘗事馮直之父而又與直善今宣光以此奏吾乃是韓厥之舉也由是天下服焉明年坐法免後復爲尚書永和二年卒

周舉字宣光汝南汝陽人父防爲陳留太守防在儒林傳舉姿貌短陋而博學洽聞爲儒者所宗故京師爲之語曰五經縱橫周宣光延熹四年辟司徒李郃府時宦者孫程等既立順帝誅滅諸閻議郎陳禪以爲閻太后與帝無母子恩宜徙別館絕朝見羣臣議者咸以爲宜舉謂郃曰昔鄭武姜謀殺莊公莊公誓之黃泉秦始皇怨母失行久而隔絕後感潁考茅焦之言循復子道書傳美之今諸閻新誅太后幽在離宮若悲愁生疾一旦不虞主上將何以令天下如從禪議後世歸咎明公宜密表朝廷令奉太后率厲羣臣朝覲如舊以厭天心以答人望郃即上疏陳之明年正月帝乃朝于東宮太后由此以安後長樂少府朱倀代郃爲司徒舉猶爲吏時孫程等坐懷表上殿爭功帝怒悉徙封遠縣勑洛陽令促期發遣舉說朱倀曰朝廷在西鍾下時非孫程等豈立雖韓彭吳賈之功何以加諸今忘其大德錄其小過如道路夭折帝有殺功臣之譏及今未去宜急表之倀曰今詔怒二尚書已奏其事吾獨表此必致罪譴舉曰明公年過八十位至台輔不於今時竭忠報國惜身安寵欲以何求祿位雖全必陷佞邪之譏諫而獲罪猶有忠貞之名若舉言不足採請從此辭倀乃表諫帝果從之舉後舉茂才爲平邱令上書言當世得失辭甚切正尚書郭虔應賀等見之歎息共上疏稱舉忠直欲帝置章御座以爲規誡舉稍遷并州刺史太原一郡舊俗以介子推焚骨有能忌之禁（龍星木之位也春見東方心爲大火懼火之盛故爲之禁火也）至其亾月咸言神靈不樂舉火由是士民每冬中輒一月寒食莫敢煙爨老小不堪歲多死者舉既到州乃作弔書以置子推之廟言盛冬去火殘損民命非賢者之意以宣示愚民使還溫食於是眾惑稍解風俗頗革轉冀州刺史陽嘉三年司隸校尉左雄薦舉徵拜尚書舉與僕射黃瓊同心輔政名重朝廷左右憚之是歲河南三輔大旱五穀災傷天子親自露坐德陽殿東廂請雨又下司隸河南禱祀河神名山大澤詔書以舉才學優深特下策問舉對曰臣聞易稱天尊地卑乾坤定矣二儀交媾乃生萬物萬物之中以人爲貴故聖人養之以君成之以化順四節之宜適陰陽之和使男女婚娶不過其時包之以仁恩導之以德教示之以災異訓之以嘉祥此先聖承乾養物之始也陰陽閉隔則二氣否塞二氣否塞則人物不昌人物不昌則風雨不時風雨不時則水旱成災陛下處唐虞之位未行堯舜之政近廢文帝光武之法而循亾秦奢侈之欲內積怨女外有曠夫今皇嗣不興東宮未立傷和逆理斷絕人倫之所致也非但陛下行此而已豎宦之人亦復虛以形勢威侮良家取女閉之至有白首歿無配偶逆於天心昔武王入商出傾宮之女成湯遭旱以六事尅己魯僖公遇旱而自責祈雨皆以精神轉禍爲福自枯旱以來彌歷年歲未聞陛下改過之効徒勞至尊暴露風塵誠無益也又下州郡祈神致請昔齊景公欲祀河伯晏子諫曰不可夫河伯以水爲城國魚鼈爲民庶水盡魚枯豈不欲雨自是不能致也陛下所行但務其華不尋其實猶緣木求魚卻行求前誠宜推信革政崇道變惑出後宮不御之女理天下冤枉之獄除大官重膳之費夫五品不訓責在司徒有非其位宜急黜斥臣自外藩擢典納言學薄智淺不足以對易傳曰陽感天不旋日唯陛下

留神裁察因召見舉及尚書令成翊世僕射黃瓊問以得失舉等並對以宜慎官人去斥貪汙離遠邪佞循文帝之儉遵孝明之教則時雨必應帝曰百官貪汙邪佞者爲誰乎舉獨對曰臣從下州超備機密不足以別羣臣然公卿大臣數有直言者忠貞也阿諛苟容者邪佞也司徒視事六年未聞有忠言異謀愚心在此其後以事免司徒劉崎遷舉司隸校尉永和元年災異數見省內惡之詔召公卿中二千石尚書詣顯親殿問曰言事者多云周公攝天子事及薨成王欲以公禮葬之天爲動變及更葬以天子之禮卽有反風之應北鄉侯親爲天子而葬以王禮故數有災異宜加尊謚列爲昭穆羣臣議者多謂宜如詔書舉獨對曰昔周公有請命之應隆太平之功故皇天動威以章聖德北鄉侯本非正統姦臣所立立不踰歲年號未改皇天不祐大命夭昏春秋王子猛不稱崩魯子野不書葬今北鄉侯無他功德以王禮葬之於事已崇不宜稱謚災眚之來弗由此也於是司徒黃尚太常桓焉等七十人同舉議帝從之尚字伯河河南郡人也少歷顯位亦以政事稱舉出爲蜀郡太守坐事免大將軍梁商表爲從事中郎甚敬重焉六年三月上巳日商大會賓客讌于洛水舉時稱疾不往商與親昵酣飲極歡及酒闌倡罷繼以薤露之歌坐中聞者皆爲掩涕太僕張种時亦在焉會還以事告舉舉歎曰此所謂哀樂失時非其所也殃將及焉商至秋果薨商疾篤帝親幸問以遺言對曰人之將死其言也善臣從事中郎周舉清高忠正可重任也由是拜舉諫議大夫時連有災異帝思商言召舉於顯親殿問以變眚舉對曰陛下初立遵修舊典興化致政遠近肅然頃年以來稍違於前朝多寵倖祿不序德觀天察人準今方古誠可危懼書曰僭恒暘若夫僭差無度則言不從而下不正陽無以制則上擾下竭宜密嚴飭州郡察彊宗大姦以時禽討其後江淮猾賊周生徐鳳等處處並起如舉所陳時詔遣八使巡行風俗皆選素有威名者乃拜舉爲侍中與侍中杜喬守光祿大夫周栩前青州刺史馮羨尚書欒巴侍御史張綱兗州刺史郭遵太尉長史劉班並守光祿大夫分行天下其刺史二千石有臧罪顯明者驛馬上之墨綬以下便輒收舉其有清忠惠利爲百姓所安宜表異者皆以狀上於是八使同時俱拜天下號曰八俊舉於是奏劾貪猾表薦公清朝廷稱之遷河內太守徵爲大鴻臚及梁太后臨朝詔以殤帝幼崩廟次宜在順帝下太常馬訪奏宜如詔書諫議大夫呂勃以爲應依昭穆之序先殤帝後順帝詔下公卿舉議曰春秋魯閔公無子庶兄僖公代立其子文公遂躋僖公於閔公孔子譏之書曰有事于太廟躋僖公傳曰逆祀也及定公正其序經曰從祀先公爲萬世法也今殤帝在先於秩爲父順帝在後於親爲子先後之義不可改昭穆之祀不可亂呂勃議是也太后下詔從之遷光祿勳會遭母憂去職後拜光祿大夫建和三年卒朝廷以舉清公亮直方欲以爲宰相深痛傷之乃詔告光祿勳汝南太守曰其勳勞其令將大夫以下到喪發日復會弔加賜錢十萬以旌素節子勰字巨勝少尚元虛以父任爲郎自免歸家父故吏河南召夔爲郡將卑身降禮致敬於勰勰恥交報之因杜門自絕後太守舉孝廉復以疾去時梁冀貴盛被其徵命者莫敢不應唯勰前後三辟竟不能屈後舉賢良方正不應又公車徵元纁備禮固辭廢疾常隱處竄身慕老聃清靜杜絕人事巷生荊棘十有餘歲至延熹二年乃開門延賓游談宴樂及秋梁冀誅年終而勰卒時年五十蔡邕以爲知命自勰曾祖父楊至勰孫恂六世一身皆知名云

黃瓊字世英江夏安陸人魏郡太守香之子也香在文苑傳瓊初以父任爲太子舍人辭病不受遭父憂服闋五府俱辟連年不應永建中公卿多薦瓊者於是會稽賀純廣漢楊厚俱公車徵瓊至綸氏稱疾不進有司劾不敬詔下縣以禮慰遣遂不得已先是徵聘處士多不稱望李固素慕於瓊乃以書逆遣之曰聞已度伊洛近在萬歲亭豈卽事有漸將順王命乎蓋君子謂伯夷隘柳下惠不恭故傳曰不夷不惠可否之間蓋聖賢居身之所珍也誠遂欲枕山棲谷擬迹巢由斯則知矣若當輔政濟民今其時也自生民以來善政少而亂俗多必待堯舜之君此爲志士終無時矣嘗聞語曰嶢嶢者易缺皦皦者易汙陽春之曲和者必寡盛名之下其實難副近魯陽樊君被徵初至朝廷設壇席猶待神明雖無大異而言行所守亦無所缺而毀謗布流應時折減者豈非觀聽望深聲名太盛乎自頃徵聘之士胡元安薛孟嘗朱仲昭顧季鴻等其功業皆無所採是故俗論皆言處士純盜虛聲願先生弘此遠謨令衆人歎服一雪此言耳瓊至卽拜議郎稍遷尚書僕射初瓊隨父在臺閣習見故事及後居職達練官曹爭議朝堂莫能抗奪時連有災異瓊上疏順帝曰間者以來卦位錯謬寒燠相干蒙氣數興日闇月散原之天意殆不虛然陛下宜開石室案河洛外命史官悉條上永建以前至漢初災異與永建以後訖于今日孰爲多少又使近臣儒者參

考政事數見公卿察問得失諸無功德者皆斥黜臣前頗陳災眚并薦光祿大夫樊英太中大夫薛包及會稽賀純廣漢楊厚未蒙御省伏見處士巴郡黃錯漢陽任棠年皆耆耋有作者七人之志宜更見引致助崇大化於是有詔公卿徵錯等三年大旱璦復上疏曰昔魯僖遇旱以六事自讓躬節儉閉女謁放讒佞者十三人誅稅民受貨者九人退舍南郊天立大雨今亦宜顧省政事有所損鈌務從質儉以易民聽尙方御府息除煩費明勑近臣使遵法度如有不移示以好惡數見公卿引納儒士訪以政化使陳得失又囚徒尙積多致死亾亦足以感傷和氣招降災旱若改敝從善擇用嘉謀則災消福至矣書奏引見德陽殿使中常侍以璦奏書屬主者施行自帝即位以後不行籍田之禮璦以國之大典不宜久廢上疏奏曰自古聖帝哲王莫不敬恭明祀增致福祥故必躬郊廟之禮親籍田之勤以先羣萌率勸農功昔周宣王不籍千畝虢文公以爲大譏卒有姜戎之難終損中興之名竊見陛下遵稽古之鴻業體虔肅以應天順時奉元懷柔百神朝夕觸塵埃於道路晝莫聆庶政以卹人雖詩詠成湯之不怠遑書美文王之不暇食誠不能加今廟祀適闋而祈穀潔齋之事近在明日臣恐左右之心不欲屢動聖躬以爲親耕之禮可得而廢臣聞先王制典籍田有日司徒咸戒司空除壇先時五日有協風之應王即齋宮饗醴載耒誠重之也自癸巳以來仍西北風甘澤不集寒涼尙結迎春東郊既不躬親先農之禮所宜自勉以迎和氣以致時風易曰君子自彊不息斯其道也書奏帝從之頃之遷尙書令璦以前左雄所上孝廉之選專用儒學之吏於取士之

義猶有所遺乃奏增孝悌及能從政者爲四科事竟施行又雄前議舉吏先試之於公府又覆之於端門後尙書張盛奏除此科璦復上言覆試之作將以澄洗清濁覆實虛濫不宜改革帝乃止出爲魏郡太守稍遷太常和平中以選入侍講禁中元嘉元年遷司空桓帝欲褒崇大將軍梁冀使中朝二千石以上會議其禮特進胡廣太常羊溥司隸校尉祝恬太中大夫邊韶等咸稱冀之動德其制度賚賞以宜比周公錫之山川土田附庸璦獨議曰冀前以親迎之勞增邑三千又其子允亦加封賞昔周公輔相成王制禮作樂化致太平是以大啟土宇開地七百今諸侯以戶邑爲制不以里數爲限蕭何識高祖於泗水霍光定傾危以興國皆益戶增封以顯其功冀可比鄧禹合食四縣賞賜之差同於霍光使天下知賞必當功爵不越德朝廷從之冀意以爲恨會以地震策免復爲太僕永興元年遷司徒轉太尉梁冀前後所託辟召一無所用雖有善人而爲冀所舉者亦不加命延熹元年以日食免復爲大司農明年梁冀被誅太尉胡廣司徒韓縯司空孫朗皆坐阿附免廢復拜璦爲太尉以師傅之恩而不阿梁氏乃封爲邟鄉侯邑千戶璦辭疾讓封六七上言旨懇切乃許之梁冀既誅璦首居公位舉奏州郡素行貪汙至死徙者十餘人海內由是翕然望之尋而五侯擅權傾動內外自度力不能匡乃稱疾不起四年以寇賊免其年復爲司空秋以地震免七年疾篤上疏諫曰臣聞天者務剛其氣君者務彊其政是以王者處高自持不可不安履危任力不可不據夫自持不安則顛任力不據則危故聖人升高據上則以德義爲首涉危蹈傾則以賢者爲力唐堯

以德化爲冠冕以稷契爲筋力高而益崇動而愈據此先聖所以長守萬國保其社稷者也昔高皇帝應天順人奮劒而王埽除秦項革命創制降德流祚至於哀平而帝道不綱秕政日亂遂使姦佞擅朝外戚專恣所冠不以仁義爲冕所蹈不以賢佐爲力終至顚蹶滅絕漢祚天維陵弛民鬼慘愴賴皇乾眷命炎德復輝光武以聖武天挺繼統興業創基冰泮之上立足枳棘之林擢賢於眾愚之中畫功於無形之世崇禮義於交爭循道化於亂離是自歷高而不傾任力危而不跌興復洪祚開建中興光被八極垂名無窮至於中葉盛業漸衰陛下初從藩國爰升帝位天下拭目謂見太平而即位以來未有勝政諸梁秉權豎宦充朝重封累職傾動朝廷卿校牧守之選皆出其門羽毛齒革明珠南金之寶殷滿其室富擬王府埶回天地言之者必族附之者必榮忠臣懼死而杜口萬夫怖禍而木舌塞陛下耳目之明更爲聾瞽之主故太尉李固杜喬忠以直言德以輔政念國忘身隕歿爲報而坐陳國議遂見殘滅賢愚切痛海內憂懼又前白馬令李雲指言宦官罪穢宜誅皆因眾人之心以救積薪之敝弘農杜眾知雲所言宜行懼雲以忠獲罪故上書陳理之乞同日而死所以感悟國家庶雲獲免而雲既不辜眾又并坐天下尤痛益以怨結故朝野之人以忠爲諱昔趙殺鳴犢孔子臨河而反夫覆巢破卵則鳳凰不翔刳牲夭胎則麒麟不臻誠物類相感理使其然尙書周永昔爲沛令素事梁冀幸其威埶坐事當罪越拜令職見冀將衰乃陽毀示忠遂因姦計亦取封侯又黃門協邪羣輩相黨自冀興盛腹背相親朝夕圖謀共搆姦軌臨冀當誅無可設巧復記其

惡以要爵賞陛下不加清徼審別眞僞復與忠臣並時顯封使朱紫共色粉墨雜糅所謂抵金玉於沙礫碎珪璧於泥塗四方聞之莫不憤歎昔曾子大孝慈母投杼伯奇至賢終於流放夫讒諛所舉無高而不可升相抑無深而不可淪可不察歟臣至頑駑世荷國恩身輕位重勤不補過然惟於永殁負釁益深敢以垂絕之日陳不諱之言庶有萬分無恨三泉其年卒時年七十九贈車騎將軍謚曰忠侯孫琬字子琰少失父早而辯慧祖父瓊初爲魏郡太守建和元年正月日食京師不見而瓊以狀聞太后詔問所食多少瓊思其對而未知所況琬年七歲在傍曰何不言日食之餘如月之初瓊大驚即以其言應詔而深奇愛之瓊爲司徒琬以公孫拜童子郎辭病不就知名京師時司空盛允有疾瓊遣琬候問會江夏上蠻賊事副府允發書視畢微戲琬曰江夏大邦而蠻多士少琬奉手對曰蠻夷猾夏責在司空拂衣辭去允甚奇之稍遷五官中郎將時陳蕃爲光祿勳深相敬待數與議事舊制光祿舉三署郎以高功久次才德尤異者爲茂才四行時權富子弟多以人事得舉而貧約守志者以窮退見遺京師爲之謠曰欲得不能光祿茂才於是琬蕃同心顯用志士平原劉醇河東朱山蜀郡殷參等並以才行蒙舉蕃琬遂爲權富郎所見中傷事下御史中丞王暢侍御史刁韙韙暢素重蕃琬不舉其事而左右復陷以朋黨暢坐左轉議郎而免蕃官琬韙俱禁錮韙字子榮彭城人後陳蕃被徵而言事者多訟韙復拜議郎遷尚書在朝有鯁直臣節出爲魯東海二郡相性抗厲有明略所在稱神常以法度自整家人莫見墮容焉琬被廢棄幾二十年至光和末太尉楊賜上書薦琬有撥亂之才由是徵拜議郎擢爲青州刺史遷侍中中平初出爲右扶風徵拜將作大匠少府太僕又爲豫州牧時寇賊陸梁州境彫殘琬討擊平之威聲大震政績爲天下表封關內侯及董卓秉政以琬名臣徵爲司徒遷太尉更封爲陽泉鄉侯卓議遷都長安琬與司徒楊彪同諫不從琬退而駮議之曰昔周公營洛邑以寍姬光武卜東都以隆漢天之所啟神之所安大業既定豈宜妄有遷動以虧四海之望時人懼卓暴怒琬必及害固諫之琬對曰昔白公作亂於楚屈盧冒刃而前崔杼殺君於齊晏嬰不懼其盟吾雖不德誠慕古人之節琬竟坐免卓猶敬其名德舊族不敢害後與楊彪同拜光祿大夫及徙西都轉司隸校尉與司徒王允同謀誅卓及卓將李傕郭汜攻破長安遂收琬下獄死時年五十二

荀淑字季和潁川潁陰人荀卿十一世孫也少有高行博學而不好章句多爲俗儒所非而州里稱其知人安帝時徵拜郎中後再遷當塗長去職還鄉里當世名賢李固李膺等皆師宗之及梁太后臨朝有日食地震之變詔公卿舉賢良方正光祿勳杜喬少府房植舉淑對策譏刺貴倖爲大將軍梁冀所忌出補朗陵侯相莅事明理稱爲神君頃之棄官歸閑居養志產業每增輒以贍宗族知友年六十七建和三年卒李膺時爲尚書自表師喪二縣皆爲立祠有子八人儉緄靖燾汪爽肅專並有名稱時人謂八龍初荀氏舊里名西豪潁陰令勃海苑康以爲昔高陽氏有才子八人今荀氏亦有八子故更其里曰高陽里靖有至行不仕年五十而終號曰元行先生淑兄昱字伯條曇字元智昱爲沛相曇爲廣陵太守兄弟皆正身疾惡志除閹宦其支黨賓客有在二郡者纖罪必誅昱後共大將軍竇武謀誅中官與李膺俱死曇亦禁錮終身爽字慈明一名諝幼而好學年十二能通春秋論語太尉杜喬見而稱之曰可爲人師爽遂耽思經書慶弔不行徵命不應潁川爲之語曰荀氏八龍慈明無雙延熹九年太常趙典舉爽至孝拜郎中對策陳便宜曰臣聞之於師曰漢爲火德火生於木故其德爲孝其象在周易之離夫在地爲火在天爲日在天者用其精在地者用其形夏則火王其精在天溫暖之氣養生百木是其孝也冬時則廢其形在地酷烈之氣焚燒山林是其不孝也故漢制使天下誦孝經舉孝廉夫喪親自盡孝之終也今之公卿及二千石三年之喪不得即去殆非所以增崇孝道而克稱火德者也往者孝文勞謙行過乎儉故有遺詔以日易月此當時之宜不可貫之萬世古今之制雖有損益而諒闇之禮未嘗改移以示天下莫遺其親今公卿羣僚皆政教所瞻而父母之喪不得奔赴夫仁義之行自上而始敦厚之俗以應乎下傳曰喪祭之禮闕則人臣之恩薄背死忘生者衆矣曾子曰人未有自致者必也親喪乎春秋傳曰上之所爲民之歸也夫上所不爲而民或爲之故加刑罰若上之所爲民亦爲之又何誅焉昔丞相翟方進以自備宰相而不敢踰制至遭母憂三十六日而除夫失禮之源自上而始古者大喪三年不呼其門所以崇國厚俗篤化之道也事失宜正過勿憚改天下通喪可如舊禮臣聞有夫婦然後有父子有父子然後有君臣有君臣然後有上下有上下然後有禮義禮義備則人知所厝矣夫婦人倫之始王化之端故文王作易上

經首乾坤下經首咸恆孔子曰天尊地卑乾坤定矣夫婦之道所謂順也堯典曰釐降二女於嬀汭嬪于虞降者下也嬪者婦也言雖堯帝之女下嬪於虞猶屈體降下修勤婦道易曰帝乙歸妹以祉元吉婦人謂嫁曰歸言湯以娶禮歸其妹於諸侯也春秋之義王姬嫁齊使魯主之不以天子之尊加於諸侯也今漢承秦設尚主之儀以妻制夫以卑臨尊違乾坤之道失陽唱之義孔子曰昔聖人之作易也仰則觀象於天俯則察法於地覩鳥獸之文與天地之宜近取諸身遠取諸物以通神明之德以類萬物之情今觀法於天則北極至尊四星妃后察法於地則崑山尙夫卑澤尙妻覩鳥獸之文鳥則雄者鳴鴝雌能順服獸則牡爲唱導牝乃相從近取諸身則乾爲人首坤爲人腹遠取諸物則木實屬天根荄屬地陽尊陰卑蓋乃天性且詩初篇實首關雎禮始冠婚先正夫婦天地六經其旨一揆宜改尙主之制以稱乾坤之性遵法堯湯式是周孔合之天地而不謬質之鬼神而不疑人事如此則嘉瑞降天吉符出地五韙咸備各以其敘矣昔者聖人建天地之中而謂之禮禮者所以興福祥之本而止禍亂之源也人能枉欲從禮者則福歸之順情廢禮者則禍歸之推禍福之所應知廢興之所由來也衆禮之中婚禮爲首故天子娶十二天之數也諸侯以下各有等差事之降也陽性純而能施陰體順而能化以禮濟樂節宣其氣故能豐子孫之祥致老壽之福及三代之季淫而無節瑤臺傾宮陳妾數百陽竭於上陰隔於下故周公之戒曰不知稼穡之艱難不聞小人之勞惟耽樂之從時亦罔或克壽是其明戒後世之人好福不務其本惡禍不易其軌傳曰截趾適屨孰云其愚何與斯人追欲喪軀誠可痛也臣竊聞後宮采女五六千人從官侍使復在其外冬夏衣服朝夕稟糧耗費縑帛空竭府藏徵調增倍十而稅一空賦不辜之民以供無用之女百姓窮困於外陰陽隔塞于內故感動和氣災異屢增臣愚以爲諸非禮聘未曾幸御者一皆遣出使成妃合一曰通怨曠和陰陽二曰省財用實府藏三曰修禮制綏眉壽四曰配陽施祈螽斯五曰寬役賦安黎民此誠國家之弘利天人之大福也夫寒熱晦明所以爲歲尊卑奢儉所以爲禮故以晦明寒暑之氣尊卑侈約之禮爲其節也易曰天地節而四時成春秋傳曰惟名與器不可以假人孝經曰安上治民莫善於禮禮者尊卑之差上下之制也昔季氏八佾舞於庭非有傷害困於人物而孔子猶稱之曰是可忍也孰不可忍也洪範曰惟辟作福惟辟作威惟辟玉食凡此三者君所獨行而臣不得同也今臣僭君服下食上珍所謂害于而家凶于而國者也宜略依古禮尊卑之差及董仲舒制度之別嚴篤有司必行其命此則禁亂善俗足用之要奏聞卽棄官去後遭黨錮隱於海上又南遁漢濱積十餘年以著述爲事稱爲碩儒黨禁解五府並辟司空袁逢舉有道不應及逢卒制服三年當世往往化以爲俗時人多不行妻服雖在親憂猶有弔問喪疾者又私謚其君父及諸名士爽皆引據大義正之經典雖不悉變亦頗有改後公車徵爲大將軍何進從事中郎進恐其不至迎薦爲侍中及進敗而詔命中絕獻帝卽位董卓輔政復徵之爽欲遁命吏持之急不得去因復就拜平原相行至宛陵復追爲光祿勳視事三日進拜司空爽自被徵命及登台司九十五日因從遷都長安爽見董卓忍暴滋甚必危社稷其所辟舉皆取才略之士將共圖之亦與司徒王允及卓長史何顒等爲內謀會病薨年六十三著禮易傳詩傳尙書正經春秋條例及集漢事可爲鑒戒者謂之漢語又作公羊問及辯讖等幷他所論敘題爲新書凡百餘篇今多所亾缺爽兄儉子悅亦並知名於世或傳列在魏史悅字仲豫父儉早卒悅年十二能說春秋家貧無書每之人間所見篇牘一覽多能誦記性沈靜美姿容尤好著述靈帝時閹官用權士多退身窮處悅乃託疾隱居時人莫之識從弟彧特稱敬焉初辟鎭東將軍曹操府遷黃門侍郎獻帝頗好文學悅與彧及少府孔融侍講禁中旦夕談論累遷秘書監侍中時政移曹氏天子恭己而已悅志在獻替而謀無所用乃作申鑒五篇其所論辯通見政體既成而奏之其大略曰夫道之本仁義而已矣五典以經之羣籍以緯之詠之歌之弦之舞之前監既明後復申之故古之聖王其於仁義也申重而已致政之術先屏四患乃崇五政一曰僞二曰私三曰放四曰奢僞亂俗私壞法放越軌奢敗制四者不除則政末由行矣夫俗亂則道荒雖天地不得保其性矣法壞則世傾雖人主不得守其度矣軌越則禮亾雖聖人不得全其道矣制敗則欲肆雖四表不得充其求矣是謂四患興農桑以養其生審好惡以正其俗宣文教以章其化立武備以秉其威明賞罰以統其法是謂五政人不畏死不可懼以罪人不樂生不可勸以善雖使契布五教皐陶作士政不行焉故在上者先豐人財以定其志帝耕籍田后桑蠶宮國無遊人野無荒業財不賈用力不妄加以周人事是謂養生君子之所以動天地應

神明正萬物而成王化者必乎眞定而已故在上者審定好醜焉善惡要乎功罪毀譽効於準驗聽言責事舉名察實無惑詐僞以蕩衆心故事無不覈物無不功善無不顯惡無不章俗無姦怪民無淫風百姓上下覩利害之存乎已也故肅恭其心愼修其行內不回惑外無異望則民志平矣是謂正俗君子以情用小人以刑用榮辱者賞罰之精華也故禮教榮辱以加君子化其情也桎梏鞭撲以加小人化其刑也君子不犯辱況於刑乎小人不忌刑況於辱乎若教化之廢推中人而墜於小人之域教化之行引中人而納於君子之塗是謂章化小人之情緩則驕驕則恣恣則怨怨則叛危則謀亂安則思欲非威彊無以懲之故在上者必有武備以戒不虞以遏寇虐安居則寄之內政有事則用之軍旅是謂秉威賞罰政之柄也明賞必罰審信愼令賞以勸善罰以懲惡人主不妄賞非徒愛其財也賞妄行則善不勸矣不妄罰非矜其人也罰妄行則惡不懲矣賞不勸謂之止善罰不懲謂之縱惡在上者能不止下爲善不縱下爲惡則國法立矣是謂統法四患既蠲五政又立行之以誠守之以固簡而不怠疏而不失無爲爲之使自施之無事事之使自交之不肅而成不嚴而化垂拱揖讓而海內平矣是謂爲政之方又言尚主之制非古釐降二女陶唐之典歸妹元吉帝乙之訓王姬歸齊宗周之禮以陰乘陽違天以婦陵夫違人違天不祥違人不義又古者天子諸侯有事必告于廟朝有二史左史記言右史書事事爲春秋言爲尚書君舉必記善惡成敗無不存焉下及士庶苟有茂異咸在載籍或欲顯而不得或欲隱而名彰得失一朝而榮辱千載善人勸焉淫人懼焉宜於今者備置史官掌其典文紀其行事每於歲盡舉之尚書以助賞罰以弘法教帝覽而善之帝好典籍常以班固漢書文繁難省乃令悅依左氏傳體以爲漢紀三十篇詔尚書給筆札辭約事詳論辨多美其序之曰昔在上聖惟建皇極經緯天地觀象立法乃作書契以通宇宙揚于王庭厥用大焉先王光演大業肆于時夏亦惟厥後永世作典夫立典有五志焉一曰達道義二曰章法式三曰通古今四曰著功勳五曰表賢能於是天人之際事物之宜粲然顯著罔不備矣世濟其軌不隕其業矣損益盈虛與時消息臧否不同其揆一也漢四百有六載撥亂反正統武興文永惟祖宗之洪業思光啟于萬嗣聖上穆然惟文之恤瞻前顧後是紹是繼闡崇大猷命立國典於是綴敘舊書以述漢紀中興以前明主賢臣得失之軌亦足以觀矣又著崇德正論及諸論數十篇年六十二建安十四年卒

韓韶字仲黃潁川舞陽人也少仕郡辟司徒府時太山賊公孫舉僞號歷年守令不能破散多爲坐法尚書選三府掾能理劇者乃以韶爲嬴長賊聞其賢相戒不入嬴境餘縣多被寇盜廢耕桑其流入縣界求索衣糧者甚衆韶愍其饑困乃開倉賑之所稟贍萬餘戶主者爭謂不可韶曰長活溝壑之人而以此伏罪含笑入地矣太守素知韶名德竟無所坐以病卒官同郡李膺陳實杜密荀淑等爲立碑頌焉子融字元長少能辯理而不爲章句學聲名甚盛五府並辟獻帝初至太僕年七十卒

鍾皓字季明潁川長社人也爲郡著姓世善刑律皓少以篤行稱公府連辟爲二兒未仕避隱密山以詩律教授門徒千餘人同郡陳實年不及皓皓引與爲友皓爲郡功曹會辟司徒府臨辭太守問誰可代卿者皓曰明府欲必得其人西門亭長陳實可實聞之曰鍾君似不察人不知何獨識我皓頃之自劾去前後九辟公府徵爲廷尉正博士林慮長皆不就時皓及荀淑並爲士大夫所歸慕李膺常歎曰荀君清識難尚鍾君至德可師皓兄子瑾母膺之姑也瑾好學慕古有退讓風與膺同年俱有聲名膺祖太尉修常言瑾似我家性邦有道不廢邦無道免於刑戮復以膺妹妻之瑾辟州府未嘗屈志膺謂之曰孟子以爲人無是非之心非人也弟何期不與孟軻同邪瑾嘗以膺言白皓皓曰昔國武子好昭人過以致怨本卒保身全家爾道爲貴其體訓所安多此類也年六十九終於家諸儒頌之曰林慮懿德非禮不處悅此詩書弦琴樂古五就州招九膺合輔逡巡王命卒歲容與皓孫繇建安中爲司隸校尉魏史有傳

陳實字仲弓潁川許人也出於單微自爲兒童雖在戲弄爲等類所歸少作縣吏常給事廝役後爲都亭刺佐而乃有志好學坐立誦讀縣令鄧邵試與語奇之聽受業於太學後令復召爲吏乃避隱陽城山中時有殺人者同縣楊吏以疑實縣遂逮繫考掠無實而後得出及爲督郵乃密託許令禮召楊吏遠近聞者咸歎服之家貧復爲郡西門亭長尋轉功曹時中常侍侯覽託太守高倫用吏倫教署爲文學掾實知非其人懷檄請見言曰此人不宜用而侯常侍不可違實乞從外署不足以塵明德倫從之於是鄉論怪其非舉實終無所言倫後被徵爲尚書郡中士大夫送至綸氏傳舍倫謂衆人言曰吾前爲侯常侍用吏陳君密持教還而於外白署比

聞議者以此少之此告由故人畏憚彊禦陳君可謂善則稱君過則稱己者也實固自引愆聞者方歎息由是天下服其德司空黃瓊辟選理劇補聞喜長旬月以期喪去官復再遷除爲太丘長修德清靜百姓以安鄰縣人戶歸附者實輒訓導譬解發遣各令還本司官行部吏慮有訟者白欲禁之實曰訟以求直禁之理將何伸其勿有所拘司官聞而歎曰陳君所言若是豈有怨於人乎亦竟無訟者以沛相賦斂違法乃解印綬去吏民追思之及後逮捕黨人事亦連實餘人多逃避求免實曰吾不就獄衆無所恃乃請囚焉遇赦得出靈帝初大將軍竇武辟以爲掾屬時中常侍張讓權傾天下讓父死歸葬潁川雖一郡畢至而名士無往者讓甚恥之實乃獨弔焉及後復誅黨人讓感實故多所全宥實在鄉閭平心率物其有爭訟輒求判正曉譬曲直退無怨者至乃歎曰寧爲刑罰所加不爲陳君所短時歲荒民儉有盜入其室止於梁上實陰見乃起自整拂呼命子孫正色訓之曰夫人不可不自勉不善之人未必本惡習以性成遂至於此梁上君子者是矣盜大驚自投於地稽顙歸罪實徐譬之曰視君狀貌不似惡人宜深尅己反善然此當由貧困令遺絹二疋自是一縣無復盜竊太尉楊賜司徒陳耽每拜公卿羣僚畢賀賜等常歎實大位未登愧於先之及黨錮始解大將軍何進司徒袁隗遣人徵實欲特表以不次之位實乃謝使者曰實久絕人事飾巾待終而已時三公每缺議者歸之累見徵命遂不起閉門懸車棲遲養老中平四年年八十四卒於家何進遣使弔祭海內赴者三萬餘人制衰麻者以百數共刊石立碑諡曰文範先生有子六人紀諶最賢

紀字元方亦以至德稱兄弟孝養閨門廱和後進之士皆推慕其風遭黨錮發憤著書數萬言號曰陳子黨禁解四府並命無所屈就遭父憂每哀至輒歐血絕氣雖衰服已除而積毀消瘠殆將滅性豫州刺史嘉其至行表上尚書圖象百城以厲風俗董卓入洛陽乃使就家拜五官中郎將不得已到京師遷侍中出爲平原相往謁卓時欲徙都長安乃謂紀曰三輔平敞四面險固土地肥美號爲陸海今關東兵起洛陽不可久居長安猶有宮室今欲西遷何如紀曰天下有道守在四夷宜修德政以懷不附遷移至尊誠計之末者愚以爲公宜委事公卿專精外任其有違命則威之以武今關東兵起民不堪命若謙遠朝政率師討伐則塗炭之民庶幾可全若欲徙萬乘以自安將有累卵之危崢嶸之險也卓意甚忤而敬紀名行無所復言時議欲以爲司徒紀見禍亂方作不復辦嚴嚴讀曰裝也即時之郡璽書追拜太僕又徵爲尚書令建安初袁紹爲太尉讓於紀紀不受拜大鴻臚年七十一卒於官子羣爲魏司空天下以爲公慙卿卿慙長諶字季方與紀齊德同行父子並著高名時號三君每宰府辟召常同時旌命羔鴈成羣當世者靡不榮之諶早卒羣傳在魏史

通志卷一百十一下

宋右迪功郎鄭樵漁仲撰

列傳第二十五

後漢

李固（子燮） 杜喬 吳祐 延篤 史弼 盧植 趙岐 皇甫規 張奐 段熲 陳蕃（朱震） 王允（王宏 士孫瑞 趙戩）

黨錮

劉淑 李膺 杜密 劉祐 魏朗 夏馥 宗慈 巴肅 范滂 尹勳 蔡衍 羊陟 張儉 岑晊 陳翔 孔昱 范康 檀敷 劉儒 賈彪 何顒

李固字子堅漢中南鄭人司徒郃之子也郃在藝術傳固貌狀有奇表鼎角匿犀足履龜文少好學常步行尋師不遠千里遂究覽墳籍結交英賢四方有志之士多慕其風而來學京師咸歎曰是復爲李公矣司隸益州並命郡舉孝廉辟司空掾皆不就陽嘉二年有地動山崩火災之異公卿舉固對策詔又特問當世之敝爲政所宜固對曰臣聞王道得則陰陽和穆政化乖則崩震爲災斯皆關之天心效於成事者也夫化以職成官由能理古之進者有德有命今之進者唯財與力伏聞詔書務求寬博疾惡嚴暴而今長吏多殺伐致聲名者必加遷賞其存寬和無黨援者輒見斥逐是以淳厚之風不宣彫薄之俗未革也前孝安皇帝變亂舊章封爵阿母因造妖孽攺亂嫡嗣至令聖躬狼狽親遇其艱今陛下龍興誠當沛然思惟善道而論者猶云方今之事復同於前臣竊惟漢興以來三百餘年聖賢相繼十有八主豈無阿乳之恩豈忘爵賞之寵然上畏天威俯察經典知義不可故不封也今宋阿母雖有功勤但加賞賜足以酬勞何至使裂土開國以乖舊典也夫妃后之家所以少完全者實由爵尊權重天道惡盈不知自損故至顚仆先帝寵遇閻氏位號太疾故其受禍曾不旋踵今梁氏子弟羣從榮顯兼加永平建初故事殆不如此宜令步兵校尉冀及諸侍中還居黃門之官使權去外戚政歸國家豈不休乎又詔書所以禁侍中尚書中臣子弟不得爲吏察孝廉者以其秉威權容請託故也而中常侍在日月之側聲埶振天下子弟祿仕曾無限極雖外託謙默不干州郡而諂僞之徒望風進舉今可爲設常禁同之中臣可也竊聞長水司馬武宣開陽城門候羊迪等無他功德初拜便眞此雖小失而漸壞舊章先聖法度所宜堅守政教一跌百年不復陛下之有尚書猶天之有北斗也斗爲天喉舌尚書亦爲陛下喉舌斗斟酌元氣運平四時尚書出納王命賦政四海權尊埶重責之所歸宜審擇其人以毗聖政今與陛下共理天下者外則公卿尚書內則常侍黃門譬猶一門之內一家之事安則共其福慶危則通其禍敗刺史二千石外統職事內受法則夫表曲者景必邪源清者流必潔猶叩樹本百枝皆動也陛下宜開石室陳圖書招會羣儒引問得失指擿變象以求天意其言有中理卽時施行顯拔其人以表能者則聖聽日有所聞忠臣盡其所知又宜罷退宦官去其權重裁置常侍二人方直有德者省事左右小黃門五人才智閑雅者給事殿中如此則論者厭塞升平可致也順帝覽其對多所納用卽時出阿母還舍諸常侍悉叩頭謝罪朝廷肅然以固爲議郞而阿母宦者疾固言直因詐飛章以陷其罪事從中下大司農黃向等請之於大將軍梁商又僕射黃瓊救明固事久乃得拜議郞出爲廣漢雒令至白水關解印綬還漢中杜門不交人事歲中梁商請爲從事中郞商以后父輔政而柔和自守不能有所整裁災異數見下權日重固乃奏記於商欲令商先正風化退辭高滿而商不能用永和中荆州盜賊起彌年不定乃以固爲荆州刺史固到遣吏勞問境內赦寇盜前釁與之更始於是賊帥夏密等斂其魁黨六百餘人自縛歸首固皆原之遣還使自相招集開示威法半歲間餘類悉降州內清平上奏南陽太守高賜等贓穢賜等懼罪遂共重賂大將軍梁冀冀爲千里移檄而固持之愈急冀遂令從固爲太山太守時太山盜賊屯聚歷年郡兵常千人追討不能制固到悉罷遣歸農但選留任戰者百餘人以恩信招誘之未滿歲賊皆弭散遷將作大匠上疏陳事曰自陛下撥亂初登大位聘南陽樊英江夏黃瓊廣陵楊厚會稽賀純策書嗟歎待以大夫之位是以巖穴幽人智術之士彈冠振衣樂欲爲用厚等在職雖無奇卓然夕惕孳孳志在憂國臣前在荆州聞厚純等以病免歸誠以悵然爲時惜之一日朝會見諸侍中並皆年少無一宿儒大人可顧問者誠可嘆息宜徵還厚等以副衆望瓊久處議郞已且十年衆人皆怪始隆崇今更滯也光祿大夫周舉才謨高正宜在常伯訪以言議侍中杜喬學深行直當世良臣久託疾病可勑令起又薦陳留楊倫河南尹存東平王惲陳國何臨清河房植等是日有詔徵用倫厚等而遷瓊舉以固爲大司農先是周舉等八使案察天下多所劾奏其中並是宦者親屬輒

爲請乞詔遂令勿考又舊任三府選令史光祿試尚書郎時皆特拜不復選試固乃與廷尉吳雄上疏以爲八使所糾宜急誅罰選舉署置可歸有司帝感其言乃更下免八使所舉刺史二千石自是稀復特拜切責三公明加考察朝廷稱善乃復與光祿勳劉宣上言曰頃選舉牧守多非其人至行無道侵害百姓又宜止槃遊專心庶政帝納其言於是下詔諸州劾奏守令以下政有乖枉遇人無惠者免所居官其姦穢重罪收付詔獄及冲帝即位以固爲太尉與梁冀參錄尚書事明年帝崩梁太后以揚徐盜賊盛彊恐驚擾致亂使中常侍詔固等欲須所徵諸侯王到乃發喪固對曰帝雖幼小猶天下之父今日崩亡人神感動豈有臣子反共掩匿乎昔秦皇亡於沙邱胡亥趙高隱而不發卒害扶蘇以至亡國近北鄉侯薨閻后兄弟及江京等亦共掩祕遂有孫程手刃之事此天下大忌不可之甚者也太后從之即暮發喪固以清河王蒜年長有德欲立之謂梁冀曰今當立帝宜擇長年高明有德任親政事者願將軍審詳大計察周霍之立文宣戒鄧閻之利幼弱冀不從乃立樂安王子纘年八歲是爲質帝時冲帝將北卜山陵固乃議曰今處處寇賊軍興用費加倍新創憲陵賊發非一帝尚幼小可起陵於憲陵塋內依康陵制度其於役費三分減一乃從固議時太后以比遭不造委任宰輔固所匡立每輒從用其黃門宦者一皆斥遣天下咸望遂平而梁冀專猜每相忌疾初順帝時諸所除官多不以次及固在事奏免百餘人此等既怨又希望冀旨遂共作飛章誣固罪言固因公行私自隆支黨至於表舉薦達例皆門徒及所辟召靡非先舊或富室財賂或子壻婚屬其例在宦牒者凡二十九人又廣選賈豎以補令史慕求好馬臨窗呈試出入踰侈輜軿曜日大行在殯路人掩涕固獨胡粉飾貌搔頭弄姿槃旋偃仰從容冶步曾無慘怛傷悼之心山陵未成違矯舊政善則稱已過則歸君斥逐近臣不得侍送作福作威莫固之甚自固以受任三公之後東南跋扈兩州數郡千里蕭條兆人傷損固不自咎責而乃詆疵先帝苟肆狂狷固之過釁事合誅辟書奏冀以白太后使下其事太后不聽得免冀忌帝聰慧恐爲後患遂令左右進鴆帝苦煩甚使促召固固入前問陛下得患所由帝尚能言曰食煮餅今腹中悶得水尚可活時冀亦在側曰恐吐不可飲水語未絕而崩固伏尸號哭推舉侍醫冀慮其事泄大惡之固議立嗣因引司徒胡廣司空趙戒先與冀書曰天下不幸仍遭大憂皇太后聖德當朝攝統萬機明將軍體履忠孝憂存社稷而頻年之間國祚三絕今當立帝天下重器誠知太后垂心將軍勞慮詳擇其人務存聖明然愚情眷眷竊獨有懷遠尋先世廢立舊儀近見國家踐阼前事未嘗不詢訪公卿廣求羣議令上應天心下合衆望且永初以來政事多謬地震宮廟彗星竟天誡是將軍用情之日傳曰以天下與人易爲天下得人難昔昌邑之立昏亂日滋霍光憂愧發憤悔之折骨自非博陸忠勇延年奮發大漢之祀幾將傾矣至憂至重可不熟慮悠悠萬事唯此爲大國之興衰在此一舉冀得書乃召三公中二千石列侯大議所立固廣戒及大鴻臚杜喬皆以爲清河王蒜明德著聞又屬最尊親宜立爲嗣先是蠡吾侯志常取冀妹時在京師冀欲立之衆論既異憤憤不得意而未有以相奪中常侍曹騰等聞而夜往說冀曰將軍累世有椒房之親秉攝萬機賓客縱橫多有過差清河王嚴明若果立則將軍受禍不久矣不如立蠡吾侯富貴可長保也冀然其言明日重會公卿冀意氣凶凶而言辭激切自胡廣趙戒以下莫不懾憚之皆曰唯大將軍令而固獨與杜喬堅守本議冀厲聲曰罷會固意既不從猶望衆心可立復以書勸冀冀愈激怒乃說太后先策免固竟立蠡吾侯是爲桓帝後歲餘甘陵劉文魏郡劉鮪各謀立蒜爲天子冀因此誣固與文鮪共爲妖言下獄門生勃海王調貫械上書證固之枉河內趙承等數十人亦要鈇鑕詣闕通訴太后明之乃赦焉及出獄京師市里皆呼萬歲冀聞之大驚畏固名德終爲己害乃更據奏前事誅之時年五十四臨終與胡廣趙戒書曰固受國厚恩是以竭其股肱不顧死亡志欲扶持王室比隆文宣何圖一朝梁氏迷謬公等曲從以吉爲凶成事爲敗乎漢家衰微從此始矣公等受主厚祿顚而不扶傾覆大事後之良史豈有所私固身已矣於義得矣夫復何言廣戒得書悲慙皆長歎流涕州郡收固二子基滋於郾城皆死獄中小子燮得脫亡命冀乃封廣戒而露固尸於四衢令有敢臨者加其罪固弟子汝南郭亮年始成童游學洛陽乃左提章鉞右秉鈇鑕詣闕上書乞收固尸不許因往臨哭陳辭於前遂守喪不去夏門亭長呵之曰李杜二公爲大臣不能安上納忠而興造無端卿曹何等腐生公犯詔書干試有司乎亮曰亮含陰陽以生戴乾履坤義之所動豈知性命何爲以此相懼亭長歎曰居非命之世天高不敢不跼地厚不敢不蹐耳目適宜視聽口不可以妄言也太后聞而不誅南陽人董班亦往哭固

而殯尸不肯去太后憐之乃聽得縗歛歸葬二人由此顯名三公並辟班遂隱身莫知所歸固所著章表奏議教令對策記銘凡十一篇弟子趙承等悲歎不已乃共論固言迹以爲德行一篇燮字德公初固既策罷知不免禍乃遣三子歸鄉里時燮年十三姊文姬爲同郡趙伯英妻賢而有智見二兄歸具知事本默然獨悲曰李氏滅矣自太公以來積德累仁何以遇此（太公謂祖父郃也）密與二兄謀豫藏匿燮託言還京師人咸信之有頃難作下郡收固三子二兄受害文姬乃告父門生王成曰君執義先公有古人之節今委君以六尺之孤李氏存滅其在君矣成感其義乃將燮乘江東下入徐州界內令變姓名爲酒家傭而成賣卜於市各爲異人陰相往來燮從受學酒家異之意非常人以女妻燮燮遂得專精經學十餘年間梁冀既誅而災眚屢見史官上言宜有赦令又當存錄大臣冤死者子孫於是大赦天下并求固後嗣燮乃以本末告酒家酒家具車重厚遣之皆不受遂還鄉里追服姊弟相見悲感傍人既而戒燮曰先公正直爲漢忠臣而遇朝廷傾亂梁冀肆虐令吾宗祀血食將絕今弟幸而得濟豈非天邪宜杜絕眾人勿妄往來慎無一言加於梁氏加梁氏則連主上禍重至矣惟引咎而已燮謹從其誨後王成卒燮以禮葬之感傷舊恩每四節爲設上賓之位而祠焉州郡禮命四府並辟皆無所就徵拜議郎及其在位廉方自守所交皆舍短取長好成人之美時潁川荀爽賈彪雖俱知名而不相能燮並交二子情無適莫世稱其平正靈帝時拜安平相先是安平王續爲張角賊所略國家贖王得還朝廷議復其國燮上奏曰續在國無政爲妖賊所虜守藩不稱損辱聖朝不宜復國時議者不同而續竟歸藩燮以謗毀宗室輸作左校未滿歲王果坐不道被誅乃拜燮爲議郎京師語曰父不肯立帝子不肯立王擢遷河南尹時既以貨賂爲官詔書復橫發錢三億以實西園燮上書陳諫辭義深切帝乃止先是潁川甄邵諂附梁冀爲鄴令有同歲生得罪於冀亡奔邵邵偽納而陰以告冀冀即捕殺之邵當遷爲郡守會母亡邵且埋屍於馬屋先受封然後發喪邵還至洛陽燮行途遇之使卒投車於溝中笞搕亂下大署帛於其背曰諂貴賣友貪官埋母乃具表其狀邵遂廢錮終身燮在職二年卒時人感其世忠正咸傷惜焉

杜喬字叔榮河內林慮人也少爲諸生舉孝廉辟司徒楊震府稍遷爲南郡太守轉東海相入拜侍中漢安元年以喬守光祿大夫使徇察兗州表奏太山太守李固政爲天下第一陳留太守梁讓濟陰太守氾宮濟北相崔瑗等臧罪千萬以上讓即大將軍梁冀季父宮瑗皆冀所善還拜太子太傅遷大司農時梁冀子弟五人及中常侍等以無功並封喬上書諫曰陛下越從藩臣龍飛即位天人屬心萬邦攸賴不急忠賢之禮而先左右之封傷善害德興長佞諛臣聞古之明君褒罰必以功過末世闇主誅賞各緣其私今梁氏一門宦者微孽並帶無功之紱裂勞臣之土其爲乖濫胡可勝言夫有功不賞爲善失其望姦回不詰爲惡肆其凶故陳資斧而人靡畏班爵位而物無勸苟遂斯道豈伊傷政爲亂而已喪身亡國可不慎哉書奏不省益州刺史种暠舉劾永昌太守劉君世以金蛇遺梁冀事發覺以蛇輸司農冀從喬借觀之喬不肯與冀始爲恨累遷大鴻臚時冀小女死令公卿會喪喬獨不往冀又銜之遷光祿勳延和元年代胡廣爲太尉桓帝將納冀妹冀欲令以厚禮迎之喬據執舊典不聽又冀屬喬舉氾宮爲尚書喬以宮臧罪明著遂不肯用因此日忤於冀先是李固見廢內外喪氣側足而立惟喬正色無所回撓由是海內歎息朝野瞻望焉在位數月以地震免宦者唐衡左悺等因共譖於帝曰陛下前當即位喬與李固抗議言上不堪奉漢宗祀帝亦怨之及清河王蒜事起梁冀遂諷有司劾喬及李固與劉鮪交通請逮案罪而梁太后素知喬忠但策免而已冀愈怒使人脅喬曰早從宜妻子可得全喬不肯明日冀遣騎至其門不聞哭者遂白執繫之死獄中妻子歸故郡與李固俱暴尸於城北家屬故人莫敢視者喬故掾陳留楊匡聞之號泣星行到洛陽乃著故赤幘託爲夏門亭吏守衛尸喪驅護蠅蟲積十二日都官從事執之以聞梁太后義而不罪匡於是帶鈇鑕詣闕上書并乞李杜二公骸骨太后許之成禮殯斂送喬喪還家葬送行服隱匿不仕匡初好學常在外黃大澤教授門徒補蘄長政有異績遷平原令時國相徐曾中常侍璜之兄也匡恥與接事託疾牧豕云

吳祐字季英陳留長垣人也父恢爲南海太守祐年十二隨從到官恢欲殺青簡以寫經書（殺青者以火炙簡令汗取其青易書復不蠹謂之殺青亦曰汗簡見劉向別錄）祐諫曰大人踰越五嶺遠在海濱其俗誠陋然舊多珍怪上爲國家所疑下爲權戚所望此書若成則載之兼兩（車有兩輪故稱兩也）昔馬援以薏苡興謗王陽以衣囊徼名嫌疑之閒誠先賢所慎也恢乃止撫其首曰吳氏世不乏季子矣及年二十喪父居無儋石而不受贍遺常牧豕於長垣澤中行吟經書遇父故人

謂曰卿二千石子而自業賤事縱子無恥奈先君何祐辭謝而已守志如初後舉孝廉將行郡中爲祖道祐越壇共小史雍邱黃眞歡語移時與結友而別功曹以祐倨請黜之太守曰吳季英有知人之明卿且勿言眞後亦舉孝廉除新蔡長世稱其淸節時公沙穆來遊太學無資糧乃變服客傭爲祐賃舂祐與語大驚遂共定交於杵臼之間祐以光祿四行遷膠東侯相時濟北戴宏父爲縣丞宏年十六從在丞舍祐每行園常聞諷讀之音奇而厚之亦與爲友卒成儒宗知名東夏官至酒泉太守祐政唯仁簡以身率物民有爭訴者輒閉閤自責然後斷其訟以道譬之或身到閭里重相和解自是之後爭隙省息吏民懷而不欺嗇夫孫性私賦民錢市衣以進其父父得而怒曰有君如是何忍欺之促歸伏罪性慚懼詣閤持衣自首祐屛左右問其故性具談父言祐曰掾以親故受汚穢之名所謂觀過斯知仁矣使歸謝其父還以衣遺之又安邱男子毋邱長與母俱行市道遇醉客辱其母長殺之而亡安邱追蹤於膠東得之祐呼長謂曰子母見辱人情所恥然孝子忿必慮難動不累親今若背親逞怒白日殺人赦若非義刑若不忍將如之何長以械自繫曰國家刑法囚身犯之明府雖加哀矜恩無所存祐問長有妻子乎對曰有妻未有子也卽移安邱逮長妻到解其桎梏使同宿獄中妻遂懷孕至冬盡行刑長泣謂母曰負母應死何以報吳君乎乃齧指而吞之含血言曰妻若生子名之吳生言我臨死吞指爲誓屬兒以報吳君因投繯而死祐在膠東九年遷齊相大將軍梁冀表爲長史及冀誣奏太尉李固祐聞而請見與冀爭之不聽時扶風馬融在坐爲冀章草祐因謂融曰李公之罪成於卿手李公卽誅卿何面目見天下之人乎冀怒起而入室祐亦徑去冀遂出祐爲河閒相因自免歸家不復仕躬灌園蔬以經書敎授年九十八卒長子鳳官至樂浪太守少子愷新息令鳳子馮鮦陽侯相皆有名於世

延篤字叔堅南陽犨人也少從潁川唐溪典受左氏傳旬日能諷之典深敬焉又從馬融受業博通經傳及百家之言能著文章有名京師舉孝廉爲平陽侯相到官表龔遂之墓立銘祭祠擢用其後於畎畝之閒以師喪棄官奔赴五府並辟不就桓帝以博士徵拜議郎與朱穆邊韶共著作東觀稍遷侍中帝數問政事篤詭辭密對動依典義遷左馮翊桓帝徵拜京兆尹其政用寬仁憂恤民黎擢用長者與參政事郡中歡愛三輔咨嗟焉先是陳留邊鳳爲京兆尹亦有能名郡人爲之語曰前有趙張三王後有邊延二君時皇子有疾下郡縣出珍藥而大將軍梁冀遣客齎書詣京兆并貨牛黃篤發書收客曰大將軍椒房外家而皇子有疾必應陳進醫方豈當使客千里求利乎遂殺之冀慚而不得言有司承旨欲求其事篤以病免歸敎授家巷時人或疑仁孝前後之證篤乃著論而爲之辯有足稱者前越巂太守李文德素善於篤時在京師謂公卿曰延叔堅有王佐之才柰何屈千里之足乎欲令引進之篤聞乃爲書止文德曰夫道之將廢所謂命也流聞乃欲相爲求還東觀來命雖篤所未敢當吾嘗昧爽櫛梳坐於客堂朝則誦羲文之易虞夏之書歷公旦之典禮覽仲尼之春秋夕則消搖內階詠詩南軒百家衆氏投閒而作洋洋乎其盈耳也煥爛兮其溢目也紛紛欣欣兮其獨樂也當此之時不知天之爲蓋地之爲輿不知世之有人己之有軀也雖漸離擊筑傍若無人高鳳讀書不知暴雨方之於吾未足況也且吾自束修以來爲人臣不陷於不忠爲人子不陷於不孝上交不諂下交不黷從此而歿下見先君遠祖可不慚赧如此而不以善止者恐如敎羿習射者也愼勿迷其本棄其生也後遭黨事禁錮永康元年卒於家鄉里圖其形於屈原之廟篤論解經傳多所駮正後儒服虔等以爲折中所著詩論銘書應訊表敎令凡二十篇云

史弼字公謙陳留考城人也父敞順帝時以佞辯至尙書郡守弼少篤學聚徒數百仕州郡辟公府遷北軍中候是時桓帝弟勃海王悝素行險辟僭傲多不法弼懼其驕悖爲亂乃上封事言其僭慢無狀宜詔公卿平處其法帝以至親不忍下其事後悝竟坐逆誅貶爲癭陶王弼遷尙書出爲平原相時詔書下舉鉤黨郡國所奏相連及者或至數百惟弼獨無所上詔書前後切卻州郡髡笞掾史從事坐傳責曰詔書疾惡黨人旨意懇惻青州六郡其五有黨近國甘陵亦考南北部平原何理而得獨無弼曰先王疆理天下畫界分境水土異齊風俗不同他郡自有平原自無胡可相比若承望上司誣陷良善淫刑濫罰以逞非理則平原之人戶可爲黨相有死而已所不能也從事大怒卽收郡僚職送獄遂舉奏弼會黨禁中解弼以俸贖罪得免濟活者千餘人弼爲政特挫抑彊豪其小民有罪多所容貸遷河東太守被一切詔書當舉孝廉弼知多權貴請託乃豫勑斷絕書屬中常侍侯覽果遣諸生齎書請之并求假鹽稅積日不得通生乃說以他事謁弼而因達覽書弼大怒曰

太守忝荷重任當選士報國爾何人而僞詐無狀命左右引出楚捶數百府丞掾史十餘人皆諫於廷弼不對遂付安邑獄即日考殺之侯覽大怒遂詐作飛章下司隸誣弼謗誹檻車徵吏民莫敢近者惟前孝廉裴瑜送至崤澠之閒大言於道傍曰明府摧折虐臣選德報國如其獲罪足以垂名竹帛願不憂不懼弼曰誰謂荼苦其甘如薺昔人刎頸九死不恨及下廷尉詔獄平原吏人奔走詣闕訟之又前孝廉魏劭毀變形服詐爲家僮瞻護於弼弼遂受誣事當棄市劭與同郡人賣郡邸行賂於侯覽得減死罪一等論輸左校時人或譏曰平原行貨以免君無乃蚩乎陶邱洪曰昔文王牖里閎散懷金史弼遭患義夫獻寶亦何疑焉於是議者乃息刑竟歸田里稱病閉門不出數爲公卿所薦議郎何休又訟弼有幹國之器宜登台相徵拜議郎侯覽等惡之光和中出爲彭城相會病卒裴瑜位至尚書

盧植字子幹涿郡涿人也身長八尺二寸音聲如鐘少與鄭元俱事馬融能通古今學好研精不守章句融外戚豪家多列女娼歌舞於前植侍講積年未嘗轉盼融以是敬之學終辭歸闔門教授性剛毅有大節常懷濟世志不好辭賦能飲酒一石時皇后父大將軍竇武援立靈帝初秉機政朝議欲加封爵植雖布衣以武素有名譽乃獻書於武深寓規諫而武不能用州郡數命植皆不就建寧中徵爲博士乃始起焉熹平四年九江蠻反四府選植才兼文武拜九江太守蠻寇賓服以疾去官作尚書章句三禮解詁時始立太學石經以正五經文字植乃上書曰臣少從通儒故南郡太守馬融受古學頗知今之禮記特多回冗臣前以周禮諸經發起粃謬敢率愚淺爲之解詁而家乏無力供繕寫上願得將能書生二人共詣東觀就官財糧專心研精合尚書章句考禮記失得庶裁定聖典刊正碑文古文科斗近於爲實而厭抑流俗降在小學中興以來通儒達士班固賈逵鄭興父子並敦悅之今毛詩左氏周禮各有傳記其與春秋共相表裏宜置博士爲立學官以助後來以廣聖意會南夷反叛以植嘗在九江有恩信拜爲廬江太守植深達政宜務存清靜弘大體而已歲餘復徵拜議郎與諫議大夫馬日磾議郎蔡邕楊彪韓說等並在東觀校中書五經記傳補續漢記帝以非急務轉爲侍中遷尚書光和元年有日食之異植上封事陳消禦之道凡有八事其一曰用良謂宜使州郡覈舉賢良隨方委用責求選舉其二曰原禁謂凡諸黨錮多非其罪可加赦恕其三曰禦癘謂宋后家屬並以無辜委骸橫尸不得改葬疫癘之來皆由於此宜勑收拾以安遊魂其四曰備寇謂侯王之家賦稅減削愁窮思亂必致非常宜使給足以防未然其五曰修禮謂應徵有道之人若鄭元之徒陳明洪範禳服災咎其六曰遵堯謂今郡守刺史一月數遷宜依黜陟以彰能否縱不九載可滿三歲其七曰御下謂請謁希爵一宜禁塞遷舉之事責成主者其八曰散利謂天子之體理無私積宜弘大務蠲略細微帝不省中平元年黃巾賊起四府舉植拜北中郎將持節以護烏桓中郎將宗資副將北軍五校士發諸郡兵征之連戰破賊帥張角斬獲萬餘人角等走保廣宗植築圍鑿塹造作雲梯垂當拔之帝遣小黃門左豐詣軍觀賊形勢或勸植以賂送豐植不肯豐還言於帝曰廣宗賊易破耳盧中郎固壘息軍以待天誅帝怒遂檻車徵植減死罪一等及車騎將軍皇甫嵩討平黃巾盛稱植行師方略嵩皆資用規謀濟成其功以其年復爲尚書帝崩大將軍何進謀誅中官乃召并州牧董卓以懼太后植知卓凶悍難制必生後患固止之進不從及卓至果陵虐朝廷乃大會百官於朝堂議欲廢立羣僚無敢言植獨抗議不同卓怒罷會將誅植語在卓傳植素善蔡邕邕前徙朔方植獨上書請之邕時見親於卓故往請植事又議郎韓伯諫卓曰盧尚書海內大儒人之望也今先害之天下震怖卓乃止但免植官而已植以老病求歸懼不免禍乃詭道從轘轅出卓果使人追之到懷不及遂隱於上谷不交人事冀州牧袁紹請爲軍師初平三年卒臨困勑其子儉葬於土穴不用棺槨附體單帛而已所著碑誄表記凡六篇建安中曹操北討柳城過涿郡告守令曰故北中郎將盧植名著海內學爲儒宗士之楷模國之楨幹也昔武王入殷封商容之閭鄭喪子產仲尼隕涕孤到此州嘉其餘風春秋之義賢者之後宜有殊禮亟遣丞掾除其墳墓存其子孫并致薄醊以彰厥德子毓知名魏史有傳

趙岐字邠卿京兆長陵人也初名嘉生於御史臺因字臺卿後避難故自改名字示不忘本土也岐少明經有才藝娶扶風馬融兄女融外戚豪家岐常鄙之不與融相見仕州郡以廉直疾惡見憚年三十餘有重疾臥蓐七年自慮奄忽乃爲遺令勑兄子曰大丈夫生世遯無箕山之操仕無伊呂之勳天不我與復何言哉可立一員石於吾墓前刻之曰漢有逸人姓趙名嘉有志無時命也柰何其後疾瘳永興二年辟司空掾議二千石得去官爲親行服朝廷從之其後爲大將軍梁冀所辟爲

陳損益求賢之策冀不納舉理劇爲皮氏長會河東太守劉祐去郡而中常侍左悺兄勝代之岐恥疾宦官卽日西歸京兆延篤復以爲功曹先是中常侍唐衡兄玹爲京兆虎牙都尉郡人以玹進不由德皆輕侮之岐又數爲貶議玹深毒恨延熹元年玹爲京兆尹岐懼禍及與從子戩逃避之玹果收岐家屬宗親陷以重法盡殺之岐遂逃難四方江淮海岱靡所不歷自匿姓名賣餅北海市中時安邱孫嵩年二十餘遊市見岐察非常人停車呼與共載岐懼失色嵩乃下帷令騎屛行人密問岐曰視子非賣餅者又相問而色動不有重怨卽亡命乎我北海孫賓石闔門百口勢能相濟岐素聞嵩名卽以實告之遂以俱歸嵩先入白母曰出行從乃得死友迎入上堂饗之極歡藏岐複壁中數年岐作尼屯歌二十三章後諸唐死滅因赦乃出三府聞之同時並辟九年乃應司徒胡廣之命會南匈奴鮮卑反叛公卿舉岐擢拜并州刺史岐欲奏守邊之策未及上會坐黨事免因撰戎以爲禦寇論靈帝初復遭黨錮十餘載中平元年四方兵起詔選故刺史二千石有文武才用者徵岐拜議郞車騎將軍張溫西征關中請補長史別屯安定大將軍何進舉爲敦煌太守行至襄武岐與新除諸郡太守數人俱爲賊邊章等所執賊欲脅以爲帥岐詭辭得免展轉長安及獻帝西都復拜議郞稍遷太僕及李傕專政使太傅馬日磾撫慰天下以岐爲副日磾行至洛陽表別遣岐宣揚國命所到郡縣百姓皆喜曰今日乃復見使者車騎是時袁紹曹操與公孫瓚爭冀州紹及操聞岐至皆自將兵數百里奉迎岐深陳天子恩德宜罷兵安人之道又移書公孫瓚爲言利害紹等各引兵去皆與岐期會洛陽奉迎車駕岐南到陳留得篤疾經涉二年期者遂不至興平元年詔書徵岐會帝當還洛陽先遣衞將軍董承修理宮室岐謂承曰今海內分崩唯有荆州境廣地勝西通巴蜀南當交趾年穀獨登兵人差全岐雖迫大命猶志報國家欲自乘牛車南說劉表可使其身自將兵來衞朝廷與將軍并心同力共獎王室此安上救人之策也承卽表遣岐使荆州督租糧岐至劉表卽遣兵詣洛陽助修宮室軍資委輸前後不絕時孫嵩亦寓於表表不爲禮岐乃盛稱嵩素行篤烈因共上爲靑州刺史岐以老病遂留荆州曹操時爲司空舉以自代光祿勳桓典少府孔融上書薦之於是就拜岐爲太常年九十餘建安六年卒先自爲壽藏圖季札子産晏嬰叔向四像居賓位又自畫其像居主位皆爲讚頌勑其子曰我死之日墓中聚沙爲牀布簟白衣散髮其上覆以單被卽日便下下訖便掩岐多所述作著孟子章句三輔決錄傳於時

皇甫規字威明安定朝那人也祖父棱度遼將軍父旗扶風都尉永和六年西羌大寇三輔圍安定征西將軍馬賢將諸郡兵擊之不能克規雖在布衣見賢不卹軍事審其必敗乃上書言狀尋而賢果爲羌所沒郡將知規有兵略乃命爲功曹使率甲士八百與羌交戰斬首數級賊遂退郡舉規上計掾其後羌衆大合攻燒隴西朝廷患之規乃上疏求乞自效曰臣比年以來數陳便宜羌戎未動策其將反馬賢始出頗知必敗誤中之言在可考校臣每惟賢等擁衆數年未有成功縣師之費且百億計出於平人回入姦吏故江湖之人羣爲盜賊靑徐荒饑襁負流散夫羌戎潰叛不由承平皆由邊將失於綏御乘常守安則加侵暴苟競小利則致大害微勝則虛張首級軍敗則隱匿不言軍士勞怨困於猾吏進不得快戰以徼功退不得溫飽以全命餓死溝渠暴骨中原徒見王師之出不聞振旅之聲酋豪泣血驚懼生變是以安不能久敗則經年臣所以搏手叩心而增歎者也願假臣兩營二郡屯列坐食之兵五千出其不意與護羌校尉趙冲共相首尾土地山谷臣所曉習兵埶乃便臣已更之可不煩方寸之印尺帛之賜高可以滌患下可以納降若謂臣年少官輕不足用者凡諸敗將非官爵之不高年齒之不邁臣不勝至誠沒死自陳朝廷不能用冲質之間梁太后臨朝規舉賢良方正對策曰伏惟孝順皇帝初勤王政紀綱四方幾以獲安後遭姦僞威分近習畜貨聚馬受賂賣爵天下擾擾從亂如歸自陛下攝政之初拔用忠貞其餘綱維多所改正遠近翕然望見太平而聞者災異不息寇賊縱橫者殆以姦臣權重之所致也臣愚以爲常侍尤無狀者亟便黜遣披掃凶黨以答天誡又大將軍梁冀河南尹僞不疑處周召之任爲社稷之鎭實宜增修謙節輔以儒術省去遊娛不急之務割減廬第無益之飾夫君者舟也民者水也羣臣乘舟者也將軍兄弟操檝者也若能平志畢力以度元元所謂福也如其怠弛將淪波濤可不愼乎夫德不稱祿猶鑿垣之趾以益其高豈安固之道哉凡諸宿猾酒徒戲客皆宜貶斥以懲不軌令冀等深思得賢之福失人之累又在位素餐尙書怠職有司依違莫肯糾察故使陛下專受諂諛之言不聞戶牖之外臣誠知阿諛有福深言近禍然豈敢隱心以避誅責乎旣對梁冀忿其刺已也以規爲下第拜郞中託疾免歸

州郡承冀旨幾陷死者再三遂以詩易教授門徒三百餘人積十四年後梁冀被誅旬月之間禮命五至皆不就時太山賊叔孫無忌侵亂郡縣中郎將宗資討之未服公車特徵拜規太山太守規到官廣設方略寇虜悉平延熹四年秋叛羌零吾等與先零別種寇鈔關中護羌校尉段熲坐徵後先零諸種陸梁覆沒營塢規素悉羌事志自奮効乃上疏曰自臣受任志竭愚鈍實賴兖州刺史牽顥之清猛中郎將宗資之信義得承節度幸無咎譽今猾賊就滅太山略平復聞羣羌並皆反逆臣生長邠岐年五十有九昔爲郡吏再更叛羌豫籌其事有誤中之言臣素有痼疾恐犬馬齒窮不報大恩願乞冗官備單車一介之使勞來三輔宣國威澤以所習地形兵執佐助諸軍臣窮居孤危之中坐觀郡將已數十年矣自鳥鼠至于東岱其病一也力求猛敵不如淸平勤明吳孫未若奉法前變未遠臣誠戚之是以越職盡其區區至冬羌遂大合朝廷以爲憂三公舉規爲中郎將持節監關西兵討零吾等破之斬首八百級先零諸種羌慕規威信相勸降者十餘萬明年規因發其騎兵討隴右而道路隔絕軍中大疫死者十三四規親入庵廬巡視將士三軍感悅東羌遂遣使出降涼州復通先是安定太守孫儁受取狼籍屬國都尉李翕督軍御史張稟多殺降羌涼州刺史郭閎漢陽太守趙熹並老弱不堪任職而皆倚恃權貴不遵法度規到州界悉條奏其罪或免或誅羌人聞之翕然反善沈氏大豪滇昌飢恬等十餘萬口復詣規降規出身數年持節爲將擁衆立功還督鄉里旣無他私惠而多所舉奏又惡絕宦官不與交通於是中外並怨遂共誣規貨賂羣羌令其文降天子璽書誚讓相屬規懼不免上疏自訟曰爰自戎醜蠢戾朝廷西顧明詔不以臣愚駑急使軍就道幸蒙威靈遂振國命羌戎諸種大小稽首輒移書營郡以訪誅納所省之費一億以上以爲忠臣之義不敢告勞故恥以片言自及微効然比方此事庶免罪悔前踐州界先奏郡守孫儁次及屬國都尉李翕督軍御史張稟旋師南征又上涼州刺史郭閎漢陽太守趙熹陳其過惡執據大辟凡此五官支黨半國其餘墨綬下至小吏所連及者復有百餘吏託報將之怨子思復父之恥載贄馳車懷糧步走交搆豪門競流謗讟云臣私報諸羌謝其錢貨若臣以私財則家無擔石如物出於官則文簿易考就臣愚惑信如言者前世尚遺匈奴以宮姬鎭烏孫以公主今臣但費千萬以懷叛羌則良臣之才略兵家之所貴將有何罪負義違理乎自永初以來將出不少覆軍有五動資巨億有旋車完封寫之權門而名成功立厚加賞封今臣還督本土糾舉諸郡絕交離親戮辱舊故衆謗陰害固其宜也臣雖汙穢廉潔無聞今見覆沒恥痛實深傳稱鹿死不擇音謹冒昧略上其年冬徵還拜議郎論功當封而中常侍徐璜左悺欲從求貨數遣賓客就問功狀規終不答璜等忿怒陷以前事下之於吏官屬欲賦斂請謝規誓而不聽遂以餘寇不絕坐繫廷尉論輸左校諸公及太學生張鳳等三百餘人詣闕訟之會赦歸家徵拜度遼將軍至營數月上書薦中郎將張奐以自代曰臣聞人無常俗而政有治亂兵無彊弱而將有能否伏見中郎將張奐才略兼優宜正元帥以從衆望若猶謂愚臣宜充軍事者願乞冗官以爲奐副朝廷從之以奐代爲度遼將軍規爲使匈奴中郎將及奐遷大司農規復代奐爲度遼將軍規爲人多意筭自以連在大位欲退身避第數上病不見聽會友人上郡太守王旻喪還規縞素越界到亭下迎之因令客密告并州刺史胡芳言規擅遠軍營公違禁憲當急舉奏芳曰威明欲避第仕塗故激發我耳吾當爲朝廷愛才何能申此子計邪遂無所問及黨事大起天下名賢多見染逮規雖爲名將素譽不高自以西州豪傑恥不得豫乃先自上言臣前薦故司農張奐是附黨也又臣昔論輸左校時太學生張鳳等上書訟臣是爲黨人所附也臣宜坐之朝廷知而不問時人以爲規賢在事數歲北邊威服永康元年徵爲尙書其夏日食詔公卿舉賢良方正下問得失規對曰天之於王者猶君之於臣父之於子也誡以災妖使從福祥陛下八年之中三斷大獄一除內嬖再誅外臣而災異猶見人情未安者殆賢愚進退威刑所加有非其理也前太尉陳蕃劉矩忠謀高世廢在里巷劉祐馮緄趙典尹勳正直多怨流放家門李膺王暢孔翊絜身守禮終無宰相之階至於鉤黨之釁事起無端虐賢傷善哀及無辜今興改善政易於覆手而羣臣杜口鑒畏前害互相瞻顧莫肯正言伏願陛下暫留聖明容受謇直則前責可弭後福必降對奏不省遷規弘農太守封壽成亭侯邑二百戸讓封不受再轉爲護羌校尉熹平三年以疾召還未至卒于穀城年七十一所著賦銘碑讚禱文弔章表教令書檄牋記凡二十七篇

張奐字然明敦煌酒泉人也父惇爲漢陽太守奐少遊三輔師事太尉朱寵學歐陽尙書初牟氏章句浮辭繁多有四十五萬餘言奐減爲九萬言後辟大將軍梁冀

府乃上書桓帝奏其章句詔下東觀以疾去官復舉賢良對策第一擢拜議郎永壽元年遷安定屬國都尉初到職而南匈奴左薁鞬臺耆且渠伯德等七千餘人寇美稷東羌復舉種應之而奐壁唯有二百許人聞卽勒兵而出軍吏以爲力不敵叩頭諫止之奐不聽遂進屯長城收集兵士遣將王衞招誘東羌因據龜茲使南匈奴不得交通東羌諸豪遂相率與奐和親共擊薁鞬等連戰破之伯德惶恐將其衆降郡界以寧羌豪帥感奐恩德上馬二十匹先零酋長又遺金鐻八枚奐並受之而召主簿於諸羌前以酒酹地曰使馬如羊不以入廐使金如粟不以入懷悉以金馬還之羌性貪而貴清吏前有八都尉率好財貨爲所患苦及奐正身潔己威化大行遷使匈奴中郞將休屠各及朔方烏桓並同反叛燒度遼將軍門引屯赤阬烟火相望兵衆大恐各欲亡去奐安坐帷中與弟子講誦自若軍士稍安乃潛誘烏桓陰與和通遂使斬屠各渠帥襲破其衆諸胡悉降延熹元年鮮卑寇邊奐率南單于擊之斬首數百級明年坐梁冀被誅奐以故吏免官禁錮與皇甫規友善奐既被錮凡諸交舊莫敢爲言惟規薦舉前後七上在家四歲復拜武威太守平均徭賦率厲散敗常爲諸郡最河西由是而全其俗多妖忌凡二月五月產子及與父母同月生者悉殺之奐示以義方嚴加賞罰風俗遂改百姓生爲立祠舉尤異遷度遼將軍數載閒幽并清靜九年春徵拜大司農鮮卑聞奐去其夏遂招結南匈奴烏桓數道入塞或五六千騎或三四千騎寇略緣邊諸郡殺略百姓秋鮮卑復率八九千騎入塞誘引東羌與其盟詛於是上郡沈氏安定先零諸種共寇武威張掖緣邊大被其毒朝廷以爲憂復拜奐爲護匈奴中郞將以九卿秩督幽并涼三州及度遼烏桓二營兼察刺史二千石能否賞賜甚厚匈奴烏桓聞奐至因相率還降凡二十萬口奐但誅其首惡餘皆慰納之唯鮮卑出塞去永康元年春東羌先零五六千騎寇關中圍祋祤掠雲陽夏復攻沒兩營殺千餘人冬羌岸尾摩鷩等脅同種復鈔三輔奐遣司馬尹端董卓並擊大破之斬其酋豪首虜萬餘人三州清定論功當封奐不事宦官故賞遂不行惟賜錢二十萬除家一人爲郞並辭不受而願徙屬弘農華陰舊制邊人不得內移唯奐因功特聽故始爲弘農人焉建寧元年振旅而還時竇太后臨朝大將軍竇武與太傅陳蕃謀誅宦官事泄中常侍曹節等於中作亂以奐新徵不知本謀矯制使奐與少府周靖率五營士圍武武自殺蕃因見害奐遷少府又拜大司農以功封侯奐深病爲節所賣上書固讓封還印綬卒不肯當明年夏青蛇見於御座軒前又大風雨雹霹靂拔樹詔使百僚各言災應奐上疏曰臣聞風爲號令動物通氣木生於火相須乃明蛇能屈申配龍騰蟄順至爲休徵逆來爲殃告陰氣專用則凝精爲雹故大將軍竇武太傅陳蕃或志寧社稷或方直不回前以讒勝並伏誅戮海內默默人懷震憤昔周公葬不如禮天乃動威今武蕃忠貞未被明宥妖眚之來皆爲此也宜急爲收葬徙還家屬其從坐禁錮一切蠲除又皇太后雖居南宮而恩禮不接朝臣莫言遠近失望宜思大義顧復之報天子深納奐言以問諸黃門常侍左右皆惡之帝不得自從轉奐太常與尚書劉猛刁韙衞良同薦王暢李膺可三公之選而曹節等彌疾其言遂下詔切責之奐等皆自囚廷尉數日乃得出並以三月俸贖罪司隸校尉王寓出於宦官欲借寵公卿以求薦舉百僚畏憚莫不許諾唯奐獨距之寓怒因此遂陷以黨罪禁錮歸田里奐前爲度遼將軍與段熲爭擊羌不相平及熲爲司隸校尉欲逐奐歸敦煌將害之奐憂懼奏記謝熲辭旨哀苦熲雖剛猛省書憐之卒不忍也時禁錮者多不能守靜或死或徙奐閉門不出養徒千人著尚書記難三十餘萬言奐少立志節嘗與士友言曰大丈夫處世當爲國家立功邊境及爲將帥果有勳名董卓慕之使其兄遺縑百疋奐惡卓爲人絕而不受光和四年卒年七十八遺命曰吾前後仕進十要銀艾不能和光同塵爲讒邪所忌通塞命也始終常也但地底冥冥長無曉期而復纒以纊綿牢以釘密爲不喜耳幸有前窀朝殞夕下措屍靈牀幅巾而已奢非晉文儉非王孫推情從意庶無咎吝諸子從之武威多爲立祠世世不絕所著銘頌書教誡述志對策章表二十四篇長子芝字伯英最知名芝及弟昶字文舒並善草書至今稱傳之初奐爲武威太守其妻懷孕夢帶奐印綬登樓而歌訊之占者曰必將生男復臨茲邦命終此樓既而生子猛以建安中爲武威太守殺刺史邯鄲商州兵圍之急猛恥見擒乃登樓自燒而死卒如占云

段熲字紀明武威姑臧人也其先出鄭共叔段西域都護會宗之從曾孫也熲少便習弓馬尚遊俠輕財賄長乃折節好古學初舉孝廉爲憲陵園丞陽陵令所在能政遷遼東屬國都尉時鮮卑犯塞熲卽率所領馳赴之既而恐賊驚去乃使驛騎詐齎璽書詔熲於道僞退潛於還路設伏虜以爲信然乃入追熲熲因大縱兵悉斬

獲之坐詐璽書伏重刑以有功論司寇刑竟拜議郎時太山琅邪賊東郭竇公孫舉等聚衆三萬人破壞郡縣遣兵討之連年不克永壽二年桓帝詔公卿選將有文武者司徒尹訟薦熲乃拜爲中郎將擊竇舉等大破斬之獲首萬餘級餘黨降散封熲爲列侯賜錢五十萬除一子爲郎中延熹二年遷護羌校尉會燒當燒何當煎勒姐等八種羌寇隴西金城塞熲將兵及湟中義從羌萬二千騎出湟谷擊破之追討南渡河使軍吏田晏夏育募先登懸索相引復戰於羅亭大破之斬其酋豪以下二千級獲生口萬餘人虜皆奔走明年春餘羌復與燒何大豪寇張掖攻沒鉅鹿塢殺屬國吏民又招同種千餘落并兵晨奔熲軍熲下馬大戰至日中刀折矢盡虜亦引退熲追之且鬬且行晝夜相攻割肉食雪四十餘日遂至河首積石山出塞二千餘里斬燒何大帥首虜五十餘人又分兵擊石城羌斬首溺死者千六百人燒當種九十餘口詣熲降又雜種羌屯聚白石熲復進擊首虜三十餘人冬勒姐零吾種圍允街殺略吏民熲排營救之斬獲數百人四年冬上郡沈氏隴西牢姐烏吾諸種羌共寇并涼二州熲將湟中義從討之涼州刺史郭閎貪其功稽固熲軍使不得進義從役久戀鄉舊皆悉反叛郭閎歸罪於熲熲坐徵下獄輸作左校羌遂陸梁覆沒營塢轉相招結唐突諸郡於是吏人守闕訟熲以千數朝廷知熲爲郭閎所誣詔問其狀熲但謝罪不敢言枉京師稱爲長者起於徒中復拜議郎遷并州刺史時滇那等諸種羌五六千人寇武威張掖酒泉燒人廬舍六年寇埶轉盛涼州幾亡冬復以熲爲護羌校尉乘驛之職明年春羌封僇良多滇那等酋豪三百五十五人率三千落詣熲降當煎勒姐種猶自屯結冬熲將萬餘人擊破之斬其酋豪首虜四千餘人八年春熲復擊勒姐種斬首四百餘級降者二千餘人夏進軍擊當煎種於湟中熲兵敗被圍三日用隱士樊志張策潛師夜出鳴鼓還戰大破之獲首虜數千人熲遂窮追展轉山谷間自春及秋無日不戰虜遂飢困敗散北略武威閒熲凡破西羌斬首二萬三千級獲生口數萬人馬牛羊八百萬頭降者萬餘落封熲都鄉侯邑五百戶永康元年當煎諸種復反合四千餘人欲攻武威熲復進擊於鸞鳥大破之殺其渠帥斬首三千餘級西羌於此弭定而東羌先零等自覆沒征西將軍馬賢後朝廷不能討遂數寇擾三輔其後度遼將軍皇甫規中郎將張奐招之連年既降又叛桓帝詔問熲曰先零東羌造惡反逆而皇甫規張奐各擁彊衆不時輯定欲熲移兵東討未識其宜可三思術略熲因上言曰臣伏見先零東羌雖數反逆而降於皇甫規者已二萬許落善惡既分餘寇無幾今張奐躊躇久不進者當慮外離內合兵往必驚且自冬踐春屯結不散人畜疲羸自亡之埶徙更招降坐制彊敵耳臣以爲狼子野心難以恩納埶窮雖服兵去復動唯當長矛挾脅白刃加頸耳計東種三萬餘落居近塞內路無險折非有燕齊秦趙從横之埶而久亂并涼累侵三輔西河上郡已各內徙安定北地復至單危自雲中五原西至漢陽二千餘里匈奴種羌並擅其地是爲癰疽伏疾留滯脅下如不加誅轉就滋大今若以騎五千步萬人車三千兩三冬二夏足以破定無慮用費爲錢五十四億如此可令羣羌破盡匈奴長服內徙郡縣得反本土伏計永初中諸羌反叛十有四年用二百四十億永和之末復經七年用八十餘億費耗若此猶不誅盡餘孽復起於茲作害今不暫疲人則永寧無期臣庶竭駑劣伏待節度帝許之悉聽如所上建寧元年春熲將兵萬餘人齎十五日糧從彭陽直指高平與先零諸種戰於逢義山虜兵盛熲衆恐熲乃令軍中張鏃利刃長矛三重挾以彊弩列輕騎爲左右翼激怒兵將曰今去家數千里進則事成走必盡死努力共功名因大呼衆皆應聲騰赴熲馳騎於傍突而擊之虜衆大潰斬首八千餘級獲牛馬羊二十八萬頭時竇太后臨朝下詔曰先零東羌歷載爲患熲前陳狀欲必埽滅涉履霜雪兼行晨夜身當矢石感厲吏士曾未浹日凶醜奔破連尸積俘掠獲無算洗雪百年之逋負以慰忠將之亡魂功用顯著朕甚嘉之須東羌盡定當并錄功勤今且賜熲錢二十萬以家一人爲郎中勑中藏府調金錢綵物增助軍費拜熲破羌將軍夏熲復追羌出橋門至走馬水上尋聞虜在奢延澤乃將輕兵兼行一日一夜二百餘里晨及賊擊破之餘虜走向落川復相屯結熲乃分遣騎司馬田晏將五千人出其東假司馬夏育將二千人繞其西羌分六千人攻圍晏等晏等與戰羌潰走熲急進與晏等共追之於令鮮水上熲士卒飢渴乃勒衆推方奪其水虜復散走熲遂與相連綴且鬬且引及於靈武谷熲乃被甲先登士卒無敢後者羌遂大敗棄兵而走追之三日三夜士皆重繭既到涇陽餘寇四千落悉散入漢陽山谷閒時張奐上言東羌雖破餘種難盡熲性果慮負敗難常宜且以恩降可無後悔詔書下熲熲復上言臣本知東羌雖衆而輭弱易制所以比陳愚慮思爲永寧之算而中郎將張奐說

虜彊難破宜用招降聖朝明監信納瞽言故臣謀得行奐計不用事埶相反遂懷猜恨信叛羌之計飾潤辭意云臣兵累見折衄又言羌一氣所生不可誅盡山谷廣大不可空靜血流汙野傷和致災臣伏念周秦之際戎狄爲害中興以來羌寇最盛誅之不盡雖降復叛今先零雜種累以反復攻沒縣邑剽略人物發冢露尸禍及生死上天震怒假手行誅昔邢爲無道衞國伐之師興而雨臣動兵涉夏連獲甘澍歲時豐稔人無疵疫上占天心不爲災傷下察人事衆和師克自橋門以西落川以東故官縣邑更相通屬非爲深險絕域之地車騎安行無慮折衄案奐爲漢吏身當武職駐軍二年不能平寇虜欲修文戢戈招降獷敵誕辭空說僭而無徵何以言之昔先零作寇趙充國徙令居內煎當亂邊馬援遷之三輔始服終叛至今爲鯁故遠識之士以爲深憂今傍郡戶口單少數爲羌所創毒而欲令降徒與之雜居是猶種枳棘於良田養虺蛇於室內也故臣奉大漢之威建長久之策欲絕其本根不使能殖本規三歲之費用五十四億今適期年所耗未半而餘寇殘燼將向殄滅臣每奉詔書軍不內御願卒斯言一以任臣臨時量宜不失權便二年詔遣謁者馮禪說降漢陽散羌熲以春農百姓布野羌雖暫降而縣官無廩必當復爲盜賊不如乘虛放兵埶必殄滅夏熲自進營去羌所屯凡亭山四五十里遣田晏夏育將五千人據其土山羌悉衆攻之厲聲問曰田晏夏育在此不湟中義從羌悉在何面今日欲決死生軍中恐晏等勸激兵士殊死大戰遂破之羌衆潰東奔復聚射虎谷分兵守諸谷上下門熲規一舉滅之不欲復令散走乃遣千人於西縣結木爲柵廣二十步長四十里遮之分遣晏育等將七千人銜枚夜上西山結營穿塹去虜一里許又遣司馬張愷等將三千人上東山虜乃覺之遂攻晏等分遮汲水道熲自率步騎進擊水上羌卻走因與愷等挾東西山縱兵擊破之羌復敗散熲追至谷上下門窮山深谷之中處處破之斬其渠帥以下萬九千級獲牛馬驢騾氊裘廬帳什物不可勝數馮禪等所招降四千人分置安定漢陽隴西三郡於是東羌悉平凡百八十戰斬三萬八千六百餘級獲牛馬羊騾驢駱駝四十二萬七千五百餘頭費用四十四億軍士死者四百餘人更封新豐縣侯邑萬戶熲行軍仁愛士卒病者親自瞻省手爲裹創在邊十餘年未嘗一日蓐寢與將士同苦故皆樂爲死戰三年春徵還京師將秦胡步騎五萬餘人及汗血千里馬生口萬餘人詔遣大鴻臚持節慰勞於鎬軍至拜侍中轉執金吾河南尹盜發馮貴人冢坐左轉諫議大夫再遷司隸校尉熲曲意宦官故得保其富貴遂黨中常侍王甫枉誅中常侍鄭颯董騰等增封四千戶并前萬四千戶明年代李咸爲太尉其冬病罷復爲司隸校尉數歲轉潁川太守徵拜太中大夫光和二年復代橋元爲太尉在位月餘會日食自劾有司舉奏詔收印綬詣廷尉時司隸校尉陽球奏誅王甫并及熲就獄中詰責之遂飲鴆死家屬徙邊後中常侍呂彊上疏追訟熲功靈帝詔熲妻子還本郡初熲與皇甫威明張然明並知名顯達京師稱爲涼州三明云

陳蕃字仲舉汝南平輿人也祖河東太守蕃年十五嘗閑處一室而庭宇蕪穢父友同郡薛勤來候之謂蕃曰孺子何不灑掃以待賓客蕃曰大丈夫處世當掃除天下安事一室乎勤知其有清世志甚奇之初仕郡舉孝廉除郎中遭母憂棄官行喪服闋刺史周景辟別駕從事以諫爭不合投傳而去後公府辟舉方正皆不就太尉李固表薦徵拜議郎再遷爲樂安太守時李膺爲青州刺史名有威政屬城聞風皆自引去蕃獨以清績留郡人周璆高潔之士前後郡守招命莫肯至惟蕃能致焉字而不名特爲置一榻去則縣之璆字孟玉臨濟人有美名民有趙宣葬親而不閉埏隧因居其中行服二十餘年鄉邑稱孝州郡數禮請之郡內以薦蕃蕃與相見問及妻子而宣五子皆服中所生蕃大怒曰聖人制禮賢者俯就不肖企及且祭不欲數以其易黷故也況乃寢宿冢藏而孕育其中誑時惑衆誣汙鬼神乎遂致其罪大將軍梁冀威震天下時遣書詣蕃有所請託不得通使者詐求謁蕃怒笞殺之坐左轉修武令稍遷拜尚書時零陵桂陽山賊爲害公卿議遣討之又詔下州郡一切皆得舉孝廉茂才蕃上疏駮之曰昔高祖創業是邦息肩撫養百姓同之赤子今二郡之民亦陛下之赤子也致令赤子爲害豈非所在貪虐使其然乎宜嚴勑三府隱覈牧守令長其有在政失和侵暴百姓者卽便舉奏更選清廉奉公之人能班宣法令情在愛惠者可不勞王師而羣賊弭息矣又三署郎吏二千餘人三府掾屬過限未除但當擇善而授之簡惡而去之豈煩一切之詔以長請屬之路乎以此忤左右故出爲豫章太守性方峻不接賓客士民亦畏其高徵爲尚書令送者不出郭門遷大鴻臚會白馬令李雲抗疏諫桓帝怒當伏重誅蕃上書救雲坐免歸田里復徵拜議郎數日遷光祿勳時封賞踰制內寵猥盛蕃乃上疏諫曰臣聞

有事社稷者社稷是爲有事人君者容悅是爲今臣蒙恩聖朝備位九列見非不諫則容悅也夫諸侯上象四七垂耀在天下應分土蕃屏上國高祖之約非功臣不侯而聞追錄河南尹鄧萬世父遵之微功更爵尚書令黃儁先人之絕封近習以非義授邑左右以無功傳賞授位不料其任裂土莫紀其功至乃一門之內侯者數人故緯象失度陰陽謬序稼用不成民用不康臣知封事已行言之無及誠欲陛下從是而止又比年收斂十傷五六萬人飢寒不聊生活而采女數千食肉衣綺脂油粉黛不可貲計鄙諺言盜不過五女門以女貧家也今後宮之女豈不貧國乎是以傾宮嫁而天下化楚女悲而西宮災且聚而不御必生憂悲之感以致幷隔水旱之困夫獄以禁止姦違官以稱才理物若法虧於平官失其人則王道有缺而令天下之論皆謂獄由怨起爵以賄成夫不有臭穢則蒼蠅不飛陛下宜採求得失擇從忠善尺一選舉委尚書三公使褒責誅賞各有所歸豈不幸甚帝頗納其言爲出宮女五百餘人但賜儁爵關內侯而萬世南鄉侯延熹六年車駕幸廣城校獵蕃上疏諫曰臣聞人君有事於苑囿唯仲秋西郊順時講武殺禽助祭以敦孝敬如或違此則爲肆縱故皋陶戒舜無敎逸遊周公戒成王無盤於遊田虞舜成王猶有此戒況德不及二主者乎夫安平之時尚宜有節況當今之世有三空之厄哉田野空朝廷空倉庫空是謂三空加兵戎未戢四方離散是陛下焦心毀顏坐以待旦之時也豈宜揚旗曜武騁心輿馬之觀乎又秋前多雨民始種麥今失其勸種之時而令給驅禽除路之役非賢聖恤民之意也齊景公欲觀於海放乎琅邪晏子爲陳百姓惡聞旌旗輿馬之音舉首嚬眉之感景公爲之不行周穆王欲肆車轍馬迹祭公謀父爲誦祈招之詩以止其心誠惡逸遊之害人也書奏不納自蕃爲光祿勳與五官中郎將黃琬共典選舉不偏權富而爲埶家郎所譖訴坐免歸頃之徵爲尚書僕射轉太中大夫八年代楊秉爲太尉蕃讓曰不愆不忘率由舊章臣不如太常胡廣齊七政訓五典臣不如議郎王暢聰明亮達文武兼資臣不如弛刑徒李膺帝不許中常侍蘇康管霸等復被任用遂排陷忠良共相阿媚大司農劉祐廷尉馮緄河南尹李膺皆以忤旨爲之抵罪蕃因朝會固李膺等請加原宥升之爵任言及反覆誠辭懇切帝不聽因流涕而起時小黃門趙津南陽大猾張汎等奉事中官乘埶犯法二郡太守劉瓆成瑨考案其罪雖經赦令而竝竟考殺之宦官怨恚有司承旨遂奏瓆瑨罪當棄市又山陽太守翟超沒入中常侍侯覽財產東海相黃浮誅殺下邳令徐宣超浮竝坐髡鉗輸作左校蕃與司徒劉矩司空劉茂共諫請瓆瑨超浮等帝不悅有司奏劾之矩茂不敢復言蕃乃獨上疏曰臣聞齊桓修霸務爲內政春秋於魯小惡必書宜先自整飭後以及人今寇賊在外四支之疾內政不理心腹之患臣寢不能寐食不能飽實憂左右日親忠言以疏內患漸積外難方深陛下超從列侯繼承天位小家畜產百萬之資子孫尚恥媿失其先業況乃產兼天下受之先帝而欲懈怠以自輕忽乎誠不愛己不當念先帝得之勤苦邪前梁氏五侯毒徧海內天啟聖意收而戮之天下之議冀當小平明鑒未遠覆車如昨而近習之權復相扇結小黃門趙津大猾張汎等肆行貪虐姦媚左右前太原太守劉瓆南陽太守成瑨糾而戮之雖言赦後不當誅殺原其誠心在乎去惡至於陛下有何悁悁悁悁忿恚貌而小人道長熒惑聖聽遂使天威爲之發怒如加刑譴已爲過甚況乃重罰令伏歐刃乎又前山陽太守翟超東海相黃浮奉公不撓疾惡如讎超沒侯覽財物浮誅徐宣之罪竝蒙刑坐不逢赦恕覽之從橫沒財已幸宣犯釁過死有餘辜昔丞相申屠嘉召責鄧通洛陽令董宣折辱公主而文帝從而請之光武加以重賞未聞二臣有專命之誅而今左右羣豎惡傷黨類妄相交搆致此刑譴聞臣是言當復嗁訴陛下深宜割塞近習豫政之源引納尚書朝省之事公卿大官五日一朝簡練清高斥黜佞邪如是則天和於上地洽於下休禎符瑞豈遠乎哉陛下雖厭毒臣言凡人主有自勉彊敢以死陳帝得奏愈怒竟無所納朝廷衆庶莫不怨之宦官由此疾蕃彌甚凡選舉奏議輒以中詔譴卻長史以下多至抵罪猶以蕃名臣不敢加害瓆字文理高唐人瑨字幼平陝人竝有經術稱處位敢直言多所搏擊知名當時皆死於獄中九年李膺等以黨事下獄考實蕃因上疏極諫曰臣聞賢明之君委心輔佐亡國之主諱聞直辭故湯武雖聖而興於伊呂桀紂迷惑亡在失人由此言之君爲元首臣爲股肱同體相須共成美惡者也伏見前司隸校尉李膺太僕杜密太尉掾范滂等正身無玷死心社稷以忠忤旨橫加考案或禁錮閉隔或徙非所杜塞天下之口聾盲一世之人與秦焚書阬儒何以爲異昔武王克殷表閭封墓今陛下臨政先誅忠賢遇善何薄待惡何優夫讒人似實巧言如簧使聽之者惑視之者昏夫吉凶之效存乎識善成敗之機在於察言人君者攝

天地之政秉四海之維舉動不可以違聖典進退不可以離道規謬言出口則亂及八方何況冤無罪於獄殺無辜於市乎昔禹巡狩蒼梧見市殺人下車而哭之曰萬方有罪在予一人故其興也勃焉又青徐炎旱五穀損傷民物流遷茹菽不足而宮女積於房掖國用盡於羅紈外戚私門貪財受賂所謂祿去公室政在大夫昔春秋之末周德衰微數十年間無復災眚者天所棄也天之於漢悢悢無已故殷勤示變以悟陛下除妖去孽實在脩德臣位列台司憂深責重不敢尸祿惜生坐觀成敗如蒙採錄使身首分裂異門而出所不恨也帝諱其言切託以蕃辟召非人遂策免之永康元年帝崩竇后臨朝詔以蕃爲太傅錄尚書事時新遭大喪國嗣未立諸尚書畏懼權官託病不朝蕃以書責之曰古人立節事亡如存今帝祚未立政事日蹙諸君柰何委荼蓼之苦息偃在牀於義不足焉得仁乎諸尚書惶怖皆起視事靈帝即位竇太后復優詔封蕃高陽侯食邑三百戶蕃上疏辭讓太后不許蕃復固讓章前後十上竟不受封初桓帝欲立所幸田貴人爲皇后蕃以田氏卑微竇族良家爭之甚固帝不得已乃立竇后及后臨朝故委用於蕃蕃與后父大將軍竇武同心盡力徵用名賢共參政事天下之士莫不延頸想望太平而帝乳母趙嬈旦夕在太后側中常侍曹節王甫等與共交搆謟事太后太后信之數出詔命有所封拜及其支類多行貪虐蕃常疾之志誅中官會竇武亦有謀蕃自以既從人望而德於太后必謂其志可申乃先上疏曰臣聞言不直而行不正則爲欺乎天而負乎人危言極意則羣凶側目禍不旋踵鈞此二者臣寧得禍不敢欺天也今京師囂囂道路諠譁言侯覽曹節公乘昕王甫鄭颯等與趙夫人諸女尚書並亂天下附從者升進忤逆者中傷方今一朝羣臣如河中木耳汎汎東西耽祿畏害陛下前始攝位順天行誅蘇康管霸並伏其辜是時天地清明人鬼歡喜柰何數月復縱左右元惡大姦莫此之甚今不急誅必生變亂傾危社稷其禍難量願出臣章宣示左右并令天下諸姦知臣疾之太后不納朝廷聞者莫不震恐蕃因竇武謀之語在武傳及事泄曹節等矯詔誅武等蕃時年七十餘聞難作將官屬諸生八十餘人並拔刃突入承明門攘臂呼曰大將軍忠以衛國黃門反逆何云竇氏不道邪王甫時出與蕃相迕適聞其言而讓蕃曰先帝新棄天下山陵未成竇武何功兄弟父子一門三侯又多取掖庭宮人作樂飲讌旬月之間貲財億計大臣若此是爲道邪公爲棟梁枉橈阿黨復焉求賊遂令收蕃蕃拔劍叱甫甫兵不敢進乃益人圍之數十重遂執蕃送黃門北寺獄黃門從官騶蹋踧蕃曰死老魅復能損我曹員數奪我曹稟假不即日害之徙其家屬於比景宗族門生故吏皆斥免禁錮蕃友人陳留朱震時爲銍令聞而棄官哭之收葬蕃尸匿其子逸於甘陵界中事覺繫獄合門桎梏震受考掠誓死不言故逸得免後黃巾賊起大赦黨人乃追還逸官至魯相震字伯厚初爲州從事奏濟陰太守單匡贓罪并連匡兄中常侍車騎將軍超桓帝收匡下廷尉以譴超超詣獄謝三府諺曰車如雞棲馬如狗疾惡如風朱伯厚

王允字子師太原祁人也世仕州郡爲冠蓋同郡郭林宗見而奇之曰王生一日千里王佐才也遂與定交年十九爲郡吏時小黃門晉陽趙津貪橫放恣爲一縣巨患允討捕殺之而津兄弟諂事宦官因緣譖訴桓帝帝震怒徵太守劉瓆遂下獄死允送喪還平原終畢三年然後歸家復還仕郡人有路佛者少無名行而太守王球召以補吏允犯顏固爭球怒收允欲殺之刺史鄧盛聞而馳傳辟爲別駕從事允由是知名而路佛以之廢棄允少好大節有志於立功常誦習經傳朝夕試馳射三公並辟以司徒高第爲侍御史中平元年黃巾賊起特選拜豫州刺史辟荀爽孔融等爲從事上除禁黨討擊黃巾別帥大破之與左中郎將皇甫嵩右中郎將朱儁等受降數十萬於賊中得中常侍張讓賓客書疏與黃巾交通允具發其姦以狀聞靈帝責怒讓讓叩頭陳謝竟不能罪之而讓懷挾忿怒以事中允明年遂傳下獄會赦還復刺史旬日間復以他罪被捕司徒楊賜以允素高不欲使更楚辱乃遣客謝之曰君以張讓之事故一月再徵凶慝難量幸爲深計又諸從事好氣決者共流涕奉藥而進之允厲聲曰吾爲人臣獲罪於君當服大辟以謝天下豈有乳藥求死乎投杯而起出就檻車既至廷尉左右皆促其事朝臣莫不歎息大將軍何進太尉袁隗司徒楊賜共上疏請之曰夫內視反聽則忠臣竭誠寬賢務能則義士厲節是以孝文截馮唐之說晉悼宥魏絳之罪允以特選受命誅逆撫順會未期月州境澄清方欲列其庸勳請加爵賞而以奉事不當當肆大戮責輕罰重有虧衆望臣等備位宰相不敢寢默誠以允宜蒙三槐之聽以昭忠貞之心書奏得以減死論是冬大赦而允獨不在宥三公咸復爲言至明年乃得解釋是時宦者橫暴睚眦觸死允懼不免乃變易名姓轉側河內陳留閒及帝崩乃奔喪京師時大將軍

何進欲誅宦官召允與謀事請爲從事中郎轉河南尹獻帝卽位拜太僕再遷守尚書令初平元年代楊彪爲司徒守尚書令如故及董卓遷都關中允悉收斂蘭臺石室圖書祕緯要者以從既至長安皆分別條上及集漢朝舊事所當施用者一皆奏之經籍具存允有力焉時董卓尚留洛陽朝政大小悉委之於允允矯性屈意每相承附卓亦推心不生乖疑故得扶持王室於危亂之中臣主內外莫不倚恃允見卓禍毒方深篡逆已兆密與司隸校尉黃琬尚書鄭公業等謀共誅之乃上護羌校尉楊瓚行左將軍事執金吾士孫瑞爲南陽太守並將兵出武關道以討袁術爲名實欲分路征卓而後拔天子還洛陽卓疑而留之允乃引內瑞爲僕射瓚爲尚書二年卓還長安錄入關之功封允爲溫侯食邑五千戸固讓不受士孫瑞說允曰夫執謙守約存乎其時公與董太師並位俱封而獨崇高節豈和光之道邪允納其言乃受二千戸三年春連雨六十餘日允與士孫瑞楊瓚登臺請霽復結前謀瑞曰自歲末以來太陽不照霖雨積時月犯執法彗孛仍見晝陰夜陽霧氣交侵此期應促盡內發者勝機不可後公其圖之允然其言乃潛結卓將呂布使爲內應會卓入賀呂布因刺殺之語在卓傳允初議赦卓部曲呂布亦數勸之既而疑曰此輩無罪從其主耳今若名爲惡逆而特赦之適足使其自疑非所以安之之道也呂布又欲以卓財物班賜公卿將校允又不從而素輕布以劍客遇之布亦負其功勞多自誇伐既失意望漸不相平允性剛稜疾惡初懼董卓豺狼故折節圖之卓既殲滅自謂無復患難及在際會每乏溫潤之色杖正持重不循權宜之計是以羣下不甚附之董卓將校及在位者多涼州人允議罷其軍或說允曰涼州人素憚袁氏而畏關東今若一旦解兵關東則必人人自危可以皇甫義眞爲將軍就領其衆因使留陝以安撫之而徐與關東通謀以觀其變允曰不然關東舉義兵者皆吾徒耳今若距險屯陝雖安涼州而疑關東之心甚不可也時百姓訛言當悉誅涼州人遂轉相恐動其在關中者皆擁兵自守更相謂曰丁彥思蔡伯喈但以董公親厚並尚從坐今既不赦我曹而欲解兵今日解兵明日當復爲魚肉矣卓部曲將李傕郭汜等先將兵在關東因不自安遂合謀爲亂攻圍長安城陷呂布奔走布駐馬青瑣門外招允曰公可以去乎允曰若蒙社稷之靈上安國家吾之願也如其不獲則奉身以死之朝廷幼少恃我而已臨難苟免吾不忍也努力謝關東諸公勤以國家爲念初允以同郡宋翼爲左馮翊王宏爲右扶風是時三輔民庶熾盛兵穀富實李傕等欲卽殺允懼二郡爲患乃先徵翼宏宏遣使謂翼曰郭汜李傕以我二人在外故未危王公今日就徵明日俱族計將安出翼曰雖禍福難量然王命所不得避也宏曰義兵鼎沸在於董卓況其黨與乎若舉兵共討君側惡人山東必應之此轉禍爲福之計也翼不從宏不能獨立遂俱就徵下廷尉傕乃收允及翼宏并殺之允時年五十六長子侍中蓋次子景定及宗族十餘人皆見誅害唯兄子晨陵得脫歸鄉里天子感慟百姓喪氣莫敢收允尸者唯故吏平陵令趙戩棄官營喪王宏字長文少有氣力不拘細行初爲弘農太守考案郡中有事宦官買爵位者雖位至二千石皆考掠收捕遂殺數十人威動鄰界素與司隸校尉胡种有隙及宏下獄种遂迫促殺之宏臨命詬曰宋翼豎儒不足議大計胡种樂人之禍禍將及之种後眠輒見宏以杖擊之因發病數日死後遷都於許帝思允忠節使改殯葬之遣虎賁中郎將奉策弔祭賜東園祕器贈以本官印綬送還本郡封其孫黑爲安樂亭侯食邑三百戸士孫瑞字君策扶風人頗有才謀瑞以允自專討董卓之勞故歸功不侯所以獲免於難後爲國三老光祿大夫每三公缺楊彪皇甫嵩皆讓位於瑞興平二年從駕東歸爲亂兵所殺趙戩字叔茂長陵人性質直多謀初平中爲尚書典選舉董卓數欲有所私授戩輒堅拒不聽言色彊厲卓怒召將殺之衆人悚慄而戩辭貌自若卓悔謝釋之長安之亂客於荊州劉表厚禮焉及曹操平荊州乃辟之執戩手曰恨相見晚卒相國鍾繇長史

黨錮

范氏曰孔子云性相近也習相遠也言嗜惡之本同而遷染之塗異也夫刻意則行不肆牽物則其志流是以聖人導人理性裁抑宕佚愼其所與節其所偏雖情品萬區質文異數至於陶物振俗其道一也叔末澆訛王道陵缺而猶假仁以効己憑義以濟功舉中於理則彊梁褫氣片言違正則厮臺解情蓋前哲之遺塵有足求者霸德既衰狙詐萌起彊者以決勝爲雄弱者以詐力受屈至有畫半策而綰萬金開一說而錫珠瑞或起徒步而仕執珪解草衣以升卿相士之飾巧馳辯以要能釣利者不期而景從矣自是愛尚相奪與時回變其風不可留其敝不能反及漢祖杖劍武夫勃興憲令寬賒文禮簡闊緒餘四豪之烈人懷陵上之心輕死重義怨惠必讐令行私庭權移匹庶任俠之方成其俗矣自武

帝以後崇尚儒學懷經挾術所在霧會至有石渠分爭之論黨同伐異之說守文之徒盛於時矣至王莽專僞終於篡國忠義之流恥見纓紼遂乃榮華丘壑甘足枯槁雖中興在運漢德重開而保身懷方彌相慕襲去就之節重於時矣逮桓靈之閒主荒政謬國命委於閹寺士子羞與爲伍故匹夫抗憤處士橫議遂乃激揚聲名互相題拂品覈公卿裁量執政婞直之風於斯行矣夫上好則下必甚矯枉故直必過其理然矣若范滂張儉之徒清心忌惡終陷黨議不其然乎初桓帝爲蠡吾侯受學於甘陵周福及卽帝位擢福爲尚書時同郡河南尹房植有名當朝鄉人爲之謠曰天下規矩房伯武因師獲印周仲進二家賓客互相譏揣遂各樹朋徒漸成尤隙由是甘陵有南北部黨人之議自此始矣後汝南太守宗資任功曹范滂南陽太守成瑨亦委功曹岑晊二郡又爲謠曰汝南太守范孟博南陽宗資主畫諾南陽太守岑公孝弘農成瑨但坐嘯因此流言轉入太學諸生三萬餘人郭林宗賈偉節爲其冠並與李膺陳蕃王暢更相褒重學中語曰天下模楷李元禮不畏彊禦陳仲舉天下俊秀王叔茂又渤海公族進階扶風魏齊卿並危言深論不爲豪彊自公卿以下莫不畏其貶議屣履到門時河內張成善說風角推占當赦遂敎子殺人李膺爲河南尹督促收捕既而逢宥獲免膺愈懷憤疾竟按殺之初成以方伎交通宦官帝亦頗誶其占成弟子牢修因上書誣告膺等多養太學游士交結諸郡生徒更相驅馳共爲部黨誹訕朝政疑亂風俗於是天子震怒班下郡國逮捕黨人布告天下使同忿疾遂執膺等其辭所連及陳寔之徒二百餘人或有逃遁不獲皆懸金構募使者四出相望於道明年尚書霍諝城門校尉竇武並表爲請帝意稍解乃皆赦歸田里禁錮終身而黨人之名猶書王府自是正直廢放邪枉熾結海內希風之流共相標榜指天下名士爲之稱號上曰三君次曰八俊次曰八顧次曰八及次曰八廚猶古之八元八凱也竇武劉淑陳蕃爲三君君者言一世之所宗也李膺荀昱杜密王暢劉祐魏朗趙典朱㝢爲八俊俊者言人之英也郭林宗宗慈巴肅夏馥范滂尹勳蔡衍羊陟爲八顧顧者言能以德行引人者也張儉岑晊劉表陳翔孔昱范康檀敷翟超爲八及及者言其能導人追宗者也度尚張邈王考劉儒胡母班秦周蕃嚮王章爲八廚廚者言能以財救人者也又張儉鄉人朱並承望中常侍侯覽意旨上書告儉與同鄉二十四人別相署號共爲部黨圖危社稷以儉及檀彬褚鳳張肅薛蘭馮禧魏元徐乾爲八俊田林張隱劉表薛郁王訪劉祇宣靖公緒恭爲八顧朱楷田槃疏耽薛敦宋布唐龍嬴咨宣襃爲八及刻石立墠共爲部黨而儉爲之魁靈帝詔刊章捕儉等大長秋曹節因此諷有司奏捕前黨故司空虞放太僕杜密長樂少府李膺司隸校尉朱㝢潁川太守巴肅沛相荀昱河內太守魏朗山陽太守翟超任城相劉儒太尉掾范滂等百餘人皆死獄中餘或先歿不及或亡命獲免自此諸爲怨隙者因相陷害睚眦之忿濫入黨中又州郡承旨或有未嘗交關亦離禍毒其死徙者廢禁者六七百人熹平五年永昌太守曹鸞上書大訟黨人言甚方切帝省奏大怒卽詔司隸益州檻車收鸞送槐里掠殺之於是又詔州郡更考黨人門生故吏父子兄弟其在位者免官禁錮爰及五屬光和二年上祿長和海上言禮從祖兄弟別居異財恩義已輕服屬疏末而今黨人錮及五族既乖典訓之文有謬經常之法帝覽而悟之黨錮自從祖以下皆得解釋中平元年黃巾賊起中常侍呂彊言於帝曰黨錮久積人多怨苦若不赦宥恐與張角合謀爲患滋大帝懼其言乃大赦黨人誅徙之家皆歸故郡其後黃巾遂盛朝野崩離綱紀文章蕩然矣凡黨事始自甘陵汝南成於李膺張儉海內塗炭二十餘年諸所蔓衍皆天下善士三君八俊等三十五人其名迹存者並載于篇陳蕃竇武王暢劉表度尚郭林宗別有傳荀昱附祖淑傳張邈附呂布傳胡母班見袁紹傳王考字文祖東平壽張人冀州刺史秦周字平王陳留平邱人北海相蕃嚮字嘉景魯國人郎中王璋字伯儀東萊曲城人少府卿位行並不顯翟超山陽太守事在陳蕃傳字及郡縣未詳朱㝢沛人與杜密等俱死獄中唯趙典名見而已

劉淑字仲承河閒樂成人也祖父稱司隸校尉淑少學明五經遂隱居立精舍講授諸生常數百人州郡禮請五府連辟並不就永興二年司徒种暠舉淑賢良方正辭以疾桓帝聞淑高名切責州郡使輿病詣京師淑不得已而赴洛陽對策爲天下第一拜議郎又陳時政得失災異之占事皆效驗再遷尚書納忠建議多所裨益又再遷侍中虎賁中郎將上疏以爲宜罷宦官辭甚切直帝雖不能用亦不罪焉以淑宗室之賢特加敬異每有疑事常密諮問之靈帝卽位宦官譖淑與竇武等通謀下獄自殺

李膺字元禮潁川襄城人也祖父脩安帝時爲太尉父益趙國相膺性簡亢無所交接唯以同郡荀淑陳寔爲

師友初舉孝廉爲司徒胡廣所辟舉高第再遷靑州刺史守令畏其威明多望風棄官復徵再遷漁陽太守尋轉蜀郡太守以母老乞不之官轉烏桓校尉鮮卑數犯塞膺常蒙矢石每破走之虜甚憚懾以公事免官還居綸氏敎授常千人南陽樊陵求爲門徒膺謝不受陵後以阿附宦官致位太守爲名節者所羞荀爽常謁膺因爲其御旣還喜曰今日乃得御李君矣其見慕如此永壽二年鮮卑寇雲中桓帝聞膺能乃復徵爲度遼將軍先是羌虜及疏勒龜茲數出攻鈔張掖酒泉雲中諸郡百姓屢被其害自膺到邊皆望風懼服先所掠男女悉送還塞下自是之後聲振遠域延熹二年徵再遷河南尹時宛陵大姓羊元羣罷北海郡贓罪狼籍郡舍溷軒有奇巧乃載之以歸膺表欲按其罪元羣行賂宦豎膺反坐輸作左校初膺與廷尉馮緄大司農劉祐等共同心志糾罰姦倖緄祐時亦得罪輸作司隸校尉應奉上疏理膺等遂悉得免刑膺再遷復拜司隸校尉時中常侍張讓弟朔爲野王令貪殘無道至乃殺孕婦聞膺威嚴逃還京師因匿兄讓第舍藏於合柱中膺知其狀率將吏卒破柱取朔付洛陽獄受辭畢卽殺之讓訴冤於帝詔膺入殿御親臨軒詰以不先請便加誅辟之意膺對曰昔晉文公執衞成公歸於京師春秋是爲禮云公族有罪雖曰宥之有司執憲不從昔仲尼爲魯司寇七日而誅少正卯今臣到官已積一旬私懼以稽留爲愆不意獲速疾之罪誠自知釁責死不旋踵特乞留五日尅殄元惡退就鼎鑊始生之願也帝無復言顧謂讓曰此汝弟之罪司隸何愆乃遣出之自此諸黃門常侍皆鞠躬屛氣休沐不敢出宮省帝怪問其故並叩頭泣曰畏李校尉是時朝廷日亂綱紀頹弛膺獨持風裁以聲名自高士有被其容接者名爲登龍門及遭黨事當考實膺等案經三府太尉陳蕃卻之曰今所考案皆海內人譽憂國忠公之臣此等猶將十世宥之豈有罪名不彰而致收掠者乎不肯平署帝愈怒遂下膺等於黃門北寺獄膺等頗引宦官子弟宦官多懼請帝以天時宜赦於是大赦天下膺免歸鄉里居陽城山中天下士大夫皆高尙其道而汙穢朝廷及陳蕃免太尉朝野屬意於膺荀爽恐其名高致禍乃爲書貽膺欲令屈節以全亂世頃之帝崩陳蕃爲太傅與大將軍竇武等共秉朝政連謀誅宦官故引用天下名士乃以膺爲長樂少府及陳竇之敗膺等復廢後張儉事起收捕鉤黨鄉人謂膺曰可以去矣膺曰事不辭難罪不逃刑臣之節也吾年六十死生有命去將安之乃詣詔獄考死妻子徙邊門生故吏及其父兄並被禁錮時侍御史蜀郡景毅子顧爲膺門徒而未有錄牒故不及於譴毅乃慨然曰本謂膺賢遣子師之豈可以漏奪名籍苟安而已遂自表免歸時人義之膺子瓚位至東平相曹操微時瓚異其才將殁謂子宣等曰時將亂矣天下英雄無過曹操張孟卓與吾善袁本初汝外親雖爾勿依必歸曹氏諸子從之並免於亂世

杜密字周甫潁川陽城人也爲人沈質少有厲俗志爲司徒胡廣所辟稍遷代郡太守徵三遷太山太守北海相其宦官子弟爲令長有姦惡者輒捕案之行春到高密縣見鄭玄爲鄉佐知其異器卽召署郡職遂遣就學後密去官還家每謁守令多所陳託同郡劉勝亦自蜀郡告歸鄉里閉門埽軌無所干及太守王昱謂密曰劉季陵淸高士公卿多舉之者密知昱言激己對曰劉勝位爲大夫見禮上賓而知善不薦聞惡無言隱情惜己自同寒蟬此罪人也今志義力行之賢而密達之違道失節之士而密糾之使明府賞刑得中令聞休揚不亦萬分之一乎昱慙服待之彌厚後桓帝徵拜尙書令遷河南尹轉太僕黨事旣起免歸本郡與李膺俱坐而名行相次故時人亦稱李杜焉後太傅陳蕃輔政復爲太僕明年坐黨事被徵自殺

劉祐字伯祖中山安國人也安國後別屬博陵祐初察孝廉補尙書侍郎閑練故事文札强辨每有奏議應對無滯爲僚類所歸除任城令兗州舉爲尤異遷揚州刺史是時會稽太守梁旻大將軍冀之從弟也祐舉奏其罪旻坐徵復遷祐河東太守時屬縣令長率多中官子弟百姓患之祐到黜其權豪平理冤結政爲三河表再遷延熹四年拜尙書令又出爲河南尹轉司隸校尉時權貴子弟罷州郡還入京師者每至界首輒改易輿服隱匿財寶威行朝廷拜宗正三轉大司農時中常侍蘇康管霸用事於內遂固天下良田美業山林湖澤民庶窮困州郡累氣祐移書所在依科品沒入之桓帝大怒論祐輸左校後得赦出復歷三卿輒以疾辭乞骸骨歸田里詔拜中散大夫遂杜門絕迹每三公缺朝廷皆屬意於祐以譖毀不用延爲書貽之美其冲退靈帝初陳蕃輔政以祐爲河南尹及蕃敗黜歸卒於家明年大誅黨人幸不及禍

魏朗字少英會稽上虞人也少爲縣吏兄爲鄉人所殺朗白日操刃報讎於縣中遂亡命到陳國從博士郤仲信學春秋圖緯孔子作春秋緯十二篇又詣太學受五經京師長

者李膺之徒爭從之初辟司徒府再遷彭城令時中官子弟爲國相多行非法朗與更相章奏幸臣忿疾欲中之會九眞賊起乃共薦朗爲九眞都尉到官奬厲吏兵討破羣賊斬首二千級桓帝美其功徵拜議郎頃之遷尚書屢陳便宜有所補益出爲河內太守政稱三河表尚書令陳蕃薦朗公忠亮直宜在機密復徵爲尚書會被黨議免歸家朗性矜嚴閉門整法度家人不見情容後竇武等誅朗以黨被急徵行至牛渚自殺著書數篇號魏子云

夏馥字子治陳留圉人也少爲書生言行質直同縣高氏蔡氏並皆富殖郡人畏而事之惟馥比門不與交通由是爲豪姓所仇桓帝初舉直言不就馥雖不交時宦然以聲名爲中官所憚遂與范滂張儉等俱被誣陷詔下諸郡並爲黨魁及儉等亡命經歷之處皆被收考辭所連引布徧天下馥乃頓足而歎曰孽自己作空汙良善一人逃死禍及萬家何以生爲乃自翦須變形入林慮山中隱匿姓名爲冶家傭親突煙炭形貌毁瘁積二三年人無知者後馥弟靜乘車馬載縑帛追之於涅陽市中遇馥不識聞其言聲乃覺而拜之馥避不與語靜追隨至客舍共宿夜中密呼靜曰吾以守道疾惡故爲權宦所陷且念營苟全以庇性命弟奈何載物相求是以禍見追也明旦別去黨禁未解而卒

宗慈字孝幼南陽人也舉孝廉九辟公府有道徵不就後爲修武令時太守出自權豪多取貨賂慈遂棄官去徵拜議郎未到道疾卒南陽羣士皆重其義行

巴肅字恭祖勃海高城人也初察孝廉歷愼令貝邱長皆以郡守非其人辭病去辟公府稍遷拜議郎與竇武陳蕃等謀誅閹官武等遇害肅亦坐黨禁錮中常侍曹節後聞其謀收之肅自載詣縣縣令見肅入閤解印綬欲與俱去肅曰爲人臣者有謀不敢隱有罪不逃刑既不隱其謀矣又敢逃其刑乎遂被害刺史賈琮刊立石銘以記之

范滂字孟博汝南征羌人也少厲清節爲州里所服舉孝廉光祿四行時冀州饑荒盜賊羣起乃以滂爲清詔使案察之滂登車攬轡慨然有澄清天下之志及至州境守令自知臧污望風解印綬去其所舉奏莫不厭塞衆議遷光祿勳主事時陳蕃爲光祿勳滂執公儀詣蕃蕃不止之滂懷恨投版棄官而去郭林宗聞而讓蕃曰若范孟博者豈宜以公禮格之今成其去就之名得無自取不優之議也蕃乃謝焉復爲太尉黃瓊所辟後詔三府掾屬舉謠言滂奏刺史二千石權豪之黨二十餘人尚書責滂所劾猥多疑有私故滂對曰臣之所舉自非叨穢姦暴深爲民害豈以汙簡札哉閒以會日迫促故先舉所急其未審者方更參實臣聞農夫去草嘉穀必茂忠臣除姦王道以清若臣有貳甘受顯戮吏不能詰滂覩時方艱知意不行因投劾去太守宗資先聞其名請署功曹委任政事滂在職嚴整疾惡其有行違孝悌不軌仁義者皆埽迹斥逐不與共朝顯薦異節抽拔幽陋滂外甥西平李頌公族子孫而爲鄉曲所棄中常侍唐衡以頌請資資用爲吏滂以非其人寢而不召資遷怒捶書佐朱零零仰曰范滂清裁猶以利刃齒腐朽今日寧受笞死而滂不可違資乃止郡中中人以下莫不歸怨乃指滂之所用以爲范黨後牢修誣言鉤黨滂坐繫黃門北寺獄吏謂曰凡坐繫者皆祭皐陶滂曰皐陶賢者古之直臣知滂無罪將理之於帝如有其罪祭之何益衆人由此而止獄吏將加掠考滂以同囚多嬰病乃請先就格遂與同郡袁忠爭受楚毒桓帝使中常侍王甫以次辨詰滂等皆三木囊頭暴於堦下餘人在前或對或否滂忠於後越次而進王甫詰曰君爲人臣不惟忠國而共造部黨自相褒舉評論朝廷虛構無端諸所謀結並欲何爲皆以情對不得隱飾滂對曰臣聞仲尼之言見善如不及見惡如探湯欲使善善同其清惡惡同其汙謂王政之所願聞不悟更以爲黨甫曰卿更相拔舉迭爲脣齒有不合者見則排斥其意如何滂乃慷慨仰天曰古之循善自求多福今之循善身陷大戮身死之日願埋滂於首陽山側上不負皇天下不媿夷齊甫愍然爲之改容乃得並解桎梏滂後事釋南歸始發京師汝南南陽士大夫迎之有數千兩同囚鄉人殷陶黃穆亦免俱歸衞侍於滂應對賓客滂顧謂陶等曰今子相隨是重吾禍也遂遁還鄉里初滂等繫獄尚書霍諝理之及得免到京師往候諝而不爲謝或有讓滂者對曰昔叔向嬰罪祁奚救之未聞羊舌有謝恩之辭祁老有自伐之色竟無所言建寧二年遂大誅黨人詔下急捕滂等督郵吳導至縣抱詔書閉傳舍伏牀而泣滂聞之曰必爲我也卽自詣獄縣令郭揖大驚出解印綬引與俱亡曰天下大矣子何爲在此滂曰滂死則禍塞何敢以罪累君又令老母流離乎其母就與之訣滂白母曰仲博孝敬足以供養滂從龍舒君歸黃泉存亡各得其所惟大人割不可忍之恩勿增感戚母曰汝今得與李杜齊名死亦何恨既有令名復求壽考可兼得乎滂跪受教再拜而辭顧謂其子曰吾欲使汝爲

惡則惡不可爲使汝爲善則我不爲惡行路聞之莫不流涕時年三十三

尹勳字伯元河南鞏人也家世衣冠伯父睦爲司徒兄頌爲太尉宗族多居貴位者而勳獨持清操不以地埶尙人州郡連辟察孝廉三遷邯鄲令政有異迹後舉高第五遷尙書令及桓帝誅大將軍梁冀勳參建大謀封都鄉侯遷汝南太守上書解釋范滂袁忠等黨議禁錮尋徵拜將作大匠轉大司農坐竇武等事下獄自殺

蔡衍字孟喜汝南項人也少明經講授以禮讓化鄉里鄉里有爭訟者輒詣衍決之其所平處皆曰無怨舉孝廉稍遷冀州刺史中常侍具瑗託其弟恭舉茂才衍不受乃收齎書者案之又劾奏河閒相曹鼎贓罪千萬鼎者中常侍騰之弟也騰使大將軍梁冀爲書請之衍不答鼎竟坐輸作左校乃徵拜議郞符節令梁冀聞衍賢請欲相見衍稱疾不往冀恨之時南陽太守成瑨等以收糾宦官考廷尉衍與議郞劉瑜表救之言甚切厲坐免官還家杜門不出靈帝卽位徵拜議郞會病卒

羊陟字嗣祖太山梁父人也家世冠族陟少清直有學行舉孝廉辟太尉李固舉高第拜侍御史會固被誅陟以故吏禁錮歷年復舉高第再遷冀州刺史奏案貪濁所在肅然又再遷虎賁中郞將城門校尉三遷尙書令時太尉張顥司徒樊陵大鴻臚郭防太僕曹陵大司農馮方並與宦竪相姻私公行貨賂並奏罷黜之不納以前太尉劉寵司隸校尉許冰幽州刺史楊熙涼州刺史劉恭益州刺史龐艾淸亮在公薦舉升進帝嘉之拜陟河南尹計日受奉常食乾飯茹菜禁制豪右京師憚之會黨事起免官禁錮卒於家

張儉字元節山陽高平人趙王張耳之後也父成江夏太守儉初舉茂才以刺史非其人謝病不起延熹八年太守翟超請爲東部督郵時中常侍侯覽家在防東殘暴百姓所爲不軌儉舉劾覽及其母罪惡請誅之覽遏絕章表並不得通由是結仇覽等鄉人朱並素性佞邪爲儉所棄並懷怨恚遂上書告儉與同郡二十四人爲黨於是刊章討捕儉得亡命困迫遁走望門投止莫不重其名行破家相容復流轉東萊止李篤家外黃令毛欽操兵到門篤引欽謂曰張儉知名天下而亡非其罪縱儉可得寧忍執之乎欽因起撫篤曰伯玉恥獨爲君子足下如何自專仁義篤曰篤雖好義明廷今日載其半矣欽歎息而去篤因緣送儉出塞以故得免其所經歷伏重誅者以十數宗親並殄滅郡縣爲之殘破中平元年黨事解乃還鄉里大將軍三公並辟又舉敦朴公車特徵起家拜少府皆不就獻帝初百姓饑荒而儉貲計差溫乃傾竭財產與邑里共之賴其存者以百數建安初徵爲衞尉不得已而起儉見曹氏世德已萌乃闔門懸車不豫政事歲餘卒于許下年八十四

岑晊字公孝南陽棘音力陽人也父豫爲南郡太守以貪叨誅死晊年少未知名往候同郡宗慈慈方以有道見徵賓客滿門以晊非良家子不肯見晊留門下數日晚乃延入慈與語大奇之遂將俱至洛陽因詣太學受業晊有高才郭林宗朱公叔等皆爲友李膺王暢稱其有幹國器雖在閭里慨然有董正天下之志太守弘農成瑨下車欲振威嚴聞晊高名請爲功曹又以張牧爲中賊曹吏瑨委心晊牧襃善糾違肅清朝府宛有富賈張汎者桓帝美人之外親善巧雕鏤玩好之物頗以賂遺中官以此並得顯位恃其伎巧用埶縱橫晊與牧勸瑨收捕汎等旣而遇赦并收其宗族賓客殺二百餘人後乃奏聞於是中常侍侯覽使其妻上書訟冤帝大震怒徵瑨下獄賜死晊與牧遁逃亡匿齊魯之間會赦出後州郡察舉三府交辟並不就及李杜之誅因復逃竄終于江夏山中云

陳翔字子麟汝南邵陵人也祖父珍司隸校尉翔少知名善交結察孝廉太尉周景辟舉高第拜侍御史時正旦朝賀大將軍梁冀威儀不整奏冀恃貴不敬請收按罪時人奇之遷定襄太守徵拜議郞遷揚州刺史舉奏豫章太守王永奏事中宮吳郡太守徐參在職貪穢並徵詣廷尉參中常侍璜之弟也由此威名大振又徵拜議郞補御史中丞坐黨事考黃門北寺獄以無驗見原卒于家

孔昱字元世魯國魯人也七世祖霸成帝時歷九卿封襃成侯自霸至昱爵位相係其卿相牧守五十三人列侯七人昱少習家學大將軍梁冀辟不應太尉舉方正對策不合乃辭病去後遭黨禁錮靈帝卽位公車徵拜議郞補洛陽令以師喪棄官卒于家

范康字仲眞勃海重合人也少受業太學與郭林宗親善舉孝廉再遷潁陰令有能迹遷太山太守郡內豪姓多不法康至奮威怒施嚴令莫有干犯者先所請奪人田宅皆遽還之是時山陽張儉殺常侍侯覽母禁其宗黨賓客或有迸匿太山界者康旣常疾閹宦因此皆窮相收掩無得遺脫覽大怨之誣康與兗州刺史第五種及都尉壺嘉詐上賊降徵康詣廷尉減死罪一等徙日南潁陰人及太山羊陟等詣闕爲訟乃原還本郡卒于

家

檀敷字文有山陽瑕邱人也少爲諸生家貧而志淸不受鄉里施惠舉孝廉連辟公府皆不就立精舍教授遠方至者常數百人桓帝時博士徵不就靈帝卽位太尉黃瓊舉方正對策合時再遷議郞補蒙令以郡守非其人棄官去家無產業子孫同衣而出年八十卒於家

劉儒字叔林東郡陽平人也郭林宗常謂儒口訥心辯有珪璋之質察孝廉舉高第三遷侍中桓帝時數有災異下策博求直言儒上封事十條極言得失辭甚忠切帝不能納出爲任城相頃之徵拜議郞會竇武事下獄自殺

賈彪字偉節潁川定陵人也少遊京師志節慷慨與同郡荀爽齊名初仕州郡舉孝廉新息長小民貧困多不養子彪乃嚴爲其制與殺人同罪時城南有盜劫害人者北有婦人殺子者彪出案發而掾吏欲引南彪怒曰賊寇害人此則常理母子相殘逆天違道遂驅車北行案驗其罪城南賊聞之亦面縛自首數年間人養子者千數僉曰賈父所長生男名爲賈子女名爲賈女延熹元年黨事起太尉陳蕃爭之不能得朝廷寒心莫敢復言彪謂同志曰吾不西行大禍不解乃入洛陽說城門校尉竇武尙書霍諝武等訟之桓帝以此大赦黨人李膺出曰吾得免此賈生之謀也先是岑晊以黨事逃亡親友多匿焉彪獨閉門不納時人望之彪曰傳言相時而動無累後人公孝以要君致釁自遺其咎吾以不能奮刀相待反可容隱之乎於是咸服其裁正以黨禁錮卒于家初彪兄弟三人並有高名而彪最優故天下稱曰賈氏三虎偉節最怒

何顒字伯求南陽襄鄉人也少游學洛陽顒雖後進而郭林宗賈偉節等與之相好顯名太學友人虞偉高有父讎未報而篤病將終顒往候之偉高泣而訴顒感其義爲復讎以頭醊其墓及陳蕃李膺之敗顒以與蕃膺善遂爲宦官所陷乃變姓名匿汝南閒所至皆親其豪傑有聲荊豫之域袁紹慕之私與往來結爲奔走之友是時黨事起天下多離其難顒常私入洛陽從紹計議其窮困閉厄者爲求援救以濟其患有被掩捕者則廣設權計使得逃隱全免者甚衆及黨錮解顒辟司空府每三府會議莫不推顒之長累遷及董卓秉政逼顒以爲長史託疾不就乃與司空荀爽司徒王允等共謀卓會爽薨顒以他事爲卓所繫憂憤而卒初顒見曹操歎曰漢家將亡安天下者必此人也操以是嘉之嘗稱潁川荀彧王佐之器及彧爲尙書令遣人西迎叔父爽并致顒屍而葬之爽之冢傍

通志卷一百十二

宋右迪功郎鄭樵漁仲撰

列傳第二十六上

後漢

郭太 左原 茅容 孟敏 庾乘 宋果 賈淑 史叔賓 黃允 謝甄 邊讓 王柔
苻融 許劭 竇武 胡騰 何進 鄭太 孔伷 皇甫嵩 朱儁 董卓 李傕 郭汜 劉虞 公孫瓚 陶謙
袁紹 子譚 熙 尚 劉表 劉焉 子璋 袁術 呂布 張邈 高順 陳宮 陳登

郭太字林宗太原界休人也家世貧賤早孤母欲使給事縣廷林宗曰大丈夫焉能處斗筲之役乎遂辭就成皋屈伯彥學三年業畢博通墳籍善談論美音制乃游於洛陽始見河南尹李膺膺大奇之遂相友善於是名震京師後歸鄉里衣冠諸儒送至河上車數千兩林宗惟與李膺同舟而濟衆賓望之以爲神仙焉司徒黃瓊辟太常趙典舉有道或勸林宗仕進者對曰吾夜觀乾象晝察人事天之所廢不可支也遂竝不應性明知人好獎訓士類身長八尺容貌魁偉褒衣博帶周遊郡國嘗於陳梁閒行遇雨巾一角墊時人乃故折巾一角以爲林宗巾其見慕如此或問汝南范滂曰郭林宗何如人滂曰隱不違親貞不絕俗天子不得臣諸侯不得友吾不知其他遭母憂以至孝聞林宗雖善人倫而不爲危言覈論故宦者擅政而不能傷也及黨事起知名之士多被其害唯林宗及汝南袁閎得免焉遂閉門教授弟子以千數建寧元年太傅陳蕃大將軍竇武爲閹人所害林宗哭之於野慟既而歎曰人之云亡邦國殄瘁瞻烏爰止不知于誰之屋耳明年春卒于家時年四十二四方之士千餘人皆來會葬同志者乃共刻石立碑蔡邕爲其文既而謂涿郡盧植曰吾爲碑銘多矣皆有慙德唯郭有道無愧色耳其獎拔士人皆如所鑒初太始至南州過袁奉高不宿而去從叔度累日不去或以問太太曰奉高之器譬之汎濫雖清而易挹叔度之器汪汪若千頃之陂澄之不清擾之不濁不可量也已而果然太以是名聞天下後之好事或附益增張故多華辭不經又類卜相之書今錄其章章效於事者著之篇末左原者陳留人也爲郡學生犯法見斥林宗嘗遇諸路爲設酒肴以慰之謂曰昔顏涿聚梁甫之巨盜段干木晉國之大駔卒爲齊之忠臣魏之名賢蘧瑗顏回尚不能無過況其餘乎慎勿恚恨責躬而已原納其言而去或有譏林宗不絕惡人者對曰人而不仁疾之已甚亂也原後忽更懷忿結客欲報諸生其日林宗在學原愧負前言因遂罷去後事露衆人咸謝服焉茅容字季偉陳留人也年四十餘耕於野時與等輩避雨樹下衆皆夷踞相對容獨危坐愈恭林宗行見而異之遂與之言因請寓宿旦日容殺雞爲饌林宗謂爲已設既而以供其母自以草蔬與客同飯林宗起拜之曰卿賢乎哉因勸令學卒以成德孟敏字叔達鉅鹿楊氏人也客居太原嘗荷甑墮地不顧而去林宗見而問其意對曰甑已破矣視之何益林宗以此異之因勸令游學十年知名三公俱辟竝不屈云庾乘字世遊潁川鄢陵人也少給事縣庭爲門士林宗見而拔之勸游學宮遂爲諸生傭後能講論自以卑第每處下坐諸生博士皆就讐問由是學中以下坐爲貴徵辟竝不就號曰徵君宋果字仲乙扶風人也性輕悍憙與人報讐爲郡縣所疾林宗乃訓之義方懼以禍敗果感悔叩頭謝負遂改節自敕後以烈氣聞辟公府侍御史并州刺史所在能化賈淑字子厚林宗鄉人也雖世有冠冕而性險害邑里患之林宗遭母憂淑來修弔既而鉅鹿孫威直亦至威直以林宗賢而受惡人弔心怪之不進而去林宗追而謝之曰賈子厚誠實凶德然洗心向善仲尼不逆互鄉故吾許其進也淑聞之改過自厲終成善士鄉里有憂患者淑輒傾身營救爲州閭所稱史叔賓者陳留人也少有盛名林宗見而告人曰牆高基下雖得必失後果以論議阿枉敗名云黃允字子艾濟陽人也以儁才知名林宗見而謂曰卿有絕人之才足成偉器然恐守道不篤將失之矣後司徒袁隗欲爲從女求姻見允而歎曰得壻如是足矣允聞而黜遣其妻夏侯氏婦謂姑曰今當見棄方與黃氏長辭乞一會親屬以展離訣之情於是大集賓客三百餘人婦中坐攘袂數允隱匿穢惡十五事言畢登車而去允以此廢於時謝甄字子微汝南召陵人也與陳留邊讓竝善談論俱有盛名每共候林宗未嘗不連日達夜林宗謂門人曰二子英才有餘而竝不入道惜乎甄後不拘細行爲時所毀讓以輕侮曹操操殺之王柔字叔優弟澤字季道林宗同郡晉陽縣人也兄弟總角共候林宗以訪才行所宜林宗曰叔優當以仕進顯季道當以經術通然違方改務亦不能至也後果如所言柔爲護匈奴中郎將澤爲代郡太守又識張孝仲芻牧之中知范特祖郵置之役召公子許偉康竝出屠沽司馬子威拔自卒伍及同郡郭長信王長文韓文布李子政曹子元定襄周康子西河王季然雲中邱李智郝禮真等六十人竝以成名

苻融字偉明陳留浚儀人也少爲都官吏恥之委去後遊太學師事少府李膺膺風性高簡每見融輒絕他賓客聽其言論融幅巾奮褎談辭如雲膺每捧手歎息郭林宗始入京師時人莫識融一見嗟服因以介於李膺由是知名時漢中晉文經梁國黃子艾並恃其才智眩曜上京臥託養疾無所通接洛中士大夫好事者承其聲名坐門問疾猶不得見三公所辟召者輒以詢訪之隨所臧否以爲與奪融察其非眞乃到太學并見李膺曰二子行業無聞以豪傑自置遂使公卿問疾王臣坐門融恐其小道破義空譽違實特宜察焉膺然之二人自是名論漸衰旬日之閒慙歎逃去後果爲輕薄子並以罪廢棄融益以知名州郡禮請舉孝廉公府連辟皆不應太守馮岱有名稱到官請融相見融一往薦達郡士范冉韓卓孔伷等三人因辭並自絕會有黨事亦遭禁錮妻亾貧無殯斂鄉人爲具棺服不肯受曰古之亾者棄之中野唯妻子可以行志但與埋藏而已融同郡田盛字仲禦與郭林宗同好亦名知人優游不仕並以壽終

許劭字子將汝南平輿人也少峻名節好人倫多所賞識若樊子昭和陽士者並顯名於世故天下言拔士者咸稱許郭初爲郡功曹太守徐璆甚敬之府中聞子將爲吏莫不改操飾行同郡袁紹公族豪俠去濮陽令歸車徒甚盛將入郡界乃謝遣賓客曰吾輿服豈可使許子將見乎遂以單車歸家劭常到潁川多長者之遊唯不候陳寔又陳蕃喪妻還葬鄉人畢至而劭獨不往或問其故劭曰太邱道廣廣則難周仲舉性峻峻則少通故不造也其多所裁量若此曹操微時常卑辭厚禮求爲己目劭鄙其人而不肯對操乃伺隙脅劭劭不得已曰君清平之姦賊亂世之英雄操大悅而去劭從祖敬敬子訓訓子相並爲三公相以能諂事宦官故自致台司封侯數遣請劭劭惡其薄行終不候之劭邑人李逵壯直有高氣劭初善之而後爲隙又與從兄靖不睦時議以此少之初劭與靖俱有高名好共覈論鄉黨人物每月輒更其品題故汝南俗有月旦評焉司空楊彪辟舉方正敦樸徵皆不就或勸劭仕對曰方今小人道長王室將亂吾欲避地淮海以全老幼乃南到廣陵徐州刺史陶謙禮之甚厚劭不自安告其徒曰陶恭祖外慕聲名內非眞正待吾雖厚其勢必薄不如去之遂復投揚州刺史劉繇於曲阿其後陶謙果捕諸寓士及孫策平吳劭與繇南奔豫章而卒時年四十六兄虔亦知名故汝南人稱曰平輿淵有二龍焉

竇武字游平扶風平陵人安豐戴侯融之元孫也父奉定襄太守武少以經行著稱常教授於大澤中不交時事名顯關西延熹八年長女選入掖庭桓帝以爲貴人拜武郎中其冬貴人立爲皇后武遷越騎校尉封槐里侯五千戶明年冬拜城門校尉在位多辟名士清身疾惡禮賂不通妻子衣食裁充足而已是時羌蠻寇難歲儉民飢武得兩宮賞賜悉散與太學諸生及載肴糧於路匄施貧民兄子紹爲虎賁中郎將性疏簡奢侈武每數切戒厲猶不覺悟乃上書求退紹位又自責不能訓導當先受罪由是紹更遵節大小莫敢違犯時國政多失內官專寵李膺杜密等爲黨事考逮永康元年上疏諫曰臣聞明主不諱譏刺之言忠臣不恤諫爭之患臣幸遭盛明之世豈敢懷祿逃罪不竭其誠乎陛下初從藩國爰登聖祚天下逸豫謂當中興而自卽位以來未聞善政梁孫寇鄧雖或誅滅而常侍黃門續爲禍虐欺罔陛下競行譎詐自造制度妄爵非人朝政日衰姦臣日橫伏尋西京放恣王氏佞臣執政終喪天下今不慮前事之失復循覆車之軌臣恐二世之難必將復及趙高之變不朝則夕近者姦臣牢脩造設黨議遂收前司隸校尉李膺太僕杜密御史中丞陳翔太尉掾范滂等逮考連及數百人曠年拘錄事無效驗臣惟膺等建中抗節志經王室此誠陛下稷卨伊呂之佐而虛爲姦臣賊子之所誣枉天下寒心四海失望惟陛下留神澄省時見理出以厭人鬼喁喁之心臣聞古之明君必須賢佐以成政道今臺閣近臣尙書令陳蕃僕射胡廣尙書朱寓荀緄劉祐魏朗劉矩尹勳等皆國之貞士朝之良佐尙書郎張陵嬀皓范康楊喬邊韶戴恢等文質彬彬明達國典內外之職羣才並列而陛下委任近習專樹饕餮外典州郡內幹心膂宜以次貶黜案罪糾罰抑奪宦官欺國之封案其無狀誣罔之罪信任忠良平決臧否使邪正毀譽各得其所寶愛天官唯善是授如此咎徵可消天應可待閒者有嘉禾芝草黃龍之見夫瑞生必於嘉士福至實由善人在德爲瑞無德爲災陛下所行不合天意不宜稱慶書奏因以病上還城門校尉槐里侯印綬帝不許有詔原李膺杜密等自黃門北寺若盧都內諸獄繫囚罪輕者皆出之其冬帝崩無嗣武召侍御史河閒劉儵參問其國中王子侯之賢者儵稱解瀆亭侯宏武入白太后遂徵立之是爲靈帝拜武爲大將軍常居禁中帝既立論定策功更封武爲聞喜侯子機渭陽侯拜侍中兄子紹鄠侯遷步兵校尉紹弟靖西

鄉侯爲侍中監羽林左騎武旣輔朝政常有誅翦宦官之意太傅陳蕃亦素有謀時共會朝堂蕃以私謂武曰中常侍曹節王甫等自先帝時操弄國權濁亂海內百姓何何歸咎於此今不誅節等後必難圖武深然之蕃大喜以手推席而起武於是引同志尹勳爲尚書令劉瑜爲侍中馮述爲屯騎校尉又徵天下名士廢黜者前司隸李膺宗正劉猛太僕杜密廬江太守朱寓等列於朝廷請前越巂太守荀昱爲從事中郎辟潁川陳寔爲屬共定計策於是天下雄儁知其風旨莫不延頸企踵思奮其智力會五月日食蕃說武曰昔蕭望之困一石顯近者李杜諸公禍及妻子況今石顯數十輩乎蕃以八十之年欲爲將軍除害今可且因日食斥罷宦官以塞天變又趙夫人及女尚書旦夕亂太后急宜退絕惟將軍慮焉武乃白太后曰故事黃門常侍但當給事省內典門戶主近署財物耳今乃使與政事而任權重子弟布列專爲貪暴天下何何正以此故宜悉誅廢以淸朝廷太后曰漢家故事世有宦官但當誅其有罪豈可盡廢邪時中常侍管霸頗有材略專制省內武乃先白誅霸及中常侍蘇康等竟死武復數白誅曹節等太后冘豫未忍故事久不發至八月太白出西方劉瑜素善天官惡之上書皇太后曰太白犯房左驂上將星入太微其占宮門當閉將相不利姦人在主傍願急防之又與武蕃書以星辰錯謬不利大臣宜速斷大計武蕃得書將發於是以朱寓爲司隸校尉劉祐爲河南尹虞祁爲洛陽令武乃奏免黃門令魏彪以所親小黃門山冰代之使冰奏素狡猾尤無狀者長樂尚書鄭颯送北寺獄蕃謂武曰此曹子便當收殺何復考爲武不從令冰與尹勳侍御史祝瑨雜考颯辭連及曹節王甫勳冰卽奏收節等使劉瑜內奏時武出宿歸府典中書者先以告長樂五官史朱瑀瑀盜發武奏罵曰中官放縱者自可誅耳我曹何罪而當盡見族滅因大呼曰陳蕃竇武奏白太后廢帝爲大逆乃夜召素所親壯健者長樂從官史共普張亮等十七人喢血共盟誅武等曹節聞之驚起白帝曰外閒切切請出御德陽殿令帝拔劍踊躍使乳母趙嬈等擁衛左右取棨信閉諸禁門召尚書官屬脅以白刃使作詔版拜王甫爲黃門令持節至北寺獄收尹勳山冰冰疑不受詔甫格殺之遂害勳出鄭颯共劫太后奪璽綬令中謁者守南宮閉門絕複道使鄭颯等持節及侍御史謁者捕收武等武不受詔馳入步兵營與紹共射殺使者召北軍五校士數千人屯都亭下令軍士曰黃門常侍反盡力者封侯重賞詔以少府周靖行車騎將軍加節與護匈奴中郎將張奐率五營士討武夜漏盡王甫將虎賁羽林廐騶都候劍戟士合千餘人出屯朱雀掖門與奐等合明旦悉軍闕下與武對陣甫兵漸盛使其士大呼武軍曰竇武反汝皆禁兵當宿衛省何故隨反者乎先降有賞營府素畏服中官於是武軍稍稍歸甫自旦至食時兵降略盡武紹遂走諸軍追圍之皆自殺梟首洛陽都亭收捕親屬賓客姻屬悉誅之及劉瑜馮述皆夷其族徙武家屬日南遷太后於雲臺當是時凶豎得志士大夫皆喪其氣矣武府掾桂陽胡騰少師事武獨殯斂行喪坐以禁錮武孫輔時年二歲逃竄得全事覺節等捕之急胡騰及令史南陽張敞共匿輔於零陵界詐云已死騰以爲己子而使聘娶焉後舉桂陽孝廉至建安中荊州牧劉表聞而辟焉以爲從事使還竇姓以事列上會表卒曹操定荊州輔與宗人徙居於鄴辟丞相府從征馬超爲流矢所中死初武母產武而幷產一蛇送之林中後母卒及葬未窆有大蛇自榛草而出徑至喪所以頭擊柩涕血皆流仰俯蛣屈若哀泣之容有頃而去時人知爲竇氏之祥騰字子升初桓帝巡狩南陽以騰爲護駕從事公卿貴戚車騎萬計徵求費役不可勝極騰上言天子無外乘輿所幸卽爲京師臣請以荊州刺史比司隸校尉臣自同都官從事帝從之自是肅然莫敢妄有干欲騰以此顯名黨錮解官至尚書張敞者太尉溫之弟也

何進字遂高南陽宛人也異母女弟選入掖庭爲貴人有寵於靈帝拜進郎中再遷虎賁中郎將出爲潁川太守光和二年貴人立爲皇后徵進入拜侍中將作大匠河南尹中平元年黃巾賊張角等起以進爲大將軍率左右羽林五營營士屯都亭修理器械以鎭京師張角別黨馬元義謀起洛陽進發其姦以功封愼侯四年滎陽數千人羣起攻燒郡縣殺中牟縣令詔使進弟河南尹苗出擊之苗攻破羣賊平定而還詔遣使者迎於成皋拜苗爲車騎將軍封濟陽侯五年天下滋亂望氣者以爲京師當有大兵兩宮流血大將軍司馬許涼假司馬伍宕說進曰太公六韜有天子將兵事可以威厭四方進以爲然入言之於帝於是乃詔進大發四方兵講武於平樂觀下起大壇上建十二重五采華蓋高十丈壇東北爲小壇復建九重華蓋高九丈列步兵騎士數萬人結營爲陣天子親出臨軍駐大華蓋下進駐小華蓋下禮畢帝躬擐甲介馬稱無上將軍行陣三匝而還詔使進悉領兵屯於觀下是時置西園八校尉以小黃

門蹇碩爲上軍校尉虎賁中郎將袁紹爲中軍校尉屯騎都尉鮑鴻爲下軍校尉議郎曹操爲典軍校尉趙融爲助軍校尉淳于瓊爲佐軍校尉又有左右校尉帝以蹇碩壯健而有武略特親任之以爲元帥督司隷校尉以下雖大將軍亦領屬焉碩雖擅兵於中而猶畏忌於進乃與諸常侍共說帝遣進西擊邊章韓遂帝從之賜兵車百乘虎賁斧鉞進知其謀乃上遣袁紹東擊徐兖二州兵須紹還即戎事以稽行期初何皇后生皇子辯王貴人生皇子協羣臣請立太子帝以辯輕佻無威儀不可爲人主然皇后有寵且進又居重權故久不決六年帝疾篤屬協於蹇碩碩旣受遺詔且素輕忌於進兄弟及帝崩碩時在內欲先誅進而立協會進從外入碩司馬潘隱與進早舊迎而目之進驚馳從儳道歸營引兵入屯百郡邸因稱疾不入碩謀不行皇子辯乃即位何太后臨朝進與太傅袁隗輔政録尚書事進素知中官天下所疾兼忿蹇碩圖己及秉朝政陰規誅之袁紹亦素有此謀因進親客張津勸之曰黃門常侍權重日久又與長樂太后專通姦利將軍宜更清選賢良整齊天下爲國家除患進然其言又以袁氏累世寵貴海內所歸而紹素善養士能得豪傑用其從弟虎賁中郎將術亦尚氣俠故竝厚待之因復博徵智謀之士龐紀何顒荀攸等與同腹心蹇碩疑不自安與中常侍趙忠等書曰大將軍兄弟秉國專朝今與天下黨人謀誅先帝左右埽滅我曹但以碩典禁兵故且沈吟今宜共閉上閤急捕誅之中常侍郭勝進同郡人也太后及進之貴幸勝有力焉故勝親信何氏遂共趙忠等議不從碩計而以其書示進進乃使黃門令收碩誅之因領其屯兵

袁紹復說進曰前竇武欲誅內寵而反爲所害者以其言語漏泄而五營百官服畏中人故也今將軍旣有元舅之重而兄弟竝領勁兵部曲將吏皆英俊名士樂盡力命事在掌握此天贊之時也將軍宜一爲天下除害名垂後世雖周之申伯何足道哉今大行在前殿將軍宜受詔領禁兵不宜輕出入宮省進甚然之乃稱疾不入陪喪又不送山陵遂與紹定籌策而以其計白太后太后不聽曰中官統領禁省自古及今漢家故事不可廢也且先帝新棄天下我柰何楚楚與士人共對事乎進難違太后意且欲誅其放縱者紹以爲中官親近至尊出入號令今不悉廢後必爲患而太后母舞陽君及苗數受諸宦官賂遺知進欲誅之數白太后爲其障蔽又言大將軍專殺左右擅權以弱社稷太后疑以爲然中官在省闥者或數十年封侯貴寵膠固內外進新當重任素敬憚之雖外收大名而內不能斷故事久不決紹等又爲畫策多召四方猛將及諸豪傑使竝向京城以脅太后進然之主簿陳琳入諫曰易稱即鹿無虞諺有掩目捕雀夫微物尚不可欺以得志況國之大事其可以詐立乎今將軍總皇威握兵要龍驤虎步高下在心此猶鼓洪爐燎毛髮耳夫違經合道天人所順而反委釋利器更徵外助大兵聚會彊者爲雄所謂倒持干戈授人以柄功必不成秖爲亂階進不聽遂西召前將軍董卓屯關中上林苑又使府掾太山王匡東發其郡彊弩并召東郡太守橋瑁屯成皋使武猛都尉丁原燒孟津火照城中皆以誅宦官爲言太后猶不從苗謂進曰始從南陽來俱以貧賤依省內以致富貴國家之事亦何容易覆水不收宜深思之且與省內和也進意更

狐疑紹懼進變計乃脅之曰交構已成形勢已露事留變生將軍復欲何待而不早決之乎進於是以紹爲司隷校尉假節專命擊斷從事中郎王允爲河南尹紹使洛陽方略武吏司察宦者而促董卓等使馳驛上欲進兵平樂觀太后乃恐悉罷中常侍小黃門使還里舍唯留進素所私人以守省中諸常侍小黃門皆詣進謝曰唯所措置進謂曰天下匈匈正患諸君耳今董卓垂至諸君何不早各就國袁紹勸進便以此決之至于再三進不許中官懼而思變張讓子婦太后之妹也讓向子婦叩頭曰老臣得罪當與新婦俱歸私門惟受恩累世今當遠離宮殿情懷戀戀願復一入直得暫奉望太后陛下顏色然後退就溝壑死不恨矣子婦言於舞陽君入白太后乃詔諸常侍皆復入直八月進入長樂白太后請盡誅諸常侍以下選三署郎入守宦官廬諸宦官相謂曰大將軍稱疾不臨喪不送葬今欻入省此意何爲竇氏事竟復起邪又張讓等使人潛聽具聞其語乃率常侍段珪畢嵐等數十人持兵自側闥入伏省中及進出因詐以太后詔召進入坐省閤讓等詰進曰天下憒憒亦非獨我曹罪也先帝嘗與太后不快幾至成敗我曹涕泣救解各出家財千萬爲禮和悅上意但欲託卿門戶耳今乃欲滅我曹種族不亦太甚乎卿言省內穢濁公卿以下忠清者爲誰於是尚方監渠穆拔劍斬進於嘉德殿前讓珪等爲詔以故太尉樊陵爲司隷校尉少府許相爲河南尹尚書得詔版疑之曰請大將軍出共議中黃門以進頭擲與尚書曰何進謀反已伏誅矣進部曲將吳匡張璋素所親幸在外聞進被害欲將兵入宮宮閤閉袁術與匡共斫攻之中黃門持兵守閤

會日暮術因燒南宮九龍門及東西宮欲以脅出讓等讓等入白太后言大將軍兵反燒宮攻尚書闥因將太后天子及陳留王又劫省內官屬從複道走北宮尚書盧植執戈於閣道窗下仰數段珪珪等懼乃釋太后太后投閣得免袁紹與叔父隗矯詔召樊陵許相斬之苗紹乃引兵屯朱雀闕下捕得趙忠斬之吳匡等素怨苗不與進同心而又疑其與宦官同謀乃令軍中曰殺大將軍者即車騎也士吏能爲報讐乎進素有仁恩士卒皆流涕曰願致死匡遂引兵與董卓弟奉車都尉旻攻殺苗棄其屍於苑中紹遂閉北宮門勒兵捕宦者無少長皆殺之或有無須而誤死者至自發露然得免者二千餘人紹因進兵排宮或上端門屋以攻省內張讓段珪等困迫遂將帝與陳留王數十人步出穀門奔小平津公卿竝出平樂觀無得從者唯尚書盧植夜馳河上王允遣河南中部掾閔貢隨植後貢至手劍斬數人餘皆投河死明日公卿百官乃奉迎天子還宮以貢爲郎中封都亭侯董卓遂廢帝又迫殺太后及舞陽君何氏遂亡而漢室亦自此敗亂

鄭太字公業河南開封人司農衆之曾孫也少有才略靈帝末知天下將亂陰結豪桀家富於財有田四百頃而食常不足名聞山東初舉孝廉三府辟公車徵皆不就及大將軍何進輔政徵用名士以公業爲尚書侍郎遷侍御史進將誅閹官欲召并州牧董卓爲助公業謂進曰董卓彊忍寡義志欲無厭若借之朝政授以大事將恣凶慾必危朝廷明公以親德之重據阿衡之權秉意獨斷誅除有罪誠不宜假卓以爲資援也且事留變生殷鑒不遠又爲陳時務之所急數事進不能用乃棄官去謂潁川人荀攸曰何公未易輔也進尋見害卓果作亂公業等與侍中伍瓊卓長史何顒共說卓以袁紹爲渤海太守以發山東之謀及義兵起卓乃會公卿議大發卒討之羣僚莫敢忤旨公業恐其衆多益橫凶彊難制獨曰夫政在德不在衆也卓不悅曰如卿此言兵爲無用邪公業懼乃詭辭更對曰非謂無用以爲山東不足加大兵耳如有不信請爲明公略陳其要今山東合謀州郡連結人庶相動非不彊盛然光武以來中國無警百姓優逸忘戰日久仲尼有言不教人戰是謂棄之其衆雖多不能爲害一也明公出自西州少爲國將閑習軍事數踐戰場名振當世人懷懾服二也袁本初公卿子弟生處京師張孟卓東平長者坐不闚堂孔公緒清談高論噓枯吹生並無軍旅之才執銳之幹臨鋒決敵非公之儔三也山東之士素乏精悍未有孟賁之勇慶忌之捷聊城之守良平之謀可任以偏師責以成功四也就有其人而尊卑無序王爵不加若恃衆怙力將各棊峙以觀成敗不肯同心共膽與齊進退五也關西諸郡頗習兵事自頃以來數與羌戰婦女猶戴戟操矛挾弓負矢況其壯勇之士以當妄戰之人乎其勝可必六也且天下彊勇百姓所畏者有并涼之人及匈奴屠各湟中義從西羌八種而明公擁之以爲爪牙譬驅虎兕以赴犬羊七也又明公將帥皆中表腹心周旋日久恩信淳著忠誠可任智謀可恃以膠固之衆當瓦合之勢猶以烈風埽彼枯葉八也夫戰有三亡以亂攻理者亡以邪攻正者亡以逆攻順者亡今明公秉國平正討滅宦豎忠義克立以此三德待彼三亡奉辭伐罪誰敢禦之九也東州鄭玄學該古今北海邴原清高直亮皆儒生之所仰羣士楷式彼諸將若詢其計畫足知彊弱且燕趙齊梁非不盛也終滅於秦吳楚七國非不衆也卒敗滎陽況今德政赫赫股肱惟良彼豈讚成其謀造亂長寇哉其不然十也若其所陳少有可採無事徵兵以驚天下使患役之民相聚爲非棄德恃衆自虧威重卓乃悅以公業爲將軍使統諸軍討擊關東或說卓曰鄭公業智略過人而結謀外寇今資之士馬就其黨與竊爲明公懼之卓乃收還其兵留拜議郎卓既遷都長安天下饑亂士大夫多不得其命而公業家有餘資日引賓客高會倡樂所贍救者甚衆乃與何顒荀攸謀共謀殺卓事泄顒等被執公業脫身自武關走東歸袁術術上以爲揚州刺史未至官道卒時年四十一

孔融字文舉魯國人孔子二十世孫也七世祖霸爲元帝師位至侍中父宙太山都尉融幼有異才年十歲隨父詣京師時河南尹李膺以簡重自居不妄接士賓客勅外自非當世名人及與通家皆不得白融欲觀其人故造膺門語門者曰我是李君通家子弟門者言之膺請融問曰高明祖父嘗與僕有恩舊乎融曰然先君孔子與君先人李老君同德比義而相師友則融與君累世通家衆坐莫不歎息太中大夫陳煒後至坐中以告煒煒曰夫人小而聰了大未必奇融應聲曰觀君所言將不早慧乎膺大笑曰高明必爲偉器年十三喪父哀悴過毀扶而後起州里歸其孝性好學博涉多該覽山陽張儉爲中常侍侯覽所怨覽爲刊章下州郡以名捕儉儉與融兄褒有舊亡抵於褒不遇時融年十六儉少之而不告融見其有窘色謂曰兄雖在外吾獨不能爲君主邪因留舍之後事泄國相以下密就掩捕儉得脫

走遂并收襃融送獄二人未知所坐融曰保納舍藏者融也當坐之襃曰彼來求我非弟之過請甘其罪吏問其母母曰家事任長妾當其辜一門爭死郡縣疑不能決乃上讞之詔書竟坐襃焉融由是顯名州郡禮命皆不就辟司徒楊賜府時隱覈官僚之貪濁者將加貶黜融多舉中官親族尚書畏迫內寵召掾屬詰責之融陳對罪惡言無阿撓河南尹何進當遷爲大將軍楊賜遣融奉謁賀進不時通融卽奪謁還府投劾而去河南官屬恥之私遣劍客欲追殺融客有言於進曰孔文舉有重名將軍若造怨此人則四方之士引領而去矣不如因而禮之可以示廣於天下進然之旣拜而辟融舉高第爲侍御史與中丞趙舍不同託病歸家後辟司空掾拜中軍候在職三日遷虎賁中郎將會董卓廢立融每因對答輒有匡正之言以忤卓旨轉爲議郎時黃巾寇數州而北海最爲賊衝卓乃諷三府同舉融爲北海相融到郡收合士民起兵講武馳檄飛翰引謀州郡張饒等羣輩二十萬衆從冀州還融逆擊爲饒所敗乃收散兵保朱虛縣稍復鳩集吏民爲黃巾所誤者男女四萬餘人更置城邑立學校表顯儒術薦舉賢良鄭元彭璆邴原等郡人甄子然臨孝存知名早卒融恨不及之乃命配食縣社其餘雖一介之善莫不加禮焉郡人無後及四方游士有死亾者皆爲具棺而斂葬之時黃巾復來侵暴融乃出屯都昌爲賊管亥所圍融逼急乃遣東萊太史慈求救於平原相劉備備驚曰孔北海復知天下有劉備邪卽遣兵三千救之賊乃散走時袁曹方盛而融無所協附左丞黃祖稱有意謀勸融有所結納融知紹操終圖漢室不欲與同故怒而殺之融負其才氣

志在靖難而才疏意廣迄無成功在郡六年劉備表領青州刺史建安元年爲袁譚所攻自春至夏戰士所餘裁數百人流矢雨集戈矛內接融隱几讀書談笑自若城夜陷乃奔山東妻子爲譚所虜及獻帝都許徵融爲將作大匠遷少府每朝會訪對融輒引正定議公卿大夫皆隸名而已初太傅馬日磾奉使山東及至淮南數有意於袁術術輕侮之遂奪取其節求去又不聽因欲逼爲軍師日磾深自恨遂嘔血而斃及喪還朝廷議欲加禮融乃獨議曰日磾以上公之尊秉髦節之使銜命直指寧輯東夏而曲媚姦臣爲所牽率章表署用輒使首名附下罔上姦以事君昔國佐當晉軍而不撓宜僚臨白刃而正色王室大臣豈得以見脅爲辭又袁術僭逆非一朝一夕日磾隨從周旋歷歲漢律與罪人交關三日已上皆應知情春秋魯叔孫得臣卒以不發揚襄仲之罪貶不書日鄭人討幽公之亂斲子家之棺聖上哀矜舊臣未忍追案不宜加禮朝廷從之時論者多欲復肉刑融乃建議曰古者敦厖善否不別吏端刑清政無過失百姓有罪皆自取之末世陵遲風化壞亂政撓其俗法害其人故曰上失其道民散久矣而欲繩之以古刑投之以殘棄非所謂與時消息者也紂斮朝涉之脛天下謂爲無道夫九牧之地千八百君若各刖一人是下常有千八百紂也求俗休和弗可得已且被刑之人慮不念生志在思死類多趨惡莫復歸正夙沙亂齊伊戾禍宋趙高英布爲世大患不能止人遂爲非也適足絕人還爲善耳雖忠如鬻權信如卞和智如孫臏冤如巷伯才如史遷達如子政一離刀鋸沒世不齒是太甲之思庸穆公之霸秦南睢之骨立衛武之初筵陳湯

之都賴魏尚之守邊無所復施也漢開改惡之路凡爲此也故明德之君遠度深惟棄短就長不苟革其政者也朝廷善之卒不改焉是時荊州牧劉表不供職貢多行僭僞遂乃郊祀天地擬儀社稷詔書班下其事融上疏請爲隱諱其事以崇國防五年南陽王馮東海王祗薨帝傷其早歿欲爲脩四時之祭以訪於融融言前梁懷王臨江愍王齊哀王臨淮懷王並薨無後同產昆弟卽景武昭明四帝是也未聞前朝脩立祭祀恐於典禮不合遂止初曹操攻屠鄴城袁氏子婦多見侵略操子丕私納袁熙妻甄氏融乃與操書稱武王伐紂以妲己賜周公操不悟問出何經典對曰以今度之想當然耳後操討烏桓又嘲之曰大將軍遠征蕭條海外昔肅慎不貢楛矢丁零盜蘇武牛羊可并案也時年饑兵興操表制酒禁融以書爭之曰酒之爲德久矣古先哲王類帝禋宗和神定人以濟萬國非酒莫以也故天垂酒星之耀地列酒泉之郡人著旨酒之德堯不千鍾無以建太平孔非百觚無以堪上聖樊噲解尼鴻門非豕肩鍾酒無以奮其怒趙之厮養東迎其王非引巵酒無以激其氣高祖非醉斬白蛇無以暢其靈景帝非醉幸唐姬無以開中興袁盎非醇醪之力無以脫其命定國不酣飮一斛無以決其法故酈生以高陽酒徒著功於漢屈原不哺醩歠醨取困於楚由是觀之酒何負於政哉又書曰昔徐偃王行仁義而亾今令不絕仁義燕噲以讓失社稷今令不禁謙退魯因儒而損今令不棄文學夏商亦以婦人失天下今令不斷婚姻而將酒獨急者疑但惜穀耳非以爲戒也融見操雄詐漸著數不能堪故發辭偏宕多致乖忤又嘗奏宜準古王畿之制千里寰

內不以封建諸侯操疑其所論建漸廣益憚之然以融名重天下外相容忍而潛忌正議慮鯁大業初山陽郗慮字鴻豫少受學於鄭元有時名獻帝嘗見慮及融問融曰鴻豫何所優長融曰可與適道未可與權慮舉笏曰融昔宰北海政散人亾其權安在遂與融互相長短以至不穆至是慮爲御史大夫承望風旨以微法奏免融官因顯明讐怨操以書譬解融然實激厲之也融不逆其詐書報謝之歲餘復拜太中大夫融寬容少忌好士喜誘後進及退閑職賓客日盈其門常歎曰坐上客常滿尊中酒不空吾無憂矣與蔡邕素善邕卒後有虎賁士貌類於邕融每酒酣引與同坐曰雖無老成人且有典刑融聞人之善若出諸已言有可採必演而成之面告其短而退稱所長薦達名士多所獎進知而未言以爲已過故海內英俊皆信服之曹操既積嫌忌而郗慮復構成其罪遂令丞相軍謀祭酒路粹枉狀奏融曰少府孔融昔在北海見王室不靜而招合徒衆欲規不軌云我大聖之後而見滅於宋有天下者何必卯金刀及與孫權使語謗訕朝廷又融爲九列不遵朝儀秃巾微行唐突宮掖又前與白衣禰衡跌蕩放言云父之於子當有何親論其本意實爲情欲發耳子之於母亦復奚爲譬如寄物缻中出則離矣既而與衡更相贊揚衡謂融曰仲尼不死融荅曰顏回復生大逆不道宜極重誅書奏下獄棄市時年五十六妻子皆被誅初女年七歲男年九歲以其幼弱得全寄他舍二子方奕碁融被收而不動左右曰父執而不起何也荅曰安有巢毀而卵不破乎主人有遺肉汁男渴而飲之女曰今日之禍豈得久活何賴知肉味乎兄號哭而止或言於曹操遂盡殺之及收至女謂兄曰若死者有知得見父母豈非至願乎乃延頸就刑顏色不變莫不傷之初京兆人脂習元升與融相善每戒融剛直及被害許下莫敢收者習往撫尸曰文舉舍我死吾何用生爲操聞之大怒將收習殺之會赦得免魏文帝深好融文辭每歎曰楊班之儔也募天下有上融文章者輒賞以金帛所著詩頌碑文論議六言策文表檄教令書記凡二十五篇文帝以習有欒布之節加中散大夫還家年八十餘卒

皇甫嵩字義眞安定朝那人度遼將軍規之兄子也父節鴈門太守嵩少有文武志介好詩書習弓馬初舉孝廉茂才太尉陳蕃大將軍竇武連辟並不就靈帝公車徵爲議郎遷北地太守初鉅鹿張角自稱大賢良師奉事黃老畜養弟子跪拜首過（首式受反）符水呪說以療病病者頗愈百姓信向之角因遣弟子八人使於四方以善道化天下轉相誑惑十餘年閒衆徒數十萬連結郡國自青徐幽冀荊揚兗豫八州之人莫不畢應遂置三十六方方猶將軍號也大方萬餘人小方六七千各立渠帥訛言蒼天已死黃天當立歲在甲子天下大吉以白土書京城寺門及州郡官府皆作甲子字中平元年大方馬元義等先收荊揚數萬人期會發於鄴元義往來京師以中常侍封諝徐奉等爲內應約以三月五日內外俱起未及作亂而張角弟子濟南唐周上書告之於是車裂元義於洛陽靈帝以周章下三公司隷使鉤盾令周斌將三府掾屬按驗宮省直衞及百姓有事角道者誅數千餘人推考冀州逐捕角等角等知事以露晨夜馳敕諸方一時俱起皆著黃巾爲標幟時人謂之黃巾亦名爲蛾賊（蛾魚綺反即蟻字也）殺人以祠天角稱天公將軍角弟寶稱地公將軍寶弟梁稱人公將軍所在燔燒官府劫略聚邑州郡失據長吏多逃亾旬日之閒天下嚮應京師震動詔敕州郡修理攻守簡練器械自函谷大谷廣城伊闕轘轅旋門孟津小平津諸關並置都尉召羣臣會議嵩以爲宜解黨禁出中藏錢西園廐馬以班軍士帝從之於是發天下精兵博選將帥以嵩爲左中郎將持節與右中郎將朱儁共發五校三河騎士及募精勇合四萬餘人嵩儁各統一軍共討潁川黃巾儁前與賊波才戰戰敗嵩因進保長社波才引大衆圍城嵩兵少軍中皆恐乃召軍吏謂曰兵有奇變不在衆寡今賊依草結營易爲風火若因夜縱燒必大驚亂吾出兵擊之四面俱合田單之功可成也其夕遂大風嵩乃約敕軍士皆束苣乘城使銳士閒出圍外縱火大呼城上舉燎應之嵩因鼓而奔其陣賊驚亂奔走會帝遣騎都尉曹操將兵適至嵩操與朱儁合軍更戰大破之斬首數萬級封嵩都鄉侯嵩儁乘勝進討汝南陳國黃巾追波才於陽翟擊彭脫於西華並破之餘賊降散三郡悉平又進擊東郡黃巾卜己於倉亭生禽卜己斬首七千餘級時北中郎將盧植及東中郎將董卓討張角並無功而還乃詔嵩進兵討之嵩與角弟梁戰於廣宗梁衆精勇嵩不能尅明日乃閉營休士以觀其變知賊意稍懈乃潛夜勒兵雞鳴馳赴其陣戰至晡時大破之斬梁獲首三萬級赴河死者五萬許人焚燒車重三萬餘兩悉虜其婦子繫獲甚衆梁先以病死乃剖棺戮尸傳首京師嵩又與鉅鹿太守馮翊郭典攻角弟寶於下曲陽又斬之首獲十餘萬人築京觀於城南即拜嵩爲左車騎將軍領冀州牧封槐里侯食槐里美陽兩縣合八千

戶以黃巾既平故改年爲中平嵩奏請冀州一年田租以贍飢民帝從之百姓歌曰天下大亂兮市爲墟母不保子兮妻失夫賴得皇甫兮復安居嵩溫䘏士卒甚得衆心每軍行頓止須營幔修立然後就舍帳軍士皆食己乃嘗飯吏有因事受賂者嵩更以錢物賜之吏懷慚或至自殺嵩既破黃巾威震天下而朝政日亂海內虛困故信都令漢陽閻忠干說嵩曰難得而易失者時也時至不旋踵者幾也故聖人順時以動智者因幾以發今將軍遭難得之運蹈易駭之機而踐運不撫臨機不發將何以保大名乎嵩曰何謂也忠曰天道無親百姓與能今將軍受鉞於暮春收功於末冬兵動若神謀不再計摧彊易於折枯消堅甚於湯雪旬月之間神兵電掃封戶刻石南向以報威德震本朝風聲馳海外雖湯武之舉未有高將軍者也今身建不賞之功體兼高人之德而北面庸主何以求安乎嵩曰夙夜在公心不忘忠何故不安忠曰不然昔韓信不忍一餐之遇而棄三分之業利劒以揣其喉方發悔毒之歎者機失而謀乖也今主上勢弱於劉項將軍權重於淮陰指撝足以振風雲叱咤可以興雷電赫然奮發因危抵頹崇恩以綏先附振武以臨後服徵冀方之士動七州之衆羽檄先馳於前大軍響振於後蹈流漳河飲馬孟津誅閹宦之罪除羣凶之積雖僮兒可使奮拳以致力女子可使褰裳以用命況厲熊羆之士因迅風之勢哉功業已就天下已順然後請呼上帝示以天命混齊六合南面稱制移寶器於將興推亾漢於已墜實神機之至會風發之良時也夫既朽不雕衰世難佐若欲輔難佐之朝雕朽敗之木是猶逆坂走丸迎風縱棹豈云易哉且今宦豎羣居同惡如市上命不行權歸近習昏主之下難以久居不賞之功讒人側目如不早圖後悔無及嵩懼曰非常之謀不施於有常之埶創圖大功豈庸才所致黃巾細孼敵非秦項新結易散難以濟業且人未忘主天不祐逆若虛造不冀之功以速朝夕之禍孰與委忠本朝守其臣節雖云多讒不過放廢猶有令名死且不朽反常之論所不敢聞忠知計不用因亾去會邊章韓遂作亂隴右明年春詔嵩迴鎭長安以衞園陵章等遂復入寇三輔使嵩因討之初嵩討張角路由鄴見中常侍趙忠舍宅踰制乃奏沒入之又中常侍張讓私求錢五千萬嵩不與二人由此爲憾奏嵩連戰無功所費者多其秋徵還收左車騎將軍印綬削戶六千更封都鄉侯二千戶五年梁州賊王國圍陳倉復拜嵩爲左將軍督前將軍董卓各率二萬人拒之卓欲速進赴陳倉嵩不聽卓曰智者不後時勇者不留決速救則城全不救則城滅全滅之埶在於此也嵩曰不然百戰百勝不如不戰而屈人之兵是以先爲不可勝以待敵之可勝不可勝在我可勝在彼彼守不足我攻有餘有餘者動於九天之上不足者陷於九地之下今陳倉雖小城堅守固非九地之陷也王國雖彊而攻我之所不救非九天之埶也夫埶非九天攻者受害陷非九地守者不拔今國已陷受害之地而陳倉保不拔之城我可不煩兵動衆而取全勝之功將何救焉遂不聽時王國圍陳倉自冬迄春八十日城堅守固竟不能拔衆疲敝果自解去嵩進兵擊之卓曰不可兵法窮寇勿追歸衆勿追今我追國是追歸衆追窮寇也困獸猶鬬蜂蠆有毒況大衆乎嵩曰不然前吾不擊避其銳也今而擊之待其衰也所擊疲師非歸衆也國衆且走莫有鬬志以整擊亂非窮寇也遂獨進擊之使卓爲後拒戰大破之斬首萬餘級國走而死卓大慙恨由是忌嵩明年卓拜爲幷州牧詔使以兵委嵩卓不從嵩從子酈時在軍中說嵩曰本朝失政天下倒懸能安危定傾者唯大人與董卓耳今怨隙已結埶不俱存卓被詔委兵而上書自請此逆命也又以京師昏亂躊躇不進此懷姦也且其兇戾無親將士不附大人今爲元帥杖國威以討之上顯忠義下除國害此桓文之事也嵩曰專命雖罪專誅亦有責也不如顯奏其事使朝廷裁之於是上書以聞帝讓卓卓又增怨於嵩及後秉政初平元年乃徵嵩爲城門校尉因欲害之嵩將行長史梁衍說曰漢室微弱閹豎亂朝董卓雖誅之而不能盡忠於國遂復寇掠京邑廢立從意今徵將軍大則危禍小則困辱今卓在洛陽而天子來西以將軍之衆精兵三萬迎接至尊奉令討逆發命海內徵兵羣帥袁氏逼其東將軍迫其西此成禽也嵩不從遂就徵有司承旨奏嵩下吏將遂誅之嵩子堅壽與卓素善自長安亾走洛陽歸投於卓卓方置酒歡會堅壽直前質讓責以大義叩頭流涕坐者感動皆離席請之卓乃起牽與共坐使免嵩因復拜議郎遷御史中丞及卓還長安公卿百官迎謁道次卓諷令御史中丞以下皆拜以屈嵩既而抵手言曰義眞犕（犕音服）未乎嵩笑而謝之曰安知明公乃至于是卓曰鴻鵠固有遠志但燕雀自不知耳嵩曰昔與公俱爲鴻鵠不意明公今日變爲鳳凰卓笑曰卿早服今可不拜卓乃執其手曰怖乎嵩曰明公以德輔政朝廷何怖之有若淫刑以逞天下皆懼豈獨嵩乎卓意乃解及卓被誅以嵩爲征西將軍

又遷車騎將軍其年秋拜太尉冬以流星策免復拜光祿大夫遷太常尋李傕作亂嵩以病卒贈驃騎將軍印綬拜家一人爲郎嵩爲人愛慎盡勤前後上表陳諫有補益者五百餘事皆手書毀草不宣於外又折節下士門無留客時人皆稱而附之堅壽亦顯名後爲侍中辭不拜病卒

朱儁字公偉會稽上虞人也少孤母常販繒爲業儁以孝養致名爲縣門下書佐輕財重義鄉閭敬之時同郡周規辟公府當行乃假郡庫錢百萬以爲冠幘費而後倉卒督責規家貧無以償儁乃竊母繒帛爲規解對母既失產業深恚責之儁曰小損當大益初貧後富必然理也本縣長山陽度尚見而奇之薦於太守韋毅稍歷郡職太守尹端以儁爲主簿熹平二年端坐討賊許昭失利爲州所奏應棄市儁乃羸服間行輕齎數百金到京師賂主章吏遂得刊定州奏故端得輸作左校端喜於降免而不知其由儁亦終無所言後太守徐珪舉儁孝廉再遷除蘭陵令政有異能爲東海相所表會交阯部羣賊並起牧守輕弱不能制又交阯賊梁龍等萬餘人與南海太守孔芝反叛攻破郡縣光和元年卽拜儁交阯刺史令過本郡簡募家兵及所調合五千人分爲兩道而入既到州界按甲不前先遣使詣郡觀賊虛實宣揚威德以震動其心既而與七郡兵俱進逼之遂斬梁龍降者數萬人旬月盡定以功封都亭侯千五百戶賜黃金五十斤徵拜諫議大夫及黃巾起公卿多薦儁有才畧拜爲右中郎將持節與左中郎將皇甫嵩討潁川汝南陳國諸賊悉破平之嵩乃上言其狀以功歸儁於是進封西鄉侯遷鎮賊中郎將時南陽黃巾張曼成起兵稱神上使衆數萬殺郡守褚貢屯宛下百餘日爲後太守秦頡所殺其衆更以趙弘爲帥聚十餘萬衆據宛城儁與荆州刺史徐璆及秦頡合兵萬八千人圍弘自六月至八月不拔有司奏欲徵儁司空張溫上疏曰昔秦用白起燕用樂毅皆曠年歷載乃能克敵儁討潁川以有功效引師南指方畧已設臨軍易將兵家所忌宜假以歲月責其成功靈帝乃止儁因急擊弘斬之賊餘帥韓忠復據宛拒儁儁兵少不敵乃張圍結壘起土山以臨城內鳴鼓攻其西南賊悉衆赴之儁自將精卒五千掩其東北乘城而入忠乃退保小城惶懼乞降司馬張超及徐璆秦頡皆欲聽之儁曰兵有形同而埶異者昔秦項之際民無定主故賞附以勸來耳今海內一統唯黃巾造寇納降無以勸善討之足以懲惡今若受之更開逆意賊利則進戰鈍則乞降縱賊長寇非良計也因急攻連戰不尅儁登土山望之顧謂張超曰吾知之矣賊今外圍周固內營逼急乞降不受欲出不得所以死戰也萬人一心猶不可當況十萬乎其害甚矣不如撤圍并兵入城忠見圍解埶必自出出則意散易破之道也既而解圍忠果出戰儁因擊大破之乘勝逐北數十里斬首萬餘級忠等遂降而秦頡積忿忠遂殺之餘衆懼不自安復以孫夏爲帥還屯宛中儁急攻之夏走追至西鄂精山又破之復斬萬餘級賊遂解散明年春遣使者持節拜儁右車騎將軍振旅還京師以爲光祿大夫增邑五千更封錢塘侯加位特進以母喪去官起家復爲將作大匠轉少府太僕自黃巾賊後復有黑山黃龍白波右校郭大賢靑牛角于氏根張白騎劉石老髭文八平漢大計司隸掾哉雷公浮雲飛燕白雀楊鳳于毒五鹿李大目白繞眭固苦唒才由反之徒起山谷間不可勝數其大聲者稱雷公騎白馬者爲張白騎輕便者號飛燕多髭者號于氏根大眼者爲大目如此稱號各有所因大者二三萬小者六七千賊帥常山人張燕輕勇蹻捷故軍中號曰飛燕善得士卒心乃與中山常山趙郡上黨河內諸山谷寇賊更相交通衆至百萬號曰黑山賊河北諸郡縣並被其害朝廷不能討燕乃遣使至京師奏書乞降遂拜燕平難中郎將使領河北諸山谷事歲得舉孝廉計吏燕後漸寇河內逼近京師於是出儁爲河內太守將家兵擊卻之其後諸賊多爲袁紹所定事在紹傳復拜儁爲光祿大夫轉屯騎尋拜城門校尉河南尹時董卓擅政以儁宿將外甚親納而心實忌之及關東兵盛卓懼數請公卿會議徙都長安儁輒止之卓雖惡儁異己然貪其名重乃表遷太僕以爲己副使者拜儁辭不肯受因曰國家西遷必孤天下之望以成山東之釁臣不見其可也使者詰曰召君受拜而君拒之不問徙事而君陳之其故何也儁曰副相國非臣所堪也遷都計非事所急也辭所不堪言所非急臣之宜也使者曰遷都之事不聞其計就有未露何所承受儁曰相國董卓具爲臣說所以知耳使人不能屈由是止不爲副卓後入關留儁守洛陽而儁與山東諸將通謀爲內應既而懼爲卓所襲乃棄官奔荆州卓以弘農楊懿爲河南尹守洛陽儁聞復進兵還洛懿走儁以河南殘破無所資乃東屯中牟移書州郡請師討卓徐州刺史陶謙遣精兵三千餘州郡稍有所給謙乃上儁行車騎將軍董卓聞之使其將李傕郭汜等數萬人屯河南拒儁儁逆擊爲傕汜所破儁自知不敵留關

下不敢復前及董卓被誅傕汜作亂儁時猶在中牟陶謙以儁名臣數有戰功可委以大事乃與諸豪傑共推儁爲太師移檄牧伯同討傕等奉迎天子於是謙及前揚州刺史周乾琅邪相陰德東海相劉馗彭城相汲廉北海相孔融沛相袁忠太山太守應劭汝南太守徐璆前九江太守服虔博士鄭元等同共奏記於儁請受節度會李傕用太尉周忠尚書賈詡策徵儁入朝軍皆憚入關欲應陶謙等儁曰以君召臣義不俟駕況天子詔乎且傕汜小豎樊稠傭兒無他遠略又埶力相敵變難必作吾乘其閒大事可濟遂辭謙議而就傕徵復爲太僕謙等遂罷初平四年代周忠爲太尉錄尚書事明年秋以日食免復行驃騎將軍事持節鎭關東未發會李傕殺樊稠而郭汜又自疑與傕相攻長安中亂故儁不出留拜大司農獻帝詔儁與太尉楊彪等十餘人譬郭汜令與李傕和汜不肯遂留質儁等儁素剛卽日發病卒子皓亦有才行官至豫章太守

董卓字仲穎隴西臨洮人也性麤猛有謀少嘗遊羌中盡與諸豪帥相結後歸耕於野諸豪帥有來從之者卓爲殺耕牛與其宴樂豪帥感其意歸相斂得雜畜千餘頭以遺之由是以健俠知名爲州兵馬掾常徼守塞下卓膂力過人雙帶兩鞬左右馳射爲羌胡所畏桓帝末以六郡良家子爲羽林郎從中郎張奐爲軍司馬共擊漢陽叛羌破之拜郎中賜縑九千匹卓曰爲者則己有者則士乃悉分與吏兵無所留稍遷西域戊己校尉坐事免後爲并州刺史河東太守中平元年拜東中郎將持節代盧植擊張角於下曲陽軍敗抵罪其冬北地先零羌及枹罕河關羣盜反叛遂共立湟中義從胡北宮伯玉李文侯爲將軍殺護羌校尉冷徵伯玉等乃劫致金城人邊章韓遂使專任軍政共殺金城太守陳懿攻燒州郡明年春將數萬騎入寇三輔侵逼園陵託誅宦官爲名詔以卓爲中郎將副左車騎將軍皇甫嵩征之嵩以無功免歸而邊章韓遂等大盛朝廷復以司空張溫爲車騎將軍假節執金吾袁滂爲副拜卓破虜將軍與盪寇將軍周慎並統於溫并諸郡兵步騎各十餘萬屯美陽以衞園陵章遂亦進兵美陽溫卓與戰輒不利十一月夜有流星如火長十餘丈照章遂營中驢馬盡鳴賊以爲不祥欲歸金城卓聞之喜明日乃與右扶風鮑鴻等并兵俱攻大破之斬首數千級章遂敗走榆中溫乃遣周慎將三萬人追討之溫參軍事孫堅說慎曰賊城中無穀當外轉糧食堅願得萬人斷其運道將軍以大兵繼後賊必困乏而不敢戰若走入羌中并力討之則涼州可定也慎不從引軍圍榆中城而章遂分屯葵園狹反斷慎運道慎懼乃棄車重而退溫時亦使卓將兵三萬討先零羌卓於望垣北爲羌胡所圍糧食將絕進退逼急乃於所度水中僞立隁以爲捕魚而潛從隁下過軍比賊追之決水已深不得度時衆軍敗退唯卓全師而還屯於扶風封斄鄉侯邑千戶三年春遣使者持節就長安拜張溫爲太尉三公在外始之於溫其冬徵溫還京師韓遂乃殺邊章及伯玉文侯擁兵十餘萬進圍隴西太守李相如反與遂連和共殺涼州刺史耿鄙而鄙司馬扶風馬騰亦擁兵反叛又漢陽王國自號合衆將軍皆與韓遂合共推王國爲主悉令領其衆寇掠三輔五年圍陳倉乃拜卓前將軍與左將軍皇甫嵩擊破之韓遂等復共廢王國而劫故信都令漢陽閻忠使督統諸部忠恥爲衆所脅感恚病死遂等稍爭權利更相殺害其諸部曲並各分乖六年徵卓爲少府不肯就上書言所將湟中義從及秦胡兵皆詣臣曰牢直不畢稟賜斷絕妻子饑凍挽臣車使不得行羌胡敝腸狗態臣不能禁止輒將順安慰增異復上朝廷不能制頗以爲慮及靈帝寢疾璽書拜卓爲并州牧令以兵屬皇甫嵩卓復上書言曰臣既無老謀又無壯士天恩誤加掌戎十年士卒大小相狎彌久戀臣畜養之恩爲臣奮一旦之命乞將之北州効力邊垂於是駐兵河東以觀時變及帝崩大將軍何進司隸校尉袁紹謀誅宦官而太后不許乃私呼卓將兵入朝以脅太后卓得召卽時就道并上書曰中常侍張讓等竊倖承寵濁亂海內臣聞揚湯止沸莫若去薪潰癰雖痛勝於內食昔趙鞅興晉陽之甲以逐君側之惡人今臣輒鳴鐘鼓如洛陽請收讓等以清姦穢卓未至而何進敗虎賁中郎將袁術乃燒南宮欲討宦官而中常侍段珪等劫少帝及陳留王夜走小平津卓遠見火起引兵急進未明到城西聞少帝在北芒因往奉迎帝見卓將兵卒至恐怖涕泣卓與言不能辭對與陳留王語遂及禍亂之事卓以王爲賢且爲董太后所養卓自以與太后同族有廢立意初卓之入也步騎不過三千自嫌兵少恐不爲遠近所服率四五日輒夜潛出軍近營明旦乃大陳旌鼓而還以爲西兵復至洛中無知者尋而何進及弟苗先所領部曲皆歸於卓卓又使呂布殺執金吾丁原而并其衆卓兵士大盛乃諷朝廷策免司空劉弘而自代之因集議廢立百僚大會卓乃奮首而言曰大者天也其次君臣所以爲政皇帝闇弱不可以奉宗廟爲天下主今欲

依伊尹霍光故事更立陳留王如何公卿以下莫敢對卓又抗言曰昔霍光定策延年按劒有敢沮大議皆以軍法從之坐者震動尚書盧植獨曰昔太甲既立不明昌邑罪過千餘故有廢立之事今上富於春秋行無失德非前事之比也卓大怒罷坐明日復集羣僚於崇德前殿遂脅太后策廢少帝曰皇帝在喪無人子之心威儀不類人君今廢爲弘農王乃立陳留王是爲獻帝又議太后蹙迫永樂太后至令憂死逆婦姑之禮無孝順之節遷於永安宮遂以弑崩卓遷太尉領前將軍事加節傳斧鉞虎賁更封郿侯卓乃與司徒黃琬司空楊彪俱帶鈇鑕詣闕上書追理陳蕃竇武及諸黨人以從人望於是悉復蕃等爵位擢用子孫尋進卓爲相國入朝不趨劒履上殿封母爲池陽君置令丞是時洛中貴戚室第相望金帛財產家家殷積卓縱放兵士突其廬舍淫略婦女剽虜資物謂之搜牢二字皆去音人情崩恐不保朝夕及何后葬發開文陵卓悉取藏中珍物又姦亂公主妻略宮人虐刑濫罰睚眦必死羣僚內外莫能自固卓嘗遣軍至陽城時人會於社下悉令就斬之駕其車重載其婦女以頭繫車轅呼歌而還又壞五銖錢更鑄小錢悉取洛陽及長安銅人鍾虡飛廉銅馬之屬以充鑄焉故貨賤物貴穀石數萬又錢無輪郭文章不便人用時人以爲秦始皇見長人於臨洮乃鑄銅人卓臨洮人也而今毀之雖成毀不同凶暴相類焉卓素聞天下同疾閹宦誅殺忠良及其在事雖行無道而猶忍性矯情擢用羣士乃任吏部尚書漢陽周珌侍中汝南伍瓊尚書鄭公業長史何顒等以處士荀爽爲司空其染黨錮者陳紀韓融之徒皆爲列卿幽滯之士多所顯拔以

尚書韓馥爲冀州刺史侍中劉岱爲兗州刺史陳留孔伷爲豫州刺史潁川張咨爲南陽太守卓所親愛並不處顯職但將校而已初平元年馥等到官與袁紹之徒十餘人各興義兵同盟討卓而伍瓊周珌陰爲內主初靈帝末黃巾餘黨郭太等復起西河白波谷轉寇太原遂破河東百姓流轉三輔號爲白波賊衆十餘萬卓遣中郎將牛輔擊之不能卻及聞東方兵起懼乃鴆殺弘農王欲徙都長安會公卿議太尉黃琬司徒楊彪廷爭不能得而伍瓊周珌又固諫之卓因大怒曰卓初入朝二子勸用善士故相從而諸君到官舉兵相圖此二君賣卓卓　用相負遂斬瓊珌而彪琬恐懼詣卓謝曰小人戀舊非欲沮國事也請以不及爲罪卓既殺瓊珌旋亦悔之故表彪琬爲光祿大夫於是遷天子西都長安長安遭赤眉之亂宮室營寺焚滅無餘是時唯有高廟京兆府舍遂便時幸焉後移未央宮於是盡徙洛陽人數百萬口於長安步騎驅蹙更相蹈藉饑餓寇掠積尸盈路卓自留屯畢圭苑中悉燒宮室官府居家二百里內無復孑遺又使呂布發諸帝陵及公卿以下冢墓收其珍寶時長沙太守孫堅亦率豫州諸郡兵討卓卓遣將徐榮李蒙四出虜掠榮遇堅於梁與戰破堅生禽潁川太守李旻烹之卓所得義兵士卒皆以布纏裹倒立於地熱膏灌殺之時河南太守王匡屯兵河陽津將以圖卓卓遣疑兵挑戰而潛使銳卒從小平津過津北破之死者略盡明年孫堅收合散卒進屯梁縣之陽人卓遣將胡軫呂布攻之布與軫不相能軍中自驚恐士卒散亂堅追擊之軫布敗走卓遣將李傕詣堅和堅拒絕不受進軍大谷距洛九十里卓自出與堅戰於諸陵墓

間卓敗走卻屯澠池聚兵於陝堅進洛陽宣揚城門更擊呂布布復敗走堅乃埽除宗廟平塞諸陵分兵出函谷關至新安澠池間以伐卓卓謂長史劉艾曰關東諸將數敗矣無能爲也唯孫堅少戇諸將軍宜慎之乃使東中郎將董越屯澠池中郎將段煨屯華陰中郎將牛輔屯安邑其餘中郎將校尉布在諸縣以禦山東卓諷朝廷使光祿勳宣璠持節拜卓爲太師位在諸侯王上乃引還長安百官迎路拜揖卓遂僭擬車服乘金華青蓋爪畫兩轓時人號竿摩車言其服飾近天子也竿摩謂相逼近也今俗以事干人者謂之相竿摩以弟旻爲左將軍封鄠侯兄子璜爲侍中中軍校尉皆典兵事於是宗族內外並居列位其子孫雖在髫齔男皆封侯女爲邑君數與百官置酒宴會淫樂縱恣乃結壘於長安城東以自居又築塢於郿高厚七丈號曰萬歲塢積穀爲三十年儲自云事成雄據天下不成守此足以畢老至郿行塢公卿以下祖道於橫門外橫音光門名也卓施帳幔飲設誘降北地反者數百人於坐中殺之先斷其舌次斬手足或鑿其眼目以鑊煮之未及得死偃轉盃案間會者戰慄亡失匕箸而卓飲食自若諸將有言語蹉跌便戮於前又稍誅關中舊族陷以叛逆時太史望氣者言當有大臣戮死者卓乃使人誣衛尉張溫與袁術交通遂笞溫於市殺之以塞天變前溫出屯美陽令卓與邊章等戰無功溫召又不時應命既到而辭對不遜時孫堅爲溫參軍勸溫陳兵斬之溫曰卓有威名方倚以西行堅曰明公親帥王師威振天下何恃於卓而賴之乎堅聞古之名將仗鉞臨衆未有不斷斬以示威武者也故穰苴斬莊賈魏絳戮揚干今若縱之自虧威重後悔何及溫不能從而卓

猶懷忿恨故及於難温字伯慎少有名譽累登公卿亦險與司徒王允共謀誅卓事未及發見害越騎校尉汝南伍孚忿卓凶毒志手刃之乃朝服懷佩刀以見卓孚語畢辭去卓起送至閤以手撫其背因出刀刺之不中卓自奮得免急呼左右執殺孚而大詬曰虜欲反邪孚大言曰恨不得磔裂姦賊於都市以謝天地言未畢而斃時王允與呂布及僕射士孫瑞謀誅卓有人書呂字於布上負而行於市歌曰布乎布乎又有童謠言千里草何青青十日卜猶不生又作董逃之歌有告卓者而卓不悟三年四月帝疾新愈大會未央殿卓朝服升車既而馬驚墮泥還入更衣其少妻止之卓不從遂行乃陳兵夾道自壘及宮左步右騎屯衛周匝令呂布等扞衛前後王允乃與士孫瑞密表其事使瑞自書詔以授布令騎都尉李肅與布同心勇士十餘人僞着衛士服於北掖門內以待卓卓將至馬驚不行怪懼欲還布勸令進遂入門肅以戟刺之卓衷甲不入傷臂墮車顧大呼曰呂布何在布曰有詔討賊臣董卓卓大罵曰庸狗敢如是邪布應聲持矛刺卓趣兵斬之主簿田儀及卓倉頭前赴其尸布又殺之馳齎赦書以令宮陛內外士卒皆稱萬歲百姓歌舞於道長安中士女賣其珠玉衣裝市酒肉相慶者塡滿街肆使皇甫嵩攻卓弟旻於郿塢殺其母妻男女盡滅其族乃尸卓於市天時始熱卓素充肥脂流於地守尸吏然火置卓臍中光明達曙如是積日諸袁門生又聚董氏之尸焚灰揚之於路塢中珍藏有金二三萬觔銀八九萬觔錦綺繢縠紈素奇玩積如丘山初卓以牛輔子壻素所親信使以兵屯陝輔分遣其校尉李傕郭汜張濟將步騎數萬擊破河南尹朱儁於中牟因掠陳留潁川諸縣殺略男女所過無復遺類呂布乃使李肅以詔命至陝討輔等逆與肅戰肅敗走弘農布誅殺之其後牛輔營中無故大驚輔懼乃齎金寶踰城走左右利其貨斬輔送首長安傕汜等以王允呂布殺董卓故忿怒并州人并州人其在軍者男女數百人皆誅殺之牛輔既敗衆無所依欲各散去傕等懼乃遣使詣長安求乞赦免王允以爲一歲不可再赦不許之傕等益懷憂懼不知所爲武威人賈詡時在傕軍說之曰聞長安中議欲盡誅涼州人諸君若棄軍單行則一亭長能束君矣不如相率而西以攻長安爲董公報仇事濟奉國家以正天下若不克走未後也傕等然之各相謂曰京師不赦我我當以死決之若攻長安尅則得天下矣不尅則鈔三輔男女財物西歸鄉里尚可延命衆以爲然於是共結盟率軍數千晨夜西行王允聞之乃遣卓故將胡軫徐榮擊之於新豐榮戰死軫以衆降傕隨收兵比至長安已十餘萬與卓故部曲樊稠李蒙等合圍長安城城峻不可攻守之八日呂布軍有叟兵內反叟兵蜀兵也漢世謂蜀爲叟孔安國注尚書云蜀叟也引傕衆得入城潰放兵虜掠死者萬餘人殺衞尉种拂等呂布戰敗出奔王允奉天子保宣平城門樓上於是大赦天下李傕郭汜樊稠等皆爲將軍遂圍門樓共表請司徒王允出問太師何罪允窮蹙乃下後數日見殺傕等葬董卓於郿并收董氏所焚尸之灰合斂一棺而葬之葬日暴風大雨霆震卓墓流水入藏漂其棺木傕又遷車騎將軍開府領司隸校尉假節汜後將軍稠右將軍張濟爲鎭東將軍並封列侯傕汜稠共秉朝政濟出屯弘農以賈詡爲左馮翊欲侯之詡曰此救命之計何功之有固辭乃止更以爲尚書典選明年夏大雨晝夜二十餘日漂沒人庶又風如冬時帝使御史裴茂訊詔獄原繫者二百餘人其中有爲傕所枉繫者傕恐茂赦之乃表奏茂擅出囚徒疑有姦故請收之詔曰災異屢降陰雨爲害使者銜命宣布恩澤原解輕微庶合天心欲釋寃結而復罪之乎一切勿問初卓之入關要韓遂馬騰共謀山東遂騰見天下方亂亦欲倚卓起兵興平元年馬騰從隴右來朝進屯霸橋時騰私有求於傕不獲而怒遂與侍中馬宇右中郎將劉範前涼州刺史种邵及中部將杜稟合兵攻傕連日不決韓遂聞之乃率衆來欲和騰傕既而復與騰合傕使兄子利共郭汜樊稠與騰等戰於長平觀下遂騰敗斬首萬餘級种邵劉範等皆死遂騰走還涼州稠等又追之韓遂使人語稠曰天下反覆未可知相與州里今雖少違要當大同欲其一言乃駢馬交臂相加笑語良久軍還利告傕曰樊韓駢馬笑語不知其辭而意愛甚密於是傕稠始相猜疑猶加稠及郭汜開府與三公合爲六府皆參選舉時長安中盜賊不禁白日虜掠傕汜稠乃三分城內各備其界猶不能制而其子弟縱橫侵暴百姓是時穀一斛五十萬豆麥二十萬人相食啖白骨委積臭穢滿路帝使侍御史侯汶出太倉米豆爲饑人作糜經日而死者無限帝疑賦邮有虛乃親於御前自加臨檢既知不實使侍中劉艾出讓有司於是尚書令以下皆詣省閤謝奏收侯汶考實詔曰未忍致汶于理可杖五十自是後多得全濟明年春傕因會刺殺樊稠於坐由是諸將各相疑異傕汜遂復理兵相攻安西將軍楊定者故卓部曲將也懼傕忍害乃與汜合謀迎天子幸其營傕知其計卽使

兄子暹將數千人圍宮以車三乘迎天子皇后太尉楊彪謂暹曰古今帝王無在人臣家者諸君舉事當上順天心柰何如是暹曰將軍計決矣帝於是遂幸傕營彪等皆徒從亂兵入殿掠宮人什物傕又徙御府金帛乘輿器服而放火燒宮殿官府居人悉盡帝使楊彪與司空張喜等十餘人和傕汜汜不從遂質留公卿彪謂汜曰將軍達人間事柰何君臣分爭一人劫天子一人質公卿此可行邪汜怒欲手刃彪彪曰卿尚不奉國家吾豈求生邪左右多諫汜乃止遂引兵攻傕矢及帝前又貫傕耳傕將楊奉本白波賊帥乃將兵救傕於是汜衆乃退是日傕復移帝幸其北塢唯皇后宋貴人俱傕使校尉監門隔絕內外尋復欲徙帝於黃白城羣臣惶懼司徒趙溫深解譬之乃止詔遣謁者僕射皇甫酈和傕汜酈先譬汜汜即從命又詣傕不聽曰郭多盜馬虜耳何敢欲與我同邪必誅之君觀我方畧士衆足辦郭多不多又劫質公卿所爲如是而君苟欲左右之邪汜一名多酈曰今汜質公卿而將軍脅主誰輕重乎傕怒訶遣酈因使虎賁王昌追殺之昌僞不及酈得以免傕乃自爲大司馬與郭汜相攻連月死者以萬數張濟自陝來和解二人仍欲遷帝權幸弘農帝亦思舊京因遣使敦請傕求東歸十反乃許車駕即日發邁李傕出屯曹陽以張濟爲驃騎將軍復還屯陝遷郭汜車騎將軍楊定後將軍楊奉興義將軍又以故牛輔部曲董承爲安集將軍汜等並侍送乘輿汜遂復欲脅帝幸郿定奉承不聽汜恐變生乃棄軍還就李傕車駕進至華陰甯輯將軍段煨乃具服御及公卿以下資儲請帝幸其營初楊定與煨有隙遂誣煨欲反乃攻其營十餘日不下而煨猶奉給御膳禀贍百官終無二意李傕郭汜既悔令天子東乃來救段煨因欲劫帝而西楊定爲汜所遮亾奔荆州而張濟與楊奉董承不相平乃反合傕汜其追乘輿大戰於弘農東澗承奉軍敗百官士卒死者不可勝數皆棄其婦女輜重御物符策典籍畧無所遺射聲校尉沮儁被創墜馬李傕謂左右曰尚可活不儁罵之曰汝等凶逆逼迫天子亂臣賊子未有如汝者傕使殺之天子遂露次曹陽承奉乃譎傕等與連和而密遣閒使至河東招故白波帥李樂韓暹胡才及南匈奴右賢王去卑並率其衆數千騎來與承奉共擊傕等大破之斬首數千級乘輿乃得進董承李樂擁衛左右胡才楊奉韓暹去卑爲後距傕等復來戰奉等大敗死者甚於東澗自東澗兵相連綴四十里方得至陝乃結營自守時殘破之餘虎賁羽林不滿百人皆有離心董承奉等夜乃潛議過河使李樂先度具舟船舉火爲應帝步出營臨河欲濟岸高十餘丈乃以絹縋而下餘人或匍匐岸側或從上自投死亾傷殘不復相知爭赴船者不可禁制董承以戈擊披之斷手指於舟中者可掬同濟唯皇后宋貴人楊彪董承及后父執金吾伏完等數十人其宮女皆爲傕兵所掠奪凍溺死者甚衆既到太陽止於人家然後幸李樂營百官饑餓河內太守張楊使數千人負米貢餉帝乃御牛車因都安邑河內太守王邑奉獻綿帛悉賦公卿以下封邑爲列侯拜胡才東征將軍張楊爲安國將軍皆假節開府其壘壁羣豎競求拜職刻印不給至乃以錐畫之或齎酒肉就天子燕飲又遣太僕韓融至弘農與傕汜等連和傕乃放遣公卿百官頗歸宮人婦女及乘輿器服初帝入關三輔戶口尚數十萬自傕汜相攻天子東歸後長安城空四十餘日彊者四散羸者相食二三年閒關中無復人跡建安元年春諸將爭權韓暹遂攻董承承奔張楊楊乃使承先繕脩洛宮七月帝還至洛陽幸楊安殿張楊以爲己功故因以楊名殿乃謂諸將曰天子當與天下共之朝廷自有公卿大臣楊當出扞外難何事京師遂還野王楊奉亦出屯梁乃以張楊爲大司馬楊奉爲車騎將軍韓暹爲大將軍領司隸校尉皆假節鉞暹與董承並留宿衛暹矜功恣睢干亂政事董承患之潛召兗州牧曹操操乃詣闕貢獻稟公卿以下因奏韓暹張楊之罪暹懼誅單騎奔楊奉帝以暹楊有翼車駕之功詔一切勿問於是封衛將軍董承輔國將軍伏完等十餘人爲列侯贈沮儁爲弘農太守曹操以洛陽殘荒遂移帝幸許楊奉韓暹欲要遮車駕不及曹操擊之奉暹奔袁術遂縱暴揚徐閒明年左將軍劉備誘奉斬之暹懼走還并州道爲人所殺胡才李樂留河東才爲怨家所害樂自病死張濟饑餓出至南陽攻穰戰死郭汜爲其將伍習所殺三年使謁者僕射裴茂詔關中諸將段煨等討李傕夷三族以段煨爲安南將軍封閺鄉侯四年張楊爲其將楊醜所殺以董承爲車騎將軍開府自都許之後權歸曹氏天子總己百官備員而已帝忌操專偪乃密詔董承使結天下義士共誅之承遂與劉備同謀未發會備出征承更與偏將軍王服長水校尉种輯議郎吳碩結謀事泄承服輯碩皆爲操所誅韓遂與馬騰自還涼州更相戰爭乃下隴據關中操方事河北慮其乘閒爲亂七年乃拜騰征南將軍遂征西將軍並開府後徵段煨爲大鴻臚病卒復徵馬騰爲衛尉封槐里侯騰乃應

召而留子超領其部曲十六年超與韓遂舉關中背曹操操擊破之遂超敗走騰坐夷三族超攻殺涼州刺史韋康復據隴右十九年天水人楊阜破超超奔漢中降劉備韓遂走金城羌中爲其帳下所殺初隴西人宗建在枹罕自稱河首平漢王署置百官三十許年曹操因遣夏侯淵擊建斬之涼州悉平

通志卷一百十三上

宋右迪功郎鄭樵漁仲撰

列傳第二十六下

劉虞字伯安東海郯人也祖父嘉光祿勳虞初舉孝廉稍遷幽州刺史民夷感其德化自鮮卑烏桓夫餘濊貊之輩皆隨時朝貢無敢擾邊者百姓歌悅之公事去官中平初黃巾作亂攻破冀州諸郡拜虞甘陵相綏撫荒餘以疏儉率下遷宗正後車騎將軍張溫討邊章等發幽州烏桓三千突騎而牢稟逋懸皆畔還本國前中山相張純私謂前太山太守張舉曰今烏桓既畔皆願為亂涼州賊起朝廷不能禁又洛陽民妻生子兩頭此漢祚衰盡天下有兩主之徵也子若與吾共率烏桓之眾以起兵庶幾可定大業舉因然之四年純等遂與烏桓大人共連盟攻薊下燔燒城郭虜掠百姓殺護烏桓校尉箕稠右北平太守劉政遼東太守楊終等眾至十餘萬屯肥如舉稱天子純稱彌天將軍安定王移書州郡云舉當代漢告天子避位勑公卿奉迎純又別使烏桓峭王等步騎五萬入青冀二州攻破清河平原殺害吏民朝廷以虞威信素著恩積北方明年復拜幽州牧虞到薊罷省屯兵務廣恩信遣使告峭王等以朝恩寬弘開許善路又設賞購舉純舉純走出塞餘皆降散純為其客王政所殺送首詣虞靈帝遣使就拜太尉封容丘侯及董卓秉政遣使者授虞大司馬進封襄賁侯初平元年復徵代袁隗為太傅時道路隔塞王命竟不得達舊幽部應接荒外資費甚廣常割青冀賦調二億有餘以給足之時處處斷絕委輸不至而虞務存寬政勸督農植開上谷朝市之利通漁陽鹽鐵之饒民悅年登穀石三十青徐士庶避黃巾之難歸虞者百餘萬口皆收視溫恤為安立生業流民皆忘其遷徙虞雖為上公天性節約敝衣繩履食無兼肉遠近豪俊夙僭奢者莫不解操而歸心焉初詔令公孫瓚討烏桓受虞節度瓚但務會徒眾以自彊大而縱任部曲頗侵擾百姓而虞為政仁愛念利民物由是與瓚漸不相平二年冀州刺史韓馥渤海太守袁紹及山東諸將議以朝廷幼沖逼於董卓遠隔關塞不知存否以虞宗室長者欲立為主乃遣故樂浪太守張岐等齎議上虞尊號虞見岐等厲色叱之曰今天下崩亂主上蒙塵吾被重恩未能清雪國恥諸君各據州郡宜共戮力盡心王室而反造逆謀以相垢污邪固拒之馥等又請虞領尚書事承制封拜復不聽遂收斬使人於是選掾右北平田疇從事鮮于銀蒙險間行奉使長安獻帝既思東歸見疇等大悅時虞子和為侍中因此遣和潛從武關出告虞將兵來迎道由南陽後將軍袁術聞其狀遂質和使報虞遣兵俱西虞乃使數千騎就和奉迎天子而術竟不遣之初公孫瓚知術詐固止虞遣兵虞不從瓚乃陰勸術執和使奪其兵自是與瓚讐怨益深和尋得逃術還北復為袁紹所留瓚既累為紹所敗而猶攻之不已虞患其黷武且慮得志不可復制固不許行而稍節其廩假瓚怒屢違節度又復侵犯百姓虞所賚賞典當胡夷瓚數抄奪之積不能禁乃遣驛使奉章陳其暴掠之罪瓚亦上虞廩糧不周二奏交馳互相非毀朝廷依違而已瓚乃築京高薊城以備虞虞數請瓚輒稱病不應虞乃密謀討之以告東曹掾右北平魏攸攸曰今天下引領以公為歸謀臣爪牙不可無也瓚文武才力足恃雖有小惡固宜容忍虞乃止頃之攸卒而積忿不已四年冬遂自率諸屯兵眾合十萬人以攻瓚將行從事代郡程緒免冑而前曰公孫瓚雖有過惡而罪名未正明公不先告曉使得改行而兵起蕭牆非國之利加勝敗難保不如駐兵以武臨之瓚必悔禍謝罪所謂不戰而服人者也虞以緒臨事沮議遂斬之以狥戒軍士曰無傷餘人殺一伯珪而已時州從事公孫紀者瓚以同姓厚待遇之紀知虞謀而夜告瓚瓚時部曲放散在外倉卒自懼不免乃掘東城欲走虞兵不習戰又愛人廬舍勑不聽焚燒急攻圍不下瓚乃簡募精銳數百人因風縱火直衝突之虞遂大敗與官屬北奔居庸縣瓚追攻之三日城陷遂執虞并妻子還薊猶使領州文書會天子遣使者段訓增虞封邑督六州事拜瓚前將軍封易侯假節督幽并司冀瓚乃誣虞前與袁紹等欲稱尊號脅訓斬虞於薊市先坐而呪曰若虞應為天子者天當風雨以相救時旱埶炎盛遂斬焉傳首京師故吏尾敦於路劫虞首歸葬之瓚乃上訓為幽州刺史虞以恩厚得眾懷被北州百姓流舊莫不痛惜焉初虞以儉素為操冠敝不改乃就補其穿及遇害瓚兵搜其內而妻妾服羅紈盛綺飾時人以此疑之和後從袁紹報瓚云

公孫瓚字伯珪遼西令支人也家世二千石瓚以母賤遂為郡小吏為人美姿貌大音聲言事辯慧太守奇其才以女妻之後從涿郡盧植學於緱氏山中畧見書傳舉上計吏太守劉君坐事檻車徵官法不聽吏下親近瓚乃改容服詐稱侍卒身執徒養御車到洛陽太守當徙日南瓚具豚酒於北芒上祭辭先人酹觴祝曰昔為人子今為人臣當詣日南日南多瘴氣恐或不還便當

長辭墳塋慷慨悲泣再拜而去觀者莫不嘆息既行於道得赦瓚還郡舉孝廉除遼東屬國長史嘗從數十騎出行塞下卒逢鮮卑數百騎瓚乃退入空亭約其從者曰今不奔之則死盡矣乃自持兩刃矛馳出衝賊殺傷數十人瓚左右亦亾其半遂得免中平中以瓚督烏桓突騎將軍張溫討涼州賊會烏桓反叛與賊張純等攻擊薊中瓚率所領追討純等有功遷騎都尉張純復與畔胡丘力居等冦漁陽河間渤海入平原多所殺畧瓚追擊戰於屬國石門虜遂大敗棄妻子踰塞走悉得所畧男女瓚深入無繼反爲丘力居等所圍於遼西管子城二百餘日糧盡食馬馬盡煑弩楯力戰不敵乃與士卒辭訣各分散還時多雨雪墜阬死者十五六虜亦飢困遠走柳城詔拜瓚降虜校尉封都亭侯復兼領屬國長史職統戎馬連接邊寇每聞有警瓚輒厲色憤怒如赴讐敵望塵奔逐或繼之以夜戰虜識瓚聲憚其勇莫敢抗犯瓚常與善射之士數十人皆乘白馬以爲左右翼自號白馬義從烏桓更相告語避白馬長史乃畫作瓚形馳騎射之中者咸稱萬歲虜自此之後遂竄塞外瓚志埽滅烏桓而劉虞欲以恩信招降由是與虞相忤初平二年青徐黃巾三十萬衆入渤海界欲與黑山合瓚率步騎二萬人逆擊於東光南大破之斬首三萬餘級賊棄其車重數萬兩奔走渡河瓚因其半濟薄之賊復大破死者數萬流血丹水收得生口七萬餘人車甲財物不可勝算威名大震拜奮武將軍封薊侯瓚既諫劉虞遣兵就袁術而懼術知怨之乃使從弟越將千餘騎詣術自結術遣越隨其將孫堅擊袁紹將周昕越爲流矢所中死瓚因此怒紹遂出軍屯槃河將以報紹乃上疏陳紹十罪遂舉兵攻紹於是冀州諸城悉畔從瓚紹懼乃以所佩渤海太守印綬授瓚從弟範遣之郡欲以相結而範遂背紹領渤海兵以助瓚瓚乃自署其將帥爲青冀兖三州刺史又悉置郡縣守令與紹大戰於界橋瓚軍敗還薊紹遣將崔巨業將兵數萬攻圍故安不下退軍南還瓚將步騎三萬人追擊於巨馬水大破其衆死者七八千人乘勝而南攻下郡縣遂至平原乃遣其青州刺史田楷據有齊地紹復遣兵數萬與楷連戰二年糧食並盡士卒疲困互掠百姓野無青草紹乃遣子譚爲青州刺史楷與戰敗退還是歲瓚破禽劉虞盡有幽州之地猛志益盛前此有童謠曰燕南垂趙北際中央不合大如礪唯有此中可避世瓚自以爲易地當之遂徙鎭焉乃盛修營壘樓觀數十臨易河通遼海劉虞從事漁陽鮮于輔等合率州兵欲共報瓚輔以燕國閻柔素有恩信推爲烏桓司馬柔招誘胡漢數萬人與瓚所置漁陽太守鄒丹戰于潞北斬丹等四千餘級烏桓峭王感虞恩德率種人及鮮卑七千餘騎共輔南迎虞子和與袁紹將麴義合兵十萬共攻瓚興平二年破瓚於鮑丘斬首二萬餘級瓚遂保易京開置屯田稍得自支相持歲餘麴義軍糧盡士卒飢困餘衆數千人退走瓚徼破之盡得其車重是時旱蝗穀貴民相食瓚恃其才力不恤百姓記過忘善睚眦必報州里善士名在其右者必以法害之常言衣冠皆自以職分富貴不謝人惠故所寵愛類多商販庸兒所在侵暴百姓怨之於是代郡廣陽上谷右北平各殺瓚所置長吏復與輔和合兵瓚慮有非常乃居於高京以鐵爲門斥去左右男人七歲以上不得入易門專侍姬妾其文簿書記皆汲而上之令婦人習爲大言聲使聞數百步以宣傳教令疎遠賓客無所親信故謀臣猛將稍有乖散自此之後希復攻戰或問其故瓚曰我昔驅畔胡於塞表埽黃巾於孟津當此之時謂天下指麾可定至於今日兵革方始觀此非我所決不如休兵力耕以救凶年兵法百樓不攻今吾諸營樓樐千重積穀三百萬斛食此足以待天下之變建安三年袁紹復大攻瓚瓚遣子續請救於黑山諸帥而欲自將屯騎直出傍西山以斷紹後長史關靖諫曰今將軍將士莫不懷瓦解之心所以猶能相守者顧戀其老小而恃將軍爲主故耳堅守曠日或可使紹自退若舍之而出後無鎭重易京之危可立待也瓚乃止紹漸相攻逼瓚衆日蹙乃卻築三重營以自固四年春黑山賊帥張燕與續率兵十萬三道來救瓚未及至瓚乃密使行人齎書告續曰昔周末喪亂僵尸蔽地以意而推猶爲否也不圖今日親當其鋒袁氏之攻狀若鬼神梯衝舞乎樓上鼓角鳴於地中日窮月急不遑啓處鳥厄歸人滀水陵高汝當碎首於張燕馳驟以告急父子天性不言而動且厲五千鐵騎於北隰之中起火爲應吾當自內出奮揚威武決命於斯不然吾亾之後天下雖廣不容汝足矣紹候得其書如期舉火瓚以爲救至遂使出戰紹設伏兵瓚遂大敗復還保中小城自計必無全乃悉縊其姊妹妻子然後引火自焚紹兵趣登臺斬之關靖見瓚敗歎恨曰前若不止將軍自行未必不濟吾聞君子陷人於危必同其難豈可以獨生乎乃策馬赴紹軍而死續爲屠各所殺田楷與袁紹戰死鮮于輔將其衆歸曹操操以輔爲度遼將軍封都亭侯閻柔將部曲從曹操擊烏桓拜護烏桓校尉封

關內侯張燕旣爲紹所敗人衆稍散曹操將定冀州乃率衆詣鄴降拜北平將軍封安國亭侯

陶謙字恭祖丹陽人也少爲諸生仕州郡四遷爲車騎將軍張溫司馬西討邊章會徐州黃巾起以謙爲徐州刺史擊黃巾大破走之境內晏然時董卓雖誅而李傕郭汜作亂關中是時四方斷絕謙每遣使間行奉貢西京詔遷爲徐州牧加安東將軍封溧陽侯是時徐方百姓殷盛穀實甚豐流民多歸之而謙信用非所刑政不理別駕從事趙昱知名士也而以忠直見疎出爲廣陵太守曹宏等讒慝小人謙甚親任之良善多被其害由斯漸亂下邳闕宣自稱天子謙始與合從後遂殺之而并其衆初曹操父嵩避難琅邪時謙別將守陰平士卒利嵩財寶遂襲殺之初平四年曹操擊謙破彭城傅陽謙退保郯操攻之不能尅乃還過拔取慮睢陵夏丘皆屠之凡殺男女數十萬人雞犬無餘泗水爲不流自是五縣城保無復行迹初三輔遭李傕亂百姓流移依謙者皆殲興平元年曹操復擊謙略定琅邪東海諸縣謙懼不免欲走歸丹陽會張邈迎呂布據兗州操還擊布是歲謙病死初同郡人笮融聚衆數百往依於謙謙使督廣陵下邳彭城運糧遂斷三郡委輸大起浮屠寺上累金盤下爲重樓又堂閣周回可容三千許人作黃金塗像衣以錦綵每浴佛輒多設飲飯布席於路其有就席及觀者且萬餘人及曹操擊謙徐方不安融乃將男女萬口馬三千匹走廣陵廣陵太守趙昱待以賓禮融利廣陵資貨遂乘酒酣殺昱放兵大掠因以過江南奔豫章殺郡守朱皓入據其城後爲揚州刺史劉繇所破走入山中爲人所殺昱字元達琅邪人淸己疾惡潛志好學雖親友希得見之爲人耳不邪聽目不妄視太僕种拂舉爲方正

袁紹字本初汝南汝陽人司徒湯之孫也父成五官中郎將紹壯健好交結大將軍梁冀以下莫不善之紹少爲郎除濮陽長遭母憂去官三年禮竟追感幼孤又行父服服闋徙居洛陽紹有姿貌威容愛士養民旣累世台司賓客所歸加傾心折節莫不爭赴其庭士無貴賤與之抗禮輜軿柴轂塡接街陌內官皆惡之中常侍趙忠言於省內曰袁本初坐作聲價好養死士不知此兒終欲何作叔父太傅隗聞而呼紹以忠言責之紹終不改後辟大將軍何進掾爲侍御史虎賁中郎將中平五年初置西園八校尉以紹爲佐軍校尉靈帝崩紹勸何進徵董卓脅太后誅宦官轉紹司隸校尉語已見何進傳及卓將兵至騎都尉太山鮑信說紹曰董卓擁制彊兵將有異志今不早圖必爲所制及其新至疲勞襲之可禽也紹畏卓不敢發頃之卓議欲廢立謂紹曰天下之主宜得賢明每念靈帝令人憤毒董侯似可今當立之紹曰今上富於春秋未有不善宣於天下若公違禮任情廢適立庶恐衆議未安卓按劍叱紹曰豎子敢然天下之事豈不在我欲爲之誰敢不從我紹詭對曰此國之大事請出與太傅議之卓復言劉氏種不足復遺紹勃然曰天下健者豈惟董公引佩刀橫揖而去懸節於上東門而奔冀州卓購募求紹時侍中周珌校尉伍瓊爲卓所親信瓊等陰爲紹說卓曰夫廢立大事非常人所及袁紹不達大體恐懼出奔非有他志今急購之埶必爲變袁氏樹恩四世門生故吏徧於天下若收豪傑以聚徒衆英雄因之而起山東非公有也不如赦之拜一郡守紹喜於免罪必無患矣卓以爲然乃遣授紹渤海太守封邟鄉侯紹猶稱兼司隸初平元年紹遂以渤海起兵與從弟後將軍術冀州刺史韓馥豫州刺史孔伷兗州刺史劉岱陳留太守張邈廣陵太守張超河內太守王匡山陽太守袁遺東郡太守橋瑁濟北相鮑信等同時俱起衆各數萬以討卓爲名紹與王匡屯河內伷屯潁川馥屯鄴餘軍咸屯酸棗約盟遙推紹爲盟主紹自號車騎將軍領司隸校尉董卓聞紹起山東乃誅其叔父隗及宗族在京師者皆滅之卓乃遣大鴻臚韓融少府陰循執金吾胡母班將作大匠吳循越騎校尉王瓌譬解紹等諸軍紹使王匡殺班瓌吳循等袁術亦執殺陰循惟韓融以名德免是時豪傑旣多附紹又感其家禍人思爲報州郡蠭起莫不以袁氏爲名馥見人情歸紹忌其得衆恐將圖己常遣從事守紹門不聽起兵橋瑁乃詐作三公移書傳驛州郡說董卓罪惡天子危逼企望義兵以釋國難馥於是方聽紹舉兵乃謀於衆曰助袁氏乎助董氏乎治中劉惠勃然曰興兵爲國安問袁董馥意猶深疑於紹每貶節軍糧欲使離散明年馥將麴義反畔馥與戰失利紹旣恨馥乃與義相結紹客逢紀謂紹曰舉大事非據一州無以自立今冀部彊實而韓馥庸才可密要公孫瓚將兵南下馥聞必駭懼并遣辯士爲陳禍福馥迫於倉卒可因據其位紹然之亦親紀即以書與瓚瓚遂引兵而至外託討卓而陰謀襲馥紹乃使外甥陳留高幹及潁川荀諶等說馥曰公孫瓚乘勝來南而諸郡應之袁車騎引兵東向其意未可量也竊爲將軍危之馥懼曰然則爲之柰何諶曰君自料寬仁容衆爲天下所附孰與袁氏馥曰不如

也臨危吐決智勇邁於人又孰與袁氏馥曰不如也世布恩德天下家受其惠又孰與袁氏馥曰不如也諶曰渤海雖郡其實州也今將軍資三不如之埶久處其上袁氏一時之傑必不爲將軍下也且公孫提燕代之卒其鋒不可當夫冀州天下之重資若兩軍并力交兵城下危亾可立而待也夫袁氏將軍之舊且爲同盟當今之計莫若舉冀州以讓袁氏袁氏必德將軍公孫瓚不能復與之爭矣是將軍有讓賢之名而身安於太山也馥性素恇怯因然其計馥長史耿武別駕閔純騎都尉沮授聞而諫曰（沮音菹）冀州雖鄙帶甲百萬穀支十年紹孤客窮軍仰我鼻息譬如嬰兒在股掌之上絕其哺乳立可餓殺奈何欲以州與之馥曰吾袁氏故吏且才不如本初度德而讓古人所貴諸君獨何病焉先是馥從事趙浮程涣將彊弩萬人屯孟津聞之率兵騎還請以拒紹馥又不聽乃避位出居中常侍趙忠故舍遣子送印綬以讓紹紹遂領冀州牧承制以馥爲奮威將軍而無所將御引沮授爲別駕因謂授曰今賊臣作亂朝廷遷移吾歷世受寵思欲與復漢室然小白非夷吾不能成霸句踐非范蠡無以存國今欲與卿戮力共安社稷將何以匡濟之乎授曰將軍弱冠登朝播名海內值廢立之際忠義奮發單騎出奔董卓懷懼濟河而北渤海稽服擁一郡之卒撮冀州之眾威陵河朔名重天下若舉軍東向則黃巾可埽還討黑山則張燕可滅迴師北首則公孫必禽震脅戎狄則匈奴立定橫大海之北合四州之地收英雄之士擁百萬之眾迎大駕於長安復宗廟於洛邑號令天下誅討未服以此爭鋒誰能禦之比及數年其功不難紹喜曰此吾心也卽表授爲奮武將軍使監護諸將魏郡審配鉅鹿田豐並以正直不得志於韓馥紹乃以豐爲別駕配爲治中甚見器任馥自懷猜懼辭紹索去往依張邈後紹遣使詣邈有所計議因共耳語馥時在坐謂爲圖己無何如廁自殺其冬公孫瓚大破黃巾還屯槃河威震河北冀州諸城無不望風響應紹乃自擊之瓚兵三萬列爲方陳分突騎萬匹翼軍左右其鋒甚銳紹先令麴義領精兵八百彊弩千張以爲前登瓚輕其兵少縱騎騰之義兵伏楯下一時同發瓚軍大敗斬其所置冀州刺史嚴綱獲甲首千餘級麴義追至橋界瓚斂兵還戰義復破之遂到瓚營拔其牙門餘眾皆走紹在後十數里聞瓚已破發鞍息馬唯衞帳下彊弩數十張大戟士百許人瓚散兵二千餘騎卒至圍紹數重射矢雨下田豐扶紹使卻入空垣紹脫兜鍪抵地曰大丈夫當前鬭死而返逃垣墻閒邪促使諸弩競發多傷瓚騎眾不知是紹稍引卻會麴義來迎騎乃散退三年瓚又遣兵至龍湊挑戰紹復擊破之瓚遂還幽州不敢復出四年初天子遣太僕趙岐和解關東使各罷兵瓚因此以書譬紹願奉朝廷詔命共同和好紹於是引軍南還三月上巳大會賓徒於薄落津聞魏郡兵反與黑山賊于毒等數萬人共覆鄴城殺郡守坐中客家在鄴者皆憂怖失色或起而啼泣紹容貌自若不改常度賊有陶升者故內黃小吏自號平漢將軍獨反諸賊將部眾踰西城入閉府門具車重載紹家及諸衣冠在州內者身自扞衞送到斥丘紹還因屯斥丘以陶升爲建義中郎將六月紹乃出軍入朝歌鹿腸山蒼巖谷口討于毒圍攻五日破之斬毒并長安所署冀州牧壺壽及其眾萬餘級紹遂尋山北行追擊諸賊左髭丈八等皆斬之又擊劉石青牛角黃龍左校郭大賢李大目于氐根等復斬數萬級皆屠其屯壁遂與黑山賊張燕及四營屠各鴈門烏桓戰於恒山燕精兵數萬騎數千匹連戰十餘日燕兵死傷雖多紹軍亦疲遂各退麴義自恃有功驕縱不軌紹召殺之而并其眾興平二年拜紹右將軍其冬車駕爲李傕等所追於曹陽沮授說紹曰將軍累葉台輔世濟忠義今朝廷播越宗廟殘毀觀諸州郡雖外託義兵內實相圖無有憂存社稷之意且今州城粗定兵彊士附西迎大駕卽宮鄴都挾天子而令諸侯畜士馬以討不庭誰能禦之紹將從其計潁川郭圖淳于瓊曰漢室陵遲爲日久矣今欲興之不亦難乎且英雄並起各據州郡連徒聚眾動有萬計所謂秦失其鹿先得者王今迎天子動輒表聞從之則權輕違之則拒命非計之善也授曰今迎朝廷於義爲得於時爲宜若不早定必有先之者焉夫權不失幾功不厭速願卽圖之紹以帝立非出己意故不從授議紹有三子譚字顯思熙字顯雍尙字顯甫譚長而惠尙少而美紹後妻劉有寵而偏愛尙數稱於紹紹亦奇其姿容欲使傳嗣乃以譚繼兄後出爲青州刺史沮授諫曰世稱萬人逐兔一人獲之貪者悉止分定故也且年均以賢德均則卜古之制也願上惟先代成則之誡下思逐兔分定之議若其不改禍始此矣紹曰吾欲令諸子各據一州以觀其能於是以中子熙爲幽州刺史外甥高幹爲并州刺史建安元年曹操迎天子都許乃下詔書於紹責以地廣兵多而專自樹黨不聞勤王之師而擅相討伐紹上書列陳功伐以自明於是以紹爲太尉封鄴侯時曹操自爲大將軍紹恥爲之下僞表辭不

受曹操大懼乃讓位於紹二年使將作大匠孔融持節拜紹大將軍錫弓矢節鉞虎賁百人兼督冀青幽并四州然後受之紹每得詔書患有不便於己乃欲移天子自近使說操以許下埤溼洛陽殘破宜徙都鄄城以就全實操拒之田豐說紹曰徙都之計既不克從宜早圖許奉迎天子動託詔令響號海內此算之上者不然終爲人所禽雖悔無益也紹不從四年春擊公孫瓚遂定幽土事在瓚傳紹既并四州之地衆數十萬而驕心轉盛貢御稀簡主簿耿苞密白紹曰赤德衰盡袁爲黃允宜順天意以從人心紹以苞白事示軍府僚屬議者以苞妖妄宜誅紹知衆情未同不得已乃殺苞以弭其迹於是選精兵十萬騎萬匹出攻許以審配逢紀統軍事田豐荀諶及南陽許攸爲謀主顏良文醜爲將帥沮授進說曰近討公孫師出歷年百姓疲敝倉庫無積賦役方殷此國之深憂也宜先遣使獻捷天子務農逸人若不得通乃表曹操隔我王路然後進屯黎陽漸營河南益作舟船繕修器械分遣精騎抄其邊鄙令彼不得安我取其逸如此可坐定也郭圖審配曰兵法十圍五攻敵則能勝今以明公之神武連河朔之彊衆以伐曹操其勢譬若覆手今不時取後難圖也授曰蓋救亂誅暴謂之義兵恃衆憑彊謂之驕兵義者無敵驕者先滅曹操奉迎天子建宮許都今舉兵南向於義則違且廟勝之策不在彊弱曹操法令既行士卒精練非公孫瓚坐受圍者也今棄萬安之術而興無名之師竊爲公懼之圖等曰武王伐紂不爲不義况兵加曹操而云無名且今師徒精勇將士思奮而不及時早定大業所謂天與弗取反受其咎此越之所以霸吳之所以滅也監軍之計在於將牢而非見時知幾之變也紹納圖言圖等因是譖沮授曰授監統內外威震三軍若其寖盛何以制之夫臣不與主同者昌主與臣同者亾此黃石之所忌也且御衆於外不宜知內紹乃分授所統爲三都督使授及郭圖淳于瓊各典一軍未及行五年左將軍劉備殺徐州刺史車胄據沛以背曹操操懼乃自將征備田豐說紹曰與公爭天下者曹操也操今東擊劉備兵連未可卒解今舉軍而襲其後可一往而定兵以幾動斯其時也紹辭以子疾未得行豐舉杖擊地曰嗟乎事去矣夫遭難遇之幾而以嬰兒病失其會惜哉紹聞而怒之從此遂疏焉曹操畏紹過河乃急擊備遂破之備奔紹紹於是進軍攻許田豐以既失前幾不宜便行諫紹曰曹操既破劉備則許下非復空虛且操善用兵變化無方衆雖少未可輕也今不如久持之將軍據山河之固擁四州之衆外結英雄內修農戰然後簡其精銳分其奇兵乘虛迭出以擾河南救右則擊其左救左則擊其右使敵疲於奔命人不得安業我未勞而彼己困不及三年可坐尅也今釋廟勝之策而決成敗於一戰若不如志悔無及也紹不從豐彊諫忤紹紹以爲沮衆遂械繫之乃先宣檄曰蓋聞明主圖危以制變忠臣慮難以立權曩者彊秦弱主趙高執柄專制朝命威福由己終有望夷之禍汙辱至今及臻呂后祿產專政擅斷萬機決事禁省下陵上替海內寒心於是絳侯朱虛興威奮怒誅夷逆暴尊立太宗故能道化興隆光明融顯此則大臣立權之明表也司空曹操祖父騰故中常侍與左悺徐璜並作妖孽饕餮放橫傷化虐人父嵩乞匄攜養因贓買位輿金輦寶輸貨權門竊盜鼎司傾覆重器操贅閹遺醜本無令德僄狡鋒俠好亂樂禍幕府董統鷹揚埽夷凶逆續遇董卓侵官暴國於是提劒揮鼓發命東夏廣羅英雄棄瑕錄用故遂與操參咨策略謂其鷹犬之才爪牙可任至乃愚佻短慮輕進易退傷夷折衂數喪師徒幕府輒復分兵命銳修完補輯表行東郡太守兗州刺史被以虎文授以偏師奬就威柄冀獲秦師一克之報而遂乘資跋扈肆行酷烈割剝元元殘賢害善故九江太守邊讓英才儁逸以直言正色論不阿諂身被梟懸之戮妻孥受灰滅之咎自是士林憤痛人怨天怒一夫奮臂舉州同聲故躬破於徐方地奪於呂布彷徨東裔蹈據無所幕府惟彊幹弱枝之義且不登畔人之黨故復援旍擐甲席卷赴征金鼓響震布衆破沮拯其死亾之患復其方伯之任是則幕府無德於兗土而有大造於操也會後鑾駕東反羣虜亂政冀州方有北鄙之警匪遑離局故使從事中郎徐勳就發遣操使繕修郊廟翼衛幼主而便放志專行威劫省禁卑侮王僚敗法亂紀坐召三臺專制朝政爵賞由心刑戮在口所愛光五宗所惡滅三族羣談者受顯誅腹議者蒙隱戮道路以目百辟鉗口尚書記期會公卿充員品而己故太尉楊彪歷典二司元綱極位操因睚眦被以非罪搒楚并兼五毒俱至觸情放慝不顧憲章又議郎趙彥忠諫直言議有可納故聖朝含聽改容加錫操欲迷奪時明杜絕言路擅收立殺不俟報聞又梁孝王先帝母弟墳陵尊顯松柏桑梓猶宜恭肅操率將吏士親臨發掘破棺裸尸掠取金寶至令聖朝流涕士民傷懷又署發丘中郎將摸金校尉所過毀突無骸不露身處三公之官而行桀虜之態汙國虐民毒施人鬼加其細政

苛慘科防互設罾繳充蹊阬穽塞路舉手掛網羅動足蹈機埳是以兗豫有無聊之人帝都有吁嗟之怨歷觀古今書籍所載貪殘虐烈無道之臣於操為甚幕府方詰外姦未及整訓加意含覆冀可彌縫而操豺狼野心潛包禍謀乃欲撓折棟梁孤弱漢室除忠害善專為梟雄往歲伐鼓北征公孫瓚彊禦桀逆拒圍一年操因其未破陰交書命欲託助王師以見掩襲故引兵造河方舟北濟會行人發露瓚亦梟夷故使鋒芒挫縮厥圖不果屯據敖倉阻河為固乃欲運螳蜋之斧禦隆車之隧幕府奉漢威靈折衝宇宙長戟百萬胡騎千羣奮中黃育獲之士騁良弓勁弩之埶并州越太行青州涉濟漯大軍汎黃河以角其前荆州下宛葉而掎其後雷震虎步並集虜廷若舉炎火以焚飛蓬覆滄海而沃熛炭有何不消滅者哉當今漢道陵遲綱弛紀絕操以精兵七百圍守宮闕外稱陪衛內以拘質懼篡逆之禍因斯而作乃忠臣肝腦塗地之秋烈士立功之會也可不勗哉乃先遣顏良攻曹操別將劉延於白馬紹自引兵至黎陽沮授臨行會其宗族散資財以與之曰埶存則威無不加埶亾則不保一身哀哉其弟宗曰曹操士馬不敵君何懼焉授曰以曹兗州之明略又挾天子以為資我雖尅伯珪眾實疲敝而主驕將忲軍之破敗在此舉矣揚雄有言六國蚩蚩為嬴弱姬今之謂乎曹操遂救劉延擊顏良斬之紹乃度河壁延津南沮授臨船歎曰上盈其志下務其功悠悠黃河吾其濟乎遂以疾辭退紹不許而意恨之復省其所部并屬郭圖紹使劉備文醜挑戰曹操又擊破之斬文醜再戰而禽二將紹軍中大震操還屯官度紹進保陽武沮授又說紹曰北兵雖眾而果勁不及南南軍穀虛少而貨儲不如北南幸於急戰北利在緩師宜徐持久曠以日月紹不從連營稍前漸逼官度遂合戰操軍不利復還堅壁紹為高櫓起土山射營中營中皆蒙楯而行操乃發石車擊紹樓皆破軍中呼曰霹靂車紹為地道欲襲操操輒於內為長塹以拒之又遣奇兵襲紹運車大破之盡焚其穀食相持百餘日河南人疲困多畔應紹紹遣淳于瓊等將兵萬餘人北迎糧運沮授說紹可遣蔣奇別與支軍於表以絕曹操之鈔紹不從許攸進曰曹操兵少而悉師拒我許下必虛若分遣輕軍星行襲許許拔則操為成禽如其未潰亦令首尾奔命破之必矣紹又不能用會攸家犯法審配收繫之攸不得志遂奔曹操而說使襲取淳于瓊等瓊等時宿在烏巢去紹軍四十里操自將步騎五千人夜往攻破瓊等悉斬之初紹聞操自擊瓊謂長子譚曰就使操破瓊吾拔其營彼固無所歸矣乃使高覽張郃攻操營不下二將聞瓊等敗遂奔于操於是紹軍驚擾大潰紹與譚等幅巾乘馬與八百騎渡河至黎陽北岸入其將軍蔣義渠營至帳下把其手曰孤以首領相付矣義渠避帳而處之使宣令焉眾聞紹在稍復集餘眾偽降曹操盡阬之前後所殺八萬人沮授為操軍所執乃大呼曰授不降也為所執耳操見授謂曰分野殊異遂用地絕不圖今日乃得相見也授對曰冀州失策自取奔北授知力俱困宜其見禽操曰本初無謀不用君計今喪亂過紀國家未定方當與君圖之授曰叔父母弟懸命袁氏若蒙公靈速死為福操歎曰孤早相得天下不足慮也遂赦而厚遇焉授後謀歸袁氏被誅紹外寬雅有局度憂喜不形於色而性矜愎自高短於從善故及於敗及軍還或謂田豐曰君不見重豐曰公貌寬而內忌不亮吾忠而吾數以至言迕之若勝而喜必能赦我戰敗而怨內忌將發若軍有利當蒙全耳今既敗矣吾不望生紹還曰吾不用田豐言果為所笑遂殺之官度之敗審配二子為曹操所禽孟岱與配有隙因蔣奇言於紹曰配在位專政族大兵彊且二子在南必懷反畔郭圖辛評亦以為然紹遂以岱為監軍代配守鄴護軍逄紀與配不睦紹以問紀對曰配天性烈直每所言行慕古人之節不以二子在南為不義也公勿疑之紹曰君不惡之邪紀曰先所爭者私情今所陳者國事紹曰善乃不廢配配由是更協冀州城邑多畔紹復擊定之紹自軍敗後發病七年夏薨未及定嗣逄紀審配宿以驕侈為譚所惡辛評郭圖皆比於譚而與配紀有隙眾以譚長當立配紀恐譚立為己不利遂矯紹遺命奉尚為嗣譚自稱車騎將軍將兵出黎陽尚少與其兵而使逄紀隨之譚求益兵審配等又議不與譚怒殺逄紀曹操渡河攻譚譚告急於尚尚留審配守鄴自將兵助譚與操相拒於黎陽自九月至明年二月大戰城下譚尚敗退操將圍之乃夜遁還鄴操進軍尚逆擊破之操軍還許譚謂尚曰我鎧甲不精故前為曹操所敗今操軍退人懷歸志及其未濟出兵掩之可令大潰此策不可失也尚疑而不許既不益兵又不易甲譚大怒郭圖辛評因此謂譚曰使先公出將軍為兄後者審配之所構也譚然之遂引兵攻尚戰於外門譚敗乃引兵還南皮別駕王修率吏人自青州往救譚譚還欲更攻尚問修曰計將安出修曰兄弟者左右手也譬人將鬭而斷其左右手曰我必勝若如是者可乎夫棄

兄弟而不親天下其誰親之屬有讒人交鬬其間以求一朝之利願塞耳勿聽也若斬佞臣數人復相親睦以御四方可横行於天下譚不從尚復自將攻譚譚戰大敗嬰城固守尚圍之急譚奔平原而遣潁川辛毗請救於曹操劉表以書諫譚曰天降災害禍難殷流初交殊族卒成同盟使王室震蕩彝倫攸斁是以智達之士莫不痛心入骨傷時人不能相忍也然孤與太公志同願等雖楚魏絶邈山河迥遠戮力乃心共獎王室使非族不干吾盟異類不絶吾好此孤與太公無貳之所致也功績未卒太公殂殞賢允承統以纘洪業宣奕世之德履丕顯之祚摧嚴敵於鄴都揚休烈於朔土顧定疆宇虎視河外凡我同盟莫不景附何悟青蠅飛於竿旌無忌游於二壘使股肱分成二體胷膂絶爲異身初聞此間尚謂不然定聞信來乃知閼伯實沈之忿已成棄親即讐之計已決旃旆交於中原暴尸累於城下聞之哽咽若存若亡昔三王五伯下及戰國君臣相弑父子相殺兄弟相殘親戚相滅蓋時有之然或欲以成王業或欲以定霸功皆所謂逆取順守而徼富强於一世也未有棄親即異兀其根本而能全於長世者也昔襄公報九世之讐士匄卒荀偃之事是故春秋美其義君子稱其信夫伯游之恨於齊未若太公之忿於曹也宣子之承臣業未若仁君之繼統也且君子違難不適讐國交絶不出惡聲況忘先人之讐棄親戚之好而爲萬世之戒遺同盟之恥哉蠻夷戎狄將有誚讓之言況我族類而不痛心邪夫欲立竹帛於當時全宗祀於一世豈宜同生分謗爭校得失乎若冀州有不弟之傲無慙順之節仁君當降志辱身以濟事爲務事定之後使天下平其曲直不亦爲高義邪今仁君見憎於夫人未若鄭莊之於姜氏昆弟之嫌未若重華之於象傲然莊公卒崇大隧之樂象傲終受有鼻之封願捐棄百痾追攝舊義復爲母子昆弟如初今整勒士馬瞻望鵠立又與尚書諫之並不從曹操遂還救譚十月至黎陽尚聞操度河乃釋平原還鄴尚將呂曠高翔畔歸曹氏譚復陰刻將軍印以假曠翔操知譚詐乃以子整聘譚女以安之而引軍還九年三月尚使審配守鄴復攻譚於平原配獻書於譚勸其綏心抑怒革圖易慮以全友于之情譚復不納曹操因此進攻鄴審配將馮札爲內應開突門內操兵三百餘人配覺之從城上以大石擊門門閉入者皆死操乃鑿塹圍城周迴四十里初令淺示若可越審配望見笑而不出爭利操一夜浚之廣深二丈決漳水以灌之自五月至八月城中餓死者過半尚聞鄴急將軍萬餘人還救城操逆擊破之尚走依曲漳爲營操復圍之未合尚懼遣陰夔陳琳求降不聽尚還走藍口操復進兵急圍之尚將馬延等臨陣降衆大潰尚奔中山盡收其輜重得尚印綬節鉞及衣物以示城中城中崩沮審配令士卒曰堅守死戰操軍疲矣幽州方至何憂無主操出行圍審配伏弩射之幾中以其兄子榮爲東門校尉榮夜開門內操兵配拒戰城中生獲配操謂配曰吾近行圍弩何多也配曰猶恨其少操曰卿忠於袁氏亦自不得不爾意欲活之配意氣壯烈終無撓辭見者莫不歎息遂斬之全尚母妻子還其財寶高幹以并州降復爲刺史曹操之圍鄴也譚復背之因掠取甘陵安平勃海河間攻尚於中山尚敗走故安從熙而譚悉收其衆還屯龍湊十二月曹操討譚軍其門譚夜遁奔南皮臨淸河而屯明年正月急攻之譚欲出戰軍未合而破譚被髮驅馳追者意非恒人趨奔之譚墮馬顧曰咄兒過我我能富貴汝言未絶口頭已斷地於是斬郭圖等戮其妻子熙尚爲其將焦觸張南所攻奔遼西烏桓觸自號幽州刺史驅率諸郡太守令長背袁向曹陳兵數萬殺白馬而盟令曰違者斬衆莫敢仰視各以次歃至別駕代郡韓珩曰吾受袁公父子厚恩今其破亡智不能救勇不能死於義闕矣若乃北面曹氏所不能也一坐爲珩失色觸曰夫舉大事當立大義事之濟否不待一人可卒珩志以厲事君曹操聞珩節甚高之屢辟不至卒於家高幹復叛執上黨太守舉兵守壺口關十一年曹操自征幹幹乃留其將守城自詣匈奴求救不得獨與數騎亡欲南奔荆州上洛都尉捕斬之十二年曹操征遼西擊烏桓尚熙與烏桓逆操軍戰敗走乃與親兵數千人奔公孫康於遼東尚有勇力與熙謀曰今到遼東康必見我我獨爲兄手擊之且據其郡猶可以自廣也康亦心規取尚以爲功乃先置精勇於廐中然後請尚熙熙疑不欲進尚彊之遂與俱入未及坐康叱伏兵禽之坐於凍地尚謂康曰未死之間寒不可忍可相與席康曰卿頭顱方行萬里何席之爲遂斬首送於曹操

劉表字景升山陽高平人魯恭王之後也身長八尺餘姿貌溫偉與同郡張儉等俱被訕議號爲八顧詔書捕案黨人表亡走得免黨禁解辟大將軍何進掾初平元年長沙太守孫堅殺荆州刺史王叡詔書以表爲荆州刺史時江南宗賊大盛又袁術阻兵屯魯陽表不能得至乃單馬入宜城請南郡人蒯越襄陽人蔡瑁與其謀

書表謂越曰宗賊雖盛而衆不附袁術因之禍必至矣吾欲徵兵恐不能集其策焉出對曰理平者先仁義理亂者先權謀兵不在多貴乎得人袁術驕而無謀宗賊率多貪暴越有所素養者使人示之以利必持衆來使君知其無道施其財用威德既行襁負而至矣兵集衆附南據江陵北守襄陽荊州八郡可傳檄而定公路雖至無能爲也表曰善乃使越誘宗賊帥至者十五人皆斬之而襲取其衆唯江夏賊張虎陳生擁兵據襄陽城表使越與龐季往譬之乃降江南悉平諸守令聞表威名多解印綬去表遂理兵襄陽以觀時變袁術與其從兄紹有隙而紹與表相結故術其孫堅合從襲表表敗堅遂圍襄陽會表將黃祖救至堅爲流箭所中死餘衆退走及李傕等入長安冬表遣使奉貢傕以表爲鎭南將軍荊州牧封成武侯假表節以爲己援建安元年驃騎將軍張濟自關中走南陽因攻穰城中飛矢而死荊州官屬皆賀表曰濟以窮來主人無禮至於交鋒此非牧意牧受弔不受賀也使人納其衆衆聞之喜遂皆服從三年長沙太守張羨率零陵桂陽三郡畔表表遣兵攻圍破羨平之於是開土遂廣南接五嶺北據漢川地方數千里帶甲十萬餘初荊州人情好擾加四方駭震寇賊相扇處處糜沸表招誘有方威懷兼治其姦猾宿賊更爲效用萬里肅淸大小咸悅而服之關西兖豫學士歸者蓋有千數表安慰賑贍皆得資全遂起立學校博求儒術綦毋闓宋忠等撰立五經章句謂之後定愛民養士從容自保及曹操與袁紹相持於官度紹遣人求助表許之不至亦不援曹操且欲觀天下之變從事中郎南陽韓嵩別駕劉先說表曰今豪傑並爭兩雄相持天下之重在於將軍若欲有爲起乘其弊可也如其不然固將擇所宜從豈可擁甲十萬坐觀成敗求援而不能助見賢而不肯歸此兩怨必集於將軍恐不得復中立矣曹操善用兵且賢俊多歸之其埶必舉袁紹然後移兵以向江漢恐將軍不能禦也今之勝計莫若舉荊州以附曹操操必重德將軍長享福祚垂之後嗣此萬全之策也蒯越亦勸之表狐疑不斷乃遣嵩詣操觀望虛實謂嵩曰今天下未知所定而曹操擁天子都許君爲我觀其釁嵩對曰嵩觀曹公之明必得志於天下將軍若欲歸之使嵩可也如其猶豫嵩至京師天子假嵩一職不獲辭命則成天子之臣將軍之故吏耳在君爲君不復爲將軍死也惟加重思表以爲憚使彊之嵩至許果拜嵩侍中零陵太守及還盛稱朝廷曹操之德勸遣子入侍表大怒以爲懷貳陳兵詬嵩將斬之嵩不爲動容徐陳臨行之言表妻蔡氏知嵩賢諫止之表猶怒乃考殺從行者知無他意但囚嵩而已六年劉備自袁紹奔荊州表厚相待結而不能用也十三年曹操自將征表未至八月表疽發背卒在荊州幾二十年家無餘積二子琦琮表初以琦貌類於己甚愛之後爲琮娶其後妻蔡氏之姪蔡氏遂愛琮而惡琦毀譽之言日聞於表表寵耽後妻每信受焉又妻弟蔡瑁及外甥張允並得幸於表又睦於琮而琦不自寧嘗與琅邪人諸葛亮謀自安之術亮初不對後乃共升高樓因令去梯謂亮曰今日上不至天下不至地言出子口而入吾耳可以言未亮曰君不見申生在內而危重耳居外而安乎琦意感悟陰規出計會表將江夏太守黃祖爲孫權所殺琦遂求代其任及表病甚琦歸省疾琦素慈孝允等恐其見表而父子相感更有託後之意乃謂琦曰將軍命君撫臨江夏其任至重今釋衆擅來必見譴怒傷親之歡重增其疾非孝敬之道也遂遏于戶外使不得見琦流涕而去衆聞而傷焉遂以琮爲嗣琮以侯印授琦琦怒投之地將因奔喪作難會曹操軍至新野琦走江南蒯越韓嵩及東曹掾傅巽等說琮歸降琮曰今與諸君據全楚之地守先君之業以觀天下何爲不可巽曰逆順有大體彊弱有定埶以人臣而拒人主逆道也以新造之楚而禦中國必危也以劉備而敵曹公不當也三者皆短欲以抗王師之鋒必亾之道也將軍自料何與劉備琮曰不若也巽曰誠以劉備不足禦曹公則雖全楚不能以自存也誠以劉備足禦曹公則備不爲將軍下也願將軍勿疑及操軍到襄陽琮舉州降備奔夏口操以琮爲青州刺史封列侯蒯越等侯者十五人乃釋韓嵩之囚以其名重甚加禮待使條品州人優劣皆擢而用之以嵩爲大鴻臚以交友禮待之蒯越光祿勳劉先尚書令初表之結袁紹也侍中從事鄧義諫不聽義以疾退終表世不仕操以爲侍中其餘多至大官操後敗於赤壁劉備表琦爲荊州刺史明年卒

劉焉字君郎江夏竟陵人魯恭王後也肅宗元和中徙封竟陵支庶家焉焉少仕州郡以宗室拜郎中去官居陽城山精學教授舉賢良方正稍遷南陽太守宗正太常時靈帝政化衰缺四方兵寇焉以爲刺史威輕既不能禁且用非其人輒爭暴亂乃建議改置牧伯鎭安方夏淸選重臣以居其任焉乃陰求爲交阯以避時難議未卽行會益州刺史郤儉在政煩擾謠言遠聞而并州刺史張懿涼州刺史耿鄙並爲寇賊所害故焉議得用

出焉爲監軍使者領益州牧太僕黃琬爲豫州牧宗正劉虞爲幽州牧皆以本秩居職州任之重自此而始是時益州賊馬相亦自號黃巾合聚疲役之民數千人先殺綿竹令進攻雒縣殺郗儉又擊蜀郡犍爲旬月之間破壞三郡相自稱天子衆至十餘萬人遣兵破巴郡殺郡守趙部州從事賈龍先領兵數百人在犍爲遂糾合吏民攻相破之龍乃遣吏卒迎焉焉到以龍爲校尉徙居綿竹撫納離叛務行寬厚而陰圖異計沛人張魯母有姿色兼挾鬼道往來焉家焉遂任魯爲督義司馬遂與別部司馬張修將兵掩殺漢中太守蘇固斷絕斜谷殺使者魯既得漢中遂復殺張修而并其衆焉欲立威刑以自尊大乃託以它事殺州中豪彊十餘人士民皆怨初平二年犍爲太守任岐及賈龍並反攻焉焉擊破皆殺之自此意氣漸盛遂造作乘輿車重千餘乘焉四子範爲左中郎將誕治書御史璋奉車都尉並從獻帝在長安惟別部司馬瑁隨焉在益州朝廷使璋曉譬焉焉留璋不復遣興平元年征西將軍馬騰與範謀誅李傕焉遣叟兵五千助之戰敗範及誕並見殺焉既痛二子又遇天火燒其城府車重延及民家館邑無餘於是徙居成都遂發背疽卒州大吏趙韙等貪璋溫仁立爲刺史詔書因以璋爲監軍使者領益州牧以韙爲征東中郎將先是荆州牧劉表在州僭擬乘輿器服韙以此遂屯兵朐䏰備表初南陽三輔民數萬戶流入益州焉悉收以爲衆名曰東州兵璋性柔寬無威略東州人侵暴爲民患不能禁制舊士頗有離怨趙韙之在巴中甚得衆心璋委之以權韙因人情不輯乃陰結州中大姓建安五年還共擊璋蜀郡廣漢犍爲皆反應東州人畏見誅滅乃同心並力爲璋死戰遂破反者進攻韙於江州斬之張魯以璋闇懦不復承順璋怒殺魯母及弟而遣其將龐羲等攻魯數爲所破魯部曲多在巴土故以羲爲巴郡太守魯因襲取之遂雄於巴漢十三年曹操自將征荆州璋乃遣使致敬操加璋振威將軍兄瑁平寇將軍璋因遣別駕從事張松詣操而操不相接禮松懷恨而還勸璋絕曹氏而結好劉備璋從之十六年璋聞曹操當遣兵向漢中討張魯內懷恐懼松復說璋迎劉備以拒操璋卽遣法正將兵迎備璋主簿巴西黃權諫曰劉備有梟名今以部曲遇之則不滿其心以賓客待之則一國不容二主此非自安之道從事廣漢王累自倒懸於州門以諫璋一無所納備自江陵馳至涪城璋率步騎數萬與備會張松勸備於會襲璋備不忍明年出屯葭萌松兄廣漢太守肅懼禍及己乃以松謀白璋收松斬之勑諸關戍勿復通備備大怒還兵擊璋所在戰尅十九年進圍成都數十日城中有精兵三萬人穀支一年吏民咸欲拒戰璋言父子在州二十餘歲無恩德以加百姓而攻戰三載肌膏草野者以璋故也何心能安遂開城出降羣下莫不流涕備遷璋於公安歸其財寶後以病卒

袁術字公路汝南汝陽人司空逢之子也少以俠氣聞數與諸公子飛鷹走狗後頗折節舉孝廉累遷至河南尹虎賁中郎將時董卓欲廢立以術爲後將軍術畏卓之禍出奔南陽會長沙太守孫堅殺南陽太守張咨引兵從術劉表上術爲南陽太守術又表堅領豫州刺史使率荆豫之卒擊破董卓於陽人術從兄紹因堅討卓未反遠遣其將會稽周昕奪堅豫州術怒擊昕走之紹議欲立劉虞爲帝術好放縱憚立長君託以公義不肯同積此釁隙乃各外交黨援以相圖謀術結公孫瓚而紹連劉表豪傑多附於紹術怒曰羣豎不吾從而從吾家奴乎又與公孫瓚書云紹非袁氏子紹聞大怒初平三年術遣孫堅擊劉表於襄陽堅戰死公孫瓚使劉備與術合謀共逼紹紹與曹操會擊皆破之四年術引軍入陳留屯封丘黑山餘賊及匈奴於扶羅等佐術與曹操戰於匡亭大敗術退保雍丘又將其餘衆奔九江殺揚州刺史陳溫而自領之又兼稱徐州伯李傕入長安欲結術爲援乃授術左將軍假節封陽翟侯初術在南陽戶口尙數十百萬而不修法度以鈔掠爲資奢恣無厭百姓患之又少見讖書言代漢者當塗高自云名字應之又與袁氏出陳爲舜後以黃代赤德運之次遂有僭逆之謀又聞孫堅得傳國璽遂拘堅妻奪之興平二年冬天子播越敗於曹陽術大會羣下因謂曰今海內鼎沸劉氏微弱吾家四世公輔百姓所歸欲應天順人於諸公何如衆莫敢對主簿閻象進曰昔周自后稷至于文王積德累功三分天下猶服事殷明公雖奕世克昌孰若有周之盛漢室衰微未若殷紂之敝也術嘿然使召張範範稱疾遣弟承往應之術問曰昔周室陵遲則有桓文之霸秦失其政漢接而用之今孤以土地之廣人民之衆欲徼福於齊桓擬迹於高祖可乎承對曰在德不在衆苟能用德以同天下之欲雖云匹夫霸王可也若陵僭無度干時而動衆之所棄誰能興之術不說自孫堅死子策復領其部曲術遣擊揚州刺史劉繇破之策因據江東策聞術將僭號與書諫止之術不納策遂與術絕建安二年術因河內張炯符命遂果僭號

自稱仲家以九江太守爲淮南尹置公卿百官郊祀天地乃遣使以竊號告呂布并爲子聘布女布執術使送許術大怒遣兵攻布大敗而還術又率兵擊陳國誘殺其王寵及相駱俊曹操乃自征之術聞大駭即走度淮留其將張勳橋蕤於蘄陽以拒之操擊破斬蕤而勳退走術兵弱大將死衆情離叛加之旱荒士民凍餒江淮間相食殆盡時舒仲應爲術沛相術以米十萬斛與爲軍糧仲應悉散以給飢民術怒陳兵將斬之仲應曰知當必死故爲之耳寧可以一人之命救百姓於塗炭術下馬牽之曰仲應足下獨欲享重名而不與吾共之邪術雖矜名尚奇而天性驕肆尊己陵物及竊僞號淫侈滋甚媵御數百無不兼羅紈厭粱肉自下飢困莫之簡卹於是資實空盡不能自立四年夏乃燒宮室奔其部曲陳簡雷薄於灊山復爲簡等所拒遂大困窮士卒散走憂懣不知所爲遂歸帝號於紹曰祿去漢室久矣天下提挈政在家門豪雄角逐分割疆宇此與周末七國無異唯彊者兼之耳袁氏受命當王符瑞炳然今君擁有四州人戶百萬以彊則莫與爭大以位則無所比高曹操雖欲扶衰獎微安能續絕運起已滅乎謹歸大命君其興之紹陰然其計術因此欲北至青州從袁譚曹操使劉備徼之不得過復走還壽春六月至江亭坐簣牀而歎曰袁術乃至是乎因憤慨結病歐血死妻子依故吏廬江太守劉勳孫策破勳復見收術女入孫權宮中子曜仕吳爲郎中

呂布字奉先五原九原人也以弓馬驍武給并州刺史丁原爲騎都尉原屯河內以布爲主簿甚見親待靈帝崩原受何進召將兵詣洛陽爲執金吾會進敗董卓誘布殺原而并其兵卓以布爲騎都尉甚愛信之誓爲父子布便弓馬膂力過人號爲飛將稍遷至中郎將封都亭侯卓自知凶恣每懷猜畏行止常以布自衞嘗小失卓意卓拔手戟擲之布拳捷得免而改容顧謝卓意亦改布由是陰怨於卓卓又使布守中閤而私與傅婢情通益不自安因往見司徒王允自陳卓幾見殺之狀時允與尚書僕射士孫瑞密謀誅卓因以告布使爲內應布曰如父子何允曰君自姓呂本非骨肉今憂死不暇何謂父子擲戟之時豈有父子情也布遂許之乃於門刺殺卓事在卓傳允以布爲奮威將軍假節儀同三司封溫侯允既不赦涼州人由是卓將李傕等遂相結還攻長安布與傕等戰敗乃將數百騎以卓頭繫馬鞍走出武關奔南陽袁術待之甚厚布自恃殺卓有德袁氏遂恣兵鈔掠術患之布不安復去從張楊於河內時李傕等購募求布急楊下諸將皆欲圖之布懼謂楊曰與卿州里今見殺其功未必多不如生賣布可大得傕等爵寵楊以爲然有頃布得走投袁紹紹與布擊張燕於常山燕精兵萬餘騎數千匹布常御良馬號曰赤菟能馳城飛塹時人爲之語曰人中有呂布馬中有赤菟布與其健將成廉魏越等數十騎馳突燕陣一日或至三四皆斬首而出連戰十餘日遂破燕軍布既恃其功更請兵於紹紹不許而將士多暴橫紹患之布不自安因求還洛陽紹聽之承制使領司隸校尉遣壯士送布而陰使殺之布疑其圖己乃使人鼓箏於帳中潛自遁出夜中兵起而布已亾紹聞懼爲患募遣追之皆莫敢逼遂歸張楊道經陳留太守張邈遣使迎之相待甚厚臨別把臂言誓邈字孟卓東平壽張人也少以俠聞振窮救急傾家無愛士多歸之曹操袁紹皆與邈友辟公府以高第拜騎都尉遷陳留太守董卓之亂曹操與邈首舉義兵汴水之戰邈遣衞茲將兵隨操袁紹既爲盟主有驕矜色邈正議責之紹既怨邈且聞與布有誓言乃令曹操殺邈操不聽邈雖德操然心不自安操之東擊陶謙勑家曰我若不還往依孟卓後還見邈垂泣相對其爲操所親如此興平元年操復征謙令其將陳宮屯東郡宮因說邈曰今天下分崩雄桀並起君擁十萬之衆當四戰之地撫劍顧眄亦足以爲人豪而反制於人不以鄙乎今州軍東征其處空虛呂布壯士善戰無前迎之共據兖州觀天下形執俟時事變通此亦從橫一時也邈從之遂與弟超及宮等迎布爲兖州牧據濮陽郡縣皆應之唯鄄城東阿范爲曹操守操自引軍還與布戰於濮陽操軍不利相持百餘日是時旱蝗少穀百姓相食布移屯山陽二年間操復盡收諸城擊破布於鉅野布東奔劉備邈從布留超將家屬屯雍丘操攻圍數月屠之斬超滅其家族邈詣袁術求救未至壽春爲其兵所害時劉備領徐州居下邳與袁術相拒於淮上術欲引布擊備乃與布書曰術舉兵詣闕未能屠裂董卓將軍誅卓爲術報恥功一也昔金元休南至封丘爲曹操所敗將軍伐之令術復明目於遐邇功二也術生年以來不聞天下有劉備備乃舉兵與術對戰憑將軍威靈得以破備功三也將軍有三大功在術術雖不敏奉以死生將軍連年攻戰軍糧苦少今送米二十萬斛非唯止此當駱驛復致凡所短長亦唯命布得書大悅即勒兵襲下邳獲備妻子備敗走海西飢困請降於布布又恚術運糧不復至乃具車馬迎備以爲豫州刺史

遣屯小沛布自號徐州牧術懼布爲己害爲子求婚布
復許之術遣將紀靈等步騎三萬以攻備備求救於布
諸將謂布曰將軍常欲殺劉備今可假手於術布曰不
然術若破備則北連太山吾爲在術圍中不得不救也
便率步騎千餘馳往赴之靈等聞布至皆斂兵而止布
屯沛城外遣人招備并請靈等與其饗飲布謂靈曰元
德布弟也爲諸軍所困故來救之布性不喜合鬬但喜
解鬬耳乃令軍候植戟於營門布彎弓顧曰諸君觀布
射戟小支中者當解兵不中可留決鬬布卽一發正中
戟支靈等皆驚言將軍天威也明日復歡會然後各罷
術遣韓允以僭號事告布因求迎婦布遣女隨之沛相
陳珪恐術報布成姻則徐揚合從爲難未已於是往說
布曰曹公奉迎天子輔讚國政將軍宜與協同策謀共
存大計今與袁術結姻必受不義之名將有累卵之危
矣布亦素怨術而女已在塗乃追還絕婚執允送許曹
操殺之陳珪欲使子登詣曹操布固不許會使至拜布
爲左將軍布大喜卽聽登行并令奉章謝恩登見曹操
因陳布勇而無謀輕於去就宜早圖之操曰布狼子野
心誠難久養非卿莫究其情僞卽增珪中二千石拜登
廣陵太守臨別操執登手曰東方之事便以相付令陰
合部衆以爲內應始布因登求徐州牧不得登還布怒
拔戟斫機曰卿父勸吾協同曹操絕婚公路今吾所求
無獲而卿父子並顯重但爲卿所賣耳卿爲吾言其說
云何登不爲動徐喻之曰登見曹公言待將軍譬如養
虎當飽其肉不飽則將噬人公曰不如卿言也譬如養
鷹飢卽爲用飽則颺去其言如此布意乃解袁術怒布
殺韓允遣其大將張勳橋蕤等與韓暹楊奉連埶步騎

數萬七道攻布布時有兵三千馬四百匹懼其不敵謂
陳珪曰今致術軍卿之由也爲之柰何珪曰暹奉與術
卒合之師耳謀無素定不能相維子登策之比於連雞
埶不俱棲立可離也布用珪策與暹奉書曰二將軍親
扶大駕而布手殺董卓俱立功名當垂竹帛今袁術造
逆謀宜其誅討柰何與賊還來伐布可因今者同力破
術爲國除害建功天下此時不可失也又許破術兵悉
以軍資與之暹奉大喜遂共擊勳等於下邳大破之生
禽橋蕤餘衆潰走其所殺傷墮水死者殆盡時太山臧
霸等攻破莒城許布財幣以相結而未及送布乃自往
求之其督將高順諫止曰將軍威名宣播遠近所畏何
求不得而自行求賂萬一不尅豈不損邪布不從既至
莒霸等不測往意固守拒之無獲而還順爲人清白有
威嚴不飲酒不受饋遺所將七百餘兵號爲千人鎧甲
精練每所攻擊無不破者名爲陷陣營順每諫布曰凡
破家亾國非無忠臣明智者也但患不見用耳將軍舉
動不肯詳思忽有得失動輒言誤誤豈可數也布知其
忠然不能用初布將河內郝萌於下邳反攻布府順討
斬之布後頗忌諸將亦復疏順以魏續有外內之親悉
奪順所將兵以與續及當攻戰故令順將續所領兵順
亦終無恨意建安三年布復從袁術遣順攻劉備於沛
破之曹操遣夏侯惇救備爲順所敗操乃自將擊布至
下邳城下遺布書爲陳禍福布欲降而陳宮等自以負
罪於操深沮其計而謂布曰曹操遠來埶不能久將軍
若以步騎出屯於外宮將餘衆閉守於內操若向將軍
宮引兵而攻其背若但攻城則將軍救於外不過旬月
軍食畢盡擊之可破也布然之布妻曰昔曹氏待陳宮

如赤子由舍而歸我今將軍厚宮不過於曹氏而欲委
全城捐妻子孤軍遠出乎若一旦有變妾豈得爲將軍
妻哉布乃止而潛遣許汜王楷告急於袁術術曰布不
與我女理自當敗何爲復來相聞邪汜楷曰明上今不
救布爲自敗耳布破明上亦破也術時僭號故呼爲明
上術乃嚴兵爲布作聲援布恐術爲女不至故不遣兵
救也以綿纏女身縛著馬上夜自送女出與術與曹操
守兵相觸格射不得過而還布乃自將千餘騎出戰敗
走歸保城不敢復出術亦竟不能救曹操塹圍之壅沂
泗以灌其城三月上下離心其將侯成使客牧其名馬
而客策之以叛成追客得馬諸將合禮以賀成成分酒
肉先入詣布跪言曰蒙將軍威靈得所亾馬諸將齊賀
未敢嘗也故先以奉貢布怒曰布禁酒而卿等醞釀爲
欲因酒共謀布邪成忿懼乃與宋憲魏續等共執陳宮
高順率其衆降布與麾下登白門樓兵圍之急令左右
取其首詣操左右不忍乃下降布見操曰今日已往天
下定矣操曰何以言之布曰明公之所患不過於布今
已服矣令布將騎明公將步天下不足定也顧謂劉備
曰元德卿爲坐上客我爲降虜繩縛我急獨不可一言
邪操笑曰縛虎不得不急乃命緩布縛意欲活之劉備
曰不可明公不見呂布事丁建陽董太師乎操領之布
目備曰大耳兒最叵信者於是縊殺布與宮順等皆梟
首送許然後葬之陳宮者字公臺東郡人也剛直壯烈
少與海內知名之士皆相連結及天下亂始隨曹操後
自疑乃背操從呂布爲布畫策乃不從其計下邳敗被
擒曹操謂宮曰公臺卿平常自爲智計有餘今日竟何
如宮顧指布曰但坐此人不從宮言以至於此若其見

從亦未必爲禽也操笑曰今日之事當云何宮曰爲臣不忠爲子不孝死自分也操曰卿如是柰卿老母何宮曰宮聞將以孝治天下者不害人之親老母之存否在明公不在宮也操曰若卿妻子何宮曰宮聞將施仁政於天下者不絕人之祀妻子之存否亦在明公不在宮也操未復言宮曰請出就戮以明軍法遂趨出不可止操泣而送之宮不還顧死後操待其家皆厚於初陳登者字元龍忠亮高爽沈深有大略少有扶世濟民之志博覽載籍雅有文藝舊典文章莫不貫綜年二十五舉孝廉除東陽長養耆育幼視民如傷是時世荒民饑州牧陶謙表登爲典農校尉登巡土田之宜盡鑿溉之利秔稻豐積後與父珪俱事呂布珪知布不足以共事乃遣登爲布奉使到許曹操用爲廣陵太守使於郡招集以圖呂布登在廣陵明審賞罰威信宣布海賊薛州之羣萬有餘戶束手歸命未及期年功化以就百姓畏而愛之登曰此可用矣曹操至下邳登率郡兵爲軍先驅時登諸弟在下邳城中布乃質執登三弟欲求和同登執意不撓進圍日急布刺姦張弘懼於後累夜將登三弟出就登布既伏誅登以功拜伏波將軍甚得江淮閒歡心於是有吞滅江南之志孫策遣軍攻登於匡琦城軍初到旌甲覆水羣下咸以今賊衆十倍於郡兵恐不能抗可引軍避之與其空城水人陸居不能久處必尋引去登厲聲曰吾受國命來鎮此土昔馬文淵之在斯位能南平百越北滅羣狄吾既不能遏除凶慝何逃寇之謂邪吾其出命以報國仗義以整亂天道與順克之必矣乃閉門示弱不與戰將士銜聲寂若無人登乘城望形埶知其可擊乃申令將士宿整兵器昧爽開南門引軍指敵營步騎鈔其後敵衆周章方結陣不得還船登手執軍鼓縱兵乘之敵衆遂大破皆棄船迸走登乘勝追奔斬虜以萬數策忿喪軍尋復大興兵向登登以兵不敵使功曹陳矯求救於曹操登密去城十里治軍營處所令多取柴薪兩束一聚相去十步從横成行令夜俱起火火然其聚城上稱慶若大軍到敵衆望火驚潰登勒兵追奔斬首萬級遷登爲東城太守廣陵吏民佩其恩德共拔郡隨登老弱襁負而追之登曉語令還曰太守在卿郡頻致吳寇幸而克濟諸卿何患無令君乎登既去孫權遂跨有江外登年三十九而卒曹操每臨大江而歎曰恨不用陳元龍計而令封豕養其爪牙乎初許汜與劉備並在荊州牧劉表坐表與備共論天下人汜曰陳元龍湖海之士豪氣不除備謂表曰許君論是非表曰欲言非此君爲善士不宜虛言欲言是元龍名重天下備問汜君言豪寧有事邪汜曰昔遭亂過下邳見元龍元龍無客主之意久不相與語自上大牀卧使客卧下牀備曰君有國士之名今天下大亂帝主失所望君憂國亾家有救世之意而君求田問舍言無可采是元龍所諱也何緣當與君語如小人欲卧百尺樓上卧君於地何但上下牀之閒邪表大笑備因言曰若元龍文武膽志當求於古耳造次難得比也魏文帝世追美登功拜登息肅爲郎中

通志卷一百十三下

宋右迪功郎鄭樵漁仲撰

列傳第二十七

魏

張楊　張燕　公孫度子康 康子晃 康兄恭 晃弟淵　張繡

張魯　夏侯惇韓浩 史渙　夏侯淵子霸 稱 榮　夏侯尚子元 李豐 許允 王經　荀彧　荀攸　賈詡　袁渙　張範弟承

涼茂　國淵　王脩

張楊字稚叔雲中人也以武勇給并州爲武猛從事靈帝末天下亂置西園八校尉以所寵小黃門蹇碩爲西園上軍校尉軍京都欲以御四方徵天下豪桀以爲偏裨太祖及袁紹等皆爲校尉屬之并州刺史丁原遣楊將兵詣碩爲假司馬靈帝崩碩爲何進所殺楊復爲進所遣歸本州募兵得千餘人因留上黨擊山賊進敗董卓作亂楊遂以所將攻上黨太守於壺關不下略諸縣衆至數千人山東兵起欲誅卓袁紹至河內楊與紹合復與匈奴單于於扶羅屯漳水單于欲叛紹楊不從單于執楊與俱去紹使將麴義追擊於鄴南破之單于與楊至黎陽攻破度遼將軍耿祉軍衆復振卓以楊爲建義將軍河內太守天子之在河東楊將兵至安邑拜安國將軍封晉陽侯楊欲迎天子還洛諸將不聽楊還野王建安元年楊奉董承韓暹挾天子還舊京糧乏楊以糧迎道路遂至洛陽謂諸將曰天子當與天下共之幸有公卿大臣楊當捍外難何事京都遂還野王卽拜大司馬楊性仁和無威刑下人謀反發覺對之涕泣輒原不問楊素與呂布善太祖之圍布楊欲救之不能乃出兵東市遙爲之埶其將楊醜殺楊以應太祖楊將眭固又殺醜將其衆欲北合袁紹太祖遣史渙邀擊破之於射犬城斬固盡收其衆也

張燕常山眞定人也本姓褚黃巾起燕合聚少年爲羣盜在山澤閒轉攻還眞定衆萬餘人博陵張牛角亦起衆自號將兵從事與燕合燕推牛角爲帥俱攻廮陶牛角爲飛矢所中被創且死令衆奉燕告曰必以燕爲帥牛角死衆奉燕故改姓張燕剽悍捷速過人故軍中號曰飛燕其後人衆寖廣燕善招攜故常山趙郡中山上黨河內諸山谷皆相通其小帥孫輕王當等各以部衆從燕衆至百萬號曰黑山靈帝不能征河北郡縣被其害燕遣人至京都乞降拜燕平難中郎將是後董卓遷天子於長安天下兵數起燕遂以其衆與豪傑相結袁紹與公孫瓚爭冀州燕遣將杜長等助瓚與紹戰爲紹所敗人衆稍散太祖將定冀州燕遣使求佐王師拜征北將軍率衆詣鄴封安國亭侯邑五百戶燕薨子方嗣方薨子融嗣燕曾孫林晉惠帝世爲門下令史與趙王倫爲亂未及期年位至尚書令衞將軍封郡公尋爲倫所殺

公孫度字升濟本遼東襄平人也度父延避吏居玄菟任度爲郡吏時玄菟太守公孫琙子豹年十八早死度少時名豹又與琙子同年琙見而親愛之遣就師學爲取妻後舉有道除尚書郎稍遷冀州刺史以謠言免同郡徐榮爲董卓中郎將薦度爲遼東太守度起玄菟小吏爲遼東郡所輕先時屬國公孫昭守襄平令召度子康爲伍長度到官收昭笞殺於襄平市郡中名豪大姓田韶等宿遇無恩皆以法誅所夷滅百餘家郡中震慄東伐高句驪西擊烏丸威行海外初平元年度知中國擾攘語所親吏柳毅陽儀等曰漢祚將絕當與諸卿圖王耳時襄平延里社生大石長丈餘下有三小石爲之足或謂度曰此漢宣帝冠石之祥而里名與先君同社主土地明當有土地而三公爲輔也度益喜故河內太守李敏郡中知名惡度所爲恐爲所害乃將家屬入于海度大怒掘其父冢剖棺焚屍誅其宗族分遼東郡爲遼西中遼郡置太守越海收東萊諸縣置營州刺史自立爲遼東侯平州牧追封父延爲建義侯立漢二祖廟承制設壇墠於襄平城南郊祀天地藉田治兵乘鸞輅九旒旄頭羽騎太祖表度爲武威將軍封永寧鄉侯度曰我王遼東何永寧也藏印綬武庫度死子康嗣位以永寧鄉侯封弟恭是歲建安九年也十二年太祖征三郡烏丸屠柳城袁尚等奔遼東康斬送尚首語在武紀封康襄平侯拜左將軍康死子晃淵等皆小衆立恭爲遼東太守文帝踐阼遣使卽拜恭爲車騎將軍假節封平郭侯追贈康大司馬初恭病陰消爲閹人劣弱不能治國太和二年淵脅奪恭位明帝卽位拜淵揚烈將軍遼東太守淵遣使南通孫權往來賂遺權遣使張彌許晏等齎金玉珍寶立淵爲燕王淵亦恐權遠不可恃且貪貨物誘致其使悉斬送彌晏等首明帝於是拜淵大司馬封樂浪公持節領軍如故使者至淵設甲兵爲軍陣出見使者又數對國中賓客出惡言景初元年乃遣幽州刺史毌丘儉等齎璽書徵淵淵遂發兵逆於遼隧與儉等戰儉等不利而還淵遂自立爲燕王置百官有司遣使者持節假鮮卑單于璽封拜邊民誘呼鮮卑侵擾北方二年春遣太尉司馬懿征淵六月軍至遼東淵遣將軍卑衍楊祚等步騎數萬屯遼陽圍塹二十餘里

懿軍至令衍逆戰懿遣將軍胡遵等擊破之懿令軍穿圍引兵東南向而急東北卽趨襄平衍等恐襄平無守夜走還諸軍進至首山淵復遣衍等迎軍殊死戰懿復擊大破之遂進軍造城下爲圍塹會霖雨三十餘日遼水暴長運船自遼口徑至城下雨霽起土山脩櫓爲發石連弩射城中淵窘急糧盡人相食死者甚多將軍楊祚等降八月丙寅夜大流星長數十丈從首山東北墜襄平城東南壬午淵衆潰與其子脩將數百騎突圍東南走大兵急擊之當流星所墜處斬淵父子城破斬相國以下首級以千數傳淵首洛陽遼東帶方樂浪玄菟悉平初淵家數有怪犬冠幘絳衣上屋晨炊有小兒蒸死甑中襄平北市生肉長圍各數尺有頭目口喙無手足而動搖占曰有形不成有體無聲其國滅亡始度以中平六年據遼東至淵三世凡五十年而滅始淵兄晃爲恭任子在洛陽淵首到晃亦坐戮

張繡武威祖厲人驃騎將軍濟族子也邊章韓遂爲亂涼州金城麴勝襲殺祖厲長劉儁繡爲縣吏閒伺殺勝郡內義之遂招合少年爲邑中豪桀董卓敗濟與李傕擊呂布爲卓報仇語在卓傳繡隨濟以軍功稍遷至建忠將軍封宣威侯濟屯弘農士卒飢餓南攻穰爲流矢所中死繡領其衆屯宛與劉表合太祖南征軍淯水繡舉衆歸之太祖納濟妻繡恨之太祖聞其不悅密有殺繡之計計漏繡掩襲太祖太祖軍敗二子沒繡還保穰太祖比年攻之不克及太祖拒袁紹於官渡繡從賈詡計復以衆降語在詡傳繡至太祖執繡手與之歡宴爲子均取繡女拜揚武將軍官渡之役繡力戰有功遷破羌將軍從破袁紹於南皮復增邑凡二千戶時天下戶口減耗十才一在諸將之封未有滿千戶者而繡特多從征烏丸於柳城未至薨諡定侯子泉嗣坐與魏諷謀反國除

張魯字公祺沛國豐人也祖父陵客蜀學道於鵠鳴山中造作道書以惑百姓從受道者出米五斗故世號米賊陵死子衡行其道衡死魯復行之益州牧劉焉以魯爲督義司馬與別部司馬張脩將兵擊漢中太守蘇固魯遂襲殺脩奪其衆焉死子璋代立以魯不順盡殺魯母家室魯遂據漢中以鬼道教民自號師君其來學道者初皆名鬼卒受本道已信號祭酒各領部衆多者爲治頭大祭酒皆教以誠信不欺詐有病自首其過大都與黃巾相似諸祭酒皆作義舍如今之亭傳又置義米肉懸於義舍行路者量腹取足若過多鬼道輒病之犯法者三原然後乃行刑不置長吏皆以祭酒爲治民夷便樂之雄據巴漢垂三十年漢末力不能征遂就寵魯爲鎭民中郞將領漢寧太守通貢獻而已民有地中得玉印者羣下欲尊魯爲漢寧王魯功曹巴西閻圃諫曰漢川之民戶出十萬財富土沃四面險固上匡天子則爲桓文次及竇融不失富貴今承制署置勢足斬斷不煩於王願且不稱勿爲禍先魯從之韓遂馬超之亂關西民從子午谷奔魯者數萬家建安二十年太祖乃自散關出武都征之至陽平關魯欲舉漢中降其弟衛不肯帥衆數萬距關堅守太祖攻破之遂入蜀魯聞陽平已陷將稽顙圃又曰今以迫往功必輕不如依杜濩赴朴胡相拒然後委質功必多於是乃奔南山入巴中左右欲悉燒寶貨倉庫魯曰本欲歸命國家而意未達今之走避銳鋒非有惡意寶貨倉庫國家之有遂封藏而去太祖入南鄭甚嘉之又以魯本有善意遣人慰喻魯盡將家出太祖逆拜魯爲鎭南將軍待以客禮封閬中侯邑萬戶封魯五子及閻圃等皆爲列侯爲子彭祖取魯女魯薨諡原侯子富嗣

夏侯惇字元讓沛國譙人夏侯嬰之後也年十四就師學人有辱其師者惇殺之由是以烈氣聞太祖初起惇常爲裨將從征伐太祖行奮武將軍以惇爲司馬別屯白馬遷折衝校尉領東郡太守太祖征陶謙留惇守濮陽張邈叛迎呂布太祖家在鄄城惇輕軍往赴適與布會交戰布退還遂入濮陽襲得惇軍輜重遣將僞降共執持惇責以寶貨惇軍中震恐惇將韓浩乃勒兵屯惇營門召軍吏諸將皆案甲當部不得動諸營乃定遂詣惇所叱持質者曰汝等凶逆乃敢執劫大將軍復欲望生邪且吾受命討賊寧能以一將軍之故而縱汝乎因涕泣謂惇曰當奈國法何促召兵擊持質者持質者惶懼叩頭言我但欲乞資用去耳浩數責皆斬之惇旣免太祖聞之謂浩曰卿此可爲萬世法乃著令自今已後有持質者皆當并擊勿顧質由是劫質者遂絶太祖自徐州還惇從征呂布爲流矢所中傷左目時夏侯淵與惇俱爲將軍軍中呼惇爲盲夏侯惇惡之每照鏡輒撲鏡於地復領陳留濟陰太守加建武將軍封高安鄉侯時旱蝗大作惇乃斷太壽水作陂身自負土率將士勸種稻民賴其利轉領河南尹太祖平河北爲大將軍後拒鄴破遷伏波將軍領尹如故使得以便宜從事不拘科制建安十二年錄惇前後功增封邑千八百戶并前二千五百戶二十一年從征孫權還使惇都督二十六軍留居巢賜伎樂名倡令曰魏絳以和戎之功猶受金

石之樂況將軍乎二十四年太祖擊破呂布軍於摩陂召惇常與同載特見親重出入臥內諸將莫得比也拜前將軍督諸軍還壽春徙屯召陵文帝卽王位拜大將軍數月薨謚忠侯惇雖在軍旅親迎師受業性清儉有餘財輒以分施不足資之於官不治產業子充嗣帝追思惇功欲使子孫畢侯分惇邑千戶賜惇七子二孫爵皆關內侯惇弟廉及子楙素自封列侯初太祖以女妻楙卽清河公主也楙歷位侍中尚書安西鎭東將軍假節充薨子廙嗣廙薨子劭嗣韓浩者字元嗣河內人漢末兵起縣近山藪多寇浩聚徒衆爲縣藩衞太守王匡以爲從事將兵拒董卓於盟津時浩舅杜陽爲河陰令卓執之使招浩浩不從袁術聞而壯之以爲騎都尉夏侯惇聞其名請與相見大奇之使領兵從征伐時大議損益浩以爲當急田太祖善之遷護軍太祖欲討柳城領軍史渙以爲道遠深入非完計也欲與浩共諫浩曰今兵勢彊盛威加四海戰勝攻取無不如志不以此時遂除天下之患將爲後憂且公神武舉無遺策吾與君爲中軍主不宜沮衆遂從破柳城改其官爲中護軍置長史司馬從討張魯魯降議者以浩智畧足以綏邊欲留使都督諸軍鎭漢中太祖曰吾安可以無護軍遂與俱還其見親任如此及薨太祖愍惜之無子以養子榮嗣史渙字公劉沛國人少任俠有雄氣太祖初起以客從行中軍校尉從征伐常監諸將見親信轉拜中領軍十四年薨子靜嗣

夏侯淵字妙才惇族弟也太祖居家曾有縣官事淵代引重罪太祖營救之得免時兖豫大亂淵以飢乏棄其幼子而活亡弟孤女人以此義之太祖起兵以別部司馬騎都尉從遷陳留潁川太守及與袁紹戰於官渡行督軍校尉紹破使督兖豫徐州軍糧時軍食少淵傳饋相繼軍以復振昌豨反遣于禁擊之未拔復遣淵與禁并力遂擊豨降其十餘屯豨詣禁降淵還拜典軍校尉淵爲將赴急疾常出敵之不意故軍中爲之語曰典軍校尉夏侯淵三日五百六日一千濟南樂安黃巾徐和司馬俱等攻城殺長吏淵將泰山齊平原郡兵擊大破之斬和平諸縣收其糧穀以給軍士十四年以淵爲行領軍太祖征孫權還使淵督諸將擊廬江叛者雷緒緒破又行征西護軍督徐晃擊太原賊攻下二十餘屯斬賊帥商曜屠其城從征韓遂等戰於渭南又督朱靈平隃麋汧氐與太祖會安定降楊秋十七年太祖乃還鄴以淵行護軍將軍督朱靈路招等屯長安擊破南山賊劉雄降其衆圍遂超餘黨梁興於鄠拔之斬興封博昌亭侯馬超圍涼州刺史韋康於冀淵救康未到康敗去冀二百餘里超來逆戰軍不利汧氐反淵引軍還十九年趙衢尹奉等謀討超姜敘起兵鹵城以應之衢等譎說超使出擊敘於後盡殺超妻子超奔漢中還圍祁山敘等急求救諸將議者欲須太祖節度淵曰公在鄴反覆四千里比報回敘等必敗非救急也遂行使張郃督步騎五千在前從陳倉狹道入淵自督糧在後郃至渭水上超將氐羌數千逆郃未戰超走郃進軍收超軍器械淵到諸縣皆已降韓遂在顯親淵欲襲取之遂走淵收遂軍糧追至略陽城去遂二十餘里諸將欲攻之或言當攻興國氐淵以爲遂兵精興國城固攻不可卒拔不如擊長離諸羌長離諸羌多在遂軍必歸救其家若遂獨守則孤救長離則官兵得與野戰可必虜也淵乃留督將守輜重輕兵步騎到長離攻燒羌屯斬獲甚衆諸羌在遂軍者各還種落遂果救長離與淵軍對陣諸將見遂衆惡之欲結營作塹乃與戰淵曰我轉鬬千里今復作營塹則士衆罷弊不可久賊雖衆易與耳乃鼓之大破遂軍得其旌麾還略陽進軍圍興國氐王千萬逃奔馬超餘衆降轉擊高平屠各皆散走收其糧穀牛馬乃假淵節初枹罕宋建因涼州亂自號河首平漢王太祖使淵帥諸將討建淵至圍枹罕月餘拔之斬建及所置丞相已下淵別遣張郃等平河關渡河入小湟中河西諸羌盡降隴右平太祖下令曰宋建造爲亂逆三十餘年淵一舉滅之虎步關右所向無前仲尼有言吾與爾不如也二十一年增封三百戶并前八百戶還擊武都氐羌下辯收氐穀十餘萬斛太祖西征張魯淵等將涼州諸將侯王已下與太祖會休亭太祖每引見羌胡以淵畏之會魯降漢中平以淵行都護將軍督張郃徐晃等平巴郡太祖還鄴留淵守漢中卽拜淵征西將軍二十三年劉備軍陽平關淵率諸將拒之相守連年二十四年正月備夜燒圍鹿角淵使張郃護東圍自將輕兵護南圍備挑戰郃軍不利淵分所將兵半助郃爲備所襲淵遂戰死謚曰愍侯初淵雖數戰勝太祖常戒曰爲將當有怯弱時不可但恃勇也將當以勇爲本行之以智計但知任勇一匹夫敵耳淵妻太祖內妹長子衡尚太祖弟海陽哀侯女恩寵特隆衡襲爵轉封安寧亭侯黃初中賜淵中子霸太和中賜霸四弟爵皆關內侯霸正始中爲討蜀護軍右將軍進封博昌亭侯素爲曹爽所厚聞爽誅自疑亡入蜀以淵舊勳赦霸從樂浪郡霸弟威官至兖州刺史威弟惠樂安太守惠弟和河

南尹和弟稱自孺子時而好合聚童兒爲之渠帥戲必爲軍旅戰陣之事有違者輒嚴以鞭箠衆莫敢逆淵奇之使讀項羽傳及兵書不肯曰能則自爲耳安能學人年十六淵與之畋見奔虎稱馳馬逐之禁之不可一箭而倒名聞太祖太祖把其手喜曰我得汝矣與文帝爲布衣之交每宴會氣陵一坐辯士不能屈世之高名者多從之游年十八卒稱弟榮幼聰慧七歲能屬文誦書日千言經目輒識之文帝聞而請焉賓客百餘人人一奏刺悉書其鄉邑姓名世所謂爵里刺也客示之一寓目使之徧談不謬一人帝深奇之漢中之敗榮年十三左右提之走不肯曰君親在難焉所逃死乃奮劍而戰遂沒陣衛薨子績嗣爲虎賁中郎將績薨子襃嗣

夏侯尚字伯仁淵從子也文帝與之親友太祖定冀州尚爲軍司馬將騎從征伐後爲五官將文學魏國建遷黃門侍郎代郡胡叛遣鄢陵侯彰征討之以尚參彰軍事定代地還太祖崩於洛陽尚持節奉梓宮還鄴并錄前功封平陵亭侯拜散騎常侍遷中領軍文帝踐阼更封平陵鄉侯遷征南將軍領荊州刺史假節都督南方諸軍事尚奏劉備別軍在上庸山道險難彼不我虞若以奇兵潛行出其不意則獨克之勢也遂勒諸軍擊破上庸平三郡九縣遷征南大將軍孫權雖稱藩尚益脩攻討之備權後果有貳心黃初三年車駕幸宛使尚率諸軍與曹眞共圍江陵權將諸葛瑾與尚對江瑾渡江中渚而分水軍於江中尚夜多持油船將步騎萬餘人於下流潛渡攻瑾諸軍夾江燒其舟船水陸並攻破之城未拔會大疫詔敕尚引諸軍還益封六百戶并前千九百戶假鉞進爲牧荊州殘荒外接蠻夷而與吳阻漢水爲境舊民多居江南尚自上庸通道西行七百餘里山民蠻夷多服從者五六年間降附數千家五年徙封昌陵鄉侯尚有愛妾嬖幸寵奪適室適室曹氏女也故文帝遣人絞殺之尚悲感發病恍惚既葬埋妾不勝思見復出視之文帝聞而恚之曰杜襲之輕薄尚良有以也然以舊臣恩寵不衰六年尚疾篤還京都帝數臨幸執手涕泣尚薨諡曰悼侯子元嗣又分尚戶三百賜尚弟子奉爵關內侯元字太初少知名弱冠爲散騎黃門侍郎嘗進見與皇后弟毛曾並坐元恥之不悅形之於色明帝恨之左遷爲羽林監正始初曹爽輔政元爽之姑子也累遷散騎常侍中護軍元世名知人爲中護軍拔用武官參戟牙門無非俊傑後多牧州典郡立法垂教者太傅司馬懿訪以時事元上議於懿皆切政理懿敬重焉頃之爲征西將軍假節都督雍涼諸軍事元既遷大將軍司馬師代爲護軍護軍總統諸將任主武官選舉前後當此官者不能止貨賂故蔣濟爲護軍時有謠言欲求牙門當得千匹百人督五百匹司馬懿與濟善聞以問濟濟無以解之因戲曰洛中市買一錢不足則不行遂相對歡笑元代濟雖號識別然亦不能止絕人事及師代元乃整頓法令無敢犯者元在州與曹爽其與駱谷之役時人譏之爽誅徵元爲大鴻臚數年徙太常元以爽抑絀內不得意中書令李豐雖宿爲司馬師所親待然私心在元遂結皇后父光祿大夫張緝謀欲以元輔政豐既內握權柄子韜復尚齊長公主又與緝俱馮翊人故緝信之豐陰令其弟兗州刺史翼求入朝欲使將兵入并力起事會翼求朝不聽嘉平六年二月當拜貴人豐等欲因御臨軒諸門有陛兵誅師以元代之以緝爲驃騎將軍豐密語黃門監蘇鑠永寧署令樂敦冗從僕射劉賢等因曰卿諸人居內多有不法大將軍嚴毅累以爲言張當可以爲誡鑠等皆許以從命豐遂遣子韜以謀報元元曰宜詳之耳師微聞其謀使舍人王羕以車迎豐豐不知而往師以所聞責豐豐知禍及遂正色曰卿父子懷姦將傾社稷惜吾力劣不能相禽滅耳師怒使勇士以刀環築殺之事下有司收元緝鑠敦賢等送廷尉元至廷尉不肯下辭廷尉鍾毓自臨治元元正色責毓曰吾當何辭卿爲令史責人也卿便爲吾作毓以其名士節高不可屈而獄當竟夜爲作辭令與事相附流涕以示元元視頷之而已毓弟會年少於元元不與交是日於毓坐欲狎而友元元正色曰鍾君何得相逼如此毓遂奏豐等謀迫脅至尊擅誅冢宰大逆無道請論如法於是會公卿朝臣廷尉議咸以毓所正皆如科律報毓施行詔書齊長公主先帝遺愛匄其三子死命於是豐元緝敦賢等皆夷三族韜以尚主賜死獄中其餘親屬徙樂浪郡元格量弘濟臨斬東市顏色不變舉動自若時年四十六初元爲征西被徵時夏侯霸將奔蜀呼元欲與之俱元曰吾豈苟存自容於寇虜乎遂還京師太傅司馬懿薨高陽許允謂元曰無復憂矣元歎曰卿何不見事乎此人猶能以通家年少遇我子元子上不吾容也元嘗著樂毅張良及本無肉刑論辭旨通遠咸傳於世元之執也衛將軍司馬昭流涕請之師曰卿忘會趙司空葬乎先是司空趙儼薨師昭兄弟會葬賓客以百數元時後至衆賓客咸越席而迎師由是惡之元之禍蓋萌於此云正元中紹功臣世封尚從孫本爲昌陵亭侯邑三百戶以奉尚後李

豐字安國衛尉義之子也黃初中以父任召隨軍始爲白衣時年十七八在鄴下名爲清白識别人物海內翕然莫不注意後隨軍在許昌聲稱日隆其父不願其然勑令閉門謝客初明帝在東宮豐在文學中及卽尊位得吳降人問江東聞中國名士爲誰降人云聞有李安國者是時豐爲黃門郎明帝問左右安國所在左右以豐對帝曰豐名乃被於吳越邪後轉騎都尉給事中帝崩後爲永寧太僕以名過其實能用少也正始中遷侍中尚書僕射豐在臺省常多託疾時臺制疾滿百日當解祿豐疾未滿數十日輒暫起已復臥如是數歲豐弟翼及偉仕數歲閒並歷郡守時太傅司馬懿久病偉爲二千石荒於酒亂新平扶風二郡而豐不召衆人以爲侍寵曹爽專政豐依違二公閒無有適莫故于時有謗書曰曹爽之勢熱如湯太傅父子冷如漿李豐兄弟如游光其意以爲豐雖外示清淨而內圖事有似於游光也及司馬懿奏誅爽住車闕下與豐相聞豐怖懅氣索足委地不能起至嘉平四年懿終後中書令缺大將軍司馬師因奏用豐豐知此非顯選又自以連婚國家思附至尊深疾司馬氏放逐有廢易之謀及事敗被誅師夜送豐尸以付廷尉廷尉鍾毓不受曰非法官所治也以其狀告且敕之乃受帝怒將問豐死意太后懼呼帝入乃止遂遣使收翼翼後妻散騎常侍荀廙姊謂翼曰中書事發可及詔書未至赴吳何爲坐取死亾左右可共同赴水火者誰翼思未答妻曰君在大州不知可與同死生者去亦不免翼竟從坐先是中領軍許允與豐及元親善時有詐作尺一詔書以元爲大將軍允爲太尉共錄尚書事有何人天未明乘馬以詔版付允門吏曰有詔因便馳走允卽投書燒之不以關呈大將軍後豐等事覺允亦坐謫死允字士宗世冠族父據仕歷典農校尉郡守允少與同郡崔贊俱發名於冀州召入軍明帝時爲吏部郎選郡守明帝疑其所用非次召入將加罪允妻阮氏跣出謂曰明主可以理奪難以情求允頷之而入帝怒詰之允對曰某郡太守雖限滿文書先至年限在後日限在前帝前取事視之乃釋遣出望其衣敗曰清吏也賜之後出爲郡守稍遷爲侍中尚書中領軍允聞李豐等被收欲往見大將軍師已出門回遑不定中道還取袴豐等已收訖師聞允前遽怪之曰我自收豐等不知士大夫何爲怱怱乎是時朝臣遽者多耳而衆人咸以爲意在允也會鎮北將軍劉靜卒朝廷以允代靜爲鎮北將軍假節都督河北諸軍事已受節傳出止外舍師與允書曰鎮北雖少事而都典一方念足下震華鼓建朱節歷本州此所謂著繡晝行也允心甚悅與臺中相聞欲易其鼓吹旌旗其兄子素頗聞衆人說允前見嫌意戒允但當趣去耳安用是爲邪允曰卿俗士不解我以榮國耳故求之既而復謂其妻曰吾知免矣妻曰禍見於此何免之有允善相印將拜以印不善使更刻之如此者三允曰印雖始成而已被辱問送印者果懷之而墜於厠相印書曰相印法本出陳長文長文以語韋仲將印工楊利從仲將受法以語許士宗利以法術占吉凶十可中八九仲將問長文從誰得法長文曰本出漢世有相印相笏經又有鷹經牛經馬經印工宗養以法語程中伯是故有十三家相法傳於世帝以允當出乃詔會羣臣羣臣皆集帝特引允以自近允前爲侍中顧當與帝别涕泣歔欷會訖罷以詔促令去會有司奏允前擅以廚錢穀乞諸俳及其官屬故遂收送廷尉考問竟得減死徙樂浪郡卒於道中阮氏賢明而醜允始見愕然交禮畢無復入意阮遣婢覘之云有客姓桓阮曰是必桓範將勸使入也既而範果勸之允入須臾便起阮捉裾留之允顧謂曰婦有四德卿有其幾對曰新婦所乏唯容士有百行君有其幾允曰皆備阮曰士有百行以德爲首君好色不好德何謂皆備允有慙色知其非凡遂雅相親重生二子奇猛皆少有令問允既爲師所誅門生走入告阮正在機神色不變曰早知爾耳門生欲藏其子阮曰無預諸兒事後移居墓所師遣鍾會觀之謂會曰若其子才藝德能及父當收奇猛知之以語其母母答汝等雖佳才具不多可率胸懷與會語便自無憂不須極哀會止便止不可多少問朝事奇等從之會反命具以狀對卒免其禍奇猛後皆貴顯時又有清河王經者字彥偉亦與允俱稱冀州名士初爲江夏太守大將軍曹爽附絹二十匹令交市於吳經不發書棄官歸母問歸狀經以實對母以經典兵馬而擅去對送吏杖經五十爽聞不復罪母因謂經曰汝田家子今仕至二千石物太過不祥可以止矣經不能從歷二州刺史司隸校尉甘露中爲尚書坐高貴鄉公事被誅事在本紀經臨入獄辭母母顏色不變笑而應曰人誰不死往所以止汝者恐死不得其所也以此幷命何恨之有哉經爲司隸時辟河內向雄爲都官從事及經刑於東市雄哭之感動一市刑及經母雍州故吏皇甫晏以家財收葬焉允始與同發名同郡崔贊者亦嘗戒允以處世太盛允不能用以至於敗

荀彧字文若潁川潁陰人也祖父淑朗陵令父緄濟南相叔父爽司空緄畏憚宦官乃爲彧娶中常侍唐衡女彧以少有才名故得免於譏議南陽何顒名知人見彧

而異之曰王佐才也永漢元年舉孝廉拜守宮令董卓之亂求出補吏除亢父令遂棄官歸鄉里謂父老曰潁川四戰之地天下有變常爲兵衝宜亟避之鄉人多懷土不能去會冀州牧同郡韓馥遣騎迎之彧乃獨將宗族行其留者後多爲董卓將李傕所殺略焉彧比至冀州而袁紹已奪馥位紹待彧以上賓之禮彧弟諶及同郡辛評郭圖皆爲紹所任彧度紹終不能成大事時太祖爲奮武將軍在東郡彧聞其雄略初平二年乃去紹而從太祖太祖大悅曰吾子房也以爲奮武司馬時年二十九明年太祖爲鎭東將軍領兗州牧彧又爲鎭東司馬興平元年太祖征陶謙彧任留事守鄄城會張邈陳宮以兗州反潛迎呂布布既至諸城皆應之邈乃使人譎彧曰呂將軍來助曹使君擊陶謙宜亟供軍實彧知邈有變卽勒兵設備故邈計不行豫州刺史郭貢率兵數萬到城下求見彧彧將往東郡太守夏侯惇等止之曰何知貢不與呂布同謀而欲輕見之今君爲一州之鎭往必危也彧曰貢與邈等分非素結今來速者計未必定及其猶豫宜時說之縱不爲用可使中立若先懷疑嫌彼將怒而成謀不如往也貢既見彧無懼意知城不可攻遂引而去彧乃使程昱說范東阿使固其守卒全三城以待太祖焉二年陶謙死太祖欲遂取徐州還定呂布彧諫曰昔高祖保關中光武據河內皆深根固本以制天下進足以勝敵退足以堅守故雖有困敗而終濟大業將軍本以兗州首事故能平定山東此實天下之要地而將軍之關中河內也若不先定之根本將何所寄乎宜急分討陳宮使虜不得西顧乘其閒而收熟麥約食稸穀以資一舉則呂布不足破也今舍之而東未見其便多留兵則力不勝敵少留兵則後不足固布乘虛寇暴震動人心縱數城或全其餘非復己有則將軍尙安所歸乎且前討徐州威罰實行其子弟念父兄之恥必人自爲守就能破之尙不可保彼若懼而相結共爲表裏堅壁淸野以待將軍將軍攻之不拔掠之無獲不出一旬則十萬之衆未戰而自困矣夫事固有棄彼取此以權一時之勢願將軍慮焉太祖於是大收熟麥復與布戰布敗走因分定諸縣兗州遂平建安元年太祖擊破黃巾漢獻帝自河東還洛陽太祖議奉迎都許衆以山東未定韓暹楊奉負功恣睢未可卒制彧乃勸太祖曰昔晉文公納襄王而諸侯景從漢高祖東伐爲義帝縞素而天下歸心自天子播越將軍首唱義兵徒以山東擾亂未能遠赴關右雖禦難於外乃心無不在王室今車駕旋軫東京榛蕪義士有存本之思兆人懷感舊之哀誠因此時奉主上以從民望大順也秉至公以服天下大略也扶弘義以致英俊大德也四方雖有逆節必不能爲累明矣韓暹楊奉其敢爲害若不時定使豪傑生心後雖慮之無及太祖遂至洛陽奉迎天子都許天子拜太祖大將軍進彧爲侍中守尙書令常居中持重太祖雖征伐在外軍國事皆與彧籌焉太祖問彧誰能代卿爲我謀者彧薦從子攸及鍾繇郭嘉陳羣杜襲司馬懿戲志才等太祖以彧爲知人諸所進達皆稱職唯嚴象爲揚州韋康爲涼州後敗亡自太祖之迎天子都許也袁紹內懷不服紹既并河朔天下畏其彊太祖方東憂呂布南拒張繡而繡敗太祖軍於宛紹益驕與太祖書其辭悖慢太祖大怒出入動靜變於常衆皆謂以失利於繡故也鍾繇以問彧彧曰公之聰明必不追咎往事殆有他慮卽見太祖問之太祖以紹書示彧曰今將討不義而力不敵何如彧曰古之成敗者誠有其才雖弱必彊苟非其人雖彊易弱劉項之存亡足以觀矣今與公爭天下者唯袁紹爾紹貌外寬內忌任人而疑其心公明達不拘唯才所宜此度勝也紹遲重少決失在後機公能決大事應變無方此謀勝也紹御軍寬緩法令不立士卒雖衆其實難用公法令既明賞罰必行士卒雖寡皆爭致死此武勝也紹憑世資從容飾智以收名譽故士之寡能好問者多歸之公以至仁待人推誠心不爲虛美行己謹儉而與有功者無所恡惜故天下忠正效實之士咸願爲用此德勝也夫以四勝輔天子仗義征伐誰敢不從紹雖彊其何能爲太祖悅彧曰不先取呂布河北亦未易圖也太祖曰然吾所惑者又恐紹侵擾關中亂羌胡南誘蜀漢是我獨以兗豫抗天下六分之五也爲將柰何彧曰關中將帥以十數莫能相一唯韓遂馬超最彊彼見山東方爭必各擁衆自保今若撫以恩德遣使連和相持雖不能久安比公安定山東足以不動鍾繇可屬以西事則公無憂矣三年太祖既破張繡東禽呂布定徐州遂與袁紹相拒孔融謂彧曰紹地廣兵彊田豐許攸智計之士也爲之謀審配逢紀盡忠之臣也任其事顏良文醜勇冠三軍統其兵殆難克乎彧曰紹兵雖多而法不整田豐剛而犯上許攸貪而不治審配專而無謀逢紀果而自用此二人留知後事若攸家犯其法必不能縱也不縱攸必爲變顏良文醜一夫之勇耳可一戰而禽也五年與紹連戰太祖保官渡紹圍之太祖軍糧方盡書與彧議欲還許以致紹師彧報曰今軍食雖少未若楚漢

在滎陽成皐間也是時劉項莫肯先退先退者執屈也公以十分居一之衆畫地而守之扼其喉而不得進已半年矣情見埶竭必將有變此用奇之時不可失也太祖乃止遂以奇兵襲紹別屯斬其將淳于瓊等紹退走審配以許攸家不法收其妻子攸怒叛紹顏良文醜臨陣授首田豐以諫見誅皆如彧所策六年太祖就穀東平之安民糧少不足與河北相支欲因紹新破以其閒擊討劉表彧曰今紹敗其衆離心宜乘其困遂定之而背兗豫遠師江漢若紹收其餘燼承虛以出人後則公事去矣太祖復次于河上紹病死太祖渡河擊紹子譚尚而高幹郭援侵畧河東關右震動鍾繇帥馬騰等擊破之語在繇傳八年太祖錄前後功表封彧爲萬歲亭侯九年太祖拔鄴領冀州牧有說太祖宜復古置九州則冀部所制者廣大天下易服太祖將從之彧言曰今若依古制是爲冀州所統悉有河東馮翊扶風西河幽并之地也公前屠鄴城海內震駭各懼不得保其土宇守其兵衆今若一處破侵必謂以次見奪人心易動若一旦生變天下未可圖也願公先定河北然後修復舊京南臨楚郢責王貢之不入天下咸知公意則人人自安須海內大定乃議古制此社稷之長利也太祖遂寢九州議是時荀攸常爲謀主彧兄衍以監軍校尉守鄴都督河北事太祖之征袁尚也高幹密遣兵謀襲鄴衍逆覺盡誅之以功封列侯太祖以女妻彧長子惲後稱安陽公主彧及攸並貴重皆謙沖節儉祿賜散之宗族知舊家無餘財十二年增彧邑千戶合二千戶太祖將伐劉表問彧策安出彧曰今華夏已平南土知困矣可顯出宛葉而閒行輕進以掩其不意太祖遂行會表病死太祖直趨宛葉如彧計表子琮以州逆降十七年董昭等謂太祖宜進爵國公九錫備物以彰殊勳密以諮彧彧以爲太祖本興義兵以匡朝寧國秉忠貞之誠守退讓之實君子愛人以德不宜如此太祖由是心不能平會征孫權表請彧勞軍于譙因輒留彧以侍中光祿大夫持節參丞相軍事太祖軍至濡須彧疾留壽春太祖饋之食發視乃空器也於是彧飲藥而卒年五十漢帝哀惜之祖日爲之廢讌樂謚曰敬侯明年太祖遂稱魏公云子惲嗣官至虎賁中郎將初文帝與平原侯植並有擬論文帝曲禮事彧及彧卒惲又與植善而與夏侯尚不睦文帝深恨惲惲早卒子甝霬音翼以外甥故猶寵待惲弟俁御史中丞俁弟詵大將軍從事中郎皆知名早卒詵弟顗咸熙中爲司空惲子甝嗣爲散騎常侍進爵廣陽鄉侯年三十薨子頵嗣霬官至中領軍薨謚貞侯追贈驃騎將軍子愷嗣霬妻司馬師之妹也師昭皆與親善咸熙中開建五等霬以著勳前朝改封愷南頓子

荀攸字公達彧從子也祖父曇廣陵太守攸少孤年七八歲叔父衢嘗醉誤傷攸耳而攸出入遊戲常避護不欲令衢見衢後聞之乃驚其夙智如此及曇卒故吏張權求守曇墓攸年十三疑之謂衢曰此吏有非常之色殆將有姦衢寤乃推問果殺人亡命由是異之何進秉政徵海內名士攸等二十餘人攸到拜黃門侍郎董卓之亂關東兵起卓徙都長安攸與議郎鄭泰何顒侍中种輯越騎校尉伍瓊等謀曰董卓無道甚於桀紂天下皆怨之雖資彊兵實一匹夫耳今直刺殺之以謝百姓然後據殽函輔王命以號令天下此桓公之舉也事垂就而覺收顒攸繫獄顒憂懼自殺攸言語飲食自若會卓死得免棄官歸復辟公府舉高第遷任城相不行攸以蜀漢險固人民殷盛乃求爲蜀郡太守道絕不得至駐荆州太祖迎天子都許遺攸書曰方今天下大亂智士勞心之時也而顧觀變蜀漢不已久乎於是徵攸爲汝南太守入爲尚書太祖素聞其名與語大悅謂荀彧鍾繇曰公達非常人也吾得與之計事天下當何憂哉以爲軍師建安三年從征張繡攸言於太祖曰繡與劉表相恃爲彊然繡以游軍仰食於表表不能供也勢必離不如緩軍以待之可誘而致也若急之其勢必相救太祖不從遂進軍之穰與戰繡急表果救之軍不利太祖謂攸曰不用君言至是乃設奇兵復戰大破之是歲太祖自宛征呂布至下邳布敗退固守攻之不拔連戰士卒疲太祖欲還攸與郭嘉說曰呂布勇而無謀今三戰皆北其銳氣衰矣三軍以將爲主主衰則軍無奮意夫陳宮有智而遲今及布氣之未復宮謀之未定急攻之布可拔也乃引沂泗灌城城潰生禽布後從救劉延於白馬攸畫策斬顏良語在武紀太祖拔白馬還遣輜重循河而西袁紹渡河追卒與太祖遇諸將皆恐說太祖還保營攸曰此所以禽敵奈何去之太祖目攸而笑遂以輜重餌賊賊競奔之陣亂乃縱步騎擊大破之斬其將文醜太祖遂與紹相拒於官渡軍食方盡攸言於太祖曰紹運車旦暮至其將韓莫銳而輕敵擊可破也太祖曰誰可使攸曰徐晃可乃遣晃及史渙邀擊破走之燒其輜重會許攸來降言紹遣淳于瓊等將萬餘兵迎運糧將驕卒惰可邀擊也衆皆疑唯攸與賈詡勸太祖太祖乃留攸及曹洪守軍太祖自將攻破之盡斬瓊

等紹將張郃高覽燒攻櫓降紹遂棄軍走郃之來洪疑不敢受攸謂洪曰郃計不用怒而來君何疑乃受之七年從討袁譚尙於黎陽明年太祖方征劉表譚尙爭冀州譚遣辛毗乞降請救太祖將許之以問羣下羣下多以爲表彊宜先平之譚尙不足憂也攸曰天下方有事而劉表坐保江漢之閒其無四方之志可知矣袁氏據四州之地帶甲十萬紹以寬厚得衆借使二子和睦以守其成業則天下之難未息也今兄弟遘惡其勢不兩全若有所幷則力專力專則難圖也及其亂而取之天下定矣此時不可失也太祖曰善乃許譚和親遂還擊破尙其後譚叛從斬譚於南皮冀州平太祖表封攸陵樹亭侯十二年大論功行封太祖曰忠正密謀撫寧內外文若是也公達其次也增邑四百戶竝前七百戶顯爲中軍師魏國初建爲尙書令攸深密有智防自從太祖征伐常謀謨帷幄時人及子弟莫知其所言太祖每稱曰公達外愚內智外怯內彊不伐善無施勞智可及愚不可及雖顏子甯武不能過也文帝在東宮太祖謂曰荀公達人之師表也汝當盡禮敬之攸嘗病世子問病獨拜牀下其見尊異如此攸與鍾繇善繇言我每有所行反覆思惟自謂無以易以咨公達輒復過人意公達前後凡畫奇策十二唯繇知之繇撰集未就會薨故世不得盡聞也攸後從征孫權道薨時年五十八太祖言則流涕每曰孤與荀公達周遊二十餘年初無毫毛可非者又常稱荀令君之進善不進不休荀軍師之去惡不去不止君子以爲知言長子緝有攸風早卒次子適嗣無子絕黃初中紹封攸孫彪爲陵樹亭侯邑三百戶後轉封丘陽亭侯正始中追謚攸曰敬侯

賈詡字文和武威姑臧人也少時人莫之知惟漢陽閻忠異之謂詡有良平之奇察孝廉爲郎疾病去官西還至汧遇叛氐同行數十人皆爲所執詡曰我段公外孫也汝別埋我我家必厚贖之時太尉段熲久爲邊將威震西土故詡以懼氐氐果不敢害與盟而送之其餘悉死詡實非段甥權以濟事咸此類也董卓之入洛陽詡以太尉掾爲平津都尉遷討虜校尉卓壻中郎將牛輔屯陝詡在輔軍卓敗輔又死衆恐懼校尉李傕郭汜張濟等欲解散閒行歸鄉里詡說之使攻長安語在卓傳傕等既得志以詡爲左馮翊欲以功侯之詡曰此救命之計何功之有固辭不受又以爲尙書僕射詡曰尙書僕射官之師長天下所望詡名不素重非所以服人也縱詡昧於榮利柰國朝何乃更拜詡尙書典選舉多選舊名以爲令僕論者以此多詡而於傕等復多所匡濟故皆親而憚之會母喪去官拜光祿大夫傕汜等鬭長安中傕復請詡爲宣義將軍傕等和出天子祐護大臣詡有力焉天子既出詡上還印綬是時將軍段煨屯華陰與詡同郡遂去傕託煨詡素知名爲煨軍所望煨內恐其見奪而外奉詡禮甚備詡愈不自安張繡在南陽詡陰結繡繡遣人迎詡詡將行或謂詡曰煨待君厚矣君安去之詡曰煨性多疑有忌詡意禮雖厚不可恃久將爲所圖我去必喜又望吾結大援於外必厚吾妻子繡無謀主亦願得詡則家與身必俱全矣詡遂往繡執子孫禮煨果善視其家詡說繡與劉表連和太祖比征之一朝引軍退繡自追之詡謂繡曰不可追也追必敗繡不從進兵交戰大敗而還詡謂繡曰促更追之更戰必勝繡謝曰不用公言以至於此今已敗柰何復追詡曰兵勢有變速往必利繡從之遂收散卒赴追大戰果以勝還問詡曰繡以精兵追退軍而公曰必敗退以敗卒擊勝兵而公曰必克悉如公言何其反而皆驗也詡曰此易知耳將軍雖善用兵非曹公敵也軍雖新退曹公必自斷後追兵雖精將既不敵彼士亦銳故知必敗曹公攻將軍無失策力未盡而退必國內有故已破將軍必輕軍速還縱留諸將斷後諸將雖勇亦非將軍敵故雖用敗兵而戰必勝也繡乃服是後太祖拒袁紹於官渡紹遣人招繡幷與詡書結援繡欲許之詡顯於繡坐上謂紹使曰歸謝袁本初兄弟不相能容而能容天下國士乎繡驚懼曰何至於此竊謂詡曰若此當何歸詡曰不如從曹公繡曰袁彊曹弱又與曹爲讎從之若何詡曰此所以宜從也夫曹公奉天子以令天下其宜從一也紹彊盛今以少衆從之必不以我爲重曹公衆弱其得我必喜其宜從二也夫有霸王之志者固將釋私怨以明德於四海其宜從三也願將軍無疑繡從之率衆歸太祖太祖見之喜執詡手曰使我信重於天下者子也表詡爲執金吾封都亭侯遷冀州牧冀州未平留參司空軍事袁紹圍太祖於官渡太祖糧盡問詡計爲出詡曰公明勝紹勇勝紹用人勝紹決機勝紹有此四勝而半年不定者但顧萬全故也必決其機須臾可定也太祖曰善乃幷兵出圍擊紹三十餘里營破之紹軍大潰河北平太祖領冀州牧徙詡爲太中大夫建安十三年太祖破荊州欲順江東下詡曰明公昔破袁氏今收漢南威名遠著軍勢既大若乘舊楚之饒以饗吏士撫安百姓使安土樂業則可不勞衆而江東稽服矣太祖不從軍遂無利太祖後與韓遂馬超戰於渭南超

等索割地以利井求任子詡以爲可偶許之又問詡計策詡曰離之而已太祖曰解一承用詡謀語在武紀卒破遂超詡本謀也是時文帝爲五官將而臨菑侯植才名方盛各有黨與有奪宗之議文帝使人問詡自固之術詡曰願將軍恢崇德度躬素士之業朝夕孜孜不違子道如此而已文帝從之深自砥礪太祖又嘗屏除左右問詡詡嘿然不對太祖曰與卿言而不答何也詡曰屬適有所思故不即對耳太祖曰何思詡曰思袁本初劉景升父子也太祖大笑於是太子遂定詡自以非太祖舊臣而策謀深長懼見猜嫌闔門自守退無私交男女嫁娶不結高門天下之論智計者歸之文帝卽位以詡爲太尉進爵魏壽鄉侯增邑三百并前八百戶又分邑三百封小子訪爲列侯以長子穆爲駙馬都尉帝問詡曰吾欲伐不從命以一天下吳蜀何先對曰攻取者先兵權建本者尙德化陛下應期受禪撫臨率土若綏之以文德而俟其變則平之不難矣吳蜀雖蕞爾小國依阻山水劉備有雄才諸葛亮善治國孫權識虛實陸遜見兵勢據險守要汎舟江湖皆難卒謀也用兵之道先勝後戰量敵論將故舉無遺策臣竊料羣臣無與權備對雖以天威臨之未見萬全之勢也昔舜舞干戚而有苗服臣以爲當今宜先文後武文帝不納後興江陵之役士卒多死詡年七十七薨謚肅侯晉司徒缺武帝問其人於荀勛勛答曰三公具贍所歸不可用非其人昔魏文帝用賈詡爲三公孫權笑之子穆嗣歷位郡守穆薨子模嗣模子允允弟龕從弟疋皆至大官顯於晉世

袁渙字耀卿陳郡扶樂人也父滂爲漢司徒當時諸公子多越法度而渙淸靜舉動必以禮郡命爲功曹郡中姦吏皆自引去後辟公府舉高第遷侍御史除譙令不就劉備之爲豫州舉渙茂才後避地江淮爲袁術所命術每有所咨訪渙常正議術不能抗然敬之不敢不禮也頃之呂布擊術於阜陵渙往從之遂復爲布所拘留布初與劉備和親後離隙布欲使渙作書詈辱備渙不可再三彊之不許布大怒以兵脅渙曰爲之則生不爲則死渙顏色不變笑而應之曰渙聞唯德可以辱人不聞以罵使彼固君子邪且不恥將軍之言彼誠小人邪將復將軍之意則辱在此不在彼且渙他日之事劉將軍猶今日之事將軍也如一旦去此復罵將軍可乎布慙而止及布敗歸太祖時陳羣父子亦在布軍見太祖皆拜渙獨高揖不爲禮太祖甚嚴憚之時太祖給眾官車各數乘使取布軍中物唯其所欲眾人皆重載唯渙取書數百卷資糧而已眾人聞之大慙太祖益以此重之渙言於太祖曰夫兵者凶器也不得已而用之鼓之以道德征之以仁義兼撫其民而除其害夫然故可與之死而可與之生自大亂以來十數年矣民之欲安甚於倒縣然而暴亂未息者何也意者政失其道歟渙聞明君善於救世故世亂則齊之以義時僞則鎭之以樸世異事變治國不同不可不察也夫制度損益此古今之不必同者也若夫兼愛天下而反之於正雖以武平亂而濟之以德誠百王不易之道也公明哲超世古之所以得其民者公既勤之矣今之所以失其民者公既戒之矣海內賴公得免於危亡之禍然而民未知義唯公所以訓之則天下幸甚太祖深納焉拜爲沛南部都尉是時新募民開屯田民不樂多逃亡渙白太祖曰夫民安土重遷不可卒變易以順行難以逆動宜順其意樂之者乃取不欲者勿彊太祖從之百姓大悅遷爲梁相渙每敕諸縣務存鰥寡高年表異孝子貞婦常談曰世治則禮詳世亂則禮簡全在斟酌之間耳方今雖擾攘難以禮化然在吾所以爲之爲政崇教訓忠恕再思而後行外溫柔而內能斷以病去官百姓思之後徵爲諫議大夫丞相軍祭酒前後得賜甚多皆散盡之家無所儲終不問產業乏則取之於人不爲皦察之行然時人服其淸魏國初建爲郎中令行御史大夫事渙言於太祖曰今天下大難已除文武並用長久之道也以爲可大收篇籍明先聖之教以易民視聽使海內斐然向風則遠人不服可以文德來之太祖善其言時有傳劉備死者羣臣皆賀渙以嘗爲備舉吏獨不賀居官數年卒太祖爲之流涕賜穀二千斛一教以太倉穀千斛賜郎中令家一教以垣下穀千斛與曜卿家外不解其意教曰以太倉穀者官法也垣下穀者親舊也文帝聞渙昔距呂布之事問渙從弟敏渙勇怯何如敏對曰渙貌似和柔然其臨大節處危難雖賁育不過也渙子侃亦精粹閑素有父風歷位郡守尙書初渙從弟霸公恪有功幹魏初爲大司農及同郡何夔並知名於世而霸子亮夔子曾與侃復齊聲友善亮貞固有學行疾何晏鄧颺等著論以譏切之位至河南尹尙書霸弟徽以儒素稱遭天下亂避地交州司徒辟不至徽弟敏有武藝而好水功官至河隄謁者

張範字公儀河內脩武人也祖父歆爲漢司徒父延爲太尉太傅袁隗欲以女妻範範辭不受性恬靜樂道忽於榮利徵命無所就弟承字公先亦知名以方正徵拜議郎遷伊闕都尉董卓作亂承欲合徒眾與天下共誅

卓承弟昭時爲議郎適從長安來謂承曰今誅卓衆寡不敵難以成功不若擇所歸附待時而動然後可以如志承然之乃解印綬間行歸家與範避地揚州袁術備禮招請範稱疾不往術不彊屈也遣承與相見術時欲僭號卽以問承承以正議抗之語在術傳是時太祖將征冀州術復問曰今曹公欲以弊兵數千敵十萬之衆可謂不量力矣子以爲何如承乃曰漢德雖衰天命未改曹公挾天子以令天下雖敵百萬之衆可也術作色不懌承去之太祖平冀州遣使迎範範以疾留彭城遣承詣太祖太祖表以爲諫議大夫範子陵及承子戩爲山東賊所得範直詣賊請二子賊以陵還範範謝曰諸君相還兒厚矣夫人情雖愛其子然吾憐戩之小請以陵易之賊義其言悉以還範太祖自荆州還範得見於陳以爲議郎參丞相軍事甚見敬重太祖征伐常令範及邴原留與世子居守太祖謂文帝曰舉動必諮此二人世子執子孫禮範救恤窮乏家無所餘中外孤寡皆歸焉贈遺無所逆亦終不用及去皆以還之建安十七年卒魏國初建承以丞相參軍祭酒領趙郡太守政化大行太祖將西征徵承參軍事至長安病卒文帝卽位以範子參爲郎中承孫邵晉中護軍與舅楊駿俱被誅事見晉史

涼茂字伯方山陽昌邑人也少好學論議常據經典以處是非太祖辟爲司空掾舉高第補侍御史時泰山多盜賊以茂爲泰山太守旬月之間襁負而至者千餘家轉爲樂浪太守公孫度在遼東擅留茂不遣之官然茂終不爲屈度謂茂及諸將曰聞曹公遠征鄴無守備今吾欲以步卒三萬騎萬匹直指鄴誰能禦之諸將皆曰然又顧謂茂曰於君意何如茂答曰比者海內大亂社稷將傾將軍擁十萬之衆安坐而觀成敗夫爲人臣者固若是邪曹公憂國家之危敗愍百姓之苦毒率義兵爲天下誅殘賊功高而德廣可謂無二矣以海內初定民始安集故未責將軍之罪耳而將軍乃欲稱兵西向則存亡之效不崇朝而決將軍其勉之諸將聞茂言皆震動良久度曰涼君言是也後徵還爲魏郡太守甘陵相所在有治績文帝爲五官將茂以選爲長史遷左軍師魏國初建遷尚書僕射後爲中尉奉常文帝在東宮茂復爲太子太傅甚見敬禮卒官

國淵字子尼樂安蓋人也師事鄭玄後與邴原管寧等避亂遼東淵篤學好古在遼東常講學於山巖東士多推慕之由此知名及還舊土太祖辟爲司空掾屬每於公朝論議常直言正色退無私焉太祖欲廣置屯田使淵典其事淵屢陳損益相土處民計民置吏明功課之法五年中倉廩豐實百姓競勸樂業太祖征關中以淵爲居府長史統留事田銀蘇伯反河東銀等旣破後有餘黨皆應伏法淵以爲非首惡請不行刑太祖從之賴淵得生者千餘人舊破賊文書以一爲十及淵上首級如其實數太祖問其故淵曰夫征討外寇多其斬獲之數者欲以大武功且示民聽也河間在封域之內銀等叛逆雖克捷有功淵竊恥之太祖大悅遷魏郡太守時有投書誹謗者太祖疾之欲必知其主淵請留其本書而不宣露其書多引二京賦淵敕功曹曰此郡旣大今在都輦而少學問者其簡開解年少欲遣就師功曹差三人臨遣引見訓以所學未及二京賦博物之書也世人忽略少有其師可求能讀者從受之又密喻旨旬日得能讀者遂往受業吏因請使作箋比方其書與投書人同手收攝案問具得情理遷太僕居列卿位布衣蔬食祿賜散之宗族故舊卒官

王脩字叔治北海營陵人也年七歲喪母母以社日亡來歲鄰里社脩感念母哀甚鄰里爲之罷社年二十游學南陽止張奉舍奉舉家得疾病無相視者脩親隱䘏之病愈乃去初平中北海相孔融召以爲主簿守高密令高密孫氏素豪俠人客數犯法民有相劫者賊入孫氏吏不能執脩將吏民圍之孫氏拒守吏民畏憚不敢近脩令吏民敢有不攻者與同罪孫氏懼乃出賊由是豪彊懾服舉孝廉脩讓邴原融不聽時天下亂遂不行頃之郡中有反者脩聞融有難夜往奔融賊初發融謂左右曰能冒難來唯王脩耳言終而脩至復署功曹時膠東多賊寇復令脩守膠東令膠東人公沙盧宗彊自爲營塹不肯應發調脩獨將數騎徑入其門斬盧兄弟公沙氏驚怖莫敢動脩撫慰其餘由是寇少止融每有難脩雖休歸在家無不至融常賴脩以免袁譚在青州辟脩爲治中從事別駕劉獻數毀脩後獻以事當死脩理之得免時人益以此多焉袁紹又辟脩除卽墨令後復爲譚別駕紹死譚尚有隙尚攻譚譚軍敗脩率吏民往救譚譚喜曰成吾軍者王別駕也譚之敗劉詢起兵漯陰諸城皆應譚歎息曰今舉州皆叛豈孤之不德邪脩曰東萊太守管統雖在海表此人不反必來後十餘日統果棄其妻子來赴譚妻子爲賊所殺譚更以統爲樂安太守譚欲復攻尚脩諫曰兄弟還相攻擊是敗亡之道也譚不悅然知其忠節後又問脩計安出脩以手足爲譬力勸譚與尚親睦語在譚傳譚不用其言遂與

尙相攻請救於太祖太祖旣破冀州譚又叛太祖遂引軍攻譚於南皮脩時運糧在樂安聞譚急將所領兵及諸從事數十人往赴譚至高密聞譚已死下馬號哭曰無君焉歸遂詣太祖乞收葬譚屍太祖欲觀脩意默然不應脩復曰受袁氏厚恩若得收斂譚屍然後就戮無所恨太祖嘉其義聽之以脩爲督軍糧還樂安譚之破諸城皆服唯管統以樂安不從命太祖命脩取統首脩以統亡國之忠臣因解其縛使詣太祖太祖悅而赦之袁氏政寬在職勢者多畜聚太祖破鄴沒入審配等家貨以萬數及破南皮閱脩家穀不滿十斛有書數百卷太祖歎曰士不妄有名乃禮辟爲司空掾行司金中郎將遷魏郡太守爲治抑彊扶弱百姓稱之魏國建爲大司農郎中令太祖議行肉刑脩以爲時未可行太祖採其議乃止徙爲奉常其後嚴才反與其徒屬數十人攻掖門脩聞變召車馬未至便將官屬步至宮門太祖在銅爵臺望見之曰彼來者必王叔治也相國鍾繇謂脩曰舊京城有變九卿各居其府脩曰食其祿焉避其難居府雖舊非赴難之義頃之病卒官子忠官至東萊太守散騎常侍初脩識高柔於弱冠異王基於童幼終皆遠至世稱其知人

通志卷一百十四

宋右迪功郎鄭樵漁仲撰

列傳第二十八上

魏

崔琰（許攸 婁圭） 毛玠 徐奕 何夔 邢顒 鮑勛（父信）
司馬芝（子岐） 鍾繇（子毓） 華歆 王朗（子肅） 程昱（孫曉） 郭嘉
董昭 劉曄（子陶） 蔣濟（時苗） 劉放（孫資） 劉馥（子靖） 司馬朗
梁習 張既 溫恢 賈逵 李孚 楊沛 任峻 蘇則 杜畿（子恕） 鄭渾 倉慈（顏斐 令狐邵 孔乂） 張遼 樂進 于禁 張郃 徐晃（朱靈）

崔琰字季珪清河東武城人也少樸訥好擊劍尙武事年二十三鄉移爲正始感激讀論語韓詩至年二十九乃結公孫方等就鄭玄受學學未朞徐州黃巾賊攻破北海玄與門人到不其山避難時穀糴縣乏玄罷謝諸生琰既受遣而寇盜充斥西道不通於是周旋青徐兗豫之郊東下壽春南望江湖自去家四年乃歸以琴書自娛大將軍袁紹聞而辟之時士卒暴橫掘發邱壠琰諫紹宜敕郡縣掩骼埋胔示惻怛之愛追文王之仁紹以爲騎都尉後紹治兵黎陽次于延津琰復諫曰天子在許民望助順不如守境述職以寧區宇紹不從遂敗于官渡及紹卒二子交爭爭欲得琰琰稱疾固辭遂獲罪幽於囹圄賴陰夔陳琳營救得免太祖破袁氏領冀州牧辟爲別駕從事謂琰曰昨案戶籍可得三十萬衆故爲大州也琰對曰今天下分崩九州幅裂二袁兄弟親尋干戈冀方蒸庶暴骨原野未聞王師仁聲先路存問風俗救其塗炭而校計甲兵唯此爲先斯豈鄙州士女所望於明公哉太祖改容謝之于時賓客皆伏失色

太祖征并州留琰傅文帝於鄴世子好田獵琰以書切諫請燔翳捐褶以塞衆望世子報謝之太祖爲丞相琰復爲東曹掾屬徵事初授東曹時敎曰君有伯夷之風史魚之直貪夫慕名而清壯士尙稱而厲斯可以率時者已故授東曹往踐厥職魏國初建拜尙書時未立太子臨菑侯植有才而愛寵太祖狐疑以函令密訪於外唯琰露版答曰蓋聞春秋之義立子以長加五官將仁孝聰明宜承正統琰以死守之植琰之兄女壻也太祖貴其公亮喟然歎息遷中尉琰聲姿高暢眉目疏朗鬚長四尺甚有威重朝士瞻望而太祖亦敬憚焉琰嘗薦鉅鹿楊訓雖才好不足而清貞守道太祖卽禮辟之及太祖爲魏王訓發表稱贊功伐褒述盛德時人或笑訓浮僞謂琰失所舉琰聞從訓取表草視之與訓書曰省表事佳耳時乎時乎會當有變時琰本意譏論者好譴呵而不尋情理也人得琰書以裹幘籠持其籠行都道中時有與琰宿隙者遙見琰名著幘籠從而視之遂白太祖太祖怒曰諺言生女耳耳非佳語會當有變時意指不遜乃收付獄髡刑輸徒前所白琰者復白之云琰爲徒虬鬚直視辭色無撓心似不平時太祖亦以爲然遂欲殺之乃使清公大吏往經營琰敕吏曰三日期消息琰不悟後數日吏故白琰平安太祖忿然曰崔琰必欲使孤行刀鋸乎吏以是敎告琰琰謝吏曰我殊不宜不知公意至此也遂自殺始琰與司馬朗善朗弟懿方壯琰謂朗曰子之弟聰哲明允剛斷英跱殆非子之所及也朗以爲不然而琰每秉此論琰從弟林少無名望雖姻族猶多輕之而琰常曰此所謂大器晚成者也終必遠至涿郡孫禮盧毓始入軍府琰又名之曰孫疏亮亢烈剛簡能斷盧清警明理百鍊不消皆公才也後林禮毓咸至鼎輔及琰友人公孫方宋階早卒琰撫其遺孤恩若己子其鑒識篤義類皆若此後明帝時林嘗與司空陳羣共論冀州人士稱琰爲首羣以智不存身貶之林曰大丈夫爲有邂逅耳卽如卿諸人良足貴乎初太祖性忌有所不堪者魯國孔融南陽許攸婁圭皆以恃舊不虔見誅而琰最爲世所痛惜至今冤之孔融傳列在漢史許攸者字子遠少與袁紹及太祖善初平中隨紹在冀州嘗議官渡之役勸紹以輕兵襲許紹不從語在紹傳會其家犯法爲審配所繫遂奔太祖太祖破紹取冀州攸有力焉攸自恃勳勞時與太祖相戲至呼太祖小字曰某甲卿不得我不得冀州也太祖笑曰汝言是也然內嫌之其後從行出鄴東門顧謂左右曰此家非得我則安得出入此門也人有白者遂見收婁圭字子伯少有猛志常歎息曰男兒居世會當得數萬兵千匹騎著後耳儕輩笑之後坐藏匿亡命被繫當死得踰獄出捕者追之急子伯乃變衣服如助捕者吏不能覺遂得免會天下義兵起子伯亦於荊州北界合衆依劉表先是子伯與太祖有舊後遂歸太祖太祖以爲大將不使典兵然軍國大計常與謀議劉表亾太祖向荊州表子琮降以節迎太祖諸將皆疑以爲詐太祖以問子伯子伯曰天下擾擾各貪王命以自重今以節來是必至誠太祖曰大善遂進兵太祖寵貲子伯家累千金曰婁子伯富樂於孤但勢不如孤耳從破馬超等子伯功爲多太祖常歎曰子伯之計孤不及也後與南郡習授同載見太祖出授曰曹公父子如此何其快耳子伯曰大丈夫當自爲之而但觀他人乎授乃白之遂見誅

毛玠者字孝先陳留平邱人也少爲縣吏以淸公見稱將避亂荊州未至聞劉表政令不明遂往魯陽太祖臨兗州辟爲治中從事玠語太祖曰今天下分崩國主遷移生民廢業饑饉流亾公家無經歲之儲百姓無安固之志難以持久今袁紹劉表雖士民衆彊皆無經遠之慮未有樹基建本者也夫兵義者勝守位以財宜奉天子以令不臣脩耕植畜軍資如此則霸王之業可成也太祖敬納其言轉幕府功曹太祖爲司空丞相玠嘗爲東曹掾與崔琰並典選舉其所舉用皆淸正之士雖於時有盛名而行不由本者終莫得進務以儉率人由是天下之士莫不以廉節自厲雖貴寵之臣輿服不敢過度太祖歎曰用人如此使天下人自治吾復何爲哉文帝爲五官將親自詣玠屬所親眷玠答曰老臣以能守職幸得免戾今所說人非遷次是以不欲奉命大軍還鄴議所并省玠請謁不行時人憚之咸欲省東曹乃共白曰舊西曹爲上東曹爲次宜省東曹太祖知其情令曰日出於東月盛於東凡人言方亦復先東何以省東曹遂省西曹初太祖平柳城班所獲器物特以素屏風素憑几賜玠曰君有古人之風故賜君古人之服玠居顯位每布衣蔬食撫育孤兄子甚篤賞賜以振施貧族家無所餘遷右軍師魏國初建爲尚書僕射復典選舉時太子未定而臨菑侯植有寵玠密諫曰近者袁紹以適庶不分覆宗滅國廢立大事非所宜聞後羣僚會玠起更衣太祖目指曰此古所謂國之司直我之周昌也後崔琰旣死玠內不悅後有白玠出見黥面反者其妻子沒爲官奴婢玠言曰使天不雨者蓋此也太祖大怒收玠付獄大理鍾繇詰玠曰自古聖帝明王罪及妻子書云左不共左右不共右予則孥戮女司寇之職男子入于罪隸女子入于舂藁漢律罪人妻子沒爲奴婢黥面漢法所行黥墨之刑存於古典今眞奴婢祖先有罪雖歷百世猶有黥面供官一以寬良民之命二以宥并罪之辜此何以負於神明之意而當致旱案典謀急恆寒若舒恆燠若寬則亢陽所以爲旱玠之吐言以爲寬邪以爲急也急當陰霖何以反旱成湯聖世野無靑草周宣令主旱魃爲虐亢旱以來積三十年歸咎黥面爲相値不衛人伐邢師興而雨罪惡無徵何以應天玠議謗之言流於下民不悅之聲上聞聖聽玠之吐言勢不獨語時見黥面凡爲幾人黥面奴婢所識知邪何緣得見對之歎言時以語誰見答云何以何日月於何處所事已發露不得隱欺玠具以狀對玠曰臣聞蕭生縊死困於石顯賈子放外讒在絳灌白起賜劍於杜郵鼂錯致誅於東市伍員絕命於吳都斯數子者或妬其前或害其後臣垂齠執簡累勤取官職在機近人事所竄屬臣以私無勢不絕語臣以冤無細不理人情淫利爲法所禁法禁於利勢能害之靑蠅橫生爲臣作謗謗臣之人勢不在他昔王叔陳生爭正王廷宣子平理命舉其契是非有宜曲直有所春秋嘉焉是以書之臣不言此無有時人說臣此言必有徵要乞蒙宣子之辨而求王叔之對若臣以曲聞卽刑之日方之安駟之贈賜劍之來比之重賞之惠謹以狀對時桓階和洽進言救之遂免黜卒於家太祖賜棺器錢帛拜子機郎中

徐奕字季才東莞人也避難江東孫策禮命之奕改姓名微服還本郡太祖爲司空辟爲掾屬從西征馬超超破軍還時關中新服未甚安留奕爲丞相長史鎭撫西京西京稱其威信轉爲雍州刺史復還爲東曹屬丁儀等見寵於時並害之而奕終不爲動出爲魏郡太守太祖征孫權徙爲留府長史謂奕曰君之忠亮古人不過也然微太嚴昔西門豹佩韋以自緩夫能以柔制剛者望之於君也今使君統留事孤無復還顧之憂也魏國建爲尚書復典選舉遷尚書令太祖征漢中魏諷等謀反中尉楊俊左遷太祖歎曰諷所以敢生亂心以吾爪牙之臣無遏姦防謀者故也安得如諸葛豐者使代俊乎桓階曰徐奕其人也太祖乃以奕爲中尉手令曰昔楚有子玉文公爲之側席而坐汲黯在朝淮南爲之折謀詩稱邦之司直君之謂與在職數月疾篤乞退拜諫議大夫卒

何夔字叔龍陳郡陽夏人也曾祖父熙漢安帝時官至車騎將軍夔幼喪父與母兄居以孝友稱長八尺三寸容貌矜嚴避亂淮南後袁術至壽春辟之夔不應然遂爲術所留久之術與橋蕤俱攻圍蘄陽蘄陽爲太祖固守術以夔彼郡人欲脅令說蘄陽夔謂術謀臣李業曰昔柳下惠聞伐國之謀而有憂色曰吾聞伐國不問仁人斯言何爲至我哉遂遁匿灊山術知夔終不爲己用乃止術從兄山陽太守遺母夔從姑也是以雖恨夔而不加害建安二年夔將還鄉里度術必急追乃間行得免明年到本郡頃之太祖辟爲司空掾屬時有傳袁術軍亂者太祖問夔曰君以爲信不夔對曰天之所助者順人之所助者信術無信順之實而望天人之助不可以得志於天下夫失道之主親戚叛之而況於左右乎以夔觀之其亂必矣太祖曰爲國失賢則亾君不爲術所用亂不亦宜乎太祖性嚴峻掾屬公事往往加杖夔

常畜毒藥誓死無辱是以終不見及出爲城父令遷長廣太守郡濱山海黃巾未平豪傑多背叛袁譚就加以官位長廣縣人管承徒衆三千餘家爲寇害議者欲舉兵攻之夔曰承等非生而樂亂也習於亂不能自還未被德教故不知反善今兵迫之急彼恐夷滅必并力戰攻之旣未易拔雖勝必傷吏民不如徐喻以恩德使容自悔可不煩兵而定乃遣郡丞黃珍往爲陳成敗承等皆請服夔遣吏成弘領校尉長廣縣承等郊迎奉牛酒詣郡牟平賊從錢衆亦數千夔率郡兵與張遼共討定之東牟人王營衆三千餘家脅昌陽縣爲亂夔遣吏王欽等授以計略使離散之旬月皆平定是時太祖始制新科下州郡又收租稅綿絹夔以郡新立近以師旅之後不可卒繩以法乃言於太祖請以所領六縣乞依遠域新邦之典其民閒小事使長吏臨時隨宜上不背正法下以順百姓之心比及三年民安其業然後齊之以法則無所不至矣太祖從其言徵還參丞相軍事海賊郭祖寇暴樂安濟南界州郡苦之太祖以夔前在長廣有威信拜樂安太守到官數月諸城悉平入爲丞相東曹掾夔言於太祖曰自軍興以來制度草創用人未詳其本是以各引其類時忘道德夔聞以賢制爵則民愼德以庸制祿則民興功以爲自今所用必先核之鄉閭使長幼順序無相踰越顯忠直之賞明公實之報則賢不肖之分居然別矣又可脩保舉故不以實之命使有司別受其負在朝之臣時受敎與曹並選者各任其責上以觀朝臣之節下以塞爭競之源以督羣下以率萬民如是則天下幸甚太祖稱善魏國既建拜尚書僕射文帝爲太子以涼茂爲太傅夔爲少傅特命二傅與尚書東曹並選太子諸侯官屬茂卒以夔代茂每月朔太傅入見太子太子正法服而禮焉他日無會儀夔遷太僕太子欲與辭宿戒供夔無往意乃與書請之夔以國有常制遂不往其履正如此然於節儉之世最爲豪汰文帝踐阼封成陽亭侯邑三百戶疾病屢乞遜位詔報不許薨諡靖侯子曾嗣咸熙中爲司徒

邢顒字子昂河間鄚人也舉孝廉司徒辟皆不就易姓字適右北平從田疇游積五年而太祖定冀州顒謂疇曰黃巾起來二十餘年海內鼎沸百姓流離今聞曹公法令嚴民厭亂矣亂極則平請以身先遂裝還鄉里田疇曰邢顒民之先覺也乃求見太祖求爲鄉導以克柳城太祖辟顒爲冀州從事時人稱之曰德行堂堂邢子昂除廣宗長以故將喪棄官有司舉正太祖曰顒篤於舊君有壹致之節勿問也更辟司空掾除行唐令勸民農桑風化大行入爲丞相門下督遷左馮翊病去官時太祖諸子高選官屬令曰侯家吏宜得淵深法度如邢顒輩遂以爲平原侯植家丞顒防閑以禮無所屈撓由是不合庶子劉楨以書諫植曰家丞邢顒北土之彥少秉高節玄靜澹泊言少理多眞雅士也楨誠不足同貫斯人並列左右而楨禮遇殊特顒反疏簡私懼觀者將謂君侯習近不肖禮賢不足採庶子之春華忘家丞之秋實爲上招謗其罪不小以此反側後顒入參丞相軍事轉東曹掾初太子未定而臨菑侯植有寵丁儀等並贊翼其美太祖問顒顒對曰以庶代宗先世之戒也願殿下重察之太祖識其意後遂以爲太子少傅遷太傅文帝踐阼爲侍中尚書僕射賜爵關內侯出爲司隸校尉徙太常黃初四年薨子友嗣

鮑勛字叔業泰山平陽人也漢司隸校尉鮑宣九世孫宣後嗣有從上黨徙泰山者遂家焉勛父信少有大節沈毅有謀靈帝時大將軍何進辟拜騎都尉遣歸募兵得千餘人還到成皋而進已遇害信至京師董卓亦始到信知卓必爲亂勸袁紹襲卓紹畏卓不敢發語在紹傳信乃引軍還鄉里收徒衆二萬騎七百輜重五千餘乘是歲太祖始起兵於已吾信與弟韜以兵應太祖太祖與袁紹表信行破虜將軍韜裨將軍時紹衆最盛豪傑多向之信獨歸心太祖太祖亦親異焉汴水之敗信被創韜於陣戰歿紹劫奪韓馥位遂據冀州信言於太祖曰姦臣乘釁蕩覆王室英雄奮節天下嚮應者義也今紹爲盟主因權專利將自生亂是復又有一卓也若抑之則力不能制祇以構難又何能濟莫若且規大河之南以待其變太祖善之太祖爲東郡太守表信爲濟北相會黃巾大衆入州界劉岱欲與戰信止之岱不從遂敗太祖以賊恃勝而驕欲設奇兵挑擊之於壽張先與信出行戰地後步軍未至而卒與賊遇遂接戰信殊死戰以救太祖太祖僅得潰圍出信遂歿時年四十一建安十七年太祖追錄信功表封勛兄劭新都亭侯辟勛丞相掾二十二年立太子以勛爲中庶子徙黃門侍郎出爲魏郡西部都尉太子郭夫人弟爲曲周縣吏斷盜官布法應棄市太祖時在譙太子留鄴數手書爲之請罪勛不敢擅縱具列上勛前在東宮守正不撓太子固不能悅及重此事恚望滋甚會郡界休兵有失期者密敕中尉奏免勛官久之拜侍御史延康元年太祖崩太子即王位勛以騎都尉兼侍中文帝受禪勛每陳今之所急唯在軍農寬惠百姓臺榭苑囿宜以爲後帝將

出游獵勛停車上疏切諫帝手毀其表而行獵中道頓息問侍臣曰獵之爲樂何如八音也侍中劉曄對曰獵勝於樂勛抗辭曰夫樂上通神明下和人理隆治致化萬邦咸乂故移風易俗莫善於樂況獵暴華蓋於原野傷生育之至理櫛風沐雨不以時隙哉昔魯隱觀漁於棠春秋以爲譏陛下雖以爲務愚臣所不願也因奏劉曄佞諛不忠阿順陛下過戲之言昔梁邱據取媚於遄臺曄之謂也請有司議罪以清皇朝帝怒作色罷還卽出勛爲右中郎將黃初四年尚書令陳羣僕射司馬懿並舉勛爲宮正宮正卽御史中丞也帝不得已而用之百僚嚴憚罔不肅然六年秋帝欲征吳羣臣大議勛面諫曰王師屢征而未有所克者蓋以吳蜀脣齒相依憑阻山水有難拔之勢故也往年龍舟飄蕩隔在南岸聖躬蹈危臣下破膽此時宗廟幾至傾覆爲百世之戒今又勞兵襲遠日費千金中國虛耗令黠虜玩威臣竊以爲不可帝益忿之左遷勛爲治書執法帝從壽春還屯陳留郡界太守孫邕見出過勛時營壘未成但立標埒邕邪行不從正道軍營令史劉曜欲推之勛以塹壘未成解止不舉大軍還洛陽曜有罪勛奏黜遣而曜密表勛私解邕事詔曰勛指鹿爲馬收付廷尉廷尉法議正刑五歲三官駮定依律罰金二斤帝大怒曰勛無活分汝等敢縱之收三官已下付刺姦當令十鼠同穴太尉鍾繇司徒華歆鎮軍大將軍陳羣侍中辛毗尚書衛臻守廷尉高柔等並表勛父信有功於太祖求請勛罪帝不許遂誅之勛內行既脩廉而能施死之日家無餘財後二旬文帝亦崩莫不爲勛歎恨

司馬芝字子華河內溫人也少爲書生避亂荊州於魯陽山遇賊同行者皆棄老弱走芝獨坐守老母賊至以兵臨芝芝叩頭曰母老唯在諸君賊曰此孝子也殺之不義遂得免害以鹿車推載母居南方十餘年躬耕守節太祖平荊州以芝爲管長時天下草創多不奉法郡主簿劉節舊族豪俠賓客千餘家出爲盜賊入亂吏治頃之芝差節客王同等爲兵掾史據白節家前後未嘗給繇若至時藏匿必爲留負芝不聽與節書曰君爲大宗加股肱郡而賓客每不與役既衆庶怨望或流聲上聞今條同等爲兵幸時發遣兵已集郡而節藏同等因令督郵以軍興詭責縣縣掾史窮困乞代同行芝乃馳檄濟南具陳節罪太守郝光素敬信之卽以節代同行青州號芝以郡主簿爲兵遷廣平令征虜將軍劉勳貴寵驕豪又芝故郡將賓客子弟在界數犯法勳與芝書不著姓名而多所屬託芝不報其書一皆如法後勳以不軌誅交關者皆獲罪而芝由是見稱遷大理正有盜官絹置都廁上者吏疑女工收以付獄芝曰夫刑罪之失失在苛暴今贓物先得而後訊其辭若不勝掠或至誣服誣服之情不可以折獄且簡而易從大人之化也不失有罪庸世之治耳今宥所疑以隆易從之義不亦可乎太祖從其議歷甘陵沛陽平太守所在有績黃初中入爲河南尹抑彊扶弱私請不行會內官欲以事託芝不敢發言因芝妻伯父董昭昭猶憚芝不爲通芝爲教與羣下曰蓋君能設教不能使吏必不犯也吏能犯教而不能使君必不聞也夫設教而犯君之劣也犯教而聞吏之禍也君劣於上吏禍於下此政事所以不理也可不各勉之哉於是下吏莫不自勵門下循行嘗疑門幹盜簪幹辭不符曹執爲獄芝教曰凡物有相似而難分者自非離婁鮮能不惑就其實然循行何忍重惜一簪輕傷同類乎其寢勿問明帝卽位賜爵關內侯頃之特進曹洪乳母當與臨汾公主侍者共事無澗神無澗山名在洛陽東北繫獄卞太后遣黃門詣府傳令芝不通輒敕洛陽獄考竟而上疏言其事帝手報嘉之芝居官十一年數議科條所不便者其在公卿閒直道而行會諸王來朝與京都人交通坐免後爲大司農先是諸典農各部吏民末作治生以要利入芝奏曰王者之治崇本抑末務農重穀王制無三年之儲國非其國也管子區言以積穀爲急方今二虜未滅師旅不息國家之要唯在穀帛武皇帝特開屯田之官專以農桑爲業建安中天下倉廩充實百姓殷足自黃初以來聽諸典農治生各爲部下之計誠非國家大體所宜也夫王者以海內爲家故傳曰百姓不足君誰與足富足之由在於不失天時而盡地力今商旅所求雖有加倍之顯利然於一統之計已有不貲之損不如墾田益一畝之收也夫農民之事田自正月耕種芸鋤條桑耕熯種麥穫刈築場十月乃畢治廩繫橋運輸租賦除道理梁墐塗室屋以是終歲無日不爲農事也今諸典農各言留者爲行者宗田計課其力勢不得不爾不有所廢則當素有餘力臣愚以爲不宜復以商事雜亂專以農桑爲務於國計爲便明帝從之每上官有所召問常先見掾史爲斷其意故教其所以答塞之狀皆如所度芝性亮直不矜廉隅與賓客談論有不可意便面折其短退無異言卒於官家無餘財自魏迄今爲河南尹者莫及芝芝卒子岐嗣從河南丞轉廷尉正遷陳留相梁郡有繫囚多所連及數歲不決詔書徙獄於岐屬縣縣請豫治牢具岐曰今

囚有數十既巧詐難符且已倦楚毒其情易見豈當復久處囹圄邪及囚至詰之皆莫敢匿詐一朝決竟遂超爲廷尉是時大將軍爽專權尚書何晏鄧颺等爲之輔翼南陽圭泰嘗以言迕指考繫廷尉颺訊獄將致泰重刑岐數颺曰樞機大臣王室之佐既不能輔化成德齊美古人乃肆其私忿枉論無辜使百姓危心非此爲在颺於是慙怒而退岐終恐久獲罪以疾去官居家未朞而卒年三十五子肇嗣肇晉太康中爲冀州刺史尚書鍾繇者字元常潁川長社人也嘗與族父瑜俱至洛陽道遇相者曰此童有貴相然當厄於水努力慎之行未至十里渡橋馬驚墮水幾死瑜以相者言中益貴繇而供給資費使得專學舉孝廉除尚書郎陽陵令以疾去辟三府爲廷尉正黃門侍郎是時漢帝在西京李傕郭汜等亂長安中與關東斷絕太祖領兗州牧始遣使上書傕汜等以爲關東欲自立天子今曹操雖有使命非其至實議留太祖使拒絕其意繇說傕汜等曰方今英雄並起各矯命專制唯曹兗州乃心王室而逆其忠款非所以副將來之望也傕汜等用繇言厚加答報由是太祖使命遂得通太祖既數聽荀彧之稱繇又聞其說傕汜益虛心後傕脅天子繇與尚書郎韓斌同策謀天子得出長安繇有力焉拜御史中丞遷侍中尚書僕射并錄前功封東武亭侯時關中諸將馬騰韓遂等各擁彊兵相與爭太祖方有事山東以關右爲憂乃表繇以侍中守司隸校尉持節都督關中諸軍委以後事特使不拘科制繇至長安移書騰遂等爲陳禍福騰遂各遣子入侍太祖在官渡與袁紹相持繇送馬二千餘匹給軍太祖與繇書曰得所送馬甚應其急關右平定朝廷

無西顧之憂足下之勳也昔蕭何鎮守關中足食成軍亦適當爾其後匈奴單于作亂平陽繇率諸軍圍之未拔而袁尚所置河東太守郭援到河東衆甚盛諸將議欲釋之去繇曰袁氏方彊援之來關中陰與之通所以未悉叛者顧吾威名故耳若棄而去示之以弱所在之民誰非寇讎縱吾欲歸其得至乎此爲未戰先自敗也且援剛愎好勝必易吾軍若渡汾爲營及其未濟擊之可大克也張既說馬騰會擊援騰遣子超將精兵逆之援至果輕渡汾衆止之不得濟水未半繇擊大破之斬援降單于語在既傳其後河東衞固作亂與張晟張琰及高幹等並爲寇繇又率諸將討破之自天子西遷洛陽人民單盡繇徙關中民又招納亾叛以充之數年間民戶稍實太祖征關中得以爲資表繇爲前軍師魏國初建爲大理遷相國文帝在東宮賜繇五熟釜爲之銘曰於赫有魏作漢藩輔厥相惟鍾實幹心膂靖恭夙夜匪遑安處百僚師師楷茲度矩數年坐西曹掾魏諷謀反策罷就第文帝即王位復爲大理及踐阼改爲廷尉進封崇高鄉侯遷太尉轉封平陽鄉侯時司徒華歆司空王朗並先世名臣文帝罷朝謂左右曰此三公者乃一代之偉人也後世殆難繼矣明帝即位進封定陵侯增邑五百并前千八百戶遷太傅繇有膝疾拜起不便時華歆亦以高年疾病朝見皆使載輿車虎賁舁上殿就坐是後三公有疾遂以爲故事初太祖下令使平議死刑可宮割者繇以爲古之肉刑更歷聖人宜復施行以代死刑議者以爲非悅民之道遂寢及文帝臨饗羣臣詔謂大理欲復肉刑此誠聖王之法公卿當善共議議未定會有軍事復寢太和中繇上疏曰大魏受命繼

蹤虞夏孝文革法不合古道先帝聖德固天所縱墳典之業一以貫之是以繼世仍發明詔思復古刑爲一代法連有軍事遂未施行陛下遠追二祖遺意惜斬趾可以禁惡恨入死之無辜乃明習律令與羣臣共議出本當右趾而入大辟者復行此刑書云皇帝清問下民鰥寡有辭于苗此言堯當除蚩尤有苗之刑先審問於下民之有辭者也若今蔽獄之時訊問三槐九棘羣吏萬民使如孝景之令其當棄市欲斬右趾者許之其黥劓左趾宮刑者自如孝文易以髡笞能有姦者率年二十至四五十雖斬其足猶任生育今天下人少於孝文之世下計所全歲三千人張蒼除肉刑所殺歲以萬計臣欲復肉刑歲生三千人子貢問濟民可謂仁乎孔子曰何事於仁必也聖乎堯舜其猶病諸又曰仁遠乎哉我欲仁斯仁至矣若誠行之斯民永濟書奏詔曰太傅學優才高留心政事又於刑理深遠此大事公卿羣僚善共平議司徒王朗議以爲繇欲輕減大辟之條以增益刖刑之數此即起偃爲豎化屍爲人矣然臣之愚猶有未合微意之異夫五刑之屬著在科律科律自有減死一等之法不死即爲減施行已久不待遠假斧鑿於彼肉刑然後有罪次也前世仁者不忍肉刑之慘酷是以廢而不用不用已來歷年數百今復行之恐所減之文未彰於萬民之目而肉刑之問已宣於寇讎之耳非所以來遠人也今可按繇所欲輕之死罪使減死之髡刖嫌其輕者可倍其居作之歲數內有以生易死不訾之恩外無以刖易釱駭耳之聲議者百餘人與朗同者多帝以吳蜀未平且寢太和四年繇薨帝素服臨弔謚曰成侯子毓嗣初文帝分毓戶邑封繇弟演及子劭孫豫

皆爲列侯毓字惟叔年十四爲散騎侍郎機捷談笑有父風太和初蜀相諸葛亮圍祁山明帝欲親西征毓上疏曰夫策貴廟勝功尚帷幄不下殿堂之上而決勝千里之外車駕宜鎮守中土以爲四方威勢之援今大軍西征雖有百倍之威於關中之費所損非一且盛暑行師詩人所重實非至尊動軔之時也遷黄門侍郎時大興洛陽宮室車駕便幸許昌天下當朝正許昌許昌偪狹於城南以氈爲殿備設魚龍曼延民罷勞役毓諫以爲水旱不時帑藏空虛凡此之類可須豐年又上宜復關內開荒地使民肆力於農事遂施行正始中爲散騎侍郎大將軍曹爽盛夏興軍伐蜀蜀拒守軍不得進爽方欲增兵毓以書諫止爽爽不從竟無功而還後以失爽意徙侍中出爲魏郡太守爽既誅入爲御史中丞侍中廷尉聽君父已歿臣子得爲理謗及夫爲侯其妻不復配嫁毓所創也正元中毋丘儉文欽反毓持節至揚豫州班行赦令告喻士民還爲尚書諸葛誕反大將軍司馬昭議自詣壽春討誕會吳大將孫壹率衆降或以爲吳新有釁必不能復出軍東兵已多可須後問毓以爲夫論事料敵當以己度人今誕舉淮南之地以與吳國孫壹所率口不至千兵不過三百吳之所失蓋爲無幾若壽春之圍未解而吳國之內轉安未可必其不出也昭曰善遂將毓行淮南既平爲青州刺史加後將軍遷都督徐州諸軍事假節又轉都督荆州景元四年薨追贈車騎將軍謚曰惠侯子駿嗣毓弟會自有傳

華歆字子魚平原高唐人也高唐爲齊名都衣冠無不遊行市里歆爲吏休沐出府則歸家闔門論議持平終不毀傷人歆與北海邴原管寧俱遊學三人相善故時人號三人爲一龍歆爲龍頭原爲龍腹寧爲龍尾時同郡陶丘洪亦知名自以明見過歆時王芬與豪桀謀廢靈帝芬陰呼歆洪共定計洪欲行歆止之曰夫廢立大事伊霍所難芬性疎而不武此必無成而禍將及族子其無往洪從歆言而止後芬果敗洪乃服歆舉孝廉除郎中病去官靈帝崩何進輔政徵河南鄭泰潁川荀攸及歆等歆到爲尚書郎董卓遷天子長安歆求出爲下邽令病不行遂從藍田至南陽時袁術在穰留歆歆說術使進軍討卓術不能用歆欲棄去會太子使太傅馬日磾安集關東日磾辟歆爲掾東至徐州詔即拜歆豫章太守歆爲政清靜不煩吏民感而愛之孫策略地江東歆知策善用兵乃幅巾奉迎策以其長者待以上賓之禮後策死太祖在官渡表天子徵歆孫權欲不遣歆謂權曰將軍奉王命始交好曹公分義未固使僕得爲將軍效心豈不有益乎今空留僕是爲養無用之物非將軍之良計也權悅乃遣歆賓客舊人送之者千餘人贈遺數百金歆皆無所拒密各題識至臨去悉聚諸物謂諸賓客曰本無拒諸君之心而所受遂多念單車遠行將以懷璧爲罪願賓客爲之計衆乃各留所贈而服其德歆至拜議郎參司空軍事入爲尚書轉侍中代荀彧爲尚書令太祖征孫權表歆爲軍師魏國既建爲御史大夫文帝即王位拜相國封安樂鄉侯及受禪歆登壇相儀奉皇帝璽綬以成受命之禮是時朝臣三公已下並受爵位歆以形色忤時徙爲司徒而不進爵文帝久不懌以問尚書令陳羣曰我應天受禪百辟羣后莫不人人喜悅形於聲色而相國及公獨有不怡者何也羣起離席長跪曰臣與相國曾臣漢朝心雖喜悅猶義形其色亦懼陛下實應且憎帝大悅遂重異之歆素清貧祿賜以振施親戚故人家無儋石之儲公卿嘗並賜沒入生口唯歆出而嫁之帝聞而嘆息下詔曰司徒國之儁老所與和陰陽理庶事也今太官重膳而司徒蔬食甚無謂也特賜御衣及爲其妻子男女皆作衣服又賜婢奴五十人三府議舉孝廉本以德行不復限以試經歆以爲喪亂以來六籍廢墜當務存立以崇王道夫制法者所以經盛衰今聽孝廉不以經試臣恐學業遂從此而廢若有秀異可特徵用患於無其人何患不得哉帝從其言黃初中詔公卿舉獨行君子歆舉管寧帝以安車徵之明帝即位進封博平侯增邑五百戶并前千三百戶轉拜太尉歆稱病乞退讓位於寧帝不許臨當大會乃遣散騎常侍繆襲奉詔諭指命力疾就會詔旨言朕須君到然後御坐又詔襲須歆必起乃還歆不得已乃起太和中遣曹眞從子午道伐蜀車駕東幸許昌歆上疏言吳蜀負險延命未有其釁宜且留心治道以征伐爲後事蓋爲國者以民爲基民以衣食爲本必使中國無饑寒之患百姓無離上之心則二敵之釁可得而待也帝詔報嘉之時秋大雨即詔眞引軍還太和五年歆薨時年七十五謚敬侯子表嗣初文帝分歆戶邑封歆弟緝爲列侯表咸熙中爲尚書

王朗字景興東海郯人也以通經拜郎中除菑丘長師事太尉楊賜賜薨棄官行服舉孝廉辟公府皆不應時漢帝在長安關東兵起徐州刺史陶謙察朗茂才以爲治中朗與別駕趙昱等說謙曰春秋之義求諸侯莫若勤王今天子越在西京宜遣使奉承王命謙乃遣昱奉章至長安天子嘉其意拜謙安東將軍以昱爲廣陵太

守朗會稽太守會稽舊祀秦始皇刻木爲像與夏禹同廟朗到官以爲無德之君不應見祀於是除之居郡四年惠愛在民孫策渡江略地朗功曹虞翻以爲力不能拒不如避之朗自以身爲漢吏宜保城邑遂舉兵與策戰敗績浮海至東冶策又追擊大破之朗乃詣策策以其儒雅詰讓而不害留置曲阿朗雖流移窮困朝不謀夕而收恤親舊分多割少行義甚著太祖表徵朗策遣之朗自曲阿展轉江海積年乃至既見拜諫議大夫參司空軍事太祖問朗曰孫策何以得至此邪朗曰策勇冠一世有儁才大志張子布民之望也北面而相之周公瑾江淮之傑也攘臂而爲其將謀而有成所規不細終爲天下大賊非徒狗盜而已太祖然之魏國初建以軍祭酒領魏郡太守遷少府奉常大理務在寬恕罪疑從輕時鍾繇明察當法俱以治獄見稱文帝即王位遷御史大夫封安陵亭侯上疏以育民省刑爲勸及帝踐阼改爲司空進封樂平鄉侯時帝頗出遊獵或昏夜還宮朗上疏切諫帝優答之初建安末孫權始遣使稱藩而與劉備交兵詔議當與師與吳并取蜀不朗議以爲天子之軍當相時而後動擇地而後行今權之師未動則助吳之軍無爲先征且雨水方盛非行軍動衆之時帝納其計黃初中鵜鶘集靈芝池詔公卿舉獨行君子朗薦光祿大夫楊彪且稱疾讓位於彪詔不許乃爲彪置吏卒位次三公孫權欲遣子登入侍不至是時車駕徙許昌大興屯田欲舉軍東征朗上疏曰昔南越守善嬰齊入侍遂爲冢嗣還君其國康居驕黠情不副辭都護奏議以爲宜遣侍子以黜無禮且吳濞之禍萌於子入隗囂之叛亦不顧子往者聞權有遺子之言而未至今六軍戒嚴臣恐輿人未暢聖旨當謂國家慍於登之逋留是以爲之興師設師行而登乃至則爲所動者至大所致者至細猶未足以爲慶設其傲很殊無入志懼彼輿論之未暢者並懷伊邑臣愚以爲宜敕別征諸將各明禁令以慎守所部外曜威烈內廣耕稼使泊然若山澹然若淵勢不可動計不可測是時帝以成軍遂行權子竟不至車駕臨江而還明帝即位進封蘭陵侯增邑五百并前千二百戶使至鄴省文昭皇后陵見百姓或有不足是時方營脩宮室朗上疏曰陛下即位已來恩詔屢布百姓萬民莫不欣欣臣頃奉使北行往返道路聞衆徭役其可得蠲除減省者甚多願陛下重留日昃之聽以計制寇昔大禹將拯天下之大患故乃先卑其宮室儉其衣食用能盡有九州弼成五服句踐欲廣其禦兒之疆禦兒吳邊戍之地名馘夫差於姑蘇亦約其身以及家儉其家以施國用能囊括五湖席卷三江取威中國定霸華夏漢之文景亦欲恢弘祖業增崇洪緒故能割意於百金之臺昭儉於弋綈之服內減太官而不受貢獻外省徭賦而務農桑用能號稱升平幾致刑錯孝武之所以能奮其軍勢拓其外境誠因祖考畜積素足故能遂成大功霍去病中才之將猶以匈奴未滅不治第宅明恤遠者略近事外者簡內有漢之初及其中興皆於金革略寢之後然後鳳闕猥閌德陽並起今當建始之前足用列朝會崇華之後足用序內官華林天淵足用展游宴若且先成閶闔之象魏使足用列遠人之朝貢增脩城池使足用絕踰越成國險其餘一切且須豐年一以勤耕農爲務習戎備爲事則國無怨曠戶口滋盛民充兵彊而寇戎不賓緝熙不作未之有也轉爲司徒于時屢失皇子而後宮就館者少朗上疏曰昔周文十五而有武王遂享十子之祚以廣諸姬之胤武王既老而生成王成王是以鮮於兄弟此二王者各樹聖德無以相過比其子孫之祚則不相若蓋生育有早晚所產有衆寡也陛下既德祚兼彼二聖春秋高於姬文育武之時矣而子發未舉於椒蘭之奧房藩王未繁於掖庭之衆室以成王爲喻雖未爲晚取譬伯邑則不爲夙周禮六宮內官百二十人而諸經常說咸以十二爲限至於秦漢之末或以千百爲數矣然雖彌猥而就時於吉館者或甚鮮明百斯男之本誠在於一意不但在於務廣也又少小常苦被褥泰溫泰溫則不能便柔膚弱體是以難可防護而易用感慨若常令少小之緼袍不至於甚厚則必咸保金石之性而壽比於南山矣帝報納之朗著易春秋孝經周官傳奏議論說咸傳於世太和二年薨謚曰成侯子肅嗣初文帝分朗戶邑封一子列侯朗乞封兄子詳有詔聽許肅字子雍年十八從宋忠讀太玄而更爲之解黃初中爲散騎黃門侍郎太和二年拜散騎常侍四年大司馬曹真征蜀肅上疏曰前志有之千里饋糧士有飢色樵蘇後爨師不宿飽此謂平塗之行軍者也又況於深入阻險鑿路而前其爲勞必相百也今又加之以霖雨山坂峻滑衆逼而不展糧縣而難繼實行軍之大忌也聞曹真發已踰月而行裁半谷治道功夫戰士悉作是賊偏得以逸而待勞乃兵家之所憚也言之前代則武王伐紂出關而復還論之近事則武文征權臨江而不濟豈非所謂順天知時通於權變者哉兆民知聖上以水雨艱劇之故休而息之後日有釁乘而用之則所謂悅以犯難民忘其死者矣

於是遂罷又上疏宜遵舊禮爲大臣發哀薦果宗廟事皆施行又上疏陳政本曰除無事之位損不急之祿止浮食之費并從容之官使官必有職職任其事事必受祿祿代其耕乃往古之常式當今之所宜也官寡而祿厚則公家之費鮮進仕之志勸進仕之志勸各展才力莫相倚仗敷奏以言明試以功能之與否簡在帝心是以唐虞之設官分職申命公卿各以其事然後試之惟龍爲納言猶今尚書也以出內帝命而已夏殷不可得而詳甘誓曰六事之人明六卿亦典事者也周官則備矣五日視朝公卿大夫並進而司士辨其位焉其記曰坐而論道謂之王公作而行之謂之士大夫及漢之初依擬前代公卿皆親以事升朝故高祖躬追反走之周昌武帝遙可奉奏之汲黯宣帝使公卿五日一朝成帝始置尚書五人自是陵遲朝禮遂闕可復五日視朝之儀使公卿尚書各以事進廢禮復興光宣聖緒誠所謂名美而實厚者也青龍中山陽公薨漢主也肅上疏曰昔唐禪虞虞禪夏皆終三年之喪然後踐天子之尊是以帝號無虧君禮猶存山陽公順天進禪退處賓位不得與唐虞比按漢制總帝皇之號號曰皇帝有別稱帝無別稱皇則皇是其差輕者也故高祖之時土無二王其父見在而使稱皇明非二王之嫌也況今以贈終可使稱皇以配其謚明帝不從使稱帝乃追謚曰孝獻皇帝後肅以常侍領祕書監兼崇文觀祭酒景初間宮室盛興民失農業期信不敦刑殺倉卒肅上疏曰大魏承百王之極生民無幾干戈未戢誠宜務畜積而省徭役今宮室未就丁夫疲於力作農者離其南畝種穀者寡舊穀既沒新穀未繼斯則有國之大患非備豫之長策也今見作者三四萬人九龍可以安聖體其內足以列六宮顯陽之殿又向將畢惟泰極已前功夫尚大莫若取常食廩之士非急要者之用選其丁壯擇留萬人使一朞而更之計一歲有三百六十萬夫亦不爲少當一歲成者聽且三年分遣其餘使皆卽農無窮之計也夫信之於民國家大寶也仲尼曰自古皆有死民無信不立前車駕幸洛陽發民爲營有司命以營成而罷既成又利其功力不以時遣有司徒營其目前之利不顧經國之大體臣愚以爲自今以後儻復使民宜明其令使必如期若有事以次寧復更發無或失信凡陛下臨時之所行刑皆有罪之吏宜死之人也然衆庶不知謂爲倉卒故願陛下下之於吏而暴其罪鈞其死也無使汚于宮掖而爲遠近所疑且人命至重難生易殺氣絕而不可復續者也漢時有犯蹕驚乘輿馬者廷尉張釋之奏使罰金文帝怪其輕而釋之曰方其時上使誅之則已今下廷尉廷尉天下之平也一傾之天下用法皆爲輕重民安所措其手足臣以爲大失其義非忠臣所宜陳也廷尉者天子之吏也猶不可以失平而天子之身反可以惑謬乎斯重於爲己而輕於爲君不忠之甚也不可不察肅又陳諸鳥獸無用之物而有芻穀人徒之費皆可蠲除帝嘗問肅曰漢桓帝時白馬令李雲上書言帝者諦也是帝欲不諦當何得不死肅對曰但爲言失逆順之節原其本意皆欲盡心念存補國且帝者之威過於雷霆殺一匹夫無異螻蟻寬而宥之可以示容受切言廣德宇於天下故臣以爲殺之未必爲是也帝又問司馬遷以受刑之故內懷隱切著史記非貶孝武令人切齒對曰遷之記事不虛美不隱惡劉向揚雄服其善敍事有良史之才謂之實錄漢武聞其述史記取孝景及已本紀覽之於是大怒削而投之於地今此兩紀有錄無書後遭李陵事遂下蠶室此爲隱切在孝武不在於史遷也正始元年出爲廣平太守公事徵還拜議郎頃之爲侍中遷太常時大將軍曹爽專權任用何晏鄧颺等肅與太尉蔣濟司農桓範論及時政肅正色曰此輩卽弘恭石顯之屬復稱說邪爽聞之戒何晏等曰當共愼之公卿已比諸君前世惡人矣坐宗廟事免後爲光祿勳時有二魚長尺集于武庫之屋有司以爲吉祥肅曰魚生於淵而亢於屋介鱗之物失其所也邊將其殆有棄甲之變乎其後果有東關之敗徙爲河南尹嘉平六年持節兼太常奉法駕迎高貴鄉公于元城是歲白氣經天大將軍司馬師問其故肅曰此蚩尤之旗也東南其有亂乎君若修己以安百姓則天下樂安者歸德唱亂者先亡矣明年春鎭東將軍毋丘儉揚州刺史文欽起兵反師謂肅曰霍光感夏侯勝之言始重儒學之士良有以也安國寧主其術安在肅曰昔關羽率荊州之衆降于禁於漢濱遂有北向爭天下之志後孫權襲取其將士家屬羽之士衆一旦瓦解今淮南將士父母妻子皆在內州但急往禦衞使不得前必有關羽土崩之勢矣師從之遂破儉欽等後遷中領軍加散騎常侍增邑三百并前二千二百戸甘露元年薨門生縗絰者以百數追贈衞將軍謚曰景侯子惲嗣惲薨無子國絕景元四年封肅子恂爲蘭陵侯咸熙中開建五等以肅著勳前朝改封恂爲承子肅女適司馬昭卽文明皇后生晉武帝齊獻王攸初肅善賈馬之學而不好鄭氏採會同異爲尚書詩論語三禮左氏解及撰定父

朗所作易傳皆列於學官其所論駮朝廷典制郊祀宗廟喪紀輕重凡百餘篇時樂安孫炎字叔然授學鄭玄之門人稱東州大儒徵爲祕書監不就肅集聖證論以譏短玄炎駁而釋之及作周易春秋例毛詩禮記春秋三傳國語爾雅諸註又著書十餘篇頗傳於世

程昱字仲德東郡東阿人也長八尺三寸美鬚髯黃巾起縣丞王度反應之燒倉庫縣令踰城走吏民負老幼東奔渠丘山昱使人偵視度度等得空城不能守出城西五六里止屯昱謂縣中大姓薛房等曰今度等得城郭不能居其勢可知此不過欲虜掠財物非有攻守之志也今何不相率還城而守之且城高厚多穀米今若還求令共堅守度必不能久攻可破也房等以爲然吏民不肯從曰賊在西但有東耳昱謂房等愚民不可計事乃密遣數騎舉幡於東山上令房等望見大呼言賊已至便下山趣城吏民奔走隨之求得縣令遂共城守度等來攻城不能下欲去昱率吏民開城門急擊之度等破走東阿由此得全初平中兖州刺史劉岱辟昱昱不應是時岱與袁紹公孫瓚和親紹令妻子居岱所瓚亦遣從事范方將騎助岱後紹與瓚有隙瓚擊破紹軍乃遣使語岱令遣紹妻子使與紹絕別敕范方若岱不遣紹家將騎還吾定紹將加兵於岱岱議連日不決別駕王彧白岱程昱有謀能斷大事岱乃見昱問計昱曰若棄紹近援而求瓚遠助此假人於越以救溺子之說也夫公孫瓚非袁紹之敵也今雖壞紹軍然終爲紹所禽夫趣一朝之權而不慮遠計將軍終敗岱從之范方將其騎歸未至瓚大爲紹所破岱表昱爲騎都尉昱辭以疾劉岱爲黃巾所殺太祖臨兖州辟昱昱將行其鄉人謂曰何前後之相背也昱笑而不應太祖與語說之以昱守壽張令太祖征徐州使昱與荀彧留守鄄城張邈等叛迎呂布郡縣響應唯鄄城范東阿不動布軍降者言陳宮欲自將兵取東阿又使汎嶷取范吏民皆恐彧謂昱曰今兖州反唯有此三城宮等以重兵臨之非有以深結其心三城必動君民之望也歸而說之殆可昱乃歸過范說其令靳允曰聞呂布執君母弟妻子孝子誠不可爲心今天下大亂英雄並起必有命世能息天下之亂者此智者所詳擇也得主者昌失主者亡陳宮叛迎呂布而百城皆應似能有爲然以君觀之布何如人哉夫布麤中少親剛而無禮匹夫之雄耳宮等以勢假合不能相君也兵雖衆終必無成曹使君智略不世出殆天所授君必固范我守東阿則田單之功可立也孰與違忠從惡而母子俱亡乎唯君詳慮之允流涕曰不敢復有貳心時汎嶷亦已在縣允乃見嶷伏兵刺殺之歸勒兵守昱又遣別騎絕倉亭津陳宮至不得渡昱到東阿東阿令棗祗已率厲吏民拒城堅守又兖州從事薛悌與昱協謀卒完三城以待太祖太祖還執昱手曰微子之力吾無所歸矣乃表昱爲東平相屯范太祖與呂布戰於濮陽數不利蝗蟲起乃各引去於是袁紹使人說太祖欲連和欲使太祖遣家居鄴太祖新失兖州軍食盡將許之時昱使適還引見因言曰竊聞將軍欲遣家與袁紹連和誠有之乎太祖曰然昱曰意者將軍殆臨事而懼不然何慮之不深也夫袁紹據燕趙之地有并天下之心而智不能濟也將軍自度能爲之下乎將軍以龍虎之威可爲韓彭之事邪今兖州雖殘尚有三城能戰之士不下萬人以將軍之神武與文若昱等收而用之霸王之業可成也願將軍更慮之太祖乃止天子都許以昱爲尚書兖州尚未安集復以昱爲東中郎將領濟陰太守都督兖州事劉備失徐州來歸太祖昱說太祖殺之不聽語在武紀後又遣備至徐州要擊袁術昱與郭嘉復說太祖曰公前日不圖備昱等誠不及也今借之以兵必有異心太祖悔追之不及會術病死備至徐州遂殺車胄舉兵背太祖頃之還昱振威將軍袁紹在黎陽將南渡時昱有七百兵守鄄城太祖聞之使人告昱欲益二千兵昱不肯曰袁紹擁十萬衆自以所向無前今見昱兵少必輕易不來攻若益昱兵過則不可不攻攻之必克徒兩損其勢願公無疑太祖從之紹聞昱兵少果不往太祖謂賈詡曰程昱之膽過於賁育昱遂收山澤亡命得精兵數千人乃引軍與太祖會黎陽討袁譚袁尚譚尚破走拜昱奮武將軍封安國亭侯太祖征荊州劉備奔吳論者以爲孫權必殺備昱料之曰孫權新在位未爲海內所憚曹公無敵於天下初舉荊州威震江表權雖有謀不能獨當也劉備有英名關羽張飛皆萬人敵也權必資之以禦我難解勢分備資以成又不可得而殺也權果多與備兵以禦太祖是後中夏漸平太祖拊昱背曰兖州之敗不用君言吾何以至此宗人奉牛酒大會昱曰知足不辱吾可以退矣乃自表歸兵闔門不出昱性剛戾與人多迕人有告昱謀反太祖賜待益厚魏國建爲衛尉與中尉邢貞爭威儀免文帝踐阼復爲衛尉進封安鄉侯增邑三百戶并前八百戶分封少子延及孫曉列侯方欲以爲公會薨時年八十帝爲流涕追贈車騎將軍謚曰肅侯子武嗣武薨子克嗣克薨子良嗣曉字季明有通識嘉

平中爲黃門侍郎時校事放橫曉上疏曰周禮云設官分職以爲民極春秋傳曰天有十日人有十等愚不得臨賢賤不得臨貴於是並建聖哲樹之風聲明試以功九載考績各脩厥業思不出位故欒書欲拯晉侯其子不聽死人橫於街路邴吉不問上不責非職之功下不務分外之賞吏無兼統之勢民無二事之役斯誠爲國要道治亂所由也遠覽典志近觀秦漢雖官名改易職司不同至於崇上抑下顯明分例其致一也初無校事之官干預庶政者也昔武帝大業草創衆官未備而軍旅勤苦民心不安乃有小罪不可不察故置校事取其一切耳然檢御有方不至縱恣也此霸世之便宜非帝王之正典其後漸蒙見任復爲疾病轉相因仍莫正其本遂令上察宮廟下攝衆司官無局業職無分限隨意任情惟心所適法造於筆端不依科詔獄成於門下不顧覆訊其選官屬以謹愼爲粗疏以謥詷爲賢能其治事以刻暴爲公嚴以循理爲怯弱外則託天威以爲聲勢內則聚羣姦以爲腹心大臣恥與分勢含忍而不言小人畏其鋒芒鬱結而無告至使尹模公於目下肆其姦慝罪惡之著行路皆知纖悉之過積年不聞既非周禮設官之意又非春秋十等之義也今外有公卿將校總統諸署內有侍中尚書綜理萬機司隸校尉督察京輦御史中丞董攝宮殿皆高選賢才以充其職申明科詔以督其違若此諸賢猶不足任校事小吏益不可信若此諸賢各思盡忠校事區區亦復無益若更高選國士以爲校事則是中丞司隸重增一官耳若如舊選尹模之姦今復發矣進退推算無所用之昔桑弘羊爲漢求利卜式以爲獨烹弘羊天乃可雨若使政治得失必感天地臣恐水旱之災未必非校事之由也曹共公遠君子近小人國風託以爲刺衞獻公舍大臣與小臣謀定姜謂之有罪縱令校事有益於國以禮義言之尚傷大臣之心況姦回暴露而復不罷是袞闕不補迷而不返也於是遂罷校事官曉遷汝南太守年四十餘薨

郭嘉字奉孝潁川陽翟人也初北見袁紹謂紹謀臣辛評郭圖曰夫智者審於量主故百舉百全而功名可立也袁公徒欲效周公之下士而未知用人之機多端寡要好謀無決欲與共濟天下大難定霸王之業難矣於是遂去之先是潁川戲志才籌畫士也太祖甚器之早卒太祖與荀彧書曰自志才亡後莫可與計事者汝潁固多奇士誰可以繼之彧薦嘉召見論天下事太祖曰使孤成大業者必此人也嘉出亦喜曰眞吾主也表爲司空軍祭酒太祖謂嘉曰本初擁冀州之衆而并青從之地廣兵彊數爲不遜吾欲討之力不敵如何對曰劉項之不敵公所知也漢祖惟智勝項羽雖彊終爲所禽以嘉料之紹有十敗公有十勝雖兵彊無能爲也紹繁禮多儀公體任自然此道勝一也紹以逆動公奉順以率天下此義勝二也漢末政失於寬紹以寬濟寬故不攝公糾之以猛而上下知制此治勝三也紹內忌外寬用人而疑之所任唯親戚子弟公外易簡而內機明用人無疑惟才所宜不間遠近此度勝四也紹多謀少決失於後事公策得輒行應變無窮此謀勝五也紹因累世之資高議揖讓以收名譽士之好言飾外者多歸之公以至心待人推誠而行不爲虛美以儉率下與有功者無所吝士之忠正遠見而有實者皆願爲用此德勝六也紹見人飢寒恤念之形於顏色其所不見慮或不及也所謂婦人之仁耳公於目前小事時有所忽至於大事與四海接恩之所加皆過其望雖所不見慮之所周無不濟者此仁勝七也紹大臣爭權讒言惑亂公御下以道浸潤不行此明勝八也紹是非不知公所是進之以禮所不是正之以法此文勝九也紹好爲虛勢不知兵要公以少克衆用兵如神軍人恃之敵人畏之此武勝十也太祖笑曰如卿所言孤何德以堪之也嘉又曰紹方北擊公孫瓚可因其遠征東取呂布不先取布若紹爲寇布爲援此深害也太祖曰然遂征呂布三戰破之布退固守時士卒疲倦太祖欲引軍還嘉說太祖曰昔項羽七十戰未嘗敗北一朝失勢而身死國亡者恃勇無謀故也今布每戰輒破氣衰力盡內外失守布之威力不及項籍而困敗過之若乘勝攻之此成禽也太祖從之遂獲布時孫策轉鬬千里盡有江東聞太祖與袁紹相持於官渡將渡江北襲許衆聞皆懼嘉料之曰策新并江東所用皆英雄豪傑能得人死力者也然策輕而無備雖有百萬之衆無異於獨行中原也若刺客伏起一人之敵耳以吾觀之必死於匹夫之手策臨江未濟果爲許貢客所殺從破袁紹紹死又從討譚尚於黎陽連戰數克諸將欲乘勝遂攻之嘉曰袁紹愛此二子莫適立也有郭圖逢紀爲之謀臣必交鬬其間還相離也急之則相持緩之而後必爭不如南向荆州若征劉表者以待其變而後擊之可一舉定也太祖曰善乃南征軍至西平譚尚果爭冀州譚爲尚軍所敗走保平原遣辛毗乞降太祖還救之遂從定鄴又從攻譚於南皮冀州平封嘉洧陽亭侯太祖將征袁尚及三郡烏丸諸將多懼劉表使劉備襲許以討太祖嘉曰公雖威

震天下胡恃其遠必不設備因其無備卒然擊之可破滅也且袁紹有恩於民夷而尚兄弟生存今四州之民徒以威附德施未加舍而南征尚因烏丸之資招其死難之臣胡人一動民夷俱應以生蹋頓之心成覬覦之計恐青冀非己之有也表坐談客耳自知才不足以御備重任之則恐不能制輕任之則備不爲用雖虛國遠征公無憂矣太祖遂行至易嘉曰兵貴神速今千里襲人輜重多難以趨利且彼聞之必爲備不如留輜重輕兵兼道以出掩其不意太祖乃密出盧龍塞直指單于庭虜卒聞太祖至惶怖合戰遂大破之斬蹋頓及名王已下尚及兄熙走遼東嘉深通有算略達於事情太祖曰唯奉孝爲能知孤意自柳城還疾篤太祖問疾者交錯於道遂薨年三十八太祖臨其喪哀甚謂荀攸等曰諸君年皆孤輩也惟奉孝最少天下事竟欲以後事屬之而中年夭折命也夫乃表增嘉封邑八百戶并前千戶謚曰　侯子奕嗣後太祖征荊州還於巴邱遇疾疫燒船歎曰郭奉孝在不使孤至此哀哉奉孝痛哉奉孝惜哉奉孝初陳羣非嘉不治行檢數廷訴嘉嘉意自若太祖愈益重之然以羣能持正亦悅焉奕爲太子文學早薨子深嗣深薨子獵嗣

董昭字公仁濟陰定陶人也舉孝廉除廮陶長柏人令袁紹以爲參軍事紹逆公孫瓚於界橋鉅鹿太守李邵及郡冠蓋以瓚兵彊皆欲屬瓚紹聞之使昭領鉅鹿問禦以何術對曰一人之微不能消衆謀欲誘致其心唱與同議及得其情乃當權以制之耳計在臨時未可得言時郡右姓孫伉等數十人專爲謀主驚動吏民昭至郡僞作紹檄告郡云得賊羅侯安平張吉辭當攻鉅鹿賊故孝廉孫伉等爲應檄到收行軍法惡止其身妻子勿坐昭案檄告令皆斬之一郡惶恐乃以次安慰遂皆平集事訖白紹紹稱善會魏郡太守栗攀爲兵所害紹以昭領魏郡太守時郡界大亂賊以萬數遣使往來交易市買昭厚待之因用爲間乘虛掩討輒大克破二日之中羽檄三至昭弟訪在張邈軍中邈與紹有隙紹受讒將致罪於昭昭欲詣漢獻帝至河內爲張楊所留因楊上還印綬拜騎都尉時太祖領兗州遣使詣楊欲令假塗西至長安楊不聽昭說楊曰袁曹雖爲一家勢不久羣曹今雖弱然實天下之英雄也當故結之況今有緣宜通其上事并表薦之若事有成永爲深分楊於是通太祖上事表薦太祖昭爲太祖作書與長安諸將李傕郭汜等各隨輕重致殷勤楊亦遣使詣太祖太祖遺楊犬馬金帛遂與西方往來天子在安邑昭從河內往詔拜議郎建安元年太祖定黃巾于許遣使詣河東會天子還洛陽韓暹楊奉董承及楊各違戾不和昭以奉兵馬最彊而少黨援作太祖書與奉曰吾與將軍聞名慕義便推赤心今將軍拔萬乘之艱難反之舊都翼佐之功超世無儔何其休哉方今羣凶猾夏四海未寧必須衆賢以清王軌誠非一人所能獨建心腹四支實相恃賴一物不備則有闕焉將軍當爲內主吾爲外援今吾有糧將軍有兵有無相通足以相濟死生契闊相與共之奉得書喜悅語諸將軍曰兗州諸軍近在許耳有兵有糧國家所當依仰也遂共表太祖爲鎮東將軍襲父爵費亭侯昭遷符節令太祖朝天子於洛陽引昭並坐問曰孤今來在此當施何計昭曰將軍興義兵以誅暴亂入朝天子輔翼王室此五伯之功也此下諸將人殊意異未必服從今留匡弼事勢不便惟有移駕幸許耳然朝廷播越新還舊京遠近跂望冀一朝獲安今復徙駕不厭衆心夫行非常之事乃有非常之功願將軍算其多者太祖曰此孤之本志也楊奉近在梁耳聞其兵精得無爲孤累乎昭曰奉少黨援將獨委質鎮東費亭之事皆奉所定又聞書命申束足以見信宜時遣使厚遺答謝以安其意說京都無糧欲車駕暫幸魯陽近許轉運稍易可無縣乏之憂奉爲人勇而寡慮必不見疑比使往來足以定計奉何能爲太祖曰善即遣使詣奉徙大駕至許奉由是失望與韓暹等到定陵鈔暴太祖不應密往攻其梁營降誅即定奉暹失衆東降袁術三年昭遷河南尹時張楊爲其將楊醜所殺楊長史薛洪河內太守繆尚城守待紹救太祖令昭單身入城告喻洪尚等即日舉衆降以昭爲冀州牧太祖令劉備拒袁術昭曰備勇而志大關羽張飛爲之羽翼恐備之心未可得論也太祖曰吾已許之矣備到下邳殺刺史車胄反太祖自征備徙昭爲徐州牧袁紹遣將顏良攻東郡又徙昭爲魏郡太守從討良良死後進圍鄴城袁紹同族春卿爲魏郡太守在城中其父元長在揚州太祖遣人迎之昭以書與春卿勸令易節改圖奉帝養父委身曹公則忠孝不墜榮名彰矣辭旨可稱鄴既定以昭爲諫議大夫後袁尚依烏丸蹋頓太祖將征之患軍糧難致鑿平虜泉州二渠入海通運昭所建也太祖表封千秋亭侯轉拜司空軍祭酒後昭建議宜脩古建封五等太祖曰建設五等者聖人也又非人臣所制吾何以堪之昭曰自古以來人臣匡世未有今日之功有今日之功未有久處人臣之勢者也今明公恥有慙德而未

盡善樂保名節而無大責德美過於伊周此至德之極也然太甲成王未必可遭今民難化甚於殷周處大臣之勢使人以大事疑已誠不可不重慮也明公雖邁威德明法術而不定其基爲萬世計猶未至也定基之本在地與人宜稍建立以自藩衞耿弇牀下之言朱英無妄之論不得過耳昭受恩非凡不敢不陳後太祖遂受魏公魏王之號皆昭所創也及關羽圍曹仁於樊孫權遣使辭以遣兵西上欲掩取羽江陵公安累重羽失二城必自奔走樊軍之圍不救自解乞密不漏令羽有備太祖詰羣臣羣臣咸言宜當密之昭曰軍事尚權期於合宜宜應權以密而內露之羽聞權上若還自護圍則速解便獲其利可使兩賊相對銜持坐待其弊祕而不露使權得志非計之上又圍中將吏不知有救計糧怖懼儻有他意爲難不小露之爲便且羽爲人彊梁自恃二城守固必不速退太祖曰善卽敕救將徐晃以權書射著圍裏及羽屯中圍裏聞之志氣百倍羽果猶豫權軍至得其二城羽乃破敗文帝卽王位拜昭將作大匠及踐阼遷大鴻臚進封右鄉侯二年分邑百戶賜昭弟訪爵關內侯徙昭爲侍中三年征東大將軍曹休臨江在洞浦口自表願將銳卒虎步江南因敵取資事必克捷若其無臣不須爲念帝恐休便渡江驛馬詔止時昭侍側因曰竊見陛下有憂色獨以休濟江故乎今者渡江人情所難就休有此志勢不獨行當須諸將臧霸等旣富且貴無復他望但欲終其天命保守祿祚而已何肯乘危自投死地以求徼倖苟霸等不進休意自沮臣恐陛下雖有敕渡之詔猶必沈吟未便從命也是後無幾暴風吹賊船悉詣休營下斬首獲生賊遂迸散詔敕諸軍促渡軍未時進賊救船遂至大鶻幸宛征南大將軍夏侯尚等攻江陵未拔時江水淺狹尚欲乘船將步騎入渚中安屯作浮橋南北往來議者多以爲城必可拔昭上疏曰武皇帝勇智過人而用兵畏敵不敢輕之若此也夫兵好進惡退常然之數平地無險猶艱難就當深入還道宜利兵有進退不可如意今屯渚中至深也浮橋而濟至危也一道而行至狹也三者兵家所忌而今行之賊頻攻橋設有漏失渚中精銳非魏之有將轉化而爲吳矣臣私慼之忘寢與食而議者怡然不以爲憂豈不惑哉加江水向長一旦暴增何以防禦就不破賊尚當自完柰何乘危不以爲懼事將危矣惟陛下察之帝悟昭言卽詔尚等促出賊兩頭並前官兵一道引去不時得泄將軍石建高遷僅得自免軍出旬日江水暴長帝曰君論此事何其審也正使張陳當之何以復加五年徙封成都鄉侯拜太常其年徙光祿大夫給事中從大駕東征七年還拜太僕明帝卽位進爵樂平侯邑千戶轉衞尉分邑百戶賜一子爵關內侯太和四年行司徒事六年拜眞昭上疏陳末流之弊深以世俗浮僞毀壞風俗爲言帝於是發切詔斥免諸葛誕鄧颺等用浮僞故也昭年八十一薨謚曰定侯子胄嗣歷位郡守九卿

劉曄字子陽淮南成悳人也漢光武子阜陵王延之後父普母脩產渙及曄渙九歲曄七歲而母病困臨終戒渙曄以普之侍人有諂害之性我死之後懼必亂家汝長大能除之則吾無恨矣後曄年十三謂兄渙曰亡母之言可以行矣渙曰那可爾曄卽入室殺侍者徑出拜墓舍內大驚白普普怒遣人追曄曄還拜謝曰亡母顧命之言敢受不請擅行之罰普心異之遂不責也汝南許劭名知人避地揚州稱曄有佐世之才揚士多輕俠狡桀有鄭寶張多許乾之屬各擁部曲寶最驍果才力過人一方所憚欲驅略百姓越赴江表以曄高族名人欲彊逼曄使唱導此謀曄時年二十餘心內憂之而未有緣會太祖遣使詣州有所案問往見爲論事勢要將與歸駐止數日寶果從數百人齎牛酒來候使曄令家僮將其衆坐中門外爲設酒飯與寶於內宴飮密勒健兒令因行觴而斫寶寶性不甘酒視候甚明觴者不敢發曄因自引佩刀斫殺寶斬其首以令其軍云曹公有令敢有動者與寶同罪衆皆驚怖走還營營有督將精兵數千懼其爲亂曄卽乘寶馬將家僮數人詣寶營呼其渠帥喻以禍福皆叩頭開門內曄曄撫慰安懷咸悉悅服推曄爲主曄覩漢室漸微已爲支屬不欲擁兵遂委其部曲與廬江太守劉勳勳怪其故曄曰寶無法制其衆素以鈔掠爲利僕宿無資望而整齊之必懷怨難久故相與耳時勳兵彊於江淮之間孫策惡之遣使卑辭厚幣以書說勳曰上繚宗民數欺下國忿之有年矣擊之路不便願因上國伐之上繚甚實得之可以富國請出兵爲外援勳信之又得策珠寶葛越喜悅外內盡賀而曄獨否勳問其故對曰上繚雖小城堅池深攻難守易不可旬日而舉則兵疲於外而國內虛策乘虛而襲我後則不能獨守是將軍進屈於敵退無所歸若軍必出禍今至矣勳不從興兵伐上繚策果襲其後勳窮蹙遂奔太祖太祖至壽春時廬江界有山賊陳策衆數萬人臨險而守先時遣偏將致討莫能禽克太祖問羣下可伐與不咸云山峻高而谿谷深隘攻之實難又無

之不足爲損有之不足爲益曄曰策等小豎因亂赴險遂相依爲彊耳非有爵命威信相服也往者偏將資輕而中國未夷故策敢據險以守今天下略定後服先誅夫畏死趨賞愚智所同故廣武君爲韓信畫策謂其威名足以先聲後實而服鄰國也豈況明公之德東征西怨先開賞募大兵臨之令宣之日軍門啟而虜自潰矣太祖笑曰卿言近之遂遣猛將在前大軍在後至則克策如曄所度太祖還辟曄爲司空倉曹掾太祖征張魯轉曄爲主簿既至漢中山峻難登軍食頗乏太祖曰此妖妄之國耳何能爲有無吾軍食少不如速還便自引歸令曄督後諸軍使以次出曄策魯可克加糧道不繼雖出軍猶不能皆全馳白太祖不如致攻遂進兵多出弩以射其營魯奔走漢中遂平曄進曰明公以步卒五千將誅董卓北破袁紹南征劉表九州百郡十并其八威震天下勢慴海外今舉漢中蜀人望風破膽失守推此而前蜀可傳檄而定劉備人傑也有度而遲得蜀日淺蜀人未附也今破漢中蜀人震恐其勢自傾以公之神明因其傾而壓之無不克也若小緩之諸葛亮明於治而爲相關羽張飛勇冠三軍而爲將蜀民既定據險守要則不可犯矣今不取必爲後憂太祖不從居七日蜀降者說蜀中聞漢中破一日數十驚備雖斬之而不能安也太祖延問曄曰今尚可擊不曄曰今已小定不可擊也大軍遂還曄自漢中還爲行軍長史兼領軍延康元年蜀將孟達率眾降達有容止才觀文帝甚器愛之使達爲新城太守加散騎常侍曄以爲達有苟得之心而恃才好術必不能感恩懷義新城與吳蜀接連若有變態大爲國患文帝竟不易後達終於叛敗黃初元年以曄爲侍中賜爵關內侯詔問羣臣令料劉備當爲關羽出報吳不眾議咸云蜀小國耳名將唯羽羽死軍破國內憂懼無緣復出曄獨曰蜀雖狹弱而備之謀欲以威武自彊勢必用眾以示其有餘且關羽與備義爲君臣恩猶父子羽死不能爲興軍報敵於始終之分不足明年備果出兵擊吳孫權悉國應之而遣使稱藩帝以問曄曄對曰權無故求降必爲蜀所伐既外有彊寇又恐中國承其釁而征之故委地求降一以卻中國之兵二則假中國之援以彊其眾而疑敵人耳夫吳蜀各保一州阻山依水有急相救此小國之利也今還自相攻天亡之也宜大興師渡江襲之蜀攻其外我襲其內吳之亡不出旬月吳亡則蜀亦不能久有矣帝曰人稱臣降而伐之不祥且疑天下欲來者心遂受吳降即拜權爲吳王曄又進曰不可先帝征伐天下十兼其八威震海內陛下受禪即真德合天地聲暨四遠此實然之勢非卑臣頌言也權雖有雄才故漢驃騎將軍南昌侯耳官輕勢卑士民有畏中國之心不可彊迫與成所謀也不得已受其降可進其將軍號封十萬戶侯不可即以爲王也夫王位去天子一階耳其禮秩服御相亂也彼直爲侯江南士民未有君臣之義也我信其偽降就封殖之崇其位號定其君臣是爲虎傅翼也權既受王位卻蜀兵之後外盡禮事中國使其國內皆聞之內爲無禮以怒陛下陛下赫然發怒興兵討之乃徐告其民曰我委身事中國不愛珍貨重寶隨時貢獻不敢失臣禮也無故伐我必欲殘我國家俘我人民子女以爲僮隸僕妾吳民無緣不信其言也信其言而感怒上下同心戰加十倍矣帝不聽權既稱王其將陸遜大敗劉備殺其兵八萬餘人備僅以身免權外禮愈卑而內行不順悉如曄言五年帝幸廣陵泗口命荊揚州諸軍並進伐吳會羣臣問權當自來不咸曰陛下親征權恐怖必舉國而應又不敢以大眾委之臣下必自將而來曄曰彼謂陛下欲以萬乘之重牽己而超越江湖者在於別將必勒兵待事未有進退也大駕停住積日權果不至帝乃旋師云卿策之是也當念爲吾滅二賊不可但知其情而已明帝即位進爵東亭侯邑三百戶時有詔令公卿已下會議高皇之父處士君號諡曄議以爲周王上祖后稷者以其佐唐有功名在祀典者也漢氏之初追諡之義不及其祖今追尊之禮宜齊高皇而已尚書衛臻與曄議同事遂施行遼東太守公孫淵奪叔父位擅自立遣使表狀曄以爲公孫氏漢時所用遂世官相承水則有海陸則阻山故胡夷絕遠難制而世權日久今若不誅後必生患若懷貳阻兵然後致誅於事爲難不如因其新立有黨有仇先其不意以兵臨之開設賞募可不勞師而定也後淵竟反曄在朝略不交接時人或問其故曄答曰魏室即祚尚新智者知命俗或未咸僕在漢爲支葉於魏備腹心寡偶少徒於宜未失也曄事明帝又大見親重帝將伐蜀朝臣內外皆云不可曄入與帝議因曰可伐出與朝臣言則曰不可伐曄有膽智言之皆有形中領軍楊暨帝之親臣又重曄持不可伐蜀之議最堅每從內出輒過曄曄講不可伐之意後暨從駕行天淵池帝論伐蜀事暨切諫帝曰卿書生焉知兵事暨謙謝曰臣出自儒生之末陛下過聽拔臣羣萃之中立之六軍之上誠不足採侍中劉曄先帝謀臣常曰蜀不可伐暨曰曄與吾言蜀可伐暨曰曄可召

質也詔召曄至帝問之曄終不言後獨見曄責帝曰伐國大謀也臣得與謀常恐眯夢漏泄以益臣罪焉敢向人言之夫兵詭道也軍事未發不厭其密也陛下顯然露之臣恐敵國已聞之矣於是帝謝之曄見出責曁曰夫釣者中大魚則縱而隨之須可制而後牽則無不得也人主之威豈徒大魚而已子誠直臣然計不足采不可不精思也曁亦謝之曄能應變持兩端如此或惡曄於帝曰曄不盡忠善伺上意所趣而合之陛下試與曄言皆反意而問之若皆與所問反者是曄常與聖意合也復每問皆同者曄之情必無所逃矣帝如言以驗之果得其情從此疏焉曄遂發狂太和六年以疾拜太中大夫有間爲大鴻臚在位二年遜位復爲太中大夫薨謚曰景侯子寓嗣少子陶亦高才而薄行毋丘儉之起也大將軍司馬師以問陶陶答依違師怒曰卿平生與吾論天下事至於今日而更不盡乎乃出爲平原太守又追殺之

蔣濟字子通楚國平阿人也仕郡計吏州別駕建安十三年孫權率衆圍合肥時大軍征荊州遇疾疫惟遣將軍張喜單將千騎過領汝南兵以解圍頗復疾疫濟乃密白刺史僞得喜書云步騎四萬已到雩婁遣主簿迎喜三部使齎書語城中守將一部得入城二部爲賊所得權信之遽燒圍走城用得全明年使於譙太祖問濟曰昔孤與袁本初對官渡徙燕白馬民民不得走賊亦不敢鈔今欲徙淮南民何如濟對曰是時兵弱賊彊不徙必失之自破袁紹北拔柳城南向江漢荊州交臂威震天下民無他志然百姓懷土實不樂徙懼必不安太祖不從而江淮間十餘萬衆皆驚走吳後濟使詣鄴太祖迎見大笑曰本但欲使避賊乃更驅盡之拜濟丹陽太守大軍南征還以溫恢爲揚州刺史濟爲別駕民有誣告濟爲謀叛主率者太祖聞之指前令與左將軍于禁沛相封仁等曰蔣濟寧有此事有此事吾爲不知人也此必愚民樂亂妄引之耳促理出之辟爲丞相主簿西曹屬關羽圍樊襄陽太祖以漢帝在許近寇欲徙都司馬懿及濟說太祖曰于禁等爲水所沒非戰攻之失於國家大計未足有損劉備孫權外親而內疏關羽得志權必不願也可遣人勸躡其後許割江南以封權則樊圍自解太祖如其言權聞之卽引兵西襲公安江陵羽遂見禽文帝卽王位轉爲相國長史及踐阼出爲東中郎將濟請留詔曰高祖歌曰安得猛士守四方天下未寧要須良臣以鎭邊境如其無事乃還鳴玉未爲後也濟上萬幾論帝善之入爲散騎常侍時有詔詔征南將軍夏侯尚曰卿腹心重將特當任使恩施足死惠愛可懷作威作福殺人活人尚以示濟濟旣至帝問曰卿所聞見天下風教何如濟對曰未見他善但見亡國之詔耳帝忿然作色而問其故濟具以答因曰夫作威作福書之明誡天子無戲言古人所愼惟陛下察之於是帝意乃解遣追取前詔黃初三年與大司馬曹仁征吳濟別襲羨溪仁欲攻濡須洲中濟曰賊據西岸列船上流而兵入洲中是爲自內地獄危亡之道也仁不從果敗仁薨復以濟爲東中郎將代領其兵頃之徵爲尚書車駕幸廣陵濟表水道難通又上三洲論以諷帝帝不從於是戰船數千皆滯不得行議者欲就留兵屯田濟以爲東近湖北臨淮若水盛時賊易爲寇不可安屯帝從之車駕卽發還到精湖水稍盡盡留船付濟船本歷適數百里中濟更鑿地作四五道蹴船令聚豫作土豚遏斷湖水皆引後船一時開遏入淮中帝還洛陽謂濟曰事不可不曉吾前決謂分半船燒於山陽池中卿於後致之略與吾俱至譙又每得所陳實入吾意自今討賊計畫善思論之明帝卽位賜爵關內侯大司馬曹休帥軍向皖濟表以爲深入虜地與權精兵對而朱然等在上流乘休後臣未見其利也軍至皖吳出兵安陸濟又上疏曰今賊示形於西必欲并兵圖東宜急詔諸軍往救之會休軍已敗盡棄器仗輜重退還吳欲塞夾口遇救兵至是以官軍得不沒遷爲中護軍時中書監令號爲專任濟上疏曰大臣太重者國危左右太親者身蔽古之至戒也往者大臣秉事外內扇動陛下卓然自覽萬機莫不祗肅夫大臣非不忠也然威權在下則衆心慢上勢之常也陛下旣已察之於大臣願無忘於左右左右忠正遠慮未必賢於大臣至於便辟取合或能工之今外所言輒云中書雖使恭愼不敢外交但有此名猶惑世俗況實握事要日在目前儻因疲倦之閒有所割制衆臣見其能推移於事卽亦因時而向之一有此端因當內設自完以此衆語私招所交爲之內援若此臧否毀譽必有所興功負賞罰必有所易直道而上者或壅曲附左右者反達因微而入緣形而出意所狎信不復猜覺此宜聖智所當早聞外以經意則形際自見或恐朝臣畏言不合而受左右之怨莫適以聞臣竊亮陛下潛神默思公聽並觀若事有未盡於理而物有未周於用將改曲易調遠與黃唐角功近昭武文之迹豈近習而已哉然人君猶不可悉天下事以適己明當有所付三官任一臣非周公旦之忠又非管夷吾之公

則有弄機敗官之獘當今柱石之士雖少至於行稱一州智效一官忠信竭命各奉其職可並驅策不使聖明之朝有專吏之名也詔報嘉之就遷爲護軍將軍加散騎常侍景初中外勤征役內務宮室怨曠者多而年穀饑儉濟上疏曰陛下方當恢崇前緒光濟遺業誠未得高枕而治也今雖有十二州至於民數不過漢時一大郡二賊未誅宿兵邊陲且耕且戰怨曠積年宗廟宮室百事草創農桑者少衣食者多今其所急惟當息耗百姓不至甚弊弊敗之民儻有水旱百萬之衆不爲國用凡使民必須農隙不奪其時夫欲大興功之君先料其民力而燠休之句踐養胎以待用昭王恤病以雪仇故能以弱燕服彊齊羸越滅勁吳今二敵不攻不滅不事即侵當身不除百世之責也以陛下聖明神武之略舍其緩者專心討賊臣以爲無難矣又歡娛之耽害於精爽神太用則竭形太勞則弊願大簡賢妙足以充百斯男者其冗散未齒且悉分出務在清靜詔曰微護軍吾弗聞斯言也齊王即位徙爲領軍將軍進爵昌陵亭侯遷太尉先是侍中高堂隆論郊祀事以魏爲舜後推舜以配天濟以舜本姓嬀其苗曰田非曹之先著文以追詰隆是時曹爽專政丁謐鄧颺等輕改法度會有日蝕變詔羣臣問其得失濟上疏曰昔大舜佐治戒在比周周公輔政慎於其朋齊侯問災晏嬰對以布惠魯君問異臧孫答以緩役應天塞變乃實人事今二賊未滅將士暴露已數十年男女怨曠百姓貧苦夫爲國法度惟命世大才乃能張其綱維以垂于後豈中下之吏所宜改易哉終無益於治適足傷民望宜使文武之臣各守其職率以清平則和氣祥瑞可感而致也以隨太傅司馬懿屯洛水浮橋誅曹爽等進封都鄉侯邑七百戶濟上疏固讓不許初懿之起事也命濟以書與爽言但免官而已及爽誅滅濟病其言之失信因以發病是歲薨謚曰景侯初濟爲揚州別駕有時苗者字德胄鉅鹿人少清白爲人疾惡建安中入丞相府出爲壽春令揚州治在其縣苗初至往謁濟濟素嗜酒會醉不能見苗苗怒還刻木爲人署曰酒徒蔣濟置之牆下旦夕射之州郡雖知其不恪然以其履行過人無若之何始至官乘薄軬車黃牸牛布被囊居官歲餘牛生一犢及其去留其犢謂主簿曰令來時本無犢犢是淮南所生也羣吏曰六畜不識父自當隨母苗不肯時人以爲矯然名聞天下還爲太官令領其郡中正定九品於敘人才不能寬弘紀人之短雖在久遠御之不置如所忿濟者濟復位台司不以苗前毀己爲嫌苗亦不爲濟貴更屈意爲令數歲不肅而治遷典農中郎將卒濟薨子秀嗣秀薨子凱嗣咸熙中開建五等以濟著勳前朝改封凱爲下蔡子

劉放字子棄涿郡人漢廣陽順王子西鄉侯宏後也歷郡綱紀舉孝廉遭世大亂漁陽王松據其土放往依之太祖克冀州放說松曰往者董卓作逆英雄並起阻兵擅命人自封殖惟曹公能拔拯危難翼戴天子奉辭伐罪所向必克以二袁之彊守則淮南冰消戰則官渡大敗乘勝席卷將清河朔威刑既合大勢已見遠至者漸福後服者先亾此乃不俟終日馳騖之時也昔黥布棄南面之尊仗劍歸漢誠識廢興之理審去就之分也將軍宜投身委命厚自結納松然之會太祖討袁譚於南皮以書招松松舉雍奴泉州安次以附之放爲松荅太祖書其文甚麗太祖既善之又聞其說由是遂辟放建安十年與松俱至太祖大悅謂放曰昔班彪依竇融而有河西之功今一何相似也乃以放參司空軍事歷主簿記室出爲郃陽祋祤贊令魏國既建與太原孫資俱爲祕書郎資字彥龍先是亦歷縣令參丞相軍事文帝即位放資轉爲左右丞數月放徙爲令黃初初改祕書爲中書以放爲監資爲令各加給事中放賜爵關內侯資關中侯並掌機密三年放進爵魏壽亭侯資關內侯明帝即位尤見寵任同加散騎常侍進放西鄉侯資樂陽亭侯太和末吳遣將周賀浮海詣遼東招誘公孫淵帝欲邀討之朝議多以爲不可惟資決行策果大破之進爵左鄉侯放善爲書檄三祖詔命有所招諭多放所爲靑龍初孫權與諸葛亮連和欲俱出爲寇邊候得權書放乃改易其辭往往換其本文而傅合之與征東將軍滿寵若欲歸化封以示亮亮騰與吳大將步騭等以見權權懼亮自疑深自解說是歲皆加侍中光祿大夫景初二年遼東平定以參謀之功各進爵封本縣放方城侯資中都侯其年帝寢疾欲以燕王宇爲大將軍及領軍將軍夏侯獻武衞將軍曹爽屯騎校尉曹肇驍騎將軍秦朗共輔政宇性恭良陳誠固辭帝引見放資入臥內問曰燕王正爾爲放資對曰燕王實自知不堪大任故耳帝曰曹爽可代宇不放資因贊成之又深陳宜速召太尉司馬懿以綱維皇室帝納其言即以黃紙授放作詔放資既出帝意復變詔止懿勿使來尋更見放資曰我自召懿而曹肇等反使吾止之幾敗吾事命更爲詔帝獨召爽與放資俱受詔命遂免宇獻肇朗官懿亦至登牀受詔然後帝崩初放資久典機任獻肇心內

不平殿中有鸖栖樹二人相謂此亦久矣其能復幾指謂放資放資懼故因此勸帝召懿而廢獻肇等齊王即位以放資決定大謀增邑三百放并前千一百資千戸封愛子一人爲亭侯次子騎都尉餘子皆郎中正始元年更加放左光祿大夫資右光祿大夫金印紫綬儀同三司六年放轉驃騎資衞將軍領監令如故七年復封子一人亭侯各年老遜位以列侯朝朔望位特進曹爽誅後復以資爲侍中領中書令嘉平二年放薨謚曰敬侯子正嗣資復遜位歸第就拜驃騎將軍轉侍中特進如故三年薨謚曰貞侯子宏嗣放才計優資而自修不如也放資既善承順主上亦未嘗顯言得失抑辛毗而助王思以是獲譏於世然時因羣臣諫諍扶贊其義并時密陳損益不專導諛言云及咸熙中開建五等以放資著勳前朝改封正方城子宏離石子後之論者言放資稱贊曹爽勸召司馬懿魏室之亾實基於此故指此二人爲姦回之首蓋有以也

通志卷一百十五上

通志卷一百十五下

宋右迪功郎鄭樵漁仲撰

列傳第二十八下

劉馥字元穎沛國相人也避亂揚州建安初說袁術將戚寄秦翊使率衆與俱詣太祖太祖悅之辟爲司徒掾後孫策所置廬江太守李述攻殺揚州刺史嚴象廬江梅乾雷緒陳蘭等聚衆數萬在江淮閒郡縣殘破太祖方有袁紹之難謂馥可任以東南之事遂表爲揚州刺史馥既受命單馬造合肥空城建立州治南懷乾緒等皆安集之貢獻相繼數年中恩化大行百姓樂其政流民越江山而歸者以萬數於是聚諸生立學校廣屯田興治芍陂及茹陂七門吳塘諸堨以溉稻田官民有畜又高爲城壘多積木石編作草苫數千萬枚益貯魚膏數千斛爲戰守備建安十三年卒孫權率十萬衆攻圍合肥城百餘日時天連雨城欲崩於是以苫蓑覆之夜然脂照城外視賊所作而爲備賊以破走揚州士民益追思之以爲雖董安于之守晉陽不能過也及陂塘之利至今爲用馥子靖黃初中從黃門侍郎遷廬江太守詔曰卿父昔爲彼州今卿復典此郡可謂克負荷者也轉任河內遷尚書賜爵關內侯出爲河南尹散騎常侍應璩書與靖曰入作納言出臨京任富民之術日引月長藩落高峻絕穿窬之心五種別出遠水火之災農器必具無失時之闕蠶麥有苦備之用無雨溼之虞封符指期無流連之吏鰥寡孤獨蒙廩振之實加之以明摘幽微重之以秉憲不撓有司供承王命百里垂拱仰辦雖昔趙張三王之治未足以方也靖爲政類如此初雖如碎密終於百姓便之有馥遺風母喪去官後爲大司農衛尉進封廣陸亭侯邑三百戶上疏陳儒訓之本曰夫學者治亂之軌儀聖人之大教也自黃初以來崇立太學二十餘年而寡有成者蓋由博士選輕諸生避役高門子弟恥非其倫故夫學者雖有其名而無其人雖設其教而無其功宜高選博士取行爲人表經任人師者掌教國子依遵古法使二千石以上子孫年從十五皆入太學明制黜陟榮辱之路其經明行修者則進之以崇德荒教廢業者則退之以懲惡舉善而教不能則勸浮華交游不禁自息矣闡弘大化以綏未賓六合承風遠人來格此聖人之教致治之本也後遷鎮北將軍假節都督河北諸軍事靖以爲經常之大法莫善於守防使民夷有別遂開拓邊守屯據險要又修廣戾渠陵大堨水溉灌薊南北三更種稻邊民利之嘉平六年薨追贈征北將軍進封建成鄉侯謚曰景侯子熙嗣

司馬朗字伯達河內溫人也祖父儁潁川太守父防京兆尹防有子八人朗最長次懿（懿即晉宣王也）朗九歲人有道其父字者朗曰慢人親者必不敬其親者也客謝之十二試經爲童子郎時監試者以其身體壯大疑朗匿年劾問朗朗曰朗之內外累世長大朗雖稚弱無仰高之風損年以求早成非志所爲也監試者異之後關東兵起故冀州刺史李邵家居野王近山險欲徙居溫朗謂邵曰脣齒之喻豈惟虞虢溫與野王即是也今去彼而居此是爲避朝亡之期耳且君國人之望也今寇未至而先徙帶山之縣必駭是播動民之心而開姦宄之原也竊爲郡內憂之邵不從邊山之民果亂內徙或爲寇鈔是時董卓遷天子都長安因留洛陽朗父防爲治書御史當徙西以四方雲擾乃遣朗將家屬還本縣或有告朗欲逃亡者執以詣卓卓謂朗曰卿與吾亡兒同歲幾大相負朗因曰明公以高世之德遭陽九之會清除羣穢廣舉賢士此誠虛心垂慮將興至治也威德以隆功業以著而兵難日起州郡鼎沸郊境之內民不安業捐棄居產流亡竄匿雖四關設禁重加刑戮猶不絕息此朗之所以於邑也願明公監觀往事少加三思即榮名並於日月伊周不足侔也卓曰吾亦悟之卿言有意朗知卓必亡恐見留即散財物以賂遺卓用事者求歸鄉里到謂父老曰董卓悖逆爲天下所讎此忠臣義士奮發之時也郡與京都境壤相接洛東有成皐北界大河天下興義兵者若未得進其勢必停於此此乃四分五裂戰爭之地難以自安不如及道路尙通舉宗東到黎陽黎陽有營兵趙威孫鄉里舊姻爲監營謁者統兵馬足以爲主若後有變徐復觀望未晚也父老戀舊莫有從者惟同縣趙咨將家屬俱與朗往焉後數月關東諸郡起兵衆數十萬皆集滎陽及河內諸將不能相一縱兵鈔略民人死者且半久之關東兵散太祖與呂布相持於濮陽朗乃將家還溫時歲大饑人相食朗收恤宗族教訓諸弟不爲衰世解業年二十二太祖辟爲司空掾屬除成皐令以病去官復爲堂陽長其治務寬惠不行鞭杖而民不犯禁先時民有徙充都內者後縣調當作船徙民恐其不辦乃相率私還助之其見愛如此遷元城令入爲丞相主簿朗以爲天下土崩之勢由秦滅五等之制而郡國無蒐狩習戰之備故也今雖五等未可復行可令州郡並置兵外備四夷內威不軌於策爲長又以爲宜復井田往者以民各有累世之業難中奪之是以至今今承大亂之後民人分散土業無主皆

爲公田宜及此時復之議雖未施行然州郡領兵朗本意也遷兗州刺史政化大行百姓稱之雖在軍旅常麤衣惡食儉以率下雅好人倫典籍鄉人李覿等盛得名譽朗常顯貶下之後覿等敗時人服焉鍾繇王粲著論云非聖人不能致太平朗以爲伊顏之徒雖非聖人使得數世相承太平可致建安二十二年與夏侯惇臧霸等征吳到居巢軍士大疫朗躬巡視致醫藥遇疾卒時年四十七遺命布衣幅巾斂以時服州人追思之明帝卽位封朗子遺爵武亭侯邑百戶朗弟孚又以子望繼朗後遺薨望子洪嗣初朗所與俱徙趙咨官至太常爲世好士

梁習字子虞陳郡柘人也爲郡綱紀太祖爲司空辟召爲漳長累轉乘氏海西下邳令所在有治績還爲西曹令史遷爲屬并土新附習以別部司馬領并州刺史時承高幹荒亂之餘胡狄在界張雄跋扈吏民亾叛入其部落兵家擁衆作爲寇害更相扇動往往棊跱習到官誘諭招納皆禮召其豪右稍稍薦舉使詣幕府豪右已盡乃次發諸丁彊以爲義從又因大軍出征分請以爲勇力吏兵已去之後稍移其家前後送鄴凡數萬口其不從命者興兵致討斬首千數降附者萬計單于恭順名王稽顙部曲服事供職同於編戶邊境肅清百姓布野勤勸農桑令行禁止貢達名士咸顯於世語在常林傳太祖嘉之賜爵關內侯更拜爲真長老稱詠以爲自所聞識刺史未有及習者建安十八年州并屬冀州更拜議郎西部都督從事統屬冀州總故部曲又使於上黨取大材供鄴宮室習表置屯田都尉二人領客六百夫於道次耕種菽粟以給人牛之費後單于入侍西北無虞習之績也文帝踐阼復置并州復爲刺史進封申門亭侯邑百戶政治常爲天下最太和二年徵拜大司農習在州二十餘年而居處貧窮無方面珍物明帝異之禮賜甚厚四年薨子施嗣初濟陰王思與習俱爲西曹令史思因直日白事失太祖指太祖大怒敎召主者將加重辟時思近出習代往對已被收執矣思乃馳還自陳己罪罪應受死太祖歎習之不言思之識分曰何意吾軍中有二義士乎後同時擢爲刺史思領豫州思亦能吏然苛碎無大體官至九卿封列侯

張既字德容馮翊高陵人也世單家富爲人有容儀少小工書疏爲郡門下小吏自惟門寒念無以自達乃常畜好刀筆及版奏伺諸大吏有乏者輒給與以是見識焉後歷右職舉孝廉不行太祖爲司空辟未至舉茂才除新豐令治爲三輔第一時袁尚拒太祖於黎陽遣所署河東太守郭援并州刺史高幹及匈奴單于取平陽發使西與關中諸將合從司隸校尉鍾繇遣既說將軍馬騰等既爲言利害騰等從之騰遣子超將兵萬餘人與鍾繇會擊幹援大破之斬援首幹及單于皆降其後幹復舉并州反河內張晟衆萬餘人無所屬寇崤澠間河東衛固弘農張琰各起兵以應之太祖以既爲議郎參繇軍事使西徵諸將馬騰等皆引兵會擊晟等破之斬琰固首幹奔荆州封既武始亭侯太祖將征荆州而騰等分據關中太祖復遣既喻騰等令釋部曲東還騰已許之而更猶豫既恐爲變乃移諸縣促儲偫二千石郊迎騰不得已發東太祖表騰爲衛尉子超爲將軍統其衆後超反既從太祖破超於華陰西定關右以既爲京兆尹招懷流民興復縣邑百姓懷之魏國既建爲尚書出爲雍州刺史太祖謂既曰還君本州可謂衣繡晝行矣從征張魯別從散關入討叛氐收其麥以給軍食魯降既說太祖拔漢中民以實長安及三輔其後與曹洪破吳蘭於下辯又與夏侯淵宋建別攻臨洮狄道平之是時太祖徙民以充河北隴西天水南安民相恐動擾擾不安既假三郡人爲將吏者休課使治屋宅作水碓民心遂安太祖將拔漢中守恐劉備北取武都氐以逼關中以問既既曰可勸使北出就穀以避賊前至者厚其寵賞則先者知利後必慕之太祖從其策乃自到漢中引出諸軍令既之武都徙氐五萬餘落出居扶風天水界是時武威顏俊張掖和鸞酒泉黃華西平麴演等並舉郡反自號將軍更相攻擊俊遣使送母及子詣太祖爲質求助太祖問既既曰俊等外假國威內生悖逆計定勢足後卽反耳今方事定蜀且宜兩存而鬭之猶卞莊子之刺虎坐收其斃也太祖曰善歲餘鸞遂殺俊武威王祕又殺鸞是時不置涼州自三輔拒西域皆屬雍州文帝卽王位初置涼州以安定太守鄒岐爲刺史張掖張進執郡守舉兵拒岐黃華麴演各逐故太守舉兵以應之既進兵爲護羌校尉蘇則聲勢故則得以有功既進爵都鄉侯涼州盧水胡伊健奴妾治元多等反河西大擾帝憂之曰非既莫能治涼州乃召鄒岐以既代之詔曰昔賈復請擊郾賊光武笑曰執金吾擊郾吾復何憂卿謀略過人今則其時以便宜從事勿復先請遣護軍夏侯儒將軍費曜等繼其後既至金城欲渡河諸將皆以爲兵少道險未可深入既曰道雖險非井陘之隘夷狄烏合無左車之計今武威危急赴之宜速遂渡河賊七千餘騎逆拒軍於鸇陰口既揚聲軍從鸇

陰乃潛由且次出至武威胡以爲神引還顯美既已據
武威曜乃至儒等猶未達既勞賜將士欲進軍擊胡諸
將皆曰士卒疲倦虜衆氣銳難與爭鋒既曰今軍無見
糧當因敵爲資若虜見兵合退依深山追之則道險窮
餓兵還則出候寇鈔如此兵不得解所謂一日縱敵患
在數世也遂前軍顯美胡騎數千因大風欲放火燒營
將士皆恐既夜藏精卒三千人爲伏使參軍成公英督
千餘騎挑戰敕使陽退胡果爭奔之因發伏截其後首
尾進擊大破之斬首獲生以萬數帝甚悅詔嘉其功徙
封西鄉侯增邑二百并前四百戶酒泉蘇衡反與羌豪
鄰戴及丁令胡萬餘騎攻邊縣既與夏侯儒擊破之衡
及鄰戴等皆降遂上疏請與儒治左城築鄣塞置烽候
邸閣以備胡西羌恐率衆二萬餘落降其後西平麴光
等殺其郡守諸將欲擊之既曰唯光等造反郡人未必
悉同若便以軍臨之吏民羌胡必謂國家不別是非更
使皆相持著此爲虎附翼也光等欲以羌胡爲援今先
使羌胡鈔擊重其賞募所虜獲者皆以畀之外沮其勢
內離其交必不戰而定乃檄告諭諸羌爲光等所詿誤
者原之能斬賊帥送首者當加封賞於是光部黨斬送
光首其餘咸安堵如故既臨二州十餘年政惠著聞其
所禮辟扶風龐延天水楊阜安定胡遵酒泉龐淯敦煌
張恭周生烈等終皆有名位黃初四年薨詔愍傷之賜
其小子翁歸爵關內侯明帝即位追謚曰肅侯子緝嗣
緝以中書郎稍遷東莞太守嘉平中女爲皇后徵拜光
祿大夫位特進封妻向爲安城鄉君緝與中書令李豐
同謀誅語在夏侯元傳

温恢字曼基太原祁人也父恕爲涿郡太守卒恢年十
五送喪還歸鄉里家足於財恢曰世方亂安以富爲一
朝盡散振施宗族州里高之比之郇越舉孝廉爲廪丘
長鄢陵廣川令彭城魯相所在見稱入爲丞相主簿出
爲揚州刺史太祖曰甚欲使卿在親近顧以爲不如此
州事大故書云股肱良哉庶事康哉得無當得蔣濟爲
治中邪時濟見爲丹陽太守乃遣濟還州又語張遼樂
進等曰揚州刺史曉達軍事動靜與其咨議建安二十
四年孫權攻合肥是時諸州皆屯戍恢謂兗州刺史裴
潛曰此間雖有賊不足憂而畏征南方有變今水生而
子孝縣軍無有遠備關羽驍銳乘利而進必將爲患於
是有樊城之事詔召潛及豫州刺史呂貢等潛等援之
恢密語潛曰此必襄陽之急欲赴之也所以不爲急會
者不欲驚動遠衆一二日必有密書促卿進道張遼等
又將被召遼等素知王意後召前至卿受其責矣潛受
其言置輜重更爲輕裝速發果被促令遼等尋各見召
如恢所策文帝踐阼以恢爲侍中出爲魏郡太守數年
遷涼州刺史持節領護羌校尉道病卒時年四十五詔
愍悼之賜恢子生爵關內侯生早卒爵絕恢卒後汝南
孟建爲涼州刺史有治名官至征東將軍

賈逵字梁道河東襄陵人也自爲兒童戲弄常設部伍
祖父習異之曰汝大必爲將帥口授兵法數萬言初爲
郡吏守絳邑長郭援之攻河東所經城邑皆下逵堅守
援攻之不拔乃召單于并軍急攻之城將潰絳父老與
援要不害逵絳人既潰援聞逵名欲使爲將以兵劫之
逵不動左右其引逵使叩頭逵叱之曰安有國家長吏
爲賊叩頭援怒欲斬之絳吏民聞將殺逵皆乘城呼曰
負要殺我賢君寧俱死耳左右義之多爲請遂得免初
逵過皮氏曰爭地先據者勝及圍急知不免乃使人間
行送印綬歸郡且曰急據皮氏援既并絳衆將進兵逵
恐其先得皮氏乃以他計疑援謀人祝奥援由是留七
日郡從逵言故得無敗後舉茂才除澠池令高幹之反
張琰將舉兵以應之逵不知其謀往見琰聞變起欲還
恐見執乃與琰畫計如與同謀者琰信之時縣寄治蠡
城城塹不固逵從琰求兵修城諸欲爲亂者皆不隱其
謀故逵得盡誅之遂修城拒琰琰敗逵以喪祖父去官
司徒辟爲掾以議郎參司隸軍事太祖征馬超至弘農
曰此西道之要以逵領弘農太守召見計事大悅之謂
左右曰使天下二千石悉如賈逵吾何憂其後發兵逵
疑屯田都尉藏亡民都尉自以不屬郡言語不順逵怒
收之數以罪撾折腳坐免然太祖心善逵以爲丞相主
簿始逵爲諸生略通大義取其可用最好春秋左傳及
爲牧守常自課讀之月常一徧太祖征劉備先遣逵至
斜谷視形勢道逢水衡載囚人數十車逵以軍事急輒
竟重者一人餘皆放遣太祖善之拜諫議大夫與夏侯
尚並掌軍計及太祖崩喪還洛陽逵典喪事時鄢陵侯
彰行越騎將軍從長安來赴問逵先王璽綬所在逵正
色曰太子在鄴國有儲副璽綬非君侯所宜問也遂奉
梓宮還鄴及文帝即王位以鄴縣戶數萬在都下多不
法乃以逵爲鄴令月餘遷魏郡太守大軍出征復爲丞
相主簿祭酒逵嘗坐人爲罪王曰叔向猶十世宥之況
逵功德親在其身乎從至黎陽津渡者亂行逵斬之乃
整至譙以逵爲豫州刺史是時天下初復州郡多不攝
逵曰州本以御史出監諸郡以六條詔書察長吏二千
石已下故其狀皆言嚴能鷹揚有督察之才不言安靜

寬仁有愷悌之德也今長吏慢法盜賊公行州知而不糾天下復何取正乎兵曹從事受前刺史假逵到官數月乃還逵考竟其二千石已下阿縱不如法者舉奏免之帝曰逵眞刺史矣布告天下當以豫州爲法賜爵關內侯州南與吳接逵明斥候繕甲兵爲戰守之備賊不敢犯外修軍旅內治民事遏鄢汝造新陂又斷山溜長谿水造小弋陽陂又通運渠二百餘里所謂賈侯渠者也黃初中與諸將並征吳破呂範於洞浦進封陽里亭侯加建威將軍明帝卽位增邑二百戸幷前四百戸時孫權在東關當豫州南去江四百餘里每出兵爲寇輒西從江夏東從廬江國家征伐亦由淮沔是時州軍在項汝南弋陽諸郡守境而已權無北方之虞東西有急幷兵相救故常少敗逵以爲宜開直道臨江若權自守則二方無救若二方無救則東關可取乃移屯潦口陳攻取之計帝善之吳將張嬰王崇率衆降太和二年帝使逵督前將軍滿寵東莞太守胡質等四軍從西陽直向東關曹休從皖司馬懿從江陵逵至五將山休更表賊有請降者求深入應之詔懿駐軍逵東與休合進逵度賊無東關之備必幷軍於皖休深入與賊戰必敗乃部署諸將水陸並進行二百里得生賊言休戰敗權遣兵斷夾石諸將不知所出或欲待後軍逵曰休兵敗於外路絕於內進不能戰退不得還安危之機不及終日賊以軍無後繼故至此今疾進出其不意所謂先人以奪其心也賊見吾兵必走若待後軍賊已斷險兵雖多何益乃兼道進軍多設旗鼓爲疑兵賊見逵軍遂退逵據夾石以軍糧給休軍休軍乃振初逵與休不善黃初中文帝欲假逵節休曰逵性剛素傷易諸將不可爲督帝乃止及夾石之敗微逵則休幾爲虜矣會逵病篤謂左右曰受國厚恩恨不斬孫權以下見先帝喪事一不得有所修作薨諡曰肅侯子充嗣豫州吏民追思之爲刻石立祠靑龍中帝東征乘輦入逵祠詔曰昨過項見賈逵碑像念之愴然古人有言患名之不立不患年之不長逵存有忠勳沒而見思可謂死而不朽者矣其布告天下以勸將來充咸熙中爲中護軍入晉爲元功之臣晉史有傳

李孚字子憲鉅鹿人也興平中本郡民人饑困孚爲諸生當種薤欲以成計有從索者亦不與一莖亦不自食故時人謂能行意後爲吏建安中袁尚領冀州以孚爲主簿後尚與其兄譚爭鬬尚出軍詣平原留別駕審配守鄴城孚隨尚行會太祖圍鄴尚還欲救鄴行未到尚疑鄴中守備少復欲令配知外動止與孚議所遣孚答尚言今使小人往恐不足以知外內且恐不能自達孚請自往尚問孚當何所將孚曰聞鄴圍甚堅多人則覺以爲直當將三騎足矣尚從其計孚自選溫信者三人不語所之皆敕使具脯糧不得持兵仗各給快馬遂辭尚來南所在止亭傳及到梁淇使從者斫問事杖三十枚繫著馬邊自著平上幘將三騎投暮詣鄴下是時大將軍雖有禁令而芻牧者多故孚因此夜到以一鼓中自稱都督歷北圍循表而東從東圍表又循圍而南步步呵責守圍將士隨輕重行其罰歷太祖營前徑南過從南圍角西折當章門復責怒守圍者收縛之因開其圍馳到城下呼城上人城上人以繩引孚得入配等見孚悲喜鼓譟稱萬歲守圍者以狀聞太祖笑曰此非徒得入也方且復得出孚事訖欲得還而顧外圍必急不可復冒謂已使命當速反乃陰心計請配曰今城中穀少無用老弱爲也不如驅出之以省穀也配從其計乃復夜簡別數千人皆使持白幡從三門並出降又使人人持火孚乃無何將本所從人作降人服隨輩夜出時守圍將士聞城中悉降火光照曜但共觀火不復視圍孚出北門遂從西北角突圍得去其明太祖聞孚已得出抵掌笑曰果如吾言也孚北見尚尚甚歡喜會尚不能救鄴破走至中山而袁譚又追擊尚尚走孚與尚相失遂詣譚復爲譚主簿東還平原太祖進攻譚譚戰死孚還城城中雖畢降尚擾亂未安孚權宜欲得見太祖乃騎詣牙門稱冀州主簿李孚欲口白密事太祖見之孚叩頭謝太祖問其所白孚言今城中彊弱相陵心皆不定以爲宜令新降爲內所識信者宣傳明教太祖謂孚曰卿便還宣之孚跪請教太祖曰便以卿意宣也孚還入城宣教使各安故業不得相侵陵城中以安乃還報命太祖以孚爲良足用也會爲人所間裁署冗散出守解長名爲嚴能稍遷至司隸校尉時年七十餘矣其於精斷無衰而術略不損於故終於陽平太守孚本姓馮後改爲李

楊沛字孔渠馮翊萬年人也初平中爲公府令史以牒除爲新鄭長興平末人多飢窮沛課民畜乾椹收䔢豆閱其有餘以補不足如此積得千餘斛藏在小倉會太祖爲兗州刺史西迎天子所將千餘人皆無糧過新鄭沛謁見乃皆進乾椹太祖大喜及太祖輔政遷沛爲長社令時曹洪賓客在縣界徵調不肯如法沛先撾折其腳遂殺之由此太祖以爲能累遷九江東平樂安太守並有治迹坐與督軍爭鬬髡刑五歲輸作未竟會太祖

出征在譙鬬鄭下頗不奉科禁乃發教選鄭令當得嚴能如楊沛比故沛從徒中起爲鄭令巳拜太祖見之問曰以何治鄭沛曰竭盡心力奉宣科法太祖曰善顧謂坐席曰諸君此可畏也賜其生口十人絹百疋既欲以勵之且以報乾椹也沛辭去未到而軍中豪右曹洪劉勳等畏沛各遣家馳騎告子弟使各自檢勑沛爲令數年以功能轉爲護羌都尉建安十六年馬超反大軍西討沛隨軍都督孟津渡事太祖已南過其餘未畢而中黃門前渡忘持行軒私北還取之從吏求小船欲獨先渡吏呵不肯黃門與吏爭言沛問黃門有疏邪黃門云無疏沛怒曰何知汝不欲逃邪遂使人捽其頭與杖欲捶之而逸得去衣幘皆裂壞自訴於太祖太祖曰汝不死爲幸矣由是聲名益振及關中平代張既爲京兆尹黃初中儒雅並進而沛本以事能見用遂以議郎冗散里巷沛前後宰歷城守不以私計介意又不肯以事貴人故身退之後家無餘積治疾於家借舍從兒無他奴婢後占河南夕陽亭部荒田二頃起瓜牛廬居止其中其妻子凍餓沛病亾鄉人親友及故吏民爲殯葬也

任峻字伯達河南中牟人也漢末擾亂關東皆震中牟令楊原愁恐欲棄官走峻說原曰董卓首亂天下莫不側目然而未有先發者非無其心也勢未敢耳明府若能倡之必有和者原曰爲之柰何峻曰今關東有十餘縣能勝兵者不減萬人若權行河南尹事總而用之無不濟矣原從其計以峻爲主簿峻乃爲原表行尹事使諸縣堅守遂發兵會太祖起關東入中牟界衆不知所從峻獨與同郡張奮議舉郡以歸太祖峻又別收宗族及賓客家兵數百人願從太祖太祖大悅表峻爲騎都尉妻以從妹甚見親信太祖每征伐峻常居守以給軍是時歲饑旱軍食不足羽林監潁川棗祗建置屯田太祖以峻爲典農中郎將數年中所在積粟倉廩皆滿官渡之戰太祖使峻典軍器糧運賊數寇鈔絕糧道乃使千乘爲一部十道方行爲複陳以營衛之賊不敢近軍國之饒起於棗祗而成於峻太祖以峻功高乃表封爲都亭侯邑三百戶遷長水校尉峻寬厚有度而見事理每有所陳太祖多善之於饑荒之際收卹朋友孤遺中外貧宗周急繼乏信義見稱建安九年薨太祖流涕者久之子先嗣先薨無子國除文帝追錄功臣謚峻曰成侯復以峻中子覽爲關內侯

蘇則字文師扶風武功人也少以學行聞舉孝廉茂才辟公府皆不就起家爲酒泉太守轉安定武都所在有威名太祖征張魯過其郡見則悅之使爲軍導魯破則綏定下辯諸氐通河西道徙爲金城太守是時喪亂之後吏民流散飢窮戶口損耗則撫循之甚謹外招懷羌胡得其牛羊以養貧老與民分糧而食旬月閒流民皆歸得數千家乃明爲禁令有干犯者輒戮其從教者必賞自教民耕種其歲大豐收由是歸附者日多李越以隴西反則率羌胡圍越越卽請服太祖崩西平麴演叛稱護羌校尉則勒兵討之演恐乞降文帝以其功加護羌校尉賜爵關內侯後演復結旁郡爲亂張掖張進執太守杜通酒泉黃華不受太守辛機進華皆自稱太守以應之又武威三種胡並寇鈔道路斷絕武威太守毋丘興告急於則時雍涼諸豪皆驅掠羌胡以從進等郡人咸以爲進不可當又將軍郝昭魏平先是各屯守金城亦受詔不得西度則乃見郡中大吏及昭等與羌豪帥謀曰今賊雖盛然皆新合或有脅從未必同心因釁擊之善惡必離離而歸我我增而彼損矣既獲益衆之實且有倍氣之勢率以進討破之必矣若待大軍曠日持久善人無歸必合於惡善惡既合勢難卒離雖有詔命違而合權專之可也於是昭等從之乃發兵救武威降其三種胡與興擊進於張掖演聞之將步騎三千迎則辭來助軍而實欲爲變則誘與相見因斬之出以徇軍其黨皆散走則遂與諸軍圍張掖破之斬進及其支黨衆皆降演軍敗華懼出所執乞降河西平乃還金城進封都亭侯邑三百戶徵拜侍中與董昭同僚昭嘗枕則膝卧則推下之曰蘇則之膝非佞人之枕也初則及臨菑侯植聞魏氏代漢皆發服悲哭文帝聞植如此而不聞則也帝在洛陽嘗從容言曰吾應天受禪而聞有哭者何也則謂爲見問鬚髯悉張欲正論以對侍中傅巽掐苦洽反則曰不謂卿也於是乃止文帝問則曰前破酒泉張掖西域通使敦煌獻徑寸大珠可復求市益得不則對曰若陛下化洽中國德流沙漠卽不求自至求而得之不足貴也帝嘿然後則從行獵槎桎拔失鹿帝大怒據胡牀拔刀悉收督吏將斬之則稽首曰臣聞古之聖王不以禽獸害人今陛下方隆唐堯之化而以獵戲多殺羣吏愚臣以爲不可敢以死請帝曰卿直臣也遂皆赦之然以此見憚黃初四年左遷東平相未至道病薨謚剛侯子怡嗣怡薨無子弟愉襲封愉咸熙中爲尚書

杜畿字伯侯京兆杜陵人也漢御史大夫杜延年之後延年父周自南陽徙茂陵延年徙杜陵子孫世居焉畿少孤繼母苦之以孝聞年二十爲郡功曹守鄭令縣囚

繫數百人畿親臨獄裁其輕重盡決遣之雖未悉當郡中奇其年少而有大志也舉孝廉除漢中府丞會天下亂遂棄官客荆州建安中乃還荀彧進之太祖太祖以畿爲司空司直遷護羌校尉使持節領西平太守太祖既定河北而高幹舉并州反時河東太守王邑被徵河東人衛固范先外以請邑爲名而內實與幹通謀太祖謂荀彧曰關西諸將恃險與馬征必爲亂張晟寇殽澠閒南通劉表固等因之吾恐其爲害深河東被山帶河四鄰多變當今天下之要地也君爲我舉蕭何寇恂以鎭之彧曰杜畿其人也於是遂拜畿爲河東太守固等使兵數千人絕陝津畿至不得渡太祖遣夏侯惇討之未至或謂畿曰宜須大兵畿曰河東有三萬戶非皆欲爲亂也今兵迫之急欲爲善者無主必懼而聽於固固等勢專必以死戰討之不勝四鄰應之天下之變未息也討之而勝是殘一郡之民也且固等未顯絕王命外以請故君爲名必不害新君吾單車直往出其不意固爲人多計而無斷必僞受吾吾得居郡一月以計縻之足矣遂詭道從郖津渡范先欲殺畿以威衆且觀畿去就於門下斬殺主簿已下三十餘人畿舉動自若於是固曰殺之無損徒有惡名且制之在我遂奉之畿謂衛固范先曰衛范河東之望也吾仰成而已然君臣有定義成敗同之大事當共平議以固爲都督行丞事領功曹將校吏兵三千餘人皆范先督之固等喜雖陽事畿不以爲意固欲大發兵畿患之說固曰夫欲爲非常之事不可動衆心今大發兵衆心擾不如徐以貲募兵固以爲然從之遂爲貲調發數十日乃定諸將貪多應募而少遣兵畿又喻固等曰人情顧家諸將掾史可分遣休息急緩召之不難固等惡逆衆心又從之於是善人在外陰爲己援惡人分散各還其家則衆離矣會白騎攻東垣高幹入濩澤上黨諸縣殺長吏弘農執郡守固等密調兵未至畿知諸縣附己因出單將數十騎赴張辟拒守吏民多舉城助畿者比數十日得四千餘人固等與幹晟共攻畿不下略諸縣無所得會大兵至幹晟敗固等伏誅其餘黨與皆赦之使復其居業是時天下郡縣皆殘破河東最先定少耗減畿治之崇寬惠與民無爲民嘗辭訟有相告者畿親見爲陳大義遣令歸諦思之若意有所不盡更來詣府鄉邑父老自相責怒曰有君如此奈何不從其敎自是少有辭訟班下屬縣舉孝子貞婦順孫復其繇役隨時慰勉之漸課民畜牸牛草馬下逮雞豚犬豕皆有章程百姓勸農家家豐實於是畿曰民富矣不可不敎也乃令冬月修戎講武又開學宮親自執經敎授郡中化之至今河東特多儒者畿之由也韓遂馬超之叛也弘農馮翊多舉縣邑以應之河東雖與賊接民無異心太祖西征至蒲阪與賊夾渭爲軍軍食一仰河東及賊破餘畜二十餘萬斛太祖下令曰河東太守杜畿孔子所謂禹吾無閒然矣增秩中二千石太祖征漢中遣五千人運運者自相率勉曰人生有一死不可負我府君終無一人逃亾其得人心如此時平虜將軍劉勳爲太祖所親貴震朝廷嘗從畿求大棗畿拒以他故勳後伏法太祖得其書歎曰杜畿可謂不媚竈者也魏國既建以畿爲尚書事平更有令曰昔蕭何定關中寇恂平河內卿有其功閒將授卿以納言之職顧念河東吾股肱郡充實之所足以制天下故且煩卿卧鎭之畿在河東十六年常爲天下最文帝卽王位賜爵關內侯徵爲尚書及踐阼進封豐樂亭侯邑百戶守司隸校尉帝征吳以畿爲尚書僕射統留事其後帝幸許昌畿復居守受詔作御樓船於陶河試船遇風沒帝爲之流涕詔曰昔冥勤其官而水死稷勤百穀而山死故尚書僕射杜畿於孟津試船遂至覆沒忠之至也朕甚愍焉追贈太僕諡曰戴侯初畿嘗見童子謂之曰司命使我召子畿固請之童子曰今更爲君求相代者君其愼勿言言卒忽不見至此二十年矣畿乃言之其日而卒時年六十二子恕嗣恕字務伯太和中擢拜散騎侍郎數月轉補黃門侍郎恕推誠以質不事治飾少無名譽及在朝不結交援專心向公每政有得失常引綱維以正言於是侍中辛毗等器重之時公卿以下大議損益恕以爲古之刺史奉宣六條以清靜爲名故威風夙著今可勿令領兵以專民事俄而鎭北將軍呂昭又領冀州恕乃上疏曰帝王之道莫尚乎安民安民之術在於豐財豐財者務本而節用也方今二賊未滅戎車亟駕此自熊虎之士展力之秋也然搢紳之儒橫加榮慕搤腕抗論以孫吳爲首州郡牧守咸共忽恤民之術修將率之事農桑之民競干戈之業不可謂務本帑藏歲虛而制度歲廣民力歲衰而賦役歲興不可謂節用今大魏奄有十州之地而承喪亂之弊計其戶口不如往昔一州之民然而二方僭逆北虜未賓三邊遘難繞天略帀以所統一州之民經營九州之地其爲艱難譬策羸馬以取道里豈可不加意愛惜其力哉以武皇帝之節儉府藏充實猶不能十州擁兵郡且二十也今荆揚靑徐幽并雍涼緣邊諸州皆有兵矣其所恃內充府庫外制四夷者惟兗豫司冀而已臣前以州郡

典兵則專心軍功不勤民事宜別置守將以盡治理之務而陛下復以冀州寵秩呂昭冀州戶口最多田多墾闢又有桑棗之饒國家徵求之府誠不當復任以兵事也若以北方當須鎮守自可專置大將以鎮安之計所置吏士之費與兼官無覺然昭於人才尙復易得中朝苟乏人兼才者勢不獨多以此推之知國家以人擇官不爲官擇人也官得其人則政平訟理政平故民富實訟理故囹圄空虛陛下踐阼天下獄斷百數十人歲歲增多至五百餘人矣民不益多法不益峻以此推之非政教陵遲牧守不稱之明效歟往年牛死通率天下十能損二麥不半收秋種未下若二賊游魂於疆場飛芻輓粟千里不及宛此之術豈在彊兵乎武士勁卒愈多愈多愈病耳夫天下猶人之體腹心充實四支雖病終無大患今宛豫司冀亦天下之腹心也是以愚臣慺慺實願四州之牧守獨修務本之業以堪四支之重然孤論難持犯欲難成衆怨難積疑似難分故累載不爲明主所察凡言此者類皆疏賤疏賤之言實未易聽若使善策必出於親貴親貴固不犯四難以求忠愛此古今之所常患也時又大議考課之制以考內外衆官恕以爲用不盡其人雖才且無益所存非所務所務非世要上疏曰書稱明試以功三考黜陟誠帝王之盛制使有能者當其官有功者受其祿譬猶烏獲之舉千鈞良樂之選驥足也雖歷六代而考績之法不著闕七聖而課試之文不垂臣誠以爲其法可粗依其詳難備舉故也語曰世有亂人而無亂法若使法可專任則唐虞可不須稷契之佐殷周無貴伊呂之輔矣今奏考功者陳周漢之法爲綴京房之本旨可謂明考課之要矣於以崇揖讓之風興濟濟之治臣以爲未盡善也其欲使州郡考士必由四科皆有事效然後察舉試辟公府爲親民長吏轉以功次補郡守者或就增秩賜爵此最考課之急務也臣以爲便當顯其身用其言使具爲課州郡之法法具施行立必信之賞施必行之罰至於公卿及內職大臣亦當以其職考課之也古之三公坐而論道內職大臣納言補闕無善不紀無過不舉且天下至大萬機至衆誠非一明所能偏照故君爲元首臣作股肱明其一體相須而成也是以古人稱廊廟之材非一木之支帝王之業非一士之略由是言之焉有大臣守職辨課可以致雍熙者哉且布衣之交猶有務信誓而蹈水火感知己而披肝膽徇聲名而立節義者況於束帶立朝致位卿相所務者非特匹夫之信所感者非徒知己之惠所徇者豈聲名而已乎諸蒙寵祿受重任者不徒欲舉明主於唐虞之上而已身亦欲廁稷契之列是以古人不患於念治之心不盡患於自任之意不足此誠人主使之然也唐虞之君委任稷契夔龍而責成功及其罪也殛鯀而放四凶今大臣親奉明詔給事目下其有夙夜在公恪勤特立當官不撓貴勢執平不阿所私危言危行以處朝廷者自明主所察也若尸祿以爲高拱默以爲智當官苟在於免負立朝不忘於容身絜行遜言以處朝廷者亦明主所察也誠使容身保位無放退之辜而盡節在公抱見疑之勢公義不修而私議成俗雖仲尼爲課猶不能盡一才又況於世俗之人乎今之學者師商韓而尙法術競以儒家爲迂闊不周世用此最風俗之流弊創業者之所致愼也後考課竟不行樂安廉昭以才能拔擢頗好言事恕上疏極諫曰伏見尙書郎廉昭奏左丞曹璠以罰當關不依詔坐判問又云諸當坐者別奏尙書令陳矯自奏不敢辭罰亦不敢以處重爲恭意至懇惻臣竊愍然爲朝廷惜之夫聖人不擇世而興不易民而治然而生必有賢智之佐者蓋進之以道帥之以禮故也古之帝王之所以能輔世長民者莫不遠得百姓之懽心近盡羣臣之智力誠使今朝任職之臣皆天下之選而不能盡其力不可謂能使人若非天下之選亦不可謂能官人陛下憂勞萬機或親燈火而庶事不康刑禁日弛豈非股肱不稱之明效與原其所由非獨臣有不盡忠亦主有不能使百里奚愚於虞而智於秦豫讓苟容中行而著節智伯斯則古人之明驗矣今臣言一朝皆不忠是誣一朝也然其事類可推而得陛下感帑藏之不充實而軍事未息至乃斷四時之賦衣薄御府之私穀帥由聖意舉朝稱明與聞政事密勿大臣甯有懇懇憂此者乎騎都尉王才幸樂人孟思所爲不法振動京師而其罪狀發於小吏公卿大臣初無一言自陛下踐阼以來司隸校尉御史中丞甯有舉綱維以督姦宄使朝廷肅然者邪若陛下以爲今世無良才朝廷乏賢佐豈可追望稷契之遐蹤坐待來世之儁乂乎今之所謂賢者盡有大官而享厚祿矣然而奉上之節未立向公之心不一者皆委任之責不專而俗多忌諱故也臣以爲忠臣不必親親臣不必忠何者以其居無嫌之地而事得自盡也今有疏者毀人不實其所毀而必曰私報所憎譽人不實其所譽而必曰私愛所親左右或因之以進憎愛之說非獨毀譽有之政事損益亦皆有嫌陛下當思所以闡廣朝臣之心篤厲有道之節使之自同古人望與竹帛耳反使如

廉昭者擾亂其間臣懼大臣遂將容身保位坐觀得失為來世戒也昔周公戒魯侯曰無使大臣怨乎不以言賢愚明皆當為世用也堯數舜之功稱去四凶不言大小有罪則去也今者朝臣不自以為不能以陛下為不任也不自以為不知以陛下為不問也陛下何不遵周公之所以用大舜之所以去使侍中尚書坐則侍帷幄行則從華輦親對詔問所陳必達則羣臣之行能否皆可得而知忠能者進闇劣者退誰敢依違而不自盡以陛下之聖明親與羣臣論議政事使羣臣人得自盡人自以為親人思所以報賢愚能否在陛下之所用以此治事何事不辦以此建功何功不成每有軍事詔書常曰誰當憂此者邪吾當自憂耳近詔又曰憂公忘私者必不然但先公後私卽自辦也伏讀明詔乃知聖恩究盡下情然亦怪陛下不治其本而憂其末也人之能否實有本性雖臣亦以為朝臣不盡稱職也夫明主之用人也使能者不敢遺其力而不能者不得處非其任選舉非其人未必為有罪也舉朝共容非其人乃為怪耳陛下知其不盡力也而代之憂其職知其不能也而教之治其事豈徒勞而臣逸哉雖聖賢並世終不能以此為治也陛下又患臺閣禁令之不密人事請屬之不絕聽伊尹作迎客出入之制選司徒吏惡吏以守寺門威禁由之實未得為禁之本也昔漢安帝時少府竇嘉辟廷尉郭躬無罪之兄子猶見舉奏章劾紛紛近司隸校尉孔羨辟大將軍狂悖之弟而有司嘿爾望風希指甚於受屬選舉不以實人事之大者也嘉有親戚之寵躬非社稷重臣猶尚如此以今況古陛下自不督必行之罰以絕阿黨之原耳伊尹之制與惡吏守門非治世之具也使臣之言少蒙察納何患於姦不削滅而養若昭等乎夫糾擿姦宄忠事也然而世憎小人行之者以其不顧道理而苟求容進也若陛下不復考其終始必以違眾迕世為奉公密行白人為盡節焉有通人大才而更不能為此邪誠顧道理而弗為耳使天下皆背道而趨利則人主之所最病者陛下將何樂焉胡不絕其萌乎夫先意承旨以求容美率皆天下淺薄無行義者其意務在於適人主之心而已非欲治天下安百姓也陛下何不試變業而示之彼豈執其所守以違聖意哉夫人臣得人主之心安業也處尊顯之官榮事也食千鍾之祿厚實也人臣雖愚未有不樂此而喜于迕者也迫於道自彊耳誠以為陛下當憐而祐之少委任焉如何反錄昭等傾側之意而忽若人者乎今者外有伺隙之寇內有貧曠之民陛下當大計天下之損益政事之得失誠不可以怠也恕在朝八年其論議亢直皆此類也出為弘農太守數歲轉趙相以疾去官起家為河東太守歲餘遷淮北都督護軍復以疾去恕所在務存大體而已其樹惠愛益得百姓之歡心不及其父畿頃之拜御史中丞恕在朝廷以不得當世之知故屢在外任復出為幽州刺史加建威將軍使持節護烏丸校尉時征北將軍程喜屯薊尚書袁侃等戒恕曰程申伯處先帝之世傾田國讓於青州足下今俱杖節使共屯一城宜深有以待之而恕不以為意至官未期有鮮卑大人兒不由關塞徑將數十騎詣州州斬所從來小子一人無表言上喜於是劾奏恕下廷尉當死以父畿勤事水死免為庶人徙章武郡是歲嘉平元年恕倜儻任意而不思防患終致此敗初恕從趙郡還陳留阮武亦從清河太守徵俱自薄廷尉謂恕曰相觀才性可以由公道而持之不厲器能可以處大官而求之不順才學可以述古今而志之不一此所謂有其才而無其用今向閑暇可試潛思成一家言在章武遂著體論八篇又著興性論一篇蓋興於為己也四年卒於徙所甘露二年河東樂詳年九十餘上書訟畿之遺績朝廷感焉詔封恕子預為豐樂亭侯邑百戶恕奏議論駮皆可觀掇其切於世大事著于篇預有大功於晉世晉史有傳

鄭渾字文公河南開封人也高祖父眾眾父興皆為名儒渾兄泰與荀攸等謀誅董卓為揚州刺史眾興及泰漢史皆有傳泰卒天下大亂渾將泰小子袤避難淮南袁術賓禮甚厚渾知術必敗時華歆為豫章太守素與泰善渾乃渡江投歆太祖聞其篤行召為掾復遷下蔡長邵陵令天下未定民皆剽輕不念產殖其生子無以相活率皆不舉渾所在奪其漁獵之具課使耕桑又兼開稻田重去子之法民初畏罪後稍豐給無不舉贍所育男女多以鄭為字辟為丞相掾屬遷左馮翊時梁興等略吏民五千餘家為寇鈔諸縣不能禦皆恐懼寄治郡下議者悉以為當移就險渾曰興等破散竄在山阻雖有隨者率脅從耳今當廣開降路宣諭恩信而保險自守此示弱也乃聚斂吏民治城郭為守禦之備遂發民逐賊明賞罰與要誓其所得獲十以七賞百姓大悅皆願捕賊多得婦女財物賊之失妻子者皆還求降渾責其得他婦女然後還其妻子於是轉相寇盜黨與離散又遣吏民有恩信者分布山谷告喻出者相繼乃使諸縣長吏各還本治以安集之興等懼將餘眾聚鄜城太祖使夏侯淵就助郡擊之渾率吏民前登斬興及其

支黨又賊靳富等脅將夏陽長邵陵令并其吏民入硙山渾復討擊破富等獲二縣長吏將其所略還及趙青龍者殺左內史程休渾聞遣將士就梟其首前後歸附四千餘家由是山賊皆平民安產業轉爲上黨太守太祖征漢中以渾爲京兆尹渾以百姓新集爲制移居之法使兼複者與單輕者相伍温信者與孤老者爲比勤稼穡明禁令以發姦者由是民安於農而盜賊衰息及大軍入漢中運轉軍糧爲最又遣民田漢中無逃亾者太祖益嘉之復入爲丞相掾文帝即位爲侍御史加駙馬都尉遷陽平沛郡二太守郡界下溼每患水潦百姓飢乏渾於蕭相二縣界興陂遏開稻田郡人皆以爲不便渾曰地勢洿下宜溉灌終有魚稻經久之利此豐民之本也遂躬率吏民興立功夫一冬閒皆成比年大收頃畝歲增租入倍常民賴其利刻石頌德號曰鄭陂轉爲山陽魏郡太守其治放此又以郡下百姓苦乏材木乃課樹榆爲籬並益樹五果榆皆成藩五果豐實入魏郡界村落齊整如一民得財足用饒明帝聞之下詔稱述布告天下遷將作大匠渾清素在公妻子不免於飢寒及卒以子崇爲郎中表晉史有傳

倉慈字孝仁淮南人也始爲郡吏建安中太祖開募屯田於淮南以慈爲綏集都尉黃初末爲長安令清約有方吏民畏而愛之太和中遷敦煌太守郡在西陲以喪亂隔絕無太守二十歲大姓雄張遂以爲俗前太守尹奉等循故而已無所匡革慈到抑挫權右撫卹貧羸甚得其理舊大族田地有餘而小民無立錐之土慈皆隨口割賦稍稍使畢其本直先是屬城獄訟眾猥縣不能決多集治下慈躬往省閱料簡輕重自非殊死但鞭杖遣之一歲決刑曾不滿十人又常日西域雜胡欲來貢獻而諸豪族多逆斷絕既與貿遷欺詐侮易多不得分明胡常怨望慈皆勞之欲詣洛者爲封過所欲從郡還者官爲平取輒以府見物與共交市使吏民護送道路由是民夷翕然稱其德惠卒官吏民悲感如喪親戚圖其形思其遺像及西域諸胡聞慈死悉共會聚於戊己校尉及長吏治下發哀或有以刀畫面以明血誠又爲立祠遙共祠之自太祖迄于咸熙魏郡太守陳國吳瓘清河太守樂安任燠京兆太守濟北顏斐弘農太守太原令狐邵濟南相魯國孔乂或哀矜折獄或推誠惠愛或治身清白或擿姦發伏咸爲良二千石瓘燠事行無所見

顏斐字文林有才學太祖爲丞相召爲太子洗馬黃初初轉爲黃門侍郎後爲京兆太守始京兆從馬超破後民人多不專於農殖又歷數四二千石取解目前亦不爲民作久遠計斐到官乃令屬縣整阡陌樹桑果是時民多無車牛斐又課民以閑月取車材使轉相教匠作車又課民無牛者令畜猪狗賣以買牛始者民以爲煩一二年閒家家有丁車大牛又起文學聽吏民欲讀書者復其小徭又於府下起菜園使吏役閒鉏治又課民當輸租時車牛各因便致薪兩束爲冬寒冰炙筆硯於是風化大行吏不煩民民不求吏京兆與馮翊扶風接界二郡道路既穢塞田疇又荒萊人民飢凍而京兆皆整頓開明豐富常爲雍州十郡最斐又清己仰奉而已於是吏民恐其遷轉也至青龍中司馬懿在長安立軍市而軍中吏士多侵侮縣民斐以白懿懿乃發怒召軍市候便於斐前杖一百時長安典農與斐共坐以爲斐宜謝乃私推築斐斐不肯謝良久乃曰斐意觀明公受分陝之任乃欲一齊眾庶必非有所左右也而典農竊見推築欲令斐謝假令斐謝是更爲不得明公意也懿遂嚴持吏士自是之後軍營郡縣各得其分後數歲遷爲平原太守吏民啼泣遮道車不得前步步稽留十餘日乃出界東行至崤而疾困斐心素戀京兆其家人從者見斐病甚勸之言平原當自勉勵作健斐曰我心不願平原汝曹等呼我何不言京兆邪遂卒還平原京兆聞之皆爲流涕爲立碑于今稱之不忘

令狐邵字孔叔父仕漢爲烏丸校尉建安初袁氏在冀州邵去本郡家居鄴九年暫出到武安毛城中會太祖破鄴遂圍毛城城破執邵等輩十餘人皆當斬太祖閱見之疑其衣冠也問其祖考而識其父乃解放署軍謀掾仍歷宰守後從丞相主簿出爲弘農太守所在清如冰雪妻子希到官省舉善而教恕以待人不好獄訟與下無忌是時郡無知經者乃歷問諸吏有欲遠行就師輒假遣答詣河東就樂詳學經粗明乃還因設文學由是弘農學業轉興至黃初初徵拜羽林郎遷虎賁中郎將三歲病卒始邵族子愚爲白衣時常有高志眾人謂愚必榮令狐氏而邵獨以爲愚性倜儻不修德而願大必滅我宗愚聞邵言其心不平及邵爲虎賁中郎將而愚仕進已多所更歷所在有名稱愚見邵因從容言次微激之曰先時聞大人謂愚爲不繼今竟云何邪邵熟視而不答也退謂其妻子曰公治性度猶如故也以吾觀之終當敗滅但不知我久當坐之不邪將逮汝曹耳邵沒之後十餘年閒愚爲兗州刺史果與王凌謀逆家屬誅滅事在凌傳邵子華時爲弘農郡丞以疏屬得不坐孔乂字元儁孔子之後父爲散騎常侍事三少帝嘗上疏規諫

官至大鴻臚

張遼字文遠鴈門馬邑人也本聶壹之後以避怨變姓少爲郡吏漢末并州刺史丁原以遼武力絶人召爲從事使將兵詣京都何進遣詣河北募兵得千餘人而還值進敗以兵屬董卓卓敗以兵屬呂布遷騎都尉布爲李傕所敗從布東奔徐州領魯相時年二十八太祖破布於下邳遼將其衆降拜中郎將賜爵關內侯數有戰功遷裨將軍袁紹破別遣遼定魯國諸縣遼與夏侯淵圍昌豨於東海數月糧盡議引軍還遼謂淵曰數日以來每行諸圍豨輒屬目視遼又其射矢更稀此必豨計猶豫故不力戰遼欲挑與語儻可誘也乃使人謂豨曰公有命使遼傳之豨果下與遼語遼爲說太祖神武方以德懷四方先附者受大賞豨乃許降遼遂單身上三公山入豨家拜妻子豨歡悅隨詣太祖太祖遣豨還責遼曰此非大將法也遼謝曰以明公威信著於四海遼奉聖旨豨必不敢害故也從討袁譚袁尚於黎陽有功行中堅將軍從攻袁尚於鄴尚堅守不下太祖還許使遼與樂進拔陰安徙其民於河南復從攻鄴鄴破遼別徇趙國恒山招降緣山諸賊及黑山孫輕等從攻袁譚譚破遼別將徇海濱破遼東賊柳毅等還鄴太祖自出迎遼引共載以遼爲盪寇將軍復別擊荆州定江夏諸縣還屯臨潁封都亭侯從征袁尚於柳城卒與虜遇遼勸太祖戰氣甚奮太祖壯之自以所持麾授遼遼突擊大破之斬單于蹋頓時荆州未定復遣遼屯長社臨發軍中有謀反者夜驚亂起火一軍盡擾遼謂左右曰勿動是不一營盡反必有造變者欲以動亂人耳乃令軍中其不反者安坐遼將親兵數十人中陣而立有頃定即得首謀者殺之陳蘭梅成以氐六縣叛太祖遣于禁臧霸等討成遼督張郃朱蓋等討蘭成僞降禁禁還成遂將其衆就蘭轉入灊山灊中有天柱山高峻二十餘里道險狹步徑裁通蘭等壁其上遼欲進諸將曰兵少道險難用深入遼曰此所謂一與一勇者得前耳遂進至山下安營攻之斬蘭成首虜其衆太祖論功增遼邑假節太祖既征孫權還使遼與樂進李典等將七千餘人屯合肥太祖征張魯教與護軍薛悌署函邊曰賊至乃發俄而權率十萬衆圍合肥乃共發教教曰若孫權至者張李將軍出戰樂將軍守護軍勿得與戰諸將皆疑遼曰公遠征在外比救至彼破我必矣是以教指及其未合逆擊之折其盛勢以安衆心然後可守也成敗之機在此一戰諸軍何疑李典亦與遼同於是遼夜募敢從之士得八百人椎牛饗將士明日大戰平旦遼被甲持戟先登陷陣斬二將殺數十人大呼自名衝壘入至權麾下權大驚衆不知所爲走登高冢以長戟自守遼叱權下戰權不敢動望見遼所衆少乃聚圍遼數重遼左右麾圍直前急擊圍開遼將麾下數十人得出餘衆號呼曰將軍棄我乎遼復還突圍拔出餘衆權人馬皆披靡無敢當者自旦戰至日中吳人奪氣還修守備衆心乃安諸將咸服權守合肥十餘日城不可拔乃引退遼率諸軍追擊幾復獲權太祖大壯遼拜征東將軍建安二十一年太祖復征孫權到合肥循行遼戰處歎息者良久乃增遼兵多留諸軍徙屯居巢關羽圍曹仁於樊會權稱藩召遼及諸軍悉還救仁遼未至徐晃已破關羽仁圍解遼與太祖會摩陂遼軍至太祖乘輦出勞之還屯陳郡文帝即王位轉前將軍分封兄汎及一子列侯孫權復叛遣遼還屯合肥進遼爵都鄉侯給遼母輿車及兵馬送遼家詣屯敕遼母至導從出迎所督諸軍將吏皆羅拜道側觀者榮之文帝踐阼進封晉陽侯增邑千戶并前二千六百戶黃初二年遼朝洛陽宮文帝引遼會建始殿親問破吳意狀帝歎息顧左右曰此亦古之召虎也爲起第舍又特爲遼母作殿以遼所從破吳軍應募步卒皆爲虎賁孫權復稱藩遼還屯雍丘得疾帝遣侍中劉曄將太醫視疾虎賁問消息道路相屬疾未瘳帝迎遼就行在所車駕親臨執其手賜以御衣太官日送御食疾小差還屯孫權復叛帝遣遼乘舟與曹休至海陵臨江權甚憚焉敕諸將張遼雖病不可當也愼之是歲遼與諸將破權將呂範遼病遂篤薨於江都帝爲流涕謚曰剛侯子虎嗣六年帝追念遼典在合肥之功詔曰合肥之役遼典以步卒八百破賊十萬自古用兵未之有也使賊至今奪氣可謂國之爪牙矣其分遼典邑各百戶賜一子爵關內侯虎爲偏將軍薨子統嗣

樂進字文謙陽平衛國人也容貌短小以膽烈從太祖爲帳下吏遣還本郡募兵得千餘人還爲軍假司馬陷陣都尉從擊呂布於濮陽張超於雍丘橋蕤於苦皆先登有功封廣昌亭侯又從征張繡於安衆圍呂布於下邳破別將擊眭固於射犬攻劉備於沛皆破之拜討寇校尉渡河攻獲嘉還從擊袁紹於官渡力戰斬紹將淳于瓊從擊譚尚於黎陽斬其大將嚴敬行游擊將軍別擊黃巾破之定樂安郡從圍鄴鄴都定從擊袁譚於南皮先登入譚東門譚敗別攻雍奴破之建安十一年太祖表漢帝稱進及于禁張遼功各宜顯寵於是禁爲

虎威進折衝邀盪寇將軍進別征高幹從北道入上黨回出其後幹等還守壺關連戰斬首幹堅守未下會太祖自征之乃拔太祖征管承軍淳于遣進與李典擊之承破走逃入海島海濱平荊州未服遣屯陽翟後從平荊州留屯襄陽擊關羽蘇非等皆走之南郡諸縣山谷蠻夷詣進降又討劉備臨沮長杜普旌陽長梁太皆大破之後從征孫權假進節太祖還留進與張遼李典屯合肥增邑五百并前凡千二百戶以進數有功分五百戶封一子列侯進遷右將軍建安二十三年薨謚曰威侯子綝嗣綝果毅有父風官至揚州刺史諸葛誕反掩襲殺綝詔悼惜之追贈衛尉謚曰愍侯子肇嗣

于禁字文則泰山鉅平人也黃巾起鮑信招合徒衆禁附從焉及太祖領兗州禁與其黨俱詣為都伯屬將軍王朗朗異之薦禁才任大將太祖召見與語拜軍司馬使將兵詣徐州攻廣威拔之拜陷陣都尉從討呂布於濮陽別破布二營於城南又別將破高雅於須昌從攻壽張定陶離狐圍張超於雍丘皆拔之從征黃巾劉辟黃邵等屯版梁邵等夜襲太祖營禁帥麾下擊破之斬辟邵等盡降其衆遷平虜校尉從圍橋蕤於苦斬蕤等四將從至宛降張繡繡復叛太祖與戰不利軍敗還舞陰是時軍亂各間行求太祖禁獨勒所將數百人且戰且引雖有死傷不相離虜追稍緩禁徐整行隊鳴鼓而還未至太祖所道見十餘人被創裸走禁問其故曰為青州兵所劫初黃巾降號青州兵太祖寬之故敢因緣為略禁怒令其衆曰青州兵同屬曹公而還為賊乎乃討之數之以罪青州兵遽走詣太祖自訴禁既至先立營壘不時謁太祖或謂禁青州兵已訴君矣宜促詣公辨之禁曰今賊在後追之無時不先為備何以待敵且公聰明譖訴何緣而入徐鑿塹安營訖乃入謁具陳其狀太祖悅謂禁曰淯水之難吾其急也將軍在亂能整討暴堅壘有不可動之節雖古名將何以加之於是錄禁前後功封益壽亭侯復從攻張繡於穰禽呂布於下邳別與史渙曹仁攻眭固於射犬破斬之太祖初征袁紹紹兵盛禁願為先登太祖壯之乃遣步騎二千人使禁將守延津以拒紹太祖引軍還官渡劉備以徐州叛太祖東征之紹攻禁禁堅守紹不能拔復與樂進等將步騎五千擊紹別營從延津西南緣河至汲獲嘉二縣焚燒保聚三十餘屯斬首獲生各數千降紹將何茂王摩等二十餘人太祖復使禁別將屯原武擊紹別營於杜氏津破之遷裨將軍後從還官渡太祖與紹連營起土山相對紹射營中士卒多死傷軍中懼禁督守土山力戰氣益奮紹破遷偏將軍冀州平昌豨復叛遣禁征之禁急進攻豨豨與禁有舊詣禁降諸將皆以為豨已降當送詣太祖禁曰諸君不知公常令乎圍而後降者不赦夫奉法行令事上之節也豨雖舊友禁可失節乎自臨與豨決隕涕而斬之是時太祖軍淳于聞而歎曰豨降不詣吾而歸禁豈非命邪益重禁東海平拜禁虎威將軍後與臧霸攻梅成張遼張郃等討陳蘭禁到成舉衆三千餘人降既降復叛其衆奔蘭遼等與蘭相持軍食少禁運糧前後相屬遼遂斬蘭成增邑二百戶并前千二百戶是時禁與張遼樂進張郃徐晃俱為名將太祖每征伐咸遞行為軍鋒還為後拒而禁持軍嚴整得賊財物無所私入由是賞賜特重然以法御下不甚得士衆心太祖常恨朱靈欲奪其營以禁有威重遣禁將數十騎齎令書徑詣靈營奪其軍靈及其部衆莫敢動乃以靈為禁部下督衆皆震服其見憚如此遷左將軍假節鉞分邑五百戶封一子為列侯建安二十四年太祖在長安使曹仁討關羽於樊又遣禁助仁秋大霖雨漢水溢平地水數丈禁等七軍皆沒禁與諸將登高望水無所回避羽乘大船就攻禁等禁遂降惟龐德不屈節而死太祖聞之哀歎者久之曰吾知禁三十年何意臨危處難反不及龐德邪會孫權禽羽獲其衆禁復在吳文帝踐阼權稱藩遣禁還帝引見禁鬚髮皓白形容憔悴泣涕頓首帝慰諭之制曰昔荀林父敗績于邲孟明喪師於殽秦晉不替使復其位故晉獲狄土秦霸西戎區區小國猶尚若斯而況萬乘乎樊城之敗水災暴至非戰之咎其復禁等官拜禁為安遠將軍欲遣使吳令先北詣鄴謁高陵帝使豫於陵屋畫關羽戰克龐德憤怒禁降伏之狀禁見慙恚發病薨子圭嗣封益壽亭侯謚禁曰厲侯

張郃字儁乂河間鄚人也漢末應募討黃巾為軍司馬屬韓馥馥敗以兵歸袁紹紹以郃為校尉使與諸將拒公孫瓚瓚破郃功多遷寧國中郎將太祖與袁紹相拒於官渡紹遣將淳于瓊督運屯烏巢太祖自將急擊之郃說紹曰曹公兵精往必破瓊等瓊等破則將軍事去矣宜急引兵救之郭圖曰郃計非也不如攻其本營勢必還此為不救而自解也郃曰曹公營固攻之必不拔若瓊等見禽吾屬盡為虜矣紹但遣輕騎救瓊而以重兵攻太祖營不能下太祖果破瓊等紹軍潰圖慙又更譖郃曰郃快軍敗出言不遜郃懼乃歸太祖太祖得郃甚喜謂曰昔子胥不早寤自使身危豈若微子去殷韓

信歸漢邪拜偏將軍封都亭侯授以眾從攻鄴拔之又從擊袁譚於勃海別將軍圍雍奴大破之從討柳城與張遼俱爲軍鋒以功遷平狄將軍別征東萊討管承又與張遼討陳蘭梅成等破之從破馬超韓遂於渭南闗安定降楊秋與夏侯淵討鄜賊梁興及武都氐又破馬超平宋建太祖征張魯先遣郃督諸軍討興和氐王竇茂太祖從散關入漢中又先遣郃督步卒五千於前通路至陽平魯降太祖還留郃與夏侯淵等守漢中拒劉備郃別督諸軍降巴東巴西二郡徙其民於漢中進軍宕渠爲備將張飛所拒引還南鄭拜盪寇將軍劉備屯陽平郃屯廣石備以精卒萬餘分爲十部夜急攻郃郃率親兵搏戰備不能克其後備於走馬谷燒都圍淵救火從他道與備相遇交戰短兵接刃淵遂沒郃還陽平當是時新失元帥恐爲備所乘三軍皆失色淵司馬郭淮乃令眾曰張將軍國家名將劉備所憚今日事急非張將軍不能安也遂推郃爲軍主郃出勒兵安陣諸將皆受郃節度眾心乃定太祖在長安遣使假郃節太祖遂自至漢中劉備保高山不敢戰太祖乃引出漢中諸軍郃還屯陳倉文帝卽王位以郃爲左將軍進爵都鄉侯及踐阼進封鄚侯詔郃與曹眞討安定盧水胡及東羌召郃與眞並朝許宮遣南與夏侯尚擊江陵郃別督諸軍渡江取洲上屯塢明帝卽位遣南屯荆州與司馬懿擊孫權別將劉阿等追至祁口交戰破之諸葛亮出祁山加郃位特進遣督諸軍拒亮將馬謖於街亭謖依阻南山不下據城郃絕其汲道擊大破之南安天水安定郡反應亮郃皆破平之制益封千戶幷前四千三百戶司馬懿治水軍於荆州欲順沔入江以伐吳詔郃督關中諸軍往受節度至荆州會冬水淺大船不得行乃還屯方城諸葛亮復出急攻陳倉帝驛馬召郃到京都帝自幸河南城置酒送郃遣南北軍士三萬及分遣虎賁使衞郃帝因問郃曰遲將軍到亮得無已得陳倉乎郃知亮縣軍無穀不能久攻對曰比臣未到亮已走矣屈指計亮糧不至十日郃晨夜進至南鄭亮退詔郃還京都拜征西車騎將軍郃識變數善處營陣料戰勢地形無不如計自諸葛亮皆憚之郃雖武將而愛樂儒士嘗薦同鄉卑湛經明行修詔曰昔祭遵爲將奏置五經大夫居軍中與諸生雅歌投壺今將軍外勒戎旅內存國朝朕嘉將軍之意今擢湛爲博士諸葛亮復出祁山詔郃督諸將西至略陽亮還保祁山郃追至木門與亮軍交戰飛矢中郃右膝薨謚曰壯侯子雄嗣郃前後征伐有功明帝分郃戶封郃四子列侯賜小子爵關內侯

徐晃字公明河東楊人也爲郡吏從車騎將軍楊奉討賊有功拜騎都尉李傕郭汜之亂長安也晃說奉令與天子還洛陽奉從其計天子渡河至安邑封晃都亭侯及到洛陽韓暹董承日爭鬬晃說奉令歸太祖奉欲從之後悔太祖討奉於梁晃遂歸太祖太祖授晃兵使擊卷原武賊破之拜裨將軍從征呂布別降布將趙庶李鄒等與史渙斬眭固於河內從破劉備又從破顏良拔白馬進至延津破文醜拜偏將軍與曹洪擊㶏彊賊祝臂破之又與史渙擊袁紹運車於故市功最多封都亭侯太祖既圍鄴破邯鄲易陽令韓範僞以城降而拒守太祖遣晃攻之晃至飛矢城中爲陳成敗範悔晃輒降之既而言於太祖曰二袁未破諸城未下者皆傾耳以聽今日滅易陽明日皆以死守恐河北無定時也願公降易陽以示諸城則莫不望風太祖善之別討毛城設伏兵掩擊三屯從破袁譚於南皮討平原叛賊克之從征蹋頓拜橫野將軍從征荆州別屯樊討中廬臨沮宜城賊又與滿寵討關羽於漢津與曹仁擊周瑜於江陵十五年討太原反者圍太陵拔之斬賊帥商曜韓遂馬超等反關右遣晃屯汾陰以撫河東賜牛酒令上先人墓太祖至潼關恐不得渡召問晃晃曰公盛兵於此而賊不復別守蒲阪知其無謀也今假臣精兵渡蒲阪津爲軍先置以截其裏賊可禽也太祖曰善使晃以步騎四千人渡津作塹柵未成賊梁興夜將步騎五千餘人攻晃晃擊走之太祖軍得渡遂破超等使晃與夏侯淵平隃麋汧諸氐與太祖會安定太祖還鄴使晃與夏侯淵平鄜夏陽餘賊斬梁興降三千餘戶從征張魯別遣晃討攻櫝仇夷諸山氐皆降之遷平寇將軍解將軍張順圍擊賊陳福等三十餘屯皆破之太祖還鄴留晃與夏侯淵拒劉備於陽平備遣陳式等十餘營絕馬鳴閣道晃別征破之賊自投山谷多死者太祖聞甚喜假晃節令曰此閣道漢中之險要咽喉也劉備欲斷絕外內以取漢中將軍一舉克奪賊計善之善者也太祖遂自至陽平引出漢中諸軍復遣晃助曹仁討關羽屯宛會漢水暴溢于禁等沒羽圍仁於樊又圍將軍呂常於襄陽晃所將多新卒以羽難與爭鋒遂前至陽陵陂屯太祖復還遣將軍徐商呂建等詣晃令曰須兵馬集至乃俱前賊屯偃城晃到詭道作都塹示欲截其後賊燒屯走晃得偃城兩面連營稍前去賊圍三丈所未攻太祖前後遣殷署朱蓋等凡十二營詣晃賊圍頭有屯又別屯四冢晃揚聲當攻圍頭屯而密攻四冢羽見四冢欲

壞自將步騎五千出戰晃擊之羽退走遂追陷與俱入圍破之或自投沔水死太祖令曰賊圍塹鹿角十重將軍致戰全勝遂陷賊圍多斬首虜吾用兵三十餘年及所聞古之善用兵者未有長驅徑入敵圍者也且樊襄陽之在圍過於莒即墨將軍之功踰孫武穰苴晃振旅還摩陂太祖迎晃七里置酒大會太祖舉巵酒勸晃且勞之曰全樊襄陽將軍之功也時諸軍皆集太祖按行諸營士卒咸離陳觀之而晃營整齊將士駐陣不動太祖歎曰徐將軍可謂有周亞夫之風矣文帝即王位以晃為右將軍進封逯鄉侯及踐阼進封楊侯與夏侯尚討劉備於上庸破之以晃鎮陽平徙封陽平侯明帝即位拒吳將諸葛瑾於襄陽增邑二百并前三千二百戶疾篤遺令斂以時服性儉約畏慎將軍常遠斥候先為不可勝然後戰追奔爭利士不暇食常歎曰古人患不遭明君今幸遇之當以功自效何用私譽為終不廣交援太和元年薨諡壯侯子蓋嗣蓋薨子霸嗣明帝分晃戶封晃子孫二人列侯初清河朱靈字文博為袁紹將太祖之征陶謙紹使靈督三營助太祖戰有功紹所遣諸將名罷歸靈曰靈觀人多矣無若曹公者此乃真明主也今已遇復何之遂留不去所將士卒慕之皆隨靈留靈後遂為好將名亞晃等至後將軍封高唐亭侯

通志卷一百十五下

通志卷一百十六

宋右迪功郎鄭樵漁仲撰

列傳第二十九

魏

李典　李通　臧霸孫觀　文聘桓尚　呂虔　許褚　衛覬潘勖　劉廙　劉劭繆襲蘇林韋誕夏侯惠孫該杜摯　傅嘏

桓階　陳羣子泰　陳矯子本　徐宣　衛臻父茲　盧毓

和洽　常林　楊俊王象　杜襲　趙儼　裴潛

李典字曼成山陽鉅野人也典從父乾有雄氣合賓客數千家在乘氏初平中以衆隨太祖破黃巾於壽張又從擊袁術征徐州呂布之亂太祖遣乾還乘氏慰勞諸縣布別駕薛蘭治中李封招乾欲與俱叛乾不聽遂殺乾太祖使乾子整將乾兵與諸將擊蘭封蘭封破從平兗州諸縣有功稍遷靑州刺史整卒典從潁陰令爲中郎將將整軍遷離狐太守時太祖與袁紹相拒官渡典率宗族及部曲輸穀帛供軍紹破以典爲裨將軍屯安民太祖擊譚尙於黎陽使典與程昱以船運軍糧會尙遣魏郡太守高蕃將兵屯河上絕水道太祖敕典昱若船不得過下從陸道典與諸將議曰蕃軍少甲而恃水有懈怠之心擊之必克軍不內禦苟利國家專之可也宜亟擊之昱亦以爲然遂北渡河攻蕃破之水道得通劉表使劉備北侵至葉太祖遣典從夏侯惇拒之備一旦燒屯去惇率諸軍追擊之典曰賊無故退疑必有伏南道窄狹草木深不可追也惇不聽與于禁追之典留守惇等果入賊伏裏戰不利典往救備望見救至乃散退從圍鄴鄴定與樂進圍高幹於壺關擊管承於長廣皆破之遷捕虜將軍封都亭侯典宗族部曲三千餘家居乘氏自請願徙詣魏郡太祖笑曰卿欲慕耿純邪典謝曰典駑怯功微而爵寵過厚誠宜舉宗陳力加以征伐未息宜實郊遂之內以制四方非慕純也遂徙部曲宗族萬三千餘口居鄴太祖嘉之遷破虜將軍與張遼樂進屯合肥孫權率衆圍之遼欲奉教出戰進典遼皆素不睦遼恐其不從典慨然曰此國家大事顧君計何如耳吾其可以私憾而忘公義乎乃率衆與遼破走權增邑百戶并前三百戶典好學問貴儒雅不與諸將爭功敬賢士大夫恂恂若不及軍中稱其長者年三十六薨子禎嗣文帝踐阼追念合肥功增禎邑百戶賜典一子爵關內侯邑百戶諡典曰愍侯

李通字文達江夏平春人也以俠聞於江汝之間與其郡人陳恭共起兵於朗陵衆多歸之時有周直者衆二千餘家與恭通外和內違通欲圖殺直而恭難之通知恭無斷乃獨定策與直恭會酒酣殺直衆大擾通率恭誅其黨帥盡并其營後恭妻弟陳郃殺恭而據其衆通攻破郃軍斬郃首以祭恭墓又生禽黃巾大帥吳霸而降其屬遭歲大饑通傾家振施與士分糟糠皆爭爲用由是盜賊不敢犯建安初通舉衆詣太祖于許拜通振威中郎將屯汝南西界太祖討張繡劉表遣兵助繡太祖軍不利通將兵夜詣太祖太祖得以復戰通爲先登大破繡軍拜裨將軍封建功侯分汝南二縣以通爲陽安都尉通妻伯父犯法朗陵長趙儼收治致之大辟是時殺生之柄決於牧守通妻子號泣以請其命通曰方與曹公戮力義不以私廢公嘉儼執憲不阿與爲親交太祖與袁紹相拒於官渡紹遣使拜通征南將軍劉表亦陰招之通皆拒焉通親戚部曲流涕曰今孤危獨守以失大援其亡可立待也不如亟從紹通按劍以叱之曰曹公明哲必定天下紹雖彊盛而任使無方終爲之虜耳吾以死不貳卽斬紹使送印綬詣太祖又擊羣賊瞿恭江宮沈成等皆破殘其衆遂定淮汝之地改封都亭侯拜汝南太守時賊張赤等五千餘家聚桃山通攻破之劉備與周瑜圍曹仁於江陵別遣關羽絕北道通率衆擊之下馬拔鹿角入圍且戰且前以迎仁軍勇冠諸將通道得病薨時年四十二追增邑二百戶并前四百戶子基嗣文帝踐阼諡曰剛侯又以基爲奉義中郎將基兄緒爲平虜中郎將用寵異焉

臧霸字宣高泰山華人也父戒爲縣獄掾據法不聽太守欲所私殺太守大怒令收戒詣府時送者百餘人霸年十八將客數十人徑於費西山中要奪之送者莫敢動因與父俱亡命東海由是以勇壯聞黃巾起霸從陶謙擊破之拜騎都尉遂收兵於徐州與孫觀吳敦尹禮等並聚衆推霸爲帥屯於開陽太祖之討呂布也霸等將兵助布既禽布霸自匿太祖募索得霸見而悅之使霸招吳敦尹禮孫觀觀兄康等皆詣太祖太祖以霸爲琅邪相敦利城禮東莞觀北海康城陽太守割靑徐二州委之於霸太祖之在兗州以徐翕毛暉爲將兗州亂翕暉皆叛及兗州定翕暉亡命投霸太祖語劉備令語霸送二人首霸謂備曰霸所以能自立者以不爲此也霸受公生全之恩不敢違命然王霸之君可以義告願將軍爲之辭備以霸言白太祖太祖歎息謂霸曰此古人之事而君能行之孤之願也乃皆以翕暉爲郡守時太祖方與袁紹相拒而霸數以精兵入靑州故太祖得專事紹不以東方爲念太祖破袁譚於南皮霸等會賀

霸因求遺子弟及諸將父兄家屬詣鄴太祖曰諸君忠孝豈復在是昔蕭何遣子弟入侍而高祖不拒耿純焚室輿櫬以從而光武不逆吾將何以易之哉東州擾攘霸等執義征暴清定海岱功莫大焉皆封列侯霸爲都亭侯加威虜將軍又與于禁討昌豨與夏侯淵討黃巾餘賊徐和等有功遷徐州刺史沛國公武周爲下邳令霸敬異周身詣令舍部從事讁詗不法周得其罪便收考竟霸益以善周從討孫權先登再入巢湖攻居巢破之張遼之討陳蘭霸別遣至皖討吳將韓當使權不得救蘭當遣兵逆霸霸與戰於逢龍當復遣兵邀霸於夾石與戰破之還屯舒權遣數萬人乘船屯舒口分兵救蘭聞霸軍在舒遁還霸夜追之比明行百餘里邀賊前後擊之賊窘急不得上船赴水者甚衆由是賊不得救蘭遼遂破之霸從討孫權於濡須口與張遼爲前鋒行遇霖雨大軍未至水遂長賊船稍進將士皆不安遼欲去霸止之曰公明於利鈍寧肯捐吾等邪明日果有令遼至以語太祖太祖善之拜揚威將軍假節後權乞降太祖還留霸與夏侯惇等屯居巢文帝卽王位遷鎮東將軍進爵武安鄉侯都督青州諸軍事及踐阼進封開陽侯徙封良成侯與曹休討吳賊破呂範於洞浦徵爲執金吾位特進每有軍事帝常咨訪焉明帝卽位增邑五百戶幷前三千五百戶薨諡曰威侯子艾嗣艾官至青州刺史少府艾薨諡恭侯子權嗣霸前後有功封子三人列侯賜一人爵關內侯而孫觀亦至青州刺史假節從太祖討孫權戰被創薨子毓嗣亦至青州刺史

文聘字仲業南陽宛人也爲劉表大將使禦北方表死其子琮立太祖征荆州琮舉州降呼聘欲與俱聘曰不能全州當待罪而已及太祖濟漢聘乃詣太祖太祖問曰來何遲邪聘曰前日不能輔弼劉荆州以奉國家荆州雖沒常願據守漢川保全土境生不負於孤弱死不愧於地下而計不得已以至於此實懷悲慚無顏早見耳遂歔欷流涕太祖爲之愴然曰仲業卿眞忠臣也厚禮待之授聘兵使與曹純追討劉備於長阪太祖先定荆州江夏與吳接民心不安乃以聘爲江夏太守使典北兵委以邊事賜爵關內侯與樂進討關羽於尋口有功進封延壽亭侯加討逆將軍又攻羽輜重於漢津燒其船於荆城文帝踐阼進爵長安鄉侯假節與夏侯尙圍江陵使聘別屯沔口止石梵自當一隊禦賊有功遷後將軍封新野侯孫權以五萬衆自圍聘於石陽甚急聘堅守不動權住二十餘日乃解去聘追擊破之增邑五百幷前千九百戶聘在江夏數十年有威恩名震敵國賊不敢侵分聘戶邑封聘子岱爲列侯又賜聘從子厚爵關內侯聘薨諡曰壯侯岱又先亾聘養子休嗣卒子武嗣嘉平中譙郡桓禺爲江夏太守淸儉有威惠名亞於聘

呂虔字子恪任城人也太祖在兗州聞虔有膽策以爲從事將家兵守湖陸襄陵校尉杜松部民炅毋等作亂與昌豨通太祖以虔代松虔到招誘炅毋渠帥及同惡數十人賜酒食簡壯士伏其側虔察炅毋等皆醉使伏兵盡格殺之撫其餘衆羣賊乃平太祖以虔領泰山太守郡接山海世亂聞民人多藏竄袁紹所置中郎將郭祖公孫犢等數十輩保山爲寇百姓苦之虔將家兵到郡開恩信祖等黨屬皆降服諸山中亾匿者盡出安土業簡其彊者補戰士泰山由是遂有精兵冠名州郡濟南黃巾徐和等所在劫長吏攻城邑虔引兵與夏侯淵會擊之前後數十戰斬首獲生數千人太祖使督青州諸郡兵以討東萊羣賊李條等有功舉茂才加騎都尉典郡如故虔在泰山十數年甚有威惠文帝卽王位加裨將軍封益壽亭侯遷徐州刺史加威虜將軍請琅邪王祥爲別駕民事一以委之世多其能任賢討利城叛賊斬獲有功明帝卽位徙封萬年亭侯增邑二百幷前六百戶虔薨子翻嗣翻薨子桂嗣

許褚字仲康譙國譙人也長八尺餘腰大十圍容貌雄毅勇力絕人漢末聚少年及宗族數千家共堅壁以禦寇時汝南葛陂賊萬餘人攻褚壁褚衆少不敵力戰疲極兵矢盡乃令壁中男女聚治石如杅斗者置四隅褚飛石擲之所値皆摧碎賊不敢進糧乏僞與賊和以牛與賊易食賊來取牛牛輒奔還褚乃出陣前一手逆曳牛尾行百餘步賊衆驚遂不敢取牛而走由是淮汝陳梁間聞皆畏憚之太祖徇淮汝褚以衆歸太祖太祖見而壯之曰此君樊噲也卽日拜都尉引入宿衛諸從褚俠客皆以爲虎士從征張繡先登斬首萬計遷校尉從討袁紹於官渡時常從士徐他等謀爲逆以褚常侍左右憚之不敢發伺褚休下日他等懷刀入褚至下舍心動卽還侍他等不知入帳見褚大驚愕他色變褚覺之卽擊殺他等太祖益親信之出入同行不離左右從圍鄴力戰有功賜爵關內侯從討韓遂馬超於潼關太祖將北渡臨濟河先渡兵獨與褚及虎士百餘人留南岸斷後超將步騎萬餘人來奔太祖軍矢下如雨褚白太祖賊來多今兵渡已盡宜去褚乃扶太祖上船賊戰急軍爭濟船重欲沒褚斬攀船者船工爲流矢所中死褚

左手舉馬鞍蔽太祖右手泝船僅乃得渡是日微褚幾
不免其後太祖與遂超單馬會語左右皆不得從唯將
褚超負其力陰欲前突太祖素聞褚勇疑從騎是褚方
問太祖曰公有虎侯者安在太祖顧指褚褚瞋目眄之
超不敢動乃各罷後數日會戰大破超等褚身斬首級
遷武衛中郎將武衛之號自此始也軍中以褚力如虎
而癡故號曰虎癡是以超問虎侯至今天下稱焉皆謂
其姓名也褚性謹愼奉法質重少言曹仁自荊州來朝
謁太祖未出入與褚相見於殿外仁呼褚入便坐語褚
曰王將出便還入殿仁意恨之或以責褚曰征南宗室
重臣降意呼君君何故辭褚曰彼雖親重外藩也褚備
內臣衆談足矣入室何私乎太祖聞愈愛之遷中堅將
軍及太祖崩褚號哭歐血文帝卽阼進封萬歲亭侯遷
武衛將軍都督中軍宿衛禁兵甚親近焉初褚所將爲
虎士者從征伐太祖以爲皆壯士也同日拜爲將其後
以功爲將軍封侯者數十人都尉校尉百餘人皆劒客
也明帝卽位進牟鄉侯邑七百戶賜子爵一人關內侯
褚薨謚壯侯子儀嗣褚兄定亦以軍功封爲振威將軍
都督徼道虎賁太和中帝思褚忠孝下詔褒贊復賜褚
子孫二人爵關內侯儀爲鍾會所殺泰始初子綜嗣
衞覬字伯儒河東安邑人也少夙成以才學稱太祖辟
爲司空掾屬除茂陵令尚書郎太祖征袁紹而劉表爲
紹援關中諸將又中立益州牧劉璋與表有隙覬以治
書侍御史使益州令璋下兵以綴表軍至長安道路不
通覬不得進遂留鎭關中時四方大有還民關中諸將
多引爲部曲覬與荀彧書曰關中膏腴之地頃遭荒亂
人民流入荊州者十餘萬家聞本土安寧皆企望思歸
而歸者無以自業諸將各競招懷以爲部曲郡縣貧弱
不能與爭兵家遂彊一旦變動必有後憂夫鹽國之大
寶也自亂來放散宜如舊置使者監賣以其直益市犂
牛若有歸民以供給之勤耕積粟以豐殖關中遠民聞
之必日夜競還又使司隸校尉留治關中以爲之主則
諸將日削官民日盛此彊本弱敵之利也彧以白太祖
太祖從之始遣謁者僕射監鹽官司隸校尉治弘農關
中服從或乃白召覬還稍遷尚書魏國既建拜侍中與
王粲並典制度文帝卽王位徙爲尚書頃之還漢朝爲
侍郎勸贊禪代之義爲文誥之詔文帝踐阼復爲尚書
封陽吉亭侯明帝卽位進封閿鄉侯三百戶覬奏曰九
章之律自古所傳斷定刑罪其意微妙百里長吏皆宜
知律刑法者國家之所貴重而私議之所輕賤獄吏者
百姓之所縣命而選用者之所卑下王政之弊未必不
由此也請置律博士轉相教授事遂施行時百姓凋匱
而役務方殷覬上疏曰夫變情厲性彊所不能人臣言
之旣不易人主受之又艱難且人之所樂者富貴顯榮
也所惡者貧賤死亾也然此四者君上之所制也君愛
之則富貴顯榮君惡之則死亾貧賤順指者愛所由來
逆意者惡所從至也故人臣皆爭順指而避逆意非破
家爲國殺身成君者誰能犯顏色觸忌諱建一言開一
說哉陛下留意察之則臣下之情可見矣今議者多好
悅耳其言政治則比陛下於堯舜其言征伐則比二虜
於貍鼠臣以爲不然昔漢文之時諸侯彊大賈誼累息
以爲至危況今四海之內分而爲三羣士陳力各爲其
主其來降者未肯言舍邪就正咸稱迫於困急是與六
國分治無以爲異也當今千里無煙遺民困苦陛下不
善留意將遂凋弊難可復振禮天子之器必有金玉之
飾飲食之肴必有八珍之味至於凶荒則徹膳降服然
則奢儉之節必視世之豐約也武皇帝之時後宮食不
過一肉衣不用錦繡茵蓐不緣飾器物無丹漆用能平
定天下遺福子孫此皆陛下之所親覽也當今之務宜
君臣上下並用籌策計校府庫量入爲出深思勾踐滋
民之術猶恐不及而尚方所造金銀之物漸更增廣工
役不輟侈靡日崇帑藏日竭昔漢武信求神仙之道謂
當得雲表之露以餐玉屑故立僊掌以承高露陛下通
明每所非笑漢武有求於露而由尚見非陛下無求於
露而空設之不益於好而靡費工夫誠皆聖慮所宜裁
制也覬歷漢魏時獻忠言率如此受詔典著作又爲魏
官儀凡所撰述數十篇好古文鳥篆隸草無所不善建
安末尚書右丞河南潘勖黃初時散騎常侍河內王象
亦與覬並以文章顯勖字加茂初名芝改名勖魏公九
錫策命勖所作也覬薨謚曰敬侯子瓘嗣晉咸熙中爲
鎭西將軍晉史有傳

劉廙字恭嗣南陽安衆人也年十歲戲於講堂上潁川
司馬德操拊其頭曰孺子孺子黃中通理甯自知不廙
兄望之有名於世荊州牧劉表辟爲從事而其友二人
者以讒爲表所誅望之又以正諫不合投傳告歸廙謂
望之曰趙殺鳴犢仲尼迴輪今兄不能法柳下惠和光
同塵於內則宜模范蠡遷化於外坐而自絕於時殆不
可也望之不從尋復見害廙懼奔揚州遂歸太祖太祖
辟爲丞相掾屬轉五官將文學文帝器之魏國初建爲
黃門侍郎太祖之在長安欲征蜀廙上疏言文王伐崇
三駕不下歸而修德然後服之秦爲諸侯所征必服及

兼天下東同稱帝四夫大呼而社稷用隳是力斃於外而不卹民於內也爲今之計莫若料四方之險擇要害之處而守之選天下之甲卒隨方面而歲更爲毀下高枕於廣夏潛思於治國不出旬年而二寇服矣太祖遂進前而報廙曰非但君當知臣臣亦當知君今欲使吾坐行西伯之德恐非其人也魏諷反廙弟偉爲諷所引當相坐誅太祖令曰叔向不坐弟虎古之制也特原不問徙署丞相倉曹屬廙上疏謝曰臣罪應傾宗禍應覆族遭乾坤之量值時來之運揚湯止沸使不焦爛起煙於寒灰之上生華於已枯之木物不答施於天地子不謝生於父母可以死効難用筆陳廙著書數十篇及與丁儀共論刑禮皆傳於世文帝即位爲侍中賜爵關內侯黃初二年卒時年四十二無子帝以弟子阜嗣

劉劭字孔才廣平邯鄲人也建安中爲計吏詣許時太史上言正旦當日蝕劭時在尚書令荀彧所坐者數十人或云當廢朝或云宜却會劭曰梓慎裨竈古之良史猶占水火錯失天時禮記云諸侯旅見天子及門不得終禮者四日蝕在一然則聖人垂制不爲變豫廢朝禮者或災消異伏或推術謬誤也彧善其言勅朝會如舊日亦不蝕御史大夫郗慮辟劭會慮免拜太子舍人遷秘書郎黃初中爲尚書郎散騎侍郎受詔集五經羣書以類相從作皇覽明帝即位出爲陳留太守敦崇教化百姓稱之徵拜騎都尉與議郎庾嶷荀詵等定科令作新律十八篇著律略論遷散騎常侍時聞公孫淵受孫權燕王之號議者欲留淵計吏遣兵討之劭以爲昔袁尚兄弟歸淵父康康斬送其首是淵先世之效忠也又所聞虛實未可審知古者要荒未服修德而不征重勞民也宜加寬貸使有以自新後淵果斬權使張彌等首劭嘗作趙都賦明帝美之詔劭作許都洛都賦時外興軍旅內營宮室劭作二賦皆諷諫焉青龍中吳圍合肥時東方吏士皆分休征東將軍滿寵表請中軍兵并召休將士須集擊之劭議以爲賊衆新至心專氣銳寵以少人自戰其地若便進擊不必能制寵求待兵未有所失也以爲可先遣步兵五千精騎三千軍前發揚聲進道震曜形埶騎到合肥疏其行隊多其旌鼓曜兵城下引出賊後擬其歸路要其糧道賊聞大軍來騎斷其後必震怖遁走不戰自破賊矣帝從之兵比至合肥賊果退還時詔書博求衆賢散騎侍郎夏侯惠薦劭深忠篤思體周於數凡所錯綜源流弘遠宜輔翼機事納謀幃幄與國道俱隆非世俗所常有也景初中受詔作都官考課法劭著七十二條及作說略一篇上之劭又以爲宜制禮作樂用移風俗作樂論十四篇事成未上會明帝崩不施行正始中執經講學賜爵關內侯凡所撰述法論人物志之類百餘篇卒贈光祿勳子琳嗣劭同時東海繆襲襲友人山陽仲長統陳留蘇林京兆韋誕譙國夏侯惠任城孫該河東杜摯等皆有才學多所敘述著名於世襲字熙伯辟御史大夫府歷事魏四世正始中卒統字昌言漢史自有傳林字孝友建安中爲五官將文學黃初中爲博士給事中文帝作典論所稱蘇林者是也誕字仲將建安中爲郡上計吏特拜郎中稍遷侍中中書監以光祿大夫遜位卒于家誕與邯鄲淳衛覬並以善書有名魏氏寶器銘題皆誕書也惠字雅權夏侯淵之子歷散騎黃門侍郎與鍾毓數有辯駁事多見從遷燕相樂安太守年三十七卒該字公達年二十二上計掾召爲郎中著魏書遷博士司徒右長史復還入著作卒于官摯字德魯初上笳賦署司徒軍謀史後舉孝廉除郎中轉補校書竟不得遷卒于秘書

傅嘏字蘭石北地泥陽人傅介子之後也祖父睿代郡太守父充黃門侍郎伯父巽黃初中爲侍中尚書嘏弱冠知名是時何晏以材辯顯於貴戚之間鄧颺好變通合徒黨鬻聲名於閭閻而夏侯元以貴臣子少有重名爲之宗主求交於嘏而不納也嘏友人荀粲有清識遠心然猶怪之謂嘏曰夏侯泰初一時之傑虛心交子合則好成不合則怨至二賢不睦非國家之利此藺相如所以下廉頗也嘏答之曰泰初志大其量能合虛聲而無實材何平叔言遠而情近好辯而無誠所謂利口覆邦家之人也鄧元茂有爲而無終外要名利內無關鑰貴同惡異多言而妬前多言多釁妬前無親以吾觀之此三人者皆敗德也遠之猶恐禍及況昵之乎司空陳羣辟爲掾時散騎常侍劉劭作考課法事下三府嘏以殿最之課未盡人才作論難之頗箴其失正始初除尚書郎遷黃門侍郎時曹爽秉政何晏爲吏部尚書嘏復謂爽弟羲曰何平叔外靜而內銛巧好利不念務本吾恐必先惑子兄弟仁人將遠而朝政廢矣晏等遂與嘏不平因微事以免嘏官起家拜滎陽太守不行太傅司馬懿請爲從事中郎曹爽誅爲河南尹遷尚書嘏欲依古法大改定官制以時方多難未能革易而止時論者議欲自征吳征南大將軍王昶征東將軍胡遵鎮南將軍毌丘儉各獻策不同詔以問嘏嘏言舉衆臨險此爲希幸徼功非全軍之長策也惟有進軍大佃最差完牢隱兵出民表寇鈔不犯坐食積穀不煩運士乘釁討襲

無遠勞費此軍之急務也時不從嘏言遂詔昶等出軍爲吳大將諸葛恪大破於東關恪乘勝揚聲欲向青徐朝廷將爲之備嘏議以爲淮海非賊經行之路又昔孫權遣兵入海漂浪沈溺畧無孑遺恪豈敢傾根竭本寄命洪流以徼乾没乎恪不過遣偏率小將素習水軍者乘海泝淮示動青徐恪自并兵來向淮南耳後恪果圍新城不尅而歸嘏嘗論才性同異鍾會集而論之嘉平末賜爵關內侯高貴鄉公即位進封武鄉亭侯正元二年春毋丘儉文欽作亂或以司馬師不宜自行可遣太尉孚往惟嘏及王肅勸之師遂行以嘏守尚書僕射俱東儉欽破敗嘏有謀焉及師薨嘏與司馬昭徑還洛陽昭遂以輔政語在鍾會傳會由是有自矜色嘏戒之曰子志大其量而勳業難爲也可不愼哉嘏以功進封陽鄉侯增邑六百戸并前千二百戸是歲薨時年四十七追贈太常諡元侯子祗嗣咸熙中開建五等以嘏著勳前朝改封祗涇原子

桓階字伯緒長沙臨湘人也仕郡功曹太守孫堅舉階孝廉除尚書郎父喪還鄉里會堅擊劉表戰死階冒難詣表乞堅喪表義而與之後太祖與袁紹相拒於官渡劉表許舉州以應紹階說其太守張羨曰夫舉事而不本於義未有不敗者也故齊桓率諸侯以尊周晉文逐叔帶以納王今袁氏反此而劉牧應之取禍之道也明府必欲立功明義全福遠禍不宜與之同也羨曰然則何向而可階曰曹公雖弱杖義而起救朝廷之危奉王命而討有罪孰敢不服今若舉四郡保三江以待其來而爲之內應不亦可乎羨曰善遂舉長沙及旁三郡以拒表遣使詣太祖太祖大悅會紹與太祖連戰軍未得南而表急攻羨羨病死城陷階遂自匿久之劉表辟爲從事祭酒欲妻以妻妹蔡氏階自陳已結婚拒而不受因辭疾告退太祖定荆州聞其爲張羨謀也異之辟爲丞相掾主簿遷魏郡太守魏國初建爲虎賁中郎將侍中時太子未定而臨菑侯植有寵階數陳文帝德優齒長宜爲儲副公規密諫前後懇至又毛玠徐奕以剛謇少黨而爲西曹掾丁儀所不善儀屢言其短賴階左右以自全保其將順匡救多此類也遷尚書典選舉曹仁爲關羽所圍太祖遣徐晃救之不解太祖欲自南征以問羣下羣下皆謂王不亟行今敗矣階獨曰大王以仁等爲足以料事勢不也曰能大王恐二人遺力邪曰不然則何爲自往曰吾恐虜衆而晃等勢不便耳階曰今仁等處重圍之中而守死無貳者誠以大王遠爲之勢也夫居萬死之地必有死爭之心內懷死爭外有彊救大王按六軍以示餘力何憂於敗而欲自往太祖善其言駐軍於摩陂賊遂退文帝踐阼遷尚書令封高鄉亭侯加侍中階疾病帝自臨省謂曰吾方託六尺之孤寄天下之命於卿勉之徙封安樂鄉侯邑六百戸又賜階三子爵關內侯祐以嗣子不封病卒又追贈關內侯後階疾篤遣使者即拜太常薨帝爲之流涕諡曰貞侯子嘉嗣以階弟纂爲散騎侍郎賜爵關內侯嘉尚升遷亭公主會嘉平中以樂安太守與吳戰於東關軍敗没諡曰壯侯子翊嗣

陳羣字長文潁川許昌人也祖父寔父紀叔父諶皆有盛名於世羣爲兒時寔常奇異之謂宗人父老曰此兒必興吾宗魯國孔融高才倨傲年在紀羣之間先與紀友後與羣交更爲紀拜由是顯名劉備臨豫州辟羣爲別駕時陶謙病死徐州迎備備欲往羣說備曰袁術尚彊今東必與之爭呂布若襲將軍之後將軍雖得徐州事必無成備遂東與袁術戰布果襲下邳遣兵助術大破備軍備恨不用羣言舉茂才除柘令不行隨紀避難徐州屬呂布破太祖辟羣爲司空西曹掾屬時有薦樂安王模下邳周逵者太祖辟之羣封還教以爲模逵穢德終必敗太祖不聽後模逵皆坐姧宄誅太祖以謝羣羣薦廣陵陳矯丹陽戴乾太祖皆用之後吳人叛乾忠義死難矯遂爲名臣世以羣爲知人除蕭贊長平令父卒去官後以司徒掾舉高第爲治書侍御史轉參丞相軍事魏國建爲御史中丞時太祖議復肉刑令曰安得通理君子達於古今者使平斯事乎昔陳鴻臚以爲死刑有可加於仁恩者正謂此也御史中丞能申其父之論乎羣對曰臣父紀以爲漢除肉刑而增加笞本興仁惻而死者更衆所謂名輕而實重者也名輕則易犯實重則傷民書曰惟敬五刑以成三德易著劓刖滅趾之法所以輔政助教懲惡息殺也且殺人償死合於古制至於傷人或殘毀其體而裁翦毛髮非其理也若用古刑使淫者下蠶室盜者刖其足則永無淫放穿窬之姦矣夫三千之屬雖未可悉復若斯數者時之所患宜先施用漢律所殺殊死之罪仁所不及也其餘逮死者可以刑殺如此則所刑之與所生足以相貿矣今以笞死之法易不殺之刑是重人支體而輕人軀命也時鍾繇與羣議同王朗及議者多以爲未可行太祖深善繇羣言以軍事未能顧衆議故且寢羣後轉爲侍中領丞相東西曹掾在朝無適莫雅仗名義不以非道假人文帝在東宮深敬器焉待以交友之禮常歎曰自吾有回門

人日以親及郎王位封羣昌武亭侯徙爲尚書制九品官人之法羣所建也及踐阼遷尚書僕射加侍中徙尚書令進爵潁鄉侯帝征孫權使羣領中軍帝還假節都督水軍還許昌以羣爲鎮軍大將軍領中護軍錄尚書事帝寢疾羣與曹眞司馬懿等並受遺詔輔政明帝即位進封潁陰侯增邑五百并前千三百戸與征東大將軍曹休中軍大將軍曹眞撫軍大將軍司馬懿並開府頃之爲司空改錄尚書事太和中曹眞表欲數道伐蜀從斜谷入羣以爲斜谷險阻難以進退轉運必見鈔截多留兵守要則損戰士不可不熟慮也帝從羣議眞復表從子午道羣又陳其不便并言軍事用度之計詔以羣議下眞眞據之遂行會霖雨積日羣又以爲宜詔眞還帝從之皇女淑生未朞月而殞帝悼念之爲之制服舉朝素服朝夕哭臨比葬帝自往視陵親臨祖載羣上疏極言其非是後車駕欲幸許昌二宮上下皆悉俱東舉朝驚怪或言欲以避衰或言欲於便處移殿舍羣復上疏言吉凶有命禍福由人移徙求安則亦無益若必當移避繕治金墉城西宮及孟津別宮皆可權時分止可無舉宮暴露野次廢損盛節蠶農之要又賊地聞之以爲大衰加所煩費不可計量且帝王萬國之主靜則天下安動則天下擾行止動靜豈可輕脫哉帝不聽青龍中大營治宮室百姓失農時羣諫曰昔禹承唐虞之盛猶卑宮室而惡衣服況今喪亂之後人民至少邊境有事乎昔劉備自成都至白水多作傳舍興費人役太祖知其疲民也今中國勞役亦吳蜀之所願此安危之機也唯陛下慮之帝答曰王業宮室亦宜並立賊滅之後豈可復與役邪此君之職蕭何之大略也羣又曰昔漢祖唯與項羽爭天下羽已滅宮室焚燒是以蕭何建武庫太倉皆是要急然高祖猶非其壯麗今二虜未平誠不宜與古同也且人之所欲莫不有辭況乃王者莫之敢違若必欲作之固非臣下言辭所屈若卓然回意亦非臣下所及也漢明帝欲起德陽殿鍾離意諫之而止後復作之謂羣臣曰鍾離尚書在不得成此殿也夫王者豈憚一臣蓋爲百姓也今臣曾不能少凝聖聽不及意遠矣帝於是有所減省初太祖時劉廙坐弟與魏諷謀反當誅羣言之太祖太祖曰廙名臣也吾亦欲赦之乃使復位廙深德羣羣曰夫議刑爲國非爲私也且自明主之意吾何知焉其弘博不伐皆此類也羣又前後數密陳得失每上封事輒毀其草時人及其子弟莫能知也論者或譏羣居位拱默正始中詔撰羣臣上書以爲名臣奏議朝士乃見羣諫事皆歎息焉青龍四年薨謚曰靖侯子泰嗣帝追思羣功德分羣戸邑封一子列侯泰字元伯青龍中除散騎侍郎正始中徙游擊將軍爲并州刺史加振威將軍使持節護匈奴中郎將懷柔夷民甚有威惠京邑貴人多寄寶貨因泰市奴婢泰皆掛之於壁不發其封及徵爲尚書悉以還之嘉平初代郭淮爲雍州刺史加奮威將軍蜀大將軍姜維率衆依麴山築二城使牙門將句安李歆等守之聚羌胡質任等寇逼諸郡征西將軍郭淮與泰謀所以禦之泰曰麴城雖固去蜀險遠當須運糧羌夷患維勞役必未肯附今圍而取之可不血刃而拔其城雖其有救山道阻險非行兵之地也淮從泰計使泰率討蜀護軍徐質南安太守鄧艾等進兵圍之斷其運道及城外流水安等挑戰不許將士困窘分糧聚雪以稽日月維果來救出自牛頭山與泰相對泰曰兵法貴在不戰而屈人今絕牛頭維無反道則我之禽也勅諸軍各堅壘勿與戰遣使白淮欲自南渡白水循水而東使淮於牛頭截其還路可并取維不惟安等而已淮善其策進率諸軍軍洮水維懼遁走安等孤縣遂皆降淮薨泰代爲征西將軍假節都督雍涼諸軍事後年雍州刺史王經白泰云姜維夏侯霸欲三道向祁山石營金城求進兵爲翅使涼州軍至枹罕討蜀護軍向祁山泰量賊勢終不能三道且兵勢惡分涼州未宜越境報經審其定問知所趣向須東西勢合乃進時維等將數萬人至枹罕趣狄道泰勅經進屯狄道須軍到乃規取之泰進軍陳倉會經所統諸軍於故關與賊戰不利經輒渡洮泰以經不堅據狄道必有他變並遣五營在前泰率諸軍繼之經已與維戰大敗以萬餘人還保狄道城餘皆奔散維乘勝圍狄道泰軍上邽分兵守要晨夜進前鄧艾胡奮王祕亦到即與艾祕等分爲三軍進到隴西艾等以爲王經精卒破衄於西賊衆大盛乘勝之兵既不可當而將軍以烏合之卒繼敗軍之後將士失氣隴右傾蕩古人有言蝮蛇螫手壯士解其腕孫子曰兵有所不擊地有所不守蓋小有所失而大有所全故也今隴右之害過於蝮蛇狄道之地非徒不守之謂姜維之兵是所避之鋒不如割險自保觀釁待弊然後進救此計之得者也泰曰姜維持輕兵深入正欲與我爭鋒原野求一戰之利王經當高壁深壘挫其銳氣今乃與戰使賊得計走破王經封之狄道若維以戰克之威進兵東向據櫟陽積穀之實放兵收降招納羌胡東爭關隴傳檄四郡此我之所惡也而維以乘勝之兵挫峻城之下銳氣之卒屈力致命攻守勢

殊客主不同兵書云修櫓櫝榲三月乃成拒堙三月而後已誠非輕軍遠入之道維之詭謀倉卒所辦縣軍遠僑糧穀不繼是我速進破賊之時也所謂疾雷不及掩耳自然之勢也洮水帶其表維等在其內今乘高據勢臨其項領不戰必走寇不可縱圍不可久君等何言如此遂進軍度高城嶺潛行夜至狄道東南高山上多舉烽火鳴鼓角狄道城中將士見救者至皆憤踊維始謂官救兵當須眾集乃發而卒聞已至謂有奇變宿謀上下震懼自軍之發隴西也以山道深險賊必設伏泰詭從南道維果三日施伏定軍潛行卒出其南維乃緣山突至泰與交戰維退還涼州軍從金城南至沃于阪泰與經共密期當共向其還路維等聞之遂遁城中將士得出經歎曰糧不至旬向不應機舉城屠裂覆喪一州矣泰慰勞將士前後遣還更差軍守並治城壘還屯上邽初泰聞經見圍以州軍將士素皆一心加得保城非維所能卒傾表上進軍晨夜速到還眾議以經奔北城不足自固維若斷涼州之道兼四郡民夷據關隴之險敢能沒經軍而屠隴右宜須大兵四集乃致攻討大將軍司馬昭曰昔諸葛亮常有此志卒亦不能事大謀遠非維所任也且城非倉卒所拔而糧少為急征西速救得上策矣泰每以一方有事輒以虛聲擾動天下故希簡白上事驛書不過六百里司馬昭語荀顗曰元伯沈勇能斷荷方伯之重救將陷之城不求益兵又希簡上事必能辦賊故也都督大將不當爾邪後徵泰為尚書右僕射典選舉加侍中光祿大夫吳大將孫峻出淮泗以泰為鎮軍將軍假節都督淮北諸軍事詔徐州監軍已下受泰節度峻退軍還轉為左僕射諸葛誕作亂壽春司馬昭率六軍軍丘頭泰總署行臺司馬氏兄弟皆與泰親友及沛國武陔亦與泰善昭問陔曰元伯何如其父司空也陔曰通雅博暢能以天下聲教為己任者不如也明統簡至立功立事過之泰前後以功增邑二千六百戶賜子弟一人亭侯二人關內侯高貴鄉公之見殺也司馬昭會朝臣謀其故泰不至使其舅荀顗召之顗至告以可否泰曰世之論者以泰方於舅今舅不如泰也子弟內外咸共逼之垂涕而入與太傅司馬孚枕帝尸於股號哭盡哀昭謂泰曰元伯卿何以處我對曰誅賈充少可以謝天下耳昭曰為吾更思其次泰曰豈可使泰復發後言遂歐血薨追贈司空謚曰穆侯子恂嗣恂薨無嗣弟溫紹封咸熙中開建五等以泰著勳前朝改封溫為慎子陳氏自太丘長實實子鴻臚紀紀子司空羣羣子泰四世於漢魏二朝並有重名而其德漸漸小減時人為其語曰公慚卿卿慚長

陳矯字季弼廣陵東陽人也避亂江東及東城辭孫策袁術之命還本郡太守陳登聞其名請為功曹使矯詣許謂曰許下論議待吾不足足下相為觀察還以見誨矯還曰聞遠近之論頗謂明府驕而自矜登曰夫閨門雍穆有德有行吾重陳元方兄弟淵清玉潔有禮有法吾重華子魚清修疾惡有識有義吾重趙元達博聞彊記奇逸卓犖吾重孔文舉雄姿傑出有霸王之略吾重劉元德所敬如此何驕之有餘子瑣瑣焉足錄哉登雅意如此而深敬友矯郡為孫權所圍於匡奇登令矯求救於太祖矯說太祖曰鄙郡雖小形便之國也若蒙救援使為外藩則吳人挫謀徐方永安武聲遠震仁愛滂流未從之國望風景附崇德養威此王業也太祖奇矯欲留之辭曰本國倒縣僕奔走告急縱無申胥之効敢忘弘演之義乎劉向新序曰齊桓公求婚於衛衛不與而嫁於許衛為狄所伐桓公不救至於國滅身死懿公屍為狄人所食唯有肝在懿公有臣曰弘演適使反致命於肝曰君為其內臣為其外乃剖腹內肝而死桓公曰衛有臣若此而尚滅寡人無有亾無日矣乃救衛定其君太祖乃遣赴救吳軍既退登多設間伏勒兵追奔大破之太祖辟矯為司空掾屬除相令征南長史彭城樂陵太守魏郡西部都尉曲周民父病以牛禱縣結正棄市矯曰此孝子也表赦之遷魏郡太守時繫囚千數至有歷年矯以為周有三典之制漢約三章之法今惜輕重之理而忽久繫之患可謂謬矣悉自覽罪狀一時論決大軍東征入為丞相長史軍還復為魏郡轉西曹屬從征漢中還為尚書行前未至鄴太祖崩洛陽羣臣拘常以為太子即位當須詔命矯曰王薨于外天下惶懼太子宜割哀即位以繫遠近之望且又愛子在側彼此生變則社稷危矣即具官備禮一日皆辦明旦以王后令策太子即位大赦蕩然文帝曰陳季弼臨大節明略過人信一時之俊傑也帝既踐阼轉署吏部封高陵亭侯遷尚書令明帝即位進爵東鄉侯邑六百戶車駕嘗卒至尚書門矯跪問帝曰陛下欲何之帝曰欲按行文書耳矯曰此自臣職分非陛下所宜臨也若臣不稱職則請就黜退陛下宜還帝慙而迴車其亮直如此時劉曄以先進見幸因譖矯專權矯懼以問其子本本不知所出次子騫曰主上明聖大人大臣今若不合不過不作公耳後數日帝見矯矯又問二子騫曰陛下意解故見大人也既入盡日帝曰劉曄讒君朕有以迹君朕心故已了以金五餅授之矯辭帝曰豈以為小惠君已知朕心顧君妻子未知故也帝憂社稷問矯司馬公忠正可謂社稷之臣乎

矯曰朝廷之望社稷未知也後加侍中光祿大夫遷司徒景初元年薨謚曰貞侯本嗣爵矯本劉氏子出嗣舅氏而婚于本族徐宣每非之廷議其闕太祖惜矯才量欲擁全之乃下令曰喪亂已來風教彫薄謗議之言難用褒貶自建安五年已前一切勿論其以斷前誹議者以其罪罪之初矯爲郡功曹使過太山太山太守東郡薛悌異之結爲親友戲謂之曰以郡吏而交二千石鄰國君屈從陪臣遊不亦可乎悌後爲魏郡及尚書令皆承代矯云本歷位郡守九卿所在操綱領舉大體能使羣下自盡有統御之才不親小事不讀法律而得廷尉之稱優於司馬岐等精練文理遷鎮北將軍假節都督河北諸軍事薨子粲嗣騫亦位至車騎將軍晉史有傳

徐宣字寶堅廣陵海西人也避亂江東又辭孫策之命還本郡與陳矯並爲綱紀二人齊名而私好不協然俱見器於太守陳登與登並歸心於太祖時淮浦海西二縣民作亂都尉衛彌令梁習夜奔宣家密送免之太祖遣督軍扈質來討賊質以兵少不進宣潛見責之示以形勢質乃進破賊太祖辟爲司空掾屬除東緡發干令遷齊郡太守入爲門下督從到壽春會馬超作亂大軍西征太祖見官屬曰今當遠征而此方未定以爲後憂宜得清公大德以鎮統之乃以宣爲左護軍留統諸軍還爲丞相東曹掾出爲魏郡太守太祖崩洛陽羣臣入殿中發哀或言可易諸城守用譙沛人宣厲聲曰今者遠近一統人懷効節何必譙沛而沮宿衛者心文帝聞曰所謂社稷之臣也帝既踐阼爲御史中丞賜爵關內侯城門校尉旬月遷司隸校尉轉散騎常侍從至廣陵六軍乘舟風浪暴起帝船回倒宣病在後陵波而前羣濟莫先至者帝壯之遷尚書明帝即位封津陽亭侯邑三百戶時僕射缺人中領軍桓範薦宣忠厚亮直宜居腹心之任遂以爲左僕射後加侍中光祿大夫車駕幸許昌宣總統留事帝還主者奏呈文書詔曰吾省與僕射何異竟不視尚方令坐猥見考竟宣所上疏陳威刑太過又諫作宮殿窮盡民力帝皆手詔嘉納宣曰七十有懸車之禮今已六十八可以去矣乃固辭疾遜位帝終不許青龍四年薨遺令布衣疏巾斂以時服詔曰宣體履至實直內方外歷在三朝公亮正色有託孤寄命之節可謂柱石臣也常欲倚以台輔未及登之惜乎大命不永其追贈車騎將軍葬如公禮謚曰貞侯子欽嗣

衛臻字公振陳留襄邑人也父茲字子許有大節不應三公之辟太祖之初至陳留茲曰平天下者必此人也太祖亦異之數詣茲議大事從討董卓戰于滎陽而卒太祖每涉郡境輒遣祠焉夏侯惇爲陳留太守舉臻計吏命婦出宴臻以爲末世之俗非禮之正惇怒執臻既而赦之後爲黃門侍郎東郡朱越謀反引臻太祖令曰孤與卿君同共舉事加欽令問始聞越言固自不信及得荀令君書具亮忠誠會奉詔命聘貴人于魏因表留臻參丞相軍事追錄臻父舊勳賜臻爵關內侯轉爲戶曹掾文帝即王位爲散騎常侍及踐阼封安國亭侯時羣臣並頌魏德多抑損前朝臻獨明禪授之義稱揚漢美帝數目臻曰天下之珍常與山陽共之遷尚書轉侍中吏部尚書帝幸廣陵行中領軍從征東大將軍曹休表得降賊辭孫權已在濡須口臻曰權恃長江未敢抗衡此必畏怖僞辭耳考核降者果守將詐所作也明帝即位進封康鄉侯轉爲右僕射典選舉如前加侍中中護軍蔣濟遺臻書曰漢祖遇亾虜爲上將周武拔漁父爲太師布衣厮養可登王公何必守文試而後用臻答曰古人遺智慧而任度量須考績而加黜陟今子同牧野於成康喻斷蛇於文景好不經之舉開拔奇之津將使天下馳騁而赴矣諸葛亮寇天水臻奏宜遣奇兵入散關絕其糧道乃以臻爲征蜀將軍假節督諸軍事到長安亮退還復職加光祿大夫是時帝方隆意於殿舍臻數切諫及殿中監擅收蘭臺令史臻奏案之詔曰殿舍不成吾所留心卿推之何臻上疏曰古制侵官之法非惡其勤事也誠以所益者小所墮者大也臣每察校事類皆如此懼羣司將遂越職以至陵遲矣亮又出斜谷征南上朱然等軍已過荊城臻曰然吳之驍將必下從權且爲勢以綴征南耳權果召然入居巢進攻合肥帝欲自東征臻曰權外示應亮內實觀望且合肥城固不足爲慮車駕可無親征以省六軍之費帝到尋陽而權竟退幽州刺史毋丘儉上疏曰陛下即位以來未有可書吳蜀恃險未可卒平聊可以此方無用之士克定遼東臻曰儉所陳皆戰國細術非王者之事也吳頻歲稱兵寇亂邊境而猶案甲養士未果尋致討者誠以百姓疲勞故也且淵生長海表相承三世外撫戎夷內修戰射而儉欲以偏軍長驅朝至夕卷知其妄矣儉行軍遂不利臻遷爲司空徙司徒正始中進爵長垣侯邑千戶封一子列侯初太祖久不立太子而方奇貴臨菑侯丁儀等爲之羽翼勸臻自結臻以大義拒之及文帝即位東海王霖有寵帝問臻平原何如臻稱明德美而終不言曹爽輔政使夏侯玄宜指欲引臻入守尚書令及爲弟求婚皆不許固乞遜位詔曰昔干木偃息義壓彊

秦留侯頤神不忌楚事儻言嘉謀望不吝焉賜宅一區位特進秩如三司薨追贈太尉謚曰敬侯子烈嗣咸熙中爲光祿勳

盧毓字子家涿郡涿人也父植有名於世漢史自有傳毓十歲而孤遇本州亂二兄死難當袁紹公孫瓚交兵幽冀饑荒養寡嫂孤兄子以學行見稱文帝爲五官將召毓署門下賊曹崔琰舉爲冀州主簿時天下草創多逋逃故重士亡法罪及妻子亡士妻白等始適夫家數日未與夫相見大理奏棄市毓駮之曰夫女子之情以接見而恩生成婦而義重故詩云未見君子我心傷悲亦既見止我心則夷又禮未廟見之婦而死歸葬女氏之黨以未成婦也今白等生有未見之悲死有非婦之痛而吏議欲肆之大辟則若同牢合巹之後罪何所加且記曰附從輕言附人之罪以輕者爲比也又書云與其殺不辜寧失不經恐過重也苟以白等皆受禮聘已入門庭刑之爲可殺之爲重太祖曰毓執之是也又引經典有意使孤歎息由是爲丞相法曹議令史轉西曹議令史魏國建爲吏部郎文帝踐阼徙黃門侍郎出爲濟陰相梁譙二郡太守帝以譙舊鄉故大徙民充之以爲屯田而譙土地墝瘠百姓窮困毓愍之上表徙民於梁國就沃衍失帝意雖聽毓所表心猶恨之遂左遷毓使將徙民爲睢陽典農校尉毓心在利民躬自臨視擇居美田百姓賴之遷安平廣平太守所在有惠化青龍二年入爲侍中先是散騎常侍劉劭受詔定律未就毓上論古今科律之意以爲法宜一正不宜有兩端使姦吏得容情及侍中高堂隆數以宮室事切諫帝不悅毓進曰臣聞君明則臣直古之聖王恐不聞其過故有敢諫之鼓近臣盡規此乃臣等所以不及隆隆諸生名爲狂直陛下宜容之毓在職三年多所駮爭遷爲吏部尚書使毓自選代曰得如卿者乃可毓舉常侍鄭沖帝曰文和吾自知之更舉吾所未聞也乃舉阮武孫邕帝於是用邕前此諸葛誕鄧颺等馳名譽有四窗八達之誚帝深疾之時舉中書郎制曰得其人與否在盧生耳選舉莫取有名名如畫地作餅不可啖也毓曰名不足以致異人而可以得常士常士畏教慕善然後有名非所當疾也愚臣既不足以識異人又主者正以循名案常爲職但當有以驗其後故古者敷奏以言明試以功今考績之法廢而以毀譽相進退故眞僞渾雜虛實相蒙帝納其言卽詔作考課法會司徒缺毓舉處士管寧帝不能用更問其次毓對曰敦篤至行則太中大夫韓曁亮直清方則司隸校尉崔林貞固純粹則太常常林帝乃用曁毓於人選舉先舉性行而後言才黃門李豐以問毓毓曰才所以爲善也大才成大善小才成小善今稱之有才而不能爲善是才不中器也豐等服其言齊王卽位賜爵關內侯時曹爽秉權將樹其黨徙毓僕射以侍中何晏代毓頃之出毓爲廷尉司隸畢軌又枉奏免官衆論多訟之乃以毓爲光祿勳爽等見收太傅司馬懿使毓行司隸校尉治其獄復爲吏部尚書加奉車都尉封高樂亭侯轉爲僕射故典選舉加光祿大夫高貴鄉公卽位進封大梁鄉侯封一子高亭侯毋丘儉作亂大將軍司馬師出征毓綱紀後事加侍中正元三年疾病遜位遷爲司空固推驃騎將軍王昶光祿大夫王觀司隸校尉王祥詔使使者卽授印綬進爵封容城侯邑二千三百戶甘露二年薨謚曰成侯孫藩嗣毓子欽珽咸熙中欽爲尚書珽泰山太守

和洽字陽士汝南西平人也舉孝廉大將軍辟皆不就袁紹在冀州遣使迎汝南士大夫洽獨以冀州土平民彊英桀所利四戰之地本初乘資雖能彊大然雄豪方起全未可必也荊州劉表無他遠志愛人樂士土地險阻山夷民弱易依倚也遂與親舊俱南從表表以上客待之洽曰所以不從本初避爭地也昏世之主不可黷近久而阽危必有讒慝閒其中者遂南度武陵太祖定荊州辟爲丞相掾屬時毛玠崔琰並以忠清幹事其選用先尚儉節洽言曰天下大器在位與人不可一以節儉也儉素過中自以處身則可以此節格物所失或多今朝廷之議吏有著新衣乘好車者謂之不清長吏過營形容不飾衣裘敝壞者謂之廉潔至令士大夫汙辱其衣藏其輿服朝府大吏或自挈壺飧以入官寺夫立教觀俗貴處中庸爲可繼也今崇一概難堪之行以檢殊塗勉而爲之必有疲瘁古之大教務在通人情而已凡激詭之行則容隱僞矣魏國既建爲侍中後有白毛玠毀謗太祖太祖見近臣怒甚洽陳玠素行有本求案實其事罷朝太祖令曰今言事者白玠不但謗吾也乃復爲崔琰觖望此損君臣恩義妄爲死友怨歎殆不可忍也昔蕭曹與高祖其起微賤致功立勳高祖每在屈笮二相恭順臣道益彰所以祚及後世也和侍中比求實之所以不聽欲重參之耳洽對曰如言事者言玠罪過深重非天地所覆載臣非敢曲理玠以枉大倫也以玠出羣吏之中特見拔擢顯在首職歷年荷寵剛直忠公爲世所憚不宜有此然人情難保要宜考覈兩驗其實今聖恩垂含垢之仁不忍致之于理更使曲直之分

不明疑自近始太祖曰所以不考欲兩全玠及言事者耳洽對曰玠信有謗主之言當肆之市朝若玠無此言事者加誣大臣以誤主聽二者不加檢覈臣竊不安太祖曰方有軍事安可受人言便考之邪狐射姑刺陽處父於朝此爲君之誡也太祖克張魯洽陳便宜以時拔軍徙民可省置守之費太祖未納其後竟徙民棄漢中出爲郎中令文帝踐阼爲光祿勳封安城亭侯明帝即位進封西陵鄉侯邑二百戶太和中散騎常侍高堂隆奏時風不至而有休廢之氣必有司不勤職事以失天節儉當今之要固在省息勞煩之費損除他餘之務其常也詔書謙虛引咎博諮異同洽言消復之術莫大於言甚切轉爲太常清貧守約至賣田宅以自給明帝聞之加賜穀帛薨諡簡侯子禽嗣（禽音離）禽弟適才爽閒濟官至廷尉吏部尚書適子嶠晉太子少保

常林字伯槐河內溫人也年七歲有父黨造門問林伯先在不汝何不拜林曰雖當下客臨子字父何拜之有於是咸共嘉之林少單貧雖貧自非手力不取之於人漢末爲諸生帶經耕鉏其妻常自餽餉之林雖在田野其相敬如賓太守王匡起兵討董卓遣諸生於屬縣微何吏民罪負便收之考責錢穀贖罪稽遲則夷滅宗族以崇威嚴林叔父撾客爲諸生所白匡怒收治舉宗惶怖不知所責多少懼繫者不救林往見匡同縣胡母彪曰王府君以文武高才臨吾鄙郡鄙郡表裏山河土廣民殷又多賢能唯所擇用今主上幼沖賊臣虎據華夏震慄雄才奮用之秋也若欲誅天下之賊扶王室之微智者望風應之若響克亂在和何征不捷苟無恩德任失其人覆亡將至何暇匡翼朝廷崇立功名乎君其藏之因說叔父見拘之意彪即書責匡匡原林叔父林乃避地上黨耕種山阿當時旱蝗林獨豐收盡呼比鄰升斗分之依故河間太守陳延壁陳馮二姓舊族冠冕張楊利其婦女貪其資貨林率其宗族爲之策謀見圍六十餘日卒全堡壁并州刺史高幹表爲騎都尉林辭不受後刺史梁習薦州界名士林及楊俊王凌王象荀緯太祖皆以爲縣長林宰南和治化有成超遷博陵太守幽州刺史所在有績文帝爲五官將林爲功曹太祖西征田銀蘇伯反幽冀扇動文帝欲親自討之林曰昔忝博陵又在幽州賊之形勢可料度也北方吏民樂安厭亂服化已久守善者多銀伯犬羊相聚智小謀大不能爲害方今大軍在遠外有彊敵將軍爲天下之鎮也輕動遠舉雖克不武文帝從之遣將往伐應時克滅出爲平原太守魏郡東部都尉入爲丞相東曹屬魏國既建拜尚書文帝踐阼遷少府封樂陽亭侯林性既清白當官又嚴少府寺與鴻臚對門時崔林爲鴻臚性闊達不與林同數聞林撾吏聲不以爲可林夜撾吏不勝痛叫呼敖敖徹曙明日崔出門與林車相遇乃啁林曰聞卿爲廷尉爾邪林不覺答曰不也崔曰卿不爲廷尉昨夜何故考囚乎林大慙然不能自止轉大司農明帝即位進封高陽鄉侯徙光祿勳太常司馬懿以林鄉邑耆德每爲之拜或謂林曰司馬公貴重君宜止之林曰司馬公自欲敦長幼之敘爲後生之法貴非吾之所畏拜非吾之所制也言者踧踖而退時論以林節操清峻欲致之公輔而林遂稱疾篤拜光祿大夫年八十三薨追贈驃騎將軍葬如公禮諡曰貞侯子旹嗣爲太山太守坐法誅時弟靜紹封

楊俊字季才河內獲嘉人也少受學陳留邊讓讓器異之俊以兵亂方起而河內處四達之衢必爲戰場乃扶持老弱詣京密山間同行者百餘家俊賑濟貧乏通共有無宗族知故爲人所掠作奴僕者凡六家俊皆傾財贖之司馬懿年十六七與俊相遇俊曰此非常之人也又司馬朗早有聲名其族兄芝眾未之知唯俊言曰芝雖風望不及朗實理但有優耳俊轉避地并州本郡王象少孤爲人僕隸年十七八使牧羊而私讀書因被箠楚俊嘉其才質即贖象著家爲聘娶立屋然後與別太祖除俊曲梁長入爲丞相掾屬舉茂才安陵令遷南陽太守宣德教立學校吏民稱之徙爲征南軍師魏國既建遷中尉太祖征漢中魏諷反於鄴俊自劾詣行在所俊以身方罪免牋辭太子太子不悅曰楊中尉便去何太高遠邪遂被書左遷平原太守文帝踐阼復守南陽時王象爲散騎常侍薦俊曰伏見南陽太守楊俊秉純粹之茂質履忠肅之弘量體仁足以育物篤實足以動眾克長後進惠訓不倦外寬內直仁而有斷自初彈冠所歷垂化再守南陽恩德流著殊鄰異黨襁負而至今境守清淨無所展其能宜還本朝宣力輦轂熙帝之載俊自少及長以人倫自任同郡審固陳留衛恂本皆出自兵伍俊資拔獎致咸作佳士後固歷位郡守恂御史縣令其明鑒行義多此類也初臨菑侯植與俊善太祖嫡嗣未定密訪羣司俊雖並論文帝臨菑才分所長不適有所據當然稱臨菑猶美文帝常以恨之黃初三年車駕至宛以市不豐樂發怒收俊僕射司馬懿常侍王象荀緯爲請叩頭流血帝不許俊曰吾知罪矣遂自殺眾冤痛之王象字羲伯既爲俊所知拔果敢有才志建

安中與同郡荀緯等俱爲魏太子所禮待自王粲陳琳阮瑀路粹等亾後後進唯象才最高魏有天下拜象散騎侍郎遷爲常侍封列侯受詔撰皇覽使領秘書監象從延康元年始撰集數歲成書藏於秘府合四十餘部部有數十篇合八百餘萬字象既性器和厚又文采温雅用是京師歸美稱爲儒宗車駕南巡未到宛有詔百官不得干豫郡縣及車駕到而宛令不解詔旨閉市門帝聞之忿然曰吾是寇邪乃收宛令及太守楊俊詔問尚書漢明帝殺幾二千石時象見詔文知俊必不免乃當帝前叩頭流血竟面請俊減死一等帝不答欲釋入禁中象引帝衣帝顧謂象曰我知楊俊與卿本末耳今聽卿是無我也卿寧無俊邪無我邪象以帝言切乃縮手帝遂入決俊法然後乃出象自恨不能濟俊遂發病死

杜襲字子緒潁川定陵人也曾祖父安祖父根著名漢世襲避亂荆州劉表待以賓禮同郡繁欽數見奇於表襲喻之曰吾所以與俱來者徒欲龍蟠幽藪待時鳳翔豈謂劉牧當爲撥亂之主而規長者委身哉子若見能不已非吾徒也吾其與子絶矣欽慨然曰請敬受命襲遂南適長沙建安初太祖迎天子都許襲逃還鄉里太祖以爲西鄂長縣濱南境寇賊縱橫時長吏皆歛民保城郭不得農桑野荒民困倉庾空虚襲自知恩結於人乃遣老弱各分散就田業留丁彊備守吏民歡悅會荆州出步騎萬人來攻城襲乃悉召縣吏民任拒守者得五十餘人與城而守有南陽功曹柏孝長者亦在城中聞兵攻聲恐懼入室閉戶牽被覆頭相攻半日稍敢出面其明側立而聽二日往出戶問消息至四五日乃更負楯親闘語子緒曰勇可習也是時襲親執矢石率與吏民戮力臨陣斬數百級襲衆死者三十餘人其餘十八人盡被創賊得入城襲帥傷痍決圍而出死喪略盡而無反背者遂收散民徙至摩陂營百姓慕而從者如歸司隷鍾繇表拜議郎參軍荀彧又薦襲太祖以爲丞相軍祭酒魏國既建爲侍中與王粲和洽並用粲彊識博聞故太祖遊觀出入多得驂乘至其見禮不及洽襲襲嘗獨見至于夜半粲性躁競起坐曰不知公對杜襲道何等也洽笑答曰天下事豈有盡邪卿晝侍可矣悒悒於此欲兼之乎後襲領丞相長史隨太祖到漢中討張魯太祖還拜襲駙馬都尉留督漢中軍事綏懷開導百姓自樂出徙洛鄴者八萬餘口夏侯淵爲劉備所没軍喪元帥將士失色襲與張郃郭淮糾攝諸軍權宜以郃爲督以一衆心三軍遂定太祖東還當選留府長史鎮守長安主者所選多不當太祖令曰釋騏驥而不乘焉皇皇而更索遂以襲爲留府長史駐關中時將軍許攸擁部曲不附太祖而有慢言太祖大怒先欲討之羣臣多諫可招懷攸共討彊敵太祖橫刀於膝上作色不聽襲入欲諫太祖逆謂之曰吾計已定卿勿復言襲曰若殿下計是邪臣方助殿下成之若殿下計非邪雖成宜改之殿下逆臣令勿言之何待下之不闡乎太祖曰許攸慢吾如何可置乎襲曰殿下謂許攸何如人邪太祖曰凡人也襲曰夫唯賢知賢唯聖知聖凡人安能知非凡人邪方今豺狼當路而狐狸是先人將謂殿下避彊攻弱進不爲勇退不爲仁臣聞千鈞之弩不爲鼷鼠發機萬石之鐘不以莛撞起音是區區之許攸何足以勞神武哉太祖曰善遂厚撫攸攸即歸服時夏侯尚暱於太子情好至密襲謂尚非益友不足殊待以聞太祖文帝初甚不悅後乃追思語在尚傳其柔而不犯皆此類也文帝即王位賜爵關內侯及踐阼爲督軍糧御史封武平亭侯更爲督軍糧執法入爲尚書明帝即位進封平陽鄉侯諸葛亮出秦川大將軍曹眞督諸軍拒亮徙襲爲大將軍軍師分邑百戶賜兄基爵關內侯眞薨司馬懿代之襲復爲軍師增邑三百并前五百五十戶以疾徵還拜太中大夫薨追贈少府謚曰定侯子會嗣

趙儼字伯然潁川陽翟人也避亂荆州與杜襲繁欽通財同計合爲一家太祖始迎獻帝都許儼謂欽曰曹鎭東應期命世必能康濟華夏吾知歸矣建安二年年二十七遂扶持老弱詣太祖太祖以儼爲朗陵長縣多豪猾無所畏忌儼取其尤甚者誅之自是恩威並著時袁紹舉兵南侵遣使招誘豫州諸郡諸郡多受其命唯陽安郡不動而都尉李通急錄戶調儼見通曰方今天下未集諸郡並叛懷附者復收其綿絹小人樂亂寧無遺恨且遠近多虞不可不詳也通曰紹與大將軍相持甚急左右郡縣背叛乃爾若綿絹不調送觀聽者必謂我顧望有所須待也儼曰誠亦如君慮然當權其輕重小緩調當爲君釋此患乃書與荀彧曰今陽安郡當送綿絹道路艱阻必致寇害百姓困窮鄰城並叛易用傾蕩乃一方安危之機也且此郡人執守忠節在險不貳微善見賞則爲義者勸善爲國者藏之於民以爲國家宜垂撫慰所歛綿絹皆俾還之彧報曰輒白曹公公文下郡縣絹悉以還民上下歡喜郡內遂安入爲司空掾屬主簿時于禁屯潁陰樂進屯陽翟張遼屯長社諸將任

氣多其不協太祖使儼并參三軍毎事訓喻遂相親睦太祖征荆州以儼領章陵太守徙都督護軍護于禁張遼張郃朱靈李典路招馮楷七軍復爲丞相主簿遷扶風太守太祖徙出故韓遂馬超等兵五千餘人使平難將軍殷署等督領以儼爲關中護軍盡統諸軍羌虜數來寇害儼率署等追到新平大破之屯田客呂並自稱將軍聚黨據陳倉儼復率署等攻之賊即破滅時被書差千二百兵往助漢中守署督送之行者卒與室家別皆有憂色署發後一日儼慮其有變乃自追至斜谷口人人慰勞又深戒署還宿雍州刺史張既舍署軍復前四十里兵果叛亂未知署吉凶而儼自隨步騎百五十人皆與叛者同部曲或婚姻得此問各驚被甲持兵不復自安儼欲還既等以爲今本營黨已擾亂一身赴之無益可須定問儼曰雖疑本營與叛者同謀要當聞行者變乃發之又有欲善不能自定宜及猶豫促撫寧之且爲之元帥既不能安輯身受禍難命也遂去行三十里止放馬息盡呼所從人喻以成敗慰勵懇切皆慷慨曰死生當隨護軍不敢有二前到諸營各召料簡諸姦結叛者八百餘人散在原野惟取其造謀魁率治之餘一不問郡縣所收送皆放遣乃即相率還降儼密白宜遣將詣大營請舊兵鎭守關中太祖遣將軍劉柱將二千人當須到乃發遣而事露諸營大駭不可安喻儼謂諸將曰舊兵既少東兵未到是以諸營圖爲邪謀若或成變爲難不測因其狐疑當令早決遂宣言當差留新兵之温厚者千人鎭守關中其餘悉遣東便見主者內諸營兵名籍案累重立差別之留者意定與儼同心其當去者亦不敢動儼一日盡遣上道因使所留千人分布羅落之東兵尋至乃復脅喻并徙千人令相及其東凡所全致二萬餘口關羽圍征南將軍曹仁於樊儼以議郎參仁軍事南行與平寇將軍徐晃俱前既到羽圍仁遂堅餘救兵未到是以督不足解圍而諸將呵責晃促救儼謂諸將曰今賊圍素固水潦猶盛我徒卒單少而仁隔絶不得同力此舉適所以弊內外耳當今不若前軍逼圍遣諜通仁使仁知有外救以勵將士計北軍至不過十日尚足堅守然後表裏俱發破賊必矣如有緩救之戮余爲諸軍當之諸將皆喜便作地道箭飛書與仁消息數通北軍亦至并勢大戰羽軍既退舟船猶據沔水襄陽隔絶不通而孫權襲取羽輜重羽聞之即走南還仁會諸將議咸曰今因羽危懼必可追禽也儼曰權邀羽連兵之難欲掩制其後顧羽還救恐我乘其兩疲故順辭求救乘釁因變以觀利鈍耳今羽已孤迸更宜存之以爲權害若深入追北權則改虞於彼將生患於我矣王必以此爲深慮仁乃解嚴太祖聞羽走恐諸將追之果疾勑仁如儼所策文帝即王位爲侍中頃之拜駙馬都尉領河東太守典農中郎將黃初三年賜爵關內侯孫權寇邊征東大將軍曹休統五州軍禦之徵儼爲軍師權衆退軍還封宜土亭侯轉爲度支中郎將遷尚書從征吳到廣陵復留爲征東軍師明帝即位進封都鄉侯邑六百戶監荆州諸軍事假節會疾不行復爲尚書出監豫州諸軍事轉大司馬軍師入爲大司農齊王即位以儼監雍涼諸軍事假節轉征蜀將軍又遷征西將軍都督雍涼正始四年老疾求還徵爲驃騎將軍舊故四征有宮廚財籍遷轉之際無不因緣而儼叉手上車發到霸上忘持其常所服藥雍州聞之追送雜藥材數箱儼曰人言語殊不易我偶問所服藥耳何用是爲邪遂不取及至京遷司空薨謚曰穆侯子亭嗣初儼與同郡辛毗陳羣杜襲並知名號曰辛陳杜趙云

裴潛字文行河東聞喜人也避亂荆州劉表待以賓禮潛私謂所親王粲司馬芝曰劉牧非霸王之才乃欲以西伯自處其敗無日矣遂南適長沙太祖定荆州以潛參丞相軍事出歷三縣令入爲倉曹屬太祖問潛曰卿前與劉備俱在荆州卿以備才略何如潛曰使居中國能亂人而不能爲治也若乘閒守險足以爲一方主時代郡大亂以潛爲代郡太守烏丸王及其大人凡三人各自稱單于專制郡事前太守莫能治正太祖欲授潛精兵以鎭討之潛辭曰代郡戶口殷衆士馬控弦動有萬數單于自知放橫日久內不自安今多將兵往必懼而拒境少將則不見憚宜以計圖之不可以兵威迫也遂單車之郡單于驚喜潛撫之以靜單于以下脫帽稽顙悉還前後所畧婦女器械財物潛按誅郡中大吏與單于爲表裏者郝温郭端等十數人北邊大震百姓歸心在代三年還爲丞相理曹掾太祖褒稱治代之功潛曰潛於百姓雖寬於諸胡爲峻今繼者必以潛爲理過嚴而事加寬惠彼素驕恣過寬必弛既弛又將攝之以法此怨爭所由生也以勢料之代必復叛於是太祖深悔還潛之速後數十日三單于果反乃遣鄢陵侯彰爲驍騎將軍征之潛出爲沛國相遷兖州刺史太祖次摩陂歎其軍陣齊整特加賞賜文帝踐阼入爲散騎常侍出爲魏郡潁川典農中郎將奏通貢舉比之郡國由是農官仕進路泰遷荆州刺史賜爵關內侯明帝即位入爲尚書出爲河南尹轉太尉軍師大司農封淸陽亭侯

邑二百戶入爲尙書令奏正分職料簡名實出事使斷官府者百五十餘條父喪去官拜光祿大夫正始五年薨追贈太常諡曰貞侯子秀嗣遺令儉葬墓中惟置一坐瓦器數枚其餘一無所設潛之去官也遠近皆云當爲公會病亾始潛自感所生微賤無舅氏又爲父所不禮卽折節仕進雖多所更歷清慎恪然每之官不將妻子妻子貧乏織藜芘以自供又當爲兖州時嘗作一胡牀及其去也留以掛柱又以父在京師出入薄軬車羣弟之田廬常步行家人小大或并日而食其家教上下相奉事有似於石奮其履儉校度自魏興少能及者潛爲人才博有雅姿容然但如此而已終無所推進故世歸其潔而不宗其餘秀咸熙中爲尙書僕射後與子頠皆顯名晉世

通志卷一百十六

宋右迪功郎鄭樵漁仲撰

列傳第三十

魏

韓暨(韓宣) 崔林 高柔 孫禮 王觀 辛毗 楊阜 高堂隆 滿寵 田豫 牽招 郭淮 徐邈 胡質 王昶 王基 王淩 毌丘儉(文欽 諸葛誕(唐咨) 鄧艾(州泰) 鍾會(王弼)

韓暨字公至南陽堵陽人也韓王信之後祖術河東太守父純南郡太守初同縣豪右陳茂譖暨父兄幾致大辟暨陽不以為言庸賃積資陰結死士遂追呼尋禽茂以首祭父墓由是顯名舉孝廉司空辟皆不就乃變姓名隱居魯陽山中山民合黨欲行寇掠暨散家財以供牛酒請其渠帥為陳安危山民化之終不為害避袁術命召徙居山都之山荊州牧劉表禮辟遂遁逃南居孱陵界所在見敬愛而表深恨之暨懼應命除宜城長太祖平荊州辟為丞相士曹掾後遷樂陵太守徙監冶謁者舊時冶作馬排(蒲拜反為排以吹炭)每一熟石用馬百匹更作人排又費功力暨乃因長流為水排計其利益三倍於前在職七年器用充實制書褒歎就加司金都尉班亞九卿文帝踐阼封宜城亭侯黃初七年遷太常進封南鄉亭侯邑二百戶時新都洛陽制度未備而宗廟主祏皆在鄴都暨奏請迎鄴四廟神主建洛陽廟四時蒸嘗親奉粢盛崇明正禮廢去淫祀多在匡正在官八年以疾遜位景初二年春詔以暨為司徒夏四月薨遺令斂以時服葬為土藏諡恭侯子肇嗣肇薨子邦嗣暨嘗為大鴻臚其後有勃海韓宣者繼為之俱號稱職故鴻臚中為之語曰大鴻臚小鴻臚前後治行曷相如宣字景然勃海人也為人短小建安中太祖召署丞相軍謀掾冗散在鄴嘗於鄴宮出入於東掖門內與臨菑侯植相遇時天新雨地有泥潦宣欲避之閡潦不得去乃以扇自障住於道邊植嫌宣既不去又不為禮乃駐車使其常從問宣何官宣云丞相軍謀掾也植曰應得唐突列侯不宣曰春秋之義王人雖微列於諸侯之上未聞宰士而為下士諸侯禮也植又曰即如所言為人父吏見其子應有禮不宣又曰於禮臣子一例也而宣年又長植知其枝柱難窮乃釋去具為太子言以為辯黃初中為尚書郎嘗以職事當受罰於殿前已縛束杖未行文帝輦過問此為誰左右對曰尚書郎勃海韓宣也帝追念前臨菑侯所說乃寤曰是子建所道韓宣邪特原之遂解其縛時天大寒宣前以當受杖豫脫袴纏褌面縛及其見原褌腰不下乃趍而去帝目而送之笑曰此家有膽諦之士也後出為清河東郡太守明帝時為尚書大鴻臚數歲卒

崔林字德儒清河東武城人也少時晚成宗族莫知唯從兄琰異之太祖定冀州召除鄔長貧無車馬單步之官太祖征壺關問長吏德政最者并州刺史張陟以林對於是擢為冀州主簿徙署別駕丞相掾屬魏國建稍遷御史中丞文帝踐阼拜尚書出為幽州刺史北中郎將吳質統河北軍事涿郡太守王雄謂林別駕曰吳中郎將上所親重國之貴臣也杖節統事州郡莫不奉牋致敬而崔使君初不與相聞若以邊塞不修斬卿使君寧能護卿邪別駕具以白林林曰刺史視去此州如脫屣寧當相累邪此州與胡虜接宜鎮之以靜擾之則動其逆心特為國家生北顧憂以此為寄在官一朞寇竊寢息猶以不事上司左遷河間太守清論多為林怨也遷大鴻臚時龜茲王遣侍子來朝朝廷嘉其遠至褒賞其王甚厚餘國各遣子來朝間使連屬林恐所遣或非真的權取疏屬賈胡因通使命利得印綬而道路護送所損滋多為夷狄所笑乃移書燉煌喻旨并錄前世待遇諸國豐約故事使有常制明帝即位賜爵關內侯轉光祿勳司隸校尉屬郡皆罷非法除過員吏林為政推誠簡存大體是以去後每輒見思散騎常侍劉劭作考課論制下百僚林議曰案周官考課其文備矣自康王以下遂以陵遲此即考課之法存乎其人也及漢之季其失豈在乎佐吏之職不密哉方今軍旅或猥或卒備之以科條申之以內外增減無常固難一矣且萬目不張舉其綱眾毛不整振其領皋陶仕虞伊尹臣殷不仁者遠五帝三王未必如一而各以治亂易曰易簡而天下之理得矣太祖隨宜設辟以遺來今不患不法古也以為今之制度不為疏闊惟在守一勿失而已若朝臣能任仲山甫之重式是百辟則孰敢不肅景初元年司徒司空並缺散騎侍郎孟康薦林稟自然之正性體高雅之弘量論其所長以比古人忠直不回則史魚之儔清儉守約則季文之匹也牧守州郡所在而治及為外司萬里肅齊誠台輔之妙器袞職之良才也後年遂為司空封安陽亭侯邑六百戶三公封列侯自林始也頃之又進封安陽鄉侯魯相上言漢舊立孔子廟褒成侯歲時奉祠辟雍行禮必祭先師王家出穀春秋祭祀今宗聖侯奉嗣未有命祭之禮宜給牲牢長吏奉祀尊為貴神制三府議博士傳祗以春秋傳言立在祀典則孔

子是也宗聖適足繼絕世章盛德耳至於顯立言崇明德則宜如爵相所上林議以爲宗聖侯亦以王命祀不爲未有命也周武王封黃帝堯舜之後及立三恪禹湯之世不列于時復特命他官祭也今周公已上達於三皇忽焉不祀而其禮經亦存其言今獨祀孔子者以世近故也以大夫之後特受無疆之祀禮過古帝義踰湯武可謂崇明報德矣無復重祀於非族也林之著此議頗爲世論所鄙明帝又分林邑封一子列侯正始五年薨謚曰孝侯子述嗣

高柔字文惠陳留圉人也父靖爲蜀郡都尉柔留鄉里謂邑中曰今者英雄並起陳留四戰之地也曹將軍雖據兗州本有四方之圖未得安坐守也而張府君先得志於陳留吾恐變乘間作也欲與諸君避之衆皆以張邈與太祖善柔又年少不然其言柔從兄幹袁紹甥也在河北呼柔柔舉宗從之會靖卒於西州時道路艱澁兵寇縱橫柔冒艱險詣蜀迎喪辛苦荼毒無所不嘗三年乃還太祖平袁氏以柔爲菅長縣中素聞其名姦吏數人皆自引去柔各召復之還皆自相勸勵咸爲佳吏高幹既降頃之以并州叛柔自歸太祖太祖欲因事誅之以爲刺姦令史柔處法允當獄無留滯又夙夜匪懈至擁膝抱文書而寢太祖嘗夜微出觀察諸吏見柔哀之徐解裘覆之而去自是辟爲丞相倉曹屬太祖欲遣鍾繇等討張魯柔諫以爲今猥遣大兵西有韓遂馬超謂爲大軍已舉將相扇動作逆宜先招集三輔三輔苟平漢中可傳檄而定也繇入關遂超等果反魏國初建爲尚書郎轉拜丞相理曹掾鼓吹宋金等在合肥亾逃舊法士亾考竟其妻子太祖患其不息更重其刑金有母妻及二弟皆給官主者奏盡殺之柔啓曰士卒亾軍誠在可疾然竊聞其中時有悔者愚謂乃宜貸其妻子一可使賊中不信二可使誘其還心正如前科固已絕其意望而猥復重之柔恐自今在軍之士見一人逃亾誅將及己亦且相隨而走不可復得殺也此重刑非所以止亾乃所以益走耳太祖曰善即止不殺金母弟及他蒙活者甚衆遷爲潁川太守復還爲法曹掾時置校事盧洪趙達等使察羣下柔諫曰設官分職各有所司今置校事既非居上信下之旨又達等數以憎愛擅作威福宜檢治之太祖曰卿知達等恐不如吾也要能刺舉而辦衆事使賢人君子爲之則不能也昔叔孫通用羣盜良有以也達等後姦利發太祖殺之以謝於柔文帝踐阼以柔爲治書侍御史賜爵關內侯轉加執法時民間數有誹謗妖言帝疾之有妖言輒殺而賞告者柔上疏曰今妖言者必戮告之者輒賞既使過誤無反善之路又將開凶狡之羣相誣罔之漸誠非所以息奸省訟緝熙治道也昔周公作誥稱殷之祖宗咸不顧小人之怨在漢太宗亦除妖言誹謗之令臣愚以爲宜除妖謗賞告之法以隆天父養物之仁帝不即從而相誣告者滋甚帝乃下詔敢以誹謗相告者以所告者罪之於是遂絕校事劉慈等自黃初初數年之間舉吏奸罪以萬數柔皆請懲虛實其餘小小挂法者不過罰金四年遷爲廷尉魏初三公無事又希與朝政柔上疏曰天地以四時成功元首以輔弼興治成湯仗阿衡之佐文武憑旦望之功逮至漢初蕭曹之儔並以元勳代作心膂此皆明王聖主任臣於上賢相良輔股肱於下也今公輔之臣皆國之棟梁民所具瞻而置之三事不使知政遂各偃息養高鮮有進納誠非朝廷崇用大臣之義大臣獻可替否之謂也古者刑政有疑輒議於槐棘之下自今之後朝有疑議及刑獄大事宜數以咨訪三公三公朝朔望之日又可特延入講論得失博盡事情庶有裨起天聽弘益大化帝嘉納焉帝以宿嫌欲枉法誅治書執法鮑勛而柔固執不從詔命帝怒甚遂召柔詣臺遣使者承指至廷尉考竟勛勛死乃遣柔還寺明帝即位封柔延壽亭侯時博士執經柔上疏曰臣聞尊道重學聖人弘訓褒文崇儒帝者明義昔漢末陵遲禮樂崩壞雄戰虎爭以戰陳爲務遂使儒林之羣幽隱而不顯太祖初興愍其如此在於撥亂之際並使郡縣立教學之官高祖即位遂闡其業興復辟雍州立課試於是天下之士復聞庠序之教親俎豆之禮焉陛下臨政允迪叡哲敷弘大猷光濟先軌雖夏啓之承基周成之繼業誠無以加也然今博士皆經明行修一國清選而使遷除限不過長懼非所以崇顯儒術帥勵怠惰也孔子稱舉善而教不能則勸故楚禮申公學士銳精漢隆卓茂搢紳競慕臣以爲博士者道之淵藪六藝所宗宜隨學行優劣待以不次之位敦崇道教以勸學者於化爲弘帝納之後大興殿舍百姓勞役廣采衆女充盈後宮皇子連夭繼嗣未育柔上疏曰二虜狡猾潛自講肄謀動干戈未圖束手宜畜養壯士繕治甲兵以逸待之而頃興造殿舍上下勞擾若使吳蜀知人虛實通謀并勢復俱送死甚不易也昔漢文惜十家之資不營小臺之娛去病慮匈奴之害不遑治第之事況今所損者非惟百金之費所憂者非徒北狄之患可粗成見所營立以充朝讌之儀訖罷作者使得就農俟吳蜀平定復可徐興

昔軒轅以二十五子傳祚彌遠周室以姬國四十歷年滋多陛下聰達窮理盡性而頃皇子連多夭逝熊羆之祥又未感應羣下之心莫不悒戚周禮天子后妃以下百二十人嬪嬙之儀旣以盛矣竊聞後庭之數或復過之聖嗣不昌殆惟由此臣愚以爲可妙簡淑媛以備內官之數其餘盡遣還家且以育精養神專靜爲寶如此則螽斯之徵可庶而致矣帝報曰知卿忠允乃心王室輒克昌言他復以聞時獵法甚峻宜陽典農劉龜竊於禁內射兔其功曹張京詣校事言之帝匿京名收龜付獄柔表請告者名帝大怒曰劉龜當死乃敢獵吾禁地送龜廷尉廷尉便當考掠何復請告者主名吾豈妄收龜邪柔曰廷尉天下之平也安得以至尊喜怒而毀法乎重復爲奏辭指深切帝意寤乃下京名卽還訊各當其罪時制吏遭大喪者百日後皆給役有司徒吏解弘遭父喪後有軍事受敕當行以疾病爲辭詔怒曰汝非曾閔何言毀邪促收考竟柔見弘信甚羸劣奏陳其事宜加寬貸帝乃詔曰孝哉弘也其原之初公孫淵兄晃爲叔父恭任內侍先淵未反數陳其變及淵謀逆帝不忍市斬欲就獄殺之柔上疏曰書稱用罪伐厥死用德彰厥善此王制之明典也晃及妻子叛逆之類誠應梟縣勿使遺育而臣竊聞晃先數自歸陳淵禍萌雖爲凶族原心可恕夫仲尼亮司馬牛之憂祈奚明叔向之過在昔之美義也臣以爲晃信有言宜貸其死苟自無言便當市斬今進不赦其命退不彰其罪閉置圄圄使自引分四方觀國或疑此舉也帝不聽竟使使齎金屑飮晃及其妻子賜以棺衣殯斂於宅是時殺禁地鹿者身死財產沒官有能覺告者厚加賞賜柔上疏曰聖王之御世莫不以廣農爲務儉用爲資夫農廣則穀積用儉則財畜畜財積穀而有憂患之虞者未之有也古者一夫不耕或爲之飢一婦不織或爲之寒中間以來百姓供給衆役親田者旣減少加頃復有獵禁羣鹿犯暴殘食生苗處處爲害所傷不貲民雖障防力不能禦至如滎陽左右周數百里歲略不收元元之命實可矜傷方今天下生財者甚少而麋鹿之損者甚多卒有兵戎之役凶年之災將無以待之惟陛下覽先聖之所念愍稼穡之艱難寬民間使得捕鹿遂除其禁則衆庶永濟莫不悅豫矣頃之護軍營士竇禮近出不還營以爲亾表言逐捕沒其妻盈及男女爲官奴婢盈連至州府稱寃自訟莫有省者乃辭詣廷尉柔問曰汝何以知夫不亾盈垂泣對曰夫少單特養一老嫗爲母事甚恭謹又哀兒女撫視不離非是輕狡不顧室家者也柔重問曰汝夫不與人有怨讐乎對曰夫良善與人無讐又曰汝夫不與人交錢財乎對曰嘗出錢與同營士焦子文求不得時子文適坐小事繫獄柔乃見子文問所坐言次曰汝頗曾舉人錢不子文曰自以單貧不敢舉人錢物也柔察子文色動遂曰汝昔舉竇禮錢何不言邪子文怪知事露應對不次柔曰汝已殺禮便宜早服子文於是叩頭具首殺禮本末埋藏處所柔便遣吏卒承子文辭往掘禮卽得其屍詔書復盈母子爲平民班下天下以禮爲戒在官二十三年轉太常旬日遷司空徙司徒及太傅司馬懿奏免曹爽皇太后詔柔假節行大將軍事據爽營太傅謂柔曰君爲周勃矣爽誅進封萬歲鄉侯高貴鄉公卽位進封安國侯轉爲太尉常道鄉公卽位增邑并前四千戶前後封二子亭侯景元四年年九十薨謚曰元侯孫渾嗣咸熙中開建五等以柔著勳前朝改封渾昌陸子

孫禮字德達涿郡容城人也太祖平幽州召爲司空軍謀掾初喪亂時禮與母相失同郡馬台求得禮母禮推家財盡以與台後坐法當死禮私導令踰獄自首旣而曰臣無逃亾之義徑詣刺姦主簿温恢恢嘉之具白太祖各減死一等後除河間郡丞稍遷滎陽都尉魯山中賊數百人保固險阻爲民作害乃徙禮爲魯相禮至官出俸穀發吏民募首級招納降附使還爲閒應時平泰歷山陽平原平昌琅邪太守從大司馬曹休征吳於夾石口禮諫以爲不可深入不從而敗遷陽平太守入爲尚書明帝方修宮室而節氣不和天下少穀禮固爭罷役詔曰敬納讜言促遣民作時李惠監作復奏留一月有所成訖禮徑至作所不復重奏稱詔罷民帝奇其意而不責也帝獵於大石山虎趨乘輿禮便投鞭下馬欲奮劒斫虎詔令禮上馬明帝臨崩之時以曹爽爲大將軍宜得良佐於牀下受遺詔拜禮大將軍長史加散騎常侍禮亮直不撓爽弗便也以爲揚州刺史加伏波將軍賜爵關內侯吳大將全琮帥數萬衆來寇時州兵休使在者無幾禮躬勒衞兵禦之戰於芍陂自旦及暮將士死傷過半禮犯蹈白刃馬被數創手秉枹鼓奮不顧身賊衆乃退詔書慰勞賜絹七百疋禮爲死事者設祀哭臨哀號發心皆以絹付亾者家無以入身徵拜少府出爲荆州刺史遷冀州牧太傅司馬懿謂禮曰今清河平原爭界八年更二刺史靡能決之虞芮待文王而了宜善令分明禮曰訟者據墟墓爲驗聽者以先老爲正而老者不可加以榎楚又墟墓或遷就高敞或徙避

仇讐如今所聞雖皐陶猶將爲難若欲使必也無訟當以烈祖初封平原時圖決之何必推古問故以益辭訟昔成王以桐葉戲叔虞周公便以封之今圖藏在天府便可於坐上斷也豈待到州乎懿曰是也當別下圖禮到案圖宜屬平原而曹爽信清河言下書云圖不可用當參異同禮上疏曰管仲霸者之佐其器又小猶能奪伯氏駢邑使沒齒無怨言臣受牧伯之任奉聖朝明圖驗地著之界界實以王翁河爲限而鄃以馬丹候爲驗詐以鳴犢河爲界假虛訟訴疑誤臺閣竊聞衆口鑠金浮石沈木三人成市虎慈母投其杼今二郡爭界八年一朝決之者緣有解書圖畫可得尋按摘校也平原在兩河向東上其間有爵隄爵隄在高唐西南所爭地在高唐西北相去二十餘里可爲長嘆息流涕者也案解與圖奏而鄃不受詔此臣軟弱不勝其任臣亦何顏尸祿素餐輒束帶著履駕車待放爽見禮奏大怒劾禮怨望結刑五歲在家期年衆人多以爲言除城門校尉時匈奴王劉靖部衆彊盛而鮮卑數寇邊乃以禮爲并州刺史加振武將軍使持節護匈奴中郎將往見太傅司馬懿有忿色而無言懿曰卿得并州少邪恚理分界失分乎今當遠別何不歡也禮曰何明公言之乖細也禮雖不德豈以官位往事爲意邪本謂明公齊蹤伊呂弼輔魏室上報明帝之託下建萬世之勳今社稷將危天下洶洶此禮之所以不悅也因涕泣橫流懿曰且止忍不可忍及爽誅後入爲司隸校尉禮凡臨七郡五州皆有威信遷司空封大利亭侯邑一百戶禮與盧毓同郡時輩而情好不睦爲人雖互有長短然名位略齊云嘉平二年薨謚曰景侯孫元嗣

王觀字偉臺東郡廩丘人也少孤貧厲志太祖召爲丞相文學掾出爲高唐陽泉鄼任令所在稱治文帝踐阼入爲尚書郎廷尉監出爲南陽涿郡太守涿北接鮮卑數有寇盜觀令邊民十家以上屯居築京候時有不願者觀乃假遣朝吏使歸助子弟不與期會但勑事訖各還於是吏民相率不督自勵旬日之中一時俱成守禦有備寇鈔已息明帝卽位下詔書使郡縣條爲劇中平者主者欲言郡爲中平觀敎曰此郡濱近外虜數有寇害云何不爲劇邪主者曰若郡爲外劇恐於明府有任子觀曰夫君者所以爲民也今郡在外劇則於役條當有降差豈可爲太守之私而負一郡之民乎遂言爲外劇郡後送任子詣鄴時觀但有一子而又幼弱其公心如此觀治身清素帥下以儉僚屬承風莫不自勵明帝幸許昌召觀爲治書侍御史典行臺獄時多有倉卒喜怒而觀不阿意順指太尉司馬懿請觀爲從事中郎遷爲尚書出爲河南尹徙少府大將軍曹爽使材官張達斫家屋材及諸私用之物觀聞知皆錄奪以沒官少府統三尚方御府內藏玩弄之寶爽等奢放多有干求憚觀守法乃徙爲太僕司馬懿誅爽使觀行中領軍據爽弟羲營賜爵關內侯復爲尚書加駙馬都尉高貴鄉公卽位封中鄉亭侯頃之加光祿大夫轉爲右僕射常道鄉公卽位進封陽鄉侯增邑千戶并前二千五百戶遷司空固辭不許遣使就第拜授就官數日上送印綬輒自輿歸里舍薨于家遺令藏足容棺不設明器不封不樹謚曰肅侯子悝嗣咸熙中開建五等以觀著勳前朝改封悝東膠子

辛毗字佐治潁川陽翟人也其先建武中自隴西東遷毗隨兄評從袁紹太祖爲司空辟毗毗不得應命及袁尚攻兄譚於平原譚使毗詣太祖求和太祖將征荊州次于西平毗見太祖致譚意太祖大悅後數日更欲先平荊州使譚自相敝他日置酒毗望太祖色知有變以語郭嘉嘉白太祖太祖謂毗曰譚可信尚必可克不毗對曰明公無問信與詐也直當論其勢耳袁氏本兄弟相伐非謂他人能間其間乃謂天下可定於己也今一旦求救於明公此可知也顯甫見顯思困而不能取此力竭也兵革敗於外謀臣誅於內兄弟讒鬩國分爲二連年戰伐而介胄生蟣蝨加以旱蝗饑饉並臻國無囷倉行無裹糧天災應於上人事困於下民無愚智皆知土崩瓦解此乃天亾尙之時也兵法稱有石城湯池帶甲百萬而無粟者不能守也今往攻鄴尙不還救卽不能自守還救卽譚踵其後以明公之威應困窮之敵擊疲弊之寇無異迅風之振秋葉矣天以袁尙與明公明公不取而伐荊州荊州豐樂國未有釁仲虺有言取亂侮亾方今二袁不務遠略而內相圖可謂亂矣居者無食行者無糧可謂亾矣朝不謀夕民命靡繼而不綏之欲待他年他年或登又自知亾而改修厥德失所以用兵之要矣今因其請救而撫之利莫大焉且四方之寇莫大於河北河北平則六軍盛而天下震矣太祖曰善乃許譚平次于黎陽明年攻鄴克之表毗爲議郎久之太祖遣都護曹洪平下辯使毗與曹休參之令曰昔高祖貪財好色而良平匡其過失今佐治文烈憂不輕矣軍還爲丞相長史文帝踐阼遷侍中賜爵關內侯時議改正朔毗以魏氏遵舜禹之統應天順民至於湯武以戰伐定天下乃改正朔孔子曰行夏之時左氏傳曰

夏數爲得天正何必期於相反帝善而從之帝欲徙冀州士家十萬戶實河南時連蝗民飢羣司以爲不可而帝意甚盛毗與朝臣俱求見帝知其欲諫作色以見之皆莫敢言毗曰陛下欲徙士家其計安出帝曰卿謂我徙之非邪毗曰誠以爲非也帝曰吾不與卿共議也毗曰陛下不以臣不肖置之左右廁之謀議之官安得不與臣議邪臣所言非私也乃社稷之慮也安得怒臣帝不答起入內毗隨而引其裾帝遂奮衣不還良久乃出曰佐治卿持我何太急邪毗曰今徙既失民心又無以食也帝遂徙其半常從帝射雉帝曰射雉樂哉毗曰於陛下甚樂而於羣下甚苦帝默然後遂爲之希出上軍大將軍曹眞征朱然于江陵毗行軍師還封廣平亭侯帝欲大興軍征吳毗諫曰吳楚險遠難禦道隆後服道洿先叛自古患之非徒今也今陛下祚有海內夫不賓者其能久乎昔尉佗稱帝子陽僭號曆年未幾或臣或誅何則違逆之道不久全而大德無所不服也方今天下新定土廣民稀夫廟算而後出軍猶臨事而懼況今廟算有闕而欲用之臣誠未見其利也先帝屢起銳師臨江而旋今六軍不增於故而復循之此未易也今日之計莫若修范蠡之養民法管仲之寄政則充國之屯田明仲尼之懷遠十年之中彊壯未老童齔勝戰兆民知義將士思奮然後用之則役不再舉矣帝曰如卿意更當以虜遺子孫邪毗對曰昔周文王以紂遺武王惟知時也苟時未可容得已乎帝竟伐吳至江而還明帝即位進封潁鄉侯邑三百戶時中書監劉放令孫資見信於主制斷時政大臣莫不交好而毗不與往來毗子敞諫曰今劉孫用事衆皆影附大人宜小降意和光同塵不然必有謗言毗正色曰主上雖未稱聰明不爲闇劣吾之立身自有本末就與劉孫不平不過令吾不作三公而已何危害之有焉大丈夫欲爲公而毀其高節者邪冗從僕射畢軌表言尚書僕射王思精勤舊吏忠亮計略不如辛毗毗宜代思帝以訪放資放資對曰陛下用思者誠欲取其效力不貴虛名也毗實亮直然性剛而專聖慮所當深察也遂不用出爲衛尉時帝方修殿舍百姓勞役毗上疏曰竊聞諸葛亮講武治兵而孫權市馬遼東量其意指似欲相左右備豫不虞古之善政而今者宮室大興加連年穀麥不收詩云民亦勞止迄可小康惠此中國以綏四方唯陛下爲社稷計帝報曰二虜未滅而治宮室直諫者立名之時也夫王者之都當及民勞兼辦使後世無所復增是蕭何爲漢規摹之略也今卿爲魏重臣亦宜解其大歸帝又欲平北芒令於其上作臺觀則見孟津毗諫曰天地之性高高下下今而反之既非其理加以損費人功民不堪役且若九河泛溢洪水爲害而邱陵皆夷將何以禦之帝乃止時諸葛亮圍祁山不克引退張郃追之爲流矢所中死帝惜郃臨朝而歎曰蜀未平而郃死將若之何司空陳羣曰郃誠良將國所依也毗心以爲郃雖可惜然已死不當內弱主意而示外以不大也乃持羣曰陳公是何言歟當建安之末天下不可一日無武皇帝也及委國祚而文皇帝受命黃初之世亦謂不可無文皇帝也及委棄天下而陛下龍興今國內所少豈張郃乎陳羣曰誠如辛毗言也帝笑曰陳公可謂善變矣靑龍二年諸葛亮率衆出渭南先是大將軍司馬懿數請與亮戰明帝終不聽是歲恐不能禁乃以毗爲大將軍軍師使持節六軍皆肅準毗節度莫敢犯違懿數欲進攻毗禁不聽亮卒復還爲衛尉薨諡曰肅侯子敞嗣咸熙中爲河內太守毗女憲英自有傳

楊阜字義山天水冀人也以州從事爲牧韋端使詣許拜安定長史阜還關右諸將問袁曹勝敗孰在阜曰袁公寬而不斷好謀而少決不斷則無威少決則失後事今雖彊終不能成大業曹公有雄才遠略決機無疑法一而兵精能用度外之人所任各盡其力必能濟大事者也長史非其所好遂去官而端徵爲太僕其子康代爲刺史辟阜爲別駕察孝廉辟丞相府州表留參軍事馬超之戰敗渭南也走保諸戎太祖追至安定而蘇伯反河間將引軍東還阜時奉使言於太祖曰超有信布之勇甚得羌胡心西州畏之若大軍還不嚴爲之備隴上諸郡非國家之有也太祖善之而軍還倉卒爲備不周超果率諸戎渠帥以擊隴上郡縣隴上郡縣皆應之唯冀城奉州郡以固守超盡兼隴右之衆而張魯又遣大將楊昂以助之凡萬餘人攻城阜率國士大夫及宗族子弟勝兵者千餘人使從弟岳於城上作偃月營與超接戰自正月至八月拒守而救兵不至州遣別駕閻溫循水潛出求救爲超所殺於是刺史太守失色始有降超之計阜流涕諫曰阜等率父兄子弟以義相勵有死無二田單之守不固於此也柰何棄垂成之功陷不義之名阜以死守之遂號哭刺史太守卒遣人請和開城門迎超超入拘岳於冀使楊昂殺刺史太守阜內有報超之志而未得其便頃之阜以喪妻求葬假阜外兄姜敘爲撫夷將軍領兵屯歷城阜少長敘家乃西至歷城見敘母及敘說前在冀中時事歔欷悲甚敘曰何爲

乃爾阜曰守城不能完君亾不能死亦何面目以視息於天下馬超背父叛君虐殺州將豈獨阜之憂責一州士大夫皆蒙其恥君擁兵專制而無討賊之心此趙盾所以書弑君也超彊而無義多釁易圖耳敘母慨然勑敘從阜計計定外與鄉人姜隱趙昂尹奉姚瓊孔信武都人李俊王靈結謀定討超約使從弟謨至冀語岳并結安定梁寬南安趙衢龐恭等約誓既明十七年九月與敘起兵於鹵城超聞阜等兵起自將出而衢寬等解岳閉冀城門討超妻子超襲歷城得敘母敘母罵之曰汝背父之逆子殺君之桀賊天地豈久容汝而不早死敢以面目視人乎超怒殺之阜與超戰身被五創宗族昆弟死者七人超遂南奔張魯隴右平定太祖封討超之功者十一人賜阜爵關內侯阜讓爵曰阜君存無扞難之功君亾無死節之效於義當絀於法當誅超又不死無宜苟荷爵祿太祖報曰君與羣賢其建大功西土之人以爲美談子貢辭賞仲尼謂之止善君其剖心以順國命姜敘之母勸敘早發明智乃爾雖楊敞之妻蓋不過此賢哉賢哉良史記錄必不墜於地矣太祖征漢中以阜爲益州刺史還拜金城太守未發轉武都太守郡濱蜀漢阜請依龔遂故事安之而已會劉備遣張飛馬超等從沮道趣下辯而氐雷定等七部萬餘落反應之太祖遣都護曹洪禦超等超等退還洪置酒大會令女倡著羅縠之衣踏鼓一坐大笑阜厲聲責洪曰男女之別國之大節何有於廣坐之中裸女人形體雖桀紂之亂不甚於此遂奮衣辭出洪立罷女樂請阜還坐肅然憚焉及劉備取漢中以逼下辯太祖以武都孤遠欲移之恐吏民戀土阜恩信素著前後徙民氐使居京兆扶風天水界者萬餘戶徙郡于槐里百姓襁負而隨之爲政舉大綱而已下不忍欺也文帝問侍中劉曄等武都太守何如人也皆稱阜有公輔之節未及用會帝崩在郡十餘年徵拜城門校尉阜嘗見明帝著帽被縹綾半褎袖阜問帝曰此於禮何法服也帝默然不答自是不法服不以見阜還將作大匠時初治宮室發美女以充後庭數出弋獵秋大雨雷電多殺鳥雀阜上疏指陳災譴之由皆從心恣欲所致其語切直又雍邱王植怨於不齒藩國至親法禁峻密阜又陳九族之義以諷焉帝詔報嘉之後遷少府是時大司馬曹真伐蜀遇雨不進阜上疏曰昔文王有赤烏之符而猶日仄不暇食武王白魚入舟君臣變色而動得吉瑞猶尚憂懼況有災異而不戰竦者哉今吳蜀未平而天屢降變諸軍始進便有天雨之患稽閡山險轉運之勞擔負之苦所費以多若有不繼必違本圖傳曰見可而進知難而退軍之善政也帝覽奏即召諸軍還後詔大議政治之不便於民者阜議以爲致治在於任賢興國在於務農若舍賢而任所私此忘治之甚者也廣開宮館高爲臺榭以妨民務此害農之甚者也百工不敦其器而競作奇巧以合上欲此傷本之甚者也孔子曰苛政甚於猛虎今守功文俗之吏爲政不通治體苟好煩苛此亂民之甚者也當今之急宜去四甚並詔公卿郡國舉賢良方正敦禮之士而選用之此亦求賢之一端也阜又上疏欲省宮人諸不見幸者乃召御府吏問後宮人數吏守舊令對曰禁密不得宣露阜怒杖吏一百數之曰國家不與九卿爲密反與小吏爲密乎帝聞而愈敬憚阜帝愛女淑未期而夭帝痛之甚追封平原公主立廟洛陽葬於南陵將自臨送阜上疏曰文皇帝武宣皇后崩陛下皆不送葬所以重社稷備不虞也何至孩抱之赤子而可送葬乎帝不從帝既新作許宮又營洛陽宮殿觀閣阜上疏曰堯尙茅茨而萬國安其居禹卑宮室而天下樂其業及至殷周或堂崇三尺度以九筵耳古之聖帝明王未有極宮室之高麗以彫弊百姓之財力者也桀作璇室象廊紂爲傾宮鹿臺以喪其社稷楚靈以築章華而身受其禍秦始皇作阿房而殃及其子天下叛之二世而滅夫不度萬民之力以從耳目之欲未有不亾者也陛下當以堯舜殷周爲法桀紂秦楚爲戒而乃自暇自逸唯宮室是飾必有危亾之禍矣君作元首臣爲股肱存亾一體得失同之臣雖駑怯敢忘斯義言不切至不足以感寤陛下陛下不察臣言恐皇祖烈考之祚將墜于地使臣身死有補萬一則死之日猶生之年也謹叩棺沐浴伏俟重誅奏御天子感其忠言手筆詔答每朝廷會議阜嘗侃然以天下爲己任數諫爭不聽乃屢乞遜位未許會卒家無餘財孫豹嗣

高堂隆字升平泰山平陽人魯高堂生之後也少爲諸生泰山太守薛悌命爲督郵郡督軍與悌爭論名悌而呵之隆按劍叱督軍曰昔魯定見侮仲尼歷階趙彈秦箏相如進缶臨臣名君義之所討也督軍失色悌驚起止之後去吏避地濟南建安十八年太祖召爲丞相軍議掾後爲歷城侯徽文學轉爲相徽遭太祖喪不哀反游獵馳騁隆以義正諫甚得輔導之節黃初中爲堂陽長以選爲平原王傅王即尊位是爲明帝以隆爲給事中博士駙馬都尉帝初踐阼羣臣或以爲宜饗會隆曰唐虞有遏密之哀高宗有不言之思臣以爲不宜爲會

帝敬納之遷陳留太守犢民酉牧年七十餘有至行隆舉爲計曹掾帝嘉之特除郎中以顯焉徵隆爲散騎常侍賜爵關內侯時太史上漢曆不及天時因更推步弦望晦朔爲太和曆帝以隆學問優深於天文尤精乃詔使隆與尚書郎楊偉太史待詔駱祿參共推校偉祿是太史隆故據舊曆更相劾奏紛紜數歲偉稱祿得日蝕而月晦不盡隆不得日蝕而月晦盡詔從太史隆所爭雖不得而遠近猶知其精微也青龍中大治殿舍西取長安大鐘隆上疏曰昔周景王不儀刑文武之明德忽公旦之聖制既鑄大錢又作大鐘單穆公諫而弗聽泠州鳩對而弗從遂迷不反周德以衰良史記焉以爲永鑒然今之小人好說秦漢之奢靡以盪聖心求取亾國不度之器勞役費損以傷德政非所以興禮樂之和保神明之休也是日帝幸上方隆與卞蘭從帝以隆表示蘭使難隆曰興衰在政樂何爲也化之不明豈鐘之罪隆曰夫禮樂者爲治之大本也故簫韶九成鳳皇來儀雷鼓六變天神以降政是以平刑是以錯和之至也新聲發響商辛以隕大鐘既鑄周景以斃存亾之機恆由斯作安在廢興之不階也帝稱善遷侍中猶領太史令崇華殿災詔問隆此何咎於禮寧有祈禳之義乎隆對曰夫災變之發皆所以明敎誡也惟率禮修德可以勝之易傳曰上不儉下不節孽火燒其室又曰君高其臺天火爲災此人君苟飾宮室不知百姓空竭故天應之以旱火從高殿起也臣案舊占災火之發皆以臺榭宮室爲誡然今宮室之所以充廣者實由宮人猥多之故宜簡擇留其淑懿如周之制罷省其餘此則陛下消復之良術也詔問隆吾聞漢武帝時栢梁災而大起宮殿

以厭之其義云何隆對曰臣聞西京栢梁既災越巫陳方建章是經以厭火祥乃夷越之巫所爲非聖賢之明訓也五行志曰栢梁災其後有江充巫蠱衛太子事如志之言越巫建章無所厭也臣以爲宜罷散民役清埽所災之處不敢於此有所立作則萐莆嘉禾必生於此地矣帝竟復崇華殿時郡國有九龍見故改曰九龍殿陵霄闕始構有鵲巢其上帝以問隆隆曰詩云惟鵲有巢惟鳩居之今始構闕而鵲巢之天意若曰宮室未成身不得居將有他姓制御之耳天道無親唯與善人今宜休罷百役增崇德政則可以轉禍爲福矣帝於是爲之改容動色是歲有星孛于大辰隆上疏曰凡帝王徙都立邑必先定天地社稷之位敬恭以奉之將營宮室則宗廟爲先廄庫爲次居室爲後今圜邱方澤南北郊明堂社稷神位未定宗廟之制又未如禮而崇飾宮室士民失業外人咸云宮人之用與軍國之費畧齊民不堪命皆有怨怒夫采椽卑宮唐虞大禹之所以垂皇風也玉臺瓊室夏癸商辛之所以犯昊天也今宮室過盛天彗章灼斯乃慈父懇切之訓陛下當崇孝子祗聳之禮不宜有忽以重天怒時軍國多事用法深重隆上疏曰夫移風易俗在於宣明道化今有司不本大道而務糾刑書是以刑用而不措俗敝而不敎宜崇禮樂班敍明堂修三雍大射養老營建郊廟尊儒士舉逸民表章制度改正朔易服色布愷悌尚儉素然後備禮封禪歸功天地使雅頌之聲盈于六合緝熙之化混于後嗣斯蓋至治之美事不朽之貴業也夫不正其本而救其末譬猶棼絲非政理也可命羣公卿士通儒造具其事以爲典式隆又以爲改正朔易服色殊徽號異器械自

古帝王所以神明其政變民耳目故三春稱王明三統也於是敷演舊章奏而改焉帝從其議改青龍五年春三月爲景初元年孟夏四月服色尚黃犧牲用白從地正也遷光祿勳帝愈增崇宮觀彫飾觀閣鑿太行之石英采穀城之文石起景陽山於芳林之園建昭陽殿於太極之北鑄作黃龍鳳皇奇偉之獸飾金墉陵雲臺陵霄闕百役繁興作者萬數公卿以下至于學生莫不展力帝乃躬自握土以率之而遼東不朝悼皇后崩天作淫雨冀州水出漂沒民物隆上疏切諫曰昔在伊唐洪水爲厄使鯀治之績用不成乃舉文命隨山刊木前後歷年二十二載災害之甚莫過於彼力役之興莫久於此堯舜君臣南面而已禹敷九州庶士庸勳各有等差君子小人物有服章今無若時之急而使公卿大夫並與厮徒共供事役聞之四夷非嘉聲也垂之竹帛非令名也臣觀在昔書籍所載天人之際未有不應也是以古先哲王畏上天之明命災異既發則懼而修政故無不延期流祚爰及末葉闇君荒主遂其情志恬忽變戒卒皆尋踐禍難至於顚覆者也今吳蜀二賊非徒白地小虜聚邑之寇乃據險乘流跨有士衆僭號稱帝欲與中國爭衡今若有人來告權備並修德政復履清儉輕省租賦不治玩好動咨耆賢事遵禮度陛下聞之豈不惕然惡其如此以爲難卒討滅而爲國家憂乎若使告者曰彼二賊並爲無道崇侈無度役其士民重其徵賦下不堪命吁嗟日甚陛下聞之豈不勃然忿其困我無辜之民而欲速加之誅其次豈不幸彼疲弊而取之不難乎苟如此則可易心而度事義之數亦不遠矣夫亾國之主恆自謂不亾然後至於亾賢聖之君恆自謂當

亾然後至於不亾今天下彫弊民無儋石之儲國無終年之畜外有彊敵六軍暴邊內興土功州郡騷動若有寇警則臣懼版築之士不能投命虜庭矣又將吏奉祿稍見折減方之於昔五分居一諸受休者又絕廩賜不應輸者今皆出半此爲官入兼多於舊其所出與參少於昔而度支經用更每不足反而推之凡此諸費必有所在周禮天府掌九伐之則以給九式之用入有其分出有其所不相干乘而用各足各足之後乃以式貢之餘供王玩好又上用財必考于司會今陛下所與其坐廊廟治天下者非三司九列則臺閣近臣皆腹心造膝宜在無諱若見豐省而不敢以告從命奔走惟恐不勝是則具臣非鯁輔也昔李斯教秦二世曰爲人主而不恣睢命之曰天下桎梏二世用之秦國以覆斯亦滅族是以史遷譏其不正諫而爲世誡書奏帝覽焉謂中書監令曰觀隆此奏使朕懼哉隆疾篤口占上疏曰曾子有疾孟敬子問之曾子曰鳥之將死其鳴也哀人之將死其言也善臣寢疾病有增無損常懼奄忽忠款不昭臣之丹誠豈唯曾子願陛下少垂省覽臣聞三代之有天下也聖賢相承歷載數百尺土莫非其有一民莫非其臣萬國咸寧九有有截然癸辛縱欲皇天震怒宗國爲墟紂縣白旗桀放鳴條天子之尊湯武有之豈伊異人皆明王之胄也秦并六國聖道不修乃構阿房之宮築長城之守自謂本支百葉何寤二世而亾近漢孝武乘文景之福外攘夷狄內興宮殿十餘年間天下囂然乃信越巫懟天遷怒起建章之宮千門萬戶卒致江充妖蠱之變至於宮室乖離父子相殘殃咎之毒禍流數世臣聞黃初之際天兆其戒異類之鳥育長燕巢口爪胷赤此魏室之大異也宜防鷹揚之臣於蕭牆之內可選諸王使君國典兵往往棊跱鎮撫皇畿翼亮帝室昔周之東遷晉鄭爲依漢呂之亂實賴朱虛斯蓋前代之明鑒矣皇天無親唯德是輔民詠德政則延期過歷下有怨歎則輟錄授能由此觀之天下乃天下之天下非獨陛下之天下也臣百疾所鍾氣力稍微輒自輿出歸還里舍若遂沈淪魂而有知結草以報帝手詔慰勞之未幾而卒遺令薄葬斂以時服初太和中中護軍蔣濟上疏言宜遵古封禪帝曰聞濟斯言使吾汗出流足事寢歷歲後遂議修之使隆撰其禮儀帝聞隆沒歎息曰天不欲成吾事高堂生舍我亾也子琛嗣爵始景初中帝以隆與散騎常侍蘇林博士秦靜等並老恐無能傳業者乃詔郎吏高才解經義者三十人從隆等分受四經三禮爲設課試之法數年隆等皆卒學者遂廢

滿寵字伯寧山陽昌邑人也年十八爲郡督郵時郡內李朔等各擁部曲害于平民太守使寵糾焉朔等請罪不復鈔掠守高平令縣人張苞爲郡督郵貪穢受取干亂吏政寵因其來在傳舍率吏卒出收之詰責所犯卽日考竟遂棄官歸太祖臨兗州辟爲從事及爲大將軍辟署西曹掾爲許昌令時曹洪以宗室親貴有賓客在縣界數犯法寵收治之洪書報寵寵不聽洪白太祖太祖召許昌主吏寵知將欲原乃速殺之太祖聞而喜曰當事不當爾邪故太尉楊彪被收付縣獄尚書令荀彧少府孔融等並屬寵但當受辭勿加考掠寵一無所報考訊如法數日求見太祖言之曰楊彪考訊無他辭語當殺者宜先彰其罪此人有名海內若罪不明必大失民望竊爲明公惜之太祖卽日出彪初彧融聞考掠彪皆怒及因寵得出更善寵時袁紹盛於河朔而汝南紹之本郡門生賓客布在諸縣擁兵拒守太祖憂之乃以寵爲汝南太守寵募其服從者五百人率攻下二十餘壁誘其未降渠帥於坐上殺十餘人一時皆平得戶二萬兵二千人令就田業建安十三年從太祖征荊州大軍還留寵行奮威將軍屯當陽孫權數擾東陲復召寵還爲汝南太守賜爵關內侯關羽圍襄陽寵助征南將軍曹仁屯樊城拒之而左將軍于禁等以霖雨水長爲羽所沒羽急攻樊城樊城得水往往崩壞衆皆失色或謂仁曰今日之危非人力所支可及羽圍未合乘輕船夜走雖失城尚可全身寵曰山水速疾冀其不久聞羽遣別將已在郟下自許以南百姓擾擾羽所以不敢遂進者恐吾軍掎其後耳今若遁去洪河以南非復國家有也君宜待之仁曰善寵乃沈白馬與軍人盟誓會徐晃等救至寵力戰有功羽乃退進封寵安昌亭侯文帝卽王位遷揚武將軍破吳於江陵有功更拜伏波將軍屯新野大軍南征到精湖寵率諸軍在前與賊隔水相對寵勅諸將曰今夕風甚猛賊必來燒軍宜爲之備諸軍皆警夜半賊果遣十部伏夜來燒寵掩擊破之進封南鄉侯黃初三年假寵節鉞五年拜前將軍明帝卽位進封昌邑侯太和二年領豫州刺史三年春降人稱吳大嚴揚聲欲詣江北獵孫權欲自出寵度其必襲西陽而爲之備權聞之退還秋使曹休從廬江南入合肥令寵向夏口寵上疏曰曹休雖明果而希用兵今所從道背湖旁江易進難退此兵之窪地也若入無彊口宜深爲之備寵表未報休遂深入賊果從無彊口斷夾石要休還路休戰不利退走會朱靈等從後來斷道與賊相

遇賊驚走休軍乃得還是歲休薨寵以前將軍代都督揚州諸軍事汝南兵民戀慕大小相率奔隨道路不可禁止護軍表上欲殺其爲首者詔使寵與所將親兵千人自隨其餘一無所問四年拜寵征東將軍其冬孫權揚聲欲向合肥寵表召兖豫諸軍皆集賊退還被詔罷兵寵以爲今賊大舉而還非本意也此必欲僞退以罷吾兵而倒還乘虛掩不備也表不罷兵後十餘日權果更來到合肥城不克而還其明年吳將孫布遣人詣揚州求降辭云道遠不能自致乞兵見迎刺史王淩騰布書請兵馬迎之寵以爲必詐不與兵而作報書曰知識邪正欲避禍就順去暴歸道甚相嘉尙今欲遣兵相迎然計兵少則不足相衞多則事必遠聞且先密計以成本志臨時節度其宜寵會被書當入朝勑留府長史若淩欲往迎勿與兵也淩於後索兵不得乃單遣一督將步騎七百人往迎之布夜掩擊督將迸走死傷過半初寵與淩共事不平淩支黨毀寵疲老悖謬故明帝召之旣至進見體氣康彊飲酒至一石不亂帝勞賜之遣還寵屢表求留詔不許明年吳將陸遜向廬江論者以爲宜速赴之寵曰廬江雖小將勁兵精守則經時又賊舍船二百里來後尾空縣向欲誘致今宜聽其遂進但恐走不可及耳乃整軍趨楊宜口賊聞大兵東下卽夜遁時權歲有來計靑龍元年寵上疏曰合肥城南臨江湖北遠壽春賊攻圍之得據水爲勢官兵救之當先破賊大輩然後圍乃得解賊往甚易而兵往救之甚難宜移城內之兵其西三十里有奇險可依更立城以固守此爲引賊平地而掎其歸路於計爲便護軍將軍蔣濟議以爲旣示天下以弱且望賊烟火而壞城此爲未攻而自拔一至於此劫畧無限必以淮北爲守帝未許寵重表曰孫子言兵者詭道也故能而示之以弱不能驕之以利示之以懾此爲形實不必相應也又曰善動敵者形之令賊未至而移城卻內此所謂形而誘之也引賊遠水擇利而動舉得於外則福生於內矣尙書趙咨以寵策爲長詔遂報聽其年孫權自出欲圍新城以其遠水積二十日不敢下船寵謂諸將曰權得吾移城必於其衆中有自大之言今大舉而來欲要一切之功雖不敢至必當上岸耀兵以示有餘乃潛遣步騎六千伏肥水隱處以待之權果上岸耀兵寵伏軍卒起擊之斬首數百或有赴水死者明年權自將兵號十萬攻合肥新城寵馳往赴救募壯士數十人折松爲炬灌以麻油從上風放火燒賊攻具射殺權弟子孫泰賊於是引退三年春權遣兵數千家佃於江北至八月寵以田向收熟男女布野其屯衞兵去城遠者數百里可掩擊也遣長史督三軍循江東下摧破諸屯焚燒穀物而還詔美之因以所獲盡爲將士賞景初二年以寵年老徵還遷爲太尉寵不治家產家無餘財詔賜田十頃穀五百斛錢二十萬以明淸忠儉約之節焉寵前後增邑凡九千六百戶封子孫二人亭侯正始三年薨謚景侯子偉嗣偉以格度知名官至衞尉

田豫字國讓漁陽雍奴人也劉備之奔公孫瓚也豫時年少自託於備備甚奇之備爲豫州刺史豫以母老求歸備涕泣與別曰恨不與吾共成大事也公孫瓚使豫守東州令瓚將王門叛瓚爲袁紹將萬餘人來攻衆懼欲降豫登城謂曰卿爲公孫所厚而去意有所不得已也今還作賊乃知卿亂人耳夫挈瓶之智守不假器君旣受之矣何不急攻之乎門慙而退瓚雖知豫有權謀而不能用也瓚敗而鮮于輔爲國人所推行太守事輔素善豫以爲長史時雄傑並起輔莫知所從豫謂輔曰終能定天下者必曹氏也宜速歸命輔從其計用受封寵太祖召豫爲丞相軍謀掾除潁陰朗陵令遷弋陽太守所在有治聲鄢陵侯彰征代郡以豫爲相軍次易北虜伏騎擊之軍人擾亂莫知所爲豫因地形回車結圜陣弓弩持滿於內疑兵塞其隙胡不能進散去追擊大破之遂前平代皆豫策也遷南陽太守先時郡人侯音反衆數千人在山中爲羣盜大爲郡患前太守收其黨與五百餘人表奏皆當死豫悉見諸繫囚慰喩開其自新之路一時破械遣之諸囚皆叩頭願自効卽相告語羣賊一朝解散郡內淸淨具以狀上太祖善之文帝初北狄彊盛侵擾邊塞乃使豫持節護烏丸校尉牽招解儁并護鮮卑自高柳以東濊貊以西鮮卑數十部比能彌加素利割地統御各有分界乃共誓要皆不得以馬與中國市豫以戎狄爲一非中國之利乃先搆離之使爲讎敵互相攻伐素利違盟出馬千匹與官爲比能所攻求救於豫豫恐遂相兼并爲害滋深宜救善討惡示信衆狄單將銳卒深入虜庭胡人衆多鈔軍前後截斷歸路豫乃進軍去虜十餘里結屯營多聚牛馬糞然之從他道引去胡見烟火不絕以爲尙在去行數十里乃知之追豫到馬城圍之十重豫密嚴使司馬建旌旗鳴鼓吹將步騎從南門出胡人皆屬目往赴之豫將精銳自北門出鼓譟而起兩頭俱發出虜不意虜衆散亂皆棄弓馬步走追討二十餘里僵尸蔽地又烏丸王骨進桀黠不恭豫因出塞案行單將麾下百餘騎入進部進

逆拜遂使左右斬進顯其罪惡以令衆衆皆怖慴不敢動便以進弟代進自是胡人破膽威震沙漠山賊高艾衆數千人寇鈔爲幽冀害豫誘使鮮卑素利部斬艾傳首京師封豫長樂亭侯爲校尉九年其御夷狄常摧抑兼并乖散彊猾凡逋亾姦宄爲胡作計不利官者豫皆構刺攪離使凶邪之謀不遂聚居之類不安事業未究而幽州刺史王雄支黨欲令雄領烏丸校尉毀豫亂邊爲國生事遂轉豫爲汝南太守加殄夷將軍太和末公孫淵以遼東叛帝欲征之而難其人中領軍楊曁舉豫應選乃使豫以本官督青州諸軍假節往討之會吳賊遣將軍周賀等之遼東求市馬帝以賊衆多又以渡海詔使豫罷軍豫度賀等舡垂還歲晚風急必畏漂浪東隨無岸當赴成山無藏舡之處輒便循海案行地形及諸山島徼截險要列兵屯守自入成山登漢武之觀賀等果遇惡風船皆觸山沈沒波蕩著岸無所逃竄盡虜其衆初諸將皆笑於空地致賊及賊破競欲與謀求入海鉤取浪船豫懼窮虜死戰皆不聽初豫以太守督青州青州刺史程喜內懷不服軍事之際多相違錯喜知帝寶愛明珠乃密上豫雖有戰功而禁令寬弛所得器仗珠金甚多放散皆不納官由是不見列後孫權號十萬衆攻新城征東將軍滿寵欲率諸軍救之豫曰賊悉衆大舉非徒投射小利欲質新城以致大軍耳宜聽使攻城挫其銳氣不當與爭鋒也城不可拔衆必罷怠罷怠然後擊之可大克也若賊見計必不攻城勢將自走若便進兵適入其計又大軍相向當使難知不當使自盡也豫輒上狀天子從之會賊遁走後吳復來寇豫往拒之賊卽退諸軍夜驚云賊復來豫臥不起令衆敢動者斬有頃竟無賊景初末增邑三百并前五百戶正始初遷使持節護匈奴中郎將加振威將軍領并州刺史外胡聞其威名相率來獻州界寧肅百姓懷之徵爲衛尉屢乞遜位太傅司馬懿以爲豫克壯書喻未聽豫書答曰年過七十而以居位譬猶鐘鳴漏盡而夜行不休是罪人也遂固辭疾篤拜太中大夫食卿祿年八十二薨子彭祖嗣豫清儉約素賞賜皆散之將士每胡狄私遺悉簿藏官不以入家家常貧匱雖殊類咸高豫節嘉平六年下詔褒揚賜其家錢穀語在徐邈傳

牽招字子經安平觀津人也年十餘歲詣同縣樂隱受學後隱爲車騎將軍何苗長史招隨卒業值京都亂苗隱俱見害招與隱門生史路等觸蹈鋒刃共殯斂隱屍送喪還歸道遇寇鈔路等皆悉散走賊欲斫棺取釘招垂淚請赦賊義之乃釋而去由是顯名後袁紹在冀州辟爲督軍從事兼領烏丸突騎紹舍人犯法招先斬乃白紹奇其意而不罪也紹卒又事紹子尙建安九年太祖圍鄴尙遣招至上黨督致軍糧未還尙破走到中山時尙外兄高幹爲并州刺史招以并州左有恆山之險右有大河之固帶甲五萬北阻彊胡勸幹迎尙并力觀變幹旣不能又陰欲害招招聞之閒行而去道隔不得追尙遂東詣太祖太祖領冀州辟爲從事太祖將討袁譚而柳城烏丸欲出騎助譚太祖以招嘗領烏丸遣詣柳城到值峭王嚴以五千騎當遣詣譚又遼東太守公孫康自稱平州牧遣使韓忠齎單于印綬往假峭王峭王大會羣長忠亦在坐峭王問招曰昔袁公受天子之命假我爲單于今曹公復言當更白天子假我眞單于遼東復持印綬來如此誰當爲正招答曰昔袁公承制得有所拜假中閒違錯天子命曹公代之言當白天子更假眞單于是也遼東下郡何得擅稱拜假也忠曰我遼東在滄海之東擁兵百萬又有扶餘濊貊之用當今之勢彊者爲右曹操獨何得爲是也招呵忠曰曹公允恭明哲翼戴天子伐叛柔服寧靜四海汝君臣頑嚚今恃險遠背違王命欲擅拜假侮弄神器方當屠戮何敢慢易咎毀大人便捉忠頭頓築拔刀欲斬之峭王驚怖徒跣抱招以救請忠左右失色招乃還坐爲峭王等說成敗禍福之效皆下席跪伏敬受敕教便辭遼東之使罷所嚴騎太祖滅譚於南皮署招軍謀掾從討烏丸至柳城拜護烏丸校尉還鄴遼東送袁尙首縣在馬市招覩之悲感設祭頭下太祖義之舉爲茂才從平漢中太祖還留招爲中護軍事罷還鄴拜平虜校尉將兵督青徐州郡諸軍事擊東萊賊斬其渠帥東土寧靜文帝踐阼拜招使持節護鮮卑校尉屯昌平是時邊民流散山澤又亾叛在鮮卑中者處有千數招廣布恩信招誘降附建義中郎將公孫集等率將部曲咸各歸命使還本郡又懷來鮮卑素利彌加等十萬餘落皆令款塞大軍欲征吳召招還至值軍罷拜右中郎將出爲鴈門太守郡多寇鈔招敎民戰陣又表復烏丸五百餘家租調使備鞍馬遠遣偵候虜每犯塞勒兵逆擊來輒摧破於是吏民膽氣日銳荒野無虞又構間離散使虜更相猜貳鮮卑大人步度根泄歸泥等與軻比能爲隙將部落三萬餘家詣郡附塞勑令還擊比能殺比能弟苴羅侯及叛烏丸歸義侯王同王寄等大結怨讐是以招自出率將歸泥等討比能於雲中故郡大破之招通河西鮮卑附頭等十餘萬家繕治陘北故上館城置屯戍以鎭內

外夷虜大小莫不歸心諸亾叛雖親戚不敢藏匿咸悉收送於是野居晏閉寇賊静息招乃簡選有才識者詣太學受業還相授教數年中庠序大興郡所治廣武井水鹹苦民乃擔輦遠汲流水往返七里招準望地勢因山陵之宜鑿原開渠注水城內民賴其益明帝即位賜爵關內侯太和二年護烏丸校尉田豫出塞爲軻比能所圍於故馬邑城移招求救招即整勒兵馬欲赴救豫并州以常憲禁招以爲節將見圍不可拘於吏議自表輒行又並馳布羽檄稱陳形勢云當西北掩取虜家然後東行會誅虜身檄到豫軍踊躍又遺一通於虜蹊要虜即恐怖種類離散軍到故平城便皆潰走比能復大合騎來到故平州塞北招潛行撲討大斬首級招以蜀相諸葛亮數出而比能狡猾能相交通表爲防備議者以爲縣遠未之信也會亮時在祈山果遣使連結比能比能至故北地石城與相首尾帝乃詔招使從便宜討之時比能已還漠南招與刺史畢軌議曰胡虜遷徙無常若勞師遠追則遲速不相及若欲潛襲則山谿艱險資糧轉運難以密辦可使守新興鴈門二牙門出屯陘北外以鎮撫內令兵田儲畜資糧秋冬馬肥州郡兵合乘釁征討計必全克未及施行會病卒招在郡十二年威風遠振其治邊之稱次於田豫百姓追而思之而漁陽傅容在鴈門有名績繼招後在遼東又有事功云招子嘉嗣次子弘亦猛毅有招風以隴西太守隨鄧艾伐蜀有功咸熙中爲振威護軍嘉與晉司徒李允同母早卒

郭淮字伯濟太原陽曲人也祖全大司農父緼鴈門太守淮建安中舉孝廉除平原府丞文帝爲五官將召淮署爲門下賊曹轉爲丞相兵曹議令史從征漢中太祖還留征西將軍夏侯淵拒劉備以淮爲淵司馬淵與備戰淮時有疾不出淵遇害軍中擾擾淮收散卒推盪寇將軍張郃爲軍主諸營乃定其明日備欲渡漢水來攻諸將議衆寡不敵備便乘勝欲依水爲陣以拒之淮曰此示弱而不足挫敵非筭也不如遠水爲陣引而致之半濟而後擊備可破也旣陣備疑不渡淮遂堅守示無還心以狀聞太祖善之假郃節復以淮爲司馬文帝即王位賜爵關內侯轉爲鎮西長史又行征羌護軍護左將軍張郃冠軍將軍楊秋討山賊鄭甘盧水叛胡皆破平之關中始定民得安業黄初元年奉使賀文帝踐阼而道得疾稽留及羣臣歡會帝正色責之曰昔禹會諸侯于塗山防風氏後至便行大戮今溥天同慶而卿使最留遲何也淮對曰臣聞五帝先教導民以德夏后政衰始用刑辟今臣遭唐虞之世是以自知免於防風之誅也帝悦之擢領雍州刺史封射陽亭侯五年爲眞安定羌大帥辟蹏反討破降之每羌胡來降淮輒先使人推問其親姻男女多少年歲長幼及見一二知其款曲訊問周至咸稱神明太和二年蜀相諸葛亮出祁山遣將軍馬謖至街亭高詳屯列柳城張郃擊謖淮攻詳營皆破之又破隴西名羌唐蹏於枹罕加建威將軍五年蜀人出鹵城是時隴右無穀議欲關中大運淮以威恩撫循羌胡家使出穀平其輸調軍食用足轉揚武將軍青龍二年諸葛亮出斜谷並田于蘭坑是時司馬懿屯渭南淮策亮必爭北原宜先據之議者多謂不然淮曰若亮跨渭登原連兵北山隔絶隴道搖盪民夷此非國之利也懿善之淮遂屯北原塹壘未成蜀兵大至淮逆擊之後數日亮盛兵西行諸將皆謂欲攻西圍淮獨以爲此見形於西欲使官軍重應之必攻陽遂耳其夜果攻陽遂有備不得上正始元年蜀將姜維出隴西淮遂進軍追至彊中維退遂討羌迷當等案撫柔氐三千餘落拔徙以實關中遷左將軍涼州休屠胡梁元碧等率種落二千餘家附雍州淮奏請徙居安平之高平爲民保鄣其後因置西川都尉轉拜前將軍領州如故五年夏侯元伐蜀淮督諸軍爲前鋒淮度勢不利輒拔軍出故不大敗還假淮節八年隴西南安金城西平諸羌餓何燒戈伐同蛾遮塞等相結叛亂攻圍城邑南招蜀兵涼州名胡治無戴復叛應之討蜀護軍夏侯霸督諸軍屯爲翅淮軍始到狄道議者僉謂宜先討定枹罕內平惡羌外折賊謀淮策維必來攻霸遂入渢中轉南迎霸維果攻爲翅會淮軍適至維遁退淮進討叛羌斬餓何燒戈服降者萬餘落九年遮塞等屯河關白土故城據河拒官軍淮見形上流密於下渡兵據白土城擊大破之治無戴圍武威家屬留在西海淮進軍趨西海欲掩取其累重會無戴折還與戰於龍夷之北破走之令居惡虜在石頭山之西當大道止斷絶王使淮還過討大破之姜維出石營從彊川乃西迎治無戴留陰平太守廖化於成重山築城斂破羌保質淮欲分兵取之諸將以維衆西接彊胡化以據險分軍兩持兵勢轉弱進不制維退不拔化非計也不如合而俱西及胡蜀未接絶其內外此交伐之兵也淮曰今往取化出賊不意維必狼顧比維自致足以定化且使維疲於奔命兵不遠西而胡交自離此一舉而兩全之策也乃別遣夏侯霸等追維於沓中淮自率諸軍就攻化等維果馳救化皆如

淮討進封都鄉侯嘉平元年遷征西將軍都督雍涼諸軍事是歲與雍州刺史陳泰協謀降蜀牙門將句安等於翅上二年詔以淮爲車騎將軍儀同三司持節都督如故進封陽曲侯邑凡二千七百八十戶分三百戶封一子亭侯正元二年薨追贈大將軍謚貞侯子統嗣統官至荆州刺史薨子正嗣咸熙中開建五等以淮著勳前朝改封汾陽子

徐邈字景山燕國薊人也太祖平河朔召爲丞相軍謀掾試守奉高令入爲東曹議令史魏國初建爲尚書郎時科禁酒而邈私飲至於沈醉校事趙達問以曹事邈曰中聖人達白之太祖太祖甚怒度遼將軍鮮于輔進曰平日醉客謂酒清者爲聖人濁者爲賢人邈性修愼偶醉言耳竟坐得免刑後領隴西太守轉爲南安文帝踐阼歷譙相平陽安平太守潁川典農中郎將所在著稱賜爵關內侯車駕幸許昌問邈曰頗復中聖人不對曰昔子反斃於穀陽御叔罰於飲酒臣嗜同二子不能自懲時復中之然宿瘤以醜見傳而臣因醉見識帝大笑顧左右曰名不虛立遷撫軍大將軍軍師明帝以涼州絕遠南接蜀寇以邈爲涼州刺史使持節領護羌校尉至值諸葛亮出祁山隴右三郡反邈輒遣參軍及金城太守擊南安賊破之河右少雨民常苦乏穀邈上書修武威酒泉鹽池以收虜穀又廣開水田募貧民佃之家家豐足倉庫盈溢乃支度州界軍用之餘以市金帛犬馬通供中國之費以漸收斂民間私仗藏之府庫然後率以禮義立學明訓禁厚葬斷淫祀進善黜惡風化大行百姓歸心焉西域流通荒戎入貢皆邈之勳也討叛羌柯吾有功封都亭侯邑三百戶加建威將軍邈與羌胡從事不問小過若犯大罪先告部帥使知應死者乃斬以徇是以信服畏威邈所得賞賜皆散與將士無入家者妻子衣食不充天子聞而嘉之隨時供給其家正始元年還爲大司農遷爲司隸校尉百僚敬憚之公事去官後爲光祿大夫數歲即拜司空邈嘆曰三公論道之官無其人則缺豈可以老病忝之哉遂固辭不受嘉平元年年七十八以大夫薨于家用公禮葬謚曰穆侯子武嗣六年朝廷追思清節之士詔曰夫顯賢表德聖王所重舉善而教仲尼所美故司空徐邈征東將軍胡質衞尉田豫皆服職前朝歷事四世出統戎馬入贊庶政忠清在公憂國忘私不營產業身没之後家無餘財朕甚嘉之其賜邈等家穀二千斛錢三十萬布告天下邈同郡韓觀曼游有鑒識器幹與邈齊名而在孫禮盧毓先爲豫州刺史甚有治功卒官盧欽著書稱邈曰徐公志高行潔才博氣猛其施之也高而不狷潔而不介博而守約猛而能寬聖人以清爲難而徐公之所易也或問欽徐公當武帝之時人以爲通自在涼州及還京師人以爲介何也欽答曰往者毛孝先崔季珪等用事貴清素之士于時皆變易車服以求名高而徐公不改其常故人以爲通比來天下奢靡轉相倣效而徐公雅尙自若不與俗同故前日之通乃今日之介也是世人之無常而徐公之有常也

胡質字文德楚國壽春人也少與蔣濟朱績俱知名於江淮間仕州郡蔣濟爲別駕使見太祖太祖問曰胡通達（通達名敏以方正徵）長者也寍有子孫不濟曰有子曰質規模大畧不及於父至於精良綜事過之太祖即召質爲頓邱令縣民郭政通於從妹殺其夫程他郡吏馮諒繫獄爲證政與妹皆耐掠隱抵諒不勝痛自誣當反其罪質至官察其情色更詳其事檢驗具服入爲丞相東曹議令史州請爲治中將軍張遼與其護軍武周有隙遼見刺史溫恢求請質質辭以疾遼出謂質曰僕委意於君何以相辜如此質曰古人之交也取多知其不貪奔北知其不怯聞流言而不信故可終也武伯南身爲雅士往者將軍稱之不容口今以睚眦之恨乃成嫌隙況質才薄豈能終好是以不願也遼感其言復與周平太祖辟爲丞相屬黃初中徙吏部郎爲恆山太守遷任東莞士盧顯爲人所殺質曰此士無讎而有少妻所以死乎悉見其比居年少書吏李若見問而色動遂窮詰情狀若即自首罪人斯得質每軍功賞賜皆散之於眾無入家者在郡九年吏民便安將士用命遷荆州刺史加振威將軍賜爵關內侯吳大將朱然圍樊城質輕軍赴之議者以爲賊盛不可迫質曰樊城卑下兵少故當進軍爲之外援不然危矣遂勒兵臨圍城中乃安遷征東將軍假節都督青徐諸軍事廣農積穀有兼年之儲置東征臺且佃且守又通渠諸郡利舟楫嚴設備以待敵海邊無事質性沈實內察不以其節檢物所在見思嘉平二年薨家無餘財惟有賜衣書篋而已軍師以聞追進封陵陽亭侯邑百戶謚曰貞侯子威嗣六年詔書襃述質清行賜其家錢穀語在徐邈傳威字伯虎官至前將軍青州刺史封平春侯晉史有傳在良吏目中

王昶字文舒太原晉陽人也父澤代郡太守伯父柔北中郎將昶少與同郡王淩俱知名淩年長昶兄事之文帝在東宮昶爲太子文學遷中庶子文帝踐阼徙散騎侍郎爲洛陽典農時都畿樹木成林昶斫開荒萊勤勸

百姓墾田特多遷兗州刺史明帝即位加揚烈將軍賜爵關內侯昶雖在外任心存朝廷以魏承秦漢之弊法制苛碎不大釐改國典以準先王之風而望治化復興不可得也乃著治論畧依古制而合於時務者二十餘篇又著兵書十餘篇言奇正之用青龍中奏之其爲兄子及子作名字皆依謙實以見其意故兄子默字處靜沈字處道其子渾字元沖深字道沖遂書誡之曰夫人爲子之道莫大於寶身全行以顯父母此三者人知其善而或危身破家陷於滅亾之禍者何也由所祖習非其道也夫孝敬仁義百行之首而立身之本也孝敬則宗族安之仁義則鄉黨重之此行成於內名著於外者矣人若不篤於至行而背本逐末以陷浮華焉以成朋黨焉浮華則有虛僞之累朋黨則有彼此之患此二者之戒昭然著明而循覆車滋衆逐末彌甚皆由惑當時之譽昧目前之利故也夫富貴聲名人情所樂而君子或得而不處何也惡不由其道耳人患知進而不知退知欲而不知足故有困辱之累悔吝之咎語曰如不知足則失所欲故知足之足常足矣覽往事之成敗察將來之吉凶未有干名要利而不厭而能保世持家永全福祿者也欲使汝曹立身行已遵儒者之教履道家之言故以元默沖虛爲名欲使汝曹顧名思義不敢違越也古者盤杅有銘几杖有誡俯仰察焉用無過行況在已名可不戒之哉夫物速成則疾亾晚就則善終朝華之草夕而零落松柏之茂隆冬不衰是以大雅君子惡速成戒闕黨也若范匄對秦客而武子擊之折其委笄惡其掩人也夫人有善鮮不自伐有能者寡不自矜伐則掩人矜則陵人掩人者人亦掩之陵人者人亦陵之故三郤爲戮於晉王叔負罪於周不惟矜善自伐好爭之咎乎故君子不自稱非以讓人惡其蓋人也夫能屈以爲伸讓以爲得弱以爲彊鮮不遂矣夫毀譽愛惡之原而禍福之機也是以聖人慎之孔子曰吾之於人誰毀誰譽如有所譽必有所試又曰子貢方人賜也賢乎哉我則不暇以聖人之德猶尚如此況庸庸之徒而輕毀譽哉昔伏波將軍馬援戒其兄子言聞人之惡當如聞父母之名耳可得而聞口不可得而言也斯戒至矣人或毀已當退而求之於身若已有可毀之行則彼言當矣若已無可毀之行則彼言妄矣當則無怨於彼妄則無害於身又何反報焉且聞人毀已而忿者惡醜聲之加人也人報者滋甚不如默而自修已也諺曰救寒莫如重裘止謗莫如自修斯言信矣若與是非之士凶險之人近猶不可況與對校乎其害深矣夫虛僞之人言不根道行不顧言其爲浮淺較可識別而世人惑焉猶不檢之以言行也近濟陰魏諷山陽曹偉皆以傾邪敗沒熒惑當世挾持姦慝驅動後生雖刑於鈇鉞大爲烱戒然所汚染固已衆矣可不慎與若夫山林之士夷叔之倫甘長飢於首陽安赴火於縣山雖可以激貪勵俗然聖人不爲吾亦不願也今汝先人世有冠冕惟仁義爲名守慎爲稱孝悌於閨門務學於師友吾與時人從事雖出處不同然各有所取潁川郭伯益（伯益名弈郭嘉之子）好尚通達敏而有知其爲人弘曠不足輕貴有餘得其人重之如山不得其人忽之如草吾以所知親之昵之不願兒子爲之北海徐偉長不治名高不求苟得澹然自守唯道是務其有所是非則託古人以見其意當時無所襃貶吾敬之重之願兒子師之東平劉公幹博學有高才誠節有大意然性行不均少所拘忌得失足以相補吾愛之重之不願兒子慕之樂安任昭先（昭先名嘏）淳粹履道內敏外恕推遜恭讓處不避洿怯而義勇在朝忘身吾友之善之願兒子遵之若引而伸之觸類而長之汝其庶幾舉一隅耳及其用財先九族其施舍務周急其出入存故老其論議貴無貶其進仕尚忠節其取人務道實其處勢戒驕淫其貧賤慎無戚其進退念合宜其行事加九思如此而已吾何憂哉青龍四年詔欲得有才智文章謀慮淵深料遠若近視昧而察籌不虛運策不徒發端一小心清修密靜乾乾不解志尚在公者無限年齒勿拘貴賤卿校已上各舉一人太尉司馬懿以昶應選正始中轉任徐州封武觀亭侯遷征南將軍假節都督荊豫諸軍事昶以爲國有常衆戰無常勝地有常險守無常勢今屯宛去襄陽三百餘里諸軍散屯船在宣池有急不足相赴乃表徙治新野習水軍於三州廣農墾殖倉穀盈積嘉平初太傅司馬懿旣誅曹爽乃奏博問大臣得失昶陳治畧五事其一欲崇道篤學抑絕浮華使國子入太學而修庠序其二欲用考試考試猶準繩也未有舍準繩而意正曲直廢黜陟而空論能否也其三欲令居官者久於其職有治績則就增位賜爵其四欲約官實祿勵以廉恥不使與百姓爭利其五欲絕侈靡崇節儉令衣服有章上下有敘儲穀畜帛反民於樸詔書襃讚因使撰百官考課事昶以爲唐虞雖有黜陟之文而考課之法不垂周制冢宰之職大計羣吏之治而誅賞又無校比之制由此言之聖主明於任賢畧舉黜陟之體以委達官之長而總其統紀故能否可得而知也其大指如此二年昶奏孫權流放良

臣遹庶分爭可乘釁而制吳蜀白帝夷陵之間黔巫秭歸房陵皆在江北民夷與新城郡接可襲取也乃遣新城太守州泰襲黔巫秭歸房陵荊州刺史王基詣夷陵昶詣江陵兩岸引竹絙爲橋渡水擊之賊奔南岸鑿七道並來攻於是昶使積弩同時俱發賊大將施績夜遁入江陵城追斬數百級昶欲引致平地與合戰乃先遣五軍案大道發還使賊望見以喜之以所獲鎧馬甲首馳環城以怒之設伏兵以待之績果追軍與戰克之績遁走斬其將鍾離茂許旻收其甲首旗鼓珍寶器仗振旅而還王基州泰皆有功於是遷昶征南大將軍儀同三司進封京陵侯毌丘儉文欽作亂引兵拒儉欽有功封二子亭侯關內侯進位驃騎將軍諸葛誕反昶據夾石以逼江陵持施績全熙使不得東誕既誅詔增邑千戶并前四千七百戶遷司空持節都督如故甘露四年薨謚曰穆侯子渾嗣渾自越騎校尉入晉累居方任平吳有功晉史有傳

王基字伯輿東萊曲城人也少孤與叔父翁居翁撫養甚篤基亦以孝稱年十七郡召爲吏非其好也遂去入琅邪界游學黃初中察孝廉除郎中是時青土初定刺史王淩表請基爲別駕後召爲祕書郎淩復請還頃之司徒王朗辟基淩不遣朗以書劾州淩猶不遣淩流稱青土蓋亦基協和之輔也大將軍司馬懿辟基未至擢爲中書侍郎明帝盛修宮室百姓勞弊基上疏曰臣聞古人以水喻民曰水所以載舟亦所以覆舟故在民上者不可以不戒懼夫民逸則慮易苦則思難是以先王居之以約儉俾不至於生患昔顏淵云東野子之御馬馬力盡矣而求進不已是以知其將敗今事役勞苦男女離曠願陛下深察東野之弊留意舟水之喻息奔駟於未盡節力役於未困昔漢有天下至孝文時唯有同姓諸侯而賈誼憂之以爲置火積薪之下而寢其上因謂之安也今寇賊未殄猛將擁兵檢之則無以應敵久之則難以遺後當盛明之世不務以除患若子孫不競社稷之憂也使賈誼復起必深切於曩時矣散騎常侍王肅著諸經傳解及論定朝儀改易鄭元舊說而基據持元義常與抗衡遷安平太守公事去官大將軍曹爽請爲從事中郎出爲安豐太守郡接吳寇爲政清嚴有威惠明設防備敵不敢犯加討寇將軍吳嘗大發眾集建業揚聲欲入攻揚州刺史諸葛誕使基策之基曰昔孫權再至合肥一至江夏其後全琮出廬江朱然寇襄陽皆無功而還今陸遜等已死而權年老內無賢嗣中無謀主權自出則懼內釁卒起癰疽發潰遣將則舊將已盡新將未信此不過欲補定支黨還自保護耳後權竟不能出時曹爽專柄風化陵遲基著時要論以切世事以疾徵還起家爲河南尹未拜爽伏誅基嘗爲爽官屬隨例罷其年爲尚書出爲荊州刺史加揚烈將軍隨征南王昶擊吳基別襲步協於夷陵協閉門自守基示以攻形而實分兵取雄父邸閣收米三十餘萬斛虜安北將軍譚正納降數千口於是移其降民置夷陵縣賜爵關內侯基又上昶表城徙江夏治之以偪夏口由是賊不敢輕越江明制度整軍農兼修學校南方稱之時朝廷議欲伐吳詔基量進趣之宜基對曰夫兵動而無功則威名折於外財用窮於內故必全而後用之也若不資通川聚糧水戰之備則雖積兵江內無必渡之勢矣今江陵有沮漳二水溉灌膏腴之田以千數安陸左右陂池沃衍若水陸並農以實軍資然後引兵詣江陵夷陵分據夏口順沮漳資水浮穀而下賊知官兵有經久之勢則拒天誅者意沮而向王化者益固然後率合蠻夷以攻其內精卒勁兵以討其外則夏口以上必拔而江外之郡不守如此則吳蜀之交絕交絕而吳禽矣不然兵出之利未可必也於是遂止司馬師新統政事基書戒師以志正心靜爲本且以許允傅嘏袁侃崔贊爲薦師納用之高貴鄉公即位進封常樂亭侯毌丘儉文欽作亂以基爲行監軍假節統許昌軍適與司馬師會於許昌師曰君籌儉等何如基曰淮南之逆非吏民思亂也儉等誑脅迫懼畏目下之戮是以尚羣聚耳若大兵臨偪必土崩瓦解儉欽之首不終朝而縣於軍門矣師曰善乃令基居軍前議者咸以儉欽慓悍難與爭鋒詔基停駐基以爲儉等舉軍足以深入而久不進者是其詐僞已露眾心疑沮也今不張示威形以示民望而停軍高壘有似畏懦非用兵之勢也若或虜略人民又州郡兵家爲賊所得者更懷離心儉等所迫脅者自顧罪重不敢復還此爲錯兵無用之地而成姦宄之原吳寇因之則淮南非國家之有譙沛汝豫危而不安此計之大失也軍宜速進據南頓南頓有大邸閣計足軍人四十日糧保堅城因積穀先人有奪人之心此平賊之要也基屢請乃聽進據瀙水既至復言曰兵聞拙速未覩工遲之久方今外有彊寇內有叛臣若不時決則事之深淺未可測也議者多欲將軍持重將軍持重是也停軍不進非也持重非不行之謂也進而不可犯耳今據堅城保壁壘以積實資虜縣運軍糧甚非計也師欲須諸軍集到猶尚未許基曰將在軍君令有所不受

彼得則利我得亦利是謂爭城南頓是也遂輒進據南頓儉等從項亦爭欲往發十餘里聞基先到復還保項時兗州刺史鄧艾屯樂嘉儉使文欽將兵襲艾基知其勢分進兵偪項儉衆遂敗欽等已平遷鎭南將軍都督豫州諸軍事領豫州刺史進封安樂鄉侯上疏求分戶二百賜叔子喬爵關內侯以報叔父拊育之德有詔特聽諸葛誕反基以本官行鎭東將軍都督揚豫諸軍事時大軍在項以賊兵精詔基斂軍堅壘基累啟求進討會吳遣朱異來救誕軍於安城基又被詔引軍轉據北山基謂諸將曰今圍壘轉固兵馬向集但當精修守備以待越逸而更移兵守險使得放縱雖有智者不能善後矣遂守便宜上疏曰今與賊衆對敵當不動如山若遷移依險人心搖蕩形勢大損諸軍並據深溝高壘衆心皆定不可傾動此御兵之要也書奏報聽大將軍司馬昭進屯邱頭分部圍守各有所統基督城東城南二十六軍昭勑軍吏入鎭南部界一不得有所遣城中食盡賊晝夜攻壘基輒拒擊破之壽春既平昭與基書曰初議者云云求移者甚衆時未臨履亦謂宜然將軍深算利害獨秉固志上違詔命下拒衆議終至制敵禽賊雖古人所述不是過也昭欲遣諸將輕兵深入招迎唐咨等子弟因釁有蕩覆吳之勢基諫曰昔諸葛恪乘東關之勝竭江表之兵以圍新城城既不拔而衆死者太半姜維因洮上之利輕兵深入糧餉不繼軍覆上邽夫大捷之後上下輕敵輕敵則慮難不深今賊新敗於外又內患未弭是其修備設慮之時也且兵出踰年人有歸志今俘馘十萬罪人斯得自歷代征伐未有全兵獨克如今之盛者也武皇帝克袁紹於官渡自以所獲已多不復追奔懼挫威也昭乃止以淮南初定轉基爲征東將軍都督揚州諸軍事進封東武侯基上疏固讓歸功參佐由是長史司馬等七人皆侯是歲基母卒詔祕其凶問迎基父豹喪合葬洛陽追贈豹北海太守甘露四年轉爲征南將軍都督荆州諸軍事常道鄉公即位增邑千戶并前五千七百戶前後封子二人亭侯關內侯景元二年襄陽太守表吳賊鄧由等欲來歸化基被詔當因此震蕩江表基疑其詐馳驛陳狀且白嘉平以來累有內難當今之務在於鎭安社稷綏寧百姓未宜動衆以求外利司馬昭報書曰凡處事者多曲相從順鮮能確然共盡理實誠感忠愛每見規示輒敬依來指後由等竟不降是歲基薨進贈司空謚曰景侯子徽嗣早卒咸熙中開建五等以基著勳前朝改封孫廙而以東武餘邑賜一子爵關內侯晉室踐阼下詔曰故司空王基既著德立勳又治身清素不營產業久在重任家無私積可謂身沒行顯足用勵俗者也其以奴婢二人賜其家

王淩字彥雲太原祁人也叔父允爲漢司徒誅董卓卓將李傕郭汜等爲卓報讎入長安殺允盡害其家淩及兄晨時年皆少踰城得脫亾命歸鄉里淩舉孝廉爲發干長遇事髡刑五歲當道埽除時太祖車過問此何徒左右以狀對太祖曰此子師兄子也所坐亦公耳於是主者選爲驍騎主簿稍遷至中山太守所在有治聲太祖辟爲丞相掾屬文帝踐阼拜散騎常侍出爲兗州刺史與張遼等至廣陵討孫權臨江夜大風吳將呂範等船漂至北岸淩與諸將逆擊捕斬首虜獲舟船有功封宜城亭侯加建武將軍轉任青州是時海濱乘喪亂之後法度未整淩布政教賞善罰惡甚有綱紀百姓稱之不容於口後從曹休征吳與賊遇於夾口休軍失利淩力戰決圍休得免難仍徙爲揚豫州刺史咸得軍民之歡心始至豫州旌先賢之後求未顯之士各有條教意義甚美初淩與司馬朗賈逵友善及臨兗豫繼其名跡正始初爲征東將軍假節都督揚州諸軍事二年吳大將全琮數萬衆寇芍陂淩率諸軍逆戰與賊爭塘力戰連日賊退走進封南鄉侯邑千三百五十戶遷車騎將軍儀同三司是時淩外甥令狐愚以才能爲兗州刺史屯平阿舅甥並典兵專淮南之重淩就遷爲司空司馬懿既誅曹爽進淩爲太尉假節鉞淩愚密協計謂齊王受制於司馬懿不任天位楚王彪長而才欲迎立彪都許昌嘉平元年九月愚遣將張式至白馬與彪相問往來淩又遣舍人勞精詣洛陽語子廣廣言廢立事大勿爲禍先其十一月愚復遣張式詣彪未還會愚病死二年熒惑守南斗淩謂斗中有星當有暴貴者三年春吳人塞涂水淩欲因此發大嚴諸軍表求討賊詔報不聽淩陰謀滋甚遣將軍楊弘以廢立事告兗州刺史黃華弘華連名以白太傅司馬懿懿將中軍從水道討淩先下赦赦淩罪又將尚書廣東使爲書喻淩大軍掩至百尺逼淩淩自知勢窮乃乘船單出迎懿遣掾王彧謝罪送印綬節鉞軍到邱頭淩面縛水次懿承詔遣主簿解縛反服見淩慰勞之還印綬節鉞遣步騎六百人送還京都淩至項飲藥死懿遂至壽春張式等皆自首乃窮治其事彪賜死諸連者悉夷三族朝議咸以爲春秋之義齊崔杼鄭歸生皆加追戮陳尸斲棺載在方冊淩愚罪宜加舊典乃發淩愚冢剖棺暴尸於所近市三日

燒其印綬朝服親土埋之進弘華爵爲鄉侯廣有志尚學行死時年四十餘

毌丘儉字仲恭河東聞喜人也父興黃初中爲武威太守伐叛柔服開通河右有功名次金城太守蘇則討賊張進及討叛胡有功封高陽鄉侯入爲將作大匠儉襲父爵爲平原侯文學明帝卽位爲尚書郎遷羽林監以東宮之舊甚見親待出爲洛陽典農時取農民以治宮室儉上疏曰臣愚以爲天下所急除者二賊所急務者衣食誠使二賊不滅士民飢凍雖崇美宮室猶無益也遷荆州刺史靑龍中帝圖討遼東以儉有幹策徙爲幽州刺史加度遼將軍使持節護烏丸校尉率幽州諸軍至襄平屯遼隧右北平烏丸單于寇婁敦遼西烏丸都督率衆王護留等昔隨袁尚奔遼東者率衆五千餘人降寇婁敦遣弟阿羅槃等詣闕朝貢封其渠帥二十餘人爲侯王賜輿馬繒采各有差公孫淵逆與儉戰不利引還明年帝遣太尉司馬懿統中軍及儉等衆數萬討淵定遼東儉以功進封安邑侯邑二千九百戶正始中儉以高句驪數侵叛督諸軍步騎萬人出元菟從諸道討之句驪王宮將步騎二萬人進軍沸流水上大戰梁口梁音渴宮連敗走儉遂束馬縣車以登丸都屠句驪所都斬獲首虜以千數句驪沛者沛者句驪國之官名名得來數諫宮宮不從其言得來歎曰立見此地將生蓬蒿遂不食而死舉國哀之儉令諸軍不壞其墓不伐其樹得其妻子皆放遣之宮單將妻子逃竄儉引軍還六年復征之宮遂奔買溝儉遣元菟太守王頎追之過沃沮千有餘里至于肅愼氏南界刻石紀功刊丸都之山銘不耐之城諸所誅納八千餘口論功行賞侯者百餘人穿山溉灌民蒙其利遷左將軍假節監豫州諸軍事領豫州刺史轉爲鎭南將軍諸葛誕戰於東關不利乃令誕儉對換誕爲鎭南都督豫州儉爲鎭東都督揚州吳太傅諸葛恪圍合肥新城儉與文欽禦之太尉司馬孚督中軍東解圍恪退軍還初儉與夏侯玄李豐等厚善揚州刺史前將軍文欽曹爽之邑人也驍果麤猛數有戰功好增虜獲以徼寵賞多不見許怨恨日甚儉以計厚待欽情好歡洽欽亦感戴投心無貳正元二年正月有彗星長數十丈西北竟天起於吳楚之分儉欽喜以爲己祥遂矯太后詔罪狀大將軍司馬師移諸郡國舉兵反迫脅淮南將守諸別屯者及吏民大小皆入壽春城爲壇於城西歃血稱兵爲盟分老弱守城儉欽自將五六萬衆渡淮西至項城儉堅守欽在外爲游兵司馬師統中外軍討之別使諸葛誕督豫州諸軍從安風津擬壽春征東將軍胡遵督靑徐諸軍出於譙宋之間絕其歸路師自屯汝陽使監軍王基督前鋒諸軍據南頓以待之令諸軍皆堅壁勿與戰儉欽進不得鬬退恐壽春見襲不得歸計窮不知所爲淮南將士家屬皆在北衆心沮散降者相屬惟淮南新附農民爲之用師又遣兗州刺史鄧艾督泰山諸軍萬餘人至樂嘉示弱以誘之師尋自洙至欽不知果夜來欲襲艾等會明見大軍兵馬盛乃引還師縱驍騎追擊大破之欽遁走是日儉聞欽戰敗恐懼夜走衆潰比至愼縣左右人兵稍棄儉去儉獨與小弟秀及孫重藏水邊草中安風津都尉部民張屬就射殺儉傳首京師屬封侯秀重走入吳將士諸爲儉欽所迫脅者悉歸降儉子甸爲治書侍御史先時知儉謀將發私出將家屬逃走新安靈山上別攻下之夷儉三族欽亾入吳吳以欽爲都護假節鎭北大將軍幽州牧譙侯

諸葛誕字公休琅邪陽都人諸葛豐之後也初以尚書郎爲滎陽令與僕射杜畿試船陶河遭風覆沒誕亦俱溺虎賁浮河救誕誕曰先救杜侯誕飄于岸絕而後蘇入爲吏部郎人有所屬託輒顯其言而承用之後有當否則公議其得失以爲褒貶自是羣僚莫不愼其所舉累遷御史中丞尚書與夏侯玄鄧颺等相善收名朝廷京都翕然言事者以誕颺等修浮華合虛譽漸不可長明帝惡之免誕官會帝崩正始初玄等並在職復以誕爲御史中丞尚書出爲揚州刺史加昭武將軍王淩之陰謀也太傅司馬懿潛軍東伐以誕爲鎭東將軍假節都督揚州諸軍事封山陽亭侯諸葛恪與東關遣誕督諸軍討之與戰不利還徙爲鎭南將軍後毌丘儉文欽反遣使詣誕招呼豫州士民誕斬其使大將軍司馬師東征使誕督豫州諸軍渡安風津向壽春儉欽之破也誕先至壽春壽春城中十餘萬口聞儉欽敗恐誅悉破城門出流迸山澤或散走入吳以誕久在淮南復以爲鎭東大將軍儀同三司都督揚州吳大將孫峻呂據留贊等聞淮南亂會文欽往乃帥衆將欽徑至壽春時誕諸軍已至城不可攻乃走誕遣將軍蔣班追擊之斬贊傳首收其印節進封高平侯邑三千五百戶轉爲征東大將軍誕既與玄颺等至親又王淩毌丘儉累見夷滅懼不自安傾帑藏振施以結衆心厚養親附及揚州輕俠者數千人爲死士甘露元年冬吳賊欲向徐堨計誕所督兵馬足以待之而復請十萬衆守壽春又求臨淮築城以備寇內欲保有淮南朝廷微知誕有自疑心以

誕舊臣欲入廢之二年五月徵爲司空誕被詔書愈恐遂反召會諸將自出攻揚州刺史樂綝殺之斂淮南及淮北郡縣屯田口十餘萬官兵揚州新附勝兵者四五萬人聚穀足一年食閉門自守遣長史吳綱將小子靚至吳稱臣請救吳人大喜遣將全懌全端唐咨王祚等率三萬衆密與文欽俱來應誕以誕爲左都護假節大司徒驃騎將軍青州牧壽春侯是時鎭南將軍王基始至督諸軍圍壽春未合咨欽等從城東北因山乘險得將其衆突入城六月車駕東征至項大將軍司馬昭督中外諸軍二十六萬衆臨淮討之昭屯邱頭使基及安東將軍陳騫等四面合圍表裏再重塹壘甚峻又使監軍石苞兗州刺史州泰等簡銳卒爲游軍備外寇欽等數出犯圍逆擊走之吳將朱異再以大衆來迎誕等渡黎漿水泰等逆與戰每摧其鋒孫綝以異戰不進怒而殺之城中食轉少外救不至衆無所恃將軍蔣班焦彝皆誕爪牙計事者也皆以謀不用棄誕踰城自歸於昭昭乃使反間以奇變說全懌等懌等率其衆數千人開門來降城中震懼不知所爲三年正月誕欽咨等大爲攻具晝夜五六日攻南圍欲決圍而出圍上諸軍臨高以發石車火箭逆燒破其攻具弩矢及石雨下死傷者蔽地血流盈塹復還入城城中食轉竭出降者數萬口欽欲盡出北方人省食與吳人堅守誕不聽由是爭恨欽素與誕有隙徒以計合事急愈相疑欽見誕計事誕遂殺欽欽子鴦及虎將兵在小城中聞欽死勒兵馳赴之衆不爲用鴦虎單走踰城出自歸於昭軍吏請誅之昭令曰欽之罪不容誅其子固應當戮然鴦虎以窮歸命且城未拔殺之是堅其心也乃赦鴦虎使將兵數百騎馳巡城呼語城內云文欽之子猶不見殺其餘何懼表鴦虎爲將軍各賜爵關內侯城內喜且擾又日飢困誕咨等智力窮昭乃自臨圍四面進兵同時鼓譟登城城內無敢動者誕窘急單乘馬將其麾下突小城門出昭司馬胡奮部兵逆擊斬誕傳首夷三族誕麾下數百人拱手爲列每斬一人輒降之竟不變至盡時人比之田橫其得人心如此唐咨王祚及諸裨將皆面縛降吳兵萬衆器仗軍實山積誕以二年五月反三年二月破滅壽春既破議者以爲淮南仍爲叛逆吳兵室家在江南不可縱宜悉阬之昭以爲古之用兵全國爲上戮其元惡而已吳兵就得亾還適可以示中國之弘耳一無所殺分布三河近郡以安處之唐咨本利城人黃初中利城郡反殺太守徐箕推咨爲主文帝遣諸軍討破之咨走入海亾至吳官至左將軍封侯持節誕欽屠戮咨亦生禽三叛皆獲天下快焉拜咨安遠將軍其餘裨將咸假號位吳衆悅服江東感之皆不誅其家其淮南將吏士民諸爲誕所脅略者惟誅其首逆餘皆赦之聽鴦虎收斂欽喪給其車牛致葬舊墓

鄧艾字士載義陽棘陽人也少孤太祖破荊州徙汝南爲農民養犢年十二隨母至潁川讀太邱長陳寔碑文言文爲世範行爲士則艾遂自名範字士則後宗族有與同者故改焉爲都尉學士以口吃不得作幹佐爲稻田守叢草吏同郡吏父憐其家貧資給甚厚艾初不稍謝每見高山大川輒規度指畫軍營處所時人多笑之後爲典農綱紀上計吏因使見太尉司馬懿懿問其名乃稱艾艾懿曰公所稱艾艾復有幾艾答曰鳳兮鳳兮元是一鳳懿奇之辟以爲掾遷尚書郎時欲廣田畜穀爲滅吳計使艾行陳項已東至壽春艾以爲田良水少不足以盡地利宜開河渠可以引水澆溉大積軍糧又通運漕之道乃著濟河論以喻其指又以爲昔破黃巾因爲屯田積穀於許都以制四方今三隅已定事在淮南每大軍征舉運兵過半功費巨億以爲大役陳蔡之間土下田良可省許昌左右諸稻田并水東下令淮北屯二萬人淮南三萬人十二分休常有四萬人且田且守水豐常收三倍於西計除衆費歲完五百萬斛以爲軍資六七年間可積三千萬斛於淮上此則十萬之衆五年食也以此乘吳無往而不克矣懿善之事皆施行正始二年乃開廣漕渠每東南有事大軍興舉汎舟而下達于江淮資食有儲而無水害艾所建也出參征西將軍還南安太守嘉平元年與征西將軍郭淮拒蜀偏將軍姜維維退淮因西擊羌艾曰去賊未遠或能復還宜分諸軍以備不虞於是留艾屯白水北三日維遣廖化自白水南向艾結營艾謂諸將曰維今卒還吾軍人少法當來渡而不作橋此維使化持吾令不得還維必自東襲取洮城洮城在水北去艾屯六十里艾即夜潛軍徑到維果來渡而艾先至據城得以不敗賜爵關內侯加討寇將軍後遷城陽太守是時并州右賢王劉豹并爲一部艾上言曰戎狄獸心不以義親彊則侵暴弱則內附故周宣有玁狁之寇漢祖有平城之困每匈奴一盛爲前代重患自單于在外莫能牽制長卑誘而致之使來入侍由是羌夷失統合散無主以單于在內萬里順軌今單于之尊日疏而外土之威寖重則胡虜不可不深備也聞劉豹部有叛胡可因其叛割爲二國以分其勢去卑功顯前朝而子不繼業宜加其子顯號使

居鴈門離國弱寇此御邊長計也又陳羌胡與民同處者宜以漸出之使居民表崇廉恥之敎塞姦宄之路大將軍司馬師新輔政多納用焉遷汝南太守至則尋求昔所厚已吏父久以死遺吏祭之重遺其母舉其子爲計吏艾所在荒野開闢軍民並豐諸葛恪圍合肥新城不克退歸艾言於司馬師曰孫權已沒大臣未附吳名宗大族皆有部曲阻兵仗勢足以建命恪新秉國政而內無其主不思撫恤上下以立根本競於外事虐用其民悉國之衆頓於堅城死者萬數載禍而歸此恪獲罪之日也昔子胥吳起商鞅樂毅皆見任時君主沒而敗況恪才非四賢而不慮大患其亾可待也恪歸果見誅遷兗州刺史加振威將軍上言曰國之所急唯農與戰國富則兵彊兵彊則戰勝然則農者勝之本也孔子曰足食足兵食在兵前也上無設爵之勸則下無財畜之功今使考績之賞在於積粟富民則交游之路絕浮華之源塞矣高貴鄉公卽尊位進封方城亭侯毌丘儉作亂遣健步齎書欲疑惑大衆艾斬之兼道進軍先趣樂嘉城作浮橋司馬師至遂據之文欽後以大軍破敗於城下艾追之至邱頭欽奔吳吳大將軍孫峻等號十萬衆將渡江鎭東將軍諸葛誕遣艾據肥陽艾以與賊勢相遠非要害之地輒移屯附亭遣泰山太守諸葛緒等於黎漿拒戰遂走之其年徵拜長水校尉以破欽等功進封方城鄉侯行安西將軍解雍州刺史王經圍於狄道姜維退駐鍾提乃以艾爲安西將軍假節領護東羌校尉議者多以爲維力已竭未能更出艾曰洮西之敗非小失也破軍殺將倉廩空虛民物流離幾於危亾今以策言之彼有勝我之勢我有虛弱之實一也彼上下相習五兵犀利我將易兵新器仗未復二也彼以船行吾以陸軍勞逸不同三也狄道隴西南安祁山各當有守彼專爲一我分爲四四也彼從南安隴西因食羌穀若趣祁山熟麥千頃爲之縣餌五也賊有黠數其來必矣頃之維果向祁山聞艾已有備乃回從董亭趣南安艾據武城山以相持維與艾爭險不克其夜渡渭東行緣山趣上邽艾與戰於段谷大破之甘露元年詔以艾爲鎭西將軍都督隴右諸軍事進封鄧侯分五百戶封子忠爲亭侯二年拒姜維於長城維退還遷征西將軍前後增邑凡六千六百戶景元三年又破維於侯和維卻保沓中四年秋詔諸軍征蜀大將軍司馬昭皆指授節度使艾與維相綴連雍州刺史諸葛緒要維令不得歸艾遣天水太守王頎等直攻維營隴西太守牽弘等邀其前金城太守楊欣等詣甘松維聞鍾會諸軍已入漢中引退還欣等追躡於彊川口大戰維敗走聞雍州已塞道屯橋頭從孔函谷入北道欲出雍州後諸葛緒聞之卻還三十里維入北道三十餘里聞諸軍卻尋還從橋頭過緒趣截維較一日不及維遂東引還守劒閣鍾會攻維未能克艾上言今賊摧折宜遂乘之從陰平由邪徑經漢德陽亭趣涪出劒閣西百里去成都三百餘里奇兵衝其心腹劒閣之守必還赴涪則會方軌而進如劒閣之軍不還則應涪之兵寡矣軍志有之曰攻其不備出其不意今掩其空虛破之必矣冬十月艾自陰平道行無人之地七百餘里鑿山通道造作橋閣山高谷深至爲艱險又糧運將匱瀕於危殆艾以氊自裹推轉而下將士皆攀木緣崖魚貫而進先登至江由蜀守將馬邈降蜀衛將軍諸葛瞻自涪還緜竹列陳待艾艾遣子惠唐亭侯忠等出其右司馬師纂等出其左忠纂戰不利並退還曰賊未可擊艾怒曰存亾之分在此一舉何不可之有乃叱忠纂等將斬之忠纂馳還更戰大破之斬瞻及尚書張遵等首進軍到雒劉禪遣使奉皇帝璽綬爲牋詣艾請降艾至成都禪率太子諸王及羣臣六十餘人面縛輿櫬詣軍門艾執節解縛焚櫬受而宥之檢御將士無所虜掠綏納降附使復舊業蜀人稱爲輒依鄧禹故事承制拜禪驃騎將軍太子奉車諸王駙馬都尉蜀羣司各隨高下拜爲王官或領艾官屬以師纂領益州刺史隴西太守牽弘等領蜀中諸郡使於緜竹築臺以爲京觀用彰戰功士卒死事者皆與蜀兵同共埋藏艾深自矜伐謂蜀士大夫曰諸君賴遭某故得有今日耳若遇吳漢之徒已殄滅矣又曰姜維自一時雄兒也與某相值故窮耳有識者笑之十二月詔褒艾功卽拜艾爲太尉增邑二萬戶封二子爲亭侯各食邑千戶艾言於司馬昭曰兵有先聲而後實者今因平蜀之勢以乘吳吳人震恐此席卷之時也然大舉之後將士疲勞不可便用且徐緩之留隴右兵二萬人蜀兵二萬人煮鹽興冶爲軍農要用並作舟船豫順流之事然後發使告以利害吳必歸化可不征而定也今宜厚劉禪以致孫休安士民以來遠人若便送禪於京都吳以爲流徙則於向化之心不勸宜權停留須來年秋冬比爾吳亦足平以爲可封禪爲扶風王錫其資財供其左右郡有董卓塢爲之宮室爵其子爲公侯食郡內縣以顯歸命之寵開廣陵城陽以待吳入則畏威懷德望風而從矣昭遣監軍衛瓘喻艾事當須報不宜輒行艾重言曰銜命征行奉指授之策元惡既服至於承

制拜假以安初附謂合權宜今蜀舉眾歸命地盡南海
東接吳會宜早鎭定若待國命往復道途延引日月春
秋之義大夫出疆有可以安社稷利國家專之可也今
吳未賓勢與蜀連不可拘常以失事機兵法進不求名
退不避罪艾雖無古人之節終不自嫌以損于國也鍾
會胡烈師纂等皆白艾所作悖逆變釁已結詔書檻車
徵艾艾仰天歎曰艾忠臣也一至此乎白起之酷復見
於今日矣艾父子既囚鍾會至成都先送艾然後作亂
會已死艾本營將士追出艾檻車迎還瓘遣田續討
艾遇於緜竹西斬之子忠與艾俱死餘子在洛陽者悉
誅徙艾妻子及孫於西城初艾當伐蜀夢在山上而有
流水以問殄虜護軍爰邵邵曰按易卦山上有水蹇蹇
繇曰蹇利西南不利東北孔子曰蹇利西南往有功也
不利東北其道窮也往必克蜀殆不還乎艾憮然不樂
泰始元年晉室踐阼詔曰昔太尉王淩謀廢齊王而王
竟不足以守位征西將軍鄧艾矜功失節實應大辟然
被書之日罷遣人眾束手受罪比於求生遂爲惡者誠
復不同今大赦得還若無子孫者聽使立後令祭祀不
絕三年議郎段灼上疏爲艾理寃其後有詔以艾嫡孫
朗爲郎中艾在西時脩治障塞築起城塢泰始中羌虜
大叛頻殺刺史涼州道斷吏民安全者皆保艾所築塢
焉艾州里時輩南陽州泰亦好立功業善用兵初爲荆
州刺史裴潛從事司馬懿鎭宛潛數遣詣懿由此爲懿
所知及征孟達泰又導軍遂辟泰泰頻喪考妣祖九年
居喪懿留缺待之就職三十六日擢爲新城太守懿爲
泰會使尚書鍾繇調泰曰君釋褐登宰府三十六日擁
麾蓋守兵馬郡乞兒乘小車一何駛乎泰曰誠有此君
名公之子少有文采故守吏職獼猴騎土牛又何遲也
眾賓咸悅後官至征虜將軍假節都督江南諸軍事景
元二年薨追贈衛將軍謚壯侯

鍾會字士季潁川長社人太傅繇小子也少敏惠夙成
中護軍蔣濟著論謂觀其眸子足以知人會年五歲繇
遣見濟濟甚異之曰非常人也及壯有才數技藝而博
學精綜名理以夜續晝由是獲聲譽正始中以爲祕書
郎遷尚書中書侍郎高貴鄉公卽位賜爵關內侯毌丘
儉作亂大將軍司馬師東征會從典知密事衛將軍司
馬昭爲大軍後繼師薨於許昌昭總統六軍會謀謨帷
幄時中詔勑尚書傅嘏以東南新定權留衛將軍屯許
昌爲內外之援令嘏率諸軍還會與嘏謀使嘏表上輒
與衛將軍俱發還到雒水南屯住於是朝廷拜昭爲大
將軍輔政會遷黃門侍郎封東武亭侯邑三百戶甘露
二年徵諸葛誕爲司空時會居母喪在家策誕必不從
命馳白昭昭以事已施行不復追改及誕反車駕住項
昭至壽春會復從行初吳大將全琮孫權之婚親重臣
也琮子懌孫靜從子端翩譚等皆將兵來救誕懌兄子
輝儀留建業與其家內爭訟攜其母將部曲數十家渡
江自歸於昭會建策密爲輝儀作書使輝儀所親信齎
入城告懌等說吳中怒懌等不能拔壽春欲盡誅諸將
家故逃來歸命懌等恐懼遂將所領開東城門出降皆
蒙封寵城中由是乖離壽春之破會謀居多親待日隆
時人謂之子房軍還遷爲太僕固辭不就以中郎在大
將軍府管記室事爲腹心之任以討諸葛誕功進爵陳
侯屢讓不受詔聽會所執以成其美遷司隸校尉雖在
外司時政損益當世與奪無不綜與嵇康等見誅皆會
謀也昭以蜀大將姜維屢擾邊陲料蜀國小民疲資力
單竭欲大舉圖蜀惟會亦以爲蜀可取豫共籌度地形
考論事勢景元三年冬以會爲鎭西將軍假節都督關
中諸軍事昭勑青徐兗豫荆揚諸州並使作船又令唐
咨作浮海大船外爲將伐吳者四年秋乃下詔使鄧艾
諸葛緒各統諸軍三萬餘人艾趣甘松沓中連綴姜維
緒趣武街橋頭絕維歸路會統十餘萬眾分從斜谷駱
谷入先命牙門將許儀在前治道會在後行而橋穿馬
足陷於是斬儀儀許褚之子有功王室猶不原貸諸軍
聞之莫不震竦蜀令諸圍皆不得戰退還漢樂二城守
魏興太守劉欽趣子午谷諸軍數道平行至漢中蜀監
軍王含守樂城護軍蔣斌守漢城兵各五千會使護軍
荀愷前將軍李輔各統萬人愷圍漢城輔圍樂城會徑
過西出陽安口遣人祭諸葛亮之墓使護軍胡烈等行
前攻破關城得庫藏積穀姜維自沓中還至陰平合集
士眾欲赴關城未到聞其已破退趣白水與蜀將張翼
廖化等合守劍閣拒會會移檄蜀將吏士民陳稱兵勢
喻使詳擇利害自求多福鄧艾追姜維到陰平簡選精
銳欲從漢德陽入江由左儋道詣緜竹趣成都與諸葛
緒共行緒以本受節度邀姜維西行非本詔遂進軍向
白水與會合艾遣將軍田章等從劍閣西徑出江由未
至百里章先破蜀伏兵三校艾使章先登遂長驅而前
會與緒軍向劍閣會欲專軍勢密白緒畏懦不進檻車
徵還軍悉屬會進攻劍閣不克引退蜀軍保險拒守艾
遂至緜竹大戰斬諸葛瞻維等聞瞻已破率其眾東入
于巴會乃進軍至涪遣胡烈田續龐會等追維艾進軍
向成都劉禪詣艾降遣使勑維等令降於會維至廣漢

鄭縣令兵悉放器仗送節傳於胡烈便從東道詣會降會上書言狀於是禁檢士衆不得鈔略虛己誘納以接蜀之羣司與維情好甚歡洽初夏侯霸降蜀姜維問之曰司馬懿既得彼政當復有征伐之志不霸曰彼方營立家門未遑外事有鍾士季者其人雖少終爲吳蜀之憂然非非常之人亦不能用也至是十五年而會果滅蜀十二月詔褒會功就拜司徒進封縣侯增邑萬戶封子二人亭侯邑各千戶會內有異志因鄧艾承制專事密白艾有反狀會善效人書於劒閣要艾章表白事皆易其言令辭指悖傲於是詔書檻車徵艾司馬昭懼艾不從命勑會並進軍成都監軍衛瓘在會前行以昭手筆令宣喩艾軍艾軍皆釋仗遂收艾入檻車會所憚惟艾艾既禽而會尋至獨統大衆威震西土自謂功名蓋世不可復爲人下加猛將鋭卒皆在己手遂謀反欲使姜維等皆將蜀軍出斜谷會自將大衆隨其後既至長安令騎士從陸道步兵從水道順流浮渭入河以爲五日可到孟津與騎會洛陽一旦天下可定也會得昭書云恐鄧艾不就徵今遣中護軍賈充將步騎萬人徑入斜谷屯樂城吾自將十萬屯長安相見在近會得書驚呼所親語之曰但取鄧艾相國知我能獨辦之今來大重必覺我異矣便當速發事成可得天下不成退保蜀漢不失作劉備也我自淮南以來畫無遺策四海所共知也我持此欲安歸乎會以五年正月十五日至其明日悉請護軍郡守牙門騎督以上及蜀之故官爲太后發哀於蜀朝堂乃矯太后遺詔使會起兵廢大將軍司馬昭皆班示坐上人使下議訖書版署置更使所親信代領諸軍所請羣官悉閉著益州諸曹屋中城門宮門皆閉嚴兵圍守會帳下督邱建本屬胡烈烈薦之司馬昭會請以自隨信愛之建愍烈獨坐啟會使聽內一親兵出取飲食諸牙門隨例各內一人烈紿語親兵及疏與其子淵曰邱建密說消息會已作大坑白梏（梏與棓同）數千欲悉呼外兵入人賜白帢拜爲散將以次棓殺投坑中諸牙門親兵亦咸說此語一夜轉相告皆徧知或說會可盡殺牙門騎督以上會猶豫未決十八日日中烈軍兵與烈兒雷鼓出門諸軍兵不期皆鼓譟出曾無督促之者而爭先赴城時方給與姜維鎧杖白外有匈匈聲似失火有頃白兵走向城會驚謂維曰兵來似欲作惡當云何維曰但當擊之耳會遣兵悉殺所閉諸牙門郡守內人共舉机以柱門兵斫門不得破須臾門外倚梯登城或燒城屋蟻附亂進矢下如雨牙門郡守各緣屋出與其卒兵相得姜維率會左右戰手殺五六人衆既格斬維爭赴殺會會時年四十將士死者數百人初艾爲太尉會爲司徒皆持節都督諸軍如故咸未受命而斃會兄毓以四年冬薨會竟未知問會兄子邕隨會與俱死會所養兄子毅及邃辿（勑連反）等下獄當伏誅司馬昭表天子下詔以繇毓之勳特原邃辿兄弟惟毅及邕息伏法或曰毓曾密啟昭言會挾術難保不可專任故宥邃等云始昭欲遣會伐蜀西曹屬邵悌求見曰今遣鍾會率十餘萬衆伐蜀愚謂會單身無重任不若使餘人行昭笑曰我寧當復不知此邪蜀爲天下患使民不得安息我今伐之如指掌耳而衆人皆言蜀不可伐夫人心豫怯則智勇並竭智勇竭而彊使之適爲敵禽耳惟會與人意同今遣會伐蜀蜀必可滅滅蜀之後就如卿所慮當何所能一辦邪凡敗軍之將不可以語勇亾國之大夫不可與圖存心膽以破故也若蜀以破遺民震懼不足與圖事中國將士各自思歸不肯與同也若作惡祇自滅族耳卿不須憂此愼莫使人聞也及會白鄧艾不軌昭將西行悌復曰鍾會所統五六倍於鄧艾但可勑會取艾不足自行昭曰卿忘前時所言邪而更云可不須行乎雖爾此言不可宣也我要自當以信意待人但人不當負我我豈可先人生心哉近日賈護軍問我言頗疑鍾會不我答言如今遣卿行寧可疑卿邪賈亦無以易我語也我到長安則自了矣軍至長安會果已死咸如所策會常論易無互體才性同異及會死後於會家得書二十篇名曰道論而實刑名家也其文似會初會弱冠與山陽王弼並知名弼字輔嗣幼而察慧年十餘好老氏通辨能言父業爲尚書郎時裴徽爲吏部郎弼未弱冠往造焉徽一見而異之問弼曰夫無者誠萬物之所資也然聖人莫肯致言而老子申之無已者何弼曰聖人體無無又不可以訓故不說也老子是有者也故恆言無所不足尋亦爲傅嘏所知于時何晏爲吏部尚書甚奇弼歎之曰仲尼稱後生可畏若斯人者可與言天人之際乎正始中黃門侍郎累缺晏既用賈充裴秀朱整又議用弼時丁謐與晏爭衡致高邑王黎於曹爽爽用黎於是以弼補臺郎初除覲爽請閒爽爲屏左右而弼與論道移時無所他及爽以此嗤之時爽專朝政黨與共相進用弼通儁不治名高尋黎無幾時病亾爽用王沈代黎弼遂不得在門下晏爲之歎恨弼在臺既淺事功亦雅非所長益不留意焉淮南人劉陶善論縱橫爲當時所推每與弼語常屈弼弼天才卓出當其所得莫能奪也性和理樂游宴解音律

善投壺其論道賦會文辭不如何晏自然有所拔得多晏也頗以所長笑人故時爲士君子所疾弼與會善會論議以校練爲家然每服弼之高致弼注易潁川人荀融難弼大衍義弼以書答其意頗譏戲之弼又注老子爲之指略及著道略論其注易往往有高麗言太原王濟好談病老莊常云見弼易注所悟者多然弼爲人淺而不識物情初與王黎荀融善黎奪其黃門侍郎於是恨黎與融亦不終正始十年曹爽廢以公事免其秋遇癘疾亾時年二十四無子絕嗣弼之卒也司馬師聞之嗟嘆者累日其爲高識所歎如此

通志卷一百十八上

宋右迪功郎鄭樵漁仲撰

列傳第三十一上

蜀

諸葛亮子瞻樊建董厥徐庶　關羽　張飛　馬超　黃忠

趙雲　龐統德公　法正　許靖　麋竺　孫乾

簡雍　伊籍　秦宓音密　董和子允董恢陳　劉巴　馬良弟謖　楊顒　陳震　呂乂　劉封　彭羕　廖立

李嚴　劉琰　魏延　楊儀　霍峻子弋　王連

向朗兄子寵　張裔　楊洪何祗　費詩　杜微　杜瓊

許慈胡潛　孟光　來敏　尹默　李譔　譙周　郤正　黃權　李恢　呂凱　馬忠　王平　張嶷

蔣琬子斌劉敏　費禕　姜維　鄧芝　張翼　宗預

廖化　楊戲　衛繼

諸葛亮字孔明瑯邪陽都人也漢司隸校尉諸葛豐之後也父珪字君貢漢末爲泰山郡丞亮早孤從父元爲袁術所署豫章太守元將亮及亮弟均之官會漢朝更選朱皓代元元素與荊州牧劉表有舊往依之元卒亮遂家於南陽之鄧縣相距襄陽城西二十餘里號曰隆中躬耕壟畝好爲梁甫吟身長八尺每自方於管仲樂毅時人莫之許也唯博陵崔州平潁川徐庶元直與亮友善謂爲信然初亮在荊州與元直及汝南孟公威潁川石廣元遊學三人務於精熟而亮獨觀其大略每晨夜抱膝長嘯謂三人曰卿諸人仕進可至郡守刺史也三人問其所志亮笑而不言後公威思鄉里欲北歸亮謂之曰中國饒士大夫遨遊何必故鄉邪及先主屯新野訪世事於司馬德操德操曰儒生俗士豈識時務識時務者在乎俊傑此間自有伏龍鳳雛先主問爲誰曰諸葛孔明龐士元也時徐庶亦見先主先主器之庶謂先主曰諸葛孔明者臥龍也將軍豈願見之乎先主曰君與俱來庶曰此人可就見不可屈致也將軍宜枉駕顧之先主遂詣亮凡三往乃見因屏人曰漢室傾頹姦臣竊命主上蒙塵孤不度德量力欲信大義於天下而智術淺短遂用猖蹶至于今日然志猶未已君謂計將安出亮曰自董卓已來豪傑並起跨州連郡者不可勝數曹操比於袁紹則名微而衆寡然操遂能克紹以弱爲彊者非惟天時抑亦人謀也今操已擁百萬之衆挾天子而令諸侯此誠不可與爭鋒孫權據有江東已歷三世國險民附賢能爲之用此可與爲援而不可圖也荊州北據漢沔利盡南海東連吳會西通巴蜀此用武之國也而其主不能守此殆天所以資將軍將軍豈有意乎益州險塞沃野千里天府之土高祖因之以成帝業劉璋闇弱張魯在北民殷國富而不知存恤智能之士思得明君將軍既帝室之胄信義著於四海總攬英雄思賢如渴若跨有荊益保其巖阻西和諸戎南撫夷越外結好孫權內修政理天下有變則命一上將將荊州之軍以向宛洛將軍身率益州之衆出於秦川百姓孰敢不簞食壺漿以迎將軍者乎若然則霸業可成漢室可興矣先主曰善於是與亮情好日密關羽張飛等不悅先主解之曰孤之有孔明猶魚之有水也願諸君勿復言羽飛乃止劉表長子琦亦深器亮表受後妻之言愛少子琮不悅於琦琦欲亮圖自安之術亮曰君不見申生在內而危重耳在外而安乎琦卽感寤陰規出計事在劉表傳中會黃祖死琦得出爲江夏太守俄而表卒琮聞曹操來征遣使請降先主在樊聞之率其衆南行亮與徐庶並從爲曹操所追庶母被執庶辭先主而指其心曰本欲與將軍共圖王霸之業者以此方寸之地也今失老母方寸亂矣無益於事請從此別遂詣曹操先主至夏口亮曰事急矣請奉命求救於吳時孫權擁軍柴桑觀望成敗亮說權曰海內大亂將軍起兵據有江東劉豫州亦收衆漢南與曹操並爭天下今操芟夷大難略已平矣遂破荊州威震四海英雄無所用武故豫州遁逃至此將軍量力而處之若能以吳越之衆與中國抗衡不如早與之絕若不能當何不案兵束甲北面而事之今將軍外託服從之名而內懷猶豫之計事急而不斷禍至無日矣權曰苟如君言劉豫州何不遂事之乎亮曰田橫齊之壯士耳義猶不辱況劉豫州王室之胄英才蓋世衆庶慕仰若水之歸海事之不濟此乃天也安能復爲之下乎權勃然曰吾不能舉全吳之地十萬之衆受制於人吾計決矣非劉豫州莫可以當曹操者然豫州新敗之後安能抗此難乎亮曰豫州軍雖敗於長阪今戰士還者及關羽水軍精甲萬人劉琦合江夏戰士亦不下萬人曹操之衆遠來疲敝聞追豫州輕騎一日一夜行三百餘里此所謂彊弩之末勢不能穿魯縞者也故兵法忌之曰必蹶上將軍且北方之人不習水戰又荊州之民附操者偪兵勢耳非心服也今將軍誠能命猛將統兵數萬與豫州協規同力破操軍必矣操軍敗必北還如此則荊吳之勢彊鼎足之形成矣成敗之機在於今日權大悅卽遣周瑜程普魯肅等水軍三萬隨亮詣先主并力拒曹操曹操敗於赤壁引軍歸鄴先主遂收江南以亮爲軍師中郎將使

督零陵桂陽長沙三郡調其賦稅以充軍實亮時住臨蒸建安十六年益州牧劉璋遣法正迎先主使擊張魯亮與關羽鎭荆州先主自葭萌還攻璋亮與張飛趙雲等率衆泝江分定郡縣與先主共圍成都成都平以亮爲軍師將軍署左將軍府事先主外出亮常鎭守成都足食足兵二十六年羣下勸先主稱尊號先主未許亮說曰昔吳漢耿弇等初勸世祖卽帝位世祖辭讓數四耿純進言曰天下英雄喁喁冀有所望如不從議者士大夫各歸求主無爲從公也世祖感純言深至遂然諾之今曹氏篡位天下無主大王劉氏苗族紹世而起今卽帝位乃其宜也士大夫隨大王久勤苦者亦望尺寸之功如純言耳先主於是卽帝位以亮爲丞相錄尙書事假節張飛卒後領司隸校尉章武三年春先主於永安病篤召亮於成都屬以後事謂亮曰君才十倍曹丕必能安國終定大事若嗣子可輔輔之如其不才君可自取亮涕泣曰臣敢竭股肱之力效忠貞之節繼之以死先主又爲詔勅後主曰汝與丞相從事事之如父建興元年封亮武鄉侯開府治事頃之又領益州牧政事無巨細咸決於亮南中諸郡並皆叛亂亮以新遭大喪故未便加兵且遣使聘吳因結和親遂爲與國三年春亮率衆南征所在克捷亮聞孟獲者爲夷漢所服募生致之既得使觀于營陣之閒問曰此軍何如獲對曰向者不知虛實故敗今蒙賜觀看營陣若秖如此卽定易勝耳亮笑縱使更戰七縱七擒而亮猶遣獲獲止不去曰公天威也南人不復反矣遂至滇池其秋南中悉平亮皆卽其渠率而用之或以諫亮亮曰若留外人則當留兵兵留則無所食一不易也加夷新傷破父兄死喪留外人而無兵者必成禍患二不易也又夷累有廢殺之罪自嫌釁重若留外人終不相信三不易也今吾欲使不留兵不運糧而綱紀粗定夷漢粗安故耳乃還治戎講武以俟大舉五年率諸軍北駐漢中臨發上疏曰先帝創業未半而中道崩殂今天下三分益州疲弊此誠危急存亡之秋也然侍衞之臣不懈於內忠志之士忘身於外者蓋追先帝之殊遇欲報之於陛下也誠宜開張聖聽以光先帝遺德恢弘志士之氣不宜妄自菲薄引喻失義以塞忠諫之路也宮中府中俱爲一體陟罰臧否不宜異同若有作姦犯科及爲忠善者宜付有司論其刑賞以昭陛下平明之理不宜偏私使內外異法也侍中侍郞郭攸之費禕董允等此皆良實志慮忠純是以先帝簡拔以遺陛下愚以爲宮中之事事無大小悉以咨之然後施行必能裨補闕漏有所廣益將軍向寵性行淑均曉暢軍事試用於昔日先帝稱之曰能是以衆議舉寵爲督愚以爲營中之事悉以咨之必能使行陣和睦優劣得所親賢臣遠小人此先漢所以興隆也親小人遠賢臣此後漢所以傾頹也先帝在時每與臣論此事未嘗不歎息痛恨於桓靈也侍中尙書長史參軍此皆貞良死節之臣願陛下親之信之則漢室之隆可計日而待也臣本布衣躬耕南陽苟全性命於亂世不求聞達於諸侯先帝不以臣卑鄙猥自枉屈三顧臣於草廬之中諮臣以當世之事由是感激遂許先帝以驅馳後值傾覆受任於敗軍之際奉命於危難之閒爾來二十有一年矣先帝知臣謹愼故臨崩寄臣以大事也受命以來夙夜憂歎恐託付不效以傷先帝之明故五月渡瀘深入不毛今南方已定兵甲已足當獎率三軍北定中原庶竭駑鈍攘除姦凶興復漢室還于舊都此臣所以報先帝而忠於陛下之職分也至於斟酌損益進盡忠言則攸之禕允之任也願陛下託臣以討賊興復之效不效則治臣之罪以告先帝之靈責攸之禕允等之慢以彰其咎陛下亦宜自謀以諮諏善道察納雅言深追先帝之遺詔臣不勝受恩感激今當遠離臨表涕零不知所言遂行屯于沔陽遣魏延諸軍幷兵東下亮唯留萬人守城司馬懿率二十萬衆拒亮而與延軍錯道徑前當亮六十里所偵候白懿隨至將士失色莫知其計亮意氣自若勅軍中皆臥旗息鼓不得妄出菴幔又令大開四城門掃地却洒懿常謂亮持重而猥見勢弱疑有伏兵於是引軍北趣山明日食時亮謂參佐拊手大笑曰司馬懿必謂吾怯將有彊伏循山走矣候邏還白如亮所言懿後知之深以爲恨六年春亮揚聲由斜谷道取郿使趙雲鄧芝爲疑軍據箕谷魏大將軍曹眞舉衆拒之亮身率諸軍攻祁山戎陣整齊賞罰肅而號令明南安天水安定三郡叛魏應亮關中響震蜀人皆賀亮亮愀然有戚容謝曰普天之下莫非漢民國家威力未舉使百姓困於豺狼之吻一夫有死亮之罪也以此相賀能不爲愧於是蜀人咸知亮有吞魏之志非惟拓境而已魏明帝西鎭長安命張郃拒亮亮使馬謖督諸軍在前與郃戰于街亭謖違亮節度舉動失宜大爲郃所破亮拔西縣千餘家還于漢中戮謖以謝衆上疏曰臣以弱才叨竊非據親秉旄鉞以厲三軍不能訓章明法臨事而懼至有街亭違命之闕箕谷不戒之失咎皆在臣授任無方臣明不知人恤事多闇春秋責帥臣職是當請自貶三等以督厥咎於是以亮

爲右將軍行丞相事所總統如前亮於是考微勞甄烈壯引咎責躬布所失於天下厲兵講武以爲後圖既而聞孫權破曹休魏兵東下關中虛弱亮欲出兵攻魏羣臣多以爲疑十一月亮上言曰先帝慮漢賊不兩立王業不偏安故託臣以討賊也以先帝之明量臣之才故知臣伐賊才弱敵彊也然不伐賊王業亦亡惟坐而待亡孰與伐之是故託臣而弗疑也臣受命之日寢不安席食不甘味思惟北征宜先入南故五月渡瀘深入不毛并日而食臣非不自惜也顧王業不可得偏全於蜀都故冒危難以奉先帝之遺意也而議者謂爲非計今賊適疲於西又務於東兵法乘虛此進趨之時也謹陳其事如左高帝明並日月謀臣淵深然涉險被創危然後安今陛下未及高帝謀臣不如良平而欲以長計取勝坐定天下此臣之未解一也劉繇王朗各據州郡論安言計動引聖人羣疑滿腹衆難塞胷今歲不戰明年不征使孫策坐大遂并江東此臣之未解二也曹操智計殊絶於人其用兵也髣髴孫吳然困於南陽險於烏巢危於祁連逼於黎陽幾敗北山殆死潼關然後僞定一時耳況臣才弱而欲以不危定之此臣之未解三也曹操五攻昌霸不下四越巢湖不成任用李服而李服圖之委夏侯而夏侯敗亡先帝每稱操爲能猶有此失況臣駑下何能必勝此臣之未解四也自臣到漢中中閒朞年耳然喪趙雲陽羣馬玉閻芝丁立白壽劉郃鄧銅等及曲長屯將七十餘人突將無前賨叟靑羌散騎武騎一千餘人此皆數十年之內所糾合四方之精鋭非一州之所有若復數年則損三分之二也當何以圖敵此臣之未解五也今民窮兵疲而事不可息事不可息則住與行勞費正等而不乘虛圖之欲以一州之地與賊持久此臣之未解六也夫難平者事也昔先帝敗軍於楚當此時曹操拊手謂天下已定然後先帝東連吳越西取巴蜀舉兵北征夏侯授首此操之失計而漢事將成矣然後吳更違盟關羽毀敗秭歸蹉跌曹丕稱帝凡事如是難可逆見臣鞠躬盡力死而後已至於成敗利鈍非臣之所能逆覩也十二月亮遂復出散關圍陳倉曹眞拒之亮糧盡而還魏將王雙率騎追亮亮與戰破之斬雙七年亮遣陳式攻武都陰平魏雍州刺史郭淮率衆欲擊式亮自出至建威淮退還遂平二郡詔復亮丞相九年亮復出祁山以木牛運糧盡退軍魏將張郃率將追之亮與交戰射殺郃十二年春亮悉大衆由斜谷出以流馬運據武功五丈原與司馬懿對於渭南亮每患糧不繼使已志不申是以分兵屯田爲久駐之基耕者雜於渭濱居民之閒而百姓安堵軍無私焉相持百餘日亮數挑戰懿亦表固請戰魏使衛尉辛毗持節以制之姜維謂亮曰辛毗仗節而到賊不復出矣亮曰彼本無戰情所以固請者以示武於其衆耳將在軍君命有所不受苟能制吾豈千里而請戰邪時有星赤而芒角自天東北西南流投于亮營三投再還往大還小八月亮疾病卒於軍時年五十四楊儀等整軍而出百姓奔告懿懿追焉姜維令儀反旗鳴鼓若將向懿者懿不敢逼於是儀結陣而去入谷然後發喪懿之退也百姓爲之諺曰死諸葛走生仲達或以告懿懿曰吾能料生不便料死也及軍退懿按行其營壘處所曰天下奇才也亮遺命葬漢中定軍山因山爲墳冢足容棺斂以時服不須器物策書哀悼使使持節左中郎將杜瓊贈丞相武鄉侯印綬謚曰忠武侯初亮自表後主曰臣成都有桑八百株薄田十五頃子弟衣食有餘饒至於臣在外任無別調度隨身衣食悉仰於官不別治生以長尺寸若臣死之日不使內有餘帛外有贏財以負陛下及卒如其所言亮性長於巧思損益連弩木牛流馬皆出其意推演兵法作八陣圖咸得其要云亮言教書奏多可觀別爲一集景耀六年春詔爲亮立廟於沔陽亮初亡所在求立廟朝議以禮秩不聽於是百姓祭於巷陌夷戎祀於郊野至是步兵校尉習隆中書郎向充等表請乞於近墓立廟斷其私祭以崇正禮從之是歲秋魏鎮西將軍鍾會伐蜀至漢川祭亮之廟令軍士不得於亮墓所左右芻牧樵採亮弟均官至長水校尉亮子瞻嗣爵初亮未有子於吳求兄瑾第二子喬爲嗣瑾啟孫權遣喬來西喬字伯松本字仲愼與兄恪俱有名於時喬至蜀亮以爲己適子故易其字焉拜爲駙馬都尉隨亮至漢中年二十五建興元年卒子攀官至行護軍翊武將軍亦早卒諸葛恪見誅於吳子孫皆盡而亮自有胄裔故攀還復爲瑾後瞻字思遠建興十二年亮出武功與兄瑾書曰瞻今已八歲而聰慧可愛嫌其早成恐不爲重器耳十七尚公主拜駙馬都尉其明年爲羽林中郎將屢遷射聲校尉侍中尚書僕射加軍師將軍瞻工書畫彊識念蜀人追思亮咸愛其才敏每朝廷有一善政佳事雖非瞻所建倡百姓皆傳相告曰葛侯之所爲也是以美聲溢譽有過其實景耀四年爲行都護衛將軍與輔國大將軍南鄉侯董厥並平尙書事六年冬魏征西將軍鄧艾伐蜀自陰平入景谷道旁入瞻督諸軍至涪停住前鋒破退還住緜竹艾遣書

誘瞻曰若降者必表爲琅邪王瞻怒斬艾使遂戰大敗臨陣死時年三十七衆皆離散艾長驅至成都瞻長子尚瞻敗時尚歎曰父子荷國重恩不早斬黃皓以致傾敗用生何爲乃馳赴魏軍而死次子京及攀子顯等咸熙元年內徙河東京入晉位至江州刺史董厥者丞相亮時爲府令史亮稱之曰董令史良士也吾每與之言思慎宜適徙爲主薄亮卒後稍遷至尚書僕射代陳祗爲尚書令遷大將軍平臺事而義陽樊建代焉延熙二十四年以校尉使吳值孫權病篤不自見建權問諸葛恪曰樊建何如宗預也恪對曰才識不及預而雅性過之後爲侍中守尚書令自瞻厥建統事姜維常征伐在外宦人黃皓竊弄機柄咸共將護無能匡矯然建特不與皓和好往來蜀破之明年春厥建俱詣洛陽同爲相國司馬昭參軍其秋並兼散騎常侍使蜀慰勞云先是亮所與友善者徐庶庶本名福單家子少好任俠擊劍中平末嘗爲人報讐白堊突面被髮而走爲吏所得問其姓字閉口不言吏乃於車上立柱維磔之擊鼓以令於市鄽莫敢識者而其黨伍共篡解之得脫於是感激棄其刀戟更練布單衣折節學問始詣精舍諸生聞其前作賊不肯與共止庶乃卑躬早起常獨埽除動靜先意聽習經業義理精熟與石韜廣元相親愛初平中中州兵起乃與韜南客荆州因與亮交焉及荆州內附亮與先主相隨去庶乃與韜俱來北黃初中韜仕歷郡守典農校尉庶至右中郎將建興中亮出隴右聞元直廣元仕財如此嘆曰魏豈多士邪何彼二人不見用乎庶後病卒有碑彭城云晉陳壽評諸葛亮曰亮之爲相國也撫百姓示儀軌約官職從權制開誠心布公道盡忠益時者雖讐必賞犯法怠慢者雖親必罰服罪輸誠者雖重必釋游辭巧飾者雖輕必戮善無微而不賞惡無纖而不貶庶事精練物理其本循名責實虛僞不齒終於邦域之內咸畏而愛之刑政雖峻而無怨者以其用心平而勸戒明也可謂識治之良才管蕭之亞匹矣然連年動衆未能成功蓋應變將略非其所長歟

關羽字雲長本字長生河東解人也好左氏傳諷誦略皆上口亡命奔涿郡先主於鄉里合徒衆而羽與張飛爲之禦侮先主爲平原相以羽飛爲別部司馬分統部曲先主與二人寢則同牀恩若兄弟而稠人廣坐侍立終日隨先主周旋不避艱險先主之襲殺徐州刺史車冑使羽守下邳城行太守事而身還小沛建安五年曹操東征先主奔袁紹操禽羽以歸拜爲偏將軍禮之甚厚袁紹遣大將軍顏良攻東郡太守劉延於白馬曹操使張遼與羽爲先鋒擊之羽望見良麾蓋策馬刺良於萬衆之中斬其首還紹諸將莫能當者遂解白馬圍曹操卽表封羽爲漢壽亭侯初曹操壯羽爲人而察其心神無久留之意謂張遼曰卿試以情問之旣而遼以問羽羽嘆曰吾極知曹公待我厚然吾受劉將軍厚恩誓以其死不可背之吾終不留當立效以報曹公乃去遼欲白操恐羽見殺不白非君臣之道歎曰曹公君父也羽兄弟耳遼遂白之操曰事君不忘其本天下義士也度何時能去遼曰羽受公恩必當立效報公而後去及羽殺顏良曹操知其必去乃厚加賞賜羽盡封所賜拜書告辭而奔先主於袁軍左右請追之操曰彼各爲其主勿追之從先主就劉表表卒曹操定荆州先主自樊將南渡江別遣羽乘船數百艘會江陵曹操追之當陽長阪先主斜趣漢津適與羽船相値共至夏口孫權遣兵佐先主拒操操敗還先主收江南諸郡乃封拜元勳以羽爲襄陽太守盪寇將軍駐江北先主西定益州拜羽董督荆州事羽聞馬超來降舊非故人乃以書與諸葛亮問超人才可誰比類亮知羽護前乃答之曰孟起兼資文武雄烈過人一世之傑黥彭之徒當與益德並驅爭先猶未及髯之絕倫逸羣也羽美鬚髯故亮謂之髯羽省書大悅以示賓客羽嘗爲流矢所中貫其左臂後創雖愈每至陰雨骨常疼痛醫曰矢鏃有毒毒入于骨當破臂作創刮骨去毒然後此患乃除耳羽便伸臂令醫劈之時羽適請諸將飲食相對臂血流離盈於盤器而羽割炙引酒言笑自若二十四年先主爲漢中王拜羽爲前將軍假節鉞是歲羽率衆攻曹仁於樊曹操遣于禁助仁秋大霖雨漢水汎濫禁所督七軍皆沒禁降羽羽又斬將軍龐悳梁郟陸渾羣盜或遙受羽印號爲之支黨羽威震華夏曹操議徙許都以避其銳司馬懿蔣濟以爲關羽得志孫權必不樂可遣人勸權躡其後許割江南以封權則樊圍自解操從之先是權遣使爲子索羽女羽罵辱其使不許婚權大怒又南郡太守麋芳在江陵將軍傅士仁屯公安素皆嫌羽輕己自羽之出軍芳仁供給軍資不悉相救羽言還當治之芳仁咸懷懼不安於是權陰誘芳仁芳仁使人迎權而曹操遣徐晃救曹仁羽不能克引軍退還權已據江陵盡虜羽士衆妻子羽軍遂散權遣將逆擊羽禽之權欲留關羽以敵曹操左右曰狼子不可養後必爲害乃斬羽并其子平于臨沮羽初出軍圍樊夢猪嚙其足語子平曰今年衰矣恐不能還果敗先主追謚曰壯繆侯子興嗣

興字安國少有令聞諸葛亮深器異之弱冠爲侍中中監軍數歲卒子統嗣尙公主官至虎賁中郎將卒無子以興庶子彝續封

張飛字益德涿郡人也少與關羽俱事先主羽年長數歲飛常兄事之先主從曹操破呂布隨還許曹操拜飛爲中郎將先主背曹操依袁紹劉表表卒操入荆州先主奔江南操追至當陽之長阪先主聞曹操卒至棄妻子走使飛將二十騎拒後飛據水斷橋瞋目橫矛曰身是張益德也可來共決死敵皆無敢近者故遂得免先主既定江南以飛爲宜都太守征虜將軍封新亭侯後轉在南郡先主入益州還攻劉璋飛與諸葛亮等泝流而上分定郡縣至江州破璋將巴郡太守嚴顏生獲顏飛呵顏曰大軍至何以不降而敢拒戰顏曰卿等無狀侵奪我州我州但有斷頭將軍無有降將軍也飛怒令左右牽去斫頭顏色不變曰斫頭便斫頭何爲怒邪飛壯而釋之引爲賓客飛所過戰克與先主會成都益州旣平賜諸葛亮法正飛及關羽金各五百斤銀千斤錢五千萬錦千疋其餘頒賜各有差以飛領巴西太守曹操破張魯留夏侯淵張郃守漢川郃別督諸軍下巴西欲徙其民於漢中進軍宕渠蒙頭盪石與飛相拒五十餘日飛率精卒萬餘人從他道邀郃軍交戰山道迮狹前後不得相救飛遂破郃郃棄馬緣山獨與麾下十餘人從閒道退引軍還南鄭巴土獲安先主爲漢中王拜飛爲右將軍假節章武元年遷車騎將軍領司隸校尉進封西鄉侯飛雄壯威猛亞於關羽魏謀臣程昱等咸稱飛羽萬人之敵也羽善待卒伍而驕於士大夫飛愛敬君子而不恤小人先主常戒之曰卿刑殺旣過差又日鞭撾健兒而令在左右此取禍之道也飛猶不悛先主伐吳飛當率兵萬人自閬中會江州臨發其帳下將張達范彊殺飛持其首順流而奔孫權飛營都督表報先主先主聞飛都督之有表也曰噫飛死矣追謚飛曰桓侯長子苞早夭次子紹嗣官至侍中尙書僕射苞子遵爲尙書隨諸葛瞻於緜竹與鄧艾戰死

馬超字孟起右扶風茂陵人也父騰靈帝末與邊章韓遂等俱起事於西州初平三年遂騰率衆詣長安漢朝以遂爲鎭西將軍遣還金城騰爲征西將軍遣屯郿後騰去郿襲長安敗走退還涼州司隸校尉鍾繇鎭關中移書遂騰爲陳禍福騰遣超隨繇討郭援高幹於平陽超將龐悳親斬援首後騰與韓遂不和求還京畿於是徵爲衞尉以超爲偏將軍封都亭侯領騰部曲超旣統衆遂與韓遂合從及楊秋李堪成宜等相結進軍至潼關曹操與遂超單馬會語超負其多力陰欲突前捉操操左右將許褚瞋目眄之超乃不敢動操用賈詡謀離閒遂超更相猜貳軍以大敗超走保諸戎操追至安定會北方有事引軍東還楊阜說操曰超有信布之勇甚得羌胡心若大軍還不嚴爲其備隴上諸郡非國家之有也超果率諸戎以擊隴上郡縣隴上郡縣皆應之殺涼州刺史韋康據冀城有其衆超自稱征西將軍領并州牧督涼州軍事康故吏民楊阜姜敘梁寬趙衢等合謀擊超阜敘起於鹵城超出攻之不能下寬衢閉冀城門超不得入進退狼狽乃奔漢中依張魯魯不足與計事內懷於邑聞先主圍劉璋於成都密書請降先主遣人迎超超將兵徑到城下城中震怖璋卽稽首以超爲平西將軍督臨沮因爲前都亭侯先主爲漢中王拜超爲左將軍假節章武元年遷驃騎將軍領涼州牧封斄鄉侯二年卒時年四十七臨沒上疏曰臣門宗二百餘口爲孟德所誅略盡惟有從弟岱當爲微宗血食之繼深託陛下餘無復言追謚超曰威侯子承嗣岱位至平北將軍陳倉侯

黃忠字漢升南陽人也荆州牧劉表以爲中郎將與表從子磐共守長沙攸縣及曹操克荆州假行裨將軍仍就故任統屬長沙太守韓玄先主南定諸郡忠遂委質隨從入蜀自葭萌受任還攻劉璋忠常先登陷陣勇冠三軍益州旣定拜爲討虜將軍建安二十四年於漢中定軍山擊夏侯淵淵衆甚精忠摧鋒必進勸率士卒金鼓振天讙聲動谷一戰斬淵淵軍大敗遷征西將軍是歲先主爲漢中王欲用忠爲後將軍諸葛亮說先主曰忠之名望素非關馬之倫也而今便令同列馬張在近親見其功尙可喻指關遙聞之恐必不悅得無不可乎先主曰吾自當解之遂與羽等齊位賜爵關內侯明年卒追謚剛侯子敘早沒無後

趙雲字子龍常山眞定人也本屬公孫瓚瓚遣先主與田楷拒袁紹雲隨從爲先主主騎及先主爲曹操所追於當陽長阪棄妻子南走雲身抱弱子卽後主也保護甘夫人卽後主母也皆得免難遷爲牙門將軍先主入蜀雲留荆州先主自葭萌還攻劉璋召諸葛亮亮率雲與張飛等俱泝江西上平定郡縣至江州遣雲從外水上江陽與亮會成都成都旣定以雲爲翊軍將軍時議欲以成都中屋舍及城外園地桑田分賜諸將雲駮之曰霍去病以匈奴未滅無用家爲今國賊非但匈奴未可求安也須天下都定各返桑梓歸耕本土乃其宜耳益州人民

初權兵革田宅皆可歸還令安居復業然後可役調得其歡心先主卽從之夏侯淵敗曹操爭漢中地運米北山下數千萬囊黃忠以爲可取雲兵隨忠取米忠過期不還雲將數十騎輕行出圍迎視忠等值曹操揚兵大出雲爲操前鋒所擊方戰其大衆至勢逼遂前突其陣且鬭且却操軍散已復合雲陷敵還趣圍其將張著被創雲復馳馬還營迎著操軍追至圍時沔陽長張翼在圍內欲閉門拒守雲入營更大開門偃旗息鼓操軍疑雲有伏兵引去雲雷鼓震天惟以戎弩自後射之操軍驚駭自相蹂踐墮漢水中死者甚多先主明旦自來至雲營圍視昨戰處曰子龍一身都爲膽也作樂飲宴至暝軍中號雲爲虎威將軍孫權襲荊州先主大怒欲討權雲諫曰國賊是曹操非孫權也且先滅魏則吳自服操身雖斃子丕篡盜當因衆心早圖關中居河渭上流以討凶逆關東義士必裹糧策馬以迎王師不應置魏先與吳戰兵勢一交不可卒解也先主不聽遂東征留雲督江州先主失利於秭歸雲進兵至永安吳兵已退建興元年爲中護軍征南將軍封永昌亭侯遷征東將軍五年隨諸葛亮駐漢中明年亮出軍揚聲由斜谷道曹眞遣大衆當之亮令雲與鄧芝往拒而身攻祁山雲芝兵弱敵彊失利於箕谷然斂衆固守不至大敗軍退貶爲鎭軍將軍七年卒追諡曰順平侯初先主時惟法正見諡後主時諸葛亮功德蓋世蔣琬費禕荷國之重亦見諡陳祗寵待特加殊奬夏侯霸遠來歸國故復得諡於是關羽張飛馬超龐統黃忠及雲乃追諡時論以爲榮雲子統嗣官至虎賁中郎督行領軍次子廣牙門將隨姜維沓中臨陣戰死

龐統字士元襄陽人龐德公從子也謂諸葛孔明爲臥龍士元爲鳳雛司馬德操爲水鏡皆德公語也孔明每至其家獨拜牀下德公初不令止德操嘗造德公值其渡沔上冢德操徑入其室呼德公妻子使速作黍徐元直向云有客當來就我與龐公譚其妻子皆羅列拜於堂下奔走供設須臾德公還直入相就不知何者是客也德操年小德公十歲兄事之統少時樸鈍未有識者唯德公重之使往見德操焉德操穎川人名徽淸雅有知人鑒時徽採桑於樹上坐統在樹下共語自晝達夜徽甚異之歎曰此盛德之人當爲南州士之冠冕由是漸顯後郡命爲功曹統性好人倫每所稱述多過其才時人怪而問之統答曰當今天下大亂雅道陵遲善人少而惡人多方欲興風俗長道業不美其譚卽聲名不足慕企而爲善者少矣今拔十失五猶得其半而可以崇邁世教使有志者自勵不亦可乎吳將周瑜助先主取荊州因領南郡太守聞統名召爲功曹及瑜卒統送喪至吳吳人多聞其名及當西還並會閶門陸績顧劭全琮皆往送之統曰陸子可謂駑馬有逸足之力顧子可謂駑牛能負重致遠也謂全琮曰卿好施慕名有似汝南樊子昭雖智力不多亦一時之佳也或竊問統曰如所目陸子爲勝乎統曰駑馬雖精所致一人耳駑牛一日行三百里所致豈一人之重哉劭就統宿語因問卿名知人吾與卿孰愈統曰陶冶世俗甄綜人物吾不及卿論帝王之秘策攬倚伏之要最吾似有一日之長積劭謂統曰使天下太平當與卿共料四海之士深與統相結而別先主領荊州統以從事守耒陽令在縣不治免官吳將魯肅遺先主書曰龐士元非百里才也使處治中別駕之任始當展其驥足耳諸葛亮亦言於先主先主與語大器之以爲治中從事親待亞於諸葛亮遂與亮並爲軍師中郎將統說先主曰荊州荒殘人物殫盡東有吳孫北有曹氏鼎足之計難以得志今益州國富民彊戶口百萬四部兵馬所出必具寶貨無求於外今可權借以定大事先主曰今指與吾爲水火者曹操也操以急吾以寬操以暴吾以仁操以譎吾以忠每與操反事乃可成耳今以小故而失信義於天下吾所不爲也統曰權變之時固非一道所能定也逆取順守報之以義事定之後封以大國何負於信今日不取終爲人利耳先主遂行亮留鎭荊州統隨先主入蜀益州牧劉璋與先主會涪統進策曰今因此會便可執之則將軍無用兵之勞而坐定一州也先主曰初入他國恩信未著此不可也璋既還成都先主當爲璋北征漢中統復說曰陰選精兵徑襲成都璋既不武又素無預備大軍卒至一舉便定此上計也楊懷高沛璋之名將各仗彊兵據守關頭聞數有牋諫璋使發遣將軍還荊州將軍未至遣與相聞說荊州有急欲還救之並使裝束外作歸形此二子既服將軍英名又喜將軍之去計必輕騎來見將軍因此執之進取其兵乃向成都此中計也退還白帝連引荊州徐還圖之此下計也若沈吟不去將致大困不可久矣先主然其中計卽斬懷沛還向成都所過輒克於涪大會致酒作樂謂統曰今日之會可謂樂矣統曰伐人之國而以爲歡非仁者之兵也先主醉怒曰武王伐紂前歌後舞非仁者邪卿言不當宜速起出於是統逡巡引退先主尋悔請還統復故位初不顧謝飲食自若先主謂曰向者之論阿誰爲失統對

曰君臣俱失先主大笑宴樂如初進圍雒縣統率衆攻城爲流矢所中卒時年三十六先主痛惜言則流涕拜統父議郎遷諫議大夫諸葛亮親爲之拜追賜統爵關內侯謚曰靖侯統子宏字巨師剛簡有臧否輕傲尚書令陳祗爲祗所抑卒於涪陵太守統弟林以荊州治中從事參鎮北將軍黄權征吳値軍敗隨權入魏魏封列侯至鉅鹿太守

法正字孝直右扶風郿人也祖父眞有清節高名建安初天下饑荒正與同郡孟達等俱入蜀依劉璋久之爲新都令後召署軍議校尉既不任用又爲其州邑俱僑客者所謗無行志意不得益州别駕張松與正相善正忖璋不足與有爲常竊嘆息松於荊州見曹操還勸璋絶操而自結於先主璋曰誰可使者松乃舉正正辭讓不得已而往正既還爲松稱説先主有雄略密謀協規願共戴奉而未有緣後因璋聞曹操欲遣將征張魯之有懼心也松遂説璋宜迎先主使之討魯復令正銜命正既宣旨陰獻策於先主曰以明將軍之英才乘劉牧之懦弱張松州之股肱以響應於內然後資益州之殷富憑天府之險阻以此成王業猶反掌也先主然之泝江而西與璋會涪北至葭萌南還取璋璋從事鄭度説璋曰左將軍縣軍襲我兵不滿萬士衆未附野穀是資軍無輜重其計莫若盡驅巴西梓潼民內涪水以西其倉廩野穀一皆燒除高壘深溝靜以待之彼至請戰勿許久無所資不過百日必將自走走而擊之則成禽耳先主聞而惡之以問正正曰終不能用無可憂也璋果如正言謂其羣下曰吾聞拒敵以安民未聞動民以避敵也於是黜度不用其計及軍圍雒城正牋與璋曰正受性無術盟好違損懼左右不明本末必並歸咎蒙耻沒身辱及執事是以捐身於外不敢反命恐聖聽穢惡其聲故中間不有牋敬顧念宿遇瞻望悵悵然惟前後披露腹心自從始初以至於終實不藏情有所不盡但愚闇策薄精誠不感以致於此耳今國事已危禍害在速雖捐放於外言足憎尤猶貪極所懷以盡餘忠明將軍本心正之所知也實爲區區不欲失左將軍之意而卒至於是者左右不達英雄從事之道謂可違信黷誓而以意氣相致日月相遷趨求順耳悦目隨阿遂指不圖遠慮爲國深計故也事變既成又不料彊弱之勢以爲左將軍縣遠之衆糧穀無儲欲得以多擊少曠日相持而從關至此所歴輒破離宮别屯日自零落雒下雖有萬兵皆壞陳之卒破軍之將若欲爭一旦之戰則兵將勢力實不相當若欲遠期計糧者今此營守已固穀米已積而明將軍土地日削百姓日困敵對遂多所供遠曠愚意計之謂必先竭將不復以持久也空爾相守猶不相堪今張益德數萬之衆已定巴東入犍爲界分平資中德陽三道並侵將何以禦之本爲明將軍計者必謂此軍縣遠無糧饋運不及兵少無繼今荊州道通衆數十倍加孫車騎遣弟及李異甘甯等爲其後繼若爭客主之勢以土地相勝者今此全有巴東廣漢犍爲過半已定巴西一郡復非明將軍之有也計益州所仰唯蜀蜀亦破壞三分亡二吏民疲困思爲亂者十戶而八若敵遠則百姓不能堪役敵近則一旦易主矣廣漢諸縣是明比也又魚復與關頭實爲益州禍福之門今二門悉開堅城皆下諸軍並破兵將俱盡而敵家數道並進已入心腹坐守雒都存亡之勢昭然可見斯乃大略其外較耳其餘屈曲難以辭極也以正下愚猶知此事不可復成況明將軍左右明智用謀之士豈當不見此數哉旦夕偷幸求容取媚不慮遠圖莫肯盡心獻良計耳若事窮勢迫將各索生求濟門戶展轉反覆與今計異不爲明將軍盡死難也而尊門猶當受其憂正雖獲不忠之謗然心自謂不負聖德顧惟分義實竊痛心左將軍從本舉來舊心依依實無薄意愚以爲可圖變化以保尊門十九年進圍成都璋蜀郡太守許靖將踰城降事覺不果璋以危亡在近故不誅靖璋既稽服先主以此薄靖不用也正説曰天下有獲虛譽而無其實者許靖是也然今主公始創大業天下之人不可戶曉靖之浮稱播流四海若其不禮天下之人以謂主公爲賤賢也宜加敬重以眩遠近追昔燕王之待郭隗先主於是乃厚待靖以正爲蜀郡太守揚武將軍正外統都畿內爲謀主一飡之德睚眦之怨無不報復擅殺毀傷己者數人或謂諸葛亮曰法正於蜀郡太縱横宜啓主公抑其威福亮曰主公之在公安也北畏曹操之彊東憚孫權之逼近則懼孫夫人生變於肘腋之下當斯之時進退狼跋法孝直爲之輔翼令翻然翺翔不可復制如何禁止法正使不得行其意邪初孫權以妹妻先主妹才捷剛猛有諸兄之風侍婢百餘人皆親執刀侍立先主每入衷心常凜凜亮又知先主雅愛信正故言如此二十二年正説先主曰曹操一舉而降張魯定漢中不因此勢以圖巴蜀而留夏侯淵張郃屯守身遽北還此非其智不逮而力不足也必將內有憂偪故耳今策淵郃才略不勝國之將帥舉衆往討則必可克之克之之日廣農積穀觀釁伺隙上可以傾覆寇敵尊獎王室

中可以蠶食雍涼廣拓境土下可以固守要害爲持久之計此蓋天以與我時不可失也先主善其策乃率諸將進兵漢中正亦從行二十四年先主自陽平南渡沔水緣山稍前於定軍興勢作營淵將兵來爭其地正曰可擊矣乃命黃忠乘高鼓譟攻之大破淵軍淵等授首曹操西征聞正之策乃曰吾故知元德不辦有此必爲人所教也先主立爲漢中王以正爲尚書令護軍將軍明年卒時年四十五先主爲之流涕者累日謚曰翼侯賜子邈爵關內侯官至奉車都尉漢陽太守諸葛亮與正雖好尚不同以公義相取亮每奇正智術先主既即尊號將東征孫權以復關羽之恥羣臣多諫一皆不從章武二年大軍敗績還住白帝諸葛亮歎曰法孝直若存則能制主上令不東行就復東行必不傾危矣

許靖字文休汝南平輿人少與從兄劭俱知名並有人倫臧否之稱而私情不協劭爲郡功曹排擯靖不得齒敘以馬磨自給潁川劉翊爲汝南太守乃舉靖計吏察孝廉除尚書郎典選舉靈帝崩董卓秉政以漢陽周毖爲吏部尚書與靖共謀議進退天下之士沙汰穢濁顯拔幽滯進用潁川荀爽韓融陳紀等爲公卿郡守拜尚書韓馥爲冀州牧侍中劉岱爲兗州刺史潁川張咨爲南陽太守陳留孔伷爲豫州刺史東郡張邈爲陳留太守而遷靖巴郡太守不就補御史中丞馥等到官各舉兵還向京都欲以誅卓卓怒毖曰諸君言當拔用善士卓從君計不欲違天下人心而諸君所用人至官之日還來相圖卓何用相負叱毖令出於外斬之靖從兄陳相瑒又與伷合規靖懼誅奔伷伷卒依揚州刺史陳禕禕死吳郡都尉許貢會稽太守王朗素與靖有舊故往保焉靖收恤親里經紀振贍出於仁厚孫策東渡江皆走交州以避其難靖身坐岸邊先載附從疏親悉發乃從後去見者歎息既至交阯交阯太守士燮厚加禮待陳國袁徽以寄寓交州徽與尚書令荀彧書曰許文休英才偉士智略足以計事自流宕以來與羣士相隨每有緩急常先人後已與九族中外同其饑寒其紀綱同類仁恕惻隱皆有效事不能復一二陳之耳鉅鹿張翔銜王命使交部乘勢募靖欲與誓要靖拒而不許靖與曹操書曰世路戎夷禍亂遂合駑怯偷生自竄蠻貊契闊十年吉凶禮廢昔在會稽得所貽書辭旨款密久要不忘迫於袁術放命圮族扇動羣逆津塗四塞雖懸心北風欲行靡由正禮師退術兵前進會稽傾覆景興失據三江五湖皆爲虜庭臨時困厄無所控告便與袁沛鄧子孝等浮涉滄海南至交州經歷東甌閩越之國行經萬里不見漢地漂薄風波絕糧茹草饑殍薦臻死者大半既濟南海與領守兒孝悳相見知足下忠義奮發整飭元戎西迎大駕巡省中嶽承此休問且悲且憙即與袁沛及徐元賢復共嚴裝欲北上荊州會蒼梧諸縣夷越蠭起州府傾覆道路阻絕元賢被害老弱並殺靖尋循諸岸五千餘里復遇疾癘伯母殞命并及羣從自諸妻子一時略盡復相扶持前到此郡計爲兵害及病亡者十遺一二生民之艱辛苦之甚豈可具陳哉懼卒顛仆永爲亡虜憂瘁慘慘忘寢與食欲附奉朝貢使自獲濟通歸死闕庭而荊州水陸無津交部驛使斷絕欲上益州復有峻防故官長吏一不得入前令交阯太守士威彥深相分託於益州兄弟又靖亦自與書辛苦懇惻而復寂寞未有報應雖仰瞻光靈延頸企踵何由假翼自致哉知聖主允明顯授足下專征之任凡諸逆節多所誅討想力競者一心順從者同規矣又張子雲昔在京師志匡王室今雖臨荒域不得參與本朝亦國家之藩鎮足下之外援也(子雲名津南陽人爲交州刺史)若荊楚和平王澤南至足下忽有聲問於子雲勤見保屬令得假途由荊州出不然當復相介紹於益州兄弟使相納受儻天假其年人緩其禍得歸死國家解逋逃之負泯軀九泉將復何恨若時有險易事有利鈍人命無常隕歿不達者則永銜罪責入於裔土矣昔營邱翼周杖鉞專征博陸佐漢虎賁警蹕今日足下扶危持傾爲國柱石秉師望之任兼霍光之重五侯九伯制御在手自古及今人臣之尊未有及足下者也夫爵高者憂深祿厚者責重足下據爵高之任當責重之地言出於口即爲賞罰意之所存便爲禍福行之得道則社稷用寧行之失道即四方散亂國家安危在於足下百姓之命縣於執事自華及夷顒顒注望足下任此豈可不遠覽載籍廢興之由榮辱之機棄忘舊惡寬和羣司審量五材爲官擇人苟得其人雖讐必舉苟非其人雖親不授以寧社稷以濟下民事立功成則繫音於管絃勒勳於金石願君勉之爲國自重爲民自愛翔恨靖之不自納搜索靖所寄書疏盡投之於水後劉璋遂使使招靖靖來入蜀璋以靖爲巴郡廣漢太守南陽宋仲子於荊州與蜀郡太守王商書曰文休倜儻瑰偉有當世之具足下當以爲指南建安十六年轉在蜀郡十九年先主克蜀以靖爲左將軍長史先主爲漢中王靖爲太傅及即尊號策拜司徒靖雖年逾七十愛樂人物誘納後進清談不倦丞相諸葛亮皆爲之拜章武二年卒子欽先靖夭歿欽子游

景耀中爲尙書始請兄事潁川陳紀與陳郡袁渙平原華歆東海王朗等親善歆朗及紀幷子羣魏初爲公輔大臣咸與靖書申陳舊好情義款至文多故不載

麋竺字子仲東海朐人也祖世貨殖僮客萬人貲產鉅億後徐州牧陶謙辟竺爲別駕從事謙卒竺奉謙遺命迎先主於小沛建安元年呂布乘先主之出拒袁術襲下邳虜先主妻子先主轉軍廣陵海西竺於是進妹於先主爲夫人奴客二千金銀貨幣以助軍資於時困匱賴此復振後曹操表竺領嬴郡太守竺弟芳爲彭城相皆去官隨先主周旋先主將適荊州遣竺先與劉表相聞以竺爲左將軍從事中郎及益州既平拜爲安漢將軍班在軍師將軍之右竺雍容敦雅而幹翮非所長是以待之以上賓之禮未嘗有所統御然賞賜優寵無與爲比芳爲南郡太守與關羽共事而私好攜貳叛迎孫權羽因覆敗竺面縛請罪先主慰諭以兄弟罪不相及崇待如初竺慙恚發病歲餘卒子威官至虎賁中郎將威子照虎騎監自竺至照皆便弓馬善射御云

臣謹按竺嘗從洛歸未達家數十里路傍見一婦女從竺求寄載行可數里婦謝去謂竺曰我天使也當往燒東海麋竺家感君見載故以相語竺因私請之婦曰不可得不燒君可馳去我當緩行日中火必發竺乃急行達家便出財物日中而火大發出搜神記

孫乾字公祐北海人也先主領徐州辟爲從事後隨從周旋先主之背曹操遣乾自結袁紹將適荊州乾又與麋竺俱使劉表皆如意指後表與袁尙書說其兄弟分爭之變曰昔與劉左將軍孫公祐共論此事未嘗不痛心入骨相爲悲傷也其見重如此先主定益州乾自從事中郎爲秉忠將軍見禮次麋竺與簡雍同等頃之卒

簡雍字憲和涿郡人也少與先主有舊隨從周旋先主至荊州雍與麋竺孫乾同爲從事中郎常爲談客往來使命先主入益州劉璋見雍甚愛之後先主圍成都遣雍往說璋璋與雍同輿而載出城歸命先主拜雍爲昭德將軍雍優游風議性簡傲跌宕在先主坐席猶箕踞傾倚威儀不肅自縱適諸葛亮以下則獨擅一榻傾枕臥語無所爲屈時天旱禁酒釀者有刑吏於人家索得釀具論者欲令與作酒者同罰雍從先主遊觀見一男子行道謂先主曰彼人欲行淫何以不縛先主曰卿何以知之雍曰彼有其具與欲釀者同先主大笑而原欲釀者雍之滑稽皆此類也

伊籍字機伯山陽人少依邑人鎭南將軍劉表先主之在荊州籍常往來自託表卒遂隨先主南渡江從入益州益州既定以籍爲左將軍從事中郎見待亞於簡雍孫乾等遣東使吳孫權聞其才辯欲逆折以辭籍適入拜權曰勞事無道之君乎籍卽對曰一拜一起未足爲勞籍之機捷類皆如此權甚異之後遷昭文將軍與諸葛亮法正劉巴李嚴共造蜀科蜀科之制由此五人焉

秦宓字子勑廣漢緜竹人也少有才學州郡辟命輒稱疾不往奏記州牧劉焉薦儒士任安定祖曰昔百里蹇叔以耆艾而定策甘羅子奇以童冠而立功故書美黃髮而易稱顏回固知選士用能不拘長幼明矣乃者以來海內察舉率多英儁而遺舊齒衆論不齊異同相半此乃承平之翔步非亂世之急務也夫欲救危撥亂宜得卓犖超倫與時殊趣者使之震驚鄰國駭動四方雖遭凶難無所憂懼昔葉公好龍神龍下之好僞徹天何況於眞今處士任安仁義直道流名四遠如令見察則一州斯服昔湯擧伊尹不仁者遠何武貢二龔雙名竹帛故貪尋常之高而忽萬仞之嵩樂目前之飾而忘天下之譽斯誠往古之所重慎也足下甫欲鑿石索玉剖蚌求珠今乃隋和炳然有如皎日復何疑哉劉璋時宓同郡王商爲治中從事與宓書請與州尊相見宓答書拒之後商爲嚴君平李弘立祠宓與書曰疾病伏匿甫知足下爲嚴李立祠可謂厚黨勤類者也觀嚴文章冠冒天下由夷逸操山嶽不移使揚子不歎固自昭明如李仲元不遭法言令名必淪其無虎豹之文故也可謂攀龍附鳳者矣如揚子雲潛心著述有補於世泥蟠不滓行參聖師於今海內談詠厥辭邦有斯人以耀四遠怪子替茲不爲立祠又蜀本無學士文翁遣相如東受七經還教吏民於是蜀學比於齊魯故地里志曰文翁倡其教相如爲之師漢家得士盛於其世仲舒之徒不達封禪相如制其禮夫能制禮造樂移風易俗非禮所秩有益於世者乎雖有王孫之累猶孔子大齊桓之霸公羊賢叔術之讓僕既善長卿之化謂亦宜立祠速定其銘先主定益州廣漢太守夏侯纂請宓爲師友祭酒領五官掾稱曰仲父宓稱疾臥家纂將功曹古朴主簿王普詣宓談宴宓臥如故纂問朴曰至於貴州養生之具實絕餘州矣不知士人何如餘州也朴對曰乃自先漢以來其爵位者或不如餘州耳至於著作爲世師式不負於餘州也嚴君平見黃老作指歸揚雄見易作太元見論語作法言司馬相如爲武帝作封禪之文于今天下所共聞也纂曰仲父何如宓以簿（簿手版也）擊頰曰願明府勿以仲父之言假於小草民請爲明府陳其本紀

蜀有汶阜之山江出其腹帝以會昌神以建福故能沃野千里淮濟四瀆江爲其首此其一也禹生石紐今之汶山郡是也昔堯遭洪水鯀所不治禹疏江決河東注於海爲民除害生民以來功莫先者此其二也天帝布治房心決政參伐參伐則益州分野三皐乘祇車出谷口今之斜谷是也此便鄙州之阡陌明府以雅意論之何若於天下乎於是纂逡巡無以復答益州辟宓爲從事祭酒先主既稱尊號將東征吳宓陳天時無利坐下獄幽閉然後貸出建興二年丞相亮領益州牧選宓迎爲別駕尋拜左中郎將長水校尉吳遣使張溫來聘百官皆往餞焉衆人皆集而宓未往亮累遣使促之溫曰彼何人也亮曰益州學士也及至溫問宓曰君學乎宓曰五尺童子皆學何必小人溫復問曰天有頭乎宓曰有之溫曰在何方也曰在西方詩云乃眷西顧以此推之頭在西方溫曰天有耳乎宓曰天處高而聽卑詩云鶴鳴九皐聲聞於天若其無耳何以聽之溫曰天有足乎宓曰有詩云天步艱難之子不猶若其無足何以步之溫曰天有姓乎宓曰有溫曰何姓宓曰姓劉溫曰何以知之宓曰天子姓劉故以此知之溫曰日生於東乎宓曰雖生於東而沒於西答問如響應聲而出於是溫大敬服之宓之文辯皆此類也遷大司農四年卒初宓見帝系之文五帝皆同一族因辨其不然之本又論皇帝王霸養龍之說甚有通理譙周少時數往諮訪記錄其言於春秋然否論文多故不載

董和字幼宰南郡枝江人也其先本巴郡江州人漢末和率宗族西遷益州牧劉璋以爲牛鞞江原長成都令蜀土富實時俗奢侈貨殖之家侯服玉食婚姻送葬傾家竭產和躬率以儉惡衣蔬食防遏踰僭爲之軌制所在皆移風變善畏而不犯然縣界豪彊憚和嚴法說璋轉和爲巴東屬國都尉吏民老弱相攜乞留和者數千人璋聽留二年還遷益州太守其清約如前與蠻夷從事務推誠心南土愛而信之先主定蜀徵和爲掌軍中郎將與軍師將軍諸葛亮並署左將軍大司馬府事獻可替否共爲歡交自和居官食祿外牧殊域內幹機衡二十餘年死之日家無擔石之儲亮後爲丞相教與羣下曰夫參署者集衆思廣忠益也若遠小嫌難相違覆曠闕損矣違覆而得中猶棄弊蹻而獲珠玉然人心苦不能盡惟徐元直處茲不惑又董幼宰參署七年事有不至至於十反來相啟告苟能慕元直之十一幼宰之殷勤有忠於國則亮可少過矣又曰昔初交州平屢聞得失後交元直勤見啟誨前參事於幼宰每言則盡後從事於偉度數有諫止雖姿性鄙暗不能悉納然與此四子終始好合亦足以明其不疑於直言也其追思和如此偉度姓胡名濟義陽人爲亮主簿後官至右驃騎將軍和子允字休昭先主立太子允以選爲舍人徙洗馬後主襲位遷黃門侍郎丞相亮將北征駐漢中慮後主富於春秋朱紫難別以允秉心公亮欲任以宮省之事上疏曰侍中郭攸之費禕侍郎董允等先帝簡拔以遺陛下至於斟酌規益進盡忠言則其任也愚以爲宮中之事悉以咨之必能裨補闕漏有所廣益若無興德之言則戮允等以彰其慢亮尋請禕爲參軍允遷爲侍中領虎賁中郎將統宿衞親兵攸之性素和順備員而已（攸之南陽人也）獻納之任允皆專之矣允處事爲防制甚盡匡救之理後主常欲采擇以充後宮允以爲古者天子后妃之數不過十二今嬪嬙已具不宜增益終執不聽後主益嚴憚之尚書令蔣琬領益州刺史上疏以讓費禕及允又表允內侍歷年翼贊王室宜賜爵土以褒勳勞允固辭不受後主漸長大愛宦人黃皓皓便僻佞慧欲自容入允常上則正色匡主下則數責於皓皓畏允不敢爲非終允之世皓位不過黃門丞允嘗與尚書令費禕中典軍胡濟等共期遊宴嚴駕已辦而郎中襄陽董恢詣允修敬恢年少官微見允停出逡巡求去允不許曰本所以出者欲與同好遊談也今君已自屈方展闊積捨此之談就彼之宴非所謂也乃命解驂禕等罷駕不行其守正下士皆此類也延熙六年加輔國將軍七年以侍中守尚書令爲大將軍費禕副貳九年卒陳祗代允爲侍中與黃皓互相表裏皓始預政事祗死後皓從黃門令爲中常侍奉車都尉操弄威柄終至覆國蜀人無不追思允及鄧艾至蜀聞皓姦險收閉將殺之而皓厚賂艾左右得免祗字奉宗汝南人許靖兄之外孫也少孤長於靖家弱冠知名稍遷至選曹郎矜厲有威容多技藝挾數術費禕甚異之故超繼允內侍呂乂卒祗又以侍中守尚書令加鎮軍大將軍姜維雖班在祗上常率衆在外希親朝政祗上承主指下接閹豎深見信愛權重於維景耀元年卒後主痛惜發言流涕下詔褒稱勳績諡曰忠侯賜子粲爵關內侯拔次子裕爲黃門侍郎自祗之有寵後主追怨允日深謂爲自輕由祗媚茲一人皓構閒浸潤故耳允所留與語董恢者襄陽人字休緒入蜀以宣信中郎副費禕使吳孫權嘗大醉問禕曰楊儀魏延牧豎小人耳雖嘗有鳴吠之勞無益於時務然既已任之勢不得輕若一朝無諸葛亮必

爲禍亂矣諸君憒憒曾不知防慮於此豈所謂貽厥孫謀者乎禕愕然四顧視不能卽答恢目禕曰可速言儀延之不協起於私忿耳而無韓駮離御之心也今方掃除彊賊混一函夏功以才成業由才廣若舍此不任防其後患是猶欲備風波而逆廢舟楫非長計也權大笑樂諸葛亮聞之以爲知言還未滿三日辟爲丞相府屬遷巴郡太守允孫宏晉巴西太守

劉巴字子初零陵烝陽人也祖父曜蒼梧太守父祥江夏太守盪寇將軍時孫堅起兵討董卓以南陽太守張咨不給軍糧殺之祥與同心南陽士民怨祥舉兵攻之祥與戰敗亡荆州牧劉表亦素不善祥拘巴欲殺之數遣祥故所親信者密詐謂巴曰劉牧欲相危害可相隨逃之如此再三巴輒不應具以報表表乃不殺巴年十八郡署戶曹史主記主簿先主在荆州欲遣甥周不疑就巴學巴答曰昔游荆北時涉師門記問之學不足紀名內無楊朱守靜之術外無墨翟務時之風猶天之南箕虛而不用賜書乃欲令賢甥摧鸞鳳之豔遊燕雀之宇將何以啟明之哉表後連辟巴及舉茂才皆不就表卒曹操征荆州先主奔江南荆楚羣士從之如雲而巴北詣曹操操辟爲掾使招納長沙零陵桂陽會先主略有三郡巴不得反使遂遠適交阯先主深以爲恨巴復從交阯至蜀俄而先主定益州初劉璋遣法正迎先主巴諫曰劉備人雄也入必爲害不可內旣入巴復諫曰若使備討張魯是放虎於山林也璋不聽巴閉門稱疾先主攻成都令軍中有害巴者誅及三族及得巴甚喜巴辭謝罪負先主不責諸葛亮數稱薦之先主辟爲左將軍西曹掾張飛嘗就巴宿巴不與語飛忿恚亮謂巴曰張飛雖實武人甚敬慕足下主公今方收合文武以定大事足下雖天素高亮宜少降意也巴曰大丈夫處世當交四海英雄如何與兵子共語乎先主聞之怒曰孤欲定天下而子初專亂之其欲還北假道於此豈欲成孤事邪及先主怒解則又曰子初才智絕人如孤可任用之非孤者難獨任也亮亦曰運籌策於帷幄之中吾不如子初遠矣若提枹鼓會於軍門使百姓喜勇當與人議之耳初攻劉璋先主與士衆約若事定府庫百物孤無與焉及拔成都士衆皆捨干戈赴諸藏競取貨寶軍用不足先主甚憂之巴曰此易耳但當鑄直百錢平諸物價令吏爲官市先主從之數月之閒府庫充實建安二十四年先主爲漢中王巴爲尚書後代法正爲尚書令躬履清儉不治產業又自以歸附非素懼見猜嫌恭默守靜退無私交非公事不言先主稱尊號昭告於皇天上帝后土神祇凡諸文誥策命皆巴所作也章武二年卒後魏尚書僕射陳羣與諸葛亮書問巴消息曰劉君子初甚敬重焉

馬良字季常襄陽宜城人也兄弟五人並有才名鄉里爲之諺曰馬氏五常白眉最良良眉中有白毛故以稱之先主領荆州辟爲從事尋辟左將軍掾後遣使吳良謂諸葛亮曰今銜國命協穆二家幸爲良介於孫將軍亮曰君試自爲文良卽爲草曰寡君遣掾馬良通聘繼好以紹昆吾豕韋之勳奇人吉士荆楚之令鮮於造次之華而有克終之美願降心存納以慰將命權敬待之•先主稱尊號以良爲侍中及東征吳遣良入武陵招納五溪蠻夷蠻夷渠帥皆受印號咸如意指會先主敗績於夷陵良亦遇害先主拜良子秉爲騎都尉良弟謖字幼常以荆州從事隨先主入蜀除緜竹成都令越嶲太守才器過人好論軍計丞相諸葛亮深加器異先主臨薨謂亮曰馬謖言過其實不可大用君其察之亮猶謂不然以謖爲參軍每引見談論自晝達夜建興三年亮征南中謖送之數十里亮曰雖共謀之歷年今可更惠良規謖對曰南中恃其險遠不服久矣雖今日破之明日復反耳今公方傾國北伐以事彊賊彼知官勢內虛其叛亦速若殄盡遺類以除後患旣非仁者之情且又不可倉卒也夫用兵之道攻心爲上攻城爲下心戰爲上兵戰爲下願公服其心而已亮納其策赦孟獲以服南方故終亮之世南方不敢復反六年亮出軍向祁山時有宿將魏延吳壹等論者皆言以爲宜令爲先鋒而亮違衆拔謖統大衆在前與魏將張郃戰於街亭爲郃所破士卒離散亮進無所據退軍還漢中謖下獄物故謖臨終與亮書曰明公視謖猶子謖視明公猶父願深惟殛鯀興禹之義使平生之交不虧於此謖雖死無恨於黃壤也於時十萬之衆爲之垂泣亮親自臨祭待其遺孤若平生蔣琬後詣漢中謂亮曰昔楚殺得臣然後文公喜可知也天下未定而戮智計之士豈不惜乎亮流涕曰孫武所以能制勝於天下者用法明也是以揚干亂法魏絳戮其僕四海分裂兵交方始若復廢法何用討賊邪良死時年三十六謖年三十九

楊顒字子昭襄陽人也爲丞相諸葛亮主簿亮嘗自校簿書顒直入諫曰爲治有體上下不可相侵請爲明公以作家譬之今有人使奴執耕婢典爨雞司晨犬吠盜牛負重馬涉遠私業無曠所求皆足雍容高拱飲食而已忽一旦盡欲以身親其役形疲神困終無一成豈其

智之不如奴婢雞狗哉失爲家主之法也是故古人稱坐而論道謂之三公作而行之謂之士大夫邴吉不問橫道死人而憂牛喘陳平不肯知錢穀之數而云自有主者彼誠達於位分之體也今明公躬校簿書流汗終日不亦勞乎亮謝之及顒卒亮垂泣三日

陳震字孝起南陽人也先主領荆州牧辟爲從事部諸郡隨先主入蜀蜀既定爲蜀郡北部都尉因易郡名爲汶山太守轉任犍爲建興二年入拜尚書遷尚書令奉命使吳七年權稱尊號以震爲衛尉賀權踐阼諸葛亮與兄瑾書曰孝起忠純之性老而益篤及其贊述東西歡樂和合有可貴者震入吳界移關候曰東之與西驛使往來冠蓋相望申盟初好日新其事東尊應保聖祚告燎受符剖判土宇天下嚮應各有所歸於此時也以同心討賊則何寇不滅哉西朝君臣引領欣賴震以不才得充下使奉聘叙好踐界踊躍入則如歸獻子適魯犯其山諱春秋譏之望必啟告使行人睦焉卽日張旍誥衆各自約誓順流漂疾國典異制懼或有違幸必斟誨示其所宜震到武昌孫權與震升壇歃盟交分天下以徐豫幽青屬吳并涼冀兗屬蜀其司州之土以函谷關爲界震還封城陽亭侯九年都護李平坐誣罔廢諸葛亮與長史蔣琬侍中董允書曰孝起前臨至吳爲吾說正方腹中有鱗甲鄉里以爲不可近吾以爲鱗甲者但不當犯之耳不圖復有蘇張之事出於不意可使孝起知之十三年震卒子濟嗣

呂乂字季陽南陽人也父常送故將軍劉焉入蜀值王路隔塞遂不得還乂少孤好讀書鼓琴先主定益州置鹽府校尉較鹽鐵之利後校尉王連請乂及南陽杜祺南鄉劉幹等並爲典曹都尉乂遷新都緜竹令乃心隱卹百姓稱之爲一州諸城之首遷爲巴西太守丞相諸葛亮連年出軍調發諸郡多不相救乂募五千兵詣亮慰喻檢制無逃竄者徙爲漢中太守兼領督農供繼軍糧亮卒累遷廣漢蜀郡太守蜀郡一都之會戶口衆多自亮卒之後士伍亡命更相重冒姦巧非一乂到官爲之防禁開喻勸導數年之間漏脫自出者萬餘口後入爲尚書代董允爲尚書令庶事無留門無停賓乂既歷職內外治身儉約謙靜少言爲政簡易號爲清能然持法刻深好用文俗吏故居大官名聲損於郡縣延熙十四年卒子辰景耀中爲成都令辰弟雅謁者雅清厲有文著格論十五篇杜祺歷郡守監軍大將軍司馬劉幹官至巴西太守皆與乂親善亦有當時之稱而儉素守法不及於乂

劉封者本羅侯寇氏之子長沙劉氏之甥也先主至荆州以未有繼嗣養封爲子及先主入蜀自葭萌還攻劉璋時封年二十餘有武藝氣力過人將兵俱與諸葛亮張飛等泝流西上所在戰克益州既定以封爲副軍中郎將初劉璋遣扶風孟達副法正各將兵二千人使迎先主先主因令達并領其衆留屯江陵蜀平後以達爲宜都太守建安二十四年命達從秭歸北攻房陵房陵太守蒯祺爲達兵所害達將進攻上庸先主陰恐達難獨任乃遣封自漢中乘沔水下統達軍與達會上庸上庸太守申耽舉衆降遣妻子及宗族詣成都先主加耽征北將軍領上庸太守員鄉侯如故以耽弟儀爲建信將軍西城太守遷封爲副軍將軍自關羽圍樊城襄陽連呼封達令發兵自助封達辭以山郡初附未可動搖不承羽命會羽覆敗先主恨之又封與達忿爭不和封尋奪達鼓吹達既懼罪又忿恚封遂表辭先主率所領降魏魏文帝善達之姿才容觀以爲散騎常侍建武將軍封平陽亭侯合房陵上庸西城三郡爲新城郡以達領新城太守遣征東將軍夏侯尚右將軍徐晃與達共襲封達與封書曰古人有言疏不閒親新不加舊此謂上明下直讒慝不行也若乃權君譎主賢父慈親猶有忠臣蹈功以罹禍孝子抱仁以陷難種商白起孝已伯奇皆其類也其所以然非骨肉好離親親樂患也或有恩移愛易亦有讒閒其閒雖忠臣不能移之於君孝子不能變之於父者也勢利所加改親爲讎況非親親乎故申生衛伋禦寇楚建稟受形之氣當嗣立之正而猶如此今足下與漢中王道路之人耳親非骨肉而據勢權義非君臣而處上位征則有偏任之威居則有副軍之號遠近所聞也自立阿斗爲太子已來有識之人相爲寒心如使申生從子輿之言必爲太伯衛伋聽其弟之謀無彰父之譏也且小白出奔入而爲霸重耳踰垣卒以克復自古有之非獨今也夫智貴免禍明尚夙達僕揆漢中王慮定於內疑生於外矣慮定則心固疑生則心懼亂禍之興作未曾不由廢立之間也私怨人情不能不見恐左右必有以閒於漢中王矣然則疑成怨聞其發若踐機耳今足下在遠尚可假息一時若大軍遂進足下失據而還竊相爲危之昔微子去殷智果別族違難背禍猶皆如斯今足下棄父母而爲人後非禮也知禍將至而留之非智也見正不從而疑之非義也自號爲丈夫爲此三者何所貴乎以足下之材棄身來東繼嗣羅侯不爲背親也北面事君以正綱紀不爲棄

舊也怒不致亂以免危亡不爲徒行也加陛下新受禪命虛心側席以德懷遠若足下翻然內向非但與僕爲倫受三百戶封繼統雖國而已當更剖符大邦爲始封之君陛下大軍金鼓以震當轉都宛鄧若二敵不平軍無還期足下宜因此時早定良計易有利見大人詩有自求多福行矣今足下勉之無使狐突閉門不出封不從達言申儀叛封封破走還成都申耽降魏魏假耽懷集將軍徙居南陽儀魏興太守封眞鄉侯屯洵口封既至先主責封之侵陵達又不救羽諸葛亮慮封剛猛易世之後終難制御勸先主因此除之於是賜封死使自裁封歎曰恨不用孟子度之言先主爲之流涕達本字子敬避先主叔父敬改之封子林爲牙門將咸熙初內徙河東

彭羕字永年廣漢人也身長八尺容貌甚偉姿性驕傲多所輕忽惟敬同郡秦宓子勅薦之於太守許靖以爲高概節行守眞不虧雖古人潛遁蔑以加也羕仕州不過書佐後又爲眾人所謗毀於州牧劉璋璋髡鉗羕爲徒隸會先主入蜀泝流北行羕欲納說先主乃往見龐統統與羕非故人又適有賓客羕徑上統牀臥謂統曰須客罷當與卿善談統客既罷往就羕坐羕又先責統食然後共語因留信宿至於經日統大善之而法正宿自知羕遂並致之先主先主亦以爲奇數令羕傳宣軍事指授諸將奉使稱意識遇日加成都既定先主領益州牧拔羕爲治中從事羕起徒步一朝處州人之上形色囂然自矜得遇滋甚諸葛亮雖外接待羕而內不能善屢密言先主羕心大志廣難可保安先主既敬信亮加察羕行事意以稍疏左遷羕爲江陽太守羕聞當遠出私情不悅往詣馬超超問羕曰卿才具秀拔主公相待至重謂卿當與孔明孝直諸人齊足並驅寧當外授小郡失人本望乎羕曰老革荒悖可復道邪又謂超曰卿爲其外我爲其內天下不足定也超羈旅歸國常懷危懼聞羕言大驚默然不答羕退具表羕辭於是收羕付有司羕於獄中與諸葛亮書曰僕昔有事於諸侯以爲曹操暴虐孫權無道振威闇弱其惟主公有霸王之器可與興業致治故乃翻然有輕舉之志會公來西僕因法孝直自衒鬻龐統斟酌其間遂得詣公於葭萌指掌而譚論治世之務講霸王之義建取益州之策公亦宿慮明定即相然贊遂舉事焉僕於故州不免凡庸憂於罪罔得遭風雲激矢之中求君得君志行名顯從布衣之中擢爲國士盜竊茂才分子之厚誰復過此羕一朝狂悖自求葅醢爲不忠不義之鬼乎先民有言左手據天下之圖右手刎咽喉愚夫不爲也況僕頗別菽麥者哉所以有怨望意者不自度量苟以爲首興事業而有投江陽之論不解主公之意意卒感激頗以被酒侻失老語此僕之下愚薄慮所致主公實未老也且夫立業豈在老少西伯九十寧有衰志負我慈父罪有百死至於內外之言欲使孟起立功北州戮力主公共討曹操耳寧敢有他志邪孟起說之是也但不分別其間痛人心耳昔與龐統共相誓約庶託足下末蹤盡心於主公之業追名古人載勳竹帛統不幸而死僕敗以取禍自我墮之將復誰怨足下當世伊呂也宜善與主公計事濟其大猷天地明察神祇有靈復何言哉貴使足下明僕本心耳行矣努力自愛自愛羕竟誅死時年三十七

通志卷一百十八上終

通志卷一百十八下

宋右迪功郎鄭樵漁仲撰

列傳第三十一下

廖立字公淵武陵臨沅人先主領荆州牧辟爲從事年未三十擢爲長沙太守先主入蜀諸葛亮鎭荆土孫權遣使通好於亮因問士人有誰相經緯者亮答曰龐統廖立楚之良才當贊興世業者也建安二十年權遣呂蒙奄襲南三郡立脫身走自歸先主先主素識待之不深責也以爲巴郡太守二十四年先主爲漢中王徵立爲侍中後主襲位徙長水校尉立本意自謂才名宜爲諸葛亮之貳而更游散在李嚴等下常懷怏怏後丞相掾李邵蔣琬至立所立謂曰軍當遠出卿諸人好諦其事昔先主不取漢中走與吳人爭南三郡卒以三郡與吳人徒勞役吏士無益而還既亡漢中使夏侯淵張郃深入于巴幾喪一州後至漢中使關侯身死無孑遺上庸覆敗徒失一方是羽怙恃勇名作軍無法直以意突耳故前後數喪師衆也如向朗文恭凡俗之人耳恭作治中無綱紀朗昔奉馬良兄弟謂爲聖人今作長史素能合道中郎郭演長從人者耳不足與經大事而作侍中今弱世也欲任此三人爲不然也王連流俗苟作掊克使百姓疲弊以致今日邵琬具白其言於諸葛亮亮表立曰長水校尉廖立坐自貴大臧否羣士公言國家不任賢達而任俗吏又言萬人率者皆小子也誹謗先帝疵毀衆臣人有言國家兵衆簡練部伍分明者立舉頭視屋憤咤作色曰何足言凡如是者不可勝數羊之亂羣猶能爲害況立託在大位中人以下識眞僞邪於是廢立爲民徙汶山郡立躬率妻子耕殖自守聞諸葛亮卒垂泣歎曰吾終爲左衽矣後監軍姜維率偏軍經汶山往詣立稱立意氣不衰言論自若立遂終於徙所妻子還蜀

李嚴字正方南陽人也少爲郡職吏以才幹稱荆州牧劉表使歷諸郡縣曹操入荆州時嚴宰秭歸遂西詣蜀劉璋以爲成都令復有能名建安十八年署嚴爲護軍拒先主於緜竹嚴率衆降先主先主拜嚴裨將軍成都既定爲犍爲太守興業將軍二十三年盜賊馬秦高勝等起事於郪合聚部伍數萬人到資中縣時先主在漢中嚴不更發兵但率將郡士五千人討之斬秦勝等首枝黨星散悉復民籍又越巂夷率高定遣軍圍新道縣嚴馳赴救賊皆破走加輔漢將軍領郡如故章武二年先主徵嚴詣永安宮拜尚書令三年先主疾病嚴與諸葛亮並受遺詔輔少主以嚴爲中都護統内外軍事留鎭永安建興元年封都鄉侯假節加光祿勳四年轉爲前將軍以諸葛亮欲出軍漢中嚴當知後事移屯江州留護軍陳到駐永安皆統屬嚴嚴與孟達書曰吾與孔明俱受寄託憂深責重思得良伴亮亦與達書曰部分如流趨捨罔滯正方性也其見貴重如此八年遷驃騎將軍以曹眞欲三道向漢川亮命嚴將二萬人赴漢中亮表嚴子豐爲江州都督督軍典嚴後事亮以明年當出軍命嚴以中都護署府事嚴改名爲平九年春亮軍祁山平督運事值秋夏之際霖雨運糧不繼平遣參軍狐忠督軍成藩喻指呼亮還亮承以退軍平聞軍退乃更陽驚說軍糧饒足何以便歸欲以解己不辦之責顯亮不進之愆也又表後主說軍僞退欲以誘賊與戰亮具出其前後手筆書疏本末平違錯章灼平辭窮情竭首謝罪負於是亮表廢平爲民徙梓潼郡十二年平聞亮卒發病死平常冀亮當自補復策後人不能故以激憤也豐官至朱提太守

劉琰字威碩魯國人也先主在豫州辟爲從事以其宗姓風流善談論厚親待之遂隨從周旋常爲賓客先主定益州以琰爲固陵太守後主立封都鄉侯班位每亞李嚴爲衛尉中軍師後將軍遷車騎將軍然不豫國政但領兵千餘隨丞相亮諷議而已車服飲食號爲侈靡侍婢數十皆能爲聲樂又悉教誦讀魯靈光殿賦建興十年與前軍師魏延不和言語虛誕亮責讓之琰與亮牋陳謝深自懲責於是亮遣琰還成都官位如故琰失志慌惚十二年春琰妻胡氏入賀太后太后令特留胡氏經月乃出胡氏有美色琰疑其與後主有私呼卒五百撾胡至於以履搏面而後棄遣胡具以告琰坐下獄有司議曰卒非撾妻之人面非受履之地琰竟棄市自是大臣妻母朝慶遂絕

魏延字文長義陽人也以部曲隨先主入蜀數有戰功遷牙門將軍先主爲漢中王還治成都當得重將以鎭漢川衆論以爲必在張飛飛亦以心自許先主乃拔延爲督漢中鎭遠將軍領漢中太守一軍盡驚先主大會羣臣問延曰今委卿以重任卿居之欲云何延對曰若曹操舉天下而來請爲大王拒之偏將十萬之衆至請爲大王吞之先主稱善衆咸壯其言先主踐尊號進拜鎭北將軍建興元年封都亭侯五年諸葛亮駐漢中更以延爲督前部領丞相司馬涼州刺史八年使延西入羌中魏後將軍費瑤雍州刺史郭淮與延戰于陽谿延大破淮等遷爲前軍師征西大將軍假節進封南鄭侯

延每隨亮出輒欲請兵萬人與亮異道會于潼關如韓信故事亮制而不許延常謂亮為怯嘆恨己才用之不盡延既善養士卒勇猛過人又性矜高當時皆避下之唯楊儀不假借延延以為至忿有如水火十二年亮出北谷口延為前鋒去亮營十里延夢頭上生角以問占夢趙直直詐延曰夫麒麟有角而不用此不戰而賊欲自破之象也退而告人曰角之為字刀下用也頭上用刀其凶甚矣秋亮病困密與長史楊儀司馬費禕護軍姜維等作身歿之後退軍節度令延斷後姜維次之若延或不從命軍便自發亮適卒秘不發喪儀令禕往揣延意指延曰丞相雖亡吾自見在府親官屬便可將喪還葬吾自當率諸軍擊賊云何以一人死而廢天下之事邪且魏延何人當為楊儀所部勒作斷後將乎因與禕共作留部分令禕手書與己連名告下諸將禕紿延曰當為君還解楊長史長史文吏稀更軍事必不違命也禕出門馳馬而去延尋悔追之已不及矣延遣人覘儀等遂便欲案亮成規諸營相次引軍還延大怒攙儀未發率所領徑先南歸所過燒絕閣道延儀各相表叛逆一日之中羽檄交至後主以問侍中董允留府長史蔣琬琬允咸保儀疑延儀等槎山通道晝夜兼行亦繼延後延先至據南谷口遣兵逆擊儀等儀令何平在前禦延平叱延先登曰公亡身尚未寒汝輩何敢乃爾延士眾知曲在延莫為用命軍皆散延獨與其子數人逃亡奔漢中儀遣馬岱追斬之致首於儀儀起自踏之曰庸奴復能作惡不遂夷延三族初蔣琬率宿衛諸營赴難北行行數十里延死問至乃旋原延意不北降魏而南還者但欲除殺儀等平日諸將素不同者冀時論必當以代亮本指如此不便背叛

楊儀字威公襄陽人也建安中為荊州刺史傅羣主簿背羣而詣襄陽太守關羽羽命為功曹遣奉使西詣先主先主與語論軍國計策政治得失大悅之因辟為左將軍兵曹掾及先主為漢中王拔儀為尚書先主稱尊號東征吳儀與尚書令劉巴不睦左遷遙署弘農太守建興三年丞相亮以為參軍署府事將南行五年隨亮漢中八年遷長史加綏軍將軍亮數出軍儀常規畫分部籌度糧穀不稽思慮斯須便了軍戎節度取辦於儀亮深惜儀之才幹憑魏延之驍勇常恨二人之不平不忍有所偏廢也十二年隨亮出屯谷口亮卒于敵場儀既領軍還又誅討延自以為功勳至大宜當代亮秉政呼都尉趙正以周易筮之卦得家人默然不悅而亮平生密指以儀性狷狹意在蔣琬琬遂為尚書令益州刺史儀至拜為中軍師無所統領從容而已初儀為先主尚書琬為尚書郎後雖俱為丞相參軍長史儀每從行當其勞劇自為年宦先琬才能踰之於是怨憤形于聲色嘆咤之音發於五內時人畏其言語不節莫敢從也惟後軍師費禕往慰省之儀對禕恨望前後云云又語禕曰往者丞相亡沒之際吾若舉軍以就魏氏處世寧當落度如此邪令人追悔不可復及禕密表其言十三年廢儀為民徙漢嘉郡儀至徙所復上書誹謗辭指激切遂下郡收儀儀自殺其妻子還蜀

霍峻字仲邈南郡枝江人也兄篤於鄉里合部曲數百人篤卒荊州牧劉表令峻攝其眾表卒峻率眾歸先主先主以峻為中郎將先主自葭萌南還襲劉璋留峻守葭萌城張魯遣將楊帛誘峻求其守城峻曰小人頭可得城不可得帛乃退去後璋將扶禁向存等帥萬餘人由閬水上攻圍峻且一年不能下峻城中兵纔數百人伺其怠隙選精鋭出擊大破之即斬存首先主定蜀嘉峻之功乃分廣漢為梓潼郡以峻為梓潼太守裨將軍在官三年年四十卒還葬成都先主甚悼惜乃詔諸葛亮曰峻既佳士加有功於國欲行酹遂親率羣僚臨會弔祭因留宿墓上當時榮之子弋字紹先先主末年為太子舍人後主踐阼除謁者丞相諸葛亮北駐漢中請為記室使與子喬共周旋游處亮卒為黃門侍郎後主立太子璿以弋為中庶子璿好騎射出入無度弋援引古義盡言規諫甚得切磋之體後為參軍庲降屯副貳都督又轉護軍統事如前時永昌郡夷獠恃險不賓數為寇害乃以弋領永昌太守率偏軍討之遂斬其豪率破壞邑落郡界寧靜遷監軍翊軍將軍領建寧太守還統南郡事景耀六年進拜安南將軍是歲蜀并于魏初弋聞有魏師欲赴成都後主以備敵既定不聽及成都不守弋素服號哭大臨三日諸將咸勸宜速降弋曰今道路隔塞未知主上安危大故去就不可苟也若主上與魏和見遇以禮則保境而降不晚也若萬一危辱吾將以死拒之何論遲速邪及得後主東遷之問始率六郡將守上表納質魏相國司馬昭嘉其義就拜南中都督委以本任遺將兵救呂興平交阯日南九眞三郡以功封列侯弋孫彪為晉越巂太守

王連字文儀南陽人也劉璋時入蜀為梓潼令先主起事葭萌進軍來南連閉城不降先主義之不彊偪也及成都既平以連為什邡令轉任廣都所居有績遷司鹽校尉較鹽鐵之利利入甚多有裨國用於是簡取良才

以爲官屬若呂乂杜祺劉幹等終皆至大官自連所拔也遷蜀郡太守興業將軍領鹽府如故建興元年拜屯騎校尉領丞相長史封平陽亭侯時南方諸郡不賓諸葛亮將自征之連諫以爲此不毛之地疫癘之鄉不宜以一國之望冒險而行亮慮諸將才不及已意欲必往而連言輒懇至故停留者久之會連卒子山嗣官至江陽太守

向朗字巨達襄陽宜城人也荆州牧劉表以爲臨沮長表卒歸先主先主定江南使朗督秭歸夷道巫山夷陵四縣軍民事蜀既平以朗爲巴西太守頃之轉任牂牁又徙房陵後主踐阼爲步兵校尉代王連領丞相長史丞相亮南征朗留統後事五年隨亮漢中朗素與馬謖善謖逃亡朗知情不舉亮恨之免官還成都數年爲光祿勳亮卒後徙左將軍追論舊功封顯明亭侯位特進初朗少時雖涉獵文學然不治素檢以吏能見稱自去長史優游無事垂二十年乃更潛心典籍孜孜不倦年踰八十猶手自校書刊定謬誤積聚篇卷於時最多開門接賓誘納後進但講論古義不干時事以是見稱上自執政下及童冠皆敬重焉延熙十年卒子條嗣景耀中爲御史中丞朗兄子寵先主時爲牙門將秭歸之敗寵營特完建興元年封都亭侯後爲中部督典宿衞兵諸葛亮當北行表與後主曰將軍向寵性行均淑曉暢軍事試用於昔先帝稱之曰能是以衆論舉寵爲督愚以爲營中之事悉以咨之必能使行陳和睦優劣得所也遷中領軍延熙三年征漢嘉蠻夷遇害寵弟充歷射聲校尉尚書

張裔字君嗣蜀郡成都人也治公羊春秋博涉史漢汝南許文休入蜀謂裔幹理敏捷是中夏鍾元常之倫也劉璋時舉孝廉爲魚復長還州署從事領帳下司馬張飛自荆州由墊江入璋授裔兵拒張飛於德陽陌下軍敗還成都爲璋奉使詣先主先主許以禮其君而安其人也裔還城門乃開先主以裔爲巴郡太守還爲司金中郎將典作農戰之器先是益州郡殺太守正昂耆率雍闓恩信著於南土使命周旋遠通孫權至是先主乃以裔爲益州太守徑往至郡闓遂趦趄不賓假鬼教曰張府君如瓠壺外雖澤而內實麤不足殺令縛與吳於是遂送裔於權會先主薨諸葛亮遣鄧芝使吳亮令芝言次可從權請裔裔自至吳數年流徙伏匿權未之知也故許芝遣裔裔臨發權乃引見問裔曰蜀卓氏寡女亡奔司馬相如貴土風俗何以乃爾乎裔對曰愚以爲卓氏之寡女猶賢於買臣之妻權又謂裔曰君還必用事西朝終不作田父於閭里也將何以報我裔對曰裔負罪而歸將委命有司若蒙徼倖得全首領五十八已前父母之年也自此已後大王之賜也權言笑歡悅有器裔之色裔出閤深悔不能陽愚即便就船倍道兼行權果追之裔已入永安界數十里追者不能及既至蜀丞相亮以爲參軍署府事又領益州治中從事亮出駐漢中裔以射聲校尉領留府長史常稱曰公賞不遺遠罰不阿近爵不可以無功取刑不可以貴勢免此賢愚之所以僉忘其身者也其明年北詣亮諮事送者數百車乘盈路裔還書與所親曰近者涉道晝夜接賓不得寧息人自敬丞相長史男子張君嗣附之疲倦欲死其談啁流速皆此類也少與犍爲楊恭友善恭早死遺孤未數歲裔迎留與分屋而居事恭母如母恭之子息長大爲之娶婦買田宅產業使立門戶撫恤故舊振贍衰宗行義甚至加輔漢將軍領長史如故建興八年卒子毣音忙角反嗣歷三郡守監軍毣弟郁太子中庶子

楊洪字季休犍爲武陽人也劉璋時歷部諸郡先主定蜀太守李嚴命爲功曹嚴欲徙郡治舍洪固諫不聽遂辭功曹請退嚴欲薦洪於州爲蜀部從事先主爭漢中急書發兵軍師將軍諸葛亮以問洪洪曰漢中則益州咽喉存亡之機會若無漢中則無蜀矣此家門之禍也方今之事男子當戰女子當運發兵何疑時蜀郡太守法正從先主北行亮於是表洪領蜀郡太守衆事皆辦遂使即眞頃之轉爲益州治中從事先主既稱尊號征吳不克還住永安漢嘉太守黃元素爲諸葛亮所不善聞先主疾病懼有後患舉郡反燒臨邛城時亮東行省疾成都單虛是以元益無所憚洪即啓太子遣其親兵使將軍陳曶鄭綽討元衆議以爲元若不能圍成都當由越嶲據南中洪曰元性素凶暴無他恩信何能辦此不過乘水東下冀主上平安面縛歸死如其有異奔吳求活耳勅曶綽但於南安峽口遮即便得矣曶綽承洪言果生獲元洪建興元年賜爵關內侯復爲蜀郡太守忠節將軍後爲越騎校尉領郡如故五年丞相亮北駐漢中欲用張裔爲留府長史問洪何如洪對曰裔天姿明察長於治劇才誠堪之然性不公平恐不可專任不如留向朗朗情僞差少裔隨從目下效其器能於事兩善初裔與洪親善裔流放在吳洪臨裔郡裔子郁給郡吏以微過受罰洪不原假裔後還聞深以爲恨與洪情好有損及洪見亮出至裔所具說所言裔答洪曰公留我了矣明府不能止時人或疑洪意自欲作長史或疑

洪知裔自嫌不願裔處要職典後事也後裔與司鹽校尉岑述不和至于忿恨亮與裔書曰君昔在陌下營壞吾之用心食不知味後流迸南海相爲悲歎寢不安席及其來還委付大任同奬王室自以爲與君古之石交也石交之道舉讐以相益割骨肉以相明猶不相謝也況吾但委意於元儉而君不能忍邪論者由是明洪無私洪少不好學問而忠清款亮憂公如家事繼母至孝六年卒官始洪爲李嚴功曹嚴未至犍爲而洪已爲蜀郡洪迎門下書佐何祗有才策功幹舉郡吏數年爲廣漢太守時洪亦在蜀郡是以西土咸服諸葛亮能盡時人之器用也祗字君肅少寒貧爲人寬厚通濟體甚壯大又能飲食好聲色不持節儉故時人少貴之者嘗夢井中生桑以問占夢趙直直曰桑非井中之物會當移植然桑字四十下八君壽恐不過此祗笑言得此足矣初仕郡後爲督軍從事時諸葛亮用法峻密陰聞祗游戲放縱不勤所職嘗奄往錄獄衆人咸爲祗懼祗密聞之夜張燈火見囚讀諸解狀亮果晨往祗悉已闇誦答對解釋無所凝滯亮甚異之出補成都令時郫縣令缺以祗兼二縣二縣戶口猥多切近都邑饒諸姦穢每比常入眠睡值其覺寤輒得姦詐衆咸畏祗之發擿故以爲有術無敢欺者祗常使人投算聽其讀而心計之不差升合其精如此汶山夷不安以祗爲汶山太守民夷服信遷廣漢太守後夷反畔辭令得前何府君乃能安我耳時難屈祗拔祗族人爲汶山太守夷復得安轉祗爲犍爲年四十八卒如趙直所言

費詩字公舉犍爲南安人也劉璋時爲緜竹令先主攻緜竹時詩先舉城降成都既定先主領益州牧以詩爲督軍從事出爲牂牁太守還爲州前部司馬先主爲漢中王遣詩拜關羽爲前將軍羽聞黃忠爲後將軍羽怒曰大丈夫終不與老兵同列不肯受拜詩謂羽曰夫立王業者所用非一昔蕭曹與高祖少小親舊而陳韓亡命後至論其班列韓最居上未聞蕭曹以此爲怨今漢王以一時之功隆崇於漢室然意之輕重寧當與君侯齊乎且王與君侯譬猶一體同休等戚禍福共之愚謂君侯不宜計官號之高下爵祿之多少爲意也僕一介之使銜命之人君侯不受拜如是便還但相爲惜此舉動恐有後悔耳羽大感悟遽即受拜後羣臣議欲推漢中王稱尊號詩上疏曰殿下以曹操父子偪主篡位故乃羈旅萬里糾合士衆將以討賊今大敵未死而先自立恐人心疑惑昔高祖與楚約先破秦者王及屠咸陽獲子嬰猶懷推讓況今殿下未出門庭便欲自立邪愚臣實不爲殿下取也由是忤旨左遷部永昌從事建興三年隨諸葛亮南征歸至漢陽降人李鴻來詣亮亮見鴻時蔣琬與詩在坐鴻曰閒過孟達許適見王沖從南來言往者達之去就明公切齒欲誅達妻子賴先主不聽耳達曰諸葛亮見顧有本末終不爾也盡不信沖言委仰明公無復已已亮謂琬詩曰還都當有書與子度相聞詩進曰孟達小子昔事振威不忠後又背叛先主反覆之人何足與書邪亮默然不答亮欲誘達以爲外援竟與達書曰往年南征歲未及還適與李鴻會於漢陽承知消息慨然永歎以存足下平素之志豈徒空託名榮貴爲乖離乎嗚呼孟子斯實劉封侵陵足下以傷先主待士之義又鴻道王沖造作虛語云足下量度吾心不受沖說尋表明之言追平生之好依依東望故遣此書達得亮書數相交通辭欲叛魏魏遣司馬懿征之即斬滅達亮亦以達無款誠之心故不救助也蔣琬秉政以詩爲諫議大夫卒於家王沖者廣漢人爲牙門將統屬江州督李嚴爲嚴所疾懼罪降魏魏以爲樂陵太守詩子立晉散騎常侍

杜微字國輔梓潼涪人也少受學於廣漢任安劉璋辟爲從事以疾去官及先主定蜀微常稱聾閉門不出建興二年丞相亮領益州牧選迎皆妙簡舊德以秦宓爲別駕五梁爲功曹微爲主簿微固辭輿而致之既至亮引見微微自陳謝亮以微不聞人語於坐上與書曰服聞德行饑渴歷時淸濁異流無緣咨覯王元泰李伯仁王文儀楊季休丁君幹李永南兄弟文仲寶等每歎高志未見如舊猥以空虛統領貴州德薄任重慘慘憂慮朝廷主公今年始十八天姿仁敏愛德下士天下之人思慕漢室欲與君因天順民輔此明主以隆季興之功著勳於竹帛也以謂賢愚不相爲謀故自割絕守勞而已不圖自屈也微自乞老病求歸亮又與書答曰曹丕篡弒自立爲帝是猶土龍芻狗之有名也欲與羣賢因其邪僞以正道滅之怪君未有相誨便欲求還於山野丕又大興師役以向吳楚今因丕多務且以閉境勤農育養人物並治甲兵以待其挫然後伐之可使兵不戰民不勞而天下定也君但當以德輔時耳不責君軍事何爲汲汲欲求去乎其敬微如此拜爲諫議大夫以從其志五梁者字德山犍爲南安人也以儒學節操稱從議郎遷諫議大夫五官中郎將

杜瓊字伯瑜蜀郡成都人也少受學於任安精究安術劉璋時辟爲從事先主定益州領牧以瓊爲議曹從事

後主踐阼拜諫議大夫遷左中郎將大鴻臚太常爲人靜嘿少言闔門自守不與世事蔣琬費禕等皆器重之雖學業入深初不視天文有所論說後進通儒譙周常問其意瓊答曰欲明此術甚難須當身視識其形色不可信人也晨夜苦劇然後知之復憂漏泄不如不知是以不復視也周因問曰昔周徵君舒以爲當塗高者魏也其義何也瓊答曰魏闕名也當塗而高聖人取類而言耳又問周曰寧復有所怪邪周曰未達也瓊又曰古者名官職不言曹始自漢以來名官盡言曹吏言屬曹卒言侍曹此殆天意也瓊年八十餘延熙十三年卒著韓詩章句十餘萬言不教諸子內學無傳業者周緣瓊言乃觸類而長之曰春秋傳著晉穆侯名太子曰仇弟曰成師師服曰異哉君之名子也嘉耦曰妃怨耦曰仇今君名太子曰仇弟曰成師始兆亂矣兄其替乎其後果如服言及漢靈帝名二子曰史侯董侯既立爲帝後皆免爲諸侯與師服言相似也先主諱備其訓具也後主諱禪其訓授也如言劉已具當授與人也意者甚於穆侯靈帝之名子後宦人黃皓弄權於內景耀五年宮中大樹無故自折周深憂之無所與言乃書柱曰眾而大期之會具而授若何復言曹者眾也魏者大也眾而大天下其當會也具而授如何復有立者乎蜀既亡咸以周言爲驗周曰此雖已所推尋然有所因由杜君之辭而廣之耳殊無神思獨至之異也

許慈字仁篤南陽人也師事劉熙善鄭氏學治易尚書三禮毛詩論語建安中與許靖等俱自交州入蜀時又有魏郡胡潛字公興不知其所以在益土潛雖學不沾洽然卓犖彊識祖宗制度之儀喪紀五服之數皆指掌畫地舉手可采先主定蜀承喪亂之餘歷紀學業衰廢乃鳩合典籍沙汰眾學慈潛並爲博士與孟光來敏等典掌舊文值庶事草創動多疑議慈潛更相克伐謗讟忿爭形於聲色書籍有無不相通借時尋楚撻以相震攇（攇許晚反）其矜己妬彼乃至於此先主愍其若斯羣僚大會使倡家假爲二子之容傚其訟鬩之狀酒酣樂作以爲嬉戲初以辭義相難終以刀杖相屈用感切之潛先歿慈後主世稍遷至大長秋卒子勛傳其家業復爲博士

孟光字孝裕河南洛陽人漢太尉孟郁之族靈帝末爲講部吏獻帝遷都長安遂逃入蜀劉焉父子待以客禮博物識古無書不覽尤銳意三史長於漢家舊典好公羊春秋而譏呵左氏每與來敏爭此二義光常譊譊讙咋先主定益州拜爲議郎與許慈等並掌制度後主踐阼爲符節令屯騎校尉長樂少府遷大司農延熙九年秋大赦光於眾中責大將軍費禕曰夫赦者偏枯之物非明世所宜有也衰弊窮極必不得已然後乃可權而行之耳今主上仁賢百僚稱職有何旦夕之危倒縣之急而數施非常之恩以惠姦宄之惡乎又鷹隼始擊而更原宥有罪上犯天時下違人理老夫耄朽不達治體竊謂斯法難以經久豈具瞻之高美所望於明德哉禕但顧謝踧踖而已光之指摘痛癢多如是類故執政重臣心不能悅爵位不登每直言無所回避爲代所嫌太常廣漢鐔承光祿勳河東裴儁年資皆在光後而登據上列處光之右蓋以此也後進文士祕書郎郤正數從光諮訪光問正太子所習讀并其情性好尚正答曰奉親虔恭夙夜匪懈有古世子之風接待羣僚舉動出於仁恕光曰如君所道皆家戶所有耳吾今所問欲知其權略智調何如也正曰世子之道在於承志竭歡既不得妄有施爲且智調藏於胷懷權略應時而發此之有無焉可豫設也光解正慎宜不爲放談乃曰吾好直言無所回避每彈射利病爲世人所譏嫌疑省君意亦不甚好吾言然語有次今天下未定智意爲先智意雖有自然然不可力彊致也此儲君讀書寧當傚吾等竭力博識以待訪問如博士探策講試以求爵位邪當務其急者正深謂光言爲然後光坐事免官年九十餘卒

來敏字敬達義陽新野人來歙之後也父豔爲漢司空漢末大亂敏隨姊夫奔荊州姊夫黃琬是劉璋祖母之姪故璋遣迎琬妻敏遂俱與姊入蜀常爲璋賓客涉獵書籍善左氏春秋尤精於倉雅訓詁好是正文字先主定益州署敏典學校尉及立太子以爲家令後主踐阼爲虎賁中郎將丞相亮住漢中請爲軍祭酒輔軍將軍坐事去職亮卒後還成都爲大長秋又免後累遷爲光祿大夫復坐過黜前後數貶削皆以言語不節舉動違常也時孟光亦以樞機不慎議論干時然猶愈於敏俱以其耆宿學士見禮於世而敏荊楚名族東宮舊臣特加優待是故廢而復起後以敏爲執慎將軍欲令以官重自警戒也年九十七景耀中卒子忠亦博覽經學有敏風與尚書向充等並能協贊大將軍姜維維善之以爲參軍

尹默字思潛梓潼涪人也益部多貴今文而不崇章句默知其不博乃遠游荊州從司馬德操宋仲子等受古學皆通諸經史又專精於左氏春秋自劉歆條例鄭眾賈逵父子陳元方服虔注說咸略誦述不復按本先主

定益州領牧以爲勸學從事及立太子以默爲僕射以左氏傳授後主後主踐阼拜諫議大夫丞相亮住漢中請爲軍祭酒亮卒還成都拜太中大夫卒子宗傳其業爲博士

李譔字欽仲梓潼涪人也父仁字德賢與同縣尹默俱游荆州從司馬徽宋忠等學譔具傳其業又從默講論義理五經諸子無不該覽加博好技藝算術卜數醫藥弓弩機械之巧皆致思焉始爲州書佐尚書令史延熙元年後主立太子以譔爲庶子遷爲僕射轉中散大夫右中郎將猶侍太子太子愛其多知甚悅之然體輕脫好嘲戲故世不能重也著古文易尚書毛詩三禮左氏傳太玄指歸皆依準賈馬異於鄭玄與王氏殊隔初不見其所述而意歸多同景耀中卒時又有漢中陳術字申伯亦博學多聞著釋問七篇益部耆舊傳及志位歷三郡太守

譙周字允南巴西西充國人也父𡸫字榮始治尚書兼通諸經及圖緯州郡辟請皆不應州就假師友從事周幼孤與母兄同居既長耽古篤學家貧未嘗問產業誦讀典籍欣然獨笑以忘寢食研精六經尤善書札頗曉天文而不以留意諸子文章非心所存不悉徧視也身長八尺體貌素朴推誠不飾無造次辯論之才然潛識內敏建興中丞相亮領益州牧命周爲勸學從事周初見亮左右皆笑既出有司請推笑者亮曰孤尚不能忍况左右乎亮卒於敵庭周在家聞問即便奔赴尋有詔書禁斷惟周以速得達大將軍蔣琬領刺史徙爲典學從事總州之學者後主立太子以周爲僕轉家令時後主頗出游觀增廣聲樂周上疏諫曰昔王莽之敗豪桀並起跨州據郡欲弄神器於是賢才智士思望所歸未必以其勢之廣狹惟其德之厚薄也是故於時更始公孫述及諸有大衆者多已廣大然莫不快情恣欲怠於爲善游獵飲食不恤民物世祖初入河北馮異等勸之曰當行人所不能爲遂務理寃獄節儉飲食動遵法度故北州歌歎聲布四遠於是鄧禹自南陽追之吳漢寇恂未識世祖遙聞德行遂以權計舉漁陽上谷突騎迎于廣阿其餘望風慕德者邳彤耿純劉植之徒至于輿病齎棺繈負而至者不可勝數故能以弱爲彊屠王郎吞銅馬折赤眉而成帝業也及在洛陽嘗欲小出車駕已御銚期諫曰天下未寧臣誠不願陛下微行數出即時還車及征隗囂潁川盜起世祖還洛陽但遣寇恂往恂曰潁川以陛下遠征故姦猾起叛未知陛下還恐不時降陛下自臨潁川賊必即降遂至潁川竟如恂言故非急務欲小出不敢至於急務欲自安不爲故帝者之欲善也如此故傳曰百姓不徒附誠以德先之也今漢遭厄運天下三分正雄哲之士思望之時也陛下天姿至孝喪踰三年言及隕涕雖曾閔不過也敬賢任才使之盡力有踰成康故國內和一大小戮力臣所不能陳然臣不勝大願願復廣人所不能者夫輓大重者其用力苦不衆拔大難者其善術苦不廣且承事宗廟者非徒求福祐所以率民尊上也至於四時之祀或有不臨池苑之觀或有仍出臣之愚滯私不自安夫憂責在身者不暇盡樂先帝之志堂構未成誠非盡樂之時願省減樂官後宮所增造但奉修先帝所施下爲子孫節儉之教徙爲中散大夫猶侍太子于時軍旅數出百姓彫瘁周與尚書令陳祗論其利害退而書之謂之仇國論其辭曰因餘之國小而肇建之國大並爭於世而爲仇敵因餘之國有高賢卿者問於伏愚子曰今國事未定上下勞心往古之事能以弱勝彊者其術何如伏愚子曰吾聞之處大無患者恆多慢處小有憂者恆思善多慢則生亂思善則生治理之常也故周人養民以少取多句踐恤衆以弱斃彊此其術也賢卿曰曩者項彊漢弱相與戰爭無日寧息然項羽與漢約分鴻溝爲界各欲歸息民張良以爲民志既定則難動也尋帥追羽終斃項氏豈必由文王之事乎肇建之國方有疾疢我因其隙陷其邊陲覬增其疾而斃之也伏愚子曰昔殷周之世王侯世尊君臣久固民習所專深根者難拔據固者難遷當此之時雖漢祖安能杖劍鞭馬取天下乎當秦罷侯置守之後民疲秦役天下土崩或歲改主或月易公鳥驚獸駭莫知所從於是豪彊並爭虎裂狼分疾搏者獲多遲後者見吞今我與肇建皆傳國易世矣既非秦末鼎沸之時實有六國並據之勢故可爲文王難爲漢祖夫民疲勞則騷擾之兆生上慢下暴則瓦解之形起諺曰射幸數跌不如審發是故智者不爲小利移目不爲意似改步時可而後動數合而後舉故湯武之師不再戰而克誠重民勞而度時審也如遂極武黷征土崩勢生不幸遇難雖有智者將不能謀之矣若乃奇變從橫出入無間衝波截轍超谷越山不由舟楫而濟盟津者我愚子也實所不及後還光祿大夫位亞九列周雖不與政事而以儒行見禮時訪大議輒據以對而後生好事者亦咨問所疑焉景耀六年冬魏大將軍鄧艾克江由遂長驅而前而蜀本謂敵不便至不作城守調度及聞艾已入陰平百姓擾擾皆迸山野不可禁制

後主使羣臣會議計無所出或以爲蜀之與吳本爲和國宜可奔吳或以爲南中七郡險阻斗絕易以自守宜可奔南惟周以爲自古以來無寄他國爲天子者也今若入吳固當臣服且政理不殊則大能吞小此數之自然也由此言之則魏能并吳吳不能并魏明矣等爲稱臣爲小孰與爲大再辱之恥何與一辱且若欲奔南則當早爲之計然後可果今大敵已近羣小之心無一可保恐發足之日其變不測何至南之有乎羣臣咸難周曰今艾已不遠恐不受降如之何周曰方今東吳未賓事勢不得不受受之之後不得不禮若陛下降魏魏不裂土以封陛下者周請身詣京師以古義爭之衆人無以易周之理後主猶疑於入南周上疏曰或說陛下以北兵深入有欲適南之計臣愚以爲不安何者南方遠夷之地平常無所供役猶數反叛自丞相亮南征兵勢偪之窮乃幸從是後供出官賦取以給兵以爲愁怨此患國之人也今以窮迫欲往依恃恐必復反叛一也北兵之來非但取蜀而已若奔南方必因人勢衰及時追赴二也若至南方外當拒敵內供服御費用張廣他無所取耗損諸夷必甚甚必速叛三也昔王郎以邯鄲僭號時世祖在信都畏迫於郎欲棄還關中邳肜諫曰明公西還則邯鄲城民不肯捐父母背城主而千里送公其亡叛可必也世祖從之遂破邯鄲今北兵至陛下南行誠恐邳肜之言復信於今四也願陛下早爲之圖可獲爵土若遂適南勢窮乃服其禍必深易曰亢之爲言知得而不知喪知存而不知亡知得失存亡而不失其正者其唯聖人乎言聖人知命而不苟必也故堯舜以子不善知天有授而求授人子雖不肖禍尚未萌而逆授與人況禍已至乎昔微子以殷王之昆面縛銜璧而歸武王豈所樂哉不得已也於是遂從周策劉氏無虞一邦蒙賴周之謀也時晉王司馬昭爲魏相國以周有全國之功封陽城亭侯又下書辟周周至漢中固稱疾不進咸熙二年夏巴郡文立從洛還蜀過見周周語次因書版示立曰典午忽兮月酉沒兮典午者謂司馬也月酉者謂八月也至八月而昭果薨晉室踐阼累下詔所在發遣周周遂輿疾詣洛泰始三年至以疾不起就拜騎都尉周乃自陳無功而封求還爵土皆不聽許五年陳壽爲本郡中正求休還家往與周別周謂壽曰孔子七十二劉向揚雄七十一而沒今吾年過七十庶慕孔子遺風可與劉揚同軌恐不出後歲必便長逝不復相見矣六年秋爲散騎常侍疾篤不拜至冬卒凡所著述撰定法訓五經論古史考書之屬百餘篇周三子熙賢同少子同頗好周業亦以忠篤質素爲行舉孝廉除錫令東宮洗馬召不就周長子熙熙子秀字元彥李雄盜蜀安車徵秀又雄叔父驤驤子壽辟命皆不就晉安西將軍桓溫平蜀嘗表薦焉年九十餘卒

郤正字令先河南偃師人也祖父儉靈帝末爲益州刺史爲盜賊所殺會天下大亂故正父揖因留蜀揖爲大將軍孟達營都督隨達降魏爲中書令史正本名纂少以父死母嫁單煢隻立而安貧好學博覽羣籍弱冠能屬文入爲秘書吏轉爲令史遷郎至令性澹於榮利而尤耽意文章自司馬王揚班傅張蔡之儔遺文篇賦及當世美書善論益部有者則鑽鑿推求略皆寓目自在內職與宦人黃皓比屋周旋經三十年皓從微至貴操弄威權正既不爲皓所愛亦不爲皓所憎是以官不過六百石而免於憂患依則先儒假文見意號曰釋譏其文繼崔駰達旨其辭曰或有譏予者曰聞之前記夫事與時並名與功偕然則名之與事前哲之急務也是故創制作範匪時不立流稱垂名匪功不記名必須功而乃顯事亦俟時以行止身沒名滅君子所恥是以達人研道探賾索微觀天運之符表考人事之盛衰辯者馳說智者應機謀夫演略武士奮威雲合霧集風激電飛量時揆宜用取世資小屈大伸存公忽私雖尺枉而尋直終揚光以發輝也今三方鼎峙九有未乂悠悠四海嬰丁禍敗嗟道義之沈塞愍民生之顛沛此誠聖賢拯救之秋烈士樹功之會也吾子以高朗之才珪璋之質兼覽博闚留心道術無遠不致無幽不悉挺身取命幹茲奧祕躊躇紫闥喉舌是執九考不移有入無出究古今之眞僞計時務之得失雖時獻一策偶進一言釋彼官責慰此素飧固未能輸竭忠款盡瀝胸肝排方入直惠彼黎元俾吾徒草鄙並有聞焉也盍亦綏衡緩轡回軌易塗輿安駕肆思馬斯徂審厲揭以投濟要夷庚之赫懌播秋蘭以芳世副吾徒之彼圖不亦盛與予聞而歎曰嗚呼有若云乎邪夫人心不同實如其面子雖光麗既美且豔管闚筐舉守厥所見未可以言八紘之形埒信萬事之精練也或人率爾仰而揚衡曰是何言與是何言與予應之曰虞帝以面從爲戒孔聖以悅己爲尤若子之言良我所思將爲吾子論而釋之昔在鴻荒朦昧肇初三皇應籙五帝承符爰曁夏商前典攸書姬衰道缺霸者翼扶嬴氏慘虐吞嚼八區於是從橫雲起狙詐如星奇邪蠭動智故萌生或飾眞以讎僞或挾邪以干榮或詭道以要上或鬻技以自矜背正崇邪棄直

就佞忠無定分義無常經故鞅法窮而慝作斯義敗而姦成呂門大而宗滅韓辯立而身刑夫何故哉利回其心寵曜其目赫赫龍章鑠鑠車服偸幸苟得如反如仄淫邪荒迷恣睢自極和鸞未調而身在轅側庭宁未踐而棟折榱覆天收其精地縮其澤人弔其躬鬼芟其額初升高岡終隕幽壑朝含榮潤夕爲枯魄是以賢人君子深圖遠慮畏彼咎戾超然高舉寧曳尾於塗中穢濁世之休譽彼豈輕生慢民而忽於時務哉蓋易著行止之戒詩有靖恭之歎乃神之聽之而道使之然也自我大漢應天順民政治之隆皓若陽春俯憲坤典仰式乾文播皇澤以熙世揚茂化之醲醇君臣履度各守厥眞上垂詢納之弘下有匡救之責士無虛華之寵民有一行之迹粲乎亹亹尙此忠益然而道有隆窳物有興廢有聲有寂有光有翳朱陽否於素秋元陰抑於孟春羲和逝而望舒係運氣匿而耀靈陳沖質不永桓靈墜敗英雄雲布豪桀蓋世家挾殊議人懷異計故從橫者欻披其胸狙詐者暫吐其舌也今大綱已綴德樹西鄰丕顯祖之宏規縻好爵於士人興五教以訓俗豐九德以濟民肅明祀以礿祭幾皇道以輔眞雖峙者未一僞者未分聖人垂戒蓋均無貧故君臣協美於朝黎庶欣戴於野動若重規靜若疊矩濟濟偉彥元凱之倫也有過必知顏子之仁也侃侃庶政冉季之治也鷹揚鸞騰伊望之事也總羣俊之上略含薛氏之三計敷張陳之祕策故力征以勤世援華英而不遑豈暇脩枯籜於榛穢哉然吾不才在朝累紀託身失所天必焉恃樂滄海之廣深歎嵩嶽之高跱聞仲尼之贊商感鄉校之益己彼平仲之和羹亦進可而替否故矇冒瞽說時有攸獻譬道人之有采於市閭游童之吟詠乎疆畔庶以增廣福祥輸力規諫若其合也則以闇協明進應靈符如其違也自我常分退守已愚進退任數不矯不誣循性樂天夫何恨諸此其所以旣入不出有而若無者也挾屈氏之常醒濁漁父之必醉溷柳季之卑辱褊夷叔之高懟合不以得違不以失得不充詘失不慘悸不樂前以顧軒不就後以慮輊不鬻譽以干澤不辭愆以忌絀何責之釋何飡之卹何方之排何直之入九考不移固其所執也方今朝士山積髦俊成羣猶鱗介之潛乎巨海毛羽之集乎鄧林游禽逝不爲之尠浮魴臻不爲之殷且陽靈幽於唐葉陰精應於商時陽旴請而洪災息桑林禱而甘澤滋行止有道啟塞有期我師遺訓不怨不尤委命恭已我又何辭辭窮路單將返初節綜墳典之流芳尋孔氏之遺藝綴微辭以存道憲先軌而投制韙叔肸之優游美疏氏之遐逝收止足以言歸汎皓然以容裔欣環堵以恬娛免咎悔於斯世顧茲心之未泰懼末塗之泥滯仍求激而增憤肆中懷以告誓昔九方考精於至貴秦牙沈思於殊形薛燭察寶以飛譽瓠梁託弦以流聲齊隸拊髀以濟文楚客潛寇以保荊雍門援琴而挾說韓哀乘轡而馳名盧敖翱翔乎元闕若士竦身於雲清余實不能齊技於數子故乃靜然守已而自寧景耀六年後主從譙周之計遣使請降於鄧艾其書正所造也明年正月鍾會作亂成都後主東遷洛陽時擾攘倉卒蜀之大臣無翼從者惟正及殿中督汝南張通捨妻子單身隨侍後主賴正相導宜適舉動無闕乃慨然歎息恨知正之晩時論嘉之賜爵關內侯泰始中除安陽令遷巴西太守咸寧四年卒正所著述詩論賦之屬垂百篇

黃權字公衡巴西閬中人也少爲郡吏州牧劉璋召爲主簿時別駕張松建議宜迎先主使伐張魯權諫曰左將軍有驍名今請到欲以部曲遇之則不滿其心欲以賓客禮待則一國不容二君若客有泰山之安則主有累卵之危可但閉境以待河淸璋不聽竟遣使迎先主出權爲廣漢長及先主襲取益州將帥分下郡縣郡縣望風景附權閉城堅守須之劉璋稽服乃詣降先主先主假權偏將軍及曹操破張魯魯走入巴中權進曰若失漢中則三巴不振此爲割蜀之股臂也於是先主以權爲護軍率諸將迎魯魯已還南鄭北降曹操然卒破杜濩朴胡殺夏侯淵據漢中皆權本謀也先主爲漢中王猶領益州牧以權爲治中從事及稱尊號將東伐吳權諫曰吳人悍戰又水軍順流進易退難臣請爲先驅以嘗寇陛下宜爲後鎭先主不從以權爲鎭北將軍督江北軍以防魏師先主自在江南及吳將軍陸遜乘流斷圍南軍敗績先主引退而道隔絕權不得還故率將所領降于魏有司執法白收權妻子先主曰孤負黃權權不負孤也待之如初魏文帝謂權曰君捨逆效順欲追蹤陳韓邪權對曰臣過受劉主殊遇降吳不可還蜀無路是以歸命且敗軍之將免死爲幸何古人之可慕也文帝善之拜爲鎭南將軍封育陽侯加侍中使之陪乘蜀降人或云誅權妻子權知其虛言未便發喪後得審問果如所言及先主薨問至魏羣臣咸賀而權獨否文帝察權有局量欲試驚之遣左右詔權未至之閒累催相屬馬使奔馳交錯於道官屬侍從莫不碎魄而權舉止顏色自若後領益州刺史徙占河南大將軍司馬

懿深器之問權曰蜀中有卿輩幾人權笑而答曰不圖明公見顧之重也後懿與諸葛亮書曰黃公衡快士也每坐起歎述足下不去口實景初三年蜀延熙二年權遷車騎將軍儀同三司明年卒諡曰景侯子邕嗣邕無子絕權留蜀子崇爲尚書郎隨衞將軍諸葛瞻拒鄧艾到涪縣瞻盤桓未進崇屢勸瞻宜速行據險無令敵得入平瞻猶豫未納崇至于流涕會艾長驅而前瞻却戰至緜竹崇帥厲軍士期於必死臨陣見殺

李恢字德昂建寧俞元人也仕郡督郵姑夫爨習爲建伶令有違法之事恢坐習免官太守董和以習方土大姓寢而不許後貢恢於州涉道未至聞先主自葭萌還攻劉璋恢知璋之必敗先主必成也乃託名郡使北詣先主遇於緜竹先主嘉之從至雒城遣恢至漢中交好馬超超遂從命成都既定先主領益州牧以恢爲功曹書佐主簿後爲亡虜所誣引恢謀反有司執送先主明其不然更遷恢爲別駕從事章武元年庲降都督鄧方卒先主問恢誰可代者恢對曰人之才能各有長短故孔子曰其使人也器之且夫明主在上則臣下盡情是以西零之役趙充國曰莫若老臣臣竊不自量惟陛下察之先主笑曰孤之本意亦已在卿矣遂以恢爲庲降都督使持節領交州刺史住平夷縣先主薨高定恣睢於越嶲雍闓跋扈於建寧朱褒反叛於牂牁丞相亮南征先由越嶲而恢案道向建寧諸縣大相糾合圍恢軍於昆明時恢衆少敵倍又未得亮聲息紿謂南人曰官軍糧盡欲規退還吾中間久斥鄉里乃今得旋不能復北欲還與汝等同計謀故以誠相告南人信之故圍守怠緩於是恢出擊大破之追犇逐北南至槃江東接牂牁與亮聲勢相連南土平定恢軍功居多封漢興亭侯加安漢將軍後軍還南夷復叛殺害守將恢身往撲討鉏盡惡類徙其豪帥于成都賦出叟濮耕牛戰馬金銀犀革充繼軍資于時費用不乏建興七年以交州屬吳解恢刺史更領建寧太守以還居本郡徙居漢中九年卒子遺嗣恢弟子球羽林右部督隨諸葛瞻拒鄧艾臨陳授命死于緜竹

呂凱字季平永昌不韋人也仕郡五官掾功曹時雍闓等聞先主薨於永安驕黠滋甚違降於吳吳遙署闓爲永昌太守永昌既在益州郡之西道路壅塞與蜀隔絕而郡太守改易凱與府丞蜀郡王伉帥厲吏民閉境拒闓闓數移檄永昌誘說凱等凱答闓檄責以大義辭旨憤切闓甚憚之凱恩威遠著爲郡中所信故能全其節及丞相亮南征討闓既發在道而闓已爲高定部曲所殺亮至南上表曰永昌郡吏呂凱府丞王伉等執忠絕域十有餘年雍闓高定偪其東北而凱等守義不與交通臣不意永昌風俗敦直乃爾以凱爲雲南太守封陽遷亭侯會爲叛夷所害子祥嗣而王伉亦封亭侯爲永昌太守

馬忠字德信巴西閬中人也少養外家姓狐名篤後乃復姓改名忠爲郡吏建安末舉孝廉除漢昌長先主東征敗績猇亭巴西太守閻芝發諸縣兵五千人以補遺闕遣忠送往先主已還永安見忠與語謂尚書令劉巴曰雖亡黃權復得狐篤此爲世不乏賢也建興元年丞相亮開府以忠爲門下督三年亮入南拜忠牂牁太守郡丞朱褒反叛亂之後忠撫育卹理甚有威惠八年召爲丞相參軍副長史蔣琬署留府事又領州治中從事明年亮出祁山忠詣亮所經營戎事軍還督將軍張嶷等討汶山郡叛羌十一年南夷豪帥劉胄反擾亂諸郡徵庲降都督張翼還以忠代翼忠遂斬胄平南土加忠監軍奮威將軍封博陽亭侯初建寧郡殺太守正昂縛太守張裔於吳故都督常駐平夷縣至忠乃移治味縣處民夷之間又越嶲郡亦久失土地忠率將太守張嶷開復舊郡由此就加安南將軍進封彭鄉亭侯延熙五年還朝因至漢中見大司馬蔣琬宣傳詔旨加拜鎮南大將軍七年春大將軍費禕北禦魏敵留忠成都平尚書事禕還忠乃歸南十二年卒子修嗣忠爲人寬濟有度量但詼啁大笑忿怒不形於色然處事能斷威恩並立是以蠻夷畏而愛之及卒莫不自致喪庭流涕盡哀爲之立廟祀焉時張表名士清望踰忠閻宇宿有功幹於事精勤繼踵在忠後其威風稱續皆不及忠云

王平字子均巴西宕渠人也本養外家何氏後復姓王隨杜濩朴胡詣洛陽假校尉從曹操征漢中因降先主拜牙門將裨將軍建興六年屬參軍馬謖先鋒謖舍水上山舉措煩擾平連規諫謖不能用大敗於街亭衆盡星散惟平所領千人鳴鼓自持魏將張郃疑其伏兵不往偪也於是平徐徐收合諸營遺迸率將士而還丞相亮既誅馬謖及將軍張休李盛奪將軍黃襲等兵平特見崇顯加拜參軍統五部兼當營事進位討寇將軍封亭侯九年亮圍祁山平別守南圍魏大將軍司馬懿攻亮張郃攻平平堅守不動郃不能克十二年亮卒於武功軍退還魏延作亂一戰而敗平之功也遷後典軍安漢將軍副車騎將軍吳壹住漢中又領漢中太守十五年進封安漢侯代壹督漢中延熙元年大將軍蔣琬

住沔陽平更爲前護軍署琬府事六年琬還住涪拜平前監軍鎮北大將軍統漢中七年春魏大將軍曹爽率步騎十餘萬向漢川前鋒已在駱谷時漢中守兵不滿三萬諸將大驚或曰今力不足以拒敵聽當固守漢樂二城遇賊令入比爾閒涪軍足得救關平曰不然漢中去涪垂千里賊若得關便爲禍也今宜先遣劉護軍杜參軍據興勢平爲後拒若賊分向黃金平率千人下自臨之比爾閒涪軍行至此計之上也惟將軍劉敏與平意同即便施行涪諸軍及大將軍費禕自成都相繼而至魏軍退還如平本策是時鄧芝在東馬忠在南平在北境咸著名迹平生長戎旅手不能書而所識不過十字而口授作書皆有意理使人讀史漢諸記傳聽之備知其大義往往論說不失其指遵履法度言不戲謔從朝至夕端坐徹日憒無武將之體然性狹侵疑爲人自輕以此爲損焉十一年卒子訓嗣初平同郡漢昌句句音答候切扶忠勇寬厚數有戰功名位亞於平官至左將軍封宕渠侯

張嶷字伯岐巴西郡南充國人也弱冠爲縣功曹先主定蜀之際山寇攻縣縣長捐家逃亡嶷冒白刃攜負夫人夫人得免由是顯名州召爲從事時郡內士人龔祿姚伷位二千石當世有聲名皆與嶷友善建興五年丞相亮北住漢中廣漢緜竹山賊張慕等鈔盜軍資劫略吏民嶷以都尉將兵討之嶷度其鳥散難以戰禽乃詐與和親克期置酒酒酣嶷身率左右因斬慕等五十餘級渠帥悉殄尋其餘類旬日清泰後得疾病困篤家素貧匱廣漢太守蜀郡何祗名爲通厚嶷宿與疏闊乃自轝詣祗託以治疾祗傾財醫療數年除愈其黨道信義皆此類也拜爲牙門郎屬馬忠北討汶山羌南平四郡蠻夷輒有籌畫戰克之功十四年武都氐王苻健請降遣將軍張尉往迎過期不到大將軍蔣琬深以爲念嶷平之曰苻健求附款至必無他變素聞健弟狡黠又夷狄不能同功將有乖離是以稽留耳數日問至健弟果將四百戶就魏獨健來從初越巂郡自丞相亮討高定之後叟夷數反殺太守龔祿焦璜是後太守不敢之郡只住安定縣去郡八百餘里其郡徒有名而已時論欲復舊郡除嶷爲越巂太守嶷將所領往之郡誘以忠信蠻夷皆服頗來降附北徼捉馬最驍勁不承節度嶷乃往討生縛其帥魏狼又解縱告喻使招懷餘類表拜狼爲邑侯種落三千餘戶皆安土供職諸種聞之多漸降服嶷以功賜爵關內侯蘇祁邑君冬逢逢弟隗渠等已降復反嶷誅逢逢妻旄牛王女嶷以計原之而渠逃入西徼渠剛猛捷悍爲諸種深所畏憚遣所親二人詐降嶷實取消息嶷覺之許以重賞使爲反閒二人遂合謀殺渠渠死諸種皆安又斯都耆帥李求承昔手殺龔祿嶷求募捕得數其宿惡而誅之始嶷以郡郛宇頹壞更築小塢在官三年徙還故郡繕治城郭夷種男女莫不致力定莋臺登卑水三縣去郡三百餘里舊出鹽鐵及漆而夷徼久自固食嶷率所領奪取署長吏焉嶷之到定莋定莋率豪狼岑槃木王舅甚爲蠻夷所信任忿嶷自侵不自來詣嶷使壯士數十直往收致撻而殺之持尸還種厚加賞賜喻以狼岑之惡且曰無得妄動動即殄矣種類咸面縛謝過嶷殺牛饗宴重申恩信遂獲鹽鐵器用周贍漢嘉郡界旄牛夷種類四千餘戶其率狼路欲爲姑壻冬逢報怨遣叔父離將逢衆相度形勢嶷逆遣親近齎牛酒勞賜又令離姊逆逢妻宣暢意旨離既受賜并見其姊姊弟歡悅悉率所領將詣嶷嶷加厚賞待遣還旄牛由是輒不爲患郡有舊道經旄牛中至成都既平且近自旄牛絕道已百餘年更由安上既險且遠嶷遣左右齎貨幣賜路重令路姑喻意路乃率兄弟妻子悉詣嶷嶷與盟誓開通舊道千里肅清復古亭驛奏封路爲旄牛㽛毗王遣使將路朝貢後主於是加嶷撫戎將軍領郡如故嶷初見費禕爲大將軍恣性汎愛待信新附太過嶷書戒之曰昔岑彭率師來歙杖節咸見害於刺客今明將軍位尊權重宜鑒前事少以爲警後禕果爲魏降人郭脩所害吳太傅諸葛恪以初破魏軍大興兵衆以圖攻取侍中諸葛瞻丞相亮之子恪從弟也嶷與瞻書使轉告恪旋軍不宜黷武將致禍敗既而恪竟以此夷滅如嶷所言嶷在郡十五年邦域安靜屢乞還朝乃徵詣成都夷民戀慕扶轂泣涕過旄牛邑邑君襁負來迎及追尋至蜀郡界其督相率隨嶷朝貢者百餘人嶷至拜盪寇將軍慷慨壯烈士人咸多貴之然放蕩少禮人亦以此譏焉是歲延熙十七年也魏狄道長李簡密書請降衞將軍姜維率嶷等因簡之資以出隴西既到狄道簡悉率城中吏民出迎軍軍前與魏將徐質交鋒嶷臨陣隕身然其所殺傷亦過倍既亡封長子瑛西鄉侯次子護雄襲爵南王越巂民夷聞嶷死無不悲泣爲嶷立廟四時水旱輒祀之

蔣琬字公琰零陵湘鄉人也弱冠與外弟泉陵劉敏俱知名琬以州書佐隨先主入蜀除廣都長先主嘗因游觀奄至廣都見琬衆事不理時又沈醉先主大怒將加罪戮軍師將軍諸葛亮請曰蔣琬社稷之器非百里之

才也其爲政以安民爲本不以脩飾爲先願主公重加察之先主雅敬亮乃不加罪倉卒但免官而已琬見推之後夜夢有一牛頭在門前流血滂沲意甚惡之呼問占夢趙直直曰夫見血者事分明也牛角及鼻公字之象君位必當至公大吉之徵也頃之爲什邡令先主爲漢中王琬入爲尚書郎建興元年丞相亮開府辟琬爲東曹掾舉茂才琬固讓劉邕陰化龐延廖湻亮教答曰思惟背親捨德以殄百姓衆人既不隱於心實又使遠近不解其義是以君宜顯其功舉以明此選之清重也遷爲參軍五年亮住漢中琬與長史張裔統留府事八年代裔爲長史加撫軍將軍亮數外出琬常足食足兵以相供給亮每言公琰託志忠雅當與吾共贊王業者也密表後主曰臣若不幸後事宜以付琬亮卒以琬爲尚書令俄而加行都護假節領益州刺史遷大將軍錄尚書事封安陽亭侯時新喪元帥遠近危悚琬出類拔萃處羣僚之右既無戚容又無喜色神守舉止有如平日由是衆望漸服延熙元年詔琬伐魏總帥諸軍屯住漢中須吳舉動東西犄角以乘其釁又命琬開府明年就加爲大司馬東曹掾楊戲素性簡略琬與言論時不應答或欲搆戲於琬曰公與戲言而不見應戲之慢上不亦甚乎琬曰人心不同各如其面面從後言古人之所誡也戲欲贊吾是邪則非其本心欲反吾言則顯吾之非是以默然是戲之快也又督農楊敏曾毀琬曰作事憒憒誠非及前人或以白琬主者請推治敏琬曰吾實不如前人無可推也主者重據聽不推則乞問其憒憒之狀琬曰苟其不如則事不當理事不當理則憒憒矣復何問邪後敏坐事繫獄衆人猶懼其必死琬心無適莫得免重罪其好意存道皆此類也琬以爲昔諸葛亮數闚秦川道險運艱竟不能克不若乘水東下乃多作舟船欲由漢沔襲魏興上庸會舊疾連動未得時行而衆論咸謂如不克捷還路甚難非長策也於是遣尚書令費禕中監軍姜維等喻指琬承命上疏曰芟穢弭難臣職是掌自臣奉辭漢中已經六年臣既闇弱加嬰疾疢規方無成夙夜憂慘今魏跨帶九州根蔕滋蔓平除未易若東西并力首尾犄角雖未能速得如志且當分裂蠶食先摧其支黨然吳期二三連不克果俯仰惟艱實忘寢食輒與費禕等議以涼州胡塞之要進退有資賊之所惜且羌胡乃心思漢如渴又昔偏軍入羌郭淮破走算其長短以爲事首宜以姜維爲涼州刺史若維征行銜持河右臣當率軍爲維鎮繼今涪水陸四通惟急是應若東北有虞赴之不難由是琬遂還住涪疾轉增劇至九年卒謚曰恭子斌嗣爲綏武將軍漢城護軍魏大將軍鍾會至漢城與斌書曰巴蜀賢知文武之士多矣至於足下諸葛思遠譬諸草木吾臭類也桑梓之敬古今所敦西到欲奉瞻尊大君恭侯墓當灑埽墳塋奉祠致敬願告其所在斌答書曰知惟臭味意眷之隆雅託通流未拒來謂也亡考昔遭疾疢亡於涪縣卜云其吉遂安厝之知君西邁乃欲屈駕脩敬墳墓視子猶父顏子之仁也聞命感愴以增情思會得斌書報嘉歎意義及至涪如其書云後主既降鄧艾斌詣會於涪待以交友之禮隨會至成都爲亂兵所殺斌弟顯爲太子僕會亦愛其才學與斌同時死劉敏爲左護軍揚威將軍與鎮北大將軍王平俱鎮漢中魏遣大將軍曹爽襲蜀時議者或謂但可守城不出拒敵必自引退敏以爲男女布野農穀栖畝若聽敵入則大事去矣遂帥所領與平據興勢多張旗幟彌亘百餘里會大將軍費禕從成都至魏軍卽退敏以功封雲亭侯

費禕字文偉江夏鄳人也少孤依族父伯仁伯仁姑益州牧劉璋之母也璋使迎仁仁將禕遊學入蜀會先主定蜀禕遂留益土與汝南許叔龍南郡董允齊名時許靖喪子允與禕欲共會其葬所允白父和請車和遣開後鹿車給之允有難載之色禕便從前先上及至喪所諸葛亮及諸貴人悉集車乘甚鮮允猶神色未泰而禕晏然自若持車人還和問之知其如此乃謂允曰吾常疑汝於文偉優劣未別也而今而後吾意了矣先主立太子禕與允俱爲舍人遷庶子後主踐位爲黃門侍郎丞相亮南征還羣僚於數十里逢迎年位多在禕右而亮特命禕同載由是衆人莫不易觀亮以初從南歸以禕爲昭信校尉使吳孫權性既滑稽嘲啁無方諸葛恪羊衜等才博果辯論難鋒至禕辭順義篤據理以答終不能屈權甚器之謂禕曰君天下淑德必當股肱蜀朝恐不能數來也還遷爲侍中亮北住漢中請禕爲參軍以奉使稱旨頻煩至吳建興八年轉爲中護軍後又爲司馬值軍師魏延與長史楊儀相憎惡每至並坐爭論延或舉刃擬儀儀涕泣橫集禕常入其坐間諫喻分別終亮之世各盡延儀之用者禕匡救之力也亮卒禕爲後軍師頃之代蔣琬爲尚書令琬自漢中還涪禕遷大將軍錄尚書事延熙七年魏軍次于興勢假禕節率衆往禦之光祿大夫來敏至禕許別求共圍棊于時羽檄交馳人馬擐甲嚴駕已訖禕與敏留意對戲色無厭倦敏曰向聊觀試君耳君信可人必能辦賊者也禕至敵

遂退封成鄉侯琬固讓州職禕復領益州刺史禕當國功名略與琬比十一年出住漢中自琬及禕雖自身在外慶賞威刑皆遙先諮斷然後乃行其推任如此後十四年夏還成都望氣者云都邑無宰相位故冬復北屯漢壽延熙十五年命禕開府十六年歲首大會魏降人郭循在坐禕歡飲沈醉爲循手刃所害謚曰敬侯子承嗣爲黃門侍郎承弟恭尙公主禕長女配太子璿爲妃姜維字伯約天水冀人也少孤與母居好鄭氏學仕郡上計掾州辟爲從事以父冏昔爲郡功曹値羌戎叛亂身衞郡將沒於戰場賜維官中郎參本郡軍事建興六年丞相諸葛亮軍向祁山時天水太守適出案行維及功曹梁緒主簿尹賞主記梁虔等從行太守聞蜀軍垂至而諸縣響應疑維等皆有異心於是夜往保上邽維等覺太守去追遲至城門城門已閉不納維等相率還冀冀亦不入維維等乃俱詣諸葛亮會馬謖敗於街亭亮拔將西縣千餘家及維等還故維遂與母相失亮辟維爲倉曹掾加奉義將軍封當陽亭侯時年二十七亮與留府長史張裔參軍蔣琬書曰姜伯約忠勤時事思慮精密考其所有永南季常諸人不如也其人涼州上士也又曰須先教中虎步兵五六千人姜伯約甚敏於軍事既有膽義深解兵意此人心存漢室而才兼於人畢教軍事當遣詣宮覲見主上後遷中監軍征西將軍十二年亮卒維還成都爲右監軍輔漢將軍統諸軍進封平襄侯延熙元年隨大將軍蔣琬住漢中琬旣遷大司馬以維爲司馬數率偏軍西入六年遷鎭西大將軍領涼州刺史十年遷衞將軍與大將軍費禕共錄尙書事是歲汶山平康夷反維率衆討定之又出隴西南安金城界與魏大將軍郭淮夏侯霸等戰於洮西胡王治無戴等舉部落降維將還安處之十二年假維節復出西平不克而還維自以練西方風俗兼負其才武欲誘諸羌胡以爲羽翼謂自隴以西可斷而有也每欲興軍大舉費禕常裁制不從與其兵不過萬人十六年春禕卒夏維率將數萬人出石營經董亭圍南安魏雍州刺史陳泰解圍至洛門維糧盡退還明年加督中外軍事復出隴西守狄道長李簡舉城降進圍襄武與魏將徐質交鋒斬首破敵魏軍敗退維乘勝多所降下拔河關狄道臨洮三縣民還後十八年復與車騎將軍夏侯霸等俱出狄道大破魏雍州刺史王經於洮西經衆死者數萬人經退保狄道城維圍之魏征西將軍陳泰進兵解圍維郄住鍾題十九年春就遷維爲大將軍更整勒戎馬與鎭西大將軍胡濟期會上邽濟失誓不至故維爲魏大將鄧艾所破於段谷星散流離死者甚衆衆庶由是怨讟而隴已西亦騷動不寧維謝過引負求自貶削爲後將軍行大將軍事二十年魏征東大將軍諸葛誕反於淮南分關中兵東下維欲乘虛向秦川復率數萬人出駱谷徑至沈嶺時長城積穀甚多而守兵乃少聞維方到衆皆惶懼魏大將軍司馬望拒之鄧艾亦自隴右皆軍于長城維前住芒水皆倚山爲營望艾傍渭堅圍維數下挑戰望艾不應景耀元年維聞誕破敗乃還成都復拜大將軍初先主留魏延鎭漢中皆實兵諸圍以禦外敵敵若來攻使不得入及興勢之役王平捍拒曹爽皆承此制維建議以爲錯守諸圍雖合周易重門之義然適可禦敵不獲大利不若使聞敵至諸圍皆斂兵聚穀退就漢樂二城使敵不得入平且重關鎭守以捍之有事之日令游軍並進以伺其虛敵攻關不克野無散穀千里縣糧自然疲乏引退之日然後諸城並出與游軍並力搏之此殄敵之術也於是令督漢中胡濟郄住漢壽監軍王含守樂城護軍蔣斌守漢城又於西安建威武衞石門武城建昌臨遠皆立圍守五年維率衆出漢侯和爲鄧艾所破還住沓中維本羈旅託國累年攻戰功績不立而宦臣黃皓等弄權於內右大將軍閻宇與皓協比而皓陰欲廢維樹宇維亦疑之故自危懼不復還成都六年維表後主聞鍾會治兵關中欲規進取宜並遣張翼廖化督諸軍分護陽安關口陰平橋頭以防未然皓徵信鬼巫謂敵終不自致啓後主寢其事而羣臣不知及鍾會將向駱谷鄧艾將入沓中然後乃遣右車騎廖化詣沓中爲維援左車騎將軍張翼輔國大將軍董厥等詣陽安關口以爲諸圍外助比至陰平聞魏將諸葛緒向建威故住待之月餘維爲鄧艾所摧還住陰平鍾會攻圍漢樂二城遣別將進攻關口蔣舒開城出降傅僉格鬬而死會攻樂城不能克聞關口已下長驅而前翼厥甫至漢壽維化亦舍陰平而退適與翼厥合皆還保劒閣以拒會會與維書曰公侯以文武之德懷邁世之略功濟巴漢聲暢華夏遠近莫不歸名每惟疇昔嘗同大化吳札鄭僑能喩斯好維不答書列營守險會不能克糧運縣遠將議還歸而鄧艾自陰平由景谷道傍入遂破諸葛瞻於緜竹後主請降於鄧艾艾前據成都維等初聞瞻破或聞後主欲固守成都或聞欲南入建寧於是引軍由廣漢郪道以審虛實尋被後主勅令乃投戈放甲詣會於涪軍前將士咸怒拔刀斫石會厚待維等皆權還其印號節蓋會與維出

則同轝坐則同席謂長史杜預曰以伯約比中土名士公休太初不能勝也會既構鄧艾艾檻車徵因將維等詣成都自稱益州牧以叛欲授維兵五萬人使爲前驅魏將士憤發殺會及維維妻子皆伏誅維死時見剖膽如斗大維昔所俱至蜀梁緒官至大鴻臚尹賞執金吾梁虔大長秋皆先蜀亡歿

鄧芝字伯苗義陽新野人漢司徒禹之後也漢末入蜀未見知待時益州從事張裕善相芝往從之裕謂芝曰君年過七十位至大將軍封侯芝聞巴西太守龐羲好士往依焉先主定益州芝爲郫邸閣督先主出至郫與語大奇之擢爲郫令遷廣漢太守所在清嚴有治績入爲尚書先主薨於永安先是吳王孫權請和先主累遣宋瑋費禕等相與報答丞相諸葛亮深慮權聞先主殂隕恐有異計未知所出芝見亮曰今主上幼弱初在位宜遣大使重申吳好亮答之曰吾思之久矣未得其人耳今日始得之芝問其人爲誰亮曰卽使君也乃遣芝脩好於權權果狐疑不時見芝芝乃自表請見權曰臣今來亦欲爲吳非但爲蜀也權乃見之語芝曰孤誠願與蜀和親然恐蜀主幼弱國小勢迫爲魏所乘不自保全以此猶豫耳芝對曰吳蜀二國四州之地大王命世之英諸葛亮亦一時之傑也蜀有重險之固吳有三江之阻合此二長共爲脣齒進可兼并天下退可鼎足而立此理之自然也大王今若委質於魏魏必上望大王之入朝下求太子之內侍若不從命則奉辭伐叛蜀必順流見可而進如此江南之地非復大王之有也權默然良久曰君言是也遂自絕魏與蜀連和遣張温報聘於蜀蜀復令芝重往權謂芝曰若天下太平二主分治不亦樂乎芝對曰夫天無二日土無二王如并魏之後大王未深識天命者也君各茂其德臣各盡其忠將提枹鼓則戰爭方始耳權大笑曰君之誠款乃當爾邪權與亮書曰丁厷掞張陰化不盡和合二國唯有鄧芝及亮北住漢中以芝爲中監軍揚武將軍亮卒遷前軍師前將軍領兗州刺史封陽武亭侯頃之爲督江州權數與相聞餽遺優渥延熙六年就遷爲車騎將軍後假節十一年涪陵國人殺都尉反叛芝率軍征討卽梟其渠帥百姓安堵十四年卒芝爲大將軍二十餘年賞罰明斷善卹卒伍身之衣食資仰於官不苟素儉然終不治私產妻子不免饑寒死之日家無餘財性剛簡不飾意氣不得士類之和於時人少與敬貴唯器異姜維云子良襲爵景耀中爲尚書左選郎晉朝廣漢太守

張翼字伯恭犍爲武陽人也高祖父司空浩曾祖父廣陵太守綱皆有名迹先主定益州領牧翼爲書佐建安末舉孝廉爲江陽長徙涪陵令遷梓潼太守累遷至廣漢蜀郡太守建興九年爲庲降都督綏南中郎將翼性持法嚴不得殊俗之歡心耆率劉胄背叛作亂翼舉兵討胄胄未破會徵當還羣下咸以爲宜便馳騎卽罪翼曰不然吾以蠻夷蠢動不稱職故還耳然代人未至吾方臨戰場當運糧積穀爲滅賊之資豈可以黜退之故而廢公家之務乎於是統攝不懈代到乃發馬忠因其成基以破殄胄丞相亮聞而善之亮出武功以翼爲前將軍都督領扶風太守亮卒拜前領軍追論討劉胄功賜爵關內侯延熙元年入爲尚書稍遷督建威假節進封都亭侯征西大將軍十八年與衛將軍姜維俱還成都維議復出軍唯翼廷爭以爲國小民勞不宜黷武維不聽將翼等行進翼位鎮南大將軍維至狄道大破魏雍州刺史王經經衆死於洮水者以萬計翼曰可止矣不宜復進進或毀此大功維大怒曰爲蛇畫足維竟圍經於狄道城不能克自翼建異論維心與翼不善然常牽率同行翼亦不得已而往景耀二年遷左車騎將軍領冀州刺史六年與維咸在劍閣共詣降鍾會於涪明年正月隨會至成都爲亂兵所殺

宗預字德豔南陽安衆人也建安中隨張飛入蜀建興初丞相亮以爲主簿遷參軍右中郎將及亮卒吳慮魏或承衰取蜀增巴邱守兵萬人一欲以爲救援二欲以事分割也蜀聞之亦益永安之守以防非常預將命使吳孫權問預曰東之與西譬猶一家而聞西更增白帝之守何也預對曰臣以爲東益巴邱之戍西增白帝之守皆事勢宜然俱不足以相問也權大笑嘉其抗直甚愛待之見敬亞於鄧芝費禕遷爲侍中徙尚書延熙十年爲屯騎校尉時車騎將軍鄧芝自江州還來朝謂預曰禮六十不服戎而卿甫受兵何也預答曰卿七十不還兵我六十何爲不受邪芝性驕傲自大將軍費禕等皆避下之而預獨不爲屈預復東聘吳孫權捉預手涕泣而別曰君每銜命結二國之好今君年長孤亦衰老恐不復相見遺預大珠一斛及還遷後將軍督永安就拜征西大將軍賜爵關內侯景耀元年以疾徵還成都後爲鎮軍大將軍領兗州刺史時都護諸葛瞻初統朝事廖化過預欲與預共詣瞻許預曰吾等年踰七十所竊已過但少一死耳何求於年少輩而屑屑造門邪遂不往廖化字元儉本名淳襄陽人也爲前將軍關羽主簿羽敗屬吳思歸先主乃詐死時人謂爲信然因攜持

老母晝夜西行會先主東征遇於秭歸先主大悅以化爲宜都太守先主薨爲丞相參軍後爲督廣武稍遷至右車騎將軍假節領并州刺史封中鄉侯以果烈稱官位與張翼齊而在宗預之右咸熙元年春化預俱內徙洛陽道病卒

楊戲字文然犍爲武陽人也少與巴西程祁公弘巴郡楊汰季儒蜀郡張表伯達並知名戲每推祁以爲冠首丞相亮深識之戲年二十餘從州書佐爲督軍從事職典刑獄論法決疑號爲平當府辟爲屬主簿亮卒爲尚書右選部郎刺史蔣琬請爲治中從事史琬以大將軍開府又辟爲東曹掾遷南中郎參軍副貳庲降都督領建寧太守以疾徵還成都拜護軍監軍出領梓潼太守入爲射聲校尉所在清約不煩延熙二十年隨大將軍姜維出軍至芒水戲素心不服維酒後言笑每有傲弄之辭維外寬內忌意不能堪軍還有司承旨奏戲免爲庶人後景耀四年卒戲性雖簡惰省略未嘗以甘言加人過情接物書符指事希有盈紙然篤於舊故居誠存厚與巴西韓儼黎韜童幼相親厚後儼痼疾廢頓韜無行見捐戲經紀振卹恩好如初又時人謂譙周無當世才少歸敬者唯戲重之嘗曰吾等後世終不如此長兒也有識以此貴戲張表有威儀風規始名位與戲齊後至尚書督庲降後將軍先戲沒祁汰皆早死戲以延熙四年著季漢輔臣贊三十餘首其所頌述世多稱之

衛繼字子業漢嘉嚴道人也兄弟五人繼父爲縣功曹繼爲兒時與兄弟隨父游戲庭寺中縣長蜀郡成都張君無子數命功曹呼其子省弄甚愛憐之張因言宴之間語功曹欲乞繼功曹即許之遂養爲子繼敏達夙成學識通博進仕州郡歷職清顯而其餘兄弟四人各無堪當世者父恒言已之將衰張明府將盛也時法禁以異姓爲後故復爲衛氏屢遷拜奉車都尉大尚書忠篤信厚爲衆所敬鍾會之亂遇害成都

通志卷一百十八下終

宋 右迪功郎鄭樵漁仲撰

列傳第三十二

吳

劉繇 子基 太史慈 士燮 燮弟壹 䵋 武 燮子徽 壹子匡 張昭 子承 休 弟子奮 顧雍 子邵 邵子譚 譚弟承 雍族人徽 諸葛瑾 子融 步騭 子闡 張紘 孫尚 嚴畯 程秉 闞澤 薛綜 子瑩 周瑜 子允 魯肅 呂蒙 程普 黃蓋 韓當 蔣欽

周泰 陳武 子修 表 董襲 甘寧 淩統 徐盛

潘璋 丁奉

劉繇字正禮東萊牟平人也齊孝王少子封牟平侯子孫家焉繇伯父寵爲漢太尉繇兄岱字公山歷位侍中兗州刺史繇十九從父韙爲賊所劫質繇篡取以歸由是顯名舉孝廉爲郎中除下邑長時郡守以貴戚託之遂棄官去州辟部濟南濟南相中常侍子貪穢不循法繇奏免之平原陶丘洪薦繇欲令舉茂才刺史曰前年舉公山奈何復舉正禮乎洪曰若明使君用公山於前擢正禮於後所謂御二龍於長塗騁騏驥於千里不亦可乎會辟司空掾除侍御史不就避亂淮浦詔書以爲揚州刺史時袁術在淮南繇畏憚不敢之州欲南渡江吳景孫賁迎致曲阿術圖爲僭逆攻沒諸郡縣繇遣樊能張英屯江邊以拒之以景賁術所授用乃迫逐使去於是術乃自置揚州刺史與景賁共攻英能等歲餘不下漢命加繇爲牧振武將軍衆數萬人孫策東渡江破英能等繇奔丹徒遂泝江南保豫章駐彭澤笮融先至殺太守朱皓入居郡中繇進討融爲融所破更復招合屬縣攻融融敗走入山爲民所殺繇尋病卒時年四十二笮融丹陽人聚衆依徐州牧陶謙謙使督廣陵彭城運漕曹操攻陶謙徐土騷動融將男女萬口馬三千匹走廣陵廣陵太守趙昱待以賓禮先是彭城相薛禮爲陶謙所逼屯秣陵融利廣陵之資因酒酣殺昱放兵大掠因載而去過殺禮然後殺皓融事詳具陶謙傳中後策西伐江夏還過豫章收載繇喪善遇其家王朗遺策書曰劉正禮昔初臨州未能自達實賴尊門爲之先後用能濟江成治有所處定踐境之禮感分結意情在終始後以袁氏之嫌稍更乖剌更以同盟還爲讐敵原其本心實非所樂康寧之後常願渝平更成復踐宿好一爾分離款意不昭奄然殂隕可爲傷恨知敦以厲薄德以報怨收骨育孤哀亡愍存捐既往之猜保六尺之託誠深恩重分美名厚實也昔魯人雖有齊怨不廢喪紀春秋善之謂之得禮誠良史之所宜藉鄉校之所歎聞正禮元子致有志操想必有以殊異威盛刑行施之以恩不亦優哉繇長子基字敬輿年十四居繇喪盡禮故吏餽餉皆無所受姿容美好孫權愛敬之權爲驃騎將軍辟東曹掾拜輔義校尉建忠中郎將權爲吳王遷基大司農權嘗宴飲騎都尉虞翻醉酒犯忤權欲殺之威怒甚盛由基諫諍翻以得免權大暑時嘗於船中宴飲於船樓上值雷雨權以蓋自覆又命覆基餘人不得也其見待如此徙郎中令權稱尊號改爲光祿勳分平尚書事年四十九卒後權爲子霸納基女賜第一區四時寵賜與全張比基二弟鑠尚皆騎都尉

太史慈字子義東萊黃人也少好學仕郡奏曹史會郡與州有隙曲直未分以先聞者爲善時州章已去郡守恐後之求可使者慈年二十一以選行晨夜取道洛陽詣公車門見州吏始欲求通慈問曰君欲通章邪吏曰然問章安在曰車上慈曰章題署得無誤邪取來視之吏殊不知其東萊人也因爲取章慈已先懷刀便截敗之吏踊躍大呼言人壞我章慈將至車閒與語曰向使君不以章相與吾亦無因得敗之是爲吉凶禍福等耳吾不獨受此罪豈若默然俱出去可以存易亡無事俱就刑辟吏言君爲郡敗吾章已得如意欲復亡何爲慈答曰初受郡遣但來視章通與未耳吾用意太過乃相敗章今還亦恐以此見譴怒故俱欲去耳吏然慈言即日俱去慈既出城因遁還通郡章州家聞之更遣吏通章有司以格章之故不復見理州受其短由是知名而爲州家所疾恐受其禍乃避之遼東北海相孔融聞而奇之數遣人訊問其母并致餽遺時融以黃巾寇暴出屯都昌爲賊管亥所圍慈從遼東還母謂慈曰汝與孔北海未嘗相見至汝行後贍恤殷勤過於故舊今爲賊所圍汝宜赴之慈留三日單步徑至都昌時圍尚未密慈夜伺閒隙得入見融因求兵出斫賊融不聽欲待外救外救未有至者而圍日偪融欲告急平原相劉備城中人無得出慈自請求行融曰今賊圍甚密衆人皆言不可卿意雖壯無乃實難乎慈對曰昔府君傾意於老母老母感遇遣慈赴府君之急固以慈有可取而來必有益也今衆人言不可慈亦言不可豈府君愛顧之義老母遣慈之意邪事已急矣願府君無疑融乃然之於是嚴行蓐食須明便帶鞬攝弓上馬將兩騎自隨各作一的持之開門直出外圍下左右人並驚駭兵馬互出慈引馬至城下塹內植所持的各一出射之射之畢徑入門明晨復如此圍下人或起或臥慈復植的射之

畢復入門明晨復出如此無復起者於是乃鞭馬直突圍中馳去比賊覺知慈行己過又射殺數人皆應弦而倒故無敢追者遂到平原說劉備曰慈東萊之鄙人也與孔北海親非骨肉比非鄉黨特以名志相好又分災共患之義今管亥暴亂北海被圍孤窮無援危在旦夕以君有仁義之名能救人之急故北海區區延頸恃仰使慈冒白刃突重圍從萬死之中自託於君惟君所以存之備斂容答曰孔北海知世間有劉備邪即遣精兵三千人隨慈賊聞軍至解圍散去融既得濟益貴重慈曰卿吾之少友也事畢還啓其母母曰我喜汝有以報孔北海也揚州刺史劉繇與慈同郡慈自遼東還未與相見暫渡江到曲阿見繇未去會孫策至或勸繇可以慈爲大將軍繇曰我若用子義許子將不當笑我邪但使慈偵視輕重時獨與一騎卒遇策策從騎十三皆韓當宋謙黃蓋輩也慈便前鬬正與策對策刺慈馬而擥得慈項上手戟慈亦得策兜鍪會兩家兵騎並各來赴於是解散慈當與繇俱奔豫章而遁於蕪湖亡入山中稱丹陽太守是時策已平定宣城以東惟涇以西六縣未服慈因進住涇縣立屯府大爲山越所附策躬自攻討慈遂見囚執策素聞其名即解縛捉其手曰寧識神亭時邪若卿爾時得我云何慈曰未可量也策大笑曰今日之事當與卿共之因咨以進取之術慈對曰敗軍之將不足與論事策曰昔韓信定計於廣武今策決疑於仁者君何辭焉慈曰州軍新破士卒離心若儻分散難復合聚欲出宣恩安集恐不合尊意策長跪曰誠本心所望也明日日中望君來還諸將皆疑策曰太史子義青州名士以信義爲先終不欺策明日大請諸將豫設酒食立竿視影日中而慈至策大喜即署門下督常與參論軍事還吳授兵拜折衝中郎將會劉繇亡於豫章揚州士眾萬餘人欲奉華歆爲主歆以爲因時擅命非人臣所宜謝遣之其眾未有所屬策命慈往撫安之謂曰劉牧往責吾爲袁氏攻廬江其意頗猥理恕不足何者先君手下兵數千餘人盡在公路許孤志在立事不得不屈意於公路求索故兵再往纔得千餘人耳仍令孤攻廬江爾時事勢不得不爲其行但其後不遵臣節自棄作邪僭之事諫之不從丈夫義交苟有大故不得不離孤交求公路及絕之本末如此今其喪亡恨不及其生時與共論辯今兒子在豫章不知華子魚待遇何如其故部曲復依隨之否卿則其州人昔又從事寧能往視其兒子並宣孤意於其部曲部曲樂來者便與俱來不樂來者且慰安之并觀華子魚所以牧禦方規何似視廬陵鄱陽人民親附之否卿手下兵宜將多少自由卿意慈對曰慈有不赦之罪將軍待遇過望古人報主以死期於盡節沒而後已今並息兵兵不宜多將數十人自足以往還也左右皆曰慈未可信或云慈與華子魚州里恐留彼爲籌策或疑慈西託黃祖假路還北多言遣之非計策曰太史子義雖氣勇有膽烈然非縱橫之人其心有士謨志經道義貴重然諾一以意許知已死亡不相負且子義舍我當復與誰諸君勿復憂也乃餞於昌門把腕而別曰何時能還答曰不過六十日果如期而反於是議者遂服慈見策曰華子魚良德也然非籌略才無他方規自守而已又丹陽僮芝自擅廬陵詐言被詔書爲太守鄱陽民帥別立宗部阻兵守界不受子魚所遺長吏言我已別立郡須漢遣眞太守來當迎之耳子魚不但不能諧廬陵鄱陽近自海昏有上繚壁有五六千家相結聚作宗伍唯輸租布於郡耳發召一民遂不可得子魚亦覩視之而已策拊掌大笑仍有兼并之志矣頃之遂定豫章劉表從子磐驍勇數爲寇於艾西安諸縣策於是分海昏建昌左右六縣以慈爲建昌都尉治海昏并督諸將拒磐磐不復爲寇慈長七尺七寸美鬚髯猨臂善射弦不虛發嘗從策討麻保賊賊於屯裏緣樓上行詈以手持樓棼慈引弓射之矢貫手著棼圍外萬眾莫不稱善其妙如此曹公聞其名遺慈書以篋封之慈發省無所道而但貯當歸孫權統事以慈能制磐遂委南方之事建安十一年卒時年四十一慈臨亡歎息曰丈夫生世當帶七尺之劍以升天子之階今所志未從奈何而死乎權甚悼惜之子享官至越騎校尉

士燮字威彥蒼梧廣信人也其先本魯國汶陽人至王莽之亂避地交州六世至燮父賜桓帝時爲日南太守燮少游學京師事潁川劉子奇治左氏春秋察孝廉補尚書郎公事免官父賜喪闋後舉茂才除巫令遷交阯太守弟壹初爲郡督郵刺史丁宮徵還京都壹侍送勤恪宮感之臨別謂曰刺史若待罪三事當相辟也後宮爲司徒辟壹比至宮已免黃琬代爲司徒甚禮遇壹董卓作亂壹亡歸鄉里交州刺史朱符爲夷賊所殺州郡擾亂燮乃表壹領合浦太守次弟徐聞令䵋領九眞太守䵋弟武領南海太守燮體器寬厚謙虛下士中國士人往依避難者以百數耽玩春秋爲之注解陳國袁徽與尚書令荀彧書曰交阯士府君既學問優博又達於從政處大亂之中保全一郡二十餘年疆場無事民不

失業羈旅之徒皆蒙其慶雖竇融之保河西曷以加之官事小閑輒玩習書傳春秋左氏傳尤簡練精微吾數以咨問傳中諸疑皆有師說意思甚密又尚書兼通古今大義詳備聞京師古今之學是非忿爭今欲條左氏尚書長義上之其見稱如此燮兄弟並爲列郡雄長一州偏在萬里威尊無上出入鳴鐘磬備具威儀笳簫鼓吹車騎滿道胡人夾轂焚香者常有數十妻妾乘輜軿子弟從兵騎當時貴重震服百蠻尉佗不足踰也武先病沒朱符死後漢遣張津爲交州刺史津後又爲其將區景所殺而荊州牧劉表遣零陵賴恭代津是時蒼梧太守史璜死表又遣吳巨代之與恭俱至漢聞張津死賜燮璽書曰交州絕域南帶江海上恩不宣下義壅塞知逆賊劉表又遣賴恭闚看南土今以燮爲綏南中郎將董督七郡領交阯太守如故後燮遣吏張旻奉貢詣京都是時天下喪亂道路斷絕而燮不廢貢職特復下詔拜安遠將軍龍度亭侯後巨與恭相失舉兵逐恭恭走還零陵建安十五年孫權遣步騭爲交州刺史騭到燮率兄弟奉承節度而吳巨懷異心騭斬之權加燮爲左將軍建安末年燮遣子廞入質權以爲武昌太守燮壹諸子在南者皆拜中郎將燮又誘導益州豪姓雍闓等率郡人民使遙東附權益嘉之遷衛將軍進封龍編侯弟壹偏將軍都鄉侯燮每遣使詣權致雜香細葛輒以千數明珠大貝琉璃翡翠玳瑁犀象之珍奇物異果蕉椰龍眼之屬無歲不至壹時貢馬凡數百匹權輒爲書厚加寵賜以答慰之燮在郡四十餘歲黃武九年年九十卒權以交阯縣遠恐難制馭遂分合浦以北爲廣州呂岱爲刺史交阯以南爲交州戴良爲刺史又遣陳時代燮爲交阯太守岱留南海良與時俱前行到合浦而燮子徽自署交阯太守帥宗兵拒良良留合浦交阯桓鄰燮舉吏也叩頭諫徽使迎良徽怒笞殺鄰鄰兄治子發又合宗兵擊徽徽閉門城守治等攻之數月不能下乃約和親各罷兵還而呂岱被詔誅徽自廣州將兵晝夜馳入過合浦與良俱前壹子中郎將匡與岱有舊岱署匡師友從事先移書交阯告諭禍福又遣匡見徽說令服罪雖失郡守保無他憂岱尋匡後至徽兄祗弟幹頌等六人肉袒奉迎岱謝令復服前至郡下明旦早施帳幔請徽兄弟以次入賓客滿坐岱起擁節讀詔書數徽罪過左右因反縛以出即皆伏誅傳首武昌壹䵋匡後出權原其罪及燮質子廞皆免爲庶人數歲壹䵋坐法誅廞病卒無子妻寡居詔在所月給米賜錢四十萬

張昭字子布彭城人也少好學善隸書從白侯子安受左氏春秋博覽眾書與琅邪趙昱東海王朗俱發名友善弱冠察孝廉不就與朗共論舊君諱事州里才士陳琳等皆稱善之刺史陶謙舉茂才不應謙以爲輕已遂見拘執昱傾身營救方以得免漢末大亂徐方士民多避難揚土昭皆南渡江孫策創業命昭爲長史撫軍中郎將升堂拜母如比肩之舊文武之事一以委焉昭每得北方士大夫書疏專歸美於昭昭欲默而不宣則懼有私宜之又恐非宜進退不安策聞之歡笑曰昔管子相齊一則仲父二則仲父而桓公爲霸者宗今子布賢我能用之其功名獨不在我乎策臨亡以弟權託之曰若仲謀不任事者君便自取策卒昭率群僚立權而輔之上表漢室下移屬城中外將校各令奉職權悲感未視事昭謂權曰夫爲人後者貴能負荷先軌克昌堂構以成勳業也方今天下鼎沸群盜滿山孝廉何得寢伏哀戚肆匹夫之情哉乃身自扶權上馬陳兵而出然後眾心知有所歸昭復爲權長史授任如前劉備表權行車騎將軍昭爲軍師權每田獵常乘馬射虎虎嘗突前攀持馬鞍昭變色而前曰將軍何有當耳夫爲人君者謂能駕馭英雄驅使群賢豈謂馳逐於原野校勇於猛獸乎如有一旦之患奈天下笑何權謝昭曰年少慮事不遠以此慚君然猶不能已乃作射虎車爲方目開不置蓋一人爲御自於中射之時有逸群之獸輒復犯車而權每手擊以爲樂昭雖諫爭常笑而不答魏黃初二年遣使者邢貞拜權爲吳王貞入門不下車昭謂貞曰夫禮無不敬故法無不行而君敢自尊大豈以江南寡弱無方寸之刃故乎貞即遽下車拜昭爲綏遠將軍封由拳侯權於武昌臨釣臺飲酒大醉權使人以水灑群臣曰今日酣飲惟醉墮臺中乃當止耳昭正色不言出外車中坐權遣人呼昭還謂曰爲共作樂耳公何爲怒乎昭對曰昔紂爲糟丘酒池長夜之飲當時亦以爲樂不以爲惡也權默然有慚色遂罷酒初權當置丞相眾議歸昭權曰方今多事職統大者責重非所以優之也後孫邵卒百僚復舉昭權曰孤豈爲子布有愛乎顧丞相事煩而此公性剛所言不從怨咎將興非所以益之也乃用顧雍權既稱尊號昭以老病上還官位及所統領更拜輔吳將軍班亞三司改封婁侯食邑萬戶在里宅無事乃著春秋左氏傳解及論語注權嘗問衛尉嚴畯寧念小時所闇誦書不畯因誦孝經仲尼居昭曰嚴畯鄙生臣請爲陛下誦之乃誦君子之事上咸以昭爲

知所諭昭每朝見辭氣壯厲義形於色曾以直言逆旨中不進見後蜀使來稱蜀德之美而羣臣莫拒權歎曰使張公在坐彼不折則廢安得復自誇乎明日遣中使勞問因請見昭昭避席謝權跪止之昭坐定仰曰昔太后桓王不以老臣屬陛下而以陛下屬老臣是以思盡臣節以報厚恩使泯沒之後有可稱述而智慮淺短違逆盛旨自分幽淪長棄溝壑不圖復蒙引見得奉帷幄然臣愚心所以事國志在忠益畢命而已若乃變心易慮以偷榮取容此臣所不能也權辭謝焉權以公孫淵稱藩遣張彌許晏至遼東拜淵為燕王昭諫曰淵背魏懼討遠來求援非本志也若淵改圖欲自明於魏兩使不反不亦取笑於天下乎權與相反覆昭意彌切權不能堪按刀而怒曰吳國士人入宮則拜孤出宮則拜君孤之敬君亦為至矣而數於眾中折孤孤嘗恐失計昭熟視權曰臣雖知言不用每竭愚忠者誠以太后臨崩呼老臣於牀下遺詔顧命之言故在耳因涕泣橫流權擲刀致地與昭對泣然卒遣彌晏往昭忿言之不用稱疾不朝權恨之土塞其門昭又於內以土封之淵果殺彌晏權數慰謝昭昭固不起權因出過其門呼昭昭辭疾篤權燒其門欲以恐之昭更閉戶權使人滅火住門良久昭諸子共扶昭起權載以還宮深自克責昭不得已然後朝會昭容貌矜嚴有威風權嘗曰孤與張公言不敢妄也舉邦憚之年八十一嘉禾五年卒遺令幅巾素棺斂以時服權素服臨弔諡曰文侯長子承已自封侯少子休襲爵昭弟子奮年二十造作攻城大攻車為步騭所薦昭不願曰汝年尚少何為自委於軍旅乎奮對曰昔童汪死難子奇治阿奮實不才耳於年為不少也遂領兵為將軍連有功效至平州都督封樂鄉亭侯承字仲嗣少以才學知名與諸葛瑾步騭嚴畯相友善權為驃騎將軍辟西曹掾出為長沙西部都尉討平山寇得精兵萬五千人後為濡須都督奮威將軍封都鄉侯領部曲五千人承為人壯毅忠讜能甄識人物拔彭城蔡款南陽謝景於孤微童幼後並為國士款至衛尉景豫章太守又諸葛恪年少時眾人奇其英才承言終敗諸葛氏者元遜也勤於長進篤於物類凡在庶幾之流無不造門年六十七赤烏七年卒諡曰定侯子震嗣初承喪妻昭欲為索諸葛瑾女承以相與有好難之權聞而勸焉遂為婚生女權為子和納之權數令和修敬於承執子壻之禮震諸葛恪誅時亦死休字叔嗣弱冠與諸葛恪顧譚等俱為太子登僚友以漢書授登從中庶子轉為右弼都尉權嘗游獵迨暮乃歸休上疏諫戒權大善之以示於昭及登卒後為侍中拜羽林都督平三典軍事遷揚武將軍為魯王霸友黨所譖與顧譚承俱以芍陂論功事休承與典軍陳恂通情詐增其伐並徙交州中書令孫弘佞險誣弘因是譖訴下詔書賜休死時年四十一

顧雍字元歎吳郡吳人也蔡伯喈從朔方還嘗避怨於吳雍從學琴書伯喈異之以其為蔡邕之所歎因以為字焉州郡表薦弱冠為合肥長後轉在婁曲阿上虞皆有治迹孫權領會稽太守不之郡以雍為丞行太守事討除寇賊郡界寧靜吏民歸服數年入為左司馬權為吳王累遷大理奉常領尚書令封陽遂鄉侯拜侯還寺而家人不知後聞乃驚黃初四年迎母於吳既至權臨賀之親拜其母於庭公卿大臣畢會後太子又往慶焉雍為人不飲酒寡言語舉動時當權嘗歎曰顧君不言言必有中至飲宴歡樂之際左右恐有酒失而雍必見之是以不敢肆情權亦曰顧公在坐使人不樂其見憚如此是歲改為太常進封醴陵侯代孫邵為丞相平尚書事其所選用文武將吏各隨能所任心無適莫時訪逮民間及政職所宜輒密以聞若見納用則歸之於上不用終不宣泄權以此重之然於公朝有所陳及辭色雖順而所執者正權常令中書郎詣雍有所咨訪若合雍意事可施行即與相反覆究而論之為設酒食如不合意雍即正色改容默然不言無所施設即退告權曰顧公歡悅是事合宜也其不言者是事未平也孤當重思之其敬信如此後權嘗咨問得失張昭因陳聽采聞頗以法令太稠刑罰微重宜有所蠲損權默然顧問雍曰君以為何如對曰臣之所聞亦如昭所陳權於是乃議獄輕刑時江邊諸將各欲立功自效多陳便宜權以訪雍雍曰臣聞兵法戒於小利此等所陳欲邀功名而為其身非為國也陛下宜禁制之苟不足以曜威損敵所不宜聽也權從之久之呂壹秦博為中書典校諸官府及州郡文書壹等因此漸作威福遂造作榷酤障管之利舉罪糾姦纖介必聞重以深按醜誣毀短大臣排陷無辜雍等皆見舉白用被譴讓後壹姦罪發露收繫廷尉雍往斷獄壹以囚見雍和顏色問其辭狀臨出又謂壹曰君意得無欲有所道壹叩頭無言時尚書郎懷敘面詈辱壹雍責敘曰官有正法何至於此雍為相十九年年七十六赤烏六年卒初雍微疾時權令醫趙泉視之既而拜其少子濟為騎都尉雍聞悲曰泉善別死生吾必不起故上欲及吾目見濟拜也權素服臨弔諡

曰肅侯長子邵早卒次子裕有篤疾少子濟嗣無後絕永安元年詔以裕襲爵爲醴陵侯奉雍嗣邵字孝則博覽書傳好樂人倫少與舅陸績齊名而陸遜張敦卜靜等皆亞焉權妻以策女年二十七起家爲豫章太守下車祀先賢徐孺子之墓優待其後禁其淫祀非禮之祭者小吏姿質佳者輒令就學擇其先進擢置右職舉善以教風化大行初錢塘丁諝出於役伍陽羨張秉生於庶民烏程吳粲雲陽殷禮起於微賤邵皆拔而友之爲立聲譽秉遭大喪親爲制服結絰邵當之豫章發在近路值秉疾病時送者百數邵辭賓客曰張仲節有疾苦不能來別恨不見之暫還與訣諸君少時相待其留心下士惟善所在皆此類也諝至典軍中郎秉雲陽太守禮零陵太守粲太子少傅世以邵爲知人在郡五年卒子譚承譚字子默弱冠與諸葛恪等爲太子四友從中庶子轉輔正都尉赤烏中代恪爲左節度每省簿書未嘗下籌徒屈指心計盡發疑謬下吏以此服之加奉車都尉薛綜爲選曹尚書固以才不逮譚上疏固讓譚遂代綜祖父雍卒數月拜太常代雍平尚書事是時魯王霸有盛寵與太子和齊衡譚上疏曰臣聞有國有家者必明嫡庶之端異尊卑之禮使高下有差階級踰邈如此則骨肉之恩生覬覦之望絕昔賈誼陳治安之計論諸侯之勢以爲勢重雖親必有逆節之累勢輕雖疎必有保全之祚故淮南親弟不終饗國失之於勢重也吳芮疎臣傳祚長沙得之於勢輕也昔漢文帝使慎夫人與皇后同席袁盎退夫人之座帝有怒色及盎辨上下之儀陳人彘之戒帝既悅懌夫人亦悟今臣所陳非有所偏誠欲以安太子而便魯王也由是霸與譚有隙時長公主壻衛將軍全琮子寄爲霸賓客寄素傾邪譚所不納先是譚弟承與張休俱北征壽春全琮時爲大都督與魏將王凌戰於芍陂軍不利魏兵乘勝陷沒五營將秦兒軍休承奮擊之遂駐魏師時琮羣子緒端亦並爲將因敵既往乃進擊之凌軍用退時論功行賞以爲駐敵之功大退敵之功小休承並爲雜號將軍緒端偏裨而已寄父子益恨共構會譚譚坐徙交州幽而發憤著新言二十篇其知難篇蓋以自悼傷也黃龍二年年四十二卒於交阯承字子直嘉禾中與舅陸瑁俱以禮徵拜騎都尉領羽林兵後爲吳郡西部督尉與諸葛恪等共平山越別得精兵八千人還屯軍章阬拜昭義中郎將入爲侍中芍陂之役拜奮威將軍出領京下督數年與兄譚張休等俱徙交州年三十七卒雍族人悌字子通以孝悌廉正聞於鄉黨年十五爲郡吏除郎中稍遷偏將軍權末年嫡庶不分悌數與驃騎將軍朱據共陳禍福言辭切直朝廷憚之待妻有禮常夜入晨出希見其面嘗疾篤妻出省之悌命左右扶起冠幘加襲起對趣令妻還其貞潔不瀆如此悌父向歷四縣令年老致仕悌每得父書常洒掃整衣服更設几筵舒書其上拜跪讀之每句應諾畢復再拜若父有疾耗之問至郎臨書垂涕聲語哽咽父以壽終飲漿不入口五日權爲作布衣一襲皆摩絮著之彊令釋服悌雖以公議自割猶以不見父喪常畫壁作棺形設神座於下每對之哭泣服未闋而卒悌四子彥禮謙祕祕晉交州刺史祕子眾尚書僕射

諸葛瑾字子瑜琅邪諸縣人後徙陽都陽都先有姓葛者故謂之諸葛因以爲氏瑾少游京師治毛詩尚書左氏春秋遭母憂居喪至孝事繼母恭敬甚得人子之道漢末避亂江東值孫策卒孫權姊壻曲阿弘咨見而異之薦之於權與魯肅等並見賓待後爲權長史轉中司馬建安二十年權遣瑾使蜀通好劉備瑾與其弟亮俱公會相見退無私面瑾每有諫喻於權未嘗切愕徵見風采粗陳指歸如有未合則捨而及他徐復託事造端以物類相求於是權意往往而釋吳郡太守朱治權舉將也權曾有以望之而素加敬難自詰讓忿忿不解瑾揣知其故而不敢顯陳乃乞以意私自問遂於權前爲書泛論物理因以己心遙往忖度之畢以呈權權喜笑曰孤意解矣顏氏之德使人加親豈謂此乎權又怪校尉殷謨罪至不測羣下多爲之請權怒益甚與相反覆唯瑾默然權曰子瑜何獨不言瑾避席曰瑾與殷謨等遭本州傾覆生類殄盡棄墳墓攜老弱披草萊歸聖化在流隸之中蒙生成之福不能躬自督厲陳答萬一至令謨孤負恩遇自陷罪戾臣將謝過不暇誠不敢有言權聞之愴然乃曰特爲君赦之後從討關羽封宣城侯以綏南將軍代呂蒙領南郡太守駐公安劉備東伐吳吳王求和瑾與備牋曰奄聞旗鼓來至白帝或恐議臣以吳王侵取此州危害關羽怨深禍大不宜答和此用心於小未留意於大者也試爲陛下論其輕重及其大小陛下若抑威損忿暫省瑾言者計可立決不復咨之於羣后也陛下以關羽之親何如先帝荊州大小孰與海內俱應仇疾誰當先後若審此數易於反掌矣時或言瑾別遣親人與劉備相聞權曰孤與子瑜有死生不易之誓子瑜之不負孤猶孤之不負子瑜也陸遜亦表明瑾必無此宜有以散其意權報曰子瑜與孤從事積

年恩如骨肉深相明究其爲人非道不行非義不言元德昔遣孔明至吳孤嘗語子瑜曰卿與孔明同產且弟之隨兄於義爲順何以不留孔明孔明若留從卿者孤當以書解元德意自隨人耳子瑜答孤言弟亮已失身於人委質定分義無二心亮之不留猶瑾之不往也其言足貫神明今豈當有此乎孤前得妄語文疏卽封示子瑜并手筆與子瑜卽得其報論天下君臣大節一定之分孤與子瑜可謂神交非外言所閒也知卿意至輒封來表以示子瑜使知卿意黃武元年遷左將軍督公安假節封宛陵侯虞翻以狂直流徙惟瑾屢爲之說翻與所親書曰諸葛敦仁則天活物比蒙清論有以保分惡積罪深見忌殷重雖有祈老之救德無羊舌解釋難冀也瑾爲人有容貌思度於時服其弘雅權甚重之每事使咨訪焉又別咨瑾曰近得伯言表以爲曹丕已死毒亂之民當望旌瓦解而更靜然聞皆選用忠良寬刑罰布恩惠薄賦省役以悅民心其患更深於曹操時孤以爲不然操之所行其惟殺伐小爲過差及離閒人骨肉以爲酷耳至於將御自古少有比之丕之於操萬不及也今叡之不如丕猶丕之不如操也其所以務崇小惠必以其父新死自度衰微恐困苦之民一朝崩沮故彊屈曲以求民心欲自安爾寍是興隆之漸邪聞任陳長文曹子丹輩或文人諸生或宗室戚臣寍能御雄才虎將以制天下乎夫威柄不專則其事乖錯如昔張耳陳餘非不敦睦至於秉勢自還相賊乃事理使然也又長文之徒昔所以能守善者以操笮其頭畏操威嚴故竭心盡意不敢爲非耳逮丕繼業年已長大承操之後以恩情加之用能感義今叡幼弱隨人東西此曹等輩必當因此弄巧行態阿黨比周各助所附如此之日奸讒並起更相陷懟轉成嫌貳自爾已往羣下爭利主幼不御其爲敗也焉得久乎所以知其然者自古至今安有四五人把持刑柄而不離刺轉相蹄齧者也彊當陵弱弱當求援此亂亡之道也子瑜卿但側耳聽之伯言常長於計校恐此一事小短也權稱尊號拜大將軍左都護領豫州牧及呂壹誅權又有詔責瑾等以不直言極諫瑾輒因事以答辭順理正時瑾爲吳大將軍而弟亮爲蜀丞相二子恪融皆典戎馬督領將帥族弟誕又顯名於魏一門三方並爲冠蓋天下榮之瑾才略雖不及弟而德行尤純妻死不更娶有所愛妾生子不舉其篤慎如此恪名盛當世權深器異之然瑾常嫌之謂非保家之子每以憂戚赤烏四年年六十八卒遺命令素棺斂以時服事從省約恪已自封侯故弟融襲爵攝兵業駐公安秋冬則射獵講武春夏則延賓高會休吏假卒或不遠千里而造焉融父兄質素雖在軍旅身無采飾而融錦罽文繡獨爲奢綺孫權薨徙奮威將軍後恪征淮南假融節令引軍入沔以擊西兵恪既誅遣無難督施寬就將軍施績孫壹全熙等取融融卒聞兵士至惶懼猶豫不能決計先是公安有靈鼉鳴童謠云白鼉鳴龜背平南郡城中可長生守死不去義無成及兵到圍城融刮金印龜服之而死三子皆伏誅恪自有傳

步騭字子山臨淮淮陰人也世亂避地江東單身窮困與廣陵衛旌同年相善俱以種瓜自給晝勤四體夜誦經傳會稽焦征羌郡之豪族征羌名矯嘗爲征羌令人客放縱騭與旌求食其地懼爲所侵乃共修刺奉瓜以獻征羌征羌方在內卧駐之移時旌欲委去騭曰本所以來畏其彊也而今舍去欲以爲高祇結怨矣良久征羌開牖見之身隱几坐帳中設席置地坐騭旌於牖外旌恥之騭神色自若征羌作食身享大案肴膳重沓以小盤飯與騭旌惟菜茹而已旌不能食騭極飯致飽乃辭出旌怒騭曰何能忍此騭曰吾等貧賤是以主人以貧賤遇之固其宜也當何所恥衛旌字子旗後官至尚書孫權爲討虜將軍召騭爲主記除海鹽長還辟車騎將軍東曹掾建安十五年出領鄱陽太守徙交州刺史立武中郎將領武射吏千人便道南行明年追拜使持節征南中郎將劉表所置蒼梧太守吳巨陰懷異心外附內違騭降意懷誘請與相見因斬徇之威聲大震士燮兄弟列在諸郡相率供命南土之賓自此始也益州大姓雍闓等殺蜀所署太守正昂與燮相聞求欲內附騭因承制遣使宣恩撫納由是加平戎將軍封廣信侯延康元年權遣呂岱代騭騭將交州義士萬人出長沙會劉備東下武陵蠻夷蠢動權逆命騭上益陽備既敗績而零桂諸郡猶相驚擾處處阻兵騭周旋征討皆平之黃武二年遷右將軍左護軍改封臨湘侯五年假節徙屯漚口權稱尊號拜驃騎將軍領冀州牧是歲都督西陵代陸遜撫二境頃以冀州在蜀分解牧職時權太子登在武昌愛人好善以書與騭求令薦士騭條于時事業在荆州界者諸葛瑾陸遜朱然程普潘濬裴玄夏侯承衛旌李肅周條石幹十一人甄別行狀因上疏獎勸太子使之拔任其後中書呂壹典校文書多所糾舉騭上疏言諸典校擿抉細微吹毛求瑕構陷大臣擅作威福爲國大害可一切罷省權亦覺悟遂誅呂壹騭前後薦達屈滯救解患難書數十上權不能悉納然時採

其言多蒙濟賴赤烏九年代陸遜爲丞相猶誨育門生手不釋書被服居處有同儒生然門內妻妾服飾奢綺頗以此見譏在西陵二十年鄰敵敬其威信性寬弘得眾喜怒不形於聲色而內外肅然十一年卒子協嗣統騭所領加撫軍將軍協卒子璣嗣侯協弟闡繼業爲西陵督加昭武將軍封西亭侯鳳皇元年召爲繞帳督闡累世在西陵卒被徵命自以失職又懼有讒禍於是據城降晉遣璣與弟璿詣洛陽爲任晉以闡爲都督西陵諸軍事衛將軍儀同三司侍中假節領交州牧封宜都公璣監江陵諸軍事左將軍加散騎常侍領廬陵太守改封江陵侯璿給事中宣威將軍封都鄉侯命車騎將軍羊祜荊州刺史楊肇往赴救闡孫皓使陸抗西行祜等遁退抗陷城斬闡等步氏泯滅惟璿紹祀

張紘字子綱廣陵人也少遊學京師入太學事博士韓宗治京氏易歐陽尚書又於外黃從濮陽闓受韓詩及禮記左氏春秋還本郡舉茂才公府辟皆不就避難江東值孫策創業遂委質焉表爲正議校尉紘與張昭並與參謀常令一人居守一人從征討建安四年策遣紘奉章至許宮留爲侍御史少府孔融等皆與親善曹公聞策薨欲因喪伐吳紘諫以爲乘人之喪既非古義若其不克成讐棄好不如因而厚之曹公從其言卽表權爲討虜將軍領會稽太守曹公欲令紘輔權內附出紘爲會稽東部都尉權初承統外難既多深懷憂懼每有異事密計及章表書記與四方交結常令紘與張昭草創撰作權於羣臣多呼其字唯呼張昭曰張公紘曰東部所以重二人也後權以紘爲長史從征合肥權率輕騎將往突敵紘諫曰夫兵者凶器戰者危事也今麾下恃盛壯之氣忽彊暴之虜三軍之眾莫不寒心雖斬將搴旗威震敵場此乃偏將之任非主將之宜也願麾下抑賁育之勇懷霸王之計權納紘言而止既還明年將復出軍紘又諫曰自古帝王受命之君雖有皇靈佐於上文德播於下亦賴武功以昭其勳然而貴於時動乃後爲威耳今麾下值四百之厄有扶危之功宜且隱息師徒廣開播殖任賢使能務崇寬惠順天命以行誅伐可不勞而定也於是遂止不行紘建計宜出都秣陵權從之令還吳迎家道病卒臨困授子靖留牋曰自古有國有家者咸欲修德政以比隆盛世至於其治多不馨香非無忠臣賢佐闇於治體也由主不勝其情弗能用耳夫人情憚難而趨易好同而惡異與治道相反傳曰從善如登從惡如崩言善之難也人君承奕世之基據自然之勢假八柄之威甘易同之歡無假取於人而忠臣挾難進之術吐逆耳之言其不合也不亦宜乎離則有釁巧辯緣間眩於小忠戀於恩愛賢愚雜錯長幼失敘其所由來情亂之也故明君悟之求賢如飢渴受諫而不厭抑情損欲以義割恩上無偏謬之授下無希冀之望宜加三思含垢藏疾以成仁覆之大時年六十卒權省書流涕紘著詩賦銘誄十餘篇又善楷篆爲世所貴子元官至南郡太守尚書元子尚孫皓時爲侍郎以言語辯捷見知擢爲侍中中書令皓使尚鼓琴尚對曰素不能勑使學之皓他日說琴之精妙尚因言晉平公使師曠作清角曠曰吾君德薄不足以聽之皓意謂尚諷己不說後積他事下獄皆追以此爲詰送建安作船久之又就加誅初紘與同郡秦松字文表陳端字子正並見待於孫策參與謀謨各早卒

嚴畯字曼才彭城人也少耽學善詩書三禮又好說文避亂江東與諸葛瑾步騭齊名友善性質直純厚其於人物忠告善道志存補益張昭進之於孫權權以爲騎都尉從事中郎及橫江將軍魯肅卒權以畯代肅督兵萬人鎮據陸口眾人咸爲畯喜畯前後固辭言臣樸素書生不閑軍事非才而據咎悔必至發言慷慨至于流涕權乃聽焉世嘉其能以實讓權爲吳王及稱尊號畯嘗爲衛尉後使至蜀蜀相諸葛亮深善之不畜祿賜皆散之親戚知故家常不充廣陵劉穎與畯有舊穎精學家巷權聞徵之以疾不就其弟略爲零陵太守卒官穎往赴喪權知其詐病急驛收錄畯亦馳語穎使還謝權權怒廢畯而穎得免罪久之以畯爲尚書令後卒時年七十八二子凱爽凱官至升平少府畯著孝經傳潮水論又與裴元張承論管仲季路皆傳於世元字彥黃下邳人也亦有學行官至太中大夫問子欽齊桓晉文夷惠四人優劣欽答所見與元相反覆各有文理欽與太子登遊處登每稱其翰采云

程秉字德樞汝南南頓人也逮事鄭元後避亂交州與劉熙考論大義遂博通五經士燮命爲長史權聞其名儒以禮徵秉既到拜太子太傅黃武四年權爲太子登聘周瑜女秉守太常迎妃於吳權親幸秉船深見優禮既還秉從容進說登曰婚姻人倫之始王化之基是以聖王重之所以率先眾庶風化天下故詩美關雎以爲稱首願太子尊禮教於閨房存周南之所詠則道化隆於上頌聲作於下矣登曰將順其美匡救其惡誠所賴於傅君也病卒官著周易摘尚書駮論語弼凡三萬餘言秉爲傅時率更令河南徵崇亦篤學立行云

闞澤字德潤會稽山陰人也家世農夫至澤好學居貧無資常爲人傭書以供紙筆所寫旣畢誦讀亦徧追思論講究覽羣籍兼通歷數由是顯名察孝廉除錢塘長遷郴令孫權爲驃騎將軍辟補西曹掾及稱尊號以爲尚書嘉禾中爲中書令加侍中赤烏五年拜太子太傅領中書如故澤以經傳文多難得盡用乃斟酌諸家刊約禮文及諸注疏以授二宮爲制行出入及見賓儀又著乾象歷注以正時日每朝廷大議經典所疑輒咨訪之以儒學勤勞封都鄉侯性謙恭篤愼宮府小吏呼召對問皆爲抗禮人有非短口未嘗及容貌似不足者然所闚少窮權嘗問書傳篇賦何者爲美澤欲諷喻以明治亂因對賈誼過秦論最善權覽讀焉初以呂壹奸罪發聞有司窮治奏以大辟或以爲宜加焚裂用彰元惡權以訪澤澤曰盛明之世不宜復有此刑權從之又諸官司有所患疾欲增重科防以檢御臣下澤每曰宜依禮律其和而有正皆此類也六年冬卒權痛惜感悼食不進者數日澤州里先輩丹陽唐固亦修身積學稱爲儒者著國語公羊穀梁傳注講授常數十人權爲吳王拜固議郎自陸遜張溫駱統等皆拜之黃武四年爲尚書僕射卒

薛綜字敬文沛郡竹邑人也少依族人避地交州從劉熙學士燮旣附孫權召綜爲五官中郎將除合浦交阯太守時交土始開刺史呂岱率師討伐綜與俱行越海南征及到九眞事畢還都守謁者僕射西使張奉於權前列尚書闞澤姓名以嘲澤澤不能答綜下行酒因勸酒曰蜀者何也有犬爲獨無犬爲蜀橫目句身虫入其腹奉曰不當復列君吳邪綜應聲曰無口爲天有口爲吳君臨萬邦天子之都於是衆坐喜笑而奉無以對其樞機敏捷皆此類也呂岱從交州召出綜懼繼岱者非其人上疏曰昔帝舜南巡卒於蒼梧秦置桂林南海象郡然則四國之內屬也有自來矣趙佗起番禺懷服百越之君珠官之南是也漢武帝誅呂嘉開九郡設交阯刺史以監鎭之山川長遠習俗不齊言語同異重譯乃通民如禽獸長幼無別椎結徒跣貫頭左袵長吏之設雖有若無自斯以來頗徙中國罪人雜居其閒稍使學書粗知言語使驛往來觀見禮化及後錫光爲交阯太守任延爲九眞太守乃教其耕犂使之冠履爲設媒官始知聘娶建立學校導之經義由此已降四百餘年頗有似類自臣昔客始至之時珠崖除州縣嫁娶皆須八月引戶人民集會之時男女自相可適乃爲夫妻父母不能止交阯糜泠九眞都龐二縣皆兄死弟妻其嫂世以此爲俗長吏恣聽不能禁制日南郡男女倮體不以爲羞由此言之可謂蟲豸有靦面目耳然而土廣人衆阻險毒害易以爲亂難使從治縣官羈縻示令威服田戶之租賦裁取供辦貴致遠珍明珠香藥象牙犀角瑇瑁珊瑚琉璃鸚鵡翡翠孔雀奇物充備寶玩不必仰其賦入以益中國也然在九甸之外長吏之選類不精覈漢時法寬多自放肆故數反違法珠崖之廢起於長吏覩其好髮髡取爲髲及臣所見南海黃蓋爲日南太守下車以供設不豐撾殺主簿仍見驅逐九眞太守儋萌爲妻父周京作主人并請大吏酒酣作樂功曹番歆起舞屬京京不肯起歆猶迫彊萌遂忿杖歆亡於郡內歆弟苗率衆攻府毒矢射萌萌至物故交阯太守士燮遣兵致討卒不能克又故刺史會稽朱符多以鄉人虞褒劉彥之徒分作長吏侵虐百姓彊賦於民黃魚一枚收稻一斛百姓怨叛山賊並出攻州突縣符走入海流離喪亡次得南陽張津與荊州牧劉表爲隙兵弱敵彊歲歲興軍諸將厭患去留自在津小檢攝威武不足爲所陵侮遂至殺沒後得零陵賴恭恭先輩仁謹不曉時事表又遣長沙吳巨爲蒼梧太守巨武夫輕悍不爲恭所服故相怨恨遂逐出恭求依步騭是時津故將夷廖錢博之徒尙多騭以次鉏治綱紀適定會仍召出呂岱旣至有士氏之變越軍南征平討之日改置長吏章明王綱威加萬里大小承風由此言之綏邊撫裔實有其人牧伯之任旣宜淸能荒要之表禍福尤甚今日交州雖名粗定尙有高涼宿賊其南海蒼梧鬱林珠官四郡境界未綏依作寇盜專爲亡叛逋逃之藪若岱不復南新刺史宜得精密檢攝八郡方略智計能稍稍以漸平治高涼者假其威寵借之形勢責其成效庶幾可補復如但中人僅守常法無奇數異術者則羣惡日滋久遠成害故國之安危在於所任不可不察也竊懼朝廷忽輕其選故敢竭愚情以廣聖思黃龍三年建昌侯慮爲鎭軍大將軍屯半州以綜爲長史外掌衆事內授書籍慮卒入守賊曹尙書遷尙書僕射時公孫淵降而復叛權盛怒欲自親征綜上疏諫曰夫帝王者萬國之元首天下之所繫命也是以居則重門擊柝以戒不虞行則淸道案節以養威嚴蓋所以存萬安之福鎭四海之心昔孔子疾時託乘桴浮海之語季由斯喜拒以無所取才漢元帝欲御樓船薛廣德請刎頸以血染車何則水火之險至危非帝王所宜涉也諺曰千金之子坐不垂堂況萬乘之尊乎今遼東戎貊小國無城池之固備禦之

術器械銖鈍犬羊無政往必禽克誠如明詔然其方土寒埆穀稼不殖民習鞍馬轉徙無常卒聞大軍之至自度不敵鳥驚獸駭長驅奔竄一人匹馬不可得而見雖獲空地守之無益此不可一也加又洪流滉瀁有成山之難海行無常風波難免倏忽之間人船異勢雖有堯舜之德智無所施賁育之勇力不得設此不可二也加以鬱霧冥其上鹹水蒸其下善生流腫轉相洿染凡行海者稀無斯患此不可三也天生神聖顯以符瑞當乘平喪亂康此民物嘉祥日集海內垂定逆虜凶虐滅亡在近中國一平遼東自斃但當拱手以待耳今乃違必然之圖尋至危之阻忽九州之固肆一朝之忿既非社稷之重計又開闢以來所未嘗有斯誠羣僚所以傾身側息食不甘味寢不安席者也唯陛下抑雷霆之威忍赫斯之怒遵乘橋之安遠履冰之險則臣子賴祉天下幸甚時羣臣多諫權遂不行正月乙未權敕綜祝祖不得用常文綜承詔卒造文義信辭粲爛權曰復爲兩頭使滿三也綜復再祝辭令皆新衆咸稱善赤烏三年還選曹尚書五年爲太子少傅領選職如故六年春卒凡所著詩賦難論數萬言名曰私載又定五宗圖述二京解皆傳於世子翊官至威南將軍征交趾還道病死翊弟瑩字道言初爲祕府中書郎孫休即位爲散騎中常侍數年以病去官孫皓初爲左執法遷選曹尚書及立太子又領少傅建衡三年皓追歎瑩父綜遺文且命瑩繼作瑩獻詩稱述祖父歸美朝廷辭義可採皓嘉之是歲何定建議鑿聖谿以通江淮皓令瑩督萬人往遂以多盤石難施功罷還出爲武昌左部督後定被誅皓追聖谿事下瑩獄徙廣州右國史華覈上疏曰臣聞五帝三王皆立史官敘錄功美垂之無窮漢時司馬遷班固咸命世大才所撰精妙與六經俱傳大吳受命建國南土大皇帝末年命太史令丁孚郎中令項峻始撰吳書孚峻俱非史才其所撰作不足紀錄至少帝時更差韋曜周昭薛瑩梁廣及臣五人訪求往事所共撰立備有本末昭廣先亡曜負恩蹈罪瑩出爲將復以過徙其書遂委滯迄今未撰奏臣愚淺才劣適可爲瑩等記注而已若使撰合必襲孚峻之跡懼墜大皇帝之元功損當世之盛美瑩涉學既博文章尤妙同僚之中瑩爲冠首今者見吏雖多經學記述之才如瑩者少是以慺慺爲國惜之實欲使卒垂成之功編於前史之末奏上之後退塡溝壑無所復恨皓遂召瑩還爲左國史頃之選曹尚書同郡繆禕以執意不移爲羣小所疾左遷衡陽太守既拜又追以職事見詰責拜表陳謝因過詣瑩復爲人所白云禕不懼罪多將賓客會聚瑩許乃收禕下獄徙桂陽瑩還廣州未至召瑩還復職是時法政多謬舉措煩苛瑩每上便宜陳緩刑簡役以濟育百姓事或施行遷光祿勳天紀四年晉軍征皓皓奉書於司馬伷王渾王濬請降其文瑩所造也瑩既至洛陽特先見敘爲散騎常侍答問處當皆有條理太康三年卒著書八篇名曰新議瑩子兼晉史有傳

周瑜字公瑾廬江舒人也從祖父景景子忠皆爲漢太尉父異洛陽令瑜長壯有姿貌初孫堅興義兵討董卓徙家於舒堅子策與瑜同年獨相友善瑜推道南大宅以舍策升堂拜母有無通共瑜從父尚爲丹陽太守瑜往省之會策將東渡到歷陽馳書報瑜瑜將兵迎策策大喜曰吾得卿諧也遂從攻橫江當利皆拔之乃渡擊秣陵破笮融薛禮轉下湖孰江乘進入曲阿劉繇奔走而策之衆已數萬矣因謂瑜曰吾以此衆取吳會平山越已足卿還鎭丹陽瑜還頃之袁術遣從弟允代尚爲太守而瑜與尚俱還壽春術欲以瑜爲將瑜觀術終無所成故求爲居巢長欲假塗東歸術聽之遂自居巢還吳是歲建安三年也策親自迎瑜授建威中郎將即與兵二千人騎五十匹瑜時年二十四吳中皆呼爲周郎以瑜恩信著於廬江出備牛渚後領春穀長頃之策欲取荊州以瑜爲中護軍領江夏太守從攻皖拔之時得橋公二女皆國色也策自納大橋瑜納小橋策從容戲瑜曰橋公二女雖流離得吾二人作壻亦足爲歡復進尋陽破劉勳討江夏還定豫章廬陵留瑜鎭巴丘五年策薨權統事瑜將兵赴喪因留吳以中護軍與長史張昭共掌衆事時曹操新破袁紹兵威甚盛七年下書責權任子權召羣臣會議張昭秦松等猶豫不能決權意不欲遣質乃獨將瑜入詣母前定議瑜曰昔楚國初封於荊山之側不滿百里之地繼嗣賢能廣土開境立基於郢遂據荊揚至於南海傳業延祚九百餘年今將軍承父兄餘資兼六郡之衆兵精糧多將士用命鑄山爲錢煑海爲鹽境內富饒人不思亂汎舟舉帆朝發夕到士風勁勇所向無敵有何逼迫而欲送質質一入不得不與曹氏相首尾與相首尾則命召不得不往如此受制於人極不過一侯印僕從十餘人車數乘馬數匹豈與南面稱孤同哉不如勿遣徐觀其變若曹氏能率義以正天下將軍事之未晚若圖爲暴亂兵猶火也弗戢將自焚將軍韜勇抗威以待天命何送質之有權母曰公瑾議是也公瑾與伯符同年小一月耳我視之如子

也汝其兄事之遂不送質十一年督孫瑜等討麻保二屯梟其渠帥囚俘萬餘口還備官亭江夏太守黃祖遣將鄧龍將兵數千人入柴桑瑜追討擊之生虜龍送吳十三年春權討江夏以瑜爲前部大督其年九月曹操入荆州劉琮舉眾降操得其水軍船步兵數十萬與權書言水步八十萬將東下將士聞之皆懼權大會羣臣問以計策張昭等議咸曰曹操豺虎也然託名漢相挾天子以征四方動以朝廷爲辭今日拒之事更不順且將軍大勢可以拒操者長江也今操得荆州奄有其地劉表所治水軍蒙衝鬬艦乃以千數操悉浮以沿江兼有步兵水陸俱下此爲長江之險已與我共之矣而勢力眾寡又不可論不如迎之爲愈瑜曰不然操雖託名漢相其實漢賊也將軍以雄武之姿仗父兄之烈割據江東地方數千里兵精足用英豪樂業尚當横行天下爲漢除殘去穢況操自送死而可迎之邪請爲將軍籌之今使北土已安操無內憂能曠日持久來爭疆埸又能與我校勝負於舟楫可乎今北土既未平安加馬超韓遂尚在關西爲操後患且捨鞍馬仗舟楫與吳越爭衡本非中國所長又今盛寒馬無槀草驅中國士眾遠涉江湖之間不習水土必生疾病此數四者用兵之患也而操皆冒行之將軍擒操宜在今日瑜請得精兵三萬進住夏口保爲將軍破之權曰老賊欲廢漢自立久已徒忌二袁呂布劉表與孤耳今數雄已滅唯孤尚存孤與老賊勢不兩立君言當擊甚與孤合此天以君授孤也因拔刀斫前奏案曰諸將吏敢復有言迎操者與此案同乃罷會是夜瑜復見權曰諸人徒見操書言水步八十萬而各恐懾不復料其虛實便開此議甚無謂

也今以實校之彼所將中國人不過十五六萬且軍已久疲所得表眾亦極七八萬耳尚懷狐疑夫以疲病之卒御狐疑之眾眾數雖多甚未足畏瑜得精兵五萬自足制之願將軍勿慮權撫其背曰公瑾卿言至此甚合孤心子布文表諸人各顧妻子挾持私慮深失所望獨卿與子敬與孤同耳此天以卿二人贊孤也五萬兵難卒合已選三萬人船糧戰具俱辦卿與子敬程公便在前發孤當續發人眾多載資糧爲卿後援卿能辦之者誠決邂逅不如意便還就孤孤當與孟德決之時劉備爲曹操所破欲引兵南渡與魯肅遇於當陽遂共圖計因進住夏口遣諸葛亮詣權權遂遣瑜及程普等與備并力逆曹操遇於赤壁時操軍眾已有疾病初一交戰操軍敗退引次江北瑜等在南岸瑜部將黃蓋曰今寇眾我寡難與持久然觀操軍方連船艦首尾相接可燒而走也乃取蒙衝鬬艦數十艘實以薪草灌膏油其中以帷幕覆之建龍幡牙旗於艦上先書報曹操欺以欲降又豫備走舸各繫大船後因引次俱前操軍吏士皆引頸觀望指言蓋降蓋放諸船同時發火風猛火烈悉延燒岸上營落頃之煙炎張天人馬燒溺死者甚眾操軍遂敗退還保南郡備與瑜等復共追操操留曹仁等守江陵城徑自北歸瑜與程普又進至南郡與仁相對各隔大江兵未交鋒瑜卽遣甘甯前據夷陵仁分兵騎別攻圍甯甯告急於瑜瑜用呂蒙計留凌統以守其後身與蒙上救甯甯圍既解乃渡屯北岸克期大戰瑜親跨馬擽陳會流矢中右脇瘡甚便還後仁聞瑜臥未起勒兵就陣瑜乃自興案行軍營激揚吏士仁由是遂退權拜瑜偏將軍領南郡太守以下雋漢昌劉陽州陵爲

奉邑屯據江陵劉備以左將軍領荆州牧治兵公安詣京見權瑜上疏曰劉備以梟雄之姿而有關羽張飛熊虎之將必非久屈爲人用者愚謂大計宜徙備置吳盛爲築宮室多其美女玩好以娛其耳目晉其智識分此二人各置一方使如瑜者得挾與攻戰大事可定也今猥割土地以資其業聚此三人俱在疆埸恐蛟龍得雲雨終非池中物也權以曹操在北方當廣擥英雄又恐備難卒制故不納是時劉璋爲益州牧外有張魯侵寇瑜乃詣京見權曰今曹操新折衄方憂在腹心未能與將軍連兵相事也乞與奮威俱進取蜀得蜀而并張魯因留奮威固守其地與馬超結援瑜還與將軍據襄陽以蹙操北方可圖也權許之瑜還江陵爲行裝而道於巴邱病卒時年三十六權素服發哀感慟左右喪當還吳又迎之蕪湖眾事費度一爲供給初瑜見友於策太妃又使權以兄奉之是時權位爲將軍諸將賓客爲禮尚簡而瑜獨先盡敬便執臣節瑜性度恢廓大率爲得人唯與程普不睦普頗以年長陵侮瑜瑜折節容下終不與校普後自敬服而親重之乃告人曰與周公瑾交若飲醇醪不覺自醉也始曹操聞瑜年少有美才謂可遊說動也乃密下揚州遣九江蔣幹往見瑜幹有儀容以才辯見稱獨步江淮之閒莫與爲對乃布衣葛巾自託私行詣瑜瑜出迎之立謂幹曰子翼良苦遠涉江湖爲曹氏說客邪幹曰吾與足下州里中閒別隔遥聞芳烈故來敘闊并觀雅規而云說客無乃逆詐乎瑜曰吾雖不及夔曠聞弦賞音足知雅曲也因延幹入爲設酒食畢遣之曰適吾有密事且出就館事了別自相請後三日瑜請幹與周觀營中行視倉庫軍資器材訖還飲

宴示之侍者服飾珍玩之物因謂幹曰丈夫處世遇知己之主外託君臣之義內結骨肉之恩言行計從禍福共之假使蘇張更生酈叟復出猶撫其背而折其辭豈足下幼生所能移乎幹但笑終無所言幹還稱瑜雅量高致非言辭所間中州之士亦以此多之劉備之自京還也權乘飛雲大船與張昭秦松魯肅等十餘人共追送之大宴會敘別昭肅等先出權獨留與備語備因言次歎瑜曰公瑾文武籌略萬人之英顧其器量廣大恐不久爲人臣耳瑜之破曹操也操曰孤不羞走後書與權曰赤壁之役値有疾病孤燒船自退橫使周瑜虛獲此名瑜威聲遠著故備與操咸欲疑譖之後權稱尊號謂公卿曰孤非周公瑾不帝矣瑜少精意於音樂雖三爵之後其有闕誤瑜必知之知之必顧故時人謠曰曲有誤周郎顧瑜兩男一女女配太子登男循尚公主拜騎都尉有瑜風早卒循弟允初拜興業都尉妻以宗女授兵千人屯公安黃龍元年封都鄉侯後以罪徙廬陵郡赤烏二年諸葛瑾步騭連名上疏列瑜勳績謂宜褒顯其後乞匄允餘罪還兵復爵以勸來者權尚未許會朱然及全琮亦俱陳乞權乃許之會允病死瑜兄子峻亦以瑜元功爲偏將軍領吏士千人峻卒全琮表峻子護爲將權曰昔走曹操拓有荊州皆是公瑾常不忘之初聞峻亡仍欲用護聞護性行危險用之適爲作禍故便止之孤念公瑾豈有已乎

魯肅字子敬臨淮東城人也生而失父與祖母居家富於財性好施與多賑窮弊肅體貌魁奇少有壯節好爲奇計時天下已亂乃學擊劍騎射招聚少年摽賣田宅給其衣食往來南山中射獵陰相部勒講武習兵父老咸曰魯氏世衰乃生此狂兒周瑜爲居巢長將數百人故過候肅并求資糧肅家有二囷米各三千斛肅乃指一囷與瑜瑜益知其奇也遂相親結定僑札之分袁術聞其名就署東城長肅見術無綱紀不足立事故不應命乃令其屬曰中國失綱寇賊暴橫淮泗閒非遺種之地吾聞江東沃野萬里國富兵彊可以避害寧肯相隨俱至樂土以觀時變乎其屬皆從命乃使細弱在前彊壯在後男女三百餘人行州追騎至肅等徐行勒兵持滿謂之曰卿等丈夫當解大數今日天下兵亂有功不賞有過無罰何爲相偪乎又自植盾引弓射之矢皆洞貫騎既嘉肅言且度不能制乃相率還肅南到居巢就周瑜瑜之東渡因與同行留家曲阿會祖母亡還葬東城劉子揚與肅友善遺肅書曰方今天下豪傑並起吾子姿才尤宜今日急還迎老母無事滯於東城近鄭寶者今在巢湖擁眾萬餘處地肥饒廬江閒人多依就之況吾徒乎觀其形勢又可博集時不可失足下速之肅答然其計葬畢還曲阿欲北行會瑜已徙肅母到吳肅具以狀語瑜時孫策已薨權尚住吳瑜謂肅曰昔馬援答光武云當今之世非但君擇臣臣亦擇君今吾之主人親賢貴士納奇錄異且吾聞先哲秘論承運代劉氏者必興於東南推步事勢當其歷數終構帝基以協天符正烈士攀龍附鳳馳騖之秋吾方達此足下不須以子揚之言介意也肅從其言瑜因薦肅才宜佐時當廣求其比以成功業不可令去也權即召肅與語甚悅之眾賓罷退肅亦辭出權乃獨引肅還合榻對飲因密議曰今漢室傾危四方雲擾孤承父兄遺業思有桓文之功君既惠顧何以佐之肅對曰昔高帝區區欲尊事義帝而不獲者以項羽爲害也今之曹操猶昔項羽將軍何由得爲桓文乎肅竊料之漢室不可復興曹操不可卒除爲將軍計唯有鼎足江東以觀天下之釁規模如此亦自無嫌何者北方誠多務也因其多務勦除黃祖進伐劉表亙長江所極據而有之然後建號帝王以圖天下此高帝之業也權曰今盡力一方冀以輔漢耳此言非所及也張昭非肅謙下不足頗訾毀之云肅年少麤疎未可用權不以介意益貴重之賜肅母衣服幃帳居處雜物富擬其舊及劉表死肅進說曰荊楚與國鄰接水流順北外帶江漢內阻山陵有金城之固沃野萬里士民殷富若據而有之此帝王之資也今表新亡二子素不輯睦軍中諸將各有彼此加劉備天下梟雄與操有隙寄寓於表表惡其能而不能用也若備與彼協心上下齊同則宜撫安與結盟好如有違離宜別圖之以濟大事肅請得奉命弔表二子并慰勞其軍中用事者及說備使撫表眾同心一意共圖曹操備必喜而從命如其克諧天下可定也今不速往恐爲操所先權即遣肅行到夏口聞曹操已向荊州晨夜兼道比至南郡而表子琮已降曹操備惶遽奔走欲南渡江肅徑迎之到當陽長阪與備會宣騰權旨及陳江東彊固勸備與權并力備甚歡悅時諸葛亮與備相隨肅謂亮曰我子瑜友也即共定交備遂到夏口遣亮使權肅亦返命會權得曹操欲東之問與諸將議皆勸權迎之而肅獨不言權起更衣肅追于宇下權知其意執肅手曰卿欲何言肅對曰向察眾人之議專欲誤將軍不足與圖大事今肅可迎操耳如將軍不可也何以言之今肅迎操操當以肅還付鄉黨品其名位猶不失下曹從事乘犢車

從吏卒交遊士林累官故不失州郡也將軍迎操欲安所歸乎願早定大計莫用衆人之議也權歎息曰諸人持議甚失孤望今卿廓開大計正與孤同此天以卿賜我也時周瑜受使至鄱陽肅勸追召瑜還遂任瑜以行事以肅爲贊軍校尉助畫方略及曹操破走肅即先還權大請諸將迎肅肅將入閤拜權起迎而禮之因謂曰子敬孤持鞍下馬相迎足以顯卿未肅趨進曰未也衆人聞之無不愕然就坐徐舉鞭言曰願至尊威德加乎四海總括九州克成帝業更以安車輭輪徵肅始當顯耳權撫掌大笑後備詣京見權求都督荊州惟肅勸權借之共拒曹操操聞權以土地業備方作書落筆於地周瑜病困上疏曰當今天下方有事役是瑜乃心夙夜所憂願至尊先慮未然然後康樂今既與曹操爲敵劉備近在公安邊境密邇百姓未附宜得良將以鎮撫之魯肅智略足任乞以代瑜瑜殞踣之日所懷盡矣即拜肅奮武校尉代瑜領兵瑜士衆四千餘人奉邑四縣皆屬焉令程普領南郡太守肅初住江陵後下屯陸口威恩大行衆增萬餘人拜漢昌太守偏將軍十九年孫權破皖城轉橫江將軍先是益州牧劉璋綱維頹弛周瑜甘寧並勸權取蜀權以咨備備內欲自規乃僞報曰備與璋託爲宗室冀憑威靈以匡漢朝今璋得罪左右備獨竦懼非所敢聞願加寬貸若不獲請備當被髮歸於山林後備西圖璋留關羽守江陵權曰猾虜乃敢挾詐及羽與肅鄰界數生狐疑疆埸紛錯肅常以歡好撫之備既定益州權求長沙零桂備不承旨權遣呂蒙率衆進取備聞之自還公安遣羽爭三郡肅住益陽與羽相拒肅邀羽相見各駐兵馬百步上但諸將軍單刀俱會肅因數責羽羽曰烏林之役左將軍身在行間寢不脫介戮力破魏豈得徒勞無一塊壤而足下來欲收地邪肅曰不然始與豫州覲於長阪豫州之衆不當一校計窮慮極志摧勢弱圖欲遠竄主上矜愍豫州之身無有處所不愛土地士民之力使有所庇廕以濟其患而豫州私獨飾情愆德隳好今已藉手於西州矣又欲翦并荊土斯蓋凡夫所不忍行而況整頓人物之主乎肅聞貪而棄義必爲禍階吾子屬當重任不能明道處分以義輔時而負恃弱衆以圖力爭師曲爲老將何獲濟羽無以答備遂割湘水爲界於是罷軍肅至鎮卒實建安二十二年也年四十六權爲舉哀又臨其葬諸葛亮亦爲發哀及權稱尊號臨壇顧謂公卿曰昔魯子敬嘗道此可謂明於事勢矣肅遺腹子淑既壯濡須督張承謂終當遠到至永安中爲昭武將軍都亭侯武昌督建衡中假節遷夏口督所在嚴整有方幹鳳皇三年卒子睦襲爵領兵馬

呂蒙字子明汝南富陂人也少南渡依姊夫鄧當當爲孫策將數討山越蒙年十五六竊隨當擊賊當顧見大驚呵叱不能禁止歸以告蒙母母恚欲罰之蒙曰貧賤難可居脫誤有功富貴可致且不探虎穴焉得虎子母哀而舍之時當職吏以蒙年少輕之曰孺子何能爲此欲以肉餧虎耳他日與蒙會又嗤辱之蒙大怒引刀刺之出走逃于邑子鄭長家因校尉袁雄自首雄承閒爲言於孫策策召見奇之引置左右數年鄧當死張昭薦蒙代當拜別部司馬權統事料諸小將兵少而用薄者欲并合之蒙陰賒貰爲兵作絳衣行縢及簡日陳列赫然兵人練習權見之大悅增其兵從討丹陽所向有功拜平北都尉領廣德長從征黃祖祖令都督陳就逆以水軍出戰蒙勒前鋒親梟就首將士乘勝進攻其城祖聞就死委城走兵追禽之權曰事之克由陳就先獲也以蒙爲橫野中郎將賜錢千萬是歲又與周瑜程普等西破曹操於烏林圍曹仁於南郡益州將襲肅舉軍來附瑜表以肅軍益蒙蒙盛稱肅有膽用且慕化遠來於義宜益不宜奪也權善其言還肅兵瑜使甘寧前據夷陵曹仁分衆圍寧寧困急使使請救諸將以兵少不足分蒙謂瑜普曰留淩公績蒙與君行解圍釋急勢亦不久蒙保公績能十日守也又說瑜分遣三百人柴斷險道賊走可得其馬瑜從之軍到夷陵即日交戰所殺過半敵夜遁去行遇柴道騎皆舍馬步走兵追蹙擊獲馬三百匹方船載還於是將士形勢百倍乃渡江立屯與相攻擊曹仁退走遂據南郡撫定荊州還拜偏將軍領尋陽令魯肅代周瑜當之陸口過蒙屯下肅意尚輕蒙或說肅曰呂將軍功名日盛不可以故意待也君宜顧之遂往詣蒙酒酣蒙問肅曰君受重任與關羽爲鄰將何計略以備不虞肅造次應曰臨時施宜蒙曰今東西雖爲一家而關羽實熊虎也計安可不豫定因爲肅畫五策肅於是越席就之撫其背曰呂子明吾謂大弟但有武略耳至於今者學識英博非復吳下阿蒙蒙曰士別三日即更刮目相待大兄今論何一稱穰侯乎肅遂拜蒙母結友而別初權謂蒙及蔣欽曰卿今並當塗掌事宜學問以自開益蒙曰軍中常苦多務不容復讀書權曰孤豈欲卿治經爲博士邪但當令涉獵見往事耳卿言多務孰若孤孤少時歷覽詩書禮記左傳國語唯不讀易至統事以來省三史諸家兵書自以爲大有所

益如卿二人意性朗悟學必得之盍當不爲乎宜急讀孫子六韜左傳國語及三史孔子言終日不食終夜不寢以思無益不如學也光武當兵馬之務手不釋卷孟德亦自謂老而好學卿何獨不自勉勗邪蒙始就學篤志不倦其所覽見舊儒不勝權後嘗歎曰人長而進益如呂蒙蔣欽蓋不可及也時蒙與成當宋定徐顧屯次比近三將死子弟幼弱權悉以兵并蒙蒙固辭陳啟顧等皆勤勞國事子弟雖小不可廢也書三上權乃聽蒙於是又爲擇師使輔導之其操心率如此魏使廬江謝奇爲蘄春典農屯皖田數爲邊寇蒙使人誘之不從則伺隙襲擊之奇遂退縮其部伍孫子才宋豪等皆攜負老弱詣蒙降後從權拒曹操於濡須數進奇計又勸權夾水口立塢諸將皆曰上岸擊賊洗足入船何用塢爲蒙曰兵有利鈍戰無百勝如有邂逅敵步騎蹙人不暇及水其得入船乎權曰善乃作塢曹操不能下而退遂使朱光爲廬江太守屯皖大開稻田又令閒人招誘鄱陽賊帥使作內應蒙曰皖田肥美若一收熟彼衆必增如是數歲操態見矣宜早除之乃具陳其狀於是權親征皖引見諸將問以計策諸將皆勸作土山添攻具蒙趨進曰治攻具及土山必歷日乃成城備既修外救必至不可圖也且乘雨水以入若留經日水必向盡還道艱難蒙竊危之今觀此城不能甚固以三軍銳氣四面並攻不移時可拔及水以歸全勝之道也權從之蒙薦甘甯爲升城督督攻在前蒙以精銳繼之侵晨進攻蒙手執枹鼓士卒皆騰踊自升食時破之旣而張遼至夾石聞城已拔乃退權嘉其功卽拜廬江太守所得人馬皆分與之別賜尋陽屯田六百戶官屬三十人蒙還尋陽未期而廬陵賊起諸將討擊不能禽權曰鷙鳥累百不如一鶚復令蒙討之蒙至誅其首惡餘皆悉放復爲平民是時劉備令關羽鎭守專有荆土權命蒙西取長沙零桂三郡蒙移書二郡望風歸服唯零陵太守郝普城守不降而備自蜀親至公安遣羽爭三郡權時住陸口使魯肅將萬人屯益陽拒羽而飛書召蒙使捨零陵急還助肅初蒙旣定長沙當之零陵過酃載南陽鄧元之元之者郝普之舊也欲令誘普反被書當還蒙祕之夜召諸將授以方略晨當攻城顧謂元之曰郝子太聞世閒有忠義事亦欲爲之而不知時也左將軍在漢中爲夏侯淵所圍關羽在南郡今至尊身自臨之近者破樊本屯救酃逆爲孫規所破此皆目前之事君所親見也彼方首尾倒縣救死不給豈有餘力復營此哉今吾士卒精銳人思致命至尊遣兵相繼於道今子太以旦夕之命待不可望之救猶牛蹄中魚冀賴江漢其不可恃亦明矣若子太必能一士卒之心保孤城之守尚能稽延旦夕以待所歸者可也今吾計力度慮而以攻此曾不移日而城必破城破之後身死何益於事而令百歲老母戴白受誅豈不痛哉度此家不得外問謂援可恃故至於此耳君可見之爲陳禍福元之見普具宣蒙意普懼而聽之元之先出報蒙普尋後當至蒙豫勑四將各選百人普出便入守城門須臾普出蒙迎執其手與俱下船語畢出書示之因拊手大笑普見書知備在公安而羽在益陽慙恨入地蒙留孫河委以後事卽日引軍赴益陽劉備請盟權乃歸普等割湘水爲界以零陵還之以尋陽陽新爲蒙奉邑師還遂征合肥旣徹兵爲張遼等所襲蒙與凌統以死扞衛後曹操又大出濡須權以蒙爲督據前所立塢置強弩萬張於其上以拒曹操操前鋒屯未就蒙發弩攻破之操引退拜蒙左護軍虎威將軍魯肅卒蒙遂西屯陸口肅軍人馬萬餘盡以屬焉又拜漢昌太守食下雋劉陽漢昌州陵與關羽分土接境知羽驍雄有并兼心且居國上流其勢難久初魯肅等以爲曹操尚存禍難始構宜相輔協與之同仇不可失也蒙乃密陳計策曰今征虜守南郡潘璋住白帝蔣欽將游兵萬人循江上下應敵所在蒙爲國家前據襄陽如此何憂於操何賴於羽且羽君臣矜其詐力所在反覆不可以腹心待也今羽所以未便東向者以至尊聖明蒙等尚存也今不於彊壯時圖之一旦僵仆欲復陳力其可得邪權深納其策又聊復與論取徐州意蒙對曰今操遠在河北新破諸袁撫集幽冀未暇東顧徐土守兵聞不足言往自可克然地勢陸通驍騎所騁至尊今日得徐州操後旬必來爭雖以七八萬人守之猶當懷憂不如取羽全據長江形勢益張權尤以此言爲當及蒙代肅初至陸口外倍修恩厚與羽結好後羽討樊留兵將備公安南郡蒙上疏曰羽討樊而多留備兵必恐蒙圖其後故也蒙常有病乞分士衆還建業以治疾爲名羽聞之必撤備兵盡赴襄陽大軍浮江晝夜馳上襲其空虛則南郡可下而羽可禽也遂稱疾篤權乃露檄召蒙還陰與圖計羽果信之稍撤兵以赴樊魏使于禁救樊羽盡禽禁等人馬數萬託以糧乏擅取湘關米權聞之遂行先遣蒙在前蒙至尋陽盡伏其精兵𦨴𦪇中使白衣搖櫓作商賈人服晝夜兼行至羽所置江邊屯候盡收縛之是故羽不聞知遂到南郡士仁麋芳先與羽有隙皆降蒙入據城盡得羽及將士家

勵皆撫慰之約令軍中不得干歷人家有所求取蒙麾下士是汝南人取民家一笠以覆官鎧官鎧雖公蒙猶以爲犯軍令不可以鄉里故而廢軍法遂垂涕斬之於是軍中震慄道不拾遺蒙旦暮使親近存恤耆老問所不足疾病者給醫藥飢寒者賜衣糧城中大悅羽府藏財寶皆封閉以待權至羽還在道路數使人與蒙相聞蒙輒厚遇其使周游城中家家致問或手書示信羽人還私相參訊咸知家門無恙見待過於平時故羽吏士無鬭心會權尋至羽自知孤窮乃走麥城西至漳鄉衆皆委羽而降權使朱然潘璋斷其徑路羽父子俱禽荆州遂定權大會於公安以蒙爲南郡太守封孱陵侯乃增給步騎鼓吹勅選虎威將軍官屬并南郡廬江二郡威儀拜畢還營兵馬導從前後鼓吹光曜于路仍賜錢一億黃金五百斤蒙固辭金錢權不許封爵未下會蒙疾發權時在公安迎置內殿所以治護者萬方募封內有能愈蒙疾者賜千金時有鍼加權爲之慘戚欲數見其顏色又恐其勞動常穿壁瞻之見小能下食則喜顧左右言笑不然則咄唶夜不能寐病中瘳爲下赦令羣臣畢賀後更增篤權自臨視命道士於星辰下爲之請命時年四十二遂卒於內殿權哀痛甚爲之降損蒙未死時所得金寶諸賜盡付府藏勅主者命絕之日皆上還喪事務約權聞之益以悲感蒙少不修書傳每陳大事常口占爲牋疏嘗以部曲事爲江夏太守蔡遺所白蒙無恨意及豫章太守顧邵卒權問所用蒙因薦遺奉職佳吏權笑曰君欲爲祁奚邪於是用之甘寧麤暴好殺旣嘗失蒙意又時違權令權怒之蒙輒陳請云天下未定鬭將如寧難得宜容忍之權遂厚寧卒得其用蒙子霸襲爵與守冢三百家復田五十頃霸卒兄琮襲侯琮卒弟睦嗣孫權與陸遜論周瑜魯肅及蒙曰公瑾雄烈膽略兼人遂破孟德開拓荆州邈焉難繼君今繼之公瑾昔要子敬來東致達於孤孤與宴語便及大略帝王之業此一快也後孟德因獲劉琮之勢張言方率數十萬衆水步俱下孤普請諸將咨問所宜無適先對至子布文表俱言宜遣使脩檄迎之子敬卽駮言不可勸孤急呼公瑾付任以衆逆而擊之此二快也且其決計策意出蘇張遠矣後雖勸吾借元德地是其一短不足以損其二長也周公不求備於一人故孤忘其短而貴其長常以比方鄧禹也又子明少時孤謂不辭劇易果敢有膽而已及身長大學問開益籌略奇至可以次於公瑾但言議英發不及之耳圖取關羽勝於子敬子敬答孤書云帝王之起皆有驅除羽不足忌此子敬內不能辦外爲大言耳孤亦恕之不苟責也然其作軍屯營不失令行禁止部界無廢負路無拾遺其法亦美也

程普字德謀右北平土垠人也初爲州郡吏有容貌計略善於應對從孫堅征伐討黃巾於宛鄧破董卓於陽人攻城野戰身被創夷堅薨復隨策在淮南從攻廬江拔之還俱東渡策到橫江當利破張英于麋等轉下秣陵湖孰句容曲阿普皆有功增兵二千騎五十匹進破烏程石木波門陵傳餘杭普功爲多策入會稽以普爲吳郡都尉治錢唐後徙丹陽都尉居石城復討宣城涇安吳陵陽春穀諸賊皆破之策嘗攻祖郎大爲所圍普與一騎共蔽扞策驅馬疾呼以矛突賊賊披靡策因隨出後拜盪寇中郎將領零陵太守從討劉勳於尋陽進攻黃祖於沙羨還鎭石城策薨與張昭等共輔孫權遂周旋三郡平討不服又從征江夏還過豫章別討樂安樂安平定代太史慈備海昏與周瑜爲左右督破曹公於烏林又進攻南郡走曹仁拜裨將軍領江夏太守治沙羨食四縣先出諸將普最年長人皆呼程公性好施與喜士大夫周瑜卒代領南郡太守權分荆州與劉備普復還領江夏遷盪寇將軍卒權稱尊號追論普功封子咨爲亭侯

黃蓋字公覆零陵泉陵人也少孤貧常以負薪餘閑學書疏講兵事初爲郡吏察孝廉辟公府孫堅舉義兵蓋從征伐堅南破山賊北走董卓拜蓋爲別部司馬堅薨蓋隨策及權擐甲周旋蹈刃屠城諸山越不賓有寇難之縣輒用蓋爲守長石城縣吏特難檢御蓋乃署兩掾分主諸曹教曰令長不德徒以武功爲官不以文吏爲稱今寇賊未平有軍旅之務一以文書委付兩掾當檢攝諸曹糾擿謬誤兩掾所署事入諾出若有姦欺終不加以鞭杖各宜盡心無爲衆先初皆怖威夙夜恭職久之吏以蓋不視文書漸容人事蓋亦嫌外懈怠時有所省各得兩掾不奉法數事乃悉請諸掾吏賜酒食因出事詰問兩掾辭屈皆叩頭謝罪蓋曰前已相勅不以鞭杖相加非相欺也遂殺之縣中震慄後轉春穀長尋陽令凡守九縣所在平定遷丹陽都尉抑彊扶弱山越懷附蓋姿貌嚴毅善於養衆每所征討士卒皆爭先爲用建安中隨周瑜攻曹操於赤壁建策火攻語在瑜傳拜武鋒中郎將武陵蠻夷反亂攻破城邑乃以蓋領太守時郡兵才五百人蓋自以不敵因開城門賊半入乃擊之斬首數百餘皆奔走盡歸邑落誅討魁帥其附從者赦之自春訖夏寇亂盡平諸幽邃巴醴由誕邑侯君長

皆敃操易節奉禮請見郡境遂淸後長沙益陽縣爲山賊所攻蓋又平討之加偏將軍病卒官蓋當官决斷事無留滯國人思之及權踐阼追論其功賜子柄爵關內侯

韓當字義公遼西令支人也以便弓馬有膂力幸於孫堅從征伐周旋數犯危難陷敵擒虜爲別部司馬及孫策東渡從討三郡遷先登校尉授兵二千騎五十匹從征劉勳破黄祖還討鄱陽領樂安長山越畏服後以中郎將與周瑜等拒破曹操又與呂蒙襲取南郡遷偏將軍領永昌大守宜都之役與陸遜朱然等共攻蜀軍於涿鄉大破之徙威烈將軍封都亭侯曹眞攻南郡當保東南在外爲帥厲將士同心固守又敬望督司奉遵法令權善之黄武二年封石城侯遷昭武將軍領冠軍太守後又加都督之號將敢死及解煩兵萬人討丹陽賊破之會病卒子綜襲侯領兵其年權征石陽以綜有憂使守武昌而綜淫亂不軌權雖以父故不問綜內懷懼載父喪將母家屬部曲男女數千人奔魏魏以爲將軍封廣陽侯數犯邊境殺害人民權常切齒之東與之役綜爲前鋒軍敗身死諸葛恪斬送其首以白權廟

蔣欽字公奕九江壽春人也孫策之襲袁術欽隨從給事及策東渡拜別部司馬授兵與策周旋平定三郡又從定豫章調授葛陽尉歷三縣長討平盜賊遷西部都尉會稽妖賊呂合秦狼等爲亂欽將兵討擊遂禽合狼五縣平定徙討越中郞將以涇拘昭陽爲奉邑賀齊討黝賊欽督萬兵與齊并力黝賊平定從征合肥魏將張遼襲權於津北欽力戰有功遷盪寇將軍領濡須督後召還都拜津右護軍典領辭訟權嘗入其堂內見欽母練帳縹被妻妾布裙權歎其在貴守約卽敕御府爲母作錦被改易帷帳妻妾衣服悉皆錦繡初欽屯宣城嘗討豫章賊蕪湖令徐盛收錄屯吏表斬之權以欽在遠不許盛由是自嫌於欽曹操出濡須欽與呂蒙持諸軍節度盛常畏欽因事害己而欽每稱其善盛旣服德論者美焉權討關羽欽督水軍入沔還道病卒權素服舉哀以蕪湖民二百戶田二百頃給欽妻子子壹封宣城侯領兵拒劉備有功還赴南郡與魏交戰臨陣卒壹無子弟休領兵後有罪失業

周泰字幼平九江下蔡人也與蔣欽俱隨孫策爲左右服事恭敬數戰有功策入會稽署別部司馬授兵權愛其爲人請以自給策討六縣山賊權住宣城使士自衞不能千人意尙忽略不治圍落而山賊數千人卒至權始得上馬而賊鋒刃已交於左右或斫權中馬鞍衆莫能自定唯泰奮激投身衞權膽氣倍人左右由泰並能就戰賊旣解散身被十二創良久乃蘇是日無泰權幾危殆策深德之補春穀長從攻皖及討江夏還過豫章復補宜春長所在皆食其征賦從討黄祖有功復與周瑜程普拒曹操於赤壁攻曹仁於南郡荆州平定將兵屯岑曹操出濡須泰復赴擊操退留督濡須拜平虜將軍時朱然徐盛等皆在所部以泰寒門並不伏權特爲案行至濡須塢因會諸將大爲酣樂權自行酒到泰前命解衣權手自指其創痕問以所起泰輒記昔戰鬭處以對畢使復服權把其臂因流涕字之曰幼平卿爲孤兄弟戰如熊虎不惜軀命被創數十膚如刻畫孤亦何心不待卿以骨肉之恩委卿以兵馬之重乎復命坐歡讌極夜其明日遣使者授以御蓋於是盛等乃伏後權破關羽欲進圖蜀拜泰漢中太守奮威將軍封陵陽侯黄武中卒子邵以騎都尉領兵曹仁出濡須邵戰有功又從破曹休進位裨將軍黄龍二年卒弟承領兵襲侯

陳武字子烈廬江松滋人也孫策在壽春武往修謁時年十八長七尺八寸因從渡江征討有功拜別部司馬策破劉勳多得廬江人料其精銳乃以武爲督所向無前及權統事轉督五校武仁厚好施鄉里遠方客多依託之尤爲權所親愛數至其家累有功勞進位偏將軍建安二十年從擊合肥奮命戰死權哀之命以其愛妾殉葬自臨其葬復客二百家子修有武風年十九權召見奬厲拜別部司馬授兵五百人時諸將新兵多有逃叛而修撫循得意不失一人權奇之拜爲校尉建安末追錄功臣後封修都亭侯爲解煩督黄龍元年卒弟表字文與武庶子也少知名與諸葛恪顧譚張休等並侍東宮皆共親友尙書曁豔亦與表善後豔遇罪時人咸自營護信厚言薄表獨不然士以此重之徙太子中庶子拜翼正都尉兄修亡後表母不肯事修母表謂其母曰兄不幸早亡表統家事當奉嫡母母若能爲表屈情承順嫡母者是至願也若母不能直當出別居耳表於大義公正如此由是二母感悟雍穆表以父死敵場求用爲將領兵五百人表欲得戰士之力傾意接待士皆愛附樂爲用命時有盜官物者疑無難士施明明素壯悍收拷極毒唯死無辭廷尉以聞權以表能得健兒心詔以明付表使自以意求其情實表便破械沐浴易其衣服厚設酒食歡以誘之明乃首服具列支黨表以狀聞權深奇之欲全其名特爲赦明而誅其黨遷表爲無難右部督封都亭侯以繼舊爵表皆陳讓乞以傳修子

延權不許嘉禾三年諸葛恪領丹陽太守討平山越以表領新安都尉與恪參勢初表所受賜復人得二百家在會稽新安縣表簡視其人皆堪好兵乃上疏陳讓乞以還官充足精銳詔曰先將軍有功於國國家以此報之卿何得辭焉表乃稱曰今除國賊報父之仇以人爲本空枉此勁銳以爲僮僕非表志也皆輒料取以充部伍所在以聞權甚嘉之下郡縣料正戶羸民以補其處表在官三年廣開降納得兵萬餘人事捷當出會鄱陽民吳遽等爲亂攻没城郭屬縣搖動表便越界赴討遽以破敗遂降陸遜拜表偏將軍進封都鄉侯北屯章阬年三十四卒家財盡於養士死之日妻子露立太子登爲起屋宅子敖年十七拜別部司馬授兵四百人敖卒修子延復爲司馬代敖延弟永將軍封侯始施明感表自變行爲善遂成健將致位將軍

董襲字元代會稽餘姚人也身長八尺武力過人孫策入郡襲迎於高遷亭策見而偉之到署門下賊曹時山陰宿賊黃龍羅周勃聚黨數千人策自出討襲身斬羅勃首還拜別部司馬授兵數千遷揚武都尉從策攻皖又討劉勳於尋陽伐黃祖於江夏策薨權年少初統事太妃憂之引見張昭及襲問江東可保安否襲對曰江東之勢有山川之固而討逆明府恩德在民討虜承基大小用命張昭秉衆事襲等爲爪牙此地利人和之時也萬無所憂衆皆壯其言鄱陽賊彭虎等衆數萬人爲亂襲與淩統步騭蔣欽各別分討襲所向輒破虎等望見襲旌旗便散走旬日盡平拜威越校尉遷偏將軍建安十三年從權討黃祖祖橫兩蒙衝挾守沔口以栟櫚大紲繫石爲矴上有千人以弩交射飛矢雨下軍不得前襲與淩統俱爲前部各將敢死百人人被兩鎧乘大舸船突入蒙衝裏襲身以刀斷兩紲蒙衝乃橫流大兵遂進祖便開門走兵追斬之明日大會權舉觴屬襲曰今日之會斷紲之功也後曹操出濡須襲從權赴之權使襲督五樓船住濡須口夜卒暴風五樓船傾覆左右散走小舸乞使襲出襲怒曰受將軍任在此備賊何等委去也敢復言此者斬於是莫敢干其船其夜船敗襲死權改服臨殯供給甚厚

甘寧字興霸巴郡臨江人也少有氣力好遊俠招合輕薄少年爲之渠帥羣聚相隨挾持弓弩負毦帶鈴民聞鈴聲即知是寧其出入也步則陳車騎水則連輕舟侍從被文繡所往光道路住止常以繒錦維舟去或割棄以示奢也人與相逢及屬城長吏接待隆厚者乃與交歡不爾即放縱所將奪其資貨於長吏界中有所賊害作其發負至二十餘年止不攻劫頗讀諸子乃將僮客八百人往依劉表因居南陽表儒人不習軍事時諸英豪並起寧觀表事勢終必無成恐一朝土崩并受其禍欲東入吳黃祖在夏口軍不得過乃留依祖三年不禮之孫權討祖祖軍敗奔走追兵急寧以善射將兵在後射殺權校尉淩操祖既得免軍罷還營待寧如初祖都督蘇飛數薦寧祖不用令人化誘其客客稍亡寧欲去恐不獲免獨憂悶不知所出飛知其意乃要寧爲之置酒謂曰吾薦子者數矣主不能用日月逾邁人生幾何宜自遠圖庶遇知己寧良久乃曰雖有其志未知所由飛曰吾欲白子爲邾長於是去就孰與臨阪轉丸乎寧曰幸甚飛白祖聽寧之縣寧遂招懷亡客并義從者得數百人與歸吳周瑜呂蒙並薦於孫權權加異之同於舊臣寧陳計曰今漢祚日微曹操彌憍終爲篡盜南荆之地山陵形便江川流通誠是國之西勢也寧已觀劉表慮既不遠兒子又劣非能承業傳基者也至尊宜早規之不可後操圖之圖之之計宜先取黃祖祖今年老昏耄已甚財穀並乏左右欺弄務於貨利侵求吏士吏士心怨舟船戰具頓廢不修怠於耕農軍無法伍至尊今往其破可必一破祖軍鼓行而西西據楚關大勢彌廣即可漸規巴蜀權深納之張昭在坐難曰吳下業業若軍果行恐必致亂寧謂昭曰國家以蕭何之任付君君居守而憂亂奚以希慕古人乎權舉酒屬寧曰興霸今年行討如此酒矣決以付卿卿當勉建方略令必克祖則卿之功何嫌張長史之言乎權遂西行果禽祖盡獲其士衆遂授寧兵屯當口權之破祖也先作兩函欲以盛祖及蘇飛首飛令人告急於寧寧曰飛若不言吾豈忘之權爲諸將置酒寧下席叩頭血涕交流爲權言飛疇昔舊恩寧不值飛固已捐骸於溝壑不得致命於麾下今飛罪當夷戮特從將軍乞其首領權感其言謂曰今爲君置之若走去何寧曰飛免分裂之禍受更生之恩逐之尚必不走豈圖亡哉若爾寧頭當代入函權乃赦之寧後隨周瑜拒破曹操於烏林攻曹仁於南郡未拔寧建計先徑取夷陵往即得其城因入守之時手下有數百兵并所新得僅滿千人曹仁乃令五六千人圍寧寧受攻累日敵設高樓雨射城中士衆皆懼唯寧談笑自若遣使報瑜瑜用呂蒙計帥諸將解圍後隨魯肅鎮益陽拒關羽羽號有三萬人自選精銳五千人授縣上流十餘里淺瀨云欲夜涉渡肅與諸將議寧時有三百兵乃曰可復以五百人益吾吾往對之保羽聞

吾咳唾不敢涉水涉水卽爲吾禽肅便選千兵益甯甯乃夜往羽聞之不敢渡而結柴營今遂名此處爲關羽瀨權嘉甯功拜西陵太守領陽新下雉兩縣後從攻皖爲升城督甯手持練身緣城爲士卒先卒破獲朱光計功呂蒙爲最甯次之拜折衝將軍後曹操出濡須號四十萬衆臨江飲馬權率衆七萬應之使甯領三千人爲前部督權密勅甯出斫敵前營特賜美酒衆殽甯乃料賜手下百餘人食食畢甯先以銀盌酌酒自飲兩盌乃酌與其都督都督伏不肯時持甯引白削置膝上呵謂之曰卿見知於至尊孰與甘甯甘甯尚不惜死卿何以獨惜死乎都督見甯色厲卽起拜持酒次通酌兵各一銀盌至二更時銜枚出徑詣曹操營拔鹿角踰壘入營斬數十級北軍驚駭鼓譟舉火如星甯已還入營作鼓吹稱萬歲因夜見權權喜曰足以驚駭老賊不然無以觀卿膽耳卽賜絹千匹刀百口權曰孟德有張遼孤有興霸足相敵也停住月餘北軍遂退自是權益貴重甯增兵二千人甯雖麤猛好殺然開爽有計略輕財敬士能厚養健兒健兒亦樂爲用命建安二十年從攻合肥會疾疫軍旅皆已引出唯車下虎士千餘人并呂蒙蔣欽淩統及甯從權逍遙津北張遼覘望知之卽將步騎奄至甯引兵射敵與統等死戰甯厲聲問鼓吹何以不作壯氣毅然權尤嘉之淩統怨甯殺其父操甯常備統不與相見權亦命統不得讐之嘗於呂蒙舍會酒酣統乃以刀舞甯起曰甯能雙戟舞蒙曰甯雖能未若蒙之巧也因操刀持楯以身分之後權知統意乃令甯將兵徙屯半州甯廚下兒嘗有過走投呂蒙蒙恐甯殺之故不卽還後甯齎禮禮蒙母臨當與升堂乃出廚下兒還甯甯許蒙不殺斯須還船縛置桑樹自挽弓射殺之畢勅船人更增舸纜解衣卧船中蒙大怒擊鼓會兵欲就船攻甯甯聞之故卧不起蒙母徒跣出諫蒙曰至尊待汝如骨肉屬汝以大事何有以私怒而欲攻殺甘甯甯死之日縱至尊不問汝是爲臣下非法蒙素至孝聞母言卽豁然意釋自至甯船笑呼之曰興霸老母待卿食急上甯涕泣歔欷曰負卿與蒙俱還見母歡宴竟日甯卒權痛悼之子瓌以罪徙會稽無幾死

淩統字公績吳郡餘杭人也父操輕俠有膽氣孫策初興每從征伐常冠軍履鋒守永平長平治山越奸猾歛手遷破賊校尉及權統事從討江夏入夏口先登破其前鋒輕舟獨進爲甘甯射死統年十五左右多稱述者權亦以操死國事拜統別部司馬行破賊都尉使攝父兵後從擊山賊權破保屯先還餘麻屯萬人統與督張異等留攻圍之克日當攻先期統與督陳勤會飲酒勤剛勇任氣因督祭酒陵轢一坐舉罰不以其道統疾其侮慢面折不爲用勤怒詈統及其父操統流涕不荅衆因罷出勤乘酒凶悖又於道路辱統統不忍引刀斫殺勤數日乃死及當攻屯統曰非死無以謝罪乃率厲士卒身當矢石所攻一面應時破壞斬首千餘其屯遂降還自拘於軍正權壯其果毅使得以功贖罪後權復征江夏統爲前鋒與所厚健兒數十人共乘一船常去大兵數十里行入右江斬黃祖將張碩盡獲船人還以白權引軍兼道水陸並集時呂蒙敗其水軍而統先搏其城於是大獲權以統爲承烈都尉後與周瑜等拒破曹操於烏林遂攻曹仁遷爲校尉雖在軍旅親賢接士輕財重義有國士之風又從破皖拜盪寇中郎將領沛相與呂蒙等西取三郡反自益陽從征合肥爲右部督時權撤軍前部已發魏將張遼等奄至津北權使追還前兵兵去已遠勢不相及統率親近三百人陷圍扶扞權出敵已毁橋橋之屬者兩板權策馬驅馳統復還戰左右盡死身亦被創所殺數十人度權已免乃還橋敗路絕被甲潛行權旣御船見之驚喜統痛親近無反者悲不自勝權引袂拭之謂曰公績亡者已矣苟使卿在何患無人權遂留統於船盡易其衣服其創賴得卓氏良藥故得不死拜偏將軍倍給本兵時有薦同郡盛暹於權者以爲梗槩大節有過於統權曰且令如統足矣後召暹夜至時統已卧聞之攝衣出門執其手以入其愛善不害如此統以山中人尚多壯悍可以威恩誘也權令東占且討之命勅屬城凡統所求皆先給後聞統素愛士士亦慕焉得精兵萬餘人過本縣步入寺門見長吏懷手版恭敬盡禮親舊故人恩意益隆事畢當出會病卒時年四十九權聞之拊牀起坐哀不能自止數日減膳言及流涕使張承爲作銘誄二子烈封年各數歲權內養於宮愛待與諸子同賓客進見呼示之曰此吾虎子也及八九歲令葛光教之讀書十日一令乘馬及長追錄統功封烈亭侯還其故兵後烈有罪封復襲爵領兵

徐盛字文嚮琅邪莒人也遭亂客居吳以勇氣聞孫權統事以爲別部司馬授兵五百人守柴桑長拒黃祖祖子射嘗率數千人下攻盛盛時吏士不滿二百與相拒擊傷射吏士千餘人已乃開門出戰大破之射遂絕跡不復爲寇權以爲校尉蕪湖令復討臨城南阿山賊有功徙中郎將督校兵曹操出濡須從權禦之魏嘗大出

橫江盛與諸將俱赴討時乘蒙衝遇迅風船落敵岸下諸將恐懼未有出者盛獨將兵上突斫敵敵披靡退走有所殺傷風止便還權大壯之及權爲魏稱藩魏使邢貞拜權爲吳王權出都亭候貞貞有驕色張昭既怒而盛忿憤顧謂同列曰盛等不能奮身出命爲國家并許洛吞巴蜀而令吾君與貞盟不亦辱乎因涕泣橫流貞聞之曰江東將相如此非久下人者也後遷建武將軍封都亭侯領廬江太守賜臨成縣爲奉邑劉備次西陵盛攻取諸屯所向有功曹休出洞口盛與呂範全琮渡江拒守遭大風船人多喪盛收餘兵與休夾江休使兵將就船攻盛盛以少禦多敵不能克各引軍退遷安東將軍封蕪湖侯後魏文帝大出有渡江之志盛建計從建業築圍作薄落圍上設假樓江中浮船諸將以爲無益盛不聽固立之文帝到廣陵望圍愕然彌漫數百里而江水盛長歎曰魏雖有武騎千羣無所用也便引軍退諸將乃服黃武中卒子楷襲爵領兵

潘璋字文珪東郡發干人也孫權爲陽羨長始往隨權性博蕩嗜酒居貧好賒酤債家至門輒言後豪富當還權奇愛之因使召募得百餘人遂以爲將討山賊有功署別部司馬後爲吳大市刺姦盜賊斷絕由是知名遷豫章西安長劉表在荊州民數被寇自璋在事寇不入境比縣建昌起爲賊亂轉領建昌加武猛校尉討治惡民旬月盡平召合遺散得八百人將還建業合肥之役張遼奄至諸將不備陳武鬬死宋謙徐盛皆披走璋身次在後便馳進橫馬斬謙盛兵走者二人兵皆還戰權甚壯之拜偏將軍遂領百校屯半州權征關羽璋與朱然斷羽走道到臨沮住夾石璋部下司馬馬忠禽羽并羽子平都督趙累等權卽分宜都至秭歸二縣爲固陵郡拜璋爲太守振威將軍封溧陽侯甘寧卒又并其軍劉備出夷陵璋與陸遜并力拒之璋部下督斬備護軍馮習等所殺傷甚衆拜平北將軍襄陽太守魏將夏侯尚圍南郡分前部三萬人作浮橋渡百里洲上時諸葛瑾楊粲並會兵赴救未知所出而魏兵日渡不絕璋曰魏勢始盛江水又淺未可與戰便將所領到魏軍上流五十里伐葦數百萬束縛作大筏欲順流放火燒敗浮橋作筏適畢伺水長當下尚便引退璋下備陸口權稱尊號拜右將軍璋爲人麤猛禁令肅然好立功勳所領兵馬不過數千而其所在常如萬人征伐止頓便立軍市他軍所無皆仰取足然性奢侈末年彌甚服物僭擬吏兵富者或殺取其財物數不奉法監司舉奏權惜其功而輒原不問嘉禾三年卒子平以無行徙會稽璋妻居建業賜田宅復客五十家

丁奉字承淵廬江安豐人也少以驍勇爲小將屬甘寧陸遜潘璋等數隨征伐戰鬬常冠軍每斬將搴旗身被創夷稍遷偏將軍封都亭侯魏遣諸葛誕胡遵等攻東興諸葛恪率軍拒之諸將皆曰敵聞太傅自來上岸必遁走奉獨曰不然彼動其境內悉許洛兵大舉而來必有成規豈虛還哉無恃敵之不至恃吾有以勝之及恪上岸奉與將軍唐咨呂據留贊等俱從山西上奉曰今諸軍行遲若敵據便地則難與爭鋒矣乃辟諸軍使下道帥麾下三千人徑進時北風奉舉帆二日至遂據徐塘天寒雪甚諸將置酒高會奉見其前部兵少相謂曰取封侯爵賞正在今日乃使兵解鎧著胄持短兵敵人從而笑焉不爲設備奉縱兵斫之大破敵前屯會據等至魏軍遂潰遷滅寇將軍進封都亭侯魏將文欽來降以奉爲虎威將軍從孫峻至壽春迎之與敵追軍戰於高亭奉跨馬持矛突入其陣中斬首數百獲其軍器進封安豐侯太平二年魏大將諸葛誕據壽春來降魏人圍之遣朱異唐咨等往救復使奉與黎斐解圍奉爲先登屯於黎漿力戰有功拜左將軍孫休卽位休與張布謀欲誅孫綝布曰丁奉雖不能吏書而計略過人能斷大事休召奉謂曰綝秉國威將圖不軌欲與將軍誅之奉曰丞相兄弟支黨甚盛恐人心不同不可卒制可因臘會有陛下兵以誅之也休納其計因會請綝奉與張布目左右斬之遷大將軍加左右都護永安二年假節領徐州牧六年魏伐蜀奉率諸軍向壽春爲救蜀之勢蜀亡軍還休薨奉與丞相濮陽興從萬彧之言共迎立孫皓遷右大司馬左軍師寶鼎三年皓命奉與諸葛靚攻合肥奉與晉大將石苞書構而間之苞以徵還建衡元年奉復率衆治徐塘因攻晉穀陽穀陽民知之引去奉無所獲皓怒斬奉導軍三年奉卒而有功漸以驕矜或有毀之者皓追以前出軍事徙奉家於臨川奉弟封官至後將軍先奉死

通志卷一百十九

宋右迪功郎鄭樵漁仲撰

列傳第三十三

吳

朱治　朱然子績　呂範子據　朱桓子異　虞翻　陸績　張溫　駱統　陸瑁　吾粲　朱據　陸遜子抗　賀齊
全琮　呂岱　周魴　鍾離牧　潘濬　陸凱弟允子禕　是儀　胡綜　徐詳　諸葛恪　滕允　濮陽興
王蕃　樓元　賀邵　韋昭　華覈　李衡　孟宗　鄭泉　紀陟

朱治字君理丹陽故鄣人也初爲縣吏後察孝廉州辟從事隨孫堅征伐中平五年拜司馬從討長沙零桂等三郡賊周朝蘇馬等有功堅表治行都尉從破董卓於陽人入洛陽表治行督軍校尉特將步騎東助徐州牧陶謙討黃巾會堅薨治扶翼策依就袁術後知術政德不立乃勸策還平江東時太傅馬日磾在壽春辟治爲掾遷吳郡都尉是時吳景已在丹陽而策爲術攻廬江於是劉繇恐爲袁術所并遂成嫌隙而策家門盡在州下治乃使人於曲阿迎太妃及權兄弟所以供奉輔護甚有恩紀治從錢唐欲進到吳吳郡太守許貢拒之於由拳治與戰大破之貢南就山賊嚴白虎治遂入郡領太守事策既走劉繇東定會稽權時年十五治舉爲孝廉後策薨治與張昭等共尊奉權建安七年權表治爲九真太守行扶義將軍割婁由拳無錫毗陵爲奉邑置長吏征討夷越佐定東南禽截黃巾餘類敗陳萬秉等黃武元年封毗陵侯領郡如故二年拜安國將軍金印紫綬徙封故鄣權歷位上將及爲吳王治每進見權常親迎執版交拜享宴贈賜恩敬特隆至從行吏皆得奉贄私覿其見異如此初權弟翊性峻急喜怒快意治數責諭以道義權從兄豫章太守賁女爲曹操子婦及曹操破荊州威震南土賁畏懼欲遣子入質治聞之求往見賁爲陳安危賁由此遂止權常歎治憂勤王事性儉約雖在富貴車服唯供事權優異之自令督軍御史典屬城文書治領四縣租稅而已權公族子弟及吳四姓多出仕郡吏常以千數治率數年一遣詣王府所遣數百人每歲時獻御權答報過厚是時丹陽深地頗有姦叛治亦以年向老思戀土風自表屯故鄣鎮撫山越諸父老故人莫不詣門治皆引進與共飲宴鄉黨以爲榮在故鄣歲餘還吳黃武三年卒在郡三十一年年六十九子才素爲校尉領兵既嗣父爵遷偏將軍才弟紀權以策女妻之亦以校尉領兵紀弟緯萬歲皆早夭才子琬襲爵爲將至鎮西將軍

朱然字義封治姊子也本姓施氏初治未有子然年十三乃啟策乞爲嗣策命丹陽郡以羊酒召然然到吳策優以禮賀然嘗與權同書學結恩愛至權統事以然爲餘姚長時年十九後遷山陰令加折衝校尉督五縣權奇其能分丹陽爲臨川郡以然爲太守授兵二千人會山賊盛起然平討旬月而定曹操出濡須然備大塢及三關屯拜偏將軍建安二十四年從討關羽別與潘璋到臨沮禽羽遷昭武將軍封西安鄉侯虎威將軍呂蒙病篤權問曰卿如不起誰可代者蒙對曰朱然膽守有餘愚以爲可任蒙卒權假然節鎮江陵黃武元年劉備舉兵攻宜都然督五千人與陸遜并力拒備然別攻破備前鋒斷其後道備遂破走拜征北將軍封永安侯魏遣曹眞夏侯尚張郃等攻江陵魏文帝自住宛爲其勢援連屯圍城權遣將軍孫盛督萬人備州上立圍塢爲然外救郃渡兵攻盛盛不能拒卽時卻退郃據州上圍守然中外斷絕權遣潘璋楊粲等解圍而圍不解時然城中多腫病堪戰者裁五千人眞等起土山鑿地道立樓櫓臨城弓矢雨注將士皆失色然晏如而無恐意方厲吏士伺間隙攻破兩屯魏攻圍然凡六月日未退江陵令姚泰領兵備城北門見外兵盛城中人少穀食欲盡因與賊交通謀爲內應垂發事覺然治戮泰尚等不能克乃徹攻退還由是然名震於敵國改封當陽侯六年權自率衆攻石陽及至旋師潘璋斷後夜出錯亂敵追擊璋璋不能禁然卽還住拒敵使前船得引極遠徐乃後發黃龍元年拜車騎將軍右護軍領兗州牧頃之以兗州在蜀分解牧職嘉禾三年權與蜀克期大舉權自向新城然與全琮各受斧鉞爲左右督會吏士疾病故未攻而退赤烏五年征柤中魏將蒲忠胡質各將數千人忠要遮險隘圖斷然後質爲忠繼援時然所督兵將先四出聞問不暇收合便將帳下見兵八百人逆掩忠戰不利質等皆退九年復征柤中魏將李興等聞然深入率步騎六千斷然後道然夜出逆擊破之先是歸義馬茂懷姦覺誅權深忿之然臨行上疏曰馬茂小子敢負恩養臣今奉天威事蒙克捷欲令所獲震耀遠近方舟塞江使足可觀以解上下之忿唯陛下識臣先言責成後效權時抑表不出然既獻捷羣臣上賀權乃舉酒作樂而出然表曰此家初有表孤以爲難必今果如其言可謂明於見事也遣使拜然爲左大司馬右軍師然長不盈七尺氣候分明內行修潔其所文采唯施軍

器餘皆質素終日欽欽常在戰場臨急膽定尤過絕人雖世無事每朝夕嚴鼓兵在營者咸行裝就隊以此玩敵使不知所備故出輒有功諸葛瑾子融步騭子協雖各襲任權特復使然總爲大督又陸遜亦本功臣名將存者唯然莫與比隆然寢疾二年後漸增篤權晝爲減膳夜爲不寐中使醫藥口食之物相望於道然每遣使表疾病消息權輒召見口自問訊入賜酒食出送布帛自創業功臣疾病權意之所鍾呂蒙淩統最重然其次矣年六十八赤烏十二年卒權素服舉哀爲之感慟子績嗣績字公緒以父任爲郎後拜建忠都尉叔父才卒績領其兵隨太常潘濬討五谿以膽力稱遷偏將軍營下督領盜賊事持法不傾魯王霸注意交績嘗至其廨就之坐欲與結好績下地住立辭而不當然卒績襲業拜平魏將軍樂鄉督明年魏征南將軍王昶率眾攻江陵城不克而退績欲追之與奮威將軍諸葛融書求兵後繼融答與績績便引兵及昶於紀南紀南去城三十里績先戰勝而融不進績後失利權深嘉績盛責怒融融兄大將軍恪貴重故融得不廢初績與恪融不平及此事變爲隙益甚建興元年遷鎮東將軍二年春恪救新城要績并力而留置半州使融兼其任冬恪融被害績復還樂鄉假節太平二年拜驃騎將軍孫綝秉政大臣疑貳績恐吳必擾亂而中國乘釁乃密書結蜀使爲并兼之慮蜀遣右將軍閻宇將兵五千增白帝之守以須績後命永安初遷上大將軍都督自巴丘上迄西陵元興元年就拜左大司馬初然爲治行喪竟乞復本姓權不許績以五鳳中表還爲施氏建衡二年卒

呂範字子衡汝南細陽人也少爲縣吏有容觀姿貌邑人劉氏家富女美範求之女母嫌欲勿與劉氏曰觀呂子衡寧當久貧者邪遂與之爲婚後避亂壽春孫策見而異之範遂自委昵將私客百人歸策時太妃在江都策遣範迎之徐州牧陶謙謂範爲袁氏覘候諷縣掠考範範親客健兒篡取以歸時唯範與孫河從策跋涉辛苦危難不避策亦以親戚待之每與升堂飲宴於太妃前後從策攻破廬江還俱東渡到橫江當利破張英于麋下以丹陽湖熟領湖熟相策定秣陵曲阿收笮融劉繇餘眾增範兵二千騎五十匹後領宛陵令討破丹陽賊還吳遷都督策嘗從容獨與範碁範曰今將軍事業日大士眾日盛範在遠聞綱紀猶有不整者範願暫領都督佐將軍部分之策曰子衡卿既士大夫加手下已有大眾立功於外豈宜復屈小職知軍中細碎事乎範曰不然今捨本土而託將軍者非爲妻子也欲濟世務猶同舟涉海一事不牢卽俱受其敗此亦範計非但將軍也策笑無以答範出便釋褠著袴褶執鞭詣閤下啟事自稱領都督策乃授傳委以眾事由是軍中整肅威令大行時下邳陳瑀自號吳郡太守住海西與彊族嚴白虎交通策自將討虎別遣範與徐逸攻瑀於西島斬其大將陳牧又從攻祖郎於陵陽太史慈於勇里七縣平定拜征虜中郎將從征江夏還平鄱陽策薨奔喪于吳後權復征江夏範與張昭留守曹操至赤壁與周瑜等俱拒破之拜裨將軍領彭澤太守以彭澤柴桑歷陽爲奉邑劉備嘗詣京見權範密請留備不許後還平南將軍屯柴桑權討關羽過範館謂曰昔早從卿言無此勞也今當上取之卿爲我守建業權破羽還都武昌拜範建威將軍封宛陵侯領丹陽太守治建業督扶州以下至海轉以溧陽懷安寧國爲奉邑曹休張遼臧霸等來伐範督徐盛全琮孫韶等以舟師拒休等於洞口遷前將軍假節改封南昌侯時遭大風船人覆溺死者數千還軍拜揚州牧性好威儀州民如陸遜全琮及貴公子皆修敬虔肅不敢輕脫其居處服飾於時奢靡然勤事奉法故權悅其忠不怪其侈人有白範與賀齊車服奢麗僭擬王者權曰昔管仲踰禮齊公優而容之無損於霸今子衡公苗身無夷吾之失但其器械精好舟車嚴整耳此適足作軍容何損於治哉告者乃不敢復言初策使範典主財計權時年少私從有求範必關白不敢專許當時以此見望權守陽羨長有所私用策或料覆功曹周谷輒爲傅著簿書使無譴問權臨時悅之及後統事以範忠誠厚見信任以谷能欺更簿書不用也黃武七年遷大司馬印綬未下病卒權素服臨哀遣使者追贈印綬及還都建業權過範墓呼曰子衡言及流涕祀以太牢範長子先卒次子據嗣據字世議以父任爲郎後範寢疾拜副軍校尉佐領軍事範卒遷安軍中郎將數討山賊諸深惡劇地所擊皆破隨太常潘濬討五谿復有功朱然攻樊據與朱異破城外圍還拜偏將軍入補馬閑右部督遷越騎校尉太元元年大風江水溢流漸淹城門權使視水獨見據使人取大船以備害權嘉之拜盪魏將軍權寢疾以據爲太子右部督太子卽位拜右將軍魏出東興據赴討有功明年孫峻殺諸葛恪遷據爲驃騎將軍平西宮事五鳳二年假節與峻等襲壽春還遇魏將曹珍破之於高亭太平元年帥師侵魏未及淮聞峻死以從弟綝自代據大怒引軍還欲廢綝綝聞之使中書奉詔詔文欽劉纂唐咨等使取據

又遣從兄慮以都下兵逆據於江都左右勸據降魏據曰恥爲叛臣遂自殺夷三族

朱桓字休穆吳郡吳人也孫權爲將軍桓給事幕府除餘姚長往遇疫癘穀食荒貴桓分部良吏躬親醫藥餐粥相繼士民感戴之遷盪寇校尉授兵二千人使部伍吳會二郡鳩合遺散期年之閒得萬餘人後丹陽鄱陽山賊蜂起攻没城郭殺略長吏處處屯聚桓督領諸將周旋赴討應皆平定稍遷裨將軍封新城亭侯後代周泰爲濡須督黃武元年魏使大司馬曹仁步騎數萬向濡須仁欲以兵襲取州上僞先揚聲欲東攻羨溪桓分兵將赴羡溪既發卒得仁進軍距濡須七十里閒桓遣使追還羨溪兵兵未到而仁奄至時桓手下及所部兵在者五千人諸將業業各有懼心桓喻之曰凡兩軍交對勝負在將不在衆寡諸君聞曹仁用兵行師孰與桓邪兵法所以稱客倍而主人半者謂俱在平原無城池之守又謂士衆勇怯齊等故耳今仁既非智勇加其士卒甚怯又千里步涉人馬罷困桓與諸軍共據高城南臨大江北背山陵以逸待勞爲主制客此百戰百勝之勢也雖曹丕自來尚不足憂況仁等邪桓因偃旗鼓外示虛弱以誘致仁仁果遣其子泰攻濡須城分遣將軍常雕督諸葛虔王雙等乘油船别襲中洲中洲者部曲妻子所在也仁自將萬人留橐皋復爲泰等後拒桓步兵將攻取油船或别擊雕等桓身自拒泰泰燒營而退遂梟雕生虜雙送武昌臨陣斬首及溺死者千餘權嘉桓功封嘉興侯遷奮武將軍領彭城相黃武七年鄱陽太守周魴譎誘魏大司馬曹休休將步騎十萬至皖城以迎魴時陸遜爲元帥全琮與桓爲左右督各督三萬人擊休休知見欺當引軍還自負衆盛邀於一戰桓進計曰休本以親戚見任非智勇名將也今戰必敗敗必走走當由夾石挂車此兩道皆險阨若以萬兵柴路則彼衆可盡而休可生虜臣請將所部以斷之若蒙天威得以休自效便可乘勝長驅進取壽春割有淮南以規許洛此萬世一時不可失也權先與陸遜議以爲不可故計不施行黃龍元年拜桓前將軍領青州牧假節嘉禾六年魏廬江主簿呂習請大兵自迎欲開門爲應桓與衛將軍全琮俱以師迎既至事露軍當引還城外有溪水去城一里所廣三十餘丈深者八九尺淺者半之諸軍勒兵渡去桓自斷後時廬江太守李膺整嚴兵騎欲須諸軍半渡因迫擊之及見桓節蓋在後卒不敢出其見憚如此是時全琮爲督權又令偏將軍胡綜宣傳詔命參與軍事琮以軍出無獲議欲部分諸將有所掩襲桓氣素高恥見部伍乃往見琮問行意感激發怒與琮校計琮欲自解因曰上自令胡綜爲督綜意以爲宜爾桓愈恚還乃使人呼綜綜至軍門桓出迎之顧謂左右曰我縱手汝等各自去有一人旁出語綜使還桓出不見綜知左右所爲因斫殺之桓佐軍進諫桓復刺殺佐軍遂託狂發詣建業治病權惜其功能故不罪使子異攝領部曲令醫視護數月復遣還軍權自出祖送謂曰今寇虜尚存王塗未一孤當與君共定天下欲令君督五萬人專當一面以圖進取想君疾未復發也桓曰天授陛下聖姿當君臨四海猥重任臣以除姦逆臣疾當自愈桓性護前恥爲人下每臨敵交戰節度不得自由輒嗔恚憤激然輕財貴義兼以彊識與人一面數十年不忘部曲萬口妻子盡識之愛養吏士贍護六親俸祿產業皆與共分及桓疾困舉營憂戚年六十二赤烏元年卒吏士男女無不號慕又家無餘財權賜鹽五千斛以周喪事子異嗣異字季文以父任除郎後拜騎都尉代桓領兵赤烏四年隨朱然攻魏樊城建計破其外圍還拜偏將軍魏廬江太守文欽營住六安多設屯砦置諸道要以招誘亡叛爲邊寇害異乃身率其手下二千人掩破欽七屯斬首數百遷揚武將軍權與論攻戰辭對稱意權謂異從父驃騎將軍據曰本知季文膽及見之復過所聞十三年文欽詐降密書與異欲令自迎異表呈欽書因陳其僞不可便迎權詔曰方今北土未一欽云欲歸命宜且迎之若嫌其有譎者但當設計網以羅之盛重兵以防之耳乃遣呂據督二萬人與異并力至北界欽果不降建興元年遷鎮南將軍是歲魏遣胡遵諸葛誕等出東興異督水軍攻浮梁壞之魏軍大破太平二年假節爲大都督救壽春圍不解還軍爲孫綝所枉害

虞翻字仲翔會稽餘姚人也少好學有高氣年十二客有候其兄者不過翻翻追與書曰僕聞虎魄不取腐芥磁石不受曲鍼過而不存不亦宜乎客得書奇之由是見稱太守王朗命爲功曹孫策征會稽翻時遭父喪縗經詣府門朗欲就之翻乃脫縗入見勸朗避策朗不能用拒戰敗績亡走浮海翻追隨營護到東部候官候官長閉城不受翻往說之然後見納朗謂翻曰卿有老母可以還矣翻既歸策復命爲功曹待以交友之禮身詣翻第策好馳騁游獵翻諫曰明府用烏集之衆驅散附之士皆得其死力雖漢高帝不及也至於輕出微行從官不暇嚴吏卒嘗苦之夫君人者不重則不威故白龍

魚服困於豫且白蛇自放劉季害之願少留意策曰君言是也然時有所思端坐悒悒有裨諶草創之計是以行耳翻從討黃祖旋軍策欲過取豫章特謂翻語曰華子魚自有名字然非吾敵也加聞其戰具甚少若不開門讓城金鼓一震不得無所傷害卿便在前具宣孤意翻乃往見華歆曰竊聞明府與鄙郡王府君齊名中州海內所宗僕雖在東垂常懷瞻仰歆曰孤不如王會稽也翻復曰不審豫章資糧器仗士民勇果孰與鄙郡歆曰大不如也翻曰明府言不如王會稽謙光之　耳精兵不如會稽實如尊教孫討逆智略超世用兵如神前定劉揚州君所親見南走鄙郡亦君所聞也今欲守孤城資糧不足不早爲計悔無及也今大軍已次椒邱明日日中迎檄不至者與君辭耳歆乃夜作檄明旦遣使齎迎策便進軍歆葛巾奉迎策既定豫章欲引軍還吳饗賜將士計功行賞謂翻曰孤昔再至壽春見馬日磾及與中州士大夫會語我東方人多才耳但恨學問不充論議之閒有所不及耳孤意謂未然卿博學洽聞故前欲令一詣許交見朝士以折中國妄語兒卿不願行便使子綱恐子綱不能結兒輩舌也翻曰翻是明府家寶而以示人人儻留之則去明府良佐故前不行耳策笑曰然因曰孤有征討事未得還府卿復以功曹爲吾蕭何守會稽耳後三日便遣翻還郡後出爲富春長策薨諸長吏並欲出赴喪翻曰恐鄰縣山民或有姦變遠委城郭必致不虞因留制服行喪諸縣皆效之咸以安寧州後舉翻茂才漢召爲侍御史曹操爲司空辟皆不就翻與少府孔融書并示以所著易注融答書曰聞延陵之理樂覩吾子之治易乃知東南之美者非徒會稽之竹箭也又觀象雲物察應寒溫原其禍福與神合契可謂探賾窮通者也會稽東部都尉張紘又與融書曰虞仲翔前頗爲論者所侵美寶爲質雕摩必光不足以損孫權以爲騎都尉翻數犯顏諫爭權不能悅又性不協俗多見謗毀坐徙丹陽涇縣呂蒙圖取關羽稱疾還建業以翻兼知醫術請以自隨亦欲因此令還得釋也後蒙舉軍西上南郡太守麋芳開城出降蒙未據郡城而作樂沙上翻謂蒙曰今區區一心者麋將軍也城中之人豈可盡信何不急入城持其管籥乎蒙卽從之時城中有伏計賴翻謀不行關羽既敗權使翻筮之得兌下坎上節五爻變之臨翻曰不出二日必當斷頭果如翻言權曰卿不及伏羲可與東方朔爲比矣魏將于禁爲羽所獲繫在城中權至釋之請與相見他日權乘馬出引禁併行翻呵禁曰爾降虜何敢與吾君齊馬首乎欲抗鞭擊禁權呵止之後權在樓船會羣臣飲禁亦與焉禁聞樂流涕翻曰汝欲以僞求免邪權悵然不平及權與魏和欲遣禁歸翻復諫曰禁敗數萬衆身爲降虜既不能死不如斬之以令三軍示爲人臣有二心者權不聽羣臣送禁翻謂禁曰卿勿謂吳無人吾謀適不用耳禁雖爲翻所惡然猶盛歎翻魏文帝嘗爲翻設虛坐權既爲吳王歡宴之末自起行酒翻伏地陽醉不持權去翻起坐權於是大怒手劍欲擊之侍坐者莫不惶遽唯大司農劉基起抱權諫曰大王以三爵之後手殺善士雖翻有罪天下孰知之且大王以能容賢畜衆故海內望風今一朝棄之可乎權曰曹孟德尚殺孔文舉孤於虞翻何有哉基曰孟德輕害士人天下非之大王躬行德義欲與堯舜比隆何得自喻於彼乎翻由是得免權因勅左右自今酒後言殺皆不得殺翻嘗乘船行與麋芳相逢芳船上人多欲令翻自避先驅曰避將軍船翻厲聲曰失忠與信何以事君傾人二城而稱將軍可乎芳闔戶不應而遽避之後翻乘車行又經芳營門吏閉門車不得過翻曰當閉反開當開反閉豈得事宜邪芳聞之大慙翻性疏直數有酒失權與張昭論及神僊翻指昭曰彼皆死人而語神僊世豈有僊人也權積怒非一遂徙翻交州翻雖處罪放而講學不倦門徒嘗數百人又爲老子論語國語訓注皆傳於世翻既放棄南方云自恨疏節骨體不媚犯上獲罪當長沒海隅生無可與語死以青蠅爲弔客使天下一人知己者足以不恨初山陰丁覽太末徐陵或在縣吏之中或衆所未識翻一見之便與友善終成顯名翻在南方十餘年年七十卒後權遣將士至遼東於海中遭風多所沒失權悔之乃令曰昔趙簡子稱諸君之唯唯不如周舍之諤諤也虞翻亮直善於盡言國之周舍使翻在此此役不成促下問交州若翻尚存者給其人船發遣還都若已亡者送喪還本郡使兒子仕宦會翻已終歸葬舊墓妻子得還翻有十一子第四子汜最知名永安中從選曹郎爲散騎中常侍後爲監軍使者討扶嚴病卒汜弟忠宜都太守聳越騎校尉累遷廷尉湘東河閒太守昺廷尉尚書濟陰太守

陸績字公紀吳郡吳人也父康漢末爲廬江太守績年六歲於九江見袁術術出橘績懷三枚去拜辭墮地術謂曰陸郎作賓客而懷橘乎績跪答曰欲歸以遺母術大奇之孫策在吳張昭張紘秦松爲上賓共論四海未泰須當用武治而平之績年少末坐遙大聲言曰昔管

夷吾相齊桓公九合諸侯一匡天下不用兵車孔子曰遠人不服則修文德以來之今論者不務道德懷取之術而惟尙武績雖童蒙竊所未安也昭等驚異之績容貌雄壯博學多識星歷算數無不該覽虞翻舊齒名盛龐統荆州令士年亦差長皆與績友善孫權統事辟爲奏曹掾以直道見憚出爲鬱林太守加偏將軍給兵二千人績既有躄疾又意在儒雅非其志也雖有軍事著述不廢作渾天圖注易釋元皆傳於世豫自知亡日乃爲辭曰有漢志士吳郡陸績幼敦詩書長玩禮易受命南征遘疾遇厄遭命不幸嗚呼悲隔又曰從今已去六十年之外車同軌書同文恨不及見也年三十二卒長子宏會稽南部都尉次子叡長水校尉

張溫字惠恕吳郡吳人也父允以輕財重士名顯州郡爲孫權東曹掾卒溫少修節操容貌奇偉權聞之以問公卿曰溫當今與誰爲比大司農劉基曰可與全琮爲輩太常顧雍曰基未詳其爲人也溫當今無輩權曰如是張允不死也徵到延見文辭占對觀者傾竦權改容加禮罷出張昭執其手曰老夫託意君宜明之拜議郎選曹尙書徙太子太傅甚見信重時年三十二以輔義中郎將使蜀權謂溫曰卿不宜遠出恐諸葛孔明不知吾所以與曹氏通意以故屈卿行若山越都除便欲大構於蜀行人之義受命不辭也溫對曰臣入無腹心之規出無專對之用懼無張老延譽之功又無子產陳事之效然諸葛亮達見計數必知神慮屈伸之宜加受朝廷天覆之惠推亮之心必無疑貳溫至蜀詣闕拜章曰昔高宗以諒闇昌殷祚於再興成王以幼沖隆周德於太平功冒普天聲貫罔極今陛下以聰明之姿等契往古總百揆於良佐參列精之炳燿遐邇望風莫不欣賴吳國勤任旅力清澄江滸願與有道平一宇內委心協規有如河水軍事興煩使役乏少是以忍鄙倍之羞使下臣溫通致情好陛下敦崇禮義未便耻忽臣自入遠境及即近郊頻蒙勞來恩詔輒加以榮自懼悚怛若驚謹奉所齎函書一封以聞蜀甚貴其才還頃之使入豫章部伍出兵事業未究權既陰銜溫稱美蜀政又嫌其聲名太盛衆庶炫惑終不爲己用思有以中傷之會暨豔事起遂因此發舉豔字子休亦吳郡人也溫引致之以爲選曹郎至尙書豔性狷厲好爲清議見時郎署混濁殽雜多非其人欲臧否區別賢愚異貫彈射百僚覈選三署率皆貶高就下降損數等其守故者十未能一其居位貪鄙志節卑汚者皆以爲軍吏置營府以處之而怨憤之聲積浸潤之譖行矣競言豔及選曹郎徐彪專用私情憎愛不由公理豔彪皆自殺溫宿與豔彪同意數交書疏聞問往還權即罪溫幽之有司下令曰昔召張溫虛己待之既至顯授有過舊臣何圖凶醜專挾異心昔暨豔父兄附于惡逆寡人無忌故進而任之欲觀豔何如察其中閒形態果見而溫與之結連死生豔所進退皆溫所爲頭角更相表裏共爲腹背非溫之黨即就疵瑕爲之生論又前任溫董督三郡指揮吏客及殘餘兵時恐有事欲令速歸故授棨戟獎以威柄乃便到豫章表討宿惡寡人信受其言特以繞帳帳下解煩兵五千人付之後聞曹丕自出淮泗故豫勅溫有急便出而溫悉內諸將布於深山被命不至賴丕自退不然已往豈可深計又殷禮者本以占候召而溫先後乞將到蜀扇揚異國爲之談論及禮之還當親本職而令守尙書戶曹郎如此署置在溫而已又溫語賈原當薦卿作御史語蔣康當用卿代賈原專衒國恩爲已形勢揆其姦心無所不爲不忍暴於市朝今斥還本郡以給厮役嗚呼溫也免罪爲幸將軍駱統上表理溫反覆爲之辨析無慮千言權終不納初餘姚虞俊見溫有盛名歎曰張惠恕才多智少華而不實怨之所聚有覆家之禍吾見其兆矣諸葛亮聞俊憂溫意未之信及溫放黜乃歎俊之先見亮初聞溫敗未知其故思之八日吾已得之矣其人於清濁太明善惡太分故也後六年溫病卒二弟祗白亦有才名與溫俱廢

駱統字公緒會稽烏傷人也父俊官至陳相爲袁術所害統母改適爲華歆小妻統時八歲遂與親客歸會稽其母送之拜辭上車面而不顧其母泣涕於後御者曰夫人猶在也統曰不欲增母思故不顧耳事適母甚謹時饑荒鄉里及遠方客多有困乏統爲之飲食衰少其姊仁愛有行寡歸無子見統甚哀之數問其故統曰士大夫糟糠不足我何心獨飽姊曰誠如是何不告我而自苦若此乃自以私粟與統又以告母母亦賢之遂使分施由是顯名孫權以將軍領會稽太守統年二十試爲烏程相民戶過萬咸歎其惠理權嘉之召爲功曹行騎都尉妻以從兄輔女統志在補察苟有闕見夕不待旦常勸權以尊賢接士勤求損益饗賜之日可人人別進問其燥濕加以密意誘諭使言察其志趣令皆感恩戴義懷欲報之心權納用之出爲建忠中郎將領武射吏三千人及淩統死後領其兵是時徵役繁數重以疫癘民戶耗損統上疏乞留神思省補復荒虛育民阜財爲深遠之計權感統言深加意焉以隨陸遜破蜀軍於

宜都遷偏將軍黃武初曹仁攻濡須使別將常雕等襲中洲統與嚴圭共拒破之封新陽亭侯後爲濡須督數陳便宜前後書數十上皆切於政要尤以占募在民間長惡敗俗生離叛之心急宜絕置權與相反覆終遂行之年三十六黃武七年卒

陸瑁字子璋丞相遜弟也少好學篤義陳國陳融陳留濮陽逸沛郡蔣纂廣陵袁迪等皆單貧有志就瑁游處瑁割少分甘與同豐約及同郡徐原爰居會稽素不相識臨死遺書託以孤弱瑁爲起立墳墓收導其子又瑁從父績早亡二男一女皆數歲以喪還瑁迎攝養至長乃別州郡辟舉皆不就時尚書曁豔盛明臧否差斷三署頗揚人闇昧之失以顯其謫瑁與書曰夫聖人嘉善矜愚忘過記功以成美化如今王業始建將一大統此漢高帝棄瑕錄用之時也若令善惡異流貴汝潁月旦之評誠可以厲俗明教然恐未易行也宜遠模仲尼之泛愛中則郭泰之弘濟近有益於大道也豔不能行卒以致敗嘉禾元年公車徵瑁拜議郎選曹尚書孫權忿公孫淵之巧詐反覆欲親征之瑁上疏諫曰臣聞聖主之御遠夷羈縻而已不常保有故古者制地謂之荒服言慌惚無常不可保也今淵東夷小醜屏在海隅雖託人面與禽獸無異國家所爲不愛貨寶遠以加之者非嘉其德義也誠欲誘納愚弄以規其馬耳淵之驕黠恃遠負命此乃荒貊常態豈足深怪昔漢諸帝亦嘗銳意以事外夷馳使散貨充滿西域雖時有恭從然其使人見害財貨并沒不可勝數今陛下不忍悁悁之忿欲越巨海身踐其土以臣愚議竊謂不安何者北寇與國壤地連接苟有間隙應機而至夫所以越海求馬曲意於淵者爲赴目前之急除腹心之疾也而更棄本追末捐近治遠忿以改規激以動衆斯乃猾虜所願聞非大吳之至計也又兵家之術以功役相疲勞逸相待得失之閒所覺輒多且沓渚去淵道里尚遠今到其岸兵勢三分使彊者進取次當守船又次當運糧行人雖多難得悉用加以單步負糧經遠深入賊地多馬邀截無常若淵狙詐與北未絕動衆之日脣齒相濟若實孑然無所憑賴其畏怖遠迸或難卒滅使天誅稽於朔野山虜乘間而起恐非萬安之長慮也權未許瑁重上疏曰夫兵革者固前代所以誅暴亂威四夷也然其役皆在姦雄已除天下無事從容廟堂之上以餘議議之耳至於中夏鼎沸九域磐互之時率須深根固本愛力惜費務自將養以待鄰敵之闕未有正於此時舍近治遠以疲軍旅者也昔尉佗叛逆僭號稱帝于時天下乂安百姓殷阜帶甲之數糧食之積可謂多矣然漢文猶以遠征不易重興師旅告諭而已今凶桀未殄疆埸猶警雖蚩尤鬼方之亂故當以緩急差之未宜以淵爲先願陛下抑威任計暫寧六師潛神默規以爲後圖天下幸甚權再覽瑁書嘉其辭理端切遂不行初瑁同郡聞人敏見待國邑優於宗修惟瑁以爲不然後果如其言赤烏二年瑁卒子喜好人倫孫皓時爲選曹尚書

吾粲字孔休吳郡烏程人也孫河爲縣長粲爲小吏河深奇之河後爲將軍得自選長吏表粲爲曲阿丞遷爲長史治有名迹雖起孤微與同郡陸遜卜靜等比肩齊聲矣孫權爲車騎將軍召爲主簿出爲山陰令還爲參軍校尉黃武元年與呂範賀齊等俱以舟師拒魏將曹休於洞口值天大風諸船綆紲斷絕漂沒著岸爲魏軍所獲或覆沒沈溺其大船尚存者水中生人皆攀緣號呼他吏士恐船傾沒皆以戈矛撞擊不受粲與黃淵獨令船人以承取之左右以爲船重必敗粲曰船敗當俱死耳人窮奈何棄之粲淵所活者百餘人還遷會稽太守召處士謝譚爲功曹譚以疾不詣粲教曰夫應龍以屈伸爲神鳳凰以嘉鳴爲貴何必隱形於天外潛鱗於重淵哉粲募合人衆拜昭義中郎將與呂岱討平山越入爲屯騎校尉少府遷太子太傅遭二宮之變抗言執正明嫡庶之分欲使魯王霸出駐夏口遣楊竺不得令在都邑又數以消息語陸遜遜時駐武昌連表諫爭由此爲霸竺等所譖害下獄誅

朱據字子範吳郡吳人也有姿貌膂力又能論難黃武初徵拜五官郎中補侍御史是時選曹尚書曁豔疾貪汚在位欲沙汰之據以爲天下未定宜以功覆過棄瑕取用舉清厲濁足以沮勸若一時貶黜懼有後咎豔不聽卒敗權咨嗟將率發憤歎息追思呂蒙張溫以爲據才兼文武可以繼之由是拜建義校尉領兵屯湖孰黃龍元年權遷都建業徵據尚公主拜左將軍封雲陽侯據謙虛接士輕財好施祿賜雖豐而常不足用嘉禾中始鑄大錢一當五百後據部曲應受三萬緡工王遂詐而受之典校呂壹疑據實取考問主者死於杖下據哀其無辜厚棺斂之壹又表據吏爲據隱故厚其殯權數責問據據無以自明籍草待罪數月典軍吏劉助覺言王遂所取權大感寤曰朱據見枉況吏民乎乃窮治壹罪賞助百萬赤烏九年遷驃騎將軍遭二宮構爭據擁護太子言則懇至義形於色守之以死遂左遷新都郡丞未到中書令孫弘譖潤據因權寢疾弘爲詔書追賜

死時年五十七孫亮時二子熊損各復領兵爲全公主所譖皆死永安中追錄前功以熊子宣襲爵雲陽侯尙主孫皓時宣至驃騎將軍

陸遜字伯言吳郡吳人也本名議世江東大族遜少孤隨從祖廬江太守康在官袁術與康有隙將攻康康遣遜及親戚還吳遜年長於康子績數歲爲之綱紀門戶孫權爲將軍遜年二十一始仕幕府歷東西曹令史出爲海昌屯田都尉并領縣事縣連年亢旱遜開倉穀以賑貧民勸督農桑百姓蒙賴時吳會稽丹陽多有伏匿遜陳便宜乞與召募會稽山賊大帥潘臨舊爲所在毒害歷年不禽遜以手下召兵討治深險所向皆服部曲已有二千餘人鄱陽賊帥尤突作亂復往討之拜定威校尉軍屯利浦權以兄策女配遜數訪世務遜建議曰方今英雄碁峙豺狼闚望克敵寧亂非眾不濟而山寇舊惡依阻深地夫腹心未平難以圖遠可大部伍取其精銳權納其策以爲帳下右督會丹陽賊帥費棧受曹操印綬扇動山越爲作內應權遣遜討棧棧支黨多而遜兵少遜乃益施牙幢分布鼓角夜潛山谷閒鼓譟而前應時破散遂部伍東三郡彊者爲兵羸者補戶得精兵數萬人宿惡盪除所過肅清還屯蕪湖會稽太守淳于式表遜枉取人民愁擾所在遜後詣都言次稱式佳吏權曰式白君而君薦之何也遜對曰式意在養民是以白遜若遜復毀式以亂聖聽不可長也權曰此誠長者之事顧人不能爲耳呂蒙稱疾詣建業遜往見之謂曰關羽接境如何遠下後不當可憂也蒙曰誠如來言然我病篤遜曰羽矜其驍氣陵轢於人始有大功意驕志逸但務北進未嫌於我有相聞病必益無備今出其不意自可禽制下見至尊宜好爲計蒙曰羽素勇猛既難爲敵且已據荆州恩信大行兼始有功膽勢益盛未易圖也蒙至都權問誰可代卿者蒙曰陸遜意思深長才堪負重觀其規慮終可大任而未有遠名非羽所忌無復是過若用之當令外自韜隱內察形便然後可克權乃召遜拜偏將軍右部督代蒙遜至陸口以書與羽曰前承觀釁而動以律行師小舉大克一何巍巍敵國敗績利在同盟聞慶拊節想遂席卷共獎王綱近以不敏受命來西延慕光塵思稟良規又曰于禁等見獲遐邇欣歎以爲將軍之勳足以長世雖昔晉文城濮之師淮陰拔趙之略蔑以尙茲聞徐晃等步騎駐旌闚望麾葆操猾虜也忿不思難恐潛增眾以逞其心雖云師老猶有驍悍且戰捷之後常苦輕敵古人杖術軍勢彌警願將軍廣爲方計以全獨克僕書生疏遲忝所不堪喜鄰威德樂自傾盡雖未合策猶可懷也儻明注仰有以察之羽覽遜書有謙下自託之意意大安無復所嫌遜具啓形狀陳羽可禽之要權乃潛軍而上使遜與呂蒙爲前部至即克公安南郡遜徑進領宜都太守拜撫邊將軍封華亭侯備宜都太守樊友委郡走諸城長吏及蠻夷君長皆降遜請金銀銅印以假授初附是歲建安二十四年十一月也遜遣將軍李異謝旌等將三千人攻蜀將詹晏陳鳳異將水軍旌將步兵斷絕險要即破晏等生降得鳳又攻房陵太守鄧輔南陽太守郭睦大破之秭歸大姓文布鄧凱等合夷兵數千人首尾西方遜復部旌討破布凱布凱走蜀蜀以爲將遜令人誘之布帥眾還降前後斬獲招納凡數萬計權以遜爲右護軍鎭西將軍進封婁侯時荆州士人新還仕進或未得所遜上疏曰昔漢高受命招延英異光武中興羣俊畢至苟可以熙隆道教者未必遠近今荆州始定人物未達臣愚慺慺乞普加覆載抽拔之恩令並獲自進然後四海延頸思歸大化權納之黃武元年劉備率大眾來向西界權命遜爲大都督假節督朱然潘璋宋謙韓當徐盛鮮于丹孫桓等五萬人拒之備從巫峽建平連圍至夷陵界立數十屯以金錦爵賞誘動諸夷使將軍馮習爲大督張南爲前部輔匡趙融廖淳傅彤等各爲別督先遣吳班將數千人於平地立營欲以挑戰諸將皆欲擊之遜曰此必有譎且觀之備知其計不行乃引伏兵八千從谷中出遜曰所以不聽君擊班者揣之必有巧故也遜上疏曰夷陵要害國之關限雖爲易得亦復易失失之非徒損一郡之地荆州可憂今日爭之當令必諧備干天常不守窟穴而敢自送臣雖不才憑奉威靈以順討逆破壞在近尋備前後行軍多敗少成推此論之不足爲戚臣初嫌其水陸俱進今反舍船就步處處結營察其布置必無他變伏願至尊高枕不以爲念也諸將並曰攻備當在初今乃令入五六百里相銜持經七八月其諸要害皆已固守擊之必無利矣遜曰備是猾虜更嘗事多其軍始集未可干也今住已久不得我便兵疲意沮計不復生犄角此寇正在今日乃先攻一營不利諸將皆曰空殺兵耳遜曰吾已曉破之之術乃敕各持一把茅以火攻拔之自爾勢成通率諸軍同時俱攻斬張南馮習及胡王沙摩柯等首破其四十餘營備將杜路劉寧等窮逼遂降備升馬鞍山陳兵自繞遜督促諸軍四面蹙之土崩瓦解死者萬數備因夜遁令驛人自擔燒鐃鎧斷後僅得入白帝城其舟船器械

水步軍資一時略盡尸骸漂流塞江而下備大慙恚曰吾乃爲遜所折辱豈非天邪初孫桓別討備前鋒於夷道爲備所圍求救於遜遜曰未可諸將曰孫安東公族見圍已困奈何不救遜曰安東得士衆心城牢糧足無可憂也待吾展計欲不救安東安東自解及方略大施備果奔潰桓後見遜曰前實怨不見救援至今日乃知調度自有方耳當禦備時諸將軍或是孫策舊將或公室貴戚自各矜持不相聽從遜按劒曰劉備天下知名曹操所憚今在境界此彊敵也諸君並荷國恩當相輯睦共翦此虜上報所受而不相順非所謂也僕雖書生受命主上國家所以屈諸君使相承望者以僕有尺寸可稱能忍辱負重故也各任其事豈復得辭軍令有常不可犯矣及至破備計多出遜諸將乃服權聞之曰君何以初不啓諸將違節度者邪遜曰受恩深重任過其材又此諸將或任腹心或堪爪牙或是功臣皆國家所當與共克定大事者臣雖駑懦竊慕相如寇恂相下之義以濟國事權大稱善加拜遜輔國大將軍領荆州牧卽改封江陵侯又備既住白帝徐盛潘璋宋謙等各競表言備可禽乞復攻之權以問遜遜與朱然駱統以爲曹丕大合士衆外託助國討備內實有姦心謹決計輒還無幾魏軍果出三方受敵也備尋病亡子禪襲位諸葛亮秉政與權連和時事所宜權輒令遜語亮并刻權印以置遜所權每與禪亮書常過示遜輕重可否有所不安便令改定以印封行之七年權使鄱陽太守周魴譎魏大司馬曹休休果舉衆入皖權乃召遜假黃鉞爲大都督逆休休既覺知恥見欺誘自恃兵馬精多遂交戰遜自爲中部令朱桓全琮爲左右翼三道俱進果衝

休伏兵因驅走之追亡逐北徑至夾石斬獲萬餘牛馬驢騾車乘萬兩軍資器械略盡休還疽發背死遜振旅而歸過武昌權令左右以御蓋覆遜出入殿門凡所賜遜皆御物上珍於是莫與爲比遣還西陵黃龍元年拜上大將軍右都護是歲權東巡建業留太子皇子及尙書九官徵遜輔太子并掌荆州及豫章三郡事董督軍國時建昌侯慮於堂前作鬭鴨欄頗施小巧遜正色曰君侯宜勤覽典籍以自新益用此何爲慮卽時毀撤之射聲校尉松於公子中最親戲下兵不整遜對之髡其職吏南陽謝景善劉廙之先刑後禮之論遜呵景曰禮之長於刑久矣廙以細辯而詭先聖之敎皆非也君今侍東宮宜遵仁義以彰德音若彼之譚不須講也遜雖身在外乃心於國上疏陳時事曰臣以爲科法嚴峻下犯者多頃年以來將吏罹罪雖不愼可責然天下未一當圖進取宜少加恩貸以安下情且世務日興良能爲先自不姦穢入身難忍之過乞復顯用展其力效此乃聖王忘過記功以成王業昔漢高舍陳平之愆用其奇略終建勳祚功垂千載夫峻法嚴刑非帝王之隆業有罰無恕非懷遠之弘規也權欲遣偏師取夷州及朱崖皆以諮遜遜上疏曰臣愚以爲四海未定當須民力以濟時務今兵興歷年見衆損減陛下憂勞聖慮忘寢與食將遠規夷州以定大業臣反覆思惟未見其利萬里襲取風波難測民易水土必致疾疫今驅見衆經涉不毛欲益更損欲利反害又珠崖絕險民猶禽獸得其民不足濟事無其兵不足虧衆今江東見衆自足圖事但當畜力而後動耳昔桓王創基兵不一旅而開大業陛下承運拓定江表臣聞治亂討逆須兵爲威農桑衣食

民之本業而干戈未戢民有饑寒臣愚以爲宜育養士民寬其租賦衆克在和義以勸勇則河渭可平九有一統矣權遂征夷州得不補失及公孫淵背盟權欲往征遜上疏曰淵憑險恃固拘留大使名馬不獻實可讐忿蠻夷猾夏未染王化鳥竄荒裔拒逆王師至令陛下爰赫斯怒欲勞萬乘汎輕舟越海不慮其危而涉不測方今天下雲擾羣雄虎爭英豪踊躍張聲大視陛下以神武之姿誕膺期運破操烏林敗備西陵禽羽荆州斯三虜者當世雄傑皆摧其鋒聖化所綏萬里草偃方蕩平華夏總一大猷今不忍小忿而發雷霆之怒違垂堂之戒輕萬乘之重此臣之所惑也臣聞志曰行萬里者不中道而輟足圖四海者匪懷細以害大彊寇在境荒服未庭陛下乘桴遠征必致闚闟感至而憂悔之無及若使大事時捷則淵不討自服今乃遠惜遼東衆之與馬奈何獨欲捐江東萬安之本業而不惜乎乞息六師以威大虜早定中夏權用納焉嘉禾五年權北征遣遜與諸葛瑾攻襄陽遜遣親人韓扁齎表奉報還遇敵於沔中鈔邏得扁瑾聞之甚懼書與遜云大駕已旋賊得韓扁具知吾闊狹且水乾宜當急去遜未答方催人種葑豆與諸將弈棊射戲如常瑾曰伯言多智略其當有以自來見遜遜曰賊知大駕已旋無所復慼得專力於吾又已守要害之處兵將意動且當自定以安之施設變術然後出耳今便示退賊當謂吾怖仍來相蹙必敗之勢也乃密與瑾立計令瑾督舟船遜悉上兵馬以向襄陽城敵素憚遜遽還赴城瑾便引船出遜徐整部伍張拓聲勢步趨船敵不敢干軍到白圍託言住獵潛遣將軍周峻張梁等擊江夏新市安陸石陽石陽市盛峻等

奄至人皆捐物入城城門噎不得闔吏乃自斫殺己民然後得闔斬首獲生凡千餘人其所生得皆加營護不令兵士干擾侵侮將家屬來者使料視若亡其妻子者卽給衣糧厚加慰勞發遣令還鄰境懷之或有感慕相攜而歸者江夏功曹趙濯弋陽備將斐生及夷王梅頤等並帥支黨來附遜遜傾財帛周贍經恤又魏江夏太守逯式兼領兵馬頗爲邊害而與北舊將文聘子休宿不協遜聞其然卽假作答式書云得報懇惻知與休久結嫌隙勢不兩存欲來歸附輒以密呈來書表闚選衆相迎宜潛速嚴更示定期以書置界上式兵得書以白式式惶懼遂自送妻子還洛由此士吏不復親附遂以免罷六年中郎將周祗乞於鄱陽召募事下問遜遜以爲此郡民易動難安不可與召恐致賊寇而祗固陳取之郡民吳遽等果作賊殺祗攻沒諸縣豫章廬陵宿惡民並應遽爲寇遜自聞輒討卽破之遽等相率降遜料得精兵八千餘人三郡平時中書典校呂壹竊弄權柄擅作威福遜與太常潘濬同心憂之言至流涕後壹姦罪發露竟爲權所誅云時謝淵謝玄等各陳便宜欲興利改作以事下遜遜議曰國以民爲本彊由民力財由民出夫民殷國弱民瘠國彊者未之有也故爲國者得民則治失之則亂若不受利而令盡用立效亦爲難也是以詩歎宜民宜人受祿于天乞垂聖恩寧濟百姓數年之閒國用小豐然後更圖赤烏七年詔以遜代顧雍爲丞相其州牧都護領武昌事如故先是二宮並闕僚屬中外職司多遣子弟給侍全琮報遜遜以子弟苟有才不憂不用不宜私出以要榮利若其不佳終爲取禍且聞二宮勢敵必有彼此此古人之厚忌也琮子寄果阿附魯王輕爲交構遜書與琮曰卿不師日磾而宿留阿寄終爲足下門戶致禍矣琮既不納更以致隙及太子有不安之議遜上疏陳太子正統宜有磐石之固魯王藩臣當使寵秩有差彼此得所上下獲安謹叩頭流血以聞書三四上及求詣都欲口論嫡庶之分以匡得失既不聽許而遜外甥顧譚顧承姚信並以親附太子枉見流徙太子太傅吾粲坐數與遜交書下獄死權累遣中使責讓遜遜憤恚致卒時年六十三家無餘財初暨豔造營府之論遜諫戒之以爲必及禍又謂諸葛恪曰在我前者吾必奉之同升在我下者則扶持之今觀君氣陵其上意蔑乎下非安德之基也及廣陵楊竺少獲聲名而遜謂之終敗勸竺兄穆令與別族其先覩如此長子延早夭次子抗襲爵孫休時追謚遜曰昭侯抗字幼節孫策外孫也遜卒時年二十拜建武校尉領遜衆五千人送葬東還詣都謝恩孫權以楊竺所白遜二十事問抗禁絕賓客中使臨詰抗無所顧問事事條答權意漸解赤烏九年遷立節中郎將與諸葛恪換屯柴桑抗臨去皆更繕完城圍葺其牆屋居廬桑果不敢妄敗恪入屯儼然若新而恪柴桑故屯頗有毀壞深以爲慚太元元年就都治病病差當還權涕泣與別曰吾前聽用讒言與汝父大義不篤以此負汝前後所問一焚滅之莫令人見也建興元年拜奮威將軍太平二年魏將諸葛誕舉壽春降拜抗爲柴桑督赴壽春破魏牙門將偏將軍遷征北將軍永安二年拜鎭軍將軍都督西陵自關羽城至白帝三年假節孫皓卽位加鎭軍大將軍領益州牧建衡二年大司馬施績卒拜抗都督信陵西陵夷道樂鄉公安諸軍事治樂鄉抗聞都下政令多闕憂深慮遠乃上疏曰臣聞德均則衆者勝寡力侔則安者制危蓋六國所以兼并於彊秦西楚所以北面於漢高也今敵跨制九服非徒關右之地割據九州豈但鴻溝以西而已國家外無連國之援內非西楚之彊庶政陵遲黎民未乂而議者所恃徒以長川峻山限帶封域此乃書傳之末事非智者之所先也臣每遠惟戰國存亡之符近覽劉氏傾覆之釁考之典籍驗之行事中夜撫枕臨餐忘食昔匈奴未滅去病辭館漢道未純賈生哀泣況臣王室之出世荷光寵身名否泰與國同慼死生契闊義無苟且夙夜憂怛念至情慘夫事君之義犯而勿欺人臣之節匪躬是殉謹陳時宜十七條如左十七條失本故不載時何定弄權閹官預政抗上疏曰臣聞開國承家小人勿用靖譖庸回唐書攸戒是以雅人所以怨刺仲尼所以歎息也春秋以來爰及秦漢傾覆之釁未有不由斯者也小人不明理道所見既淺雖使竭誠盡節猶不足任況其姦心素篤而憎愛移易哉苟患失之無所不至今委以聰明之任假以專制之威而冀雍熙之聲作肅清之化立不可得也方今見吏殊才雖少然或冠冕之冑少漸道教或清苦自立資能足用自可隨才授職抑黜羣小然後俗化可清庶政無穢也鳳皇元年西陵督步闡據城以叛遣使降晉抗聞之卽部分諸軍令將軍左奕吾彥蔡貢等徑赴西陵勅軍營更築嚴圍自赤谿至故市內以圍闡外以禦寇晝夜催切如敵已至衆甚苦之諸將咸諫曰今及三軍之銳亟以攻闡比晉救至闡必可拔何事於圍而以弊士民之力乎抗曰此城處勢既固糧穀又足且所繕修備禦之具皆抗所宿規今反身攻之既非可卒克且北救必

至至而無備表裏受難何以禦之諸將咸欲攻闡抗每不許宜都太守雷譚言至懇切抗欲服眾聽令一攻之果無所利圍備始合晉車騎將軍羊祜率師向江陵諸將咸以抗不宜上抗曰江陵城固兵足無所憂患假令敵沒江陵必不能守所損者少如使西陵盤結則南山羣夷皆當擾動則所憂慮難可得而言也吾寧棄江陵而赴西陵況江陵牢固乎初江陵平衍道路通利抗勅江陵督張咸作大堰遏水漸漬平中以絕寇叛祜欲因所遏水浮船運糧揚聲將破堰以通步軍抗聞使咸亟破之諸將皆惑屢諫不聽祜至當陽聞堰敗乃改船以車運大費損功力晉巴東監軍徐允率水軍詣建平荆州刺史楊肇至西陵抗令張咸固守江陵城公安督孫遵巡南岸禦祜水軍督留慮鎮西將軍朱琬拒允身率三軍憑圍對肇將軍朱喬營都督俞贊亡詣肇抗曰贊軍中舊吏知吾虛實者吾嘗慮夷兵素不簡練若敵攻圍必先此處卽夜易夷民皆以舊將充之明日肇果攻故夷兵處抗命旋軍擊之矢石雨下肇眾傷死者相屬肇至經月計屈夜遁抗欲追之而慮闡畜力項領伺視閒隙兵不足分於是但鳴鼓戒眾若將追者肇眾洶懼悉解甲挺身走抗使輕兵躡之肇大破敗祜等皆引兵還抗遂陷西陵城誅夷闡族及其大將吏自此以下所請赦者數萬口修治城圍東還樂鄉貌無矜色謙沖如常故得將士歡心羊祜既歸增修德政以懷吳人抗亦勅其邊戍各保分界無求細益於是二境吏和事具晉羊祜傳是歲加拜抗都護抗聞武昌左部督薛瑩徵下獄抗上疏曰夫俊乂者國家之良寶社稷之貴貲庶政所以倫敘四門所以穆淸也故大司農樓元散騎中常侍王蕃少府李勖皆當世秀穎一時顯器旣蒙初寵從容列位而並旋受誅殛或圯族廢祀或投棄荒裔蓋周禮有赦賢之辟春秋有宥善之義書曰與其殺不辜寧失不經而蕃等罪名未定大辟已加心經忠義身被極刑豈不痛哉且已死之刑固無所識至乃焚爍流漂棄之水濱懼非先王之正典或甫刑之所戒也是以百姓哀聳士民同戚蕃勖永已悔亦靡及誠望陛下赦召元出而頃聞薛瑩卒見逮錄瑩父綜納言先帝傅弼文皇及瑩承基內厲名行今之所坐罪在可宥臣懼有司未詳其事如復誅戮益失民望乞垂天恩原赦瑩罪哀矜庶獄淸澄刑網則天下幸甚時師旅仍動百姓疲弊抗上疏曰臣聞易貴隨時傳美觀釁故有夏多罪而殷湯用師紂作淫虐而周武授鉞苟無其時玉臺有憂傷之慮孟津有反旆之軍今不務富國彊兵力農畜穀使文武之才效展其用百揆之署無曠厥職明黜陟以厲庶尹審刑罰以示勸沮訓諸司以德撫百姓以仁然後順天乘運席卷宇內而聽諸將徇名窮兵黷武動費萬計士卒凋瘁寇不爲衰而我已大病矣今爭帝王之資而昧十百之利此人臣之姦便非國家之良策也昔齊魯三戰魯人再克而亡不旋踵何則大小之勢異也況今師所克獲不補所喪哉且阻兵無眾古之明鑒宜暫息進取小規以畜士民之力觀釁伺隙庶無悔吝二年春就拜大司馬荆州牧三年夏疾病上疏曰西陵建平國之蕃表旣處下流受敵二境若敵汎舟順流舳艫千里星奔電邁俄然而至非可恃援他部以救倒縣也此乃社稷安危之機非徒封疆侵陵小害也臣父遜昔在西垂陳言以爲西陵國之西門雖云易守亦復易失若有不守非但失一郡則荆州非吳有也如其不虞當傾國爭之臣往在西陵得涉遜迹前乞精兵三萬而至者循常未肯差赴自步闡以後益更損耗今臣所統千里受敵四處外禦彊寇內懷百蠻而上下見兵財有數萬羸疲日久難以待變臣愚以爲諸王幼沖未統國事可且立傅相輔導賢姿無用兵馬以妨要務又黃門豎宦開立占募兵民怨役逋逃入占乞特簡閱一切料出以補疆場受敵常處使臣所部足滿八萬省息眾務信其賞罰雖韓白復生無所展巧若兵不增此制不改而欲克諧大事此臣之所深慼也若臣死之後乞以西方爲屬願陛下思覽臣言則臣死且不朽秋遂卒子晏嗣晏及弟景元機雲分領抗兵晏爲裨將軍夷道監天紀四年晉軍伐吳龍驤將軍王濬順流東下所至輒克終如抗慮景字子仁以尚公主拜駙馬都尉封毗陵侯旣領抗兵拜偏將軍中夏督澡身好學著書數十篇二月壬戌晏爲王濬別軍所殺癸亥景亦遇害機雲俱入晉後爲成都王穎所誅初抗之克步闡也誅及步氏嬰孺識道者尤之曰陸氏後世必受其報及機之戮三族無遺機雲晉史有傳

賀齊字公苗會稽山陰人也賀氏本姓慶氏齊伯父純儒學有重名漢安帝時爲侍中江夏太守去官與江夏黃瓊漢中楊厚俱公車徵避安帝父孝德皇諱改爲賀氏齊父輔永寧長齊少爲郡吏守剡長縣吏斯從輕俠爲姦齊欲治之主簿諫曰從縣大族山越所附今日治之明日寇至齊聞大怒便立斬從從族黨遂相糾合眾千餘人舉兵攻縣齊率吏民開城門突擊大破之威震山越後太末豐浦民反轉守太末長誅惡養善期月盡

平建安元年孫策臨郡察齊孝廉時王朗奔東冶候官長商升爲朗起兵策遣永寧長韓晏領南部都尉將兵討升以齊爲永寧長晏爲升所敗齊又代晏領都尉事升畏齊威名遣使乞盟齊因告喻爲陳禍福升遂送上印綬出舍求降賊帥張雅詹彊等不願升降反共殺升雅稱無上將軍彊稱會稽太守賊盛兵少未足以討齊住軍息兵雅與女壻何雄爭勢兩乖齊令越人因事交構遂致疑隙阻兵相圖齊乃進討一戰大破雅彊黨震懼率衆出降候官既平而建安漢興南平復亂齊進兵建安立都尉府是歲八年也郡發屬縣五千兵各從本縣長將之皆受齊節度賊洪明洪進苑御吳免華當等五人率各萬戶連屯漢興吳五吳姓五名六千戶別屯大潭鄒臨六千戶別屯蓋竹大潭同出餘汗軍討漢興經餘汗齊以爲賊衆兵少深入無繼恐爲所斷令松陽長丁蕃留備餘汗蕃本與齊鄰城恥見部伍辭不肯留齊乃斬蕃於是軍中震慄無不用命遂分兵留備進討明等連大破之臨陣斬明其免當進御皆降轉擊蓋竹軍向大潭三將又降凡討治斬首六千級名帥盡禽復立縣邑料出兵萬人拜爲平東校尉十年轉討上饒分以爲建平縣十三年遷威武中郎將討丹陽黟歙時武彊葉鄉東陽豐浦四鄉先降齊表言以葉鄉爲始新縣而歙賊帥金奇萬戶屯安勤山毛甘萬戶屯烏聊山黟帥陳僕祖山等二萬戶屯林歷山林歷山四面壁立高數十丈徑路危狹不容刀楯賊臨高下石不可得攻軍住經日將吏患之齊身出周行觀視形便陰募輕捷士爲作鐵弋密於隱險賊所不備處以弋拓斬山爲緣道夜令潛上乃多縣布以援下人得上百數人四面流布俱鳴鼓角齊勒兵以待之賊夜聞鼓聲四合謂大軍悉已得上驚懼惑亂不知所爲守路備險者皆走還依衆大軍因是得上大破僕等其餘皆降凡斬首七千級齊復表分歙爲新定黎陽休陽并黟歙凡六縣權遂割爲新都郡以齊爲太守立府於始新加偏將軍十六年吳郡餘杭民郎稚合宗起爲賊復數千人齊討破之表言分餘杭爲臨水縣至晉改爲臨安被命詣所在及當還郡權出祖道作樂舞象賜齊軿車駿馬罷坐權住駕使齊就車齊辭不敢權使左右扶齊上車令導吏卒兵騎如在郡儀權望之笑曰人當努力非積行累勤此不可得齊去百餘步權乃還十八年豫章東郡民彭材李玉王海等起爲賊亂衆萬餘人齊討平之誅其首惡餘皆服降揀其精健爲兵次爲縣戶遷奮武將軍二十年從權征合肥時城中出戰徐盛被創失矛齊引兵拒擊得盛所失權撤軍還至逍遙津北爲張遼所掩幾至危殆齊時率三千兵在津南迎權權既入大船會諸將飲宴齊下席涕泣而言曰至尊人主常當持重今日之事幾至禍敗羣下震怖若無天地願以此爲終身誡權自前收其淚曰大慙謹以刻心非但書諸紳也二十一年鄱陽民尤突受曹操印綬化民爲盜陵陽始安涇縣皆與突相應齊與陸遜討破突斬首數千餘黨震服丹陽三縣皆降料得精兵八千人拜安東將軍封山陰侯出鎭江上督扶州以上至皖黃武初魏使曹休來伐齊以道遠後至因住新市爲拒會洞口諸軍遭風漂溺所亡中分將士失色賴齊未濟偏軍獨全諸將倚以爲勢齊性奢綺尤好軍事兵甲器械極爲精巧所乘船雕刻丹鏤青蓋絳襜千櫓戈矛葩瓜文畫弓弩矢箭咸取上材蒙衝鬬艦之屬望之若山休等憚之遂引軍還遷後將軍假節領徐州牧初晉宗爲戲口將以衆叛如魏還爲蘄春太守圖襲安樂取其保質權以爲恥因軍初罷六月盛夏出其不意詔齊督麋芳鮮于丹等襲蘄春遂生虜宗後四年卒子建及弟景皆有令名爲佳將

全琮字子璜吳郡錢唐人也父柔漢靈帝時舉孝廉補尙書郎右丞董卓之亂棄官歸州辟别駕從事詔書就拜會稽東部都尉孫策到吳柔舉兵先附策表柔爲丹陽都尉孫權爲車騎將軍以柔爲長史徙桂陽太守柔嘗使琮齎米數千斛到吳有所市易琮至皆散用空船而還柔大怒琮頓首曰愚以所市非急而士大夫方有倒縣之患故便賑贍遠不及啓報柔更以奇之是時中州士人避亂而南依琮居者以百數琮傾家賑給與共有無由是顯名遠近後權以爲奮威校尉授兵數千人使討山越因開募召得精兵萬餘人出屯牛渚稍遷偏將軍建安二十四年劉備將關羽圍襄陽琮上疏陳羽可討之計權時已與呂蒙陰議襲之恐事泄故寢琮表不答及禽羽權置酒公安顧謂琮曰君前陳此孤雖不相答今日之捷抑亦君之功也於是封陽華亭侯黃武元年魏以舟軍大出洞口權使呂範督諸將拒之軍營相望敵數以輕船鈔擊琮常帶甲仗兵伺候不休頃之敵數千人出江中琮親擊破之斬其將軍尹盧遷琮綏南將軍進封錢唐侯四年假節領九江太守七年權到皖使琮與輔國將軍陸遜擊曹休破之于石亭是時丹陽吳會山民復爲寇盜攻沒屬縣權分三郡險地爲東安郡琮領太守至明賞罰招誘降附數年中得萬餘人權召琮還屯牛渚罷東安郡琮經過錢唐修祭墳墓麾

幢節蓋曜於舊里請會邑人平生知舊宗族六親施散惠與千餘萬邑人以爲榮黃龍元年遷衞將軍左護軍徐州牧尙公主權使太子登出征已出次安樂羣臣莫敢諫琮密表曰古者太子未嘗偏征也故從曰撫軍守曰監國今太子東出非古制也臣竊疑之權卽命登旋軍嘉禾二年督步騎五萬征六安六安民皆散走諸將欲分兵捕之琮曰夫乘危徼幸舉不百全者非國家大體也今分兵捕民得失相半豈可謂全哉縱有所獲猶不足以弱敵而副國望也如或邂逅虧損非小與其獲罪琮寧以身受之不敢徼功以負國也赤烏九年遷右大司馬左軍師琮爲人恭順善於承顏納規言辭未嘗切忤初權將圍朱崖及夷州皆先問琮琮曰以聖朝之威何向不克然殊方異域隔絕障海水土氣毒自古有之兵入民出必生疾病轉相汙染往者懼不能反所獲何可多致猥虧江岸之兵以冀萬一之利愚臣之所不安權不聽軍行經歲士衆疾疫死者十有八九權深悔之琮既親重宗族子弟並蒙寵貴賞賜累千金然猶謙虛接士貌無驕色十二年卒子懌嗣後襲業領兵救諸葛誕於壽春出城先降魏以爲平東將軍封臨湘侯懌兄子禕儀靜等亦降魏皆歷郡守列侯

呂岱字定公廣陵海陵人也爲郡縣吏避亂南渡孫權統事岱詣幕府出守吳丞權親斷諸縣倉庫及囚繫長丞皆見岱處法應問甚稱權意召署錄事出補餘姚長召募精銳得千餘人會稽東冶五縣賊呂合秦狼等爲亂權以岱爲督軍校尉與將軍蔣欽等討之遂禽合狼五縣平定拜昭信中郎將建安二十年督孫茂等十將從取長沙三郡又安成攸永新茶陵四縣吏共入陰山城合衆拒岱岱攻圍之卽降三郡克定權留岱鎭長沙安成長吳碭及中郎將袁龍等首尾關羽復爲反亂碭據攸縣龍在醴陵權遣橫江將軍魯肅攻攸碭等突走岱攻醴陵遂禽斬龍遷廬陵太守延康元年代步騭爲交州刺史到州高涼賊帥錢博乞降岱因承制以博爲高涼西部都尉又鬱林夷賊攻圍郡縣岱討破之是時桂陽湞陽賊王金合衆於南海界上首亂爲害權又詔岱討之生縛金傳送詣都斬首獲生凡萬餘人遷安南將軍假節封都鄉侯交阯太守士燮卒權以燮子徽爲安遠將軍領九眞太守以校尉陳時代燮岱表分海南三郡爲交州以將軍戴良爲刺史海東四郡爲廣州岱自爲刺史遣良與時南入而徽不承命舉兵戍海口以拒良等岱於是上疏請討徽罪督兵三千人晨夜浮海或謂岱曰徽藉累世之恩爲一州所附未易輕也岱曰今徽雖懷逆計未虞吾之卒至若我潛軍輕舉掩其無備破之必也稽留不進使得生心嬰城固守七郡百蠻雲合響應雖有智者誰能圖之遂行過合浦與良俱進徽聞岱至果大震怖不知所出卽率兄弟六人肉袒迎岱岱皆斬送其首徽大將甘醴桓治等率吏民攻岱岱奮擊大破之進封番禺侯於是除廣州復爲交州如故岱既定交州復進討九眞斬獲以萬數又遣從事南宣國化暨徼外扶南林邑堂明諸王各遣使奉貢權嘉其功進拜鎭南將軍黃龍三年以南土清定召岱還屯長沙漚口會武陵蠻夷蠢動岱與太常潘濬共討定之嘉禾三年權令岱領潘璋士衆屯陸口後徙蒲圻四年廬陵賊李桓路合會稽東冶賊隨春南海賊羅厲等一時並起權復詔岱督劉纂唐咨等分部討擊春卽時首降岱拜春偏將軍使領其衆遂爲列將桓厲等皆見斬獲傳首詣都權詔嘉之潘濬卒岱代濬領荊州文書與陸遜並在武昌故督蒲圻頃之廖式作亂攻圍城邑零陵蒼梧鬱林諸郡搔擾岱自表輒行星夜兼路權遣使追拜交州牧乃遣諸將唐咨等駱驛相繼攻討一年破之斬式及遣諸所僞署臨賀太守費楊等并其支黨郡縣悉平復還武昌時年已八十矣然體素精勤躬親王事上馬輒自超乘不由跨躡及陸遜卒諸葛恪代遜權乃分武昌爲兩部岱督右部自武昌上至蒲圻遷上大將軍拜子凱爲副軍校尉監兵蒲圻孫亮卽位拜大司馬岱清身奉公所在可述初在交州歷年不餉家妻子飢乏權聞之歎息以讓羣臣曰呂岱出身萬里爲國勤事家門內困而孤不早知股肱耳目其責安在於是加賜錢米布絹歲有常限始岱親近吳郡徐原慷慨有大志岱知其可成賜巾構與共言論後遂薦拔之官至侍御史原性忠壯好直言岱時有得失原輒諫諍又公論之人或以告岱岱歎曰是我所以貴德淵者也及原死岱哭之甚哀曰德淵呂岱之益友今不幸岱復於何聞過談者美之太平元年卒年九十六子凱嗣遺令殯以素棺疏巾布構葬送之制務從約儉凱皆奉行之

周魴字子魚吳郡陽羨人也少好學舉孝廉爲寧國長轉任懷安錢唐大帥彭式等蟻聚爲寇以魴爲錢唐侯相旬月之閒斬式首及其支黨遷丹陽西部都尉黃武中鄱陽大帥彭綺作亂攻沒屬城乃以魴爲鄱陽太守與胡綜戮力致討遂生禽綺送詣武昌加昭義校尉被命密求山中舊族名帥爲北敵所聞知者令譎挑魏大司馬揚州牧曹休魴答恐民帥小醜不足仗任事或漏

泄不能致休乞遣親人齎牋七條以誘休其一曰魴以千載徼幸得備州民遠隔江川敬恪未顯瞻望雲景天實爲之精誠微薄名位不昭雖懷焦渴曷緣見明狐死首耶人情戀本而逼所制奉覲禮違每獨矯首西顧未嘗不寤寐勞歎展轉反側也今因隙穴之際得陳宿昔之志非神啓之豈能致此不勝翹企萬里託命謹遣親人董岑邵南等託叛奉牋時事變故列於別紙惟明公君侯垂日月之光照遠民之趣永令歸命者有所戴賴其二曰魴遠在邊隅江汜分絕恩澤教化未蒙撫及而於山谷之閒遥陳所懷懼以大義未見信納夫物有感激計因變生古今同揆魴仕東典郡始願已獲銘心立報永矢無貳豈圖頃者中被横譴禍在漏刻危於投卵進有離合去就之宜退有誣罔枉死之咎雖志行輕微存没一節顧非其所能不悵然敢緣古人因知所歸孝拳輸情陳露肝膈乞降春天之潤哀拯其急不復猜疑絕其委命事之宜泄受罪不測一則傷慈損計二則杜絕向化者心惟明使君遠覽前世矜而愍之留神所質速賜祕報魴當候望舉動俟須嚮應其三曰魴所代故太守廣陵王靖往者亦以郡民爲變以見譴責靖勤自陳釋而終不解因立密計欲北歸命不幸事露誅及嬰孩魴既目見靖事且覩東主一所非薄嫌不復厚雖或暫舍終見翦除今又令魴領郡者是欲責後效必殺魴之趣也雖尙視息憂惕焦灼未知軀命竟在何時人居世閒猶白駒過隙而常抱危怖其可言乎惟當陳愚重自披盡懼以卑賤未能采納願明使君少垂詳察忖度其言今此郡民雖外名降首而故在山草看伺空隙欲復爲亂爲亂之日魴命訖矣東主頭者潛部分諸將圖欲北進呂範孫韶等入淮全琮朱桓趨合肥諸葛瑾步隲朱然到襄陽陸議潘璋等討梅敷東主中營自掩石陽別遣從弟孫奐治安陸城修立邸閣輦貲運糧以爲軍儲又命諸葛亮進指關西江邊諸將無復在者才留三千所兵守武昌耳若明使君以萬兵從皖南首江渚魴便從此率厲吏民以爲內應此方諸郡前後舉事垂成而敗者由無外援使其然耳若北軍臨境傳檄屬城思詠之民誰不企踵願明使君上觀天時下察人事中參蓍龜則足昭往言之不虛也其四曰所遣董岑邵南少長家門親之信之有如兒子是以特令齎牋託叛爲辭目語心計不宜辱齒骨肉至親無有知者又已勅之到州當言往降欲北叛來者得傳之也魴建此計任之於天若其濟也則有生全之福邂逅漏泄則受夷滅之禍常中夜仰天告誓星辰精誠之微豈能上感然事急孤窮惟天是訴耳遣使之日載生載死形存氣亡魄爽恍惚私恐使君未深保明岑南二人可留其一以爲後言一齎教還教還故當言悔叛還首東主有常科悔叛降者皆自原罪如是彼此俱塞永無端原縣命西望涕筆俱下其五曰鄱陽之民實多愚勁帥之赴役未必應人倡之爲變聞聲響抃今雖降首盤節未解山棲草藏亂心猶存而今東主圖與大衆舉國悉出江邊空曠屯塢虛損惟有諸刺姦耳若因是際而擾動此民一旦可得便會然要恃外援表裏機牙不爾以往無所成也今使君若從皖道進住江上魴當從南對岸歷口爲應若未徑到江岸可住百里上令此閒民知北軍在彼即自善也此閒民非苦飢寒而甘兵寇苦於征討樂得北屬但窮困舉事不時見應尋受其禍耳如使石陽及青徐諸軍首尾相銜牽綴往兵使不得速退者則善之善也魴生在江淮長於時事見其便利百舉百捷時不再來敢布腹心其六曰東主致恨前者不拔石陽今此後舉大合新兵并使潘濬發夷民人數甚多聞豫設科條當以新羸兵置前好兵在後攻城之日云欲以羸兵塡塹使即時破雖未能然是事大趣也私恐石陽城小不能久留往兵明使君速垂救濟誠宜疾密王靖之變其鑒不遠今魴歸命非復在天正在明使君耳若見救以往則功可必成如見救不時則與靖等同禍前彭綺時聞旌麾在逢龍此郡民大小歡喜並思立效若留一月日閒事當大成恨去電速東得增衆專力討綺綺始敗耳願使君深察此言其七曰今舉大事自非爵號無以勸之乞請將軍侯印各五十紐郎將印百紐校尉都尉印各三百紐得以假授諸魁帥獎厲其志并乞請幢麾數十以爲表幟使山兵吏民目瞻見之知去就之分已決承引所救畫定又彼此降叛日月有人闊狹之閒輒得聞知今之大事事宜神密若省魴牋乞加隱祕伏知智度有常防慮必深魴懷憂震灼啓事蒸仍乞未罪怪魴因別爲密表曰方北有逋寇阻固河洛久稽王誅自擅朔土臣曾不能吐奇舉善上以光贊洪化下以輸展萬一憂心如擣假寐忘寢聖朝天覆含臣無效猥發優命勅臣以前誘致賊休恨不如計令於郡界求山谷魁帥爲北賊所聞知者令與北通臣伏思惟喜怖交集竊恐此人不可卒得假使得之懼不可信不如令臣譎休於計爲便此臣得以經年之冀願逢値千載之一會輒自督厲竭盡頑蔽撰立牋草以誑誘休者如別紙臣知無古人單複之術加卒奉大略伀蠓狼狽懼以輕愚忝負

特施豫懷憂灼臣聞唐堯先天而天弗違博詢芻蕘以成盛勳朝廷神謨欲必致休於步度之中靈贊聖規休必自送使六軍囊括虜無子遺威風電邁天下幸甚謹拜表以聞并呈牋草懼於淺局追用悚息被報施行休果信魴帥步騎十萬輜重滿道徑來入皖魴亦合衆隨陸遜橫截休休軍幅裂瓦解斬獲萬計魴初建密計時頻有郎官奉詔詰問諸事魴詣部郡門下因下髮謝罪故休聞之不復疑慮及事捷軍旋權大會諸將歡宴酒酣謂魴曰君下髮載義成孤大事君之功名當書之竹帛加裨將軍賜爵關內侯賊帥董嗣負阻劫鈔豫章臨川並受其害吾粲唐咨嘗以三千兵攻守連月不能拔魴表乞罷兵得以便宜從事魴遣間諜授以方策誘狙殺嗣嗣弟怖懼詣武昌降於陸遜乞出平地自改爲善由是數郡無復憂惕魴在郡十三年卒賞善罰惡威恩並行子處亦有文武才幹天紀中爲東觀令無難督處入晉有傳

鍾離牧字子幹會稽山陰人漢魯相意七世孫也少爰居永興躬自墾田種稻二十畝臨熟縣民有識認之牧曰本以田荒故墾之耳遂以稻與縣人縣長聞之逮民繫獄欲繩以法牧爲之請長曰君慕承宮自行義事續漢書曰宮字少子琅邪人嘗在蒙陰山中耕種禾黍臨熟人就認之宮便推與而去由是發名位至左中郎將侍中僕爲民主當以法率下何得寢公憲而從君邪牧曰此是郡界緣君意顧故來暫住今以少稻而繩此民牧何心復留遂出裝還山陰長自往止之爲釋民繫民慙懼帥妻子舂所取稻得六十斛米送還牧牧閉門不受民輸置道傍莫有取者牧由此發名赤烏五年從郎中補太子輔義都尉遷南海太守還爲丞相長史轉司直遷中書令會建安鄱陽新都三郡山民作亂出牧爲監軍使者討平之賊帥黃亂常俱等出其部伍以充兵役封秦亭侯拜越騎校尉永安六年蜀并于魏武陵五谿夷與蜀接界時論懼其叛亂乃以牧爲平魏將軍領武陵太守往之郡魏遣漢葭縣長郭純試守武陵太守率涪陵民入蜀遷陵界屯于赤沙誘致諸夷邑君或起應純又進攻酉陽縣郡中震懼牧問朝吏曰西蜀傾覆邊境見侵何以禦之皆對曰今二縣山險諸夷阻兵不可以軍驚擾驚擾則諸夷盤結宜以漸安可遣恩信吏宣教慰勞牧曰不然外境內侵誑誘人民當及其根柢未深而撲取之此救火貴速之勢也勅外趣嚴掾吏沮議者便行軍法撫夷將軍高尚說牧曰昔潘太常督兵五萬然後以討五谿夷耳又是時劉氏連和諸夷率化今既無往日之援而郭純已據遷陵而明府以三千兵深入尚未見其利也牧曰非常之事安得循舊即率所領晨夜進道緣山險行垂二千里從塞上斬惡民懷異心者魁帥百餘人及其支黨凡千餘級純等散五谿平遷公安督揚武將軍封都鄉侯徙濡須督復以前將軍假節領武陵太守卒官家無餘財士民思之子禕嗣代領兵

潘濬字承明武陵漢壽人也弱冠從宋仲子受學年未三十荆州牧劉表辟爲部江夏從事時沙羨長贓穢不修濬案殺之一郡震悚後爲湘鄉令治甚有名劉備領荆州以濬爲治中從事備入蜀典留州事孫權襲關羽并荆土荆州將吏悉皆歸附而濬獨稱疾不見權遣人以牀就家輿致之濬伏面著牀席不起涕泣交橫哀哽不能自勝權慰勞與語呼其字曰承明昔觀丁父鄀俘也武王以爲軍師彭仲爽申俘也文王以爲令尹此二人鄉荆國之先賢也初雖見囚後皆擢用爲楚名臣卿獨不然未肯降意將以孤異古人之量邪使親近以手巾拭其面濬起下地拜謝卽以爲治中荆州諸軍事一以諮之武陵郡從事樊伷誘導諸夷圖以武陵屬劉備外白差督督萬人往討之權不聽特召問濬濬答以五千兵往足可以禽伷權曰卿何以輕之濬曰伷是南陽舊姓頗能弄脣吻而實無辯論之才臣所以知之者伷昔嘗爲州人設饌比至日中食不可得而十餘自起此亦侏儒觀一節之驗也權大笑而納其言卽拜濬輔軍中郎將授兵五千使往討伷果斬平之遷奮武將軍封常遷亭侯權稱尊號拜爲少府進封劉陽侯權數射雉濬以諫權權曰相與別後時時暫出耳不復如往日之時也濬曰天下未定萬機務多射雉非急弦急栝破亦能爲害乞特爲臣故息置之濬出見雉翳故在乃手自撤壞之權由是遂絕不復射雉遷太常五谿蠻夷叛亂權假濬節督諸軍討之斬首獲生蓋以萬數自是羣蠻衰弱一方寧靜歸義人隱蕃以口辯爲豪桀所善濬子翥亦與周旋饋餉之濬聞大怒疏責翥曰吾受國厚恩志報以命爾輩在都當念恭順親賢慕善何故與降虜交以糧餉之在遠聞此心震面熱惆悵累旬疏到急就往使受杖一百促責所餉當時人咸怪濬而蕃果圖叛誅夷衆乃歎服濬姨兄零陵蔣琬爲蜀大將軍或有閒濬於武陵太守衛旍者云濬遣密使與琬相聞欲有自託之計旍以啓權權曰承明不爲此也卽封旍表於濬而召旍還免官先是濬與陸遜俱駐武昌共掌留事還復故時校事呂壹操弄威柄奏案丞相顧雍左將軍朱

據等皆見禁止黃門侍郎謝厷語次問壹顧公事何如壹答曰不能佳厷又問若此公免退誰當代之壹未答厷厷曰得無潘太常得之乎壹良久曰君語近之也厷謂曰潘太常切齒於君但道遠無因耳今日代顧公恐明日便擊君矣壹大懼遂收散雍事濬求朝詣建業欲盡辭極諫至聞太子登已數言之而不見從濬乃大請百僚欲因會手刃殺壹以身當之爲國除患壹密聞知稱疾不行濬每進見無一不陳壹之姦險也由此壹寵漸衰後遂誅戮權引咎責躬因誚讓大臣以不規諫所致赤烏二年濬卒子翥嗣翥拜都尉後代領兵早卒翥弟祕權以姊陳氏女妻之後爲尙書僕射濬女配建昌侯孫慮

陸凱字敬風吳郡吳人丞相遜族子也黃武初爲永興諸暨長所在有治迹拜建武都尉領兵雖統軍衆手不釋書好太元論演其意以筮輒驗赤烏中除儋耳太守討朱崖斬獲有功遷爲建武校尉五鳳二年討山賊陳毖於零陵斬毖克捷拜巴丘督偏將軍封都鄉侯轉爲武昌右部督與諸將共赴壽春還累遷盪魏綏遠將軍孫休卽位拜征北將軍假節領豫州牧孫皓立遷鎭西大將軍都督巴丘領荆州牧進封嘉興侯孫皓與晉平使者丁忠自北還說皓弋陽可襲凱諫止之語在皓傳寶鼎元年遷左丞相皓性不好人視己羣臣侍見皆莫敢迕凱說皓曰夫君臣無不相識之道若卒有不虞不知所赴皓聽凱自視皓時徙都武昌揚土百姓泝流供給以爲患害又政事多謬黎元窮匱凱上疏曰臣聞有道之君以樂樂民無道之君以樂樂身樂民者其樂彌長樂身者不久而亡夫民者國之根也誠宜重其食愛其命民安則君安民樂則君樂自頃年以來君威傷於桀紂君明闇於姦雄君惠閉於羣孽無災而民命盡無爲而國財空辜無罪賞無功使君有謬誤之愆天爲作妖而諸公卿媚上以求愛因民以求饒導君於不義敗政於淫俗臣竊爲痛心今鄰國交好四邊無事當務息役養士實其廩庫以待天時而更傾動天心搔擾萬姓使民不安大小呼嗟此非保國養民之術也臣聞吉凶在天猶影之在形響之在聲也形動則影動形止則影止此分數乃有所繫非在口之所進退也昔秦之所以亡天下者但坐賞輕而罰重政刑錯亂民力盡於奢侈目眩於美色志濁於財寶邪臣在位賢哲隱藏百姓業業天下苦之是以有覆巢破卵之憂漢所以彊者躬行誠信聽諫納賢惠及負薪躬請巖穴廣采博察以成其謀此往事之明徵也近者漢之衰末三家鼎立曹失綱紀晉有其政又益州危險兵多精彊閉門固守可保萬世而劉氏與奪乖錯賞罰失所君意恣於奢侈民力竭於不急是以爲晉所伐君臣見虜此目前之明驗也臣闇於大理文不及義智慧淺劣無復冀望竊爲陛下惜天下耳臣謹奏耳目所聞見百姓所爲煩苛刑政所爲錯亂願陛下息大功損百役務寬盪忽苛政又武昌土地實危險而塉埆非王都安國養民之處船泊則沈漂陵居則峻危且童謠言寧飲建業水不食武昌魚寧還建業死不止武昌居臣聞翼星爲變熒惑作妖童謠之言生於天心乃以安居而比死足明天意知民所苦也臣聞國無三年之儲謂之非國而今無一年之畜此臣下之責也而諸公卿位處人上祿延子孫曾無致命之節匡救之術苟進小利於君以求容媚荼毒百姓不爲君計也自從孫弘造義兵以來耕種既廢所在無復輸入而分一家父子異役廩食日張畜積日耗民有離散之怨國有露根之漸而莫之恤也民力困窮鬻賣兒子調賦相仍日以疲極所在長吏不加隱括加有監官既不愛民務行威勢所在搔擾更爲煩苛民苦二端財力再耗此爲無益而有損也願陛下一息此輩矜哀孤弱以鎭撫百姓之心此猶魚鼈得免毒螫之淵鳥獸得離羅網之綱四方之民襁負而至矣如此民可得保先王之國存焉臣聞五音令人耳不聰五色令人目不明此無益於政有損於事者也自昔先帝時後宮列女及諸織絡數不滿百米有畜積貨財有餘先帝崩後幼景在位更改奢侈不蹈先迹伏聞織絡及諸徒坐乃有千數計其所長不足爲國財然坐食官廩歲歲相承此爲無益願陛下料出賦嫁給與無妻者如此上應天心下合地意天下幸甚臣聞殷湯取士於商賈齊桓取士於車轅周武取士於負薪大漢取士於奴僕明王聖主取士以賢不拘卑賤故其功德洋溢名流竹素非求顏色而取好服捷口容悅者也臣伏見當今內寵之臣位非其人任非其量不能輔國匡時羣黨相扶害忠隱賢願陛下簡文武之臣各勤其官州牧督將藩鎭方外公卿尙書務修仁化上助陛下下拯黎民各盡其忠拾遺萬一則康哉之歌作刑錯之理清願陛下留神思臣愚言時殿上列將何定佞巧便辟貴幸任事凱面責定曰卿見前後事主不忠傾亂國政寧有得以壽終者邪何以專爲姦邪穢塵天聽宜自改厲不然方見卿有不測之禍矣定大恨凱思中傷之凱終不以爲意乃心公家義形於色表疏皆指事不飾忠懇內發建衡元年疾病皓遣

中書令董朝問所欲言凱陳何定不可任用宜授外任不宜委以國事奚熙小吏建起浦里田欲復嚴密故迹亦不可聽姚信樓元賀邵張悌郭逴薛瑩滕修及族弟喜抗或清白忠勤或姿才卓茂皆社稷之楨幹國家之良輔願陛下重留神意訪以時務各盡其忠拾遺萬一遂卒時年七十二子禕初爲黃門侍郎出領部曲拜偏將軍凱亡後入爲太子中庶子右國史華覈表薦禕曰禕體質方剛器幹彊固董率之才魯肅不過及被召當下徑還赴都道由武昌曾不迴顧器械軍資一無所取在戎果毅臨財有節夫夏口賊之衝要宜選名將以鎮戍之臣竊思惟莫善於禕初皓常銜凱數犯顏忤旨加何定譖構非一既以重臣難繩以法又陸抗時爲大將在疆場故以計容忍抗卒後竟徙凱家於建安或曰寶鼎元年十二月凱與大司馬丁奉御史大夫丁固謀因皓謁廟欲廢皓立孫休子時左將軍留平領兵先驅故密語平平拒而不許誓以不泄是以所圖不果太史郎陳苗奏皓久陰不雨風氣迴逆將有陰謀皓深警懼云後晉陳壽言予連從荊陽來者得凱所諫皓二十事博問吳人多云不聞凱有此表又案其文殊甚切直恐非皓之所能容忍也或以爲凱藏之篋笥未敢宣行病困皓遣董朝問所欲言因以付之虛實難明故不著于篇凱弟允字敬宗始爲御史尚書選曹郎太子和聞其名待以殊禮會全寄楊竺等阿附魯王霸與和分爭陰相譖構允坐收下獄楚毒備至終無他辭後爲衡陽督軍都尉赤烏十一年交州九眞夷賊攻沒城邑交部騷動以允爲交州刺史安南校尉允入南界喻以恩信務崇招納高涼渠帥黃吳等支黨三千餘家皆出降允引軍而南重宣至誠遣以財幣賊帥百餘人民五萬餘家深幽不羈莫不稽顙交域淸泰就加安南將軍復討蒼梧建陵賊破之前後出兵八千餘人以充軍用永安元年徵爲西陵督封都亭侯後轉左虎林中書丞華覈表薦允才通行潔可備上司皓不報允卒子式嗣爲柴桑督揚武將軍天冊元年與兄子禕俱徙建安天紀二年召還建業復將軍侯

是儀字子羽北海營陵人也本姓氏初爲縣吏後仕郡郡相孔融嘲儀言氏字民無上可改爲是乃遂改焉後依劉繇避亂江東繇軍敗儀徙會稽孫權承攝大業優文徵儀到見親任專典機密拜騎都尉呂蒙圖襲關羽權以問儀儀善其計勸權聽之從討羽拜忠義校尉儀陳謝權令曰孤雖非趙簡子卿安得不自屈爲周舍邪既定荊州還都武昌拜裨將軍封都亭侯守侍中欲復授兵儀自以非材固辭不受黃武中遣儀之皖就將軍劉邵欲誘致曹休休到大破之還偏將軍入闕省尚書事外總平諸官兼領辭訟又令教諸公子書學大駕東還太子登留鎭武昌使儀輔太子太子敬之事先諮詢然後施行進封都鄉侯後從　太子還建業復拜侍中中執法平諸官事領辭訟如舊典校郎呂壹誣白故江夏太守刁嘉謗訕國政權怒收嘉繫獄悉驗問時同坐人皆怖畏壹並言聞之儀獨言無聞於是見窮詰累日詔旨轉厲羣臣爲之屏息儀對曰今刀鋸已在臣頸臣何敢爲嘉隱諱自取夷滅爲不忠之鬼顧以聞知當有本末據實答問辭不傾移權遂舍之嘉亦得免蜀相諸葛亮卒權垂心西州遣儀使蜀申固盟好奉使稱意拜尚書僕射南魯二宮初立儀以本職領魯王傅儀嫌二宮相逼近乃上疏曰臣竊以魯王天挺懿德兼資文武當今之宜宜鎭四方以爲藩輔宣揚德美廣耀威靈乃國家之良規海內所瞻望但臣言鄙野不能究盡其意愚以爲二宮宜有降殺正上下之序明教化之本書三四上儀爲傅盡忠動輒規諫事上勤與人恭不治產業不受施惠爲屋舍財足自容鄰舍有起大宅者權出望見問起大宅者誰左右對曰似是儀家也權曰儀儉素必不爲此問果他家其見知信如此服不精細食不重膳拯贍貧困家無儲蓄權聞之幸儀舍求視蔬飯親嘗之對之歎息卽增俸賜益田宅儀累辭讓以寵爲戚時時有所進達未嘗言人之短權嘗責儀以不言事無所是非儀對曰聖主在上臣下守職懼於不稱實不敢以愚管之言上干天聽事君數十年未嘗有過呂壹歷白將相大臣或一人以罪聞者數四獨無以白儀權歎曰使人盡如是儀當安用科法爲及寢疾遺令素棺斂以時服務從省約年八十一卒

胡綜字偉則汝南固始人也少孤將母避亂江東孫策領會稽太守綜年十四爲門下循行留吳與孫權共讀書策薨權爲討虜將軍以綜爲金曹從事從討黃祖拜鄂長權爲車騎將軍都京召綜還爲書部與是儀徐詳俱典軍國密事劉備下白帝權以見兵少使綜料諸縣得六千人立解煩兩部詳領左部督綜領右部督吳將晉宗叛歸魏魏以宗爲蘄春太守去江數百里數爲寇害權使綜與賀齊輕行掩襲生虜得宗加建武中郞將魏拜權爲吳王封綜儀詳皆爲亭侯黃武八年夏黃龍見夏口於是權稱尊號因瑞改元又作黃龍大牙常在中軍諸軍進退視其所向權　命綜作賦以美之舉朝稱

歎蜀閒權踐阼遣使重申前好其盟文綜所作也權下都建業詳綜並爲侍中進封鄉侯兼左右領軍時魏降人或云魏都督河北振威將軍吳質頗見猜疑綜乃僞爲質作降文三條其一曰天綱弛絕四海分崩羣生憔悴士人播越兵寇所加邑無居民風塵煙火往往而處自三代以來大亂之極未有若今時者也臣質志薄處時無方繫於土壤不能翻飛遂爲曹氏執事戎役遠處河朔天衢隔絕雖望風慕義思託大命媿無因緣得展其志每往來者竊聽風化伏知陛下齊德乾坤同明日月神武之姿受之自然敷演皇極流化萬里自江以南戶受覆燾英雄俊桀上達之士莫不心歌腹詠樂在歸附者也今年六月末奉聞吉日龍興踐阼恢弘大猷整理天綱將使遺民覩見定主昔武王伐殷殷民倒戈高祖誅項四面楚歌方之今日未足以喻臣質不勝昊天至願謹遣所親同郡黃定恭行奉表及託降叛間關求達其欲所陳載列于左其二曰昔伊尹去夏入商陳平委楚歸漢書功竹帛遺名後世世主不謂之背誕者以爲知天命也臣昔爲曹氏所見交接外託君臣內如骨肉恩義綢繆有合無離遂受偏方之任總河北之軍當此之時志望高大永與曹氏同死俱生惟恐功之不建事之不成耳及曹氏之亡後嗣繼立幼沖統政讒言彌興同濟者以勢相害異趣者得間其言而臣受性簡略素不下人視彼數子意實迫之此亦臣之過也遂爲邪議所見構會招致猜疑誣臣欲叛雖識真者保明其心世亂讒勝餘嫌猶在常懼一旦橫受無辜憂心孔疚如履冰炭昔樂毅爲燕昭王立功於齊惠王卽位疑奪其任遂去燕之趙休烈不虧彼豈欲二三其德蓋畏功名不建而懼禍之將及也昔遣魏郡周光以賈販爲名託叛南詣宣達密計時以倉卒未敢便有章表使光口傳而已以爲天下大歸可見天意所在非吳復誰此方之民思爲臣妾延頸舉踵惟恐兵來之遲耳若使聖恩少加信納當以河北承望王師款心赤實天日是鑒而光去經年不聞咳唾未審此意竟得達不瞻望長歎日月以幾魯望高子何足以喻又臣今日見待稍薄蒼蠅之聲緜緜不絕必受此禍遲速事耳臣私度陛下未垂明慰者必以臣質貫穿仁義之道不行若此之事謂光所傳多虛少實或謂此中有他消息不知臣質構讒見疑恐受大害也且臣質若有罪之日自當奔赴鼎鑊束身待罪此蓋人臣之宜也今日無罪橫見譖毀將有商鞅白起之禍尋惟事勢去亦宜也死而弗義不去何爲樂毅之出吳起之走君子傷其不遇未有非之者也願陛下推古況今不疑怪於臣質也又念人臣獲罪當如伍員奉已自效不當徼幸因事爲利然今與古厥勢不同南北悠悠江湖隔絕自不舉事何得濟免是以忘志士之節而思立功之義也且臣質又以曹氏之嗣非天命所在政弱刑亂柄奪於臣諸將專威于內各自爲政莫或同心士卒衰耗帑藏空虛綱紀毀廢上下並昏想前後數得降叛具聞此問兼弱攻昧宜應天時此實陛下進取之秋是以區區敢獻其計今若內兵淮泗據有下邳荊揚二州聞聲響應臣從河北席卷而南形勢一連根牙永固關西之兵繫於所衛青徐二州不敢撤守許洛餘兵眾不滿萬誰能來東與陛下爭者此誠千載一會之期可不深思而熟計乎及臣所在既自多馬加諸羌胡常以三四月中美草時驅馬來出隱度今者可得三千餘匹陛下出軍當投此時多將騎士來就馬耳此皆先定所一二知凡兩軍不能相究虛實今此間實羸易可克定陛下舉動應者必多上定弘業使普天一統下令臣質建非常之功此乃天也若不見納此亦天也願陛下思之不復多陳其三曰昔許子遠舍袁就曹規畫計校應見納受遂破袁軍以定曹業向使曹氏不信子遠懷疑猶豫不決於心則今天下袁氏有也願陛下思之間闔界上將闔浮趙楫欲歸大化唱和不速以取破亾今臣亡款遠授其命若復懷疑不時舉動令臣孤絕受此厚禍卽恐天下雄夫烈士欲立功者不敢復託命於陛下矣願陛下思之皇天后土實聞斯言此文既流行而質已入爲侍中矣二年青州人隱蕃歸吳上書求見權卽召入蕃謝答問及陳時務甚有辭觀綜時侍坐權問何如綜對曰蕃上書大語有似東方朔巧捷詭辯有似禰衡而才皆不及權又問可堪何官綜對曰未可以治民且試以都輦小職權以蕃盛論刑獄用爲廷尉監左將軍朱據廷尉郝普稱蕃有王佐之才普尤與之親善常怨歎其屈後蕃謀叛事覺伏誅普見責自殺據禁止歷時乃解拜綜偏將軍兼左執法領辭訟遼東之事輔吳將軍張昭以諫權言辭切至權亦大怒其和協彼此使之無隙綜有力焉性嗜酒酒後歡呼極意或推引杯觴搏擊左右權愛其才弗之責也凡自權統事諸文誥策命鄰國書符略皆綜之所造也初以內外多爭特立科長吏遭喪皆不得去而數有犯者權患之使朝臣下議綜議以爲宜定科文示以大辟行之一人其後必絕遂用綜言由是奔喪乃斷赤烏六年卒子沖嗣沖平和有文幹天紀中爲中書令徐詳者字子明吳郡

烏程人也先綜死

諸葛恪字元遜瑾長子也少知名身長七尺六寸少鬚眉折頞廣額大口高聲弱冠拜騎都尉與顧譚張休等侍太子登講論道藝並爲賓友從中庶子遷左輔校尉恪父瑾面長似驢孫權大會羣臣使人牽一驢入長檢其面題曰諸葛子瑜恪跪曰乞請筆益兩字因聽與筆恪續其下曰之驢舉坐歡笑乃以驢賜恪他日復見權問恪曰卿父與叔父孰賢對曰臣父爲優權問其故對曰臣父知所事叔父不知以是爲優權又大噱命恪行酒至張昭前昭先有酒色不肯飲曰此非養老之禮也權曰卿其能令張公辭屈乃當飲之耳恪難昭曰昔師尚父九十秉旄仗鉞猶未告老也今軍旅之事將軍在後酒食之事將軍在先何謂不養老也昭卒無辭遂爲盡爵後蜀使至羣臣並會權謂使曰此諸葛恪雅好騎乘還告丞相爲致好馬恪因下謝權曰馬未至而謝之何也恪曰夫蜀者陛下之外廏今有恩詔馬必至也安敢不謝恪之才捷皆此類也權甚異之欲試以事令守節度節度掌軍糧穀文書繁猥非其好也恪以丹陽山險民多果勁雖前後發兵徒得外縣平民而已其餘深遠莫能禽盡屢自求乞爲官出之三年可得甲十四萬衆議咸以丹陽地勢險阻與吳郡會稽新都鄱陽四郡接壤周旋數千里山谷萬重其幽邃民人未嘗入城邑對長吏皆仗兵野逸白首於林莽逋亡宿惡咸共逃竄山出銅鐵自鑄甲兵俗好武習戰高尚氣力其升山赴險抵突叢棘若魚之走淵猨狖之騰木也時觀閒隙出爲寇盜每致兵征伐尋其窟藏其戰則蜂至敗則鳥竄自前世以來不能羈也皆以爲難恪父瑾聞之亦以事終不逮乃歎曰恪不大興吾家將大赤吾族也恪盛陳其必捷權乃以恪爲撫越將軍領丹陽太守授棨戟武騎三百拜畢命恪備威儀作鼓吹導引歸家時年三十二恪到府乃移書四部屬城長吏令各保其疆界明立部伍其從化平民悉令屯居乃分內諸將羅兵幽阻但繕藩籬不與交鋒候其穀稼將熟輒縱兵芟刈使無遺種舊穀既盡新田不收平民屯居略無所入由是山民飢窮漸出降首恪乃復勑下曰山民去惡從化皆當撫慰徙出外縣不得嫌疑有所拘執丹陽長胡伉得降民周遺遺舊惡民困迫暫出內圖叛逆伉縛送詣府恪以伉違教遂斬以徇以狀表上民聞伉坐執人被戮知官惟欲出之而已於是老幼相攜而出歲期人數皆如本規恪自領萬人餘分給諸將權嘉其功遣尚書僕射薛綜勞軍拜恪威北將軍封都鄉侯恪乞率衆佃廬江皖口因輕兵襲舒掩得其民而還復遠遣斥候觀相徑要欲圖壽春權以爲不可赤烏中魏司馬懿謀欲攻恪權方發兵應之望氣者以爲不利於是徙恪屯於柴桑恪與丞相陸遜書曰楊敬叔傳述清論以爲方今人物凋盡守德業者不能復幾宜相左右更爲輔車上熙國事下相珍惜又疾世俗好相誹謗使已成之器中有損累將進之徒意不歡笑聞此喟歎誠獨擊節愚以爲君子不求備於一人自孔氏門徒大數三千其見異者七十二人至于子張子路子貢等七十之徒亞聖之德然猶各有所短師僻由喭賜不受命豈況下此而無所闕且仲尼不以數子之不備而引以爲友不以人所短棄其所長也加以當今取士宜寬於往古何者時務縱橫而善人單少國家職司常苦不充苟令性不邪惡志在陳力便可獎就騁其所任若於小小宜適私行不足皆宜闊略不足纏責則士誠不可纖論苛克苛克則彼賢聖猶將不全況其出入者邪故曰以道望人則難以人望人則易賢愚可知自漢以來中國士大夫如許子將輩所以更相謗訕或至爲禍原其本起非爲大讐惟坐克已不能盡如禮而責人專以正義夫已不如禮則人不服責人以正義則人不堪內不服其行外不堪其責則不得不相怨相怨一生則小人得容其閒得容其閒則三至之言浸潤之譖紛錯交至雖使至明至親者處之猶難以自定況已爲隙且未能明者乎是故陳張至於血刃蕭朱不終其好本由於此而已夫不舍小過纖微相責久久至於家戶爲怨一國無復全行之士也恪知遜以此嫌已故遂廣其理而贊其旨也會遜卒恪遷大將軍假節駐武昌代遜領荊州事久之權不豫而太子少乃徵恪以大將軍領太子太傅中書令孫弘領少傅權疾困召恪弘及太常滕允將軍呂據侍中孫峻屬以後事翌日權薨弘素與恪不平懼爲恪所治祕權死問欲矯詔除恪峻以告恪恪請弘咨事於坐中誅之乃發喪制服恪更拜太傅於是罷視聽息校官原逋責除關稅事崇恩澤衆莫不悅恪每出入百姓延頸思見其狀初權黃龍元年遷都建業二年築東興隄遏湖水後征淮南敗以內船由是廢不復修恪以建興元年十月會衆於東興更作大隄左右結山夾築兩城各留千人使全端留略守之引軍而還魏以吳軍入其疆土恥於受侮命大將胡遵諸葛誕等率衆七萬欲攻圍兩塢圖壞隄遏恪興軍四萬晨夜赴援遵等勑其諸軍作浮橋度陣於隄上分兵攻兩城城在高峻不可卒拔恪遣將軍

留贊呂據唐咨丁奉爲前部時天寒大雪魏諸將會飲見贊等兵少而解置鎧甲不持矛戟但兜鍪刀楯倮身緣遏大笑之不即嚴兵兵得上便鼓譟亂斫魏軍驚擾散走爭渡浮橋橋壞絶自投於水更相蹈藉樂安太守桓嘉等同時并沒死者數萬故叛將韓綜爲魏前軍督亦斬之獲車乘牛馬騾驢各數千資器山積振旅而歸進封恪陽都侯加荊揚二州牧督中外諸軍事賜金百斤馬二百疋帛繒布各萬匹恪遂有輕敵之心以十二月戰克明年春復欲出軍諸大臣以爲數出罷勞同辭諫恪恪不聽中散大夫蔣延或以固爭扶出恪乃著論諭衆意曰夫天無二日土無二王王者不務兼并天下而欲垂則後世古今未之有也昔戰國之時諸侯自恃兵彊地廣互有救援謂此足以傳世人莫能危恣情從懷憚於勞苦使秦得漸自大遂以并之此既然矣近者劉景升在荊州有衆十萬財穀如山不及曹操尚微與之力競坐觀其彊大吞滅諸袁北方都定之後操率三十萬衆來向荊州當時雖有智者不能復爲畫策於是景升兒子交臂請降遂爲囚虜凡敵國欲相吞即仇讎欲相除也有讎而長之禍不在己則在後人不可不爲遠慮也昔伍子胥曰越十年生聚十年教訓二十年之外吳其爲沼乎夫差自恃彊大聞此邈然是以誅子胥而無備越之心至於臨敗悔之豈有及乎越小於吳尚爲吳禍況其彊大者邪昔秦但得關西耳尚以并吞六國今賊皆得秦趙韓魏燕齊九州之地地悉戎馬之鄉士林之藪今以魏比古之秦土地數倍以吳與蜀比古六國不能半之然今所以能敵之但以操時兵衆於今適盡而後生者未悉長大正是賊衰少未盛之時加司馬懿先誅王淩續自殞斃其子幼弱而專彼大任雖有智計之士未得施用當今伐之是其厄會聖人急於趨時誠謂今日若順衆人之情懷偷安之計以爲長江之險可以傳世不論魏之終始而以今日遂輕其後此吾之所以長歎息者也自古以來國之彊弱在乎產育今者賊民歲月繁滋但以尚小未可得用耳若復十數年後其衆必倍於今而國家勁兵之地皆已空盡唯有此見衆可以定事若不早用之端坐使老復十數年略當損半而見子弟數不足言者若賊衆一倍而我兵損半雖復使伊管圖之未可如何今不達遠慮者必以此言爲迂夫禍難未至而豫憂慮此固衆人之所迂也及於難至然後頓顙雖有智者又不能圖此乃古今所病非獨一時昔吳始以伍員爲迂故難至而不可救劉景升不能慮十年之後故無以貽其子孫今恪無具臣之才而任大吳蕭霍之任智與衆同思不經遠若不及今日爲國斥境俛仰年老而讎敵更彊欲刎頸謝責寧有補邪今聞衆人或以百姓尚貧欲務閑息此不知慮其大危而愛其小勤者也昔漢祖幸已自有三秦之地何不閉關守險以自娛樂空出攻楚身被創痍介冑生蟣虱將士厭困苦豈甘鋒刃而忘安寧哉慮其長久不得兩存者耳每覽荊邯說公孫述以進取之圖近見家叔父表陳與賊爭競之計未嘗不喟然歎息也夙夜反側所慮及此故聊疏愚言以達二三君子之末若一朝隕歿志畫不立貴令來世知我所憂可思於後衆皆以恪此論欲必爲之辭然莫敢復難丹陽太守聶友素與恪善書諫恪曰大行皇帝本有遏東關之計計未施行今公輔贊大業成先帝之志寇遠自送將士憑賴威德出身用命一旦有非常之功豈非宗廟神靈社稷之福邪宜且案兵養銳觀釁而動今乘此勢欲復大出天時未可而苟任盛意私心以爲不安恪題論後爲書答友曰足下雖有自然之理然未見大數熟省此論可以開悟矣於是違衆出軍大發州郡二十萬衆百姓騷動始失人心恪意欲耀兵淮南驅略民人而諸將或難之曰今引軍深入疆埸之民必相率遠遁恐兵勞而功少不如止圍新城新城困救必至至而圖之乃可大獲恪從其計迴軍圍新城攻守連月城不拔士卒疲勞因暑飲水洩下流腫病者大半死傷塗地諸營吏日白病者多恪以爲詐欲斬之自是莫敢言恪內惟失計而恥城不下忿形於色將軍朱異有所是非恪怒立奪其兵都尉蔡林數陳軍計恪不能用策馬奔魏魏知戰士疲病乃進救兵恪引軍而去士卒傷病流曳道路或頓仆坑壑或見略獲存亡忿痛大小呼嗟而恪晏然自若出住江渚一月圖起田於潯陽詔召相銜徐乃旋師由此衆庶失望而怨黷興矣秋八月軍還陳兵導從歸入府館即召中書令孫嘿厲聲謂曰卿等何敢妄數作詔嘿惶懼辭出因病還家恪征行之後曹所奏署令長職司一罷更選愈治威嚴多所罪責當進見者無不竦息又改宿衛用其親近復勑嚴兵欲向青徐孫峻因民之多怨衆之所嫌構乃造言恪欲爲變與孫亮謀宴恪而圖之恪將見之夜精爽擾動通夕不寐明將盥漱聞水腥臭侍者授衣衣服亦臭恪怪其故令易衣易水其臭如初意惆悵不悅嚴畢趨出犬銜引其衣恪曰犬不欲我行乎還坐頃刻乃復起犬又銜其衣恪令騶去逐升車初恪將征淮南有孝子著縗衣入其閤中從者白之令外詰問孝

子曰不自覺入時中外守備亦悉不見衆皆異之出行之後所坐廳事屋棟中折自新城出住東興有白虹見其船還拜蔣陵白虹復繞其車及將見駐車宮門峻已伏兵於帷中恐恪不時入事泄自出見恪曰使君若尊體不安自可須後峻當具白主上欲以嘗知恪恪答曰當自力疾入散騎常侍張約朱恩密書與恪曰今日張設非常疑有他故恪省書而去未出路門逢太常滕允恪曰卒腹痛不任入允不知峻陰計謂恪曰君自行旋未見今上置酒請君君已至門宜當力進恪躊躇而還劒履上殿謝亮還坐設酒恪疑未飲峻因白使君病未平善當有常服藥酒自可取之恪意乃安別飲所齎酒酒數行亮還內峻起如廁解長衣著短服出曰有詔收諸葛恪恪驚起拔劒未得而峻刀交下張約從傍斫峻裁傷左手峻應手斫斷約右臂武衛之士皆趨上殿峻曰所取者恪也今已死悉令復刃乃除地更飲先是童謠曰諸葛恪蘆葦單衣篾鉤落於何相求成子閣成子閣者反語石子岡也建業南有長陵名曰石子岡葬者依焉鉤落者校飾革帶世謂之鉤落帶恪果以葦席裹其身篾束其腰而投於此岡時年五十一恪長子綽爲騎都尉以交關魯王事權遣付恪令更教誨恪鴆殺之中子竦長水校尉少子建步兵都尉聞恪誅車載其母而走峻遣騎督劉承追斬竦於白都建得度江欲北走魏行數十里爲追兵所逮恪外甥都鄉侯張震及常侍朱恩等皆夷三族初竦數諫恪恪不從常憂懼禍及亡臨淮臧均表乞收葬恪曰臣聞震雷電激不崇一朝大風衝發希有極日然猶繼以雲雨因以潤物是則天地之威不可經日浹辰帝王之怒不可訖情盡意故太傅諸葛恪得承祖考風流之烈致名英偉服事累紀先帝委以伊尹之任屬以萬機之事而恪性剛愎不能敬守神器興功暴師虛耗士民空竭府庫專擅國憲廢易由意假刑劫衆大小屏息侍中武衛將軍都鄉侯臣峻俱受先帝囑託之詔見其姦虐恐其傾危宗社奮其威怒躬持白刃梟恪殿堂勳超朱虛功越東牟國之元害一朝大除此誠宗廟之神靈天人之同驗也今恪父子三首縣市積日觀者數萬詈聲成風然人情之於品物樂極則哀生見恪貴盛世莫與二今之誅夷無異禽獸觀訖情反能不憯然且已死之人與土壤同域鑿掘斫刺無所復加願聖朝稽則乾坤怒不極旬使其鄉邑若故吏民收以士伍之服惠以三寸之棺昔項籍受殯葬之施韓信獲收斂之恩斯則漢高發神明之譽也惟陛下垂哀矜之心使國澤加於辜戮以揚聲遐方沮勸天下豈不弘哉昔欒布矯命彭越臣竊恨之不先請主上而專名以肆情其得不誅實爲幸耳今臣不敢章宣愚情以露天恩謹伏手書冒昧陳聞乞聖朝哀察於是亮峻聽恪故吏斂葬遂求之於石子岡恪始退軍還聶友知其將敗書與滕允曰當人彊盛河山可拔一朝羸縮人情萬端言之悲歎恪誅後孫峻忌友欲以爲鬱林太守友發病憂死友字文悌豫章人也

滕允字承嗣北海劇人也伯父耽父冑與劉繇州里通家以世擾亂渡江依繇孫權爲車騎將軍拜耽右司馬以寬厚稱早卒無嗣冑善屬文權待以賓禮軍國書疏嘗令損益潤色之亦不幸短命權爲吳王追錄舊恩封允都亭侯允少有節操美容儀弱冠尚公主年三十起家爲丹陽太守徙吳郡會稽所在見稱太元元年權寢疾詔都留爲太常與諸葛恪俱受遺詔輔政孫亮即位加衛將軍恪將悉衆北伐魏允諫恪曰君以喪代之際受伊霍之託入安本朝出摧彊敵名聲振於海內天下莫不震動萬姓之心冀得蒙君而息今猥以勞役之後興師出征民疲力屈遠主有備若攻城不克野略無獲是喪其勞而招後責也不如按甲息師觀隙而動且兵者大事事以衆濟衆皆不悅君獨安之恪曰諸云不可者皆不見計算懷居苟安者也而子復以爲然吾何望焉夫以曹芳闇劣而政在私門彼之民人固有離心今吾因國家之資藉戰勝之威則何往而不克哉以允爲都下督掌統留事允白日接賓客夜省文書或通曉不寐及恪誅孫峻爲丞相大將軍允以恪子竦妻父辭位峻曰鯀禹罪不相及滕侯何爲峻允雖內不沾洽而外相苞容進允爵高密侯共事如前太平元年峻遣魏叛將文欽與驃騎將軍呂據車騎劉纂鎮南朱異前將軍唐咨等北伐峻餞諸軍於石頭入據軍見據軍嚴整心惡之稱病去尋卒以後事付其從弟綝綝遂代知朝政呂據聞之大恐與諸督將連兵共表薦允爲丞相綝更以允爲大司馬代呂岱駐武昌據引兵還使人報允欲共廢綝綝聞之遣從兄慮將兵逆據於江都使中使勅文欽劉纂唐咨等合衆擊據遣侍中左將軍華融中書丞丁晏告允取據并喻允宜速去意允自以禍及因留融晏勒兵自衞召典軍楊崇將軍孫咨告以綝爲亂迫融等使作書難綝綝不聽表言允反許將軍劉丞以封爵使率兵騎急攻圍允允又劫融等使作詔發兵融等不從允皆殺之允顏色不變談笑若常或勸允引兵至蒼龍門將士見公出必皆委綝就公時夜已半允恃與

據期又難舉兵向宮乃約令部曲說呂侯已在近道故皆爲允盡死無離散者時大風比曉據不至綝兵大會遂殺允及將士數十人夷允三族

濮陽興字子元陳留人也父逸漢末避亂江東官至長沙太守興少有士名孫權時除上虞令稍遷至尚書左曹以五官中郎將使蜀還爲會稽太守時瑯邪王休居會稽興深與交結及休即位徵興爲太常衛將軍平軍國事封外黃侯永安三年都尉嚴密建丹陽湖田作浦里塘詔百官會議咸以爲用功多而田不可保成唯興以爲可成遂會諸兵民就作功傭之費不可勝數士卒不亡或自賊殺百姓大怨之興遷爲丞相與休寵臣左將軍張布共相表裏邦內失望七年七月休薨左典軍萬彧素與烏程侯孫皓善乃勸興布立之於是興布廢休適子而迎立皓皓既踐阼加興侍中領靑州牧俄而彧譖興布追悔前事十一月朔入朝皓因收興布徙廣州道追殺之夷三族

王蕃字永元廬江人也博覽多聞兼通術藝始爲尚書郎去官孫休即位與賀邵薛瑩虞汜俱爲散騎中常侍皆加駙馬都尉時論淸之遣使至蜀蜀人稱焉還爲夏口監軍孫皓立復入爲常侍與萬彧同官彧與皓有舊挾主自尊謂蕃輕已又中書丞陳聲皓之嬖臣數譖毀蕃蕃體氣高亮不能承顏順指時或迕意積以見責甘露二年丁忠使晉還皓大會羣臣蕃沈醉頓伏皓疑而不悅轝蕃出外頃之請還酒亦不解蕃性有威嚴行止自若皓大怒呵左右於殿下斬之衛將軍滕牧征西將軍留平請不能得丞相陸凱上疏曰常侍王蕃黃中通理知天知物處朝忠謇斯社稷之重鎭大吳之龍逢也昔事景皇納言左右景皇欽嘉歎爲異倫而陛下忿其苦辭惡其直對梟之殿堂尸骸暴棄邦內傷心有識悲悼其痛蕃如此蕃死時年三十九皓徙蕃家屬廣州二弟著延皆稱佳器郭馬起事不爲馬用見害

樓元字承先沛郡蘄人也孫休時爲監農御史孫皓即位與王蕃郭逴萬彧俱爲散騎中常侍出爲會稽太守入爲大司農舊禁中主者自用親近人作之彧陳親密近職宜用好人皓因勑有司求忠淸之士以應其選遂用元爲宮下鎭禁中侯主殿中事元從九卿持刀侍衛正身率衆奉法而行應對切直數迕皓意漸見責怒後人誣白元與賀邵相逢駐共耳語大笑謗訕政事遂被詔詰責送付廣州東觀令華覈上疏爲之申救皓不聽皓疾元名聲復徙元及子據付交阯將軍張奕使以戰自效陰別勑奕令殺之據到交阯病死元一身隨奕討賊持刀步涉見奕輒拜奕未忍殺會奕暴卒元殯斂奕於器中見勑書還便自殺

賀邵字興伯會稽山陰人也孫休即位從中郎將爲散騎中常侍出爲吳郡太守孫皓時入爲左典軍遷中書令領太子太傅皓兇暴驕矜政事日弊邵上疏諫曰臣聞興國之君樂聞其過荒亂之主樂聞其譽聞其過者過日消而福臻聞其譽者譽日損而禍至陛下嚴刑法以禁直辭黜善士以逆諫口杯酒造次死生不保是以正士摧方庸臣苟媚人執反理之評士吐詭道之論遂使仕者以退爲幸居者以出爲福非所以保洪緒也何定本趨走下隸陛下假之以威權妄興事役發江邊戍兵以驅麋鹿老弱饑凍大小愁歎傳曰國之興也視民如赤子其亡也以民爲草芥今法禁轉苛賦調益繁呼嗟之聲感傷和氣且國無一年之儲家無經月之畜而後宮坐食萬有餘人內有離曠之怨外有損耗之費北敵注目伺國盛衰長江之限不可久恃苟不能守一葦可杭也願陛下豐基彊本割情從道則成康之治興聖祖之祚隆矣書奏皓深恨之邵奉公貞正親近所憚乃共譖邵與樓元謗毀國事俱被詰責元見送南州邵原復職後邵中惡風口不能言去職數月皓疑其託疾收付酒藏掠考千所邵卒無一言竟見殺害家屬徙臨海并下詔誅元子孫是歲天冊元年也邵年四十九

邵子循入晉有傳

韋昭字弘嗣吳郡雲陽人也少好學能屬文從丞相掾除西安令還爲尚書郎遷太子中庶子時蔡穎亦在東宮性好博弈太子和以爲無益命昭論之其辭曰蓋聞君子恥當年而功不立疾沒世而名不稱故曰學如不及猶恐失之是以古之志士悼年齒之流邁而懼名稱之不立也故勉精厲操晨興夜寐不遑寧息經之以歲月累之以日力若甯越之勤董生之篤漸漬德義之淵棲遲道藝之域且以西伯之聖姬公之才猶有日昃待旦之勞故能隆興周道垂名億載況在臣庶而可以已乎歷觀古今立功名之士皆有累積殊異之迹勞身苦體契闊勤思平居不墮其業窮困不易其素是以卜式立志於耕牧而黃霸受道於囹圄終有顯榮之福以成不朽之名故山甫勤於夙夜而吳漢不離公門豈有游惰哉今世之人多不務經術好翫博弈廢事棄業忘寢與食窮日盡明繼以脂燭當其臨局交爭雌雄未決專精銳意心勞體倦人事曠而不修賓旅闕而不接雖有太牢之饌韶夏之樂不暇存也至或賭及衣物徙棊易

行廉恥之意弛而忿戾之色發然其所志不出一枰之上所務不過方罫之閒勝敵無封爵之賞獲地無兼土之實技非六藝用非經國立身者不階其術徵選者不由其道求之於戰陣則非孫吳之倫也考之於道藝則非孔氏之門也以變詐爲務則非忠信之事也以劫殺爲名則非仁者之意也而空妨日廢業終無補益是何異設木而擊之置石而投之哉且君子之居室也勤身以致養其在朝也竭命以納忠臨事猶且旰食而何博弈之足耽夫然故孝友之行立貞純之名彰也方今大吳受命海內未平聖朝乾乾務在得人勇略之士則受熊虎之任儒雅之徒則處龍鳳之署百行兼苞文武並騖博選良材旌簡髦俊設程試之科垂金爵之賞誠千載之嘉會百世之良遇也當世之士宜勉思至道愛功惜力以佐明時使名書史籍勳在盟府乃君子之上務當今之先急也夫一木之枰孰與方國之封枯棊三百孰與萬人之將袞龍之服金石之樂足以兼棊局而貿博弈矣假令世士移博奕之力而用之於詩書是有顏閔之志也用之於智計是有良平之思也用之於資貨是有猗頓之富也用之於射御是有將帥之備也如此則功名立而鄙賤遠矣和廢後爲黃門侍郎孫亮即位諸葛恪輔政表昭爲太史令撰吳書華覈薛瑩等皆與參同孫休踐阼爲中書郎博士祭酒命昭依劉向故事校定衆書又欲延昭侍講而左將軍張布近習寵幸事行多玷懼昭侍講儒士又性精确懼以古今警戒休意固爭不可休深恨布然昭竟止不入孫皓即位封高陵亭侯遷中書僕射職省爲侍中常領左國史時在所承指數言瑞應皓以問昭昭答曰此人家筐篋中物耳又皓欲爲父和作紀昭執以和不登帝位宜名爲傳如是者非一漸見責怒昭益憂懼自陳衰老求去侍史二官欲乞成所造書以後業別有所付皓終不聽時有疾病醫藥監護持之愈急皓每饗宴無不竟日坐席無能否率以七升爲限雖不悉入口皆澆灌取盡昭素飲酒不過二升初見禮異時常爲裁減或密賜茶荈以當酒至於寵衰更見逼彊輒以爲罪又於酒後使侍臣難折公卿以嘲弄侵克發擿私短以爲歡笑時有愆過或誤犯皓諱輒見收縛至於誅戮昭以爲外相毀傷內長尤恨使不克濟非佳事也故但示難問經義言論而已皓以爲不承用詔命意不忠盡遂積前後嫌忿收昭付獄是歲鳳皇二年也昭因獄吏上辭曰囚荷恩見哀無與爲比曾無芒氂有以上報孤辱恩寵自陷極罪念當灰滅長棄黃泉愚情慺慺竊有所懷貪令上聞囚昔見世閒有古歷法其所紀載既多虛無在書籍者亦復錯謬囚尋案傳記考合異同采摭耳目所及以作洞紀起自庖犧至於秦漢凡爲三卷當起黃武以來別作一卷事尙未成又見劉熙所作釋名信多佳者然物類衆多難得詳究故時有得失而爵位之事又有非是愚以官爵今之所急不宜乖誤囚自忘至微又作官職訓及辨釋名各一卷欲表上之新寫始畢會以無狀幽囚待命泯沒之日恨不上聞謹以先死列狀乞上言祕府於外料取呈內以聞追懼淺蔽不合天聽抱怖雀息乞垂哀省昭冀以此求免而皓更怪其書之垢故又以詰昭昭對曰囚撰此書實欲表上懼有謬誤數數省讀不覺點汙被問寒戰形氣吶吃謹追辭叩頭五百下兩手自搏而華覈連上疏救昭言昭自少勤學雖老不倦探綜墳典溫故知新及意所經識古今行事外吏之中少過昭者昔李陵爲漢將軍敗不還而降匈奴司馬遷不加疾惡爲陵游說漢武帝以遷有良史之才欲使畢成所撰忍不加誅書卒成立垂之無窮今昭在吳亦漢之史遷也伏見前後符瑞彰著神指天應繼出累見一統之期庶不復久事平之後當觀時設制三王不相因禮五帝不相沿樂質文殊塗損益異體宜得昭輩依準古義有所改立漢氏承秦則有叔孫通定一代之儀昭之才學亦漢通之次也又吳書雖已有頭角敘贊未述昔班固作漢書文辭典雅後劉珍劉毅等作漢記遠不及固敘傳尤劣今吳書當傳千載編次諸史後之才士論次善惡非得良才如昭者實不可使闕不朽之書如臣頑蔽誠非其人昭年已七十餘數無幾乞赦其一等之罪爲終身徒使成書業永足傳示垂之百世謹通進表叩頭百下皓不許遂誅昭徙其家於零陵昭子隆亦有文學

華覈字永先吳郡武進人也始爲上虞尉典農都尉以文學入爲祕府郎遷中書丞蜀爲魏所并覈詣宮門發表曰閒聞賊衆蟻聚向西境西境艱險謂當無虞定聞陸抗表至成都不守臣主播越社稷傾覆昔衞爲翟所滅而桓公存之今道里長遠不可救振失委附之土棄貢獻之國臣以草芥竊懷不寧陛下聖仁恩澤遠撫卒聞如此必垂哀悼臣不勝忡悵之情謹拜表以聞孫皓即位封徐陵亭侯寶鼎二年皓更營新宮制度弘廣飾以珠玉所費甚多是時盛夏興工農守並廢覈上疏諫曰臣聞漢文之世九州晏然秦民喜去慘毒之苛政歸劉氏之寬仁省役約法與之更始分王子弟以藩漢室當此之時皆以爲泰山之安無窮之基也至於賈誼獨

以爲可痛哭及流涕者三可爲長歎息者六乃曰方今之勢何異抱火於積薪之下而寢其上火未及燃而謂之安其後變亂皆如其言臣雖下愚不識大倫竊以曩時之事揆今之勢誼云後數年間諸王方剛漢之傅相稱疾罷歸欲以此爲治雖堯舜不能安今大敵據九州之地有太半之眾習攻戰之餘術乘戎馬之儁勢欲與中國爭相吞之計其猶楚漢勢不兩立非徒漢之諸王淮南濟北而已誼之所欲痛哭比今爲緩抱火臥薪之喻於今爲急大皇帝覽前代之如彼察今勢之如此故廣開農桑之業積不貲之儲恤民重役務養戰士是以大小感恩各思竭命期運未至早棄萬國自是之後彊臣專政上詭天時下違眾議忘安存之本邀一時之利數興軍旅傾竭府藏兵勞民困無時獲安今之存者乃創夷之遺眾哀苦之餘民耳遂使軍資空匱倉廩不實布帛之賜寒暑不周重以失業家戶不贍而北積穀養民專心東向無復他警蜀爲西藩土地險固加承先主統御之術謂其守御足以長久不圖一朝奄至傾覆脣亡齒寒古人所懼交州諸郡國之南土交阯九眞二郡已沒日南孤危存亡難保合浦以北民皆搖動因連避役多有離叛而備戍減少威鎮轉輕常恐呼吸復有變故昔海虜窺窬東縣多得離民比習海行狃於往年鈔盜無日今胸背有嫌首尾多難乃國朝之厄會也誠宜住建立之役先備豫之計勉墾殖之業爲飢乏之救惟恐農時將過東作向晚有事之日整嚴未辦若舍此急盡力功作卒有風塵不虞之變當委版築之役應烽燧之急驅怨苦之眾赴白刃之難此乃大敵所因爲資也如但固守曠日持久則軍糧必乏不待接刃而戰士已困矣昔太戊之時桑穀生庭懼而修德怪消殷興熒惑守心宋以爲災景公下從瞽史之言而熒惑退舍景公延年夫修德於身而感異類言發於口而通神明臣以愚蔽誤忝近署不能翼宣仁澤以感靈祇仰慚俯愧無所投處退伏惟思熒惑桑穀之異天示二主至如他餘錙介之妖僅是門庭小神所爲驗之天地無有他變而徵祥符瑞前後屢臻明珠既覿白雀繼見萬億之祚實靈所挺夫王者以九域爲宅天下爲家不與編戶之民轉徙相同今之宮室先帝所營卜土立基非爲不祥又揚市土地與宮相接若大功畢竟輿駕遷住門行之神皆當轉移猶恐長久未必勝舊屢遷不可留則有嫌此乃愚臣所以夙夜爲憂灼也臣省月令季夏之月不可以興土功不可以會諸侯不可以起兵動眾舉大事必有大殃六月戊己土行正王既不可犯加又農月時不可失昔魯隱公夏城中邱春秋書之垂爲後戒今築宮爲長世之弘基而犯天地之大禁襲春秋之所書廢敬授之上務臣以愚管竊所未安又恐所召離民或有不至討之則廢役興事不討則日月滋蔓若悉並到大眾聚會希無疾病且人心安則念善苦則怨叛江南精兵北土所難欲以十卒當東一人天下未定深可憂惜之如此宮成死叛五千則北軍之眾更增五萬若到萬人則倍益十萬病者有死亡之損叛者傳不善之語此乃大敵所以歡喜也今當角力中原以定彊弱正於際會彼益我損加以勞困此乃雄夫智士所以深憂臣聞先王治國無三年之儲曰國非其國安寧之世戒備如此況敵彊大而忽農忘畜今雖頗種殖間者大水沈沒其餘存者當須耘穫而長吏怖期上方諸郡身涉山林盡力伐材廢農棄務士民妻孥羸小墾殖又薄若有水旱則永無所穫州郡見米當待有事冗食之眾仰官供濟若上下空乏運漕不供而北敵犯彊使周召更生良平復出不能爲陛下計明矣書奏皓不納後遷東觀令領右國史累上疏辭讓皓不許時倉廩無儲世俗滋侈累上疏曰今寇虜充斥征伐未已居無積年之儲出無應敵之畜此乃有國者所宜深憂也夫財穀所生當出於民趨時務農國之上急而都下諸官所掌別異各自下調不計民力輒與近期長吏畏罪晝夜催民委舍佃事遑赴會日定送到都或蘊積不用而徒使百姓消力失時到秋收月督其限入奪其播殖之時而責其今年之稅如有逋懸則籍沒財物故家戶貧困衣食不足宜暫息眾役專心農桑古人稱一夫不耕或受其飢一女不織或受其寒是以先王治國惟農是務軍興已來已向百歲農人廢南畝之務女工停機杼之業推此揆之則蔬食而長飢薄衣而履冰者固不少矣臣聞主之所求於民者二民之所望於主者三二謂求其爲己勞也求其爲己死也三謂飢者能食之勞者能息之有功者能賞之民以致其二事而主失其三望者則怨心生而功不建今帑藏不實民勞役猥主之二求已備民之三望未報且飢者不待美饌而後飽寒者不待狐貉而後溫滋味者口之奇文繡者身之飾也今事多而役繁民貧而俗奢百工作無用之器婦人爲綺靡之飾不勤麻枲並繡文黼黻轉相倣效恥獨無有兵民之家猶復逐俗內無儋石之儲而出有綾綺之服至於富賈商販之家重以金銀奢恣尤甚天下未平百姓不贍宜一生民之原豐穀帛之業而棄功於浮華之巧妨日於侈靡之事

上無尊卑等級之差下有耗財費力之損今吏士之家少無子女多者三四少者一二通令戶有一女十萬家則十萬人人織績一歲一束則十萬束矣使四疆之內同心戮力數年之閒布帛必積恣民五色惟所服用但禁綺繡無用之飾且美貌者不待華采以崇好豔姿者不待文綺以致愛五采之飾足以麗矣若極粉黛窮盛服未必無醜婦廢華采去文繡未必無美人也若實如論有之無益廢之無損乃何愛而不暫禁以充府庫之急乎此救乏之上務富國之本業也使管晏復生無以易此漢之文景承平繼統天下已定四方無虞猶以雕文之傷農業錦繡之害女工開富國之利杜飢寒之本況今六合分乖豺狼充路兵不離疆甲不解帶而可以不廣生財之原充府藏之積哉皓以覈年老勅令草表覈不敢又勅作草文停立待之覈爲文以呈辭旨哀怖皓見而矜之覈前後陳便宜及貢薦良能解釋罪過書百餘上皆有補益文多悉不載天冊元年以微譴免數歲卒昭覈所論事章疏咸傳於世也

李衡字叔平本襄陽卒家子也漢末入吳爲武昌庶民聞羊衜有人物之鑒往干之衜曰多事之世尚書劇曹郎才也是時校尉呂壹操弄權柄大臣畏逼莫有敢言衡曰非李衡無能困之者遂共薦爲郎權引見衡衡口陳壹姦短數千言權有愧色數月壹被誅而衡大見顯擢後嘗爲諸葛恪司馬幹恪府事恪被誅求爲丹陽太守時孫休在郡治衡數以法繩之妻習氏每諫衡衡不從會休立衡憂懼謂妻曰不用卿言以至於此遂欲奔魏妻曰不可君本庶民耳先帝相拔過重既數作無禮而復逆自猜嫌逃叛求活以此北歸何面見中國人乎衡曰計何所出妻曰琅邪王素好善慕名方欲自顯於天下終不以私嫌殺君明矣可自囚詣獄表列前失顯求受罪如此乃當逆見優饒非但直活而已衡從之果得無患又加威遠將軍授以棨戟衡每欲治家妻輒不聽後密遣客十人於武陵龍陽汎洲上作宅種甘橘千株臨死勅兒曰汝母惡吾治家故窮至是然吾洲里有千頭木奴不責汝衣食歲上千匹絹亦當足用耳衡亡後二十餘日兒以白母母曰此當是種甘橘也汝家失十戶客來七八年必汝父遣爲宅汝父嘗稱太史公言江陵千樹橘當封君家吾答曰且人患無德義不患不富若貴而能貧方好耳用此何爲吳末衡甘橘成歲得絹數千匹家道殷足晉咸康中其宅亡枯橘猶有存者

孟仁字恭武江夏人也本名宗避皓字易焉少從南陽李肅學其母爲作厚褥廣被或問其故母曰小兒無德致客學者多貧故爲廣被庶可得與氣類接也宗讀書夙夜不懈肅奇之曰卿宰相器也初爲驃騎將軍朱據軍吏將母在營既不得志又夜雨屋漏因起涕泣以謝其母母曰但當勉之何足泣也據亦稍知之後除爲鹽池司馬自能結網手以捕魚作鮓寄母母因以還之曰汝爲魚官而以鮓寄我非避嫌也遷吳令時皆不得將家屬之官宗至官每得時物來以寄母常不先食時吳法在職不得奔喪罪當大辟宗聞母亡犯禁委官奔赴已而自拘於武昌以聽刑丞相陸遜陳其素行孫權特爲減死一等復使爲官蓋優之也初宗母嗜笋冬節將至時笋尚未生宗乃入竹林哀歎而笋爲之出得以供母時以爲孝感之所致後累遷光祿勳位終三公

鄭泉字文淵陳郡人也博學有奇志而性嗜酒常曰願得美酒滿五百斛船以四時甘脆置兩頭反覆沒飲之憊即住而啖肴饍酒有斗升減隨即益之不亦快乎孫權以爲郎中嘗與之言曰卿好於衆中面諫或失禮敬寧畏龍鱗乎對曰臣聞君明臣直今值朝廷上下無諱實恃弘恩不畏龍鱗後侍宴權乃怖之令提出付有司促治罪泉臨出屢顧權權呼還笑曰卿言不畏龍鱗何以臨出而顧乎對曰實恃恩覆知無死憂至當出閤感懷威靈不能不顧耳後權遣泉使蜀劉備問曰吳王何以不答吾書得無以吾正名不宜乎泉曰曹操父子陵轢漢室終奪其位殿下託爲宗室有維城之責不杖戈執銳爲海內率先而於是自名未合天下之議是以寡君未復書耳備甚慙恧泉後臨卒謂同類曰必葬我陶家之側庶百歲後化而成土幸見取爲酒壺實獲我心

紀陟字子上丹陽人也初爲中書郎孫峻使詰南陽王和令其引分陟密使和令正辭自理峻怒陟懼閉門不出孫休時父亮爲尚書令而陟爲中書令每朝會詔以屏風隔其坐出爲豫章太守後爲光祿大夫與五官中郎將弘璆奉使如魏至壽春壽春將王布示之馬射既而問之曰吳之君子亦能斯乎陟曰此軍人騎士肄業士大夫君子未有爲之者矣布大慙既至魏帝見之使儐問曰來時吳主何如陟對曰來時皇帝臨軒百寮陪位御膳無恙司馬昭饗之百位畢會儐者告曰某者安樂公也某者匈奴單于也陟曰西主失土爲君所禮位同三代莫不感義匈奴邊塞難羈之國君王懷之親在坐席此誠恩威遠著又問吳之戍備幾何對曰自西陵以至江都五千七百里又問曰道里甚遠難爲堅固對曰疆界雖遠而其險要必爭之地不過數四猶人雖有

八尺之軀臨不受患其護風寒亦數處耳昭善其言厚爲之禮子孚封都亭侯孚弟贈入仕晉驃騎將軍晉史有傳

通志卷一百二十

宋　右迪功郎鄭樵漁仲撰

列傳第三十四上

晉

王祥 弟覽　鄭沖　何曾 子劭 遵　石苞 子崇 建 孫鑠　歐陽 羊祜

杜預 子錫　陳騫 子輿　裴秀 子頠 秀從弟楷 楷子憲　衛瓘 子恆 孫璪 玠

張華 子禕 韙 劉卞　王沈 子浚　荀顗　荀勗 子藩 藩子邃 藩弟組 組子奕　馮紞　賈充 孫謐 族子模　充弟混 郭彰　楊駿 弟珧 濟

王祥字休徵琅邪臨沂人漢諫議大夫吉之後也祖仁青州刺史父融公府辟不就祥性至孝早喪親繼母朱氏不慈數譖之由是失愛於父每使埽除牛下祥愈恭謹父母有疾衣不解帶湯藥必親嘗母嘗欲生魚時天寒冰凍祥解衣將剖冰求之冰忽自解雙鯉躍出持之而歸母又思黃雀炙復有黃雀數十飛入其幕復以供母鄉里驚歎以爲孝感之所致焉有丹柰結實母命守之每風雨祥輒抱樹而泣其篤孝純至如此漢末遭亂扶母攜弟覽避地廬江隱居三十餘年不應州縣之命母終居喪毀瘁杖而後起徐州刺史呂虔檄爲別駕祥年垂耳順固辭不受覽勸之爲具車牛祥乃應召虔委以州事于時寇盜充斥祥率勵兵士頻討破之州界清靜政化大行時人歌之曰海沂之康實賴王祥邦國不空別駕之功舉秀才除溫令累遷大司農高貴鄉公即位與定策功封關內侯拜光祿勳轉司隸校尉從討毌丘儉增邑四百戶遷太常封萬歲亭侯天子幸太學命祥爲三老祥南面几杖以師道自居天子北面乞言祥陳明王聖主君臣政化之要以訓之聞者莫不砥礪及高貴鄉公之弒也朝臣舉哀祥號哭曰老臣無狀涕淚交流衆有愧色頃之拜司空轉太尉加侍中五等建封睢陵侯邑一千六百戶及武帝爲晉王祥與荀顗往謁顗謂祥曰相王尊重何侯既已盡敬今便當拜也祥曰相國誠爲尊重然是魏之宰相吾等魏之三公相去一階而已班例大同安有天子三司而輒拜人者損魏朝之望虧晉王之德君子愛人以禮吾不爲也及入顗遂拜而祥獨長揖帝曰今日方知君見顧之重矣武帝踐阼拜太保進爵爲公加置七官之職帝新受命虛己以求讜言祥與何曾鄭沖等耆艾篤老希復朝見帝遣侍中任愷諮問得失及政化所先祥以年老疲耄累乞遜位帝不許御史中丞侯史光奏祥久病闕朝會禮請免祥官詔不許祥固乞骸骨詔聽以睢陵公就第位同保傅在三司之右祿賜如前又詔賜几杖不朝大事皆咨訪之賜安車駟馬第一區錢百萬絹五百匹牀帳簟褥以舍人六人爲睢陵公舍人置官騎二十人以公子騎都尉肇爲給事中使常優游定省又以太保高潔清素家無宅宇其權留本府須所賜第成乃出及疾篤著遺令訓子孫曰夫生之有死自然之理吾年八十有五啟手何恨不有遺言使爾無述吾生値季末登庸歷試無毗佐之勳沒無以報氣絕但洗手足不須沐浴勿纏尸皆澣故衣隨時所服所賜山元玉珮衞氏玉玦綬笥皆勿以斂西芒山土自堅貞勿用甓石勿起墳隴穿深二丈椁取容棺勿作前堂布几筵置書箱鏡奩之具棺前但可施牀榻而已糒脯各一盤元酒一杯爲朝夕奠家人大小不須送喪大小祥乃設特牲無違余命高柴泣血三年夫子謂之愚閔子除喪出見援琴切切而哀仲尼謂之孝故哭泣之哀日月降殺飲食之宜自有制度夫言行可覆信之至也推美引過德之至也揚名顯親孝之至也兄弟怡怡宗族欣欣悌之至也臨財莫過乎讓此五者立身之本顏子所以爲命未之思也夫何遠之有其子皆奉而行之泰始五年薨年八十有五詔賜東園祕器朝服一具衣一襲錢三十萬布帛百匹明年策謚曰元祥之薨奔赴者非朝廷之賢則親親故吏而已門無雜弔之賓族孫戎歎曰太保可謂清達矣又稱祥在正始世不在能言之流及與之言理致清遠將非以德掩其言乎祥有五子肇夏馥烈芬肇孽庶夏早卒馥嗣爵咸寧初以祥家甚貧儉賜絹三百匹拜馥上洛太守卒謚曰孝子根嗣散騎郎肇仕至始平太守肇子俊守太子舍人封永世侯俊子遐鬱林太守烈芬並幼知名爲祥所愛二子亦同時而亡將死烈欲還葬舊土芬欲留葬京邑祥流涕曰不忘故鄉仁也不戀本土達也惟仁與達吾二子有焉祥弟覽覽字元通母朱氏遇祥無道覽年數歲見祥被楚撻輒涕泣抱持至于成童每諫其母其母少止凶虐朱屢以非理使祥覽輒與祥俱又虐使祥妻覽妻亦趨而共之朱患之乃止祥喪父之後漸有時譽朱深疾之密使鴆祥覽知之徑起取酒祥疑有毒爭而不與朱遽奪反之自後朱賜祥饌覽輒先嘗朱懼覽致斃遂止覽孝友恭恪名亞於祥及祥仕進覽亦應本郡之召稍遷司徒西曹掾清河太守五等建封即邱子邑六百戶泰始末除弘訓少府職省轉太中大夫祿賜與卿同咸寧初詔以覽爲宗正卿頃之以疾上疏乞骸骨詔聽之以太中大夫歸老賜錢二十萬牀帳薦褥遣殿中醫療疾給藥後轉光祿大夫歸老門施行馬咸寧四年卒時年七十三謚曰貞有六子裁字

士初撫軍長史基字士先治書御史會字士和侍御史正字士則尙書郎彥字士治中護軍琛字士偉國子祭酒初呂虔有佩刀工相之以爲必登三公可服此刀虔謂祥曰苟非其人刀或爲害卿有公輔之量故以相與祥始固辭彊之乃受祥臨薨以刀授覽曰汝後必興足稱此刀覽後奕世多賢才興於江左矣裁子導別有傳

鄭冲字文和滎陽開封人也起自寒微卓爾立操淸恬寡慾耽玩經史遂博究儒術及百家之言有姿望動必循禮任眞自守不要鄉曲之譽由是州郡久不加禮及魏文帝爲太子搜揚仄陋命冲爲文學累遷尙書郎出補陳留太守冲以儒雅爲德莅職無幹局之譽簞食緼袍不營資產世以此重之大將軍曹爽引爲從事中郎轉散騎常侍光祿勳嘉平三年拜司空及高貴鄉公講尙書冲執經親授與侍中鄭小同俱被賞賜俄轉司徒常道鄉公卽位拜太保位在三司之上封壽光侯冲雖位階台輔而不預世事時文帝輔政平蜀之後命賈充羊祜等分定禮儀律令皆先諮於冲然後施用及魏帝告禪使冲奉策武帝踐阼拜太傅進爵爲公頃之司隸李憙中丞侯史光奏冲及何曾荀顗等各以疾病俱應免官帝不許冲遂不視事表乞骸骨優詔不許遣使申喻冲固辭上貂蟬印綬詔又不許泰始六年詔冲與太保朗陵公何曾太尉臨淮公荀顗及司空博陵元公王沈衛將軍鉅平侯羊祜各於本國置郎中令假夫人世子印綬食本秩三分之一如郡公侯比九年冲又抗表致仕詔聽所執以壽光公就第位同保傅在三公之右賜几杖不朝朝有大政輒就諮訪又賜安車駟馬第一區錢百萬絹五百匹牀帳簟褥置舍人六人官騎二十人以世子徽爲散騎常侍使常優游定省祿賜所供策命儀制一如舊典明年薨帝於朝堂發哀追贈太傅賜祕器朝服衣一襲錢三十萬布百匹謚曰成咸寧初有司奏冲與安平王孚等十二人皆存銘太常配食于廟初冲與孫邕曹羲荀顗何晏共集論語諸家訓註之善者記其姓名因從其義有不安者輒改易之名曰論語集解成奏之魏朝于今傳焉冲無子以從子徽爲嗣位至平原內史徽卒子簡嗣

何曾字穎考陳國陽夏人也父夔魏太僕陽武亭侯曾少襲爵好學博聞與同郡袁侃齊名魏明帝初爲平原侯曾爲文學及卽位累遷散騎侍郎汲郡典農中郎將給事黃門侍郎上疏曰今之郡守則古列國之君也上當奉宣朝恩以致惠和下當興利而除其害故得其人則可安非其人則爲患況今國家大舉新有發調軍師遠征上下劬勞是以郡守益不可不得其人臣聞諸郡守有年老或疾病皆委政丞掾不恤庶事或體性疏怠不以政理爲意在官積年惠澤不加於人然於考課之限罪亦不至免絀故得經延歲月而無斥罷之期臣愚以爲可密詔主者使隱核參訪郡守其有老病不隱親人物及宰牧少恩好修人事煩撓百姓者皆可徵還爲更選代頃之遷散騎常侍及宣帝將伐遼東曾上疏魏帝曰臣聞先王制法必全於慎故建官受任則置副佐陳師命將則立監貳宣命遣使則設介副臨敵交刃又參御右蓋以盡思謀之功防安危之變也是以在險當難則權足相濟隕缺不豫則才足相代其爲國防至深至遠及至漢氏亦循舊章韓信伐趙張耳爲貳馬援討越劉隆副軍前世之跡著在篇志今太尉奉辭伐罪精甲銳鋒步騎數萬道路迴阻且四千里雖假天威有征無戰寇或潛遁消引日月命無常期人非金石遠慮詳備誠宜有副今北軍諸將及太尉所督皆爲僚屬名位不殊素無定分統御之尊卒有變急不相鎭攝存不忘亾聖達所裁臣愚以爲宜選大臣名將威重宿著者成其禮秩遣詣北軍進同謀略退爲副佐雖有萬一不虞之變軍主有儲則無患矣帝不從出補河內太守在任有威嚴之稱徵拜侍中母憂去官嘉平中爲司隸校尉撫軍校事尹模憑寵作威姦利盈積朝野畏憚莫敢言者曾奏劾之朝廷稱焉時曹爽專權宣帝稱疾曾亦謝病爽誅乃起視事魏帝之廢也曾預其謀焉時步兵校尉阮籍負才放誕居喪無禮曾面責籍於文帝座曰卿縱情背禮敗俗之人今忠賢執政綜核名實若卿之曹不可長也因言於帝曰公方以孝治天下而聽阮籍以重哀飲酒食肉於公座宜擯四裔無令汙染華夏帝曰此子羸病若此君不能爲吾忍邪曾重引據辭理甚切帝雖不從時人甚憚之毋丘儉誅子甸妻荀應坐死其族兄顗族父虞並景帝姻通其表魏帝以匄其命詔聽離婚荀所生女芝爲潁川太守劉子元妻亦坐死以懷妊繫獄荀辭詣曾乞恩曰芝繫在廷尉顧影知命計日備法乞沒爲官婢以贖芝命曾哀之騰辭上議朝廷僉以爲當遂改法焉曾在司隸積年遷尙書正元中爲鎭北將軍都督河北諸軍事假節將之鎭文帝使武帝齊王攸辭送數十里曾盛爲賓主備太牢之饌侍從吏騶莫不醉飽帝既出又過其子劭曾先敕劭曰客必過汝汝當豫嚴劭不冠帶停帝良久曾深以譴劭其見崇重如此遷征北將軍進封潁昌鄉侯咸熙初拜司徒改

封朗陵侯文帝爲晉王曾與高柔鄭冲俱爲三公將入見曾獨致拜盡敬二人猶揖而已及武帝襲王位以曾爲晉丞相加侍中與裴秀王沈等勸進踐阼拜太尉進爵爲公食邑千八百戸泰始初詔以曾爲太保侍中如故久之以本官領司徒曾固讓不許遣散騎常侍喻旨乃視事進位太傅曾以年老屢乞遜位詔不許又進太宰侍中如故朝會劒履乘輿上殿如漢相國蕭何田千秋魏太傅鍾繇故事賜錢百萬絹五百匹及八尺牀帳簟褥自副置長史掾屬祭酒及員吏一依舊制所給親兵官騎如前主者依次按禮典務使優備後每召見勅以常所服飲物自隨令二子侍從咸寧四年薨年八十帝於朝堂素服舉哀賜東園祕器朝服一具衣一襲錢三十萬布百匹將葬下禮官議謚博士秦秀謚爲繆醜帝不從策謚曰孝太康末子劭自表改謚爲元曾性至孝閨門整肅自少及長無聲樂嬖幸之好年老之後與妻相見皆正衣冠相待如賓己南面妻北面再拜上酒酬酢既畢便出一歲如此不過再三焉司隷校尉傅元嘗著論稱曾及荀顗以爲極盡孝道足爲君子之儀表然性奢豪務在華侈帷帳車服窮極綺麗厨膳滋味過於王者每燕見不食太官所設帝輒令取其食蒸餅上不拆作十字不食食日萬錢猶云無下箸處人以小紙爲書者敕記室勿報劉毅等數劾奏曾侈忲無度帝以其重臣一無所問都官從事劉享嘗奏曾華侈以銅鉤紖車瑩牛蹄角後曾辟享爲掾或勸勿應享謂至公之體不以私憾遂應辟曾嘗因小事加享杖罰其外寛內忌亦此類也時司空賈充權擬人主曾卑充而附之及充與庾純因酒相競曾黨充而抑純以此爲正直所非二子遵劭劭字敬祖少與武帝同年有總角之好帝爲王太子以劭爲中庶子及卽位轉散騎常侍甚見親待劭雅有姿望遠客朝見必以劭侍直每諸方貢獻帝輒賜之而觀其占謝焉咸寧初有司奏劭及兄遵等受故鬲令袁毅貨雖經赦有宜皆禁止事下廷尉詔曰太保與毅有累世之交遵等所取差薄一皆置之遷侍中尚書惠帝卽位初建東宮太子年幼欲令親萬機故盛選六傅以劭爲太子太師通省尚書事後轉特進累遷尚書左僕射劭博學善屬文陳說近代事若指諸掌永康初遷司徒趙王倫簒位以劭爲太宰及三王交爭劭以軒冕而游其間無怨之者而驕奢簡貴亦有父風衣裘服玩新故巨積食必盡四方珍異一日之供以錢二萬爲限時論以爲太官御膳無以加之然優游自足不貪權勢常語鄉人王詮曰僕雖名位過幸少無可書之事惟與夏侯長容諫授博士可傳史冊耳所撰荀粲王弼傳及諸奏議文章並行於世永嘉元年薨贈司徒謚曰康子岐嗣劭初亡袁粲弔岐岐辭以疾粲獨哭而出曰今年決下婢子品王詮謂之曰知死弔死何必見生岐前多罪爾時不下何公新亡便下岐品人謂中正畏彊易弱粲乃止劭庶兄遵字思祖少有幹能起家散騎黃門郎散騎常侍侍中累轉大鴻臚性亦奢忲役使御府工匠作禁物又鬻行器爲司隷劉毅所奏免官太康初起爲魏郡太守遷太僕卿又免官卒於家四子嵩綏機羨嵩字泰基寛弘愛士博觀墳籍尤善史漢少歷清官領著作郎綏字伯蔚位至侍中尚書自以繼世名貴奢侈過度性旣輕物翰札簡傲城陽王尼見綏書疏謂人曰伯蔚居亂而矜豪乃爾豈其免乎劉輿潘滔譖之於東海王越越遂誅綏初曾侍武帝宴退而告遵等曰國家應天受禪創業垂統吾每宴見未嘗聞經國遠圖惟說平生常事非貽厥孫謀之兆也及身而已後嗣其殆乎此子孫之憂也汝等猶可獲免指諸孫曰此輩必遇亂亡也及綏死嵩哭之曰我祖其大聖乎機爲鄴平令性亦矜傲責鄉里謝鯤等拜或誡之曰禮敬年爵以德爲主令鯤拜勢懼傷風俗機不以爲慙羨爲離狐令旣驕且吝陵駕人物鄉閭疾之如讎永嘉之末何氏滅亡無遺焉

石苞字仲容勃海南皮人也雅曠有智局容儀偉麗不修小節故時人爲之語曰石仲容姣無雙縣召爲吏給農司馬會謁者陽翟郭元信奉使求人爲御司馬以苞及鄧艾給之行十餘里元信謂二人曰子後並當至卿相苞曰御隷也何卿相乎旣而又被使到鄴事久未訣乃販鐵於鄴市市長沛國趙元儒名知人見苞異之因與結交嘆苞遠量當至公輔由是知名見吏部郎許允求爲小縣允謂苞曰卿是我輩人當相引在朝廷何欲小縣乎苞還歎息不意允之知已乃如此也稍遷景帝中護軍司馬宣帝聞苞好色薄行以讓景帝帝答曰苞雖細行不足而有經國才略夫貞廉之士未必能經濟世務是以齊桓忘管仲之奢僭而録其匡合之大謀漢高捨陳平之汙行而取其六奇之妙算苞雖未可以上儔二子亦今日之選也帝乃釋從鄴典農中郎將時魏室王侯多居鄴下尚書丁謐貴傾一時並較時利苞奏列其事由是益見稱歷東萊琅邪太守所在有威惠遷徐州刺史文帝之敗於東關也苞獨全軍而還帝指所持節謂苞曰恨不以此授卿以究大事乃遷苞爲奮武

將軍假節監青州諸軍事及諸葛誕舉兵淮南苞統青州諸軍督兗州刺史州泰徐州刺史胡質簡銳卒爲遊軍以備外寇吳遣大將軍朱異丁奉等來迎誕等留輜重於都陸輕兵渡黎水苞等逆擊大破之泰山太守胡烈以奇兵詭道襲都陸盡焚其委輸異等收餘衆而退壽春平拜苞鎮東將軍封東光侯假節頃之代王基都督揚州諸軍事苞因入朝當還辭高貴鄉公留語盡日既出白文帝曰非常主也數日而有成濟之事後進位征東大將軍俄遷驃騎將軍文帝崩賈充荀勗議葬禮未定苞時奔喪慟哭曰基業如此而以人臣終乎葬禮乃定後每與陳騫諷魏帝以歷數已終天命有在及禪位苞有力焉武帝踐阼遷大司馬進封樂陵郡公加侍中羽葆鼓吹自諸葛誕破滅苞便鎮撫淮南士馬彊盛邊境多務苞既勤庶事又以威惠服物淮北監軍王琛輕苞素微又聞童謠曰宮大馬幾作驢大石壓之不得舒因是密表苞與吳人交通先時望氣者云東南有大兵起及琛表至武帝甚疑之會荆州刺史吳烈表吳人欲大出爲寇苞亦聞吳師將入乃築壘遏水自固帝聞之謂羊祜曰吳人每來常東西相應無緣偏爾豈石苞果有不順乎祜深明之而帝猶疑焉會苞子喬爲尚書郎上召之經日不至帝謂爲必叛欲討苞而隱其事遂下詔以苞不料賊勢築壘遏水勞擾百姓策免其官遣太尉義陽王望率大軍徵之以備非常又敕鎮東將軍琅邪王伷自下邳會壽春苞用掾孫鑠計放兵步出住都亭待罪帝聞之意解及苞詣闕以公還第苞自恥受任無效而無怨色時鄴奚官督郭廙上書理苞於是詔以苞爲司徒有司奏苞前有折撓不堪其任以公還第已爲弘厚不宜擢用詔原其事苞乃就位苞奏州郡農桑未有賞罰之制宜遣掾屬循行皆當均其土宜舉其殿最然後爲之黜陟詔嘉之使專督察令增置掾屬十人聽取王官更練事業者苞在位稱爲忠勤每帝委任焉泰始八年薨帝發哀於朝堂賜祕器朝服一具衣一襲錢三十萬布百匹及葬給節幢麾曲蓋追鋒車鼓吹介士大車皆如魏司空陳泰故事車駕臨送於東掖門外策謚曰武咸甯初詔苞等並爲王功列於銘饗苞豫爲終制曰延陵薄葬孔子以爲合禮華元厚葬春秋以爲不臣古之明義也自今死亾者皆斂以時服不得兼重又不得飯唅爲愚俗所爲又不得設牀帳明器也窆之後復土滿坎一不得起墳種樹昔王孫祼葬矯時其子奉命君子不譏況於合禮典者邪諸子皆遵奉遺令又斷親戚故吏設祭有六子越喬統浚儁崇以統爲嗣統字弘緒歷位射聲校尉大鴻臚子順爲尚書郎越字弘倫早卒喬字弘祖歷尚書郎散騎侍郎帝既召喬不得深疑苞反及苞至有慙色謂之曰卿子幾破卿門苞遂廢之終身不聽仕又以有穢行徙頓邱與弟崇同被害二子超熙亾走得免成都王穎之起義也以超爲折衝將軍討孫秀以功封侯又爲振武將軍征荆州賊李辰穎與長沙王乂相攻超常爲前鋒遷中護軍陳眕等挾惠帝北伐超走還鄴穎使超距帝於蕩陰王師敗績超逼帝幸鄴宮會王浚攻穎於鄴穎以超爲右將軍以距浚大敗而歸從駕之洛陽西遷長安河間王顒以超領北軍郎將使與穎共距東海王越超於滎陽募兵右將軍王闡與典兵中郎趙則並受超節度爲豫州刺史劉喬繼援范陽王虓逆擊斬超而熙得走免永嘉中爲太傅參軍浚字景倫清儉有鑒識敬愛人物位至黃門侍郎爲當世名士早卒儁字彥倫少有名譽議者稱爲令器官至陽平太守早卒崇字季倫生於青州故小名齊奴少敏惠勇而有謀苞臨終分財物與諸子獨不及崇其母以爲言苞曰此兒雖小後自能得年二十餘爲修武令有能名入爲散騎郎遷城陽太守伐吳有功封安陽鄉侯在郡雖有職務好學不倦以疾自解頃之拜黃門郎兄統忤扶風王駿有司承旨奏統將加重罰既而見原以崇不詣闕謝恩有司欲復加統罪崇自表申列遂得事解累遷散騎常侍侍中武帝以崇功臣子有幹局深器重之元康初楊駿輔政大開封賞多樹黨援崇與散騎郎蜀郡何攀共立議奏於惠帝曰陛下自東宮繼統此乃天授而班爵乃優於泰始革命之初一不安也平吳謀臣猛將以致思竭力受賞而今之恩澤優於滅吳之功不安二也大晉卜世莫知其紀今之開制當垂于後若尊卑無差有爵必進數世之後莫非公侯不安三也書奏弗納出爲南中郎將荆州刺史領南蠻校尉加鷹揚將軍崇在南中得鴆鳥雛以與後軍將軍王愷時制鴆鳥不得過江爲司隸校尉傅祗所糾詔原之燒鴆於都街崇穎悟有才氣而任俠無行檢在荆州劫遠使商客致富不貲徵爲大司農以徵書未至擅去官免頃之拜太僕出爲征虜將軍假節監徐州諸軍事鎮下邳崇有別館在河陽之金谷一名梓澤送者傾都帳飲於此焉至鎮與徐州刺史高誕爭酒相侮爲軍司奏免官復拜衞尉與潘岳諂事賈謐謐與之親善號曰二十四友廣城君每出崇降車路左望塵而拜其卑佞如此財產豐積室宇宏麗後房百數皆曳紈繡珥金翠

絲竹盡當時之選庖膳窮水陸之珍與貴戚王愷羊琇之徒以奢靡相尚愷以粭澳釜崇以蠟代薪愷作紫絲布步鄣四十里崇作錦步鄣五十里以敵之崇塗泥以椒愷用赤石脂崇愷爭豪如此武帝每助愷嘗以珊瑚樹賜之高二尺許枝柯扶疎世所罕比愷以示崇崇便以鐵如意擊之應手而碎愷既惋惜又以疾已之寶聲色方厲崇曰不足多恨今還卿乃命左右悉取珊瑚樹有高三四尺者六七株條幹絕俗光彩曜目如愷比者甚衆愷怳然自失矣崇爲客作豆粥咄嗟便辦每冬得韭蓱虀嘗與愷出游爭入洛城崇牛迅若飛禽愷絕不能及愷每以此三事爲恨乃密貨崇帳下問其所以答云豆至難煑豫作熟末客來但作白粥以投之耳韭蓱虀是擣韭根雜以麥苗耳牛奔不遲良由馭者逐不及反制之可聽蹁轅則駛矣於是悉從之遂爭長焉崇後知之因殺所告者嘗與王敦入太學見顏回原憲之象顧而歎曰若與之同升孔堂去人何必有間敦曰不知餘人云何子貢去卿差近崇正色曰士當身名俱泰何至甕牖哉其立意類此劉輿兄弟少時爲王愷所嫉愷召之宿因欲坑之崇素與輿等善聞當有變夜馳詣愷問二劉所在愷迫卒不得隱崇徑進於後齋索出同車而去語曰年少何以輕就人宿輿深德之及賈謐誅崇以黨與免官時趙王倫專權崇甥歐陽建與倫有隙崇有妓曰綠珠美而艷善吹笛孫秀使人求之崇時在金谷別館方登涼臺臨清流婦人侍側使者以告崇盡出其婢妾數十人以示之皆蘊蘭麝被羅縠曰在所擇使者曰君侯服御麗則麗矣然本受命指索綠珠不識孰是崇勃然曰綠珠吾所愛不可得也使者曰君侯博古知今察遠照邇願加三思崇曰不然使者出而又反崇竟不許秀怒乃勸倫誅崇建崇建亦潛知其計乃與黃門潘岳陰勸淮南王允齊王冏以圖倫秀秀覺之遂矯詔收崇及潘岳歐陽建等崇正宴於樓上介士到門崇謂綠珠曰我今爲爾得罪綠珠泣曰當効死於官前自投于樓下而死崇曰吾不過流徙交廣耳及車載詣東市崇乃歎曰奴輩利吾家財耳收者答曰知財致害何不早散之崇不能答崇母兄妻子無少長皆被害死者十五人崇時年五十二初崇家稻米飯在地經宿皆化爲螺時人以爲族滅之應有司簿閱崇水碓三千餘區蒼頭八百人他珍寶貨賄田宅稱是及惠帝復阼詔以卿禮葬之封崇從孫演爲樂陵公苞曾孫樸字元眞爲人謹厚無才藝沒於胡石勒以與樸同姓俱出河北引樸爲宗室特加優寵位至司徒歐陽建字堅石世爲冀方右族雅有理思才藻美贍擅名北州時人爲之語曰渤海赫赫歐陽堅石辟公府歷山陽令尚書郎馮翊太守甚得時譽及遇禍莫不痛惜之年三十餘臨命作詩文甚哀楚孫鑠者字巨鄴河內懷人也少樂爲縣吏太守吳奮轉以爲主簿鑠自微賤登綱紀時僚大姓猶不與鑠同坐奮大怒遂薦鑠爲司隸都官從事司隸校尉劉訥甚知賞之奮又薦鑠於大司馬石苞苞辟爲掾鑠將應命行達許昌會臺已密遣輕軍襲苞于時汝陰王鎮許鑠過謁之王先識鑠以鄉里之情私告鑠曰無與禍鑠既出卽馳詣壽春爲苞謀計苞賴而獲免遷尚書郎在職駮議十有餘事爲當時所稱

羊祜字叔子泰山南城人也世吏二千石至祜九世並以清德聞祖續仕漢南陽太守父衜上黨太守祜蔡邕外孫景獻皇后同產弟祜年十二喪父孝思過禮事叔父耽甚謹嘗游於汶水之濱遇父老謂之曰孺子有好相年未六十必當建大功於天下既而去莫知所在及長博學能屬文身長七尺三寸美鬚眉善談論郡將夏侯威異之以兄霸之子妻之舉上計吏州四辟從事秀才五府交命皆不就太原郭奕見之曰此今之顏子也與王沉俱被曹爽辟沉勸就徵祜曰委質事人復何容易及爽敗沉以故吏免因謂祜曰常識卿前語祜曰此非始慮所及其先識不伐如此夏侯霸之降蜀也親姻多告絕祜獨安其室恩禮有加焉尋遭母憂長兄發又卒毀慕寢頓十餘年以道素自居恂恂若儒者文帝爲大將軍辟祜未就公車徵拜中書侍郎俄遷給事中黃門郎時高貴鄉公好屬文在位者多獻詩賦汝南和逌以忤意見斥祜在其間不得而親疎有識尚焉陳留王立賜爵關中侯邑百戶以少帝不願爲侍臣求出補吏徙祕書監及五等建封鉅平子邑六百戶鍾會有寵而忌祜亦憚之及會誅拜相國從事中郎與荀勗共掌機密遷中領軍悉統宿衛入直殿中執兵之要事兼內外武帝受禪以佐命之勳進號中軍將軍加散騎常侍改封郡公邑三千戶固讓封不受乃進本爵爲侯置郎中令備九官之職加夫人印綬泰始初詔以祜爲尚書右僕射衞將軍給本營兵時王佑賈充裴秀皆前朝名望祜每讓不處其右帝將有滅吳之志以祜都督荊州諸軍事假節散騎常侍衞將軍如故祜率營兵出鎮南夏開設庠序綏懷遠近甚得江漢之心與吳人開市大信降者欲去皆聽之時長吏喪官後人惡之多毀壞舊府祜以生死有命非由居室書下征鎮普加禁斷吳石城

守去襄陽七百餘里每爲邊害祜患之竟以詭計令吳罷守於是戍邏減半分以墾田八百頃大獲其利祜之始至也軍無百日之糧及至季年有十年之積詔罷江北都督置南中郎將以所統諸軍在漢東江夏者皆以益祜祜在軍常輕裘緩帶身不被甲鈴閤之下侍衛者不過十數人而頗以畋漁廢政嘗欲夜出軍司徐胤執棨當營門曰將軍都督萬里安可輕脫將軍之安危亦國家之安危也胤今日若死此門乃開耳祜改容謝之此後稀出矣後加車騎將軍開府如三司之儀祜上表固讓不聽及還鎮吳西陵督步闡舉城來降吳將陸抗攻之甚急詔祜迎闡祜率兵五萬出江陵遣荆州刺史楊肇攻抗不克闡竟爲抗所擒有司奏祜所統八萬餘人賊衆不過三萬祜頓兵江陵使賊備得設乃遣楊肇偏軍入險兵少糧懸軍人挫衂背違詔命無大臣節可免官以侯就第竟坐貶爲平南將軍而免楊肇爲庶人祜以孟獻營虎牢而鄭人懼晏弱城東陽而萊子服乃進據險要開建五城收膏腴之地奪吳人之資石城以西盡爲晉有自是前後降者不絕乃增修德信以懷柔初附慨然有吞并之心每與吳人交兵剋日方戰不爲掩襲之計將帥有欲進譎詐之計者輙飲以醇酒使不得言人有略吳二兒爲俘者祜遣送還其家後吳將夏詳邵顗等來降二兒之父亦率其屬與俱吳將陳尚潘景來寇祜追斬之美其死節而厚加殯斂景尚子弟迎喪祜以禮遣還吳將鄧香掠夏口祜募生縛香既至宥之香感其恩甚率部曲而降祜出軍行吳境刈穀爲糧皆計所侵送絹償之每會衆江沔遊獵常止晉地若禽獸先爲吳人所傷而爲晉兵所得者皆封還之於是吳人翕然悅服稱爲羊公不之名也祜與陸抗相對使命交通抗稱祜之德量雖樂毅諸葛孔明不能過也抗嘗病祜饋之藥抗服之無疑心人多諫抗抗曰羊祜豈酖人者時談者以爲華元子反復見於今抗每告其戍曰彼專爲德我專爲暴是不戰而自服也各保分界而已無求細利孫皓聞二境交和以詰抗抗曰一邑一鄉不可以無信義況大國乎臣不如此正是彰其德於祜無傷也祜貞慤無私疾惡邪佞荀勗馮紞之徒甚忌之從甥王衍嘗詣祜陳事辭甚俊辯祜不然之衍拂衣而起祜顧謂賓客曰王夷甫方以盛名處大位然敗俗傷化必此人也步闡之役祜以軍法將斬王戎故戎衍並憾之每言論多毀祜時人爲之語曰二王當國羊公無德咸寍初除征南大將軍開府儀同三司得專辟召初祜以伐吳必藉上流之勢又時吳有童謠曰阿童復阿童銜刀浮渡江不畏岸上虎但畏水中龍祜聞之曰此必水軍有功但當思應其名者耳會益州刺史王濬徵爲大司農祜知其可任濬又小字阿童因表留濬監益州諸軍事加龍驤將軍密令修舟楫爲順流之計祜繕甲訓卒廣爲戎備至是上疏曰先帝順天應時西平巴蜀南和吳會海內得以休息兆庶有樂安之心而吳復背信使邊事更興夫期運雖天所受而功業必由人而成不一大舉埽除則衆役無時得安亦所以隆先帝之勳成無爲之化也故堯有丹水之伐舜有三苗之征咸以寍靜宇宙戢兵和衆者也蜀平之時天下皆謂吳當并之自此來十二年是謂一周平定之期復在今日矣議者常言吳楚有道後服無禮先彊此乃諸侯之時耳當今一統不得與古同論夫適道之論皆未應權是故謀之雖多而決之欲獨凡以險阻得存者謂所敵者同力足自固苟其輕重不齊彊弱異勢則智士不能謀而險阻不可保也蜀之爲國非不險也高山尋雲霓深谷肆無景束馬懸車然後得濟皆言一夫荷戟千人莫當及進兵之日曾無藩籬之限斬將搴旗伏尸數萬乘勝席捲徑至成都漢中諸城皆鳥棲而不敢出非皆無戰心誠力不足抗至劉禪降服諸營堡者索然俱散今江淮之難不過劒閣山川之險不過岷漢孫皓之暴侈於劉禪吳人之困甚於巴蜀而大晉兵衆多於前世資儲器械盛於往時今不於此平吳而更阻兵相守征夫苦役日尋干戈經歷盛衰不可長久宜當時定以一海內今若引梁益之兵水陸俱下荆楚之衆進臨江陵平南豫州直指夏口徐揚青兗並向秣陵鼓旆以疑之多方以誤之以一隅之吳當天下之衆勢分形散所備皆急巴漢奇兵出其空虛一處傾壞則上下震蕩吳緣江爲國無有外內東西數千里以藩籬自持所敵者大無有寍息孫皓恣情任意與下多忌名臣重將不復自信是以孫秀之徒皆畏逼而至將疑於朝士困於野無有保世之計一定之心平常之日猶懷去就兵臨之際必有應者終不能齊力致死已可知也其俗急速不能持久弓弩戟楯不如中國唯有水戰是其所便一入其境則長江非復所固還保城池則去長入短而官軍懸進人有致節之志吳人戰於其內有憑城之心如此軍不踰時克可必矣帝深納之會秦涼屢敗祜復表曰吳平則胡自定但當速濟大功耳而議者多不同祜歎曰天下不如意常十居七八故有當斷不斷天與不取豈非更事者恨於後時哉其後詔以泰山之南武陽牟南城梁父

平陽五縣爲南城郡封祜爲南城侯置相與郡公同祜讓曰昔張良請受留萬戸漢祖不奪其志臣受鉅平於先帝敢辱重爵以速官謗固執不拜帝許之祜每以被登進常守沖退至心素著故特見申於分列之外是以名德遠播朝野具瞻搢紳僉議當居台輔帝方有兼并之志仗祜以東南之任故寢之祜歷職二朝任典樞要政事損益皆諮訪焉勢利之求無所關與其嘉謀讜議皆焚其草故世莫得聞凡所進達人皆不知所由或謂祜慎密太過者祜曰是何言歟夫入則造膝出則詭辭君臣不密之戒吾惟懼其不及不能舉賢取異豈得不愧知人之難哉且拜爵公朝謝恩私門吾所不取祜女夫嘗勸祜有所營置令有歸戴者可不美乎祜默然不應退告諸子曰此可謂知其一不知其二人臣樹私則背公是大惑也汝宜識吾此意嘗與從弟琇書曰既定邊事當角巾東路言歸故里爲容棺之墟以白士而居重位何能不以盛滿受責乎踈廣是吾師也祜樂山水每風景必造峴山置酒言詠終日不倦嘗慨然嘆息顧謂從事中郎鄒湛等曰自有宇宙便有此山由來賢達勝士登此遠望如我與卿者多矣皆湮滅無聞使人悲傷如百歲後有知魂魄猶應登此也湛曰公德冠四海道嗣前哲令問令望必與此山俱傳至若湛輩乃當如公言耳祜當討吳賊有功將進爵土乞以賜舅子蔡襲詔封襲關內侯邑三百戸會吳人寇弋陽江夏略戸口詔遣侍臣移書詰祜不追討之意并欲移州復舊之宜祜曰江夏去襄陽八百里比知賊問賊去亦已經日矣步軍方往安能救之哉勞師以免責恐非事宜也昔魏武帝置都督類皆與州相近以兵勢好合惡離疆埸之

間一彼一此愼守而已古之善教也若輒徙州賊出無常亦未知州之所宜據也使者不能詰祜寢疾求入朝既至洛陽會景獻宮車在殯哀慟至篤中詔申諭扶疾引見命乘輦入殿無下拜甚見優禮及侍坐面陳伐吳之計帝以其病不宜數入遣中書令張華問其籌策祜曰今主上有禪代之美而功德未著吳人虐政已甚可不戰而克混一六合以興文教則主齊堯舜臣同稷契爲百代之盛軌如舍之若孫皓不幸而沒吳人更立令主雖百萬之衆長江未可而越也將爲後患乎華深贊成其策祜謂華曰成吾志者子也帝欲使祜卧護諸將祜曰取吳不必須臣自行但既平之後當勞聖慮耳功名之際臣所不敢居若事了當有所付授願審擇其人疾漸篤乃舉杜預自代尋卒時年五十八帝素服哭之甚哀是日大寒帝涕淚沾鬚鬢皆爲冰焉南州人征市日聞祜喪莫不號慟罷市巷哭者聲相接吳守邊將士亦爲之泣其仁德所感如此賜以東園秘器朝服一襲錢三十萬布百匹詔傷悼之贈侍中太傅持節如故祜立身清儉被服率素祿俸所資皆以贍給九族賞賜軍士家無餘財遺令不得以南城侯入柩從弟琇等述祜素志求葬於先人墓次帝不許賜去城十五里外近陵葬地一頃謚曰成祜喪既引帝於大司馬門南臨送祜甥齊王攸表祜妻不以侯斂之意帝乃詔曰祜固讓歷年志不可奪身沒讓存遺操益厲此夷叔所以稱賢季子所以全節也今聽復本封以彰高美初文帝崩祜謂傅元曰三年之喪雖貴遂服自天子達而漢文除之毀禮傷義常以歎息今主上天縱至孝有曾閔之性雖奪其服實行喪禮喪禮實行除服何爲邪若因此革漢魏

之薄而興先王之法以敦風俗垂美百代不亦善乎元曰漢文以末世淺薄不能行國君之喪故因而除之除之數百年一旦復古難行也祜曰不能使天下如禮且使主上遂服不猶善乎元曰主上不除而天下除此爲但有父子無復君臣三綱之道虧矣祜乃止祜所著文章及爲老子傳並行於世襄陽百姓於峴山祜平生游憩之所建碑立廟歲時享祭焉望其碑者莫不流涕杜預因名爲墮淚碑荆州人爲祜諱名至屋宇皆以門爲稱改戸曹爲辭曹焉祜開府累年謙讓不辟士始有所命會卒不得除署故參佐劉儈趙寅劉彌孫勃等牋詣預言前征南大將軍祜執德沖虛引謙之至不備僚屬扶疾始辟四掾未至而隕昔召伯所憩愛流甘棠宣子所游封殖其樹夫思其人尙及其樹況生存所辟之士便當隨例放棄者乎乞蒙列上得依已至掾屬預爲表陳詔不許祜卒二歲而吳平羣臣上壽帝執爵流涕曰此羊太傅之功也因以克定之功策告祜廟仍以蕭何故事策封其夫人夏侯氏爲萬歲鄉君食邑五千戸又賜帛萬匹穀萬斛祜年五歲時令乳母取所弄金環乳母曰汝先無此物祜卽詣鄰人李氏東垣桑樹中探得言之李氏悲惋時人異之謂李氏子卽祜之前身也又有善相墓者言祜祖墓有帝王氣若鑿之則無後祜遂鑿之相者見之曰猶當出折臂三公而祜竟墮馬折臂位至公而無子帝以祜兄子暨爲嗣暨以父沒不得爲人後帝又令暨弟伊爲祜後又不奉詔帝怒並收免之太康二年以伊弟篇爲鉅平侯奉祜嗣篇歷官淸愼有私牛於官舍產犢及遷而留之位至散騎常侍早卒孝武太元中封祜兄元孫之子法興爲鉅平侯邑五千戸

以桓元黨伏誅國除尚書祠部郎荀伯上表訟之曰蕭何爲漢世元功故絕世輒繼臣愚以爲鉅平之封宜同酇國竟寢不報祜前母孔融女生兄發官至都督淮北護軍初發與祜同母兄承俱得病祜母度不能兩存乃專心養發故得濟而承竟死發長子倫高陽相倫弟暨陽平太守暨弟伊初爲車騎賈充掾後歷平南將軍都督江北諸軍事鎮宛爲張昌所殺追贈鎮南將軍祜伯父祕官至京兆太守子祉魏郡太守祕孫亮字長元有才能多計數與之交者必僞盡款誠人皆謂得其心而殊非其實也初爲太傅楊駿參軍時京兆多竊盜駿欲更重其法盜百錢加大辟請官屬會議亮曰昔楚江乙母失布以爲盜由令尹公若無欲盜宜自止何重法爲駿慙而止累轉大鴻臚時惠帝在長安亮與關東連謀內不自安奔于并州爲劉淵所害亮弟陶爲徐州刺史

杜預字元凱京兆杜陵人也祖畿魏尚書僕射父恕幽州刺史預博學多通明於廢興之道常言德不可以企及立功立言可庶幾也初其父與宣帝不相能遂以幽死故預久不得調文帝嗣立預尚文帝妹高陸公主起家拜尚書郎襲祖爵豐樂亭侯在職四年轉參相府軍事鍾會伐蜀以預爲鎮西長史及會反僚佐並遇害惟預以智獲免增邑千一百五十戸與車騎將軍賈充等定律令既成預爲註解乃奏之詔班于天下泰始中守河南尹預以京師王化之始自近及遠凡所施論務崇大體受詔爲黜陟之課預奏古者黜陟擬議於心不泥於法末世不能紀遠而專求密微疑心而信耳目疑耳目而信簡書簡書愈繁官方愈僞魏氏考課即京房之遺意其文可謂至密然失於苛細以違本體故歷代不能通也豈若申唐堯舊制取大捨小去密就簡委任達官各考所統歲第其人言其優劣如此六載主者總集採案其言六優者超擢六劣者廢免優多劣少者平敘劣多優少者左遷其間所對不鈞品有難易主者固當準量輕重微加降殺不足復曲以法盡也其有優劣循情不協公論者當委監司彈之若令上下公相容過此爲清議大頹雖有考課之法亦無益也事竟不行司隸校尉石鑒以宿憾奏預免職時虜寇隴右以預爲安西軍司給兵三百人騎百匹到長安更除秦州刺史領東羌校尉輕車將軍假節屬虜兵彊盛石鑒時爲安西將軍使預出兵擊之預以虜乘勝馬肥而官軍懸乏宜并力大運須春進討陳五不可四不須鑒大怒復奏預擅飾城門官舍稽乏軍興遣御史檻車徵詣廷尉以預尚主在八議以侯贖論其後隴右之事卒如預策是時朝廷皆以預明於籌略會匈奴帥劉猛舉兵反自并州西及河東平陽詔預以散侯定計省闥俄拜度支尚書預乃奏立籍田建安邊論處軍國之要又作人排新器興常平倉定穀價較鹽運制課調內以利國外以救邊者五十餘條皆納焉石鑒自軍還論功不實爲預所糾遂相讎恨言論諠譁並坐免官以侯兼本職數年復拜度支尚書元皇后梓宮將遷于峻陽陵舊制既葬帝及羣臣即吉尚書奏皇太子亦宜釋服預議皇太子宜復古典以諒闇終制從之預以時歷差舛不應晷度奏上二元乾度歷行於世預又以孟津渡險有覆沒之患請建河橋于富平津議者以爲殷周所都歷聖賢而不作者必不可立故也預曰造舟爲梁則河橋之謂也及橋成帝從百寮臨會舉觴屬預曰非君此橋不立也對曰非陛下之明臣亦不得施其微巧周廟欹器至漢東京猶在御坐漢末喪亂不復存形制遂絕預創意造成奏上之帝甚嘉歎焉咸寧四年秋大霖雨蝗虫起預上疏多陳農要有益政治預在內七年損益萬機不可勝數朝野稱美號曰杜武庫言其無所不有也時帝密有滅吳之計而朝議多違惟預羊祜張華與帝意合祜病舉預自代因以本官假節行平東將軍領征南軍司及祜卒拜鎮南大將軍都督荊州諸軍事給追鋒車第二駙馬預既在鎮繕兵甲耀威武乃簡精銳襲吳西陵督張政大破之以功增封三百六十五戸政吳之名將也據要害之地恥以無備取敗不以所喪之實告于孫皓預欲間吳邊將乃表還其所獲之眾於皓皓果召政遣武昌監劉憲代之故大軍臨至使其將帥移易以成傾蕩之勢預處分既定乃啟請伐吳之期帝報待明年方欲大舉預又表陳至計曰自閏月以來賊但敕嚴下無兵上以理勢推之賊之窮計力不兩完必先護上流勤保夏口以東以延視息無緣多兵西上空其國都而陛下過聽便用委棄大計縱敵患生此誠國之遠圖使舉而有敗勿舉可也事爲之制務從完牢若或有成則開太平之基不成不過費損日月之間何惜而不一試之若當須後年天時人事不得如常臣恐其更難也陛下宿議分命臣等隨界分進其所禁持東西同符萬安之舉未有傾敗之慮臣心實了不敢以曖昧之見自取後累惟陛下察之預旬月之中又上表曰羊祜與朝臣多不同不先博畫而密與陛下共施此計故益令多異凡事當以利害相校今此舉十有八九利其一二止於無功耳其言破敗之形亦不可得直是計不出已功不在身各

恥其前言故守之也自頃朝廷事無大小異意鋒起雖人心不同亦由恃恩不慮後難故輕相同異也昔漢宣帝議趙充國所上事效之後詰責諸議者皆叩頭而謝以塞異端也自秋已來討賊之形頗露今若中止孫皓怖而生計或徙都武昌更完修江南諸城遠其居人城不可攻野無所掠積大船於夏口則明年之計或無所及時帝與中書令張華圍碁而預表適至華推枰斂手曰陛下聖明神武朝野清晏國富兵彊號令如一吳主荒淫驕虐誅殺賢良當今討之可不勞而定帝乃許之預以太康元年正月陳兵于江陵遣參軍樊顯尹林鄧圭襄陽太守州奇等率衆循江西上授以節度旬月之間累克城邑皆如預策焉又遣牙門管定周旨伍巢等率奇兵八百汎舟夜渡以襲樂鄉多張旗幟起火巴山出於要害之地以奪賊心吳都督孫歆震恐與伍延書曰北來諸軍乃飛渡江也吳之男女降者萬餘口旨巢等伏兵樂鄉城外歆遣軍出距王濬大敗而還旨等發伏兵隨歆而入歆不覺直至帳下虜歆而還故軍中爲之謠曰以計代戰一當萬於是進逼江陵吳督將伍延僞請降而列兵登陴預攻克之既平上流於是沅湘以南至于交廣吳之州郡皆望風歸命奉送印綬預仗節稱詔而綏撫之凡所斬及生獲吳都督監軍十四牙門郡守百二十餘人又因兵威徙將士屯戍之家以實江北南郡故地各樹之長吏荆土肅然吳人赴者如歸矣王濬先列上得孫歆頭預後生送歆洛中以爲大笑時衆軍會議或曰百年之寇未可盡克今向暑水潦方降疾疫方起宜俟來冬更爲大舉預曰昔樂毅藉濟西一戰以并彊齊今兵威已震譬如破竹數節之後皆迎刃而解無復著手處也遂指授羣帥徑造秣陵所過城邑莫不束手議者乃以書謝之孫皓既平振旅凱入以功進爵當陽縣侯增邑并前九千六百戶封子耽爲亭侯千戶賜絹八千匹初攻江陵吳人知預病瘿憚其智計以瓠繫狗頸示之每大樹似瘿輒斫使白題曰杜預頸及城平盡捕殺之預既還鎭累陳家世吏職武非其功請退不許預以天下雖安忘戰必危勤於講武修立泮宮江漢懷德化被萬里攻破山夷錯置屯營分據要害之地以固維持之勢又修邵信臣遺跡激用滍淯諸水以浸原田萬餘頃分疆刊石使有定分公私同利衆庶賴之號曰杜父舊水道唯沔漢達江陵千數百里北無通路又巴邱湖沅湘之會表裏山川實爲險固荆蠻之所恃也預乃開楊口起夏水達巴陵千餘里內寫長江之險外通零桂之漕南土歌之曰後世無叛由杜翁孰識智名與勇功預公家之事知無不爲凡所興造必考度始終鮮有敗事或譏其意碎者預曰禹稷之功期於濟世所庶幾也預好爲後世名常言高岸爲谷深谷爲陵刻二石爲碑紀其勳績一沈萬山之下一立峴山之上曰焉知此後不爲陵谷乎預身不跨馬射不穿札而每任大事輒居將帥之列結交接物恭而有禮問無所隱誨人不倦敏於事而慎於言既立功之後從容無事乃耽思經籍爲春秋左氏經傳集解又參考衆家譜第謂之釋例又作盟會圖春秋長歷備成一家之學比老乃成又撰文記讚當時論者謂預文義質直世人未之重惟祕書監摯虞賞之曰左邱明本爲春秋作傳而左傳遂自孤行釋例本爲傳設而所發明何但左傳故亦孤行時王濟解相馬又甚愛之而和嶠頗聚斂預常稱濟有馬癖嶠有錢癖武帝聞之謂預曰卿有何癖對曰臣有左傳癖預在鎭數餉遺洛中貴要或問其故預曰吾但恐爲害不求益也預初在荆州因宴醉臥齋中外人聞嘔吐聲竊窺於戶正見一大蛇垂頭而吐聞者異之其後徵爲司隸校尉加位特進行次鄧縣而卒時年六十三帝甚嗟悼追贈征南大將軍開府儀同三司謚曰成預先爲遺令曰古不合葬明於終始之理同於無有也中古聖人改而合之蓋以別合無在更緣生以示教也自此以來大人君子或合或否未能知生安能知死故各以己意所欲也吾往爲臺郎嘗以公事使過密縣之邢山山上有冢問耕父云鄭大夫祭仲或云子產之冢也遂率從者祭而觀之其造冢居山之頂四望周達連山體南北之正而邪東北向新鄭城意不忘本也其隧道惟塞其後而空其前不塡之示藏無珍寶不取於重深也山多美石不用必集洧水自然之石以爲冢藏貴不勞工巧而此石不入世用也君子尙其有情小人無利可動歷千載無毀儉之致也吾去春入朝因郭氏喪亡緣陪陵舊義自表營洛陽城東首陽之南爲將來兆域而所得地中有小山上無舊冢其高顯雖未足比邢山然東奉二陵西瞻宮闕南觀伊洛北望夷叔曠然遠覽情之所安也故遂表樹開道爲一定之制至時皆用洛水圓石開隧道南向儀制取法於鄭大夫欲以儉自完耳棺器小斂之事皆當稱此子孫一以遵之子錫嗣錫字世嘏有盛名起家長沙王乂文學累遷太子中舍人性亮直忠烈屢諫愍懷太子言辭懇切太子患之後置針著錫常所坐氈中刺之流血他日太子問錫向著何事錫對醉不知太子詰之曰君喜責人何自作

過也後轉衛將軍長史趙王倫篡位以爲治書御史孫秀求交於錫而錫拒之秀雖銜之憚其名高不敢害也惠帝反正遷吏部郎城陽太守不拜仍遷尚書左丞年四十八卒贈散騎常侍子乂嗣在外戚傳

陳騫字休淵臨淮東陽人也父矯魏司徒矯本廣陵劉氏爲外祖陳氏所養因而改焉騫沉厚有智謀初矯爲尚書令侍中劉曄見幸於魏明帝譖矯專權矯憂懼以問騫騫曰主上明聖大人若不合意不過不作公耳後帝意果釋騫尚少爲夏侯元所侮意色自若元以此異之起家尚書郎遷中山安平太守並著稱績徵爲相國司馬長史御史中丞遷尚書封安國亭侯蜀賊寇隴右以尚書持節行征蜀將軍破賊而還會諸葛誕之亂復以尚書行安東將軍壽春平拜使持節都督淮北諸軍事安東將軍進爵廣陵侯轉都督豫州諸軍事豫州刺史持節將軍如故又轉都督江南諸軍事徙都督荆州諸軍事征南大將軍封郯侯武帝受禪以佐命之勳進車騎將軍封高平郡公遷侍中大將軍出爲都督揚州諸軍事餘如故假黃鉞攻拔吳枳里城破涂中屯戍賜騫兄子惲爵關中侯咸寧初遷太尉轉大司馬騫因入朝言於帝曰胡烈牽弘皆勇而無謀彊於自用非綏邊之材將爲國恥願陛下詳之時弘爲揚州刺史不承順騫命帝以爲不協相構於是徵弘既至尋復以爲涼州刺史騫竊歎息以爲必敗二人後果失羌戎之和皆被寇喪沒征討連歲僅而得定帝乃悔之騫少有度量含垢匿瑕所在有績與賈充石苞裴秀等俱爲心膂而騫智度過之充等亦自以爲不及也累處方任爲士庶所懷既位極人臣年踰致仕思欲退身咸寧三年求入朝因乞骸骨賜袞冕之服詔聽留京城以前太尉府爲大司馬府增置祭酒二人帳下司馬官騎大車鼓吹皆如前親兵百人廚田十頃廚園五十畝廚士十人器物經用皆留給焉又給乘輿輦出入殿中加鼓吹如漢蕭何故事騫屢稱疾辭位詔不許遣散騎常侍諭意騫輒歸第詔又遣侍中敦論還府遂固請許之位同保傅在三司之上賜以几杖不朝安車駟馬以高平公還第帝以其勳舊耆老禮之甚重又以騫有疾聽乘輿上殿騫素無謇諤之風然與帝語傲及見皇太子加敬時人以爲諂弟稚與其子輿忿爭遂說騫子女穢行騫表徙弟以此獲譏於世元康二年薨年八十一加以袞斂贈太傅謚曰武及葬帝於大司馬門臨喪望柩流涕禮依大司馬石苞故事子輿嗣爵輿字顯初拜散騎侍郎洛陽令遷黃門侍郎歷將校左軍將軍大司農侍中坐與叔父不睦出爲河內太守輿雖無檢正而有力致尋卒子植字弘先嗣官至散騎常侍卒子粹嗣永嘉中遇害孝武以騫元孫襲爵卒弟子皓之嗣宋受禪國除

裴秀字秀彥河東聞喜人也祖茂漢尚書令父潛魏尚書令秀少好學有風操八歲能屬文叔父徽有盛名賓客甚衆秀年十餘歲有詣徽者出則過秀然秀母賤嫡母宣氏不之禮嘗使進饌於客見者皆爲之起秀母曰微賤如此當應爲小兒故也宣氏知之後遂止時人爲之語曰後進領袖有裴秀度遼將軍毋丘儉嘗薦秀於大將軍曹爽曰生而岐嶷長蹈自然元靜守眞性人道興博學彊記無文不該孝友著於鄉黨高聲聞於遠近誠宜弼佐謨明助和鼎味毗贊大府光照盛化非徒子奇甘羅之儔兼苞顏冉游夏之美矣爽乃辟爲掾襲父爵清陽亭侯遷黃門侍郎爽誅以故吏免頃之爲廷尉正歷文帝安東及衛將軍司馬軍國之政多見信納遷散騎常侍帝之討諸葛誕也秀與尚書僕射陳泰黃門侍郎鍾會以行臺從豫參謀略及誕平轉尚書進封魯陽鄉侯增邑千戶常道鄉公立以豫議定策進爵縣侯增邑七百戶遷尚書僕射魏咸熙初釐革憲司時荀顗定禮儀賈充正法律而秀改官制焉秀議五等之爵自騎督以上六百餘人皆封於是封秀濟川侯地方六十里邑千四百戶以高苑縣濟川墟爲侯國初文帝未定嗣而屬意舞陽侯攸武帝懼不得立問秀曰人有相否因以奇表示之秀後言於文帝曰中撫軍人望既茂天表如此固非人臣之相也由是世子乃定武帝既卽王位拜尚書令右光祿大夫與御史大夫王沉衞將軍賈充俱開府加給事中及帝受禪加左光祿大夫封鉅鹿郡公邑三千戶時安遠護軍郝詡與故人書云與尚書令裴秀相知望其爲益有司奏免秀官詔曰不能使人之不加諸我此古人所難交關人事詡之罪耳豈尚書令能防乎其勿有所問司隸校尉李憙復上言騎都尉劉尚爲尚書令裴秀占官稻田求禁止秀詔又以秀幹翼朝政有勳績於王室不可以小疵掩大德使推正尚罪而解秀禁止焉久之詔以秀爲司空秀儒學洽聞且留心政事當禪代之際總納言之要其所裁當禮無違者又以職在地官以禹貢山川地名從來久遠多有變易後世說者或彊牽引漸以闇昧於是甄摘舊文疑者則闕古有名而今無者皆隨事注列作禹貢地域圖十八篇奏之藏於祕府其序曰圖書之設由來尚矣自古立象垂制而賴其用三代置其官國史掌厥職暨漢屠

咸陽丞相蕭何盡收秦之圖籍今祕書既無古之地圖又無蕭何所得惟有漢氏輿地及括地諸雜圖各不設分率又不考正準望亦不備載名山大川雖有麤形皆不精審不可依據或荒外迂誕之言不合事實於義無取大晉龍興混一六合以淸宇宙始於庸蜀罙入其岨文皇帝乃命有司撰訪吳蜀地圖蜀土既定六軍所經地域遠近山川險易征路迂直校驗圖記罔或有差今上考禹貢山海川流原隰陂澤古之九州及今之十六州郡國縣邑疆界鄉陬及古國盟會舊名水陸徑路爲地圖十八篇制圖之體有六焉一曰分率所以辯廣輪之度也二曰準望所以正彼此之體也三曰道里所以定所由之數也四曰高下五曰方邪六曰迂直此三者各因地而制宜所以校夷險之異也有圖象而無分率則無以審遠近之差有分率而無準望雖得之於一隅必失之於他方有準望而無道里則施之於山海絕隔之地不能以相通有道里而無高下方邪迂直之校則徑路之數必與遠近之實相違失準望之正矣故以此六者參而考之然遠近之實定於分率彼此之實定於道里度數之實定於高下方邪迂直之算故雖有峻山鉅海之隔絕域殊方之迥登降詭曲之因皆可得舉而定者準望之法既正則曲直遠近無所隱其形也秀創制朝儀廣陳刑政朝廷多遵用之以爲故事在位四載爲當世名公服寒食散當飲熱酒而飲冷酒泰始七年薨時年四十八詔痛悼之賜祕器朝服一具衣一襲錢三十萬布百匹謚曰元初秀以尚書三十六曹統事準例不明宜使諸卿任職未及奏而薨其友人料其書記得表草言平吳之事其詞曰孫皓酷虐不及聖明御世兼弱攻昧使遺子孫將遂不能臣時有否泰非萬安之勢也臣昔雖已屢言未有成旨今既疾篤不起謹重尸啟願陛下時共施用乃封以上聞詔報曰司空薨痛悼不能去心又得表草雖在危困不忘王室盡忠憂國省益傷切輒當與諸賢共論也咸寧初與石苞等並爲王功配享廟庭有二子濬頠濬嗣位至散騎常侍早卒濬庶子憬不惠別封高陽亭侯以濬少弟頠嗣頠字逸民弘雅有遠識博學稽古自少知名御史中丞周弼見而歎曰頠若武庫五兵縱橫一時之傑也賈充卽頠從母夫也表秀有佐命之勳不幸嫡長喪亡遺孤稚弱頠才德英茂足以興隆國嗣詔頠襲爵頠固讓不許太康三年徵爲太子中舍人遷散騎常侍惠帝卽位轉國子祭酒兼右軍將軍初頠兄子憬爲白衣頠論述世勳賜爵高陽亭侯楊駿將誅也駿黨左軍將軍劉豫陳兵在門遇頠問太傅所在頠紿之曰向於西掖門遇公乘素車從二人西出矣豫曰吾何之頠曰宜至廷尉豫從頠言遂委而去尋而詔頠代豫領左軍將軍屯萬春門及駿誅以功當封武昌侯頠請以封憬帝竟封頠次子該頠苦陳憬本承嫡宜襲鉅鹿先帝恩旨辭不獲命武昌之封已之所蒙特請以封憬該時尚主故帝不聽累遷侍中時天下暫寧頠奏修國學刻石寫經皇太子既講釋奠祀孔子飲享射侯甚有儀序又令荀藩終父勗之志鑄鐘鑿磬以備郊廟朝享禮樂頠通博多聞兼明醫術荀勗之修律度也檢得古尺短世所用四分有餘頠上言宜改諸度量若未能悉革可先改太醫權衡此若差違遂失神農岐伯之正藥物輕重分兩乖互所可傷夭爲害尤深古壽考而今短折者未必不由此也卒不能用樂廣嘗與頠淸言欲以理服之而頠辭論豐博廣笑而不言時人謂頠爲言談之林藪頠以賈后不悅太子抗表請增崇太子所生謝淑妃位號仍啟增置後衞率吏給三千兵於是東宮宿衞萬人遷尚書侍中如故加光祿大夫每授一職未嘗不殷勤固讓表疏十餘上博引古今成敗以爲言覽之者莫不寒心頠深慮賈后亂政與司空張華侍中賈模議廢之而立謝淑妃華模皆曰帝自無廢黜之意若吾等專行之上心不以爲是且諸王方剛朋黨異議恐禍如發機身死國危無益社稷頠曰誠如公慮但昏虐之人無所忌憚亂可立待將如之何華曰卿二人猶且見信然勤爲左右陳禍福之戒冀無大悖幸天下尚安庶可優游卒歲此謀遂寢頠旦夕勸說廣城君令戒諭賈后親待太子而已或說頠曰幸與中宮內外可得盡言言若不行則可辭病屏退若二者不立雖有十表難乎免矣頠慨然久之而竟不能行遷尚書左僕射侍中如故頠雖后之親屬然雅望素隆四海不謂之以親戚進也惟恐其不居位俄復使頠專任門下事固讓不聽頠上言賈模適亡復以臣代崇外戚之望彰偏私之舉后族何常有能自保皆知重親無脫者也然漢二十四帝惟孝文光武明帝不重外戚皆保其宗豈將獨賢實以安理故也昔穆叔不拜越禮之享臣亦不敢聞殊常之詔又表云咎繇謨虞伊尹相商呂望翊周蕭張佐漢咸播功化光格四海暨于繼體咎單傅說祖己樊仲亦隆中興或明揚側陋或起自庶族豈非尚德之舉以臻斯美哉歷觀近世不能慕遠溺於近情多任后親以致不靜昔疏廣戒太子以舅氏爲官屬前世以爲知禮況朝廷何取於外戚正復才均尚

當先其疎者以明至公漢世不用馮野王即其事也表上皆優詔敦譬時以陳準子匡韓蔚子嵩並侍東宮頠諫曰東宮之建以儲皇極其所與游接必簡英儁宜用成德匡嵩幼弱未識人理立身之節東宮實體夙成之表而今有童子侍從之聲未是光闡遐風之弘理也愍懷太子之廢也頠與張華苦爭不從語在華傳頠深患時俗放蕩不尊儒術何晏阮籍素有高名於世口談浮虛不遵禮法尸祿耽寵仕不事事王衍之徒聲譽太盛位高勢重不以物務自嬰遂相放效風教陵遲乃著崇有之論以釋其蔽王衍之徒攻難交至並莫能屈又著辯才論古今精義皆辯釋焉未成而遇禍初趙王倫諂事賈后頠甚惡之倫數求官頠與張華復固執不許由是深為倫所怨倫又潛懷篡逆欲先除朝望因廢賈后之際遂誅之時年三十四二子嵩該倫亦欲害之梁王肜東海王越稱頠父秀有勳王室配食太廟不宜滅其後嗣故得不死徙帶方惠帝反正追復頠本官改葬以卿禮諡曰成以嵩嗣為中書黃門侍郎該出後從伯鑠為散騎常侍並為乞活賊陳午所害秀從弟楷字叔則父徽魏冀州刺史楷明悟有識量弱冠知名尤精老易少與王戎齊名鍾會薦之於文帝辟相國掾尚書郎賈充改定律令以楷為定科郎事畢詔楷於御前執讀平議當否楷善宣吐左右屬目聽者忘倦武帝為撫軍妙選僚采以楷為參軍事吏部郎缺文帝問其人於鍾會會曰裴楷清通王戎簡要皆其選也於是以楷為吏部郎楷風神高邁容儀俊爽博涉羣書特精義理時人謂之玉人又稱見裴叔則如近玉山映照人也轉中書郎出入宮省見者肅然改容武帝初登阼探策以卜世數多少旣而得一帝不悅羣臣失色莫有能言者楷正容儀和其聲氣從容而進曰臣聞天得一以淸地得一以寧王侯得一以為天下貞武帝大悅羣臣皆稱萬歲俄拜散騎侍郎累遷散騎常侍河內太守入為屯騎校尉右軍將軍轉侍中石崇以功臣子有才氣與楷志趣各異不與之交長水校尉孫季舒嘗與崇酣讌慢傲過度崇欲表免之楷聞之謂崇曰足下飲人狂藥責人正禮不亦乖乎崇乃止楷性寬厚與物無忤不持儉素每遊榮貴輒取其珍玩雖車馬器服宿昔之間便以施諸窮乏嘗營別宅其從兄衍見而悅之卽以宅與衍梁趙二王國之近屬貴重當時楷歲請二國租錢百萬以散親族人或譏之楷曰損有餘以補不足天之道也安於毀譽其行己任率皆此類也與山濤和嶠並以盛德居位帝嘗問曰朕應天順人海內更始天下風聲何得何失楷對曰陛下受命四海承風所以未比德於堯舜者但以賈充之徒尚在朝耳方宜引天下賢人與弘正道不宜示人以私時任愷庾純亦以充為言帝乃出充為關中都督充納女於太子乃止平吳之後帝方修太平之化每延公卿與論政道楷陳三五之風次叙漢魏盛衰之迹帝稱善坐者歎服焉楷子瓚娶楊駿女然楷素輕駿與之不平駿旣執政乃轉為衛尉遷太子少師優游無事默如也及駿誅楷以婚親收付廷尉加法是日事起倉卒誅戮縱橫衆人為之震恐楷容色不變舉止自若索紙筆與親故書賴侍中傅祗救護得免猶坐去官太保衛瓘太宰亮稱楷貞正不阿附宜蒙爵土乃封臨海侯食邑二千戶代楚王瑋為北軍中候加散騎常侍瑋怨瓘亮斥己任楷楷聞之不敢拜轉為尚書楷長子輿先娶亮女女適衛瓘子楷慮內難未已求出外鎭除安南將軍假節都督荊州諸軍事垂當發而瑋果矯詔誅亮瓘瑋以楷前奪己中候又與亮瓘婚親密遣討楷楷素知瑋有望於己聞有變單車入城匿於妻父王渾家與亮小子一夜八徙故得免難瑋旣伏誅以楷為中書令加侍中與張華王戎並管機要楷有渴利疾不樂處勢王渾為楷請曰楷性不競於物安於淡退今旣委頓臣深憂之光祿勳缺以為可用今張華在中書王戎在尚書足舉其契無為復令楷入名臣不多當見將養不違其志要其遠濟之益不聽就加光祿大夫開府儀同三司及疾篤詔遣黃門郎王衍省疾楷迴眸矚之曰竟未相識衍深歎其神儁楷有知人之鑒初在河南樂廣僑居郡界未知名楷見而奇之致於宰府嘗目夏侯元云肅肅如入宗廟中但見禮樂器鍾會如觀武庫森森但見矛戟在前傅嘏汪翔靡所不見山濤若登山臨下幽然深遠初楷家炊黍在甑或變如拳或作血或作蕪菁子其年而卒時年五十五諡曰元有五子輿瓚憲禮遜輿字祖明少襲父爵官至散騎侍郎卒諡曰簡瓚字國寶中書郎風神高邁見者皆敬之特為王綏所重每從其游綏父戎謂之曰國寶初不來汝數往何也對曰國寶雖不知綏綏自謂知國寶楊駿之誅為亂兵所害憲字景思少而穎悟好交輕俠及弱冠更折節嚴重修尚儒學足不踰閾者數年陳郡謝鯤潁川庾敳皆儁朗士也見而奇之相謂曰裴憲鯁亮宏達通機識命不知其何如父至於深弘保素不以世物嬰心者其殆過之初侍講東宮歷黃門吏部郎侍中東海王越以為豫州刺史北中郎將假節王浚承制以憲為尚書永嘉末

王浚爲石勒所破褰嵩等莫不謝罪軍門貢賂交錯唯
憲及荀綽恬然私室勒素聞其名召而謂之曰王浚暴
虐幽州人鬼同疾孤恭行乾憲拯玆黎元羣舊咸歡慶
謝交路二君齊惡傲威誠信阻絕防風之戮將誰歸乎
憲神色侃然泣而對曰臣等世荷晉榮恩遇隆重王浚
凶麤醜正尙晉之遺藩雖忻聖化義阻誠心且武王伐
紂表商容之閭未聞商容在倒戈之例也明公旣不欲
以道化厲物必欲以刑忍爲始者防風之戮臣之分也
請就辟有司不拜而出勒深嘉之待以賓禮勒乃簿王
浚官僚親屬皆貲至巨萬唯憲與荀綽家有書百餘袠
鹽米各數十斛而已勒聞之謂長史張賓曰名不虛也
吾不喜得幽州喜獲二子署從事中郎出爲長樂太守
及勒僭號未遑制度憲與王浚爲之撰朝儀於是憲章
文物擬於王者勒大悅署大中大夫遷司徒及石虎之
世彌加禮重憲有二子挹毅並以文才知名毅仕石虎
爲太子中庶子散騎常侍挹毅俱豪俠耽酒好臧否人
物與河間邢魚有隙魚竊乘毅馬奔歸遼爲人所獲魚
誣毅使已以石虎當襲鮮卑告之爲備時石虎適謀伐
遼而與魚辭正會石虎悉誅挹毅憲亦坐免未幾復以
爲右光祿大夫司徒太傅封安定郡公憲歷官無幹績
之稱然在朝元默未嘗以物務經懷但以德重名高動
見尊禮竟卒於石氏以族人峙子邁爲嗣楷長兄黎次
兄康並知名康子盾少歷顯位永嘉中爲徐州刺史委
付長史司馬奧奧勸盾刑殺立威大發良人爲兵有不
奉法者罪便至死在任三年百姓嗟怨東海王越盾妹
夫也越旣薨騎督滿衡便引所發良人東還尋而劉淵
遣將王桑趙固向彭城前鋒數騎至下邳文武不堪苛
政悉皆散走盾與奔淮陰妻子爲賊人所得奧又誘盾
降趙固固妻盾女有寵盾向女涕泣固遂殺之盾弟邵
字道期元帝爲安東將軍以邵爲長史王導爲司馬二
人相與爲深交徵爲太子中庶子復轉散騎常侍使持
節都督揚州江西淮北諸軍事東中郎將隨越出項而
卒於軍中及王導爲司空旣拜歎曰裴道期劉王喬在
吾不得獨登此位導子仲豫與康同字導思舊好乃改
爲敬豫馬楷弟綽字季舒器宇宏曠官至黃門侍郎長
水校尉綽子遐善言元理音辭清暢泠然若琴瑟嘗與
河南郭象談論一座歎服又嘗在平東將軍周馥坐與
人圍碁馥司馬行酒遐未即飲司馬醉怒曳遐墮地遐
徐起還坐顏色不變復碁如故其性虛和如此東海王
越引爲主簿後爲越子毗所害初裴王二族盛於魏晉
之世時人以八裴方八王徽比王祥楷比王衍康比王
綏綽比王澄瓚比王敦遐比王導頠比王戎邈比王元
云

通志卷一百二十一上

通志卷一百二十一下

宋右迪功郎鄭樵漁仲撰

列傳第三十四下

衛瓘字伯玉河東安邑人也高祖暠漢明帝時以儒學自代郡徵至河東安邑卒因賜所亾地而葬之子孫遂家焉父覬魏尚書瓘年十歲喪父至孝過人性貞靜有名理以明識清允稱襲父爵閺鄉侯弱冠爲魏尚書時魏法嚴苛母陳氏憂之瓘自請得徙爲通事郎轉中書郎時權臣專政瓘優游其間無所親疏甚爲傅嘏所重謂之甯武子在位十年以任職稱累遷散騎常侍陳留王卽位拜侍中持節慰勞河北以定議功增邑戸數歲轉廷尉卿瓘明法理每至聽訟小大以情鄧艾鍾會之伐蜀也瓘以本官持節監艾會軍事行鎭西軍司給兵千人蜀既平艾輒承制封拜會陰懷異志因艾專擅密與瓘俱奏其狀詔使檻車徵之會遣瓘先收艾會以瓘兵少欲令艾殺瓘因加艾罪瓘知欲危已然不可得而距乃夜至成都檄艾所統諸將稱詔收艾其餘一無所問若來赴官軍爵賞如先敢有不出誅及三族比至雞鳴悉來赴瓘唯艾帳內在焉平旦開門瓘乘使者車徑入至成都殿前艾卧未起父子俱被執艾諸將圖欲刼艾整仗趣瓘營瓘輕出迎之僞作表草將申明艾事諸將信之而止俄而會至乃悉請諸將胡烈等因執之囚益州廨舍遂發兵反於是士卒思歸內外騷動人情憂懼會留瓘謀議乃書板云欲殺胡烈等舉以示瓘瓘不許因相疑貳瓘如廁見胡烈故給使使宣語三軍言會反會逼瓘定議經宿不眠各橫刀膝上在外諸軍已潛欲攻會瓘既不出未敢先發會使瓘慰勞諸軍瓘心欲去且堅其意曰卿三軍主宜自行會曰卿監司且先行吾當後出瓘便下殿會悔遣之使呼瓘瓘辭眩疾動詐仆地比出閤數十信追之瓘至外解服鹽湯大吐瓘素羸便以困篤會遣所親及醫視之皆言不起會由是無所憚及暮門閉瓘作檄宣告諸軍諸軍並已唱義陵旦共攻會會率左右距戰諸將擊敗之唯帳下數百人隨會繞殿而走盡殺之瓘於是部分諸將羣情肅然鄧艾本營將士復追破檻車出艾還向成都瓘自以與會共陷艾懼爲變又欲專誅會之功乃遣護軍田續至綿竹夜襲艾於三造亭斬艾及其子忠初艾之入江油也以續不進將斬之既而赦焉及瓘遣續謂之曰可以報江油之辱矣事平朝議封瓘瓘以剋蜀之功羣帥之力二將跋扈自取滅亾雖運智謀而無搴旗之效固讓不受除使持節都督關中諸軍事鎭西將軍尋遷都督徐州諸軍事鎭東將軍增封菑陽侯以餘爵封弟實開陽亭侯泰始初轉征東將軍進爵爲公都督青州諸軍事青州刺史加征東大將軍青州牧所在皆有政績除征北大將軍都督幽州諸軍事幽州刺史護烏桓校尉至鎭表立平州後兼督之于時幽并東有務桓西有力微並爲邊害瓘離閒二虜遂致嫌隙於是務桓降而力微以憂死朝廷嘉其功賜一子亭侯瓘乞以封弟未受命而亾子密受封爲亭侯瓘六男無爵悉讓二弟遠近稱之累求入朝既至武帝善遇之俄使旋鎭咸寧初徵拜尚書令加侍中瓘性嚴整以法馭下視尚書若參佐尚書郎若掾屬瓘學問深博明習文藝與尚書郎敦煌索靖俱善草書時人號爲一臺二妙漢末張芝亦善草書論者謂瓘得伯英筋靖得伯英肉太康初遷司空侍中令如故爲政清簡甚得朝野聲譽武帝敕瓘第四子宣尚繁昌公主瓘自以諸生之胄婚對微素抗表固辭不許又領太子少傅加千兵百騎鼓吹之府以日蝕瓘與太尉汝南王亮司徒魏舒俱遜位帝不聽瓘以魏立九品是權時之制非通經之道遂與太尉亮等上疏乞復古鄉舉里選之法武帝善之卒不能改惠帝之爲太子也朝臣咸以純質不能親政事瓘每欲陳啟廢之而未敢發後會宴陵雲臺瓘託醉因跪帝牀前曰臣欲有所啟帝曰公所言何邪瓘欲言而止者三因以手撫牀曰此座可惜帝乃悟因謬曰公眞大醉邪瓘於此不復有言賈后由是怨瓘宣尚公主數有酒色之過楊駿素與瓘不平駿復欲自專權重宣若離婚瓘必遜位於是遂與黃門等毀之諷帝奪宣公主瓘慙懼告老遜位乃詔進位太保以兵就第給親兵百人置長史司馬從事中郎掾屬及大車官騎麾蓋鼓吹諸威儀一如舊典給廚田十頃園五十畝錢百萬絹五百匹牀帳簟褥主者務令優備有司又奏收宣付廷尉免瓘位詔不許帝後知黃門虛搆欲還復主而宣疾亾惠帝卽位復瓘千兵及楊駿誅以瓘錄尚書事加綠綟綬劒履上殿入朝不趨給騎司馬與汝南王亮共輔朝政亮奏遣諸王還藩與朝臣廷議無敢應者惟瓘贊其事楚王瑋由是憾焉賈后素怨瓘且忌其方直不得騁已淫虐又聞瓘與瑋有隙遂謗瓘與亮欲行伊霍之事啟帝作手詔使瑋免瓘等官黃門齎詔授瑋瑋性輕險欲騁私怨夜使清河王遐收瓘左右疑遐矯詔咸諫曰禮律刑名台輔大臣未有此比且請距之須自表得報就戮未晚也瓘不從遂與子恆嶽裔及孫等九人同被害時年七十二恆二子璪

玠時在醫家得免初杜預聞瓘殺鄧艾言於衆曰伯玉其不免乎身爲名士位居總率旣無德音又不御下以正是小人而乘君子之器當何以堪其責乎瓘聞之不俟駕而謝終如預言初瓘家人炊飯墮地盡化爲螺歲餘而及禍太保主簿劉繇等冒難收瓘而葬之初瓘爲司空時帳下督榮晦有罪瓘斥遣之及難作隨兵討瓘故子孫皆及于禍楚王瑋之伏誅也瓘女與國臣書曰先公名諡未顯無異凡人每怪一國蔑然無言春秋之失其咎安在悲憤感慨故以示意於是繇等執黃旛撾登聞鼓上言其事并列榮晦罪狀請加族誅詔從之朝廷以瓘舉門無辜受禍乃追瓘伐蜀勳封蘭陵郡公增邑三千戶諡曰成贈假黃鉞恆字巨山少辟司空齊王府轉太子舍人尚書郎祕書丞太子庶子黃門郎恆善草隸書爲四體書勢曰昔在黃帝創制造物有沮誦倉頡者始作書契以代結繩蓋覩鳥跡以興思也因而遂滋則謂之字有六義焉一曰指事上下是也二曰象形日月是也三曰形聲江河是也四曰會意武信是也五曰轉注老考是也六曰假借令長是也夫指事者在上爲上在下爲下象形者日滿月虧效其形也形聲者以類爲形配以聲也會意者止戈爲武人言爲信也轉注者以老壽考也假借者數言同字其聲雖異文意一也自黃帝至三代其文不改及秦用篆書焚燒先典而古文絕矣漢武帝時魯共王壞孔子宅得尚書春秋論語孝經時人以不復知有古文謂之科斗書漢世祕藏希得見之魏初傳古文者出於邯鄲淳恆祖敬侯寫淳尚書後以示淳而淳不別至正始中立三字石經轉失淳法因科斗之名遂效其形太康元年汲縣人盜發魏襄王冢得策書十餘萬言案敬侯所書猶有髣髴古書亦有數種其一卷論楚事者最爲工妙恆竊悅之故竭愚思以贊其美愧不足厠前賢之作冀以存古人之象焉古無別名謂之字勢云黃帝之史沮誦倉頡眺彼鳥跡始作書契紀綱萬事垂法立制帝典用宣質文著世爰曁暴秦滔天作戾大道旣泯古文亦滅魏文好古世傳邱墳歷代莫發眞僞靡分大晉開元弘道敷訓天垂其象地燿其文其文乃燿粲矣其章因聲會意類物有方日處君而盈其度月執臣而虧其傍雲委蛇而上布星離離以舒光禾卉苯䔿以垂穎山嶽嵳峩而連岡蟲跂跂其若動鳥似飛而未揚觀其錯筆綴墨用心精專勢和體均發止無間或守正循檢矩折規旋或方圓靡則因事制權其曲如弓其直如弦矯然特出若龍騰于川森爾下頹若雨墜于天或引筆奮力若鴻鴈高飛邈邈翩翩或縱肆阿那若流蘇懸羽靡靡緜緜是故遠而望之若翔風厲水清波漪漣就而察之有若自然信黃唐之遺跡爲六藝之範先籀篆蓋其子孫隸草乃其曾元覩物象以致思非言辭之所宣昔周宣王時史籀始著大篆十五篇或與古同或與古異世謂之籀書者也及平王東遷諸侯力政家殊國異而文字乖形秦始皇帝初兼天下丞相李斯乃奏益之罷不合秦文者斯作倉頡篇中車府令趙高作爰歷篇太史令胡母敬作博學篇皆取史籀大篆或頗省改所謂小篆者或曰下上人程邈爲衙獄吏得罪始皇幽繫雲陽十年從獄中作大篆少者增益多者減損方者使圓圓者使方奏之始皇始皇善之出以爲御史使定書或曰邈所定乃隸字也自秦壞古文有八體一曰大篆二曰小篆三曰刻符四曰蟲書五曰摹印六曰署書七曰殳書八曰隸書王莽時使司空甄豐校文字部改定古文復有六書一曰古文孔氏壁中書也二曰奇字卽古文而異者也三曰篆書秦篆書也四曰佐書卽隸書也五曰繆篆所以摹印也六曰鳥書所以書幡信也及許慎撰說文用篆書爲正以爲體例最可得而論也秦時李斯號爲二篆諸山及銅人銘皆斯書也漢建初中扶風曹喜少異於斯而亦稱善邯鄲淳師焉略究其妙韋誕師淳而不及也太和中誕爲武都太守以能書留補侍中魏氏寶器銘題皆誕書也漢末又有蔡邕采斯喜之法爲古今雜形然精密閑理不如淳也邕作篆勢曰鳥遺跡皇頡循聖作則制斯文體有六篆爲眞形要妙巧入神或龜文鍼列櫛比龍鱗紓體放尾長短複身頹若黍稷之垂穎蘊若蟲蛇之棼緼揚波震擊鷹跱鳥震延頸脅翼勢似陵雲或輕筆內投微本濃末若絕若連似水露緣絲凝垂下端從者如懸衡者如編杳杪邪趣不方不圓若行若飛跂跂翾翾遠而望之象鴻鵠羣游駱驛遷延逼而覛之端際不可得見指撝不可勝原研桑不能數其詰屈離婁不能覩其郤間般倕揖讓而辭巧籀誦拱手而韜翰處篇籍之首目粲斌斌其可觀摛華艷於紈素爲學藝之範先喜文德之弘懿慍作者之莫刊思字體之頫仰舉大略而論旃秦旣用篆奏事繁多篆字難成卽令隸人佐書曰隸字漢因行之獨符印璽幡信題署用篆隸書者篆之捷也上谷王次仲始作楷法至靈帝好書時多能者而師宜官爲最大則一字徑丈小則方寸千言甚矜其能或時不持錢詣酒家飮因書其壁雇觀者以讐酒討錢足而滅之每書輒削而焚其柎梁鵠乃益

爲版而飲之酒候其醉而竊其柎鵠卒以書至選部尚書宜官後爲袁術將今鉅鹿宋子有耿球碑是術所立其書甚工云是宜官也梁鵠奔劉表魏武帝破荆州募求鵠鵠之爲選部也魏武欲爲洛陽令而以爲北部尉故懼而自縛詣門署軍假司馬在祕書以勤書自效是以今者多有鵠手跡魏武帝懸著帳中及以釘壁玩之以爲勝宜官今宮殿題署多是鵠篆鵠宜爲大字邯鄲淳宜爲小字鵠謂淳得次仲法然鵠之用筆盡其勢矣鵠弟子毛弘教於祕書今八分皆弘法也漢末有左子邑小與淳鵠不同然亦有名魏初有鍾胡二家爲行書法俱學之於劉德升而鍾氏少異然亦各有巧今大行於世云作隸勢曰鳥跡之變乃惟佐隸蠲彼繁文崇此簡易厥用既弘體象有度煥若星陳鬱若雲布其大徑尋細不容髮隨事從宜靡有常制或穹隆恢廓或櫛比鍼列或砥平繩直或蜿蜒膠戾或長邪角趣或規旋矩折脩短相副異體同勢奮筆輕舉離而不絶纖波濃點錯落其間若鐘虡設張庭燎飛煙嶄嶄巖嵯高下屬連似崇臺重宇增雲冠山遠而望之若飛龍在天近而察之心亂目眩奇姿譎誕不可勝原研桑所不能計宰賜所不能言何草篆之足算而斯文之未宣豈體大之難覩將祕奧之不傳聊俯仰而詳覯舉大較而論旃漢興而有草書不知作者姓名至章帝時齊相杜度號善作篇後有崔瑗崔實亦皆稱工杜氏殺字甚安而書體微瘦崔氏甚得筆勢而結字小疏弘農張伯英者因而轉精甚巧凡家之衣帛必書而後練之臨池學書池水盡黑下筆必爲楷則號怱怱不暇草書寸紙不見遺至今尤寶其書韋仲將謂之草聖伯英弟文舒者亦伯英又有姜孟穎梁孔達田彥和及韋仲將之徒皆伯英弟子有名於世然殊不及文舒也羅叔景趙元嗣者與伯英並時見稱於西州而矜巧自與衆頗惑之故英自稱上比崔仲不足下方羅趙有餘河間張超亦有名然雖與崔氏同州不如伯英之得其法也崔瑗作草書勢曰書契之興始自頡皇寫彼鳥跡以定文章爰暨末葉典籍彌繁時之多僻政之多權官事荒蕪勦其墨翰惟作佐隸舊字是刪草書之法蓋又簡略應時諭指用於卒迫兼功并用愛日省力純儉之變豈必古式觀其法象俯仰有儀方不中矩圓不副規抑左揚右望之若崎竦企鳥跱志在飛移狡獸暴駭將奔未馳或黝黗點黯狀似連珠絶而不離畜怒怫鬱放逸生奇或凌邃惴慄若據槁臨危旁點邪附似蜩螗挶枝絶筆收勢餘綖糾結若杜伯揵毒緣巇螣蛇赴穴頭沒尾垂是故遠而望之摧焉若沮岑崩崖就而察之一畫不可移幾微要妙臨時從宜略舉大較髣髴若斯及瓘爲楚王瑋所構恆聞變以何劭嫂之父也從牆孔中詣之以問消息劭知而不告恆還經廚下收人正食因而遇害後贈長水校尉謚蘭陵貞世子二子璪玠璪字仲寶襲瓘爵後東海王越以蘭陵益其國改封江夏郡公邑八千五百戶懷帝即位爲散騎侍郎永嘉五年沒於劉聰元帝以瓘元孫崇嗣玠字叔寶年五歲風神秀異祖父瓘曰此兒有異於衆顧吾年老不見其成長耳總角乘羊車入市見者以爲玉人觀之者傾都驃騎將軍王濟玠之舅也儁爽有風姿每見玠輒歎曰珠玉在側覺我形穢又嘗語人曰與玠同遊若明珠之在側朗然照人及長好言元理其後多病體羸母常禁其語遇有勝日親友時請一言無不吝嗟以爲入微琅邪王澄有高名少所推服每聞玠言輒嘆息絶倒故時人爲之語曰衛玠談道平子絶倒澄及王元王濟並有盛名皆出玠下世云王氏三子不如衛家一兒玠妻父樂廣有海內重名議者以爲婦公冰清女壻玉潤辟命屢至皆不就久之爲太傅西閤祭酒拜太子洗馬璪爲散騎侍郎內侍懷帝玠以天下大亂欲移家南行母曰我不能舍仲寶去也玠啟諭深至爲門戶大計母涕泣從之臨别玠謂兄曰在三之義人之所重今可謂致身之日兄其勉之乃扶輿母轉至江夏征南將軍山簡見之甚相欽重簡曰昔戴叔鸞嫁女唯賢是與不問貧賤況衛氏權貴門戶令望之人乎於是以女妻焉遂進至豫章是時大將軍王敦鎮豫章長史謝鯤先雅重玠相見欣然言論彌日敦謂鯤曰昔王輔嗣吐金聲於中朝此子復玉振於江表微言之緒絶而復續不意永嘉之末復聞正始之音何平叔若在當復絶倒玠嘗以人有不及可以情恕非意相干可以理遣故終身不見喜慍之容以王敦豪爽而好居物上恐非國之忠臣求向建業京師人士聞其姿容觀者如堵玠勞疾遂甚永嘉六年卒時年二十七時人謂玠被看殺葬於南昌謝鯤哭之慟人問曰子有何恤而致斯哀答曰棟梁折矣不覺哀耳咸和中改塋於江寧丞相王導教曰衛洗馬明當改葬此君風流名士海內所瞻可脩薄祭以敦舊好後劉惔謝尚共論中朝人士或問杜乂可方衛洗馬不尚曰安得相比其閒可容數人惔又云杜乂膚清叔寶神清其爲有識者所重如此于時中興名士唯王承及玠爲當時第一云恆族弟展字道舒歷尚書郎南陽太守永嘉中爲江州刺史累遷晉王大

理詔有考子證父或鞭父母問子所在展以爲恐傷政敎並奏除之中興建爲廷尉上疏宜復肉刑不見省卒贈光祿大夫

張華字茂先范陽方城人也父平魏漁陽守華少孤貧自牧羊同郡盧欽見而器之鄉人劉放亦奇其才以女妻焉華學業優博詞藻溫麗朗贍多通圖緯方伎之書莫不詳悉造次必以禮度勇於赴義篤於周急器識弘曠時人罕能測之初未知名因著鷦鷯賦以自寄其詞曰何造化之多端播羣形於萬類惟鷦鷯之微禽亦攝生而受氣育翩翾之陋體無元黃以自貴毛無施於器用肉不登乎組味鷹鸇過猶俄翼尙何懼於罿罻翳薈蒙籠是焉游集飛不飄揚翔不翕習其居易容其求易給巢林不過一枝每食不過數粒栖無所滯游無所盤匪陋荆棘匪榮茝蘭動翼而逸投足而安委命順理與物無患伊玆禽之無知而處身之似智不懷寶以賈害不飾表以招累靜守性而不矜動因循而簡易任自然以爲資無誘慕於世僞鵰鶡介其觜距鵠鷺軼於雲際鶤鷄竄於幽險孔翠生乎遐裔彼晨鳧與歸鴈又矯翼而增逝咸美羽而豐肌故無罪而皆斃徒銜蘆以避繳終爲戮於此世蒼鷹鷙而受紲鸚鵡慧而入籠屈猛志以服養塊幽縶於九重變音聲以順旨思摧翮以爲庸戀鍾岱之林野慕隴坻之高松雖蒙幸於今日未若疇昔之從容海鳥鶢居避風而至條枝巨爵踰嶺自致提挈萬里飄颻逼畏夫唯體大妨物而形瓌足偉也陰陽陶烝萬品一區巨細舛錯種繁類殊鷦螟巢於蚊睫大鵬彌乎天隅將以上方不足而下比有餘普天壤而遐觀吾又安知大小之所如陳留阮籍見之歎曰王佐之才也由是聲名始著郡守鮮于嗣薦華爲太常博士盧欽言之於文帝轉河南尹丞未拜除佐著作郎頃之遷長史兼中書郎朝議表奏多見施用遂卽眞晉受禪拜黃門侍郎封關內侯華彊記默識四海之內若指諸掌武帝嘗問漢宮室制度及建章千門萬戶華應對如流聽者忘倦畫地成圖左右屬目帝甚異之時人比之子產數歲拜中書令後加散騎常侍遭母憂哀毀過禮中詔勉勵逼令攝事初帝與羊祜謀伐吳而羣臣多以爲不可唯華贊成其策其後祜疾篤帝遣華詣祜問以伐吳之策語在祜傳及將大舉以華爲度支尙書乃量計運漕決定廟算衆軍旣進而未有剋獲賈充等奏誅華以謝天下帝曰此是吾意華但與吾同耳時大臣皆以爲未可輕進華獨堅執以爲必剋及吳滅詔襃其勳進封爲廣武縣侯增邑萬戶封一子爲亭侯千五百戶賜絹萬匹華名重一世衆所推服晉史及儀禮憲章並屬於華多所損益當時詔誥皆所草定聲譽益著有台輔之望焉而荀勗自以大族恃帝恩深憎疾之每伺閒隙欲出華外鎭會帝問華誰可託寄後事者對曰明德至親莫如齊王攸旣非上意所在微爲忤旨閒言遂行乃出華爲持節都督幽州諸軍事領護烏桓校尉安北將軍華撫納新舊夷夏懷之東夷馬韓新彌諸國依山帶海去州四千餘里歷世未附者二十餘國並遣使朝獻於是遠夷賓服四境無虞頻歲豐稔士馬彊盛朝議將欲徵華入相又欲進號儀同初華毀徵士馮恢於帝紞卽恢之弟也深有寵於帝紞常侍帝從容論魏晉事因曰臣竊謂鍾會之釁頗由太祖帝變色曰卿何言邪紞免冠謝曰臣愚冗瞽言罪應萬死然臣微意猶有可申帝曰何以言之紞曰臣以爲善御者必識六轡盈縮之勢善政者必審官方控帶之宜故仲由以兼人被抑冉求以退弱被進漢高八王以寵過夷滅光武諸將由抑損克終非上有仁暴之殊下有愚智之異蓋抑揚與奪使之然耳鍾會才見有限而太祖誇獎太過嘉其謀猷盛其名器居以重勢委以大兵故使會自謂算無遺策功在不賞輈張跋扈遂遘凶逆耳向令太祖錄其小能節以大禮抑之以權勢納之以軌則則亂心無由而生亂事無由而成矣帝曰然紞稽首曰陛下旣已然微臣之言宜思堅冰之漸無使如會之徒復致覆喪帝曰當今豈有如會者乎紞曰東方朔有言談何容易易曰臣不密則失身帝乃屏左右曰卿極言之紞曰陛下謀謨之臣著大功於天下海內莫不聞知據方鎭戎馬之任者皆在陛下聖慮耳帝默然頃之徵華爲太常以太廟屋棟折免官遂終武帝之世以列侯朝見惠帝卽位以華爲太子少傅與王戎裴楷和嶠俱以德望爲楊駿所忌皆不與朝政及駿誅後將廢皇太后會羣臣於朝堂議者皆承望風旨以爲春秋絕文姜今太后自絕於宗廟亦宜廢黜惟華議以爲夫婦之道父不能得之於子子不能得之於父皇太后非得罪於先帝者也今黨其所親爲不母於聖世宜依漢廢趙太后爲孝成后故事貶皇太后之號還稱武皇后居異宮以全貴終之恩不從遂廢太后爲庶人楚王瑋受密詔殺太宰汝南王亮太保衞瓘等內外兵擾朝廷大恐計無所出華白帝以瑋矯詔擅害二公將士倉卒謂是國家意故從之耳今可遣騶虞幡使外軍解嚴理必風靡上從之瑋兵果散及瑋誅華以首謀有功拜右光祿大夫開府儀同三司

侍中中書監金章紫綬固辭開府賈謐與后共謀以華庶族儒雅有籌略進無逼上之嫌退爲衆望所依欲倚以朝綱訪以政事疑而未決以問裴頠頠素重華深贊其事華遂盡忠匡輔彌縫補闕雖當暗主虐后之朝而海內晏然華之功也華懼后族之盛作女史箴以爲諷賈后雖凶妬而知敬重華久之論前後忠勳進封壯武郡公華十餘讓中詔敦喻乃受數年代下邳王晃爲司空領著作及賈后謀廢太子左衛率劉卞甚爲太子所信遇每會宴卞必預焉屢見賈謐驕傲太子恨之形于言色謐亦不能平卞以賈后謀問華華曰不聞卞曰卞以寒悴自須昌小吏受公成拔以至今日士感知己是以盡言而公更有疑於卞邪華曰假令有此君欲如何卞曰東宮俊乂如林四率精兵萬人公居阿衡之任若得公命皇太子因朝入錄尚書事廢賈后於金墉城兩黃門力耳華曰今天子當陽太子人子也吾又不受阿衡之任忽相與行此是無其君父而以不孝示天下也雖能有成猶不免罪況權戚滿朝威柄不一而可以安乎及帝會羣臣於式乾殿出太子手書徧示羣臣莫敢有言者惟華諫曰此國家之大禍自漢武以來每廢黜正嫡常至喪亂且國家有天下日淺願陛下詳之尚書左僕射裴頠以爲宜先檢校傳書者又請比校太子手書不然恐有詐妄賈后乃內出太子素啓事十餘紙衆人比視無敢言非者議至日西不決后知華等意堅因表乞免爲庶人帝乃可其奏初趙王倫爲鎮西將軍撓亂關中氐羌反叛乃以梁王肜代之或說華曰趙王貪昧信用孫秀所在爲亂而秀變詐姦人之雄今可遣梁王斬秀刈趙之半以謝關右不亦可乎華從之肜許諾秀友人辛冉從西來言於肜曰氐羌自反非秀之爲故得免死倫既還諂事賈后因求錄尚書事後又求尚書令華與裴頠皆固執不可由是致怨倫秀疾華如讐武庫火華懼因此變作列兵固守然後救之故累代之寶及漢高斬蛇劒王莽頭孔子屐等盡焚焉時華見劒穿屋而飛莫知所向初華所封壯武郡有桑化爲栢識者以爲不祥又華第舍及監省數有妖怪少子韙以中台星坼勸華遜位華不從曰天道元遠唯脩德以應耳不如靜以待之以俟天命及倫秀將廢賈后秀使司馬雅夜告華曰今社稷將危趙王欲與公共匡王室爲霸者之事華知秀等必成篡奪乃拒之雅怒曰刃將加頸而吐言如此不顧而出華方晝卧方夢見屋壞覺而患之是夜難作詐稱詔召華遂與裴頠俱被收華將死謂張林曰卿欲害忠臣邪林稱詔詰之曰卿爲宰相任天下事太子之廢不能死節何也華曰式乾之議臣諫事具存非不諫也林曰諫若不從何不去位華不能答須臾使者至曰詔斬公華曰臣先帝老臣中心如丹臣不愛死懼王室之難禍不可測也遂害之於前殿馬道南夷三族朝野莫不悲痛之時年六十九華性好人物誘進不倦至于窮賤候門之士有一介之善者便咨嗟稱詠爲之延譽雅愛書籍身死之日家無餘財唯有文史溢于几篋嘗徙居載書三十乘祕書監摯虞撰定官書皆資華之本以取正焉天下奇祕世所希有者悉在華所由是博物洽聞時無與比惠帝中人有得鳥毛長三丈以示華華見慘然曰此海鳧毛也出則天下大亂矣陸機嘗餉華鮓于時賓客滿坐華發器便曰此龍肉也衆未之信華曰試以苦酒濯之必有異既而五色光起機還問鮓主果云園中茅積下得一白魚質狀殊常以作鮓過美故以相獻武庫封閉甚密其中忽有雉雊華曰此必蛇化爲雉也開視雉側果有蛇蛻焉吳郡臨平江岸崩出一石鼓搥之無聲帝以問華華曰可取蜀中桐材刻爲魚形扣之則鳴矣於是如其言果聲聞數里初吳之未滅也牛斗之間常有紫氣道術者以爲吳方彊盛未可圖也唯華以爲不然及吳平之後紫氣愈明華聞豫章人雷煥妙達緯象乃要煥宿屏人曰可共尋天文知將來吉凶因登樓仰觀煥曰僕察之久矣惟斗牛之間頗有異氣華曰是何祥也煥曰寶劒之精上徹於天耳華曰君言得之吾少時有相者言吾年出六十位登三事當得寶劒佩之斯言豈效與因問曰在何郡煥曰在豫章豐城華曰欲屈君爲宰共尋之可乎煥許之華大喜卽補煥爲豐城令到縣掘獄屋基入地四丈餘得一石函光氣非常中有雙劒並刻題一曰龍泉一曰太阿其夕斗牛間氣不復見焉煥以南昌西山北巖下土以拭劒光芒艷發大盆盛水置劒其上視之者精芒炫目遣使送一劒并土與華留一自佩或謂煥曰得兩送一張公其可欺乎煥曰本朝將亂張公當受其禍此劒當繫徐君墓樹耳靈異之物終當化去不永爲人服也華得劒寶愛之常置坐側華以南昌土不如華陰赤土報煥書曰詳觀劒文乃干將也莫邪何復不至雖然天生神物終當合耳因以華陰土一斤致煥煥以拭劒倍益精明華誅失劒所在煥卒子華爲州從事持劒行經延平津劒忽於腰下躍出墮水使人沒水取之不見劒但見兩龍各長數丈蟠縈有文章沒者懼而返須臾光彩照水波浪驚沸於是失劒華歎曰先君化去之言

張公終合之論此其驗乎華之博物多此類不可詳載焉後倫秀伏誅齊王冏輔政摯虞致牋於冏稱華前答武帝詔宜留先王事冏以故表列華及裴頠等無辜見誅宜蒙恩理事下羣官通議議者各有所執而多稱其寃壯武國臣竺道又詣長沙王求復華爵位依違者久之太安二年詔復華侍中中書監司空公廣武侯及所沒財物與印綬符策遣使弔祭之初陸機兄弟志氣高爽自以吳之名家初入洛不推中國人士見華一面如舊欽華德範如師資之禮焉華誅後作誄又為詠德賦以悼之華著博物志十篇及文章行於世二子禕韙禕字彥仲好學謙敬有父風歷位散騎常侍韙儒博曉天文散騎侍郎同時遇害禕子輿字公安襲華爵避難過江辟丞相掾太子舍人劉卞字叔龍東平須昌人也本兵家子質直少言少為縣小吏功曹夜醉如廁使卞執燭不從公曹銜之以他事補亭子有祖秀才者於亭中與刺史箋久不成卞教之數言卓犖有大致秀才謂縣令曰卞公府掾之精者卿云何以為亭子令即召為門下史百事疎簡不能周密令問卞能學不答曰願之即使就學無幾卞兄為太子長兵既死兵例須代功曹請以卞代兄役令曰祖秀才有言遂不聽卞後從令至洛得入太學試經為臺四品吏訪問令寫黃紙一鹿車卞曰劉卞非為人寫黃紙者也訪問知怒言於中正退為尚書令吏或謂卞曰君才簡略堪大不堪小不如作守舍人卞從其言後為吏部令史遷齊王攸司空主簿轉太常丞司徒左西曹掾尚書郎所歷皆稱職累遷散騎侍郎除并州刺史入為左衞率知賈后廢太子之謀甚憂之以計干張華而不用益以不平賈后親黨微服聽察外間頗聞卞言乃遷卞為輕車將軍雍州刺史卞知言泄恐為賈后所誅乃飲藥卒初卞之并州昔同時為須昌小吏者十餘人祖餞之其一人鄉卞卞遣扶出之人以此少之

王沈字處道太原晉陽人也祖柔漢匈奴中郎將父機魏東郡太守沈少孤養於從叔司空昶事昶如父奉繼母寡嫂以孝義稱好書善屬文大將軍曹爽辟為掾累遷中書黃門侍郎及爽誅以故吏免後起為治書侍御史轉祕書監正元中遷散騎常侍侍中典著作與荀顗阮籍共撰魏書多為時諱未若陳壽之實錄也時魏高貴鄉公好學有文才引沈及裴秀數於東堂講讌屬文號沈為文籍先生秀為儒林丈人及高貴鄉公將攻文帝召沈及王業告之沈業馳白文帝以功封安平侯邑二千戶沈既不忠於主甚為眾論所排尋遷尚書出監豫州諸軍事奮武將軍豫州刺史至鎮乃下教宣下屬城士庶曰有能舉遺逸於林藪黜姦佞於州國陳長吏之可否說百姓之所患興利除害損益昭然者給穀五百斛若達一至之言說刺史得失朝政寬猛令剛柔得適者給穀千斛謂余不信有如皎日主簿陳廞褚䂮曰奉省教命所班用示賞勸實為慼歎然恐拘介之士或憚賞而不言貪昧之人將慕利而妄舉苟不合宜賞不虛行則遠聽者未知當否之所在徒見言之不用謂設有而不行愚以告下之事可小須後沈又教曰夫德薄而位厚功輕而祿重貪夫之所徇高士之所不處也若陳至言於刺史興益於本州達幽隱之賢去祝鮀之佞立德於上受分於下斯乃君子之操何不言之有直言至理忠也惠加一州仁也功成辭賞廉也兼斯而行仁智之事何故懷其道而迷其國哉褚䂮復白曰昔魏絳由和戎之功蒙女樂之賜管仲有興齊之勳而加上卿之禮功勳明著然後賞勸隨之未聞張重賞以待諫臣懸穀帛以求盡言也沈無以奪之遂從䂮議沈探尋善政案賈逵已來法制禁令諸所施行擇善者而從之又教曰後生不聞先王之教而望政道日興不可得也文武並用長久之道也俗化陵遲不可不革革俗之要實在敦學昔原伯魯不悅學閔馬父知其必亡將吏子弟優閑家門若不教之必致游戲傷毀風俗矣於是九郡之士咸悅道教移風易俗遷征虜將軍持節都督江北諸軍事五等初建封博陵侯班在次國平蜀之役吳人大出聲為救蜀振蕩邊境沈鎮御有方寇聞而退轉鎮南將軍武帝即王位拜御史大夫守尚書令加給事中沈以才望顯名當世是以創業之事羊祜荀祐裴秀賈充等皆與沈諮謀焉及帝受禪以佐命之勳轉驃騎將軍錄尚書事加散騎常侍統城外諸軍事封博陵郡公固讓不受乃進爵為縣公邑千八百戶帝方欲委以萬機太始二年薨帝素服舉哀賜祕器朝服一具衣一襲錢三十萬布百匹葬田一頃謚曰元明年帝追思沈勳詔贈司空公又詔沈前以翼贊之勳當受郡公之封而固辭懇至嘉其讓德不奪其志可以郡公官屬送葬沈素清儉不營產業其使所領兵作屋五十間子浚嗣後沈夫人荀氏卒將合葬沈棺槨已毀更賜東園祕器咸寧中復追封沈為郡公浚字彥祖母趙氏婦良家女也貧賤出入沈家遂生浚沈初不齒之年十五沈薨無子親戚共立浚為嗣拜駙馬都尉太康初與諸王俱就國三年來朝除員外散騎侍郎元康初轉員外常侍遷

越騎校尉右軍將軍出補河內太守以郡公不得爲二千石轉東中郎將鎭許昌及愍懷太子幽于許昌浚承賈后旨與黃門孫慮共害太子遷寧北將軍青州刺史尋徙寧朔將軍持節都督幽州諸軍事于時朝廷昏亂盜賊蠭起浚爲自安之計結好夷狄以女妻鮮卑務勿塵又以一女妻蘇恕延及趙王倫篡位三王起義浚擁衆挾兩端遏絕檄書使其境內士衆不得赴義成都王穎欲討之而未暇也倫誅進號安北將軍及河閒王顒成都王穎興兵內向害長沙王乂而浚有不平之心穎表請幽州刺史石堪爲右司馬以右司馬和演代堪密使演殺浚并其衆演與烏桓單于審登謀之於是與浚期游薊城南清泉水上薊城內西行有二道演浚各從一道演與浚欲合鹵簿因而圖之値天暴雨兵器霑濕不果而還單于由是與其種人謀曰演圖殺浚事垂克而天卒雨使不得果其天助浚也違天不祥我不可久與演同乃以謀告浚浚密嚴兵與單于圍演演持白幡詣浚降遂斬之自領幽州大營器械召務勿塵率胡晉合二萬人進軍討穎以主簿祁弘爲前鋒遇穎將石超於平棘擊敗之浚乘勝遂克鄴城士衆暴掠死者甚多鮮卑大掠婦女浚命敢有挾藏者斬於是沈於易水者八千人黔首荼毒自此始也浚還薊聲實益盛東海王越將迎大駕浚遣祁弘率烏丸騎爲先驅惠帝旋洛陽轉浚驃騎大將軍都督東夷河北諸軍事領幽州刺史以燕國增博陵之封懷帝卽位以浚爲司空領烏丸校尉務勿塵爲大單于浚又表封務勿塵遼西郡公其別部大飄滑及其弟渴末別部大屠甕等皆爲親晉王永嘉中石勒寇冀州浚遣鮮卑文鴦討勒勒走南陽明年勒復寇冀州刺史王斌爲勒所害浚又領冀州詔進浚爲大司馬加侍中大都督督幽冀諸軍事使者未及發會洛京傾覆浚大樹威令專征伐遣督護王昌中山太守阮豹等率諸軍及務勿塵世子疾陸眷并弟文鴦從弟末柸攻石勒於襄國勒率衆來距昌逆擊敗之末柸逐北入其壘門爲勒所獲勒質末柸遣閒使求和疾陸眷遂以鎧馬二百五十匹金銀各一簏贖末柸結盟而退其後浚布告天下稱受中詔承制乃以司空荀藩爲太尉光祿大夫荀組爲司隸大司農華薈爲太常中書令李絙爲河南尹又遣祁弘討勒及於廣宗時大霧弘引軍就道卒與勒遇爲勒所殺由是劉琨與浚爭冀州琨使宗人劉希還中山合衆代郡上谷廣甯三郡人皆歸于琨浚患之遂輟討勒之師而與琨相距浚遣燕相胡矩督護諸軍與疾陸眷并力攻破希驅略三郡士女出塞琨不復能爭浚還欲討勒使棗嵩督諸軍屯易水召疾陸眷將與之俱攻襄國浚爲政苛暴將吏又貪殘並廣占山澤引水灌田潰陷冢墓調發殷煩下不堪命多叛入鮮卑從事韓咸切諫浚怒殺之疾陸眷自以前後違命恐浚誅之勒亦遣使厚賂疾陸眷等由是不應召浚怒以重幣誘單于猗盧子右賢王日律孫令攻疾陸眷反爲所破時劉琨大爲劉聰所逼諸避亂游士多歸于浚浚日以彊盛乃設壇告類建立皇太子備置衆官浚自領尚書令以棗嵩裴憲並爲尚書使其子居王官持節領護匈奴中郎將以妻舅崔毖爲東夷校尉又使嵩監司冀并兗諸軍事行安北將軍以田徽爲兗州李渾爲青州渾爲石勒所殺以薄盛代之浚以父字處道爲當塗高應王者之讖謀將僭號胡矩諫浚盛陳其不可浚忿之出矩爲魏郡守前渤海太守劉亮從子北海太守搏司空掾高柔並切諫浚怒誅之浚素不平長史燕國王悌遂因他事殺之時童謠曰十囊五囊入棗郎棗嵩浚之子壻浚聞責嵩而不能罪之也又謠曰幽州城門似藏戶中有伏尸王彭祖有狐距府門翟雉入聽事時燕國霍原北州名賢浚以僭位事示之原不荅遂害之由是人士憤怨內外無親而矜豪日甚不親爲政所任多苛刻加亢旱災蝗士卒衰弱浚之承制也參佐皆內叙唯司馬游統外出統怨密與石勒通謀勒乃詐降於浚許奉浚爲主時百姓內叛疾陸眷等侵逼浚喜勒之附已勒遂僞卑辭以事之獻遺珍寶使驛相繼浚以勒爲誠不復設備勒乃遣使尅日上尊號於浚浚許之勒屯兵於易水督護孫緯疑其詐馳白浚而引兵逆勒浚不聽使勒直前衆議皆曰胡貪而無信必有詐請距之浚怒欲斬諸言者衆遂不敢復諫盛張設以待勒勒至城便縱兵大掠浚左右復請討之不許及勒登聽事浚乃走出堂皇勒衆執以見勒勒遂與浚妻並坐立浚於前浚罵曰胡奴調汝公何凶逆如此勒數浚不忠於晉并責以百姓餒乏積粟五十萬斛而不振給遂遣騎五百先送浚于襄國收浚麾下精兵萬人盡殺之停二日而還孫緯遮擊之勒僅而得免勒至襄國斬浚而浚竟不爲之屈大罵而死無子太元二年詔興滅繼絕封沈從孫道素爲博陵公卒子崇之嗣義熙十一年改封東莞郡公宋受禪國除

荀顗字景倩潁川人魏太尉彧之第六子也幼爲姊壻陳羣所賞性至孝總角知名博學洽聞理思周密魏時以父勳除中郎宣帝輔政見顗奇之曰荀令君之子也

擢拜散騎侍郎累遷侍中爲魏少帝執經拜騎都尉賜爵關內侯難鍾會易無互體又與扶風王駿論仁孝孰先見稱於世時曹爽專權何晏等欲害太常傅嘏顗營救得免及高貴鄉公立顗言於景帝曰今上踐阼權道非常宜速遣使宣德四方且察外志毋丘儉文欽果不服舉兵反顗預討儉等有功賜爵萬歲亭侯邑四百戶文帝輔政遷尚書帝征諸葛誕留顗鎮守顗甥陳泰卒顗代泰爲僕射領吏部四辭而後就職顗承泰之後加之淑慎綜核名實風俗澄正咸熙中遷司空進爵鄉侯顗年踰耳順孝養烝烝以母憂去職哀毀幾滅性海內稱之文帝奏宜依漢太傅胡廣喪母故事給司空吉凶導從及蜀平興復五等命顗定禮儀顗上請羊祜任愷庾峻應貞孔顥共刪改舊文撰定晉禮咸熙初封臨淮侯武帝踐阼進爵爲公食邑一千八百戶又詔以顗爲司徒尋加侍中遷太尉都督城外牙門諸軍事置司馬親兵百人頃之又詔顗以公行太子太傅侍中太尉如故時以正德大序雅頌未合命顗定樂事未終以泰始十年薨帝爲舉哀皇太子臨喪二宮賻贈禮秩有加詔賜溫明祕器朝服一具衣一襲諡曰康又詔曰太尉不恤私門居無館宇素絲之志沒而彌顯其賜家錢二百萬使立宅舍咸寧初詔論次功臣將配享宗廟所司奏顗等十二人銘功太常配享清廟顗明三禮知朝廷大義而無質直之操唯阿意苟合於荀勗何曾賈充之間初皇太子將納妃顗上言賈充女姿德淑茂可以參選以此獲譏於世顗無子以從孫徽嗣中興初以顗兄元孫序爲顗後封臨淮公序卒又絕孝武帝又封序子恒繼顗後恒卒子龍符嗣宋受禪國除

荀勗字公曾潁川潁陰人漢司空爽曾孫也祖棐射聲校尉父肹早亡勗依于舅氏岐嶷夙成年十餘歲能屬文從外祖太傅鍾繇曰此兒當及其曾祖既長遂博學達於從政仕魏辟大將軍曹爽掾遷中書通事郎爽誅門生故吏無敢往者勗獨臨赴衆乃從之爲安陽令轉驃騎從事中郎勗有遺愛安陽生爲立祠遷廷尉正參文帝大將軍事賜爵關內侯轉從事中郎領記室高貴鄉公欲爲變時大將軍掾孫佑守閶闔門帝弟安陽侯幹聞難欲入佑謂幹曰未有入者可從東掖門及幹至帝遲之幹以狀白帝欲族誅佑勗諫曰孫佑不納安陽誠宜深責然事有逆順用刑不可以喜怒爲輕重今成倅刑止其身佑乃族誅恐義士私議乃免佑爲庶人時官騎路遺求爲刺客入蜀勗言於帝曰明公以至公宰天下宜仗正義以伐違貳而名以刺客除賊非所謂刑于四海以德服遠也帝稱善及鍾會謀反審問未至而外人先告之帝待會素厚未之信也勗曰會雖受恩然其性未可許以見得思義不可不速爲之備帝即出鎮長安主簿郭弈參軍王深以勗是會從甥少長舅氏勸帝斥出之帝不納而使勗陪乘待之如初先是勗啟伐蜀宜以衞瓘爲監軍及蜀中亂賴瓘以濟會平還洛與裴秀羊祜共管機密時將發使聘吳並遣當時文士作書與孫皓帝用勗所作皓既報命和親帝謂勗曰君前作書使吳思順勝十萬之衆也帝即晉王位以勗爲侍中封安陽子邑千戶武帝受禪改封濟北郡公勗以羊祜讓乃固辭爲侯拜中書監加侍中領著作與賈充共定律令充將鎮關右也勗謂馮紞曰賈公遠放吾等失勢太子婚尚未定若使充女得爲妃則不留而自停矣勗與紞同伺帝間並稱充女才色絕世若納東宮必能輔佐君子有關雎后妃之德遂成婚當時甚爲正直者所疾而獲佞媚之譏焉久之進位光祿大夫既掌樂事又修律呂並行於世初勗於路逢趙賈人牛鐸識其聲及掌樂音韻未調乃曰得趙之牛鐸則諧矣遂下郡國悉送牛鐸果得諧者又嘗在帝坐進飯謂在坐人曰此是勞薪所炊咸未之信帝遣問膳夫乃云實用故車腳舉世服其明識俄領祕書監與中書令張華依劉向別錄整理記籍又立書博士置弟子教習以鍾胡爲法咸寧初與石苞等並爲佐命功臣列於銘享及王濬表請伐吳勗與賈充固諫不可帝不從而吳果滅以專典詔命論功封子一人爲亭侯邑一千戶賜絹千匹又封孫顯爲潁陽亭侯及得汲郡冢中古文竹書詔勗撰次之以爲中經列在祕書時議遣王公之國帝以問勗勗對曰諸王公已爲都督而使之國則廢方任又分割郡國人心戀本必用嗷嗷國皆置軍官兵還當給國而闕邊守帝重使勗思之勗又陳言如詔準古方伯選才使君國各隨方而爲都督誠如明旨至於割正封疆使親疏不同誠爲佳矣然分裂舊土猶懼多所搖動必使人心忿擾思惟竊宜如前若於事不得不時有所轉封而不至分割土域有所損奪者可隨宜節度其五等體國經野實不成制度然但虛名其於實事略與舊郡縣鄉亭無異若造次改奪恐不能不以爲恨今方了其大者以爲五等可須後裁度凡事雖有久而益善者若臨時或有不解亦不可忽帝以勗言爲允多從其意時又議省州郡縣半吏以赴農功勗議以爲省吏不如省官省官不如省事省事不如清心時善其議太康中詔以勗爲

左光祿大夫儀同三司開府辟召守中書監侍中侯如故時太尉賈充司徒李允並薨太子太傅又缺勗表陳三公保傅宜得其人若使楊珧參輔東宮必當仰稱聖意尚書令衞瓘吏部尚書山濤皆可爲司徒若以瓘新爲令未出者濤卽其人帝並從之明年秋諸州郡大水兗土尤甚勗陳宜立都水使者其後門下啓通事令史伊羡趙咸爲舍人對掌文法詔以問勗勗曰今天下幸賴陛下聖德六合爲一望道化隆洽垂之將來而門下上稱程咸張惲下稱此等欲以文法爲政皆愚臣所未達昔張釋之諫漢文謂虎圈嗇夫不宜見用邴吉住車明調和陰陽之本此二人豈不知小吏之惠誠惜大化也昔魏武帝使中軍司荀攸典刑獄明帝時猶以付內常侍以臣所聞明帝時唯有通事劉泰等官不過與殿中同號耳又頃言論者皆云省官省事而求益吏者相尋矣多云尚書郎太令史不親文書乃委付書令史及幹誠吏多則相倚也增置文法之職適恐更耗擾臺閣臣竊謂不可時帝素知太子闇弱恐後亂國遣勗及和嶠往觀之勗還盛稱太子之德而嶠云太子如初於是天下貴嶠而賤勗帝將廢賈妃勗與馮紞等諫請故得不廢時議以勗之傾國害時孫資劉放之匹然性慎密每有詔令大事雖已宣布然終不言不欲使人知己豫聞也族弟良曾勸勗曰公大失物情有所進益者自可語之則懷恩多矣其壻武統亦說勗宜有所營置令有歸戴者勗並默然不應退而語諸子曰人臣不密則失身樹私則背公是大戒也汝等亦當宦達人間宜識吾此意久之以勗守尚書令勗久在中書專管機事及失之甚罔罔悵恨或有賀之者勗曰奪我鳳凰池諸君賀我邪及在尚書課試令史以下覈其才能有闇於文法不能決疑處事者卽時遣出帝嘗謂曰魏武帝言荀文若之進善不進不止荀公達之退惡不退不休二令君之美亦望於君也居職月餘以母憂上還印綬帝不許遣常侍周恢喻旨勗乃奉詔視職勗久管機密有才思探得人主微旨不犯顏忤爭故得始終全其寵祿太康十年卒詔贈司徒賜東園祕器朝服一具錢五十萬布百匹遣兼御史持節護喪諡曰成勗有十子其達者輯藩組輯嗣官至衞尉卒諡曰簡子畯嗣卒諡曰烈無嫡子以弟息識爲嗣輯子綽字彥舒博學有才能撰晉後書十五篇傳於世永嘉末爲司空從事中郎沒於石勒爲勒參軍藩字大堅元康中爲黃門侍郎受詔成父所治鐘磬以從爲討齊王冏勳封西華縣公累遷尚書令永嘉末轉司空未拜而洛陽陷沒藩出奔密王浚承制奉藩爲留臺太尉及愍帝爲太子委藩督攝遠近建興元年薨於開封年六十九因葬亾所諡曰成追贈太保藩二子邃闓邃字道元解音樂善談論弱冠辟趙王倫相國掾遷太子洗馬長沙王乂以爲參軍乂敗成都王爲皇太弟精選僚屬以邃爲中舍人鄴城不守隨藩在密元帝召爲丞相從事中郎以道險不就愍帝就加左將軍陳留相父憂去職服闋襲封愍帝欲納邃女先徵爲散騎常侍邃懼西都危逼故不應命而東渡江元帝以爲軍諮祭酒太興初拜侍中邃與刁協婚親時協執權欲以邃爲吏部尚書邃深距之尋而王敦討協協黨並及於難唯邃以疎協獲免敦表爲廷尉以疾不拜遷太常轉尚書蘇峻作亂邃與王導荀崧並侍天子於石頭峻平後卒贈金紫光祿大夫諡曰靖子汪嗣闓字道明亦有名稱京都爲之語曰洛中英英荀道明大司馬齊王冏辟爲掾冏敗暴尸已二日莫敢收葬闓與冏故吏李述嵇含等露布請葬朝議聽之論者稱焉爲太傅主簿中書郎與邃俱渡江拜丞相軍諮祭酒中興建遷右軍將軍轉少府明帝嘗從容問王廙曰二荀兄弟孰賢廙答以闓才名過邃帝以語庾亮亮曰邃真粹之地亦闓所不及由是議者莫能定其兄弟優劣歷御史中丞侍中尚書封射陽公太寧二年卒追贈衞尉諡曰定子達嗣組字太章弱冠太尉王衍見而稱之曰夷雅有才識初爲司徒左西屬補太子舍人司徒王渾請爲從事中郎轉左長史歷太子中庶子滎陽太守趙王倫爲相國欲收大名選海內德望之士以江夏李重及組爲左右長史東平王堪沛國劉謨爲左右司馬倫篡以組爲侍中及長沙王乂敗惠帝遣組及散騎常侍閭邱仲詣成都王穎慰勞其軍帝西幸長安以組爲河南尹遷尚書轉衞尉賜爵成都縣男加散騎常侍侍中中書監轉司隸校尉加特進光祿大夫常侍如故于時天下已亂組兄弟貴盛懼不容於世雖居大官並諷議而已永嘉末復以組爲侍中領太子太保未拜會劉曜王彌逼洛陽組與藩俱出奔懷帝蒙塵司徒王浚以組爲司隸校尉組與藩移檄天下以瑯邪王爲盟主愍帝稱皇太子組卽太子之舅又領司隸校尉行豫州刺史事與藩其保滎陽之開封建興初詔藩行留臺事俄而藩薨帝更以組爲司空領尚書左僕射又兼司隸復行留臺事州征郡守皆承制行焉進爵臨潁縣公加夫人世子印綬明年進位太尉領豫州牧假節元帝承制以組爲都督司州諸軍加散騎常侍餘如故頃之又除尚書令表

讓不拜及西都不守組乃遣使移檄天下共勸進帝欲以組爲司徒以問太常賀循循曰組舊望清重忠勤顯著遷訓五品實允衆望於是拜組爲司徒組逼於石勒不能自立太興初自許昌帥其屬數百人渡江給千兵百騎組先所領仍皆統攝頃之詔組與太保西陽王羕並錄尙書事各加班劍六十人永昌初遷太尉領太子太保未拜薨年六十五謚曰元子弈嗣弈字元欣少拜太子舍人駙馬都尉侍講東宮出爲鎭東將軍行揚武將軍新汲令愍帝爲太子召爲中舍人尋拜散騎侍郎皆不就隨父渡江元帝踐位拜中庶子遷給事黃門郎父憂去職服闋補散騎常侍侍中時將繕宮城尙書符下陳留王使出城夫弈駁曰昔虞賓在位書稱其美詩詠有客載在雅頌今陳留王位在三公之上坐在太子之右故答表曰書賜物曰與此古今之所崇體國之高義也謂宜除夫役時尙書張闓僕射孔愉難弈以爲昔宋不城周春秋所譏特譏非體宜應減夫弈重駁以爲春秋之末文武之道將墜于地新有子朝之亂于時諸侯遞替莫肯率職宋之於周實有列國之權且同已勤王而主之者晉客而辭役責之可也今之陳留無列國之勢此之作否何益有無臣以爲宜除於國職爲全詔從之時又通議元會日帝應敬司徒王導不博士郭熙杜援等以爲禮無拜臣之文謂宜除敬侍中馮懷議曰天子修禮莫盛於辟雍當爾之日猶拜三老況今先帝師傅謂宜盡敬事下門下弈議曰三朝之首宜明君臣之體則不應敬若他日小會自可盡禮又至尊與公書手詔則曰頓首言中書爲詔則云敬問散騎優冊則曰制命今詔文尙異況大會之與小會理豈得同詔從之咸和七年卒追贈太僕謚曰定

馮紞字少冑安平人也祖浮魏司隸校尉父員汲郡太守紞少博涉經史識悟機辯歷仕爲魏郡太守轉步兵校尉徙越騎得幸於武帝稍遷左衞將軍承顏悅色寵愛日隆荀勖賈充並與之親善充女之爲皇太子妃也紞有力焉及妃之將廢紞勖乾沒救請故得不廢伐吳之役紞領汝南太守以郡兵隨王濬入秣陵遷御史中丞轉侍中帝病篤得愈紞與勖見朝野之望屬在齊王攸攸素薄勖勖以太子愚劣恐攸得立有害於已乃使紞言於帝曰陛下前者疾若不差太子其廢矣齊王爲百姓所歸公卿所仰雖欲高讓其得免乎宜遣還藩以安社稷帝納之及攸薨朝野悲恨初帝友于之情甚篤既納勖紞邪說遂爲身後之慮以固儲位既聞攸隕哀慟特深紞侍立因言曰齊王攸名過於實今得自終此乃大晉之福陛下何乃過哀帝收淚而止初謀伐吳紞與賈充荀勖同共苦諫不可吳平紞內懷慙懼疾張華如讐及張華外鎭威德大著朝論當徵爲尙書令紞從容侍帝論晉魏故事因諷帝言華不可授以重任帝默然而止事具華傳太康七年紞疾詔以紞爲散騎常侍賜錢二十萬牀帳一具尋卒二子播熊播大長秋熊字文羆中書郎紞兄恢自有傳

賈充字公閭平陽襄陵人也父逵魏豫州刺史陽里亭侯逵晚始生充言後當有充閭之慶故以爲名字焉充少孤居喪以孝聞襲父爵爲侯拜尙書郞典定科令兼度支考課辯章節度事皆施用累遷黃門侍郎汲郡典農中郎將參大將軍軍事從景帝討毋丘儉文欽於樂嘉帝疾篤還許昌留充監諸軍事以勞增邑三百五十戶後爲文帝大將軍司馬轉左長史帝新執朝權恐方鎭有異議使充詣諸葛誕圖欲伐吳陰察其變充既論說時事因謂誕曰天下皆願禪代君以爲如何誕厲聲曰卿非賈豫州子乎世受魏恩豈可欲以社稷輸人乎若洛中有難吾當死之充默然及還白帝曰誕再在揚州威名夙著能得人死力觀其規略爲反必矣今徵之反速而事小不徵事遲而禍大帝乃徵誕爲司空而誕果叛復從征誕充進計曰楚兵輕而銳若深溝高壘以逼賊城可不戰而尅也帝從之城陷帝登壘以勞充帝先歸洛陽使充統後事進爵宣陽鄉侯增邑千戶遷廷尉充雅長法理有平反之稱轉中護軍魏高貴鄉公之攻相府也充率衆拒戰於南闕軍將敗騎督成倅弟太子舍人濟謂充曰今日之事何如充曰公等養汝正擬今日何復疑濟於是抽戈犯蹕及常道鄉公卽位進封安陽鄉侯增邑千二百戶統城外諸軍加散騎常侍鍾會謀反於蜀帝假充節以本官都督關中隴右諸軍事西據漢中未至而會死時軍國多事朝廷機密皆與籌之帝甚信重充與裴秀王沈羊祜荀勖同受心腹之任帝又命充定法律假金章賜甲第一區五等初建封臨沂侯爲晉元勳深見寵異祿賜常優於羣官充有刀筆才能觀察上旨初文帝以景帝恢贊王業方傳位於舞陽侯攸充稱武帝寬仁且又居長有人君之德宜奉社稷及文帝寢疾武帝請問後事文帝曰知汝者賈公閭也帝襲王位拜充晉國衞將軍儀同三司給事中封臨潁侯及受禪充以建明大命轉車騎將軍散騎常侍尙書僕射更封魯郡公母柳氏爲魯國太夫人充與太傅鄭冲司空荀顗中書監荀勖中軍將軍羊祜中護軍王

業廷尉杜友守河南尹杜預散騎侍郎裴楷潁川太守周雄齊相郭頎騎都尉成公綏荀煇尚書郎柳軌等共定新律既成詔自太傅車騎以下皆加祿賞其詳依故典於是賜充子弟一人關內侯絹五百匹固讓不許後代裴秀爲尚書令常侍車騎將軍如故尋改常侍爲侍中賜絹七百匹以母憂去職詔遣黃門侍郎慰問又以東南有事遣典軍將軍楊囂宣諭使六旬還內充爲政務農節用并官省職帝善之又以文武異容求罷所領兵及羊祜等出鎭充復上表欲立勳邊境帝並不許從容任職褒貶在已頗好進士每有所薦達必終始經緯之是以士多歸焉帝舅王恂嘗毀充而充更進恂或有背充以要權貴者充皆陽以素志待之而充無公方之操不能正身率下專以諂媚取容侍中任愷中書令庾純等剛直守正咸共疾之又以充女爲齊王妃懼後益盛時氐羌反叛帝深以爲慮愷因進說請充鎭關中乃下詔以充爲使持節都督秦涼二州諸軍事侍中車騎將軍如故假羽葆鼓吹給第一駙馬朝之賢良欲進忠規獻替者皆幸充此舉望隆惟新之化充既外出自以爲失職深銜任愷計無所從將之鎭百寮餞于夕陽亭荀勗私焉充以憂告勗曰公國之宰輔而爲一夫所制不亦鄙乎然是行也辭之實難獨有結婚太子不頓駕而自留矣充曰然孰可寄懷對曰勗請言之俄而侍宴論太子婚姻事勗因言充女才質令淑宜配儲宮而楊皇后及荀顗亦並稱之帝納其言會京師大雪平地二尺軍不得發既而儲宮當婚遂不西行詔充居本職先是羊祜密啟留充及是帝以語充充謝祜曰始知君長者時吳將孫秀降拜爲驃騎大將軍帝以充舊臣欲改班使車騎居驃騎之右充固讓見聽尋遷司空侍中尚書令領兵如故會帝寢疾充及齊王攸荀勗參醫藥及疾愈賜絹各五百匹初帝疾篤朝廷屬意於攸河南尹夏侯和謂充曰卿二女婿親疎等矣立人當立德充不答及是帝聞之徙和光祿勳乃奪充兵權而位遇無替尋轉太尉行太子太保錄尚書事咸寧三年日蝕於三朝充請遜位不許更以沛國之公邱益其封寵幸愈甚朝廷咸側目焉河南尹王恂上言弘訓太后入廟合食於景皇帝齊王攸不得行其子禮充議以爲禮諸侯不得祖天子公子不得禰先君皆謂奉統承祀非謂不得復其父祖也攸身宜服三年喪事自如臣制有司奏若如充議服子服行臣制未有前比宜如恂表攸喪服從諸侯之例帝從充議伐吳之役詔充爲使持節假黃鉞大都督總統六師給羽葆鼓吹緹幢兵萬人騎二千置左右長史司馬從事中郎增參軍騎司馬各十人帳下司馬二十人大車官騎各三十人充慮大功不捷表陳西有昆夷之患北有幽并之戍天下勞擾年穀不登興軍致討懼非其時又臣老邁非所克堪詔曰君不行吾便自出充不得已乃受節鉞將中軍爲諸軍節度以冠軍將軍楊濟爲副南屯襄陽吳江陵諸守皆降充乃徙屯項王濬之尅武昌也充遣使表曰吳未可悉定方夏江淮下濕疾疫必起宜召諸軍以爲後圖雖腰斬張華不足以謝天下華豫平吳之策故充以爲言中書監荀勗奏宜如充表帝不從杜預聞充有奏馳表固爭言平在旦夕使及至轘轅而孫皓已降吳平軍罷帝遣侍中程咸犒勞賜充帛八千匹增邑八千戶分封從孫暢新城亭侯蓋安陽亭侯弟陽里亭侯混從孫關內侯衆增戶邑充本無南伐之謀固諫不見用及師出而吳平大慙懼議欲請罪帝聞充當詣闕豫幸東堂以待之罷節鉞僚佐仍假鼓吹麾幢充與羣臣上告成之禮請有司具其事帝謙讓不許及疾篤上印綬遜位帝遣侍臣諭旨問疾殿中太醫致湯藥賜牀帳錢帛自皇太子宗室躬省起居太康三年四月薨時年六十六帝爲之慟使使持節太常表策追贈太宰加袞冕之服綠綟綬御劍賜東園祕器朝服一具衣一襲大鴻臚護喪事假節鉞前後部羽葆鼓吹緹麾大路轀輬車帳下司馬大車椎斧文衣虎賁輕車介士葬禮依霍光及安平獻王故事給塋田一頃與石苞等爲王功配享廟庭謚曰武追贈充子黎民爲魯殤公充婦廣城君郭槐性妬忌初黎民年三歲乳母抱之當閤黎民見充喜笑充就而拊之槐望見謂充私乳母卽鞭殺之黎民戀念發病而死後又有生男過朞復爲乳母所抱充以手摩其頭郭疑乳母又殺之兒亦思慕而死充遂無胤嗣及薨槐以外孫韓謐爲黎民子奉充後郎中令韓咸中尉曹軫諫槐曰禮大宗無後以小宗支子後之無異姓爲後之文無令先公懷腆后土良史書過豈不痛心槐不從咸等上書求改立嗣事寢不報槐遂表陳是充遺意帝乃詔曰太宰魯公充崇德立勳勤勞佐命背世殂隕每用悼心又充子早終世嗣未立古者列國無嗣取始封支庶子以紹其後而近代更除其國至於周之公旦漢之蕭何或豫建元子或封爵元妃蓋尊顯勳庸不同常制太宰素取外孫韓謐爲世子黎民後吾退而斷之外孫骨肉至近推恩計情合於人心其以謐爲魯公世孫以嗣其國自非功如太宰始封無後如太宰所取必以已自出不如

太宰皆不得以爲比及下禮官議充謚博士秦秀議謚曰荒帝不納博士段暢希旨建議謚曰武帝乃從之自充薨至葬賻賜二千萬惠帝卽位賈后擅權加充廟備六佾之舞母郭氏爲宜城君及郭氏亾謚曰宜特加殊禮時人譏之而莫敢言者初充前妻李氏淑美有才行生二女褒裕褒一名荃裕一名濬父豐誅李氏坐流徙後娶城陽太守郭配女卽廣城君也武帝踐阼李以大赦得還帝特詔充置左右夫人充母亦勑充迎李氏郭槐怒攘袂數充曰刊定律令爲佐命之功我有其分李那得與我並充乃荅詔託以謙冲不敢當兩夫人盛禮實畏槐也而荃爲齊王攸妃欲令充遣郭而還其母時沛國劉含母及帝舅羽林監王虔前妻皆毋邱儉孫女此例既多質之禮官俱不能决雖不遣後妻多異居私通充自以宰相爲海內準則乃爲李氏築別室於永年里而不往來荃濬每號泣請充充竟不往會充當鎭關右公卿供帳祖道荃濬懼充遂去乃排幔出於坐中叩頭流血向充及羣寮陳母應還之意衆以荃王妃皆驚起而散充甚愧愕使黃門將宮人扶去既而郭槐女爲太子妃帝乃下詔斷如李比皆不得還後荃憤恚而薨初槐欲自省李氏充曰彼有才氣卿往不如不往及女爲妃槐乃盛威儀而去既入戶李氏出迎槐不覺腳屈因遂再拜自是充每出行槐輒使人尋之恐其過李也初充母柳見古今重節義竟不知充與成濟事以濟不忠數追罵之侍者聞之無不竊笑及將亾充問所欲言柳曰我教汝迎李新婦尚不肯安問他事遂無言及充薨後李氏二女乃欲令其母附葬賈后弗之許也及后廢李氏得合葬李氏作女訓行於世謐字長深母賈午充少女也父韓壽字德眞南陽人魏司徒暨曾孫美姿貌善容止賈充辟爲司空掾充每宴賓僚其女輒於青璅中窺之見壽而悅焉問其左右識此人不有一婢說壽姓字云是故主人女大感想發於寤寐婢後往壽家具說女意并言其女光麗艷逸端美絕倫壽聞而心動便令爲通殷勤婢以白女女遂潛脩音好厚相贈結呼壽向夕入壽勁捷過人踰垣而至家中莫知惟充覺其女悅暢異於常日時西域有貢奇香一着人則經月不歇帝甚貴之惟以賜充及大司農陳騫其女密盜以遺壽充僚屬與壽晏處聞其芬馥稱之於充自是充意知女與壽通而其門閤嚴峻不知所由得入乃夜中陽驚託言有盜因使循牆以觀其變左右白曰無餘異惟東北角如狐狸行處充乃考問女之左右具以狀對充祕之遂以女妻壽壽官至散騎常侍河南尹元康初卒贈驃騎將軍謐好學有才思既爲充嗣繼佐命之後又賈后專恣謐權過人主至乃鏁繫黃門侍郎其爲威福如此負其驕寵奢侈踰度室宇崇僭器服珍麗歌僮舞女選極一時開閤延賓海內輻湊貴游豪戚及浮競之徒莫不盡禮事之或著文章稱美謐以方賈誼渤海石崇歐陽建滎陽潘岳吳國陸機陸雲蘭陵繆徵京兆杜斌摯虞琅邪諸葛詮弘農王粹襄城杜育南陽鄒捷齊國左思淸河崔基沛國劉瓌汝南和郁周恢安平索秀潁川陳眕太原郭彰高陽許猛彭城劉訥中山劉輿劉琨皆傅會於謐號曰二十四友其餘不得豫焉歷位散騎常侍後軍將軍廣成君薨去職喪未終起爲祕書監掌國史先是朝廷議立晉書限斷中書監荀勗謂宜以魏正始建年著作郎王讚欲引嘉平已下朝臣盡入晉史于時依違未有所決惠帝立更使議之謐上議請從泰始爲斷於是事下三府司徒王戎司空張華領軍將軍王衍侍中樂廣黃門侍郎嵇紹國子博士謝衡皆從謐議騎都尉濟北侯荀畯侍中荀藩黃門侍郎華混以爲宜用正始開元博士荀熙刁協謂宜嘉平起年謐重執奏戎華之議事遂施行尋轉侍中領祕書監如故謐時從帝幸宣武觀校獵諷尚書於會中召謐受拜誡左右勿使人知於是衆疑其有異志矣謐既親貴數入二宮共愍懷太子游處無屈降心常與太子奕碁爭道成都王穎在坐正色曰太子國之儲君賈謐何得無禮謐懼言之於后遂出穎爲平北將軍鎭鄴及爲常侍侍講東宮太子意有不悅謐患之而其家數有妖異飄風吹其朝服飛上數百丈墜于中丞臺又蛇出其被中夜暴雷震其室柱陷入地壓毀牀帳謐益恐及遷侍中專掌禁內遂與后成謀誣陷太子及趙王倫廢后以詔召謐於殿前將戮之走入西鐘下呼曰阿后救我乃就斬之韓壽少弟蔚有器望及壽兄鞏令保弟散騎侍郎預吳王友鑒謐母賈午皆伏誅初充伐吳時嘗屯項城軍中甞忽失充所在充帳下都督周勤時晝寢夢見百餘人錄充引入一逕勤驚覺聞失充乃出尋索忽覩夢中之逕遂往求之果見充行至一府舍侍衞甚盛府公南面坐聲色甚厲謂充曰將亂吾家事必爾與荀勗既惑吾子又亂吾孫間使任愷黜爾而不去又使庾純罵汝而不改今吳寇當平汝方表斬張華汝之闇戇皆此類也若不悛愼當旦夕加罪充因叩頭流血公曰汝所以延日月而名器如此者是衞府之勳耳終當使孫嗣死於鐘虡之間大子斃於金酒之中小子困於枯木之下荀勗

亦宜同然其先德小濃故在汝後數世之外國嗣亦替
言畢命去充忽然得還營顏色憔悴性理昏喪經日乃
復及是謐死於鍾下賈后服金酒而死賈午考竟用木
杖終皆如所言趙王倫之敗朝廷追述充勳議立其後
欲以充從孫散騎侍郎衆爲嗣衆陽狂自免以子禿後
充封魯公又病死永興中立充從曾孫湛爲魯公奉充
後遭亂死國除泰始中人爲充等謠曰賈裴王亂紀綱
王裴賈濟天下言亾魏而成晉也充弟混字宮奇篤學
自守無殊才能太康中爲宗正卿歷領軍將軍領城門
校尉加侍中封永平侯卒贈中軍大將軍儀同三司充
從子彝遵並有鑒裁俱爲黃門郎遵弟模最知名模字
思範少有志尚頗覽載籍而深沈有智算確然難奪深
爲充所信愛每事籌之爲充年衰疾劇常憂已謚傳模
曰是非久自見不可掩也起家爲邵陵令遂歷仕二宮
尙書吏部郎以公事免起爲車騎司馬豫誅楊駿封平
陽鄉侯邑千戸及楚王瑋矯制害汝南王亮太保衞瓘
詔使模將中騶三百人救之是時賈后旣豫朝政欲信
親黨拜模散騎常侍二日擢爲侍中模乃盡心匡弼推
張華裴頠同心輔政數年之中朝野寧靜模之力也乃
加授光祿大夫然模潛執權勢外形欲遠之每有啟奏
賈后事入輒取急或託疾以避之至於素有嫌忿多所
中陷朝廷甚憚之加貪冒聚斂富擬王公但賈后性甚
彊暴模每盡言爲陳禍福后不能從反謂模毁已於是
委任之情日衰而讒間之徒遂進模不得志憂憤成疾
卒追贈車騎將軍開府儀同三司謚曰成子遊字彥將
嗣歷曾太子侍講員外散騎侍郎郭彰字叔武太原人
賈后從舅也與賈充素相親遇充妻待彰若同生歷散
騎常侍尙書衞將軍封冠軍縣侯及賈后專朝彰豫參
權勢物情歸附賓客盈門世人稱爲賈郭謂謐及彰也
卒謚曰烈

楊駿字文長弘農華陰人也少以王官爲高陸令驍騎
鎭軍二府司馬後以后父超居重位自鎭軍將軍遷車
騎將軍封臨晉侯識者議之曰夫封建所以藩屏王室
也后妃所以供粢盛弘內教也后父始封而以臨晉爲
侯兆於亂矣尙書褚䂮音略郭奕並表駿小器不可任以
社稷之重武帝不從帝自太康以後天下無事不復留
心萬機惟耽酒色始寵后黨請謁公行而駿及珧濟勢
傾天下時人有三楊之號及帝疾篤未有顧命佐命功
臣皆已沒矣朝臣惶惑計無所從而駿盡斥羣公親侍
左右因輒改易公卿樹其心腹會帝小閒見所用者非
乃正色謂駿曰何得便爾乃詔中書以汝南王亮與駿
夾輔王室駿恐失權寵從中書借詔觀之得便匿藏中
書監華廙恐懼自往索之終不肯與信宿之閒上疾遂
篤后乃奏帝以駿輔政帝乃頷之便召中書監華廙令
何劭口宣帝旨使作遺詔曰昔伊望作佐勳垂不朽周
霍拜命名冠往代侍中車騎將軍行太子太保領前將
軍楊駿經德履喆鑒識明遠毗翼二宮忠肅茂著宜正
位上台擬跡阿衡其以駿爲太尉太子太傅假節都督
中外諸軍事侍中錄尙書領前將軍如故置參軍六人
步兵三千人騎千人移止前衞將軍珧故府若止宿殿
中宜有翼衞其差左右衞三部司馬各二十人殿中都
尉司馬十人給駿令得持兵仗出入詔成后對廙劭以
呈帝帝親視而無言自是二日而崩駿遂當寄託之重
居太極殿梓宮將殯六宮出辭而駿不下殿以虎賁百
人自衞不恭之跡自此而始惠帝卽位進駿爲太傅大
都督假黃鉞錄朝政百官總已慮左右閒已乃以其甥
段廣張劭爲近侍之職凡有詔命帝省訖入呈太后然
後乃出駿知賈后情性難制甚畏憚之又多樹親黨皆
領禁兵於是公室怨望天下憤然矣駿弟珧濟並有儁
才數相諫止駿不能用因廢於家駿闇於古義動違舊
典武帝崩未踰年而改元議者咸以爲違春秋踰年書
卽位之義朝廷惜於前失令史官沒之故明年正月復
改年焉駿自知素無美望懼不能輯和遠近乃依魏明
帝卽位故事遂大開封賞欲以悅衆爲政嚴碎愎諫自
用不允衆心馮翊太守孫楚素與駿厚說之曰公以外
戚居伊霍之重握天權輔弱主當仰思古人至公至誠
謙順之道於周則周召爲宰在漢則朱虛東牟未有庶
姓專朝而克終慶祚者也今宗室親重藩王方壯而公
不與共參萬機內懷猜忌外樹私昵禍至無日矣駿不
能從弘訓少府蒯欽駿之姑子少而相昵直亮不回屢
以正言犯駿珧濟爲之寒心欽曰楊文長雖闇猶知人
之無罪不可妄殺必當疏我我得疏外可以不與俱死
不然傾宗覆族其能久乎殿中中郎孟觀李肇素不爲
駿所禮陰構駿將圖社稷賈后欲預政事而憚駿未得
逞其所欲又不肯以婦道事皇太后黃門董猛始自帝
之爲太子卽爲寺人監在東宮給事於賈后后密通消
息於猛謀廢太后猛乃與肇觀潛相結託賈后又令肇
報汝南王亮使連兵討駿亮曰駿之凶暴死亾無日不
足憂也肇報楚王瑋瑋然之於是求入朝駿素憚瑋先
欲召入防其爲變因遂聽之及瑋至觀肇乃啟帝夜作
詔中外戒嚴遣使奉詔廢駿以侯就第東安公繇率殿

中兵四百人隨其後以討駿段廣跪而言於帝曰楊駿受恩先帝竭心輔政且孤公無子豈有反理願陛下審之帝不答時駿居曹爽故府在武庫南聞內有變召衆官議之太傅主簿朱振說駿曰今內有變其趣可知必是閹豎爲賈后謀不利於公宜燒雲龍門以示威索造事者首開萬春門引東宮及外營兵公自擁翼皇太子入宮取姦人殿內震懼必斬送之可以免難駿素怯懦不決乃曰魏明帝造此大功奈何燒之侍中傅祗夜白駿請與武茂俱入雲龍門觀察事變祗因謂羣寮宮中不宜空便起揖於是皆走尋而殿中兵出燒駿府又令弩士於閣上臨駿府而射之駿兵皆不得出駿逃于馬廐以戟殺之觀等受賈后密旨誅駿親黨皆夷三族死者數千人又令李肇焚駿家私書賈后不欲令武帝顧命手詔聞于四海也駿既誅莫敢收者惟太傅舍人巴西閻纂殯斂之初駿徵高士孫登遺以布被登截被於門大呼曰斫斫刺刺旬月託疾詐死及是其言果驗永熙中溫縣有人如狂造書曰光光文長大戟爲牆毒藥雖行戟還自傷及駿居內府以戟爲衞焉永寧初詔曰舅氏失道宗族隕墜渭陽之思孔懷感傷其以蓩亭侯楊超爲奉朝請騎都尉以慰蓼莪之思焉珧字文琚歷位尚書令衞將軍素有名稱得幸於武帝時望在駿前以兄貴盛知權寵不可居自乞遜位前後懇至終不獲許初聘后珧表曰歷觀古今一族二后未嘗以全而受覆宗之禍乞以表事藏之宗廟若如臣之言得以免禍從之右軍督趙休上書陳王莽五公兄弟相代今楊氏三公並在大位而天變屢見臣竊爲陛下憂之由此珧益懼固求遜位聽之賜錢百萬絹五千匹珧初以退讓稱晚乃合朋黨構出齊王攸中護軍羊琇北軍中候成粲謀欲因見珧而手刃之珧知而辭疾不出諷有司奏琇轉爲太僕自是舉朝莫敢枝梧而素論盡矣珧臨刑稱寃云事在石函可問張華當時皆謂宜爲申理合依鍾毓事例而賈氏待諸楊如讎促行刑者遂斬之時人莫不嗟歎焉濟字文通歷位鎭南征北將軍遷太子太傅濟有才藝嘗從武帝校獵北芒山下與侍中王濟著布袴褶騎馬執角弓在輦前猛獸突出帝命王濟射之應弦而倒須臾復一出濟受詔又射殺之六軍大叫稱快帝重兵官多授貴戚清望濟以武藝號爲稱職與兄珧深慮盛滿乃與諸甥李斌等共切諫駿斥出王佑爲河東太守建立皇儲皆濟謀也初駿忌大司馬汝南王亮催使之藩濟與斌數諫止之駿遂疎濟濟謂傅咸曰若家兄徵汝南王亮入爲大司馬退身避之門戶乃得免耳不爾行當赤族咸曰但徵還共崇至公便立太平無爲避也夫人臣不可有專豈獨外戚今宗室疎因外戚之親以得安外戚危倚宗室之重以爲援所謂脣齒相依計之善者濟益懼而問石崇曰人心云何崇曰賢兄執政疏外宗室宜與四海共之濟曰見兄可及此崇見駿及爲駿不納後與諸兄俱見害難發之夕東宮召濟濟謂裴楷曰吾將何之楷曰子爲保傅當至東宮濟好施久典兵馬所從四百餘人皆秦中壯士射則命中皆欲救濟濟已入宮莫不歎恨

通志卷一百二十一下

宋右迪功郎鄭樵漁仲撰

列傳第三十五

晉

魏舒 李憙 劉寔弟智 高光 王渾子濟 王濬 唐彬 山濤子簡 簡子遐 王戎從弟衍 衍弟澄 郭舒 樂廣 鄭袤子默 默子球 李允 盧欽子浮 弟珽 珽子志 志子諶 華表子廙 廙子恆 恆弟嶠 石鑒 溫羨

魏舒字陽元任城樊人也少孤爲外家甯氏所養甯氏起宅相宅者云當出貴甥外祖母以魏氏甥小而慧意謂應之舒曰當爲外氏成此宅相久乃別居身長八尺二寸姿望秀偉飲酒石餘而遲鈍質朴不爲鄉親所重從叔父吏部郎衡有名當世亦不之知使守水碓每歎曰舒堪數百戶長我願畢矣舒亦不以介意不修常人之節不爲皎厲之事每欲容才長物終不顯人之短性好騎射着韋衣入山澤以漁獵爲事惟太原王乂謂舒曰卿終爲台輔然今未能令妻子免飢寒吾當助卿營之常振其匱乏舒受而不辭舒嘗詣野王主人妻夜產俄而聞車馬之聲相問曰男也女也曰男書之十五以兵死復問寢者爲誰曰魏公舒後十五載詣主人問所生兒何在曰因條桑爲斧傷而死舒自知當爲公矣年四十餘郡上計掾察孝廉宗黨以舒無學業勸令不就可以爲高耳舒曰若試而不中其負在我安可虛竊不就之高以爲己榮乎遂自課百日習一經因而對策升第除澠池長遷浚儀令入爲尚書郎時欲沙汰郎官非其才者罷之舒曰吾卽其人也襆被而出同僚素無清論者皆有愧色談者稱之累遷後將軍鍾毓長史毓每與參佐射舒常爲畫籌而已後遇朋人不足以舒滿數毓初不知其善射舒容範閑雅發無不中舉坐愕然莫有敵者毓歎而謝曰吾不足以盡卿才有如此射矣豈一事哉轉相國參軍封劇陽子府朝碎務未嘗見是非至於廢興大事衆人莫能斷者舒徐爲籌之多出衆議之表文帝深器重之每朝會坐罷目送之曰魏舒堂堂人之領袖也遷宜陽滎陽二郡太守甚有聲稱徵拜散騎常侍出爲冀州刺史在州三年以簡惠稱入爲侍中武帝以舒清素特賜絹百疋遷尚書以公事當免官詔以贖論舒三娶妻皆亡是歲自表乞假還本郡葬妻詔賜葬地一頃錢五十萬太康初拜右僕射舒與衛瓘山濤張華等以六合混一宜用古典封禪東嶽前後累陳其事帝謙讓不許以舒爲左僕射領吏部舒上言今選六宮聘以玉帛而舊使御府丞奉聘宣成嘉禮贄重使輕以爲拜三夫人宜使卿九嬪使五官中郎將美人良人使謁者於典制爲弘有詔詳之衆議異同遂寢加右光祿大夫儀同三司及山濤薨以舒領司徒有頃卽眞舒有威重德望祿賜散之九族家無餘財陳留周震累爲諸府所辟辟書既下公輒喪亡僉號爲殺公掾莫有辟者舒乃命之而竟無患識者以此稱其達命以年老每稱疾遜位中復暫起署兗州中正尋又稱疾尚書左丞郤詵與舒書曰公久疾小差視事是也唯上所念何意起訖還臥曲身迴法甚失具瞻之望公少立巍巍一旦棄之可不惜哉舒稱疾如初後以災異遜位帝不聽後因正旦朝罷還第表送章綬帝手詔敦勉而舒執意彌固乃詔舒以劇陽子就第位儀同三司祿賜如前几杖不朝賜錢百萬牀帳簟褥自副以舍人四人爲劇陽子舍人置官騎十人使光祿勳奉策主者詳案典禮令皆如舊制於是賜安車駟馬門施行馬舒爲事必先行而後言遜位之際莫有知者時論以爲晉興以來三公能辭榮善終者未之有也司空衛瓘與舒書曰每與足下共論此事日日未果可謂瞻之在前忽焉在後矣太熙元年薨時年八十二帝甚傷悼賵賻優厚諡曰康子混字延廣清惠有才行爲太子舍人年二十七先舒卒朝野咸爲舒悲惜舒每哀慟退而歎曰吾不及莊生遠矣豈以無益自損乎於是終服不復哭詔曰舒惟一子薄命短折舒告老之年處窮獨之苦每念怛然爲之嗟悼乃給陽燧四望繐牎戶皂輪車牛一乘庶出入觀望或足散憂也以庶孫融嗣又早卒從孫晃嗣

李憙字季和上黨銅鞮人也父佺漢大鴻臚憙少有高行博學研精與北海管甯以賢良徵不行累辟三府不就宣帝復辟憙爲太傅屬固辭疾郡縣扶輿上道時憙母疾篤乃竊踰泫氏城而徒還遂遭母喪論者嘉其志節後爲并州別駕時驍騎將軍秦朗過并州州將畢軌敬爲令乘車至閤憙固諫以爲不可軌不得已從之景帝輔政命憙爲大將軍從事中郎憙到引見謂憙曰昔先公辟君而君不應今孤命君而君至何也對曰先公以禮見待憙得以禮進退明公以法見繩憙畏法而至帝甚重之轉司馬尋拜右長史從討毌丘儉還遷御史中丞當官正色不憚彊禦百寮震肅焉薦樂安孫璞亦以道德顯時人稱爲知人尋遷大司馬以公事免司馬伷爲寧北將軍鎮鄴以憙爲軍司頃之除涼州刺史加揚威將軍假節領護羌校尉綏御華夷甚有聲績羌虜犯塞憙因其隙會不及啟聞輒以便宜出軍深入遂大

尅獲以功重免譴時人比之漢朝焉甘爲於是請還許之居家月餘拜冀州刺史累遷司隸校尉及魏帝告禪于晉憙以本官行司徒事副太尉鄭沖奉策泰始初封祁侯憙上言故立進令劉友前尚書山濤中山王睦故尚書僕射武陔各占官三更稻田請免濤睦等官陔已亡請貶謚詔曰友侵剋百姓其考竟以懲邪佞濤等不貳其過皆勿問憙亢志在公當官而行可謂邦之司直矣其申敕羣僚各慎所司寬宥之恩不可數遇也憙爲二代司隸朝野稱之以公事免其年皇太子立以憙爲太子太傅自魏明帝以後久曠東宮制度廢闕官司不具詹事左右率庶子中舍人諸官並未置唯置衛率令典兵二傅并攝眾事憙在位累年訓導盡規遷尚書僕射拜特進光祿大夫以年老遜位詔憙因光祿之號改假金紫置官騎十人賜錢五十萬祿賜班禮一如三司門施行馬初憙爲僕射時涼州虜寇邊憙唱義遣軍討之朝士謂出兵不易虜未足爲患竟不從之後虜果大縱逸涼州覆沒朝廷深悔焉以憙清素貧儉賜絹百疋及齊王攸出鎮憙上表諫諍辭甚懇切憙自歷仕雖清非異眾而家無儲糧親舊故人乃至分衣共食未嘗私以王官及卒追贈太保謚曰成子贊嗣少子儉字仲約歷左積弩將軍屯騎校尉儉子弘字世彥少有清節永嘉中歷給事黃門侍郎散騎常侍

劉寔字子眞平原高唐人漢濟北惠王壽之後也父廣斥邱令寔少貧苦賣牛衣以自給然好學手約繩口誦書博通古今清身潔已行無瑕玷郡察孝廉州舉秀才皆不行以計吏入洛調爲河南尹丞遷尚書郎廷尉正後歷吏部郎參文帝相國軍事封循陽子鍾會鄧艾之伐蜀也有客問寔曰二將其平蜀乎寔曰破蜀必矣而皆不還客問其故笑而不答竟如其言寔之先見皆此類也以世多進趣廉遜道廢乃著崇讓論以矯之辭多不錄泰始初進爵爲伯累遷少府咸寧中爲太常轉尚書杜預之伐吳也寔以本官行鎭南軍司初寔妻盧氏生子躋而卒華氏將以女妻之寔弟智諫曰華家類貪必破門戶辭之不得竟婚華氏而生子夏寔竟坐夏受賂免官頃之爲大司農又以夏罪免寔每還州里鄉人載酒肉以候之寔難逆其意輒共噉之而返其餘或謂寔曰君行高一世而諸子不能遵何不旦夕切磋使知過而自改邪寔曰吾之所行是所聞見不相祖習豈復教誨之所得乎世以寔言爲當後起爲國子祭酒散騎常侍愍懷太子初封廣陵王高選師友以寔爲師元康初進爵爲侯累遷太子太保加侍中特進右光祿大夫開府儀同三司領冀州都督九年策拜司空遷太保轉太傅太安初寔以老病遜位賜安車駟馬錢百萬以侯就第及長沙成都之相攻也寔爲軍人所掠潛歸鄉里惠帝崩寔赴山陵懷帝卽位復授太尉寔自陳年老固辭不許左丞劉坦上言以爲古之養老以不事爲優不以吏之爲重謂宜聽寔所守三年詔寔以侯就第位居三司之上秩祿準舊賜几杖不朝及宅一區國之大政就其諮訪歲餘薨時年九十一謚曰元寔少貧窶杖策徒行每所憩止不累主人薪水之事皆自營給及位望通顯每崇儉素不尚華麗嘗詣石崇家如廁見有絳紋帳裀褥甚麗兩婢持香囊寔便退笑謂崇曰誤入卿內崇曰是廁耳寔曰貧士未嘗得此乃更如他廁雖處榮寵居無第宅所得俸祿贍卹親故雖禮教陵遲而行已以正喪妻爲廬杖之制終喪不御內輕薄者笑之寔不以介意自少及老篤學不倦雖居職務卷弗離手尤精三傳辨正公羊以爲衞輒不應辭以王父命祭仲失爲臣之節舉此二端以明臣子之體遂行於世又撰春秋條例二十卷有二子躋夏躋字景雲官至散騎常侍夏以貪汚棄放於世寔弟智字子房貞素有兄風少貧窶每負薪自給讀誦不輟竟以儒行稱歷中書黃門吏部郎出爲潁川太守平原管輅嘗謂人曰吾與劉潁川兄弟語使人神思清發昏不假寐自此之外殆白日欲寢矣入爲秘書監領南陽王師加散騎常侍遷侍中尚書太常著喪服釋疑論多所辨明太康末卒謚曰成

高光字宣茂陳留圉城人魏太尉柔之子也光少習家業明練刑理初以太子舍人累遷尚書郎出爲幽州刺史潁川太守是時武帝置黃沙獄以典詔囚以光歷世明法用爲黃沙御史秩與中丞同遷廷尉元康中拜尚書典三公曹時趙王倫篡逆光於其際守道貞全及倫賜死齊王冏輔政復以光爲廷尉遷尚書加奉車都尉從從駕討成都王穎有功封延陵縣公邑千八百戶于時朝廷咸推光明於用法故頻典理官惠帝爲張方所逼幸長安朝臣奔散莫有從者光獨侍帝而西遷尚書左僕射加散騎常侍光兄誕爲上官巳等所用歷徐雍二州刺史誕性任放無倫次而決烈過人與光異操常謂光小節恆輕侮之光事誕愈謹帝既還洛陽時太弟新立重選傅訓以光爲少傅加光祿大夫常侍如故及懷帝卽位加光祿大夫金章紫綬與傅祗並見推崇尋爲尚書令本官如故以疾卒贈司空侍中屬京洛傾覆竟未加謚子韜字子遠放佚無檢光爲廷尉時韜受貨

賕有司奏按之而光不知時人雖非光不能防閑其子以其用心有素不以爲累初光詣長安留臺以韜兼爲右衛將軍韜與殿省小人交通及光卒仍於喪中往來不絕時東海王越輔政不朝覲韜知人心有望密與太傅參軍姜頤京兆杜概等謀討越事泄伏誅

王渾字元沖太原晉陽人也父昶魏司空渾沈雅有器量襲父爵京陵侯辟大將軍曹爽掾爽誅隨例免起爲懷令參文帝安東軍事累遷散騎黃門侍郎散騎常侍咸熙中爲越騎校尉武帝受禪加揚烈將軍遷徐州刺史時年荒歲饑渾開倉振贍百姓賴之泰始初增封邑千八百戶久之遷東中郎將督淮北諸軍事鎭許昌數陳損益多見納用轉征虜將軍監豫州諸軍事假節領豫州刺史渾與吳接境宣布威信前後降附甚多吳將薛瑩魯淑衆號十萬淑向弋陽瑩向新息時州兵並放休息衆裁一旅浮淮潛濟出其不意瑩等不虞晉師之至渾擊破之以功封次子尚爲關內侯遷安東將軍都督揚州諸軍事鎭壽春吳人大佃皖城圖爲邊害渾遣揚州刺史應綽督淮南諸軍攻破之并破諸別屯焚其積穀百八十餘萬斛稻苗四千餘頃船太百餘艘渾遂陳兵東疆視其地形險易歷觀敵城察攻取之勢及大舉伐吳渾率師出橫江遣參軍陳愼都尉張喬攻尋陽瀨鄉又擊吳牙門將孔忠皆破之獲吳將周興等五人又遣殄吳護軍李純據高望城討吳將俞恭破之多所斬獲吳厲武將軍陳代平虜將軍朱明懼而來降吳丞相張悌大將軍孫震等率衆數萬指城陽渾遣司馬孫疇揚州刺史周浚擊破之臨陣斬二將及首虜七千八百級吳人大震孫皓司徒何植建威將軍孫晏送印節詣渾降既而王濬破石頭降孫皓威名益振明日渾始濟江登建鄴宮醼酒高會自以先據江上破皓中軍按甲不進致在王濬之後意甚愧恨有不平之色頻奏濬罪狀時人譏之帝下詔曰使持節都督揚州諸軍事安東將軍京陵侯王渾督率所統遂逼秣陵令賊孫皓救護自衞不得分兵上赴以成西軍之功又摧大敵獲張悌使皓塗窮勢盡面縛乞降遂平定秣陵功勳茂著其增封八千戶進爵爲公封子澄爲亭侯弟湛爲關內侯賜絹八千疋轉征東大將軍復鎭壽陽渾不尙刑名處斷明允時吳人新附頗懷畏懼渾撫循羇旅虛懷綏納座無虛席門不停賓於是江東之士莫不悅附徵拜尙書左僕射加散騎常侍會朝廷立議齊王攸當之藩渾上書言攸至親盛德宜贊朝政令陛下出攸之國假以都督虛號而無典戎幹方之實懼非追述先帝文明太后待攸之宿意也若以攸望重於事宜出者令以汝南王亮代攸亮宜皇帝子文皇帝弟伷駿各處方任有內外之資論以後慮亦不爲輕攸今之國適足長異同之論以損仁慈之美耳而令天下窺陛下有不崇親親之情臣竊爲陛下不取也若以妃后外親任以朝政則有王氏傾漢之權呂產專朝之禍若以同姓至親則有吳楚七國逆亂之殃歷觀古事輕重所在無不爲害唯當任正道而求忠良耳若以智計猜物雖親見疑至於疏遠者庸可保乎愚以爲太子太保缺宜留攸居之庶全陛下有篤親親之恩使攸蒙仁覆之惠也帝不納太熙初遷司徒惠帝卽位加侍中又京陵置士官如睢陵比及楊駿誅重崇舊臣乃加渾兵渾以司徒文官主吏不持兵持兵乃吏屬絳衣自以偶因時寵權得持兵非是舊典皆令皂服論者美其謙而識體楚王瑋將害汝南王亮等也公孫宏說瑋曰昔宣帝廢曹爽引太尉蔣濟參乘以增威重大王今舉非常事宜得宿望鎭壓衆心司徒王渾宿有威名爲三軍所信服可請同乘使物情有憑也瑋從之渾辭疾歸第以家兵千餘人閉門距瑋瑋不敢逼俄而瑋以矯詔伏誅渾乃率兵赴宮帝嘗訪渾元會問郡國計吏方俗之宜渾奏曰陛下欽明聖哲光于遠近明詔沖虛詢及芻蕘斯乃周文疇咨之求仲尼不耻下問也舊三朝元會前計吏詣軒下侍中讀詔計吏跪受臣以詔文相承已久無他新聲非陛下留心方國之意也可令中書令指宣明詔問方土異同賢才秀異風俗好尙農桑本務刑獄得無冤濫守長得無侵虐其勤心政化興利除害者授以紙筆盡意陳聞以明聖指垂心四遠不復因循常辭且察其答對文義以觀計吏人才之實又先帝時正會後東堂見征鎭長史司馬諸王國卿諸州別駕若不能別見可前詣軒下使侍中宣問以審察方國於事爲便帝然之又詔渾錄尙書事渾所歷之職前後著稱及居台輔聲望日減元康七年薨時年七十五諡曰元長子尙早亡次子濟嗣濟字武子少有逸才風姿英爽氣蓋一時好弓馬勇力絕人善易及莊老文詞俊茂伎藝過人有名當世與姊夫和嶠及裴楷齊名尙常山公主年二十起家拜中書郎以母憂去官起爲驍騎將軍累遷侍中與侍中孔恂王恂楊濟同列爲一時俊彥武帝嘗會公卿藩牧於式乾殿顧濟恂而謂諸公曰朕左右可謂恂恂濟濟矣每侍見未嘗不咨論人物及萬機得失濟善於清言修飾詞令諷議將順朝臣莫能尙焉帝益親貴之仕進雖速論者

不以主壻之故咸稱才能致之然外雖弘雅而內多忌
刻好以言傷物儕類以此少之以其父故每排王濟時
議譏之齊王攸當之藩濟既陳請又累使公主與甄德
妻長廣公主俱入稽顙泣請帝留攸帝怒謂侍中王戎
曰兄弟至親今出齊王自是朕家事而甄德王濟連遣
婦來生哭人以忤旨左遷國子祭酒常侍如故數年入
為侍中時渾為僕射主者處事或不當濟性峻厲明法
繩之素與從兄佑不平佑黨頗謂濟不能顧其父由是
長輿同之言出為河南尹未拜坐鞭王官吏免官而王
佑始見委任而濟遂被斥外於是乃移第北芒山下性
豪侈麗服玉食時洛京地甚貴濟買地為馬埒編錢滿
之時人謂為金溝王愷以帝舅奢豪有牛名八百里駁
常瑩其蹄角濟請以錢千萬與牛對射而賭之愷亦自
恃其能令濟先射一發破的因據胡牀叱左右速探牛
心來須臾而至一割便去和嶠性至儉家有好李帝求
之不過數十濟候其上直率少年詣園共啖畢伐樹而
去帝嘗幸其宅供饌甚豐悉貯琉璃器中蒸肫甚美帝
問其故答曰以人乳蒸之帝色甚不平食未畢而去濟
善解馬性嘗乘一馬著連乾鄣泥前有水終不肯渡濟
云此必是惜鄣泥使人解去便渡故杜預謂濟有馬癖
帝嘗謂和嶠曰我將罵濟而後官爵之何如嶠曰濟俊
爽恐不可屈帝因召濟切讓之既而曰知愧不濟答曰
尺布斗粟之謠常為陛下恥之他人能令親疏臣不能
使親親以此愧陛下耳帝默然帝嘗與濟碁而孫皓在
側謂皓曰何以剝人面皮皓曰見無禮於君者則剝之
濟時伸腳局下而皓譏焉尋使白衣領太僕年四十六
先渾卒追贈驃騎將軍及其將葬時賢無不畢至孫楚
雅敬濟而後來哭之甚悲賓客莫不垂涕哭畢向靈牀
曰卿常好我作驢鳴我為卿作之體似聲真賓客皆笑
楚顧曰諸君不死而令王濟死乎初濟尚公主主兩目
失明而妬忌尤甚然終無子有庶子二人卓字文宣嗣
渾爵拜給事中次聿字茂宣襲公主封敏陽侯濟二弟
澄字道深汶字茂深皆辯惠有才藻並歷清顯

王濬字士治弘農湖人也家世二千石濬博涉墳典美
姿貌不修名行不為鄉曲所稱晚乃變節疏通亮達恢
廓有大志嘗起宅開門前路廣數十步人或謂之何太
過濬曰吾欲使容長戟幡旗眾咸笑之濬曰陳勝有言
燕雀安知鴻鵠之志州郡辟河東從事守令有不廉潔
者皆望風自引而去刺史燕國徐邈有女才淑擇夫未
嫁邈乃大會佐吏令女於內觀之女指濬告母邈遂妻
之後參征南軍事羊祜深知待之祜兄子暨白祜濬為
人志大奢侈不節不可專任宜有以裁之祜曰濬有大
才將欲濟其所欲必可用也轉車騎從事中郎識者謂
祜可謂能舉善焉除巴郡太守郡邊吳境兵士苦役生
男多不養濬乃嚴其科條寬其徭課其產育者皆與休
復所全活者數千人轉廣漢太守垂惠布政百姓賴之
濬夜夢懸三刀於臥屋梁上須臾又益一刀濬驚覺意
甚惡之主簿李毅再拜賀曰三刀為州字又益一者明
府其臨益州乎及賊張弘殺益州刺史皇甫晏果遷濬
為益州刺史濬設方略悉誅弘等以勳封關內侯懷輯
殊俗待以威信蠻夷徼外多來歸降徵拜右衛將軍除
大司農車騎將軍羊祜雅知濬有奇略乃密表留濬於
是重拜益州刺史武帝謀伐吳詔濬修舟艦濬乃作大
船連舫方百二十步受二千餘人以木為城起樓櫓開
四出門其上皆得馳馬來往又畫鷁首怪獸於船首以
懼江神舟檝之盛自古未有濬造船於蜀其木柹蔽江
而下吳建平太守吾彥取流柹以呈孫皓曰晉必有攻
吳之計宜增建平兵建平不下終不敢渡皓不從尋以
謠言拜龍驤將軍監益梁諸軍事語在羊祜傳時朝議
咸諫伐吳濬乃上疏曰臣數參訪吳楚同異孫皓荒淫
凶逆荊揚賢愚無不嗟怨且觀時運宜速征伐若今不
伐天變難預令皓卒死更立賢主文武各得其所則彊
敵也臣作船九年日有朽敗又臣年已七十死亡無日
三者一乖則難圖也誠願陛下無失事機帝深納焉賈
充荀勗陳諫以為不可唯張華固勸又杜預表請帝乃
發詔分命諸方節度濬於是統兵先在巴郡之所全育
者皆堪徭役供軍其父母戒之曰王府君生爾爾必勉
之無愛死也太康元年正月濬發自成都率巴東監軍
廣武將軍唐彬等攻吳丹陽尅之禽其丹陽監盛紀吳
人於江險磧要害之處並以鐵鏁橫截之又作鐵錐長
丈餘暗置江中以逆巨船先是羊祜獲吳間諜具知情
狀濬乃作大筏數十亦方百餘步縛草為人被甲持杖
令善水者以筏先行筏遇鐵錐錐輒着筏去又作火炬
長十餘丈大數十圍灌以麻油在船前遇鏁然炬燒之
須臾融液斷絕於是船無所礙二月庚申尅吳西陵獲
其鎮南將軍留憲征南將軍成據宜都太守盧忠壬戌
尅荊門夷道二城獲監軍陸晏乙丑尅樂鄉獲水軍督
陸景平西將軍施洪等來降乙亥詔進濬為平東將軍
假節都督益梁諸軍事濬自發蜀兵不血刃攻無堅城
夏口武昌無復支抗於是順流鼓棹徑造三山皓遣游
擊將軍張象率舟軍萬人以禦濬象望旗而降皓聞濬

軍旌旗器甲屬天滿江威勢甚盛莫不破膽用其光祿勳薛瑩中書令胡冲計送降文於濬曰吳郡孫皓叩頭死罪昔漢室失御九州幅裂先人因時略有江南遂阻山河與魏乖隔大晉龍興德覆四海闇劣偷安未喻天命至於今者猥煩六軍衡蓋路次遠臨江渚舉國震惶假息漏刻敢緣天朝含弘光大謹遣私署太常張夔等奉所佩璽綬委質請命壬寅濬入于石頭皓乃備亡國之禮素車白馬肉袒面縛銜璧牽羊大夫衰服士輿櫬率其僞太子瑾瑾弟魯王虔等二十一人造于壘門濬躬解其縛受璧焚櫬送于京師乃收其圖籍封其府庫軍無私焉帝遣使者犒濬軍初詔書使濬下建平受杜預節度預至江陵謂諸將帥曰若濬軍得下建平則順流長驅威名已著不宜令受制於我若不能克則無緣得施節度濬至西陵預與之書曰足下宜摧其西藩便當徑取秣陵討累世之逋寇釋吳人於塗炭自江入淮逾于泗汴泝河而上振旅還京師亦曠世一事也濬大悅表呈預書及諸將至秣陵王渾遣使要令暫過論事濬舉帆直指報曰風利不得泊也王渾久破皓中軍斬張悌等頓兵未敢進而濬乘勝納降渾恥而且忿乃表濬違詔不受節度誣罪狀之有司遂按濬檻車徵帝弗許下詔讓濬曰伐國事重宜令有一前詔使將軍受安東將軍渾節度渾思謀深重案甲以待將軍云何徑前不從軍命違制昧利甚失大義將軍功勳簡在朕心當率由詔書崇成王法而於事終恃功肆意朕將何以令天下濬上書自理曰臣前被庚戌詔書曰軍人乘勝猛氣益壯便當順流長騖直造秣陵臣被詔之日即便東下又前被詔書云太尉賈充總統諸方自鎮東大將軍伷及渾濬彬等皆受充節度無令臣別受節度之文臣自達巴丘所向風靡知孫皓窮蹙勢無所至十四日至牛渚去秣陵二百里宿設部分爲攻取節度前至三山見渾軍在北岸遣書與臣可暫來過其有所議亦不語臣當受節度之意臣水軍風發乘勢造賊城加宿設部分行有次第無緣得於長流之中迴船過渾令首尾斷絕須臾之間皓遣使歸命臣即報渾書并寫皓牋具以示渾使速來當於石頭相待軍以日中至秣陵暮乃被渾所下當節度之符欲令臣明十六日悉將所領還圍石頭備皓越逸又索蜀兵及鎮南諸軍人名定見臣以爲皓已來首都亭無緣共合空圍又兵人定見不可倉卒皆非當今之急不可承用中詔謂臣忽棄明制專擅自由伏讀嚴詔驚怖悚慄不知軀命當所投厝豈惟老臣獨懷戰灼三軍上下咸盡喪氣臣受國恩任重事大常恐託付不效孤負聖朝故投身死地轉戰萬里被蒙寬恕之恩得從臨履之宜是以憑賴威靈幸而能濟皆是陛下神策廟筭臣承指授效鷹犬之用耳有何勳勞而恃功肆意寧敢昧利而違聖詔臣以十五日至秣陵而詔書以十二日起洛陽其間懸濶不相赴接則臣之罪責宜蒙察恕假令孫皓猶有螳蜋舉斧之勢而臣輕軍單入有所虧喪罪之可也臣所統八萬餘人乘勝席卷皓以衆叛親離無復羽翼匹夫獨坐不能庇其妻子雀鼠貪生苟乞一活耳而江北諸軍不知其虛實不早縛取自爲小誤臣至便得更見怨恚並云守賊百日而令他人得之言語噂喈不可聽聞案春秋之義大夫出疆由有專輒臣雖愚惷以爲事君之道唯當竭節盡忠奮不顧命量力受任臨事制宜苟利社稷死生以之若其顧護嫌疑以避咎責此是人臣不忠之利實非明主社稷之福也臣不自料忘其鄙劣披布丹心輸寫肝膽欲竭股肱之力加之以忠貞庶必掃除兇逆清一宇宙願令聖世與唐虞比隆陛下粗察臣之愚款而識其欲自效之誠是以授臣以方牧之任委臣以征討之事雖燕王之信樂毅漢祖之任蕭何無以加焉受恩深重死且不報而以頑疏舉措失宜陛下弘恩財加切讓惶怖征營無地自厝願陛下明臣赤心而已渾又騰周浚書云濬軍得吳寶物濬復表曰被戊戌詔書下安東將軍所上揚州刺史周浚書謂臣諸軍得孫皓寶物又謂牙門將李高放火燒皓僞宮輒公文上尚書具列本末又聞渾案陷上臣臣受性愚忠行事舉動信心而前期於不負神明而已秣陵之事皆如前所表而惡直醜正實繁有徒欲構南箕成此貝錦公於聖世反白爲黑夫佞邪害國自古而然故無極破楚宰嚭滅吳及至石顯傾亂漢朝皆載在典籍而爲世作戒昔樂毅伐齊下城七十而卒被讒間脫身出奔樂羊既反謗書滿篋況臣頑疏能免讒慝之口然所望全其首領者實賴陛下聖哲欽明使浸潤之譖不得行焉然臣孤根獨立朝無黨援久棄遐外人道斷絕而結恨彊宗取怨豪族以累卵之身處雷霆之衝繭栗之質當豺狼之路其見吞噬豈抗脣齒夫犯上干主其罪可救乖忤貴臣則禍在不測故朱雲折檻嬰逆鱗之怒慶忌救之成帝不問望之周堪違忤石顯雖闔朝嗟歎而死不旋踵此臣之所大怖也今渾之支黨姻族外內皆根據盤互並處世位聞遣人在洛中專其交構盜言孔甘疑惑觀聽夫曾參之不殺人亦以明矣然三人傳之其母投杼今臣之信行未若

曾參之著而讒構沸騰非徒三夫之對外內扇助爲二五之應夫猛虎當塗麒麟恐懼況臣脆弱敢不悚慄僞吳君臣今皆生在便可驗問以明虛實前僞中郎將孔攄說去二月武昌失守水軍行至皓案行石頭還左右皆跳刀大呼云要當爲陛下一死戰決之皓意大喜謂必能然便盡出金寶以賜與之小人無狀得便持走皓懼乃圖降首降使適去左右刼奪財物略取妻妾放火燒宮皓逃身竄首恐不脫死臣至遣參軍主者救斷其火耳周浚以十六日前入皓宮臣時遣記室吏往視書籍浚使收縛若有遺寶則浚前得不應移蹤後人欲求苟免也臣前在三山得浚書云皓散寶物以賜將士府庫空虛而今復言金銀篋笥動有萬計疑臣軍得之言語反覆無復本末臣復與軍司張牧汝南相馮紞等共入觀皓宮乃無席可坐後日又與牧等共視皓舟船渾又先臣一日上其船船上之物皆渾所知見臣之案行皆出其後若有寶貨渾應得之又臣將軍素嚴兵人不得妄離部陣閒在秣陵諸軍凡二十萬眾臣軍先至爲土地之主百姓之心皆歸仰臣臣切勅所領秋毫不犯諸有市易皆有伍任證佐明從券契有違犯者凡斬十三人皆吳人所知也餘軍縱橫詐稱臣軍而臣軍類皆蜀人幸以此自別耳豈獨浚之將士皆是夷齊而臣部軍悉聚盜跖邪時有八百餘人緣石頭城刼取布帛臣牙門將軍馬潛郎收得二十餘人并疏其督將姓名移以付浚使得自科決而寂無反報疑皆縱遣絕其端緒也又聞吳人言前張悌戰時所殺才有二千人而渾浚露布言以萬計以吳剛子爲主簿而遣剛至洛欲令剛增斬級之數可具問孫皓及其諸臣則知其定審若信如所聞浚等虛詐尙欺陛下豈惜於臣云臣屯聚蜀人不時送皓欲有反狀又恐動吳人言臣皆當誅殺取其妻子冀其作亂得騁私忿謀反大逆尙以見加其餘謗嗜故其宜耳渾案臣瓶罌小器蒙國厚恩頻繁擢敘遂過其任渾此言最信內省慙懼今年平吳誠爲大慶於臣之身便受咎累既無孟側策馬之好而令濟濟之朝有讒邪之人虧穆穆之風損皇代之美由臣頑疏使致於此拜表流汗言不識次濬至京都有司奏濬表既不列前後所被七詔月日又赦後違詔不受渾節度大不敬付廷尉科罪詔曰濬前受詔徑造秣陵後乃下受渾節度詔書稽留所下不至便合與不受詔同責未爲經通濬不即表上被渾宣詔此可責也濬有征伐之勞不足以一眚掩之有司又奏濬赦後燒賊船百三十五艘輒勅付廷尉禁推詔曰勿推拜濬輔國大將軍領步兵校尉舊校唯五置此營自濬始也有司又奏輔國依比未爲達官不置司馬不給官騎詔依征鎮給五百大車增兵五百人爲輔國營給親騎百人官騎十人置司馬封襄陽縣侯邑萬戶封子彝暢鄉亭侯邑千五百戶賜絹萬疋又賜衣一襲錢三十萬及食物濬自以功大而爲渾父子及豪彊所抑屢爲有司所奏每進見陳其攻伐之勞及見枉之狀或不勝忿憤逕出不辭帝每容恕之益州護軍范通濬之外親也謂濬曰卿功則美矣然恨以所居美者未盡善也濬曰何謂也通曰卿旋師之日角巾私第口不言平吳之事若有問者輒曰聖主之德羣帥之力老夫何功之有焉如斯顏老之不伐龔遂之雅對將何以過之藺生所以屈廉頗王渾能無愧乎濬曰吾始懼鄧艾之事畏禍及不得無言亦不能遣諸胷中是吾褊也時人咸以濬功重報輕博士秦秀太子洗馬孟康前溫令李密等並表訟濬之屈帝乃遷濬鎮軍大將軍加散騎常侍領後軍將軍王渾詣濬濬嚴設備衞然後見之其相猜防如此濬平吳之後以勳高位重不復素業自居乃玉食錦服縱奢侈以自逸其有辟引多是蜀人示不遺故舊也後又轉撫軍大將軍開府儀同三司加特進散騎常侍後軍將軍如故太康六年卒時年八十謚曰武葬柏谷山大營塋域葬垣周四十五里面別開一門松栢茂盛子矩嗣矩弟暢散騎郎暢子粹太康十年武帝詔粹尙潁川公主仕至魏郡太守濬有二孫過江不見齒錄安西將軍桓溫鎮江陵表言之卒不見省

唐彬字儒宗魯國鄒人也父臺太山太守彬有經國大度而不拘行檢少便弓馬好游獵身長八尺走及奔鹿強力兼人晚乃敦悅經史尤明易經隨師受業還家教授恆數百人初爲郡門下掾轉主簿刺史王沈集諸參佐盛論距吳之策以問九郡吏彬與譙郡主簿張惲俱陳吳有可兼之勢沈善其對又使彬難言吳未可伐者而辭理皆屈還遷功曹舉孝廉州辟主簿累遷別駕彬忠肅公亮盡規匡救不顯諫以自彰又奉使詣相府計事于時僚佐皆當世英彥見彬莫不欽悅稱之於文帝薦爲掾屬帝以問參軍孔顥顥忌其能良久不答陳騫在坐斂板而稱曰彬之爲人勝騫甚遠帝笑曰但能如卿固未易得何論於勝因辟爲鎧曹屬帝問曰卿何以致辟對曰修業陋巷觀古人之遺跡言滿天下無口過行滿天下無怨惡帝顧四坐曰名不虛行他日謂孔顥曰近見唐彬卿受蔽賢之責矣初鄧艾之誅也文帝以

艾久在隴右素得士心一旦夷滅恐邊情騷動使彬密察之彬還白帝曰鄧艾忌克詭狹矜能負才順從者謂爲見事直言者謂爲觸迕雖長史司馬參佐牙門答對失指輒見駡辱處身無禮大失人心又好施行事役數勞衆力隴右甚患苦之喜聞其禍不肯爲用今諸軍已至足以鎮壓外內願無以爲慮俄除尚書水部郎泰始初賜爵關內侯出補鄴令彬導德齊禮朞月化成遷弋陽太守明設禁防百姓安之以母喪去官益州東接吳寇監軍位缺朝議用武陵太守楊宗及彬武帝以問散騎常侍文立立曰宗彬俱不可失然彬多財欲而宗好酒惟陛下裁之帝曰財欲可足酒者難改遂用彬尋又詔彬監巴東諸軍事加廣武將軍上征吳之策甚合帝意後與王濬共伐吳彬屯據衝要爲衆軍前驅每設疑兵應機制勝陷西陵樂鄉多所禽獲自巴陵沔口以東諸賊所聚莫不震懾倒戈肉袒彬知賊寇已殄孫皓將降未至建鄴二百里稱疾遲留以示不競果有先到者爭物後到者爭功于時有識莫不高彬此舉吳平詔以彬爲右將軍都督巴東諸軍事徵拜翊軍校尉改封上庸縣侯食邑六千戶賜絹六千疋朝有疑議每參預焉北虜侵掠北平以彬爲使持節監幽州諸軍事領護烏丸校尉右將軍彬既至鎮訓卒利兵廣農重稼震威曜武宣喻國命示以威信於是鮮卑二部大莫廆擿何等並遣侍子入貢兼修學校誨誘無倦仁惠廣被遂開拓舊境卻地千里復秦長城塞自溫城洎于碣石緜亘山谷且三千里分軍屯守烽候相望由是邊境安寧無犬吠之警自漢魏征鎮莫之比焉鮮卑諸種畏懼遂殺大莫廆彬欲討之恐列上候報虜必逃散乃發幽冀車牛參軍許祗密奏之詔遣御史檻車徵彬付廷尉以事直見釋百姓追慕彬功德生爲立碑作頌彬初受學於東海闞德門徒甚多獨目彬有廊廟才及彬官成而德已卒乃爲之立碑元康初拜使持節前將軍領西戎校尉雍州刺史下教曰此州名都士人林藪處士皇甫申叔嚴舒龍姜茂時梁子遠等並志節清茂履行高潔踐境望風虛心飢渴思加延致待以不臣之典幅巾相見論道而已豈以吏職屈染高規郡國備禮發遣以副於邑之望於是四人皆到彬敬而待之元康四年卒官時年六十謚曰襄賜絹二百疋錢二十萬長子嗣官至廣陵太守少子岐征虜司馬

山濤字巨源河內懷人也父曜宛句令濤早孤居貧少有器量介然不羣性好莊老每隱身自晦與嵇康呂安善後遇阮籍便爲竹林之交著忘言之契康後坐事臨刑謂子紹曰巨源在汝不孤矣濤年四十始爲郡主簿功曹上計掾舉孝廉州辟部河南從事與石鑒共宿濤夜起蹴鑒曰今爲何等時而眠邪知太傅臥何意鑒曰宰相三不朝與尺一令歸第卿何慮也濤曰咄石生無事馬蹄閒邪投傳而去未二年果有曹爽之事遂隱身不交世務與宣穆后有中表親是以見景帝帝曰呂望欲仕邪命司隸舉秀才除郎中轉驃騎將軍王昶從事中郎久之拜趙國相遷尚書吏部郎文帝與濤書曰足下在事清明雅操邁時念多所乏今致錢二十萬穀二百斛魏帝嘗賜景帝春服帝以賜濤又以母老并賜藜杖一枚晚與尚書和逌交又與鍾會裴秀等并申款昵以二人居勢爭權濤平心處中各得其所而俱無恨焉遷大將軍從事中郎鍾會作亂於蜀而文帝將西征時魏氏諸王公並在鄴帝謂濤曰西偏吾自了之後事深以委卿以本官行軍司馬給親兵五百人鎮鄴咸熙初封新沓子轉相國左長史典統別營時帝以濤鄉閭宿望命太子拜之帝以齊王攸繼景帝後素又重攸嘗問裴秀曰大將軍開建未遂吾但承奉後事耳故立攸將歸功於兄何如秀以爲不可又以問濤濤對曰廢長立少違禮不祥國之安危恆必由之太子位於是乃定太子親拜謝濤及武帝受禪以濤守大鴻臚護送陳留王詣建鄴泰始初加奉車都尉進爵新沓伯及羊祜執政時人欲危裴秀濤正色保持之由是失權臣意出爲冀州刺史加寧遠將軍冀州俗薄無相推轂濤甄拔隱屈搜訪賢才旌命三十餘人皆顯名當時人懷慕尚風俗頗革轉北中郎將督鄴城守事入爲侍中遷尚書以母老辭職詔曰君雖乃心在於色養然職有上下旦夕不廢醫藥且當割情以隆在公濤心求退表疏數十上久乃見聽除議郎帝以濤清儉無供養特給日契加賜牀帳茵褥禮秩崇重時莫爲比後除太常卿以疾不就會遭喪歸鄉里濤年踰耳順居喪過禮負土成墳手植松栢未幾詔起濤爲吏部尚書濤辭以喪病章表懇切會元皇后崩遂扶輿還洛逼迫詔命自力就職前後選舉周徧內外而並得其才咸寧初轉太子少傅加散騎常侍除尚書僕射加侍中領吏部固辭以老疾上表陳狀章表數十上久不攝職爲左丞白褒所奏帝曰濤以病自聞但不聽之耳使濤坐執銓衡則可何必上下邪不得有所問濤不自安上表謝罪詔敦喻之濤不獲已乃起視事濤再起選職十有餘年每一官缺輒啓擬數人詔旨有所向然後顯奏隨帝意所欲爲先故帝之所用

或非舉首衆情不察以濤輕重任意或譖之於帝帝手詔戒濤曰夫用人惟才不遺疎遠單賤天下便化矣而濤行之自若一年之後衆情乃寢濤所奏甄別人物各爲題目時稱山公啟事濤中立於朝晚值后黨專權不欲任楊氏多有諷諫帝雖悟而不能改後以年衰疾篤上疏告退免冠徒跣上還印綬詔不許濤苦表請退又不許尚書令衞瓘奏濤以微苦久不視職手詔猶頻煩未順旨參議以爲無專節之尚違在公之義若實沈篤亦不宜居位可免濤官中詔瓘曰濤以德素爲朝之望而嘗深退讓至于懇切故比有詔欲必奪其志以匡輔不逮主者旣不思明詔旨而反深加詆案虧崇賢之風以重吾不德何以示遠近邪濤不得已又起視事太康初遷右僕射加光祿大夫侍中掌選如故濤以老疾固辭手詔敦譬濤又上表固讓不許吳平之後帝詔天下罷軍役示海內大安州郡悉去兵大郡置武吏百人小郡五十人帝嘗講武于宣武場濤時有疾詔乘步輦從因與盧欽論用兵之本以爲不宜去州郡武備其論甚精于時咸以濤不學孫吳而闇與之合帝稱之曰天下名言也而不能用及永寧之後屢有變難寇賊猋起郡國皆以無備不能制天下乃至大亂如濤言焉後拜司徒濤復固讓詔不從濤又表乞骸骨詔勅斷章表使者乃卧加章綬濤曰垂沒之人豈可汚官府乎輿疾歸家以太康四年薨時年七十九詔賜東園秘器朝服一具衣一襲錢五十萬布百疋以供喪事策贈司徒蜜印紫綬侍中貂蟬新沓伯蜜印靑朱綬祭以太牢謚曰康將葬賜錢四十萬布百疋左長史范晷等上言濤舊第屋十間子孫不相容帝爲之立室初濤布衣家貧謂妻韓氏曰忍飢寒我後當作三公但不知卿堪爲公夫人不耳及居榮貴貞愼儉約雖爵同千乘而無嬪媵祿賜俸秩散之親故初陳郡袁毅嘗爲鬲令貪濁而賂遺公卿以求虛譽亦遺濤絲百斤濤不欲異於時受而藏於閣上後毅事露檻車送廷尉凡所受賂皆見推檢濤乃取絲付吏積年塵埃印封如故濤飲酒至八斗方醉帝欲試之乃以酒八斗飲濤而密益其酒濤極本量而止有子五人該淳允譚簡該字伯倫嗣父爵仕至幷州刺史太子左率贈長水校尉該子瑋字產祖翊軍校尉次子世回吏部郎散騎常侍淳字子元不仕允字叔眞奉車都尉並少尫病形甚短少而聰敏過人武帝聞而欲見之濤不敢辭以問於允允自以尫陋不肯行濤以爲勝已乃表曰臣二子尫病宜絕人事不敢受詔謨字季長明悉有才智官至司空掾簡字季倫性溫雅有父風年二十餘濤不之知簡嘆曰吾年幾三十而不爲家公所知後與譙國嵇紹沛郡劉謨弘農楊淮等齊名初爲太子舍人累遷太子庶子黃門郎出爲靑州刺史徵拜侍中頃之轉尚書歷領軍將軍荊州刺史領南蠻校尉不行復拜尚書光熙初轉吏部尚書永嘉初出爲雍州刺史鎭西將軍徵爲尚書左僕射領吏部簡上疏欲令朝臣各舉所知以廣得才之路朝廷從之永嘉三年出爲征南將軍都督荊湘交廣四州諸軍事假節鎭襄陽于時四方寇亂天下分崩王威不振朝野危懼簡優游卒歲惟酒是耽諸習氏荊土豪族有佳園池簡每出嬉遊多之池上置酒輒醉名之曰高陽池時有童兒歌曰山公出何許往至高陽池日夕倒載歸茗艼無所知時時能騎馬倒著白接䍦舉鞭向葛彊何如幷州兒彊家在幷州簡愛將也尋加都督寧益軍事時劉聰入寇京師危逼簡遣督護王萬率師赴難次于涅陽爲宛城賊王如所破遂嬰城自守及洛陽陷沒簡又爲賊嚴嶷所逼乃遷于夏口招納流亡江漢歸附時華軼以江州作難或勸簡討之簡曰與彥夏舊友爲之憫悵簡豈利人之機以爲功伐乎其篤厚如此時樂府伶人避難多奔沔漢讌會之日寮佐或勸奏之簡曰社稷傾覆不能匡救有晉之罪人也何作樂之有因流涕慷慨坐者感愧焉年六十卒追贈征南大將軍儀同三司子遐字彥林爲餘姚令時江左初基法禁寬弛豪族多挾藏戶口以爲私附遐繩以峻法到縣八旬出口萬餘縣人虞喜以藏戶當棄市遐欲繩喜諸豪彊莫不切齒於遐言於執事以喜有高節不宜屈辱又以遐輒造縣舍遂陷其罪遐與會稽內史何充牋乞留百日窮翦逋逃退而就罪無恨也充申理不能得竟坐免官後爲東陽太守爲政嚴猛康帝詔曰東陽頃來竟囚每多入重豈郡多罪人將捶楚所求莫能自固邪遐處之自若郡境肅然卒於官

王戎字濬沖琅邪臨沂人也祖雄幽州刺史父渾涼州刺史貞陵亭侯戎幼而穎悟神彩秀徹視日不眩裴楷見而目之曰戎眼爛爛如巖下電年六七歲於宣武場觀戲猛獸在檻中虓吼震地衆皆奔走戎獨立不動神色自若魏明帝於閣上見而奇之又嘗與羣兒戲於道側見李樹多實等輩競趣之戎獨不往或問其故戎曰樹在道邊而多子必是苦李取之信然阮籍素與渾爲友戎年十五隨渾在郎舍戎少籍二十歲而籍與之交籍每過渾俄頃輒去過視戎良久然後出謂渾曰濬沖淸賞非卿倫也共卿言不如共阿戎談及渾卒於涼州

故吏賻贈數百萬戎辭而不受由是顯名爲人短小任率不修威儀善發談端賞其要會朝賢嘗上巳禊洛或問王濟曰昨遊有何言談濟曰張華善說史漢裴頠論前言往行袞袞可聽王戎談子房季札之間超然元著其爲識鑒者所賞如此戎嘗與阮籍飲時兗州刺史劉昶字公榮在坐籍以酒少酌不及昶昶無恨色戎異之他日問籍曰彼何如人也答曰勝公榮不可不與飲若減公榮則不敢不共飲惟公榮可不與飲戎每與籍爲竹林之遊戎嘗後至籍曰俗物已復來敗人意戎笑曰卿輩意亦復易敗耳鍾會伐蜀過與戎別問計將安出戎曰道家有言爲而不恃非成功難保之難也及會敗議者以爲知言襲父爵辟相國掾歷吏部黃門郎散騎常侍河東太守荆州刺史坐遣吏修園宅應免官詔以贖論遷豫州刺史加建威將軍受詔伐吳戎遣參軍羅尚劉喬領前鋒進攻武昌吳將楊雍孫述江夏太守劉朗各率衆詣戎降戎督大軍臨江吳牙門將孟泰以蘄春邾二縣降吳平進爵安豐縣侯增邑六千戶賜絹六千疋戎渡江綏慰新附宣揚威惠吳光祿勳石偉方直不容皓朝稱疾歸家戎嘉其清節表薦之詔拜偉爲議郎以二千石祿終其身荆土悅服徵爲侍中南郡太守劉肇賂筒中細布五十端爲司隸所糺以知而未納故得不坐然議者尤之帝謂朝臣曰戎之爲行豈懷私苟得正當不欲爲異耳帝雖以是言釋之然爲清慎者所鄙由是損名戎在職雖無殊能而庶績修理後遷光祿勳吏部尚書以母憂去職性至孝不拘禮制飲酒食肉或觀弈碁而容貌毀悴杖然後起裴頠往弔之謂人曰若使一慟能傷人濬沖不免滅性之譏也時和嶠亦居父喪以禮法自持量米而食哀毀不踰於戎帝謂劉毅曰和嶠毀頓過禮使人憂之毅曰嶠雖寢苫食粥乃生孝耳至於王戎所謂死孝陛下當先憂之戎先有吐疾居喪增甚帝遣醫療之并賜藥物又斷賓客楊駿執政拜太子太傅駿誅之後東安公繇專斷刑賞威振外內戎誡繇曰大事之後宜深遠之繇不從果得罪轉中書令加光祿大夫給恩信五十人遷尚書左僕射領吏部戎始爲甲午制凡選舉皆先治百姓然後授用司隸傅咸奏戎曰書稱三載考績三考黜陟幽明今內外羣官居職未朞而戎奏還既未定其優劣且送故迎新相望道路巧詐由生傷農害政戎不仰依堯舜典謨而驅動浮華虧敗風俗非徒無益乃有大損宜免戎官以敦風俗戎與賈郭通親竟得不坐尋轉司徒以王政將圮苟媚取容屬愍懷太子之廢竟無一言匡諫裴頠戎之壻也頠誅戎坐免官齊王冏起義孫秀錄戎於城內趙王倫子欲取戎爲軍司博士王繇曰濬沖譎詐多端安肯爲少年用乃止惠帝反宮以戎爲尚書令既而河間王顒遣使就說成都王穎將誅齊王冏檄書至冏謂戎曰孫秀作逆天子幽逼孤糾合義兵埽除元惡臣子之節信著神明二王聽讒造搆大難當賴忠謀以和不協卿其善爲我籌之戎曰公首舉義衆匡定大業開闢以來未始有也然論功報賞不及有勞朝野失望人懷貳志今二王帶甲百萬其鋒不可當若以王就第不失故爵委權崇讓此求安之計也冏謀臣葛旟怒曰漢魏以來王公就第寧有得保妻子乎議者可斬於是百官震悚戎僞藥發墮廁得不及禍戎以晉室方亂慕蘧伯玉之爲人與時舒卷無蹇諤之節自經典選未嘗進寒素退虛名但與時浮沉戶調門選而已尋拜司徒雖位總鼎司而委事寮寀閒乘小馬從便門而出游見者不知其三公也故吏多至大官道路相遇輒避之性好興利廣收八方園田水碓周徧天下積實聚財不知紀極每自執牙籌晝夜筭計常若不足而又儉嗇不自奉養天下謂之膏肓之疾女適裴頠貸錢數萬久而未還女後歸甯戎色不悅女遽還直乃歡從子將婚戎遺其一單衣婚訖而更責取家有好李嘗出貨之恐人得種乃鑽其核以此獲譏於世其後從帝北伐王師敗績於蕩陰戎復詣鄴隨帝還洛陽車駕之西遷也戎出奔于郟危難之閒親執鋒刃談笑自若未嘗有懼容時召親賓歡娛永日永興二年薨于郟縣時年七十二謚曰元戎有人倫鑒識嘗目山濤如璞玉渾金人皆欽其寶莫知名其器王衍神姿高徹如瑤林瓊樹自然是風塵表物謂裴頠拙於用長荀勗工於用短陳道甯纚纚如束長竿族弟敦有高名戎惡之敦每候戎輒託疾不見敦後果爲逆亂其鑒賞先見如此嘗經黃公酒壚下過顧謂後車客曰吾昔與嵇叔夜阮嗣宗酣暢於此竹林之遊亦預其末自嵇阮淪亡吾便爲時之所羈紲今日視之雖近邈若山河初孫秀爲琅邪郡吏求品於鄉議戎從弟衍將不許戎勸品之及秀得志朝士有宿怨者皆被誅而戎衍獲濟焉子萬有美名少而大肥戎令食糠而肥愈甚年十九卒有庶子與戎所不齒以從弟陽平太守愔子爲嗣衍字夷甫神情明秀風姿詳雅總角嘗造山濤濤嗟嘆良久既去目而送之曰何物老嫗生甯馨兒然誤天下蒼生者未必非此人也父乂爲平北將軍常有公事使行人列上不時報衍年十四在京師造僕射羊

祜申陳事狀辭甚清辯祜名德貴重而衍幼年無屈下之色衆異之楊駿欲以女妻焉衍恥之遂陽狂自免武帝聞其名問戎曰夷甫當世誰爲比戎曰未見其比當從古人中求耳泰始八年詔舉奇才可以安邊者衍初好論縱橫之術故尚書盧欽舉爲遼東太守不就於是口不論世事惟雅詠元虛而已嘗因宴集爲族人所怒舉樏擲其面衍初無言引王導共載而去然心不能平在車中攬鏡自照謂導曰爾看吾目光乃在牛背上矣父卒於北平送故甚厚爲親識之所借貸因以捨之數年之間家貲罄盡出就洛城西田園而居焉後爲太子舍人還尚書郎出補元城令終日清談而縣務亦理入爲中庶子黄門侍郎魏正始中何晏王弼等祖述老莊立論以爲天地萬物皆以無爲爲本無也者開物成務無往而不存者也陰陽恃以化生萬物恃以成形賢者恃以爲德不肖恃以免身故無之爲用無爵而貴矣衍甚重之唯裴頠以爲非著論以譏之而衍處之自若衍既有盛才美貌明悟若神常自比子貢兼聲名藉甚傾動當世妙善元言唯談老莊爲事每捉玉柄麈尾與手同色義理有所不安隨即改更世號口中雌黄朝野翕然謂之一世龍門矣累居顯職後進之士莫不景慕放効選舉登朝皆以爲稱首矜高浮誕遂成風俗焉衍嘗喪幼子山簡弔之衍悲不自勝簡曰孩抱中物何至於此衍曰聖人忘情最下不及於情然則情之所鍾正在我輩簡服其言更爲之慟衍妻郭氏賈后之親藉中宮之勢剛愎貪戾聚歛無厭好干預人事衍患之而不能禁時有鄉人幽州刺史李陽京師大俠也郭氏素憚之衍謂郭曰非但我言卿不可李陽亦謂不可郭氏爲之小損衍疾郭之貪鄙故口未嘗言錢郭欲試之令婢以錢繞牀使不得行衍晨起見錢謂婢曰舉阿堵物却其措意如此後歷北軍中候中領軍尚書令女爲愍懷太子妃太子爲賈后所誣衍懼禍自表離婚賈后廢有司奏衍曰衍與司徒梁王肜書寫呈皇太子手與妃及衍書陳見誣之狀肜等伏讀辭旨懇惻衍備位大臣應以義責也太子被誣得罪衍不能守死善道即求離婚得太子手書隱蔽不出志在苟免無忠蹇之操宜加顯責以厲臣節可禁錮終身詔從之衍素輕趙王倫之爲人及倫篡位衍陽狂斫婢以自免及倫誅拜河南尹轉尚書又爲中書令時齊王冏有匡復之功而專權自恣公卿皆爲之拜衍獨長揖焉以病去官成都王穎以衍爲中軍師累遷尚書僕射領吏部後拜尚書令司空司徒衍雖居宰輔之重不以經國爲念而思自全之計說東海王越曰中國已亂當賴方伯宜得文武兼資以任之乃以弟澄爲荆州族弟敦爲青州因謂澄敦曰荆州有江漢之固青州有負海之險卿二人在外而吾留此足以爲三窟矣識者鄙之及石勒王彌寇京師以衍都督征討諸軍事持節假黄鉞以拒之衍使前將軍曹武左衛將軍王景等擊賊退之獲其輜重遷太尉尚書令如故封武陵侯辭封不受時洛陽危逼多欲遷都以避其難而衍獨賣車牛以安衆心越之討苟晞也衍以太尉爲太傅軍事及越薨衆共推衍爲元帥衍以寇賊鋒起辭曰吾少無宦情隨牒推移遂至於此今日之事安可以非才處之俄而舉軍爲石勒所破勒呼王公與之相見問衍以晉故衍陳禍敗之由云計不在己勒甚悅之與語移日衍自說少不豫事欲求自免因勸勒稱尊號勒怒曰君名蓋四海身居重任少壯登朝至於白首何得言不豫世事邪破壞天下正是君罪使左右扶出謂其黨孔萇曰吾行天下多矣未嘗見如此人當可活否萇曰彼晉之三公必不爲我盡力何足貴乎勒曰要不可加以鋒刃也使人夜排牆塡殺之衍將死顧人言曰嗚呼吾曹雖不如古人向若不祖尚浮虛戮力以匡天下猶可不至今日時年五十六衍儁秀有令望希心元遠未嘗語利王敦過江嘗稱之曰夷甫處衆中如珠玉在瓦石間顧愷之作畫贊亦稱衍巖巖清峙壁立千仞其爲人所尚如此子元字眉子少慕簡曠亦有儁才與衛玠齊名荀藩用爲陳留太守屯尉氏元素名家有豪氣荒弊之時人情不附將赴祖逖爲盜所害焉澄字平子生而警悟雖未能言見人舉動便識其意衍妻郭性貪鄙欲令婢路上擔糞澄年十四諫郭以爲不可郭大怒謂澄曰昔夫人臨終以小郎屬新婦不以新婦屬小郎因捉其衣裾將杖之澄爭得脫踰窻而走衍有重名於世時人許以人倫之鑒尤重澄及王敦庾敳嘗爲天下人士目曰阿平第一子嵩第二處仲第三澄嘗謂衍曰兄形似道而神峰太儁衍曰誠不如卿落落穆穆然也澄由是顯名有經澄所題目者衍不復有言輒云已經平子矣少歷顯仕累遷成都王穎從事中郎穎嬖豎孟玖譖殺陸機兄弟天下切齒澄發玖私姦勸穎殺玖穎乃誅之士庶莫不稱善及穎敗東海王越請爲司空長史以迎大駕勳封南鄉侯遷建威將軍雍州刺史不之職時王敦謝鯤庾敳阮修皆爲衍所親善號爲四友而亦與澄狎又有光逸胡毋輔之等亦豫焉酣讌縱誕窮懽極娛惠帝末衍白東海王越以澄爲荆州刺史持

節都督領南蠻校尉敦爲青州衍因問以方略敦曰當臨事制變不可預論澄辭義鋒出算略無方一坐嗟服澄將之鎮送者傾朝澄見樹上鵲巢便脫衣上樹探鷇而弄之神氣蕭然傍若無人劉琨謂澄曰卿形雖散朗而內實動俠於此處世難得其死澄默然不荅澄既至鎮日夜縱酒不親庶事雖寇戎急務亦不以在懷擢順陽人郭舒於寒悴之中以爲別駕委以州府時京師危逼澄率衆軍將赴國難而飄風折其節柱會王如寇襄陽澄前鋒至宜城遣使詣山簡爲如黨嚴嶷所獲嶷僞使人從襄陽來而問之曰襄陽拔未荅云昨旦破城已獲山簡乃陰緩澄使令得亡去澄聞襄陽陷以爲信然散衆而還既而恥之託糧運不贍委罪長史蔣俊而斬之竟不能進巴蜀流民散在荊湘者與土人忿爭遂殺縣令屯聚樂鄉澄使成都內史王機討之賊請降澄僞許之既而襲之於寵洲以其妻子爲賞沈八千餘人於江中於是益梁流民四五萬家一時俱反推杜弢爲主南破零桂東掠武昌敗王機於巴陵澄亦無憂懼之意但與機日夜縱酒投壺博戲數十局俱起殺富人李才取其家資以賜郭舒南平太守應詹驟諫不納於是上下離心內外怨叛澄望實雖損猶傲然自得後出軍擊杜弢次于作塘山簡參軍王沖叛于豫州自稱荊州刺史澄懼使杜蕤守江陵澄遷于孱陵尋奔沓中郭舒諫曰使君臨州雖無異政未失衆心今西收華容向義之兵足以擒取小醜奈何自棄澄不能從初澄命武陵諸郡同討杜弢天門太守扈瓌次于益陽武陵內史武察爲其郡夷所害瓌以孤軍引還澄怒以杜曾代瓌攻袁遂瓌故吏也託爲瓌報仇遂舉兵逐曾自稱平晉將軍澄使司馬毋邱邈討之爲遂所敗會元帝徵澄爲軍諮祭酒於是赴召時王敦爲江州鎮豫章澄過詣敦澄宿有盛名出於敦右士庶莫不傾慕之兼勇力絕人素爲敦所憚澄猶以舊意侮敦敦益忿怒請澄入宿陰欲殺之而澄左右有二十餘人持鐵馬鞭爲衞澄手恆捉玉枕以自防故敦未之得發後敦賜澄左右酒皆醉借玉枕觀之因下牀而謂澄曰何與杜弢通信澄曰事自可驗敦欲入內澄手引敦衣至于絕帶乃登于梁因罵敦曰行事如此殃將及焉敦令力士路戎搤殺之時年四十四載尸還其家劉琨聞澄之死歎曰澄自取之及敦平澄故吏佐著作郎桓稚上表理澄請加贈諡詔復澄本官諡曰憲長子詹早卒次子徽右軍司馬郭舒字稚行幼請其母從師歲餘便歸粗識大義鄉人少府范晷宗人武陵太守郭景咸儁舒當爲後來之秀終成國器始爲領軍校尉坐擅放司馬彪繫廷尉世多義之刺史夏侯含辟爲西曹轉主簿含坐事舒自繫理含事得釋刺史宗岱命爲治中喪母去職劉弘牧荊州引爲治中弘卒舒率將士推弘子璠爲主討逆賊郭勱滅之保全一州王澄聞其名引爲別駕澄終日酣飲不以衆務在意舒常切諫之及天下大亂又勸澄修德養威保完州境澄以亂自京都起非復一州所能匡禦雖不能從然重其忠亮荊土士人宗廞嘗因酒忤澄澄怒叱左右棒廞舒厲色謂左右曰使君過醉汝輩何敢妄動澄恚曰別駕狂邪誑言我醉因遣掐其鼻灸其眉頭舒跪而受之澄意少釋而廞遂得免澄之奔敗也以舒領南郡澄又欲將舒東下舒曰舒爲萬里紀綱不能匡正令使君奔亡不忍渡江乃留屯沌口采稆湖澤以自給鄉人盜食舒牛事覺來謝舒曰卿飢所以食牛耳餘肉可共噉之世以此服其弘量舒少與杜曾厚曾嘗召之不往曾銜之至是澄又轉舒爲順陽太守曾密遣兵襲舒遁逃得免王敦召爲參軍轉從事中郎襄陽都督周訪卒敦遣舒監襄陽軍甘卓至乃還朝廷徵舒爲右丞敦留不遣敦謀爲逆舒諫不從使守武昌荊州別駕宗澹忌舒才能數譖之於王廙廙疑與甘卓同密以白敦敦不受高官督護繆坦嘗請武昌城西地爲營太守樂凱言於敦曰百姓久買此地種菜自贍不宜奪之敦大怒曰王處仲不來江湖當有武昌地不而人云是我地邪凱懼不敢言舒曰公聽舒一言敦曰平子以卿病狂故掐鼻灸眉頭舊疾復發邪舒曰古之狂也直周昌汲黯朱雲不狂也昔堯立誹謗之木舜置敢諫之鼓然後事無枉縱公爲勝堯舜邪乃逆折舒使不得言何與古人相違敦曰卿欲何言舒曰繆坦可謂小人疑誤視聽奪人私地以彊陵弱晏子稱君曰其可臣獻其否以成其可是以舒等不敢不言敦卽使還地衆咸壯之敦重舒公亮給賜轉豐數詣其家表爲涼州刺史病卒

樂廣字彥輔南陽淯陽人也父方參魏征西將軍夏侯元軍事廣時年八歲元嘗見廣在路因呼與語還謂方曰向見廣神姿朗徹當爲名士卿家雖貧可令專學必能興卿門戶也方早卒廣孤貧僑居山陽寒素爲業人無知者性沖約有遠識寡嗜慾與物無競尤善談論每以約言析理以厭人之心其所不知默如也裴楷嘗引廣共談自夕申旦雅相欽挹歎曰我所不如也王戎爲荊州刺史聞廣爲夏侯元所賞乃舉秀才楷又薦廣於賈充遂辟太尉掾轉太子舍人尚書令衞瓘朝之耆舊

逮與魏正始中諸名士談論見廣而奇之曰自昔諸賢旣沒嘗恐微言將絕而今乃復聞斯言於君矣命諸子造焉曰此人之水鏡見之瑩然若披雲霧而覩青天也王衍自言與人語甚簡至及見廣便覺已之煩其爲識者所嘆美如此出補元城令遷中書侍郎轉太子中庶子累遷侍中河南尹廣善清言而不長於筆將讓尹請潘岳爲表岳曰當得君意廣乃作二百句語述已之志岳因取次比便成名筆時人咸云若廣不假岳之筆岳不取廣之旨無以成斯美也嘗有親客久闊不復來廣問其故答曰前在坐蒙賜酒方欲飲見盃中有蛇意甚惡之旣飲而疾于時河南聽事壁上有角漆畫作蛇廣意盃中蛇卽角影也復置酒問客曰酒中復有所見不答曰所見如初廣乃告其所以客豁然意解沉痾頓愈衛玠總角時嘗問廣夢廣云是想玠曰神形所不接而夢豈是想邪廣曰因也玠思之經月不得遂以成疾廣聞故命駕爲剖析之玠病卽愈廣歎曰此賢胸中必無膏肓之疾廣所在爲政無當時功譽然每去職遺愛爲人所思凡所論人必先稱其所長則所短不言而自見矣人有過先盡弘恕然後善惡自彰矣廣與王衍俱宅心事外名重於時故天下言風流者謂王樂爲稱首焉少與弘農楊準相善準之二子曰喬曰髦皆知名於世準使先詣裴頠頠性弘方愛喬有高韻謂準曰喬當及卿髦小減也又使詣廣廣性清純愛髦有神檢謂準曰喬自及卿然髦亦清出準笑曰我二兒之優劣乃裴樂之優劣也論者以爲喬雖有高韻而神檢不足樂爲得之矣是時王澄胡毋輔之等皆亦任放爲達或至裸體者廣聞而笑曰名教內自有樂地何必乃爾其居才愛物動有理中皆此類也值世道多虞朝章紊亂清已中正任誠保素而已時人莫有見其際焉先是河南官舍多妖怪前尹皆不敢處正寢廣居之不疑嘗外戶自閉左右皆驚廣獨自若顧見牆有孔使人掘牆得狸而殺之其怪亦絕愍懷太子之廢也詔故臣不得辭送衆官不勝憤嘆皆冒禁拜辭司隸校尉滿奮勑河南中部收縛拜者送獄廣卽便解遣衆人代廣危懼孫琰說賈謐曰前以太子罪惡有斯廢黜其臣不懼嚴詔冒罪而送今若係之是彰太子之善不如釋去謐然其言廣故得不坐遷吏部尚書左僕射後東安王繇當爲僕射轉廣爲右僕射領吏部代王戎爲尚書始戎薦廣而終踐其位時人美之成都王穎廣之壻也及與長沙王乂遘難而廣旣處朝望羣小讒謗之乂以問廣廣神色不變徐答曰廣豈以五男易一女乂猶以爲疑廣竟以憂疾卒荀藩聞廣之不免也爲之流涕三子凱肇謨凱字弘緒大司馬齊王掾參驃騎軍事肇字弘茂太傅東海王掾洛陽陷兄弟相攜南渡江謨字弘範征虜將軍吳郡內史

鄭袤字林叔滎陽開封人也高祖衆漢大司農父泰揚州刺史有高名袤少孤早有識鑒荀攸見之曰鄭公業爲不亡矣隨叔父渾避難江東時華歆爲豫章太守渾往依之歆素與泰善撫養袤如已子年十七乃還鄉里性清正時濟陰魏諷爲相國掾名重當世袤同郡任覽與結交袤以諷奸雄終必爲禍勸覽遠之及諷敗論者稱爲魏武帝初封諸子爲侯精選賓友袤與徐幹俱爲臨淄侯文學轉司隸功曹從事司空王朗辟爲掾袤舉高陽許允扶風魯芝東萊王基朗皆命之後咸至大位有重名袤遷尚書郎出爲黎陽令吏民悅服太守班下屬城特見甄異爲諸縣之最遷尚書右丞轉濟陰太守下車旌表孝悌敬禮賢能興立庠序開誘後進調補大將軍從事中郎拜散騎常侍會廣平太守缺宣帝謂袤曰賢叔大匠垂稱於陽平魏郡百姓蒙惠化且盧子家王子雍繼踵此郡世不乏賢故復相屈袤在廣平以德化爲先善作條教郡中愛之徵拜侍中百姓戀慕涕泣路隅遷少府高貴鄉公卽位袤與河南王肅備法駕奉迎於元城封廣昌亭侯從光祿勳領宗正毋邱儉作亂景帝自出征之百官祖送於城東袤疾病不任會帝謂中領軍王肅曰唯不見鄭光祿爲恨肅以語袤袤自輿追帝及於近道帝笑曰故知侯生必來也遂與袤共載曰計將何先袤曰昔與儉俱爲臺郎特所知悉其人好謀而不達事情自昔建勳幽州志望無限文欽勇而無算今大軍出其不意江淮之卒銳而不能固深溝高壘以挫其氣此亞夫之長也帝稱善轉太常高貴鄉公議立明堂辟雍精選博士袤舉劉毅劉寔程咸庾峻後並至公輔大位及常道鄉公立與議定策進封安成鄉侯邑千戶景元初疾病失明屢乞骸骨不許拜光祿大夫五等初建封密陵伯武帝踐阼進爵爲侯雖寢疾十餘年而時賢並相推薦泰始中詔以袤爲司空天子臨軒遣五官中郎將國坦就第拜授袤前後辭讓遣息稱上送印綬至于十數謂坦曰魏以徐景山爲司空吾時爲侍中受詔齎旨徐公語吾曰三公當上應天心苟非其人實傷和氣不敢以垂死之年累辱朝廷也終於不就遵大雅君子之迹可不務乎固辭久之見許以侯就第拜儀同三司置舍人官騎賜牀帳簟褥錢五十萬九年

巍時年八十五帝於東堂發哀賜秘器朝服一具衣一襲錢三萬絹布各百疋以供喪事諡曰元有子六人長子默嗣次質舒詡稱子位並列卿默字思元起家秘書郎考覈舊文刪省浮穢中書令虞松謂曰而今而後朱紫別矣轉尚書考功郎專典伐蜀事封關內侯遷司徒左長史武帝受禪與太原郭奕俱爲中庶子朝廷以太子官屬宜稱陪臣默上言皇太子體皇極之尊無私於天下宮臣皆受命天朝不得同之藩國事遂施行出爲東郡太守值歲荒人飢默輒開倉賑給乃舍都亭自表待罪朝廷嘉默憂國詔書褒嘆比之汲黯班告天下若郡縣有此比者皆聽出給入爲散騎常侍初帝以貴公子當品鄉黨莫敢與爲輩求之州內於是十二郡中正僉共舉默文帝與默書曰小兒得厠賢子之流愧有竊賢之累及武帝出祠南郊使默驂乘因謂默曰卿知何得驂乘乎昔州里舉卿相輩常愧有累清談遂問政事對曰勸穡務農爲國之基選人得才濟世之道居官久職政事之宜明慎黜陟勸戒之由崇尚儒素化導之本如此而已矣帝善之後以父喪去官尋起爲廷尉是時鬲令袁毅坐交通貨賂大興刑獄在朝多見引逮唯默兄弟以潔慎不染其流遷太常時僕射山濤欲舉一親親爲博士謂默曰卿似尹翁歸令吾不敢復言默爲人敦重柔而能整皆此類也及齊王攸當之國下禮官議崇錫典制博士祭酒曹志等並立異議默容過其事免官尋拜大鴻臚遭母喪舊制既葬還職默自陳懇至久而見許遂改法定令聽大臣終喪自默始也服闋爲大司農轉光祿勳太康元年卒時年六十八諡曰成尚書令衞瓘奏默才行名望宜居論道五升九卿位未稱德宜贈三司而后父楊駿先欲以女妻默子豫默曰吾每讀雋不疑傳常想其爲人畏遠權貴奕世所守遂辭之駿深爲恨至此駿議不同遂不施行默寬沖博愛謙虛溫謹不以才地矜物事上以禮遇下以和雖僮豎厮養不加聲色而猶有嫌怨故士君子以爲居世之難子球字子瑜少辟宰府入侍二宮成都王爲大將軍起義討趙王倫球自頓邱太守爲右長史以功封平壽公累遷侍中尚書散騎常侍中護軍尚書右僕射領吏部永嘉二年卒追贈金紫光祿大夫諡曰元球弟豫永嘉末爲尚書

李允字宣伯遼東襄平人也祖敏漢河南太守去官還鄉里遼東太守公孫度欲彊用之敏乘輕舟浮滄海莫知所終允父信追求積年浮海出塞無所見欲行喪制服則疑父尚存情若居喪而不聘娶後有鄰居故人與其父同年者亡因喪制服燕國徐邈與之同州里以不孝莫大於無後勸使娶妻既生允遂絕房室常如居喪禮不堪其憂數年而卒允既幼而孤母又改行有譏之後降食哀戚亦以喪禮自居又以祖不知存亡設木主以事之由是以孝聞容貌質素頹然若不足者而智度沈邃言必有則初仕郡上計掾州辟部從事治中舉孝廉參鎮北軍事遷樂平侯相政尚清簡入爲尚書郎遷中護軍司馬吏部郎銓綜廉平賜爵關中侯出補安豐太守文帝引爲大將軍從事中郎遷御史中丞恭恪直繩百官憚之伐蜀之役爲西中郎將督關中諸軍事後爲河南尹封廣陵伯泰始初拜尚書進爵爲侯允奏以爲古者三公坐而論道內參六官之事外與六卿之教或處三槐兼聽獄訟稽疑之典謀及卿士陛下聖德欽明垂心萬機猥發明詔儀刑古式雖唐堯疇諮周文翼翼無以加也自今以往國有大政可親延羣公詢納讜言其軍國所疑延詣省中使侍中尚書諮論所宜若有疾疢不任覲會臨時遣侍臣訊訪詔從之遷吏部尚書僕射尋轉太子少傅詔以允忠允高亮有匪躬之節使領司隸校尉允屢自表讓忝傅儲宮不宜兼監司之官武帝以二職並須忠賢故每不許咸甯初皇太子出居東宮帝以司隸事任峻重而少傅有旦夕輔導之務允素羸不宜久勞之轉拜侍中加特進俄遷尚書令侍中特進如故允雖歷職內外而家至貧儉兒病無以市藥帝聞之賜錢十萬其後帝以司徒舊丞相之職詔以允爲司徒在位五年簡亮持重稱爲任職以吳會初平大臣多有勳勞宜有登進乃上疏遜位帝不聽遣侍中宣旨優詔敦喻絕其章表允不得已起視事太康三年薨詔遣御史持節監喪致祠諡曰成皇太子命舍人王贊誄之文義甚美帝後思允清節詔曰故司徒李允太常彭灌並履忠清儉身歿家無餘積賜允家錢二百萬穀千斛灌家半之三子固眞長修固字萬基散騎郎先允卒固子志嗣爵志字彥道歷位散騎侍郎建威將軍陽平太守眞長位至太僕卿修黃門侍郎太弟中庶子

盧欽字子若范陽涿人也祖植漢侍中父毓魏司空世以儒業顯欽清澹有遠識篤志經史舉孝廉不行魏大將軍曹爽辟爲掾爽弟嘗有所屬請欽白爽子弟不宜干犯法度爽深納之而罰其弟除尚書郎爽誅免官後爲侍御史襲父爵大利亭侯累遷琅邪太守宣帝爲太傅辟從事中郎出爲陽平太守遷淮北都督伏波將軍甚有稱績徵拜散騎常侍大司農遷吏部尚書進封大

梁侯武帝受禪以爲都督沔北諸軍事平南將軍假節追鋒軺臥車各一乘第二駙馬二乘騎具刀器御府人馬鎧等及錢三十萬欽在鎭寬猛得中疆埸無虞入爲尚書僕射加侍中奉車都尉領吏部以淸貧特賜絹百匹欽舉必以才稱爲廉平咸寧四年卒詔贈衛將軍開府儀同三司賜秘器朝服一具衣一襲布五十匹錢三十萬謚曰元又以欽忠淸高潔不營產業身歿之後家無所庇特賜錢五十萬爲立第舍復下詔曰故司空王基衛將軍盧欽典領軍將軍楊囂並素淸貧身歿之後居無私積頃者飢饉聞其家大匱其各賜穀三百斛欽歷宰州郡不尚功名唯以平理爲務祿俸散之親故不營貲產動循禮典妻亡制廬杖終喪居外所著詩賦論難數十篇名曰小道子浮嗣浮字子雲起家太子舍人病疽截手遂廢然朝廷器重之以爲國子博士祭酒秘書監皆不就欽弟珽字子笏衛尉卿珽子志字子道初辟公府掾尚書郎出爲鄴令成都王穎之鎭鄴也愛其才量委以心膂遂爲謀主齊王冏起義遣使告穎穎召志計事志曰趙王無道肆行篡逆四海人神莫不憤怒今殿下總率三軍應期電發子來之衆不召自至埽夷凶逆必有征無戰然兵事至重聖人所愼宜旌賢任才以收時望穎深然之改選上佐高辟掾屬以志爲諮議參軍仍補左長史專掌文翰穎前鋒都督趙驤爲倫所敗士衆震駭議者多欲還保朝歌志曰今我軍失利敵新得勝必有輕易陵轢之情若頓兵不進三軍畏衂懼不可用且戰何能無勝負宜更選精兵星行倍道出賊不意此用兵之奇也穎從之及倫敗志勸穎曰齊王衆號百萬與張弘等相持不能決大王遂得濟河此之大勳莫之與比而齊王今當共大王共輔朝政志聞兩雄不俱處功名不共立今宜因太妃微疾求還定省推崇齊王徐結四海之心此計之上也穎納之遂以母疾還藩委重於冏由是穎獲四海之譽天下歸心朝廷封志爲武彊侯加散騎常侍及河間王顒納李含之說欲內除二王樹穎儲副遣報穎穎將應之志正諫不從及冏滅穎遙執朝權遂懷觖望之心以長沙王乂在內不得恣其所欲密欲去乂時荆州有張昌之亂穎表求親征朝廷許之會昌等平乃迴兵以討乂志諫曰公前有復皇祚之大勳及事平歸功於齊辭九錫之賞不當朝政之權振陽翟飢民葬黃橋白骨皆盛德之事四海之人莫不荷賴矣逆寇縱肆猾擾荆楚今公埽淸羣難南土以寧振旅而旋頓軍關外文服入朝此霸王者之事也穎不納及乂死穎表志爲中書監留鄴參署相府事乘輿敗於蕩陰穎遣志督兵迎帝及王浚攻鄴志勸穎奉天子還洛陽時甲士尚萬五千人志夜部分至曉衆皆成列而程太妃戀鄴不欲去穎未能決俄而衆潰唯志與子謐兄子綝殿中虎賁千人而已志復勸穎早發時有道士姓黃號曰聖人太妃信之及使呼入道士求兩杯酒飲訖抛杯而去於是志計始決而人馬復散志於營陳間尋索得數乘鹿車司馬督韓元收集黃門得百餘人志入帝問志曰何故散敗至此志曰賊去鄴尚八十里而人士一朝駭散太弟今欲奉陛下還洛陽帝曰甚佳於是御犢車便發屯騎校尉郝昌先領兵八千守洛陽帝召之至汲郡而昌至兵杖甚盛志喜於復振啟天子宜下赦書與百姓同其休慶既達洛陽志啟以滿奮爲司隸校尉奔散者多還百官粗備帝悅賜志絹二百疋緜百斤衣一襲鶴綾袍一領初河間王顒聞王浚起兵遣右將軍張方救鄴方聞成都軍敗頓兵洛陽不敢進縱兵虜掠密謀遷都長安將焚宗廟宮室以絕人心志說方曰昔董卓無道焚燒洛陽怨毒之聲百年猶存何爲襲之乃止方遂逼天子幸其壘帝垂泣就輿唯志侍側曰陛下今日之事當一從右將軍臣駑怯無所云補唯知盡微誠不離左右而已停方壘三日便西志復從至長安穎被黜志亦免官及東海王越奉迎大駕顒啟帝復穎還鄴以志爲魏郡太守加左將軍隨穎北鎭行達洛陽而平昌公模遣前鋒督護馮嵩距穎穎還長安未至而聞顒斬張方求和於越穎住華陰志進長安詣闕陳謝即還就穎於武關復爲劉陶所驅迴詣河北及穎薨官屬奔散唯志親自殯送時人嘉之越命志爲軍諮祭酒遷衛尉永嘉末轉尚書洛陽沒志將妻子北投并州刺史劉琨至陽邑爲劉粲所虜與次子謐詵等俱遇害於平陽長子諶字子諒淸敏有理思好老莊善屬文選尚武帝女滎陽公主拜駙馬都尉未成禮而公主卒後州舉秀才辟太尉掾洛陽沒隨志北依劉琨與志俱爲劉粲所虜粲據晉陽留諶爲參軍琨收散卒引猗盧騎還攻粲粲敗走諶得赴琨先父母兄弟在平陽者悉爲劉聰所害琨爲司空以諶爲主簿轉從事中郎琨妻即諶之從母既加親愛又重其才地建興末隨琨投段匹磾匹磾自領幽州取諶爲別駕匹磾既害琨尋亦敗喪時南路阻絕段末波在遼西諶往投之元帝之初末波通使於江左諶因其使抗表理琨文旨甚切於是即加弔祭累徵諶爲散騎中書侍郎而爲末波所留遂不得南渡末波死弟遼代立諶流離世故且二十

虪石虎攻破遼西復爲虎所得以爲中書侍郎國子祭酒侍中中書監屬冉閔誅虪石氏謨隨閔軍於襄國遇害時年六十七是歲永和六年也謨名家子早有聲譽才高行潔爲一時所推值中原喪亂與淸河崔悅潁川荀綽河東裴憲北地傅暢並淪陷非所雖俱顯於石氏恒以爲辱謨每謂諸子曰吾身沒之後但稱晉司空從事中郎爾撰祭法注莊子及文集皆行於世悅字道儒魏司空林曾孫劉琨妻之姪也與謨俱爲琨司空從事中郎後爲末波佐吏沒石氏亦居大官其綽憲暢並別有傳

華表字偉容平原高唐人也父歆淸德高行爲魏太尉表年二十拜散騎黃門郎累遷侍中正元初石苞來朝盛稱高貴鄉公以爲魏武更生時聞者流汗沾背表懼禍作頻稱疾歸下舍故免於大難後遷尚書五等建封觀陽伯坐供給喪事不整免泰始中拜太子少傅轉光祿勳遷太常卿數歲以老病乞骸骨詔曰表淸貞履素有老成之美久幹王事靜恭匪懈而以疾固辭章表懇至今聽如所上以爲太中大夫賜錢二十萬牀帳褥席祿賜與卿同門施行馬表以苦節垂名司徒李允司隸王宏等並嘆美表淸濟退靜以不可得貴賤而親疏也咸寧元年八月卒時年七十二諡曰康詔賜朝服有六子廙岑嶠鑒澹簡廙字長駿弘敏有才藝妻父盧毓典選難舉親姻故廙年三十五不得調晚爲中書通事郎泰始初遷冗從僕射少爲武帝所禮歷黃門侍郎散騎常侍前軍將軍侍中南中郎將都督河北諸軍事父疾篤輒還仍遭喪舊例葬訖復任廙固辭迕旨初表有賜客在高使廙因縣令袁毅錄名三客各代以奴及毅以貨賕致罪獄辭迷謬不復顯以奴代客直言送三奴與廙而毅亦盧氏壻也又中書監荀勗先爲中子求廙女廙不許爲恨因密啓帝以袁毅貨賕者多不可盡罪宜責最所親者一人因指廙當之又緣廙有違迕之咎遂於喪服中免廙官削爵土大鴻臚何遵奏廙免爲庶人不應襲封請以表世孫混嗣表有司奏曰廙所坐除名削爵一時之制廙爲世子著在名簿不聽襲嗣此爲刑罰再加諸侯犯法八議平處者褒功重爵也嫡統非犯終身棄罪廢之爲重依律應聽襲封詔曰諸侯薨子踰年卽位此古制也應卽位而廢之爵命皆去矣何爲罪罰再加且吾之責廙以肅貪穢本不論常法也諸賢不能將明此意乃更詭易禮律不顧憲度君命廢之而羣下復之此爲上下正相反也於是有司奏免議者官詔皆以贖論混以世孫當受封遂避斷髮陽狂病瘖不能語故得不拜世咸稱之廙棲遲家巷垂十載教誨子孫講誦經典集經書要事名曰善文行於世與陳勰共造豬蘭於宅側帝嘗出視之問其故左右以實對帝心憐之帝後又登陵雲臺望見廙苜蓿園阡陌甚整依然感舊太康初大赦乃得襲封久之拜城門校尉遷左衞將軍數年以爲中書監惠帝卽位加侍中光祿大夫尚書令進爵爲公應楊駿召不時還有司奏免官尋還太子少傅加散騎常侍勤遵禮典得傅導之儀後年衰病篤詔遣太醫療病進位光祿大夫開府儀同三司時河南尹韓壽因託賈后求以女配廙孫陶廙距而不許后深以爲恨故遂不登台司年七十五卒諡曰元三子混薈恒混字敬倫嗣父爵淸貞簡正位侍中尚書卒官子陶嗣薈字敬叔爲河南尹與荀藩荀組俱避賊至臨潁父子並遇害恆字敬則博學以淸素爲稱尚武帝女滎陽長公主拜駙馬都尉元康初東宮建恆以選爲太子賓客賜爵關內侯食邑百戶辟司徒王渾倉曹掾屬除散騎侍郎遷散騎常侍北軍中候俄拜領軍加散騎常侍愍帝卽位以恆爲尚書進爵苑陵縣公頃之劉聰逼長安詔出恆爲鎭軍將軍領潁川太守以爲外援恆與合義軍得二千人未及西赴而關中陷歿時羣賊方盛所在州郡相繼奔敗恆亦欲棄郡東渡而從兄軼爲元帝所誅以此爲疑先書與驃騎將軍王導導言於帝帝曰兄弟罪不相及況羣從乎卽召恆補光祿勳恆到未及拜更以爲衞將軍加散騎常侍本州大中正尋拜太常議立郊祀尚書刁協國子祭酒杜彝議須還洛乃修郊祀恆議漢獻帝居許卽便郊柴宜於此修立司徒荀組驃騎將軍王導同恆議遂定郊祀尋以疾求解詔曰太常職主宗廟烝嘗敬重而華恆所疾不堪親奉職事夫子稱吾不與祭如不祭況宗伯之任職所司邪令轉恆爲廷尉頃之加特進太寧初遷驃騎將軍加散騎常侍督石頭水陸諸軍事王敦表轉恆爲護軍疾病不拜授金紫光祿大夫又領太子太保成帝卽位加散騎常侍領國子祭酒咸和初以愍帝時賜爵進封一皆削除恆更以討王敦功封苑陵縣侯復領太常蘇峻之亂恆侍帝左右從至石頭備履艱危困悴踰年初恆爲州大中正鄉人任讓輕薄無行爲恆所黜及讓在峻軍中任勢多所殺害見恆輒恭敬不肆其虐鍾雅劉超之死亦將及恆讓盡心救衞故得免及帝加元服又將納后寇難之後典籍靡遺婚冠之禮無所依據恆推尋舊典撰定禮儀并郊廟辟雍朝廷軌則事並施

用遷左光祿大夫開府常侍如故固讓未拜會卒時年六十九册贈侍中左光祿大夫開府謚曰敬恆淸恪儉素雖居顯列常布衣蔬食年老彌篤死之日家無餘財唯有書數百卷時人以此貴之子儁嗣爲尚書郎儁子仰之大長秋嶠字叔駿才學深博少有令聞文帝爲大將軍辟爲掾屬補尚書郎轉車騎從事中郎泰始初賜爵關內侯遷太子中庶子出爲安平太守辭親老不行更拜散騎常侍典中書著作領國子博士遷侍中太康末武帝頗親宴樂又多疾病屬小瘳嶠與侍臣表賀因微有諷諫帝手詔報之元康初封宜昌亭侯誅楊駿改封樂鄉侯遷尚書後以嶠博聞多識屬書典實有良史之志轉秘書監加散騎常侍班同中書寺爲內臺中書散騎著作及治禮音律天文數術南省文章門下撰集皆典統之初嶠以漢紀煩穢慨然有改作之意會爲臺郎典官制事由是得徧觀秘籍遂就其緒起於光武終於孝獻一百九十五年爲帝紀十二卷皇后紀二卷十典十卷傳七十卷及三譜傳序目錄凡九十七卷嶠以皇后配天作合前史作外戚傳以繼末編非其義也故易爲后妃紀以次帝紀又改志爲典以有堯典故也而改名漢後書奏之詔朝臣會議時中書監荀勗令和嶠太常張華侍中王濟咸以嶠文質事核有遷固之規實錄之風藏之秘府後太尉汝南王亮司空衛瓘爲東宮傳列上通講事遂施行嶠所著論議難駮詩賦之屬數十萬言其所奏官制太子宜還宮及安邊雩祭明堂辟雍浚導河渠巡禹之舊跡置都水官修鸞宮之禮置長秋事多施行元康三年卒追贈少府謚曰簡嶠性嗜酒率常沈醉所撰書十典未成而終秘書監何劭奏嶠中子徵爲佐著作郎使躡成未竟而卒後監繆徵又奏嶠少子暢爲佐著作郎克成十典并草魏晉紀傳與著作郎張載等俱在史官永嘉喪亂經籍遺沒嶠書存者三十餘卷嶠有三子頤徵暢頤嗣官至長樂內史暢有才思所著文章數萬言遭寇亂避難荊州爲賊所害時年四十

石鑒字林伯樂陵厭次人也出自寒素雅志公亮仕魏歷尚書郎侍御史尚書左丞御史中丞多所糾正朝廷憚之出爲并州刺史假節護匈奴中郎將武帝受禪封堂陽子入爲司隸校尉轉尚書時秦涼爲虜所敗遣鑒都督隴右諸軍事坐論功虛僞免官後爲鎭南將軍豫州刺史坐討吳賊虛張首級詔遣歸田里終身不得復用勿削爵土久之拜光祿大夫復爲司隸校尉稍加特進遷右光祿大夫開府領司徒前代三公册拜皆設小會所以崇宰輔之制也自魏末已後廢不復行至鑒有詔令會遂以爲常太康末拜司空領太子太傅武帝崩鑒與中護軍張劭監統山陵時大司馬汝南王亮爲太傅楊駿所疑不敢臨喪出營城外時有告亮欲舉兵討駿駿大懼白太后令帝爲手詔詔鑒及張劭使率陵兵討亮劭駿甥也便率所領催鑒速發鑒以爲不然保持之遣人密覘視亮已別道還許昌於是駿止論者稱之山陵訖封昌安縣侯元康初爲太尉年八十餘克壯慷慨自遇若少年時人美之尋薨謚曰元子陋字處賤襲封歷屯騎校尉

溫羨字長卿太原祁人漢護羌校尉序之後也祖恢魏揚州刺史父恭濟南太守兄弟六人並知名於世號曰六龍羨少以朗悟見稱齊王攸辟爲掾遷尚書郎惠帝即位拜豫州刺史入爲散騎常侍累遷尚書及齊王冏輔政以羨攸之故吏意特親之轉吏部尚書先是張華被誅冏建議欲復其官爵論者或以爲非羨駮之曰自天子已下爭臣各有差不得歸罪於一人也故晏子曰爲已死亡非其親暱誰能任之里克之殺二庶陳乞之立陽生漢朝之誅諸呂皆積年之後乃得歷事未有事主見存而得行其志於數月之內也式乾之會張華獨諫上宰不和不能乘風贊善望其指麾從命不亦難乎況今皇后譖害其子內難不預禮非所任且后體齊於帝尊同皇極罪在枉子事不爲逆義非所討今以華不能廢枉子之后與趙盾不討殺君之罪同而貶責之於義不經通也華竟得追復爵位其後以從駕討成都王穎有功封大陵縣公邑千八百戶出爲冀州刺史加後將軍范陽王虓敗於許昌也自牧冀州羨乃避之惠帝之幸長安以羨爲中書令不就及帝還洛陽徵爲中書監加散騎常侍未拜會帝崩懷帝即位遷左光祿大夫開府領司徒論者僉謂爲速在位未幾病卒贈司徒謚曰元有三子祗允裕祗字敬齊太傅西曹掾允字敬咸太子舍人裕字敬嗣尚武安長公主官至左光祿大夫

通志卷一百二十二終

宋右迪功郎鄭樵漁仲撰

列傳第三十六

晉

劉毅（子暾 程衞） 和嶠 武陔 任愷 崔洪 郭奕
侯史光 何攀 劉頌 李重 傅元（子咸咸從父弟祗）
向雄 段灼 閻纘 阮籍（兄子咸咸子瞻瞻弟孚從子脩）
（族弟放族弟裕） 嵇康 向秀 劉伶 謝鯤 胡母輔之
（子謙之） 畢卓 王尼 羊曼（弟聃） 光逸 庾峻（子珉珉弟敳）
郭象 庾純（子旉） 秦秀

劉毅字仲雄東萊掖人漢城陽景王章之後父喈丞相屬毅幼有孝行少厲清節然好臧否人物王公貴人望風憚之僑居平陽太守杜恕請爲功曹沙汰郡吏百餘人三郡稱焉爲之語曰但聞劉功曹不聞杜府君魏末本郡察孝廉辟司隸都官從事京邑肅然毅將彈河南尹司隸不許曰攫獸之犬鼷鼠蹈其背毅曰旣能攫獸又能殺鼠何損於犬投傳而去同郡王基薦毅於公府曰毅方正亮直介然不羣言不苟合行不苟容往日僑仕平陽爲郡股肱正色立朝舉綱引墨朱紫有分鄭衞不雜孝悌著於邦族忠貞効於三魏昔孫陽取騏驥於吳坂秦穆拔百里於商旅毅未遇知己無所自呈前已口白謹復申請太常鄭袤舉博士文帝辟爲相國掾辭疾積年不就時人謂毅忠於魏氏而帝怒其顧望將加重辟毅懼應命轉主簿武帝受禪爲尚書郎駙馬都尉遷散騎常侍國子祭酒帝以毅忠蹇正直使掌諫官轉城門校尉遷太僕拜尚書坐事免官咸寧初復爲散騎常侍博士祭酒轉司隸校尉糾正豪右京師肅然司部守令望風投印綬者甚衆時人以毅方之諸葛豐蓋寬饒皇太子朝鼓吹將入東掖門毅以爲不敬止之於門外奏劾保傅以下詔赦之然後得入帝嘗南郊禮畢喟然謂毅曰卿以朕方漢何帝也對曰可方桓靈帝曰吾雖德不及古人猶克己爲政又平吳會混一天下方之桓靈不亦甚乎對曰桓靈賣官錢入官庫陛下賣官錢入私門以此言之殆不如也帝大笑曰桓靈之世不聞此言今有直臣故不同也散騎常侍鄒湛進曰世談以陛下比漢文帝人心猶不多同昔馮唐答文帝云不能用頗牧而文帝大怒今劉毅言犯順而陛下歡然以此相校聖德乃過之矣帝曰我平天下而不封禪焚雉頭裘行布衣禮卿初無言今於小事何見褒之甚湛曰臣聞猛獸在田荷戈而出凡人能之蜂蠆作於懷袖勇夫爲之驚駭出於意外故也夫君臣有自然之尊卑言語有自然之逆順向劉毅始言臣等莫不變色陛下發不世之詔出思慮之表臣之善慶不亦宜乎在職六年遷尚書左僕射時龍見武庫井中帝親觀之有喜色百官將賀毅獨表曰昔龍降鄭時門之外子產不賀龍降夏庭沫流不禁卜藏其漦至周幽王禍釁乃發易稱潛龍勿用陽在下也證據舊典無賀龍之禮詔報曰正德未修誠未有以膺受嘉祥省來示以爲瞿然賀慶之事宜詳依典義動靜數示尚書郎劉漢等議以爲龍體旣蒼雜以素文白者大晉之行戟武興文之應也而毅乃引衰世妖異以疑今之吉祥又以龍在井爲潛皆失其意潛之爲言隱而不見今龍彩質明煥示人以物非潛之謂也毅應推處詔不聽後陰氣解而復合毅上言必有阿黨之臣姦以事君者當誅而不誅故也毅以魏立中正九品之制姦弊日滋因上疏言其害曰中正之設損政者八高下逐彊弱是非隨興衰一人之身旬日異狀上品無寒門下品無勢族一也置州都者本取州里清議所服將以鎭異同一言議也今重其任而輕其人使駁論橫於州里嫌隙結於大臣二也本立格爲九品者謂才德有優劣倫輩有首尾也今乃優劣易地首尾倒錯三也陛下賞善罰惡無不裁之以法獨中正無賞罰之防又禁人訴訟使受枉者不獲上聞四也一國之士多者千數或流徙異邦面猶不識不過衆譽於臺府納毀於流言任己則有不識之蔽聽受則有彼此之偏五也凡求人才以治民也今當官著效者或附卑品在官無績者更獲高叙抑功實而隆虛名長浮華而廢考績六也凡官不同事人不同能今不狀其才之所宜而但第其九品以品取人或非才能之所長以狀取人則爲本品之所限徒結白論品狀相妨七也所下不彰其罪所上不列其善各任愛憎以植其私天下之人焉得不解德行而銳人事八也由此論之職名中正實爲姦府事名九品而有八損宜罷中正棄魏氏之弊法更立一代之美制優詔答之後司空衞瓘等亦共表宜省九品復古鄉議里選帝竟不施行毅夙夜在公坐而待旦言議切直無所曲撓爲朝野所式瞻嘗散齋而疾其妻省之毅便奏加妻罪而請解齋妻子有過立加杖捶其公正如此然以峭直故不至公輔帝以毅清貧賜錢三十萬日給米肉年七十告老久之見許以光祿大夫歸第門施行馬復賜錢百萬後司徒舉毅爲靑州大中正尚書以毅懸車致仕不宜勞以碎務陳留相樂安縣尹表曰禮凡卑者執勞尊者居逸是順敘之宜也司徒魏舒

司隸校尉嚴詢與毅年齒相近往者同爲散騎常侍後分授外內之職資塗所經出處一致今詢管四十萬戶州兼董司百寮總攝機要舒所統殿廣兼執九品銓十六州論議主者不以爲劇毅但以知一州便謂不宜累以碎事於毅太優詢舒太劣若以前聽致仕不宜復與遷授位者故光祿大夫鄭袤爲司空是也夫知人則哲惟帝難之尙可復委以宰輔之任不可諮以人倫之論臣竊所未安昔鄭武公年過八十入爲周司徒雖過懸車之年必有可用毅前爲司隸直法不撓當朝之臣多所按劾諺曰受堯之誅不能稱堯直臣無黨古今所悉是以汲黯死於淮陽董仲舒裁爲諸侯之相而毅獨遭聖明不離輦轂當世之士咸以爲榮毅雖身偏有風疾而志氣聰明一州品第不足勞其思慮毅疾惡之心小過主者必疑其論議傷物故高其優禮令去事實此爲机閣毅使絕人倫之路也臣州茂德惟毅越毅不用則淸談倒錯矣於是青州自二品已上光祿勳石鑒共奏尹表宜當評議由是毅遂爲州都銓正人流淸濁區別其所彈貶自親貴者始太康六年卒武帝撫机驚曰失吾名臣不得生作三公卽贈儀同三司使者監護喪事時承漢魏舊制爵非列侯雖有高行而不加謚羽林左監北海王宮上疏言毅忠允匪躬宜當謚號帝出其表使八坐議之多同宮議奏寢不報二子暾總暾字長升正直有父風太康初爲博士會議齊王攸之國加崇典禮暾與諸博士坐議迕旨武帝大怒收暾等付廷尉會赦出免官初暾父毅疾馮紞姦佞欲奏其罪未果而卒至是紞位宦日隆暾慨然曰使先人在不令紞得無患後爲酸棗令轉侍御史會司徒王渾主簿劉輿獄辭連暾將收付廷尉渾不欲使府有過欲拒劾自舉之輿暾更相曲直渾怒便遜位還第暾乃奏渾曰謹案司徒王渾蒙國厚恩備位鼎司不能上佐天日調和陰陽下遂萬物之宜使卿大夫各得其所敢因劉輿拒扞詔使私欲大府興長獄訟昔陳平不答漢文之問邴吉不問死人之變誠得宰相之體也旣興刑獄怨懟而退舉動輕速無大臣之節請免渾官右長史楊邸亭侯劉肇便辟善柔苟於阿順請大鴻臚削爵土詔聞暾此奏者皆歎美之其後武庫火尙書郭彰率百人自衞而不救火暾正色詰之彰怒曰我能截君角也暾勃然謂彰曰君何敢恃寵作威作福天子法冠而欲截角乎求紙筆奏之彰伏不敢言衆人解釋乃止彰久貴豪侈每出輒從百餘人自此之後務從簡素暾遷太原內史趙王倫篡位假征虜將軍不受與三王共舉義惠帝復阼暾爲左丞正色立朝三臺淸肅尋兼御史中丞奏免尙書僕射東安公繇及王粹董艾等十餘人朝廷嘉之遂卽眞遷中庶子左衞將軍司隸校尉奏免武陵王澹及何綏劉坦溫畿李晅等長沙王乂討齊王冏暾豫謀封朱虛縣公千八百戶乂死坐免頃之復爲司隸及惠帝之幸長安也留暾守洛陽河間王顒遣使鴆羊皇后暾乃與留臺僕射荀藩河南尹周馥等上表理后無罪顒見表大怒遣陳顏呂朗率騎五千收暾暾東奔高密王略會劉根作逆略以暾爲大都督加鎭東將軍討根暾戰失利還洛至酸棗値東海王越奉迎大駕及帝還洛羊后反宮后遣使謝暾曰賴劉司隸忠誠之志得有今日以舊勳復封爵加光祿大夫暾妻前卒先陪陵葬子更生初婚家法婦當拜墓攜賓客親屬數十乘載酒食而行先是洛陽王稜爲越所信而輕暾暾每欲繩之稜以爲怨時劉聰王彌屯河北京邑危懼稜告越云暾與彌鄉親而欲投之越嚴騎將追暾右長史傅宣明暾不然暾聞之未至墓而反以正義責越越甚慙及劉曜寇京都以暾爲撫軍將軍假節都督城守諸軍事曜退遷尙書僕射越憚暾久居監司又爲衆情所歸乃以爲右光祿大夫領太子少傅加散騎常侍外示崇進實奪其權懷帝又詔暾領衞尉加特進後復以暾爲司隸加侍中暾五爲司隸允協物情故也王彌入洛百官殲焉彌以暾鄉里宿望故免於難暾因說彌曰今英雄競起九州幅裂有不世之功者宇內不容將軍自興兵以來何攻不克何戰不勝而復與劉曜不協宜思文種之禍以范蠡爲師且將軍可無帝王之意東王本州以觀事勢上可以混一天下下可以成鼎峙之事豈失孫劉乎蒯通有言將軍宜圖之彌以爲然使暾于青州與曹嶷謀且徵之暾至東阿爲石勒遊騎所獲見彌與嶷書而大怒乃殺之暾有二子祜白祜爲太傅屬白太子舍人白果烈有才用東海王越忌之竊遣上軍何倫率百餘人入暾第爲刼取財物殺白而去暾弟總字弘紀好學直亮後叔父彪位至北軍中候程衞者字長元廣平曲周人也少立操行彊正方嚴劉毅聞其名辟爲都官從事毅奏中護軍羊琇犯憲應死武帝與琇有舊乃遣齊王攸喻毅毅許之衞正色以爲不可徑自馳車入護軍營收琇屬吏考問陰私先奏琇所犯狼藉然後言之於毅由是名振遐邇百官厲行遂辟公府掾遷尙書郞侍御史在職皆以事幹顯補洛陽令歷安定頓邱太守所涖著績卒於官

和嶠字長輿汝南西平人也祖洽魏尚書令父逌魏吏部尚書嶠少有風格慕舅夏侯元之爲人厚自崇重有盛名於世朝野許其能整風俗理人倫襲父爵上蔡伯起家太子舍人累遷潁川太守爲政清簡甚得百姓懽心太傅從事中郎庾敳見而歎曰和嶠森森如千丈松雖磥砢多節目施之大厦有棟梁之用賈充亦重之稱於武帝入爲給事黃門侍郎遷中書令帝器遇之舊監令共車入朝時荀勗爲監嶠鄙勗爲人以意氣加之每同乘高抗專車而坐乃使監令異車自嶠始也吳平以參謀議功賜弟郁爵汝南亭侯嶠轉侍中愈被親禮與任愷張華相善嶠見太子不令因侍坐曰皇太子有淳古之風而季世多僞恐不了陛下家事帝默然不答後與荀顗荀勗同侍帝曰太子近入朝差長進卿可俱詣之粗及世事既奉詔而還顗勗並稱太子明識弘雅誠如明詔嶠曰聖質如初耳帝不悅而起嶠退居恆懷慊慨歎息知不見用猶不能已在御坐言及社稷未嘗不以儲君爲憂帝知其言忠每不酬和後與嶠語不及來事或以告賈妃妃銜之太康末爲尚書以母憂去職及惠帝卽位拜太子少傅加散騎常侍光祿大夫太子朝西宮嶠從入賈后使帝問嶠曰卿昔謂我不了家事今日定云何嶠曰臣昔事先帝曾有斯言言之不效國之福也臣敢逃其罪乎元康二年卒贈金紫光祿大夫加金章紫綬本位如前永平初策謚曰簡嶠家產豐富擬於王者然性至吝以是獲譏於世杜預以爲嶠有錢癖以弟郁子濟嗣位至中書郎郁字仲輿才望不及嶠而以清幹稱歷尚書左右僕射中書令尚書令洛陽傾沒奔于苟晞疾卒

武陔字元夏沛國竹邑人也父周魏衛尉陔沉敏有器量早獲時譽與二弟韶叔夏茂季夏並總角知名雖諸父兄弟及鄉閭宿望莫能覺其優劣同郡劉公榮有知人之鑒嘗造周周見其三子焉公榮曰皆國士也元夏最優有輔佐之才陳力就列可爲亞公叔夏季夏不減常伯納言也陔少好人倫與潁川陳泰友善魏明帝世累遷下邳太守景帝爲大將軍引爲從事中郎累遷司隸校尉轉太僕卿初封亭侯五等建改封薛縣侯文帝甚親重之數與詮論時人嘗問陳泰孰若其父羣陔各稱其所長以爲羣泰略無優劣帝然之泰始初拜尚書掌吏部遷左僕射左光祿大夫開府儀同三司陔以宿齒舊臣名望隆重自以無佐命之功又在魏已爲大臣不得已而居位深懷遜讓終始全潔當世以爲美談卒於位謚曰定子鋪嗣韶歷位吏部郎太子右衛率散騎常侍茂以德素稱名亞於陔爲上洛太守散騎常侍侍中尚書潁川荀愷年少於茂卽武帝姑子自負貴戚欲與茂交距而不答由是致怨楊駿誅愷時爲僕射以茂駿之姨弟陷爲逆黨遂見害茂清正方直聞於朝野一旦枉酷天下傷焉侍中傅祗上表申明之後追贈光祿勳

任愷字元褒樂安博昌人也父昊魏太常愷少有識量尚魏明帝女累遷中書侍郎員外散騎常侍晉國建爲侍中封昌國縣侯愷有經國之幹萬機小大多管綜之性忠正以社稷爲已任帝器而昵之政事多諮焉泰始初鄭沖王祥何曾荀顗裴秀等各以老疾歸第帝優寵大臣不欲勞以筋力數遣愷喻旨於諸公諮以當世大政參議得失愷惡賈充之爲人也不欲令充久執朝政每裁抑焉充病之不知所爲後承間言愷忠貞局正宜在東宮使護太子帝從之以爲太子少傅而侍中如故充計畫不行會秦雍寇擾天子以爲憂愷因曰秦涼覆敗關右騷動此誠國家之所深慮宜速鎭撫使人心有庇自非威望重臣有計略者無以康西土也帝曰誰可任者愷曰賈充其人也中書令庾純亦言之於是詔充西鎭長安充用荀勗計得留充既爲帝所遇欲專名勢而庾純張華溫顒向秀和嶠之徒皆與愷善楊珧王恂華廙等充所親敬於是朋黨紛然帝知之召充愷宴於式乾殿而謂充等曰朝廷宜一大臣當和充愷各拜謝而罷既而充愷等以帝知之而不責故結怨愈深外相崇重內實不平或爲充謀曰愷總門下樞要得與上親接宜啓令典選便得漸疏此一都令史事耳且九流難精間隙易乘充因稱愷才能宜在官人之職帝不之疑謂充舉得其才卽日以愷爲吏部尚書加奉車都尉愷既在尚書選舉公平盡心所職然侍覲轉希充與荀勗馮紞承間浸潤謂愷豪侈用御食器充遣尚書右僕射高陽王珪奏愷遂免官有司收太官宰人檢覈是愷妻齊長公主得賜魏時御器也愷既免而毀謗益至帝漸薄之然山濤明愷爲人通敏有智局舉爲河南尹坐賊發不獲又免官復遷光祿勳愷素有識鑒加以在公勤恪甚得朝野稱譽而賈充朋黨又諷有司奏愷與立進令劉友交關事下尚書愷對不伏尚書杜友廷尉劉良並忠公士也知愷爲充所抑欲申理之故遲留而未斷以是愷及友良皆免官愷既失職乃縱酒耽樂極滋味以自奉養初何劭以公子奢侈每食必盡四方珍饌愷乃踰之一食萬錢猶云無可下筯處愷時因朝請帝或

慰諭之愷初無言唯泣而已後起爲太僕轉太常初魏舒雖歷位郡守而未被任遇愷爲侍中薦舒爲散騎常侍至是舒爲右光祿大夫開府領司徒帝臨軒使愷拜授舒雖以弘量寬雅爲稱時以愷有佐世器局而舒登三公愷止守散卿莫不爲之憤歎也愷不得志竟以憂卒年六十一謚曰元子孚嗣孚字子倫幼有父風才望不及愷以淑行致稱爲清平佳士歷黃門侍郎散騎常侍兗州刺史大鴻臚

崔洪字良伯博陵安平人也高祖崔寔著名漢代父讚魏吏部尚書左僕射以雅量見稱洪少以清厲顯名骨鯁不同於物人之有過輒面折之而退無後言武帝世爲御史治書時長樂馮恢父爲弘農太守愛少子淑欲以爵傳之恢父終服闋乃還鄉里結草爲廬陽瘖不能言淑得襲爵恢始仕爲博士祭酒散騎常侍翟嬰薦恢高行邁俗侔繼古烈洪奏恢不敦儒業令學生番直左右雖有讓侯微善不得稱無倫輩嬰爲浮華之目遂免嬰官朝廷憚之尋爲尚書左丞時人爲之語曰叢生棘荆來自博陵在南爲鷂在北爲鷹遷吏部尚書舉用甄明門無私謁薦雍州刺史郤詵代已爲左丞詵後糾洪洪謂人曰我舉郤丞而還奏我是挽弩自射也詵聞曰昔趙宣子任韓厥爲司馬以軍法戮宣子之僕宣子謂諸大夫曰可賀我矣吾選厥也任其事崔侯爲國舉才我以才見舉惟官是視各明至公斯言何乃至此洪聞而重之洪口不言貨財手不執珠玉汝南王亮常宴公卿以瑠璃鍾行酒酒及洪洪不執亮問其故曰慮有執玉不趨之義故爾然實乖其常性故爲詭說楊駿誅洪與都水使者王佑親坐見黜後爲大司農卒官子廓散騎常侍亦以正直稱

郭奕字大業太原陽曲人也少有重名山濤稱其高簡有雅量初爲野王令羊祜常過之奕歎曰羊叔子何必減郭大業少選復往又歎曰羊叔子去人遠矣遂送祜出界數百里坐此免官咸熙末爲文帝相國主簿時鍾會反於蜀荀勗即會之從甥少長會家勗爲文帝掾奕啓出之帝雖不用然知其雅正武帝踐阼初建東宮以奕及鄭默並爲中庶子遷右衞率驍騎將軍封平陵男咸甯初遷雍州刺史鷹揚將軍尋假赤幢曲蓋鼓吹奕有寡姊隨其之官姊下僮僕多有姦犯而爲人所糾奕省按畢曰大丈夫豈當以老姊求名遂遣而不問時亭長李含有俊才而門寒爲豪族所排奕用爲别駕含後果有名位時以奕爲知人太康中徵爲尚書奕有重名當世朝臣皆出其下時帝委任楊駿奕表駿小器不可任以社稷帝不聽駿後果誅及奕疾病詔賜錢二十萬日給酒米太康八年卒太常上謚爲景有司議以貴賤不同號謚與景皇同不可請謚曰穆詔曰謚所以旌德表行按謚法一德不懈爲簡奕忠毅清直立德不渝於是遂賜謚曰簡

侯史光字孝明東萊掖人也幼有才悟受學於同縣劉夏舉孝廉州辟别駕咸熙初爲洛陽典農中郎將封關中侯泰始初拜散騎常侍尋兼侍中與皇甫陶荀廙持節循省風俗及還奏事稱旨轉城門校尉進爵臨海侯其年詔曰光忠亮篤素有居正執義之心歷職內外勤恪在公其以光爲御史中丞雖屈其列校之位亦所以申其司直之才光在職寬而不縱太保王祥久疾廢朝光奏請免之詔優詳而寢光奏後遷少府卒官詔賜朝服一具衣一襲錢三十萬布百匹及葬又詔曰光厲志守約有清忠之節家極貧儉其賜錢五十萬光儒學博古歷官著績文筆奏議皆有條理長子元嗣官至元菟太守卒子施嗣東莞太守

何攀字惠興蜀郡郫人也仕州爲主簿屬刺史皇甫晏爲牙門張弘所害誣以大逆時攀適丁母喪遂詣梁州拜表證晏不反考晏冤理得申王濬爲益州辟爲别駕濬謀伐吳遣攀奉表詣臺口陳事機詔再引見乃令張華與攀籌量進討之宜濬兼遣攀過羊祜面陳伐吳之策攀善於將命帝善之詔攀參濬軍事及孫皓降於濬而王渾恚於後機將攻濬攀勸濬送皓與渾由是事解以攀爲濬輔國司馬封關內侯轉滎陽令上便宜十事甚得名稱除廷尉平時廷尉卿諸葛冲以攀蜀士輕之及其斷疑獄冲始嘆服遷宣城太守不行轉散騎侍郎楊駿執政多樹親屬大開封賞欲以恩澤自衞攀以爲非乃與石崇共立議奏之語在崇傳帝不納以豫討駿功封西城侯邑萬戸賜絹萬匹弟逢平鄉侯兄子逵關中侯攀固讓所封戸及絹之半餘所受者分給中外宗親略不入已遷翊軍校尉頃之出爲東羌校尉徵爲揚州刺史在任三年遷大司農轉兗州刺史加鷹揚將軍固讓不就太常成粲左將軍卞粹勸攀涖職中詔又加切厲攀竟稱疾不起及趙王倫篡位遣使召攀更稱疾篤倫怒將誅之攀不得已扶疾赴召卒於洛陽時年五十八攀居心平允涖官整肅愛樂人物敦儒貴才爲梁益二州中正引致遺滯巴西陳壽閻乂犍爲費立皆西州名士並被鄉閭所謗清議十餘年攀申明曲直咸免冤濫攀雖顯職家甚貧素無妾媵伎樂惟以周窮濟乏

爲事子璋嗣亦有父風

劉頌字子雅廣陵人漢廣陵厲王胥之後也世爲名族同郡有雷蔣穀魯四姓皆出其下時人爲之語曰雷蔣穀魯劉最爲祖父觀平陽太守頌少能辨物理爲時人所稱察孝廉舉秀才皆不就文帝辟爲相府掾奉使于蜀時蜀新平人饑土荒頌表求振貸不待報而行由是除名武帝踐阼拜尚書三公郎典科律申寃訟累遷中書侍郎咸寧中詔頌與散騎侍郎白褒巡撫荆揚以奉使稱旨轉黃門郎遷議郎守廷尉時尚書令史扈寅非罪下獄詔使考竟頌執據無罪寅遂得免時人以頌比張釋之在職六年號爲詳平會滅吳諸將爭功遣頌校其事以王渾爲上功王濬爲中功帝以頌折法失理左遷京兆太守不行轉任河內臨發上便宜多所納用郡界多公王水碓遏塞流水轉爲浸害頌表罷之百姓獲其便利尋以母憂去職服闋除淮南相在官嚴整甚有政績舊修芍陂年用數萬人豪彊兼并孤貧失業頌使大小勠力計功受分百姓歌其平惠頌在郡上疏曰吳越剽輕庸蜀險絕此故變釁之所出易生風塵之地且自吳平以來東南六州將士更守江表此時之至患也又內兵外守吳人有不自信之心宜得壯王以鎮撫之使內外各安其舊又孫氏爲國文武衆職數擬天朝一旦堙替同於編戶不識所蒙更生之恩而災困逼身自謂失地用懷不靖今得長王以臨其國隨才授任文武並敘士卒百役不出其鄉求富貴者取之於國內內兵得散新邦又安兩獲其所於事爲宜宜取同姓諸王年二十以上人才高者分王吳蜀以其去近就遠割裂土宇令倍於舊以徙封故地用王幼稚須皇子長乃遣君之於事無晚也又曰自魏世法禁寬弛積之在素陛下欲更張之未可遽革然矯時救弊亦宜以漸譬猶行舟雖不橫截迅流當漸靡而往稍向所趣然後得濟也臣聞爲社稷計莫如封建親賢然宜審量事勢使諸侯率義而動者其力足以維帶京邑包藏禍心者其勢不足獨以有爲其齊此甚難陛下宜與達古今之士深共籌之周之諸侯有罪身誅而國存漢之諸侯有罪或無子者國隨以亡今宜反漢循周則下固而上安矣又曰天下至大萬事至衆是以聖王執要於已委務於下非憚勞而好逸誠以政體宜然也夫居事始以別能否甚難也因成敗以分功罪甚易也今陛下精於造始而略於考終此政功所以未善人主誠能居易執要考功罪於成敗之後則羣下無所逃其誅賞矣又曰古者六卿分職冢宰爲師秦漢以來九列執事丞相都總今尚書制斷諸卿奉成於古制爲太重可出衆事付外寺使得專之尚書統領大綱歲終課功校簿而行賞罰斯亦可矣今動皆受成於上故上之所失不得復以罪下歲終事功不建不知所責也夫細故謬妄人情之所必有而悉糾以法則朝野無立人矣近世爲監司者類大綱不振而微過必舉蓋由畏避豪彊而又懼職事之曠則謹密網以羅微罪使奏劾相接狀似盡公實則撓法是以聖王不善碎密之案必責凶猾之奏則害政之姦自然禽矣又曰昔魏武帝分離天下使人役居戶各在一方此爲權假一時以赴所務非正典也自吳會蕩平天下懷靜而東南二方六州郡兵將士武吏戍守江表或給京城運漕父南子北室家分離咸更不寧又不習水土運役勤瘁並有死亡之患勢不可久此宜大見處分以副人望魏氏錯役皆應改舊使受百役者不出其國則天下所蒙已不訾矣又曰政務多端世事之未盡理者難徧以疏舉振領總綱要在三條凡政欲靜靜在息役息役在無爲倉廩欲實實在利農利農在平糴爲政欲著信著信在簡賢簡賢在官久官久非難也連其班級自非才宜不得傍轉以終其課則事善矣平糴已有成制其未備者可就周足則穀積矣無爲匪他卻功作之勤抑似益而損之利如斯而已則天下靜矣書奏優詔答之頌又奏宜復肉刑卒不見省元康初從淮南王允入朝會誅楊駿頌屯衞殿中其夜詔以頌爲三公尚書又上疏論律令事爲時論所美久之轉吏部尚書建九班之制欲令百官居職希遷考課能否明其賞罰賈郭專朝仕者欲速竟不施行及趙王倫之害張華也頌哭之甚慟聞華子得逃喜曰茂先卿尚有種也倫黨張林聞之大怒憚頌持正而不能害也孫秀等推崇倫功宜加九錫百寮莫敢異議頌獨曰昔漢之錫魏魏之錫晉皆一時之用非可通行今宗廟乂安雖嬖后被退勢臣受誅周勃誅諸呂而尊孝文霍光廢昌邑而奉孝宣並無九錫之命違舊典而習權變非先王之制九錫之議請無所施張林積忿不已以頌爲張華之黨將害之孫秀曰誅張裴已傷時望不可復誅頌林乃止於是以頌爲光祿大夫門施行馬尋病卒使使者弔祭賜錢二十萬朝服一具謚曰貞中書侍郎劉沉議頌當時少輩應贈開府孫秀素恨之不聽頌無子養弟和子雍早卒更以雍弟詡子鴈爲適孫襲封永康元年詔以頌誅賈謐督攝衆事有功追封梁鄒縣侯食邑千五百戶頌弟彪字仲雅參安東軍事伐吳獲張悌累官積弩將軍及武庫

火彪建計斷屋得出諸寶器歷荆州刺史次弟仲字世混歷黄門郎滎陽太守未之官卒初頌嫁女臨淮陳矯矯本劉氏子與頌近親出養於姑改姓陳氏中正劉友譏之頌曰舜後姚虞陳田本同根系而世皆爲婚禮律不禁今與此同義爲婚可也友方欲列上爲陳騫所止故得不劾頌問明法掾陳默蔡畿曰鄉里誰最屈二人俱云劉友屈頌作色呵之畿曰友以私議冒犯明府爲非然鄉里公論稱屈友辟公府掾尚書郎黄沙御史

李重字茂曾江夏鍾武人也父景秦州刺史都亭定侯重少好學有文辭早孤與羣弟居以友愛著稱弱冠爲本國中正遜讓不行後爲始平王文學上疏陳九品曰先王議制以時因革因革之理唯變所適九品始於喪亂軍中之政誠非經國不刊之法也且其檢防轉碎徵刑失實故朝野之論僉謂驅動風俗爲弊已甚而至於議改又以爲疑臣以革法創制當先盡開塞利害之理舉而錯之使體例大通而無否滯亦未易故也古者諸侯之治分土有常國有定主人無異望卿大夫世祿仕無出位之思臣無越境之交上下體固民德歸厚秦反斯道罷侯置守風俗淺薄自此來矣漢革其弊斟酌周秦並建侯守亦使分土有定而牧司必各舉賢貢士任之鄉議事合聖典比蹤三代方今聖德之隆光被四表兆庶顒顒欣覩太平然承魏氏凋弊之跡人物播越仕無常朝人無定處郎吏蓄於軍府豪右聚於都邑事體駁錯與古不同謂九品既除宜先開移徙聽相并就且明貢舉之法不濫於境外則冠帶之倫將不分而自均即土斷之實行矣又建樹官司功在簡久階級少則人心定久其事則政化成而能否著此三代所以直道而行也以爲選例九等當今之要所宜施用也聖王知天下之難常從事於其易故寄隱括於閭伍則邑屋皆爲有司若任非所由事非所綴則雖竭聖智猶不足以贍其事由此而觀誠令二者既行即人思反本修之於鄉華競自息而禮讓日隆矣遷太子舍人轉尚書郎時太中大夫恬和表陳便宜稱漢孔光魏徐幹等議使王公已下制奴婢限數及禁百姓賣田宅中書啟可屬主者爲條制重奏曰先王之制士農工商有分不遷其業所以利用厚生各肆其力也周官以土均之法經其土地井田之制而辨其五物九等貢賦之序然後公私制定率土均齊自秦立阡陌建郡縣而斯制以泯降及漢魏因循舊跡王法所峻者唯服物車器有貴賤之差令不僭擬以亂尊卑耳至於奴婢私產不曲爲立限也去八年己巳詔書申明律令諸士卒百工以上所服乘皆不得違制若一縣一歲之中有違犯者三家洛陽縣十家已上官長免如詔書之旨法制已嚴今如和所陳而稱光幹之議此皆衰世踰侈當時之患然盛漢之初不議其制光等作而不行非漏而不及能而不用也蓋以諸侯之軌既滅而井田之制未復則王者之法不得制人之私也人之田宅既無定限則奴婢不宜偏制其數懼徒爲之法實碎而難檢方今盛明垂制每尚簡易法禁已具和表無施又司隸校尉石鑒奏鬱林太守介登役使所監求召還尚書荀愷以爲遠郡非人情所樂奏登貶秩居官重駁曰臣聞立法無制所以齊衆檢邪非必曲尋事情而理無所遺也故所滯者寡而所濟者衆今如登郡比者多若聽其貶秩居官動爲準例懼庸才負遠必有黷貨之累非所以肅清王化輯寧殊域也臣愚以爲宜聽鑒所上先召登還且使體例有常不爲遠近異制詔從之太熙初遷廷尉平駁廷尉奏邯鄲讎等文多不載再遷中書郎每大事及疑議輒參以經典處決多皆施行遷尚書吏部郎務抑華競不通私謁特留心隱逸由是羣才畢舉拔用北海西郭湯琅邪劉珩燕國霍原馮翊吉謀等爲祕書郎及諸王文學故海內莫不歸心時燕國中正劉沈舉霍原爲寒素司徒府不從沈又抗詣中書奏原而中書復下司徒參論司徒左長史荀組以爲寒素者當謂門寒身素無世祚之資原爲列侯顯佩金紫先爲人間流通之事晚而務學少長異業年踰始立草野之譽未洽德禮無聞不應寒素之目重奏原隱居求志篤古好學絕迹窮山韞韣道藝前後數公皆以名聞今沈所列又如此則州黨之議既舉矣而組猶謂草野之譽未洽德禮無聞恐負幽邦之望傷敦德之教也謂宜如詔書所求之旨應爲二品詔從之重與李毅同爲吏部郎時王戎爲尚書重以清尚見稱毅淹通有智識雖二人操異然俱處要職戎以識會待之各得其所毅字茂彥舊史闕其行事于時內官重外官輕兼階級繁多重復議其非是又上疏曰凡山林避寵之士離違世背時出處殊軌而先王許之者嘉其服膺高義也昔先帝患風流之弊而思反純朴乃詔詢朝衆搜求隱逸咸寧二年始以太子中庶子徵安定皇甫謐四年又以博士徵南安朱沖太康二年復以太子庶子徵沖雖皆稱病不至而朝野悅服陛下追元帝禮賢之旨臣訪沖州邑言沖雖耋耄而志氣克壯耽道窮藪老而彌新操尚貞純所居成化誠山棲耆德可表世篤俗者也臣以爲宜垂聖恩及其未沒顯加優命時朝廷

政亂竟不能從出爲行討虜護軍平陽太守崇德化脩學校表篤行拔賢能淸儁無欲正身率下在職二年彈黜四縣弟嶷亡表去官永康初趙王倫用爲相國左司馬以憂逼成疾而卒時年四十八家貧宅宇狹小無殯歛之地詔於典客署營喪追贈散騎常侍謚曰成子式有名官至侍中咸和初卒

傅元字休奕北地泥陽人也祖燮漢漢陽太守父幹魏扶風太守元少孤貧博學善屬文解鍾律性剛勁亮直不能容人之短郡上計吏再舉孝廉太尉辟皆不就州舉秀才除郎中與東海繆施俱以時譽選入著作撰集魏書後參安東衛軍軍事轉溫令再遷弘農太守領典農校尉所居稱績數上書陳便宜多所匡正五等建封鶉觚男武帝爲晉王以元爲散騎常侍及受禪進爵爲子加駙馬都尉帝初卽位廣納直言開不諱之路元及散騎常侍皇甫陶共掌諫職元上疏曰臣聞先王之臨天下也明其大教長其義節道化隆於上淸議行於下上下相奉人懷義心亡秦蕩滅先王之制以法術相御而義心亡矣近者魏武好法術而天下貴刑名魏文慕通達而天下賤守節其後綱維不攝而虛無放誕之論盈於朝野使天下無復淸議而亡秦之病復發於今陛下聖德龍興受禪弘堯舜之化開正直之路體夏禹之至儉綜殷周之典文臣詠歎而已將又奚言惟未舉淸遠有禮之臣以敦風節未退虛鄙以懲不恪臣是以猶敢有言詔報曰舉淸遠有禮之臣者此尤今之要也乃使元草詔書進之元復上疏曰臣聞舜舉五臣無爲而化用人得其要也天下羣司猥多不可不審得其人也不得其人一日則損不貲況積日乎典謨曰無曠庶官言職之不可久廢也諸有疾病滿百日不差宜令去職優其禮秩而寵存之旣差而後更用臣不廢職於朝國無曠官之累此王政之急也臣聞先王分士農工商以經國制事各一其業而知其務自士已上子弟爲之立太學以教之選明師以訓之各隨其才優劣而授用之農以豐其食工以足其器商賈以通其貨故雖天下之大兆庶之衆無一人游手分數之法周備如此漢魏不定其分百官子弟不脩經藝而務交游未知莅事而坐享天祿農工之業多廢或逐淫利而離其事徒繫名於太學然不聞先王之風今聖明之政資始而漢魏之失未改散官衆而學校未設游手多而親農者少工器不盡其宜臣以爲亟定其制通計天下若干人爲士足以副在官之吏若干人爲農三年足有一年之儲若干人爲工足其器用若干人爲商賈足以通貨而已尊儒尙學貴農賤商此皆事業之要務也前皇甫陶上事欲令賜拜散官皆課使親耕天下享足食之利禹稷躬稼祚流後世是以明堂月令著帝籍之制伊尹古之名臣耕於有莘晏嬰齊之大夫避莊公之難亦耕於海濱昔者聖帝明王賢佐俊士皆當從事於農矣王人賜官冗散無事者不督使學則當使耕無緣放之使坐食百姓也今文武之官旣衆而拜賜不在職者又多加以服役爲兵不得耕稼當農者之半南面食祿者參倍於前使冗散之官農而收其租稅家得其實而天下之穀可以無之矣夫家足爲子則孝爲父則慈爲兄則友爲弟則悌天下足食則仁義之教可不令而行也爲政之要計人而置官分人而授事士農工商之分不可斯須廢也若未能精其防制計天下文武之官足爲副貳者使學其餘皆歸之於農若百工商賈有長者亦皆歸之於農務農若此何有不贍乎虞書曰三載考績三考黜陟幽明是爲九年之後乃有遷敘也故居官久則念立愼終之化居不見久則競爲一切之政六年之限日月淺近不周黜陟陶之所上義合古制夫儒學者王教之首也尊其道貴其業重其選猶恐化之不崇忽而不以爲急臣懼日有陵遲而不覺也仲尼有言人能弘道非道弘人然則尊其道者非惟尊其書而已尊其人之謂也貴其業者不妄教非其人也重其選者不妄用非其人也若此而學校之綱舉矣書奏詔嘉之俄遷侍中初先進皇甫陶及入而抵元以事與陶爭言諠譁爲有司所奏二人竟坐免官泰始四年以爲御史中丞時頗有水旱之災元上疏陳便宜五事其一曰耕夫務多種而耕暵不熟徒喪功力而無收又舊兵持官牛者官得六分士得四分自持私牛者與官中分施行來久衆心安之今一朝減持官牛者官得八分士得二分持私牛及無牛者官得七分士得三分人失其所必不懽樂臣愚以爲宜佃兵持官牛者與四分持私牛與官中分則天下兵作懽然悅樂愛惜成穀無有損棄之憂其二曰以二千石雖奉務農者詔猶不勤心以盡地利昔漢氏以墾田不實徵殺二千石以十數臣愚以爲宜申漢氏舊法以警戒天下郡縣皆以死刑督之其三曰以魏初未留意於水事先帝統百揆分河隄爲四部并本凡五謁者以水功至大與農事並興非一人所周故也今謁者一人之力行天下諸水無時得徧伏見河隄謁者車誼不知水勢轉爲他職更選知水者代之可分爲五部使各精其方宜其四曰古以步百爲畝今以二百四十步爲畝所

覺過倍近魏初課田不務多其頃畝但務脩其功力故白田收至十餘斛水田收數十斛自頃以來日增田頃畝之課而田兵益甚功不能脩理至畝數斛已還或不足以償種非與曩時異天地橫遇災害也其病正在於務多頃畝而功不脩耳竊見河隄謁者石恢甚精練水事及田事知其利害乞中書召恢委曲問其得失必有所補益其五曰臣以爲胡夷獸心不與華同鮮卑最甚本鄧艾苟欲取一時之利不慮後患使鮮卑數萬散居人間此必爲害之勢也秦州刺史胡烈素有恩信於西方今烈往諸胡雖已無惡必且消弭然獸心難保不必其可久安也若後有動釁烈計能制之惟恐胡虜適困於討擊便能東入安定西赴武威外名爲降可動復動此二郡非烈所制則惡胡東西有窟穴浮游之地故復爲患無以禁之也宜更置一郡於高平川因安定西鼠都尉募樂徙民重其復除以充之以通北道漸以實邊詳議此二郡及新置郡皆使并屬秦州令烈得專御邊之宜優詔答之五年遷太僕時比年不登羌胡擾邊詔公卿會議元應對所問陳事切直雖不盡施行而常見優容轉司隸校尉獻皇后崩於弘訓宮設喪位舊制司隸於端門外坐在諸卿上絕席其入殿按本品秩在諸卿下以次坐不絕席而謁者以弘訓宮爲殿內制立位在卿下元恚怒厲聲色而責謁者謁者妄稱尚書所處元對百寮而罵尚書以下御史中丞庾純奏元不敬元又自表不以實坐免官然元天性峻急不能有所容每有奏劾或値日暮捧白簡整簪帶竦踊不寐坐而待旦於是貴游懾伏臺閣生風尋卒於家年六十二謚曰剛元少時避難於河內專心誦學後雖貴顯而著述不廢

撰論經國九流及三史故事評斷得失各爲區例名曰傅子爲內外中篇凡有四部六錄合百四十首數十萬言并文集百餘卷行於世元初作內篇成子咸以示司空王沈沈與元書曰省所著書言富理濟經綸政體存重儒教足以塞楊墨之流遁齊孫孟於往代每開卷未嘗不歎息也不見賈生自以過之乃今不及信矣其後追封淸泉侯子咸嗣咸字長虞剛簡有大節風格峻整識性明悟疾惡如仇推賢樂善嘗慕季文子仲山甫之志好屬文論雖綺麗不足而言成規鑒潁川庾純常歎曰長虞之文近乎詩人之作矣咸甯初襲父爵拜太子洗馬累遷尚書右丞出爲冀州刺史繼母杜氏不肯隨咸之官自表解職三旬之間遷司徒左長史時帝留心庶政詔訪朝臣政之損益咸上言曰臣竊惟自泰始開元以暨于今十有五年矣而軍國未豐百姓不贍一歲不登便有菜色者誠由官衆事殷復除猥濫蠶食者多而親農者少也舊都督有四今并監軍乃盈於十夏禹敷土分爲九州今之刺史幾向一倍戶口比漢十分之一而置郡縣更多空校牙門無益宿衞而虛立軍府動有百數五等諸侯復坐置官屬諸所寵給皆生於百姓一夫不農有受其饑今之不農不可勝計縱使五稼普收僅足相接暫有災患便不繼贍以爲當今之急先并官省事靜事息役上下用心惟農是務也咸在位多所執正豫州大中正夏侯俊上言魯國小中正司空司馬孔毓四移病所不能接賓求以尚書郎曹馥代毓旬日復上毓爲中正司徒三卻俊故據正咸以俊與奪惟意乃奏免俊大中正司徒魏舒俊之姻屬屢卻不署咸據正甚苦舒終不從咸遂獨上舒奏咸激訕不直轉咸爲

車騎司馬咸以世俗奢侈又上書曰臣以爲穀帛難生而用之不節無緣不匱故先王之化天下食肉衣帛皆有其制竊謂奢侈之費甚於天災古者堯有茅茨今之百姓競豐其屋古者臣無玉食今之賈豎皆厭粱肉古者后妃乃有殊飾今之婢妾被服綾羅古者大夫乃不徒行今之賤隸乘輕驅肥古者人稠地狹而有儲蓄由於節也今者土曠人稀而患不足由於奢也欲時之儉當詰其奢奢不見詰轉相高尚昔毛玠爲吏部尚書時無敢好衣美食者魏武帝歎之曰孤之法不如毛尚書令使諸部用心各如毛玠風俗之移在不難矣又議移縣獄於郡及二社應立朝廷從之遷尚書左丞惠帝即位楊駿輔政咸言於駿曰事與世變禮隨時宜諒闇之不行尚矣竊謂山陵之事旣畢明公當思隆替之宜昔周公聖人猶不免謗况聖上春秋非成王之年乎得意忘言言未易盡苟明公有以察其悾款言豈在多時司隸荀愷從兄喪自表赴哀詔聽之而未下愷乃造駿咸因奏曰死喪之戚兄弟孔懷同堂亡隕方在信宿聖恩矜閔聽使臨喪詔未下而便以行造急諂媚之敬無友于之情宜加顯貶以隆風教帝以駿管朝政有詔不問駿甚憚之咸復與駿箋諷切之駿意稍折漸以不平由是欲出爲京兆弘農太守駿甥李斌說駿不宜斥出正人乃止駿弟濟素與咸善與咸書曰江海之流混混故能成其深廣也天下大器非可稍了而相觀每事欲了生子癡了官事官事未易了也了事正作癡復爲快耳左丞總司天臺維正八坐此未易居以君盡性而處未易居之任益不易也想慮破頭故具有白咸答曰衛公云酒色之殺人此甚於作直坐酒色死人不爲悔逆畏

以直致禍此由心不直正欲以苟且爲明哲耳自古以直致禍者當由矯枉過正或不忠允欲以亢厲爲聲故致忿耳安有悾悾爲忠益而當見疾乎居無何駿誅咸轉爲太子中庶子遷御史中丞時太宰汝南王亮輔政咸致書曰咸以爲太甲成王年在蒙幼故有伊周之事聖人且猶不免疑況臣既不聖王非孺子而可以行伊周之事乎上在諒闇聽於冢宰而楊駿無狀便作伊周自爲天下之安所以至死其罪既不可勝亦是殿下所具駿之見討發自天聰孟觀李肇與知密謀耳至於論功當歸美於上觀等已數千戶縣侯聖上以駿死莫不欣悅故論功寧厚以敘其懽心此羣下所宜以實裁量而遂扇動東安封王孟李郡公餘侯伯子男既妄有加復又三等超遷此之熏赫震動天地自古以來封賞未有若此者也無功而厚賞莫不樂國有禍禍起當復有大功也人而樂禍其可極乎作此者皆由東安公謂殿下至正當有以正之正之以道衆亦何所怒乎衆之所怒在於不平耳而今皆更倍論莫不失望咸之愚冗不惟失望而已竊以爲憂又討駿之時殿下在外實所不綜今欲委重故令殿下論功論功之事實未易可處莫若坐觀得失有居正之事宜也咸復以亮輔政專權又諫曰楊駿有震主之威委任親戚此天下所以諠譁今之處重宜反此失謂宜靜默頤神有大得失乃維持之自非大事一皆抑遣比四造詣及經過尊門冠蓋車馬填塞街衢此之翕習既宜弭息又夏侯長容奉使爲先帝請命祈禱無感先帝崩背宜自咎責而自求請命之勞而公以爲少府私竊之論云長容則公之姻故至於此一犬吠形百犬吠聲懼於羣吠遂至回聽也咸之爲

人不能面從而有後言嘗觸楊駿幾爲身禍況於殿下而當有惜往從駕殿下見語卿不識韓非逆鱗之言邪而欲摩天子逆鱗自知所陳誠須頜觸猛虎之鬚耳所以敢言庶殿下當識其不勝區區前摩天子逆鱗欲以盡忠今觸猛虎之鬚非欲爲惡必將以此見恕亮不納長容者夏侯駿也會詔羣僚舉郡縣之職以補內官咸上書以爲用人無拘內外之任自頃重內薄外遂成風俗此弊誠宜革之當內外通塞無所偏耳既使通塞無偏若選用不平有以深責責之苟深無憂不平也且膠柱不可以調瑟況乎官人而可以限伏思所限者以防選用不能出入不能出入當隨事而制無須限法法之有限其於致遠無乃泥乎或謂不制其法以何爲責臣聞刑懲小人義責君子君子之責在心不在限也正始中任何晏以選舉內外之衆職各得其才粲然之美於斯可觀如此非徒御之以限法之所致乃委任之由也委任之懼甚於限法是法之失非己之尤尤不在己責之無懼所謂齊之以刑民免而無恥者也苟委任之一則慮罪之及二則懼致怨謗已快則朝野稱詠不善則衆惡見歸此之戰戰孰與倚限法以苟免乎咸再爲本郡中正遭繼母憂去官頃之起以議郎長兼司隸校尉咸前後固辭不聽勑使者就拜咸復送還印綬公車不通催使攝職咸以身無兄弟喪祭無主重自陳乞乃使於官舍設靈坐咸不得已視事時朝廷寬弛豪右放恣交私請託朝野溷淆咸奏免河南尹澹左將軍倩廷尉高光兼河南尹何攀等京都肅然貴戚懾伏僕射王戎時兼吏部咸奏戎備位台輔兼掌選舉不能謐靜風俗以凝庶績至今人心傾動開張浮競中郎李重李義不

相匡正請免戎等官有詔宥戎解其禁止御史中丞解結以咸劾戎爲違典制越局侵官干非其分奏免咸官詔亦不許咸上事以爲按令御史中丞督司百僚皇太子以下其在行馬內有違法憲者皆糾彈之雖在行馬外而監司不糾亦得奏之如令之文行馬之內有違法憲謂禁防之事耳宮內禁防外司不得而行故專施中丞今道路橋梁不脩鬬訟屠沽不絕如此之比中丞推責州坐卽今所謂行馬內語施於禁防既云中丞督司百僚矣何復說行馬之內乎既云百僚而不得復說行馬之內者內外衆官謂之百僚則通內外矣司隸之所以不復說行馬內外者禁防之事已於中丞說之故也中丞司隸俱糾皇太子以下則共對司內外矣不爲中丞專司內百僚司隸專司外百僚自有中丞司隸以來更互奏內外衆官惟所糾得無內外之限也而結一旦橫挫臣臣前所以不羅縷者冀因結奏得從私願也今既所願不從而勑云但爲過耳非所不及也以此見原臣忝司直之任宜當正己率人若其有過不敢受原是以申陳其愚司隸與中丞俱共糾皇太子以下則從皇太子以下無所不糾也得糾皇太子而不得糾尚書臣之闇塞既所未譬皇太子爲在行馬之內邪皇太子在行馬之內而得糾之尚書在行馬之內而不得糾無有此理此理灼然而結以此挫臣臣可無恨耳其於觀聽毋乃有怪邪臣識石公前在殿上脫衣爲司隸荀愷所奏先帝不以爲非于時莫謂侵官今臣裁糾尚書而當有罪乎咸累自上稱引故事條理灼然朝廷無以易之吳郡顧榮嘗與親故書曰傅長虞爲司隸勁直忠果劾按驚人雖非周才偏亮可貴也元康四年卒官時年五

十六詔贈司隸校尉朝服一具衣一襲錢二十萬謚曰貞有三子敷晞纂長子敷嗣敷字穎根清靜有道素解屬文除太子舍人轉尙書郎太傅參軍皆不起永嘉之亂避地會稽元帝引爲鎭東從事中郎素有羸疾頻見敦喻辭不獲免輿病到職數月卒時年四十六晞亦有才思爲上虞令甚有政績卒於司徒西曹屬咸從父弟祗字子莊父嘏魏太常祗性至孝早知名以才識明練稱武帝始建東宮起家太子舍人累遷散騎黃門郎賜爵關內侯食邑三百戶母憂去職及葬母詔給太常五等吉凶導從其後諸卿大夫葬給導從自此始也服終爲滎陽太守自魏黃初大水之後河濟汎溢鄧艾常著濟河論開石門而通之至是復浸壞祗乃造沈萊堰至今兗豫無水患百姓爲立碑頌焉尋表兼廷尉遷常侍左軍將軍及帝崩梓宮在殯而太傅楊駿輔政欲悅衆心議普進封爵祗與駿書曰未有帝王始崩臣下論功者也駿不從入爲侍中時將誅駿而駿不之知祗侍駿坐而雲龍門閉內外不通祗請與尙書武茂聽國家消息揖而下階茂猶坐祗顧曰君非天子臣邪今內外隔絕不知國家所在何得安坐茂乃驚起駿既伏誅裴楷息瓚駿之壻也爲亂兵所害尙書左僕射荀愷與楷不平因奏楷是駿親收付廷尉祗證楷無罪有詔赦之時又收駿官屬祗復啟曰昔魯芝爲曹爽司馬斬關出赴爽宣帝義之尙遷青州刺史駿之僚佐不可加罰詔又赦之祗多所維正皆如此除河南尹未拜遷司隸校尉以討楊駿勳當封郡公八千戶固讓減半降封靈川縣公千八百戶餘二千二百戶封少子暢爲武鄉亭侯又以本封賜兄子儁爲東明亭侯楚王瑋之矯詔也祗以聞奏稽留免官朞年遷光祿勳復以公事免氐人齊萬年舉兵反以祗爲行安西軍司加常侍率安西將軍夏侯駿討平之遷衞尉以風疾遜位就拜常侍食卿祿秩賜錢及牀帳等尋加光祿大夫門施行馬及趙王倫輔政以爲中書監常侍如故以鎭衆心祗辭以疾倫遣御史輿祗就職王戎陳準等相與言曰傅公在事吾屬無憂矣其爲物所倚信如此倫篡又爲右光祿開府加侍中惠帝還宮祗以經受僞職請退不許初倫之篡也孫秀與義陽王威等十餘人預撰儀式禪文及倫敗齊王冏收侍中劉逵常侍騶捷杜育黃門郎陸機右丞周導王尊等付廷尉以禪文出中書復議處祗罪會赦得原後以禪文草本非祗所撰於是詔復光祿大夫子宣尙弘農公主尊遷太子少傅上章遜位還第及成都王穎爲太傅復以祗爲少傅加侍中懷帝卽位遷光祿大夫未拜加右僕射中書監時太傅東海王越輔政祗既居端右每宜君臣謙光之道由此上下雍睦祗明達國體朝廷制度多所經綜歷左光祿開府行太子太傅侍中如故疾篤遜位不許遷司徒以足疾詔版輿上殿不拜大將軍苟晞表請遷都使祗出詣河陰脩理舟楫爲水行之備及洛陽陷沒遂共建行臺推祗爲盟主以司徒持節大都督諸軍事傳檄四方遣子宣將公主與尙書令和郁赴告方伯徵義兵祗自屯盟津小城宣弟暢行河陰令以待宣祗以暴疾薨時年六十九祗自以義誠不終力疾手筆勅厲其二子宣暢辭旨深切覽者莫不感激慷慨祗著文章駮論十餘萬言宣字世弘年六歲喪繼母哭泣如成人中表異之及長好學趙王倫以爲相國掾尙書郎太子中舍人遷司徒西曹掾去職累遷爲祕書丞驃騎從事中郎惠帝至自長安以宣爲左丞不就遷黃門郎懷帝卽位轉吏部郎又爲御史中丞卒年四十九無子以暢子冲爲嗣暢字世道年五歲父友見而戲之解暢衣取其金環與侍者暢不之惜以此賞之年未弱冠甚有重名以選入侍講東宮爲祕書丞沒於石勒勒以爲大將軍右司馬諳識朝儀常居機密勒甚重之作晉諸公敘讚二十二卷又爲公卿故事九卷咸和五年卒子詠過江爲交州刺史太子右率

向雄字茂伯河內山陽人也父韶彭城太守雄初仕郡爲主簿事太守王經及經之死也雄哭之盡哀市人咸爲之悲後太守劉毅嘗以非罪笞雄及吳奮代毅爲太守又以少譴繫雄於獄司隸鍾會於獄中辟雄爲都官從事會死無人殯斂雄迎喪而葬之文帝召雄責之曰往者王經之死卿哭於東市我不問也今鍾會躬爲叛逆又輒收葬若復相容其如王法何雄曰先王掩骼埋胔豈先卜其功罪而後葬之哉今王誅既加於法已備雄感義收葬教亦無闕法立於上教宏於下何必使雄違生背死以立於時殿下讎枯骨而捐之中野爲將來仁賢之資不亦惜乎帝甚悅與談宴而遣之累遷黃門侍郎時吳奮劉毅俱爲侍中同在門下雄初不交言武帝聞之勅雄令復君臣之好雄不得已乃詣毅再拜曰向被詔命君臣義絕如何於是卽去帝聞而大怒問雄曰我令君復君臣之好何以故絕雄曰古之君子進人以禮退人以禮今之進人若加諸膝退人若墜諸川劉河內於臣不爲戎首亦已幸甚安得復爲君臣之好帝從之泰始中累遷秦州刺史假赤幢曲蓋鼓吹賜錢二十萬咸寧初入爲御史中丞遷侍中又出爲征虜將軍

太康初爲河南尹賜爵關內侯齊王攸將歸藩雄諫曰陛下子弟雖多然有名望者少齊王臥在京邑所益實深不可不思帝不納雄固諫忤旨起而徑出遂以憤卒弟匡惠帝時爲護軍將軍

段灼字休然敦煌人也世爲西土著姓果直有才辯少仕州郡稍遷鄧艾鎮西司馬從艾破蜀有功封關內侯累遷議郎武帝即位灼上疏追理艾曰艾本屯田掌犢人寵位已極功名已成七十老公復何所求正以劉禪初降遠郡未附矯令承制權安社稷鍾會有悖逆之心畏艾威名因其疑似構成其事艾被詔書即束身就縛誠知奉見先帝必無當死之理也及會受誅之後艾將吏愚戇自共追艾解其囚執艾在困地未嘗與謀而獨受腹背之誅豈不哀哉臣謂宜聽艾還葬歸其田宅繼封定謚則艾死無所恨而天下徇名之士思立功之臣必投湯火樂爲陛下死矣帝省表甚嘉其意灼後復陳時宜言唐堯以親睦九族爲先周文以刑于寡妻爲急明王聖主莫不先親後疏自近及遠臣以爲太宰司徒衞將軍三王宜留洛中鎮守其餘諸王自州征足任者年十五以上悉遣之國爲選中郎傅相才兼文武以輔佐之聽於其國繕修兵馬廣布恩信連城開池爲晉魯衞所謂磐石之宗天下服其彊矣雖云割地譬猶囊漏貯中亦一家之有耳若慮後世彊大自可豫爲制度使得推恩以分子弟如此則枝分葉布稍自削小漸使轉至萬國亦後世之利非所患也昔在漢世諸呂自疑內有朱虛東牟之親外有諸侯九國之彊故不敢動搖於今之宜諸侯彊大是爲泰山之固非我族類其心必異而魏法禁錮諸王親戚隔絕不祥莫大矣間者無故又瓜分天下立五等諸侯上不象賢下不議功而是非雜糅例受茅土似權時之宜非經久之制將遂不改此亦煩擾之人漸亂之階也又陳曰昔伐蜀募取涼州兵馬羌胡健兒許以重報五千餘人隨艾討賊功皆第一而乙亥詔書州郡將督不與中外軍同雖在上功無應封者唯金城太守楊欣所領兵以逼江由之勢得封者三十人自金城以西非在欣部無一人封者苟在中軍之例雖下功必侯如州郡雖功高不封非所謂近不重施遠不遺恩之謂也夫功名重賞士之所競不平致怨由來久矣臣以爲此等宜蒙爵封灼前後陳事輒見省覽然身微官孤不見進序乃取長假還鄉里臨去遣息穎表陳五事其一曰任忠賢去不肖其二曰廣貢士之路其三曰開養老之制其四曰申明信誓其五曰封樹同姓書奏帝覽而異焉擢爲明威將軍魏興太守卒于官

閻纘字續伯巴西安漢人也祖圃爲張魯功曹勸魯降魏封平樂鄉侯父璞嗣爵仕吳至牂牁太守纘僑居河南新安少游英豪多所交結博覽墳典該通物理父卒繼母不慈纘恭事彌謹而母疾之愈甚乃誣纘盜父時金寶訟于有司遂被清議十餘年纘無怨色孝謹不怠母後意解更移中正乃得復品爲太傅楊駿舍人轉安復令駿之誅也纘棄官歸要駿故主簿潘岳掾崔基等共葬之基岳畏罪推纘爲主墓成當葬駿從弟模告武陵王澹將表殺造意者衆咸懼填冢而逃纘獨以家財成墓葬駿而去國子祭酒鄒湛以纘才堪佐著薦於祕書監華嶠嶠曰此職閑廩重貴勢多爭之不暇求其才遂不能用河間王顒引爲西戎校尉司馬有功封平樂鄉侯愍懷太子之廢也纘輿棺詣闕上書理太子之冤曰臣伏念遹生長深宮沈淪富貴受饒先帝父母驕之每見選師傅下至羣吏率取膏粱擊鍾鼎食之家希有寒門儒素如衞綰周文石奮疏廣洗馬舍人亦無鄧莊汲黯之比遂使不見事父事君之道臣按古典太子居以士禮與國人齒以此明先王欲令知先賤然後乃貴自頃東宮亦微太盛所以致敗也昔戾太子無狀稱兵距命而壺關三老上書有田千秋之言猶曰子弄父兵罪應笞耳漢武感悟之築思子之臺今遹無狀言語悖逆受罪之日不敢失道猶爲輕於戾太子尚可禁持重選保傅如司空張華道德深遠乃心忠誠以爲之師光祿大夫劉寔寒苦自立終始不衰年同呂望經籍不廢以爲之保尚書僕射裴頠明允恭肅體道居正以爲之友置游談文學皆選寒門孤宦以學行自立者及取服勤吏事涉履艱難事君事親名行素聞者使與其處使嚴御史監護其家絕貴戚子弟輕薄賓客如此左右前後莫非正人師傅文學可令十日一講使其論議於前勑使但道古今孝子慈子忠臣事君及思愆改過之義皆聞善道庶幾可全昔太甲有罪放之三年思庸克復爲殷明王又魏文帝懼於見廢夙夜自祗竟能自全及至明帝因母得罪廢爲平原侯爲置家臣庶子師友文學皆取正人共相匡矯兢兢慎罰事父以孝父歿事母以謹聞於天下于今稱之漢高皇帝數置酒於庭欲廢太子後四皓爲師子房爲傅竟復成就前事不忘後事之戒也方今天下多虞儲副大事不宜空虛宜爲大討小役停留先加嚴誨依平原侯故事若不悛改棄之未晚也臣素寒門無力仕宦不經東宮情不私遹念昔楚國處女諫其王曰有龍無尾言年四十未有太子臣嘗

備近職雖未能自結天日情同閹寺悾悾之誠皆爲國計臣老母見臣爲表乃爲臣卜卦云書御即死妻子守臣涕泣見止臣獨以爲頻見拔擢嘗爲近職此恩難忘何以報德唯當陳誠以死獻忠輒具棺絮伏須刑誅書御不省及張華遇害賈謐被誅朝野震悚纘獨撫華尸慟哭曰早語君遜位而不肯今果不免命也夫過此賈謐尸曰小兒亂國之由誅其晚矣皇太孫立纘復上疏曰昔漢武既信姧讒危害太子復用望氣之言欲盡誅詔獄中囚邴吉以皇孫在焉閉門距命後遂擁護皇孫督罰乳母卒至成人立爲孝宣皇帝苟志於忠無往不可歷觀古人雖不避死亦由世教寬以成節吉雖距詔書事在於忠故宥而不責自晉興已來用法太嚴遲速之間輒加誅斬一身伏法猶可竊爲今投之誅動輒滅門昔呂后臨朝肆意無道周昌相趙三召其王而昌不遣先徵昌入乃後召王此由漢制本寬得使爲快假令如今呂后必謂昌已反夷其三族則誰敢復爲殺身成義者哉此法宜改可使經遠又漢初廢趙王張敖其臣貫高謀殺高祖高祖不誅以明臣道田叔孟舒十人爲奴髡鉗隨王隱親侍養故令平安向使晉法得容爲義東宮之臣得加周昌固護太子得如邴吉距詔不坐伏死諫爭則聖意必變太子以安也臣每責東宮故臣無侍從者後聞頗有於道路望車拜辭而有司收付洛陽獄奏科其罪然臣故莫從臣有以也又本置三率盛其兵馬所以宿衞防虞而使者卒至莫有警嚴覆請審者此由恐畏滅族今皇孫沖幼去事多故若有不虞彊臣專制姦邪矯詐雖有相國保訓東宮擁祐之恩同於邴吉適可使王體安全宜閑來防可者于令自今已後諸有廢興倉卒羣臣得輒嚴須錄詣殿前面受口詔然後爲信得同周昌不遣王節下聽臣子隱親得如田叔孟舒不加罪責則永固儲副以安後嗣之遠慮也來事難知往事可改臣前每見舊事蒙權用必懇惻舍人秦戢數上疏啟諫而爰倩贈以九列權有忠意獨不蒙賞謂宜依倩爲比以寵其魂推尋表疏如秦戢輩及司隸所奏諸敢拜辭於道路者明詔稱揚使微異於衆以勸爲善以獎將來也纘又陳今相國雖已保傅東宮保其安危至於旦夕訓誨輔導出入動靜劬勞宜選寒苦之士忠貞清正老而不衰如城門校尉梁柳白衣南安朱冲比者以爲師傅其侍臣以下文武將吏且勿復取盛戚豪門子弟若吳太妃家室及賈郭之黨如此之輩生而富溢無念修己率多輕薄浮華相驅放縱皆非所補益少主者也皆可擇寒門篤行學問素士更履險易節義足稱者以備羣臣可輕其禮儀使與古同於相切磋爲益昔魏文帝之在東宮徐幹劉楨爲友文學相接之道並如氣類吳太子登顧譚爲友諸葛恪爲賓臥同牀帳行則驂乘交如布衣相呼以字此則近代之明比也纘又陳今迎太子神柩孤魂獨行太孫幼沖不可涉道謂可遣妃奉迎遠路令其父衍隨行衞護皇太子初見誣陷臣家門無祜三世假親具嘗辛苦以家觀國固知太子有變臣故求副監國欲依邴吉故事距違來使供養擁護身親飲食醫藥冀足救危主者以臣名賤輕淺不肯見與世人見笑謂爲此職進退難居有必死憂臣獨以爲苟全儲君賈氏所誅甘心所願今監國御史直副皆當三族侍衞無狀實自宜然臣謂其小人不足其責故曾子曰可以託六尺之孤臨大節而不可奪是以聖王愼選故河南尹向雄昔能犯難葬故將鍾會文帝嘉之始拔顯用至於先帝以爲右率如閻之事若得向雄之比則豈可觸哉此二使者但爲愚怯亦非與謀但可誅身自全三族如郭俶郭斌則於刑爲當又東宮亦宜妙選忠直亮正如向雄比陛下千秋萬歲之後太孫沖幼選置兵衞宜得柱石之士如周昌者世俗淺薄士無廉節賈謐小兒恃寵恣睢而淺中弱植之徒更相翕習故世號魯公二十四友又謐前見臣表理太子曰閻兒作此爲健然觀其意欲與諸司馬家同皆爲臣寒心伏見詔書稱明滿奮樂廣侍郎賈允與謐親理而亦疏遠往免父喪之後停家五年雖爲小屈有識貴之潘岳繆徵等皆謐父黨共相沉浮人士羞之聞其晏然莫不爲怪今詔書暴揚其罪並皆遣出百姓咸云淸當臣獨謂非但岳徵二十四人宜皆齊黜以肅風教朝廷善其忠烈擢爲漢中太守趙王倫死旣葬纘以車轢其冢時張華兄子景後徙漢中纘又表宜還纘不護細行而慷慨好大節卒於官時年五十九纘五子皆開朗有才力長子亨爲遼西太守屬王浚自用其人亨不得之官依青州刺史苟晞晞刑政苛虐亨數切諫爲晞所害

阮籍字嗣宗陳留尉氏人也父瑀魏丞相掾知名於世籍容貌瓌傑志氣宏放傲然獨得任性不羈而喜怒不形於色或閉戶視書累月不出或登山臨水經日忘歸博覽羣籍尤好莊老嗜酒能嘯善彈琴當其得意忽忘形骸時人多謂之癡惟族兄文業每嘆服之以爲勝巳由是咸共稱異籍嘗隨叔父至東郡兗州刺史王昶請與相見終日不關一言自以不能測太尉蔣濟聞其有儁才而辟之籍詣都亭奏記曰伏惟明公以含一之德

據上台之位英豪翹首俊賢抗足開府之日人人自以爲掾屬辟書始下而下走爲首昔子夏在於西河之上而文侯擁篲鄒子處於黍谷之陰而昭王陪乘夫布衣韋帶之士孤居特立王公大人所以禮下之者爲道存也今籍無鄒卜之道而有其陋猥見採擢無以稱當方將耕於東皐之陽輸黍稷之餘稅負薪疲病足力不彊補吏之召非所克堪乞迴謬恩以光清舉初濟恐籍不至得記欣然遣卒迎之而籍已去濟大怒於是鄉親共喻之乃就吏後謝病歸復爲尚書郎少時又以疾免及曹爽輔政召爲參軍籍因以疾辭屏於田野歲餘而爽誅時人服其遠識宣帝爲太傅命籍爲從事中郎及帝崩復爲景帝大司馬從事中郎高貴鄉公即位封關內侯徙散騎常侍籍本有濟世志屬魏晉之際天下多故名士少有全者籍由是不與世事遂酣飲爲常文帝初欲爲武帝求婚於籍籍醉六十日不得言而止鍾會數以時事問之欲因其可否而致之罪皆以酣醉獲免及文武輔政籍常從容言於帝曰籍平生曾遊東平樂其風土帝大悅即拜東平相籍乘驢到郡壞府舍屏鄣使內外相望法令清簡旬日而還帝引爲大將軍從事中郎有司言有子殺母者籍曰嘻殺父乃可至殺母乎坐者怪其失言帝曰殺父天下之極惡而以爲可乎籍曰禽獸知母而不知父殺父禽獸之類也殺母禽獸之不若衆乃悅服籍聞步兵廚營人善釀有貯酒三百斛乃求爲步兵校尉遺落世事雖去佐職恆遊府內朝宴必與焉會帝讓九錫公卿將勸進使籍爲其辭籍沉醉忘作臨詣府使取之見籍方據案醉眠使者以告籍便書案使寫之無所改竄辭甚清壯爲時所重籍雖不拘禮教然發言元遠口不臧否人物性至孝母終正與人圍碁對者求正籍留與決賭既而飲酒二斗舉聲一號吐血數升及將葬食一蒸肫飲二斗酒然後臨訣直言窮矣舉聲一號因又吐血數升毀瘠骨立殆致滅性裴楷往弔之籍散髮箕踞醉而直視楷弔唁畢便去或問楷凡弔者主哭客乃爲禮籍既不哭君何爲哭楷曰阮籍既方外之士故不崇禮典我俗中之士故以軌儀自居時人歎爲兩得籍又能爲青白眼見禮俗之士以白眼對之及嵇喜來弔籍作白眼喜不懌而退喜弟康聞之乃齎酒挾琴造焉籍大悅乃見青眼由是禮法之士疾之若讎而帝每保護之籍嫂嘗歸寧籍相見與別或譏之籍曰禮豈爲我設邪鄰家少婦有美色當壚沽酒籍嘗詣婦飲醉便臥其側籍既不自嫌其夫察之亦不疑也兵家女有才色未嫁而死籍不識其父兄徑往哭之盡哀而還其外坦蕩而內淳至皆此類也時率意獨駕不由徑路車迹所窮輒慟哭而反嘗登廣武觀楚漢戰處歎曰時無英雄使豎子成名登虎牢山望京邑而嘆於是賦豪傑詩景元四年冬卒時年五十四籍能屬文初不留意作詠懷詩八十餘篇爲世所重著達莊論敘無爲之貴文多不錄籍嘗於蘇門山遇孫登與商略終古及栖神導氣之術登皆不應籍因長嘯而退至半嶺聞有聲若鸞鳳之音響乎巖谷乃登之嘯也遂歸著大人先生傳其略曰世之所謂君子惟法是修惟禮是克手執圭璧足履繩墨行欲爲目前檢言欲爲無窮則少稱鄉黨長聞鄰國上欲圖三公下不失九州牧獨不見羣蝨之處褌中逃乎深縫匿乎壞絮自以爲吉宅行不敢離縫際動不敢出褌襠自以爲得繩墨也然炎邱火流焦邑滅都羣蝨處於褌中而不能出也君子之處域內何異夫蝨之處褌中乎此亦籍之胸懷本趣也子渾字長成有父風少慕通達不飾小節籍謂曰仲容已豫吾此流汝不得復爾太康中爲太子中庶子籍兄子咸字仲容父熙武都太守咸任達不拘與籍爲竹林之遊當世禮法者譏其所爲咸與籍居道南諸阮居道北北阮富而南阮貧七月七日北阮盛曬衣服皆錦綺粲目咸以竿挂大布犢鼻於庭人或怪之答曰未能免俗聊復爾耳歷任散騎侍郎山濤舉咸典選曰阮咸貞素寡欲深識清濁萬物不能移若在官人之職必絕於時武帝以咸耽酒浮虛遂不用太原郭奕高爽有識量知名於時少所推先見咸心醉不覺歎焉而居母喪縱情越禮素幸姑之婢姑當歸于夫家初云留婢既而自從去時方有客咸聞之遽借客馬追婢既及與婢累騎而還論者甚非之咸妙解音律善彈琵琶雖處世不交人事惟共親知絃歌酣宴而已與從子修特相善每以得意爲歡諸阮皆能飲酒咸至宗人間共集不復用杯觴斟酌以大盆盛酒圓坐相向大酌更飲時有羣豕來飲其酒咸直接去其上便共飲之羣從昆弟莫不以放達爲行籍弗之許荀勗每與咸論音律自以爲遠不及也疾之出補始平太守以壽終二子瞻孚瞻字千里性清虛寡欲自得於懷讀書不甚研求而默識其要遇理而辯辭不足而旨有餘善彈琴人聞其能多往求聽不問貴賤長幼皆爲彈之神氣冲和而不知向人所在內兄潘岳每令鼓琴終日達夜無忤色由是識者嘆其恬澹不可榮辱矣舉止灼然見司徒王戎戎問曰聖人貴名教老莊明自然其旨同異瞻曰將無同戎咨嗟良久即命

辟之時人號爲三語掾太尉王衍亦雅重之瞻嘗羣行冒熱渴甚逆旅有井衆人競趨之瞻獨逡巡在後須飲者畢乃進其夷退無競如此東海王越鎭許昌以瞻爲記室參軍與王承謝鯤鄧攸俱在越府越與瞻等書曰禮年八歲出就外傅明始可以加師訓之則十年曰幼學明可漸先王之教也然學之所入淺體之所安深是以閑習禮容不如式瞻儀度諷誦遺言不若親承音旨小兒毗既無令淑之質不聞道德之風望諸君時以閑豫周旋誨接永嘉中爲太子舍人瞻素執無鬼論物莫能難每自謂此理足可以辯正幽明忽有一客通名詣瞻寒溫畢聊譚名理客甚有才辯瞻與之言良久及鬼神之事反覆甚苦客遂屈乃作色曰鬼神古今賢聖所共傳君何獨言無邪僕便是鬼於是變爲異形須臾消滅瞻默然意色大惡後歲餘病卒於倉垣時年三十孚字遙集其母即胡婢也孚之初生其姑取王延壽魯靈光殿賦曰胡人遙集於上楹而以字焉初辟太傅府遷騎兵避亂渡江元帝以爲安東參軍蓬髮飲酒不以王務嬰心時帝既用申韓以救世而孚之徒未能棄也雖終不以事任處之轉丞相從事中郎終日酣縱恒爲有司所按帝每優容之琅邪王裒爲車騎將軍鎭廣陵高選綱佐以孚爲長史帝謂曰卿既統軍府郊壘多事宜節飲也孚答曰陛下不以臣不才委之以戎旅之重臣僶俛從事不敢有言者竊以今王莅鎭威風赫然皇澤遐被寇賊斂跡氛祲既澄日月自朗臣亦何可爝火不息正應端拱嘯詠以樂當年耳遷黃門侍郎散騎常侍嘗以金貂換酒復爲所司彈劾帝宥之轉太子中庶子左衛率領屯騎校尉明帝即位遷侍中從平王敦賜爵南安縣侯轉吏部尚書領東海王師稱疾不拜詔就家用之尚書令郗鑒以爲非禮帝曰就用之誠不快不爾便廢才及帝疾大漸溫嶠入受顧命過孚要與同行升車乃告之曰主上遂大漸江左危弱實資羣賢共康世務卿時望所歸今欲屈卿同受顧託孚不答固求下車嶠不許垂至臺門告嶠內逼求暫下便徒步還家初祖約性好財孚性好屐同是累而未判其得失有詣約見正料財物客至屏當不盡餘兩小簏以著背後傾身障之意未能平或有詣孚正見自蠟屐因自歎曰未知一生當著幾量屐神色甚閑暢於是勝負始分咸和初拜丹陽尹時太后臨朝政出舅族孚謂所親曰今江東雖累世而年數實淺主幼時艱運終百六而庾亮年少德信未孚以吾觀之將兆亂矣會廣州刺史劉顗卒遂苦求出王導等以孚疎放非京尹才乃除都督交廣寧三州軍事鎭南將軍領平越中郎將廣州刺史假節未至鎭卒年四十九尋而蘇峻作逆識者以爲知機無子從孫廣嗣修字宣子咸從子也好易老善淸言嘗有論鬼神有無者皆以人死者有鬼修獨以爲無曰今見鬼者云著生時衣服若人死有鬼衣服亦有鬼邪論者服焉後遂伐社樹或止之修曰若社而爲樹伐樹則社移樹而爲社伐樹則社亡矣性簡任不修人事絕不喜見俗人遇便舍去意有所思率爾褰裳不避晨夕至或無言但欣然相對常步行以百錢挂杖頭至酒店便獨酣暢雖當世富貴而不肯顧家無儋石之儲晏如也與兄弟同志常自得於林皐之間王衍當時談宗自以論易略盡然有所未了研之終莫悟每云不知比沒當見能通之者衍族子敦謂衍曰阮宣子可與言衍曰吾亦聞之但未知其亹亹之處定何如耳及與修談言寡而旨暢衍乃歎服焉梁國張偉志趣不常自隱於屠釣修愛其才美而知其不真偉後爲黃門郎陳留內史果以世事受累修居貧年四十餘未有室王敦等斂錢爲婚皆名士也時慕之者求入錢而不得修所著述甚寡嘗作大鵬贊曰蒼蒼大鵬誕自北溟假精靈鱗神化以生如雲之翼如山之形海運水擊扶搖上征翕然增舉背負太清志存天地不屑唐庭鷽鳩仰笑尺鷃所輕超世高逝莫知其情王敦時爲鴻臚卿謂修曰卿常無食鴻臚丞差有祿能作不修曰亦復可爾耳遂爲之轉太傅行參軍太子洗馬避亂南行至西陽期思縣爲賊所害時年四十二孚族弟放字思度祖略齊郡太守父顗淮南內史放少與孚並知名中興除太學博士太子中舍人庶子時雖戎車屢駕而放侍太子常說老莊不及軍國明帝甚友愛之轉黃門侍郎遷吏部郎在銓管之任甚有稱績時成帝幼冲庾氏執政放求爲交州乃除監交州軍事揚威將軍交州刺史行達寧浦逢陶侃將高寶平梁碩自交州還放設饌請寶伏兵殺之寶衆擊放敗走保簡陽城得免到州少時暴發渴見寶爲祟遂卒朝廷甚悼惜之年四十四追贈廷尉放素知名而性淸約不營產業爲吏部郎不免饑寒王導庾亮以其名士常供給衣食子晞之南頓太守放弟裕字思曠宏達不及放而以德業知名弱冠辟太宰掾大將軍王敦爲主簿甚被知遇裕以敦有不臣之心乃終日酣觴以酒廢職敦謂裕非當世實才徒有虛譽而已出爲溧陽令復以公事免官由是得違敦難論者以此貴之咸和初除尚書郎時事故之後公私廢弛裕遂去職還家居會稽剡

縣司徒王導引爲從事中郎固辭不就朝廷將欲徵之裕知不得已乃求爲王舒撫軍長史舒薨除吏部郎不就即家拜臨海太守少時去職司空郗鑒請爲長史詔徵祕書監皆以疾辭復除東陽太守尋徵侍中不就還剡山有肥遁之志或以問王羲之羲之曰此公近不驚寵辱雖古之沉冥何以過此人云裕骨氣不及逸少簡秀不如眞長韶潤不如仲祖思致不如殷浩而兼有諸人之美成帝崩裕赴山陵事畢便還諸人相與追之裕亦審時流必當逐已而疾去至方山不相及劉惔歎曰我入東正當泊安石渚下耳不敢近思曠傍裕雖不博學論難甚精嘗問謝萬云未見四本論君試爲言之万敘說既畢裕以傅嘏爲長於是構辭數百言精義入微聞者皆嗟咏之裕嘗以人不須廣學正應以禮讓爲先故終日靜默無所修綜而物自宗焉在剡曾有好車借無不給有人葬母欲借而不敢言後裕聞之乃歎曰吾有車而使人不敢借何以車爲遂焚之在東山久之復徵爲散騎常侍領國子祭酒俄而復以爲金紫光祿大夫領琅邪王師雖屢經敦逼並無所就御史中丞周閔奏裕及謝安違詔累載並應有罪禁錮終身詔書貰之或問裕曰子辭徵聘而宰二郡何邪裕曰雖屢辭王命非敢爲高也吾少無宦情兼拙於人間既不躬耕自活必有所資故曲躬二郡豈以騁能私計故耳年六十一卒三子傭甯普傭早卒甯鄱陽太守普驃騎參軍傭子歆之中領軍甯子腆祕書監腆弟萬齡及歆之子彌之元熙中並列顯位

嵇康字叔夜譙國銍人也其先姓奚會稽上虞人以避怨徙焉銍有嵇山家于其側因而命氏兄喜有當世才歷太僕宗正康早孤有奇才遠邁不羣身長七尺八寸美詞氣有風儀而土木形骸不自藻飾人以爲龍章鳳姿天質自然恬情寡慾含垢匿瑕寬簡有大量學不師受博覽無不該通尤好老莊與魏宗室婚拜中散大夫常修養性服食之事彈琴詠詩自足於懷以爲神仙稟之自然非積學所得至於導養得理則安期彭祖之倫可及乃著養生論又以爲君子無私其論曰夫稱君子者心不措乎是非而行不違乎道者也何以言之夫氣靜神虛者心不存於矜尚體亮心達者情不係於所欲矜尚不存乎心故能越名教而任自然情不係於所欲故能審貴賤而通物情物情順通故大道無違越名任心故是非無措也是故言君子則以無措爲主以通物爲美言小人則以匿情爲非以違道爲闕何者匿情矜吝小人之至惡虛心無措君子之篤行也是以大道言及吾無身吾又何患無以生爲貴者是賢於貴生也由斯而言夫至人之用心固不存有措矣故曰君子行道忘其爲身斯言是矣君子之行賢也不察於有度而後行也任心無邪不議於善而後正也顯情無措不論於是而後爲也是故傲然忘賢而賢與度會忽然任心而心與善遇儻然無措而事與是俱也其略如此蓋其胷懷所寄以高契難期每思郢質所與神交者惟陳留阮籍河內山濤豫其流者河內向秀沛國劉伶籍兄子咸琅邪王戎遂爲竹林之遊世所謂竹林七賢也戎自言與康居山陽二十年未嘗見其喜慍之色康常採藥遊山澤會其得意忽焉忘反時有樵蘇者遇之咸謂爲神至汲郡山中見孫登康遂從之遊登沉默自守無所言說康臨去登曰君性烈而才雋其能免乎又遇王烈共入山烈常得石髓如飴即自服半餘半與康皆凝而爲石又於石室中見一卷素書遽呼康往取輒不復見烈乃歎曰叔夜志趣非常而輒不遇命也其神心所感每遇幽逸如此山濤將去選官舉康自代康乃與濤書告絕曰聞足下欲以吾自代雖事不行知足下故不知之也恐足下羞庖人之獨割引尸祝以自助故爲足下陳其可否老子莊周吾之師也親居賤職柳下惠東方朔達人也安乎卑位吾豈敢短之哉又仲尼兼愛不羞執鞭子文無欲卿相而三爲令尹是乃君子思濟物之意也所謂達能兼善而不渝窮則自得而無悶以此觀之故知堯舜之居世許由之巖棲子房之佐漢接輿之行歌其揆一也仰瞻數君可謂能遂其志者也故君子百行殊塗同致循性而動各附所安故有處朝廷而不出入山林而不反之論且延陵高子臧之風長卿慕相如之節意氣所託亦不可奪也吾每讀尚子平臺孝威傳慨然慕之想其爲人加少孤露母兄驕恣不涉經學又讀老莊重增其放故使榮進之心日頹任逸之情轉篤阮嗣宗口不論人過吾每師之而未能及至性過人與物無傷惟飲酒過差耳至爲禮法之士所繩疾之如仇讎幸賴大將軍保持之耳吾以不如嗣宗之資而有慢弛之闕又不識物情闇於機宜無萬石之愼而有好盡之累久與事接疵釁日興雖欲無患其可得乎又聞道士遺言餌术黃精令人久壽意甚信之遊山澤觀魚鳥心甚樂之一行作吏此事便廢安能舍其所樂而從其所懼哉夫人之相知貴識其天性因而濟之禹不逼成子高全其長也仲尼不假蓋於子夏護其短也近諸葛孔明不逼元直以入蜀華子魚不彊幼安以卿相此可

謂能終始眞相知者也自卜已審若道盡塗殫則已耳足下無事寃之令轉於溝壑也吾新失母兄之歡意常悽切女年十三男年八歲未及成人況復多疾顧此悢悢如何可言今但欲守陋巷教養子孫時時與親舊敘離闊陳說平生濁酒一杯彈琴一曲志意畢矣豈可見黃門而稱貞哉若趣欲共登王塗期於相致時為懽益一旦迫之必發狂疾自非重讎不至此也既以解足下并以為別此書既行知其不可羈屈也性絕巧而好鍛宅中有一柳樹甚茂乃激水圜之每夏月居其下以鍛東平呂安服康高致每一相思輒千里命駕康友而善之後安為兄所枉訴以事繫獄辭相證引遂復收康康性慎言行一旦縲紲乃作幽憤詩曰嗟余薄祜少遭不造哀煢靡識越在襁褓母兄鞠育有慈無威恃愛肆狙不訓不師爰及冠帶憑寵自放抗心希古任其所尚託好莊老賤物貴身志在守樸養素全眞曰予不敏好善闇人子玉之敗屢增惟塵大人含弘藏垢懷恥人之多僻政不由己惟此褊心顯明臧否感悟思愆怛若創痏欲寡其過謗議沸騰性不傷物頻致怨憎昔慙柳惠今愧孫登內負宿心外恧良朋仰慕嚴鄭樂道閑居與世無營神氣晏如咨予不淑嬰累多虞匪降自天寔由頑疏理弊患結卒致囹圄對答鄙訊縶此幽阻實恥訟寃時不我與雖曰義直神辱志沮澡身滄浪曷云能補雍雍鳴鴈厲翼北遊順時而動得意忘憂嗟我憤歎曾莫能儔事與願違遘茲淹留窮達有命亦又何求古人有言善莫近名奉時恭默咎悔不生萬石周慎安親保榮世務紛紜祗攪余情安樂必誡乃終利貞煌煌靈芝之三年一秀予獨何為有志不就懲難思復心焉內疚庶勗將來無馨無臭採薇山阿散髮巖岫永嘯長吟頤神養壽初康居貧嘗與向秀共鍛於大樹之下以自贍給潁川鍾會貴公子也精練有才辯故往造焉康不為之禮而鍛不輟良久會去康謂曰何所聞而來何所見而去會曰聞所聞而來見所見而去會以此憾之及是言於文帝曰嵇康臥龍也不可起公無憂天下顧以康為慮耳因譖康欲助毋邱儉賴山濤不聽昔齊戮華士魯誅少正卯誠以害時亂教故聖賢去之康安等言論放蕩非毀典謨帝王者所不宜容宜因釁除之以淳風俗帝既昵聽信會遂并害之康將刑東市太學生三千人請以為師弗許顧視日影索琴彈之曰昔袁孝尼嘗從吾學廣陵散吾每靳固之廣陵散於今絕矣時年四十海內之士莫不痛之帝尋悟而恨焉初康遊乎洛西暮宿華陽亭引琴而彈夜分忽有客詣之稱是古人與康共談音律詞致清辯因索琴彈之而為廣陵散聲調絕倫遂以授康仍誓不傳人亦不言其姓字康善談理又能屬文其高情遠趣率然元遠撰上古以來高士為之傳贊欲友其人於千載也又作太師箴亦足以明帝王之道焉復作聲無哀樂論甚有條理子紹別有傳

向秀字子期河內懷人也清悟有遠識少為山濤所知雅好老莊之學莊周著內外數十篇歷世才士雖有觀者莫適論其旨統也秀乃為之隱解發明奇趣振發元風讀之者超然心悟莫不自足一時也惠帝之世郭象又述而廣之儒墨之迹見鄙道家之言遂盛焉始秀欲注嵇康曰此書詎復須注正是妨人作樂耳及成示康曰殊復勝不又與康論養生辭難往復蓋欲發康高致也康善鍛秀為之佐相對欣然傍若無人又共呂安灌園於山陽康既被誅秀應本郡計入洛文帝問曰聞有箕山之志何以在此秀曰以為巢許狷介之士未達堯心豈足多慕帝甚悅秀乃自此役作思舊賦云余與嵇康呂安居止接近其人並有不羈之才嵇意遠而疏呂心曠野放其後並以事見法嵇博綜伎藝於絲竹特妙臨當就命顧視日影索琴而彈之逝將西邁經其舊廬于時日薄虞泉寒冰淒然鄰人有吹笛者發聲寥亮追想曩昔遊宴之好感音而歎故作賦曰將命適於遠京兮遂旋反以北徂濟黃河以汎舟兮經山陽之舊居瞻曠野之蕭條兮息余駕乎城隅踐二子之遺迹兮歷窮巷之空廬歎黍稷之愍周兮悲麥秀於殷墟惟古昔以懷今兮心徘徊以躊躇棟宇在而弗毀兮形神逝其焉如昔李斯之受罪兮歎黃犬而長吟悼嵇生之永辭兮顧日影而彈琴託運遇於領會兮寄餘命於寸陰聽鳴笛之慷慨兮妙聲絕而復尋佇駕言其將邁兮故援翰以寫心後為散騎侍郎轉黃門侍郎散騎常侍在朝不任職容迹而已卒於位二子純悌

劉伶字伯倫沛國人也身長六尺容貌甚陋然放情肆志常以細宇宙齊萬物為心澹默少言不妄交遊與阮籍嵇康相遇欣然神解攜手入林初不以家產有無介意常乘鹿車攜一壺酒使人荷鍤而隨之謂曰死便埋我其遺形骸如此嘗渴甚求酒於其妻妻捐酒毀器涕泣諫曰君酒太過非攝生之道必宜斷之伶曰善吾不能自禁惟當祝鬼神自誓耳便可具酒肉妻從之伶跪祝曰天生劉伶以酒為名一飲一斛五斗解酲婦兒之言慎不可聽仍引酒御肉隗然復醉嘗醉與俗人相忤其人攘袂奮拳而往伶徐曰雞肋不足以安尊拳其人

笑而止伶雖陶兀昏放而機應不差未嘗厝意文翰惟著酒德頌一篇其辭曰有大人先生以天地爲一朝萬期爲須臾日月爲扃牖八荒爲庭衢行無轍迹居無室廬幕天席地縱意所如止則操巵執瓢動則挈榼提壺惟酒是務焉知其餘有貴介公子搢紳處士聞吾風聲議其所以乃奮袂攘襟怒目切齒陳說禮法是非鋒起先生於是方捧甖承槽銜杯漱醪奮髯箕踞枕麴藉糟無思無慮其樂陶陶兀然而醉怳爾而醒靜聽不聞雷霆之聲熟視不覩泰山之形不覺寒暑之切肌利欲之感情俯觀萬物擾擾焉若江海之載浮萍二豪侍側焉如蜾蠃之與螟蛉嘗爲建威參軍泰始初對策盛言無爲之化時輩皆以高第得調伶獨以無用罷竟以壽終

謝鯤字幼輿陳國陽夏人也祖纘典農中郞將父衡以儒素顯仕至國子祭酒鯤少知名通簡有高識不修威儀好老易能歌善鼓琴王衍嵇紹並奇之永興中長沙王乂入輔政時有疾鯤者言其將出奔乂欲鞭之鯤解衣就罰曾無忤容既捨之又無喜色太傅東海王越聞其名辟爲掾任達不拘尋坐家僮取官稾除名于時名上王元阮修之徒並以鯤初登宰府便至黜辱爲之歎恨鯤聞之方清歌鼓琴不以屑意莫不服其遠暢而恬於榮辱鄰家高氏女有美色鯤嘗挑之女投梭折其兩齒時人爲之語曰任達不已幼輿折齒鯤聞之傲然長嘯曰猶不廢我嘯歌越尋更辟之轉參軍事鯤以時多故乃謝病去職避地于豫章嘗行經空亭中夜宿此亭舊每殺人將曉有黃衣人呼鯤字令開戶鯤憺然無懼色便於窻中度手牽之胛斷視之鹿也尋血獲焉爾後此亭無復妖怪左將軍王敦引爲長史以討杜弢功封咸亭侯母憂去職服闋還敦大將軍長史時王澄在敦坐見鯤談話無勌唯歎謝長史可與言都不盼敦其爲人所慕如此鯤不徇功名無砥礪行居身於可否之間雖自處若穢而動不累高敦有不臣之迹顯於朝野鯤知不可以道匡弼乃優游寄通不屑政事從容諷議卒歲而已每與畢卓王尼阮放羊曼桓彝阮孚等縱酒敦以其名高雅相賓禮嘗使至都明帝在東宮見之甚相親重問曰論者以君方庾亮自謂何如答曰端委廟堂使百寮準則鯤不如亮一邱一壑自謂過之溫嶠嘗謂鯤子尚曰尊大君豈惟識量淹遠至於神鑒沉深雖諸葛瑾之喻孫權不過也及敦將爲逆謂鯤曰劉隗姦邪將危社稷吾欲除君側之惡匡主濟時何如對曰隗誠始禍然城狐社鼠也敦怒曰君庸才豈達大理出鯤爲豫章太守又留不遣藉其才望逼與俱下敦至石頭歎曰吾不復得爲盛德事矣鯤曰何爲其然但使自今以往日忘日去爾初敦謂鯤曰吾當以周伯仁爲尚書令戴若思爲僕射及至都復曰近來人情何如鯤對曰明公之舉雖欲大存社稷然悠悠之言未達高義周顗戴若思南北人士之望明公舉而用之羣情帖然矣是日敦遣兵收周戴而鯤弗知敦怒曰君麤疎邪二子不相當吾已收之矣鯤與顗素相親重聞之愕然若喪諸已參軍王嶠以敦誅顗諫之甚切敦大怒命斬嶠時人士畏懼莫敢言者鯤曰明公舉大事不戮一人嶠以獻替忤旨便以釁鼓不亦過乎敦乃止敦既誅害朝賢而稱疾不朝將還武昌鯤喻敦曰公大存社稷建不世之勳然天下之心實有未達若能朝天子使君臣釋然萬物之心於是乃服仗衆望以順羣情盡冲退以奉主上如斯則勳侔一匡名垂千載矣敦曰君能保無變乎對曰鯤近日入覲主上側席遲得見公宮省穆然必無虞矣公若入朝鯤請侍從敦勃然曰正復殺君等數百人亦復何損於時竟不朝而去是時朝望被害皆爲其憂而鯤推理安常時進正言敦既不能用內亦不悅軍還使之郡涖政清肅百姓愛之尋卒官時年四十三敦死後追贈太常謚曰康子尚嗣別有傳

胡母輔之字彥國泰山奉高人也高祖班漢執金吾父原練習兵馬山濤稱其才堪邊任舉爲太尉長史終河南令輔之少擅高名有知人之鑒性嗜酒任縱不拘小節與王澄王敦庾敳俱爲太尉王衍所暱號曰四友澄嘗與人書曰彥國吐佳言如鋸木屑霏霏不絕誠爲後進領袖也辟別駕太尉掾並不就以家貧求試守繁昌令始節酒自厲甚有能名遷尚書郞豫討齊王冏賜爵陰平男累轉司徒左長史復求外出爲建武將軍樂安太守與郡人光逸晝夜酣飲不視郡事成都王穎爲太弟召爲中庶子遂與謝鯤王澄阮修王尼畢卓俱爲放達嘗過河南門下飲河南騶王子博箕坐其傍輔之叱使取火子博曰我卒也惟不乏吾事則已安復爲人使輔之因就與語歎曰吾不及也薦之河南尹樂廣廣召見甚悅之擢爲功曹其甄拔人物若此東海王越聞輔之名引爲從事中郞復補振威將軍陳留太守王彌經其郡輔之不能討坐免官尋除寧遠將軍揚州刺史不之職越復以爲右司馬本州大中正越薨避亂渡江元帝以爲安東將軍諮議祭酒遷揚武將軍湘州刺史假節到州未幾卒時年四十九子謙之字子光才學不及父而傲縱過之至酣醉常呼其父字輔之亦不以介意

談者以爲狂輔之正酣飲謙之闚而厲聲曰彥國年少不得爲倀將令我尻背東壁輔之歡笑呼入與共飲其所爲如此年未三十卒

畢卓字茂世新蔡鮦陽人也父諶中書郎卓少希放達爲胡母輔之所知太興末爲吏部郎常飲酒廢職比舍郎釀熟卓因醉夜至其甕閒盜飲之爲掌酒者所縛明旦視之乃畢吏部也遽釋其縛卓遂引主人宴於甕側致醉而去卓嘗謂人曰得酒滿數百斛船四時甘味置兩頭右手持酒杯左手持蟹螯拍浮酒船中便足了一生矣及過江爲溫嶠平南長史卒官

王尼字孝孫城陽人也或云河內人本兵家子寓居洛陽卓犖不羈初爲護軍府軍士胡母輔之與琅邪王澄北地傅暢中山劉輿潁川荀邃河東裴遐迭屬河南功曹甄述及洛陽令曹攄請解之攄等以制旨所及不敢輔之等齎羊酒詣護軍門門吏疏名呈護軍護軍歎曰諸名士持羊酒來將有以也尼時以給府養馬輔之等入遂坐馬廐下與尼炙羊飲酒醉飽而去竟不見護軍護軍大驚即與尼長假因免爲兵東嬴公騰辟爲車騎府舍人不就時尚書何綏奢侈過度尼謂人曰綏居亂世矜豪乃爾將死不久人曰伯蔚聞言必相危害尼曰伯蔚比聞我語已死矣未幾綏果爲東海王越所殺越初入洛尼詣越不拜越問其故尼曰公無宰相之能是以不拜因數之言甚切又云公負尼物越大驚曰寧有是也尼曰昔楚人忘布謂令尹盜之今尼屋舍資財悉爲公軍人所略尼今飢凍是亦明公之負也越大笑即賜絹五十匹諸貴人聞競往餉之洛陽陷避亂江夏時王澄爲荆州刺史遇之甚厚尼早喪婦止有一子無居宅惟畜露車有牛一頭每行輒使子御之暮則共宿車上常歎曰滄海橫流處處不安也俄而澄卒荆土饑荒尼不得食乃殺牛壞車煮肉噉之既盡父子俱餓死

羊曼字祖延太傅祜兄孫也父暨陽平太守曼少知名本州禮命太傅辟皆不就避難渡江元帝以爲鎮東參軍轉丞相主簿委以機密歷黃門侍郎尚書吏部郎晉陵太守以公事免曼任達頹縱好飲酒溫嶠庾亮阮放桓彝同志友善並爲中興名士時州里稱陳留阮放爲宏伯高平郗鑒爲方伯泰山胡母輔之爲達伯濟陰卞壼爲裁伯陳留蔡謨爲朗伯阮孚爲誕伯高平劉綏爲委伯而曼爲黯伯凡八人號兗州八伯蓋擬古之八儁也王敦既與朝廷乖貳羈錄朝士曼爲右長史曼知敦不臣終日酣醉諷議而已澄以其士望厚加禮遇不委以事故得不涉其難敦敗代阮孚爲丹陽尹時朝士過江初拜官相飾供饌曼拜丹陽客來早者得佳設日晏則漸罄不復及精隨客早晚而不問貴賤有羊固拜臨海太守竟日皆美雖晚至者猶獲盛饌論者以固之豐腆乃不如曼之眞率蘇峻作亂加前將軍率文武守雲龍門王師不振或勸曼避峻曼曰朝廷破敗吾安所求生勒衆不動爲峻所害年五十五峻平追贈太常子賁嗣少知名尚明帝女南郡悼公主除祕書郎早卒曼弟聃字彭祖少不經學時論皆鄙其凡庸先是兗州有八伯之號其後更有四伯大鴻臚陳留江泉以能食爲穀伯豫章太守史疇以大肥爲笨伯散騎郎高平張嶷以狡妄爲滑伯而聃以狠戾爲瑣伯蓋擬古之四凶聃初辟元帝丞相府累遷廬陵太守剛克麤暴恃國戚縱恣尤甚睚眦之嫌輒加刑殺疑郡人簡良等爲賊殺二百餘人誅及嬰孩所髡鎖復百餘庾亮執之歸于京都有司奏聃罪當死以景獻皇后是其祖姑應八議成帝詔曰此事古今所無何八議之有猶未忍肆之市朝其賜命獄所兄子賁尚公主自表求解婚詔曰罪不相及古今之令典也聃雖極法於賁何有其特不聽離婚琅邪太妃山氏聃之甥也入殿叩頭請命王導又啟聃罪不容恕宜極重法山太妃憂慼成疾陛下罔極之恩宜蒙生全之宥於是詔下曰太妃唯此一舅發言摧咽乃至吐血情慮深重朕往丁荼毒受太妃撫育之恩同於慈親若不堪難忍之痛以致頓斃朕亦何顏以寄今便原聃生命以慰太妃渭陽之思於是除名頃之遇疾恒見簡良等爲祟旬日而死

光逸字孟祖樂安人也初爲博昌小吏縣令使逸送客冒寒舉體凍溼還遇令不在逸解衣炙之入令被中臥令還大怒將加嚴罰逸曰家貧衣單沾溼無可代若不暫溫勢必凍死奈何惜一被而殺一人乎君子仁愛必不爾也故寢而不疑令奇而釋之後爲門亭長迎新令至京師胡母輔之與荀邃共詣令家望見逸謂邃曰彼似奇才便呼上車與談良久果俊器令怪客不入吏白與光逸語令大怒除逸名斥遣之後舉孝廉爲州從事棄官投輔之輔之時爲太傅越從事中郎薦逸於越越以門寒而不召越後因閑宴責輔之無所舉薦輔之曰前舉光逸公以非世家不召非不舉也越即辟焉書到郡縣皆以爲誤審知是逸乃備禮遣之尋以世亂避難渡江復依輔之初至屬輔之與謝鯤阮放畢卓羊曼桓彝阮孚散髮裸袒閉室酣飲已累日逸將排戶入守者不聽逸便於戶外脫衣露頭於狗竇中窺之而大叫輔

之驚曰他人決不能爾必我孟祖也遽呼入遂與飲不捨晝夜時人謂之八達元帝以逸補軍諮祭酒中興建爲給事中卒官

庾峻字山甫潁川鄢陵人也祖乘才學洽聞漢司徒辟有道徵皆不就伯父嶷中正簡素仕魏爲太僕父道廉退貞固養志不仕牛馬有踶嚙者恐傷人不貨於市及諸子貴賜拜太中大夫峻少好學有才思常遊京師聞魏散騎常侍蘇林老疾在家往候之林嘗就乘學見峻流涕良久曰尊祖高才而性退讓慈和汎愛淸靜寡欲不營當世唯修德行而已鄢陵舊五六萬戶聞今裁有數百君二父孩抱經亂獨至今日尊伯爲當世令器君兄弟復俊茂此尊祖積德之所由也歷郡功曹舉計掾州辟從事太常鄭袤見峻大奇之舉爲博士時重老莊而輕經史峻懼雅道陵遲乃潛心儒典屬高貴鄉公幸太學問尚書義於峻峻援引師說發明經旨申暢凝滯對答詳悉遷祕書丞長安有大獄久不決拜峻侍御史往斷之朝野稱允武帝踐阼賜爵關內侯遷司空長史轉祕書監御史中丞拜侍中加諫議大夫常侍帝講詩中庶子何劭論風雅正變之義峻起難往反四坐莫能屈之是時風俗趣競禮讓陵遲峻上疏言之大要欲旌擢山林之士及辭寵之臣以厲其廉隅耳峻又疾世浮華不修名實著論以非之文繁不載九年卒詔賜朝服一具衣一襲錢三十萬臨終敕子珉朝卒夕殯幅巾布衣葬勿擇日珉奉遵遺命斂以時服二子珉敳珉字子琚性淸和好學行己忠恕少歷散騎常侍本國中正侍中封長岑男懷帝之沒劉淵也珉從在平陽淵大會因使帝行酒珉不勝悲憤再拜上酒因大號哭賊惡之會有告珉及王儁等謀應劉琨者淵因圖弑逆珉等並遇害初洛陽之未陷也珉爲侍中直于省內謂同僚許遐曰世路如此禍難將及吾當死乎此屋耳及是竟不免焉太元末追謚曰貞敳字子嵩長不滿七尺而腰帶十圍雅有遠韻爲陳留相未嘗以事嬰心從容酣暢寄通而已處衆人中居然獨坐嘗讀老莊曰正與人意闇同太尉王衍雅重之敳見王室多難終知嬰禍乃著意賦以豁情猶賈生之鵩鳥也從子亮見賦問曰若有意也非賦所盡若無意也復何所賦答曰在有無之間耳遷吏部郎是時天下多故機變屢起敳常靜默無爲參東海王越太傅軍事轉軍諮祭酒時越府多儁異敳在其中常自神王豫州長史河南郭象時人以爲王弼之亞敳甚知之每曰郭子元何必減庾子嵩象後爲太傅主簿任事專勢敳謂象曰卿自是當世大才我疇昔之意都已盡矣敳有重名爲縉紳所推而聚斂積實談者譏之都官從事溫嶠奏之敳更器嶠目嶠森森如千丈松雖磥砢多節施之大廈有棟樑之用時劉輿見任於越人士多爲所構唯敳縱心事外無迹可閒後以其性儉家富說越令就換錢千萬冀其有吝因此可乘越於衆坐中問敳敳頹然已醉幘墜几上以頭就穿取徐答云下官家故有兩千萬隨公所取矣輿於是乃服越甚悅因曰不可以小人之慮度君子之心王衍不與敳交敳卿之不置衍曰君不得爲耳敳曰卿自君我我自卿卿我自用我家法卿自用卿家法衍甚奇之石勒之亂與衍俱被害年五十

郭象字子元少有才理好老莊能淸言太尉王衍每云聽象語如懸河瀉水注而不竭州郡辟召不就常閑居以文論自娛後辟司徒掾稍遷至黃門侍郎東海王越引爲太傅主簿甚見親委遂任職當權熏灼內外由是素論去之永嘉末病卒著碑論十二篇先是注莊子者數十家莫能究其旨統向秀於舊注外而爲解義妙演奇致大暢元風唯秋水至樂二篇未竟而秀卒子幼其義零落然頗有別本遷流象爲人行薄以秀義不傳于世遂竊以爲己注乃自注秋水至樂二篇又易馬蹄一篇其餘衆篇或點定文句而已其後秀義別本出故今有向郭二莊其義一也

庾純字謀甫博學有才義爲世儒宗郡補主簿任參政南府累遷黃門侍郎封關內侯歷中書令河南尹初純以賈充姦佞與任愷共舉充西鎭關中充由是不平之充嘗宴朝士而純後至充謂曰君行常居人前今何以在後純曰且有小市井事不了是以來後世言純之先嘗有伍伯者充之先有市魁者充純以是相譏焉充自以位隆望重意殊不平及純行酒充不時飲純曰長者爲壽何敢爾乎充曰父老不歸供養將何言也純發怒曰賈充天下兇兇由爾一人充曰輔佐二世蕩平吳蜀有何罪而天下爲之兇兇純曰高貴鄉公何在衆坐因罷充左右欲執純中護軍羊琇侍中王濟佑之因得出充慚怒上表解職純懼上河南尹關內侯印綬上表自劾求入重罪御史中丞孔恂亦劾之遂詔免純官又以荀顗驃騎將軍齊王攸議曰凡斷正臧否宜先稽之禮律八十者一子不從政九十者其家不從政新令亦如之按純父年八十一純兄弟六人三人在家不廢侍養純不求供義其於禮律未有違也司空公以純備位卿

尹望其有加於人而純荒醉肆其忿怒臣以爲純不遠布至孝之行而近惜常人之失應在議貶司徒石苞議純榮官忘親惡聞格言不忠不孝宜除名削爵土司徒西曹掾劉斌議以爲敦敘風俗以人倫爲先人倫之教以忠孝爲主忠故不忘其君孝故不遺其親若孝必專心於色養則明君不得而臣忠必不顧其親則父母不得而子也是以爲臣者必以義斷其恩爲子者必以情割其義在朝則從君之命在家則隨父之制然後君父兩濟忠孝各序純兄峻以父老求歸峻若得歸純無不歸之勢峻不得歸純無得歸之理純雖自聞同不見聽近遼東太守孫和廣漢太守鄧良皆有老母良無兄弟授之遠郡辛苦自歸皆不見聽且純近爲京尹父在界內時得自啟定省獨於禮法外處其貶黜斌愚以爲非也禮年八十一子不從政純有二弟在家不爲違禮又令年九十乃聽悉歸今純父實未九十不爲犯令罵辱宰相宜加放斥以明國典聖恩愷悌示加貶退臣愚無所清議河南功曹史麗札亦表言臣郡前尹關內侯純醉酒失常戊申詔書既免尹官後以其父篤老不求供養下五府依典禮正其臧否而羣公有過於責備者遂律尹以爲不孝謂宜削除爵土臣按令父母年過八十聽令其子不給限外職誠以得有歸來之緣今尹居在郡內前每表屢蒙定省尹昆弟六人三人在家孝養不廢兄侍中峻家之嫡長往比自表求歸供養詔喻不聽國體法同兄弟無異豈得徒責尹不求供養邪若此議遂行臣等懼長假飾之名而損忠誠之實也於是帝復下詔曰自中世以來多爲貴重順意賤者生情故令釋之定國得揚名於前世今議責純不惟溫克醉酒沈湎此責人以齊聖也疑賈公亦醉若其不醉終不於百客之中責以不去官供養也大晉依聖人典禮制臣子出處之宜若有八十之親皆當歸養亦不獨純也古人云由醉之言俾出童羖明不責醉恐失度也所以免純者當爲將來之醉戒耳齊王劉掾議當矣復以純爲國子祭酒加散騎常侍後將軍荀眅於朝會中奏純以前坐不孝免黜不宜升進侍中甄德進曰孝以顯親爲大祿養爲榮詔赦純前愆擢爲近侍兼掌教官此純召不俟駕之日而後將軍眅敢以私議貶奪公論抗言矯情誣罔朝廷宜加貶黜眅坐免官初眅與純俱爲太將軍所辟眅整麗車服純率素而已眅以爲愧恨至是毀純眅既免黜純更以此媿之亟往慰勉之時人稱純通恕遷侍中以父憂去官起爲御史中丞轉尚書魏郡太守不之官拜少府年六十四卒子旉字允臧少有清節歷位博士齊王攸之就國也下禮官議崇錫之物旉與博士太叔廣劉暾繆蔚秦秀傅珍等上表諫曰書稱帝堯克明俊德以親九族武王光有天下兄弟之國十有六人同姓之國四十人元勳睦親顯以殊禮而魯衛齊晉大啟土宇並受分器所謂惟善所在親疎一也大晉龍興降唐周之遠迹王室親屬佐命功臣咸受爵土而四海乂安今吳會已平詔大司馬齊王出統方岳當遂撫其國家將準古典以垂永制昔周之選建明德以左右王室也則周公爲太宰康叔爲司寇聃季爲司空又召芮畢毛諸國皆入居公卿大夫之位明股肱之任重守地之位輕也未聞古典以三事之重出之國者漢氏諸侯王位尊勢重在丞相三公上其入讚朝政者乃有兼官其出之國亦不復假台司虛名爲隆寵也昔申無宇曰五大不在邊先儒以爲貴寵公子公孫累世正卿也又曰五細不在庭先儒以爲賤妨貴少陵長遠間親新間舊小加大也不在庭不在朝庭爲政也又曰親不在外羇不在內今棄疾在外鄭丹在內君其少戒之叔向有言公室將卑其枝葉先落公族公室之本而去之諺所謂芘焉而縱尋斧柯者也今使齊王賢邪則不宜以母弟之親尊居魯衛之常職不賢邪不宜大啟土宇表建東海也古禮三公無職坐而論道不聞以方任嬰之惟周室大壞宣王中興四夷交侵救急朝夕然後命召穆公征淮夷故其詩曰徐方不回王曰旋歸宰相不得久在外也今天下已定六合爲家將數延三事與論太平之基而更出之去王城二千里違舊章矣旉草議先以呈父純純不禁太常鄭默博士祭酒曹志並過其事武帝以博士不答所問答所不問大怒事下有司尚書朱整褚䂮等奏旉等侵官離局迷罔朝廷崇飾惡言假託無諱請收旉等八人付廷尉科罪旉父純詣廷尉自首旉以議草見示愚淺聽之詔免純罪廷尉劉頌又奏旉等大不敬棄市論求平議尚書又奏請報聽廷尉行刑尚書夏侯駿謂朱整曰國家乃欲誅諫臣官立八座正爲此時卿可共駮正之整不從駿怒起曰非所望也乃獨爲駮議左僕射魏舒右僕射下邳王晃等從駿議奏留中七日乃詔曰旉等備爲儒官不念奉憲制不指答所問敢肆其誣罔之言以干亂視聽而旉是議主應爲戮首但旉及家人並自首大信不可奪秦秀傅珍前者虛妄幸而得免復不以爲懼當加罪戮以彰凶慝猶復不忍皆丐其死命秀珍旉等並除名後數歲復起爲散騎常侍終於國子祭酒

秦秀字元良新興雲中人也父朗魏驍騎將軍秀少敦學行以忠直知名咸甯中爲博士何曾卒下禮官議謚秀議曰故太宰何曾雖階世族之允而少以高亮嚴肅顯登王朝事親有色養之名在官奏科尹模此二者實得臣子事上之槩然資性驕奢不循軌則詩云節彼南山維石巖巖赫赫師尹民具爾瞻言其德行高峻動必以禮耳邱明有言儉德之恭侈惡之大也大晉受命勞謙隱約曾受寵二代顯赫累世暨乎耳順之年身兼三公之位食大國之租荷保傅之貴執司徒之均二子皆金貂卿校列于帝側方之古人責深負重雖舉門盡死猶不稱位而乃驕奢過度名被九域行不履道而享位非常以古義言之非惟失輔相之宜違斷金之利也穢皇代之美壞人倫之教生天下之醜示後世之懒莫大於此自近世以來宰相輔臣未有受垢辱之聲被有司之劾父子塵累而蒙恩貸若曾者也周公弔二季之陵遲哀大教之不行於是作謚以紀其終曾參奉之啟手歸全易簀而沒蓋明慎終死而後已齊之史氏亂世陪臣耳猶書君賊累死不懲況於皇代守典之官敢畏彊盛而不盡禮管子有言禮義廉恥是謂四維四維不張國乃滅亡宰相大臣人之表儀若生極其情死又無貶是則帝室無正刑也王公貴人復何畏哉所謂四維復何寄乎謹按謚法名與實爽曰繆怙亂肆行曰醜曾之行已皆與此同宜謚繆醜公時雖不用秀議而聞者懼焉秀性忌讒佞疾之如仇素輕鄙賈充及伐吳之役聞其爲大都督謂所親者曰充文按小才乃居伐國大任吾將哭以送師或止秀曰昔蹇叔知秦軍必敗故哭送其子耳今吳君無道國有自亡之形羣率踐境將不戰而潰子之哭也既爲不智乃不赦之罪於是乃止及孫皓降於王濬充未知之方以吳未可平抗表請班師充表與告捷同至朝野以充位居人上智出人下僉以秀爲知言及充薨秀議曰充舍宗族弗授而以異姓爲後悖禮溺情以亂大倫昔鄫養外孫莒公子爲後春秋書莒人滅鄫聖人豈不知外孫親耶但以義推之則無父子耳又按詔書自非功如太宰始封後如太宰所取必已自出如太宰不得以爲比然則以外孫爲後自非元功顯德不之得也天子之禮蓋可然乎絕父祖之血食開朝廷之禍門謚法昏亂紀度曰荒請謚荒公不從王濬有平吳之勳而爲王渾所譖毀帝雖不從無明賞罰以濬爲輔國大將軍天下咸爲之怨秀乃上言曰自大晉啟祚輔國之號率以舊恩此王濬無功之時受九列之顯位立功之後更得寵人之辱號也四海視之孰不失望蜀小吳大平蜀之後二將皆就加三事今濬還而降等天下安得不惑乎吳之未亡也雖以三祖之神武猶躬受其屈以孫皓之虛名足以驚動諸夏每一小出雖聖心知其垂亡然中國輒懷惶怖當爾時有能借天子百萬之衆平而有之與國家結兄弟之交臣恐朝野實皆甘之耳今濬舉蜀漢之卒數旬而平吳雖舉吳人之財寶以與之本非已分有焉而遽與計較乎後與劉暾等同議齊王攸事忤旨除名尋復起爲博士秀性悻直與物多忤爲博士前後垂二十年卒於官

通志卷一百二十三終

宋右迪功郎鄭樵漁仲撰

列傳第三十七上

晉

皇甫謐子方回　摯虞　束皙　王接　郤詵　阮种
華譚　袁甫　陸機孫拯弟耽　弟雲雲從父兄喜　夏侯湛弟淳淳子承
潘岳從子尼　張載弟協亢　江統子彪惇　孫楚子眾洵纂纂子統統
弟綽　羅憲兄子尚　滕脩　馬隆　胡奮　陶璜　吾彥
張光　趙誘　周處子玘弟札玘子勰札兄子筵玘　周訪
子撫撫子楚楚子瓊瓊子虓撫弟光光子仲孫

皇甫謐字士安幼名靜安定朝那人漢太尉嵩之曾孫也出後叔父徙居新安年二十不好學遊蕩無度咸以爲癡嘗得瓜果時新輒進所後叔母任氏任氏曰孝經云三牲之養猶爲不孝汝今年餘二十目不存教心不入道無以慰我因歎曰昔孟母三徙以成仁曾父烹豕以存教豈我居不卜鄰教有所闕何爾魯鈍之甚也脩身篤學自汝得之於我何有因對之流涕謐乃感激就鄉人席坦受書勤力不怠居貧躬自稼穡帶經而農遂博綜典籍百家之言沈靜寡慾始有高尚之志以著述爲務自號元晏先生著禮樂聖眞之論後得風痺疾猶手不輟卷或勸謐修名廣交謐以爲非聖人孰能兼存出處居田里之中亦可樂堯舜之道何必崇接世利事官鞅掌然後爲名乎乃作元守論以答之其要在於守道全眞而已遂不仕耽翫典籍忘寢與食時人謂之書淫或箴其過篤將損耗精神謐曰朝聞道夕死可矣況命之修短分定懸天乎叔父有子旣冠謐年四十喪所生後母遂還本宗城陽太守梁柳謐從姑子也當之官人或勸謐餞之謐曰柳爲布衣時過吾吾送迎不出門食不過鹽菜貧者不以酒肉爲禮今作郡而送之是貴城陽太守而賤梁柳豈中古人之道是非吾心所安也魏郡召上計掾舉孝廉景元初相國辟皆不行其後鄉親勸令應命謐爲釋勸論以通志焉其後武帝頻下詔敦逼不已謐稱草莽臣上疏自陳抱病困劣不任進路辭切言至遂見聽許歲餘又舉賢良方正並不起自表就帝借書帝送一車書與之謐雖羸疾而披閱不怠初服寒食散而性與之忤每委頓不倫嘗悲恚叩刃欲自殺叔母諫之而止時濟陰太守蜀人文立表以命士有贄爲煩請絕其禮幣詔從之謐聞而歎曰亾國之大夫不可與圖存而以革歷代之制其可乎夫束帛戔戔易之明義元纁之贄自古之舊也故孔子稱夙夜強學以待問席上之珍以待聘士於是乎三揖乃進明致之難也一讓而退明去之易也若殷湯之於伊尹文王之於太公或身即莘野或就載以歸唯恐禮之不重豈吝其煩費哉且一禮不備貞女恥之況命士乎孔子曰賜也爾愛其羊我愛其禮棄之如何政之失賢於此乎在矣咸寧初又詔曰男子皇甫謐沈靜履素守學好古與流俗異趣其以謐爲太子中庶子謐固稱疾篤帝初雖不奪其志尋復發詔徵爲議郎又召補著作郎司隸校尉劉毅請爲功曹並不應著論爲葬送之制名曰篤終曰元晏先生以爲存亾天地之定制人理之必至也故禮六十而制壽至于九十各有等差防終以素豈流俗之多忌者哉吾年雖未制壽然嬰疢彌紀仍遭喪難神氣損劣困頓數矣常懼天隕不期慮終無素是以畧陳至懷夫人之所貪者生也所惡者死也雖貪不得越期雖惡不可逃遯人之死也精歇形散魂無不之故氣屬於天寄命終盡窮體反眞故尸藏于地是以神不存體則與氣升降尸不久寄與地合形形神不隔天地之性也尸與土并反眞之理也今生不能保七尺之軀死何故隔一棺之土然則衣衾所以穢尸棺椁所以隔眞故桓司馬石椁不如速朽季孫璵璠比之暴骸文公厚葬春秋以爲華元不臣楊王孫親土漢書以爲賢於秦始皇如令魂必有知則人鬼異制黃泉之親死多於生必將備其器物用待亾者今若以存況終非即靈之意也如其無知則空奪生用損之無益而啟姦心是招露形之禍增亾者之毒也夫葬者藏也藏也者欲人之不得見也而大爲棺椁備贈存物無異於埋金路隅而書表於上也雖甚愚之人必將笑之豐財厚葬以啟姦心或剖破棺椁或牽曳形骸或剝臂捋金環或捫腸求珠玉焚如之刑不痛於是自古及今未有不死之人又無不發之墓也故張釋之曰使其中有欲雖錮南山猶有隙使其中無欲雖無石椁又何戚焉斯言達矣吾之師也夫贈終加厚非厚死也生者自爲也遂生意於無益棄死者之所屬知者所不行也易稱古之葬者衣之以薪葬之中野不封不樹是以死得歸眞亾不損生故吾欲朝死夕葬夕死朝葬不設棺椁不加纏斂不修沐浴不造新服殯唅之物一皆絕之吾本欲露形入阬以身親土或恐人情染俗來久頓革理難今故粗爲之制奢不石椁儉不露形氣絕之後便即時服幅巾故衣以蘧篨裹尸麻約二頭置尸牀上擇不毛之地穿阬深十尺長一丈五尺廣六尺阬訖舉牀就阬去牀下尸平生之物皆無自隨唯齎孝經一卷示不忘孝道蘧篨之外便以親

土土與地乎還其故草使生其上無種樹木削除使生跡無處自求不知不見可欲則姦不生心終始無怵惕千載不慮患形骸與后土同體魂爽與元氣合靈眞篤愛之至也若亾有前後不得移祔祔葬自周公來非古制也舜葬蒼梧二妃不從以爲一定何必周禮無問師工無信卜筮無拘俗言無張神坐無十五日朝夕上食禮不墓祭但月朔於家設席以祭百日而止臨必昏明不得以夜制服常居不得墓次夫古不崇墓智也今之封樹愚也若不從此是戮尸地下死而重傷魂而有靈則寃悲没世長爲恨鬼王孫之子可以爲誡死誓難違幸無改焉而竟不仕太康三年卒時年六十八子童靈方回等遵其遺命謐所著詩賦誄頌論難甚多又撰帝王世紀年歴高士逸士烈女等傳元晏春秋並重於世門人摯虞張軌牛綜席純皆爲晉名臣方回少遵父操兼有文才永嘉初博士徵不起避亂荆州閉門閑居未嘗入城府蠶而後衣耕而後食先人後己尊賢愛物南土人士咸崇敬之刺史陶侃禮之甚厚侃每造之著素士服望門輒下而進王敦遣從弟廙代侃侃遷爲廣州刺史侃將詣敦方回諫曰吾聞敵國滅功臣亾足下新破杜弢功莫與二欲無危其可得乎侃不從而行敦果欲殺侃賴周訪獲免廙既至荆州大失物情百姓叛廙迎杜弢廙大行誅戮以立威以方回爲侃所敬責其不來詣已乃收而斬之荆土華夷莫不流涕

摯虞字仲治京兆長安人也父模魏太僕卿虞少事皇甫謐才學通博著述不倦郡檄主簿虞嘗以死生有命富貴在天天之所祐者順也人之所助者信也履信思順所以延福違此而行所以速禍然道長世短禍福舛錯怵迫之徒不知所守蕩而貢憤或迷或放故借之以身假之以事先陳處世不遇之難遂棄彝倫輕舉遠遊以極常人罔惑之情而後引之以正反之以義推神明之應於視聽之表崇否泰之運於智力之外以明天任命之不可違故作思遊賦其辭超詣爲世所稱舉賢良與夏侯湛等十七人策爲下第拜中郎武帝詔諸賢良方正直言會東堂親策之虞對切直擢爲太子舍人除聞喜令時天子留心政道又吳寇新平天下乂安虞上太康頌以美晉德帝嘉之以母憂去職久之召補尚書郎將作大匠陳勰掘地得古尺尚書奏今尺長於古尺宜以古爲正潘岳以爲習用已久不宜復改虞駁曰昔聖人有以見天下之賾而擬其形容象物制器以存時用故參天兩地以正算數之紀依律計分以定長短之度其作之也有則故用之也有徵考步兩儀則天地無所隱其情準正三辰則懸象無所容其謬施之金石則音韻和諧措之規矩則器用合宜一本不差而萬物皆正及其差也事皆反是今尺長於古尺幾於半寸樂府用之律呂不合史官用之曆象失占醫署用之孔穴乖錯此三者度量之所由生得失之所取徵皆絓閡而不得通故宜改今而從古也唐虞之制同律度量衡仲尼之訓謹權審度今兩尺並用不可謂之同知失而行不可謂之謹不同不謹是謂謬法非所以軌物垂則示人之極凡物有多而易改有少而難變亦有改而致煩有變而之簡度量是人所常用而長短非人所戀惜是多而易改者也正失於得反邪於正一時之變永世無二是變而之簡者也憲章成式不失舊物季末苟合之制異端雜亂之用當以時釐改貞夫一者也臣以爲宜如所奏又表論封禪事儀典甚悉虞又以漢末喪亂譜傳多亾失雖其子孫不能言其先祖撰族姓昭穆十卷上疏進之以爲足以備物致用廣多聞之益以定品違法爲司徒所劾詔原之時太廟初建詔普增位一等後以主者承詔失旨改除之虞上表曰臣聞昔之聖明不愛千乘之國而惜桐葉之信所以重至尊之命而達於萬國之誠也前乙巳詔書遠稱先帝遺惠餘澤普增位一等以酬四海欣戴之心驛書班下被于遠近莫不鳥騰魚躍喜蒙德澤今一旦更以主者思文不審收既往之詔奪已澍之恩臣愚竊以爲不可詔從之元康中遷吳王友時荀顗撰新禮使虞討論得失而後施行元皇后崩杜預奏諒闇之制乃自上古是以高宗無服喪之文而唯文稱不言漢文限三十六日魏氏以降既虞爲節皇太子與國爲體理宜釋服卒哭便除虞答預書曰唐稱遏密殷云諒闇各舉事以爲名非既葬有殊降周室以來謂之喪服喪服者以服表喪今帝者一日萬機太子監撫之重以宜奪禮葬訖除服變制通理垂典將來何必附之於古使老儒致爭哉皇太孫尚薨有司奏御服齊衰朞詔令博士議虞曰太子生舉以成人之禮則殤理除矣太孫亦體君傳重由位成而服全非以年也從之虞又議玉輅兩社事皆有依據後歷祕書監衛尉卿從惠帝幸長安及東軍來迎百官奔散遂流離鄠杜之間轉入南山中糧絕饑甚拾橡實而食之後得歸洛陽歷光祿勳太常卿時懷帝親郊自元康已來不親郊祀禮儀弛廢虞考正舊典法物粲然及洛京荒亂盜竊縱橫人饑相食虞素清貧遂以餒卒虞撰文章志四卷注解三輔決錄又撰古文章類聚區分爲三十卷名曰

流別集各爲之論辭理愜當爲時所重虞善觀元象嘗謂友人曰今天下方亂避難之國其唯涼土乎性愛士人有表薦者常爲其辭東平太叔廣樞機清辯廣談虞不能對虞筆廣不能答更相嗤笑紛然於世云

束晳字廣微陽平元城人漢太子太傅疎廣之後也王莽末廣曾孫孟達避難自東海徙居沙鹿山南因去疎之足遂改姓焉祖混隴西太守父龕馮翊太守並有名譽晳博學多聞與兄璆俱知名少遊國學或問博士曹志曰當今好學者誰乎志曰陽平束廣微好學不倦人莫及也還鄉里察孝廉舉茂才皆不就璆娶石鑒從女棄之鑒以爲憾諷州郡公府不得辟故晳等久不得調太康中郡界大旱晳爲邑人請雨三日而雨注衆謂晳誠感爲作歌曰束先生通神明請天三日甘雨零我黍以育我稷以生何以疇之報束長生晳與衛恆厚善聞恆遇禍自本郡赴喪嘗爲勸農及餅諸賦文頗鄙俗時人薄之而性沈退不慕榮利作玄居釋以擬客難張華見而奇之石鑒卒王戎乃辟璆華召晳爲掾又爲司空下邳王晃所辟華爲司空復以爲賊曹屬時欲廣農晳上議曰伏見詔書以倉廩不實關右饑窮欲大興田農以播嘉穀此誠有虞戒大禹盡力之謂然農穰可致所由者三一曰天時不愆二曰地利無失三曰人力咸用若必春無霢霂之潤秋繁滂沱之患水旱失中雩禳有請雖使羲和平秩后稷親農理疆畎於原隰勤藨蓘於中田猶不足以致倉庾盈億之積也然地利可以計生人力可以課致詔書之旨亦將欲盡此理乎今天下千城人多游食廢業占空無田課之實較計九州數過萬計可申嚴此防令嚴司精察一人失課負及郡縣此人力之可致也又司州十郡土狹人繁三魏尤甚而豬羊馬牧布其境內宜悉破廢以供無業業少之人雖頗割徙在者猶多田諸菀牧不樂曠野貪在人間故謂北土不宜畜牧此誠不然案古今之語以爲馬之所生實在冀北大賈牂羊取之清渤放豕之歌起於鉅鹿是其效也可悉徙諸牧以充其地使馬牛豬羊齕草於空虛之田游食之人受業於賦給之場此地利之可致者也昔騤駟在坰史克所以頌魯僖卻馬收田老氏所以稱有道豈利之所以會哉又如汲郡之吳澤良田數千頃濘水停洿人不墾植聞其國人皆謂通泄之功不足爲難舄鹵成原其利甚重而豪彊大族惜其魚捕之饒構說官長終於不破此亦谷口之謠載在史篇謂宜復下郡縣以詳當今之計荊揚兗豫汙泥之土渠塢之宜必多此類最是不待天時而豐年可獲者也以其雲雨生於畚臿多稌生於決泄不必望朝隮而黃潦臻禜山川而霖雨息是故兩周爭東西之流史起惜漳渠之浸明地利之重也宜詔四州刺史使謹案以聞又昔魏氏徙三郡人在陽平頓丘界今者繁盛合五六千家二郡田地逼狹謂可徙還西州以充邊土賜其十年之復以慰重遷之情一舉兩得外實內寬增廣窮人之業以闢西郊之田此又農事之大益也轉佐著作郎撰晉書帝紀十志遷博士著作如故初太康二年汲郡人不準盜發魏襄王墓或言安釐王冢得竹書數十車其紀年十三篇記夏已來至周幽王爲犬戎所滅以事接之三家分仍述魏事至安釐王之二十年蓋魏國之史書大畧與春秋皆多相應其中經傳大異則云夏年多殷益干啟位啟殺之太甲殺伊尹文王殺季歷自周受命至穆王百年非穆王壽百歲也幽王既亡有共伯和者攝行天子事非二相共和也其易經二篇與周易上下經同易繇陰陽卦二篇與周易畧同繇辭則異卦下易經一篇似說卦而異公孫段二篇公孫段與邵陟論易國語三篇言楚晉事名三篇似禮記又似爾雅論語師春一篇書左傳諸卜筮師春似是造書者姓名也瑣語十一篇諸國卜夢妖怪相書也梁丘藏一篇先敘魏之世數次言丘藏金玉事繳書二篇論弋射法生封一篇帝王所封大曆二篇鄒子談天類也穆天子傳五篇言周穆王遊行四海見帝臺西王母圖詩一篇畫贊之屬也又雜書十九篇周食田法周書論楚事周穆王美人盛姬死事大凡七十五篇七篇簡書折壞不識名題冢中又得銅劍一枚長二尺五寸漆書皆科斗字初發冢者燒策照取寶物及官收之多燼簡斷札文既殘缺不復詮次武帝以其書付祕書校綴次第尋考指歸而以今文寫之晳在著作得觀竹書隨疑分釋皆有義證遷尚書郎武帝嘗問摯虞三日曲水之義虞對曰漢章帝時平原徐肇以三月初生三女至三日俱亡村人以爲怪乃招攜之水濱洗祓遂因水以泛觴其義起此帝曰必如所談便非好事晳進曰虞小生不足以知臣請言之昔周公城洛邑因流水以泛酒故逸詩云羽觴隨波又秦昭王以三日置酒河曲見金人奉水心之劍曰令君制有西夏乃霸諸侯因此立爲曲水二漢相承皆爲盛集帝大悅賜晳金五十斤時有人於嵩高山下得簡一枚上兩行科斗書傳以相示莫有知者司空張華以問晳晳曰此漢明帝顯節陵中策文也檢驗果然時人服其博識趙王倫爲相國請爲記室晳辭疾罷歸教授門徒年四

十卒元城市里爲之廢業門生故人爲立碑墓側晳才學通博所著三魏人士傳七代通記晉書紀志遇亂亾失其五經通論發蒙記補亾詩文集數十篇行於世云

王接字祖游河東猗氏人漢京兆尹尊十世孫也父蔚世脩儒史之學魏中領軍曹羲作至公論蔚善之而著至機論辭義甚美官至夏陽矦相接幼喪父哀毀過禮鄉親皆歎曰王氏有于哉渤海劉原爲河東太守好奇以旌才爲務同郡馮收試經爲郎七十餘薦接於原原即禮命之接不受原乃呼見曰君欲慕肥遯之高邪對曰接薄祜少孤而無兄弟母老疾篤故無心爲吏及母終柴毀骨立居墓次積年備覽衆書多出異義性簡率不脩俗操鄉里大族多不能善之唯裴頠雅知焉平陽太守柳澹散騎侍郎裴遐尚書僕射鄧攸皆與接友善後爲郡主簿迎太守温宇宇奇之轉功曹史州辟部平陽從事時泰山羊亮爲平陽太守薦之於司隸校尉王堪出補都官從事永寍初舉秀才友人滎陽潘滔遺接書曰摯虞卞元仁並謂足下應和鼎味可無以應秀才行接報書曰今世道交喪將遂剝亂而識智之士鉗口韜筆禍敗日深如火之燎原其可救乎非榮斯行欲極陳所見冀有覺悟耳是歲三王義舉惠帝復阼以國有大慶天下秀孝一皆不試接以爲恨除中郎補征虜將軍司馬蕩陰之役侍中嵇紹爲亂兵所害接議以爲宜依春秋褒三累之義加紹致命之賞朝廷從之河間王顒欲遷駕長安與關東乖異以接成都王佐難之表轉臨汾公相國及東海王越率諸侯討顒尚書令王堪統行臺上請接補尚書殿中郎未至而卒年三十九接雖博通特精禮傳常謂左氏辭義贍富自是一家書不主爲經發公羊附經立傳經所不書傳不妄起於文爲儉通經爲長任城何休訓釋甚詳而黜周王魯大體乖硋且志通公羊而往往還爲公羊疾病接乃更注公羊春秋多有新義時祕書丞衛恒考正汲冢書未訖而遭難佐著作郎束晳述而成之事多證異義時東萊太守陳留王庭堅難之亦有證據晳又釋難而庭堅已亾散騎侍郎潘滔謂接曰卿才學理識足解二子之紛可試論之接遂詳其得失摯虞謝衡皆博物多聞咸以爲允當又撰烈女後傳七十二人雜論議詩賦碑頌駁難十餘萬言喪亂盡失長子愆期流寓江南緣父意更注公羊又集烈女後傳云

郤詵字廣基濟陰單父人也父晞尚書左丞詵博學多才瓌偉倜儻不拘細行州郡禮命並不應泰始中詔天下舉賢良直言之士太守文立舉詵應選詵對策上第拜議郎母憂去職詵母病苦無車及亾不欲車載柩家貧無以市馬乃於所住堂北壁外假葬開戶朝夕拜哭養鷄種蒜竭其方術喪過三年得馬八匹輿柩至冢負土成墳未畢召爲征東參軍徙尚書郎轉車騎從事中郎吏部尚書崔洪薦詵爲左丞及在職嘗以事劾洪洪怨詵詵以公正拒之語在洪傳洪聞而慙服累遷雍州刺史武帝於東堂會送問詵曰卿自以爲何如詵對曰臣舉賢良對策爲天下第一猶桂林之一枝崑山之片玉帝笑侍中奏免詵官帝曰吾與之戲耳不足爾詵在任威嚴明斷甚得四方聲譽卒於官子延登爲州別駕

阮种字德猷陳留尉氏人漢侍中胥卿八世孫也弱冠有殊操爲嵇康所重康著養生論所稱阮生即种也察孝廉爲公府掾是時西虜內侵災眚屢見百姓饑饉詔王公卿尹常伯牧守各舉賢良方正直言之士於是太保何曾舉种應詔种對策與濟陰郤詵東平王康俱居上第即除尚書郎然毀譽之徒或言對者因緣假託帝乃更延羣士庭以問之种對策奏帝親覽焉又擢爲第一轉中書郎進止有方正巳率下朝廷咸憚其威容每爲駮議事皆施用遂爲楷則遷平原相時襄邑衛京自南陽太守遷于河內與种俱拜帝望而歎曰二千石皆若此朕何憂乎种爲政簡惠百姓稱之卒於郡

華譚字令思廣陵人也祖融吳左將軍錄尚書事父諝吳黃門郎譚碁歲而孤母年十八便守節鞠養勤勞備至及長好學不倦爽慧有口辯爲鄰里所重刺史周浚引爲從事史愛其才器待以賓友之禮太康中刺史嵇紹舉秀才譚至洛武帝親策之七科譚對擢上第時九州秀孝策無逮譚者譚素以才學爲東土所推同郡劉頌時爲廷尉見之歎息曰不悟鄉里乃有如此才也博士王濟於衆中嘲之曰五府初開羣公辟命採英奇於仄陋拔賢才於巖穴君吳楚之人亾國之餘有何秀異而應斯舉譚答曰秀異固產於方外不出於中域也是以明珠文貝生於江鬱之濱夜光之璞出於荆藍之下故以人求之文王生於東夷大禹生於西羌子不聞乎昔武王克商遷殷頑民於洛邑諸君得非其苗裔乎濟又曰夫危而不扶顚而不持至於君臣失位國亾無主凡在冠帶將何所取哉答曰吁存亾有運興衰有期天之所廢人不能支徐偃修仁義而失國仲尼逐魯而逼齊段干偃息而成名諒否泰有時曷人力之所能哉濟甚禮之尋除郎中遷太子舍人本國中正以母憂去職服闋爲鄄城令過濮水作莊子贊以示功曹而廷掾張

延爲作答教其文甚美譚異而薦之遂見歷擢及譚爲廬江延已爲淮陵太守又舉寒族周訪爲孝廉訪果立功名時以譚爲知人以父墓毀去官尋除尚書郎永寧初出爲郟令于時兵亂之後境內饑饉譚傾心撫䘏司徒王戎聞而善之出穀三百斛以助之譚甚有政績再遷廬江內史加綏遠將軍時石冰之黨陸珪等屯據諸縣譚遣司馬褚敦討平之又遣別軍擊冰都督孟徐獲其驍率以功封都亭侯食邑千戶賜絹千匹陳敏之亂吳士多爲其所逼顧榮先受敏官而潛謀圖之譚不悟榮旨露檄遠近極言其非由此爲榮所怨又在郡政嚴而與上司多忤揚州刺史劉陶素與譚不善因法收譚下壽陽獄鎮東將軍周馥與譚素相親善理而出之及甘卓討馥百姓奔散馥謂譚已去遣人視之而更移近馥馥歎曰吾嘗謂華令思是臧子源之儔今果效矣甘卓嘗爲東海王越所捕下令敢有匿者誅之卓投譚而免及此役也卓遣人求之曰華侯安在吾甘揚威使也譚答不知遺絹二匹以遣之使反告卓卓曰此華侯也復求之譚已亾矣後爲紀瞻所薦而爲顧榮所止遏遂數年不得調建興初元帝命爲鎮東軍諮祭酒譚博學多通在府無事乃著書三十卷名曰辯道上牋進之帝親自覽爲轉丞相軍諮祭酒領郡大中正譚薦干寶范珧於朝乃上牋求退奉還所假左丞相軍諮祭酒版不聽建武初授祕書監固讓不拜太興初拜前軍將軍以疾復轉祕書監自負宿名恆怏怏不得志時晉陵朱鳳吳郡吳震並學行清脩老而未調譚皆薦爲著作佐郎或問譚曰諺言人之相去如九牛毛寧有此理乎譚曰昔許由巢父讓天子之貴市道小人爭半錢之利此之相去何啻九牛毛也聞者稱善戴若思弟邈則譚女壻也譚平生時常抑若思而進邈若思每銜之及用事常毀譚於帝由是官塗不至譚每懷觖望常從容言於帝曰臣已老矣將待死祕閣汲黯之言復存於今帝不懌久之加散騎常侍屬以疾辭及王敦作逆譚疾甚不能入省坐免卒於家贈光祿大夫金章紫綬加散騎常侍謚曰胡二子化茂化字長風爲征虜司馬討汲桑戰没茂嗣爵始淮南袁甫字公胄亦好學與譚齊名以辭辯稱常詣中領軍何勗自言能爲劇縣勗曰唯欲宰縣不爲臺閣職何也甫曰人各有能有不能譬繒中之好莫過錦錦不可以爲帢穀中之美莫過稻稻不可以爲虀是以聖主使人必先以器苟非周材何能悉長黃霸馳名於州郡而息譽於京邑廷尉之材不爲三公自昔然也勗善之除松滋令轉淮南國大農郎中令石珩問甫曰卿名能辯豈知壽陽已西何以恆雨壽陽已東何以恆水甫曰壽陽已東皆吳人夫亾國之音哀以思鼎足彊邦一朝失職憤歎甚積積憂成陰陰積成雨雨久成水故其域恆澇也壽陽已西皆是中國新平彊吳美寶皆入志盈心滿用長歡娛公羊有言魯僖甚悅故致旱京師若能抑彊扶弱先疏後親則天下和平災害不生觀者歎其敏捷卒於家年八十餘

陸機字士衡吳郡人也祖遜吳丞相父抗吳大司馬機身長七尺其聲如鐘少有異才文章冠世伏膺儒術非禮不動抗卒領父兵爲牙門將年二十而吳滅退居舊里閉門勤學積有十年以孫氏在吳而祖父世爲將相有大勳於江表深慨孫皓舉而棄之乃論權所以得皓所以亾又欲述其祖父功業遂作辯亾論二篇其上篇曰昔漢氏失御姦臣竊命禍基京畿毒徧宇內皇綱弛頓王室遂卑於是羣雄鋒駭義兵四合吳武烈皇帝慷慨下國電發荆南權畧紛紜忠勇伯世威稜則夷羿震盪兵交則醜虜授馘遂掃清宗祊烝禋皇祖于時雲興之將帶州猋起之師跨邑哮闞之羣風驅熊羆之族霧合雖兵以義動同盟勠力然皆苞藏禍心阻兵怙亂或師無謀律喪威稔寇忠規武節未有如此其著者也武烈既没長沙桓王逸才命世弱冠秀發招攬遺老與之述業神兵東驅奮寡犯眾攻無堅城之將戰無交鋒之虜誅叛柔服而江外底定飭法脩師則威德翕赫賓禮名賢而張公爲之雄交御豪俊而周瑜爲之傑彼二君子皆弘敏而多奇雅達而聽哲故同方者以類附等契者以氣集江東蓋多士矣將北伐諸華誅鉏干紀旋皇輿於夷庚反帝坐於紫闥挾天子以令諸侯清天步而歸舊物戎車既次羣凶側目大業未就中世而殞用集我大皇帝以奇蹤襲逸軌叡心因令圖從政咨於故實播憲稽乎遺風而加之以篤敬申之以節儉疇諮俊茂好謀善斷束帛旅於邱園旌命交乎塗巷故豪彥尋聲而響臻志士晞光而景騖異人輻輳猛士如林於是張公爲師傅周瑜陸公魯肅呂蒙之疇入爲心腹出作股肱甘寧凌統程普賀齊朱桓朱然之徒奮其威韓當潘璋黃蓋蔣欽周泰之屬宣其力風雅則諸葛瑾張承步騭以名聲光國政事則顧雍潘濬呂範呂岱以器任幹職奇偉則虞翻陸績張惇以風義舉政奉使則趙咨沈珩以敏達延譽術數則吳範趙達以禨祥協德董襲陳武殺身以衛主駱統劉基彊諫以補過謀無遺諝舉不失策故遂割據山川跨制荆吳而與天下爭衡矣魏氏

嘗藉戰勝之威率百萬之師浮鄧塞之舟下漢陰之衆羽楫萬計龍躍順流銳師千旅虎步原隰謨臣盈室武將連衡喟然有吞江滸之志壹宇宙之氣而周瑜驅我偏師黜之赤壁喪旗亂轍僅而獲免收迹遠遁漢王亦憑帝王之號帥巴漢之人乘危騁變結壘千里志報關羽之敗圖收湘西之地而我陸公亦挫之西陵覆師敗績困而後濟絕命永安續以濡須之寇臨川摧銳蓬蘢之戰孑輪不反由是二邦之將喪氣挫鋒勢衂財匱而吳莞然坐乘其弊故魏人請好漢氏乞盟遂躋天號鼎跱而立西界庸益之郊北裂淮漢之涘東苞百越之地南括羣蠻之表於是講八代之禮蒐三王之樂告類上帝拱揖羣后武臣毅卒循江而守長棘勁鎩望飆而奮庶尹盡規於上黎元展業于下化協殊裔風衍遐圻乃俾一介行人撫巡外域巨象逸駿擾於外閑明珠瑋寶耀於內府珍瑰重迹而至奇玩應響而赴輶軒騁於南荒衝輣息於朔野黎庶免干戈之患戎馬無晨服之虞而帝業固矣大皇既沒幼主蒞朝姦回肆虐景皇聿興虔脩遺憲政無大闕守文之良主也降及歸命之初典刑未滅故老猶存大司馬陸公以文武熙朝左丞相陸凱以謇諤盡規而施績范愼以威重顯丁奉鍾離斐以武毅稱孟宗丁固之徒爲公卿樓元賀邵之屬掌機事元首雖病股肱猶良爰逮末葉羣公既喪然後黔首有瓦解之患皇家有土崩之釁厯命應化而微王師躡運而發卒散於陣衆奔于邑城池無藩籬之固山川無溝阜之勢非有工輸雲梯之械智伯灌激之害楚子築室之圍燕人濟西之隊軍未浹辰而社稷夷矣雖忠臣孤憤烈士死節將奚救哉夫曹劉之將非一世所選向時之師無曩日之衆戰守之道抑有前符險阻之利俄然未改而成敗貿理古今詭趣何哉彼此之化殊授任之才異也其下篇曰昔三方之王也魏人據中夏漢氏有岷益吳制荆揚而掩有交廣曹氏雖功濟諸華虐亦深矣其人怨劉翁因險以飾智功已薄矣其俗陋夫吳桓王基之以武太祖成之以德聰明叡達懿度弘遠矣其求賢如弗及卹人如稚子接士盡盛德之容親仁罄丹府之愛拔呂蒙於戎行識潘濬於係虜推誠信士不恤人之我欺量能授器不患權之我偪執鞭鞠躬以重陸公之威悉委武衞以濟周瑜之師卑宮菲食豐功臣之賞披懷虛己納謨士之算故魯肅一面而自託士燮蒙險而效命高張公之德而省游田之娛賢諸葛之言而割情欲之歡感陸公之規而除刑法之煩奇劉基之議而作三爵之誓屏氣跼蹐以伺子明之疾分滋損甘以育淩統之孤登壇忼愾歸魯子之功削投怨言信子瑜之節是以忠臣競盡其謨志士咸得肆力洪規遠略固不厭夫區區者也故百官苟合庶務未遑初都建鄴羣臣請備禮秩天子辭而弗許曰天下其謂朕何宮室輿服蓋慊如也爰及中葉天人之分既定故百度之缺粗脩雖醲化懿綱未齒乎上代抑其體國經邦之具亦足以爲政矣地方幾萬里帶甲將百萬其野沃其兵練其器利其財豐東負滄海西阻險塞長江制其區宇峻山帶其封域國家之利未有巨於茲者也借使守之有道御之有術敦率遺典勤人謹政脩定策守常險則可以長世永年未有危亾之患也或曰吳蜀脣齒之國也夫蜀滅吳亾理則然矣夫蜀蓋藩援之與國而非吳人之存亾也其郊境之接重山積險陸無長轂之徑川阨流迅水有驚波之艱雖有銳師百萬啟行不過千夫軸艫千里前驅不過百艦故劉氏之伐陸公喻之長蛇其勢然也昔蜀之初亾朝臣異謀或欲積石以險其流或欲機械以禦其變天子總羣議而諮之大司馬陸公公以四瀆天地之所以節宣其氣固無可遏之理而機械則彼我所共彼若棄長技以就所屈即荆楚而爭舟檝之用是天贊我也將謹守峽口以待擒耳逮步闡之亂憑寶城以延彊寇資重幣以誘羣蠻于時大邦之衆雲翔電發懸旍江介築壘遵渚衿帶要害以止吳人之西巴漢舟師沿江東下陸公偏師三萬北據東坑深溝高壘按甲養威反虜踠迹待戮而不敢北窺生路彊寇敗績宵遁喪師太半分命銳師五千西禦水軍東西同捷獻俘萬計信哉賢人之謀豈欺我哉自是烽燧罕驚封域寡虞陸公沒而潛謀兆吳釁深而六師駭夫太康之役衆未盛乎曩日之師廣州之亂禍有愈乎向時之難而邦家顛覆宗廟爲墟嗚呼人之云亾邦國殄瘁不其然歟易曰湯武革命順乎天或曰亂不極則治不形言帝王之因天時也古人有言曰天時不如地利易曰王侯設險以守其國言爲國之恃險也又曰地利不如人和在德不在險言守險之在人也吳之興也參而由焉孫卿所謂合其參者也及其亾也恃險而已又孫卿所謂舍其參者也夫四州之萌非無衆也大江以南非乏俊也山川之險易守也勁利之器易用也先政之策易脩也功不興而禍遘何哉所以用之者失也故先王達經國之長規審存亾之至數謙己以安百姓敦惠以致人和寬沖以誘俊乂之謀慈和以結士庶之愛是以其安也則黎元與之同慶及其危也則兆庶與之共患安

與衆同慶則其危不可得也危與下同患則其難不足卹也夫然故能保其社稷而固其土宇麥秀無悲殷之思黍離無愍周之感矣至太康末與弟雲俱入洛造太常張華華素重其名如舊相識曰伐吳之役利獲二俊又嘗詣侍中王濟濟指羊酪謂機曰卿吳中何以敵此答曰千里蓴羹未下鹽豉時人稱爲名對張華薦之諸公後太傅楊駿辟爲祭酒會駿誅累遷太子洗馬著作郎范陽盧志於衆中問機曰陸抗於君遠近機曰如君於盧毓盧珽志默然既起雲謂機曰殊邦遐遠容不相悉何至於此機曰我父祖名播四海寧不知邪議者以此定二陸之優劣吳王晏出鎮淮南以機爲郎中令遷尚書中兵郎轉殿中郎趙王倫輔政引爲相國參軍豫誅賈謐功賜爵關內侯倫將簒位以爲中書侍郎倫之誅也齊王冏以機職在中書九錫文及禪詔疑機與焉遂收機等九人付廷尉賴成都王穎吳王晏並救理之得減死徙邊遇赦而止初機有駿犬名曰黃耳甚愛之既而羇寓京師久無家問笑語犬曰我家絕無書信汝能齎書取消息不犬搖尾作聲機乃爲書以竹筩盛之而繫其頸犬尋路南走遂至其家得報還洛其後因以爲常時中國多難顧榮戴若思等咸勸機還吳機負其才望而志匡世難故不從冏既矜功自伐受爵不讓機惡之作豪士賦以刺焉其序曰夫立德之基有常而建功之路不一何則循心以爲量者存乎我因物以成務者係乎彼存乎我者隆殺止乎其域係乎彼者豐約惟所遭遇落葉俟微飈以隕而風之力蓋寡孟嘗遭雍門以泣而琴之感以末何哉欲隕之葉無所假烈風將墜之泣不足煩哀響也是故苟時啟於天理盡於人庸夫

可以濟聖賢之功斗筲可以定烈士之業故曰才不半古功已倍之蓋得之於時世也歷觀今古徼一時之功而居伊周之位者有矣夫我之自我智士猶嬰其累物之相物昆蟲皆有此情夫以自我之量而挾非常之勳神器暉其顧眄萬物隨其俯仰心玩居常之安耳飽從諛之說豈識乎功在身外任出才表者哉且好榮惡辱有生之大期忌盈害上鬼神猶且不免人主操其常柄天下服其大節故曰天可讎乎而時有袨服荷戟立乎廟門之下援旗誓衆奮於阡陌之上況乎世主制命自下裁物者乎廣樹恩不足以敵怨勤興利不足以補害故曰代大匠斲者必傷手且夫政由甯氏忠臣所以慷慨祭則寡人人主所不久堪是以君奭怏怏不悅公旦之舉高平師師側目博陸之勢而成王不遺嫌吝於懷宣帝若負芒刺於背非其然者歟嗟乎光于四表德莫富焉王曰叔父親莫昵焉登帝天位功莫厚焉守節沒齒忠莫至焉而傾側顛沛僅而自全則伊生抱明允以嬰戮文子懷忠敬而齒劒固其所也因斯以言夫以篤聖穆親如彼之懿大德至忠如此之盛尚不能取信於人主之懷止謗於衆多之口過此以往惡覩其可安危之理斷可識矣又況乎饕大名以冒道家之忌運短才而易聖哲所難者哉身危由於勢過而不知去勢以求安禍積起於寵盛而不知辭寵以招福見百姓之謀已則申宮警守以崇不畜之威懼萬方之不服則嚴刑峻制以賈傷心之怨然後威窮乎震主而怨行乎上下衆心日陊危機將發而方偃仰瞪眄謂足以夸世笑古人之未工忘己事之已拙知曩勳之可矜闇成敗之有會是以事窮運盡必於顛仆風起塵合而禍至常酷也聖

人忌功名之過已惡寵祿之踰量蓋爲此也夫惡欲之大端賢愚所共有而遊子殉高位於生前志士思垂名於身後受生之分惟此而已夫蓋世之業名莫盛焉率意無違欲莫順焉借使伊人頗覽天道知盡不可益盈難久持超然自引高揖而退則巍巍之盛仰邈前賢洋洋之風俯觀來籍而大欲不止於身至樂無愆乎舊節彌效而德彌廣身逾逸而名逾劭此之不爲而彼之必昧然後河海之迹堙爲窮流一匱之釁積成山嶽名編凶頑之條身厭荼毒之痛豈不謬哉故聊爲賦焉庶使百世少有悟云冏不之悟而竟以敗機又以聖王經國義在封建因採其遠指著五等論曰夫體國經野先王所慎創制垂基思隆後葉然而經略不同長世異術五等之制始於黃唐郡縣之治創於秦漢得失成敗備在典謨是以其詳可得而言夫王者知帝業至重天下至廣廣不可以偏制重不可以獨任任重必於借力制廣終乎因人故設官分職所以輕其任也並建伍長所以宏其制也於是乎立其封疆之典裁其親疏之宜使萬國相維以成磐石之固宗庶雜居而定維城之業又有以見綏世之長御識人情之大方知其爲人不如厚已利物不如圖身安上在於悅下爲己存乎利人故易曰悅以使人人忘其勞孫卿曰不利而利之不如利而後利之利也是以分天下以厚樂而已得與之同憂饗天下以豐利而已得與之共害利博而恩篤樂遠則憂深故諸侯享食土之實萬國受傳世之祚夫然則南面之君各務其政九服之內知有定主上之子愛於是乎生下之禮信於是乎結世平足以敦風道衰足以禦暴故彊毅之國不能擅一時之勢雄俊之人無所寄霸王之

志然後國安由萬邦之思化王尊賴羣后之圖身譬猶衆目營方則天綱自穊四體辭難而心膂獲乂蓋三代所以直道四王所以垂業也夫盛衰隆替理所固有教之廢興繫乎其人原法期於必諒明道有時而闇故世及之制弊於彊禦厚下之典漏於末折侵弱之釁遘自三季陵夷之禍終乎七雄昔成湯親照夏后之鑒公旦目涉商人之戒文質相濟損益有物然五等之禮不革于時封畛之制有隆爾者豈玩二王之禍而闇經世之算乎固知百世非可懸御善制不能無弊而侵弱之辱愈於殄祀土崩之困痛於陵夷也是以經始獲其多福慮終取其少禍非謂侯伯無可亂之符郡縣非興化之具故國憂賴其釋位主弱憑於翼戴及承微積弊王室遂卑猶保名位祚垂後嗣皇統幽而不輟神器否而必存者豈非事勢使之然歟降及亾秦棄道任術懲周之失自矜其得尋斧始於所庇制國昧於弱下國慶獨饗其利主憂莫與共害雖速亾趨亂不必一道顛沛之釁實由孤立是蓋思五等之小怨忘萬國之大德知陵夷之可患闇土崩之爲痛也周之不競有自來矣國乏令主十有餘世然片言勤王諸侯必應一朝振矜遠國先叛故彊晉收其請隧之圖暴楚頓其觀鼎之志豈劉項之能窺關勝廣之敢號澤哉借使秦人因循其制雖則無道有與共亾覆滅之禍豈在曩日漢矯秦枉大啟王侯境土踰溢不遵舊典故賈生憂其危鼂錯痛其亂是以諸侯阻其國家之富憑其士庶之力勢足者反疾土狹者逆遲六臣犯其弱綱七子衝其漏網皇祖夷於黔徒西京病於東帝是蓋過正之災而非建侯之累也然呂氏之難朝士外顧宋昌策漢必稱諸侯逮至中葉忌

其失節割削宗子有名無實天下曠然復襲亾秦之軌矣是以五侯作威不忌萬國新都襲漢易於拾遺也光武中興纂隆皇統而由遵覆車之遺轍養喪家之宿疾僅及數世姦宄充斥卒有彊臣專朝則天下風靡一夫從衡而城池自夷豈不危哉在周之衰難興王室放命者七臣干位者三子嗣王委其九鼎凶族據其天邑鉦鼙震於閫宇鋒鏑流於絳闕然禍止畿甸害不覃及天下晏然以安待危是以宣王興於共和襄惠振於晉鄭豈若二漢階闥暫擾而四海已沸孽臣朝入而九服夕亂哉遠惟王莽篡逆之事近覽董卓擅權之際億兆悼心愚智同痛然周以之存漢以之亾夫何故哉豈世乏曩時之臣士無匡合之志歟蓋遠績屈於時異雄心挫於卑勢耳故烈士扼腕終委寇讐之手忠人變節以助虐國之桀雖復時有鳩合同志以謀王室然上非奥主下皆市人師旅無先定之班君臣無相保之志是以義兵雲合無救劫殺之禍衆望未改而已見大漢之滅矣或以諸侯世位不必常全昏主暴君有時比迹故五等所以多亂今之牧守皆官方庸能雖或失之其得固多故郡縣易以爲政夫德之休明黜陟日用長率連屬咸述其職而淫昏之君無所容過何則其不治哉故先代有以之興矣苟或衰陵百度自悖鬻官之吏以貨準才則貪殘之萌皆羣后也安在其不亂哉故後王有以之廢矣且要而言之五等之君爲已思政郡縣之長爲吏圖物何以徵之蓋企及進取仕子之常志脩已安人良士所希及夫進取之情銳而安人之譽遲是故侵百姓以利已者在位所不憚損實事以養名者官長所夙夜也君無卒歲之圖臣挾一時之志五等則不然知國爲

己土衆皆我民民安己受其利國傷家嬰其病故前人欲以垂後後嗣思其堂構爲上無苟且之心羣下知膠固之義使其並賢居政則功有厚薄兩愚處亂則過有深淺然則八代之制幾可以一理貫秦漢之興殆可以一言蔽也時成都王穎推功不居勞謙下士機既感其全濟之恩又見朝廷屢有變難謂穎必能康隆晉室遂委身事焉穎以機參大將軍事表爲平原內史太安初穎與河間王顒起兵討長沙王乂假機後將軍河北大都督督北中郎將王粹冠軍牽秀等諸軍二十餘萬人機以三世爲將道家所忌又羇旅入宦頓居羣士之右而王粹牽秀等皆有怨心固辭都督穎不許機鄉人孫惠亦勸機讓都督於粹機曰將爲吾爲首鼠避賊適所以速禍也遂行穎謂機曰若功成事定當爵爲郡公位以台司將軍勉之矣機曰昔齊桓任夷吾以建九合之功燕惠疑樂毅以失垂成之業今日之事在公不在機也穎左長史盧志心害機寵言於穎曰陸機自比管樂擬君闇主自古命將遣師未有臣陵其君而可以濟事者也穎默然機始臨戎而牙旗折意惡之列軍自朝歌至于河橋鼓聲聞數百里漢魏以來出師之盛未嘗有也長沙王乂奉天子與機戰於鹿苑機軍大敗赴七里澗而死者如積焉水爲之不流將軍賈稜皆死之初宦人孟玖弟超並爲穎所嬖寵超領萬人爲小都督未戰縱兵大掠機錄其主者超將鐵騎百餘人直入機麾下奪之顧謂機曰貉奴能作督不機司馬孫拯勸機殺之機不能用超宣言於衆曰陸機將反又還書與玖言機持兩端軍不速決及戰超不受機節度輕兵獨進而沒玖疑機殺之遂譖機於穎言其有異志將軍王闡郝昌

公師藩等皆玖所用與牽秀等共譖之穎大怒使牽秀密收機其夕機夢黑幰繞車手決不開天明而秀兵至機釋戎服著白帢與秀相見神氣自若謂秀曰自吳朝傾覆吾之兄弟家族蒙國重恩入侍帷幄出剖符竹成都命吾以重任辭不獲已今日受誅豈非命也因與穎牋詞甚悽惻既而歎曰華亭鶴唳豈可復聞乎遂遇害於軍中時年四十三二子蔚夏亦同被害機既死非其罪士卒痛之莫不流涕是日昏霧晝合大風折木平地尺雪議者以爲陸氏之冤機天才秀逸詞藻宏麗張華嘗謂之曰人之爲文常恨才少而子更患其多弟雲嘗與書曰君苗見兄文輒欲燒其筆硯後葛洪著書稱機文猶元圃之積玉無非夜光焉五河之吐流泉源如一焉其弘麗妍贍英銳飄逸亦一代之絕乎其爲人所推服如此然好游權門與賈謐親善以進趣獲譏所著文章凡三百餘篇並行於世孫拯者字顯世吳郡富春人也能屬文仕吳爲黃門郎孫皓世侍臣多得罪惟拯與顧榮以智全吳平後爲涿令有稱績機既爲孟玖所誣收拯考掠兩踝骨見終不變辭門生費慈宰意二人詣獄明拯拯譬遣之曰吾義不可誣枉知故卿何宜復爾二人曰僕亦安得負君拯遂死獄中而慈意亦死雲字士龍年六歲能屬文性清正有才理少與兄機齊名雖文章不及機而持論過之號曰二陸幼時吳尚書廣陵閔鴻見而奇之曰此兒若非龍駒當是鳳雛後舉雲賢良時年十六吳平入洛機初詣張華華問雲何在機曰雲有笑疾未敢自見俄而雲至華爲人多姿致又好帛繩纏鬚雲見而大笑不能自已先是嘗著縗絰上船於水中顧見其影因大笑落水人救獲免雲與荀隱素未相識嘗會華坐華曰今日相遇可勿爲常談雲抗手曰雲間陸士龍隱曰日下荀鳴鶴鳴鶴隱字也雲又曰既開青雲覩白雉何不張爾弓挾爾矢隱曰本謂是雲龍騤騤乃是山鹿野麋獸微弩彊是以發遲華撫手大笑刺史周浚召爲從事謂人曰陸士龍當今之顏子也俄以公府掾爲太子舍人出補浚儀令縣居都會之要名爲難理雲到官肅然下不能欺市無二價人有見殺者主名不立雲錄其妻而無所問十許日遣出密令人隨後謂曰其去不出十里當有男子候之與語便縛來既而果然問之具服云與此妻通共殺其夫聞妻得出欲與語憚近縣故遠相要候於是一縣稱爲神明郡守害其能屢譴責之雲乃去官百姓追思之圖畫形像配食縣社尋拜吳王晏郎中令晏於西園大營第室雲上書諫之辭甚懇切時晏任用部曲將李咸馮南司馬吳定給使徐泰等使覆校諸官市買錢帛簿雲以爲既非開國勿用之義又傷推誠曠蕩之量復上書陳之晏不能用雲愛才好士多所貢達移書太常府薦同郡張瞻盛稱其才不以溢美爲嫌入爲尚書郎侍御史太子中舍人中書侍郎成都王穎表爲內史穎將討齊王冏以雲爲前鋒都督會冏誅轉大將軍右司馬穎晚節政衰雲屢以正言忤旨孟玖欲用其父爲邯鄲令左長史盧志等並阿意從之而雲固執不許曰此縣皆公府掾資豈有黃門父居之邪玖深忿怨張昌爲亂穎上雲爲使持節大都督前鋒將軍以討昌會伐長沙王乃止機之敗也并收雲穎官屬江統蔡克棗嵩等上疏救之穎不納統等重請穎遲迴者三日盧志又曰昔趙王殺中護軍趙浚赦其子驤詣明公而擊趙郿前事也蔡克入至穎前叩頭流血曰雲爲孟玖所怨遠近莫不聞今果見殺罪無彰驗將令羣心疑惑竊爲明公惜之僚屬隨克入者數十人流涕固請穎惻然有宥雲之色孟玖扶穎入催令殺雲時年四十二有二女無男雲門生故吏迎喪葬清河脩墓立碑四時祠祭所著文章三百四十九篇又撰新書十篇並行於世初雲嘗行逗宿故人家夜闇迷路莫知所從忽見草中有火光於是趣之至一家便寄宿見一年少美風姿其談老子辭致深遠向曉辭去行十許里至故人家云此數十里中無人居雲　始悟尋昨所宿處乃王弼冢也雲本無元學自此談老殊進雲弟耽爲平東祭酒亦有聲譽與雲同遇害大將軍參軍孫惠與淮南內史宋誕書曰不意三陸相攜闇朝一旦湮滅道業淪喪痛哭之深荼毒難言國喪儁望悲豈一人其爲州里所痛悼如此後東海王越討穎移檄天下亦以機雲兄弟枉害罪狀穎云機從弟喜字恭仲父瑁吳吏部尚書喜仕吳累遷吏部尚書少有聲名好學有才思常爲自叙其畧曰劉向省新語而作新序桓譚詠新序而制新論余不自量感子雲之法言而作言道覩賈子之美才而作訪論觀子政洪範而作古今曆覽蔣子通萬機而作審機讀幽通思元四愁而作娛賓九思眞所謂忍愧者也其書近百篇吳平又作西州清論傳於世借稱諸葛孔明以行其書也有較論品格篇曰或問予薛瑩最是國士之第一者乎答曰以理推之在乎四五之間問者愕然請問答曰夫孫皓無道肆其暴虐若龍蛇其身沈默其體潛而勿用趣不可測此第一人也避尊居卑祿代耕養元靜守約沖退澹然此第二人也侃然體國思治心不辭貴以方見憚執正不懼

此第三人也斟酌時宜在亂猶顯意不忘忠時獻徵益此第四人也溫恭脩愼不爲諂首無所云補從容保寵此第五人也過此已往不足復數故第二已上多淪沒而遠悔各第三已下有聲譽而近咎累是以深識君子晦其明而履柔順也問者曰始聞高論終年啟寤矣太康中下詔曰僞尚書陸喜等十五人南士歸稱並以貞潔不容皓朝或忠而獲罪或退身脩志放在草野主者皆可隨本位就下拜除勅所在以禮發遣須到隨才受用乃以喜爲散騎常侍尋卒子育爲尚書郎弋陽太守

夏侯湛字孝若譙國譙人也祖威魏兗州刺史父莊淮南太守湛幼有盛才文章宏富善構新詞而美容觀與潘岳友善每行止則同輿接茵京師謂之連璧少爲太尉掾泰始中舉賢良對策中第拜郎中累年不調乃作抵疑以自廣辭旨可觀後選補太子舍人轉尚書郎出爲野王令以郵隱爲急而緩於公調政清務閑優游多暇湛有六弟淳琬瑤譔總瞻湛乃準尚書都俞之言而作昆弟誥世多稱之居邑累年朝野多嘆其屈除中書侍郎出補南陽相遷太子僕未就命而武帝崩惠帝即位以爲散騎常侍元康初卒年四十九著論三十餘篇別爲一家之言初湛作周詩成以示潘岳岳曰此文非徒溫雅乃別見孝悌之性岳因此遂作家風詩湛族爲盛門性頗豪侈侯服玉食窮滋極珍及將沒遺命小棺薄斂不脩封樹論者謂湛雖生不砥礪名節死則儉約令終是深達存亾之理淳字孝沖亦有文藻與湛俱知名官至弋陽太守遭中原傾覆子姪多沒胡寇唯息承渡江承字文子參安東軍事稍遷南平太守太興末王敦舉兵內向承與梁州刺史甘卓巴東監軍柳純宜都太守譚該等並露檄遠近列敦罪狀會甘卓懷疑不進王師敗績敦悉誅滅異已者收承欲殺之承外兄王廙苦請得免尋爲散騎常侍

潘岳字安仁滎陽中牟人也祖瑾安平太守父芘琅邪內史岳少以才穎見稱鄉邑號爲奇童謂終賈之儔也早辟司空太尉府舉秀才泰始中武帝躬耕籍田岳作賦以美其事曰伊晉之四年正月丁未皇帝親率羣后籍于千畝之甸禮也於是乃使甸師清畿野廬埽路封人壝宮掌舍設枑青壇蔚其嶽立兮翠幕黕以雲布結崇基之靈趾兮啟四塗之廣阼沃野墳腴膏壤平砥清洛濁渠引流激水遐阡繩直邇陌如矢葱犗服于縹軛兮紺轅綴於黛耜儼儲駕於廛左兮俟萬乘之躬履百寮先置位以職兮自上下下具惟命臣襲春服之萋萋兮接游車之轔轔微風生於輕幰兮纖埃起乎朱輪森奉璋以階列兮望皇軒而肅震若湛露之晞朝陽兮衆星之拱北辰也於是前驅魚麗屬車鱗萃閶闔洞啟參塗方駟常伯陪乘太僕執轡后妃獻穜稑之種司農撰播殖之器挈壺掌升降之節宮政設門閭之蹕天子乃御玉輦蔭華蓋衝牙錚鎗綃紈綷縩金根照耀以炯晃兮龍驥騤騤而沛艾表朱元於離坎兮飛青縞於震兌中黃暉以發輝兮方綵紛其繁會五路鳴鑾九旗揚旆瓊鈒入蘂雲罕晻藹簫管嘲哳以啾嘈兮鼓鞞硡磕以砰礚筍簴嶷以軒翥兮洪鐘越乎區外震震填填塵霧連天以幸乎籍田蟬冕熲以灼灼兮碧色肅其千千似夜光之剖荊璞兮若茂松之依山巔也於是我皇乃降靈壇撫御耦游場染屨洪縻在手三推而舍庶人終畝貴賤以班或五或九于斯時也居靡都鄙人無華裔長幼雜遝以交集士女頒斌而咸戾被褐振裾垂髫總髮躡踵側肩掎裳連襼黃塵爲之四合陽光爲之潛翳動容發音而觀者莫不抃舞乎康衢謳吟乎聖世情欣樂乎昏作慮盡力乎樹藝靡推督而常勤兮莫之課而自厲躬先勞而悅使兮豈嚴刑而猛制哉有邑老田父或進而稱曰蓋損益隨時理有常然高以下爲基人以食爲天正其末者端其本善其後者慎其先夫九土之宜弗任四業之務不壹野有菜蔬之色朝乏代耕之秩無儲蓄以虞災徒望歲以自必三代之衰皆此物也今聖上昧旦丕顯夕惕若慄圖匱於豐防儉於逸欽哉欽哉惟穀之恤展三時之弘務致倉廩於盈溢固堯湯之用心而存救之要術也若乃廟祧有事祝宗諏日簠簋普淖則此之自實縮鬯蕭茅又於是乎出黍稷馨香旨酒嘉栗宜其時和年登而神降之吉也古人有言曰聖人之德無以加於孝乎夫孝者天之性人之所由靈也昔者明王以孝治天下其或繼之者尠哉希矣逮我皇晉實光斯道儀刑孚于萬國愛敬盡於祖考故躬稼以供粢盛所以致孝也勸穡以足百姓所以固本也能本而孝盛德大業至矣哉此一役也二美顯焉不亦遠乎不亦重乎敢作頌曰思樂甸畿薄採其芳大君戾止言籍其農其農三推萬國以祗耦我公田遂及我私我簠斯盛我簋斯齊我倉如陵我庾如坻念茲在茲永言孝思人力普存祝史正辭神祇攸歆逸豫無期一人有慶兆民賴之岳才名冠世爲衆所疾遂栖遲十年出爲河陽令負其才而鬱鬱不得志時尚書僕射山濤領吏部王濟裴楷等並爲帝所親遇岳內非之乃題閣道爲謠曰閣道東有大牛王濟鞅裴楷鞧和嶠刺促不得休轉懷

令時以逆旅逐末廢農姦淫亾命多所依湊敗亂法度
勑當除之十里一官權使老小貧戶守之又差吏掌主
依客舍收錢岳議曰謹案逆旅久矣其所由來也行者
賴以頓止居者薄收其直交易貿遷各得其所官無役
賦因人成利惠加百姓而公無末費語曰許由辭帝堯
之命而舍於逆旅外傳曰晉陽處父過甯舍於逆旅魏
武皇帝亦以爲宜其詩曰逆旅整設以通商賈然則自
唐到今未有不得客舍之法秦商鞅尤之固非聖世之
所言也今四海會同九服納貢八方翼翼公私滿路近
畿輻輳客舍亦稠冬有溫爐夏有涼蔭芻秣成行器用
取給疲牛必投乘涼近進發槅寫鞍皆有所憇又諸劫
盜皆起於迥絕止乎人衆十里蕭條則姦軌生心連陌
接館則寇情震懾且聞聲有救已發有追不救有罪不
追有戮禁暴捕亾恆有司存凡此皆客舍之益而官權
之所乏也又行者貪路告糴炊爨皆以昏晨盛夏晝熱
又兼星夜旣限早閉不及權門或避晚關迸逐路隅祇
長慢藏誨盜之原苟以客舍多敗法教官守棘權獨復
何人彼河橋孟津解券輸錢高第督察數入校出品郎
兩岸相檢猶懼或失之故懸以祿利許以功報今賤吏
疲人獨專權稅管闢閉之權籍不校之勢此道路之蠹
姦利所殖也率歷代之舊俗獲行留之懽心使客舍洒
埽以待征旅擇家而息豈非衆庶顒顒之望請曹列上
朝廷從之岳頻宰二邑勤於政績調補尚書度支郎遷
廷尉評以公事免楊駿輔政高選吏佐引岳爲太傅主
簿駿誅除名初譙人公孫宏少孤貧客田於河陽善鼓
琴頗能屬文岳之爲河陽愛其才藝待之甚厚至是宏
爲楚王瑋長史專殺生之政時駿綱紀皆當從坐同署
主簿朱振已就戮岳其夕取急在外宏言之瑋謂之假
吏故得免未幾選爲長安令作西征賦述所經人物山
水文清旨詣辭多不錄徵補博士未召以母疾輒去官
免尋爲著作郎轉散騎侍郎遷給事黃門侍郎岳性輕
躁趨世利與石崇等諂事賈謐每候其出與崇輒望塵
而拜構愍懷之文岳之辭也謐二十四友岳爲其首謐
晉書限斷亦岳之辭也其母數誚之曰爾當知足而乾
沒不已乎而岳終不能改旣仕宦不達乃作閑居賦曰
岳讀汲黯傳至司馬安四至九卿而良史書之題以巧
宦之目未嘗不慨然廢書而歎也曰嗟乎巧誠有之拙
亦宜然顧常以爲士之生也非至聖無軌微妙元通者
則必立功立事效當年之用是以資忠履信以進德脩
辭立誠以居業僕少竊鄉曲之譽忝司空太尉之命所
奉之主卽太宰魯武公其人也舉秀才爲郎逮事世祖
武皇帝爲河陽懷令尚書郎廷尉評今天子諒闇之際
領太傅主簿府誅除名爲民俄而復官除長安令遷博
士未召拜親疾輒去官免自弱冠涉乎知命之年八徙
官而一進階再免一除名一不拜職遷者三而已矣雖
通塞有遇抑亦拙之效也昔通人和長輿之論余也固
曰拙於用多稱多者吾豈敢言拙則信而有徵方今俊
乂在官百工惟時拙者可以絕意乎寵榮之事矣太夫
人在堂有羸老之疾尚何能違膝下色養而屑屑從斗
筲之役乎於是覽止足之分庶浮雲之志築室種樹逍
遙自得池沼足以漁釣舂稅足以代耕灌園鬻蔬供朝
夕之膳牧羊酤酪俟伏臘之費孝乎惟孝友于兄弟此
亦拙者之爲政也乃作閑居賦以歌事遂情焉其辭曰
遨墳素之長圃步先哲之高衢雖吾顏之云厚猶內愧
於甯蘧有道予不仕無道吾不愚何巧智之不足而拙
艱之有餘也於是退而閑居于洛之涘身齊逸民名綴
下士背京泝伊面郊後市浮梁黝以逕度靈臺傑其高
跱闚天文之祕奧覩人事之終始其西則有元戎禁營
元幕綠徼谿子巨黍異絭同歸礮石雷駭激矢蝱飛以
先啟行耀我皇威其東則有明堂辟雍清穆敞閑環林
縈映圓海回泉聿追孝以嚴父宗文考以配天祗聖敬
以明順養更老以崇年若乃背冬涉春陰謝陽施天子
有事于柴燎以郊祖而展義張鈞天之廣樂備千乘之
萬騎服振振以齊元管啾啾而並吹煌煌乎隱隱乎茲
禮容之壯觀而王制之巨麗也兩學齊列雙宇如一右
延國胄左納良逸祁祁生徒濟濟儒術或升之堂或入
之室教無常師道則在是故髦士投紱名王懷璽訓若
風行應猶草靡此里仁所以爲美孟母所以三徙也爰
定我居築室穿池長楊映沼芳枳樹檟遊鱗瀺灂菡萏
敷披竹木蓊藹靈果參差張公大谷之梨梁侯烏椑之
柹周文弱枝之棗房陵朱仲之李靡不畢殖三桃表櫻
胡之別二柰耀丹白之色石榴蒲桃之珍磊落蔓衍乎
其側梅杏郁棣之屬繁榮藻麗之飾華實照爛言所不
能極也菜則葱韭蒜芋青筍紫薑堇薺甘旨蓼荾芬芳
蘘荷依陰時藿向陽綠葵含露白薤負霜於是凜秋暑
退熙春寒往微雨新晴六合清朗太夫人乃御版輿升
輕軒遠覽王畿近周家園體以行和藥以勞宣常膳載
加舊痾有痊於是席長筵列孫子柳垂蔭車結軌陸摘
紫房水挂頳鯉或宴于林或禊于汜昆弟斑白兒童稚
齒稱萬壽以獻觴咸一懼而一喜壽觴舉慈顏和浮杯
樂飲絲竹駢羅頓足起舞抗音高歌人生安樂孰知其

他退求己而自省信用薄而才劣奉周任之格言敢陳力而就列幾陋身之不保而奚擬乎明哲仰眾妙而絕思終優游以養拙初芘爲瑯邪內史孫秀爲小史給岳而狡黠自喜岳惡其爲人數撻辱之秀常銜忿及趙王倫輔政秀爲中書令岳於省內謂秀曰孫令猶憶疇昔周旋不答曰中心藏之何日忘之岳於是自知不免俄而秀遂誣岳及石崇歐陽建謀奉淮南王允齊王冏爲亂誅之夷三族岳將詣市與母別曰負阿母初被收俱不相知石崇已送在市岳後至崇謂之曰安仁卿亦復爾邪岳曰可謂白首同所歸岳金谷詩云投分寄石友白首同所歸乃成其讖岳母及兄侍御史釋弟燕令豹司徒掾據據弟詵兄弟之子已出之女無長幼一時被害唯釋子伯武逃難得免而豹女與其母相抱號呼不可解會詔原之岳美姿儀辭藻絕麗尤善爲哀誄之文少時常挾彈出洛陽道婦人遇之者皆連手縈繞投之以果遂滿車而歸時張載醜每行小兒以瓦石擲之委頓而反岳從子尼字正叔祖勗漢東海相父滿平原內史並以學行稱尼少有清才與岳俱以文章見知性靜退不競唯以勤學著述爲事著安身論以明所守初應州辟後以父老辭位致養太康中舉秀才爲太常博士歷高陸令淮南王允鎮東參軍元康初拜太子舍人上釋奠頌帝甚善之後出爲宛令在任寬而不縱恤隱勤政厲公平而遣人事入補尚書郎俄轉著作郎復爲乘輿箴上之極盡風諫之美及趙王倫篡位孫秀專政忠良之士咸罹酷烈尼遂稱疾篤取假拜埽墳墓聞齊王冏起義乃赴許昌冏引爲參軍與謀時務兼管書記事平封安昌公歷黃門侍郎散騎常侍侍中祕書監永興末爲中書令時三王戰爭皇家多故尼職居顯要從容而已雖憂虞不及而備嘗艱難永嘉中遷太常卿洛陽將沒攜家屬東出成皋欲還鄉里道遇賊不得前病卒於塢壁年六十餘

張載字孟陽安平人也父收蜀郡太守載性閑雅博學有文章太康初至蜀省父道經劍閣載以蜀人恃險好亂因著銘以作誡曰巖巖梁山積石峨峨遠屬荆衡近綴岷嶓南通邛僰北達褒斜狹過彭碣高踰嵩華惟蜀之門作固作鎮是曰劍閣壁立千仞窮地之險極路之峻世濁則逆時清斯順閉由往漢開自有晉秦得百二并吞諸侯齊得十二田生獻籌矧茲狹隘土之外區一人荷戟萬夫趑趄形勝之地匪親勿居昔在武侯中流而喜河山之固見屈吳起洞庭孟門二國不祀興實由德險亦難恃自古及今天命不易憑阻作昏鮮不敗績公孫既沒劉氏銜璧覆車之軌無或重跡勒銘山阿敢告梁益益州刺史張敏見而奇之乃表其文武帝遣使鐫之於劍閣山焉載又爲権論言賢人君子將立天下之功成天下之名非遇其時無由而致其用辭旨高邁世多稱之又爲濛汜賦司隸校尉傅元見而嗟歎以車迎之言談盡日爲之延譽遂知名起家佐著作郎出補肥鄉令復爲著作郎轉太子中舍人遷樂安相弘農太守長沙王乂請爲記室督拜中書侍郎復領著作載見世方亂無復進仕意遂稱疾篤告歸卒於家載二弟協亢協字景陽少有儁才與載齊名辟公府掾轉祕書郎補華陰令征北大將軍從事中郎遷中書侍郎轉河間內史在郡清簡寡欲于時天下已亂所在寇盜協遂棄絕人事屏居草澤守道不競以屬詠自娛擬諸文士作七命其辭曰沖漠公子含華隱曜嘉遯龍蟠超世高蹈遊心於浩然玩志乎眾妙絕景乎大荒之遐阻呑響乎幽山之窮奧於是徇華大夫聞而造焉乃整雲輅驂飛黃越奔沙轥流霜陵扶搖之風躡堅冰之津旌拂霄崿軌出蒼垠天清泠而無霞野曠朗而無塵臨重岫而攬轡顧石室而迴輪遂適沖漠公子之所居其居也崢嶸幽藹蕭瑟虛元溟海渾濩涌其後嶰谷嶆嶆張其前尋竹蔌莖蔭其壑百籟羣鳴籠其山衝飈發而回日飛礫起而灑天於是登絕巘遡長風陳辯惑之辭命公子於巖中日蓋聞聖人不卷道而背時智士不遺身而匿跡生必耀華名於玉牒沒則勒鴻伐於金冊今公子違世陸沈避地獨竄有生之儀滅資父之義廢愁洽百年苦溢千載何異促鱗之遊汀濴短羽之棲翳薈今將榮子以天人之大寶悅子以縱性之至娛窮地而遊中天而居傾四海之歡殫九州之腴鑽屈穀之瓠解疏屬之拘子欲之乎公子曰大夫不遺來萃荒外雖在不敏敬聽嘉話大夫曰寒山之桐出自太冥含黃鐘以吐幹據蒼岑而孤生既乃瓊巘層陵金岸崥崹右當風谷左臨雲谿上無陵虛之巢下無跖實之蹊搖刖峻挺若邈嶕嶢睎三春之溢露遡九秋之鳴飈零雪寫其根霏霜封其條木既繁而後綠草未素而先凋於是構雲梯陟崢嶸剪爨賓之陽柯剖大呂之陰莖營匠斲其樸伶倫均其聲器畢樂奏促調高張音朗號鐘韻清繞梁追逸響於八風採奇律於歸昌啟中黃之妙宮發蓐收之變商若乃龍火西頹暄氣初收飛霜迎節高風送秋羇旅懷土之徒流宕百罹之儔撫促柱則酸鼻揮危弦則涕流若乃追清哇赴嚴節奏淥水吐白雪激楚迴流風結悲翼

葵之朝落悼望舒之夕鈌凳羲爲之擗摽孀老爲之鳴咽王子拂纓而傾耳六馬嘘天而仰秣此蓋音曲之至妙子豈能從我而聽之乎公子曰余病未能也大夫曰蘭宮祕宇雕堂綺櫳雲屏爛旰瓊壁青蔥應門八襲璇臺九重表以百常之閎閣以萬雉之墉衙乃嶢榭迎風秀出中天翠觀岑青彤閣霞連長翼臨雲飛陛陵山望玉繩而結極承倒景而開軒頳素煥爛枌拱嵯峨陰虬負檐陽馬承阿錯以瑤英鏤以金華方疏含秀圓井吐葩重股壘起交綺對幌幽堂晝密明室夜朗焦冥飛而風生尺蠖動而成響若乃目厭常玩體倦帷幄攜公子而雙遊時娛觀於林麓登翠阜臨丹谷華草錦繁飛采星燭陽葉春青陰條秋綠華實代新承意恣觀仰折神蘑俯採朝蘭惣惠風於蘅薄脅椒塗於瑤壇爾乃浮三翼戲中沚潛鰓駭驚翰起沈絲結飛矰理挂歸翮於赤霄之表出華鱗於紫潭之裏然後縱櫂隨風弭楫乘波吹孤竹撫雲和川客唱淮南之曲榜人奏採菱之歌歌曰乘鷁舟兮爲水嬉臨芳洲兮拔靈芝樂以忘戚遊以卒時窮夜爲日畢歲爲期此蓋宴居之浩麗子豈能從我而處之乎公子曰余病未能也大夫曰若乃白商素節月既授衣天凝地閉風厲霜飛柔條夕勁密葉最稀將因氣以效殺臨金郊而講師爾乃列輕武整戎剛建雲髦敵雄芘駕紅陽之飛燕驂唐公之驌驦屯羽隊於外林縱輕翼於中荒爾乃張脩罠布飛羅凌黃岑挂青巒蠶長鎩以爲限帶流谿以爲關既乃內無疏蹊外無漏跡叩鉦散校舉麾贊獲彀金機馳鳴鏑虓剛豪落勁翮連騎競騖駢武齊轍翕忽揮霍雲迴風烈聲動響飛形移影發舉戈林聳揮鋒電滅仰傾雲巢俯殫地穴乃有圓文之豻斑題之貗鼓鬣風生怒目電瞛口歕霜刃足撥飛鋒甑林蹶石扣拔幽叢於是飛黃奮銳賁育逞伎蹴封豨擯馮豕拉虤麎挫解貐鉤瓜摧鋸牙擺欄漫狼籍傾榛倒壑隕嶺挂山僵踣掩澤藪爲毛林隰爲丹薄於是徹圍頓網卷旆收鳶虞人數獸林衡計鮮論最犒勤息馬韜弦肴駟連驃酒駕方軒千鐘電醽萬燧星繁陵阜沾流膏谿谷厭芳烟歡極樂殫迴節而旋此亦畋遊之壯觀子豈能從我而爲之乎公子曰余病未能也大夫曰楚之陽劍歐冶所營邪谿之鋌赤山之精銷踰羊頭鍱越鍛成乃鍊乃鍱萬辟千灌豐隆奮椎飛廉扇炭神器化成陽文陰漫既乃流綺星連浮采豔發光如散電質如耀雪霜鍔水凝冰刃露潔形冠豪曹名珍巨闕指鄭則三軍白首麾晉則千里流血豈徒水截蛟鴻陸灑奔駟斷浮翮以爲工絕重甲而稱利云爾而已哉若其靈寶則舒辟無方奇鋒異模形震薛燭光駭風胡價兼三鄉聲貴二都或馳名傾秦或夜飛去吳是以功冠萬戰威曜無窮揮之者無前擁之者身雄可以從服九國橫制八戎爪牙景附函夏承風此蓋希世之神兵子豈能從我而服之乎公子曰余病未能也大夫曰天驥之駿逸態超越稟氣靈川受精皎月眸矙黑照元采紺發沫如揮紅汗如振血秦青不能識其眾尺方堙不能覩其若滅爾乃巾雲軒踐朝霧赴春衢整秋御虬蛹蝸騰驎超龍翥望山截奔視林截赴氣躍怒發星飛電駭志陵九州勢越四海影不及形塵不暇起浮箭未移冉踐千里爾乃踰天根越地隔適汗漫之所不遊躡章亥之所未跡陽烏爲之頓羽夸父爲之投策斯蓋天下之雋乘子豈能從我而御之乎公子曰余病未能也大夫曰大梁之黍瓊山之禾唐稷播其根農帝嘗其華爾乃六禽殊珍四膳異肴窮海之錯極陸之毛伊公爨鼎庖子揮刀味重九沸和兼芍藥晨鳧露鵠霜鵽黃雀圓案星亂方丈華錯封熊之蹯翰音之跖燕髀猩脣髦殘象白靈川之鼉萊黃之鮐丹穴之鷚元豹之胎煒以秋橙酤以春梅接以商王之箸承以帝辛之杯范公之鱗出自九谿頳尾丹腮紫翼青鬐爾乃命支離飛霜鍔紅肌綺散素膚雪落婁子之毫不能厠其細秋蟬之翼不足擬其薄繁肴既闋亦有嘉羞商山之果漢皋之榛析龍眼之房剖椰子之殼芳旨萬選承意代奏乃有荆南烏程豫北竹葉浮蟻星沸飛華萍接元石嘗其味儀氏進其法傾罍一朝可以流湎千日單醪投川可使三軍告捷斯人神之所歆羨觀聽之所煒曄也子豈能彊起而御之乎公子曰耽爽口之饌甘腊毒之味服腐腸之藥御亾國之器雖子大夫之所榮顧亦吾人之所畏余病未能也大夫曰蓋有晢之融皇風也金華啟徵大人有作繼明代照配天光宅其基德也隆於姬公之處岐其垂仁也富乎有殷之在亳南箕之風不能暢其化離畢之雲無以豐其澤皇道昭煥帝載緝熙導氣以樂宣德以詩敦清乎雲官之世政穆乎鳥紀之時王猷四塞函夏謐寧丹冥投鋒青徼釋警御馬於糞車之轅銘德於昆吾之鼎羣萌反素時人載郁耕父推畔漁豎讓陸樵夫恥危冠之飾輿臺笑短後之服六合時雍巍巍蕩蕩元髫巷歌黃髮擊壤解皇羲之繩錯陶唐之象若乃華裔之夷流荒之貊語不傳於輶軒地未被乎正朔莫不駿奔稽顙委質重譯于時昆蚑惑惠無思不服苑戲九尾之禽囿棲三足之鳥鳴鳳在林夥於黃帝之園

有龍游川盈於孔甲之沼萬物烟熅天地交泰義懷靡內化感無外林無被褐山無韋帶皆象刻於百工兆發乎鼙蔡縉紳濟濟軒冕藹藹功與造化爭流德與二儀比大言未終公子蹶然而興曰鄙夫固陋守玆狂狷蓋理有毀之而爭寶之訟解言有怒之而齊王之疾痊向予誘我以聾耳之樂栖我以蓐家之屋田游馳蕩利刄駿足既老氏之攸戒非吾人之所欲故靡得而應子至聞皇風載韙時聖道醇舉實爲秋摛藻爲春下有可封之人上有大哉之君余雖不敏請從後塵世以爲工永嘉初復徵爲黃門侍郎託疾不就終於家亢字季陽才藻不逮二昆亦有屬綴又解音樂伎術時人謂載協亢陸機雲曰二陸三張中興初過江拜散騎侍郎祕書監荀崧舉亢領著作郎出補烏程令入爲散騎常侍復領佐著作述曆贊一篇行於世

通志卷一百二十四下

宋右迪功郎鄭樵漁仲撰

列傳第三十七下

江統字應元陳留圉人也祖蕤以義行稱爲譙郡太守封亢父男父祚南安太守統靜默有遠志時人爲之語曰嶷然稀言江應元與鄉人蔡克俱知名襲父爵除山陰令時關隴屢爲氐羌所擾孟觀西討自擒氐帥齊萬年統深惟四夷亂華宜杜其萌乃作徙戎論其辭曰夫夷蠻戎狄謂之四海九服之制地在要荒春秋之義內諸夏而外夷狄以其言語不通贄幣不同法俗詭異種類乖殊或居絕域之外山河之表崎嶇川谷阻險之地與中國壤斷土隔不相侵涉賦役不及正朔不加故曰天子有道守在四夷禹平九土而西戎即敘其性氣貪婪凶悍不仁四夷之中戎狄爲甚弱則畏服強則侵叛雖有賢聖之世大德之君咸未能以通化率導而以恩德柔懷也當其彊也以殷之高宗而憊於鬼方有周文王而患昆夷獫狁高祖困於白登孝文軍於霸上及其弱也周公來九譯之貢中宗納單于之朝以元成之微而猶四夷賓服此其已然之效也故匈奴求守邊塞而侯應陳其不可單于屈膝未央望之議以不臣是以有道之君牧夷狄也惟以待之有備禦之有常雖稽顙執贄而邊城不弛固守爲寇賊彊暴而兵甲不加遠征期令境內獲安疆埸不侵而已及至周室失統諸侯專征以大兼小轉相殘滅封疆不固而利害異心戎狄乘間得入中國或招誘安撫以爲已用故申繒之禍顛覆宗周襄公要秦遽興姜戎當春秋時義渠大荔居秦晉之域陸渾陰戎處伊洛之間鄋瞞之屬害及濟東侵入齊宋陵虐邢衛南夷與北狄交侵中國不絕若綫齊桓攘之存亾繼絕北伐山戎以開燕路故仲尼稱管仲之力嘉左衽之功逮至春秋之末戰國方盛楚吞蠻氏晉翦陸渾趙武胡服開榆中之地秦雄咸陽滅義渠之等始皇之并天下也南兼百越北走匈奴五嶺長城戍卒億計雖師役煩殷寇賊橫暴然一世之功戎虜奔卻當時中國無復四夷也漢興而都長安關中之郡號曰三輔禹貢雍州宗周豐鎬之舊也及至王莽之敗赤眉因之西都荒毀百姓流亾建武中以馬援領隴西太守討叛羌徙其餘種於關中居馮翊河東空地而與華人雜處數歲之後族類蕃息既恃其肥強且苦漢人侵之永初之元騎都尉王弘使西域發調羌氐以爲行衛於是羣羌奔駭互相扇動二州之戎一時俱發覆沒將守屠破城邑鄧騭之征棄甲委兵輿尸喪師前後相繼諸戎遂熾至於南入蜀漢東掠趙魏唐突軹關侵及河內及遣北軍中候朱寵將五營士於孟津距羌十年之中夷夏俱斃任尚馬賢僅乃克之此所以爲害深重累年不定者雖由禦者之無方將非其才亦豈不以寇發心腹害起肘腋疢篤難療瘡大遲愈之故哉自此之後餘燼不盡小有際會輒復侵叛馬賢狃忕終於覆敗段熲臨衝自西征東雍州之戎常爲國患中世之寇惟此爲大漢末之亂關中殘滅魏興之初與蜀分隔疆埸之戎一彼一此魏武皇帝令將軍夏侯妙才討叛氐阿貴千萬等後因拔棄漢中徙武都之種於秦川欲以弱寇彊國扞禦蜀虜此權宜之計一時之勢非所以爲萬世之利也今者當之已受其弊矣夫關中土沃物豐厥田上上加以涇渭之流溉其舄鹵鄭國白渠灌浸相通黍稷之饒畝號一鍾百姓謠詠其殷實帝王之都每以爲居未聞戎狄宜在此土也非我族類其心必異戎狄志態不與華同而因其衰弊遷之畿服士庶翫習侮其輕弱使其怨恨之氣毒於骨髓至於蕃育眾盛則坐生其心以貪悍之性挾憤怒之情候隙乘便輒爲橫逆而居封域之內無障塞之隔掩不備之人收散野之積故能爲禍蔓滋暴害不測此必然之勢已驗之事也當今之宜宜及兵威方盛眾事未罷徙馮翊北地新平安定界內諸羌著先零罕开析支之地徙扶風始平京兆之氐出還隴右著陰平武都之界廩其道路之糧令足自致各附本種反其舊土使屬國撫夷就安集之戎晉不雜各得其所上合往古即敘之義下爲盛世永久之規縱有猾夏之心風塵之警則絕遠中國隔閡山河雖爲寇暴所害不廣是以充國子明能以數萬之眾制羣羌之命有征無戰全軍獨剋雖有謀謨深計廟勝遠圖豈不以華夷異處戎夏區別要塞易守之故得成其功也哉難者曰方今關中之禍暴兵二載征戍之勞老師十萬水旱之害薦饑累荒疫癘之災札瘥夭昏凶逆既戮悔惡初附且款且畏咸懷危懼百姓愁苦異人同慮望寧息之有期若枯旱之思雨露誠宜鎮之以安豫而子方欲作役起徒興功造事使疲悴之眾徙自猜之寇以無穀之人遷乏食之虜恐勢盡力屈緒業不卒羌戎離散心不可一前害未及弭而後變復橫出矣答曰羌戎狡猾擅相號署攻城野戰傷害牧守連兵聚眾載離寒暑矣而今異類瓦解同種土崩老幼繫虜丁壯降散禽離獸迸不能相一子以此等爲尚挾餘資悔惡反善懷我德惠而來柔附乎將勢窮道盡智力俱困懼我兵誅以至於此

平日無有餘力勢窮道盡故也然則我能制其短長之命而令其進退由已矣夫樂其業者不易事安其居者無遷志方其自疑危懼畏怖促遽故可制以兵威使之左右無違也迨其死亾散流離逷未鳩與關中之人戶皆爲讎故可遐遷遠處令其心不懷土也夫聖賢之謀事也爲之於未有理之於未亂道不著而平德不顯而成其次則能轉禍爲福因敗爲功值困必濟遇否能通今子遺弊事之終而不圖更制之始愛易轍之勤而得覆車之軌何哉且關中之人百餘萬口率其少多戎狄居半處之與遷必須口實若有窮乏糝粒不繼者故當傾關中之穀以全其生生之計必無擠於溝壑而不爲侵掠之害也今我遷之傳食而至附其種族自使相贍而秦地之人得其半穀此爲濟行者以廩糧遺居者以積倉寬關中之逼去盜賊之原除旦夕之損建終年之益若憚暫舉之小勞而忘永逸之弘策惜日月之煩費而遺累世之寇敵非所謂能開物成務創業垂統崇基拓跡謀及子孫者也并州之胡本實匈奴桀惡之寇也漢宣之世凍餒殘破國內五裂後合爲二呼韓邪遂衰弱孤危不能自存依阻塞下委質柔服建武中南單于復求降附遂令入塞居於漠南數世之後亦輒叛戾故何熙梁慬戎車屢征中平中以黃巾賊起發調其兵部衆不從而殺羌渠由是於彌扶羅求助於漢以討其賊仍值世喪亂遂乘釁而作鹵掠趙魏寇至河南建安中又使右賢王去卑誘質呼廚泉聽其部落散居六郡咸熙之際以一部大彊分爲三率泰始之初又增爲四於是劉猛內叛連結外虜近者郝散之變發於穀遠今五部之衆戶至數萬人口之盛過於西戎然其天性驍勇弓馬便利倍於氐羌若有不虞風塵之慮則并州之域可爲寒心滎陽句驪本居遼東塞外正始中幽州刺史毋丘儉伐其叛者徙其餘種始徙之時戶落百數子孫孳息今以千計數世之後必至殷熾今百姓失職猶或亾叛犬馬肥充則有噬齧況於夷狄能不爲變但顧其微弱勢力不停耳夫爲邦者患不在貧而在不均憂不在寡而在不安以四海之廣士庶之富豈須夷虜在內然後取足哉此等皆可申諭發遣還其本域慰彼羇旅懷土之思釋我華夏纖介之憂惠此中國以綏四方德施永世於計爲長帝不能用未及十年而夷狄亂華時人服其深識遷中郞選司以統叔父春爲宜春令統因上疏曰故事父祖與官職同名皆得改選而未有身與官職同名不改選之例臣以爲父祖改選者蓋爲臣子開地不爲父祖之身也而身名所加亦施於臣子佐吏係屬朝夕從事官位之號發言所稱若指實而語則違經禮諱尊之義若詭辭避迴則爲廢官擅犯憲制今以四海之廣職位之衆名號繁多士人殷富至使有受寵皇朝出身宰牧而令佐吏不得表其官稱子孫不得言其位號所以上嚴君父下爲臣子體例不通若易私名以避官職則違春秋不奪人親之義臣以爲身名與官職同者宜與觸父祖名爲比體例既全於義爲弘朝廷從之轉太子洗馬在東宮累年甚被親禮太子頗闕朝覲奢廢過度多諸禁忌統上書諫曰臣聞古之爲臣者進思盡忠退思補過獻可替否拾遺補闕是以人主得以舉無失行言無口過德音發聞揚名後世臣等不逮無能云補思竭愚誠謹陳五事如左惟蒙一省再省少垂察納其一曰六行之義以孝爲首虞舜之德以孝爲稱故太子以朝夕視君膳爲職左右就養無方文王之爲世子可謂篤於事親者也故能擅三代之美爲百王之宗自頃聖體屢有疾患數闕朝侍遠近觀聽者不能深知其故以致疑惑伏願殿下雖有微苦可堪扶輿則宜自力易曰君子終日乾乾蓋自勉彊不息之謂也其二曰古之人君雖有聰明之姿叡喆之質必須輔弼之助相導之功故虞舜以五臣興周文以四友隆及成王之爲太子也則周召爲保傅史佚昭文章故能聞道早備登崇大業刑措不用流聲洋溢伏惟殿下天授逸才聰鑒特達臣謂猶宜時發聖令宣揚德音諮詢保傅訪逮侍臣觀見賓客得令接盡靈否之情沛然交泰殿下之美煥然光明如此則高覬之風扇於前人弘範令軌永爲後式其三曰古之聖王莫不以儉爲德故堯稱采椽茅茨禹稱卑宮惡服漢文身衣弋綈足履革舃以身先物政致太平存爲明主沒見宗祀及諸侯脩之者魯僖以躬儉節用聲列雅頌蚡冒以篳路藍縷用張楚國大夫脩之者文子相魯妾不衣帛晏嬰相齊鹿裘不補亦能匡君濟俗興國隆家庶人脩之者顏回以簞食瓢飲揚其仁聲原憲以蓬戶繩樞邁其清德此皆聖主明君賢臣智士之所履行也故能懸名日月永世不朽蓋儉之福也及到末世以奢失之者帝王則有瑤臺瓊室玉杯象箸肴膳之珍則熊蹯豹胎酒池肉林諸侯爲之者至於丹楹刻桷饌徹百牢大夫有瓊弁玉纓庶人有擊鐘鼎食亦罔不亾國喪宗破家失身醜名彰聞以爲後戒竊聞後園鏤飾金銀刻磨犀象畫室之巧課試日精臣等以爲今四海之廣萬物之富以今方古不足爲侈也然上之所好下必從之是故居上者必愼其所好

也昔漢光武皇帝時有獻千里馬及寶劒者馬以駕鼓車劒以賜騎士世祖武皇帝有上雉頭裘者即詔有司焚之皆爲高世之主不尙尤物故能正天下之俗刑四方之風臣等以爲畫室之功可且減省後園雜作一皆罷遣肅然清靜優游道德則日新之美光于四海矣其四曰以天下而供一人以百里而供諸侯故王侯食籍而衣稅公卿大夫受爵而資祿莫有不贍者也是以仕農工商四業不雜交易而退以通有無者庶人之業也周禮三市旦則百族晝則商賈夕則販夫販婦買賤賣貴販鬻菜果收十百之盈以救旦夕之命故爲庶人之貧賤者也樊遲匹夫請學爲圃仲尼不答魯大夫臧文仲使妾織蒲又譏其不仁公儀子相魯則拔其園葵言食祿者不與貧賤之人爭利也秦漢以來風俗轉薄公侯之尊莫不殖園圃之田而收市井之利漸冉相放莫以爲恥律以古道誠可愧也今西園賣葵菜藍子雞狵之屬虧敗國體貶損令問其五曰竊見禁士令不得繕修墻壁動正屋瓦臣以爲此旣違典彝舊義且以拘攣小忌而廢弘廓大道宜可蠲除於事爲宜朝廷善之及太子廢徙許昌賈后諷有司不聽宮臣送統與宮臣冒禁至伊水拜辭道左悲泣流漣都官從事悉收統等付河南洛陽獄付郡者河南尹樂廣悉散遣之繫洛陽者猶未釋都官從事孫琰謂賈謐曰所以廢徙太子以爲惡故耳東宮故臣冒罪拜辭涕泣路次不顧重辟乃更彰太子之德不如釋之謐語洛陽令曹攄由是皆免及太子薨改葬統作誄敘哀爲世所重後爲博士尙書郎參大司馬齊王冏軍事冏驕荒將敗統切諫文多不載遷廷尉正每州郡疑獄斷處從輕成都王穎請爲記室多所箴諫申論陸雲兄弟辭甚切至以母憂去職服闋爲司徒左長史東海王越爲兗州牧以統爲別駕委以州事與統書曰昔王子師爲豫州未下車辟荀慈明下車辟孔文舉貴州人士有堪應此者不統舉高平郗鑒爲賢良陳留阮脩爲直言濟北程收爲方正時以爲知人遷黃門侍郎散騎常侍領國子博士永嘉四年避難奔于成臯病卒凡所造賦頌表奏皆傳於後二子彪惇

彪字思元本州辟舉秀才平南將軍溫嶠以爲參軍復爲州別駕辟司空郗鑒掾除長山令鑒又請爲司馬轉黃門郎車騎將軍庾冰鎭江州請爲長史冰薨庾翼以爲諮議參軍俄而復補長史翼薨大將于瓚作難彪討平之除尙書吏部郎仍遷御史中丞侍中吏部尙書永和中代桓景爲護軍將軍出補會稽內史加右將軍代王彪之爲尙書僕射哀帝即位欲臨軒拜授母周貴人爲皇太妃彪議曰天高地卑名位定矣母貴子賤人倫序矣今稱皇帝策命命貴人斯則子爵母也貴人北面而拜授斯則母臣子也此雖欲加崇貴人而實卑之雖顯明國典而實廢之無乃不順乎竊謂應告顯宗之廟稱貴人仁淑之至宜加殊禮以酬鞠育之惠奉先靈之命事不在已可也又妃后雖是配君之名然自后以下有夫人九嬪無稱妃焉今宜稱皇太夫人於名禮順矣帝不從特下詔拜爲皇太妃帝欲於殿庭立鴻祀又欲躬自籍田彪並以爲禮廢日久儀注不存中興以來所不行謂宜停之爲僕射積年簡文帝爲相每訪政事彪多所補益轉護軍將軍領國子祭酒卒官子敳歷瑯邪內史驃騎諮議敳子恆元熙中爲西中郎長史恆弟夷尙書惇字思悛孝友淸粹高節邁俗性好學儒元並綜每以爲君子立行應依禮而動雖隱顯殊途未有不傍禮教者也若乃放達不羈以肆縱爲貴者非但動違禮法亦道之所棄也乃著通道崇檢論世多稱之蘇峻之亂避地東陽山太尉郗鑒檄爲兗州治中又辟太尉掾康帝爲司徒亦辟焉征西將軍庾亮請爲儒林參軍徵拜博士著作郎皆不就邑里宗其道有事必諮而後行東陽太守阮裕長山令王濛皆一時名士並與惇游處深相欽重養志二十餘年永和九年卒時年四十九友朋相與刊石立頌以表德美云

孫楚字子荊太原中都人也祖資魏驃騎將軍父宏南陽太守楚才藻卓絕爽邁不羣多所陵傲缺鄉曲之譽年四十餘始參鎭東軍事文帝遣苻劭孫郁使吳將軍石苞令楚作書遺孫皓曰蓋聞見機而作周易所貴小不事大春秋所誅此乃吉凶之萌兆榮辱所由生也是故許鄭以銜璧全國曹譚以無禮取滅載籍旣記其成敗古今又著其愚智不復廣引譬類崇飾浮辭苟以夸大爲名更喪忠告之實今粗論事要以相覺悟昔炎精幽昧曆數將終桓靈失德災釁並興豺狼抗爪牙之毒生靈罹塗炭之難由是九州絕貢王綱解紐四海蕭條非復漢有太祖承運神武應期征討暴亂剋寧區夏協建靈符天命旣集遂廓洪基奄有魏域土則神州中嶽器則九鼎猶存世載淑美重光相襲故知四隩之攸同帝者之壯觀也昔公孫氏承籍父兄世居東裔擁帶燕胡憑陵險遠講武游盤不供職貢內傲帝命外通南國乘桴滄海交酬貨賄葛越布于朔土貂馬延于吳會自以控弦十萬奔走之力信能右折燕齊左震扶桑輮轢沙漠南面稱王宣王薄伐猛銳長驅師次遼東而城池

不守枹鼓鼂鳴而元凶折首於是遠近疆埸列郡大荒收離聚散大安其居衆庶悅服殊俗款附自兹以降九野清泰東夷獻其樂器肅愼貢其楛矢曠世不羈應化而至巍巍蕩蕩想所具聞也吳之先祖起自荆楚遭時擾攘潛播江表劉備震懼亦逃巴岷遂因山陵積石之固三江五湖浩汗無涯假氣游魂迄兹四紀兩邦合從東西唱和互相扇動距捍中國自謂三分鼎峙之勢可與太山共相終始也相國晉王輔相帝室文武桓桓志厲秋霜廟勝之算應變無窮獨見之鑒與衆絕慮主上欽明委以萬機長轡遠御妙略潛授偏師同心上下用力陵威奮武深入其阻并敵一向奪其膽氣小戰江由則成都自潰曜兵劒閣則姜維面縛開地六千領郡三十兵不踰時梁益肅清使竊號之雄稽顙絳闕球琳重錦充於府庫夫韓并魏徙虢滅虞亾此皆前鑒後事之表又南中呂興深覩天命蟬蛻內附願爲臣妾外失輔車脣齒之援內有羽毛零落之漸而徘徊危國冀延日月此由魏武侯卻指山河自以爲强殊不知物有興亾則所美非其地也方今百僚濟濟儁乂盈朝武臣猛將折衝萬里國富兵强六軍精鋭思復翰飛飲馬南海自頃國家整脩器械興造舟楫簡習水戰樓船萬艘千里相望刳木已來舟車之用未有如今之殷盛者也驍勇百萬畜力待時役不再舉今日之師也然主相眷眷未便電發者猶以爲愛人治國道家所尚崇城遂卑文王退舍故先開大信喻以存亾殷勤之指往使所究也若能審識安危自求多福蹶然改容祗承往錫追慕南越嬰齊入侍北面稱臣伏聽告策則世祚江表永爲魏藩豐功顯報隆於今日矣若猶侮慢未順王命然後謀力雲合指麾從風雍梁二州順流而東青徐戰士列江而西荆揚兗豫爭驅八衝征東甲卒虎步秣陵爾乃王輿整駕六戎徐征羽校燭日旌旗星流龍游曜路歌吹盈耳士卒奔邁其會如林煙塵俱起震天駭地渴賞之士鋒鏑爭先忽然一旦身首橫分宗祀淪覆取戒萬世引領南望良助寒心夫療膏肓之疾者必進苦口之藥決狐疑之慮者亦告逆耳之言如其猶豫迷而不反恐俞跗見其已死扁鵲知其無功矣勉思良圖惟所去就劭等至吳不敢爲通楚後還佐著作郎復參驃騎將軍石苞軍事楚既負其才氣頗侮易於苞初至長揖曰天子命我參卿軍事因此而嫌隙遂構苞奏楚與吳人孫世山共訕毀時政楚亦抗表自理紛紜經年事未判又與鄉人郭奕忿爭武帝雖不顯明其罪然以少賤受責遂湮廢積年初參軍不敬府主楚既輕苞遂制敬自楚始也征西將軍扶風王駿與楚舊好起爲參軍轉梁令遷衛將軍司馬時龍見武庫井中羣臣將上賀楚上言曰頃聞武庫井中有二龍羣臣或有謂之禎祥而稱賀者或有謂之非祥無所賀者可謂楚既失之而齊亦未爲得也夫龍或俯鱗潛于重泉或仰攀雲漢游乎蒼昊而今蟠于坎井同於蛙蝦者豈管庫之士或有隱伏厮役之賢沒於行伍故龍見光景有所感悟願陛下赦小過舉賢才垂夢於傅巖望想於渭濱脩學官起淹滯申命公卿舉獨行君子可惇風厲俗者又舉亮拔秀異之才可以撥煩理難矯世抗言者無繫世族必先逸賤夫戰勝攻取之勢并兼混一之威五伯之事韓白之功耳至於制禮作樂闡揚道化甫是士人出筋力之秋也伏願陛下擇狂夫之言惠帝初爲馮翊太守元康三年卒初楚與同郡王濟友善濟爲本州大中正訪問銓邑人品狀至楚濟曰此人非卿所能目吾自爲之乃狀楚曰天才英博亮拔不羣楚少時欲隱居謂濟曰當欲枕石漱流誤云漱石枕流濟曰流非可枕石非可漱楚曰所以枕流欲洗其耳所以漱石欲厲其齒楚少所推重唯雅敬濟初楚除婦服作詩以示濟濟曰未知文生於情情生於文覽之悽然增伉儷之重三子衆洵纂衆及洵俱未仕而早終惟纂子統綽並知名統字承公幼與綽及從弟盛過江誕任不羈而善屬文時人以爲有楚風征北將軍褚裒聞其名命爲參軍辭不就家于會稽性好山水乃求爲鄞令轉在吳寧居職不留心碎務縱意游肆名山勝川靡不窮究後爲餘姚令卒子騰嗣以博學著稱位至廷尉騰弟登少善名理注老子行於世仕至尚書郎早終綽字興公博學善屬文少與高陽許詢俱有高尚之志居于會稽遊放山水十有餘年乃作遂初賦以致其意嘗鄙山濤而謂人曰山濤吾所不解吏非吏隱非隱若以元禮門爲龍津則當點額暴鱗矣所居齋前種一株松恒自守護之鄰人謂曰樹子非不楚楚可憐但恐永無棟梁日耳綽答曰楓柳雖復合抱亦何所施邪綽與詢一時名流或愛詢高邁則鄙於綽或愛綽才藻而無所取於詢沙門支遁試問綽君何如許答云高情致遠弟子早已伏膺然一詠一吟許將北面矣絕重張衡左思之賦每云三都二京五經之鼓吹也嘗作天台山賦辭致甚工初成以示友人范榮期云卿試擲地當作金石聲也榮期曰恐此金石非中宮商然每至佳句輒云應是我輩語除著作佐郎襲爵長樂侯綽性通率好譏調嘗與習鑿齒共行綽在前顧謂鑿齒

曰沙之汰之瓦石在後簸之颺之糠粃在前征西將軍庾亮請爲參軍補章安令徵拜太學博士遷尚書郎揚州刺史殷浩以爲建威長史會稽內史王羲之引爲右軍長史轉永嘉太守遷散騎常侍領著作郎時大司馬桓溫欲經緯中國以河南粗平將移都洛陽朝廷畏溫不敢爲異而北土蕭條人情疑懼雖並知不可莫敢先諫綽乃上疏曰伏見征西大將軍臣溫表便當躬率三軍討除二寇蕩滌河渭清灑舊京然後神旂電舒朝服濟江反皇居於中土正玉衡於天極斯超世之宏圖千載之盛事然臣之所懷竊有未安以爲帝王之興莫不藉地利人和以建功業貴能以義平暴因而撫之懷愍不建淪胥秦京遂令胡戎交侵神州絕綱土崩之釁誠由道喪然中夏蕩蕩一時橫流百郡千城曾無完郛者何哉亦以地不可守投奔有所故也天祚未革中宗龍飛非惟信順協於天人而已實賴萬里長江畫而守之耳易稱王公設險以守其國險之時義大矣哉斯已然之明效也今作勝談自當任道而遺險校實量分不得不保小以固存自喪亂以來六十餘年蒼生殄滅百不遺一河洛邱墟函夏蕭條井堙木刊阡陌夷滅生理茫茫永無依歸播流江表已經數世存者長子老孫亾者邱壠成行雖北風之思感其素心目前之哀實爲交切若遷都旋軫之日中興五陵即復緬成遐域泰山之安既難以理保烝烝之思豈不纏於聖心哉溫今此舉誠欲大覽始終爲國遠圖向無山陵之急亦未首決大謀獨任天下之至難也今發憤忘食忠慨亮到凡在有心孰不致感而百姓震駭同懷危懼者豈不以反舊之樂賒而趨死之憂促哉何者植根於江外數十年矣一朝拔之頓驅踧於空荒之地提挈萬里踰險浮深離墳墓棄生業富者無三年之糧貧者無一飱之飯田宅不可復售舟車無從而得捨安樂之國適習亂之鄉出必安之地就累卵之危將頓仆道塗飄溺江川僅有達者夫國以民爲本疾寇所以爲民衆喪而寇除亦安所取裁此仁者所宜哀矜國家所宜深慮也自今古帝王之都豈有常所哉時隆則宅中而圖大勢屈則遵養以待會使德不可勝家有五年之積然後始可謀太平之事耳今天時人事有未至者矣一朝欲一宇宙無乃頓而難舉乎臣之愚計以爲且可更遣一將有威名貲實者先鎮洛陽於陵所築二壘以奉衛山陵埽平梁許清一河南運漕之路既通然後盡力於開墾廣田積穀漸爲徙者之資如此賊見亾徵勢必遠竄如其迷逆不化復欲送死者南北諸軍風馳電赴若身手之救痛痒率然之應首尾山陵既固中夏小康陛下且端委紫極增脩德政躬行漢文簡樸之至去小惠節游費審官人練甲兵以養士滅寇爲先十年行之無使隳廢則貧者殖其財怯者先其勇人知天德赴死如歸以此致政猶運諸掌握何故捨百勝之長理舉天下而一擲哉陛下春秋方富溫克壯其猷君臣相與弘養德業括囊元吉豈不快乎今溫唱高議聖朝互同臣以輕微獨獻管見出言之難實在今日而臣區區必聞天聽者竊以無諱之朝狂瞽進說芻蕘之謀聖賢所察所以不勝至憂觸冒干陳若陛下垂神溫少留意豈非屈於一人而允億兆之願哉如以干忤罪大欲加顯戮使丹誠上達退受刑誅雖沒泉壤尸且不朽溫見綽表不悅曰致意興公何不尋君遂初賦知人家國事耶尋轉廷尉卿領著作綽少以文才垂稱于時文士綽爲其冠溫王郗庾諸公之薨必須綽爲碑文然後刊石焉年五十八卒子嗣有綽風文章相亞位至中軍參軍早亾

羅憲字令則襄陽人也父蒙蜀廣漢太守憲年十三能屬文早知名師事譙周周門人稱爲子貢性方亮嚴整待士無倦輕財好施不營產業仕蜀爲太子舍人宣信校尉再使於吳吳人稱爲時黃皓預政衆多附之憲獨介然皓恚之左遷巴東太守時大將軍閻宇都督巴東拜憲領軍爲宇副貳魏之伐蜀召宇西還憲守永安城及成都敗城中擾動邊江長吏皆棄城走憲獨斬亂者一人百姓乃安知劉禪降乃帥所統臨于都亭三日吳聞蜀敗遣將軍盛憲西上外託救援內欲襲憲憲曰本朝傾覆吳爲脣齒不恤我難而邀其利吾寧當爲降虜乎乃歸順於是繕甲完聚厲以節義士皆用命及鍾會鄧艾死百城無主吳又使步協西征憲大破其軍孫休怒又遣陸抗助協憲拒守經年救援不至城中疾疫太半或勸南出牂牁北奔上庸可以保全憲曰夫爲人主百姓所仰既不能存急而棄之君子不爲也畢命於此矣會荊州刺史胡烈等救之抗退加陵江將軍監巴東軍事使持節領武陵太守泰始初入朝詔曰憲忠烈果毅有才策器幹可給鼓吹又賜山元玉佩劍泰始六年卒贈使持節安南將軍武陵太守追封西鄂侯謚曰烈初憲侍讌華林園詔問蜀大臣子弟後問先輩宜時敘用者憲薦蜀人常忌杜軫等皆西國之良器武帝並召而任之子襲歷給事中陵江將軍統其父部曲至廣漢太守兄子尚尚字敬之一名仲父式牂牁太守尚少孤依叔父憲善屬文荊州刺史王戎以尚及劉喬爲參軍

並委任之太康末爲梁州刺史及趙廞反于蜀尙表曰廞非雄才必無所成計日聽其敗耳乃假尙節爲平西將軍益州刺史西戎校尉性貪少斷蜀人言曰尙之所愛非邪則佞尙之所憎非忠則正富擬魯衛家成市里貪如豺貑無復極已又曰蜀賊尙可羅尙殺我平西將軍反更爲禍時李特亦起於蜀攻蜀殺趙廞又攻尙於成都尙退保江陽初尙乞師方嶽荊州刺史宗岱率建平太守孫阜救之次于江州岱阜兵盛諸爲寇所逼者人有奮志尙乃使兵曹從事任銳僞降因出密宣告於外剋日俱擊遂大破之斬李特傳首洛陽特子雄僭號都於郫城尙遣將軍隗伯攻之不剋俄而尙卒雄遂據有蜀土

滕脩字顯先南陽西鄂人也仕吳爲將帥封西鄂侯孫皓時代熊睦爲廣州刺史甚有威惠徵爲執金吾廣州部曲督郭馬等爲亂皓以脩宿有威惠爲嶺表所伏以爲使持節都督廣州軍事鎭南將軍廣州牧以討之未克而王師伐吳脩率衆赴難至巴邱而皓已降乃縞素流涕而還與廣州刺史閭豐蒼梧太守王毅各送印綬詔以脩爲安南將軍廣州牧持節都督如故封武當侯加鼓吹委以南方事脩在南積年爲邊夷所附太康九年卒請葬京師帝嘉其意賜墓田一頃諡曰聲脩之子並上表曰亾父脩羈紲吳壤爲所驅馳幸逢開通沐浴至化得從俘虜握戎馬之要未覲聖顏委南藩之重實由勳勞少聞天聽故也年衰疾篤屢乞骸骨未蒙垂哀奄至薨隕臣承遺意輿櫬還都瞻望雲闕實懷痛裂竊聞博士諡脩曰聲直彰流播不稱行績不勝慺情冒昧聞訴帝乃賜諡曰忠並子含初爲庾冰輕車長史討蘇峻有功封夏陽縣開國侯邑千六百戶授平南將軍廣州刺史在任積年甚有威惠卒諡曰戴含弟子遜交州刺史脩曾孫恬之龍驤將軍魏郡太守戍黎陽爲翟遼所執死之

馬隆字孝興東平平陸人少而智勇好立名節魏兗州刺史令狐愚坐事伏誅舉州無敢收者隆以武吏託稱愚客以私財殯葬服喪三年列植松栢禮畢乃還一州以爲美談署武猛從事泰始中將興伐吳之役下詔曰吳會未平宜得猛士以濟武功雖舊有薦舉之法未足以盡殊才其普告州郡有壯勇秀異才力傑出者皆以名聞將簡其尤異擢而用之苟有其人勿限所取兗州舉隆才堪良將稍遷司馬督初涼州刺史楊欣失羌戎之和隆陳其必敗俄而欣爲虜所沒河西斷絕帝每有西顧之憂臨朝而歎曰誰能爲我討此虜通涼州者乎朝臣莫對隆進曰陛下若能任臣臣能平之帝曰必能滅賊何爲不任顧卿方略何如耳隆曰陛下若能任臣當聽臣自任帝曰云何隆曰臣請募勇士三千人無問所從來率之鼓行而西稟陛下威德醜虜何足滅哉帝許之乃以隆爲武威太守公卿僉曰六軍既衆州郡兵多但當用之不宜橫設賞募以亂常典隆小將妄說不可從也帝不納隆募限腰引弩三十六鈞弓四鈞立標簡試自旦至中得三千五百人隆曰足矣因請自至武庫選杖武庫令與隆忿爭御史中丞奏劾隆隆曰臣當亾命戰場以報所受武庫令乃以魏時朽杖見給不可復用非陛下使臣滅賊之意也帝從之又給其三年軍資隆於是西渡溫水虜樹機能等以衆萬計或乘險以遏隆前或設伏以截隆後隆依八陣圖作偏箱車地廣則鹿角車營路狹則爲木屋施於車上且戰且前弓矢所及應弦而倒奇謀閒發出敵不意或夾道累磁石賊負鐵鎧行不得前隆卒悉被犀甲無所留礙賊咸以爲神轉戰千里殺傷以千數自隆之西音問斷絕朝廷憂之或謂已沒後隆使夜到帝撫掌大笑詰朝召羣臣謂曰若從諸卿言是無秦涼也乃詔加隆假節宣威將軍赤幢曲蓋鼓吹隆到武威虜大人猝跋韓且万能等率萬餘落歸降前後誅殺及降附者以萬計又率善戎沒骨能等與樹機能大戰斬之涼州遂平朝議將加隆將士勳賞有司奏隆將士皆先加顯爵不應更授衛將軍楊珧駮曰前精募將士少加爵命者此適所以爲誘引今隆全軍獨剋西土獲安不得便以前授塞此後功宜皆聽許以明要信乃從珧議賜爵加秩各有差太康初朝廷以西平荒毀宜時興復以隆爲平虜護軍西平太守將所領精兵又給牙門一軍屯據西平時南虜成奚每爲邊患隆至率軍討之虜據險距守隆令軍士皆負農器將若田者虜以隆無征討意御衆稍怠隆因其無備進兵擊破之畢隆之政不敢爲寇太熙初封奉高縣侯加授東羌校尉積十餘年威信振於隴右時略陽太守馮翊嚴舒與楊駿通親密圖代隆毀隆年老謬耄不宜服戎於是徵隆以舒代鎭氐羌聚結百姓驚懼朝廷恐關隴復擾乃免舒遣隆復職竟卒於官子咸嗣亦驍勇成都王穎攻長沙王乂以咸爲鷹揚將軍率兵屯河橋中渚爲乂將王瑚所敗沒於陣

胡奮字元威安定臨涇人魏車騎將軍陰密侯遵之子也奮性開朗有籌略少好武事宣帝之伐遼東也以白衣侍從左右甚見接待還爲校尉稍遷徐州刺史封夏

陽子何奴中部帥劉猛叛使驍騎路蕃討之以奮爲監軍假節頓軍硜比爲蕃後繼擊猛破之猛帳下將李恪斬猛而降以功累遷征南將軍假節都督荊州諸軍事遷護軍加散騎常侍奮家世將門晚乃好學有刀筆之用所在有聲績居邊特有威惠泰始末武帝怠政事而耽於色大採擇公卿女以充六宮奮女選入爲貴人奮惟有一子爲南陽王友早亾及聞女爲貴人哭曰老奴不死惟有二兒男入九地之下女上九天之上奮既舊臣兼有椒房之助甚見寵待遷左僕射加鎭東大將軍開府儀同三司時楊駿以后父驕傲自得奮謂駿曰卿侍女更益豪邪歴觀前代與天家婚未有不滅門者但早晚事耳觀卿舉措適所以速禍駿曰卿女不在天家乎奮曰我女與卿女作婢耳何能損益時人皆爲之懼駿雖銜之而不能害後卒於官贈車騎將軍謚曰壯奮兄弟六人兄廣弟烈並知名廣字宣祖位至散騎常侍少府廣子喜字林甫亦以開濟爲稱仕至涼州刺史建武將軍假節護羌校尉烈字武元爲將伐蜀鍾會之反也烈與諸將皆被閉烈子世元時年十八爲士卒先攻殺會名馳遠近烈爲秦州刺史及涼州叛烈屯於萬斛堆爲虜所圍無援遇害

陶璜字世英丹陽秣陵人也父基吳交州刺史璜仕吳歴顯位孫皓時交阯太守孫諝貪虐爲百姓所患會察戰鄧荀至擅調孔雀三千頭遣送秣陵既苦遠役咸思爲亂郡吏呂興殺諝及荀以郡內附武帝拜興安南將軍交阯太守尋爲其功曹李統所殺帝更以建寧爨谷爲交阯太守谷又死更遣巴西馬融代之融病卒南中監軍霍弋又遣犍爲楊稷代融與將軍毛炅九眞太守董元牙門孟幹孟通李松王業爨能等自蜀出交阯破吳軍于古城斬大都督脩則交州刺史劉俊吳遣虞汜爲監軍薛珝爲威南將軍大都督璜爲蒼梧太守距稷戰于分水璜敗退保合浦亾其二將珝怒謂璜曰若自表討賊而喪二帥其責安在璜曰下官不得行意諸軍不相順故致敗耳珝怒欲引軍還璜夜以數百兵襲董元獲其寶物船載而歸珝乃謝之以璜領交州爲前部督璜從海道出其不意徑至交阯元距之諸將將戰璜疑斷牆內有伏兵列長戟於其後兵纔接元僞退璜追之伏兵果出長戟逆之大破元等以前所得寶船上錦物數千匹遺扶嚴賊帥梁奇奇將萬餘人助璜元有勇將解系同在城內璜誘其弟象使爲書與系又使象乘璜軺車鼓吹導從而行元等曰象尚若此系必有去志乃就殺之珝璜遂陷交阯吳因用璜爲交州刺史璜有謀策周窮好施能得人心滕脩數討南賊不能制璜曰南岸仰吾鹽鐵斷勿與市皆壞爲田器如此二年可一戰而滅也脩從之果破賊初霍弋之遣稷炅等與之誓曰若賊圍城未百日而降者家屬誅若過百日救兵不至吾受其罪稷等守未百日糧盡乞降璜不許給其糧使守諸將並諫璜曰霍弋已死不能救稷等必矣可須其日滿然後受降使彼得無罪我受有義內訓百姓外懷鄰國不亦可乎稷等期訖糧盡救兵不至乃納之脩則既爲毛炅所殺則子允隨璜南征城既降允求復讎璜不許炅密謀襲璜事覺收炅呵曰晉賊炅厲聲曰吳狗何等爲賊允剖其腹曰復能作賊不炅猶罵曰吾志殺汝孫皓汝父何死狗也璜既擒稷等並送之稷至合浦發病死孟幹爨能李松等至建鄴皓將殺之或勸皓幹等忠於所事宜宥之以勸邊將皓從其言將徙之臨海幹等志欲北歸慮東徙轉遠以吳人愛蜀側竹弩言能作之皓留付作部後幹逃至京師松能爲皓所殺幹陳伐吳之計帝乃厚加賞賜以爲日南太守先是以楊稷爲交州刺史毛炅爲交阯太守印綬未至而敗即贈稷交州炅及松能子並關內侯九眞郡功曹李祚保郡內附璜遣將攻之不剋祚舅黎晃隨軍勸祚令降祚答曰舅自吳將祚自晉臣唯力是視耳踰時乃拔皓以璜爲使持節都督交州諸軍事前將軍交州牧武平九德新昌土地阻險夷獠勁悍歴世不賓璜征討開置三郡及九眞屬國三十餘縣徵璜爲武昌都督以合浦太守脩允代之交土人請留璜以千數於是遣還皓既降晉手書遣璜息融勅璜歸順璜流涕數日遣使送印綬詣洛陽帝詔復其本職封宛陵侯改爲冠軍將軍吳既平普減州郡兵璜上言曰交土荒裔斗絕一方或重譯而言連帶山海又南郡去州海行千有餘里外距林邑纔七百里夷帥范熊世爲逋寇自稱爲王數攻百姓且連接扶南種類猥多朋黨相倚負險不賓往隸吳時數作寇逆攻破郡縣殺害長吏臣以尫駑昔爲故國所採偏戍在南十有餘年雖前後征討翦其渠魁深山僻穴尚有逋竄又臣所統之卒本七千餘人南土温濕多有氣毒加累年征討死亾減耗其見在者二千四百二人今四海混同無思不服當卷甲消刃禮樂是務而此州之人識義者寡厭其安樂好爲禍亂又廣州南岸周旋六千餘里不賓屬者乃五萬餘戶及桂林不羈之輩復當萬戶至於服從官役纔五千餘家二州脣齒唯兵是鎭又寧州興古接據上流去交阯郡千六百里水陸並通

互相維衛州兵未宜約損以示單虛夫風塵之變出於非常臣亾國之餘議不足採聖恩廣厚猥垂飾擢鐫其罪釁故授方任去辱即寵拭目更視誓念投命以報所授臨履所見謹冒瞽陳又以合浦郡土地磽确無有田農百姓唯以采珠爲業商賈去來以珠貿米而吳時珠禁甚嚴慮百姓私散好珠禁絕來去人以饑困又所調猥多限每不充今請上珠三分輸二次者輸一麤者蠲除自十月訖二月非採上珠之時聽商旅往來如舊並從之在南三十年威恩著于殊俗及卒舉州號哭如喪慈親朝廷乃以員外散騎常侍吾彥代璜彥卒又以員外散騎常侍顧祕代彥祕卒州人逼祕子參領州事參尋卒參弟壽求領州州人不聽固求之遂領州壽乃殺長史胡肇等又將殺帳下督梁碩碩走得免起兵討壽禽之付壽母令鴆殺之碩乃迎璜子蒼梧太守威領刺史在職甚得百姓心三年卒威弟淑子綏後並爲交州自基至綏四世爲交州者五人璜弟濬吳鎮南大將軍荊州牧濬弟抗太子中庶子濬子湮字恭之湮弟猷字恭豫並有名湮至臨海太守黃門侍郎猷宣城內史王導右軍長史湮子馥子瀏令爲韓晃所殺追贈廬江太守抗子回自有傳

吾彥字士則吳郡吳人也出自寒微有文武才幹身長八尺手格猛獸膂力絕羣仕吳爲通江吏時將軍薛珝杖節南行軍容甚盛彥觀之慨然而歎有善相者劉札謂之曰以君之相後當至此不足慕也初爲小將給吳大司馬陸抗抗奇其勇略將拔用之患眾情不允乃會諸將密使人陽狂拔刀跳而來坐上諸將皆懼而走唯彥不動舉几禦之眾服其勇乃擢用焉稍遷建平太守時王濬將伐吳造船於蜀彥覺之請增兵爲備皓不從彥乃輒爲鐵鏁橫斷江路及晉師臨境沿江諸城皆望風降附或見攻而拔唯彥獨堅守大眾攻之不能克乃退舍禮之吳亾彥始歸附武帝以爲金城太守帝嘗從容問薛瑩曰孫皓所以亾國者何也瑩對曰歸命侯臣皓之君吳昵近小人刑罰妄加大臣大將無所親信人人憂恐各不自安敗亾之釁由此而作矣其後帝又問彥對曰吳主英俊宰輔賢明帝笑曰君明臣賢何爲亾國彥曰天祿永終曆數有屬所以爲陛下擒此蓋天時豈人事也張華時在坐謂彥曰君爲吳將積有歲年蔑爾無聞竊所惑矣彥厲聲曰陛下知我而卿不聞乎帝甚嘉之轉任敦煌恩威甚著遷鴈門太守時順陽王暢驕縱前後內史皆誣之以罪及彥爲順陽內史彥清身率下威刑嚴肅眾皆畏懼暢不能誣乃更薦之冀其去職遷員外散騎常侍帝嘗問彥陸喜陸抗二人誰多也彥對曰道德名望抗不及喜立功立事喜不及抗會交州刺史陶璜卒以彥爲南中都督交州刺史重餉陸機兄弟機將受之雲曰彥本微賤爲先公所拔而答詔不善安可受之機乃止因此每毀之長沙孝廉尹虞謂機等曰自古由賤而興者乃有帝王何但公卿若何元幹侯孝明唐儒宗張義允等並起自寒微皆內侍外鎮人無譏者卿以士則答詔小有不善毀之無已吾恐南人皆將去卿卿便獨坐也於是機等意始解毀言漸息矣初陶璜之死也九眞戍兵作亂逐其太守九眞賊帥趙祉圍郡城彥悉討平之在鎮二十餘年威信宣著南州寍靖自表求代徵爲大長秋卒於官

張光字景武江夏鍾武人也身長八尺明眉目美音聲少爲郡吏家世有部曲以牙門將伐吳有功遷江夏西部都尉轉北地都尉初趙王倫爲關中都督氐羌反叛太守張損戰沒郡縣吏士少有全者光以百餘人戍馬蘭山北賊圍之百餘日光撫厲將士屢出奇兵擊賊破之光以兵少路遠自分敗沒會梁王肜遣司馬索靖將兵迎光舉軍悲泣遂還長安肜表光處絕圍之地有耿恭之忠宜加甄賞以明獎勸於是擢授新平太守加鼓吹屬雍州刺史劉忱被密詔討河間王顒光起兵助忱忱時委任秦州刺史皇甫重重自以關西大族心每輕光謀多不用及二州軍潰爲顒所擒顒謂光曰前起兵欲作何策光正色答曰但劉雍州不用鄙計故令大王得有今日也顒壯之引與歡宴彌日表爲右衛司馬陳敏作亂除光順陽太守加陵江將軍率步騎五千詣荊州討之刺史劉弘雅敬重光稱爲南楚之秀時江夏太守陶侃與敏大將錢端相距於長岐將戰襄陽太守皮初爲步軍使光設伏以待之武陵太守苗光爲水軍藏舟艦於沔水皮初等與賊交戰光發伏兵應之水陸同奮賊眾大敗弘表光有殊勳遷材官將軍梁州刺史先是秦州人鄧定等二千餘家饑餓流入漢中保于城固漸爲鈔盜梁州刺史張殷遣巴西太守張燕討之定窘急僞乞降於燕并餽燕金銀燕喜之爲之緩師定密結李雄雄遣眾救定燕退定遂進逼漢中太守杜正沖東奔魏興殷亦棄官而遁光不得赴州止於魏興乃結諸郡守共謀進取燕唱言曰漢中荒敗迫近大賊剋復之事當俟英雄正沖曰張燕受賊金銀不時進討阻兵緩寇致喪漢中實燕之罪也光於是發怒呵燕令出斬之以徇綏撫荒殘百姓悅服光於是卻鎮漢中時逆賊王

如餘黨李運楊武等自襄陽將三千餘家入漢中光遣參軍晉邈率衆於黃金距之邈受運重賂勸光納運光從邈言使居城固既而邈以運多珍貨又欲奪之復言於光曰運之徒屬不事佃農但營器杖意在難測可掩而取之光又信焉遣邈衆討運不剋光乞師於氐王楊茂搜茂搜遣子難敵助之難敵求貨於光光不與楊武乃厚賂難敵謂之曰流人寶物悉在光處今伐我不如伐光難敵大喜聲言助光內與運同光弗之知也遣息援率衆助邈運與難敵夾攻邈等援爲流矢所中死賊遂大盛光嬰城固守自夏迄冬憤激成疾佐吏及百姓咸勸光退據魏興光按劒曰吾受國厚恩不能剋除寇賊今得自死便如登仙何得退還也聲絕而卒時年五十五百姓悲泣遠近傷惜之有子炅邁炅少辟太宰掾邁多才略有父風州人推邁權領州事與賊戰沒別駕范曠及督護王喬奉光妻息率兵邁衆還據魏興其後義陽太守任愔爲梁州光妻子歸本郡南平太守應詹白都督王敦稱光在梁州能興微繼絕威振巴漢值中原傾覆征鎮失守外無救助內闕資儲以寡敵衆經年抗禦厲節不撓宜應追論顯贈以慰存亾敦不能從

趙誘字元孫淮南人也世以將顯州辟主簿值刺史郤隆被齊王冏檄使起兵討趙王倫隆欲承檄舉義而諸子姪並在洛陽欲坐觀成敗恐爲冏所討進退有疑會羣吏計議誘說隆曰趙王簒逆海內所病今義兵飈起其敗必矣今爲明使君計莫若自將精兵徑赴許昌上策也不然且可留後遣猛將將兵赴盟亦中策也若遣小軍隨形助勝下策耳隆曰我受二帝恩無所偏助正欲保州而已誘與治中留寶主簿張褒等諫隆若無所助變難將生州亦不可保也隆猶豫不決遂爲其下所害誘還家杜門不出左將軍王敦以爲參軍加廣武將軍與甘卓周訪共討華軼破之又擊杜弢於西湘大興初復與卓攻弢滅之累功賜爵平阿縣侯代陶侃爲武昌太守時杜曾迎第五猗於荆州作亂敦遣誘與襄陽太守朱軌共距之猗既愍帝所遣加有時望爲荆楚所歸誘等苦戰皆沒敦甚悼惜之表贈征虜將軍秦州刺史謚曰敬子龔與誘俱死元帝爲晉王下令贈新昌太守龔弟允字伯舒王敦使周訪擊杜曾允請從行訪憚曾之彊欲先以允餌曾使其衆疲而後擊之允多梟首後王導引爲從事中郎南頓王宗反允殺宗於是王導庾亮並倚仗之轉冠軍將軍遷西豫州刺史卒於官

周處字子隱義興陽羨人也父魴吳鄱陽太守處少孤未弱冠膂力絕人好馳騎田獵不脩細行縱情肆慾州曲患之處自知爲人所惡乃慨然有改勵之志謂父老曰今時和歲豐何苦而不樂邪父老歎曰三害不除何樂之有處曰何謂也答曰南山白額猛虎長橋下蛟并子爲三矣處曰若此爲患吾能除之父老曰子若除之則一郡之大慶非徒去害而已處乃入山射殺猛虎因投水搏蛟蛟或浮或沈行數十里而處與之俱經三日三夜人謂處死皆相慶賀處果殺蛟而反聞鄉里相慶始知人患已之甚乃入吳尋二陸時機不在見雲具以情告曰欲自脩改而年已蹉跎恐將無及雲曰古人貴朝聞夕改君前塗尚可但患志之不立何憂名之不彰處遂勵志好學有文思志存義烈言必忠信克己期年州府交辟仕吳爲東觀左丞孫皓末爲無難督及吳平王渾登建鄴宮釃酒既酣謂吳人曰諸君亾國之餘得無慼乎處對曰漢末分崩三國鼎立魏滅於前吳亾於後亾國之慼豈惟一人渾有慙色入洛稍遷新平太守撫和戎狄叛羌歸附雍土美之轉廣漢太守郡多滯訟有經三十年而不決者處詳其枉直一朝決遣以母老罷歸尋除楚內史未之官徵拜散騎常侍處曰古人辭大不辭小乃先之楚而郡既經喪亂新舊雜居風俗未一處敦以教義又檢尸骸無主及白骨在野收葬之然後就徵遠近稱歎及居近侍多所規諷遷御史中丞凡所糺劾不避寵戚梁王彤違法處深文案之及氐人齊萬年反朝臣惡處彊直皆曰處吳之名將子也忠烈果毅乃使隸夏侯駿西征伏波將軍孫秀知其將死謂之曰卿有老母可以此辭也處曰忠孝之道安得兩全既辭親事君父母安得而子乎今日是我死所也萬年聞之曰周府君昔臨新平我知其爲人才兼文武若專斷而來不可當也如受制於人此成禽耳既而梁王彤爲征西大將軍都督關中諸軍事處知彤不平必當陷已自以人臣盡節不宜辭憚乃悲慨卽路志不生還中書令陳準知彤將逞宿憾乃言於朝曰駿及梁王皆是貴戚非將率之才進不求名退不畏咎周處吳人忠勇果勁有怨無援將必喪身宜詔孟觀以精兵萬人爲處前鋒必能殄寇不然彤當使處先驅其敗必也朝廷不從時賊屯梁山有衆七萬而駿逼處以五千兵擊之處曰軍無後繼必至覆敗雖在亾身爲國取恥彤復命處進討乃與振威將軍盧播雍州刺史解系攻萬年於六陌將戰處軍人未食彤促令速進而絕其後繼處知必敗賦詩曰去去世事已策馬觀西戎藜藿甘粱黍期之克令終言畢而戰自旦及暮斬首萬計弦絕矢盡播系不

救左右勸退處按劍曰此是吾效節授命之日何退之爲且古者良將受命鑿凶門以出蓋有進無退也今諸軍負信勢必不振我爲人臣以身殉國不亦可乎遂力戰而沒追贈平西將軍賻錢百萬葬地一頃京城地五十畝爲第又賜王家近田五頃詔曰處母年老加以遠人朕每愍念給其醫藥酒米賜以終年處著默語三十篇及風土記并撰集吳書時潘岳奉詔作關中詩曰周殉師令身膏齊斧人之云亡貞節克舉又西戎校尉閻纘亦上詩云周全其節令問不巳身雖云沒書名良史及元帝爲晉王將加處策謚太常賀循議曰處履德清方才量高世歷守四郡安人立政入司百寮貞節不撓在戎致身見危授命此皆忠賢之茂實烈士之遠節按謚法執德不回曰孝遂以謚焉有三子玘靖札靖早卒玘札並知名玘字宣佩彊毅沈斷有父風而文學不及閉門潔巳不妄交游士友咸望風敬憚焉故名重一方弱冠州郡辟命不就刺史初到召爲別駕從事虛巳備禮方始應命累薦名宰府舉秀才除議郎大安初妖賊張昌邱沈等聚衆於江夏百姓從之如歸惠帝使監軍華宏討之敗于障山昌等寖盛殺平南將軍羊伊鎭南大將軍新野王歆等所在覆沒昌別率封雲攻徐州石冰攻揚州刺史陳徽出奔冰遂略有揚土玘密欲討冰潛結前南平內史王矩共推吳興太守顧祕都督揚州九郡軍事及江東人士同起義兵斬冰所置吳興太守區山及諸長史冰遣其將羌毒領數萬人距玘玘臨陣斬毒時右將軍陳敏自廣陵率衆助玘斬冰別率趙驤於蕪湖因與玘俱前攻冰於建康冰北走投封雲雲司馬張統斬雲冰以降徐揚並平玘不言功賞散衆還家陳敏反于揚州以玘爲安豐太守加四品將軍玘稱疾不行密遣使告鎭東將軍劉準令發兵臨江巳爲內應翦髮爲信準在壽春遣督護衡彥率衆而東時敏弟昶爲廣武將軍歷陽內史以吳興錢廣爲司馬玘密諷廣殺昶玘與顧榮甘卓等以兵攻敏敏衆奔潰單馬北走追獲之於江乘界斬之於建康夷三族東海王越聞其名召爲參軍詔補尚書郎散騎郎並不行元帝初鎭江左以玘爲倉曹屬初吳興人錢璯亦起義兵討陳敏越命爲建威將軍使率其屬會于京都璯至廣陵聞劉聰逼洛陽畏懦不敢進帝促以軍期璯乃謀反時王敦遷尚書當應徵與璯俱西璯欲陰殺敦藉以舉事敦聞之奔告帝璯遂殺度支校尉陳豐焚燒邸閣自號平西大將軍八州都督刼孫皓子充立爲吳王既而殺之來寇玘縣帝遣將軍郭逸都尉宋典等討之並以兵少未敢前玘復率合鄉里義衆與逸等俱進討璯斬之傳首于建康玘三定江南開復王略帝嘉其勳以玘行建威將軍吳興太守封烏程縣侯吳興寇亂之後百姓饑饉盜賊公行玘甚有威惠百姓愛敬之期年之間境內宣謐帝以玘頻興義兵勳誠並茂乃以陽羨及長城之西鄉丹陽之永世別爲義興郡以彰其功焉玘宗族彊盛人情所歸帝疑憚之于時中州人士佐佑王業而玘自以爲不得調內懷怨望復爲刁協輕之恥恚愈甚時鎭東將軍祭酒東萊王恢亦爲周顗所侮乃與玘陰謀誅諸執政推玘及戴若思與諸南士共奉帝以經緯世事先是流人帥夏鐵等寓于淮泗恢陰書與鐵令起兵巳當與玘以三吳應之建興初鐵巳聚衆數百人臨淮太守蔡豹斬鐵以聞恢聞鐵死懼罪奔于玘玘殺之埋于豕牢帝聞而祕之召玘爲鎭東司馬未到復改授建武將軍南郡太守玘既南行至蕪湖又下令曰玘奕世忠烈義誠顯著孤所矜嘉今以爲軍諮祭酒將軍如故進爵爲公祿秩僚屬一同開國之例玘忿於迴易又知其謀泄遂憂憤發背而卒時年五十六將卒謂子勰曰殺我者諸傖子能復之乃吾子也吳人謂中州人曰傖故云耳贈輔國將軍謚曰忠烈子勰嗣勰字彥和常緘父言時中國亡官失守之士避亂來者多居顯位駕御吳人吳人頗怨勰因之欲起兵潛結吳興郡功曹徐馥馥家有部曲勰使馥矯稱叔父札命以合衆豪俠樂亂者翕然附之以討王導刁協爲名孫皓族人弼亦起兵於廣德以應之馥殺吳興太守袁琇有衆數千將奉札爲主時札以疾歸家聞而大驚乃告亂於義興太守孔侃勰知札不同不敢發兵馥黨懼攻馥殺之孫弼衆亦潰宣城太守陶猷滅之元帝以周氏奕世豪望吳人所宗故不窮治撫之如舊勰爲札所責失志歸家淫侈縱恣每謂人曰人生幾時但當快意耳終於臨淮太守勰弟彝少知名元帝辟爲丞相掾早亡玘弟札字宣季性矜險好利外方內荏少以豪右自處州郡辟命皆不就舉孝廉除郎中大司馬齊王冏參軍出補句容令遷吳國上軍將軍辟東海王越參軍不就以討錢璯功賜爵漳浦亭侯元帝爲丞相表札爲寧遠將軍歷陽內史不之職轉從事中郎徐馥平以札爲奮武將軍吳興內史錄前後功改封東遷縣侯進號征虜將軍監揚州江北軍事東中郎將鎭涂中未之職轉右將軍都督石頭水陸軍事札腳疾不堪拜固讓經年有司彈奏不得巳乃視職加散騎常侍王敦舉兵攻石頭札開門應敦故王師敗

續敦轉札爲光祿勳尋補尚書頃之遷右將軍會稽內史時札兄靖子懋晉陵太守清流亭侯懋弟莚征虜將軍吳興內史莚弟贊大將軍從事中郎武康縣侯贊弟緝太子文學都鄉侯次兄子勰臨淮太守烏程公札一門五侯並居列位吳士貴盛莫與爲比王敦深忌之後莚喪母送者千數敦益憚焉及敦疾錢鳳以周氏宗彊與沈充權勢相侔欲自託於充謀滅周氏使充得專威揚士乃說敦曰夫有國者患於彊逼自古釁難常必由之今江東之豪莫彊周沈公萬世之後二族必不靜矣周彊而多俊才宜先爲之所後嗣可安國家可保耳敦納之時有道士李脫者妖術惑眾自言八百歲故號李八百自中州至建鄴以鬼道療病又署人官位時人多信事之弟子李弘養徒灊山云應讖當王故敦使廬江太守李恆告札及其諸兄子與脫謀圖不軌時莚爲敦諮議參軍即營中殺莚及脫弘又遣參軍賀鸞就沈充盡掩殺札兄弟子既而進軍會稽襲札札先不知卒聞兵至率麾下數百人出距之兵散見殺札性貪財好色惟以業產爲務兵至之日庫中有精仗外白以配兵札猶惜不與以弊者給之其鄙吝如此故士卒莫爲之用及敦死札莚故吏並詣闕訟周氏之寃宜加贈謚事下八坐尚書卞壼議以札石頭之役開門延寇遂使賊敦恣亂札之責也追贈意所未安懋莚兄弟宜復本位司徒王導議以札在石頭忠存社稷義在忘身至於往年之事自臣等有識以上與札情豈有異此言實貫於聖鑒論者見姦逆既彰便欲徵往年已有不臣之漸即復使爾要當時眾所未悟既悟其姦萌札與臣等便以身許國死而後已札亦尋取梟夷朝廷檄命既下大事既定便正以爲逆黨邪正失所進退無據誠國體所宜深惜臣謂宜與周顗戴若思等同例尚書郄鑒議曰夫褒貶臧否宜令體明例通今周戴以死節復位周札以開門同例事異賞均意所疑惑如司徒議謂往年之事自有識以上皆與札不異此爲邪正坦然有在昔宋文失禮華樂荀不臣之罰齊靈嬖孽高厚有從昏之戮以古況今譙王周戴宜受若此之責何加贈復位之有乎今據已顯復則札宜貶責明矣導重議曰省令君議必札之開門與譙王周戴異今札開門直出風言竟實事邪便以風言定褒貶意莫若原情考徵也論者謂札知隗協亂政信敦匡救苟匡救信姦佞除即所謂流四凶族以隆人主巍巍之功耳如此札所以忠於社稷也後敦悖謬出所不圖札亦闔門以此滅族是其死於爲義也夫信敦當時之匡救不圖將來之大逆惡隗協之亂政不失爲臣之貞節者于時朝士豈惟周札邪若盡謂不忠懼有誣乎譙王周戴各以死衛國斯亦人臣之節也但所見有同異然期之於必忠故宜申明耳即如令君議宋華齊高其在隗協矣昔子糾之難召忽死之管仲不死若以死爲賢則管仲當貶若以不死爲賢則召忽死爲失先典何以兩通之明爲忠之情同也死雖是忠之一目亦不必爲忠皆當死也漢祖遺約非劉氏不王非功臣不侯違命天下共誅之後呂后王諸呂周勃從之王陵廷爭可不謂忠乎周勃誅呂尊文安漢社稷忠莫尚焉則王陵又何足言而前史兩爲美談固知死與不死爭與不爭苟原情盡意不可定於一概也且札闔棺定謚違逆黨順受戮凶邪不負忠義明矣鑒又駁不同而朝廷竟從導議追贈札衛尉遣使者祠以少牢札長子瓚太宰府掾次子雅察孝廉不行札兄子莚卓犖有才幹拜征虜將軍吳興太守遷黃門侍郎徐馥之役莚族兄續亦聚眾應之元帝議欲討之王導以爲兵少則不足制寇多遣則根本空虛黃門侍郎周莚忠烈至到爲一郡所敬意謂直遣莚足能殺續於是詔以力士百人給莚使輕騎還陽羨莚即日取道晝夜兼行既至郡將入遇續於門莚謂續曰宜與君共詣孔府君有所論續不肯入莚逼牽與俱坐定莚謂太守孔侃曰府君何以置賊在座續衣裏帶小刀便操逼莚莚叱郡傳教吳曾何不與手曾有膂力便以刀環築續殺之莚遂因欲誅勰札距不許委罪於從兄邵誅之莚不歸家省母長驅而去母狼狽追之其忠公如此遷太子右衛率及王敦作難加冠軍將軍都督會稽吳興義興晉陵東陽軍事率水軍三千人討沈充未發而王師敗績莚聞札開城納敦憤咤慨慷義形於色尋遇害敦平後與札同被復官初莚於姑孰立屋五間而六梁一時躍出墮地衡獨立柱頭零節之上甚危雖以人力不能然也後竟覆族莚弟縉少無行檢嘗在建康烏衣道中逢孔氏婢時與同寮二人共載便令左右捉婢上車其彊暴如此

周訪字士達本汝南安成人也漢末避地江南至訪四世吳平因家廬江尋陽焉祖纂吳威遠將軍父敏左中郎將訪少沈毅謙而能讓果於斷割周窮振乏家無餘財爲縣功曹時陶侃爲散吏訪薦爲主簿相與結友以女妻侃子瞻訪察孝廉除郎中上甲令皆不之官鄉人盜訪牛於冢間殺之訪得之密埋其肉不使人知及元帝渡江命參鎮東軍事時有與訪同姓名者罪當死吏誤收訪訪奮擊收者數十人皆散走而自歸於帝帝不

之罪以為揚烈將軍領兵一千二百屯尋陽鄂陵與甘卓趙誘討華軼所統厲武將軍丁乾與軼所統武昌太守馮逸交通訪收斬之逸來攻訪訪率衆擊破之逸遁保柴桑訪乘勝進討軼遣其黨王約傅札等萬餘人助逸大戰於湓口約等又敗訪與甘卓等會於彭澤與軼水軍將朱矩等戰又敗之軼將周廣燒城以應訪軼衆潰訪執軼斬之遂平江州帝以訪為振武將軍尋陽太守加鼓吹曲蓋復命訪與諸軍共征杜弢弢作桔槔打官軍船艦訪作長岐棖以距之桔槔不得為害而賊從青草湖密鈔官軍又遣其將張彥陷豫章焚燒城邑王敦時鎮湓口遣督護繆蕤李恆受訪節度共擊彥蕤於豫章石頭與彥交戰彥軍退走訪率帳下將李午等追彥破之臨陣斬彥時訪為流矢所中折前兩齒形色不變及暮訪與賊隔水賊衆數倍自知力不能敵乃密遣人如樵採者而出於是結陳鳴鼓而來大呼曰左軍至士卒皆稱萬歲至夜令軍中多布火而食賊謂官軍益至未曉而退訪謂諸將曰賊必引退然終知我無救軍當還掩人宜促渡水北既濟斷橋訖而賊果至隔水不得進於是遂歸湘州訪復以舟師造湘城軍達富口而弢遣杜弘出海昏時湓口騷動訪步上柴桑偷渡與賊戰斬首數百賊退保廬陵訪追擊敗之賊嬰城自守尋而軍糧為賊所掠退住巴邱糧廩既至復圍弘於廬陵弘大擲寶物於城外軍人競拾之弘因陳亂突圍而出訪率軍追之獲鞍馬鎧仗不可勝數弘入南康太守將率兵逆擊又破之奔于臨賀帝又進訪龍驤將軍王敦表為豫章太守加征討都督賜爵尋陽縣侯時梁州刺史張光卒愍帝以侍中第五猗為征南大將軍監荊梁益寧四州出自武關賊帥杜曾擊瞻胡混等並迎猗奉之聚兵數萬破陶侃於石城攻平南將軍荀崧於宛不剋引兵向江陵王敦以從弟廙為荊州刺史令督征虜將軍趙誘襄陽太守朱軌陵江將軍黃峻等討曾而大敗於女觀湖誘軌並遇害曾遂逐廙徑造沔口大為寇害威振江沔元帝命訪擊之訪有衆八千進至沌陽曾等銳氣甚盛訪曰先人有奪人之心軍之善謀也使將軍李恆督左甄許朝督右甄訪自領中軍高張旗幟曾果畏訪先攻左右甄曾勇冠三軍訪甚惡之自於陣後射雉以安衆心令其衆曰一甄敗鳴三鼓兩甄敗鳴六鼓趙允領其父餘兵屬左甄力戰敗而復合允馳馬告訪訪怒叱令更進允號哭還戰自旦至申兩甄皆敗訪聞鼓音選精銳八百人自行酒飲之敕不得妄動聞鼓音乃進賊未至三十步訪親鳴鼓將士皆騰躍奔赴曾遂大潰殺千餘人訪夜追之諸將請待明日訪曰曾驍勇能戰向之敗也彼勞我逸是以剋之宜及其衰乘之可滅鼓進而行遂定漢沔曾等走固武當訪以功遷南中郎將督梁州諸軍梁州刺史屯襄陽訪謂其僚佐曰昔城濮之役晉文以得臣不死而有憂色今不斬曾禍難未已於是出其不意又擊破之曾遁走訪步將蘇溫收曾詣軍并獲第五猗胡混摯瞻等送於王敦又白敦說猗逼於曾不宜殺敦不從而斬之進位安南將軍持節都督刺史如故初王敦懼杜曾之難謂訪曰擒杜曾當相論為荊州刺史及是而敦不用至王廙去職詔以訪為荊州敦以訪名將勳業隆重有疑色其從事中郎郭舒說敦曰鄙州雖遇寇難荒弊實為用武之國若以假人將有尾大之患公宜自領訪為梁州足矣敦從之訪大怒敦手書譬釋并遺玉環玉椀以申厚意訪投椀於地曰吾豈賈豎可以寶悅乎陰欲圖之既在襄陽務農訓卒勤於採納守宰有闕輒補然後言上敦患之而憚其彊不敢有異訪威風既著遠近悅服智勇過人為中興名將性謙虛未嘗論功伐或問訪曰人有小善鮮不自稱卿功勳如此無一言何也訪曰朝廷威靈將士用命訪何功之有士以此重之訪練兵簡卒欲宣布中原與李知郭默相結慨然有平河洛之志善於撫納士衆皆為致死聞敦有不臣之迹訪常切齒敦雖懷逆謀故終訪之世未敢為非初訪少時遇善相者廬江陳訓謂訪與陶侃曰二君位至方岳功名略同但陶侃得上壽周當下壽優劣更由年耳訪小侃一歲太興三年卒時年六十一帝哭之甚慟詔贈征西將軍謚曰壯立碑於本郡二子撫光撫字道和彊毅有父風而將御不及元帝辟為丞相掾父喪去官服闋襲爵除鷹揚將軍武昌太守王敦命為從事中郎與鄧嶽俱為敦爪牙甘卓遇害敦以撫為沔北諸軍事南中郎將鎮沔中及敦作逆撫領二千人從之敦敗撫與嶽俱亾走撫弟光將資遺其兄而陰欲取嶽撫怒曰我與伯山同亾何不先斬我會嶽至撫出門遙謂之曰何不速去今骨肉尚欲相危況他人乎嶽迴船而走撫遂共入西陽蠻中蠻酋向蠶納之初嶽為西陽欲伐諸蠻及是諸蠻皆怨將殺之蠶不聽曰鄧府君窮來歸我我忍殺之由是俱得免明年詔原敦黨嶽撫詣闕請罪有詔禁錮之咸和初司徒王導以撫為從事中郎出為甯遠將軍江夏相蘇峻作逆率所領從溫嶠討之峻平還監沔北軍事南中郎將鎮襄陽石勒將郭敬率騎攻撫撫不能守率所領奔于

武昌坐免官尋遷振威將軍豫章太守後代毌丘奧監巴東諸軍事益州刺史假節將軍如故尋進征虜將軍加督甯州諸軍事永和初桓溫征蜀進撫督梁州之漢中巴西梓潼陰平四郡軍事鎮彭模撫擊破蜀餘寇隗文鄧定等斬僞尚書僕射王誓平南將軍王潤以功遷平西將軍隗文鄧定等復反立范賢子賁爲帝初賢爲李雄國師以左道惑百姓人多事之賁遂有衆一萬撫與龍驤將軍朱壽擊破斬之以功進爵建城縣公征西督護蕭敬文作亂殺征虜將軍楊謹據涪城自號益州牧桓溫使督護鄧遐助撫討之不能拔引退溫又令梁州刺史司馬勳等會撫伐之敬文固守自二月至于八月乃出降撫斬之傳首京師升平中進鎮西將軍在州三十餘年興甯三年卒贈征西將軍謚曰襄子楚嗣楚字元孫起家參征西軍事從父入蜀拜鷹揚將軍犍爲太守父卒以楚監梁益二州假節襲爵建城公世在梁益甚得物情時梁州刺史司馬勳作逆楚與朱序討平之進冠軍將軍太和中蜀盜李金銀廣漢妖賊李弘並聚衆爲寇僞稱李勢子當以聖道王年號鳳皇又隴西人李高詐稱李雄子破涪城梁州刺史楊亮失守楚遣其子詠平之是歲楚卒謚曰定子瓊嗣瓊勁烈有將略歷數郡代楊亮爲梁州刺史建武將軍領西戎校尉初氐人竇衝求降朝廷以爲東羌校尉後衝反欲入漢川安定人皇甫釗京兆人周勳等謀納衝瓊密知之收釗勳等斬之子虓嗣虓字孟威少有節操州召爲祭酒後歷位至西夷校尉領梓潼太守甯康初苻堅將楊安寇梓潼虓固守涪城遣步騎數千送母妻從漢水將抵江陵爲堅將朱彤所獲虓遂降于安堅欲以爲尚書郎虓曰蒙國厚恩以至今日但老母見獲失節於此母子獲全秦之惠也雖公侯之貴不以爲榮況郎任乎堅乃止自是每入見堅輒箕踞而坐呼之爲氐賊堅不悅屬元會威儀甚整堅謂虓曰晉家元會何如此虓攘袂厲聲曰戎狄集聚譬如犬羊相羣何敢比天子及呂光征西域堅出餞之戎士二十萬旌旗數百里又問虓曰朕衆力何如虓曰戎狄已來未之有也堅黨以虓不遜屢請除之堅待之彌厚虓乃密書與桓沖說賊姦計太元三年虓潛至漢中堅追得之後又與堅兄子苞謀襲堅事泄堅引虓問其狀虓曰昔漸離豫讓燕智之微臣猶漆身吞炭不忘忠節況虓累世蒙恩豈敢忘也生爲晉臣死爲晉鬼復何問乎堅曰今殺之適成其名遂撻之徙于太原後堅復陷順陽魏興獲二守皆執節不撓歎曰周孟威不屈於前丁彥遠潔己於後吉祖沖不食而死皆忠臣也虓竟以病卒於太原其子興迎致其喪冠軍將軍謝元親臨哭之上疏稱其忠烈爲求褒贈於是孝武帝詔贈龍驤將軍益州刺史賻錢二十萬布百匹又贈賜其家撫弟光少有父風年十一見王敦敦謂曰貴郡未有將誰可用者光曰明公不恥下問竊謂無復見勝敦矣以爲甯遠將軍尋陽太守及敦舉兵光率千餘人赴之既至敦已死光未之知求見敦王應祕不言以疾告光退曰今我遠來而不得見王公公其死乎遽見其兄撫曰王公已死兄何爲與錢鳳作賊衆並愕然其夕衆散錢鳳走出至闔廬洲光捕鳳詣闕贖罪故得不廢蘇峻作逆隨溫嶠力戰有功峻平賜爵曲江男卒官子仲孫興甯初督甯州軍事振武將軍甯州刺史在州貪暴人不堪命桓溫以梁益多寇周氏世有威稱復除仲孫監益州梁州之三郡甯康初楊安寇蜀仲孫失守免官後徵爲光祿勳卒初陶侃微時丁艱將葬家中忽失牛而不知所在遇一老謂之曰前岡見一牛眠山汙中其地若葬位極人臣矣又指一山云此亦其次當世出二千石言訖不見侃尋牛得之因葬其處以所指別山與訪訪父死葬焉果爲刺史著稱甯益自訪以下三世爲益州四十一年如其所言云

通志卷一百二十四下

通志卷一百二十五

宋右迪功郎鄭樵漁仲撰

列傳第三十八

晉

解系 弟結 結弟育 孫旂 孟觀 牽秀 繆播 從弟胤 皇甫重 張輔 李含 張方 閻鼎 索靖 子綝 賈疋 周浚 子嵩 謨 從父弟馥 成公簡 苟晞 華軼 劉喬 孫耽 耽子柳 劉琨 子羣 兄輿 輿子演 祖逖 兄納 邵續 李矩 段匹磾 魏浚 族子該 郭默 王導 子悅 恬 洽 洽子珣 珉

解系字少連濟南著人也父修魏琅邪太守梁州刺史考績爲天下第一武帝受禪封梁鄒侯系及二弟結育竝清身潔己甚得聲譽時荀勖門宗彊盛朝野畏憚之勖諸子謂系等曰我與卿爲友應向我公拜勖又曰我與尊先使君親厚系曰不奉先君遺敎公若與先君厚往日哀頓當垂書問親厚之誨非所敢承勖父子大慙當世壯之後辟公府掾歷中書黃門侍郎散騎常侍豫州刺史遷尚書出爲雍州刺史揚烈將軍西戎校尉假節會氐羌叛與征西將軍趙王倫討之倫信用佞人孫秀與系爭軍事更相表奏朝廷知系守正不撓而召倫還系表殺秀以謝氐羌不從倫秀譖之系遂坐免官以白衣還第闔門自守及張華裴頠之被誅也倫秀以宿憾收系兄弟梁王肜救系等倫怒曰我於水中見蟹且惡之況此人兄弟輕我邪此而可忍孰不可忍肜苦爭之不得遂害之并戮其妻子後齊王冏起義時以裴解爲冤首倫秀既誅冏乃奏理之永寧二年追贈光祿大夫加弔祭焉弟結字叔連少與系齊名辟公府掾累遷黃門侍郎歷散騎常侍豫州刺史魏郡太守御史中丞時孫秀亂關中結在都坐議秀罪應誅秀由是致憾及系被害結亦同戮女適裴氏明日當嫁而禍起裴氏欲認活之女曰家既若此我何活爲亦坐死朝廷遂議革舊制女不從坐由結女始也後贈結光祿大夫改葬加弔祭結弟育字稚連名亞二兄歷公府掾太子洗馬尚書郎衛軍長史弘農太守與二兄俱被害妻子徙邊

孫旂字伯旗樂安人也父歷魏晉際爲幽州刺史右將軍旂絜靜少自修立察孝廉累遷黃門侍郎出爲荊州刺史名位與二解相亞永熙中徵拜太子詹事轉衛尉坐武庫火免官歲餘出爲兗州刺史遷平南將軍假節旂子弼及弟子髦輔琰四人竝有吏材稱於當世遂與孫秀合族及趙王倫起事夜從秀開神武門下觀閣器仗兄弟旬月相次爲公府掾尚書郎弼又爲中堅將軍領尚書左丞輔爲上將軍領射聲校尉髦爲武衛將軍領太子詹事琰爲武威將軍領太子左率皆賜爵開國郡侯推崇旂爲車騎將軍開府初旂以弼等受署偽朝遣小息回責讓弼等以過差之事必爲家禍弼等終不從旂制之不可但慟哭而已及齊王冏起義四子皆伏誅襄陽太守宗岱承冏檄斬旂夷三族弟尹字文旗歷陳留陽平太守早卒

孟觀字叔時渤海東光人也少好讀書解天文惠帝即位稍遷殿中中郎賈后悖婦姑之禮陰欲誅楊駿而廢太后因駿專權數言之於帝又使人諷觀會楚王瑋將討駿觀受賈后旨宣詔頗加誣其事及駿誅以觀爲黃門侍郎特給親信四十人遷積弩將軍封上谷郡公氐帥齊萬年反於關中衆數十萬諸將覆敗相繼中書令陳準監張華以趙梁諸王在關中雍容貴戚進不貪功退不懼罪士卒雖衆不爲之用周處喪敗職此之由上下離心難以勝敵以觀沈毅有文武材用乃敕觀討之觀所領宿衛兵皆趫捷勇悍并統關中士卒身當矢石大戰十數皆破之生擒萬年威懾氐羌轉東羌校尉徵拜右將軍趙王倫篡位以觀所在著績署爲安南將軍監河北諸軍事假節屯宛觀子平爲淮南王允前鋒將軍討倫戰死孫秀以觀杖兵在外假言平爲允兵所害贈積弩將軍以安觀義軍既起多勸觀應齊王冏觀以紫宮帝坐無他變謂倫應之遂不從衆議而爲倫守及帝反正永饒冶令空桐機斬觀首傳于洛陽遂夷三族

牽秀字成叔武邑觀津人也祖招魏鴈門太守秀博辯有文才性豪俠弱冠得美名爲太保衛瓘尚書崔洪所知太康中調補新安令累遷司空從事中郎與帝舅王愷素相輕侮愷諷司隸荀愷奏秀夜在道中載高平國守士田興妻秀郎表訴被誣論愷穢行文辭亢厲以譏詆外戚于時朝臣雖多證明其行而秀盛名美譽由是而損遂坐免官後司空張華請爲長史秀任氣好爲將帥張昌作亂長沙王乂遣秀討昌秀出關因奔成都王穎穎伐乂以秀爲冠軍將軍與陸機王粹等共爲河橋之役機戰敗秀證成其罪又諂事黃門孟玖故見親於穎惠帝西幸長安以秀爲尚書秀少在京輦見司隸劉毅奏事而扼腕慷慨自謂居司直之任當能激濁揚清處皷鞞之閒必建將帥之勳及在常伯納言亦未曾有規獻弼違之奇也河閒王顒甚親任之關東諸軍奉迎大駕以秀爲平北將軍鎮馮翊秀與顒將馬瞻等輔顒以守關中顒密遣使就東海王越求迎越遣將麋晃等

迎顒時秀擁衆在馮翊晃不敢進顒長史楊騰前不應越軍懼越討之欲取秀以自效與馮翊大姓諸嚴詐稱顒命使秀罷兵秀信之騰遂殺秀於萬年

繆播字宣則蘭陵人也父悅光祿大夫播才思淸辯有意義高密王泰爲司空以播爲祭酒累遷太弟中庶子惠帝幸長安河閒王顒欲挾天子令諸侯東海王越將起兵奉迎天子以播父時故吏委以心膂播從弟右衞率允顒前妃之弟也越遣播允詣長安說顒令奉帝還洛約與顒分陝爲伯播允素爲顒所敬信既相見虛懷從之顒將張方自以罪重懼爲誅首謂顒曰今據形勝之地國富兵彊奉天子以號令誰敢不服顒惑方所謀猶豫不決方惡播允爲越游說陰欲殺之播等亦慮方爲難不敢復言時越兵鋒甚盛顒深憂之播允乃復說顒急斬方以謝可不勞而安顒從之於是斬方以謝山東諸侯顒後悔之又以兵距越屢爲越所敗帝反舊都播亦從太弟還洛契闊艱難深相親狎及帝崩太弟即帝位是爲懷帝以播爲給事黃門侍郎俄轉侍中徙中書令任遇日隆專管詔命時越威權自己帝力不能討心甚惡之以播允等有公輔之量又盡忠於國故委以心膂越懼爲己害因入朝以兵入宮執播等於帝側帝嘆曰姦臣賊子無世無之不自我先不自我後哀哉起執播等手涕泗歔欷不能自禁越遂害之朝野憤惋咸曰善人國之紀也而加虐焉其能終乎及越薨帝贈播衞尉祠以少牢允字休祖安平獻王外孫也與播名譽略齊初爲尙書郎後遷太弟左衞率轉魏郡太守及王浚軍逼鄴石超等大敗允奔東海王越於徐州越使允與播俱入關而所說得行大駕東還越以允爲冠軍將軍南陽太守允從藍田出武關之南陽前守衞展距允不受允乃還洛懷帝即位拜允左衞將軍轉散騎常侍太僕卿既而與播及帝舅王延尙書何綏太史令高堂沖並參機密爲東海王越所害

皇甫重字倫叔安定朝那人也性沈果有才用爲司空張華所知稍遷新平太守元康中華版爲秦州刺史齊王冏輔政以重弟商爲參軍冏誅長沙王乂又以爲參軍時河閒王顒鎭關中其將李含先與商重有隙每銜之及此說顒曰商爲乂所任重終不爲人用宜急除之以去一方之患可表遷重爲內職因其經長安乃執之重知其謀乃露檄上尙書以顒信任李含將欲爲亂召集隴上士衆以討含爲名乂以兵革累興今始寧息表請遣使詔重罷兵徵含爲河南尹含既就徵重不奉詔顒遣金城太守游楷隴西太守韓稚等四郡兵攻之成都王穎與顒起兵共攻乂以討后父尙書僕射羊玄之及商爲名乂以商爲左將軍河東太守領萬餘人於缺門距張方爲方所破顒軍遂進乂既屢敗乃使商閒行齎帝手詔使游楷盡罷兵令重進軍討顒商行過長安至新平遇其從甥從甥素憎商以告顒顒捕得商殺之乂既敗重猶堅守閉塞外門城內莫知而四郡兵築土山攻城重輒以連弩射之所在爲地窟以防外攻權變百端外軍不能近城將士爲之死戰顒知不可拔乃上表求遣御史宣詔喻之令降重知非朝廷本意不奉詔獲御史騶人問曰我弟將兵來欲至未騶云已爲河閒王所害重失色立殺騶於是城內知無外救遂共殺重先是重被圍急遣養子昌請救於東海王越越以顒新廢成都王穎與山東連和不肯出兵昌乃與故殿中人楊篇詐稱越命迎羊后於金墉城入宮以后令發兵討張方奉迎大駕事起倉卒百官初皆從之俄而又其誅昌

張輔字世偉南陽西鄂人也漢河閒相衡之後少有幹局與從母兄劉喬齊名初補藍田令不爲豪彊所屈時彊弩將軍龎宗西州大姓護軍趙浚宗婦族也故僮僕放縱爲百姓所患輔繩之殺其二奴又奪宗田二百餘頃以給貧戶一縣稱之轉山陽令太尉陳準家僮亦暴橫輔復擊殺之累遷尙書郎封宜昌亭侯轉御史中丞時積弩將軍孟觀與明威將軍郝彥不協而觀因軍事害彥又賈謐潘岳石崇等共相引重及義陽王威有詐冒事輔並糾劾之梁州刺史楊欣有姊喪未經旬車騎長史韓預彊聘其女爲妻輔爲中正貶預以淸風俗論者稱之及孫秀執權威構輔於秀秀惑之將繩以法輔與秀牋曰輔徒知希慕古人當官而行不復自知小爲身計今義陽王誠弘恕不以介意然輔母年七十六常見憂慮恐輔將以怨疾獲罪願明公留神省察輔前後行事是國之愚臣而已秀雖凶狡知輔雅正爲威所誣乃止後遷馮翊太守是時長沙王乂以河閒王顒專制關中有不臣之跡言於惠帝密詔雍州刺史劉沈秦州刺史皇甫重使討顒於是沈等與顒戰於長安輔遂將兵救顒沈等敗績顒德之乃以輔代重爲秦州刺史當赴顒之難金城太守游楷亦皆有功轉梁州刺史不之官楷聞輔之還不時迎輔陰圖之又殺天水太守封尙欲揚威西土召隴西太守韓稚會議未決稚子朴有武幹斬異議者即收兵伐輔輔與稚戰於遮多谷口輔軍敗績爲天水故帳下督富整所殺初輔嘗著論云管仲

不如鮑叔鮑叔知所奉知所投管仲奉主而不能濟所奔又非濟事之國三歸反坫皆鮑不爲又論班固司馬遷云遷之著述辭約而事舉敘三千年事唯五十萬言班固敘二百年事乃八十萬言煩省不同不如遷一也良史述事善足以奬勸惡足以鑒誡人道之常中流小事亦無取焉而班皆書之不如二也毀貶鼂錯傷忠臣之道不如三也遷既創造固又因循難易益不同矣又遷爲蘇秦張儀范睢蔡澤作傳逞辭流離亦足以明其大才故述辯士則詞藻華靡敘實錄則隱核名檢此所以遷稱良史也又論魏武帝不及劉備樂毅減於諸葛亮詞多不載

李含字世容隴西狄道人也僑居始平少有武幹兩郡並舉孝廉安定皇甫商州里年少少恃豪族以含門寒微欲與結交含距而不納商恨焉遂諷州以短檄召含爲門亭長會州刺史郭奕素聞其賢下車擢含爲別駕遂處羣僚之右尋舉秀才薦之公府自太保掾轉秦國郎中令司徒選含領始平中正秦王柬薨含依臺儀葬訖除喪尚書趙浚有內寵疾含不事己遂奏含不應除喪本州大中正傅祇以名義貶含中丞傅咸上表理含橫被貶黜帝不納含遂貶退割爲五品歸長安歲餘光祿差含爲壽城邸閣督司徒王戎表含曾爲大臣雖見割削不應降爲此職詔停後爲始平令及趙王倫篡位或謂孫秀曰李含有文武大才無以資人秀以爲東武陽令河間王顒表請含爲征西司馬甚見信任頃之轉爲長史顒誅夏侯奭送齊王冏使與趙王倫遣張方率衆赴倫皆含謀也後顒聞三王兵盛乃加含龍驤將軍統席薳等鐵騎迴遣張方軍以應義師天子反正含至潼關而還初梁州刺史皇甫商爲趙王倫所任倫敗去職詣顒顒慰撫之甚厚含諫顒曰商倫之信臣懼罪至此不宜數與相見商知而恨之及商當還都顒置酒餞行商因與含忿爭顒和釋之後含被徵爲翊軍校尉時商參齊王冏軍事而夏侯奭兄在冏府稱奭立義被西藩枉害含心不自安冏右司馬趙驤又與含有隙冏將閱武含懼驤因兵討之乃單馬出奔于顒矯稱受密詔顒即夜見之乃說顒曰成都王至親有大功還藩甚得衆心齊王越親而專執威權朝廷側目今檄長沙王令討齊使先聞於齊齊必誅長沙因傳檄以加齊罪則冏可擒也既去齊立成都除逼建親以安社稷大勳也顒從之遂表請討冏拜含爲都督統張方等率諸軍以向洛陽含屯陰盤而長沙王乂誅冏含等旋師初含之本謀欲并去乂冏使權歸於顒含因得肆其宿志既長沙勝齊顒穎猶各守藩志望未允顒表含爲河南尹時商復被乂任遇商兄重時爲秦州刺史含疾商滋甚復與重搆隙顒自含奔還之後委以心膂復慮重襲己乃使兵圍之更相表罪侍中馮蓀黨顒請召重還商說乂曰河間之奏皆李含所交搆也若不早圖禍將至矣且河間前舉由含之謀乂乃殺含

張方河間人也世貧賤以材勇得幸於河間王顒累遷兼振武將軍永寧中顒表討齊王冏遣方領兵二萬爲前鋒及冏被長沙王乂所殺顒及成都王穎復表討乂遣方率衆自函谷入屯河南惠帝遣左將軍商距之方以潛軍破商之衆遂入城乂奉帝討方于城內方軍望見乘輿於是小退方止之不得衆遂大敗殺傷滿于衢巷方退壁于十三里橋人情挫衂無復固志多勸方夜遁方曰兵之利鈍是常貴因敗以爲成耳我更前作壘出其不意此用兵之奇也乃夜潛進逼洛城七里乂既新捷不以爲意忽聞方壘成乃出戰敗績東海王越等執乂送于金墉城方使郅輔取乂還營炙殺之於是大掠洛陽官私奴婢萬餘人而西還長安顒加方右將軍馮翊太守蕩陰之役顒又遣方鎮洛陽上官巳苗願等距之大敗而退清河王覃夜襲巳願巳願出奔方乃入洛陽覃於廣陽門迎方而拜方馳下車扶止之於是復廢皇后羊氏及帝自鄴還洛方遣息羆以三千騎奉迎將渡河橋方又以所乘陽燧車青蓋素升三百人爲小鹵簿迎帝至芒山下方自帥萬餘騎奉雲母輿及旌旗之飾衞帝而進方初見帝將拜帝下車自止之方在洛既久兵士暴掠發哀獻皇女墓軍人喧喧無復留意議欲西遷尚匿其迹欲須天子出因劫移都乃請帝謁廟帝不許方遂悉引兵入殿迎帝帝見兵至避之於竹林中軍人引帝出方於馬上稽首曰胡賊縱橫宿衞單少陛下今日幸臣壘臣當捍禦寇難致死無二於是軍人便亂入宮閤爭割流蘇武帳而爲馬帴方奉帝至弘農顒遣司馬周弼報方欲廢太弟方以爲不可帝至長安以方爲中領軍錄尚書事領京兆太守時豫州刺史劉喬檄稱潁川太守劉輿迫脅范陽王虓距逆詔命及東海王越等起兵於山東乃遣方率步騎十萬討之方屯兵霸上而劉喬爲虓等所破顒聞喬敗大懼將罷兵恐方不從遲疑未決初方從山東來甚微賤長安富人郅輔厚相供給及貴以輔爲帳下督甚昵之顒參軍畢垣河間冠族爲方所侮忿而說顒曰張方久屯霸上聞山東賊盛盤桓不進宜防其未萌其親信郅輔具知其謀

矣而繆播等先亦構之顒因使召輔垣迎說輔曰張方欲反人謂卿知之王若問卿何辭以對輔驚曰實不聞方反爲之若何垣曰王若問卿但言爾爾不然必不免禍輔旣入顒問之曰張方反卿知之乎輔曰爾顒曰遣卿取之可乎又曰爾顒於是使輔送書於方因令殺之輔旣昵於方持刀而入守閤者不疑因火下發函便斬方頭顒以輔爲安定太守初繆播等議斬方送首與越冀東軍可罷及方死更爭入關顒頗恨之又使人殺輔

閻鼎字台臣天水人也初爲太傅東海王越參軍轉卷令行豫州刺史事屯許昌遭母喪乃於密縣間鳩聚西州流人數千欲還鄉里值京師失守秦王出奔密中司空荀藩藩弟司隸校尉組及中領軍華恆河南尹華薈在密縣建立行臺以密近賊南趣許潁司徒左長史劉疇在密爲塢主中書令李暅太傅參軍騶捷劉蓍鎭軍長史周顗司馬李述皆來赴疇僉以鼎有才用且手握彊兵勸藩假鼎冠軍將軍豫州刺史蔚等爲參佐鼎少有大志因西士人思歸欲立功鄉里乃與撫軍長史王毘司馬傅遜懷翼戴秦王之計謂疇捷等曰山東非霸王處不如關中河陽令傅暢遺鼎書勸奉秦王過洛陽謁拜山陵徑據長安糾合夷晉興起義衆克復宗廟雪社稷之恥鼎得書便欲詣洛流民謂北道近河懼有抄截欲南自武關向長安疇等皆山東人咸不願西入荀藩及疇捷等並逃散鼎追藩不及暅等見殺唯顗述走得免遂奉秦王行止上洛爲山賊所襲殺百餘人率餘衆西至藍田時劉聰向長安爲雍州刺史賈疋所逐走還平陽疋遣人奉迎秦王遂至長安而與大司馬南陽王保衛將軍梁芬京兆尹梁綜等並同心推戴立王爲皇太子登壇告天立社稷宗廟以鼎爲太子詹事總攝百揆梁綜與鼎爭權鼎殺綜以王毘爲京兆尹鼎首建大謀立效天下始平太守麴允撫夷護軍索綝並害其功且欲專權馮翊太守梁緯北地太守梁肅並綜母弟綝之姻也謀欲除鼎乃劾鼎有無君之心專戮大臣請討之遂攻鼎鼎出奔雍爲氐竇首所殺傳首長安

索靖字幼安敦煌人也累世官族父湛北地太守靖少有逸羣之量與鄉人氾衷張甝索紾索永俱詣太學馳名海內號稱敦煌五龍四人並早亾唯靖該博經史兼通內緯州辟別駕郡舉賢良方正對策高第傳元張華與靖一面皆厚與之相結拜駙馬都尉出爲西域戊己校尉長史太子僕同郡張勃特表以靖才藝絕人宜在臺閣不宜遠出邊塞武帝納之擢爲尚書郎與襄陽羅尚河南潘岳吳郡顧榮同官咸器服焉靖與尚書令衞瓘俱以善草書知名帝愛之瓘筆勝靖然有楷法遠不能及靖在臺積年除鴈門太守遷魯相又拜酒泉太守惠帝卽位賜爵關內侯靖有先識遠量知天下將亂指洛陽宮門銅駝歎曰會見汝在荆棘中耳元康中西戎反叛拜靖大將軍梁王肜左司馬加蕩寇將軍屯兵粟邑擊賊敗之遷始平內史及趙王倫簒位靖應三王義舉以左衞將軍討孫秀有功加散騎常侍遷後將軍太安末河間王顒舉兵向洛陽拜靖使持節監洛城諸軍事游擊將軍領雍秦涼義兵與賊戰大破之靖亦被傷而卒追贈太常時年六十五後又贈司空進封安樂亭侯謚曰莊靖著五行三統正驗論辯理陰陽氣運又撰索子晉詩各二十卷又作草書狀其辭曰聖皇御世隨時之宜倉頡旣生書契是爲科斗鳥篆類物象形叡哲變通意巧滋生損之隸草以崇簡易百官畢修事業並麗蓋草書之爲狀也婉若銀鉤漂若驚鸞舒翼未發若舉復安蟲蛇虬蟉或往或還類阿那以羸形欻奮亹而桓桓及其逸遊肹嚮乍正乍邪騏驥暴怒逼其轡海水窊隆揚其波芝草蒲陶還相繼棠棣融融載其華元熊對踞于山嶽飛燕相追而差池舉而察之又似乎和風吹林偃草扇樹枝條順氣轉相比附窈嬈廉苫隨體散布紛擾擾以猗靡中持疑而猶豫元螭蚑獸嬉其間騰猨飛鼬相奔趣淩魚奮尾蛟龍反據投空自竄張設牙距或若登高望其類或若旣往而中顧或若傲儼而不羣或若自檢於常度於是多才之英篤藝之彥役心精微耽此文憲守道兼權觸類生變離析八體靡形不判去繁存微大象未亂上理開元下周謹案騁辭放手雨行冰散高音翰厲溢越流漫忽班班而成章信奇妙之煥爛體磥落而壯麗姿光潤以粲粲命杜度運其指使伯英迴其腕著絕勢於紈素垂百世之殊觀先時靖行見姑臧城南石地曰此後當起宮殿至張駿於其地立南城起宗廟建宮殿焉靖有五子鯁綣璆聿綝皆舉秀才聿安昌鄉侯卒少子綝最知名綝字巨秀少有逸羣之量靖每曰綝廊廟之材非簡札之用州郡吏不足汙吾兒也舉秀才除郎中嘗報兄讐手殺三十七人時人壯之俄轉太宰參軍除好畤令入爲黃門侍郎出參征西軍事轉長安令在官有稱及成都王穎劫遷惠帝幸鄴穎爲王浚所破帝遂播越河間王顒使張方及綝東迎乘輿以功拜鷹揚將軍轉南陽王模從事中郎劉聰侵掠關東以綝爲奮威將軍以禦之斬聰將呂逸又破聰黨劉豐遷新平太守聰將蘇鐵劉五斗劫掠三輔除

綝安西將軍馮翊太守綝有威恩華戎憚服賊不敢犯及懷帝蒙塵長安又陷模被害綝泣曰與其俱死寧爲伍子胥乃赴安定與雍州刺史賈疋扶風太守梁綜安夷護軍麴允等糾合義衆頻破賊黨修復舊館遷定宗廟進救新平大小百戰綝手擒賊帥李羌與閻鼎立秦王爲皇太子及卽尊位是爲愍帝綝遷侍中太僕以首迎大駕升壇授璽之功封弋居伯又遷前將軍尚書右僕射領吏部京兆尹加平東將軍進號征東尋又詔授衛將軍領太尉位特進軍國之事悉以委之及劉曜侵逼王城以綝爲都督征東大將軍持節討之破曜呼日逐王呼延莫以功封上洛郡公食邑萬戶拜夫人荀氏爲新豐君子石元爲世子賜子弟二人鄉亭侯劉曜入關芟麥苗綝又擊破之自長安伐劉聰聰將趙染染杖其累捷有自矜之色帥精騎數百與綝戰大敗之染單馬而走轉驃騎大將軍尚書左僕射錄尚書承制行事劉曜復率衆入馮翊帝累徵兵於南陽王保保左右議曰蝮蛇在手壯士解其腕且斷隴道以觀其變從事中郎裴詵曰蛇已螫頭頭可截不保以胡崧行前鋒都督須衆軍集乃當發麴允欲挾天子趣保綝以保必逞私欲乃止自長安以西不復奉朝廷百官饑乏採稆自存時三秦人尹桓解武等數千家盜發漢霸杜二陵多獲珍寶帝問綝曰漢陵中物何乃多邪綝對曰漢天子卽位一年而爲陵天下貢賦三分之一供宗廟一供賓客一充山陵漢武帝享年久長比崩而茂陵不復容物其樹皆已可拱赤眉取陵中物不能減半于今猶有朽帛委積珠玉未盡此二陵是儉者耳亦百世之誡也後劉曜又率衆圍京城綝與麴允固守長安小城胡崧承檄奔命破曜于靈臺崧慮國家威舉則麴索功盛乃案兵渭北遂還槐里城中饑窘人相食死亾逃奔不可制唯涼州義衆千人守死不移帝使侍中宋敞送牋降於曜綝潛留敞使其子說曜曰今城中食猶足支一歲未易可克也若許綝以車騎儀同萬戶郡公者請以城降曜斬而送之曰帝王之師以義行也孤將軍十五年未嘗以譎詭敗人必窮兵極勢然後取之今索綝所說如是天下之惡一也輒相爲戮之若審兵食未盡者便可勉彊固守如其糧竭兵微亦宜早寤天命孤恐霜威一震玉石俱摧及帝出降綝隨帝至平陽聰以其不忠於本朝戮之於東市

賈疋字彥度武威人魏太尉詡之曾孫也少有志略器望甚偉見之者莫不悅附特爲武夫之所瞻仰願爲致命初辟公府遂歷顯職遷安定太守雍州刺史丁綽貪橫失百姓心乃譖疋于南陽王模模以軍司謝班代之疋奔瀘水與胡彭蕩仲及氐竇首結爲兄弟聚衆攻班綽奔武都疋復入安定殺班愍帝以疋爲驃騎將軍雍州刺史封酒泉公時諸郡百姓饑饉白骨蔽野百無一存疋率戎晉二萬餘人將伐長安西平太守竺恢亦固守劉粲聞之使劉曜劉雅及趙染距疋先攻恢不克疋邀擊大敗之曜中流矢退走疋追之至于甘泉旋自渭橋襲蕩仲殺之遂迎秦王奉爲皇太子後蕩仲子夫護帥羣胡攻之疋敗走夜墮于澗爲夫護所害疋勇略有志節以匡復晉室爲已任不幸顛墜時人咸痛惜之

周浚字開林汝南安成人也父裴少府卿浚性果烈以才理見知有人倫鑒識其鄉人史曜素微賤衆所未知浚獨引之爲友遂以妹妻之曜竟有名於世浚初不應州郡之辟後仕魏爲尚書郎累遷御史中丞拜折衝將軍揚州刺史封射陽侯隨王渾伐吳攻破江西屯戍與孫皓中軍大戰斬僞丞相張悌等首級數千俘馘萬計進軍屯于橫江時聞龍驤將軍王濬既破上方別駕何惲說浚曰張悌率精銳之卒悉吳國之衆殄滅於此吳之朝野莫不震懾今王龍驤既破武昌兵威甚盛順流而下所向輒克土崩之勢見矣竊謂宜速渡江直指建鄴大軍卒至奪其膽氣可不戰而擒浚善其謀便使白渾惲曰渾闇於事機而欲慎己免咎必不我從浚固使白之渾果曰受詔但令江北抗衡吳軍不使輕進貴州雖武豈能獨平江東今者違命勝不足多若其不勝爲罪已重且詔令龍驤受我節度但當具君舟檝一時俱濟耳惲曰龍驤克萬里之寇以既濟之功來受節度未之聞也且握兵之要可則奪之所謂受命不受辭也今渡江必全克獲將有何慮若疑於不濟不可謂智知而不行不可謂忠實鄙州上下所以恨恨也渾執不聽居無何而濬至渾召之不來乃直指三江山孫皓降於濬渾深恨之而欲與濬爭功惲牋與浚曰書貴克讓易大謙光斯古文所詠道家所崇前破張悌吳人失氣龍驤因之陷其區宇論其前後我實緩師動則爲傷事則不及而今方競其功彼既不吞聲將虧雍穆之弘興矜爭之鄙斯愚情之所不取也浚得牋卽諫止渾渾不能納遂相表奏浚既濟江與渾共行吳城壘綏撫新附以功進封成武侯食邑六千戶賜絹六千疋明年移鎮秣陵時吳初平屢有逃亾者頻討平之賓禮故老搜求俊乂甚有威德吳人悅服初吳之未平也浚在弋陽南北爲互市而諸將多相襲奪以爲功吳將蔡敏守于沔中其

兄珪爲將在秣陵與敏書曰古者兵交使在其間軍國固當以信義相高而闘疆埸之上往往有襲奪互市甚不可行弟慎無爲小利而忘大備也候者得珪書以呈浚浚曰君子也及渡江求珪得之問其本曰汝南人也浚戲之曰吾固疑吳無君子而卿果吾鄉人遷侍中武帝問浚卿宗後生稱誰爲可答曰臣叔父子恢稱重臣宗從父子馥稱清臣宗帝並召用浚轉少府卿以本官領將作大匠改營宗廟訖增邑五百戶後代王渾爲使持節都督揚州諸軍事安東將軍卒于位三子顗嵩謨顗嗣爵別有傳云嵩字仲智狷直果狹每以才氣陵物元帝作相引爲參軍及帝爲晉王又拜奉朝請嵩上疏言梓宮未反舊京未清未宜推崇尊號由是忤旨出爲新安太守嵩怏怏不悅臨發與散騎郎張嶷在侍中戴邈坐褒貶朝士又詆毀邈邈密表之帝召嵩入面責之曰卿矜豪傲慢敢輕忽朝廷由吾不德故耳嵩跪謝曰昔唐虞至聖四凶在朝陛下雖盛明御世亦安能無碌碌之臣乎帝怒收付廷尉廷尉華恆以嵩大不敬棄市論嶷以扇和減罪除名時顗方貴重帝隱忍久之補廬陵太守不之職更拜御史中丞是時帝以王敦勢盛漸疏忌王導等嵩上疏言導等忠素竭誠翼成大業不宜輕聽孤臣之言惑疑似之說放逐舊德以佞伍賢遠虧既往之明顧傷伊管之交也疏奏帝感悟故導等獲全王敦既害顗而使人弔嵩嵩曰亾兄天下人爲天下人所殺復何所弔敦甚銜之懼失人情故未加害用爲從事中郎嵩王應嫂父也以顗橫逆遇禍意恆憤憤嘗衆中云應不宜統兵敦密使妖人李脫誣嵩及周莚潛相署置遂害之嵩精於事佛臨刑猶於市誦經云謨以顗故猶居顯職王敦死後詔贈戴若思譙王承等而未及顗時謨爲後軍將軍上疏訟若思等既蒙褒顯而顗獨負殊恩疏奏不報謨復表陳然後追贈顗官謨歷少府丹陽尹侍中中護軍封西平侯卒贈金紫光祿大夫謚曰貞浚從父弟馥字祖宣父蕤安平太守馥少與友人成公簡齊名俱起家爲諸王文學累遷司徒左西屬司徒王渾表馥理識清正兼有才幹主定九品檢括精詳臣委任責成褒貶允當請補尚書郎許之稍遷司徒左長史吏部郎選舉精密論望益美轉御史中丞侍中拜徐州刺史加冠軍將軍假節徵爲廷尉惠帝幸鄴成都王穎以馥守河南尹陳眕上官巳等奉清河王覃爲太子加馥衛將軍錄尚書馥辭不受覃令馥與上官巳合軍馥以巳小人縱暴終爲國賊乃共司隸滿奮等謀其誅之謀泄爲巳所襲奮被害馥走得免及巳爲張方所敗召馥還攝河南尹暨東海王越迎大駕以馥爲中領軍未就遷司隸校尉加散騎常侍假節都督諸軍於澠池帝還宮出爲平東將軍都督揚州諸軍事代劉準爲鎮東將軍與周玘等討陳敏滅之以功封永寧伯馥自經世故每欲維正朝廷忠情懇至以東海王越不盡臣節每言論厲然越深憚之馥覩羣賊孔熾洛陽孤危乃建策迎天子遷都壽春永嘉四年與長史吳思司馬殷識上書郎請移幸時越與苟晞不協馥不先白於越而直上書越大怒先是越召馥及淮南太守裴碩馥不肯行而令碩率兵先進碩貳於馥乃舉兵稱馥擅命已奉越密旨圖馥遂襲之爲馥所敗碩退保東城求救于元帝帝遣揚威將軍甘卓建威將軍郭逸攻馥于壽春安豐太守孫惠帥衆應之使謝擿爲檄擿馥之故將也馥見檄流涕曰必謝擿之辭也擿聞之遂毀草旬日而馥衆潰奔于項爲新蔡王確所拘憂憤發病卒初華譚之失廬江也往壽春依馥及馥軍敗歸于元帝帝問曰周祖宣何至於反譚曰周馥雖死天下尚有直言之士馥見寇賊滋蔓王威不振故欲移都以紓國難方伯不同遂致其伐曾不踰時而京都淪没若使從馥之謀或可後亾也原情求實何得爲反帝曰馥位爲征鎮握兵方隅召之不入危而不持亦天下之罪人也譚曰然馥振纓中朝素有俊彥之稱出據方嶽實有偏任之重而高略不舉往往失和危不能持當與天下共受其責然謂之反不亦誣乎帝意始解馥有二子密矯密字泰元性虛簡時人稱爲清士位至尚書郎矯字正女亦有才幹

成公簡字宗舒東郡人也家世二千石性清素不求榮利潛心味道罔有干其志者默識過人張茂先每言簡清靜比揚子雲默識擬張安世後爲中書郎時周馥巳爲司隸校尉鎮東將軍簡自以才高而在馥之下謂馥曰揚雄爲郎三世不徙而王莽董賢位列三司古今一揆耳馥甚慙之官至太子中庶子散騎常侍永嘉末奔苟晞與晞同没

苟晞字道將河內山陽人也少爲司隸部從事校尉石鑒深器之東海王越爲侍中引爲通事令史累遷陽平太守齊王冏輔政晞參冏軍事拜尚書右丞轉左丞廉察諸曹八坐以下皆側目憚之及冏誅晞亦坐免長沙王乂爲驃騎將軍以晞爲從事中郎惠帝征成都王穎以爲北軍中候及帝還洛陽晞奔范陽王虓虓承制用晞行兖州刺史汲桑之破鄴也東海王越出次官渡以

討之命晞爲前鋒桑素憚之於城外爲柵以自守晞將至頓軍休士先遣單騎示以禍福桑衆大震棄柵宵遁嬰城固守晞陷其九壘遂定鄴而還西討呂朗等滅之從高密王泰討青州賊劉根破汲桑故將公師藩敗石勒於河北威名甚盛時人擬之韓白進位撫軍將軍假節都督青兗諸軍事封東平郡侯邑萬戶晞練於官事文簿盈積斷決如流人不敢欺其從母依之奉養甚厚從母子求爲將晞距之曰吾不以王法貸人將無後悔邪固欲之晞乃以爲督護後犯法晞杖節斬之從母叩頭請救不聽既而素服哭之流涕曰殺卿者兗州刺史哭弟者荀道將其杖法如此晞見朝政日亂懼禍及己而多所交結每得珍物卽貽都下親貴兗州去洛五百里恐不鮮美募得千里牛每遣信旦發暮還初東海王越以晞復其讐恥甚德之引升堂結爲兄弟越司馬潘滔等說曰兗州要衝魏武以之輔相漢室荀晞有大志非純臣久令處之則患生心腹矣若遷于青州厚其名號晞必悅公自牧兗州經緯諸夏藩衛本朝此所謂謀之於未有爲之於未亂也越以爲然乃遷晞征東大將軍開府儀同三司加侍中假節都督青州諸軍事領青州刺史進爲郡公晞乃多置參佐轉易守令以嚴刻立功日加斬戮流血成川人不堪命號曰屠伯頓邱太守魏植爲流人所逼衆五六萬大掠兗州晞出屯無鹽以弟純領青州刑殺更甚於晞百姓號小荀酷於大荀晞尋破植時潘滔及尚書劉望等共誣陷晞晞怒表求滔等首又請越從事中郎劉洽爲軍師越皆不許晞於是昌言曰司馬元超爲宰相不平使天下淆亂荀道將豈可以不義使之韓信不忍衣食之惠死於婦人之手今將誅國賊尊王室桓文豈遠哉乃移告諸州稱己功伐陳越罪狀時懷帝惡越專權乃詔晞施檄六州同共討越晞乃移諸征鎮剋期大舉會王彌遣曹嶷破瑯邪北攻齊地苟純城守嶷衆轉盛連營數十里晞還登城望之有懼色與賊連戰輒破之後簡精銳與賊大戰會大風揚塵晞遂敗績棄城夜走嶷追至東山部衆皆降嶷晞單騎奔高平收邸閣得數千人帝惡越滋甚又屢密詔晞討之晞皆隨詔表聞言當祗奉詔書部分諸軍徑至項城襲行天罰初越疑晞與帝有謀使遊騎於成皋間獲晞使果得詔令及朝廷書遂大構嫌隙越出牧豫州以討晞復下檄說晞罪惡遣從事中郎楊瑁爲兗州與徐州刺史裴盾共討晞晞使騎收河南尹潘滔滔夜遁乃執尚書劉曾侍中程延斬之會越薨盾敗詔晞爲大將軍大都督督青徐兗豫荊揚六州諸軍事增邑二萬戶加黃鉞先官如故晞以京邑荒饉日甚寇難交至表請遷都遣從事中郎劉會領船數十艘宿衛五百人獻穀千斛以迎帝朝臣多有異同俄而京師陷晞與王讚屯倉垣豫章王端及和郁等東奔晞晞率羣臣尊端爲皇太子置行臺端承制以晞領太子太傅都督中外諸軍錄尚書自倉垣徙屯蒙城讚屯陽夏晞出於孤微位至上將志頗盈滿奴婢將千人侍妾數十終日累夜不出戶庭刑政苛虐縱情肆欲遼西閻亨以書固諫晞怒殺之晞從事中郎明預有疾居家聞之乃轝病諫晞曰皇晉遭百六之數當危難之機明公親稟廟算將爲國家除暴閻亨美士柰何無罪一日殺之晞怒曰我自殺閻亨何關人事而轝疾來罵我左右爲之戰慄預曰以明公以禮見進預欲以禮自盡今明公怒預其若遠近怨明公何昔堯舜之在上也以和理而興桀紂之在上也以惡逆而滅天子且猶如此況人臣乎願明公且置是怒而思預之言晞有慙色由是衆心稍離莫爲致用加以疾疫饑饉其將溫畿傅宣皆叛之石勒攻陽夏滅王讚馳襲蒙城執晞署爲司馬月餘乃殺之晞無子弟純亦遇害

華軼字彥夏平原人魏太尉歆之曾孫也祖表太中大夫父澹河南尹軼少有才氣聞於當世汎愛博納衆論美之初爲博士累遷散騎常侍東海王越牧兗州引爲留府長史永嘉中歷振威將軍江州刺史雖逢喪亂每崇禮典置儒林祭酒以弘道訓乃下教曰今大義頹替禮典無宗朝廷滯議莫能攸正常以慨然宜特立此官以弘其事軍諮祭酒杜夷棲情元遠確然絕俗才學精博道行優備其以爲儒林祭酒俄被越檄使助討諸賊軼遣前江夏太守陶侃爲揚武將軍率兵三千屯夏口以爲聲援軼在州甚有威惠州之豪士接以友道得江表之歡心流亡之士赴之如歸時天子孤危四方瓦解軼有匡天下之志每遣貢獻入洛不失臣節謂使者曰若洛都道斷可輸之瑯邪王以明吾之爲司馬氏也軼自以受洛京所遣而爲壽陽所督時洛京尚存不能祗奉元帝教命郡縣多諫之軼不納曰吾欲見詔書耳時帝遣揚烈將軍周訪率衆屯彭澤以備軼訪過姑孰著作郎干寶見而問之訪曰夫府受分令屯彭澤彭澤江州西門也華彥夏有憂天下之誠而不欲碌碌受人控御頃來紛紜粗有嫌隙今又無故以兵守其門將成其釁吾當屯尋陽故縣既在江西可以扞禦北方又無嫌於相逼也尋洛都不守司空荀藩移檄而以帝爲盟主

既而帝承制改易長吏軼又不從命於是遣左將軍王敦都督甘卓周訪宋典趙誘等討之軼遣别駕陳雄屯彭澤以拒敦自爲舟軍以爲外援武昌太守馮逸次于溢口訪擊逸破之前江州刺史衛展不爲軼所禮心常快快至是與豫章太守周廣爲內應潛軍襲軼軼衆潰奔于安城追斬之及其五子傳首建鄴初廣陵高悝寓居江州軼辟爲西曹掾尋而軼敗悝匿軼二子及妻崎嶇經年既而遇赦悝攜之出首帝嘉而宥之

劉喬字仲彥南陽人也其先漢宗室封安衆侯傳襲歷三代祖廙魏侍中父阜陳留相喬少爲秘書郎建威將軍王戎引爲參軍伐吳之役戎使喬與參軍羅尚濟江破武昌還授滎陽令遷太子洗馬以誅楊駿功賜爵關中侯拜尚書右丞豫誅賈謐封安衆男累遷散騎常侍齊王冏爲大司馬初嵇紹爲冏所重每下階迎之喬言於冏曰裴張之誅朝臣畏憚孫秀故不敢受財物嵇紹今何所逼忌故畜裴家車牛張家奴婢邪樂彥輔來公未嘗下牀何獨加敬於紹冏乃止紹謂喬曰大司馬何故不復迎客喬曰似有正人言以卿不足迎者紹曰正人爲誰喬曰其則不遠紹默然頃之遷御史中丞冏腹心董艾勢傾朝廷百僚莫敢忤旨喬二旬之間奏劾艾罪釁者六艾諷右丞苟晞免喬官復爲屯騎校尉張昌之亂喬出爲威遠將軍豫州刺史與荆州刺史劉弘共討昌進左將軍惠帝西幸長安喬與諸州郡舉兵迎大駕東海王越承制轉喬安北將軍冀州刺史以范陽王虓代領豫州刺史喬以虓非天子命不受代發兵距之潁川太守劉輿昵於虓喬上尚書列輿罪惡河間王顒得喬所上乃宣詔使鎮南將軍劉弘征東大將軍劉準平南將軍彭城王釋與喬并力攻虓於許昌與弟琨率衆救虓未至而虓敗虓乃與琨俱奔河北未幾琨率突騎五千濟河攻喬喬劫琨父蕃以檻車載之據考城以距虓衆不敵而潰喬復收散卒屯于平氏河間王顒進喬鎮東將軍假節以其長子祐爲東郡太守又遣劉弘劉準彭城王釋等率兵援喬弘與喬牋勸令解兵與虓修好及東海王越將討喬弘又與越書請釋私嫌共存公義既而上表朝廷乞發明詔詔越等兩釋猜嫌各保分局時河間王顒方距關東倚喬爲助不納其言東海王越移檄天下帥甲士三萬將入關迎大駕軍次於蕭喬懼遣子祐距越於蕭縣之靈壁劉琨分兵向許昌許昌人納之琨自滎陽率兵迎越遇祐衆潰見殺喬衆遂散與五百騎奔平氏帝還洛陽大赦越復表喬爲太傅軍諮祭酒越薨復以喬爲都督豫州諸軍事鎮東將軍豫州刺史卒於官時年六十三愍帝末追贈司空子挺潁川太守挺子耽字敬道少有行檢以義尚流稱爲宗族所推博學明習詩禮三史歷度支尚書加散騎常侍在職公平廉慎所莅著績桓元耽女壻也及元輔政以耽爲尚書令加侍中不拜改授特進金紫光祿大夫尋卒追贈左光祿大夫開府耽子柳字叔惠亦有名譽少登清官歷尚書左右僕射時右丞傅迪好廣讀書而不解其義柳唯讀老子而已迪每輕之柳曰卿讀書雖多而無所解可謂書簏矣時人重其言出爲徐兗江三州刺史卒贈右光祿大夫開府儀同三司喬弟又始安太守子成丹陽尹

劉琨字越石中山魏昌人漢中山靖王勝之後也祖邁有經國之才爲相國參軍散騎常侍父蕃清高沖儉位至光祿大夫琨少得儁朗之目與范陽祖納俱以雄豪著名年二十六爲司隸從事時征虜將軍石崇河南金谷澗中有別廬冠絕時輩引致賓客日以賦詩琨預其間文詠頗爲當時所許秘書監賈謐參管朝政京師人士無不傾心石崇歐陽建陸機陸雲之徒竝以文才降節事謐琨兄弟亦在其間號二十四友太尉高密王泰辟爲掾頻遷著作郎太學博士尚書郎趙王倫執政以琨爲記室督轉從事中郎倫子荂即琨姊壻也故琨父子兄弟並爲倫所委任及篡荂爲皇太子琨爲荂詹事三王之討倫也以琨爲冠軍假節與孫秀子會率宿衛兵三萬拒成都王穎戰於黃橋琨大敗而還焚河橋以自固及齊王冏輔政以其父兄皆有當世之望故特宥之拜兄輿爲中書郎琨爲尚書左丞轉司徒左長史冏敗范陽王虓鎮許昌引爲司馬及惠帝幸長安東海王越謀迎大駕以琨父蕃爲淮北護軍豫州刺史劉喬攻范陽王虓於許昌也琨與汝南太守杜育等率兵救之未至而虓敗琨與虓俱奔河北琨之父母遂爲劉喬所執琨乃說冀州刺史溫羨使讓位於虓及虓領冀州遣琨詣幽州乞師於王浚得突騎八百人與虓濟河共破東平王楙於廩邱南走劉喬始得其父母又斬石超降呂朗因統諸軍奉迎大駕於長安以功封廣武侯邑二千戶永嘉元年爲并州刺史加振威將軍領匈奴中郎將琨在路上表曰臣以頑蔽志望有限因緣際會遂忝過任九月末得發道險山峻胡寇塞路輒以少擊衆冒險而進頓伏艱危辛苦備嘗即日達壺口關臣自涉州疆目覩困乏流移四散十不存二攜老扶弱不絕於路及其在者鬻賣妻子生相棄捐死亾委厄白骨橫野哀

呼之聲感傷和氣羣胡數萬周匝四山動足遇掠開目覩寇唯有壺關可得告糴而此二道九州之險數人當路則百夫不敢進公私往反沒喪者多嬰守窮城不得薪采耕牛既盡又乏田器以臣愚短當此至難憂如循環不遑寢食臣伏思此州雖云邊朔實邇皇畿南通河內東連司冀北捍殊俗西禦强虜是勁弓良馬勇士精騎之所出也當須委輸乃全其命今上尚書請此州穀五百萬斛絹五百萬疋緜五百萬斤願陛下時出臣表速見聽處朝廷許之時東嬴公騰自晉陽鎮鄴并土饑荒百姓隨騰南下餘戶不滿二萬寇賊縱橫道路斷塞琨募得千餘人轉鬭至晉陽府寺焚毀僵尸蔽地其有存者饑羸無復人色荆棘成林豺狼滿道琨翦除荆棘收葬枯骸造府朝建市獄寇盜互來掩襲恒以城門爲戰場百姓負楯以耕屬鞬而耨琨撫循勞徠甚得物情是時劉淵在離石相去三百里許琨密遣離間其部雜虜降者萬有餘落淵甚懼遂城蒲子而居之在官未朞流人稍復雞犬之音復相接矣琨父蕃自洛赴之人士奔迸者多歸於琨琨善於懷撫而短於控御一日之中雖歸者數千去者亦以相繼然素奢豪嗜聲色雖暫自矯勵而輒復縱逸河南徐潤者以音律自通遊於貴勢琨甚愛之署爲晉陽令潤恃寵驕恣干預琨政奮威護軍令狐盛性亢直數以此爲諫并勸琨除潤琨不納初單于猗㐌以救東嬴公騰之功琨表其弟猗盧爲代郡公與劉希合衆於中山王浚以琨侵己之地數來擊琨琨不能抗由是聲實稍損徐潤又譖令狐盛於琨曰盛將勸公稱帝矣琨不之察便殺之琨母曰汝不能弘經略駕豪傑專欲除勝己以自安何以得濟如是禍必及

我不從盛子泥奔于劉聰具言虛實聰大喜以泥爲鄉導屬上黨太守襲醇降于聰鴈門烏丸復反琨親率精兵禦之聰遣子粲及令狐泥乘虛襲晉陽太原太守高喬以郡降聰琨父母並遇害琨引猗盧并力攻粲大敗之死者十五六琨乘勝追之更不能克猗盧以爲聰未可滅遺琨牛羊車馬而去留其將箕澹段繁等戍晉陽琨志在復讎而屈於力弱泣血尸立撫慰傷痍移居陽邑城以招集亾散愍帝即位拜大將軍都督并州諸軍事加散騎常侍假節琨上疏謝罪及麴允敗劉曜斬趙冉琨又表求滅聰勒以自效三年帝遣兼大鴻臚趙廉持節拜琨爲司空都督并冀幽三州諸軍事琨上表讓司空受都督尅期與猗盧討劉聰尋猗盧父子相圖盧及兄子根皆病死部落四散琨子遵先質於盧衆皆附之及是遵與箕澹等帥盧衆三萬人馬牛羊十萬悉來歸琨琨由是復振率數百騎自平城撫納之屬石勒攻樂平太守韓據請救於琨而琨自以士衆新合欲因其銳以威勒箕澹諫曰此雖晉人久在荒裔未習恩信難以法御今內收鮮卑之餘穀外抄殘胡之牛羊且閉關守險務農息士既服化感義然後用之則功可立也琨不從悉發其衆命澹領步騎二萬爲前驅琨自爲後繼勒先據險要設伏以擊澹大敗之一軍皆沒并土震駭尋又災旱琨窮蹙不能復守幽州刺史鮮卑段匹磾遣信要琨欲與同獎王室琨由是率衆赴之從飛狐入薊匹磾見之甚相崇重與琨結婚約爲兄弟是時西都不守元帝稱制江左琨乃令長史溫嶠勸進於是河朔征鎮夷夏一百八十人連名上表語在元紀令書獎諭之建武元年琨與匹磾期討石勒匹磾推琨爲大都督歃

血載書檄諸方守俱集襄國琨匹磾進屯固安以俟衆軍匹磾從弟末波納勒厚賂獨不進乃沮其計琨匹磾以勢弱而退是歲元帝轉琨爲侍中太尉其餘如故并贈名刀琨答曰謹當躬自執佩馘截二虜匹磾奔其兄喪琨遣世子羣送之而末波率衆要擊匹磾而敗走之羣爲末波所得末波厚禮之許以琨爲幽州刺史共結盟而襲匹磾密遣使齎羣書請琨爲內應而爲匹磾邏騎所得時琨別屯故征北府小城不之知也因來見匹磾匹磾以羣書示琨曰意亦不疑公是以白公耳琨曰與公同盟志獎王室仰憑威力庶雪家國之恥若兒書密達亦終不以一子之故負公而忘義也匹磾雅重琨初無害琨意將聽還屯其弟叔軍好學有智謀爲匹磾所信謂匹磾曰吾胡夷耳所以能服晉人者畏吾衆也今我骨肉構禍是其良圖之日若有奉琨以起吾族盡矣匹磾遂留琨琨之庶長子遵懼誅與琨左長史楊橋并州治中如綏閉門自守匹磾諭之不得因縱兵攻之琨將龍季猛迫於乏食遂斬橋綏而降初琨之去晉陽也慮及危亾而大恥未雪亦知夷狄難以義服冀輸寫至誠僥倖萬一每見將佐發言慷慨悲其道窮欲率部曲死於賊壘斯謀未果竟爲匹磾所拘自知必死神色怡如也爲五言詩贈其別駕盧諶託意非常攄暢幽憤遠想張陳感鴻門白登之事用以激諶諶素無奇略以常詞酬和殊乖琨心重以詩贈之乃謂琨曰前篇帝王大志非人臣所言矣然琨既忠於晉室素有重望被拘經月遠近憤歎匹磾所署代郡太守辟閭嵩與琨所署鴈門太守王據後將軍韓據連謀密作攻具欲以襲匹磾而韓據女爲匹磾兒妾聞其謀而告之匹磾於是執

王據辟閭嵩及其徒黨悉誅之會王敦密使匹磾殺琨匹磾又懼眾反己遂稱有詔收琨初琨聞敦使至謂其子曰處仲使來而不我告是殺我也死生有命但恨讎恥不雪無以下見二親耳因歔欷不能自勝匹磾遂縊之年四十八子姪四人俱被害朝廷以匹磾尚彊當爲國討石勒不舉琨哀三年琨故從事中郎盧諶崔悅等上表理琨冤痛陳其本末求朝廷甄論尋而太子中庶子溫嶠又上疏訟之帝乃下詔褒錄下幽州依舊弔祭贈侍中太尉謚曰愍琨少負志氣有縱橫之才善交勝己而頗浮誇與范陽祖逖爲友聞逖被用與親故書曰吾枕戈待旦志梟逆虜常恐祖生先吾著鞭其意氣相期如此在晉陽常爲胡騎所圍數重城中窘迫無計琨乃乘月登樓清嘯賊聞之皆悽然長嘆中夜奏胡笳賊又流涕歔欷有懷土之切向曉復吹之爲四塞之聲賊並棄圍而走子羣嗣羣字公度少拜廣武侯世子隨父在晉陽遭逢寇亂數領偏軍征討性清慎有裁斷得士類懽心及琨爲匹磾所害琨從事中郎盧諶等率餘眾奉羣依末波溫嶠前後表稱姨弟劉羣內弟崔悅盧諶等皆在末波中翹首南望愚謂此等並有文思於人之中少可愍惜如蒙錄召繼絕興亾則陛下更生之恩望古無二咸康二年成帝詔徵羣等爲末波兄弟愛其才託以道險不遣石虎滅遼西羣及諶悅同沒胡中石虎皆優禮之以羣爲中書令至冉閔敗後羣遇害時勒及石虎得公卿人士多殺之其見擢用終至大官者惟有河東裴憲渤海石璞滎陽鄭系潁川荀綽北地傅暢及羣悅諶等十餘人而已輿字慶孫少儁朗有才局與琨並尚書郭奕之甥名著當時京師爲之語曰洛中奕奕慶孫越石辟宰府尚書郎兄弟素侮孫秀及趙王倫輔政秀執權並免其官妹適倫世子荂荂與秀不協復以輿爲散騎侍郎齊王冏輔政以輿爲中書侍郎東海王越范陽王虓之舉兵也以輿爲潁川太守及河間王顒檄劉喬討虓於許昌矯詔歸罪於輿募能殺輿兄弟送首者封三千戶縣侯賜絹五千匹虓之敗輿與之俱奔河北虓既鎮鄴以輿爲征虜將軍魏郡太守虓薨東海王越將召之或曰輿猶膩也近則汙人及至越疑之輿密視天下兵簿及倉庫牛馬器械水陸之形皆默識之是時軍國多事每會議自潘滔以下莫知所對輿既見越應機辯畫越傾膝酬接即以爲左長史越既總錄以輿爲上佐賓客滿筵文案盈几遠近書記日有數千終日不倦或以夜繼之皆人人懽暢莫不悅附命議如流酬對款備時人服其能比之陳遵時稱越府有三才潘滔大才劉輿長才裴邈清才越誅繆播王延等皆輿謀也延愛妾荆氏有音伎延尚未殯輿便娉之未及迎又爲太傅從事中郎王儁所爭奪御史中丞傅宣劾奏越不問輿而免儁官輿乃說越遣琨鎮并州爲越北面之重洛陽未敗病指疽卒時年四十七追則驃騎將軍先有功封定襄侯謚曰貞子演嗣演字始仁初辟太尉掾除尚書郎以父憂去職服闋襲爵太傅東海王越引爲主簿遷太子中庶子出爲陽平太守自洛奔琨琨以爲輔國將軍魏郡太守琨將討石勒以演領勇士千人行北中郎將兖州刺史鎮廩丘演斬王桑走趙固得眾七千人爲石勒所攻演距戰勒退元帝拜爲都督後將軍假節後爲石虎所圍求救於邵續段龕龕騎救之石虎走隨龕屯厭次被害弟允爲琨領兵路逢烏桓賊戰沒允弟挹初爲太傅東海王越掾與琨俱被害挹弟啓啓弟述與琨子羣俱在末波中後並入石虎啓爲虎尚書僕射後歸國穆帝拜爲前將軍加給事中永和九年隨中軍將軍殷浩北伐爲姚襄所敗啓戰沒述爲石虎侍中隨啓歸國拜驃騎將軍

祖逖字士雅范陽遒人也世吏二千石爲北州舊姓父武晉王掾上谷太守逖少孤兄弟六人兄該納等並開爽有才幹逖性豁蕩不修儀檢年十四五猶未知書諸兄每憂之然輕財好俠慷慨有節尚每至田舍輒稱兄意散穀帛以振貧乏以是鄉黨親族重之後乃博覽書記該涉古今往來京師見者謂逖有贊世才具僑居陽平年二十四陽平辟察孝廉司隸再辟舉秀才皆不行與司空劉琨俱爲司州主簿情好綢繆共被同寢中夜聞荒雞鳴蹴琨覺曰此非惡聲也因起舞逖琨並有英氣每語世事或中宵起坐相謂曰若四海鼎沸豪傑並起吾與足下當相避於中原耳辟齊王冏大司馬掾長沙王乂驃騎祭酒轉主簿累遷太子中舍人豫章王從事中郎從惠帝北伐王師敗績於蕩陰遂退還洛大駕西幸長安關東諸侯范陽王虓高密王略平昌公模等競召之皆不就東海王越以逖爲典兵參軍濟陰太守母喪不之官及京師大亂逖帥親黨數百家避地淮泗以所乘車馬載同行老疾躬自徒步藥物衣糧與眾共之又多權略是以少長咸宗之推逖爲行主達泗口元帝逆用爲徐州刺史尋徵爲軍諮祭酒居丹徒之京口逖以社稷傾覆常懷振復之志賓客義徒皆暴桀勇士逖遇之如子弟時揚土大饑此輩多爲盜竊攻剽富室逖撫慰問之曰比復南塘一出不或爲吏所繩逖輒擁

讀藏解之談者以此少逖然逖自若也時帝方拓定江南未遑北伐逖進說曰晉室之亂非上無道而下怨叛也由藩王爭權自相誅滅遂使戎狄乘隙毒流中原今遺黎既被殘酷人有奮擊之志大王誠能發威命將使若逖者爲之統主則郡國豪傑必應風嚮赴沈溺之士欣於來蘇庶幾國恥可雪願大王圖之帝乃以逖爲奮威將軍豫州刺史給千人廩布三千疋不給鎧杖使自招募仍將本流徙部曲百餘家渡江中流擊楫而誓曰祖逖不能清中原而復濟者有如大江辭色壯烈衆皆慨歎屯于淮陰起冶鑄兵器得二千餘人而後進初北中郎將劉演距于石勒也流人塢主張平樊雅等在譙演署平爲豫州刺史雅爲譙郡太守又有董瞻于武謝浮等十餘部衆各數百皆統屬平逖誘浮使取平浮譎與平會遂斬以獻逖帝嘉逖勳使運糧給之而道遠不至軍中大饑進據太邱樊雅遣衆夜襲逖遂入壘拔戟大呼直趣逖幕軍士大亂逖命左右距之督護董昭與賊戰走之逖率衆追討而張平餘衆助雅攻逖蓬陂塢主陳川自號寧朔將軍陳留太守逖遣使求救於川川遣將李頭率衆援之逖遂克譙城初樊雅之據譙也逖以力弱求助於南中郎將王含含遣桓宣領兵助逖逖既克譙宣等乃去石虎聞而引衆圍譙含又遣宣救逖石虎聞宣至而退宣遂留助逖討諸屯塢未附者李頭之討樊雅也力戰有勳逖時獲雅駿馬頭甚欲之而不敢言逖知其意遂與之頭感逖恩遇每歎曰若得此人爲主吾死無恨川聞而怒遂殺頭頭親黨馮寵率其屬四百人歸于逖川益怒遣將魏碩掠豫州諸郡大獲子女車馬逖遣將軍衞策邀擊於谷水盡獲所掠者皆令歸本軍無私焉川大懼遂以衆附石勒逖率衆伐川石虎領兵五萬救川逖設奇以擊之虎大敗收兵掠豫州徙陳川歸襄國留桃豹等守川故城住西臺逖遣將韓潛等鎮東臺同一大城賊從南門出入放牧逖軍開東門相守四旬逖以布囊盛土如米狀使千餘人運上臺又令數人擔米僞爲疲極而息於道賊果逐之皆棄擔而走賊既獲米謂逖士衆豐飽而胡戍饑久益懼無復膽氣石勒將劉夜堂以驢千頭運糧以饋桃豹逖遣韓潛馮鐵等追擊於汴水盡獲之桃豹宵遁退據東燕城逖使潛進屯封邱以逼之馮鐵據二臺逖據雍邱數遣軍要截石勒勒屯戍漸蹙候騎嘗獲濮陽人逖厚待遣歸咸感逖恩德率鄉里五百家降逖勒又遣精騎萬人距逖復爲逖所破勒鎮戍歸附者甚多時趙固上官巳李矩郭默等各以詐力相攻擊逖馳使和解之示以禍福遂受逖節度逖愛人下士雖疏交賤隸皆恩禮遇之由是黃河以南盡爲晉土河上堡固先有任子在胡者皆聽兩屬時遣游軍僞鈔之明其未附諸塢主感戴胡中有異謀輒密以聞前後克獲皆由此也其有微功賞不踰日躬自儉約勸督農桑克己務施不畜資產子弟耕耘負擔樵薪又收葬枯骨爲之祭醊百姓感悅嘗致酒大會耆老中坐流涕曰吾等老矣更得父母死將何恨乃歌曰幸哉遺黎免俘虜三辰既朗遇慈父元酒忘勞甘瓠脯何以詠恩歌且舞其得人心如此故劉琨與親故書盛贊逖威德詔進逖爲鎮西將軍石勒不敢闚兵河南使成皋縣修逖母墓因與逖書求通使交市逖不報書而聽互市收利十倍於是公私豐贍士馬日滋方當推鋒越河掃清冀朔會朝廷將遣戴若思爲都督逖以若思吳人雖有才望無宏致遠識且已翦荆棘收河南地而若思雍容一旦來統之意甚怏怏且聞王敦與劉隗等構隙慮有內難大功不遂感激發病乃置妻孥汝南大木山下時中原士庶咸謂逖當進據虎牢而反置家險阨或諫之不聽逖雖內懷憂憤而圖進取不輟營繕虎牢城城北臨黃河西接成皋四望甚遠逖恐南無堅壘必爲賊所襲乃使從子汝南太守濟率汝陽太守張敞新蔡內史周閎率衆築壘未成而逖病甚先是華譚庾闡問術人戴洋洋曰祖豫州九月當死初有妖星見于豫州之分歷陽陳訓又謂人曰今年西北大將當死逖亦見星曰爲我矣方平河北而天欲殺我此乃不祐國也俄卒于雍邱年五十六豫州士女若喪考妣譙梁百姓爲之立祠冊贈車騎將軍王敦久懷逆亂畏逖不敢發至是始得肆意焉尋以逖弟約代領其衆約別有傳逖兄納字士言最有操行能清言文義可觀性至孝少孤貧常自炊爨以養母平北將軍王敦聞之遺其一婢辟爲從事中郎有戲之曰奴價倍婢納曰百里奚何必輕於五羖皮邪轉尚書三公郎累遷太子中庶子歷官多所駁正有補於時齊王冏建義趙王倫收冏弟北海王寔及前黃門郎弘農董祚弟艾與冏俱起皆將害焉納上疏救之並見宥後爲中護軍太子詹事封晉昌公以洛下將亂乃避地東南元帝作相引爲軍諮祭酒納好弈碁王隱謂之曰禹惜寸陰不聞數碁對曰我以忘憂耳隱曰蓋聞古人遭逢則以功達其道若其不遇則以言達其道古必有之今亦宜然當今晉未有書而天下大亂舊事蕩滅君少長五都遊宦四方華裔成敗皆當聞見何不記述而有裁成況國史明乎得

失之跡俱取散愁此可兼濟何必圍碁然後忘憂也納深然之語在隱傳納於是言之於帝曰自古小國猶有史官況於天府安可不置因舉隱清純亮直學思沈敏五經羣史多所綜悉且好學不倦從善如流若使修著一代之典襃貶與奪誠一時之儁也帝以問記室參軍鍾雅雅曰納所舉雖有史才而今未能立也事遂停然史官之立自納始也初弟約與遜同母偏相親愛納與約異母頗有不平乃密以啓帝稱約懷陵上之性抑而使之可也今顯侍左右假其權勢將爲亂階人謂納與約異母忌其寵貴乃露其表以示約約憎納如讎朝廷因此棄納納既閒居但清談披文史而已及約爲逆朝野歎納有鑒裁焉溫嶠以納州里父黨敬而拜之嶠既爲時用盛稱納有名理除光祿大夫納嘗問梅陶君鄉里立月旦評何如陶曰善襃惡貶則佳法也納曰未益時王隱在坐因曰尚書稱三載考績三考黜陟幽明何得一月便行襃貶陶曰此官法也月旦私法也隱曰易云積善之家必有餘慶積不善之家必有餘殃稱家者豈不是官必須積久善惡乃著公私何異古人有言貞良而亾先人之殃酷烈而存先人之勳累世乃著豈但一月若必月旦則顏回食埃不免貪汚盜跖引少則爲清廉朝種暮穫善惡未定矣時梅陶及鍾雅數說餘事納輒困之因曰君汝潁之士利如錐我幽冀之士鈍如槌持我鈍槌捶君利錐皆當摧矣陶雅並稱有神錐不可得槌納曰假有神錐必有神槌雅無以對後卒於家

邵續字嗣祖魏郡安陽人也父乘散騎侍郎續朴素有志烈博覽經史善談理義妙解天文初爲成都王穎參軍穎將討長沙王乂續諫曰兄弟如左右手今明公當天下之敵而欲去一手乎續切惡之穎不納後爲苟晞參軍除沁水令時天下漸亂續去縣還家糾合亾命得數百人王浚假續綏集將軍樂陵太守屯厭次以續子乂爲督護續綏懷流散多歸附之石勒既破浚遣乂還招續續以孤危無援權附於勒勒亦以乂爲督護既而段匹磾在薊遺書要續俱歸元帝續從之其下諫曰今棄勒歸匹磾任子危矣續垂泣曰我出身爲國豈得顧子而爲叛臣哉遂絕於勒勒乃害乂續懼勒攻先求救於匹磾匹磾遣弟文鴦救續文鴦未至勒已率八千騎圍續勒素畏鮮卑及聞文鴦至乃棄攻具東走續與文鴦追勒至安陵不及虜勒所署官并驅三千餘家又遣騎入抄勒北邊略常山亦二千家而還匹磾既殺劉琨夷晉多怨叛遂率其徒依續勒南和令趙領等率廣川渤海千餘家背勒歸續而帝以續爲平原樂安太守右將軍冀州刺史進平北將軍假節封祝阿子續遣兄子武邑內史存與文鴦率匹磾衆就食平原爲石虎所破續先與曹嶷亟相侵掠嶷因存等敗乃破續屯田又抄其戶口續首尾相救疲於奔命太興初續遣存及文鴦屯濟南黃巾固因以逼嶷嶷懼求和俄而匹磾率衆攻段末杯石勒知續孤危遣石虎乘虛圍續石虎騎至城下掠其居人續率衆出救虎伏騎斷其後遂爲虎所獲使續降其城續呼其兄子竺等曰吾志雪國難以報所受不幸至此汝等努力自勉便奉匹磾爲主勿有二心時帝既聞續沒又知其部曲文武已共推續息緝爲營主詔即以續本位授緝使總率所統石虎使送續於勒勒使徐光讓之曰國家應符撥亂八表宅心遺晉怖威遠竄揚越而續蟻封海阿跋扈王命以夷狄不足爲君邪何無上之甚也國有常刑於分甘乎續對曰晉末饑亂奔控無所保合鄉宗庶全老幼屬大王龍飛之始委命納質精誠無感不蒙慈恕言歸遺晉仍荷寵授誓盡忠節實無二心且受彼厚榮而復二三其趣者恐亦不容于明朝矣周文生于東夷大禹出自西羌帝王之興蓋惟天命所屬德之所招當何常邪伏惟大王聖武自天道隆虞夏凡在含生莫不延首神化恥隔皇風而況囚乎使去眞即僞不得早叩天門者大王負囚囚不負大王也釁鼓之刑囚之常分但恨天實爲之謂之何哉勒曰其言慨至孤愧之多矣夫忠于其君者乃吾所求也命張賓延之于館厚撫之尋以爲從事中郎令自後諸克敵擒俊皆送之不得輒害冀獲如續之流石虎之攻續也朝廷有王敦之逼不遑救邮續既爲勒所執身灌園鬻菜以供衣食勒屢遣察之歎曰此眞高人也不如此安足貴乎嘉其清苦數賜穀帛每臨朝嗟嘆以勵羣臣續被獲之後存及竺緝等與匹磾嬰城距寇而帝又假存揚武將軍武邑太守勒屢遣虎攻之戰守疲苦不能自立久之匹磾及其弟文鴦與竺緝等悉見獲惟存得潰圍南奔在道爲賊所殺續竟亦遇害

李矩字世迴平陽人也童亂時與羣兒聚戲便爲其率計畫指授有成人之量及長爲吏送故縣令於長安征西將軍梁王肜以爲牙門伐氐齊萬年有殊功封東明亭侯還爲本郡督護太守宋冑欲以所親吳畿代之矩謝病去畿恐矩復還陰使人刺矩會有人救之故得免屬劉淵攻平陽百姓奔走矩素爲鄉人所愛乃推爲塢主東屯滎陽復移新鄭矩勇毅多權略志在立功東海王越以爲汝陰太守永嘉初使矩與汝南太守袁孚率

衆修洛陽千金塢以利運漕及洛陽不守太尉荀藩奔陽城衞將軍華薈奔成皐時大饑賊帥侯都等每略人而食之藩薈部曲多爲所啖矩討都等滅之乃營護藩薈各爲立屋宇輸穀以給之及藩承制建行臺假矩滎陽太守矩招懷離散而遠近多附之石勒親率大衆襲矩矩遣老弱入山令所在散牛馬因設伏以待之賊爭取牛馬伏發齊呼聲動山谷遂大破之斬獲甚衆勒乃退藩表元帝加矩冠軍將軍軺車幢蓋進封陽武縣侯領河東平陽太守時饑饉相仍又多疫癘矩垂心撫卹百姓賴焉會長安羣賊東下所在多虜掠矩遣部將擊破之盡得賊所掠婦女千餘人諸將以非矩所部欲遂留之矩曰俱是國家臣妾焉有彼此乃一時遣之時劉琨所假河內太守郭默爲劉淵所逼求歸矩矩將使其甥郭誦迎致之而不敢進會劉琨遣參軍張肇率鮮卑范勝等五百餘騎往長安屬默被圍道路不通將還依邵續行至矩營矩謂肇曰默是劉公所授公家之事知無不爲屠各舊畏鮮卑遂邀肇爲聲援肇許之賊望見鮮卑不戰而走誦潛遣輕舟濟河使勇士夜襲懷城掩賊留營又大破之默遂率其屬歸矩後劉聰遣其從弟暢步騎三萬討矩屯于韓王故壘相去七里遣使招矩時暢卒至矩未暇爲備遣人奉牛馬詐降于暢潛匿精勇見其老弱暢不以爲虞大饗渠帥人皆醉飽矩謀夜襲之兵士以賊衆皆有懼色矩令郭誦禱鄭子產祠曰君昔相鄭惡鳥不鳴凶胡臭羯何得過庭使巫揚言東里有教當遣神兵相助將士聞之皆踴躍矩乃使誦及督護楊璋等選勇敢千人夜掩暢營獲鎧馬甚多斬首數千級暢僅以身免先是郭默聞矩被攻遣弟芝率衆援之既而聞破暢芝復馳來赴矩矩乃與芝馬五百匹分軍爲三道夜追賊復大獲而旋先是聰使其將趙固鎮洛陽長史周振與固不協密陳固罪矩之破暢也帳中得聰書敕暢平矩訖過洛陽收固斬之便以振代固矩送書以示固固卽斬振父子遂率千騎來降矩還令守洛陽後數日聰遣其太子粲率劉雅生等步騎十萬屯孟津北岸分遣雅生攻趙固於洛固奔陽城山遣弟告急矩遣郭誦屯洛口以救之誦使將張皮簡精卒千人夜渡河粲候者告有兵至粲恃其衆不以爲虞既而誦等奄至十道俱攻粲衆驚擾一時奔潰殺傷大半因據其營獲其軍資器械不可勝數及旦粲見皮等人少更與雅生悉餘衆攻之苦戰二十餘日不能下矩進救之使壯士三千汎舟迎皮賊臨河列陣作長鈎以鈎船連戰數日不得渡而矩夜遣部將格增潛濟入皮壘與皮選精騎千餘而殺所獲牛馬焚燒器械夜突圍而出奔虎牢聰追之不及而退聰因憤恚發病而死帝嘉其功拜矩都督河南三郡軍事安西將軍滎陽太守封修武縣侯及劉粲嗣位昏虐日甚其將靳準乃起兵殺粲并其宗族發聰冢斬其尸遣使歸矩稱劉淵屠各小醜因大晉事故之際作亂幽并矯稱天命至令二帝幽沒虜庭輒率衆扶侍梓宮因請上聞矩馳表于帝帝遣太常韓允等奉迎梓宮未至而準已爲石勒劉曜所沒矩以衆少不足立功每慷慨憤歎及帝踐阼以爲都督司州諸軍事司州刺史改封平陽縣侯將軍如故時弘農太守尹安振威將軍宋始等四軍並屯洛陽各相疑阻莫有固志矩默各遣千騎至洛以鎮之安等乃同謀告石勒勒遣石生率騎五千至洛陽矩默軍皆退還俄而四將復背勒遣使乞迎默又遣步卒五百人入洛石生以四將相謀不能自安乃虜宋始一軍渡河而南百姓相率歸矩於是洛中遂空矩乃表郭誦爲揚武將軍陽翟令阻水築壘且耕且守爲滅賊之計屬趙固死石生遣騎襲誦誦多計略賊至輒設伏破之虜掠無所得生怒又自率四千餘騎暴掠諸縣因攻誦壘接戰須臾退軍塢坂誦率勁勇五百追及生於磐脂故亭又大破之矩以誦功多表加赤幢曲蓋封吉陽亭侯郭默欲侵祖約矩禁之不可遂爲約所破石勒又遣其養子悤襲默默懼後患未已將降於劉曜遣參軍鄭雄詣矩謀之矩拒而不許後勒遣其將石良率精兵五千襲矩矩逆擊不利郭誦弟元復爲賊所執賊遣元以書說矩曰去年東平曹嶷西賓猗盧矩如牛角何不歸命矩以示誦誦曰昔王陵母在賊猶不改意弟當何論勒復遣誦麈尾馬鞭以示殷勤誦不答勒將石生屯洛陽大掠河南矩默大饑默因復說矩降曜矩旣爲石良所破遂從默計遣使於曜曜遣從弟岳軍于河陰欲與矩謀攻石生勒使將圍岳岳閉門不敢出默後爲石悤所敗自密南奔建康矩聞之大怒遣其將郭誦等齎書與默又敕誦曰汝識脣亡之談不迎接郭默皆由於卿臨難逃走其必留之誦追及襄城默自知負矩棄妻子而遁誦攜其餘衆而歸矩待其妻子如初劉岳以其外救不至降于石虎矩所統將士有陰謀欲歸勒者矩知之而不能討乃率衆南走將歸朝廷衆皆道亡唯郭誦及參軍郭方功曹張景主簿荀遠將軍騫韜江霸梁志司馬尙季弘李瓌段秀等百餘人棄家送矩至於魯陽縣矩墜馬卒葬襄陽之峴山

段匹磾東部鮮卑人也種類勁健世爲大人父務勿塵遣軍助東海王越有功王浚表爲親晉王封遼西公嫁女與務勿塵以結隣援懷帝卽位以務勿塵爲大單于匹磾爲左賢王率衆助國征討假撫軍大將軍務勿塵死弟涉復辰以務勿塵子疾陸眷襲號劉曜逼洛陽王浚遣督護王昌等率疾陸眷及弟文鴦從弟末杯攻石勒於襄國勒敗還壘末杯追入壘門爲勒所獲勒質末杯遣使求和於疾陸眷疾陸眷將許之文鴦諫曰受命討勒寧以末杯一人故縱成禽之寇旣失浚意且有後憂必不可許疾陸眷不聽以鎧馬二百五十匹金銀各一簏贖末杯勒歸之又厚以金寶綵絹報疾陸眷疾陸眷令文鴦與石虎同盟約爲兄弟遂引騎還昌等不能獨守亦還建武初匹磾推劉琨爲盟主討石勒并檄涉復辰疾陸眷末杯等三面俱集襄國琨匹磾進屯固安以俟衆軍勒懼遣閒使厚賂末杯然末杯思報其舊恩且因匹磾在外欲襲奪其國乃間匹磾於涉復辰疾陸眷曰以父兄而從子弟邪雖一旦有功匹磾獨收之矣涉復辰等以爲然引軍而還匹磾亦止會疾陸眷病死匹磾自薊奔喪至右北平末杯宣言匹磾將篡出軍擊敗之末杯遂害涉復辰及其子弟黨與二百餘人自立爲單于及王浚敗匹磾領幽州刺史劉琨自并州往依之復與匹磾結盟俱討石勒匹磾復爲末杯所敗士衆離散懼琨圖己遂害之於是晉人離散矣匹磾不能自固北依邵續末杯又攻敗之匹磾被創謂續曰吾夷狄慕義以至破家君若不忘舊要與吾追討君之惠也續曰賴公威德續得效節今公有難豈得不俱遂并力追末杯斬獲略盡又令文鴦北討末杯弟於薊城及還去城八十里聞續已沒衆懼而散復爲石虎所遮文鴦以親兵數百人力戰破之始得入城虎復抄城下文鴦登城臨見欲出擊之匹磾不許文鴦曰我以勇聞故百姓杖我見人被略而不救非丈夫也令衆失望誰復爲我致死乎遂將壯士數十騎出戰殺胡甚多遇馬乏伏不能起虎呼曰大兄與我俱是戎狄久望共同天不違願今日相見何故復戰請釋杖文鴦罵曰汝爲寇虐久應合死吾兄不用吾計故令汝得至此吾寧死不爲汝禽遂下馬苦戰槊折用刀力戰不已石虎軍四面解馬羅披自鄣前捉文鴦文鴦戰自辰至申力極而後被執城內大懼匹磾欲單騎歸朝續弟樂安內史洎勒兵不許洎復欲執臺使王英送於石虎匹磾正色責之曰卿不能遵兄之志逼吾不得歸朝亦已甚矣復欲執天子使者我雖胡夷所未聞也因謂英曰匹磾世受重恩不忘忠孝今日事逼欲歸罪朝廷而見逼迫忠款不遂若得假息未死之日心不忘本遂渡黃河南匹磾著朝服持節賓從出見石虎曰我受國恩志在滅汝不幸吾國自亂以至於此旣不能死又不能爲汝敬也勒及石虎素與匹磾約爲兄弟故虎起而拜之及到襄國又不爲勒禮常著朝服持晉節經年國中謀推匹磾爲主事露被害文鴦亦遇酖而死惟末波在焉及死弟牙立牙死其後從祖就陸眷之孫遼立自務勿塵已後値晉喪亂自稱位號據有遼西之地而臣御晉人其地西盡幽州東界遼水然所統胡晉可三萬餘家控弦可四五萬騎而與石虎遞相侵掠連兵不息竟爲虎所破徙其遺黎數萬家於司雍之地其子蘭復聚兵與石虎爲患久之及石氏之亾末波之子勤鳩集胡羯得萬餘人保枉人山自稱趙王附于慕容儁俄爲冉閔所敗徙于繹幕僭卽尊號儁遣慕容恪擊之勤懼而降

魏浚東郡東阿人也寓居關中初爲雍州小史河閒王顒敗亂之際以爲武威將軍後爲度支校尉有幹用永嘉末與流人數百家東保河陰之硤石時京邑荒歉浚劫掠得穀麥獻之懷帝帝以爲揚威將軍平陽太守度支如故以亂不之官及洛陽陷屯于洛北石梁塢撫養遺衆漸修軍器其附賊者皆先解喻說大晉運數靈長行已建立歸之者甚衆其有恃遠不從命者遣將討之服從而已不加侵暴於是遠近感悅襁負至者漸衆劉琨承制假浚河南尹時太尉荀藩建行臺在密縣浚詣藩諮謀軍事藩甚悅要李矩同會矩將夜赴之官屬諫以浚不可信不宜夜往矩曰忠臣同心將何疑乎及會客主盡懽浚因與矩相結而去劉曜忌浚得衆率軍圍之劉演郭默遣軍來救曜分兵逆於河北及伏兵深隱處以邀演默軍大破之盡虜演等騎浚夜遁走爲曜所得遂死之追贈平西將軍族子該領其衆該一名亥本僑居京兆陰磐河閒王顒之伐趙王倫以該爲將兵都尉及劉曜攻洛陽隨浚赴難先領兵屯金墉城故得無他曜引去餘衆依之時杜預子尹爲弘農太守屯宜陽界一泉塢數爲諸賊所抄掠尹要該共距之該遣其將馬瞻將三百人赴尹瞻知其無備夜襲尹殺之迎該據塢塢人震懼並服從之乃與李矩郭默相結以距賊荀藩卽以該爲武威將軍統城西雍涼人使討劉曜元帝承制加冠軍將軍河東太守督護河東河南平陽三郡曜嘗攻李矩該破之及矩將迎郭默該遣軍助之又與河南尹任愔相連結後漸饑弊曜寇日至欲率衆南

從衆不從該遂單騎走至南陽帝又以爲前鋒都督平北將軍雍州刺史馬瞻率該餘衆降曜曜徵發旣苦瞻又驕虐部曲遣使呼該該密往赴之其衆殺瞻而納該該遷於新野率衆助周訪討平杜曾詔以該爲順陽太守王敦之反也梁州刺史甘卓不從欲觀該去就試以敦旨動之該曰我本去賊惟忠於國今王公舉兵向天子非吾所宜與也遂距而不應及蘇峻反率衆救臺軍次石頭受陶侃節度峻未平該病篤還屯卒於道葬于武陵從子雄統其衆

郭默河內懷人也少微賤以壯勇事太守裴整爲督將永嘉之亂默率遺衆自爲塢主以漁舟抄東歸行旅積年遂致巨富流人依附者漸衆撫循將士甚得其歡心默婦兄同郡陸嘉取官米數石餉妹默以爲違制將殺嘉嘉懼奔石勒默乃自射殺婦以明無私遣使謁劉琨琨加默河內太守劉淵遣從子曜討默曜列三屯圍之欲使餓死默送妻子爲質并請糴焉糴畢設守曜怒沈默妻子于河而攻之默遣弟芝求救於劉琨琨知默狡猾留之而緩其救默更遣人告急會芝出城浴馬使彊與歸默乃遣芝質於石勒勒以默多詐封默書與劉曜默使人伺得勒書便突圍投李矩後與矩并力距劉石事見矩傳太興初除潁川太守默與石忩戰敗矩轉蹙弱默深憂懼解印授其參軍殷嶠謂之曰李使君遇吾甚厚今遂棄去無顏謝之三日可白吾去也乃奔陽翟矩聞之大怒遣正將郭誦追默至襄城及之默棄家人單馬馳去默至京都明帝授征虜將軍劉遐卒以默爲北中郎將監淮北軍事假節遐故部曲李龍等謀反詔默與右衛將軍趙允討平之朝廷將徵蘇峻懼其爲亂召默拜後將軍領屯騎校尉初戰有功及六軍敗績南奔郗鑒議於曲阿北大業里作壘以分賊勢使默守之峻遣韓晃等攻默甚急壘中頗乏水默懼分人馬出外乃潛從南門鑿出留人堅守會峻死圍解徵爲右軍將軍默樂爲邊將不願宿衛及赴召謂平南將軍劉允曰我能禦胡而不見用右軍主禁兵若彊場有虞被使出征方始配給將卒無素恩信不著以此臨敵少有不敗矣時當爲官擇才若人臣自擇官安得不亂乎允曰所論事雖然非小人所及也當發求資於允時允被詔免官不即歸罪方自申理而驕侈更甚遠近怪之初默之被徵距蘇峻也下次尋陽見允允參佐張滿等輕默倮露視之默常切齒至是允臘日餉默酒一器肫一頭默對使投之水中忿憤益甚又僑人蓋肫先略取祖煥所殺孔煒女爲妻煒家求之張滿等使還其家肫不與因與允滿有隙至是肫謂默曰劉江州不受免密有異圖與長史司馬張滿荀楷等日夜計謀反逆已形惟忌郭侯一人云當先除郭侯而後起事禍將至矣且深備之默旣懷恨便率其徒候旦門開襲允允將吏欲距默默呵之曰我被詔有所討動者誅及三族遂入至內寢允尚與妾臥默牽下斬之出取允僚佐張滿荀楷等誣以大逆傳允首于京師詐作詔書宣視內外掠允女及諸妾并金寶還船初云下都俄而遂停允故府招桓宣王愆期愆期懼遍勸默爲平南江州默從之愆期因逃廬山桓宣固守不應司徒王導懼不可制乃大赦天下梟允首於大航以默爲西中郎將豫州刺史武昌太守鄧嶽馳白太尉陶侃侃聞之投袂起曰此必詐也即日率衆討默上疏陳默罪惡導聞之乃收允首詔庾亮助侃討默默欲南據豫章而侃已至城下築土山以臨之諸軍大集圍之數重侃惜默驍勇欲活之遣郭誦見默默許降而默將張丑宋侯等恐爲侃所殺故致進退不時得出攻之轉急宋侯遂縛默求降卽斬于軍門同黨死者四十人傳首京師

王導字茂弘光祿大夫覽之孫也父裁鎭軍司馬少有風鑒識量清遠年十四陳留高士張公見而奇之謂其從兄敦曰此兒容貌志氣將相之器也初襲祖爵卽邱子司空劉寔引爲東閣祭酒遷祕書郎太子舍人尚書郎竝不行後參東海王越軍事時元帝爲琅邪王與導素相親善導知天下已亂遂傾心推奉潛有興復之志帝亦雅相器重契同友執帝之在洛陽也導每勸令之國會帝出鎭下邳請導爲安東司馬軍謀密策知無不爲及徙鎭建康吳人不附居月餘士庶莫有至者導患之會敦來朝導謂之曰琅邪王仁德雖厚而名論猶輕兄威風已振宜有以匡濟者會三月上巳帝親觀禊乘肩輿具威儀敦導及諸名勝皆騎從吳人紀瞻顧榮皆江南之望竊覘之見其如此咸驚懼乃相率拜於道左導因進計曰古之王者莫不賓禮故老存問風俗虛已傾心以招俊乂況天下喪亂九州分裂大業草創急於得人者乎顧榮賀循此土之望未若引之以結人心二子旣至則無不來矣帝乃使導躬造循榮二人皆應命而至由是吳會風靡百姓歸心自此之後漸相崇奉君臣之禮始定俄而洛京傾覆中州士女避亂江左者十六七導勸帝收其賢人君子與之圖事時荆揚晏安戶口殷實導爲政務在淸靜每勸帝克己勵節匡主寧邦於是尤見委杖情好日隆朝野傾心號爲仲父帝嘗從

容謂導曰卿吾之蕭何也對曰大王方立命世之勳一匡九合管仲樂毅於是乎在豈區區國臣所以擬議願深弘神慮廣擇良能顧榮賀循紀瞻周玘皆南土之秀願盡優禮則天下安矣帝納焉永嘉末遷丹陽太守加輔國將軍時官制混雜臨郡者不問賢愚豪賤皆加重號輒有鼓蓋導上牋以爲紊亂彝典謹送鼓蓋加崇之物請從導始帝下令嘉其沖退拜寧遠將軍尋加振威將軍愍帝即位徵吏部郎不拜晉國既建以導爲丞相軍諮祭酒桓彝初過江見朝廷微弱謂周顗曰我以中州多故來此欲求全活而寡弱如此將何以濟憂懼不樂及往見導極談世事謂顗曰向見管夷吾無復憂矣過江人士每至暇日相要出新亭飲宴周顗中坐而嘆曰風景不殊舉目有江河之異皆相視流涕惟導愀然變色曰當共勠力王室克復神州何至作楚囚對泣邪衆收淚而謝之俄拜右將軍揚州刺史監江南諸軍事遷驃騎將軍加散騎常侍都督中外諸軍事領中書監錄尚書事假節刺史如故導以敦統六州固辭中外都督後坐事除節于時軍旅不息學校未修導上書請建立庠序興復道教擇朝臣之子弟並入于學選明博修禮之士而爲之師以爲中興風化之本帝甚納之及帝登尊號百官陪列命導升御牀共坐導固辭至于三四曰若太陽下同萬物蒼生何由仰照帝乃止進驃騎大將軍儀同三司以討華軼功封武岡侯進位侍中司空假節錄尚書領中書監會太山太守徐龕反帝訪可以鎮撫河南者導舉太子左衞率羊鑒既而鑒敗抵罪導上疏乞自貶黜詔不許尋代賀循領太子太傅時中興草創未置史官導始啟立於是典籍頗具時孝懷太子爲胡所害始奉諱有司奏天子三朝舉哀羣臣一哭而已導以爲皇太子副貳宸極普天有情宜同三朝之哀從之及劉隗用事導漸見疏遠任眞推分澹如也有識咸稱導善處興廢焉王敦之反也劉隗勸帝悉誅王氏論者爲之寒心導率羣從昆弟子姪二十餘人每旦詣臺待罪帝以導忠節有素特還朝服召見之導稽首謝曰逆臣賊子何世無之豈意今者近出臣族帝跣而執之曰茂弘方託百里之命於卿是何言邪乃詔曰導以大義滅親可以吾爲安東時節假之及敦得志加導守尚書令初西都覆沒海內思主羣臣及四方並勸進於帝時王氏彊盛有專天下之心敦憚帝賢明欲更議所立導固爭乃止及此役也敦謂導曰不從吾言幾致覆族導猶執正義敦無以能奪自漢魏以來賜謚多由封爵雖位通德重先無爵者例不加謚導乃上疏言武官有爵必謚卿校常伯無爵不謚甚失制度之本意也從之自後公卿無爵而謚導所議也初帝愛瑯邪王裒將有奪嫡之議以問導導曰夫立子以長且紹又賢不宜改革帝猶疑之導日夕陳諫故太子卒定及明帝即位導受遺詔輔政解揚州遷司徒一依陳羣輔魏故事王敦又舉兵內向時敦始寢疾導便率子弟發哀衆聞謂敦死咸有奮志及帝伐敦假導節都督諸軍領揚州刺史敦平封始興郡公邑三千戶賜絹九千疋進位太保司徒如故劍履上殿入朝不趨讚拜不名固讓帝崩導復與庾亮等同受遺詔共輔幼主是爲成帝加羽葆鼓吹班劍二十人及石勒侵阜陵詔加導大司馬假黃鉞出討之軍次江寧帝親餞于郊俄而賊退解大司馬庾亮將徵蘇峻訪之於導導曰峻猜險必不奉詔且山藪藏疾宜苞容之固爭不從亮遂召峻既而難作六軍敗績導入宮侍帝峻以導德望不敢加害猶以本官居己之右峻又逼乘輿幸石頭導爭之不得峻日來帝前肆醜言導深懼有不測之禍時路永匡術賈寧並說峻令殺導盡誅大臣更樹腹心峻敬導不納故永等貳於峻導使參軍袁耽潛諷誘永等謀奉帝出奔義軍而峻衞禦甚嚴事遂不果導乃攜二子隨永奔于白石及賊平宗廟宮室並爲灰燼溫嶠議遷都豫章三吳之豪請都會稽二論紛紜未有所適導曰建康古之金陵舊爲帝里又孫仲謀劉玄德俱言王者之宅古之帝王不必以豐儉移都苟弘衞文大帛之冠則無往不可若不績其麻則樂土爲虛矣且北寇游魂伺我之隙一旦示弱竄於蠻越求之望實懼非良計今特宜鎮之以靜羣情自安由是嶠等議並不行導善於因事雖無日用之益而歲計有餘時帑藏空竭庫中唯有練數千端鬻之不售而國用不給導患之乃與朝賢俱制練布單衣於是士人翕然競服之練遂踊貴乃令主者出賣端至一金其爲時所慕如此六年冬烝詔歸胙於導曰無下拜導辭疾不敢當初帝幼沖見導每拜又常與導手詔則云惶恐言中書作詔則曰敬問於是以爲定制自後元正導入帝猶爲之興焉時大旱導上疏遜位優詔不許導固讓詔累逼之然後視事導簡素寡欲倉無儲穀衣不重帛帝知之給布萬疋以供私費導有羸疾不堪朝會帝幸其府縱酒作樂後令輿車入殿其見敬如此石虎掠騎至歷陽導請出討之加大司馬假黃鉞中外諸軍事置左右長史司馬給布萬疋俄而賊退解大司馬復轉中外大都督進位太傅又拜丞相依漢制罷司徒官以

并之是歲妻曹氏卒贈金章紫綬初曹氏性妬導甚憚之乃密營別館以處衆妾曹氏知而將往焉導恐妾被辱遽令命駕猶恐遲之以所執麈尾柄驅牛而進司徒蔡謨聞之戲導曰朝廷欲加公九錫導不之覺但謙退而已謨曰不聞餘物唯有短轅犢車長柄麈尾導大怒謂人曰吾往與羣賢共遊洛中何曾聞有蔡克兒也于時庾亮以望重地逼出鎮於外南蠻校尉陶稱間說亮當舉兵內攻或勸導密爲之防導曰吾與元規休戚是同悠悠之談宜絕智者之口則如君言元規若來吾便角巾還第復何懼哉又與稱書以爲庾公帝之元舅宜善事之於是讒閒遂絕時亮雖居外鎮而執朝廷之權既據上流握彊兵趣向者多歸之導內不能平常遇西風塵起舉扇自蔽徐曰元規塵汚人自漢魏以來羣臣不拜山陵導以元帝睠同布衣匪唯君臣而已每一崇進皆就拜不勝哀慼由是詔百官拜陵自導始也咸和五年薨時年六十四帝舉哀於朝堂三日遣大鴻臚持節監護喪事賵襚之禮一依漢博陸侯及安平獻王故事及葬給九游轀輬車黃屋左纛前後羽葆鼓吹虎賁班劍百人中興名臣莫與爲比冊書褒顯謚曰文獻導二弟穎敞少與導俱知名時人以穎方溫太眞以敞比鄧伯道並早卒導六子悅恬洽協劭薈悅字長豫弱冠有高名事親色養導甚愛之導嘗共悅弈棊爭道導笑曰相與有瓜葛那得爲爾邪導性儉節帳下甘果爛敗令棄之云勿使大郎知悅少侍講東宮歷吳王友中書侍郎先導卒謚曰貞世子先是導夢人以百萬錢買悅潛爲祈禱者備矣尋掘地得錢百萬意甚惡之一皆藏閉及悅疾篤導憂念特至不食積日忽見一人形狀甚

偉被甲持刀導問君是何人曰僕是蔣侯也公兒不佳欲爲請命故來耳公勿復憂因求食遂噉數升食訖勃然謂導曰中書患非可救者言訖不見悅亦尋殞絕悅與導語常以慎密爲端導還臺及行悅未嘗不送至車後悅既亾導還臺自悅常所送處哭至臺門又嘗爲母曹氏襞斂箱篋中物悅亾其母長使封緘不忍復開悅無子以弟恬子混爲嗣襲導爵丹陽尹卒贈太常子嘏嗣尚鄱陽公主歷中領軍尚書卒子恢嗣義熙末爲游擊將軍悅弟恬字敬豫少好武不爲公門所重導見悅輒喜見恬便有怒色州辟別駕不行襲爵即丘子性傲誕不拘禮法謝萬嘗造恬既坐少頃恬便入內萬以爲必厚待己殊有喜色恬久之乃沐頭散髮而出據胡牀於庭中曬髮神氣傲邁竟無賓主之禮萬悵然而還晚節更好士多技藝善弈棊爲中興第一遷中書郎帝欲以爲中書令導固讓從之除後將軍魏郡太守加給事中領兵鎮石頭導薨去官俄起爲後將軍復鎮石頭轉吳國會稽內史加散騎常侍卒贈中軍將軍謚曰憲恬弟洽字敬和導諸子中最知名與荀羨俱有美稱弱冠歷散騎中書郎中軍長史司徒左長史建武將軍吳郡內史徵拜領軍尋加中書令固讓表疏十上穆帝詔曰敬和清裁貴令昔爲中書郎吾時尚小數呼見意甚親之今所以用爲令既機任須才且欲時時相見共講文章待以友臣之義而累表固讓甚違本懷其催洽令拜苦讓遂不受升平二年卒於官年三十六二子珣珉珣字元琳弱冠與陳郡謝玄爲桓溫掾俱爲溫所敬重溫嘗謂人曰謝掾年四十必擁旄杖節王掾當作黑頭公皆未易才也珣轉主簿時溫經略中夏無有寧歲軍中

機務並委珣焉文武數萬人悉識其面從討袁眞封東亭侯轉大司馬參軍瑯邪王友中軍長史給事黃門侍郎珣兄弟皆謝氏壻以猜嫌致隙太傅安既與珣絕婚又離珉妻由是二族遂成仇釁時希安旨乃出珣爲豫章太守不之官除散騎常侍不拜遷秘書監安卒後遷侍中孝武深杖之轉輔國將軍吳國內史在郡爲士庶所悅徵爲尚書右僕射領吏部轉左僕射加征虜將軍復領太子詹事時帝雅好典籍珣與殷仲堪徐邈王恭郗恢等並以才學文章見昵於帝及王國寶自媚於會稽王道子而與珣等不叶帝慮晏駕後怨隙必生乃出恭恢爲方伯而委珣端右珣夢人以大筆如椽與之既覺語人云此當有大手筆事俄而帝崩哀策謚議皆珣所草隆安初國寶用事謀黜舊臣遷珣尚書令王恭赴山陵欲殺國寶珣止之曰國寶雖終爲禍亂要罪逆未彰今便先事而發恐大失朝野之望況擁彊兵竊發於京輦誰謂非逆國寶若遂不改惡布天下然後順時望除之亦無憂不濟也恭乃止既而謂珣曰比來視君一似胡廣珣曰王陵廷爭陳平慎默但問歲終何如耳恭尋起兵國寶將殺珣等僅而得免語在國寶傳二年恭復舉兵假珣節進衞將軍都督瑯邪水陸軍事事平上所假節加散騎常侍四年以疾解職歲餘卒時年五十二追贈車騎將軍開府謚曰獻穆桓玄輔政改贈司徒初珣既與謝安有隙在東聞安薨便出京師詣族弟獻之曰吾欲哭謝公獻之驚曰所望於法護於是直前哭之甚慟法護珣小字也珣五子弘虞柳孺曇首宋世並有高名珣弟珉字季琰少有才藝善行書名出珣右時人爲之語曰法護非不佳僧彌難爲兄僧彌珉小字也

時有外國沙門名提婆妙解法理爲珣兄弟講毗曇經珉時尚幼講未半便云已解卽於別室與沙門法綱等數人自講法綱歎曰大義皆是但小未精耳辟州主簿舉秀才不行後歷著作散騎郎國子博士黃門侍郎侍中代王獻之爲長兼中書令二人素齊名世謂獻之爲大令珉爲小令太元十三年卒時年三十八追贈太常二子朗練義熙中並歷侍中治弟協字敬祖元帝撫軍參軍襲爵武岡侯早卒無子以弟劭子謐爲嗣謐字稚遠少有美譽與譙國桓允太原王綏齊名拜祕書郎襲父爵遷祕書丞歷中軍長史黃門郞侍中及桓元舉兵詔謐銜命詣元元深敬昵焉拜建威將軍吳國內史未至郡元以爲中書令領軍將軍吏部尚書遷中書監加散騎常侍領司徒及元將簒以謐兼太保奉璽冊詣元元簒封武昌縣開國公加班劍二十人初劉裕爲布衣衆未之識也惟謐獨奇貴之常謂裕曰卿當爲一代英雄及裕破桓元謐以本官加侍中領揚州刺史錄尚書事謐既受寵桓氏常不自安護軍將軍劉毅嘗問謐曰璽綬何在謐益懼會王綏以桓氏甥自疑謀反父子兄弟皆伏誅謐從弟諶少驍果輕俠欲誘謐還吳起兵爲亂乃說謐曰王綏無罪而義旗誅之是誅時望也兄少立名譽加地位如此欲不危得乎謐懼而出奔劉裕牋詣大將軍武陵王遵遣人追躡謐既還委任如先加謐班劍二十人義熙三年卒官時年四十八追贈侍中司徒謚曰文恭三子瓘球琇入宋皆至大官協弟劭字敬倫歷東陽太守吏部郞司徒左長史丹陽尹劭美姿容有風操雖家人近習未嘗見其墮替之容桓溫甚器之遷吏部尚書尚書僕射領中領軍出爲建威將軍吳國內史卒贈車騎將軍謚曰簡三子穆默恢穆臨海太守默吳國內史加二千石恢右衛將軍穆三子簡智超默二子鑒惠義熙中並歷顯職劭弟薈字敬文恬虛守靜不競榮利少歷清官除吏部郞侍中建威將軍吳國內史時年饑粟貴人多餓死薈以私米作饘粥以飴餓者所濟活甚衆徵補中領軍不拜徙尚書領中護軍復爲征虜將軍吳國內史頃之桓沖表請薈爲江州刺史固辭不拜轉督浙江東五郡左將軍會稽內史進號鎭軍將軍加散騎常侍卒於官贈衛將軍子廞歷太子中庶子司徒左長史以母喪居于吳王恭舉兵加廞建威將軍吳國內史令起軍助爲聲援廞卽墨絰合衆誅殺異己仍遣前吳國內史虞嘯父等入吳興聚兵輕俠赴者萬計廞自謂義兵一動勢未必寧可乘間而取富貴而曾不旬日國寶賜死恭罷兵符廞去職廞大怒迴衆討恭恭遣司馬劉牢之距戰于曲阿廞衆潰奔走遂不知所在長子泰爲恭所殺少子華以不知廞存亡憂毀布衣蔬食後從兄謐言其死所華始發喪入仕初導渡淮使郭璞筮之卦成璞曰吉無不利淮水絕王氏滅其後子孫繁衍竟如璞言

通志卷一百二十五

宋右迪功郎鄭樵漁仲撰

列傳第三十九

晉

劉弘 陶侃（兄子臻 臻弟輿） 溫嶠 郗鑒（子愔 愔弟曇 愔子超）
（子恢 叔父隆）鑒 顧榮 紀瞻 賀循 楊方 薛兼 劉隗（孫波）
（隗伯父訥 訥子疇）訥 刁協（子彝 彝子逵） 戴若思（弟邈） 周顗（子閔） 應詹
甘卓 鄧騫 卞壼（從父兄敦） 劉超 鍾雅

劉弘字和季沛國相人也祖馥魏揚州刺史父靖鎭北將軍弘有幹略政事之才少家洛陽與武帝同居永安里又同年共研席以舊恩起家太子門大夫累遷率更令轉太宰長史張華甚重之由是爲寧朔將軍假節監幽州諸軍事領烏丸校尉甚有威惠寇盜屏迹爲幽朔所稱以勳德兼茂封宣城公太安中張昌作亂轉使持節南蠻校尉荆州刺史率前將軍趙驤等討昌自方城至宛新野所向皆平及新野王歆之敗也以弘代爲鎭南將軍都督荆州諸軍事餘官如故弘遣南蠻長史陶侃爲大都護參軍蒯恒爲義軍督護牙門將皮初爲都戰帥進據襄陽張昌并軍圍宛敗趙驤軍弘退屯梁侃初等累戰破昌前後斬首數萬級及到官昌懼而逋其衆悉降荆土平初弘之退也范陽王虓遣長水校尉張奕領荆州弘至奕不受代擧兵距弘弘遣軍討奕斬之表請專輒之罪優詔答之張昌竄于下雋山弘遣軍討昌斬之悉降其衆時荆部守宰多缺弘請補選帝從之弘乃敘功銓德隨才補授甚爲論者所稱乃表曰被中詔敕臣隨資品選補諸缺吏夫慶賞威刑非臣所專且知人則哲聖帝所難非臣闇蔽所能斟酌然方事有機毫釐宜愼謹奉詔書差所應用蓋崇化莫若貴德則所以濟屯故太上立德其次立功也頃者多難淳朴彌凋臣輒以徵士伍朝補零陵太守庶以懲波蕩之弊養退讓之操臣不以武前退於宛長史陶侃參軍蒯恒牙門皮初勠力致討蕩滅姦凶侃恒各以始終軍事初爲都戰帥忠勇冠軍漢沔清肅實初等之勳也司馬法賞不踰時欲人知爲善之速福也若不超報無以勸徇功之士慰熊羆之志臣以初補襄陽太守侃爲府行司馬使典論功事恒爲山都令詔惟令臣以散補空缺然沶鄉令虞潭忠誠烈正首唱義擧擧善以教不能者勸臣輒特轉潭補醴陵令南郡廉吏仇勃母老疾困賊至守衞不移以致拷掠幾至隕命尚書令史郭貞張昌以爲尙書郎欲訪以朝議遁逃不出昌質其妻子避之彌遠勃孝篤著於臨危貞忠厲於獵暴雖各四品皆可以訓奬臣子長益風敎臣輒以勃爲歸鄉令貞爲信陵令皆功行相參循名校實條列行狀公文具上朝廷以初雖有功襄陽又是名郡名器宜愼不可授初乃以前東平太守夏侯陟爲襄陽太守餘並從之陟弘之壻也弘下敎曰夫統天下者宜與天下同心化一國者宜與一國爲任若必姻親然後可用則荆州十郡安得十女壻然後爲政哉乃表陟姻親舊制不得相監皮初之勳宜見酬報詔聽之弘於是勸課農桑寬刑省賦歲用有年百姓愛悅弘嘗夜起聞城上持更者歎聲甚苦遂呼省之兵年過六十羸疾無襦弘愍之乃謫罰主者遂給韋袍複帽轉以相付舊制峴方二山澤中不聽百姓捕魚弘下教曰禮名山大澤不封與衆共其利今公私兼并百姓無復厝手地當何謂邪速改此法又酒室中云齋中酒聽事酒猥酒同用麴米而優劣三品投醪當與三軍同其厚薄自今不得分別時益州刺史羅尚爲李特所敗遣使告急請糧弘移書贍給而州府綱紀以運道懸遠文武匱乏欲以零陵一運米五千斛與尚弘曰諸君未之思耳天下一家彼此無異吾今給之則無西顧之憂矣遂以零陵米三萬斛給之尚賴以自固于時流人在荆州十萬餘戸羈旅貧乏多爲盜賊弘乃給其田種糧食擢其賢才隨資敘用時總章太樂伶人避亂多至荆州或勸可作樂者弘曰昔劉景升以禮壞樂崩命杜夔爲天子合樂樂成欲庭作之夔曰爲天子合樂而庭作之恐非將軍本意吾嘗爲之歎息今主上蒙塵吾未能展效臣節雖有家伎猶不宜聽況御樂哉乃下郡縣使安慰之須朝廷旋返送還本署論平張昌功應封次子一人縣侯弘上疏固讓許之進拜侍中鎭南大將軍開府儀同三司惠帝幸長安河間王顒挾天子詔弘爲劉喬繼援弘以張方殘暴知顒必敗遣使受東海王越節度時天下大亂弘專督江漢威行南服前廣漢太守辛冉說弘以從橫之事弘大怒斬之河間王顒使張光爲順陽太守南陽太守衞展說弘曰彭城王前東奔有不善之言張光太宰腹心宜斬光以明向背弘曰宰輔得失豈張光之罪危人自安君子弗爲也展深恨之陳敏寇揚州引兵欲西上弘乃解南蠻校尉以授前北軍中候將超統江夏太守陶侃武陵太守苗光以人衆屯于夏口又遣治中何松領建平宜都襄陽三郡兵屯巴東爲羅尚後繼又加平南太守應詹寧遠將軍督三郡水軍繼蔣超侃與敏同郡及同歲擧吏或有間侃者弘不疑之乃以侃爲前鋒督護委以討敏之任侃遣子及兄

于爲賓弘遣之曰賢叔征行君祖母年高便可歸也匹夫之交尙不負心何況大丈夫乎陳敏竟不敢闚境永興三年詔進號車騎將軍開府及餘官如故弘每有興廢手書守相丁寧款密所以人皆感悅爭赴之咸曰得劉公一紙書賢於十部從事及東海王越奉迎大駕弘遣參軍劉盤爲督護率諸軍會之盤旣旋弘自以老病將解州及校尉適分授所部未及表上卒于襄陽士女嗟痛若喪所親矣初城都王穎南奔欲之本國弘距之及弘卒弘司馬郭勱欲推穎爲主弘子璠追遵父志於是墨絰率府兵討勱戰於濁水斬之襄沔肅清初東海王越疑弘與劉喬貳于己雖下節度心未能安及弘距穎璠又斬勱朝廷嘉之越手書與璠贊美之表贈弘新城郡公謚曰元以高密王略代鎮寇盜不禁詔起璠爲順陽內史江漢之間翕然歸心及略薨山簡代之簡至知璠得衆心恐百姓逼以爲主表陳之由是徵璠爲越騎校尉璠亦深慮逼迫被書便輕至洛陽然後遣迎家累僑人侯脫路難等相率衛送至都然後辭去南夏遂亂父老追思弘雖甘棠之詠召伯無以過也

陶侃字士行本鄱陽人也吳平徙家廬江之尋陽父丹吳揚武將軍侃早孤貧爲縣吏鄱陽孝廉范逵嘗過侃時倉卒無以待賓其母乃截髮得雙髲以易酒肴樂飲極歡雖僕從亦過所望及逵去侃追送百餘里逵曰卿欲仕郡乎侃曰欲之困於無津耳逵過廬江太守張夔稱美之夔召爲督郵領樅陽令有能名遷主簿會州部從事之郡欲有所案侃閉門部勒諸吏謂從事曰若鄙郡有違自當明憲直繩不宜相逼若不以禮吾能禦之從事卽還夔妻有疾將迎醫於數百里時正寒雪諸綱紀皆難之侃獨曰資於事父以事君小君猶母也安有父母之疾而不盡心乎乃請行衆咸服其義長沙太守萬嗣過廬江見侃虛心敬悅曰君終當有大名命其子與之結友而去夔察侃爲孝廉至洛陽數詣張華華初以遠人不甚接遇侃每往神無忤色華後與語異之除郎中伏波將軍孫秀以亡國支庶府望不顯中華人士恥爲掾屬以侃寒宦召爲舍人時豫章國郎中令楊晫侃州里也爲鄉論所歸侃詣之晫曰易稱貞固足以幹事陶士行是也與同乘見中書郎顧榮榮甚奇之吏部郎溫雅謂晫曰柰何與小人共載晫曰此人非凡器也尙書樂廣欲會荊揚士人武庫令楊慶進侃於廣人或非之慶曰此子終當遠到復何疑也慶後爲吏部令史舉侃補武岡令與太守呂岳有嫌棄官歸爲郡小中正會劉弘爲荊州刺史將之官辟侃爲南蠻長史遣先向襄陽討賊張昌破之弘旣至謂侃曰吾昔爲羊公參軍謂吾其後當居身處今相觀察必繼老夫矣後以軍功封東鄉侯邑千戶陳敏之亂弘以侃爲江夏太守加鷹揚將軍侃備威儀迎母官舍鄉里榮之敏遣其弟恢來寇武昌侃出兵禦之隨郡內史扈瓌間侃於弘曰侃與敏有鄉里之舊居大郡統彊兵脫有異志則荊州無東門矣弘曰侃之忠能吾得之已久豈有是乎侃潛聞之遽遣子洪及兄子臻詣弘以自固弘引爲參軍資而遣之又加侃爲督護使與諸軍并力距恢侃以運船爲戰艦或言不可侃曰用官物討官賊但須列上有本末耳於是擊恢所向必破侃戎政齊肅凡有虜獲皆分士卒身無私焉後以母憂去職嘗有二客來弔不哭而退化爲雙鶴沖天而去時人異之服闋參東海王越軍事江州刺史華軼表侃爲揚武將軍使屯夏口又以臻爲參軍軼與元帝素不平臻懼難作託疾而歸白侃曰華彥夏有憂天下之志而才不足且與琅邪不平難將作矣侃怒遣臻還軼臻遂東歸於帝帝見之大悅命臻爲參軍加侃奮威將軍假赤幢曲蓋軺車鼓吹侃乃與華軼告絕頃之遷龍驤將軍武昌太守時天下饑荒山夷多斷江劫掠侃令諸將詐作商船以誘之劫果至生獲數人是西陽王羕之左右侃卽遣兵逼羕令出向賊侃整陣於釣臺爲後繼羕縛送帳下二十人侃斬之自是水陸肅清流亡者歸之盈路侃竭資振給焉又立夷市於郡東大收其利而帝使侃擊杜弢令振威將軍周訪廣武將軍趙誘受侃節度侃令二將爲前鋒兄子輿爲左甄擊賊破之時周顗爲荊州刺史先鎭潯水城賊掠其良口侃使部將朱伺救之賊退保泠口侃謂諸將曰此賊必更步向武昌吾宜還城晝夜三日行可至卿等誰能忍飢鬬邪部將吳寄曰要欲十日忍飢晝當擊賊夜分捕魚足以相濟侃曰卿健將也賊果增兵來攻侃使朱伺等逆擊大破之獲其輜重殺傷甚衆遣參軍王貢告捷於王敦敦曰若無陶侯便失荊州矣伯仁方入境便爲賊所破不知那得刺史貢對曰鄙州方有事難非陶龍驤莫可敦然之卽表拜侃爲使持節寧遠將軍南蠻校尉荊州刺史領西陽江夏武昌鎭于沌口又移入沔江遣朱伺等討江夏賊殺之賊王沖自稱荊州刺史據江陵王貢還至竟陵矯侃命以杜曾爲前鋒大督護進軍斬沖悉降其衆侃召曾不到貢又恐矯命獲罪遂與曾舉兵反擊侃督護鄭攀於沌陽破之又敗朱伺於沔口侃欲退入溳中部將張奕將貳於侃詭說曰賊至

而動衆必不可侃惑之而不進無何賊至果爲所敗賊
鉤侃所乘艦侃窘急走入小船朱伺力戰僅而獲免張
奕竟奔于賊侃坐免官王敦表以侃白衣領職侃復率
周訪等進軍入湘使都尉楊舉爲先驅擊杜弢大破之
屯兵于城西侃之佐史辭詣王敦敘侃前後功績雖中
間敗衄當以功過相掩而橫爲主者所責重加黜削宜
蒙申宥敦於是奏復侃官弢將王貢精卒三千出武陵
江誘五溪蠻夷以舟師斷官運徑向武昌侃使鄭攀及
伏波將軍陶延夜趣巴陵潛師掩其不備大破之斬千
餘級降萬餘口貢遁還湘城賊中離沮杜弢遂疑張奕
而殺之衆情益懼降者滋多王貢復挑戰侃遙謂之曰
杜弢爲益州吏盜用庫錢父死不奔喪卿本佳人何爲
隨之也天下寧有白頭賊乎貢初橫腳馬上侃言訖貢
斂容下腳辭色甚順侃知其可動復令喻之截髮爲信
貢遂來降而弢敗走進克長沙獲其將毛寶高寶梁堪
而還王敦深忌侃功侃將還江陵欲詣敦別皇甫方回
及朱伺諫以爲不可侃不從敦果留侃不遣左轉廣州
刺史平越中郎將以王廙爲荆州侃之佐吏將士詣敦
請留侃敦怒不許侃將鄭攀蘇温馬儁等不欲南行遂
西迎杜曾以距廙敦意攀承侃風旨被甲持矛將殺侃
出而復迴者數四侃正色曰使君之雄斷當裁天下何
此不決乎因起如廁諮議參軍梅陶長史陳頒言於敦
曰周訪與侃親姻如左右手安有斷人左手而右手不
應者乎敦意遂解於是盛設饌以餞之侃便夜發敦引
其子瞻爲參軍侃既達豫章見周訪流涕曰非卿外援
我殆不免侃因進至始興先是廣州人背刺史郭訥迎
長沙人王機爲刺史機復遣使詣王敦乞爲交州敦從
之而機未發會杜弘據臨賀因機乞降勸弘取廣州弘
遂與温邵及交州秀才劉沈俱謀反或勸侃且住始興
觀察形勢侃不從直至廣州弘遣使僞降侃知其詐先
於封口起發石車俄而弘率輕兵而至知侃有備乃退
侃追擊大破之執劉沈於小桂又遣部將許高討機斬
之傳首京都諸將皆請承勝擊温邵侃笑曰吾威名已
著何事遣兵但一函紙自足耳於是下書諭之邵懼而
走追獲於始興以功封柴桑侯食邑四千戶侃在州無
事輒朝運百甓於齋外暮運於齋內人問其故答曰吾
方致力中原過爾優逸恐不堪事其勵志勤力皆此類
也太興初進號平南將軍尋加都督交州軍事及王敦
舉兵反詔侃以本官領江州刺史尋轉都督湘州刺史
敦得志上侃復本職加散騎常侍時交州刺史王諒爲
賊梁碩所陷侃遣將高寶進擊平之以侃領交州刺史
錄前後功封次子夏爲都亭侯進號征南大將軍開府
儀同三司及王敦平遷都督荆雍益梁州諸軍事并前
所領交廣江寧其八州領護南蠻校尉征西大將軍荆
州刺史楚郢士女莫不相慶侃性聰敏勤於吏職恭而
近禮愛好人倫終日斂膝危坐閫外多事千緒萬端罔
有遺漏遠近書疏莫不手答筆翰如流未嘗壅滯引接
疏遠門無停客常語人曰大禹聖人猶惜寸陰至於衆
人當惜分陰豈可逸遊荒醉生無益於時死無聞於後
是自棄也諸參佐或以談戲廢事者乃令取其酒器蒱
博之具悉投之于江吏將則加鞭扑曰摴蒱者牧猪奴
戲耳老莊浮華非先王之法言不可行也君子當正其
衣冠攝其威儀何有亂頭養望自謂宏達邪有奉饋者
皆問其所由若力作所致雖微必喜慰賜參倍若非理
得之則切厲訶辱還其所饋嘗出遊見人持一把未熟
稻侃問用此何爲人云行道所見聊取之耳侃大怒曰
汝既不佃而戲賊人稻執而鞭之是以百姓勤於農殖
家給人足時造船木屑及竹頭悉令舉掌之咸不解所
以後正會積雪始晴聽事前餘雪猶濕於是以屑布地
及桓温伐蜀又以侃所貯竹頭作釘裝船其綜理微密
皆此類也暨蘇峻作亂京都不守侃子瞻爲賊所害平
南將軍温嶠要侃同赴朝廷初明帝崩侃不在顧命之
列深以爲恨答嶠曰吾疆埸外將不敢越局嶠固請之
因推爲盟主侃乃遣督護龔登率衆赴嶠而又追迴嶠
以峻殺其子重遣書以激怒之侃妻龔氏亦固勸自行
於是便戎服登舟星言兼邁瞻喪至不臨五月與温嶠
庾亮等俱會石頭諸軍即欲決戰侃以賊盛不可爭鋒
當以歲月智計擒之累戰無功諸將請於查浦築壘監
軍部將李根建議請立白石壘侃不從曰若壘不成卿
當坐之根曰查浦地下又在水南惟白石峻極顯固可
容數千人賊來攻不便滅賊之術也侃笑曰卿良將也
乃從根謀夜脩曉訖賊見壘大驚賊攻大業壘侃將救
之長史殷羨曰若遣救大業步戰不如峻則大事去矣
但當急攻石頭峻必救之而大業自解侃又從羨言峻
果棄大業而救石頭諸軍與峻戰陳陵東侃督護竟陵
太守李陽部將彭世斬峻於陣賊衆大潰峻弟逸復聚
衆侃與諸軍斬逸於石頭初庾亮少有高名以明穆皇
后之兄受顧命之重蘇峻之禍職亮是由及石頭平懼
侃致討亮用温嶠謀詣侃拜謝侃遽止之曰庾元規乃
拜陶士行邪王導入石頭城令取故節侃笑曰蘇武節
似不如是導有慚色使人屏之侃旋江陵尋以爲侍中

太尉加羽葆鼓吹改封長沙郡公邑三千戶賜絹八千
匹加都督交廣寧七州軍事以江陵偏遠移鎭巴陵遣
諮議參軍張誕討五谿夷降之屬後將軍郭默矯詔殺
平南將軍劉允輒領江州侃聞之曰此必詐也遣將軍
宋夏陳脩率兵據湓口侃以大軍繼之默遣使送奴婢
絹百匹寫中詔呈侃參佐多諫曰默不被詔豈敢爲此
事若進軍宜待詔報侃厲色曰國家年小不出胷懷且
劉允爲朝廷所禮雖方任非才何緣猥加極刑郭默虓
勇所在暴掠以大難新除威綱寬簡欲因隙會騁其從
横耳發使上表討默與王導書曰郭默殺方州郎用爲
方州害宰相便爲宰相乎導答曰默居上流之勢加有
船艦成資故苞含隱忍使其有地一月潛嚴足下軍到
是以得風發相赴豈非遵養時晦以定大事者邪侃省
書笑曰是乃遵養時賊也侃既至默將宗侯縛默父子
五人及默將張丑詣侃降侃斬默等默在中原數與石
勒等戰賊畏其勇聞侃討之兵不血刃而擒也益畏侃
蘇峻將馮鐵殺侃子奔于石勒勒以爲戍將侃告勒以
故勒召而殺之詔侃都督江州領刺史增置左右長史
司馬從事中郎四人掾屬十二人侃旋于巴陵因移鎭
武昌侃命張夔子隱爲參軍范遠子眺爲湘東太守辟
劉弘曾孫安爲掾屬表論梅陶凡微時所荷一飡咸報
遣子斌與南中郎將桓宣西伐樊城走石勒將郭敬使
兄子臻竟陵太守李陽等共破新野遂平襄陽拜大將
軍劒履上殿入朝不趨讚拜不名上表固讓不受咸和
七年六月疾篤又上表遜位曰臣少長孤寒始願有限
何蒙聖朝殊寵今年垂八十位極人臣啓手啓足當復
過恨但以陛下春秋尚富餘寇不誅山陵未反所以憤
慨兼懷不能已已臣前蒙封長沙隕越之日當歸骨國
土臣父母舊葬今在尋陽緣存處亾無心分違已勒國
府脩遷改之事刻以來秋奉迎窀穸葬事訖乃告老下
藩不圖所患遂爾綿篤臣聞者猶爲犬馬之齒尚可小
延欲爲陛下西平李雄北吞石虎是以遣毋邱奧於巴
東授桓宣於襄陽良圖未敘於此長乖此方之任內外
之要願陛下速選臣代使必得良才奉宣王猷遵成臣
志則臣死之日猶生之年陛下雖聖姿天縱英奇日新
方事之殷當賴羣儁司徒導鑒識經遠光輔三世司空
鑒簡素貞正內外惟允平西將軍亮雅量詳明器用周
時卽陛下之周召也獻替疇諮敷融政道地平天成四
海幸賴謹遣左長史殷羨奉送所假節麾幢曲蓋侍中
貂蟬太尉章荆江州刺史印傳棨戟仰戀天恩悲酸感
結以後事付右司馬王愆期加督護統領文武侃輿車
出臨津就船明日薨于樊谿時年七十六帝下詔褒顯
勳烈遣兼鴻臚追贈大司馬假蜜章策謚曰桓祠以太
牢侃遺令葬國南二十里故吏刊石立碑畫像於武昌
西侃在軍四十一載雄毅有權明悟善決斷自南陵迄
于白帝數千里中路不拾遺蘇峻之役庾亮輕進失利
亮司馬殷融詣侃謝曰將軍爲此非融等所裁將軍王
章至曰章自爲之將軍不知也侃曰昔殷融爲君子王
章爲小人今王章爲君子殷融爲小人侃性纖密好問
頗類趙廣漢嘗課諸營種柳都尉夏施盜官柳植之於
已門侃後見駐車問曰此是武昌西門柳何因盜來此
種施惶怖謝罪時武昌號爲多士殷浩庾翼等皆爲佐
吏侃每飲酒有定限常歡有餘而限已竭浩等更勸少
進侃悽懷良久曰年少曾有酒失亾親見約故不敢踰
議者以武昌北岸有邾城宜分兵鎭之侃每不答而言
者不已侃乃渡水獵引將佐語之曰我所以設險而禦
寇正以長江耳邾城隔在江北內無所倚外接羣夷夷
中利深晉人貪利夷不堪命必引寇虜乃致禍之由非
禦寇也且吳時此城乃三萬兵守今縱有兵守之亦無
益於江南若羯虜有可乘之會此又非所資也後庾亮
戍之果大敗季年懷止足之分不與朝權未亾一年欲
遜位歸國佐吏等苦留之及疾篤將歸長沙軍資器仗
牛馬舟船皆有定簿封印倉庫自加管鑰以付王愆期
然後登舟朝野以爲美談將出府門顧謂愆期曰老子
婆娑正坐諸君輩尚書梅陶與親人曹識書曰陶公機
神明鑒似魏武忠順勤勞似孔明陸抗諸人不能及也
謝安每言陶公雖用法而常得法外意其爲世所重如
此然媵妾數十家僮千餘珍奇寶貨富於天府或云侃
少時漁於雷澤嘗網得一織梭以挂其壁有頃雷雨自
化爲龍而去又夢生八翼飛而上天見天門九重已登
其八唯一門不得入閽者以杖擊之因墜地折其左翼
及寤左腋猶痛又嘗如厠見一人朱衣介幘斂版曰以
君長者故來相報君後當爲公位至八州都督有善相
者師圭謂侃曰君左手中指有豎理當爲公若徹於上
貴不可言侃以針決之見血灑壁而爲公字以紙裛手
公字愈明及都督八州據上流握彊兵潛有窺窬之志
每思折翼之祥自抑而止有子十七人唯洪瞻夏琦旗
斌稱範岱見舊史餘者並不顯洪辟丞相掾早卒瞻字
道眞少有才器歷廣陵相廬江建昌二郡太守遷散騎
常侍都亭侯爲蘇峻所害追贈大鴻臚謚愍悼世子以
夏爲世子及送侃喪還長沙夏與斌及稱各擁兵數千

以相國既而解散斌先往長沙悉取國中器仗財物夏至殺斌庾亮上疏曰斌雖醜惡罪在難忍然王憲有制骨肉至親親運刀鋸以刑同體傷父母之恩無惻隱之心應加放黜以懲暴虐亮表未至都而夏病卒詔復以瞻息弘襲侃爵仕至光祿勳卒子綽之嗣綽之卒子延壽嗣宋受禪降爲吳昌侯五百戶琦司空掾旗歷位散騎常侍郴縣開國伯咸和末爲散騎侍郎性甚凶暴卒子定嗣卒子襲之嗣卒子謙之嗣宋受禪國除斌尚書郎稱東中郎將南平太守南蠻校尉假節性虓勇不倫與諸弟不協後加建威將軍咸康五年庾亮以稱爲監江夏隨義陽三郡軍事南中郎將江夏相以本所領二千人自隨到夏口輕將二百人下見亮亮大會吏佐責稱前後罪惡稱拜謝因罷出亮使人於閤外收之棄市亮上疏曰案稱大司馬侃之孼子父亡不居喪位荒耽于酒昧利貪榮擅攝五郡自謂監軍輒召王官聚之軍府故車騎將軍劉弘曾孫安寓居江夏及將楊恭趙韶並以言色有忤稱放聲當殺安恭懼自赴水而死韶於獄自盡將軍郭開從稱往長沙赴喪稱疑開附其兄弟乃反縛懸頭於帆檣仰而彈之鼓棹渡江二十餘里觀者數千莫不震駭又多藏匿府兵收坐應死臣猶未忍直上且免其司馬稱肆縱醜言無所顧忌要結諸將欲阻兵構難諸將惶懼莫敢酬答由是姦謀未即發露臣以侃勳勞王室是以依違容掩故表爲南中郎將與臣相近思欲有以匡救之而稱豺狼愈甚發言激切不忠不孝莫此之甚苟利社稷義有專斷輒收稱伏法範最知名太元初爲光祿勳岱散騎常侍侃兄子臻字彥遐有勇略智謀賜爵當陽亭侯咸和中爲南郡太守領南蠻校尉假節卒官追贈平南將軍謚曰肅臻弟輿果烈善戰以功累遷武威將軍初賊張弈本中州人元康中被差西征遇天下亂遂留蜀至是率三百餘家欲就杜弢爲侃所獲諸將請殺其丁壯取其妻息輿曰此本官兵數經戰陣可赦之以爲用侃赦之以配輿及侃與杜弢戰敗賊以桔槔打沒官軍船艦軍中失色輿率輕舸出其上流以擊之所向輒克賊又率衆將焚侃輜重輿又擊破之自是每戰輒克賊望見輿軍相謂曰避陶武威無敢當者後與杜弢戰輿被重創卒侃哭之慟曰喪吾家寶三軍皆爲之垂泣詔贈長沙太守

溫嶠字太眞司徒羨弟之子也父憺河東太守嶠性聰敏有識量博學能屬文少以孝悌稱於邦族風儀秀整美於談論見者皆愛悅之年十七州郡辟召皆不就司隸命爲都官從事散騎常侍庾敳有重名而頗聚斂嶠舉奏之京都振肅後舉秀才灼然司徒辟東閤祭酒補上黨潞令平北大將軍劉琨妻嶠之從母也琨深禮之請爲參軍琨遷大將軍嶠爲從事中郎上黨太守加建威將軍督護前鋒軍事將兵討石勒屢有戰功琨遷司空以嶠爲右司馬于時并土荒殘寇盜群起石勒劉聰跨帶疆埸嶠爲之謀主琨所憑恃焉屬二都傾覆社稷絕祀元帝初鎮江左琨誠繫王室謂嶠曰昔班彪識劉氏之復興馬援知漢光之可輔今晉祚雖衰天命未改吾欲立功河朔使卿延譽江南子其行乎對曰嶠雖無管狐之才而明公有桓文之志欲建匡合之功豈敢辭命乃以爲左長史檄告華夷奉表勸進嶠既至引見具陳琨忠誠志在效節因說社稷無主天人繫望辭旨慷慨舉朝屬目帝器而嘉焉王導周顗謝鯤庾亮桓彝等並與親善于時江左草創綱維未舉嶠殊以爲憂及見王導共談歡然曰江左自有管夷吾吾復何慮屢求反命不許會琨爲段匹磾所害嶠表琨忠誠雖勳業不遂然家破身亡宜在褒崇以慰海內之望帝然之除散騎侍郎初嶠欲將命其母崔氏固止之嶠絕裾而去其後母亡嶠阻亂不獲歸葬由是固讓不拜苦請北歸詔三司八座議其事皆曰昔伍員志復私讎先假諸侯之力東奔闔閭位爲上將然後鞭荆王之尸若嶠以母未葬沒在胡虜者乃應竭其智謀仰憑皇靈使逆寇冰消反哀墓次豈可稍以乖嫌廢其遠圖哉嶠不得已乃受命後歷驃騎王導長史遷太子中庶子及在東宮深見寵遇太子與爲布衣之交數陳規諷又獻侍臣箴甚有弘益時太子起西池樓觀頗爲勞費嶠上疏以爲朝廷草創巨寇未滅宜應儉以率下務農重兵太子納焉王敦舉兵內向六軍敗績太子將自出戰嶠執鞚諫曰臣聞善戰者不怒善勝者不武如何萬乘儲副而以身輕天下太子乃止明帝即位拜侍中機密大謀皆所參綜詔令文翰亦悉豫焉俄轉中書令嶠有棟梁之任帝親而倚之甚爲王敦所忌因請爲左司馬敦阻兵不朝多行陵縱嶠諫敦曰昔周公之相成王勞謙吐握豈好勤而惡逸哉誠由處大任者不可不爾而公自還輦轂入輔朝政闕拜覲之禮簡人臣之儀不達聖心者莫不於邑昔帝舜服事唐堯伯禹竭身虞庭文王雖盛臣節不諐故有庇人之大德必有事君之小心俾芳烈奮乎百世休風流乎萬祀至聖遺軌所不宜忽也願思舜禹文王服事之勤惟公旦吐握之事則天下幸甚敦不納嶠知其終不悟於是謬爲設敬綜其府事干說密謀以附其

欲深結錢鳳爲之聲譽每日錢世儀精神滿腹嶠素有知人之稱鳳聞而悅之深結好於嶠會丹陽尹缺嶠說敦曰京尹輦轂喉舌宜得文武兼能公宜自選其才若朝廷用人或不盡理敦然之問嶠誰可作者嶠曰愚謂錢鳳可用鳳亦推嶠嶠僞辭之敦不從表補丹陽尹嶠猶懼錢鳳爲之姦謀因敦餞別嶠起行酒至鳳前鳳未及飲嶠因僞醉以手版擊鳳幘墜作色曰錢鳳何人溫太眞行酒而敢不飲敦以爲醉兩釋之臨去言別涕泗橫流出閤復入如是再三然後卽路及發後鳳說敦曰嶠於朝廷甚密而與庾亮深交未必可信敦曰太眞昨醉小加聲色豈得以此便相讒貳猶是鳳謀不行而嶠得還都乃具奏敦之逆謀請先爲之備及敦搆逆加嶠中壘將軍持節都督東安北部諸軍事敦與王導書曰太眞別來幾日作如此事表誅姦臣以嶠爲首募生得嶠者當自拔其舌及王含錢鳳奄至都下嶠燒朱雀桁帝怒之嶠曰今宿衛寡弱徵兵未至若賊豕突危及社稷何惜一橋賊果不得渡嶠自率衆與賊夾水戰擊王含敗之復督劉遐追錢鳳於江寧事平封建寧縣開國公賜絹五千四百匹進號前將軍時制王敦綱紀除名參佐禁錮嶠上疏曰王敦剛愎不仁忍行殺戮親任小人疏遠君子朝廷所不能抑骨肉所不能間處其朝者恆懼危亾故人士結舌道路以目誠賢人君子道窮數盡遵養時晦之辰也且敦爲大逆之日拘錄人士自免無路原其私心豈遑晏處如陸玩羊曼劉允蔡謨郭璞嘗與臣言備知之矣必其凶悖自可罪人斯得如其枉入姦黨宜施之以寬加以玩等之誠聞於聖聽當受同賊之責實負其心陛下仁聖今弘恩求允中臣階緣博納干非其事誠在愛才不忘忠益帝從之是時天下凋弊國用不足詔公卿以下詣都坐論時政之所先嶠因奏軍國要務七事其一曰益壽陽之戍以保固徐豫其二曰勸課農桑使百姓殷實其三曰緣江戍兵皆令開荒屯田其四曰省并官曹以貴清公其五曰致籍田廪犧之官以供祭祀其六曰妙選使命務取高品其七曰除三族之制使罪不相及議奏多納之帝疾篤嶠與王導郗鑒庾亮陸曄卞壼等同受顧命時歷陽太守蘇峻藏匿亾命朝廷疑之征西將軍陶侃有威名於荆楚又以西夏爲虞故使嶠爲上流形援咸和初代應詹爲江州刺史持節都督平南將軍鎭武昌甚有惠政甄異行能親祭徐孺子之墓又陳豫章十郡之要宜以刺史居之尋陽濱江都督應鎭其地今以州帖府進退不便且古鎭將多不領州皆以文武形勢不同故也宜選單車刺史別撫豫章專理黎庶詔不許在鎭見王敦畫像曰敦大逆宜加斲棺之戮受崔杼之刑古人闔棺而定謚春秋大居正崇王父之命未有受戮於天子而圖形於羣下命削去之嶠聞蘇峻之徵也慮必有變求還朝以備不虞不聽未幾而蘇峻果反嶠屯尋陽遣督護王愆期西陽太守鄧嶽鄱陽內史紀瞻等率舟師赴難及京師傾覆嶠聞之號慟人有候之者悲哭相對俄而庾亮來奔宣太后詔進嶠驃騎將軍開府儀同三司嶠曰今日之急殄寇爲先未效勳庸而逆受榮寵非所聞也何以示天下乎因辭不拜時亮雖奔敗嶠每推崇之分兵給亮遣王愆期等要陶侃同赴國難侃恨不受顧命不許嶠初從之後用其部將毛寶說復固請侃行語在寶傳初嶠與庾亮相推爲盟主嶠從弟充言於嶠曰征西位重兵彊宜共推之嶠於是遣王愆期奉侃爲盟主侃許之遣督護龔登率兵詣嶠嶠於是列上尙書陳峻罪狀有衆七千灑泣登舟移告四方征鎭辭旨慷慨聞者感激時陶侃雖許自下而未發復追其督護龔登嶠重與侃書曰僕謂軍有進而無退宜增而不可減近已移檄遠近言於盟府克後月半大舉南康建安晉安三郡軍並在路次同赴此會惟須仁公所統至便齊進耳仁公今召軍還疑惑遠近成敗之由將在於此僕才輕任重實憑仁公篤愛遠稟成規至於首啓戎行不敢有辭僕與仁公當如常山之蛇首尾相衞又脣齒之喻也恐惑者不達高旨將謂仁公緩於討賊此聲難追僕與仁公並受方嶽之任安危休戚理旣同之且自頃之顧綢繆往來情深義重著於人士之口一旦有急亦望仁公悉衆見救況社稷之難惟僕偏當一州州之文武莫不翹企假令此州不守約峻樹置官長於此荆楚西逼彊胡東接逆賊因之以饑饉將來之危乃當甚於此州之今日也以大義言之則社稷顚覆主辱臣死公進當爲大晉之忠臣參桓文之義開國承家銘之天府退當以慈父雪愛子之痛約峻凶逆無道囚制人士裸其五形近日來者不可忍見骨肉生離痛感天地人心齊一咸皆切齒今之進討若以石投卵耳今出軍旣緩復召兵還人心乖離是爲敗於幾成也願深察所陳以副三軍之望峻時殺侃子瞻由是侃激厲遂率所統與嶠亮同趣京師戎卒六萬旌旗七百餘里鉦鼓之聲震於百里直指石頭次于蔡洲侃屯查浦嶠屯沙門浦時祖約據歷陽與峻爲首尾見嶠等軍盛謂其黨曰吾本知嶠能爲四公子之事今果然矣峻聞嶠將至逼大駕幸石頭

時峻軍多馬南軍杖舟楫不敢輕與爭鋒用將軍李根計據白石築壘以自固使庾亮守之賊步騎萬餘來攻不下而退追斬二百餘級嶠又於四望磯築壘以逼賊曰賊必爭之設伏以逸待勞是制賊之一奇也是時義軍屢戰失利嶠軍食盡陶侃怒曰使君前云不憂無將士惟得老僕爲主耳今數戰皆北良將安在荆州接胡蜀二虜倉廩當備不虞若復無食僕便欲西歸更思良算但今歲計殄賊不爲晚也嶠曰不然自古成監師克在和光武之濟昆陽曹公之拔官渡以寡敵衆仗義故也約峻小豎爲海內所患今日之舉決在一戰峻勇而無謀藉驕勝之勢自謂無前今挑之戰可一鼓而擒也奈何舍垂立之功設進退之計且天子幽逼社稷危殆四海臣子肝膽塗地嶠等與公並受國恩是致命之日事若克濟則臣主同祚如其不捷身雖灰滅不足以謝責於先帝今之事勢義無旋踵騎猛虎安可中下哉公若違衆獨反人心必沮沮衆敗事義旗將迴指於公矣侃無以對遂留不去嶠於是創建行廟廣設壇場告皇天后土祖宗之靈親讀祝文聲氣激揚涕流覆面三軍莫能仰視其日侃督水軍向石頭亮嶠率精勇一萬從白石以挑戰時峻勞其將士因醉突陣馬躓爲侃將所斬峻弟逸及子碩嬰城自固嶠乃立行臺布告天下凡故吏二千石臺郎御史以下皆令赴臺於是至者雲集司徒王導因奏嶠侃錄尚書遣閒使宣旨並讓不受賊將匡術以臺城來降爲逸所擊求救於嶠江州別駕羅洞曰今水暴長救之不便不如攻榻杭榻杭軍若敗術圍自解嶠從之遂破賊石頭軍奮威長史滕含抱天子奔于嶠船時陶侃雖爲盟主而處分規略一出於嶠及賊滅拜驃騎將軍開府儀同三司加散騎常侍封始安郡公邑三千戶初峻黨路永匡術賈寧中塗悉以衆歸附王導將褒顯之嶠曰術輩首亂罪莫大焉晚雖改悟未足以補前失全其首領爲幸已過何可復寵授哉導無以奪朝議將留嶠輔政嶠以王導先帝所任固辭還藩復以京邑荒殘資用不給嶠借資畜具器用而後旋于武昌至牛渚磯水深不可測世云其下多怪物嶠遂燬犀角而照之須臾見水族覆火奇形異狀或乘馬車著赤衣者嶠其夜夢人謂己曰與君幽明道別何意相照也意甚惡之嶠先有齒疾至是拔之因中風至鎮未旬而卒時年四十二江州士庶聞之莫不相顧而泣帝下冊書襃顯追贈侍中大將軍持節都督刺史公如故賜錢百萬布千匹謚曰忠武祠以太牢初葬于豫章後朝廷追嶠勳德將爲造大墓於元明二帝陵之北陶侃上表曰故大將軍嶠忠誠著於聖世勳業感于人神非臣筆墨所能稱陳臨卒之際與臣書別臣藏之篋笥時時省視每一思述未嘗不中夜撫膺臨飯酸噎人之云亾嶠實當之謹寫嶠書上呈伏惟陛下既垂御省傷其情旨死不忘忠身沒黃泉追恨國恥獎臣勠力救濟艱難使亾而有知抱恨結草豈樂今日勞費之事願陛下慈恩停其移葬使嶠棺柩無風波之危魂靈安於后土詔從之其後嶠後妻何氏卒子放之便載喪還都詔葬建平陵北并贈嶠前妻王氏及何氏始安夫人印綬放之嗣爵少歷清官累至給事黃門侍郎以貧求爲交州朝廷許之王述與會稽王牋曰放之溫嶠之子宜見優異而投之嶺外竊用愕然願遠存周禮近參人情則望實惟允時竟不納放之既至南海甚有威惠將征林邑交阯太守杜寶別駕阮朗並不從放之以其沮衆誅之勒兵而進遂破林邑而還卒于官弟式之新建縣侯位至散騎常侍

郗鑒字道徽高平金鄉人漢御史大夫慮之玄孫也少孤貧博覽經籍躬耕隴畝吟詠不輟以儒雅著名趙王倫辟爲掾知倫有不臣之跡稱疾去職及倫纂其黨皆至大官而鑒閉門自守不染逆節惠帝反正參司空軍事累遷太子中舍人中書侍郎東海王越辟爲主簿舉賢良不行征東大將軍苟晞檄爲從事中郎晞與越方以力爭鑒不應其召從兄旭晞之別駕恐禍及己勸之赴召鑒終不迴晞亦不之逼也及京師不守寇難鋒起鑒遂陷於陳午賊中邑人張寔先求交於鑒鑒不許至是寔於午營來省鑒疾既而卿鑒鑒謂寔曰相與邦壤義不及通何可怙亂至此邪寔大慚而退午以鑒有名於世將逼爲主鑒逃而獲免午尋潰散鑒得歸鄉里于時所在饑荒州中之士素有感其恩義者相與資贍鑒復分所得以卹宗族及鄉曲孤老賴而全濟者甚多咸相謂曰今天子播越中原無伯當依仁德可以後亾遂共推鑒爲主與千餘家俱避難於魯之嶧山元帝初鎮江左承制假鑒龍驤將軍兗州刺史鎮鄒山時荀藩用李述劉琨用兄子演並爲兗州各屯一郡以力相傾闔州編戶莫知所適又徐龕石勒左右交侵日尋干戈外無救援百姓饑饉或掘野鼠蟄燕而食之終無叛者三年閒衆至數萬帝就加輔國將軍都督兗州諸軍事永昌中徵拜領軍將軍既至轉尚書以疾不拜時明帝初即位王敦專制內外危逼謀杖鑒爲外援由是拜安西將軍兗州刺史都督揚州江西諸軍事假節鎮合肥敦

忌之表爲尚書令徵還道經姑孰與敦相見敦謂曰樂彥輔短才耳後生流宕言違名檢考之以實豈勝滿武秋邪鑒曰擬人必於其倫彥輔道韻平淡體識冲粹處傾危之朝不可得而親疏及愍懷太子之廢可謂柔而有正武秋失節之士何可同日而言敦曰愍懷廢徙之際交有危機之急人何能以死守之乎以此相方其不減明矣鑒曰丈夫既潔身北面義同在三豈可偷生屈節靦顏天壤邪苟道數終極固當存亾以之耳敦素懷無君之心聞鑒言大忿之遂不復相見拘留不遣敦之黨與毀譖日至鑒舉止自若初無懼心敦謂錢鳳曰郗道徽儒雅之士名位既重何得害之乃放還臺鑒遂與帝謀滅敦既而錢鳳攻逼京師假鑒節加衛將軍都督從駕諸軍事鑒以無益事實固辭不受軍號時議者以王含錢鳳衆力百倍苑城小而不固宜及軍勢未成大駕自出距戰鑒曰羣逆縱逸其勢不可當可以算屈難以力競且含等號令不一鈔盜相尋百姓懲往今之暴皆人自爲守乘逆順之勢何往不克且賊無經略遠圖惟是豕突一戰曠日持久必啓義士之心令謀猷得展今以此弱力敵彼彊寇決勝負於一朝定成敗於呼吸雖有申胥之徒義存投袂何補於既往哉帝從之鑒以尚書令領諸屯營及鳳等平溫嶠上議請宥敦佐吏鑒以爲先王崇君臣之教故貴伏死之節昏亾之主故開待放之門王敦佐吏雖多逼迫然居逆亂之朝無出關之操準之前訓宜加義責又奏錢鳳母年八十宜蒙全宥乃從之封高平侯賜絹四千八百匹帝以其有器望萬機動靜輒問之乃詔鑒特草上表疏以從簡易王導議欲贈周札官鑒以爲不合語在札傳導不從鑒於是駁之曰敦之逆謀履霜日久緣札開門令王師不振若敦前者之舉義同桓文則先帝可爲幽厲邪朝廷雖無以難而不能從俄遷車騎將軍都督徐兗青三州軍事兗州刺史假節鎮廣陵尋而帝崩鑒與王導卞壼溫嶠庾亮陸曄等並受遺詔輔少主進位車騎大將軍開府儀同三司加散騎常侍咸和初領徐州刺史及祖約蘇峻反鑒聞難便欲率所領東赴詔以北寇不許於是遣司馬劉矩領三千人宿衛京都尋而王師敗績矩遂退還中書令庾亮宣太后口詔進鑒爲司空鑒去賊密邇城孤糧絕人情業業莫有固志奉詔流涕設壇場刑白馬大誓三軍鑒登壇慷慨三軍爭爲用命及遣將軍夏侯長閒行謂平南將軍溫嶠曰今賊謀欲挾天子東入會稽宜先立營壘屯據要害既防其越逸又斷賊糧運然後靜鎮京口清壁以待賊賊攻城不拔野無所掠東道既斷糧運自絕不過百日必自潰矣嶠深以爲然及陶侃爲盟主進鑒都督揚州八郡軍事時撫軍將軍王舒輔國將軍虞潭皆受鑒節度率衆渡江與侃會于茄子浦鑒築白石壘而據之會舒潭戰不利鑒與後將軍郭默還丹徒立大業曲阿庱亭三壘以拒賊而賊將張健來攻大業城中乏水郭默窘迫遂突圍而出三軍失色參軍曹納以爲大業京口之扞一旦不守賊方軌而前勸鑒退還廣陵以俟後舉鑒乃大會僚佐責納曰吾蒙先帝厚顧荷付託之重正復捐軀九泉不足以報今彊寇在郊衆心危逼君腹心之佐而生長異端當何以率先義衆鎮一三軍邪將斬之久而乃釋會峻死大業圍解及蘇逸等走吳興鑒遣參軍李閎追斬之降男女萬餘口拜司空加侍中解八郡都督更封南昌縣公以先爵封其子曇時賊帥劉徵聚衆數千浮海鈔東南諸縣鑒遂城京口加都督揚州之晉陵吳郡諸軍事率衆討平之進位太尉後以寢疾上疏遜位言臣忝位過才曾無以報頃疾彌留命在旦夕輒以府事付長史劉遐而臣所統錯雜率多北人或逼遷徙或是新附百姓懷土皆有歸本之心臣宣國恩示以好惡處其田宅漸得少安聞臣疾篤衆情駭動若當北渡必啓寇心太常臣謨平簡貞正素望所歸謂可爲都督徐州刺史臣亾兄息晉陵內史邁謙愛養士甚爲流亾所宗又是臣門戶子弟堪任兗州刺史公家之事知無不爲是以敢希祁奚之舉疏奏以蔡謨爲鑒軍司鑒尋薨時年七十一帝朝晡哭于朝堂遣御史持節護喪事贈禮一依溫嶠故事冊書哀悼追贈太宰謚曰文成祠以太牢初鑒值永嘉喪亂在鄉里甚窮餒鄉人以鑒名德傳共飴之時兄子邁外甥周翼並小常攜之就食鄉人曰各自飢困以君賢欲共相濟耳恐不能兼有所存鑒遂獨往食訖以飯著兩頰邊還吐與二兒後並得存同過江邁位至護軍翼爲剡縣令鑒之薨也翼追撫育之恩解職而歸席苫心喪三年二子愔曇愔字方回少不交競弱冠除散騎侍郎不拜性至孝居父母憂殆將滅性服闋襲爵南昌公徵拜中書侍郎驃騎何充輔政征北將軍褚裒鎮京口皆以愔爲長史再遷黃門侍郎時吳郡闕守欲以愔爲太守愔自以資望少不宜超莅大郡朝議嘉之轉爲臨海太守會弟曇卒益無處世意在郡優遊頗稱簡默與姊夫王羲之高士許詢並有邁世之風俱棲心絕穀脩黃老之術後以疾去職乃築宅章安有終焉之志十許年間人事頓絕簡文帝輔政與尚書僕射江彪等

薦愔於是徵爲光祿大夫加散騎常侍既到更除太常固讓不拜深抱沖退樂補遠郡從之出爲輔國將軍會稽內史大司馬桓溫以愔與徐兗有故義乃遷愔都督徐兗青幽揚州之晉陵諸軍事領徐兗二州刺史假節雖居藩鎭非其好也俄屬桓溫北伐愔請督所部出河上用其子超計以己非將帥才不堪軍旅又固辭解職勸溫并領己所統轉冠軍將軍會稽內史及帝踐阼就加鎭軍都督浙江東五郡軍事久之以年老乞骸骨因居會稽徵拜司空詔書優美敦奬殷勤固辭不起太元九年卒時年七十二追贈侍中司空謚曰文穆三子超融沖超最知名超字景興一字嘉賓少卓犖不羈有曠世之度交遊士林每存勝拔善談論義理精微愔事天師道而超奉佛愔又好聚斂積錢數千萬嘗開庫任超所取超性好施一日中散與親故都盡其任心獨詣皆此類也桓溫辟爲征西大將軍掾溫遷大司馬又轉爲參軍溫英氣高邁罕有所推與超言嘗謂不能測遂傾意禮待超亦深自結納時王珣爲溫主簿亦爲溫所重府中語曰髯參軍短主簿能令公喜能令公怒超髯珣短故也尋除散騎侍郎時愔在北府徐州人多勁悍溫常云京口酒可飮兵可用深不欲愔居之而愔闇於事機遺牋詣溫欲共奬王室修復園陵超取視寸寸毀裂乃更作牋自陳老病甚不堪人閒乞閑地自養溫得牋大喜卽轉愔爲會稽太守溫懷不軌欲立霸王之基超爲之謀謝安與王坦之嘗詣溫論事溫令超帳中臥聽之風動帳開安笑曰郗生可謂入幕之賓矣太和中溫將伐慕容氏於臨漳超諫以道遠汴水又淺運道不通溫不從遂引軍自濟入河超又進策於溫曰淸水入河無通運理若寇不戰運道又難因資無所實爲深慮也今盛夏悉力徑造鄴城彼伏公威略必望陣而走退還幽朔矣若能決戰則呼吸可定設欲城鄴難爲功力百姓布野盡爲官有易水以南必交臂請命但恐此計輕決公必務其持重耳若此計不從便當頓兵河濟控引糧運令資儲充備足及來夏雖如賒遲終亦濟克若舍此二策而連軍西進進不速決退必愆乏賊因此勢日月相引僶俛秋冬船道澁滯且北土早寒三軍裘褐者少恐不可以涉冬此大限閡非唯無食而已溫不從果有枋頭之敗溫深慚之尋而有壽陽之捷問超曰此足以雪枋頭之恥乎超曰未厭有識之情也旣而超就溫宿中夜謂溫曰明公都有慮不溫曰卿欲有所言邪超曰公旣居重任天下之責將歸於公矣若不能行廢立大事爲伊霍之舉者則不足鎭壓四海震服宇內豈可不深思哉溫旣素有此計深納其言遂定廢立超始謀也遷中書侍郎謝安嘗與王文度共詣超日旰未得前文度便欲去安曰不能爲性命忍俄頃邪其權重當時如此轉司徒左長史母喪去職嘗謂其父名公之子位遇應在謝安右而安入掌機權愔優游而已常懷憤憤發言慷慨由是與謝氏不睦安亦深恨之服闋除散騎常侍不起以爲臨海太守加宣威將軍不拜年四十二先愔卒初超雖實黨桓氏以愔忠於王室不令知之將亾出一箱書付門生曰本欲焚之恐公年尊必以傷愍爲弊我亾後若大損眠食可呈此箱不爾燒之愔後果哀悼成疾門生依旨呈之則悉與溫往返密計愔於是大怒曰小子死恨晚矣更不復哭凡超所交皆一時秀美雖寒門後進亦拔而友之及亾之日貴賤操筆而爲誄者四十餘人其爲人所宗貴如此王獻之兄弟自超未亾見愔常躡履問訊甚修舅甥之禮及超死見愔慢怠屐而候之命席便遷延辭避愔每慨然曰使嘉賓不死鼠子敢爾邪性好聞人棲遁有能辭榮拂衣者超爲之起屋宇作器服畜僕豎費百金而不吝又沙門支遁以淸談著名于時風流勝貴莫不崇敬以爲造微之功足參諸正始而遁常重超以爲一時之儁甚相知賞超無子從弟儉之以子僧施嗣僧施字惠脫襲爵南昌公弱冠與王綏桓允齊名累居淸顯領宣城內史入補丹陽尹劉毅鎭江陵請爲南蠻校尉與毅俱誅國除曇字重熙少賜爵東安縣開國伯司徒王導辟祕書郎朝論以曇名臣之子每逼以憲制年三十始拜通直散騎侍郎遷中書侍郎簡文帝爲撫軍引爲司馬尋除尚書吏部郎拜御史中丞時北中郎荀羨有疾朝廷以曇爲羨軍司加散騎常侍頃之羨徵還仍除北中郎將都督徐兗青幽揚州之晉陵諸軍事領徐兗二州刺史假節鎭下邳後與賊帥傅末波等戰失利降號建威將軍尋卒年四十二追贈北中郎謚曰簡子恢嗣恢字道允少襲父爵散騎侍郎累遷給事黃門侍郎領太子右衛率恢身長八尺美鬚髯孝武帝深器之以爲有藩伯之望會朱序自表去職擢恢爲梁秦雍司荆揚并等州諸軍事建威將軍雍州刺史假節鎭襄陽恢甚得關隴之和降附者動以千計而姚萇將竇衝來降拜東羌校尉衝後舉兵反入漢川襲梁州時關中有巴蜀之衆皆背萇據弘農以結苻登而登署衝爲左丞相徙屯華陰河東太守楊佺期遣上黨太守荀靜戍皇天隖以距之衝數來攻恢遣將軍趙睦守金墉城而佺期率衆次湖城討衝

走之尋而慕容垂圍慕容永於潞川永窮蹙遣其子弘求救於恢并獻玉璽一紐恢獻璽於臺又陳垂若并永其勢難測今於國計謂宜救永永垂竝存自爲仇讎連雞不棲無能爲患然後乘機雙斃則河北可平孝武帝以爲然詔王恭庾楷救之未及發而永沒楊佺期以疾去職恢以隨郡太守夏侯宗之爲河南太守戍洛陽姚萇遣其子略攻湖城及上洛又使其將楊佛嵩圍洛陽恢遣建武將軍辛恭靜救洛陽梁州刺史王正允率眾出子午谷以爲聲援略懼而退恢以功進征虜將軍又領秦州刺史加督隴上軍時魏氏彊盛山陵危逼恢遣江夏相鄧啟方等以萬人距之與魏主拓跋珪戰于滎陽大敗而還及王恭討王國寶桓元殷仲堪皆舉兵應恭恢與朝廷掎角元等襄陽太守夏侯宗之府司馬郭毗竝以爲不可恢皆殺之既而元等退守尋陽以恢爲尚書將家還都至楊口仲堪陰使人於道賊之及其四子託以羣蠻所殺喪還京師贈鎮軍將軍子循嗣鑒叔父隆字弘始審亮有匪躬之節初爲尚書郎轉左丞在朝爲百僚所憚坐漏洩事免頃之爲吏部郎復免補東郡太守隆少爲趙王倫所善及倫專擅召爲散騎常侍倫之纂也以爲揚州刺史僚屬有犯輒依臺閣峻制繩之遠近咸怨尋加寧東將軍未拜而齊王冏檄至中州人在軍者皆欲赴義隆以兄子鑒爲趙王掾諸子悉在京洛故猶豫未決主簿趙誘前秀才虞潭白隆曰當今上計明使君自將精兵徑造齊王中計明使君可留督攝速遣猛將率精兵疾赴下計示遣兵將助而稱背倫隆素敬別駕顧彥密與謀之彥曰趙誘下計乃上策也西曹留承聞彥言請見曰不審明使君當今何施隆曰我俱受二帝恩無所偏助唯欲守州而已承曰天下者世祖皇帝之天下也太上承代已積十年今上取四海不平齊王應天順時成敗之事可見使君若顧二帝自可不行宜急下檄文速遣精兵猛將若其疑惑此州豈可得保也隆無所言而停檄六日時齎遠將軍陳留王邃領東海都尉鎮石頭降軍人西赴邃甚眾隆遣從事於牛渚禁之不得止將士憤怒夜扶邃爲主而攻之隆父子皆死顧彥亦被害誣隆聚合遠近圖爲不軌隆之死也時議莫不痛惜焉

顧榮字彥先吳國吳人也爲南土著姓祖雍吳丞相父穆宜都太守榮機神朗悟弱冠仕吳爲黃門侍郎太子輔義都尉吳平與陸機兄弟同入洛時人號爲三俊例拜爲郎中歷尚書郎太子中舍人廷尉正恆縱酒酣暢謂友人張翰曰唯酒可以忘憂但無如作病何耳會趙王倫誅淮南王允收允僚屬付廷尉皆欲誅之榮平心處當多所全宥及倫纂位倫子虔爲大將軍以榮爲長史初榮與同僚宴飲見執炙者貌狀不凡有欲炙之色榮割炙啗之坐者問其故榮曰豈有終日執之而不知其味及倫敗榮被執當誅而執炙者爲督率救之得免齊王冏召爲大司馬主簿冏擅權驕恣榮懼及禍終日昏酣不綜府事以情告友人長樂馮熊熊謂冏長史葛旟曰以榮爲主簿所以甄拔才望委以事機不復計南北親疏欲平海內之心也今府大事殷非酒客之政旟曰榮江南望士且居職日淺不宜輕代易之熊曰可轉爲中書侍郎榮不失清顯而府更收賢才旟然之白冏以爲中書侍郎在職不復飲酒人或問之曰何前醉而後醒邪榮懼罪乃復更飲與州里楊彥明書曰吾爲齊王主簿恆慮禍及見刀與繩每欲自殺但人不知耳及冏誅榮以討葛旟功封嘉興伯轉太子中庶子長沙王乂爲驃騎復以榮爲長史乂敗轉成都王潁丞相從事中郎惠帝幸臨漳以榮兼侍中遣行園陵會張方據洛不得進避之陳留及帝西遷長安徵爲散騎常侍以世亂不應遂還吳東海王越聚兵於徐州以榮爲軍諮祭酒屬廣陵相陳敏反南渡江逐揚州刺史劉機丹陽內史王曠阻兵據州分置子弟爲列郡收禮豪傑有孫氏鼎峙之計假榮右將軍丹陽內史榮數踐危亾之際恆以恭遜自勉會敏欲誅諸士人榮說之曰中國喪亂胡夷內侮觀太傅今日不能復振華夏百姓無復遺種江南雖有石冰之寇人物尚全榮常憂無竇氏孫劉之策有以存之耳今將軍懷神武之略有孫吳之能功勳效於已著勇略冠於當世帶甲數萬舳艫山積上方雖有數州亦可傳檄而定也若能委信君子各得盡懷散蔕芥之恨塞讒諂之口則大事可圖也敏納其言悉引諸豪族委任之敏乃遣甘卓出橫江堅甲利器盡以委之榮私於卓曰若江東之事可濟當共成之然卿觀事勢當有濟理不敏既常才本無大略政令反覆計無所定然其子弟各已驕矜其敗必矣而吾等安然受其官祿事敗之日使江西諸軍函首送洛題曰逆賊顧榮甘卓之首豈惟一身顚覆辱及萬世可不圖之卓從之明年周玘與榮及甘卓紀瞻潛謀起兵攻敏榮廢橋斂舟於南岸敏率眾萬餘人出不獲濟榮麾以羽扇其眾潰散事平還吳永嘉初徵拜侍中行至彭城以禍難方作遂輕舟而還語在紀瞻傳元帝鎮江東以榮爲軍司加散騎常侍凡所謀畫皆以諮焉榮既南州望士躬處右職

朝野甚推敬之時帝所幸鄭貴嬪有疾以祈禱頗廢萬機榮上牋諫之時南土之士未盡才用榮又上言陸士光貞正清貴金玉其質甘季思忠款盡誠膽幹殊快殷慶元質略有明規文武可施用榮族兄公讓明亮守節困不易操會稽楊彥明謝行言皆服膺儒教足爲公望賀生沈潛青雲之士陶恭兄弟才幹雖少實事極佳凡此諸人皆南金也書奏皆納之六年卒官帝臨喪盡哀欲表贈榮依齊王功臣格吳郡內史殷祐牋言榮有大勳於國不宜與齊府參佐同其酬報由是贈榮侍中驃騎將軍開府儀同三司諡曰元及帝爲晉王追封爲公開國食邑榮素好琴及卒家人常置琴於靈座吳郡張翰哭之慟既而上牀鼓琴數曲撫而歎曰顧彥先復能賞此不因又慟哭不弔喪主而去子毗嗣官至散騎侍郎

紀瞻字思遠丹陽秣陵人也祖亮吳尚書令父陟光祿大夫瞻少以方直知名吳平徙家歷陽郡察孝廉不行後舉秀才尚書郎陸機策之凡有七科瞻對答詳贍永康初州又舉寒素大司馬辟東閤祭酒其年除鄢陵公國相不之官明年左降松滋侯相太安中棄官歸家與顧榮等共誅陳敏語在榮傳召拜尚書郎與榮同赴洛在途共論易太極瞻義精密榮不能詰至徐州聞亂日甚將不行會刺史裴盾得東海王越書若榮等顧望以軍禮發遣乃與榮及陸玩等各解船棄車牛一日一夜行三百里得還揚州元帝爲安東將軍引爲軍諮祭酒轉鎮東長史帝親幸瞻宅與之同乘而歸以討周馥華軼功封都鄉侯石勒入寇加揚威將軍都督京口以南至蕪湖諸軍事以距勒勒退除會稽內史時有詐作大將軍府符收諸暨令令已受拘瞻覺其詐便破檻出之訊問使者果伏詐妄尋還丞相軍諮祭酒論討陳敏功封臨湘縣侯西臺除侍中不就及長安不守與王導俱入勸進帝不許瞻曰陛下性與天道猶復役神機於史籍觀古人之成敗今世事舉目可知不爲難見二帝失御宗廟虛廢神器去晉于今二載梓宮未殯人神失御陛下膺籙受圖特天所授使六合革面遐荒來庭宗廟既建神主復安億兆向風殊俗畢至若列宿之綰北極百川之歸巨海而猶欲守匹夫之謙非所以闡七廟隆中興也但國賊宜誅當以此屈已謝天下耳而欲逆天時違人事失地利三者一去雖復傾匡於將來豈得救祖宗之危急哉適時之宜萬端其可綱維大業者惟理與當晉祚屯否理盡於今促之則得可以隆中興之祚縱之則失所以資姦寇之權此所謂理也陛下身當厄運纂承帝緒顧望宗室誰復與讓當承大位此所謂當也四祖廓開宇宙大業如此今五都燔爇宗廟無主劉載竊弄神器於西北陛下方欲高讓於東南此所謂揖讓而救火也臣等區區尚所不許況大人與天地合德日月竝明而可以失機後時哉帝猶不許使殿中將軍韓績徹去御座瞻叱績曰帝座上應星宿敢有動者斬帝爲之改容及帝踐阼拜侍中轉尚書上疏諫諍多所匡益帝甚嘉其忠烈會久疾不堪朝請上疏求退因以疾免尋除尚書右僕射屢辭不聽遂稱病篤還第不許時郗鑒據鄒山屢爲石勒等所侵逼瞻以鑒有將相之才恐朝廷棄而不卹上疏請徵之明帝嘗獨引瞻於廣室慨然憂天下曰社稷之臣欲無復十人如何因屈指曰君便其一瞻辭讓帝曰方欲與君善語復云何崇謙讓邪瞻才兼文武朝廷稱其忠亮雅正俄轉領軍將軍當時服其嚴毅雖恆疾病六軍皆敬憚之瞻以久病請去官不聽復加散騎常侍及王敦之逆帝使謂瞻曰卿雖病但爲朕臥護六軍所益多矣乃賜布千匹瞻不以歸家分賞將士賊平復自表還家帝不許固辭不起詔聽之以爲驃騎將軍常侍如故服物制度一按舊典遣使就拜止家爲府尋卒時年七十二冊贈本官開府儀同三司諡曰穆遣御史持節監護喪事論討王含功追封華容子降先爵二等封次子一人亭侯瞻性靜嘿少交遊好讀書或手自鈔寫凡所著述詩賦牋表數十篇兼解音樂殆盡其妙厚自奉養立宅於烏衣巷館宇崇麗園池竹木有足賞玩焉愼行愛士老而彌篤尙書閔鴻太常薛兼廣川太守河南褚沈給事中宣城章遼歷陽太守沛國武嘏並與瞻素疏咸藉其高遠臨終託後於瞻瞻悉營護其家爲起居宅同於骨肉焉少與陸機兄弟親善及機被誅瞻卹其家周至及嫁機女資送同於所生長子景早卒景子友嗣官至廷尉景弟鑒太子庶子大將軍從事中郎先瞻卒

賀循字彥先會稽山陰人也其先慶普漢世傳禮世所謂慶氏學族高祖純博學有重名漢安帝時爲侍中避安帝父諱改爲賀氏曾祖齊仕吳爲名將祖景滅賊校尉父邵中書令爲孫皓所殺徙家屬邊郡循少嬰家難流放海隅吳平乃還本郡操尚高厲童齔不羣言行進止必以禮讓國相丁乂請爲五官掾刺史嵇喜舉秀才除陽羨令以寬惠爲本不求課最後爲武康令俗多厚葬及有拘忌迴避歲月停喪不葬者循皆禁焉政教大行鄰城宗之然無援於朝久不進序著作郎陸機上疏

薦循才德乞蒙甄用久之召補太子舍人趙王倫篡位轉侍御史辭疾去職後除南中郎長史不就會逆賊李辰起兵江夏征鎮不能討皆望塵奔走辰別帥石冰略有揚州逐會稽相張景以前寧遠護軍程超代之以其長史宰與領山陰令前南平內史王矩吳興內史顧祕前秀才周玘等唱義傳檄州郡以討之循亦合衆應之冰大將抗寵有衆數千屯郡講堂循移檄於寵爲陳逆順寵遂遁走超與皆降一郡悉平循迎景還郡即謝遣兵士杜門不出論功報賞一無豫焉及陳敏之亂詐稱詔書以循爲丹陽內史循辭以腳疾手不制筆而服寒食散露髮祖身示不可用敏竟不敢逼是時州內豪傑皆見維縶或有老疾就加秩命惟循與吳郡朱誕不豫其事及敏破征東將軍周馥上循領會稽相尋除吳國內史公車徵賢良皆不就元帝爲安東將軍復上循爲吳國內史與循言及吳時事因問曰孫皓嘗燒鋸截一賀頭是誰邪循未及言帝悟曰是賀邵也循流涕曰先父遭遇無道循創巨痛深無以上答帝甚愧之三日不出東海王越命爲參軍徵拜博士並不起及帝遷鎮東大將軍以軍司顧榮卒引循代之循稱疾篤牋疏十餘上帝遺書敦喻循猶不起及帝承制復以爲軍諮祭酒循稱疾敦逼不得已乃輿疾至帝親幸其舟因諮以政道循羸疾不堪拜謁乃就加朝服賜第一區車馬牀帳衣褥等物循辭讓一無所受時廷尉張闓住在小市將奪左右近宅以廣其居乃私作都門早閉晏開人多患之訟於州府皆不見省會循出在破岡連名詣循質之循曰見張廷尉當爲言及之闓聞而遽毀其門詣循致謝其爲世所敬服如此時江東草創盜賊多有帝思所以防之以問於循循答曰江道萬里通涉五州朝貢商旅之所來往也今議者欲出宣城以鎮江渚或欲使諸縣領兵愚謂令長威弱而兼才難備發憚役之人而御之不肅恐未必爲用以循所聞江中劇地惟有闔廬一處地勢險奧亾逃所聚特宜以重兵備戍隨勢討除絕其根蔕泝江諸縣各有分界分界之內官長所任自可度土分力多置亭候晝使徼行峻其綱目嚴其刑賞使越常科勤則有殊榮之報墮則有一身之罪謂於大理不得不肅所給人以時番休役不至困代易有期按漢制十里一亭亦以防禁切密故也當今縱不能爾要宜籌量使力足相周若寇劫彊多不能獨制者可指其蹤跡言所在都督尋當致討今不明部分使所在百姓與軍家雜其徼備兩情俱墮莫適任負故所以徒有備名而不能爲益者也帝從之及愍帝即位徵爲宗正元帝在鎮又表爲侍中道嶮不行以討華軼功將封鄉侯循自以臥疾私門固讓不受建武初爲中書令加散騎常侍又以老疾固辭帝下令曰孤以寡德忝當大位若涉巨川罔知所濟循言行以禮乃時之望俗之表也實賴其謀猷以康萬機疾患有素猶望臥相規輔而固守撝謙自陳懇至此賢履信思順苟以讓爲高者也今從其所執於是改拜太常常侍如故循以九卿舊不加官今又疾患不宜兼處此職惟拜太常而已時宗廟始建舊儀多闕或以惠懷二帝應各爲世則潁川世數過七宜毀在迭事下太常循議以爲禮兄弟不相爲後不得以承代爲世殷之盤庚不序陽甲漢之光武不繼成帝別立廟寢使臣下祭之此前代之明典而承繼之著義也惠帝無後懷帝承統弟不後兄則懷帝自上繼世祖不繼惠帝當同殷之陽甲漢之成帝議者以聖德沖遠未便改舊諸如此禮通所未論是以惠帝尚在太廟而懷帝復入數則盈八盈八之理由惠帝不出非上祖宜遷也下世既升上世乃遷遷毀對代不得相通未有下升一世而上毀二世者也惠懷二帝俱繼世祖兄弟旁親同爲一世而上毀二爲一世今以惠帝之崩已毀豫章懷帝之入復毀潁川如此則一世再遷祖位橫折求之古義未見此例惠帝宜出尚未輕論況可輕毀一祖而無義例乎潁川既無可毀之理則見神之數居然自八此蓋有由而然非謂數之常也既有八神則不得不於七室之外權安一位也至尊於惠懷俱是兄弟自上後世祖不繼二帝則二帝之神行應別出不爲廟中恆有八室也又武帝初成太廟時正神止七而楊元后之神亦權立一室永熙元年告世祖謚於太廟八室此是苟有八神不拘於七之舊例也又議者以景帝俱已在廟則惠懷一例景帝盛德元功王基之本義著祖宗百世不毀故所以特在本廟且亦世代尚近數得相容安神而已無逼上祖如王氏昭穆既滿終應別廟也以今方之既輕重異義而七廟七世之親昭穆父子位也若當兄弟旁滿輒毀上祖則祖位空懸世數不足何取於三昭三穆與太祖之廟然後成七哉今七廟之義出於王氏從禰以上至於高祖親廟四世高祖以上復有五世六世無服之祖故爲三昭三穆并太祖而七也故世祖郊定廟禮京兆潁川曾高之親豫章五世征西六世以應此義今至尊繼統亦宜有五六世之祖豫章六世潁川五世俱不應毀今既云豫章先毀又當重毀潁川此爲廟中之親惟從高祖已下無復高祖已上二世之祖

於王氏之義三昭三穆廢闕其二甚非宗廟之本所據承又違世祖祭征西豫章之意於一王定禮所闕不少時尙書僕射刁協與循異議循答義深備辭多不載竟從循議焉朝廷疑滯皆諮於循循輒依禮經而對爲當世儒宗其後帝以循清貧下令曰循冰清玉潔行爲俗表位處上卿而居身服物蓋周形而已屋室財庇風雨孤近造其廬以爲慨然其賜六尺牀薦席褥并錢二十萬以表至德暢孤意焉循又讓不許不得已留之初不服用及帝踐位有司奏琅邪恭王宜稱皇考循又議曰按禮子不敢以已爵加父帝納之俄以循行太子太傅太常如故循自以枕疾頓廢臣節不修上隆降尊之義下替交敘之敬懼非垂典之教也累表固讓帝以循體德率物有不言之益敦厲備至期於不許命皇太子親往拜焉循有羸疾而恭於接對詔斷賓客其崇遇如此疾漸篤表乞骸骨上還印綬改授左光祿大夫開府儀同三司帝親臨軒遣使持節加印綬循雖口不能言指麾左右推去章服車駕親幸執手流涕太子親臨者三爲往還皆拜儒者以爲榮太興二年卒時年六十帝素服舉哀哭之甚慟贈司空謚曰穆將葬帝又出臨其柩哭之盡哀遣兼侍御史持節監護皇太子追送近塗望船流涕循少玩篇籍善屬文博覽衆書尤精禮傳雅有知人之鑒拔同郡楊方於卑陋卒成名於世子隱康帝時官至臨海太守楊方者子公回少好學有異才初爲郡鈴下威儀公事之暇輒通五經鄉邑未之知內史諸葛恢見而奇之待以門人之禮由是始得周旋貴人間時虞喜兄弟以儒學立名雅愛方爲之延譽恢嘗遣方爲文薦郡功曹主簿虞預稱美之送以示賀循循報書曰此子開拔有志意只言異於凡猥耳不圖偉才如此其文甚有奇分若出其胸臆乃是一國所推豈但牧豎中逸羣邪聞處舊黨之中好有謙沖之行此亦立身之一隅然世衰道喪人物凋弊每聞一介之徒有向道之志冀之願之如方者乃荒萊之特苗鹵田之善秀資質已良但沾染未足耳移植豐壤必成嘉穀足下才爲世英位爲朝右道隆化立然後爲貴昔許子將拔樊仲昭於貢豎郭林宗成魏德公於畎畝足下志隆此業二賢之功不爲難及也循遂薦方於京師司徒王導辟爲掾轉東安太守遷司徒參軍事方在都邑縉紳之士咸厚遇之自以地寒不願久留京華求補遠郡欲閑居著述導從之上補高梁太守在郡積年著五經鉤沈更撰吳越春秋并雜文筆皆行於世以年老棄郡歸導將進之臺閣固辭還鄉里終於家

薛兼字令長丹陽人也祖綜仕吳爲尙書僕射父瑩有名吳朝吳平爲散騎常侍兼清素有器宇少與同郡紀瞻廣陵閔鴻吳郡顧榮會稽賀循齊名號爲五儁初入洛司空張華見而奇之曰皆南金也察河南孝廉辟公府除比陽相涖任有能名歷太子洗馬散騎常侍懷令司空東海王越引爲參軍轉祭酒賜爵安陽亭侯元帝爲安東將軍以爲軍諮祭酒稍遷丞相長史甚勤王事以上佐祿優每自約損取周而已進爵安陽鄉侯拜丹陽太守中興建轉尹加秩中二千石遷尙書領太子少傅自綜至兼三世傳東宮談者美之永昌初王敦表兼爲太常明帝卽位加散騎常侍帝以東宮時師傅猶宜盡敬乃詔兼與太宰西陽王丞相武昌公司空郎邱子四人朝見及書疏儀體一如東宮故事是歲卒詔贈左光祿大夫開府儀同三司及葬屬王敦作逆朝廷多故不得議謚直遣使者祭以太牢子顒先兼卒無嗣

劉隗字大連彭城人楚元王交之後裔也父砥任東光令隗少有文翰起家秘書郎稍遷冠軍將軍彭城內史避亂渡江元帝以爲從事中郎隗雅習文史善求人主意帝深器遇之遷丞相司直委以刑憲時建康尉收護軍士而爲府將篡取之隗奏免護軍將軍戴若思官世子文學王籍之居叔母喪而婚隗奏之帝下令曰詩稱殺禮多婚以會男女之無夫家正今日之謂也可一解禁止自今以後宜爲其防東閤祭酒顏含在叔父喪嫁女隗又奏之廬江太守梁龕明日當除婦服今日請客奏伎丞相長史周顗等三十人同會隗奏曰夫嫡妻長子皆杖居廬故周景王有三年之喪既除而宴春秋猶譏況龕匹夫暮宴朝祥慢服之愆宜肅喪紀之禮請免龕官削侯爵顗等知龕有喪吉會非禮宜各奪俸一月以肅其違從之丞相行參軍宋挺本揚州刺史劉陶門人陶亡後挺娶陶愛妾以爲小妻建興中挺又割盜官布六百餘匹正刑棄市遇赦免既而奮武將軍阮抗請爲長史隗劾奏曰挺蔑其死主而專其室悖在三之義傷人倫之序當投之四裔以禦魑魅請除挺名禁錮終身而奮武將軍太山太守阮抗請爲長史抗緯文經武剖符東藩當庸勳忠良昵近仁賢而褒求贓汙舉頑用嚚請免抗官下獄理罪奏可而挺病死隗又奏符旨挺已喪亡不復追貶愚蠢意闇未達斯義昔鄭人斲子家之棺漢明追討史遷經傳褒貶皆追書先世數百年間非徒區區欲釐當時亦將作法垂於來世當朝亡夕沒便無善惡也請曹如前追除挺名爲民錄妾還本顯證

惡人班下遠近從之南中郞將王含以族彊顯貴驕傲自恣一請參佐及守長二十許人多取非其才隗劾奏文致甚苦事雖被寢王氏深忌疾之而隗之彈奏不畏彊禦皆此類也建興中丞相府斬督運令史淳于伯而血逆流隗又奏曰古之爲獄必察五聽三槐九棘以求民情雖明庶政不敢折獄死者不可復生刑者不可復續是以明王哀矜用刑曹參去齊以市獄爲寄自頃蒸荒殺戮無度罪同斷異刑罰失宜謹按督運令史淳于伯刑血著柱遂逆上終極柱末二丈三尺旋復下流四尺五寸百姓諠譁士女縱觀咸曰其冤伯息忠訴辭稱枉云伯督運訖去二月事畢代還無有稽乏受賕使役罪不及死軍是戍軍非爲征軍以乏軍興論於理爲枉四年之中供給運漕凡諸徵發租調百役皆有稽停而不以軍興論至於伯也何獨明之捶楚之下無求不得四人畏痛飾詞應之理曹國之典刑而使忠等稱冤明時謹按從事中郞周莚法曹參軍劉胤屬李匡幸荷殊寵並登列曹當思敦奉政道詳法愼殺使兆庶無枉人不稱訴而令伯枉同周青冤魂哭於幽都訴靈恨於黃泉嗟嘆甚於杞梁血妖過於崩城故有隕霜之人夜哭之鬼伯有晝見彭生爲豕刑殺失中妖眚茲作以古況今其揆一也皆由莚等不勝其任請皆免官於是右將軍王導等上疏引咎請解職帝曰政刑失中皆吾闇塞所由尋示愧懼思聞忠告以補其闕而引過求退豈所望也由是導等一無所問晉國既建拜御史中丞周嵩嫁女門生斷道解廬斫傷二人建康左尉赴變又被斫隗劾嵩兄顗曰顗幸荷殊寵列位上僚當崇明憲典協和上下刑于左右以御于家邦而乃縱肆小人羣爲凶害公於廣都之中白日刃尉遠近詾赫百姓諠譁虧損風望漸不可長既無大臣檢御之節不可對揚休命宜加貶黜以肅其違顗坐免官太興初長兼侍中賜爵都鄉侯尋代薛兼爲丹陽尹與尚書令刁協並爲元帝所寵欲排抑豪彊諸刻碎之政皆云隗協所建隗雖在外萬機祕密皆預聞之拜鎭北將軍都督青徐幽平四州軍事假節加散騎常侍率萬人鎭泗口初隗以王敦威權太盛終不可制勸帝出腹心以鎭方隅故以譙王承爲湘州續用隗及戴若思爲都督敦甚惡之與隗書曰頃承聖上顧眄足下今大賊未滅中原鼎沸欲與足下周生之徒勠力王室共靜海內若其泰也則帝祚於是乎隆若其否也則天下永無望矣隗答曰魚相忘於江湖人相忘於道術竭股肱之力效之以忠貞吾之志也敦得書甚怒及敦作亂以討隗爲名詔徵隗還京師百官迎之于道隗岸幘大言意氣自若及入見與刁協奏請誅王氏不從有懼色率衆屯金城及敦克石頭隗攻之不拔入宮告辭帝雪涕與之別隗至淮陰爲劉遐所襲攜妻子及親信一百餘人奔于石勒勒以爲從事中郞太子太傅卒年六十一子綏初舉秀才除駙馬都尉奉朝請隨隗奔石勒卒孫波嗣波字道則初爲石虎冠軍將軍王洽參軍及石虎死洽與波俱降穆帝以波爲襄城太守累遷桓沖中軍諮議參軍大司馬桓溫西征袁眞朝廷空虛以波爲建威將軍淮南內史領五千人鎭石頭壽陽平除尚書左丞不拜轉冠軍將軍南郡相時苻堅弟融圍雍州刺史朱序於襄陽波率衆八千救之以敵彊不敢進序竟陷沒波以畏懦免官後復以波爲冠軍將軍累遷散騎常侍苻堅敗朝廷欲鎭靖北方出波督淮北諸軍冀州刺史以疾未行上疏言事疏奏而卒追贈前將軍子淡嗣元熙初爲廬江太守隗伯父訥字令言有人倫鑒識初入洛見諸名士而歎曰王夷甫太鮮明樂彥輔我所敬張茂先我所不解周弘武巧於用拙杜方叔拙於用長終於司隸校尉子疇字王喬少有美譽善談名理曾避亂塢壁賈胡百數欲害之疇無懼色援笳而吹之爲出塞入塞之聲以動其遊客之思於是羣胡皆垂泣而去之永嘉中位至司徒左長史尋爲閻鼎所殺司空蔡謨每歎曰若使劉王喬得南渡司徒公之美選也又王導初拜司徒謂人曰劉王喬若過江我不獨拜公也其爲名流之所推服如此疇兄子劭有才幹辟琅邪王丞相掾咸康世歷御史中丞侍中尚書豫章太守秩中二千石劭族子黃老太元中爲尚書郞有義學注愼子老子並傳於世

刁協字元亮渤海饒安人也祖恭魏齊郡太守父攸武帝時御史中丞協少好經籍博聞彊記釋褐濮陽王文學轉太常博士本郡大中正成都王穎請爲平北司馬後歷趙王倫相國參軍長沙王乂驃騎司馬及東嬴公騰鎭臨漳以協爲長史轉潁川太守永嘉初爲河南尹未拜避難渡江元帝以爲鎭東軍諮祭酒轉長史愍帝即位徵爲御史中丞例不行元帝爲丞相以協爲左長史中興初累拜尚書左僕射于時朝廷草創憲章未立朝臣無習舊儀者協久在中朝諳練舊事凡所制度皆稟於協焉深爲當時所稱許太興初遷尚書令在職數年加金紫光祿大夫令如故協性剛悍與物多忤每崇上抑下故爲王氏所疾又使酒放肆侵毀公卿見者莫不側目然悉力盡心志在匡救帝甚信任之以奴爲兵

取將吏客使轉運皆協所建也衆庶怨望之及王敦構逆上疏罪協帝使協出督六軍旣而王師敗績協與劉隗俱侍帝於太極東除帝執協隗手流涕嗚咽勸令避禍協曰臣當守死不敢有貳帝曰今事逼矣安可不行乃令給協隗人馬使自爲計協年老不堪騎乘素無恩紀募從者皆委之行至江東爲人所殺送首於敦敦聽刁氏收葬之帝痛協不免密捕送協首者而誅之敦平後周顗戴若思等皆被顯贈惟協以出奔不在其例咸康中協子彝上疏訟之在位者多以明帝之世襃貶已定非所得更議且協不能抗節隕身乃出奔遇害不可復其官爵也丹陽尹殷融議曰王敦惡逆罪不容誅則協之善亦不容賞若以忠非良圖謀事失算以此爲責者蓋在於譏議之間耳卽凶殘之誅以爲國刑將何以沮勸乎當敦專逼之時慶賞威刑專自己出是以元帝慮深崇本以協爲比事由國計蓋不爲私昔孔寗儀行父從君於昏楚復其位者君之黨故也況協之比君在於義順且中興四佐位爲朝首于時事窮計屈奉命違寇非爲逃刑謂宜顯贈以明忠義時庾冰輔政疑不能决左光祿大夫蔡謨與冰書言協宜蒙顯贈以爲死事者之勸冰然之事奏成帝詔曰協情在忠主而失爲臣之道故令王敦得託名公義而實肆私忌遂令社稷受屈元皇銜恥致禍之原豈不有由若極明國典則曩刑非重今正當以協之勤有可書敦之逆命不可長故議其事耳今可復協本位加之冊祭以明有忠於君者纖介必顯雖於貶裁未盡然或足有勸矣於是追贈本官祭以太牢彝字大倫少遺家難王敦誅後彝斬讐人黨以首祭父墓詣廷尉請罪朝廷特宥之由是知名歷尙書吏部郎吳國內史累遷北中郎將徐兗二州刺史假節鎭廣陵卒於官子逵字伯道逵弟暢字仲遠次子弘字叔仁竝歷顯職隆安中逵爲廣州刺史領平越中郎將假節暢爲始興相弘爲冀州刺史兄弟子姪竝不拘名行以貨殖爲務有田萬頃奴婢數千人餘貲稱是桓元簒位以逵爲西中郎將豫州刺史鎭歷陽暢右衞將軍弘撫軍桓修司馬劉裕起義斬桓修時暢弘謀起兵襲裕裕遣劉毅討之暢伏誅弘亾不知所在逵在歷陽執劉裕參軍諸葛長民檻車送於桓玄至當利而玄敗送人共破檻出長民遂趣歷陽逵棄城而走爲下人所執斬於石頭子姪無少長皆死惟小弟騁被宥爲給事中尋謀反伏誅刁氏遂滅刁氏素殷富奴客縱橫固吝山澤爲京口之蠹裕散其資蓄令百姓稱力而取之彌日不盡時天下飢弊編戶賴之以濟焉

戴若思廣陵人也名犯高祖廟諱祖烈吳左將軍父昌會稽太守若思有風儀性閑爽少好遊俠不拘操行遇陸機赴洛船裝甚盛遂與其徒掠之若思登岸據胡牀指麾同旅皆得其宜機察見之知非常人在舫屋上遙謂之曰卿才器如此乃復作劫邪若思感悟因流涕投劒就之機與言深加賞異遂與定交焉若思復舉孝廉入洛機薦之於趙王倫曰蓋聞繁弱登御然後高墉之功顯孤竹在肆然後降神之曲成是以高世之主必假遠邇之器蘊匱之才思託大音之和伏見處士廣陵戴若思安窮樂志無風塵之慕砥節立行有井渫之潔誠東南之遺寶宰朝之奇璞也若得託足康衢則能結軌驥騄曜質廊廟必能垂光璵璠矣倫乃辟之除沁水令不就遂往武陵省父時同郡人潘京素有理鑒名知人其父遣若思就京與語旣而稱若思有公輔之才累轉東海王越軍諮祭酒出補豫章太守加振威將軍領義軍都督以討賊有功賜爵秣陵侯遷治書侍御史驃騎司馬拜散騎侍郎元帝召爲鎭東右司馬將征杜弢加若思前將軍未發而杜弢滅帝爲晉王以爲尙書中興建爲中護軍轉護軍將軍尙書僕射皆辭不拜出爲征西將軍都督兗豫幽冀雍并六州諸軍事假節加散騎常侍發投刺王官千人爲軍吏調揚州百姓家奴萬人爲兵配之以散騎常侍王遐爲軍司鎭壽陽與劉隗同出帝親幸其營勞勉將士臨發祖餞置酒賦詩若思至合肥而王敦舉兵詔追若思還鎭京都進驃騎將軍與右衞將軍郭逸夾道築壘於大桁之北尋而石頭失守若思與諸軍攻石頭王師敗績若思率麾下百餘人赴宮受詔與公卿百官於石頭見敦敦問若思曰前日之戰有餘力乎若思不謝而答曰豈敢有餘但力不足耳又曰吾此舉動天下以爲如何若思曰見形者謂之逆體誠者謂之忠敦笑曰卿可謂能言敦參軍呂猗昔爲臺郎有刀筆才性尤姦諂若思爲尙書惡其爲人猗亦深憾焉至是乃說敦曰周顗戴若思皆有高名足以惑衆近者之言曾無愧色公若不除恐有再舉之患爲將來之憂耳敦以爲然又素忌之俄而遣鄧嶽繆坦收若思而害之若思素有重望四海之士莫不痛惜焉賊平冊贈右光祿大夫儀同三司諡曰簡若思弟邈字望之少好學尤精史漢才不逮若思儒博過之弱冠舉秀才尋遷太子洗馬出補西陽內史永嘉中元帝版行邵陵內史丞相軍諮祭酒出爲征南軍司于時凡百草創學校未立邈上疏請漸加修建帝納之於是始修禮學代

劉隗爲丹陽尹王敦作逆加左衞軍及敦得志而若思遇害遐坐免官敦誅後拜尚書僕射卒官贈衞將軍諡曰穆子謐嗣歷義興太守大司農

周顗字伯仁安東將軍浚之子也少有重名神彩秀徹雖時輩親狎莫能媟也司徒掾同郡賁嵩有清操見顗歎曰汝穎固多奇士自頃雅道陵遲今復見周伯仁將振起舊風清我邦族矣廣陵戴若思東南之美舉秀才入洛素聞顗名往候之終坐而出不敢顯其才辯顗從弟穆亦有美譽欲陵折顗顗陶然弗與之校於是人士益宗附之州郡辟命皆不就弱冠襲父爵武城侯拜祕書郎累遷尚書吏部郎東海王越子毗爲鎭軍將軍以顗爲長史元帝初鎭江左請爲軍諮祭酒出爲寧遠將軍荆州刺史領護南蠻校尉假節始到州而建平流民傅密等叛迎蜀賊杜弢顗狼狽失據陶侃遣將吳寄以兵救之故顗得免因奔王敦於豫章敦留之軍司戴邈曰顗雖退敗未有莅衆之咎德望素重宜還復之敦不從帝召爲揚威將軍兗州刺史顗還建康帝留顗不遣復以爲軍諮祭酒尋轉右長史中興建補吏部尚書頃之以醉酒爲有司所糾白衣領職復坐門生斫傷人免官太興初更拜太子少傅尚書如故顗上疏讓曰臣退自循省學不通一經智不效一官止足良難未能守分遂忝顯職名位過量不悟天鑒忽臣頑弊乃欲使臣內管銓衡外忝傅訓質輕蟬翼事重千鈞此之不可不待識而明矣若臣受負乘之責必貽聖朝惟塵之恥俯仰愧懼不知所圖詔曰紹幼沖便居儲副之貴當賴軌匠以祛蒙蔽望之儼然斯不言之益何學之習邪所謂與田蘇遊忘其鄙心者便當副吾意不宜沖讓轉尚書左僕射領吏部如故庾亮嘗謂顗曰諸人咸以君方樂廣顗曰何乃刻畫無鹽唐突西施也帝讌羣公于西堂酒酣從容曰今日名臣共集何如堯舜時邪顗因醉厲聲曰今雖同人主何得復比聖世帝大怒而起手詔付廷尉將加戮累日方赦之及出諸公就省顗曰近日之罪故知不至于死尋代戴若思爲護軍將軍尚書紀瞻置酒請顗及王導等顗荒醉失儀復爲有司所奏詔曰顗參副朝右職掌銓衡當敬慎德音式是百辟屢以酒過爲有司所繩吾亮其極歡之情然亦是濡首之誡也顗必能克己復禮者今不加黜責初顗以雅望獲海內盛名後頗以酒失爲僕射略無醒日時人號爲三日僕射庾亮曰周侯末年所謂鳳德之衰也顗在中朝時能飲酒一石及過江雖日醉每稱無對偶有舊對從北來顗遇之欣然乃出一石酒共飲各大醉及顗醒使視客已腐脅而死顗性寬裕而友愛過人弟嵩嘗因酒瞋目謂顗曰君才不及弟何乃橫得重名以所然蠟燭投之顗神色無忤徐曰阿奴火攻固出下策耳王導甚重之嘗枕顗膝而指其腹曰卿此中何所有也答曰此中空洞無物然足客卿輩數百人導亦不以爲忤又於導坐傲然嘯詠導云卿欲希嵇阮邪顗曰何敢近舍明公遠希嵇阮及王敦構逆溫嶠謂顗曰大將軍此舉似有所在當無濫邪顗曰君少年未更事人主自非堯舜何能無失人臣豈可得舉兵以脅主共相推戴未能數年一旦如此豈云非亂乎處仲剛愎強忍很抗無上其意寧有限邪既而王師敗績顗奉詔詣敦敦曰伯仁卿負我顗曰公戎車犯順下官親率六軍不能其事使王旅奔敗以此負公敦憚其辭正不知所答帝召顗於廣室謂之曰近日大事二宮無恙諸人平安大將軍故副所望邪顗曰二宮自如明詔於臣等故未可知護軍長史郝嘏等勸顗避敦顗曰吾備位大臣朝廷喪敗寧可復草間求活外投胡越邪俄而與戴若思俱被收路經太廟顗大言曰天地先帝之靈賊臣王敦傾覆社稷枉殺忠臣陵虐天下神祇有靈當速殺敦無令縱毒以傾王室語未終收人以戟傷其口血流至踵顏色不變容止自若觀者皆爲流涕遂於石頭南門外石上害之時年五十四顗之死也敦坐有一參軍樗蒱馬於博頭被殺因謂敦曰周家奕世令望而位不至公及伯仁將登而墜有似下官此馬敦曰伯仁總角於東宮相遇一面披襟便許之三事何圖不幸自貽王法敦素憚顗每見顗輒面熱雖復冬月扇面手不得休敦使繆坦籍顗家收得素簏數枚盛故絮而已酒五甕米數石在位者服其清約敦平後追贈左光祿大夫儀同三司諡曰康祀以少牢初敦之舉兵也劉隗勸帝盡除諸王司空導率羣從詣闕請罪值顗將入導呼顗謂曰伯仁以百口累卿顗直入不顧既見帝言導忠誠申救甚至帝納其言顗喜飲酒致醉而出導猶在門又呼顗顗不與言顧左右曰今年殺諸賊奴取金印如斗大繫肘既出又上表明導言甚切至導不知救己而甚銜之敦既得志問導曰周顗戴若思南北之望當登三司無所疑也導不答又曰若不三司便應令僕邪又不答敦曰若不爾正當誅爾導又無言導後料檢中書故事見顗表救己殷勤款至導執表流涕悲不自勝告其諸子曰吾雖不殺伯仁伯仁由我而死幽冥之中負此良友顗三子閔恬頤閔字子騫方直有父風歷衞陽建安臨川太守侍中中領軍吏

部尚書尚書左僕射加中軍將軍轉護軍領祕書監卒追贈金紫光祿大夫謚曰烈無子以弟頤長子琳爲嗣琳仕至東陽太守恬頤並歷郡守琳少子文驃騎諮議參軍

應詹字思遠汝南南頓人魏侍中璩之孫也詹幼孤爲祖母所養年十餘歲祖母又終居喪毁頓杖而後起遂以孝聞家富於財年又稚弱乃請族人共居委以資產情若至親世以此異焉弱冠知名性質素弘雅物雖犯而弗之校以學藝文章稱司徒何劭見之曰君子哉若人初辟公府爲太子舍人趙王倫以爲征東長史倫誅坐免成都王穎辟爲掾時驃騎從事中郎諸葛玫委長沙王乂奔鄴盛稱乂之非玫浮躁有才辯臨漳人士無不詣之詹與玫有舊歎曰諸葛仁林何與樂毅之相詭乎卒不見之玫聞甚愧鎮南大將軍劉弘詹之祖舅也請爲長史謂之曰君器識宏深後當代老子於荆南矣仍委以軍政弘著績漢南詹之力也遷南平太守王澄爲荆州假詹督南平天門武陵三郡軍事及洛陽傾覆詹攘袂流涕勸澄赴援澄使詹爲檄詹下筆便成辭義壯烈見者慷慨然竟不能從之也天門武陵谿蠻竝反詹討降之時政令不一諸蠻怨望竝謀背叛詹召蠻酋破銅券與盟由是懷詹數郡無虞其後天下大亂詹境獨全百姓歌之曰亂離既普殆爲灰朽僥倖之運賴玆應后歲寒不凋孤境獨守拯我塗炭惠隆丘皐潤同江海恩猶父母鎮南將軍山簡復假詹督五郡軍事會蜀賊杜疇作亂來攻詹郡力戰摧之詹尋與陶侃破杜弢於長沙賊中金寶溢目詹一無所取唯收圖書莫不歎之元帝假詹建武將軍王敦又上詹監巴東五郡軍事賜爵永陽鄉侯陳人王沖擁衆荆州素服詹名迎爲刺史詹以沖等無賴棄還南平沖亦不怨其得人情如此遷益州刺史領巴東監軍詹之出郡也士庶攀車號泣若戀所生俄拜後軍將軍詹上疏陳便宜曰先王設官使君有常尊臣有定卑上無苟且之志下無覬覦之心下至亾秦罷侯置守本替末陵綱紀廢絶漢興雖未能興復舊典猶雜建侯守故能享年享世殆參古迹今大荒之後制度改創宜因斯會釐正憲則先舉盛德元功以爲封首則聖世之化比隆唐虞矣又言宜修立辟雍崇明教義元帝雅重其才深納之頃之出補吳國內史以公事免鎮北將軍劉隗出鎮以詹爲軍司加散騎常侍累遷光祿勳詹以王敦專制自樹故優遊諷諫無所摽明及敦作逆明帝問詹計將安出詹厲然慷慨曰陛下宜奮赫斯之威臣等負戈前驅庶憑宗廟之靈有征無戰如其不然王室必危帝以詹爲都督前鋒軍事護軍將軍假節都督朱雀橋南賊從竹格渡江詹與建威將軍趙允等擊敗之斬賊率杜發梟首數千級賊平封觀陽縣侯食邑一千六百戸賜絹五千匹表讓不受詔不許遷使持節都督江州諸軍事平南將軍江州刺史詹將行上疏曰夫弘濟玆務在乎官人今南北雜錯屬託者無保負之累而輕舉所知此博采所以未精職理所以多闕今凡有所用宜隨其能否而與舉主同乎褒貶則人有慎舉之恭官無廢職之吝昔冀缺有功胥臣蒙先茅之賞子玉敗軍子文受蔿賈之責古既有之今亦宜然漢朝使刺史行部乘傳奏事猶恐不足以辨彰幽明弘宣政道故復有繡衣直指今之艱弊過於往昔宜分遣黃散若中書郎等循行天下觀採得失舉善彈違斷截苟且則人不敢爲非矣漢宣帝時二千石有居職修明者則入爲公卿其不稱職免官者皆還爲平人懲勸必行故歷世長久中間已來遷不足競免不足懼或有進而失意退而得分溢官雖美當以素論降替在職實劣直以舊望登敘校游談爲多少不以事實爲先後以此責成臣未見其兆也今宜峻左降舊制可二千石免官三年乃得敘用長史六年戸口折半道里倍之此法必明使天下知官難得而易失必人慎其職朝無惰官矣都督可課佃二十頃州十頃郡五頃縣三頃皆取文武吏醫卜不得撓亂百姓三臺九府中外諸軍有可減損皆令附農市息末伎道無游人不過一熟豐穰可必然後重居職之俸使祿足以代耕頃大事之後遐邇皆想宏略而寂然未副宜早振綱領肅起羣望時王敦新平人情未安詹撫而懷之莫不得其歡心百姓賴之疾篤與陶侃書勉侃令建功業遂卒咸和六年也時年五十三冊贈鎮南大將軍儀同三司謚曰烈祠以太牢子元嗣位至散騎侍郎元弟誕有器幹歷六郡太守龍驤將軍追贈冀州刺史初京兆韋泓喪亂之際親屬遇饑疫竝盡客游洛陽素聞詹名遂依託之詹與分甘共苦情若兄弟遂隨從積年爲營伉儷置居宅并薦之於元帝即辟之泓後位至少府卿既受詹生成之惠詹卒遂製朋友之服哭止宿草追趙氏祀程嬰杵臼之義祭詹終身

甘卓字季思丹陽人秦丞相茂之後也曾祖寧爲吳將祖述仕吳爲尚書父昌太子太傅吳平卓退居自守郡命主簿功曹察孝廉州舉秀才爲吳王常侍討石冰以功賜爵都亭侯東海王越引爲參軍出補離狐令卓見

天下大亂棄官東歸前至歷陽與陳敏相遇敏甚悅其圖縱橫之計遂爲其子景娶卓女深相結託會周玘唱義密使錢廣攻敏弟昶敏遣卓討廣頓朱雀橋南會廣殺昶玘告丹陽太守顧榮共邀說卓卓素敬服榮且以昶死懷懼良久乃從之遂詐疾迎女斷橋收船南岸共滅敏傳首于京都元帝初渡江授卓前鋒都督揚威將軍歷陽內史其後討周馥征杜弢屢經苦戰多所擒獲以前後功進爵南鄉侯拜豫章太守尋遷湘州刺史將軍如故復進爵于湖侯中興初以邊寇未靖學校陵遲特聽不試孝廉而秀才猶依舊策試卓上疏以爲答問損益當須博通古今明達政體必求諸墳索乃堪其舉臣所忝州往遭寇亂學校久替人士流播不得比之餘州策試之由當藉學功謂宜同孝廉例申與期限疏奏朝議不許卓於是精加隱括備禮舉桂陽谷儉爲秀才儉辭不獲命州厚禮遣之諸州秀才聞當考試皆憚不行唯儉一人到臺遂不復策試儉恥其州少士乃表求試以高第除中郎儉少有志行寒苦自立博涉經史于時南土凋荒經籍道息儉不能遠求師友唯在家研精雖所得實深未有名譽又恥衒耀取達遂歸終身不仕卒於家卓尋遷安南將軍梁州刺史假節都督沔江諸軍鎮襄陽卓外柔內剛爲政簡惠善於綏撫估稅悉除市無二價州境所有魚池先恆責稅卓不收其利皆給貧民西土稱爲惠政王敦稱兵遣使告卓卓乃僞許而心不同之及敦升舟而卓不赴使參軍孫雙詣武昌諫止敦敦聞雙言大驚曰甘侯前語吾云何而更有異正當慮吾危朝廷邪吾今下唯除姦凶耳卿還言之事濟當以甘侯作公雙還報卓卓不能決或說卓且僞許敦待敦至都而討之卓曰昔陳敏之亂吾亦先從後圖而論者謂懼逼而謀之雖吾情本不爾而事實有似心恆愧之今若復爾誰能明我時湘州刺史譙王承遣主簿鄧騫說卓曰劉大連雖乘權寵非有害於天下也大將軍以其私憾稱兵象魏雖託討亂之名實失天下之望此忠臣義士匡救之時也昔魯連匹夫猶懷蹈海之志況受任方伯位同體國者乎今若因天人之心唱桓文之舉杖大順以討逆節擁義兵以勤王室斯千載之運不可失也卓笑曰桓文之事豈吾所能至於盡力國難乃其心也當共詳思之參軍李梁說卓曰昔隗囂亂隴右竇融保河西以歸光武今日之事有似於此將軍有重名於天下但當推亾固存坐而待之使大將軍勝方當崇將軍以方面之重如其不勝朝廷必以將軍代之何憂不富貴而釋此廟勝決存亾於一戰邪騫謂梁曰光武創業中國未平故隗囂斷隴右竇融兼河西各據一方鼎足之勢故得文服天子從容顧望及海內已定君臣正位終於隴右傾覆河西入朝何則向之文服義所不容也今將軍於本朝非竇融之喻也襄陽之於大府非河西之固也且人臣之義安恐國難而不陳力何以北面於天子邪使大將軍平劉隗還武昌增石城之守絕荊湘之粟將軍安歸乎勢在人手而曰我處廟勝未之聞也卓尙遲疑未決騫又謂卓曰今既不義舉又不承大將軍檄此必至之禍愚智所見也且議者之所難以彼彊我弱是不量虛實者也今大將軍兵不過萬餘其留者不能五千而將軍見衆旣倍之矣將軍威名天下所聞也北府精銳戰勝之兵也擁彊衆藉威名杖節而行豈王含所能御哉遡流之衆勢不自救將軍之舉武昌若摧枯拉朽何所顧慮乎武昌旣定據其軍實鎭撫二州施惠士卒使還者如歸此呂蒙所以克敵也如是大將軍可不戰而自潰今釋必勝之策安坐以待危亾不可言知計矣願將軍熟慮之時敦以卓不至慮在後爲變遣參軍樂道融苦要卓俱下道融本欲背敦因說卓襲之語在融傳卓旣素不欲從敦得道融說遂決曰吾本意也乃與巴東監軍柳純南平太守夏侯承宜都太守譚該等十餘人俱露檄遠近陳敦肆逆率所統致討遣參軍司馬讚孫雙奉表詣臺參軍羅英至廣州與陶侃克期參軍鄧騫虞沖至長沙令譙王承堅守征西將軍戴若思在江西先得卓書表上之臺內皆稱萬歲武昌大驚傳卓軍至人皆奔散詔書遷卓爲鎭南大將軍侍中都督荊梁二州諸軍事荊州牧梁州刺史如故陶侃得卓信卽遣參軍高寶率兵下卓雖懷義正而性不果毅且年老多疑計慮猶豫軍次豬口累旬不前敦大懼遣卓兄子行參軍卬求和謝卓曰君此自是臣節不相責也吾家計急不得不爾想便旋軍襄陽當更結好時王師敗績敦求臺騶虞幡駐卓卓聞周顗戴若思遇害流涕謂卬曰吾之所憂正謂今日每得朝廷人書常以胡寇爲先不悟忽有蕭墻之禍且使聖上元吉太子無恙吾臨敦上流亦未敢便危社稷吾適徑據武昌敦勢逼必劫天子以絕四海之望不如還襄陽更思後圖卽命旋軍都尉秦康說卓曰今分兵取敦不難但斷彭澤上下不得相赴自然離散可一戰擒也將軍旣有忠節中道而廢更爲敗軍將恐將軍之下亦各便求西還不可得守也卓不能從樂道融亦日夜勸卓速下卓性先寬和忽便彊塞徑還襄陽意氣騷擾舉動失

常自照鏡不見其頭視庭樹而頭在樹上心甚惡之其家金櫃鳴聲似槌鏡清而悲巫云金櫃將離是以悲鳴主簿何無忌及家人皆勸令自警卓轉更很愎聞諫輒怒方散兵大佃而不爲備功曹榮建固諫不納襄陽太守周慮等密承敦意知卓無備詐言湖中多魚勸卓遣左右皆捕魚乃襲害卓于寢傳首於敦四子散騎郎蕃等皆被害太甯中追贈驃騎將軍謚曰敬鄧騫字長眞長沙人少有志氣爲鄉鄰所重營推誠行己能以正直全於多難之時刺史譙王承命爲主簿使說甘卓卓留爲參軍欲與同行以母老辭卓而反承爲魏乂所敗以虞悝兄弟爲承黨乂盡誅之而求騫甚急鄉人皆爲之懼騫笑曰欲用我耳彼新得州多殺忠良是其求賢之時豈以行人爲罪乃往詣乂乂喜曰君所謂古之解揚也以爲別駕騫有節操忠信兼識量宏遠善與人交久而益敬太尉庾亮稱之以爲長者歷武陵始興太守遷大司農卒於官

卞壼字望之濟陰冤句人也祖統琅邪內史父粹以清辯鑒察稱兄弟六人並登宰府世稱卞氏六龍元仁無雙元仁粹字也弟裒嘗忤其郡將郡將怒訐其門內之私粹遂以不訓見譏議陵遲積年惠帝初爲尚書郎楊駿執政人多附會而粹正直不阿及駿誅超拜右丞封成陽子稍遷至右軍將軍張華之誅粹以華壻免官齊王冏輔政爲侍中中書令進爵爲公及長沙王乂專權粹立朝正色乂忌而害之初粹如廁見物若兩眼俄而難作壼弱冠有名譽司兗二州齊王冏辟皆不就遇家禍還鄉里永嘉中除著作郎襲父爵征東將軍周馥請爲從事中郎不就遭本州傾覆東依妻兄徐州刺史裴盾盾以壼行廣陵相元帝鎮建鄴召爲從事中郎委以選舉甚見親杖出爲明帝東中郎長史遭繼母憂既葬起復舊職固辭不就元帝遣中使敦逼壼騰自陳辭甚哀苦帝遂不奪其志服闋爲世子師壼前後居師佐之任盡匡輔之節一府貴而憚焉中興建稱太子中庶子轉散騎常侍侍講東宮遷太子詹事以公事免尋復職轉御史中丞忠於事上權貴屏跡時淮南小中正王式繼母前夫終更適式父式父終喪服訖議還前夫家前夫家亦有繼子奉養至終遂合葬於前夫式自云父臨終母求去父許諾於是制出母齊衰朞壼奏曰就如式父臨終許諾必也正名依禮爲無所據若父有命須顯七出之責當存時棄之無緣以絕義之妻留家制服若式父臨困謬亂使去留自由者此必爲相要以非禮則存亾何所得從式宜正之以禮魏顆父命不從其亂陳乾昔欲以二婢殉其子以非禮不從春秋禮記善之並以妾媵猶正以禮況其母乎式母於夫生事奉終非爲既絕之妻夫亾制服不爲無義之婦自云守節非爲更嫁離絕之斷在夫沒之後夫之既沒是其從子之日而式以爲出母此母以子出也致使存無所容居沒無所託也寄命於他人之門埋尸於無名之塚若式父亾後母尋沒於式家必不以爲出母明矣許諾之命一耳以爲母於同居之時至沒前子之門而不以爲母此爲制離絕於二居裁出否於意斷離絕之斷非式而誰假使二門之子皆此母之生母戀前子求去求絕非禮於後家還反又非禮於前門去不可去還不可還則爲無寄之人也式必內盡匡諫外極防閑不絕明矣何至守不移於至親略情禮於假繼乎繼母如母聖人之教式爲國士閨門之內犯禮違義開闢未有於父則無追亾之善於母則無孝敬之道存則去留自由亾則合葬路人可謂生事不以禮死葬不以禮者也虧損世教不可以居人倫詮正之任案侍中司徒臨潁公組敷宣五教實在任人而含容違禮曾不貶黜揚州大中正侍中平望亭侯曄淮南大中正散騎侍郎弘顯執邦論朝野取信不能率禮正違崇孝敬之教並爲不勝其任請以見事免組曄弘官大鴻臚削爵土廷尉結罪疏奏詔特原組等式付鄉邑清議廢棄終身壼遷吏部尚書王含之難加中軍將軍含滅以功封建興縣公尋遷領軍將軍明帝不豫領尚書令與王導等俱受顧命輔幼主復拜右將軍加給事中尚書令帝崩成帝即位羣臣進璽司徒王導以疾不至壼正色於朝曰王公豈社稷之臣邪大行在殯嗣皇未立甯是人臣辭疾之時導聞之輿疾而至皇太后臨朝壼與庾亮對直省中共參機要時召南陽樂謨爲郡中正潁川庾怡爲廷尉評謨怡各稱父命不就壼奏曰人無非父而生職無非事而立有父必有命居職必有悔有家各私其子此爲王者無人職不軌物官不立政如此則先聖之言廢五教之訓塞君臣之道散上下之化替矣樂廣以平夷稱庾珉以忠篤顯受寵聖世身非己有況及後嗣而可專哉所居之職若順夫羣心則戰戍者之父母皆當以命子不以處也若順謨父之意則人皆不爲郡中正人倫廢矣順怡父之意人皆不爲獄官則刑辟息矣凡如是者其可聽歟若不可聽何以許謨怡之得稱父命乎此爲謨以名父子可以虧法怡是親戚可以自專以此二塗服人示世臣所未悟也宜一切班下不得以私廢公絕其表疏以爲永

制朝議以爲然讓怡不得已各居所職是時王導稱疾不朝而私送車騎將軍郗鑒壼奏以導虧法從私無大臣之節御史中丞鍾雅阿撓王典不加準繩並請免官雖事寢不行舉朝震肅壼斷裁切直不畏彊禦皆此類也壼幹實當官以褒貶爲己任勤於吏事欲軌正督世不肯苟同時好然性不弘裕才不副意故爲諸名士所少而無卓爾優譽明帝深器之於諸大臣而最任職阮孚每謂之曰卿常無閑泰常如含瓦石不亦勞乎壼曰諸君以道德恢弘風流相尚執鄙吝者非壼而誰時貴游子弟多慕王澄謝鯤爲達壼厲色於朝曰悖禮傷教罪莫斯甚中朝傾覆實由於此欲推奏之王導庾亮不從乃止然而聞者莫不折節時王導以勳德輔政成帝每幸其宅嘗拜導妻曹氏侍中孔恒密表不宜拜導聞之曰王茂弘駑痾耳若卞望之之巖巖刁元亮之察察戴若思之峰岠當敢爾邪壼廉潔儉素居甚貧約息當婚詔特賜錢五十萬固辭不受後患面創累乞解職拜光祿大夫加散騎常侍時庾亮將徵蘇峻言於朝曰峻狼子野心終必爲亂今日徵之縱不順命爲禍猶淺若復經年爲惡滋蔓不可復制此是晁錯勸漢景帝早削七國事也當時議者無以易之壼固爭謂亮曰峻擁彊兵多藏無賴且逼近京邑路不終朝一旦有變易爲蹉跌宜深思遠慮恐未可倉卒亮不納壼知必敗與平南將軍溫嶠書曰元規召峻意定懷此於邑溫生足下柰此事何吾今所慮是國之大事且峻已出狂意而召之更速必縱其羣惡以向朝廷朝廷威力誠桓桓交須接鋒履刃尚不知便可即擒不王公亦同此情吾與之爭甚懇切不能如之何本出足下爲外藩任而今恨出足下在外若卿在內俱諫必當相從今內外戒嚴四方有備峻凶狂必無所至耳恐不能使無傷如何壼司馬任台勸壼宜畜良馬以備不虞壼笑曰以逆順論之理無不濟若萬一不然豈須馬哉峻果稱兵壼復爲尚書令右將軍領右衛將軍餘官如故峻至東陵口詔以壼都督大桁東諸軍事假節復加領軍將軍給事中壼率郭默趙允等與峻大戰於陵西爲峻所破壼與鍾雅皆退還死傷者以千數壼雅並還節詣闕謝罪峻進攻青谿壼與諸軍距擊不能禁賊放火燒宮寺六軍敗績壼時發背創猶未合力疾而戰率厲散衆及左右吏數百人攻賊麾下苦戰遂死之時年四十八二子眕旰見父歿相隨赴賊同時見害峻平朝議贈壼左光祿大夫加散騎常侍尚書郎弘訥議以爲死事之臣古今所重卞令忠貞之節當書於竹帛今之追贈實未副衆望謂宜加鼎司之號以旌忠烈之勳司徒王導見議進贈驃騎將軍加侍中訥重議猶以爲未厭衆望於是改贈壼侍中驃騎將軍開府儀同三司謚曰忠貞祠以太牢贈世子眕散騎侍郎眕弟旰奉車都尉眕母裴氏撫二子尸哭曰父爲忠臣汝爲孝子夫何恨乎徵士翟湯聞之歎曰父死於君子死於父忠孝之道萃於一門眕子誕嗣咸康六年成帝追思壼下詔曰壼立朝忠恪喪身凶寇所封縣遠租秩薄少妻息不贍以爲慨然可給實口廩其後盜發壼墓尸僵鬢髮蒼白面如生兩手悉拳爪甲穿達手背安帝詔給錢十萬以修塋兆壼第三子瞻位至廣州刺史瞻弟眈尚書郎壼從父兄敦字仲仁父俊清貞有識檢以名理著稱其鄉人郤詵恃才陵傲俊兄弟俊等亦以門盛輕詵相視如讎詵以楊駿故吏被繫俊時爲尚書郎案其獄詵懼不免俊平心斷決正之詵卒以免而猶不悛後爲左丞復奏陷卞氏俊歷位汝南相廷尉卿敦弱冠任州郡辟司空府稍遷太子舍人尚書郎朝士多稱之東海王越聞召以爲主簿王彌逼洛敦及胡毋輔之勸越舉王彌而王衍潘滔共執不聽敦廷爭苦至衆咸壯之出補汝南內史元帝之爲鎮東請爲軍諮祭酒不就征南將軍山簡以爲司馬尋而王如杜曾相繼爲亂簡乃使敦監沔北七郡軍事振威將軍領江夏相戍夏口敦攻討沔中皆平旣而杜弢寇湘中加敦征討大都督伐弢有功賜爵安陵亭侯鎮東大將軍王敦請爲軍司中興建拜太子左衞率時石勒侵逼淮泗帝備求良將可以式遏邊境者公卿舉敦除征虜將軍徐州刺史鎮泗口及勒寇彭城敦自度力不能支與征北將軍王邃退保盱眙賊勢遂張淮北諸軍多爲所陷竟以畏懦貶秩三等爲鷹揚將軍徵拜大司農王敦表爲征虜將軍都督石頭軍事明帝之討王敦也以爲鎮南將軍假節事平更拜尚書以功封益陽侯徙光祿勳出爲都督安南將軍湘州刺史假節尋進征南將軍固辭不拜蘇峻反溫嶠庾亮移檄征鎮同赴京師敦擁兵不下又不給軍糧唯遣督護荀璲領數百人隨大軍而已時朝野莫不怪歎陶侃亦切齒忿之峻平侃奏敦阻軍顧望不赴國難無大臣之節請檻車收付廷尉丞相王導以喪亂之後宜加寬宥轉安南將軍廣州刺史病不之職徵爲光祿大夫領少府敦旣不討蘇峻常懷愧恥名論自此虧矣尋以憂卒追贈本官加散騎常侍諡曰敬子滔嗣

劉超字世瑜琅邪臨沂人漢城陽景王章之後也章七

世孫封臨沂縣慈鄉侯子孫因家焉父和爲琅邪國上軍將軍超有志尙爲縣小吏稍遷琅邪國記室掾以忠謹淸愼爲元帝所拔恆親侍左右遂從渡江轉安東府舍人專掌文檄相府建又爲舍人于時天下擾亂伐叛討貳超自以職在近密而書跡與帝手筆相類乃絕不與人交書時出休沐閉門不通賓客由是漸得親密以左右勤勞賜爵原鄉亭侯食邑七百戶轉行參軍中興建爲中書舍人拜騎都尉奉朝請時臺閣初建庶績未康超職典文翰而畏愼靜密彌見親待加以處身淸苦衣不重帛家無儋石之儲每帝所賜皆固辭曰凡陋小臣橫竊賞錫無德而祿殃咎是懼帝嘉之不奪其志尋出補句容令推誠於物爲百姓所懷常年賦稅主者常自四出結評百姓家貲至超但作大函村別付之使各自書家產投函中訖送還縣百姓依實投上課輸所入有踰常年入爲中書通事郎以父憂去官旣葬屬王敦稱兵詔超復職又領安東上將軍尋六軍敗散唯超按兵直衞帝感之遣歸終喪禮及錢鳳構禍超招合義士從明帝征鳳事平以功封零陵伯超家貧妻子不贍帝手詔褒之賜以魚米超辭不受超後須純色牛市不可得厥買官外廄牛詔便以賜之出爲義興太守未幾徵拜中書侍郎拜受往還朝廷莫有知者會帝崩穆后臨朝遷射聲校尉時軍校無兵義興人多義隨超因統其衆以宿衞號爲君子營咸和初遭母憂去官衰服不離身朝夕號泣朔望輒步至墓所哀感路人及蘇峻謀逆超代趙允爲左衞將軍時京邑大亂朝士多遣家人入東避難義興故吏欲迎超家而超不聽盡以妻孥處宮內及王師敗績王導以超爲右衞將軍親侍成帝屬太后崩軍衞禮章頓闕超躬率將士奉營山陵峻遷車駕石頭時天大雨道路沈陷超與侍中鍾雅步侍左右賊給馬不肯騎而悲哀慷慨峻聞之甚不平然未敢加害而以其所親信許方等補司馬督殿中監外託宿衞內實防禦超等時饑饉米貴峻等問遺一無所受繾綣朝夕臣節愈恭帝時年八歲雖幽厄之中超猶啟授孝經論語溫嶠等至峻猜忌朝士而超爲帝所親遇疑之尤甚後王導出奔超與懷德令匡術建康令管旆等密謀將欲奉帝而出未及期事泄峻使任讓將兵入收超及鍾雅帝抱持悲泣曰還我侍中右衞任讓不奉詔因害之及峻平任讓與陶侃有舊侃欲特不誅之乃請於帝帝曰讓是殺我侍中右衞者不可宥由是遂誅讓及超將改葬帝痛念之不已詔遣高顯近地葬之使出入得瞻望其墓追贈衞尉諡曰忠超天性謙愼歷事三帝恆在機密竝蒙親遇而不敢因寵驕詔故士人皆安而敬之子訥嗣謹飭有石慶之風歷中書侍郎下邳內史訥子享亦淸愼爲散騎郎

鍾雅字彥冑潁川長社人也父曄公府掾早終雅少孤好學有才志舉四行除汝陽令入爲佐著作郎母憂去官服闋復職東海王越請爲參軍遷尙書郎避亂東渡元帝以爲丞相記室參軍遷臨淮內史振威將軍頃之徵拜散騎常侍轉尙書右丞時有事於太廟雅奏曰陛下繼承世數於京兆府君爲玄孫而今祝文稱曾孫恐此因循之失宜見改正又禮祖之昆弟從祖父也景皇帝自以功德爲世宗不以伯祖而登廟亦宜除伯祖之文詔曰禮事宗廟自曾孫以下皆稱曾孫此非因循之失也義取於重孫可歷世共其名無所改也稱伯祖不安如所奏轉北軍中候大將軍王敦請爲從事中郎補宣城內史錢鳳作逆加廣武將軍率衆屯靑弋時廣德縣人周玘爲鳳起兵攻雅雅退據涇縣收合士庶討玘斬之鳳平徵拜尙書左丞明帝崩遷御史中丞時國喪未朞而尙書梅陶私奏女妓雅劾奏陶無大臣忠慕之節請加放黜穆后臨朝特原不問雅直法繩違百僚皆憚之北中郎將劉遐卒遐部曲作亂詔郭默討之以雅監征討軍事假節事平拜驍騎將軍蘇峻之難詔雅爲前鋒監軍假節領精勇千人以距峻雅以兵少不敢擊退還拜侍中尋王師敗績雅與劉超竝侍衞天子或謂雅曰見可而進知難而退古之道也君性亮直必不容於寇讎何不隨時之宜而坐待其斃雅曰國亂不能匡君危不能濟各遜遁以求免吾懼董狐執簡而至矣庾亮臨去顧謂雅曰後事深以相委雅曰棟折榱崩誰之責也亮曰今日之事不容復言卿當期克復之效耳雅曰想足下不愧荀林父耳及峻逼遷車駕幸石頭雅超流涕步從明年竝爲賊所害賊平追贈光祿勳其後以家貧詔賜布帛百匹子誕位至中軍參軍早卒

通志卷一百二十六

通志卷一百二十七

宋右迪功郎鄭樵漁仲撰

列傳第四十

晉

孫惠　熊遠　王鑒　陳頵　高崧　郭璞　葛洪　庾亮子彬 義 龢 亮弟懌 懌弟冰 冰弟條 條弟翼　桓彝子雲 雲弟豁 豁子石虔 石虔子振 石虔弟石秀 石民 石生 石綏 石康 豁弟祕 祕弟沖 沖子嗣 嗣子允 允 弟謙 謙弟修 孫嵩　王湛子承 承子述 述子坦之 禕之 坦之子愷 愉 國寶 忱 愉子綏　承族子嶠　袁悅之　祖台之　荀崧子彝 美　范汪子甯 汪叔堅　劉惔　張憑　韓伯

孫惠字德施吳國富陽人吳豫章太守賁曾孫也父祖並仕吳惠口訥好學有才識州辟不就寓居蕭沛之間永寧初赴齊王冏義討趙王倫以功封晉興縣侯辟大司馬戶曹掾轉東曹屬冏驕矜僭侈天下失望惠獻言於冏諷以五難四不可勸令歸藩辭甚切至冏不納惠懼罪辭疾去頃之冏果敗成都王穎引惠爲大將軍參軍領奮威將軍白沙督是時穎將征長沙王乂以陸機爲前鋒都督惠與機鄉里憂其致禍勸機讓都督於王粹及機兄弟被戮惠甚傷恨之時惠又擅殺穎牙門將梁儁懼罪因改姓名以遁後東海王越舉兵下邳惠乃詭稱南嶽逸士秦祕之以書干越辭旨慷慨越省書榜道以求之惠乃出見越卽以爲記室參軍專掌文疏豫參謀議除散騎郎太子中庶子復請補司空從事中郎越誅周穆等夜召參軍王廙造表廙戰懼壞數紙不成時惠不在越歎曰孫中郎在表久就矣越遷太傅以惠爲軍諮祭酒數諮訪得失每造書檄越或驛馬催之應命立成皆有文彩除秘書監不拜轉彭城內史廣陵相遷廣武將軍安豐內史以迎大駕之功封臨湘縣公元帝遣甘卓討周馥於壽陽惠乃率衆應卓馥敗走廬江何銳爲安豐太守惠權留郡境銳以他事收惠下人推之惠既非南朝所授常慮讒間因此大懼遂攻殺銳奔入蠻中尋病卒時年四十七喪還鄉里朝廷明其本心追加弔贈

熊遠字孝文豫章南昌人也祖翹嘗爲石崇蒼頭而性廉直有士風黃門郎潘岳見而稱異勸崇免之乃還鄉里遠有志尚縣召爲功曹不起強與衣幘扶之使謁十餘日薦於郡由是辟爲文學掾遠曰辭大不辭小也固請留縣太守察遠孝廉屬太守討氐羌遠遂不行送至隴右而還後太守會稽夏靜辟爲功曹及靜去職遠送至會稽以歸州辟主簿別駕舉秀才除監軍華軼司馬領武昌太守寧遠護軍元帝作相引爲主簿時傳北陵被發帝將舉哀遠上疏言承傳之語未可爲定且園陵非一而直言侵犯遠近弔問答之宜當有主謂應更遣使攝河南尹按行得審問然後可發哀卽宜命將至洛修復園陵討除逆類則天下響應矣屬有杜弢之難不能從時江東草創農桑弛廢遠建天子帥三公九卿諸侯躬耕帝籍之議時論美之建興初正旦將作樂遠諫以孝懷皇帝梓宮未反履端元日正始之初貢士鱗萃南北雲集有識之士於是觀禮今榮耳目之觀崇戲弄之好非納軌物有塵大教謂宜設饌以賜羣下而已元帝納之轉丞相參軍是時琅邪國侍郎王鑒勸帝親征杜弢遠上疏言且當命將興師不宜親舉會弢已平轉從事中郎累遷太子中庶子尚書左丞散騎常侍帝每歎其忠公謂曰卿在朝正色不茹柔吐剛忠亮至到可謂王臣也吾所欣賴卿其勉之及中興建帝賜諸吏投刺勸進者加位一等百姓投刺者賜司徒吏凡二十餘萬遠以爲秦漢因赦賜爵非長制也今案投刺者不獨近者情重遠者情輕可依漢法例賜天下爵於恩爲普無偏頗之失可以息檢覈之煩塞巧僞之端帝不從轉爲御史中丞時尚書刁協用事衆皆憚之尚書郎盧綝將入直遇協於大司馬門外協醉使綝避之綝不迴協令威儀牽捽綝墮馬至協車前而後釋遠奏免協官時冬雷電且大雨帝下書責躬引過遠復上疏以爲胡賊猾夏二帝幽殯梓宮未返而不能遣軍進討一失也羣官不以讎賊未報爲恥務在調戲酒食而已二失也選官用人不料實德惟在白望不求才幹惟事請託當官者以治事爲俗吏奉法爲苛刻盡禮爲謟諛從容爲高妙放蕩爲達士驕蹇爲簡雅三失也世所惡者陸沈泥滓時所善者翱翔雲霄是以萬機未整風俗爲薄朝廷以從順爲善相違見貶安得朝有辯爭之臣士有祿仕之志乎古之取士敷奏以言明試以功今先祿不試甚違古義又舉賢不出世族用法不及權貴是以才不濟務好惡無所懲若此道不改求以救亂難矣累遷侍中出補會稽內史時王敦作逆沈充舉兵應之加遠將軍距而不受不輸軍資於充以保境安衆爲務敦至石頭諷朝廷徵遠乃拜太常卿加散騎常侍敦深憚其正而有謀引爲長史數月病卒遠弟縉名亞於遠爲王敦主簿終於鄱陽太守縉字鳴鵠位至武昌太守

王鑒字茂高堂邑人也父濬御史中丞鑒少以文筆著稱初爲元帝琅邪國侍郎時杜弢作逆江湘流弊王敦不能制朝廷深以爲憂鑒上疏勸帝親征帝深納之卽

命中外戒嚴會弢已平故止中興建拜駙馬都尉奉朝請出補汞興令大將軍王敦請爲記室參軍未就而卒時年四十一文集傳於世鑒弟濤及弟子戩並有才筆濤字茂畧歷著作郎無錫令戩字庭堅亦爲著作並早卒

陳頵字延思陳國苦人也少好學有文義父訴立宅起門頵曰當使容車馬訢笑而從之仕爲郡督郵檢獲隱匿者三千人爲一州尤最太守劉享拔爲主簿州辟部從事乘馬車還家宗黨榮之劾案沛王韜獄未竟會解結代楊準爲刺史韜因河間王顒屬結結至大會問主簿史鳳曰沛王貴藩州據何法而攝拘邪時頵在坐對曰甲午詔書刺史銜命國之外臺其非所部而在境者刺史并糾事徵文墨前後列上七被詔書如州所劾無有違謬結曰衆人之言不可妄聽且依法窮竟又問僚佐曰河北白壤膏粱何故少人士每以三品爲中正答曰詩稱惟岳降神生甫及申夫英偉大賢多出於山澤河北土平氣均蓬蒿裁高三尺不足成林故也結曰張彥眞以爲汝潁巧辯恐不及青徐儒雅也頵曰彥眞與元禮不協故設過言老子莊周生陳梁伏羲傅說師曠大項出陽夏漢魏二祖起於沛譙準之衆州莫之與比結甚異之曰豫州人士常半天下此言非虛會結遷尚書結恨不得盡其才用元康中舉孝廉而州將留之頵薦同縣焦保州遂辟保齊王冏起義州遣頵將兵赴之拜駙馬都尉遭賊避難于江西歷陽內史朱彥引爲參軍鎮東從事中郎袁琇薦頵於元帝遷鎮東行參軍事典法兵二曹頵與王導書曰中華所以傾弊者正由取才失所先白望而後實事浮競驅馳互相貢薦言重者先顯言輕者後叙遂相波扇乃至陵遲加有莊老之俗傾惑朝廷養望者爲弘雅政事者爲俗人王職不恤法物墜喪今宜改張明賞信罰拔卓茂於密縣顯朱邑於桐鄉然後大業可舉中興可冀耳建興初制版補錄事參軍參佐掾屬多設解故以避事任頵議諸僚屬乘昔西臺養望餘弊小心恭肅更以爲俗偃蹇倨慢以爲優雅至今朝士縱誕臨事遊行漸弊不革以至傾國故百尋之屋突直而燎焚千里之隄蟻垤而穿敗古人防小以全大愼微以杜萌自今臨使稱疾須催乃行者皆免官初趙王倫篡位三王起義制己亥格其後論功雖小亦皆依用頵意謂不宜以爲常式駮之曰聖主懸爵賞功制罰糾違斯道苟明人赴水火且名器之實不可妄假非才謂之致寇寵厚戒在斯凶昔孫秀口唱篡逆干弄天機惠皇失御九服無戴三王建義席卷四海合起義之衆結天下之心故設已亥義格以權濟難此自一切之法非常倫之格也其起義以來依格雜猥遭人爲侯或加兵伍或出皁僕金紫佩士卒之身符策委庸隸之門使天官降辱王爵黷賤非所以正皇綱重名器之謂也請自今以後宜停之頵以孤寒數有奏議朝士多惡之出除譙郡太守太興初以疾徵久之白衣兼尚書因陳時務以爲昔江外初平中州荒亂故貢舉不試宜漸循舊搜揚隱逸試以經策又馬隆孟觀雖出貧賤勳濟甚大以所不習而統戎事鮮能以濟宜開舉武畧任將帥者言問核試盡其所能然後隨才授任舉十得一猶勝不舉況或十得二三日磾降虜七世內侍由余戎狄入爲秦相豈藉華宗之族見齒於奔競之流乎宜引幽滯之儁抑華校實則天清地平人神感應後拜天門太守殊俗安之選腹心之吏爲荆州參軍若有調發動靜馳白故恒得宿辦陶侃征還頵先至巴陵上禮侃以爲能表爲梁州刺史綏懷荒弊甚有威惠梁州大姓互相嫉妬說頵年老耳聾侃召頵還以西陽太守蔣巽代之年六十九卒

高崧字茂琰廣陵人也父悝少孤事母以孝聞年十三値歲饑悝菜蔬不饜每致甘肥於母撫幼弟以友愛稱寓居江州刺史華軼辟爲西曹書佐及軼敗悝藏匿軼子經年會赦乃出元帝嘉而宥之以爲參軍遂歷顯位至丹陽尹光祿大夫封建昌伯崧少好學善史書總角時司空何充稱其明惠充爲揚州引崧爲主簿益相欽重轉驃騎主簿舉州秀才除太學博士父艱去職初悝以納妾致訟被黜及終崧乃自繫廷尉訟冤遂停喪五年不葬表疏數十上帝哀之乃下詔曰悝備位大臣違憲被黜事已久判其子崧求直無已今特聽傳侯爵由是見稱拜中書郎再遷黃門侍郎簡文帝輔政引爲撫軍司馬時桓溫擅威率衆北伐軍次武昌簡文患之崧曰宜致書諭以禍福自當反旆如其不耳便六軍整駕逆順於玆判矣若有異計請先釁鼓便於坐爲簡文書草曰寇難宜平時會宜接此實爲國遠圖經略大算能弘斯會非足下而誰但以此興師動衆要當以資實爲本運轉之艱古人之所難不可易之於始而不熟慮須所以深用惟疑在乎此耳然異常之事衆之所駭遊聲噂喈想足下亦少聞之苟患失之無所不至或能望風振擾一時崩散如其不然者則望實並喪社稷之事去矣皆由吾闇弱德信不著不能鎭靜羣庶保固維城所以內愧于心外慙良友吾與足下雖職有內外安社稷

保國家其致一也天下安危繫之明德先存宣國而後圖其外使王基克隆大義弘著所望於足下區區誠懷豈可復顧嫌而不盡哉溫得書還鎮崧累遷侍中是時謝万爲豫州都督疲於親賓相送方臥在室崧徑造之謂曰卿今疆理西藩何以爲政万粗陳其意崧便爲叙刑政之要數百言万遂起坐呼崧小字曰阿鄙故有才具邪哀帝雅好服食崧諫以爲非萬乘所宜陛下此事實日月之一食也後以公事免卒於家子耆官至散騎常侍

郭璞字景純河東聞喜人也父瑗爲尚書都令史時尚書杜預有所增損瑗多駮正之以公方稱終於建平太守璞好經術博學有高才而訥於言論詞賦爲中興之冠好古文奇字妙於陰陽算歷有郭公者客居河東精於卜筮璞從之受業公以青囊中書九卷與之由是遂洞五行天文卜筮之術禳災轉禍通致無方雖京房管輅不能過也璞門人趙載竊青囊中書未及讀而爲火所焚惠懷之際河東先擾璞筮之投策而歎曰嗟乎黔黎將湮於異類桑梓其翦爲龍荒乎於是潛結姻昵及交遊數十家欲避地東南抵將軍趙固會固所乘良馬死固惜之不接賓客璞至門吏不爲通璞曰吾能活馬吏驚入白固趨出曰君能活吾馬乎璞曰得健夫二三十人皆持長竿東行三十里有邱林社廟者便以竿打拍當得一物宜急持歸得此馬活矣固如其言果得一物似猴將歸此物見死馬便噓吸其鼻頃之馬起奮迅嘶鳴食如常不復見向物固奇之厚加資給行至廬江太守胡孟康被丞相召爲軍諮祭酒時江淮清晏孟康安之無心南度璞爲占曰敗康不之信璞將趣裝去之愛主人婢無由而得乃取小豆三斗繞主人宅散之主人晨起見赤衣人數千圍其家就視則滅甚惡之請璞爲卦璞曰君家不宜畜此婢可於東南三十里賣之慎勿爭價則此妖可除也主人從之璞因陰令人賤買此婢復爲符投井中數千赤衣人皆反縛一一自投于井主人大悅璞攜婢去後數旬而廬江陷璞既過江宣城太守殷祐引爲參軍時有物大如水牛灰色卑腳腳類象胸前尾上皆白大力而遲鈍來到城下衆咸異焉祐使人伏而取之令璞作卦遇遯之蠱其林曰艮體連乾其物壯巨山潛之畜匪兕匪虎身與鬼并精見二午法當爲禽兩靈不許遂被一創還其本墅按卦名之是爲驢鼠卜適了伏者以戟刺之深尺餘遂去不復見郡綱紀上祠請殺之巫云此是郱亭驢山君鼠使詣荆山暫來過我不須觸之其精妙如此祐遷石頭督護璞復隨之時有鼯鼠出延陵璞占之曰此郡東當有妖人欲稱制者尋亦自死矣後當有妖樹生然若瑞而非瑞辛螫之木也儻有此者東南數百里必有作逆者期明年矣無錫縣欻有茱萸四株交枝而生若連理者其年盜殺吳興太守袁琇或以問璞璞曰卯爻發而沴金此木不曲直而成災也王導深重之引參己軍事嘗令作卦璞言公有震厄可命駕西出數十里得一栢樹截斷如身長置常寢處災當可消矣導從之數日果震栢木粉碎時元帝初鎭建業導令璞筮之遇咸之井璞曰東北郡縣有武名者當出鐸以著受命之符西南郡縣有陽名者井當沸其後晉陵武進縣人於田中得銅鐸五枚歷陽縣中井沸經日乃止及帝爲晉王又使璞筮遇豫之睽曰會稽當出鐘以告成功上有勤銘應在人家井泥中得之繇辭所謂先王以作樂崇德殷薦之上帝者也及帝卽位大興初會稽剡縣人果於井中得一鐘長七寸二分口徑四寸半上有古文奇書十八字云會稽嶽命餘字時人莫識之璞曰蓋王者之作必有靈符塞天人之心與神物合契然後可以言受命矣觀五鐸啓號於晉陵棧鐘告成於會稽瑞不失類出皆以方豈不偉哉若夫鐸發其響鐘徵其象器以數臻事以實應天人之際不可不察帝甚重之璞著江賦其辭甚偉爲世所稱後復作南郊賦帝見而嘉之以爲著作佐郎于時陰陽錯謬而刑獄繁興璞上疏曰臣聞春秋之義貴元愼始故分至啓閉以觀雲物所以顯天人之統存休咎之徵臣不揆淺見輒依歲首粗有所占卦得解之既濟按爻論思方涉春木王龍德之時而爲廢水之氣來見乘加升陽未布隆陰仍積坎爲法象刑獄所麗變坎加離厥象不燭以義推之皆爲刑獄殷繁理有壅濫又去年十二月二十九日太白蝕月月者屬坎羣陰之府所以照察幽情以佐太陽者也太白金行之星而來犯之天意若曰刑理失中自壞其所以爲法者也臣術學庸近不練內事卦理所及敢不盡言又去秋以來沉雨跨年雖爲金家涉火之祥然亦是刑獄充溢怨歎之氣所致往建興四年十二月中行丞相令史淳于伯刑於市而血逆流長標伯者小人雖罪在未允何足感動靈變致若斯之怪邪明皇天所以保祐金家子愛陛下屢見災異殷勤無已陛下宜側身思懼以應靈譴皇極之謫事不虛降不然恐將來必有愆陽苦雨之災崩震薄蝕之變狂狡蠢戾之妖以益陛下旰食之勞也臣謹尋按舊經尚書有五事供禦之術京房易傳有消復之救所以

緣咎而致慶因異而邁政故木不生庭太戊無以隆雉不鳴鼎武丁不爲宗夫寅畏者所以饗福怠傲者所以招禍此自然之符應不可不察也按解卦繇云君子以赦過宥罪旣濟云思患而豫防之臣愚以爲宜發哀矜之詔引在予之責蕩除瑕釁贊陽布惠使幽斃之人應蒼生以悅育否滯之氣隨谷風而紓散此亦寄時事以制用藉開基而曲成者也臣竊觀陛下貞明仁恕重光四祖祥靈表瑞人鬼獻謀應天順時殆不尙此然卽位以來而康哉之歌不作者何邪殆由伎道之情未著而任刑之風先彰漢之中宗聰悟獨斷可謂令主然厲意刑名用虧純德老子以禮爲忠信之薄况刑又是禮之糟粕者乎願陛下少鑒臣言疏奏優詔報之其後日有黑氣璞復上疏曰臣以頑昧近者冒陳所見陛下不遺狂言事蒙御省伏讀聖詔歡懼交戰臣前云升陽未布隆陰仍積坎爲法象刑獄所麗變坎加離厥象不燭疑將來必有薄蝕之變也此月四日日去山六七丈精光潛暗而色都赤中有異物大如雞子又有靑黑之氣共相薄擊良久乃解按時在歲首純陽之月日在癸亥全陰之位而有此異殆元首供禦之義不顯消復之理不著之所致也去微臣所陳未及一月而便有此變益明皇天留情陛下懇懇之至也往年歲末太白蝕月今年歲始日有咎謫曾未數旬大靑再見日月告釁見懼詩人無曰天高其鑒不遠故宋景言善熒惑退次光武寧亂呼沲結冰此明天人之懸符有若形影之相應應之以德則休祥臻酬之以怠則咎徵作陛下宜躬承靈譴敬天之怒施沛然之恩諧元同之化上所以允塞天意下所以弭息羣謗矣頃之遷尙書郎數言便宜多所匡益明帝之在東宮與溫嶠庾亮並有布衣之好璞亦以才學見重埒於嶠亮論者美之然性輕易不修威儀嗜酒好色時或過度著作郎干寶常誡之曰此非適性之道也璞曰吾所受有本限用之恒恐不得盡卿乃憂酒色之爲害乎璞旣好卜筮縉紳多笑之又自以才高位卑乃著客傲辭不載永昌元年皇孫生璞上疏曰臣竊惟陛下符運至著勳業至大而中興之祚不隆聖敬之風未躋者殆由法令太明刑教太峻故水至淸則無魚政至察則衆乖此自然之勢也臣去春啟事以囹圄充斥陰陽不和推之卦理宜因郊祀作赦以蕩滌瑕穢不然將來必有愆陽苦雨之災崩震薄蝕之變狂狡蠢戾之妖其後月餘日果薄鬬去秋以來諸郡並有暴雨水皆洪潦歲用無年適聞吳興復欲有構妄者咎徵漸成臣甚惡之頃者以來役賦轉重獄犴日結百姓困擾甘亂者多小人愚嶮共相扇動雖勢無所至然不可不虞按洪範傳君道虧則日蝕人憤怨則水涌溢陰氣積則下代上此微理潛應已著實於事者也假令臣遂不幸謬中必貽陛下側席之憂今皇孫載育天固靈基黔首顒顒實望惠潤又歲涉午位金家所忌宜於此時崇恩布澤則火氣潛消災譴不生矣陛下上承天意下順物情可因皇孫之慶大赦天下然後明罰勑法以肅理官克厭天心慰塞人事兆庶幸甚禎祥必增矣疏奏納焉卽大赦改年時暨陽人任谷因耕息於樹下忽有一人着羽衣就淫之旣而不知所在谷遂有娠積月將產羽衣人復來以刀穿其陰下出一蛇子便去谷遂成宦者後詣闕上書自云有道術帝留宮中璞上疏陳其妖異不宜引之禁內臣黍荷史任敢忘直筆惟義是規其後元帝崩谷因亾走璞以母憂去職卜葬地於暨陽去水百許步人以近水爲言璞曰卽爲陸矣其後沙漲數十里皆爲桑田未期王敦起璞爲記室參軍是時潁川陳述爲大將軍掾有美名爲敦所重未幾而沒璞哭之哀甚呼曰嗣祖嗣祖焉知非福未幾而敦作難時明帝卽位踰年未改號而熒惑守房璞時休歸帝乃遣使齎手詔問璞會暨陽縣復上言曰赤烏見璞乃上疏請改年肆赦文多不載璞嘗爲人葬明帝微服往觀之因問主人何以葬龍角此法當滅族主人曰郭璞云此葬龍耳不出三年當致天子也帝曰出天子邪答曰能致天子問耳帝甚異之璞素與桓彝友善彝每造之或値璞在婦間便入璞曰卿來他處自可徑前但不可廁上相尋耳必客主有殃彝後因醉詣璞正逢在廁掩而觀之見璞裸身被髮銜刀設醊璞見彝撫心大驚曰吾每屬卿勿來反更如是非但吾禍卿亦不免天實爲之將以誰咎璞終嬰王敦之禍彝亦死蘇峻之難王敦之謀逆也溫嶠庾亮使璞筮之璞對不決嶠亮令占己之吉凶璞曰大吉嶠等退相謂曰璞對不了是不敢有言或天奪敦魄今吾等與國家共舉大事而璞云大吉是爲舉事必有成也於是勸帝討敦初璞每言殺我者山宗至是果有姓崇者構璞於敦敦將舉兵又使璞筮璞曰無成敦固疑璞之勸嶠亮又聞卦凶乃問曰卿更筮吾壽幾何答曰思向卦明公起事必禍不久若住武昌壽不可測敦大怒曰卿壽幾何曰命盡今日日中敦怒收璞詣南岡斬之璞臨出謂行刑者欲何之曰南岡頭璞曰必在雙柏樹下此栢應有大鵲巢衆索之不得璞更令尋覓果於枝間得一大鵲巢密葉蔽之初璞行經越城間

遇一人呼問姓名因以袴褶遺之其人辭不受璞曰但取後自當知其人遂受而去至是果此人行刑及王敦平追贈弘農太守時年四十九初庾翼幼時常令璞筮公家及身卦成曰建元之末邱山傾長順之初子凋零及康帝即位將改爲建元或謂庾冰曰子忘郭生之言邪邱山上名此號不宜用冰撫心歎恨及帝崩何充改元爲永和庾翼歎曰天道精微乃當如是長順者永和也吾庸得免乎其年翼卒冰又筮其後嗣卦成曰卿諸子並當貴盛然有見白龍者凶徵至矣若墓碑生金庾氏之大忌也後冰子蘊爲廣州刺史妾房內忽有新生白狗子莫知所由來其妾秘愛之不令蘊知狗轉長大蘊入見狗猲眼分明又身至長而弱異於常狗蘊甚怪之將出共視在衆人前忽失所在蘊慨然曰殆白龍乎庾氏之禍至矣又墓碑生金俄而爲桓溫所滅終如其言璞之占驗皆此類也璞撰前後筮驗六十餘事名爲洞林又抄京費諸家要最更撰新林十篇卜韻一篇注釋爾雅別爲音義圖譜又注三蒼方言穆天子傳山海經及楚辭子虛上林賦數十萬言皆傳於世所作詩賦誄頌亦數萬言子驁官至臨賀太守

葛洪字稚川丹陽句容人也祖系吳大鴻臚父悌吳平後入晉爲邵陵太守洪少好學家貧躬自伐薪以貿紙筆夜輒寫書誦習遂以儒學知名性寡欲無所愛翫不知棊局幾道樗蒱齒名爲人木訥不好榮利閉門卻掃未嘗交遊時輩於餘杭山見何幼道郭文舉目擊而已各無所言時或尋書問義不遠數千里崎嶇冒涉期於必得遂究覽典籍尤好神仙導養之術從祖元吳時學道得仙號曰葛仙公以其鍊丹秘術授弟子鄭隱洪就隱學悉得其法焉後師事南海太守上黨鮑元元亦內學逆占將來見洪深重之以女妻洪洪傳元業兼綜練醫術凡所著撰皆精覈是非而才章富贍太安中石冰作亂吳興太守顧祕爲義軍都督與周玘等起兵討之祕檄洪爲將兵都尉攻冰別帥破之遷伏波將軍冰平洪不論功賞徑至洛陽欲搜求異書以廣其學洪見天下已亂欲避地南土乃參廣州刺史嵇含軍事及含遇害遂停南土多年征鎮檄命一無所就後還鄉里禮辟皆不赴元帝爲丞相辟爲掾以平賊功賜爵關內侯初司徒導召補州主簿轉司徒掾遷諮議參軍干寶深相親友薦洪才堪國史選爲散騎常侍領大著作洪固辭不就以年老欲鍊丹以祈遐壽聞交阯出丹求爲句漏令元帝以洪資高不許洪曰非欲求榮以有丹耳帝從之洪遂將子姪俱至廣州刺史鄧嶽留不聽去洪乃止羅浮山鍊丹嶽表補東宮太守又辭不就嶽乃以洪元子望爲記室參軍在山積年優游閑養著述不輟其自序曰洪體乏進趣之才偶好無爲之業假令奮翅則能陵厲元霄騁足則能追風躡景猶欲戢勁翮於鷦鷯之羣藏逸迹於跛驢之伍豈況大塊稟我以尋常之短羽造化假我以至駑之蹇足自卜者審不能者止豈敢力蒼蠅而慕冲天之舉策跛鼈而追飛兎之軌飾嫫母之篤陋求媒陽之美談推沙礫之賤質索千金於和肆哉夫僬僥之步而企及夸父之蹤近才所以躓礙也要離之羸而强赴扛鼎之勢秦人所以斷筋也是以望絕於榮華之途而志安乎窮圮之域藜藿有八珍之甘蓬蓽有藻棁之樂也故權貴之家雖咫尺弗從也知道之士雖艱遠必造也考覽奇書既不少矣率多隱語難可卒解自非至精不能尋究自非篤勤不能悉見也道士弘博洽聞者寡而意斷妄說者衆至於時有好事者欲有所修爲倉卒不知所從而意之所疑又無足諮今爲此書粗舉長生之理其至妙者不得宣之於翰墨蓋粗言較略以示一隅冀悱憤之徒省之可以思過半矣豈謂闇塞必能窮微暢遠乎聊論其所先覺耳世儒徒知服膺周孔莫信神仙之書不但大而笑之又將毀謗眞正故余所著悉言黃白之事名曰內篇其餘駁難通釋名曰外篇大凡內外一百一十六篇雖不足藏諸名山且欲緘之金匱以示識者自號抱朴子因以爲名其餘所著碑誄詩賦百卷移檄章表三十卷神仙良吏隱逸集異等傳各十卷又抄五經史漢百家之言方伎雜事三百一十卷金匱藥方一百卷肘後要急方四卷洪博聞深洽江左絕倫著述篇章富於班馬又精辯元賾析理入微後忽與嶽疏云當遠行尋師尅期便發嶽得疏狼狽往別而洪坐至日中兀然若睡而卒嶽至不及見時年八十一視其顏色如生體亦柔軟舉尸入棺甚輕如空衣世以爲尸解得仙云

庾亮字元規明穆皇后之兄也父琛在外戚傳亮美姿容善談論性好莊老書風格整峻動由禮節閨門之內不肅而成時人以爲夏侯太初陳長文之倫也年十六東海王越辟爲掾不就隨父在會稽嶷然自守時人皆憚其方儼莫敢造之元帝爲鎮東時聞其名辟西曹掾及引見風情都雅過於所望甚器重之聘亮妹爲皇太子妃亮固讓不許轉丞相參軍預討華軼功封都亭侯轉參丞相軍事掌書記中興初拜中書郎領著作侍講東宮其所論釋多見稱述與溫嶠俱爲太子布衣之好

時帝方任刑法以韓子賜皇太子亮諫以申韓刻薄不足留聖心太子甚納焉累遷給事中黃門侍郎散騎常侍時王敦在蕪湖帝使亮詣敦籌事敦與亮談論不覺改席而前退而歎曰庾元規賢於裴頠遠矣因表爲中領軍明帝即位以爲中書監亮上疏辭讓深陳外戚之戒帝納其言而止王敦既有異志內深忌亮而外崇重之亮憂懼以疾去官復代王導爲中書監及敦舉兵加亮左衛將軍與諸將距錢鳳及沈充之走吳興也又假亮都督東征諸軍事追充事平以功封永昌縣開國公賜絹五千四百疋固讓不受轉護軍將軍及帝疾篤不欲見人羣臣無得進者撫軍將軍南頓王宗右衛將軍虞允等素被親愛與西陽王羕將有異謀亮直入臥內見帝流涕不自勝既而正色陳羕與宗等謀廢大臣規共輔政社稷安否將在今日辭旨切至帝深感悟引亮升御座遂與司徒王導受遺詔輔幼主加亮給事中徙中書令太后臨朝政事一決於亮先是王導輔政以寬和得眾亮任法裁物頗以此失人心又先帝遺詔褒進大臣而陶侃祖約不在其列侃約疑亮刪除遺詔並流怨言亮懼亂於是出溫嶠爲江州以廣聲援修石頭城以備之會南頓王宗復謀廢執政亮殺宗而廢宗兄羕宗帝室近屬羕國族元老又先帝保傅天下咸以亮翦削宗室琅邪人卞咸宗之黨也與宗俱誅咸兄闡亾奔蘇峻亮符峻送闡而峻保匿之峻又多納亾命專用威刑亮知峻必爲亂乃徵峻爲大司農舉朝謂之不可平南將軍溫嶠亦累書止之亮皆不納峻遂與祖約俱舉兵反溫嶠聞峻不受詔便欲下衛京都三吳又起義兵亮並不聽而報嶠書曰吾憂西陲過於歷陽足下無過雷池一步也既而峻將韓晃寇宣城亮遣拒之不能制峻乘勝至于京都詔假亮節都督征討諸軍事戰于建陽門外軍未及陣士眾棄甲而走亮乘小船西奔亂兵相剝掠亮左右射賊誤中柂工應弦而倒船上咸失色欲散亮不動容徐曰此手何可使着賊眾心乃安亮攜其三弟懌條翼南奔溫嶠嶠素欽重亮雖在奔敗猶欲推爲都統亮固辭乃與嶠推陶侃爲盟主侃至尋陽既有憾於亮議者咸謂侃欲誅執政以謝天下亮甚懼及見侃引咎自責風旨可觀侃不覺釋然乃謂亮曰君侯修石頭以擬老子今日反見求邪便談宴終日亮噉薤因留白侃問曰安用此爲亮云故可以種侃於是尤相稱歎云非唯風流兼有爲政之實既至石頭亮遣督護王彰擊峻黨張曜反爲所敗亮送節傳以謝侃侃答曰古人三敗君侯始二當今事急不宜數爾又曰朝政多門用生國禍喪敗之來豈獨由峻也亮時以二千人守白石壘峻步兵萬餘四面來攻眾皆震懼亮激厲將士並殊死戰峻軍乃退追斬數百級峻平帝幸溫嶠舟亮得進見稽顙哽咽詔羣臣與亮俱升御座亮明日又泥首謝罪乞骸骨欲闔門投竄山海帝遣尚書侍中手詔慰諭此社稷之難非舅之責也亮上疏謝罪陳誠優詔答之亮又欲遁逃山海自暨陽東出詔有司錄奪舟船亮乃求外鎮以自效出爲持節都督豫州揚州之江西宣城諸軍事平西將軍假節豫州刺史領宣城內史亮遂受命鎮蕪湖頃之後將軍郭默據湓口以叛亮表求親征於是以本官加征討都督率將軍路永毛寶趙允匡術劉仕等步騎一萬會太尉陶侃俱討破之亮還蕪湖不受爵賞侃移書曰夫賞罰黜陟國之大信竊怪矯然獨爲君子亮曰元帥指撝武臣效命亮何功之有遂苦辭不受進號鎮西將軍又固讓初以誅王敦功封永昌縣公亮比陳讓疏數十上至是許之陶侃薨遷亮都督江荊豫益梁雍六州諸軍事領豫荊江三州刺史開府儀同三司亮固讓開府乃遷鎮武昌時王導輔政主幼時艱務存大綱不拘細目委任趙允賈寧等諸將並不奉法大臣患之陶侃欲起兵廢導而郗鑒不從乃止至是亮又欲率眾黜導又以諮鑒而鑒又不許故其事得息時石勒新死亮有開復中原之謀乃解豫州授輔國將軍毛寶使與西陽太守樊峻精兵一萬俱戍邾城又以陶稱爲南中郎將江夏相率部曲五千人入沔中亮弟翼爲南蠻校尉南郡太守鎮江陵以武昌太守陳囂爲輔國將軍梁州刺史趣子午又遣偏軍伐蜀至江陽執偽荊州刺史李閎巴郡太守黃植送于京都亮當率大眾十萬據石頭城爲諸軍聲援乃上疏曰蜀胡二寇凶虐滋甚內相誅鉏眾叛親離蜀甚弱而胡尚彊並佃並守修進取之備襄陽北接宛許南阻漢水其險足固其土足食臣宜移鎮襄陽之石城下并遣諸軍羅布江沔比及數年戎士習練乘釁齊進以臨河洛大勢一舉眾知存亾開反善之路宥逼脅之罪因天時順人情誅逋逆實聖朝之所先務願陛下許其所陳濟其此舉淮泗壽陽所宜進據臣輒簡練部分乞槐棘參議以定經略帝下其議時王導與亮意同郗鑒以資用未備不可大舉亮又上疏便欲遷鎮會寇陷邾城毛寶赴水而死亮陳謝自貶三等行安西將軍有詔復位尋拜司空餘官如故固讓不拜亮自邾城陷沒憂慨發疾會王導薨徵亮爲司徒揚州刺史錄尚書事亮又固辭帝許之

咸康六年薨時年五十二追贈太尉諡曰文康喪至車駕親臨及葬又贈永昌公印綬亮弟冰上疏陳兄志不受帝從之亮將葬何充會之歎曰埋玉樹於土中使人情何能已初亮所乘馬有的顱殷浩以爲不利於主勸亮賣之亮曰曷有已之不安而移於人浩慙而退亮在武昌諸佐吏殷浩之徒乘秋夜往共登南樓俄而不覺亮至諸人將起避之亮徐曰諸君少住老子於此處興復不淺便據胡牀與浩等談詠竟坐其坦率行已多此類也三子彬羲龢彬年數歲雅量過人溫嶠嘗隱暗怛之彬神色自若乃徐跪謂嶠曰君侯何至於此論者謂不減於亮蘇峻之亂遇害羲少有詩督初爲吳國內史時穆帝頗愛文義羲至郡獻詩頗存諷諫其詩文多不載義方見授用而卒子準太元中自侍中代桓石虔爲豫州刺史西中郎將鎮歷陽卒官準子悅義熙中江州刺史準弟楷自有傳龢字道季好學有文章叔父翼將遷鎮襄陽龢年十五以書諫止翼翼甚奇之升平中代孔嚴爲丹陽尹表除衆役六十餘事太和中代王恪爲中領軍卒於官子恒尚書僕射贈光祿大夫亮弟懌字叔預少以通簡爲兄亮所稱弱冠西陽王羕辟不就東海王沖爲長水校尉清選綱紀以懌爲功曹除暨陽令又爲沖中軍司馬轉散騎侍郎遷左衛將軍以討蘇峻功封廣饒男出補臨川太守歷監梁雍三州軍事轉輔國將軍梁州刺史假節鎮魏興時兄亮總統六州以懌寬厚容衆故授以遠任爲東西勢援尋進監秦州氐羌諸軍事懌遣牙門霍佐迎將士妻子佐驅三百餘口亾入石虎亮表上貶懌爲建威將軍朝議欲召還亮上疏曰懌御衆簡而有惠州戶雖小賴其寬政佐等同惡大數不多且懌名號大不可以小故輕議進退其文武之心轉已安定賊帥文秀遣使歸誠上洛附賊降者五百餘口冀一安隱無復怵惕從之後以所鎮險遠糧運不繼詔懌以將軍率所領屯半洲尋遷輔國將軍豫州刺史進號西中郎將監宣城廬江歷陽安豐四郡軍事假節鎮蕪湖懌嘗以白羽扇獻成帝帝嫌其非新反之侍中劉劭曰栢梁雲構大匠先居其下管絃繁奏夔牙先聆其音懌之上扇以好不以新後懌聞之曰此人宜在帝之左右又嘗以毒酒餉江州刺史王允之允之覺其有毒飲犬犬斃乃密奏之帝曰大舅已亂天下小舅復欲爾邪懌聞遂飲鴆而卒時年五十贈衛將軍諡曰簡子統字長仁少有令名司空太尉辟皆不就調補撫軍會稽王司馬出爲建威將軍蠻夷護軍尋陽太守年二十九卒時人稱其才器甚惜之子元之官至宣城內史懌弟冰字季堅兄亮以名德流訓冰以雅素垂風諸弟相率莫不好禮爲世論所重亮嘗以爲庾氏之寶司徒辟不就徵祕書郎預討華軼功封都鄉侯王導請爲司徒右長史出補吳國內史會蘇峻作逆遣兵攻冰冰不能禦便棄郡奔會稽會稽內史王舒以冰行奮武將軍距峻別率張健於吳中時健黨甚衆諸將莫敢先進冰率衆擊健走之於是乘勝而進赴于京都又遣司馬滕含攻賊石頭城拔之冰勳爲多封新吳縣侯固辭不受還給事黃門侍郎又讓不拜司空郗鑒請爲長史不就出補振威將軍會稽內史徵爲領軍將軍又辭尋入爲中書監揚州刺史都督揚豫兗三州軍事征虜將軍假節是時王導新喪人情恇然冰兄亮既固辭不入衆望歸冰冰既當重任經綸時務不捨晝夜賓禮朝賢升擢後進由是朝野注心咸曰賢相初導輔政每從寬惠冰頗任威刑殷融諫之冰曰前相之賢猶不堪其弘況吾者哉范汪謂冰曰頃天文錯度足下宜盡消禦之道冰曰元象豈吾所測正當勤盡人事耳又隱實戶口料出無名萬餘人以充軍實詔復論前功冰上疏固辭許之成帝疾篤時有妄爲尚書符勑宮門宰相不得前左右皆失色冰神氣自若曰是必虛妄推問果詐衆心乃定進號左將軍康帝卽位又進車騎將軍冰懼權盛乃求外出會弟翼當伐石虎於是以本號除都督江荊寧益梁交廣七州豫州之四郡軍事領江州刺史假節鎮武昌以爲翼援臨發上疏顧盡忠益頃之獻皇后臨朝徵冰輔政冰辭以疾篤尋而卒時年四十九册贈侍中司空諡曰忠成祠以太牢冰天性清慎常以儉約自居中子襲嘗貸官絹十匹冰怒捶之市絹還官臨卒謂長史江彪曰吾將逝矣恨報國之志不展死之日斂以時服無以官物也及卒無絹爲衾室無妾媵家無私積世以此稱之冰七子希襲友蘊倩邈柔希字始彥初拜祕書郎累遷司徒右長史黃門侍郎建安太守未拜復爲長史兼右衛將軍遷侍中出爲輔國將軍吳國內史希既后之戚屬冰女又爲海西公妃故希兄弟並顯貴太和中希爲北中郎將徐兗二州刺史蘊爲廣州刺史並假節友東陽太守倩太宰長史邈會稽王參軍柔散騎常侍倩最有才器桓溫深忌之初慕容儁國梁父斷澗水泰山太守諸葛攸奔鄒山魯高平等數郡皆沒希坐免官頃之徵爲護軍將軍希怒固辭希初免時多盜北府軍資溫諷有司劾之復以罪免遂家于晉陵之暨陽初郭璞筮冰云子孫必有大禍唯用三陽可以有後故希

求鎭山陽友爲東陽家于暨陽及海西公廢桓溫陷倩及柔以武陵王黨殺之希聞難便與弟邈及子攸之逃于海陵陂澤中蘊於廣州飲鴆而死及友當伏誅友子婦桓祕女也請溫故得免故青州刺史武沉希之從母兄也潛餉給希經年溫後知之遣兵捕希武沉之子遵與希聚衆於海濱畧漁人船夜入京口城平北司馬卞耽踰城奔曲阿吏士皆散走希放城內囚徒數百人配以器杖遵於外聚衆宣令云逆賊桓溫廢帝殺王稱海西公密旨誅除凶逆京都震擾內外戒嚴屯備六門平北參軍劉奭與高平太守郗逸之遊軍督護郭龍等集衆拒之卞耽又與曲阿人弘戎發諸縣兵二千并力屯新城以擊希希戰敗閉城自守溫遣東海太守周少孫討之城陷被擒希邈及子姪五人斬于建康市遵及黨與並伏誅唯友及蘊諸子獲全友子叔宣右衞將軍蘊子廓之東陽太守冰弟條字幼序初辟太宰府累遷黃門郞豫章太守徵拜祕書監賜爵鄉侯出爲冠軍將軍臨川太守豫章黃韜自稱孝神皇帝以臨川人李高爲相聚黨數百人乘犢車衣皂袍攻郡縣條討平之條於兄弟最凡劣故祿位不至卒官贈左將軍條弟翼字稚恭風儀秀偉少有經綸大畧京兆杜乂陳郡殷浩並才名冠世而翼弗之重也每語人曰此輩宜束之高閣俟天下太平然後議其任耳見桓溫總角之中便期之以遠畧因言於成帝曰桓溫以英雄之才願陛下勿以常人遇之常壻畜之宜委以方面之任必有匡濟艱難之勲蘇峻作逆翼時年二十二兄亮使白衣領數百人備石頭亮敗與翼俱奔事平詔辟太尉陶侃府轉參軍累遷從事中郞在公府雍容諷議頃之除振威將軍西陽太守撫和百姓甚得歡心遷南蠻校尉領南郡太守加護國將軍假節及郝城失守石城被圍翼屢設奇兵潛致糧仗石城得全翼之勳也賜爵都亭侯及亮卒授都督江荆司雍梁益六州諸軍事安西將軍荆州刺史假節代亮鎭武昌翼以帝舅年少超居大任遐邇屬目慮其不稱翼每竭志能勞謙匪懈戎政嚴明經畧深遠數年之中公私充實人情翕然稱其才幹由是自河以南皆懷歸附石虎汝南郡守戴開率數千人詣翼降又遣使東至遼東西到涼州要結二方欲同大舉慕容皝張駿並報使請期翼雅有大志欲以滅胡平蜀爲已任言論慷慨形于辭色將兵都尉錢頎陳事合旨翼拔爲五品將軍賜穀二百斛時東土多賦役百姓乃從海道入廣州刺史鄧嶽大開鼓鑄諸夷因此知造兵器翼表陳東境國家所資侵擾不已逃逸漸多夷人常伺隙若知造鑄之利將不可禁時殷浩徵命無所就而翼請爲司馬及軍司並不肯赴翼遺浩書因致其意先是殷浩父羨爲長沙在郡貪殘兄冰與翼書屬之翼報書曰殷君始往雖多驕豪實有風力之益亦似由有佳兒弟故小令物情難之自頃以來奉公更退私累日滋亦不稍以此寥蕭之也既雅敬洪遠又與浩親善其父兄得失豈以小小計之大較江東政以傴僂豪彊以爲民蠹時有行法輒施之寒劣如往年偷石頭倉米一百萬斛皆是豪將輩而直打殺倉督監以塞責山遐作餘姚半年而爲官出二千戸政雖不倫公彊官長也而羣共驅之不得安席紀睦徐寧奉王使糾罪人船頭到渚桓逸還復而二使免官雖皆前宰之惛謬江東事去實此之由也兄弟不幸橫陷此中自不能拔腳於風塵之外當共明目治之荆州所統一二十郡唯長沙最惡惡而不黜與殺督監者復何異邪翼有風力格裁發言立論皆如此康帝卽位翼欲率衆北伐上疏曰賊虎年已六十奢淫理盡醜類怨叛又欲決死遼東皝雖驍果未必能固若北無掣手之虜則江南不異遼左矣臣所以輒發良人不顧怨咨然東西形援未必齊舉且欲北進移鎭安陸入沔五日損水通流輒率南郡太守王愆期江夏相謝尙尋陽太守袁眞西陽太守曹據等精鋭三萬風馳上道并勒平北將軍桓宣撲取黃季欲并丹水搖蕩秦雍御以長轡用逸待勞比及數年興復可冀臣既臨許洛竊謂桓溫可渡戍廣陵何充可移據淮泗赭圻路永進屯合肥伏願表御之日便決聖聽不可廣詢同異以乖事會兵聞拙速不聞工之久也於是並發所統六州奴及車牛驢馬百姓嗟怨時欲向襄陽慮朝廷不許故以安陸爲辭帝及朝士皆遣使譬止車騎參軍孫綽亦致書諫翼不從遂違詔輒行至夏口復上表言襄陽荆楚之舊西接益梁與關隴指斥北去洛河不盈千里土沃田良方城險峻水路流通轉運無滯進可以掃蕩秦趙退可以保據上流臣輒量宜入沔徙鎭襄陽其謝尙王愆期等悉令還據本戍須到所在馳遣啓聞翼時有衆四萬詔加都督征討軍事師次襄陽大會僚佐陳旌甲親授弧矢曰我之行也若此射矣遂三起三疊徒衆屬目其氣十倍初翼還襄陽舉朝謂之不可議者或謂避衰唯兄冰意同桓溫及譙王無忌贊成其計至是冰求鎭武昌爲翼繼援朝議謂冰不宜出冰乃止又進翼征西將軍領南蠻校尉胡賊五六百騎出樊城翼遣冠軍將軍曹據追擊於撓溝北破之死者近半獲馬百匹翼

綏來荒遠務盡招納之宜立客館置典賓參軍桓宣卒翼以長子方之爲義城太守代領宣衆司馬應誕爲龍驤將軍襄陽太守參軍司馬勳爲建威將軍梁州刺史戍西城康帝崩兄冰卒以國家情事留方之戍襄陽還鎭夏口悉取冰所領兵自配以兄子統爲尋陽太守詔使翼還督江州又領豫州刺史辭豫州後欲移鎭樂鄉詔不許繕修軍器大佃積穀欲圖後舉遣益州刺史周撫西陽太守曹據伐蜀破蜀將李桓於江陽翼如廁見一物如方相俄而疽發背疾篤表第二子爰之行輔國將軍荆州刺史司馬朱燾爲南蠻校尉以千人守巴陵永和元年卒時年四十一追贈車騎將軍謚曰肅翼卒未幾部將于瓚戴羲等作亂殺將軍曹據翼長史江虨司馬朱燾將軍袁眞等共誅之爰之有翼風尋爲桓溫所廢溫既廢爰之又以征虜將軍劉惔監沔中軍事領義城太守代方之而方之爰之並遷徙于豫章

桓彞字茂倫譙國龍亢人漢五更榮之九世孫也父顥官至郎中彞少孤貧雖簞瓢處之晏如性通朗早獲盛名有人倫識鑒拔才取士或出於無聞或得之孩抱時人方之許郭少與庾亮深交雅爲周顗所重顗常歎曰茂倫嶔崎歷落固可笑人也起家州主簿赴齊王冏義兵屬累遷中書郎尚書吏部郎名顯朝廷于時王敦擅權嫌忌士望彞以疾去職嘗過輿縣縣宰東海徐甯字安期通朗博涉彞遇之欣然停留累日結交而別先是庾亮每屬彞覓一佳吏部及至都謂亮曰爲卿得一吏部矣亮問所在彞曰人所應有而不必有人所應無而不必無徐甯眞海岱淸士因爲敘之卽遷吏部郎竟歷顯職明帝將伐王敦拜彞散騎常侍引參密謀及敦平以功封萬甯縣男丹陽尹溫嶠上言宣城阻帶山川頻經變亂宜得望實居之竊謂桓彞可充其選帝手詔曰適得太眞表如此今大事新定朝廷須才不有君子其能國乎方今外務差輕欲停此事彞上疏深自撝挹內外之任並非所堪但以墳柏在此郡欲暫結名義遂補彞宣城內史在郡有惠政爲百姓所懷蘇峻之亂也彞糾合義衆欲赴朝廷其長史裨惠以郡兵寡弱山人易擾可案甲以須後舉彞厲色曰夫見無禮於其君者若鷹鸇之逐鳥雀今社稷危逼義無晏安乃遣將軍朱綽討賊別帥於蕪湖破之彞尋出石跪會朝廷遣將軍司馬流先據慈湖爲賊所敗遂長驅逕進彞以郡無堅城遂退據廣德尋王師敗績彞聞而慷慨流涕進屯涇縣時州郡多遣使降峻裨惠又勸彞僞與通和以紓交至之禍彞曰吾受國厚恩義在致死焉能忍垢蒙辱與醜逆通問如其不濟此則命也遣將軍俞縱守蘭石峻遣將韓晃攻之縱將敗左右勸縱退軍縱曰吾受桓侯厚恩本以死報吾之不可負桓侯猶桓侯之不可負國也遂力戰而死晃因進軍攻彞彞固守經年勢孤力屈賊曰彞若降當待以優禮將士多勸彞僞降更思後舉彞不從辭氣壯烈志節不撓城陷爲晃所害年五十三時賊尚未平諸子並流迸宣城人紀世和率義故葬之賊平追贈廷尉謚曰簡咸安中改贈太常俞縱亦以死節追贈興古太守初彞與郭璞善嘗令璞筮卦成璞以手壞之彞問其故曰卦與吾同丈夫當此非命如何竟如其言有五子溫雲豁祕沖溫別有傳雲字雲子初爲驃騎何充參軍尚書郎不拜襲爵萬甯男歷位建武將軍義城太守遭母憂去職葬畢起爲江州刺史稱疾廬于墓次詔書敦逼固辭不行服闋然後莅職加都督司豫二州軍事領鎭蠻護軍西陽太守假節雲招集衆力志在足兵多所枉濫衆皆嗟怨時溫執權有司不敢彈劾升平四年卒贈平南將軍謚曰貞子序嗣官至宣城內史豁字朗子初辟司徒府祕書郎皆不就簡文帝召爲撫軍從事中郎除吏部郎以疾辭遷黃門郎未拜時謝万敗於梁濮許昌潁川諸城相次陷没西藩騷動溫命豁督沔中七郡軍事建威將軍新野義城二郡太守擊慕容屈塵破之進號右將軍溫既內鎭以豁監荆揚雍州軍事領護南蠻校尉荆州刺史假節將軍如故時梁州刺史司馬勳以梁益叛豁使其參軍桓羆討之而南陽督護趙弘趙億等逐太守桓澹據宛城以叛豁與竟陵太守羅崇討破之又攻僞南中郎將趙盤於宛盤退走豁追至魯陽獲之送于京師還戍而旋又監甯益軍事溫薨遷征西將軍進督交廣并前五州軍事苻堅寇蜀豁遣江夏相竺瑤距之廣漢太守趙長等戰死瑤引軍退頃之堅又寇涼州弟沖遣輔國將軍朱序與豁子江州刺史石秀泝流就路稟節度豁遣督護桓羆與序等游軍沔漢爲涼州聲援俄而張天錫陷没詔遣中書郎王尋之詣豁諮謀邊事豁表以梁州刺史毛憲祖監沔北軍事兗州刺史朱序爲南中郎將監沔中軍事鎭襄陽以固北鄙太元初遷征西大將軍開府豁上疏固讓不許及苻堅陷仇池豁以新野太守吉挹行魏興太守督護梁州五郡軍事戍梁州堅陷涪城梁州刺史楊亮益州刺史周仲孫並委戍奔潰豁以威略不振所在覆敗又上疏陳謝固辭不拜開府尋卒時年五十八贈

司空本官如故諡曰敬賻錢五十萬布五百疋使者持節監護喪事豁時譽雖不及冲而甚有器度但遇彊寇故功業不建初豁聞苻堅國中有謠云誰謂爾堅石打碎有子二十人皆以石爲名以應之唯石虔石秀石民石生石綏石康知名石虔小字鎭惡有才幹趫捷絕倫從父在荆州於獵圍中見猛虎被數箭而伏諸督將素知其勇戲令拔箭石虔因急往拔得一箭猛虎跳石虔亦跳高於猛虎猛虎伏復拔一箭以歸從溫入關叔父冲爲苻健所圍垂没石虔躍馬赴之拔冲於數萬衆之中而還莫敢抗之三軍歎息威震敵人時有患瘧疾者謂曰桓石虔來以怖之病者多愈其見畏如此初袁眞以壽陽叛石虔以寧遠將軍南頓太守帥諸將攻之尅其高城又擊苻堅將王鑒子石橋獲馬五百匹除竟陵太守以父憂去職尋而苻堅入寇淮南詔曰石虔文武器幹御戎有方古人絕哭金革不避况在餘哀豈得辭事可奮威將軍南平太守尋進冠軍將軍苻堅荆州刺史梁成襄陽太守閻震率衆寇竟陵石虔與弟石民距之賊阻滍水屯管城石虔設計夜渡水既濟賊始覺力戰破之進尅管城禽震斬首七千級俘獲萬人馬數百匹牛羊千頭具裝鎧三百領成以輕騎走保襄陽石虔復領河東太守進據樊城堅兖州刺史張崇納降二千家而還冲卒石虔以冠軍將軍監豫揚州五郡軍事豫州刺史尋以母憂去職服闋復本位久之命移鎭馬頭石虔求停歷陽許之太元十三年卒追贈右將軍追論平閻震功追爵作塘侯第五子誕嗣誕長兄洪襄城太守洪弟振字道全少果銳而無行元爲荆州振爲揚武將軍淮南太守轉江夏相以兇横見黜及元之敗也桓謙匿於沮中振逃於華容之涌中元先令將軍王稚徽戍巴陵稚徽遣人報振云桓欽已尅京邑馮稚等復平尋陽劉毅諸軍並敗於中路振大喜時安帝在江陵振乃聚黨數十人襲江陵比至城有衆二百謙亦聚衆而出遂陷江陵迎帝於行宫振聞桓昇死大怒將肆逆於帝謙苦禁之乃止遂命羣臣辭以楚祚不終百姓之心復歸於晉更奉進璽綬以琅邪王領徐州刺史振爲都督八州鎭西將軍荆州刺史帝侍御左右皆振之腹心既而歎曰公昔不早用我遂致此敗若使公在我爲前鋒天下不足定今獨作此安歸乎遂肆意酒色暴虐無道多所殘害振營于江津南陽太守魯宗之自襄陽破振將溫楷于柞溪進屯紀南振聞楷敗留其將馮該守營自率衆與宗之大戰振勇冠三軍衆莫能禦宗之敗績振追奔遇宗之單騎於道弗之識也乃問宗之所在紿曰已前走矣宗之於是自後而退尋而劉毅等破馮該平江陵振聞該敗衆潰而走後與該子宏出自涢城復襲江陵荆州刺史司馬休之奔襄陽振自號荆州刺史建威將軍劉德肅率寧遠將軍索邈與振戰於沙橋振兵雖少左右皆力戰每一合振輒瞋目奮擊衆莫敢當振時醉且中流矢廣武將軍唐興臨陣斬之石秀幼有令名風韻秀徹博涉羣書尤善老莊常獨處一室簡於應接時人方之庾純甚爲簡文帝所重豁爲荆州請爲鷹揚將軍竟陵太守非其好也尋代叔父冲爲寧遠將軍江州刺史領鎭蠻護軍西陽太守居尋陽性放曠常弋釣林澤不以榮爵嬰心善騎射發則命中嘗從冲獵登九井山徒旅甚盛觀者傾坐石秀未嘗屬目止嘯詠而已謝安嘗訪以世務默然不答安甚怪之他日安以語其從弟嗣嗣以問之石秀曰世事此公所諳吾又何言哉在州五年以疾去職年四十三卒於家朝野悼惜之追贈後將軍後改贈太常子稚玉嗣元之篡也以石秀一門之令封稚玉爲臨沅王石民弱冠知名衛將軍謝安引爲參軍叔父冲上疏版督荆江豫三州之十郡軍事振武將軍領襄城太守戍夏口與石虔攻苻堅荆州刺史梁成等於竟陵明年又與隋郡太守夏侯澄之破苻堅將慕容垂姜成等於漳口復領譙國內史梁郡太守冲薨詔以石民監荆州軍事西中郎將荆州刺史桓氏世莅荆土石民兼以才望甚爲人情所仰初冲遣竟陵太守趙統伐襄陽至是石民復遣兵助之尋而苻堅敗於淮淝石民遣南陽太守高茂衛山陵時堅雖破敗而慕容垂等復盛石民遣將軍晏謙伐弘農賊東中郎將慕容夔降之始置湖陝二戍獲關中擔幢伎以充太樂時苻堅子丕僭號於河北謀襲洛陽石民遣將軍馮該討之臨陣斬丕及其左僕射王孚吏部尚書苟操等傳首京都而丁零翟遼復侵逼山陵石民使河南太守馮遵討之時乞活黄淮自稱并州刺史與遼共攻長社衆數千人石民復遣南平太守郭銓松滋太守王遐之擊淮斬之遼走河北以前後功進左將軍卒無子石生隆安中以司徒左長史遷侍中歷驃騎太傅長史會稽世子元顯將伐桓元石生馳書報元元甚德之及元用事以爲前將軍江州刺史尋卒於官石綏元顯時爲司徒左長史元用事拜黄門郎左衛將軍元敗石綏走江西塗中聚衆攻歷陽後爲梁州刺史傅歆之所殺石康偏爲元所親愛元爲荆州以爲振威將軍累遷荆州刺史討庾仄功封武陵王事具元傳豁弟祕字穆子

少有才氣不倫於俗初拜祕書郎兄温抑而不用久之爲輔國將軍宣城內史時梁州刺史司馬勳叛入蜀祕以本官監梁益二州征討軍事假節勳平還郡後爲散騎常侍從中領軍孝武帝初即位妖賊盧竦入宫祕與左衛將軍殷康俱入擊之温入朝窮考竦事收尚書陸始等羅罪者甚衆祕亦免官居于宛陵每憤憤有不平之色温疾篤祕與温子熙濟等謀共廢冲冲密知之不敢入頃温氣絶先遣力士拘錄熙濟而後臨喪祕於是廢棄遂居于墓所放志田園好游山水後起爲散騎常侍凡三表自陳詔曰祕受遇先朝是以延之而頻有讓表以栖尚告誠兼有疾疢省用增歎可順其所執祕素輕冲冲時權盛祕恥常侍位卑故不應朝命與謝安書及詩十首辭理可觀其文多引簡文帝之眄遇先冲卒長子蔚官至散騎常侍游擊將軍元熙以爲醴陵王祕弟冲字幼子温諸弟中最淹識有武幹温甚器之弱冠太宰武陵王晞辟不就除鷹揚將軍鎭蠻護軍西陽太守從温征伐有功遷督荆州之南陽襄陽新野義陽順陽雍州之京兆揚州之義城七郡軍事遷寧朔將軍義城新野二郡太守鎭襄陽又從温破姚襄及虜周成進號征虜將軍賜爵豐城公尋遷振威將軍江州刺史領鎭蠻護軍西陽譙二郡太守温之破姚襄也獲襄將張駿楊凝等徙于尋陽冲在江陵未及之職而駿率其徒五百人殺江州督護趙毘掠武昌府庫將妻子北叛冲遣將討獲之遽還所鎭初彝亾後冲兄弟並少家貧母患須羊以解無由得之温乃以冲爲質羊主甚富言不欲爲質幸爲養買德郎買德郎即冲小字也及冲爲江州出射羊主於堂邊看冲識之謂曰我買德也遂厚報之頃之進監江荆豫三州之六郡軍事南中郎將假節州郡如故在江州凡十三年而温薨孝武帝詔冲爲中軍將軍都督揚江豫三州軍事揚豫二州刺史假節時詔賻温錢布漆蠟等物而不及大殮冲上疏陳温素懷每存清儉且私物足舉凶事求還官庫詔不許冲猶固執不受初温執權大辟之罪皆自已決冲既涖事上疏以爲生殺之重古今所愼凡諸死罪先上須報冲既代温居任盡忠王室或勸冲誅除時望專執權衡冲不從謝安以時望輔政爲羣情所歸冲懼逼寧康三年乃解揚州自求出外桓氏黨與以爲非計莫不扼腕苦諫郗超亦深止之冲皆不納處之澹然不以爲恨忠言嘉謀每盡心力於是改授都督徐兗豫靑揚五州之六郡軍事車騎將軍徐州刺史以北中郎府并中軍鎭京口假節又詔冲及謝安並加侍中以甲仗五十人入殿時丹陽尹王藴以后父之重昵于安安意欲出藴爲方伯乃復解冲徐州直以車騎將軍都督豫江二州之六郡軍事自京口遷鎭姑熟既而苻堅寇涼州冲遣宣城內史朱序豫州刺史桓伊率衆向壽陽淮南太守劉波汎舟淮泗乘虛致討以救涼州拜表以聞優詔聽許會張天錫陷没於是罷兵俄而豁卒遷都督江荆梁益寧交廣七州揚州之義成雍州之京兆司州之河東軍事領護南蠻校尉荆州刺史持節將軍侍中如故又以其子嗣爲江州刺史冲將之鎭帝餞於西堂賜錢五十萬酒三百四十石牛五十頭犒賜文武謝安送至溧州冲既到江陵時苻堅彊盛冲欲移阻江南乃上疏曰自中興以來荆州所鎭隨宜廻轉臣亾兄温以石虎死經略中原因江陵路便即而鎭之事與時遷勢無常定且兵者詭道示之以弱今宜全重江南輕戍江北南平孱陵縣界地名上明田土膏良可以資業軍人在吳時樂鄉城以上四十餘里北枕大江西接三峽若狂狡送死則舊郢以北堅壁不戰接會濟江路不云遠乘其疲墮撲翦爲易臣司存閫外輒隨宜處分於是移鎭上明使冠軍將軍劉波守江陵諮議參軍楊亮守江夏詔以荆州水旱饑荒又冲新移草創歲運米三十萬斛以供軍資須年豐乃止堅遣其將苻融寇樊鄧石越寇魯陽姚萇寇南鄉韋鍾寇魏興所在陷没冲遣江夏相劉奭南中郎將朱序擊之而奭畏懦不進序又爲賊所擒冲深自咎責上疏送章節請解職不許遣左衛將軍張元之詣冲諮謀軍事冲率前將軍劉波及兄子振威將軍石民冠軍將軍石虔等伐苻堅拔堅筑陽攻武當走堅兗州刺史張崇堅遣慕容垂毛當寇鄧城苻熙石越寇新野冲既憚堅衆又以疾疫還鎭上明表以夏口江沔衝要密邇彊寇兄子石民堪居此任輒版督荆江十郡軍事振武將軍襄城太守尋陽北接彊蠻西連荆郢亦一任之要今府州既分請以王薈補江州刺史詔從之時薈始遭兄邵喪將葬辭不欲出於是衞將軍謝安更以中領軍謝輶代之冲聞之而怒上疏以爲輶文武無堪求自領江州帝許之冲使石虔伐堅襄陽太守閻震擒之及大小帥二十九人送于京都詔歸冲府以平震功封次子謙宜陽侯堅使其將郝貴守襄陽冲使揚威將軍朱綽討之遂焚燒沔北田稻拔六百餘戸而還又遣上庸太守郭寶伐堅魏興太守褚垣上庸太守段方並降之新城太守麴常遁走三郡皆平詔賜錢百萬袍表千端初冲之西鎭以賊寇方彊故移鎭上明謂江東力弱正可

保固封疆自守而已又以將相異宜自以德望不逮謝安故委之內相而四方鎮扞以爲已任又與朱序款密俄而序沒於賊冲深用愧惋既而苻堅盡國內侵冲深以根本爲慮乃遣精鋭三千來赴京師謝安謂三千人不足以爲損益而欲外示閑暇聞軍在近固不聽報云朝廷處分已定兵革無闕西藩宜以爲防時安已遣兄子元及桓伊等諸軍冲謂不足以爲廢興召吏佐對之歎曰謝安乃有廟堂之量不閑將畧今大敵垂至方遊談不暇唯遣諸不經事少年衆又寡弱天下事可知吾其左衽矣俄而聞堅破大勳克舉又知朱序因以得還冲本疾病加以慚耻發病而卒時年五十七贈太尉本官如故謚曰宣穆賻錢五十萬布五百疋冲性儉素而謙虛愛士嘗浴後其妻送以新布冲大怒促令持去其妻復送之而謂曰衣不經新何由得故冲笑而服之命處士南陽劉驎之爲長史驎之不屈冲親往迎之禮之甚厚又辟處士長沙鄧粲爲别駕備禮盡恭粲感其好賢乃起應命初郄鑒庾亮庾翼臨終皆有表樹置親戚唯冲獨與謝安書云妙靈靈寶尚小亾兄寄託不終以此爲恨言不及私論者益嘉之及喪下江陵士女老幼皆臨江贈送號哭盡哀後元纂位追贈太傅宣城王有七子嗣謙修崇弘羨怡嗣字恭祖少有清譽與豁子石秀並爲桓氏子姪之冠冲既代豁西鎮詔以嗣督荆州之三郡豫州之四郡軍事建威將軍江州刺史莅事簡約修所住齋應作板檐嗣命以茅代之版付船官轉西陽襄城二郡太守鎮夏口後領江夏相卒官追贈南中郎將謚曰靖子允嗣允字茂遠少有清操雖奕世華貴甚以恬退見稱初拜秘書丞累遷中書郎祕書監元甚欽愛之遷中書令元纂位爲吏部尚書隨元西奔元死歸降詔曰夫善著則祚遠勳彰故事殊以宣孟之忠蒙後晉國子文之德世嗣獲存故太尉冲昔藩陝西忠誠王室諸子染凶自貽罪戮念冲遺勳用悽于懷其孫允宜見矜宥以奬爲善可特全生命徙于新安及東陽太守殷仲文永嘉太守駱球等謀反陰欲立允爲元嗣事覺伏誅嗣弟謙字敬祖詳正有器望初以父功封宜陽縣開國侯累遷輔國將軍吳國內史孫恩之亂謙出奔無錫徵拜尚書驃騎大將軍元顯引爲諮議參軍轉司馬元興初朝廷將代元以桓氏世在陝西謙父冲有遺惠於荆楚懼人情向背乃用謙爲持節都督荆益寧梁四州諸軍事西中郎將荆州刺史假節以安荆楚元既用事以謙爲尚書左僕射領吏部加中軍將軍謙兄弟顯列元甚倚仗而內不能善也改封謙寗都侯拜尚書令加散騎常侍遷侍中衛將軍開府録尚書事元篡位復領揚州刺史本官如故封新安王及桓振作亂謙保護乘輿頗有功焉然而暗愞尤不可以造事初勸振率軍下戰已守西陵振既輕謙用事故不從及振敗謙奔于姚興先是譙縱稱藩於姚興縱與盧循通使潛相影響乃表興請謙共順流東下興問謙謙曰臣門著恩荆楚從弟元末雖篡位皆是逼迫人神所明今臣與縱東下百姓自應駭動興曰小水不容大舟若縱才力足以濟事亦不假君爲鱗翼宜自求多福遂遣之謙至蜀欲虛懷引士縱疑之乃置謙於龍格使人守之謙向諸弟泣曰姚主言神矣後與縱將譙道福俱下謙於道占募百姓感冲遺惠投者二萬人劉道規破謙斬之謙弟修字承祖尚簡文帝女武昌公主歷吏部郎稍遷左衛將軍王恭將伐譙王尚之先遣何澹之孫無終向句容修以左衛領振武將軍與輔國將軍陶無忌距之修次句容俄而恭敗無終遣書求降修既旋軍而楊佺期已至石頭時朝廷無備內外崩駭修進說曰殷桓之下專恃王恭恭既破滅莫不失色今若優詔用元元必內喜則能制仲堪佺期使並順命朝廷納之以修爲龍驤將軍荆州刺史假節權領左衛文武之鎮又令劉牢之以千人送之轉仲堪爲廣州修未及發而元等盟於尋陽求誅牢之尚之并訴仲堪無罪獨被降黜於是詔復仲堪荆州御史中丞江績奏修承受楊佺期之言交通信命宜傳不盡以爲身計疑誤朝算請收付廷尉特詔免官尋代王凝之爲中護軍頃之元破仲堪佺期詔以修爲征虜將軍江州刺史尋復爲中護軍元執政以修都督六州右將軍徐兖二州刺史假節尋進撫軍將軍加散騎常侍元篡以爲撫軍大將軍封安成王劉裕義旗起斬之徐寗者東海郯人也少知名爲輿縣令時廷尉桓彝稱有人倫鑒識彝嘗去職至廣陵尋親舊還遇風停浦中累日憂悒因上岸見一室宇有似廨署訪之云是輿縣彝乃造之寗清惠博涉相遇欣然因留數夕彝大賞之結交而别至都謂庾亮曰吾爲卿得一佳吏部郎語在彝傳即遷吏部郎左將軍江州刺史卒官

王湛字處冲司徒渾之弟也少有識度身長七尺八寸龍顙大鼻少語言初有隱德人莫能知兄弟宗族皆以爲癡其父昶獨異焉遭父喪居於墓次服闋闔門守靜不交當世冲素簡淡器量隤然有公輔之望兄子濟輕之所食方丈盈前不以及湛湛命取菜蔬對而食之濟嘗詣湛見牀頭有周易問曰叔父何用此爲湛曰體中

不佳時脫復看耳𪏮請言之湛因剖析元理微妙有奇趣皆濟所未聞也濟才氣抗邁於湛略無子姪之敬既聞其言不覺慄然心形俱肅遂留連彌日累夜自視缺然乃歎曰家有名士三十年而不知濟之罪也既而辭去湛送至門濟有從馬絕難乘濟問湛曰叔頗好騎不湛曰亦好之因騎此馬姿容既妙迴策如縈善騎者無以過之又濟所乘馬甚愛之湛曰此馬雖快然力薄不能苦行近見督郵馬當勝但芻秣不至耳濟試養之而與己馬等湛又曰此馬任重方知之平路無以別也於是當蟻封內試之濟馬果躓而督郵馬如常濟益歎異白其父曰濟始得一叔乃濟以上人也武帝亦以湛爲癡每見濟輒調之曰卿家癡叔死未濟常無以答及是帝又問如初濟曰臣叔殊不癡因稱其美帝曰誰比濟曰山濤以下魏舒以上時人謂湛上方山濤不足下比魏舒有餘湛聞曰欲處我於季孟之間乎湛少仕歷秦王文學太子洗馬尚書郎太子中庶子出爲汝南內史元康五年卒年四十七子承嗣承字安期清虛寡欲無所修尚言理辯物但明其指要而不飾文辭有識者服其約而能通弱冠知名太尉王衍雅貴異之比南陽樂廣焉永嘉初爲驃騎參軍値天下將亂乃避難南下遷司空從事中郎豫迎大駕賜爵藍田縣侯遷尚書郎不就東海王越鎭許昌以爲記室參軍雅相知重勑其子毗曰夫學之所益者淺體之所安者深閑習禮度不如式瞻儀刑諷味遺言不若親承音旨王參軍人倫之表汝其師之在府數年見朝政漸替因辭以母老求出越不許久之遷東海太守政尚淸靜不爲細察小吏有盜池中魚者綱紀推之承曰文王之囿與衆共之池魚何足惜邪有犯夜者爲吏所拘承問其故答曰從師受書不覺日暮承曰鞭撻甯越以立威名非政化之本使吏送令歸家其從容寬恕如此尋去官東渡江是時道路梗澁人懷危懼承每遇艱險處之夷然雖家人近習不見其憂喜之色既至下邳登山北望歎曰人言愁我始欲愁矣及至建鄴爲元帝鎭東府從事中郎甚見優禮承少有重譽而推誠接物盡弘恕之理故衆咸親愛焉渡江名臣王導衛玠周顗庾亮之徒皆出其下爲中興第一年四十六卒朝野痛惜之自昶至承世有高名以爲祖不及孫孫不如父子述嗣述字懷祖少孤事母以孝聞安貧守約不求聞達性沉靜每坐客馳辯異端競起而述處之恬如也少襲父爵年三十尚未知名人或謂之癡司徒王導以門地辟爲中兵屬既見無他言唯問以在東米價述但張目不答導曰王掾不癡人何言癡也嘗見導每發言一坐莫不贊美述正色曰人非堯舜何得每事盡善導改容謝之謂庾亮曰懷祖淸貞簡貴不減祖父但曠淡微不及耳康帝爲驃騎將軍召補功曹出爲宛陵令太尉司空頻辟又除尙書吏部郎並不行歷庾冰征虜長史時庾翼鎭武昌以累有妖怪又猛虎入府欲移鎭避之述與冰言天道元遠鬼神難言達人君子直道而行何避之有時朝議亦不允翼遂不移鎭述出補臨海太守遷建威將軍會稽內史莅政淸肅終日無事母憂去職服闋代殷浩爲揚州刺史加征虜將軍初至主簿請諱報曰亾祖先君名播海內遠近所知內諱不出門餘無所諱尋加中書監固讓經年不拜復加征虜將軍進都督揚州徐州之琅邪諸軍事衛將軍并冀幽平四州大中正刺史如故尋遷散騎常侍尙書令將軍如故述每受職不爲虛讓其有所辭必於不受至是子坦之諫以爲故事應讓述曰汝謂我不堪邪坦之曰非也但克讓自美事耳述曰既云堪何爲復讓人言汝勝我定不及也坦之爲桓溫長史溫欲爲子求婚於坦之及還家省父而述愛坦之雖長大猶抱置膝上坦之因言溫意述大怒遽排下曰汝竟癡耶詎可畏溫面而以女妻兵也坦之乃辭以他故溫曰此尊君不肯耳遂止簡文帝每言述才既不長直以眞率便敵人耳謝安亦歎美之初述家貧求試守宛陵令頗受贈遺而修家具爲州司所檢有一千三百條王導使謂之曰名父之子不患無祿屈臨小縣甚不宜爾答曰足自當止時人未之達也此後屢居州郡淸潔絕倫祿賜皆散之親故宅宇舊物不革於昔始爲當時所歎但性急爲累嘗食雞子以筯刺之不得便大怒擲地雞子圓轉不止便下牀以屐齒踏之又不得瞋甚掇內口中齧破而吐之既躋重位每以柔克爲用謝奕性麤常忿述極言罵之述無所應面壁而已居半日奕去始復坐人以此稱之太和二年以年廹懸車上疏乞骸骨歸老邱園不許述竟不起三年卒時年六十六初桓溫平洛陽議欲還都朝廷憂懼將遣侍中止之述曰溫欲以虛聲威朝廷非事實也但從之自無所至事果不行又議欲移洛陽鍾虡述曰永嘉不競暫都江左方當蕩平區宇旋軫舊京若其不耳宜改遷園陵不應先事鍾虡溫竟無以奪之追贈侍中驃騎將軍開府謚曰穆以避穆帝改曰簡子坦之嗣坦之字文度弱冠與郗超俱有重名時人爲之語曰盛德絕倫郗嘉賓江東獨步王文度嘉賓超小字也僕射江彪領選將擬爲尙書郎坦之聞曰自

過江東來尚書郎正用第二人何得以此見擬彪遂止簡文帝爲撫軍將軍辟爲掾累遷參軍從事中郎仍爲司馬加散騎常侍出爲大司馬桓温長史尋以父憂去職服闋徵拜侍中襲父爵時卒士韓悵逃亡歸首云失牛故叛有司劾悵偷牛考掠服罪坦之以爲悵束身自歸而法外加罪懈怠失牛事或可恕加之木石理有自誣宜附罪疑從輕之例遂以見原海西公廢領左衞將軍坦之有風格尤非時俗放蕩不敦儒教頗尚刑名學著廢莊論以闢之爲當世所稱又領本州大中正簡文臨崩詔大司馬温依周公居攝故事坦之自持詔入於帝前毀之帝曰天下儻來之運卿何所嫌坦之曰天下宣元之天下陛下何得專之帝乃使坦之改詔焉温薨坦之與謝安共輔幼主遷中書令領丹陽尹俄授都督徐兗青三州刺史鎮廣陵將之鎮表言僕射臣安中軍臣沖人望具瞻社稷之臣且受遇先帝綢繆繾綣並志竭忠貞盡心盡力歸誠陛下以報先帝愚謂周旋舉動皆應諮此二臣然後情聽獲盡庶事可舉也表奏帝納之時謝安愛好聲律朞功之慘不廢妓樂頗以成俗坦之非而苦諫之安遺坦之書曰知君思相愛惜之至僕所求者聲謂稱情義無所不可爲復聊以自娛耳若絜軌跡崇世教非所擬議亦非所屑常謂君麤得鄙趣者猶未悟之濠上邪故知莫逆未易爲人坦之答曰具君雅旨此是誠心而行獨往之美然恐非大雅中庸之謂意者以人之體韻猶器之方圓方圓不可錯用體韻豈可易處各順其方以弘其業則歲寒之功必有成矣吾子少立德行體議淹允加以令地優游自居僉曰之談咸以清遠相許至於此事實有疑焉公私二三莫見其

可以此爲濠上悟之者得無鮮乎且天下之寶故爲天下所惜天下之所非何爲不可以天下爲心乎想君幸復三思書往反數四安竟不從坦之又嘗與殷康子書論公謙之義康子及袁宏並有疑難坦之標章摘句一一申而釋之莫不厭服又孔嚴著通葛論坦之與書贊美之其好摽明賢勝多類此初坦之與沙門竺法師甚厚每共論幽明報應便要先死者當報其事後經年師忽來云貧道已死罪福皆不虛唯當勤修道德以升濟神明耳言訖不見坦之尋亦卒時年四十六臨終與謝安桓沖書言不及私唯憂國家之事朝野痛惜之追贈安北將軍謚曰獻坦之弟禕之字文邵少知名尚尋陽公主歷中書侍郎年未三十而卒贈散騎常侍坦之四子愷愉國寶忱愷字茂仁愉字茂和並少踐清階愷襲父爵愉稍遷驃騎司馬加輔國將軍愷太元末爲侍中領右衞將軍多所獻替兄弟貴盛當時莫比及王恭等討國寶愷愉並請解職以與國寶異生又素不協故得免禍國寶既死出愷爲吳郡內史愉爲江州刺史都督豫州四郡輔國將軍假節未幾徵愷爲丹陽尹及桓元等至江寧愷領兵守石頭俄而元等走復爲吳郡病卒追贈太常愉至鎮未幾殷仲堪桓元楊佺期舉兵應王恭乘流奄至愉既無備惶遽奔臨川爲元所得元盟於尋陽以愉置壇所愉甚恥之及事解除會稽內史元篡位以爲尚書右僕射劉裕義旗建加前將軍愉既桓氏壻父子寵貴又嘗輕侮劉裕心不自安潛結司州刺史温詳謀作亂事泄被誅子孫百餘人皆伏法國寶少無士操不修廉隅婦父謝安惡其傾側每抑而不用除尚書郎國寶以中興膏腴之族惟作吏部不爲餘曹郎甚

怨望固辭不拜從妹爲會稽王道子妃由是與道子遊處遂間毀安焉及道子輔政以爲祕書丞俄遷琅邪內史領堂邑太守加輔國將軍入補侍中遷中書令中領軍與道子專權扇動內外中書郎范甯國寶舅也儒雅方直疾其阿諛勸孝武帝黜之國寶乃使陳郡袁悅之因尼支妙音致書與太子母陳淑媛說國寶忠謹宜見親信帝知之託以他罪殺悅之國寶大懼遂因道子譖毀甯甯由是出爲豫章太守及弟忱卒國寶自表求解職迎母并奔忱喪詔特賜假而盤桓不時進發爲御史中丞褚粲所奏國寶懼罪衣女子衣託爲王家婢詣道子告其事道子言之於帝故得原後驃騎參軍王嶶請國寶同讌國寶素驕貴使酒怒尚書左丞祖台之攘袂大呼以盤醆樂器擲台之台之不敢言復爲粲所彈詔以國寶縱肆情性甚不可長台之懦弱非監司體並坐免官頃之復職愈驕蹇不遵法度起齋侔清暑殿帝惡其僭侈國寶懼遂諂媚於帝而頗疎道子道子大怒嘗於內省面責國寶以劍擲之舊好盡矣是時王雅亦有寵薦王珣於帝帝夜與國寶及雅宴帝微有酒令召珣將至國寶自知才出珣下恐至傾其寵因曰王珣當今名流不可以酒色見帝遂止而以國寶爲忠將納國寶女爲琅邪王妃未婚而帝崩安帝即位國寶復事道子進從祖弟緒爲琅邪內史亦以邪佞見知道子復惑之倚爲心腹並爲時之所疾國寶遂參管朝權威震內外遷尚書左僕射領選加後將軍丹陽尹道子悉以東宮兵配之時王恭與殷仲堪並才器各居名藩惡道子國寶亂政屢有憂國之言道子等亦深忌憚之謀去其兵未及行而恭檄至以討國寶爲名國寶惶遽不知所爲

緒說國寶令矯道子命召王珣車允殺之以除羣望因挾主相以討諸侯國寶許之珣允旣至而不敢害反問計於珣珣勸國寶放兵權以迎恭國寶信之語在珣傳又問計於允允曰南北同舉而荆州未至若朝廷遣軍恭必城守昔桓公圍壽陽彌時乃剋若京城未拔而上流奄至君將何以待之國寶尤懼遂上疏解職詣闕待罪旣而悔之詐稱詔復其本官欲收其兵拒王恭道子旣不能拒諸侯欲委罪國寶乃遣譙王尙之收國寶付廷尉賜死并斬緒於市以謝王恭國寶貪縱聚斂不知紀極後房妓妾以百數天下珍玩充滿其室及王恭伏法詔追復國寶本官元興初桓元得志表徙其家屬於交州國寶弟忱字元達弱冠知名與王恭王珣俱流譽一時歷位驃騎長史嘗造其舅范甯與張元相遇甯使與元語元正坐斂袵待其有發忱不與之言元失望便去甯讓忱曰張元吳中之秀何不與語忱笑曰張祖希欲相識自可見詣甯謂曰卿風流儁望眞後來之秀忱曰不有此舅焉有此甥旣而甯使報元元束帶造之始爲賓主太元中出爲荆州刺史都督荆益寧三州軍事建武將軍假節忱自恃才氣放酒誕節慕王澄之爲人又年少居方伯之任談者憂之及鎭荆州威風肅然殊得物和桓元時在江陵旣其本國且奕葉故義常以才雄駕物忱每裁抑元嘗詣忱通人未出乘轝直進忱對元鞭門幹元怒去之忱亦不留嘗朔日見客仗衞甚盛元言欲獵借數百人忱悉給之元憚而服焉性任達不拘末年尤嗜酒一飲連月不醒或裸體而游每歎三日不飲便覺形神不相親婦父嘗有慘忱乘醉弔之婦父慟哭忱與賓客十許人連臂被髮裸身而入繞之三匝而出其所行多類此數年卒官追贈右將軍諡曰穆愉子綏字彥猷少有美稱厚自矜遇實鄙而無行父愉爲殷桓所捕綏未測存亡在都有憂色居處飲食每事貶降時人每謂爲試守孝子桓元之爲太尉綏以桓氏甥甚見寵待爲太尉右長史及元簒遷中書令劉裕建義以爲冠軍將軍其家夜中梁上無故有人頭墮於牀而血流滂沲俄拜荆州刺史假節坐父愉之謀與弟納並被誅初綏與王謐桓允齊名爲後進之秀謐位官旣極保身而終允以從坐誅聲稱猶全綏身死名論殆盡亦以薄行矜峭而喪人故也自昶父漢鴈門大守澤已有名稱忱又秀出綏亦著稱八葉繼軌軒冕莫與爲比焉承族子嶠字開山祖默魏尙書父佑以才智稱爲楊駿腹心駿之排汝南王亮退衞瓘皆佑之謀也位至北軍中候嶠少有風尙并司二州交辟不就永嘉末擕其二弟避亂渡江時元帝鎭建鄴教曰王佑三息始至名德之胄並有操行宜蒙飾叙且可給錢三十萬布三百疋米五十斛親兵二十人尋以嶠參世子東中郎軍事不就愍帝徵拜著作郎右丞相南陽王保辟皆以道險不行元帝作相以爲水曹屬除長山令遷太子中舍人以疾不拜王敦請爲參軍爵九原縣公敦在石頭欲禁私伐蔡洲荻以間羣下時王師新敗士庶震懼莫敢異議嶠獨曰中原有菽庶民採之百姓不足君孰與足若禁人樵伐未知其可敦不悅敦將殺周顗戴若思嶠於坐諫曰濟濟多士文王以寧安可戮諸名士以自全敦大怒欲斬嶠賴謝鯤以免敦猶銜之黜爲領軍長史敦平後除中書侍郎兼大著作固辭轉越騎校尉頻遷吏部郎御史中丞秘書監領本州大中正咸和初朝議欲以嶠爲丹陽尹嶠以京尹望重不宜以疾居之求補廬陵郡乃拜嶠廬陵太守以嶠家貧無以上道賜帛百疋錢十萬尋卒官諡曰穆子淡嗣歷位右衞將軍侍中中護軍尙書廣州刺史淡子度世驍騎將軍袁悅之者字元禮陳郡陽夏人也父朗給事中悅之能長短說甚有精理始爲謝元參軍爲元所遇丁憂去職服闋還都止齎戰國策言天下要惟此書後甚爲會稽王道子所親愛每勸道子專攬朝權道子頗納其說俄而見誅祖台之者字元辰范陽人也官至侍中光祿大夫撰志怪書行於世

荀崧字景猷潁川臨潁人魏太尉彧之元孫也父頵羽林右監安陵鄉侯與王濟何劭爲拜親之交崧志操清純雅好文學齠齓時族曾祖顗見而奇之以爲必興頵門弱冠太原王濟甚相器重以方其外祖陳郡袁侃謂侃弟奧曰向見荀監於淸虛名理當不及父德性純粹是賢兄輩人也其爲名流所賞如此泰始中詔以崧代兄襲爵補濮陽王允文學與王敦顧榮陸機等友善趙王倫引爲相國參軍倫簒轉護軍司馬給事中稍遷尙書吏部郎太弟中庶子累遷侍中中護軍王彌入洛崧與百官奔於密未至而母亡賊追將及同旅散走崧被髮從車守喪號泣賊棄其母尸於地奪車而去崧被四創氣絕至夜方蘇葬母於密山服闋族父藩承制以崧監江北軍事南中郎將後將軍假節襄城太守時山陵發掘崧遣主簿石覽將兵入洛修復山陵以勳進爵舞陽縣公遷都督荆州江北諸軍事平南將軍鎭宛改封曲陵公爲賊杜曾所圍石覽時爲襄城太守崧力弱食盡使其小女灌求救於覽及南中郎將周訪訪卽遣子

撫率兵三千人會石覽俱救崧賊聞兵至散走崧既得免乃遣南陽中部尉王國劉顥等潛軍襲穰縣獲冒從兄偶新野太守保斬之元帝踐阼徵拜尚書僕射使崧與刁協共定中興朝儀從弟楂早亡二息序廞年各數歲崧迎與共居恩同其子太尉臨淮公荀顗國允廢絕朝廷以崧屬近欲以崧子襲封崧哀序孤微乃讓封與序論者稱爲轉太常時方修學校簡省博士置周易王氏尚書鄭氏古文尚書孔氏毛詩鄭氏周官禮記鄭氏春秋左傳杜氏服氏論語孝經鄭氏博士各一人凡九人其儀禮公羊穀梁及鄭易皆省不置崧以爲不可乃上疏請增置四人會王敦之難不行敦表以崧爲尚書左僕射及帝崩羣臣議廟號王敦遣使謂曰豺狼當路梓宮未反祖宗之號宜別思詳崧議以爲禮祖有功宗有德元皇帝天縱聖哲光啟中興德澤侔於太戊功惠邁於漢宣臣敢依前典上號曰中宗既而與敦書曰承以長蛇未翦別詳祖宗先帝應天受命以隆中興中興之主寧可隨世數而遷毀敢率丹直詢之朝野上號中宗卜日有期不及重請專輒之愆所不敢辭初敦待崧甚厚欲以爲司空於此銜之而止太寧初加散騎常侍後領太子太傅以平王敦功更封平樂伯坐使威儀爲猛虎所食免職後拜金紫光祿大夫錄尚書事散騎常侍如故遷右光祿大夫開府儀同三司錄尚書如故又領秘書監給親兵百二十人年雖衰老而孜孜典籍世以此嘉之蘇峻之役崧與王導陸曄共登御牀擁衛帝及帝被逼幸石頭崧亦侍從不離帝側賊平帝幸溫嶠舟崧年老病篤猶力步而從咸和三年薨時年六十七贈侍中諡曰敬其後著作郎虞預與丞相王導牋請增崧寵秩不從升平四年崧改葬詔賜錢百萬布五千疋有二子蕤羨蕤嗣蕤字令遠起家秘書郎稍遷尚書左丞蕤有儀操風望雅爲簡文帝所重時桓溫平蜀朝廷欲以豫章郡封溫蕤言於帝曰若溫復假王威北平河洛則何以加此於是乃止轉散騎常侍少府不拜出補東陽太守除建威將軍吳國內史卒官子籍嗣位至散騎常侍大長秋羨字令則清和有準纔年七歲遇蘇峻難隨父在石頭峻甚愛之恒置膝上羨陰白其母曰得一利刀子足以殺賊母掩其口曰無妄言年十五將尚尋陽公主羨不欲連婚帝室乃遠遁去監司追不獲已乃出尚主拜駙馬都尉弱冠與琅邪王洽齊名沛國劉惔太原王濛陳郡殷浩並與交好驃騎將軍何充出鎮京口請爲參軍穆帝又以爲撫軍參軍徵補太常博士皆不就後拜秘書丞義興太守征北將軍褚裒以爲長史既到裒謂佐史曰荀生資逸羣之氣將有沖天之舉諸君宜善事之尋遷建威將軍吳國內史除北中郎將徐州刺史監徐兗二州揚州之晉陵諸軍事假節殷浩以羨在事有能名故居以重任時年二十八中興方伯未有如羨之少者羨至鎮發二州兵使參軍鄭襲戍淮陰羨尋北鎮淮陰屯田於東陽之石鼇尋加監青州諸軍事又領兗州刺史鎮下邳羨自鎮來朝時蔡謨固讓司徒不起中軍將軍殷浩欲加大辟以問於羨羨曰蔡公今日事危明日必有桓文之舉浩乃止及慕容儁攻段蘭於青州詔使羨救之儁將王騰趙盤寇琅邪鄄城北方騷動羨討之擒騰盤迸走軍次琅邪而蘭已沒羨退還下邳留將軍諸葛攸高平太守劉莊等三千人守琅邪參軍戴遂蕭鑄二千人守泰山是時慕容蘭以數萬屯汴城甚爲邊害羨自光水引汶通渠至於東阿以征之臨陣斬蘭帝將封之羨固辭不受先是石虎死胡中大亂羨撫納降附甚得衆心以疾篤解職後除右軍將軍加散騎常侍讓不拜升平二年卒時年三十八帝聞之歎曰荀令則王敬和相繼凋落股肱腹心將復誰寄乎追贈驃騎將軍

范汪字元平雍州刺史晷之孫也父稚早卒汪少孤貧六歲過江依外家新野庾氏荊州刺史王澄見而奇之曰興范族者必是子也年十三喪母居喪盡禮親鄰哀之及長好學外氏家貧無以資給汪乃廬於園中布衣蔬食燃薪寫書寫畢讀誦亦遍遂博學多通善談名理弱冠至京師屬蘇峻作亂王師敗績汪乃逃遁西歸庾亮溫嶠屯兵尋陽時行李斷絕莫知峻之虛實咸恐賊彊未敢進及汪至嶠等訪之汪曰賊政令不一貪暴縱橫滅亡已兆雖彊易弱朝廷有倒懸之急宜時進討嶠深納之是日護軍平南二府禮命交至始解褐參護軍軍事賊平賜爵都鄉侯復爲庾亮平西參軍從討郭默進爵亭侯辟司空郗鑒掾除宛陵令復參亮征西軍事轉州別駕汪爲亮佐吏十有餘年甚相欽重轉鷹揚將軍安遠護軍武陵內史徵拜尚書侍郎時庾翼將悉郢漢之衆以事中原軍次安陸尋轉屯襄陽汪上疏以賊雖衰弊然得臣猶在連兵不解患難將起國家宜以萬全至安爲計宜且嚴詔諭翼還鎮養銳以爲後圖尋而驃騎將軍何充輔政請爲長史桓溫代翼爲荊州復以汪爲安西長史溫西征蜀委以留府蜀平進爵武興縣侯而溫頻請爲長史江州刺史皆不就自請還京求爲東陽太守溫甚恨焉在郡大興學校甚有惠政頃之召

入頻遷中領軍本州大中正時簡文帝作相甚相親昵除都督徐兗青冀四州揚州之晉陵諸軍事安北將軍徐兗二州刺史旣而桓温北伐令汪率文武出梁國以失期免爲庶人朝廷憚温不敢執談者爲之歎恨汪屏居吳郡從容講肄不言枉直後至姑熟見温温時方起屈滯以傾朝廷謂汪遠來詣已傾身引望謂袁宏曰范公來可作太常邪汪遠至纔坐温謝其遠來意汪實來造温恐以趨時致損乃曰亡兒瘞此故來視之温殊失望而止時年六十五卒於家贈散騎常侍諡曰穆長子康嗣早卒康弟甯最知名甯字武子少篤學多所覽通簡文作相將辟之爲桓温所諷遂寢不行終温之世兄弟無在列位者時以虛浮相扇儒學日替甯以爲其源始於王弼何宴二人之罪深於桀紂乃著論以闢之温薨後始解褐爲餘杭令在縣興學校養生徒潔已修禮志行之士莫不宗之朞年之後風化大行自中興已來崇學敦教未有如甯者也在職六年遷臨淮太守封陽遂鄉侯頃之徵拜中書侍郎在職多所獻替有益政道時更營新廟博求辟雍明堂之制甯據經傳奏上皆有典證孝武帝雅好文學甚被親愛朝廷疑議輒咨訪之甯指斥朝士直言無諱王國寶甯之甥也以諂媚事會稽王道子懼爲甯所不容乃相驅扇因被疎隔求補豫章太守或爲筮之不吉帝曰豫章不宜太守何急以身試死邪甯不信卜占固請行臨發上疏陳時政得失帝善之甯之出非帝意故所啟多合旨在郡又大設庠序遣人往交州採磬石以供學用改革舊制不拘常處遠近至者千餘人資給衆費一出私祿并取郡四姓子弟皆充學生課讀五經又起學臺功用彌廣江州刺史王凝之上言曰豫章郡居此州之半太守臣甯入參機省出宰名郡而肆其奢濁所爲狠藉郡城先有六門甯悉改作重樓復更開二門合前爲八私立下舍七所臣伏尋宗廟之設各有品秩而甯自置家廟又下十五縣皆使左宗廟右社稷準之太廟皆資人力又奪人居宅功夫萬計甯若以古制宜崇自當列上而敢專輒惟在任心州既聞知即符從事制不復聽而甯嚴威屬縣惟令速立願出臣表下太常議之禮典詔曰漢宣云可與共治天下者良二千石也若范甯果如凝之所表者豈可復宰郡乎以此抵罪子泰時爲天門太守棄官稱訴帝以甯所務惟學事久不判會赦免初甯嘗患目痛就中書侍郎張湛求方湛因嘲之曰古方宋陽里子少得其術以授魯東門伯魯東門伯以授左丘明遂世世相傳及漢杜子夏鄭康成魏高堂隆晉左太冲凡此諸賢並有目疾得此方云用損讀書一減思慮二專內視三簡外觀四旦晚起五夜早眠六凡六物熬以神火下以氣簁蘊於胸中七日然後納諸方寸修之一時近能數其目睫遠視尺棰之餘長服不已洞見墻壁之外非但明目乃亦延年甯既免官家於丹陽猶勤經學終年不輟年六十三卒於家初甯以春秋穀梁氏未有善釋遂沉思積年爲之集解其義精審爲世所重既而徐邈復爲之注世亦稱之子泰元熙中爲護軍將軍汪叔堅字子常博學善屬文永嘉中避亂江東拜佐著作郎撫軍參軍討蘇峻賜爵都亭侯累遷尚書右丞時廷尉奏殿中帳吏邵廣盜官幔三張合布三十疋有司正刑棄市廣二子宗年十三雲年十一黃幡撾登聞鼓乞恩辭求自沒爲奚官奴以贖父命尚書郎朱暎議以爲天下之人父無子者少一事遂行便成永制懼死罪之刑於此而弛堅亦同暎議時議者以廣爲鉗徒二兒沒入旣足以懲艾使百姓知父子之道聖朝有垂恩之仁可特聽減廣死罪爲五歲刑宗等付奚官爲奴而不爲永制堅駮之曰自淳朴澆散刑辟仍作刑之所以止刑殺之所以止殺雖時有赦過宥罪議獄緩死未有行小不忍而輕易典刑者也且既許宗等宥廣以死若復有宗比而不求贖父者豈得不擯絕人倫同之禽獸邪按主者今奏云惟特聽宗等而不爲永制臣以爲王者之作動關盛衰嚬笑之間尚慎所加況於國典可以徒虧今之所以宥廣正以宗等耳人之愛父誰不如宗今既居然許宗之請將來訴者何獨匪民特聽之意未見其益不以爲例交興怨讟此爲施一恩於今而開萬怨於後也成帝從之正廣死刑後遷護軍長史卒官子啟字榮期雖經學不及堅而以才義顯於當世於時清談之士庾龢韓伯袁宏等並相知友爲秘書郎累居顯職終於黃門侍郎父子並有文筆傳於世

劉惔字眞長沛國相人也祖宏字終嘏光祿勳宏兄粹字純嘏侍中弟潢字仲嘏吏部尚書皆有名中朝時人語曰洛中雅雅有三嘏父耽晉陵太守亦知名惔少清遠有標奇與母任氏寓居京口織芒屩以爲養雖蓽門陋巷晏如也人未之識唯王導深器之後稍知名論者比之袁羊惔喜還告其母其母聰明婦人也謂之曰此非汝比勿受之又有方之范汪者惔復喜母又不聽及惔年德轉升論者遂比之荀粲尚明帝女廬陵公主以惔雅善言理簡文帝初作相與王濛並爲談客俱蒙上賓禮時孫盛作易象妙於見形論帝使殷浩難之不能

屈帝曰使眞長來故應有以制之乃命迎惔盛素敬服惔及至便與抗答辭甚簡至盛理遂屈一座撫掌大笑咸稱美之累遷丹陽尹爲政清整門無雜賓時百姓頗有訟官長者諸郡往往有相舉正惔歎曰夫居下訕上此弊道也古之善政司契而已豈不以其敦本正源鎮靜流末乎君雖不君下安可以失禮若此風不革百姓將往而不反遂寢而不問性簡貴與王羲之雅相友善郗愔有傖奴善知文章羲之愛之每稱奴於惔惔問何如方回邪羲之曰小人耳何得比郗公惔曰若不如方回故常奴耳桓溫嘗問惔會稽王談更進邪惔曰極進然故第二流耳溫曰第一復誰惔曰故在我輩其高自標置如此惔每奇溫才而知其有不臣之迹及溫爲荆州惔言於帝曰溫不可使居形勝地其位號常宜抑之勸帝自鎮上流而已爲軍司帝不納又請自行復不聽及溫伐蜀時咸謂未易可制唯惔以爲必克或問其故云以蒱博驗之其不必得則不爲也恐溫終專制朝廷及後竟如其言嘗薦吳郡張憑憑卒爲美士衆以此服其知人也尤好老莊任自然趣疾篤百姓欲爲之祈禱家人又請祭神惔曰丘之禱久矣遂卒官年三十六孫綽爲之誄曰居官無官官之事處事無事事之心時人以爲名言後綽嘗詣褚裒言及惔流涕曰可謂人之云亡邦國殄瘁裒大怒曰眞長生平何嘗相比數而卿今日作此面向人邪其爲名流所敬重如此

張憑字長宗祖鎮蒼梧太守憑年數歲鎮謂其父曰我不如汝有佳兒憑曰阿翁詎宜以子戲父邪及長有志氣爲鄉閭所稱舉孝廉負其才自謂必參時彥初欲詣劉惔鄉里及同舉者共笑之既至惔處之下座神意不接憑欲自發而無端會王濛就惔清言有所不通憑於末座判之言旨深遠足暢彼我之懷一座皆驚惔延之上座清言彌日留宿至旦遣之憑既還船須臾惔遣傳教覓張孝廉船便召與同載遂言之於簡文帝帝召與語歎曰張憑勃窣爲理窟官至吏部郎御史中丞

韓伯字康伯潁川長社人也母殷氏高明有行家貧窶伯年數歲至大寒母方爲作襦令伯捉熨斗而謂之曰且着襦尋當作複褌伯曰不復須母問其故對曰火在斗中而柄尚熱今既着襦下亦當煖母甚異之及長清和有思理留心文藝舅殷浩稱之曰康伯能自標置居然是出羣之器潁川庾龢名重一時少所推服常稱伯及王坦之曰思理倫和我敬韓康伯志力彊正吾愧王文度自此以還吾皆百之矣舉秀才徵佐著作郎並不就簡文帝居藩引爲談客自司徒左西屬轉撫軍掾中書郎散騎常侍豫章太守入爲侍中陳郡周勰爲謝安主簿居喪廢禮時崇尚莊老脫落名教伯領中正不通勰議曰拜下之敬猶違衆從禮情理之極不宜以多比爲通時人憚焉識者謂伯可謂澄世所不能澄而裁世所不能裁者矣與夫容己順衆者豈得同時而共稱哉王坦之又常著公謙論袁宏作論以難之伯覽而美其辭旨以爲是非既辨誰與正之遂作辯謙以折中之轉丹陽尹吏部尚書領軍將軍既疾病占候者云不宜此官朝廷改授太常未拜卒時年四十九即贈太常子璯官至衡陽太守

通志卷一百二十七

宋右迪功郎鄭樵漁仲撰

列傳第四十一

晉

王舒子允之　王廙弟彬彬子彪之彬從弟棱　虞潭孫嘯父潭兄子騤　顧
衆　張闓　陸曄曄弟玩玩子納　何充　褚翜　蔡謨
諸葛恢　殷浩顧悅之蔡裔　孔愉子汪安國弟祗從子坦嚴從
弟羣羣子沉　丁潭張茂　陶回　謝尙　謝安安子琰琰子混安兄
弈弈子元安弟万万弟石石兄子朗朗弟子邈

王舒字處明丞相導之從弟也父會侍御史舒少爲從兄敦所知以天下多故不營當時名恒處私門潛心學植年四十餘州禮命太傅辟皆不就及敦爲青州舒往依焉時敦被徵爲秘書監以寇難路險輕騎歸洛陽委棄公主時輜重金寶甚多親賓無不競取惟舒一無所眄益爲敦所賞及元帝鎭建康因與諸父兄弟俱渡江委質焉參鎭東軍事出補溧陽令明帝之爲東中郎將妙選上佐以舒爲司馬轉後將軍宣城公褚裒諮議參軍遷軍司固辭不受裒鎭廣陵復以舒爲車騎司馬頓領望府咸稱明練裒薨遂代裒鎭除北中郎將監靑徐二州軍事頃之徵國子博士加散騎常侍未拜轉少府太寧初徙廷尉敦表舒爲鷹揚將軍荆州刺史領護南蠻校尉監荆州沔南諸軍事及敦敗王含父子俱奔舒舒遣軍逆之並沉於江進都督荆州平西將軍假節尋以陶侃代舒轉舒爲安南將軍廣州刺史舒疾病不樂越嶺朝議亦以其有功不應遠出乃徙爲湘州刺史將軍都督持節如故徵代鄧攸爲尙書僕射時將徵蘇峻司徒王導欲出舒爲外援乃授撫軍將軍會稽內史秩中二千石舒上疏辭以父名會朝議以字同音異於禮無嫌舒復陳音雖異而字同求換他郡於是改會字爲鄶舒不得已而行在郡二年而蘇峻作逆乃假舒節都督行揚州刺史事時吳國內史庾冰棄郡奔舒舒移告屬郡以吳王師虞騤爲軍司御史中丞謝藻行龍驤將軍監前鋒征討軍事率衆一萬與庾冰俱渡浙江前義興太守顧衆護軍參軍顧颺等皆起義軍以應舒舒假衆揚威將軍督護吳中軍事颺監晉陵軍事於御亭築壘峻聞舒等兵起乃赦庾亮諸弟以悅東軍舒率衆次郡之西江爲冰藻後繼冰颺等遣前鋒進據無錫遇賊將張健等數千人交戰大敗奔還御亭復自相驚擾冰颺等並敗於錢唐藻守嘉興賊遂入吳燒府舍掠諸縣所在塗地舒以輕進奔敗斬二軍主者免冰颺督護以白衣行事更以顧衆督護吳晉陵軍屯兵章埭吳興太守虞潭率所領討健屯烏苞亭並不敢進時暴雨大水賊管商乘船旁出襲潭及衆潭等奔敗潭還保吳興衆退守錢唐舒更遣將軍陳孺率精銳千人增戍海浦所在築壘或勸舒宜還都使謝藻守西陵扶海立柵舒不聽留藻錢唐使衆颺守紫壁於是賊轉攻吳興潭諸軍復退賊復掠東遷餘杭武康諸縣舒遣子允之行揚烈將軍與將軍徐遜陳孺及揚烈司馬朱燾以精銳三千輕邀賊於武康出其不意遂破之斬首數百級賊悉委舟步走允之收其器械進兵助潭時賊韓晃既破宣城轉入故鄣長城允之遣朱燾何準等擊之戰於于湖潭以彊弩射之晃等退走斬首千餘級納降二千人潭由是得保郡是時臨海新安諸山縣並反應賊舒分兵悉討平之會陶侃等至京都舒潭等並以屢戰失利移書盟府自貶去節侃遣使敦喻不聽及侃立行臺上舒監浙江東五郡軍事允之督護吳郡義興晉陵三郡征討軍事既而晃等南走允之追躡於長塘湖復大破之賊平以功封彭澤縣侯尋卒官贈車騎大將軍儀同三司謚曰穆長子晏之蘇峻時爲護軍參軍被害晏之子崑之嗣卒子陋之嗣宋受禪國除晏之弟允之最知名允之字深猷總角從伯敦謂爲似己恒以自隨出則同輿入則共寢敦嘗夜飲允之辭醉先臥敦與錢鳳謀爲逆允之已醒悉聞其言慮敦或疑己便於臥處大吐衣面並汚鳳既出敦果照視見允之臥吐中以爲大醉不復疑之時父舒始拜廷尉允之求還定省敦許之至都以敦鳳之謀議事白舒舒即與導俱啓明帝舒爲荆州允之隨在西府及敦平帝欲令允之仕舒請曰臣子尙少不樂早官帝許隨舒之會稽及蘇峻反允之討賊有功封番禺縣侯邑千六百戶除建武將軍錢唐令領司鹽都尉舒卒去職既葬除義興太守以憂哀不拜從伯導與其書曰太保安豐侯以孝聞天下不得辭司隸和長與海內名士不免作中書令吾羣從死亡略盡子弟零落遇汝如親如其不爾吾復何言允之固不肯就咸和末除宣城內史監揚州江西四郡事建武將軍鎭于湖咸康中進號西中郎將假節尋遷南中郎將江州刺史莅政甚有威惠時王恬服闋除豫章郡允之聞之驚愕以爲恬丞相子應被優遇不可出爲遠郡乃求自解州欲與庾冰言之冰聞甚愧即以恬爲吳郡而以允之爲衞將軍會稽內史未到卒年四十謚曰忠子晞之嗣卒子肇之嗣

王廙字世將丞相導從弟而元帝姨弟也父正尙書郎

廙少能屬文多所通涉工書畫善音樂射御博弈雜伎辟太傅掾轉參軍豫迎大駕封武陵縣侯拜尚書郎出爲濮陽太守元帝作鎭江左廙棄郡過江帝見之大悅以爲司馬頻守廬江鄱陽二郡豫討周馥杜弢以功累增封邑除冠軍將軍鎭石頭領丞相軍諮祭酒王敦啟爲寧遠將軍荆州刺史及帝即位廙奏中興賦上疏稱述功德文多不載初王敦左遷陶侃使廙代爲荆州將吏馬俊鄭攀等上書請留侃敦不許廙爲俊等所襲奔於江安賊杜曾與俊攀北迎第五猗以距廙廙督諸軍討曾又爲曾所敗敦命湘州刺史甘卓豫章太守周廣等助廙擊曾衆潰廙得到州廙性儁率嘗從南下旦自尋陽迅風飛帆暮至都倚舫樓長嘯神氣甚逸王導謂庾亮曰世將爲傷時識事亮曰正足舒其逸氣耳廙在州大誅戮侃時將佐及徵士皇甫方回於是大失荆土之望人情乖阻帝乃徵廙爲輔國將軍加散騎常侍以母喪去職服闋拜征虜將軍進左衛將軍及王敦構禍帝遣廙喻敦既不能諫其悖逆乃爲敦所留受任助亂敦得志以廙爲平南將軍領護南蠻校尉荆州刺史尋病卒帝猶以親故深痛愍之喪還京都皇太子親臨拜柩如家人之禮贈侍中驃騎將軍謚曰康明帝與大將軍溫嶠書曰痛謝鯤未絕於口世將復至於此並盛年儁才不遂其志痛切於心廙明古多通飀遠有識致其言雖未足令人改聽然味之不倦近未易有也坐相視盡如何子頤之嗣仕至東海內史頤之弟胡之字修齡弱冠有聲譽歷郡守侍中丹陽尹素有風眩疾發動甚數而神明不損石虎死朝廷欲綏輯河洛以胡之爲西中郎將司州刺史假節以疾固辭未行而卒子茂之亦

有美譽官至晉陵太守子敬弘義熙末爲尚書廙弟彬字世儒少稱雅正弱冠不就州郡之命光祿大夫傅祗辟爲掾後與兄廙俱渡江爲揚州刺史劉機建武長史元帝引爲鎭東賊曹參軍轉典兵參軍豫討華軼功封都亭侯愍帝召爲尚書郎以道險不就遷建安太守徙義興內史未之職轉軍諮祭酒中興建稍遷侍中從兄敦舉兵入石頭帝使彬勞之會周顗遇害彬素與顗善先往哭顗甚慟既而見敦敦怪其有慘容而問其所以彬曰向哭伯仁情不能已敦怒曰伯仁自致刑戮且凡人遇汝復何爲者哉彬曰伯仁長者君之親友在朝雖無謇諤亦非阿黨而赦後加之極刑所以傷惋也因勃然數敦曰兄抗旌犯順殺戮忠良謀圖不軌禍及門戶音辭慷慨聲淚俱下敦大怒厲聲曰爾狂悖乃可至此爲吾不能殺汝邪時王導在坐爲之懼勸彬起謝彬曰有腳疾已來見天子尚欲不拜何跪之有此復何所謝敦曰腳痛孰若頸痛彬意氣自若殊無懼容後敦議舉兵向京師彬諫甚苦敦變色目左右將收彬彬正色曰君昔歲殺兄今又殺弟邪先是彬從兄豫章太守稜爲敦所害敦以彬親故容忍之俄而以彬爲豫章太守彬爲人樸素方直乏風味之好雖居顯貴常布衣蔬食遷前將軍江州刺史及敦死王含欲投王舒王應勸含投彬含曰大將軍平素與江州云何汝欲歸之應曰此乃所以宜往也江州當人彊盛時能立異同此非常人所及覩衰厄必興愍惻荆州守文豈能意外行事含不從遂共投舒舒果沉含父子於江彬聞應來密具船以待之既不至深以爲恨敦平有司奏彬及兄子安成太守籍之並是敦近親皆除名詔曰司徒導以大義滅親其

後昆雖或有違猶將百世宥之況彬等公之近親乃原之徵拜光祿勳轉度支尚書蘇峻平後改築新宮彬爲大匠以營創勳勞賜爵關內侯遷尚書右僕射卒官年五十九贈特進衛將軍加散騎常侍謚曰肅長子彭之嗣位至黃門郎次彪之最知名彪之字叔虎年二十鬚鬢皓白時人謂之王白鬚初除佐著作郎東海王文學從伯導謂曰選官欲以汝爲尚書郎汝幸可作諸王佐邪彪之曰位之多少既不足計自當任之於時至於超遷是所不願遂爲郎鎭軍將軍武陵王晞以爲司馬累遷尚書左丞司徒左長史御史中丞侍中廷尉時永嘉太守謝毅赦後殺郡人周矯矯從兄球詣州訴冤揚州刺史殷浩遣從事收毅付廷尉彪之以球爲獄主身無王爵非廷尉所料不肯受與州相反覆穆帝發詔令受之彪之又上疏執據時人比之張釋之時當南郊簡文帝爲撫軍執政訪彪之應有赦不荅曰中興以來郊祀往往有赦愚意常謂非宜何者黎庶不達其意將謂郊祀必赦至此時凶愚之輩復生心於僥倖矣遂從之轉吏部尚書簡文有命用秣陵令曲安遠補句容令殿中侍御史奚朗補湘東郡彪之執不從曰秣陵令三品縣耳殿下昔用安遠談者紛然句容近畿三品佳邑豈可處卜術之人無才用者邪湘東雖復遠小所用未有朗比談者謂頗兼卜術得進殿下若超遷寒悴當令人才可拔朗等凡器實未足充此選太尉桓溫欲北伐屢詔不許溫輒下武昌人情震懼或勸殷浩引身告退彪之言於簡文曰此非保社稷爲殿下計皆自爲計耳若殷浩去職人情崩駭天子獨坐既爾當有任其責者非殿下而誰又謂浩曰彼抗表問罪卿爲其首事任如此猜

霽已構欲作匹夫豈有全地邪且當靜以待之令相王以手書示以款誠陳以成敗當必旋旆若不順命即遣中詔如復不奉乃當以正義相裁無故恖恖先自猖蹶浩曰決大事正自難頃日來欲使人悶聞卿此謀意始得了溫亦奉帝旨果不進時衆官漸多而遷徙每速彪之上議請省官并職言古人三載考績三考黜陟官少故也蓋官衆則缺多缺多則遷速今內外百官較而計之固應有并省者矣六卿之任太常望雅而職重然其所司義髙務約宗正所統蓋尠可以并太常宿衛之重二衛任之其次驍騎左軍各有所領無兵軍校皆應罷廢四軍皆罷則左軍之名不宜獨立宜改游擊以對驍騎內官自侍中以下舊員皆四中興之初二人而已二人對直或有不周懸謂三人於事則無闕也凡餘諸官無綜事實者可令大官隨才位所帖而領之若未能頓廢自可因缺而省之斯誠責實致治之大務也永和末多疾疫舊制朝臣家有時疾染易三人以上者身雖無疾百日不得入宮至是百官多列家疾不入彪之又言疾疫之年家無不染若以之不復入宮則直侍頓闕王者宮省空矣朝廷從之既而長安人雷弱兒梁安等詐云殺苻健苻䓗請兵應接時殷浩鎮壽陽便進據洛營復山陵屬彪之疾歸因上簡文帝牋陳弱兒等容有詐僞浩未應輕進尋而弱兒果詐姚襄反叛浩大敗退守譙城簡文笑謂彪之曰果如君言自頃以來君謀無遺策張陳何以過之轉領軍將軍遷尚書僕射以疾病不拜徙太常領崇德衛尉時或謂簡文曰武陵第中大修器械將謀非常也簡文以問彪之彪之曰武陵王志意盡於馳騁田獵耳願深靜之以懷異同者或復以此爲言簡文甚悅復轉尚書僕射時豫州刺史謝奕卒簡文遽使彪之舉可以代奕者對曰當今時賢備簡高監簡文曰人有舉桓雲者君謂如何彪之曰雲不必非才然溫居上流割天下之半其弟復處西藩兵權萃在一門亦非深根固蔕之宜也人才非可豫量但當令不與殿下作異者耳簡文頷曰君言是也後以彪之爲鎮軍將軍會稽內史加散騎常侍居郡八年豪右斂跡亡戶歸者三萬餘口桓溫下鎮姑孰威勢震主四方修敬皆遣上佐綱紀彪之獨曰大司馬誠爲富貴朝廷既有宰相動靜之宜自當諸稟修敬若遣綱紀致貢天子復何以過之竟不遣溫以山陰縣折布米不時畢郡不彈糾上免彪之彪之去郡郡見罪謫未上州臺者皆原散之溫復以爲罪乃檻收下吏會赦免左降爲尚書頃之復爲僕射是時溫將廢海西公百僚震慄溫亦色動莫知所爲彪之既知溫不臣迹已著理不可奪乃謂溫曰公阿衡皇家便當倚傍先代耳命取霍光傳禮度儀制定於須臾曾無懼容溫歎曰作元凱不當如是邪時廢立之儀既絕於曠代朝臣莫有識其故典者彪之神彩毅然朝服當階文武儀準莫不取定朝廷以此服之溫又廢武陵王遵以事示彪之彪之曰武陵親尊未有顯罪不可以猜嫌之間便相廢徙公建立聖明遐邇歸心當崇奬王室伊周同美此大事宜更深詳溫曰此已成事卿勿復言及簡文崩羣臣疑惑未敢立嗣或云宜當須大司馬處分彪之正色曰君崩太子代立大司馬何容得異若先面諮必反爲所責矣於是朝議乃定及孝武帝即位太皇太后令以帝冲幼加在諒闇令溫依周公居攝故事事已施行彪之曰此異常大事大司馬必當固讓使萬機停滯稽廢山陵未敢奉令謹具封還內請停事遂不行溫遇疾諷朝廷求九錫袁宏爲文以示彪之彪之視訖歎其文辭之美謂宏曰卿固大才安可以此示人時謝安見其文又頻使宏改之宏遂逡巡其事既屢引日乃謀於彪之彪之曰聞彼病日增亦當不復支久自可更小遲迴宏從之溫亦尋薨時桓冲及安夾輔朝政安以新喪元輔主上未能親覽萬機太皇太后宜臨朝彪之曰先代前朝主在襁抱母子一體故可臨朝太后亦不能決政事終是顧問僕與君諸人耳今上年出十歲垂婚冠反令從嫂臨朝示人君幼弱豈是翼戴讚揚立德之謂乎二君必行此事豈僕所制所惜者大體耳時安不欲委任桓冲故使太后臨朝決政獻替專在乎己彪之不達安旨故以爲言安竟不從累遷尚書令與安共掌朝政安每曰朝之大事衆不能決者諮王公無不得判以年老上疏乞骸骨詔不許轉拜護軍將軍加散騎常侍安欲更營宮室彪之曰中興初即位東府殊爲儉陋元明二帝亦不改制蘇峻之亂成帝止蘭臺都坐殆不蔽寒暑是以更營修築方之漢魏誠爲儉狹復不至陋殆合豐約之中今自可隨宜增益修補而已彊寇未殄正是休兵養士之時何可大興功力勞擾百姓邪安曰宮室不壯後世謂人無能彪之曰任天下事當保國寧家朝政惟允豈以修屋宇爲能邪安無以奪之故終彪之世不改營焉加光祿大夫儀同三司未拜疾篤帝遣黃門侍郎問所苦賜錢二十萬以營醫藥太元二年卒年七十三即以光祿爲贈謚曰簡二子越之撫軍參軍臨之東陽太守彬季父琛國子祭酒琛子稜字文子少歷清官渡江爲元帝丞相從事中郎從

兄導以稜有政事宜守大郡乃出爲豫章太守加廣武將軍稜知從兄敦驕傲自負有罔上心日夕諫諍以爲宜自抑損推崇盟主且羣從一門並相與服事應務相崇高以隆勳業每言苦切敦不能容潛使人害之弟侃亦知名少歷顯職位至吳國內史

虞潭字思奧會稽餘姚人吳騎都尉翻之孫也父忠仕至宜都太守吳之亡也堅壁不降遂死之潭清貞有檢操州辟從事主簿舉秀才大司馬齊王冏請爲祭酒除祁鄉令徙醴陵令值張昌作亂郡縣多從之潭獨起兵斬昌別率鄧穆等襄陽太守華恢上潭領建平太守以疾固辭遂周旋征討以軍功賜爵都亭侯陳敏反潭東下討敏弟讚於江州廣州刺史王矩上潭領廬陵太守綏撫荒餘咸得其所又與諸軍共平陳恢仍轉南康太守進爵東鄉侯尋被元帝檄使討江州刺史華軼潭至廬陵會軼已平而湘川賊杜弢猶盛江州刺史衛展上潭并領安成太守時甘卓屯宜陽爲弢所逼潭進軍救卓卓上潭領長沙太守固辭不就王敦版潭爲湘東太守復以疾辭弢平後元帝召補丞相軍諮祭酒轉琅邪國中尉帝爲晉王除屯騎校尉徙右衛將軍遷宗正卿以疾告辭會王含沈充等攻逼京都潭遂於本縣招合宗人及郡中大姓共起義軍衆以萬數自假明威將軍乃進赴國難至上虞明帝手詔潭爲冠軍將軍領會稽內史潭即受命義衆雲集時有野鷹飛集屋梁衆咸懼潭曰起大義而剛鷙之鳥來集破賊必矣遣長史孔坦領前鋒過浙江追躡充潭次于西陵爲坦後繼會充已禽罷兵徵拜尚書尋補右衛將軍加散騎常侍成帝即位出爲吳興太守秩中二千石加輔國將軍以討充功進爵零陵縣侯蘇峻反加潭督三吳晉陵宣城義興五郡軍事會王師敗績大駕逼遷潭勢弱不能獨振乃固守以俟四方之舉會陶侃等下潭與郗鑒王舒協同義舉侃等假潭節監揚州浙江西軍事潭率衆與諸軍并勢東西掎角遣督護沈伊距管商於吳縣爲商所敗潭自貶還節尋而峻平潭以母老輒去官還餘姚詔轉鎮軍將軍吳國內史復徙會稽內史未發復還吳郡以前後功進爵武昌縣侯邑一千六百戶是時軍荒之後百姓饑饉死亡塗地潭乃表出倉米振救之又修滬瀆壘以防海抄百姓賴之咸康中進衛將軍潭貌雖和弱而內堅明有膽決雖屢統軍旅而尠有傾敗以母憂去職服闋以侍中衛將軍徵既至更拜右光祿大夫開府儀同三司給親兵二百人侍中如故年七十九卒於位追贈左光祿大夫開府侍中如故諡曰孝烈子仡嗣官至右將軍司馬仡卒子嘯父嗣嘯父少歷顯位後至侍中爲孝武帝所親愛嘗侍飲宴帝從容問曰卿在門下初不聞有獻替邪嘯父家近海謂帝有所求對曰天時尚溫鱟魚蝦鮓未可致尋當有所上獻帝大笑因飲大醉出拜不能起帝顧曰扶虞侍中嘯父曰臣位未及扶醉不及亂非分之賜所不敢當帝甚悅隆安初爲吳國內史徵補尚書未發而王廞舉兵版嘯父行吳興太守嘯父即入吳興應廞廞敗有司奏嘯父與廞同謀罪應斬詔以祖潭舊勳聽以疾贖爲庶人四年復拜尚書桓元用事以爲太尉左司馬尋遷護軍將軍出爲會稽內史義熙初去職卒於家潭兄子騑字思行雖機幹不及於潭然而素行過之與譙國桓彝俱爲吏部郎情好甚篤彝遺溫拜騑騑使子谷拜彝歷吳興太守金紫光祿大夫王導嘗謂騑曰孔愉有公才而無公望丁潭有公望而無公才兼之者其在卿乎官未達而卒時人惜之子谷位至吳國內史

顧衆字長始吳郡吳人驃騎將軍榮之族弟也父祕交州刺史有文武才幹衆出後伯父早終事伯母以孝聞光祿大夫朱誕器之州辟主簿舉秀才除餘杭秣陵令並不行元帝爲鎮東將軍命爲參軍以討華軼功封東鄉侯辟丞相掾祕卒州人立衆兄壽爲刺史壽爲州人所害衆往交州迎喪值杜弢之亂崎嶇六年乃還祕官莅吳興吳興義故以衆經離寇難共遺錢二百萬一無所受及帝踐阼徵拜駙馬都尉奉朝請轉尚書郎大將軍王敦請爲從事中郎上補南康太守會詔除鄱陽太守加廣武將軍衆徑之郡不過敦敦甚怪焉及敦構逆令衆出軍衆遲迴不發敦大怒以軍期召衆還詰之聲色甚厲衆不爲動容敦意漸釋時敦又怒宣城內史陸嗜衆又辯明之敦長史陸玩在坐代衆危懼出謂衆曰卿眞所謂剛亦不吐柔亦不茹雖仲山甫何以加之敦事捷欲以衆爲吳興內史衆固辭舉吏部郎桓彝彝亦讓衆事並不行敦鎮姑孰復以衆爲從事中郎敦平除太子中庶子爲義興太守加揚威將軍蘇峻反王師敗績衆還吳潛圖義舉時吳國內史庾冰奔於會稽峻以蔡謨代之前陵江將軍張悊爲峻收兵於吳衆遣人喻悊悊從之衆乃遣郎中徐機告謨曰衆已潛合家兵待時而奮又與張悊剋期效節謨乃檄衆爲本國督護揚威將軍仍舊衆從弟護軍參軍颺爲威遠將軍前鋒督護吳中人士同時響應峻遣將弘徽領甲卒五百鼓行而前衆與颺悊要擊徽戰於高祚大破之收其軍實謨

以冰當還任故便去郡衆遣颺率諸軍屯無錫冰至鎮御亭恐賊從海虞道入衆自往備之而賊率張健馬流攻無錫颺等大敗庾冰亦失守健等遂據吳城衆自海隅由婁縣東倉與賊別率交戰破之義軍又集進屯烏苞會稽內史王舒吳興內史虞潭並檄衆爲五郡大督護統諸義軍討健潭遣將姚休爲衆前鋒與賊戰沒衆還守紫壁時賊黨方銳義軍沮退人咸勸衆過浙江衆曰不然今保固紫壁可得全錢唐以南五縣若越他境便爲寓軍控引無所非長計也臨平人范明亦謂衆曰此地險要可以制寇不可委也衆乃版明爲參軍明率宗黨五百人合諸軍凡四千人復進討健健退於曲阿留錢弘爲吳令軍次路邱郎斬弘首衆進住吳城遣督護朱祁等九軍與蘭陵太守李閎共守庱亭健遣馬流陶陽等往攻之閎與祁等逆擊大破之斬首二千餘級峻平論功衆以承檄奮義推功於謨謨以衆唱謀非己之力俱表相讓論者美之封鄱陽縣伯除平南軍司不就更拜丹陽尹本國大中正入爲侍中轉尚書咸康末遷領軍將軍揚州大中正固讓未拜以母憂去職穆帝即位何充執政復徵衆爲領軍不起服闋乃就是時充與武陵王不平衆會通其間遂得和釋充崇信佛教衆議其糜費每以爲言嘗與充同載經佛寺充要衆入門衆不下車充以衆州里宿望每優遇之以年老乞骸骨詔書不許遷尚書僕射永和二年卒時年七十三追贈特進光祿大夫謚曰靖長子昌嗣爲建康令第三子會中軍諮議參軍時稱美士

張闓字敬緒丹陽人吳輔吳將軍昭之曾孫也少孤有志操太常薛兼進之於元帝言闓才幹貞固當今之良器即引爲安東參軍甚加禮遇轉丞相從事中郎以母憂去職既葬帝強起之闓固辭疾篤優命敦逼遂起視事及帝爲晉王拜給事黃門侍郎領本郡大中正以佐翼勳賜爵丹陽縣侯遷侍中帝踐阼出補晉陵內史在郡甚有威惠時所部四縣以旱失田闓乃立曲阿新豐塘溉田八百餘頃每歲豐稔葛洪爲其頌計用二十一萬一千四百二十功以擅興造免官後公卿並爲之言曰張闓興陂溉田可謂益國而反被黜使臣下難復爲善帝感悟乃以闓爲大司農闓陳黜免始爾不宜便居九列疏奏不許然後就職帝晏駕以闓爲大匠卿營建平陵事畢遷尚書蘇峻之役闓與王導俱入宮侍衛峻使闓持節權督東軍王導潛與闓謀密宣太后詔於三吳令速起義軍陶侃等至假闓節行征虜將軍與振威將軍陶回共督丹陽義軍闓到晉陵使內史劉耽盡以一郡穀并遣吳郡度支運四部穀以給將軍郗鑒又與吳郡內史蔡謨前吳興內史虞潭會稽內史王舒等招集義兵以討峻峻平以尚書加散騎常侍賜爵宜陽伯遷廷尉以疾解職拜金紫光祿大夫尋卒時年六十四子混嗣闓牋表文議傳於世

陸曄字士光吳郡吳人也伯父喜吳吏部尚書父英高平相員外散騎常侍曄少有雅望從兄機每稱之曰我家世不乏公矣居喪以孝聞同郡顧榮與鄉人書曰士光氣息裁屬慮其性命言之傷心矣後察孝廉除永世烏江二縣令皆不就元帝初鎮江左辟爲祭酒尋補振威將軍義興太守以疾不拜預討華軼功封平望亭侯累遷散騎常侍本郡大中正太興元年遷太子詹事時帝以侍中皆北士宜兼用南人曄以清貞著稱遂拜侍中徙尚書領州大中正明帝即位轉光祿勳遷太常代紀瞻爲尚書左僕射領太子少傅尋加金紫光祿大夫代卞壼爲領軍將軍以平錢鳳功進爵江陵伯帝不豫曄與王導卞壼庾亮溫嶠郗鑒並受顧命輔皇太子更入殿將兵直宿遺詔錄尚書事加散騎常侍成帝踐阼拜左光祿大夫開府儀同三司給親兵百人常侍如故蘇峻之難曄隨帝在石頭舉動方正不以凶威變節峻以曄吳士之望不敢加害使守留臺匡術以苑城歸順時共推曄督宮城軍事峻平加衛將軍給千兵百騎以勳進爵爲公封次子嘏新康子咸和中求歸鄉里拜墳墓詔許之曄因歸以疾卒時年七十四追贈侍中車騎大將軍謚曰穆子諶散騎常侍曄弟玩字士瑤器量淹雅弱冠有美名賀循每稱其清允平當郡檄綱紀東海王越辟爲掾皆不就元帝引爲丞相參軍時王導初至江左思結人情請婚於玩玩對曰培塿無松柏薰蕕不同器玩雖不才義不能爲亂倫之始導乃止玩嘗詣導食酪因而得疾與導牋曰僕雖吳人幾爲傖鬼其輕易權貴如此累加奮武將軍徵拜侍中以疾辭王敦請爲長史逼以軍期不得已乃從命敦平尚書令郗鑒議敦佐吏不能匡正姦惡宜皆免官禁錮會溫嶠上表申理得不坐復拜侍中遷吏部尚書領會稽王師讓不拜轉尚書左僕射領本州大中正及蘇峻反遣玩與兄曄俱守宮城玩潛說匡術歸順以功封興平伯轉尚書令又詔授左光祿大夫開府儀同三司加散騎常侍餘如故玩頻自表讓優詔褒揚重復終於不許尋而王導郗鑒庾亮相繼而薨朝野咸以三良既沒國家殄瘁以玩有德望乃遷侍中司空給羽林四十人玩既拜有人詣之

桊杯酒瀉置柱梁之間呪曰當今乏才以爾爲柱石莫傾人梁棟邪玩笑曰感卿良箴旣而歎息謂賓客曰以我爲三公是天下爲無人談者以爲知言玩雖登公輔謙讓不辟掾屬成帝聞而勸之玩不得已乃從命所辟皆寒素有行之士玩翼亮累世常以弘重爲人主所貴性通雅不以名位格物誘納後進謙若布衣由是搢紳之徒莫不廕其德宇以疾薨於位年六十四諡曰康給兵千人守冢七十家太元中功臣普被減削司空何充等止得六家以玩有佐命之勳先陪陵而葬由是特置興平伯官屬以衞墓子始嗣歷侍中尚書始弟納字祖言少有清操貞厲絕俗初辟鎭軍大將軍武陵王掾州舉秀才太原王述雅敬重之引爲建威長史累遷黃門侍郎本州別駕尚書吏部郎出爲吳興太守將之郡先至姑孰辭桓溫因問溫曰公致醉可飲幾酒食肉多少溫曰年大來飲三升便醉白肉不過十臠卿復云何納曰素不能飲止可二升肉亦不足言後伺溫閑謂之曰外有微禮方守遠郡欲與公一醉以展下情溫欣然納之時王坦之刁彝在坐及受禮唯酒一斗鹿肉一柈坐客愕然納徐曰明公近云飲酒三升納止可二升今有一斗以備杯杓餘瀝溫及賓客並歎其率素更敕中廚設精饌酬飮極懽而罷納至郡不受俸祿頃之徵拜左民尚書領州大中正將應召外白宜裝幾船納曰私奴裝糧食來無所復須也臨發止有被襆而已其餘並封以還官遷太常徙吏部尚書加奉車都尉衞將軍謝安嘗詣納而納殊無供辦其兄子俶不敢問之乃密爲之具安旣至納所設唯茶果而已俶遂陳盛饌珍羞畢具客罷納大怒曰汝不能光益父叔乃復穢我素業邪於是杖之四十其舉措多此類後以愛子長生有疾求解官營視兄子禹又犯法應刑乞免官謝罪詔特許輕降頃長生小佳諭還攝職尋遷尚書僕射轉左僕射加散騎常侍俄拜尚書令常侍如故恪勤貞固始終不渝時會稽王道子以少年專政委任羣小納望闕而歎曰好家居纖兒欲撞壞之邪朝士咸服其忠亮尋除左光祿大夫開府儀同三司未拜而卒即以爲贈長生先卒無子以弟子道隆嗣元熙中爲廷尉

何充字次道廬江灊人魏光祿大夫禎之曾孫也祖惲豫州刺史父叡安豐太守充風韻淹雅文義見稱初辟大將軍王敦掾轉主簿敦兄含時爲廬江郡貪汙狼籍敦嘗於座中稱曰家兄在郡定佳廬江人士咸稱之充正色曰充即廬江人所聞異於此敦默然傍人皆爲之不安充晏然自若由是忤敦左遷東海王文學尋屬敦敗累遷中書侍郎充即王導妻之姊子充妻明穆皇后之妹也故少與導善早歷顯官嘗詣導導以麈尾指牀呼充共坐曰此是君座也導繕揚州廨舍顧而言曰正爲次道耳明帝亦友昵之成帝即位遷給事黃門侍郎蘇峻作亂京都傾覆導從駕在石頭充東奔義軍其後導奔白石充亦得還賊平封都鄉侯拜散騎常侍出爲東陽太守仍除建威將軍會稽內史在郡甚有德政薦徵士虞喜拔郡人謝奉魏顗等以爲佐吏後以墓被發去郡詔徵侍中不拜改葬畢除建威將軍丹陽尹王導庾亮並言於帝曰何充器局方概有萬夫之望必能總錄朝端爲老臣之副臣死之日願引充內侍則外譽唯緝社稷無虞矣由是加吏部尚書進號冠軍將軍又領會稽王師及導薨轉護軍將軍與中書監庾冰參錄尚書事詔充冰各以甲仗五十人至止車門尋遷尚書令加左將軍充以內外統任宜相糾正若使事綜一人於課對爲嫌乃上疏固讓許之徙中書令加散騎常侍領軍如故又領州大中正以州有先達宿德固讓不拜庾冰兄弟以舅氏輔王室權侔人主慮易世之後戚屬轉疎將爲外物所攻謀立康帝即帝母弟也每說帝以國有彊敵宜須長君帝從之充建議曰父子相傳先王舊典忽妄改易懼非長計故武王不授聖弟即其義也昔漢景亦欲傳祚梁王朝臣咸謂汚亂典制據而弗聽今琅邪踐阼如孺子何社稷宗廟將其危乎冰等不從旣而康帝立帝臨軒冰充侍坐帝曰朕嗣鴻業二君之力也充對曰陛下龍飛臣冰之力也若如臣議不覩升平之世帝有慙色建元初出爲驃騎將軍都督徐州揚州之晉陵諸軍事假節領徐州刺史鎭京口以避諸庾頃之庾翼將北伐庾冰出鎭江州充入朝言於帝曰臣冰舅氏之重宜居宰相不應遠出朝議不從於是徵充入爲都督揚豫徐州之琅邪諸軍事假節領揚州刺史將軍如故先是翼悉發江荆二州編戶奴以充兵役士庶嗷然充復欲發揚州奴以均其謗後以中興時已發三吳今不宜復發而止俄而帝疾篤冰翼意在簡文帝而充建議立皇太子奏可及帝崩充奉遺旨便立太子是爲穆帝冰翼深恨之獻后臨朝詔曰驃騎任重可以甲仗百人入殿又加中書監錄尚書事充自陳旣錄尚書不宜復監中書許之復加羽林騎十人冰翼等尋卒充專輔幼主翼臨終表以後任委息爰之于時論者並以諸庾世在西藩人情所歸宜依翼所請以安物情充曰不然荆楚國之西門戶口百萬北帶彊胡西隣勁蜀經

略險阻周旋萬里得賢則中原可定勢弱則社稷同憂所謂陸抗存則吳存抗亡則吳亡者豈可以白面年少猥當此任哉桓溫英略過人有文武識度西夏之任無出溫者議者又曰庾爰之肯避溫乎如令阻兵恥懼不淺充曰溫足能制之諸君勿憂乃使溫西爰之果不敢爭充以衛將軍褚裒皇太后父宜綜朝政上疏薦裒參錄尚書裒以地逼固求外出充每曰桓溫褚裒爲方伯殷浩居門下我可無勞矣充居宰相雖無澄正改革之能而彊力有器局臨朝正色每以社稷爲己任凡所選用皆以功臣爲先不以私恩樹親戚談者以此重之然所昵庸雜信任不得其人而性好釋典崇修佛寺供給沙門以百數糜費巨億而不吝也親友至於貧乏無所施遺以此獲譏於世阮裕嘗戲之曰卿志大宇宙勇邁終古充問其故裕曰我圖數千戶郡尚未能得卿圖作佛不亦大乎于時郗愔及弟曇奉天師道而充與弟準崇信釋氏謝萬譏之云二郗諂於道二何佞於佛充能飲酒雅爲劉惔所貴惔每云見次道飲令人欲傾家釀言其能溫克也永和二年卒時年五十五贈司空謚曰文穆無子弟子放嗣卒又無子又以兄孫松嗣位至驃騎諮議參軍充弟準見外戚傳

褚翜字謀遠太傅裒之從父兄也父頠少知名早卒翜以才藝楨幹稱襲爵關內侯補冠軍將軍于時長沙王乂擅權成都河間阻兵于外翜知內難方作乃棄官避地幽州後河北有寇難復還鄉里河南尹舉翜行本縣事及天下鼎沸翜招合同志將圖過江先移住陽城界潁川庾敳即翜之舅也亦憂世亂以家付翜翜道斷不得前東海王越以爲參軍辭疾不就尋洛陽覆沒與滎陽太守郭秀共保万氏臺秀不能綏衆與將陳撫郭重等構怨遂相攻擊翜懼禍及謂撫等曰以諸君所以在此謀逃難也今宜共勠力以備賊幸無外難而內自相擊是避坑落井也郭秀誠爲失理應且容之若遂所忿城內自潰胡賊聞之指來掩襲諸君雖得殺秀無解胡虜矣累弱非一宜深思之撫等悔悟與秀交和時數萬口賴翜獲全明年率數千家將謀東下遇道險不得進因留密縣司隸校尉荀組以爲參軍廣武將軍復領本縣率邑人三千督新城梁陽城三郡諸營事頃之還司隸司馬仍督營事率衆進至汝水柴肥口復沮賊翜乃單馬至許昌見司空荀藩以爲振威將軍行梁國內史建興中復爲豫州司馬督司州軍事太傅參軍王元代翜爲郡時梁國部曲將耿奴甚得人情而專勢翜常優遇之元爲政既急翜知其不能容奴因戒之曰卿威殺已多而人情難一宜深慎之元納翜言外羈縻奴而內懷憤會還爲陳留將發乃收奴斬之奴餘黨聚衆殺元梁郡既有內難而徐州賊張平等欲掩襲之郡人遑惑將以郡歸平荀組遣翜往撫之衆心乃定頃之組舉翜爲吏部郎不應召遂東渡江元帝爲晉王以翜爲散騎郎轉太子中庶子出爲奮武將軍淮南內史永昌初王敦構逆征西將軍戴若思令翜出軍赴難翜遣將領五百人從之明帝即位徵拜屯騎校尉遷太子左衛率成帝初爲左衛將軍蘇峻之役朝廷戒嚴以翜爲侍中典征討軍事既而王師敗績司徒王導謂翜曰至尊當御正殿君可啟令速出翜即入上閤躬自抱帝登太極前殿導升御牀抱帝翜及鍾雅劉超侍立左右時百官奔散殿省肅然峻兵既入叱翜令下翜正立不動呵之曰蘇冠軍來覲至尊軍人豈得侵逼由是兵士不敢上殿及峻執政猶以爲侍中從乘輿幸石頭明年與光祿大夫陸曄等出據苑城蘇逸任讓圍之翜等固守峻平以功封長平縣伯遷丹陽尹時京邑焚蕩人物凋殘翜收集散亡甚有惠政代庾亮爲中護軍鎮石頭尋爲領軍徙五兵尚書加奉車都尉監新宮事遷尚書右僕射轉左僕射加散騎常侍久之代何充爲護軍將軍常侍如故咸康七年卒時年六十七贈衛將軍謚曰穆子希嗣官至豫章太守

蔡謨字道明陳留考城人也世爲著姓曾祖睦魏尚書祖悳樂平太守父克少好學博涉書記爲邦族所敬性公亮守正行不合己雖富貴不交也高平劉整恃才縱誕服飾詭異無所拘忌嘗行造人遇克在座整終席慙不自安克時爲處士而見憚如此後爲成都王穎大將軍記室穎爲丞相擢爲東曹掾克素有格量及居選官苟進之徒望風畏憚初克未仕時山簡嘗與琅邪王衍書曰蔡子尼今之正人衍以書示衆曰山子以一字拔人然未易可稱後衍聞克在選官曰山子正人之言驗於今矣陳留時爲大郡號稱多士琅邪王澄行經其界太守呂豫遣吏迎之澄入境問吏曰此郡人士爲誰吏曰有蔡子尼江應元是時郡人多居大位者澄以其姓名問曰甲乙等非君郡人邪吏曰是也曰然則何以但稱此二人吏曰向謂君侯問人不謂問位澄笑而止到郡以吏言謂豫曰舊名此郡有風俗果然小吏亦知如此克以朝政日弊遂絕不仕東嬴公騰爲車騎將軍鎮河北以克爲從事中郎知必不就以軍期致之克不得已至數十日騰爲汲桑所攻城陷克見害謨弱冠察孝

廉州辟從事舉秀才東海王越召爲掾皆不就避亂渡江時明帝爲東中郎將引爲參軍元帝拜丞相復辟爲掾轉參軍後爲中書侍郎歷義興太守大將軍王敦從事中郎司徒左長史遷侍中蘇峻構逆吳國內史庾冰出奔會稽乃以謨爲吳國內史謨既至與張闓顧衆顧颺等共起義兵迎冰還郡峻平復爲侍中遷五兵尚書領琅邪王師謨上疏讓詔不許轉掌吏部以平蘇峻勳賜爵濟陽男又讓不許冬蒸謨領祠部主者忘設明帝位與太常張泉俱免白衣領職頃之遷太常領祕書監以疾不堪親職上疏自解不聽成帝臨軒遣使拜太傅太尉司空會將作樂宿懸於殿庭門下奏非祭祀燕饗則無設樂之制事下太常謨議臨軒遣使宜有金石之樂遂從之臨軒作樂自此始也彭城王紘上言樂賢堂有先帝手畫佛像經歷寇難而此堂猶存宜勑作頌帝下其議謨曰佛者夷狄之俗非經典之制先帝量同天地多才多藝聊因臨時而畫此像至於雅好佛道所未承聞也盜賊奔突王都隳敗而此堂塊然獨存其誠神靈保祚之徵然未是大晉盛德之形容歌頌之所先也人臣覩物興義私作賦頌可也今欲發王命勑史官上稱先帝好佛之志下爲夷狄作一像之頌於義有疑焉於是遂寢時征西將軍庾亮以石勒新死欲移鎮石城爲滅賊之漸事下公卿謨議曰時有否泰道有屈伸暴逆之寇雖終滅亡然當其彊盛皆屈而避之是以高祖受黜於巴漢忍辱於平城也若爭彊於鴻門則亡不終日故蕭何曰百戰百敗不死何待也原始要終歸於大濟而已豈與當亡之寇爭遲速之間哉夫唯鴻門之不爭故垓下莫能與之爭文王身圮於羑里故道泰於牧野勾踐見屈於會稽故威申於彊吳今日之事亦猶此矣賊假息之命垂盡而豺狼之力尙彊宜抗威以待時或曰抗威待時時已可矣愚以爲時之可否在賊之彊弱賊之彊弱在石虎之能否虎之能否可得而言矣自勒初起則虎爲爪牙百戰百勝遂定中國境土所據同於魏世及勒死之日將相內外欲誅石虎石虎獨起於衆異之中殺嗣主誅寵臣內難既定千里遠出一攻而拔金墉再戰而斬石生禽彭彪殺石聰滅郭權還據根本內外並定四方鎮守不失尺土詳察此事豈能乎將不能也假令不能者爲之其將濟乎將不濟也賊前攻襄陽而不能拔誠有之矣不信百戰之效而執一攻之驗棄多從少於理安乎譬若射者百發而一不中可謂之拙乎且不拔襄陽者非石虎之身也桓平北守邊之將耳賊前攻之爭疆場耳得之爲善不得則止非其所急也今征西之往則異於是何者重鎭也名賢也中國之人所聞而歸心也今而西度實有席卷河南之勢賊所大懼豈與桓宣同哉石虎必率其精兵身來距爭若欲與戰戰何如石生若欲城守守何如金墉若欲阻沔沔何如大江蘇峻何如石虎凡此數者宜詳校之愚謂石生猛將關中精兵征西之戰不能勝也金墉險固劉曜十萬所不能拔今征西之守不能勝也又是時兗州洛陽關中皆舉兵擊石虎此今三處反爲其用方之於前倍半之境也若石生不能敵其半而征西欲當其倍愚所疑也蘇峻之彊不及石虎沔水之險不及大江大江不能禦蘇峻而以沔水禦石虎又所疑也昔祖士雅在譙佃於城北慮賊來攻因以爲資故豫安軍屯以禦其外穀將熟賊果至丁夫戰於外老弱穫於內多持炬火急則燒穀而走如此數年竟不得其利是時賊惟據沔北方之於今四分之一耳士雅不能捍其一而征西欲禦其四又所疑也或云賊若多來則必無糧然致糧之難莫過崤函而石虎昔涉此險深入敵國平關中而後還今至襄陽路既無險又行其國內自相供給方之於前難易百倍前已經至難而謂今不能濟其易又所疑也然此所論但說征西既至之後耳尙未論道路之慮也自沔已西水急岸高魚貫泝流首尾百里若賊無宋襄之義及我未陣而擊之將如之何今王士與賊水陸異勢便習不同寇若送死雖開江延敵以一當千猶吞之有餘宜誘而致之以保萬全棄江遠進以我所短擊彼所長懼非廟勝之算朝議同之故亮不果移鎭初皇后每年拜陵勞費甚多謨建議曰古者皇后廟見而已不拜陵也由是遂止及太尉郗鑒疾篤出謨爲太尉軍司加侍中鑒卒卽拜謨爲征北將軍都督徐兗青三州揚州之晉陵豫州之沛郡諸軍事領徐州刺史假節時左衞將軍陳光上疏請伐胡詔令攻壽陽謨上疏曰今壽陽城小而固自壽陽至琅邪城壁相望其間遠者裁百餘里一城見攻衆城必救且王師在路五十餘日劉仕一軍早已入淮又遣數部北取生壁大軍未至聲息久聞而賊之郵驛一日千里河北之騎足以來赴非唯鄰城相救而已夫以白起韓信項籍之勇猶發梁焚舟背水而陣今欲停船水渚引兵造城前對堅敵顧臨歸路此兵法之所誡也若進攻未拔胡騎卒至懼桓子不知所爲而舟中之指可掬今征軍五千皆王都精銳之衆又光爲左衞遠近聞之名爲殿下之軍宜令所向有征無戰而頓之堅城之下勝之不武不勝爲笑今以

國之上騶聲寇之下邑得之則利薄而不足損敵失之則害重而足以益寇懼非策之長者臣愚以爲聞寇而致討賊退而振旅於事無失不勝管見謹冐陳聞石虎於青州造船數百掠緣海諸縣所在殺戮朝廷以爲憂謨遣龍驤將軍徐元等守中洲並設募若得賊大白船者賞布千疋小船百疋是時謨所統七千餘人所戍東至土山西至江乘鎮守八所城壘凡十一處烽火樓望三十餘處隨宜防備甚有筭略先是郗鑒上部下有勳勞者凡一百八十人帝並酬其功未卒而鑒薨斷不復與謨上疏以爲先已許鑒今不宜斷且鑒所上者皆積年勳効百戰之餘亦不可不報詔聽之康帝即位徵拜左光祿大夫開府儀同三司領司徒代殷浩爲揚州刺史又錄尚書事領司徒如故初謨冲讓不辟僚佐詔屢敦逼之始取掾屬石虎死中國大亂時朝野咸謂當太平復舊謨獨謂不然語所親曰胡滅誠大慶也然將貽王室之憂或曰何哉謨曰夫能順天而奉時濟六合於草昧若非上哲必由英豪度德量力非時賢所及必將經營分表疲人以逞志才不副意略不稱心財單力竭智勇俱屈此韓盧東郭所以雙斃也遷侍中司徒上疏讓不拜皇太后詔不許謨猶固讓謂所親曰我若爲司徒將爲後代所哂義不敢拜也皇太后遣使喻旨自四年冬至五年末詔書屢下謨固守所執六年復上疏以疾病乞骸骨上左光祿大夫領司徒印綬章表十餘上穆帝臨軒遣侍中紀璩黃門郎丁纂徵謨謨陳疾篤使主簿謝攸對曰臣謨不幸有公族穆子之疾天威不違顏咫尺不敢奉詔寢伏待罪自旦至申使者十餘反而謨不至時帝年八歲甚倦問左右曰所召人何以至今不來臨軒何時當竟君臣俱疲弊皇太后詔必不來者宜罷朝中軍將軍殷浩奏免吏部尚書江虨官簡文時爲會稽王命曹曰蔡公傲違上命無人臣之禮若人主卑屈於上大義不行於下亦不知復所以爲政矣於是公卿奏曰司徒謨頃以常疾久逋王命皇帝臨軒百寮齊立俯僂之恭有望於謨若志存止退自宜致辭闕庭安有人君卑勞終日而人臣曾無一酬之禮悖慢傲上罪同不臣臣等參議宜明國憲請付廷尉以正刑書謨懼率子弟素服詣闕稽顙躬到廷尉待罪皇太后詔特免爲庶人謨既被廢杜門不出終日講誦教授弟子數年皇太后復詔以謨爲左光祿大夫開府儀同三司於是遣謁者僕射孟洪就加冊命謨上疏陳謝以疾篤不任朝請詔賜几杖門施行馬十二年卒時年七十六賵贈之禮一依太尉陸玩故事詔贈侍中司空謚曰文穆謨博學於禮儀宗廟制度多所議定文筆論議有集行於世總應劭已來注班固漢書者爲之集解謨初渡江見彭蜞大喜曰蟹有八足加以二螯令烹之既食吐下委頓方知非蟹後詣謝尚而說之尚曰卿讀爾雅不熟幾爲勸學死謨性方雅丞相王導作女伎施設牀席謨先在坐不悅而去導亦不止之性尤篤慎每事必爲過防故時人云蔡公過浮航脫帶腰舟長子邵永嘉太守少子系有才學文義位至撫軍長史

諸葛恢字道明琅邪陽都人也祖誕魏司空爲文帝所誅父靚奔吳爲大司馬吳平逃竄不出武帝與靚有舊靚姊又爲琅邪王妃帝知靚在姊間因就見馬靚逃于厠帝又逼見之謂曰不謂今日復得相見靚流涕曰不能漆身皮面復覩聖顏詔以爲侍中固辭不拜歸于鄉里終身不向朝廷而坐恢弱冠知名試守即丘長轉臨沂令爲政和平值天下大亂避地江左名亞王導庾亮導嘗謂曰明府當爲黑頭公及導拜司空恢亦在坐導指冠謂曰君當復着此導嘗與恢戲爭族姓曰人言王葛不言葛王也恢曰不言馬驢而言驢馬豈驢勝馬邪其見親狎如此于時潁川荀闓字道明陳留蔡謨字道明與恢俱有名譽號曰中興三明人爲之語曰京師三明各有名蔡氏儒雅荀葛清元帝爲安東將軍以恢爲主簿再遷江寧令討周馥有功封博陵亭侯復爲鎮東參軍與卞壼並以時譽遷從事中郎兼統記室時四方多務牋疏殷積恢斟酌酬答咸稱折中于時王氏爲將軍而恢兄弟及顏含並居顯要劉超以忠謹掌書命時人以帝善任一國之才愍帝即位徵用四方賢儁召恢爲尚書郎元帝以經緯須才上疏留之承制調爲會稽太守臨行帝爲置酒謂曰今之會稽昔之關中足食足兵在於良守以君有莅任之方是以相屈四方分崩當匡振圮運政之所先君爲言之恢陳謝因對曰今天下喪亂風俗陵遲宜尊五美屏四惡進忠實退浮華帝深納焉太興初以政績第一詔增秩中二千石頃之以母憂去官服闋拜中書令王敦上恢爲丹陽尹以久疾免明帝征敦以恢爲侍中加奉車都尉討王含有功進封建安伯以先爵賜次子甝爲關內侯又拜恢後將軍會稽內史徵爲侍中遷左民尚書武陵王師吏部尚書累遷尚書右僕射加散騎常侍銀青光祿大夫領選本州大中正尚書令常侍吏部如故成帝踐阼加侍中金紫光祿大夫卒年六十二贈左光祿大夫儀同三司賵贈之禮一依太尉興平伯故事謚曰敬祠以太牢子甝嗣

位至散騎常侍恢兄顗字道回亦爲元帝所器重終於太常

殷浩字深源陳郡長平人也父羨字洪喬爲豫章太守都下人士因其致書者百餘函行次石頭皆投之水中曰沉者自沉浮者自浮殷洪喬不爲致書郵其資性介立如此終於光祿勳浩識度清遠弱冠有美名尤善元言與叔父融俱好老易融與浩口談則辭屈著篇則融勝浩由是爲風流談論者所宗或問浩曰將莅官而夢棺將得財而夢糞何也浩曰棺本臭腐故將官而夢尸錢本糞土故將得錢而夢穢時人以爲名言三府辟皆不就征西將軍庾亮引爲記室參軍累遷司徒左長史安西庾翼復請爲司馬除侍中安西軍司並稱疾不起遂屏居墓所幾將十年于時擬之管葛王濛謝尚猶伺其出處以卜江左興亡因相與省之知浩有確然之志既反相謂曰深源不起當如蒼生何庾翼貽浩書勉令一出固辭不起建元初庾冰兄弟及何充等相繼卒簡文帝時在藩始綜萬機衛將軍褚裒薦浩徵爲建武將軍揚州刺史浩上疏陳讓并致牋於簡文具自申叙簡文答書敦喻浩頻陳讓自三月至七月乃受拜焉時桓温既滅蜀威勢轉振朝廷憚之簡文以浩有盛名朝野推伏故引爲心膂以抗於温於是與温頗相疑貳會遭父憂去職時以蔡謨攝揚州以俟浩服闋徵爲尚書僕射不拜復爲建武將軍揚州刺史遂參綜朝權潁川荀羨少有令聞浩擢爲義興吳郡以爲羽翼王羲之密說浩羨令與桓温和同不宜內構嫌隙浩不從及石虎死胡中大亂朝廷欲遂蕩平關河於是以浩爲中軍將軍假節都督揚豫徐兗青五州軍事浩既受命以中原爲已任上疏北征許洛將發墜馬衆咸惡之既而以淮南太守陳逵兗州刺史蔡裔爲前鋒安西將軍謝尚北中郎將荀羨爲督統開江西疁音流田千頃以爲軍儲師次壽陽潛誘苻健大臣梁安雷弱兒等使殺健許以關右之任初降人魏脫卒其弟憬代領部曲姚襄殺憬以并其衆浩大惡之使龍驤將軍劉啟守譙遷襄於梁既而魏氏子弟往來壽陽襄益猜懼俄而襄部曲有欲歸浩者襄殺之浩於是謀誅襄會苻健殺其大臣健兄子眉自洛陽西奔浩以爲梁安事捷意苻健已死請進屯洛陽修復園陵使襄爲前驅冠軍將軍劉洽鎮鹿臺建武將軍劉遯據倉垣又求解揚州專鎮洛陽詔不許浩既至許昌會張遇反謝尚又敗績浩還壽陽復進軍次山桑而襄反浩懼棄輜重退保譙城器械軍儲皆爲襄所掠士卒多亡叛浩遣劉啟王彬之擊襄於山桑並爲襄所殺桓温素惡浩及聞其敗上疏罪浩坐廢爲庶人徙于東陽之信安縣浩少與温齊名而每心競温嘗問浩君何如我浩曰我與我周旋久寧作我也温既以雄豪自許每輕浩浩不之憚也至是温語人曰少時吾與浩共騎竹馬我棄去浩輒取之故當出我下也又謂郗超曰浩有德有言向使作令僕足以儀刑百揆朝廷用違其才耳浩雖被黜放口無怨言夷神委命談詠不輟雖家人不見其有流放之慼但終日書空作咄咄怪事四字而已浩甥韓伯浩素愛賞之隨至徙所經歲還都浩送至渚側詠曹顏遠詩云富貴他人合貧賤親戚離因而泣下後温將以浩爲尚書令遺書告之浩欣然許焉將答書慮有謬誤開閉者數十遂達空函大忤温意由是遂絕永和十二年卒子涓亦有美名咸安初桓温廢太宰武陵王晞誣涓及庾倩與晞謀反害之浩後將改葬其故吏顧悅之上疏爲浩訟冤疏奏詔追復浩本官顧悅之字君叔少有義行與簡文同年而髮早白帝問其故對曰松柏之姿經霜猶茂蒲柳常質望秋先零簡文悅其對始將抗表訟浩浩親故多謂非宜悅之決意以聞又與朝臣爭論故衆無以奪焉時人咸稱之爲州別駕歷尚書右丞卒子凱之別有傳蔡裔者有勇氣聲若雷震嘗有二偷入室裔拊牀一呼而盜俱殞故浩委以軍鋒焉

孔愉字敬康會稽山陰人也其先世居梁國曾祖潛太子少傅漢末避地會稽因家焉祖竺吳豫章太守父恬湘東太守從兄侃大司農俱有令名江左愉年十三而孤養祖母以孝聞與同郡張茂字偉康丁潭字世康齊名時人號曰會稽三康吳平愉遷于洛惠帝末歸鄉里行至江淮間遇石冰封雲爲亂雲逼愉爲參軍不從將殺之賴雲司馬張統營救獲免東還會稽入新安山中改姓孫氏以稼穡讀書爲務信著隣里後忽捨去皆謂爲神人而爲之立祠永嘉中元帝始以安東將軍鎮揚州命愉爲參軍邦族尋求莫知所在建興初始出應召爲丞相掾仍除駙馬都尉參丞相軍事時年已五十矣以討華軼功封餘不亭侯愉嘗行經餘不亭見籠龜於路者愉買而放之溪中龜中流左顧者數四及是鑄侯印而印龜左顧三鑄如初印工以告愉乃悟遂佩焉帝爲晉王使長兼中書郎于時刁協劉隗用事王導頗見疏遠愉陳導忠賢有佐命之勳謂事無大小皆宜諮訪由是不合旨出爲司徒左長史累遷吳興太守沈充反愉棄官還京師拜御史中丞遷侍中太常及蘇峻反愉

朝服守宗廟初愉爲司徒長史以平南將軍溫嶠母亾遭亂不葬乃不過其品至是峻平而嶠有重功愉往石頭詣嶠嶠執愉手流涕曰天下喪亂忠孝道廢能持古人之節歲寒不凋者唯君一人耳時人咸稱嶠居公而重愉之守正尋徙大尙書遷安南將軍江州刺史不行轉尙書右僕射領東海王師尋遷左僕射咸和八年詔曰尙書令玩左僕射愉並恪居官次祿不代耕端右任重先朝所崇其給玩親信三十人愉二十人稟賜愉上疏固讓優詔不許愉復表讓從之愉表有云姦吏擅權暴人肆虐者王導聞而非之於都坐謂愉曰君言姦吏擅威暴人肆虐爲患是誰愉欲大論朝廷得失陸玩抑之乃止後導將以趙允爲護軍愉謂導曰中興已來處此官者周伯仁應思遠耳今誠乏才豈宜以趙允居之邪導不從其守正如此由是爲導所銜後省左右僕射以愉爲尙書僕射愉年在懸車累乞骸骨不許轉護軍將軍加散騎常侍復徙領軍將軍加金紫光祿大夫領國子祭酒頃之出爲鎭軍將軍會稽內史加散騎常侍句章縣有漢時舊陂毀廢數百年愉自巡行脩復故堰漑田二百餘頃皆有良業在郡三年乃營山陰湖南侯山下數畝地爲宅草屋數間便棄官居之送資數百萬悉無所取病篤遺令歛以時服鄉邑義賵一不得受年七十五咸康八年卒贈車騎將軍開府儀同三司諡曰貞三子誾汪安國誾嗣爵位至建安太守誾子靜字季恭再爲會稽內史累遷尙書左僕射加後將軍汪字德澤好學有志行孝武帝時位至侍中時茲千秋以佞媚見幸於會稽王道子汪屢言之於帝帝不納遷尙書太常卿以不合意求出爲假節都督交廣二州諸軍事征

虜將軍平越中郎將廣州刺史甚有政績爲嶺表所稱太元十七年卒安國字安國年小諸兄三十餘歲羣從諸兄並乏才名以富彊自立惟安國與汪少厲孤貧之操汪旣以直亮稱安國以儒素顯孝武帝時甚蒙禮遇仕歷侍中太常及帝崩安國形素羸瘦服衰絰涕泗竟日見者以爲眞孝再爲會稽內史領軍將軍安帝隆安中詔以本官領東海王師後歷尙書左右僕射義熙四年卒贈左光祿大夫弟祗字承祖太守周札命爲功曹史札爲沈充所害故人賓吏莫敢近者祗冒刃號哭親行殯禮送喪還義興時人義之愉從子坦字君平祖沖丹陽太守父侃大司農坦少方直有雅望善左氏傳解屬文元帝爲晉王以坦爲世子文學東宮建補太子舍人遷尙書郎時臺郎初到並加策試帝手策問曰吳興徐馥爲賊殺郡將郡今應舉孝廉不坦對曰四罪不相及殛鯀而興禹徐馥爲逆何妨一郡之賢又問姦臣賊君汙宮瀦宅莫大之惡也鄉舊廢四科之選今何所依坦曰季平子逐魯昭公豈可以廢仲尼也竟不能屈先是以兵亂之後務存慰悅遠方秀孝到不策試普皆除署至是帝申明舊制皆令試經有不中科刺史太守免官太興二年秀孝多不敢行其有到者並託疾帝欲除署孝廉而秀才如前制坦奏議以爲不可帝納焉聽孝廉申至七年秀才如故時典客令萬默領諸胡胡人相誣朝廷疑默有所偏助將加大辟坦獨不署由是被譴遂棄官歸會稽久之除領軍司馬未赴召會王敦反與右衞將軍虞潭俱在會稽起義而討沈充事平始就職揚州刺史王導請爲別駕咸和初遷尙書左丞深爲臺中之所敬憚尋屬蘇峻反坦與司徒司馬陶回白王導

曰及峻未至宜急斷阜陵之界守江西當利諸口彼少我衆一戰決矣若峻未來可往逼其城今不先往峻必先至先人有奪人之功時不可失導然之庾亮以爲峻脫徑來是襲朝廷虛也故計不行峻遂破姑孰取鹽米亮方悔之坦謂人曰觀峻之勢必破臺城自非戰士不須戎服旣而臺城陷戎服者多死白衣者無他時人稱其先見及峻挾天子幸石頭坦奔陶侃侃引爲長史時侃等夜築白石壘至曉而成聞峻軍嚴聲咸懼來攻坦曰不然若峻攻壘必須東北風急令我水軍不得往救今天淸靜賊必不動決遣軍出江乘掠京口以東矣果如所籌時郗鑒鎭京口侃等各以兵會旣至坦議以爲本不應須召郗公遂使東門無限今宜遣還雖晚猶勝不也侃等猶疑坦固爭甚切始令郗鑒還據京口遣郭默屯大業及令驍將李閎曹統周光與默并力賊遂勢分卒如坦計及峻平以坦爲吳郡太守自陳吳多賢豪而坦年少未宜臨之王導庾亮並欲用坦爲丹陽尹時亂離之後百姓凋弊坦固辭之導等猶未之許坦慨然曰昔肅祖臨崩諸君親據御牀共奉遺詔孔坦疏賤不在顧命之限旣有艱難則以微臣爲先今猶俎上肉任人膾截耳乃拂衣而去導等亦止於是遷吳興內史封晉安男加建威將軍以歲饑運家米以振窮乏百姓賴之時使坦募江淮流人爲軍有殿中兵因亂東還來應坦募坦不知而納之或諷朝廷以坦藏叛兵遂坐免尋拜侍中咸康元年石聰寇歷陽王導爲大司馬討之請坦爲司馬會石勒新死石虎專恣石聰及譙郡太守彭彪等各遺使請降坦與聰書譬以禍福詞旨可觀然朝廷遂不北伐人皆懷恨坦在職數年遷侍中時成帝每

幸丞相王導府拜導妻曹氏有同家人坦每切諫時帝刻日納后而尚書左僕射王彬卒議者以爲欲御期坦曰婚禮之重重於救日蝕救日蝕有后之喪太子廢井則止納后盛禮豈可以臣喪而廢從之及帝既加元服猶委政王導坦每發憤以國事爲己憂嘗從容言於帝曰陛下春秋以長聖敬日躋宜博約朝臣諮諏善道由是忤導出爲廷尉卿怏怏不悅以疾去職加散騎常侍遷尚書未拜疾篤庾冰省之乃流涕坦慨然曰大丈夫將終不問安國寧家之術乃作兒女相問邪冰深謝焉臨終與庾亮書以忱復爲託俄卒時年五十一追贈光祿勳諡曰簡亮報其書并致祭焉子混嗣愉從子嚴字彭祖祖父奕全椒令明察過人時有遺其酒者始提入門奕遙呵之曰人餉吾兩罌酒其一何故非也檢視之一罌果是水或問奕何以知之奕曰酒重水輕提酒者手有輕重之異故耳在官有惠化及卒市人若喪慈親焉父倫黃門郎嚴少仕州郡歷司徒掾尚書殿中郎殷浩臨揚州請爲別駕遷尚書左丞時朝廷崇樹浩以抗擬桓溫溫深以不平浩又引接荒人謀立功於閫外嚴諫浩宜深思廉藺屈伸之道平勃相和之義庶令婉然和順人無間言又觀頃日降附之徒皆人面獸心豈宜聚著都邑雜處人間適足以疑惑視聽耳浩深納之及哀帝踐阼議所承統時多異議嚴與丹陽尹庾龢議曰順本居正親親不可奪宜繼成皇帝諸儒咸以嚴議爲長竟從之隆和元年詔曰天文失度太史雖有禳祈之事猶釁眚屢彰今欲依鴻祀之制於太極前庭親執虔肅嚴諫曰鴻祀雖出尚書大傳先儒所不究歷代莫之興承天接神豈可以疑殆行事乎天道無親唯德是輔陛下祇順恭敬留心兆庶可以消災復異皆已蹈而行之德合神明邱禱久矣豈須屈萬乘之尊修雜祀之事君舉必書可不愼歟帝嘉之而止以爲揚州大中正嚴不就有司奏免詔特以侯領尚書時東海王奕求海鹽錢塘以水牛牽埭稅取錢直帝初從之嚴諫乃止初帝或施私恩以錢帛賜左右嚴又啟諸所別賜及給廚食皆應減省帝曰左右多困乏故有所賜今通斷之又廚膳宜有減徹思詳具聞嚴多所匡益太和中拜吳興太守加秩中二千石善於宰牧甚得人和餘杭婦人經年荒賣其子以活夫之兄子武康有兄弟二人妻各有孕弟遠行未反遇荒歲不能兩全棄其子而活弟子嚴並褒薦之又甄賞才能之士論者美焉五年以疾去職卒于家三子道民宣城內史靜民散騎侍郎福民太子洗馬皆爲孫恩所害嚴叔父羣字敬林有智淵志尚不羈蘇峻入石頭時匡術有寵於峻賓從甚盛羣與從兄愉同行於橫塘遇之愉止與語而羣初不視術術怒欲刃之愉下車抱術曰吾弟發狂卿爲我宥之乃獲免後峻平王導保存術嘗因衆坐令術勸羣酒以釋橫塘之憾羣答曰羣非孔子厄同匡人雖陽和布氣鷹化爲鳩至於識者猶憎其目導有愧色仕歷中丞性嗜酒導嘗戒之曰卿恒飲不見酒家覆瓿布日月久糜爛邪答曰公不見肉糟淹更堪久邪嘗與親友書云今年田得七百石秫米不足了麴糵事其躭湎如此卒於官嗣子沈字德度有美名何充薦沈於王導曰文思通敏宜登宰門辟丞相司徒掾琅邪王文學並不就從兄坦以裘遺之辭不受坦曰晏平仲儉祀其先人豚肩不掩豆猶狐裘數十年卿復何辭於是受而服之是時沈與魏顗虞球虞存謝奉並爲四族之儁沈子廞位至吳興太守廷尉廞子琳之以草書擅名又爲吳興太守侍中

丁潭字世康會稽山陰人也祖固吳司徒父彌梁州刺史潭爲郡功曹察孝廉除郎中稍遷丞相西閤祭酒時元帝稱制使各陳時事損益潭上書深切治要及帝踐阼拜駙馬都尉奉朝請尚書祠部郎時瑯琊王裒始受封帝欲引朝賢爲其國上卿將用潭以問中書令賀循循曰郎中令職望清重實宜審授潭清淳貞粹雅有隱正聖明所簡才實宜之遂爲瑯琊王郎中令會裒薨潭上疏求行終喪禮詔下博議朝廷竟從太常賀循議令潭除服心喪二年太興三年遷王導驃騎司馬轉中書郎出爲廣武將軍東陽太守以清潔見稱徵爲太子左衛率不拜成帝踐阼以爲散騎常侍侍中蘇峻作亂帝蒙塵於石頭唯潭及侍中鍾雅劉超等隨從不離帝側峻誅以功賜爵永安伯遷大尚書從廷尉累遷左光祿大夫領國子祭酒本國大中正加散騎常侍康帝即位屢表乞骸骨詔以光祿大夫還第門施行馬祿秩一如舊制給傳詔二人賜錢二十萬牀帳褥席年八十卒贈侍中大夫如故諡曰簡王導嘗謂孔敬康有公才而無公望丁世康有公望而無公才子話位至散騎侍郎張茂者字偉康少單貧有志行爲鄉里所敬信初起義兵討賊陳斌一郡用全元帝辟爲掾屬官有老牛數十將賣之茂曰殺牛有禁買者不得輒屠齒力疲老又不任耕駕是以無用之物收百姓利也帝乃止遷太子右衛率出補吳國內史沈充之反也茂與三子並遇害茂弟盎爲周札將軍充討札盎又死之贈茂太僕茂少時夢得大象以問占夢萬推推曰君當爲大郡而不善也問

其故推曰象者大獸獸者守也故知當得大郡然象以齒焚爲人所害果如其言

陶回丹陽人也祖基吳交州刺史父抗太子中庶子回辟司空府中軍主簿並不就大將軍王敦命爲參軍轉州別駕敦死司空王導引爲從事中郎遷司馬蘇峻之役回與孔坦言於導請早出兵守江口語在坦傳峻將至回復謂亮曰峻知石頭有重戍不敢直下必向小丹陽南道步來宜伏兵要之可一戰而禽亮不從峻果由小丹陽經秣陵迷失道逢郡人執以爲鄉導時峻夜行甚無部分亮聞之深悔不從回等之言尋王師敗績回還本縣收合義軍得千餘人並爲步軍與陶侃溫嶠等并力攻峻又別破韓晃以功封康樂伯時大賊新平綱維弛廢司徒王導以回有器幹擢補北軍中候俄轉中護軍久之遷征虜將軍吳興太守時人饑穀貴三吳尤甚詔欲聽相鬻賣以拯一時之急回上疏乞振乏不待報輒開倉及割府郡軍資數萬斛米以救之由是一境獲全旣而下詔并敕會稽吳郡依回振恤二郡賴之在郡四年徵拜領軍將軍加散騎常侍征虜將軍如故回性雅正不憚彊禦丹陽尹桓景佞事王導甚爲導所昵回常慷慨謂景非正人不宜親狎會熒惑守南斗經旬導語回曰南斗揚州分而熒惑守之吾當遜位以厭此譴回答曰公以明德作相輔弼聖主當親忠貞遠邪佞而與桓景造膝熒惑何由退舍導深愧之咸和二年以疾辭職帝不許徙護軍將軍常侍領軍如故未拜卒年五十一諡曰威四子汪陋隱無忌汪嗣爵位至輔國將軍宣城內史陋冠軍將軍隱少府無忌光祿勳兄弟咸有幹用

謝尚字仁祖豫章太守鯤之子也幼有至性七歲喪兄哀慟過禮親戚異之八歲神悟夙成鯤嘗攜之送客或曰此兒一坐之顏回也尚應聲荅曰坐無尼父焉別顏回席賓莫不歎異年十餘歲遭父憂丹陽尹溫嶠弔之尚號咷極哀旣而收涕告訴舉止有異常童嶠甚奇之及長開率穎秀辯悟絕倫脫略細行不爲流俗之事好衣刺文袴諸父責之因而自改遂知名善音樂博綜衆藝司徒王導深器之比之王戎常呼爲小安豐辟爲掾襲父爵咸亭侯始到府通謁導以其有勝會謂曰聞君能作鴝鵒舞一坐傾想甯有此理不尚曰佳便著衣幘而舞導令坐者撫掌擊節尚俯仰有中傍若無人其率詣如此轉西曹屬時有遭亂與父母乖離議者或以進仕理王事婚姻繼自世於禮非嫌尚議曰典禮之興皆因循情理開通弘勝如運有屯夷要當斷之以大義夫無後之罪三千所不過今婚姻將以繼百世崇宗緒此固不可塞也然至於天屬生離之哀父子乖絕之痛痛之深者莫深於茲夫以一體之小患猶或忘思慮損聽察況於抱傷心之巨痛懷忉怛之至戚方寸旣亂豈能綜理時務哉有心之人決不冒榮苟進冒榮苟進之疇必非所求之旨徒開偷薄之門而長流弊之路或有執志邱園守心不革者猶當崇其操業以弘風尚而況含艱履戚之人勉之以榮貴邪遷會稽王友入補給事黃門侍郎出爲建武將軍歷陽太守轉督江夏義陽隨三郡軍事江夏相將軍如故時安西將軍庾翼鎮武昌尚數詣翼諮謀軍事嘗與翼共射翼曰卿若破的當以鼓吹相賞尚應聲中之翼即以其副鼓吹給之尚爲政清簡始到官郡府以布四十疋爲尚造烏布帳尚壞之以爲軍士襦袴建元二年詔以爲南中郎將餘官如故會庾冰薨復以本號督豫州四郡領江州刺史俄而復轉西中郎將督揚州之六郡諸軍事豫州刺史鎮歷陽大司馬桓溫欲有事中原使尚率衆向壽春進號安西將軍初苻健將張遇降尚尚不能綏懷之遇怒據許昌叛尚討之爲遇所敗收付廷尉時康獻皇后臨朝即尚之甥也特令降號爲建威將軍初尚之行也使建武將軍濮陽太守戴施據枋頭會冉閔之子智與其大將蔣幹來附復遣行人劉猗詣尚請救施止猗求傳國璽猗歸以告幹幹謂尚已敗慮不能救已猶豫不許施遣參軍何融率壯士百人入鄴登三臺助戍譎之曰今且可出璽付我凶寇在外道路梗澁亦未敢送璽當遣單使馳白天子聞璽已在吾許知卿等至誠必遣重軍相救并厚相餉幹乃出璽付融融齎璽馳還枋頭尚遣振武將軍胡彬率騎三百迎璽致諸京師時苻健將楊平戍許昌尚遣兵襲破之徵授給事中賜軺車鼓吹戍石頭永和中拜尚書僕射出爲都督江西淮南諸軍事前將軍豫州刺史給事中僕射如故鎮歷陽加都督豫州揚州之五郡軍事在任有政績上表求入朝因留京師署僕射事尋進號鎮西將軍鎮壽陽尚於是採拾樂人并制石磬以備太樂江表有鐘石之樂自尚始也桓溫北平洛陽上疏請尚爲都督司州諸軍事將鎮洛陽以疾病不行升平初又進都督豫冀幽并四州病篤徵拜衞將軍加散騎常侍未至卒於歷陽時年五十詔贈散騎常侍衞將軍開府儀同三司諡曰簡無子從弟奕以子康襲爵早卒康弟靜復以子肅嗣又無子靜子虔以子靈祐繼鯤後

謝安字安石尚從弟也父裒太常卿安年四歲時譙郡桓彝見而歎曰此兒風神秀徹後當不減王東海及總角神識沈敏風宇條暢善行書弱冠詣王濛清言良久既去濛子修曰向客何如大人濛曰此客亹亹為來逼人王導亦深器之由是少有重名初辟司徒府除佐著作郎並以疾辭寓居會稽與王羲之及高陽許詢沙門支遁遊處出則漁弋山水入則言詠屬文無處世意揚州刺史庾冰以安有重名必欲致之累下郡縣敦逼不得已赴召月餘告歸復除尚書郎琅邪王友並不起吏部尚書范汪舉安為吏部郎安以書距絕之有司奏安被召歷年不至禁錮終身遂棲遲東土常往臨安山中坐石室臨濬谷悠然歎曰此亦伯夷何遠嘗與孫綽等汎海風起浪湧諸人並懼安吟嘯自若舟人以安為悅猶去不止風轉急安徐曰如此將何歸邪舟人承言即迴眾咸服其雅量雖放情邱壑然每遊賞必以妓女從既累辟不就簡文帝時為相曰安石既與人同樂必不得不與人同憂召之必至時安弟万為西中郎將總藩任之重安雖處衡門其名猶出万之右自然有公輔之望處家常以儀範訓子弟安妻劉惔妹也既見家門富貴而安獨靜退乃謂曰丈夫不如此也安掩鼻曰恐不免耳及万黜廢安始有仕進志年已四十餘矣征西大將軍桓溫請為司馬將發新亭朝士咸送中丞高崧戲之曰卿屢違朝旨高臥東山諸人每相與言安石不肯出將如蒼生何蒼生今亦將如卿何安甚有愧色既到溫甚喜言生平歡笑竟日既出溫問左右曰頗嘗見我有如此客不溫後詣安值其理髮安性遲緩久而方罷使取幘溫見留之曰令司馬著帽進其見重如此溫當北征會万病卒安投牋求歸尋除吳興太守在官無當時譽去後為人所思頃之徵拜侍中遷吏部尚書中護軍簡文帝疾篤溫上疏薦安宜受顧命及帝崩溫入赴山陵止新亭大陳兵衛將移晉室呼安及王坦之欲於坐害之坦之甚懼問計於安安神色不變曰晉祚存亾在此一行既見溫坦之流汗沾衣倒執手版安從容就席坐定謂溫曰安聞諸侯有道守在四隣明公何須壁後置人邪溫笑曰正自不能不爾耳遂笑語移日坦之與安初齊名至是方知坦之之劣溫嘗以安所作簡文帝諡議以示坐賓曰此謝安石碎金也時孝武帝富於春秋政不自己溫威振內外人情噂𠴲互生同異安與坦之盡忠匡翼終能輯穆及溫病篤諷朝廷加九錫使袁宏具草安見輒改之遂歷旬不就會溫薨錫命遂寢尋為尚書僕射領吏部加後將軍及中書令王坦之出為徐州刺史詔安總關中書事安義存輔導雖會稽王道子亦賴弼諧之益時彊敵寇境邊書續至梁益不守樊鄧陷沒安每鎮以和靖御以長筭德政既行文武用命不存小察弘以大綱威懷外著人皆比之王導謂文雅過之嘗與王羲之登冶城悠然遐想有高世之志羲之謂曰夏禹勤王手足胼胝文王旰食日不暇給今四郊多壘宜思自效而虛談廢務浮文妨要恐非當今所宜安曰秦任商鞅二世而亾豈清言致患邪是時宮室毀壞安欲繕之尚書令王彪之等以外寇為諫安不從竟獨決之宮室用成皆仰模元象合體辰極而役無勞怨又領揚州刺史詔以甲仗百人入殿時帝始親萬機進安中書監驃騎將軍錄尚書事固讓軍號于時懸象失度亢旱彌年安奏興滅繼絕求晉初佐命功臣後而封之頃之加司徒後軍文武盡配大府又讓不拜復加侍中都督揚豫徐兗青五州幽州之燕國諸軍事假節時苻堅彊盛疆埸多虞諸將敗退相繼安遣弟石及兄子元等應機征討所在剋捷拜衛將軍開府儀同三司封建昌縣公堅後率眾號百萬次于淮淝京師震恐加安征討大都督元入問計安夷然無懼色荅曰已別有旨既而寂然元不敢復言乃令張元重請安遂命駕出山墅親朋畢集方與元圍棊賭別墅安常棊劣於元是日元懼便為敵手而又不勝安顧謂其甥羊曇曰以墅乞汝安遂遊陟至夜乃還指授將帥各當其任元等既破堅有驛書至安方對客圍棊看書既竟便攝放牀上了無喜色棊如故客問之徐荅云小兒輩遂已破賊既罷還內過戶限心喜甚不覺屐齒之折其矯情鎮物如此以總統進拜太保安方欲混一文軌上疏求自北征乃進都督揚江荊司豫徐兗青冀幽并甯益雍梁十五州軍事加黃鉞其本官悉如故置從事中郎二人安上疏讓太保及爵不許是時桓冲既卒荊江二州並缺物論以元勳望宜以授之安以父子皆著大勳恐為朝廷所疑又懼桓氏失職桓石虔復有沔陽之功慮其驍猛在形勝之地終或難制乃以桓石民為荊州改桓伊於中流石虔為豫州既以三桓據三州彼此無怨各得所任其經遠無競類皆如此性好音樂自弟万喪十年不聽音樂及登台輔期喪不廢樂王坦之以書喻之不從衣冠效之遂以成俗又於土山營墅樓館林竹甚盛每攜中外子姪往來游集肴饌亦屢費百金世頗以此譏焉而安殊不以屑意常疑劉牢之既不可獨任王味之不宜專城既而牢之以亂終而味之亦以貪敗由是識

者服其知人時會稽王道子專權而姦諂頗相扇構安出鎮廣陵之步邱築壘曰新城以避之帝出祖于西池獻觴賦詩焉安雖受朝寄然東山之志始末不渝每形於言色及鎮新城盡室而行造汎海之裝欲須經略粗定自江道還東雅志未就遂遇疾篤上疏請量宜旋旆并召子征虜將軍琰解甲息徒命龍驤將軍朱序進據洛陽前鋒都督元抗威彭沛委以董督若二賊假延來年水生東西齊舉詔遣侍中慰勞遂還都聞當輿入西州門自以本志不遂深自慨失因悵然謂所親曰昔桓溫在時吾嘗懼不全忽夢乘溫輿行十六里見一白雞而止乘溫輿者代其位也十六里止今十六年矣白雞主酉今太歲在酉吾疾殆不起乎乃上疏遜位詔遣侍中尚書喻旨先是安發石頭金鼓忽破又語未嘗謬而忽一誤眾亦怪異之尋薨時年六十六帝三日臨于朝堂賜東園秘器朝服一具衣一襲錢百萬布千疋蠟五百斤贈太傅謚曰文靖以無下舍詔府中備凶儀及葬加殊禮依大司馬桓溫故事又以平苻堅勳更封廬陵郡公安少有盛名時多愛慕鄉人有罷中宿縣者還詣安安問其歸資答曰有蒲葵扇五萬安乃取其中者捉之京師士庶競市價增數倍安能為洛下書生詠有鼻疾故其音濁名流愛其詠而弗能及或手掩鼻以斅之及至新城築埭於城北後人追思之名為召伯埭羊曇者太山人知名士也為安所愛重安薨後輟樂彌年行不由西州路嘗因石頭大醉扶路唱樂不覺至州門左右白曰此西州門曇悲感不已以馬策扣扉誦曹子建詩曰生存處華屋零落歸山邱因慟哭而去安有二子瑤琰瑤襲爵官至瑯邪王友早卒子該嗣終東陽太守無子弟光祿勳模以子承伯嗣有罪國除劉裕以安勳德濟世特更封該弟澹為柴桑侯邑千戶奉安祀澹少歷顯位桓元篡位以澹兼太尉與王謐俱齎冊到姑孰元熙中為光祿大夫復兼太保持節奉冊禪宋琰字瑗度弱冠以貞幹稱美風姿與從兄護軍淡雖比居不往來宗中子弟惟與才令者數人相接拜著作郎轉祕書丞累遷散騎常侍侍中苻堅之役安以琰有軍國才用出為輔國將軍以精卒八千與從兄元俱陷陣破堅以勳封望蔡公尋遭父憂去官服闋除征虜將軍會稽內史頃之徵為尚書右僕射領太子詹事加散騎常侍將軍如故又遭母喪朝廷疑其葬禮議者云潘岳為賈充婦宜城宣君誄云昔在武侯喪禮殊倫伉儷一體朝儀則均謂宜資給葬禮悉依太傅故事先是王珣娶万女珣弟珉娶安女並不終由是與謝氏有隙珣時為僕射猶以前憾緩其事琰聞恥之遂自造轀輬車以葬議者譏之太元末為護軍將軍加右將軍會稽王道子以為司馬右將軍如故王恭舉兵假琰節都督前鋒軍事恭平遷衛將軍徐州刺史假節孫恩作亂加督吳興義興二郡軍事討恩至義興斬賊許允之迎太守魏鄢還郡進討吳興賊邱尫破之又詔琰與輔國將軍劉牢之俱討孫恩恩逃于海島朝廷憂之以琰為會稽內史都督五郡軍事本官並如故琰既以資望鎮越土議者謂無復東顧之虞及至郡無綏撫之能而不為武備將帥皆諫曰彊賊在海伺人形便宜振揚仁風開其自新之路琰曰苻堅百萬尚送死淮南況孫恩奔衄歸海若其復至正是天不養國賊令速就戮耳遂不從其言恩後果復寇浹口入餘姚破上虞進及邢浦去山陰北三十五里琰遣參軍劉宣之距破恩既而上黨太守張虔碩戰敗羣賊銳進人情震駭咸以宜持重嚴備且列水軍於南湖分兵設伏以待之琰不聽賊既至尚未食琰曰要當先滅此寇而後食耳跨馬而出廣武將軍桓寶為前鋒摧鋒陷陣殺賊甚多而塘路迮狹琰軍魚貫而前賊於艦中傍射之前後斷絕琰至千秋亭敗績琰帳下都督張猛於後斫琰馬琰墮地與二子肇峻俱被害寶亦死之後劉裕左里之捷生擒猛送琰小子混混刳肝生食之詔以琰父子隕於君親忠孝萃於一門贈琰侍中司空謚曰忠肅三子肇峻混肇歷驃騎參軍峻以琰勳封建昌侯及沒於賊詔贈肇散騎常侍峻散騎侍郎混字叔源少有美譽善屬文初孝武帝為晉陵公主求壻謂王珣曰主壻但如劉真長王子敬便足如王敦桓元子誠可才小富貴便預人家事珣對曰謝混雖不及真長不減子敬帝曰如此便足未幾帝崩袁山松欲以女妻之珣曰卿莫近禁臠初元帝始鎮建業公私窘罄每得一㹠以為珍膳項上一臠尤美輒以薦帝羣下未嘗敢食于時呼為禁臠故珣因以為戲混竟尚主襲父爵桓元嘗欲以安宅為營混曰召伯之仁猶惠及甘棠文靖之德更不保五畝之宅邪元聞慙而止歷中書令中領軍尚書左僕射領選以黨劉毅誅國除及宋受禪謝晦謂劉裕曰陛下應天受命登壇日恨不得謝益壽奉璽綬裕亦歎曰吾甚恨之使後生不得見其風流益壽混小字也安兄奕字無奕少有名譽初為剡令有老人犯法奕以醇酒飲之醉猶未已安時年七八歲在奕膝邊諫止之奕為改容遣之與桓溫善溫辟為安西司馬猶推布衣好在溫座岸幘笑詠無異常日桓溫曰我方

外司馬奕每因酒無復朝廷禮嘗逼溫飲溫走入南康主門避之主曰君若無狂司馬我何由得相見奕遂攜酒就聽事引溫一兵帥共飲曰失一老兵得一老兵亦何所在溫不之責從兄尚有德政既卒爲西藩所思朝議以奕立行有素必能嗣尚事乃遷都督豫司冀并四州軍事安西將軍豫州刺史假節未幾卒官贈鎮西將軍三子泉靖元泉早有名譽歷義興太守靖官至太常元字幼度少穎悟與從兄朗俱爲叔父安所器重安常戒約子姪因曰子弟亦何豫人事而正欲使其佳諸人莫有言者元荅曰譬如芝蘭玉樹欲使其生於庭階耳安悅元少好佩紫羅香囊安患之而不欲傷其意因戲賭取即焚之於此遂止及長有經國才畧屢辟不起後與王珣俱被桓溫辟爲掾並禮重之轉征西將軍桓豁司馬領南郡相監北征諸軍事于時苻堅彊盛邊境數被侵寇朝廷求文武良將可以鎮禦北方者安乃以元應舉郗超雖素與元不善聞而歎之曰安違衆舉親明也元必不負舉才也時咸以爲不然超曰吾嘗與元共在桓公府見其使才雖履屐間亦得其任所以知之於是徵還拜建武將軍兖州刺史領廣陵相監江北諸軍事時苻堅遣軍圍襄陽車騎將軍桓沖禦之詔元發三州人丁遣彭城內史何謙游軍淮泗以爲形援襄陽既沒堅將彭超攻龍驤將軍戴遂於彭城元率東莞太守高衡後軍將軍何謙次于泗口欲遣間使報遂令知救至其道無由小將田泓請行乃沒水潛行將趣城爲賊所獲賊厚賂泓使云南軍已破泓僞許之既而告城中曰南軍垂至我單行來報爲賊所得勉之遂遇害時彭超置輜重於留城元乃揚聲遣謙等向留城超聞之還保輜重謙馳進解彭城圍超復進軍南侵堅將句難毛當自襄陽來會超圍幽州刺史田洛於三阿有衆六萬詔征虜將軍謝石率水軍次塗中右衛將軍毛安之游擊將軍河間王曇之淮南太守楊廣宣城內史邱準次堂邑既而盱眙城陷高密內史毛藻沒安之等軍人相驚遂各散退朝廷震動元於是自廣陵西討難等何謙解田洛圍進據白馬與賊大戰破之斬其僞將都督顏因復進擊又破之斬其僞將邵保超難引退元率何謙戴遂田洛追之戰于君川復大破之元參軍劉牢之攻破浮航及白船督護諸葛侃單父令李都又破其運艦難等相率北走僅以身免於是罷彭城下邳二戍詔遣殿中將軍慰勞進號冠軍加領徐州刺史還于廣陵以功封東興縣侯及苻堅自率兵次于項城衆號百萬而涼州之師始達咸陽蜀漢順流幽并係至先遣苻融慕容暐張蚝苻方等至潁口梁成王先等屯洛澗詔以元爲前鋒都督徐兖青三州揚州之晉陵幽州之燕國諸軍事與叔父征虜將軍石從弟輔國將軍琰西中郎將桓伊龍驤將軍檀元建威將軍戴熙揚武將軍陶隱等拒之衆凡八萬元先遣廣陵相劉牢之五千人直指洛澗即斬梁成及成弟雲步騎崩潰爭赴淮水牢之縱兵追之生禽堅僞將梁他王顯梁悌慕容屈氏等收其軍實堅進屯壽陽列陣臨淝水元軍不得渡元使謂苻融曰君遠涉吾境而臨水爲陣是不欲速戰諸君稍卻令將士得周旋僕與諸君緩轡而觀之不亦樂乎堅衆曰宜阻淝水莫令得上我衆彼寡勢必萬全堅曰但卻軍令得過而我以鐵騎數十萬向水逼而殺之融亦以爲然遂麾使卻陣衆因亂不能止於是元與琰伊等以精銳八千涉渡淝水石軍距張蚝小退元琰仍進決戰淝水南堅中流矢臨陣斬融堅衆奔潰自相蹈藉投水死者不可勝計淝水爲之不流餘衆棄甲宵遁聞風聲鶴唳皆以爲王師已至草行露宿重以飢凍死者十七八獲堅乘輿雲母車儀服器械軍資珍寶山積牛馬驢騾駱駝十萬餘詔遣殿中將軍慰勞進號前將軍假節固讓不受賜錢百萬綵千匹既而安奏苻堅喪敗宜乘其釁會以元爲前鋒都督率冠軍將軍桓石虔徑造渦潁經畧舊都元復率衆次于彭城遣參軍劉襲攻堅兖州刺史張崇於鄄城走之使劉牢之守鄄城兖州既平元患水道險澁糧運艱難用督護聞人奭謀堰呂梁水樹柵立七埭爲泒擁二岸之流以利運漕自此公私利便又進伐青州故謂之青州泒遣淮陵太守高素以三千人向廣固降堅青州刺史苻朗又進伐冀州遣龍驤將軍劉牢之濟北太守丁匡據碻磝濟陽太守郭滿據滑臺奮武將軍顏雄渡河立營堅子丕遣將桑據屯黎陽元命劉襲夜襲據走之丕懼遂欲降元許之丕告饑元饋丕米二千斛又遣晉陵太守滕恬之渡河守黎陽三魏皆降以兖青司豫平加元都督徐兖青司冀幽并七州軍事元上疏以方平河北幽冀宜須總督司州懸遠應統豫州以勳封康樂縣公元請以先封東興侯賜兄子玩詔聽之更封玩豫寧伯復遣寧遠將軍春演伐申凱於魏郡破之元欲令豫州刺史朱序鎮梁國元住彭城北固河上西援洛陽內藩朝廷朝議以征役既久宜置戍而還使元還鎮淮陰序鎮壽陽會翟遼據黎陽反執滕恬之又泰山太守張願舉郡叛河北騷動元自以處分失所上疏送節盡求解所職詔慰勞令且還鎮淮

陰以朱序代鎭彭城元既還遇疾上疏解職詔書不許
元又自陳既不堪攝職慮有曠廢詔又使移鎭東陽城
元郎路於道疾篤上疏遣長史劉濟奉送節蓋章傳詔
遣高手醫一人令自消息又使還京口療疾元奉詔便
還疾久不差又上疏讓職疾不報前後表疏十餘上久
之乃轉授散騎常侍左將軍會稽內史時吳興太守晉
寧侯張元之亦以才學顯自吏部尚書與元同年之郡
而元之名亞於元時人稱爲南北二元論者美之元既
輿疾之郡十三年卒於官時年四十六追贈車騎將軍
開府儀同三司謚曰獻武子瑍嗣祕書郎早卒子靈運
嗣瑍少不惠而靈運文藻豔逸元常稱曰我尚生瑍瑍
那得不生靈運永熙中爲劉裕世子左衛率始從元征
伐者何謙字恭子東海人戴遯字安邱處士逵之弟並
驍果多權畧逵厲操東山而遯以武勇顯謝安嘗謂遯
曰卿兄弟志業何殊遯曰下官不堪其憂家兄不改其
樂遯以軍功封廣信侯位至大司農万字万石才器儁
秀雖器量不及安而善自衒曜故早有時譽工言論善
屬文敘漁父屈原季主賈誼楚老龔勝孫登嵇康四隱
四顯爲八賢論其旨以處者爲優出者爲劣以示孫綽
綽與往反以體公識遠者則出處同歸嘗與蔡系送客
于征虜亭與系爭言系推万落牀冠帽傾脫万徐拂衣
就席神意自若坐定謂系曰卿幾壞我面系曰本不爲
卿面計然俱不以介意時亦以此稱之弱冠辟司徒掾
遷右西屬不就簡文帝作相聞其名召爲撫軍從事中
郎万着白綸巾鶴氅裘履版而前既見與帝共談移日
太原王述万之妻父也爲揚州刺史万嘗衣白綸巾乘
平肩輿徑至聽事前謂述曰人言君侯癡君侯信自癡
述曰非無此論但晚合耳万再遷豫州刺史領淮南太
守監司豫冀并四州軍事假節王羲之與桓溫牋曰謝
万才流經通處廊廟參諷議故是後來一器而今屈其
邁往之氣以俯順荒餘近是違才易務矣溫不從万既
受任北征矜豪傲物常以嘯詠自高未嘗撫眾兄安深
憂之自隊主將帥已下安無不慰勉謂万曰汝爲元帥
諸將宜數接對以悅其心豈有傲誕若斯而能濟事也
万乃召集諸將都無所說直以如意指四座云諸將皆
勁卒諸將益恨之既而先遣征虜將軍劉建脩治馬頭
城池自率眾入渦潁以援洛陽北中郎將郗曇以疾病
退還彭城万以爲賊盛致退便引軍還眾遂潰散狼狽
單歸廢爲庶人後復以爲散騎常侍會卒時年四十二
因以爲贈子韶字穆度少有名時謝氏尤彥秀者稱封
胡羯末封謂韶胡謂朗羯謂元末謂川皆其小字也韶
朗川並早卒唯元以功名終韶至車騎司馬韶子恩字
景伯宏達有遠韻爲黃門郎武昌太守恩三子曜弘微
皆歷顯位朗字長度父據早卒朗善言元理文義豔發
名亞於元總角時病新起體甚羸未堪勞於叔父安前
與沙門支遁講論遂至相苦其母王氏再遣信令還安
欲留使竟論王氏因出云新婦少遭艱難一生所寄惟
在此兒遂流涕攜朗去安謂坐客曰家嫂辭情慷慨恨
不使朝士見之朗終於東陽太守子重字景重明秀有
才名爲會稽王道子驃騎長史嘗因侍坐于時月夜明
淨道子歎以爲佳重率爾曰意謂乃不如微雲點綴道
子因戲重曰卿居心不淨乃復欲滓穢太清邪子絢字
宣映曾於公座戲調無禮於其舅袁湛湛甚不堪之謂
曰汝父昔已輕舅今汝復來加我可謂世無渭陽情也
絢父重郎王胡之外孫與舅亦有不協之論據故有此
及云万弟石字石奴初拜祕書郎累遷尚書僕射征句
難以勳封興平縣伯淮淝之役詔石解僕射以將軍假
節征討大都督與兄子元琰破苻堅先是童謠云誰謂
爾堅石打碎故桓豁皆以石名子以邀功焉堅之敗也
雖功始牢之而成于元琰然石時實爲都督焉遷中軍
將軍尚書令更封南康郡公于時學校陵遲石上疏請
興復國學以訓冑子班下州郡普脩鄉校疏奏孝武帝
納焉兄安薨石遷衛將軍加散騎常侍以公事與吏部
郎王恭互相短長恭甚忿恨自陳褊阨不允且疾源深
固乞還私門石亦上疏遜位有司奏石輒去職免官詔
曰石以疾求退豈準之常制其喻令還歲餘不起表十
餘上帝不許石乞依故尚書令王彪之例於府綜攝詔
聽之疾篤進位開府儀同三司加鼓吹未拜卒時年六
十二石少患面創療之莫愈乃自匿夜有物來舐其瘡
隨舐隨差舐處甚白故世呼爲謝白面石在職務存文
刻既無他才望直以宰相弟兼有大勳遂居清顯而聚
歛無饜取譏當世追贈司空禮官議謚博士范弘之議
謚曰襄墨公語在弘之傳朝議不從單謚曰襄子汪嗣
早卒汪從兄沖以子明慧嗣爲孫恩所害明慧從兄喻
復以子爲嗣宋受禪國除邈字茂度父鐵永嘉太守邈
性剛鯁無所屈撓頗有理識累遷侍中時孝武帝觴樂
之後多賜臣文詔辭義有不雅者邈輒焚毀之其他侍
臣被詔者或宣揚之故論者以此多邈後爲吳興太守
孫恩之亂爲賊胡桀部驍等所執害之賊逼令北面邈
厲聲曰我不得罪天子何北面之有遂害之邈妻郗氏
甚妬邈先娶妾郗氏怨懟與邈書告絕邈以其書非婦

入詞疑其門下生仇元達爲之作遂斥元達元達怒遂投孫恩并害邈兄弟竟至滅門

通志卷一百二十八

宋右迪功郎鄭樵漁仲撰

列傳第四十二上

晉

王羲之 子元之 凝之 徽之 徽之子楨之 徽之弟操之 獻之 許邁 王遜
蔡豹 羊鑒 劉允 桓宣 族子伊 朱伺 毛寶
子穆之 安之 孫據 宗人德祖 劉遐 鄧嶽 子遐 朱序 陳壽
王長文 虞溥 司馬彪 王隱 虞預 孫盛
干寶 鄧粲 謝沉 習鑿齒 顧和 袁瓌
子喬 喬孫山松 瓌弟猷 瓌從祖準 準孫耽 耽子質 江逌 從弟灌 灌子績 車允
殷覬 王雅 王恭 庾楷 劉牢之 殷仲
堪 楊佺期 劉毅 兄邁 諸葛長民 何無忌 檀
憑之 魏詠之

王羲之字逸少司徒導之從子也祖正尚書郎父曠淮南太守元帝之過江也曠首創其義羲之幼訥於言人未之奇年十三嘗謁周顗顗察而異之時重牛心炙坐客未噉顗先割噉羲之於是始知名及長辯贍以骨鯁稱尤善隸書爲古今之冠論者稱其筆勢以爲飄若遊雲矯若驚龍深爲從伯敦導所器重時陳留阮裕有重名爲敦主簿敦常謂羲之曰汝是吾家佳子弟當不減阮主簿裕亦目羲之與王承王悅爲王氏三少時太尉郗鑒使門生求壻於導導令就東廂徧觀子弟門生歸謂鑒曰王氏諸少並佳然聞信至咸自矜持唯一人在東牀坦腹食獨若不聞鑒曰正此佳壻邪訪之乃羲之也遂以女妻之起家祕書郎征西將軍庾亮請爲參軍累遷長史亮臨薨上疏稱羲之清貴有鑒裁遷寧遠將軍江州刺史羲之既少有美譽公卿皆愛其才器頻召爲侍中吏部尚書皆不就復授護軍將軍又推遷不拜揚州刺史殷浩素雅重之勸使應命乃遺羲之書曰悠悠者以足下出處足觀政之隆替如吾等亦謂爲然至如足下出處正與隆替對豈可以一世之存亾必從足下從容之適幸徐求衆心卿不時起復可以求美政不若豁然開懷當知萬物之情也羲之遂報書曰吾素自無廊廟意王丞相時果欲內吾誓不許之手跡猶存由來尚矣不於足下參政而方進退自兒娶女嫁便懷尚子平之志數與親知言之非一日也若蒙驅使關隴巴蜀皆所不辭吾雖無專對之能直謹守時命宣國家威德故當不同於凡使必令遠近咸知朝廷留心於無外此所益殊不同居護軍也漢末使太傅馬日磾慰撫關東若不以吾輕微無所爲疑宜及初冬以行吾惟恭以待命羲之既拜護軍又苦求宣城郡不許乃以爲右將軍會稽內史時殷浩與桓溫不協羲之以國家之安在於內外和因與浩書以誡之浩不從及浩將北伐羲之以爲必敗以書止之言甚切至浩遂行果爲姚襄所敗復圖再舉又遺浩書曰知安西敗喪公私惋怛不能須臾去懷以區區江左所營綜如此天下寒心固以久矣而加之敗喪此可熟念往事豈復可追願思弘將來令天下寄命有所自隆中興之業政以道勝寬和爲本力爭武功作非所當因循所長以固大業想識其由來也自寇亂以來處內外之任者未有深謀遠慮括囊至計而疲竭根本各從所志竟無一功可論一事可紀忠言嘉謀棄而莫用遂令天下將有土崩之勢何能不痛心悲慨也任其事者豈得辭四海之責追咎往事亦何所復及宜更虛已求當與有識共之不可復令忠允之言常屈於當權今軍破於外資竭於內保淮之志非復所及莫過還保長江都督將各復舊鎮自長江以外羈縻而已任國鈞者引咎責躬深自貶降以謝百姓更與朝賢思布平政除其煩苛省其賦役與百姓更始庶可以允塞羣望救倒懸之急使君起於布衣任天下之重尚德之舉未能事事允稱當董統之任而敗喪至此恐闔朝羣賢未有與人分其謗者今亟修德補闕廣延羣賢與之分任尚未知獲濟所期若猶以前事爲未工故復求之分外宇宙雖廣自容無所知言不必用或取怨執政然當情慨所在正自不能不盡懷極言若必親征未達此旨果行者愚智所不解也願復與衆共之復被州符增運千石徵役兼至皆以軍期對之喪氣罔知所厝自頃年割剝遺黎刑徒竟路殆同秦政惟未加參夷之刑耳恐勝廣之憂無復日矣又與會稽王牋陳浩不宜北伐并論時事曰古人恥其君不爲堯舜北面之道豈不願尊其所事比隆往代況遇千載一時之運顧智力屈於當年何得不權輕重而處之也今雖有可欣之會內求諸已而所憂乃重於所欣傳云自非聖人外寧必有內憂今外不寧內憂以深古之弘大業者或不謀於衆傾國以濟一時功者亦往往而有之誠獨運之明足以邁衆暫勞之弊終獲永逸者可也求之於今可得擬議乎夫廟算決勝必宜審量彼我萬全而後動功就之自便當因其衆而即其實今功未可期而遺黎殲盡萬不餘一且千里饋糧自古爲難況今轉運供給西輸許洛北入黃河雖秦政之弊未至於此而十室之憂便以交至今運無還期徵求日重以區區吳越經緯天下十分之九不亾何待而不度德量力不弊不已此封內之

所以痛心歎悼而莫敢吐誠往者不可諫來者猶可追願殿下更垂三思解而更張令殷浩荀羨還據合肥廣陵許昌譙郡梁彭城諸軍皆還保淮爲不可勝之基須根立勢舉謀之未晚此實當今策之上者若不行此社稷之憂可計日而待安危之機易於反掌考之虛實著於目前願運獨斷之明定之於一朝也地淺而言深豈不知其未易然古人處閭閻行陣之間尚或干時謀國評裁者不以爲譏況厠大臣末行豈可默而不言哉存亾所係決在行之不可復持疑後機不定之於此後欲悔之亦無及也殿下德冠宇內以公室輔朝最可直道行之致隆當年而未允物望受殊遇者所以寤寐長歎實爲殿下惜之國家之慮深矣常恐伍員之憂不獨在昔麋鹿之游將不止林藪而已願殿下暫廢虛遠之懷以救倒懸之急可謂以亾爲存轉禍爲福則宗廟之慶四海有賴矣時東土饑荒羲之輒開倉賑貸然朝廷賦役繁重吳會尤甚羲之每上疏爭之事多見從又與尚書僕射謝安書曰頃所陳論每蒙允納所以令下小得蘇息各安其業若不爾此一郡久以蹈東海矣今事之大者未布運漕是也吾意望朝廷可申下定期委之所司勿復催下但當歲終考其殿最長吏尤殿命檻車送詣天臺三縣不舉二千石必免或可左降令在彊塞極難之地又自吾到此從事常有四五兼以臺司及都水御史行臺文符如雨倒錯違背不復可知吾又瞑目循常推前取重者及綱紀輕者在五曹主者治事未嘗得十日吏民趨走功費萬計卿方任其重可徐尋所言江左平日揚州一良刺史便足統之況以羣才而更不理正由爲法不一牽制者衆思簡而易從便足以保守成

業倉督監耗盜官米動以萬計吾謂誅翦一人其後便斷而時意不同近檢校諸縣無不皆爾餘姚近十萬斛重斂以資官吏令國用空乏良可歎也自軍興以來征役及充運死亾叛散不反者衆虛耗至此而補代循常所在凋困莫知所出上命所差上道多叛則吏及叛者席卷同去又有常制輒令其家及同伍課捕課捕不擒家及同伍尋復亾叛百姓流亾戶口日減其源在此又有百工醫寺死亾絕沒家戶空盡差代無所上命不絕事起或十年十五年彈舉獲罪無懈息而無益實事何以堪之謂自今諸死罪原輕者及五歲刑可以充此其減死者可長充兵役五歲者可充雜工醫寺皆令移其家以實都邑都邑既實是政之本又可絕其亾叛不移其家逃亾之患復如初耳今除罪而充雜役盡移其家小人愚迷或以爲重於殺戮可以絕姦刑名雖輕懲肅實重豈非適時之宜邪羲之雅好服食養性不樂在京師初渡浙江便有終焉之志會稽有佳山水名士多居之太傅謝安未仕時亦居焉孫綽李充許詢支遁等皆以文義冠世並築室東土與羲之同好嘗與同志宴集於會稽山陰之蘭亭羲之自爲之序以申其志曰永和九年歲在癸丑暮春之初會于會稽山陰之蘭亭修禊事也羣賢畢至少長咸集此地有崇山峻嶺茂林修竹又有清流激湍映帶左右引以爲流觴曲水列坐其次雖無絲竹管絃之盛一觴一詠亦足以暢敘幽情是日也天朗氣清惠風和暢仰觀宇宙之大俯察品類之盛所以游目騁懷足以極視聽之娛信可樂也夫人之相與俯仰一世或取諸懷抱悟言一室之內或因寄所託放浪形骸之外雖趣舍萬殊靜躁不同當其欣於所遇

暫得於已快然自足不知老之將至及其所之既倦情隨事遷感慨係之矣向之所欣俛仰之間以爲陳迹猶不能不以之興懷況修短隨化終期於盡古人云死生亦大矣豈不痛哉每覽昔人興感之由若合一契未嘗不臨文嗟悼不能喻之於懷固知一死生爲虛誕齊彭殤爲妄作後之視今亦猶今之視昔悲夫故列敘時人錄其所述雖世殊事異所以興懷其致一也後之覽者亦將有感於斯文或以潘岳金谷詩序方其文羲之比於石崇聞而甚喜性愛鵝會稽有孤居姥養一鵝善鳴求市未能得遂攜親友命駕就觀姥聞羲之將至烹以待之羲之歎惜彌日又山陰有道士養好鵝羲之往觀焉意甚悅固求市之道士云爲寫道德經當舉羣相贈耳羲之欣然寫畢籠鵝而歸甚以爲樂其任率如此嘗詣門生家見棐几滑淨因書之眞草相半後爲其父誤刮去之門生驚懊者累日又嘗在蕺山見一姥持六角竹扇賣之羲之書其扇各爲五字姥初有慍色因謂姥曰但言是王右軍書以求百錢邪姥如其言人競買之他日姥又持扇來羲之笑而不答其書爲世所重皆此類也每自稱我書比鍾繇當抗行比張芝草猶當鴈行曾與人書云張芝臨池學書池水盡黑使人耽之若是未必後之也羲之書初不勝庾翼郗愔及其暮年方妙嘗以章草答庾亮而翼深歎伏因與羲之書云吾昔有伯英章草十紙過江顚狽遂乃亾失常歎妙迹永絕忽見足下答家兄書煥若神明頓還舊觀時驃騎將軍王述少有美譽與羲之齊名而羲之甚輕之由是情好不協述先爲會稽以母喪居郡境羲之代述止一弔遂不重詣述每聞角聲謂羲之當候已輒灑埽而待之如此

者累年而羲之竟不顧述深以爲恨及述爲揚州刺史將就徵周行郡界而不過羲之臨發一別而去先是羲之常謂賓客曰懷祖正當作尚書耳投老可得僕射更求會稽便自邈然及述蒙顯授羲之恥爲之下遣使詣朝廷求分會稽爲越州行人失辭大爲時賢所笑既而內懷愧嘆謂其諸子曰吾不減懷祖而位遇懸邈當由汝等不及坦之故邪述後檢察會稽郡辯其刑政主者疲於簡對羲之深恥之遂稱疾去郡於父母墓前自誓曰維永和十一年三月癸卯朔九日辛亥小子羲之敢告二尊之靈羲之不天夙遭閔凶不蒙過庭之訓母兄鞠養得漸庶幾遂因人乏蒙國寵榮進無忠孝之節退無推賢之義每仰詠老氏周任之誡常恐斯亡無日憂及宗社豈惟微身而已是用寤寐永歎若墜深谷止足之分定之於今謹以今月吉辰肆筵設席稽顙歸誠告誓先靈自今之後敢渝此心貪冒苟進是有無尊之心而不子也子而不子天地所不覆載名教所不得容信誓之誠有如皦日羲之既去官與東土人士盡山水之遊弋釣爲娛又與道士許邁共修服食採藥石不遠千里徧遊東中諸郡窮諸名山泛滄海歎曰我卒當以樂死謝安嘗謂羲之曰中年以來傷於哀樂與親友別輒作數日惡羲之曰年在桑榆自然至此頃正賴絲竹陶寫常恐兒輩覺損其歡樂之趣朝廷以其誓苦亦不復徵之時劉惔爲丹陽尹許詢嘗就惔宿牀帷新麗飲食豐甘詢曰若此保全殊勝東山惔曰卿若知吉凶由人吾安得保此羲之在坐曰令巢許遇稷契當無此言二人並有愧色初羲之既優游無事與吏部郎謝万書曰古之辭世者或被髮陽狂或污身穢跡可謂艱矣今僕坐而獲逸遂其宿心其爲慶幸豈非天賜違天不祥頃東游還脩植桑果今盛敷榮率諸子抱弱孫遊觀其閒有一味之甘割而分之以娛目前雖植德無殊邈猶欲教養子孫以敦厚退讓或有輕薄庶令舉策數馬彷彿萬石之風君謂此何如比當與安石東游山海并行田視地利頤養閑暇衣食之餘欲與親知時共懽讌雖不能興言高詠銜杯引滿語田里所行故以爲撫掌之資其爲得意可勝言邪常依陸賈班嗣楊王孫之處世其欲希風數子老夫志願盡於此也万後爲豫州都督又遺万書誡之曰以君邁往不屑之韻而俯同羣碎誠難爲意也然所謂通識正當隨事行藏乃爲遠耳願君每與士之下者同則盡善矣食不二味居不重席此復何用而古人以爲美談濟否所由實在積小以致高大君其存之万不能用果敗年五十九卒贈金紫光祿大夫諸子遵父先旨固讓不受有七子知名者五人元之早卒次凝之亦工草隸仕歷江州刺史左將軍會稽內史王氏世事張氏五斗米道凝之彌篤孫恩之攻會稽僚佐請爲之備凝之不從方入靖室請禱出語諸將曰吾已請大道許鬼兵相助賊自破矣既不設備遂爲恩所害凝之弟徽之字子猷性卓犖不羈爲大司馬桓溫參軍蓬首散帶不綜府事又爲車騎桓沖騎兵參軍沖問卿署何曹對曰似是馬曹又問管幾馬曰不知馬何由知數又問馬比死多少曰未知生焉知死嘗從沖行值暴雨徽之因下馬排入車中謂沖曰公豈得獨擅一車沖嘗謂徽之曰卿在府日久比當相料理徽之初不酬答直高視以手版拄頰云西山朝來致有爽氣耳時吳中一士大夫家有好竹欲觀之便出坐輿造竹下諷嘯良久主人灑埽請坐徽之不顧將出主人乃閉門徽之便以此賞之盡懽而去嘗寄居空宅中便令種竹或問其故徽之但嘯詠指竹曰何可一日無此君邪嘗居山陰夜雪初霽月色清朗四望皓然獨酌酒詠左思招隱詩忽憶戴逵逵時在剡便夜乘小船詣之經宿方至造門不前而返人問其故徽之曰本乘興而行興盡而返何必見安道邪性放誕好聲色嘗與弟獻之共讀高士傳讚獻之賞井丹高潔徽之曰未若長卿慢世也其傲達如此時人皆欽其才而穢其行後爲黃門侍郎棄官東歸與獻之俱病篤時有術人云人命應終而有生人樂代者則死者可生徽之謂曰吾才位不如弟請以餘年代之術者曰代死者以己年有餘得以足亡者耳今君與弟算俱盡何代也未幾獻之卒徽之奔喪不哭直上靈牀坐取獻之琴彈之久而不調歎曰嗚呼子敬人琴俱亡因頓絕先有背疾遂潰裂月餘亦卒子楨之字公幹歷位侍中大司馬長史桓玄爲太尉朝臣畢集問楨之我何如君亡叔在坐咸爲氣咽楨之曰亡叔一時之標公是千載之英一坐皆悅徽之弟操之字子重歷侍中尚書豫章太守操之弟獻之字子敬少有盛名而高邁不羈雖閑居終日容止不怠風流爲一時之冠年數歲嘗觀門生樗蒱曰南風不競門生曰此郎亦管中闚豹時見一班獻之怒曰遠慚荀奉倩近愧劉眞長遂拂衣而去嘗與兄徽之操之俱詣謝安二兄多言俗事獻之寒溫而已既出客問安王氏兄弟優劣安曰小者佳客問其故安曰吉人之辭寡以其少言故知之嘗與徽之共在一室忽然火發徽之遽走不遑取履獻之神色恬然徐呼左右扶出夜臥齋中而有偷人入其室

盜物都盡獻之徐曰偷兒青氊我家舊物可特置之羣偷驚走工草隸善丹青七八歲時學書羲之密從後掣其筆不得歎曰此兒後當復有大名嘗書壁爲方丈大字羲之甚以爲能觀者數百人桓溫嘗使書扇筆誤落因畫作烏駮㹀牛甚妙起家州主簿祕書郎轉丞以選尚新安公主嘗經吳郡聞顧辟彊有名園先不相識乘平肩輿徑入時辟彊方集賓友而獻之遊歷既畢傍若無人辟彊勃然數之曰傲主人非禮也以貴驕士非道也失是二者不足齒之傖耳便驅出門獻之傲如也不以屑意謝安甚欽愛之請爲長史安進號衞將軍復爲長史太元中新起太極殿安欲使獻之題榜以爲萬代寶而難言之試謂曰魏時陵雲殿榜未題而匠者誤釘之不可下乃使韋仲將懸橙書之比訖鬚鬢盡白裁餘氣息還語子弟宜絕此法獻之揣知其旨正色曰仲將魏之大臣寧有此事使其若此有以知魏德之不長安遂不之逼安又問曰君書何如君家尊答曰故當不同安曰外論不爾答曰人那得知尋除建威將軍吳興大守徵拜中書令及安薨贈禮有異同之議惟獻之與徐邈共明安之忠勳獻之復上疏敘安功績孝武帝遂加安殊禮未幾獻之遇疾家人爲上章道家法應首過問其有何得失對曰不覺唯憶與郗家離婚獻之前妻郗曇女也俄而卒於官安僖皇后立以后父追贈侍中特進光祿大夫太宰謚曰憲無子以兄靜之嗣位至義興太守時議者以爲羲之草隸江左中朝莫有及者獻之骨力遠不及父而頗有媚趣桓元雅愛其父子書各爲一袠置左右以翫之始羲之所與共遊者許邁邁字叔元一名映丹陽句容人也家世士族而邁少恬靜不慕仕進未弱冠嘗造郭璞璞爲之筮遇泰其上六爻發璞謂曰君元吉自天宜學升遐之道時南海太守鮑靚隱迹潛遁人莫之知邁往候之探其至要邁以父母存未忍違親謂餘杭懸霤山近延陵之茅山是洞庭西門潛通五嶽陳安世茅季偉常所遊處於是立精舍於懸霤而往來茅嶺之洞室放絕世務以尋仙館朔望時節還家定省而已父母既終乃遣婦孫氏還家遂攜其同志徧遊名山焉初採藥於桐廬縣之桓山餌朮涉三年映欲斷穀以此山近人不得專一乃四面藩之好道之徒欲相見者登樓與語以此爲樂常服氣一氣千餘息永和二年移入臨安西山登巖茹芝眇爾自得有終焉之志乃改名元字遠遊與婦書告別著詩十二首論神仙之事焉羲之造之未嘗不彌日忘歸相與爲世外之交元遺羲之書云自山陰南至臨安多有金堂玉室仙人芝草左元放之徒漢末諸得道者皆在焉羲之自爲之傳述靈異之跡甚多不可詳記元自後莫測所終好道者皆謂之羽化矣

王遜字邵伯魏興人仕郡察孝廉爲吏部令史轉殿中將軍累遷上洛太守私牛馬在郡生駒犢者秩滿悉以付官云郡中所產也轉魏興太守惠帝末西南夷叛寧州刺史李毅卒城中百餘人奉毅女固守經年永嘉四年治中毛孟詣京師求刺史不見省孟固陳曰君亾親喪幽閉窮城萬里訴哀不垂愍救既慙包胥無哭秦之感又愧梁妻無崩城之驗存不若亾乞賜臣死朝廷憐之以遜爲南夷校尉寧州刺史使於郡便之鎮遜與孟俱行道遇寇賊踰年乃至外逼李雄內有夷寇吏士散沒城邑邱墟遜披荒糾厲收聚離散專仗威刑鞭撻殊俗遜未到州遙舉董聯爲秀才建寧功曹周悅謂聯非才不下版檄遜既到收悅殺之悅弟潛謀殺遜以前建寧太守趙混子濤代爲刺史事覺並誅之又誅豪右不奉法度者數十家征伐諸夷俘馘千計獲馬及牛羊數萬餘於是莫不振服威行寧土遣子澄奉表勸進於元帝帝嘉之累加散騎常侍安南將軍假節校尉刺史如故賜爵褒中縣公遜以地勢形便上分牂牁爲平夷郡分朱提爲南廣郡分建寧爲夜郎郡分永昌爲梁水郡又改益州郡爲晉寧郡事皆施行先是越嶲太守李釗爲李雄所執自蜀逃歸遜復以釗爲越嶲太守李雄遣李驤任回攻釗釗自南秦與漢嘉太守王載共距之戰于溫水釗敗績載遂以二郡附雄後驤等又渡瀘水寇寧州遜使將軍姚崇爨琛距之戰于堂狼大破驤等崇追至瀘水赴水死者千餘人崇以道遠不敢渡水遜以崇不窮追也怒囚羣帥執崇鞭之怒甚髮上衝冠冠爲之裂夜中卒遜在州十四年州人復立遜中子堅行州府事詔除堅爲南夷校尉寧州刺史假節謚遜曰壯陶侃懼堅不能抗對蜀人太寧末表以零陵太守尹奉爲寧州徵堅還京病卒兄澄襲爵歷魏興太守散騎常侍

蔡豹字士宣陳留圉城人高祖質漢衞尉左中郎將邕之叔父也祖睦魏尚書父宏陰平太守豹有氣幹歷河南丞長樂清河太守避亂南渡元帝以爲振武將軍臨淮太守遷建威將軍徐州刺史初祖逖爲徐州豹爲司馬素易豹至是逖爲豫州而豹爲徐州俱受征討之寄逖甚愧之是時太山太守徐龕與彭城內史劉遐同討反賊周撫於寒山龕將于藥斬撫及論功而遐先之龕怒以太山叛自號安北將軍兗州刺史攻破東莞太守

侯史旄而據其塢石虎伐之龕懼求降元帝許焉既而復叛歸石勒勒遣其將王伏都張景等數百騎助龕詔征虜將軍羊鑒武威將軍侯禮臨淮太守劉遐鮮卑段文鴦等與豹共討之諸將畏懊頓兵下邳不敢前豹欲進軍鑒固執不許龕遣使請救於勒勒辭以外難而多求於龕又王伏都等淫其室龕知勒不救且患伏都等縱暴乃殺之復求降元帝惡其反覆不納敕豹鑒以時進討鑒及劉遐等並疑憚不相聽從互有表聞故豹久不得進尚書令刁協奏曰臣等伏思淮北征軍已失不速今方盛暑冒涉山險山人便弓弩習土俗一人守阨百夫不當且運漕至難一朝糧乏非復智力所能防禦也書云當致人不致於人宜頓兵所在深壁固壘至秋不了乃進大軍詔曰知難而退誠合兵家之言然小賊雖狡猾故成擒耳未戰而退先自摧衂亦古之所忌且邵存已據賊壘威勢既振不可退一步也於是遣治書御史郝嘏爲行臺催攝令進討豹欲徑進鑒執不聽協又奏免鑒官委豹爲前鋒以鑒兵配之降號折衝將軍以責後効豹進據卞城欲以逼龕時石虎屯鉅平將攻豹豹夜遁退守下邳徐龕襲取豹輜重於檀邱將軍留寵陸纂力戰死之豹既敗將歸謝罪北中郎將王舒止之曰胡寇方至使君且攝職爲百姓障扞賊退謝罪不晚也豹從之元帝聞豹退使收之使者至王舒夜以兵圍豹豹以爲他難率麾下擊之聞有詔乃止舒執豹至建康斬之尸于市三日時年五十二豹在徐土內撫將士外懷諸眾甚得遠近情聞其死多悼惜之無子兄子裔字元子散騎常侍兖州刺史高陽鄉侯殷浩北伐使裔率眾出彭城卒於軍

羊鑒字景期太山人也父濟何奴中郎將兄煒歷太僕兖徐二州刺史鑒爲東陽太守累遷太子左衛率時徐龕反叛司徒王導以鑒是龕州里冠族必能制之請遣北討鑒深辭才非將帥太尉郗鑒亦表謂鑒非才不宜妄使導不納彊啟授以征討都督果敗績導以舉鑒非才請自貶帝不從有司正鑒斬刑元帝詔以鑒太妃外屬特免死除名久之爲少府及王敦反明帝以鑒敦舅又素相親黨微被嫌責及成帝即位豫討蘇峻以功封豐城縣侯徙光祿勳卒

劉允字承允東萊掖人漢齊悼惠王肥之後也美姿容善自任遇交結時豪名著海岱間人士咸慕之舉賢良辟司空掾並不就會天下大亂攜母欲避地遼東路經幽州刺史王浚留允表爲渤海太守浚敗轉依冀州刺史邵續續徒眾寡弱謀降於石勒允言於續曰夫田單包胥齊楚之小吏猶能存已滅之邦全喪敗之國今將軍仗精銳之眾居全勝之城如何墜將登之功於一簣委忠信之人於豺狼乎且項羽袁紹非不彊也高祖縞冠人應如響曹公奉帝而諸侯綏穆何者蓋逆順之理殊自然之數定也況夷戎醜類屯結無賴雖有犬羊之盛終有庖宰之患而欲託根結援無乃殆哉續曰若如君言計將安出允曰琅邪王以聖德欽明創基江左中興之隆可企踵而待今爲將軍計者莫若抗大順以激義士之心奉忠正以厲軍人之志夫機事在密時至難違存亾廢興在此舉矣續從之乃殺異議者數人遣使江南朝廷嘉之允仍求自行續厚遣之既至元帝命爲丞相參軍累遷尚書吏部郎允聞石虎攻厭次言於元帝曰北方方鎮皆沒惟餘邵續而已如使復爲石虎所制孤義士之心阻歸本之路愚謂宜存救援元帝將遣救之會續已沒而止王敦素與允交甚欽貴之請爲右司馬允知敦有不臣之志臨疾不視事以是忤敦意出爲豫章太守辭以脚疾詔就家授印綬郡人莫鴻南土豪族因亂殺本縣令横恣無道百姓患之允至誅鴻及諸豪右界內肅然咸和初爲平南軍司加散騎常侍蘇峻作逆温嶠率眾而下留允等守湓口事平以勳賜爵豐城子俄而代嶠爲平南將軍都督江州諸軍事領江州刺史假節允位任轉高矜豪日甚縱酒耽樂不恤政事大殖財貨商販百萬初允之代嶠也遠近皆謂非選陶侃郗鑒咸云允非方伯才朝廷不從或謂王悅曰今大難之後綱紀弛頓自江陵至于建康三千餘里流人萬計布在江州江州國之南藩要害之地而允以侈忲之性臥而對之不有外憂必有內患悅曰聞温平南語家公云連得惡夢思見代者尋云可用劉允此乃温意非家公也是時朝廷空罄百官無祿唯資江州運漕而允商旅繼路以私廢公有司奏免允官書始下而允爲郭默所害年四十九子赤松嗣尚南平公主位至黄門郎義興太守

桓宣譙國銍人也祖詡義陽太守父弼冠軍長史宣開濟篤素爲元帝丞相舍人時塢主張平自稱豫州刺史樊雅自號譙郡太守各據一城眾數千人帝以宣信厚又與平雅同州里轉宣爲行參軍使就平雅平雅遣軍主簿隨宣詣丞相府受節度帝皆加四品將軍即其所部使扞禦北方南中郎將王含請宣爲參軍頃之豫州刺史祖逖出屯蘆州遣參軍殷乂詣平雅乂意輕平視其屋云當持作馬廐見大鑊欲鑄作鐵器平曰此是帝

王大錢天下定後方當用之柰何打破乂曰卿能保頭不而惜大錢邪平大怒於坐斬乂阻兵固守歲餘遜攻平殺之而雅據譙城遜以力弱求助於含含遣宣領兵五百助遜遜謂宣曰卿先已說平雅信義大著於彼今復爲我說雅雅若降者方相擢用不但免死而已宣復單馬從兩人詣雅曰祖遜方欲平蕩二寇每倚卿爲援前殷乂輕薄非豫州意今若和解則忠勳可立富貴可保若猶固執東府赫然更遣猛將以卿烏合之衆憑阻窮城彊賊伺其北國家攻其南萬無一全也願善量之雅與宣置酒結交遣子隨宣詣遜少日雅便自詣遜遜遣雅還撫其衆雅僉謂前數罵辱懼罪不敢降雅復閉城自守遜往攻之復遣宣入說雅雅即斬異已者遂出降未幾石勒別將圍譙城含又遣宣率衆救遜未至而賊退遜留宣討諸未服皆破之遷譙國內史祖約之棄譙城也宣以牋諫不從由是石勒遂有陳留及約與蘇峻同反宣謂祖智曰今彊胡未滅將勠力以討之而與峻俱反此安得久乎使君若欲爲雄霸何不助國討峻威名自舉智等不能用宣欲諫約遣其子戎白約求入約知宣必諫不聽宣遂距約不與之同邵陵人陳光率部落數百家降宣宣皆慰撫之約還歷陽宣將數千家欲南投尋陽營於馬頭山值祖煥欲襲湓口陶侃使毛寶救之煥遣衆攻宣宣使戎求救於寶寶擊煥破之宣因投溫嶠嶠以戎爲參軍賊平宣居于武昌戎復爲劉允參軍郭默害允復以戎爲參軍陶侃討默默遣戎求救於宣宣僞許之西陽太守鄧嶽武昌太守劉詡皆疑宣與默同豫州西曹王隨曰宣尙背祖約何緣同郭默邪嶽詡乃遣隨詣宣以觀之隨謂宣曰明府心雖不爾無以自明惟有以戎付隨耳宣乃遣戎與隨俱詣陶侃侃辟戎爲掾上宣爲武昌太守尋遷監沔中軍事南中郎將江夏相石勒荆州刺史郭敬戍襄陽陶侃使其子平西參軍斌與宣俱攻樊城拔之竟陵太守李陽又破新野敬懼遁走宣與陽遂平襄陽侃使宣鎮之以其淮南部曲立義成郡宣招懷初附勸課農桑簡刑罰略威儀或載鉏耒於軺軒或親芸穫於隴畝十餘年間石虎再遣騎攻之宣能得衆心每以寡弱距守論者以爲次於祖遜周訪侃方欲使宣北事中原會侃薨後庾亮爲荆州將謀北伐以宣爲都督沔北前鋒征討軍事平北將軍司州刺史假節鎮襄陽石虎使騎七千渡沔攻之亮遣司馬王愆期輔國將軍毛寶救宣賊三面爲地窟攻城宣募精勇出其不意殺傷數百多獲鎧馬賊解圍退走久之宣遣步騎收南陽諸郡百姓沒賊者八千餘人以歸庾翼代亮欲傾國北討更以宣爲都督司雍梁三州荆州之南陽襄陽新野南鄉四郡軍事梁州刺史持節將軍如故以前後功封竟陵縣男宣久在襄陽綏撫僑舊甚有稱績庾翼遷鎮襄陽令宣進伐石虎將李羆軍次丹水爲賊所敗翼怒貶宣爲建威將軍使移戍峴山宣望實俱喪兼以老疾時南蠻校尉王愆期守江陵以疾求代翼以宣爲鎮南將軍南郡太守代愆期宣不得志未之官發憤卒追贈鎮南將軍戎官至新野太守

宣族子伊字叔夏父景有當世才幹仕至侍中丹陽尹中領軍護軍將軍長社侯伊有武幹標悟儁率爲王濛劉惔所知頻參諸府軍事累遷大司馬參軍時苻堅彊盛邊鄙多虞朝議選能拒捍彊場者乃授伊淮南太守以綏御有方進督豫州之十二郡揚州之江西五郡軍事建威將軍歷陽太守淮南如故與謝元共破賊別將王鑒張蚝等以功封宣城縣子又進都督豫州諸軍事西中郎將豫州刺史及苻堅南寇伊與冠軍將軍謝元輔國將軍謝琰俱破堅於肥水以功封永脩縣侯進號右將軍賜錢百萬袍表千端伊性謙素雖有大功而終始不替善音樂盡一時之妙爲江左第一有蔡邕柯亭笛常自吹之王徽之赴召京師泊舟青溪側素不與徽之相識伊於岸上過船中客稱伊小字曰此桓野王也徽之便令人謂伊曰聞君善吹笛試爲我一奏伊是時已貴顯素聞徽之名便下車踞胡牀爲作三調弄畢便上車去客主不交一言時謝安女壻王國寶專利無檢行安惡其爲人每抑制之及孝武末年嗜酒好內而會稽王道子昏醟尤甚惟狎昵諂邪於是國寶讒諛之計稍行於主相之間而好利險詖之徒以安功名盛極而構會之嫌隙遂成帝召伊飲讌安侍坐帝命伊吹笛伊神色無迕即吹爲一弄乃放笛云臣於箏分乃不及笛然自足以韻合歌管請以箏歌并請一吹笛人帝善其調達乃敕御妓奏笛伊又云御府人於臣必自不合臣有一奴善相便串帝彌賞其放率乃許召之奴既吹笛伊撫箏而歌怨詩曰爲君既不易爲臣良獨難忠信事不顯乃有見疑患周旦佐文武金縢功不刊推心輔王政二叔反流言聲節忼慨俯仰可觀安泣下沾衿乃越席而就之捋其鬚曰使君於此不凡帝甚有愧色伊在州十年綏撫荒雜甚得物情桓冲卒遷都督江州荆州十郡豫州四郡軍事江州刺史將軍如故假節伊到鎮以邊境無虞宜以寬卹爲務乃上疏以江州虛耗加連歲不登今餘戶有五萬六千宜并合小縣除諸郡運米

移州還鎮豫章詔令移州尋陽其餘皆聽之伊隨宜拯撫百姓賴焉在任累年徵拜護軍將軍以右軍府千人自隨配護軍府卒官贈右將軍加散騎常侍謚曰烈初伊有馬步鎧六百領豫爲表令死乃上之以明欲爲國家輸命而不就也表上詔哀傷之子肅之嗣卒子陵嗣宋受禪國除伊弟不才亦有將畧討孫恩至冠軍將軍

朱伺字仲文安陸人少爲吳牙門將陶丹給使吳平內徙江夏伺有武勇而訥口不知書爲郡將督見鄉里士大夫揖稱名而已及爲將遂以謙恭稱張昌之逆太守弓欽走灄口伺與同輩郴寶布興合衆討之不克乃與欽奔武昌後更率部黨攻滅之轉騎部曲督加綏夷都尉伺部曲等以諸縣附昌惟本部唱義討逆逆順有嫌求別立縣因此遂割安陸東界爲灄陽縣而貫焉其後陳敏作亂陶侃時鎮江夏以伺能水戰曉作舟艦乃遣作大艦署爲左甄據江口摧破敏前鋒敏弟恢稱荆州刺史在武昌侃率伺及諸軍進討破之敏恢既卒伺以功封亭侯領騎督時西陽夷賊抄掠江夏太守楊珉每請督將議拒賊之計伺獨不言珉曰朱將軍何以不言伺答曰諸人以舌擊賊伺唯以力耳珉又問將軍前後擊賊何以每得勝邪伺曰兩敵共對唯當忍之彼不能忍我能忍是以勝耳珉大笑永嘉中石勒破江夏伺與楊珉走夏口及陶侃來戍夏口伺依之加明威將軍隨侃討杜弢有殊功語在侃傳夏口之戰伺用鐵面自衛以弩的射賊大帥數人皆殺之賊挽船上岸於水邊作陣伺逐水上下以邀之箭中其脛氣色不變諸軍尋至賊潰追擊之皆棄船投水死者大半賊夜還長沙伺追至蒲圻不及而反加威遠將軍赤幢曲蓋建輿中陳聲率諸無賴二千餘家斷江抄掠侃遣伺爲督護討聲聲衆雖少伺容之不擊求遣弟詣侃降伺外許之及聲去伺乃遣勁勇要聲弟斬之潛軍襲聲聲正旦並出祭祀飲食伺軍入其門方覺聲將閻晉鄭進皆死戰伺軍人多傷乃還營聲東走保董城伺又率諸軍圍守之遂重柴繞城作高櫓以勁弩下射之又斷其水道城中無水殺牛飲血閻晉聲婦弟也乃斬聲首出降又以平蜀賊襲高之功加伺廣威將軍竟陵內史時王敦欲用從弟廙代侃爲荆州侃故將鄭攀馬儁等乞侃於敦敦不許攀等以侃始滅大賊人皆樂附又以廙忌戾難事謀共距之遂結屯溳口遣使告伺伺外許之而稱疾不赴攀等遂進距廙既而士衆疑阻復散還橫桑口欲入杜曾時朱軌趙誘李桓率衆將擊之攀等懼誅以司馬孫景造謀距廙因斬之降軌等廙將西出遣長史劉浚留鎮揚口壘時杜曾請討第五猗於襄陽伺謂廙曰曾是猾賊外示西還以疑衆心欲誘引官軍使西然後兼道襲揚口耳宜大部分未可便西廙性矜厲自用兼以伺老怯難信遂西行曾等果馳還廙乃遣伺歸裁至壘卽爲曾等所圍劉浚以壘北門危欲令伺守之或說浚云伺與鄭攀同者乃轉守南門賊知之攻其北門時鄭攀黨馬儁等亦來攻壘儁妻子先在壘內或請皮其面以示之伺曰殺其妻子未能解圍但益其怒耳乃止伺常所調弩忽噤不發伺甚惡之及賊攻陷北門伺被傷退入船初浚開諸船底以木掩之名爲船械伺既入賊舉鋋摘伺伺逆接得鋋反以摘賊賊走上船屋大喚云賊帥在此伺從船底沉行五十步乃免遇醫療創小差杜曾遣說伺云馬儁等感卿恩妻孥得活盡以卿家內外百口付儁已盡心收視卿可來也伺答曰賊無白首者吾年六十餘不能復與卿作賊吾死當歸南妻子付汝乃還甑山時王廙與李桓杜曾相持累戰甑山下軍士歎驚喚云賊欲至伺驚創而卒因葬甑山

毛寶字碩眞滎陽陽武人也王敦以爲臨湘令敦卒爲溫嶠平南參軍蘇峻作逆嶠將赴難而征西將軍陶侃懷疑不從嶠屢說不能迴更遣使順侃意曰仁公且守僕宜先下遣信已一日會寶別使還聞之說嶠曰凡舉大事當與天下共同衆克在和不聞有異假令可疑猶當外示不覺況自作疑邪便宜急追信改舊書說必應俱征若不及前信宜更遣使嶠意悟卽追信改書侃果共征峻寶領千人爲嶠前鋒俱次茄子浦初嶠以南軍習水峻軍便步欲以所長制之宜令三軍有上岸者死時蘇峻送米萬斛遺祖約約遣司馬桓撫等迎之寶告其衆曰兵法軍令有所不從豈可不上岸邪乃設變力戰悉獲其米虜殺萬計約用大饑嶠嘉其勳上爲廬江太守約遣祖煥桓撫等欲襲湓口陶侃將自擊之寶曰義軍恃公公不可動寶請討之侃顧謂坐客曰此年少言可用也乃使寶行先是桓宣背約南屯馬頭山爲煥撫所攻求救於寶寶衆以宣本是約黨疑之宣遣子戎重請寶卽隨戎赴之未至而賊已與宣戰寶軍懸遠而兵少器仗濫惡大爲煥撫所破寶中箭貫髀徹鞍使人踏鞍拔箭血流滿靴夜奔船所百餘里望星而行到先哭戰亡將士洗瘡訖夜還救宣寶至宣營而煥撫亦退寶進攻祖約軍次東關破合肥戍召歸石頭陶侃溫嶠未能破賊侃欲率衆南還寶謂嶠曰下官能留之乃往說侃曰公本應領蕪湖爲南北勢援前既已下勢不可

還且軍政有進無退非直整齊三軍示衆必死而已亦謂退無所據終至滅亾往者杜弢非不彊盛公竟滅之何至於峻獨不可破邪賊亦畏死非皆勇健公可試與寶兵使上岸斷賊糧運出其不意使賊困蹙若寶不立効然後公去人心不恨侃然之加寶督護寶燒句容湖熟積聚峻頗乏食侃遂留不去峻既死匡術以苑城降侃使寶守南城鄧嶽守西城賊使韓晃攻之寶登城射殺數十人晃問寶曰君是毛廬江邪寶曰是晃曰君名壯勇何不出鬬寶曰君名健將何不入鬬晃笑而退賊平封州陵縣開國侯千六百戶庾亮西鎮請爲輔國將軍江夏相督隨義陽二郡鎮上明又進南中郎隨亮討郭默默平與亮司馬王愆期等救桓宣於章山擊賊將石遇破之進征虜將軍亮謀北伐上疏解豫州請以授寶於是詔以寶監揚州之江西諸軍事豫州刺史將軍如故與西陽太守樊峻以萬餘人守邾城石虎惡之乃遣其子鑒與其將夔安李菟等五萬人來寇張終渡二萬騎攻邾城寶求救於亮亮以城固不時遣軍城遂陷寶峻等率左右突圍出赴江死者六千人寶亦溺死亮哭之慟因發疾薨詔曰寶之傾敗宜在裁貶然蘇峻之難致力王室今告其過故不加贈祭之可也其後公卿言寶有重勳加死王事不宜奪爵升平三年乃下詔復本封初寶在武昌軍人有於市買得一白龜長四五寸養之漸大放諸江中邾城之敗養龜人被鎧持刀自投於水中如覺墮一石上視之乃先所養白龜長五六尺送至東岸遂得免爲寶二子穆之安之穆之字憲祖小字武生名犯王靖后諱故行字後又以桓溫母名憲乃更稱小字穆之果毅有父風安西將軍庾翼以爲參軍

襲爵州陵侯翼等專威陝西以子方之爲建武將軍守襄陽方之年少翼選武將可信仗者爲輔弼乃以穆之爲建武司馬俄而翼薨大將于瓚戴羲等作亂穆之與安西長史江虨司馬朱燾等共平之桓溫代翼復取爲參軍後溫平蜀以功賜次子都鄉侯尋除揚威將軍潁川太守隨溫平洛入關溫將旋師以謝尚未至留穆之以二千人衛山陵升平初遷督甯州諸軍事揚威將軍甯州刺史以桓溫封南郡徙穆之爲建安侯復爲溫太尉參軍加冠軍將軍以所募兵配之溫伐慕容暐使穆之監鑿鉅野百餘里引汶會于濟川及溫焚舟步歸使穆之督東燕四郡軍事領東燕太守本官如故袁眞以壽陽叛溫將征之穆之以冠軍領淮南太守守歷陽眞平餘黨分散乃以穆之督揚州之江西軍事復領陳郡太守俄而徙督揚州之義城荊州五郡雍州之京兆軍事襄陽義城河南三郡太守將軍如故尋進領梁州刺史頃之以疾解職詔以冠軍徵還苻堅別將寇彭城復以將軍假節監江北軍事鎮廣陵遷右將軍宣城內史假節鎮姑熟穆之以爲戍在近畿無復軍警不宜加節上疏辭讓許之苻堅別將圍襄陽詔穆之就上明受桓沖節度沖使穆之游軍沔中穆之始至而朱序陷沒引軍還郡堅衆又寇蜀漢梁州刺史楊亮益州刺史周仲孫奔退沖使穆之督梁州之三郡軍事右將軍西蠻校尉益州刺史領建平太守假節戍巴郡以子球爲梓潼太守穆之與球伐堅至于巴西郡以糧運乏少退屯巴東病卒追贈中軍將軍謚曰烈子珍嗣位至天門太守珍弟璩球璠瑾瑗璩最知名璩字叔璉弱冠右將軍桓豁以爲參軍尋遭父憂服闋爲謝安衛將軍參軍除尚

書郎安復請爲參軍轉安子琰征虜司馬合肥之役苻堅迸走璩與田次之共躡堅至中陽不及而歸遷甯朔將軍淮南太守尋補鎮北將軍譙王恬司馬海陵縣界地名青蒲四面湖澤皆是菰葑逃亾所聚威令不能及璩建議率千人討之時大旱璩因放火菰葑盡然亾戶窘迫悉出詣璩自首近有萬戶皆以補兵朝廷嘉之轉西中郎司馬龍驤將軍譙梁二郡內史尋代郭銓爲建威將軍益州刺史安帝初進征虜將軍及桓元纂位遣使加璩散騎常侍左將軍璩執留元使不受命元以桓希爲梁州刺史王异據涪郭法戍宕渠師寂戍巴郡周道子戍白帝以防之璩傳檄遠近列元罪狀遣巴東太守柳約之建平太守羅述征虜司馬甄季之擊破希等仍率衆次于白帝武陵王令曰益州刺史毛璩忠誠懃亮自桓元萌禍常思躡其後今若平殄兇逆肅清荊郢者便當卽授上流之任初璩弟甯州刺史璠卒官璩兄球孫祐之及參軍費恬以數百人送喪葬江陵會元敗謀奔梁州璩弟瑾子脩之時爲元屯騎校尉誘元使入蜀既而脩之與祐之費恬及漢嘉人馮遷共殺元約之等聞元死進軍到枝江而桓振復攻沒江陵劉毅等還尋陽約之亦退俄而季之述之皆病約之詣振僞降因欲襲振事泄被害約之司馬時延祖涪陵太守文處茂等撫其餘衆保涪陵振遣桓放之爲益州屯西陵處茂距擊破之振死安帝反正詔進璩爲征西將軍加散騎常侍都督益梁秦涼甯五州軍事行宜都甯蜀太守文處茂輔國將軍西夷校尉巴西梓潼二郡太守又詔西夷校尉瑾爲持節監梁秦二州軍事征虜將軍梁秦二州刺史略陽武都太守瑾弟蜀郡太守瑗爲輔國將軍

寗州刺史初瓌聞振陷江陵率衆赴難使瑾瑗順外江而下使參軍譙縱領巴西梓潼二郡軍下涪水當與瓌軍會於巴郡蜀人不樂東征縱因人情思歸於五城水口反還襲涪害瑾瑾留府長史鄭純之自成都馳使告瓌瓌時在略城去成都四百里遣參軍王瓊討反者相距於廣漢僰道令何林聚黨助縱而瓌下人受縱誘說遂其害瓌及瑗并子姪之在蜀者一時殄沒瓌子弘之嗣義熙中時廷祖爲始康太守上疏訟瓌兄弟於是詔曰故益州刺史瓌西夷校尉瑾蜀郡太守瑗勤王忠烈事乖慮外葬送日近益懷惻愴可皆贈先所授官給錢三十萬布三百疋論瓌討桓元功追封歸鄉公千五百戶又以祐之斬元功封夷道縣侯自寶至瓌三葉擁旄開國者四人將帥之家與尋陽周氏爲輩而人物不及也瑾子脩之頻歷清顯至右衞將軍從劉裕平姚泓後爲安西司馬沒于魏安之字仲祖亦有武幹累遷撫軍將軍魏郡太守簡文輔政委以爪牙及登阼安之領兵從駕使止宿宮中尋拜游擊將軍時庾希入京口朝廷震動命安之督城門諸軍事孝武即位妖賊盧悚突入殿廷安之聞難率衆直入雲龍門手自奮擊既而左衞將軍殷康領軍將軍桓祕等至與安之并力悚因勦滅遷右衞將軍定后崩領將作大匠卒官追贈光祿勳四子潭泰邃遁潭嗣爵官至江夏相泰歷太傅從事中郎後軍諮議參軍與邃俱爲會稽王父子所昵乃追論安之討盧悚勳賜爵平都子命潭襲爵元顯嘗宴泰家既而欲去泰苦留之曰公若遂去當取公腳元顯大怒奮衣而出遂與元顯有隙及元顯敗泰時爲冠軍將軍堂邑太山二郡太守遂爲遊擊將軍遁爲太傅主簿桓元得志使泰收元顯送于新亭泰因宿恨手加毆辱俄並爲元所殺惟遁被徙廣州義熙初得還至宜都太守德祖瓌宗人也父祖並沒于賊中德祖兄弟五人相攜南渡皆有武幹荊州刺史劉道規以德祖爲建武將軍始平太守又徙涪陵太守盧循之役道規又以爲參軍伐徐道覆於始興尋遭母憂劉裕伐司馬休之版補太尉參軍義陽太守賜爵遷陵縣侯轉南陽太守從劉裕伐姚泓頻攻滎陽扶風南安馮翊數郡所在克捷裕嘉之以爲龍驤將軍秦州刺史裕留第二子義眞爲安西將軍雍州刺史以德祖爲中兵參軍領天水太守從義眞還裕以德祖督河東平陽二郡軍事輔國將軍河東太守代劉遵考守蒲坂及河北覆敗德祖全軍而歸裕方欲蕩平關洛先以德祖督九郡軍事冠軍將軍滎陽京兆太守以前後功賜爵灌陽縣男尋遷督司雍并三州諸軍事冠軍將軍司州刺史戍虎牢爲魏所沒德祖次弟嶷嶷弟辯並有志節嶷死於盧循之難辯沒於譽宗之之役並奮不顧命爲世所歎

劉遐字正長廣平易陽人也性果毅便弓馬開豁勇壯值天下大亂遐爲塢主每擊賊率壯士陷堅摧鋒冀方比之張飛關羽鄉人冀州刺史邵續深器之以女妻焉遂壁于河濟之間賊不敢逼遐間道遣使受元帝節度朝廷嘉之璽書慰勉以爲龍驤將軍平原內史建武初元帝令以遐爲下邳內史將軍如故初沛人周堅一名撫與同郡周默因天下亂各爲塢主以寇抄爲事默降祖逖撫怒遂襲殺默以彭城叛石勒遣騎援之詔遐領彭城內史與徐州刺史蔡豹太山太守徐龕共討撫戰於寒山撫敗走詔徙遐爲臨淮太守徐龕復反事平以遐爲北中郎將兗州刺史太寗初自彭城移屯泗口王含反遐與蘇峻俱赴京都含敗隨丹陽尹溫嶠追含至于淮南遐頗放兵虜掠嶠曰天道助順故王含勦絕不可因亂爲亂也遐深自陳而拜謝事平以功封泉陵公遷散騎常侍監淮北軍事北軍中郎將徐州刺史假節代王邃鎭淮陰咸和元年卒追贈安北將軍子肇年幼成帝以徐州授郗鑒以郭默爲北中郎將領遐部曲遐妹夫田防及遐故將史迭卞咸李龍等不樂他屬共立肇襲遐故位以叛成帝遣郭默等率諸郡討之默等始上道而臨淮太守劉矯率將士數百襲掩遐營迭等迸走斬田防及督護卞咸等追斬迭龍於下邳傳首詣闕遐母妻子參佐將士悉還建康遐妻驍果有父風遐嘗爲石虎所圍妻單將數騎拔遐於萬衆之中及田防等爲亂遐妻止之不從乃密起火燒甲仗都盡肇襲爵官至散騎侍郎肇卒子舉嗣卒子遵之嗣卒子伯齡嗣宋受禪國除

鄧嶽字伯山陳郡人也本名岳以犯康帝諱改爲嶽後竟改名爲岱焉少有將帥才略爲王敦參軍轉從事中郎西陽太守王含構逆嶽領兵隨含向京都及含敗嶽與周撫俱奔蠻王向蠶後遇赦與撫俱出久之司徒王導命爲從事中郎後復爲西陽太守及蘇峻反平南將軍溫嶠遣嶽督護王愆期鄱陽太守紀睦等率舟軍赴難峻平還郡郭默之殺劉允也大司馬陶侃使嶽率西陽之衆討之默平遷督交廣二州軍事建武將軍領平越中郎將廣州刺史假節錄前後功封宜城縣伯咸康三年嶽遣軍伐夜郎破之加督寗州進征虜將軍遷平南將軍卒子遐嗣遐字應遠勇力絕人氣蓋當時時人

方之獘喩桓溫以爲參軍數從溫征伐歷冠軍將軍襄郡太守號爲名將襄陽城北沔水中有蛟常爲人害遐遂拔劒入水蛟繞其足遐揮劒截蛟數段而出枋頭之役溫旣懷恥忿且忌憚遐之勇果因免遐官尋卒寗康中追贈廬陵太守嶽弟逸字茂山亦有武幹嶽卒後以逸監交廣州建威將軍平越中郎將廣州刺史假節鎭

朱序字次倫義陽人也父燾以才幹歷西蠻校尉益州刺史序世爲名將累遷鷹揚將軍江夏相興寗末梁州刺史司馬勳反桓溫表序爲征討都護往討之以功授征虜將軍封襄平子太和中遷兖州刺史時長城賊周弘聚黨百餘人藏匿原鄉山以序爲中軍司馬吳興太守序至郡討禽之事訖還兖州寗康初拜使持節監沔中諸軍事南中郎將梁州刺史鎭襄陽是歲苻堅遣其將苻丕等率衆圍序序固守賊糧將盡率衆苦攻之初苻丕之來也序母韓自登城履行謂西北角當先受弊遂領百餘婢幷城中女丁於其角斜築城二十餘丈賊攻西北角果潰衆便固新築城丕遂引退襄陽人謂此城爲夫人城序累戰破賊人情勞懈又以賊退稍遠疑未能來守備不謹督護李伯護密與賊相應襄陽遂沒序陷於苻堅堅殺伯護徇之以其不忠也序欲逃歸潛至宜陽藏夏揆家堅疑揆收之序乃詣苻暉自首堅嘉而不問以爲尙書太元中苻堅南侵謝石率衆拒之時堅大兵尙在項苻融以三十萬衆先至堅遣序說謝石稱已兵威序反謂石曰若堅百萬之衆悉到莫可與敵及其未會擊之可以得志於是石遣謝琰選勇士八千人涉肥水挑戰堅衆小郤序時在軍後唱云堅敗衆遂大奔序乃得歸拜龍驤將軍琅邪內史轉揚州豫州五郡軍事豫州刺史屯洛陽後丁零翟遼反序遣將軍秦膺童斌與淮泗諸郡共討之又監兖靑二州諸軍事二州刺史將軍如故進鎭彭城序求鎭淮陰帝許焉翟遼又使其子釗寇陳潁序還遣秦膺討釗走之拜征虜將軍表求運江州米十萬斛布五千匹以資軍費詔聽之加都督司雍梁秦四州軍事帝遣廣威將軍河南太守楊佺期南陽太守趙睦各領兵千人隸序序又表求故荆州桓石生府田百頃幷穀百萬斛給之仍戍洛陽衞山陵也其後慕容永率衆出洛陽序自河陰北濟與永僞將王次等相遇乃戰于沁水次敗走斬其支將勿支首參軍趙睦江夏相桓不才追永破之于太行永歸上黨時楊楷聚衆數千在湖陝聞永敗遣任子詣序乞降序追永至上黨之白水與永相持二旬聞翟遼欲向金墉乃還遂攻翟釗於石門遣參軍趙蕃破翟遼於懷縣遼宵遁序退次洛陽留鷹揚將軍朱黨戍石門序仍使子略督護洛城趙蕃爲助序還襄陽會稽王道子以序勝負相補不加褒貶其後東羌校尉竇衝欲入漢川安定人皇甫釗京兆人周勳等謀納之梁州刺史周瓊失巴西三郡衆寡力弱告急於序序遣將軍皇甫貞率衆赴之衝據長安東釗勳散走序以老病累表解職不許詔斷表遂輒去任數旬歸罪廷尉詔原不問大元十八年卒贈左將軍散騎常侍

陳壽字承祚巴西安漢人也少好學師事同郡譙周仕蜀爲觀閣令史宦人黃皓專弄威權大臣皆曲意附之壽獨不爲之屈由是屢被譴黜遭父喪有疾使婢丸藥客往見之鄉黨以爲貶議及蜀平坐是沉滯者累年司空張華愛其才以壽雖不遠嫌原情不至貶廢舉爲孝廉除佐著作郎出補陽平令壽撰蜀相諸葛亮集奏之除著作郎領本郡中正撰魏吳蜀三國志凡六十五篇時人稱其善敘事有良史之才夏侯湛時著魏書見壽所作便壞已書而罷張華深善之謂壽曰當以晉書相付耳其爲時所重如此或云丁儀丁廙有盛名於魏壽謂其子曰可覓千斛米見與當爲尊公作佳傳丁不與之竟不爲立傳壽父爲馬謖參軍謖爲諸葛亮所誅壽父亦坐被髡亮子瞻又輕侮壽故壽爲亮立傳言亮將略非長無應敵之才言瞻惟工書名過其實議者以此少之張華將舉壽爲中書郎荀勗忌華而疾壽遂諷吏部遷壽爲長廣太守辭母老不就杜預將之鎭復薦之於帝宜補黃散由是授御史治書以母憂去職母遺言令葬洛陽壽遵其志坐不以母歸葬竟被貶議初譙周嘗謂壽曰卿必以才學成名當被損折亦非不幸也宜深愼之壽至此再致廢辱皆如周言後數歲起爲太子中庶子未拜元康七年病卒時年六十五梁州大中正尙書郎范頵等上表曰昔漢武帝詔曰司馬相如病甚可遣悉取其書使者得其遺書言封禪事天子異焉臣等案故治書侍御史陳壽作三國志辭多勸誡明乎得失有益風化雖文豔不及相如而質直過之願垂採錄於是詔下河南尹洛陽令就家寫其書壽又撰古國志五十篇益部耆舊傳十篇餘文章傳於世

王長文字德叡廣漢郪人也少以才學知名而放蕩不羇州府辟命皆不就州辟別駕乃以微服竊出舉州莫知所之後於成都市中蹲踞齧胡餅刺史知其不屈禮遺之閉門自守不交人事著書四卷擬易名曰通元經有文言卦象可用卜筮時人比之揚雄太元同郡馬秀

曰揚雄作太元唯桓譚以爲必傳於世末遭陸績元道遂明長文通元經未遭陸績君山耳太康中蜀土荒饉開倉賑貸長文居貧貸多後無以償郡縣切責送長文到州刺史徐幹捨之不謝而去後成都王穎引爲江源令或問前不降志今何爲屈長文曰祿以養親非爲身也梁王彤爲丞相引爲從事中郎在洛出行輒着白旃小鄣以轍車當時異焉後終於洛陽

虞溥字允源高平昌邑人也父祕爲偏將軍鎮隴西溥從父之官專心墳籍時疆場閱武人爭視之溥未嘗寓目郡察孝廉除郎中補尚書都令史尚書令衞瓘尚書褚䂮並器重之溥謂瓘曰往者金馬啟符大晉應天宜復先王五等之制以綏長久不可承暴秦之法遂漢魏之失也瓘曰歷代歎此而終未能改稍遷公車司馬令除鄱陽內史大修庠序廣招學徒移告屬縣具爲條制於是生徒至者七百人溥乃作誥以獎訓之曰夫聖人之道淡而寡味故始學者不好也及至朞月所觀彌博所習彌多日聞所不聞日見所不見然後心開意朗敬業樂羣忽然不覺大化之陶已至道之入神也故學之染人甚於丹青丹青吾見其久而渝矣未見久學而渝者也夫工人之染先脩其質後事其色質脩色積而染工畢矣學亦有質孝悌忠信是也君子內正其心外脩其行行有餘力則以學文文質彬彬然後爲德夫學者不患才不及而患志不立故曰希驥之馬亦驥之乘希顏之徒亦顏之倫也又曰鍥而舍之朽木不知鍥而不舍金石可虧斯非其效乎今諸生口誦聖人之典體閑庠序之訓比及三年可以有成而令名宣流雅譽日新朋友欽而樂之朝士敬而歎之於是州府交命擇官而仕不亦美乎若乃含章舒藻揮翰流離稱述世務探賾究奇使揚班韜筆仲舒結舌亦惟才所居固無常人也然積一勺以成江河累微塵以崇峻極匪志匪勤理無由濟也諸生若絕人間之務心專親學累一以貫之積漸以進之則亦或遲或速或先或後耳何滯而不通何遠而不至邪時祭酒求更起屋行禮溥曰君子行禮無常處也孔子射於矍相之圃而行禮於大樹之下況今學庭庠序高堂顯敞乎溥爲政嚴而不猛風化大行有白烏集于郡庭注春秋經傳撰江表傳及文章詩賦數十篇卒於洛時年六十三子敎過江上江表傳於元帝詔藏于祕書

司馬彪字紹統高陽睦王之長子也出後宣帝弟敏少篤學不倦然好色薄行爲睦所責故不得爲嗣雖名出繼實廢之也彪由此不交人事而專精學習故得博覽羣籍終其綴集之務初拜騎都尉泰始中爲祕書郎轉丞注莊子作九州春秋以爲先王立史官以書時事載善惡以爲沮勸撮敎世之要也是以春秋不修則仲尼理之關雎之亂則師摯脩之前哲豈好煩哉蓋不得已故也漢氏中興訖于建安忠臣義士亦以昭著而時無良史記述煩雜譙周雖已刪除然猶未盡安順以下亾缺者多彪乃討論眾書綴其所聞起於世祖終于孝獻編年二百錄世十二通綜上下旁貫庶事爲紀志傳凡八十篇號曰續漢書泰始初武帝親祠南郊彪上疏定其議上多從之後拜散騎侍郎惠帝末年卒時年六十餘初譙周以司馬遷史記書周秦以上或採俗語百家之言不專據正經周於是作古史考二十五篇皆憑舊典以糾遷之謬誤彪復以周未盡善也條古史考中凡百二十二事爲不當多據汲冢紀年之義亦行於世錐

王隱字處叔陳郡陳人也世寒素父銓歷陽令少好學有著述之志每私錄晉事及功臣行狀未就而卒隱以儒素自守不交勢援博學多聞受父遺業西都舊事多所諳究建興中過江丞相軍諮祭酒涿郡祖納雅相知重納好博奕每諫止之納曰聊用忘憂耳隱曰蓋古人遭時則以功達其道不遇則以言達其才故否泰不窮也當今晉未有書天下大亂舊事蕩滅非凡才所能立君少長五都游宦四方華夷成敗皆在耳目何不述而裁之應仲遠作風俗通崔子真作政論蔡伯喈作勸學篇史游作急就章猶行於世便爲没而不朽當同其時人豈少哉而了無聞皆由無所述作也故君子疾没世而無聞易稱自彊不息況國史明乎得失之跡何必博弈而後忘憂哉納喟然歎曰非不悅子之道力不足也乃上疏薦隱元帝以草創務殷未遑史官遂寢不報大興初典章稍備乃召隱及郭璞俱爲著作郎令撰晉史豫平王敦功賜爵平陵鄉侯時著作郎虞預私撰晉書而生長東南不知中朝事數訪於隱并借隱所著書竊寫之所聞漸廣是後更疾隱形于言色預既豪族交結權貴共爲朋黨以斥隱竟以謗免黜歸于家貧無資用書遂不就乃依征西將軍庾亮於武昌亮供其紙筆書乃得成詣闕上之隱雖好著述而文辭鄙拙蕪舛不倫其書次第可觀者皆其父所撰文體混漫義不可解者隱之作也年七十餘卒於家隱兄瑚字處重少重武節成都王穎舉兵向洛以爲冠軍參軍積功累遷游擊將軍與司隸滿奮河南尹周馥等俱屯大司馬門以衞宮掖時上官已縱暴瑚與奮等共謀除之反爲所害

宋右迪功郎鄭樵漁仲撰

列傳第四十二下

虞預字叔寧徵士喜之弟也本名茂犯明穆皇后母諱故改爲預十二而孤少好學有文章餘姚風俗各有朋黨宗人共薦預爲縣功曹欲使沙汰穢濁預書與其從叔父曰近或聞諸君以預入寺便應委質則當親事不得徒已然預下愚過有所懷邪黨互瞻異同蜂至一旦差跌衆鼓交鳴毫釐之失差以千里此古人之炯戒而預所大恐也卒如預言未半年遂見斥退大守庾琛命爲主簿預上記陳時政所失琛善之即皆施行太守紀瞻到預復爲主簿轉功曹史察孝廉不行安東從事中郎諸葛恢參軍庾亮等薦預召爲丞相行參軍兼記室遭母憂服竟除佐著作郎太興二年大旱詔求讜言直諫之士預上書言爲國之要在於得才得才之術在於抽引苟其可用讎賤必舉高宗文王思佐發夢拔巖徒以爲相載釣老而師之下至列國亦有斯事故燕重郭隗而三士競至魏式干木而秦兵退舍今天下雖弊人士雖寡十室之邑必有忠信世不乏驥求則可致而東帛未賁於邱園蒲輪頓轂而不駕所以大化不洽而雍熙有闕者也預又以寇賊未平當須良將上疏請明加簡擇轉琅邪國常侍遷祕書丞著作郎咸和初夏旱詔衆官各陳致雨之意預議以刑獄轉繁感傷和氣災患之來實在於是多見納焉從平王含賜爵西鄉侯蘇峻作亂預先假歸家太守王舒請爲諮議參軍峻平進爵平康縣侯遷散騎侍郎著作如故除散騎常侍仍領著作以年老卒于家預雅好經史憎嫉元虛其論阮籍裸袒比之伊川被髮所以胡虜徧於中國以爲過衰周之時著晉書四十餘卷會稽典錄二十餘篇諸虞傳十二篇行於世所著詩賦碑誄論難數十篇

孫盛字安國太原中都人祖楚馮翊太守父恂潁川太守恂在郡遇賊被害盛年十歲避難渡江及長博學善言名理于時殷浩擅名一時所與抗論者惟盛而已盛嘗詣浩談論對食奮擲麈尾毛悉落飯中食冷而復暖者數四至暮忘飧理竟不定盛又著醫卜及易象妙於見形論浩等竟無以難之由是遂知名起家佐著作郎以家貧親老求爲小邑出補瀏陽令太守陶侃請爲參軍庾亮代侃引爲征西主簿轉參軍時丞相王導執政亮以元舅居外南蠻校尉陶稱讒構其間導亮頗懷疑貳盛密諫亮曰王公神情朗達常有世外之懷豈肯爲凡人事邪此必邪佞之徒欲閒內外耳亮納之庾翼代亮以盛爲安西諮議參軍尋遷廷尉正會桓溫代翼留盛爲參軍與俱伐蜀軍次彭模溫自以輕兵入蜀盛領羸老輜重在後賊數千忽至衆皆遑遽盛部分諸將并力拒之應時敗走蜀平賜爵安懷縣侯累遷溫從事中郎從入關平洛以功進封吳昌縣侯出補長沙太守以家貧頗營資貨部從事至郡察知之服其高名而不劾之盛乃與桓溫牋而辭旨放蕩稱州遣從事觀採風聲進無威鳳來儀之美退無鷹鸇搏擊之用徘徊湘川將爲怪鳥溫得牋復遣從事重按之贓私狼籍檻車收盛到州捨而不罪累遷祕書監加給事中年七十二卒盛篤學不倦自少至老手不釋卷著魏氏春秋晉陽秋并造詩賦論難復數十篇晉陽秋詞直而理正咸稱良史焉既而桓溫見之怒謂盛子曰枋頭誠爲失利何至乃如尊君所說若此史遂行自是關君門戶事其子遽拜謝因請刪改之盛時年老還家性方嚴有軌憲雖子孫班白而庭訓愈峻至此諸子乃共號泣稽顙請爲百口切計盛大怒諸子遂爾改之盛寫定兩本寄於慕容儁太元中孝武帝博求異聞始於遼東得之以相考校多有不同書遂兩存子潛字齊由爲豫章太守殷仲堪之討王國寶也潛時在郡仲堪逼以爲諮議參軍固辭不就以憂卒次子放字齊莊幼稱令慧年七八歲在荆州與父俱從庾亮獵亮謂曰君亦來邪應聲答曰無小無大從公于邁亮又問欲齊何莊邪放曰欲齊莊周亮曰不慕仲尼邪答曰仲尼生而知之非希企所及亮大奇之曰王輔嗣弗過也庾翼子爰客嘗候盛見放而問曰安國何在放答曰庾稚恭家爰客大笑曰諸孫大盛有兒如此也放又曰未若諸庾翼翼既而語人曰我故得重呼奴父也終於長沙相

干寶字令升新蔡人也祖統吳奮武將軍都亭侯父瑩丹陽丞寶少勤學博覽書記以才器召爲著作郎平杜弢有功賜爵關內侯中興草創未置史官中書監王導上疏薦寶宜備史官於是以寶領國史寶以家貧求補山陰令遷始安太守王導請爲司徒右長史遷散騎常侍著晉紀自宣帝迄于愍帝五十三年凡二十卷奏之其書簡略直而能婉咸稱良史性好陰陽術數留思京房夏侯勝等傳寶父先有所寵侍婢母甚妬忌及父亾母乃生推婢於墓中寶兄弟年小不之審也後十餘年母喪開墓而婢伏棺如生載還經日乃蘇言其父常取飲食與之恩情如生在家中吉凶輒語之考校悉驗地中亦不覺爲惡既而嫁之生子又寶兄嘗病氣絕積日

不冷後遂悟云見天地間鬼神事如夢覺不自知死實以此遂撰集古今神祇靈異人物變化名爲搜神記凡三十卷以示劉惔惔曰卿可謂鬼之董狐寶既博採異同遂混虛實因作序以陳其志曰雖考先志於載籍收遺逸於當時蓋非一耳一目之所聞覩也亦安敢謂無失實者哉衛朔失國二傳互其所聞呂房事闕子長存其兩說若此比類往往有焉從此觀之聞見之難一由來尚矣夫書赴告之定辭據國史之方策猶尚若茲況仰述千載之前記殊俗之表綴片言於殘缺訪行事於故老將使事不二迹言無異塗然後爲信者固亦前史之所病然而國家不廢注記之官學士不絶誦覽之業豈不以其所失者小所存者大乎今之所集設有承於前載者則非余之罪也若使采訪近世之事苟有虛錯願與先賢前儒分其譏謗及其著述亦足以明神道之不誣也羣言百家不可勝覽耳目所受不可勝載今粗取足以演八略之旨成其微說而已幸將來好事之士録其根體有以游心寓目而無尤焉寶又爲春秋左氏義外傳注周易周官凡數十篇及雜文集皆行於世

鄧粲長沙人少以高潔著名與南陽劉驎之南郡劉尚公同志友善並不應州郡辟命荆州刺史桓冲卑辭厚禮請粲爲别駕粲嘉其好賢乃起應召驎之尚公謂粲曰卿道廣學深衆所推懷忽然改節誠失所望粲笑答曰足下可謂有志於隱而未知隱夫隱之爲道朝亦可隱市亦可隱隱初在我不在於物尚公等無以難之粲亦於此名譽減半矣後患足疾不能朝拜求去職不聽令卧視事後以病篤乞骸骨許之粲以父騫有忠信言而世無知者乃著元明紀十篇注老子並行於世

謝沈字行思會稽山陰人也曾祖斐吳豫章太守父秀吳翼正都尉沈少孤事母至孝博學多識明練經史郡命爲主簿功曹察孝廉大尉郗鑒辟並不就會稽内史何充引爲參軍以母老去職平西將軍庾亮命爲功曹征北將軍蔡謨版爲參軍皆不就閑居養母不交人事耕耘之暇研精墳籍康帝即位朝議疑七廟迭毁乃以太學博士徵以質疑滯以母憂去職服闋除尚書度支郎何充庾冰並稱沈有史才遷著作郎撰晉書三十餘卷會卒時年五十二沈先著後漢書百卷及毛詩漢書外傳所著述及詩賦文論皆行於世其才學在虞預之右云

習鑿齒字彦威襄陽人也家族富盛世爲鄉豪鑿齒少有志氣博學洽聞以文筆著稱荆州刺史桓温辟爲從事江夏相袁喬深器之數稱其才於温轉西曹主簿親遇隆密時温有大志追蜀人知天文者至夜執其手問國家運祚修短答云世祀方永温疑其難言乃飾辭云如君言豈獨吾福乃蒼生之幸然今日之語自可令盡必有小小厄運亦宜說之星人曰太微紫微文昌三宮氣候如此決無憂虞至五十年外不論耳温不悦乃止異日送絹一疋錢五千文以與之星人乃馳詣鑿齒曰家在益州被命遠下今受旨自裁無由致其骸骨緣君仁厚乞爲摽揭棺木耳鑿齒問其故星人曰賜絹一疋令僕自裁惠錢五千以買棺耳鑿齒曰君幾誤死公嘗聞子知星宿有不覆之義乎此以絹戲君以錢供道中資是聽君去耳星人大喜明便詣温别温問去意以鑿齒言答温笑曰鑿齒憂君誤死君定是誤活然徒三十年看儒書不如一詣習主簿累遷别駕温出征伐鑿齒或從或守所在任職每處機要涖事有績善尺牘論議温甚器遇之時清談文章之士韓伯伏滔等並相友善後使至京師簡文亦雅重焉既還温問相王何似答曰生年所未見以此大忤温旨左遷戶曹參軍時有桑門釋道安俊辯有高才自北至荆州與鑿齒初相見道安曰彌天釋道安鑿齒曰四海習鑿齒時人以爲佳對初鑿齒與其二舅羅崇羅友俱爲州從事及遷别駕以坐越舅右屢經陳請温後激怒既盛乃超拔其二舅相繼爲襄陽都督出鑿齒爲滎陽太守温弟祕亦有才氣素與鑿齒相親善鑿齒既罷郡歸與祕書曰吾以去五月三日來達襄陽觸目悲感略無懽情痛惻之事故非書言之所能具也每定省家舅從北門入西望隆中想卧龍之吟東眺白沙思鳳雛之聲北臨樊墟存鄧老之高南眷城邑懷羊公之風縱目檀溪念崔徐之友肆睇魚梁追二德之遠未嘗不徘徊移日惆悵極多撫乘躊躇慨爾而泣曰若乃魏武之所置酒孫堅之所隕斃裴杜之故居繁王之舊宅遺事猶存星列滿目瑣瑣常流碌碌凡士焉足以感其方寸哉夫芬芳起於椒蘭清響生乎琳琅命世而作佐者必垂可大之餘風高尚而邁德者必有明勝之遺事若向八君子者千載猶使義想其爲人況相去之不遠乎彼一時也此一時也焉知今日之才不如疇辰百年之後吾與足下不並爲景升乎其風期俊邁如此是時温覬覦非望鑿齒在郡著漢晉春秋以裁正之起漢光武終於晉愍帝於三國之時蜀以宗室爲正魏武雖受漢禪晉尚爲篡逆至文帝平蜀乃爲漢亡而晉始興焉引世祖諱炎興而爲禪授明天心不可以勢力彊也凡五十四卷後以脚疾遂廢於里巷

及襄陽陷於苻堅堅素聞其名與道安與而致焉既見與語大悅之賜遺甚厚又以其蹇疾與諸鎭書稱昔晉氏平吳利在二陸今破漢南獲士裁一人有半耳俄以疾歸襄陽尋而襄鄧反正朝廷欲召鑿齒使典國史會卒不果臨終上疏謂晉宜越魏繼漢不應以魏後爲三恪并著論一篇上之其說以晉越魏繼漢猶漢越秦繼周反覆辯難識者悉焉子辟彊才學有父風位至驃騎從事中郎

顧和字君孝侍中衆之族子也曾祖容吳荆州刺史祖相臨海太守和二歲喪父總角便有淸操族叔榮雅重之曰此吾家騏驥與吾宗者必此子也時宗人球亦有令聞爲州別駕榮謂之曰卿速步君孝超卿矣王導爲揚州辟爲從事月旦當朝未入停車門外周顗遇之和方擇蝨夷然不動顗既過顧指和心曰此中何所有和徐應曰此中最是難測地顗入謂導曰卿州吏中有一令僕才導亦以爲然和嘗詣導導小極對之疲睡和欲叩會之因謂同坐曰昔每聞族叔元公道公叶贊中宗保全江表體小不安令人喘息導覺之謂和曰卿珪璋特達機警有鋒不徒東南之美實爲海內之俊由是知名既而導遣八部從事之部和爲下傳還同時俱見諸從事各言二千石官長得失和獨無言導問和卿何所聞答曰明公作輔寧使網漏吞舟何緣採聽風聞以察察爲政導咨嗟稱善累遷司徒掾時東海王冲爲長水校尉妙選僚屬以沛國劉耽爲司馬和爲主簿永昌初除司徒左曹掾太寧初王敦請爲主簿遷太子舍人車騎參軍護軍長史王導爲揚州請爲別駕所歷皆著稱遷散騎侍郎尚書吏部司空郗鑒請爲長史領晉陵太守咸康初拜御史中丞劾奏尚書左丞戴抗贓汚百萬付法議罪并免尚書傅玩郎劉傭官百僚憚之遷侍中初中興東遷舊章多闕而冕旒飾以翡翠珊瑚及雜珠等和奏舊冕十有二旒皆用玉珠今用雜珠非禮若不能用玉可用白璇成帝於是始下太常改之先是帝以保母周氏有阿保之勞欲假其名號內外皆奉詔和獨上疏以爲周保祐聖躬不遺其勳第舍供給擬於戚屬恩澤所加已爲過隆若假名號記籍未見明比唯漢靈帝以乳母趙嬈爲平氏君此末代之私恩非先代之令典且君舉必書將軌物垂則書而不法後嗣何觀帝從之轉吏部尚書頻徙領軍將軍太常卿國子祭酒康帝即位將祀南北郊和議以爲車駕宜親行帝從之皆躬親行禮遷尚書僕射以母老固辭詔書敦諭特聽暮出朝還其見優遇如此尋朝議以端右之副不宜處外更拜銀青光祿大夫領國子祭酒頃之母憂去職居喪以孝聞既練衞將軍褚裒上疏薦和起爲尚書令遣散騎郎喻旨和每見催逼輒號咷慟絕謂所親曰古人或有釋其憂服以祗王命蓋以才足幹時故不得不體國殉義吾在常日猶不如人況今中心荒亂將何以補於萬分祗足以示輕忘孝道貽素冠之譏耳帝又下詔曰百揆務殷端右總要而曠職經久甚以悒然昔先朝政道休明中夏隆盛山賈諸公皆釋服從時不獲遂其情禮況今日艱難百王之弊尚書令禮已過祥練豈得聽不赴急疾而遂罔極之情乎和表疏十餘上遂不起服闋然後視職時南中郎將謝尚領宣城內史收涇令陳幹殺之有司以尚違法糾黜詔原之和重奏尚挾憾肆虐宜正刑辟尚皇太后舅故寢其奏時汝南王統江夏公衞崇並爲庶母制服三年和乃奏曰禮所以軌物成教故有國家者莫不崇正明本以一其統斯人倫之紀不二之道也爲人後者降其所出奪天屬之性顯至公之義降殺節文著于周典按汝南王統爲庶母居廬服重江夏公衞崇本由疏屬開國之緒近喪所生復行重制違冒禮度肆其私情閨閤許其過厚談者莫以爲非則政道陵遲由乎禮廢憲章頹替始於容違若弗糾正無以齊物皆可下太常奪服若不祗王命應加貶黜詔從之和居任多所獻納雖權臣不苟阿附永和七年以疾篤辭位拜左光祿大夫儀同三司加散騎常侍尚書令如故其年卒年六十四追贈侍中司空謚曰穆子湣歷尚書吏部郎給事黃門侍郎左衞將軍

袁瓌字山甫陳郡陽夏人魏郎中令煥之曾孫也祖父並早卒瓌與弟猷欲奉母避亂求爲江淮間縣拜呂令轉江都因南渡元帝以爲丹陽令中興建拜奉朝請遷治書御史時東海王越尸既爲石勒所焚妃裴氏求招魂葬越朝廷疑之瓌與博士傅純議以爲招魂葬是謂理神不可從也帝然之雖許裴氏招魂葬越遂下詔禁之尋除廬江太守大將軍王敦引爲諸議參軍俄爲臨川太守敦平爲鎭南將軍卞敦軍司尋自解還都游于會稽蘇峻之難與王舒共起義軍以功封長合鄉侯徵補散騎常侍徙大司農尋除國子祭酒頃之加散騎常侍于時喪亂之後禮教陵遲瓌上疏請興國學成帝從之瓌以年在懸車上疏告老尋卒追贈左光祿大夫謚曰恭子喬嗣喬字彥叔初拜佐著作郎輔國將軍桓溫請爲司馬除司徒左西屬不就拜尚書郎桓溫鎭京口復引爲司馬領廣陵相初喬與褚裒友善及康獻皇后

臨朝喬以裒后父禮數懸絕不宜以平昔故友之道相遇以書致辭於裒且勉以親賢納善爲先論者以爲得體遷安西諮議參軍長沙相不拜尋督沔中諸戍江夏隨義陽三郡軍事建武將軍江夏相時桓温謀伐蜀衆以爲不可喬勸温曰夫經略大事故非常情所具智者了於心胷然後舉無遺算耳今天下之難二寇而已蜀雖險固方胡爲弱將欲除之先從易也今泝流萬里經歷天險彼或有備不必可克然蜀人自以斗絕一方恃其完固不修攻戰之具若以精卒一萬輕軍速進比彼聞之我已入其險要李勢君臣不過自力一戰擒之必矣論者恐大軍既西胡必闚覦此又似是而非何者胡聞萬里征伐以爲內有重備必不敢動縱復越逸江渚諸軍足以守境此無憂矣蜀土富實號稱天府昔諸葛武侯欲以抗衡中國今誠不能爲害然勢據上流易爲寇盜若襲而取之者有其人衆此國之大利也温從之使喬以江夏相領二千人爲軍鋒師次彭模去賊已近議者欲兩道並進以分賊勢喬曰今深入萬里置之死地士無反顧之心所謂人自爲戰者也今分爲兩軍軍力不一萬一偏敗則大事去矣不如全軍而進棄去釜甑齎三日糧勝可必矣温以爲然即一時俱進去成都十里與賊大戰前鋒失利喬軍亦退矢及馬首左右失色喬周麾而進聲氣愈厲遂大破之長驅至成都李勢既降勢將鄧定隗文以其屬反衆各萬餘温自擊定喬擊文破之進號龍驤將軍封湘西伯尋卒年三十六温甚悼惜之追贈益州刺史謚曰簡喬博學有文才注論語及詩并諸文筆皆行於世子方平嗣亦以軌素自立辟大司馬掾歷義興琅邪太守卒子山松嗣山松少有才名博學有文章著後漢書百篇矜情秀發善音樂舊歌有行路難曲辭頗疎質山松好之乃文其辭句婉其節制每因酣醉縱歌之聽者莫不流涕初羊曇善唱樂桓伊能挽歌及山松行路難繼之時人謂之三絕時張湛好於齋前種松柏而山松每出遊好令左右作挽歌人謂湛屋下陳尸山松道上行殯山松歷顯位爲吳郡太守孫恩作亂山松守滬瀆城城陷被害瓌弟猷字申甫少與瓌齊名代瓌爲呂令復相繼爲江都令由是俱渡江瓌爲丹陽猷爲武康兄弟列宰名邑論者美之歷位侍中衞尉卿猷孫宏見文苑傳瓌從祖準字孝尼以儒學知名注喪服經官至給事中準子冲字景元光祿勳冲子耽字彥道少有才氣俶儻不羈爲士類所稱桓温少時游于博徒資產俱盡尚有負進思自振之方莫知所出欲求濟於耽而耽在艱試以告焉耽略無難色遂變服懷布帽隨温與債主戲耽素有藝名債者聞之而不相識謂之曰卿當不辦作袁彥道也遂就局十萬一擲直上百萬耽投馬絕叫探布帽擲地曰竟識袁彥道不其通脫若此蘇峻之役王導引爲參軍隨導在石頭初路永匡術賈寧等皆峻心腹聞祖約奔敗懼事不立迭說峻誅大臣峻既不納永等慮必敗陰結於導導使耽潛說路永使歸順峻平封秭歸男拜建威將軍歷陽太守咸康初石虎游騎十餘匹至歷陽耽上列不言騎少時胡寇彊盛朝野危懼王導以宰輔之重請自討之既而賊騎不多又已退散導止不行朝廷以耽失於輕妄黜之尋復爲導從事中郎方加大任會卒時年二十五子質字道和自渙至質五世並以道素繼業惟其父耽以雄豪著及質又以孝行稱官歷琅邪內史東陽太守質子湛湛弟豹列在宋史

江逌字道載陳留圉人也曾祖蕤譙郡太守祖允蕪湖令父濟安東參軍逌少孤與從弟灌共居甚相友悌由是獲當時之譽避蘇峻之亂屏居臨海絕棄人事翦茅結宇耽翫載籍有終焉之志本州辟從事除佐著作郎並不就征北將軍蔡謨命爲參軍何充復引爲驃騎功曹以家貧求試守爲太末令縣界深山中有亾命數百家恃險爲阻前後守宰莫能平逌到官召其魁帥厚加撫接諭以禍福旬月之閒襁負而至朝廷嘉之州檄爲治中轉別駕遷吳令中軍將軍殷浩將謀北伐請爲諮議參軍浩甚重之遷長史浩方修復洛陽經營荒梗逌爲上佐甚有匡弼之益軍中書檄皆以委逌時羌及丁零叛浩軍震懼姚襄去浩十里結營以逼浩浩令逌擊之逌進兵至襄營謂將校曰今兵非不精而衆少於羌且其塹柵甚固難與校力吾當以計破之乃取數百雞以長繩連之繫火於足羣雞駭散飛集襄營襄營火發因其亂隨而擊之襄遂小敗及桓温奏廢浩佐吏逌遂免頃之除中書郎升平中遷吏部郎長兼侍中穆帝將修後池起闕道逌上疏諫之帝乃止復領本州大中正升平末遷太常逌累讓不許穆帝崩山陵將用寶器逌諫曰以宣皇顧命終制山陵不設明器以貽後則景帝奉遵遺制逮文明皇后崩武皇帝亦承前制無所施設惟脯糒之奠瓦器而已昔康皇帝元宮始用寶劒金舄此蓋太妃罔已之情實違先旨累世之法今外欲以爲故事臣請述先旨停此二物書奏從之哀帝以天文失度欲依尚書洪祀之制於太極前殿親執虔肅冀以免咎使太常集博士草其制逌上疏諫曰臣尋史漢舊事

藝文志劉向五行傳洪祀出於其中然自前代以來莫有用者又其文唯說爲祀而不載儀注此蓋久遠不行之事非常人所參校按漢儀天子所親之祠惟宗廟而已祭天於雲陽祭地於汾陰在於別宮遙拜不詣壇所其餘羣祀之所必在幽靜是以圜丘方澤列於郊野今若於承明之庭正殿之前設羣神之坐行躬親之禮準之舊典有乖常式臣聞妖眚之發所以鑒悟時主故寅畏上通則宋災退度德禮增修則殷道以隆此往代之成驗不易之定理頃者星辰頗有變異陛下祇戒之誠達於天人在予之懼忘寢與食仰虔元象俯凝庶政嘉祥之應實在今日而猶乾乾夕惕思廣茲道誠實聖懷殷勤之至然洪祀有書無儀不行於世詢訪時學莫識其禮且其文曰洪祀大祀也陽曰神陰曰靈舉國相率而行祀順四時之序無令過差今按文而言皆漫而無適不可得詳若不詳而修其失不小帝不納逌又上疏曰臣謹更思尋參之時事今彊戎據於關雍桀狄縱於河朔封豕四逸虔劉神州長旌不卷鐘鼓曰戒兵疲人困歲無休已人事弊於下則七曜錯於上災沴之作固其宜然又頃者以來無乃大異彼月之蝕義見詩人星辰莫同載於五行故洪範不以爲沴陛下今以不度之失同之六沴引其輕變方之重眚求已篤於禹湯憂勤踰乎日昃將修大祀以禮神祇傳曰外順天地時氣而祭其鬼神然則神必有號祀必有義按洪祀之文惟神靈大略而無所祭之名稱舉國行祀而無貴賤之阻有赤黍之盛而無牲體之奠儀法所用闕略非一若率文而行則舉義皆闕有所施補則不統其源漢侍中盧植時之達學受法不究則不敢厝心誠以五行深遠神道幽昧探賾之求難以常思錯綜之理不可一數臣非至精孰能與此帝猶勅撰定逌又陳古義帝乃止逌在職多所匡諫著阮籍序贊逸士箴及詩賦奏議數十篇行於世病卒時年五十八子蔚吳興太守逌從弟灌字道羣父脊尚書郎灌少知名才識亞于逌州辟主簿舉秀才爲治中轉別駕歷司徒屬北中郎長史領晉陵太守簡文帝引爲撫軍從事中郎後遷吏部郎時謝奕爲尚書銓敘不允灌每執正不從奕託以他事免之受黜無怨色頃之簡文帝又以爲撫軍司馬甚相賓禮遷御史中丞轉吳興太守灌性方正視權貴蔑如也爲大司馬桓溫所惡溫欲中傷之徵拜侍中以在郡時公事有失追免之後爲祕書監尋復解職時溫方執權朝廷希旨故灌積年不調溫末年以爲諮議參軍會溫薨遷尚書中護軍復出爲吳郡太守加秩中二千石未拜卒子績字仲元有志氣除祕書郎以父與謝氏不穆故謝安之世辟召無所從論者多之安薨始爲會稽王道子驃騎主簿多所規諫歷諮議參軍出爲南郡相會荆州刺史殷仲堪舉兵以應王恭仲堪要績與南蠻校尉殷覬同行並不從仲堪等屢以爲言績終不爲之屈覬慮績及禍乃於仲堪坐和解之績曰大丈夫何至以死相脅江仲元行年六十但未知獲死所一坐皆爲之懼仲堪憚其堅正以楊佺期代之朝廷聞而徵績爲御史中丞奏劾無所屈撓會稽世子元顯專政夜開六門績密啟會稽王道子欲以奏聞道子不許車允亦曰元顯驕縱宜禁制之道子默然元顯聞而謂眾曰江績車允間我父子遣人密讓之俄而績卒朝野悼之

車允字武子南平人也曾祖浚吳會稽太守父育郡主簿太守王胡之名知人見允於童幼之中謂允父曰此兒當大興卿門可使專學允恭勤不倦博覽多通家貧不常得油夏月則練囊盛數十螢火以照書以夜繼日焉及長風姿美劭機悟敏速甚有鄉曲之譽桓溫在荆州辟爲從事以辯識義理深重之引爲主簿稍遷別駕征西長史遂顯於朝廷時唯允與吳隱之以寒素博學知名于世又善於賞會當時每有盛坐而允不在皆云無車公不樂謝安遊集之日輒開筵待之寧康初以允爲中書侍郎關內侯孝武帝嘗講孝經僕射謝安侍坐尚書陸納侍講侍中卞耽執讀黃門侍郎謝石吏部侍郎袁宏執經允與丹陽尹王混擿句時論榮之累遷侍中太元中增置太學生百人以允領國子博士其後年議郊廟明堂之事允以明堂之制既甚難詳且樂主於和禮主於敬故質文不同音器亦殊既茅茨廣廈不一其度何必守其形範而不弘本順時乎九服咸寧四野無塵然後明堂辟雍可光而修之時從其議又遷驃騎長史太常進爵臨湘侯以疾去職俄爲護軍將軍時王國寶諂於會稽王道子諷八座啟以道子爲丞相加殊禮允曰此乃成王所以尊周公也今主上當陽非成王之地相王在位豈得爲周公乎望實二三並不宜耳必大忤上意乃稱疾不署其事疏奏帝大怒而甚嘉允隆安初爲吳興太守秩中二千石辭疾不拜加輔國將軍丹陽尹頃之遷吏部尚書元顯有過允與江績密言於道子將奏之事泄元顯逼令自裁俄而允卒朝廷傷之

殷覬字伯通陳郡人也祖融太常卿父康吳興太守覬性通率有才器少與從弟仲堪俱知名太元中以中書郎擢爲南蠻校尉涖職清名政績肅舉及仲堪得王恭

書將興內伐告覬欲同舉覬不平之曰夫人臣之義愼保所守朝廷是非宰輔之務豈藩屛之所圖也晉陽之事宜所不豫仲堪要之轉切覬怒曰吾進不敢同退不敢異仲堪甚以爲恨猶密諫仲堪辭甚切至仲堪既貴素情亦殊而志望無厭謂覬言爲非覬見江績亦以正直爲仲堪所斥知仲堪當逐異已樹置所親因出行散託疾不還仲堪聞其病出省之謂覬曰兄病殊爲可憂覬曰我病不過身死但汝病在滅門幸熟爲慮勿以我爲念也仲堪不從卒與楊佺期桓元同下覬遂以憂卒隆安中詔曰故南蠻校尉殷覬忠績未融奄焉隕喪可贈冠軍將軍弟仲文叔獻別有傳

王雅字茂達東海郯人魏衛將軍肅之曾孫也祖隆後將軍父景大鴻臚雅少知名州檄主簿舉秀才除郎中出補永興令以幹理著稱累遷尚書左右丞歷廷尉侍中左衛將軍丹陽尹領太子左衛率雅性好接下敬愼奉公孝武帝深加禮遇雖在外職侍見甚數朝廷大事多參謀議帝每置酒宴集雅未至不先舉觴其見重如此然任遇有過其才時人以佞幸目之帝起清暑殿於後宮開北上閤出華林園與美人張氏同遊止惟雅豫焉會稽王道子領太子太傅以雅爲太子少傅時王恂兒婚賓客車騎甚衆會聞雅拜少傅迴詣雅者過半時風俗頹弊無復廉恥少傅之任朝望屬珣珣亦頗以自許及中詔用雅衆遂赴雅將拜遇雨請以繖入王恂不許之因冒雨而拜雅既貴倖威權甚震門下車騎常數百而善應接傾心禮之帝以道子無社稷器幹慮晏駕之後皇室傾危乃選時望以爲藩屛將擢王恭殷仲堪等先以訪雅雅以恭等無當世之才不可大任乃從容曰王恭風神簡貴志氣方嚴既居外戚之重當負親賢之寄然其稟性峻隘無所苞容執自是之操無守節之志仲堪雖謹於細行以文義見稱亦無弘量且幹略不長若委以連率之重據形勢之險今四海無事足能守職若道不常隆必爲亂階矣帝以恭等爲當時秀望謂雅疾其勝已故不從二人皆被升用其後竟敗有識之士稱其知人遷領軍尚書散騎常侍方大崇進之將參副相之重而帝崩倉卒不復顧命雅素被優遇一旦失權而朝廷方亂內外攜離但愼默而已無所辯正雖在孝武世亦不能犯顏廷爭凡所謀議唯唯而已尋遷左僕射隆安四年卒時年六十七追贈光祿大夫儀同三司長子準之散騎侍郎次協之黃門次少卿侍中並有士操立名於世云

王恭字孝伯光祿大夫蘊子定皇后之兄也少有美譽清操過人自負材地高華恆有宰輔之望與王忱齊名友善慕劉惔之爲人謝安常曰王恭人地可以爲將來伯舅嘗從其父自會稽至都忱訪之見恭所坐六尺簟忱謂其有餘因求之恭輒以送焉遂坐薦上忱聞而大驚恭曰吾平生無長物其簡率如此起家爲佐著作郎歎曰仕宦不爲宰相才志何足以騁因以疾辭俄爲祕書丞轉中書郎未拜遭父喪服闋除吏部郎授建威將軍太元中代沈嘉爲丹陽尹遷中書令領太子詹事孝武帝以恭后兄深相欽重時陳郡袁悅以傾巧事會稽王道子恭言之於帝遂誅之道子常集朝士置酒於東府尚書令謝石因醉爲委巷之歌恭正色曰居端右之重集藩王之第而肆淫聲欲令羣下何所取則石深銜之淮陵內史虞珧子妻裴氏有服食之術常衣黃衣狀如天師道子甚悅之令與賓客談論時人皆爲降節恭抗言曰未聞宰相之坐有失行婦人坐賓莫不反側道子甚愧之其後帝將擢時望以爲藩屛乃以恭爲都督兗青冀幽并徐州晉陵諸軍事平北將軍兗青二州刺史假節鎭京口初都督以北爲號者累有不祥故桓冲王坦之刁彝之徒不受鎭北之號恭表讓軍號以超受爲辭而實惡其名於是改號前將軍慕容垂入青州恭遣偏師禦之失利降號輔國將軍及帝崩會稽王道子執政寵昵王國寶委以機權恭每正色直言道子深憚而忿之及赴山陵罷朝歎曰榱棟雖新便有黍離之歎矣時國寶從弟緒說國寶因恭入覲相王伏兵殺之國寶不許而道子亦欲輯和內外深布腹心於恭冀除舊惡恭多不順每言及時政輒厲聲色道子知恭不可和協王緒之說遂行於是國難始結或勸恭因入朝以兵誅國寶而庾楷黨於國寶士馬甚盛恭憚之不敢發遂還鎭臨別謂道子曰主上諒闇冢宰之任伊周之所難願大王親萬機納直言遠鄭聲放佞人辭色甚厲故國寶等愈懼以恭爲安北將軍不拜乃謀誅國寶遣使與殷仲堪桓元相結仲堪僞許之恭得書大喜乃抗表京師以誅國寶爲名表至內外戒嚴國寶及緒惶懼不知所爲用王珣計請解職道子收國寶賜死斬緒于市深謝愆失恭乃還京口恭之初抗表也慮事不捷乃版前司徒左長史王廞爲吳國內史令起兵於東會國寶死令廞解軍去職廞怒以兵伐恭恭遣劉牢之擊滅之上疏自貶詔不許譙王尙之復說道子以藩伯強盛宰相權弱宜多樹置以阻衞道子然之乃以其司馬王愉爲江州刺史割庾楷豫州四郡使愉督之由是楷怒道子

鴻說恭曰尙之兄弟專弄相權欲假朝威貶削方鎭懲警前事勢轉難測及其議未成宜早圖之恭以爲然復以謀告殷仲堪桓元元等從之推恭爲謀主尅期同赴京師時內外離阻津邏嚴急仲堪之信因庾楷達之以斜絹爲書內箭簳中合鏑漆之楷送於恭恭發書絹文角戾不復可識謂楷爲詐又料仲堪去年已不赴盟今無動理乃先期舉兵司馬劉牢之諫曰將軍今動以伯舅之重執忠貞之節相王以姬旦之尊時望所係昔年已戮寶緒送王廞書是深伏將軍也頃所授用雖非皆允未爲大失割庾楷四郡以配王愉於將軍何損晉陽之師其可再乎恭不從乃上表以討王愉司馬尙之兄弟爲辭朝廷使元顯及王恂謝琰等距之恭夢牢之坐其處旦謂牢之曰事克卽以卿爲北府遣牢之率帳下督顏延先據竹里元顯使說牢之啗以重利牢之乃斬顏延以降是日牢之遣其壻高雅之子敬宣因恭曜軍輕騎擊恭恭敗將還雅之已閉城門恭遂與弟履單騎奔曲阿恭久不騎乘髀生瘡不復能去曲阿人殷確恭故參軍也以船載之藏於葦席之下將奔桓元至長塘湖遇商人錢彊彊宿憾於確以告湖浦尉尉收之以送京師道子聞其將至欲出與語面折之而未之殺也時桓元等已至石頭懼其有變卽於建康之倪塘斬之恭五男及弟爽爽兄子祕書郎和及其黨孟璞張恪等皆殺之恭性抗直深存節義讀左傳至奉王命討不庭每輟卷而歎爲性不弘以闇於機會自在北府雖以簡惠爲政然自矜貴與下殊隔不閑用兵尤信佛道調役百姓修營佛事務在壯麗士庶怨嗟臨刑猶誦佛經自理鬚鬢神無懼容謂監刑者曰我闇於信人所以致此原其本心豈不忠於社稷但令百代之下知有王恭耳家無財帛唯書籍而已爲識者所傷恭美姿儀人多愛悅或目之云濯濯如春月柳嘗被鶴氅裘涉雪而行孟昶窺見之歎曰此眞神仙中人也初見執遇故吏戴耆之爲湖孰令恭私告曰我有庶兒未舉在乳母家卿爲我送寄桓南郡耆之遂送之於夏口桓元撫養之爲立喪庭弔祭焉及元執政上表理恭詔贈侍中太保謚曰忠簡爽贈太常和及子簡並通直散騎郞殷確散騎侍郞腰斬湖浦尉及錢彊等恭庶子曇亨義熙中爲給事中

庾楷征西將軍亮之孫會稽內史羲小子也初拜侍中代兄準爲西中郞將豫州刺史假節鎭歷陽隆安初進號左將軍時會稽王道子怵王恭殷仲堪等擅兵故出王愉爲江州督豫州四郡以爲形援楷上疏以江州非險塞之地而西府北帶寇戎不應使愉分督詔不許時楷懷恨使子鴻說王恭以譙王尙之兄弟復握機權勢過國寶恭亦素忌尙之遂連謀舉兵事在恭傳詔使尙之討楷楷遣汝南太守段方逆尙之戰于慈湖方大敗被殺楷奔于桓元及元等盟于柴桑連名上疏自理詔赦元等而不赦恭楷楷遂依元元用爲武昌太守楷後懼元必敗密遣使結會稽世子元顯若朝廷討元當爲內應及元得志楷以謀泄爲元所誅

劉牢之字道堅彭城人也曾祖羲以善射事武帝歷北地鴈門太守父建有武幹爲征虜將軍世以勇壯稱牢之面紫赤色鬚目驚人而沈毅多計畫太元初謝元北鎭廣陵時苻堅方盛元多募勁勇牢之與東海何謙瑯邪諸葛侃樂安高衡東平劉軌西河田洛晉陵孫無終等以驍猛應選元以牢之爲參軍領精銳爲前鋒百戰百勝號爲北府兵敵人畏之及堅將句難南侵元率何謙等距之牢之破難輜重於盱眙獲其運船遷鷹揚將軍廣陵相時車騎將軍桓冲擊襄陽宣城內史胡彬率衆向壽陽以爲冲聲援牢之領卒二千爲彬後繼淮肥之役苻堅遣其弟融及驍將張蚝攻陷壽陽謝元使彬與牢之距之師次硤石不敢進堅將梁成又以二萬人屯洛澗元遣牢之以精卒五千距之去賊十里成阻澗列陣牢之率參軍劉襲諸葛求等直進渡水臨陣斬成及其弟雲又分兵斷其歸津賊步騎崩潰爭赴淮水殺獲萬餘人盡收其器械堅尋亦大敗歸長安餘黨所在屯結牢之進平譙城使安豐太守戴寶戍之遷龍驤將軍彭城內史以功賜爵武岡縣男食邑五百戶牢之進屯鄄城討諸未服河南城堡承風歸順者甚衆時苻堅子丕據鄴爲慕容垂所逼請降牢之引兵救之垂聞軍至出新興城北走牢之與沛郡太守田次之追之行二百里至五橋澤中爭趣輜重稍亂爲垂所擊牢之敗績士卒殲焉牢之策馬跳五丈澗得脫會丕救至因入臨漳集亾散兵復少振牢之以軍敗徵還頃之復爲龍驤將軍守淮陰後進戍彭城復領太守妖賊劉黎僭尊號於皇邱牢之討滅之苻堅將張遇遣兵擊破金鄉圍太山太守羊邁牢之遣參軍向欽之擊走之會慕容垂叛將翟釗救遇牢之引還釗還牢之進平太山追釗於鄄城釗走河北因獲張遇以歸之彭城妖賊司馬徽聚衆黨馬頭山牢之遣參軍竺朗之討滅之時慕容氏掠廩邱高平太守徐含遠告急牢之不能救坐畏懦免及王恭將討王國寶引牢之爲府司馬領南彭城內史加輔國將軍恭使牢之討破王廞以牢之領晉陵太守恭本

以才地陵物及黻至京師朝廷戮國寶王緒自謂威德已著雖仗牢之爲爪牙但以行陣武將相遇禮之甚薄牢之負其才能深懷恥恨及恭之後舉元顯遣廬江太守高素說牢之使叛恭事成當卽其位號牢之許焉恭參軍何澹之以其謀告恭牢之與澹之有隙故恭疑而不納乃置酒請牢之於衆中拜牢之爲兄精兵利器悉以配之使爲前鋒行至竹里牢之背恭歸朝廷恭旣死遂代恭爲都督兗靑冀幽幷徐揚州晉陵軍事牢之本自小將一朝據恭位衆情不悅乃樹用腹心徐謙之等以自彊時楊佺期桓元將兵逼京師上表理王恭求誅牢之牢之率北府之衆馳赴京師次于新亭元等受詔退兵牢之還鎭京口及孫恩攻陷會稽牢之遣將桓寶率師救三吳復遣子敬宣爲寶後繼比至曲阿吳郡內史桓謙已棄郡走牢之乃率衆東討拜表輒行至吳與衞將軍謝琰擊賊屢勝殺傷甚衆徑臨浙江進拜前將軍都督吳郡諸軍事時謝琰屯烏程遣司馬高素助牢之牢之率衆軍濟浙江恩懼逃于海牢之還鎭恩復入會稽害謝琰牢之進號鎭北將軍都督會稽五郡率衆東征屯上虞分軍戍諸縣恩復攻破吳國殺內史袁山松牢之使參軍劉裕討之恩復入海頃之恩浮海奄至京口戰士十萬樓船千餘牢之在山陰使劉裕自海鹽赴難牢之率大衆而還裕兵不滿千人與賊戰破之恩聞牢之已還京口乃走郁州又爲敬宣劉裕等所破及恩死牢之威名轉振元興初朝廷將討桓元以牢之爲前鋒都督征西將軍領江州事元顯遣使以討元事諮牢之牢之以元少有雄名仗全楚之衆懼不能制又慮平元之後功蓋天下必不爲元顯所容深懷疑異不得已率北府文武屯洌洲桓元遣何穆說牢之曰自古亂世君臣相信者有燕昭樂毅元德孔明然皆勳業未卒而二主早世設使功成事遂未保二臣之禍也鄙語有之高鳥盡良弓藏狡兔殫獵犬烹故文種誅於句踐韓白戮於秦漢彼皆英雄霸王之主猶不敢信其功臣況凶愚凡庸之流乎自開闢以來戴震主之威挾不賞之功以見容於闇世者而誰至如管仲相齊雍齒侯漢則往往有之況君見與無射鉤屢逼之仇邪今君戰敗則傾宗戰勝亦覆族欲以安歸乎孰若翻然改圖保其富貴則身與金石等固名與天壤無窮孰若頭足異處身名俱滅爲天下笑哉唯君圖之牢之自謂握彊兵才能算略足以經綸江表時譙王尙之已敗人情轉阻乃頗納穆說遣使與元交通其甥何無忌與劉裕固諫之並不從俄令敬宣降元元大喜與敬宣置酒宴集陰謀誅之陳法書圖畫與敬宣共觀以安悅其志敬宣不之覺元佐吏目不相視而笑元顯旣敗元以牢之爲征東將軍會稽太守牢之歎曰始爾便奪我兵禍將至矣時元屯相府敬宣勸牢之襲元猶豫不決移屯班瀆將北奔廣陵相高雅之欲據江北以距元集衆大議參軍劉襲曰事不可者莫大於反而將軍往年反王兗州近日反司馬郞君今復欲反桓公一人而三反豈得立也語畢趨出佐吏多散走而敬宣先還京口拔其家失期不到牢之謂其爲劉襲所殺乃自縊而死俄而敬宣至不遑哭奔于高雅之將吏共殯斂牢之喪還丹徒元令斲棺斬首暴尸於市及劉裕建義追理牢之乃復本官敬宣列在宋史

殷仲堪陳郡人也祖融太常吏部尙書父師驃騎諮議參軍晉陵太守沙陽男仲堪能清言善屬文每云三日不讀道德論便覺舌本閒彊其談理與韓康伯齊名名士咸愛慕之調補佐著作郞冠軍謝元鎭京口請爲參軍除尙書郞不拜元以爲長史厚任遇之仲堪致書於元曰胡亾之後中原子女鬻於江東者不可勝數骨肉星離荼毒終年怨苦之氣感傷和理誠喪亂之常足以懲戒復非王澤廣潤愛育蒼生之意也當世大人旣慨然經略將以救其塗炭而使理至於此良可歎息願節下弘之以道德運之以神明隱心以及物垂理以禁暴使足踐晉境者必無懷感之心枯槁之類莫不同漸天潤仁義與干戈並運德心與功業俱隆實所期於明德也頃聞鈔掠所得多皆採梠饑人壯者欲以救子少者志在存親行者傾筐以顧念居者吁嗟以待延而一旦幽縶生離死絕求之於情可傷之甚昔孟孫獵而得麑使秦西以之歸其母隨而悲鳴不忍而放之孟孫赦其罪以傳其子禽獸猶不可離況於人乎夫飛鴞惡鳥也食桑葚猶懷好音雖曰戎狄其無情乎苟感之有物非難化也必使邊界無貪小利彊弱不得相陵德音一發必聲振沙漠二寇之黨將靡然向風何憂黃河之不濟函谷之不開哉元深然之領晉陵太守居郡禁產子不舉久喪不葬錄父母以質亾叛者所下條教甚有義理父病積年仲堪衣不解帶躬學醫術究其精妙執藥揮淚遂眇一目居喪哀毀以孝聞服闋孝武帝召爲太子中庶子甚相親愛仲堪父常患耳聰聞牀下蟻動謂之牛鬬帝素聞之而不知其人至是從容問仲堪曰患此者謂誰仲堪流涕而起曰臣進退惟谷帝有愧焉復領黃門郞寵任轉隆帝嘗示仲堪詩乃曰勿以已才而笑

不才帝以會稽王非社稷之臣擢所親幸以爲藩捍乃授仲堪都督荆益寧三州軍事振威將軍荆州刺史假節鎮江陵將之任又詔曰卿去有日使人酸然嘗謂永爲廊廟之寶而忽爲荆楚之珍良以慨恨其恩狎如此仲堪雖有英譽議者未以分陝許之旣受腹心之任居上流之重朝野屬想謂有異政及在州綱目不舉而好行小惠夷夏頗安附之先是仲堪遊於江濱見流棺接而葬焉旬日之閒門前之溝忽起爲岸其夕有人通仲堪自稱徐伯元云感君之惠無以報也仲堪因問門前之岸是何祥乎對曰水中有岸其名爲洲君將爲州言終而沒至是果臨荆州桂陽人黄欽生父沒已久詐服衰麻言迎父喪府曹先依律詐取父母卒棄市仲堪乃曰律詐取父母寧依毆詈法棄市原此之旨當有二親生存而横言死沒情事悖逆忍所不當故同之毆詈之科正以大辟之刑今欽生父實終殁墓在舊邦積年久遠方詐服迎喪以此爲大妄耳比之於父存而言亾相殊遠矣遂活之又以異姓相養禮律所不許子孫繼親族無後者唯令主其蒸嘗不聽別籍以避役也佐史咸服之時朝廷徵益州刺史郭銓犍爲太守卞苞於坐勸銓以蜀反仲堪斬之以聞朝廷以仲堪事不預察降號鷹揚將軍尚書下以益州所統梁州三郡人丁一千番戍漢中益州未肯承遣仲堪乃奏之曰夫制險分國各有攸宜劒閣之隘實蜀之關鍵巴西梓潼宕渠三郡去漢中遼遠在劒閣之內成敗與蜀爲一而統屬梁州蓋定鼎中華慮在後伏所以分斗絶之勢開荷戟之路自皇居南遷守在岷邛衿帶之形事異曩昔是以李勢初平割此三郡配隸益州將欲重複上流爲習坎之防事經英略歷年數紀梁州以統接曠遠求還三郡忘王侯設險之義背地勢內外之實盛陳事力之寡弱飾哀矜之苦言令華陽乂清汧隴順軌關中餘燼自相魚肉梁州以論求三郡益州以本統有定更相牽制莫知所從致令巴宕二郡爲羣獠所覆城邑空虛士庶流亾要害膏腴皆爲獠有今遠慮長規宜保全險塞又蠻獠熾盛兵力寡弱如遂經理乖繆號令不一則劒閣非我保醜類轉難制此乃藩扞之大機上流之至要昔三郡全實正差文武三百以助梁州今俘沒蠻獠十不遺二加逐食鳥散資生未立苟順符旨以副梁州恐公私困弊無以堪命則劒閣之守無擊柝之儲號令選用不專於益州處有監統之名而無制馭之實懼非分位之本旨經國之遠術謂今正可更加梁州文武五百合前爲一千五百自此之外一仍舊貫設梁州有急蜀當傾力救之書奏朝廷許焉桓元在南郡論四晧來儀漢庭失素履終吉之義以其文贈仲堪仲堪答書稱四公得出處之正元屈之仲堪自在荆州連年水旱百姓饑饉仲堪食常五椀盤無餘餚飯粒落席閒輒拾以噉之雖欲率物亦緣其性眞素也每語子弟云人物見我受任方州謂我豁平昔時意今吾處之不易貧者士之常焉得登枝而忘其本爾其存之其後蜀水大出漂浮江陵數千家以隄防不嚴復降爲寧遠將軍安帝即位進號冠軍將軍固讓不受初桓元將應王恭乃說仲堪推恭爲盟主共興晉陽之舉立桓文之功仲堪然之仲堪以王恭在京師去都不盈二百自荆州道遠連兵勢不相及乃僞許恭而實不欲下聞恭已誅國寶等始抗表興師遣龍驤將軍楊佺期次巴陵會稽王道子遺書止之仲堪乃還初桓元棄官歸國仲堪憚其才地深相交結元亦欲假其兵勢誘而悅之國寶之役仲堪旣納元之誘乃外結雍州刺史郗恢內要從兄南蠻校尉覬南郡相江績等恢覬績並不同之乃以佺期代績覬自遜位會王恭復與豫州刺史庾楷舉兵討江州刺史王愉及譙王尙之等仲堪因集議以爲朝廷去年自戮國寶王恭威名已震今其重舉勢無不克而我去年緩師已失信於彼今可整棹晨征參其霸功於是使佺期舟師五千爲前鋒桓元次之仲堪率兵二萬相繼而下佺期元至湓口王愉奔于臨川元遣偏軍追獲之佺期等進至橫江庾楷敗奔於元譙王尙之等退走尙之弟恢之所領水軍皆沒元等至石頭仲堪至蕪湖忽聞王恭已死劉牢之反恭領北府兵在新亭元等三軍失色無復固志迴師屯于蔡洲時朝廷新平恭楷且不測西方人心仲堪等擁衆數萬充斥郊畿內外憂逼元從兄脩告會稽王道子曰西軍可說而解也脩知情矣若許佺期以重利無不倒戈於仲堪者道子納之乃以元爲江州佺期爲雍州黜仲堪爲廣州以桓脩爲荆州遣仲堪叔父太常茂宣詔迴軍仲堪恚被貶退以王恭雖敗巳衆亦足以立事令元等急進軍元等喜於寵授並欲順朝命猶豫未決會仲堪弟遹爲佺期司馬夜奔仲堪說佺期受朝命納桓脩仲堪遑遽即於蕪湖南歸使徇於元等軍曰若不各散而歸大軍至江陵當悉戮餘口仲堪將劉系先領二千人隸于佺期輒率衆而歸元等大懼狼狽追仲堪至尋陽及之於是仲堪失職倚元爲援元等又資仲堪之兵雖互相疑阻亦不得異仲堪與佺期以子弟交質遂於尋陽結盟推元爲盟主臨壇歃血並不受詔申

理王恭求誅劉牢之譙王尙之等朝廷深憚之於是詔仲堪曰間以將軍憑寄失所朝野懷憂然旣往之事宜其兩忘用乃班師迴旆祗順朝旨所以改授方任蓋隨時之宜將軍大義誠感朕心今還復本位卽撫所鎭釋甲休兵則內外寧一故遣太常茂具宣乃懷仲堪等並奉詔各旋所鎭頃之桓元將討佺期先告仲堪云今當入沔討除佺期已頓兵江口若見與無貳可殺楊廣若其不然便當率兵入江仲堪乃執元兄偉遣從弟遹等水軍七千至西江口元使郭銓苻宏擊之遹等敗走元頓巴陵而館其穀元又破楊廣於夏口仲堪旣失巴陵之積又諸將皆敗江陵震駭城內大饑以胡麻爲廩仲堪召佺期佺期率衆赴之直濟江擊元爲元所敗走還襄陽仲堪出奔酇城爲元追兵所獲逼令自殺死于柞溪弟子道護參軍羅企生等並被殺仲堪少奉天師道又精心事神不吝財賄而怠行仁義嗇於周急及元來攻猶勤請禱然善取人情病者自爲診脈分藥而用計倚伏煩密少於鑒略以至於敗子簡之載喪下都葬于丹徒遂居墓側義旗建率私僮客隨義軍躡桓元元死簡之食其肉桓振之役義軍失利簡之沒陣弟曠之有父風仕至剡令

楊佺期弘農華陰人漢太尉震之後也曾祖準太常自震至準七世有名德祖林少有才望値亂沒胡父亮少仕僞朝後歸國終於梁州刺史以貞幹知名佺期沈勇果勁而兄廣及弟思平等皆彊獷麤暴自云門戶承籍江表莫比有以其門地比王珣者猶恚恨而時人以其晚過江婚宦失類每排抑之嘗慷慨切齒欲因事際以逞其志佺期少仕軍府咸康中率衆屯城固苻堅將潘猛距守康回壘佺期擊走之其衆悉降拜廣威將軍河南太守戍洛陽苻堅將竇衝率衆攻平陽太守張元熙於皇天塢佺期擊走之佺期自湖城入潼關累戰皆捷斬獲千計降九百餘家歸于洛陽進號龍驤將軍以疾改爲新野太守領建威司馬遷唐邑太守督石頭軍事以疾去職荆州刺史殷仲堪引爲司馬代江績爲南郡相仲堪與桓元舉衆應王恭庾楷仲堪素無戎略軍旅之事一委佺期兄弟以兵五千人爲前鋒與桓元相次而下至石頭恭死楷敗朝廷未測元軍乃以佺期代郗恢爲都督梁雍秦三州諸軍事雍州刺史仲堪元皆有遷換於是俱還尋陽結盟不奉詔俄而朝廷復仲堪本職乃各還鎭初元未奉詔欲自爲雍州以郗恢爲廣州恢懼元之來問於衆咸曰佺期來者誰不戮力若桓元來恐難與爲敵旣知佺期弋已乃謀於南陽太守閭丘美稱兵距守佺期慮事不濟乃聲言元來入沔而佺期爲前驅恢衆信之無復固志恢軍散請降佺期入府斬閭邱美放恢還都撫將士恤百姓繕脩城池簡練甲卒甚得人情佺期仲堪與桓元素不睦佺期屢欲相攻仲堪每抑止之元以是告執政求廣其所統朝廷亦欲成其釁隙故以桓偉爲南蠻校尉佺期內懷忿懼勒兵建牙聲云援洛欲與仲堪襲元仲堪雖外結佺期內疑其心苦止之又遣從弟遹屯北塞以駐之佺期勢不獨舉乃解兵隆安三年元遂舉兵討佺期先攻仲堪初仲堪得元書急召佺期佺期曰江陵無食當何以待敵可來見就其守襄陽仲堪自以保境全軍無緣棄城逆走憂佺期不赴乃紿之曰比來收集已有儲矣佺期信之乃率衆赴焉步騎八千精甲耀日旣至仲堪唯以飯餉其軍佺期大怒曰今茲敗矣乃不見仲堪時元在零田佺期與兄廣擊元元畏佺期之銳乃渡軍馬頭明日佺期率殷道護等精銳萬人乘艦出戰元距之不得進佺期乃率其麾下數十艦直濟江逕向元船俄而迴擊郭銓殆獲銓會元諸軍至佺期退走餘衆盡沒單馬奔襄陽元追軍至佺期與兄廣皆死之傳首京師梟於朱雀門弟思平從弟尙保孜敬俱逃于蠻劉裕起義始歸國歷位州郡孜敬爲人剽銳果於行事昔與佺期勸殷仲堪殺殷覬仲堪不從孜敬拔刃而起欲自出取之仲堪苦禁乃止及爲梁州刺史常怏怏不滿其志經襄陽見魯宗之侍衞皆佺期之舊也孜敬愈憤見於辭色宗之參軍劉千期於坐面折之因大發怒抽劒刺千期立死宗之表而斬之思平尙保後亦以罪誅楊氏遂滅

劉毅字希樂彭城沛人也曾祖距廣陵相叔父鎭左光祿大夫毅少有大志不脩家人產業仕爲州從事桓弘以爲中兵參軍屬桓元篡位毅與劉裕何無忌魏詠之等起義兵密謀討元毅討徐州刺史桓脩於京口青州刺史桓弘於廣陵裕率毅等至竹里元使其將皇甫敷吳甫之北距義軍遇之於江乘臨陣斬甫之進至羅落橋又斬敷首元大懼使桓謙何澹之屯覆舟山毅等軍至蔣山裕使羸弱登山多張旗幟元不之測益以危懼謙等士卒多北府人素慴伏裕莫敢出鬬裕與毅等分爲數隊進突謙陣皆殊死戰無不一當百時東北風急義軍放火烟塵張天鼓譟之音震駭京邑謙等諸軍一時奔散元旣西走裕以毅爲冠軍將軍青州刺史與何無忌劉道規躡元元逼帝及瑯邪王西上毅與道規及下邳太守孟懷玉等追及元戰于崢嶸洲毅乘風縱火

盡銳爭先元衆大潰燒輜重夜走元將郭銓劉雅等襲陷尋陽毅遣威武將軍劉懷肅討平之及元死桓振桓謙復聚衆距毅於靈溪元將馮該以兵會於振毅進擊爲振所敗退次尋陽坐免官尋原之劉裕命何無忌受毅節度無忌以督攝爲煩輒便解統毅疾無忌專擅免其琅邪內史以輔國將軍攝軍事無忌遂與毅不平毅惟自引咎時論韙之毅復與道規發尋陽桓亮自號江州刺史遣劉敬宣擊走之毅軍次夏口時振黨馮該戍大岸孟山圖據魯城桓山客守偃月壘衆合萬人連艦二岸水陸相援毅督衆軍進討未至夏口遇風飄沒千餘人毅與劉懷肅索邈等攻魯城道規攻偃月壘何無忌與檀祗列艦於中流以放越逸毅躬貫甲胄陵城半日而二壘俱潰生禽山客而馮該遁走毅進平巴陵以毅爲使持節兗州刺史將軍如故毅號令嚴整所經墟邑百姓安悅南陽太守魯宗之起義襲襄陽破桓蔚毅等諸軍次江陵之馬頭振擁乘輿出營江津宗之又破僞將桓楷振自擊宗之毅率無忌道規等諸軍破馮該於豫章口推鋒而進遂入江陵振聞城陷與謙北走乘輿反正毅執元黨卞範之羊僧壽夏侯崇之桓道恭等斬之桓振復與苻宏自鄖城襲陷江陵與劉懷肅相持毅部將擊振殺之幷斬僞輔國將軍桓珍毅又攻拔遷陵斬元太守劉叔祖於臨嶂其餘擁衆假號以十數皆討平之二州既平以毅爲輔軍將軍時刁預等作亂屯于湘中毅遣將分討皆滅之初毅丁憂在家及義旗初興遂墨絰從事至是軍役漸寧上表乞還京口以終喪禮不許詔以毅爲都督豫州揚州之淮南歷陽廬江安豐堂邑五郡諸軍事豫州刺史持節將軍常侍如故其本府文武悉令西屬以匡復功封南平郡開國公兼都督宣城軍事給鼓吹一部梁州刺史劉稚反毅遣將討擒之初桓元於南州起齋悉畫盤龍於其上號爲盤龍齋毅小字盤龍至是遂居之俄進拜衛將軍開府儀同三司及何無忌爲盧循所敗賊軍乘勝而進朝廷震駭毅具舟船討之將發而疾篤內外失色朝議欲奉乘輿北就中軍劉裕會毅疾瘳將率軍南征裕與毅書曰吾往與妖賊戰曉其變態今脩船垂畢將居前撲之克平之日上流之任皆以相委又遣毅從弟藩往止之毅大怒謂藩曰我以一時之功相推耳汝便謂我不及劉裕也投書於地遂以舟師二萬發姑孰徐道覆聞毅將至建鄴報盧循曰劉毅兵重成敗係此一戰宜併力距之循乃引兵發巴陵與道覆連旗而下毅次于桑落洲與賊戰敗績棄船以數百人步走餘衆皆爲賊所虜輜重盈積皆棄之毅走經涉蠻晉饑困死亾至者十二三參軍羊邃竭力營護之僅而獲免劉裕深慰勉之復其本職毅乃以邃爲諮議參軍及裕討循詔毅知內外留事毅以喪師乞解任降爲後將軍尋轉衛將軍開府儀同三司江州都督毅表求移鎮豫章朝廷許之時庾悅爲江州刺史詔解其任毅遂移鎮豫章遣其親將趙恢領千兵守尋陽俄進毅爲都督荆寧秦雍四州之河東河南廣平揚州之義城四郡諸軍事衛將軍開府儀同三司荆州刺史持節公如故毅表荆州編戶不盈十萬器械索然廣州雖凋殘猶出丹漆之用請依先準於是加督交廣二州毅至江陵乃輒取江州兵及豫州西府文武萬餘留而不遣又告疾困請藩爲副劉裕以毅貳于已乃奏之安帝下詔罪狀毅遂誅藩及尚書左僕射謝混以混黨於毅故也劉裕自率衆討毅命王弘王鎮惡蒯恩等率軍至豫章口於江津燔舟而進毅參軍朱顯之逢鎮惡以所統千人赴毅鎮惡等攻陷外城毅守內城精銳尙數千人戰至日昃鎮惡以裕書示城內毅怒不發書而焚之毅冀有外救督士卒力戰衆知裕至既暮鎮惡焚諸門齊力攻之毅衆乃散毅至北門單騎而走去江陵二十里而縊經宿居人以告乃斬于市子姪皆伏誅毅兄模奔於襄陽魯宗之斬送之毅剛猛沉斷而專肆狠愎與劉裕協成大業而功居其次深自矜伐不相推伏及居方岳常怏怏不得志裕每柔而順之毅驕縱滋甚每覽史籍至藺相如降屈於廉頗輒絕歎以爲不可能也嘗云恨不遇劉項與之爭中原又謂其將郗僧施曰昔劉備之有孔明猶魚之有水今吾與足下雖才非古賢而事同斯言衆咸惡其陵傲不遜及敗於桑落知物情去已彌復憤激初裕征盧循凱歸帝大宴於西池有詔賦詩毅詩云六國多雄士正始出風流自知武功不競故示文雅有餘也後於東府聚摴蒲大擲一判應至數百萬餘人並黑犢以還唯劉裕及毅在後毅次擲得雉大喜褰衣繞牀叫謂同座曰非不能盧不事此耳因挼五木久之曰老兄試爲卿答既而四子俱黑其一子轉躍未定裕厲聲喝之卽成盧焉毅意殊不快然素黑其面如鐵色焉而乃和其言曰亦知公不能以此見借既出西藩雖上流分陝而頓失內權又頗自嫌事計故欲擅其威彊伺隙圖裕以至於敗初江州刺史庾悅隆安中爲司徒長史曾至京口毅時甚屯窶先就府借東堂與親故出射而悅後與僚佐徑來詣堂毅告之曰毅輩屯否之人合一射甚難君於諸堂並可望

以今日見讓悅不許射者皆散惟毅留射如故既而悅食鵝毅求其餘悅又不答毅常銜之義熙中故奪悅豫章解其軍府使人微示其旨悅忿懼而死毅之褊躁如此毅兄邁字伯群少有才幹爲殷仲堪中兵參軍桓元之在江陵甚豪橫士庶畏之過於仲堪元曾於仲堪廳事前戲馬以矟擬仲堪邁時在坐謂元曰馬矟有餘精理不足元自以才雄冠世而心知外物不許之仲堪爲之失色元出仲堪謂邁曰卿乃狂人也元夜遣殺卿我豈能相救邁以正辭折仲堪而不以爲悔仲堪使邁下都避之元果令追之邁僅而免禍後元得志邁詣門稱謁元謂邁曰安知不死而敢相見邁對曰射鉤斬袪與邁爲三故知不死元甚喜以爲刑獄參軍後爲竟陵太守及毅與劉裕等同謀起義邁將應之事泄爲元所害

諸葛長民者瑯邪陽都人也有文武幹用然不持行檢無鄉曲之譽桓元引爲參軍平西軍事尋以貪刻免及劉裕建義與之定謀爲揚武將軍從裕討桓元以功拜輔國將軍宣城內史于時桓歆聚衆向歷陽長民擊走之又與劉敬宣破歆于芍陂封新淦縣公食邑二千五百戶以本官督淮北諸軍事鎭山陽義熙初慕容超寇下邳長民遣部將徐琰擊走之進位使持節都督青揚二州諸軍事青州刺史領晉陵太守鎭丹徒本號及公如故及何無忌爲徐道覆所害賊乘勝逼京師朝廷震駭長民率衆入衞京都因表曰妖賊伐船集木而南康相郭澄之隱蔽經年又深相保明屢欺無忌罪合斬刑詔原澄之及盧循之敗劉毅也循與徐道覆連旗而下京師危懼長民勸劉裕權移天子過江裕不聽令長民與劉毅屯于北陵以備石頭事平轉督豫州揚州之六郡諸軍事豫州刺史領淮南太守及裕討毅以長民監太尉留府事詔以甲仗五十人入殿長民驕縱貪侈不郵政事多聚珍寶美色營建第宅不知紀極所在殘虐爲百姓所苦自以多行無禮恒懼國憲及劉毅被誅長民謂所親曰昔年醢彭越前年殺韓信禍其至矣謀欲爲亂問劉穆之曰人間論者謂太尉與我不平其故何也穆之曰相公西征老母弱弟委之將軍何謂不平長民弟黎民輕狡好利因勸之曰黥彭異體而勢不偏全劉毅之誅亦諸葛氏之懼可因裕未還以圖之長民猶豫未發既而歎曰貧賤常思富貴富貴必履危機今日欲爲丹徒布衣豈可得也裕深疑之駱驛繼遣輜重兼行而下前尅至日百司於道候之輒差其期既而輕舟逕進潛入東府明旦長民聞之驚而至門裕伏壯士丁旿於幔中引長民進語素所未盡皆說焉長民悅旿自後拉而殺之輿尸付廷尉使收黎民黎民驍勇絕人與捕者苦戰而死小弟幼民爲大司馬參軍逃于山中追禽戮之諸葛氏之誅也士庶咸恨正刑之晚若釋桎梏焉初長民富貴之後常一月中輒十數夜眠中驚起跳踉如與人相打毛脩之常與同宿見之駭愕問其故長民曰正見一物甚黑而有毛腳不分明奇健非我無以制之其後來轉數屋中柱及椽桷間悉見有蛇頭令人以刀懸斫應刃隱藏去輒復出又擣衣杵相與語如人聲不可解於壁見有巨手長七八尺臂大數圍令斫之豁然不見未幾伏誅

何無忌東海郯人也少有大志忠亮任氣人有不稱其心者轉形於言色州辟從事轉太學博士鎭北將軍劉牢之卽其舅也時鎭京口每有大事常與參議之會稽世子元顯子彥章封東海王以無忌爲國中尉加廣武將軍及桓元害彥章於市無忌入市慟哭而出時人義焉隨牢之南征桓元牢之將降於元也無忌屢諫辭旨甚切牢之不從及元纂位無忌與元吏部郎曹靖之有舊請位小縣靖之白元元不許無忌乃還京口初劉裕常爲牢之參軍與無忌素相親結至是因密共圖元劉毅家在京口與無忌素善言及興復之事無忌曰桓氏彊盛其可圖乎毅曰天下自有彊弱雖彊易弱正患事主難得耳無忌曰天下草澤之中非無英雄也毅曰所見唯劉下邳無忌笑而不答還以告裕因共要毅與相推結遂與舉義兵襲京口無忌僞著傳詔服稱勅使城中無敢動者初桓元聞裕等及無忌之起兵也甚懼其黨曰劉裕烏合之衆勢必無成願不以爲慮元曰劉裕勇冠三軍當今無敵劉毅家無儋石之儲樗蒲一擲百萬何無忌劉牢之之甥酷似其舅其舉大事何謂無成其見憚如此及元敗走武陵王遵承制以無忌爲輔國將軍瑯邪內史以會稽王道子所部精兵悉配之南追桓元與振武將軍劉道規俱受冠軍將軍劉毅節度元留其龍驤將軍何澹之前將軍郭銓江州刺史郭昶之守湓口無忌等次桑落洲澹之等率軍來戰澹之常所乘舫旌旗甚盛無忌曰賊帥必不居此欲詐我耳宜亟攻之衆咸曰澹之不在其中其徒得之無益無忌謂道規曰今衆寡不敵戰無全勝澹之雖不居此舫取則易獲因縱兵騰之可一鼓而敗也遂獲賊舫因傳呼曰已得何澹之矣賊中驚擾無忌之衆亦謂爲然道規乘勝逕進無忌又鼓譟赴之澹之遂潰進據尋陽遣使奉送宗廟主祏及武康公主瑯邪王妃還京都又與毅道規

破走元於崢嶸洲無忌進據巴陵元從兄謙從子振乘間陷江陵無忌道規進攻謙於馬頭攻桓蔚於龍泉皆破之既而爲桓振所敗退還尋陽無忌與毅道規復進討振克夏口三城遂平巴陵進次馬頭桓謙請割荆江二州奉送天子無忌不許進軍破江陵謙等敗走無忌侍衞安帝還京師以無忌督豫州揚州淮南廬江安豐歴陽堂邑五郡軍事右將軍豫州刺史加節甲仗五十人入殿未之職還會稽內史督江東五郡軍事持節將軍如故給鼓吹一部義熙二年遷都督江荆二州江夏隨義陽綏安豫州西陽新蔡汝南潁川八郡軍事江州刺史將軍持節如故以興復之功封安城郡開國公食邑三千戸增督司州之弘農揚州之松滋加散騎侍郎進鎮南將軍盧循遣將徐道覆順流而下舟艦皆重樓無忌將率衆拒之長史鄧潛之諫曰今以神武之師抗彼逆衆迴山壓卵未足爲譬然國家之計在此一舉聞其舟艦大盛勢居上流蜂蠆之毒邾魯成鑒宜決破南塘守二城以待之其必不敢捨我遠下蓄力以俟其疲老然後擊之若棄萬全之長策而決成敗於一戰如其失利悔無及矣無忌不從遂以舟師拒之既及賊令彊弩數百登西岸小山以邀射之而薄于山側俄而西風暴起無忌所乘小艦被飄東岸賊乘風以大艦逼之衆遂奔敗無忌尚厲聲曰取我蘇武節來節至乃躬執以督戰賊衆雲集登艦者數十人無忌辭色無撓遂握節死之詔書傷悼贈侍中司空謚曰忠肅子邕嗣初桓元克京邑劉裕東征無忌密至裕軍所潛謀舉義勸裕於山陰起兵裕以元大逆未彰恐在遠舉事克濟爲難若元遂竊天位然後於京口圖之事未晚也無忌乃還及義師之舉參贊大勳皆以算略攻取爲效而此舉敗於輕脫朝野痛之

檀憑之字慶子高平人也少有志力閨門邕肅爲世所稱從兄子韶兄弟五人皆稚弱而孤憑之撫養若己所生初爲會稽王驃騎行參軍轉桓脩長流參軍領東莞太守加寧遠將軍與劉裕有州閭之舊又數同東討情好甚密義旗之建憑之與劉毅俱以私艱墨絰而赴雖才望居毅之後而官次及威聲過之故裕以爲建武將軍裕將舉義也嘗與何無忌魏詠之同會憑之所會善相者晉陵韋叟見憑之大驚曰卿有急兵之厄其候不過三四日耳宜深藏以避之不可輕出及桓元將皇甫敷之至羅落橋也憑之與裕各領一隊而戰軍敗爲敷軍所害贈冀州刺史義熙初詔加贈散騎常侍本官如故追封曲阿縣公邑三千戸

魏詠之字長道任城人也家世貧素而躬耕爲事好學不倦生而兎缺有善相者謂之曰卿當富貴年十八聞荆州刺史殷仲堪帳下有名醫能療之貧無行裝謂家人曰殘醜如此何用活爲遂齎數斛米西上以投仲堪既至造門自通仲堪與語嘉其盛意召醫視之醫曰可割而補之但須百日進粥不得語笑詠之曰半生不語而有半生亦當療之況百日邪仲堪於是處之別屋令醫善療之詠之遂閉口不言唯食薄粥其厲志如此及差仲堪厚資遣之初爲州主簿嘗見桓元既出元鄙其精神不儁謂坐客曰庸神而宅偉幹不成令器竟不調而遣之詠之早與劉裕遊款及元簒位協贊義謀元敗授建威將軍豫州刺史桓欽寇歴陽詠之率衆擊走之義熙初進征虜將軍吳國內史尋轉荆州刺史持節都督六州領南蠻校尉詠之初在布衣不以貧賤爲恥及居顯位亦不以富貴驕人始爲殷仲堪之客未幾竟踐其位論者稱之尋卒于官詔贈太常加散騎常侍其後錄其贊義之功追封江陵縣公食邑二千五百戸謚曰桓弟順之至瑯邪內史

通志卷一百二十九下

通志卷一百三十

宋右迪功郎鄭樵漁仲撰

列傳第四十三

晉

王敦（沈充） 桓温（孟嘉） 桓元（卞範之 殷仲文） 王彌 張昌 陳敏
王如 杜曾 杜弢 王機 祖約 蘇峻
孫恩 盧循（徐道覆） 譙縱

王敦字處仲司徒導之從父兄也父基治書侍御史敦少有奇人之目尚武帝女襄城公主拜駙馬都尉除大子舍人時王愷石崇以豪侈相尚愷嘗置酒敦與導俱在坐有女伎吹笛小失聲韻愷便敺殺之一坐改容敦神色自若他日又造愷愷使美人行酒以客飲不盡輒殺之酒至敦導所敦故不肯持美人悲懼失色而敦傲然不視導素不能飲恐行酒者得罪遂勉彊盡觴導還歎曰處仲若當世心懷剛忍非令終也洗馬潘滔見敦而目之曰處仲蜂目已露而豺聲未振若不噬人亦當為人所噬及太子遷許昌詔東宮官屬不得送敦及洗馬江統潘滔舍人杜㽦魯瑤等冒禁於路側望拜流涕時論稱之遷給事黄門侍郎趙王倫篡位敦叔父彦為兖州刺史倫遣敦慰勞之會諸王起義彦被齊王冏檄懼倫兵彊不敢應命敦勸彦起兵應諸王故彦遂立勳績惠帝反正敦遷散騎常侍左衛將軍大鴻臚侍中出除廣武將軍靑州刺史永嘉初徵為中書監于時天下大亂敦悉以公主時侍婢百餘人配給將士金銀寶物散之於衆單車還洛東海王越自滎陽來朝敦謂所親曰今威權悉在太傅而選用表請尚書猶以舊制裁之太傅今至必有誅罰俄而越收中書令繆播等十餘人殺之越以敦為揚州刺史潘滔說越曰今樹處仲於江外使其肆豪彊之心是見賊也越不從其後徵拜尚書不就元帝召為安東軍諮祭酒會揚州刺史劉陶卒帝復以敦為揚州刺史加廣武將軍尋進左將軍都督征討諸軍事假節帝初鎮江東威名未著敦與從弟導等同心翼戴以隆中興時人為之語曰王與馬共天下尋與甘卓等討江州刺史華軼斬之蜀賊杜弢等作亂荆州刺史周顗退走敦遣武昌太守陶侃豫章太守周訪等討弢而敦進住豫章為諸軍繼援及侃破弢敦上侃為荆州刺史既而侃為弢將杜曾所敗敦以處分失所自貶為廣武將軍帝不許侃之滅弢也敦以元帥進鎮東大將軍開府儀同三司加都督江揚荆湘交廣六州諸軍事江州刺史封漢安侯敦始自選置兼統州郡焉頃之杜弢將杜弘南走廣州求討桂林賊自效敦許之陶侃距弘不得進乃詣零陵太守尹奉降奉送弘與敦敦以為將遂見寵待南康人何欽所居險固聚黨數千人敦就加四品將軍於是專擅之迹漸彰矣建武初又遷征南大將軍開府如故中興建拜侍中大將軍江州牧遣部將朱軌趙誘伐杜曾為曾所殺敦自貶免侍中并辭牧不拜尋加荆州牧敦上疏曰昔漢祖以神武革命開建帝業繼以文帝之賢纂承洪緒清虚元默擬跡成康賈誼歎息以為天下倒懸雖言有抑揚不失事體今聖朝肇建漸振宏綱往段匹磾遣使求效忠節尚未有勞便以方州與之今靳明等為國雪恥欲除大逆此之志望皆欲附翼天飛雖功大宜報亦宜有以裁之當杜漸防萌愼之在始中間不逞互生事變皆非忠義率以一朝之榮天下漸弊實由於此春秋之時天子微弱諸侯奢侈晉文恩崇周室至有求隧之請襄王譲之以禮聞義而服自爾諸侯莫敢越度臣謂前者賊寇未殄苟以濟事朝廷諸所加授頗多爵位兼重今自臣以下宜皆除之且以塞羣小矜功之望夷狄無厭之求若復遷延顧望流俗使姦狡生心遂相怨謗指擿朝廷譏誚蜂起臣有以知陛下無以正之此安危之機天下之望臣門戶特受榮任備兼權重渥恩偏隆寵過公族行路厮賤猶謂不可臣獨何心可以安之臣一宗誤陛下傾覆亦將尋至雖復灰身剖心陛下追悔將何所及伏願諒臣至款及今際會小解散之並授賢儁少慰有識各得盡其所懷則人思競勸矣州牧之號所不敢當輒送所假侍中貂蟬又宜并官省職以塞羣小覬覦之望帝優詔不許又固辭州牧聽為刺史時劉隗用事頗疎閒王氏導等甚不平之敦上疏曰導昔蒙殊寵委以事機處已求當竭誠奉國遂藉恩私居輔政之重帝王體遠事義不同雖皇極初建道教方闡惟新之美猶有所闕臣每慊慨於遐遠愧憤於門宗是以前後表疏何嘗不寄言及此陛下未能少垂顧眄暢臣微懷云導頃見疎外所陳如昨而其萌已著其為咎責豈惟導身而已羣從所蒙並過才分導誠不能自量陛下亦愛忘其短常人近情恃恩昧進獨犯龍鱗迷不自了臣竊所自憂慮未詳所由惶愧踧踖情如灰土天下事大盡理實難導雖凡近未有穢濁之累既往之勳疇昔之顧情好綢繆足以厲薄俗明君臣合德義同古賢昔臣親受嘉命云吾與卿及茂弘當管鮑之交臣忝外任漸冉十載訓誘之誨日有所忘至於斯命銘之於心竊猶眷眷謂前恩不得一朝而盡伏惟陛下聖哲日新廣延俊乂臨之以

政齊之以禮頃者令導內綜機密出錄尚書杖節京師并統六軍旣爲刺史兼居重號殊非人臣之體流俗好評必有譏謗宜省錄尚書杖節及都督且王佐之器當得宏達遠識高正明斷道德優備者以臣闇識未見其才然於見人未踰於導加輔翼積年實盡心力霸王之主何嘗不任賢使能共相終始管仲有三歸反坫之譏子犯有臨河要君之責蕭何周勃得罪囹圄然終爲良佐以導之才何能無失當令任不過分役其所長以功補過要之將來導性愼密尤能忍事善於斟酌有文章才義動靜顧問起予聖懷外無過寵公私得所今皇祚肇建八表承風聖恩不終則遐邇失望天下荒弊人心易動物聽一移將致疑惑臣非敢苟私親親惟欲忠於社稷表至導封以還敦敦復遣奏之初敦務自矯厲雅尚淸談口不言財色旣素有重名又立大功於江左專任閫外手控彊兵羣從貴顯威權莫貳遂欲專制朝廷有問鼎之心帝畏而惡之遂引劉隗刁協等以爲心膂敦益不能平於是嫌隙始構矣每酒後輒詠魏武帝樂府歌曰老驥伏櫪志在千里烈士暮年壯心不已以如意打唾壺爲節壺邊盡缺及湘州刺史甘卓遷梁州敦欲以從事中郎陳頒代卓帝不從更以譙王承鎭湘州敦復上表陳古今忠臣見疑於君而蒼蠅之人交構其間欲以感動天子帝愈忌憚之俄加敦羽葆鼓吹增從事中郎掾屬舍人各二人帝以劉隗爲鎭北將軍戴若思爲征西將軍悉發揚州奴爲兵外以討胡實禦敦也永昌元年敦率衆內向以誅隗爲名上疏曰劉隗前在門下邪佞諂媚譖毀忠良疑惑聖聽遂居權寵撓亂天機威福自由有識杜口大起事役勞擾士庶外託舉義內自封植奢僭過制乃以黃散爲參軍晉魏已來未有此比傾盡帑藏以自資奉賦役不均百姓嗟怨免良人奴自爲惠澤自可使其大田以充倉廩今便割配皆充隗軍臣前求迎諸將妻息聖恩聽許而隗絕之使三軍之士莫不怨憤又徐州流人辛苦經載家計始立隗悉驅逼以實己府當陛下踐阼之始投刺王官本以非常之慶使豫蒙榮分而更充征役復依舊名普取出客從來久遠經涉年載或死亡滅絕或自贖得免或見放遣或父兄時事身所不及有所不得輒罪本主百姓哀憤怨聲盈路身欲北渡以遠朝廷爲名而密知機要潛行險慝進人退士高下任心姦狡饕餮未有隗比雖無忌宰嚭弘恭石顯未足爲喻是以遐邇憤慨羣后失望臣備位宰輔與國存亡誠乏平勃濟時之畧然自忘駑駘志存社稷豈忍坐視成敗以虧聖美事不獲已今輒進軍同討姦孽願陛下深垂省察速斬隗首則衆望厭服皇祚復隆隗首朝懸諸軍夕退昔太甲不能遵明湯典顚覆厥度幸納伊尹之勳殷道復昌漢武雄畧亦惑江充讒佞邪說至乃父子相屠流血丹地終能剋悟不失大綱今日之事有逾於此願陛下深垂三思諮詢善道則四海乂安社稷永固矣又曰陛下昔鎭揚州虛心下士優賢任能寬以得衆故君子盡心小人畢力臣以闇蔽豫奉徽猷是以遐邇望風有識自竭王業遂隆四海延頸咸望太平自從信隗以來刑罰不中街談巷議皆云如吳之將亡聞之惶惑精魂飛散不覺胷臆摧破泣血橫流陛下當全祖宗之業存神器之重察臣前後所啟奈何棄忽忠言遂信奸佞誰不痛心願出臣表諮之朝臣介石之機不俟終日令諸軍早還不至虛擾敦黨吳興人沈充起兵應敦敦至蕪湖又上表罪狀刁協帝大怒下詔曰王敦憑恃寵靈敢肆狂逆方朕太甲欲見幽囚是可忍也孰不可忍也今親帥六軍以誅大逆有殺敦者封五千戶侯召戴若思劉隗並會京師敦兄含時爲光祿勳叛奔于敦敦至石頭欲攻劉隗其將杜弘曰劉隗死士衆多未易可尅不如攻石頭周札少恩兵不爲用攻之必敗札敗則隗自走敦從之札果開城門納弘諸將與敦戰王師敗績敦入石頭擁兵不朝放肆兵士劫掠內外宮省奔散惟有侍中二人侍帝帝脫戎衣著朝服顧而言曰欲得我處但當早道我自還瑯邪何至困百姓如此敦收周顗戴若思害之以敦爲丞相江州牧進爵武昌郡公邑萬戶使太常荀崧就拜又加羽葆鼓吹並僞讓不受還屯武昌多害忠良寵樹親戚以兄含爲衛將軍都督沔南軍事領南蠻校尉荊州刺史以義陽太守任愔督沔北諸軍事南中郎將敦又自督寧益二州及帝崩太寧元年敦諷朝廷徵己明帝乃手詔徵之語在明帝紀又使兼太常應詹拜授加黃鉞班劒虎賁二十人奏事不名入朝不趨劒履上殿敦移鎭姑孰帝使侍中阮孚齎牛酒犒勞敦稱疾不見使主簿受詔以王導爲司徒敦自爲揚州牧敦旣得志暴慢愈甚四方貢獻多入己府將帥岳牧悉出其門徙含爲征東將軍都督揚州江西諸軍事從弟舒爲荊州彬爲江州邃爲徐州含字處弘凶頑剛暴時所不齒以敦貴重故歷顯位敦以沈充錢鳳爲謀主諸葛瑤鄧嶽周撫李恆謝雍爲爪牙充等並凶險驕恣共相驅扇殺戮自己又大起營府侵人田宅發掘古墓剽掠市道士庶解體咸知其禍敗焉敦從弟豫章太守稜日夜切諫敦怒

陰殺之敦無子養含子應及敦病甚拜應爲武衛將軍以自副錢鳳謂敦曰脫其不諱便當以後事付應敦曰非常之事豈常人所能且應年少安可當大事我死之後莫若解眾放兵歸身朝廷保全門戶此計之上也退還武昌收兵自守貢獻不廢亦中計也及吾尚存悉眾而下萬一僥倖計之下也鳳謂其黨曰公之下計乃上策也遂與沈充定謀須敦死後作難敦又忌周札殺之而盡滅其族常從督冉曾公乘雄等元帝腹心敦又害之以宿衛尚多奏令三番休二及敦病篤詔遣侍中陳晷散騎常侍虞駿問疾時帝將討敦微服至蕪湖察其營壘又屢遣大臣訊問其起居遷含驃騎大將軍開府儀同三司含子瑜散騎常侍敦以溫嶠爲丹陽尹欲使覘伺朝廷嶠至具言敦密謀帝欲討之知其爲物情所畏服乃僞言敦死於是下詔曰先帝以聖德應運創業江東司徒導首居心膂以道翼讚故大將軍敦參處股肱或內或外夾輔之勳與有力焉階緣際會遂據上宰杖節專征委以五州刁協劉隗立朝不允敦抗義致討情希鬻拳兵雖犯順猶嘉乃誠禮秩優崇人臣無貳事解之後劫掠城邑放恣兵人侵及宮省背違赦信誅戮大臣縱凶極逆不朝而退六合阻心人情同憤先帝含垢忍恥容而不責委任如舊禮秩有加朕以不天尋丁酷罰煢煢在疚哀悼靡寄而敦曾無臣子追遠之誠又無輔孤同獎之操繕甲聚兵盛夏來至輒以天官假授私屬將以威脅朝廷傾危宗社朕愍其狂戾冀其覺悟故且含忍以觀其終而敦矜其不義之强有侮弱朝廷之志棄親用羈背賢任惡錢鳳豎子專爲謀主逞其凶慝誣罔忠良周嵩亮直讜言致禍周札周莚累世忠義聽受讒構殘夷其宗秦人之酷刑不過五族之誅戮傍濫無辜滅人之族莫知其罪天下駭心道路以目神怒人怨篤疾所嬰昏荒悖逆日以滋甚輒立兄息以自承代多樹私黨莫非同惡未有宰相繼體而不由王命者也頑凶相獎無所顧忌擅錄冶工輒割運漕志騁凶醜以闚神器社稷之危匪夕則旦天不長姦敦以隕斃鳳承凶宄彌復煽逆是可忍也孰不可忍也今遣司徒導鎮南將軍丹陽尹嶠建威將軍趙允虎旅三萬十道並進平西將軍邃率兗州刺史遐奮武將軍峻奮武將軍瞻精銳三萬水陸齊勢朕親御六軍左衛將軍亮右衛將軍允護軍將軍詹領軍將軍瞻中軍將軍壼驍騎將軍艾驃騎將軍南頓王宗鎮軍將軍汝南王祐太宰西陽王羕被練三千組甲三萬總統諸軍討鳳之罪罪止一人朕不濫刑有能殺鳳送首封五千戶侯賞布五千疋冠軍將軍鄧嶽志氣平厚識經邪正前將軍周撫質性詳簡義誠素著功臣之胄情義兼常往年從敦情節不展畏逼首領不得相違論其乃心無貳王室朕嘉其誠方任之以事其餘文武諸爲敦所授用者一無所問刺史二千石不得輒離所職書到奉承自求多福無或猜嫌以取誅滅敦之將士從敦彌年怨曠日久或父母隕沒或妻子喪亡不得奔赴銜哀從役朕甚愍之希不悽愴其單丁在軍無有兼重者皆遣歸家終身不調其餘皆假三年休訖還臺當與宿衛同例三番明承詔書朕不負信又詔曰敢有捨王敦姓名而稱大將軍者軍法從事敦病轉篤不能御眾使錢鳳鄧嶽周撫等率眾三萬向京師含謂敦曰此家事吾便當行乃以含爲元帥鳳等問敦曰事尅之日天子云何敦曰尚未南郊何得稱天子便盡卿兵執保護東海王及裴妃而已乃上疏罪狀溫嶠以誅姦臣爲名含至江寧司徒導遺含書曰近承大將軍困篤綿綿或云已有不諱悲怛之情不能自勝尋知錢鳳大嚴欲肆姦逆朝士忿憤莫不扼腕去月二十三日得征北告劉遐陶瞻蘇峻等深懷憂慮不謀同辭都邑大小及二宮宿衛咸懼有往年之掠不復保其妻孥是以聖主發赫斯之命具如檄旨近有嘉詔崇兄八命望兄奬群賢忠義之心抑姦細不逞之計當還武昌盡力藩任卒奉來告乃承與犬羊俱下雖當遇迫猶以罔然兄立身率素見信於門宗年踰耳順位極人臣仲玉安期亦不足作佳少年本來門戶良可惜也兄之此舉謂可得如大將軍昔年之事乎昔年佞臣亂朝人懷不寧如導之徒心思外濟今則不然大將軍來屯于湖漸失人心君子危怖百姓勞弊將終之日委重安期安期斷乳來幾日又於時望便可襲宰相之迹邪自開闢以來頗有宰相孺子者不諸有耳者皆謂是將禪代意非人臣之事也先帝中興遺愛在人聖主聰明德洽朝野思與賢哲弘濟艱難不北面而執臣節乃私相樹建肆行威福凡在人臣誰不憤歎此直錢鳳不良之心聞於遠近自知無全遂唱姦逆至如鄧伯山周道和恆有好情往來人士咸皆明之方欲委任與共勠力非徒無慮而已也導門戶大小受國厚恩兄弟顯寵可謂隆矣導雖不武情在寧國今日之事明目張膽爲六軍之首寧忠國而死不無賴而生矣但恨大將軍桓文之勳不遂而兄一旦爲逆節之臣負先人平素之志既沒之日何顏見諸父於黃泉謁先帝於地下邪執省來告爲兄羞之且悲且慚願速建大計惟取錢鳳一人

使天下獲安家國有福故是竹素之事非惟免禍而已夫福如反手用之即是導所統六軍石頭萬五千人宮內後苑二萬人護軍屯金城六千人劉遐已至征北昨已濟江萬五千人以天子之威文武畢力豈可當乎事猶可追兄早思之大兵一奮導以爲灼怛也含不答帝遣中軍司馬曹渾等擊含于越城含軍敗敦聞怒曰我兄老婢耳門戶衰矣兄弟才兼文武者世將處季皆早死今世事去矣語參軍呂寶曰我當力行因作勢而起困乏復臥鳳等至京師屯于水南帝親率六軍以禦鳳頻戰破之敦謂羊鑒及子應曰我亡後應便即位先立朝廷百官然後乃營葬事初敦始病夢白犬自天而下嚙之又見刁協乘軺車導從瞋目令左右執之俄而敦死時年五十九應祕不發喪裹尸以席蠟塗其外埋於廳事中與諸葛瑤等常縱酒淫樂沈充自吳帥眾萬餘人至與含等合充司馬顧颺說充曰今舉大事而天子已扼其喉情離眾沮鋒摧勢挫持疑猶豫必至禍敗今若決破柵塘因湖水灌京邑肆舟艦之勢極水軍之用此所謂不戰而屈人之兵上策也藉初至之銳并東南眾軍之力十道俱進眾寡過倍理必摧陷中策也轉禍爲福因敗爲成召錢鳳計事因斬之以降下策也充不能用颺逃歸于吳含復率眾渡淮蘇峻等逆擊大敗之充亦燒營而退既而周光斬錢鳳吳儒斬沈充並傳首京師有司議曰王敦滔天作逆有無君之心宜依崔杼王淩故事剖棺戮屍以彰元惡於是發瘞出尸焚其衣冠跽而刑之敦充首同日懸於南桁觀者莫不稱慶敦首既懸莫敢收葬者尚書令郗鑒言於帝曰昔王莽漆頭以輗車董卓然腹以照市王淩儭土徐馥焚首前朝誅楊駿等皆先極官刑後聽私殯然春秋許齊襄之葬紀侯魏武義王脩之哭袁譚由斯言之王誅加於上私義行於下臣以爲可聽私葬於義爲宏詔許之於是敦家收葬焉含父子乘單船奔荊州刺史王舒舒使人沉之于江餘黨悉平敦眉目疎朗性簡脫有鑒裁學通左氏口不言財利尤好清談時人莫知唯族兄戎異之經略指麾千里之外肅然而麾下擾而不能整武帝嘗召時賢共言伎藝之事人人皆有所說惟敦都無所關意色殊惡自言唯知擊鼓因振袖揚枹音節諧韻神氣自得傍若無人舉坐嘆其雄爽石崇以奢豪矜物廁上常有十餘婢侍列皆有容色置甲煎粉沉香汁有如廁者皆易新衣而出客多羞脫衣而敦脫故著新意色無怍羣婢相謂曰此客必能作賊又嘗荒恣於色體爲之弊左右諫之敦曰此甚易耳乃開後閤驅諸婢妾數十人並放之時人嘆異焉沈充字士居吳興人少好兵書頗以雄豪聞于鄉里敦引爲參軍充因薦同郡錢鳳鳳字世儀敦以爲鎧曹參軍數得進見知敦有不臣之心因進邪說遂相朋構專弄威權言成禍福遭父喪外託還葬而密爲敦使與充交構初敦參軍熊甫見敦委任鳳將有異圖因酒酣謂敦曰開國承家小人勿用佞倖在位鮮不敗業敦作色曰小人阿誰甫無懼容因此告歸臨與敦別因歌曰徂風颺起蓋山陵氛霧蔽日玉石焚往事既去可長嘆念別惆悵會復難敦知其諷已而不納明帝將伐敦遣其鄉人沈禎諭充許以爲司空充謂禎曰三司具瞻之重豈吾所任幣重言甘古人所畏且丈夫共事終始當同甯可中道改易人誰容我禎曰不然含忠與順未有不亡者也大將軍阻兵不朝爵賞自已五尺之童知其異志今此之舉將行篡弒耳豈同於往年乎是以疆埸諸將莫不歸赴本朝內外之士咸願致死正以移國易主義不北面以事之也柰何協同逆圖當不義之責乎朝廷坦誠禎所具也賊之黨類猶宥有罪與之更始況見機而作邪充不納率兵臨發謂其妻子曰男兒不豎豹尾終不還也及敗歸吳興亡失道誤入其故將吳儒家儒誘充內重壁中因笑謂充曰三千戶侯也充曰封侯不足貪也爾以大義存我我宗族必厚報汝若必殺我汝族滅矣儒遂殺之充子勁竟滅吳氏勁見忠義傳

桓溫字元子宣城太守彝之子也生未朞而太原溫嶠見之曰此兒有奇骨可試使啼及聞其聲曰眞英物也彝以嶠所賞故遂名之曰溫嶠笑曰果爾後將易吾姓也彝爲韓晃所害涇令江播豫焉溫時年十五枕戈泣血志在復讎至年十八會播已終子彪兄弟三人居喪置刃杖中以爲溫備溫詭稱弔賓得進刃彪於廬中并追二弟殺之時人稱焉溫豪爽有風槩姿貌甚偉面有七星少與沛國劉惔善惔嘗稱之曰溫眼如紫石稜鬚作蝟毛磔孫仲謀晉宣王之流亞也選尚南康長公主拜駙馬都尉襲爵萬甯縣男除琅邪太守累遷徐州刺史溫與庾翼友善恆相期以甯濟之事翼嘗薦溫於明帝曰桓溫少有雄略願陛下勿以常人遇之常壻畜之宜委以方召之任託其弘濟艱難之勳翼卒以溫爲都督荊梁四州諸軍事安西將軍荊州刺史領護南蠻校尉假節時李勢微弱溫志在立勳于蜀永和二年率眾西伐時康獻太后臨朝溫將發上疏而行朝廷以蜀險遠而溫兵寡少深入敵場甚以爲憂初諸葛亮造八陣

圖於魚復平沙之上壘石爲八行行相去二丈溫見之謂此常山蛇勢也文武皆莫能識之及軍次彭模乃命參軍周楚孫盛守輜重自將步卒直指成都勢使其叔父福及從兄權等攻彭模楚等禦之福退走溫又擊權等三戰三捷賊衆散自閒道歸成都勢於是悉衆與溫戰于笮橋參軍龔護戰沒衆懼欲退而鼓吏誤鳴進鼓於是攻之勢衆大潰乘勝直進焚其小城勢遂夜遁九十里至晉壽葭萌城其將鄧嵩昝堅勸勢降乃面縛輿櫬請命溫解縛焚櫬送于京師溫停蜀三旬舉賢旌善僞尚書僕射王誓中書監王愉鎮東將軍鄧定散騎常侍韓豫等皆蜀之良也並以爲參軍百姓咸悅軍未旋而王誓鄧定隗文等反溫復討平之振旅還江陵進位征西大將軍開府封臨賀郡公及石虎死溫欲率衆北征先上疏求朝廷議水陸之宜久不報時知朝廷杖殷浩等以抗己溫甚忿之然素知浩弗之憚也以國無他釁遂得相持彌年雖有君臣之迹亦相羈縻而已八州士衆資調殆不爲國家用聲言北伐拜表便行順流而下行達武昌衆四五萬殷浩慮爲溫所廢將謀避之又欲以騶虞幡駐溫軍內外噂喈人情震駭簡文帝時爲撫軍與溫書明社稷大計疑惑所由溫即迴軍還鎮上疏曰臣近親率所統欲北埽趙魏軍次武昌獲撫軍大將軍會稽王昱書說風塵紛紜妄生疑惑辭旨危急憂及社稷省之惋愕不解其由形影相顧隕越無地臣以闇蔽忝荷重任雖才非其人職在靜亂寇讎不滅國恥未雪幸因開泰之時遇可乘之會匹夫有志猶懷憤慨臣亦何心坐觀其弊故荷戈驅馳不遑寧處前後表陳于今歷年矣丹誠坦然公私所察有何纖介容此嫌忌豈醜正之徒心懷怵惕操弄虛說以惑聾聽昔樂毅竭誠垂涕流奔霍光盡忠上官告變讒說殄行姦邪亂德乃歷代之常患存亡之所由也今主上富於陽秋陛下以聖淑臨朝恭己委任責成羣下方寄會通於羣才布德信於遐荒況臣世蒙殊恩服事三朝身非羈旅之賓跡無韓彭之釁而反閒起於心腹交亂過於四國此古賢所以歎息於既往而臣亦大懼於當年也今寇賊冰消大事垂定晉之遺黎鵠立南望赴義之衆慷慨即路元凶之命懸在漏刻而橫議妄生成此貝錦使垂滅之賊復獲蘇息所以痛心絕氣悲慨彌深臣雖所存者公所務者國然外難未弭而內弊交興則臣本心陳力之志也進位太尉固讓不拜時殷浩至洛陽修復園陵經涉數年屢戰屢敗器械都盡溫復進督司州因朝野之怨乃奏廢浩自此內外大權一歸溫矣溫遂統步騎四萬發江陵水軍自襄陽入均口至南鄉步自淅川以征關中命梁州刺史司馬勳出子午道別軍攻上洛獲苻健荊州刺史郭敬進擊青泥破之健又遣子生弟雄衆數萬屯嶢柳愁思堆以距溫遂大戰生親自陷陣殺溫將應誕劉泓死傷千數溫軍力戰生衆乃散雄又與將軍桓沖戰白鹿原又爲沖所敗雄遂馳襲司馬勳勳退次女媧堡溫進至灞上健以五千人深溝自固居民皆安堵復業持牛酒迎溫於路者十八九耆老感泣曰不圖今日復見官軍初溫恃麥熟取以爲軍資而健芟苗滿野軍糧不屬收三千餘口而還帝使侍中黃門勞溫于襄陽初溫自以雄姿英氣是宣帝劉琨之儔有以其比王敦者意甚不平及是征還於北方得一巧作老婢訪之乃琨妓女也一見溫便潸然而泣問其故答曰溫甚似劉司空溫大悅出外整理衣冠又呼婢問婢云面甚似恨薄眼甚似恨小鬚甚似恨赤形甚似恨短聲甚似恨雌溫於是褫冠解帶昏然而睡不怡者數日母孔氏卒上疏解職欲送葬宛陵詔不許贈臨賀太夫人印綬謚曰敬遣侍中弔祭謁者監護喪事旬月之中使者八至軺軒相望於道溫葬畢視事欲修園陵移都洛陽表疏十餘上不許進溫征討大都督督司冀二州諸軍事委以專征之任溫遣督護高武據魯陽輔國將軍戴施屯河上勒舟師以逼許洛以譙梁水道既通請徐豫兵乘淮泗入河溫自江陵北伐行經金城見少爲琅邪時所種柳皆已十圍慨然曰木猶如此人何以堪攀枝執條泫然流涕於是過淮泗踐北境與諸寮屬登平乘樓眺矚中原慨然曰遂使神州陸沉百年丘墟王夷甫諸人不得不任其責袁宏曰運有興廢豈必諸人之過溫作色謂四座曰頗聞劉景升有千斤大牛噉芻豆十倍於常牛負重致遠曾不若一羸牸魏武入荊州以享軍士意以況宏坐中皆失色師次伊水姚襄屯水北距水而戰溫結陣而前親被甲督弟沖及諸將奮擊襄大敗自相殺死者數千人越北芒而西走追之不及遂奔平陽溫屯故太極殿前徙入金墉城謁先帝諸陵陵被侵毀者皆繕復之兼置陵令遂旋軍執降賊周成以歸遷降人三千餘家於江漢之間遣西陽太守滕畯出黃城討蠻賊文盧等又遣江夏相劉岵義陽太守胡驥討妖賊李弘皆破之傳首京師溫還軍之後司豫青兗復陷于賊升平中改封南郡公降臨賀爲縣公以封其次子濟隆和初寇逼河南太守戴施出奔冠軍將軍陳祐告急溫使竟陵太守鄧遐率三千人助祐并欲遷都

洛陽上疏曰巴蜀既平逆胡消滅時來之會既至休泰之慶顯著而人事乖違屢喪王略復使二賊雙起海內崩裂河洛蕭條山陵危逼所以遐邇悲惶痛心於既往者也伏惟陛下稟乾坤自然之姿挺羲皇元明之德鳳棲外藩龍飛皇極時務陵替備徹天聽人之情僞備知之矣是以九域宅心幽遐企踵思佇雲羅混綱四裔誠宜遠圖廟算大存經略光復舊京疆理華夏使惠風陽澤洽被八表霜威寒飈陵振無外豈不允應靈休天人齊契今江河悠闊風馬殊邈故向義之徒覆亾相尋而建節之士猶繼踵無悔況辰極既迴衆星斯仰本源既運枝派自遷則晉之餘黎欣皇德之攸憑羣凶妖逆知滅亾之無日騁思順之心鼓雷霆之勢則二豎之命不誅而自絕矣故圓通貴於無滯明哲尚於應機介如石爲所以成務若乃海運既徙而鵬翼不舉永結根於南垂廢神州於龍漠令五尺之童掩口而歎息夫先王經始元聖宅心畫爲九州制爲九服貴中區而内諸夏誠以晷度自中霜露惟均冠冕萬國朝宗四海故也自彊胡陵暴中華蕩覆狼狽失據權幸揚越蟣屈以待龍申之會潛蟠以俟風雲之期蓋屯圮所鍾非理勝而然也而喪亂緬邈五十餘載先舊徂沒後來童幼斑荆輟音積習成俗遂望絕於本邦宴安於所託眷言悼之不覺悲歎臣雖庸劣才不周務然攝官承乏屬當重任願竭筋骨宣力先鋒翦除荆棘驅諸豺狼自永嘉之亂播流江表者請一切北徙以實江南資其舊業反其土宇勸農桑之務盡一時之利導之以義齊之以禮使文武兼宣信順交暢井邑既修綱維粗舉然後陛下建三辰之章振旂旗之旌覺旒錫鑾朝服濟江則宇宙之內誰不

幸甚夫人情昧安難與圖始非常之事衆之所疑伏願陛下決元照之明斷常均之外責臣以興復之效委臣以終濟之功此事既就此功既成則陛下盛勳比隆前代周宣之詠復興當年如其不效臣之罪也褰裳赴鑊其甘如薺詔曰在昔喪亂忽涉五紀戎狄肆暴繼襲凶跡眷言西顧慨歎盈懷知欲躬率三軍蕩滌氛穢廓清中畿光復舊京非夫外身殉國孰能若此者哉諸所處分委之高算但河洛邱墟所營者廣經始之勤致勞懷也於是改授并司冀三州以交廣遼遠罷都督溫表辭不受又加侍中大司馬都督中外諸軍事假黃鉞溫以既總督內外不宜在遠又上疏陳便宜七事其一朋黨雷同私議沸騰宜抑杜浮競莫使能植其二戶口凋寡不當漢之一郡宜并省官職令久於其事其三機務不可停廢常行文按宜爲限日其四宜明長幼之禮獎忠公之吏其五襃貶賞罰宜允其實其六宜述遵前典敦明學業其七宜選建史官以成晉書有司皆奏行之尋加羽葆鼓吹置左右長史司馬從事中郎四人受鼓吹餘皆辭復率舟軍進合肥加揚州牧錄尚書事使侍中顏旋宣旨召溫入參朝政溫上疏曰方攘除羣凶埽平禍亂當竭天下智力與衆共濟而朝論咸疑聖詔彌固事異本圖豈敢執遂至於入參朝政非所敢聞臣違離宮省二十餘載軺軒戎務役勤思苦若得解帶逍遙鳴玉闕庭參贊無爲之契豫聞曲成之化雖實不敏豈不是願但顧以江漢艱難不同曩日而梁益新平當州始服懸兵漢川戍禦彌廣加彊蠻盤牙勢處上流江湖悠遠當制命侯伯自非望實重威無以鎮御遐外臣知捨此之艱危敢背之而無怨願奮臂投身造事中原者實

恥皇居仄陋於東南神華遂埋於戎狄若憑宗廟之靈則雲徹席卷呼吸蕩清如當假息游魂則臣據河洛親臨二寇廣宣皇靈襟帶秦趙遠不五載大事必定今臣昱以親賢贊國光輔二世卽無煩以臣疏鈍並間機務且不有行者誰扞牧圉表裏相濟實深實重伏願陛下察臣所陳兼訪內外乞時還屯撫寧方隅詔不許復徵溫溫至赭圻詔又使尚書車灌止之溫遂城赭圻固讓內錄遂領揚州牧屬鮮卑攻洛陽陳祐出奔簡文帝時輔政會溫于洌洲議征討事溫移鎮姑孰會哀帝崩事遂寢溫性儉每宴惟下七奠柈茶果而已然以雄武專朝窺覦非望或臥對親僚曰爲爾寂寂將爲文景所笑衆莫敢對既而撫枕起曰既不能流芳後世不足復遺臭萬載邪嘗行經王敦墓望之曰可人可人其心迹若是時有遠方比邱尼名有道術於別室浴溫竊窺之尼裸身先以刀自破腹次斷兩足浴竟出溫問吉凶尼云公若作天子亦當如是太和四年又上疏悉衆北伐平北將軍郗愔以疾解職又以溫領平北將軍徐兗二州刺史率弟南中郎冲西中郎袁眞步騎五萬北伐百官皆於南州祖道都邑盡傾軍次胡陸攻慕容暐將慕容忠獲之進次金鄉時亢旱水道不通乃鑿鉅野三百餘里以通舟運自清水入河暐將慕容垂傅末波等帥衆八萬距溫戰于林渚溫擊破之遂至枋頭溫先使袁眞伐譙梁開石門以通運眞討譙梁皆平之而不能開石門軍糧竭盡溫焚舟步退自東燕出倉垣經陳留鑿井而飲行七百餘里垂以八千騎追之戰于襄邑溫軍敗績死者三萬人溫甚恥之歸罪於眞表廢爲庶人眞怨溫誣己據壽陽以自固潛通苻堅慕容暐帝遣侍中羅

舍以牛酒犒温於山陽使會稽王昱會温于涂中詔以
温世子給事熙爲征虜將軍豫州刺史假節及南康公
主薨詔賻布千疋錢百萬温辭不受又陳息熙三尺之
孤且年少未宜便居偏任詔不許發州人築廣陵城移
鎮之時温行役既久又兼疾癘死者十四五百姓嗟怨
袁眞病死其將朱輔立其子瑾以爲嗣事慕容暐苻堅
並遣軍援瑾温使督護竺瑶矯陽之等與水軍擊之時
暐軍已至瑶等與戰於武邱破之温率二萬人自廣陵
又至瑾嬰城固守温築長圍守之苻堅乃使其將王鑒
張蚝等率兵以救瑾屯洛澗先遣精騎五千次于肥水
北温遣桓伊及弟子石虔等逆擊大破之瑾衆遂潰生
禽之并其宗族數十人及朱輔送于京師斬之瑾所侍
養乞活數百人悉阬之以妻子爲賞温以功詔加班劍
十人犒軍於路次文武論功賞賜各有差温既負其才
力久懷異志欲先立功河朔還受九錫既逢覆敗名實
頓減於是參軍郗超進廢立之計温乃廢帝而立簡文
帝詔温依諸葛亮故事甲仗百人入殿賜錢五千萬絹
二萬疋布十萬疋温多所廢徙誅庾倩殷涓曹秀等是
時温威勢翕赫侍中謝安見而遥拜温驚曰安石卿何
事乃爾安曰未有君拜於前臣揖於後時温有脚疾詔
乘輿入朝既見欲陳廢立本意帝便泣下數十行温兢
懼不得一言而出初元明世郭璞爲讖曰君非無嗣兄
弟代禪謂成帝有子而以國祚傳弟又曰有人姓李兒
專征戰譬於車軸脫在一面兒者子也李去子木存車
去軸爲亘合成桓字也又曰爾來爾來河内大縣爾來
謂自爾已來爲元始温字元子也故河内大縣温也成
康既崩桓氏始大故連言之又曰顛子之薨延我國祚

痛子之隕皇運其暮二子者元子道子也温志在篡奪
事未成而死幸之也會稽王道子雖首亂晉國而其死
亦晉衰之由也故云痛也温復還白石上疏求歸姑孰
詔進温丞相大司馬本官如故留鎮京師温固辭仍請
還鎮遣侍中王坦之徵温入相增邑爲萬戶又辭詔以
西府經袁眞事故軍用不足給世子熙布三萬疋米六
萬斛又以熙弟濟爲給事中及帝不豫詔温曰吾遂委
篤足下便入冀得相見便來便來於是一日一夜頻有
四詔温上疏曰聖體不和以經積日愚心惶恐無所寄
情夫盛衰常理過備無害故漢高枕疾呂后問相孝武
不豫霍光啓嗣嗚噎以問身後蓋所存者大也今皇子
幼稚而朝賢時譽惟謝安王坦之才識智能皆簡在聖
鑒内輔幼君外禦彊冠實羣情之大懼然理盡於此陛
下便宜崇授使羣下知所寄而安等奉命陳力公私爲
宜至如臣温位兼將相加陛下垂布衣之顧但朽邁疾
病懼不久支無所復堪託以後事疏未及奏而帝崩遺
詔家國事一稟之於温如諸葛武侯王丞相故事温初
望餝文臨終禪位於已不爾便爲周公居攝事既不副
所望故甚憤怨與弟冲書曰遺詔使吾依武侯王公故
事耳王謝處大事之際日憤憤少懷及孝武即位詔曰
先帝遺敕云事大司馬如事吾令答表便可盡敬又詔
大司馬社稷所寄先帝託以家國内外衆事便就關公
施行復遣謝安徵温入輔加前部羽葆鼓吹虎賁六十
人温讓不受及温入朝赴山陵詔曰公勳德尊重師保
朕躬兼有風患其無敬又敕尚書安等於新亭奉迎百
寮皆拜於道側當時豫有位望者皆震慴失色或云因
此殺王謝内外懷懼温既至以盧悚入宮乃收尚書陸

始赴延尉責替慢罪也於是拜高平陵左右覺其有異
既登車謂從者曰先帝向遂靈見既不述帝所言故衆
莫之知但見將拜時頻言臣不敢而已又問左右殷涓
形狀答者言肥短温云向亦見在帝側初殷浩既爲温
所廢死涓頗有氣尚遂不詣温而與武陵王晞遊故温
疑而害之竟不識也及是亦見涓爲祟因而遇疾凡停
京師十有四日歸於姑孰遂寢疾不起諷朝廷加已九
錫累相催促謝安王坦之聞其疾篤密緩其事錫文未
及成而薨時年六十二皇太后與帝臨於朝堂三日詔
賜九錫袞冕之服及朝服一具衣一襲東園祕器錢二
百萬布二千匹蠟五百斤以供喪事及葬一依太宰安
平獻王漢大將軍霍光故事錫九旒鑾輅黃屋左纛轀
輬車挽歌二部羽葆鼓吹虎賁班劒百人優冊即前南
郡公增七千五百戶進地方三百里賜錢五千萬絹二
萬疋布十萬疋追贈丞相初冲問温以謝安王坦之所
任温曰伊等不爲汝所處分温知已存彼不敢異害之
無益於冲更失時望所以息謀温六子熙濟歆禕偉元
熙字伯道初爲世子後以才弱使冲領其衆及温病熙
與叔祕謀殺冲冲知之徙於長沙濟字仲道與熙同謀
俱徙長沙歆字叔道賜爵臨賀公禕最愚不辨菽麥偉
字幼道平厚篤實居藩爲士庶所懷歷使持節督荆益
寧秦梁五州諸軍事安西將軍領南蠻校尉荆州刺史
西昌侯贈驃騎將軍開府儀同三司元嗣温爵元別有
傳孟嘉者字萬年江夏鄳人吳司空宗曾孫也嘉少知
名太尉庾亮領江州辟部廬陵從事嘉還都亮引問風
俗得失對曰還傳當問吏亮舉麈尾掩口而笑謂弟翼
曰孟嘉故是盛德人轉勸學從事褚裒時爲豫章太守

正旦朝亮裒有器識亮大會府州人士嘉坐次甚遠裒問亮聞江州有孟嘉其人何在亮曰在坐卿但自覔裒歷觀指嘉謂亮曰此君小異將無是乎亮欣然而笑喜裒得嘉奇嘉爲裒所得乃益器焉後爲征西桓温將軍温甚重之九月九日温宴龍山僚佐畢集時佐吏並著戎服有風至吹嘉帽墮落嘉不之覺温使左右勿言欲觀其舉止嘉良久如厠温令取還之命孫盛作文嘲嘉著嘉坐處嘉還見卽答之其文甚美四座嗟歎嘉好酣飲愈多不亂温問嘉酒有何好而卿嗜之嘉曰公未得酒中趣耳又問聽妓絲不如竹竹不如肉何謂也嘉曰漸近使之然一座咨嗟轉從事中郞遷長史年五十三卒於家

桓元字敬道一名靈寶大司馬温之孽子也其母馬氏嘗與同輩夜坐於月下見流星墜銅盆水中忽如二寸大珠烱然明淨競以瓢接取馬氏得而吞之若有感遂有娠及生元有光照室占者奇之故小名曰靈寶妳媼每抱詣温輒易人而後至云其重兼常兒温甚愛異之臨終命以爲嗣襲爵南郡公年七歲温服終府州文武辭其叔父冲冲撫元頭曰此汝家之故吏也元因涕淚覆面衆並異之及長形貌瓌奇風神疎朗博綜藝術善屬文常負其才地以雄豪自處衆咸憚之朝廷亦疑而未用年二十三始拜太子洗馬時議謂温有不臣之迹故折元兄弟而爲素官太元末出補義興太守鬱鬱不得志嘗登高望震澤歎曰父爲九州伯兒爲五湖長棄官歸國自以元勳之門而負謗於世乃上疏曰臣聞周公大聖而四國流言樂毅王佐而被謗騎劫巷伯有豺虎之慨蘇公興飄風之刺惡直醜正何代無之先臣蒙國殊遇姻婭皇極常欲以身報德授袂乘機西平巴蜀北清河洛使竊盜之冠繫頸北闕園陵修復大恥載雪飲馬灞滻垂旌趙魏勤王之師功非一捷太和之末皇基有潛移之懼遂乃奉順天人翼登聖朝明離旣朗四凶兼澄向使此功不建此事不成宗廟之事豈可熟念昔太甲雖迷商祚無憂昌邑雖昬弊無三孽因茲而言晉室之機危於殷漢先臣之功高於伊霍矣而負重旣往蒙謗清時聖世明王黜陟之道不聞廢忽顯明之功探射冥冥之心啟嫌謗之塗開邪枉之路者也先臣勤王艱難之勞匡復尅平之勳朝廷若其遺之臣亦不復計也至於先帝龍飛九五陛下之所以繼明南面請問談者誰之由邪誰之德邪豈惟晉室永安祖宗血食於陛下一門實奇功也自頃權門日盛醜正寔繁咸稱述時旨互相扇附以臣之兄弟皆晉朝之罪人臣等復何理可以苟存聖世何顏可以尸饗封祿若陛下忘先臣大造之功信貝錦萋菲之說臣等自當奉還三封受戮市朝然後下從先臣歸先帝於元宮耳若陛下述遵先旨追錄舊勳竊望少垂愷悌覆蓋之恩疏寢不報元在荆楚積年優遊無事荆州刺史殷仲堪甚敬憚之及中書令王國寶用事謀削弱方鎭內外騷動知王恭有憂國之言元潛有意於功業乃說仲堪曰國寶與君諸人素已爲對唯患相弊之不速耳今旣執權要與王緒相爲表裏其所迴易罔不如志孝伯居元舅之地正情爲朝野所重必未便動之唯當以君爲事首君爲先帝所拔超居方任人情未以爲允咸謂君雖有思致非方伯人若發詔徵君爲中書令用殷覬爲荆州君何以處之仲堪曰憂之久矣君謂計將安出元曰國寶姦兇天下所知孝伯疾惡之情每至而當今日之會以理推之必當過人君若密遣一人信說王恭宜興晉陽之師以內匡朝廷已當悉荆楚之衆順流而下推王爲盟主僕等亦皆投袂當此無不響應此事旣行桓文之舉也仲堪持疑未決俄而王恭信至招仲堪及元匡正朝廷國寶旣死於是兵罷元乃求爲廣州會稽王道子亦憚之不欲使在荆楚故順其意隆安初詔以元督交廣二州建威將軍平越中郞將廣州刺史假節受命不行其年王恭又與庾楷起兵討江州刺史王愉及譙王尙之兄弟元仲堪謂恭事必尅捷一時響應仲堪給元五千人與楊佺期俱爲前鋒軍至湓口王愉奔於臨川元遣偏軍追獲之元佺期至石頭仲堪至蕪湖恭將劉牢之背恭歸順恭旣死庾楷戰敗奔于元軍旣而詔以元爲江州仲堪等皆被換易乃各迴舟西還屯於尋陽共相結約推元爲盟主元始得志乃連名上疏申理王恭求誅尙之牢之等朝廷深憚之乃免桓修復仲堪以相和解初元在荆州豪縱士庶憚之甚於州牧仲堪親黨勸殺之仲堪不聽及還尋陽資其聲地故推爲盟主元逾自矜重佺期爲人驕悍常自謂承籍華胄江表莫比而元每以寒士裁之佺期甚憾卽欲於壇所襲元仲堪惡佺期兄弟虓勇恐尅元之後復爲己害苦禁之於是各奉詔還鎭元亦知佺期有異謀潛有吞并之計於是屯於夏口隆安中詔加元都督荆州四郡以兄偉爲輔國將軍南蠻校尉仲堪慮元跋扈遂與佺期結婚爲援初元旣與仲堪佺期有隙恆慮掩襲求廣其所統朝廷亦欲成其釁隙故分佺期所督四郡與元佺期甚忿懼會姚興侵洛陽佺期乃建牙聲云援洛密欲與仲堪共襲元仲

堪雖外結佺期而疑其心距而不許猶慮弗能禁復遣從弟遹屯於北境以遏佺期佺期既不能獨舉且不測仲堪本意遂息甲南蠻校尉楊廣佺期之兄也欲距桓偉仲堪不聽乃出廣爲宜都建平二郡太守加征虜將軍佺期弟孜敬先爲江夏相元以兵襲而召之既至以爲諮議參軍元於是興軍西征亦聲云救洛與仲堪書說佺期受國恩而棄山陵宜共罪之今親率戎旅徑造金墉使仲堪收楊廣如其不爾無以相信仲堪本計欲兩全之既得元書知不能禁乃曰君自沔而行不得一人入江也元乃止後荆州大水仲堪振恤饑者倉廩空竭元乘其虛而伐之先遣軍襲巴陵梁州刺史郭銓當之所鎭路經夏口元聲云朝廷遣佺期爲己前鋒乃授以江夏之衆使督諸軍並進密報兄偉令爲內應偉遑遽不知所爲乃自齎疏示仲堪仲堪執偉爲質令與元書辭甚苦至元曰仲堪爲人不能專決常懷成敗之計爲兒子作慮我兄必無憂矣元既至巴陵仲堪遣衆距之爲元所敗元進至楊口又敗仲堪弟子道護乘勝至零口去江陵二十里仲堪遣軍數道距之佺期自襄陽來赴與兄廣共擊元元懼其銳乃退軍馬頭佺期等方復追元苦戰佺期敗走還襄陽仲堪出奔酇城元遣將軍馮該躡佺期後獲之廣爲人所縛送元並殺之仲堪聞佺期死乃將數百人奔姚興至冠軍城爲該所得元令害之於是遂平荆雍乃表求領江荆二州詔以元都督荆司秦梁益寧七州後將軍荆州刺史假節以桓修爲江州刺史元上疏固爭江州於是進督八州及揚豫八郡復領江州刺史元又輒以偉爲冠軍將軍雍州刺史時寇賊未平朝廷難違其意許之元於是樹用腹心兵馬日盛屢上疏求討孫恩詔輒不許其後恩逼京師元建牙聚衆外託勤王實欲觀釁而進乃復上疏請討之會恩已走元又奉詔解嚴以偉爲江州刺史鎭夏口司馬刁暢爲輔國將軍督八郡鎭襄陽遣桓振皇甫敷馮該等戍湓口移沮漳蠻二千戶於江南立武寧郡更招集流人立綏安郡又置諸郡丞詔徵廣州刺史刁逵豫章太守郭昶之元皆留不遣自謂三分有二知勢運所歸屢上禎祥以爲己瑞初庾楷既奔於元元之求討孫恩也以爲右將軍元既解嚴楷亦去職楷以元方與朝廷構怨恐事不克禍及於己乃密結於後將軍元顯許爲內應元與初元顯稱詔伐元元從兄石生時爲太傅長史密書報元元本謂揚土饑饉孫恩未滅必未遑討己可得蓄力養衆觀釁而動既聞元顯欲伐之甚懼欲保江陵長史卞範之說元曰公英略威名震天下元顯口尙乳臭劉牢之大失物情若頓兵近畿示以威賞則土崩之勢可翹足而待何有延敵入境自取蹙弱乎元大悅乃留其兄偉守江陵抗表率衆下至尋陽移檄京邑罪狀元顯檄至元顯大懼下船而不克發元既失物情而興師犯順慮衆不爲用常有迴旆之計既過尋陽不見王師意大悅其將吏亦振庾楷謀泄收縶之至姑孰使其將馮該苻宏皇甫敷索元等先攻譙王尙之尙之敗劉牢之遣子敬宣詣元降元至新亭元顯自潰元入京師矯詔曰義師雲集罪在元顯太傅已別有教其解嚴息甲以副義心又矯詔加己總百揆侍中都督中外諸軍事丞相錄尙書事揚州牧領徐州刺史又加假黃鉞羽葆鼓吹班劒二十人置左右長史司馬從事中郎四人甲仗二百人入殿元表列太傅道子及元顯之惡徙道子於安成郡害元顯於市於是元入居太傅府害太傅中郎毛泰泰弟游擊將軍邃太傅參軍荀遜前豫州刺史庾楷父子吏部郎袁遵譙王尙之等流尙之弟丹陽尹恢之廣晉伯允之驃騎長史王誕太傅主簿毛遁等於交廣諸郡尋追害恢之允之於道以兄偉爲安西將軍荆州刺史領南蠻校尉從兄謙爲左僕射加中軍將軍領選修爲右將軍徐兗二州刺史石生爲前將軍江州刺史長史卞範之爲建武將軍丹陽尹王謐爲中書令領軍將軍大赦改元爲大亨元讓丞相自署太尉領平西將軍豫州刺史又加袞冕之服綠綟綬增班劒爲六十人劒履上殿入朝不趨讚拜不名元將出居姑孰訪之於衆王謐對曰公羊有言周公何以不之魯欲天下一乎周也願靜根本以公且爲心元善其對而不能從遂大築城府臺館山池莫不壯麗乃出鎭焉既至姑孰固辭錄尙書事詔許之而大政皆諮焉小事則決於桓謙卞範之自禍難屢構干戈不戢百姓厭之思歸一統及元初至也黜凡佞擢賢儁君子之道粗備京師欣然後乃陵侮朝廷幽擯宰輔豪奢縱侈衆務繁興於是朝野失望人不安業時會稽饑荒元令振貸之百姓散在山湖採梠內史王愉悉召之還請米米旣不多吏不時給頓仆道路死者十八九焉元又害吳興太守高素輔國將軍竺謙之謙之從兄高平相朗之輔國將軍劉襲襲弟彭城內史季武冠軍將軍孫無終等皆劉牢之之黨北府舊將也襲兄冀州刺史軌及寧朔將軍高雅之牢之子敬宣並奔慕容德元諷朝廷以己平元顯功封豫章公食安成郡地方二百二十五里邑七千五百戶平仲堪佺期功封桂陽郡公地方七十五

里邑二千五百戶本封南郡如故元以豫章改封息昇桂陽郡公賜兄子俊降爲西道縣公又發詔爲桓溫諱有姓名同者一皆改之贈其母馬氏豫章公太夫人元興二年元詐表請平姚興又諷朝廷作詔不許元本無資力而好爲大言旣不克行乃云奉詔故止初欲飾裝無他處分先使作輕舸載服玩及書畫等物或諫之元曰書畫服玩宜常在左右且兵凶戰危脫有不意當使輕而易動衆皆笑之是歲元兄偉卒贈開府驃騎將軍以桓修代之從事中郎曹靖之說元以桓修兄弟職居內外恐權傾天下元納之乃以南郡相桓石康爲西中郎將荊州刺史偉服始以公除元便作樂初奏元撫節慟哭旣而收淚盡懽元所親仗唯偉偉旣死元乃孤危而不臣之迹已著自知怨滿天下欲速定篡逆殷仲文卞範之等又催促之於是先改授羣司解琅邪王司徒遷太宰加殊禮以桓謙爲侍中衞將軍開府錄尚書事王謐散騎常侍中書監領司徒桓允中書令加桓修散騎常侍撫軍大將軍置學官教授二品子弟數百人又矯詔加己相國總百揆封南郡南平宜都天門零陵營陽桂陽衡陽義陽建平十郡爲楚王揚州牧領平西將軍豫州刺史如故加九錫備物楚國置丞相以下一遵舊典又諷天子御前殿而策授焉元屢僞讓詔遣百僚敦勸又云當親降鑾輿乃受命矯詔贈父溫爲楚王南康公主爲楚王后以平西長史劉瑾爲尚書刁逵爲中領軍王嘏爲太常殷叔文爲左衞皇甫敷爲右衞凡衆官合六十餘人爲楚官屬元解平西豫州以平西文武配相國府新野人庾仄聞元受九錫乃起義兵襲馮該於襄陽走之仄有衆七千於城南設壇祭祖宗七廟南蠻參軍庾彬安西參軍楊道護江安令鄧襄子謀爲內應仄本仲堪黨桓偉旣死石康未至故乘間而發江陵震動桓濟之子亮起兵於羅縣自號平南將軍湘州刺史以討仄爲名南蠻校尉羊僧壽與石康共攻襄陽仄衆散奔姚興彬等皆遇害長沙相陶延壽以亮乘亂起兵遣收之元徙亮於衡陽誅其同謀桓奧等元僞上表求歸藩又自作詔留之遣使宣旨元又上表固辭又諷天子作手詔固留焉元好逞僞辭塵穢簡牘皆此類也謂代謝之際宜有禎祥乃密令所在上臨平湖開除淸朗使衆官集賀矯詔曰靈瑞之事非所敢聞也斯誠相國至德故事爲之應太平之化於是乎始六合同悅情何可言又詐云江州甘露降王成基家竹上元以歷代咸有肥遯之士而已世獨無乃徵皇甫謐六世孫希之爲著作并給其資用皆令讓而不受號曰高士時人名爲充隱議復肉刑斷錢貨迴換改易造革紛紜志無一定條制森然動害政理性貪鄙好奇異尤愛寶物珠玉不離於手人士有法書好畫及佳園宅者悉欲歸已猶難逼奪之皆蒱博而取遣臣佐四出掘果移竹不遠數千里百姓佳果美竹無復遺餘信悅諂譽逆忤讜言或奪其所憎與其所愛十一月元矯制加已冕十有二旒建天子旌旗出警入蹕乘金根車駕六馬備五時副車置旄頭雲罕樂舞八佾設鍾虡宮縣妃爲王后世子爲太子其女及孫爵命之號皆如舊制元乃多斥朝臣爲太宰僚佐又矯詔使王謐兼太保領司徒奉皇帝璽綬禪位於已又諷帝以禪位告廟出居永安宮移晉神主於琅邪廟初元恐帝不肯爲手詔又慮璽不可得逼臨川王寶請帝自爲手詔因奪取璽比臨軒璽已久出元甚喜百官到姑孰勸元僭位元僞讓朝臣固請乃於城南七里立郊登壇篡位以元牡告天百僚陪列而儀注不備忘稱萬歲又不易帝諱讖者覘其不終元於是下書大赦改元永始賜天下爵二級孝悌力田人三級鰥寡孤獨不能自存者穀人五斛其賞賜之制徒設空文無其實也初出僞詔改元爲建始右丞王悠之曰建始趙王倫僞號也又改爲永始復是王莽始執權之歲其兆號不祥冥符僭逆如此又下書以南康之平固縣奉晉帝爲平固王車旗正朔一如舊典遷帝居尋陽卽陳留王處鄴宮故事降永安皇后爲零陵君琅邪王爲石陽縣公武陵王遵爲彭澤縣侯追尊其父溫宣武皇帝廟稱太祖南康公主爲宣皇后封子昇爲豫章郡王叔父雲孫放之爲寧都縣王豁孫稚玉爲臨沅縣王豁次子石康爲右將軍武陵郡王祕子蔚爲醴陵縣王贈冲太傅宣城郡王加殊禮依晉安平王故事以孫允襲爵爲吏部尚書冲次子謙爲揚州刺史新安郡王謙弟脩爲撫軍大將軍安成郡王兄歆臨賀縣王禕富陽郡王贈偉侍中大將軍義興郡王以子濬襲爵爲輔國將軍濬弟邈西昌縣王封王謐爲武昌公班劒二十人卞範之爲臨汝公殷仲文爲東興公馮該爲魚復侯又降始安郡公爲縣公長沙爲臨湘縣公廬陵爲巴邱縣公各千戶其康樂武昌南昌望蔡建興永修觀陽皆降封百戶公侯之號如故又普進諸征鎭軍號各有差以相國左長史王綏爲中書令桓謙母庾爲宣城太妃加殊禮給以鞶乘號溫墓曰永崇陵置守衞四十人元入建康宮逆風迅激旍旗儀飾皆傾偃及小會于西堂設妓樂殿上施絳綾帳鏤黃金爲顏四角作金龍頭銜五色

羽葆旒蘇羣臣竊相謂曰此頗似輀車亦王莽仙蓋之流也龍角所謂亢龍有悔者也又造金根車駕六馬是月元臨聽訟觀閱囚徒罪無輕重多被原放有干輿乞者時或鄙之其好行小惠如此自以水德壬辰臘子祖改尚書都官郎爲賊曹又增置五校三將及彊弩積射武衛官元興三年元之永始二年也尚書答春蒐字誤爲春菟凡所關署皆被降黜元大綱不理而糾擿纖微皆此類也以其妻劉氏爲皇后將脩殿宇乃移入東宮又開東掖平昌廣莫及宮殿諸門皆爲三道更造大輦容三十人坐以二百人舁之性好畋遊以體大不堪乘馬又作徘徊輿施轉關令迴動無滯既不追尊祖曾疑其禮儀問於羣臣散騎常侍徐廣據晉典宜追立七廟又敬其父則子悅位彌高者情禮得申道愈廣者納敬必普也元曰禮云三昭三穆與太祖爲七然則太祖必居廟之主也昭穆皆自下之稱則非逆數可知也禮太祖東向左昭右穆如晉室之廟則宣帝在昭穆之例不得在太祖之位昭穆既錯大祖無寄失之遠矣元曾祖以上名位不顯故不欲序列且以王莽九廟見譏於前史遂以一廟矯之郊廟齋二日而已祕書監卞承之曰祭不及祖知楚德之不長也又毀晉小廟以廣臺榭其庶母蒸嘗靡有定所忌日見賓客游宴唯至亡時一哭而已朞服之內不廢音樂元出遊水門飄風飛其儀蓋夜濤水入石頭大桁流壞殺人甚多大風吹朱雀門樓上層墜地元自篡盜之後驕奢荒侈遊獵無度以夜繼晝兄偉葬日旦哭晚遊或一日之中屢出馳騁性又急暴呼召嚴速直官咸繫馬省前禁內諠雜無復朝廷之體於是百姓疲苦朝野勞悴怨怒思亂者十室八九焉

於是劉裕劉毅何無忌等共謀興復裕等斬桓脩於京口斬桓弘于廣陵河內太守辛扈興弘農太守王元德振武將軍童厚之竟陵太守劉邁謀爲內應至期裕遣周安穆報之而邁惶懼遂以告元元震駭卽殺扈興等安穆馳去得免封邁安重侯一宿又殺之裕率義軍至竹里元移還上宮百僚步從召侍官皆入止省中赦揚豫徐兗青冀六州加桓謙征討都督假節以殷仲文代桓脩遣頓邱太守吳甫之右衛將軍皇甫敷北距義軍裕等於江乘與戰臨陣斬甫之進至羅落橋與敷戰復梟其首元聞之大懼乃召諸術人推算數爲厭勝之法乃問衆曰朕其敗乎曹靖之對曰神怒人怨臣實懼焉元曰人或可怨神何爲怒對曰移晉宗廟飄泊無所大楚之祭不及於祖此其所以怒也元曰卿何不諫對曰輦上諸君子皆以爲堯舜之世臣何敢言元愈忿懼使桓謙何澹之屯東陵卞範之屯覆舟山西衆合二萬以距義軍裕至蔣山使羸弱貫油帔登山分張旗幟數道並前元偵候還云裕軍四塞不知多少元益憂惶遣武衛將軍庾賾之配以精卒副援諸軍于時東北風急義軍放火煙塵張天鼓譟之音震駭京邑劉裕執鉞麾而進謙等諸軍一時奔潰元率親信數千人聲言赴戰遂將其子昇兄子濬出南掖門西至石頭使殷仲文具船相與南奔初元在姑孰將相星屢有變篡位之夕月及太白又入羽林元甚惡之及敗走腹心或勸其戰元不暇答直以策指天而經日不得食左右進以麤飯咽不能下昇時年數歲抱元胷而撫之元悲不自勝劉裕以武陵王遵攝萬機立行臺總百官遣劉毅劉道規躡元誅元諸兄子及石康兄權振兄洪等元至尋陽江州刺

史郭昶之給其器用殷仲文自後至望見元舟旌旗輿服備帝者之儀歎息曰敗中復振故可也元於是遁乘輿西上桓歆聚黨向歷陽宣城內史諸葛長民擊破之元於道作起居注敘其距義軍之事自謂經略指授算無遺策諸將違節度以致虧喪非戰之罪於是不遑與羣下謀議唯躭思諷述宣示遠近元至江陵石康納之張幔屋于城南署置百官以卞範之爲尚書僕射其餘職多用輕資於是大脩舟師曾未三旬衆且二萬樓船器械甚盛謂其羣黨曰卿等並淸塗翼從朕躬都下竊位者方應謝罪軍門其覩卿等入石頭無異雲霄中人也元以奔敗之後懼法令不肅遂輕怒妄殺人多離怨殷仲文諫曰陛下少播英譽遠近所服遂掃平荆雍一匡京室聲被八方矣既據有極位而遇此圮運非爲威不足也百姓喁喁想望皇澤宜弘仁風以收物情元怒曰漢高魏武幾遇敗但諸將失利耳頃以天文惡故還都舊楚而羣小愚惑妄生是非方當糾之以猛未宜施之以恩也元左右稱元爲桓詔桓允諫曰詔者施於辭令不以爲稱謂也漢魏之主皆無此言唯聞北虜以苻堅爲苻詔耳願陛下稽古帝則令萬世可法元曰此事已行今宜勑罷之更爲不祥必其宜革可待事平也荆江郡守以元播越或遣使通表有匪寧之辭元悉不受仍乃更令所在表賀遷都元遣遊擊將軍何澹之武衛將軍庾稚祖江夏太守桓道恭就郭銓以數千人守溢口又遣輔國將軍桓振往義陽聚衆至弋陽爲龍驤將軍胡譁所破振車馬走還何無忌劉道規等破郭銓何澹之郭昶之於桑落洲進師尋陽元率船艦二百發江陵使苻宏羊僧壽爲前鋒以鄱陽太守徐放爲散騎常

侍欲遣說解義軍謂放曰諸人不識天命致此妄作遂懼禍屯結不能自反卿三州所信可明示朕心若退軍散甲當與之更始各授位任令不失分江水在此朕不食言放對曰劉裕爲唱端之主劉毅兄爲陛下所誅並不可說也輒當申聖旨於何無忌元曰卿使若有功當以吳興相敘放遂受使入無忌軍魏詠之破桓歆于歷陽諸葛長民又敗歆于芍陂歆單馬渡淮毅率道規及下邳太守孟懷玉與元戰於峥嶸洲于時義軍數千元兵甚盛而元懼有敗衂常漾輕舸於舫側故其衆莫有鬬心義軍乘風縱火盡銳爭先元衆大潰燒輜重夜遁郭銓歸降元故將劉統馮稚等聚黨四百人襲破尋陽城殺遣建威將軍劉懷肅討平之元留永安皇后及皇后於巴陵殷仲文時在元艦求出別船收集散軍因叛元奉二后奔于夏口元入江陵城馮該勸使更下戰元不從欲出漢川投梁州刺史桓希而人情乖阻制令不行元乘馬出城至門左右於闇中斫之不中前後相殺交橫元僅得至船於是荆州別駕王康產奉帝入南郡府舍太守王騰之率文武營衛時益州刺史毛璩使其從孫祐之參軍費恬送弟璠喪葬江陵有衆二百璩弟子脩之爲元屯騎校尉誘元以入蜀元從之達枚回洲恬與祐之迎擊元矢下如雨元嬖人丁仙期萬蓋等以身蔽元並中數十箭而死元被箭其子昇輒拔去之益州督護馮遷抽刀而前元拔頭上玉導與之仍曰是何人邪敢殺天子遷曰欲殺天子之賊耳遂斬之時年三十六又斬石康及濬等五級庾賾之戰死昇云我是豫章王諸君勿見殺遂至江陵市斬之初元在宮中恆覺不安若爲鬼神所擾語其所親云恐已當死故與時競

元興中衡陽有雌雞化爲雄八十日而冠萎具及元建國於楚衡陽屬焉自篡盜至敗時凡八旬矣其時有童謠云長干巷巷長干今年殺郎君後年斬諸桓其凶兆符會如此郎君謂元顯也是月王騰之奉帝入居太府桓謙亦聚衆沮中爲元舉哀立喪庭僞謚爲武悼皇帝毅等傳送元首梟于大桁百姓觀者莫不欣幸何無忌等攻桓謙于馬頭桓蔚於龍洲皆破之義軍乘勝競進振該等距戰於靈溪道規等敗績死沒千餘人義軍退次尋陽更繕舟甲毛璩自領梁州遣將攻漢中殺桓希江夏相張暢之高平太守劉懷肅攻何澹之於西塞磯破之振遣桓蔚代王曠守襄陽道規進討武昌破僞太守王旻魏詠之劉藩破桓石綏於白茅義軍發尋陽桓亮自號江州刺史侵豫章江州刺史劉敬宣討走之義軍進次夏口僞鎮東將軍馮該等守夏口揚武將軍孟山圖據魯城輔國將軍桓山客守偃月壘劉毅攻魯城道規攻偃月壘無忌與檀祗列艦中流以防越逸義軍騰赴叫聲動山谷自辰及午二軍俱潰馮該散走生禽山客毅等平江陵毛璩遣涪陵太守文處茂東下振遣桓放之爲益州屯夷陵處茂距戰放之敗走還江陵義熙元年正月南陽太守魯宗之起義襲襄陽破僞雍州刺史桓蔚無忌諸軍次江陵之馬頭振擁帝出營江津魯宗之率衆於柞溪破僞虎賁中郎溫楷進至紀南振自擊宗之宗之失利時蜀軍據靈溪毅率無忌道規等破馮該軍推鋒而前卽平江陵振見火起知城已陷乃與謙等北走是日安帝反正大赦天下唯逆黨就戮詔特免桓允一人桓亮自豫章自號鎮南將軍湘州刺史苻宏寇安成廬陵劉敬宣遣將討之宏走入湘中二月

桓謙何澹之溫楷等奔于姚興桓振與宏出自涓城襲破江陵劉懷肅自雲杜伐振等破之廣武將軍唐興斬振及僞輔國將軍桓珍殺於臨鄣斬僞零陵太守劉叔祖桓亮苻宏復出寇湘中害郡守長史檀祗討宏於湘東斬之廣武將軍郭彌斬亮於益陽其餘擁衆假號皆討平之詔徙桓允及諸黨與於新安諸郡三年東陽太守殷仲文與永嘉太守駱球謀反欲建桓允爲嗣曹靖之桓石松卞承之劉延祖等潛相交結劉裕以次收斬之并誅其家屬後桓謙走入蜀蜀賊譙縱以謙爲荆州刺史使率兵而下荆楚之衆多應之謙至枝江荆州刺史劉道規斬之梁州刺史傅歆又斬桓石綏桓氏遂滅

卞範之字敬祖濟陰宛句人也識悟聰敏見美於當世太元中自丹陽丞爲始安太守桓元少與之游及元爲江州引爲長史委以心膂之任潛謀密計莫不決之後元爲篡亂以範之爲丹陽尹範之與殷仲文陰撰晉命進範之爲征虜將軍散騎常侍元僭位以範之爲侍中班劒二十人進號後將軍封臨汝縣公其禪詔卽範之文也元旣奢侈無度範之亦盛營館第自以佐命元勳深懷矜伐以富貴驕人子弟傲慢衆咸畏嫉之義軍起範之屯兵於覆舟山西爲劉毅所敗隨元西走元又以範之爲尚書僕射元爲劉毅等所敗左右分散唯範之在側元平斬於江陵

殷仲文南蠻校尉覬之弟也少有才藻美容貌從兄仲堪薦之於會稽王道子卽引爲驃騎參軍甚見賞待俄轉諮議參軍後爲元顯征虜長史會桓元與朝廷有隙元之姊仲文之妻疑而間之左遷新安太守仲文於元雖爲姻親而素不交密及聞元平京師便棄郡投焉元甚悅之以爲諮議參軍時王謐見

禮而不親卞範之被親而少禮而仲文寵遇隆重兼於王卞矣元將爲亂使總領詔命以爲侍中領左衛將軍元九錫仲文之辭也初元篡位入宮其牀忽陷羣下失色仲文曰將由聖德深厚地不能載元大悅以佐命親貴厚自封崇輿馬器服窮極綺麗後房妓妾數十絲竹不絕音性貪吝多納貨賄家累千金常若不足元爲劉裕所敗隨元西走其珍寶玩好悉藏地中皆變爲土至巴陵因奉二后投義軍而爲鎮軍長史轉尚書帝初反正仲文抗表待罪乞解所職詔不許仲文因月朔與衆至大司馬府府中有老槐樹顧之良久而歎曰此樹婆娑無復生意仲文素有名望自謂必當朝政又謝琨之徒疇昔所輕者並皆比肩常怏怏不得志忽遷爲東陽太守意彌不平劉毅愛才好士深相禮接臨當之郡游宴彌日行至富陽慨然歎曰看此山川形勢當復出一伯符何無忌甚慕之東陽無忌所統仲文許當便道修謁無忌故益欽遲之令府中命文人殷闡孔甯子之徒撰義構文以俟其至仲文失志恍惚遂不過府無忌疑其薄已大怒思中傷之時屬慕容超南侵無忌言於劉裕曰桓允殷仲文乃腹心之疾北虜不足爲憂義熙三年又以仲文與駱球等謀反及其弟南蠻校尉叔文並伏誅仲文時照鏡不見其面數日而遇禍仲文善屬文爲世所重謝靈運嘗云若殷仲文讀書半袁豹則文才不減班固言其文多而見書少也

王彌東萊人也家世二千石祖頎魏元菟太守武帝時至汝南太守彌有才幹博涉書記少遊俠京師隱者董仲道見而謂之曰君豺聲豹視好亂樂禍若天下騷擾不作士大夫矣惠帝末妖賊劉柏根起於東萊之惤縣彌率家僮從之柏根以爲長史柏根死聚徒海渚爲苟純所敗亾入長廣山爲羣盜彌多權畧凡有所掠必預圖成敗舉無遺策弓馬迅捷膂力過人青土號爲飛豹後引兵入寇青徐兗州刺史苟晞逆擊大破之彌退集亾散衆復大振晞與之連戰不能尅彌進兵寇泰山魯國譙梁陳汝南潁川襄城諸郡入許昌開府庫取器仗所在陷沒多殺守令有衆數萬朝廷不能制會天下大亂進逼洛陽京邑大震宮城門晝閉司徒王衍等率百官距守彌屯七里澗王師進擊大破之彌謂其黨劉靈曰晉兵尚彊歸無所厝劉淵昔爲質子我與之周旋京師深有分契今稱漢王將歸之可乎靈然之乃渡河歸淵淵聞而大悅遣其侍中兼御史大夫郊迎致書於彌曰以將軍有不世之功超時之德故有此迎耳遲望將軍之至孤今親行將軍之館輒拂席洗爵敬待將軍及彌見淵勸稱尊號淵謂彌曰孤本謂將軍如竇周公耳今眞吾孔明仲華也烈祖有云吾之有將軍如魚之有水於是署彌司隸校尉加侍中特進彌固辭使隨劉曜寇河內又與石勒攻臨漳永嘉初寇上黨圍壺關東海王越遣淮南內史王曠安豐太守衛乾等討之及彌戰于高都長平間大敗之死者十六七淵進彌征東大將軍封東萊公與劉曜石勒等攻魏郡汲郡頓邱陷五十餘壁皆調爲軍士又與勒攻鄴安北將軍和郁棄城而走懷帝遣北中郎將裴憲次白馬討彌車騎將軍王堪次東燕討勒平北將軍曹武次大陽討劉淵武部將軍彭默爲劉聰所敗見害衆軍皆退聰度黃河帝遣司隸校尉劉暾將軍宋抽等距之皆不能抗彌聰以萬騎至京城焚二學東海王越距戰於西明門彌等敗走彌復以二千騎寇襄城諸縣河東平陽弘農上黨諸流人之在潁川襄城汝南南陽河南者數萬家爲舊居人所不禮皆焚燒城邑殺二千石長吏以應彌彌又以二萬人會石勒寇陳郡潁川屯陽翟遣弟璋與石勒共寇徐兗因破越軍彌復與曜寇襄城遂逼京師時京邑大饑民相食百姓流亾公卿奔河陰曜彌等遂陷宮城至太極前殿縱兵大掠幽帝于端門逼辱羊皇后殺皇太子詮發掘陵墓焚燒宮廟城府蕩盡百官及男女遇害者三萬餘人遂遷帝于平陽彌之掠也曜禁之彌不從曜斬其牙門王延以徇彌怒與曜阻兵相攻死者千餘人彌長史張嵩諫曰明公與國家共興大事事業甫耳便相攻討何面見主上乎平洛之功誠在將軍然劉曜皇族宜小下之晉二王平吳之鑒其則不遠願明將軍以爲慮縱將軍阻兵不還其若子弟宗族何彌曰善微子吾不聞此過也於是詣曜謝結分如初彌曰下官聞過乃是張長史之功曜謂嵩曰君爲朱建矣豈況范生乎各賜嵩金百斤彌謂曜曰洛陽天下之中山河四險之固城池宮室無假營造可徙平陽都之曜不從焚燒而去彌曰屠各子豈有帝王之意乎汝奈天下何遂引衆東屯項關初曜以彌先入洛不待已怨之至是嫌隙遂構劉暾說彌還據青州彌然之乃以左長史曹嶷爲鎮東將軍給兵五千多齎寶物還鄉里招誘亾命且迎其室彌將徐邈高梁輒率部衆數千人隨嶷去彌益衰弱初石勒惡彌驍勇常密爲之備及彌破洛陽也多遺勒美女寶貨以結之時勒擒苟晞以爲左司馬彌謂勒曰公獲苟晞而用之何其神妙使晞爲公左彌爲公右天下不足定也勒愈忌彌陰圖之劉暾又勸彌徵曹嶷藉其

眾以誅勒於是彌使曒詣青州令曹嶷引兵會已而詐要勒共向青州曒至東阿爲勒游騎所獲勒見彌與嶷書大怒乃殺曒彌未之知勒伏兵請彌殺之并其眾

張昌本義陽蠻也少爲平氏縣吏武力過人每自占卜言應當富貴好論攻戰儕類咸共笑之及李流寇蜀昌潛遁半年聚黨數千人盜得幢麾詐言臺遣其募人討流會壬午詔書發武勇以赴益土號曰壬午兵自天下多難數術者云當有帝王興於江左及此調發人咸不樂西征昌黨因之誑惑百姓各不肯去而詔書催遣嚴速所經之縣停留者五日二千石免由是郡縣官長皆躬出驅逐展轉不遠屯聚而爲劫掠是歲江夏大稔流人就食者數千口太安二年昌於安陸縣石巖山屯聚去郡八十里諸流民及避戍役者多往從之昌乃易姓名爲李辰太守弓欽遣軍就討輒爲所破昌徒眾日多遂來攻郡欽出戰大敗乃將家南奔沔口鎮南大將軍新野王歆遣騎督靳滿討昌於隨郡西大戰滿敗走昌得其器仗據有江夏即其府庫造祆言云當有聖人出山都縣吏邱沉遇於江夏昌名之爲聖人盛車服出迎之立爲天子置百官沉易姓名爲劉尼稱漢後以昌爲相國昌兄味爲車騎將軍弟放廣武將軍各領兵於石巖中作宮殿又於巖上織竹爲鳥形衣以五綵聚肉於其傍眾鳥羣集詐云鳳凰降又言珠袍玉璽鐵券金鼓自然而至乃下赦書建元神鳳郊祀服色依漢故事其有不應其募者族誅又流訛言云江淮已南皆圖反逆官軍大起悉誅討之羣小互相扇動人情惶懼江沔間一時猋起豎牙旗鳴鼓角以應昌旬月之間眾十三萬皆以絳科頭撍之以毛江夏義陽士庶莫不從之惟江夏舊姓江安令王僱秀才呂蕤不從昌以三公位徵之僱蕤懼密將家室北奔汝南投豫州刺史劉喬鄉人期思令李權常安令吳鳳孝廉吳暢糾合善士得五百餘家追隨僱等不豫妖逆新野王歆上言妖賊張昌劉尼妄稱神聖犬羊萬計絳頭毛面跳刀走戟其鋒不可當請臺勑諸軍三道救助於是劉喬率諸軍據汝南以禦賊前將軍趙驤領精卒八千據宛助平南將軍羊伊距守昌遣其將軍黃林爲大都督率二萬人向豫州前驅李宮欲掠取汝水居人喬遣將軍李楊逆擊大破之林等東攻弋陽太守梁桓嬰城固守又遣其將馬武破武昌害太守昌自領其眾西攻宛破趙驤害羊伊進攻襄陽害新野王歆昌別率石冰東破江揚二州僞置守長當時五州之境皆畏逼從逆又遣其將陳貞陳蘭張甫等攻長沙湘東零陵諸郡昌雖跨帶五州樹立牧守皆桀盜小人而無禁制但以劫掠爲務人情漸離是歲詔以寧朔將軍領南蠻校尉劉弘鎮宛弘遣司馬陶侃參軍蒯桓皮初等率眾討昌於竟陵劉喬又遣將軍李楊督護尹奉總兵向江夏侃等與昌苦戰累日大破之納降萬計昌乃沉竄于下儁山明年秋乃擒之傳首京師同黨並夷三族

陳敏字令通廬江人也少有幹能以郡廉吏補尚書倉部令史及趙王倫篡逆三王起義兵屯不散京師倉廩空虛敏建議曰南方米穀皆積數十年時將欲腐敗而不漕運以濟中州非所以救患周急也朝廷從之以敏爲合肥度支遷廣陵度支張昌之亂遣其將石冰等趨壽春都督劉準憂惶計無所出時敏統大軍在壽春謂準曰此等本不樂遠戍故逼迫成賊烏合之眾其勢易離敏請合率運兵公分配眾力破之必矣準乃益敏兵擊之破吳弘石冰等敏遂乘勝逐北戰數十合時冰眾十倍敏以少擊眾每戰皆尅遂至揚州迴討徐州賊封雲雲將張統斬雲降敏以功爲廣陵相時惠帝幸長安四方交爭敏遂有割據江東之志其父聞之怒曰滅我門者必此兒也父亾去職東海王越當西迎大駕承制起敏爲右將軍假節前鋒都督致書獎喻使赴國難時越討豫州刺史劉喬敏引兵會之與越俱敗於蕭敏因中國大亂遂請東歸收兵據歷陽會吳王常侍甘卓自洛至教卓假稱皇太弟命拜敏爲揚州刺史并假江東首望顧榮等四十餘人爲將軍郡守榮等並僞從之敏爲息娶卓女遂相爲表裏揚州刺史劉機丹陽太守王廣等皆棄官奔走敏弟昶知顧榮等有貳心勸敏殺之敏不從昶將精兵數萬據烏江弟恢率錢端等南寇江州刺史應邈奔走弟斌東畧諸郡遂據有吳越之地敏命寮佐以巳爲都督江東軍事大司馬楚公封十郡加九錫列上尚書稱自江入河奉迎鑾駕東海王軍諮祭酒華譚聞敏自相署置而顧榮等江東首望悉受敏官爵乃遺榮等書曰陳敏本以倉曹令史頑冗下材朝廷以石冰之亂錄其微功越次超授庶其有韓盧一噬之效而本性凶狡貪榮干運阻兵作威盜據吳會天道伐惡人神所不佑雖阻長江命危朝露蓋忠節令圖君子高行而屈節附逆義士所恥諸賢既吳會仁人並受國寵或剖符名郡或列爲近臣而便辱身奸人之朝降節逆叛之黨稽顙屈膝不亦羞乎遂度雅量豈獨是安況今皇輿東軒行即紫館廟讜遠算潛運帷幄便當發荊州虎旅順流東下徐州銳鋒南據堂邑征東勁卒耀武

歷陽飛橋越橫江之津泝舟涉瓜步之渚威震丹陽擒賊建鄴而諸賢復何顏見中州之士邪僕與諸君皆爲同志今巳異域往爲一體今成異身引領南望情存舊懷願圖良策以存嘉謀也敏凡材無遠略一旦據有江東刑政無章不爲英儁所服且子弟凶暴所在爲患周玘顧榮之徒常懼禍敗又得譚書皆有慙色玘榮遣使密報征東大將軍劉準遣兵臨江已爲內應準遣揚州刺史劉機寧遠將軍衡彥等出歷陽敏使弟昶及將軍錢廣次烏江以距之又遣弟閎爲歷陽太守戍牛渚錢廣家在長城玘鄉人也玘潛使圖昶廣遣其屬何康錢象投募送白事於昶昶俛頭視書康揮刀斬之稱州下已殺敏敢有動者誅三族吹角爲內應廣先勒兵在朱雀橋陳兵水南玘榮又說甘卓卓遂背敏敏率萬餘人將與卓戰未獲濟榮自以白羽扇麾之敏衆潰散敏單騎東奔至江乘爲義兵所斬母及妻子皆伏誅於是會稽諸郡並殺敏諸弟無遺焉

王如京兆新豐人也初爲州武吏遇亂流移至宛時諸流人有詔並遣還鄉里如以關中荒殘不願歸征南將軍山簡南中郎將杜蕤各遣兵送之而促期令發如遂潛結諸無賴少年夜襲二軍破之杜蕤悉衆擊如戰于涅陽蕤軍大敗山簡不能禦移屯夏口如又破襄城於是南安龐實馮翊嚴嶷長安侯脫等各帥其黨攻諸城鎮多殺令長以應之未幾衆至四五萬自號大將軍領司雍二州牧如懼石勒之攻已也乃厚賄於勒結爲兄弟勒亦假其彊而納之時侯脫據宛與如不協如說勒曰侯脫雖名漢臣其實漢賊如常恐其來襲兄宜備之勒素怒脫貳已憚如脣齒故不攻之及聞如言甚悅遂夜令三軍蓐食待命雞鳴而駕後出者斬晨壓宛門攻之旬有二日而尅之勒遂斬脫如於是大掠沔漢進逼襄陽征南山簡使將趙同帥師擊之經年不能尅智力並屈遂嬰城自守王澄帥軍赴京都如邀擊破之如連年種穀皆化爲莠軍中大飢其黨互相攻劫官軍進討各相率來降如計無所出歸于王敦敦從弟稜愛如驍武請敦配已麾下敦曰此輩險難畜汝性忌急不能容養更成禍端稜固請與之稜置諸左右甚加寵遇如數與敦諸將角射屢鬬爭爲過失稜果不容而杖之如甚以爲恥初敦有不臣之迹稜每諫之敦常怒其異已及敦聞如爲稜所辱密使人激怒之勸令殺稜如詣稜因閑宴請劒舞爲歡稜從之如於是舞刀爲戲漸漸來前稜惡而呵之不止叱左右使牽去如直前害稜敦聞而陽驚亦捕如誅之

杜曾新野人南中郎將蕤之從祖弟也少驍勇絕人能被甲游於水中始爲新野王歆鎮南參軍歷華容令至南蠻司馬凡有戰陣勇冠三軍會永嘉之亂荊州荒梗故牙門將胡亢聚衆於竟陵自號楚公假曾竟陵太守亢後與其黨自相猜貳誅其驍將數十人曾心不自安潛謀圖之乃卑身屈節以事於亢亢弗之覺甚信任之會荊州賊王冲自號荊州刺史部衆亦盛屢遣兵抄亢所統亢患之問計於曾曾勸令擊之亢以爲然曾白亢取帳下刀戟付工磨之因潛引王冲之兵亢遣精騎出距冲城中空虛曾因斬亢而并其衆自稱南中郎將領竟陵太守曾求南郡太守劉務女不得盡滅其家會愍帝遣第五猗爲安南將軍荊州刺史曾迎猗於襄陽爲兄子娶猗女遂分據沔漢時陶侃新破杜弢乘勝擊曾有輕曾之色侃司馬魯恬言於侃曰古人戰爭先料其將今使君諸將無及曾者未易可逼也侃不從進軍圍之於石城時曾軍多騎而侃兵無馬曾密開門突侃陣出其後反擊其背侃師遂敗投水死者數百人曾將趨順陽下馬拜侃告辭而去旣而致箋於平南將軍荀崧求討丹水賊以自效崧納之侃遺崧書曰杜曾凶狡所將之卒皆豺狼也可謂梟鴟食母之物此人不死州土未寧足下當識吾言崧以宛中兵少藉曾爲外援不從侃言曾復率流亡二千餘人圍襄陽數日不下而還及王廙爲荊州刺史曾距之廙使將朱軌趙誘擊曾皆爲曾所殺王敦遣周訪討之屢戰不尅訪潛遣人緣山開道出曾不意以襲之曾衆潰其將馬儁蘇溫等執曾詣訪降訪欲生致武昌而朱軌息昌趙誘息允等皆乞曾以復冤於是斬曾而昌允臠其肉而噉之

杜弢字景文蜀郡成都人也祖植有名蜀土武帝時爲符節令父珍略陽護軍弢初以才學著稱州舉秀才遭李庠之亂避地南平太守應詹愛其才而禮之後爲醴陵令時巴蜀流人汝班蹇碩等數萬家布在荊湘間而爲舊百姓之所侵苦並懷怨恨會蜀賊李驤殺縣令屯聚樂鄉衆數百人弢與應詹擊驤破之蜀人杜疇蹇撫等復擾湘州參軍馮素與汝班不協言於刺史荀眺曰流人皆欲反眺以爲然欲盡誅流人班等懼死聚衆以應疇時弢在湘中賊衆共推弢爲主弢自稱梁益二州牧平難將軍湘州刺史攻破郡縣眺委城走廣州廣州刺史郭訥遣始興太守嚴佐率衆攻弢弢逆擊破之荊州刺史王澄復遣王機擊弢敗於巴陵弢遂縱兵肆暴僞降於山簡簡以爲廣漢太守眺之走也州人推安成

太守郭察領州事因率衆討弢反爲所敗察死之弢遂南破零陵東侵武昌害長沙太守崔敷宜都太守杜鑒邵陵太守鄭融等元帝命征南將軍王敦荆州刺史陶侃等討之前後數十戰弢將士多物故於是請降帝不許弢乃遣應詹書布其誠款辭旨哀苦詹甚憐之乃啟呈弢書請遣大使宣揚聖旨以赦其罪帝乃使前南海太守王運受弢降宣詔書大赦凡諸反逆一皆除之加弢巴東監軍弢受命後諸將殉功者攻擊之不已弢不勝憤怒遂殺運而使其將王眞領精兵三千爲奇兵出江南向武陵斷官軍運路陶侃使伏波將軍鄭攀邀擊大破之眞步走湘城於是侃等諸軍齊進眞遂降侃衆黨散潰弢乃逃遁不知所在

王機字令明長沙人也父毅廣州刺史甚得南越之情機美姿儀倜儻有度量陳恢之亂機年十七率衆擊破之常慕王澄爲人澄亦雅知之以爲已亞遂與友善內綜心膂外爲爪牙尋用爲成都內史機終日醉酒不存政事由是百姓怨之人情騷動會澄遇害機懼禍及又屬杜弢所在發墓而獨爲機守冢機益自疑就王敦求廣州敦不許會廣州人背刺史郭訥迎機爲刺史機遂將奴客門生千餘人入廣州州部將温邵率衆迎機敦遣參軍葛幽追之及於廬陵機叱幽曰何以敢來欲取死邪幽不敢逼而歸郭訥聞邵之納機也乃遣兵擊邵反爲所破訥又遣機父兄時吏距之咸倒戈迎機訥衆皆散乃握節而避機機遂入城就訥求節訥歎曰昔蘇武不失其節前史以爲美談此節天朝所假義不相與自可遣兵來取之機慙而止機自以篡州懼爲王敦所討乃更求交州時杜弢餘黨杜弘奔臨賀送金數千兩與機求討桂林賊以自効機爲列上朝廷許之王敦以機難制又欲因機討梁碩故以降杜弘之勳轉爲交州刺史碩聞而遣子侯候機於鬱林機怒其迎遲責云須至州當相收拷碩子馳使報碩碩曰王郎已壞廣州何可復來破交州也乃禁州人不許迎之府司馬杜讚以碩不迎機率兵討碩爲碩所敗碩恐諸僑人爲機於是悉殺其良者乃自領交阯太守機既爲碩所距遂住鬱林時杜弘大破桂林賊還遇機於道機勸弘取交州弘素有志乃執機節曰當相與迭持何可獨捉機遂以節與之於是機與弘及温邵劉沉等並反尋而陶侃爲廣州到始興州人皆諫不可輕進侃不聽及至州諸郡縣皆已迎機矣侃先討温邵劉沉皆殺之機遣牙門屈藍還州詐言增糧密招誘所部欲以距侃侃即收藍斬之遣督護許高討機走之病死于道高掘出其尸斬首并殺其二子焉機兄矩字令式美姿容每出遊觀者盈路初爲南平太守豫討陳恢有功遷廣州刺史將赴職忽見一人持奏謁矩自云京兆杜靈之矩問之答稱天上京兆被使召君爲主簿矩意甚惡之至州月餘卒

祖約字士少豫州刺史逖之弟也初以孝廉爲城皐令與逖甚相友愛永嘉末隨逖過江元帝稱制引爲掾屬與陳留阮孚齊名後轉從事中郎典選舉約妻無男而性妒約亦不敢違忤嘗夜寢於外忽爲人所傷疑其妻所爲約求去職帝不聽約便從右司馬營東門私出司直劉隗劾之曰約幸荷殊寵顯位選曹銓衡人物衆所具瞻當敬以直內義以方外杜漸防萌式遏寇害而乃變起蕭墻患生婢妾身被刑傷虧其膚髮羣小噂沓聲遠被塵穢清化垢累明時天恩含垢猶復慰喻而約違命輕出既無明智以保其身又孤恩廢命宜加貶黜以塞衆謗帝不之罪隗重加執據終不許及逖有功於譙沛約漸見任遇逖卒自侍中代逖爲平西將軍豫州刺史領逖之衆約異母兄光祿大夫納密言於帝曰約內懷陵上之心抑而使之可也今顯侍左右假其權勢將爲亂階矣帝不納時人亦謂納與約異生忌其寵貴故有此言而約竟無綏馭之才不爲士卒所附及王敦舉兵約歸衞京都率衆次壽陽逐敦所署淮南太守任台以功封五等侯進號鎮西將軍使屯壽陽爲北境藩捍約自以名輩不後郗卞而不豫明帝顧命又望開府及諸所表請多不見許遂懷怨望石聰嘗以衆逼之約屢表請救而官軍不至聰既退朝議又欲作涂塘以遏胡寇約謂爲棄己彌懷憤恚先是太后使蔡謨勞之約見謨瞋目攘袂非毀朝政及蘇峻舉兵遂推崇約而罪執政約聞而大喜從子智及衍並傾險好亂更讚成其事於是命逖子沛內史渙女壻淮南太守許柳以兵會峻逖妻柳之姊也固諫不從及峻尅京師矯詔以約爲侍中太尉尚書令潁川人陳光率其屬攻之約左右閻禿貌類約光謂爲約而擒之約踰垣獲免光奔於石勒而約之諸將復陰結於勒請爲內應勒遣石聰來攻之約衆潰奔歷陽遣兄子渙攻桓宣於皖城會毛寶援宣擊渙敗之趙胤復遣將軍甘苗從三焦上歷陽約懼而夜遁其將牽騰率衆出降約以左右數百人奔于石勒勒薄其爲人不見者久之勒將程遐說勒曰天下粗定當顯明逆順此漢高祖所以斬丁公也今忠於事君者莫不顯擢背叛不臣者無不夷戮此天下所以歸伏大王也祖約猶存臣竊惑之且約大引賓客又占奪鄉里

先人田地地主多恐於是勒乃詐約曰祖侯遠來未得善歡可集子弟一時俱會至日勒辭之以疾令遐請約及其宗室約知禍及大飲致醉既至于市抱其外孫而泣遂殺之并其親屬中外百餘人悉滅之婦女妓妾班賜諸胡初逖有胡奴曰王安待之甚厚及在雍邱告之曰石勒是汝種類吾亦不在爾一人乃厚資遣之遂爲勒將祖氏之誅也安多將從人於市觀省潛取逖庶子道重藏之爲沙門時年十歲石氏滅後來歸

蘇峻字子高長廣掖人也父模安樂相峻少爲書生有才學仕郡主簿年十八舉孝廉永嘉之亂百姓流亡所在屯聚峻糾合得數千家結壘於本縣于時豪傑所在屯聚而峻最彊遣長史徐瑋宣檄諸屯示以王化又收枯骨而葬之遠近感其恩義推峻爲主遂射獵於海邊靑山中元帝聞之假峻安集將軍時曹嶷領靑州刺史表峻爲掖令峻辭疾不受嶷惡其得衆恐必爲患將討之峻懼率其所部數百家汎海南渡既至廣陵朝廷嘉其遠至轉鷹揚將軍會周堅反於彭城峻助討之有功除淮陵內史遷蘭陵相王敦作逆詔峻討敦峻卜之不吉遲迴不進及王師敗績峻退保盱眙淮陵故吏徐深艾殺重請峻爲內史詔聽之加奮威將軍太寧初更除臨淮內史王敦復肆逆尙書令郗鑒議召峻及劉遐援京師敦遣峻兄說峻曰富貴可坐取何爲自來送死峻不從遂率衆赴京師頓于司徒故府道遠行速軍人疲困沈充錢鳳謀曰北軍新到未堪攻戰擊之必尅若復猶豫後難犯也賊於其夜度竹格渚拔柵將戰峻率其將韓晃於南塘橫截大破之又隨庾亮追破沈充進使持節冠軍將軍歷陽內史加散騎常侍封邵陵公食邑一千八百戶峻本以單家聚衆於擾攘之際歸順之後志在立功既有功於國威望漸著至是有銳卒萬人器械甚精朝廷以江外寄之而峻頗懷驕溢自負其衆濟有異志撫納亡命得罪之家有逃死者峻輒蔽匿之衆力日多皆仰食縣官運漕者相屬稍不如意便肆忿言時明帝初崩委政宰輔護軍庾亮欲徵之峻聞將徵遣司馬何仍詣亮曰討賊外任遠近從命至於內輔實非所堪不從遂下優詔徵峻爲大司農加散騎常侍位特進以弟逸代領部曲峻素疑亮欲害己表曰昔明皇帝親執臣手使臣北討胡寇今中原未靖無用家爲乞補靑州界一荒郡以展鷹犬之用復不許峻嚴裝將赴召而猶豫未決參軍任讓謂峻曰將軍求處荒郡而不見許事勢如此恐無生路不如勒兵自守峻從之遂不應命朝廷遣使諷諭之峻曰臺下云我欲反豈得活邪我甯山頭望廷尉不能廷尉望山頭往者國危累卵非我不濟狡兎既死獵犬理自應烹但當死報造謀者耳於是遣參軍徐會結祖約謀爲亂而以討亮爲名約遣祖渙許柳率衆助峻峻遣將軍韓晃張健等襲姑孰進逼慈湖殺于湖令陶馥及振威將軍司馬流峻自率渙柳衆萬人乘風濟自橫江次于陵口與王師戰頻捷遂據蔣陵覆舟山率衆因風放火臺省及諸營寺署一時蕩盡遂陷宮城縱兵大掠侵逼六宮窮凶極暴殘酷無道驅役百官光祿勳王彬等皆被捶撻逼令擔負登蔣山裸剝士女皆以壞席苫草自鄣無草者坐地以土自覆哀號之聲震動內外時官有布二十萬疋金銀五千斤錢億萬絹數萬匹他物稱是峻盡費之矯詔大赦惟庾亮兄弟不在原例自爲驃騎領軍將軍錄尙書事許柳丹陽尹加前將軍馬雄左衞將軍祖渙驍騎將軍復弋陽王羕爲西陽王太宰錄尙書事羕息播亦復本官於是改易官司置其親黨朝廷政事一皆由之又遣韓晃入義興張健管商弘徽等入晉陵時溫嶠陶侃已倡義於武昌峻聞兵起用參軍賈甯計還據石頭更分兵距諸義軍所過無不殘滅嶠等將至峻遂遷天子於石頭逼迫居人盡聚之後苑使懷德令匡術守苑城嶠等既到乃築壘於白石峻率衆攻之幾至陷沒東西抄掠多所擒虜兵威日盛戰無不尅由是義衆沮衄人懷異計朝士之奔義軍者皆云峻狡黠有智力其徒黨驍勇所向無敵惟當以天討有罪誅滅不久若以人事言之未易除也溫嶠怒曰諸君怯懦乃是譽賊及後累戰不捷嶠亦深憚之管商等進攻吳郡焚吳縣海鹽嘉興敗諸義軍韓晃又攻宣城害太守桓彝商等又焚餘杭而大敗於武康退還義興嶠與趙允率步兵萬人從白石南上欲以臨之峻與匡孝將八千人逆戰峻遣子碩與孝以數十騎先薄趙允敗之峻望見允走曰孝能破賊我更不如乎因舍其衆與數騎北下突陣不得入將迴趨白木陂牙門彭世李千等投之以矛墜馬斬首臠割之焚其骨三軍皆稱萬歲峻司馬任讓等共立峻弟逸爲主求峻尸不獲碩乃發庾亮父母墓剖棺焚尸逸閉城自守韓晃聞峻死引兵赴石頭管商及弘徽進攻庱亭壘督護李閎及輕車長史滕含擊破之斬首千級商率衆走延陵李閎與庱亭諸軍追之斬獲數千級商詣庾亮降匡術舉苑城降韓晃與蘇逸等并力攻術不能陷溫嶠等選精銳將攻賊營碩率驍勇數百渡淮而戰於陣斬碩晃等震懼以其衆奔張健於曲阿門阸不得出

更相蹈藉死者萬數逸爲李暢所執斬于車騎府初管商之降也餘衆並歸張健健又疑弘徽等不與已同盡殺之㚒以舟軍自延陵向長塘小大二萬餘口金銀寶物不可稱數揚烈將軍王允之與吳興諸軍擊健大破之獲男女萬餘口健復與馬雄韓晃等輕軍俱走閻亭銳兵追之及於巖山攻之甚急健等不敢下山惟晃獨出帶兩步靫箭卻據胡牀彎弓射之傷殺甚衆箭盡乃斬之健等遂降並梟其首

孫恩字靈秀瑯邪人孫秀之族也世奉五斗米道恩叔父泰字敬遠師事錢唐杜子恭而子恭有祕術嘗就人借瓜刀其主求之子恭曰當即相還耳既而刀主行至嘉興有魚躍入船中破魚得瓜刀其爲神效往往如此子恭死泰傳其術然浮狡有小才誑誘百姓愚者敬之如神皆竭財產進子女以求福慶王珣言於會稽王道子流之于廣州刺史王懷之以泰行鬱林太守南越亦歸之太子少傅王雅先與泰善言於孝武帝以泰知養性之方因召還道子以爲徐州主簿猶以道術眩惑士庶稍遷輔國將軍新安太守王恭之役泰私合義兵得數千人爲國討恭黃門郎孔道鄱陽太守桓放之驃騎諮議周勰等皆敬事之會稽世子元顯亦數詣泰求其祕術泰見天下兵起以爲晉祚將終乃扇動百姓私集徒黨于時朝士皆懼泰爲亂以其與元顯交厚咸莫敢言會稽內史謝輶發其謀道子誅之恩逃于海衆聞泰死惑之皆謂蟬蛻登仙故就海中資給恩聚合亾命得百餘人志欲復讎及元顯縱暴吳會百姓不安恩因其騷動自海攻上虞殺縣令因襲會稽害內史王凝之有衆數萬於是會稽謝鍼吳郡陸瓌吳興邱尫義興許允之臨海周胄永嘉張永及東陽新安等凡八郡一時俱起殺長吏以應之旬日之中衆數十萬於是吳興太守謝邈永嘉太守謝逸嘉興公顧允南康公謝明慧黃門郎謝沖張琨中書郎孔道太子洗馬孔福烏程令夏侯愔等皆遇害吳國內史桓謙義興太守魏傿臨海太守新蔡王崇等並出奔於是恩據會稽自號征東將軍號其黨曰長生人宣語令誅異己有不同者戮及嬰孩由是死者十七八畿內諸縣處處蜂起朝廷震懼內外戒嚴遣衛將軍謝琰鎮北將軍劉牢之討之並轉鬬而前吳會承平日久久不習戰又無器械故所在多被破亾諸賊皆燒倉廩焚邑屋刊木堙井虜掠財寶相率聚于會稽其婦女有嬰累不能去者囊簏盛嬰兒投於水而告之曰賀汝先登仙堂我尋後就汝初恩聞八郡響應告其屬曰天下無復事矣當與諸君朝服而至建康既聞牢之臨江復曰我割浙江不失作勾踐也尋知牢之已濟江乃曰孤不羞走矣遂虜男女二十餘萬口一時逃入海懼官軍之躡乃緣道多棄寶物子女時東土殷實莫不粲麗盈目牢之等遽於收斂故恩復得逃海朝廷以謝琰爲會稽率徐州文武戍海浦隆安四年恩復入餘姚破上虞進至刑浦琰遣參軍劉宣之距破之恩退縮少日復寇刑浦害謝琰朝廷大震遣冠軍將軍桓不才輔國將軍孫無終寧朔將軍高雅之擊之恩復還于海於是復遣牢之東屯會稽吳國內史袁山松築扈瀆壘沿海備恩明年恩復入浹口雅之敗績牢之進擊恩恩復還于海轉寇扈瀆害袁山松仍浮海向京口牢之率衆要擊未達而恩已至劉裕乃總兵沿海距之及戰恩衆大敗狼狽赴船尋又集衆欲向京都朝廷駭懼陳兵以待之恩至新洲不敢進而退北寇廣陵陷之乃浮海而北劉裕與劉敬宣并軍躡之於郁州累戰恩復大敗由是漸衰弱復沿海還南裕亦尋海要截復大破恩於扈瀆恩遂遠迸海中及桓元用事恩復寇臨海臨海太守辛景討破之恩窮蹙乃赴海自沉妖黨及妓妾謂之水僊投水從死者百數餘衆復推恩妹夫盧循爲主自恩初入海所虜男女之口其後戰死及自溺并流離被傳賣者至恩死時裁數千人存而恩攻沒謝琰袁山松陷廣陵前後數十戰亦殺百姓數萬人

盧循字子先小名元龍司空從事中郎諶之曾孫也雙眸冏徹瞳子四轉善草隸弈棊之藝沙門惠遠有鑒裁見而謂之曰君雖體涉風素而志存不軌循娶孫恩妹及恩作亂與循通謀恩性酷忍循每諫止之人士多賴以濟免恩亾餘衆推循爲主元興二年正月寇東陽八月攻永嘉劉裕討循至晉安循窘急汎海到番禺寇廣州逐刺史吳隱之自攝州事號平南將軍遣使獻貢時朝廷新誅桓氏中外多虞乃權假循征虜將軍廣州刺史平越中郎將義熙中劉裕伐慕容超循所署始興太守徐道覆循之姊夫也使人勸循乘虛而出循不從道覆乃至番禺說循曰朝廷恆以君爲腹心之疾劉公未有旋日不乘此機而保一日之安若平齊之後劉公自率衆至豫章遣銳師過嶺雖復君之神武必不能當也今日之機萬不可失既尅都邑劉裕雖還無能爲也君若不同便當率始興之衆直指尋陽循甚不樂此舉無以奪其計乃從之初道覆密欲裝舟艦乃使人伐船材於南康山僞云將下都貨之後稱力少不能得致即於郡賤賣之價減數倍居人貪賤賣衣物而市之贛石水

急出船甚難皆儲之如是者數四故船板大積而百姓弗之疑及道覆舉兵案賣券而取之無得隱匿者乃并力裝之旬日而辦遂舉眾寇南康廬陵豫章諸郡守相皆委任奔走鎮南將軍何無忌率眾距之兵敗被害循遣道覆寇江陵未至為官軍所敗馳走告循曰請并力攻京都若剋之江陵非所憂也乃連旗而下戎卒十萬舳艫千計敗衛將軍劉毅於桑落洲逕至江甯道覆素有膽決知劉裕已還欲乾沒一戰請於新亭至白石焚舟而上數道攻之循多謀少決欲以萬全為計固不聽道覆以循無斷乃歎曰我終為盧公所誤事必無成使我得為英雄驅馳天下不足定也裕懼其侵軼乃柵石頭斷柤浦以距之循攻柵不利船艦為暴風所傾人有死者列陣南岸戰又敗績乃進攻京口寇掠諸縣無所得循謂道覆曰師老矣弗能復振可據尋陽并力取荊州徐更與都下爭衡猶可以濟因自蔡洲南走復據尋陽裕先遣羣帥追討自統大眾繼進又敗循於雷池循欲遁還豫章乃悉力柵斷左里裕命眾攻柵循眾雖死戰猶不能抗裕乘勝擊之循單舸而走收散卒得千餘人還保廣州裕先遣孫處從海道據番禺城循攻之不下道覆保始興因險自固循乃襲合浦剋之進攻交州至龍編刺史杜慧度譎而敗之循勢屈知不免先鴆妻子十餘人又召妓妾問曰我今將自殺誰能同者多云雀鼠貪生就死實人情所難有云官尚當死某豈願生於是悉鴆諸辭死者因自投于水慧度取其尸斬之及其父嘏同黨盡獲傳首京都

譙縱巴西南充人也祖獻之有重名於西土縱少而謹慎蜀人愛之為安西府參軍義熙元年刺史遣縱及侯暉等領諸縣氐進兵東下暉有異志因梁州人不樂東也將圖益州刺史毛璩與巴西陽昧結謀於五城水口共逼縱為主縱懼而不當走投于水暉引出而請之至於再三遂以兵逼縱於輿上攻璩弟西夷校尉瑾於涪城城陷瑾死之縱乃自號梁秦二州刺史璩聞縱反自涪城步還成都遣參軍王瓊率三千人討縱又遣弟瑗領兵四千繼瓊後進縱遣弟明子及暉距瓊於廣漢瓊擊破暉等追至綿竹明子設二伏以待之大敗瓊眾死者十八九益州營戶李騰開城以納縱毛璩既死縱以從弟洪為益州刺史明子為鎮東將軍巴州刺史率其眾五千人屯白帝自稱成都王明年遣使稱藩於姚興將順流東寇以討車騎將軍劉裕為名乞師於姚興且請桓謙為助興遣之九年劉裕以西陽太守朱齡石為益州刺史甯朔將軍臧熹下邳太守劉鍾蘭陵太守蒯恩等率眾二萬自江陵討縱初謀元率僉難其人齡石資名素淺裕違眾拔之授以麾下之半臧熹裕妻弟也位出其右又隸焉齡石次于白帝縱遣譙道福重兵守涪齡石師次平模去成都二百里縱遣其大將軍侯暉尚書僕射譙悅屯平模夾岸連城層樓重柵眾未能攻齡石謂劉鍾曰天方暑熱賊今固險攻之難拔秖困我師吾欲蓄銳息兵伺隙而進卿以為何如鍾曰不然前揚聲言大將由內水故道福不敢捨涪今重軍逼之出其不意侯暉之徒已破膽矣正可因其兒而攻之勢當必尅尅平模之後自可鼓行而前成都必不能守若緩兵相持虛實相見涪軍復來難為敵也進不能戰退無所資二萬餘人因為蜀子虜耳從之翌日進攻皆尅斬侯暉等於是遂進縱之城守者相次瓦解縱乃出奔其尚書令馬耽封倉庫以待王師及齡石入成都誅縱同祖之親餘皆安堵使復其業縱之走也先如其墓縱女謂縱曰走必不免秖取辱焉等死死於先人之墓可也縱不從投道福于涪道福怒謂縱曰大丈夫居如斯功業安可棄哉今欲為降虜豈可為得人誰不死何懼之甚因投縱以劍中其馬鞍縱去之乃自縊道福謂其徒曰吾養爾等正為今日蜀之存亡實繫在我不在譙王我尚在猶足一戰士咸許諾乃散金帛以賜其眾眾受之而走道福獨奔廣漢廣漢人桂瓘執之朱齡石徙馬耽於越巂追殺之耽之死也謂其徒曰朱侯不送我京師滅眾口也吾必不免乃盥洗而臥引繩而死須臾齡石使至遂戮尸焉

宋右迪功郎鄭樵漁仲撰

列傳第四十四

宋

劉穆之 穆之孫子邕穆之中子式之式之子瑀穆之從父兄子秀之 徐羨之 兄子佩之佩之弟逵之逵之子湛之湯休 傅亮 族兄迪族兄隆 檀道濟 兄韶韶孫珪韶弟祗 王鎮惡 朱齡石 父綽弟超石 毛修之 沈田子 弟林子林子子璞 傅弘之 朱修之 王元謨 從弟元象

劉敬宣 劉懷肅 弟懷敬懷敬子眞道懷敬弟懷慎懷慎子德願德願子榮祖 劉粹 弟道濟族弟損宗人伯龍 孫處 蒯恩 向靖 子柳

劉鍾 虞丘進 孟懷玉 弟龍符 胡藩 劉康祖 父虔之伯父簡之偏之子道產道產子延孫

劉穆之字道和小字道民東莞莒人漢齊悼惠王肥後也世居京口少好書傳博覽多通爲瑯邪太守濟陰江凱所知以爲府主簿初穆之嘗夢與高祖俱汎海忽值大風驚懼俯視船下見有二白龍挾舫既而至一山峰巒聳秀林木繁密意甚悅之及武帝尅京城問何無忌曰急須一主簿何由得無忌曰無過劉道民帝曰吾亦識之即馳召焉時穆之聞京城有叫譟之聲晨起出陌頭屬與信會直視不言者久之反室壞布裳爲袴往見武帝帝謂曰我始舉大義方造艱難須一軍吏甚急卿謂誰堪其選穆之曰貴府始建軍吏實須其才倉卒之際略當無見踰者武帝笑曰卿能自屈吾事濟矣即於坐受署從平京邑諸大處分皆倉卒立定並穆之所建也遂委以腹心之任動止咨之穆之亦竭節盡誠無所遺隱時晉綱寬弛威禁不行盛族豪右負勢陵縱重以司馬元顯政令違舛桓元科條繁密穆之斟酌時宜隨方矯正不盈旬日風俗頓改遷尚書祠部郎復爲府主簿記室錄事參軍領堂邑太守以平桓元功封西華縣五等子義熙三年揚州刺史王謐薨武帝次應入輔劉毅等不欲帝入議以中領軍謝混爲揚州或欲令帝於丹徒領州以內事付僕射孟昶遣尚書右丞皮沈以二議諮武帝沈先與穆之言穆之僞如廁即密疏白帝言沈語不可從帝既見沈且令出外呼穆之問焉穆之曰公與復皇祚勳高萬古既有大功便有大位位大勳高非可持久公今日豈得居謙遂爲守藩將邪劉孟諸公與公俱起布衣共立大義事乃一時相推非宿定臣主分也力敵勢均終相吞咀揚州根本所繫不可假人前授王謐事出權宜今若復他授便應受制於人一失於權無由可得今朝議如此公唯應云在我措辭又難然神州治本宰輔崇要非可遙論便入朝共盡同異公至京邑彼必不敢越公更授餘人明矣武帝善其言由是入輔從征廣固還拒盧循常居幕中畫策劉毅等嫉之每從容言其權重帝愈信仗之穆之外所聞見莫不大小必白雖復閭里諧謔塗陌細事皆一一以聞武帝每得民間委密消息以示聰明皆由穆之也穆之又愛賓遊坐客常滿廣布耳目以爲視聽故朝野異同穆之莫不必知雖復親暱短長皆陳奏無隱人或譏之穆之曰以公之明將來會自聞達我蒙公恩義無隱諱此張遼所以告關羽欲反也武帝舉止施爲穆之皆下節度武帝書素拙穆之曰此雖小事然宜被四遠願公小復留意帝既不能措意又稟分有在穆之乃曰公但縱筆爲大字一字徑尺亦無嫌大既足有所包其勢亦美帝從之一紙不過六七字便滿穆之凡所薦達不納不止常云我雖不及荀令君之舉善然不舉不善穆之與朱齡石並便尺牘常於武帝坐與齡石共答書自旦至日中穆之得百函齡石得八十函而穆之應對無廢也轉中軍太尉司馬加丹陽尹武帝西討劉毅以諸葛長民監留府總攝後事帝疑長民難獨任留穆之以輔之加建威將軍置佐吏配給實力長民果有異謀而猶豫不能發乃屏人謂穆之曰悠悠之言皆云太尉與我不平何以至此穆之曰公泝流遠伐而以老母稚子委節下若一毫不盡豈容如此邪長民意乃小安穆之亦厚爲之備語在長民傳中帝還長民伏誅十年進穆之前將軍武帝西伐司馬休之中軍將軍道憐知留任而事無大小一決穆之遷尚書右僕射領選將軍尹如故從武帝北伐留世子爲中軍將軍監太尉留府轉穆之左僕射領監軍中軍二府軍司將軍尹領選如故甲仗五十人入殿入居東城穆之內總朝政外供軍旅決斷如流事無擁滯賓客輻湊求訴百端內外諮稟盈階滿室目覽辭訟手答牋書耳行聽受口並酬應不相參涉皆悉贍舉又言談賞笑彌日亘時未嘗倦苦裁有閑暇手自寫書尋覽篇章校定墳籍性奢豪食必方丈旦輒爲十人饌穆之既好賓客未嘗獨餐每至食時客止十人以還帳下依常下食以此爲常嘗白帝曰穆之家本貧賤贍生多闕自叨忝以來雖每存約損而朝夕所須微爲過豐自此以外一毫不以負公十三年十一月疾卒時年五十八武帝在長安聞問驚慟哭惋者數日本欲頓駕關中經略趙魏穆之既卒京邑任虛乃馳還彭城以司馬徐羨之代管留臺而朝廷大事嘗決於穆之者並悉北諮穆之前將軍文武二萬人以三千配羨之建威府

餘悉配世子中軍府追贈穆之散騎常侍衞將軍開府儀同三司武帝表天子重贈侍中司徒封南昌縣侯及武帝受禪每歎憶之曰穆之不死當助我理天下可謂人之云亡邦國殄瘁光祿大夫范泰對曰聖主在上英彥滿朝穆之雖功著艱難未容便關興毀帝笑曰卿不聞騏驥乎貴日致千里耳帝後復曰穆之死人輕易我其見思如此以佐命元勳追封南康郡公謚曰文宣穆之少時家貧誕節嗜酒食不修拘檢好往妻兄家乞食多見辱不以爲耻其妻江嗣女甚明識每禁不令往江氏後有慶會屬令勿來穆之猶往食畢求檳榔江氏兄弟戲之曰檳榔消食君乃常飢何忽須此妻復截髮市肴饌爲其兄弟以餉穆之自此不對穆之梳沐及穆之爲丹陽尹將召妻兄弟妻泣而稽顙以致謝穆之曰本無匿怨無所致憂及至醉飽穆之乃令廚人以金柈貯檳榔一斛以進之曰此可消食也文帝元嘉九年配食高祖廟庭二十五年車駕幸江寧經穆之墓詔致祭墓所長子慮之嗣仕至常侍卒子邕嗣先是郡縣爲封國者內史相並於國主稱臣去任便止至孝武帝孝建中始革此制爲下官致敬河東王歆之嘗爲南康相素輕邕後歆之與邕俱預元會並坐邕性嗜酒謂歆之曰卿昔見臣今不能見勸一杯酒乎歆之因斆孫皓歌答曰昔爲汝作臣今與汝比肩既不勸汝酒亦不願汝年邕性嗜瘡痂以爲味似鰒魚嘗詣孟靈休靈休先患灸瘡瘡痂落牀上邕取食之靈休大驚邕答曰性之所嗜靈休瘡痂未落者悉褫取以飴邕邕去靈休與何勗書曰劉邕向顧見噉遂舉體流血南康國吏二百許人不問有罪無罪遞與鞭瘡痂常以給膳邕卒子彤嗣坐以刀斫妻奪國土以弟彪紹封齊建元初降封南康縣侯虎賁中郎將坐處墓不修削爵爲羽林監穆之中子式之字延叔通易好士累遷宣城淮南二郡太守贓賄狼藉揚州刺史王弘遣從事檢校之式之召從事謂曰還白使君劉式之於國家粗有微分偷數百萬錢何有況不偸邪從事還白弘由此得停從征關洛有功封德陽縣五等侯卒謚曰恭子瑀字茂琳少有才氣始興王濬爲徐州刺史以瑀爲別駕瑀性陵物護前時濬征北府行參軍吳郡顧邁輕薄有才能濬待之厚瑀乃折節事邁邁以瑀與之款盡濬所言密事悉以語瑀瑀與邁其進射堂下忽顧左右索單衣幘邁問其故瑀曰公以家人待卿言無不盡卿外宣泄我是公吏何得不啓遂白之濬大怒啓文帝徙邁廣州瑀由是爲文帝所知累遷益州刺史元凶弒立瑀聞問起義孝武即位召爲御史中丞瑀使氣尚人爲憲司甚得志彈蕭惠開云非才非望非勳非德彈王僧達云蔭藉高華人品冗末朝士莫不畏其筆端尋轉右衞將軍瑀年位本在何偃前孝武初偃爲吏部尚書瑀圖侍中不得適與偃同從郊祀時偃乘車在前瑀策駟居後相去數十步瑀躡馬及之謂偃曰君轡何疾偃曰牛駿馭精所以疾耳偃曰君馬何遲曰騏驥羅於羈絆所以居後偃曰何不著鞭使致千里答曰一蹙自造青雲何至與駑馬爭路邪雖相嘲謔然意甚不平謂所親曰人仕宦不出當入不入當出安能長居戶限上因求益州帝許之既行甚不得意至江陵與顏峻書曰朱修之三世叛兵一旦居荊州青油幙下作謝宣明面見向使齊帥以長刀引吾下席於吾何有政恐匈奴輕漢耳坐奪人妻爲妾免官後爲吳興太守侍中何偃嘗案之云參伍時望瑀大怒曰我於時望何參伍之有遂與偃絕及偃爲吏部尚書意彌憤憤族叔秀之爲丹陽瑀又與親故書曰吾家黑面阿秀遂居劉安衆處朝廷不爲多士其年疽發背何偃亦發背癰瑀疾已篤聞偃亡懽躍呼叫於是亦卒謚曰剛瑀從子祥齊史有傳秀之字道寶穆之從父兄子也祖爽山陰令父仲道餘姚令秀之少孤貧有志操十餘歲時與諸兒戲於前渚忽有大蛇來勢甚急莫不顛沛驚呼秀之獨不動衆並異焉東海何承天雅相知以女妻之兄欽之爲朱齡石右軍參軍隨齡石敗沒秀之哀慼不歡宴者十年景平二年除駙馬都尉奉朝請元嘉十六年再遷建康令性纖密善糺擿微隱政甚有聲孝武鎭襄陽以爲撫軍錄事參軍襄陽令襄陽有六門堰溉良田數千頃堰久決壞公私廢業孝武遣秀之修復雍部由是大豐後除西戎校尉梁南秦二州刺史加都督漢川饑饉秀之躬自儉約先是漢川以絹爲貨秀之限令用錢百姓利之二十七年大舉北侵遣輔國將軍楊文德巴西梓潼二郡太守劉弘宗受秀之節度震蕩汧隴元凶弒逆秀之即日起兵率衆求赴襄陽司空南譙王義宣不許事寧遷益州刺史折留俸祿二百八十萬付梁州鎭庫此外蕭然梁益二州土境豐富前後刺史莫不大營聚蓄多者致萬金所攜賓客並京邑貧子出爲郡縣皆以苟得自資秀之爲治整肅以身率下遠近悅焉南譙王義宣據荊州爲逆遣使徵兵於秀之秀之即斬使戒嚴襲江陵破之事平以起義功封康樂郡侯遷丹陽尹先是秀之從叔穆之爲丹陽尹與子弟於聽事上飲宴秀之亦與焉聽事柱有一穿穆之謂子弟及秀之曰汝

等試以栗遙擲此柱若能入穿者後必得此郡穆之諸子並不能中惟秀之獨入焉至是其言遂驗時臨賀百姓物不還錢秀之以爲非宜陳之甚切雖納其言竟不用遷尚書右僕射時改定制令隸民殺長吏科議者謂會赦宜以徙論秀之以爲律文雖不顯民殺官長之旨若値赦但止徙論便與悠悠殺人曾無一異民敬官長比之父母行害之身雖遇赦謂宜長付尚方窮其天命家口補兵從之後出爲安北將軍寧蠻校尉雍州刺史加都督車駕幸新亭視秀之發引八年將徵爲左僕射會卒贈司空謚忠成公秀之野率無風采而心力堅正上以其莅官清潔家無餘財賜錢二千萬布二百疋傳封至孫齊受禪國除

徐羨之字宗文東海郯人也祖寧尚書吏部郎父祚之上虞令羨之少爲桓修撫軍中兵參軍與武帝同府深相親結武帝起兵版爲鎮軍司馬與謝混共事混甚知之武帝北伐轉太尉左司馬掌留任以副貳劉穆之初武帝議欲北代朝士多諫唯羨之嘿然或問何獨不言羨之曰今二方已平拓地萬里唯小羌未定而公寢食不安何可輕豫其議劉穆之卒帝欲用王弘代之謝晦曰休元輕易不若徐羨之乃命羨之爲吏部尚書建威將軍丹陽尹總知留任甲仗二十人出入轉尚書僕射義熙十四年軍人朱興妻周生子道扶年三歲先得癇病周因其病發掘地生埋之爲道扶姑雙女所告有司坐周棄市羨之議曰自然之愛豺狼猶仁周之凶忍宜加顯戮臣以爲法律之外尚弘通理母之卽刑由子明法爲子之道焉有自容之地愚謂可特申之遐裔從之及武帝踐阼錄佐命之功詔曰丹陽尹徐羨之江州刺史王弘護軍將軍檀道濟中書令傅亮侍中謝晦前左將軍檀韶雍州刺史趙倫之北徐州刺史劉懷慎散騎常侍王仲德北青州刺史向彌左衞將軍劉粹南蠻校尉到彥之西中郎司馬張劭河中太守沈林子等或忠規遠謀扶贊洪業或肆勤樹績宏濟艱難經始圖終勳烈惟茂宜與國同休饗茲大賚羨之可封南昌縣公餘各改封增邑羨之遷尚書令揚州刺史位司空錄尚書事羨之起自布衣又無術學直以風力局度一旦居廊廟朝野推服咸謂有宰臣之望沉密寡言不以憂喜見色頗工弈碁觀戲常若未解當世倍以此推之傅亮蔡廓常言徐公曉萬事安異同嘗與傅亮謝晦宴聚亮晦才學辯博而羨之風度詳整時然後言鄭鮮之歎曰觀徐公言論不復以學問爲長武帝不豫加班劒三十人宮車晏駕與中書令傅亮領軍將軍謝晦鎮北將軍檀道濟同被顧命少帝詔羨之亮率衆宮內月一決獄帝後失德羨之等將謀廢立而廬陵王義眞輕動多過不任四海乃先廢義眞然後廢帝時謝晦爲領軍以府舍內屋敗應修理悉移家人出宅聚將士於府內以檀道濟先朝舊將威服殿省且有兵衆召入朝告之謀旣廢帝侍中程道惠勸立第五皇弟義恭羨之不許遣使殺義眞於新安弒少帝於吳縣及文帝卽阼進羨之司徒封南平郡公固讓加封有司奏車駕依舊華林園聽訟詔二公如先權訊元嘉二年羨之與左光祿大夫傅亮上表歸政三表乃見許羨之乃遜位退還私第兄子佩之及侍中程道惠吳興太守王韶之等並謂非宜敦勸甚苦復奉詔攝任三年正月帝以羨之亮晦旬日間再肆酖毒乃下詔暴其罪誅之爾日詔召羨之行至西門外時謝晦弟皭爲黃門郎正直報亮云殿內有異處分亮馳報羨之羨之迴還西州乘內人問訊車出郭步走至新林入陶竈中自縊而死年六十三羨之初不應召上遣中領軍到彥之右衞將軍王華追討及死野人以告載尸付廷尉諸子從誅初羨之年少時嘗有一人來謂之曰我是汝祖羨之因起拜之此人曰汝有貴相當有大厄可以錢二十八文埋宅四角可以免災過此可位極人臣後羨之隨親之縣住在縣內嘗暫出而賊自後破縣縣內人無免者雞犬亦盡唯羨之在外獲全又隨從兄履之爲臨海樂安縣嘗行經山中見黑龍長丈餘頭有角前兩足皆具無後足曳尾而行及拜司空守關將入彗星晨見危南又當拜時雙鶴集太極殿東鴟尾鳴喚竟以凶終羨之兄欽之位祕書監欽之子佩之輕薄好利武帝以其姻戚累加寵任爲丹陽尹景平初以羨之知權頗與政事與王韶之程道惠中書舍人邢安泰潘盛爲黨時謝晦久病連灸不堪見客佩之等疑其託疾有異圖與韶之道惠同載詣傅亮稱羨之意欲令作詔誅之亮曰己等三人同受顧命豈可自相殘戮佩之等乃止羨之旣誅文帝特宥佩之免官而已其冬佩之謀反事覺被誅佩之弟逵之尚武帝長女會稽宣公主爲彭城沛二郡太守武帝諸子並幼以逵之姻戚將大任之欲先令立功及討司馬休之使統軍爲前鋒待尅當卽授荊州於陣見害追贈中書侍郎子湛之字孝源幼孤爲武帝所愛常與江夏王義恭寢食不離帝側永初三年詔以公主一門嫡長且湛之致節之允封枝江縣侯數歲與弟淯之共車行牛奔車壞左右人馳來赴之湛之先令取弟衆咸歎其幼而有識及長頗涉

文義事祖母及母並以孝謹聞元嘉六年東宮始建起家補太子洗馬累遷祕書監領右軍將軍會稽公主身居長嫡爲文帝所禮家事大小必諮而後行西征謝晦使公主留止臺內總攝六宮每有不得意輒號哭上甚憚之初武帝微時貧陋過甚常自於新洲伐荻有納布衣襖等皆是敬皇后手自作武帝既貴以此衣付公主曰後世有驕奢不節者可以此衣示之湛之爲大將軍彭城王義康所愛與劉湛等頗相附及劉湛得罪事連湛之文帝大怒將加大辟湛之憂懼無計以告公主公主卽日入宮既見文帝號哭下牀不復施臣妾之禮以錦囊盛武帝納衣擲地以示上曰汝家本貧賤此是我母爲汝父作納衣今日有一頓飽食便欲殘害我兒子上亦號哭湛之由是得全再遷太子詹事尋加侍中湛之善尺牘音辭流暢貴戚豪彊產業甚厚室宇園池貴遊莫及妓樂之妙冠絕一時門生千餘皆三吳富人子姿質端妍衣服鮮麗每出入行遊塗巷盈滿泥雨日悉以後車載之文帝每嫌其侈縱屢以爲言時安成公何勗無忌之子也臨汝公孟靈休昶之子也並名奢豪與湛之以肴膳器服車馬相尚京邑爲之語曰安成食臨汝飾湛之美兼何孟勗官至侍中追謚荒公靈休善彈棊官至祕書監湛之後遷丹陽尹加散騎常侍以公主憂不拜過葬復授前職二十二年范曄等謀逆湛之始與之同後發其事所陳多不盡爲曄款詞所連有司以湛之關豫逆黨事起積歲乃歸聞多有蔽匿請免官削爵付廷尉上不許湛之詣闕請罪上優詔慰譬遣之二十四年服闋轉中書令太子詹事出爲南兗州刺史善於爲政威惠並行廣陵城舊有高樓湛之更加修整南望鍾山城北有陂澤水物豐盛湛之更起風亭月觀吹臺琴室果竹繁茂花藥成行招集文士盡遊玩之適時有沙門釋惠休善屬文辭采綺豔湛之與之甚厚孝武命使還俗本姓湯位至揚州從事史二十六年湛之復入爲丹陽尹領太子詹事二十七年魏太武至瓜步湛之領兵與皇太子分守石頭二十八年魯爽兄弟率部曲來奔爽等軌子也湛之以爲廟筭特所奬納不敢苟申私怨乞屏田里不許轉尚書僕射領護軍將軍時尚書令何尚之以湛之國戚任遇隆重欲以朝政推之凡諸詞訴絕不料省湛之亦以尚書令敷奏出納事無不總令鈌則僕射總任又以事歸尚之互相推委御史中丞袁淑奏並免官詔特無所問乃使湛之與尚之並受詞訴尚之雖爲令而朝事悉歸湛之初劉湛伏誅殷景仁卒文帝委任沈演之庾炳之范曄等其後又有江湛何瑀之自曄誅炳之免演之瑀之並卒至是江湛爲吏部尚書與湛之並居權要世謂之江徐上每有疾湛之輒入侍醫藥二凶巫蠱事發上欲廢劭賜濬死而孝武不見寵故累出外藩不得停都下南平王鑠建平王宏並上所愛而鑠妃卽湛之妹湛之勸上立之元嘉末徵鑠自壽陽入朝既至又失旨欲立宏嫌其非次是以議久不決與湛之議或連日累夕每夜常使湛之自秉燭繞壁檢行慮有竊聽者劭入弒之旦其夕上與湛之屏人語至曉猶未滅燭湛之驚起趣北戶未及開見害時年四十四孝武卽位追贈司空謚曰忠烈公又詔曰徐湛之江湛王僧綽門戶荼酷宜厚加卹賜於三家長給廩湛之子聿之爲元凶所殺聿之子孝嗣齊史有傳

傅亮字季友北地靈州人也高祖咸晉司隸校尉父瑗以學業知名至安成太守瑗與郗超善超嘗造瑗瑗見其二子迪及亮亮年四五歲超令人解亮衣使左右持去初無吝色超謂瑗曰卿小兒才名位宦當遠踰於兄然保家終在大者迪字長猷宋初官終五兵尚書贈太常桓元篡位聞亮博學有文采選爲祕書郎欲令整正祕閣未及拜而元敗義旗初起丹陽尹孟昶以爲建威參軍義熙元年除員外散騎侍郎遷中書黃門侍郎直西省典詔命武帝以久直勤勞欲以爲東陽郡先以語迪迪喜而告亮亮不答卽馳見武帝曰東陽忝祿私計爲幸但憑廕之願實結本心乞歸天宇不樂外出帝笑曰謂卿須祿耳能如此甚協所望也會西討司馬休之以爲太尉從事中郎掌記室亮從征關洛還至彭城宋國初建除侍中領世子中庶子加中書令從還壽陽武帝有受禪意而難於發言乃集朝臣宴飲從容言曰桓元暴篡鼎命已移我首唱大義興復皇室南征北伐平定四海功成業著遂荷九錫今年時衰暮崇極如此物戒盛滿非可久安輒欲奉還爵位歸老京師羣臣唯盛稱功德莫曉此意日晚坐散亮還外乃悟旨而宮門已閉亮於是叩扉請見武帝卽開門見之亮入便曰臣暫宜還都帝知解此意無復他言直云須幾人自送亮曰須數十人於是奉辭亮既出夜見長星亘天亮拊髀曰我常不信天文今始驗矣亮至都卽徵武帝入輔永初元年加太子詹事餘加故以佐命功封建成縣公入直中書省專典詔命以亮任總國權聽於省見客神虎門外每旦車常數百兩武帝登庸之始文筆皆是記室滕演北征廣固悉委長史王誕自此之後至于受命表策文誥皆亮辭也演字彥將南陽西鄂人位至祕書監二

年加亮尙書僕射及武帝不豫與徐羨之謝晦並受顧命給班劍二十人少帝卽位進爲中書監尙書令領護軍將軍少帝廢亮率行臺至江陵奉迎文帝旣至立行臺於江陵城南題曰大司馬門率行臺百僚詣門拜表威儀禮容甚盛文帝將下引見亮哭泣哀動左右旣而問義眞及少帝薨廢本末悲號嗚咽侍側者莫能仰視亮流汗沾背不能答於是布腹心於到彥之王華等深自結納及至都徐羨之問帝可方誰亮曰晉文景以上人羨之曰必能明我赤心亮曰不然及文帝卽位加左光祿大夫開府儀同三司司空府文武卽爲左光祿府進爵始興郡公固讓進封元嘉三年帝將欲誅亮先呼入見省內密有報之者亮辭以嫂病篤求還家遣信報徐羨之因乘車出郭門騎馬奔兄逋墓屯騎校尉郭泓收付廷尉初至廣莫門上遣中書舍人以詔示亮并謂曰以公江陵之誠當使諸子無恙亮讀詔訖曰亮受先帝布衣之眷遂蒙顧託黜昏立明社稷之計欲加之罪其無辭乎於是伏誅時年五十三妻子流建安亮之方貴也兄逋每深誡焉而不能從及見世路屯險著論名曰演愼亮布衣儒生僥倖際會旣居宰相兼秉重權及少帝失德內懷憂懼直宿禁中睹夜蛾赴燭作感物賦以寄意焉亮初奉迎大駕在道賦詩三首其一篇有悔懼之辭亮自知傾覆求退無由又作辛有穆生董仲道贊稱其見微之美至是竟不免長子演先亮卒演弟悝湛逃亡湛弟都徙建安後並還京師亮族兄隆字伯祚曾祖晞司徒屬父祖並早卒隆少孤貧有學行義熙初年四十爲孟昶建威參軍累遷尙書左丞以族弟亮爲僕射緦服不得相臨徙太子率更令元嘉初爲御史中丞甚得司直之體轉司徒左長史會稽剡縣人黃初妻趙打殺息載妻王遇赦王有父母及男稱女葉依法徙趙二千里外隆議曰禮律之興本之自然求之情理非從天墮非從地出父母至親分形同氣稱之於載卽載之於趙雖言三世爲體猶一稱雖創鉅痛深固無讐祖之義向使石厚之子日磾之孫砥鋒挺鍔不與二祖同戴天日則石碏秺侯何得流名百代舊令言殺人父母徙之二千里外不施於父子孫祖明矣趙當避王朞功千里外耳令亦云凡流徙者同籍親近欲相隨者聽之此又大通情體因親以教愛也趙旣流移載爲人子何得不從載從而稱不行豈名教所許如此稱趙竟不可分趙雖內愧終身稱亦沈痛沒齒孫祖之義自不得以永絕事理然也從之出爲義興太守有能名拜左戶尙書坐正直受節假對人未至委出白衣領職尋轉太常文帝以新撰禮論付隆使更下意隆表上五十二事後致仕拜光祿大夫歸老於家手不釋卷博學多通特精三禮年八十三卒

檀道濟高平金鄉人也世居京口少孤居喪備禮奉兄姊以和謹稱武帝建義道濟與兄韶祇等從平京城俱參武帝建武將軍事以建義功封吳興縣五等子從劉道規討桓謙荀林身先士卒所向摧破又從破徐道覆以道濟戰功居多遷安遠護軍復參太尉軍事封作唐縣男義熙十二年武帝北伐道濟爲前鋒出淮肥所至諸城戍望風降服進剋許昌獲太守姚坦及大將楊業至成皋降刺史韋華徑進洛陽陳留公姚洸降凡拔城破壘俘四千餘人議者謂應悉戮以爲京觀道濟曰伐罪弔民正在今日皆釋而遣之於是中原感悅相率歸之進據潼關與諸將共破姚泓長安平以爲琅邪內史武帝受命轉護軍加散騎常侍領石頭戍事聽直入殿省以佐命功改封永修縣公徙丹陽尹帝不豫給班劍二十人還鎭北將軍出爲南兗州刺史徐羨之等將廢廬陵王義眞以告道濟意不同屢陳不可竟不納羨之等謀欲廢立諷道濟入朝旣至以謀告之將廢帝之夜道濟入領軍府就謝晦宿其夕晦悚動不得眠道濟就寢便睡熟晦以此服之文帝未至道濟入守朝堂及卽位進號征北將軍給鼓吹一部進封武陵郡公固辭進封道濟素與王弘善時弘被遇方深道濟彌相結附每構羨之等弘亦雅仗之上將誅羨之等召道濟欲使西討謝晦王華曰不可上曰道濟從人者也曩非創謀撫而使之必將無慮道濟至之明日上誅羨之亮旣而使道濟與中領軍到彥之前驅西伐上問策於道濟對曰臣昔與謝晦同從先帝北征入關十策晦有其九才略明練殆難與敵然未嘗孤軍決勝戎事非其所長臣悉晦智晦悉臣勇今奉王命外討必未陣而禽遂行彥之先與晦戰敗退保隱圻會道濟繼至晦本謂道濟與羨之等同誅忽聞來上人情兇懼遂不戰自潰事平遷都督江州豫州四郡諸軍事征南大將軍開府儀同三司江州刺史持節常侍如故元嘉八年到彥之伐魏巳平河南尋失之魏遇滑臺加道濟都督征討諸軍事至東平壽張大破魏安平公乙旃眷至高梁亭斬魏濟州刺史悉頰庫魏衆甚盛遂尅滑臺道濟與魏軍三十餘戰多捷軍至歷城以資運竭乃還時有降魏者具說糧食巳罄於是士卒憂懼莫有固志道濟夜唱籌量沙以所餘米散其上及旦魏軍見之謂其資糧有餘故不復追

以降者爲妄斬以徇時道濟兵寡弱軍中大懼道濟乃命軍士悉解甲身自服乘輿徐出外圍魏軍懼有伏不敢逼乃歸道濟雖不剋定河南全軍而反雄名已大振魏人甚憚之至乃圖之以禳鬼還進位司空鎮壽陽道濟立功前朝威名甚重左右腹心並經百戰諸子又有才氣朝廷疑畏之時人或目之曰安知非司馬仲達也文帝寢疾累年屢經危殆領軍劉湛貪執朝政慮道濟爲異說又彭城王義康亦慮宮車晏駕道濟不可復制十二年上疾篤會魏軍南伐召道濟入朝其妻向氏曰夫高世之勳道家所忌今無事相召禍其至矣旣至上已間十三年春將遣道濟還鎮下渚未發有似鶴鳥集船悲鳴會上疾動義康矯詔召入祖道收付廷尉道濟及其子黃門侍郎植司徒從事中郎粲太子舍人混征北主簿承伯祕書郎中遵等八人並誅時人歌曰可憐白浮鳩枉殺檀江州道濟死日建康地震白毛生又收司空參軍薛彤高進之並道濟腹心也道濟有勇力時以比張飛關羽初道濟見收憤怒氣盛目光如炬俄爾間引飲一斛脫幘投地曰乃壞汝萬里長城魏人聞之皆曰道濟已死吳子輩不足復憚自是頻歲南伐有飲馬長江之志文帝問殷景仁曰誰可繼道濟答曰道濟以累有戰功故致威名餘但未任耳帝曰不然昔李廣在朝匈奴不敢南望後繼者復有幾人二十七年魏軍至瓜步文帝登石頭城望見甚有憂色至曰若道濟在彼豈至此詔字令孫以討桓元功封邑邱侯從征廣固率所領先登位琅邪內史從討盧循以功更封宜陽縣後拜江州刺史以罪免韶嗜酒貪橫所莅無政績上嘉其合門從義道濟又有大功故特見寵授卒子臻嗣臻字係宗位員外郎臻子珪字伯玉位沅南令元徽中王僧虔爲吏部尚書以珪爲征北版行參軍珪訴僧虔求祿不得與僧虔書曰僕一門雖謝文通乃忝武達羣從姑叔三忝帝姻而令子弟餓死遂不荷潤蟬腹龜腸爲日已久飢虎能赫人遠與肉餓騎不噬誰爲落毛雖復孤微百世國士姻媾位宦亦不後物尚書同堂姊爲江夏王妃檀珪同堂姑亦爲南譙王妃尚書伯爲江州檀珪祖亦爲江州僕於尚書人地本懸至於婚宦肯不殊絕今通塞雖異猶忝氣類尚書何事爲爾見苦僧虔報書曰吾與足下素無怨憾何以相苦直是意有左右耳乃用爲安成郡丞祇字恭叔與兄韶弟道濟俱參義舉封西昌縣侯歷位廣陵相義熙十年亡命司馬國璠兄弟自北徐州界潛得過淮因天陰闇夜率百許人緣廣陵城入叫喚直入聽事祇被傷股語左右曰賊乘暗得入欲掩我不備但打五鼓以懼之賊必走矣賊聞鼓鳴直謂爲曉乃奔散追殺百餘人宋國初建爲領軍祇性矜豪樂在外放恣不顧內職不得志發疾不自療其年卒于廣陵謚曰威侯傳嗣至齊受禪國除

王鎮惡北海劇人也祖猛仕苻堅任兼將相父休河東太守鎮惡以五月五日生家人以俗忌欲令出繼疎宗猛見而奇之曰此非常兒昔孟嘗君以五月五日生而相齊是兒亦將興吾門矣故名之爲鎮惡年十三而苻氏敗亡關中擾亂流寓崤澠之閒常寄食澠池人李方家方善遇之謂方曰若遭英雄主要取萬戶侯當厚相報方答曰君丞相孫人才如此何患不富貴至時願見用爲本縣令足矣後隨叔父曜歸晉客居荊州頗讀諸子兵書喜論軍國大事騎乘非所長開弓甚弱而意略縱橫果決能斷廣固之役或薦鎮惡鎮惡時爲天門郡臨澧令高祖卽召之與語甚異焉因留宿明旦謂諸佐曰鎮惡王猛之孫所謂將門有將也卽署前部賊曹拒盧循於查浦屢戰有功封博陸縣五等子武帝謀討劉毅鎮惡曰公若有事西楚請給百舸爲前驅及西討轉鎮惡參太尉軍事帝至姑孰遣鎮惡率龍驤將軍蒯恩百舸前發戒之曰若賊知吾上比軍至亦當少日耳政當岸上作軍未辦便下船也卿至彼深加籌量可擊卽擊之若不可便燒其船艦且浮舸岸側以待吾至慰勞百姓宣揚詔旨并赦文及吾與衞軍府文武書罪止一人其餘不問若賊都不知消息未有備防可襲便襲今去但云劉兗州上鎮惡受命晝夜兼行至豫章口去江陵城二十里自鎮惡進路揚聲劉兗州上毅謂爲信然不知見襲鎮惡自豫章口舍船步上蒯恩軍在前鎮惡次之舸留一二人對舸岸上豎六七旗旗下輒安一鼓語所留人曰計我將至城便長嚴令後有大軍狀又分隊在後令燒江津船艦鎮惡逕前襲城津戍及百姓皆言劉藩實上晏然不疑未至城五六里逢毅要將朱顯之與十許騎出江津問是何人答云劉兗州至顯之馳前問藩所在軍人答云在後及至軍後不見藩又望見江津船艦被燒煙焰張天而鼓聲甚盛知非藩上便躍馬馳去告毅外有大軍令閉諸城門鎮惡亦馳進軍人緣城得入門猶未及關因得開大城東門毅有入隊帶甲千餘已得戒嚴蒯恩與鎮惡俱由東門入分攻金城東西門自食時戰至日晡西人散降略盡鎮惡入城因風放火燒大城南門及東門又遣人以詔及赦文并武帝手書凡三函示毅毅皆燒不視金城內亦未知帝

自來因短兵接戰鎮惡軍人與毅下將或有是父兄子弟中表者鎮惡令且鬬且語衆並知武帝在後人情離懈初毅所乘馬在城外不得入倉卒無馬使就子肅取馬肅不與朱顯之謂曰人取汝父而惜馬汝走欲何之奪馬以授毅是日一更許聽事前陳散潰三更中毅開北門突出鎮惡衛之不得去回衝蒯恩軍得從大城東門出奔牛牧佛寺自縊死鎮惡身被五箭手所執矟手中破折江陵平後二十日大軍方至以功封漢壽縣子十二年武帝北伐轉爲鎮西諮議參軍行龍驤將軍領前鋒將發前將軍劉穆之引鎮惡於積弩堂謂之曰公愍此遺黎志蕩逋逆昔晉文王委蜀於鄧艾今公亦委卿以關中相勉建大功勿辜此授鎮惡曰吾等因託風雲並蒙拔擢今不剋咸陽誓不復濟江而還若三秦既定而公九錫不至亦卿之責矣鎮惡入敵境戰無不捷邵陵許昌望風奔散破虎牢及柏谷塢斬賊帥趙元軍次洛陽姚洸降進次澠池造故人李方家升堂見母厚加酬賚即版授方爲澠池令遣司馬毛德祖攻弘農守尹雅於蠡城禽之方軌長驅徑據潼關僞大將軍姚紹率大衆拒險深溝高壘以自固鎮惡懸軍遠入轉輸不充與賊相持日久將士之食乃親到弘農督上民租百姓競送義粟軍食復振初武帝與鎮惡期若剋洛陽須大軍至未可輕前既而鎮惡等逕向潼關爲紹所拒不得進軍又乏食馳告武帝求糧援時武帝入河魏軍屯據河岸軍不得前武帝呼所遣人開舫北戶指河上軍示之曰我語令勿進而深入岸上如此何由得遣軍鎮惡既得義租紹又病死僞撫軍將軍姚讚代紹守嶮衆力猶盛武帝至湖城讚引退大軍遂次潼關謀進取之計鎮惡請率水軍自河入渭直至渭橋鎮惡所乘皆蒙衝小艦行船者悉在艦內羌見艦泝渭而進艦外不見有行船人北土素無舟檝莫不驚以爲神鎮惡既至令將士食畢便棄船登岸渭水流急諸艦悉逐流去時姚泓屯軍長安城下猶數萬人鎮惡撫慰士卒曰卿諸人家並在江南此是長安城北門外去家萬里而船乘衣糧並已逐流去豈復有求生之計唯宜死戰可以立功不然無遺類矣乃身先士卒衆亦知無退路莫不騰踊爭先泓衆一時奔潰即陷長安泓挺身逃走明日率妻子歸降城內夷晉六萬餘戶鎮惡宣揚國恩撫慰初附號令嚴肅百姓安堵奉迎武帝於灞上帝勞之曰成吾霸業者眞卿也鎮惡拜謝曰此明公之威諸將之力鎮惡何功之有乎帝笑曰卿欲學馮異邪是時關中豐全倉庫充積鎮惡極意收斂子女玉帛不可勝計武帝以其功大不問進號征虜將軍時有白帝以鎮惡既克長安藏姚泓僞輦爲有異志帝密遣人覘輦所在泓輦飾以金銀鎮惡悉剔取而棄輦於垣側帝聞之乃安武帝留第二子桂陽公義眞爲安西將軍雍秦二州刺史鎮長安鎮惡以本號領安西司馬馮翊太守委以扞禦之任及大軍東還西虜赫連勃勃寇逼北地義眞遣中兵參軍沈田子拒之虜衆甚盛田子不敢進退屯劉因堡遣使還報鎮惡鎮惡對田子使謂安西長史王脩曰公以十歲兒付吾等而擁兵不進寇何由得平使反言之田子甚懼王猛之相苻堅也北人以方諸葛亮入關之功又鎮惡爲首論者深憚之田子嶢柳之捷威震三輔而與鎮惡爭功武帝將歸留田子與鎮惡私謂田子曰鍾會不得遂其亂者爲有衛瓘等也語曰猛獸不如羣狐卿等十餘人何懼王鎮惡邪故二人常有猜心時鎮惡師于涇上與田子俱會傅弘之壘田子求屏人因斬之幕下時年四十六田子又殺其兄基弟鴻遵深從弟昭朗凡七人弘之奔告義眞義眞率王智王脩被甲登橫門以察其變俄而田子至言鎮惡反脩執田子以專戮斬焉是歲義熙十四年正月十五日也武帝表天子追贈左將軍青州刺史及帝受命追封龍陽縣侯謚曰壯元嘉中配食高祖廟庭傳國至曾孫叡齊受禪國除

朱齡石字伯兒沛郡沛人也世爲將祖騰伯父憲及斌並爲西中郎袁眞將佐桓溫伐眞於壽陽眞以憲兄弟與溫潛通並殺之齡石父綽逃歸溫從溫攻戰常居先壽陽平眞已死綽輒發棺戮尸溫怒將斬之溫弟沖苦請得免綽爲人忠烈受沖更生之恩事沖如父遂參沖軍位至西陽廣平太守及沖薨綽歐血而死沖諸子遇齡石如兄弟齡石少好武事頗輕佻不治崖檢舅淮南蔣氏人才儜劣齡石使舅臥於聽事遂翦紙方寸帖着舅枕自以刀子懸擲之相去八九尺百擲百中舅畏齡石不敢動舅頭有大瘤齡石伺舅眠密割之即死武帝剋京城以爲建武參軍從至江乘將戰齡石言於帝曰世受桓氏厚恩不忍以兵刃相向乞在軍後武帝義而許之事定以爲鎮軍參軍遷武康令縣人姚繼祖專爲劫郡縣畏之不能討齡石至縣僞與厚召爲參軍繼祖恃彊乃出應召齡石斬之掩其家悉殺其兄弟由是一部得淸後領中兵參軍盧循至石頭選敢死之士數千人上南岸武帝遣齡石領鮮卑步矟過淮擊之皆殊死戰殺百人賊乃退齡石既有武幹又練吏職武帝甚親委之盧循平以爲寧遠將軍西陽太守義熙九年遣諸

軍伐蜀命齡石爲元帥以爲建威將軍益州刺史率寧朔將軍臧熹河東太守蒯恩下邳太守劉鍾龍驤將軍朱牧等凡二萬人發自江陵初武帝與齡石密謀進取曰劉敬宣往年出黃虎無功而退賊謂我今應從外水往而料我當出其不意猶從內水如此必以重兵守涪城以備內道若向黃虎正墮其計今以大衆自外水取成都疑兵出內水此制敵之奇也而慮此聲先馳賊審虛實別有函封付齡石書函邊曰至白帝乃開諸軍雖進未知處分所由至白帝發書曰衆悉從外水取成都臧熹朱牧於中水取廣漢使羸弱乘高艦十餘由內水向黃虎衆軍乃倍道兼行譙縱果備內水使其大將譙道福以重軍戍涪城遣其秦州刺史侯暉僕射譙詵等率衆萬餘屯彭模夾水爲城十年六月齡石至彭模七月齡石率劉鍾蒯恩等於北城斬侯暉譙詵朱牧至廣漢復破譙道福別軍譙縱聞諸處盡敗奔于涪城巴西人王志斬送之僞尚書令馬耽封府庫以待王師道福衆亦散逃于獠中巴西民土璐縛送之斬于軍門武帝之伐蜀也將謀元帥而難其人乃舉齡石衆咸謂自古平蜀皆雄傑重將齡石資名尚輕慮不辦克諫者甚衆武帝不從乃分大軍之半令猛將勁卒悉以配之臧熹敬皇后弟也資位在其右亦命受其節度役不淹時一戰剋捷衆咸服武帝之知人又美齡石之善於其事也以平蜀功封豐城侯十二年北伐遷左將軍配以兵刀守衛殿省劉穆之甚加信仗內外諸事皆與謀焉武帝還彭城以齡石爲相國右司馬十四年安西將軍桂陽公義眞被徵以齡石持節督關中諸軍事雍州刺史齡石至長安義眞乃發義眞敗於靑泥齡石亦舉城奔走見殺時年四十傳國至孫齊受禪國除齡石弟超石亦果銳雖出自將家兄弟並閑尺牘桓謙爲衞將軍以補行參軍後爲武帝徐州主簿收迎桓謙身首躬營殯葬義熙十二年北伐超石前鋒入河時軍人緣河南岸牽百丈有漂度北岸者輒爲魏軍所殺略帝遣白直隊主丁旿率七百人及車百乘於河北岸爲卻月陣兩頭抱河車置七仗士事畢使豎一長白毦魏軍不解其意並未動帝先命超石戒嚴白毦既舉超石赴之并齎大弩百張一車益二十人設彭排於轅上魏軍見營陣立乃進圍營超石先以弱弓小箭射之魏軍四面俱至魏明元帝又遣南平公長孫嵩三萬騎並薄攻營於是百弩俱發魏軍既多弩不能制超石初行別齎大槌并千餘張矟乃斷矟長三四尺以槌之一矟輒動貫三四人魏軍不能當遂潰大軍進剋蒲坂以超石爲河東太守後除中書侍郎封興平縣五等侯關中亂帝遣超石慰勞河洛與齡石俱沒赫連勃勃見殺

毛脩之字敬文滎陽陽武人也祖武生伯父璩並益州刺史父瑾梁秦二州刺史脩之有大意頗讀史籍爲桓元佐命解音聲能騎射元甚遇之及篡位以爲屯騎校尉隨元西奔元欲奔漢川脩之誘令入蜀遂敗於崢嶸洲馮遷斬元於枚洄洲皆脩之力也晉帝反正武帝以爲鎮軍諮議參軍遷右衞將軍脩之既有斬元之功又父伯並在蜀武帝欲引爲外助故頻加榮爵及父瑾爲譙縱所殺武帝表脩之爲龍驤將軍配給兵力遣令奔赴時益州刺史鮑陋不肯進討脩之上表言狀武帝哀其情乃命冠軍將軍劉敬宣率軍伐蜀軍次黃虎無功而退譙縱由此乃送脩之父伯及中表喪柩口累並得俱還後劉毅西鎮江陵以爲衞軍司馬南郡太守脩之雖爲毅將佐而深結於帝及毅敗遂見宥時遣朱齡石伐蜀脩之固求行武帝慮脩之至蜀必多所誅戮且土人既與毛氏有嫌亦當以死自固故不許脩之不信鬼神所至必焚祠廟時蔣山廟中有好牛馬並奪取之累遷相國右司馬行司州事戍洛陽脩立城壘武帝至洛履行善之賜衣服玩好當時評直二千萬王鎮惡死以脩之代爲安西司馬值桂陽公義眞已發長安軍敗脩之爲赫連勃勃所禽及赫連昌滅入魏初脩之在洛敬事嵩山道士寇謙之謙之爲魏太武所信敬營護之故不死遷於平城脩之嘗爲羊羹薦魏尚書尚書以爲絕味獻之太武太武嘉之以爲太官令被寵遂爲尚書光祿大夫封南郡公領太官令常如故其後朱脩之俘于魏亦見寵脩之見朱脩之問南國當權者誰答云殷景仁脩之笑曰吾昔在南殷尚少我歸罪之日便當巾韝到門經年不忍問家消息久之乃訪焉朱脩之具答并云賢子元矯甚能自處爲時人所稱脩之悲不得言直視良久乃長歎曰嗚呼自此一不復及初北人去來言脩之勸魏侵邊并誘以中國禮制文帝甚疑責之朱脩之後得還具相申理上意乃釋初朱脩之在魏魏太武以爲雲中鎮將時太武征和龍宿衞之士多在戰陣行宮人少朱脩之時欲引吳兵謀殺太武因入和龍冀浮海南歸以告脩之脩之不聽乃止後事發朱脩之遂亡奔馮弘脩之又以軍功遷特進撫軍大將軍金紫光祿大夫位次崔浩之下浩以其中國舊門雖學不博洽而猶涉獵書傳每雅重之與其論說之次遂及陳壽三國志云有古良史之風其所著述文義典正皆揚于王庭

之言微而顯婉而成章班史已來無及壽者脩之曰昔在蜀中聞長老言壽曾爲諸葛門下書佐被撻百下故其論武侯云應變將略非其所長浩乃與論曰承祚之評亮乃有故義過美之譽案其跡也不爲負之非挾恨之言矣夫亮之相備當九州鼎沸之會英雄奮發之時君臣相得魚水爲喻而不能與曹氏爭天下委棄荊州退入巴蜀誘奪劉璋僞連孫氏窮守崎嶇之地僭號邊夷之間此策之下者可與趙佗爲偶以爲管蕭之亞匹不亦過乎且亮既據蜀山險之固不達時宜不量勢力嚴威切法控勒蜀人矜才負能高自矯舉欲以邊夷之衆抗衡上國出兵隴右再攻祁山一攻陳倉疎遲失會摧衂而返後入秦川不復攻城更求野戰魏人知其意閉壘堅守以不戰屈之智窮勢盡發病而死由是言之豈合古之善將見可而進知難而退者乎脩之謂浩言非是泰延二年爲外都大官卒謚曰恭脩之在魏多妻妾男女甚衆在南有四子唯子法仁入魏文成初法仁爲金部尚書襲爵轉殿中尚書法仁聲壯大至於軍旅田狩嗚呼處分振於山谷卒贈征東大將軍南郡王謚曰威脩之孫惠素在南仕齊爲少府卿性至孝母服除後更脩母所住處牀帳屏幃每月朔十五向帷悲泣傍人爲之感傷終身如此惠素天才彊濟而臨事清刻勅市銅官碧青一千二百斤供御畫用錢六十五萬有讒惠素納利齊武帝怒勅尚書評價責二十八萬有司奏狀誅死後家徒四壁武帝後知無罪甚悔恨之

沈田子吳興武康人也世爲著姓祖警始爲晉後將軍謝安參軍後復參前將軍王恭軍事父穆夫爲王恭前將軍主簿初錢塘人杜炅字子恭通靈有道術東土豪家及都下貴望並事之爲弟子執在三之敬警累世事道亦敬事子恭子恭死門徒孫泰泰弟子恩傳其業警復事之隆安三年恩於會稽作亂自稱征東將軍三吳皆響應穆夫在會稽恩以爲餘姚令及恩爲劉牢之所破穆夫見害先是穆夫宗人沈預與穆夫父警不協至是告警及穆夫弟仲夫任夫預夫佩夫並遇害唯穆夫子深子雲子田子林子虔子獲全田子字敬光從武帝剋京城進平建鄴參鎮軍事封營道縣五等侯帝北伐廣固田子領偏師與龍驤將軍孟龍符爲前鋒龍符戰沒田子力戰破之及盧循逼都帝遣田子與建威將軍孫季高海道襲破廣州還除太尉參軍淮陵內史賜爵都鄉侯義熙八年從討劉毅十一年從討司馬休之除振武將軍扶風太守十二年武帝北伐田子與順陽太守傅弘之各領別軍從武關入屯據青泥姚泓將自禦大軍慮田子襲其後欲先平田子然後傾國東出乃率步騎數萬奄至青泥田子本爲疑兵所領裁數百欲擊之傅弘之曰彼衆我寡難可與敵田子曰師貴用奇不必在衆弘猶固執田子曰衆寡相傾勢不兩立若使賊圍既固人情喪阻事便去矣及其未整薄之必剋所謂先人有奪人之心也便獨率所領鼓譟而進賊合圍數重田子乃棄糧毀舍躬勒士卒前後奮擊賊衆一時潰散所殺萬餘得泓僞乘輿服御武帝表言其狀長安既平武帝讌于文昌殿舉酒賜田子曰咸陽之平卿之功也當以咸陽相賞卽授咸陽始平二郡太守大軍既還桂陽公義眞留鎮長安以田子爲安西中兵參軍龍驤將軍始平太守時赫連勃勃來寇田子與安西司馬王鎮惡俱出北地禦之初武帝將還田子及傅弘之等並以鎮惡家在關中不可保信屢言之帝曰今留卿文武將士精兵萬人彼若欲爲不善政足自滅耳勿復多言及俱出北地論者謂鎮惡欲盡殺諸南人以數十人送義眞南還因據關中反叛田子乃於弘之營內請鎮惡計事使宗人敬仁於坐殺之率左右數十人自歸義眞長史王脩收殺田子於長安稾倉門外事聞武帝表天子以田子卒發狂易不深罪也林子字敬士少有大度年數歲隨王父在京口王恭見而奇之曰此兒王子師之流也嘗與衆人共見遺寶咸爭趣之林子直去不顧年十三遇家禍既門陷祇黨兄弟並應從誅而沈預家甚彊富志相陷滅林子兄弟沈伏山澤無所投厝會孫恩屢出會稽武帝致討林子乃自歸陳情率老弱歸罪請命因流涕哽咽三軍爲之感動帝甚奇之乃載以別船遂盡室移京口帝分宅給焉林子博覽衆書留心文義從剋京城進平都邑時年十八身長七尺五寸沈預慮林子爲害常被甲持戈至是林子與兄田子還東報讎五月夏節日至預政大集會子弟盈堂林子兄弟挺身直入斬預首男女無論長幼悉屠之以預首祭父祖墓及帝爲揚州辟爲從事領建熙令封資中縣五等侯從伐慕容超平盧循並著軍功後從征劉毅參太尉軍事復從討司馬休之武帝每征討林子輒摧鋒居前時賊黨郭亮之招集蠻晉屯據武陵武陵太守王鎮惡出奔林子率軍討之斬亮之於七里澗而納鎮惡武陵既平復討魯軌於石城軌棄衆走襄陽復追躡之襄陽既定權留守江陵武帝伐姚泓復參征西軍事加建武將軍統軍爲前鋒從汴入河爲并州刺史河東太守尹昭據蒲坂林子於陜城與冠軍檀道濟俱攻蒲坂龍驤王

鎭惡攻潼關姚泓聞大軍至遣僞東平公姚紹爭據潼關林子謂道濟曰潼關天岨所謂形勝之地鎭惡孤軍埶危力屈若使姚紹據之則難圖也及其未至當并力爭之若潼關事捷尹昭可不戰而服道濟從之及至紹舉關右之衆設重圍圍林子及道濟鎭惡等道濟議欲渡河以避其鋒或欲棄捐輜重還赴武帝林子按劒曰下官今日之事自爲將軍辦之然二三君子或同業艱難或荷恩罔極以此退撓亦何以見相公旗鼓邪塞井焚舍示無全志率麾下數百人犯其西北紹衆小靡乘其亂而薄之紹乃大潰俘虜以千數悉獲紹器械資實時諸將破賊皆多其首級而林子獻捷書至每以實聞武帝問其故林子曰夫王者之師本有征無戰豈可復增張虜獲以示誇誕昔魏尙以盈級受罰此亦後乘之戾轍也武帝曰乃所望於卿也初紹退走還保定城留僞武衛將軍姚鸞精兵守嶮林子銜枚夜襲卽屠其城劓鸞而阬其衆紹復遣撫軍將軍姚讚將兵屯河上林氏連破之紹又遣長史姚伯子等屯據九泉憑河固嶮以絕糧援武帝復遣林子累戰大破之卽斬伯子所俘獲悉以還紹使知王師之弘紹志節沈勇林子每戰輒勝白武帝曰姚紹氣蓋關右而力以埶屈但恐凶命先盡不得以釁齊斧爾尋紹疽發背死武帝以林子言驗乃賜書嘉美之於是讚統後軍復襲林子林子禦之連戰皆捷帝至閿鄉姚泓埽境內兵屯嶢柳時田子自武關北入屯軍藍田泓自率大衆攻之帝慮衆寡不敵遣林子步自秦嶺以相接援比至泓已破走田子欲窮追進取長安林子止之曰往取長安如指掌爾復剋賊城便爲獨平一國不賞之功也田子乃止林子威震關中豪右望風請附帝謂林子曰子綏略有方頻賜書褒美并令深慰納之長安旣平姚氏十餘萬口西奔隴上林子追討至寡婦水轉鬭至槐里大軍東歸林子領水軍於石門以爲聲援還至彭城帝令林子差次勳勤隨才授用文帝出鎭荆州議以林子及謝晦爲蕃佐帝曰吾不可頓無二人林子行則晦不宜出乃以林子爲西中郎中兵參軍領新興太守林子以役久士有歸心乃深陳事宜并言聖王所以戒愼祗肅非以崇威立武寔乃經國長甿宜廣建蕃屏崇嚴宿衛武帝深相酬納俄而謝翼謀反帝歎曰林子之見何其明也文帝進號鎭西隨府轉加建威將軍河東太守時武帝以方隅未靜復欲親戎林子固諫帝答曰吾輒當不復自行帝踐阼以佐命功封漢壽縣伯固讓不許永初三年卒追贈征虜將軍元嘉二十五年謚曰懷少子璞嗣璞字道眞童孺時神意閑審文帝召見奇璞應對謂林子曰此非常兒也初除南平王佐常侍文帝引見謂之曰吾昔以弱年出蕃鄉家以親要見輔今日之授意在不薄王家之事一以相委勿以國官乖清塗爲罔罔也元嘉十七年始興王濬爲揚州刺史寵愛殊異以爲主薄時順陽范曄爲長史行州事曄性頗疎文帝謂璞曰范曄性疎必多不同卿腹心所寄當密以在意彼雖行事其實卿也璞以任遇旣深所懷輒以密啟每至施行必從中出曄政謂聖明留察故深更恭愼而莫見其際也在職八年神州大寗又無謗黷璞有力焉二十二年范曄坐事誅時濬雖曰親覽州事一以付璞濬年旣長璞固求辭事以璞爲濬始興國大農累遷淮南太守三十年元凶弒立璞以奉迎之晚見殺子約列在梁史

傅弘之字仲度北地泥陽人也傅氏舊屬靈州漢末失土於馮翊置泥陽富平二縣廢靈州故傅氏悉屬泥陽晉武太康三年復立靈州縣傅氏還屬靈州弘之高祖祗晉司徒後封靈州公不欲封本縣故祗一門還屬泥陽曾祖暢祕書丞沒石勒生子洪晉穆帝永和中石氏亂度江洪生梁州刺史歆歆生弘之弘之少倜儻有大志義旗建輔國將軍道規以爲參軍累遷建威將軍順陽太守武帝北伐弘之與扶風太守沈田子等七軍自武關入弘之素善騎乘於姚泓馳道內戲馬或馳或驟往反二十里中甚有姿制羌胡聚觀者數千並嗟歎稱善初上馬以馬鞭柄策挽置兩股內及下馬柄孔常存留爲桂陽公義眞雍州中從事史及赫連勃勃襲長安義眞東歸赫連勃勃傾國追躡於青泥大戰弘之躬擐甲冑氣冠三軍軍敗陷沒不爲之屈時天大寒裸弘之弘之叫罵見害

朱脩之字恭祖義陽平氏人也曾祖燾晉平西將軍祖序豫州刺史父諶益州刺史脩之初爲州主簿元嘉中累遷司徒從事中郞文帝謂之曰卿曾祖燾昔爲王導丞相中郞卿今又爲王弘中郞可謂不忝爾祖矣後隨右軍將軍到彥之北伐彥之自河南回師留脩之戍滑臺被魏將安頡攻圍屢出奮擊殺傷甚衆魏人知脩之糧少不復攻城築長圍守之糧盡將士熏鼠食之城陷被四上嘉其節詔脩之等家可常與供給初脩之之被圍旣久母常悲憂忽一旦乳汁驚出母號慟告家人曰我年老非復有乳汁之時今如此兒必沒矣脩之果以其日城陷太武嘉其固守之節以爲雲中鎭將妻以寡姑脩之潛謀南歸妻疑之謂曰觀君無停意何不告我以

實義不相負每流涕言之脩之深嘉其義而不告也時鮮卑馮弘稱燕王治黃龍城太武伐之脩之及同沒人邢懷明並從又有徐卓者亦沒魏復欲率南人竊發事泄見誅脩之懷明懼禍同奔黃龍馮弘禮之甚薄停一年會宋有臺使至外國並貴重傳詔謂爲天子邊人脩之名位已顯傳詔見之便拜致禮甚敬彼國人見之大驚乃厚爲之禮時魏屢伐黃龍或說弘遣脩之歸求救弘乃遣之泛海未至東萊舫柂折風又猛海師慮向海北垂長索舫乃止海師候視天氣見有一鳥飛知去岸不遠須臾至東萊是歲元嘉九年也既至京邑上勞賜甚厚以爲黃門侍郎懷明爲司徒中兵參軍孝武初脩之累遷寧蠻校尉雍州刺史加都督脩之政在寬簡士眾悅附孝建元年荆州刺史南郡王義宣反檄脩之舉兵脩之乃悉集文武佐吏謂曰西藩違天犯順民神同憤今直取江陵卿等以爲何如中兵參軍何慧文曰江陵眾彊攻之難克惟遜辭僞同掩其不備則勤王之舉可以萬全脩之曰不然一唱此聲誰復明本意襄陽城內舊有伍子胥廟州刺史新到必應躬往每有軍事皆祈禱然後出師廟內有脩之祖考像脩之初至襄陽欲往致謁未及屬起兵眾並勸祈廟脩之遂不往遣使陳誠於孝武孝武嘉之以爲安西將軍荆州刺史加都督義宣更以魯秀爲雍州刺史擊襄陽脩之阻南峴立樓構以兵據之又以水軍斷峴下秀至屢挑戰脩之以寇遠來欲決勝負於一戰諸軍宜案部勿與交鋒賊乃依山不得進脩之潛以輕兵從險路擊其後秀敗乃收兵退走脩之率眾向江陵義宣已爲竺超民執之於獄脩之至殺之以功封南昌縣侯脩之立身清約百城贈貺一毫無所受唯以蠻人宜存撫納有餉皆受得輒與佐吏賭之未嘗入己徵爲左民尚書領軍將軍去鎮之日秋毫無犯計在州已來然油及私牛馬食官穀草以私錢六十萬償之然性險刻無潤薄於恩情姊在鄉里飢寒不立脩之貴爲刺史未嘗供贍嘗往姊家姊爲設菜羹麤飯以激之脩之曰此是貧家好食進之致飽乃以外生王軌爲沔陽令使姊隨子之官先是新野庾彥達爲益州攜姊之鎮資給供奉中分秩祿西土稱焉脩之至京邑牛奔墮車折腳辭尚書徙崇憲太僕加特進金紫光祿大夫腳疾不堪獨行特給扶侍卒贈侍中謚貞侯

王元謨字彥德太原祁人也六世祖宏河東太守緜竹侯以從叔司徒允之難棄官北居新興仍爲新興鴈門太守故爲新興人曾祖牢爲司空劉琨參軍琨敗避地遼東爲慕容廆車騎長史遷上谷太守後隨慕容德居青州武帝平廣固遷居下邳父秀早卒元謨幼而不羣世父蕤有知人之鑒常笑曰此兒氣概高亮有太尉彥雲之風武帝臨徐州辟爲從事史與語悅之少帝末謝晦爲荆州請爲南蠻行參軍武寧太守晦敗以非大帥見原到彥之北伐以元謨爲揚武將軍領騎與將軍姚聳夫出軍向洛城魏軍望風退走河南悉平元謨至陝聞彥之敗退知虎牢陷沒乃引軍南反文帝嘉之補長沙王義欣鎮軍中兵參軍元謨上表每陳北伐之規以河朔爲己任上謂殷景仁曰聞王元謨陳說使人有封狼居胥意後爲興安侯義賓輔國司馬彭城太守義賓薨元謨上表以彭城要兼水陸請以皇子撫臨州政乃以孝武出鎮及大舉北伐以元謨爲寧朔將軍前鋒入河受輔國將軍蕭斌節度元謨向碻磝碻磝戍主奔走所至皆捷獲牛馬粟帛不可勝計乘勝圍滑臺二百餘日魏太武自來救之南向白馬津眾號百萬登高望之前後無際鼓鞞之音震動天地元謨之行也眾力不少器械精嚴而專仗所見多行殺戮初圍城城內多茅屋眾議以火箭燒之元謨恐損失軍實不聽城中卽撤壞之穴地爲窟屋及魏救將至眾復請發車爲營反覆自固亦不從將士並懷離怨重募登城無復應者又營貨利一疋布責民八百大梨以此倍失人心及太武軍至乃夜撤營走委棄器甲軍資不可勝計至鹿鳴城夜迷失道麾下散亡略盡乃下船歸碻磝蕭斌將斬之沈慶之固諫曰佛狸威震天下所向無敵今控弦百萬豈元謨所能當且殺戰將以自弱非良計也斌乃止初元謨將見殺夢人告曰誦觀世音千遍則免元謨夢中曰何可竟也仍求見授既覺誦之且得千遍明日將刑誦之不輟忽傳呼停刑遣代守碻磝斌還鎮上手敕慰勉元謨曰既往之恨不復言但當勤立後效耳自古因敗成功載名史策者豈一人邪江夏王義恭爲征討都督以碻磝沙城不可守召元謨令還乃毀城燒穀率眾泝河水步東下爲魏騎所追元謨大破之流矢中臂二十八年正月還至歷城義恭與元謨書曰聞因敗爲成大摧凶醜又毀城焚粟全師凱歸昔闞孟明驗之今日臂上金瘡得非金印之徵邪元凶弒立以元謨爲冀州刺史孝武伐逆元謨遣濟南太守垣護之等將兵赴義事平遷左衞將軍徐州刺史加都督及南郡王義宣與臧質反朝廷假元謨輔國將軍爲前鋒南討拜豫州刺史率寧朔將軍薛安都等諸軍出梁山大破之加都督封曲江縣侯中軍司馬劉沖之白孝武言元謨在梁山與義

宣通謀檢驗雖無實而上意不能明使有司奏元謨又匿所得賊寶物虛張戰簿與徐州刺史垣護之並免官尋爲寧蠻校尉雍州刺史加都督雍土多諸僑寓元謨上言所統僑郡無有境土新舊錯亂租課不時宜加并合見許乃省并郡縣自此便之百姓當時不願屬籍其年元謨又令九品以上租使貧富相通境內莫不嗟怨民間訛言元謨欲反時柳元景當權元景弟僧景爲新城太守以元景之勢制令雍土南陽順陽上庸新城諸郡並發兵欲討元謨元謨令內外宴然以解衆惑馳啟孝武具陳本末帝知其虛妄遣主書吳喜公慰撫之又答啟曰人言紛紛此甚可笑且七十老公反欲何求鄧艾所以獲申蓋由此也聊復爲笑想足以申卿眉頭耳元謨爲人性嚴未嘗妄笑時人言元謨眉頭未嘗申故上以此戲之後爲金紫光祿大夫領太常及建明堂以本官領起部尙書又領北選孝武狎侮羣臣各有稱目多鬚者謂之羊短長肥瘦皆有比擬顏師伯缺齒號之曰齴劉秀之儉恡常呼爲老慳黃門侍郞宗靈秀軀體肥壯拜起艱難每一集會輒於坐賜靈秀器服飲食前後相繼欲其占謝傾踣以爲歡笑又刻木作靈秀父光祿勳叔獻像送其家聽事柳元景垣護之雖並北人而元謨獨受老傖之目凡諸稱謂四方書疏亦如之常爲元謨作四時詩曰黃茹供春膳粟漿充夏飡𤓰醬調秋菜白醝解冬寒又寵一崑崙奴子名白主常在左右令以杖擊羣臣自柳元景以下皆罹其毒元謨尋遷徐州刺史加都督時北土災饑乃散私穀十萬斛牛千頭以賑之孝武崩與羣公俱被顧命時朝政多門元謨以嚴直不容徙青冀二州刺史加都督少帝誅顏師伯柳元景等狂悖滋甚以領軍徵元謨元謨子姪咸勸稱疾元謨曰避難苟免既乖事君之節且吾既荷先朝厚恩彌不得逡巡及至屢表諫爭又流涕請緩刑去殺以安元元之意少帝大怒明帝卽位禮遇益崇時四方反叛元謨領水軍前鋒南討以脚疾未差聽乘輿出入尋除車騎大將軍江州刺史副司徒建安王休仁於赭圻明帝賜以諸葛武侯筩袖鎧年老病篤與諸將不諧和召還以爲左光祿大夫開府儀同三司領護軍將軍南豫州刺史加都督薨年八十二謚曰莊公子深早卒深子續嗣深弟寬泰始初爲隨郡太守逢四方反父元謨在建鄴寬棄郡自歸以母在西爲賊所執請西行遂被遣郡收其母事平明帝嘉之使圖寬形以上齊永明元年爲太常坐於宅殺牛免官卒於光祿大夫寬弟瞻齊史有傳元謨從弟元象位下邳太守好發人冢地無完槨人間垣內有小冢墳上殆平每朝日初昇見一女子立冢上近視則亡或以告元象便命發之有一棺尙全有金蠶銅人以百數剖棺見一女子年可二十姿質若生臥而言曰我東海王家女應生資財當以相奉幸勿見害女臂有玉釧破冢者斬臂取之於是女復死元謨時爲徐州刺史以事上聞元象坐免郡

劉敬宣字萬壽彭城人漢楚元王交之後也父牢之晉鎭北將軍敬宣八歲喪母晝夜號泣中表異之輔國將軍桓序鎭蕪湖牢之參序軍事四月八日敬宣見衆人灌佛乃下頭上金鏡爲母灌像因悲泣不自勝序歎息謂牢之曰卿此兒非唯爲家之孝子必爲國之忠臣起家爲王恭前軍參軍又參會稽世子元顯征虜軍事隆安二年王恭起兵於京口以誅司馬尙之爲名牢之時爲恭前軍司馬晉陵太守甾佐領兵而恭以豪戚自居甚相陵忽牢之心不能平及恭此舉使牢之爲前鋒太傅會稽王道子與牢之書備言禍福使反恭牢之呼敬宣謂曰吾欲奉國威靈以明逆順汝以爲何如敬宣曰恭怙亂阻兵志陵京邑大人與恭親無骨肉分非君臣雖共事少時意好不協今日討之於情何有牢之至竹里斬恭大將顏延遣敬宣率高雅等還京襲恭恭方出城耀軍敬宣馳騎橫擊之一時散潰元顯進號後將軍以敬宣爲後軍諮議參軍三年孫恩爲亂東土騷擾牢之自表東討軍次虎嘐賊皆死戰敬宣以騎傍南山趨其後吳賊畏馬又懼首尾受敵遂大破之進平會稽遷後軍從事中郞武帝旣累破妖賊功名日盛故敬宣深相憑結情好甚隆元顯進號驃騎敬宣仍隨府轉元顯驕肆羣下化之敬宣每預宴會調戲無所酬答元顯甚不悅元興元年牢之南討桓元元顯爲征討大都督日夜昏酣牢之驅詣門不得相見帝出餞行方遇公坐而已元旣至溧洲遣使說牢之牢之亦以道子昏闇元顯淫凶慮平元之後亂政方始欲假手於元誅除執政然後乘元之隙可以得志天下將許元降敬宣諫曰今天下之重在大人元雖無姬文之德實有三分之形一朝縱之使陵朝廷威望旣成則難圖也董卓之變將生於今矣牢之怒曰吾豈不知今日取元如反覆手但平後令我奈驃騎何遣敬宣爲任質元旣得志害元顯廢道子以牢之爲會稽太守牢之與敬宣謀襲元期以明旦爾日大霧府門晚開日旰敬宣不至牢之謂謀泄欲奔廣陵而敬宣還京口迎家牢之謂已爲桓元所禽乃自縊而死敬宣奔喪哭畢渡江就司馬休之高雅之等俱

奔洛陽往來長安求救於姚興後奔慕容德敬宣素曉天文知必有興復晉室者尋夢丸土服之既覺喜曰丸者桓也桓既吞矣吾當復本土乎乃結青州大姓謀滅慕容德推休之爲主時德司空劉軌大被任用高雅之又要軌謀遂泄乃相與殺軌而去之淮泗間會武帝平京口手書召敬宣左右疑其詐敬宣曰吾固知其然下邳不誘我也卽便馳還至京師以爲輔國將軍晉陵太守襲封武岡縣男累破諸賊遷建威將軍江州刺史固辭不許既至江州課集軍糧搜調舟乘軍戎要用常有儲擬初劉毅之少也爲敬宣寧朔參軍時人或以雄傑許之敬宣曰夫非常之才當別有調度豈得便謂此君爲人豪邪此人外寬而內忌自伐而尙人若一旦遭逢亦當以陵上取禍耳毅聞之深以爲恨及在江陵知敬宣還乃使人言於武帝曰劉敬宣父子忠國既昧今又不豫義始猛將勞臣方須敘報如此之人宜令在後若使君不忘平生正可爲員外常侍耳聞已授其郡實爲過優尋知復爲江州毅大駭惋敬宣不自安安帝反正自表求解職武帝數引遊宴恩顧周洽所賜莫與爲比敬宣女嫁賜錢三百萬雜綵千疋尋除宣城內史武帝方大相寵任欲先令立功義熙三年表遣率衆伐蜀博士周祇諫不從乃假敬宣節監征蜀諸軍事敬宣至黃虎去成都五百里爲蜀大將譙道福等悉衆拒險相持六十日大小十餘戰賊固守不敢出敬宣食盡引軍還有司奏免官五年武帝伐慕容超除中軍諮議參軍與兗州刺史劉藩大破超軍進圍廣固屢獻規畫盧循逼建鄴敬宣分領鮮卑虎斑突騎置陣甚整循走仍從南討爲左衛將軍敬宣寬厚善待士多技藝弓馬音律無事不善尙書僕射謝混美才地少所交納與敬宣遇便盡禮或問混卿未嘗輕交而傾蓋劉壽何也混曰孔文舉禮太史子義天下豈有非之邪初敬宣迴師於蜀劉毅欲以重法繩之武帝既相任待又何無忌明言於毅謂不宜以私憾傷至公毅雖止猶謂武帝曰夫平生之舊豈可孤信光武悔之於寵萌曹公失之於孟卓公宜深慎之毅出爲荊州謂敬宣曰吾忝西任欲屈卿爲南蠻長史豈有見輔意乎敬宣懼禍及以告武帝帝笑曰但令老兄平安必無過慮出爲征虜將軍北青州刺史時武帝西討劉毅豫州刺史諸葛長民監太尉軍事貽敬宣書曰盤龍狠戾專恣自取夷滅異端將盡世路方夷富貴之事相與共之敬宣報曰下官自義熙以來首尾十載遂忝三州七郡今此仗節常懼福過災生實思避盈居損富貴之旨非所敢當便遣使以長民書呈武帝謂王誕曰阿壽故爲不負我也十一年進號右將軍時晉宗室司馬道賜爲敬宣參軍會武帝西征司馬休之而道賜陰結同府辟閭道秀左右小將王猛子等謀反道賜自號齊王規據廣固舉兵應休之猛子取敬宣刃殺敬宣文武佐吏卽討道賜道秀猛子斬之先是敬宣嘗夜與僚佐宴空中有投一隻芒屩於坐墜敬宣食盤上長三尺五寸已經人着耳鼻間欲壞頃之而敗喪至武帝臨哭甚哀子光祖嗣宋受禪國除

劉懷肅彭城人武帝從母兄也家世貧窶而躬耕好學初爲劉敬宣寧朔府司馬征孫恩屢有戰功爲費令聞武帝起義棄縣來奔京邑平定振武將軍道規追桓元以懷肅爲司馬連破城壘桓振據荊州懷肅自雲杜兼行七日而至振勒兵三萬旗幟蔽野躍馬橫矛躬自突陣流矢傷懷肅頟衆懼欲奔懷肅瞋目奮戈膽氣益壯於是士卒爭先臨陣斬振首江陵平道規加懷肅督江夏九郡鎭夏口以建義功封東興縣侯義熙元年除輔國將軍淮南歷陽二郡太守二年又領劉毅撫軍司馬其冬桓石綏司馬國璠陳襲於胡桃山聚衆爲寇懷肅討破之江淮間羣蠻及桓氏餘黨爲亂懷肅自請出討既行失旨毅上表免懷肅官三年卒追贈左將軍無子弟懷慎以子蔚祖嗣位江夏內史蔚祖卒子道存嗣位太尉江夏王義恭諮議參軍孝武伐元凶道存出奔義軍元凶乃殺其母以徇景和中爲義恭太宰從事中郎義恭敗以黨與下獄死懷肅次弟懷敬澀訥無才能初武帝產而皇妣殞孝皇帝貧薄無由得乳人議欲不舉從母生懷敬未朞乃斷懷敬乳而自養之武帝以舊恩故懷敬累見寵授至會稽太守時以爲速帝曰亡姨於我恩重此何可忘歷尙書金紫光祿大夫懷敬子眞道爲錢唐令元嘉十三年東土飢荒帝遣揚州從事沈演之巡行在所演之表眞道及餘杭令劉道錫有美政上嘉之各賜穀千斛以眞道爲步兵校尉十四年出爲梁南秦二州刺史十八年氐帥楊難當侵寇漢中眞道討破之而難當寇盜猶不已文帝遣龍驤將軍裴方明率禁兵五千受眞道節度十九年方明至武興率太子積弩將軍劉康祖等進軍大致剋捷以眞道爲建威將軍雍州刺史方明輔國將軍梁南秦二州刺史又詔故晉壽太守姜道盛殞身鋒鏑可贈給事中賜錢十萬道盛有注古文尙書行於世眞道方明並坐破仇池斷割金銀諸雜寶貨及藏難當善馬下獄死懷敬弟懷愼少謹愼質直從武帝征伐位徐州刺史爲政嚴猛境內震肅

以平廣固及盧循功封南城縣男十二年武帝北征以爲中領軍征虜將軍宿衛輦轂坐府內相殺免官懷愼雖名位轉優而恭恪愈至每所之造位任不踰已者皆東帶門下下車其謹退類如此永初元年以佐命功進爵爲侯位五兵尚書加散騎常侍光祿大夫景平元年還護軍將軍祿賜班於宗族家無餘財卒謚肅侯子德願嗣大明初爲游擊將軍領石頭戍事坐受賈客韓佛智貨下獄奪爵後爲秦郡太守德願性麤率爲孝武所狎侮上寵姬殷貴妃薨葬畢數與羣臣至殷墓謂德願曰卿哭貴妃若悲當加厚賞德願應聲便號慟撫膺擗踊涕泗交流上甚悅以爲豫州刺史上又令醫術人羊志哭殷氏志亦嗚咽他日有問志卿那得此副急淚志時新喪愛姬答曰我爾日自哭亡妾耳志滑稽善爲諧謔上亦狎侮之德願善於御車常立兩柱使其中劣通車軸乃於百餘步上振轡長驅未至數尺打牛奔從柱間直過其精如此孝武聞其能乃爲之乘畫輪車幸太宰江夏王義恭第德願岸着籠冠短朱衣執轡進止甚有容狀上懽欣賞賜甚厚景和初爲廷尉坐與柳元景厚善元景敗下獄誅懷愼庶長子榮祖少好騎射爲武帝所知及盧循攻逼京邑時賊乘小艦入淮拔柵武帝宣令三軍不得輒射賊榮祖不勝憤怒冒禁射之所中應弦而倒帝益奇焉以戰功參太尉軍事從討司馬休之彭城內史徐逵之敗沒諸將意沮榮祖請戰愈厲上乃解所著鎧授之榮祖陷陣身被數創及帝北伐轉鎭西中兵參軍率水軍入河與朱超石大破魏軍於半城帝大饗將士謂榮祖曰卿以寡克衆攻無堅城雖古名將何以過此永初中爲輔國將軍追論半城功賜爵都鄉侯榮祖爲人輕財貴義善撫將士然性偏憤失士君子心卒於官懷愼弟懷默位江夏內史子孫登武陵內史孫登子亮少工刀楯以軍功封順陽縣侯歷梁益二州刺史在位廉儉所得公祿悉以還官明帝下詔褒美亮在梁州忽服食欲致長生迎武當山道士孫懷道使合仙藥藥成服之而卒及就殮屍弱如生謚曰剛侯孫登弟道隆前廢帝景和中位右衛將軍封永昌縣侯委以腹心之任泰始初又爲明帝盡力遷左衛將軍中護軍賜死事在建安王休仁傳

劉粹字道冲沛郡蕭人也家在京口少有志幹初爲州從事武帝尅京城參建武軍事以從平京邑復從征廣固及起義功封西安縣五等侯轉中軍諮議參軍盧循逼京邑京口任重文帝時年四歲武帝使粹奉之以鎭京口遷建威將軍江夏相劉毅粹從兄也粹盡心武帝不與毅同武帝謀討毅衆並疑粹在夏口帝愈信之及大軍至粹竭其誠力事平封灄縣男後遷相國司馬左衛將軍永初元年以佐命功改封建安縣侯文帝卽位領寧蠻校尉雍州刺史襄陽新野二郡太守在任簡役愛民罷諸沙門二千餘人補府吏元嘉三年討謝晦遣粹弟中郎道濟龍驤將軍沈敞之就粹自陸道向江陵步騎至河橋爲晦司馬周超所敗降號寧朔將軍初晦與粹厚善以粹子曠之爲參軍至是帝甚疑之王弘曰粹無私必無憂也及粹受命南討一無所顧帝以此嘉之晦遣送曠之還粹亦不害也明年粹卒曠之嗣道濟位益州刺史任長史費謙等聚斂傷政害人初晉末有司馬飛龍者自稱晉宗室走仇池元嘉九年聞道濟綏撫失和遂自仇池入縣竹爲亂道濟遣軍討斬之先是道濟以五城人帛氏奴梁顯爲參軍督護謙固執不與遠方商人至者謙又抑之商旅咨嗟百姓咸欲爲亂氏奴等因聚黨爲盜及趙廣等詐言司馬殿下猶在陽泉山中蜀土僑舊翕然並反奉道人程道養言是飛龍道養抱罕人也趙廣改道養名爲龍興號爲蜀王車騎大將軍益梁二州牧建號泰始元年備置百官以道養弟道助爲驃騎將軍長沙王鎭涪城廣自號鎭軍將軍帛氏奴爲征虜將軍梁顯爲鎭北將軍奉道養圍成都道濟遣中兵參軍裴方明頻破之十年正月賊復大至攻逼成都道濟卒方明等共埋尸於後齋使書與道濟相似者爲教酬答籤疏不異常日雖母妻不知也二月道養升壇郊天方就柴燎方明擊大敗之會平西將軍臨川王義慶使巴東太守周籍之帥衆援成都廣等屯據廣漢分守郫川籍之與方明攻郫克之方明禽僞驃騎將軍司馬龍伸斬之龍伸卽道助也涪蜀皆平俄而張尋攻破陰平復與道養合逃于郪山其餘羣賊出爲盜不絕文帝遣寧朔將軍蕭汪之討之十四年餘黨乃平遷趙廣張尋等於建鄴十六年廣尋復與國山令司馬敬琳謀反伏誅粹族弟損字子騫衞將軍毅從父弟也父鎭之字仲德以毅貴顯閑居京口未嘗應召常謂毅汝必破我家毅甚畏憚之每還京口未嘗敢以羽儀入鎭之門以左光祿大夫徵不就卒於家損元嘉中爲吳郡太守至昌門便入太伯廟時廟室頹毀垣牆不修損愴然曰清塵尙可髣髴衡宇一何摧頹卽令脩葺卒贈太常損同郡宗人有劉伯龍者少而貧薄及長歷位尙書左丞少府武陵太守貧窶尤甚常在家慨然召左右將營十一之方忽見一鬼在傍撫掌大笑伯龍嘆曰貧

窮固有命乃復爲鬼所笑也遂止

孫處字季高會稽永興人也籍注字故以字行少任氣武帝征孫恩季高樂從及平建鄴封新番縣五等侯盧循之難武帝謂季高曰此賊行破非卿不能破其窟穴卽遣季高汎海襲番禺拔之循父嘏長史孫建之司馬虞尫夫等輕舟奔始興季高分遣振武將軍沈田子等討平嶺表諸郡循於左里走還襲廣州季高破走之義熙七年季高卒追贈南海太守封侯官縣侯九年武帝表贈交州刺史

蒯恩字道恩蘭陵承人也武帝征孫恩縣差爲征民伐馬芻恩常負大束兼倍餘人每捨芻於地歎曰大丈夫彎弓三石柰何充馬士武帝聞之卽給器仗恩喜自征妖賊常爲先登多斬首級旣習戰陣膽力過人於婁縣戰箭中右目從平京城進定京邑以軍功封都鄉侯從伐廣固破盧循皆有功累遷龍驤將軍蘭陵太守隨劉藩追斬徐道覆與王鎭惡破江陵隨朱齡石平成都從武帝伐司馬休之恩自從征討每有危急輒率先諸將常陷堅破陣不避嶮難前後凡百餘戰身被重創武帝錄其前後功封新寧縣男武帝北伐留恩侍衛世子命朝士與之交恩益自謙損與人語常呼官位而自稱爲鄙人撫士卒甚有恩紀世子開府再遷爲司馬後入關迎桂陽公義眞沒於赫連勃勃傳國至孫無子國除

向靖字奉仁小字彌河內山陽人也名與武帝祖諱同故以小字行彌與武帝有舊從平京城參建武軍事進平建鄴以功封山陽縣五等侯又從征廣固討盧循所在著績封安南縣男武帝西伐司馬休之征關中並見任使及帝受命以佐命功封曲江縣侯位太子左衛率加散騎常侍卒于官彌立身儉約不營室宇無園田商貨之業時人稱之子植嗣多過失不受母訓奪爵更以植次弟植紹封又坐殺人國除楨弟柳字元義有學義才能立身方雅太尉袁淑司空徐湛之東揚州刺史顏竣皆與友善及竣貴柳猶以素情自許不推先之順陽范璩誡柳曰名位不同禮有異數卿何得作曩時意邪柳曰我與士遜心期久矣豈可以一旦勢利易之邪及柳爲南康郡涉義宣事敗坐繫建康獄屢密詣竣求相申救孝武常與竣言及柳事竟不助之柳遂伏法璩字伯玉平北將軍汪曾孫也位淮南太守

劉鍾字世之彭城人也少孤依鄉人中山太守劉回共居鍾有志力常慷慨於貧賤武帝伐孫恩鍾願從之戰皆摧堅陷陣武帝每有戎事鍾不辭艱劇盡其心力義旗將建武帝版鍾爲郡主簿從入京城將向京邑武帝命曰豫是彭沛鄉人赴義者並可依劉主簿於是立爲義隊常在左右每戰必捷及桓謙屯于東陵卞範之屯于覆舟山西武帝疑賊有伏兵顧左右政見鍾謂曰此山下當有伏兵卿可往探之鍾馳進果有伏兵鍾奮擊之一時奔走後除南齊國內史安邱縣五等侯鍾時未改葬父祖及親屬十喪帝厚加賫給從征廣固孟龍符於陣陷沒鍾直入賊取其尸而反盧循逼建鄴鍾拒柵身被重創賊不得入及循南走鍾與王仲德追之又與劉藩追徐道覆於始興斬之後隨朱齡石伐蜀爲前鋒去成都二百里鍾于時腳疾齡石乃詣鍾謀且欲養銳息兵以伺其隙鍾曰不然前揚聲言大衆向內水譙道福不敢捨涪城今重軍卒至出其不意蜀人已破膽矣賊今沮兵守險是其懼不敢戰非能持久也因其兇懼攻之其勢必剋若緩兵彼將知人虛實當爲蜀子虜耳齡石從之明日陷其二城徑平成都以廣固功封永新縣男及武帝北伐關洛留鍾居守累遷右衛將軍元熙元年卒傳國至孫齊受禪國除

虞邱進字豫之東海鄉人也晉太元中隨謝元討苻堅以功封關內侯後從武帝征孫恩頻戰有功從定建鄴除燕國內史封龍游縣五等侯及盧循逼都孟昶等議奉天子過江進廷議不可面折昶等武帝甚嘉之除鄱陽太守後隨劉藩斬道覆義熙九年以前後功封望蔡縣男永初二年累遷太子右衛率卒追論討司馬休之功進爵爲子傳國至曾孫齊受禪國除

孟懷玉平昌安邱人也世居京口武帝東伐孫恩以懷玉爲建武司馬豫義旗從平京口進定京邑以功封鄱陽縣五等侯武帝鎭京口以懷玉爲下邳太守義熙三年領丹陽府兵戍石頭盧循逼京邑懷玉於石頭岸連戰有功爲中軍諮議參軍及循南走懷玉與衆軍追躡直至嶺表徐道覆屯結始興懷玉攻圍之身當矢石旬月乃陷仍南追循循平又封陽豐縣男遷江州刺史南中郎將時荆州刺史司馬休之居上流有異志故授懷玉此任以防之十一年丁父艱有孝性上表陳解不許因抱疾爲卒懷玉弟龍符驍果有膽氣早爲武帝所知以軍功封平昌縣五等子從伐廣固以車騎將軍加龍驤將軍廣川太守乘勝追奔被圍見害追贈青州刺史封臨沅縣男

胡藩字道序豫章南昌人也父仲任治書侍御史藩少孤居喪以毁聞太守韓伯見之謂藩叔尙書少廣曰卿此姪當以義烈成名州府辟召不就須二弟冠婚畢乃

參鄱恢征虜軍事時殷仲堪爲荆州刺史藩外兄羅企生爲仲堪參軍藩過江省企生因說仲堪曰桓元意趣不常節下崇待太過非將來計也仲堪不悅藩退謂企生曰殷侯倒戈授人必至大禍卿不早去後悔無及後元自夏口襲仲堪用藩參其後軍事仲堪敗企生果以附從及禍藩轉參太尉大將軍相國軍事武帝起兵元戰敗將出奔藩叩馬諫曰今羽林射手猶有八百皆是義故西人一旦捨此欲歸可復得乎元直以馬鞭指天而已於是奔散衆相失藩追及於蕪湖元見之喜謂張須無曰卿州故爲多士今復見之王脩桑落之戰藩艦被燒并鎧入水潛行三十許步方得見岸乃還家武帝素聞藩直言於殷氏又爲元盡節召爲散騎侍郎參鎮軍軍事從征廣固賊屯聚臨朐藩言於武帝曰賊屯軍城外留守必寡今往取其城而斬其旗幟此韓信所以剋趙也武帝乃遣檀韶與藩潛往卽剋其城賊見城陷一時奔走還保廣固圍之累月將拔之夜佐吏並集忽有鳥大如鵝蒼黑色飛入武帝帳中衆皆駭愕以爲不祥藩賀曰蒼黑者胡虜色明其歸我大吉之祥也明旦攻城陷之從討盧循於左里頻戰有功封吳平縣五等子尋除正員外郡縣太守從伐劉毅初毅當之荆州表求東道還京辭墓去都數十里不過拜闕武帝出倪塘會毅藩勸於坐殺之乃謂帝曰公謂劉衛軍終肯爲公下乎帝曰卿謂何如對曰公豁達大度功高天下連百萬之衆允天人之望毅固以此服公至於涉獵經傳一詠一點自許以雄豪加以誇伐搢紳白面之士輻湊而歸此毅之所以不肯爲公下也今不於此出其不意圖之他日終爲公患帝曰吾與毅俱有剋復功且其過未彰不可自相圖至是謂藩曰昔從卿倪塘之謀無今舉也又從征司馬休之復爲參軍領游軍於江津徐逵之敗沒武帝怒甚卽日於馬頭岸渡江而江津岸峭壁立數丈休之臨岸置陣無由可登武帝呼藩令上藩有疑色武帝奮怒命左右錄來欲斬之藩不受命顧曰藩寧前死耳以刀頭穿岸劣容腳指於是徑上隨之者稍多既登岸殊死戰賊遂奔敗從伐關中參太尉軍事統別軍至河東暴風漂輜重艦度北岸魏軍牽得此艦藩氣憤率左右十二人乘小船徑往魏騎五六百見藩來並笑之藩素善射登岸射之應弦而倒者十許人魏軍皆退悉收所失而反帝又遣藩及朱超石等追魏軍於半城魏騎數萬合圍藩及超石不盈五千力戰大破之武帝遷彭城參相國軍事論平司馬休之及廣固功封陽山縣男元嘉中位太子左衛率卒諡曰壯侯子隆世嗣藩諸子多不遵法度第十四子遵世同孔熙先逆謀文帝以藩功臣不欲顯其事使江州以他事殺之十六子誕世十七子茂世後欲率庶人義康爲逆交州刺史檀和之至霰章討平之

劉康祖彭城呂人也世居京口伯父簡之有志幹爲武帝所知帝將謀興復收集才力之士嘗再造簡之值有賓客簡之悟其意謂弟虔之曰劉下邳再來必當有意旣不得共語汝可試往見之旣至武帝已剋京城虔之卽便投義簡之殺耕牛會衆以赴武帝簡之歷官至通直常侍太尉諮議參軍簡之弟謙之好學撰晉紀二十卷官至廣州刺史太中大夫虔之輕財好施爲江夏相從武帝征司馬休之及魯宗之宗之子軌襲殺虔之追贈梁南秦二州刺史封新康縣男康祖虔之子也便弓馬智力絕人在閭里不治產業以浮蕩蒱酒爲事每犯法爲郡縣所錄輒越屋踰牆莫之能禽夜入人家爲有司所圍突圍去並莫敢追因夜還京口半夕便至明旦守門詣府州要職俄而建康移書錄之府州執事者以證康祖其夕在京口遂得無恙前後屢被糺劾文帝以勳臣子每原貸之後襲封拜員外郎再坐蒱戲免官孝武爲豫州刺史鎭歷陽以康祖爲征虜中兵參軍旣被委任折節自修歷南平王鑠安蠻府司馬元嘉二十七年魏太武親率大衆攻圍汝南文帝遣諸軍救援康祖總統爲前驅軍次新蔡與融水去縣四十里魏衆大至康祖奮擊破之斬其殿中尚書乞地眞太武燒營退走還左軍將軍文帝欲大舉北伐康祖以歲月已晚請俟明年上以河北義從並起若頓兵一周沮向義之心其秋蕭斌王元謨沈慶之等入河康祖率豫州軍出許洛元謨等敗歸時南平王鑠任壽陽上慮爲魏所圖急召康祖回軍援壽陽未至城數十里會魏永昌王以長安之衆八萬騎與康祖相遇於尉武康祖有八千人乃結車營而進魏軍四面來攻衆分爲三且休且戰康祖率厲衆士無不一當百魏軍死者大半流血沒踝會康祖矢中頸而死於是遂大敗舉營淪覆免者幾數十人魏人傳康祖首示彭城面如生詔贈益州刺史諡曰壯簡之子道產初爲無錫令襲爵晉安縣五等侯元嘉三年累遷梁南秦二州刺史加都督在州有惠化後爲雍州刺史領寧蠻校尉加都督襄陽太守善於臨職在雍部政績尤著蠻夷前後不受化者皆順服百姓樂業由此有襄陽樂歌自道產始也卒於官諡曰襄侯道產喪還諸蠻皆備縗經號哭追送至于沔口

長子延孫孝武初位侍中封東昌縣侯累遷尙書右僕射大明元年除金紫光祿大夫領太子詹事又出爲南徐州刺史先是武帝遺詔京口要地去都密邇自非宗室近戚不得居之劉氏之居彭城者分爲三里帝室居綏輿里左將軍劉懷肅居安上里豫州刺史劉懷武居叢亭里三里及延孫所居呂縣凡四劉雖同出楚元王由來不序昭穆延孫於帝室本非同宗不應有此授時司空竟陵王誕爲徐州上深相畏忌不欲徙居京口遷之廣陵廣陵與京口對岸使腹心爲徐州據京口以防誕故以南徐州授延孫而與之合族使諸王序親三年南兗州刺史竟陵王誕有罪不受徵延孫馳遣中兵參軍杜幼文赴討及至誕已閉城自守乃還誕遣劉公泰齎書要之延孫斬公泰送首建鄴復遣幼文受沈慶之節度五年詔延孫曰舊京樹親由來常準今此防久弭當以還授小兒乃徵延孫爲侍中尙書左僕射領護軍延孫病不任拜赴卒贈司徒給班劒二十人有司奏謚忠穆詔改爲文穆子質嗣

通志卷一百三十一終

宋右迪功郎鄭樵漁仲撰

列傳第四十五

宋

趙倫之子伯符　蕭思話子惠開　惠明　臧燾孫凝之　燾弟熹　熹子質
謝晦晦兄瞻　晦從叔澹　弟謝裕　裕孫純　孺子　純弟述　裕弟謝方明　方明子惠連
謝靈運何長瑜　孟顗　謝弘微子莊　王弘子錫　弘弟僧達　錫　王微
王曇首子僧綽

趙倫之字幼成，下邳僮人，孝穆皇后之弟也。幼孤貧，事母以孝稱。武帝起兵，以軍功封閬中縣五等侯，累遷雍州刺史。武帝北征，倫之遣順陽太守傅弘之、扶風太守沈田子出嶢柳，大破姚泓於藍田。及武帝受命，以佐命功封霄城縣侯。少帝即位，徵拜護軍。元嘉三年，拜領軍將軍。倫之雖外戚貴寵，而居身儉素。性野拙，澀於人間世事，多所不解。久居方伯，公私富貴，入爲護軍，資力不稱，以爲見貶。光祿大夫范泰好戲笑，謂曰：「司徒公缺，必用汝老奴。我不言汝資地所任，要是外戚高秩，次第所至。」倫之大喜，每載酒肴詣泰。五年卒，謚元侯。子伯符嗣。

伯符字潤遠，少好弓馬，爲寧遠將軍，總領義徒，以居宮城北。每火起及有劫盜，輒身貫甲冑，助郡縣赴討，武帝甚嘉之。文帝即位，累遷徐兗二州刺史，爲政苛暴，吏人畏懼，如與虎狼居，而劫盜遠迸，無敢入境。元嘉十八年，徵爲領軍將軍。先是外監不隸領軍，宜相統攝者，自有別詔，至此始統領焉。後爲丹陽尹，在郡嚴酷，曹局不復堪命，或委叛被錄，透水而死。典筆吏取筆失旨，頓與五寸鞭。子倩尚文帝第四女海鹽公主，甚愛重。倩嘗因言戲以手擊主，事上聞，文帝怒，離婚。伯符慚懼，發病卒，謚曰肅。傳國至孫勗，齊受禪，國除。

蕭思話，南蘭陵人，孝懿皇后弟子也。父源之，字君流，歷徐兗二州刺史，永初元年卒，贈前將軍。思話十餘歲時，未知書，以博誕遨遊爲事，好騎屋棟，打細腰鼓，侵暴鄰曲，莫不患毒之。自此折節，數年中遂有令譽。好書史，工隸書，善彈琴，能騎射。武帝一見而奇之。年十八，除大司馬行參軍，襲爵封陽縣侯。元嘉中，累遷振武將軍、青州刺史，時年二十七。亡命司馬朗之兄弟聚黨謀爲亂，思話遣北海太守蕭汪之討斬之。八年，魏軍大至，思話懼，乃棄鎮奔平昌，由是下廷尉，仍繫尚方。初在青州，常所用銅斗覆在藥廚下，忽於斗下得二死雀。思話歎曰：「斗覆而雙雀殞，其不祥乎？」既而被繫。及梁州刺史甄法護在任失和，氐帥楊難當寇漢中，乃自徒中起思話爲橫野將軍、梁南秦二州刺史。平漢中，悉收侵地，置戍葭萌水。思話遷鎮南鄭。法護，中山無極人也，過江寓居南郡。弟法崇自少府爲益州刺史。法護委鎮之罪，爲府所收，於獄賜死。文帝以法崇受任一方，命言法護病卒。文帝使思話上定漢中本末，下之史官。十四年，還臨川王義慶平西長史、南蠻校尉。文帝賜以弓琴，手勅曰：「丈人頃何所作？事務之暇，故宜以琴書爲娛耳。前得此琴，云是舊物，今以相借，并往桑弓一張，理材乃快，良材美器，宜在盡用之地，丈人真無所與讓也。」二十二年，除侍中。二十四年，改領右衛將軍。嘗從文帝登鍾山北嶺，道中有盤石清泉，上使於石上彈琴，因賜以銀鍾酒，謂曰：「相賞有松石間意。」思話遷寧蠻校尉、雍州刺史，監四州軍事。徵爲吏部尚書，以去州無復事力，倩府軍身九人。文帝戲之曰：「丈人終不爲田父於閭里，何憂無人使邪？」未拜，遷護軍將軍。是時魏攻懸瓠，文帝將大舉北侵，朝士僉同，惟思話固諫，不從。魏師退，即代孝武爲徐兗二州刺史，監四州軍事。後爲圍碻磝城不拔，退師歷下，爲江夏王義恭所奏，免官。元凶弒立，以爲徐兗二州刺史。思話率部曲還彭城，起義以應孝武，遣將軍申坦、梁坦水陸齊驅。孝武遣使至新亭，坦亦進克京口。上即位，徵思話爲尚書左僕射，固辭，改爲中書令、丹陽尹、散騎常侍。時都下多劫掠，二旬中十數發，思話引咎陳讓，不許。及江州刺史臧質等反，以爲江州刺史。事平，拜郢州刺史，加都督。卒，贈征西將軍、開府儀同三司，謚曰穆侯。思話外戚令望，早見任待，凡歷州十二，杖節監都督者九焉。所至雖無皎皎清節，亦無穢黷之累。愛才好士，人多歸之。長子惠開嗣。

惠開少有風氣，涉獵文史，家雖貴戚，而居服簡素。初爲祕書郎，祕書著作並名家年少，惠開意趣與人多不同，比肩或三年不共語。外祖光祿大夫沛郡劉成戒之曰：「汝恩戚家子，無多異以取天下之疾。」轉太子舍人，與汝南周朗同官友善，以偏奇相尚。孝建元年，爲黃門侍郎，與侍中何偃等爭推積射將軍徐沖之事。偃任遇甚隆，惠開不爲之屈，偃怒，使門下推彈之。惠開乃上表解職，由此忤旨，別勅有司以屬疾多，免惠開官。思話素恭謹，操行與惠開不同，常以其俊異，每加嫌責。及見惠開自解表，歎息曰：「兒子不幸與周朗周旋，理應如此。」杖之二百。尋除中庶子。丁父艱，居喪有孝性。家素事佛，凡爲父起四寺：南崗下名曰禪岡寺，曲阿舊鄉宅名曰禪鄉寺，京口墓亭名曰禪亭寺，所封封陽縣名曰禪封寺。謂國僚曰：「封秩鮮而兄弟多，若全關一人，則在我所讓；若人人等分，又事可悲恥。寺衆既立，自宜悉供僧衆由此國秩不復下均襲封封陽縣侯爲新安王子鸞冠軍長史惠開妹當適桂陽王休範女又當適孝武子發遣之資應須二千萬乃以爲豫章內史聽其肆意聚納由是在郡著貪暴之聲再遷御史中丞孝武與劉秀之詔曰今以蕭惠開爲憲司冀當稱職但一往眼額巳自殊有所震及在職百僚畏憚之後授督益寧二州刺史路經江陵時吉翰子在荆州共惠開有舊爲設女樂樂人有美者惠開就求不得又欲以四女妓易不許惠開怒收吉斬之卽納其妓啟云吉爲劉義宣所遇交結不逞向臣毀訕朝政輒巳戮之孝武稱快惠開素有大志及至蜀欲廣植經略善於敘述對賓僚及士人說欲收牂牁越巂以爲內地綏討蠻濮闢地調租閒其言者皆以爲大功可立才疏意廣終無所成明識過人嘗供三千沙門一閱其名退無所失明帝卽位進號平西將軍改督爲都督晉安王子勛反惠開乃集將佐謂之曰湘東太祖之昭晉安世祖之穆其於當壁並無不可但吾荷世祖之眷今便當投袂萬里推奉九江乃遣巴郡太守費欣壽領二千人東下軍悉敗沒先是惠開爲治多任刑誅蜀土咸怨號曰臥虎及聞軍沒諸郡悉反並來圍城城內東兵不過二千凡蜀人惠開疑之悉皆遣出子勛尋敗蜀人並欲屠城以望重賞明帝以蜀土險遠赦其誅責遣其弟惠基使蜀宣旨而蜀人志在屠城不使王命速達遏留惠基惠基破其渠帥然後得前惠開奉旨歸順城圍得解明帝又遣惠開宗人寶首水路慰勞益州寶首欲以平蜀爲功更獎說蜀人處處蜂起惠開乃啟陳情事遣永寧太守蕭惠訓州別駕費欣業分兵並進大破之禽寶首送之惠開至都明帝問其故侍御左右莫不悚然側目惠開舉動自若從容答曰臣唯知逆順不識天命又云非臣不亂非臣不平初惠開府錄事參軍劉希微負蜀人責將百萬爲責主所制未得俱還惠開與希微共事不厚而廐中凡有馬六十匹悉以乞希微償責其意趣不常如此惠開還資二千餘萬悉散道俗一無所留後除桂陽王休範征北長史南東海太守其年會稽太守蔡興宗之郡惠開自京口請假還都相逢於曲阿惠開先與興宗名位略同又經情款自以負釁摧屈慮興宗不能詣巳戒勒部下蔡會稽部伍若問愼不得答惠開素嚴部下莫敢違興宗見惠開舟力甚盛遣人訪訊專力二三百人皆低頭直去無一人答者尋除少府加給事中惠開素剛至是益不得志曰大丈夫當入管喉舌出涖方伯乃復低頭入中邪寺內所住齋前罷種花草甚美惠開悉剗除別種白楊每謂人曰人生不得行胷懷雖壽百歲猶爲夭也發病嘔血吐物如肝肺者卒子睿嗣齊受禪國除惠開與諸弟並不睦惠基使至益州遂不相見與同產弟惠明亦致嫌隙云惠明其次弟也亦有時譽泰始初爲吳興太守郡界有卞山山下有項羽廟相承云羽多居郡聽事前後太守不敢上惠明謂綱紀曰孔季恭嘗爲此郡未聞有災遂盛設筵榻於聽事接賓數日見有一人長丈餘張弓挾矢向惠明既而不見因發背旬日而卒惠基列在齊史

臧燾字德仁東莞莒人武帝敬皇后兄也少好學善三禮貧約自立操行爲鄉里所稱晉太元中左衛將軍謝安始立國學徐兗二州刺史謝元舉燾爲助教晉孝武帝追崇庶祖母宣太后議者謂宜配食中宗燾議曰陽秋之義母以子貴故仲子成風咸稱夫人經言考仲子宮若配食惠廟則宮無緣別築前漢孝文孝昭太后並繫子爲號祭於寢園不配於高祖孝武之廟後漢和帝之母曰恭懷皇后安帝祖母曰敬隱皇后順帝之母曰恭愍皇后雖不繫子爲號亦祭於陵寢不配章安二帝此則二漢雖有太后皇后之異至於並不配食義同陽秋唯光武追廢呂后故以薄后配高廟又衛后既廢霍光追尊李夫人爲皇后配孝武廟此非母以子貴之例直以高武二廟無配故耳又漢世立寢於陵自是晉制所異謂宜遠準陽秋考宮之義近慕二漢不配之典尊號既正則罔極之情申別建寢廟則嚴禰之義顯繫子爲稱兼明母貴之所由一舉而允三義固哲王之高致也議者從之頃之去官以父母老家貧與弟熹俱棄人事躬耕自業約巳養親者十餘年父母喪亡居喪六年以毀瘠著稱武帝義旗建參右將軍何無忌軍事隨府轉鎭南參軍武帝鎭京口參帝中軍軍事入補尙書度支郎改掌祠部襲封高陵亭侯時太廟鴟尾災燾謂著作郎徐廣曰昔孔子在齊聞魯廟災曰必桓僖也今征西京兆四府君宜在毀落而猶列廟饗此其徵乎乃上議曰臣聞國之大事在祀與戎將營宮室宗廟爲首古先哲王莫不致肅恭之誠心盡崇嚴乎祖考然後能流湻化於四海通幽感於神明固宜詳廢興於古典修情禮以求中者也禮天子七廟三昭三穆與太祖而七自考廟以至祖考五廟皆月祭之遠廟爲祧有二祧享嘗乃止去祧爲壇去壇爲墠有禱然後祭之此宗廟之次親疏之序也鄭元以爲祧者文王武王之廟王肅以爲五世六世之祖尋去祧之言則祧非文武之廟矣文武

周之祖宗何云去祧爲壇乎明遠廟爲祧者無服之祖也又遠廟則有享嘗之降去祧則有壇墠之殊明世遠者其義彌疏也若祧是文武之廟宜同月祭於太祖雖推后稷以配天由功德之所始非尊崇之義每有差降也又禮有以多爲貴者故傳稱德厚者流光德薄者流卑又言自上以下降殺以兩禮也此則尊卑等級之典上下殊異之文而云天子諸侯俱祭五廟何哉又王祭嫡殤下及來孫而上祀之禮不過高祖推隆恩於下流替誠敬於尊廟亦非聖人制禮之意也是以泰始建廟從王氏議以禮父爲士子爲天子諸侯祭以天子諸侯其尸服以士服故上及征西以備六世之數宣皇雖爲太祖尚在子孫之位至於殷祭之日未申東向之禮所謂子雖齊聖不先父食者矣今京兆以上既遷太祖始得居正議者以昭穆未足欲屈太祖於卑坐臣以爲非禮典之旨也所謂與太祖而七自是昭穆既足太廟在六世之外非爲須滿七廟乃得居太祖也議者又以四府君神主宜永同於殷祫臣又以爲不然傳所謂毀廟之主陳乎太祖謂太祖以下先君之主也故白虎通云禘祫祭遷廟者以其繼君之體持其統而不絕也豈如四府君在太祖之前非繼統之主無靈命之瑞非王業之基昔以世近而及今則情禮已遠而當長饗殷祫永慮太祖之位求之禮籍未見其可昔永和之初大議斯禮于時虞喜范宣並以洪儒碩學咸謂四府君神主無緣永存於百世或欲瘞之兩階或欲藏之石室或欲爲之改築雖所執小異而大歸是同若宣皇既居羣廟之上而四主禘祫不已則大晉殷祭長無太祖之位矣夫理貴有中不必過厚禮與世遷豈可順而不斷故臣子之情雖篤而靈厲之諡彌彰追遠之懷雖切而遷毀之禮爲用豈不有心於加厚顧禮制不可踰耳石室則藏於廟北改築則未知所處虞主所以依神神移則有瘞埋之禮四主若饗祀宜廢亦神之所不依也準傍事例宜同虞主之瘞埋然經典難詳羣言錯謬非臣淺議所能折衷時學者多從融議竟未施行武帝受命拜太常雖外戚貴顯而彌自沖約茅屋蔬飧不改其舊所得祿奉與親戚共之永初二年致事拜光祿大夫加金章紫綬卒少帝贈左光祿大夫長子邃宜都太守邃子凝之學涉有當世才與司空徐湛之爲異常之交時年少與傅僧祐俱以通家子弟始爲文帝所引見時上與何尚之論鑄錢事凝之便干其語次上因回與語僧祐引凝之衣令止凝之大言曰明主難再遇便應盡所懷上與往復十餘反凝之辭韻詮序上甚賞焉後爲尚書左丞以徐湛之黨爲元凶所殺凝之子寅字士若事在沈攸之傳寅弟稜後軍參軍稜子嚴梁史有傳燾弟熹字義和與燾並好經學隆安初兵起熹乃習騎射志立功名嘗與溧陽令阮崇會獵遇猛虎突圍獵徒並散熹直前射之應弦而倒從武帝入京城進至建業桓元走武帝便使熹入宮收圖書器物封府庫有金飾樂器武帝問熹卿欲此乎熹正色曰主上幽逼播越非所將軍首建大義劬勞王室雖復不肖實無情於樂帝笑曰聊以戲耳以建義功封始興縣五等侯參武帝車騎中軍事武帝將征廣固議者多不同熹贊成其行武帝遣朱齡石統大衆伐蜀命熹督奇兵出中水領建平巴東二郡太守蜀主譙縱遣大將譙撫之屯牛脾又遣譙小苟以重兵塞打鼻熹至牛脾斬撫之成都平熹遇疾卒於蜀追贈光祿勳子質字含文少好鷹犬善蒱博意錢之戲長六尺七寸出面露口秃頂拳髮年未二十武帝以爲世子中軍參軍嘗詣護軍趙倫之倫之名位已重不相接質憤然起曰大丈夫各以老嫗作門戶何至以此中相輕倫之慙謝質拂衣而去後爲江夏王義恭參軍以輕薄無檢爲文帝所嫌徙給事中會稽長公主每爲之言乃出爲建平太守甚得蠻楚心歷竟陵內史巴東建平二郡太守南蠻校尉劉湛還朝稱爲良牧遷甯遠將軍歷陽太守質年始出三十屢居名郡涉獵文史尺牘便敏有氣幹好言兵文帝謂可大任徵爲徐兗二州刺史加都督在鎮奢費爵命無章爲有司所糾遇赦與范曄徐湛之等厚善曄謀反量質必與之同會事發質復爲義興太守元嘉二十七年遷南譙王義宣司空司馬南平內史未之職會魏太武帝圍汝南戍主陳憲固守告急文帝遣質往壽陽與安蠻司馬劉康祖救憲魏兵退走因使質伐汝南西境刀壁等山蠻大破之獲萬餘口遷太子左衛率坐枉殺隊主免官魏太武率兵數十萬向彭城遂以質爲輔國將軍置佐率萬人北救始至盱眙太武已過淮質與胡崇之毛熙作三營大爲魏軍所敗質軍奔散棄輜重器甲將七百人投盱眙盱眙太守沈璞城內有實力三千質因共固守魏初南出復無資糧唯以萬姓爲命又過淮食平越石鱉二屯穀至是抄掠無所人馬飢困聞盱眙有積粟欲爲歸路之資二十八年正月太武自廣陵北返悉力攻盱眙就質求酒質封溲便與之太武怒甚築長圍一夜便合太武與質書陳以禍福質答書曰爾不聞童謠言邪虜馬飲江水佛狸死卯年寅期使然非復人事寡人受命相滅期之白

登師行未遠偪爾自送死豈容復令爾生饗有桑乾哉假令寡人不能殺爾爾亦由我而死爾若有幸得爲亂兵所殺爾若不幸則生相鎖縛載以一驢負送都市爾識智及衆豈能勝苻堅邪頃年展爾陸梁者是爾未飲江水太歲未卯故耳時魏地童謡曰軺車北來如穿雉不意虜馬飲江水虜主北歸石濟死虜欲渡江天不徙故質荅書引用之太武大怒乃作鐵牀於其上施鐵鑱云破城得質當坐之此上質又與魏軍書幷寫臺格與之購斬太武封開國侯萬戶賜布絹各萬疋魏以鉤車鉤垣樓城內繫絙數百人叫呼引之車不能退質夜以木桶盛人縣出城外截鉤獲之明日魏又以衝車攻城城土堅密每頹落下不過數斗魏軍乃肉薄登城墜而復升莫有退者殺傷萬計死者與城平如此三旬太武聞彭城斷其歸路京邑遣水軍自海入淮乃解圍去上嘉質功以爲冠軍將軍寧蠻校尉雍州刺史監四州諸軍事明年文帝又北伐使質率見力向潼關質頓兵不肯時發顧戀嬖妾棄軍營壘單馬還城散用臺庫見錢六七百萬爲有司所糾上不問元凶弑立以質爲丹陽尹質家遣門生師顗報質具言文帝崩問質遣馳告司空義宣及孝武帝而自率衆五千馳下討逆自陽口進江陵見義宣時質諸子在都聞質舉義並逃亡義宣始得質報卽日舉兵馳信報孝武版進質號征北將軍質徑赴尋陽與孝武同下至新亭孝武卽位加質爲車騎將軍開府儀同三司都督江州諸軍事江州刺史質率所領自白下步上直至廣莫門薛安都程天祚等亦自南掖門入與質同會入太極殿生擒元凶仍使質留朝堂封始興郡公之鎮舫千餘乘部伍前後百餘里六平乘並施龍子幡時孝武自攬威柄而質以少主遇之是事專行多所求欲及至尋陽刑政慶賞不復咨稟朝廷甚相猜忌質自謂人才足爲一世英傑始聞國禍便有異圖以義宣凡闇易制欲外相推奉以成其志及至江陵便致拜稱名質於義宣雖爲兄弟而年近大十歲義宣驚曰君何意拜弟質曰事中宜然時義宣已推崇孝武故其計不行質每慮事泄及至新亭又拜江夏王義恭義恭愕然問質所以質曰天下屯危禮異常日前在荊州亦拜司空會義宣有憾於孝武質自此密信說誘陳朝廷得失又謂震主之威不可持久主相勢均事不兩立今專據閫外地勝兵彊持疑不決則後機致禍質女爲義宣子惊妻義宣謂質無復異同故納其說且義宣將佐蔡超竺超民等咸有富貴情願又勸義宣義宣時未受丞相質子敦爲黃門侍郎奉詔敦勸道經尋陽質令敦具更譬說義宣義宣意乃定馳報豫州刺史魯爽期孝建元年秋同舉爽失旨卽便起兵遣人至都報弟瑜瑜席卷赴叛瑜弟弘爲質府佐孝武馳使報質誅弘質於是執臺使狼狽舉兵馳報義宣上表稱誅君側之惡孝武遣撫軍將軍柳元景統豫州刺史王元謨等水軍屯梁山洲內兩岸築偃月壘以待之元景檄書宣告征鎮而義宣亦相次繼至江夏王義恭與義宣書曰臧質少無美行弟所具悉今藉西楚之彊力圖濟其私昔桓元借兵於仲堪有似今日凶謀若果恐非復池中物也義宣由此疑之質進計於義宣曰今以萬人取南洲則梁山中絕萬人綴元謨必不敢輕動質浮舟外江直向石頭此上略也義宣將從之義宣客顏樂之說義宣曰質若復拔京城則大功盡歸之矣宜遣麾下自行義宣遣腹心劉諶之就質陳軍城南元謨留羸弱守城悉精兵出戰薛安都騎軍前出垣護之督諸將乘之乃大潰質求義宣欲計事義宣密已走矣質不知所爲亦走至尋陽焚府舍載妓妾入南湖摘蓮噉之追兵至質窘急以荷覆頭沈於水中出鼻軍士鄭俱兒望見射之中心兵刃亂至腸胃纏縈水草隊主裘應斬質傳首建業錄尚書江夏王義恭等奏依漢王莽事例漆其頭藏于武庫庶爲監戒昭示將來詔可

謝晦字宣明陳郡陽夏人晉太常裒之元孫也裒子奕據安万鐵並著名前史據子朗字長慶位東陽太守朗子重字景重位會稽王道子驃騎長史重生絢瞻晦㬭遯絢位至文帝鎮軍長史早卒晦初爲孟昶建威府中兵參軍昶死武帝問劉穆之孟昶參軍誰堪入府穆之舉晦卽命爲太尉參軍武帝嘗訊獄其旦刑獄參軍有疾以晦代之晦於車中一覽訊牒隨問酬辯曾無違謬帝奇之卽日署刑獄賊曹累遷太尉主簿從征司馬休之時徐逵之戰敗見殺武帝怒將自登岸諸將諫不從晦前抱持武帝帝曰我斬卿晦曰天下可無晦不可無公晦死何有會胡藩巳得登岸賊退走乃止晦美風姿善言笑眉目分明鬢髮如黑漆涉獵文義博贍多通時人以方楊德祖微將不及晦聞猶以爲恨武帝深加愛賞羣僚莫及從征關洛內外要任悉委之帝於彭城大會命紙筆賦詩晦恐帝有失起諫帝卽代作曰先蕩臨淄穢卻清河洛塵華陽有逸驥桃林無伏輪於是羣臣並作時謝混風華爲江左第一嘗與晦俱在武帝前帝目之曰一時頓有兩玉人耳劉穆之遣使陳事晦往往異同穆之怒曰公復有還時不及帝欲以晦爲從事中

耶穆之堅執不與故晦終穆之世不遷及穆之喪問至帝哭之甚慟曰喪我賢佐晦時正直喜甚自入閤參審其日教出轉晦從事中郎宋臺初建爲右衞將軍加侍中武帝聞咸陽陷沒欲復北伐晦諫以爲士馬疲怠乃止於是登城北望慨然不悅乃令羣僚誦詩晦詠王粲詩曰南登灞陵岸迴首望長安悟彼下泉人喟然傷心肝帝流涕不自勝及帝受命於石頭登壇備法駕入宮晦領遊軍爲警備加中領軍以佐命功封武昌縣公永初二年坐行璽封鎭西司馬南郡太守王華而誤封北海太守勅免晦侍中尋轉領軍將軍加散騎常侍依晉中軍羊祜故事入直殿省總統宿衞及帝不豫給班劒二十人與徐羨之傅亮檀道濟並侍醫藥少帝立加領中書令與徐傅共秉政少帝旣廢徐羨之錄詔命以晦領護南蠻校尉都督荆湘雍益寧南北秦七州諸軍事荆州刺史加都督欲令居外爲援慮文帝至或別用人故遽有此授精兵舊將悉以配之器仗軍資甚盛文帝卽位加使持節依本位除授晦慮不得去甚憂惶及發新亭顧石頭城喜曰今得脫矣進封建平郡公固讓尋給鼓吹一部至江陵深結侍中王華冀以免禍二女當配彭城王義康新野侯義賓元嘉二年遣妻及長子世休送女還都先是景平中魏師攻取河南至是帝欲誅羨之等并討晦聲言北伐又言拜京陵治裝舟艦傅亮與晦書言薄伐河朔事猶未已朝野之慮憂懼者多又言當遣外監萬幼宗往時朝廷處分異常其謀頗泄三年正月晦弟黃門侍郞皭馳使告晦晦猶謂不然呼諮議參軍何承天示以亮書曰計幼宗一二日必至傅公慮我好事故先遣此書承天曰外間所聞咸謂西討已定幼宗豈有上理晦尙謂虛使承天豫立答詔啓草北行宜須明年江夏內史程道慧得尋陽人書言朝廷將有大處分其事已審使參軍樂景封以示晦晦問計於承天承天對曰蒙將軍殊顧常思報德事變至此何敢隱情然明日戒嚴動用軍法區區所懷懼不得盡晦懼曰卿豈欲我自裁邪承天曰尙未至此其在境外耳晦曰荆州用武之地兵糧易給聊且決戰走復何晚吾不憂死負先帝之顧如何又謂承天曰幼宗尙未至若後一二日無消息便是不復來也承天曰程說其事已判豈容復疑晦欲焚南蠻兵籍率見力決戰士人多勸晦發兵晦問諸將戰士三千足守城乎南蠻司馬周超曰三千人非徒足以守城若有外寇亦可立勳司馬庾登之請解司馬南郡太守以授之晦卽命超爲司馬轉登爲長史文帝誅羨之等及晦子世休收皭皭子世平兄子紹等樂景又使告晦徐傅二公及皭等並已誅晦先舉羨之亮哀次發子弟凶問旣而自出射堂配衣軍旅晦數從武帝征討備見經略至是指麾處分莫不曲盡其宜三日中四遠投集得精兵三萬乃奉表言臣等若志欲專權不顧國典便當輔翼幼主孤背天日豈得沿流三千虛館三月奉迎鑾駕以遵下武故廬陵王於營陽之世屢被猜嫌積怨犯上自貽非命不有所廢將何以興耿弇不以賊遺君父臣亦何負於宋室邪又言羨之亮無罪見誅王弘兄弟輕躁昧進王華猜忌忍害今將興晉陽之甲以誅君側之惡時帝已戒嚴諸軍相次進路尙書符下荆州數晦之罪令荆州誅之言衆軍十道並進符到其卽共收晦身輕舟護送時益州刺史蕭摹之巴西太守劉道產被徵還始至江陵晦並繫執沒其財貨以充軍資竟陵內史殷道鸞未之郡晦以爲諮議參軍又以弟遯爲冠軍將軍總留任晦率衆二萬發自江陵舟艦列自江津至于破冢旌旗相照蔽奪日光晦嘆曰恨不得以此爲勤王之師自領湘州刺史晦至江口到彥之已到彭城洲晦司馬庾登之據巴陵畏懦不敢進會霖雨連日參軍劉和之曰彼此共有雨耳檀征北尋至東軍方彊唯宜速伐登之怯使小將陳祐作大囊貯茅數千斛掛於颿檣云可以焚艦用火宜須晴以緩戰期晦然之遂停軍十五日乃攻蕭欣於彭城洲彥之退保隱圻初晦與徐羨之傅亮謀爲自全之計晦據上流而檀道濟鎭廣陵各有彊兵足以制持朝廷羨之亮於中秉權可得持久及文帝將行誅王華之徒咸云道濟不可信帝曰道濟止於脅從本非事主殺害之事又所不關吾召而用之必不有異於是詔道濟入朝委之西討晦聞羨之等死謂道濟必不獨全及聞率衆來上遑懼無計道濟旣至與彥之軍合晦始見艦數不多輕之不卽出戰至晚因風颿上前後連咽西人離沮無復鬬心臺軍列艦過江晦軍一時潰散晦夜出投巴陵得小船還至江陵初雍州刺史劉粹遣弟竟陵太守道濟與臺軍主沈敞之襲江陵至沙橋周超大破之俄而晦至江陵無他唯愧謝周超而已超其夜詣到彥之降晦乃攜其弟遯及兄子世基等七騎北走遯肥壯不能騎馬晦待之行不得速至安陸延頭爲戍主光順之所執順之晦故吏也檻送京都於路作悲人道之詞以自哀其語甚工周超旣降到彥之以參府事劉粹遣告彥之沙橋之事敗由周超彥之乃執超與晦等並伏誅世基絢之子也有才氣臨死爲連句詩曰偉哉橫海鱗

壯矣垂天翼一旦失風水翻爲螻蟻食晦績之曰功遂侔昔人保退無智力既涉太行險斯路信難陟晦女爲彭城王義康妃聰明有才貌被髮徒跣與晦訣曰阿父大丈夫當横屍戰場柰何狼藉都市言訖大叫而絶行人爲之落淚晦死時年三十七庾登之殷道鸞何承天自晦以下並見原晦亥兄瞻字宣遠一曰名檐字通遠六歲能屬文爲紫石英贊果然詩爲當時才士歎異與從叔混族弟靈運俱有盛名嘗作喜霽詩靈運寫之混詠之王弘在坐以爲三絶瞻幼孤叔母劉撫養有恩兄弟事之同於至親劉弟柳爲吳郡將姊俱行瞻不能違遠自楚臺祕書郎解職隨從故爲柳建威長史復爲武帝相國從事郎晦時爲宋臺右衛權遇已重於彭城還都迎家賓客輻湊時瞻在家驚駭謂晦曰吾家以素退爲業汝遂勢傾朝野此豈門戶福邪乃籬隔門庭曰吾不忍見此後因宴集靈運問晦潘陸與賈充優劣晦曰安仁諂於權門士衡邀競無已並不能保身自求多福公閭勳名佐世不得爲並靈運曰安仁士衡才爲一時之冠方之公閭本自遼絶瞻歛容曰若處貴而能遺權斯則是非不得而生傾危無因而至君子以明哲保身其在此乎常以裁止晦如此及還彭城言於武帝曰臣本素士父祖位不過二千石弟年始二十志用凡近位任顯密福過災生特乞降黜以保衰門前後屢陳帝欲以瞻爲吳興郡又自陳請乃以爲豫章太守晦或以朝廷密事語瞻瞻輒向親舊說以爲戲笑以絶其言晦雖建佐命功瞻愈憂懼永初二年在郡遇疾不療幸於不永晦聞疾奔波瞻見之曰汝爲國大臣又總戎重遠出必生疑謗時果有詐告晦反者瞻疾篤還都帝以晦任禁旅不得出宿使瞻居于晉南郡公主壻羊賁故第在領軍府東門瞻曰吾有先人敝廬何爲於此臨終遺晦書曰吾得歸骨山足亦何所多恨弟私自勉爲國爲家卒時年三十五瞻文章之美與從叔混族弟靈運相抗靈運父瑍無才能爲祕書郎早卒而靈運好臧否人物混患之欲加裁折未有其方謂瞻曰非汝莫能乃與晦曜弘微等共游戲使瞻與靈運共車靈運登車使商較人物瞻謂曰祕書早亡談者亦互有同異靈運默然言論自此衰止晦弟曒字宣鏡年數歲所生母郭氏疾曒晨昏溫凊勤容戚顏未嘗暫改恐僕役營疾懈倦躬自執勞母爲疾畏驚而微踐過甚一家尊卑感曒至性咸納屨行屏氣語如此者十餘年佐黃門侍郎從坐伏誅

晦從叔澹字景恒祖安晉太傅父琰瑯邪王友澹任達仗氣不營當世與順陽范泰爲雲霞之交歷位尙書武帝將受禪有司議使侍中劉叡進璽帝曰此選當須人望乃使澹攝澹嘗侍帝宴酣飲大言無所屈鄭鮮之欲按之帝以澹方外士不宜以規矩繩之然意不悅不以任寄後復侍飲醉謂帝曰陛下用羣臣但須委屈順者乃見貴汲黯之徒無用也帝大笑景平中累遷光祿大夫從子晦爲荆州將之鎭詣澹別晦色自矜澹問晦年答曰三十五澹笑曰昔荀中郎年二十九爲北府都督卿比之已爲老矣晦色甚愧元嘉中位侍中特進金紫光祿大夫卒初澹從弟混與劉毅昵澹常以爲憂漸疏混每謂弟璞從子瞻曰益壽此性終當破家混尋見誅朝廷以澹先言故不及禍璞字景山幼孝友祖安深賞愛之位光祿勳

謝裕字景仁晦從父也名與武帝同故以字行祖據太傅安第二弟父允宣城內史景仁幼時與安相友爲安所知始爲前軍行參軍會稽王世子元顯嬖人張法順權傾一時內外無不造門唯景仁不至年三十方爲著作佐郎桓元誅元顯見景仁甚知之謂四坐曰司馬庶人父子云何不敗遂令謝景仁三十方作著作佐郎元爲太尉以補行參軍元建楚臺以補黃門侍郎及篡位領驍騎將軍景仁博聞彊識善敘前言往行元每與之言不倦也元出行殷仲文卞範之之徒皆騎馬散從而使景仁陪輦武帝爲桓修撫軍中兵參軍嘗詣景仁諮事景仁與語悅之因留武帝共食食未辦而景仁爲元所召元性促急俄頃間騎詔續至帝屢求去景仁不許曰主上見待要應有方我欲與客共食豈不得待竟安坐飽食然後應召帝甚感之又謂景仁是太傅安孫及平京邑入鎭石頭景仁與百寮同見帝帝目之曰此名公孫也謂景仁曰承制府須記室今當相屈還授之歷位鎭軍司馬復爲車騎司馬武帝內難既寧思宏外略將伐鮮卑朝議皆謂不可劉毅時鎭姑熟固止武帝以爲苻堅侵境謝太傅猶不自行宰相遠出傾動根本景仁獨曰公建桓文之烈應天人之心興復皇祚芟夷姦逆雖業高振古而德刑未樹宜推亡固存廣振威略鮮卑密邇寇甸屢犯邊垂伐罪弔民於是乎在平定之後養銳息徒然後觀兵洛汭修復園寢豈有坐長寇虜縱敵貽患者哉帝從之遂北伐大司馬琅邪王天子母弟屬當儲副武帝深以根本爲憂轉景仁爲大司馬左司馬專總府任又遷吏部尙書時從兄混爲左僕射依制不得相臨武帝啟依僕射王彪之尙書王劭前例不解職坐選吏部令史邢安泰爲都令史平原太守二官

共除安泰以令史職拜謁陵廟爲御史中丞鄭鮮之所糾白衣領職十一年轉左僕射景仁性矜嚴整潔居宇淨麗每唾着左右人衣事畢即聽一日澣濯故每欲唾左右爭來受之武帝雅相知重申以婚姻廬陵王義眞妃景仁女也十二年卒年四十七贈金紫光祿大夫葬日武帝親臨之甚慟子恂位鄱陽太守恂子孺子少與族兄莊齊名多藝能尤善聲律車騎將軍王彧孺子姑之子也嘗與孺子宴桐臺孺子吹笙彧自起舞既而嘆曰今日眞使人飄飄有伊洛間意爲新安王主簿出爲廬江郡及辭孝武帝謂有司曰謝孺子不可屈爲小郡乃以爲司徒主簿後以家貧求爲西陽太守卒官子璟璟子微列在梁史景仁弟純字景懋劉毅鎭江陵以爲衛軍長史南平相及王鎭惡襲毅毅時病佐史聞兵至馳還入府左右引車欲還外解純叱之曰我人吏也逃欲安之及毅兵敗衆散純遂爲亂兵所殺純弟彪字景彪位司徒右長史彪弟述字景先小字道兒少有至行隨純在江陵純遇害述奉純喪還都至西塞遇暴風純喪舫流漂不知所在述乘小船尋求經純妻庾舫過庾遣人謂曰小郎去必無及寧可存亡俱盡邪述號泣答曰若安全至岸尚須營理如其已致意外述亦無心獨存因冒浪而進見純喪幾沒述號叫呼天幸而獲免咸以精誠所致武帝聞而嘉之及臨豫州諷中正以爲迎主簿甚被器遇景仁愛彪而憎述嘗設饌請武帝希命彪豫坐而帝召述述知非景仁夙意又慮帝命之請急不從帝馳遣呼述須至乃飧其見重如此及景仁疾述盡心視湯藥飲食必嘗而後進衣不解帶不盥櫛者累旬景仁深感愧焉友愛遂篤及景仁卒哀號過禮景仁肥壯買材數具皆不合用述哀惶親選遇獲焉爲太尉參軍從征司馬休之封吉陽縣五等侯元嘉二年拜中書侍郎後爲彭城王義康驃騎長史領南郡太守義康入相述又爲司徒左長史轉左衛將軍涖官清約私無宅舍義康遇之甚厚尚書僕射殷景仁領軍將軍劉湛並與述爲異常之交述美風姿善舉止湛謂人曰我見謝道兒未嘗足雍州刺史張邵以黷貨將致大辟述表陳邵先朝舊勳宜蒙優貸文帝手詔酬納焉述語子綜曰主上矜邵夙誠自將曲恕吾所啟謬會故特見納若此迹宣布則爲侵奪主恩使綜對前焚之帝後謂邵曰卿之獲免謝述有力焉述有心虛疾性理時或乖謬卒於吳興太守喪還未至都數十里殷景仁劉湛同乘迎赴望船流涕及劉湛誅義康外鎭將行歎曰謝述每勸吾退劉湛唯勸吾進述亡而湛存吾所以得罪也文帝亦曰謝述若存義康必不至此三子綜約緯綜有才藝善隸書爲太子中舍人與范曄謀反伏誅約亦死緯尚文帝第五女長城公主素爲綜約所憎免死徙廣州孝建中還都方雅有父風位正員郎子朓齊史有傳

謝方明裕從祖弟也祖鐵字鐵石位永嘉太守父沖字秀度中書郎家在會稽病歸爲孫恩所殺贈散騎常侍方明隨伯父吳興太守邈在郡孫恩寇會稽東土諸郡響應吳興人胡桀郜驃破東遷縣方明勸邈避之不從賊至被害方明逃免初邈舅子長樂馮嗣之及北方學士馮翊仇元達俱投邈邈禮待甚簡二人並恨遂與恩通謀劉牢之謝琰等討恩恩走臨海嗣之等不得同去方更聚合方明體素羸弱而勇決過人結邈門生討嗣之等悉禽手刃之時亂後吉凶禮廢方明合門遇禍資產無遺而營舉凶功盡力數月葬送並畢平世備禮無以加也頃之孫恩重陷會稽謝琰見害因購方明甚急方明於上虞載母妹奔東陽由黃蘗嶠出鄱陽附載還都寄居國子學流離險厄屯苦備經而貞履之操在約無改桓元克建業丹陽尹卞範之勢傾朝野欲以女嫁方明方明終不回桓元聞而賞之即除著作佐郎從兄景仁舉爲武帝中軍主簿方明知無不爲帝謂曰愧未有瓜衍之賞且當與卿共豫章國祿屢加賞賜方明嚴恪善自居遇雖暗室未嘗有惰容從兄混有重名唯歲節朝拜而已丹陽尹劉穆之權重當時朝野輻湊其不至者唯混方明郗僧施蔡廓四人而已穆之甚恨及混等誅後方明廓來往造穆之穆之大悅白武帝曰謝方明可謂名家駒及蔡廓直置並台鼎人無論復有才用頃之轉從事中郎仍爲右將軍道憐長史武帝令府中衆事皆諮決之隨府轉中軍長史尋加晉陵太守復爲驃騎長史南郡相委任如初嘗年終江陵縣獄囚事無輕重悉放歸家使過正三日還到罪重者二十餘人綱紀以下莫不疑懼時晉陵郡送故主簿弘季咸徐壽之並隨在西固諫以爲昔人雖有其事或是記籍過言且當今人情僞薄不可以古義相許方明不納一時遣之囚及父兄驚喜涕泣以爲就死無恨至期有重罪一人醉不能歸違二日乃反餘一囚十日不來五官朱千期請見欲自討之方明知爲囚事使左右謝五官不須入囚自當反囚逡巡墟里不能自歸鄉村責讓率領將送竟無逃者遠近歎服焉武帝受命位侍中丹陽尹有能名轉會稽太守江東人戶殷盛風俗峻刻彊弱相陵姦吏蜂起符書一下文攝相續方明深達政體不拘文法

闊略苛細務在統領貴族豪士莫敢犯禁除比伍之坐判久繫之獄前後征伐每兵運不充悉倩士庶事𥁞皆使還本而守宰不明與奪乖謬人事不至必被抑塞方明簡汰精嘗各順所宜東土稱詠之性尤愛惜人物未嘗有所是非承代前人不易其政必宜改者則漸變使無迹可尋卒官子惠連十歲能屬文族兄靈運嘉賞之云每有篇章對惠連輒得佳句嘗於永嘉西堂思詩竟日不就忽夢見惠連卽得池塘生春草大以爲工常云此有神助非吾語也本州辟主簿不就惠連先愛幸會稽郡吏杜德靈及居父憂贈以五言詩十首乘流遵歸路諸篇是也坐廢不豫榮伍尚書僕射殷景仁愛其才爲言於文帝曰此文臣小兒時見之非惠連也帝曰若此便應通之元嘉七年方爲司徒彭城王義康法曹行參軍義康修東府城城塹中得古冢爲之改葬使惠連爲祭文留信待成其文甚美又爲雪賦以高麗見奇靈運見其新文每曰張華重生不能易也文章並行於世年三十七卒既早亡輕薄多尤累故官不顯無子惠連弟惠宣位臨川太守

謝靈運安西將軍弈之曾孫而方明之從子也祖元晉車騎將軍父瑍生而不慧位祕書郞早亡靈運幼便穎悟元甚異之謂親知曰我乃生瑍瑍兒何爲不及我靈運少好學博覽羣書文章之美與顏延之爲江左第一縱橫俊發過於延之深密則不如也從叔混特知愛之襲封康樂公食邑二千戶以國公例除員外散騎侍郞不就爲琅邪王大司馬行參軍性豪侈車服鮮麗衣裳器物多改舊制世共宗之咸稱謝康樂也劉毅鎭江陵以爲衞軍從事中郞毅伏誅武帝版爲太尉行參軍累遷祕書丞坐事免武帝征長安靈運爲世子中軍諮議參軍黃門侍郞奉使慰勞武帝於彭城使撰西征賦其辭甚麗後爲相國從事中郞遷世子左衞率坐輒殺門生免官宋受命降公爵爲侯起爲散騎常侍轉太子左衞率靈運性褊傲多愆禮度朝廷唯以文義處之不以應實相許自謂才能宜參權要既不見知常懷憤惋廬陵王義眞少好文籍與靈運情款異常少帝卽位權在大臣靈運構扇異同非毀執政司徒徐羨之等惡之出爲永嘉太守郡中有名山水靈運素所愛好出守既不得志遂肆意遊遨徧歷諸縣動踰旬朔理民聽訟不復關懷所至輒爲詩詠以致其意在郡一周稱疾去職從弟晦曜弘微等並與書止之不從靈運父祖並葬始寧縣幷有故宅及墅遂移籍會稽修營舊業傍山帶江盡幽居之美與隱士王弘之孔淳之等放蕩爲娛有終焉之志每有一首詩至都邑貴賤莫不競寫宿昔之間士庶皆徧遠近欽慕名動京師作山居賦幷自注以言其事文帝登阼誅徐羨之等徵爲祕書監再召不起上使光祿范泰與靈運書敦獎之乃出就職使整祕閣書遺闕又以晉氏一代自始至終無一家之史令靈運撰晉書粗立條流書竟不就尋遷侍中日夕引見賞遇甚厚靈運詩書皆兼獨絕每文竟手自寫之文帝稱爲二寶既自以名輩才能應參時政初被召便以此自許既至文帝唯以文義見接每侍上宴談賞而已王曇首王華殷景仁等名位素不踰之並見任遇靈運意甚不平多稱疾不朝直穿池植援種竹樹果驅課公役無復期度出郭遊行或一百六七十里經旬不歸既無表聞又不請急上不欲傷大臣諷旨令自解靈運乃上表陳疾上賜假東歸將行上書勸伐河北靈運宴遊集會以夜續晝復爲御史中丞傅隆奏免官是歲元嘉五年也靈運既東還與族弟惠連東海何長瑜潁川荀雍泰山羊璿之以文章賞會共爲山澤之遊時人謂之四友惠連幼有才悟而輕薄不爲父方明所知靈運去永嘉還始寧時方明爲會稽郡靈運嘗自始寧至會稽造方明遇惠連大相知賞靈運性無一所推唯重惠連與爲刎頸交時長瑜教惠連讀書亦在郡內靈運又以爲絕倫靈運謂方明曰阿連才悟如此而尊作常兒遇之何長瑜當今仲宣而飴以下客之食尊既不能禮賢宜以長瑜還靈運載之而去荀雍字道雍官至散騎郞璿之字曜璠爲臨川內史被遇於竟陵王誕誕敗坐誅長瑜才亞惠連雍璿之不及也臨川王義慶招集文士長瑜自國侍郞至平西記室參軍嘗於江陵寄書與宗人何勖以韻語序義慶州府僚佐云陸展染白髮欲以媚側室靑靑不解久星星行復出如此者五六句輕薄遂演而廣之凡厥人士並爲題目皆加劇言苦句其文流行義慶大怒白文帝除爲廣州所統增城令及義慶薨朝士並詣第敘哀何勖謂袁淑曰長瑜便可還也淑曰國新喪未宜以流人爲念廬陵王紹鎭尋陽以長瑜爲南中郞行參軍掌書記之任行至版橋遇暴風溺死靈運因父祖之資生業甚厚奴僮既眾義故門生數百鑿山浚湖功役無已尋山陟嶺必造幽峻巖嶂數十重者莫不備盡登躡常着木屐上山則去其前齒下山則去其後齒嘗自始寧南山伐木開徑直至臨海從者數百臨海太守王琇驚駭謂爲山賊後知靈運乃安又要琇更進琇不肯靈運贈之詩曰邦君難地險旅客易山行在會稽亦

多徒衆驚動縣邑太守孟顗事佛精懇而爲靈運所輕嘗謂顗曰得道應須慧業丈人生天當在靈運前成佛必在靈運後顗深恨此言又與王弘之諸人出千秋亭飲酒倮身大呼顗深不堪遣信相聞靈運大怒曰身自大呼何關癡人事會稽東郭有回踵湖靈運求決以爲田文帝令州郡履行此湖去郭近水物所出百姓惜之顗堅執不與靈運既不得回踵又求始寧休崲湖爲田顗復固執靈運以顗非在利民正慮決湖多害生命言論傷之與顗遂爲讎隙顗因靈運橫恣百姓驚擾乃表其異志發兵自防露版上書靈運馳詣闕上表自陳本末文帝知其見誣不罪也不欲復使東歸以爲臨川內史在郡游放不異永嘉爲有司所糾司徒遣使隨州從事鄭望生收靈運靈運興兵叛逸遂有逆志爲詩曰韓亡子房奮秦帝魯連恥本自江海人忠義感君子追討禽之送廷尉治罪奏論斬刑上愛其才欲免官而已彭城王義康堅執謂不宜恕詔以謝元勳參微管宜宥及後嗣可降死一等徙廣州後秦郡府將宋齊受使至涂口行達桃墟村見有七人下路聚語疑非常人還告郡縣遣兵隨齊掩討禽之其一人姓趙名欽云同村薛道雙先與靈運共事道雙因同村成國報欽云靈運犯事徙廣州給錢令買弓箭刀楯等物使道雙要合鄉里健兒於三江口篡之若得者如意後功勞是同遂合部黨要謝不得及還饑饉緣路爲劫有司奏收之文帝詔於廣州棄市臨死作詩曰龔勝無餘生李業有終盡嵇公理既迫霍生命亦殞所稱龔勝李業猶前詩子房魯連之意也時元嘉十四年年四十九所著文章傳於世孟顗字彥重平昌安丘人衛將軍昶弟也昶顗並美風姿時人謂之雙珠昶貴盛顗不就辟昶死後顗歷侍中僕射太子詹事散騎常侍左光祿大夫嘗就徐羨之因敘關洛中事顗歎劉穆之終後便無繼者王弘亦在甚不平曰昔魏朝酷重張郃謂不可一日無之及郃死何關興廢顗不悅衆賓笑而釋之後卒於會稽太守靈運子鳳坐靈運徙嶺南早卒鳳子超宗列在齊史

謝密字弘微晉西中郎將万之曾孫尚書左僕射景仁從子也祖韶車騎司馬父思武昌太守弘微年十歲繼從叔峻名犯所繼內諱故以字行童幼時精神端審時然後言所繼叔父混名知人見而異之謂思曰此兒深中夙敏方成佳器有子如此足矣峻司空琰之子也於弘微本服緦親戚中表素不相識率意承接皆合禮衷義熙初襲爵建昌縣侯弘微家素貧儉而所繼豐泰唯受書數千卷國吏數人而已遺材祿秩一不關預混聞而驚嘆謂國郎中令漆凱之曰建昌國祿本應與北舍其之國侯既不措意今可依常分送弘微重違混言乃少有所受北舍弘微本家也混風格高峻少所交納唯與族子靈運瞻晦曜弘微並以文義賞會常共宴處居在烏衣巷故謂烏衣之遊混五言詩所云昔爲烏衣遊戚戚皆親姓者也其外雖復高流時譽莫敢造門瞻等才辭富贍弘微每以約言服之混特所敬重號曰微子謂瞻等曰汝諸人雖才義豐辯未必皆愜衆心至於領會機賞言約理要故當與我共推微子常云阿遠剛躁負氣阿客博而無檢曜仗才而持操不篤晦自知而納善不周設復功濟三才終以此爲恨至於微子吾無間然又云微子異不傷物同不害正若年造六十必至公輔嘗因酣讌之餘爲韻語以獎勸靈運瞻等曰康樂誕通度實有名家韻若加繩染功剖瑩乃瓊瑾宣明體遠識穎達且沈儁若能去方執穆穆三才順阿多標獨解弱冠纂華允質勝誠無文其尙又能峻通遠懷淸悟采采標蘭訊直轡鮮不躓抑用解偏各微子基微尙無倦由慕藺勿輕一簣少進往必千仞數子勉之哉風流由爾振如不犯所知此外無所慎靈運瞻等並有誡厲之言唯弘微獨盡褒美曜弘微兄多其小字通遠卽瞻字客兒靈運小名晉世名家身有國封者起家多拜員外散騎侍郎弘微亦拜此仍爲瑯邪王大司馬參軍義熙八年混以劉毅黨見誅混妻晉陵公主改適琅邪王練公主雖執意不行而詔與謝氏離絕公主以混家事委之弘微混仍世宰輔一門兩封田業千餘處僮僕千人唯有二女並數歲弘微經紀生業事如在公一錢尺帛出入皆有文簿武帝受命晉陵公主降爲東鄉君以混得罪前代東鄉君節義可嘉聽還謝氏自混亡至是九年而室宇修整倉廩充盈門徒僕使不異平日東鄉君歎曰僕射平生重此一子可謂知人僕射爲不亡矣中外姻親道俗義舊見東鄉之歸者入門莫不歎息或爲流涕感弘微之義也性嚴正舉止必修禮度事繼親之黨恭謹過常伯叔二母歸宗兩姑晨夕瞻奉盡其誠敬內外或傳語通訊輒正其衣冠婢僕之前不妄言笑由是尊卑大小敬之若神有蔡湛之者及見謝安兄弟謂人曰弘微貌類中郎而性似文靖文帝初封宜都王鎭江陵以琅邪王球爲友弘微爲文學母憂去職居喪以孝稱服闋蔬素踰時文帝卽位遷黃門侍郎與王華王曇首殷景仁劉湛等號曰五臣遷尙書吏部郎參預機密尋轉右衛將軍文帝故吏臣佐並委弘微選擬居身

清約器服不華而飲食滋味盡其豐美兄曜歷御史中丞彭城王義康驃騎長史卒官弘微哀戚過禮縗服雖除猶不噉魚肉會沙門釋惠琳詣弘微與之共食猶獨蔬素琳曰檀越素既多疾即吉之後猶未復膳若以無益傷生豈所望於得理弘微答曰衣冠之變禮不可踰在心之哀實未能已遂廢食感咽歔欷不自勝弘微少孤事兄如父友睦之至舉世莫及口不言人短見兄曜好臧否人物每聞之常亂以他語歷位中庶子加侍中志在素宦畏忌權寵固讓不拜乃聽解中庶子每獻替及陳時事必手書焚草人莫之知上以弘微能營膳羞嘗就求食弘微與親舊經營及進之後親人問上所御弘微不答別以餘語酬之時人比之漢世孔光及東鄉君薨遺財千萬園宅十餘所又會稽吳興琅邪諸處太傅安司空琰時生業奴僮猶數百人公私咸謂室內資財宜歸二女田宅僮僕應入弘微弘微一無所取自以私祿營葬混女夫殷叡好摴蒱聞弘微不取財物乃濫奪其妻妹及伯母兩姑之分以還戲責內人皆化弘微之讓一無所爭弘微舅子領軍將軍劉湛不堪其非謂弘微曰天下事宜有裁衷卿置此不問何以居官弘微笑而不答或有譏之曰謝氏累世財產充殷君一朝戲責卿視而不言譬棄物江海以爲廉耳弘微曰親戚爭財爲鄙之甚今內人尚能無言豈可導之使爭今分多共少不至有乏身死之後豈復見關東鄉君葬混墓開弘微牽疾臨赴病遂甚元嘉十四年卒年四十二文帝歎息甚至謂謝景仁曰謝弘微王曇首年踰四十名位未盡其才此朕之責也弘微性寬博無喜慍末年嘗與友人棊友人西南棊有死勢復一客曰西南風急或有覆舟者友悟乃救之弘微大怒投局於地識者知其暮年之事果以此歲終時有一長鬼寄司馬文宣家言被遣殺弘微弘微疾每劇輒預告文宣及弘微死與文宣分別而去弘微臨終語左右曰有二廚書須劉領軍至可於前燒之愼勿開也書是文帝手勑上甚痛惜之使二衛千人營畢葬事追贈太常弘微與琅邪王慧王球並以簡淡稱人謂沈約曰王慧何如約曰令明簡次問王球約曰倩玉淡又次問弘微約曰簡而不失淡而不流古之所謂名臣弘微當之其見美如此子莊字希逸七歲能屬文通論語及長美容儀文帝見而異之謂尚書僕射殷景仁領軍將軍劉湛曰藍田生玉豈虛也哉初爲始興王濬後軍法曹行參軍遷隨王誕後軍諮議領記室分左氏經傳隨國立篇製木方丈圖山川土地各有分理離之則州郡別殊合之則寓內爲一元嘉二十七年魏攻彭城遣尚書李孝伯與鎭軍長史張暢共語孝伯訪問莊及王微其名聲遠布如此二十九年除太子中庶子時南平王鑠獻赤鸚鵡普詔羣臣爲賦太子左衛率袁淑文冠當時作賦畢以示莊莊賦亦就淑見而歎曰江東無我卿當獨秀我若無卿亦一時之傑也遂隱其賦元凶弒逆轉司徒左長史孝武入討密送檄書與莊令加改正宣布之莊遣腹心門生具慶奉啟事密詣孝武陳誠及帝踐阼除侍中時魏求通互市詔羣臣博議莊議以爲拒而觀釁有足表强驃騎竟陵王誕當爲荆州徵丞相荆州刺史南郡王義宣入輔義宣固辭不入而誕便剋日下船莊以丞相既無入志而驃騎發便有期如似欲相逼切帝乃申誕發日義宣竟亦不下孝建元年遷左將軍莊有口辯孝武嘗問顏延之曰謝希逸月賦何如答曰美則美矣但莊始知隔千里兮共明月帝召莊以延之答語語之莊應聲曰延之作秋胡詩始知生爲久離別沒爲長不歸帝撫掌竟日又王元謨問莊何者爲雙聲何者爲疊韻答曰元謨爲雙聲磝碻爲疊韻其捷速若此初孝武帝賜莊寶劍莊以與豫州刺史魯爽送別爽後反叛帝因宴集問劍所在答曰昔以與魯爽別竊爲陛下杜郵之賜上甚悅當時以爲知言于時搜才路狹莊表陳求賢之義曰今九服之曠九流之艱提鈞懸衡委之選部一人之鑒易限天下之才難源宜普命大臣各舉所知以付尚書依分銓用若任得其才舉主延賞有不稱職宜及其坐又政平訟理莫先親民親民之要實歸守宰故黃霸涖潁川累稔杜畿居河東歷載或就加恩秩或入崇輝寵今涖人之職宜遵六年之限進得章明庸惰退得人不勤勞如此則考績之風泰矣詔付詳議事不施行初文帝世限年三十而仕郡縣六周乃選代刺史或十年餘至是皆易之仕者不拘長少涖人以三周爲滿宋之善政於是乎衰是年拜吏部尚書莊素多疾不願居選部與大司馬江夏王義恭牋自陳曰稟生多病兩脇癖疾殆與生俱一月發動不減兩三每痛來逼心氣餘如綖利患數年遂成痼疾吸吸惙惙常如行尸復以眼患五月來便不得夜坐恆閉帷避風晝夜惛憒爲此不復得朝謁諸王慶弔親舊今之所止唯在小閤持此苦生而使銓綜九流應對無方可乎下官微命於天下至輕在己不能不重家世無年亡高祖四十曾祖三十三亡祖四十七下官新歲便四十五加以疾患如此當復幾時見聖世然亦是下官生運不應一見閑逸今不敢復言此當付

之來生耳屢經投請未蒙哀許皂由誠淺辭訥不足上感顧侍坐言次賜垂接助庶獲哀允後坐疾多免官大明元年起爲都官尚書奏改定刑獄按驗重囚之制上時親攬朝政常慮權移臣下以吏部尚書選舉所由欲輕其勢力乃下詔吏部尚書可依郎分置并詳省閑曹又別詔太宰江夏王義恭曰循常甚易改舊生疑但吏部尚書由來與錄共選良以一人之識不辨洽通兼與奪威權不宜專一故也於是置吏部尚書二人省五兵尚書莊及度支尚書顧顗之並補選職遷右衛將軍加給事中時河南獻舞馬詔羣臣爲賦莊所上甚美又使莊作舞馬歌令樂府歌之五年又爲侍中領前軍將軍時孝武出行夜還勅開府門莊居守以棨信或虛執不奉旨須墨詔乃開上後因宴從容曰卿欲效郅君章邪曰臣聞蒐巡有度郊祀有節盤于遊田著之前誡陛下今蒙犯塵露晨往宵還容致不逞之徒妄生矯詐臣是以伏須神筆乃敢開門耳六年又爲吏部尚書領國子博士坐選公車令張奇免官事在顏師伯傳後除吳郡太守前廢帝卽位以爲金紫光祿大夫初孝武寵姬殷貴妃薨莊爲誄文云贊軌堯門引漢昭帝母趙婕妤堯母門事廢帝在東宮銜之至是遣人詰責莊曰卿昔作殷貴妃誄知有東宮不將誅之孫奉伯說帝曰死是人之所同政復一往之苦不足爲深困莊少長富貴今且繫之尚方使知天下苦劇然後殺之未晚帝曰卿言有理明帝定亂得出使爲赦詔莊夜出署門方坐命酒酌之莊已微醉傳詔停待詔成甚工後爲尋陽王師加中書令尋加散騎常侍金紫光祿大夫給親信二十人卒贈右光祿大夫諡憲子時年四十六所著文章四百餘首行於世五子颺朏顥嵸瀹世謂莊名子以風月景山水颺位晉平太守女爲順帝皇后追贈金紫光祿大夫朏列在齊史

王弘字休元琅邪臨沂人也曾祖導晉丞相祖洽中領軍父珣司徒弘少好學以清悟知名弱冠爲會稽王道子驃騎主簿時農務頓息末役繁興弘於是建屯田之策珣頗好積聚財物布在民間珣薨弘悉燔券書一不收責其餘舊業悉以委付諸弟時內外多難在喪者皆不得終其哀惟弘徵召一無所就桓元克城邑收道子付廷尉臣吏畏恐莫敢瞻送弘時尚在喪獨於道側拜辭攀車涕泣論者稱焉武帝爲鎮軍將軍召補諮議參軍以功封華容縣五等侯義熙十一年召爲太尉長史從北征前鋒已平洛陽而未遣九錫弘銜使還京師諷旨朝廷時劉穆之掌留任而旨反從北來穆之愧懼發病遂卒宋國初建遷爲尚書僕射掌選領彭城太守奏彈世子左衛率謝靈運爲軍人桂興淫其嬖妾殺興江涘棄尸洪流御史中丞王准之曾不彈舉此而勿罰典刑將替武帝答曰端右肅正風軌誠副所期自今以爲永制於是免靈運官十四年遷江州刺史省賦簡役百姓便之以佐命功封華容縣公三年入朝進號衛將軍開府儀同三司武帝因宴集謂羣公曰我布衣始望不至此傅亮之徒並撰辭欲盛稱功德弘率爾對曰此所謂天命求之不可得推之不可去時人稱其簡舉少帝景平二年徐羨之等謀廢立召弘入朝文帝卽位以定策安社稷進位司空封建安郡公上表固辭見許進號車騎大將軍開府刺史如故徐羨之等以廢弒之罪將見誅弘以非首謀且弟曇首又爲上所親委事將發密使報弘羨之等誅召弘爲侍中司徒揚州刺史錄尚書事給班劍三十人上西征謝晦與彭城王義康居守入住中書下省引隊仗出入司徒府權置參軍元嘉五年春大旱弘引咎遜位先是彭城王義康爲荆州刺史鎮江陵平陸令河南成粲與弘書誡以盈滿兼陳彭城王宜入知朝政竟陵衡陽宜出據列藩弘由是固自陳請乃遷爲衛將軍開府儀同三司六年弘又上表陳彭城王宜入輔并求解州義康由是代弘爲司徒與之分錄弘又辭分錄弘博練治體留心庶事斟酌時宜每存優允數上疏陳便宜上皆從之及弟曇首亡文帝嗟悼不已見弘流涕歔欷弘斂容而已既而彭城王義康言於帝曰曇首既爲家寶又爲國器弘情不稱何也帝曰賢者意不可度其見體亮如此九年遷位太保領中書監餘如故其年薨贈太保中書監給節加羽葆鼓吹增班劒爲六十人諡曰文昭公配食武帝廟庭弘明敏有思致既爲人望所宗造次必存禮法凡動止施爲及書翰儀體後人皆依倣之謂爲王太保家法雖歷任藩輔而不營財利薨亡之後家無餘業而輕率少威儀客有疑其諱者弘曰家諱與蘇子高同性又褊隘人有忤意者輒加詈辱少嘗摴蒱公城子野舍及後當權有人就弘求縣此人常以蒱戲得罪弘詰之曰君得錢會戲何用祿爲答曰不審公城子野何所在弘默然自領選及當朝錄將加榮爵於人者每先呵責譴辱之然後施行若美相晒接語欣懽者必無所諧人問其故答曰王爵既加於人又相撫勞便成與主分恩此所謂姦以事君者也若求者絕官敘之分既無以爲惠又不徵借顏色卽大成怨府亦鄙薄所不任問者悅服子錫嗣錫字寡光

位太子左衛率江夏內史高自位遇太尉江夏王義恭
當朝錫箕踞大坐殆無推敬卒弟僧亮嗣齊受禪降爵
爲侯僧亮弟僧衍位侍中僧衍弟僧達幼聰敏弘爲揚
州時僧達六七歲遇有通訟者竊覽其辭謂爲有理及
大訟者亦進弘意其小留左右僧達爲申理闇誦不失
一句兄錫質訥乏風采文帝聞僧達早慧召見於德陽
殿問其書學及家事應對閑敏上甚知之妻以臨川王
義慶女年二十以爲後軍參軍遷太子舍人坐屬疾而
於揚列橋觀鬬鴨爲有司所糾原不問性好鷹犬與閭
里少年相馳逐又躬自屠牛義慶聞其如此令周旋沙
門慧觀造而觀之僧達陳書滿席與論文義慧觀酬答
不暇深相稱美僧達訴家貧求郡文帝欲以爲秦郡吏
部郎庾仲文曰王弘子既不宜作秦郡僧達亦不堪莅
民乃止遷太子洗馬母憂去職與兄錫不協錫罷臨海
郡送故及奉祿百萬以上僧達一夕令奴輩取之無復
所餘服闋爲宣城太守性好遊獵而山郡無事僧達肆
意馳騁或三五日不歸受詞辯訟多在獵所民或逢不
識問府君所在僧達報曰在近其後從義興元凶弒立
孝武入討普檄諸州郡劭又符郡發兵僧達未知所從
因客說逆順之勢乃奔孝武於鵲頭初孝武發尋陽沈
慶之謂人曰王僧達必來赴難人問其所以慶之曰虜
馬飲江王出赴難見其在先帝前議論開張執意明決
以此言之其必至也僧達尋至孝武卽以爲長史及卽
位以爲尚書右僕射轉護軍將軍僧達自負才地謂爲
當時莫及上初踐阼卽居端右一二年間便望宰相嘗
答詔曰亡父亡祖司徒司空其自　若此後爲護軍將
軍不得志乃啟求徐州上不許僧達三啟固陳上甚不
悅乃以爲吳郡太守時朞歲五遷彌不得意吳郭西臺
寺多富沙門僧達求須不稱意乃遣主簿顧曠率門義
劫寺內沙門竺法瑤得數百萬荊州江夏反叛加僧達
置佐領兵臺符聽置千人而輒立三十隊隊八十人立
宅於吳多役功力坐免官後孝武獨召見傲然了不陳
遜唯張目而視及出帝歎曰王僧達非狂如何乃戴面
向天子後顏師伯詣之僧達慨然曰大丈夫寧當玉碎
安可以没没求活師伯不答逡巡便退初僧達嘗爲太
子洗馬在東宮愛念軍人朱靈寶及出爲宣城靈寶已
長僧達詐列靈寶死亡寄宣城左永籍之注以爲巳子
改名元序啟孝武以爲武陵國典衞令又以補竟陵國
典書令建平國中軍將軍久之事發又加禁錮表謝言
不能因依左右傾意權貴以至廢黜上愈怒僧達族子
確年少美姿容僧達與之私款確叔父休爲永嘉太守
當將確之郡僧達欲逼留之確知其意避不往僧達潛
於所住屋後作大阬欲誘確來別殺埋之從弟僧虔知
其謀禁呵乃止御史中丞劉瑀奏請收治上又不許孝
建二年除太常意久不悅頃之上表解職文旨抑揚詔
付門下侍中何偃以其辭不遜啟付南臺又坐免官先
是何尚之致仕復膺朝命於宅設八關齋大集朝士自
行香次至僧達曰願郎且放鷹犬勿復游獵僧達答曰
家養一老狗放無處去去已復還尚之失色大明中以
歸順功封寧陵縣五等侯累遷中書令黃門郎路瓊之
太后兄慶之孫也宅與僧達門並嘗盛車服詣僧達僧
達將獵已改服瓊之就坐僧達了不與語謂曰身昔門
下騶人路慶之者是君何親遂焚瓊之所坐牀太后怒
泣涕於帝曰我尚在而人陵之我死後乞食矣帝曰瓊
之年少無事詣王僧達門見辱乃其宜耳僧達貴公子
豈可以此罪加乎太后又謂帝曰我終不與王僧達俱
生先是南彭城蕃縣人高闍沙門釋曇摽道方等共相
誑惑自言有鬼神龍鳳之瑞常聞簫鼓音與秣陵人藍
宕期等謀爲亂又結殿中將軍苗乞食等起兵攻宮門
事發凡黨與死者數十人僧達屢經犯忤以爲終無悛
心因高闍事陷之收付廷尉於獄賜死時年三十六帝
亦以爲恨謂江夏王義恭曰王僧達遂不免死追思太
保餘烈使人慨然於是詔太保華容文昭公門爵國姻
一不貶絕時有蘇寶者名寶生本寒門有文義之美官
至南臺侍御史江寧令知高闍謀反不卽聞啟亦伏誅
僧達子道琰徙新安元徽中爲廬陵內史未至郡卒子
融齊史有傳

王微字景元太保弘弟光祿大夫孺之子也微少好學
善屬文工書兼解音律及醫方卜筮陰陽數術之事文
帝賜以名書初爲始興王友父憂去職微素無宦情服
闋除南平王鑠右軍諮議參軍仍爲中書侍郎時兄遠
免官歷年微歎曰我兄無事而屏廢我何得而叨忝踰
分文帝卽以遠爲光祿勳微爲文好古言頗抑揚袁淑
見之謂爲訴屈吏部尚書江湛舉微爲吏部郎微確守
不拔時論者或云微之見舉盧江何偃亦參其議偃慮
爲微所咎與之書自陳微報書深言塵外之適其從弟
僧綽仰覗謂曰此上不欺人非智者其孰能免之遂辭
不就尋有元凶之變微卒住門屋一間尋書玩古遂足
不履地終日端坐牀席皆生塵埃唯當坐處獨淨弟僧
謙亦有才譽爲太子舍人遇疾微躬自處療而僧謙服
藥失度遂卒深自咎恨發病不復自療哀痛僧謙不能

已以書告靈僧議卒後四旬而徵終遺令薄葬不設轜旐鼓挽之屬施五尺牀爲靈二宿便毀以常所彈琴置牀上何長史偃來以琴與之無子家人遵之所著文集傳於世贈秘書監徵兄遠字景舒位光祿勳時人謂遠如屏風屈曲從俗能蔽風露言不能乖物理也遠子僧祐列在齊史

王曇首太保弘之弟也幼而素尚除著作郎不就兄弟分財曇首唯取圖書而已辟琅邪王大司馬屬從府公修復洛陽園陵與從弟球俱詣武帝時謝晦在坐武帝曰此君並膏粱世德乃能屈志戎旅曇首答曰既從神武之師自使懦夫立志晦曰仁者果有勇帝悅行至彭城武帝大會戲馬臺預坐者並賦詩曇首詩先成帝覽讀問王弘曰卿弟何如卿答曰若但如下官門戶何寄帝大笑曇首有智局喜愠不見於色閨門之內雍雍如也手不執金玉婦女亦不得以爲飾玩自非祿賜所及一毫不受於人文帝爲冠軍將軍留鎭彭城以曇首爲府功曹移鎭江陵隨府轉鎭西長史武帝甚知之謂文帝曰曇首沈毅有器度輔相才也汝可每事諮之景平中有龍見西方半天騰上廕五彩雲京都遠近聚觀太史奏曰西方有天子氣及文帝被迎入奉大統上及議者皆致疑不敢下曇首與到彥之從兄華並勸上行上猶未許曇首固諫并言天人符應上乃下率府州文武嚴兵自衞臺所遣百官衆力不得近部伍中兵參軍朱容子抱刀在平乘戶外不解帶者累旬既下在道有黃龍躍出負上所乘舟上左右皆失色上謂曇首曰此乃夏禹所以受天命我何德以堪之及即位又謂曇首曰非宋昌獨見無以致此以曇首爲侍中領驍騎將軍以朱容子爲右軍將軍誅徐羨之等及平謝晦皆曇首及華之力也元嘉四年車駕出北堂使三更竟開廣莫門南臺云應須白虎幡銀字棨不肯開門尚書左丞羊元保奏免御史中丞傅隆以下曇首繼奏曰既無墨勑又闕幡棨雖稱上旨不異單刺元嘉元年二月雖有再開門例此乃前事之違今之守舊未爲非禮其不請白虎幡銀字棨致開門不時由尚書相承之失亦合糾正於是上特無所問更立科條遷太子詹事侍中如故自謝晦平後上欲封曇首等會讌集舉酒勸之因拊御牀曰此坐非卿兄弟無復今日時封詔已訖出以示曇首曇首曰近日之事釁難將成賴陛下英明速斷故罪人斯戮臣等雖仰憑天光劾其毫露豈可因國之災以爲身幸陛下雖欲私臣當如直史何上不能奪故其封事遂寢時兄弘錄尚書事又爲揚州刺史曇首爲上所親委任兼兩宮彭城王義康與弘並錄意常怏怏又欲得揚州以曇首居中分其權任愈不悅曇首固乞吳郡文帝曰豈有欲建大廈而遺其棟梁者哉賢兄比屢稱疾固辭州任將來若相申許者此處非卿而誰時弘久疾不朝屢遜位不許義康謂賓客曰王公久疾不起神州詎合臥臨曇首勸弘減府兵力之半以配義康義康乃悅七年卒時年三十七文帝臨慟歎曰王詹事所疾不救國之衰也中書舍人周赳侍側曰王家欲衰賢者先殞上曰直是我家衰耳贈光祿大夫九年以預議誅徐羨之功追封豫章縣侯謚曰文孝武即位配饗文帝廟庭子僧綽嗣僧綽幼有大成之度衆便以國器許之好學練悉朝典年十三文帝引見拜便流涕哽咽上亦悲不自勝襲封豫章縣侯尚文帝長女東陽獻公主初爲江夏王義恭司徒參軍累遷尚書吏部郎參掌大選究識流品諳悉人物拔才舉能咸得其分遷侍中任以機密僧綽深沈有局度不以才能高人先是父曇首與王華並爲文帝所任華子嗣才劣位遇亦輕僧綽嘗謂中書侍郎蔡興宗曰弟名位與新建齊弟超至今日蓋由姻戚所致也新建者嗣之封也僧綽爲侍中時年二十九始興王濬嘗問其年僧綽自謙早達逡巡良久乃答其謙退若此元嘉末文帝頗以後事爲念以其年少方欲大相付託朝政小大皆參焉位雖未隆而任同宰輔從兄微淸介士也懼其太盛勸令抑損僧綽乃求吳郡及廣州上並不許會二凶巫蠱事泄上獨先召僧綽具言之及將廢立使尋求前朝舊典劭於東宮夜饗將士僧綽密以啟聞上又令撰漢魏以來廢諸王故事撰畢送與江湛徐湛之欲立隨王誕江湛欲立南平王鑠文帝欲立建平王宏故議久不決誕妃即湛之女鑠妃即湛妹也帝謂僧綽曰諸人各爲身計更無與國家同憂者僧綽曰建立之事仰由聖懷臣謂唯宜速斷幾事須密不可使難生虛表取笑千載上曰卿可謂能斷大事此事不可不殷勤且庶人始亡人將謂我無復慈愛之道僧綽曰恐千載之後言陛下惟能裁弟不能裁兒上默然江湛出閤謂僧綽曰卿向言將不傷直邪僧綽曰弟亦恨君不直及劭弑逆江湛在尚書上省聞變歎曰不用王僧綽言以至於此劭既立轉僧綽吏部尚書頃之劭檢文帝巾箱及江湛家書疏得僧綽所啟饗士并廢諸王事乃收害焉因此陷北第諸侯王以爲與僧綽有異志孝武即位追贈金紫光祿大夫謚曰愍侯初太社西空地一段本吳時丁奉宅孫皓流徙其家江左初

爲周顗蘇峻宅其後爲袁悅宅又爲章武王司馬秀宅皆以凶終後給臧燾亦頻遇禍故世稱爲凶地僧綽常以正達自居謂宅無吉凶請以爲第始就造築未及居而敗子儉列在齊史

通志卷第一百三十三

通志卷一百三十三

宋右迪功郎鄭樵漁仲撰

列傳第四十六

宋

王誕兄子偃偃子藻　王華父廞孔甯子　王惠從父弟球　王彧子絢兄子蘊
王裕之　王鎮之弟弘之弘之子曇生阮萬齡　王韶之　王
悅之　王准之族子素　王懿兄孫文和　到彥之　垣護之
張興世　袁湛弟豹豹孫顗　孔靖子靈符靈符子深之　孔琳
之孫顗　殷景仁從弟淳淳子孚孚子璩淳弟沖沖弟淡

王誕字茂世琅邪臨沂人太保弘從祖兄也祖恬晉中軍將軍父混太常卿誕少有才藻晉孝武帝崩從叔尚書令珣爲哀策文久而未就謂誕曰猶恨少序節物一句因出本示之誕攬筆便益之接其秋冬代變後云霜繁廣除風迴高殿珣嗟歎其清拔因而用之襲爵雉鄉侯會稽王世子元顯開府以誕爲功曹累遷後軍長史琅邪內史誕結事元顯嬖人張法順故爲元顯所寵元顯納妾誕爲之親迎隨府轉驃騎長史內史如故元顯討桓元欲悉誅桓氏誕固陳桓脩等與元志趣不同遂得免脩誕甥也及元得志誕將見誅脩爲之陳請得徙廣州盧循據廣州以誕爲其平南長史甚賓禮之誕久客思歸乃說循曰被蒙殊眷士感知己實思報答下官與劉鎮軍情味不淺若得北歸必蒙任寄公私際會思報厚恩循然之時廣州刺史吳隱之亦爲循所留誕又曰將軍今留吳公竊謂將軍非計也昔孫伯符豈不欲留華子魚但以一境不容二君耳於是誕及隱之並得還武帝請爲太尉諮議參軍盡心歸奉日夜不懈帝甚委仗之盧循自蔡州南走劉毅固求追討帝持疑未決誕密白曰公既平廣固復滅盧循則功蓋終古勳無與二如此大威豈可使餘人分之毅與公同起布衣一時相推耳今既已喪敗不宜復使立功武帝納其說七年遷吳國內史以母憂去職武帝伐劉毅起爲輔國將軍誕固辭以墨縗從行時諸葛長民掌留府事心不自安高祖甚慮之毅既平誕求先下帝曰長民似有自疑心卿詎宜便去誕曰長民知下官蒙公垂盼今輕身單下必當以爲無虞可少安其意帝笑曰卿勇過賁育矣於是先還九年卒後追封作唐縣五等侯子詡早卒誕兄嘏字偉世侍中左戶尚書始興公嘏子偃字子游母晉孝武帝女鄱陽公主宋受禪封永成君偃尚武帝第二女吳興長公主諱榮男常倮偃縛諸庭樹時天夜雪噤凍久之偃兄恢排閤詬主乃免偃謙虛恭謹不以世事關懷位右光祿大夫贈開府儀同三司謚恭公長子藻位東陽太守尚文帝第六女臨川長公主諱英媛公主性妒而藻別愛左右人吳崇祖景和中主讒之於廢帝藻下獄死主與王氏離昏宋世諸主莫不嚴妒明帝每疾之湖熟令袁慆妻以妒賜死使近臣虞通之撰妒婦記左光祿大夫江湛孫斆當尚孝武帝女上乃使人爲斆作表讓婚首叙晉氏以來配尚王姬者雖累經美胄亟有才名至如王敦懾氣桓溫斂威真長佯愚以求免子敬灸足以違禍王偃無仲都之質而倮雪於北階何瑀闕龍工之姿而投軀於深井謝莊殆自害於矇叟殷仲幾不免於彊鉏炅及王藻戲笑遂爲冤魂褚暖憂憤橫致夭絕其言驕妒之狀曲盡形容上因以其表遍示諸主用諷切之并爲戲笑元徽中臨川主表求還身王族守養弱嗣許之藻弟懋字昌業位光祿大夫封南鄉侯懋子瑩梁史有傳

王華字子陵輔國將軍誕從祖弟也祖薈衞將軍會稽內史父廞司徒右長史晉安帝隆安初王恭起兵討王國寶時廞丁母憂在家恭檄令起兵廞即聚衆應之以女爲貞烈將軍以女人爲官屬及國寶死恭檄廞罷兵廞起兵之際多所誅戮至是不復得已因舉兵以討恭爲名恭遣劉牢之擊廞廞敗走不知所在長子泰爲恭所殺華時年十三在軍中與廞相失隨沙門釋曇冰逃使提衣襆從後津邏咸疑焉華行遲曇冰罵曰奴子怠懈行不及我以杖捶華數十衆乃不疑由此得免遇赦還吳少有志行以父存歿不測布衣蔬食不交遊如此者十餘年爲時人所稱美武帝欲收其才用乃發廞喪問使華制服服闋武帝北伐長安領鎮西將軍北徐州刺史辟華爲州主簿後爲別駕歷職著稱文帝鎮江陵以爲西中郎主簿諮議參軍文帝未親政事悉委司馬張邵華性尚物不欲人在己前邵性豪侈每行來常引夾轂華出入乘牽車從者不過兩三人以矯之嘗相逢華陽若不知是邵謂左右曰此鹵簿甚盛必是殿下乃下牽車立於道側及邵至乃驚邵白服登城爲華所糾邵坐被徵華代爲司馬文帝將入奉大統以少帝見害不敢下華曰先帝有大功於天下四海所服雖嗣主不綱人望未改徐羨之中才寒士傅亮布衣諸生非有晉宣帝王大將軍之心明矣獨畏廬陵嚴斷將來必不自容殿下寬叡慈仁天下所知且越次奉迎冀以見德悠悠之論殆必不然羨之亮謝晦又要檀道濟王弘五人同功勢均體敵莫肯相讓脫有異論勢必不行今日就徵萬無所慮文帝從之曰卿復爲吾之宋昌矣乃留華

總後任上卽位以華爲侍中領右衛將軍先是會稽孔甯子爲文帝鎭西諮議參軍以文義見賞至是爲黃門侍郎領步兵校尉甯子先爲何無忌安成國侍郎還東脩宅令門可容高蓋鄰里笑之甯子曰大丈夫何常之有甯子與華竝有富貴之願自羨之等執權日夜構之於帝甯子嘗東歸至金昌亭左右欲泊船甯子命去之曰此弒君亭不可泊也華每閑居諷詠嘗誦王粲登樓賦曰冀王道之一平假高衢而騁力出入逢羨之等每切齒憤咤歎曰當見太平時不元嘉二年甯子卒三年誅羨之等華遷護軍將軍侍中如故宋世唯華與南陽劉湛不爲飾讓得官卽拜以此爲常華以情事異人未嘗預宴集終身不飲酒有宴不之詣若有論事者乘車造門主人出車就之及王弘輔政而弘弟曇首爲文帝所任與華相埒華嘗謂已力用不盡每歎曰宰相頓有數人天下何由得治四年卒時年四十三九年以誅羨之功追封新建縣侯謚曰宣孝武卽位配饗文帝廟庭子定侯嗣卒子長嗣坐罵母奪爵以長弟佟紹封齊受禪國除

王惠字令明誕從祖弟也祖劭車騎將軍父默左光祿大夫惠幼而夷簡爲叔父司徒謐所知恬靜不交遊未嘗有雜事陳郡謝瞻才辯有風氣嘗與兄弟羣從造惠談論鋒起文史間發惠時相酬應言淸理遠瞻等慙而退武帝聞其名以問其從兄誕誕曰惠後來秀令鄙宗之美也卽以爲太尉行參軍累遷世子中軍長史時會稽內史劉懷敬之郡送者傾京師惠亦造別還過從弟球球問向何所見惠曰唯覺卽時逢人耳素不與謝靈運相識嘗得交言靈運博辯辭義鋒起惠時然後言時荀伯子在坐退而告人曰靈運固自蕭散直上王郎有如萬頃波焉嘗臨曲水風雨暴至坐者皆馳散惠獨徐起姿制不異常時任其沾濡宋國初建當置郎中令武帝難其人謂傅亮曰今用郎中令不可減袁曜卿既而曰吾得其人矣曜卿不得獨擅其奇乃以惠居之少帝卽位以蔡廓爲吏部尙書不肯拜乃以惠代焉惠被召卽拜未嘗接客人有與書求官者輒聚置閣上及去職印封如初談者以廓之不拜惠卽拜雖事異而意同也兄鑒頗好聚斂廣營田業惠意甚不同謂鑒曰何用田爲鑒怒曰無田何由得食惠曰亦復何用得食其標寄如此元嘉初卒贈太常無子惠從父弟球字蒨玉司徒謐之子也少與惠齊名武帝受命爲太子中舍人宜都王友轉諮議參軍文帝卽位王弘兄弟貴動朝廷球終日端坐未嘗相往來弘亦雅敬之歷位侍中中書令吏部尙書時中書舍人徐爰有寵於上上嘗命球及殷景仁與之相知球辭曰士庶區別國之章也臣不敢奉詔上改容謝焉球簡貴不喜交游筵席虛靜門無異客曇首常云蒨玉亦是玉卮無當耳旣而尙書僕射殷景仁領軍將軍劉湛竝執重權傾動內外球雖通家姻戚未嘗往來居選職接客甚希不視求官書疏而銓衡有序遷光祿大夫領廬陵王師時大將軍彭城王義康專以政事爲本刀筆簡練者多被意遇謂劉湛曰王敬弘王球之屬竟何所堪施爲自富貴復那可解球兄子履深結劉湛委誠義康與劉斌等球每訓厲不納自大將軍從事中郎轉太子中庶子流涕訴義康不願違離故復爲從事中郎文帝甚銜之及誅湛之夕履徒跣告球球命爲取履先溫酒與之謂曰常日謂汝云何履怖不得答球徐曰阿父在汝何憂左右扶郎還齋上亦以球故免死廢於家殷景仁卒球除尙書僕射王師如故素有腳疾多病還家朝直至少錄尙書江夏王義恭謂尙書何尙之曰當今乏才羣下宜加戮力而王球放恣如此宜以法糾之尙之曰球有素尙加又多疾公應以淡退求之未可以文案責也義恭又面啟文帝曰王球誠有素譽頗以物外自許端任要切或非所長帝曰誠知如此要是時望所歸昔周伯仁終日飲酒而居此任蓋所以崇素德也遂見優容後以白衣領職十八年卒時年四十九贈特進金紫光祿大夫無子以從孫奐爲後奐齊史有傳

王彧字景文球從子也祖穆字伯遠司徒謐之長兄位臨海太守父僧朗仕宋位尙書右僕射明帝初以后父加特進贈開府儀同三司謚元公彧名與明帝諱同故以字行伯父智少簡貴有高名武帝甚重之常言見王智使人思仲祖武帝與劉穆之謀討劉毅而智在焉他日穆之白武帝曰伐國重事公言何乃使王智知武帝笑曰此人高簡豈聞此輩論議其見知如此爲宋國五兵尙書封建陵縣五等子追贈太常智無子故父僧朗以景文繼智幼爲從叔球所知憐美風姿爲一時所推讓袁粲見之歎曰景文非但風流可悅乃哺歠亦復可觀有一客少時及見謝混答曰景文方謝叔源則爲野父矣粲惆悵良久曰恨眼中不見此人景文好言理少與陳郡謝莊齊名文帝嘗與羣臣臨天泉池帝垂綸良久不獲景文越席曰臣以爲垂綸者淸故不獲貪餌眾皆稱善文帝甚相欽重故爲明帝娶其妹而以景文之名名之武帝第五女新安公主先適太原王景深離絕

當以適景文景文固辭以疾故不成婚襲爵建陵子起家太子太傅主簿轉太子舍人累遷宣城太守元凶弒立以爲黃門侍郎未及就孝武入討景文遣間使歸款以父在都下不獲致身事平頗見嫌責猶以舊恩累遷司徒左長史上以散騎常侍舊與侍中俱掌獻替欲高其選以景文及會稽孔覬俱南北之望以補之尋復爲司徒左長史以姊墓開不臨赴免官後拜侍中領射聲校尉左衛將軍加給事中太子中庶子坐與奉朝請毛法因蒱戲得錢百二十萬白衣領職永光初爲吏部尚書景和元年遷尚書右僕射後出爲安南將軍江州刺史明帝纂除暴主又平四方欲引朝望以佐大業乃下詔徵景文爲領左衛將軍尋加丹陽尹遭父憂起爲尚書左僕射丹陽尹固辭僕射出爲江州刺史加都督服闋乃受詔封江安縣侯固讓不許後徵爲尚書左僕射領吏部揚州刺史加太子詹事不願還朝求爲湘州不許時又謂景文在江州不能潔已景文與上幸臣王道隆書深自申理景文屢辭內授上手詔譬之曰尚書左僕射卿已經此任東宮詹事用人雖美職亦政可此中書令耳庶姓作揚州徐干木王休元殷鐵並處之不辭卿清才令望何愧休元毗贊中興豈謝干木綢繆相與何後殷鐵邪司徒以宰相不應帶神州遠遵先旨京口鄉基義重密邇畿內又不得不同驃騎陝西任要由來用宗室驃騎既云巴陵理應居之中流雖曰閑地控帶二江通接荆郢經塗之要由來有重鎭如此則揚州自成闕刺史卿若有辭便不知誰應處之此選大備與公卿疇懷非聊爾也固辭詹事領還徙爲中書令常侍僕射揚州如故又進中書監領太子太傅常侍僕射揚州如故景文固辭太傅上遣新除尚書右僕射褚淵宣旨以古來比例六事難之不得已乃受拜時太子及諸皇子小上稍爲身後之計諸將帥吳喜壽寂之之徒慮其不能奉幼主並殺之而景文外戚貴盛張永累經軍旅又疑其將來難信乃自爲謠言曰一士不可親弓長射殺人一士王字指景文弓長張字指張永景文彌懼乃自陳求解揚州上答詔頗以貴滿誡之大抵欲其離權也時上既有疾而諸弟並已見殺惟桂陽王休範人才本劣不見疑出爲江州刺史慮一旦晏駕皇后臨朝則景文自然成宰相門族彊盛藉元舅之重歲暮不爲純臣泰豫元年春上疾篤遣使送藥賜景文死使謂曰朕不謂卿有罪然吾不能獨死請子先之因手詔云與卿周旋欲全卿門戶故有此處分敕至之夜景文正與客棊扣函看復封還置局下神色怡然不變方與客棊思行爭劫竟斂子內奩畢徐謂客曰奉勑見賜以死方以勑示客酒至未飲門客焦度在側憤怒發酒覆地曰大丈夫安能坐受死州中文武可數百人足以一奮景文曰知卿至心若見念者爲我百口計乃墨啟答勑并謝賜詔酌謂客曰此酒不可相勸自仰而飲之時年六十追贈開府儀同三司謚曰懿長子絢字長素早惠年五六歲讀論語至周監於二代外祖何尚之戲之曰可改耶耶乎文哉絢應聲答曰尊者之名安可戲寧可道草翁之風必舅尚之子名偃故絢云云及長篤志好學位祕書丞先景文卒謚曰恭絢弟績齊史有傳彧兄子蘊字彥深父楷太中大夫楷人才凡劣故蘊不爲羣從所禮常懷恥慨家貧爲廣德令明帝即位四方叛逆欲以將領自奮每撫刀曰龍泉太阿汝知我者叔父景文常誡之曰阿答汝滅我門戶蘊曰答與童烏貴賤異童烏絢小字答蘊小字也及事寧封吉陽縣男歷晉陵義興太守所莅並貪縱後爲給事黃門侍郎桂陽之逼京師王道隆爲亂兵所殺蘊力戰御溝側被重創或扶以免事平撫軍長史褚澄爲吳郡太守司徒左長史蕭開明言於朝曰褚澄開城以納賊更爲股肱大郡王蘊被甲死戰棄而不收賞罰如此何憂不亂褚淵慙乃議用蘊爲湘州刺史及齊高帝輔政蘊與沈攸之連謀事敗斬於秣陵市

王裕之字敬弘琅邪臨沂人也與武帝同諱故以字行曾祖廙晉驃騎將軍祖胡之司州刺史父茂之字興元晉陵太守敬弘少有清尙起家本國常侍衛軍參軍性恬靜樂山水求爲天門太守其妻桓元姊也敬弘之郡元時爲荆州遣信要令過巳敬弘至巴陵謂人曰靈寶正當欲與其姊集聚耳我不能爲桓氏贅壻乃遣別船送妻往江陵妻在江陵彌年不迎山郡無事恣其遊適意甚好之轉安西長史後爲南平太守去官居作唐縣界桓元輔政及篡位屢召不下武帝以爲車騎將軍從事中郎徐州中從事史征西將軍道規諮議參軍時府主簿宋協亦有高趣道規並以事外相期嘗共酣飲敬弘因醉失禮爲外司所白道規即便引還重申初讌永初中累還吏部尚書敬弘每被召即便祗奉既到宜退旋復解官武帝嘉其志不苟違也除廬陵王師加散騎常侍敬弘自陳無德不可師範令王固讓不拜元嘉三年爲尚書僕射關署文案初不省讀嘗豫聽訟上問以疑獄敬弘不對上變色問左右何故不以訊牒副僕射敬弘曰臣乃得訊牒讀之政自不解上甚不悅雖以禮

敬亦不以時務及之六年遷尙書令敬弘固讓表求還東上不能奪改授侍中特進左光祿大夫給親信三十人及東歸車駕幸冶亭餞送十二年徵爲太子少傅敬弘詣京師上表固辭不拜東歸上時不豫自力見焉十六年以爲左光祿大夫開府儀同三司侍中如故又詣都表辭竟不拜東歸二十三年重申前命復辭明年薨於餘杭之舍亭山年八十八歲順帝昇明二年追諡文貞公敬弘形狀短小而坐起端方桓元謂之彈碁發八勢所居舍亭山林澗環周備登臨之美時人謂之王東山文帝嘗問爲政得失敬弘對曰天下有道庶人不議上高其言左右嘗使二老婦女戴五條五辮着靑紋袴襬飾以朱粉女適尙書僕射何尙之弟述之敬弘嘗往何氏看女値尙之不在因寄齋中臥俄頃尙之還敬弘使二婦女子守閤不聽尙之入云政熱不堪相見君可且去尙之於是移於他室上將爲廬陵王納其女辭曰臣女幼旣許孔湻之息矣上亦不彊也子恢之被召爲祕書郎敬弘求爲奉朝請與恢之書曰祕書有限故有競朝請無限故無競吾欲使汝處於不競之地文帝嘉而竝許之敬弘見兒孫歲中不過一再相見見輒尅日未嘗教子孫以學問各隨所欲人或問之答曰丹朱不應乏教甯越不聞被撫恢之位新安太守嘗請假還東定省敬弘尅日見之至日輒不果假日將盡恢之乞求奉辭敬弘呼前至閤復不見恢之於閤外拜辭流涕而去恢之弟瓚之官至吏部尙書金紫光祿大夫諡曰貞子瓚之弟昇之位都官尙書昇之子延之瓚之子秀之列在齊史

王鎭之字伯重晉司州刺史胡之之從孫而裕之之從祖弟也祖耆之位中書郎父隨之上虞令鎭之爲剡上虞令並有能名桓元輔政以爲大將軍錄事參軍時三吳飢荒遣鎭之銜命賑䘏而會稽內史王愉不奉符旨鎭之依事糾奏愉子綏元之外甥當時貴盛鎭之爲所排抑以母老求補安成太守以母憂去職在官淸潔妻子無以自反乃棄官致喪還上虞舊墓葬畢爲子標之求安復令隨子之官服闋爲征西道規司馬南平太守後爲御史中丞執正不撓百僚憚之出爲建威將軍平越中郎將廣州刺史加都督武帝謂人曰鎭之少著淸績必將繼美吳隱嶺南弊俗非此不康也在鎭不受俸祿蕭然無營去官之日不異初至武帝初建相國府爲諮議參軍領錄事善於吏職嚴而不殘遷宋臺祠部尙書武帝踐阼卒於宣訓衞尉弟弘之少孤貧育於外祖徵士何準從叔獻之及太原王恭並貴重之晉安帝隆安中爲司徒主簿性好山水求爲烏傷令尋以病歸桓元輔政桓謙以爲衞軍參軍時殷仲文還姑熟祖送傾朝謙要弘之同行答曰凡祖離送別必在有情下官與殷風馬不接無緣扈從謙貴其言母隨兄鎭之之安成郡弘之解職同行義熙中何無忌及武帝辟召一無所就從兄敬弘爲吏部尙書表薦弘之爲太子庶子不就文帝卽位敬弘爲尙書左僕射又陳弘之高行表於初筵苦節彰於暮年當今內外晏然修太平之化宜招空谷以敦沖退之美又徵爲通直散騎常侍不就敬弘嘗解貂裘與之卽著以採藥家在會稽上虞性好釣上虞江有一處名三石頭弘之每垂釣於此經過者不識之或問漁師得魚賣不弘之曰亦自不得得亦不賣日夕載魚入上虞郭經親故門各以一兩頭置門內而去始甯沃川有佳山水弘之又依巖築室謝靈運顏延之並相欽重靈運與廬陵王義眞牋曰會稽旣豐山水是以江左嘉遁並多居之但季世慕榮幽棲者寡若王弘之拂衣歸耕踰歷三紀孔湻之隱約窮岫自始迄今阮萬齡辭事就閑纂成先業旣遠同羲唐亦激貪厲競浙河之外棲遲山澤如斯而已殿下愛素好古夢想巖穴若遣一介有以相存眞可謂千載盛美也弘之元嘉四年卒後顏延之欲爲作誄終不就弘之子曇生好文義以謙和見稱歷吏部尙書太常卿孝武末爲吳興太守明帝初吳興與四方同逆戰敗歸降被宥終於中散大夫阮萬齡陳留尉氏人祖思曠左光祿大夫父甯黃門侍郎萬齡少知名爲孟昶建威長史時袁豹江夷相繼爲昶司馬時人謂昶府有三素望萬齡家在會稽剡縣頗有素情位左戶尙書太常出爲湘州刺史無政績後爲散騎常侍金紫光祿大夫卒曇生弟普曜位祕書監普曜子晏自有傳

王韶之字休泰胡之從孫而敬弘從祖弟也祖羨之鎭軍掾父偉之少有志尙當世詔命表奏輒手自書寫太元隆安時事小大悉撰錄位本國郎中令韶之家貧好學嘗三日絕糧而執卷不輟家人誚之曰困窮如此何爲不耕答曰我常目耕耳父偉之爲烏程令韶之因居縣境好史籍博學多聞初爲衞將軍謝琰行參軍得父舊書韶之因私撰晉安帝陽秋旣成時人謂宜居史職卽除著作佐郎使續後事訖義熙九年善敘事辭論可觀爲後代佳史遷尙書祠部郎晉帝自孝武以來常居內殿武官主書於中通呈以省官一人管司詔誥住在西省因謂之西省郎傅亮羊徽相代領西省事義熙十

一年武帝以韶之博學有文辭補通直郎領西省事轉中書侍郎安帝之崩也武帝使韶之與帝左右密加酖毒恭帝卽位遷黃門侍郎領著作西省如故凡諸詔奏皆其辭也武帝受禪加驍騎將軍本郡中正黃門如故西省職解復掌宋書坐璽制謬誤免黃門事在謝晦傳韶之爲晉史序王珣貨殖王廞作亂珣子弘廞子華並貴顯韶之懼爲所陷深結徐羡之傅亮等景平元年遷侍中出爲吳郡太守羡之被誅王弘入爲相領揚州刺史弘雖與韶之不絶諸弟未相識者皆不復往來韶之在郡常慮爲弘所繩夙夜勉勵政績甚美弘亦抑其私憾文帝兩嘉之韶之在任積年稱爲良守徵爲祠部尚書加給事中坐去郡長取送故免官十二年又爲吳興太守卒撰孝經傳三卷文集行於世宋七廟歌辭韶之所制也子曄位臨賀太守

王悅之字少明晉右軍將軍羲之曾孫也祖獻之中書令父靖之司徒左長史爲劉穆之所厚就穆之求侍中如此非一穆之曰卿若不求久自得之遂不果悅之少厲清操亮直有風檢爲吏部郎鄰省有會同者遺悅之餅一甌辭不受曰此費誠小然少來不願當之明帝泰始中爲黃門郎御史中丞上以其廉介賜良田五頃以爲侍中在門下盡其心力掌檢校御府太官太醫諸署時承奢汰之後姦竊者衆悅之案覆無所避得姦甚多於是衆署共呪詛悅之悅之病甚恆見兩烏衣人捶之及卒上乃收典掌者十許人桎梏之送淮陰密令度瓜步江投之中流

王准之字元曾晉尚書僕射彪元孫也曾祖彪之位尚書令祖臨之父訥之並御史中丞彪之博聞多識練悉朝議自是家世相傳並諳江左舊事緘之靑箱世人謂王氏靑箱學准之兼明禮傳贍於文辭起家爲本國右常侍桓元纂位以爲尚書祠部郎武帝起兵爲太尉主簿出爲山陰令有能名豫討盧循功封都亭侯宋臺建除御史中丞爲百僚所憚自彪之至准之四世居此職准之嘗作五言詩范泰嘲之云卿唯解彈事耳准之正色答曰猶差卿世載雄狐坐世子右衛率謝靈運殺人不舉免官武帝受命拜黃門侍郎永初中奏曰鄭元注禮三年之喪二十七月而吉古今學者多謂得禮之宜晉初用王肅議祥禫共月故二十五月而除遂以爲制江左以來準晉朝施用搢紳之士多遵元義夫先王制禮以大順羣心喪也寧戚著在前經今大宋開泰品物遂理愚謂宜同卽物情以元義爲制朝野一禮則家無殊俗從之元嘉中歷位侍中郎官尚書改領吏部性峭急頗失搢紳之望出爲丹陽尹准之究識舊儀問無不知時大將軍彭城王義康錄尚書事每歎曰何須高論元虛正得如王准之兩三人便足了天下矣然寡乏風素不爲時流所重所撰儀注朝廷咸見遵用年二十九卒贈太常子輿之位征虜主簿輿之子進之列在梁史

准之族子素字休業高祖翹之晉光祿大夫曾祖望之祖泰之並不仕父元弘位平固令素少有志行家貧母老初爲廬陵王國侍郎母憂去職往東陽隱居不仕頗營田園之資得以自立愛好文義不以人俗累懷孝武帝下詔徵素與處士朱百年並爲太子舍人不就素旣屢被徵辟聲譽甚高山中有蚿蟲聲甚清長聽之使人不厭而其形甚醜素乃爲蚿賦以自況泰始七年卒年五十四

王懿字仲德太原祁人自言漢司徒允弟幽州刺史懋七世孫也祖宏仕石虎父苗仕苻堅皆至二千石仲德少沈審有意略事母甚謹學通陰陽精解聲律苻氏之敗仲德年十七與兄叡字元德同起義兵與慕容垂戰敗仲德被重創走與家屬相失路經大澤不能前困憊臥於林中忽有一小兒靑衣年可七八歲騎牛行見仲德驚問曰漢已食未仲德言飢小兒去須臾復來得飯與之仲德食畢欲行會暴雨江溢莫知津徑遇有一白狼至前仰天而號號訖銜仲德衣因渡水仲德隨之得濟與元德相及渡河至滑臺復爲翟遼所留使爲將帥積年仲德欲南歸乃棄遼奔泰山遼遣騎追之急夜行忽見前有猛炬導之乘火行百許里得免晉太元末徙居彭城兄弟名犯晉宣元二帝諱故以字行北土重同姓並謂之骨肉有遠來相投者莫不竭力營贍若有一人不至者以爲不義不爲鄉邑所容仲德聞王愉在江南貴盛是太原人乃遠來歸之愉接遇甚薄因至姑熟投桓元値元篡位見輔國將軍張暢言及世事仲德曰自古革命誠非一族然今之起者恐不足以濟大事元德果勁有計略仕元爲殿中將軍武帝甚知之告以義舉使元德於京邑襲元仲德聞其謀謂元德曰天下大事不可不密且兵家務拙速不貴巧遲元無遠慮好冒夜出入今取之正須一夫力耳事泄元德爲元所誅仲德竄走會義軍剋京邑仲德抱元德子方回出候武帝帝於馬上抱方回與仲德相對號慟追贈元德給事中封安復縣侯以仲德爲鎭軍中兵參軍武帝伐廣固仲德率諸軍爲前鋒小大二十餘戰每戰輒克盧循寇逼敗劉毅於桑落帝北伐始還衆議並欲遷都仲德正色

曰今天子當陽而治明公命世作輔新建大功威震六合妖寇豕突乘我遠征旣聞凱入將自奔散且四海之內所以奉明公者道存故爾今自投草莽則同之匹夫匹夫號令何以威物義士英豪當求其主耳此謀若行請從此辭武帝甚悅除輔國將軍使戍白石及循退仲德率劉鍾追討大破之功冠諸將封新淦縣侯義熙十二年北伐進仲德征虜將軍加冀州刺史督前鋒諸軍事冠軍將軍檀道濟龍驤將軍王鎭惡向洛陽寧朔將軍劉遵考建武將軍沈林子出石門寧朔將軍朱超石胡藩向半城咸受統於仲德仲德率龍驤將軍朱牧寧遠將軍竺靈秀嚴綱等開鉅野入河乃總衆軍進據潼關武帝遂平長安以仲德爲太尉諮議參軍武帝欲遷都洛陽衆咸以爲宜仲德曰反宅中華誠是億兆顒顒之望然天下艱難羣虜孔熾暴師經載士有歸心王化始通新邦未附以衆情言之恐未易可立今當以建業爲王基江左爲始本遷都之計以俟文軌大同帝深納之使衛送姚泓先還彭城武帝受命累遷徐州刺史加都督元嘉三年進號安北將軍與到彥之北伐大破魏軍魏棄河南司兗而去三州旣定三軍咸喜而仲德獨有憂色曰胡虜雖仁義不足而凶狡有餘今雖斂戈北歸若河冰合豈不能爲三軍患諸賢不諳北土情僞必墮其計諸軍進屯靈昌十月虜於委粟津渡河進逼金墉而洛陽虎牢並不守彥之聞二城並沒欲焚舟步走仲德曰洛陽旣敗虎牢無以自立理必然也虜去我猶自千里滑臺尙有彊兵若便捨舟士卒必散且當入濟至馬耳谷口更詳所宜乃回軍沿濟南歷城步上焚舟棄甲還至彭城仲德坐免官尋與檀道濟共救滑臺糧盡乃歸自是復失河南九年又爲鎭北將軍徐州刺史仲德三臨徐州威惠宣著於彭城立佛寺作白狼童子像於塔中以存河北所遇也十三年進號鎭北大將軍十五年卒年九十謚曰桓侯亦於廟中立白狼童子壇每祭必祠之子正循嗣爲家童所殺仲德兄孫文和景和中爲征北義陽王昶府佐昶於彭城奔魏部曲皆散文和獨送至界上昶謂曰諸人皆去卿有老母何獨不去文和乃去昇明中爲巴陵內史沈攸之事起文和斬其使馳白齊武帝及齊永明年中歷青冀兗益四州刺史

到彥之字道豫彭城武原人楚大夫屈到之後也少以寒苦自立武帝討孫恩以鄉里樂從每有戰功義旗將起彥之家在廣陵臨川武烈王道規尅桓弘彥之時近行不在閒事捷馳歸而道規已南渡江彥之倉卒晚方獲濟至京口武帝已向京邑孟昶居守留之及事定武帝謂同義曰到彥之應來而不至必有故也及彥之至帝責之亦不自陳昶又不申理故不加官爵白衣隨道規追桓元於崢嶸洲力戰有功義熙元年補鎭軍行參軍六年盧循逼京都彥之與檀道濟掩循輜重與循黨荀林戰敗免官後以軍功封佷山縣子爲太尉中兵參軍還道規輔國參軍建平太守武帝討司馬休之休之符郡發兵彥之斬休之使率軍出峽口進次宜都宜都太守郿寂說彥之曰司馬平西宗室之重寬仁得衆魯雍州父子一世驍雄今據六州之地率用命之士國富兵精難以爲敵劉公遠軍師疲衆老轉禍爲福子其圖之彥之慨然曰我受恩過分託身劉氏如其王族不振受屈勍敵當以死報國家況倚天子之威馮泰山之固劉公果決獨斷用兵如神奮百勝之威責不臣之罪迴山壓卵何憂不濟彥之進見武帝帝大悅更配百艦以爲先登事平驃騎將軍道憐鎭江陵以彥之爲驃騎諮議參軍尋還司馬南郡太守武帝受命以佐命功進爵佷山縣侯彥之佐守荆楚垂二十載威信爲士民所懷又從文帝西鎭除使持節南蠻校尉及徐羨之等廢少帝與傅亮等率百僚奉迎文帝帝以少帝及廬陵王並見殺疑不敢下彥之與司馬王華以爲羨之等必無異志從之又欲使彥之領兵前驅彥之曰彼旣不貳便應朝服順流若使有虞此師旣不足恃更開嫌隙之端非所以允答羣情副遠邇之望也會雍州刺史褚叔度卒乃遣彥之權鎭襄陽羨之等欲卽以彥之爲雍州上不許徵爲中領軍委以戎政彥之自襄陽下謝晦巳至鎭慮彥之不過己彥之至楊口乃步往江陵深布誠款晦亦厚自結納彥之船出楊口留馬數十匹及利劍名刀悉以與晦晦意由此大安元嘉三年討晦進彥之鎭軍將軍彥之於彭城洲戰不利咸欲退還夏口彥之不回會檀道濟至晦乃敗走江陵平因監荆州州府事改封建昌縣公其秋遷南豫州刺史監六州諸軍事鎭歷陽上於彥之恩寵隆密將加開府欲先令立功七年遣彥之督王仲德竺靈秀尹沖段宏趙伯符竺靈眞庾俊之朱脩之等入軍北伐自淮入泗泗水滲日裁行十里自四月至七月始至東平須昌縣魏濟州刺史庫悉吉戍碻磝焚城走兗州刺史叱羅俊燒滑臺率衆奔河北遣將軍王元謨向虎牢魏大將赤歇據城戰大破之斬赤歇等六人首魏洛州刺史亦棄洛陽奔彥之留朱脩之守滑臺尹沖守虎牢杜驥守金墉十月魏軍向金墉次

至虎牢杜驥奔走尹沖衆潰而死十一月朔魏軍向滑臺時河冰將合糧食又罄彥之先有目疾至是大動將士疾疫乃回軍入濟焚舟步上依險南出得至彭城初遣彥之資實甚盛及還凡百蕩盡府藏爲空彥之上章節謝罪文帝遣檀道濟北救滑臺收彥之下獄免官兗州刺史竺靈秀弃軍伏誅明年夏起彥之爲護軍九年復封爵邑固辭明年卒乃復先戸邑諡曰忠公孝建三年詔彥之與王華王曇首配食文帝廟庭長子元度位益州刺史少子仲度嗣位驃騎從事中郎兄弟並有才用皆早卒仲度子撝列在陳史

垣護之字彥宗略陽垣道人也族姓豪彊石虎時自略陽徙鄴祖敞仕苻氏爲長樂國郎中令伯父遵父苗仕慕容超並見委任遵爲尚書苗爲京兆太守武帝圍廣固遵苗踰城歸降並以爲太尉行參軍元嘉中遵爲員外散騎常侍苗屯騎校尉仍家下邳護之少倜儻不拘小節形狀短陋而氣幹彊果元嘉初爲殿中將軍隨到彥之北侵魏彥之將回師護之以書諫彥之不納散敗而歸文帝聞而善之累遷鍾離太守隨王元謨入河元謨攻滑臺護之以百舸爲前鋒進據石濟及魏救將至馳書勸元謨急攻之不見從元謨敗退不暇報護之而魏軍悉牽元謨水軍大艚連以鐵鏁三重斷河以絕護之還路河水迅急護之中流而下每至鐵鏁以長柯斧斷之魏人不能禁唯失一舸餘舸並全留戍糜溝城還爲江夏王義恭驃騎戸曹參軍戍淮陰領濟北太守三十年文帝崩還屯歷下孝武入討率所領馳赴帝以爲冀州刺史及南郡王義宣反兗州刺史徐遺寶護之妻弟也與護之書勸使同逆護之馳使以聞率軍隨沈慶之等擊魯爽義宣率大衆至梁山與王元謨相持柳元景率護之及護之弟詢之柳叔仁鄭琨等出鎮新亭元謨求上遣元景等進據西州護之水軍先發大破賊將龐法起元景乃以精兵配護之追討會朱脩之已平江陵至尋陽而還遷徐州刺史封益陽縣侯後拜青冀二州刺史鎮歷城大明二年徵爲右衞將軍還於道聞竟陵王誕據廣陵反護之卽率部曲受車騎大將軍沈慶之節度事平轉臨淮太守從豫州刺史護之所莅多聚斂貨賄七年坐下獄免官明年起爲太中大夫未拜以憤卒謚壯侯護之弟子崇祖齊史有傳

張興世字文德竟陵人也本名世明帝益爲興世少家貧白衣隨王元謨伐蠻每戰輒禽獲諸將不及元謨甚奇之孝武鎮尋陽以補南中郎參軍督護從入討元凶隷柳元景爲前鋒及南郡王義宣反又隨元謨出梁山有戰功明帝卽位四方反叛進興世號龍驤將軍領水軍拒南賊時臺軍據赭圻朝廷遣吏部尚書褚淵就赭圻行選是役也皆先戰授位檄版不供由是有黃紙札南賊屯鵲尾相持久不決興世建議曰賊據上流兵彊地勝我今相持有餘而制敵不足若以奇兵潛出其上因險自固隨宜斷截使其首尾周惶進退疑沮中流一梗糧運自艱乃制勝之奇也沈攸之吳喜並贊其計分戰士七千配之興世乃令輕舸泝流而上旋復迴還一二日中輒復如此使賊不爲之備賊帥劉胡聞興世欲上笑之曰我尚不敢越彼下取揚州張興世何人欲輕據我上興世謂攸之等曰上流唯有錢溪可據今往據之其夜四更值便風乃舉颿直前徑據錢溪劉胡來攻將士欲迎擊之興世曰賊來尚遠而氣驟盛夫驟既力盡盛亦易衰此曹劌所以破齊也將士不得妄動賊來轉近興世乃命壽寂之任農夫率壯士擊走之袁顗慍曰賊據人肝藏裏云何得活是月朔赭圻軍士伐木爲柵於青山遇一童子曰賊下旬當平無爲自苦忽不見至是果敗興世又遏其糧道賊衆漸飢劉胡棄軍走袁顗仍亦奔散興世遂與吳喜共平江陵遷右軍將軍封作唐縣侯泰豫元年爲雍州刺史左衞將軍以疾徙光祿大夫尋卒興世居臨沔水沔水自襄陽以下至于九江二千里中先無洲嶼興世初生當其門前水中一旦忽生洲年年漸大及至興世爲方伯洲大十餘頃父仲子由興世致位給事中興世欲將往襄陽仲子愛戀鄉里不肯去嘗謂興世曰我雖田舍老公樂聞鼓角汝可送一部行田時欲吹之興世素恭謹畏法譬之曰此是天子鼓角非田舍公所吹興世欲拜墓仲子謂曰汝衞從太多先人必當驚怖興世減撤而後行子欣泰齊史有傳

袁湛字士深陳郡陽夏人也祖耽晉歷陽太守父質琅邪內史並知名湛少與弟豹並爲從外祖謝安所知安以其兄子元女妻湛武帝起兵以爲鎮軍諮議參軍以從征功封晉寧縣五等男義熙十二年爲尚書左僕射武帝北伐湛兼太尉與兼司空尚書范泰奉九命禮物拜授武帝沖讓湛等隨軍至洛陽住柏谷塢泰議受使未畢不拜晉帝諸陵湛獨至五陵展禮時人美之初陳郡謝重王胡之外孫也於諸舅敬禮多闕重子絢湛之甥也嘗於公坐謾湛湛正色謂曰汝便是兩世無渭陽情絢有愧色十四年卒贈左光祿大夫文帝卽位以后父贈侍中左光祿大夫開府儀同三司謚曰敬公大

明三年孝武幸籍田經湛墓遣使致祭增守墓五戶子湣湣子植並早卒湛弟豹字士蔚好學博聞窮覽典籍初爲著作佐郎累遷劉毅諮議參軍領記室豹善談雅俗每商較古今兼以誦詠聽者忘疲爲御史中丞時鄱陽縣侯孟懷玉上母檀氏拜國太夫人有司奏許之豹以爲婦人從夫之爵懷玉父大司農綽見居列卿妻不宜從子奏免尚書右僕射劉柳左丞徐羨之郎何勖之等官詔並贖論後坐事降爲丹陽尹太尉長史從朱齡石伐蜀武帝使豹爲檄文甚工義熙九年卒後以參伐蜀之謀追封南昌縣五等子子洵吳郡太守洵弟淑太子左衞率不從元凶之亂爲其所殺在忠義傳洵子顗字國章初爲豫州主簿累遷晉陵太守襲南昌縣五等子大明末拜侍中領前軍將軍時新安王子鸞以母嬖有盛寵太子在東宮多過上微有廢太子立子鸞之意從容言之顗盛稱太子好學有日新之美帝怒振衣而入顗亦厲色而出左丞徐爰言於帝請宥之帝意解後帝又以沈慶之才用不多言論頗相嗤毀顗又陳慶之忠勤有幹略堪當重任由是前廢帝深感顗慶之亦懷其德景和元年誅羣公欲引進顗任以朝政遷爲吏部尚書封新淦縣子俄而意趣乖異寵待頓衰始令顗與沈慶之徐爰參知選事尋復反以爲罪使有司糾奏坐白衣領職從幸湖熟往反數日不被命顗慮禍求出乃除建安王休仁安西長史休仁不行即以顗爲寧蠻校尉雍州刺史加都督顗舅蔡興宗謂曰襄陽星惡豈可冒邪顗曰白刃交前不救流矢今者之行本願生出虎口且天道遼遠何必皆驗如其有徵當脩德以禳之於是狼狽上路恒慮見追行至尋陽曰今知免矣與鄧琬款狎過常每清閑必盡日窮夜顗與琬人地本殊衆知其有異志矣及至襄陽使劉胡繕脩兵械會明帝定大事進顗號右將軍遣荊州典籤邵宰乘驛還江陵道由襄陽顗反意已定而糧仗未足且欲奉表於明帝顗子祕書丞戩曰一奉表疏便爲彼臣以臣伐君於義不可顗從之顗詐云被太皇太后令使其起兵便建牙馳驛奉勸晉安王子勛即大位與琬書使勿解甲子勛即位進號顗安北將軍加尚書左僕射顗本無將略在軍中未嘗戎服語不及戰陣唯賦詩談議而已不能撫接諸將劉胡每論事酬對甚簡由此大失人情胡常切齒恚恨胡以南軍未至軍士匱乏就顗換襄陽之資顗答曰都下兩宅未成方應經理不可損徹又信往來之言言都下米貴斗至數百以爲不勞攻伐行自離散於是擁甲以待之明帝使顗舊門生徐碩奉手詔譬顗曰卿未經爲臣今追蹤竇融猶未晚也及劉胡叛走不告顗顗至夜方知大怒罵曰今年爲小子所誤呼取飛鷰謂其衆曰我當自出追之因又遁走至鵲頭與戍主薛伯珍及其所領數千步青林欲向尋陽夜止山間宿殺馬勞士顗顧伯珍曰我舉八州以謀王室未一戰而敗豈非天邪非不能死蓋欲草間求活望一至尋陽謝罪主上然後自刎耳因慷慨叱左右索節無復應者及旦伯珍請求閒言乃斬顗首詣錢溪馬軍主襄陽俞湛之降湛之因斬伯珍併送首以爲己功明帝忿顗違叛流尸於江弟子彖收瘞於石頭後岡後廢帝即位方得改葬顗子戩昂戩爲黃門侍郎戍湓城尋陽敗伏誅昂知名梁世有傳顗從父弟粲順帝初遷中書監司徒侍中時齊高帝將革命粲於石頭舉兵匡復不克死之列在忠義傳

孔靖字季恭會稽山陰人也名與武帝祖諱同故以字稱祖瑜晉車騎將軍父誾散騎常侍季恭始察孝廉累遷司徒左西掾未拜遭母憂隆安五年被起爲山陰令不就武帝東征孫恩屢至會稽過季恭宅季恭正晝臥有神人衣服非常謂曰起天子在門既而失之遽出適見帝延入結交執手曰卿後當大貴願以身爲託於是曲意禮接贈給甚厚帝後討孫恩時桓元篡形已著帝欲於山陰建義季恭以山陰路遠且元未居極位不如待其纂後於京口圖之帝以爲然時虞嘯父爲會稽內史季恭求爲府司馬不得乃出詣都及帝定桓元以季恭爲會稽內史使齎封版拜授正與季恭遇季恭便回舟夜還至即叩扉入郡嘯父本爲桓元所授聞元敗開門請罪季恭慰勉使且安所住明日乃移季恭到任釐整浮華翦罰游惰由是竟內肅清累遷吳興太守加冠軍先是吳興頻喪太守言項羽神爲卞山王居郡聽事二千石常避之季恭居聽事竟無害也遷尚書左僕射固讓義熙八年復爲會稽內史脩飾學校督課誦習十年復爲右僕射又讓不拜除領軍加散騎常侍十二年致仕拜金紫光祿大夫是歲武帝北伐季恭求從以爲太尉軍諮祭酒從平關洛宋臺初建以爲尚書令又讓乃拜侍中特進左光祿大夫辭事東歸帝餞之戲馬臺百僚咸賦詩以述其美及受命加開府儀同三司季恭讓累年不受薨以爲贈子靈符位丹陽尹會稽太守尋加豫章王子尚撫軍長史靈符家本豐富產業甚廣又於永興立墅周回三十三里水陸地二百六十五頃含帶二山又有果園九處爲有司所糾詔原之而靈符對

答不實坐免尋又復官靈符懿實有器幹不存華飾每所莅官政績修理廢帝景和中犯忤近臣爲所譏構遣使鞭殺之二子湛之深之於都賜死明帝卽位追贈靈符金紫光祿大夫深之大明中爲尚書比部郎時安陸應城縣人張江陵與妻吳共罵母黃令死黃忿恨自經死已值赦案律子賊殺傷毆父母梟首罵詈棄市謀殺夫之父母亦棄市會赦免刑補冶江陵罵母母以自裁重於傷毆若同殺科則疑重用傷毆及詈科則疑輕制唯有打母遇赦猶梟首無詈母致死會赦之科深之議曰夫題里逆心而仁者不入名且惡之況乃人事故毆傷呪詛法所不原詈之致盡則理無可宥罰有從輕蓋疑失善求之文旨非此之謂江陵雖遇赦恩故合梟首婦本以義愛非天屬黃之所恨情不在吳原死補冶有允正法詔如深之議靈符弟靈運位著作郎靈運子琁之齊史有傳

孔琳之字彥琳會稽山陰人也曾祖羣晉御史中丞祖沈丞相掾父廞光祿大夫琳之彊正有志力少好文義解音律能彈棊妙善草隸桓元輔政爲太尉以爲西閤祭酒元時議欲廢錢用穀帛琳之議曰洪範八政以貨次食豈不以交易之所資爲用之至要者乎故聖王制無用之貨以通有用之財既無毀敗之費又省難運之苦此錢所以嗣功龜貝歷代不廢者也穀帛爲寶本充衣食今分以爲貨則致損甚多又勞毀於商販之手耗棄於割截之用此之爲弊著於昔曩故鍾繇曰巧僞之人競濕穀以要利制薄絹以充資魏世制以嚴刑弗能禁也是以司馬芝以爲用錢非徒豐國亦所以省刑今既用而廢之則百姓頓亡其財是有錢無糧之人皆坐而飢困此斷之之弊也魏明帝時錢廢穀用四十年矣以不便於人乃舉朝大議精才達故之士莫不以宜復用錢彼尙舍穀帛而用錢足以明穀帛之弊著於已試也元又議復肉刑琳之以爲三代風純而事簡故罕蹈刑辟季末俗巧而務殷故動陷憲網若三千行於叔世必有踊貴之尤此五帝不相循法肉刑不可悉復者也漢文發仁惻之意傷自新之路莫由革古創制號稱刑厝然名輕而實重反更傷人故孝景嗣位輕之以緩緩而人慢又不禁邪期于刑罰之中所以見美於昔歷代詳論而未獲厥中者也兵荒已後罹法更多棄市之刑本斬右趾漢文一謬承而弗革所以前賢恨恨議之而未辯鍾繇陳羣之意雖小有不同欲以右趾代棄市若從其言則所活者衆矣降死之生誠爲輕法可以全其性命蕃其產育仁既濟物功亦益衆又今之所患逋逃爲先屢叛不革宜令竄身靡所亦以肅戒未犯永絕惡原至於餘條宜且依舊元好人附悅而琳之不能順旨是以不見知累遷尙書左丞揚州中從事史所居著績時責衆官獻便宜議者以爲宜修庠序䘏典刑審官方明黜陟舉逸拔才務農簡調琳之於衆議之外別建言曰夫璽印者所以辯章官爵立契符信官莫大於皇帝爵莫尊於公侯而傳國之璽歷代遞用襲封之印奕世相傳貴在仍舊無取改作今世唯尉一職獨用一印至於內外羣官每遷悉改討尋其義私所未喻若謂官各異姓與傳習不同則未若異代之爲殊也若論其名器雖有公卿之貴未若帝王之重若以或有誅夷之臣忌其凶穢則漢用秦璽延祚四百未聞以子嬰身戮國亡而棄不佩帝王公侯之尊不疑於傳璽人臣衆僚之卑何嫌於卽印載籍未聞其說推例自乖其準而終年刻鑄喪功消實金銀銅炭之費不可稱言非所以因循舊貫易簡之道愚謂衆官卽用一印無煩改作若新置官又官多印少文或零失然後乃鑄則仰裨天府非唯小益又曰凶門柏歷不出禮典起自末代積習生常遂成舊俗爰自天子達于庶人誠行之有由卒改必駭然苟無關於情而有愆禮度存之未有所明去之未有所失固當式遵先典釐革後謬況復兼以游費實爲人患者乎凡人士喪儀多出閭里每有此須動十數萬損人財力而義無所取至於寒庶則人思自竭雖復室如縣磬莫不傾産單財所謂葬之以禮其若是乎愚謂宜一切罷凶門之式遷尙書吏部郞義熙十二年除武帝平北征西長史遷侍中宋臺初建除宋國侍中永初二年爲御史中丞明憲直法無所屈撓奏劾尙書令徐羨之虧違憲典時羨之領揚州刺史琳之弟璩之爲中從事羨之使璩之解釋琳之使停寢其事琳之不許曰我觸忤宰相正當罪止一身汝必不應從坐何須勤勤邪自是羣僚震肅莫敢犯禁武帝甚嘉之行經蘭臺親加臨幸遷祠部尙書不事產業家尤貧素景平元年卒追贈太常卿子邈有父風官至揚州中從事邈子顗字思遠少骨鯁有風力以是非爲己任口吃好讀書早知名初舉揚州秀才衡陽王義季以爲安西記室顗奉牋固辭義季不能奪累遷黃門侍郞初晉安帝時散騎常侍選望甚重與侍中不異其後職任閑散用人漸輕孝建三年孝武欲重其選於是吏部尙書顏竣舉顗及司徒左長史王景文並堪散騎常侍帝不欲威權在下其後分吏部尙書置二人以輕其任侍中蔡興宗謂人曰選曹要

重常侍閑淡故之以名而不以實雖主意欲爲輕重人心豈可變邪旣而常侍之選復卑選部之貴不異大明元年徙太子中庶子領翊軍校尉歷祕書監廷尉卿爲御史中丞坐鞭令史爲有司所糾原不問六年除顗安陸王子綏冠軍長史江夏內史復隨府轉後軍長史內史如故爲人仗酒使氣每醉輒彌日不醒僚類間多所陵忽尤不能曲意權倖莫不畏而疾之不治產業居常貧罄無有豐約未嘗關懷爲府長史典籤諮事不呼前不敢前不令去不敢去雖醉日居多而明曉政事醒時判決未嘗有壅衆咸云孔公一月二十九日醉勝他人二十九日醒也孝武每欲引見先遣人覘其醉否性眞素不尙矯飾遇得寶玩服用不疑而他物麤敗終不改易時吳郡顧顗之亦尙儉素衣裘器服皆擇其陋者宋世言清約稱此二人顗弟道存從弟徽之頗營產業二弟請假東還顗出渚迎之輜重十餘船皆是緜絹紙席之屬顗見之僞喜謂曰我比乏得此甚要因令上置岸側旣而正色謂道存等曰汝輩忝預士流何至還東作賈客邪命燒盡乃去先是庾徽之爲御史中丞性豪麗服玩甚華顗代之衣冠器用莫不麤率蘭臺令史並三吳富人並有輕之之意顗蓬首緩帶風貌清嚴皆重跡屏氣莫敢欺犯庾徽之字景猷潁川鄢陵人也後卒於南東海太守顗後爲司徒左長史道存代顗爲後軍長史江夏內史時東土大旱都邑米貴一斗將百錢道存慮顗甚乏遣吏載五百斛米餉之顗呼吏謂之曰我在彼三載去官之日不辦有路糧郎至彼未幾那能便得此米邪可載米還彼吏曰自古以來無有載米上水者都下米貴乞於此貨之不聽吏乃載米而去永光元年遷侍中後爲尋陽王右軍長史行會稽郡事明帝卽位召爲太子詹事遣顗佐平西司馬庾業爲右軍司馬代顗行會稽郡事時上流反叛上遣都水使者孔璪入東慰勞璪至說顗以廢帝侈費都下罄匱今南北並起遠近離叛若擁五郡之銳招動三吳事無不尅顗然其言遂發兵馳檄顗長子公璪二子淹元並在都馳信密報泰始二年正月並逃叛東歸遣書要吳郡太守顧琛琛以母年篤老又密邇建鄴與長子寶素謀議未判少子寶先時爲山陰令馳書報琛以爲南師已近朝廷孤弱不時順從必有覆滅之禍時顗前鋒已渡浙江琛遂據郡同反吳興太守王曇生義興太守劉延熙晉陵太守袁標一時響應庾業旣東明帝卽以代延熙爲義興以延熙爲巴陵王休若鎭東長史業至長塘湖卽與延熙合明帝遣建威將軍沈懷明東討尙書張永繼進巴陵王休若董統東討諸軍顗所遣孫曇瓘等軍頓晉陵九里部陣甚盛懷明至奔牛所領寡弱張永至曲阿未知懷明安否退還延陵就休若諸將咸勸退破岡休若宣令敢有言退者斬衆少定乃築壘息甲建武將軍吳喜及督護任農夫等繼至先是龍驤將軍阮佃夫募得蜀人數百多壯勇便捷皆着犀皮鎧執短兵遂配農夫及戰每先登東人並畏憚又恠其形飾殊異舊傳狐獠食人東人見之輒奔農夫進義興與吳喜擊諸柵大破之義興平劉延熙投水死時齊高帝率張永劉亮等諸軍至晉陵九里西結營與東軍相持上遣積射將軍江方興南臺御史王道隆至晉陵視賊形勢賊帥孫曇瓘程扞宗陳景達凡有五城互相連帶扞宗城猶未固道隆率所領急攻之俄傾城陷斬扞宗首劉亮果勁以刀楯直入重柵衆軍隨之卽皆摧破高帝與永等乘勝馳擊又大破之曇瓘因此敗走孔璪與曇生焚倉庫奔錢唐會稽聞西軍稍近將士多奔亡顗不能復制上虞令王晏起兵攻郡顗以東西交逼憂遽不知所爲其夕率千人聲云東討實趨石鷃遇潮涸不得去衆叛都盡門生載以小船竄于山嵴村村人縛以送晏晏謂曰此事孔璪之爲無豫卿事可作首辭當相爲申理顗曰江東處分莫不由身委罪求活便是君輩行意耳晏乃斬之東閤外臨死求酒曰此是平生所好僞中郎張綏封倉庫以待王師晏至郡殺綏執尋陽王子房縱兵大掠府庫空盡孔璪投門生陸林夫林夫斬首以送顧琛王曇生袁標等並詣吳喜歸罪喜皆宥之東軍主凡七十六人於陣斬十七人餘皆原宥顗之起兵也夢行宣陽門道上顧望皆邱陵顗竊私告人曰邱陵者弗平建康其殆難尅顗弟道存位黃門侍郞南海太守晉安王子勛建僞號以爲侍中行雍州事事敗見殺

殷景仁陳郡長平人也曾祖融晉太常祖茂之特進左光祿大夫父道裕早亡景仁少有大成之量司徒王謐見而以女妻之爲武帝太尉行參軍歷位中書侍郞景仁學不爲文而敏有思致口不談議而深達理至於國典朝議舊章記注莫不撰錄識者知其有當世之志也嘗建議請百官舉才以所薦能否黜陟武帝甚知之遷太子庶子少帝卽位入補侍中累表辭讓詔曰景仁退挹之懷有不可奪可改除黃門侍郞以申君子之請後歷左衞將軍文帝卽位委遇彌厚俄遷侍中左衞如故時與王華王曇首劉湛四人並時爲侍中俱居門下皆以風力局幹冠冕一時同升之美近代莫及元嘉三年

車駕征謝晦司徒王弘入居中書下省景仁長直共掌留任晦平代到彥之爲中領軍侍中如故文帝所生章太后早亡上奉太后所生蘇氏甚謹六年蘇氏卒車駕親往臨哭詔遵二漢推恩之典景仁議以爲漢氏推恩加爵于時承秦之弊儒術蔑如懼非盛明所宜軌蹈晉監二代朝政之所因君舉必書哲王之所慎體至公者懸爵賞於無私奉天統者每屈情以申制所以作孚萬國貽則後昆上從之丁母憂葬竟起爲領軍將軍固辭上使綱紀代拜遣中書舍人周起輿載還府服闋遷尚書僕射太子詹事劉湛代爲領軍湛與景仁素善初皆被遇於武帝俱以宰相許之湛嘗居外任會王弘王華王曇首相繼亡景仁引湛還朝共參朝政湛既入以景仁位遇本不踰己而一旦居前意甚憤憤知文帝信仗景仁不可移奪乃深結司徒彭城王義康欲倚宰相之重以傾之十二年景仁遷中書令護軍將軍僕射如故尋復加領吏部湛愈怒義康納湛言毀景仁於帝帝遇之益隆景仁密陳相王權重非社稷計上以爲然景仁對親舊歎曰引之令入入便噬人乃稱疾解職表疏累上不見許使停家養病湛議欲遣人若劫盜者於外殺之以爲文帝雖知當不能傷至親之愛上微聞之徙景仁於西掖門外晉鄱陽王第以爲護軍府密邇宮禁故其計不行景仁臥疾者五年雖不見上而密函去來日中以十數朝政大小必以問焉影迹周密莫有窺其際者及將收湛之日景仁便拂拭衣冠寢疾既久左右皆不悟其意其夜上出華林園延賢堂召景仁景仁猶稱腳疾小牀輿以就坐誅討處分一皆委之代義康爲揚州刺史僕射吏部如故遣使者授印綬主簿代拜拜畢便覺疾甚情理乖錯性本寬厚而忽更苛暴問左右曰今年男婚多女嫁多是冬大雪景仁乘輿出聽事觀望忽驚曰當閤何得有大樹既而曰我誤耳疾篤文帝謂不利在州使還住僕射下省爲州凡月餘日卒或云見劉湛爲祟追贈侍中司空謚曰文成公大明五年孝武行經景仁墓詔遣致祭子道矜幼而不慧位太中大夫道矜子恆明帝時位侍中度支尚書屬父疾積久爲有司所奏詔曰道矜生便有病更無橫疾恆因愚習惰久妨清序可除散騎常侍景仁從祖弟湻字粹遠祖允晉太常父穆以和謹致稱自五兵尚書爲武帝相國左長史元嘉中位特進右光祿大夫始興王師卒謚曰元湻少好學有美名歷中書黃門侍郎黃門清切直下應留下省以父老特聽還家高簡寡欲早有清尚愛好文義未嘗違捨在祕書閣撰四部書大目凡四十卷行於世元嘉十一年卒朝廷痛惜之子孚有父風嘗與侍中何勖共食孚羹盡勖云益殷蕁羹勖司空無忌子也孚徐輟筯曰何無忌諱孚位吏部郎爲順帝撫軍長史子臻字後同幼有名行袁粲褚淵並賞異之每造二公之席輒清言畢景王儉爲丹陽尹引爲郡丞袁昂先拜祕書丞求臻爲到省表臻答曰何不見倩拜而見倩作表遂不爲作歷位太子洗馬湻弟沖字希遠位御史中丞有司直之稱再遷度支尚書元凶妃卽湻女而沖在東宮爲劭所知遇劭弑立以爲司隸校尉沖有學義文辭劭使尚書符罪狀孝武亦爲劭盡力建鄴平賜死沖弟淡字夷遠亦歷黃門吏部郎太子中庶子大明中又以文章見知

通志卷一百三十三終

宋右迪功郎鄭樵漁仲撰

列傳第四十七

宋

褚裕之兄秀之淡之秀之子湛之 蔡廓子興宗 何尚之父叔度子偃
張裕子永 張邵子敷兄子暢暢弟悅暢子浩淹 范泰子曄孔熙先 荀伯子族弟昶昶子萬秋 徐廣郤紹 鄭鮮之 裴松之 何承天

褚裕之字叔度河南陽翟人晉太傅裒之曾孫也祖歆祕書監父爽金紫光祿大夫長兄秀之字長倩歷大司馬琅邪王從事中郎黃門侍郎武帝鎭西長史秀之妹晉恭帝后也秀之雖晉氏姻戚而盡心於武帝遷侍中出補大司馬右司馬晉恭帝卽位爲祠部尚書宋受命徙太常元嘉初卒於官秀之弟淡之字仲原亦歷顯官爲武帝車騎從事中郎尚書吏部郎廷尉卿左衞將軍宋受命爲侍中淡之兄弟竝盡忠事武帝恭帝每生男輒令方便殺焉或誘略內人或密加毒害前後如此非一及恭帝遜位居秣陵宮常懼見禍與褚后共止一室慮有酖毒自煮食於前武帝將害之不欲遣人入內令淡之兄弟視后褚后出別室相見兵人乃踰垣而入進藥於恭帝帝不肯飮曰佛教自殺者不復得人身乃以被掩殺之後會稽郡缺朝議欲用蔡廓武帝曰彼自是蔡家佳兒何關人事可用褚佛佛淡之小字也乃用淡之爲會稽太守景平二年富陽孫氏聚合門宗謀反其支黨在永興縣潛相影響永興令羊恂覺其謀以告淡之淡之不信乃以誣人之罪收縣職局於是孫法先自號冠軍大將軍與孫道慶等攻沒縣邑更相樹置遙以鄭令司馬文宣爲征西大將軍建旗鳴鼓直攻山陰淡之自假陵江將軍以山陰令陸邵領司馬加振武將軍前員外散騎常侍王茂之爲長史前國子博士孔欣前員外散騎常侍謝苓之竝參軍事召行參軍七十餘人前鎭西諮議參軍孔甯子左光祿大夫孔季恭子山士竝在艱中皆起爲將軍遣隊主陳願郡議曹掾虞道納二軍過浦陽江願等戰敗賊遂推鋒而前去城二十餘里淡之遣陸邵水軍拒之而身率所領出次近郊邵與行參軍漏恭期合力大破賊於柯亭淡之尋卒諡曰質子裕之名與武帝同故行字焉初爲太宰琅邪王行參軍武帝車騎參軍司徒左西屬中軍諮議參軍署中兵加建威將軍從征鮮卑盡其誠力盧循攻查浦叔度力戰有功循南走武帝版行廣州刺史加都督建威將軍領平越中郎將在任四年廣營賄貨資財豐積坐免官禁錮終身還至都凡諸親友及一面之款無不厚加贈遺尋除太尉諮議參軍相國右司馬武帝受命爲右衞將軍武帝以其名家而能竭盡心力甚嘉之封番禺縣男尋加散騎常侍永初四年出爲雍州刺史領寧蠻校尉在任三年以清簡致稱景平二年卒子恬之嗣恬之弟寂之著作佐郎早卒寂之子曖尚文帝第六女琅邪貞長公主位太宰參軍亦早卒曖子績位太子舍人亦尚公主績子球梁史有傳秀之子湛之字休元尚武帝第七女始安哀公主拜駙馬都尉著作佐郎哀公主薨復尚武帝第五女吳郡宣公主諸尚主者竝因世胄不必皆有才能湛之謹實有意幹故爲文帝所知歷顯位爲太子中庶子司徒左長史侍中左衞將軍左戶尚書丹陽尹元凶弒逆以爲吏部尚書復出爲丹陽尹統石頭戍事孝武入伐劭自攻新亭壘使湛之率水師俱進湛之因攜二息淵澄登輕舟南奔淵時始生一男爲劭所殺孝武卽位以爲尚書右僕射孝建元年爲中書令丹陽尹後拜尚書左僕射以南奔賜爵都鄉侯大明四年卒諡敬侯淵別在齊史

蔡廓字子度濟陽考城人晉司徒謨之曾孫也祖系撫軍長史父綝司徒左西屬廓博涉羣書言行以禮起家著作佐郎後爲武帝太尉參軍中書黃門郎以方梗閑素爲武帝所知再遷太尉從事中郎未拜遭母憂性至孝三年不櫛沐殆不勝喪宋臺建爲侍中建議以爲鞫獄不宜令子孫下辭明言父祖之罪虧教傷情莫此爲大自今但令家人與囚相見無乞鞫之訴便足以明伏罪不須責家人下辭朝議從之世子左衞率謝靈運輒殺人御史中丞王準之坐不糾免官武帝以廓剛直不容邪枉補御史中丞多所糾奏百僚震肅時中書令傅亮任寄隆重學冠當時朝廷儀典皆取定於亮亮每事諮廓然後行亮意若有不同廓終不爲屈遷司徒左長史出爲豫章太守徵爲吏部尚書廓因北地傅隆問亮選事若悉以見付不論不然不能拜也亮以語錄尚書事徐羨之羨之曰黃門郎以下悉以委蔡吾徒不復措懷自此已上故宜共參同異廓曰我不能爲徐干木署紙尾遂不肯拜干木羨之小字也選案黃紙錄尚書與吏部尚書連名故廓言書紙尾也羨之亦以廓正直不欲使居權要徙爲祠部尚書文帝入奉大統尚書令傅亮率百僚奉迎廓亦俱行至尋陽遇疾不堪前亮將進路詣別廓謂曰營陽在吳宜厚加供奉一旦不幸卿諸人有弒主之名欲立於世何可得邪時亮已與羨之議

害少帝乃馳信止之信至已不及羨之大怒曰與人共計云何裁轉背便賣惡於人及文帝即位謝晦將之荆州與廓別屏人問曰吾其免乎廓曰卿受先帝顧命任以社稷廢昏立明義無不可但殺人二昆而以之北面挾震主之威據上流之重以古推今自免爲難也廓年位竝輕而爲時流所推重每至歲時皆束帶詣門奉兄軌如父家事大小皆諮而後行公祿賞賜一皆入軌有所資須皆就典者請焉從武帝在彭城妻郗氏以書求夏服廓答曰知須夏服計給事自應相供無容別寄時軌爲給事中元嘉二年廓卒武帝常云羊徽蔡廓可平世三公少子興宗字興宗幼爲父廓所重謂有己風與親故書曰小兒四歲神氣似可不入非類室不與小人游故以興宗爲之名興宗爲之字年十歲喪父哀毀有異凡童廓罷豫章郡還起二宅先成東宅以與兄軌軌罷長沙郡還送錢五十萬以裨宅直興宗年十一白母曰一家由來豐儉必共今日宅直不宜受也母悅而從焉軌深有愧色謂其子淡曰我年六十行事不及十歲小兒尋又喪母少好學以業尚素立見稱爲中書侍郎中書令建平王宏侍中王僧綽並與之厚善元凶弑立僧綽被誅凶威方盛親故莫敢往興宗獨臨哭甚哀孝武踐阼累遷尚書吏部侍郎時尚書何偃疾患上謂興宗曰卿詳練清濁今以選事相付便可開門當之無所辭也後拜侍中每正言得失無所顧憚孝武新年拜陵興宗負璽陪乘及還上欲因以射雉興宗正色曰今致虔園陵情敬兼重從禽猶有餘日請待他辰上大怒遣令下車由是失旨竟陵王誕據廣陵爲逆事平孝武與駕出宣陽門敕左右文武叫稱萬歲興宗時陪輦帝顧曰卿獨不叫興宗從容正色答曰陛下今日政應涕泣行誅豈得軍中皆稱萬歲帝不悅興宗奉旨慰勞廣陵州別駕范義與興宗素善在城內同誅興宗至躬自收殯致喪還豫章舊墓上聞謂曰卿何敢故爾觸網興宗抗言答曰陛下自殺賊臣自葬周旋既犯嚴制政當甘於斧鉞耳帝有慙色又廬江內史周朗以正言得罪鏁付寧州親戚故人無敢瞻送興宗時在直請急詣朗別上知之尤怒坐屬疾多日白衣領職後爲廷尉卿有解士先者告申坦昔與丞相義宣同謀時坦已死子令孫作山陽郡自繫廷尉興宗議曰若坦昔爲戎首今身尚存累經肆眚猶當蒙宥令孫天屬理相爲隱況人亡事遠追相誣訐斷以禮律義不合關見從出爲東陽太守後爲左戶尚書轉掌吏部時上方盛淫宴虐侮羣臣自江夏王義恭以下咸加穢辱唯興宗以方直見憚不被侵媟尚書僕射顏師伯謂儀曹王耽之曰蔡尚書常免昵戲去人實遠耽之曰蔡豫章昔在相府亦以方嚴不狎武帝宴私之日未嘗相召每至官賭常在勝朋蔡尚書今日可謂能荷矣大明末前廢帝即位興宗告太宰江夏王義恭應須策文義恭曰建立儲副本爲今日復安用此興宗曰累朝故事莫不皆然近永初之末營陽王即位亦有文策今在尚書可檢視也義恭不從時義恭錄尚書受遺輔政阿衡幼主而引身避事政歸近習越騎校尉戴法興中書舍人巢尚之專制朝權威行遠近興宗職管九流銓衡所寄每至上朝輒與令錄以下陳欲登賢進士之意又箴規得失博論朝政義恭素性恇撓阿順法興恒慮失旨每聞興宗言輒戰懼無計先是大明世奢侈無度多所造立賦調煩嚴徵役過苦至是發詔悉皆削除由此紫極殿南北馳道之屬皆被毀壞自孝建以來至大明末凡諸制度無或存者興宗於都坐慨然謂顏師伯曰先帝雖非盛德要以道始終三年無改古典所貴今殯宮始撤山陵未遠而凡諸制度興造不論是非一皆刊削雖復禪代亦不至爾天下有識當以此窺人師伯不能用興宗每奏選事法興尚之等輒點定回換僅有存者興宗於朝堂謂義恭及師伯曰主上諒闇不親萬機選舉密事多被刪改非復公筆迹不知是何天子意王景文謝莊等遷授失序興宗又欲改爲美選時薛安都爲散騎常侍征虜將軍太子率殷恒爲中庶子興宗先選安都爲左衛將軍常侍如故殷恒爲黃門領校太宰嫌安都爲多欲單爲左衛興宗曰率衛相去幾何之間且已失征虜非乃超越復奪常侍則頓爲降貶若謂安都晚遇微人本宜裁抑令名器不輕宜有選序謹依選體非私安都義恭曰若宮官宜加越授者殷恒便應侍中那得爲黃門而已興宗又曰中庶侍中相去實遠且安都作率十年殷恒中庶百日今又領校爲不少也使選令史顏禕之薛慶先等往復論執義恭然後署案既而中旨以安都爲右衛加給事中由是大忤義恭及法興等出興宗爲吳郡太守固辭又轉南東海太守又不拜苦求益州義恭由是大怒上表言興宗之罪詔付外詳議義恭因使尚書令柳元景奏興宗及尚書袁愍孫私相許與自相選署亂羣害政混穢大猷於是除興宗新昌太守郡屬交州朝廷喧然莫不嗟駭先是興宗納何后寺尼智尼爲妾姿貌甚美迎車已去而師伯密遣人誘之潛往載取興宗迎人不覺及興宗被徙論者竝言由師伯師伯甚病之法興等

既不欲以徙大臣爲名師伯又欲止息物議由此停行頃之法興見殺尙之被繫義恭師伯竝誅復起興宗爲臨海王子頊前軍長史南郡太守行荆州事不行時前廢帝凶暴興宗外甥袁顗爲雍州刺史固勸興宗行曰朝廷形勢人情所見在內大臣朝夕難保舅今出居陜西爲八州行事顗在襄沔地勝兵彊去江陵咫尺水陸通便若一朝有事可共立桓文之功豈與受制凶狂禍難不測同年而語乎興宗曰吾素門平進與主上甚疎未容有患宮省內外既久不自保比者會應有變若內難得弭外釁未可量汝欲在外求全我欲居內免禍各有所見不亦善乎時士庶危懼衣冠咸欲遠徙後皆流離外難百不一存重除吏部尙書太尉沈慶之深慮危禍閉門不通賓客嘗遣左右范羨詣興宗屬事興宗謂羨曰公關門絕客以避悠悠之請謁耳身非有求何爲見拒羨復命慶之使要興宗興宗因說之曰主上比者所行人倫道盡今所忌憚唯在於公公威名素著天下所服今舉朝惶惶人懷憂怖指麾之日誰不景從如其不斷旦暮禍及僕昔佐貴府蒙眷異常故敢盡言願思其計慶之曰僕比日前慮不復自保但盡忠奉國始終以之正當委天任命耳加老罷私門兵力頓闕雖有其意事亦無從興宗曰當今懷謀思奮者非欲要富貴期功賞各欲救死朝夕耳殿內將帥正聽外間消息若一人唱首則俯仰可定況公威風先著統戎累朝諸舊部曲布在宮省誰敢不從僕在尙書中自當唱率百僚案前世故事更簡賢明以奉社稷又朝廷諸所行造人間皆言公悉豫之今若沈疑不決當有先公起事者公亦不免附惡之禍也且車駕屢幸貴第酣醉彌留又聞斥屏左右獨入閤內此萬世一時機不可失僕荷眷深重故吐去梯之言公宜詳其禍福慶之曰此事大非僕所能行事至政當抱忠以沒耳頃之慶之果以見忌致禍時領軍將軍王玄謨大將有威名邑里訛言玄謨當建大事或言已見誅玄謨典籤包法榮家在東陽興宗故郡人也爲玄謨所信使至興宗門興宗謂曰領軍比日殊當憂懼法榮曰頃者殆不復食夜亦不眠常言收已在門不保俄頃興宗因法榮勸玄謨舉事玄謨又使法榮報曰此亦未易可行其當不泄君語右衛將軍劉道隆爲帝所寵信專統禁兵乘輿嘗夜幸著作佐郎江斆宅興宗乘馬車從道隆從車後過興宗謂曰劉公比日思一閑道隆深達此旨掐興宗手曰蔡公勿言時帝每因朝宴捶毆羣臣自驃騎大將軍建安王休仁以下侍中袁愍孫等咸見陵曳唯興宗得免頃之明帝定大事玄謨責所親故吏郭季産女壻韋希眞等曰當艱難時周旋輩無一言相叩發者季産曰蔡尙書令包法榮所道非不會機但大事難行耳季産言亦何益玄謨有慙色當明帝起事之夜廢帝橫屍太醫閤口興宗謂尙書左僕射王景文曰此雖凶悖要是天下之主宜使喪禮粗足若直如此四海必將乘人時諸方並舉兵反朝廷所保唯丹陽淮南數郡其間諸縣或已應賊東兵已至永世宮省危懼上集羣臣以謀成敗興宗曰宜鎭之以靜以至信待人比者逆徒親戚布在宮省若繩之以法則土崩立至宜明罪不相及之義上從之遷尙書右僕射尋領衛尉明帝謂興宗曰頃日人情言何事當濟不興宗曰今米甚豐賤而人情更安以此算之清蕩可必但臣之所憂更在事後猶羊公言平吳之後方當勞聖慮耳尙書褚淵以手版築興宗興宗言之不已上曰誠如卿言赭圻平函送袁顗首敕從登南掖門樓以觀之興宗潸然流涕上不悅事平封興宗始昌縣伯固讓而許之復封樂安縣伯國秩吏力終不以受時殷琰據壽陽爲逆遣輔國將軍劉勔攻圍之四方既平琰嬰城固守上使中書爲詔譬琰興宗曰天下既定是琰思順之日陛下宜賜手詔數行今直使中書爲詔彼必疑非眞不從琰得詔謂劉勔詐造不敢降久乃歸順先是徐州刺史薛安都據彭城反後遣使歸款泰始二年冬遣鎭軍將軍張永率軍迎之興宗曰安都遣使歸順此誠不虛今不過須單使一人咫尺書耳若以重兵迎之勢必疑懼或能招引北虜爲患不測時張永已行不見信安都聞大軍過淮果引魏軍永戰大敗遂失淮北四州其先見如此初永敗問至上在乾明殿先召司徒建安王休仁又召興宗謂休仁曰吾慙蔡僕射以敗書示興宗曰我愧卿三年出爲郢州刺史初吳興邱珍孫言論常侵興宗珍孫子景元人才甚美興宗與之周旋及景元爲鄱陽郡會晉安王子勛爲逆轉在竟陵爲吳喜所殺母老女幼流離夏口興宗至郢州親自臨哭致其喪柩家累皆得東還還會稽太守領兵置佐加都督會稽多諸豪右不遵王憲幸臣近習參半宮省封略山湖妨民害政興宗皆以法繩之又以王公妃主多立邸舍子息滋長督責無窮啟罷省之并陳原諸逋負解遣雜役竝見從三吳舊有鄉射禮元嘉中羊玄保爲吳郡行之久不復脩興宗行之禮儀甚整明帝崩興宗與尙書令袁粲右僕射褚淵中領軍劉勔鎭軍將軍沈攸之同被顧命以興宗爲征西將軍開府儀同三司都督荆州刺史

加班劒二十人被徵還都時右軍將軍王道隆任參國
政權重一時躡履到興宗前不敢就席良久方去竟不
呼坐元嘉初中書舍人狄當詣太子詹事王曇首不敢
坐其後中書舍人王弘爲文帝所愛遇上謂弘曰卿欲
作士人得就王球坐乃當判耳殷劉竝雜無所益也若
往詣球可稱旨就席及至球舉扇曰君不得爾弘還依
事啟聞帝曰我便無如此何至是興宗復爾道隆等以
興宗彊正不欲使擁兵上流改爲中書監左光祿大夫
開府儀同三司固辭不拜興宗行己恭恪光祿大夫北
地傅隆與父廓善興宗常脩父友之敬又太原孫敬玉
嘗通興宗侍兒被禽反接興宗命與杖敬玉了無怍容
興宗奇其言對命釋縛試以伎能高其筆札因以侍兒
賜之爲立室宇位至尚書右丞其遏惡揚善若此敬玉
子廉仕梁以清能位至御史中丞興宗家行尤謹奉歸
宗姑事寡嫂養孤兄子有聞於世太子左率王錫妻范
聰明婦人也有才學書讓錫弟僧達曰昔謝太傅奉寡
嫂王夫人如慈母今蔡興宗亦有恭和之稱其爲世所
重如此妻劉氏早卒一女甚幼外甥袁顗始生子彖而
妻劉氏亦亡興宗姊即顗母也一孫一姪躬自撫養年
齒相比欲爲婚姻每見興宗輒言此意大明初詔興宗
女與南平王敬猷婚興宗以姊生平之懷屢經陳啟帝
答曰卿諸人欲各行己意則國家何由得婚且姊言豈
是不可違之處邪舊意既乖彖亦他娶其後彖家好不
終顗又禍敗彖等淪廢當時孤微理盡敬猷遇害興宗
女無子發居名門高胄多欲結姻明帝亦敕適謝氏興
宗竝不許以女適彖泰豫元年卒年五十八遺命薄葬
奉還封爵追贈後授子順固辭不受又奉表疏十餘上

詔特申其請以旌克讓之風初興宗爲郢州府參軍彭
城顏敬以式卜曰亥年當作公官有大字者不可受也
及有開府之授而太歲在亥果薨於左光祿大夫云文
集行於世子順字景元方雅有父風位太尉從事中郎
昇明末卒順弟約樽齊史有傳

何尚之字彥德廬江灊人也曾祖準高尚不應徵辟祖
恢南康太守父叔度恭謹有行業姨適沛郡劉璩與叔
度母情愛甚篤叔度母早卒奉姨若所生姨亡朔望必
往致哀并設祭奠食竝珍新躬自臨視若朔望應有公
事則先遣送祭皆手自料簡流涕對之公事畢即往致
哀以是爲常三年服竟義熙三年吳興武康縣人王延
祖爲劫父睦以告官新制凡劫身斬刑家人棄市睦既
自告於法有疑時叔度爲尚書議曰設法止姦必本於
情理非謂一人爲劫闔門應刑所以罪及同產者欲開
其相告以出造惡之身睦父子至親容可悉共逃亡而
割其天屬還相縛送解腕求存於情可愍竝合從原從
之後爲金紫光祿大夫吳郡太守太保王弘每稱其清
身潔己尚之少頗輕薄好摴蒱既長折節蹈道以操立
見稱爲陳郡謝混所知與之游處家貧初爲臨津令武
帝領征西補府主簿從征長安以公事免還都因患勞
病積年飲婦人乳乃得差以從征之勞賜爵都鄉侯少
帝即位爲廬陵王義眞車騎諮議參軍義眞與司徒徐
羨之尚書令傅亮等不協每有不平之言尚之諫戒不
納義眞被廢入爲中書侍郎遷吏部郎告休定省傾朝
送別於冶渚及至郡叔度謂曰聞汝來此傾朝相送可
有幾客答曰殆數百人叔度笑曰此是送吏部郎耳非
關何彥德也昔殷浩亦嘗作豫章定省送別者甚衆及

廢徙東陽船泊征虜亭積日乃至親舊無復相窺者後
拜左衞將軍領太子中庶子尚之雅好文義從容賞會
甚爲文帝所知元嘉十三年彭城王義康欲以司徒左
長史劉斌爲丹陽尹上不許乃以尚之爲之立宅南郭
外置學聚徒東海徐秀廬江何曇黃回潁川荀子華太
原孫宗昌王延秀魯郡孔惠竝慕道來游謂之南學王
球嘗云尚之西河之風不墜尚之亦云球正始之風尚
在尚之女適劉湛子黯而湛與尚之意好不篤湛欲領
丹陽乃徙尚之爲祠部尚書尚之甚不平湛誅遷吏部
尚書時左衞將軍范曄任參機密尚之察其意趣異常
白文帝宜出爲廣州若在內釁成不得不加鈇鉞屢誅
大臣有虧皇化上曰始誅劉湛等方欲引升後進曄事
迹未彰便豫相黜斥萬方將謂卿等不能容才以我爲
信受讒說但使共知如此不憂大變也曄後謀反伏誅
上嘉其先見國子學建領祭酒二十三年遷尚書右僕
射是歲造玄武湖上欲於湖中立方丈蓬萊瀛洲三神
山尚之固諫乃止時又造華林園竝盛暑興役尚之又
諫宜加休息上不許曰小人常自曝背此不足爲勞時
上行幸還多侵夕尚之又表諫上優詔納之先是患貨
少鑄四銖錢民間頗盜鑄多翦鑿古錢以取銅上患之
二十四年錄尚書江夏王義恭建議以一大錢當兩以
防翦鑿議者多同尚之議曰凡創制改法宜順人情未
有違衆矯物而可久也泉布廢興未容驟議前代赤仄
白金俄而罷息六貨憒亂人泣於市良由事不畫一難
用遵行自非急病權時宜守長世之業若今制遂行富
人之貲自倍貧者彌增其困懼非所以欲均之意中領
軍沈演之等以爲龜貝行於上古泉刀興自有周皆所

以阜財通利實國富民者也歷代雖遠資用彌便若以一大錢當兩則國傳難朽之寶家贏一倍之利不俟加憲巧源自絕上從演之議遂以一錢當兩行之經時公私非便乃罷二十八年遷尙書令領太子詹事二十九年致仕於方山著退居賦以明所守或謂尙之不能固志文帝與江夏王義恭詔曰羊孟尙不得告謝尙之任遇有殊便當未宜申許尙之遂還攝職羊卽羊玄保孟卽孟顗尙之既任事上待之愈隆於是袁淑乃錄古來隱士有迹無名者爲眞隱傳以嗤焉時復遣軍北侵資給戎旅悉以委之元凶弒立進位司空尙書令時三方興義將佐家在都邑劭悉欲誅之尙之誘說百端竝得免孝武卽位復爲尙書令丞相南郡王義宣車騎將軍臧質反義宣司馬竺超民質長史陸展兄弟竝應從誅尙之上言於法爲重於是坐者竝得原時欲分荆州置郢州議其所居江夏王義恭議思話以爲宜在巴陵尙之議曰夏口在荆江之中正對沔口通接雍梁實爲津要於事爲允上從其議荆揚二州戶口居江南之半江左以來揚州爲根本委荆州以閫外至是竝欲分之以削臣下之權而荆揚竝因此虛耗尙之建言宜復合二州上不許大明二年以爲左光祿大夫開府儀同三司侍中如故尙之在家常著鹿皮帽及拜開府天子臨軒百僚陪位沈慶之於殿庭戲之曰今日何不著鹿皮冠慶之累辭爵命朝廷敦勸甚苦尙之謂曰今主上虛懷側席詎宜固辭慶之曰沈公不效何公去而復還也尙之有愧色尙之愛尙文義老而不休與太常顏延之少相好狎二人竝短小尙之常謂延之爲猴延之目尙之爲猴同游太子西池延之問路人云吾二人誰似猴路人指尙之爲似延之喜笑路人曰彼似猴耳君乃眞猴有人嘗求爲吏部郞尙之歎曰此敗風俗也官當圖人安得圖官延之大笑曰我聞古者官人以才今官人以勢彼乃勢之所求子何疑焉所與延之論議往反竝傳於世尙之立身簡約車服率素妻亡不娶又無姬妾秉衡當朝畏遠權柄親戚故舊一無薦舉既以此致怨亦以此見稱復以本官領中書令四年薨年七十九追贈司空諡曰簡穆公子偃字仲弘元嘉中位太子中庶子元凶弒立以偃爲侍中掌詔誥時尙之爲司空尙書令偃居門下父子竝處權要時爲寒心而尙之及偃善攝機宜曲得名譽會孝武卽位任遇無改歷位侍中領太子中庶子時求讜言偃以爲宜重農卹本幷官省事考課以能否增奉以除吏姦責成良守久於其職都督刺史宜別其任改領驍騎將軍親遇隆密有加舊臣轉吏部尙書尙之去選未五載偃復襲其迹世以爲榮侍中顏竣至是始貴與偃俱在門下以文義賞會相得甚歡竣既任遇隆密謂宜居重大而位次與偃等未殊意稍不悅及偃代竣領選竣逾憤懣與偃遂隙竣時權傾朝野偃不自安遂發悸病意慮乖僻上表解職告醫不仕孝武遇偃既深備加醫療乃得差偃素好談玄注莊子逍遙篇傳於時卒官孝武與顏竣詔甚傷惜之諡曰靖子戢事在後史

張裕字茂度吳郡吳人也名與武帝諱同故以字稱曾祖澄晉光祿大夫祖彭祖廣州刺史父敞侍御史度支尙書吳國內史茂度仕爲武帝太尉主簿揚州中從事累遷別駕武帝西伐劉毅北伐關洛皆居守留任州事出爲都督廣州刺史平越中郞將綏靜百越嶺外安之元嘉元年爲侍中都督益州刺史帝討荆州刺史謝晦詔益州遣軍襲江陵晦平西軍始至白帝茂度與晦素善議者疑其出軍遲留弟邵時爲湘州刺史起兵應大駕上以邵誠節故不加罪累遷太常以脚疾出爲義興太守上從容謂曰勿以西蜀介懷對曰臣不遺陛下之明墓木拱矣後爲都官尙書以疾就拜光祿大夫加金章紫綬茂度內足於財自絕人事經始本縣之華山爲居止優游野澤如此者七年十八年除會稽太守素有吏能職事甚理卒於官諡曰恭子子演位太子中舍人演衍四弟鏡永辯岱俱知名時謂之張氏五龍鏡少與光祿大夫顏延之隣居顏談議飲酒喧呼不絕而鏡靜嘿無言聲後鏡與客談延之從籬邊聞之取胡牀坐聽辭義淸玄延之心服謂客曰彼有人焉由是不復酣叫仕至新安太守演鏡兄弟中名最高餘竝不及初裕曾祖澄當葬父郭璞爲占墓地曰葬某處年過百歲位至三司而子孫不蕃某處年幾減半位纔卿校而累世貴顯澄乃葬其劣處位至光祿卿年六十四而亡其子孫遂昌云永字景雲初爲郡主簿累遷尙書中兵郞先是尙書中條制繁雜元嘉十八年欲加脩撰徙永爲刪定郞掌其任二十二年除建康令所居皆有稱績又除廣陵王誕北中郞錄事參軍永涉獵書史能爲文章善隸書騎射雜藝觸類兼善又有巧思益爲文帝所知紙墨皆自營造上每得永表啟輒執玩咨嗟自歎供御者了不及也二十三年造華林園玄武湖竝使永監統凡所制置皆受則於永永既有才能每盡心力文帝謂堪爲將二十九年以永爲揚威將軍冀州刺史加都督王玄謨申坦等諸將經略河南進攻碻磝累旬不拔爲魏軍所

殺甚眾永卽夜撤圍退軍不報告諸將眾軍驚擾爲魏所乘死敗塗地永及申坦並爲統府撫軍將軍蕭思話所收繫於歷城獄文帝以屢征無功諸將不可任詔責永等與思話又與江夏王義恭書曰早知諸將軍如此恨不以白刃驅之今者悔何所及三十年元凶弒立起永爲青州刺史及司空南譙王義宣起義又改永爲冀州刺史加都督永遣司馬崔勳之中兵參軍劉宣則二軍馳赴國難時蕭思話在彭城義宣慮二人不相諧緝與思話書勸與永坦懷又使永從兄長史張暢與永書勖之使遠慕廉藺在公之德近效平勃亾私之美事平召爲江夏王義恭大司馬從事中郎領中兵孝武帝踐元二年臧質反遣永輔武昌王渾鎭京口大明三年累遷廷尉上謂曰卿旣與釋之同姓欲使天下無復冤人永曉音律太極殿前鐘聲頗嘶孝武嘗以問永永答鐘有銅滓乃扣鐘求其處鑿而去之聲遂清越明帝卽位爲青冀二州刺史監四州諸軍事統諸將討徐州刺史薛安都累戰克捷破薛索兒又遷鎭軍將軍尋爲南兗州刺史時薛安都據彭城請降而誠心不款明帝遣永與沈攸之以重兵迎之加都督前鋒諸軍事進軍彭城安都招引魏兵旣至永狼狽引軍還爲魏軍所追大敗復遇寒雪士卒離散永腳指斷落僅以身免失其第四子三年徙會稽太守加都督將軍如故以北行失律因求自貶降號左將軍永痛悼所失之子有兼常哀服制雖除猶立靈坐飮食衣服待之如生每出行常別具名車好馬號曰侍從有軍事輒語左右報郞君知也以破薛索兒功封孝昌縣侯在會稽賓客有謝方童阮須何達之等竊其權贓貨盈積方童等下獄死永又降號冠軍將軍廢帝卽位爲右光祿大夫侍中領安成王師出爲吳郡太守元徽二年爲征北將軍南兗州刺史加都督永少便驅馳志在宣力其爲將帥能與士卒同甘苦朝廷所給賜脯餼必棊坐齊割手自頒賜年雖已老志氣未衰優游閑任意甚不樂及有此授喜悅非常卽日命駕還都未之鎭遇桂陽王休範作亂永率所領屯白下休範至新亭前鋒攻南掖門永遣人覘賊旣反唱言臺城已陷永眾遂潰棄軍而還以舊臣不加罪止免官削爵以愧發病而卒弟岱子瓌稷齊梁史各有傳

張邵字茂宗會稽太守裕之弟也初爲晉瑯邪內史王誕龍驤府功曹桓玄徙誕於廣州親故皆離棄之唯邵情禮彌謹流涕追送時寇亂年饑邵又資饋其妻子桓玄篡位父敞先爲尙書以答事微謬降爲廷尉卿及武帝討桓玄邵白敞王府君被徙大人左遷君親之恥志存雪報今義兵起宜表獻忠款敞從之武帝大悅命書寺門曰有犯張廷尉家者以軍法論事平以敞爲吳郡太守及王謐爲揚州召邵補主簿謐薨武帝代爲揚州復以邵爲主簿劉毅位居亞相好士愛才當世莫不輻湊唯邵不往親故怪而問之邵曰主公命世人傑何煩多問劉穆之白於武帝帝益親之轉太尉參軍署長流賊曹盧循至蔡洲武帝至石頭使邵守南城時百姓水際望賊帝不解其意以問邵邵曰節鉞未反奔散之不暇亦何暇觀望今當無復恐耳帝以邵勤練憂公重補州主簿悉心政事精力絕人及誅劉藩邵時在西州直廬卽夜誡眾曹曰大軍當大討可各條倉庫及舟船遣人領之至曉取辦旦日帝求諸簿最應時卽至怪問其速諸曹答曰猶受張主簿處分帝曰張邵可謂同人憂慮矣九年世子始開征虜府以邵補錄事參軍轉號中軍遷諮議參軍領記室十二年武帝北伐邵請見曰人生危脆宜有遠慮若劉穆之邂逅不幸誰可代之尊業如此若有不諱則處分云何帝曰此自委穆之與卿耳青州刺史檀祗鎭廣陵輒率眾至滁中掩討亾命劉穆之慮其爲變議欲遣軍邵曰檀韶據中流道濟爲軍首若有相疑之跡則大府立危不如逆遣慰勞必無患也韶果不動及穆之暴卒朝廷恇懼便欲發詔以司馬徐羨之代之邵獨曰今誠急病任終在徐然世子無專行之義宜須諮上信反方使世子出命曰朝廷及大府事悉諮徐司馬其餘啟還武帝善其臨事不撓得大臣節十四年世子改授荆州邵諫曰儲貳之重四海所繫不宜外出敢以死請世子竟不行文帝爲中郞將荆州刺史以邵爲司馬領南郡相眾事悉決於邵武帝受命以佐命功封臨沮伯分荆州立湘州以爲刺史將署府僚邵以長沙內地非用武之國置府妨人乖爲政之要從之荆州刺史謝晦反遣書要邵邵不發函使呈文帝元嘉五年遷征虜將軍領寧蠻校尉雍州刺史加都督初王華與邵不和及華參權要親舊爲之危心邵曰子陵方弘至公豈以私隙害正義是任也華實舉之及至襄陽築長圍脩立堤堰創田數千頃公私充給丹淅二州蠻屢爲寇邵誘其帥並出因大會誅之遣軍掩其村落悉擒之旣失信羣蠻所在並起水陸路斷七年子敷至襄陽定省當還都羣蠻欲斷取之會蠕蠕國貢獻使至蠻以爲是敷因掠之邵坐此降號揚烈將軍江夏王義恭鎭江陵以邵爲撫軍長史持節南蠻校尉九年坐在雍州營私蓄取贓貨二百四十五萬下廷尉免官削

爵土後爲吳興太守卒追復爵邑謚曰簡伯邵臨終遺命祭以菜果葦席爲輀車諸子從爲長子敷字景胤生而母亾年數歲問知之雖童蒙便有感慕之色至十歲許求母遺物而散施已盡唯得一扇乃緘鐍之每至感思輒開笥流涕見從母悲感哽咽性整貴風韻甚高好讀玄言兼屬文論父邵使與高士南陽宗少文談繫象往復數番少文每屈握麈尾歎曰吾道東矣於是名價日重武帝聞其美召見奇之曰眞千里駒也以爲世子中軍參軍數見接引累遷江夏王義恭記室參軍義恭就文帝求一學義沙門會敷赴假還江陵入辭文帝令以後車載沙門往謂曰道中可得言晤敷不奉詔曰臣性不耐雜上甚不悅遷正員中書郎敷小名檀父邵小名梨文帝戲之曰檀何如梨答曰梨是百果之宗檀何敢比也中書舍人狄當周赳竝管要務以敷同省名家欲詣之赳曰彼若不相容接便不如勿往詎可輕行當曰吾等竝正員外郎矣何憂不得共坐敷先方設二牀去壁三四尺二客就席敷數呼左右曰移我遠客赳等失色而去其自標遇如此善持音儀盡詳緩之致與人別執手曰念相聞餘響久之不絕張氏後進皆慕之其源起自敷也遷黃門侍郎始興王濬後將軍司徒左長史未拜父在吳興亾成服凡十餘日始進水漿葬畢不進鹽菜遂毀瘠成疾伯父茂度每止譬之輒更感慟絕而復續茂度曰我冀譬汝有益但更甚耳自是不復往未期而卒孝武即位詔旌其孝道追贈侍中改其所居稱孝張里邵兄禕少有節行爲晉琅邪王國郎中令從王至洛還京都武帝封藥酒一甖付禕使密加酖毒禕受命於道自飲而卒在晉忠義傳禕子暢字少微與從兄敷演鏡齊名爲後進之秀起家爲太守徐佩之主簿佩之被誅暢馳出奔赴制服盡哀爲論者所美弟牧嘗爲猘犬所傷醫云宜食蝦蟇牧甚難之暢含笑先嘗牧因此乃食創亦即愈累遷太子中庶子孝武鎮彭城暢爲安北長史沛郡太守元嘉二十七年魏太武南征太尉江夏王義恭統諸軍出鎮彭城太武親率大衆去彭城數十里義恭以彭城衆力雖多軍食不足欲棄彭城南歸計議彌日不定時歷城衆少食多安北中兵參軍沈慶之議欲以車營爲函箱陳精兵爲外翼奉二王及妃媛直趨歷城分城兵配護軍將軍蕭思話留守太尉長史何勖不同欲席卷奔鬱洲自海道還都二議未決更集羣僚謀之暢曰若歷城鬱洲有可至之理下官敢不高讚今城內乏食百姓咸有走情但以關扃嚴固欲去莫從耳若一旦動腳則各自奔散欲至所在何由可得今軍食雖寡朝夕猶未窘罄豈有舍萬安之術而就危亾之道若此計必行下官請以頸血汙君馬跡孝武謂義恭曰張長史言不可異也義恭乃止魏太武既至乃登城南亞父冢於戲馬臺立氈屋先是隊主蒯應見執至晡時太武遣送應至小市門致意求甘蔗及酒孝武遣人送酒二器甘蔗百挺求駱駝明日太武又自上戲馬臺復遣使至小市門求與孝武相見仍遣送駱駝并致雜物使於南門受之暢於城上與魏尙書李孝伯語孝伯問君何姓答云姓張孝伯曰是張長史邪暢曰君何得見識孝伯曰君聲名遠聞足使我知因言說久之城內有具思者嘗在魏義恭遣視知是孝伯乃開門進餉物太武又求酒及甘橘暢宣孝武旨又致螺盃雜物南土所珍太武復令孝伯傳語曰魏主有詔借博具暢曰博具當爲申致有詔之言政可施於彼國孝伯曰隣國之君何得不稱詔於隣國之臣暢曰君之此稱尙不可聞於中華況在諸王之貴而獨曰隣國之君邪孝伯曰魏主言太尉鎮軍久闕南信殊當憂邑若欲遣信當爲護送暢曰此方閒路甚多不復以此勞魏主孝伯曰亦知有水路似爲白賊所斷暢曰君著白衣故稱白賊邪孝伯大笑曰今之白賊亦不異黃巾赤眉暢曰黃巾赤眉似不在江南孝伯曰亦不離靑徐暢曰今者靑徐實爲有賊但非白賊耳又求博具俄送與太武又遣送氈及九種鹽并胡豉云此諸鹽各有所宜白鹽是魏主所食黑者療腹脹氣滿細刮取六銖以酒服之胡鹽療目痛柔鹽不用食唯療馬脊瘡赤鹽駮鹽臭鹽馬齒鹽四種竝不中食胡豉亦中噉又求黃甘并云魏主致意安北何不遣人來至我間彼此之情雖不可盡要須見我小大知我老少觀我爲人若諸佐不可遣亦可使僮來暢又宣旨答曰魏主形狀才力久爲來往所見李尙書親自銜命不患彼此不盡故不復遣信又云魏主恨向所送馬殊不稱意安北若須大馬當更送之脫須蜀馬亦有佳者暢曰安北不乏良駟送自彼意非此所求義恭又餉炬燭十挺孝武亦致錦一疋又曰知更須黃甘誠非所吝但會不足周彼一軍向給魏主未應便乏故不復重付太武復求甘蔗安石榴暢曰石榴出自鄴下亦當非彼所乏孝伯曰君南土膏粱何爲著屩君而著此使諸將士云何暢曰膏粱之言誠爲多愧但以不武受命統軍戎旅之間不容緩服太武又遣就二王借箜篌琵琶箏笛等器及棊子孝伯辭辯亦北土之美暢隨宜應答吐屬如流音韻詳雅風儀華潤孝伯及左

右人竝相視歎息時魏聲云當出襄陽故以暢爲南譙王義宣司空長史南郡太守三十年元凶弑逆義宣發哀之日即便舉兵暢爲元佐位居僚首哀容俯仰蔭映當時舉哀畢改服著黃袴褶出射堂簡人音姿容止莫不矚目見者皆願爲盡命事平徵爲吏部尚書封夷道縣侯義宣既有異圖蔡超等以暢人望勸義宣留之乃解南蠻校尉以授暢加冠軍將軍領丞相長史暢遣門生荀僧寶下都因顏竣陳義宣釁狀僧寶有私貨停巴陵不時下會義宣起兵津路斷絕僧寶遂不得達義宣將爲逆遣嬖人翟靈寶告暢暢陳必無此理請以死保之靈寶知暢不回勸義宣殺之以徇衆賴丞相司馬竺超民得免進號撫軍別立軍部以收人望暢雖署文檄而飲酒常醉不省文書隨義宣東下梁山戰敗於亂兵自歸爲軍人所掠衣服都盡遇右軍王玄謨乘輿出營暢已得敗衣因排玄謨上輿玄謨意甚不悅諸將請殺之隊主張世營救得免執送京都下廷尉尋見原起爲都官尚書轉侍中代子淹領太子右衛率孝武宴朝賢暢亦在坐何偃因醉曰張暢固是奇才同義宣作賊亦能無咎非才何以致此暢乃厲聲曰太初之時誰黃其閤帝曰何事相苦初元凶弑逆偃父尚之爲元凶司空義師至新林門生皆逃尚之父子與婢妾共洗黃閤故暢譏之孝建二年出爲會稽太守卒諡曰宣暢愛弟子輯臨終遺命與輯合墳論者非之暢弟悅亦有美稱歷侍中臨海王子頊前軍長史南郡太守晉安王子勛建僞號召拜爲吏部尚書與鄧琬共輔僞政事敗悅殺琬歸降復爲太子中庶子後拜雍州刺史泰始六年明帝於巴郡置三巴校尉以悅補之加持節輔師將軍領巴郡太守未拜卒暢子浩官至義陽王昶征北諮議參軍浩弟淹黃門郎封廣晉縣子太子左衛率爲東陽太守逼郡吏燒臂照佛百姓有罪使禮佛贖愆動至數千拜坐免官禁錮起爲光祿勳臨川內史後與晉安王子勛同逆軍敗見殺淹弟融齊史有傳

范泰字伯倫順陽人也祖汪晉安北將軍徐兗二州刺史父甯豫章太守竝知名前代泰初爲太學博士荆州刺史王忱泰外弟也請爲天門太守忱嗜酒醉輒累旬及醒則儼然端肅泰謂忱曰酒雖會性亦所以傷生遊處以來常欲有以相戒當卿沈湎措言莫由及今之遇又無假陳說忱嗟歎久之曰見規者衆矣未有若此者也或問忱范泰何如謝邈忱曰茂度漫又問何如殷覬忱曰伯道易忱常有意立功謂泰曰今城池既立軍甲亦充將欲埽除中原以申宿昔之志伯道意銳當令擁戈前驅以君持重欲將委留事何如泰曰百年逋寇前賢挫屈者多矣功名雖貴鄙生所不敢謀會忱病卒召泰爲驃騎諮議參軍遷中書郎時會稽世子元顯專權內外百官請假不復表聞唯籤元顯而已泰言以爲非宜元顯不納以父憂去職襲爵遂鄉侯桓玄輔政使御史中丞祖台之奏泰及前司徒左長史王準之輔國將軍司馬珣之竝居喪無禮泰坐廢徙丹徒武帝義旗建累遷黃門侍郎御史中丞坐議殷祠事謬白衣領職出爲東陽太守歷侍中度支尚書時僕射陳郡謝混後進知名武帝嘗問混泰名輩誰比對曰王元太一流人也徙爲太常初司徒道規無子養文帝及道規薨以兄道憐第二子義慶爲嗣武帝以道規素愛文帝又令居重及道規追封南郡公應以先封華容縣公賜文帝泰議以爲禮無二主由是文帝還本屬後加散騎常侍爲尚書兼司空與右僕射袁湛授宋公九錫隨軍到洛陽武帝還彭城與共登城泰有足疾特命乘輿泰好酒不拘小節通率任心雖在公坐言笑不異私室武帝甚賞愛之然慢於爲治故不得在政事之官後武帝受命議建國學以泰領國子祭酒泰上表陳獎進之道時學竟不立又言事者多以錢貨減少國用不足欲更造五銖泰又諫曰臣聞爲國拯弊莫若務本百姓不足君孰與足未有民貧而國富本不足而末有餘者也故囊漏貯中識者不吝反裘負薪存毛實難王者不言有無諸侯不說多少食祿之家不與百姓爭利拔葵所以明政織蒲謂之不仁是以貴賤有章職分無爽今之所憂在農人尙寡倉廩未充轉運無已資食者衆家無私積難以禦荒耳夫貨有貿易不在少多昔日之貴今者之賤彼此共之其揆一也但令官民均通則無患不足若使必資貨廣以收國用者則龜貝之屬自古所行尋銅之爲器在用也博矣鍾律所通者遠機衡所揆者大夏鼎負圖實冠衆瑞晉鐸呈象亦啟休徵器有要用則貴賤同資物有適宜則家國共急今毀必資之器而爲無施之錢於貨則功不補勞在用則君民俱困校之以實損多益少伏願思可久之道探欲速之情弘山海之納擇芻牧之說景平初加特進明年致仕解國子祭酒少帝在位多諸愆失泰上封事極諫少帝雖不能納亦不加譴徐羨之傅亮與泰素不平及廬陵王義眞少帝見害泰謂所親曰吾觀古今多矣未有受遺顧託而嗣君見殺賢王嬰戮也元嘉二年泰表賀元正并陳旱災多所獎勸拜表遂輕舟遊東陽任心行止不關朝廷有司劾奏之

文帝不問時文帝雖當陽親覽萬機而羨之等猶秉重權泰復上表論廬陵王得失言及執事諸子禁之表竟不奏三年羨之等伏誅進位侍中左光祿大夫國子祭酒領江夏王師特進如故上以泰先朝舊臣恩禮甚重以有脚疾宴見之日特聽乘輿到坐所陳時事上優從之其年秋旱蝗又上表言有蝗之處縣官多課人捕之既無益於枯苗復有傷於殺害又女人被宥由來尙矣謝晦婦女猶繫尙方四婦怨歎亦能有所感激書奏上特原之司徒王弘輔政泰謂弘曰天下務廣而權要難居卿兄弟盛滿當深存降挹彭城王帝之次弟宜徵還入朝共參政事弘納其言泰博覽篇籍好爲文章愛獎後生孜孜無倦撰古今善言二十四篇及文集傳於世暮年事佛甚精於宅西立祇洹精舍五年卒年七十四初贈開府殷景仁曰泰素望不重不可擬議台司竟不果及葬王弘撫棺哭曰君平生重殷鐵今以此爲報追贈車騎將軍謚曰宣侯第四子曄最知名曄字蔚宗母如廁產之額爲塼所傷故以塼爲小字出繼從伯弘之襲封武興縣五等侯少好學博涉經史善爲文章能隸書曉音律初爲祕書丞父憂去職服闋爲彭城王義康參軍轉征南大將軍檀道濟司馬領新蔡太守累遷尙書吏部郎元嘉元年彭城太妃薨將葬祖夕僚故並集東府曄弟廣時爲司徒祭酒其日在直曄與司徒左曹屬王深宿廣直夜中酣飲開北牖聽挽歌爲樂義康大怒左遷曄宣城太守不得志乃刪衆家後漢書爲一家之作至於屈伸榮辱之際未嘗不致意焉遷長沙王義欣鎭軍長史兄暠爲宜都太守嫡母隨暠在官母亾報之以疾曄不時奔赴及行又攜妓妾自隨爲御史中丞劉損所奏文帝愛其才不罪也服闋累遷左衞將軍太子詹事曄長不滿七尺肥黑禿眉鬢善彈琵琶能爲新聲上欲聞之屢諷以微旨曄僞爲不曉終不肯爲上彈上嘗宴飲歡適謂曄曰我欲歌卿可彈曄乃奉旨上歌既畢曄亦止絃初魯國孔熙先博學有縱橫才志文史星算無不兼善爲員外散騎侍郎不爲時所知久不得調初熙先父默之爲廣州刺史以贓賄敗下廷尉大將軍彭城王義康保持之得免及義康被黜熙先密懷報效欲要朝廷大臣未知誰可動者以曄意志不滿欲引之而素不爲曄所知乃傾身事曄外甥謝綜雅爲曄所知熙先藉嶺南遺財家甚富足始與綜諸弟共博故爲拙行以物輸之由此情意稍款綜又引熙先與曄戲熙先故爲不敵前後輸曄物甚多曄既利其財寶又愛其文藝遂相與申莫逆之好熙先始以微言動曄曄不回熙先乃極辭譬說曄素有閨庭論議朝野所知故門冑雖華而國家不與姻娶熙先因此激之曰丈人若謂朝廷相待厚者何故不與丈人婚爲是門戶不得邪人作犬豕相遇而丈人欲爲之死不亦惑乎曄默然不答其意乃定時曄方與沈演之並爲上所知待每被見多同曄若先至必待演之俱入演之先至常獨被見曄又以此爲怨曄累經義康府佐見待素厚及宣城之授意好乖離綜爲義康大將軍記室參軍隨鎭豫章綜還申義康意於曄求解晚隙復敦往好曄既有逆謀欲探時旨乃言於上曰臣歷觀前史二漢故事諸蕃王政以妖詛幸災便正大逆之罰況義康姦心釁跡彰著遐邇而至今無恙臣竊惑焉且大梗常存將成亂階上不納熙先素善天文云上必以非道晏駕當由骨肉相殘江州應出天子以爲義康當之綜父述亦爲義康所遇綜弟約又是義康女夫故文帝使綜隨從南上既爲熙先獎說亦有酬報之心廣州人周靈甫有家兵部曲熙先以六十萬錢與之使於廣州合兵靈甫一去不反大將軍府史仲承祖義康舊所信念屢銜命下都亦潛結腹心規有異志聞熙先有誠密相結納丹陽尹徐湛之素爲義康所愛雖爲舅甥恩過子弟承祖因此結事湛之告以密計承祖南下申義康意於蕭思話及曄云本欲與蕭結婚恨始意不果與范本情不薄中間相失傍人爲之耳有法略道人先爲義康所養粗被知待又有王國寺尼法靜出入義康家內皆感舊恩規相拯拔並與熙先往來使法略罷道法略本姓孫改名景元以爲臧質甯遠參軍熙先善療病兼能診脈法靜尼妹夫許耀領隊在臺宿衞殿省嘗有疾因法靜尼就熙先乞療得損因成周旋熙先以耀膽幹因告逆謀耀許爲內應豫章胡藩子遵世與法靜甚款亦密相酬和法靜尼南上熙先遣婢采藻隨之付以牋書陳說圖讖法靜還義康餉熙先銅七銅鑷袍段碁奩等物熙先慮事泄酖采藻殺之湛之又謂曄等戚質見與異常質與蕭思話款密二人並受大將軍眷遇必無異同不憂兵力不足但當勿失機耳乃備相署置湛之爲撫軍將軍揚州刺史曄中軍將軍南徐州刺史熙先左衞將軍其餘皆有選擬凡素所不善及不附義康者則有別簿並入死目熙先使弟休先爲檄文言賊臣趙伯符肆兵犯蹕毒流儲宰乃奉皇帝號於義康熙先以爲大事宜須義康意旨曄乃詐作義康與湛之書宣示同黨具陳禍福二十二年九月征北將軍衡陽王義季右將軍南平王鑠出鎭上於

武帳岡祖道曄等期以其日爲亂許耀侍上叩刀以目曄曄不敢視俄而坐散差互不得發十一月徐湛之乃上表言狀於是悉出檄書選事及同惡人名手迹其夜上先呼曄及朝臣集華林東閤止於客省先已於外收綜及熙先兄弟竝皆款服于時上在延賢堂遣使問曄曰以卿觕有文翰故相任擢亦知卿意難厭滿正是無理怨望驅扇朋黨而已云何乃與謝綜徐湛之孔熙先謀逆曄曰古人言左手握天下之圖右手刎其喉愚夫不爲以理而察臣不容有此熙先苟誣引臣耳熙先聞曄不服笑謂殿中將軍沈邵之曰凡諸處分符檄書疏皆曄所造及改定云何方作此抵上示以曄墨迹曄乃服明日仗士送曄付廷尉入獄然後知爲湛之所發熙先望風吐款辭氣不撓上奇其才遣人慰勉之曰以卿之才而滯於集書省理應有異志此乃我負卿也熙先於獄中上書陳謝并别陳天文占候誡上有骨肉相殘之禍其言深切曄後與謝綜等得隔壁遥問綜曰疑誰所告綜曰不知曄乃稱徐湛之小名曰乃是徐僮也在獄爲詩曰禍福本無兆性命歸有極必至定前期誰能延一息在生已可知來緣儘無識好醜共一邱何足異枉直豈論東陵上盗跖首山側雖無嵇生琴庶同夏侯色寄言生存子此路行復即上有白團扇甚佳送曄令書出詩賦美句曄受旨援筆而書曰去白日之炤炤襲長夜之悠悠上循覽悽然曄本謂入獄便死而上窮其獄遂經二旬曄便有生望獄吏因戲之曰外傳詹事或當長繫曄聞之驚喜綜熙先笑之曰詹事嘗昔論事無不攘袂瞋目及在西池射堂上躍馬顧眄自以爲一世之雄而今擾攘紛紜畏死乃爾設令今時賜以性命人臣圖主何顔可以生存曄謂衛獄將曰惜哉埋如此人將曰不忠之人亦何足惜曄曰大將言是也及將詣市曄最在前於獄門顧謂綜曰次第當以位邪綜曰賊帥當爲先在道語笑初無慙恥至市問綜曰時欲至未綜曰勢不復久曄既食又苦勸綜綜曰此異疾篤何事强飯曄家人悉至市監刑職司問曰須相見不曄問綜曰家人已來幸得相見將不暫别綜曰别與不别亦何所在來必當號泣正足亂人意曄曰號泣何關人向見道邊親故相瞻望吾意故欲相見於是呼前曄妻先撫其子回罵曄曰君不爲百歲阿家不感天子恩遇身死固不足塞罪柰何枉殺子孫曄乾笑云罪至而已曄所生母對曰主上念汝無極汝曾不能感恩又不念我老今日柰何仍以手擊曄頸及頰曄妻云罪人阿家莫憶莫念妹及妓妾來别曄乃悲泣流漣綜曰舅殊不及夏侯色曄收淚而已綜母以子弟自陷逆亂獨不出視曄語綜曰姊今不來勝人多也曄轉醉子藹亦醉取地土及果皮以擲曄呼爲别駕數十聲曄問曰汝瞋我邪藹曰今日何緣復瞋但父子同死不能不悲耳曄常謂死爲滅欲著無鬼論至是與徐湛之書言當相訟於地下其謬亂如此臨刑又語人曰寄語何僕射天下決無佛鬼若有靈自當相報收曄家樂器服玩竝皆珍麗妓妾皆盛飾母住止單陋唯有一廚盛樵薪弟子冬無被叔父單布衣曄及藹與竝伏誅曄時年四十八謝綜弟緯徙廣州藹子魯連吳興昭公主外孫請全生命亦得遠徙孝武即位乃還曄性精微有思致觸類多善衣裳器服莫不增損制度世人皆法學之撰和香方其序之曰麝本多忌過分必害沈實易和盈斤無傷零藿虚燥詹唐黏溼甘松蘇合安息鬱金柰多和羅之屬竝被珍於外國無取於中土又棗膏昏鈍甲煎淺俗非爲無助於馨烈乃當彌增於尤疾也此序所言悉以比類朝士麝本多忌比庾仲文零藿虚燥比何尚之詹唐黏溼比沈演之棗膏昏鈍比羊玄保甲煎淺俗比徐湛之甘松蘇合比惠琳道人沈實易和以自比也曄獄中與諸甥姪書以自序其略曰吾少懶學問年三十許始有向耳自爾以來轉爲心化至於所通處皆自得之胸懷常謂情怠所記故當以意爲主以文傳意以意爲主則其旨必見以文傳意則其辭不流然後抽其芬芳振其金石耳觀古今文人多不全了此處年少中謝莊最有其分手筆差易於文不拘韻故也吾思乃無定方但多公家之言少於事外遠致以此爲恨亦由無意於文名故也吾始觀史書政嘗覺其可不解耳既造後漢轉得統緒詳觀古今著述及評論殆少可意者班氏最有高名既任情無例不可甲乙博贍不可及之整理未必愧也吾雜傳論皆有精意深旨至於循吏以下及六夷諸序論筆勢縱放實天下之奇作其中合者往往不減過秦篇嘗共比方班氏所作非但不愧之而已欲徧作諸贊前漢所有者悉令備雖事不必多且使見文得盡又欲因事就卷內發論以正一代之得失意復不果贊自是吾文傑思殆無一字空設奇變不窮同合異體乃自不知所以稱之此書行故應有賞音者紀傳例爲舉其大略耳諸細意甚多自古體大而思精未有此也恐世人不能盡之多貴古賤今所以稱情狂言耳吾於音樂聽功不及自揮但所精非雅聲爲可恨然至於一絕處亦復何異邪其中體趣言之不可盡絃外之意虚響之音不知所

從而來亦嘗以授人士庶中未有一豪似者此事永不傳矣吾書雖小小有意筆勢不快餘竟不成就每愧此名曄自序並實故存之藹幼而整潔衣服竟歲未嘗有塵點死時年二十曄少時兄晏常云此兒進利終破門戶果如其言初何尚之處銓衡自謂天下無滯才及熙先就拘帝謠尚之曰使孔熙先年三十猶作散騎侍郎那不作賊熙先死後又謂尚之曰孔熙先有美才地冑猶可論而翳迹仕流豈非時匠失乎尚之曰臣昔謬得待罪選曹誠無以濯汙揚清然君子之有智能猶鵷鳳之有文采俟時而振羽翼何患不出雲霞之上若熙先必蘊文采自棄於汙泥終無論矣上曰昔有良材而不遇知已者何嘗不遺恨於後哉

荀伯子潁川潁陰人也祖羨晉驃騎將軍父猗祕書郎伯子少好學博覽經傳而通率好爲雜語遨遊閭里故以此失淸塗解褐爲駙馬都尉奉朝請員外散騎侍郎著作郎徐廣重其才學舉伯子及王韶之並爲佐郎同撰晉史及著桓玄等傳遷尚書祠部郎義熙元年上表稱故太傅鉅平侯羊祜勳參佐命功盛平吳而享嗣闕然烝嘗莫寄漢以蕭何元功故絕世輒紹愚謂鉅平之封宜同酇國故太尉廣陵公陳淮黨翼孫秀禍加淮南竊饗大國因罪爲利會西朝政刑失裁中興亦因而不奪今王道惟新豈可不大判臧否愚謂廣陵之國宜在削除故太保衞瓘本爵菑陽縣公旣被橫禍乃進第秩加贈蘭陵又轉江夏中朝公輔多非理終瓘功德不殊亦無緣獨受偏賞宜復本封以正國章詔付門下前散騎常侍江夏公衞璵及潁川陳茂先各自陳先代勳閥不伏貶降詔皆付門下並不施行伯子爲妻弟謝晦薦達入爲尚書左丞出補臨川內史車騎將軍王弘稱伯子沈重不華有平陽侯之風伯子常自矜藉蔭之美謂弘曰天下膏粱唯使君與下官耳宣明之徒不足數也遷散騎常侍本邑太中正又上表曰伏見百官位次陳留王在零陵王上臣愚切以爲疑昔武王克殷封神農之後於焦黃帝之後於祝帝堯之後於薊帝舜之後於陳夏之後於杞殷之後於宋杞宋陳並爲列國而薊祝焦無聞焉斯則褒崇所承優於遠代之顯驗也是以春秋次序諸侯宋居杞陳之上考之近代事亦有徵晉泰始元年詔山陽公劉康子弟一人爵關內侯衞公姬署宋侯孔紹子弟一人駙馬都尉又泰始三年太常上言博士劉嘉等稱衞公署於大晉在三恪之數應降稱侯臣以爲零陵王位宜在陳留之上從之還御史中丞涖職勤恪有匪躬之稱立朝正色眾咸憚之凡所奏劾莫不深相詆毀或延及祖禰示其切直又頗雜嘲戲故世人以此非之補司徒左長史出爲東陽太守卒文集傳於世子赤松爲尚書左丞以徐湛之黨爲元凶所殺伯子族弟昶字茂祖與伯子絕服元嘉中以文義至中書郎昶子萬秋字元寶亦用才學自顯昶見釋慧琳謂曰昨萬秋對策欲以相示答曰此不須看若非先見而答貧道不能爲若先見而答貧道奴亦能爲昶曰此將不傷道德邪答曰大德所以不德乃相對而笑竟不看焉萬秋孝武初爲晉陵太守坐於郡立華林閣置主衣主書下獄免前廢帝末爲御史中丞卒官

徐廣字野民東莞姑幕人也父藻都水使者兄邈太子前衞率家世好學至廣尤精百家數術無不研覽家貧未嘗以產業爲意妻中山劉謐之女忿之歎以相讓廣終不改如此十餘年家道日弊遂與廣離後晉孝武帝以廣博學除爲祕書郎校書祕閣增置職僚隆安中尚書令王珣舉爲祠部郎李太后崩廣議服曰太皇太后名位旣正體同皇極理制備盡情禮彌申陽秋之義母以子貴旣稱夫人禮服從正故成風顯夫人之號僖公服三年之喪子於父之所生體尊義重且禮祖不厭孫固宜遂服無屈而緣情立制若嫌明文不存則疑斯從重謂應同於爲祖母後齊衰三年時從其議及會稽王世子元顯錄尚書欲使百僚致敬臺內使廣立議由是內外並執下官禮廣常爲愧恨義熙初武帝使撰車服儀注仍除鎮軍諮議參軍領記室封樂城縣五等侯轉員外散騎常侍領著作郎二年尚書奏廣撰成晉史六年遷驍騎將軍時有風雹爲災廣獻言武帝多所勸免又轉大司農領著作郎遷祕書監初桓玄篡位安帝出宮廣陪列悲慟哀動左右及武帝受禪恭帝遜位廣又哀感涕泗交流謝晦見之謂曰徐公將無小過廣收淚答曰身與君不同君佐命興王逢千載嘉運身世荷晉德眷戀故主因更歔欷永初元年詔除中散大夫廣言墳墓在晉陵丹徒又生長京口而息道元忝宰此邑乞隨之官歸於桑梓許之贈賜甚厚性好讀書年過八十猶歲讀五經一遍元嘉二年卒廣所撰晉紀四十二卷義熙十二年成表上之又有答禮問百餘條行於世時有高平郗紹亦作晉中興書數以示何法盛法盛有意圖之謂紹曰卿名位貴達不復俟此延譽我寒士無聞於時如袁宏干寶之徒賴有著述流聲於後宜以爲惠紹不與至書成在齋內廚中法盛詣紹紹不在直入竊書紹還失之無復兼本於是遂行何書廣兄邈晉太子

前衛率遐子谿字萬同永初初爲尙書左丞山陰令精練法理爲時所推元嘉初爲始興太守表陳三事文帝嘉之賜絹二百疋穀千斛徙廣州刺史未拜而卒

鄭鮮之字道子滎陽開封人也高祖渾魏將作大匠祖襲晉大司農襲經爲江乘令因居縣境父遵尙書郎鮮之下帷讀書絕交遊初爲桓偉輔國主簿先是兗州刺史滕恬爲丁零翟所沒屍喪不反恬子羨仕宦不廢論者嫌之桓玄在荆州使羣僚博議鮮之議曰名教大極忠孝而已至乎變通抑引每事輒殊本而尋之皆求心而遺迹迹之所乘遭遇或異故聖人或就迹以助教或因迹以成罪屈伸與奪難可等齊舉其阡陌皆可略言矣天可逃乎而伊尹廢君君可脅乎而鬻拳見善忠可愚乎而箕子同仁自此以還殊實而齊聲異響而等美者不可勝言今如滕羨情事者或終身隱處不關人事或升朝理務無譏前哲通滕者則以無譏爲證塞滕者則以隱處爲美折其兩中則異同之情可見矣夫聖人立教猶言有禮無時君子不行有禮無時政以事有通變不可守一故耳若王陵之母見烹於楚陵不退身窮居終爲社稷之臣非爲榮也鮑勛謇諤魏朝亾身爲效觀其志非貪爵也漢魏以來記闕其典尋而得者無有幾人至于大晉中朝及中興之後楊臻則七年不除喪三十餘年不關人事溫公則見逼於王命庾左丞則終身不著帢高世遠則爲王右軍何驃騎所勸勸文皇帝以東關之役尸骸不反者制其子弟不廢婚宦永嘉之後王敦復申東關之制此自以洪奪情卽是東關永嘉之論也而雜以情議宜在貶裁耳及武帝起義兵累遷御史中丞性勁正不阿彊貴明憲直繩甚得司直之體外甥劉毅權重當時朝野莫不歸附之鮮之盡心武帝獨不屈意於毅毅甚恨焉以與毅舅甥制不相糾使治書侍御史邱洹奏彈毅帝輒宥毅使傳詔羅道盛詔無所問時新制長吏以父母疾去官禁錮三年山陰令沈任父疾去職鮮之因此上議曰父母之疾而加以罪名悖義違理莫此爲大謂宜從舊於義爲允從之於是自三品以上父母及爲祖父母後者墳墓崩毀及疾病族屬輒去職並不禁錮劉毅當鎭江陵武帝會於江寧朝士畢集毅素好摴蒱於是會戲武帝與毅斂局各得其半積錢隱人毅呼帝併之毅先擲得雉帝甚不悅良久乃答之四座傾矚既擲得盧毅意大惡謂帝曰知公不以大坐席與人鮮之大悅徒跣繞牀大叫聲聲相續毅甚不平謂之曰此鄭君何爲者無復舅甥之敬武帝少事戎旅不經涉學及爲宰相頗慕風流時或談論人皆依違不敢難鮮之難必切至未嘗寬假要須帝辭窮理屈然後置之帝或時有慙恧色既而謂人曰我本無術學談義尤淺比時言論諸賢多見容寬唯鄭不爾獨能盡人意甚以此感之時人謂爲格佞十二年武帝北伐以爲右長史鮮之曾祖江州長史哲墓在開封相去三百里乞求拜省帝以騎送之及入咸陽帝遍視阿房未央故地悽愴動容問鮮之秦漢所以得喪鮮之具以賈誼過秦對帝曰及子嬰而亾已爲晚矣然觀始皇爲人智足見是非所任不得人何也答曰夫佞言似忠姦言似信中人以上乃可語上始皇未及中人所以暗於識士前至渭濱帝復嘆曰此地寧復有呂望邪鮮之曰昔葉公好龍而眞龍見燕昭市骨而駿足至明公以旰食待士豈患海內無人帝稱善者久之宋國初建轉奉常赫連勃勃陷關中武帝復欲北討鮮之表諫及踐阼遷太常都官尙書時傅亮謝晦位遇日隆范泰嘗衆中誚讓鮮之曰卿與傅謝俱從主上有功關洛卿乃居僚首今日答颯去人遼遠何不肖之甚鮮之熟視不對鮮之爲人通率在武帝坐言無所隱晦人甚憚焉而隱厚篤實贍䘏親故性好遊行命駕或不知所適隨御者所之尤爲武帝所狎上嘗於內殿宴飮朝貴畢至唯不召鮮之坐定謂羣臣曰鄭鮮之必當自來俄而外啓尙書鄭鮮之詣神虎門求啓事帝大笑引入其被親遇如此以從征功封龍陽縣五等子景平中徐傅當權出爲豫章太守時王弘爲江州刺史竊謂人曰鄭公德素先朝所禮方於前代鍾元常王景興之流今徐傅出以爲郡抑當有以尋有廢立事元嘉三年弘入爲相舉鮮之爲尙書右僕射四年卒有文集行於世子愔始安太守

裴松之字世期河東聞喜人也祖昧光祿大夫父珪正員外郞松之年八歲學通論語毛詩博覽墳籍立身簡素年二十拜殿中將軍此官直衛左右晉孝武太元中革選名家以參顧問始用瑯邪王茂之會稽謝輶皆南北之望松之拜此職時以爲榮義熙初爲吳興故鄣令在縣有美績入爲尙書祠部郞松之以世立私碑有乖事實上表陳之曰碑銘之作所以明示後世自非殊功異德無以允應茲典俗弊僞興華煩已久是以孔悝之銘行是人非蔡邕制文每有愧色眞假相蒙殆使合美者不貴以爲欲立碑者宜悉言上爲朝議所許然後聽之庶可以防遏無徵顯彰茂實由是普斷武帝北伐領司州刺史以松之爲州主簿轉治中從事史既克洛陽松之居州行事宋國初建毛德祖使洛陽武帝敕之曰

裴松之廊廟之才不宜久居邊務今召爲世子洗馬與殷景仁同可令知之時議立五廟樂松之以妃臧氏廟用樂亦宜與四廟同除零陵內史徵爲國子博士元嘉三年誅徐羨之等分遣大使巡行天下並兼散騎常侍班宣詔書奉二十四條松之使湘州甚得奉使之義論者美之轉中書侍郎司冀二州大中正上使注陳壽三國志松之鳩集傳記增廣異聞既成奏上上覽之曰此爲不朽矣出爲永嘉太守勤恤百姓吏民便之後爲南琅邪太守十四年致仕拜中散大夫尋爲國子博士進太中大夫使續何承天國史未及撰述卒時年八十子駰南中郎參軍松之所著文論及晉紀駰注司馬遷史記並行於世駰子昭明昭明子子野列在齊梁二史

何承天東海郯人也從祖倫晉右衛將軍承天五歲失父母徐氏廣之姊也聰明博學故承天幼漸訓義儒史百家莫不該貫武帝義旗初建長沙公陶延壽以爲其輔國府參軍遣通議於武帝撫軍將軍劉毅鎮姑熟版爲行參軍毅嘗出行而鄢陵縣吏陳滿射鳥箭誤中直帥雖不傷人處法棄市承天議曰獄貴情斷疑則從輕昔有驚漢文帝乘輿馬者張釋之劾以犯蹕罪止罰金何者明其無心於驚馬也故不以乘輿之重加於異制今滿意在射鳥非有心於中人按律過誤傷人三歲刑況不傷乎微罰可也轉爲武帝太尉行參軍武帝討劉毅留諸葛長民爲監軍長民密懷異志劉穆之屏人問承天承天曰公昔年在左里還入石頭甚脫爾今還宜加重復穆之曰非君不聞此言今日願爲丹徒劉郎恐不可復得也宋臺建召爲尚書祠部郎與傅亮共撰朝儀謝晦鎮江陵請爲南蠻長史晦進號衛將軍轉諮議參軍領記室時有尹嘉者家貧母熊自以身貼錢爲嘉償責嘉坐不孝當死承天議曰法稱違犯父母敎令其謹有虧父母欲殺皆許之其所告唯取信於父母謹尋事原心嘉母辭自質錢爲子償責嘉雖犯敎義而熊無請殺之辭今而殺之非也元嘉三年晦將見討其弟㬭密信報之晦問計於承天曰若果爾卿令我云何承天曰以王者之重舉天下以攻一州大小既殊逆順又異境外求全上計也以腹心領兵戍義陽將軍率衆於夏口一戰若敗即趨義陽以出北境其次也晦良久曰荊楚用武之國兵力有餘且當決戰走不晚也使承天造立表檄及晦下承天留府不從到彥之至馬頭承天自詣歸罪彥之宥之後補尚書殿中郎兼左丞吳興餘杭人薄道舉爲劫制同籍期親補兵道舉從弟代公道生等並爲劫大功親非應在補謫之例法以代公等母存爲期親則子宜隨母補兵承天議曰尋劫制同籍期親補兵大功則不在例婦人三從既嫁從夫夫死從子今道舉爲劫若其叔父尚存應制補謫妻子營居固其宜也但爲劫之時叔父已殁代公道生並是從弟大功之親不合補謫今若以叔母爲期親令代公隨母補兵既乖大功不謫之制又失婦人三從之道由於主者守期親之文不辨男女之異愚謂代公等母子並宜見原承天爲性剛愎不能屈意朝右頗以所長侮同列不爲僕射殷景仁所平出爲衡陽內史昔在西方與士人多不協在郡又不公淸爲州司所糾被收繫獄會赦免十六年除著作佐郎撰國史承天年已老而諸佐郎並名家年少潁川荀伯子嘲之常呼爲妳母承天曰卿當云鳳凰將九子妳母何言邪尋轉太子率更令著作如故時丹陽溧陽丁況等久喪而不葬承天議曰禮云過葬當謂荒儉一時故許其稱財而不求備丁況三家數十年中葬輒無棺櫬實由淺情薄恩同於禽獸者耳竊以丁寶等同伍積年未嘗勸之以義繩之以法十六年冬既無新科又未申明舊制有何嚴切欻然相糾或由鄰曲分爭以興此言如聞在東諸處此例既多江西淮北尤爲不少若但謫此三人殆無所肅開其一端則互相恐動臣愚謂況等三家且可勿問因此附定制旨若人葬不如法同伍當即糾言三年除服之後不得追相告引十九年立國子學以本官領國子博士皇太子講孝經承天與中庶子顏延之同爲執經頃之遷御史中丞時魏軍南伐文帝訪羣臣捍禦之略承天上安邊論凡陳四事其一移遠就近以實內地其二浚復城隍以增阻防其三纂偶車牛以飾戎械其四計丁課仗勿使有闕文多不載承天素好弈棊頗用廢事又善彈箏文帝賜以玉局子及銀裝箏承天奉表陳謝上答曰局子之賜何必非張武之金邪承天博見古今爲一時所重張永嘗開玄武湖遇古冢冢上得一銅斗有柄文帝以訪朝士承天曰此亾新威斗王莽三公亾皆賜之一在冢外一在冢內時三台居江左者唯甄邯爲大司徒必邯之墓而永又啟冢內更得一斗復有一石銘大司徒甄邯之墓時帝每有疑議必先訪之信命相望於道承天性褊促嘗對主者厲聲曰天何言哉四時行焉百物生焉文帝知之應遣使先戒曰善候何顏色如其不悅無須多陳承天與尚書左丞謝元素不相善二人競伺二臺之違累相糾奏太宰江夏王義恭歲給資錢三千萬布五萬疋米七萬斛義恭奢侈用常不充逆就尚書換明

年資費而舊制出錢二十萬布五百疋以上竝應奏聞元輒以錢二百萬給太尉府爲承天所糾上大怒遣元長歸田里禁錮終身元又舉承天賣茭四百七十束與官屬求貴價承天坐白衣領職二十四年承天遷廷尉未拜上欲以爲吏部郞已受密旨承天宣漏之坐免官卒於家年七十八先是禮論有八百卷承天刪減并合以類相從凡爲三百卷并前傳雜語所纂文及文集竝行於世又改定元嘉曆改漏刻用二十五箭皆從之曾孫遜梁史有傳

通志卷一百三十四

通志卷一百三十五

宋右迪功郎鄭樵漁仲撰

列傳第四十八

宋

顏延之子竣竣弟測竣族兄師伯 沈懷文弟懷遠從父兄曇慶 周朗
劉湛 庾悅 庾登之子仲遠弟炳之 顧琛 顧覬之
羊欣 羊玄保子戎兄子希 沈演之 江夷子湛弟子智深
江秉之

顏延之字延年琅邪臨沂人也曾祖含晉左光祿大夫祖約零陵太守父顯護軍司馬延之少孤貧居負郭室巷甚陋好讀書無所不覽文章之美冠絕當時好飲酒不護細行年三十猶未婚妹適東莞劉憲之穆之子也穆之聞其美才將仕之先欲相見延之不往也後爲武帝豫章公世子中軍行參軍及武帝北征有宋公之授府遣一使慶殊命一使參迎起居延之與同府王參軍俱奉表至洛陽周視故宮室盡爲禾黍悽然詠黍離篇道中作詩二首文辭藻麗爲謝晦傅亮所賞武帝受命補太子舍人鴈門周續之隱廬山儒學著稱永初中徵詣都下開館以居之武帝親幸朝彥畢至延之官列卑引升上席上使問續之三義續之雅仗辭辯延之每以簡要連挫續之上又使還自敷釋言約理暢莫不稱善再遷太子中舍人時尚書令傅亮自以文義之美一時莫及延之負其才不爲之下亮甚疾焉廬陵王義眞待之甚厚徐羨之等疑延之爲同異意甚不悅少帝卽位累遷始安太守領軍將軍謝晦謂延之曰昔荀勖忌阮咸斥爲始平郡今卿又爲始安可謂二始黃門郎殷景仁亦謂之曰所謂人惡俊異世疵文雅延之之郡道經汨潭爲湘州刺史張邵祭屈原文以致其意其文甚遒麗元嘉三年徐羨之等誅徵爲中書侍郎轉太子中庶子領步兵校尉賞遇甚厚延之旣以才學見遇當時多相推服唯袁淑年倍小延之不相推重延之忿於衆中折之曰昔陳元方與孔元駿齊年文學元駿拜元方於牀下今君何得不見拜淑無以對延之疎誕不能取容當世見劉湛殷景仁專當要任意有不平常言天下之務當與天下共之豈一人之智所能獨了辭意激揚每犯權要又少經爲湛父柳後軍主簿至是謂湛曰吾名器不升當由作卿家吏耳湛深恨焉言於彭城王義康出爲永嘉太守延之甚怨憤乃作五君詠以述竹林七賢山濤王戎以貴顯被黜詠嵇康云鸞翮有時鎩龍性誰能馴詠阮籍云物故不可論途窮能無慟詠阮咸云屢薦不入官一麾乃出守詠劉伶云韜精日沈飲誰知非荒宴此四句蓋自序也湛及義康以其辭旨不遜大怒時延之已拜欲黜爲遠郡文帝與義康詔曰宜令思愆里閭猶復不悛當驅往東土乃至難恕者自可隨事錄之於是延之屏居里巷不豫人間者七載中書令王球名公之子遺務事外與延之雅相愛好每振其罄匱晉恭思皇后葬應須百官皆取義熙元年除身以延之兼持邑史送札延之醉投札於地曰顏延之未能事生焉能事死文帝常召延之傳詔頻不見常日但酒店裸袒挽歌了不應對他日醉醒乃見帝嘗問以諸子才能延之曰竣得臣筆測得臣文奐得臣義躍得臣酒何尙之嘲曰誰得卿狂答曰其狂不可及尙之爲侍中在直延之以醉詣焉尙之望見便陽眠延之發簾熟視曰朽木難雕尙之謂左右曰此人醉甚可畏閑居無事爲庭誥之文以訓子弟劉湛誅後起延之爲始興王濬後軍諮議參軍御史中丞在任從容無所舉奏遷國子祭酒司徒左長史何尙之素與延之狎書與王球曰延之有後命敎府無復光輝坐啟買人田不肯還直爲尙書左丞荀赤松劾奏免官後爲祕書監光祿勳太常時沙門釋慧琳以才學爲文帝所賞朝廷政事多與之謀遂爲士庶歸仰上每引見常升獨榻延之甚疾焉因醉白上曰昔同子參乘袁絲正色此三台之坐豈可以刑餘居之上變色延之性旣褊激兼有酒過肆意直言曾無回隱故論者多不與之謂之顏彪居身儉約不營財利布衣蔬食獨酌郊野當其爲適傍若無人二十九年上表自陳乞解所職隨就藥養不許三十年致仕元凶弒立以爲光祿大夫長子竣爲孝武南中郎諮議參軍及義師入討竣參定密謀兼造書檄劭召延之示以檄文問曰此筆誰造延之曰竣之筆也又問何以知之延之曰竣筆體臣不容不識劭又曰言辭何至乃爾延之曰竣尙不顧老臣何能爲陛下劭意乃釋由是得免孝武登阼以爲金紫光祿大夫領湘東王師嘗與何偃同從上南郊偃於路中遙呼延之曰顏公延之以其輕脫怪之答曰身非三公之公又非田舍之公又非君家阿公何以見呼爲公偃羞而退竣旣貴重權傾一朝凡所資供延之一無所受器服不改宅宇如舊嘗乘羸牛車逢竣鹵簿卽屛住道側又好騎馬遨遊里巷遇知舊輒據鞍索酒得必傾盡欣然自得嘗語竣曰平生不喜見要人今不幸見汝見竣起宅謂曰善爲之無令後人笑汝拙也表解師職加給親信二十人嘗早候竣遇賓客盈門竣方臥不起延之怒曰恭敬樽節福之基也驕佷傲

慢禍之始也況出糞土之中而升雲霞之上傲不可長其能久乎延之有愛姬非姬食不飽寢不安姬憑寵嘗盪延之壁牀致損竣殺之延之痛惜甚至常坐靈牀上哭曰貴人殺汝非我殺汝以冬日臨哭忽見妾排屏風以壓延之延之懼墜地因病孝建三年卒時年七十三贈特進謚曰憲子延之與陳郡謝靈運俱以辭采齊名而遲速縣絶文帝嘗各敕擬樂府北上篇延之受詔便成靈運久之乃就延之嘗問鮑昭己與靈運孰優劣昭曰謝五言如初發芙蓉自然可愛君詩若鋪錦列繡亦雕繢滿眼延之每薄湯惠休詩謂人曰惠休制作如委巷中歌謡耳方當誤後生事是時議者以延之靈運自潘岳陸機之後文士莫及江右稱潘陸江左稱顔謝焉竣字士遜延之長子也早有文義爲孝武帝撫軍主簿甚被嘉遇竣亦盡心補益時上不欲諸王各立朋黨將召竣補尚書郎江湛以爲竣在府有美稱不宜回改乃止隨府轉安北領軍北中郎將主簿元嘉二十八年魏太武自彭城北歸復求互市竣議以互市之利在於得馬今棄此所重得彼下駟千疋以上尚不足信況所得裁十百邪雖云互市實覘國情必生邊釁初沙門釋僧含精有學義謂竣曰貧道見讖記當有眞人應符名稱次第屬在殿下後竣在彭城嘗於親人敘之言遂宣布聞於文帝時元凶巫蠱事已發故上不加推案孝武鎭尋陽遷南中郎記室三十年春以父延之致仕固求解職賜假未發而文帝崩問至孝武舉兵入討轉諮議參軍領軍録事任總内外并造檄書孝武發尋陽便有疾自沈慶之以下竝不堪相見唯竣出入臥内斷決軍機時孝武屢經危篤不任諮禀凡厥衆務竣皆專斷施行孝武踐阼以爲侍中左衛將軍封建成縣侯孝建元年轉吏部尚書領驍騎將軍留心選舉自彊不息任遇既隆奏無不可其後謝莊代竣領選意多不行竣容貌嚴毅莊風姿甚美賓客喧訴常懽笑答之時人爲之語曰顔竣瞋而與人官謝莊笑而不與人官南郡王義宣臧質等反以竣兼領右軍將軍義宣質諸子藏匿建康秣陵湖熟江陵縣界孝武大怒免丹陽尹褚湛之官收四縣官長以竣爲丹陽尹加散騎常侍先是竣未有子而大司馬江夏王義恭諸王竝爲元凶所殺至是各產男上自爲制名名義恭子爲伯禽以比魯周公旦之子也名竣子爲辟彊比漢侍中張良之子也先是元嘉中鑄四銖錢輪郭形制與五銖同用費無利故百姓不盜鑄及孝武即位又鑄孝建四銖所鑄錢形式薄小輪郭不成於是人間盜鑄者雜以鉛錫竝不牢固又翦鑿古錢以取其銅錢轉薄小稍違官式雖重制嚴刑人吏官長坐死免者相繫而盜鑄彌甚百物踊貴人患苦之乃立品格薄小無輪郭者悉加禁斷始興公沈慶之議宜聽人鑄錢置署樂鑄之家皆居署内去春所禁新品一時施用今鑄悉依此格萬税三千嚴檢盜鑄并禁翦鑿數年之間公私豐贍銅盡事息姦僞自止禁鑄則銅轉成器開鑄則器化爲財上下其事於公卿竣議曰今云開著放鑄誠所欲同但慮采山事絶器用日耗銅既轉少器亦彌貴設器直一千則鑄之減半爲之無利雖令不行時議者又以銅難得欲鑄二銖錢竣又議曰今鑄二銖恣行新細於官無解於乏而人大興天下之貨將糜碎至盡空曰嚴禁而利深難絶不過一二年間其弊不可復救此其甚不可一也使姦人意騁而貽厥愆謀此又甚不可二也富商得志貧人困窘此又甚不可三也若使交益深重尚不可行況又未見利而衆弊如此失算當時取誚百代乎前廢帝即位鑄二銖形式轉細官錢每出人間即模效之而大小厚薄皆不及也無輪郭不磨鑢如今之翦鑿者謂之耒子錢景和元年沈慶之啓通私鑄由是錢貨亂敗一千錢長不盈三寸大小稱此謂之鵝眼錢劣於此者謂之綖環錢貫之以縷入水不沈隨手破碎市井不復料數十萬錢不盈一掬斗米一萬商貨不行明帝初唯禁鵝眼綖環其他錢皆通用復禁人鑄官署亦廢尋復普斷唯用古錢竣自散騎常侍丹陽尹加中書令表讓中書令見許時歲旱人飢竣上言禁餳一月息米近萬斛復代謝莊爲吏部尚書領太子右衛率未拜丁父憂裁踰月起爲右將軍丹陽尹如故竣固辭表十上不許遣中書舍人戴明寶抱竣登車載之郡舍賜以布衣一襲絮以綵綸遣主衣就衣諸體竣藉藩朝之舊臣每極陳得失上自即吉之後宮内頗有醜論又多所興造竣諫爭懇切竝無所回避上意甚不悅多不見從竣自謂才足幹時恩舊莫比當務居中永執朝政而所陳多不被納疑上欲疏之乃求出以卜時旨大明元年以爲東揚州刺史所求既許便憂懼無計至州又丁母艱不許去職聽送喪還都恩待猶厚竣彌不自安每對親故頗懷怨憤又言朝廷違謬人主得失及王僧達被誅謂爲所讒構臨死陳竣前後忿懟恨言不見從僧達所言頗相符會上乃使御史中丞庾徽之奏竣窺覘國柄潛圖久執受任選曹驅扇滋甚出尹京輦形勢彌放傳詔犯憲舊須啟聞而竣以通訴忤己輒加鞭辱罔顧威靈莫此爲甚懷挾姦數包藏隱慝

傺聞中旨悶不宜露罰則委上善必歸己脅懼上宰黴動閭閻未慮上聞內懷猜懼僞請東牧以卜天旨既獲出藩怨詈方肆反脣腹誹方之己輕前冬母亾詔賜還葬事畢不去盤桓經時方構間勳貴造立同異遂以己被斥外國道將顛兼行闕於家早負世議天倫怨毒親交震駭街談道說非復風聲宜加顯戮以昭盛化請以見事免竣所居官下太常削爵土上未欲便加大戮且止免官竣頻啟謝罪并乞性命上愈怒詔答曰憲司所奏非徇昔所以相期卿受榮遇政當極此訕訐怨憤已孤本望乃復過煩思慮懼不全亾豈爲下事上誠節之至邪及竟陵王誕爲逆因此陷之言通於誕召御史中丞庾徽之於前立奏奏成詔先打折足然後於獄賜死妻息宥之以遠子辟彊徙交州又於宮亭湖沈殺之竣文集行於世竣弟測亦以文章見知官至江夏王義恭大司馬錄事參軍以兄貴爲憂先竣卒明帝即位詔曰延之昔師訓朕躬情契兼重前記室參軍濟陽太守奐伏事藩朝綢繆恩舊可擢爲中書侍郎奐延之第三子也竣族兄師伯字長深父邵剛正有局力爲謝晦後軍司馬晦鎮江陵請爲諮議參軍領錄事軍府之務悉委焉邵慮晦有禍求爲竟陵太守未及之郡會晦見討邵飲藥死師伯少孤貧涉獵書傳頗解聲樂弟師仲妻臧質女也質爲徐州辟師伯爲主簿孝武爲徐州師伯仍爲輔國安北行參軍王景文時爲諮議參軍愛其諧敏進之孝武以爲徐州主簿善於附會大被知遇及去鎮師伯以主簿送故孝武鎮尋陽啟文帝請爲南中郎府主簿文帝不許謂典籤曰中郎府主簿那得用顏師伯孝武啟爲長流正佐帝又曰朝廷不能除之卿可自版然亦不宜署長流乃版爲參軍刑獄及討元凶轉主簿孝武踐阼以爲黃門侍郎累遷侍中大明元年封平都縣子親幸隆密羣臣莫二多納貨賄家累千金孝武嘗與師伯摴蒱帝擲得雉大悅謂必勝師伯後得盧帝失色師伯遽斂子曰幾作盧爾日師伯一輸百萬仍遷吏部尚書右軍將軍上不欲威權在下前後領選者唯奉行文書師伯專精獨斷奏無不可七年爲尚書右僕射時分置二選陳郡謝莊琅邪王曇生竝爲吏部尚書師伯子舉周旋寒人張奇爲公車令上以奇資品不當使兼市買丞以蔡道惠代之令史潘道栖譖道惠顏禕之元從夫任澹之石道兒黃難周公選等抑道惠敕使奇先到公車不施行奇兼市買丞事師伯坐以子預職與莊曇生免官道栖道惠棄市禕之等六人鞭杖一百師伯尋領太子中庶子雖被黜挫受任如初孝武臨崩師伯受遺詔輔幼主尚書侍中事悉以委之廢帝即位復還即眞加領衛尉師伯居權日久天下輻湊游其門者爵位莫不踰分多納貨賄家產豐積妓妾聲樂盡天下之選園池第宅冠絕當時驕奢淫恣爲衣冠所疾又遷尚書僕射領丹陽尹廢帝欲親朝政轉師伯爲左僕射以吏部尚書王景文爲右僕射奪其京尹又分臺任師伯至是始懼與柳元景謀廢立初師伯專斷朝事不與沈慶之參懷謂令史曰沈公爪牙者耳安得預政事慶之聞而切齒乃泄其謀尋與太宰江夏王義恭同誅六子皆見殺明帝即位謚曰荒

沈懷文字思明吳興武康人也祖寂晉光祿勳父宣新安太守懷文少好玄理善爲文章爲楚昭王二妃詩見稱於世爲江夏王義恭東閤祭酒丁父憂新安郡送故豐厚奉終禮畢餘悉班之親戚一無所留文帝聞而嘉之賜奴婢六人服闋除尚書殿中郎隱士雷次宗被徵居鍾山後南還廬江何尚之爲設祖道文義之士畢集爲聯句詩懷文所作尤美辭高一坐隨王誕鎮襄陽出爲後軍主簿與諮議參軍謝莊共掌辭令領義成太守元嘉二十八年誕當爲廣州欲以懷文爲安南府記室先除通直郎懷文固辭南行上不悅弟懷遠納東陽公主養女王鸚鵡爲妾元凶行巫蠱事鸚鵡豫之事洩懷文因此失調爲治書侍御史元凶弒立以爲中書侍郎孝武入討呼之使作符檄固辭礪大怒會殷沖救得免託疾落馬間行奔新亭孝武踐阼以爲竟陵王誕驃騎錄事參軍淮陵太守時國哀未釋誕欲起內齋懷文以爲不可乃止尋轉揚州中從事史時議省錄尚書懷文以爲非宜上議不從遷別駕從事史及江夏王義恭遷西陽王子尚爲揚州居職如故時孝武以熒惑守南斗欲廢西州舊館使子尚移居東城以厭之懷文曰天道示變宜應之以德今雖空西州恐無益也不從西州竟廢大明二年遷尚書吏部郎時朝議欲依古制置立王畿揚州移居會稽猶以星變故也懷文曰周制封畿漢置司隸各因時宜非在相反安人定國其揆一也苟人心所安天亦從之必改今追古乃致平一神州舊壤歷代相承異於邊州或置或罷既物情不悅容虧化本又不從三年子尚移鎮會稽遷撫軍長史行府事時囚繫甚多動經年月懷文到任訊五郡九百三十六獄衆咸稱平入爲侍中寵待隆密竟陵王誕據廣陵反及城陷士庶皆裸身鞭面然後加刑聚所殺人首於石頭南岸謂之髑髏山懷文陳其不可上不納孝武嘗有事圜

丘未至期而雨晦竟夜明旦風霽雲色甚美帝升壇大悅懷文稱慶曰昔漢后郊祀太一白日重輪神光四燭今陛下有事茲禮而膏雨迎夜清景麗朝斯實聖明幽感所致臣願與侍臣賦之上笑而稱善揚州移會稽分浙江東人情不和上欲貶其勞祿唯西州不改懷文曰揚州徙居既乖人情一州兩格尤失大體懷文與顏竣周朗素善竣以失旨見誅朗亦以忤意得罪上謂懷文曰竣若知我殺之亦當不敢如此懷文嘿然又嘗以歲夕與謝莊王景文顏師伯被敕入省未及進景文因言談次稱竣朗人才之美懷文與相酬和師伯後因語次白上敍景文等此言懷文屢經忤旨至此上倍不悅上又壞諸郡士族以充將吏並不服役至悉逃亡加以嚴制不能禁乃改用軍法得便斬之莫不奔竄山湖聚爲盜賊懷文又以爲言齋庫上絹年調鉅萬匹緜亦稱此期限嚴峻人間買絹一疋至二三千緜一兩三四百貧人賣妻子甚者或自縊死懷文又具陳人困由是緜絹薄有所減俄復依舊子尚等諸皇子皆置邸舍逐什一之利爲患徧天下懷文又曰列肆販賣古人所非卜式明不雨之由桑弘羊受致旱之責若以用度不充故宜量加減省不聽孝建以來抑黜諸弟廣陵平後復欲更峻其科懷文曰漢明不使其子比光武之子前史以爲美談陛下既明管蔡之誅願崇唐衞之寄及海陵王休茂等誅欲遂前議太宰江夏王義恭探得密旨先發議端懷文固請不可由是得息時游幸無度太后六宮常乘副車在後懷文與王景文每諫以不宜亟出後因從坐松樹下風雨甚驟景文曰卿可以言矣懷文曰獨言無繼宜相與陳之江智深臥草側亦謂之善俄而被召俱入雉場懷文曰風雨如此非聖躬所宜景文又曰懷文所啟宜從智深未及有言上方注弩作色曰卿欲效顏竣邪何以常知人事又曰顏竣小子恨不得先鞭其面上每晏集在坐者咸令沈醉懷文素不飲酒又不好戲上謂其故欲異己謝莊嘗戒之曰卿每與人異亦何可久懷文曰吾少來如此豈可一朝而變非欲異物性之所不能耳五年出爲晉安王子勛征虜長史廣陵太守明年坐朝正事畢被遣還北以女病求申臨辭又乞停三日停訖猶不去爲有司所糾免官禁錮十年既被免賣宅欲還東上大怒收付廷尉賜死弟懷遠爲始興王濬征北長流參軍深見親待坐納王鸚鵡爲妾孝武徙之廣州刺史宗慤欲殺之會南郡王義宣反懷遠頗閑文筆慤起義使造檄書并銜命至始興與始興相沈法系論起義事事平慤具爲陳請由此見原然終孝武世不得還前廢帝世歸位武康令撰南越志及懷文文集並傳於世懷文三子淡深沖沖列在齊史懷文從父兄曇慶父發員外散騎侍郎曇慶仕宋位尚書左丞時歲有水旱曇慶議立常平倉以救人急文帝納其言而事不行大明元年爲徐州刺史時殿中員外將軍裴景仁助戍彭城景仁本北人多悉關中事曇慶使撰秦中記十卷敍苻氏事其書傳於世曇慶謹實清正所莅有稱績常謂子弟曰吾處世無材能圖作大老子耳世以長者稱之卒於祠部尚書

周朗字義和汝南安成人也父濬宋初歷位侍中太常兄嶠尚武帝第四女宣城德公主二女適建平王宏廬江王禕以貴戚顯官朗少而愛奇雅有風氣與嶠志趣不同嶠甚疾之爲江夏王義恭太尉參軍元嘉二十七年春朝議北侵魏嵩遣義恭出鎮彭城爲諸軍大統朗聞之解職及義恭出鎮府主簿羊希從行與朗書戲之勸令獻奇進策朗報書援引古義辭意倜儻孝武即位除建平王宏中軍錄事參軍時普責百官讜言朗上書陳述得失多所矜誇書奏忤旨自解去職後爲廬陵內史郡界荒蕪頗有野獸母薛氏欲見獵朗乃合圍縱火令母觀之火逸燒郡解朗悉以秩米起屋償所燒之限稱疾去官爲州司所糾還都謝孝武曰州司舉臣愆失多不允臣在郡猛獸三食人蟲鼠犯稼以此二事上負陛下上變色曰州司不允或可有之蟲獸之災寧關卿小物朗尋丁母憂每哭必慟其餘頗不依居喪常節大明四年上使有司奏其居喪無禮詔曰朗悖禮利口宜合翦戮微物不足亂典刑特鎖付邊郡於是傳送寧州於道殺之朗族孫顒齊史有傳

劉湛字弘仁南陽涅陽人也祖耽父柳並晉左光祿大夫開府儀同三司湛出繼伯父淡襲封安眾縣五等男少有勇力不尚浮華博涉史傳諸前代舊典弱年便有宰物情常自比管夷吾諸葛亮不爲文章不喜談議本州辟主簿不就除著作佐郎皆不拜武帝請爲太尉行參軍賞遇甚厚父柳亡於江州府州送故甚豐一無所受時論稱之服闋爲相國參軍謝晦王弘並稱其器幹武帝入受晉命以第四子義康爲冠軍將軍豫州刺史留鎮壽陽以湛爲長史梁郡太守義康弱年未親政府州事悉委湛進號右將軍仍隨府轉義康以本號徙南豫州湛改領歷陽太守湛爲人剛嚴姦吏犯贓百錢以上並殺之自下莫不震肅廬陵王義眞出爲車騎將軍南豫州刺史湛又爲長史太守如故義眞時居武帝憂

使帳下備膳湛禁之義眞乃使左右人買魚肉珍羞於齋內別立廚帳會湛入因命膳酒炙車螯湛正色曰公當今不宜有此設義眞曰旦甚寒一盌酒亦何傷長史事同一家望不爲異酒既至湛起曰既不能以禮自處又不能以禮處人後爲廣州刺史以嫡母憂去職服闋爲侍中時王華王曇首殷景仁亦爲侍中文帝於合殿與四人宴飲甚悅華等出帝目送良久歎曰此四賢一時之秀同管喉脣恐後世難繼及撫軍將軍江夏王義恭鎮江陵以湛爲使持節南蠻校尉領撫軍長史行府州事時王弘輔政而王華王曇首任事居中湛自謂才能不復下之不欲外出是行也謂爲弘等所斥意甚不平常曰二王若非代邸之舊無以至此可謂遭遇風雲湛負其志氣常慕汲黯崔琰爲人故名長子曰黯字長孺第二子曰琰字季珪母於江陵病卒湛求自送喪還都義恭亦爲之請文帝答義恭曰吾亦得湛啟事爲之酸鼻乃不欲苟違所請但汝弱年新涉軍務八州殷曠專斷事重曉諮委仗不可不得其人量算二三未獲便相順許今答湛啟權停彼葬頃朝臣零落相繼寄懷轉寡湛實國器吾乃欲引其令還直以西夏任要且停此事耳汝慶賞黜罰預得失者必宜悉相委寄義恭性甚狷隘年又漸大欲專政事每爲湛所裁主佐之間嫌隙遂構文帝聞之密遣詰讓義恭義恭陳湛無居下之禮又自以年長未得行意雖奉詔旨每出怨言上友于素篤欲加酬順乃詔之曰當今之才委授已爾宜盡相彌縫取其可取棄其可棄先是王華既亡曇首又卒領軍將軍殷景仁以時賢零落白文帝召湛入年徵爲太子詹事加給事中與景仁竝被任遇湛常云今世宰相何難此政可當我南陽郡漢世功曹耳明年景仁轉尚書僕射領選護軍將軍湛代爲領軍將軍十二年又領詹事湛與景仁情素款洽又以其建議徵之甚相感悅及俱被時遇猜隙遂生以景仁專管內任謂爲間己時彭城王義康專秉朝權而湛昔爲上佐遂以舊情委心自結欲因宰相之力以回主心傾黜景仁獨當時務義康屢言之於帝其事不行義康官屬及湛諸附隸潛相約勒無敢歷殷氏門者湛黨劉敬文父成未悟其機詣景仁求郡敬文遽往謝湛曰老父悖耄遂就殷鐵干祿由敬文闇淺上負生成合門慙懼無地自處敬文之姦諂如此義康擅執專朝威傾內外湛愈推崇之無復人臣之禮上稍不能平湛初入朝委任甚重日夕引接恩禮綢繆善論治道并諳前世故事敘致銓理聽者忘疲每入雲龍門御者便解駕左右及羽儀隨意分散不夕不出以此爲常及至晚節驅扇義康陵轢朝廷上意雖內離而接遇不改上嘗謂所親曰劉斑初自西還吾與語常看日早晚慮其當去比入吾亦看日早晚慮其不去湛小字斑虎故云斑也遷丹陽尹金紫光祿大夫詹事如故十七年所生母亡時上與義康形迹既乖釁難將結湛亦知無復全地及至丁艱謂所親曰今年必敗常日賴口舌爭之故得推遷耳今既窮毒無復此望禍至其能久乎伏甲於室以待上臨弔謀泄上竟弗之幸後十日詔收付廷尉誅之時年四十九子黯等從誅弟素黃門郎徙廣州湛初被收歎曰便是亂邪又曰不言無我應亂殺我日是亂法耳入獄見素曰乃復及汝邪相勸爲惡惡不可爲相勸爲善正見今日如何湛生女輒殺之爲時流所怪

庾悅字仲豫潁川鄢陵人也曾祖亮晉太傅祖義吳國內史父淮西中郎將豫州刺史悅仕晉爲司徒右長史桓玄篡位爲中書侍郎武帝平建鄴累遷中軍司馬從征廣固竭其誠力盧循逼京師以悅督江豫司三州之六郡軍事建威將軍江州刺史悅敗循兵於五畝橋進據豫章斷循糧援初劉毅家在京口貧約過甚嘗與鄉曲士大夫往東堂共射悅時爲司徒右長史暫至京口要府州僚佐共出東堂毅已先至遣與悅相聞求以東堂見讓悅不答語在劉毅傳中盧循平後毅求都督江州以江州內地不宜置軍府遂表陳之於是解悅都督將軍官以刺史移鎮豫章以親將趙恢領千兵守尋陽建威府文武三千人悉入毅府深相挫辱悅不得志疽發背到豫章少日卒

庾登之字元龍悅族弟也曾祖冰晉司空祖蘊廣州刺史父廓東陽太守登之少以彊濟自立初爲武帝鎮軍參軍豫討桓玄功封曲江縣五等男累遷新安太守謝晦爲荊州刺史請爲長史南郡太守仍爲衞軍長史登之與晦俱曹氏壻名位本同一旦爲之佐意甚不愜到廳牋唯言即日恭到初無感謝之言每入覲見備持箱囊几席之屬一物不具則不肯坐嘗於晦坐誦西征賦云生有脩短之命位有通塞之遇晦雖恨而常優荅之晦拒王師欲令登之留守登之不許晦敗登之以無任免官禁錮還家何承天戲之曰因禍爲福未必可知登之曰我亦幾與三豎同滅承天爲晦作表云當舟東下戮此三豎故登之以爲嘲後爲司徒長史南東海太守府公彭城王義康專覽政事不欲自下厝意而登之性剛每陳己志義康不悅出爲吳郡太守以贓貨免官後

拜豫章太守徵爲中護軍未拜卒子仲遠初爲明帝府佐廢帝昱和中疑防明帝賓客故人無到門者唯仲遠朝謁不替明帝卽位謂曰卿所謂疾風知勁草自軍錄事參軍擢拜太子中庶子卒於豫章太守贈侍中登之弟炳之字仲文位廣平太守登之爲謝晦長史炳之往省之時晦權重朝士竝加敬重炳之獨與晦抗禮後爲彭城王義康驃騎主簿未就徙爲丹陽郡丞炳之旣未到府疑於府公禮敬遂下禮官博士議之中書侍郎裴松之議曰案春秋桓公八年祭公逆王后於紀公羊傳曰女在國稱女此其稱王后何王者無外其辭成矣推此而言則炳之爲吏之道定於受敕之日矣名器旣正則禮亦從之安可未到廢其節乎宜執吏禮從之後始興王濬當鎭湘州以炳之爲司馬濬不之任仍除南梁太守司馬如故於時領軍劉湛協附大將軍彭城王義康而與僕射殷景仁有隙凡朝士游殷氏者不得入劉氏之門獨炳之游二人間密盡忠於朝廷景仁稱疾不朝見者歷年文帝嘗令炳之銜命去來湛不疑也義康劉湛伏誅以炳之爲尙書吏部郎與右衞將軍沈演之俱參機密歷侍中吏部尙書領義陽王師內外歸附執傾朝野炳之爲人彊急不耐煩賓客訴非理者忿罵形於辭色素無學術不爲衆望所推性好潔士大夫造之者未出戶輒令人拭席洗牀時陳郡殷沖亦好淨小史非淨浴新衣不得近左右士大夫小不整潔每容接之時炳之好潔反是每以此見譏領選旣不輯衆論又頗通貨賄用少府卿劉道錫爲廣州刺史道錫至鎭餉白檀牽車常自乘焉或以白文帝帝見問曰道錫餉卿小車裝飾甚麗有之乎炳之懼起謝又炳之請急還家吏

部令史錢泰主客令史周伯齊出炳之宅諮事泰能彈琵琶伯齊善歌炳之因留停宿尙書制令史諮事不得宿停外雖八座命亦不許爲有司所奏上於炳之素厚將恕之召問尙書右僕射何尙之尙之具陳炳之得失奏言炳之事如邱山若縱而不糾何以爲政晉武不爲明主斷鬲令史遂能奮發華廙見待不輕廢痼累年後起政作城門校尉耳若言炳之有誠於國未知的是何事政當與殷景仁不失其舊與劉湛亦復不疏且景仁當時意事豈復可蔑縱有微誠復何足掩其惡邪賈充勳烈晉之重臣雖事業不稱不聞有大罪諸臣進說便卽遠出陛下聖叡反更遲遲於此炳之身上之舋旣自過於范曄所少作賊一事耳伏願深加三思試以諸聲傳普訪諸可顧問者羣下見陛下顧遇旣重恐不敢苦侵傷顧問之日宜布嫌責之旨若不如此亦當不辨有所得失時炳之自理不諳臺制令史竝言停外非嫌帝以小事不足傷大臣尙之又陳令史具向炳之說不得停之意炳之了不聽納非爲不解直是苟相留耳雖是令史出乃遠虧朝典又不得謂之小事謝晦望實非今者之疇一事錯誤免侍中官王珣時賢小失桓胤春蒐之謬皆白衣領職況公犯憲制邪孔萬祀居左局言炳之貴要異他尙書令又云不癡不聾不成姑公敢作此言亦爲異也文帝猶優游使尙之更陳其意尙之備言炳之愆曰臣畏張遼之言關羽雖兄弟曹公父子豈得不言觀今人臣憂國甚寡臣復結舌日月之明或有所蔽然不知臣者豈不謂臣有爭競之心亦追以悵悵臣與炳之周旋俱被恩接不宜復生厚薄太尉昨與臣言說炳之有諸不可非唯一條遠近相崇畏震動四海炳

之先與劉德願殊惡德願自持琵琶甚精麗遣之便復款然市令盛馥進數百口材助營宅恐人知作虛買券劉道錫驟有所輸傾南奉之半劉雍自謂其力助事之如父夏中送甘蔗若新發於州國吏運樵蘇無輟於道諸見人有物鮮或不求聞劉遵考有材便乞材見好燭槃便復乞之選用不平不可一二太尉又言炳之都無共事之體凡所選舉悉是其意政令太尉知耳論虞秀黃門太尉不正答和故得停太尉近與炳之疏欲用德願兒作州西曹炳之乃啟用爲主簿卽語德願以謝太尉前後漏泄賣恩亦復何極今縱不罪故宜出之自從裴劉刑罰已來諸將陳力百倍今日事實好惡可問若赫然發憤顯明法憲陛下便可閑臥紫闥無復一事也帝欲出炳之爲丹陽尹又以問尙之尙之答言炳之蹈罪負恩陛下遲遲舊恩未忍窮法方復有尹京赫赫之授恐悉心奉國之人於此而息貪狼恣意歲月滋甚如臣所聞天下議論炳之恆塵累日月未見一毫增輝乃更成形勢是老王雅也古人言無賞罰雖堯舜不能爲政陛下豈可坐損皇家之重迷一凡人令賈誼劉向更生豈不慷慨流涕於聖世邪臣昔啟范曄當時亦懼犯觸之尤苟是愚懷所挹政自不能不舒達所謂雖九死而不悔也臣謂炳之且宜外出若能修改在職著稱還亦不難而得少明國典粗酬四海之誚今愆釁如山榮任不損炳之若復有彰大之罪誰敢以聞亦知陛下不能採臣之言故是臣不能以己之意耳又曰臣見劉伯龍大慷慨炳之所行言有人送張幼緒幼緒語人曰吾雖得一縣負錢三十萬庾仲遠仍嘗送至新林見縛束猶未得解手苟萬秋嘗諂炳之逢一客姓夏侯主人問

有好牛不言無問有好馬不又言無政有佳驢耳炳之便答甚是所欲客出門遂相聞索之劉道錫言爲炳之所舉就道錫索嫁女具及銅器乃當百萬數猶謂不然選令史章龍向臣說亦歎其受納之過言實得嫁女銅罏四人舉乃勝細葛斗帳等物不可勝數在尚書中令奴酤酃酒利其百十亦是立臺閣以來所無不審少簡聖聽不帝乃可有司之奏免炳之官卒於家帝錄其宿誠追贈本官子弘遠事在齊史陳顯達傳中

顧琛字弘偉吳郡吳人晉司空和之曾孫也祖履之父惔竝爲司徒左西曹掾琛謹確不尚浮華起家州從事駙馬都尉累遷尚書庫部郎元嘉七年文帝遣到彥之經略河南大敗悉委棄兵甲武庫爲之空虛文帝宴會有歸化人在座上問琛庫中仗猶有幾許琛詭辭答有千萬人仗舊庫仗祕不言多少上既發問追悔失言及琛詭對上甚善之尚書寺門有制八座以下門生隨入者各有差不得雜以人士琛以宗人顧碩寄尚書張茂度門名而與顧碩同席坐明年坐譴出免中正凡尚書官大罪則免小罪譴出譴出者百日無代人聽還本職琛仍爲彭城王義康所請再補司徒錄事參軍十五年出爲義興太守初義康請琛入府欲委以心腹琛不能承事劉湛故尋見斥外十九年徙東陽太守欲使琛防守彭城王義康固辭忤旨廢黜還家積年及元凶弑立分會稽五郡置州以隨王誕爲刺史即以琛爲會稽太守誕起義加冠軍將軍事平遷吳興太守孝建元年爲吳郡太守以起義功封永新縣五等侯大明元年吳縣令張闓坐居母喪無禮下廷尉錢唐令沈文秀判劾違謬應坐被彈琛宣言於眾闓被劾之始屢相申明又云當啟文秀留縣孝武聞之大怒謂琛賣惡歸上免官琛母老仍停家琛及前西陽太守張牧竝事司空竟陵王誕誕反遣客陸延稔齎書版琛及子弟官時孝武以琛素結事誕恐有異志遣信就吳郡太守王曇生誅琛父子會延稔先至琛等即執斬之遣二子送延稔首啟聞孝武所遣誅琛使其日亦至而獲免琛母孔氏時年百歲餘晉安帝隆安初瑯邪王廞於吳中作亂以爲貞烈將軍悉以女人爲官屬以孔氏爲司馬及孫恩亂後東土饑荒人相食孔氏散家糧以振邑里得活者甚眾生子皆以孔爲名焉琛仍爲吳興太守明年坐郡人多翦錢及盜鑄免官歷位都官尚書廢帝即位爲吳郡太守初琛景平中爲朝請假還東日晚至方山於時商旅數十船悉泊岸側有一人玄衣介幘執鞭屏諸船云顧吳郡部伍尋至應泊此岸於是諸船各東西俄有一假裝至事力甚寡仍泊向處人問顧吳郡早晚至船人答無顧吳郡又問何船曰顧朝請耳莫不驚怪琛意竊知爲善徵因誓之曰若得郡當於此立廟至是果爲吳郡乃立廟方山號白馬廟云明帝泰始初與四方同反兵敗奉母奔會稽臺軍既至歸降後爲員外常侍中散大夫卒次子寶先大明中爲尚書水部郎先是琛爲尚書左丞荀萬秋所劾及寶先爲郎萬秋猶在職自陳不拜孝武詔曰敕違糾慢憲司之職若有不公自當更有釐改而自頃劾無輕重輒致私絕此風難長主者嚴爲其科先是宋世江東貴達會稽孔季恭子靈符吳興丘深之及琛吳音不變深之字思玄吳郡烏程人位侍中都官尚書卒於太常

顧覬之字偉仁吳郡吳人也高祖謙字公讓晉平原內史陸機姊夫祖崇大司農父黃老司徒左西曹掾覬之爲謝晦衞軍參軍晦愛其雅素深相知待歷位尚書都官郎殷劉隙著覬之不欲與殷景仁久接乃辭腳疾免歸每夜常於牀上行腳家人竊異之而莫曉其意及義康徙廢朝士多受禍覬之竟免後爲山陰令山陰劇邑民戶三萬前後官長晝夜不得休事猶不舉覬之御繁以約縣用無事晝日垂簾門階閑寂自宋世爲山陰務簡而事理莫能尚也後爲尚書吏部郎嘗於文帝坐論江東人物言及顧榮袁淑謂覬之曰卿南人怯懦豈辦作賊覬之正色曰卿乃復以忠義笑人淑有愧色孝建中爲湘州刺史以政績稱大明元年徵守度支尚書轉吏部尚書時沛郡相縣唐賜往北村彭家飲酒還因得病吐蠱二十餘物語妻張氏以死後刳腹出病張如其言自剖視五臟悉糜碎郡縣以張忍行刳剖賜子副又不禁止時事起赦前法不能決律傷死人四歲刑妻傷夫五歲刑子不孝父母棄市竝非科例三公郎劉勰議賜妻痛往遵言兒識謝及理考事原心非存忍害謂宜哀矜覬之議曰法移路尸猶爲不宜況在妻子而行忍酷不宜曲通小情當以大理爲斷謂副爲不孝張同不道詔如覬之議後爲吳興太守幸臣戴法興權傾人主而覬之未嘗低意左光祿大夫蔡興宗與覬之善嫌其風節過峻覬之曰辛毗有云孫劉不過使吾不爲三公耳孝武晏駕法興死覬之爲光祿大夫泰始初四方同叛覬之在家尋陽王子房加以位號覬之不受曰禮年六十不服戎以其筋力衰謝非復軍旅之日況年將八十殘生無幾守盡家門不敢聞命明帝甚嘉之東土既平以爲左將軍吳郡太守遷湘州刺史卒謚曰簡子覬

之家門雍穆爲州郡所重五子約緝緯纘緄而緯私財甚豐鄉里士庶多負其債覬之每禁之不止及覬之爲吳郡誘緯曰民間與汝交關有幾許不盡及我在郡爲汝督之將來豈可復得也凡諸券書皆何在緯大喜悉出諸文券一大廚覬之悉焚之宣語遠近負三郎債皆不須還凡券書悉已燒之矣緯懊歎彌日覬之常執命有定分非智力所移惟應恭己守道信天任運而闇者不達妄意僥倖徒虧雅道無關得喪乃以其意命弟子愿著定命論愿字子恭父深之散騎侍郎愿好學有文辭卒於太子舍人覬之孫憲之列在齊史

羊欣字敬元泰山南城人也曾祖忱晉徐州刺史祖權黃門郎父不疑桂陽太守欣少靖默無競於人美言笑善容止泛覽經籍尤善隸書父不疑爲烏程令欣年十二時王獻之爲吳興太守甚知愛之獻之嘗夏月入縣欣著新絹裙晝寢獻之書裙數幅而去欣書本工因此彌善起家輔國參軍府解還家隆安中朝廷漸亂欣優游私門不復進仕會稽王世子元顯每使欣書扇常不奉命元顯怒乃以爲其後軍府舍人此職本用寒人欣意貌恬然不以高卑見色論者稱焉嘗詣領軍謝混混拂席改服然後見之時混族子靈運在坐退告族兄瞻曰望蔡見羊欣遂易衣改席欣由此益知名桓玄輔政以欣爲平西主簿參豫機要欣欲自疏時漏密事玄覺其此意愈更重之以爲楚臺殿中郎謂曰尙書政事之本殿中禮樂所出卿昔處股肱方此爲輕也欣就職少日稱病自免屏居里巷十餘年不出義熙中弟徵被遇於武帝帝謂諮議參軍鄭鮮之曰羊徵一時美器世論猶在兄後恨不識之卽版欣爲右將軍劉藩司馬累遷新安太守在郡四年簡惠著稱除臨川王義慶輔國長史廬陵王義眞車騎諮議參軍並不就文帝重以爲新安太守在郡十三年游翫山水甚得性適嘗謂子弟曰人生仕宦至二千石斯可矣及是便懷止足轉義興太守非其好也頃之稱病篤自免歸除中散大夫素好黃老常手自書章有病不服藥飮符水而已兼善醫術撰藥方數十卷欣以不堪拜伏辭不朝覲自非尋省近親不妄行詣行必由城外未嘗入六門武帝文帝並恨不識之元嘉十九年卒弟徵字敬猷時譽多欣位河東太守卒

羊玄保太山南城人也祖楷晉尙書都官郎父綏中書侍郎玄保初爲武帝鎭軍參軍少帝景平中累遷司徒右長史府公王弘甚知重之謂左長史庚登之吏部尙書王準之曰卿二賢明美爽詣會悟多通然弘懿之望故當共推羊也頃之入爲黃門侍郎善弈碁品第三文帝亦好弈與賭郡玄保戲勝以補宣城太守先是劉式之爲宣城立吏人亾叛制一人不禽符伍里吏送州作部能禽者賞位二階玄保以爲非宜陳之曰臣伏尋亾叛之由皆出於窮逼今立殊制於事爲苦又尋此制止施之一邦而已若其是邪則應與天下爲一若其非邪亦不宜獨行於一郡由是此制得遂停歷丹陽尹會稽太守太常吳郡太守文帝以玄保廉素寡欲故頻授名郡爲政雖無殊績而去後必常見思不營財利產業儉薄文帝嘗曰人仕宦非唯須才亦須運命每有好官缺我未嘗不先憶羊玄保元凶弑立以爲吏部尙書領國子祭酒及孝武入伐朝士多南奔劭集羣僚橫刀怒曰卿等便可去矣衆並懼莫敢言玄保容色不異徐曰臣當以死奉朝劭爲解孝武卽位爲金紫光祿大夫以謹敬見知大明五年加散騎常侍特進玄保自少至老謹於祭奠四時珍新未得祠薦者口不妄嘗卒諡曰定子戎少有才氣而輕薄無行檢好爲雙聲江夏王義恭嘗設齋使戎布牀須臾王出以牀狹乃自開牀戎曰官家恨狹更廣八分王笑曰卿豈唯善雙聲乃辯士也文帝好與玄保碁嘗中使至玄保曰今日上何召我邪戎曰金溝淸泚銅池搖颺既佳光景當得劇碁玄保常嫌其輕脫云此兒必亾我家位通直郎坐與王僧達謗時政賜死死後孝武引見玄保玄保謝曰臣無日磾之明以此上負上美其言戎二弟文帝並賜名曰咸曰粲謂玄保曰欲令卿二子有林下正始餘風玄保既善碁而何尙之亦雅好其事吳郡褚胤年七歲便入高品及長冠絕當時胤父榮期與臧質同逆胤應從誅何尙之固請曰胤弈碁之妙超古冠今且魏犨犯令以材獲免父戮子宥其例甚多特乞與其微命使異術不絕帝不許時人痛惜之玄保兄子希字泰聞少有才氣爲尙書左丞時揚州刺史西陽王子尙上言山湖之禁雖有舊科人俗相因替而不奉熂山封水保爲家利自頃以來頹弛日甚富彊者兼嶺而占貧弱者薪蘇無託至漁採之地亦又如茲斯實害人之深弊爲政所宜去絕損益舊條更申恆制有司檢壬辰詔書占山護宅以彊盜律論贓一文以上皆棄市希以壬辰之制其禁嚴刻事既難遵理與時弛而占山封水漸染復滋更相因仍便成先業一朝頓去易致嗟怨今更刊革立制五條凡是山澤先恆熂爈養種竹木雜果爲林芿及陂湖江海魚梁鰌鮆場恆加功脩作者聽不追奪官品第一第二聽占山

三頃第三第四品二頃五十畝第五第六品二頃第七第八品一頃五十畝第九品及百姓一頃皆依定格條上貲簿若先已占山不得更占先占闕少依限占足若非前條舊業一不得禁有犯者水土一尺以上並計贓依常盜律論停除咸康二年壬辰之科從之時益州刺史劉瑀先爲右衞將軍與府司馬何季穆共事不平季穆爲尚書令建平王宏所親待屢毀瑀於宏會瑀出爲益州奪士人妻爲妾宏使希舉察之瑀坐免官瑀恨希切齒有門生謝元伯往來希間瑀密令訪訊被免之由希曰此奏非我意瑀即日到宏門奉牋陳謝云聞之羊希希坐漏泄免官泰始三年爲寧朔將軍廣州刺史四年希以沛郡劉思道行晉康太守領軍伐俚思道違節失利希遣收之思道不受命率所領襲州希踰城走思道獲而殺之希子崇字伯達尚書主客郎丁母憂哀毀過禮及聞廣州亂即日便徒跣出新亭不能步涉頓伏江渚門義以小船致之父葬畢乃不勝哀而卒

沈演之字臺眞吳興武康人也高祖充晉車騎將軍吳國內史曾祖勁冠軍陳祐長史戍金墉爲燕將慕容恪所陷不屈見殺贈東陽太守祖赤黔廷尉卿父叔任少有幹質朱齡石伐蜀爲齡石建威府司馬平蜀之功亞於元帥以功封寧新縣男後拜益州刺史卒演之年十一尚書僕射劉柳見而知之曰此童終爲令器沈氏家世爲將而演之折節好學讀老子百徧以義理業尚知名襲父封爵吉陽縣五等侯舉秀才爲嘉興令有能名元嘉中累遷尚書吏部郎先是劉湛劉斌等結黨欲排廢尚書僕射殷景仁演之雅仗正義與景仁素善盡心朝廷文帝甚嘉之及彭城王義康出藩誅劉湛等以演之爲右衞將軍景仁尋卒乃以後軍長史范曄爲左衞將軍與演之對掌禁旅同參機密尋加侍中文帝謂之曰侍中領衞望實優顯此蓋宰相便坐卿其勉之上欲伐林邑朝臣多不同唯廣州刺史陸徽與演之贊成上意及林邑平賜羣臣黃金生口銅器等物演之所得偏多上謂曰廟堂之謀卿參其力平此遠夷未足多建茅土侯廓淸舊都鳴鸞東岱不憂河山之不開也二十一年詔以演之爲中領軍太子詹事范曄懷逆謀演之覺其有異言之文帝曄尋伏誅歷位吏部尙書領太子右衞率素有心氣寢病歷年上使臥疾理事性好舉才申濟屈滯而謙約自持上賜女伎不受暴卒文帝痛惜贈金紫光祿大夫諡曰貞子睦位黃門侍郎與弟西陽王文學勃忿鬭坐徙始興郡勃輕薄好利位太子右衞率加給事中坐贓賄徙梁州後還結事阮田夫王道隆等位司徒左長史爲後廢帝所誅演之兄子坦之仕齊位都官郎坦之子顗高尙不仕列在隱逸傳中

江夷字茂遠濟陽考城人也祖某晉護軍將軍父敳驃騎諮議參軍夷少自澡厲爲後進之美武帝版爲鎭軍行參軍豫討桓玄功封南郡州陵縣五等侯累遷大司馬武帝命大司馬府琅邪國事一以委焉武帝受命歷位吏部尙書吳郡太守營陽王於吳郡見害夷臨哭盡禮以兄疾去官後爲右僕射夷美風儀善舉止歷位以和簡著稱出爲湘州刺史加散騎常侍未之官卒遺令薄斂蔬奠務存儉約子湛字徵深居喪以孝聞愛文義善彈碁鼓琴兼明算術爲彭城王義康司徒主簿太子中舍人司空檀道濟爲子求湛妹婚不許義康有命又不從時人重其立志義康之盛人競求自昵唯湛自疏固求外出乃以爲武陵內史隨王誕爲北中郎將南徐州刺史以湛爲長史南東海太守委以政事元嘉二十五年徵爲侍中任以機密領本州大中正遷左衞將軍時改選學職以太尉江夏王義恭領國子祭酒湛領博士轉吏部尙書家甚貧約不營財利餉饋盈門一無所受無兼衣餘食嘗爲上所召値澣衣稱疾經日衣成然後起牛餓御人求草湛良久曰可與飮在選職頗有刻覈之譏而公平無私不受請謁論者以此稱爲初上大舉北伐舉朝以爲不可唯湛贊成之魏太武至於瓜步上以湛兼領軍軍事處分一以委焉魏遣使求婚上召太子劭以下集議衆並謂宜許湛曰戎狄無信許之無益劭怒曰今三王在阨詎宜苟執異議聲色甚厲坐散俱出劭使班劍及左右推排之殆於傾倒劭後謂上曰北伐敗辱數州淪敗獨斬江湛可以謝天下上曰北伐自我意江湛但不異耳劭後宴集未嘗命湛上乃爲劭長子偉之聘湛第三女欲以和之上將廢劭使湛具詔草劭之入弒也湛直上省聞叫噪之聲乃匿傍小屋中劭遣求之舍吏紿云不在此兵即殺舍吏乃得見湛湛據窗受害意色不撓年四十六湛五子恁恕懋悉法壽皆見殺初湛室數見異未敗少日所眠牀忽有數斗血孝武即位追贈左光祿大夫開府儀同三司諡曰忠簡公恁位著作郎恁子斅齊史有傳夷弟僧安位太子中庶子僧安子智深一曰智淵夷有盛名夷子湛又有淸譽父子並貴達智深父少無名問湛禮敬甚簡智深常以爲恨自非節歲不入湛門及爲隨王誕後軍參軍在襄陽誕待之甚厚時諮議參軍謝莊主簿沈懷文與智深友善懷文每稱曰人所應有盡有所應無盡無者其

江智淵平元嘉末除尙書庫部郎時高流官序不爲臺郎智深門孤援寡獨有此選意甚不悅固辭不拜後爲竟陵王誕司空主簿記室參軍領南濮陽太守遷從事中郎誕將爲逆智深悟其機請假先返誕事發即除中書侍郎智深愛好文雅辭采清贍孝武深相知待恩禮冠朝上宴私甚數多命羣臣五三人遊集智深常爲其首同侶未及前輒獨蒙引進每以越衆爲慙未嘗爲喜色時與羣僚相隨見傳詔馳來知當呼己聳動愧恧形於容貌論者以此多之遷驍騎將軍尙書吏部郎上每酣宴輒詆羣臣竝使自相嘲訐以爲歡笑智深性素方退漸不會旨上嘗使王僧朗戲其子景文智深正色曰恐不宜有此戲上怒曰江僧安兒何敢如此又曰江僧安癡人癡人自相惜智深伏席流涕不堪其恥由此恩寵大衰出爲新安王子鸞北中郎長史南東海太守行南徐州事初上寵姬宣貴妃殷氏卒使羣臣議謚智深上議曰懷上以未盡嘉號甚銜之後車駕幸南山乘馬至殷氏墓羣臣皆騎從上以馬鞭指墓石柱謂智深曰此柱上不容有懷字智深益惶懼以憂卒子斅太子洗馬早卒後廢帝皇后斅之女也廢帝即位以后父追贈金紫光祿大夫斅妻王平圭鄉君智深兄子槩早孤智深養之如子槩歷黃門吏部郎侍中武陵王贊北中郎長史

江秉之字玄叔濟陽考城人也祖逌晉太常父纂給事中秉之少孤弟妹七人竝幼撫育姻娶盡其心力少帝時爲永世烏程令以善政著名東土徵爲建康令爲政嚴察部下肅然後爲山陰令山陰人戶三萬政事繁擾訟訴殷積階庭常數百人秉之御繁以簡常得無事宋世唯顧覬之亦以省務著稱其餘雖復刑政脩理而未能簡事以在縣有能出補新安太守元嘉十二年轉任臨海竝以簡約見稱卒於官所得祿悉散之親故妻子常飢寒人有勸其營田秉之正色答曰食祿之家豈可與農人競利在郡作書案一枚去官留以付庫秉之宗人邃之字玄遠頗有文義撰文釋行於世位司徒記室行參軍秉之子徽尙書都官郎吳令元凶殺徐湛之子徽以黨與見誅子謐齊史有傳

通志卷一百三十五